古文鉴赏辞典

赵朴初题

先秦两汉

上海辞书出版社文学鉴赏辞典编纂中心 编

上海辞书出版社

《古文鉴赏辞典》

主　编　陈振鹏　章培恒

撰稿人（以姓氏笔画为序）：

门　岿	丰家骅	王少华	王达津	王运熙	王英志	王　政
王思宇	王　源	王锡九	王镇远	方北辰	方智范	邓小军
邓子勉	邓乔彬	邓韶玉	艾思同	龙　晦	卢　元	卢敦基
叶晨晖	田和平	冯永军	冯芝祥	戎晓若	朱宏达	朱良志
任国绪	刘乃昌	刘文忠	刘立人	刘传新	刘季高	刘学锴
刘衍文	刘桂秋	刘燕歌	羊春秋	汤贵仁	安平秋	许　总
许　结	孙小力	孙钦善	孙　静	严　明	严迪昌	苏者聪
杨月英	杨　明	杨海明	杨海峥	杨福廷	李廷先	李　宇
李良镕	李茂肃	李国章	李　鸣	李修生	李祚唐	李露蕾
吴丈蜀	吴小平	吴小如	吴小林	吴功正	吴战垒	吴调公
吴　锦	邱鸣皋	何永康	何满子	余恕诚	汪涌豪	沈维藩
沈惠乐	宋　廓	张永芳	张宏生	张明非	张宪光	张　敏
张葆全	张　璟	张　巍	陆志平	罗立刚	陈长明	陈庆元
陈如江	陈志明	陈伯海	陈绍华	陈祖美	陈晓芬	陈祥耀
周　艺	周本淳	周先民	周建忠	周勋初	周啸天	周　晶
周　虹	周　溶	周慧珍	郑延年	郑利华	孟　斐	赵伯陶
赵其钧	赵昌平	胡光舟	胡传志	胡国瑞	钟　陵	俞浩胜
施绍文	宫晓卫	祝　诚	骆玉明	骆冬青	秦岭梅	袁世硕
耿百鸣	聂世美	莫砺锋	顾伟列	顾复生	钱伯城	倪其心
徐兴无	徐应佩	高永年	高克勤	高若海	高洪奎	郭　平
郭　涛	黄进德	萧澄宇	曹光甫	曹　旭	曹　虹	曹济平
常文昌	章沧授	章尚正	董扶其	蒋星煜	蒋哲伦	蒋锡康
韩兆琦	喻朝刚	程千帆	程郁缀	程章灿	童明伦	曾枣庄
曾　弢	赖汉屏	臧维熙	管遗瑞	熊　笃	潘啸龙	潘裕民
霍松林	魏中林	魏明安				

目　录

出版说明 …………………………………… 1

凡　　例 …………………………………… 1

序…………………………………………… 1--5

篇 目 表 …………………………………… 1—3

正　　文 ………………………………… 1—429

先秦 ……………………………………… 1—193

两汉 ……………………………………… 195—429

出版说明

诗文同源。古文，作为中国古代文学的一枝绚丽奇葩，与古诗一样多姿多彩，源远流长。本社在中国诗歌鉴赏系列问世后，推出《古文鉴赏辞典》，使诗文合璧，构成中国古典诗文鉴赏系列，以满足广大读者阅读中国古典文学的需要。

古文，以文体论，有狭、广二义。狭义的古文，专指秦汉使用的散体文，后泛指以文言所写的散体文章；广义的古文，则指古代以文言所写的文章，包括以骈体写成的辞赋。本书所收古文，即以广义而言，包括历代散文、辞赋的名篇和代表作。

正逢国家大力倡导传承发展中华优秀传统文化之际，本社以此为契机，为满足读者需要，推出分卷本中国文学鉴赏辞典系列。本书以入选国家"首届向全国推荐中华优秀传统文化普及图书"的《古文鉴赏辞典》(新一版)为基础，根据朝代分为五卷，汇编成分卷本中国文学鉴赏辞典《古文鉴赏辞典》，共收录古文名作五百六十余篇，选目涵盖各家各派，全面精到。每篇古文由古典文学领域的专家学者章培恒、王运熙、程千帆、陈振鹏、霍松林、吴小如、刘衍文、吴调公、刘乃昌、陈伯海、曾枣庄、安平秋、莫砺锋、骆玉明、周啸天等撰写鉴赏文章，讲解详尽，深入浅出，帮助读者领略古文之美。书中插配有关古文文意、作者形象的书画作品。书后附有古文书目、篇目笔画索引等资料，供读者参考。

本书力图秉承先进的历史观点和科学的方法，从文学艺术的角度，鉴赏、评价中国古文的辉煌成就，帮助读者了解其发展和流变，以科学的态度，汲取其中有益的养分。希冀这部《古文鉴赏辞典》还能为读者提供一种精审的选本和精到的注本。不当之处，敬请专家、读者指正。

上海辞书出版社

2020 年 7 月

凡　例

一、本书选收先秦、两汉、魏晋南北朝、隋唐五代、宋金元、明、清268位作家的文章568篇。

二、本书正文包括古文、注释、赏析文章三部分。古文一般采用通行版本，有的也参照了其他版本，择善而从。疑难词语及人名、地名、典故、史实，多作简要注释，有的则随赏析串讲。

三、正文的排列，大体以朝代先后为序，分为先秦、两汉、魏晋南北朝、隋唐五代、宋金元、明代、清代等部分。同一朝代一般以作家年代先后为序，同一作家的作品以文体大致归类。

四、本书使用简化字，在可能产生歧义时，酌用繁体或异体字。

五、本书涉及古代史部分的历史纪年，一般用旧纪年，夹注公元纪年。括注内的公元纪年，省略“年”字。

六、每位作家的作品正文前，均附有其小传，无名氏或有姓名但无考者从略。

七、本书附录有古文书目、篇目笔画索引等。

序

章培恒

文字最初可能只是用来作为简单的标识，如不少研究者认为，在一些新石器晚期的陶器上，已刻有简单的原始文字，其意义大概就是如此。其后人们又用文字记录他们认为重要的事情，如商人占卜之后，常把所问的内容与结果刻在占卜用的甲骨上，并将之收藏保存下来，这样就形成了最早的文献。一般谈论中国古代的文，都追溯到商代的卜辞，如朱自清《经典常谈·文》就是。但也正如朱氏所说，“这只算是些句子”，实际上还未成为“文”。商代的文献，应该还有通过其他途径保存下来的，像收在《尚书》中的《盘庚》三篇，其真实性为大多数研究者所认同，它的内容比卜辞复杂得多。载于《尚书》的包括《盘庚》在内的商、周两代官方文书，大抵是最高统治者就国家重大事件发表的言论。这些言论虽然还保存着说话的语气，但文字显然是经过一定程度的整理的，因此它的意思能够表述得有层次而且比较完整。这些文书构成了古代最早的成篇的文章。

但《尚书》所记载的言辞还是很简朴。在春秋时代的外交场合，对辞令的运用要讲究得多了。因为这时诸侯国之间的关系变得日益复杂，说话不妥当就容易给国家利益带来很大损害。孔子说到郑国人“为命”即准备辞令，是“裨谌草创之，世叔讨论之，行人子羽修饰之，东里子产润色之”（《论语·宪问》），看来这似乎已经是颇严格的书面起草了——当然临场运用还需机变。这一类外交辞令有不少还保存在《左传》《国语》等史书中。到了战国时候，游说之士以口辩打动人主而取富贵，他们对演讲、煽动的技巧都做过专门的研究，见于《战国策》的这一类文字，很有些滔滔不绝、辞采飞扬的长篇大论。

除了这些政治、外交场合的言辞，在春秋战国时代，由于私人讲学之风渐盛，学派林立，而各家的意见颇多相左乃至针锋相对，碰到一起难免发生口舌之争。在孔子讲学的年代，这种论争大概还不多，所以在其门生追记其言论的《论语》中，大抵是片断的语录。而《孟子》则已经是以善辩著称的了。但不同学说之间的论辩在口头上进行总是不能够十分严密和透彻，需要发展成为文字的表达。孟子晚年和门生在一起把从前他同人论辩的经过以及其他言辞加工整理出来，成为《孟子》一书，实际是一种介于言辞记录和书面论述之间的东西——所以书里面他的论辩对手，好像不过是拳击的靶子似的；有些恐怕只是虚设的论敌。《墨子》《庄子》也有类似情况，但也有更进一步的，就是单纯围绕一个问题作书面的论述，这样就有了脱离言辞记录的文章。而到了战国末年的《荀子》《韩非子》中，则可以看到篇幅宏大、结构严整、逻辑性很强的论文了。

另一方面，对历史事件的记叙，也由简略逐渐趋向于详明。如春秋时代鲁国的官史《春秋》(古代把它视为解释《春秋》的书，现在的研究者则大多认为它原来是一部独立的历史著作)，只是纲要式的历史大事记，文字十分简单，前后不相连贯，严格说来也不大能称为"文"。而产生于战国初年的《左传》，虽然记叙的历史阶段与前者大致相同，但比较具体地描述了历史事件的发展过程和有关人物的言行。因此在前者只用一句话就说完的事情，在后者往往铺展成相当长的篇幅，不少部分还描写得颇为生动。后来的《战国策》对有些历史事件(包括历史传说)的描写，较之《左传》又更为具体和细致。这些史书既保存了许多古人的言辞，又使记叙文获得很大的发展。

从上面简述的来看，文和主要起源于娱乐的诗歌不同，它在开始形成和初步发展的阶段，主要是受实用目的的影响。孟子说春秋时代的特点，为"圣王不作，诸侯放恣，处士横议"(《孟子·滕文公下》)，这其实是社会和思想复杂化的表现。这种特点在战国时代表现得更强烈，人们面临着更多的社会问题，对这些问题的看法也更多分歧，因此战国成为古文发展特别迅速的阶段。不仅论说文，历史著作也向人们提供了作者认为是有价值的政治经验。

但在实用性的文中，一开始就并不排斥艺术因素的存在。举例来说，《左传》记晋楚邲之战，晋军败逃，有一辆兵车陷在泥坑里，追击的楚兵在后面教他们怎样把车子弄出来，晋人得以摆脱窘境，很不好意思，回头说了一句："吾不如大国之数奔也!"——咱们不像贵国经常打败仗逃跑，所以没经验。这种小故事没有什么深意，只是以幽默的趣味让人觉得好玩。而从整体上来说，历史著作除了记叙史实，向人们提供政治经验，那些人物故事同时也或多或少地包涵着趣味性，能够引发读者的人生感想。像《战国策》记苏秦游秦，狼狈归来，家里人都不给他好脸色看；后来他游赵成功，得富贵荣华，家人遂对之恭敬有加，使得他感慨不已。这里面颇带有小说的气氛。拿诸子散文来说，目的虽然是在说理，但过于严肃乃至枯燥的说理总是不能让人喜欢，所以作者需要在文章中加入一些有趣的寓言故事之类以造成生动的气氛，使读者容易接受。而有的文章——如《庄子》中的若干篇，还常常直接抒发作者的感情，使人为之产生感情的共鸣。至于修辞技巧——如调谐音节、铺饰文辞、运用夸张手法等等——在很大程度上也是为了增加阅读和记诵的愉快感。总之，尽管人们需要从理性、从逻辑上去理解世界，但活生生的感性活动终究是最基本和无所不在的。文如果不能给人以鲜活的感受和某种情感上的打动，就很容易令人厌倦。

秦汉以降，文经历了长期的发展变化。在记叙文方面，《史记》把《左传》《战国策》的传统大大推进了一步，它不仅善于刻画人物，而且这种刻画中还蕴涵了激情。战国纵横家夸饰风格的文字与楚辞的传统相结合，形成了汉赋。这种特殊的文体可以算是中国最早的“美文”，因为它虽然也拿儒家的大道理作掩饰，其实质却是追求文辞的美和想象力的表现。而赋的盛行影响了散文的骈偶化，到了魏晋南北朝成为盛行一时的骈文。这是中国历史上最精致的一种文体，讲究对偶、藻饰、用典、声律，形式华丽，一般偏重抒情。骈文在推进文的艺术化、提高其审美价值方面起了很大作用，但作为一种带有贵族文化特征的文体，它也有自身的弱点，这主要是形式的拘束太严，不便于作自由活泼的表达，而且容易陷入陈套。再加上骈文较多偏离儒家文化规范，使它更容易受到指责。

到了唐代，骈文仍然很流行，但反对的声音多了起来。进入中唐，遂发生了由韩愈倡导的“古文运动”。韩愈他们所说的“古文”原是针对当时流行的“时文”即骈文而言，指先秦两汉时不重骈偶的散体文。后来唐宋“古文”成为狭义的专称，不是泛指“古代文章”；其意义与这一派的理论观点密切相关，其用意一在复兴儒学，一在解放文体。这种“古文”传统又为宋代欧阳修等人所继承。唐宋“古文”在过去常被视为文章的典范，所谓“唐宋八大家”也成为最为人们熟知的习称，但其实这种“古文”也是具有两面性的。从解放文体、恢复散体文的主导地位并在客观上造成了骈散结合的趋势这些意义来说，“古文运动”是有重要价值的；但这一运动以“明道”为理论宗旨，将“文”置于对于“道”的依附性和工具性地位，也造成很大弊害。至于唐宋“古文”家的创作则较为复杂，像韩愈、柳宗元、苏轼等人都有些不为儒道所拘、富于创造力、颇见个性的优秀文章——苏轼的一些短文，还是晚明小品的滥觞。

明清时代，唐宋“古文”被推崇为文的正统。但由于程朱理学的影响，这时候的“古文”已经沾染了浓厚的道学家气味，重“道”而轻“文”的倾向越发强烈。而偏离这一正统的，则以晚明所谓“小品文”为代表。它以“独抒性灵，不拘格套”为标榜，与产生于东南城市工商业经济背景上的个性解放思潮有密切关联，其风格亦以轻灵活泼、自由抒发为主要特点，被一些研究者认为在某些方面已向现代散文靠拢。它不仅在清代保持着一定影响，还在某种程度上影响了五四时期以及后来的白话散文的创作。

由此可见，中国古代所谓“文”包容范围极广，其面貌亦极为纷繁复杂。以上只是略举大端，具体情况不可能一一说明。借用南朝梁代萧绎的话，是所谓“世代亟改，论文之理非一；时事推移，属词之体或异”（《内典碑铭集林序》）。

那些古文距我们年代已经久远，文字对于不同的读者来说也已有了不同程度的疏隔，又在什么意义上可以作为鉴赏的对象呢？

“鉴赏”按照文艺学理论家的说法，其情况颇为微妙。从最简单的意义来说，鉴赏总是要求对象中有可以赏玩、可以引发某种人生感想而带来一定愉悦的东西吧。而这种审美主体受审美对象的刺激而产生的精神活动，用马克思的说法，是一种“按人的方式来理解的受动，是人的一种自我享受”（《1844年经济学—哲学手稿》）。那么，有些东西恐怕是难以“鉴赏”的。譬如“文化大革命”中住“牛棚”的人们，常须写检讨或思想汇报之类，如果将它们拿给现今的年轻人看，虽然时间相隔不远，文字也容易读懂，却恐怕完全无法理解这东西是怎么写出来的，更不用说“鉴赏”了。因为读者实在难以从这里获得一点点“自我享受”。相反，有些文章虽然年代相隔久远，却能够被理解和鉴赏。譬如《孟子》里面关于“齐人有一妻一妾”的短文，写齐国某男子在外乞讨残食，回到家谎称与富贵者同餐，且做出一副了不起的派头傲视自己的大老婆、小老婆。读者不一定赞同作者借这个故事论说的道理，却能够从文章对“齐人”卑琐可笑的行止的讥刺中体会到对人的尊严的赞美，倘若联想到现实环境中某个整日夸耀自己曾同阔人吃过一顿饭或同大人物握过一次手的角色，不免会会心一笑——这里分明是有些“自我享受”的意味了。

那么，人的“自我享受”的基础是什么呢？马克思早就指出：“自由自觉的活动恰恰就是人类的特性。”（马克思《1844年经济学—哲学手稿》）不符合这种特性的东西归根结柢是无法被人接受的，其中也就不可能含有可供人们“自我享受”的因素。其实，检讨书也是古已有之的，《文选》还收有曹植的《责躬表》（与《责躬诗》一起）。尽管他“才高八斗”，文章也写得很漂亮，但他这种不得已的自我羞辱、自我贬损，显然是“自由自觉的活动”的对立物，因而这样的作品仍然使人讨厌。至于文能够让人喜爱到什么程度，则取决于它提供给人们由鉴赏而获得的“自我享受”丰富到何种程度。前人的文字展开了一个空间，阅读与鉴赏的过程，既是对这一空间中所蕴涵的精神内容的体会，亦是人作为自由的主体对自身所具有的多种可能性的验证。而且，由于历史不可重复，某些具有特定时代特征的审美形式、审美经验只能从前代遗籍中获得。换言之，优秀的古代文篇，具有扩展和丰富我们的精神生活的价值。而从另一个方面来说，在排列于时间流程上的各种各样的古代文篇中，我们又看到人们在不同历史条件及具体个人遭遇下的生活情景与人生向往，以及由此所生发出来的喜怒哀乐、恩仇好恶，它们和现代人的生活感情、艺术趣味的逐步接近，这对于今天的读者也是很值得玩味的。

通过对古文的阅读和鉴赏，还可以增加我们的文化知识，并在文章写作、语词运用方面获得某些益处，这道理比较简单，就不想多说了。

古文的选本过去有过很多，旧时最流行的当数清康熙年间吴楚材、吴调侯所编选的《古文观止》，这书至今仍拥有很多读者。但以今人的眼光来看，编者的选择标准未免偏狭，所作的评注也颇有八股气息。重新编一部包容范围较广、选择较精、用现代的标准来衡量和评析的《古文鉴赏辞典》，实是一件很有必要的事情。本书就是基于这样的目的而编纂的。由于我国过去的文包括文艺性的与非文艺性的两类（也有非文艺性的作品而含有若干文艺性成分的），前者可供“自我享受”，后者则可借以加强文化素养和提高写作方面的能力，本书的选目和释文都企求尽量顾及这两个方面。在注释方面，凡从辞书中容易查得的文言词语一般不注，以避免琐碎；着重对人名、地名、典故、史实及难解难查的词语作注，冀便读者解决疑难，开卷得益。但限于我们的水平和能力，不当之处在所难免，诚恳地希望读者批评指正。

篇目表

先　秦

《尚书》

无逸 …………………………………… 3

《左传》

郑伯克段于鄢 ………………………… 7

曹刿论战……………………………… 11

烛之武退秦师………………………… 13

宫之奇谏假道………………………… 16

秦晋殽之战…………………………… 19

《国语》

勾践灭吴……………………………… 25

王孙圉论楚宝………………………… 30

里革断罟匡君………………………… 32

《战国策》

苏秦以连横说秦……………………… 35

邹忌讽齐王纳谏……………………… 40

齐人谏靖郭君城薛…………………… 43

颜斶说齐王贵士……………………… 44

冯谖客孟尝君………………………… 49

赵威后问齐使………………………… 53

触龙说赵太后………………………… 56

唐雎为安陵君劫秦王………………… 59

乐毅报燕惠王书……………………… 62

孔　子

子路曾晳冉有公西华侍坐章…… 67

长沮桀溺耦而耕章……………… 70

季氏将伐颛臾章………………… 72

墨　子

公输……………………………… 75

孟　子

齐桓晋文之事章………………… 79

天时不如地利章………………… 86

有为神农之言者许行章………… 88

齐人有一妻一妾章……………… 94

鱼我所欲也章…………………… 95

庄　子

逍遥游…………………………… 98

庖丁解牛 ……………………… 105

胠箧 …………………………… 108

秋水 …………………………… 112

《晏子春秋》

晏子使楚 ……………………… 118

孙　子

谋攻 …………………………… 121

荀　子

天论 …………………………… 124

赋篇·箴 ……………………… 131

韩　非

说难 …… 133

自相矛盾 …… 139

扁鹊见蔡桓公 …… 141

猛狗与社鼠 …… 143

《吕氏春秋》

去私 …… 145

察今 …… 148

《礼记》

《檀弓》三则 …… 151

《学记》三则 …… 154

屈　原

卜居 …… 157

渔父 …… 160

招魂 …… 163

宋　玉

风赋 …… 170

对楚王问 …… 173

高唐赋 …… 176

神女赋 …… 180

登徒子好色赋 …… 185

李　斯

谏逐客书 …… 189

两　汉

贾　谊

过秦论(上) …… 197

治安策 …… 203

鹏鸟赋 …… 210

刘　彻

李夫人赋 …… 214

晁　错

论贵粟疏 …… 218

枚　乘

七发 …… 223

邹　阳

狱中上梁王书 …… 233

淮南小山

招隐士 …… 240

司马相如

子虚赋 …… 242

上林赋 …… 249

长门赋并序 …… 257

东方朔

答客难 …… 261

司马迁

鸿门宴 …… 266

项羽之死 …… 273

孙膑 …… 277

管晏列传 …… 280

信陵君窃符救赵 …… 285

廉颇蔺相如列传 …… 291

魏其武安侯列传 …… 301

周亚夫军细柳 …… 311

万石君传 …… 313

郭解传 …… 319

优孟传 …… 323

秦楚之际月表序 …… 326

高祖功臣侯者年表序 …… 328

报任少卿书 …… 330

褚少孙

西门豹治邺 …… 338

王 褒

洞箫赋 …… 343

杨 恽

报孙会宗书 …… 348

刘 向

《战国策》书录 …… 351

扬 雄

解嘲 …… 356

逐贫赋 …… 363

毛 亨

毛诗序 …… 366

路温舒

尚德缓刑书 …… 370

班 固

苏武传 …… 376

李陵传 …… 386

封燕然山铭并序 …… 394

张 衡

归田赋 …… 397

崔 瑗

座右铭 …… 399

赵 壹

刺世疾邪赋 …… 402

蔡 邕

述行赋并序 …… 405

郭泰碑 …… 410

孔 融

与曹操论盛孝章书 …… 414

祢 衡

鹦鹉赋并序 …… 417

王 粲

登楼赋 …… 421

陈 琳

为袁绍檄豫州 …… 424

先秦

【典籍介绍】

《尚书》

亦称《书》《书经》。"尚"即"上"，上代以来之书，故名。中国上古历史文件和部分追述古代事迹著作的汇编。相传由孔子编选而成。原为一百篇，秦焚书时，博士伏生将之藏于壁中，汉初取出残存二十八篇，加上一篇伪《太誓》共二十九篇，用当时隶书写定，称《今文尚书》。另有相传汉武帝时在孔子住宅壁中发现的《古文尚书》和东晋梅赜所献的伪《古文尚书》两种。现在通行的《十三经注疏》本《尚书》，就是《今文尚书》与伪《古文尚书》的合编。注本有唐孔颖达《尚书正义》、清孙星衍《尚书今古文注疏》等。

无　逸①

《尚书》

周公②曰：呜呼！君子所，其无逸③？先知稼穑之艰难，乃逸，则知小人之依④。相⑤小人，厥父母勤劳稼穑，厥子乃不知稼穑之艰难，乃逸，乃谚⑥。既诞⑦，否则⑧侮厥父母，曰昔之人⑨无闻知。

周公曰：呜呼！我闻曰：昔在殷王中宗⑩，严恭寅畏⑪，天命自度，治民祗惧，不敢荒宁⑫。肆中宗之享国⑬七十有五年。其在高宗⑭，时旧劳于外，爰暨小人⑮。作⑯其即位，乃或亮阴，三年不言。其惟不言，言乃雍⑰。不敢荒宁，嘉靖⑱殷邦。至于小大⑲，无时或怨⑳。肆高宗之享国五十有九年。其在祖甲，不义惟王，旧为小人㉑。作其即位，爰知小人之依，能保惠于庶民，不敢侮鳏寡。肆祖甲之享国三十有三年。自时厥后，立王生则逸㉒。生则逸，不知稼穑之艰难，不闻小人之劳，惟耽乐㉓之从。自时厥后，亦罔或克寿，或十年，或七八年，或五六年，或四三年。

周公曰：呜呼！厥亦惟我周太王、王季㉔，克自抑畏㉕。文王卑服，即康功田功㉖。徽柔懿恭㉗，怀保小民，惠鲜㉘鳏寡。自朝至于日中昃㉙，不遑暇食，用咸和万民。文王不敢盘于游田㉚，以庶邦惟正之供㉛。文王受命惟中身㉜，厥享国五十年。

周公曰：呜呼！继自今嗣王，则其无淫于观㉝，于逸，于游，于田，以万民惟正之供。无皇曰㉞：今日耽乐。乃非民攸训，非天攸若，时人丕则有愆㉟。无若殷王受㊱之迷乱，酗于酒德㊲哉！

周公曰：呜呼！我闻曰："古之人犹胥㊳训告，胥保惠，胥教诲，民无或胥诪张为幻㊴。"此厥不听，人乃训之，乃变乱先王之正刑㊵，至于小大。民否则厥心违怨㊶，否则厥口诅祝㊷。

周公曰：呜呼！自殷王中宗，及高宗，及祖甲，及我周文王，兹四人迪哲㊸。厥或告之曰："小人怨汝詈汝。"则皇自敬德㊹。厥愆，曰朕之愆。允若时㊺，不啻不敢含怒㊻。此厥不听，人乃或诪张为幻，曰小人怨汝詈汝，则信之。则若时，不永念厥辟㊼，不宽绰厥心，乱罚无罪，杀无辜。怨有同，是丛于厥身㊽。

周公曰：呜呼！嗣王其监㊾于兹！

〔注〕 ① 无逸：旧传周公作《无逸》，据今传本，当经过史官记录整理。 ② 周公：名姬旦。周文王子，武王弟，成王叔父。 ③ 君子所，其无逸：君子，《尚书》中通指贵族统治者；所，在位；其，通"岂"，难道。此句意谓：君子在位，怎么会没有安逸？ ④ 则知小人之依：小人，《尚书》中泛指庶民。依，隐，内心疾苦。 ⑤ 相：看。 ⑥ 谚：同"喭(yàn 彦)"，强悍粗暴。⑦ 既诞：既，同"暨"；诞，诳骗。 ⑧ 否则：即下文的"丕则"，乃至于。 ⑨ 昔之人：小人称其父母。 ⑩ 昔在殷王中宗：昔在，追述古事的用语；殷王中宗，即殷代七世贤王祖乙(据甲骨卜辞)，一说为汤之玄孙大戊(据《史记·殷本纪》)。 ⑪ 严恭寅畏：恭，外貌恭敬；寅，内心恭敬。⑫ 天命自度，治民祗惧，不敢荒宁：度(duó 夺)，揣测；祗(zhī 支)惧，恭敬小心；荒宁，荒政事，图安逸。三句意谓以天降使命为己任，谨慎治民，勤于政事。 ⑬ 肆中宗之享国：肆，同"故"，所以；享国，在王位治国的时间。 ⑭ 高宗：即殷代十一世贤王武丁。 ⑮ 时旧劳于外，爰暨小人：时，实；旧，久；爰，于是；暨，与。二句意谓长久在民间劳作，与百姓广泛接触。 ⑯ 作：开始。 ⑰ 乃或亮阴，三年不言，其惟不言，言乃雍：亮，信；阴，默；雍，和悦。四句意谓武丁即位之初，三年之中不大讲话；惟其不大讲话，讲起话来和顺合理。 ⑱ 嘉靖：安定。 ⑲ 小大：指朝中上下大小臣僚。 ⑳ 无时或怨：时，同"是"，指代武丁其人。此句意谓对武丁的作法没有怨意。 ㉑ 其在祖甲，不义惟王，旧为小人：祖甲，武丁子，祖庚弟。武丁欲废祖庚立祖甲，祖甲逃往民间。不义惟王，旧为小人，认为废长立少不合理，故在民间长期做老百姓。旧，长久。直至祖庚卒后，祖甲方才继位。 ㉒ 生则逸：生于安乐之中。 ㉓ 耽乐：沉溺于享乐。㉔ 太王、王季：周公的曾祖父和祖父。 ㉕ 抑畏：谨慎小心。 ㉖ 卑服，即康功田功：穿着卑贱者的衣服，成就开垦荒地和治田之功。 ㉗ 徽柔懿恭：徽，善；柔，仁；懿，美。 ㉘ 惠鲜：爱护。 ㉙ 自朝至于日中昃(zè 仄)：朝，早晨；日中，中午；昃，日偏西。 ㉚ 盘于游田：盘，乐；田，同"畋"，打猎。 ㉛ 以庶邦惟正之供：供，同"恭"。句谓恭敬处理各邦国间的政事。㉜ 中身：中年。文王四十七岁即位。 ㉝ 继自今嗣王：从今以后继承王位的人。"今"字后当脱"后"字，《酒诰》《多士》皆作"今后嗣王"，可证。淫：过度。观：古借用为"欢"字，指声色之

娱。 ㉞ 无皇曰：不要比方着说。皇，汉《熹平石经》作“兄”。兄，古“况”字。 ㉟ 乃非民攸训，非天攸若，时人丕则有愆：攸，所；训、若，顺；时，是，这；愆，过失。三句意谓这就不是教民、顺天的正确做法，这种人乃至于产生过错。 ㊱ 受：即纣，殷朝末代暴君。 ㊲ 酗于酒德：德，此指凶德，恶行。 ㊳ 胥：相互。 ㊴ 诪张为幻：诪（zhōu 周）张，诳骗；幻，诈惑。 ㊵ 正刑：正，同“政”，政治；刑，法令。 ㊶ 违怨：怨恨。 ㊷ 诅祝：诅咒。 ㊸ 迪哲：明智。 ㊹ 皇自敬德：皇，汉《熹平石经》作兄，通“况”。况有“益”义，全句谓益加敬重自己的品德。 ㊺ 允若时：诚如是。下文“则若时”义同。 ㊻ 不啻：不但。不啻不敢含怒，下有省略。郑玄说：“不但不敢含怒，乃欲屡闻之，以知己政得失之源也。” ㊼ 辟：法度，为君之道。 ㊽ 怨有同，是丛于厥身：同，会聚；丛，集中。二句意谓民怨会聚起来，集中到他身上。 ㊾ 嗣王：此指周成王。监：同“鉴”，鉴戒。

《无逸》堪称《尚书》中的奇文。《尚书》诘屈聱牙，难读难懂，《无逸》似乎是个例外，事实却又并非如此。宋人王柏《书疑》云：“周公之言，未有明白如此篇者。但首语一句，忽又奇古，曰‘君子所其无逸’。先儒以处所训所。朱子曰：‘某则不敢如此解，恐有缺文。’愚则曰恐是衍字。”一部艰深的经典中有一篇明白易读之文，其首句却又奇古多致歧解。一如诗无达诂，经书中的歧解司空见惯。不过，《无逸》首句之解，却颇关宏旨。

“君子所，其无逸”，郑玄注为“君子处位为政，其无自逸豫也”。近世率多沿袭，释为“君子居其位，不要贪图安逸”之类。以“无”通“毋”，似源于《史记》。《史记·鲁周公世家》中《无逸》作《毋逸》，通常又认为此篇名取自首句，“无”“毋”相通的印象自然形成。如此，首句便成劈头面命语，明示成王不可逸。倘若在尧舜时代，君主尚可说不堪其苦，时至周朝，天子至尊，普天之下，莫非王土，不许天子享受逸乐，似有悖实情。视下文有“无淫于观，于逸，于游，于田”，是要求王者不要过度（淫）逸乐，而不是说不可有一点逸乐，恰如禁止酗酒，并不是不许饮一滴酒。周公劈头面命，亦不合情理。家族中，以叔训侄，可；朝廷上，以臣命君，则不妥。成王幼年继位，周公摄政七年，还政于成王，“恐成王壮，治有所淫佚”，拳拳之心系于社稷，故作《无逸》以示警戒。但问题在于，成王与周公关系甚为微妙，周公辅成王固然被后世奉为楷模，不过“及成王用事，人或谮周公，周公奔楚”（《史记·鲁周公世家》）云云，暗示了二人并非没有嫌猜；周公的临终表白“必葬我成周，以明吾不敢离成王”（引同上），更加强了上述暗示。老于政事的周公对已存嫌猜的成王率尔面命，当无可能。再就上下文而言，首句表示无条件的不可逸，紧接着便是“先知稼穑之艰难，乃逸”——有条件的可逸了，逻辑、文理立即陷入混乱。难怪会有“缺文”“衍字”种种以求圆通的解释，但大都仍为郑注所拘，难以圆通。清人牟庭《同文尚书·无逸之训》则说：“此经言有位君子处处乐耳，岂有一处不逸豫者乎？无有也。”庶几近是。牟说跳出郑注窠臼，实为一大发明，由之而得启发，首句当是问句:“君子所,其无逸?”意即:“君子在位,怎么会没有安逸?”如此开头,在周公不失温柔敦厚,于成王感情上容易接受。

逸,条件是在位,就君王而言是“享国”。本文围绕在位、“享国”作一系列对比阐述,用意十分明显,即告诫成王时刻不忘自己身为君子(广义的)、君王(特有的),要牢记身份,努力保持已有的地位,提防与小人同流合污,避免向失去王位的不利方向转化。要想不失去逸豫,必须做到这些。

周公在《无逸》中连用了五个对比:君子与小人、殷代贤王与昏君、周朝贤王与对“继自今嗣王”的告诫、对民的保惠、对小人的谨慎与否。在对比阐述中,周公的农本、重民、无淫于逸的思想贯串始终。

“土地,本也;人民,干也。”(《逸周书·武纪解》)土地是要人耕种的,农业生产需要劳动力,农本与重民紧密联系,不可分割。同样求“逸”,君子“先知稼穑之艰难”,小人“不知稼穑之艰难”,是否“知稼穑之艰难”被视为区别贤愚高下的准绳,强调农本十分清楚。而“胥训告,胥保惠,胥教诲”,对小人的怨恨取宽容、反躬自责的态度,则是重民思想的体现。周朝重视庶民,是区别于殷代的一个特点。王国维曾经论及:“《尚书》言治之意者,则惟言庶民。《康诰》以下九篇(包括《无逸》),周之经纶天下之道胥在焉。”(《殷周制度论》)

告诫成王无淫于逸,周公用贤王与昏君对比,殷鉴不远,运用自如。敌对王朝的贤主,予以称赞,以示大度;其昏君,予以谴责,何乐不为?本朝贤王,赞誉不难,惟自后稷开国,历年久远,其间未必无昏庸之主,故均隐而不述,只是以一整节篇幅强调对“今嗣王”的要求,巧妙完成对比。享国的年限,以殷中宗“七十有五年”为最长,文中则强调周文王中年继位,尚能享国“五十年”,以示不甘居下风。享国的久暂,作为衡量贤愚的标准提了出来,而享国长久的贤君,都是知稼穑、体贴民情、不淫于逸的,论证的严密性亦从中得到体现。重农,重民,不淫于逸,方能享国长久;享国长久,方能久享逸豫。首句的反问,从字面上看,是肯定君子享乐的当然性、合理性,一系列对比阐述,则是说明求得久享逸乐的正确途径。其中,无淫于逸,方能有久逸,颇有辩证意味。

文中反复运用正反两面对比,将应当如何、不应当如何,如此便有这般益处、如彼将有何等祸害,阐述得十分透彻,这一显著特点,论者一般不会遗漏。但由于拘泥于郑注,又大都将首句释为全文总纲,以为周公通篇告诫成王不要求逸,似乎一旦身为君王,便终生与逸无缘,实在有悖情理。“君子所,其无逸”一句,并非全文总纲,而是一个有启发性的引子。这个反问句的作用不在于告诫成王绝对不可逸,而是说明君王无不可逸之理,同时又暗藏伏笔:君王应该享受逸乐,然而有些君王却福祚短暂，甚至祸及其身，也是不容抹煞的史实。这便启示成王考虑如何才能做到享国久远，福祚绵绵。如此理解，才能体会《无逸》全文一气呵成、如江河倾泻的雄浑气势。大凡被人当面揭短，总不很好受，何况君主，忍受批逆鳞的气度毕竟有限。成王恐怕是有淫于逸的表现的，从周公对他的担心可以觉察到。有了这个引子，通篇的警戒变得易于接受，正是本文的成功之处。

成王幸而有周公这样一位杰出的王叔，终于顺利地承继并巩固了王业，享国达三十七年之久。周公辅成王自然被公认为摄政、辅政的典范，而这篇阐述为君之道最为充分的《无逸》，理所当然地被历代君王奉为重要经典，直至清朝，还被帝王特别推崇。

（李祚唐）

【典籍介绍】

《左传》

《春秋左氏传》的简称。亦称《左氏春秋》。旧传春秋时左丘明所撰。近人则以为非一人一时之作，于战国初编定成书。多用事实解释《春秋》，同《公羊传》《穀梁传》用义理解释有异。记事起自鲁隐公元年（前722），迄于鲁哀公二十七年（前468），并附记灭智伯之事（前454）。书中保存了大量古代史料，文字优美，记事详明，为中国古代一部史学和文学名著。该书每与《春秋》合刊，作为《十三经》之一。有西晋杜预《春秋左氏经传集解》，唐孔颖达等《春秋左传正义》，清洪亮吉《春秋左传诂》、刘文淇等《春秋左氏传旧注疏证》（止于襄公五年）。另有宋林尧叟注，常与杜预注合刊。

郑伯克段于鄢　　《左传》

初，郑武公娶于申①，曰武姜，生庄公及共叔段。庄公寤生②，惊姜氏，故名曰“寤生”，遂恶之。爱共叔段，欲立之。亟请于武公，公弗许。

及庄公即位，为之请制。公曰：“制，岩邑也，虢叔死焉③，他邑唯命。”请京④，使居之，谓之京城大叔。

祭仲⑤曰：“都城过百雉⑥，国之害也。先王之制，大都，不过参国之一⑦；中，五之一；小，九之一。今京不度，非制也⑧，君将不堪。”公曰：“姜氏欲之，焉辟害？”对曰：“姜氏何厌之有？不如早为之所，无使滋蔓！蔓，难图也。蔓草犹不可除，况君之宠弟乎？”公曰：“多行不义必自毙，子姑待之。”

既而大叔命西鄙北鄙贰于己⑨。公子吕⑩曰：“国不堪贰，君将若之何？欲与大叔，臣请事之；若弗与，则请除之，无生民心。”公曰：“无庸，将自及⑪。”大叔又收贰以为己邑，至于廪延⑫。子封曰：“可矣，厚将得众。”公曰：“不义不昵，厚将崩⑬。”

大叔完聚，缮甲兵，具卒乘⑭，将袭郑。夫人将启之。公闻其期，曰：“可矣。”命子封帅车二百乘以伐京。京叛大叔段，段入于鄢⑮。公伐诸鄢。五月辛丑，大叔出奔共⑯。

书曰：“郑伯克段于鄢。”段不弟，故不言弟。如二君，故曰克。称郑伯，讥失教也。谓之郑志，不言出奔，难之也。

遂寘姜氏于城颍⑰，而誓之曰：“不及黄泉，无相见也！”既而悔之。颍考叔为颍谷封人⑱，闻之，有献于公。公赐之食。食舍肉。公问之，对曰：“小人有母，皆尝小人之食矣，未尝君之羹，请以遗⑲之。”公曰：“尔有母遗，繄⑳我独无！”颍考叔曰：“敢问何谓也？”公语之故，且告之悔。对曰：“君何患焉？若阙地及泉，隧而相见，其谁曰不然？”公从之。公入而赋：“大隧之中，其乐也融融。”姜出而赋：“大隧之外，其乐也泄泄㉑。”遂为母子如初。

君子曰：颍考叔，纯孝也，爱其母，施及庄公。《诗》曰：“孝子不匮，永锡尔类㉒。”其是之谓乎！

〔注〕 ① 郑武公：姬姓，名掘突。申：国名，姜姓，侯爵，故城在今河南南阳。 ② 寤生：寤乃“牾”之借字，犹言逆生，指婴孩足先出。 ③ 虢叔：东虢国君，姬姓，立国于今河南荥阳东北。虢叔恃其地势之险固，有骄侈怠慢之心（《国语·郑语》），公元前 767 年为郑所灭。④ 京：郑国地名，在今河南荥阳东南。 ⑤ 祭（zhài 债）仲：郑大夫，亦称祭足。 ⑥ 都城过百雉：都，都邑；城，城垣。城长一丈、高一丈谓之堵，三堵为雉，故雉为高一丈长三丈，百雉为长三百丈。《战国策·赵策三》马服君对田单曰：“且古者城虽大，无过三百丈者。”与《左传》“城过百雉，国之害也”相符。 ⑦ 参国之一：参，同三。国，国都。此言大的都邑，其城不过国都三分之一。 ⑧ 不度：不合法度。非制：非法制所许。 ⑨ 西鄙北鄙贰于己：谓将郑西部与北部边境之二邑既属于郑，又属于己，为两属之地。 ⑩ 公子吕：字子封，郑国大夫。 ⑪ 无庸：庸，用。无庸，犹言用不着。将自及：谓祸将及其自身。 ⑫ 廪延：郑国地名，在今河南延津附近。 ⑬“不义”二句：不义不昵，不义则不昵。昵，据《说文》当作“䵒”，黏连的意思。二

句谓不义就不能团结众多的人，势力再雄厚也要崩散。 ⑭ 完聚：完，完（坚牢）城郭。聚，聚粮食。缮甲兵：修缮盔甲兵器。具卒乘：具，充足；卒，步兵；乘，车兵。 ⑮ 鄢：郑国地名，在今河南鄢陵附近。 ⑯ 共（gōng 恭）：本为国名，后为卫别邑，在今河南辉县。 ⑰ 寘：同“置”。城颍：郑国地名，在今河南临颍西北。 ⑱ 颍考叔：郑大夫。颍谷封人：颍谷，郑国地名，在今河南登封；封人，管理边界的官吏。 ⑲ 遗（wèi 畏）：赠与，送给。 ⑳ 繄（yī 衣）：语助词。 ㉑ 泄（yì 义）泄：舒散快乐的样子。 ㉒ 孝子不匮，永锡尔类：见《诗经·大雅·既醉》。匮，竭尽；锡，赐予。意为孝子孝敬父母无竭尽之时，所以能经常感化族类的人。

公元前722年，在郑国统治者内部发生了一件骨肉相残的事件，这就是《春秋》上所谓的“郑伯克段于鄢”。《公羊》《穀梁》都提到这件事，发表了一些议论。但从事件的叙述、人物的刻画方面来说，《左传》的文字写得最具体精彩，历来脍炙人口。

姜氏厌恶其子郑庄公，始于郑庄公出生时的难产。可是她对于共叔段，却又非常溺爱。屡次请求郑武公废长立幼。虽遭到武公的拒绝，但姜氏并不就此罢休，这就充分说明了这个女人不仅愚蠢而且顽固。姜氏的一恶一爱，始终贯串于矛盾的产生、发展和激化的过程，正是行文的脉络所在。

郑庄公即位后，姜氏要求把制邑分给共叔段，制，地在虎牢，形势十分险要。姜氏为共叔段要求封制的居心何在，郑庄公是十分清楚的，当然不能允许，直截了当地告诉姜氏：“制，岩邑也，虢叔死焉，他邑唯命。”据说虢叔恃险不修德政，结果被郑武公所灭。对于郑庄公这段话中所包含的杀机，姜氏未必能够完全参透。求制不得而求京，这也在郑庄公意料之中。由此可见，姜氏的筹算一开始就落入郑庄公的掌握之中了。

历史上的封建统治者，总是把维护自己的权力放在最重要的地位，即使母子兄弟之间，也丝毫不能缓解他们之间权力之争的矛盾。从郑庄公即位到共叔段外逃，共经过了二十二个年头。这漫长的岁月，突出地表现了郑庄公蓄谋之久，甚至连他的左右大臣也察觉不出其心迹，被蒙在鼓里。当祭仲提出京的制度不合规定的时候，郑庄公却说：“姜氏要这么干，我有什么办法避免这种威胁呢？”装成无可奈何的样子。等到祭仲提醒他“蔓草犹不可除，况君之宠弟乎”时，他才说出“多行不义，必自毙，子姑待之”的话。这个“毙”字和“虢叔死焉”的“死”字是一脉相承的，即使在这一点透露之中，也遮上了一块帷幕：表明这是在自杀，而非他杀，企图逃避杀弟的罪责，可说既狠毒又狡猾。

郑庄公设下的陷阱，就是养共叔段之骄，纵共叔段之欲，使其不断膨胀，逐步发展到自我毁灭。权力欲望的沟壑是永远填不满的。郑庄公竭力容忍共叔段的得寸进尺，从表面上来看，好像处在被动地位，实际上主动权仍然掌握在郑庄公的手里。如果加以扼制，共叔段就会收敛，郑庄公企图使其自我毁灭的目的就会落空。因此，不管共叔段使“西鄙北鄙贰于己”也好，还是进而把二邑归为己有，封地扩展到廪延也好，郑庄公都不露声色，听之任之。即使他的心腹公子吕连续向他提出警告，甚至说出“欲与太叔，臣请事之；若弗与，则请除之”这样的话来激他，他都不为所动。这说明郑庄公的深藏不露，真是达到了无以复加的地步。等到共叔段完成了进攻国都的准备，并得知姜氏开城作内应的确切时间之后，郑庄公才发布讨伐共叔段的命令。长期郁结的怨恨一下从“可矣”二字中迸发了出来。公子吕伐京后，共叔段逃到鄢，郑庄公又亲自率军攻鄢，终于使共叔段彻底垮台。对于姜氏当然也不会放过，把她放逐到城颍，而且发誓说：“不及黄泉，无相见也！”怨恨之深溢于言表，再也用不着掩盖了。

和郑庄公的极端冷酷相比，共叔段则表现为极度狂热。这种狂热，既表现了攫取权力的野心，也表现了施展权术的低能。共叔段的步步逼近，实际上都是在步步落入郑庄公为他设下的陷阱。争权夺利，可以使人变得冷酷无情，也可以使人变得骄横狂热。从本质上来说，它们都是封建统治者罪恶本质的表现。因此，这一对亲兄弟，犹如一根毒藤上结出的一双恶果，其胚胎并没有什么大的区别，不过一个是胜利者，一个是失败者而已。

姜氏、共叔段母子的密谋及活动，在文章中并没有作正面描写，只是通过简要的记叙和郑庄公与祭仲、公子吕的对话表现出来。这样写不仅使文字显得十分简洁，而且突出了郑庄公在这场斗争中的主导地位。对于姜氏、共叔段的密谋活动，郑庄公了若指掌；而姜氏、共叔段对郑庄公的险恶用心及严密部署却毫无所知。妙在似明实暗，似暗实明。通过故事情节的发展，人物的对话，郑庄公这个奸雄的性格特征，栩栩如生，跃然纸上。

“遂为母子如初”的结尾，读来使人感到十分滑稽，有人称之为丑剧，亦不为过。像姜氏母子这样早已失去了普通人性的典型人物，在经过了一场你死我活的搏斗之后，能够毫无芥蒂，再叙什么天伦之乐吗？何况在郑庄公刚出生之时，就埋下了怨恨的种子。“遂为母子如初”的“初”字就缺乏依据，显得勉强了。血腥的厮杀早就把统治阶级竭力宣扬的那层薄薄的“孝悌”的外衣撕得粉碎了。无怪乎史官对此事的评论也感到为难了。“孝子不匮，永锡尔类”，这是作者针对颍考叔而说的。将孝道永赐予汝之族类，似乎是郑庄公受到颍考叔孝母的感染，其实不过是庄公借此就坡下驴。他之所以欣然接受颍考叔的建议“阙地及泉，隧而相见”，不过是企图缝补这些破碎的外衣，掩盖已经充分暴露了的肮脏的躯体和丑恶的灵魂，这也是千古奸雄的伎俩。因为在这里郑庄公又集中地表现了他的伪善，而伪善是永远和丑恶伴随在一起的。

（宋　廓）

曹刿论战　　《左传》

十年春，齐师伐我。公将战。曹刿请见。其乡人曰："肉食者谋之，又何间① 焉？"刿曰："肉食者鄙，未能远谋。"乃入见。

问："何以战？"公曰："衣食所安，弗敢专也，必以分人。"对曰："小惠未遍，民弗从也。"公曰："牺牲② 玉帛，弗敢加也，必以信③ 。"对曰："小信未孚④，神弗福也。"公曰："小大之狱，虽不能察，必以情⑤ 。"对曰："忠之属也⑥，可以一战。战则请从。"

公与之乘，战于长勺⑦。公将鼓之，刿曰："未可。"齐人三鼓，刿曰："可矣。"齐师败绩。公将驰之，刿曰："未可。"下，视其辙，登轼而望之，曰："可矣。"遂逐齐师。

既克，公问其故。对曰："夫战，勇气也。一鼓作气，再而衰，三而竭。彼竭我盈，故克之。夫大国难测也，惧有伏焉。吾视其辙乱，望其旗靡，故逐之。"

〔注〕 ① 间(jiàn 见)：参与。 ② 牺牲：祭祀时供献的猪牛羊。 ③ 信：诚。谓祭祀必以诚。 ④ 孚(fú 福)：取信于人。 ⑤ 情：实情。 ⑥ 忠之属：此谓尽心于民的一类事情。 ⑦ 长勺：鲁国地名，在今山东曲阜北。

鲁庄公十年(前 684)，齐桓公由于鲁国曾经帮助过公子纠和他争夺王位，因此发动了一场攻打鲁国的战争。这就是春秋时代所谓的长勺之战。这次战役，强大的齐国反而被弱小的鲁国打败了，成为历史上有名的以弱胜强的战例。《左传》的记载，突出地说明了鲁国之所以战胜的原因，成功地塑造了一位卓越的人物，他就是曹刿。

曹刿前人多认为就是曹沫，但说法不一。《史记·刺客列传》曾记载齐鲁两国在柯地会盟时，曹沫以匕首劫持齐桓公归还侵鲁土地的故事，写得虎虎有生气，与《左传》所写的曹刿的气概非常逼似。"刿"与"沫"音相近，极可能是同一人。《左传》《公羊传》《穀梁传》《管子》《荀子》《战国策》《国语》《史记》等书所载齐鲁之事，互有不合处，疑窦不少。看来曹刿(曹沫)这个人物的所作所为，是史家之笔与民间传说交糅在一起的。这些情况说明，曹刿确实是一个富有传奇色彩的人物。

在齐军压境,鲁庄公准备迎战的关键时刻,曹刿请求见庄公。在这之前,曹刿的乡人曾劝阻他说:“让那些肉食者去考虑对策吧!你何必参与进去呢?”“肉食者”为习语,是当时人们对权贵的代称。不说当官的而说成是“食肉的”,本身就很有点嘲讽的味道。乡人的看法当然是消极的,反映了当时的世俗之见,和“不在其位,不谋其政”完全合拍;同时也透露了一般人民与权贵之间的隔阂与矛盾。这就为鲁国能否抵御齐国的入侵投下了一束阴影。对此,曹刿开门见山地指出“肉食者鄙,未能远谋”,充分表达了他对那些尸位素餐、误国偾事的权贵们的蔑视。在当时那是很少有人敢于这样说的。这说明曹刿是一个热血男儿,在国家危难之机,敢于挺身而出,献策出力。曹刿的态度显然很积极,与乡人之说是大相径庭的。文章起笔陡峭,显得跌宕有力,轩昂不群。

曹刿和庄公的对话,写得既条理分明,又错落有致。曹刿劈头先问:凭什么条件进行这场战争?从战略上来讲,这个提问显然具有十分重要的意义。庄公接连回答了三个条件。第一个条件是:“衣食所安,弗敢专也,必以分人。”这是对贵族统治阶级来说的。第二个条件是:“牺牲玉帛,弗敢加也,必以信。”牺牲玉帛,皆祭神之物。这是对天地神灵而言。这两条都被曹刿否定了。只有第三条:“小大之狱,虽不能察,必以情”,才得到了曹刿的肯定。如果冤案太多,怨声载道,不能取信于民,怎么能得到人民的支持呢?所以民心的向背,至关重要。曹刿的注意力只集中到人民的身上,这是很了不起的见解。对话显示了曹刿与庄公见识之高低,使“肉食者鄙,不能远谋”的观点得到了具体的验证。这说明曹刿参与这次战役该有多么重要!

曹刿不仅勇于提出意见,而且积极要求参战。这就使这个人物的形象更加血肉饱满,奕奕动人。在交战中,曹刿两次阻止了庄公的轻举妄动;而当认为“可矣”之时,才让庄公击鼓冲锋或追逐败退之敌。然而文章只有可、否之辞,只言其然,不言其所以然。这是因为在紧张的战斗中,无暇多言;因而巧妙地形成了“悬念”,为下文的释疑解惑埋下了伏笔。这段文字,只是通过曹刿短促的语句和敏捷的动作,就生动地勾勒了人物的特征,渲染了战争的气氛。剪裁精当,笔墨可谓精练之极。

直到战斗结束,庄公还弄不清取胜的原因,这又一次说明庄公的懵懂,肉食者之不能远谋,与曹刿的精明机智更加形成了鲜明的对比。曹刿对庄公的解答,是这次战役之所以取胜的最好总结和说明。这画龙点睛之处,正是本文主旨之所在。总之,士气和战机,在军事上具有很重要的作用。乘“彼竭”之虚,奋“我盈"之威,故能克敌致胜。同时,只有掌握真实情况,方可作出准确的判断。所以,曹刿仔细观察到齐军败退时"旗靡辙乱"的情景后,才让庄公乘胜追击。兵不厌诈,在战争中必须高度警惕,慎重从事。结合取信于民、得到人民支持的先决条件,可以看出,曹刿的战略思想确有指导意义。曹刿的解说头头是道,娓娓动听,语气舒缓而充沛,反衬了前段行文节奏之短促,而与战后宽松的环境和喜悦的心情完全吻合。韩愈有言:"气盛则言之短长与声之高下者皆宜"(《答李翊书》),《左传》的文字就突出地表现了这个特点。

本文有叙有议,叙中有议,议中有叙,相得益彰。全文只有二百二十余字,记叙了一桩有始有末的战争故事,描绘了一个栩栩如生的人物形象,总结了一些重要的战略思想,这是很不容易的。"曹刿论战"这个题目是《古文观止》的编者加上去的,很有道理。因为它始终以曹刿的言论贯穿全文,中心突出,桴鼓相应,无一处无照应,无一处有破绽。

(宋　廓)

烛之武退秦师　《左传》

晋侯、秦伯①围郑,以其无礼于晋,且贰于楚也。晋军函陵②,秦军氾南③。

佚之狐④言于郑伯⑤曰:"国危矣!若使烛之武见秦君,师必退。"公从之。辞曰:"臣之壮也,犹不如人;今老矣,无能为也已。"公曰:"吾不能早用子,今急而求子,是寡人之过也。然郑亡,子亦有不利焉。"许之。

夜缒而出。见秦伯曰:"秦、晋围郑,郑既知亡矣。若亡郑而有益于君,敢以烦执事⑥。越国以鄙远,君知其难也;焉用亡郑以陪邻?邻之厚,君之薄也。若舍郑以为东道主,行李⑦之往来,共⑧其乏困,君亦无所害。且君尝为晋君赐矣,许君焦、瑕⑨,朝济而夕设版焉,君之所知也。夫晋,何厌之有?既东封郑⑩,又欲肆其西封;若不阙秦,将焉取之?阙秦以利晋,唯君图之。"

秦伯说⑪,与郑人盟。使杞子、逢孙、杨孙⑫戍之,乃还。

子犯⑬请击之。公曰:"不可。微夫人⑭之力不及此。因人之力而敝之,不仁;失其所与,不知⑮;以乱易整,不武⑯。吾其还也。”亦去之。

〔注〕 ① 晋侯：晋文公。秦伯：秦穆公。 ② 函陵：郑地名，在今河南新郑北。 ③ 氾(fàn范)南：氾，水名。此指东氾水，在今河南中牟南，现已干涸。 ④ 佚之狐：郑大夫。 ⑤ 郑伯：郑文公。 ⑥ 执事：左右办事的人，实际指秦穆公。不敢直指，故称其左右。 ⑦ 行李：使者。 ⑧ 共：同“供”。 ⑨ 焦、瑕：二城名，故址在今河南三门峡市附近。 ⑩ 东封郑：东取郑地作为自己东面的疆界。封，疆界，此作动词用。 ⑪ 说：同“悦”。 ⑫ 杞子、逢孙、杨孙：皆为秦大夫。 ⑬ 子犯：晋大夫狐偃的字。 ⑭ 微夫人：微，无；夫(fú扶)人，那个人，指秦穆公。 ⑮ 所与：同盟国，秦、晋同盟。知：同“智”。 ⑯ 以乱易整，不武：秦、晋两国整军而来，若互相冲突，变整为乱，即胜也不威武。

本文写的是郑国在兵临城下的紧急气氛中一次成功的外交活动，描绘了一位有勇有谋的外交家形象。

这件事发生在鲁僖公三十年(前630)。当时已取得霸主地位的晋国，联合西邻秦国去攻打东邻郑国。晋、秦两支大军驻扎的函陵和氾南，都是郑国的地方。

晋国为什么要来攻打郑国呢？理由是“以其无礼于晋，且贰于楚也”。无礼于晋，指的是重耳流亡到郑国时，“郑文公亦不礼焉”(《左传·僖公二十三年》)。当年，郑文公缺乏远见，没有理睬重耳。“贰于楚”，是指在晋楚城濮之战以前，“郑伯如楚致其师”(《左传·僖公二十八年》)，郑国准备派兵帮助楚国对晋作战，后来虽未参战，却因此得罪了晋国。“无礼于晋，且贰于楚”，这对意欲扩张的霸主来说，可谓信手拈来的借口。

两国军队同时入侵，郑国君臣惊恐之情可想而知。大夫佚之狐却胸有成竹，他给郑文公出主意说：国家危险了，如果派烛之武去见秦君，军队一定退走。烛之武何许人也？他有什么妙法可以使秦退兵？不禁令人产生悬念。郑文公接受了这一建议。“辞曰”和“许之”是烛之武对郑文公请他出使说秦的态度。过程交代十分简略。烛之武在使命面前，先辞后受，这看似闲笔，却有重要作用：一是交代了烛之武的境况，是一个不被重用的老臣；二是委婉地批评郑文公不能用人，但在关键时刻，作为国君尚能接受规谏，诚恳自责；三是点明烛之武深明大义，以解国难为重。文章到此，立即回到如何解围的问题上来。这一段，在重兵压境、国家危难的大背景下，粗线条勾勒出烛之武其人的形象，用笔简洁，并为下文作了必要的铺垫。

第二段正面展现烛之武见秦穆公、巧退敌兵的场面。“夜缒而出”，交代他出城的时间和方式。敌军围困，自然不能开城出入；夜间行动，又可避人耳目。此次说秦，重在离间秦晋联盟，因此，尤不能让晋人知道。从中，还可以看出烛之武奔赴国难的义勇精神。

在见到秦穆公之后，这位外交家既非据理质问，又不苦苦哀求，而是以超然事外的姿态开始了他的劝说：秦国和晋国围攻郑国，郑国已经知道要灭亡了，假如灭郑对秦国有好处，那就麻烦您来吧。接着，烛之武就秦、晋、郑三国关系，从四层意思上对秦穆公进行说服。第一层意思："越国以鄙远，君知其难也。"秦在西，郑在东，中间隔着晋国。秦要超越晋国，把郑国的土地纳入自己的版图，作为自己的边邑，这是很难办到的。"亡郑"之后，郑国的土地不为秦所得，必会为晋所有。"焉用亡郑以陪邻？邻之厚，君之薄也。"陪，当"增益"讲；邻，指晋国。不直指其名，表现语气的委婉。采取疑问句式，既加重亡郑不利于秦只利于晋这一论点的分量，又显示出态度的恳切。第二层是从正面向穆公提出建议："若舍郑以为东道主，行李之往来，共其困乏，君亦无所害。"舍郑，就是放弃郑、不灭郑的意思。郑国在秦国的东方，因此可作为"东道主"。那么秦国使者往来，遇到资粮不足，郑国便可尽地主之谊，给予供应，这有什么不好呢？第三层，烛之武进一步指出晋君不可信。二十年前，晋公子夷吾流亡时期，秦穆公接夷吾入秦，然后帮助他返回晋国做了国君，即晋惠公。所以说，"君尝为晋君赐矣"。当时，夷吾曾把晋的焦、瑕二邑许给秦国，作为酬谢。但他早上渡黄河归国，晚上就设版筑城，修建工事，与秦国对抗了。"朝济而夕设版焉"，朝夕并提，说明晋君态度变化之快。这里，烛之武重提秦穆公亲身经历的这段往事，巧妙而有力地指明晋君实为忘德背信之徒，不可与之共事。把过去晋惠公的事扯到眼前的晋文公身上，看似无理，其实也有内在关联，并且可以触动秦君之心。第四层，烛之武直截了当地指出：晋国哪会满足？已经在东边向郑国开拓土地，又要恣意向西边开拓。不损害秦国，到哪里取利？损秦以利晋，请您自己考虑吧。至此，烛之武从地理位置、历史事实和逻辑推理诸方面，把秦、晋之间的矛盾全部揭示出来，有理有据，令人信服。事实上，秦穆公也确实被打动了，所以，他一直未打断烛之武的话，说明他听得十分入神。

这一大段，作者在"退秦师"的"退"字上做足了文章。一位勇赴国难、知己知彼、善于辞令的外交家形象跃然纸上。

秦穆公听了烛之武的话，很高兴，爽快地跟郑国订立了盟约，并留下杞子、逢孙、杨孙三位大夫，驻兵为郑国防守。秦穆公自己则率大军回去了。

那么，晋文公又怎样了呢？晋国大夫子犯请求攻击秦军。此时，晋文公还比较理智，他说：不行。没有他人的助力，我们到不了今天。我还是回去吧。

晋文公流亡时由楚国到秦国，是秦穆公帮助他回晋做了国君。"微夫人之力不及此”，说的就是这段经历。晋文公讲了他不可攻击秦军的道理，可以说是为自己下了台阶，在无可奈何的情况下，只好撤军。这是烛之武退秦师成果的延伸。从全文叙述中可以看出，作者对烛之武说服秦穆公“舍郑”退兵，拆散秦晋联盟，改变了中原形势，从而使郑国转危为安，作了充分的肯定；同时，作者对晋文公这位中原诸侯盟主善于权衡利弊，自我克制，从而作出撤军决定，也是肯定的。

全文以“退秦师”为中心，从秦晋围郑开始，到秦晋退兵终结，突出了烛之武有勇有谋、能言善辩的形象。文章详略得当，语言精练，尤其是在运用对话方面，达到了纯熟的艺术境界。首先，用对话写人物和事件的发展。烛之武其人，作者始终没有直接评论，完全通过人物对话来体现。写烛之武的外交才能，有佚之狐的举荐作为事前铺垫渲染，有他自己说秦穆公的话作为正面描写。读者从他柔中有刚、委婉透辟的言辞中，自然看到了一位古代杰出外交家的形象。刘勰说：“烛武行而纾郑……亦其美也。”(《文心雕龙·论说》)的确，烛之武为郑国解围，他的精神和才能，都是美好的。除开篇叙述形势外，其他人物，从佚之狐善于识人，郑文公急切中起用烛之武，到结束时晋文公说“吾其还也”，全以对话表现。

其次，寓褒贬于对话之中。正面描写烛之武如此，反面批评郑文公不能用人，也是如此。作者不发议论，而倾向自现。寓倾向于叙事写物之中，这是《左传》，也是我国史传文学的一个重要特点。本文可为一例。 （董扶其）

宫之奇谏假道 《左传》

晋侯复假道于虞以伐虢。宫之奇谏曰：“虢，虞之表也。虢亡，虞必从之。晋不可启①，寇不可玩②。一之为甚，其可再乎？谚所谓‘辅车相依③，唇亡齿寒’者，其虞、虢之谓也。”

公曰：“晋，吾宗也，岂害我哉？”对曰：“大伯、虞仲，大王之昭也④。大伯不从，是以不嗣。虢仲、虢叔，王季之穆也⑤；为文王卿士⑥，勋在王室，藏于盟府⑦。将虢是灭，何爱于虞？且虞能亲于桓、庄乎？其爱之也，桓、庄之族何罪？而以为戮，不唯逼乎⑧？亲以宠逼⑨，犹尚害之，况以国乎？”

公曰：“吾享祀丰洁，神必据我⑩。”对曰：“臣闻之，鬼神非人实亲，惟德是依。故《周书》曰：‘皇天无亲，惟德是辅⑪。’又曰：‘黍稷非馨，明德惟馨⑫。’又曰：‘民不易物，惟德繄物⑬。’如是，则非德，民不和，神不享矣。神所冯⑭依，将在德矣。若晋取虞,而明德以荐馨香,神其吐之乎?"

弗听,许晋使。宫之奇以其族行,曰:"虞不腊矣。在此行也,晋不更举矣⑮!"

……

冬十二月丙子朔,晋灭虢。虢公丑奔京师。师还,馆于虞,遂袭虞,灭之,执虞公及其大夫井伯。

〔注〕 ① 晋不可启:谓不可使晋国扩张其野心。 ② 玩(wàn 万):习于其事而忽视它。 ③ 辅车相依:一说辅为面颊,车为牙床骨,互相依存。另一说认为辅为车两旁之板,用以夹车者。《诗·小雅·正月》:"其车既载,乃弃尔辅。"《吕氏春秋·权勋篇》:"宫之奇谏曰:虞之与虢也,若车之有辅也。车依辅,辅亦依车,虞虢之势是也。"车载物,用辅支持,所以辅与车有相依关系。当以后说为是。 ④ "大伯"二句:大伯、虞仲,大王之子。"大"同"太"。古代宗庙规定:始祖神位居中,子在左叫昭;孙在右叫穆。 ⑤ "虢仲"二句:虢仲、虢叔都是王季之子,王季在宗庙为昭,故虢仲、虢叔为穆。 ⑥ 卿士:官名,掌管国政的大臣。 ⑦ "勋在"二句:有功勋于王室,其受勋的文书藏于盟府。盟府,专管盟书的官府。 ⑧ 不唯逼乎:唯,犹"以"也。(据王引之说,见《经传释词》)逼,逼近,此处有威胁的意思。 ⑨ 亲以宠逼:近亲由于位尊而相逼。 ⑩ 神必据我:据,依。此句为神灵必定保佑我的意思。 ⑪ "皇天"二句:皇天对于人没有亲疏的关系,只有有德的人才保佑他。 ⑫ "黍稷"二句:黍稷并不是馨香,光明之德行才是馨香。黍稷,为古人祭祀常用之谷物。 ⑬ "民不"二句:人们用来祭祀的祭品并不改变,只有德行可以充当祭品。繄(yī 衣),句中语气词。 ⑭ 冯:同"凭"。 ⑮ "虞不"三句:虞国等不到腊祭了!就在这次要灭掉虞国,晋国用不着再举兵了。

春秋时鲁僖公二年(前 658),晋国以宝玉、骏马为赂,向虞国借道攻打虢国。贪而愚的虞公不仅答应借道,而且还要同去攻打虢国。虞国大夫宫之奇向虞公进谏,但听不进去。这次战役晋国拿下了虢国的下阳。事过三年,即僖公五年(前 655),晋献公又向虞公借道,再次去攻打虢国,昏愦的虞公又满口答应了。这件事关系到虞国的存亡,善于料事的宫之奇不得不向虞公再次进谏。宫之奇讲的话,在《左传》中被完整地保存了下来,这是很有意义的。因为它不仅揭示了春秋时代贵族统治集团尔虞我诈、以强凌弱的尖锐矛盾,而且体现了当时社会人们较高的认识事理的水平。

面对严峻的形势,宫之奇首先向虞公提出警告。他说:虢国与虞国的关系是辅车相依,唇亡则齿寒,"虢亡,虞必从之"。这个论断乃一篇之警策,提挈全文。由于比喻的生动确切,使人感到有振聋发聩的作用。但虞公却执迷不悟,提出了两条理由,作为可以放心给晋国借道的依据。对此,宫之奇进行了透辟的分析和有力的反驳。作为论据,进一步夯实了论断的基础。

针对虞公提出的"晋吾宗也,岂害我哉"的谬论,宫之奇首先列举史实,说明即使是同宗或近亲,也不可靠。他先从虞国说起。原来周代以后稷为始祖,太王(古公亶父)为后稷之第十二代孙。太王之子是太伯、虞仲、季历(即王季,文王之父)。太伯出走,由季历承嗣,传说虞仲也跟随出走,但据崔述《丰镐考信录》说,虞仲为虞国之始封君,这是可信的。由此可见虞国和晋国(晋国第一代国君叔虞是周成王之弟)都是姬姓,是同宗。而虢仲、虢叔是季历之子,虢仲为西虢之君,虢叔为东虢之君。不仅如此,当年虢仲、虢叔还担任周文王的卿士,"勋在王室,藏于盟府"。晋国能够攻打同宗的虢国,为什么不能攻打同宗的虞国呢?这是就源远流长的宗祖关系来说的。下面又从近亲的关系上来加以剖析,进一步说明同宗不可靠,近亲亦不可信。桓叔和庄伯是晋献公的曾祖和祖父。由于这两支宗族的子孙后代人多势大,晋献公感到威胁,竟然杀害了他们。何况虞有一国之利,晋国能够相容它吗?至此,同宗不害我之说被事实完全驳倒了。

针对"享祀丰洁,神必据我"的谬论,宫之奇先指出:"鬼神非人实亲,惟德是依。"认为鬼神不是随便亲近哪个人的,强调只保佑有德的人。他又引证了《周书》上的三段话作为论据,反复阐明这个道理。《文心雕龙·论说》云:"论如析薪,贵能破理。"就是说议论文字犹如劈柴,最重要的是要依照木料的纹理来下手。驳论更应如此。在这里,宫之奇紧接着顺势深入批驳,反诘道:如果晋国夺取虞国,修好德行,祭祀神灵,难道神灵会拒绝他们的祭供吗?这样,就使虞公所谓的"神必据我"完全失掉了支撑点。这里特别要指出的是:"非德,民不和,神不享矣。神所冯依,将在德矣"这几句话,充分体现了宫之奇民本位的思想,在当时无疑是有进步意义的。

不管宫之奇把形势分析得如何严峻,道理讲得如何透彻,虞公还是我行我素。最后,宫之奇率族出走,并断言:"虞不腊矣。在此行也,晋不更举矣!"这是对一开始就提出的论断作进一步补充和呼应;而"虞不腊矣",则又是对所谓"享祀丰洁,神必据我"的辛辣讽刺。通篇浑然一体,发挥得淋漓尽致,晋灭虢之后灭虞的过程,文中记叙得很简略,其主要作用在于对宫之奇料事的验证。文中叙事和议论交织一起,但着重点在以事记言,言详而事略。深刻透辟的剖析,有条不紊的论证,正是本文的一大特点。

晋国大夫荀息曾说:"宫之奇之为人也,懦而不能强谏。且少长于君,君昵之,虽谏,将不听。"(《左传·僖公二年》)虞公不听宫之奇的进谏,这算是被他料到了;但他对宫之奇为人的评价,却未必公允。从宫之奇的议论中可以看出,他不仅善于料事,而且能够直言不讳。他敢于断言"虢亡,虞必从之";敢于宣称"非德,民不和,神不享矣"。这能说他是一个懦弱的人吗?他慷慨激昂,无所顾忌,

言辞犀利，鞭辟入里，不愧是一个有胆有识、直言敢谏的臣子。他的毅然出走，应该说也是一种智慧和果敢的表现。（宋 廓）

秦晋殽之战 《左传》

冬，晋文公卒。庚辰，将殡于曲沃①。出绛，柩有声如牛。卜偃使大夫拜，曰："君命大事，将有西师过轶我，击之，必大捷焉。"

杞子自郑使告于秦曰："郑人使我掌其北门之管，若潜师以来，国可得也。"穆公访诸蹇叔。蹇叔曰："劳师以袭远，非所闻也。师劳力竭，远主备之，无乃不可乎？师之所为，郑必知之，勤而无所，必有悖心。且行千里，其谁不知？"公辞焉。召孟明、西乞、白乙，使出师于东门之外。蹇叔哭之，曰："孟子！吾见师之出，而不见其入也！"公使谓之曰："尔何知？中寿，尔墓之木拱矣②。"蹇叔之子与师，哭而送之，曰："晋人御师必于殽③。殽有二陵焉：其南陵，夏后皋之墓也；其北陵，文王之所辟风雨也④。必死是间，余收尔骨焉！"秦师遂东。

三十三年春，秦师过周北门⑤，左右免胄而下，超乘者三百乘。王孙满⑥尚幼，观之，言于王曰："秦师轻而无礼，必败。轻则寡谋，无礼则脱⑦。入险而脱，又不能谋，能无败乎？"

及滑⑧，郑商人弦高将市于周，遇之，以乘韦先⑨，牛十二犒师，曰："寡君闻吾子将步师出于敝邑，敢犒从者。不腆⑩敝邑，为从者之淹，居则具一日之积⑪，行则备一夕之卫。"且使遽⑫告于郑。

郑穆公使视客馆⑬，则束载、厉兵、秣马⑭矣。使皇武子辞焉⑮，曰："吾子淹久于敝邑，唯是脯资、饩牵竭矣⑯。为吾子之将行也，郑之有原圃⑰，犹秦之有具囿⑱也，吾子取其麋鹿，以闲敝邑⑲，若何？"杞子奔齐，逢孙、杨孙奔宋。

孟明曰："郑有备矣，不可冀也。攻之不克，围之不继，吾其还也。"灭滑而还。

晋原轸⑳曰："秦违蹇叔，而以贪勤民㉑，天奉㉒我也。奉不可失，敌不可纵。纵敌患生，违天不祥。必伐秦师！”栾枝曰：“未报秦施而伐其师，其为死君㉓乎？”先轸曰：“秦不哀吾丧而伐吾同姓㉔，秦则无礼，何施之为？吾闻之：‘一日纵敌，数世之患也。’谋及子孙，可谓死君乎㉕！”遂发命，遽兴姜戎㉖。子墨衰绖㉗，梁弘御戎，莱驹为右㉘。夏四月辛巳，败秦师于殽，获百里孟明视、西乞术、白乙丙以归。遂墨以葬文公，晋于是始墨㉙。

文嬴请三帅㉚，曰：“彼实构吾二君㉛，寡君若得而食之，不厌，君何辱讨焉？使归就戮于秦，以逞寡君之志，若何？”公许之。先轸朝，问秦囚。公曰：“夫人请之，吾舍之矣。”先轸怒曰：“武夫力而拘诸原，妇人暂而免诸国，堕军实而长寇仇㉜，亡无日矣！”不顾而唾。公使阳处父㉝追之，及诸河，则在舟中矣。释左骖㉞，以公命赠孟明㉟。孟明稽首曰：“君之惠，不以累臣衅鼓㊱，使归就戮于秦，寡君之以为戮，死且不朽。若从君惠而免之，三年将拜君赐㊲。”

秦伯素服郊次，乡师而哭，曰：“孤违蹇叔，以辱二三子，孤之罪也。”不替㊳孟明，曰：“孤之过也，大夫何罪？且吾不以一眚㊴掩大德。”

〔注〕 ① 曲沃：古邑名，在今山西闻喜东北，晋文公祖庙所在地，故文公停棺待葬于此。② 中寿：一般老年人的寿命，约六七十岁。尔墓之木拱矣：你墓上所植的树木已可合抱了。③ 殽(xiáo)：亦作“崤”。崤山在今河南洛宁西北，西接陕县，东接渑池，为晋国的关塞要道。④ 殽有二陵：即东、西崤山。二山相距三十五里，山路绝险。夏后皋：夏朝君主，夏桀的祖父。文王：周文王。辟：同“避”。 ⑤ 周北门：周朝都城洛邑，北门名“乾祭”。 ⑥ 王孙满：周襄王之孙，后为周大夫。 ⑦ 脱：脱略，即满不在乎。 ⑧ 滑：滑国，在今河南偃师县缑氏镇。⑨ 以乘韦先：先送秦军四张熟牛皮。古时乘车必驾四马，因以“乘”为“四”之称。 ⑩ 不腆(tiǎn 舔)：不丰厚。为当时客套惯语。 ⑪ 从者：跟随你的人，此指其部下军士。淹：留。居：住。积：日用供应，如米面、肉食、柴薪、马草之类。 ⑫ 遽：驿车。每过一驿站就换一次马赶路，引申为急骤之意。 ⑬ 郑穆公：名兰，郑国国君。客馆：指秦国留驻在郑的杞子、逢孙、杨孙三人居住的馆舍。 ⑭ 束载：可载于车上的什物皆已捆束。厉兵：兵器皆已磨利。秣马：马匹皆已喂饱。 ⑮ 皇武子：郑国大夫。辞：辞谢，意思叫他们离开。 ⑯ 脯资、饩牵：脯，干肉；资，粮食；饩，已宰杀的牲畜；牵，未宰杀的牲畜。竭：罄尽。 ⑰ 原圃：郑国的猎苑，在今河南中牟西北。 ⑱ 具囿：秦国的猎苑，在今陕西凤翔境内。 ⑲ 以闲敝邑：让我等得到闲暇。按以上皇武子一番言语，皆示意其离开，故知其欲为秦军内应已经失败。下文杞子奔

齐，逢孙、杨孙奔宋，皆逃向东方，恐晋、郑重兵在西防秦，怕被截获故也。 ⑳ 原轸：即晋中军大将先轸。原（今河南济源北）为其食邑。晋人多以食邑为氏。 ㉑ 以贪勤民：因为贪得无厌而使人民劳苦。 ㉒ 奉：给。又作"助"解。 ㉓ 栾枝：晋将名。其为死君乎：为，有；死君，指新丧的晋文公。栾枝此两句意谓文公受秦之恩惠，尚未报答，反伐秦师，是心目中无先君也。 ㉔ 伐吾同姓：指秦伐郑、灭滑而言。郑和滑与晋同是姬姓之国。 ㉕"谋及子孙"二句：意为伐秦乃为子孙打算，可以对先君有交待。 ㉖ 姜戎：姜氏之戎。戎为西方少数民族之称。姜戎处于晋国北境，与晋友好。 ㉗ 子墨衰绖：子，晋襄公，名驩。其父文公已死未葬，故称"子"。墨衰绖，将其丧服染成黑色。丧服本为白色，不宜从军，故染黑。黑色本为戎服之色。衰（cuī 崔），亦作缞，麻衣。绖（dié 迭），麻带，在头上的叫首绖，在腰间的叫腰绖。 ㉘ 梁弘：晋大夫。御戎：驾战车。莱驹：晋大夫。车右：为车右武士。 ㉙ 墨以葬文公：穿着黑色的丧服来安葬晋文公。晋于是始墨：晋国从此开始以黑衣为丧服。 ㉚ 文嬴请三帅：文嬴，秦穆公之女，晋文公夫人，晋襄公嫡母。三帅，指孟明视、西乞术、白乙丙，请求将三位主将释回国。 ㉛ 构：挑拨离间。二君：秦、晋两国国君。 ㉜ 原：战场。暂：猝然之间。或云"暂"借为"渐"。渐，诈欺。谓文嬴所说皆是谎话。堕（huī 灰）：通"隳"，毁坏。军实：作战中的俘获。 ㉝ 阳处父：晋大夫。 ㉞ 左骖：古代一车以四马驾之，在两旁之马曰骖，在左旁者为左骖。 ㉟ 以公命赠孟明：阳处父假托晋君之命，把左骖送给孟明，意在诱使他们上岸拜谢，然后捉住他们。 ㊱ 不以累臣衅鼓：没有把我们这些俘虏杀掉。累臣，俘囚之臣。衅鼓，古代有"衅祭"仪式，凡新制成的钟鼓之类，都杀牲涂血于上，然后祭之。此言"衅鼓"，犹言杀戮。 ㊲ 三年将拜君赐：三年拜赐，意为三年之后将复此仇。后鲁文公二年（公元前 625），"秦孟明视帅师伐晋，以报殽之役……战于彭衙。秦师败绩。晋人谓秦'拜赐之师'。"即回顾此时言语。 ㊳ 不替：不废弃，不撤换。 ㊴ 一眚（shěng）：一次过失。

鲁僖公三十三年（前 627），在晋国发生了著名的殽之战。使后世人们得以了解这场战争始末的，就是记事散文《秦晋殽之战》。

提起战争，似乎就意味着厮杀；许多记述战争的文字也大都写了这些。《秦晋殽之战》不然，它没有一处从正面描述这次大战，只写了这样一些场景：

晋文公显灵。公元前 628 年冬天，晋文公死了。移灵出国都绛的时候，忽然棺材里发出如牛的吼声。卜筮之官名偃的立即叫众大臣拜伏在地，说："君命大事，将有西师过轶我。击之，必大捷焉。"西师，指的是秦国；我，当然是晋了；过轶，是说秦国的军队将穿越晋国，去袭击东面的郑国。不难看出，这一段意在报告军情，预示胜负，说明晋人对未来的战争有所了解和分析。也可能是《左传》的作者要把事件的结果预先提示出来，借用卜者之言附会其说。《左传》多有这类手法。

这里需要交待一下战争的渊源：秦本是西方一个很不起眼的小国，但到了穆公任好，国力日益强盛，开始向东方发展，欲称霸中原。秦晋本是盟国，不仅在地理位置上接壤，而且世代联姻。秦穆公的夫人是晋献公的女儿，晋文公的夫人是秦穆公的女儿，所谓"秦晋之好"就是从这儿说起的。晋文公重耳遭迫害逃亡在外时，郑没有以礼相待。文公返国后，秦晋就以此为理由包围了郑国。鲁僖公三十年，郑国大夫烛之武面见秦君，说服了秦君撤兵回国，还派了杞子、逢孙、杨孙三人驻扎在郑，帮助抵御晋国。当时晋文公念及秦穆公当初的扶助之恩，未与之决裂。两年后，晋文公死了，秦穆公就动了独吞郑国的念头。战幕终于拉开了。

国主新丧，国家处于戒备之中，偏偏又得到了将有西师过境的情报，当然不能等闲视之。在这个关头，也只好借助文公亡灵发出备战的命令。文章一开始就把读者带进一种神秘的战争气氛之中，既有引人入胜之妙，又告诉读者战争的被动一方是从容不迫，信心十足的。

蹇叔哭师。秦穆公得到了在郑国的杞子等人的情报后，专门走访了他的得力谋臣、七八十岁的蹇叔，不料遭到了这位元老的强烈反对。蹇叔谏阻秦穆公不要冒险行事，理由有三：第一，“劳师以袭远，非所闻也”。这实际上是从根本上否定了秦穆公为向东扩张势力而采取的这个战略行动。秦军长途跋涉，师劳力竭，作战不利；再说，将士们一路辛苦，谁能保证不生离异之心呢？第二，“师之所为，郑必知之”。届时，郑国有备，秦军疲劳，根本谈不上胜利一说。第三，“且行千里，其谁不知”。千里东征，攻伐郑国，中途穿过晋国，这就意味着非但伐郑难以成功，还有可能遭受其他国家的袭击。蹇叔的话虽委婉含蓄，却一针见血；固执的秦穆公不听蹇叔的话，下达了出征的命令。

此行不可免，蹇叔很伤心。他哭着对孟明说：“我看见军队出去，却看不见归来了。”蹇叔的警告不但没有使孟明等警惕起来，反而招来了秦穆公对他的一顿诅咒。军队集合在东门外，蹇叔又哭送自己随军出征的儿子。这次蹇叔明明白白地发出了“晋人御师必于殽”的预示，“必死是间，余收尔骨焉！”在蹇叔的哭声中，秦兵向东进发了。这一段，作者借蹇叔之口分析了此次出征的不利因素。

王孙满观师。第二年春天，浩浩荡荡的秦军经过周都洛邑的北门，被王孙满看见了。按周时的礼节，诸侯国军队路过天子都城，一律要免胄，去甲，束兵器，步行。但秦的军士只是去了头盔，并不去甲束兵，而且刚刚下车又跳上去了，显得轻狂无礼。据此，年幼的王孙满预言：“轻而无礼，必败。”

王孙满当时还是个孩童，但就是这一双不谙世事的眼睛看出了秦军的傲慢、粗疏，得出了秦师必败的结论。尽管角度不同，却与蹇叔不谋而合。这就从另一角度强调了秦师必败的结论，可以看出作者“异曲同工”的匠心。

弦高犒师。预示毕竟是预示，战争究竟将如何发展呢？准备去周做生意的郑国商人弦高行至滑时，与秦军巧遇，并且很快弄清了秦军的去向。他马上机智地扮作郑国的使者，带着礼品慰劳秦军，同时派人火速回国报信。郑穆公得信后，派人去杞子等居住的客馆巡视，果见他们做好了接应秦军的准备。郑国果断地对这三人下了逐客令，断了秦军的内线。孟明发现郑国有了准备，还算理智，“郑有备矣，不可冀也”，于是只好退兵，“灭滑而还”。

弦高遇秦师，乍看偶然，实际上有其必然性，也就是前面蹇叔预料过的，“勤而无所”（劳而无功）。蹇叔的话应验了。

晋原轸论伐秦师。严密注视秦军动向的晋国对这一切情况自然了如指掌；打不打秦军，成了个关键问题。原轸坚决主张伐秦，他认为，“秦违蹇叔，而以贪勤民，天奉我也”，“奉不可失，敌不可纵”；否则“一日纵敌，数世之患”。栾枝则认为，“未报秦施”，不应出兵袭击。原轸辩驳：“秦不哀吾丧而伐吾同姓，秦则无礼。”最后原轸占了上风，下令征伐。于夏四月辛巳（十三日），在殽地大破秦军，俘获了孟明、西乞、白乙等主帅三人，秦兵尽被歼灭。蹇叔的话全部得到了印证。

文嬴请三帅。秦穆公的女儿、刚即位的晋襄公的母亲文嬴，请求将俘虏放回，由秦君去处置他们。既然母亲求情，襄公未及多考虑就同意了。原轸上朝陈述利害，襄公后悔不已，连忙派人去追，孟明等人已在船上了。

秦穆公素服于郊，向着归兵而哭，见到放归的孟明等人后，并没有怪罪他们，自己主动承担了责任：“孤之过也。”

作者所表述的似乎都是些片断内容，只有一句“败秦师于殽”直接写到殽之战。但谁也不能否定它是一篇出色的记述战争的文章。之所以这样说，是因为记录下的这些片断，件件与殽之战有关。无一处写战，却又处处是写战，正是本文独特的手法。通过这些事件的描写，人们十分清晰地了解到这场大战的前因后果，幕前幕后各色人物的主张、部署等，从头至尾感受到一种强烈的战争气氛。

“春秋无义战”。殽之战涉及四国，主动者为秦，被侵扰、被吞并的是晋、郑、滑。当然，从社会发展的观点看来，生产力较发达的大国必然要向外扩张，实现地区性的称霸，直至统一海内。但这一切毕竟是通过野蛮的战争来实现的。在战争面前，人们总是同情弱者的。本文作者从文章伊始，就有了明显的倾向。

从施以重墨的“蹇叔哭师”中，人们不难感到，这位史实的记录者对秦穆公“劳师以袭远”“以贪勤（劳）民”的做法很不以为然。体现在文章中，就是通过蹇叔之口冷静地、精辟地分析，有理有据，令人信服。蹇叔是秦穆公手下得力的老谋臣之一。对秦的称霸、扩张，他并不反对，甚至还为之作过贡献。他反对的是秦穆公那种急躁的、不慎重的行动。作者抓住这一点详尽地阐述了自己的征战观点。战前两次记述晋人言行的文字也是如此。秦晋之战，本无正义可言。这一阶段，正是两国扩充各自的势力范围之时，只不过秦正在势头上，而晋已是强弩之末了。晋文公做霸主的时候，秦还是它的属国。在这场战事中，首先是秦打入了晋的势力范围（吞并郑）。原轸出于忠心，坚决主张伐秦，加上他的老谋深算，抓住了战机，利用了地形，所以告捷。作者的笔下，晋人是信心百倍，理直气壮的。

这里有必要提一下文章的最后一段。孟明等主帅由文嬴求情被释放了（招致了原轸的唾骂），秦穆公素服郊次，向师而哭，主动承担了责任，没有怪责败将。和那个轻信的晋襄公相比，穆公是有远见、有霸主的胸怀的。所以晋国的胜利，并不使人感到轻松、快悦，因为这不过是暂时的；而秦国，与其说它失败，不如说是它称霸过程中的一个挫折。在记述完殽之战后，作者的这一段描写是意味深长的。

至于说到郑、滑，当然最令人同情。两年前，烛之武退秦师，虽暂免战祸，但秦穆公在郑安下了内线。两年后，终被秦穆公视为向东扩张的棋局中要吃掉的第一枚棋子，幸而弦高赤心为国，使秦失去内应，只好"灭滑而还"。尽管这仍然是暂时的免祸，但作者写到弦高犒师时，是带着强烈的感情色彩的。

《殽之战》通过"显灵""哭师""观师""犒师"等侧面的描写，揭示春秋时代那个强凌弱、众暴寡的社会现实。今天读这篇文章，除分析它的历史、军事价值外，很大程度是作为文学名篇来欣赏的。它写的虽是一次战争的始末，但"蹇叔哭师"也好，"弦高犒师"也好，都可以独立成篇；然而连贯起来，却又浑然一体。一场战争牵扯了几个国家，若干人物，记述起来不免头绪众多，事件繁杂，但作者写来并不慌乱。文章从头至尾，有一中心，就是殽之战；有一纵线，就是时间。具体的时间出现过三次：僖公三十二年冬，晋文公死，战争开始；三十三年春，秦师东征路过洛邑北门；夏四月，战败。事件则是侧向的，无论怎样枝蔓，叶落归根，最终还是回到了殽之战这个中心点上，结构严谨，线索分明。

在叙述战争的过程中，几个人物形象也先后立起来了，尽管所用的笔墨不多，色彩却很鲜明。秦穆公的贪心、固执是很可恨的，但战后他勇于自责，素服郊次，又是很感人的（当然这里面隐藏着更大的野心）。原轸在大夫栾枝的反对声中，坚持原则，决不让步，同时又深谋远虑，稳操胜券；战争一开始，晋的成竹在胸，与原轸的自信和谋略不无关系。在某些方面，晋原轸和秦蹇叔倒是共通的，尽管他们各事其主。蹇叔、原轸分别是秦晋成就霸业的中坚力量。蹇叔哭师，出于对秦的忠诚；原轸伐秦师，出于对晋国的热爱。这两个人物都处于事件的中心，随着战争的发展，形象也渐见丰满，终于栩栩如生地立在读者眼前。还有一个给人鲜明印象的就是郑人弦高。他是一个商人,本可以无忧无虑地做他的买卖;但他却拿出自己的货物,充当使者,不动声色地犒劳秦军,争取时间报信。他见义忘利的爱国行为是十分感人的。（张　敏）

【典籍介绍】

《国语》

传为春秋时左丘明著。二十一卷。以记西周末年和春秋时期周鲁等国君臣的言论为主,可与《左传》相参证,故有《春秋外传》之称。其中《晋语》最详,周、鲁、楚、越四国次之,齐、郑、吴三国又次之。有三国时韦昭注本。近人徐元诰著有《国语集解》。

勾践灭吴 《国语》

越王勾践栖于会稽[①]之上,乃号令于三军曰:"凡我父兄、昆弟及国子姓[②],有能助寡人谋而退吴者,吾与之共知越国之政。"大夫种进对曰:"臣闻之:贾人夏则资皮,冬则资絺[③],旱则资舟,水则资车,以待乏也。夫虽无四方之忧,然谋臣与爪牙之士,不可不养而择也。譬如蓑笠,时雨既至,必求之。今君王既栖于会稽之上,然后乃求谋臣,无乃后乎?"勾践曰:"苟得闻子大夫之言,何后之有?"执其手而与之谋。

遂使之行成于吴,曰:"寡君勾践乏无所使,使其下臣种,不敢彻声闻于天王,私于下执事曰:'寡君之师徒,不足以辱君矣[④];愿以金玉、子女赂[⑤]君之辱。请勾践女女[⑥]于王,大夫女女于大夫,士女女于士;越国之宝器毕从;寡君帅越国之众以从君之师徒。唯君左右之。'若以越国之罪为不可赦也,将焚宗庙,系妻孥,沈金玉于江;有带甲五千人,将以致死,乃必有偶,是以带甲万人事君也。无乃即伤君王之所爱乎?与其杀是人也,宁其得此国也,其孰利乎?"

夫差将欲听,与之成。子胥[⑦]谏曰:"不可!夫吴之与越也,仇雠敌战之国也;三江环之,民无所移。有吴则无越,有越则无吴，将不可改于是矣！员闻之：陆人居陆，水人居水。夫上党之国⑧，我攻而胜之，吾不能居其地，不能乘其车；夫越国，吾攻而胜之，吾能居其地，吾能乘其舟。此其利也，不可失也已。君必灭之！失此利也，虽悔之，必无及已。”

越人饰美女八人，纳之太宰嚭⑨，曰：“子苟赦越国之罪，又有美于此者将进之。”太宰嚭谏曰：“嚭闻古之伐国者，服之而已；今已服矣，又何求焉？”夫差与之成而去之。

勾践说于国人曰：“寡人不知其力之不足也，而又与大国执仇，以暴露百姓之骨于中原，此则寡人之罪也。寡人请更！”于是葬死者，问伤者，养生者；吊有忧，贺有喜；送往者，迎来者；去民之所恶，补民之不足。然后卑事夫差，宦士三百人于吴，其身亲为夫差前马。

勾践之地，南至于句无，北至于御儿，东至于鄞，西至于姑蔑⑩，广运百里。乃致其父母、昆弟而誓之，曰：“寡人闻古之贤君，四方之民归之，若水之归下也。今寡人不能，将帅二三子夫妇以蕃。”令壮者无取老妇，令老者无取壮妻；女子十七不嫁，其父母有罪；丈夫二十不取，其父母有罪。将免⑪者以告，公令医守之。生丈夫，二壶酒，一犬；生女子，二壶酒，一豚；生三人，公与之母⑫；生二人，公与之饩⑬。当室者死⑭，三年释其政⑮；支子⑯死，三月释其政：必哭泣葬埋之，如其子。令孤子、寡妇、疾疹、贫病者，纳宦其子。其达士，絜⑰其居，美其服，饱其食，而摩厉⑱之于义。四方之士来者，必庙礼之。勾践载稻与脂于舟以行，国之孺子之游者，无不餔也，无不歠⑲也，必问其名。非其身之所种则不食，非其夫人之所织则不衣。十年不收于国，民俱有三年之食。

国之父兄请曰：“昔者夫差耻吾君于诸侯之国，今越国亦节矣，请报之。”勾践辞曰：“昔者之战也，非二三子之罪也，寡人之罪也。如寡人者，安与知耻？请姑无庸战！”父兄又请曰：“越四封⑳之内，亲吾君也，犹父母也。子而思报父母之仇，臣而思报君之仇，其有敢不尽力者乎？请复战！”勾践既许之，乃致其众而誓之曰：“寡人闻古之贤君，不患其众之不足也，而患其志行之少耻也。今夫差衣水犀之甲者亿[21]有三千，不患其志行之少耻也，而患其众之不足也。今寡人将助天灭之。吾不欲匹夫之勇也，欲其旅进旅退。进则思赏，退则思刑；如此，则有常赏。进不用命，退则无耻；如此，则有常刑。”

果行，国人皆劝[22]。父勉其子，兄勉其弟，妇勉其夫，曰：“孰是君也，而可无死乎？”是故败吴于囿[23]，又败之于没[24]，又郊败之。

夫差行成，曰：“寡人之师徒，不足以辱君矣！请以金玉、子女，赂君之辱！”勾践对曰：“昔天以越予吴，而吴不受命；今天以吴予越，越可以无听天之命而听君之令乎？吾请达王甬、句东[25]，吾与君为二君乎！”夫差对曰：“寡人礼先壹饭[26]矣。君若不忘周室而为弊邑宸宇[27]，亦寡人之愿也。君若曰：‘吾将残汝社稷，灭汝宗庙。’寡人请死！余何面目以视于天下乎？越君其次[28]也！”遂灭吴。

〔注〕 ① 会稽：山名，在今浙江绍兴。 ② 国子姓：指国中臣民。子姓，同姓。 ③ 絺(chī 痴)：细葛布。 ④“寡君”句：意为我君的军队已不足屈尊君王来讨伐了。师徒，兵士。辱，谦词。 ⑤ 赂：赠送。 ⑥ 女女：献女儿作为婢妾。 ⑦ 子胥：伍员，字子胥，本楚国人，以父仇入吴，助阖闾得王位，破楚复仇。后谏吴王夫差不听，赐剑令自尽。 ⑧ 上党之国：指中原列国。党，处所。 ⑨ 太宰嚭(pǐ 匹)：伯嚭，字子餘，时官吴太宰，吴亡，以嚭为不忠，为勾践所杀。 ⑩“勾践之地”五句：句无、御儿与姑蔑均为古地名，分别在今浙江诸暨南、桐乡西南与衢县境内。鄞，今浙江鄞县。 ⑪ 免：同“娩”。 ⑫ 母：指乳母。 ⑬ 饩(xì 细)：赠送的粮食。 ⑭ 当室者：负担家务的嫡长子。 ⑮ 政(zhēng 征)：通“征”，指徭役赋税。 ⑯ 支子：古代宗法制度嫡长子及继承先祖之子为宗子，其余儿子为支子。 ⑰ 絜(jié 洁)：“洁”的本字。 ⑱ 摩厉：同“磨砺”。 ⑲ 歠(chuò 啜)：同“啜”。 ⑳ 四封：四境。 ㉑ 亿：古人以十万为亿。 ㉒ 劝：勉励。 ㉓ 囿：即笠泽，今吴松江。 ㉔ 没：古地名，处所不详。 ㉕ 甬、句：甬江与句章(今浙江慈溪西南)。 ㉖ 礼先壹饭：指夫差曾答应越王求和订盟之事，按其时礼尚，吴有恩于越。 ㉗ 宸：屋檐。宇：边。此言以屋宇之余庇覆吴。 ㉘ 次：进驻。

本文是《国语》的《越语上》，题目为后人所加，一作《勾践栖会稽》。如题目所示，文章写“勾践灭吴”；但重点不是写吴越之间的战争，而是写越王勾践在失败以后发愤图强、终于转败为胜的过程。

文章单刀直入，一落笔便直写勾践。勾践在与吴王夫差的战斗中失败，正率领五千残兵退保于会稽山上。这时的勾践，是一位失败了的君王，但也是一位痛定思痛、希望再造越国的英雄。全文三部分，无不紧紧围绕勾践誓雪国耻这一主要的思想性格特征展开描写。

第一部分（第一至第四自然段）写勾践向吴国求和，突出了他痛下决心、希望东山再起的一面。勾践在退守会稽之前刚愎自用，不听范蠡的劝告，贸然出兵攻打吴国（事见《国语·越语下》。据《左传·定公十四年》，则是吴王夫差出兵伐越），终于招致失败。而在败退以后，洗心革面，判若两人：一则主动号召三军将士出谋划策；再则当大臣文种批评他不能及早听取臣下意见时，他并不生气，反而亲热地“执其手而与之谋”；三则还进而派文种作为和谈代表与吴国谈判，并甘愿接受丧权辱国的各种条件。和谈虽经曲折，但终于获得成功。这就为日后报仇雪耻保存了实力，并留下了一块基地，也赢得了备战复国的时间。第二部分（第五、六自然段）写勾践为打败吴国所进行的多方面的准备。对外，他屈节事敌，亲自充当夫差的马前卒，派出三百士人去当吴国的臣仆，以行动表示甘心臣服，使对方改变看法，放松警惕；对内，他引咎自责，坦率向老百姓承认由于不自量力与吴国交战而给他们带来的痛苦，并采取葬埋死者、慰问伤者等一系列抚慰的措施。他还以古代贤君为表率，将人民作为立国和复国的根本，鼓励繁殖人口，礼贤下士，扶危济困，亲自参加劳动，十年不向人民征收赋税，使全国上下人心齐一，国力强盛。晚唐诗人韩偓有两句诗说：“猛虎十年摇尾立，苍鹰一旦醒心飞。”（《天鉴》）经过默默的积极的备战，勾践已如猛虎苍鹰准备下了强爪利喙，只待时机到来时的一搏了。第三部分（第七、八、九自然段）写勾践出征与灭吴，虽然是从写百姓请战开始，但重点依然落到勾践雪耻复仇这一点上。他动员百姓，着眼于除非不战，战则务求必胜，因而强调听从统一指挥，主张赏罚严明。对于夫差的求和，他拒不接受，而以一举灭吴消除后患。从本文以及《越语下》中我们知道，勾践在反攻复国过程中卓越的谋略与成功的行动，与大臣范蠡、文种的辅佐是分不开的，但归根结底，还在于勾践主观上所具有的若干良好的思想素质。

作为一个历史人物，勾践的一生并不都值得肯定。范蠡就看出勾践可以同忧患而难以共安乐，取胜以后，难免要鸟尽弓藏、兔死狗烹，因而在灭亡吴国以后，在回师途中便不愿再回越国，乘轻舟浮于五湖，急于归隐去了。文种因不听范蠡的劝告，落了个赐剑自尽的下场。但从转败为胜终于灭吴这一过程来看，勾践思想性格中富于光彩的一面是值得充分肯定并给予高度评价的：首先是他具有以民为本的思想。他不仅在行动上与百姓同甘共苦,休戚与共,而且在思想上对于以民为本有明确的认识。他两次提到“古之贤君”如何如何,言下之意,认为只有民心所向,才能无敌于天下。作为君主,能够如此看重百姓,应该说是极为难能可贵的。其次,最重要的,还在于他有着自强不息的奋斗精神。他面对的敌人十分强大。夫差在打败越国以后的十几年中,国力正处于鼎盛时期,先后出兵攻打陈、楚、鲁等国,两次执牛耳与诸侯国会盟。勾践却毫不畏惧,执著于反攻复国的目标,甘愿忍辱负重,不屈不挠地前进。他充当夫差的马前卒,低眉折腰在吴国服役,长达三年之久(前494至前491),从败退到灭吴,前后竟经历了二十二个年头(前494至前473),但锲而不舍,有志竟成。吴越之战早已成为历史的陈迹,而勾践在反攻复国过程中所体现出来的这种自强不息的奋斗精神,却已融入中华民族的民族精神之中,至今还在炎黄子孙的血管里流淌。

从写作的角度来看,此文详略的艺术与对话的成功最值得称道。战争的具体情况不是作者的注意力所在,因此,文中首先隐去了吴越五湖之战、勾践被打败这一段史实;对于越国反攻过程中数年间发生的几次战争,也只是用了“败吴于囿,又败之于没,又郊败之”寥寥十三个字。和谈与备战是作者所要着力表现的,便不惜笔墨放开去写。关于和谈,从勾践征询臣下意见开始写起,让文种、夫差、伍子胥、伯嚭等人一一出场,文势跌宕,高潮迭起。贯穿其间的一个悬念,则是文种到吴国“行成”(求和)的成功与否。吴王听了文种的一席话,“夫差将欲听,与之成”;不料伍子胥半路杀出,进行谏阻,形势顿起变化;文种再次努力,送美女给吴国太宰伯嚭,经过伯嚭向吴王说情,终于“夫差与之成而去之”。关于备战,从人力物力两方面写出,人力一面写得尤其详细。婚娶的具体规定,奖励生育的具体措施,无不如实笔录。详略得宜,保证了重点突出,从而令人信服地表明,勾践灭吴,事有必然;夫差覆亡,无法逆转。

长于写对话,本是《国语》的一大特色,本文体现得尤为鲜明。成功的对话,总是切合特定的环境与人物特定的思想感情的。只有在败退到会稽山之后,勾践才会向三军征询退吴的计谋,也只有在这时,他才会亲切地称三军将士为“我父兄、昆弟及国子姓”,并提出谁能帮他退吴,便可以与他一道分享权力。文种游说吴王,一方面提出屈辱的求和条件,同时又表示假如不答应媾和,就只好决一死战。这是与越国当时虽已战败,但又仍然保存有一定实力这一情况分不开的。他的用语,如称夫差为“天王”、勾践为“寡君”,以及其他谦卑的措辞,无不与其身份以及当时的形势有关。由于是从客观形势以及彼时彼地人物特定的思想感情出发去捕捉人物的对话,因而反过来,人物的对话又正好起到推进事态的发展与表现人物思想感情的作用。正是勾践的"号令"引出文种的批评、勾践派文种出使等情节,勾践本人虚心纳谏、准备卷土重来等思想性格特征也由此得以表现。文种的说辞引出伍子胥的进谏,进而翻出文种用美女买通伯嚭等情节,而文种、伍子胥、伯嚭的不同对话,又正好表现了他们各自不同的思想性格。

陶望龄以"妙理玮辞"称赞《国语》中的《越语》(朱彝尊《经义考》卷二〇九引)。所谓"妙理",是说文理深刻新颖;所谓"玮辞",是说文采瑰丽动人。上文论到的勾践身上所体现出来的民本思想与奋斗精神,以及见于全篇的详略艺术与成功的对话,当即属于"妙理玮辞"之列。

(陈志明)

王孙圉论楚宝 《国语》

王孙圉聘①于晋,定公②飨之。赵简子鸣玉以相③,问于王孙圉曰:"楚之白珩犹在乎?"对曰:"然。"简子曰:"其为宝也几何矣?"

曰:"未尝为宝。楚之所宝者,曰观射父,能作训辞,以行事于诸侯④,使无以寡君为口实。又有左史倚相⑤,能道训典,以叙百物⑥,以朝夕献善败于寡君,使寡君无忘先王之业。又能上下说于鬼神⑦,顺道其欲恶,使神无有怨痛于楚国。又有薮曰云⑧,连徒州,金木竹箭⑨之所生也。龟珠角齿,皮革羽毛,所以备赋用以戒不虞者也⑩,所以共币帛、以宾享于诸侯者也⑪。若诸侯之好币具⑫,而导之以训辞,有不虞之备,而皇神相之⑬,寡君其可以免罪于诸侯,而国民保焉。此楚国之宝也。若夫白珩,先王之玩也,何宝之焉。

"圉闻国之宝,六而已。明王圣人能制议百物,以辅相国家,则宝之。玉足以庇荫嘉谷,使无水旱之灾,则宝之。龟足以宪臧否,则宝之。珠足以御火灾⑭,则宝之。金足以御兵乱,则宝之。山林薮泽足以备财用,则宝之。若夫哗嚣⑮之美,楚虽蛮夷,不能宝也。"

〔注〕 ① 聘:聘问,诸侯使者往来通问修好。 ② 定公:晋定公,姬姓,名午,公元前511—前475在位。 ③ 赵简子:赵鞅,晋大夫。相(xiàng):相礼,赞礼。 ④ 行事:结交、交往。 ⑤ 左史:官名。倚相(xiàng 向):人名。 ⑥ 训典:先王的书。叙百物:安排各种事物。 ⑦ 上:天神。下:地祇。说:同"悦",取悦。 ⑧ 薮:沼泽。云:云梦泽。 ⑨ 箭:一

种小竹，亦名箭竹，高者不过一丈，节距三尺，坚劲可作箭矢之用。 ⑩ 所以备赋：用来供应兵赋。戒不虞：防备意料不到的事件。 ⑪ 共币帛：供给礼物，共，同供。宾享：以宾礼招待和赠献。 ⑫ 好币具：结好的币帛已经具备。 ⑬ 皇神相之：大神协助。皇，大；相（xiàng象），辅助。 ⑭ 珠足以御火灾：古人认为珠是水精，故可防火。 ⑮ 哗嚣：喧嚣的杂乱声音，指赵简子的鸣玉之声。

本文选自《国语·楚语下》，记叙春秋时期晋国大夫赵简子和楚国使者王孙圉在一次外交宴会上论辩宝物的谈话，反映出两种截然不同的价值观念和生活态度。全文紧扣"楚宝"这一中心论题，以赵简子发难为宾，以王孙圉答辩为主，以宾衬主，宾略主详，从而形成两种针锋相对的思想比照。作者虽未加一语臧否，而其褒贬态度全从人物的问答比照中隐然可见。

文章开头只用两句话极其扼要地交待了人物及谈话背景：晋定公设宴招待楚国聘问的使者楚大夫王孙圉，晋大夫赵简子作赞礼人陪宴。然后立即转入"论宝"的对话。赵简子一边使身上的佩玉叮当作响，一边问王孙圉："楚国的美玉白珩，作为宝物价值几何？"这个骄矜的举止言谈细节，就刻画出赵简子一方面分明故意自我炫耀，以为自己的佩玉足以压倒楚国的美玉，使楚国使者有自惭形秽之感；另一方面，也透露出他陶醉于个人奢靡装饰的生活态度和虚荣心。但王孙圉的回答却大大出乎赵简子意料之外："楚国从未以白珩为宝。"只一句即抹倒了对方的发难。接着正面回答"楚之所宝者"有三：一是楚大夫观射父（guàn yì fǔ 贯义斧），善于外交辞令以交结诸侯，使邻国不会拿楚王作为话柄。二是左史倚相，明则善于陈述先王经典，妥善安排百事，对该做的善政与不该有的败政贡献意见，以正主志；幽则能取悦天神地祇，顺从鬼神爱恶，使其不致怨恨楚国。三是云梦泽与徒州相连，其丰富的物产，用以供应军事上的需用，防备意外变故。他所举的两位人物，分别代表了外交和内政两方面的贤才，说明所宝唯贤；而连接徒州的云梦泽所出的各种物产，则是国家经济物质上的保证，说明所宝唯用；于是楚国兼得天时（皇神）、地利（物产）、人和（诸侯与国民）的优势，对外可"免罪于诸侯"，对内可"国民保焉"，这就是王孙圉正面庄重地回答的"楚国之宝也"。接着再从反面轻蔑地指出："若夫白珩，先王之玩也，何宝之焉。"这段言辞，系针对赵简子所问"白珩"而答，首以"未尝为宝"，终以"何宝之焉"，首尾呼应；中间分说三层之后，再以"若诸侯之好币具""有不虞之备"二句，收束"云连徒州"一层，以"导之以训辞"一句收束"观射父"一层，以"皇神相之"一句收束"左史倚相"一层，复以"寡君其可以免罪于诸侯而国民保焉"一句，总说三层之于内政外交上的作用。其中叙人才则用"能""使"，叙物产则用"生""所以"。遣词准确贴切，章法错综有致，结构井然严密，表现出王孙圉论宝中重视内政外交，国计民生的可贵思想，与赵简子视宝物为炫耀个人装饰，满足一己虚荣，适成鲜明对比。以上是王孙圉论楚宝的第一部分：具体说明楚国之宝是"人才"和"物产"。

从"圉闻国之宝"到篇末是第二部分，深入一层，概括论述国家所宝贵的六种人和物，以讽刺赵简子"鸣玉"的浅薄可笑。他首先列举的是人才：明王圣人，指有才德的圣明之人，因其能创造和论辩百事，以辅佐国家，故可宝贵。以下所举五宝皆为物产：祭祀的玉因能保佑谷物免受水旱天灾，占卜的龟甲因能作为显现善恶的标准，珍珠能防火灾，铜能制兵器以防战乱，山林薮泽能生产财物器用，故皆可宝贵。这六宝虽是推开一层泛论，但与前一部分具体所论楚国三宝仍相照映：因为总不外人才与物产两端，且皆以必于国于民有实用价值为前提。"明王圣人"则应前文"观射父、左史倚相"等贤人，得人和；"玉"和"龟"则应"能上下悦于鬼神"，占天时；"珠""金""山林薮泽"，则与前文"云连徒州"所出各种物产相应，得地利。结尾三句说：至于那种徒有喧嚣之声的美玉（暗指赵简子的鸣玉之声），楚国虽属文明程度不高的蛮夷之邦（暗与中原晋国相对），也不会视之为宝的。于谦逊闲淡的话语中，隐藏着辛辣的嘲讽。而"若夫哗嚣之美"，又与前一部分结句"若夫白珩"遥相映照，分别针对赵简子的"鸣玉"举动和"白珩"之问而发，首尾伏应，章法井然。前后两部分都是先正论，后反刺：正论理直气壮，反刺机锋射人；正论为反刺蓄势，从而引起有力的反跌；反刺为正论收束，使由庄而谐，大有不屑一驳的机趣；二者相得益彰，构成了雄辩而幽默的语言风格。文章戛然而止，把赵简子的尴尬窘态等丰富的言外之意，全留给读者去想象、寻味，有言尽意不尽之妙。

（熊　笃）

里革断罟匡君　《国语》

宣公夏滥于泗渊①，里革断其罟而弃之，曰："古者大寒降②，土蛰发③，水虞于是乎讲罛罶④，取名鱼，登川禽⑤，而尝之寝庙⑥，行诸国人，助宣气也⑦。鸟兽孕，水虫成⑧，兽虞于是乎禁罝罗⑨，矠鱼鳖⑩，以为夏犒⑪，助生阜也⑫。鸟兽成，水虫孕，水虞于是乎禁罜䍡⑬，设阱鄂⑭，以实庙庖，畜功用也⑮。且夫山不槎蘖⑯，泽不伐夭⑰，鱼禁鲲鲕⑱，兽长麑䴠⑲，鸟翼鷇卵⑳，虫舍蚳蝝㉑，蕃庶物也㉒。古之训也。今鱼方别孕，不教鱼长，又行网罟，贪无艺也。"

公闻之，曰："吾过而里革匡我，不亦善乎！是良罟也，为我得法。使有司藏之，使吾无忘谂[23]。”师存侍，曰：“藏罟，不如置里革于侧之不忘也。”

〔注〕 ① 滥：沉浸（鱼网）。泗渊：泗水之渊。泗水流经山东曲阜城北。 ② 降：下，过后。 ③ 土蛰：土中冬眠的昆虫。发，震动。 ④ 讲：习，此有筹划意。罛罶（gū liǔ 孤柳）：捕鱼的大网和竹笼子。 ⑤ 登：进。川禽：鳖蜃之类。 ⑥ 尝：尝新，供时鲜于宗庙的一种礼仪。 ⑦ 助宣气：有助于促使阳气上升。 ⑧ 水虫成：水生动物长成。 ⑨ 罝（jū 居）：兔网。罗：鸟网。 ⑩ 矠（cè 册）：刺取。 ⑪ 夏犒：风干储存。 ⑫ 生阜：生长。 ⑬ 罜麗（zhǔ lù 主鹿）：小鱼网。 ⑭ 阱（jǐng 井）：捕兽陷坑。鄂：设于陷阱中的捕兽装置。 ⑮ 畜功用：储蓄、畜养鱼类以供他时日用之需。 ⑯ 槎（chá 茶）：斫。蘖（niè 聂）：树木的嫩条。 ⑰ 夭：初生树木。 ⑱ 鲲（kūn 昆）：鱼子。鲕（ér 而）：还未长成的鱼。 ⑲ 麑䴠（ní yǎo 倪咬）：鹿子和麋子。 ⑳ 翼：遮护。鷇（kòu 扣）：待哺食的小鸟。 ㉑ 舍：不取。蚳（chí 池）：蚁卵。蝝（yuán 元）：未生翅的蝗子。 ㉒ 蕃：生息繁殖。庶物：万物。 ㉓ 谂（shěn 审）：规劝、忠告。

本文选自《国语·鲁语上》，写鲁宣公不顾节令，在鱼孕期捕鱼，被大夫里革断网制止，引用古训批评他贪得无厌；宣公虚心纳谏，赞扬里革匡正了自己的过失，并令有司保存断网，以示不忘告诫。情节虽简，却极尽起伏变化之妙；事情虽小，却蕴含着深刻的理趣启迪。

文章一开头写鲁宣公在正值鱼孕产子期的夏季，把鱼网沉到泗水深渊捕鱼，大夫里革见了，尚未开言就毅然割断其网（罟）而弃之。只两句，即交待了时间、地点、人物、事件。臣对君，这一“断”一“弃”两个动作，确属大胆不凡，使文情一开始就陡然惊人：君主至高无上，手握生杀大权，万一恼羞成怒，则里革的后果真不堪设想。妙在作者设置了这一悬念之后，却并不急于去写鲁宣公的反映，竟将他悬置一边，让读者去提心吊胆，反而从容不迫地写里革的一大段“匡君”之辞，可谓深谙引人入胜之法。

里革“匡君”是全文重点，故应详写。他首先援引古训，按季节顺序，先分后总：首叙孟春之始，蛰居冬眠的昆虫开始振动，所以掌管川泽渔猎的官员（水虞）就筹划用大网和竹笼捕大鱼、鳖蜃之类以供宗庙祭祀，并让全国推行此法；次叙季春之时，鸟兽正交配怀孕，而鱼类已经长成，故此时掌管山林狩猎的官员（兽虞），下令禁止捕杀鸟兽，却允许捕鱼类风干储存；再叙夏季，鸟兽已长成，而鱼类正处孕育产子期，故只许捕鸟兽而禁止捕鱼类；末将草木鸟兽虫鱼连类并举，强调任何时候都不砍树苗、不伐嫩草、禁杀鱼子、小兽、小鸟、蚁卵、幼蝗等一切幼小生物。以上四层，以第三层禁捕鱼类为主，以一、二两层可捕鱼类而禁捕鸟兽为宾，以宾衬主，暗示鲁宣公夏季捕鱼之过；第四层则将一切生物连类并举，是宾主夹写，总结普遍原则。而每一层末尾都下断语："助宣气也"，"助生阜也"，"畜功用也"，"蕃庶物也"。虽用词各别，而原则则同：都是按照不同生物的繁殖期、生长期，强调加以保护，使之得到蕃衍生息，不能只用不养，坐吃山空，这就是古训的基本原则。它简直像一篇古老的生态环境保护的学术论文，但我们从中获得的启迪又何止生态保护？它与治国育民之道未尝不息息相关。往下笔锋一转，一针见血批评宣公违反古训，在雌鱼刚离开雄鱼别居怀子之季，却不让雌鱼和鱼卵生长，反而下网捕杀，这是贪婪无度的行为！"贪无艺也"，词锋犀利，毫不留情。这段"匡君"的谏诤，述古训为宾，详而婉转；入今事为主，简直剀切，极尽章法错综变化之妙，具有折人心服的力量。至此，读者方才理解里革所以毅然"断其罟而弃之"的大胆行动，实乃势所必然，不得已而为之；而其重视抚育万物，保护生态平衡的哲理，以及直言敢谏，敢于犯上、刚正不阿的性格，既发人深思，又给人留下了鲜明印象。难怪宣公听完之后，不仅不恼怒，反而自认有过错，赞扬里革的及时匡正，并认为从"断罟"中悟得了古法，令有司保存这个断网，以志不忘。这简单的几句话，不仅刻画出鲁宣公善纳忠言，知错必改的虚怀大度，而且从中引出"为我得法"这一深刻的哲理启示，尤耐人寻味。这个"法"，不仅说明君主应带头知法、守法，尤其使人联想到自然与社会、育物与用物的辩证关系，顺应自然的生长规律，抚育万物的蕃衍生长，和予民休养生息、重视畜养民力、积养物力的治国之法，不是同样的道理么？妙在并未说穿，仅以"为我得法"四字隐约点出，唯其含蓄，意蕴尤能发人深省。至此，全文似乎可告结束了，但作者却又妙笔生花，再起波澜，写一位名叫存的乐师侍立在旁，对宣公进言说："藏罟，不如置里革于侧之不忘也。"的确，保藏一挂断网，毕竟只是一具死物，看到它充其量提醒国君不再犯违时捕鱼的错误；而里革却是个活人，又是耿介有识的贤臣，安置在国君身旁，随时顾问进谏，对于治国育民，岂不更加"不忘"吗！结语深隽，意味悠长，它暗示出人君果真虚心纳谏，而不是故做姿态，那就不仅重物鉴，尤应近贤重人鉴；不仅不忘这"一次"忠告，尤应永远不忘所有正确的忠告。这结尾一笔，有如峰回路转，山外有山，进一步深化了主题，含不尽之意见于言外。

通篇以"断罟""藏罟"为叙事线索，以进谏、纳谏为记言内容，以古训、今事为对比照应，结以师存之语为递进高峰，在一篇不足三百字的短文中，包含着如此章法变化、宾主详略、哲理启迪，读后掩卷之余，真不能不为作者高超的艺术技巧叹为观止了。

（熊　笃）

【典籍介绍】

《战国策》

战国时游说之士的策谋和言论的汇编。初有《国策》《国事》《事语》《短长》《长书》《修书》等名称和本子，西汉末刘向编订为三十三篇。此书记载春秋以后至楚汉之起的二百四十五年间史事(前453—前209)。内容主要为当时策士、谋臣纵横捭阖的外交活动和有关主张、言辞。有东汉高诱注，今残缺。宋鲍彪改变原书次序，作新注。宋时已有缺佚，由曾巩作了订补。元吴师道作《校注》，近人金正炜有《补释》，今人缪文远有《战国策新校注》。湖南长沙马王堆出土西汉帛书，记述战国时事，定名《战国纵横家书》，与本书内容相似。

苏秦以连横说秦　　《战国策》

苏秦①始将连横，说秦惠王②曰："大王之国，西有巴蜀汉中③之利，北有胡貉代马④之用，南有巫山黔中之限⑤，东有肴函⑥之固。田肥美，民殷富，战车万乘，奋击⑦百万，沃野千里，蓄积饶多，地势形便。此所谓天府，天下之雄国也。以大王之贤，士民之众，车骑之用，兵法之教，可以并诸侯，吞天下，称帝而治，愿大王少留意，臣请奏其效。"

秦王曰："寡人闻之，毛羽不丰满者不可以高飞；文章不成者不可以诛罚；道德不厚者不可以使民；政教不顺者不可以烦大臣⑧。今先生俨然不远千里而庭教⑨之，愿以异日⑩。"

苏秦曰："臣固疑大王之不能用也。昔者神农伐补遂⑪，黄帝伐涿鹿而禽蚩尤⑫，尧伐驩兜⑬，舜伐三苗⑭，禹伐共工⑮，汤伐有夏⑯，文王伐崇⑰，武王伐纣⑱，齐桓任战而伯天下⑲。由此观之，恶⑳有不战者乎？古者使车毂击驰，言语相结，天下为一；约从连横，兵革不藏；文士并饬㉑，诸侯乱惑；万端俱起，不可胜理；科条既备，民多伪态㉒；书策稠浊，百姓不足㉓；上下相愁，民无所聊㉔；明言章理，兵甲愈起㉕；辩言伟服，战攻不息㉖；繁称文辞，天下不治；舌弊耳聋㉗，不见成功；行义约信，天下不亲。于是乃废文任武，厚养死士，缀甲厉兵，效胜于战场。夫徒处而致利，安坐而广地，虽古五帝、三王、五伯[28]，明主贤君，常欲坐而致之，其势不能，故以战续之。宽则两军相攻，迫则杖戟相撞，然后可建大功。是故兵胜于外，义强于内；威立于上，民服于下。今欲并天下，凌万乘[29]，诎敌国[30]，制海内，子元元[31]，臣诸侯，非兵不可。今之嗣主，忽于至道，皆惛[32]于教，乱于治，迷于言，惑于语，沈于辩，溺于辞，以此论之，王固不能行也。"

说秦王书十上而说不行，黑貂之裘弊，黄金百斤尽，资用乏绝，去秦而归。羸縢履蹻[33]，负书担橐，形容枯槁，面目犁黑[34]，状有归色[35]。归至家，妻不下纴[36]，嫂不为炊，父母不与言。苏秦喟叹曰："妻不以我为夫，嫂不以我为叔，父母不以我为子，是皆秦之罪也！"乃夜发书，陈箧数十，得太公《阴符》[37]之谋，伏而诵之，简练以为揣摩。读书欲睡，引锥自刺其股，血流至足。曰："安有说人主不能出其金玉锦绣，取卿相之尊者乎？"期年揣摩成，曰："此真可以说当世之君矣。"

于是乃摩燕乌集阙[38]，见说赵王[39]于华屋之下，抵掌而谈，赵王大悦，封为武安君[40]，受相印。革车[41]百乘，锦绣千纯[42]，白璧百双，黄金万溢[43]，以随其后。约从散横，以抑强秦。故苏秦相于赵，而关不通[44]。

当此之时，天下之大，万民之众，王侯之威，谋臣之权，皆欲决苏秦之策。不费斗粮，未烦一兵，未战一士，未绝一弦，未折一矢，诸侯相亲，贤于兄弟。夫贤人在而天下服，一人用而天下从。故曰："式于政，不式于勇；式于廊庙之内，不式于四境之外[45]。"当秦之隆，黄金万溢为用，转毂连骑，炫熿于道[46]，山东之国，从风而服，使赵大重。

且夫苏秦，特穷巷掘门、桑户棬枢之士耳[47]，伏轼撙衔，横历天下[48]，廷说诸侯之王，杜左右之口[49]，天下莫之能伉[50]。将说楚王[51]，路过洛阳，父母闻之，清宫除道，张乐设饮，郊迎三十里；妻侧目而视，侧耳而听；嫂蛇行匍伏，四拜自跪而谢。苏秦曰:"嫂何前倨而后卑也?"嫂曰:"以季子之位尊而多金。"苏秦曰:"嗟乎!贫穷则父母不子,富贵则亲戚畏惧,人生世上,势位富贵,盖㊷可忽乎哉!"

〔注〕① 苏秦:字季子,东周洛阳人,与张仪为同学。初以连横说秦失败,后来说六国合纵成功;但为时不久,齐魏共伐赵,赵王责苏秦。苏秦又去燕,再至齐为燕国做间谍,骗取齐王信任,终为人所暗杀。 ② 秦惠王:即惠文王,孝公之子,名驷,前337—前310年在位。 ③ 巴蜀汉中:巴为川东一带,以重庆为中心;蜀为川西一带,以成都为中心,巴蜀皆置郡。汉中在今陕西南部地区。 ④ 胡貉(hé 曷)代马:胡指北方匈奴族地区,产貉,似狐,皮可制裘。代指山西北部,产良马。 ⑤ 巫山黔中:巫山在今重庆巫山县东,黔中包括今湖南西北及贵州东部地区。限:险阻。 ⑥ 肴函:肴山在今河南洛宁北。函谷关在今河南灵宝市东北,为秦东方关塞。 ⑦ 奋击:奋勇作战之士。 ⑧"文章"三句:意谓国家法令制度未完整,树立德望不厚,政治教化未顺利施行,则不可以执行征伐,驱使人民作战,烦劳大臣用兵。 ⑨ 俨然:持重端庄的样子。庭教:亲自来朝廷指教。 ⑩ 愿以异日:希望将来再领教。 ⑪ 神农:传说中的三皇之一,曾伐补遂部落。 ⑫ 黄帝:五帝之一,号轩辕,都有熊(今河南新郑),败九黎部落酋长蚩尤于涿鹿(今河北涿鹿西南),据《世本》云涿鹿在彭城(今江苏徐州)南。 ⑬ 尧:姬姓,名放勋,国号唐,曾放逐其乱臣驩(huān 欢)兜于崇山(传云在今湖南境)。 ⑭ 舜:姚姓,名重华,国号虞,曾伐三苗,即古代苗族,在今湖南溪洞一带。 ⑮ 禹:姒姓,名文命,国号夏,治水有功,受舜禅为帝,曾放逐暴臣共工。 ⑯ 汤:商开国君,本为夏诸侯,因夏王桀无道,攻桀建商朝。有夏,指夏王桀。 ⑰ 文王:姬姓,名昌。殷纣时为西方诸侯首领,攻伐助纣为恶的崇侯虎。 ⑱ 武王:文王子,名发,起兵灭纣,建周朝。 ⑲ 齐桓:齐桓公,姜姓,名小白。尊周攘夷,为诸侯盟主,称霸天下。伯,通"霸"。 ⑳ 恶(wū 乌):怎么。 ㉑ 文士并饬(shì 式):指各国使者和策士用巧饰语言游说诸侯。饬,同"饰",巧伪。 ㉒"科条"二句:谓各种规章条款具备后,人民小心防范,多作虚假情态。 ㉓"书策"二句:谓文书法令多而乱,百姓生活困苦。 ㉔"上下"二句:谓因法乱,民苦,因而君臣犯愁,民不聊生。无聊,无所依赖。 ㉕"明言"二句:谓道理愈讲明,战争愈接连不断。 ㉖"辩言"二句:谓善辩的策士使者,穿着庄严礼服活动,战争并不停止。 ㉗ 舌弊耳聋:形容讲的疲累,听得厌烦。 ㉘ 五帝、三王、五伯:五帝,《史记》以黄帝、颛顼、帝喾(高辛)、唐尧、虞舜为五帝。三王指夏禹、商汤、周文王和武王,系三朝开国君主。五伯指春秋时齐桓公、晋文公、宋襄公、秦穆公、楚庄王。 ㉙ 凌万乘:凌驾万乘兵车的大国。 ㉚ 诎敌国:使敌国屈服。诎,同"屈"。 ㉛ 子元元:抚爱人民如同儿子。元元,庶民。 ㉜ 惛:同"昏"。 ㉝ 羸(léi 雷)縢(téng 滕)履蹻(jué 决):缠着绑腿布,穿着草鞋。羸,通"累",束缚缠绕。縢,绑腿布。蹻,草鞋。 ㉞ 犁黑:黑黄色,状憔悴困顿。犁,通"黧"。 ㉟ 归色:归当作愧,以音相近,故作"归"。 ㊱ 纴(rèn 任):织布帛的丝缕,代指织机。 ㊲ 太公:姜姓,名尚,周文王臣,佐武王伐纣有功,封于齐,传曾著作《阴符》,为兵法书。 ㊳ 摩燕乌集阙:摩,接近。燕乌集,阙名。阙,古代宫殿前的高建筑物,因以为宫门的代称。 ㊴ 赵王:指赵肃侯,成侯太子,名语,前349—前325年在位。 ㊵ 武安君:武安为赵国城邑,在今河北武安西南,邯郸西北。按此处记封苏秦较史载时间大有提前,《史记》列于苏秦既约六国合纵之后。 ㊶ 革车:战车。 ㊷ 纯(tún 屯):束,把。 ㊸ 溢(yì 益):通"镒"。古代重量单位,合二十两或二十四两。 ㊹ 关不通:函谷关口被堵住,指秦兵不能东出关口攻打六国。 ㊺"式于政"四句:谓用在政治而不用在武力;用在朝廷之内而不用在边疆之外。指在外交上

取胜而不在战场上取胜。式，用。 ㊻ 炫熿于道：在路上张扬显耀。 ㊼“且夫”二句：谓苏秦只不过住在僻巷窑洞内（“掘”通“窟”），桑木作门户，弯桑条作门轴的寒士罢了。棬（quān 圈）枢，以弯木作门轴。 ㊽“伏轼”二句：谓乘车凭依车前横木，勒住马缰，经历天下而不受任何阻挡。轼，车前横木。撙衔，勒住马缰。横历，横行。 ㊾ 杜左右之口：堵住各国君主亲信的口，使他们不敢主张连横和反对合纵。 ㊿ 伉：同“抗”。 ⑤① 楚王：指楚威王，熊姓，名商，宣王子，前 339—前 329 年在位。 ⑤② 盖：通“盍”，犹“何”。

本文选自《战国策·秦策一》。考以史实有所出入：苏秦发愤刺锥读书，本在入秦之前；说惠王时，巴蜀黔中实尚未归秦属；合纵国间有利害冲突，“诸侯不可一，犹连鸡之不能俱止于栖”（《秦策一》），更不可能“相亲贤于兄弟”。但苏秦廷说各国联合，确曾迫使昭王放弃帝号，合纵影响直到苏秦死后犹在。故《史记·苏秦列传》称：“世言苏秦多异，异时事有类者，皆附于苏秦。”作者为了对照苏秦发迹前后的矛盾主张，突出某些策士的个人奋斗目的，揭示当时炎凉冷暖的人情世态，展示连横的夸诞说辞，宣扬合纵的卓异功效，在叙事中参照传说附会，对个别情节稍稍调整组合，作了艺术渲染加工，但总的说来，并未违背基本史实。

本文论叙交错。前面详陈苏秦对秦惠王的说辞，篇幅几占三分之二，然后叙其说秦失败、读书揣摩和说赵成功，再用大段文辞颂扬合纵效用，结叙苏秦成功后的显荣而以其自诩语作收。文章结构组织奇妙，生活情节提炼精工。论评比重虽居大半，但重点在于突出策士苏秦的人物形象、性格，而对其家庭成员的情态刻画，也嘲讽了富贵利达对世俗的诱惑。为此士子们刻苦奋勉，驰骛奔走，不择手段，也因此破坏了家庭间温情脉脉的伦理关系，颇富教育意义。苏秦说秦惠王，特在“将连横”前着一“始”字，暗示这与他后来所倡的合纵截然不同。苏秦分别采用两种相反的外交策略“说人主”，其终极目的殊途同归。苏秦失败时的激励语“出其金玉锦绣，取卿相之尊”，与成功时的得意语“人生世上，势位富贵，盖可忽乎哉”前后串联，一脉相承，苏秦毕生为此奋斗不懈。

早在秦孝公任商鞅，“内立法度，务耕织，修守战之具，外连衡而斗诸侯”（贾谊《过秦论上》），内政重在明法、富国、强兵，外交即用连横策略，意图“席卷天下，包举宇内”（《过秦论上》）；而山东六国则仍是旧贵族当政，国势积弱，必须联合才能对付秦国。因此，苏秦揣摩天下形势，首先相中富强的秦国，企图说服惠王通过战争“并诸侯，吞天下，称帝而治”。但当时秦国虽然变法成功，旧贵族仍势盛，惠王被迫“诛商鞅，疾辩士弗用”（《史记·苏秦列传》），他深感“文章不成”，“道德不厚”，“政教不顺”，进攻时机尚未成熟，“愿以异日”，不肯轻举妄动。苏秦的期待落了空，后来精研兵书，再度揣摩形势，适应六国在合纵抗秦上有共同利害关系，一举说服六国君主“约从散横，以抑强秦”，满足了个人尊荣的目的。作者特立一段评论，高度正面赞扬苏秦的合纵，使人民免于战争的流血灾难，实际从反面暴露了苏秦始倡连横时叫嚣唯战争论的险恶用心。作者不厌其详地阐述苏秦的战争论调，又反复表彰“式于政，不式于勇”。前后论评，互相发明，借此映衬事实，披露人物，运笔高妙。

春秋战国之际，阶级升降变化剧烈，士受器重。苏秦为“穷巷掘门、桑户棬枢之士”，属社会下层人物。正因他“无洛阳负郭田二顷”（《史记·苏秦列传》），没有产业包袱。富贵欲望强烈的招诱，家庭成员冷遇的刺激，使他决心摆脱现实困境，大干一番。文中言语、情节，随处流露他钻营富贵的狂热劲。其对秦王说辞云：“愿大王少留意，臣请奏其效。”惟恐不当王意，几乎是在哀告。“臣固疑大王之不能用也”，虽感被用已无把握，仍怀侥幸心理。最后借指“今之嗣主”，直斥惠王昏乱、迷惑、沉溺不悟，意欲用激将法引他上当。面谈失败之后，累计“说秦王书十上”，旷日持久，直拖到裘敝金尽，无可奈何，才“去秦而归”，心犹未死。回家时困顿狼狈，状有愧色，所惭恨者，入秦富贵落空，喟叹“是皆秦之罪也”，所切责者，自我功夫不到。他不怨天尤人，反躬内省，确能穷且益坚，知耻愤发。“夜发书”，“引锥自刺其股”，这一深夜苦读的典型细节，鲜明妙肖。“陈箧数十”是博览，“伏而诵之”“简练以为揣摩”，是深研。苦功既下，对“说人主”显示自负；期年以后，对“说当世之君”益感自信。因“当今之时，山东之建国，莫如赵强”，“且秦之所畏害于天下者莫如赵”（《赵策二》苏秦说赵王语），故苏秦改以合纵说赵王。赵王大悦，证实他的“揣摩”成效卓著。然而苏秦的忍辱、刻苦、坚韧、勤奋种种品格，都是围绕着个人对“位尊而多金”的贪欲体现出来的，知识、辩才只是他恃以飞黄腾达的资本，苏秦公开散播“信行者，所以自为也，非所以为人也；皆自覆（庇护）之术，非进取之道也”（《燕策一》苏秦对燕王语）的处世哲学，则其人品可知。作者就合纵止战之功，评价苏秦为“贤人”，而先此已将他的好战言辞淋漓铺陈，让他自我暴露卑庸、虚伪的人生观。这一人物形象的优劣主从，读者不难剖判。

作者通过鲜明对照，描摹人物穷形尽相，传神写心。失志时“羸縢履蹻，负书担橐，形容枯槁，面目犁黑”，愧对家人见于颜色；得志时“黄金万溢为用，转毂连骑，炫熿于道”，骄其妻嫂流于言辞。家人情态表现，也各恰如其身份：苏秦失志归家，先见其妻，妻居家主织，不下机，写其目中无夫；嫂留家司爨，不为炊，写其目中无叔；亲生父母冷淡，不与言，写其目中无子。苏秦得志后路过洛阳，并未归家，父母先以一家之长，带头隆重远迎，写其屈尊俯就；妻最亲昵，接见时不敢仰视正听，写其惶惑不安；嫂曾得罪，匍伏拜谢，写其惊恐畏惧。作者特以苏秦“嫂何前倨而后卑”的调侃语，逗引出其嫂的表白和自家的总结。这些坦率的心声，毫不掩饰地揭示了他们的精神面貌，直接指摘了当时的庸俗世态。

作者在议论中善用类似辞赋的夸饰铺张手法和排比错综句式。如苏秦为了突出秦为“天下之雄国”，从东西南北分叙秦的农桑猎牧，山岭关塞，又合写田肥民富，车多卒众，极力吹捧秦王之贤，军事之强。经此一番渲染，气势奔放，辞意飞扬。在列举历史典故时，也一气连用五帝、三王、五伯、明主、贤君的九件征伐事例，以增强论证力量，凌厉挥霍，先声夺人。在综叙外交、策论、法令、文教、信义等徒劳无功时，于“古者使”三字后边，竟叠用二十五个四字句作分层排比，辞意纵横，炜晔谲诳。批评“今之嗣主”，连续以六个三字排比句直逼惠王，有不可当之势。又如秦王答语，由一个飞鸟的妙喻，引出三句“文章不成者”云云互文排比，精微朗畅。作者高度评价苏秦合纵决策的作用和功效时，则相继使用了“天下之大”与“不费斗粮”等九个四字排比句，充分肯定，反复强调。但苏秦论战一节，虽运用演绎归纳，着意渲染秦国用武的有利条件，却未顾及其历史发展和现实情况；虽引证古今，兼从正反两方立论，大肆宣扬攻战之利与不战之弊，却回避和抹煞治国安民、统一天下的其他条件。这种“片面夸饰、不及其余”的辩论方法为策士所惯用。这段对秦说辞尽管语繁意复，逻辑绵密，声张而势实虚，气壮而理不直，不符秦王此时此际国策要求，其结果倒是“舌弊耳聋，不见成功”了。

文章语言流利，音调铿锵，文势起伏不平，声律抑扬多变，用韵不定而自天成。论“古者使车毂击驰”以下一节，句句用韵，随辞意之停顿而频换韵脚，大抵两句一转，读来尤感繁弦急节，累累如贯珠，给人以艺术的享受。 （童明伦）

邹忌讽齐王纳谏 《战国策》

邹忌脩八尺有余①，而形貌昳丽②。朝服衣冠窥镜，谓其妻曰：“我孰与城北徐公美？”其妻曰：“君美甚，徐公何能及君也！”城北徐公，齐国之美丽者也。忌不自信，而复问其妾曰：“我孰与徐公美？”妾曰：“徐公何能及君也！”旦日③，客从外来，与坐谈，问之客曰：“吾与徐公孰美？”客曰：“徐公不若君之美也！”

明日，徐公来。孰视之④，自以为不如；窥镜而自视，又弗如远甚。暮寝而思之，曰：“吾妻之美我者，私我也；妾之美我者，畏我也；客之美我者，欲有求于我也。”

于是入朝见威王，曰："臣诚知不如徐公美，臣之妻私臣，臣之妾畏臣，臣之客欲有求于臣，皆以美于徐公。今齐地方千里，百二十城。宫妇左右，莫不私王；朝廷之臣，莫不畏王；四境之内，莫不有求于王：由是观之，王之蔽甚矣！"

王曰："善。"乃下令："群臣吏民，能面刺寡人之过者，受上赏；上书谏寡人者，受中赏；能谤议于市朝，闻寡人之耳者，受下赏。"令初下，群臣进谏，门庭若市。数月之后，时时而间进⑤。期年⑥之后，虽欲言，无可进者。燕、赵、韩、魏闻之，皆朝于齐。此所谓战胜于朝廷⑦。

〔注〕 ① 修：同"修"，长。 ② 昳（yì 逸）丽：漂亮，气度不凡。 ③ 旦日：明日。 ④ 孰：同"熟"，仔细。 ⑤ 时时而间进：隔一些时候，间或有人进谏。 ⑥ 期年：一周年。 ⑦ 战胜于朝廷：身居朝廷而战胜敌国。谓政治修明，不必用军事行动就能使敌国畏服。

邹忌是齐国有辩才的策士，善鼓琴。齐威王廿一年（前 338），忌以琴见威王，三日后拜为相。当时齐国有名的辩士淳于髡和门徒七十二人都瞧不起他，故意以很多涵义隐微的难题难他，邹忌却应答如流，使众人倾心折服。一年后，又封为成侯，大得信任。本文就是写他巧妙规劝齐王纳谏除蔽的故事。

全文分两部分：第一部分（一、二自然段）写邹忌在与徐公比美的过程中，觉悟出受妻、妾、客三人的奉承蒙蔽；第二部分（三、四自然段）才正面写邹忌讽齐王纳谏及其效果。前者是生活小事，后者是政治大事，通过二者的内在联系，由此及彼，因小见大，由一件日常生活小事引发出政治生活中一番治国宏论，不仅寓意深刻，而且手法高明。这是本文最显著的一大特点。《战国策》中常善于通过寓言来说理，本文就是突出的一例。作为文体，寓言往往是通过一个小故事，借以引起人们的联想，获得某种带有普遍意义的启示和教训。作为修辞手法，寓言其实就是一种引喻："援引前言以证其事"（《文则》）。而从逻辑上看，寓言又是一种类比推理。明乎此，便不难理解本文一、二部分之间的内在联系了。邹忌分别问妻、妾、客："我与徐公相比谁美？"三人所答虽程度有别，却都说徐公不及邹忌美。但当邹忌亲自见到徐公，始则"孰视之"，再则"窥镜而自视"，便知"弗如远甚"了。于是觉悟出自己受蒙蔽的原因：妻之赞美是出于偏爱；妾之赞美是出于畏怯；客之赞美是出于"有求于我"。由此教训，作为发端，从小悟大，联类而及于齐王：既然自己在小家庭里尚容易受蒙蔽，那么齐王拥地方圆千里，城邑百二十座，岂不更易受蒙蔽？古人总是把"治国"视为"齐家"的扩大，于是产生了一连串的取譬类比：齐王后宫嫔妃成群，恰如自家之妻，无不对齐王偏爱；朝廷文武众臣之于齐王，犹如自家侍妾之于丈夫，无不畏惧；四境之内的臣民，犹如自家的来客，没有不有求于齐王的。所以齐王不可能听到逆耳忠言，而只能听到阿谀逢迎的假话。于是得出结论：齐王受蒙蔽一定到达极点了。黑格尔在《美学》中说："寓言的巧妙在于把寻常现成的东西表现得具有不能立即察觉的普遍意义。"本文中妻、妾、客对邹忌的奉承，就是"寻常现成"的生活现象，一般人就不易"立即察觉"出它对于安邦治国要善于纳谏这一"普遍意义"。邹忌不愧是策士谋臣，始则存疑"不自信"，继则通过"孰视""窥镜"比较等亲自考察，又"暮寝而思之"，才获得了启迪，发现了它的"普遍意义"。这种运用寓言、引喻、类比的妙处，正如黑格尔所说："艺术的要义就在于意义与形象的联系和密切吻合。"（《美学》）这既是邹忌精于思考、巧于讽谏成功的秘诀，因而对读者富于哲理的启迪；也是本文在谋篇布局、表现技巧上的妙谛所在，从而使文势获得曲折动人，叙议妙合无痕的艺术效果。

善于以精练的语言、细微的笔法刻画出人物鲜明的形象、性格，则是本文的另一大特色。文中描写邹忌其人，只开头两句用旁观者口吻写其外貌：身材之魁伟，容貌之漂亮。往下即通过人物自身的行动和言语的描写，展示其内心活动：朝服衣冠，窥镜，问妻，这三个行动表现出邹忌自觉其美、顾影弄姿的得意，而又故意问妻、颇有炫耀之意的微妙心态。但其妻的过分赞美之词和徐公乃齐国著称的美男子这一客观事实，又使他反而不敢自信，刻画出他尚有自知之明；于是又有"复问其妾"、再问来客等行动。这正是他很想胜过徐公，但又怀疑不如徐公这种矛盾意识的外化。故当徐公来时，他当面"孰视之"，发现"不如"徐美；还不甘心失望，又"窥镜自照"加以比较，更觉"弗如远甚"。这又写出他不肯盲目轻信，事必躬亲考察的细致求实精神。妻、妾、客的奉承，与实际情况相反，促使他"暮寝而思之"，终于从三人同声赞美中分析出其不同的心态：分别出于"私我""畏我""有求于我"，则又刻画出他的善于思考分析、体察人情物理。文中只以"于是入朝"一句，就把上述生活体验联想推论到"讽齐王纳谏除蔽"的大事上。对齐王先叙述自己比美一事，仅用了五句话，只说结论而省略了细节过程，于此可见语言精练，剪裁得宜；但又不能完全省略，因为这正是他运用寓言进谏，取譬类比，证明齐王受蔽的前提和论据，从而与下文"私王""畏王""有求于王"构成类比。唯其先以自己家庭小事的体验上切入讽喻正题，才显得自然亲切、入情入理、委婉含蓄、娓娓动听；先动之以情，再喻之以理，才使齐王易于接受。这就刻画出邹忌早就存心讽劝齐王纳谏，关心国家大事，而又及时抓住生活体验，善于巧妙进谏这一谋臣辩士的性格特征。其他如妻、妾、客三人的语言，虽同属赞美谀词，而语气程度各别：妻之“君美甚，徐公何能及君也”，是极尽赞美的偏爱感情；妾之答话中少了句“君美甚”，不如妻之热情，显示出畏怯心理；客之“徐公不若君之美也”，语气更轻，是一种有求于人不得不敷衍逢迎的心态。三种不同语气的细微差别，展示出三人不同的微妙动机。这些都是笔法细致入微处。至于国王，一个“善”字，刻画出他听后的倾心折服；“乃下令”三字，则表现出他纳谏后立刻付之实施的决心；分“面刺”“上书”“谤议”三等赏赐，从横向空间展示出他广开言路，虚怀若谷，听取批评的胸襟；“令初下”“数月之后”“期年之后”三个阶段，则从纵向时间表现进谏者由多渐少至无这一渐进过程，暗示其蔽已彻底根除，突出纳谏的卓著效果。从语言上，比美中的三问三答，讽喻中所列齐王周围三种人的心态，以及下令中的三等赏赐和进谏中的三个阶段的不同情况，均用排比铺陈手法，参差整齐的句式，构成了纵横恣肆的语言风格。至于结尾写四国“皆朝于齐”，更显出于史无征、夸张扬厉的特点。结句“此所以战胜于朝廷”，与《苏秦始将连横》中“式于政，不式于勇；式于廊庙之内，不式于四境之外”的主张，精神一致，反映出纵横家贬战尚谋的倾向。从形式上则相当于《史记》列传后面“太史公曰”的论赞。所以，从全篇情节的生动完整、人物形象的鲜明和结尾论赞的体例来看，实乃《史记》纪传体之滥觞。

（熊　笃）

齐人谏靖郭君城薛　《战国策》

靖郭君①将城薛，客多以谏。靖郭君谓谒者②，无为客通。齐人有请者曰：“臣请三言而已矣！益一言，臣请烹。”靖郭君因见之。客趋而进曰：“海大鱼。”因反走。君曰：“客有于此③！”客曰：“鄙臣不敢以死为戏。”君曰：“亡④，更言之。”对曰：“君不闻大鱼乎？网不能止，钩不能牵，荡⑤而失水，则蝼蚁得意焉。今夫齐，亦君之水也。君长有齐阴，奚以薛为？夫⑥齐，虽隆薛之城到于天，犹之无益也。”君曰：“善。”乃辍城薛。

〔注〕①靖郭君：齐威王的少子田婴。②谒者：指为靖郭君通接宾客的近侍。③有于此：谓对此当有说明。④亡：通“无”，谓不要紧，不加责。⑤荡：放荡、放纵。⑥夫：当作“失”，王念孙《读书杂志》引《韩非子·说林下》及《淮南子·人间训》文，并作“失齐”，可证。

本文选自《战国策·齐策一》。据《资治通鉴·周纪二》,"显王四十八年(前321),齐王封田婴于薛,号曰靖郭君。"其中即载谏城薛事。靖郭系孟尝君之父。孟尝曾从谏,在薛"市义";靖郭亦纳谏,"乃辍城薛":同是反映了统治者对人民力量和作用的认识。春秋以来注重民本思想,而以儒家较为突出。孔子常以水譬喻人民,以舟、盂、鱼等譬喻国君,其语散见于《国语》《孔子家语》《韩非子》《尸子》等书引文。《艺文类聚》卷十一引《尸子》载子夏答孔子问:"鱼失水则死,水失鱼犹为水也。"生动地比拟君民关系当以民为主体。齐、鲁滨海,喜借海说事。这位进谏的齐人熟悉海鱼习性活动,微言凿凿,妙喻翩翩。其说辞内容颇具民主意识。

本篇为寓言式的小品短文。"海大鱼"者,以海喻齐国,实以海水喻齐民;以大鱼喻靖郭君。大鱼在海最为得意,钩网对它无能为力。靖郭封薛,"长有齐阴(荫)",亦须恃齐才能得势,不会轻易受到灾害。大鱼乘高潮而出,放纵游荡,必有搁浅失水之虞,将受制于蝼蚁。靖郭"隆薛之城到于天",举措正是放肆失度,内则劳民招怨,外则疑王取祸,必将导致众叛亲离,舟中之人尽为敌国,后果不堪设想。譬喻生动活泼,引人联想自然,事浅义深,所以能打动靖郭君。

谏止"三言"("海大鱼"),精选得当,无可再减。妙在客进"三言"之前的请谏,已故作十三字的危言:"臣请三言而已矣,益一言,臣请烹。"引发靖郭好奇心,从而打开其拒谏之门。靖郭自然不明"三言"的个中真意,求客说明,而客不急于表白,复进八言:"鄙臣不敢以死为戏。"真是郑重其事。最后的注释辞,计共五十六言;然而正文毕竟总为"三言",的是"三言"。趋进、反走,写出客的惶遽态,使靖郭深感诧异,不能不问。靖郭以拒见表示拒谏,最后仍不能不接受这"三言"之谏。游戏之文,写得短小新颖,诘屈有致,真可谓别有天地。 (童明伦)

颜斶说齐王贵士 《战国策》

齐宣王① 见颜斶②,曰:"斶前!"斶亦曰:"王前!"宣王不悦。左右曰:"王,人君也。斶,人臣也。王曰'斶前',斶亦曰'王前',可乎?"斶对曰:"夫斶前为慕势,王前为趋士。与使斶为慕势,不如使王为趋士。"

王忿然作色曰:"王者贵乎?士贵乎?"对曰:"士贵耳,王者不贵。"王曰:"有说乎?"斶曰:"有。昔者秦攻齐,令曰:'有敢去柳下季③垄五十步而樵采者,死不赦。'令曰:'有能得齐王头者，封万户侯，赐金千镒[4]。'由是观之，生王之头，曾不若死士之垄也。"宣王默然不悦。

左右皆曰："斶来！斶来！大王据千乘之地，而建千石钟，万石簴[5]。天下之士，仁义皆来役处；辩知并进，莫不来语；东西南北，莫敢不服；求万物无不备具，而百姓无不亲附。今夫士之高者，乃称匹夫，徒步而处农亩，下则鄙野，监门闾里[6]。士之贱也亦甚矣！"

斶对曰："不然。斶闻古大禹[7]之时，诸侯万国。何则？德厚之道，得贵士之力也。故舜起农亩，出于野鄙而为天子[8]；及汤之时，诸侯三千[9]；当今之世，南面称寡者，乃二十四[10]。由此观之，非得失之策与[11]？稍稍诛灭，灭亡无族之时，欲为监门闾里，安可得而有乎哉？是故《易传》[12]不云乎：'居上位，未得其实，以喜其为名者，必以骄奢为行。倨慢骄奢，则凶必从之。'是故无其实而喜其名者削，无德而望其福者约，无功而受其禄者辱，祸必握[13]。故曰：'矜功不立，虚愿不至[14]。'此皆幸乐其名华，而无其实德者也[15]。是以尧有九佐[16]，舜有七友[17]，禹有五丞[18]，汤有三辅[19]。自古及今，而能虚成名于天下者无有！是以君王无羞亟问，不愧下学[20]，是故成其道德而扬功名于后世者，尧、舜、禹、汤、周文王是也。故曰：'无形者，形之君也；无端者，事之本也[21]。'夫上见其原，下通其流[22]，至圣人明学，何不吉之有哉。《老子》曰：'虽贵，必以贱为本；虽高，必以下为基：是以侯王称孤、寡、不穀。是其贱之本与[23]？'夫孤寡者，人之困贱下位也，而侯王以自谓，岂非下人而尊贵士与？夫尧传舜，舜传禹，周成王任周公旦[24]，而世世称曰明主，是以明乎士之贵也。"

宣王曰："嗟乎！君子焉可侮哉？寡人自取病[25]耳！及今闻君子之言，乃今闻细人[26]之行。愿请受为弟子。且颜先生与寡人游，食必太牢[27]，出必乘车，妻子衣服丽都。"

颜斶辞去曰："夫玉生于山，制则破焉[28]，非弗宝贵矣，然太璞不完㉙；士生乎鄙野，推选则禄焉，非不得尊遂也，然而形神不全㉚。斶愿得归，晚食以当肉，安步以当车，无罪以当贵，清静贞正以自虞㉛。制言㉜者，王也；尽忠直言者，斶也。言要道已备矣！愿得赐归，安行而反臣之邑屋。”则再拜而辞去也。

曰㉝：“斶知足矣！归真反璞㉞，则终身不辱也。”

〔注〕 ① 齐宣王：威王子，田氏，名辟疆，前 319—前 301 年在位。 ② 颜斶(chù 触)：齐宣王时高士。 ③ 柳下季：春秋时鲁国大夫，展氏，名禽，字季。食邑于柳下，谥惠。 ④ 镒(yì 义)：古代重量单位，合二十两或二十四两。 ⑤ 千石钟：百二十斤为石，钟为古乐器。簴(jù 巨)：悬钟磬的木架。此二句意为齐王对礼乐很重视。 ⑥ 监门闾里：闾里的守门人。监门，守门者。闾里，人民聚居之地，每二十五家为一闾或一里。闾或里皆有巷，巷口有门，设一卒以守，故称“监门闾里”。 ⑦ 大禹：即夏禹。《左传·哀公七年》：“禹会诸侯于涂山(今安徽怀远)，执玉帛者万国。” ⑧ “故舜起”二句：因此舜起于田间，出自乡野，而当上了天子。《史记·五帝本纪》：“舜耕历山(说法不一，《淮南子·原道训》高诱注云在济阴城阳，今山东菏泽附近，一曰济南历城山)，渔雷泽(今山东濮县)，陶河滨(今山东定陶)，作什器(生活用具)于寿丘(在山东曲阜)，就时(负贩)于负夏(卫地，处所未详)。” ⑨ 诸侯三千：汤会诸侯伐桀，传有三千诸侯来会。 ⑩ 乃二十四：据顾观光考：七国，泗上十二诸侯，东西二周，中山，安陵，越国，合为二十四。 ⑪ 得失之策：谓古诸侯多，由于贵士，故得策；今诸侯因不贵士，故失策，诛灭殆尽，因此渐少。 ⑫《易传》：所引文疑来自失传之商瞿《易传》。商瞿曾受易于孔子。 ⑬ “是故无其实”四句：意谓没有真实才能却喜爱名位的人必致削弱；没有德行却企望获福的人必致穷困；没有立功却承受俸禄的人必致羞辱；灾祸必定紧随。约，减，引申为穷困。握，执，意谓紧随不离。 ⑭ “矜功”二句：意谓虚夸的功劳无法建树，虚假的意愿不会实现。 ⑮ “此皆”二句：这些都是喜爱虚名、浮华，却没有真实品德的人。 ⑯ 九佐：尧时有九官辅佐：舜为司徒，契(xiè 谢)为司马，禹为司空，后稷为田畴(农官)，倕为工师，伯夷为秩宗(礼官)，皋陶大理(司法官)，益掌驱禽(掌山泽之官)。 ⑰ 七友：传为雄陶、方回、续牙、伯阳、东不訾、秦不虚、灵甫七人。 ⑱ 五丞：传为益、稷、皋陶、倕、契。 ⑲ 三辅：传为谊伯、仲伯、咎单。 ⑳ “无羞亟(qì 器)问”二句：谓不以频繁求问、向臣下求学为羞愧。亟，屡次，频繁。 ㉑ “无形者”四句：谓没有形象和端绪的东西(指才、德)，是行事的主宰和根本。形之君，行为的主宰。 ㉒ “上见其原”二句：谓从上去发现事物本源，往下去通晓事物演变。 ㉓ “虽贵”六句：引文见《老子》第三十九章，文字略异。 ㉔ 周成王：武王子，名诵，前 1024—前 1005 年在位。周公旦：武王弟，采邑在周(陕西岐山北)，故称周公，辅佐成王，摄政当国，受封于曲阜(在今山东)为鲁开国君主。 ㉕ 自取病：自讨没趣。 ㉖ 细人：小人，见识短浅者，此为宣王自谓。 ㉗ 太牢：《大戴礼记·曾子天圆》：“诸侯之祭，牛曰太牢。”一指牛、羊、豕三牲。 ㉘ 制则破焉：加工磨制就会破坏天然本色。 ㉙ 太璞不完：天然玉石就会缺损。太璞，指未经琢磨加工的玉石。 ㉚ 形神不全：身心都不完美(如璞玉受损害一样)。 ㉛ 虞：同“娱”。 ㉜ 制言：命令。 ㉝ 曰：此下为作者对颜斶的评论。一本作“君子曰”。 ㉞ 归真反璞：回复隐士的本来面目，正如雕琢之玉返回到自然之璞的状态。

本文选自《战国策·齐策四》。士阶层本系西周等级分封制最下一级，没有封地，官位也不世袭。后来因社会阶级升降变化，这一阶层人数激增，成分复杂，名目繁多，如文士、武士、辩士、侠士、方士、隐士等，大抵皆具一定文化和技能，堪称各类人才。士的社会地位日益重要，被誉为国之宝，"士无常君，国无定臣"（扬雄《解嘲》）。当时各国各级新旧贵族，为了自身利益，需要争士、争民，"得士者强，失士者亡"（东方朔《答客难》）。士既受养见用，遂为贵族出谋划策，著书立说。

本篇即以高士颜斶为主体，写他与齐宣王及其左右所进行的一场"王与士孰贵"的辩论。颜斶针锋相对，寸步不让，气势凛烈，理正辞严，充分显示出寒士蔑视王权、勇于斗争的胆识。作者通过齐王心折，"愿请受为弟子"，论证士贵于王，德才重于名位权势，从而突出了士在治国安民中的积极作用和影响，颇具民主意识。文中推崇儒家选贤举能、立功立德的进取思想，但也赞赏道家守贞返璞、知足不辱的隐退观点。结尾写颜斶在"尽忠直言"，说服齐王尊士、用士的"要道"之后，自己却辞禄归隐，甘守贫贱，向往自由生活，此与一般热衷利禄的俗士大不相同，塑造了一个作者心目中理想的高士形象。

全文运用齐王、左右和颜斶的对白形式，结合各人言辞具体内容，描述其发言时的神色、辞气，将他们的个性、品格及变化中的思想感情，表现得栩栩如生。起笔写齐王召见颜斶时倨慢失礼的一声传唤："斶前！"紧接颜斶针锋相对的一声回报："王前！"借此引入论事，突兀离奇，出人意表。颜斶的傲岸君王，不畏权势，一开始就给人以鲜明印象。作者一面写齐王震怒，左右声色俱厉；一面仅用"斶曰""斶对曰"以见其从容不迫，侃侃而谈。答辞内容却是对王进行当面教育，大胆批评，绝不鉴貌观色，更无阿附迎合。最后，当宣王被说服，"愿请受为弟子"，并以利禄相许时，"颜斶辞去"，语气平淡，表现情无波动，心无沾染，依旧不失贫贱骄人气概。作者附加赞语收束，寓意明白，耐人寻味。齐王表情则由"不悦"而"忿然作色"，提出"王者贵乎？士贵乎""有说乎"等系列质问，怒容如见；当他听了"生王不及死士"的论证，"默然"无辞以对，强抑怒气，心实难服；最后认输，发出无可奈何的嗟叹，自拟"细人"而称斶为"君子"，辞色虽转卑恭，仍图用荣华作笼络，富贵骄人习气确难改移。文中两次插叙左右侍从者对颜斶的呵斥作陪衬，他们见王"不悦"，急忙揣摩王的心思，摹拟王的腔调，先以君臣身份诘责，继作虚声恫喝，连呼"斶来"，夸张齐王威势，贬低士的地位，强要"天下之士"皆来接受"役处"。汹汹声势，咄咄逼人，其先意承旨、谄上压下的俗态流露无遗。在"士"与"势"的关系上，齐王矜势而非真正好士，左右慕势而贱士，颜斶却鄙势而以士自豪，互为鲜明映衬。

文章中颜斶批评齐王即从"慕士"与"趋势"对举立论。慕是仰慕，意含尊敬、器重；趋是趋附，意含俯就、屈从，下字确切。据后文强调：士必具有"仁义"之德，"辩知"之才，能为国君"成道德""扬功名"，传世不朽；而王则具"居上位"，能致富贵的身份。颜斶论王因权势而贵，故"不贵"；士之贵在德才，乃真"贵"。士若"趋势"，则身蒙玷辱；王若"慕士"，则长享尊荣。照应结尾，隐括了他对王的"尽忠直言"和所言"要道"。

颜斶溯史探变，"上见其原，下通其流"。据名实、本末、主从关系，论述王者行事，必需"德厚""明学""贵士"。王因"南面称寡"，"名华"显赫；士虽"生乎鄙野"，"实德"昭著。德才相对于王位、富贵的虚名，确是"无形""无端"；但却很实际，是行事的主宰(君)和根本(本)。先王为政以德，奉行推贤进士，治国安民，故能立功受福，保有王位；世俗之王不知求实务德，"无其实而喜其名""无德而望其福"，必致事愿相违，非特如此，"未得其实(贵士、重才德)以喜其为名(王号、爵位、富贵)者"，还会因贵而骄，因富而奢，从而错误地遵奉骄奢以行事，后果是"则凶必从之""祸必握"。精微剖析，中情合理，最能触动宣王心灵，使他考虑到"倨慢骄奢"，将致"灭亡无族"，怵然戒惧。

本文妙用典故、引证、譬喻，辩证地阐明王和士的关系。所举齐国本国王和士的故事，是现实的反面例证，对齐王最具有说服力；所举历史上被公认的圣君贤王故事，是古代的正面例证，正反相辅相成，真理愈辩愈明；所引《易传》《老子》之言，稍经发挥，说明问题恰到好处，所用璞玉譬比朴实之士，也很得体。

颜斶论证"生王不如死士"一节，陡下惊人之笔。齐有高士柳下季，秦王重之，齐王反漠然置之，可见他徒拥名位富贵，不爱才德。名位致争，使他取祸，齐王的头倒成为别人猎取富贵的手段，岂非绝妙讽刺？而柳下季才德俱备，不必求名位，却自流芳千古。"生王"受辱，生不若死；"死士"享荣，虽死犹生。颜斶就地取材，以生死殊途的王、士对举，事真理直。宣王听此，只好悻悻地收敛起骄矜之气了。

宣王及左右仅据身份地位而论贵贱，颜斶提出德才作为贵贱准则来加以批驳。针对左右所论"士之高者乃称匹夫，徒步而处农亩，下则鄙野，监门闾里"，他特引"舜起农亩，出于野鄙，而为天子"，说明卑贱之士亦可转化为天子之尊。尧传舜，舜传禹。尧、舜、禹在践天子位前，都不过是一个平凡的士。再从历史推溯："自禹之时，诸侯万国"直到"当今之世，南面而称寡者，乃二十四"。其间侯王"稍稍诛灭"者可谓多矣！其兴亡的原因，正在于"得失(得士和失士)之策"。当侯王遭诛灭，其族荡然不存，命运远落士后，"欲为监门闾里，安可得而有乎哉"？

可见王也应贵才德，向士学习，“无羞亟问，不愧下学”；又可见王须引用才德之士，一如“尧有九佐，舜有七友，禹有五丞，汤有三辅”，得士愈多，其德愈隆，其功愈高，自能趋吉避凶；又可见士亦不可无功受禄，尸位素餐，如果贪恋禄位，德才受损，则致“形神不全”，反而失掉士的本色。颜斶的话，自己身体力行，迥异苏秦、张仪一流名利之徒。

颜斶引《老子》的话论证贵贱高下的相互联系和依存关系。高以下为基而体现，贵因贱为本而显示。位极高贵的侯王，却以“困贱下位”的“孤寡”自称，说明侯王应守卑而尊下士，辞当理惬，齐王不能不服。

本文与战国策士徒事敷张扬厉的说辞不同，求翔实，去夸诞，虽有危言奇语，亦皆本乎情理，颇中肯綮。逻辑严谨，前后呼应；议论透辟，别开生面。（童明伦）

冯谖客孟尝君　《战国策》

齐人有冯谖者，贫乏不能自存。使人属孟尝君[①]，愿寄食门下。孟尝君曰：“客何好？”曰：“客无好也。”曰：“客何能？”曰：“客无能也。”孟尝君笑而受之，曰：“诺。”

左右以君贱之也，食以草具[②]。居有顷，倚柱弹其剑，歌曰：“长铗归来乎！食无鱼。”左右以告，孟尝君曰：“食之，比门下之客。”居有顷，复弹其铗，歌曰：“长铗归来乎！出无车。”左右皆笑之，以告。孟尝君曰：“为之驾，比门下之车客[③]。”于是乘其车，揭其剑，过其友，曰：“孟尝君客我！”后有顷，复弹其剑铗，歌曰：“长铗归来乎！无以为家。”左右皆恶之，以为贪而不知足。孟尝君问：“冯公有亲乎？”对曰：“有老母。”孟尝君使人给其食用，无使乏。于是冯谖不复歌。

后孟尝君出记[④]，问门下诸客：“谁习计会，能为文收责于薛者乎[⑤]？”冯谖署曰：“能[⑥]。”孟尝君怪之，曰：“此谁也？”左右曰：“乃歌夫‘长铗归来’者也！”孟尝君笑曰：“客果有能也，吾负之，未尝见也。”请而见之。谢曰：“文倦于事，愦于忧，而性懧愚[⑦]，沉于国家之事，开罪于先生。先生不羞[⑧]，乃有意欲为收责于薛乎？”冯谖曰：“愿之。”于是约车治装[⑨]，载券契[⑩]而行，辞曰：“责毕收，以何市而反[⑪]？”孟尝君曰：“视吾家所寡有者。”

驱而之薛，使吏召诸民当偿者，悉来合券[12]。券遍合，起，矫命以责赐诸民。因烧其券，民称万岁。

长驱到齐，晨而求见。孟尝君怪其疾也，衣冠而见之，曰：“责毕收乎？来何疾也！”曰：“收毕矣！”“以何市而反？”冯谖曰：“君云：‘视吾家所寡有者。’臣窃计：君宫中积珍宝，狗马实外厩，美人充下陈[13]；君家所寡有者以义耳。窃以为君市义。”孟尝君曰：“市义奈何？”曰：“今君有区区之薛，不拊爱子其民[14]，因而贾利之[15]。臣窃矫君命，以责赐诸民，因烧其券，民称万岁。乃臣所以为君市义也。”孟尝君不说[16]，曰：“诺。先生休矣[17]！”

后期年[18]，齐王谓孟尝君曰：“寡人不敢以先王之臣为臣[19]！”孟尝君就国[20]于薛。未至百里[21]，民扶老携幼，迎君道中正日[22]。孟尝君顾谓冯谖曰：“先生所为文市义者，乃今日见之！”

冯谖曰：“狡兔有三窟，仅得免其死耳。今君有一窟，未得高枕而卧也。请为君复凿二窟。”孟尝君予车五十乘，金五百斤，西游于梁[23]。谓惠王曰：“齐放其大臣孟尝君于诸侯[24]。诸侯先迎之者，富而兵强。”于是梁王虚上位[25]，以故相[26]为上将军，遣使者黄金千斤，车百乘，往聘孟尝君。冯谖先驱，诫孟尝君曰：“千金，重币也；百乘，显使也。齐其闻之矣！”梁使三反[27]，孟尝君固辞不往也。

齐王闻之，君臣恐惧，遣太傅赍黄金千斤，文车二驷，服剑一[28]，封书谢孟尝君曰：“寡人不祥[29]，被于宗庙之祟[30]，沉于谄谀之臣，开罪于君。寡人不足为也[31]，愿君顾先王之宗庙，姑反国统万人乎？”冯谖诫孟尝君曰：“愿请先王之祭器，立宗庙于薛[32]。”庙成，还报孟尝君曰：“三窟已就，君姑高枕为乐矣！”

孟尝君为相数十年，无纤介[33]之祸者，冯谖之计也。

〔注〕 ① 孟尝君：即田文，齐靖郭君田婴少子，袭其父职为齐相。 ② 食（sì 饲）：给食物

吃。草具：装盛粗劣饮食的食具。　③ 车客：能乘车的食客，比食鱼之客高一等。　④ 出记：出通告。　⑤“谁习”二句：计会，会计。责，通“债”。薛，孟尝君的领地，今山东枣庄市附近。　⑥ 署曰“能”：签名于通告上，并注曰“能”。　⑦“文倦”三句：倦于事，为国事劳倦。愦(kuì 愧)于忧，困于思虑而致心中昏乱。懧，同“懦”，怯弱。　⑧ 不羞：不因受简慢为辱。　⑨ 约车治装：预备车子，治办行装。　⑩ 券契：债务契约，两家各拿一份，可以合验。　⑪ 何市而反：买些什么回来。市，买；反，返。　⑫ 合券：核对债券(借据)、契约。　⑬ 下陈：后列。　⑭ 拊爱：即抚爱。子其民：视民如子。　⑮ 贾(gǔ 古)利之：以商贾手段向人民谋利。　⑯ 不说：不悦。　⑰ 休矣：犹言得了，算了。　⑱ 期(jī 基)年：一周年。　⑲ 齐王：齐湣王。先王：指齐宣王，湣王之父。田婴相宣王，田文袭之为相，故云先王之臣。这是齐湣王听谗罢免孟尝君的借口。　⑳ 就国：到自己封地(薛)去住。　㉑ 未至百里：距薛地还有一百里。　㉒ 正日：犹终日。一本无此二字。　㉓ 梁：魏国都大梁(今河南开封)。魏王罃(即梁惠王)迁都大梁，国号曾一度称“梁”。　㉔ 放：弃，免。于诸侯：意谓正给诸侯重用他的机会。　㉕ 虚上位：空出最高的职位。　㉖ 故相：原来的宰相。　㉗ 三反：往返三次。　㉘ 文车二驷：套四匹马的绘或刻有文饰的车两辆。服剑：齐王自用的佩剑。　㉙ 不祥：不善。　㉚ 被于宗庙之祟：受到祖宗神灵的惩罚。　㉛ 不足为(wéi 围)：不值得顾念帮助。　㉜ 立宗庙于薛：因上文齐王有“愿君顾先王之宗庙”的话，孟尝君与齐王同族，故请求分给先王传下来的祭器，在薛地建立宗庙，将来齐即不便夺毁其国，若有他国来侵，齐亦不能不救。这是冯谖为孟尝君所定的安身之计，为“三窟”之一。　㉝ 纤介：细微。介，同“芥”。

战国时期，列国纷争，出现了“士”(包括学士、策士、方术士、食客等)这一最活跃的阶层。由于天下大乱，宗法制度遭到破坏，诸侯国王和贵族等领主势力受到削弱，他们迫切需要大量的拥护者和谋划者，于是王侯将相争相养士，蔚然成风。齐国孟尝君、赵国平原君、魏国信陵君、楚国春申君，都各养士数千，号为四公子。本文出于《战国策·齐策四》，就是叙写冯谖在孟尝君门下作客由微而著的经历，赞扬了策士冯谖重视民心的远见卓识和政治斗争中的果断善谋，反映了当时权贵重视养士和士为知己报效的社会风气。

“情节是人物性格的历史”。本文最成功之处，就是通过曲折多致、引人入胜且富于戏剧性的情节，来刻画人物的性格特征，塑造出栩栩如生的人物形象。首先是用欲扬先抑、对比衬托的手法，写冯谖故意藏才不露的试探和由此受到的轻视。孟尝君早以礼贤下士之名著称于世，但冯谖却不亲自干谒，而请人嘱托孟尝君，表示“愿寄食门下”，这已有试探之端倪；介绍情况时，又故意说没有什么擅长、爱好和技能，试探对方是否真是像传闻那样“客无所择，皆善遇之”(《史记·孟尝君列传》)。孟尝君“笑而受之，曰‘诺’”，则透露出他既有点轻视，但仍慷慨收罗的微妙心态。接着冯谖又进行第二步试探，他不满足粗糙食物的最低食客待遇，弹着剑靶唱道：“长剑呵，我们回去吧，连鱼都吃不上！”孟尝君听到后，就吩附和门下食鱼的门客同等对待。但冯谖又接二连三地提出出门坐车、供养家口等要求，一次比一次升级，孟尝君也逐步满足了他的要求。这三次“弹铗而歌”，通过孟尝君“左右”的态度来对比衬托，就十分耐人寻味：始则“食以草具”，继则“皆笑之”，终于“皆恶之，以为贪而不知足”。手下人这种态度，又根源于主人孟尝君对冯谖一开始的轻视：“左右以君贱之也……”但孟尝君却到底又一次次满足了冯谖的要求。这就给读者造成了迷魂阵似的悬念：冯谖到底是个贪而无能者还是大才不露者？孟尝君是个平庸势利者还是个明察知人者？这就引人急于去阅读下文，然后你才会发现：冯谖的藏才不露，装愚守拙，巧于试探的性格，正是为其后来大显身手伏根；孟尝君虽无先见之明，却有宽容大度，不善知人，却不失善于养士的作风，正为他后来地位失而复得起了巨大作用；“左右”人的平庸无知，只会看主人眼色行事和以势利量人的眼光，原是常见的人情世态。这一切，全都在这“三次弹铗”的情节中获得了初步的展现。一个情节，同时牵动出很多人不同的情感心态，这就极富于戏剧性了。

第二是善于通过典型情节和生动细节来刻画冯谖的远见卓识和果断善谋的性格，如第二部分写“收债于薛”就是如此。其中又分冯谖署记、矫命焚券、市义复命三个层次。当孟尝君出文告征问门客，要找一个熟悉会计业务，能到薛地收债的人选时，一向装作“无好”“无能”的冯谖，却毅然自荐，签名表示能当此任。这种情节上的突转，大有出人意外的效果，使文势顿生波澜，故孟尝君始而以之为奇怪，继而深自内疚：“我亏待了他，还不曾接见过他。”终而公开向冯谖道歉：“以前把先生得罪了。”这一情节，展示出冯谖在上述试探之后，决心在关键时刻挺身而出展露才华。“士为知己者死”是当时策士的信条，他也要以实际行动来报知己之恩。而从孟尝君“怪之，曰‘此谁也’”，“吾负之，未尝见也”等细节中，也可见他对冯谖确实一向轻视怠慢，以致从未接见过，竟连姓名也忘却了。这就进一步刻画出孟尝君缺乏知人之明，但又能知错必改，公开赔罪，委以重任，并让其权宜行事，故仍不失君子长者风范。如果仅写冯谖按期收债而归，则一般能干的食客也可办到，故不足奇；奇在他全部核验诸民借据之后，竟假托是奉孟尝君之命，以债全部赐还百姓，“因烧其券，民称万岁”。这一生动细节，集中刻画出冯谖具有民本思想的远见卓识和临机大胆决断的性格特征。他认为孟尝君宫中珍珠宝玉、狗马玩好、美人婢妾都不缺，唯一缺少的是仁义爱民，所以矫命焚券，买回民心；他批评孟尝君好利不爱民，反用高利贷剥削他们，其动机虽仍是为孟尝君政治地位着想，但这种爱民思想无疑是难能可贵的，这正是他奇才远识的过人之处。又可奇者，还在于他虽大胆矫命，却又细心地抓住了孟尝君的口实把柄——“视吾家所寡有者”——并未具体指示买回什么东西；现在“市义而返”，既经事前请示，又未违反原则，这又表现出冯谖办事的大胆而细心，果断而讲策略。所以孟尝君虽然不悦，说“先生休矣”，但也无可奈何。通过这个情节，冯谖与孟尝君二人在政治见识上的远近轩轾，也从对比陪衬中隐显互见而相得益彰。

另一个精彩的典型情节就是冯谖“经营三窟”，帮助孟尝君恢复并巩固了相位。“三窟”即三层：一是孟尝君罢相至薛，深受百姓拥戴；二是冯谖游说于梁，巧借诸侯重聘孟尝君造声势，帮助其恢复相位；三是让孟尝君立先王宗庙于薛，帮助其巩固相位。罢相就薛一层，通过薛地百姓扶老携幼，到百里之外夹道欢迎和孟尝君深受感动这两个细节，既进一步突出冯谖政治远见的结果，也刻画出孟尝君对“市义”的思想转变，与上文“不悦”形成对比；同时在结构上又起着承上启下的衔接过渡，收束上文“收债”的结果，引出下文“复凿二窟”的大显身手。冯谖西游于梁，说服梁王三遣使者以千金百乘聘孟尝君为相，为抬高孟尝君的威信而虚张声势，给齐王造成“有眼不识泰山”的错觉，感到大贤外流的“恐惧”，达到重新重用孟尝君为相的目的。从中则展现出冯谖洞悉齐、梁二君的用人心态，善于利用矛盾，见机而作，足智多谋的性格。写梁王的重聘求贤，与上文齐王的罢相弃贤形成鲜明对比；而与下文齐王对孟尝君的谢罪和重新起用，则又形成有力的衬托。而孟尝君的言听计从，也与前面“市义奈何”“先生休矣”的不信任态度构成鲜明对照。三层中以“设计复位”一层写得最详，其余二层皆略，详略分明，堪称剪裁高妙。

在全篇中，冯谖和孟尝君的性格同是富于发展变化，也同是由隐而彰的。但冯谖是由藏才不露、初试锋芒到大显身手的，其才能的展现和信任的获得，呈直线上升的趋势；而孟尝君对冯谖的认识和信用，则是始而轻视而留有余地，继而重视（收债）而又存疑（不悦），终而折服而言听计从，是随着自己得势、失势，再大得势这种起伏之势而曲线波动的。故二人性格的发展变化情势，其同者形成互相衬托，其异者则构成彼此对比。正是在这种衬托对比中，生动微妙地展现出人物各自的性格心态和相互关系的发展过程。

孟尝君虽养士三千，但大多数正如王安石所说的不过是鸡鸣狗盗之徒，像冯谖这种策士中的佼佼者，实乃凤毛麟角，难怪太史公在《史记·孟尝君列传》中亦将冯谖事迹大加突出。然而，本文结尾的评论，却未免过甚其辞，这正是《战国策》铺张扬厉之处。

（熊　笃）

赵威后问齐使　　《战国策》

齐王使使者问[①]赵威后。书未发，威后问使者曰：“岁亦无恙耶？民亦无恙耶？王亦无恙耶？”使者不说[②]，曰：“臣奉使使威后，今不问王，而先问岁与民，岂先贱而后尊贵者乎？”威后曰：“不然。苟无岁，何以有民？苟无民，何以有君？故有舍本而问末者耶？”

乃进而问之曰：“齐有处士曰钟离子③，无恙耶？是其为人也，有粮者亦食④，无粮者亦食；有衣者亦衣⑤，无衣者亦衣。是助王养其民者也，何以至今不业⑥也？叶阳子⑦无恙乎？是其为人，哀鳏寡，恤孤独，振困穷，补不足。是助王息其民者也，何以至今不业也？北宫之女婴儿子⑧无恙耶？彻其环瑱⑨，至老不嫁，以养父母。是皆率民而出于孝情者也，胡为至今不朝⑩也？此二士弗业，一女不朝，何以王齐国、子万民⑪乎？於陵子仲⑫尚存乎？是其为人也，上不臣于王，下不治其家，中不索交诸侯。此率民而出于无用者，何为至今不杀乎？”

〔注〕 ① 问：聘问、问候。 ② 说：通“悦”。 ③ 处士：未作官或不作官的士人。钟离：复姓。 ④ 食(sì 饲)：拿食物给人吃。 ⑤ 衣(yì 意)：给人衣服穿。 ⑥ 业：使之做官而成就功业。 ⑦ 叶(shè 涉)阳子：齐处士。叶阳，复姓。 ⑧ 北宫：复姓，婴儿子，是其名。 ⑨ 彻：通“撤”。环瑱(tiàn)：耳环和戴在耳垂上的玉。 ⑩ 朝：谓使之为命妇而朝见君主。 ⑪ 王(wàng 旺)：统治。子万民：以万民为子，意谓为民父母。 ⑫ 於(wū 乌)陵子仲：於陵，地名；子仲，人名。

赵威后是赵惠文王之妻，赵孝成王之母。公元前266年惠文王卒，子孝成王立，以其年幼，故由赵威后执政。本文就是记叙赵威后接见齐国使者的一次谈话。

文章之奇，在于通篇只是记言。既无一句人物外貌、举止、行为、心态之类的描写，也无任何环境烘托或细节刻画，只紧扣题目中一个“问”字，主要写赵威后的七次提问，就鲜明而传神地勾画出一位洞悉别国政治民情、明察贤愚是非、具有高度民本主义思想的女政治家形象。写七问又非一气连问，而是笔法富于变化顿挫。开始会见齐使，尚未拆开齐王来信就连珠炮似地连发三问：“年成还不错吧？百姓也平安无事吧？齐王也还健康宁泰吧？”活画出她的坦率爽直，不拘常规的气度以及她对问题的关切。但首先关心的是年成和百姓，而不先问候齐王健康，以致使者不高兴：认为这是先问卑贱者而后问尊贵者，所问失序；而且自己是奉齐王之命来问候赵威后的，那么赵威后也理当先问候齐王。但赵威后却反驳他说：“假如没有好的年成，靠什么来养育人民呢？假如没有人民，又怎么能有国君呢？哪有舍弃根本而问末节的呢?”两个假设反问，以前句结论为后句前提，逐步推理，正确而又简明地论证了“岁”“民”“君”三者的主次本末关系。这种鲜明的民本思想，上承孔子“载舟覆舟”、孟子“民贵君轻”之说，下开郦食其“王者以民为天，而民以食为天”之论，体现出赵威后政治上的远见卓识和开明态度。以下四问，又以“乃进而问之曰”一句过渡领起，其间赵威后拆书展现的过程、使者对后四句的回答，都省略了，因为它们与刻画赵威后这一主旨无直接关系。剪裁之高妙和语言之精练均于此可见一斑。在以下四问中，从内容上看：钟离子、叶阳子皆贤德处士，但前者是帮助齐王养育百姓的人，后者是帮助齐王使百姓得到生息蕃衍的人。“养其民”，是就民之处常者而言；“息其民”，是就民之处变者而言，故有细别。而北宫氏则是一位带领百姓奉行孝敬父母的孝女典型，与前二人又自有别。但因这三人都属于封建社会有德的贤者，故皆以“无恙耶”热情询问，而以“此二士弗业，一女不朝，何以王齐国、子万民乎”三句小结，作一顿挫。然后再问於陵子仲，因他是个不忠不孝、带领百姓无所事事而对国家没有用处的人，故所问用“尚存乎”“何为至今不杀乎”作结，与前三人形成鲜明对照。这四问代表了正反两类四种典型，虽各有侧重，但都属于“民”的范围，故是篇首“民亦无恙乎”这一问的具体化和进一步，而又与“苟无民何以有君”的思想首尾呼应。可见通篇所问皆以问民为主，显示出她重视民心向背的政治远见。因为年成好坏在古代非人力所能左右，故前面问后，无须再加申述；而人民的治乱却是可以靠人为的力量左右的，故是关键，须“进而问之”；至于国君，人民治理好了，国君自然“无恙”，故下文只间接与国君行“王法”相关。这是后四问何以单与前三问中“民亦无恙耶”一问发生逻辑结构联系的关键，也是从结构上理解全文主旨的关键所在。再从对这四个人“其为人也”的评述中，刻画出赵威后对齐国政治民情的了如指掌，洞察入微；从对这四人“何以至今不业”“胡为至今不朝”“何为至今不杀”的不同询问感叹中，又可见赵威后对贤愚是非明察秋毫的眼光和赏罚分明的态度。从语言章法上看，虽然对四人都是用先询问、继评述、再叹问的形式，但句法却各自不同，错综变化：问钟离子时，是用“有粮者亦食”等四个五言句作正反排比铺叙；问叶阳子时，是用“哀鳏寡”等四个三言句作并列铺排；问北宫女时，则用“撤其环瑱”等三个四言句构成因果倒装变句来评述；问於陵子仲时，又用“上”“下”“中”三个两短一长的“不”字句构成连续否定的排比。而且，又分别用“何以……不业也”“胡为……不朝也”“何为……不杀乎”等不同虚词组成的感叹性反问句，表达出不同的感情色彩。这就使连写七问，有错综变化之妙，无呆板枯燥之感。《古文观止》评曰：“通篇以民为主，直问到底；而文法各变，全于用虚字处著神。问固奇，而心亦热。末一问，胆识尤自过人。”的确颇中肯綮。

（熊 笃）

触龙说赵太后 《战国策》

赵太后新用事[①]，秦急攻之。赵氏求救于齐。齐曰：“必以长安君为质[②]，兵乃出。”太后不肯，大臣强谏。太后明谓左右：“有复言令长安君为质者，老妇必唾其面。”

左师触龙言[③]愿见太后。太后盛气而揖之[④]。入而徐趋，至而自谢，曰：“老臣病足，曾不能疾走，不得见久矣。窃自恕，而恐太后玉体之有所郄[⑤]也，故愿望见太后。”太后曰：“老妇恃辇而行。”曰：“日食饮得无衰乎？”曰：“恃粥耳。”曰：“老臣今者殊不欲食。乃自强步，日三四里，少益耆食，和于身也[⑥]。”太后曰：“老妇不能。”太后之色少解。

左师公曰：“老臣贱息[⑦]舒祺，最少，不肖。而臣衰，窃爱怜之。愿令得补黑衣[⑧]之数，以卫王宫，没死以闻。”太后曰：“敬诺。年几何矣？”对曰：“十五岁矣。虽少，愿及未填沟壑[⑨]而托之。”太后曰：“丈夫亦爱怜其少子乎？”对曰：“甚于妇人。”太后笑曰：“妇人异甚。”对曰：“老臣窃以为媪之爱燕后[⑩]，贤于长安君。”曰：“君过矣，不若长安君之甚。”左师公曰：“父母之爱子，则为之计深远。媪之送燕后也，持其踵，为之泣，念悲其远也，亦哀之矣。已行，非弗思也；祭祀必祝之，祝曰：‘必勿使反。’岂非计久长、有子孙相继为王也哉？”太后曰：“然。”左师公曰：“今三世以前，至于赵之为赵[⑪]，赵主之子孙侯者，其继有在者乎？”曰：“无有。”曰：“微独赵，诸侯有在者乎？”曰：“老妇不闻也。”“此其近者祸及身，远者及其子孙。岂人主之子孙则必不善哉？位尊而无功，奉厚而无劳，而挟重器[⑫]多也。今媪尊长安君之位，而封之以膏腴之地，多予之重器，而不及今令有功于国。一旦山陵崩[⑬]，长安君何以自托于赵？老臣以媪为长安君计短也，故以为其爱不若燕后。”太后曰：“诺。恣君之所使之。”于是为长安君约车百乘，质于齐，齐兵乃出。

子义⑭闻之，曰："人主之子也，骨肉之亲也，犹不能恃无功之尊，无劳之奉，而守金玉之重也，而况人臣乎？"

〔注〕 ① 赵太后：即赵威后。公元前266年，赵惠文王卒，以其子孝成王年幼，故由威后执政。用事：执政。 ② 长安君：威后少子，孝成王弟，长安君为其封号。质：作抵押的人质。按据《史记·赵世家》，此事发生于孝成王元年(前265)。 ③ 左师：官名。触龙：人名。按"触龙言"三字，原本作"触讋"。现据《史记》及马王堆汉墓出土帛书《战国策》改。 ④ 揖：据清人王念孙考证，当为"胥"字传写之误。胥，同"须"，等待。 ⑤ 郄：当作"御(jù剧)"，劳累。⑥ 耆：通作"嗜"。少益耆食，谓稍渐增加食欲。和于身：使身体舒适。 ⑦ 贱息：对自己儿子的谦称。 ⑧ 黑衣：指卫士。当时赵宫廷卫士皆著黑衣。 ⑨ 填沟壑：指死亡。 ⑩ 燕后：赵太后之女，嫁燕王为后，故称燕后。 ⑪ 赵之为赵：指赵氏由晋国大夫，与韩、魏分晋后成为赵国国君之时。 ⑫ 重器：宝物。 ⑬ 山陵崩：喻指国君死亡，此指赵太后去世。⑭ 子义：赵国的有识之士。

本文是《战国策》中写谋臣巧谏成功的最佳篇什之一，出《赵策四》。其所以能千载传诵，历久不衰，就在于它富有永远感动人心的艺术魅力和发人深省的思想启迪。

全文描写的重点就在一个"说"字。因此，善于用轻松细致的笔触，描写人物委婉亲切地说辞，来表现人物隐约微妙的心理活动和性格特征，乃是本文最显著的艺术特色。触龙劝说赵太后的目的，是让她同意将爱子长安君入质于齐，以换取齐国派兵来解除秦对赵的军事威胁。要达到这个目的，就必须让太后真正明白"父母之爱子，则为之计深远"这个道理，这是劝说的主旨。但他谒见太后时所面临的困难僵局，一是"大臣强谏"均无效，而且已当众宣布"有复言令长安君为质者，老妇必唾其面"；二是听说触龙要来谒见，太后正气鼓鼓地等待着他。在这种剑拔弩张的气氛下，任何高深的大道理都将无济于事，反会自取其辱。触龙真算得上是一位杰出的灵魂工程师和心理学家，他的说辞是分五步进行的。第一步：必须从感情上消除太后的逆反心理和敌对情绪，恭敬而亲切地说明自己谒见的目的，是因有足疾，久未见面，担心太后玉体有所劳累；故先问起居，次问饮食，再谈养身之道，绝不提起长安君。这一番热情的体贴关怀，终于使"太后之色少解"。紧张气氛缓和了，于是进入第二步：闲谈老年人溺爱幼子的心情，以期进一步从感情上让太后产生共鸣，从而引发出太后的心事，妙在只叙说自己的幼子舒祺，仍然绝不提长安君。但触龙所说舒祺最小，不成器，而老臣已年老体衰，私下又特别宠爱他。这些情况，不是和太后之爱长安君极相类似吗？故其实已隐约流露出长安君的影子。接着就说自己冒着死罪来向太后请求，趁自己未死之前让太后安排舒祺当一名宫中卫士，把前程安排好，自己才放心。这番话，既为下文要讲的“父母之爱子，则为之计深远”这一主旨伏根，又能使太后触类旁通，意识到爱子之心，人皆有之，问题在于如何爱法。果然太后感兴趣地问道：“男子汉也宠爱自己的小儿子吗？”这句话意味着此前一批大臣只知道从国家利益出发讲大道理，让太后舍子入质，却没有人能理解、体贴妇人对幼子那种母爱的特殊感情，现在总算遇到一个“知音”了！触龙深知已触动太后心事，便抓住这句话，进一步反激太后说：“比女人爱得还厉害。”于是引出太后“笑曰‘妇人异甚’”。她终于由“盛气”，“色少解”，到高兴地“笑曰”了，并且毫无戒心地暴露出自己的心事。这就顺理成章地为过渡到闲谈应当如何爱子这个话题奠定了基础。所以，善于洞悉对方心理变化的触龙，立即成功地进入了第三步，仍然不正面说长安君，而是借燕后作反衬，反而说太后疼爱燕后胜过疼爱长安君。这种反激法立刻奏效，引发出太后的反驳：“你错了，我疼爱燕后远不如疼爱长安君那么厉害。”这正是触龙千回百折希望得到对方的一句话，他才好由此委婉批评太后爱长安君爱得不深，应当像爱燕后那样才算爱得深远。于是他从容举出太后当初送燕后出嫁时，握着女儿的脚后跟，为之哭泣悲伤；走了以后，每当祭祀总要为之祝福，祈祷着希望女儿不要被休弃了回来，希望女儿子孙后代世世在燕国为王等事实。表面上似乎撇开了长安君，在争论太后疼女儿甚于幼子；骨子里却是旁敲侧击，曲意批评太后：真要疼爱长安君，就该像对燕后那样，为他长远前途着想。由于触龙不是像其他大臣那样批评她不该溺爱幼子，而恰相反，是批评她溺爱得还不够，要像溺爱燕后那样才算爱得深远，所以太后听着自然十分顺耳；又因为触龙设身处地进入角色，与太后一起动感情回忆疼爱燕后的那一幕幕真情实景，致使太后不知不觉完全落入老臣彀中，而回答说：“然（确实如此）。”一个“然”字，说明她已完全接受了“父母之爱子，则为之计深远”这个道理。于是触龙进入第四步：先连发两问：三世以前赵王子孙封侯的，而今其后裔还有没有仍然为侯的？不仅赵国，其他诸侯国的后裔还有没有仍然为侯的？太后回答都说没有。于是触龙精辟地揭示其原因就在于：这些子孙们地位尊贵而无功劳，俸禄优厚而对国家毫无贡献，所以无法保住王侯地位，必然会被别人取而代之，自己还会招致杀身之祸。如果说二、三两步说舒祺、说燕后，与长安君保住王侯的关系距离还稍远，因而言辞曲而较缓，那么第四步则是说赵国王子王孙的命运，与长安君的关系距离则颇近，因而言辞直而趋急，步步紧凑。于是不容太后插话，触龙又进入第五步：直接把问题引到长安君身上进行类比论证，批评太后如今只给予长安君尊贵的地位、肥沃的封地、众多的宝物，却不趁现在让他为国立功，树立威信；一旦太后驾崩，长安君凭什么保持他在赵国的地位呢？此前无数曲折，至此方一针见血，击中要害，痛快淋漓而又句句力重千钧。然后语势顿缓，无限痛惜地说："老臣以媪为长安君计短也，故以为其爱不若燕后。""计短"，正与前文"计深远""计久长"遥相对应，而又仍然巧妙地归结到"爱长安君不若燕后"的话题上，始终都是顺着太后"爱子"、为长安君本身利益着想这一心态出发的。这种急中缓煞、刚而转柔的收缩方法，仍留有不直接揭穿入质问题的余地，这就既说服了太后，又给她巧妙地留了个体面的下台台阶。果然太后终于被深深感动而醒悟，答应："好。那就听凭你安排他吧！"同样妙在不直接说穿派长安君入质于齐这句话，彼此都心照不宣地达成了默契，但又都不显尴尬，这正是触龙控制的最佳火候和分寸。至此，触龙忠诚为国，而又善于体察女人心理，巧于言辞，循循善诱，老谋深算而又热情真诚的谋臣形象，赵威后溺爱少子，始而专横气盛，泼辣固执，但又有母爱柔肠的满腹委屈，终而深明大义，通情达理的太后形象，主要通过他们各自的语言声情，其次是他们各自的动作神态（如触龙的"入而徐趋""至而自谢"等，太后的"盛气而胥之""色少解""笑曰"等），极为鲜明地活现在读者眼前。

其次，精于剪裁和严于章法，也是本文一大特色。篇首众多复杂事件，三言两语即交待清楚，篇末长安君入质于齐及评论，也都惜墨如金，高度简洁；而中间写"说"的过程却详而细腻，层层转进，写法或侧或反或正，时而闲话琐叙，时而追忆感叹，时而反问议论，极尽铺衍婉曲之致。且前伏后应，曲尽其妙：如触龙前述"不能疾走""殊不欲食"，皆述己老态，以起下文"填沟壑"之语；前曰"太后玉体有郄""日食饮得无衰"，皆指其老态，以起下文"山陵崩"之语；前称舒祺之"最少，不肖"，故后有位尊无功、奉厚无劳之说；前伏请补黑衣卫士令其有所自托，后应"长安君何以自托于赵"；前有"计深远""计久长"之伏，后有"为长安计短"之应……

篇末的评论不仅反映出战国时期封建统治阶级内部财产和权力的再分配的斗争，表现出对世袭分封制的某种冲击，而且对如何教育子女不要依仗父母财产权力的荫庇坐享其成，而应鼓励他们培养独立奋斗、创业立功的自立精神，也富于深刻的启迪。至于触龙说服太后的巧妙婉转的方式方法，对人的灵魂洞察入微的心理把握，处处从对方本身利益着想的亲切热情的真诚态度等，对后世亦颇多启迪和教益。

（熊　笃）

唐雎为安陵君劫秦王　　《战国策》

秦王使人谓安陵君曰："寡人欲以五百里之地易安陵，安陵君其许寡人！"安陵君曰："大王加惠，以大易小，甚善！虽然，受地于先王，愿终守之，弗敢易。”秦王不说，安陵君因使唐雎①使于秦。秦王谓唐雎曰：“寡人以五百里之地易安陵，安陵君不听寡人，何也？且秦灭韩亡魏，而君以五十里之地存者，以君为长者，故不错意也②。今吾以十倍之地请广于君，而君逆寡人者，轻寡人与？”唐雎对曰：“否！非若是也。安陵君受地于先王而守之，虽千里不敢易也，岂直五百里哉！”

秦王怫然怒，谓唐雎曰：“公尝闻天子之怒乎？”唐雎对曰：“臣未尝闻也。”秦王曰：“天子之怒，伏尸百万，流血千里。”唐雎曰：“大王尝闻布衣③之怒乎？”秦王曰：“布衣之怒，亦免冠徒跣，以头抢地④尔。”唐雎曰：“此庸夫之怒也，非士之怒也。夫专诸之刺王僚也⑤，彗星袭月⑥；聂政之刺韩傀也⑦，白虹贯日⑧；要离之刺庆忌也⑨，仓鹰击于殿上⑩。此三子者，皆布衣之士也，怀怒未发，休祲降于天⑪，与臣而将四矣。若士必怒，伏尸二人，流血五步，天下缟素⑫，今日是也。”挺剑而起。秦王色挠⑬，长跪⑭而谢之曰：“先生坐，何至于此！寡人谕矣，夫韩、魏灭亡，而安陵以五十里之地存者，徒以有先生也。”

〔注〕 ① 唐雎：一作“唐且（jū 居）”，人名。按战国时名唐且者有数人，并非同一人。② 不错意：不介意，谓不加疑。错，通“措”。 ③ 布衣：平民，此指“士”。 ④ 免冠徒跣（xiǎn 显）：除掉帽子，赤了脚。以头抢地：用头触地。 ⑤ “专诸”句：春秋时吴国公子光养勇士专诸，在宴会上藏短剑于鱼腹，刺杀王僚。事见《左传·昭公二十七年》及《史记·刺客列传》。⑥ 彗星袭月：彗星尾部光扫及月球。 ⑦ “聂政”句：战国时韩国大夫严仲子派侠士聂政刺杀宰相韩傀。事见《战国策·韩策二》及《史记·刺客列传》。 ⑧ 白虹贯日：白虹的光彩从太阳穿过。 ⑨ “要离”句：公子光夺王僚位后，派勇士要离暗杀吴王僚之子庆忌。 ⑩ 仓鹰击于殿上：苍鹰飞到殿上搏击。仓，同“苍”。 ⑪ 休祲（jìn 浸）：休，吉祥；祲，妖气。指上文彗星袭月等事。 ⑫ 天下缟素：指秦国君主被杀，全国都须穿着丧服。缟素，白色的丝织品，此指丧服。 ⑬ 色挠：挠，屈。此言神色沮丧。 ⑭ 长跪：古人席地而坐，臀着于脚踵，身躯挺直离脚即成跪状。

本文选自《战国策·魏策四》。秦“灭韩”在秦王政十七年（前 230），“亡魏”在二十二年（前 225）。此文所记之事，当在秦王政二十二年以后。安陵，小国名，本为魏之附庸，其地在今河南鄢陵西北。魏襄王封其弟为安陵君，奉魏为宗主国而保持相对独立，封地仅五十里；因此秦王灭魏之后，对安陵无须用战争方式豪夺，而欲用欺诈方式巧取。秦国是“虎狼之国，无礼义之心”（《战国策·赵策三》），易地之说，分明欺诈。唐雎为安陵君劫秦王，不载于正史。据《史记·刺客列传》：“秦法，群臣侍殿上者，不得持尺寸之兵。”故唐雎以外来使臣带剑上朝，“挺剑而起”，词涉夸饰。文章系寄托作者憎恶强权、反抗暴秦的理想，颂扬一介布衣敢与强国君主面折廷争，卒能夺其骄气，挫其淫威，扫其凶焰，充分表现出豪侠之士的英勇精神，由此亦可见士在战国时的积极作用。

本篇人物描写以唐雎为主，秦王为宾，安陵君为陪从，两两对照，交互映衬，通过对白言辞，分别显示出三人的容色、情态、品性。秦王传话“安陵君其许寡人”，纯是强迫命令口吻。意愿未获满足，立斥“安陵君不听寡人”，简直是悖逆、不识抬举，声色俱厉，盛气凌人。在拒绝秦王无理要挟“易地”的问题上，安陵君是在自己封壤面对使臣，然而措辞平和，赞许秦王是“加惠”，并称“甚善”，然后才以“受地于先王”，宗庙陵寝在此的正当理由，委婉谢绝，先肯定后否定；唐雎则是在秦王蓄怒待发时出使秦国，面对秦王，然而措辞强硬。他不承认秦王强加的“逆命”“轻视”的指责，断然峻拒讹诈，且将否定推进一层：“虽千里不敢易也，岂直五百里哉！”安陵君的忠厚、诚悫，然而谨慎、畏葸，低声下气恳求，与唐雎的沉着镇静，复又刚毅果敢，抗声奋气痛驳，自成鲜明对照。秦王怒气冲天，并就“怒”字生出文章，直以战争屠杀相迫胁；唐雎泰然处之，从容反问，针锋相对地仍就“怒”字发挥，直以行刺暴君作威慑，并抓住时机，以迅雷不及掩耳方式立付行动。秦王由虚声恫喝而“色挠”，跪谢，语无伦次，自我解嘲；唐雎则由神色自若而激昂，愤慨，“挺剑而起”。暴君的恣睢凶残，而又怯懦怕死，外强中干，与侠士的忠肝义胆，宁死不屈，正气凛然，亦自成鲜明对照。

说辞内容善作对比，前后系联，呼应自然，涉笔妙趣横生。如秦王一方面用武力灭人之国，一方面却愿以施舍广人之地，实际通过矛盾言行揭露了自己，其称安陵君为“长者”，无非教他识相一点，主动献地纳款。又如秦王以五百里，“十倍之地请广于君”，唐雎再翻一倍，强调“千里不敢易”，秦王既以“流血千里”相恐吓，五十里更不在话下，腾腾杀气，狰狞之貌毕露。再如秦王“天子之怒”，唐雎让他炫耀自白；唐雎“布衣之怒”，则听秦王嘲弄代答，然后引出三“怒”相较。庸夫之怒，仅是不能有所作为；天子之怒，无非能制造尸山血海惨祸；侠士之怒，却偏能免人民于战争灾难。“伏尸二人，流血五步”，大胜“伏尸百万，流血千里”，一怒而安天下之民：“怒”的价值，轻重判然。写天子以怒杀人，却不能格天；侠士因怒刺天子，却能惊天。刺可胜杀，唐雎从“刺”字上生发，宣扬专诸刺王，聂政刺相，要离刺王子，使天上日月星辰异变，苍鹰飞来王宫助威，衬出自己怀怒欲刺天子，效应昭彰自不待言。此借天人感应作浪漫主义夸张，渲染神奇气氛，振起高亢情调，从而赞颂了侠士之怒的作用。秦王最后被迫承认“韩魏灭亡”，虽由自己武力；“而安陵以五十里地独存”，却得力于唐雎的义勇。此与前面所说“以君为长者，故不错意也”的强辞夺理，亦复相映成趣。

通篇用人物对白体，稍加一二句插叙作为过脉。起始叙“秦王使人谓安陵君”，自然地引入使者与安陵君的问答，写事情的原因和开端；“安陵君因使唐雎于秦”，导致秦王质询与唐雎驳斥，写事情的发展；“秦王怫然怒”，借唐雎就怒字反击秦王挑衅，写事情的高潮；唐雎“挺剑而起”，“秦王色挠，长跪而谢之”，以秦王的话收束，戛然而止，写事情的终局。层次清晰，而把“怒”和“劫”作为重点突出，情节紧张，转折急凑，气势激扬，风格雄奇，短句迫促，辞锋犀利，读之使人如临其境，感同身受。

（童明伦）

乐毅报燕惠王书

《战国策》

昌国君乐毅为燕昭王合五国之兵①而攻齐，下七十余城，尽郡县之以属燕。三城②未下，而燕昭王死。惠王即位，用齐人反间③，疑乐毅，而使骑劫④代之将。乐毅奔赵，赵封以为望诸君⑤。齐田单⑥诈骑劫，卒败燕军，复收七十余城以复齐。燕王悔，惧赵用乐毅承燕之弊以伐燕。燕王乃使人让乐毅，且谢之曰：“先王举国而委将军，将军为燕破齐，报先王之仇，天下莫不振动，寡人岂敢一日而忘将军之功哉！会先王弃群臣，寡人新即位，左右误寡人。寡人之使骑劫代将军，为将军久暴露于外，故召将军，且休计事⑦。将军过听，以与寡人有隙，遂捐燕而归赵，将军自为计则可矣，而亦何以报先王之所以遇将军之意乎？”

望诸君乃使人献书报燕王曰：“臣不佞，不能奉承先王之教，以顺左右之心，恐抵斧质⑧之罪，以伤先王之明，而又害于足下之义⑨，故遁逃奔赵。自负以不肖之罪，故不敢为辞说。今王使使者数之罪，臣恐侍御者之不察先王之所以畜幸臣之理，而又不白于臣之所以事先王之心⑩，故敢以书对。

“臣闻贤圣之君，不以禄私其亲，功多者授之；不以官随其爱，能当者处之。故察能而授官者，成功之君也；论行而结交者，立名之士也。臣以所学者观之，先王之举错[11]，有高世之心[12]。故假节于魏王[13]，而以身得察于燕。先王过举，擢之乎宾客之中，而立之乎群臣之上，不谋于父兄[14]，而使臣为亚卿[15]。臣自以为奉令承教，可以幸无罪矣，故受命而不辞。先王命之曰：'我有积怨深怒于齐，不量轻弱，而欲以齐为事。'臣对曰：'夫齐，霸国之余教，而骤胜之遗事也[16]。闲[17]于兵甲，习于战攻。王若欲攻之，则必举天下而图之。举天下而图之，莫径于结赵矣[18]。且又淮北、宋地，楚魏之所同愿也[19]。赵若许，约楚、魏、宋尽力，四国攻之，齐可大破也。'先王曰：'善！'臣乃口受令，具符节，南使臣于赵，顾反命[20]，起兵随而攻齐。以天之道，先王之灵，河北之地，随先王举而有之于济上[21]。济上之军，奉令击齐，大胜之。轻卒锐兵，长驱至国，齐王逃遁走莒，仅以身免。珠玉财宝，车甲珍器，尽收入燕，大吕陈于元英[22]，故鼎返于历室[23]，齐器设于宁台[24]，蓟丘之植植于汶篁[25]。自五伯以来，功未有及先王者也。先王以为惬其志，以臣为不顿命[26]，故裂地而封之，使之得比乎小国诸侯。臣不佞，自以为奉令承教，可以幸无罪矣，故受命而弗辞。

"臣闻贤明之君，功立而不废，故著于《春秋》[27]；蚤知之士，名成而不毁，故称于后世。若先王之报怨雪耻，夷万乘之强国，收八百岁之蓄积[28]，及至弃群臣之日，余令诏后嗣之遗义[29]。执政任事之臣，所以能循法令，顺庶孽[30]者，施及萌隶[31]，皆可以教于后世。

"臣闻善作者不必善成，善始者不必善终。昔者伍子胥说听乎阖闾[32]，故吴王远迹至于郢[33]；夫差弗是也，赐之鸱夷而浮之江[34]。故吴王夫差不悟先论[35]之可以立功，故沉子胥而不悔。子胥不蚤见主之不同量[36]，故入江而不改。夫免身全功以明先王之迹者，臣之上计也；离[37]毁辱之非，堕[38]先王之名者，臣之所大恐也；临不测之罪，以幸为利者[39]，义之所不敢出也。

“臣闻古之君子，交绝不出恶声㊵；忠臣之去也，不洁其名㊶。臣虽不佞，数奉教于君子矣。恐侍御者之亲左右之说，而不察疏远之行也，故敢以书报，唯君之留意焉！”

〔注〕 ① 合五国之兵：即并合赵、楚、韩、魏及燕国之兵。 ② 三城：指聊城、莒县和即墨，今均属山东。按“未下”者实仅莒县、即墨二城。 ③ 用：以，表原因。齐人反间：指田单所散播的乐毅欲据齐自立的流言。 ④ 骑劫：人名，燕将。 ⑤ 望诸君：封号。时赵国封观津（今山东观城，时为赵地）与乐毅，而以望诸（今河南商丘虞城间，本为齐地入赵）之号封之。 ⑥ 田单：齐国大将，坚守即墨，以火牛阵败骑劫，收复齐七十城，以功封安平（今山东益都西北），号安平君。 ⑦ 且休计事：暂且休息，以后再议国事。此是夺其兵权的遁辞。 ⑧ 斧质：古代杀人刑具。质通“锧”，腰斩用的砧垫。 ⑨“以伤”二句：意谓自己如果被杀，会损害昭王知人善任的明察，也会损害惠王的义名。无罪而杀为非义。足下，称惠王。 ⑩“臣恐”二句：意谓我恐怕您不理解先王为什么要厚待他所亲信的臣子（乐毅自指）的道理，也不明了我为什么要事奉先王的心意。两句指燕昭王和乐毅自己理想的君臣关系。侍御者，意同“左右”“执事”之类，不欲直指对方本人，以此代称。 ⑪ 错：通“措”。 ⑫ 高世之心：高出于当世常人的见解。 ⑬ 假节于魏王：节，符节，使者所持信物。魏王，魏昭王。 ⑭ 父兄：指同姓群臣之尊长者。 ⑮ 亚卿：职位仅次于正卿的官。 ⑯“夫齐”三句：意谓齐国曾作为霸国，留下争夺霸业的传统经验，有战争屡胜的形势。骤，屡次。 ⑰ 闲：通“娴”，熟习。 ⑱ 莫径于结赵：没有比直接联合赵国更好。径，径直，直接。 ⑲“且又”二句：谓并且从齐国夺取淮水以北和旧宋国土地（今河南商丘一带），这是楚和魏国共同的愿望。 ⑳ 顾反命：不久返回复命。㉑“随先王”句：随着昭王全部占有齐国黄河以北而直抵济水（源出河南济源，流经山东齐境入海）之上。 ㉒“大吕”句：大吕（钟名）放置到燕国元英殿。 ㉓“故鼎”句：燕国过去被齐夺走的宝鼎又回到燕宫历室。 ㉔“齐器”句：齐国贵重器物陈设在燕都宁台。《括地志》：“燕元英、历室二宫，皆燕宫，在幽州蓟县西四里宁台之下。” ㉕“蓟丘”句：蓟丘（在今北京西南，燕都）所植的植物，种植到齐国汶水（济水支流）的竹田里。篁，竹田。 ㉖ 不顿命：不负使命。顿，挫阻。 ㉗《春秋》：古代编年史的通称。 ㉘“夷万乘”二句：平定了有万辆兵车的强国，收得齐国建国八百年来蓄积的财富（齐国从姜太公尚至齐湣王时约八百年）。 ㉙“余令”句：先王遗下对子孙良好的告诫。令诏，良好的告诫。 ㉚ 顺庶孽：使庶出之子顺从国君。庶孽，庶出子。 ㉛ 施（yì 义）及萌隶：指昭王遗教推广到平民。施，延及。萌隶，氓隶，谓平民。㉜ 伍子胥：春秋时楚人，父兄为楚平王所杀，逃到吴国，劝说吴王阖闾攻楚。 ㉝ 远迹至于郢：指吴王行军远征，直抵楚都郢（今湖北江陵附近）。 ㉞“夫差”二句：谓阖闾的儿子夫差不以伍员为是，不听从他乘胜灭越之谏，赐剑逼他自尽，并盛其尸于革囊，抛入江中。鸱夷，革囊。㉟ 先论：预见。 ㊱ 不同量：胸怀度量不同。蚤，通“早”。 ㊲ 离：同“罹”，遭受。 ㊳ 堕（huī 灰）：同“隳”，毁坏。 ㊴ 以幸为利：以侥幸助赵伐燕谋私利。 ㊵“交绝”句：断绝交往时不谈己方之长与对方之短，即不说伤感情的话。 ㊶ 不洁其名：不说自己的名声清白。意同《礼记·曲礼下》“大夫士去国……不说人以无罪”。

本文选自《战国策·燕策二》。据《资治通鉴·周纪四》，田单破燕复齐及乐毅报书，事皆在赧王三十六年(前278)。乐毅为战国时卓越的军事、政治人才，诸葛亮隐隆中，慕其伟抱，曾以自许；韩愈送董邵南，仰其高风，亦致凭吊。《报燕王书》总的精神是以直报怨，以诚对诈，委婉自解，含蓄寓评。文中倾吐肺腑之言，如泣如诉，其情真挚恳切，其度恢弘豁达，充分体现出乐毅磊落忠厚、坦率谦和的崇高品德。《史记·乐毅列传》载："齐之蒯通及主父偃，读乐毅之报燕王书，未尝不废书而泣也。"可见其感染力之强。

篇首先简括乐毅复书的时代背景，并交代惠王原书。叙事含评，有揭示原书作用。两书参照，惠王的用心可见，乐毅的表白自明。故先行介绍，有助于加深对乐毅复书内容的理解。昌国君是燕昭王赐给乐毅的封号，乐毅为昭王下齐七十余城，皆为郡县以属燕。君臣遇合，成功立名，深契乐毅理想。只余三城未曾攻下，说明齐仍反抗，而乐毅不急于作武力征服，欲施德化。适逢燕昭王死，惠王在作太子时与乐毅有隙，他的即位，为齐人行反间计提供了机会。惠王竟如此昏昧，轻信敌人计谋，怀疑乐毅，而使骑劫代之为将，导致全功尽弃。骑劫轻易地被欺诈，可见他远非田单对手，亦可见惠王用其亲爱，妒贤害功，咎由自取。乐毅曾使赵结盟，故受疑后奔赵，赵王重其声威，故封以为望诸君。燕惠王所悔者，乃是乐毅出走为赵用，惧怕他承燕之弊以伐燕，全是私心度人，并未反思补过。使人致书乐毅，主旨明确，辞语却甚闪烁。惠王"让"是实意，切责乐毅"捐燕而归赵"，是"过听"和"自为计"，计虑个人荣利，辜负昭王恩遇，意在召回，然后问罪。"谢"是虚情，既夸耀"岂敢一日而忘将军之功"，何以又会轻易为左右所"误"？何以又必"使骑劫代将军"，硬要"召将军，且休计事"？强辞夺理，实难自圆其说。一边诿过左右，死要面子；一边设置圈套，引人入彀。乐毅不得不复，不能不辩。

乐毅复书通篇针对原书"何以报先王之所以遇将军之意"的质询立言。前后四次谈"臣闻"如何如何，都说明他是奉"古之君子"行事，作为自己的学习楷模。据此，他提出君择臣，臣亦择君，君臣契合，贵在成功立名，作出一番事业。君欲成功，需求臣辅，故应"察能而授官"，不可任人惟亲，徇私偏爱；臣欲立名，需得君用，故应"论行而结交"，"君之视臣如手足，则臣视君如腹心"(《孟子·离娄下》)。再推进一层，只有贤明之君，才能功立而不废，但贤明之君生前能立功，善作善始，却不能保其死后必不废，善成善终；"蚤知之士"处此，则应力争"名成而不毁"。乐毅以君子和忠臣的名义作证，诚挚地回答了"何以报先王"的问题。过去为先王复仇立功是"报"，现在功虽见废，退而求其全身免祸，不受谤名，"以明先王之迹"，这也是"报"。追溯"遁逃奔赵"的原因，实是考虑不愿罹谗冤死，致损害先王的明察，毁坏先王的声誉，决非贪生计利，更非背主求荣；离君去国，仍须存忠守义。在昔屈意蒙诟，至今抑志忍尤，诬枉且不急辩，恶声尚不出口，何至"以幸为利"呢？正因图报先王，所以应当辞召留赵，所以不会借赵伐燕。逻辑严密，理无可驳。这样，惠王算计虽然落空，疑虑却自消释了。

乐毅通过详细剖明昭王"畜幸臣之理"和自己"事先王之心"，发人联想，暗与惠王对照，实寓批评于其中。义婉而正，辞深而显，气平而和。乐毅报书推崇"先王之举措，有高世之心"。确知昭王能为"成功之君"，因此通过魏王派遣使燕，使昭王亦能知己。昭王果然察己之能，破格擢为亚卿，乐毅则自勉作"立名之士"以相报。他满怀衷诚，歌颂了君臣相知的鱼水深契和风云际会，这种关系是惠王所"不察"、所不能理解的。在用人问题上，重贤与私亲，尚功与随爱，专信与轻疑，暗相对照。先王成功和个人立名之举，集中表现在败齐复仇的辉煌业绩上。复书高度赞扬先王图强雪耻的雄心，言听计从的笃信；并以豪迈挥洒的笔调，畅叙自己辅佐先王制定决策：外交方面迅速实现与赵、楚、魏等四国联盟，军事方面进攻所向披靡，"自五伯以来，功未有及先王者也"。先王对自己的"过举"以及"裂地而封之"，在先王为知人善任，故能成功；在己为"不顿命"，故能立名。自信不负先王委任，自问无愧先王加封，所以两度皆"受命而不辞"，这种关系又是惠王所"不白"，所不明了的。在功名问题上，赏贤和妒能，封侯和夺将，制胜和取败，也暗相对照。

乐毅还特别论及昭王的余令、遗义，垂训后世，能使庶孽不争，大臣循法，百姓拥戴，惠王才得安继大统，其责备惠王背离父道，辜负先君重托，意透言外。所引吴国典故，对此妙相印证：吴王阖闾听信子胥的谋说，远征至于郢，几乎灭楚；嗣君夫差疑忌子胥，赐他自尽，卒为越国所灭。乐毅正因为对惠王有"蚤知"，所以才幸未重蹈子胥覆辙。

书中善作铺张排比。如攻齐一段写进军、破敌、收京、逐王、取宝、返鼎等，从多方面渲染战功，气势磅礴，气氛热烈。论述君臣正道、用人原则、功名官禄的关系、立废成毁的转化，表明心迹等，常运用对偶排比句。遣辞则精当委曲，柔中带刚。如"不能奉承先王之教，以顺左右之心"，实指惠王违逆先王意愿，自己无法迎合；在"不肖之罪"前置一"负"字，意谓勉强承担所妄加的罪过；写夫差"沈子胥而不悔"，是揭示惠王陷贤的行为至今未改；言所"临"之罪"不测"，洞悉惠王欲加害的险恶居心；不便直斥惠王，而用"侍御者"指代，用"恐"字表对惠王的担心，以"不察疏远之行"说惠王不能理解自己，再对照"亲左右"，揭其亲小人，远贤臣。通篇构思缜密，字斟句酌，锤炼工巧，允称千古佳作。

（童明伦）

【作者小传】

孔　子

（前551—前479）　春秋末期思想家、政治家、教育家，儒家的创始者。名丘，字仲尼。鲁国陬邑（今山东曲阜东南）人。先世是宋国贵族。少贫贱，及长为委吏、乘田等。相传曾问礼于老聃，学乐于苌弘，学琴于师襄。年三十，聚徒讲学。曾任鲁国中都宰，五十岁时升司寇，摄行相事。后周游宋、卫、陈、蔡、齐、楚等国，终不见用。六十八岁时返鲁。晚年致力教育，整理《诗》《书》等，并删修鲁史官所记《春秋》。相传先后有弟子三千人，其中著名的有七十余人。其学说以仁为核心，汉以后成为两千余年封建文化的正统，影响极大。他被封建统治者奉为“圣人”。现存《论语》一书，记载孔子的谈话以及孔子与门人的问答，是研究孔子学说的主要资料。

子路曾皙冉有公西华侍坐章　《论语》

子路、曾皙、冉有、公西华①侍坐。

子曰：“以吾一日长乎尔，毋吾以也②。居③则曰：‘不吾知也！’如或知尔，则何以哉？”

子路率尔而对曰：“千乘之国，摄乎大国之间④，加之以师旅，因之以饥馑⑤；由也为之，比及三年，可使有勇，且知方也⑥。”

夫子哂之。

“求，尔何如？”

对曰：“方六七十，如五六十，求也为之，比及三年，可以使民。如其礼乐，以俟君子。”

“赤，尔何如？”

对曰：“非曰能之，愿学焉。宗庙之事⑦，如会同⑧，端章甫⑨，愿为小相焉⑩。”

“点，尔何如？”

鼓瑟希，铿尔，舍瑟而作。对曰：“异乎三子者之撰⑪。”

子曰：“何伤⑫乎，亦各言其志也。”

先圣像

——明刊本《孔圣家语图》

曰："莫春者，春服既成⑬，冠⑭者五六人，童子六七人，浴乎沂，风乎舞雩⑮，咏而归。"

夫子喟然叹曰："吾与点也⑯。"

三子者出，曾皙后。曾皙曰："夫三子者之言何如？"

子曰："亦各言其志也已矣。"

曰："夫子何哂由也？"

曰："为国以礼，其言不让，是故哂之。"

"唯求则非邦也与？"

"安见方六七十、如五六十而非邦也者？"

"唯赤则非邦也与？"

"宗庙、会同，非诸侯而何？赤也为之小，孰能为之大？"

〔注〕①子路：姓仲，名由。曾皙：名点。冉有：名求。公西华：名赤。四人均孔子学生。②毋吾以也：无人用我。③居：即平居，平日。④千乘之国：古时一车四马为一乘。诸侯大国地方百里，出车千乘，称千乘之国。摄：迫近。⑤师旅：军队。饥馑：饥荒。此言国外有军队侵犯，国内又有灾荒。⑥知方：知道方向，懂得道理。⑦宗庙：古代帝王、诸侯、大夫、士祭祀祖先的处所。此处宗庙之事即指祭祀。⑧如：或者。会同：《周礼·春官·大宗伯》："时见曰会，殷见曰同。"古代诸侯朝见天子之称。郑玄注："时见者，言无常期。殷，犹众也。"后亦泛指朝会与诸侯间的会晤。⑨端章甫：端，玄端，古代礼服。章甫，礼帽。⑩小相（xiàng向）：赞礼的人。古代行朝聘、盟会、享宴、祭祀等礼仪，必有襄助之人。其人曰"相"，其事曰"相礼"。作"相"的人身份有卿、大夫、士三级，小相是最低一级的士。一说"小"是谦辞。⑪撰：善言。称美以上三人的言词，而己见与之不同。⑫何伤乎：有什么妨碍呢？⑬莫：同"暮"。春服：夹衣。成：定。⑭冠（guàn贯）：古代贵族子弟年二十为成年，行冠礼。⑮沂：水名。源出山东邹县东北，西经曲阜，与洙水合，入于泗水，与大、小沂河不同。风乎舞雩：在舞雩台上乘凉。《水经注·泗水》："沂水北对稷门，亦曰雩门。门南隔水，有雩坛，坛高三丈，曾点所欲风舞处也。"在今曲阜县南。⑯吾与点也：我同意曾点的主张。

本文是《论语》中较富有文学色彩的一章。它通过孔子与其弟子坐而言志的描写，表现了四位弟子不同的性格以及师生对话时融洽的气氛。

文章一开始，交待了谈话的人物和方式：子路、曾皙、冉有、公西华，这四位弟子环坐于孔子身旁。孔子最先发话，启发大家各言其志，起到了打消顾虑、缓和紧张气氛的作用，这符合孔子作为师长的身份，表现了孔子随和的性格特征。在孔子的启发下，子路不假思索，抢先回答。"率尔而对"，反映了子路急躁、坦率、爽快的性格。这种毫不谦让的积极态度与他那充满自信的回答内容相一致。他志向远大，声称能将困于战争和饥荒的大国治理成勇而知义的礼义之邦。这种谦虚不够、自信有余的态度引起了孔子的微笑。这微笑中，有善意的理解和宽容，也有不以为然的轻微批评，表现了孔子豁达的态度。冉有的回答显得彬彬有礼。他可能意识到孔子对子路不够谦让的批评，说起话来谨慎得多。他愿意治理一个小国家，先是说六七十里见方或五六十里见方的小国，并将礼乐方面的治理让诸君子，表现了他极其谦让的态度。公西华的回答更加谦虚。他不自诩能治理国家，而委婉地表示，愿意作为一名学生，学习怎样治理国家。他们的回答符合孔子的道德规范，思路相同，但个性各别。在四位弟子中，曾皙的回答最为出色。他的出场就不同于别的弟子，子路等人坦陈志趣，而曾皙一边聆听孔子与他们的对话，一边悠然自得地鼓瑟。这一举动恰好反映了当时和谐对话的气氛。孔子提问时，曾皙鼓瑟正近尾声，他铿地一声把瑟放下，站起来回答。这些似乎很平常的动作描写，生动地显现了曾皙洒脱而又知礼的形象。曾皙的答辞不同一般，他没有直接用理性的语言述说他的志向，而是以形象的语言勾勒出一幅太平盛世的和乐景象。在他那充满诗意的理想蓝图中，人们潇洒自得，乐趣天然。这一蓝图既符合儒家礼义之邦的治国理想，又符合孔子晚年隐含的出世隐居的心态，深深地打动了他，因而喟然而叹。这喟叹既表现了孔子对曾皙言志的赞许，又表现了孔子对曾皙构画的理想境界的向往，师生之间得到了感情上的交流与共鸣。

文章以孔子启发大家言志开始，以弟子们的言志而展开，最后又以孔子的评价而结束，结构完整，对话简短生动，人物富有个性，在先秦散文中算得上佳作。

（周勋初　胡传志）

长沮桀溺耦而耕章　　《论语》

长沮、桀溺耦而耕①。孔子过之，使子路②问津焉。

长沮曰："夫执舆者为谁？"子路曰："为孔丘。"曰："是鲁孔丘与？"曰："是也。"曰："是知津矣！"

问于桀溺。桀溺曰："子为谁？"曰："为仲由。"曰："是鲁孔丘之徒与？"对曰："然。"曰："滔滔者天下皆是也，而谁以易之？且而与其从辟人之士③也，岂若从辟世之士哉？"耰而不辍。

子路行以告。夫子怃然曰："鸟兽不可与同群，吾非斯人之徒与而谁与！天下有道，丘不与易也。"

〔注〕 ① 长沮、桀溺：皆隐者，不一定是真实姓名。耦（ǒu 偶）而耕：二人配合并耕。

② 子路：仲由，字子路，一字季路，孔子的弟子。 ③ 而：通“尔”，指子路。辟人之士：指孔子。孔子周游列国，求得贤君而仕，躲避不道之主。辟，通“避”。

本文选自《论语·微子》。

春秋末年，西周遗制正处于瓦解之际。孔子从他的核心思想“仁”出发，仍然顽强地高举着“兴灭国，继绝世，举逸民”（《论语·尧曰》）的理想旗帜，周游宋、卫、陈、蔡、齐等国，不遗余力地宣传自己的救世主张。然而，灭国不可能再兴，绝世不可能复续，天下大势，如洪水滔滔，万牛莫挽。所以“知其不可而为之”（《论语·宪问》）的孔子所志不遂，处境狼狈。《长沮桀溺耦而耕章》所写的内容正是在这个背景下展开的。

全文篇幅不长，但含量丰厚，行文生动，可作为一则简单的故事来欣赏。

第一节为故事的开端，短短三句，交代了故事的起因是孔子“使子路问津”，发生的地点是在“长沮、桀溺耦而耕”的田里，人物有上述四人。

第二、三节是故事的发展，写子路问津的经过及结果。子路先问长沮，长沮得知问路的是“鲁孔丘”，不但不答，反而用“是知津矣”一句讽刺孔子周游列国而一无所获的失败的追求——你周游列国，道路一定很熟，哪里会不知道渡口呢？子路碰了钉子，只好再问桀溺。桀溺不像长沮那样冷嘲，而是代之以热告：“滔滔者，天下皆是也，而谁以易之？且而（你）与其从辟（避）人之士也，岂若从辟世之士哉？”前一个问句是正面警告：洪水一样的坏东西到处都是，你们同谁去改革它？后一个问句是反面诱导：与其避人，不如避世，反得安乐。然后再辅之以“耰而不辍”的行动，一来是把自己的说教淡化于不经意之中，同时也是作出表率：“避世之士”，无忧无虑。由此可见隐士的聪明。

第四节是故事的结局。写故事主人公孔子的反应：“子路行以告，夫子怃然”。或许，隐士的话触发了他那“道之不行，已知之矣”（《论语·微子》）的万千感慨了吧，引动了他对“累累若丧家之狗”（《史记·孔子世家》）的蓦然回首而无限辛酸了吧。“怃然”二字是怅然若失的样子，所蕴含的感情力量实在是够深沉的了。然而，内心尽管痛苦，道路尽管艰辛，孔子的回答却是斩钉截铁：“鸟兽不可与同群，吾非斯人之徒与而谁与！天下有道，丘不与易也。”意思是说，我决不去隐居山林，必须与世人一起生活。倘若天下太平，我就不参与改革了。很明白，天下仍然无道，变革决不停止。这是不屈不挠的精神。我们的伟大民族自古以来一直受惠于这种可贵的精神。

在艺术上，本章也很有特点。引人入胜的故事结构已如上述，欲扬先抑的表现手法也值得注意。全文落实到写孔子伟大的人格精神，却大量落墨于孔子的狼狈：迷路、问路的狼狈，被讥刺的狼狈，被冷淡的狼狈。然而，这些狼狈全成了铺垫，孔子的人格正是在与这些狼狈的衬托下放射出伟大的光辉。全文的主人公是孔子，然而却大量着笔于其他三人，可是仔细玩味，却又无一不是在写孔子。在记录问话时，不避重复地两次记下长沮、桀溺核对是不是“鲁孔丘”，一方面突出了主人公孔子，一方面也增添了行文的戏剧性、趣味性。此外，孔子“怃然”的神态里所蕴含的巨大的感情内容，桀溺“耰而不辍”的行动所造成的多方面的表达效果，都十分耐人寻味。这些都说明，本章的语言达到了相当高的水平。

（周先民）

季氏将伐颛臾①章 《论语》

季氏将伐颛臾，冉有、季路②见于孔子，曰：“季氏将有事③于颛臾。”孔子曰：“求！无乃尔是过与？夫颛臾，昔者先王以为东蒙④主，且在邦域之中矣。是社稷之臣也，何以伐为？”

冉有曰：“夫子⑤欲之，吾二臣者，皆不欲也。”孔子曰：“求！周任⑥有言曰：‘陈力就列，不能者止。’危而不持，颠而不扶，则将焉用彼相⑦矣？且尔言过矣，虎兕出于柙⑧，龟玉毁于椟中，是谁之过与？”

冉有曰：“今夫颛臾，固而近于费⑨，今不取，后世必为子孙忧。”孔子曰：“求！君子疾夫舍曰‘欲之’而必为之辞⑩。丘也闻有国有家者，不患寡而患不均，不患贫而患不安。盖均无贫，和无寡，安无倾。夫如是，故远人不服，则修文德以来之；既来之，则安之。今由与求也，相夫子，远人不服而不能来也，邦分崩离析而不能守也，而谋动干戈于邦内；吾恐季孙之忧，不在颛臾，而在萧墙⑪之内也。”

〔注〕 ① 季氏：春秋鲁桓公子季友的后裔，又称季孙氏。颛（zhuān 专）臾：春秋小国名，附庸于鲁国，在今山东费县西北。相传为伏羲之后，风姓。 ② 冉有：冉求，字子有。季路：仲由（前 542—前 480），字子路，一字季路，有勇力。二人均为孔子弟子。 ③ 有事：指有攻战之事。古以祭祀、盟会、兵戎为国之大事。 ④ 东蒙：即蒙山，在今山东蒙阴县南。因在鲁东，故称。 ⑤ 夫子：古代男子的尊称。指季孙氏。 ⑥ 周任：古代一位有名的史官。 ⑦ 相（xiàng 象）：辅佐。 ⑧ 兕（sì 四）：野牛，一说犀牛。柙（xiá 匣）：关野兽的木笼。 ⑨ 费：今山东费县。为季孙氏的私邑。 ⑩ 辞：找借口。 ⑪ 萧墙：古代宫室用以分隔内外的当门小墙。《论语·季氏》旧注：“萧之言肃也，墙谓屏也。君臣相见之礼，至屏而加肃敬焉，是以谓之萧墙。”

《论语》主要记录孔子和门下弟子的问答之词或躬行心得的话，一般是几句话，像本篇这样几次往复论难，在《论语》中就算是篇幅长的了。孔子的时代，不但周王室不再有统率诸侯的力量，而且诸侯的权力也落到卿大夫手中，鲁国的季孙、孟孙、叔孙就把持国政，季孙权更集中。冉有、季路在孔子门下弟子中是以“政事”著名的，他俩都在季孙手下做事。季孙想扩大地盘，借口消灭一些附庸，先想攻颛臾，怕孔子反对，所以让冉有、子路去探探口气。于是一场师生间的辩论展开了。且看记录者怎样用短短的篇幅写出孔子的义正词严使冉有等理屈词穷，使百世之下读了，还可想见当日的情况。

明明是要消灭颛臾，冉有等却偏偏用“将有事”这样委婉的说法（说白了就是要用兵），而且指出是季氏要干的。孔子就一针见血指出这该当责备冉有，但用“无乃……与”的语气，较留余地。接着孔子指出伐颛臾是错误的，一违背先王曾经授权颛臾主持东蒙山祭祀的规定，二是颛臾的国境早在鲁的疆土之中，说明是社稷之臣，不当伐。最后这个反诘句非常有力。“为”在句末当语气助词也可通，但当“何以为伐”解更有力。

冉有听到孔子这样明确反对，就推向季孙，为自己开脱，孔子却抓住不放，先引周任的话，说明为人服务的原则“陈力就列，不能者止”，就是能够贡献自己的力量再就僚属之列，做不到就该辞职。次说你俩既然担任这个工作，季孙要犯大错误就该扶他一把，防止他跌下悬崖，再进一步用比喻说明冉有等不可推卸的责任。逼到这一步，冉有到了“图穷而匕首见”的境地，直接说出要讨伐的理由，“颛臾固而近于费，今不取，后世必为子孙忧”。原来因为颛臾城郭坚固，兵力充实，又与季孙的私邑费接近，不夺取它就会有后忧。这表明伐颛臾的主意实际是冉有出的，至少是积极赞成的。孔子抓住这一点，先予以训斥。“君子疾夫舍曰欲之而必为之辞”一句表面很平淡，其实很严厉，说君子极端厌恶这种编造借口不说老实话的人，言外之意，这样做是小人的行径。这是第一层意思。第二层“丘也闻”以下提出正确的齐家治国的政策。孔子自称是“述而不作”，所以用“丘也闻”三字领起这段议论，也是至理名言。有人认为“寡”和“贫”两字互倒了，因为下文“均无贫，和无寡，安无倾”是对应的，但各本都作“不患寡”，上面只有“不均”“不安”，下面却是“均无贫，和无寡，安无倾”，多出了“和”字与“倾”字，和上文并不对应，所以有人作互文理解，不主张改字。这两句是孔子治国的至理名言，一直被后世所引用。诸侯建国，卿大夫立家。季孙是卿，鲁是诸侯，所以孔子在上文用“有国有家者”分说。先从反面说“患”之所在，这拿今天的话说是讲内政方面。下面是说外交方面，要以德服人，使远人从不服到肯来，这个“来”是使之来，那“服”就不用说了。远人高高兴兴来了之后，要使他们能安居乐业。这是孔子所主张的治国的内外之道。这是批评冉有的理论根据。因为上文是“冉有、季路”，中间说话只有冉有。这最后的批评针对两人，而子路比冉有大，所以孔子说“今由与求也”把子路提在前面。下面这几句话就是成语“祸起萧墙”的来源。这根据上一层，先说外交（上文先说内政），过去的术语叫“逆承”，因为重点在后面，所以先说“远人不服”作陪，然后再讲内部的分崩离析的危险，已经如此不安定了，还要“谋动干戈于邦内”，结语反驳冉有“今不取，后世必为子孙忧”的话，说明真正可忧的不是颛臾，而是季孙本身。因为当时季孙把持鲁政，和鲁君矛盾很大，“萧墙之内”指鲁君。季孙知道鲁君想搞掉他以收回主权，因怕颛臾起而帮助鲁国，于是想先发兵攻打。孔子“季孙之忧”这几句话，直探到季孙的内心，是很有力的。

这篇才三百字不到的短章，不但能表达出孔子的治国方略，而且可以使人看到冉有文过饰非、最后理屈词穷的神态和孔子洞察事物、义正词严的原则精神。《论语》善用虚字传神，它不是专写人物的，但在对话中，可以给人鲜明生动的感觉，是后世记言的楷模。孔子教育弟子是以政治上有所作为为目标的，主张要“持危扶颠”，就是使自己所服务的上级走正道。冉有为季孙服务，却不是要季孙如何使鲁政清明，权在国君，而是帮助季孙专权。“季氏富于周公，而求也为之聚敛而附益之。子曰：‘非吾徒也。小子鸣鼓而攻之可也。’”（《论语・先进》）可见孔子的严正立场。子路和冉有一道为季氏服务，但不像冉有那样为之聚敛，孔子在这篇中责备冉有很重，而只在最后责及子路，是根据“陈力就列，不能者止”的原则指出子路也有不可逃脱的责任。轻重分量明显不同。正因为《论语》在记言之中，能涉及各人的不同性格（特别是十几个大弟子），所以司马迁写《仲尼弟子列传》主要取材于《论语》。从这一点也可看出《论语》在散文发展中的重要地位。

（周本淳）

【作者小传】

墨　子

（约前468—前376）　春秋战国之际思想家、政治家，墨家的创始人。名翟。相传原为宋国人，后长期居住在鲁国。曾学习儒术，后另立新说，聚徒讲学，成为儒家的主要反对派。主张“非命”“兼爱”“非攻”“节用”“尚贤”等。墨子学说对当时思想界影响很大，与儒家并称“显学”。现存《墨子》五十三篇，是研究墨子和墨子学说的基本材料。

公　输　　《墨子》

公输盘为楚造云梯[1]之械，成，将以攻宋。子墨子[2]闻之，起于齐[3]，行十日十夜而至于郢[4]，见公输盘。

公输盘曰："夫子何命焉为[5]？"

子墨子曰："北方有侮臣者[6]，愿藉子杀之。"

公输盘不说。

子墨子曰："请献千金[7]。"

公输盘曰："吾义固不杀人。"

子墨子起，再拜，曰："请说之。吾从北方闻子为梯，将以攻宋。宋何罪之有？荆国[8]有余于地而不足于民，杀所不足而争所有余，不可谓智；宋无罪而攻之，不可谓仁；知而不争，不可谓忠；争而不得，不可谓强；义不杀少而杀众，不可谓知类[9]。"

公输盘服。

子墨子曰："然胡不已乎[10]？"

公输盘曰："不可，吾既已言之王矣。"

子墨子曰："胡不见我于王？"

公输盘曰："诺。"

子墨子见王，曰："今有人于此，舍其文轩[11]，邻有敝舆而欲窃之；舍其锦绣，邻有短褐[12]而欲窃之；舍其粱肉，邻有糠糟而欲窃之。此为何若人？"

王曰："必为有[13]窃疾矣。"

子墨子曰："荆之地，方五千里，宋之地，方五百里。此犹文轩之与敝舆也。荆有云梦[14]，犀兕[15]麋鹿满之，江、汉之鱼鳖鼋鼍[16]为天下富，宋所为无雉兔鲋鱼[17]者也，此犹粱肉之与糠糟也。荆有长松、文梓、楩、楠、豫章[18]，宋无长木，此犹锦绣之与短褐也。臣以王之攻宋[19]也，为与此同类。臣见大王之必伤义而不得。"

王曰:"善哉! 虽然,公输盘为我为云梯,必取宋。"

于是见公输盘。子墨子解带为城,以牒[20]为械。公输盘九设攻城之机变,子墨子九距[21]之;公输盘之攻械尽,子墨子之守圉[22]有余。

公输盘诎[23],而曰:"吾知所以距子矣,吾不言。"

子墨子亦曰:"吾知子之所以距我,吾不言。"

楚王问其故。

子墨子曰:"公输子之意,不过欲杀臣;杀臣,宋莫能守,可攻也。然臣之弟子禽滑厘[24]等三百人,已持臣守圉之器,在宋城上而待楚寇[25]矣。虽杀臣,不能绝[26]也。"

楚王曰:"善哉! 吾请无攻宋矣。"

子墨子归,过宋,天雨,庇其闾[27]中,守门者不内[28]也。故曰:"治于神者,众人不知其功;争于明者,众人知之[29]。"

〔注〕 ① 公输盘(bān班):春秋末或战国初鲁国人,我国古代著名建筑工匠。公输是姓,盘是名。也写作"公输般"或"公输班"。又因他是鲁国人,民间称之为"鲁班"。曾创造攻城的器械云梯和磨粉的石磨,又相传曾发明木作工具。旧时工匠都称他为祖师。云梯,攻城时用以登城的器械,言其梯高可入云,故名。 ② 墨子:姓墨,名翟。生卒年不可考,大约后于孔子而早于孟子,约在公元前468—前376年,是春秋战国之交的著名思想家之一,墨家学派的创始人。传说原为宋人,后长期住在鲁国,并到过齐、卫、楚等国,曾做过宋国大夫,当过制作器具的工匠。他的思想反映了当时小生产者的愿望和要求。 ③ 起于齐:从齐国动身。《吕氏春秋·爱类》作"自鲁往",《淮南子·脩务训》作"自鲁趋"。子墨子:指墨翟。前面的"子"是夫子的意思,是墨翟的弟子对他的敬称。 ④ 郢(yǐng影):楚国的都城,在今湖北江陵东南。 ⑤ 夫子何命焉为:夫子,古代对男子的敬称。何命,有什么见教的。为,表示疑问的语尾助词。 ⑥ 者:原无,据清俞樾说补。 ⑦ 千金:千,原为"十"据清毕沅、孙诒让说改。 ⑧ 荆国:楚国的别称。 ⑨ 知类:懂得类推事理。类,指事情的大和小,数量的多和少,事物的全体和部分等。能分辨这些,就是"知类"。 ⑩ 胡不已乎:胡,为什么。本作"乎",据毕沅、孙诒让说改。 ⑪ 文轩:有文采装饰的车子。 ⑫ 短褐:古代贫贱者所穿着的粗陋衣服。短,通"裋(shù树)",粗布衣服。 ⑬ 有:原无,据清王念孙说补。 ⑭ 云梦:楚国的大泽,跨长江南北,包括现在的湖南洞庭湖和湖北的洪湖等一大片断断续续的湖沼。 ⑮ 犀兕(sì四):说法不一,有人认为是像牛的两种大兽,有人认为犀牛雄的叫犀,雌的叫兕。犀牛的角很珍贵,可作药用。 ⑯ 江汉:长江和汉水。鼋(yuán元):大鳖。鼍(tuó陀):鳄鱼的一种,俗称猪婆龙。 ⑰ 鲋(fù付)鱼:鲫鱼。鲋鱼,原作"狐狸",据清王念孙、毕沅说改。 ⑱ 长松:大松树。文梓:梓树。因其文理细密,故称文梓。楩(pián骈):黄楩木。楠(nán南):木材坚固细致,可以用来作栋梁、制器具。豫章:樟树。木质坚固,有香气。这几种都是有用或名贵的木材。 ⑲ 王之攻宋:原作"三事之攻宋"。清毕沅云:"《太平御览》作'王之攻宋'。"据改。据孙诒让说,此句

当作“王吏之攻宋”，指楚王所派遣的攻宋的将吏。　⑳ 牒：木筷子。据俞樾说，牒为“梜(jiā夹)”之假借字，即箸。一说为小木片。　㉑ 九：泛指多数或多次。距：同“拒”。　㉒ 圉(yǔ语)：同“御”。　㉓ 诎(qū屈)：屈服，败退。　㉔ 禽滑厘：战国时代魏国人。《史记·儒林列传》说他初与田子方、段干木、吴起同受业于孔子弟子子夏，后为墨子弟子。　㉕ 寇：入侵。㉖ 绝：尽，即杀尽守御的人。　㉗ 闾：里门。　㉘ 内：同“纳”。　㉙ “治于神者”四句：第一句的“神”与第三句的“明”对举。神明，本指人的智慧。《淮南子·兵略训》：“见人所不见谓之明，知人所不知谓之神。”这里的“神”指大智慧、为群众谋大利益，“明”指小智慧、小利益。这四句的意思是说，像墨子这样致力于消弭战祸于无形的大智慧，人们不知其功，而那些急于表现小智慧的人，旁人却都知道他。

本篇选自《墨子·公输》。

春秋战国时期，各诸侯国(包括各诸侯国内部)之间攻伐兼并，战争频繁地发生，社会混乱，人民生活痛苦。墨子为此提出“非攻”的主张，并为贯彻这一主张奔走呼号。《公输》这篇文章记载墨子自齐至楚劝阻公输盘和楚王(楚惠王)停止攻宋的故事，反映了他的非攻思想和实践精神。

墨子听说公输盘为楚国制造云梯准备攻宋，便“起于齐，行十日十夜而至于郢”，去见公输盘和楚王，笔墨简洁，仅仅十二个字就概括了墨子的整个行程，写出他“磨顶放踵，利天下而为之”的献身精神。

墨子见公输盘，目的在说服他不要为楚造云梯攻宋；可是见面后却不正面提出问题，而是巧设埋伏，掩盖真意，用“请杀侮臣者”作话头，使公输盘“不悦”；又用半真半假的口吻说“请献千金”，诱使和激发公输盘说出“义不杀人”的话来。而这正是墨子止楚攻宋的前提。墨子趁机一鼓作气，跟踪追击，责问“宋何罪之有”，指出公输盘的行为，对楚国来说是“不智”——“杀所不足而攻有余”，“不仁”——“宋无罪而攻之”；对公输盘本身来说，是“不忠”——“知而不争”，“不强”——“争而不得”，“不知类”——“义不杀少而杀众”。这一连串的责难语气急切严峻，特别是“义不杀少而杀众”这句话，揭露公输盘“义不杀人”的虚假，使他无可辩解，不得不“服”。一个“不悦”，一个“服”，写出公输盘一副尴尬相。

公输盘的“服”，并非心悦诚服，他无意放弃原来的打算，而把攻宋的责任推到楚王身上；墨子也知道光说服公输盘是无济于事的，便顺水推舟要公输盘引荐他会见楚王。

墨子见到楚王，也不正面说明来意，却大讲偷窃者舍文轩，窃敝舆，舍锦绣，窃短褐，舍粱肉，窃糠糟，违反常情的可耻可笑的故事。楚王不知其用意，仅认为此人“必为有窃疾者矣”。墨子乘势切入正题，提出楚宋两国国力的悬殊：土地方五千里与方五百里，物产资源上云梦犀兕麋鹿满之与无雉兔鲋鱼，有长松、文梓、楩、楠、豫章与无长木进行对比，随后话锋一转，用类比推理归纳提出："王之攻宋，与此为同类"（即是"有窃疾"），指出此举"必伤义而不得"。这段话语气舒缓、委婉，貌似在颂扬楚国的地大物博，实则迫使楚王既不好意思翻脸，又无法否认自己刚刚说过的"必为有窃疾者矣"这句话，只好装腔作势，说出"善哉"这样口不应心的话来。然而楚王利欲熏心，自恃有云梯，攻宋必克，就不顾蒙受"有窃疾"之名，仍表示"必取宋"。楚王的"善哉"二字揭示了他的伪善面目，"必取宋"三字道出了他的贪婪的内心和得意忘形的神情，真是如闻其声，如窥其心。

墨子懂得要打破楚王"必取宋"的自信，光凭口舌是不行的，还必须和公输盘进行攻守之术的较量。"公输盘九设攻城之机变，子墨子九距之。"公输盘"攻械尽"，墨子却"守圉有余"。公输盘攻不能胜，狼狈不堪，无计可施，只好表示"诎"了。这表明墨子的守备力量、攻守战术、武器设计等方面即实力、智力远远胜于公输盘。这是制止战争的必备条件。一个"诎"字，简洁传神，与上文"服"字相映成趣，宣布公输盘的彻底失败，同时把他失败后的泄气、颓丧的神态描绘尽致。

公输盘老谋深算，阴险毒辣，当然不肯就此罢休。他说："吾知所以距子矣，吾不言。"这句话语气好像很平淡，冷静，暗中却充满了杀机。墨子早预料到这一点并成竹在胸，从容不迫地以"吾知子之所以距我，吾不言"回敬公输盘。语句、语气与公输盘相同，却别具沉着、幽默的意趣。他们的对话，在楚王看来简直是无法理解的隐语，不得不"问其故"。墨子趁机揭穿了公输盘的阴谋是"欲杀臣；杀臣，宋莫能守"；接着便明告楚王及公输盘，这种打算是错误的：宋已有备，"臣之弟子禽滑厘等三百人，已持守圉之器，在宋城上而待楚寇矣。虽杀臣，不能绝也"。楚王这才意识到公输盘为楚所造的云梯已失去效用，攻之"必伤义而不得"，于是表示"吾请无攻宋矣"。止楚攻宋的目的终于达到。这是墨子以实力为后盾，积极行动为基础的非攻思想的胜利。

最后以宋国备战全面而又深入为余波。"守门者不内也"是说闾里之人已动员起来；不让墨子进去避雨，防其为间谍，富有戏剧性，增加了文章的趣味。"治于神者众人不知其功"，盛赞墨子消弭战祸于无形的大智大勇，绾结全文，含义深刻。

《公输》一文，文字简洁明快，形象生动。在辩论中，运用逻辑推理，具有强大的说服力。排比句的应用，增强了文章的气势，引人入胜。 （周 艺）

孟　子

（约前372—前289）　战国时思想家、政治家、教育家。名轲，字子舆。邹（今山东邹县东南）人。受业于子思的门人。历游齐、宋、滕、魏等国，曾为齐宣王客卿。其主张不见用，晚年与弟子万章等著书立说。发展孔子"仁"的观念为"仁政"学说，被认为是孔子学说的继承者，有"亚圣"之称。其文气势磅礴，持论说理以雄辩胜。现有《孟子》一书，记载了他和弟子的政治、教育、哲学、伦理等思想观点和政治活动，为研究孟子及思孟学派的主要材料。

【作者小传】

齐桓晋文之事章　《孟子》

齐宣王①问曰："齐桓、晋文之事②，可得闻乎？"

孟子对曰："仲尼之徒无道桓文之事者，是以后世无传焉，臣未之闻也。无以③，则王乎④？"

曰："德何如则可以王矣？"

曰："保民而王，莫之能御也。"

曰："若寡人者，可以保民乎哉？"

曰："可。"

曰："何由知吾可也？"

曰："臣闻之胡龁⑤曰：王坐于堂上，有牵牛而过堂下者，王见之，曰：'牛何之？'对曰：'将以衅钟⑥。'王曰：'舍之！吾不忍其觳觫⑦，若无罪而就死地。'对曰：'然则废衅钟与⑧？'曰：'何可废也，以羊易之。'不识有诸？"

曰："有之。"

曰："是心足以王矣。百姓皆以王为爱⑨也，臣固知王之不忍也。"

王曰："然，诚有百姓者。齐国虽褊小，吾何爱一牛？即不忍其觳觫，若无罪而就死地，故以羊易之也。"

曰："王无异⑩于百姓之以王为爱也，以小易大，彼恶⑪知之？王若隐⑫其无罪而就死地，则牛羊何择焉？"

王笑曰："是诚何心哉？我非爱其财⑬。而易之以羊也⑭，宜乎百姓之谓我爱也⑮。"

曰："无伤也，是乃仁术也，见牛未见羊也。君子之于禽兽也，见其生不忍见其死，闻其声不忍食其肉。是以君子远庖厨⑯也。"

王说⑰曰："诗云：'他人有心，予忖度之⑱。'夫子⑲之谓也。夫我乃行之，反而求之，不得吾心⑳；夫子言之，于我心有戚戚㉑焉。此心之所以合于王者，何也？"

曰："有复㉒于王者曰：'吾力足以举百钧㉓，而不足以举一羽；明足以察秋毫之末㉔，而不见舆薪㉕。'则王许之乎？"

曰："否。"

"今恩足以及禽兽㉖，而功不至于百姓者，独何与？然则一羽之不举，为不用力焉；舆薪之不见，为不用明焉；百姓之不见保，为不用恩焉。故王之不王，不为也，非不能也。"

曰："不为者与不能者之形㉗何以异？"

曰："挟太山以超北海㉘，语人曰：'我不能。'是诚不能也。为长者折枝㉙，语人曰：'我不能。'是不为也，非不能也。故王之不王，非挟太山以超北海之类也；王之不王，是折枝之类也。老吾老㉚，以及人之老；幼吾幼㉛，以及人之幼：天下可运于掌㉜。诗云㉝：'刑于寡妻，至于兄弟，以御于家邦㉞。'言举斯心加诸彼而已。故推恩足以保四海，不推恩无以保妻子。古之人之所以大过人者无他焉，善推其所为而已矣。今恩足以及禽兽，而功不至于百姓者，独何与？权㉟，然后知轻重；度㊱，然后知长短。物皆然，心为甚，王请度之㊲！抑王兴甲兵，危士臣，构怨于诸侯，然后快于心与？"

王曰："否，吾何快于是，将以求吾所大欲也。"

曰："王之所大欲，可得闻与？"

王笑而不言。

曰："为肥甘㊳不足于口与？轻暖㊴不足于体与？抑为采

色[40]不足视于目与？声音不足听于耳与？便嬖[41]不足使令于前与？王之诸臣皆足以供之，而王岂为是哉？”

曰：“否，吾不为是也。”

曰：“然则王之所大欲可知已：欲辟土地[42]，朝秦楚[43]，莅中国而抚四夷[44]也。以若[45]所为，求若所欲，犹缘木而求鱼[46]也。”

王曰：“若是其甚与？”

曰：“殆有甚焉。缘木求鱼，虽不得鱼，无后灾；以若所为，求若所欲，尽心力而为之，后必有灾。”

曰：“可得闻与？”

曰：“邹人与楚人[47]战，则王以为孰胜？”

曰：“楚人胜。”

曰：“然则小固不可以敌大，寡固不可以敌众，弱固不可以敌强。海内之地，方千里者九，齐集有其一。以一服八，何以异于邹敌楚哉？盖亦反其本矣[48]。今王发政施仁，使天下仕者皆欲立于王之朝，耕者皆欲耕于王之野，商贾皆欲藏于王之市，行旅皆欲出于王之途，天下之欲疾其君者，皆欲赴愬于王；其若是，孰能御之？”

王曰：“吾惛[49]不能进于是矣，愿夫子辅吾志，明以教我；我虽不敏，请尝试之。”

曰：“无恒产而有恒心者，惟士为能。若民，则无恒产，因无恒心。苟无恒心，放辟邪侈，无不为已[50]。及陷于罪，然后从而刑之，是罔民[51]也。焉有仁人在位，罔民而可为也？是故明君制[52]民之产，必使仰足以事父母，俯足以畜妻子；乐岁终身饱，凶年免于死亡；然后驱而之善，故民之从之也轻。今也制民之产，仰不足以事父母，俯不足以畜妻子；乐岁终身苦，凶年不免于死亡。此惟救死而恐不赡，奚暇治礼义哉？王欲行之，则盍反其本矣。五亩之宅，树之以桑[53]，五十者可以衣帛矣；鸡豚狗彘之畜，无失其时[54]，七十者可以食肉矣；百亩之田，勿夺其时⑤⑤，八口之家可以无饥矣。谨庠序之教⑤⑥，申之以孝悌之义，颁白者不负戴于道路矣⑤⑦。老者衣帛食肉，黎民不饥不寒：然而不王者，未之有也。"

〔注〕 ① 齐宣王：战国时齐国国君，姓田，名辟疆。公元前319—前301年在位。"宣"是他死后的谥号。 ② 齐桓、晋文之事：齐桓公，春秋时齐国国君，五霸之首；晋文公，春秋时晋国国君，继齐桓称霸。事，指称霸诸侯的事。宣王想效法齐桓、晋文，谋为霸主。 ③ 无以：如果不能不说的话。以：同"已"，止。 ④ 则王乎：那就说说行王道的事吧。王(wàng旺)，作动词用，行王道以统一天下之意。 ⑤ 胡龁(hé合)：人名，宣王左右的近臣。 ⑥ 衅钟：古代新钟铸成，要杀牲取血，涂抹钟的缝隙，因而祭之。 ⑦ 觳觫(hú sù胡速)：恐惧战栗的样子。 ⑧ 与(yú鱼)：同"欤"，疑问语气助词，用于句末。下同。 ⑨ 爱：吝惜、舍不得。 ⑩ 无异：不要奇怪。 ⑪ 恶(wū乌)：怎么。 ⑫ 隐：可怜，不忍。 ⑬ 我非爱其财：一般选本，此句未加句读，但这是宣王先为自己申辩，并非舍不得(一头牛的)财，是个判断句，故句断。 ⑭ 而易之以羊也：而，当译作"可是"。宣王的意思是自己一时疏忽，易之以羊，造成事实。 ⑮ 宜乎百姓之谓我爱也：这是主谓倒装句。牛的价值大，羊的价值小，以羊易牛，则百姓之谓我爱财也宜矣。 ⑯ 远庖厨：远，使动用法，使厨房离居室远些。 ⑰ 说：通"悦"，高兴。 ⑱ "诗云"三句：下引诗句见《诗·小雅·巧言》。 ⑲ 夫子：先生，这里指孟子。 ⑳ 不得吾心：即吾心不得，心里想不出为什么要这样做。 ㉑ 戚戚：心情激动的样子。 ㉒ 复：报告。 ㉓ 钧：古代重量单位名称。三十斤。 ㉔ 明：视力。秋毫之末：鸟兽秋天新生的羽毛的尖端，极其纤细。 ㉕ 舆薪：整车的柴。 ㉖ 今恩足以及禽兽：前省"孟子曰"，表示语气紧凑。恩，恩惠。恩及禽兽，指齐宣王不忍杀一头牛。 ㉗ 形：具体体现。 ㉘ 太山：即泰山。北海：渤海。 ㉙ 为长者折枝：有三说：一、枝通"肢"，对长辈弯腰作揖；二、枝通"肢"，替长辈按摩肢体；三、替长辈折根树枝。总之，都表示很容易做到的事。 ㉚ 前"老"字作动词用，尊敬。后"老"字名词，老人。 ㉛ 前"幼"字动词，爱护幼小。后"幼"字名词，小孩。 ㉜ 天下可运于掌：天下可以在手掌上运转。比喻很容易治理。 ㉝ 诗云：下引诗句见《诗·大雅·思齐》。 ㉞ 刑于寡妻：先给自己的妻子做榜样。刑，通"型"，榜样；这里活用为动词。寡妻，寡德之妻，诸侯对自己妻子的谦称，如诸侯自称"寡人"一样。御：治理。 ㉟ 权：秤锤。这里用作动词，用秤称。 ㊱ 度：用尺量。 ㊲ 度(duó夺)之：慎重考虑这桩事。 ㊳ 肥甘：肥美鲜甜的食品。 ㊴ 轻暖：轻软暖和的衣服。 ㊵ 采色：文采美色，指绘画装饰。 ㊶ 便嬖(pián bì骈蔽)：在王的左右被宠幸的人。 ㊷ 辟土地：扩张地盘。 ㊸ 朝秦楚：使秦国楚国来朝贡。 ㊹ 莅(lì利)：临，这里引申为统治。中国：古指北方中原地区。四夷：指四方的异族。 ㊺ 若：这样，如此。下句同。 ㊻ 犹缘木而求鱼：好比爬到树上去捉鱼，喻根本不可能实现。缘：攀登。 ㊼ 邹：当时的小国，在今山东邹县东南，只有几十方里土地。楚：当时的大国，拥有今湖北、湖南、安徽等广大地区，战国时疆域又有扩大。 ㊽ 盖：发语词，有承上启下作用。一说盖通"盍"，何不。本：根本，指行王道。 ㊾ 惛(hūn昏)：同"昏"。头脑昏乱。 ㊿ 放辟邪侈，无不为已：放，放荡，放纵。辟，同"僻"，行为不正。邪，和"僻"同义。侈，和"放"同义。总的是指不遵守封建社会的规章制度，干犯上作乱的事。 ⑤① 罔民：欺骗陷害人民。罔，同"网"，意为张网捕捉。 ⑤② 制：制订，规定。 ⑤③ 五亩之宅：古代行井田之制，一夫(有劳动力的男丁)可以分得五亩住宅土地，一半在田中，一半在村庄。春耕开始，居田中之宅；冬天农事完毕，还居村庄。树之以桑：在住宅墙下种桑。 ⑤④ "鸡豚"二句：豚，小猪；彘(zhì至)，

大猪。此二句说各种家畜不要在交配生育的时候随便宰杀，以利于繁殖。 ㊺ 百亩之田：古时一个劳动力受田百亩。勿夺其时：不要耽误农时，即不在农忙季节征徭役。 ㊻ 谨：重视。庠(xiáng 祥)序：地方上的学校名称。殷代叫“序”，周代叫“庠”。 ㊼ 颁：同“斑”。颁白，头发花白的老人。负：背上背东西。戴：头上顶东西。此句说百姓都知道敬老，可以替老年人出力。

这是《孟子》七篇中少数千字以上的长文之一。虽然形式上全属对话，实际上却是一篇论点鲜明、论据充分、论证严密的政论文。它全面、集中地反映了孟子的王道思想，即行仁政、“保民而王”的政治主张，也充分体现了孟子善辩、善譬的语言艺术和纵横捭阖的文章气势，是《孟子》的代表作品之一。兹举其要者予以鉴赏。

一、高屋建瓴，片言居要。

战国时代，列强纷争，以征伐为能事，都想以武力兼并别国，于是就出现“争地以战，杀人盈野，争城以战，杀人盈城”（《孟子·离娄上》）的惨烈局面，给人民带来严重的灾难。而齐国在东方诸侯中又号称强国，齐宣王之父威王曾两次大败魏军（一为前353，于桂陵；一为前341，于马陵），并以善于纳谏著称，有“战胜于朝廷”之誉（《邹忌讽齐王纳谏》）。宣王本人也曾攻破燕国都城（前314），威震诸侯；并且继承其父威王遗业，在稷下（齐都城临淄稷门附近地区）扩置学宫，招揽文学、游说之士数千人，任其讲学议论。孟子这时也正以客卿身份在齐宣王身边供职。宣王野心勃勃，很想凭武力称霸中原，所以劈头就问孟子“齐桓晋文”之事，其用心至为明显。但是孟子是极端鄙视霸道的，曾说“五霸者，三王之罪人也”（《告子下》）。他从维护统治阶级的根本利益和长远利益出发，高瞻远瞩，独倡王道，意在反对暴政，反对战争，提倡仁爱，提倡礼义，借以缓和矛盾，发展生产，从而达到天下统一、长治久安的目的。这是符合当时人民的愿望的，也表现出孟子对在死亡线上挣扎的人民的深切同情。现在面对宣王的问题，该如何回答呢？桓文之事，孟子并非真的不知（在《论语》和《孟子》两书的其他篇章中都有所评价），而是不愿讲，不屑讲；可是如果直接这样回答，那么谈话就无法再进行下去，而孟子要想说服宣王行王道的意图，更是无法实现。于是孟子一方面保持他的“说大人则藐之，勿视其巍巍然”（《尽心下》）的豪迈气概，另一方面又巧妙地采用“求同”的战术，设法把对方引入自己所要劝说的范围之内。他用“仲尼之徒无道桓文之事者，是以后世无传焉，臣未之闻也”的话，就轻轻把宣王的问题推掉；接着又用“无以，则王乎”一语，把问题拉到自己铺设的轨道上来：真有一种高屋建瓴之势。尽管宣王对王道并不热心，可是他有“辟土地，朝秦楚，莅中国而抚四夷”的大欲，也就是说，希图能够统一天下，而行王道可以不战而统一天下，这“统一天下”，正是孟子所要“求”的“同”；宣王也想听听，于是又有“德何如，则可以王矣”的再问。孟子及时抓住这个机会，用极其明确的、斩钉截铁的语言提出自己的政治观点——“保民而王，莫之能御也”，并以此作为全篇立论的总纲，真乃“立片言而居要，乃一篇之警策”(陆机《文赋》)。孟子的这一观点，正是他的“民贵君轻”“得民心斯得天下”的民本思想的体现，是具有一定的进步意义的。

二、因势利导，层层紧逼。

孟子是很善于根据对方心理，因势利导地进行说理的。孟子深知宣王虽然颇有兴趣地问“若寡人者，可以保民乎哉”，可是实际上宣王非但没有“保民”的行动，甚至连“保民”的念头过去也根本没有动过。因此，如果在这时就直接向宣王宣传“保民”的做法，是根本没有基础的，在论辩上就不能求速胜(欲速则不达)，而应采用因势利导、由近及远、由小及大，欲擒故纵、步步紧逼、穷追不舍的方法，以求全胜。请看文中四大论辩回合的表现。

首先，帮助宣王树立起“保民而王”的信心。谁都知道，善于发掘对方的长处，也就容易讨得对方的欢心。在这一回合中，孟子抓住“以羊易牛”这件小事，抓住宣王说过“吾不忍其觳觫”这句话，大做其文章，先肯定宣王有不忍之心，而此心正是能“保民而王”的基础。但孟子并不满足于自己来下结论，于是又借“百姓皆以王为爱(吝惜)”这一误解，并特意强调“以小易大”，让宣王陷入窘境。这时“王笑曰”的“笑”，乃是一种无可奈何、自我解嘲的笑。接着孟子代为辩解，帮他摆脱困境，肯定“是乃仁术”，并且说不光你宣王是这样，君子也都是这样。这就使得宣王十分高兴，把孟子看成是“深知我心”的人。经过这样一擒一纵，孟子不仅向宣王宣传了有了“不忍之心”，就可以“保民而王”的道理，而且博得了宣王的欢心，大大缩短了彼此的思想距离，取得了第一回合的胜利。

接着，解决宣王主观上“为”与“不为”的思想矛盾。宣王被孟子说动了，但还是不明白为什么不忍之心“合于王”的道理，说明他的思想基础仍很薄弱，他的思想矛盾还是没有解决。如果这时就直接告以“老吾老”“幼吾幼”的推恩方法，那只能是一种生硬的灌输，效果肯定不佳。必须首先解决他思想上的矛盾，使他明确意识到自己是完全能够做到“保民而王”，目前之所以未能做到，“是不为也，非不能也”。于是孟子连续用了三个贴切生动的比喻，由小及大，由此及彼，让宣王自己开动脑筋，既作出了否定判断，又提出了问题；然后亮出主旨：“百姓之不见保，为不用恩”，即不能“推恩”。因为按照儒家说法，仁爱是有等级的，先“亲亲”，后“仁民”，最后才是“爱物”。现在宣王既能“爱物”，那理应能够“仁民”了。这样，就打消了宣王的畏难情绪，调动了他行王道的勇气。在这基础上再正面说理，应该如何推恩，推恩的好处，不推恩的害处，并以古人为榜样，鼓励宣王效法古人，语重心长地请宣王深思猛省。至此，宣王除了默认之外，已无话可说，孟子又取得第二回合的胜利。

再次，排除宣王“保民而王”的巨大障碍。孟子深知此时的宣王，虽然理性上已不得不承认王道学说是有道理的，但是他的灵魂深处还存在以战图霸的“大欲”，凭武力统一天下这一条所谓“捷径”的幻想，而这是行王道的巨大障碍。“不破不立，不塞不流”，因此，孟子主动挑起第三回合的论辩，以便把问题讲深讲透，将障碍排除。这里，孟子又采用了欲擒故纵的迂回战术，避免一上来就正面强攻，直接点穿。他故作不知，反复设问，旁敲侧击，先逼出宣王自己说“将以求吾所大欲”，再逼出宣王自己说“吾不为是也”，在这基础上，才以排山倒海、不容申辩的气势，连用“辟土地，朝秦楚”等四个排比短语，揭示了宣王“大欲”的实质；紧跟着，用“缘木求鱼”作喻，点出图霸根本不可能实现，让宣王死了这条心。但宣王还是不死心，认为孟子言过其实。孟子干脆乘胜追击，强调指出“缘木求鱼”，只是徒劳无功，而以武力图霸，将招惹灾祸。为使宣王心服，再用“邹与楚战”作喻，点明胜负、强弱之理。至此，宣王也不得不承认孟子所说是完全正确的。破了以后就得立，最后孟子又用一连串排句从正面为宣王描绘了一幅“发政施仁”以后的美好图景，与上文形成鲜明对比。这正打中了宣王好大喜功之心，宣王不得不为之心折，说了一番诚恳请教的话，表示愿意试行“王道”。通过第三回合的论辩，孟子才完全取得胜利。

最后，向宣王阐述“保民而王”的施政纲领。在宣王虚心求教、愿意试行的基础上，孟子这才拿出他的一整套施政纲领来。这个纲领的要点有二：一是“制（规定）民之产”（富民），二是“谨庠序之教”（教民）。先使民“仰事俯畜”无虞（即达到温饱水平），这是“王道之始”；再使民懂得礼义，这是“王道之成”。在孟子看来，除士之外，一般百姓没有“恒产”就没有“恒心”，也就没法讲求仁义（与管子《牧民》所说“仓廪实则知礼节，衣食足则知荣辱”之意有相近之处）。这里虽然存在着封建士大夫鄙视劳动人民的不正确成分，但是这一看法，已初步接触到社会存在与社会意识的关系问题，具有朴素的唯物主义成分，在当时应该说是一种进步的观点。

当然，孟子的“王道”主张，最终还是寄托在封建统治者肯发善心、并懂得推恩的基础上，在战国列强纷争的情况下，这只能是一种不切实际的幻想。正因为如此，所以孟子虽能言善辩，说得齐宣王口服心服，但事后宣王并没有真正采纳孟子的主张，并付诸实施。孟子在齐国待了几年，也曾多次企图说服宣王行王道,但始终不得志,结果只能悻悻离去。

但从论辩的角度说,确实不愧为大手笔。全文先后有序,环环相扣:王天下的关键在乎保民;保民的前提是要有不忍之心;不忍之心要不断发扬推广,即善于推恩;推恩的具体表现是摈弃武力征战,重视富民、教民。真好比一路斩关夺隘,最终直捣黄龙,值得认真体会学习。

三、比喻精当,气势磅礴。

在先秦诸子的著作中,多数善于运用寓言、比喻来阐明抽象、深奥的道理,而孟子尤为突出。汉代赵岐在《孟子题辞》中说孟子的文章"长于比喻,辞不迫切,而意以独至",是颇有道理的。

本文多处运用比喻来说理,在第二大部分的论述中已有涉及,现再举几例。如"不为者与不能者之形何以异",这个问题要想正面回答是很困难的,但孟子用"挟太山以超北海""为长者折枝"这两个夸张性比喻,就把"不为"与"不能"的区别一下子端在对方面前。又如用"天下可运于掌"比喻懂得推恩,天下就很容易治理,真是简练鲜明之至!再如,用武力争霸天下的困难与危害,是个很复杂的问题,但孟子用了"缘木求鱼""邹与楚战"两喻,就把道理说得十分清楚;更妙的是"邹与楚战"一喻,让宣王自己先得出"楚人胜"的结论,这样,宣王企图"以一服八"的谬误,也就不言自明了。

全文采用层层推进的方法来论辩、说理,就如长江大河,一泻千里,浩浩荡荡,势不可当。特别是文中多次使用了排比句,极尽铺排的能事,读来气势磅礴,音调铿锵,具有很强的说服力与感染力。此外,如"今恩足以及禽兽,而功不至于百姓者,独何与"的反复逼问(前一问偏于疑,偏于责,后一问则偏于启发与期望),"盖亦反其本矣""则盍反其本矣"的两次呼告,都如见其色,如闻其声,语意关切,令人心动。唐代古文运动倡导者韩愈曾说:"气盛则言之短长与声之高下者皆宜。"(《答李翊书》)欣赏孟子的文章,对韩愈这句话,就会体会得具体而深刻了。

(卢　元)

天时不如地利章　《孟子》

孟子曰:

天时不如地利①,地利不如人和②。

三里之城,七里之郭,环而攻之而不胜。夫环而攻之,必有得天时者矣;然而不胜者,是天时不如地利也。

城非不高也，池非不深也，兵革非不坚利也，米粟非不多也，委而去之，是地利不如人和也。

故曰：域民不以封疆之界，固国不以山溪之险，威天下不以兵革之利。得道者多助，失道者寡助。寡助之至，亲戚畔之③；多助之至，天下顺之。以天下之所顺，攻亲戚之所畔，故君子有不战④，战必胜矣。

〔注〕 ①天时：一般指时令、气候，但这里偏指时日干支、阴阳五行、孤虚旺相之类是否对作战有利。地利：指城高池深、山川险要等对攻守有利的地理形势。 ②人和：指内部团结一心及人心所向等。 ③畔：通“叛”，背叛。 ④君子：指推行仁政的明君。有不战：意指不应或不必用战争的手段解决问题时就不用战争。

这篇短文选自《孟子·公孙丑下》，观点正确鲜明，论证严密有力，无论思想内容或说理方法，都值得肯定和借鉴。

文章的主旨十分明确，即高度强调“人和”的重要性，具体来说，就是阐明了战争的胜败，主要取决于人心的向背，而人心的向背，又取决于统治者是否“得道”（即能不能推行仁政）。孟子的这个结论，和他一贯宣传的“民为贵，得乎丘民而为天子”（《尽心下》），“得其民斯得天下，得其心斯得民”（《离娄上》），“与百姓同乐则王”（《梁惠王下》）的主张是一致的，也是被无数的历史事实证明是正确的。孟子的这个认识，正是总结了人们的认识经验和历史教训而获得的，因而是符合客观事物的规律的。不过，孟子处在列强纷争，崇尚武力，蔑视仁政的动乱时代，他的主张是无法实现的。

从写作上看，作者确有匠心独运之处。文章一开头就用两个层递句把天时、地利、人和排列在一起，以两个“不如”加以比较，说明了三者的关系，突出了“人和”的重要性。这不但显得论点十分明确，而且以此统率全篇，决定了全篇的布局。

接着，分两个方面进行对比论证。二、三两个自然段是第一方面，它用实际战争结果来证明，属于事实论证部分。先证明“天时不如地利”，是宾；再证明“地利不如人和”，是主。在证明“地利不如人和”时，连用了四个并列排比句，每句又用双重否定的句式，极写“地利”方面的优越条件，为下文蓄势；一句“委而去之”（这里省去了主语“守土的人民”），用语极其冷峻，表明了上述一切优越条件毫无用处，这就充分突出了“人和”的无比重要。这里有一桩非常典型的历史事例。《左传·闵公二年》载：卫懿公好鹤，让鹤食禄乘轩，一点也不关心人民的疾苦。

后来，狄人侵伐卫国，卫懿公正想载鹤出游，闻讯大惊，才考虑征发人民战守。结果人民、士兵都逃避山野，不肯出战御敌，一些被抓回的士兵仍拒绝出战，说："让鹤去！鹤享有官禄官位，我们哪里能作战？"最后，卫国的国都被占领，懿公被杀，国家几乎灭亡。这不正是"委而去之"的生动体现吗？

在事实论证的基础上，作者在末段再从另一方面，即政治方面来证明，属于道理论证部分。这部分也可分作两层。第一层先用"故曰"来承上启下；然后紧接连用三个并列排比句，以三个"不以"（不能只依靠）进一步强调物质条件的不足恃，从反面说明了"人和"的重要；最后得出了"得道者多助，失道者寡助"的警策性断语，从而指明了能否获得"人和"的先决条件，在于能否"得道"（推行仁政）。这样，文章就不仅分析了问题，而且提出了解决问题的方法，也可以说，孟子写作本文的最终目的就在于此吧。第二层又承上将"多助"与"寡助"的结果作一番鲜明的对比（"天下顺之"与"亲戚畔之"），从而自然地得出了"故君子有不战，战必胜矣"的结论。这个结论，和本文开头提出的论点是完全一致的。

另外，还值得一提的是：论证的两个方面的安排，孟子也是有用意的。因为第一部分是事实论证，事实胜于雄辩，结果易为人们所知，结论也就容易被人们接受；第二部分是道理论证，这种结果不易被人们看出，因而接受结论也就需要有个思考过程。但是有了事实论证为基础，人们对于道理论证也就易于接受了。所以这种安排论证的方法，是符合从已知到未知、从感性到理性的认识规律的。

全文不仅气势充沛，而且章法严密，逻辑性很强，确实不愧是一篇传诵千古的政治短论。

（卢　元）

有为神农之言者许行章　　《孟子》

有为神农之言者许行，自楚之滕，踵门而告文公曰："远方之人闻君行仁政，愿受一廛[①]而为氓。"文公与之处。其徒数十人，皆衣褐，捆屦[②]织席以为食。陈良之徒陈相与其弟辛，负耒耜[③]而自宋之滕，曰："闻君行圣人之政，是亦圣人也，愿为圣人氓。"陈相见许行而大悦，尽弃其学而学焉。陈相见孟子，道许行之言曰："滕君则诚贤君也；虽然，未闻道也。贤者与民并耕而食，饔飧[④]而治。今也滕有仓廪府库，则是厉民而以自养也，恶得贤！"

孟子曰："许子必种粟而后食乎？"曰："然。""许子必织布然后衣乎?”曰:“否,许子衣褐。”“许子冠乎?”曰:“冠。”曰:“奚冠?”曰:“冠素。”曰:“自织之与?”曰:“否,以粟易之。”曰:“许子奚为不自织?”曰:“害于耕。”曰:“许子以釜甑爨[5],以铁耕乎?”曰:“然。”“自为之与?”曰:“否,以粟易之。”“以粟易械器者,不为厉陶冶;陶冶亦以其械器易粟者,岂为厉农夫哉?且许子何不为陶冶,舍皆取诸其宫中而用之?何为纷纷然与百工交易?何许子之不惮烦?”曰:“百工之事固不可耕且为也。”

“然则治天下独可耕且为与?有大人之事,有小人之事。且一人之身而百工之所为备。如必自为而后用之,是率天下而路也。故曰:或劳心,或劳力;劳心者治人,劳力者治于人;治于人者食人,治人者食于人,天下之通义也。当尧之时,天下犹未平,洪水横流,泛滥于天下;草木畅茂,禽兽繁殖,五谷不登[6],禽兽逼人,兽蹄鸟迹之道,交于中国。尧独忧之,举舜而敷[7]治焉。舜使益掌火,益烈山泽而焚之,禽兽逃匿。禹疏九河,瀹济、漯而注诸海;决汝、汉,排淮、泗而注之江[8];然后中国可得而食也。当是时也,禹八年于外,三过其门而不入,虽欲耕,得乎?后稷教民稼穑,树艺[9]五谷,五谷熟而民人育。人之有道也,饱食暖衣,逸居而无教,则近于禽兽。圣人有忧之,使契为司徒,教以人伦:父子有亲,君臣有义,夫妇有别,长幼有叙,朋友有信。放勋曰[10]:‘劳之来之,匡之直之,辅之翼之,使自得之,又从而振德之。’圣人之忧民如此,而暇耕乎?尧以不得舜为已忧,舜以不得禹、皋陶[11]为已忧。夫以百亩之不易为已忧者,农夫也。分人以财谓之惠,教人以善谓之忠,为天下得人者谓之仁。是故以天下与人易,为天下得人难。孔子曰:‘大哉尧之为君!惟天为大,惟尧则[12]之,荡荡乎民无能名焉!君哉舜也!巍巍乎有天下而不与焉!’尧舜之治天下,岂无所用其心哉?亦不用于耕耳。

“吾闻用夏变夷者,未闻变于夷者也。陈良,楚产也,悦周公、仲尼之道,北学于中国;北方之学者,未能或之先也,彼所谓豪杰之士也。子之兄弟事之数十年,师死而遂倍[13]之。昔者孔子没,三年之外,门人治任将归,入揖于子贡,相向而哭,皆失声,然后归。子贡反,筑室于场,独居三年,然后归。他日,子夏、子张、子游,以有若似圣人,欲以所事孔子事之,强曾子。曾子曰:'不可,江、汉以濯之,秋阳以暴[14]之,皓皓乎不可尚已。'今也南蛮鴃舌[15]之人,非先王之道,子倍子之师而学之,亦异于曾子矣。吾闻出于幽谷,迁于乔木者,未闻下乔木而入于幽谷者。《鲁颂》曰:'戎狄是膺,荆舒是惩[16]。'周公方且膺之,子是之学,亦为不善变矣。"

"从许子之道,则市贾[17]不贰,国中无伪;虽使五尺之童适市,莫之或欺。布帛长短同,则贾相若;麻缕、丝絮轻重同,则贾相若;五谷多寡同,则贾相若;屦大小同,则贾相若。"

曰:"夫物之不齐,物之情也:或相倍蓰[18],或相什百,或相千万。子比而同之,是乱天下也。巨屦小屦同贾,人岂为之哉?从许子之道,相率而为伪者也,恶能治国家!"

〔注〕 ① 廛(chán 缠):古称一家所居的房地。 ② 捆屦(jù 具):捆,叩击;屦,鞋。织鞋欲使其坚牢致密,故叩击之。 ③ 耒耜(lěi sì 磊四):古代一种像犁的农具,亦作农具的统称。 ④ 饔飧(yōng sūn 雍孙):早餐为饔,晚餐为飧。 ⑤ 甑(zèng):瓦制炊具,形状似蒸笼。爨(cuàn 窜):炊。 ⑥ 登:(谷物)成熟。 ⑦ 敷:施。 ⑧"瀹(yuè 月)济、漯"三句:瀹,疏导。济、漯、汝、汉、淮、泗、江,均为水名。 ⑨ 艺:种植。 ⑩ 放勋:尧之号。 ⑪ 皋陶(yáo 姚):舜的司法官。 ⑫ 则:效法。 ⑬ 倍:通"背",背叛。 ⑭ 暴(pù 曝):晒。 ⑮ 鴃(jué 决)舌:比喻说话像鸟叫那样不好懂。鴃,伯劳。 ⑯"戎狄"二句:戎狄,西北的少数民族。膺,击。荆舒,荆为楚国旧称,舒为周时小国,荆舒地处南方,春秋时被中原人士认为是落后地区。 ⑰ 贾(jià 价):通"价"。 ⑱ 蓰(xǐ 洗):五倍。

本篇节选自《孟子·滕文公上》。滕(今山东滕县)是个小国,介于齐、楚两大国之间。滕文公是孟子周游列国碰到的唯一信服孟子主张的国君。这篇文章是在滕文公接受孟子意见,国家很有声望时发生的一场辩论,是孟子对农家思想的有力批判和对儒家治国主张的根本方针的进一步发挥。从这场论辩中我们可以看到孟子善辩的高度技巧和他对社会分工的具体思想。

全文可按内容分成六大段。第一段是论辩的起因,可以分三个层次。从开始到"捆屦织席以为食"为第一层,写许行到滕。这里一方面表示滕国行仁政名声远扬,一方面看出农家自食其力的苦干精神。这是引起陈相兄弟崇拜的根据,是这场辩论的潜在因素。神农是传说中远古帝王,他教民耕种以兴农业,并发明医药,农家引以自重,所以“为神农之言”代表农家学说。从“陈良之徒陈相”至“愿为圣人氓”为第二层。这里在“陈相”之前加上“陈良之徒”四字,是因为他背叛师门,这是为后文训斥他预埋伏线。许行称赞滕文公只说“行仁政”,陈相就说是“行圣人之政”,这在语言上的变化,表示陈相本来的儒家观点,因为滕文公的一套是孟子教的。两批人都是慕名而来,但在叙述剪裁上毫不雷同。譬如对许行交代了“文公与之处”,对陈相也必然如此,就省去这种交代。从“陈相见许行而大悦”是第三个层次,也是这一段最重要的内容。陈相背叛儒家投向农家,倒过来又用农家的“君臣并耕而食”的观点来否定他原先尊之“是亦圣人也”的滕文公,不但不是“圣人”,连贤也谈不上。联系“滕君则诚贤君也”这句话来看,就是批评孟子用儒家思想把滕君教坏了。这是骂上门来的,孟子当然得应战,一场精彩的论战就这样挑起来了。

孟子批判陈相,实际是批判农家学说,宣扬儒家观点。分成两部分,先破后立。第二段是破农家“君臣并耕”反对分工的荒谬主张。孟子这一段用的方式可以说是“请君入瓮”或者叫“诱敌深入,一举攻克”。一问一答看似谈家常,而且先问种粟,这是农家的宗旨,答案也在孟子预料之中。然后一样一样问下去。问之中,详略又有变化。“许子冠乎”一问,用了四个回合,使陈相不自觉地作出“害于耕”的答复。如果性急,这里就可以说出“百工之事固不可耕且为”的话来。但是孟子却从容不迫,要陈相说出这个结论,所以又问出烧饭耕种的械器(陶冶),使陈相重复一次“以粟易之”的话。孟子仍旧从容不迫,但包围圈却暗中收紧,扣紧第一段“厉民”的“厉(损害)”字进行驳斥,至“岂为厉农夫哉”,已经说足了,却偏偏再设一问:“且许子何不为陶冶……何许子之不惮烦?”“舍”字可以解释为“啥”,指无论什么东西。宫为房屋的通称。古人住的房子都可称“宫”,不像秦汉以后那样专指帝王所居的房屋。这一段问话略带讥刺:“何许子之不惮烦?”逼出陈相“百工之事固不可耕且为也”(一面耕种一面又做百工之事是干不了)的结论。至此已经看出陈相完全落入孟子的牢笼,所以下面专就治天下一事,加以申论。

“然则”一句是结束上文,用反诘语气,斩截有力。上文陈相已经承认“百工之事固不可耕且为”,所以这一反问,陈相是无词以对。然后分几层申述儒家主张而处处回应,扣紧对许行主张的驳斥。“有大人之事”至“是率天下而路也”,说明社会分工的必然性,否定这种分工,那么人与人之间就不能构成社会(使天下都变成互不相干,像在路上碰到的人一样。也有人把“路”释成“露”,表示困苦不堪，不如直作“行路”解有力。朱熹注说是“奔走道路，无时休息”，其实不如指取消了相互交换的社会关系，使人无法生活）。“故曰：或劳心……”至“天下之通义也”，是这篇辩论的核心。所谓“大人之事”即“劳心”，所谓“小人之事”即劳力。这个观点是人类进入阶级社会的必然分工，较之以前是一大进步。自然生产力有了进步，社会必须分工。孟子的“劳力者”即指直接从事物质生产的，第二段里所说的“百工之事”和耕种都属这一类。所谓“劳心者”即指管理社会的人，上文的滕文公，下文的尧、舜、禹、益、后稷、契、皋陶都属这一类。在阶级社会中，有生产者，也必然要有组织者、管理者。放到当时的历史环境去考察，孟子这种劳心劳力分工的说法是反映历史进步的观点。必须申明的，孟子指的“劳心者治人”，是指把天下事办好，而不是指可以任意鱼肉百姓，这有他的“民为贵，社稷次之，君为轻”的思想为证。至于后世无道之君，贪残之吏，杀人害物即豺狼，不能归罪于孟子这个进步的观点。不管你主观上如何看，这种生产和管理的分工是社会进步所必需，孟子能把这看成“天下之通义”，识力的确惊人。这几句对下面几层说是论点。因为陈相了解儒家对古史的说法，所以一层一层举儒家典籍传说为论据。

“当尧之时”至“虽欲耕，得乎？”是第一层论据。从尧、舜、益到禹，说明“大人之事”。开头描写尧时的洪水之灾，这几句非常形象地写明灾害之多。“尧独忧之”，这个“独”字很有分量，因为他是天下之君，就该忧天下之事，这就是上文的“大人之事”的最突出的表现。下面举舜用益用禹，这和后面“为天下得人”相呼应。禹的劳绩是各家公认的，所以说得特别详细。“虽欲耕，得乎？”仍然回应篇首，批判君臣并耕的谬说。

“后稷教民稼穑”至“而暇耕乎”是第二层论据。强调圣人之忧民，不止是教民稼穑（这一点农家是赞同的），还要重视教育，讲究人伦道德，处理好人与人间的各种关系，这是“契为司徒”的工作。放勋就是尧。“曰”字焦循《孟子正义》认为是“日”字，表示下面那些话是尧每天关心的工作。但作为“曰”字，指尧督促下面做到这样，使老百姓各得其所，更切合最高人物的职责。“圣人之忧民如此，而暇耕乎？”仍然扣紧篇首。

“尧以不得舜为己忧”至段末是第三层论据。中心在“为天下得人”。以尧、舜为榜样，引述孔子之言为根据。后面“尧、舜之治天下，岂无所用其心哉？亦不用于耕耳”，仍然回应篇首。应该注意这三层收尾都回到篇首，但用语各别，一方面看出孟子散文的变化自如，另一方面要注意三次结尾的次序一次重于一次。前面两次说：“虽欲耕，得乎？”“圣人之忧民如此，而暇耕乎？”还讲客观上不可能并耕。而这次则认为："尧、舜之治天下，岂无所用其心哉？亦不用于耕耳。"主观上的用心也当着眼于大处，不当用于耕。这是用尧、舜来说明滕文公做得对。孟子认为"人皆可以为尧舜"，所以暗以相比，不算僭越。这样把陈相所述的许行的理论批得淋漓尽致。这是这篇文章的主体部分，先破后立，立中有破，使对方无反驳余地。

"吾闻用夏变夷者"这一段是对陈相品质的批判责难，是承前文"陈良之徒"四个字来的。头两句是原则，应该用中原的高度儒家文化改变边远落后地区的文化。陈良正是这样"用夏变夷"的模范。这几句既交代了陈良的情况，予以充分肯定，又是对陈相"师死而遂倍之"的严厉鞭挞。但是没有接着批他，却暂时停下，又举孔子死后，学生们的深情怀念来做对比。这里重点是两个弟子：一是子贡三年丧（对父母的最重的丧礼，他们用来对老师）毕又庐墓三年，这是感情上的深挚。另一是曾子对孔子死后尊严的维护，也就是对儒家宗师的尊崇。两个榜样，都给陈相"师死而遂倍之"以着力的敲扑。"今也南蛮鴃舌之人"的称呼看出对许行的鄙视，这不是地域偏见，而是由理论上的对立形成的，上文对陈良只说"楚产也"，毫无鄙视的意思，而对同样来自楚国的许行就称为"南蛮鴃舌之人"，这一点称呼的变化也看出孟子行文的谨严。下面进一步引《诗》来说明该学周公、仲尼之道。"子是之学，亦为不善变矣"，这个"变"字又紧扣段首"用夏变夷，未闻变于夷"的两个"变"字，紧相呼应。

陈相明明输透了，他偏偏还要找点理由来为"许子之道"辩护，强调一个"市贾不贰"来。他不知道价格应该反映劳动的耗费，劳动耗费有大小，价格就有高低。所以又被孟子抓住批判："从许子之道，相率而为伪者也，恶能治国家！"这两小节看似辩论的余波，但有补足上文的作用。因为百家争鸣都以自家之道最能"治国家"，陈相认为许行之道可以治国家，所以想用"许子之道"来改变滕文公推行的孟子之道。孟子的反击是从人情物理入手，证明其误，而提出"物之不齐，物之情也"这样圆融之说。这也看出，孟子是用辩证观点战败陈相所述的许行的机械观点。

从内容看，这段文章是孟子理论的精华所在，谈到治国家的思想原则，比《梁惠王章》只讲一些具体措施要更富于理论性，它里面涉及社会分工的历史进步观点和对事物分析的辩证观点，是研究孟子思想的重要章节之一。孟子以善辩著称，在这篇里我们可以领会孟子辩论的技巧，这些对散文的发展都产生过重大影响。孟子是先秦著名的散文家，我们从这篇中一方面看到组织的严密，另一方面又看到行文的从容不迫，变化多姿。如两次辩论，使用的方式有详有略，几个结尾都回应篇首，却无一雷同。开合擒纵，高下在心，确实令读者心服。

（周本淳）

齐人有一妻一妾章 《孟子》

齐人有一妻一妾而处室者，其良人出，则必餍酒肉而后反。其妻问所与饮食者，则尽富贵也。其妻告其妾曰："良人出，则必餍酒肉而后反，问其与饮食者，尽富贵也；而未尝有显者来，吾将瞷①良人之所之也。"

蚤②起，施③从良人之所之，遍国中无与立谈者。卒之东郭墦④间，之祭者乞其余；不足，又顾而之他。此其为餍足之道也。

其妻归，告其妾曰："良人者，所仰望而终身也，今若此！"与其妾讪其良人，而相泣于中庭；而良人未之知也，施施⑤从外来，骄其妻妾。

由君子观之，则人之所以求富贵利达者，其妻妾不羞也，而不相泣者几希⑥矣。

〔注〕①瞷（jiàn见）：偷窥。 ②蚤：通"早"。 ③施（yí夷）：斜行。 ④墦（fán凡）：坟墓。 ⑤施（yí夷）施：喜悦得意貌。 ⑥希：通"稀"。

本文选自《孟子·离娄下》。

孟子的文章以论辩见长，气势磅礴，力量充沛，令人不得不为之口服心折。但《齐人》这一章，却从另一角度显示他的文学功夫，读来另有一番情趣。无怪乎后人有的称之为开小品之先河，有的把它看做小说的雏形。因为全文虽只有二百余字，可是含有辛辣而深刻的讽刺意味，而且初步具备了作为小说所必需的三要素——人物、情节、环境。

孟子对待富贵利禄的态度是，不是完全排斥它，而是要取之以其道，不能强行乞求，更不能不择手段，丧失本性、气节。这一态度，在《孟子》一书中有多处直接表示，本文的结尾一段，正是用简洁的语言点明题旨，给人以棒喝作用。但是，文章之所以能给人如此鲜明的印象，而且回味无穷，主要倒是因为前面那个有头有尾的故事。故事内容完整，却又重点突出。开头和结尾部分，用概述性的笔法，而中间写过程部分（妻子由怀疑到跟踪，到发现真相，到妻妾对泣），则用了具体描写手法，写得有声有色，起了很好的揭露和讽刺作用。全文主要写了两个人：齐人和他的妻子。对齐人，作者着墨不多，但已充分揭露出他可鄙、可憎、可悲、可笑的两面性格。明明是靠向别人乞讨残羹冷炙以求一饱，但在妻妾面前却硬充阔佬，诡称都是跟富贵人家一道吃喝，甚至当妻妾已明真相，"相泣于中庭"时，还"施施从外来，骄其妻妾"。我们姑且不谈是否实有这个"齐人"（因为有人提出这样问题：既然齐人以乞讨为生，怎么家中还有妾，同时妻妾又何以为生），但从这一形象中，却会很自然地想到大千世界中形形色色的明一套、暗一套，表面上道貌岸然，骨子里肮脏不堪的诸多人物。因此，"齐人"也就具有一定的典型意义。对齐人的妻子，则作了较多的正面刻画，显示她是个颇有见识和骨气的人物，对齐人起强烈的反衬作用。妻子的怀疑是合情合理的，因为按照中国传统习惯——礼尚往来，哪有丈夫经常到富贵人家去吃喝，而"显者"却始终不来光顾一次的道理呢？既然有疑，就得解开，于是她决心"将瞷良人（丈夫）之所之"。果然，她一早起来，"施从良人之所之"，跟踪偷看，就属必然的发展。待揭穿秘密，目睹丈夫的丑态以后，回家"与其妾讪其良人，相泣于中庭"，以一泄满腔悲怨之情，更是应有的结局。这里，有语言，有动作，有情态，刻画人物的各种手段，差不多全用上了。还值得一提的是，其妻告其妾的先后两次语言，写法也富有变化。第一次为了一再强调齐人可耻的谎言，故不惜重复开头已作概括叙述的话（"则必餍酒肉而后反……尽富贵也"），可谓该繁则繁；第二次因真相已经大白，故跟踪所见只需用"今若此"三字即可，而且增强了悲怨色彩，有不忍卒言之味，可谓该简则简。环境方面共提到三处，一是齐人家中，一是都城中各地，一是东郭墦间，都是为故事的发展和人物的活动服务的。

孟子借用"齐人"这一故事，却并不限制在故事本身的意义上，而把它的主旨升华了一步，用来揭露讽刺社会上那些"昏夜乞怜（于权门），白日骄人"，一心追求利禄，不惜出卖灵魂的人们，这就使这个故事的社会意义扩大了。在长期的封建社会里，这种人难道还见得少吗？就是到了今天又何尝绝迹？这对于读者，自然有着教育和认识的作用，本文的客观意义正在于此。

至于用如此简练的文字，写出如此生动的故事和人物，那更值得欣赏、借鉴。篇末点题，尤为后代寓言、小品乃至人物传记作者所效法。无怪乎历代的散文家，都要奉孟子的文章为圭臬了。

（卢　元）

鱼我所欲也章　　《孟子》

孟子曰：

鱼，我所欲也；熊掌，亦我所欲也：二者不可得兼，舍鱼而取熊掌者也。生，亦我所欲也；义，亦我所欲也：二者不可得兼，舍生而取义者也。

生亦我所欲，所欲有甚于生者，故不为苟得也；死亦我所恶，所恶有甚于死者，故患有所不辟①也。

如使人之所欲莫甚于生，则凡可以得生者，何不用也？使人之所恶莫甚于死者，则凡可以辟患者，何不为也？由是则生，而有不用也；由是则可以辟患，而有不为也。是故所欲有甚于生者，所恶有甚于死者。非独贤者有是心也，人皆有之，贤者能勿丧耳。

一箪②食，一豆③羹，得之则生，弗得则死；嘑④尔而与之，行道之人弗受；蹴尔而与之，乞人不屑也。万钟则不辩礼义而受之⑤，万钟于我何加焉？为宫室之美，妻妾之奉，所识穷乏者得我与？乡⑥为身死而不受，今为宫室之美为之；乡为身死而不受，今为妻妾之奉为之；乡为身死而不受，今为所识穷乏者得我而为之：是亦不可以已乎？此之谓失其本心。

〔注〕 ① 辟(bì 避)：同“避”。 ② 箪(dān 单)：盛饭用的竹器。 ③ 豆：古代食器，有木制、陶制等，形似高脚盘。 ④ 嘑(hū 呼)：同“呼”。 ⑤ 万钟：指优厚的俸禄。钟，古量器。辩：通“辨”。 ⑥ 乡(xiàng 向)：同“向”，往昔。

这一段选自《孟子·告子上》，题目是根据第一句话加的。

孟子主张性善，主要表现在《告子》篇。他主张：“恻隐之心，人皆有之；羞恶之心，人皆有之；恭敬之心，人皆有之；是非之心，人皆有之。”这就是“仁义礼智”之端。圣人有，普通人也有，区别在于能不能保持、发扬、充实这种人性固有的美德。这一段朱熹《孟子集注》说：“此章言羞恶之心，人所固有。或能决死生于危迫之际，而不免计丰约于宴安之时。是以君子不可顷刻而不省察于斯焉。”

这一段和其他章节的与人辩论不同，是孟子一个人的论述。除“孟子曰”三字外，可分为四段。第一段两句话，一句譬喻是宾，一句正意是主。以“二者不可得兼”为纽带，把譬喻和正意联系起来。“二者不可得兼”是假设句，表明在这种情况下，舍彼取此。以鱼和熊掌作比，是取饮食之物，熊掌远比鱼贵重，故舍鱼而取熊掌就是常理。用这层日常饮食的关系为比，使人易于理会义比生命还重要的命题。

第二段承上一命题说明儒家的生死观。"所欲有甚于生""所恶有甚于死"，这里虽未明言什么有甚于生，什么有甚于死，但上文有"舍生取义"之说，读者自然不会误会。生死是人生非常重要的关头，但却有更重要的"义"作为取舍的标准。这是从正面陈述"舍生取义"的问题。

第三段再用假设的方式一正一反地论述上一段的话，说明"所欲有甚于生""所恶有甚于死"的道理。"非独贤者有是心也，人皆有之，贤者能勿丧耳。"这最后一句是总上三段说的，和这一篇前面章节紧密相连，表明"羞恶之心，人皆有之"这个性善的主张。"贤者能勿丧耳"，在结构上是引出下文"此之谓失其本心"，表明平时修养之重要，就在于保持这种善良的本性使之勿丧。

第四段分两层，到"乞人不屑也"是用生和羞恶对比，证明上一段"所欲有甚于生者""所恶有甚于死者"，连"乞人"都有这种羞恶之心，而不愿受侮辱去得那点饮食来活命。"行道之人不受"，道理也一样。《檀弓》里记载的一个饿者"不食嗟来之食"而宁愿饿死，可以和《孟子》这里说法相印证。这一层讲的是平民乃至乞丐，下一层讲的是高官。"万钟"是最高的俸禄，和"一箪食，一豆羹"（豆是高脚盛羹汤的食具，容量很小）真是天差地别。但"行道之人"乃至"乞人"在生死关头还辨礼义（有羞恶之心），而有的为了"万钟之禄"就"不辩（辨）礼义而受之"，不是十分荒谬吗？这对自己的道德修养有什么好处呢？接着，从三方面分析"不辩礼义而受之"的原因。"宫室之美"和"妻妾之奉"指自家方面，"所识穷乏者得我"指周济别人，要人感恩戴德。总之，不外乎这几方面。这一句是总提，说得委婉，然后一层一层和本段上一层做对比。这里有意三次重复"乡（向）为身死而不受""今为……为之"，以加深印象。这一对比，说明"不辩礼义"受"万钟"的荒唐，"是亦不可以已乎"是劝止之词。如果照上面的对比一想，就该废然知返了。"此之谓失其本心"，就是说完全丧失了固有的羞恶之心，才会出现上面对比的那种荒谬行为。

这篇文章在艺术上采用层层对比，逐渐深入的办法，像剥笋似的，最后才点出中心，批判那种为利忘义的行为是丧心病狂（失其本心）。因为他善用比喻，能近取譬，所以使人易于明白。孟子是以孔子的继承者自居的，他的主要思想是可以从《论语》里找到源头的。孔子说过："富与贵，是人之所欲也，不以其道得之，不处也。贫与贱，是人之所恶也，不以其道得之，不去也。君子去仁，恶乎成名！君子无终食之间违仁，造次必于是，颠沛必于是。"（《论语·里仁》）"志士仁人，无求生以害仁，有杀身以成仁。"（《论语·卫灵公》）孟子是对孔子的话进一步发挥，表明儒家的生死义利之辨。这一点是我们民族传统道德修养中的精华。文天祥被囚三年，元朝百般诱降，他毫不动摇，最后就义时，在衣带中留下这几句话："孔曰成仁，孟曰取义。唯其义尽，所以仁至。读圣贤书，所学何事？而今而后，庶几无愧。"可见孟子这种"舍生取义"的观点影响的深远。 （周本淳）

【作者小传】

庄　子

（约前369—前286）　战国时哲学家、文学家。名周。宋国蒙（今河南商丘东北）人。家贫。曾在当地任漆园吏。相传楚威王厚币礼聘，许以为相，辞不就。他继承和发展老子"道法自然"的观点，认为"道"是无限的。主张齐物我，安时处顺，逍遥自得。为文汪洋恣肆，想象丰富。著有《庄子》，全面反映了他的思想，在哲学、文学上都有较高研究价值。

逍　遥　游

《庄子》

北冥①有鱼，其名为鲲。鲲之大，不知其几千里也；化而为鸟，其名为鹏。鹏之背，不知其几千里也；怒而飞，其翼若垂天之云。是鸟也，海运则将徙于南冥②；南冥者，天池也。《齐谐》③者，志怪者也。《谐》之言曰："鹏之徙于南冥也，水击三千里，抟扶摇④而上者九万里，去以六月息⑤者也。"野马⑥也，尘埃也，生物之以息相吹⑦也。天之苍苍，其正色邪？其远而无所至极邪？其视下也，亦若是则已矣。且夫水之积也不厚，则其负大舟也无力。覆杯水于坳堂之上，则芥为之舟，置杯焉则胶，水浅而舟大也。风之积也不厚，则其负大翼也无力。故九万里则风斯在下⑧矣，而后乃今培风⑨；背负青天而莫之夭阏⑩者，而后乃今将图南。蜩与学鸠⑪笑之曰："我决起而飞，抢榆枋而止⑫，时则不至，而控于地而已矣；奚以之九万里而南为！"适莽苍⑬者，三飡而反，腹犹果然；适百里者，宿舂粮；适千里者，三月聚粮。之二虫⑭又何知！小知不及大知⑮，小年不及大年⑯。奚以知其然也？朝菌不知晦朔⑰，蟪蛄不知春秋⑱，此小年也。楚之南有冥灵⑲者，以五百岁为春，五百岁为秋；上古有大椿者，以八千岁为春，八千岁为秋，此大年也。而彭祖[20]乃今以久特闻，众人匹之[21]，不亦悲乎？

汤之问棘也是已[22]："穷发[23]之北，有冥海者，天池也。有鱼焉，其广数千里，未有知其修者，其名为鲲。有鸟焉，其名为鹏，背若泰山，翼若垂天之云；抟扶摇羊角[24]而上者九万里，绝云气，负青天，然后图南，且适南冥也。斥鴳[25]笑之曰：'彼且奚适也！我腾跃而上，不过数仞而下，翱翔蓬蒿之间，此亦飞之至也。而彼且奚适也！'"此小大之辨也。

故夫知效一官[26]，行比一乡[27]，德合一君，而徵一国[28]者，其自视也亦若此矣。而宋荣子犹然笑之[29]。且举世誉之而不加劝，举世非之而不加沮，定乎内外之分，辩乎荣辱之境，斯已矣；彼其于世，未数数[30]然也。虽然，犹有未树[31]也。夫列子御风而行，泠然善也[32]，旬有五日而后反；彼于致福者，未数数然也。此虽免乎行，犹有所待者也[33]。若夫乘天地之正[34]，而御六气之辩[35]，以游无穷[36]者，彼且恶乎待哉[37]！故曰：至人无己，神人无功，圣人无名[38]。

尧让天下于许由[39]，曰："日月出矣，而爝火[40]不息，其于光也，不亦难乎！时雨降矣，而犹浸灌，其于泽也，不亦劳乎！夫子立而天下治，而我犹尸之，吾自视缺然，请致天下。"许由曰："子治天下，天下既已治也；而我犹代子，吾将为名乎？名者，实之宾也；吾将为宾乎？鹪鹩巢于深林，不过一枝；偃鼠饮河，不过满腹。归休乎君，予无所用天下为！庖人虽不治庖，尸祝不越樽俎而代之矣！"

肩吾问于连叔[41]曰："吾闻言于接舆[42]：大而无当，往而不反；吾惊怖其言，犹河汉而无极也；大有径庭[43]，不近人情焉。"连叔曰："其言谓何哉？"曰："藐姑射之山[44]，有神人居焉；肌肤若冰雪，淖约若处子[45]，不食五谷，吸风饮露，乘云气，御飞龙，而游乎四海之外；其神凝[46]，使物不疵疠[47]而年谷熟。吾以是狂[48]而不信也。"连叔曰："然。瞽者无以与乎文章之观[49]，聋者无以与乎钟鼓之声;岂唯形骸有聋盲哉,夫知㊿亦有之。是其言也,犹时女也[51]。之人也,之德也,将旁礴万物以为一,世蕲乎乱,孰弊弊焉以天下为事[52]!之人也,物莫之伤:大浸稽天而不溺[53],大旱金石流、土山焦而不热。是其尘垢粃糠,将犹陶铸尧舜者也,孰肯分分然以物为事[54]!"宋人资章甫而适诸越[55],越人断发文身[56],无所用之。尧治天下之民,平海内之政,往见四子藐姑射之山、汾水之阳[57],窅然丧其天下焉[58]。

惠子[59]谓庄子曰:"魏王[60]贻我大瓠之种[61],我树之成而实五石[62]。以盛水浆,其坚不能自举也。剖之以为瓢,则瓠落无所容。非不呺然[63]大也,吾为其无用而掊之[64]。"庄子曰:"夫子固拙于用大矣!宋人有善为不龟[65]手之药者,世世以洴澼絖[66]为事。客闻之,请买其方百金。聚族而谋曰:'我世世为洴澼絖,不过数金;今一朝而鬻技百金,请与之。'客得之,以说吴王。越有难,吴王使之将,冬与越人水战,大败越人,裂地而封之。能不龟手一也;或以封,或不免于洴澼絖,则所用之异也。今子有五石之瓠,何不虑以为大樽而浮乎江湖[67],而忧其瓠落无所容;则夫子犹有蓬之心[68]也夫!"

惠子谓庄子曰:"吾有大树,人谓之樗[69];其大本臃肿而不中绳墨,其小枝卷曲而不中规矩。立之途,匠者不顾。今子之言,大而无用,众所同去[70]也。"庄子曰:"子独不见狸狌[71]乎?卑身而伏,以候敖[72]者;东西跳梁[73],不辟[74]高下,中于机辟[75],死于网罟。今夫斄牛[76],其大若垂天之云;此能为大矣,而不能执鼠。今子有大树,患其无用,何不树之于无何有之乡,广莫之野,彷徨乎无为其侧,逍遥乎寝卧其下;不夭斤斧,物无害者。无所可用,安所困苦哉?"

〔注〕① 北冥:"冥"一本作"溟",北冥即北海。海水甚深而呈黑色,故称"溟"。下文"南冥"仿此。 ② 海运:海浪波动。海动时必有大风,鹏即乘此风徙往南海。 ③《齐谐》:书名,齐国谐隐之书。 ④ 抟(tuán团)扶摇:抟,环绕,盘旋。扶摇,急剧盘旋而上的暴风,一名飙。按据章炳麟等考证,抟当作"搏",拍也,拊也。鹏翼拍旋风而直上。 ⑤ 六月息:息,气息,指风。《庄子·齐物论》:"夫大块噫气,其名为风。"天地之气息为风。六月息即六月之风。

⑥ 野马：春天阳气发动，远望林莽之间，水气上腾，有如奔马，称为野马。　⑦ 生物之以息相吹：此句综上大鹏乘旋风而上天，林泽之间蒸气上腾，尘埃在空中游荡，皆被生物的气息吹动而致。　⑧ 风斯在下：此句说大鹏能飞至九万里的高空，因为下面有强劲的风力托着它。　⑨ 培风：即凭风，乘风。　⑩ 夭阏（è 遏）：阻碍。　⑪ 蜩（tiáo 条）：蝉。学鸠：小鸟。　⑫“我决起”二句：决，同“赽”，迅疾。抢榆枋：碰到榆树和枋树（檀木）而停下来。“而止”二字原缺，据别本及《太平御览》卷九四四所引补。　⑬ 莽苍：近郊的林野。因郊野草莽一片苍色，故以莽苍代指郊野。　⑭ 之二虫：之，此。二虫，指蜩与学鸠。鸟类称为羽虫，故鸠亦可称虫。　⑮“小知”句：“知”同“智”。　⑯“小年”句：小年，寿命短的；大年，寿命长的。　⑰ 朝菌：天阴时粪上所生之大芝，见太阳则死，故知晦（阴历月底）不知朔（阴历初一），知朔不知晦。《淮南子·道应训》引《庄子》作“朝秀”，高诱注：“朝秀，朝生暮死之虫也，生水上，状似蚕蛾，一名孳母，海南谓之虫邪。”今本《淮南子》作“朝菌”，乃后人据《庄子》改之。《广雅》正作“朝蟧”，以其为虫，故字从“虫”。王念孙《广雅疏证》说：“上文云‘之二虫又何知’，谓蜩与学鸠；此云‘不知晦朔’，亦必云朝菌之虫。虫者微有知之物，故以知、不知言之。若草木无知之物，何须言不知也。”王说是。　⑱ 蟪蛄：寒蝉，春生夏死，夏生秋死，故不知有春又有秋。　⑲ 冥灵：溟海灵龟。或说“木名”，木槿也。　⑳ 彭祖：传说中长寿的人，姓篯名铿，曾为尧臣，封于彭城，历虞、夏、商、周，年八百岁。　㉑ 匹之：比附他。　㉒ 棘：即《列子·汤问篇》之夏革，商汤时贤大夫。“革”“棘”古同声通用。按“汤之问棘也是已”句与下文“穷发之北”云云语意不连属，当脱汤问棘事一段。唐僧神清《北山录》曰：“汤问革曰：‘上下四方有极乎？’革曰：‘无极之外，复无极也。’”僧慧宝注曰：“语在《庄子》，与《列子》小异。”（见闻一多《古典新义·庄子内篇校释》）据此，可以酌补《庄子》缺文。　㉓ 穷发：不毛之地。发，指草木。　㉔ 羊角：旋风。　㉕ 斥鴳（yàn 燕）：斥，池塘。鴳亦作鷃，小雀。　㉖ 知效一官：才智可以胜任一官的职守。“知”同“智”。　㉗ 行比一乡：“比”同“庇”，言其人行事仅能庇护一乡之人。　㉘“德合”二句：言其人的德行仅能投合一个国君的心意，取得一国的人的信任。徵，取信。郭庆藩《庄子集释》读“而”为“能”（古二字通用），谓四句中官、乡、君、国相对，知、行、德、能亦相对，可备一说。　㉙ 宋荣子：亦作宋钘（jiān 坚）、宋轻（jīng 经）、宋荣，宋国人，姓荣，“子”是尊称。或云姓宋，名荣。战国时稷下早期学者。犹然：“犹”同“逌”（yóu 由），喜笑自得的样子。　㉚ 数（shuò 朔）数：汲汲，迫切的样子。　㉛ 未树：未曾树立的，指树立逍遥之趣。　㉜ 列子：姓列，名御寇，战国郑思想家。其“乘风而归”，见《列子·黄帝篇》。泠然：轻巧的样子。　㉝“此虽”二句：言列子能御风而行，虽然可免于步行，犹有所待于风。　㉞ 乘天地之正：顺着自然的规律。郭象注：“天地以万物为体，而万物必以自然为正。”正，即是规律、法则。　㉟ 御六气之辩：驾驭着六气的变化。六气，阴阳风雨晦明。辩，通“变”。　㊱ 游无穷：遨游于无始无终的时间和无边无际的空间之中。　㊲ 恶（wū 乌）乎待哉：恶乎待，即何所待，此为反诘句，意即无所待。　㊳“至人无己”三句：庄子以“无己”的“至人”为达到逍遥游的最高境界。神人无功，言无意求有功于人，而自然为人类造福。圣人无名，不求名而名自至。但神人、圣人，不能忘人世，不能忘天下，在庄子看来，仍然是有所牵挂，不能算是“逍遥游”。　㊴ 许由：古代传说中的高士，字武仲。相传尧让天下于许由，许由不受，逃隐于箕山。尧又召之为九州长，由不欲闻之，洗耳于颍水之滨。见《高士传》。　㊵ 爝火：火把，小火。　㊶ 肩吾、连叔：旧说二人皆为“古之怀道者”。其实《庄子》“寓言十九”，其中人名、地名多属子虚、乌有之类，无可稽考。　㊷ 接舆：为楚国的狂士，见《论语·微子》。接舆因接孔子之舆而得名，亦是寓言人物。《庄子》此处引述其所说的话，皆为假托之辞。　㊸ 径庭：亦作“径廷”，意为相隔甚远。明方以智《通雅》卷七：“言径路之

与中庭,偏正殊绝,犹言霄壤也。” ㊹ 藐姑射(yè 夜)之山:传说中仙山名。 ㊺ 淖约:同“绰约”,体态柔美。处子:处女。 ㊻ 神凝:精神凝注专一。 ㊼ 疵疠(lì 厉):疾病。 ㊽ 狂:“诳”的假借字。 ㊾ 与(yù 预)乎文章之观(guàn 贯):参与有文采的东西的鉴赏。 ㊿ 知:同“智”。 51 “是其言也”二句:“其言”指上文“心智亦有聋盲”而言。“犹时女也”即“犹是汝也”,谓此言乃说汝也,指肩吾以接舆说藐姑射山神人之事为诳而不信,有似心智聋盲。 52 “将旁礴”三句:旁礴,混同。蕲,同“祈”。弊弊焉,忙碌疲惫的样子。谓神人之德足以混万物为一体,而世人争功求名,纷扰不已,他怎肯忙忙碌碌、疲惫不堪地去管天下的俗事呢?旧解训“乱”为“治”,未妥。 53 “大浸”句:大浸,大水。稽天,至于天。溺,淹没。 54 “是其尘垢”三句:尘垢秕糠,皆鄙贱之物,意同糟粕。纳黏土于模型烧成瓦器曰陶,熔解金属制成器物曰铸。分分,同纷纷。此三句之意,说这个神人身上的尘垢糟粕都将陶铸出尧、舜来,他哪里还肯去纷纷扰扰地以外物为事呢?“分分然”三字,原缺,据《淮南子·俶真训》补。《淮南子》的上文系括引庄子此句上文大意,且“孰肯分分然以物为事”与上“孰弊弊焉以天下为事”对举,句法一律,当酌增。 55 “宋人”句:资,贩卖。章甫,一种礼帽。诸越,即於越。“诸”“於”古通,越人自称“於越”,居今浙江绍兴一带。 56 断发文身:剪短头发,身刺花纹。 57 四子:旧注以为“四子”是王倪、啮缺、被衣、许由。但此是庄子寓言,四子亦本无其人,不必坐实。汾水之阳:水北曰“阳”,地名平阳,在今山西临汾市西南,尧之所都。 58 “窅(yǎo 咬)然”句:窅然,怅然。丧其天下,茫然忘其身居天下之统治地位。此处以宋人比喻尧,以章甫比喻天下之位,以“越人无所用之”,比喻四子无所用于天下。尧见四子,为其所化,故亦自失其有天下之尊。 59 惠子:姓惠名施,宋国人,曾为魏相,与庄子为友。是战国时哲学家。 60 魏王:即魏惠王。因魏迁都大梁(今河南开封),故又称梁惠王。 61 瓠(hù 户):葫芦。 62 “我树”句:树,种。实五石,其中能容五石。石(shí 实,又读 dàn 旦),十斗。 63 呺(xiāo 消)然:形容物件巨大而空虚。 64 掊(pǒu):打破。 65 龟(jūn 君):同“皲”,手足的皮肤受冻而坼裂。 66 洴(píng 平)澼(pì 譬)絖(kuàng 矿):漂絮于水上。成玄英《疏》:“洴,浮;澼,漂;絖,絮也。”絖,同“纩”。 67 “何不”句:虑,结缀,缚系。大樽,盛酒之器,缚之于身,可渡江湖,古所谓腰舟,类似今日之救生圈。 68 蓬之心:谓心思茅塞不通。蓬,草名,拳曲不直。 69 樗(chū 初):亦称臭椿,一种落叶乔木,高大而质劣,不能用作器材。 70 去:弃。 71 狸狌:狸,野猫。狌(shēng 生),黄鼠狼。 72 敖者:指出游的小动物,如鸡、鼠之类。敖,同“遨”,出游。 73 跳梁:同“跳踉”,腾跃跳动。 74 辟:同“避”。 75 机辟(bì 壁):捕捉鸟兽的机关。 76 斄(lí 离)牛:牦牛。

《逍遥游》是《庄子》中的代表作品,列于《内篇》之首。逍遥游的意思,是指无所依赖、绝对自由地遨游永恒的精神世界。

庄子天才卓绝,聪明勤奋,“其学无所不窥”(《史记·老子韩非列传》),并非生来就无用世之心。但是,“而今也以天下惑,予虽有祈向,不可得也”(《庄子·天地》)。一方面“窃钩者诛,窃国者为诸侯”(《胠箧》)的腐败社会使他不屑与之为伍,另一方面,“王公大人不能器之”(《史记·老子韩非列传》)的现实处境又使他无法一展抱负。人世间既然如此沉浊,“不可与庄语”(《天下》),他追求自由的心灵只好在幻想的天地里翱翔,在绝对自由的境界里寻求解脱。正是在这种情况下，他写出了苦闷心灵的追求之歌《逍遥游》。

全文若即若离，疏而难分。为分析方便，权且分为三段。第一段从篇首至“圣人无名”。作者采用了先述后议、先破后立的写作顺序，首先通过描绘一系列具体事物形象地说明：无论是“扶摇而上”的乘天大鹏，还是“决起而飞”的蓬间小雀，也无论是“不知晦朔”的短命朝菌，还是春秋八千的长寿大椿，它们之间虽然有着大小之分，长短之别，但有所依赖，有所期待都是一样的，都是并不得逍遥游，进不了绝对自由的境界的。然后又通过三个层次的人物来反复申明绝对自由的难得。那些为世所累，心系功名的“知效一官，行比一乡，德合一君，而征一国者”自不必说，就是“定乎内外之分，辩乎荣辱之境”的宋荣子之流仍是“犹有未树”；列子虽然已能“御风而行”，胜过宋荣子，但是仍然“犹有所待”，待于风，算不上逍遥游。怎样才能“无所待”地去作逍遥游呢？庄子在本段的最后说：必须能够“乘天地之正”（顺着天地的法则，亦即自然规律），“御六气之辩（驾驭阴、阳、风、雨、晦、明的各种变化）以游无穷（不受时间、空间的限制）”，才是无所待，才是逍遥游。什么人能达到这种境界呢？唯有“无己”的“至人”。“无己”就是忘记自身的存在，做到任乎自然，顺乎物理，把自己的形体连同思想都看作是虚幻的不存在之物，也就无所限，无所待了，也就绝对自由地作逍遥游了。

“无己”说说容易，实际无法做到。比如庄子就没能“无己”。他虽然醉心于作绝对自由的“至人”，但念念不忘的仍是不自由的人世，尽管他所追求的是在人世的无为。所以接下来他又写了尧让天下等世事，展开了第二部分的论述。第二段从“尧让天下于许由”至“窅然丧其天下焉”，主要是着力塑造神人形象，以使逍遥游的“至人”形象具体化。作者先通过渲染尧让天下之事，表明君不足贵，权不足惜的思想观点，再借许由之口，提出自己的政治态度：“予无所用天下为!”接着，又通过肩吾和连叔的对话，创造了“肌肤若冰雪，淖约若处子，不食五谷，吸风饮露，乘云气，御飞龙，而游乎四海之外”的神人形象，这个神人即前文所称的能作逍遥游的“至人”，是庄子逍遥理想的完美体现者，所以庄子赋予她最美的外表和最好的品质。她从不“以物为事”，但是能够“使物不疵疠而年谷熟”，“旁礴万物以为一”，能够“大浸稽天而不溺，大旱金石流、土山焦而不热”。在这样无为而逍遥的神人面前，“弊弊焉以天下为事”的尧、舜之流又怎么能不感到“窅然丧其天下”，因而不得不让天下于许由呢？

庄子不能忘世，所以写了尧让天下等世事；更不能忘我，所以接下来又写了自己与惠子辩论的是是非非。这是全文的最后一段，极为生动幽默地写了庄子与惠子论辩有用与无用、小用与大用的情况。庄子认为小用不如大用，无用就是大用，只有“无所可用”，才能“物无害（之）者”，在“无何有之乡，广莫之野”，永作绝对自由的逍遥游。实际上也就指出了无为是通向逍遥游的途径，从而结束了全篇。

总之，庄子的《逍遥游》借助一系列虚构的故事和形象，否定了有所待的自由，提出了一个无所待的绝对自由的境界，又创造了一个神人形象将其具体化，并且指出了“无为”是达到这一境界的途径。

庄子作品具有“汪洋辟阖，仪态万方，晚周诸子之作，莫能先也”（鲁迅《汉文学史纲要》）的艺术成就。《逍遥游》更是如此。这里只谈主要的两点。

首先是“洸洋自恣以适己”（《史记·老子韩非列传》）的想象。这种“洸洋自恣”的想象不仅体现在具体形象的描写上，而且更主要表现在整个文章的构思上。那“其翼若垂天之云”、其背“不知其几千里也”的鸟的雄伟，那“以八千岁为春，八千岁为秋”的树的长寿，固然令人咋舌，但更令人神往的却是庄子用来说明观点的奇特的物事，奇特的境界和奇特的用意上。在庄子的笔下，鱼可以化而为鸟，冲天飞起；鸟可以自视甚高，互相嘲笑；人可以有俗人、至人、神人、圣人之分。他所想象的境界也是独一无二的，那个“乘天地之正，而御六气之辩，以游无穷”的境界，除了庄子又有谁创造得出呢？不仅如此，作者还通过姑射山神人“肌肤若冰雪，淖约若处子”的美丽形象，将那种境界人格化、具体化，使人明知其假，宁信其真。把自己的缥缈幻想写得这样实在，这样美妙，除了庄子，恐怕也没有第二个人了。庄子随心所欲地想象出这些物事、境界，并非空言诳人，而是其构思匠心的必然体现。他极写鹏之大，椿之寿，一则造成一种声势，一种氛围，引人入胜；二则形成一种对比，一种暗示——以鹏之大暗示人之小，以椿之长寿暗示人生之短暂。大鹏必须乘风而飞，尚且要有所待，人生的不自由不难想见；重负之下，立言、立功、立名还有什么意义，争名夺利根本没有价值，而出路只有一条，就是无为、无已，在“无何有之乡”去作逍遥游！

其次是炽烈而隐蔽的情感。看透了人间的沉浊肮脏，庄子耽溺于纯洁无瑕的幻想王国中，否定了争名夺利、尔虞我诈的世人。庄子醉心于动物、植物与神仙的世界里，所以文章的大部分篇幅都在写虚的、空的、幻想的、非人世的事物，似乎做到了“无已”；但是“谬悠之说，荒唐之言，无端崖之辞”（《天下》）的背后有深深的苦闷，虚幻的“无何有之乡”产生于对人间世的绝望，他追求着逍遥却无法摆脱人生的羁绊。他把“至人”的境界写得那样不可企及，其中不正隐约露出他追求逍遥而不可得的苦恼失望吗？他把那个“不食五谷，吸风饮露”的神人写得那样美丽绝伦，其中不正燃烧着他那炽烈的、对美好理想的追求之火吗？还有，他虽然提出应该“无己”，物我不分，却发自内心地认为“小知不及大知，小年不及大年”。由此可见他对智慧的重视，对生命的热爱；可见这个一心要飞离人世的作者要否定的不是人生社会，而只是人生社会的黑暗和肮脏。这里还有必要提到大鹏这个形象。尽管作者从原则上否定了大鹏，但是却义正辞严地驳斥了蜩与学鸠的嘲笑，强调指出有“小大之辩”，并且三次用浓墨重彩，不避重复地描绘了大鹏的雄伟形象，热爱之情跃然纸上。这是为什么呢？也许，作者在才能无双、向往着逍遥却又无法逍遥的大鹏的形象里，正隐藏着自己难言的苦情。什么苦情呢？我们不妨作这样的比较想象：一只大鹏在茫茫北冥中冲天而起，一颗心灵在深深苦闷中挣扎而出，幻想的翅膀张开了，怒而飞向无何有之乡……有所待的大鹏失败了，那么心灵呢？有所求的心灵能在那广漠之野找到慰藉吗？答案显然是否定的。那雄伟的大鹏形象所体现的正是作者这种欲飞的理想和无法飞走的悲哀。

（周先民）

庖丁解牛 《庄子》

庖丁①为文惠君②解牛，手之所触，肩之所倚，足之所履，膝之所踦③，砉然④响然，奏刀騞然⑤，莫不中音。合于《桑林》⑥之舞，乃中《经首》之会⑦。

文惠君曰：“嘻，善哉！技盖至此乎！”

庖丁释刀对曰：“臣之所好者道⑧也，进乎技矣。始臣之解牛之时，所见无非全牛者；三年之后，未尝见全牛也。方今之时，臣以神遇⑨而不以目视，官知止而神欲行⑩。依乎天理⑪，批大郤⑫，导大窾⑬，因其固然⑭，技经肯綮之未尝⑮，而况大軱⑯乎！良庖岁更刀，割也⑰；族庖⑱月更刀，折也⑲。今臣之刀十九年矣，所解数千牛矣，而刀刃若新发于硎⑳。彼节者有间㉑，而刀刃者无厚；以无厚入有间，恢恢乎其于游刃必有余地矣！是以十九年而刀刃若新发于硎。虽然，每至于族㉒，吾见其难为；怵然为戒，视为止，行为迟。动刀甚微，謋㉓然已解，如土委地。提刀而立，为之四顾，为之踌躇满志，善㉔刀而藏之。”

文惠君曰："善哉！吾闻庖丁之言，得养生焉。"

〔注〕①庖丁：名丁的庖人。②文惠君：旧注指魏惠王（即梁惠王）。王懋竑指此因"惠"字附会，实未详何人。③踦（yǐ倚）：通"倚"，抵住。④砉（huā花）然：骨肉相离声。⑤騞（huō豁）然：刀裂物声，其声大于砉。⑥《桑林》：商汤乐名。⑦《经首》：尧乐，《咸池》中一章。会：韵律。⑧道：指宇宙的本原，世界万物发展变化的共同规律。⑨神遇：用心神与牛体接触。⑩官知：人的感觉器官，如眼、耳之类。止：停止活动。神欲行：心神自运。⑪天理：指牛身结构的自然腠理。⑫批：劈。大郤：筋骨间隙。⑬导：导引，指引刀而入。大窾（kuǎn款）：骨节空处。⑭固然：指牛的自然结构。⑮"技经"句：郭象注："技之妙也，常游刃于空，未尝经概于微碍也。"俞樾以为"技"为"枝"之误。枝经为经络，肯綮为筋肉骨聚结处。⑯大軱（gū孤）：大骨。⑰割：割筋肉。⑱族庖：一般的厨工。⑲折：用刀劈骨。⑳硎（xíng刑）：磨刀石。㉑节：牛的骨节。间：间隙。㉒族：筋骨交错聚结处。㉓謋（huò霍）：骨肉相离声。㉔善：拭。

此文为庄子阐明"养生"的一则寓言。

文章开始是一段惟妙惟肖的"解牛"描写。作者以浓重的笔墨，文采斐然地表现出庖丁解牛时神情之悠闲，动作之和谐。全身手、肩、足、膝并用，触、倚、踩、抵相互配合，一切都显得那么协调潇洒。"砉然响然，奏刀騞然"，声形逼真。牛的骨肉分离的声音，砍牛骨的声音，轻重有致，起伏相间，声声入耳。紧接着又用文惠君之叹："善哉！技盖至此乎！"进一步点出庖丁解牛之"神"，这就为下文由叙转入论做好铺垫。

妙在庖丁的回答并不囿于"技"，而是将"技至此"的原因归之于"道"。"臣之所好者道也，进乎技矣。"并由此讲述了一番求于"道"而精于"技"的道理。此段论说，为全文精华所在。为了说明"道"如何高于"技"，文章先后用了两种反差鲜明的对比：一为庖丁解牛之初与三年之后的对比，一为庖丁与普通厨工的对比。庖丁解牛之初，所看见的是浑然一牛；三年之后，就未尝见全牛了，而是对牛的生理上的天然结构，筋骨相连的间隙，骨节之间的窍穴，皆了如指掌。普通厨工不了解牛的内在组织，盲目用刀砍骨头；好的厨工虽可避开骨头，却免不了用刀去割筋肉；而庖丁则不然，他不是用自己的感官去感觉牛，而是"以神遇而不以目视，官知止而神欲行"，凭内在精神去体验牛体，顺应自然，择隙而进，劈开筋肉间隙，导向骨节空处，按照牛的自然结构进行。顺应自然，物我合一，本是道家的追求，庖丁以此为解牛之方，才使他由"技"进于"道"，达到炉火纯青、技艺超群的地步。"动刀甚微，謋然已解，如土委地"，这十二字是对庖丁解牛效果的描绘，方法对头，不仅牛解得快，刀子也不受损害。十九年来，解牛数千头，竟未更换过一把刀，刀刃还是锋利如初。这当然是每月换一把刀的低级厨工所不可思议的。区别就在于他们求于“技”,而庖丁志于“道”。

在“技”与“道”的关系上。庄子学派认为“技”与“道”通。“道”高于“技”,“技”从属于“道”;只有“技”合于“道”,技艺才可以纯精。“道”的本质在于自然无为,“技”的至善亦在于自然无为。只有“以天合天”(《达生》),以人的内在自然去合外在自然,才可达到“技”的最高境界。庖丁深味个中三昧,所以才能成为解牛中的佼佼者。反过来,“技”中又有“道”,从“技”中可以观“道”。“技兼于事,事兼于义,义兼于德,德兼于道,道兼于天”(《天地》)。文惠君正是通过庖丁之“技”,悟得“养生”之“道”。养生,即养护生之主——精神,其根本方法乃是顺应自然,“缘督以为经(顺着自然的理路以为常法)”(《养生主》)。显然,庖丁解牛,乃是庄子对养生之法的形象喻示。

不过,庄子所说的“依乎天理”“因其固然”,客观上又揭示了人在实践中如何达于自由的问题。文中所说的“天理”“固然”,若引申开来看,亦可理解为人们面临的外界客观事物。它虽然会给企望达于自由的人们带来这种那种限制或妨碍,但睿智的人们又不是在它面前显得束手无策,只要认识它,顺应它,就能够如庖丁那样自由洒脱。对此,庄子曾作过一番极为精妙的分析:“彼节者有间,而刀刃者无厚,以无厚入有间,恢恢乎其于游刃必有余地矣。”“节”固然不可逾越,但毕竟有间隙,这就为人们“游刃”提供了天地,只要善于在这一天地里施展本领,不是同样可以自由自在吗?“游刃”二字,活现出解牛者合于自然而又超于自然的神化境界。当然,对“固然”的认识并非一劳永逸,即使庖丁那样技艺高超者,每逢筋骨盘结处,总是谨慎从事,“怵然为戒,视为止,行为迟”,来不得半点麻痹大意,只有孜孜不倦地追求,毫不懈怠才是。

此则寓言立意在阐明“养生”,实则还阐述了一个深刻的美学命题,即艺术创造是一种自由的创造。庄子认为“技”中有“艺”。庖丁解牛的动作,就颇具艺术的观赏性。他的表演,犹如一场优美绝伦的音乐舞蹈,其舞步合于典雅的《桑林》舞曲,其韵律合于辉煌的《咸池》乐章。作为一种具有美的意味的创造活动,是令观赏者心醉神迷的。而庖丁解牛后“提刀而立,为之四顾,为之踌躇满志”的神情,又使人们看到创造者在作品完成后内心满足的喜悦。庄子正是通过庖丁其言其艺,揭示出美是一种自由的创造。这种美的创造,必须实现合规律(“因其固然”)与合目的(“切中肯綮”)的统一,以达到自由自在(“游刃有余”)的境界。“以神遇而不以目视,官知止而神欲行”,则是创作必备的心境,强调要排除一切感官纷扰,全神贯注。这与《达生篇》中梓庆削鐻时所说的“斋以静心”,“忘吾有四枝形体”,是一致的。此种“心斋”“坐忘”境界,与近现代西方美学注重的“静观”“观

照"殊途而同归,不过却早于叔本华、尼采二千一百多年。 (高若海)

胠 箧 《庄子》

将为胠箧[①]探囊发匮[②]之盗而为守备,则必摄缄縢[③],固扃𫓧[④],此世俗之所谓知也[⑤]。然而巨盗至,则负匮揭[⑥]箧担囊而趋,惟恐缄縢扃𫓧之不固也。然则乡[⑦]之所谓知者,不乃为大盗积[⑧]者也?

故尝试论之,世俗之所谓知者,有不为大盗积者乎?所谓圣者,有不为大盗守者乎?何以知其然邪?昔者齐国邻邑相望,鸡狗之音相闻,网罟之所布[⑨],耒耨之所刺[⑩],方二千余里,阖四竟之内[⑪],所以立宗庙社稷,治邑屋州闾乡曲者[⑫],曷尝不法圣人哉?然而田成子一旦杀齐君而盗其国[⑬],所盗者岂独其国邪?并与其圣知之法而盗之。故田成子有乎盗贼之名,而身处尧舜之安,小国不敢非,大国不敢诛,十二世有齐国[⑭],则是不乃窃齐国,并与其圣知之法以守其盗贼之身乎?

尝试论之,世俗之所谓至知者,有不为大盗积者乎?所谓至圣者,有不为大盗守者乎?何以知其然邪?昔者龙逢斩,比干剖,苌弘胣,子胥靡[⑮]。故四子之贤而身不免乎戮。故跖[⑯]之徒问于跖曰:"盗亦有道乎?"跖曰:"何适而无有道邪?夫妄意室中之藏,圣也;入先,勇也;出后,义也;知可否,知也;分均,仁也。五者不备而能成大盗者,天下未之有也。"由是观之,善人不得圣人之道不立,跖不得圣人之道不行;天下之善人少而不善人多,则圣人之利天下也少而害天下也多。故曰:唇竭则齿寒[⑰],鲁酒薄而邯郸围[⑱],圣人生而大盗起。掊击圣人,纵舍盗贼,而天下始治矣!

夫川竭而谷虚[⑲],丘夷而渊实[⑳],圣人已死,则大盗不起,天下平而无故矣。圣人不死,大盗不止。虽重圣人而治天下,则是重利[㉑]盗跖也。为之斗斛以量之,则并与斗斛而窃之;为之权衡以称之,则并与权衡而窃之;为之符玺以信之,则并与符玺而窃之；为之仁义以矫之，则并与仁义而窃之。何以知其然邪？彼窃钩㉒者诛，窃国者为诸侯，诸侯之门而仁义存焉，则是非窃仁义圣知邪？故逐㉓于大盗、揭㉔诸侯、窃仁义并斗斛权衡符玺之利者，虽有轩冕㉕之赏弗能劝，斧钺㉖之威弗能禁。此重利盗跖而使不可禁者，是乃圣人之过也。

故曰："鱼不可脱于渊，国之利器不可以示人㉗。"彼圣人者，天下之利器也，非所以明㉘天下也。故绝圣弃知，大盗乃止；擿㉙玉毁珠，小盗不起；焚符破玺，而民朴鄙；掊斗折衡，而民不争；殚残㉚天下之圣法，而民始可与论议；擢㉛乱六律，铄绝㉜竽瑟，塞瞽旷㉝之耳，而天下始人含其聪㉞矣；灭文章，散五采，胶离朱㉟之目，而天下始人含其明㊱矣；毁绝钩绳而弃规矩㊲，攦工倕㊳之指，而天下始人有其巧矣。故曰："大巧若拙㊴。"削曾、史之行，钳杨、墨之口㊵，攘弃仁义，而天下之德始玄同㊶矣。彼人含其明，则天下不铄㊷矣；人含其聪，则天下不累㊸矣；人含其知，则天下不惑矣；人含其德，则天下不僻㊹矣。彼曾、史、杨、墨、师旷、工倕、离朱，皆外立其德而以爚乱㊺天下者也，法之所无用㊻也。

〔注〕 ① 胠(qū 区)箧：从旁打开箱子。 ② 匮：同"柜"。 ③ 摄：结。缄縢(téng 腾)：绳子。 ④ 扃(jiōng)：关钮。鐍(jué 决)：锁钥。 ⑤ 知：同"智"，聪明。 ⑥ 揭：举起。 ⑦ 乡：同"向"，从前。 ⑧ 积：准备。 ⑨ "网罟(gǔ 古)"句：网罟，捕鱼工具。此句言齐国海域面积。 ⑩ "耒耨"句：耒耨，指犁锄。刺，插入。此句言耕地面积。 ⑪ 阖：同"合"。竟：同"境"。 ⑫ 邑屋州闾乡曲：古代划分地区的名称。《司马法》："六尺为步，步百为亩，亩百为夫，夫三为屋，屋三为井，井四为邑。""五家为比，五比为闾，五闾为族，五族为党，五党为州，五州为乡。" ⑬ 田成子：即田常，亦称陈恒，齐国大夫。鲁哀公十四年杀齐简公而立平公，专擅国政，其曾孙和放逐齐康公而自立为齐侯。 ⑭ 十二世有齐国：田氏本居陈国，自陈完逃亡至齐称田氏，传至田成子共七世，田成子至齐宣王前，为十二世。按：上文言"田成子一旦杀齐君而盗其国"，不当追从陈完数起而说十二世。清俞樾《庄子平议》疑《庄子》原文本作"世世有齐国"，"世世"重文，古书例作"世二"，传写者误倒为"二世有齐国"，文不可通，而从齐宣王追数至陈完适得十二世(齐宣王与庄子同时不计)，遂臆加"十"字于其上耳。俞氏之说可参。 ⑮ "昔者"句：龙逢(páng 庞)，夏桀时贤臣，为桀所杀。比干，殷之宗室，被纣王剖心而死。苌弘，周贤臣，被刑而死。胣(chǐ 斥)，车裂。子胥，即伍子胥，被吴王夫差赐剑令自杀，沉尸于江中。靡，同"縻"，縻烂。 ⑯ 跖：古代传说中反抗贵族统治的领袖。 ⑰ "唇竭"句：即唇亡齿寒之意。竭，通"揭"，举。 ⑱ "鲁酒"句：《淮南子》许慎注："楚会诸侯，鲁、赵俱献酒于楚王，

鲁酒薄而赵酒厚。楚之主酒吏求酒于赵，赵不与。吏怒，乃以赵厚酒易鲁薄酒，奏之。楚王以赵酒薄，故围邯郸也。”邯郸是赵国的京城。 ⑲ 川竭而谷虚：一说此句应作“谷虚而川竭”。盖河川之水由山谷汇注，谷中无水则河川亦干涸。 ⑳ 夷：平。实：填满。 ㉑ 重利：加倍有利于。 ㉒ 钩：衣带钩，喻极廉之物。 ㉓ 逐：追随。 ㉔ 揭：举。 ㉕ 轩冕：高车、大冠，古皆大夫以上所用，借指官爵。 ㉖ 斧钺：借指刑罚。 ㉗“鱼不可”两句：出于《老子》第三十六章。 ㉘ 明：宣示。 ㉙ 擿(zhì 志)：同“掷”。 ㉚ 殚：竭尽。残：毁坏。 ㉛ 擢：通“搅”。 ㉜ 铄(shuò 烁)：销毁。绝：折断。 ㉝ 瞽旷：即师旷，春秋时著名的盲人乐师。 ㉞ 含：隐藏于内。聪：听觉。 ㉟ 离朱：又名离娄，古代视力极好的人。 ㊱ 明：视觉。 ㊲ 钩：画曲线的工具。绳：画直线的工具。规：画圆形的工具。矩：画方形的工具。 ㊳ 攦(lì 丽)：折断。工倕(chuí 垂)：相传是尧时的巧匠。 ㊴“故曰大巧若拙”：王懋竑《庄子存校》谓“此句衍”。看前后文语气亦以无此六字为顺。 ㊵ 曾：曾参，孔子弟子。史：史鱼，卫灵公时直臣，以死作尸谏。两人是忠孝的代表。杨：杨朱。墨：墨翟。均先秦时思想家。 ㊶ 玄同：混同为一。 ㊷ 铄：炫耀。 ㊸ 累：忧患。 ㊹ 僻：邪僻。 ㊺ 外立其德：表面夸耀自己的品德。爚(yuè 跃)乱：消散扰乱。 ㊻ 法之所无用：法，指道家的真理、至道。无用，无所用之，应当去除。

本文选自《庄子·外篇》。一般认为《外篇》中的文章多是庄子后学所作，但综观此篇的观点，仍出于庄子，其文风亦与庄子所作一致。《胠箧》是取首句中二字作为题目。这里节选其主要部分(最后部分未选)。

庄子生活在战国中期。在各国纷争的局面中，封建阶级关系已大致形成，作为这种新兴势力在意识形态方面的代表，就是当时已成“显学”的儒家学派。儒家与杨朱、墨子、庄子学派相互攻讦，庄子学派尤其拿儒家作为对立面，非议他们所赞颂的“圣人”，以及“仁义圣知(智)”等观念。所谓“圣人”，其实就是儒家知识分子，他们所提出的仁义圣知观念，就是为巩固新兴的封建专制宗法制度服务的。故司马迁《老庄申韩列传》说：“(庄子)作《渔父》《盗跖》《胠箧》，以诋訿孔子之徒，以明老子之术。”显然，“剽剥儒墨”乃是《胠箧》一文的基本立足点，我们可以把本文视为一篇矛头指向当时“显学”——儒家学说的政治批判书。

置身于社会大变动时期的庄子学派，头脑清醒而敏锐。他们对专制宗法制所将带来的消极因素有着透彻深刻的认识，所以《胠箧》中对“圣人”和“仁义圣知”的攻击，在客观上有力地揭露了当时社会的黑暗和不合理。在此文中，庄子学派提出的一个最为激动人心的著名论断是：“彼窃钩者诛，窃国者为诸侯。”根据本文文意，这一论断包含着两层意思：第一，当时那些满口仁义的诸侯，本质上只是一些“窃国者”，“诸侯之门而仁义存焉，则是非窃仁义圣知邪”？他们窃取国柄以为一己私利服务，“仁义圣知”云云，不过是一种“利器”即工具，是他们窃国的护身符，蒙骗天下的障眼术而已。这就撕下了一切窃国大盗的假面，暴露出他们“家天下”的丑恶嘴脸。第二，“窃钩者”和“窃国者”同为盗贼，但他们遭到的社会评判却如此悬殊：偷窃带钩的小盗被诛杀，而窃国的大盗竟可以安享尊荣。如此，还有什么正义和公理可言？于是庄子学派便把他们攻击的矛头指向了是非混淆、黑白颠倒的宗法社会。文中举田成子为例，他所盗的是齐国，本应“有乎盗贼之名”，但结果是“身处尧舜之安，小国不敢非，大国不敢诛，十二世有齐国”。确实，立此可为一切窃国大盗，亦可为各种不合理的社会存照。

庄子学派还认为，造成大盗逍遥这种不合理社会现象的根源，在于“圣人”以及他们竭力鼓吹的“仁义圣知”。他在文中提出的又一个惊世骇俗的论断是：“圣人生而大盗起”，“圣人不死，大盗不止”。庄子学派是怎样剖析“仁义圣知”的呢？他们认为“仁义圣知”既可以为圣人服务，也可以被大盗所利用。盗跖是当时有名的大盗，他就提出“盗亦有道”：猜测人家家中藏有财物，就是“圣”；敢于抢先进入人家，就是“勇”；最后出来，就是“义”；善于确定可以抢劫与否，就是“智”；能平均分赃，就是“仁”。儒家津津乐道的一套道德伦理观念，竟成了大盗抢劫的理论根据，则圣人岂不是培植大盗并为之张目的罪魁祸首吗！

然而，尽管庄子学派的论断切中时弊，决非大言欺世，但他们据以立论的基本立场和解决社会矛盾的方法却是错误的。他们拼命要人们“绝圣弃知”，复归自然，即回到原始公社的社会生活状态去。《胠箧》篇在最后部分描绘了他们理想中的社会图景：“当是时也，民结绳而用之，甘其食，美其服，乐其俗，安其居。邻国相望，鸡狗之音相闻，民至老死而不相往来。”他们认为这才是“至治”。其实这无非是老子“小国寡民”社会理想的翻版。这种空想，在现实社会中无异于空中楼阁。深刻地解剖现实，幼稚地设计未来，这就是《胠箧》篇思想内容的矛盾所在。

我们读《胠箧》篇，与读庄子名篇《逍遥游》《养生主》等有不同的艺术感受。那连篇的“寓言”“重言”不见了，那作为庄子散文明显标志的“意出尘外，怪生笔端”的奇特想象不见了，那由神话传说构成的“谬悠之说，荒唐之言”不见了，全篇主要运用的说理手段是推理和论证，即以思辨为主要特征。然而通读全文，我们还是感受到了庄子散文所独具的宏阔恣肆的风格，就像前人所形容的，“如长江大河，滚滚灌注，泛滥乎天下；又如万籁怒号，澎湃汹涌”（闻一多《古典新义·庄子》引高似孙《子略》）。原因何在？其机窍就在于，文章说理的雄辩滔莽、纵横跌宕所形成的惊人思辨力量，与其情感性、形象性的巧妙结合。

从其思辨性来看，文章立论明确，脉络清晰，论证严密。全文以日常生活中最简单的事例——盗与防盗发端，导出一个防盗而恰“为大盗积”的悖论；然后以“圣”“知”二字为纲目，层层论证，步步开拓，最终得出“绝圣弃知”的结论。论证的部分(中间三段)又分为三层来申说。每层中以“何以知其然邪”一句提唱发问,下一层就上一层的结论来引申发挥,推导出一个新的结论。如文章首段的结论是知者为大盗积,论证部分的第一层即由此推论到世俗所谓知者、圣者都是为大盗积,为大盗守;第二层又由此结论推论到世俗所谓至知者、至圣者也是为大盗积,为大盗守,得出“圣人生而大盗起”的新论断;第三层又循此思路,推论到窃国者实际上是“窃仁义圣知”,这是“圣人之过”。每一层中的结论,相对于上文是关锁,相对于下文是开拓。这样层层关锁,步步开拓,就如水到渠成,引出全文的正面结论:“绝圣弃知,大盗乃止”。“攘弃仁义,而天下之德始玄同矣”。读者也就在这首尾相衔、曲如转圜的滔滔雄辩之中,不知不觉被引入彀中,接受了作者的主张。

但文章虽以惊人的思辨性取胜,却并不枯寂无味,因为我们同样感受到字里行间充溢着强烈的情感。文章情感性来源于作者对当时现实的极度憎恶和冷峻批判。故在揭露与批判时,多采用排比句式,如第四段中谴责圣人,一连串用了斗斛、权衡、符玺、仁义等层递性排比,有累累如贯珠之妙;又如末段也是运用排山倒海式的排比,显出壮伟的文势,强化了文章的感情力量。作者在说理时还辅以比喻性形象和渲染性手法,而说服力亦随之增强。文章开篇一段,就设下一个切合论题的绝妙比喻,作为全篇引出论点的基石。在具体论证过程中,逻辑的推理常由比喻性形象构成,如“唇竭则齿寒,鲁酒薄则邯郸围,圣人生而大盗起”,“夫川竭而谷虚,丘夷而渊实,圣人已死则大盗不起”,以前两句衬托渲染后一句,借小喻大,借宾形主,使说理更趋丰满、更具说服力。全文写来云涌川恣,仍不离庄子散文本色。

(方智范)

秋　水　　《庄子》

秋水时至,百川灌河;泾流之大,两涘渚崖之间,不辩[①]牛马。于是焉河伯欣然自喜,以天下之美为尽在己;顺流而东行,至于北海;东面而视,不见水端。于是焉河伯始旋其面目,望洋向若[②]而叹曰:“野语[③]有之曰‘闻道百,以为莫己若’者,我之谓也。且夫我尝闻少仲尼之闻而轻伯夷之义者,始吾弗信;今我睹子之难穷也,吾非至于子之门,则殆矣。吾长见笑于大方之家。”

北海若曰:“井蛙不可以语于海者,拘于虚[④]也;夏虫不可以语于冰者，笃于时也；曲士不可以语于道者，束于教也。今尔出于崖涘，观于大海，乃知尔丑[5]，尔将可与语大理矣。天下之水，莫大于海。万川归之，不知何时止而不盈；尾闾泄[6]之，不知何时已而不虚；春秋不变，水旱不知：此其过江河之流，不可为量数。而吾未尝以此自多者，自以比形于天地而受气于阴阳，吾在于天地之间，犹小石小木之在大山也。方存乎见少，又奚以自多？计四海之在天地之间也，不似礨空[7]之在大泽乎？计中国之在海内，不似稊米之在太仓乎？号物之数谓之万，人处一焉。人卒九州，谷食之所生，舟车之所通，人处一焉。此其比万物也，不似豪末之在于马体乎？五帝之所连，三王之所争，仁人之所忧，任士[8]之所劳，尽此矣。伯夷辞之以为名，仲尼语之以为博，此其自多[9]也，不似尔向之自多于水乎？"

河伯曰："然则吾大天地而小豪末，可乎？"

北海若曰："否。夫物，量无穷，时无止，分无常，终始无故。是故大知观于远近，故小而不寡，大而不多；知量无穷。证曏今故[10]，故遥而不闷，掇而不跂[11]；知时无止。察乎盈虚，故得而不喜，失而不忧；知分之无常也。明乎坦途，故生而不悦，死而不祸，知终始之不可故也。计人之所知，不若其所不知；其生之时，不若未生之时；以其至小求穷其至大之域，是故迷乱而不能自得也！由此观之，又何以知豪末之足以定至细之倪[12]？又何以知天地之足以穷至大之域？"

河伯曰："世之议者皆曰：'至精无形，至大不可围。'是信情乎？"

北海若曰："夫自细视大者不尽，自大视细者不明。夫精，小之微也；垺，大之殷也[13]：故异便，此势之有也。夫精粗者，期于有形者也。无形者，数之所不能分也；不可围者，数之所不能穷也。可以言论者，物之粗也；可以意致者，物之精也。言之所不能论，意之所不能致者，不期精粗焉。是故大人之行：不出乎害人，不多仁恩；动不为利，不贱门隶；货财弗争，不多辞让；事焉不借人，不多食乎力，不贱贪污；行殊乎俗，不多辟⑭异；为在从众，不贱佞谄；世之爵禄不足以为劝，戮耻不足以为辱；知是非之不可为分，细大之不可为倪。闻曰：‘道人不闻，至德不得，大人无己。’约分⑮之至也。”

河伯曰：“若物之外，若物之内，恶至而倪贵贱？恶至而倪小大？”

北海若曰：“以道观之，物无贵贱。以物观之，自贵而相贱，以俗观之，贵贱不在己。以差观之，因其所大而大之，则万物莫不大；因其所小而小之，则万物莫不小；知天地之为稊米也，知豪末之为丘山也，则差数睹矣。以功观之，因其所有而有之，则万物莫不有；因其所无而无之，则万物莫不无；知东西之相反而不可以相无，则功分定矣。以趣观之，因其所然而然之，则万物莫不然；因其所非而非之，则万物莫不非；知尧、桀之自然而相非，而趣操睹矣。昔者尧、舜让而帝，之、哙让⑯而绝；汤、武争而王，白公⑰争而灭。由此观之，争让之礼，尧、桀之行，贵贱有时，未可以为常也。梁丽⑱可以冲城，而不可以窒穴，言殊器也。骐骥、骅骝一日而驰千里，捕鼠不如狸狌⑲，言殊技也。鸱鸺⑳夜撮蚤，察豪末，昼出瞋目而不见丘山，言殊性也。故曰：盖师是而无非，师治而无乱乎？是未明天地之理、万物之情者也。是犹师天而无地，师阴而无阳，其不可行明矣。然且语而不舍，非愚则诬也！帝王殊禅，三代殊继。差其时，逆其俗者，谓之篡夫；当其时，顺其俗者，谓之义之徒。默默乎河伯！汝恶知贵贱之门，小大之家！”

河伯曰：“然则我何为乎？何不为乎？吾辞受趣㉑舍，吾终奈何？”

北海若曰：“以道观之，何贵何贱，是谓反衍㉒；无拘而志，与道大蹇。何少何多，是谓谢施㉓；无一而行，与道参差。严乎若国之有君，其无私德；繇繇㉔乎若祭之有社，其无私福；泛泛乎若四方之无穷，其无所畛域；兼怀万物，其孰承翼？是谓无方。万物一齐，孰短孰长？道无终始，物有死生，不恃其成。一虚一满，不位乎其形。年不可举㉕，时不可止，消息盈虚，终则有始。是所以语大义之方，论万物之理也。物之生也，若骤若驰，无动而不变，无时而不移。何为乎？何不为乎？夫固将自化。"

河伯曰："然则何贵于道耶？"

北海若曰："知道者必达于理，达于理者必明于权，明于权者不以物害己。至德者，火弗能热，水弗能溺，寒暑弗能害，禽兽弗能贼；非谓其薄㉖之也，言察乎安危，宁于祸福，谨于去就，莫之能害也。故曰：天在内，人在外，德在乎天；知天人之行，本乎天，位乎得㉗，蹢躅而屈伸，反要而语极。"

曰："何谓天？何谓人？"

北海若曰："牛马四足，是谓天；落马首㉘，穿牛鼻，是谓人。故曰：无以人灭天，无以故灭命，无以得殉名。谨守而勿失，是谓反其真。"

〔注〕 ① 辩：通"辨"。 ② 若：海若，传说中的海神。 ③ 野语：俗语。 ④ 虚：同"墟"，指蛙所生活的地方。 ⑤ 丑：鄙陋。 ⑥ 尾闾：传说中海水的归宿之地，也称"沃焦"。 ⑦ 礨(lěi 磊)空：石块上的小孔。 ⑧ 任士：指不畏艰难，不计个人利害得失，坚持不懈完成所肩负的责任或正义事业的贤人。《墨子·经上》："任士损己而益所为也。" ⑨ 多：夸赞。 ⑩ 曏(xiàng 向)：明，表明。故，通"古"。 ⑪ 跂(qǐ 企)：通"企"，踮起脚尖。 ⑫ 倪：端倪，此意为标准。 ⑬ 垺(póu)：极大。殷，盛大。 ⑭ 辟：通"僻"，邪僻，不诚实。 ⑮ 约分：缩小分别。 ⑯ 之、哙让：战国燕王哙信任国相子之，让位与他，由此产生内乱外患，几乎亡国。 ⑰ 白公：白公胜，春秋楚平王孙，父太子建流亡中所生，后回国夺取政权，一度控制国都，终失败自杀。 ⑱ 丽：通"欐"，屋栋。 ⑲ 狌(shēng 生)：黄鼠狼。 ⑳ 鸱鸺(chī xiū 痴休)：猫头鹰。 ㉑ 趣：同"取"。 ㉒ 反衍：向相反方向发展。 ㉓ 谢施(yì 移)：衰谢转移。 ㉔ 繇(yóu 由)繇：通"悠悠"。 ㉕ 举：提取。 ㉖ 薄：迫近，引申为触犯。 ㉗ 得：通"德"。 ㉘ 落：通"络"，笼住。

《秋水》在《庄子》外篇中是最重要的，它以河伯和海若对话的形式，讨论了"价值判断的无穷相对性"(陈鼓应《庄子今注今译》)。这里截选前一大半，也是本篇最主要的内容。十四个自然段一共七问七答，可以分成七大部分。

第一番问答可以看成探讨问题的开端。庄子在这篇里谈论的是严肃而玄妙的哲学问题，在别人的笔下也许会写得苦涩无味，令人昏昏欲睡；庄子则不然，他以水为喻，引出河伯和海若的对话，两个虚构的主人公却写得活灵活现，使人仿佛置身其间，饶有兴味地听他们的谈论。先写当时的环境。秋日，季节性洪水暴发了，大量洪水从支流汇入黄河，主河道（泾流即径流）的对岸、河中的沙洲之间，连牛马的形状都不能分辨清楚了。这是河伯“欣然自喜”的客观根据，然后写河伯得意的心情和行动。寥寥两笔，写出一个少见多怪的浅薄人物。等到“东面而视，不见水端”时，这和“不辩（辨）牛马”相差何啻天壤。河伯还是有自知之明的，向海若讲了一大段自我批判的话。这段话层次井然，用两个“于是焉”相映照，先从抽象“闻道百，以为莫己若”，再具体到对孔子、伯夷。“始吾弗信”，如果很呆板地说“今乃信之”就糟了，他又从“水”上着眼“睹子之难穷”，说明今天开了眼界，相信以前人说的话了。“吾长见笑于大方之家”，这是成语“贻笑大方”的来历。这段话的结尾，河伯虽自知不足，但言外之意，这次可以不“殆”了，仍然有估计过高的成分。

海若的回答，很像一位循循善诱的饱学老师。先用三个排比，以井蛙、夏虫衬曲士，然后满腔热情地肯定河伯的自知其丑。这扣住上一节的叙述“崖涘”“大海”，就简括地交代河伯转变的过程。然后用“尔将可与语大理矣”一句，既表扬河伯，更引出下文的推论。下文先极写海之大，用两个排比从“归”“泄”两面写，远非江河可比，比起天地还是小得可怜，所以不足以自夸。下面又是一连串精彩的排比，由大及小，从四海到中国，到人类，再到五帝三王、仁人、任士，然后归到伯夷、仲尼。“此其自多也，不似尔向之自多于水乎？”一句结语，又回应河伯开始那一段话。这里的比喻用得非常精彩。海若对大海和天地的描述，大大打开了河伯的思想局限，舒展了他的胸怀，从而又引起了以大为好的第二番问答。

第二番问话只是一句：“大天地而小豪末，可乎？”这是和上一番答话紧密联系的，因为上一番话举大以“四海之在天地”为例，举小以“豪末之在马体”相较，因此河伯产生了这样的想法。谁知海若却又翻进一层，说明一种变动不居的理论。这节话分三层：“夫物，量无穷，时无止，分无常，终始无故。”这一层是总起，说明时空分限都是不定的。“是故大知”至“终始之不可故也”是第二层，分别论述上面这四条判断的理由。“计人之所知”以下是第三层，根据第二层的论述，否定“大天地而小豪末”的态度，因为天地未必最大，豪末也未必最小。总起来看，是从时空的无穷性与事物变化的不定性论述认知与确切判断之不易。读过《庄子》的人，可以隐约看到《齐物论》和《养生主》的论点在这儿起作用。

第三番问话是从第二层“至大”“至小”引起的。问话的方式和第二问不同，引出“世之议者”的话为根据。这一问从反面来论述“至精”“至大”，不易批驳。海若却跳出他的问题，站在更高处分析。他的分析分成两层。首先从可以评论的有形的精粗谈到“言之所不能论，意之所不能致者，不期精粗焉”。这一层是从理论上谈。“是故大人之行”以下，归到人事，说明一种至高修养的境界。这和《逍遥游》“至人无己，神人无功，圣人无名”是一样的论点，又和第一段“少仲尼之闻而轻伯夷之义”的话相呼应。这一番问答主要在说事物有不可用语言议论，不可用心意传达的，观人也该如此。

第四番问答主要解决大小贵贱等的无常性问题。河伯的提问是怎么区别事物的贵贱小大。海若一开口就确定“以道观之，物无贵贱”这个中心思想，然后从“以物观之”“以俗观之”“以差观之”“以功观之”“以趣观之”五个方面来分析，和“以道观之”相对立。这是一层。自“昔者尧舜”起为第二层，也是由第一层的理论，引到人事的无常，但从人事又引到器物的“殊器”“殊技”“殊性”，和上一答话的行文又有变化。“故曰”以下是海若自为设问，表明只有顺应自然。这是第三层。“默默乎河伯”是语重心长地给以教诲，教他不要枉费心机去区别大小贵贱的问题，也就是解答了河伯这一段提的问题。这一番问答发挥的完全是《齐物论》的思想，说明大小贵贱等等“以道观之”都是无常的，不必强加分别，一切估量都是徒劳无功。

第五番的问话是由上段结尾“默默乎”的一番关切提起的。这时，河伯已弄得手足无措，不知如何才好，所以提出：“然则我何为乎，何不为乎？吾辞受取舍，吾终奈何？”活画出河伯的惶惑无主的情态。海若针对这种情况进一步教育河伯突破主观的局限性，用广阔无垠的心灵去观照万物，顺应自然，按自然规律变化（“自化”）。这一段的写法和上一番完全不同，纯用韵语短句，分成几组韵脚。“衍”“蹇”，“施”“差”，“德”“福”，“域”“翼”，“方”“长”，“生”“成”“形”，“止”“始”“理”，“驰”“移”等等。这段文章音韵铿锵，言简意赅，完全可以和《老子》媲美，意境也极相似。

上两段话都是“以道观之”为统帅，下面推衍出两大段妙论，所以河伯自然要产生另一个问题：自然说无贵无贱，那么“何贵于道耶”？这一问实际是问题的核心。不解决这个疑惑，河伯不可能信道。这里海若又换一种说理方式，采用一层一层推进的方法得出知道者“察乎安危，宁于祸福，谨于去就，莫之能害也”的结论，道之可贵在此。这是一层。“故曰”以下又用“天”“人”关系，说明认识自然规律，便可明察一切变化的根据而得到充分的自由自在。这是第六番问答。

第六番里海若有“天在内，人在外”的话，所以河伯最后又提出“何谓天，何谓人”的问题。海若的回答很有风趣：“牛马四足，是谓天；落（同“络”）马首，穿牛鼻，是谓人。”这里天指自然，人指为了某种目的而妄为。因此海若认为正确的态度应该是：“无以人灭天，无以故灭命，无以得殉名。谨守而勿失，是谓反其真。”

这个"真"也就是自然的意思。

这七番问答是很玄妙的哲学问题,庄子采用寓言的形式用河伯、海若的对话来解决,极富于形象性。因为用河海对比,极易引出大小、多少、贵贱之类的看法,然后一层深似一层,海阔天空地先打开对方的思路,引到漫无边际的认识海洋里,再一步步地说出中心意图:"谨守而勿失,是谓反其真。"这里和内篇的《逍遥游》《齐物论》《养生主》一脉相通,而且和《老子》第二十五章"人法地,地法天,天法道,道法自然"也是前后相承。不过,《庄子》在这里所谓的"天",就是《老子》所说的"自然"。这也可证明司马迁说的"其要本归于老子之言"是可信的。然而从散文角度看,《老子》全为简练的短章韵语,而《庄子》却是"洸洋自恣""连犿(宛转)无穷"的长篇大论。这里既有生动的描写和对话,又有音韵铿锵的格言。

全文七番问答,一环套一环,而回答的方式却又富有变化,使读的人不知不觉接受了他的观点。哲学论文写得如此生动活泼,在先秦乃至整个散文史中没有第二人。所以司马迁那样高明的散文家也称赞庄子:"善属书离辞,指事类情,用剽剥儒、墨,虽当世宿学不能自解免也。"这篇文章在问答中捎带出五帝、三王、仲尼、伯夷等也体现这个特点。《庄子》丰富的想象,生动的笔触,不仅对于散文,而且对于诗歌都有极其深刻的影响,研究中国文学决不能稍加忽略的。这七问七答构成一个整体,从人事到自然规律又说到人的修养,是一篇不可多得的妙文。虽然在《外篇》,却不下于《内篇》诸作。

(周本淳)

【典籍介绍】

《晏子春秋》

旧题春秋齐晏婴撰。实为战国时人搜集有关晏婴事迹辑成。今本共八篇,二百十五章。每章以晏子为中心,记述一事。内容多以晏子或犯颜直谏,或婉言讽喻,表现了作为国家重臣辅弼君主的思想。对统治者的奢侈腐败、诸侯国间的勾心斗角以及人民的饥寒苦难均有反映。所述晏子的传说故事,颇富文学色彩。注释本有清人孙星衍、黄以周《晏子春秋音义校记》,吴则虞《晏子春秋集释》。

晏子使楚

《晏子春秋》

晏子使楚。以晏子短,楚人为小门于大门之侧而延晏子。

晏子不入，曰："使狗国者，从狗门入；今臣使楚，不当从此门入。"傧者更道[1]从大门入，见楚王。王曰："齐无人耶？"晏子对曰："齐之临淄三百闾[2]，张袂成阴，挥汗成雨，比肩继踵而在，何为无人？"王曰："然则子何为使乎？"晏子对曰："齐命使，各有所主，其贤者使使贤王，不肖者使使不肖王。婴最不肖，故直使楚矣。"

晏子将至楚，楚闻之，谓左右曰："晏婴，齐之习辞[3]者也，今方来，吾欲辱之，何以也[4]？"左右对曰："为其来也[5]，臣请缚一人过王而行。王曰：'何为者也？'对曰：'齐人也。'王曰：'何坐[6]？'曰：'坐盗。'"晏子至，楚王赐晏子酒。酒酣，吏二缚一人诣王。王曰："缚者曷为者也？"对曰："齐人也，坐盗。"王视晏子曰："齐人固善盗乎？"晏子避席[7]对曰："婴闻之，橘生淮南则为橘，生于淮北则为枳，叶徒相似，其实[8]味不同。所以然者何？水土异也。今民生长于齐不盗，入楚则盗，得无楚之水土使民善盗耶？"王笑曰："圣人非所与熙[9]也，寡人反取病焉[10]。"

〔注〕 ① 傧者：宾客的接引者。更道：改而引导。道，通"导"。 ② 临淄：齐国都城，故址在今山东淄博市东北。三百闾：古代以二十五家为闾。此言人口之多。 ③ 习辞：善于辞令。 ④ 何以也：用什么办法。以，用。 ⑤ 为其来也：王引之《经传释词》："为其来也，言'于其来也'。" ⑥ 何坐：犯什么罪。 ⑦ 避席：离开坐席，表示郑重。 ⑧ 实：果实。 ⑨ 熙：同"嬉"，戏弄，开玩笑。 ⑩ 反取病焉：反而自取其辱。

此文记叙春秋时期齐国晏子出使楚国，不辱使命的故事。晏子何时使楚，史无记载。他历事齐灵公、庄公、景公三朝，其后为齐相，使楚当在早年。此时，齐桓公去世已近百年，齐国称霸的盛世已过，但作为大国，雄风犹存，在诸侯逐鹿中，仍处举足轻重的地位。楚自从庄王一鸣惊人之后，迅速跃居五霸之列，国力日强，骄横日甚。在楚强齐弱的态势下，晏子代表齐国使楚，受到楚王的冷落、戏弄，是不足怪的。

楚王恃强凌弱，在晏子还未入城之时，就蓄意侮辱；入城后，又全然不顾外交礼节，接二连三地对晏子予以捉弄和嘲笑。此文用洗练的笔触，生动传神地描述了楚王对晏子的"三辱"过程：一是戏弄他长得矮，不把他当人看，故意设狗洞让他钻；二是嘲笑晏子不配为使，讥笑齐国任人不当，显得"无人"；三是诬蔑齐人为盗，进而指责"齐人善盗"。这些贬损与侮辱，当然不是冲着晏子个人，而是矛头指向他所代表的齐国，以图在楚齐争雄中，保持自己的威慑力量，稳操外交上的胜券。倘若晏子仅从个人得失考虑，拒不入门，牙眼相对就是了。这样，个人和齐国的尊严是维护了，但出使的任务也就化为泡影。如何选择一个两全之策，既坚持原则，不受人侮，又策略灵活，实现两国和好，不能不是坚持气节与完成使命的双重考验。

面对楚王的挑衅，晏子临阵不乱，谈笑自若，巧施辩辞，应付裕如。文章对晏子三驳楚王的刻画相当精彩，从中不难领略晏子这位政治家、外交家的机智灵活及论辩、反击技巧。接过对方的逻辑，以其人之道还治其人之身，此其一也。楚王让其从小门入，意在给他一个下马威。晏子则毫不畏惧，据理反击："使狗国者，从狗门入。"其暗含的一个逻辑三段论是：你让我从狗门入，你就是狗国。不费吹灰之力，即把拟狗之辱还给了楚王。楚王讥笑晏子不堪使命，晏子则回答："贤者使使贤主，不肖者使使不肖主。婴最不肖，故直使楚矣。"接过楚王话题，轻易地又将"不肖"之诬回敬给楚王。若细加体味，前后两驳，也有些许不同。前者是义正辞严地指出对方逻辑之谬。凡讲究礼仪的君子之邦，是不会让外国使臣从狗门而入的。让人从狗门入国者，必为狗国。分明是骂了对方，又不让对方难堪到无法容受的地步。紧接着又补了一句："今臣使楚，不当从此门入。"我出使的不是狗国而是楚国，故不应当从狗门入。一下子又巧妙地把楚国从"狗国"的尴尬地位上拉了回来，使对方既挨了骂，又无法还嘴，只落得个自知理亏，自讨没趣的下场。后一驳则是以退为进，反将一军。你认为我"不肖"，我就自认"不肖"，正因为我"不肖"，才不得使贤主，只好派到你这"不肖"的楚国，见你这"不肖"之主来。罗列事实，指出对方论据的虚妄，此其二也。楚王讥刺齐人委派晏子，属用人不当，显得齐国"无人"。晏子则将本意上的"有无人材"之辩，巧妙地转换为齐国"有无人"之辩，对以齐国首都临淄的人口众多，"张袂"可以"成阴"，"挥汗"可以"成雨"，行人"比肩继踵"，何谓"无人"？楚王关于齐国"无人"之诬，一攻即破了。取类引譬，指出对方论题的荒谬，此其三也。针对楚王诬蔑齐人"善盗"，晏子引用化橘为枳的故事，说明橘生淮南为橘，生于淮北为枳，叶徒相似，味实不同，原因在于水土、地气不同。然后采用类比推理，指出齐人在齐不盗，入楚则盗，正是楚之水土、地气，即社会环境使然。

刘勰曾称晏子一书"事核而言练"（《文心雕龙·诸子》）。此则短文鲜明体现了这一特点。全文描写楚王与晏子的问答，用墨不多，文字精练，论辩双方的神态、辩词的锋芒，皆表现得准确而生动。特别是人物语言的运用，颇符合人物的身份。全文楚王的话并不多，且多为设问口气："齐无人耶？""然子何为使乎？""齐人固善盗乎？"短短几问，便把楚王目空一切，傲慢无礼的神情传达得活灵活现。"寡人反取病焉。”又把他奚落人反被人奚落的尴尬面孔呈现于纸面。而晏子的反诘，句句千金，充分表现出他以国家尊严为重的凛然气节，以及善于与论敌周旋的外交才干。话不在多，传神则灵。此则短文再次说明了这一道理。 （高若海）

【作者小传】

孙 子

春秋末兵家。名武，字长卿。齐国人。曾以《兵法》十三篇见吴王阖闾，被任为将，率吴军攻破楚国。主张改革图强。认为“兵者国之大事”，提出“知彼知己，百战不殆”，“兵无常势，水无常形，能因敌变化而取胜者谓之神”等军事思想，具有朴素唯物主义和辩证法因素。著有《孙子兵法》，为中国最早最杰出的兵书。

谋 攻 《孙子》

孙子曰：凡用兵之法，全国为上①，破国次之②；全军为上，破军次之；全旅为上，破旅次之；全卒为上，破卒次之；全伍为上，破伍次之③。是故百战百胜，非善之善者也；不战而屈人之兵，善之善者也。

故上兵伐谋，其次伐交，其次伐兵④，下政攻城，攻城之法，为不得已。修橹轒辒⑤，具器械⑥，三月而后成；距闉⑦，又三月而后已。将不胜其忿，而蚁附之⑧，杀士⑨三分之一，而城不拔者，此攻之灾也。故善用兵者，屈人之兵，而非战也；拔人之城，而非攻也；毁人之国。而非久⑩也。必以全⑪争于天下，故兵不顿⑫而利可全。此谋攻之法也。

故用兵之法，十则围之⑬，五则攻之，倍则分之⑭，敌⑮则能战之，少则能逃之⑯，不若则能避之⑰。故小敌之坚，大敌之擒也⑱。

夫将者，国之辅也。辅周则国必强，辅隙⑲则国必弱。

故君之所以患于军⑳者三：不知军之不可以进，而谓之㉑进，不知军之不可以退，而谓之退，是谓縻军㉒。不知三军㉓之事，而同㉔三军之政者，则军士惑矣。不知三军之权㉕，而同三军之任㉖，则军士疑矣。三军既惑且疑，则诸侯之难㉗至矣。是谓乱军引胜㉘。

故知胜㉙有五：知可以战与不可以战者胜；识众寡之用㉚者胜；上下同欲㉛者胜；以虞㉜待不虞者胜；将能而君不御㉝者胜。此五者，知胜之道也。

故曰：知彼知己，百战不殆㉞；不知彼而知己，一胜一负㉟；不知彼，不知己，每战必殆。

〔注〕 ① 全国为上：使敌人举国完整地降服是上策。全：形容词用作动词，使动用法。下同。 ② 破国：使敌国残破，也可译为“击破敌国”。破，使动用法。下同。 ③ 军：与下面的旅、卒、伍同为当时军队编制的单位。一万二千五百人为一军，五百人为一旅，一百人为一卒，五人为一伍。 ④ 上兵：上等的用兵（指挥战争）策略。伐谋：在策略上攻破敌人。伐交：在外交上攻破敌人（阻止敌国与别国的联合）。伐兵：在武装力量上攻破敌人。 ⑤ 修：制造。橹：进攻时用来掩护身体的大盾牌。轒辒（fén wēn 坟温）：攻城用的四轮车，用大木制成，上盖生牛皮，里面可装十人。 ⑥ 具：准备。器械：指攻城用的器械。 ⑦ 距闉（yīn 因）：用人工堆成高出城墙的土垒，以察看城中情况，居高临下射杀城中敌人。闉，积土为山。 ⑧ 蚁附之：像蚂蚁一样，爬墙进攻。 ⑨ 杀士：使（自己的）士卒被杀。 ⑩ 久：旷日持久。 ⑪ 全：即开头“全国”的“全”。这句是说，一定要用使敌人举国完整地降服的策略争胜于天下。 ⑫ 顿：劳顿，疲敝。 ⑬ 十则围之：十倍于敌人，就包围他们。 ⑭ 分之：分为二军，使其腹背受攻。 ⑮ 敌：相等。 ⑯ 逃：退却坚守。 ⑰ 不若：指力量不如敌军。避：引兵走避。 ⑱ 小敌：指两军对阵力量弱小的一方。坚：固守。这两句是说，弱小的军队消极固守，就会成为强大的军队的俘虏。 ⑲ 辅：辅佐。周：周到。隙：有缺陷。 ⑳ 患于军：对军队有害。 ㉑ 谓：叫，命令。之：代词，指军队。 ㉒ 縻军：束缚住军队。 ㉓ 三军：周代的制度规定，天子建六军，诸侯大国建三军，分上、中、下，或左、中、右，后来，“三军”成为诸侯国军队的通称。 ㉔ 同：参与，干涉。 ㉕ 权：指挥三军的权谋、权变。 ㉖ 任：任用人材。 ㉗ 诸侯之难：邻国诸侯乘隙入侵造成的祸难。 ㉘ 乱军引胜：扰乱自己的军队，失去可能得到的胜利。引，夺去。 ㉙ 知胜：预见胜利。 ㉚ 识众寡之用：懂得兵多怎么用，兵少怎么用。 ㉛ 上下同欲：军队上下同心同德。 ㉜ 虞：预料，事先谋划，做好准备。 ㉝ 御：驾御，牵制。 ㉞ 殆：危险。 ㉟ 一胜一负：胜负的可能性各占一半。

本文是《孙子》十三篇中的第三篇。题为“谋攻”，意思是在计谋上攻破敌人。孙武认为在局部战役中不顾条件地硬拼硬打并非上策，强调要采取全局性的战略方针，“以全争于天下”，争取最大限度的利益而使自己的损耗减少到最低限度。这是富有政治远见的。

全文依次论述了几个问题，表面上看似不甚相干，但实际上却都紧扣中心。一、二两段首先说明总的战略原则是“不战而屈人之兵”，是“伐谋”（从谋略上攻破敌人），是“兵不顿而利可全”（军队不疲敝而胜利又可以完全取得）。而“谋攻之法”的提出正是建立在这种战略原则的基础上的。接着第三段阐明了集中优势兵力力求全歼敌人的思想，这是“谋攻”的原则在战斗中的具体运用。第四、五段说明将帅的作用，特别强调将帅指挥权的相对独立性（这在通讯手段落后的古代是非常必要的），主张国君不应加以牵制，横加干涉，这是实施“谋攻”原则的重要保证。第六、七段列举知胜之道，强调“知彼知己”，这是实施“谋攻”原则的必备前提。可见全文围绕“谋攻”来展开论述，结构相当紧密。

文章的逻辑结构还表现在段与段之间意义上的关联。尤其是后两段，既是谈“知胜”之道有五，也是对上文的照应和概括。如第一点“知可以战与不可以战者胜”，是对第一、二段的概括；第二点“识众寡之用者胜”是对第三段的概括；第三、五点“上下同欲者胜”，“将能而君不御者胜”，是对第四、五段的概括；第四点“以虞待不虞者胜”，强调一个“虞”字，即要求有预见，有准备，有谋略，则是点题之笔，紧扣中心论题。而要做到有预见，有准备，有谋略，必须熟知敌我，最后一段归结到“知彼知己”上，可说是画龙点睛，紧紧把握住了问题的关键。

本文的逻辑力量还表现在对事物能作细致的分析。如分析用兵的战略原则是“全国为上，破国次之……”，谋攻之法是“上兵伐谋，其次伐交，其次伐兵，下政攻城……”，用兵的战术原则是“十则围之，五则攻之，倍则分之……”，又提出“君之所以患于军者”有三，“知胜”之道有五，等等。这些分析大体是当时军事斗争客观规律的反映。从概念的分类来说，也表现了当时的思维日趋缜密。这在军事学史和思想史上都是很有意义的。

文中不少话睿智警策，给人启示。“知彼知己，百战不殆”，则成了军事上的千古名言，被称为“科学的真理”（毛泽东《论持久战》）。　（张葆全）

【作者小传】

荀　子

（约前313—前238）　战国末思想家、教育家。名况，时人尊号为“卿”。汉人避宣帝讳，称为孙卿。赵国人。游学于齐，后三为稷下学宫祭酒。继赴楚国，被春申君用为兰陵（今山东兰陵县兰陵镇）令。后著书终老。韩非、李斯俱为其学生。荀子批判和总结了先秦诸子的学术思想，提出“制天命而用之”的人定胜天思想。其思想为儒家的一派。与孟子“性善”说相反，主张人性本“恶”，提出以教育和环境影响引导人们为“善”。又主张礼治和法治相结合。所作散文说理透辟，文笔雄健绵密。其《赋篇》对汉赋的兴起有一定影响。著有《荀子》。

天 论 《荀子》

天行有常①,不为尧存,不为桀亡②。应之以治则吉,应之以乱则凶③。强本而节用④,则天不能贫⑤;养备而动时⑥,则天不能病;循道而不忒⑦,则天不能祸。故水旱不能使之饥⑧,寒暑⑨不能使之疾,袄怪不能使之凶⑩。本荒而用侈⑪,则天不能使之富;养略而动罕⑫,则天不能使之全⑬;倍道而妄行⑭,则天不能使之吉。故水旱未至而饥,寒暑未薄而疾⑮,袄怪未生而凶⑯。受时与治世同,而殃祸与治世异,不可以怨天,其道然也。故明于天人之分⑰,则可谓至人矣⑱。

不为而成,不求而得,夫是之谓天职⑲。如是者,虽深,其人不加虑焉⑳;虽大,不加能焉㉑;虽精,不加察焉㉒:夫是之谓不与天争职。天有其时,地有其财,人有其治,夫是之谓能参㉓。舍其所以参,而愿其所参,则惑矣。

列星随旋,日月递炤,四时代御,阴阳大化㉔,风雨博施,万物各得其和以生,各得其养以成,不见其事而见其功,夫是之谓神㉕。皆知其所以成,莫知其无形,夫是之谓天㉖。唯圣人为不求知天㉗。

天职既立,天功既成,形具而神生㉘。好恶、喜怒、哀乐臧焉,夫是之谓天情㉙;耳、目、鼻、口、形,能各有接而不相能也,夫是之谓天官㉚;心居中虚,以治五官,夫是之谓天君㉛;财非其类,以养其类,夫是之谓天养㉜;顺其类者谓之福,逆其类者谓之祸,夫是之谓天政㉝。暗其天君,乱其天官,弃其天养,逆其天政,背其天情,以丧天功,夫是之谓大凶。圣人清其天君,正其天官,备其天养,顺其天政,养其天情,以全其天功。如是,则知其所为,知其所不为矣,则天地官而万物役矣㉞。其行曲治,其养曲适,其生不伤,夫是之谓知天㉟。

故大巧在所不为,大智在所不虑㊱。所志于天者,已其见象之可以期者矣㊲。所志于地者,已其见宜之可以息者矣㊳。

所志于四时者，已其见数之可以事者矣[39]。所志于阴阳者，已其见和之可以治者矣[40]。官人守天而自为守道也[41]。

治乱，天邪？曰：日月，星辰，瑞历[42]，是禹桀之所同也，禹以治，桀以乱，治乱非天也。时邪？曰：繁启蕃长于春夏，畜积收臧于秋冬[43]，是又禹桀之所同也，禹以治，桀以乱，治乱非时也。地邪？曰：得地则生，失地则死，是又禹桀之所同也，禹以治，桀以乱，治乱非地也。《诗》曰："天作高山，大王荒之；彼作矣，文王康之[44]。"此之谓也。

天不为人之恶寒也辍冬，地不为人之恶辽远也辍广，君子不为小人之匈匈也辍行[45]。天有常道矣，地有常数矣，君子有常体矣[46]。君子道其常，而小人计其功[47]。《诗》曰："礼义之不愆，何恤人之言兮[48]。"此之谓也。

楚王后车千乘，非知也；君子啜菽饮水，非愚也，是节然也[49]。若夫心意修，德行厚，知虑明，生于今而志乎古，则是其在我者也[50]。故君子敬其在己者，而不慕其在天者[51]；小人错[52]其在己者，而慕其在天者。君子敬其在己者，而不慕其在天者，是以日进也；小人错其在己者，而慕其在天者，是以日退也。故君子之所以日进，与小人之所以日退，一也。君子小人之所以相县者在此耳[53]。

星队木鸣[54]，国人皆恐。曰：是何也？曰：无何也。是天地之变，阴阳之化，物之罕至者也。怪之，可也；而畏之，非也。夫日月之有蚀，风雨之不时，怪星之党见[55]，是无世而不常有之。上明而政平，则是虽并世起[56]，无伤也；上暗而政险，则是虽无一至者，无益也。夫星之队，木之鸣，是天地之变，阴阳之化，物之罕至者也。怪之，可也；而畏之，非也。

物之已至者，人祆[57]则可畏也。楛耕伤稼，耘耨失岁[58]，政险失民，田薉稼恶[59]，籴贵民饥，道路有死人：夫是之谓人祆。政令不明，举错不时，本事不理[60]：夫是之谓人祆。礼义不修，内外无别[61]，男女淫乱，父子相疑，上下乖离，寇难[62]并至：夫是之谓人祆。祆是生于乱。三者错，无安国⑬。其说甚尔，其菑甚惨⑭。勉力不时，则牛马相生，六畜作祆⑮。可怪也，而不可畏也⑯。传曰："万物之怪，书不说⑰。无用之辩，不急之察，弃而不治⑱。"若夫君臣之义，父子之亲，夫妇之别，则日切瑳⑲而不舍也。

雩⑳而雨，何也？曰：无何也，犹不雩而雨也。日月食而救之㉑，天旱而雩，卜筮而后决大事，非以为得求也，以文之也㉒。故君子以为文，而百姓以为神。以为文则吉，以为神则凶也。

在天者莫明于日月，在地者莫明于水火，在物者莫明于珠玉，在人者莫明于礼义。故日月不高，则光晖不赫；水火不积，则晖润不博㉓；珠玉不睹㉔乎外，则王公不以为宝；礼义不加于国家，则功名不白㉕。故人之命在天，国之命在礼。君人者㉖，隆礼尊贤而王，重法爱民而霸，好利多诈而危，权谋倾覆幽险而尽亡矣。

大天而思之，孰与物畜而制之㉗？从天而颂之，孰与制天命而用之㉘？望时而待之，孰与应时而使之㉙？因物而多之，孰与骋能而化之㉚？思物而物之，孰与理物而勿失之也㉛？愿于物之所以生，孰与有物之所以成㉜？故错人而思天，则失万物之情㉝……

〔注〕 ① 天：这里指自然或自然界。行：运行，变化。常：一定的规律。 ② 为：因为。尧：传说中古代的圣君。桀：夏王朝最后的一个亡国暴君。 ③ 应：对待。治：正确合理的措施，即合乎礼义的措施。反之就是"乱"。按：《荀子·不苟篇》："礼义之谓治，非礼义之谓乱。"这里的"治乱"，意思相同。 ④ 强本：指重视农业生产，我国古代以农业为本，而以商为末。 ⑤ 不能贫：是"不能使之贫"的紧缩，与下文"不能病""不能祸"都是使动句。 ⑥ 养备：养生之物，即生产和生活资料都很充足。动时：行动适合时宜。 ⑦ 循：遵循。道：指规律。忒：差错。按"循"原作"脩"，"忒"原作"贰"，据清王念孙说改。 ⑧ 饥：大面积的饥荒。"饥"字下原有"渴"字，系衍文，今删。 ⑨ 寒暑：这里指严寒酷暑，气候不正常。 ⑩ 祆怪：指自然灾害和自然界的某些怪异现象。祆，今写作"妖"。 ⑪ 本荒：农业生产荒废。 ⑫ 养略：生产和生活资料缺乏、不充足。动罕：行动懒惰、稀少。 ⑬ 全：保全。 ⑭ 倍：通"背"，违背。 ⑮ 薄：迫近、侵袭。 ⑯ 生：原作"至"，与"水旱未至"之"至"重复，据王念孙之说改。⑰ 分(fèn 份)：职分，职能。天人之分：指天和人各有不同的职分。 ⑱ 至人：最明白事理的

人，即圣人。　⑲天职：自然界的职能。荀况认为自然界产生万物是“不为而成，不求而得”的，这就从根本上否定了天有意识的唯心主义说法。　⑳其人：指上文的“至人”。不加虑：不去加以探求。　㉑不加能：不去夸大它的能力、作用。　㉒不加察：不去对它多加考察。“如是者”以下至“不加察焉”数句，言外之意，谓圣人只重人事而不问天道，故“不与天争职”。㉓“天有”数句：时，时令，指四季、寒暑、昼夜、水旱变化等。财，物产、资源。治，指人治理自然和社会的能力。参：参与、配合。能参：谓人能够同天地互相配合。　㉔炤：同“照”。阴阳：指寒暑。谓阴阳二气相反相成地化生万物。　㉕“不见”句：意为看不见大自然是怎样做的，却可以看到它的功效。神：指自然而然的神妙功能，不是一般称“鬼神”的“神”。　㉖“皆知其所以成”二句：人们都知道大自然生成万物，却没有人知道自然化育万物无形迹可寻。天：一说，当作“天功”。因“人功”有形，而“天功”无形，故曰“莫知其无形”。又下文“天功”二字凡三见。　㉗圣人：即上文所称“至人”，荀况理想中具有崇高的道德和广大的智慧的人物。不求知天：意为但修人事，不去对自然界生成万物的所以然进行冥思苦想，即上文“不与天争职”之意。　㉘形：指人的形体。神：指人的精神活动。意谓人的形体具备了，人的精神活动随之产生。　㉙臧焉：臧，同“藏”。蕴藏于此。天情：人所自然具有的情感。　㉚形：形体。能各有接：各有不同的接触外物的能力，如耳能听、目能视等等。不相能：不能互相代替。天官：人所自然具有的各种感官。　㉛中虚：指胸腔。治：支配、管理。天君：人所自然具有的主宰。君：君主，古人认为心是主宰五官的思维器官，所以用君主作喻。　㉜财：通“裁”，制裁，利用。非其类，指人类以外的万物。其类，指人类。天养：自然界的奉养。　㉝天政：自然的规则。全句意为，顺应人类的需要来供养人们就是福，反之就是祸，这种自然的规则，就叫做“天政”。㉞官：名词作动词用，被任用。役：被役使。全句意为，天地能为人类服务，而万物能供人类驱使。　㉟行：行动。曲：各方面。曲治：各方面都得到治理。曲适：各方面都恰当。生：生命。　㊱“故大巧”二句：意即最能干的人在于他不去做那些不能做和不应做的事，最聪明的人在于他不去考虑那些不必考虑和不应考虑的事。　㊲志：识记，认识。已：通“以”，凭借，根据。见：通“现”，显现。期：预期，推测。全句意为：对于天的认识，是要根据它已经显现出来的自然现象而预测出未来的变化。　㊳宜：适宜，指作物生长的适宜条件。息：繁殖生长。全句意为：对于地的认识，是要根据它已经显现出来的适合作物生长的条件而促使它合理地繁殖。　㊴数：指春夏秋冬四时节气变化的次序。事：从事，指安排农业生产。　㊵和：和谐，调和。原为“知”字，据清人王念孙校勘订正。全句意思为：对阴阳变化的认识，是要根据已经看到的阴阳和谐的现象而进行调理。　㊶官人：任用专人掌管天文历法。守天：观察天象。自为：指圣人自己做的事。守道：掌握治理社会和自然的原则、规律。　㊷瑞历：历象，即关于天文的自然现象。古人非常重视历象，故称“瑞历”。瑞，祥瑞。　㊸畜：同“蓄”，积聚。臧：同“藏”。　㊹“天作”四句：引自《诗・周颂・天作》。高山，指岐山，在今陕西岐山县东北，周朝的发祥地。大王，即太王，亦称古公亶（dǎn胆）父，周文王姬昌的祖父，他率领周部族从别处迁居到岐山地区。荒，用作动词，开垦，开辟。彼，指太王。作，这里指开创基业。文王，太王的孙子。据传说，周文王时，三分天下已有其二，但仍臣服于殷商。康，使安定、发展。引诗是为了说明吉凶祸福全在于人事。　㊺匈匈：同“汹汹”，吵吵嚷嚷。辍行：停止他修善积德的行动。　㊻常道：一定的规律。常数：一定的法则。常体：一定的道德行为规范。　㊼道：动词，遵循。常：即常体。计功：计较目前利益。　㊽“礼义”二句：此所引为逸《诗》，《左传・昭公四年》《荀子・正名》《汉书・东方朔传》《汉书・匡衡传》，均有引录，文字有小异。“礼义之不愆”五字原脱，据《文选・答客难》李善注及《荀子・正名》补。愆，过错，引申为违背。何恤，何必顾虑。 ㊾“楚王”数句：后车，随从的车辆。乘（shèng 胜），古代一车四马为一乘。知，同“智”，聪明。菽，豆类，这里泛指粗粮。节然，恰好这样。 ㊿“若夫”数句：若夫，发语词，表示下文将有所议论。修，好，端正。厚，敦厚，高尚。知虑明，智慧思虑精明。志，认识，了解。在我者，在于人们自己的努力。 (51) 敬：敬重，认真对待。在己者：同“在我者”。慕：指望，希求。在天者：指自然的恩赐。 (52) 错：通“措”，搁置，舍弃。 (53) 县：通“悬”，悬殊，差别。(54) 队：通“坠”，坠落。这里指流星落地。木鸣：指社树因风吹而发出声音。古人迷信，对神社中的树木发出声音，认为不祥。 (55) 党：通“傥”，偶然。见：同“现”，出现。 (56) 并世起：指上述异常现象在同一个时代里出现。 (57) 人袄：即人妖，指人为的怪现象，人为的灾祸。 (58) 楛（kǔ 苦）：粗劣。两句谓耕作粗劣，就会伤害庄稼；耘草粗劣，就会影响收成。耘：原作“枯”，据卢文弨、郝懿行、王念孙之说改。岁：年成。原作“薉”，据卢文弨、郝懿行、王念孙之说改。(59) 薉（huì 会）：通“秽”，荒芜。稼恶：庄稼长得不好。 (60) 错：通“措”。不时：不合时宜。本事：指农业生产。 (61) 内：指女。外：指男。古礼主张男女有别。 (62) 寇：外患。难：内乱。(63) 三者：指上述三种“人妖”。错：交错发生。无安国：国家就没有安定的日子。 (64) 尔：通“迩”，切近。菑（zāi 灾）：古“灾”字。 (65) 勉力：役使民力、畜力。不时：随心所欲，不按时节。牛马相生：牛马相互生怪胎。六畜：马、牛、羊、鸡、犬、豕。 (66) 而不可畏也：一说“不”字为“亦”字之误。意为“人妖”既可怪，也可畏。 (67) 传（zhuàn 篆）：指古代文籍。“万物”句：万物的怪现象，经书不解释。 (68) 不急之察：不切需要的考察。弃而不治：应当抛弃不管它。(69) 瑳：同“磋”。 (70) 雩（yú 鱼）：古代求雨的祭祷。 (71) 救：古时人们发现日食月食现象，就敲盘打鼓呼救。 (72) 文：文饰。之：指政治情况或社会现实。 (73) 积：积聚。晖：指火的光亮。润：指水的润泽。 (74) 睹：当作“睹（dǔ 堵）”，光彩显露。 (75) 功名不白：功绩、名声就不会显著。 (76) 君人者：统治人民的人，即君主。 (77)“大天”二句：以天为大，推崇天。思之，思慕天。物畜，把天当作物来畜养。制，控制。 (78) 从：顺从。颂：赞颂。制天命而用之：掌握自然变化的规律而利用它。 (79) 望时而待之：盼望天时，等待它的恩赐。应时而使之：顺应时令季节的变化而使天时为人们服务。 (80) 因物而多之：听任自然物生长，希望它增多。骋能而化之：发挥、施展人的才能，使物类发展变化而增殖。 (81) 思物而物之：思慕万物，企图得到它，意为企图得到万物。第二“物”字作动词。理物而勿失之：把万物治理好而不失掉它对于人类的功用。 (82) 愿：希望。有：通“佑”，帮助。全句意为：寄希望于万物自然生长，何如帮助万物让它成长得更快更好。 (83)“故错人”二句：错，放弃。全句意为：所以放弃人的主观努力而只是指望天的恩赐，那就是不符合万物发展的实际情况，丧失了利用万物的能力。附注：下面原文还有两节，已与上文论天的内容无关，疑是他篇文字混入，故予删去。

《天论》是荀子的代表作之一，是他对古代朴素唯物主义哲学思想加以总结、发展而写成的一篇著名哲学论文，在历史上有着突出的成就和贡献。

在他以前的许多著名思想家都提出过自己的自然哲学观。如孔子虽亦主张自然之天，但同时又相信天命，他提出“君子有三畏”，第一畏就是“畏天命”；老子、庄子虽然承认天就是自然，它没有意志，不能赏善罚恶，但是又认为人们应该听命于自然，主张无为而治，不知道、甚至不承认人能够掌握、征服自然，使之为人所用；墨子虽反对命定论的观点，但还是相信有命，相信有鬼神，认为天是有人格的主宰者；孟子也是认为天是有意志、有思想的，只不过要通过老百姓的好恶来体现罢了("天视自我民视,天听自我民听")。而荀子在《天论》中所表现出来的自然哲学观,无疑要比以上先哲进步得多,正确得多,这是非常难得的。近人范文澜说得好:"各学派中只有荀子能正确地说明人对自然界的关系,《天论篇》应是诸子书中最有积极意义也是唯物论思想最显著的一篇重要著作",而这,"正是战国时期生产力显著发展的反映"(见《中国通史简编》第一编第五章第七节)。下面对此试作简要剖析。

一、"敬己""戡天",见解卓越。

文章一开头,便直截了当地强调指出:"天行有常,不为尧存,不为桀亡。应之以治则吉,应之以乱则凶。"这清楚地表明了荀子把天看作是一种物体,即大自然,有它自己的运动规律,不依人们的主观愿望和君王的好坏为转移,也不能主宰人们的吉凶祸福;社会上的吉凶祸福,贫富疾病,完全是人们自己造成的。接着从正反两方面运用无可辩驳的事实来证明,从而得出要"明乎天人之分",要"敬其在己者而不慕其在天者"的正确结论。这一观点,闪烁着朴素的唯物主义光辉,一扫以往对"天"种种歪曲的或片面的理解,还给"天"本来的面目,为科学思想在中国的发育滋长奠定了良好的基础。不仅如此,荀子还正确解决天与人之间的关系,教育人们不要"错人而思天",而要取法天象之可以期,地宜之可以息,四时之数之可以事,阴阳之和之可以治,以理人事,从而求得国家的安定和人民的安乐。尤为卓尔不群的是荀子还大胆提出"制天命而用之""骋能而化之""有(佑)物之所以成"的主张,认为人类应该在了解、掌握天的运行变化的规律的基础上,进一步发挥人的主观能动性,发挥人的智慧才能,去驾驭自然,征服自然,使天地万物都能为人类服务,并且使万物更多、更好、更快地成长。这种"官天地、役万物""人定胜天"的"戡天"思想,在先秦诸子的哲学理论中,是独一无二的,就是在科学高度发达的今天,也还是有一定的指导意义的。荀子关于天人关系的认识论,不仅肯定了"天"是物质的存在,它不可能有什么主观意识对人怎么样(当然,如果人们无视或违背了自然规律,那还是会遭到惩罚的),而且进一步指出人应该如何发挥主观能动作用,对天有所作为。把这两者统一起来,就不是机械唯物论,而基本上接近辩证唯物论了。这种见解,在我国两千多年前的战国时期,在当时世界上大多数国家、民族还处在蒙昧状态的阶段,怎能不令人由衷赞叹它的卓越无比呢?

二、析异解惑,论证严密。

在远古时代,由于科学不发达,认识有局限,人们对自然界出现的种种怪异现象,不能正确地加以解释,因而或者惊恐害怕,或者拜禳祈祷,这是完全可以理解的。一些统治者(包括最高的君主以及为之服务的巫祝等官员)则利用人们的无知,推波助澜,大肆宣扬迷信活动和神权君权神圣不可侵犯的理论,借以维护其长期统治,所谓“圣人以神道设教而天下服矣”(《易·观卦》),正是这种手段和目的的写照。在这种情况下,荀子却能义正词严地辟除各种迷信神怪传说,明确指出“星队木鸣”,“日月之有蚀,风雨之不时,怪星之党见”,乃是“天地之变,阴阳之化,物之罕至者也”,“是无世而不常有之”的;还进一步指出:“上明而政平,则是虽并世起,无伤也;上暗而政险,则是虽无一至者,无益也。”这就充分表明了自然界的一切变异,都只是自然现象,与人治无关,更不是什么“上天垂警”“神灵显威”。为了解除人们心中的疑惑,荀子在这里特地运用了设问(自问自答)、排比、反复、对比等修辞手法,并且多用判断句,斩钉截铁又酣畅淋漓地表述了自己的观点,并论证了这一观点的无可辩驳的正确性。这就有力地破除了当时普遍存在于人们头脑中的迷信思想,也正充分反映出荀子科学的理智的自然观。在“雩而雨,何也”这一设问里,荀子不仅明确表示旱和雨都只是一种自然现象,求神时碰巧下雨,就如同不求神也会下雨一样;而且推而广之,一针见血地指出问题的实质,认为求雨的雩祭,“日月食而救之”,“巫筮然后决大事”,都只是政事上一种文饰,也即是一种政治手段,并非真的有什么神灵在主宰着。这种从根本上解决问题的科学论断,可说是非常大胆的,在当时条件下,是极其难得的。

三、骈散结合,气势充沛。

荀子的文章以议论透辟、发挥尽致、骈散兼施、气势充沛著称,从《天论篇》中也可窥见一斑。春秋战国时期,从学术方面来说,是我国历史上唯一的真正“百家争鸣”的时期。在这个时期里,无论是政治上、学术上都不存在“统于一尊”的现象(春秋前期及中期,齐桓、晋文还倡言“尊周室”,但实际上也无非是挟天子以令诸侯而已,晋文公以后,就连真正能称得上霸主的也没有了;学术上更无“我说了算”的学阀、学霸,儒家的孔子和孟子的思想在中国封建社会中长期占统治地位,乃是从汉武帝以后逐步发展、形成的),谁都可以独立发表自己的见解,谁都没有权利凭借政治上或学术上的特殊地位去对别人指手画脚,强迫别人怎么样。要想让自己的学说、主张为别人所信服接受,就只有通过深刻透辟的说理分析,生动精练的语言(包括运用多种修辞手法),磅礴充沛的气势,才能达到。孔子所谓“言之无文,行而不远”,正说明了说话和写文章要十分重视文采。在先秦诸子中,孟子和庄子的文章,固然有他们独自的风格,并给后世散文家以很大影响,但荀子却于他们之外独树一帜,除了首创“赋”这种文体外,特别值得注意的要数他的议论文。为了说理酣畅透彻,并且增强文章的气势和鲜明的节奏感,荀子在语言的运用上把骈句和散句很自然地结合起来，达到挥洒自如的境界。试看本文第一段，一开头就提出“天行有常”的观点，是散句；紧接着就用两组偶句，从正反两方面加以强调；然后又用两组排句进行鲜明的对比，极有气势地阐述了“应之以治则吉，应之以乱则凶”的说法；最后又以散句作结：短短一段文字，既有正确而鲜明的观点，又有确凿而有力的论证，令人无可辩驳，不容置疑。而这，正是通过骈散结合的语言来实现的。又如第五段，荀子运用设问设答的手法，从天象、时令、地利三个方面论证了人类社会的“治乱”与自然变化没有直接的联系。从总的方面说，这三方面构成了并列关系，而且其中还运用隔离反复的修辞手法，起着强调自己的看法，加深读者印象的作用，可说是“骈”；末了引《诗》作结，可说是“散”。而从每一个方面说，本身又有骈有散，极尽文笔的变化。再如第十二段，荀子运用比较取舍的句式阐明了“人定胜天”的思想，一连用了六个“……孰与……”的排句，不仅鲜明地表达了观点——否定什么，肯定什么，而且气势极旺，宛如六道大川，奔腾澎湃，势不可当。最后一起朝宗于海——“故错人而思天，则失万物之情”这个散句式的结论，骈散结合，巧妙自然。（卢　元）

赋篇·箴[1] 《荀子》

有物于此，生于山阜[2]，处于室堂[3]。无知[4]无巧，善治衣裳。不盗不窃，穿窬[5]而行。日夜合离[6]，以成文章[7]。以能合从[8]，又善连衡[9]。下覆百姓，上饰帝王。功业甚博，不见贤良[10]。时用则存，不用则亡。臣愚不识，敢请之王[11]！王曰：此夫始生巨其成功小者邪[12]？长其尾而锐其剽者邪[13]？头铦达而尾赵缭者邪[14]？一往一来，结尾以为事[15]。无羽无翼，反覆甚极[16]。尾生[17]而事起，尾邅[18]而事已。簪以为父[19]，管以为母[20]。既以缝表，又以连里[21]。夫是之谓箴理[22]。

〔注〕①箴：同“针”。②阜：土山。山阜为铁矿所在地，针乃铁制，故说“生于山阜”。③室堂：古代房屋，前为堂，后为室。一般称“堂室”，以押韵故倒置。④知：同“智”。⑤穿窬（yú俞）：穿壁逾墙，此处借指针能穿逾各种布帛织品。窬，通“逾”。⑥合离：使分离的东西连合在一起。合：使动用法。⑦文章：指有文采的服饰。⑧以：通“已”，既。从：通“纵”，直。⑨善：善于，擅长。衡：通“横”。⑩见：通“现”。不见贤良：不自显现其贤良，即不自居功之意。⑪敢：自言冒昧之词。请之王：请教大王。⑫始生巨：指制针的钢铁，本来体积很大。成功小：指制成的针很小。⑬长其尾：指针孔上连着的长线。锐其剽：指针尖很锋利。剽（piào票）：末，针尖。⑭铦（xiān先）达：锐利。赵：“掉”的借字。赵缭：很长的样子。一说，缠绕貌。⑮结尾：指穿针后在线的末端打个结。事：指工作。

⑯ 反覆：一上一下。极：读为"亟"，迅速。 ⑰ 尾生：指针尾穿上线。 ⑱ 尾邅(zhān 沾)：指(工作结束时)把线盘绕打一个结。 ⑲ 簪：形似针而大，故"以为父"。清俞樾《诸子平议》说：簪，当为"鐕"，钉也。钉与箴形质皆同，磨之琢之，而后成箴。故曰"簪以为父"。 ⑳ 管：用以盛针之具，故"以为母"。 ㉑ 表：指衣服的面子；里：指衣服的夹里。 ㉒ 箴理：此词语意双关，既指针线缝过之处，有线索，又有条理；又指上面所赋的就是关于针的道理。

荀子在致力于运用散文形式来阐述自己的政治主张、经济构想、哲学观点、教育思想等等之余，还继承了《诗》三百篇的优秀文学遗产，发扬光大，融合变化，创造了"赋"这种前所未有的优美的文学形式，对汉赋及以后的一些说理、状物小赋都有很大影响。

据班固《汉书·艺文志》载：孙卿(即荀卿、荀况)赋十篇，并将它列在赋二十五家之首。可惜现存的只有《赋篇》中的六篇，其余均无从查考了。这六篇赋，依次为《礼赋》《知赋》《云赋》《蚕赋》《箴赋》《佹诗》。班固指出："不歌而诵谓之赋"，"大儒孙卿及楚臣屈原，离谗忧国，皆作赋以风(同"讽")，咸有恻隐古诗之义"(《汉书·艺文志》)。不过屈原的作品无赋名，真正以赋名篇的则起于荀子，而且荀赋与屈赋的风格也不同。

作者将《箴赋》列于《蚕赋》之后，是因为蚕吐丝乃有绢帛，针联缀才成衣裳。衣裳不仅能御寒，在封建社会里，还有文章之美，有制度之详，用以辨上下，辨同异，这正是礼制的具体表现。另外，在古代，"妇功"列为女子"四德"之一，从王后、公侯夫人到大夫和士之妻(庶民之妻更不必说)，要从事哪些针线妇功，都有明文规定。但到了战国时代，礼制已完全废弛，妇功也不再修持，故荀子"托辞于箴，明其为物微而用至重，以讥当世"(王先谦《荀子集解》)。

《箴赋》通过君臣问答的形式，描状了针的形象与功能、品德，确实不愧"为物微而用至重"。全篇可分为两大部分。第一部分从开头至"敢请之王"，是发问。这部分都用四字句，并在双句的句末用韵，除开头一句为引出下文，末了两句为请教之辞，起总结上文、开启下文的作用外，中间十六句运用了铺陈手法(这正是赋的特点)，从各个角度来加以描摹。先点明它的出处，次强调它的功能，最后突出它的功绩与品德。因为针是由铁磨成的，而铁则出于山，故称"生于山阜"，等到制成针，被人用来缝纫，便处在堂室之内了。两句话就把针的来龙去脉交代清楚，又给人以思考余地。"无知无巧"四句正好构成一联，上联采用欲扬先抑手法，突出针的主要功能是"善治衣裳"；下联则用比喻手法，补充说明针的妙用。"穿窬"，原指盗窃行为，是贬义词，此处反其意而用之，显示针能穿过任何布帛织品，可是根本与"盗窃"行为无关，真可谓设喻奇特，匪夷所思。下面再次正面描写针的巨大功能："日夜合离"，强调其日夜不停地工作；"以成文章"，强调其功效、作用;“以能合从,又善连衡”,更是巧妙地运用当时人所熟知的各国在政治和外交上所交替运用的两种策略,借喻针把布帛或直或横地连缀起来,真可谓就近取譬的神来之笔。下三句强调它功绩之伟。对百姓而言,衣服只起蔽身御寒之用,故用“覆”;而对帝王来说,更重要的却是起装饰作用,故用“饰”,于此也可看出作者选词的精当。再下三句是赞扬它不自我表现,不居功自傲,顺时行藏,无所企求的美德。读到这里,我们也不妨驰骋一下想象:荀子这里所描写的固然是针,可是从更广泛的意义来说,作为当时一个重要的阶层的“士”,不也正应该具有这样的功能和品德吗?

从“王曰”以下为第二部分,是答词。这一部分句式参差而有变化,押韵也自由转换。这部分侧重于描写针的形象,也兼及它的功能,写得比第一部分更为形象化。开头三句,第一句专写针,第二、三句把针和线(针的作用就在于引线,所以现在有些地方仍把针称为“引线”)的形象结合起来描绘。形式上为疑问句,实际上都是描写句。中间六句都是写针引着线在工作时的情况。如“一往一来”,“尾生而事起,尾邅而事已”等句,都写得十分具体、形象,令人仿佛看到缝纫者亲手制作时的情景。“无羽无翼”两句,更是用反衬手法来突出它的功能,并与第一部分遥相呼应。“簪以为父”四句,进一步以它物作比况,写它的形状、平日安放之处及其作用。至此,针的各个方面都已描写清楚,于是文章戛然而止,用“夫是之谓箴理”一语收束全篇,点明题旨。“箴理”一词,语意双关,可谓点睛之笔。

(卢 元)

【作者小传】

韩 非

(约前280—前233) 战国末哲学家,法家的主要代表人物。出身韩国贵族,与李斯同师事荀况。曾建议韩王安变法图强,不见用。著《孤愤》《五蠹》《说难》等十万余言,为秦王政所重视。后秦出兵攻韩,韩非被迫使秦,不久遭李斯谗害,下狱自杀。他吸收道、儒、墨各家思想,尤其是前期法家的思想,集法家学说的大成,提出以“法”为中心的“法、术、势”三者合一的君主统治术,强调加强中央集权,对后世影响很大。著有《韩非子》。

说 难[1]

《韩非子》

凡说之难,非吾知之[2],有以说之之难也,又非吾辩之[3],

能明吾意之难也，又非吾敢横失④，而能尽之难也。凡说之难，在知所说⑤之心，可以吾说当⑥之。所说出于为名高者也，而说之以厚利，则见下节而遇卑贱⑦，必弃远矣。所说出于厚利者也，而说之以名高，则见无心而远事情⑧，必不收矣。所说阴为厚利而显为名高者也，而说之以名高，则阳收其身⑨而实疏之；说之以厚利，则阴用其言显弃其身矣。此不可不察也。

夫事以密成，语以泄败⑩。未必其身泄之也，而语及所匿之事，如此者身危。彼显有所出事，而乃以成他故⑪，说者不徒知所出而已矣，又知其所以为，如此者身危。规异事而当⑫，知者揣之外而得之⑬，事泄于外，必以为己也，如此者身危。周泽未渥也，而语极知⑭，说行而有功则德忘⑮，说不行而有败则见疑，如此者身危。贵人有过端，而说者明言礼义以挑其恶，如此者身危。贵人或得计而欲自以为功，说者与知焉，如此者身危。强以其所不能为，止以其所不能已，如此者身危。故与之论大人则以为间己矣⑯，与之论细人则以为卖重⑰，论其所爱则以为藉资⑱，论其所憎则以为尝己也⑲。径省其说则以为不智而拙之⑳，米盐博辩则以为多而交之㉑，略事陈意则曰怯懦而不尽㉒，虑事广肆则曰草野而倨侮㉓。此说之难，不可不知也。

凡说之务㉔，在知饰所说之所矜而灭其所耻㉕。彼有私急也，必以公义示而强之㉖。其意有下也，然而不能已，说者因为之饰其美而少其不为也㉗。其心有高也，而实不能及，说者为之举其过，而见其恶而多其不行也㉘。有欲矜以智能，则为之举异事之同类者，多为之地，使之资说于我，而佯不知也以资其智㉙。欲内相存之言㉚，则必以美名明之，而微见其合于私利也。欲陈危害之事，则显其毁诽而微见其合于私患也。誉异人与同行者，规异事与同计者。有与同污者，则必以大饰其无伤也；有与同败者，则必以明饰其无失也㉛。彼自多其力，则毋以其难概之也[32]；自勇其断，则无以其谪怒之[33]；自智其计，则毋以其败穷之[34]。大意无所拂悟[35]，辞言无所系縻[36]，然后极骋智辩焉。此道所得，亲近不疑而得尽辞也。伊尹为宰，百里奚为虏，皆所以干其上也[37]。此二人者，皆圣人也，然犹不能无役身以进，如此其污也。今以吾言[38]为宰虏，而可以听用而振世[39]，此非能士之所耻也。夫旷日弥久，而周泽既渥，深计而不疑，引争而不罪，则明割[40]利害以致其功，直指是非以饰[41]其身。以此相持，此说之成也。

昔者郑武公欲伐胡[42]，故先以其女妻胡君以娱其意，因问于群臣："吾欲用兵，谁可伐者？"大夫关其思对曰："胡可伐。"武公怒而戮之，曰："胡，兄弟之国也，子言伐之，何也？"胡君闻之，以郑为亲己，遂不备郑。郑人袭胡，取之。宋有富人，天雨墙坏，其子曰："不筑，必将有盗。"其邻人之父亦云。暮而果大亡其财。其家甚智其子，而疑邻人之父。此二人说者皆当矣，厚者为戮，薄者见疑[43]，则非知之难也，处之[44]则难也。故绕朝之言当矣，其为圣人于晋而为戮于秦也，此不可不察[45]。

昔者弥子瑕有宠于卫君[46]。卫国之法，窃驾君车者罪刖。弥子瑕母病，人间往夜告弥子[47]，弥子矫驾君车以出。君闻而贤之，曰："孝哉！为母之故，忘其犯刖罪。"异日，与君游于果园，食桃而甘，不尽，以其半啗君。君曰："爱我哉！忘其口味，以啗寡人。"及弥子色衰爱弛，得罪于君，君曰："是固尝矫驾吾车，又尝啗我以余桃。"故弥子之行未变于初也，而以前之所以见贤而后获罪者，爱憎之变也。故有爱于主，则智当而加亲；有憎于主，则智不当见罪而加疏。故谏说谈论之士，不可不察爱憎之主而后说焉。

夫龙之为虫也，柔可狎而骑也；然其喉下有逆鳞径尺，若人有婴[48]之者则必杀人。人主亦有逆鳞，说者能无婴人主之逆鳞则几矣。

〔注〕 ① 说（shuì 税）难：游说人主、贵人的难处。 ② 非吾知之：据今人陈奇猷《韩非子

集释》,“知之”下当脱“难”字;下句“非吾辩之”下,《史记·老子韩非列传》引《说难》有“难”字,可为佐证。 ③ 非吾辩之:此句下当依《史记》增“难”字。 ④ 横失:一本作“横佚”。失、佚字同,辩说驰骋无所顾忌之意。 ⑤ 所说:指所要向之游说的人君。下面诸“所说”同此。⑥ 当:适应。 ⑦ 见下节而遇卑贱:被认为志节低下,与卑贱者为伍。遇,当作“偶”,据近人刘师培说。 ⑧ 见无心而远事情:被认为没有心计,远离实际。 ⑨ 其身:其人之身,即指游说者。 ⑩ 语以泄败:陈奇猷《韩非子集释》:“‘语以泄败’,义殊难通,‘语’当从《史记》作‘而’,作‘语’者蒙下‘语’字而误耳。”可参。 ⑪“彼显”二句:说君主在表面上做出一件事,而暗中却为了达到另外的目的。 ⑫ 规异事而当(dàng荡):规画另外一件事情,符合君主的心意。 ⑬ 知者揣之外而得之:明智者从旁猜出内情。知,同“智”。陈奇猷《韩非子集释》谓“知者”当作“说者”,上下文皆作“说者”可证。 ⑭“周泽未渥也”二句:君主的恩泽未到深厚的程度,而说者尽其所知来讲话。 ⑮ 德忘:忘其赏赐。《韩非子·二柄》:“杀戮之谓刑,庆赏之谓德。” ⑯“与之论大人”句:大人,身居要职之大臣。说者对君论议大臣,则君将疑为离间君臣关系。 ⑰“与之论细人”句:细人:人君左右亲近之小臣。卖重:卖弄权势。 ⑱“论其所爱”句:谈论人君所宠爱的人,则君将疑为欲取得凭借以邀宠幸。藉、资皆有“凭借”之义。⑲“论其所憎”句:谈论人君所憎恶的人,则君将疑为是试探自己憎恶的深浅。尝,尝试,试探。⑳“径省”句:拙,《史记》作“屈”,义同。《史记索隐》云:“谓人主意在文华,而说者但径捷省略其辞,则以说者为无知而见屈辱也。” ㉑“米盐”句:米盐,喻其琐细。交之,《史记》作“久之”;或以为应作“史之”,引《韩非子·难言篇》“捷敏辩给,繁于文采,则见以为史”为说。《论语·雍也》:“文胜质则史。”陈奇猷《韩非子集释》谓“交”“久”皆无义,“交”当为“弃”字之误,作“交”者乃因篆文“交”与“弃”形近而讹,此谓米盐博辩则以为繁杂而弃之。 ㉒ 略事陈意:游说者省略其事,直接陈述己意。 ㉓“虑事广肆”句:广读为“旷”,远也。此句谓游说者谋虑远而放纵无所收束,则曰鄙陋而倨傲侮慢。 ㉔ 凡说之务:大凡游说君主时的要务。 ㉕“知饰”句:旧注:“凡欲说彼,要在知其所矜则随而光饰之,知其所耻则随而掩灭之,如此则顺旨而不忤。”矜,自夸。 ㉖“彼有”二句:当他有急欲作为的私意时,说者就须表示也合乎公义的态度来鼓励他。强(qiǎng抢),勉励。 ㉗ 下:不满。少其不为:以不做这种事为遗憾。 ㉘ 高:羡慕。多其不行:称赞他不做这种事。 ㉙“有欲矜以智能”五句:言君主以智能自夸,就多举他事之同类者,多替他找些依据,令他无形中采取我的说法;而我佯作不知,使君主自言,则智慧就成为他的,这就是“以资其智”。 ㉚ 欲内相存之言:内,同“纳”,进献。相存,相容,与下“危害”对举。 ㉛“誉异人与同行者”六句:赞美别人与君主有同样行事者,而其人有污点,则必大事粉饰其无害;规画别一件与君主同样计划的事,而其事失败,则必公开粉饰其并非失败。异人、异事,即他人他事。 ㉜ 自多其力:即自夸其力。概:干扰。 ㉝ 自勇其断:自以其所决断为勇敢的。谪:过失。 ㉞ 自智其计:自以为其计明智。穷:窘迫。 ㉟ 拂悟:《史记正义》:“拂悟当为‘咈忤’,古字假借耳。咈,违也。忤,逆也。” ㊱ 系縻:束缚。别本作“击摩”,《史记》作“击排”,摩擦、抵触之意。以上二义均可通。 ㊲ 伊尹为宰:《史记·殷本纪》云伊尹欲干汤而无由,乃为有莘氏媵臣,负鼎俎,以滋味说汤,致于王道。宰,厨夫。关于百里奚的传说甚多。《孟子·万章上》:“百里奚自鬻于秦养牲者五羊之皮,食牛以要秦穆公。”《史记·商君列传》:“五羖大夫(即百里奚),荆之鄙人也,闻秦缪公之贤,而愿望见,行而无资,自粥(同“鬻”,卖也)于秦客,被褐食牛。期年,缪公知之,举之牛口之下,而加之百姓之上。”此皆与“干其上”有关者。 ㊳ 吾言:今人高亨云:“按‘言’字衍文,即‘吾’字之复而误者。” ㊴ 听用而振世:被倾听采用而救世。《说文》:“振,举救也。” ㊵ 割:剖析。 ㊶ 饰:通“饬”,整饬。 ㊷ 郑武公：姓姬名掘突，周宣王庶弟郑桓公（名友）之子。胡：国名。《史记·楚世家》："楚灭顿，灭胡。"《正义》引《括地志》："故胡城在豫州郾城县（今属河南）界。"或谓胡有多族，此郑灭其一耳。㊸"此二人"三句：二人指大夫关其思与邻人之父。厚者、薄者，犹言重者、轻者。㊹处之：指处置其所知，谓关其思与邻人之父将所知的实话说不说出来。㊺"故绕朝"三句：晋大夫士会，以事得罪于晋，逃奔秦国，秦康公用为谋士。晋人患士会在秦常为晋乱，乃使魏邑大夫魏寿余诈叛入秦，得见士会，设计与之归晋。临行，秦大夫绕朝赠之以策，曰："子无谓秦无人，吾谋适不用也。"盖绕朝识破晋人之计，阻止士会之行，而秦康公不用之。关于绕朝"为戮于秦"事，《左传》《史记》皆不载。马王堆三号墓出土帛书《春秋事语》所载大体同于《左传》，后文云："二子（指士会与魏寿余）畏其后事，必谋危之，士会果使谍谗之曰：'是知余事，将因我于晋。'秦大夫信之，君杀晓（绕）朝。"则此篇所说"为戮于秦"亦非无据。或云韩非据秦史而言。绕朝赠策之"策"有二义，一为策书，一为马鞭。《文心雕龙·书记》云："春秋聘繁，书介弥盛。绕朝赠士会以策，子家与赵宣以书。"则用前一义。㊻弥子瑕：卫灵公宠幸之臣。㊼人间往夜告弥子：应作"人间夜往告弥子"，即人伺隙于夜间往告弥子之意。㊽婴：触。

说难，游说人主之难。全文紧扣住一个"难"字，论述游说之术在于曲意迎合人主。它在客观上显示出封建君主的自私、虚伪、专横和残暴，同时也暴露了那些游说者只知猎取功名利禄，不顾公义是非，一味玩弄权谋以求迎合人主的丑态。

全文分三部分：第一部分提出总的论点，开头用"凡说之难"总挈全篇。接着，先强调"难"不在游说者一边而在人主一边；再突出游说之难，难于知人主之心。然后用"名高""厚利"为例，具体说明人主之心所以难知，是由于人主的所欲不同，表里不一。指明了"难"之所在，第二部分就从不同方面进行具体论述。第三部分是结论，以龙为喻，指出游说者要"无婴人主之逆鳞"，用这样的比喻结尾，既进一步突出中心，又生动形象。第二部分为全文的主体，是从三方面周密论证并显现封建君主和游说者的人物形象的：

一、列举十五种情况从反面论述游说之难。先连用七个"身危"，说明触及其一，游说者即有生命危险：其一"语及所匿之事"——被疑为知其隐私；其二"知其所以为"——知其意图，引起顾忌；其三"规异事而当"致"事泄于外"——被误认为泄密；其四"语极知"——交浅言深，以致误解；其五"明言礼义以挑其恶"——被认为挑剔过错；其六"与知其事"——被疑为居功；其七"强以其不能为，止以其不能已"——被认为强其所难。这七个"身危"表明：人主不管游说内容的是非曲直，也不顾事实的真相，只凭他自己的爱憎和私欲，任意残害游说者。接着，又连用了六个"则以为"、两个"则曰"，进而表明：人主无端怀疑，任意诬陷，只要一不称心，游说者就身临危境。文章具体分析的是游说之"难"，而封建君主的自私、虚伪、专横残暴的形象却透过字面活现在读者眼前了。当然，韩非是极端的君权论者,主观上不会去揭露人主的;但由于他对人主心理了解得那么深刻,分析得那么精密,以致切中要害,客观上就起着揭露人主的可憎面目的作用了。

二、针对游说之难,从正面提出十二种游说之术。先总的指出:“凡说之务,在知饰所说之所矜而灭其所耻”。这句话的实质是说:游说之术就在于曲意迎合人主。接着,就列举了十二种游说之术,具体分析了人主充满私欲而又表里不一的心理,针对各种心理如何阿其私欲,投其所好。举其二“术”来剖析一下:人主起了一种卑下的念头,想做某种事,心知不对,但不做又不甘心,游说者就要夸饰这种事是美好的,对人主不去做反而表示不满意,以示人主不能控制自己不是毛病,去做倒是应该的;人主起了一种高尚的念头,想做某事可实际又办不到,游说者就要指出这个意图的错误,表明做这件事的坏处,并对不去做这种事表示赞扬,以示人主不做不仅不可耻,反而是正确的。如果把这十二种游说术的内容依次排列,加以分析,就可以看出贯穿其“术”的基本原则就是:不讲公义,不问是非,不择手段,只求迎合人主心意!最后小结指出:游说之士只有固结人主之心,取得宠信,才能游说成功。并说:这种做法“可以听用而振世,此非能士所耻也”。这是韩非的政治观点在这方面的表现。郭沫若在《十批判书·韩非子批判》中说:“君臣关系,在韩非有两种看法,一种是看成牧畜,另一种是看成买卖。”“君既是虎豹,臣也就应该甘心做爪牙,只要把老百姓镇压得住,摄取他们的血汗和生命,那就国富兵强,主安位尊,而天下太平了。”我们读“游说之术”这段文字,尽管也明白作者的主观意图,但从他的细致论述中受到感染的,却是眼前活现出那些为猎取功名而不顾公义是非,只求曲意迎合而卑躬屈膝的丑恶形象,情不自禁地产生憎恶之感。

三、再举出历史故事和寓言故事进一步论证游说之难。主要是三个故事。郑武公伐胡的故事,用以说明人主的表里不一,忠直之臣就惨遭杀戮。邻人之父被疑的故事以及附带提及的关于绕朝的事,用以说明由于亲疏不同,处境各异,以致忠言者反遭谤毁。弥子瑕的故事,用以说明人主的爱憎无常,是非无准,人臣的荣辱立变。这三个故事总的突出游说之难。这样运用寓言和历史故事来作论据,使文章生动,更深一层地加强了论证的说服力;在客观效果上,那些封建君主和游说者的形象则更活现了。

这篇文章是韩非的代表作之一,体现了韩文的特色。论述透辟,锋芒锐利,形象生动等艺术成就,固可以有所借鉴;而其社会作用和认识意义更值得注意。韩非是先秦“法、术、势”思想的集大成者,也是封建社会的极端君权论者。他把君臣之间乃至人与人之间的关系归结为各图私利，要施展“抱负”的人，必得依附强力，才能“听用而振世”，因而也就可以不问公义是非，不择手段，只求投人主所好。作者分析精密，论述透彻而又生动形象，大有助于从一个侧面认识封建制度的丑恶。《史记·老子韩非列传》在引录《说难》全文之前，说：“然韩非知说之难，为《说难》书甚具，终死于秦，不能自脱。”司马迁在这篇列传的最后又慨叹说：“余独悲韩子为《说难》而不能自脱耳。”韩非是封建专制暴力的鼓吹者，也是封建专制暴力统治下的被害者；他自身的遭遇，就是一个可悲的历史教训。（蒋锡康）

自相矛盾 《韩非子》

历山之农者侵畔①，舜往耕焉，期年，甽亩正②。河滨之渔者争坻，舜往渔焉，期年，而让长③。东夷之陶者器苦窳，舜往陶焉，期年而器牢④。仲尼叹曰：“耕、渔与陶，非舜官也⑤，而舜往为之者，所以救败⑥也，舜其信仁乎⑦！乃躬藉⑧处苦而民从之。故曰，圣人之德化⑨乎！”

或问儒者曰：“方此时也，尧安在？”其人曰：“尧为天子。”“然则仲尼之圣尧⑩奈何？圣人明察，在上位⑪，将使天下无奸也。今耕渔不争，陶器不窳，舜又何德而化？舜之救败也，则是尧有失也。贤舜则去尧之明察，圣尧则去舜之德化，不可两得也。楚人有鬻楯⑫与矛者，誉之曰：‘吾楯之坚，物莫能陷也。’又誉其矛曰：‘吾矛之利，于物无不陷也。’或曰：‘以子之矛陷子之楯，何如？’其人弗能应也。夫不可陷之楯，与无不陷之矛，不可同世而立⑬。今尧舜之不可两誉，矛楯之说也。且舜救败，期年已一过⑭，三年已三过。舜有尽，寿有尽，天下过无已者，以有尽逐无已，所止者寡矣。赏罚使天下必行之，令曰：‘中程者赏，弗中程者诛⑮。’令朝至，暮变；暮至，朝变，十日而海内毕⑯矣，奚待期年？舜犹不以此说尧令从已⑰，乃躬亲，不亦无术乎！且夫以身为苦而后化民者，尧舜之所难也；处势而骄⑱下者，庸主之所易也。将治天下，释⑲庸主之所易，道⑳尧舜之所难，未可与为政也。”

〔注〕①历山：地名，在今山东济南东南，也有说在今山东菏泽东北、山西永济东南等，说

法不一,相传舜耕于此。畔:田界。 ② 期(jī 基)年:一整年。甽(quǎn 犬):田间的水沟。甽亩,同"畎亩",田地。 ③ 河滨:濒临黄河之处。坻(chí 迟):水中的小洲或高地,渔人的立脚处。让长:让与年长者。《淮南子·原道训》:舜"钓于河滨,期年而渔者争处湍濑,以曲隈深潭相予。" ④ 东夷:中国古代对东方各族的泛称。陶者:生产陶器的人。苦窳(gǔ yǔ 古禹):器物粗劣。牢:坚固。 ⑤ 非舜官:不是舜所担负的份内职事。 ⑥ 救败:补救缺陷。 ⑦ 信仁:的确是个仁者。 ⑧ 躬藉:亲身实践。 ⑨ 圣人:指舜。德化:用道德的力量进行教育、感化。 ⑩ 圣尧:以尧为圣君。这里"圣"是动词,意动用法,下文"贤舜"同。 ⑪ 上位:指舜所居君主之位。 ⑫ 楯(dùn 遁):同"盾",盾牌。 ⑬ 同世而立:同时存在。 ⑭ 已一过:制止一种过失。 ⑮ 中程:符合法规标准。诛:惩罚。 ⑯ 毕:完毕,指所有问题都解决了。 ⑰ 尧令从己:己,指尧而言,应属上句。 ⑱ 骄:通"矫",匡正。 ⑲ 释:放弃。 ⑳ 道:行。

本文选自《韩非子·难一》,题目为编者所加,主要批判儒者所提倡的尊崇圣贤的人治德化思想,提倡法家的法治学说。

文章一开头写舜在三年之内躬亲化民,先后去干耕种、打鱼、制陶之事,解决了田界纠纷,培养了谦让风气,改善了器物质量。接着引出孔子的赞叹,突出了舜的救败功绩与儒家的德化主张。

在先秦时代,儒家为显学,上述观点与主张,在一般人心目中似乎是天经地义,无可置疑的。但儒家在无限美化圣君以宣扬德化思想时,却留下了逻辑上的破绽。

韩非善于辩驳,笔锋犀利。针对儒者逻辑上的漏洞,假托某人向儒者劈头发问:"方此时也,尧安在?"这位儒者只好回答说"尧为天子"。于是,韩非借某人之口分三层展开了批驳。

第一层,揭露儒者既"圣尧"又"贤舜"而在逻辑上产生的自相矛盾,特别是"楚人有鬻楯与矛者"的寓言故事,非常形象地描绘了这种自相矛盾的现象,说明人们思维必须遵守矛盾律,这在思想史上是有重大贡献的。韩非写这则寓言故事,意在说明"贤舜则去尧之明察,圣尧则去舜之德化,不可两得也",从而揭露了儒家极力美化尧舜的荒谬。为了宣扬人治德化的政治主张,儒家曾把尧舜理想化,把他们描绘成完人、至人、圣人、超人,无形中也就制造出了新的迷信。因而韩非对这一问题的揭露,对于人们破除迷信也很有启发意义。

第二层,进一步对比德化与法治的得失。首先指出舜之"救败",一年才解决一个问题,舜这种人是有限的,寿命也是有限度的,而天下的过失(弊端)却没有穷尽。凭着有尽的年寿去纠正那无穷的过失,那是解决不了多少问题的。文章在破了儒家这种德化人治的观点后,紧接着提出了正面的法治主张,认为如果坚持信赏必罚,十天之内海内就会太平。

第三层,再进一步继续用对比手法,说明躬亲化民,哪怕是尧舜都会感到为难,而处势行法,即使是平庸的君主也会觉得易于统治。因而治理天下,绝不能“释庸主之所易,道尧舜之所难”。

总之,本文通过对儒家自相矛盾的言行的揭露,着重抨击了儒家的“人治”主张,认为依靠个别的圣君贤臣事事躬亲去治理国家,肯定是治不好的,只有依靠“法”“术”“势”,才能治理好天下。韩非的“法治”主张对儒家的“人治”学说来说,确有补弊纠偏的作用,但不应把“法治”和“人治”绝对地对立起来,在强调“法治”的同时,也仍然需要重视居上位者个人的才能、表率作用以及“躬亲化民”的精神。

(张葆全)

扁鹊见蔡桓公① 《韩非子》

扁鹊见蔡桓公,立有间,扁鹊曰:“君有疾在腠理②,不治将恐深。”桓侯曰:“寡人无疾③。”扁鹊出,桓侯曰:“医之好治不病以为功④。”

居十日,扁鹊复见,曰:“君之病在肌肤,不治将益深。”桓侯不应。扁鹊出,桓侯又不悦。

居十日,扁鹊复见,曰:“君之病在肠胃。不治将益深。”桓侯又不应。扁鹊出,桓侯又不悦。

居十日,扁鹊望桓侯而还⑤走。桓侯故使人问之。扁鹊曰:“疾在腠理,汤熨⑥之所及也;在肌肤,针石⑦之所及也;在肠胃,火齐⑧之所及也;在骨髓,司命⑨之所属,无奈何也。今在骨髓,臣是以无请也。”

居五日,桓侯体痛,使人索扁鹊,已逃秦矣。桓侯遂死。

〔注〕 ① 本篇节选自《韩非子·喻老》,题目为编者所加。扁鹊,战国时医学家,姓秦名越人,渤海郡鄚(今河北任丘市鄚州镇)人,以其医术与黄帝时名医扁鹊相似,故亦以“扁鹊”称之。其行医事迹据《史记·扁鹊仓公列传》所述,多不可考实。蔡桓公,即蔡桓侯,名封人,春秋时蔡国(今河南上蔡县西南)国君,公元前714—前695年在位,比扁鹊早近二百年。《史记》载此事则属之齐桓侯,齐亦无桓侯。此处只是作为故事中人物来说明道理,不可拘泥。 ② 腠理:皮肤的纹理。 ③ 寡人无疾:原本无“疾”字。此是蔡桓公对扁鹊所言“君有疾”的答辞,“寡人无”即“寡人无疾”,无“疾”字亦可通。王先慎《韩非子集解》补“疾”字,不必。 ④ 医之好治不病以为功:此句言医生总喜欢为无病之人治病,作为自己的功劳。《史记·扁鹊仓公列传》作“医之好利也,欲以不疾者为功”,刘向《新序·杂事》作“医之好利也,欲治不疾以为功”。“好”字下以补入“利也欲”三字,意义较为充实。 ⑤ 还:通“旋”,转身。 ⑥ 汤熨(wèi 畏):汤,通“烫”。汤熨为用药热敷,熨贴患处。 ⑦ 针石:即针灸。古代以砭石(磨制的尖石或石片)为

针,后代改用金属针,合称针石。 ⑧ 火齐(jì 剂):古代清火去热的汤剂。 ⑨ 司命:掌管人的生死之神。

先秦诸子文章的特色之一,是用短小精悍的故事比喻和象征类似的情事,使抽象的道理变得具体形象,浅显易懂,具有说服力。《韩非子·喻老》在阐述《老子》第六十三章"图难于其易,为大于其细"这一哲学观点时,即讲了扁鹊见蔡桓公的故事。春秋时蔡桓公讳疾忌医,不听名医扁鹊的劝告,以致极易治愈的小病发展为大病,不治身死。它启示人们,要想避免祸患,就应该在发现祸患苗子时,及早防止;如果任其发展,势必酿成大祸,无法挽救。

文章开头先交代人物及其身份:名医扁鹊和蔡国国君桓公。继而写扁鹊在蔡桓公面前"立有间"。这一动作简单,含蕴却十分丰富:"立"就是站在蔡桓公面前,"有间"就是站了一会儿。他发现蔡桓公有病,观察诊断,就在这一短短时间中完成,并考虑是否要将结果告知蔡桓公本人。"君有疾在腠理,不治将恐深",就是他深思熟虑后向蔡桓公的进言,语气明确肯定,无可置疑:一、君有病;二、病情不重,可以治好;三、如不治疗,病情要加重。在如此短暂的时间内作出这样确凿无误的诊断,并敢于直言不讳,表现扁鹊高超的医术和高尚的医德。照常理,桓公应当感谢扁鹊,欣然接受他的治疗;可是他却断然拒绝,说"寡人无疾",语气生硬、坚决,其自以为是,拒人于千里之外的傲慢态度,跃然纸上。扁鹊离去,他还背地指斥扁鹊是"好治不病以为功"。寥寥数语,就把扁鹊的医道高明,忠于职守,与蔡桓公的昏庸、固执、多疑善忌,表现俱足。

接着,用三个"居十日",揭示了蔡桓公的病情从"腠理"发展到"肌肤",深入"肠胃"直到"骨髓"的全过程。病在腠理和肌肤,是表面的,轻微的,发展到肠胃甚至骨髓,虽已深重,但未暴露,还在潜伏期,所以蔡桓公自己一直毫不觉察。而临床经验丰富的扁鹊却洞若观火,一次又一次地指出疾病之所在,并不厌其烦地警告"不治将益深"。几次确凿无误的诊断,诚诚恳恳的劝告,蔡桓公由于无知,偏见,刚愎自用,却"不应""又不悦""又不应""又不悦",态度冰冷,神情厌烦,甚至怀有敌意。扁鹊最后一次见蔡桓公,"望而还走",这与前几次谒见时靠近桓公细看,报告病情,请求为他治疗的从容态度判然有别。而这一切,昏昏然的蔡桓公是不能理解的,"故使人问之"。扁鹊解释道:"疾在腠理,汤熨之所及也;在肌肤,针石之所及也;在肠胃,火齐之所及也。"补充交代了前三次治疗方案,并说明今番病"在骨髓,司命之所属,无奈何也",已不可救药,自己也无能为力,故而"还走"。这一段是核心,关前顾后,可以看出作者的寓意。

最后写桓公体痛而死。"居五日",写桓公的病急转直下,再过五日就急性发作“体痛”了。“使人索扁鹊”，一个“索”字，描绘了桓公派人到处寻找扁鹊的急切心情，前后对照，判若两人。“已逃矣”，说明扁鹊料事如神，对统治者惯于诿过迁怒的作法早有戒备。“桓侯遂死”，总束全文，证明扁鹊对蔡桓公病情所作的分析，与客观实际丝毫不爽。

这篇故事文字简练精妙，生动传神，读来趣味盎然。故事之后，还有这样一段话：“故良医之治病也，攻之于腠理，此皆争之于小者也。夫事之祸福亦有腠理之地，故曰圣人早从事焉。”阐明一切祸患（上文“祸福”偏义于“祸”）都有其发生、发展即由小到大的渐变到突变的过程，应该及早消灭它于萌芽状态之中，这是整个故事的寓意，也就是《老子》第六十三章所说的“是以圣人终不为大，故能成其大”（谓始终不忽略其为“细”之时，始终不放过祸患初起之时，不待酿成大问题才着手，所以能成大事）。这一论点的形象化解说，具有朴素的辩证法思想。

（周　艺）

猛狗与社鼠　　《韩非子》

宋人有酤酒者①，升概②甚平，遇客甚谨③，为酒甚美，县帜④甚高，著然⑤不售，酒酸。怪其故，问其所知闾长者杨倩。倩曰：“汝狗猛耶？”曰：“狗猛则酒何故而不售？”曰：“人畏焉。或令孺子怀钱挈壶瓮而往酤，而狗迓而龁之，此酒所以酸而不售也。”

夫国亦有狗。有道之士怀其术而欲以明万乘之主⑥，大臣为猛狗，迎而龁之。此人主之所以蔽胁⑦，而有道之士所以不用也。

故桓公问管仲⑧曰：“治国最奚患？”对曰：“最患社鼠⑨矣。”公曰：“何患社鼠哉？”对曰：“君亦见夫为社者乎？树木而涂之⑩，鼠穿其间，掘穴托其中。熏之则恐焚木，灌之则恐涂阤⑪，此社鼠之所以不得也。今人君之左右，出则为势重而收利于民，入则比周而蔽恶于君，内间⑫主之情以告外，外内为重⑬，诸臣百吏以为富⑭。吏不诛则乱法，诛之则君不安。据而有之⑮，此亦国之社鼠也。”

故人臣执柄而擅禁⑯，明为己者必利，而不为己者必害，此亦猛狗也。夫大臣为猛狗而龁有道之士矣，左右又为社鼠而间主之情，人主不觉，如此，主焉得无壅⑰，国焉得无亡乎！

〔注〕①酤(gū 沽)：同“沽”，卖。②升：量酒器。概：古代刮平斗斛等量具的器具，此处作“量”解。③遇：接待。谨：恭敬。④县：同“悬”，挂。帜：指酒旗。⑤著：积贮。或改“著然”为“然而”，非。⑥明：说明，禀陈。万乘(shèng 剩)之主：拥有万辆兵车的大国国君。⑦蔽胁：受到蒙蔽和挟制。⑧桓公：即齐桓公，春秋五霸之一。管仲(？—前645)：即管敬仲，名夷吾，字仲，春秋时代著名政治家。齐桓公任命为卿，尊为“仲父”。⑨社：古指土地神，民间常筑坛植树来祭祀它，以祈求幸福。社鼠：在社坛下掘穴而居的老鼠。⑩树木：竖立木板。涂之：在木板周围涂上一层泥。这是古代社坛建筑的方法，所以下文说用烟火熏恐怕烧坏了木板，用水灌又恐怕泥土崩坏。⑪阤(zhì 至)：崩塌。⑫间(jiàn 见)：窥探，侦察。⑬外内为重：在外的权臣和在内的国君左右的人互相倚重。⑭富：富于权势。一说富当作“辅”。⑮据而有之：指国君的左右依靠国君而握有重要的权势。⑯执柄：掌权。擅：专擅。禁：禁令，法令。⑰壅(yōng 庸)：堵塞，蒙蔽。

本文选自《韩非子·外储说右上》。文中写了两个故事，一是狗恶酒酸，一是社鼠为患。作者以寓言故事的形式，揭露和鞭笞了封建社会中一种习见的丑恶现象：奸臣当权，妒贤嫉能，堵塞贤路，蒙蔽君主。作者把当道的奸臣巧妙而又非常贴切地比喻为猛狗和社鼠，刻画出了这一类人的丑恶嘴脸，很富于形象性、概括性和典型性。

第一个故事写一个卖酒的宋国人，量酒量得很公平，接待顾客很恭敬，酿出的酒很甜美，悬挂的酒旗也很高。按一般常理，他生意必定很好，可是酒竟卖不出去，变酸了。故事一开始就揭出了这一矛盾现象，不但这个宋国人觉得奇怪，就是读者也会感到奇怪。他去请教老人杨倩，杨倩劈头就问：“你的狗凶猛吗？”问得突兀，却切中要害。经过杨倩解释，原来是顾客怕狗，至此读者疑团才冰释。接着笔锋一转，“夫国亦有狗”，那当道的奸臣就如猛狗一般，横在国君与有道之士的中间。“此人主之所以蔽胁，而有道之士所以不用也。”简要明快地揭示了故事的寓意。

第二个故事是管仲在答齐桓公问中说出的。桓公问管仲道：“治理国家最担心什么？”在一般情况下，人们会以为管仲将要说出一番内忧外患的大道理来。可是回答却出人意料：“最担心社鼠啦！”这是为什么？不但齐桓公不明白，就是读者也觉不解。问题揭出后，管仲接着又从容予以解释：社坛本是神圣的地方，社鼠挖掘洞穴寄居其中。社坛是用木板和泥土筑成的，如果用烟火熏，就恐怕烧坏了木板；如果用水灌，又恐怕泥土崩塌。国君左右亲信中就有这样的人，在朝廷外谋求尊权重势而从人民中搜刮财富，在朝廷内互相勾结而对国君隐瞒他们的罪恶。由于他们是国君的亲信，"投鼠忌器"，极难根除。文中以社鼠为喻，十分准确地勾勒出了这种左右亲信的特征。

最后一段综合前面两个故事的寓意，说明一个国家，如果有大臣如猛狗一般咬有道之士，国君的左右亲信又如社鼠一般窥探国君的情况，国君却不觉察，像这样的国君哪能不受蒙蔽呢？国家哪能不灭亡呢？最后两个反诘句强调了问题的严重性，向统治者敲起了警钟。

两个寓言故事的内容或喻意虽然大体一致，但又各有侧重。猛狗着重比喻排挤贤能的朝廷大臣，社鼠则着重比喻蒙蔽人君的左右亲信；猛狗一段重在说明奸臣妒贤的危害，社鼠一段则重在说明铲除奸臣的艰难。两个故事中都穿插了议论，夹叙夹议，相得益彰。在形式上，前者是作者的直接议论，后者则是记管仲对齐桓公的回答。这些都表明了作者行文的巧妙和富于变化。

两个寓言故事也包含着深刻的哲理，即看问题要有全面的观点，事物和事物之间存在着多种多样的复杂关系，如狗猛和酒酸就有很密切的关系，但并非一下子就能被人所觉察。如果我们在观察问题时遗漏了某个重要的环节，就不可能作出正确的判断。

（张葆全）

【典籍介绍】

《吕氏春秋》

亦称《吕览》。战国末秦相吕不韦集合门客共同编写，杂家代表著作。全书二十六卷，内分十二纪、八览、六论，共一百六十篇。内容以儒、道思想为主，兼及名、法、墨、农及阴阳家言。汇合先秦各派学说，为当时秦国统一天下、治理国家提供思想武器。议论中引证许多古史旧闻和有关天文、历数、音律等方面知识。有东汉高诱注和清毕沅《吕氏春秋新校正》等。

去　私　《吕氏春秋》

天无私覆也，地无私载也，日月无私烛①也，四时无私行也②。行其德而万物得遂长焉。黄帝③言曰："声禁重，色禁重，衣禁重，香禁重，味禁重，室禁重④。"尧有子十人，不与其子而授舜⑤；舜有子九人，不与其子而授禹，至公也。

晋平公问于祁黄羊曰⑥："南阳无令⑦，其谁可而为之？"祁黄羊对曰："解狐⑧可。"平公曰："解狐非子之雠邪？"对曰："君问可，非问臣之雠也。"平公曰："善。"遂用之，国人⑨称善焉。居有间⑩，平公又问祁黄羊曰："国无尉⑪，其谁可而为之？"对曰："午可。"平公曰："午非子之子邪？"对曰："君问可，非问臣之子也。"平公曰："善。"又遂用之，国人称善焉。孔子闻之曰："善哉，祁黄羊之论也！外举不避雠，内举不避子，祁黄羊可谓公矣。"

墨者有巨子腹䵍⑫居秦，其子杀人。秦惠王⑬曰："先生之年长矣，非有它子也，寡人已令吏弗诛矣，先生之以此听寡人也。"腹䵍对曰："墨者之法曰：'杀人者死，伤人者刑。'此所以禁杀伤人也。夫禁杀伤人者，天下之大义也。王虽为之赐⑭，而令吏弗诛，腹䵍不可不行墨者之法。"不许惠王，而遂杀之。子，人之所私⑮也，忍所私以行大义，巨子可谓公矣。

庖人调和而弗敢食，故可以为庖。若使庖人调和而食之，则不可以为庖矣。王伯之君⑯亦然，诛暴而不私，以封天下之贤者，故可以为王伯。若使王伯之君诛暴而私之，则亦不可以为王伯矣。

〔注〕 ① 烛：照耀。 ② "四时"句：《论语·阳货》："四时行焉，百物生焉。" ③ 黄帝：传说中上古的帝王，实际上可能是当时部落联盟的领袖，被认为是中原各族的共同祖先。姬姓，号轩辕氏。后世流传的黄帝之言，均为后人依托。 ④ "声禁重"六句：谓声色、衣服、香气、食味、宫室等享受过分。重，甚。按，此"黄帝言曰"七句，与前后文义并不相连，通篇亦无此意，盖必《重己篇》内所引，而后人转写错误，混入此篇者。见陈奇猷《吕氏春秋校释》引苏时学之说。 ⑤ 授舜：指尧把天子之位传给舜，而不传给其子丹朱。下句说舜把天子之位传给禹，而不传给其子商均。这就是后世所传说的上古禅让制度。 ⑥ 晋平公：春秋末年晋国国君，名彪，前557年至前532年在位。祁黄羊：晋大夫祁奚，字黄羊。按：《左传》记载，略有不同。据《左传·襄公三年》"祁奚请老"一节，此事发生在前570年，时晋悼公（名周，平公之父）在位。⑦ 南阳：晋地，相当于今河南济源至获嘉一带，由于在太行山之南、黄河之北，故名。令：地方官。 ⑧ 解(xiè 谢)狐：晋臣。 ⑨ 国人：居住在国都的人。 ⑩ 有间：不久。 ⑪ 尉：官名。春秋时，各国在将军下设有国尉、都尉。 ⑫ 巨子：先秦时代，墨家学派为了贯彻他们的主张，常结成严密而坚强的团体，其领袖被尊称为"巨子"。腹䵍(tūn 吞)：战国时墨家巨子。⑬ 秦惠王：名驷，前337年至前311年在位。 ⑭ 为之赐：对我施以恩赐。 ⑮ 私：偏爱。下句"忍所私"即杀所爱。 ⑯ 王伯之君：即王霸之君。春秋时代，周天子为诸侯国的共主，称"王"；力量强大的诸侯纠合各国，尊王攘夷，称"霸"。战国时代，儒家称以仁义治天下为王道，

以武力称雄于诸侯为霸道。王伯之君是指在天下推行王道和霸道的国君。

本文是《吕氏春秋·孟春纪》中的第五篇，第四篇是《贵公》，两篇可视为姊妹篇。

私是与公相对来说的。私的本字作“厶”，《韩非子·五蠹》说：“古者苍颉之作书也，自环者谓之私，背私谓之公。”《说文》引作“自营为厶”。可知私就是为自己打算，包括私利、私欲、私心、私念。去私就是要去掉一切私心私念，摒弃一切谋取私利、满足私欲的行为，而要求事事“出以公心”。题目“去私”就是全文的中心论点。

与《吕氏春秋》其他篇相似，文章着重通过各种推理形式对中心论点加以论证。

第一层，以天地无私立论，说天并不只覆盖一方，地并不只负载一角，日月并不只照临一地，四季并不只运行一处，而是普遍地进行着，因而万物得以成长。这反映了道家的思想。庄子说：“天地虽大，其化均也。”(《天地》)又说：“夫帝王之德，以天地为宗，以道德为主，以无为为常。”(《天道》)这也就是老子所说“人法地，地法天，天法道，道法自然”(二十五章)的意思。

第二层引黄帝之言和举尧舜之行，证明古代圣君皆“至公”。黄帝是传说中的上古帝王，中华民族的共同祖先，但先秦古籍所称黄帝之言，大都为后人依托，以表达某种思想和主张。这里所说的声、色、衣、香、味、室皆“禁重”，意在说明古代圣君并不追求个人的物质生活享受。尧舜禅让之说原是对古代部落联盟酋长选举制度的美化、理想化，这里称赞他们的传贤不传子，也只是为了说明国君不应把天下看作是一己一家之私产。

第三层，列举两件历史事实，说明人臣为人处世都应出以公心。一是祁黄羊的“外举不避雠(仇)，内举不避子”，一是墨者巨子腹䵍的大义灭亲。前者是不计个人恩怨，不顾他人毁誉，一心为国君效忠；后者是不讲个人私情，坚决行墨者之法。作者在叙述这两件事时都穿插了君臣的对话，并采用对比和映衬的手法，增强了文章的生动性。此外，作者还用了“极而言之”的突出强调的手法，说举荐贤才，哪怕仇家或亲子都不避；说严厉执法，哪怕自己的儿子犯了杀人罪也要诛杀，都是在最高层次上来夸张他们的“公心”。两件事叙述之后又加以议论，有叙有议，更能增加文章的说服力。前者引孔子之言，后者为作者的直接发论，同为议论而以不同形式出现，说明作者力求避免文章板滞而注意有所变化。

第四层，以庖人调和而弗敢食，说明王伯(霸)之君当诛暴而不私。这里用的是类比推理的形式，前者为宾，后者为主，使文章落实到王伯之业上，说明王伯之君不应把天下当作一己之私产，而应将天下与人共之，“以封天下之贤者”。

当时正是建立大一统的封建中央集权制国家的前夜，而《吕氏春秋》的作者却鼓吹分封，这是不符合历史前进潮流的。但从反对帝王将天下视为一己一家之私产，任意挥霍享乐这一点来说，它又具有积极的意义。 （张葆全）

察 今 《吕氏春秋》

上胡不法先王之法①？非不贤②也，为其不可得而法。先王之法，经乎上世而来者也，人或益之，人或损之，胡可得而法！虽人弗损益，犹若不可得而法。东夏之命③，古今之法，言异而典殊。故古之命多不通乎今之言者，今之法多不合乎古之法者。殊俗之民，有似于此。其所为欲同，其所为欲异④。口惛之命不愉⑤，若舟车衣冠滋味声色之不同。人以自是，反以相诽，天下之学者多辩，言利辞倒⑥，不求其实，务以相毁，以胜为故⑦。先王之法，胡可得而法？虽可得，犹若不可法。

凡先王之法，有要于时也⑧，时不与法俱至，法虽今而至，犹若不可法。故择⑨先王之成法，而法其所以为法。先王之所以为法者，何也？先王之所以为法者，人也，而己亦人也。故察己则可以知人，察今则可以知古。古今一也⑩，人与我同耳。有道之士，贵以近知远，以今知古，以所见知所不见。故审堂下之阴⑪而知日月之行、阴阳之变，见瓶水之冰而知天下之寒、鱼鳖之藏也。尝一脟⑫肉而知一镬之味、一鼎之调⑬。

荆人⑭欲袭宋，使人先表澭水⑮。澭水暴益⑯，荆人弗知，循表而夜涉，溺死者千有余人，军惊而坏都舍⑰。向其先表之时可导也，今水已变而益多矣，荆人尚犹循表而导之，此其所以败也。今世之主法先王之法也，有似于此。其时已与先王之法亏⑱矣，而曰此先王之法也而法之。以此为治，岂不悲哉！

故治国无法则乱，守法而弗变则悖，悖乱不可以持国⑲。世易时移，变法宜矣。譬之若良医，病万变，药亦万变。病变而药不变，向之寿民，今为殇子⑳矣。故凡举事必循法以动，变法者因时而化。若此论则无过务㉑矣。夫不敢议法者，众庶㉒也；以死守法者，有司㉓也；因时变法者，贤主也。是故有天下七十一圣㉔，其法皆不同；非务相反也，时势异也。故曰：良剑期乎断㉕，不期乎镆铘㉖；良马期乎千里，不期乎骥骜㉗。夫成功名者，此先王之千里也。

楚人有涉江者，其剑自舟中坠于水，遽契其舟㉘，曰："是吾剑之所从坠。"舟止，从其所契者入水求之。舟已行矣，而剑不行。求剑若此，不亦惑乎？以故法为其国，与此同。时已徙矣，而法不徙，以此为治，岂不难哉！

有过于江上者，见人方引婴儿而欲投之江中，婴儿啼。人问其故，曰："此其父善游。"其父虽善游，其子岂遽善游哉！以此任物㉙，亦必悖矣。荆国之为政，有似于此。

〔注〕①上：君上，国君。胡：何，为什么。法先王之法：前一个法字是效法的意思，作动词用。②贤：好。③东夏：东指东夷，夏指华夏，是当时生活在中国境内的不同民族。一说"东"为"夷"字形近之误。命：名称，言语。④其所为欲同：据谭戒甫、陈奇猷之说，"所"字为衍文，是。其为欲同，他们做的(为)与想要的(欲)相同。其所为欲异：他们所做的(所为)与所想要的(所欲)不相同。例如不同风俗的人都要衣冠，但其所要的衣冠并不相同。⑤口惛(hūn 昏)：惛通"吻"，口吻、方音。愉：读为"谕"，理解。⑥言利辞倒：言语锋利，词句颠倒，与《韩非子·诡使篇》之"巧言利辞"相近。⑦以胜为故：以胜过别人为能事。⑧要于时：切合时代需要。⑨择：通"释"，放弃。⑩古今一也：古今制订法令的根据是一致的(都是根据当时人们的情况制订出来的)。⑪审：察看。阴：指日影和月影。⑫脟(luán 峦)：同"脔"，切成块状的肉。⑬鼎：古代烹煮食物的用具，一般是三足两耳。调：调味。⑭荆人：即楚人。⑮表：标志，这里作动词用，指设立标志。澭水：即灉水。《说文》"灉"字下云："河灉水也。在宋。"宋之都城在今河南商丘。⑯暴益：益，同"溢"，指河水突然上涨。⑰而：如，好像。都舍：大房屋。⑱亏：通"诡"，差异。⑲持国：掌握国政。⑳殇子：还未成年就夭折了的人。连上句是说，从前被认为可能长寿的人，今天就会变成短命的了。㉑过务：做错的事。㉒众庶：众人，百姓。㉓有司：指官吏。一般官吏都是职有专司的。㉔有天下：享有天下，为天下之主。圣：圣人，指君主。七十一(或作"七十二")形容其多，难以实指。㉕期乎断：期望它能斩断。㉖镆铘(mò yé 莫爷)：即莫邪，古代著名宝剑的名称。㉗骥、骜(ào 傲)：都是古代千里马的名称。㉘契其舟：在坠剑的舟边刻上记号。㉙任物：处理事物。

本文是《吕氏春秋·慎大览》中的第八篇，是全书中十分著名的一篇论说文，主要体现了先秦法家的历史进化观。

全文论点鲜明突出，而论述则是一步一步地展开。文章的中心论点是"因时变法"，这一中心论点是通过从反面论证"先王之法不可法"而得到证明的。换句话说，"察今而变法"的论点是通过批驳"泥古而守法"而得到证明的。

为什么“先王之法不可法”呢？作者依次陈述了三点理由：第一，先王之法历代有损益，已非原样；第二，对先王之法解说不一，所谓“言异而典殊”，已无法遵循；第三，“时不与法俱至”，先王之法已经过时。作者特别强调第三点，并从中进而提出弃先王之成法而法其所以为法的正面论点，最后得出“世易时移，变法宜矣”的结论，从而阐明了“因时变法”的思想。这种思想闪耀着朴素唯物主义的光辉，今天对我们仍然有所启发。

文章在论证过程中有破有立，边破边立，破立结合。由于辩驳入理，所以立论也就显得坚强有力。“先王之成法不可法”，这是破；“法其所以为法”，这是立。“先王之所以为法者，何也？先王之所以为法者，人也，而己亦人也。故察已则可以知人，察今则可以知古。古今一也，人与我同耳。”这几句意思是说，以己推人，以今推古，可知“先王之所以为法”是根据当时的人的各种欲求，根据当时的社会状况，而不是根据更为远古的前代先王的成法。今天制订法令也就没有必要对古法亦步亦趋，而应根据当今的社会状况与人的欲求来制订新法。

在先秦时代，孔孟儒家主张法先王，倡导儒法合流的荀子主张法后王，法家韩非主张尊今王。本文主要反映了法家的思想，体现了当时新兴地主阶级要求建立大一统封建中央集权国家的朝气蓬勃的精神。但作者认为只有“贤主”才能“因时变法”，而“众庶”则是“不敢议法”的，反映了轻视人民群众的观点，则是不可取的。

为了说明中心论点，文章还穿插写了荆人袭宋、刻舟求剑、引婴投江三个寓言故事。三个故事均能紧扣论题，但又各有侧重。荆人袭宋与刻舟求剑的故事都是说时间已经推移，情况有了变化，但仍然泥古不变，必然遭致失败；引婴投江则是说客观的对象已有了变化，而主观的方面仍然固执地保守着陈旧的眼光，必与客观事物格格不入。故事中何以反复提到“荆”“楚”呢？这是因为战国末年楚国国君大多昏庸无能，国内政治混乱，因而流传下许多“政治笑话”，常被人们引为笑柄。

文章不仅有对论题的精辟论证，而且有对哲理的生动阐发。“故察已则可以知人，察今则可以知古”，“有道之士，贵以近知远，以今知古，以所见知所不见”，都具有思辨色彩，闪烁着智慧的光芒。其他一些警句，如“审堂下之阴，而知日月之行”，“尝一脟肉，而知一镬之味”，“良剑期乎断，不期乎镆铘；良马期乎千里，不期乎骥骜”等，既形象又精警，都能发人深省。

全文语句工整，语气明快，围绕中心反复申说，有论有断，有说理，有比方，更有寓言故事的穿插，使文章显得气势充沛，摇曳多姿，活泼有致，读来无枯燥之感。

（张葆全）

【典籍介绍】

《礼记》

亦称《小戴记》或《小戴礼记》。儒家经典之一。秦汉以前各种礼仪论著的选集。相传西汉戴圣编纂，今本为东汉郑玄注本。有《曲礼》《檀弓》《王制》《月令》《礼运》《学记》《乐记》《中庸》《大学》等四十九篇。大率为孔子弟子及其再传、三传弟子等所记，是研究中国古代社会情况、儒家学说和文物制度的参考书。有东汉郑玄《礼记注》，唐孔颖达《礼记正义》，清朱彬《礼记训纂》、孙希旦《礼记集解》等。

《檀弓》三则　　《礼记》

曾子寝疾①，病。乐正子春②坐于床下，曾元、曾申坐于足，童子隅坐而执烛。童子曰："华而睆③，大夫之箦与？"子春曰："止！"曾子闻之，瞿然曰："呼！"曰："华而睆，大夫之箦与？"曾子曰："然。斯季孙之赐也，我未之能易也。元，起，易箦！"曾元曰："夫子之病革④矣，不可以变。幸而至于旦，请敬易之。"曾子曰："尔之爱我也，不如彼。君子之爱人也以德，细人⑤之爱人也以姑息。吾何求哉？吾得正而毙焉，斯已矣。"举扶而易之，反席未安而没。

战于郎。公叔禺人遇负杖入保⑥者息，曰："使之虽病也，任之虽重也，君子不能为谋也，士弗能死也，不可。我则既言矣。"与其邻重⑦汪踦往，皆死焉。鲁人欲勿殇⑧重汪踦，问于仲尼。仲尼曰："能执干戈以卫社稷。虽欲勿殇也，不亦可乎？"

孔子过泰山侧。有妇人哭于墓者而哀，夫子式⑨而听之，使子路问之曰："子之哭也，壹似重有忧者？"而曰："然。昔者吾舅⑩死于虎；吾夫又死焉；今吾子又死焉！"夫子曰："何为不去也？"曰："无苛政。"夫子曰："小子识之，苛政猛于虎也！”

〔注〕① 寝疾：卧病。 ② 乐正子春：孟子弟子。乐正，复姓。 ③ 华而睆（huàn 患）：华美而光滑。 ④ 病革：病重。 ⑤ 细人：小人。 ⑥ 保：通“堡”。 ⑦ 重：当为“童”，下同。 ⑧ 殇（shāng 伤）：未成年而死。 ⑨ 式：通“轼”。 ⑩ 舅：古称丈夫的父亲。

这三则小故事选自《礼记·檀弓》。《礼记》是西汉戴圣编纂的儒家关于礼的一些文字，过去列为儒家的经典。《檀弓》分上下二篇。郑玄解释这个篇名说：“名曰檀弓者，以其善于礼，故著姓名以显之，檀姓，弓名。”清孙希旦《礼记集解》不赞成郑玄这个解释说：“愚谓此篇盖七十子之弟子所作。篇首记檀弓事，故以檀弓名篇，非因其善礼著之也。”现在从孙说较多。

第一则选自《檀弓上》。也有的选本加个名字叫《曾子易箦》。故事先写曾子病危的情况。“病”，古代指病重。所以曾子的学生和两个儿子都在病床边看守着。这是夜间，从“执烛”两个字可知。童子的话活现出在远处从烛影中看出席子的华贵，先写“华而睆”再问是不是大夫的席子，这是符合执烛者看的层次的。乐正子春怕被曾子听到，不准他多嘴。曾子却已经知道童子有意见，但还不清楚，很吃惊，所以叫他大声喊。听清楚了，曾子肯定童子的意见，命令换个适合自己身份的席子。曾元的回答，表明病重的程度，想侥幸等到天明。然后曾子提出爱人以德和得正而毙的态度，这是这段故事的中心思想。最后终于按照曾子的意见办了。“举扶而易之”表明曾子病重的程度，自己完全不能动了，再移到新换的席子上还没安顿好就断了气。

这段故事表明曾子知错即改，丝毫不容越礼的坚决态度，这是孔子“朝闻道，夕死可矣”和告颜回“非礼勿动”的精神的具体体现。曾子临终前的这段义正词严的话表现出他平时对自己的严格要求。曾子不是大夫，所以不能死在大夫的席子上。林云铭评论说：“曾元之言，惟幸其亲之生，何尝非爱？但既知箦之当易，苟安待旦，则自夜至旦之生皆不得正，不如得正而当下速死之为愈。此是平日‘仁以为己任’、‘死而后已’本领，非临时可办也。”这段话很有见地。林氏还说：“篇中摹写处，无不曲肖神情，自是千古奇笔。”（见《古文析义初编》卷二）篇中童子、乐正子春、曾元和曾子只是寥寥几句对话，就使人如见其形，如闻其声。一个“止”字，表示出乐正子春的紧张；一个“呼”字，表示曾子的急切。这些都和病危密切相关。到曾元嘴里才说出危在片刻的病情。写完曾子的话以后，结尾何等干净利落！在文字的剪裁上，他处极省，而童子的话却有意重复两次，这可以作为文章繁简的适例。后来就把“易箦”作为人病重将死的代称，可见这个故事影响的深远。

第二则选自《檀弓下》，也有人就用首三字标题为《战于郎》。这件事发生在鲁哀公十一年(前484)，齐国入侵鲁国，在鲁都(今山东曲阜)近郊的郎地激战。公叔禺人(《左传》作“公叔务人”)是鲁国的士(杜预注《左传》说是鲁昭公之子)，看到有个人疲敝不堪，扛着器械躲入堡垒中休息，异常感慨，就说：“徭役太重了，赋税太繁了，政治这么糟，当大官的拿不出好主意，为士的不能为国献身，这可要不得。我既然说了……”于是就和邻居的童子汪踦一同参加战斗，都牺牲了。汪踦没有成年，按礼只能照童子而葬。鲁国人为了纪念他，想变通一下，拿他当成人一样举行葬礼，就去请教明礼的孔子。孔子充分肯定汪踦的行动，认为他能够“执干戈以卫社稷”，当然可以不当未成年人看待。孔子这几句话是全篇的中心，后世成为明训。这个故事很简单，作者的重点在表现公叔禺人特别是童汪踦这种不怕牺牲的精神，借重仲尼之言来加以充分肯定。在剪裁方面非常简洁。一开头点明事件，然后从公叔禺人的话中表现他言行一致的态度，也反映鲁政的衰弛和形势的危急。“与其邻童汪踦往，皆死焉”，仅仅十个字就交代了结果，战事完毕以后一类的叙述都省略了。跳到“鲁人欲勿殇童汪踦”这一“越礼”的想法，汪踦战斗的勇敢，自不必言。孔子说明道理之后，自然是照办了，这是必然结局，所以也不必交代。但孔子的回答是全文精神所在，所以写得完整。古人尊重人都称字，称仲尼就是对孔子的尊重。

第三则也选自《檀弓下》，有人用第一句话题为《孔子过泰山侧》，也有人根据中心思想称为《苛政猛于虎》，柳宗元的《捕蛇者说》明显受这则小故事的启发。

第一句叙述故事的发生。古代上坟都要哭，是一种形式，不一定哀痛。“而哀”两字直贯全文。先是引起孔子的反应，“式”是一种表示敬意的动作，两手扶在车前横木上，身体站立注意地听着。孔子对有丧事的人家都非常重视，在听的过程中，觉得哀痛异常，所以叫子路下车去问。重有忧就是有重忧。也有人主张读重复的重，因为下文讲被虎咬死了三代人。这个问话原是试探的。“而曰‘然’”的“而”字看似累赘，实际非常传神，有不幸而言中的味道，表现孔子和子路对这个妇人的深切同情。妇人诉出自己的悲惨遭遇，连用三个排比句，一层重似一层。这时孔子已经亲自下车来了，这个动作不必写，因为“夫子曰”的直接对话，就表现了这方面的内容。三代死于虎，而偏偏不肯离开这个地方，只有一个理由，这个地方没有苛捐杂税。“政”的意思就是征收赋税的“征”字。苛政原来多解释为苛虐的政治，指当地的统治者对人民的残酷剥削和压迫，义亦可通。此篇行文之妙，没有一句正面说苛政，而用虎患加以烘托，使人可以想见。孔子的几句话是这篇文章的点睛之笔，而又是前面问答的逻辑结论。“小子识之”一句，看似闲笔,实与主旨密不可分。孔门之教目的在于为政,子路在"四科"中,与冉有归于"政事"(《论语·先进》),是认为能办政事的,所以孔子特别要教育他牢牢记住这件事所反映的道理。这里不但表现出孔子对这位妇女不幸遭遇的深切同情,而且反映出对广大人民的关切,又看出孔子善于因时因地因人施教的特点。作者仅仅记了孔子这几句话,让人们自己去领悟。

《檀弓》的篇幅都很简短,记言特多,但寥寥数语,情事毕现而趣味隽永,耐人咀嚼。古代一些散文家多劝人作文要学《檀弓》,可以医治冗杂的毛病,确实是经验之谈。

(周本淳)

《学记》三则

《礼记》

虽有嘉肴,弗食不知其旨也;虽有至道,弗学不知其善也。是故学然后知不足,教然后知困。知不足,然后能自反也;知困,然后能自强也。故曰:教学相长也。

大学之法,禁于未发之谓豫,当其可之谓时,不陵节而施之谓孙,相观而善之谓摩:此四者,教之所由兴也。发然后禁,则扞格①而不胜;时过然后学,则勤苦而难成;杂施而不孙,则坏乱而不修②;独学而无友,则孤陋而寡闻;燕③朋逆其师;燕辟④废其学:此六者,教之所由废也。君子既知教之所由兴,又知教之所由废,然后可以为人师也。

学者有四失,教者必知之。人之学也,或失则多,或失则寡,或失则易,或失则止。此四者,心之莫同也。知其心,然后能救其失也。教也者,长善而救其失者也。

〔注〕 ① 扞(hàn 汗)格:格格不入。 ② 修:善,美好。 ③ 燕:郑玄注:"燕犹亵也,亵其朋友。"亵,轻慢不庄重。 ④ 辟:通"僻"。

《学记》是《礼记》中的一篇,是篇有关古代大学教育的论文。它首先阐明教育能够化民成俗的重要功能,因而国君必须尊师重道,使全民知道学习的重要。它是我国古代的教育理论、教学原则、教学方法的总结,不但是研究中国教育史的经典著作,而且不少内容在今天都还有较高的参考价值。

这里是节选其中的三个片断，分别论述教与学互相促进、教学原则和学生易出现的偏向及教师必须了解学生并加以补救的道理。

第一则一共四句话。第一句话先用譬喻表明实践（学）的重要，这是宾；然后强调只有学才能理解“至道”的好处，这是主，强调要学习至道，引出下文。第二句强调学与教，给从学从教人带来的启示。所谓满瓶不动半瓶摇，学的内容是第一句里提的“至道”，所以越学体会道理越深，越加感到自己的不足。这是至理名言，就像巴甫洛夫说的要有勇气承认自己是无知识的。这是从学的方面讲的。教的方面，以己昭昭，使人昭昭，也不是轻而易举的事。这里既包括教者对“至道”的理解程度的深浅，又包括对施教对象情况的掌握和如何针对情况采用不同方法“长善救失”等等。这句话对每个从事教育工作的人说，是共同的体会。这两种情况只要你认真学、踏实教，都不可避免要碰到。那么该怎么正确对待呢？第三句就回答这个问题。还是分学与教两方面来回答。困难能把人吓倒，但真正的强者是在困难中锻炼成长。这里两个“然后能”就包含着朴素的辩证法。第四句是这一则的结论，是从“能自反”“能自强”归纳出来的。后来“教学相长”就变成教育工作的格言。这段文字全用排比的方式提出问题、分析问题，然后以一句话为总结，简洁鲜明，不枝不蔓。

第二则从正反两方面提出教师掌握正确教学原则的必要性。先从正面提出四条正确的原则：一是要有预见性，在学生还没有发生错误时就加以预防。二是要掌握适当的教育时机，早了不行，晚了也不行。三是要循序渐进，施教不能躐等。“孙”就是“逊”字，表示顺的意思。（这在《学记》前文里有九年的教学和考查的内容）四是同学间的相互观摩，取长补短，养成良好的好学向上的风气。“观摩”一词即导源于此。平列四条以后一句小结。再从反面阐述。前四点和正面针锋相对：错误已经发生了，再来禁止，就会有抵触情绪而不易克服；失去了时机，教学起来就吃力不讨好；不循序渐进，不分主次往学生脑子里塞，结果像一堆乱麻，理不出头绪；没有朋友的相互观摩，就会孤陋寡闻，见识狭隘；如果交上坏朋友只讲吃喝玩乐，就和教师的教导背道而驰；有不好的嗜好，就会废弃学业。这两条表面和上四条不搭界，实际是由第四条来的，讲到朋友的重要，“燕朋”“燕辟”正和上面“相观而善”相反。这六条是教育失败的原因。最后提出懂得这正反两方面的道理，才能够为人之师。这是对教师的严格要求。这段文字仍用对比来说明问题，先正后反，最后一句总结，条理井井，使人一目了然，而所谈的都是宝贵经验，在今日仍有现实意义。

第三则说明教育要“长善救失”，必须了解各种类型学生学习的偏向。第一句总说。第二句分析四种情况：有的失于贪多嚼不烂；有的浅尝辄止，安于寡陋；有的把学习看得太容易，不肯深思；有的遇到困难就止步不前。第三句总结说明这是对学习的四种不同心理状态，第四句和第一句呼应，说明“教者必知之”的目的，是为了“救其失”。这反映出因材施教的原则。最后一句说明教育的功能就在于发扬学生的优点，补救他们的缺失。这一段文字的写法和前几段略有区别。结论是“长善而救其失”，而前面只说其失，未说其善，和上两段正反都阐述不大同，采取一明一暗、一详一略的办法。为什么能这样写而不会被误会呢？因为事物都有两面性，四种失的反面就有“得”在里面。譬如贪多就有追求知识的长处，“或失则易”的人也有不畏困难的优点，所以每种类型的学生都有他的潜在的“善”，而要克服他们的失，只有依靠发扬自身的善，“长善”正是“救失”的自身条件和必要前提，这是完全符合教育心理的。

综合这三则来看，我们可以领会我国古代教育所强调的实践性和辩证法的思想，看出对教育规律、教学原则和教师责任感的具体表述，是值得深刻领会的。它的语言多用对比，得出简明的结论，而没有采用滔滔论辩的方式，但其论辩性仍旧可以觉察得着的，能细心体会者自知之。 （周本淳）

【作者小传】

屈　原

（约前340—约前278）　战国时楚国政治家，我国最早的大诗人。名平，字原；又自云名正则，字灵均。学识渊博。初辅佐怀王，做过左徒、三闾大夫。主张彰明法度，举贤授能，东联齐国，西抗强秦。后遭到守旧贵族子兰、靳尚等人的谗害而去职。顷襄王时被放逐，长期流浪沅湘流域。后因楚国政治腐败，首都郢为秦攻破，既无力挽救，又深感政治理想无法实现，遂投汨罗江而死。所作《离骚》《九章》等篇，反复陈述其政治主张，揭露统治集团昏庸腐朽、排斥贤能等种种罪行，表现了对国事的深切忧念和为理想而献身的精神。所作《天问》对有关自然现象、社会历史等方面的许多传统观念，提出了怀疑和质问，体现出朴素的唯物主义思想。另有《九歌》等篇。他在吸收民间文学艺术营养的基础上，创造出骚体这一新形式，以优美的语言、丰富的想象，融化神话传说，塑造出鲜明的形象，富有积极浪漫主义精神，对后世影响很大。其传世作品，均见汉代刘向辑集的《楚辞》。又《汉书·艺文志》著录《屈原赋》二十五篇，其书久佚，所收篇目与《楚辞》有无出入，已不可详考。

卜 居 屈 原

屈原既放，三年不得复见。竭知尽忠，而蔽障于谗，心烦虑乱，不知所从。乃往见太卜郑詹尹曰："余有所疑，愿因先生决之。"詹尹乃端策拂龟①，曰："君将何以教之？"

屈原曰："吾宁悃悃款款朴以忠乎？将送往劳来斯无穷乎？宁诛锄草茅以力耕乎？将游大人以成名乎？宁正言不讳以危身乎？将从俗富贵以偷生乎？宁超然高举以保真乎？将哫訾栗斯、喔咿儒儿以事妇人乎②？宁廉洁正直以自清乎？将突梯滑稽、如脂如韦以洁楹乎③？宁昂昂若千里之驹乎？将泛泛若水中之凫，与波上下，偷以全吾躯乎？宁与骐骥亢轭乎④？将随驽马之迹乎？宁与黄鹄比翼乎？将与鸡鹜争食乎？此孰吉孰凶，何去何从？世溷浊而不清，蝉翼为重，千钧为轻；黄钟毁弃，瓦釜雷鸣；谗人高张，贤士无名。吁嗟默默兮，谁知吾之廉贞！"

詹尹乃释策而谢，曰："夫尺有所短，寸有所长；物有所不足，智有所不明；数有所不逮，神有所不通。用君之心，行君之意，龟策诚不能知此事。"

〔注〕 ① 郑詹尹：掌管卜筮的太卜之名。策：蓍草，用以筮。龟：龟甲，用以卜。 ② 悃（kǔn 捆）悃款款：诚实勤苦的样子。送往劳来：指随处周旋，巧于应酬。哫訾（zú zǐ 足子）：阿谀奉承。栗斯：献媚貌。喔咿儒儿（ní 倪）：强颜欢笑貌。儒儿，一作"嚅唲"。 ③ 突梯滑（gǔ 骨）稽：态度圆滑，口齿伶俐，善于迎合世俗的好恶。脂：油脂。韦：熟牛皮。如脂如韦，即光滑柔软，善于适应环境。洁，通"絜"，度量圆形叫絜。楹：屋的柱子。洁楹，比喻削方为圆的处世态度。 ④ 亢轭：亢为"举"，轭为车辕前套马用的横木。与骐骥亢轭，即与骏马齐驱之意。

《卜居》与《渔父》，都是楚人记述屈原生平轶事的奇妙之作。关于此文作者，王逸《楚辞章句》即指为"屈原之所作"；但同书与此文相近的《〈渔父〉题解》，又有"楚人思念屈原，因叙其辞以相传焉"之语。从明人张京元《删注楚辞》，即有怀疑此二文乃后人伪作之说。也许因为构成全文主体的，乃是屈子自己言论的缘故吧，后人往往又直指其作者为屈原。

即使是伟大的志士，也并非总是心境开朗的。不妨这样说：正是由于他们的个人遭际，关联着国家民族的命运，所以在心中反而更多不宁和骚动。其痛苦

三间大夫卜居渔父

——〔明末清初〕萧云从绘

愤懑的抒泻，也带有更深广的内涵和远为强烈的激情。屈原正是如此。当他在《卜居》中出现的时候，已是遭受谗臣疯狂迫害，而被放逐汉北三年的迁客。忠而被谤，心中能无愤懑？既放数年而仍无报效家国之门，能不痛苦得“心烦虑乱，不知所从”？本文开篇描述他往见郑詹尹时的神思萧散之状，正告诉读者，一种怎样巨大的骚动和痛苦，在折磨着这位哲人的心灵！

这骚动和痛苦的展开，便是构成全文主体的卜问之辞。诗人向郑詹尹发出卜问的时候，显然陷入了对生平遭际的痛苦回顾。那充溢着情感涨落的问语，也只有联系他的经历，才能得到最真切的感受。“吾宁悃悃款款朴以忠乎？将送往劳来斯无穷乎……”这回顾似乎是从青年时代对人生道路的选择开始的，故开问之语虽突兀而发，语气却是相对平静的，表现的是遥远而来的悠悠沉思之情。从“宁诛锄草茅以力耕乎？将游大人（权贵）以成名乎”的问语中，人们见到的正是一位早在青年时代就立志“苏世独立”“廓其无求”（《橘颂》）的志士身影。到了“宁正言不讳以危身乎”，已是屈原担任楚王左徒之职的时期。诗人以“乘骐骥以驰骋兮，来吾导夫先路”（《离骚》）的无限热忱，投入了振兴楚国的艰巨事业，也开始了与朝中“党人”的直接冲突：一边是屈原竭知尽忠，“入则与王图议国事，以出号令，出则接遇宾客，应对诸侯”（《史记·屈原列传》）；一边则是党人的竞进贪婪，不惜走后宫妇人（郑袖）的门路，以“呢訾栗斯”的阿谀献媚，换取富贵权势；一边是屈原廉洁正直，为振刷朝政甘冒正言危身之祸；一边则是党人“突梯滑稽”的巧言令色，颠倒黑白，向屈原施以种种谗言和迫害。屈原遭受上官大夫的恶毒中伤，而被怀王暴怒疏黜，正发生在这一时期。当屈原回顾这一切往事时，胸中便蓄满了愤懑不平之气。平静的发问由此一变为怫郁的诘责，铺排而下的问句，正如滚滚惊雷碾过云霾翻腾的夜天，具有震慑狐狗鼠獐的无限气势。两种绝然相反的处世哲学的尖锐对立，在文中“宁昂昂若千里之驹乎？将氾氾若水中之凫，与波上下，偷以全吾躯乎”的排喻对比中，得到了最鲜明的表现。所以，当屈原发出“此孰吉孰凶？何去何从”的诘问时，便不似是诘问，简直是力挟千钧的抨击和声讨了。它正如闪电裂云后的一声霹雳，带有多少撼山摧岳的力量！

令诗人痛苦的是，这场关系楚国命运的斗争，结果却以屈原的被放汉北而告终。忠贞喋血山野，邪佞弹冠相庆，风雨飘摇的楚国之船，由此遭遇了触礁折桅的大祸（怀王入秦身死）。就在诗人问卜前不久，令尹子兰又借手上官大夫向顷襄王进谗，再次断绝了屈原重返政坛的一线希望。面对如此溷浊不清的世道，诗人能不扼腕嗟叹？文中由此跳出了最奇崛的愤语：“蝉翼为重，千钧为轻；黄钟毁弃，瓦釜雷鸣。”鲜明的对照，展现了一幅怎样触目的图景：楚王的昏聩，朝政的混乱，用蝉翼的变轻为重、瓦釜的得意雷鸣形容，真是形象奇特得令人吃惊！全篇的诘问以此愤语顿断，而后发为“吁嗟默默兮，谁知吾之廉贞”的怆然浩叹，正如涌天的怒涛突然凌空崩裂，又带着巨大的余势跌落，蕴蓄着这位伟大志士卓然独立又痛苦无诉的多少哀愤！

这就是构成《卜居》主体的卜问之辞。从形式上看，它简直就是一篇小小的《天问》。但由于《卜居》所问，均为诗人所身历的楚国政治现实，其情感的抒泻，就不像《天问》那样，伴随着对天地万物的缓缓发问而悠悠涌出，而是与自身奋斗、遭祸的经历一起，沸涌直上，翻折而下，挟带着更强的力度和气势。诗人的发问也不同于《天问》的一气直问，而采取了“宁”“将”的两疑方式，在对立铺排中往复盘旋，便给人以某种“不知所从”、须由神明决断的印象。而其实在每一对立的问句中，都已表明了诗人自身的鲜明立场。文中叙自身所坚守的立身原则，即饰以“悃悃款款”“超然高举”“廉洁正直”之语，无须多加探究，一股愿与慨然同风的凛凛正气，已沛然弥漫于字行之间。再辅以“与骐骥亢轭”“与黄鹄比翼”“昂昂若千里之驹”的奇喻，那搏击长空、腾跃万里的情志，便显得格外清峻而高洁！对于党人群小的处世之道，则斥之为“偷生”“全躯”，状之以“喔咿儒儿”“如脂如韦”，那鄙夷不屑之概，正与辞锋锐利的嘲讽勃然同生。而与“随驽马之迹”“与鸡鹜争食”的形象比喻相伴随的，不正是诗人对这种处世哲学的深切憎恶和鞭挞之情么？在富于褒贬意味的形象表现中，暗寓诗人的选择倾向，而以两疑之问发之，正是《卜居》抒泻情感的独特和奇崛之处。正因为如此，此文所表现的内心冲突，决不是诗人对人生道路和处世原则选择上的疑惑，乃在于对吉凶颠倒、清浊混淆现实的震惊和不平。诗人所愤懑抨击的，始终是那“蝉翼为重，千钧为轻；黄钟毁弃，瓦釜雷鸣”的黑暗世道。

《卜居》以屈原问卜的散句开篇，郑詹尹“释策而谢”的答语作结，中间以韵语铺排、描述和诘问：这在《楚辞》体式上，也是对骚体的一大突破。它对汉代“设为问答，以显己意”的赋作的产生，无疑具有很大的启示和推动意义。

（潘啸龙）

渔　父　　屈　原

屈原既放，游于江潭①，行吟泽畔，颜色憔悴，形容枯槁。渔父见而问之曰：“子非三闾大夫欤？何故至于斯？”屈原曰：“举世皆浊我独清，众人皆醉我独醒，是以见放。”渔父曰：“圣人不凝滞于物②，而能与世推移。世人皆浊，何不淈其泥而扬其波[3]？众人皆醉，何不铺其糟而啜其醨[4]？何故深思高举，自令放为？”屈原曰：“吾闻之，新沐者必弹冠，新浴者必振衣。安能以身之察察，受物之汶汶者乎[5]？宁赴湘流，葬于江鱼之腹中。安能以皓皓之白，而蒙世俗之尘埃乎？”渔父莞尔而笑，鼓枻[6]而去，乃歌[7]曰：“沧浪之水清兮，可以濯吾缨；沧浪之水浊兮，可以濯吾足。”遂去，不复与言。

〔**注**〕 ① 江潭：从后文“宁赴（举身投入）湘流”之语可知，此江即指湘江；潭为水深处。 ② 凝滞：拘泥固执。 ③ 淈（gǔ古）：搅浑，搅乱。 ④ 糟：酒糟。醨（lí）：薄酒。 ⑤“安能”句：察察，清洁。汶（mén门）汶，玷辱。 ⑥ 鼓枻（yì义）：摇动船桨。 ⑦ 歌：关于这段《沧浪之歌》，前人如王夫之（《楚辞通释》）、蒋骥（《山带阁注楚辞》）等，均以为渔父之歌《沧浪》，与前文“与世推移”之意相同。这恐怕不确。《沧浪歌》的含义，恰在于指明要区分清浊：清者可以濯缨，浊者则只可濯足。这与渔父前面所说不分清浊、“淈其泥而扬其波”之意相反，而与屈原崇清贬浊的主张相合。当年孔子听了此歌，评论说：“小子听之，清斯濯缨，浊斯濯足矣，自取之也。”也是告诫弟子保持清洁之行，而不可为浊以自取其辱。《孟子·离娄》引用此歌并孔子的评论，以证明“不仁者可与言哉”（不可与言）的道理，都说明此歌之意乃在区分清浊，而非不分清浊，与世推移。以此推测，渔父前面所劝，安知不带有试探屈原志节之意？最后终为诗人峻洁志节所动，故微笑歌此以慰勉。湘州民间把渔父作为屈原之同道，而在屈子庙中为他塑像配食，是不是也看到了这一点？由于这关系到对本文结尾的绝然相反的理解，故借注文以申说之。

在《卜居》中经历了巨大内心冲突的诗人，不久又遭遇了一次外部思想的交锋——这就是《渔父》所记载的著名问答。

文中的“渔父”，究竟是作者之所虚设，还是真有其人？这曾是楚辞研究中的难解之谜。但从司马迁、刘向对此均有记述看，在民间流传的屈原事迹中，大抵真的遇见过这位老渔父。从那“子非三闾大夫欤”的问语中还可推知，他应该还是屈原担任三闾大夫期间曾交往过的熟人。

这次与渔父的不期而遇，发生在清波迭荡的湘水之畔。本文开篇即以萧淡的笔墨，描摹了屈原被逐江南的落魄情状：“行吟泽畔，颜色憔悴，形容枯槁。”寥寥数笔，便在苍茫的江天之间，刻下了一位伟大逐臣的孤清身影。面容之“憔悴”，表明这位不向“瓦釜雷鸣”的黑暗朝廷折腰的诗人，在身心上已遭受了多么沉重的摧残；“行吟泽畔”的奇特举止，则又告诉读者：诗人虽遭斥逐，犹自未悔，仍在为楚国的命运踯躅、吟叹！对于见过诗人的渔父来说，这情况更显得触目惊心——当年名动遐迩的潇洒大夫，而今成了如此枯槁的江上迁客，能不令他骇然而呼：“子非三闾大夫欤？何故至于斯！”

渔父的惊呼，把诗人从沉吟中唤醒。胸间久蓄的痛苦一经触发，回答的语气也显得格外愤激："举世皆浊我独清，众人皆醉我独醒，是以见放。"开口即是"清浊""醉醒"的比兴，显示的正是"发愤以抒情"的诗人本色；而"举世""众人"这一网打尽式的措辞，似乎又显得那样孤傲。但这无非是诗人的愤慨之辞，其锋芒所指，当然不是民众，而是腐朽的楚之朝廷。倘若了解当时厕身楚王左右的，是怎样一批"腥臊并御"(《涉江》)的谗臣；楚之朝政又处于怎样"变白以为黑"(《怀沙》)的昏乱之中，便知道诗人之所面对的，正是这样一个无比溷浊沉醉的黑暗世界了！所以"我"与"举世""众人"的对立，与其说是表现了屈原的孤傲，不如说是抒泻着这位被旧世界驱逐的贞臣内心无限苍凉的悲愤。

渔父当然理解这一点。但他开初并不赞同屈原坚守操节的处世态度。在他看来，圣人之可贵，本不在于"凝滞于物"；与世推移，随遇而安，才是知天达命的明哲。不过这渔父颇机敏，他的驳难，也与诗人一样，采用了哑谜式的比兴："世人皆浊，何不淈其泥而扬其波？众人皆醉，何不餔其糟而歠其醨？"世道既如此黑暗，又有什么清浊、曲直可分，还不如折节保身，谋它个同污共醉为好！这就是包含在渔父话语中的弦外之音。

渔父的驳难，虽亦出于对诗人遭际的同情，但他所指点的迷津，却关乎人生立命之大节。屈原岂能为求个人之安逸，而改变他早在《橘颂》中立下的效法伯夷、"独立不迁"的操守？一番寻常的问答，引出的竟是如此重大的人生哲学论辩，屈原的答复也因此极为庄肃：针对渔父不分清浊的主张，屈原列举"新沐(洗发)者必弹冠(弹去灰尘)，新浴者必振衣(振去污屑)"的生活实例，说明连常人都懂得保持发肤的清洁，淈泥扬波、同流合污，又岂是人生处世之正道？这就从人所共知的常理上，驳倒了渔父的主张，揭出了圣人与世推移之说的全部荒谬性。再加以"安能以身之察察，受物之汶汶者乎"的反诘，便显得更为严正有力。这反驳真是既浅显又深刻，表现出诗人对人生哲理，曾作过多么深切的思考！对于渔父的关切劝告，屈原又以"宁赴湘流，葬于江鱼之腹中"之语，表明其虽然感激，却又不能不加以拒绝的断然态度。一场关系安身立命之道的思想交锋，在貌似寻常的问答中告终。在折节保身和舍身取义的鲜明对立中，屈原正以其坚定的抉择，显示了宁为玉碎、不为瓦全的伟大志节的光辉！

渔父显然也被打动了，因为他终于露出了晴朗的微笑。本文结尾正以"渔父莞尔而笑，鼓枻而去"的动人描述，展出了一个云开雾散的空阔境界。最耐人寻味的，是渔父所唱的那支《沧浪之歌》，清水濯缨，浊水濯足，不以同样浅显而形象的比喻，补充屈原的"沐""浴"之理吗？清浊之境原不可混淆，谁又愿意把系冠之缨濯之于混浊之流呢？许多注家以为，渔父之歌仍在说明圣人“与世推移”的哲理，这恐怕是误解了。他其实是被屈原的峻洁志节所折服，才微笑摇桨，以此动人的清歌，来表达对这位逐臣的不尽慰勉之情的，这也正是渔父的可爱之处。

渔父去了，悠悠的“沧浪”之歌，却还伴着沉思中的诗人，在高高的江岸上回荡。《渔父》对二千年前这一幕问答情景的传神描摹，使披蓑戴笠的渔父、清癯沉吟的屈原，至今还以其充满睿智的音容笑貌，历历分明地浮现在湘江的清波白云之间，多么令人神往和缅怀呵！

（潘啸龙）

招　魂[①]　　屈　原

朕幼清以廉洁兮，身服义而未沫；主此盛德兮，牵于俗而芜秽。上无所考此盛德兮，长离殃而愁苦。

帝告巫阳曰：“有人在下，我欲辅之。魂魄离散，汝筮予之！”巫阳对曰：“掌梦[②]？上帝命其难从！”“若必筮予之，恐后之谢，不能复用。”

巫阳焉乃下招曰：魂兮归来！去君之恒幹，何为四方些？舍君之乐处，而离彼不祥些。

魂兮归来！东方不可以托些。长人千仞，惟魂是索些。十日代出，流金铄石些。彼皆习之，魂往必释些。归来归来！不可以托些。

魂兮归来！南方不可以止些。雕题黑齿[③]，得人肉以祀，以其骨为醢些。蝮蛇蓁蓁，封狐千里些。雄虺九首，往来儵忽，吞人以益其心些。归来归来！不可以久淫些。

魂兮归来！西方之害，流沙千里些。旋入雷渊，爢散而不可止些[④]。幸而得脱，其外旷宇些。赤螘若象，玄蠭若壶些。五谷不生，藂菅是食些[⑤]，其土烂人，求水无所得些。彷徉无所倚，广大无所极些。归来归来！恐自遗贼些。

魂兮归来！北方不可以止些。增冰峨峨，飞雪千里些。归来归来！不可以久些。

魂兮归来！君无上天些。虎豹九关，啄害下人些。一夫九首，拔木九千些。豺狼从目，往来侁侁些[⑥]。悬人以娭，投之深渊些。致命于帝,然后得瞑些[7]。归来归来！往恐危身些。

魂兮归来！君无下此幽都些。土伯九约,其角觺觺些[8]。敦脄血拇,逐人駓駓些[9]。参目虎首,其身若牛些。此皆甘人,归来归来！恐自遗灾些。

魂兮归来！入修门些。工祝招君,背行先些。秦篝齐缕,郑绵络些。招具该备,永啸呼些。魂兮归来,反故居些。天地四方,多贼奸些。像设君室,静闲安些。高堂邃宇,槛层轩些。层台累榭,临高山些。网户朱缀,刻方连些[10]。冬有突厦,夏室寒些[11]。川谷径复,流潺湲些。光风转蕙,氾崇兰些。经堂入奥,朱尘筵些[12]。砥室翠翘,挂曲琼些[13]。翡翠珠被,烂齐光些。蒻阿拂壁,罗帱张些[14]。纂组绮缟,结琦璜些[15]。室中之观,多珍怪些。兰膏明烛,华容备些。二八侍宿,射递代些[16]。九侯淑女,多迅众些。盛鬋不同制[17],实满宫些。容态好比,顺弥代些。弱颜固植,謇其有意些[18]。姱容修态,絙洞房些。蛾眉曼睩,目腾光些。靡颜腻理,遗视矊些[19]。离榭修幕,侍君之闲些。翡帷翠帐,饰高堂些。红壁沙版,玄玉梁些[20]。仰观刻桷[21],画龙蛇些。坐堂伏槛,临曲池些。芙蓉始发,杂芰荷些。紫茎屏风,文缘波些。文异豹饰,侍陂陁些。轩辌既低,步骑罗些。兰薄户树,琼木篱些。魂兮归来！何远为些?

室家遂宗,食多方些。稻粢穱麦,挐黄粱些[22]。大苦咸酸,辛甘行些。肥牛之腱,臑若芳些[23]。和酸若苦,陈吴羹些。胹鳖炮羔,有柘浆些[24]。鹄酸臇凫,煎鸿鸧些[25]。露鸡臛蠵,厉而不爽些[26]。粔籹蜜饵,有餦餭些[27]。瑶浆蜜勺,实羽觞些。挫糟冻饮,酎清凉些[28]。华酌既陈,有琼浆些。归反故室,敬而无妨些。

肴羞未通,女乐罗些。陈钟按鼓,造新歌些。《涉江》《采菱》,发《扬荷》些。美人既醉,朱颜酡些。娭光眇视,目曾波些。被文服纤,丽而不奇些。长发曼鬋,艳陆离些。二八齐容，起郑舞些。衽若交竿，抚案下些㉙。竽瑟狂会，搷鸣鼓些㉚。宫庭震惊，发《激楚》些。吴歈蔡讴，奏大吕些㉛。士女杂坐，乱而不分些。放陈组缨，班其相纷些㉜。郑卫妖玩，来杂陈些。《激楚》之结，独秀先些。菎蔽象棋，有六簙些㉝。分曹并进，遒相迫些。成枭而牟，呼五白些㉞。晋制犀比，费白日些㉟。铿钟摇簴，揳梓瑟些㊱。娱酒不废，沈日夜些。兰膏明烛，华镫错些。结撰至思，兰芳假些。人有所极，同心赋些。酎饮尽欢，乐先故些。魂兮归来！反故居些。

乱曰：献岁发春兮，汩吾南征㊲。菉蘋齐叶兮，白芷生。路贯庐江兮，左长薄㊳。倚沼畦瀛兮，遥望博㊴。青骊结驷兮，齐千乘。悬火延起兮，玄颜烝㊵。步及骤处兮，诱骋先。抑骛若通兮㊶，引车右还。与王趋梦兮，课后先㊷。君王亲发兮，惮青兕。朱明㊸承夜兮，时不可以淹。皋兰被径兮，斯路渐㊹。湛湛江水兮，上有枫。目极千里兮，伤春心。魂兮归来，哀江南！

〔注〕 ①《招魂》：东汉王逸《楚辞章句》题为宋玉作。明清以来逐渐有怀疑此说者。据司马迁《屈原列传·论赞》"余读《离骚》《天问》《招魂》《哀郢》，悲其志"之语，遂疑为屈原所作。目前学术界对此尚有争议。作为介绍，笔者取"屈原作"之说。至于所招对象，学术界亦有宋玉招屈原生魂、屈原自招其魂、屈原招死于秦国的怀王之魂、屈原招怀王未死之魂等诸种解说。笔者则以为此文不管是宋玉所作，还是屈原所作，所招对象似为楚襄王，原因是"乱辞"指明的射猎云梦、为青兕所惊而得病。怀王客死于秦的说法，在"乱辞"中无所依据，似不可信。 ② 梦：指楚之云梦泽。掌梦，即掌管云梦的人，实际上就是楚王。一说"掌梦"指掌管占梦的巫。朱熹《楚辞集注》谓"此一节巫阳对语不可晓，恐有脱误"。 ③ 雕题黑齿：指额上刺纹、牙齿以漆染黑之人。题，额。 ④ 旋入：卷进。雷渊：神话传说中的西方水渊。靡(mí 迷)：烂、坏。 ⑤ 藂：同"丛"。菅(jiān 坚)：一种野茅草。 ⑥ 从目：即纵目，竖着眼睛。侁侁(shēn 身)：众多貌。 ⑦ 娭：同"嬉"。瞑：此指被投入深渊之人，必待复命于天帝后，才痛苦地死去。 ⑧ 土伯：地府守门之怪。九约：指土伯之形象奇特，或以为九曲，或以为九尾，或以为肚下垂着九块肉。觺(yí 疑)觺：角锐利貌。 ⑨ 敦脄(méi 煤)：敦，厚；脄，背上肉。血拇：染着血的指爪。駓(pī 批)駓：跑得很快的样子。 ⑩ 网户：带有镂空网状花格的门。朱缀：朱饰的连结之处。刻方连：雕刻四方相连的图饰，如今卍字。 ⑪ 突(yào 要)厦：结构重深不受寒气侵袭的暖室。 ⑫ 奥：深处，指内室。朱尘：红色的屋顶棚，可以承接灰尘。筵：铺在地上的竹席。 ⑬ 砥室：用磨平石板砌墙铺地的房间。翠翘：翠鸟尾上的长毛，作室内装饰。曲琼：美玉制成的壁钩，可悬挂衣物。 ⑭ 蒻阿：细软的缯。拂壁：遮在墙壁上。罗帱(chóu 筹)：丝织的帐。 ⑮ 纂(zuǎn)、组、绮、缟(gǎo 搞)：指帐幔上装饰的不同颜色的丝带，红的称纂，五色

错杂的称组，有花纹的称绮，白色的称缟。 ⑯ 二八：十六位美女；或二八之龄。射（yì 亦）：厌。递代：轮换。 ⑰ 九侯淑女：出身贵族的好女子。迅众：出众。盛鬋（jiǎn 剪）：下垂的鬓发丰盛浓密。 ⑱ 顺弥代：顺，诚；弥代，绝代。弱颜：柔嫩的容貌。固植：坚贞。植，通“志”。 ⑲ 靡：精致。腻：光滑。遗（wèi 畏）：投赠。视：目光。矊（mián 棉）：含情而视貌。 ⑳ 沙版：丹砂漆的户版、窗台版等。玄玉梁：黑玉为饰之梁。 ㉑ 刻桷（jué 决）：刻镂花纹的方椽子。 ㉒ 粢（zī 资）：小米。穱（zhuō 捉）：麦之一种。挐（rú 如）：掺杂在一起。 ㉓ 腱（jiàn 健）：牛蹄筋。臑（ér 而）：熟烂。若：而且。 ㉔ 胹（ér 而）：煮。羔：小羊。柘：即蔗。 ㉕ 鹄酸：当作“酸鹄”，醋烹的天鹅。臇（juàn 绢）凫：炖野鸭。鸿：大雁。鸧（cāng 仓）：水鸟名，形似鹰。 ㉖ 露鸡：腌腊鸡，或曰烤鸡、卤鸡。臛蠵（huò 霍 xī 希）：以龟肉作羹。厉：浓烈。爽：败。不爽，不败胃口。 ㉗ 粔籹（jù nǚ 巨女）：蜜和米面油煎成的圆饼。饵（ěr 耳）：糕饼。餦餭（zhāng huáng 张皇）：饴糖之类。 ㉘ 挫糟：从酿酒缸中逼开酒糟压出的清酒。冻饮：冰镇过的酒。酎（zhòu 宙）：醇酒。 ㉙ 衽（rèn 任）：衣袖。交竿：形容长袖飘飞互相交叉如竿。抚案下：舞毕收敛手足徐徐而退。 ㉚ 狂会：交相齐奏。搷（tián 田）：急击。 ㉛ 吴、蔡：均古国名，此指吴、蔡地区。歈（yú 俞）、讴：均指歌曲。大吕：乐律名。古乐分十二律，“大吕”为第二律。 ㉜ 放：解下。陈：摆着。组缨：衣带和冠缨。此句言除去冠带。班：坐次。纷：纷乱。 ㉝ 菎：通“琨”，美玉。蔽：下棋用的筹码。六簙（bó 博）：古代弈棋赌博的游戏，用六只筹码十二个棋子六白六黑以决胜负，两人对下，掷骰行棋。 ㉞ 分曹，相迫：每两人为伴对下，相互争胜。遒：急。成枭而牟，呼五白些：枭，古博戏的胜彩。《韩非子·外储说左下》：“博者贵枭。”牟，加倍。《招魂》王逸注：“倍胜为牟。”“呼五白”者，宋程大昌《樗蒲经略》云：古樗蒲戏，“斫木为子，一具凡五子，五子之形，两头尖锐，中间平广。凡一子悉为两面，其一面涂黑，一面涂白。挪木而掷，往往叱喝，使致其极”。掷得五子皆黑，为“卢”，最贵；其次五子皆白，为“白”。呼五白，谓当骰子旋转黑白未定时，呼喝其出现五白，以遂己意。 ㉟ 晋制犀比：未详。王逸注谓“晋国工作簙棋箸，比集犀角，以为雕饰，投之皓然如日光也”。费：通“曊”，光耀。 ㊱ 铿：撞击。簴（jù 据）：挂钟的木架。揳（jiá 颊）：弹奏。 ㊲ 献岁：进入新的一年。汩（yù 欲）：迅疾。 ㊳ 贯：穿。庐江：水名。洪兴祖《楚辞补注》引《汉书·地理志》：“庐江出陵阳东南，北入江。”（按此处所指庐江，当在湖北襄阳宜城一带。）长薄：草木丛生的长林地带。 ㊴ 倚，靠近。畦：一片片水田。瀛：茫茫大水。博：平。 ㊵ 悬火：放火驱赶野兽，远望之烟火若悬浮空中。延起：火势蔓延而起。玄颜烝：指火焰熏腾，天色黑里透红。 ㊶ 抑：止。骛：驰。若通：通畅。 ㊷ 梦：楚之云梦泽。课后先：考察、品较先至后至。 ㊸ 朱明：夏天的太阳，此指白昼。 ㊹ 皋：泽、水边。被：覆盖。渐：淹没。

与中原迥然不同的南国巫风，奢奇侈丽的楚王宫廷生活，交汇着楚人那神奇荒诞的浪漫之思，造出了这篇铺张扬厉、辞采瑰玮的“招魂”奇辞。

《招魂》之奇，首先奇在它的结撰。全文洋洋千数百言，由序辞、招辞、乱辞三部分组成。招辞是全篇的精华，构成《招魂》的宏伟主体；序辞、乱辞则叙述“招魂”的缘起及其所招对象。而一个令千古读者迷茫的难解之谜，恰正寓于这毫不引人注目的序辞和乱辞之中：序辞以突兀而发的六句骚体开篇，篇中出现了一个自称幼年以来“清廉”“服义”，而又牵于俗累、遭逢祸殃的“愁苦”之“朕（我）”。读者不禁要问：这“朕”究竟是谁？他到底遭逢了什么灾殃而求告上帝为之招魂？文中竟一无交代，即又续以“帝告巫阳”一节，引出了“巫阳下招”的奇境奇情。这就在开篇之际涌出了一重飘忽的疑云。这疑云笼盖了全篇，直到结尾的乱辞，才似乎有了消散的转机。偏偏在乱辞中又出现了一个“吾”（我），从他追随君王射猎云梦的情景看，显然不是篇首那个自诉愁苦的“朕”；而且全辞的结句，正是从他口中发出了“魂兮归来，哀江南”的凄怆呼唤——一个神情凄怆的我，呼唤着一个“离殃”“愁苦”的我的魂魄！这究竟是怎么回事呢？历代的楚辞注家，均在这个谜团上费尽猜思，提出了种种不同的解说。但从楚辞“乱辞”有“发理词旨，总撮其要”的特征看，此文所招对象，显然就是“乱辞”中提到的“君王”即楚襄王。他之所以“离殃”，只是由于在射猎云梦时受了青兕的惊吓，因而魂魄离散，卧床不起，需要招魂。以此反观前文，便知开篇之“朕”，原是作者托为君王口气，向上帝发出的求告。“乱辞”中的“吾”，才恢复了作者的自称，以追叙楚王“离殃”之因。结撰上的因果倒置和人称上的同称而异指，正这样给《招魂》带来了峰回路转的迷境，成为楚辞研究中长久难决的悬案。

不过，作为一般读者，对上述悬案自可置之不顾。因为当你一进入巫阳招魂的第一部分时，便立即为它的恢宏境界和匪夷所思的奇想所吸引，而无暇旁顾了。从“招魂”的实用意图看，这部分内容无非是要表现四方世界的险恶，以“吓唬”飘荡的灵魂赶快“归来”。倘在“重实际”的北方中原，这景象大约只需数语即可说完。在国外，例如缅甸的卡仁人，“招魂”的时候也用吓唬的方式，却很少神奇的想象：“卡—尔—罗！回来吧，灵魂！不要滞留在外面了：天如下雨，会把你淋湿。太阳出来，你会受热。蚊蚋要叮你，水蛭要咬你，老虎要吃你，雷电要轰你。卡—尔—罗！回来吧，灵魂！”陈述的均是日常现象，用语也朴实无华，似乎很少有震骇灵魂的力量。

《招魂》的作者，却生活在富于巫风色彩的南楚“神话—图腾世界”之中。《山海经》所记载的远古传说，相对原始的楚人对“天地四方，多贼奸些”的神怪之思，极大地激发着作者的创造力和想象力。当其涌腾笔端的时候，便化出了一幅幅“招魂”奇景：

> 魂兮归来！东方不可以托些。长人千仞，惟魂是索些。十日代出，流金铄石些……

随着巫阳的念念有辞，现实的世俗世界霎时在眼前消隐；楚王那可怜的游魂，似乎突然置身在鸿蒙初辟的洪荒神话时代。此刻展现于他眼际的，竟是何其森怖骇人的景象：在流金铄石的东方十日照耀下的，是挺立千仞、惟魂是索的可怕长人；在南方与“雕题黑齿，得人肉以祀”的怪人为伍的，又有九头的雄虺、易形魅人的妖狐；西方、北方不仅有灼人的流沙、黑浪沸旋的雷渊和冷彻骨髓的冰层，还飞鸣着巨若葫芦的毒蜂、蹒跚着体若大象的赤蚁，真是不可思议！楚王之魂也许战战兢兢想要上天入地，但是且慢，天上有虎豹把关不算，只是那九首的独夫，纵目的豺狼，就够你受的了：它玩兴一来，就会把你悬挂起来取乐，玩罢以后，再投入无底深渊！地下的"幽都"，则又有头角尖利的凶恶"土伯"，急急奔跑着，正寻找着人肉作美餐呢！

作者正是这样，适应着魂魄飘荡不定的特点，以如椽之笔融汇南方的神怪传说，在无比广大的空间上，勾勒了"天地四方多贼奸"的虚幻之境。这境界是恐怖的，它完全服从于"招魂"习俗威吓灵魂归来的需要；但它同时又是神奇缤纷的，丰富的想象、层出不穷的铺陈和惊人的夸张，使这境界的构制远远超出了"招魂"的实用需要，而跨入了艺术表现的奇异殿堂。读者从这幻境中领略到的，不正是一种带有浓郁荒古神怪气息，而又气象恢宏的"狰狞之美"么？

正当楚王之魂在森怖之境前吓得逡巡却步、不知所往之时，从云烟缥缈中突然传来了"魂兮归来，入修门(楚都南门)些"的亲切召唤。这在全文是一个坤转乾旋式的大转折。作者只用八个字，便将先前构置的神幻虚境一下惊散，并引导灵魂进入了一个气象悉殊的新天地。正如《离骚》于如火如锦的神游中，突以"忽临睨夫旧乡"造成巨大的跌转一样，显示了作者挽回狂澜的巨大笔力！

这气象悉殊的新天地，就是可爱的楚宫"故居"。如果说，《招魂》的前一部分，运用的主要是"威吓"灵魂归来的方式的话，这后一部分的立意，便全在一个"诱"字。为适应诱使游魂安定在故居的需要，作者对楚宫居室、侍御、饮食、女乐、娱戏这些世俗生活中最富魅力的享受，作了层层的铺陈和渲染。由于这铺陈用了灵活多变的笔姿、富丽缤纷的辞采，而且场面宏大、刻画生动，读来便一无沉闷之感，只觉得有一种奇境纷呈、应接不暇的惊异和畅悦。

文中叙宫廷居室之美，用的是富丽精工的彩绘。在嵯峨的高山下、潺湲的川谷畔，猛然展开楚宫的层台累榭、高堂邃宇。从"网户朱缀"画到"砥室翠翘"；再加上"红壁沙版玄玉梁"的盛饰、"曲池芙蓉杂芰荷"的花馨。这故居便以人间最奢华的气派，矗现在楚王游魂之前，能不引发他流连不去的依恋？状侍御、女乐之容，用的则是神韵飞动的速写和写意笔法。那递代侍宿的"九侯淑女"，不仅"姱容修态"，而且眉目传情。作者描写她们的美妙风韵，似乎早就领悟了"画眼睛"的奥秘，只以"蛾眉曼睩，目腾光些"稍加点染，便让楚王之魂，瞥见了这脉脉含情的最动人刹那。摹写女乐，则有"美人既醉，朱颜酡些；娭光眇视，目曾波些"。她们方才出场，目光流动中已显出多少朦胧可人的憨态！而一当新歌妙啭、舞袖轻展，那“衽若交竿，抚案下些”的疾、徐、飘、敛之姿，又多么富于稍纵即逝的动态美。对宫中饮食之丰的夸说，似乎很难用画笔描摹。作者干脆就把楚王之魂邀入盛大华筵之座，让他直接面对一道道色味俱美的佳肴：肥美的牛腱，拌和酸汁的天鹅、野鸭，还有清蒸鳖、烤羊羔等等，斟满清凉醇酒，这几乎荟萃了人世一切美味的饮食，能不令楚王之魂馋涎欲滴？写到宫中的娱戏之乐，作者又换了一种笔意：他只是摆开象棋、六簙，让楚王站在远处，于“分曹并进、遒相迫”的紧张气氛中，听一听那“成枭而牟、呼五白”的欢快吆喝之声，大约便可以令他心中痒痒了吧！

读者可以看到，《招魂》对楚宫故居奢丽华侈生活的铺陈和夸饰，简直如云蒸霞蔚，璀璨夺目，达到了登峰造极之境。文中所展示的，虽然是与前半篇的神怪虚境完全不同的世俗生活实境，但规模的宏伟，场景的奢奇，同样带有相当的想象成分，并具有一种恢宏的气象。作者的描摹，虽然限于楚宫这相对狭小的范围之内，但它所反映的，难道不正是“居南天之半，气象常并吴越”的堂堂雄楚气派和在物质文明发展上那绚烂多彩的奇观？

《招魂》用了如此缤纷的辞采，夸耀和渲染楚宫故居的享乐生活，这在思想境界上似乎不足为训，后世文论家刘勰就曾据此指斥它多“荒淫之意”（《文心雕龙·辨骚》）。就这一点看，它当然不能与《离骚》《天问》的高洁情志和忧愤之思相比。但它也并非一无价值。此文之作既然为的是“招魂”，其内容、构思，自然不能不受民间“招魂”夸耀人生享乐习俗的影响和制约。但在西方的宗教观念中，俗世生活常常被说成是人类“原罪”的痛苦惩罚，只有悬浮在尘世之上的帝京、天堂，才是美妙幸福的归宿。《招魂》则以明确的语言，否定了天地四方可以找到幸福的幻想，而无比执著地诉说着对尘世生活、对故国故居的深深眷恋。剔去《招魂》的神秘氛围，显示的就正是这样一种对于人生的亲切明朗的乐观态度。

而更重要的是，《招魂》是作为一篇艺术作品呈现在后世读者面前的。正如人们瞻仰古代庙堂，主要在于观赏它富丽辉煌的建筑和精湛神奇的雕画，而不再考虑它原先蕴含的神秘观念一样，《招魂》之惊动后世的，也正是它艺术上的宏伟气象和纷纭多姿的刻画技巧。明人陆时雍赞叹《招魂》“文极刻画，然鬼斧神工，人莫窥其下手处”（见蒋之翘《七十二家评楚辞》卷七引）；清人蒋骥惊呼其“章法珠贯绳联，相绎而出，其次第一层进一层。入后异采惊华，缤纷繁会，使人一往忘返矣”（见《山带阁注楚辞·余论》），正说出了后世读者观赏《招魂》的共同感觉。特别是它借“招魂”作为主线，把对宫室、饮食、女乐、娱戏，包括“乱辞”中的“射猎”等完全不同的生活景象，通过分类铺叙方式一气贯串，构成宏伟巨制，“浑如天际浮云，自起自灭”，以极“作文之变”（《山带阁注楚辞·余论》），更直接启迪了汉代赋家枚乘、司马相如，并呼唤着《七发》《子虚赋》《上林赋》等瑰玮大赋的诞生。就这一些看，它又可与《离骚》《天问》并肩，如三座巨峰，拔出于先秦文学的云烟缭绕之中，高高地俯视着“汉赋”这一大国在脚下的巍然崛起！（潘啸龙）

【作者小传】

宋　玉

战国楚辞赋家。后于屈原，或称是屈原弟子。曾事顷襄王。《史记·屈原贾生列传》说他和唐勒、景差“皆好辞而以赋见称，然皆祖屈原之从容辞令，终莫敢直谏”。《汉书·艺文志》著录其赋十六篇，颇多亡佚。《隋书·经籍志》著录《宋玉集》三卷，已失传。其流传作品见于王逸《楚辞章句》和《文选》，以《九辩》最为可信。

风　赋

宋　玉

楚襄王游于兰台之宫①。宋玉、景差②侍。有风飒然而至。王乃披襟而当之，曰：“快哉此风！寡人所与庶人共者邪？”宋玉对曰：“此独大王之风耳，庶人安得而共之？”

王曰：“夫风者，天地之气，溥畅而至，不择贵贱高下而加焉。今子独以为寡人之风，岂有说乎？”宋玉对曰：“臣闻于师：枳句来巢③，空穴来风。其所托者然，则风气殊焉。”

王曰：“夫风始安生哉？”宋玉对曰：“夫风生于地，起于青蘋之末④，侵淫⑤溪谷，盛怒于土囊⑥之口，缘泰山之阿⑦，舞于松柏之下。飘忽淜滂⑧，激飏熛怒⑨，耾耾雷声，回穴错迕⑩。蹶石伐木，梢⑪杀林莽。至其将衰也，被丽披离，冲孔动楗⑫。眴焕粲烂⑬，离散转移。故其清凉雄风，则飘举升降，乘凌高城，入于深宫。邸华叶而振气⑭，徘徊于桂椒之间，翱翔于激水之上，将击芙蓉之精⑮，猎蕙草⑯，离秦衡⑰，概新夷⑱，被荑杨⑲。回穴冲陵⑳，萧条众芳。然后倘佯中庭，北上玉堂㉑，跻于罗帷，经于洞房㉒，乃得为大王之风也。故其风中人，状直憯凄惏慄，清凉增欷㉓。清清泠泠，愈病析酲。发明耳目，宁体便人。此所谓大王之雄风也。”

王曰：“善哉论事！夫庶人之风，岂可闻乎？”宋玉对曰：“夫庶人之风，塕然㉔起于穷巷之间，堀堁㉕扬尘。勃郁烦冤㉖，冲孔袭门。动沙堁，吹死灰。骇溷浊，扬腐余㉗。邪薄入瓮牖，至于室庐㉘。故其风中人，状直憞溷郁邑，殴温致湿㉙。中心惨怛，生病造热㉚。中唇为胗，得目为蔑㉛。啗齰嗽获㉜，死生不卒㉝。此所谓庶人之雌风也。”

〔注〕①楚襄王：即楚顷襄王，名横，公元前298—前263年在位。兰台：楚国宫苑名，旧址在今湖北钟祥。②景差：楚大夫，亦为辞赋作家，其作品今不传。或以为《大招》为其所作。③枳句（gōu 勾）来巢：枳，树名。句，同“勾”，树的丫杈。此句言枳树有杈，就会有鸟来筑巢。此句与下句“空穴来风”，或是当时的谚语。④青蘋之末：蘋的叶尖。⑤侵淫：同“浸淫”，逐渐扩展。⑥土囊：洞穴。⑦阿：山凹。⑧淜滂（píng pāng 平乓）：风吹击物体的声音。⑨激飏：激起。飏，同“扬”。熛怒：形容风势像火焰般怒号。⑩耾（hóng 红）耾雷声：风声像响雷一样。回穴：旋转。错迕：交错。⑪梢：通“箾”，打击。⑫被丽披离：四面分散的样子。冲孔动楗：只能冲击小洞和动摇门栓，形容风的力量已甚微弱。⑬眴（xuàn 炫）焕粲烂：形容景物鲜明，是风埃逐渐平息以后的光景。⑭邸：通“抵”。华：同“花”。振气：散发香气。⑮芙蓉之精：荷花。精，通“菁”，花。⑯猎：掠过。蕙草：香草名。⑰离：历，经过。秦衡：产于秦地之香木杜衡。⑱概：古代量米麦时刮平斗斛的器具，这里是说风在树木的顶上吹过。新夷：即辛夷，又名木笔。⑲被：披开。荑（tí 题）杨：初生的杨枝。⑳冲陵：冲击侵袭。陵，同“凌”。㉑玉堂：宫殿之美称。㉒洞房：深邃的内室。㉓憯凄惏慄：惨痛寒冷的样子。欷：抽咽声。宋玉《九辩》：“憯凄增欷，薄寒之中人。”㉔塕（wěng）然：风起的样子。㉕堀堁（kū kè 哭课）：冲起尘土。㉖勃郁烦冤：风回旋的样子。㉗溷浊：污秽肮脏之气。腐余：物质腐烂的气味。㉘邪薄：偏斜地迫近。瓮牖：以破瓮做窗户，表示贫穷人家。室庐：住房。㉙憞（dùn 钝）溷：烦浊的样子。郁邑：忧闷。殴温致湿：言此风驱来了温湿气，使人生病。殴，同“驱”。㉚中（zhòng 众）心：进入人的内心。惨怛（dá 达）：悲惨，忧愁。造热：使人发烧。㉛胗（zhěn 枕）：唇疮。蔑：通“䁾”，眼眶中排泄物堆积凝结，为眼病的一种。㉜啗（dàn 淡）：同“啖”，吃。齰（zé 责）：咬啮。嗽：吮吸。获：通“嚄”，大叫。以上四种动作，形容人受风得病后口动的样子。㉝死生不卒：言人得了风疾，处于不死不活状态。卒，终了。

《风赋》是一篇以风为描写和议论对象的小赋。全篇用问答体，着意铺叙风的发生过程和各种态势，并对“大王之雄风”与“庶人之雌风”作了细致而鲜明的对比，反映了宫廷生活的豪奢与贫民生活的愁惨，表现了作者对前者的不满和对后者的同情。全文可按四问四答的结构分为四个部分。

首二句“楚襄王游于兰台之宫。宋玉、景差侍”是必要的交代，点明观风地点和人物身份。“有风飒然而至。王乃披襟而当之”，一句写风入题，一句写人引出下文。“快哉此风！寡人所与庶人共者邪?”风是自然现象，普天同享，应属常识；楚襄王还天真，有此一问，不料作者回答得一本正经：“此独大王之风耳，庶人安得而共之?”用笔非常巧妙。楚襄王听了，越发天真起来，于是又有二问二答。

“王曰：‘夫风者，天地之气，溥畅而至，不择贵贱高下而加焉。今子独以为寡人之风，岂有说乎?’”楚襄王对宋玉的回答摸不着头脑，进而刨根问底：“可有说乎?”宋玉假戏真做，回答得更加有根有梢：“臣闻于师：枳句来巢，空穴来风。其所托者然，则风气殊焉。”他抬出老师，引用成语，说得振振有词。后两句极为关键，引起后面两大段文字。

“王曰：‘夫风始安生哉?’”应该知道，《风赋》主旨是写风，作者精心设计对话的意图，主要还是为了自然引出对风的正面描写。所以楚襄王这第三问犹如一座桥梁，沟通了作者挥洒才气，健笔写风的道路。于是在作者的笔下，但见风声阵阵，扑面而来：“夫风生于地，起于青蘋之末”，先写风的发生；“侵淫溪谷，盛怒于土囊之口”，次写风势的发展；“缘泰山之阿，舞于松柏之下”，再写风行的路线。渐渐地，风势越来越大。“飘忽淜滂”以下六句，是写风的高潮，作者分别从风的气势，风的声威，风的力量等处落墨，写得壮美之极。“至其将衰也”五句，是写风由大到小的减弱过程，作者分别从风力的分散转移，风后的光景色彩着笔，写得优美之至。以上这部分，把风的发生发展过程写得气势磅礴而又细致有序，给人以如见其状，如历其境之感，同时也为下文着意写雄、雌二风蓄足了势。

作者写雄风，仍然着力于动态，但变化了描写角度，重点写它的“飘举升降”的飞行历程：先是“乘凌高城，入于深宫”，接着“徘徊”“翱翔”于花间水上，掠过香花香草，花草承受的只是“萧条众芳”的灾难。作者在描写美景时忽然夹上一句“萧条众芳”，乍看似不和谐，实则加强了对“雄风”的讽意，细细体味自能领会。雄风穿过宫苑，进入殿宇，升越帷帐，经过内室，然后成为“大王之风”。通过层层渲染，这风到达深宫内院，确乎非“大王”不能享受，“庶人安得而共之”了。这风吹入人体，寒冷刺骨，振奋你的精神，能为人治病解酒，使人耳聪目明，身康体宁。“大王之雄风”，何其善哉！何其快哉！

接着，作者又很自然地利用楚襄王的问话过渡，引出了“庶人之雌风”，这是全文的最后部分。作者在写“雌风”时，处处将其与“雄风”作反比对照：它只是在“穷巷之间”，“堀堁扬尘”，只是在“瓮牖”“室庐”，“冲孔袭门”；它只是刮起“沙堁”和“死灰”，只是扬起“溷浊”和“腐余”；它只能使人“中心惨怛，生病造热”，只能使人受风得病，“死生不卒”。“庶人之雌风”何其恶哉！何其悲哉！

文章至此戛然而止，没有写下楚襄王的反应。在如此惊心动魄的鲜明对比面前，想来他不会不有所感悟，而说一声“悲哉”一类的话吧。

宋玉的这篇《风赋》在赋体散文的发展史上占有重要的地位。比宋玉稍早或同时，赵国的荀子写了《箴》《云》《蚕》等咏物小赋，但其篇幅极短，句式单一，且多为抽象的概括，很少具体的描写，作用也只是猜谜娱乐；而宋玉的《风赋》不仅篇幅有所加长，句式极富变化，而且写得也相当精细。如它对风的发生发展过程的动态描写，其细致具体和生动形象是前所未有的。再如对雄、雌二风的刻画，为形成一种气势，达到某种效果，连用大略相同的句式，反复渲染，更开了“铺采摛文”(《文心雕龙·诠赋》)的先河。还有对“故其风中人”的描绘，采用了明显的夸张手法，给人以十分强烈的印象。毋庸置疑，这种精细笔墨，对赋的铺张扬厉的传统的形成，有着开创意义。

《风赋》不仅在状物小赋的表现技巧方面有所开拓，在其思想内容方面也有所创造，至少，在三个方面扩展了状物小赋的思想含量：一是在状物的同时，也注意到对社会生活的反映。二是通过鲜明的对比描写，表现自己的思想感情。赋中，作者对所谓大喜大福的“大王之雄风”的讽刺和对大灾大难的“庶人之雌风”的同情是明显的。三是给予赋以讽的使命。赋的开始部分的对话里蕴含着讽刺意义。如“此独大王之风耳，庶人安得而共之”，如“其所托者然，则风气殊焉”，都含有深意，又使讽刺对象不觉，婉讽手法十分高明。

此外，《风赋》对主客问答结构的运用，对完善赋的体制也有积极的影响。客的问话是提出问题，并用以过渡到下文；主的答话是解决问题，用以表述主要内容。这种形式对以描写各种事物为主旨的赋体散文，无疑十分方便，因而被后人广为应用，逐步形成了赋体文章所特有的结构体制。在这方面，《风赋》有着开风气的贡献。

(周先民)

对楚王问 宋 玉

楚襄王问于宋玉曰：“先生其有遗行与①？何士民众庶不誉之甚也②？”

宋玉对曰：“唯，然，有之。愿大王宽其罪，使得毕其辞。”

“客有歌于郢③中者，其始曰《下里》《巴人》④，国中属而和者⑤数千人；其为《阳阿》《薤露》⑥，国中属而和者数百人；其为

《阳春》《白雪》⑦,国中属而和者不过数十人;引商刻羽,杂以流徵⑧,国中属而和者不过数人而已。是其曲弥高,其和弥寡。故鸟有凤而鱼有鲲⑨。凤皇上击九千里,绝云霓,负苍天,翱翔于杳冥之上⑩;夫蕃篱之鷃⑪,岂能与之料天地之高哉!鲲鱼朝发昆仑之墟⑫,暴鬐于碣石⑬,暮宿于孟诸⑭。夫尺泽之鲵⑮,岂能与之量江海之大哉!故非独鸟有凤而鱼有鲲也,士亦有之。夫圣人瑰意琦行⑯,超然独处,夫世俗之民又安知臣之所为哉!"

〔注〕 ① 遗行:有失检点的行为与作风。 ② 不誉:不称赞,非议。 ③ 郢(yǐng 影):战国时楚国都城,所在何处学术界有不同看法,一般以为在今湖北江陵县北。 ④《下里》《巴人》:均当地民间俗曲。 ⑤ 属(zhǔ 嘱):聚在一起。和(hè 贺):跟着唱。 ⑥《阳阿(ē)》:古歌曲名,亦作"扬荷"。《薤(xiè 械)露》:古代挽歌名。 ⑦《阳春》《白雪》:均为古代楚国雅曲名。 ⑧ 引商刻羽,杂以流徵(zhǐ 止):指讲究声律,有很高成就的音乐演奏。商、羽、徵均为古代五音之一。 ⑨ 鲲:传说中的一种大鱼。《庄子·逍遥游》:"北冥有鱼,其名为鲲,鲲之大,不知其几千里也。" ⑩ 杳冥:极高极远,目力难望的高空。 ⑪ 蕃篱:篱笆。鷃:鷃雀,一种小鸟。 ⑫ 墟:山脚下。 ⑬ 暴:同"曝",晒。鬐:鱼脊上的骨翅。碣石:山名。在今河北昌黎县境内,本在渤海中。 ⑭ 孟诸:古大泽名,故址在今河南商丘东北。 ⑮ 尺泽:一尺长宽的水塘,极言其小。鲵:小鱼。 ⑯ 瑰、琦:本指美石、美玉,这里以瑰意琦行指称高洁美好的情操和行为。

此文是用辞赋体写的散文。刘勰称:"宋玉含才,颇亦负俗,始造对问,以申其志,放怀寥廓,气实使之。"(《文心雕龙·杂文》)"对问"即指此文。在文体上,刘勰将其与枚乘《七发》、扬雄《连珠》等"总括其名,并归杂文之区",是属于不便单独归类的一类。称之为"文章之枝派,暇豫之末造也",总之属于消闲遣兴的东西;"然讽一劝百",亦不无寓托于其间。"负文余力,飞靡弄巧",文辞亦有可观者。

此文虽为宋玉明志之作,却不是直言其志,自我剖白,而是借喻晓理,以"对问"自辩;文中虽有驳论,却又不是短兵相接,针锋相对,而是迂回曲折地委婉自陈。它先虚设了楚王之问:"先生其有遗行与?"借楚王之口,将"士民众庶"对自己的不理解作为靶子亮出,然后又凭此造成的悬念,引出一番自己的辩答。在宋玉之对中,也不是急于申诉自己的清白无辜,而是虚与委蛇,先退一步:"唯,然,有之。"然后再从容地讲出自己的道理,颇显出受谤者的豁达大度及临辩时的儒雅与潇洒。

宋玉之辩是通过两组比喻来说理的。第一组是歌曲《阳春》《白雪》与《下里》

《巴人》的比较。他以楚人擅楚曲,一人唱有多人和为例,说明唱和者的多寡,是由于歌曲本身有着文野、深浅、高下、雅俗之分所决定的。《下里》《巴人》为俗曲,属而和者数千人;《阳春》《白雪》为雅曲,属而和者不过数十人,故得出"其曲弥高,其和弥寡"的结论。宋玉认为,曲高和寡,错不在"曲高",只怪和者水平太低,欣赏能力太差,因此,"和寡"实在是衬托了其曲之超凡脱俗。显然,他是以"阳春白雪"自喻,标榜自己志趣绝俗、行为超群,其所作所为不被那些芸芸众生所理解,是不足为怪的。这里,宋玉的本意当然不在论说音乐,却触及审美鉴赏上的"知音"问题。高雅的艺术精品,需要的是趣味高尚的"和者"。刘勰就曾由此引申出"知音其难哉"的慨叹:"俗鉴之迷者,深废浅售,此庄周所以笑《折杨》,宋玉所以伤《白雪》也。"(《文心雕龙·知音》)陆机也从宋玉之论出发,提出了以俗济雅、雅俗共济的美学命题:"缀《下里》于《白雪》,吾亦济夫所伟。"(《文赋》)此后,"阳春白雪""下里巴人",遂成为文艺作品中雅与俗两类作品的代名词,引起历代文学家、理论家的诸多议论,其始正出于宋玉此文。

接下去是凤与鷃、鲲与鲵的比较。宋玉借用庄子《逍遥游》中鲲鹏远翔南冥的意象,极力表现鸟中之凤与樊篱之鷃、鱼中之鲲与尺泽之鲵的不同志向。凤凰上击九千里,翱翔于杳冥之上;鲲鱼朝发昆仑,午游东海,暮宿孟诸,搏击之高,漫游之远,是目光短浅的鷃与鲵所不可思议的。它们跳跃于篱间,浮游于尺泽,"岂能与之料天地之高","量江海之大哉"! 两个"岂能与之",以一种极大的蔑视,嘲笑了篱鷃与泽鲵的浅薄,表现出君子不可与小人同日而语的傲岸气概。刘勰说宋玉"放怀寥廓,气实使之",就其"对问"中表现出的傲然之气来说,确实如此。

"故非鸟有凤而鱼有鲲,士亦有之",是全文的点睛之笔,点出士中亦有圣洁、卑下之分,正如凤与鷃、鲲与鲵一样。举凡士中杰出之辈,必有"瑰意琦行",必然"超然独处",因此也必然有不为世俗所解之处。宋玉强调自己就是这样的人,那些世俗之民,"安知臣之所为哉"! 结尾一句,气度非凡,既是作者对谤者的有力一击,又充分显示其自我欣赏、自命不凡的孤高情怀。

刘熙载曾说:"用辞赋之骈丽以为文者,起于宋玉《对楚王问》。"(《艺概·文概》)"对问"中,富于感情色彩的铺陈夸饰,排偶句法的运用,使文辞华丽,文势跌宕,文气委婉。用"绝云霓""负苍天",极赞凤凰翱翔之高,气势雄浑,音节铿锵;用"朝发""暮宿",西起昆仑,东游碣石,极叹鲲鱼遨游之远,酣畅淋漓,意象奇突。这些都增加了文章的感染力。此种排比、铺陈、夸饰,以及寓说理于譬喻、抒情之中的方法,已见杂文笔法之端倪。

(高若海)

高唐赋 宋玉

昔者楚襄王与宋玉游于云梦之台，望高唐之观①。其上独有云气，崪②兮直上，忽兮改容，须臾之间，变化无穷。王问玉曰："此何气也？"玉对曰："所谓朝云者也。"王曰："何谓朝云？"玉曰："昔者先王尝游高唐，怠而昼寝，梦见一妇人曰：'妾巫山之女也，为高唐之客。闻君游高唐，愿荐枕席。'王因幸之。去而辞曰：'妾在巫山之阳、高丘之阻。旦为朝云，暮为行雨。朝朝暮暮，阳台之下。'旦朝视之，如言。故为立庙，号曰朝云。"王曰："朝云始出，状若何也？"玉对曰："其始出也，晽兮若松榯③；其少进也，晰兮若姣姬④。扬袂鄣日，而望所思。忽兮改容，偈⑤兮若驾驷马，建羽旗。湫⑥兮如风，凄兮如雨。风止雨霁，云无处所。"王曰："寡人方今可以游乎？"玉曰："可。"王曰："其何如矣？"玉曰："高矣显矣，临望远矣。广矣普矣，万物祖⑦矣。上属于天，下见于渊。珍怪奇伟，不可称论。"王曰："试为寡人赋之。"玉曰："唯唯。"

惟高唐之大体兮，殊无物类之可仪比。巫山赫其无畴兮，道互折而曾累⑧。登巉岩而下望兮，临大阺之稸水⑨。遇天雨之新霁兮，观百谷之俱集。濞汹汹其无声兮，溃淡淡而并入⑩。滂洋洋而四施兮，蓊湛湛而弗止⑪。长风至而波起兮，若丽山之孤亩。势薄岸而相击兮，隘交引而却会⑫。崪中怒而特高兮，若浮海而望碣石⑬。砾磥磥而相摩兮，巆震天之磕磕⑭。巨石溺溺之瀺灂兮，沫潼潼而高厉⑮。水澹澹而盘纡兮，洪波淫淫之溶滴⑯。奔扬踊而相击兮，云兴声之霈霈⑰。猛兽惊而跳骇兮，妄奔走而驰迈。虎豹豺兕，失气恐喙；雕鹗鹰鹞，飞扬伏窜。股战胁息，安敢妄挚⑱。

于是水虫尽暴，乘渚之阳⑲。鼋鼍鳣鲔，交积纵横。振鳞奋翼，蜲蜲蜿蜿⑳。中阪遥望，玄木冬荣。煌煌荧荧，夺人目精。烂兮若列星，曾不可殚形。榛林郁盛，葩华覆盖。双椅垂房，纠枝还会㉑。徙靡澹淡，随波暗蔼㉒。东西施翼，猗狔丰沛㉓。绿叶紫裹，丹茎白蒂。纤条悲鸣，声似竽籁。清浊相和，五变四会。感心动耳，回肠伤气。孤子寡妇，寒心酸鼻。长吏隳官，贤士失志。愁思无已，叹息垂泪。登高远望，使人心瘁。盘岸巑岏，裖陈硙硙㉔。磐石险峻，倾崎崖隤㉕。岩岖参差，从横相追。陬互横啎，背穴偃蹠㉖。交加累积，重叠增益。状若砥柱㉗，在巫山下。仰视山颠，肃何千千㉘。炫燿虹蜺，俯视崝嵘。窐寥窈冥㉙，不见其底，虚闻松声。倾岸洋洋，立而熊经㉚。久而不去，足尽汗出。悠悠忽忽，怊怅自失。使人心动，无故自恐。贲育之断㉛，不能为勇。卒愕异物，不知所出。縰縰莘莘㉜，若生于鬼，若出于神。状似走兽，或象飞禽。谲诡奇伟，不可究陈。上至观侧，地盖底平。箕踵漫衍㉝，芳草罗生。秋兰茝蕙，江离载菁。青荃射干，揭车苞并㉞。薄草靡靡，联延夭夭㉟。越香掩掩㊱，众雀嗷嗷。雌雄相失，哀鸣相号。王雎鹂黄，正冥楚鸠。姊归思妇，垂鸡高巢㊲。其鸣喈喈，当年遨游。更唱迭和，赴曲随流。

有方之士，羡门高谿。上成郁林，公乐聚穀㊳。进纯牺，祷琁室。醮诸神，礼太一㊴。传祝已具，言辞已毕。王乃乘玉舆，驷仓螭，垂旒旌，旆合谐。紬大弦而雅声流㊵，洌风过而增悲哀。于是调讴，令人惏悷㊶憯凄，胁息增欷。于是乃纵猎者，基趾㊷如星。传言羽猎，衔枚无声。弓弩不发，罘罕不倾㊸。涉漭漭，驰苹苹。飞鸟未及起，走兽未及发。何节奄忽㊹，蹄足洒血。举功先得，获车已实。

王将欲往见，必先斋戒。差时择日，简舆玄服。建云旆，蜺为旌，翠为盖。风起雨止，千里而逝。盖发蒙㊺，往自会。思万方，忧国害。开贤圣，辅不逮㊻。九窍通郁，精神察滞㊼，延年益寿千万岁。

〔注〕 ① 此赋及《神女赋》《登徒子好色赋》，《文选》均题“宋玉”作；清人崔述《考古续说·观书余论》及近世不少研究者疑为后来词人“假托成文”。云梦：即云梦泽，春秋战国时代楚之大泽，跨长江南北。台：台馆。高唐之观：即楚之先祖高阳氏颛顼的祭观，从此赋所述看，当建在云梦泽中峻高的山崖上。下文的“阳台”即指高唐观。 ② 崒（zǔ祖）：高峻的峰峦，言云气

形似高山。 ③ 畤(duì 对):茂盛。榯(shí 时):直竖貌。 ④ 晢(zhé 哲):光明。姣姬:美女。 ⑤ 偈(jié 洁):疾驱貌。 ⑥ 湫(qiū 秋):凉貌。 ⑦ 祖:始生,言万物以此始生之地为宗。 ⑧ 赫:盛。曾累:(céng lěi 层垒)重叠累积。 ⑨ 陁(dǐ 抵):侧坡。稸:同"畜",积也。 ⑩ 濞(pì 譬):此指大水。潰:水交流。淡(yǎn 掩)淡:水流平满地流过的样子。 ⑪ 滂:大水流涌。蓊(wěng):聚貌。湛湛:深貌。 ⑫ 丽:附着。亩:田垄。薄:迫近。引:倒流。 ⑬"崪中怒"句:言众浪聚怒而中部高腾。碣石,海畔之山名。 ⑭ 砾:小石。磥磥(lěi 磊):众石貌。摩:水石摩砺激荡。巆(hōng 宏):水石相击声。礚(kē 科):大声。 ⑮ 溺溺、瀺灂(chán zhuó 馋浊):形容巨石出没水中之貌。潼潼:高貌。厉:起。 ⑯ 澹澹:水摇荡状。盘纡:迂回曲折。淫淫:流动。溶潏(yì 裔):动荡。 ⑰ 霈霈:水声。 ⑱ 失气恐喙:丧失气概而恐慌。胁息:屏息。挚:通"鸷",凶猛。 ⑲ 暴(pù 曝):晒。乘:登。渚之阳:水中洲之北岸。 ⑳ 蝼蜿:鼋类等游动貌。 ㉑ 煌煌荧荧:形容草、木、花、光明丽。榛林:栗树林。椅:山桐子。房:指山桐子的果实。还会:相交。 ㉒ 徙靡:枝条摇动。澹淡:水波小纹。暗蔼:树荫投在水波上昏暗之状。 ㉓ 施翼:树枝四向施布如鸟翼状。猗狔:柔弱貌。丰沛:多。 ㉔ 巑岏(cuán yuán 攒元):山高锐貌。裖(zhèn 振)陈:耸立齐整。硙硙(wéi 维):高貌。 ㉕ 崖隤(tuí 颓):山崖崩颓。 ㉖ 陬:山角。牾(wǔ 午):逆。背穴偃蹠(zhí 直):山石横卧如有所蹈践。 ㉗ 砥柱:山名,原在今河南三门峡市东北黄河中,因山见于水中若柱,故名。 ㉘ 肃:肃穆。千千:通"芊芊",青绿。 ㉙ 崝嵘:同"峥嵘",深险貌。窐(yāo 夭)寥:空深貌。窈冥:深远。 ㉚ 倾岸洋洋:言岸既将倾颓,其下水势又急,故立者恐惧而似熊经。熊经:熊攀树自悬若上吊状。 ㉛ 贲(bēn 奔)育:战国勇士孟贲、夏育。断:有决断。 ㉜ 卒:猝,突然。愕:陡然而惊。绁(xǐ 徙)绁莘莘:怪石众多貌。 ㉝ 厎(zhǐ 纸):平坦。箕踵:山势如簸箕的后跟。 ㉞ 兰、茝(chǎi)、蕙、江离、青荃、射(yè 夜)干、揭车:均香草名。苞并:丛生。 ㉟ 薄草靡靡:草木茂密,互相依倚。夭夭:茂盛而艳丽。 ㊱ 越香:香气远播。掩掩:同时发出。 ㊲ 王雎:水鸟名,即《诗经》之雎鸠。鹂黄:黄莺。正冥:鸟名。姊归:杜鹃。思妇、垂鸡:鸟名。 ㊳ 有方之士:术士。羡门、高谿:古仙人名。上成:古术士名。郁林:郁然盛多如林木。公:共。縠:食。 ㊴ 牺:祭祀用的家畜。璇室:玉饰宫室。太一:天神之最尊者。 ㊵ 仓螭(chī 痴):青色蛟龙。旒:旌旗下边悬垂的饰物。旆(pèi 沛):古时旗末状如燕尾的垂旒。紬(chōu 抽):抽引。 ㊶ 悷悷(lín lì 林利):悲伤貌。 ㊷ 基趾:基础,指手下簇拥的人马。 ㊸ 罘罕(fú hǎn 浮罕):捕兽、捕鸟的网。倾:施放。 ㊹ 何节:陈第《屈宋古音义》作"弥节",止住车马。奄忽:急遽貌。 ㊺ 发蒙:启发蒙昧。 ㊻ 开:开导。不逮:不足。 ㊼ 九窍:指人身上九窍(头部七,腹臀二)。察滞:滞塞清除。

"宋玉恃才者,凭虚构高唐。"在传为宋玉所作诸赋中,《高唐》《神女》二赋对后世的影响,实际上凌盖了他那堂堂正正的抒情名篇《九辩》,而激起了无数骚人墨客的绮丽之思。这究竟是什么原因?

原因就在于,这两篇奇赋以恍惚迷离之辞,创造了一位美丽多情,可望而不可即的巫山神女形象。她那如花似玉的容姿,轻缈绰约的意态,意近而远、洁清难犯的情志,一经作者的妙笔勾染,便永留在千古读者心上,怎么也撩拨不去了。

《高唐》《神女》是珠联璧合的整体,二赋实有文断而神连的绝妙构思:从展开梦遇巫山神女的缤纷奇境来说,《高唐赋》正是一支悠悠而奏、牵人情魄的序曲。

“昔者楚襄王与宋玉游于云梦之台”，淡淡的起笔似乎一无惊人之语，却如淙淙的流泉，把读者引向了那早已消逝了的云梦古泽之中。随着襄王君臣的偶而抬头，文中陡然涌出一派令人惊愕的奇气：只见高唐观上空，“独有云气，崪兮直上，忽兮改容，须臾之间，变化无穷”。山泽间之有云气，本为常事；但眼前的云气，偏偏只停留在远处的高唐观上，而且升腾如山，瞬息万变。目睹此种奇观，不要说身临其境的楚襄王，就是千载之下的读者，也不免要脱口而呼：“此何气也?”

古人云：文似看山不喜平。《高唐赋》的开篇，正以奇景的突现给全赋蒙上了一重缥缈的疑云，由此引出先王当年昼寝高唐得遇巫山之女的美丽传说，便格外能牵动襄王包括今天读者的心怀了。

一位作客高唐的多情神女，随着作者的解说，眼看就要迈着款款步履飘忽而出，但作者还不急于将她呼出。须知，此刻襄王君臣还只在云梦之台对高唐观的遥望之中，襄王的全部兴趣也只集注在那一派“崪兮直上”的云气上。故而紧接着作者的落笔，仍回到那在远处“忽兮改容”的朝云之气，进一步描摹它“始出”“少进”中的奇妙变幻之态。

不过，妙也就妙在这里。有了巫山之女与楚怀王梦遇和“旦为朝云，暮为行雨”的绮丽传说作背景，那呈现在襄王君臣眼前的云气，便获得了完全不同的形象意义——它现在已不再是普通意义上的云气，而简直就是那隐身未现的美丽神女意态、情貌的象征了。读者在“其始出也，晰兮若松榯”的描摹中，不恍然可见她那亭亭伫立高唐山巅的修美身影？而“其少进也，晢兮若姣姬。扬袂鄣日，而望所思”的比拟，似又在激发读者的想象：这位容华姣丽的神女，正带着不尽的怀思，举袂遮日，久久眺望着当年怀王的再度来游。至于那“忽兮改容，偈兮若驾驷马”的气蒸云飞之状，也应是神女终于得知昔日的怀王早已长眠地下，再不能来赴前世之约后，那悲苦、迷狂之情的奔骤突发了。在“湫兮如风，凄兮如雨，风止雨霁，云无处所”的凄迷变幻中，人们不是至今还能隐隐听到她那飘发如蓬、泪水潸潸的啜泣之音?

这便是《高唐赋》中最有韵致也最令读者入迷的章节。作者笔下的“朝云”，就这样在巫山神女的传说中飘飞幻化，激发着千古读者的多少遐思和怀想！

有人认为，《高唐赋》的主体，是在后文对高唐景物的夸饰铺陈上，而且写得最有特色、最富感染力。这其实并不符合此赋流传中的客观情况。

诚然，在铺写高唐景物的部分，作者确实抖擞精神，以极大的气势、缤纷的辞采，在天地间展开了高唐那“高矣显矣，临望远矣；广矣普矣，万物祖矣；上属于天，下见于渊”的“珍怪奇伟，不可称论”之景观。特别是对雨后新霁，百谷俱集的水势奔腾景象的描摹，简直就是枚乘《七发》“观涛”奇文的先声：“濞汹汹其无声兮，溃淡淡而并入”，以舒徐的笔触叙众溪交汇之境，妙在寂然无声。“滂洋洋而四施兮，蓊湛湛而弗止”，浩荡的雄会，由此蕴蓄着可怕的激荡。写到“长风至而波起兮，若丽山之孤亩”，便笔挟风雷，刹那间雄涛沸怒，万浪如山，“砾磥磥而相摩兮，巆震天之礚礚”，使寂寂的高唐，陡然笼盖在一片惊天动地的巨响之中。但作者还不肯住笔，接着又以霈霈腾兴的云气映衬，又以虎豹、雕鹗的跳骇驰迈、飞扬伏窜渲染，把这景象描摹得既壮阔雄奇，又多姿多态。这样的凭虚摹写，确实富于奇思奇情。而且作者似乎还特别谙于艺术上的张弛之道，在涛浪如雷的震荡过后，文势便突然一顿，化解衣磅礴的泼墨挥洒，为色彩明丽的轻笔点染——

中阪遥望，玄木冬荣。煌煌荧荧，夺人目精。烂兮若列星，曾不可殚形：榛林郁盛，葩华覆盖；双椅垂房，纠枝还会……

俯临着澎湃雄涛的，竟有如此繁花似锦的旖旎秀色！当读者刚刚被百谷俱集的气势惊得心悸魄骇之际，徜徉在这清幽芬芳的山径之上，该又何其惬意而爽心！从这一些看，《高唐赋》后文的景物铺叙，确实显示了作者描写艺术上的高超才华。它之引起今天研究者的惊叹，良非虚美。

但若从全赋构思看，这部分景物描述，其实都辉照在开篇部分神女传说的缥缈墨光之中。倘不是因为有巫山神女在其间出没，这高唐的景物再奇，又何足为楚襄王道哉！而襄王之所以对高唐激起“寡人方今可以游乎”的浓浓兴致，也全在于希望能借此一睹神女之丰采。由此反观《高唐赋》的景物描摹，实际上都是“空中荡漾”之笔。它的效果，恰正在于极言神女出没之境的奇妙瑰丽，以进一步激发襄王急欲前往遇会神女的向往之情。人们只要读一读此赋结尾“王将欲往见，必先斋戒，差时择日”之语，便可莞尔意会：为了在《神女赋》中呼出自己的女主人公，作者在《高唐赋》中是怎样故意延宕，迟迟不让这位神女露面呵！而后世读者一提起《高唐赋》，总是情不自禁地浮动起巫山神女与楚怀王梦遇的绮丽之思，却全不记得此赋后文描写高唐景物的片言只语，也正证明了这一点。

（潘啸龙）

神女赋　　宋玉

楚襄王与宋玉游于云梦之浦，使玉赋高唐之事。其夜玉寝①，梦与神女遇，其状甚丽，玉异之。明日，以白王。王曰：“其梦若何?”玉对曰：“晡夕之后，精神恍忽，若有所喜。纷纷扰扰，未知何意。目色仿佛，乍若有记②。见一妇人，状甚奇异。寐而梦之，寤不自识。罔兮不乐，怅然失志。于是抚心定

气，复见所梦。”王曰：“状何如也？”玉曰：“茂矣美矣，诸好备矣。盛矣丽矣，难测究矣。上古既无，世所未见。瑰姿玮态，不可胜赞。其始来也，耀乎若白日初出照屋梁；其少进也，皎若明月舒其光。须臾之间，美貌横生。晔兮如华，温乎如莹。五色并驰，不可殚形。详而视之，夺人目精。其盛饰也，则罗纨绮缋盛文章，极服妙采照万方。振绣衣，被袿裳，秾不短，纤不长③，步裔裔④兮曜殿堂。忽兮改容，婉若游龙乘云翔。嫷被服，侻薄装⑤。沐兰泽，含若芳。性和适，宜侍旁。顺序卑，调心肠。”王曰：“若此盛矣！试为寡人赋之。”玉曰：“唯唯。”

夫何神女之姣丽兮，含阴阳之渥饰⑥。被华藻之可好兮，若翡翠之奋翼。其象无双，其美无极。毛嫱鄣袂，不足程式；西施掩面，比之无色⑦。近之既妖，远之有望。骨法多奇，应君之相⑧。视之盈目，孰者克尚⑨。私心独悦，乐之无量。交希恩疏，不可尽畅⑩。他人莫睹，玉览其状。其状峨峨，何可极言。貌丰盈以庄姝兮，苞⑪温润之玉颜。眸子炯其精朗兮，瞭多美而可观。眉联娟以蛾扬兮，朱唇的其若丹⑫。素质干之醲实兮，志解泰而体闲⑬。既姽婳⑭于幽静兮，又婆娑乎人间。宜高殿以广意兮，翼放纵而绰宽。动雾縠以徐步兮，拂墀声之珊珊⑮。望余帷而延视兮，若流波之将澜。奋长袖以正衽兮，立踯躅而不安。澹清静其愔嫕兮，性沈详而不烦⑯。时容与以微动兮，志未可乎得原。意似近而既远兮，若将来而复旋。褰余帱而请御兮，愿尽心之惓惓⑰。怀贞亮之絜清兮，卒与我兮相难⑱。陈嘉辞而云对兮，吐芬芳其若兰。精交接以来往兮，心凯康以乐欢。神独亨而未结兮，魂茕茕以无端。含然诺其不分兮，喟扬音而哀叹。頩薄怒以自持兮，曾不可乎犯干⑲。于是摇珮饰，鸣玉鸾，整衣服，敛容颜，顾女师，命太傅。欢情未接，将辞而去。迁延引身，不可亲附。似逝未行，中若相首⑳。目略微眄，精彩相授。志态横出，不可胜记。意离未绝，神心怖覆㉑。礼不遑讫，辞不及究。愿假须臾，神女称遽㉒。回肠伤气，颠倒失据。暗然而暝，忽不知处。情独私怀，谁者可语？惆怅垂涕，求之至曙。

〔注〕 ①“玉寝”，《文选》作“王寝”。清人胡克家《文选考异》据沈括《梦溪笔谈》、姚宽《西溪丛语》，以为乃“玉、王互讹”。可知梦遇神女者实为宋玉而非襄王。历代文人均因《文选》之误，作襄王梦遇神女。对此赋之主旨，前人也曾多有探索。如明人陈第《屈宋古音义》称，此赋之铺叙梦遇神女情事，乃在讽谏襄王戒淫守礼，解除眷顾神女之“妄念”。但宋人范晞文读罢此赋却怫然不悦，以为此赋抒写“神女初幸于怀，再幸于襄”，对神女的“诬蔑亦甚矣”。“流传未泯，凡此山（巫山）之片云滴雨，皆受可疑之谤；神果有知，则亦必抱长愤于沈冥恍惚之间也”（《对床夜语》）。这种种绝然相反的主旨说，显然均有附会曲解之嫌。作为作品鉴赏，本文仅从艺术表现角度，对此赋形象塑造上的成就作些简析；至于它的主旨，不愿妄下断语，留待读者自己去体会。 ② 晡（bū）：黄昏。怳忽：神思不定。乍若有记：忽然如同相识似的。 ③ 襛（nóng 浓）：衣厚貌，又指丰腴。纤：衣服细长，亦指身材的纤长。 ④ 裔裔：行走貌。 ⑤ 嫷（tuǒ 妥）：美。说（tuì 退）：合适。 ⑥ 渥饰：得天独厚的美质。 ⑦ 毛嫱、西施：古代美女名。鄣袂：举袖遮颜。程式：比量。 ⑧ 骨法：气质风度。应君：应对侍奉君王。 ⑨ 盈：充满。克尚：能够超过。 ⑩ 希：稀少。尽畅：尽心畅情。 ⑪ 苞：通“包”。 ⑫ 瞭：目明。联娟：微曲貌。的：鲜明。 ⑬ 醲（nóng 浓）：厚。解泰：安闲而不急躁。 ⑭ 姽婳（guǐ huà 轨画）：美丽静好。 ⑮ 縠：轻纱。墀：台阶。珊珊：形容衣裾和玉佩的声音。 ⑯ 澹：静貌。愔（yīn 音）：悦和。嫕（yì 意）：淑善。沈详：沉静安详。 ⑰ 褰（qiān 千）：揭起。帱（chóu 仇）：床帐。惓惓：同“拳拳”，诚恳真挚。 ⑱ 絜：洁。相难：不相顺从。 ⑲ 頩（pīng 乒）：怒而敛容。持：矜持。犯干：触犯。 ⑳ 首：向。 ㉑ 怖覆：恐怖而翻覆。 ㉒ 不遑：不暇。讫：终了。究：穷尽。遽：急。

《高唐赋》的迂回荡漾之笔，似乎全在牵惹读者对巫山神女的怀想之情。只是到了《神女赋》，这位隐身云烟、姗姗不临的美丽女神，才终于从作者笔下翩然现形。

但作者并没有让她与早就心驰神往的襄王会遇，却幽幽显现于他的侍臣宋玉“梦”中，这是颇耐人寻味的：难道她竟也十分鄙薄襄王那淫佚游乐、“不以天下为事”的荒唐之行，而只愿借文思瑰丽的宋玉之梦，向人间一现自己幽丽绰约的神貌和若喜还怨的思情？

因为是“梦遇”，作者的开笔也显得格外迷离：“（宋玉）晡夕之后，精神恍忽，若有所喜。纷纷扰扰，未知何意。”这无疑是在为神女的降临造境，她的入梦正该是如此征兆迥异和扰人心神的。然后才是神女的现身：“目色仿佛，乍若有记。见一妇人，状甚奇异。”作为熟知先王梦遇神女佳话的宋玉，对这位悄然造访的“妇人”，当然会有一种似曾相识的朦胧感觉。按说接着就该描摹这神女的形貌了，作者却又将笔一折：“寐而梦之，寤不自识。罔兮不乐，怅然失志。”梦中所见，醒来竟就一片模糊，这岂不令那急于探悉神女情状的楚襄王大失所望！好在宋玉神定气安之后，那梦境终于还是历历如画地重现到了眼前。可以想见，此刻襄王那因失望而沉坠的心，又该怎样欣喜地狂跳起来？一节短短的叙说文字，已就如此扑朔变幻、一波三折，显示出作者是多么擅长于行文上的腾挪纵收之妙！

然而，这一切都只是全赋的发端。最照人眼目而又奇境纷呈的，还是在描摹宋玉与神女相遇景象的叙事对话和赋辞部分。初看起来，这两部分似乎颇有重复，实际却是各有侧重，在再现神女那美好动人的形象上，交汇成层次缤纷又极具变化流动之美的丰满整体。其彩笔之摇曳，辞情之感人，也再不容读者有遐思旁骛的余地了。

对话部分的描摹，侧重在传写神女初临时带给宋玉的总体印象。这印象是如此鲜明和出乎预料，以至宋玉在梦后回忆起来，仍不免激荡起无限惊异和赞叹之情："茂矣美矣，诸好备矣。盛矣丽矣，难测究矣。上古既无，世所未见。瑰姿玮态，不可胜赞。"这能算是对神女形貌的"描摹"？当然不算。它只是在突然面对现形的美丽神女，震慑于她那绝世风采时情不自禁发出的惊呼。一位才思横溢、出口成赋的瑰玮辞人，竟会因神女的显现而陷入如此失态和拙于言辞的境地，不正有力地烘托出神女的惊世骇俗之美？这样说来，惊呼或赞叹也是一种"描摹"了。其好处全在于从虚处落笔，以非同寻常的审美感受，激发读者的想象和好奇。

当宋玉从刹那间的惊愕中回过神来，高妙的才思便又喷涌在他的笔尖："其始来也，耀乎若白日初出照屋梁；其少进也，皎若明月舒其光。"以"白日初出"的照耀之光，比拟神女降临时的灵光喷薄之形，正显示出这位神女具有与世间美女何其不同的奇采！接着便灵光倏敛、翩翩飘近，那容貌再不像朝日一样难以逼视，而已如皎洁的夜月明莹照人了。后文的"晔兮如华，温乎如莹"，则进一步展示她灿然如花的笑容和温煦如玉的意态；与此相辉映的，又有"袾不短，纤不长"的丽服盛饰，真是飘曳闪烁、妙采四射！至于她那"步裔裔"来入殿堂的身姿体态，在梦中看去，因为多了一重云烟朦胧的感觉，更如乘云而翔的游龙一般，婉婉多姿……

这便是在刹那间震慑了宋玉的神女形象。她的出现，因了作者的连翩妙喻，竟带着如此照人的容采盛饰和飘曳多姿之态！这一节的描述，虽然还是印象式的总体展示，翩翩的神女，也才像帷幕启动时那样容光初露，但读者在那欣喜的一瞥之间所激起的，不正是与宋玉当年一样的"盛矣丽矣，难测究矣"的震慑和惊奇么？

"赋"辞部分的描摹，侧重在对神女的容貌、情态作精工细雕的刻画。赋之"写物图貌，蔚似雕画"（刘勰《文心雕龙》）的特点，在一般辞家笔底，往往流为平板的铺叙和辞藻的堆砌，使对象的表现变得了无生气。但本文的作者却不同：他似乎早就体会了后世画家以形写神、贵在传神的奥秘，故对神女的刻画，特别注重其生气、神情的活现。如勾勒神女的肖像，则"貌丰盈以庄姝兮，苞温润之玉颜。眸子炯其精朗兮,瞭多美而可观。眉联娟以蛾扬兮,朱唇的其若丹。素质干之醲实兮,志解泰而体闲”。从丰盈的体态,画到温润晰白的容颜;在鲜若丹朱的红唇和弯细微扬的蛾眉间,着力点染那炯炯放光的美眸:此刻展示于读者面前的,便不再是美而无神的冷漠画像;那简直就是一位洋溢着蓬勃活力和青春气息,并为流转有神的目光和明丽的容采照亮了的美人,正如临风玉树,气度安闲地向你走来!

但这还只是静态的描摹。更动人的还是作者对神女与宋玉“交接”一幕的动态和心理传写:“动雾縠以徐步兮,拂墀声之珊珊。望余帷而延视兮,若流波之将澜。奋长袖以正衽兮,立踯躅而不安。”那徐徐飘近的轻盈步态,那纱裙拂阶的珊珊之声,该使梦中的宋玉怎样又惊又喜?但临到走近殿门的时候,这神女却又迟疑了:那流波般延视门帷的目光,似乎透露着她对室内主人的倾慕深情;而举袂整衣、踯躅不安的举止,似又传达着她冒然造访时的犹豫和羞涩。这情景、心理,作者只从细节处稍加刻画,便传写得多么微妙!

巫山神女是美丽多情的,但又是洁清守身、非礼难近的。她的梦中显形于宋玉,似乎只是为了要向襄王以至世人表明,她的心早已交付给了长眠幽冥的“先王”(楚怀王)。所以当宋玉向她表达“愿尽心之惓惓”之意时,她终竟还是抑制了心波之微动。文中对此也有极动人的描述:“意似近而既远兮,若将来而复旋。”面对着这位“体貌闲丽”的著名侍臣,神女的心中又何尝不曾动情?正因为如此,才会表现出这种似近还远、将“来”复“旋”的矛盾心态。就是在她“颊薄怒以自持”,显出一种“曾不可乎犯干”的坚决之情时,所吐露的言辞,也依然“含然诺其不分兮,喟扬音而哀叹”,言辞含糊之中,包蕴着她“理欲”交战的多少痛苦和哀情!最后叙到神女的离去,作者还不忘追补一笔:“似逝未行,中若相首。目略微眄,精彩相授”,在“暗然而暝,忽不知处”的云烟飘忽之中,她又留下了多么情意脉脉和依依不舍的一瞥。这一切,由于均从惓惓倾慕的宋玉眼中传写,融入了他的不尽惆怅之思,读来便更加令人回肠伤气和思致绵邈。

有关巫山神女的传说,大约很早就在楚地民间流布了吧。但这位神女的情貌风采,恐怕只是由于《神女赋》的诞生,才以如此生动的形象,刻在了后世读者的心上。本赋的作者不管是不是宋玉,就它对神女形象的再创造来说,实在显示了令人惊异的成就:在缥缈迷茫的梦境构制中,从光彩照人的总体形象展示,到动静相成的容貌情态刻画,并辅以扑朔迷离的氛围烘托,一位美丽多情的神女,即以其独有的幽妙娴雅之态,久久飘现在高唐观的云烟之中,似喜似怨地凝望着怀王游骋过的南国江天。直到数百年后,“建安之杰”曹植受到此赋的激发,以青出于蓝的高妙彩笔，创造出了同样深情美丽的洛神（见《洛神赋》）形象，才使她在北国有了位冰清玉洁的神仙姐妹，遥遥与之辉映千古！　（潘啸龙）

登徒子好色赋　　宋　玉

大夫登徒子[①]侍于楚王，短宋玉曰："玉为人体貌闲丽，口多微辞，又性好色，愿王勿与出入后宫。"王以登徒子之言问宋玉。玉曰："体貌闲丽，所受于天也。口多微辞，所学于师也。至于好色，臣无有也。"王曰："子不好色，亦有说乎？有说则止，无说则退。"

玉曰："天下之佳人莫若楚国，楚国之丽者莫若臣里，臣里之美者莫若臣东家之子。东家之子，增之一分则太长，减之一分则太短，著粉则太白，施朱则太赤。眉如翠羽，肌如白雪，腰如束素，齿如含贝。嫣然一笑，惑阳城，迷下蔡[②]。然此女登墙窥臣三年，至今未许也。登徒子则不然。其妻蓬头挛耳，齞唇历齿，旁行踽偻[③]，又疥且痔。登徒子悦之，使有五子。王孰察之，谁为好色者矣。"

是时秦章华大夫[④]在侧，因进而称曰："今夫宋玉盛称邻之女，以为美色愚乱之邪，臣自以为守德，谓不如彼矣[⑤]。且夫南楚穷巷之妾，焉足为大王言乎！若臣之陋，目所曾睹者，未敢云也。"王曰："试为寡人说之。"

大夫曰："唯唯。臣少曾远游，周览九土，足历五都[⑥]。出咸阳，熙邯郸[⑦]，从容郑卫溱洧之间[⑧]。是时向春之末，迎夏之阳。鸧鹒喈喈[⑨]，群女出桑。此郊之姝，华色含光，体美容冶，不待饰装。臣观其丽者，因称诗曰：'遵大路兮揽子祛[⑩]。'赠以芳华辞甚妙。于是处子怳若有望而不来[⑪]，忽若有来而不见。意密体疏，俯仰异观。含喜微笑，窃视流眄。复称诗曰：'寤春风兮发鲜荣，絜斋[⑫]俟兮惠音声。赠我如此兮不如无生！'因迁延而辞避。盖徒以微辞相感动，精神相依凭，目欲其颜，心顾其义，扬诗守礼，终不过差。故足称也。"

于是楚王称善，宋玉遂不退。

〔注〕 ① 登徒子："登徒"为姓，一说为官名。"子"为尊称。 ② 阳城：战国时楚邑。秦有阳城县，在今河南方城县东。下蔡：邑名，今安徽寿县、凤台一带。两地均为楚国贵族封邑，此为代表。"惑阳城，迷下蔡"，意为楚国的公子王孙都被迷惑。 ③ 挛耳：弯耳。齞(yàn 彦)唇：牙露唇外。历齿：牙齿稀疏。踽(jǔ 举)偻：驼背。 ④ 章华：楚地名。秦章华大夫是楚人之仕于秦者，为作者虚构的人物。 ⑤ 美色愚乱之邪：美色为愚乱人心之邪物。一说应读作"愚乱之邪臣，自以为守德……"，为章华大夫自谦之词，自以为守道德之戒，但不如宋玉。⑥ 九土：九州之土。古中国分为九州，此指全中国。五都：五个大都市，亦泛指繁华的大都市。 ⑦ 咸阳：秦国都城。邯郸：赵国都城。熙：通"嬉"。 ⑧ 从容：盘桓。郑卫溱洧(wěi 委)：郑、卫，春秋时两国名。溱、洧，郑国两水名。《诗经》中郑、卫(包括邶、鄘)等国诗中颇有描写男女相爱之作，《郑风·溱洧》一篇即写每年上巳节，士与女在溱、洧两水岸边相会，互赠香草的情况。此文用"郑卫溱洧"字面，即隐寓男女爱慕之意，引起下文。 ⑨ 鸧鹒：即黄莺。喈喈：鸟的和鸣声。 ⑩ 遵大路兮揽子祛：此句本于《诗·郑风·遵大路》："遵大路兮，掺执子之祛兮。"祛(qū 区)，袖口。 ⑪ 处子：处女。 ⑫ 絜斋：清心洁身以示诚敬。絜，同"洁"。

《登徒子好色赋》也是传为宋玉所作的绝妙之文。

这篇赋的主旨似乎颇为严肃。大抵正如明人陈第所说，旨在讽谏君王"目欲其颜，心顾其义"(《屈宋古音义》)，不为美色所惑而忘了国事吧？但全赋的写法，却宛若一幕轻松的喜剧，谐趣横生，简直令人忍俊不禁。

此剧开场的时候，道貌岸然的登徒先生，正鼓腮摇舌，向楚王中伤他的同僚宋玉。据说宋玉的罪过有三：一太漂亮；二太善言辞；最可虑的是三——好色！故楚王万万不可让他出入于后宫美人之间。

这算是什么罪过？恰足以暴露登徒先生的自惭形秽和嫉妒之心罢了！所以，宋玉的辩辞也妙："体貌闲丽，所受于天也；口多微辞，所学于师也。"其弦外之音，无疑还带着他惯有的嘲讽微意：你登徒先生相貌平平，口不善言又能怨谁？只能怨上天造你、师长教你未能尽心吧？寥寥二语，显示出宋玉的辩才有多敏捷！与这样一位"口多微辞"的名臣争锋，登徒子可要吃大亏了。

"至于好色，臣无有也"，是全赋辞锋闪现前的戛然一顿。对于楚王来说，"体貌""微辞"都算不了什么，这"好色"却尤其紧要，因为它实在关系到后宫一大堆佳丽的命运哩！而宋玉，偏偏对此答得最为简约，能不激得楚王把脸一板："子不好色，亦有说乎？有说则止，无说则退。"这段行文欲纵故收，不仅激发着读者的浓浓兴致，而且还能让你想见局中人物此刻的情态：宋玉的从容狡黠，楚王的惶急拿腔。倘若登徒先生在场，则其忐忑改容之状，当亦在墨光摇曳之中。

然后才是宋玉对己不好色的有趣描述。这段描述的意义，倒不在于它巧妙地消解了楚王对宋玉的"好色"疑虑，而在于从作者笔下，又创造了一位照耀千古的美女——“东家之子”的动人形象。

对美人的描摹，在此赋产生以前，《诗经·硕人》已有过风姿动人的铺写：“手如柔荑，肤如凝脂，领如蝤蛴，齿如瓠犀，螓首蛾眉。巧笑倩兮，美目盼兮！”借助于形象的排喻和那两笔美目流盼的笑意点染，一位如花绽放的美女已呼之欲出。在此赋产生的同期，又有《神女赋》那缥缈多姿的描摹，塑造出了牵人心魄的巫山神女形象，深深地刻在读者脑中。在这种情况下，再要创造一位足以与“硕人”“神女”鼎足而三的美女形象，就十分困难了。

但“宋玉”却胸有成竹，而且起笔就别出心裁：

> 天下之佳人莫若楚国，楚国之丽者莫若臣里，臣里之美者莫若臣东家之子……

为了渲染自己的女主人公之美，宋玉在读者眼前展开了何其广大的对比空间！从天下的“佳人”，转向更加美妙的楚国之“丽者”，再转向这些“丽者”也难于企及的“臣里”美女，最后再众星拱月般推出使众美黯然失色的“东家之子”。层层递进的映衬和比较所造成的，正是这样一种先声夺人的美的效果。

巧妙之处还不仅于此。当宋玉转入对东家之子体态容貌的描摹时，仍然不急于作正面的勾勒，却别辟蹊径，作了奇妙的烘托：“增之一分则太长，减之一分则太短；著粉则太白，施朱则太赤。”长短一分的增减不得，脂粉丹饰的毋须搽抹，造成了一位怎样修短适中、红白相称的绝世美人！这样的美妙体态和天生丽质，本来就无法形诸笔墨；宋玉却运用匪夷所思的表现方式，将它们活现了出来，真可令千古读者拍案叫绝！只是到了这时候，文中才笔濡彩墨，从正面加以点染：“眉如翠羽，肌如白雪，腰如束素，齿如含贝。”这样的彩笔点染妙在稍施即收，因为宋玉似乎早就拿定了主意：他对东家之子的描摹，决不步《诗经·硕人》和《神女赋》的后尘。这位丽压群芳的邻里之女，自有与众不同的动人魅力，那就是她灿然一现的笑容：“嫣然一笑，惑阳城，迷下蔡。”这才是全赋最出人意外的一笔，也最带有宋玉自己的创造特色。奇异的夸张和大幅度的空间转换，就这样使纵横千里的楚国城邑间，浮满了“东家之子”那令无数王孙公子迷醉倾倒的嫣然笑影。

从此赋的主要成就说，这位风采照人的东家之子在作者笔底的跃现，是最动人的一刻。但作为一幕喜剧，还正处在扣人心弦的转折处。宋玉夸赞“东家之子”之美，其实全在引出这出人意外的转折——

> 然此女登墙窥臣三年，至今未许也。

有此绝色美人登墙而窥，谁不动心？然而宋玉却视若无睹，以致令她苦苦地“窥”

了“三年”！这无疑又是一笔向壁虚构的夸张，但倘若不是这样的夸张，又怎能显示宋玉那静如枯井的“不好色”之性？读者可以想见，当襄王君臣从这天花乱坠的美人之“梦”中清醒过来，大殿上下将耸动多少“啧啧”叹惋之声；而登徒先生所苦心磨砺的中伤之箭，也尽在这叹惋声中划然断折了。

不过这还不是高潮。伶牙俐齿的宋玉对登徒先生的突然反击，才是这幕喜剧最富谐趣的高潮点：

登徒子则不然。其妻蓬头挛耳，齞唇历齿，旁行踽偻，又疥且痔。登徒子悦之，使有五子。王孰（熟）察之，谁为好色者矣。

按常理想来，登徒子之妻大抵年岁已老，且长得不怎么俊俏罢了。但一经宋玉的渲染，竟就集挛耳、暴牙、驼背、癞疮于一身，颤战战“旁行”（歪歪斜斜）于登徒先生身侧，岂不叫人绝倒？而这位先生居然还有兴致“使有五子”，则倘若遇见登墙而窥的“东家之子”，更不知会怎样色胆包天哩！——一位中伤别人“好色”的饶舌大夫，就这样莫名其妙地化为众人取笑的好色之尤者。当这幕喜剧临近收场的时候，登徒先生不知已怎样汗流浃背，气得发昏？但有一点可以肯定：笑眯眯的襄王对宋玉无疑已疑虑顿消，决定从此倒要谨防登徒子的“出入后宫”了。这对登徒子自然有些不公，不过也是活该：谁叫他无端诬陷宋玉“好色”的呢！

全赋至此实际上已可结束。后文所叙章华大夫的艳遇和“扬诗守礼”情状，虽然在描摹郑卫美女的初恋情态和心理上也颇微妙，且还揭出了“目欲其颜，心顾其义”的主旨，但对于这幕喜剧来说，不过是尾声。读者既已领略此赋的最精妙部分，且已一睹“东家之子”的丰采，本文的赏析便不再画蛇添足了。

（潘啸龙）

【作者小传】

李 斯

（？—前208） 秦政治家。楚上蔡（今河南上蔡西南）人。初为郡小吏，后从荀况学。战国末入秦，初为吕不韦舍人，后被秦王政（秦始皇）任为客卿、廷尉。秦统一六国后，任丞相。他反对分封制，主张焚《诗》《书》，禁私学，以加强中央集权的专制统治。曾以“小篆”为标准，整理文字，对统一我国文字有一定贡献。秦始皇死后，与赵高合谋迫令秦始皇长子扶苏自杀，立少子胡亥为二世皇帝（即秦二世）。后为赵高所忌，被杀。著有《谏逐客书》和《苍颉篇》（仅存残筒，近人王国维有辑本）。

谏逐客书 李 斯

臣闻吏议逐客，窃以为过矣。昔穆公求士，西取由余于戎①，东得百里奚②于宛，迎蹇叔于宋③，求丕豹、公孙支④于晋。此五子者，不产于秦，而穆公用之，并国二十，遂霸西戎。孝公用商鞅之法⑤，移风易俗，民以殷盛，国以富强，百姓乐用，诸侯亲服，获楚、魏之师，举地千里，至今治强。惠王用张仪之计，拔三川之地⑥，西并巴、蜀，北收上郡⑦，南取汉中⑧，包九夷⑨，制鄢、郢⑩，东据成皋⑪之险，割膏腴之壤，遂散六国之从，使之西面事秦，功施到今。昭王得范雎⑫，废穰侯，逐华阳，强公室，杜私门，蚕食诸侯，使秦成帝业。此四君者，皆以客之功。由此观之，客何负于秦哉！向使四君却客而不内，疏士而不用，是使国无富利之实，而秦无强大之名也。

今陛下致昆山之玉，有随、和之宝，垂明月之珠，服太阿之剑，乘纤离之马，建翠凤之旗，树灵鼍之鼓。此数宝者，秦不生一焉，而陛下说之，何也？必秦国之所生然后可，则是夜光之璧不饰朝廷，犀象之器不为玩好，郑、卫之女不充后宫，而骏良駃騠不实外厩，江南金锡不为用，西蜀丹青不为采。所以饰后宫、充下陈、娱心意、说耳目者，必出于秦然后可，则是宛珠之簪，傅玑之珥，阿缟之衣，锦绣之饰不进于前，而随俗雅化，佳冶窈窕，赵女不立于侧也。夫击瓮叩缶，弹筝搏髀，而歌呼呜呜快耳者，真秦之声也。郑、卫、桑间，韶、虞、武、象者，异国之乐也。今弃击瓮叩缶而就郑、卫，退弹筝而取韶、虞，若是者何也？快意当前，适观而已矣。今取人则不然，不问可否，不论曲直，非秦者去，为客者逐。然则是所重者在乎色乐珠玉，而所轻者在乎人民也。此非所以跨海内、制诸侯之术也。

臣闻地广者粟多，国大者人众，兵强则士勇。是以太山不让土壤，故能成其大；河海不择细流，故能就其深；王者不却众庶，故能明其德。是以地无四方，民无异国，四时充美，鬼神降福，此五帝三王之所以无敌也。今乃弃黔首以资敌国，却宾客以业诸侯。使天下之士退而不敢西向，裹足不入秦，此所谓藉寇兵而赍盗粮者也。

夫物不产于秦，可宝者多；士不产于秦，而愿忠者众。今逐客以资敌国，损民以益雠，内自虚而外树怨于诸侯，求国无危，不可得也。

〔注〕 ① 由余：本晋国人，后入戎。戎王命由余使秦。秦穆公见其贤，以计招致，用其谋伐戎，并国十二，开地千里，遂霸西戎。戎为古代西部少数民族的统称。 ② 百里奚：楚国宛（今河南南阳）人，虞国大夫。晋灭虞，把他作为晋献公女儿（秦穆公夫人）的陪嫁奴隶送给秦国。他逃回家乡，被楚国边兵所执。秦穆公闻其贤，以五羖羊皮赎之，与语国事。语三日，穆公大悦，授之国政，号曰五羖大夫。 ③ 蹇叔：岐（今陕西岐山）人，时寓居于宋。百里奚好友，因其推荐，穆公使人以重金迎致，以为上大夫。 ④ 丕豹：晋杀其大夫丕郑，其子丕豹奔秦，穆公任命他为将。公孙支：《左传》作公孙枝，岐人，字子桑，游于晋，秦穆公任为大夫。 ⑤ 商鞅：卫国的庶公子，姓公孙，名鞅，又称卫鞅。不容于卫，闻秦孝公求贤，因入秦说孝公变法修刑，内务耕稼，外劝战死之赏罚，孝公大悦，任命为相，十年而秦大富强。及破魏还，秦封之於、商十五邑，故称商鞅、商君。 ⑥ 张仪：魏国人，秦惠王用以为相，用连横之策，游说魏、楚、韩、齐、赵、燕西面而事秦，遂散六国合纵之约。三川：在今河南省西北地区，以境内有黄河、洛水、伊水，故称“三川”，本韩地。张仪说秦惠王下兵三川，惠王不听，转而伐蜀，灭之。终张仪之世，秦未得三川之地。今文章如此说者，是因张仪为秦相，故皆归功于相，又三川是张仪最先请伐之故。 ⑦ 上郡：郡名，战国魏文侯置，在今陕西西北部一带。惠王十年（前 328），使公子华与张仪攻魏，魏因以上郡十五县献秦求和。 ⑧ 汉中：郡名，战国楚怀王置，在今陕西南部和湖北西北部。惠王后元十三年（前 312），攻楚汉中，取地六百里。 ⑨ 九夷：泛指楚国境内的少数民族。 ⑩ 鄢：今湖北宜城，曾为楚都。郢：今湖北江陵，楚都。此以鄢、郢代指楚国。 ⑪ 成皋：又名虎牢关，在今河南荥阳汜水镇西。北临黄河，南萦山阜，形势险固。 ⑫ 范雎：魏国人，逃亡入秦，说秦昭王，拜为客卿。时昭王母宣太后之弟穰侯为相，华阳君、泾阳君、高陵君等为将，相与专权，以太后故，私家富重于王室。范雎以利害说动昭王，于是废太后，逐穰侯、高陵、华阳、泾阳君于关外，拜范雎为相。范雎提出“远交近攻”的策略，屡破韩、赵、魏之兵，秦国日益强大。

《谏逐客书》，是李斯上给秦始皇的一篇奏议。李斯原是楚国上蔡（今属河南）人，后到秦国游说，劝秦王（即后来的秦始皇）统一天下，受到秦王的重用，被拜为客卿。所谓“客卿”，是当时对别国人在秦国做官者的称呼。后来在秦王政元年（前 246）时发生了这样一件事：韩国派了一个叫郑国的水利专家到秦国来修长达三百余里的灌溉渠，企图以此来消耗秦的国力，不东伐韩，被秦发觉，要杀掉他。郑国说：“臣为韩延数年之命，然渠成，亦秦万世之利也。”终于让他完成这件工程。然而那些因为客卿入秦而影响到自己权势的秦国贵族，就利用这件事对秦王进行挑拨，说外来的客卿入秦都是别有用心的，应该把他们都赶跑。到秦王政十年，秦王接受了他们的意见，下令驱逐所有客卿，李斯也在被逐之列。于是他就写了这篇《谏逐客书》，劝谏秦王不要驱逐客卿。文章从秦国统一天下的高度立论，反复阐明驱逐客卿的错误，写得理足辞胜，雄辩滔滔，因此打动了秦王，使他收回了逐客的成命，恢复了李斯的官职，而《谏逐客书》也就成为一篇脍炙人口的名文，千百年来一直被人们所传诵。

全文由四段组成。第一段是以历史事实说明客卿对秦国作出了很大贡献，为论证逐客的错误提供论据。起句说："臣闻吏议逐客，窃以为过矣。"开门见山，单刀直入，一开始就提出总的论点，显得非常鲜明有力。明明是秦王下了逐客令，却把逐客的过错归之于"吏"，说明作者措词委婉，十分注意讽谏策略。宋代李涂说："起句至矣，尽矣，不可以加矣。"(《文章精义》)话虽有些夸大，但所评是有道理的。接着文章进行具体分析。首先由回顾历史入题，从秦始皇十九代祖的穆公到五代祖以下的孝公、惠文君、昭襄王，举出四个秦国的先君重用客卿而致富变强的事例，说明重用客卿对秦国有利。紧接着，又用多种手法加以论述：先说这四个君主的成就，都靠任用客卿才取得的，这是对前面所述的小结。后讲从这样看来，客卿有什么对不起秦国的呢？这是进一步的引申和反诘。又讲当初如果四个君主拒绝客卿而不收纳他们，疏远有才之士而不用，这就不可能使秦国民富国强。这是从反面假设和推论。在列举史实，层层渲染的基础上，又如此腾挪跌宕，反复论证，就把客卿对秦国的重要作用阐述得极为透彻。

在讲了客卿对秦国有利之后，照理下文应当转入正题，论证逐客的错误了；可是作者在第二段里却笔锋一转，设了许多比喻，用来说明秦王对不是秦国产的物十分喜爱，对人却持另一种态度是不对的。此段所设比喻多种多样，意思分为四层。第一层以珠宝等物为喻，设问作结：这些东西一样也不是秦国出产的，而陛下却很喜欢它们，这是为什么呢？这里只提出问题，不立即作答，但不答自明，显得耐人寻味。第二层以玩好、美女为喻，进行推论：如果一定要秦国出产的东西才能用，那么夜间放光的璧玉、犀牛角和象牙做成的器具、郑国和卫国的美女、駃騠这种珍贵的骏马、江南的金锡、西蜀的绘画原料，秦国都不应当占有和使用了。用来装饰后宫，充当嫔妃，娱乐心意，取悦耳目的，一定要出于秦国的才可以，那么，镶着珍珠的簪子，缀有珠玉的耳环，齐国东阿所产的丝绢做成的衣服，华丽丝绣所作的装饰就不能进于前，而按着流行式样打扮得很漂亮的赵国女子就不能站在旁边了。这一层同前一层不同，是从反面说，并分两个小层次重叠错杂出之，把"必秦国之所生而后可"的严重危害说得很透辟，更显出非秦国所出的宝物不可或缺。第三层以音乐为喻，进行对比：敲瓦器，弹秦筝，拍打大腿，呜呜呀呀地唱歌，这是秦国的音乐；郑国、卫国的民间地方音乐，虞舜时的《韶》《虞》，周武王时的《武》《象》，都是别国的音乐。现在你抛弃秦国的音乐，而用别国的音乐，这是为了什么呢？不就是为了痛快于当时，看了舒服罢了。这回答近接上文，远承第一层的设问，可说是对前三层的小结，归纳了秦国对物取舍的标准，为下文转入正题作了很好的铺垫。第四层以人和物作比较，指出待非秦之人不如待非秦之物，这样看来，你所看重的只是声色珍宝，所轻视的是人才。这绝不是用来统一天下，制服诸侯的方法。这里以成就统一大业作为出发点，说明重物轻人，驱逐外来人才的错误，推论符合逻辑，立意超卓不凡，具有一种高屋建瓴的气势和撼动人心的力量。这段设喻丰富多样，写法灵活多变，运笔酣畅淋漓，为全文最精彩的部分，前人对此极为称誉。如宋代李涂就说："中间论物不出于秦而秦用之，独人才不出于秦而秦不用，反复议论，痛快，深得作文之法。"（《文章精义》）

第三段论述驱逐客卿有利敌国，而不利于秦国。先从正面说理，指出土地广大粮食就丰富，国家辽阔人口就众多，兵力强盛军士就勇敢，比喻强调只有胸襟博大开阔，才能包举贤士，广罗人才。下面仍继续设喻申述这个意思：泰山不拒绝任何土壤的堆积，所以能够成就它的大；河海不挑剔任何细小流水的汇入，所以能够成就它的深；统一天下的君王不排斥前来归附的民众，所以能够显示他的德行。泰山、河海两个比喻是陪衬，"王者不却众庶"才是本意。由于连类设喻，运用排比，显得很有力量。接着又深一层阐明此意：地不分东南西北，人才不论来自哪一个诸侯国，这就是五帝三王所以能够无敌于天下的原因。此处以古证今，强调应该不分地域，广揽人才。下文就落脚到说明逐客的危害。这里不但运用古今对比，还有敌我对比，提出两种作法、两种后果，以此说明逐客对敌人有利，对秦国的统一大业不利，论证鞭辟入里，雄辩有力。

最后一段收束全文，进一步说明逐客关系到秦国的安危。用两句话就总结了前面三段的意思：谈物的一半照应第二段，以见出"必秦国之所生然后可"这种态度的不对。谈人的一半照应第一段，以见出"非秦者去，为客者逐"的作法不当。最后的一句照应第三段，阐明逐客对秦国危害之所在，因从利害关系上立论，抓住了秦王的思想要害，所以极有说服力。这两句还和文章开头提出的总论点"窃以为过"相呼应，具有首尾相连，前后贯通之妙。

这篇文章在论证秦国驱逐客卿的错误和危害时，没有在逐客这个具体问题上就事论事，也没有涉及自己个人的进退出处，而是站在"跨海内，制诸侯"，完成统一天下大业的高度，来分析阐明逐客的利害得失，这反映了李斯的卓越识见，体现了他顺应历史潮流的进步政治主张和用人路线。文章所表现出的不分畛域,任人唯贤的思想,在今天也仍有一定的借鉴意义。

《谏逐客书》识高文亦高,它不仅思想可贵,而且辞采富赡,文思横溢,写作技巧十分出色。其主要特点是:第一,摆事实,设比喻,重铺叙,论辩有力,说理透辟。“事实胜于雄辩”,确凿的事实最具有说服力。文章第一段铺陈的一系列历史事实,在说明客卿一向对秦国有功这个问题上就起了很好的作用。比喻也是一种有效的修辞手段,此文在说明“物不产于秦,可宝者多”和“王者不却众庶”时都用了很多比喻,甚至可说文章的大部分就是由比喻组成的。正因为事实和比喻用得多,反复用,重铺叙,重渲染,不仅深入浅出、形象鲜明地说清了道理,而且增强了文章铺张扬厉的特色。第二,在结构上,既曲折多变,又严谨有序。这是一篇议论文,但并不显得呆板滞涩,枯燥无味,而是生动活泼,富有吸引力。除了善用比喻外,和文章写得有波澜、有起伏也相关。在论说秦王对物的态度时,几层的意思差不多,可是,一会儿顺说,一会儿倒说;一会儿正叙,一会儿反诘;或者略换几个字,或者稍变一下手法,真是跌宕生姿,极尽曲折变化之能事。另一方面此文论证逐客错误的中心思想十分突出,万变不离这个中心,在行文上还注意到前后呼应,一气贯通,所以全篇文章显得不枝不蔓,紧凑缜密。第三,多用排比句和对偶句,造成文章雄浑奔放的气势。文章气势充沛主要是由严密的逻辑,有力的论辩形成的,但是善用排偶句,并和散体句错杂出之,在语言形式上就富有整齐错落之美,在音节上又显得抑扬顿挫,铿锵响亮,给人以一种音乐的美感,这些使得此文更增强了滔滔不绝,雄放不羁的气势。《谏逐客书》开了散文辞赋化的风气之先,对后来汉代的散文和辞赋产生了一定的影响。 (吴小林)

两汉

【作者小传】

贾　谊

(前200—前168)　西汉政论家、文学家。洛阳(今河南洛阳东)人。世称贾生。十八岁时,以善文章为郡人所称。文帝时任博士,迁太中大夫。受大臣周勃、灌婴排挤,谪为长沙王太傅。后为梁怀王太傅。梁怀王堕马死,他郁郁自伤,不久去世。曾多次上疏,评论时政。其政论风格朴实峻拔,议论酣畅,鲁迅称之为"西汉鸿文"。又善赋。明人辑有《贾长沙集》。另传有《新书》十卷。

过秦论(上)　　贾　谊

秦孝公据崤函①之固,拥雍州②之地,君臣固守,以窥周室。有席卷天下、包举宇内、囊括四海之意,并吞八荒③之心。当是时也,商君佐之。内立法度,务耕织、修守战之具;外连衡而斗诸侯。于是秦人拱手而取西河之外。

孝公既没,惠文、武、昭,蒙故业,因遗策,南取汉中,西举巴、蜀,东割膏腴之地,收要害之郡。诸侯恐惧,会盟而谋弱秦。不爱④珍器重宝肥饶之地,以致天下之士,合从缔交,相与为一。当此之时,齐有孟尝,赵有平原,楚有春申,魏有信陵。此四君者,皆明智而忠信,宽厚而爱人,尊贤而重士,约从离横,兼韩、魏、燕、楚、齐、赵、宋、卫、中山之众。于是六国之士,有宁越、徐尚、苏秦、杜赫之属为之谋,齐明、周最、陈轸、召滑、楼缓、翟景、苏厉、乐毅之徒通其意,吴起、孙膑、带佗、倪良、王廖、田忌、廉颇、赵奢之伦制其兵。尝以十倍之地、百万之众,叩关而攻秦。秦人开关而延敌,九国之师逡巡遁逃而不敢进。秦无亡矢遗镞之费,而天下诸侯已困矣。于是从散约解,争割地而赂秦。秦有余力而制其弊,追亡逐北,伏尸百万,流血漂橹,因利乘便,宰割天下,分裂河山。强国请伏,弱国入朝。

施⑤及孝文王、庄襄王,享国之日浅,国家无事。及至始

贾谊像

——清刊本《古圣贤像传略》

皇,奋六世之余烈,振长策而御宇内,吞二周而亡诸侯,履至尊而制六合⑥,执敲扑以鞭笞天下,威震四海。南取百越之地,以为桂林、象郡;百越之君,俯首系颈,委命下吏。乃使蒙恬北筑长城而守藩篱,却匈奴七百余里;胡人不敢南下而牧马,士不敢弯弓而报怨。于是废先王之道,燔百家之言,以愚黔首。隳名城,杀豪俊,收天下之兵聚之咸阳,销锋镝,铸以为金人十二,以弱天下之民。然后践华⑦为城,因河为池,据亿丈之城,临不测之溪以为固。良将劲弩,守要害之处;信臣精卒,陈利兵而谁何⑧!天下已定,始皇之心,自以为关中之固,金城千里,子孙帝王万世之业也。

始皇既没,余威振于殊俗。然而陈涉瓮牖绳枢之子,氓隶之人,而迁徙之徒也。材能不及中人,非有仲尼、墨翟之贤,陶朱、猗顿之富。蹑足行伍之间,俛起阡陌之中,率疲散之卒,将数百之众,转而攻秦。斩木为兵,揭竿为旗,天下云集而响应,赢粮⑨而景从,山东豪俊,遂并起而亡秦族矣。

且夫天下非小弱⑩也,雍州之地,崤函之固自若也。陈涉之位,非尊于齐、楚、燕、赵、韩、魏、宋、卫、中山之君也;锄耰棘矜⑪,非铦于钩戟长铩也⑫;谪戍之众,非抗于九国之师也;深谋远虑,行军用兵之道,非及曩时之士也。然而成败异变,功业相反。试使山东之国与陈涉度长絜⑬大,比权量力,则不可同年而语矣。然秦以区区之地,致万乘之权,招八州而朝同列,百有余年矣。然后以六合为家,崤函为宫。一夫作难而七庙⑭隳,身死人手,为天下笑者,何也?仁义不施,而攻守之势异也。

〔注〕 ① 崤(xiáo 淆)函:崤山与函谷关。崤山在今河南洛宁北,函谷关为秦之东关,在今河南灵宝市东北。 ② 雍州:古九州之一。《尔雅·释地》:“河西曰雍州。” ③ 八荒:八方荒远之地。 ④ 爱:吝惜。 ⑤ 施(yì 易):延续。 ⑥ 六合:上下四方。 ⑦ 华:华山。 ⑧ 谁何:稽察诘问。 ⑨ 赢粮:担负着粮食。 ⑩ 非小弱:犹言“大弱”。《战国策·西周策》:“秦不大弱,而处之三晋之西,三晋必重齐。”可证大小可作“弱”之状语。参见《南京师院学报》社会科学版1980年4期周本淳《“天下非小弱”解》。 ⑪ 耰(yōu 优):古农具,木制用于碎土平田。矜:长矛柄。 ⑫ 铦(xiān 先):锋利。铩(shā 沙):一种矛类长兵器。 ⑬ 絜(xié

鞋):用绳围量。 ⑭ 七庙:古宗法制定帝王设七庙供奉祖先。《礼记·王制》:“三昭三穆,与太祖之庙而七。”

贾谊有《新书》五十八篇,《过秦》列在第一,分上、中、下三篇。此选上篇。《新书》上没有“论”字,《文选》加上“论”字,后来选这篇文章都称《过秦论》。这是一篇极有名的论文,《史记·始皇本纪》全引它作为对秦的评论,《陈涉世家》后面褚先生又引了这一篇。《昭明文选》选了它,清代桐城姚鼐《古文辞类纂》还把这篇作为压卷。本文录自《文选》,少数文字参照《史记》。所谓“过秦”,就是论秦的过失,这是为了给汉朝提供历史的鉴戒而写的。

全文分为五段。第一段写秦孝公为秦统一天下打下的基础。先写地势,次写野心,然后突出“商君佐之”的改革措施。先写内政,再写外交策略,是使诸侯互相斗,这主要指让韩、赵、魏不和。“于是秦人拱手而取西河之外”,总结效果,达到扩充地盘的目的。“拱手”二字值得玩味,强调政策的效果。西河,魏郡名,辖境相当于今陕西华阴以北,黄龙以南,洛河以东,黄河以西地区,原来是魏的地盘。这段文章除了层次分明外,还用排比来增强气势,如“席卷”“包举”“囊括”“并吞”,实际上只用其中一个也够了,但那样气势就大为减弱。

第二段分三层。到“收要害之郡”为一层,叙孝公变法之后,秦国嗣君的继续扩张。这里“蒙故业”指根据原来的基础,这和上一段雍州、崤函、西河等呼应;“因遗策”,指继续商君制定的内政外交策略,也和上文相呼应;然后写其领土大扩张的情况。“收”字前,《新书》有“北”字,《史记》没有,符合当时的领土实际,所以本文从《史记》。这一层写孝公之后,秦的继续强大,也用排比的句式增强气势。自“诸侯恐惧”到“而天下诸侯已困矣”,为第二层,写诸侯方面。先是“恐惧”,然后想对策“会盟而谋弱秦”,这是和上一段“外连衡而斗诸侯”(“斗”是使动用法,意为“使诸侯斗”)针锋相对的。这一句是总提,然后补充几句总的措施:不惜一切,招揽人才,合纵缔交,结为一体。战国时有两种对立的外交策略,一条是连横,指诸侯分别和秦结交,秦可以远交近攻,各个击破;一条叫合纵(“合从”即“合纵”),指东方诸侯结成一体,共同对付秦国的扩张政策。这是诸侯恐惧后采取“弱秦”的战略。然后分写有四公子那样弱秦的贤相,有九个国家众多的弱秦的士兵,有那样一批弱秦的谋士制定弱秦之计,有那么多高明的外交人才互通声气,申明弱秦之约,有那么多军事家练弱秦之军。这是上文“以致天下之士”的效果。按理该可以和秦较量一番了。妙在把九国的声势写得那样不可一世,等到以绝对优势的数量“叩关而攻秦”时,却不战而败。“叩关”,《新书》作“仰关”,“仰”字从地形说,秦在上游,九国在下面,所以用“仰”字。但“叩”字更形象。秦人的关门是闭的，诸侯之师来叩门了。下面"开关延敌"和"叩"字呼应紧密。"延"是请其入关，表现秦人对自身武力的有恃无恐。而"九国之师"本来是"叩关而攻秦"，这时却"逡巡遁逃而不敢进"，这表明秦国的威势，诸侯之师的胆怯。"逡巡"指徘徊迟疑，"遁逃"是进一步的发展。这样劳师动众却以逃跑为结果，所以秦国没有一个箭头的耗费而"天下诸侯已困矣"。这里写诸侯，实际也在陪衬秦国的强盛。"于是"以下为第三层，写从此以后诸侯的狼狈，秦的进一步强大。"从散约解"针对上文的"合从缔交，相与为一"。"争割地而赂秦"，"争"字写得非常形象。这是写诸侯的"弱秦"变成"弱己"。下面就写秦进一步侵略诸侯，然后诸侯"强国请伏，弱国入朝"，不战而服了。这一段也是用排比的句法对比地写出秦的进一步强大，为始皇的统一打下基础。

第三段写秦始皇统一天下，不可一世的气焰。"施及孝文王、庄襄王，享国之日浅，国家无事"这几句是过渡性的，也有人把这几句属上一段末。"及至始皇"起写秦始皇的武功和政策上的错误；到"士不敢弯弓而报怨"写秦始皇声威的煊赫。"奋六世之余烈"是承上文，表明几代强盛的雄厚基础。然后用四个排句写统一天下，再用"威振四海"作一小结。以上写对汉族固有地区的统治，下面写向南北两方的发展。"百越之君"本来是一国之长，现在却"俯首系颈"，把命运交给秦国委派的下级官吏去摆布。北方从战国起，匈奴一直为边患，现在却被驱逐，退却了七百多里。"胡人不敢南下而牧马"，指对外的声威；"士不敢弯弓而报怨"，指内部的威慑。(弯弓报怨有二解，一指六国之士不敢向秦报怨，一指秦法禁私斗，六国之士都战战兢兢，唯恐触犯法律。第二种说法意思较深刻。)这一部分把始皇的成功写到顶点。"于是"以下写始皇统一后的错误政策，"过秦"从此开始。统一以后的政策是愚民和弱民。"废先王之道，焚百家之言"以愚民，隳名城，杀豪俊，销兵器以弱民。因为毁掉六国的名城，使无反抗的地利；杀掉豪俊，使无组织领导反抗的人才；销毁兵器，使老百姓想反抗也无武器。这是对六国之民的统治办法。另一方面对秦国本身继续加固险要的地形，加强精锐的武装力量的防守。"陈利兵而谁何"，"何"通"呵"，呵问经过的人为谁，指严格盘查行人，防止出问题。这一段也写得酣畅淋漓。"天下已定"总结上文，"始皇之心，自以为关中之固，金城千里，子孙帝王万世之业也"。"自以为"三字讽刺始皇的妄想，因为"愚民""弱民"和一味镇压的政策，在贾谊看来非失败不可。

"始皇既没，余威震于殊俗"，这两句也是过渡性的，是为了反衬陈涉起义。写始皇的余威，说明秦的灭亡不是没有武力权威的问题，而另有原因。接着用"然而"一转，写秦朝在陈涉起义军的打击下，迅速灭亡。这一段极写陈涉的出身微贱,才能平庸,毫无力量,“蹑足行伍之间,俛起阡陌之中”。“阡陌”指田间道路,这里指田亩,陈涉曾为人佣耕(“阡陌”也有本子作“什伯”,和“行伍”义重,故不取)。写陈涉“率疲散之卒,将数百之众”,“斩木为兵,揭竿为旗”,这哪里能算一支武装力量?但他却顺应天下反秦的愿望:“天下云集而响应,赢粮而景从”。于是秦国便彻底覆亡,“山东豪俊,遂并起而亡秦族矣”。这一段和第二段是鲜明的对比,极写陈涉的平庸,说明秦之亡咎由自取。

最后一段为全文的高潮和结束。作者采用对比的形势来说明问题。秦始皇以为只要能使六国之民弱而秦强,就会传之万世。这里说明天下确实是大弱了,而不止是小弱,而秦国的山河“雍州之地,崤函之固”还和原先一样。这一句和篇首遥相呼应。这是一个对比。再拿陈涉和第二段所写的内容做对比,地位、武器、士众、军事谋略,无论哪一方面都不能相比。作者一律用“非……于”的句式,表示退一万步陈涉也不能比当时诸侯强。接着用“然而”一转,“成败异变,功业相反”,成为两种完全不同的结局,这是为什么?“何也”,《新书》没有“何”字,不如有“何”字一问再煞住,更有气势,更启人思考。“试使”一句把陈涉与六国作一判断,“不可同年而语”,说秦之亡不是亡于对手的强大。“然秦以区区之地”起,把秦的兴亡史用极简练的笔墨作一总结。所谓“百有余年”,指第一、二段写的始皇以前秦的兴盛。“然后以六合为家,崤函为宫”,写气势到了顶点。“一夫作难而七庙隳,身死人手,为天下笑”几句话急转直下,笔力千钧,写其灭亡之迅速。“何也”再一问,“仁义不施,而攻守之势异也”一答,点明中心思想。“仁义不施”是对第三段“于是废先王之道”那些话说的。“攻守之势异”是表明前面的成功和后面的失败是形势使然。贾谊的观点,认为取天下是可以凭武力,而守天下却必须靠仁义,就是说用正确的政策维系人心,一味镇压是不可能持久的。这实际上是要汉文帝记取这个历史教训,谋求长治久安之道。

这篇文章不过一千多字,却总结了秦王朝的兴亡史及其历史教训。他采取大肆渲染的方法,能加深印象。对于秦的兴盛,他重点写孝公和始皇,而用六国做对衬;对秦的灭亡,他重点写陈涉的平庸以六国做对照,而得到秦亡于“仁义不施”这个论断。这在战国之后,竞尚武力,而贾谊能看出这一点,说明他思想中的进步性,是超出当时一般人的。贾谊是辞赋家,这篇文章大量的排比,笔酣墨饱,实际使用的是辞赋的手法。特别是第二段从四公子和那些所谓天下之士,如果认真查考一下时代,有些人相去有好几十年甚至上百年。如果是历史学家,这样写是不足为训的;但辞赋家却容许以如此集中、夸张的方式来取得打动读者的效果。这是应该注意的。这篇文章的结构,金圣叹在《天下才子必读书》本篇题解说："《过秦论》者，论秦之过也。秦过只是末句'仁义不施'一语便断尽。此通篇文字，只看得中间'然而'二字一转。未转之前，重叠只是论秦如此之强；既转之后，重叠只是论陈涉如此之微。通篇只得二句文字：一句只是以秦如此之强；一句只是以陈涉如此之微。至于前半有说六国时，此只是反衬秦；后半有说秦时，此只是反衬陈涉。最是疏奇之笔。"这段话能够抓住本篇的纲领，很值得玩味。

（周本淳）

治　安　策①　　　贾　谊

进言者皆曰天下已安已治矣，臣独以为未也。曰安且治者，非愚则谀，皆非事实知治乱之体者也。夫抱火厝之积薪之下而寝其上，火未及燃，因谓之安，方今之势，何以异此！本末舛逆，首尾衡决②，国制抢攘③，非甚有纪，胡可谓治！陛下何不一令臣得孰④数之于前，因陈治安之策，试详择焉！

夫射猎之娱与安危之机，孰急？使为治，劳智虑，苦身体，乏钟鼓之乐，勿为可也。乐与今同，而加之诸侯轨道⑤，兵革不动，民保首领⑥，匈奴宾服，四荒乡⑦风，百姓素朴，狱讼衰息。大数⑧既得，则天下顺治，海内之气，清和咸理，生为明帝，没为明神，名誉之美，垂于无穷。《礼》：祖有功而宗有德。使顾成之庙⑨称为太宗，上配太祖，与汉亡极。建久安之势，成长治之业，以承祖庙，以奉六亲⑩，至孝也；以幸天下，以育群生，至仁也；立经陈纪，轻重同得，后可以为万世法程，虽有愚幼不肖之嗣，犹得蒙业而安，至明也。以陛下之明达，因使少知治体者得佐下风，致此非难也。其具可素陈于前，愿幸无忽。臣谨稽之天地，验之往古，按之当今之务，日夜念此至孰也，虽使禹、舜复生，为陛下计，亡以易此！

夫树国固，必相疑之势⑪，下数被其殃，上数爽⑫其忧，甚非所以安上而全下也。今或亲弟谋为东帝⑬，亲兄之子⑭西乡而击，今吴又见告⑮矣。天子春秋鼎盛，行义未过，德泽有加焉，犹尚如是，况莫大诸侯，权力且十此者乎！

然而天下少安，何也？大国之王幼弱未壮，汉之所置傅相方握其事[16]。数年之后，诸侯之王大抵皆冠[17]，血气方刚，汉之傅相称病而赐罢[18]，彼自丞尉以上遍置私人。如此，有异淮南、济北之为邪！此时而欲为治安，虽尧、舜不治。

黄帝曰："日中必熭，操刀必割[19]！"今令此道顺而全安，甚易；不肯早为，已乃堕骨肉之属而抗刭之[20]，岂有异秦之季世[21]乎！夫以天子之位，乘今之时，因天之助，尚惮以危为安、以乱为治，假设陛下居齐桓[22]之处，将不合诸侯而匡天下乎？臣又以知陛下有所必不能矣。假设天下如曩时，淮阴侯尚王楚[23]，黥布王淮南[24]，彭越王梁[25]，韩信王韩[26]，张敖王赵[27]，贯高为相[28]，卢绾王燕[29]，陈豨在代[30]，令此六七公者皆亡恙，当是时而陛下即天子位，能自安乎？臣有以知陛下之不能也。天下殽乱，高皇帝[31]与诸公并起，非有仄室之势以豫席之也[32]。诸公幸者，乃为中涓[33]，其次廑得舍人[34]，材之不逮至远也。高皇帝以明圣威武即天子位，割膏腴之地以王诸公，多者百余城，少者乃三、四十县，德至渥也，然其后十年之间，反者九起。陛下之与诸公，非亲角材[35]而臣之也，又非身封王之也，自高皇帝不能以是一岁为安，故臣知陛下之不能也。然尚有可诿[36]者，曰疏，臣请试言其亲者。假令悼惠王王齐[37]，元王王楚[38]，中子王赵[39]，幽王王淮阳[40]，共王王梁[41]，灵王王燕[42]，厉王王淮南[43]，六七贵人皆亡恙，当是时陛下即位，能为治乎？臣又知陛下之不能也。若此诸王，虽名为臣，实皆有布衣昆弟之心，虑[44]亡不帝制而天子自为者。擅爵人，赦死罪，甚者或戴黄屋[45]，汉法令非行也。虽行不轨如厉王者，令之不肯听，召之安可致乎！幸而来至，法安可得加！动一亲戚，天下圜视[46]而起，陛下之臣，虽有悍如冯敬[47]者，适启其口，匕首已陷其胸矣。陛下虽贤，谁与领[48]此？故疏者必危，亲者必乱，已然之效[49]也。其异姓负强而动者，汉已幸胜之矣，又不易其所以然。同姓袭是迹而动，既有征[50]矣，其势尽又复然。殃祸之变，未知所移，明帝处之尚不能以安，后世将如之何！

屠牛坦一朝解十二牛[51]，而芒刃不顿者[52]，所排[53]击剥割，皆众理解[54]也。至于髋髀[55]之所，非斤[56]则斧。夫仁义恩厚，人主之芒刃也；权势法制，人主之斤斧也。今诸侯王皆众髋髀也，释斤斧之用，而欲婴[57]以芒刃，臣以为不缺则折。胡不用之淮南、济北？势不可也。

臣窃迹前事，大抵强者先反。淮阴王楚最强，则最先反；韩信倚胡，则又反；贯高因赵资，则又反；陈豨兵精，则又反；彭越用梁，则又反；黥布用淮南，则又反；卢绾最弱，最后反。长沙[58]乃在二万五千户耳，功少而最完，势疏而最忠，非独性异人也，亦形势然也。曩令樊、郦、绛、灌[59]据数十城而王，今虽已残亡可也。令信、越之伦列为彻侯而居[60]，虽至今存可也。然则天下之大计可知已。欲诸王之皆忠附，则莫若令如长沙王；欲臣子之勿菹醢[61]，则莫若令如樊、郦等；欲天下之治安，莫若众建诸侯而少其力。力少则易使以义，国小则亡邪心。令海内之势如身之使臂，臂之使指，莫不制从。诸侯之君不敢有异心，辐凑并进而归命天子[62]。虽在细民[63]，且知其安。故天下咸知陛下之明。割地定制，令齐、赵、楚各为若干国，使悼惠王、幽王、元王之子孙毕以次各受祖之分地，地尽而止，及燕、梁它国皆然。其分地众而子孙少者，建以为国，空而置之，须其子孙生者，举使君之。诸侯之地其削颇入汉者[64]，为徙其侯国及封其子孙也，所以数偿之。一寸之地，一人之众，天子亡所利焉，诚以定治而已，故天下咸知陛下之廉。地制一定，宗室子孙，莫虑不王，下无倍畔[65]之心，上无诛伐之志，故天下咸知陛下之仁。法立而不犯，令行而不逆，贯高、利幾[66]之谋不生，柴奇、开章[67]之计不萌，细民乡善，大臣致顺，故天下咸知陛下之义。卧赤子[68]天下之上而安，植遗腹[69]，朝委裘[70]，而天下不乱，当时大治，后世诵圣。一动而五业附[71]，陛下谁惮而久不为此？

天下之势方病大瘇。一胫之大几如要[72]，一指之大几如股，平居不可屈信[73]，一二指搐[74]，身虑亡聊[75]。失今不治，必为锢[76]疾，后虽有扁鹊[77]，不能为已。病非徒瘇也，又苦䟡盭[78]。元王之子[79]，帝之从弟也；今之王者，从弟之子[80]也。惠王[81]，亲兄子也；今之王者，兄子之子[82]也。亲者或亡分地[83]以安天下，疏者或制大权以逼[84]天子。臣故曰：非徒病瘇也，又苦䟡盭。可痛哭者，此病是也。

〔注〕 ① 本文选自《汉书·贾谊传》，又名《陈政事疏》。其中内容与贾谊《新书》中多篇文字大致相同，今人余嘉锡《四库提要辨证》认为是《汉书》作者班固采掇《新书》，剪裁熔铸而成。这里所选仅其中一部分。 ② 衡决：横断，脱节。 ③ 抢（chéng程）攘：纷乱的样子。 ④ 孰：熟。此指仔细。 ⑤ 轨道：谓遵守法制。 ⑥ 首领：脑袋。 ⑦ 乡：通“向”。 ⑧ 数：道理。 ⑨ 顾成之庙：汉文帝所建之庙，在长安城南。 ⑩ 六亲：父、母、兄、弟、妻、子。 ⑪ 树国：诸侯立国。疑：通“拟”。必相疑之势：指诸侯国增强实力，必然形成与中央政权相比拟、相抗衡的形势。 ⑫ 爽：伤。 ⑬ 亲弟：指文帝之弟、淮南王刘长。刘长封地淮南，位于长安之东，故曰“谋为东帝”。文帝六年（前174），刘长谋反，被捕，流放道中绝食而死。 ⑭ 亲兄之子：指文帝兄齐悼惠王刘肥之子、济北王刘兴居。兴居于文帝三年（前177），企图趁文帝迎战匈奴之机，西取荥阳。文帝回京后击败叛军，兴居自尽。 ⑮ 见告：被告发。吴王刘濞（bì必）是汉高祖兄刘仲之子，当时不循汉法，有人告发。后于景帝三年（前154）以诛晁错、清君侧为名，挑动七国作乱，败死。 ⑯ 傅：汉廷为年幼诸侯所设的太傅少傅。相：汉廷为诸侯所设行政官员。 ⑰ 冠：行冠礼。古时男子二十加冠，表示已成年。 ⑱ 称病而赐罢：谓诸侯王为摆脱朝廷控制，谎称傅相有病，恩赐免官。 ⑲ 熭（wèi卫）：曝晒。“日中”二句喻机不可失。 ⑳ 堕：同“隳（huī灰）”，毁坏。抗刭（jǐng景）：斩首。 ㉑ 季世：末世。此指秦末大肆杀戮秦大臣和诸公子。 ㉒ 齐桓：齐桓公，春秋五霸之一。 ㉓ 淮阴侯：韩信。信汉初封为楚王，后有人告发谋反，贬为淮阴侯。高祖十一年（前196），与陈豨谋反而被杀。 ㉔ 黥布：即英布。英布汉初封淮南王，高祖十二年，谋反败死。 ㉕ 彭越：汉初封梁王，高祖十一年谋反被杀。 ㉖ 韩信：战国韩襄王之后，汉初封韩王。曾遣往太原抵御匈奴，因多次议和，刘邦生疑，韩王遂勾结匈奴反刘，兵败被杀。 ㉗ 张敖：张耳之子，刘邦女婿。袭父位为赵王，因国相贯高企图谋杀刘邦，贬为宣布侯。 ㉘ 贯高：赵王张敖相。因谋害刘邦被捕，自杀。 ㉙ 卢绾：汉初封燕王，刘邦怀疑他附从陈豨谋反，遂于高祖十二年投奔匈奴。 ㉚ 陈豨：汉初封阳夏侯，高祖十年自封代王，兵败被杀。 ㉛ 高皇帝：汉高祖刘邦。 ㉜ 仄室：即侧室，指卿大夫的庶子。豫：通“预”。席：凭借。 ㉝ 中涓：皇帝近侍官。 ㉞ 廑：通“仅”。舍人：地位卑于中涓的近侍官员。 ㉟ 角材：较量才干之高下。 ㊱ 诿：推托。 ㊲ 悼惠王：高祖之子刘肥，高祖六年封齐王。 ㊳ 元王：高祖之弟刘交，高祖六年封楚元王。 ㊴ 中子：赵王刘如意。高祖有八子，如意排行第四，故称中子。如意为高祖宠姬戚氏所生，高祖九年封赵王，后被吕后害死，谥隐。 ㊵ 幽王：高祖之子刘友，高祖九年封淮阳王，后徙赵，吕后幽禁而死。 ㊶ 共王：高祖之子刘恢。高祖十一年杀彭越，封恢为梁王，后徙赵。 ㊷ 灵王：高祖之子刘建，高祖十一年燕王卢绾投匈奴，次年封刘建为燕王。 ㊸ 厉王：高祖少子刘长，高祖十一年淮南王英布谋反被杀，封刘长为淮南王。 ㊹ 虑：大概。 ㊺ 黄屋：皇帝专车。屋：通“幄”，车盖。皇帝车盖为黄缯所制。 ㊻ 圜视：瞪眼而看，表示吃惊或愤怒。 ㊼ 冯敬：汉文帝时

御史大夫，因揭发淮南王刘长谋反，并提议严惩，被刘长刺客所杀。 ㊽ 领：治理。 ㊾ 效：效验。 ㊿ 征：证明，征验。 51 屠牛坦：春秋时精于宰牛者，名坦。解：剖割。 52 芒刃：锋利的刀刃。顿：通“钝”。 53 排：剖开。 54 理：纹理筋络。解：关节间隙。 55 髋(kuān 宽)：髀的上部，上股与尻之间的大骨。髀(bì 币)：大腿骨。 56 斤：刀刃较长的斧子。 57 婴：同“撄”，接触。 58 长沙：指长沙王吴芮。芮秦时为番阳令，举兵应汉，英布为其女婿。高祖五年封长沙王，至文帝时已传四世。 59 樊：樊哙。汉初封舞阳侯，因功升为左丞相。郦：郦商。汉初封曲周侯，后擢为右丞相。绛：绛侯周勃。文帝时任右丞相。灌：灌婴。以中涓从刘邦定天下，封颍阴侯，与周勃、陈平共诛诸吕，立文帝，后代周勃为丞相。 60 信：韩信。越：彭越。彻侯：秦、汉封爵二十级，彻侯最高，只封爵而不封地。 61 菹醢(zū hǎi 租海)：古代酷刑，杀人碎其骨肉，剁成肉酱。 62 辐凑：车轮上的辐条聚集于轴心，喻人聚往一处。归命：归顺听命。 63 细民：小民。 64 “诸侯之地”句：谓诸侯因犯罪而招致封地大量被汉廷收回。 65 倍畔：通“背叛”。 66 利幾：原为项羽部将，归汉后封颍川侯，后以反叛被杀。 67 柴奇、开章：均为淮南王刘长谋士，参与谋反之事。 68 赤子：初生儿。初生儿色红，故名。此指年幼的皇帝。 69 植：树立，扶持。遗腹：遗腹子，此指尚未出世的皇帝。 70 朝：朝拜。委裘：先帝遗衣。 71 一动而五业附：谓只须采取一项措施，即“众建诸侯而少其力”，则“明、廉、仁、义、圣”五项功业即随之成就。 72 要：同“腰”。 73 信：通“伸”。 74 搐(chù 处)：牵动、抽缩而痛。 75 亡聊：无所依赖，此指难以忍受。 76 锢：通“痼”。 77 扁鹊：战国时名医，姓秦，名越人。家于卢，又名卢医。 78 跖(zhí 直)：古“蹠”字，脚掌。盭(lì 立)：同“戾”，反扭。跖盭：足掌翻转，无法行走。 79 元王之子：刘郢，其父楚元王刘交是刘邦之弟。 80 从弟之子：刘郢之子刘戊，文帝时封楚王。 81 惠王：齐悼惠王刘肥，为文帝刘恒之兄，刘肥之子刘襄为齐哀王。 82 兄子之子：刘襄之子刘则，袭其父爵位。 83 分(fèn 粪)地：按名分应得之地。 84 逼：威胁。

西汉文帝七年(前173)，贾谊终于结束了谪居长沙的三年漫长的忧郁生活，重新被召回京城长安，担任文帝少子、梁怀王刘揖的太傅。表面看来，由长沙王吴差的太傅调任京师，仍是充当诸王教官，只不过教导的对象从异姓王变成了同姓王，差别并不太大，但贾谊可不这样认为。由于辅佐怀王，得以有机会接近天子，使贾谊久遭创伤的心灵，重又充满希望；他那压抑多年的议政从政的激情，也又变得不可遏制。此后几年之间，贾谊多次上疏献策，畅抒对当时国势政局的看法和建议。《治安策》就是当时含有总论性质的一篇长文。

《治安策》论及当时潜在或明显的多种社会危机，用贾谊自己的话来说，包括“可为痛哭者一，可为流涕者二，可为长太息者六”等众多严重问题。这足以令人痛哭、悲泣和长叹的社会弊端和政治危机，涉及天子与地方诸侯之间、汉廷与北方异族之间，以及社会各阶层之间的种种矛盾。针对这令人忧心的一切，贾谊富有针对性地一一指明相应对策和补救措施。本文作为《治安策》的第一部分，首先论述最为紧迫的、“可为痛哭”的政治危机，即诸侯不听节制，渐萌异心。

汉初，高祖刘邦推行分封制。为酬劳共过患难的开国功臣，他曾对一些异姓将军封爵赐地；为巩固汉家天下，扩张刘姓势力，又大封兄弟子侄为诸侯王。谁料如此一来，这些拥有封地特权的王侯，渐渐建起"国中之国"，骄横跋扈，不听政令，成为国家安定统一的祸害和隐忧。早在高祖时，阳夏侯陈豨、淮阴侯韩信、梁王彭越、淮南王英布、韩王信、赵王张敖和燕王卢绾等异姓王就相继叛乱。文帝时，叛乱未及彻底平定，同姓王随着势力的膨胀，也日益呈露与汉天子分庭抗礼的迹象。与当初刘邦平定诛灭异姓王时的情形有所不同，同姓王皆是汉文帝的骨肉至亲，且并未明目张胆地打出反叛的旗号，因此处理这一问题相当棘手。贾谊的《治安策》，首先针对这一敏感问题，足见他的惊人胆识。他并非没有意识到危险，正如文中所述的："虽有悍如冯敬者，适启其口，匕首已陷其胸矣。"若是所谓识时务的俊杰，必然远避其事，缄口不语，但是贾谊却不肯沉默，于此可见他为了汉廷甘愿洒血捐躯的赤胆忠心。

本文条理缜密，说理透彻。起首开门见山，振聋发聩，在痛斥那些粉饰太平、阿谀奉承的小人的同时，极言当前的危险。指出眼前的安宁，犹如睡于干柴之上，至于柴下的火种，却视而不见，然而一旦酿成大火，悔之晚矣。

第二段建议文帝施行法制，并陈述法制必将带来的好处。首先，建立法制无需文帝劳心伤神。其次，法制能确保汉廷长治久安，能使文帝的美德昭于世人，传之后代，生为贤明之帝，死为圣明之神。总之，法制无论对于汉朝，还是对于文帝本人，都有百利而无一害，而文帝唯一该做的，就是倾听并采纳贾谊的意见。

第三段切入正题，以不久前文帝亲身经历的干戈之争，说明王侯的危险性。以眼前的事实为例，是力求令文帝触目惊心，促其猛醒。

第四段论述即将面临的危险，分析暂时安宁的缘由，指出解决王侯问题的紧迫性。文中紧扣"强则作乱"这一症结，强调危险正日益逼近。因为随着时光的流逝，"诸侯之王大抵皆冠，血气方刚，汉之傅相称病而赐罢，彼自丞尉以上遍置私人"，一旦条件成熟，必定作乱。所以必须趁他们羽翼尚未丰满，及时下手。否则待到形成气候，即使尧、舜再生，也无能为力。

第五段以许多无可辩驳的事实，证明"疏者必危，亲者必乱"的道理，借以打消文帝可能存在的一切侥幸心理。文中颇为大胆地以文帝与高祖刘邦相比较，直言不讳地断言文帝缺乏对付诸王作乱的能力，再一次提醒文帝，必须及时设法。

第六段借用屠牛坦宰牛这一故事，说明治国的道理。告诉文帝，治国应切中症结，该狠则狠，快刀利斧，往往奏效。又一次敦促文帝，不能优柔寡断。

第七段在前面的层层铺垫之后，开始出谋划策，提出实际的解决办法。首先他告诉文帝“强者先反，弱者乃安”的道理，随后指出，当今之计莫如“众建诸侯而少其力”。也就是削强为弱，逐渐分割诸侯封地，分封给他们的子孙，使得大国不复存在，而众多各自为政的小封国，则不会对汉廷构成威胁。如此“众建诸侯”，既能显示文帝恩泽有加，又可侵削诸侯实力，实为一举两得，同时它还独有不露痕迹的效果。

最后一段则与开头呼应，用“病大瘇”“苦跋盭”作比，又一次点明当今局势的严重性和危险性。

本文凝聚了贾谊多年来对于诸侯乱国这一事实的观察和认识，其中揭发、论述和分析，往往一针见血，切中肯綮。按理来说，汉文帝并非昏庸无能之辈，贾谊旨在削弱诸侯势力的策略，应该能够立见成效。但是，由于当时的形势和某些方面的限制，贾谊的呼吁和警告，并未引起执政者足够的重视。后来，文帝虽然“分齐为六国，尽立悼惠王子六人为王”，“又迁淮南王喜于城阳，而分淮南为三国，尽立厉王三子以王之”（《汉书·贾谊传》）。多少采纳了贾谊“众建诸侯而少其力”的主张，然而涉及范围太小，力度也不够。终于在景帝三年（前154），发生了吴、楚七国之乱。而最终彻底消弭诸王对朝廷的威胁，则是后来由景帝和武帝逐步完成的。

贾谊的政论文，开创了汉代此类文字笔力劲练、内容充实、语言朴茂、气势磅礴的风格。清人金圣叹就曾盛赞《治安策》如海如潮，浩瀚闳肆，实为天下罕见的奇文：“夫此则真谓之海矣：千奇万怪，千态万状，无般不有，无般不起。则真谓之潮矣：来，不知其如何忽来；去，不知其如何忽去。总之，韩（愈）、苏（轼）二公文章，纵极汪洋排荡时，还有墙壁可依，路径可觅。至于此文，更无墙壁可依，路径可觅。少年初见古文，便先教读一万遍，定能分外生出天授神笔。”（《天下才子必读书》卷六）

所谓如海如潮，忽来忽去，千奇万怪，千态万状，首先是指本文多变的风格和流畅的气势。作者仿佛是在与文帝当面对话一般，随时根据需要，改变着语气和节奏：时而如挚友谈心，娓娓道来，犹如细雨润物般的温柔；时而又痛快酣畅，无所顾忌，仿佛诤友瞠目而视，对面辩诘。如第二段述及“射猎之娱与安危之机”时，注意设身处地为文帝切身利益着想，声明为治国而“劳智虑、苦身体、乏钟鼓之乐”则大可不必，他所提供的策略不但能确保国家平安，还可保证文帝“乐与今同”，不必烦心劳神。如此措语，当然是为了诱使文帝耐心听讲，使论说易于入耳。然而如此委婉的语气，到第五段中却变得异常激烈，一个接一个“能”或“不能”的诘问，步步紧逼，简直令文帝无路可走；连续三个“臣又知陛下之不能也”，则又将文帝一切幻想击得粉碎，促使他于面红耳赤之后，猛醒深思。气势如此逼人，辞锋如此犀利，在历代呈送帝王的疏策中是罕见的，这正是贾谊政论文最可珍贵的风格。

贾谊这“天授神笔”除了能使文势忽峻急，忽缓和，首尾相衔之外，还能在议论说理的同时，不失时机地运用文学笔法，使得后人读他的文章，感觉特别形象和亲切。穿插于本文论议之中的比喻，就极为奇妙。如说到“危险”，或拟为厝火积薪，或喻作病大瘇、苦跖盭；论及中央与地方的正常关系，形象地比作“如身之使臂，臂之使指，莫不制从”，然而一旦出现反常，则又是“一胫之大几如要，一指之大几如股，平居不可屈信，一二指搐，身虑亡聊”的描画譬喻。其余将治国比作宰牛，把诸侯拟为髋髀等等，皆有出神入化之效，有效地增强了文章的艺术感染力。

除了夹喻的妙用，贾谊的丰富想象力还表现在不时的“夸大其辞”。这种明显带有战国纵横家文风的笔调，虽然难免会有危言耸听之嫌，但运用得恰当，却令平实的说理增添许多魅力。如本文极言“众建诸侯”的功效，称一旦天下因此而大治，“卧赤子天下之上而安，植遗腹，朝委裘，而天下不乱”。不仅是初生儿做皇帝，就是天下只有那样一个象征性的君主——胎儿或已逝的帝王，也照样安宁无事。这就是《治安策》的奇效。

鲁迅先生在《汉文学史纲要》中曾评议“洋洋至六千言”的治安之策，并将贾谊的文风与稍后的晁错作过比较，认为贾谊“尤有文采，而沉实则稍逊”。但不管怎样，以《治安策》《过秦论》为代表的西汉鸿文，毕竟为古代散文史揭示了崭新的一页。其慷慨陈辞、雄辩滔滔的议政胆略，文势苍莽、笔力纵横的浑朴文风，足以“沾溉后人，其泽甚远”。

（孙小力）

鹏 鸟 赋 贾 谊

单阏①之岁兮，四月孟夏，庚子日斜兮，鹏集予舍。止于坐隅兮，貌甚闲暇。异物②来萃兮，私怪其故。发书占之兮，谶言其度③，曰：“野鸟入室兮，主人将去。”请问于鹏兮：“予去何之？吉乎告我，凶言其灾。淹速④之度兮，语予其期。”鹏乃叹息，举首奋翼；口不能言，请对以臆：

“万物变化兮，固无休息。斡流⑤而迁兮，或推而还。形气转续兮，变化而蟺⑥。沕穆⑦无穷兮，胡可胜言！祸兮福所倚，福兮祸所伏⑧；忧喜聚门兮，吉凶同域。彼吴强大兮，夫差以败；越栖会稽兮，勾践霸世⑨。斯游遂成兮，卒被五刑⑩；傅说胥靡兮，乃相武丁⑪。夫祸之与福兮，何异纠纆⑫；命不可说兮，孰知其极！水激则旱兮，矢激则远；万物回薄兮，振荡相转⑬。云蒸雨降兮，纠错相纷；大钧播物兮，坱圠无垠⑭。天不可预虑兮，道不可预谋；迟速有命兮，焉识其时⑮。

"且夫天地为炉兮，造化为工⑯；阴阳为炭兮，万物为铜。合散消息兮⑰，安有常则？千变万化兮，未始有极。忽然为人兮，何足控抟；化为异物兮，又何足患⑱！小智自私兮，贱彼贵我；达人大观兮，物无不可。贪夫殉财兮，烈士殉名。夸者⑲死权兮，品庶每生⑳。怵迫之徒㉑兮，或趋西东；大人不曲兮，意变齐同㉒。愚士系俗兮，窘若囚拘；至人㉓遗物兮，独与道俱。众人惑惑兮，好恶积亿；真人㉔恬漠兮，独与道息。释智遗形兮，超然自丧㉕；寥廓忽荒㉖兮，与道翱翔。乘流则逝兮，得坻则止㉗；纵躯委命兮，不私与己。其生兮若浮，其死兮若休㉘；澹乎若深渊之静㉙，泛乎若不系之舟㉚。不以生故自宝兮，养空而浮㉛；德人无累兮，知命不忧㉜。细故蒂芥㉝兮，何足以疑！"

〔注〕 ① 单阏（chán è 蝉遏）：卯年的别称。这是古代太岁纪年法。《尔雅·释天》："（太岁）在卯曰单阏。"此年为汉文帝七年，一说是汉文帝六年。　② 异物：犹言怪物，指鹏（fú 服）鸟，古人认为这是不祥之鸟，《西京杂记》卷五："长沙俗以鹏鸟至人家，主人死。"　③"谶言"句：意谓占书上的预言指示出吉凶的定数。谶（chèn 衬），预示吉凶的话。　④ 淹速：迟速，指寿命的长短。　⑤ 斡（wò 沃）流：运转。　⑥"形气"两句：意谓天地间形和气的互相转化，如同蝉的蜕化一样。这是化用道家有无相生的思想。形，指天地间有形的事物；气，指天地间无形的事物。而，通"如"。蟺，同"蝉"。　⑦ 沕（wù 物）穆：精微深远貌。　⑧"祸兮"两句：语见《老子》第五十八章。　⑨"彼吴"四句：公元前 493 年，吴王夫差恃强伐越，大败越军。越王勾践以残兵五千人退居会稽山，后复兴越国，终于反败为胜，灭吴称霸。这里意在说明胜败无常之理。　⑩"斯游"两句：据《史记·李斯列传》记载，楚人李斯从荀子学成"帝王之术"后游历秦国，辅佐秦王并吞天下，位居丞相；秦二世时，遭赵高谗言陷害，受五刑而死。五刑：古代五种轻重不等的刑法。汉初指黥、劓、斩趾、断舌、枭五刑。　⑪"傅说（yuè 悦）"两句：《史记·殷本纪》载："帝武丁即位，思复兴殷，而未得其佐……夜梦得圣人，名曰说。以梦所见视群臣百吏，皆非也。于是乃使百工营求之野，得说于傅岩中"，"举以为相，殷国大治"。胥靡，古代一种刑罚，用绳子将罪人相随系在一起，以服劳役。武丁，殷高宗。　⑫ 纠：二股捻成的绳子。纆（mò

墨）：三股捻成的绳子。这里比喻祸福纠缠在一起。 ⑬“水激”四句：意谓水流受外物所激则迅猛，弓箭受外物所激则远飞，可见万物互相激荡，转化不定，变化无穷。这里用自然现象说明人事有时因祸致福，有时因福致祸，反复无常。 ⑭“大钧”两句：意谓自然造化推动万物，使之变化无穷。大钧，指天地自然。坱圠（yǎng yà 养亚），无边无际貌。 ⑮“迟速”两句：意谓万物的生死迟速有命，哪能预知它的期限。 ⑯“且夫”两句：语本《庄子·大宗师》：“今一以天地为大炉，以造化为大冶，恶乎往而不可哉？”意思是，人生处世要顺应自然，把天地作为大熔炉，把自然看作大冶匠，往哪里而不可以呢！贾谊引用时补充“阴阳”两句，意在说明天地万物变化无常，不可预测。 ⑰ 合散：指生死。合：聚。语本《庄子·知北游》：“人之生气之聚也，聚则为生，散则为死。” ⑱ 异物：指死亡。 ⑲ 夸者：指贪求虚名的人。 ⑳ 品庶：众庶。每，《史记》作“凭”，意为贪恋。 ㉑ 怵：指为利所诱。迫：指为贫贱所迫。 ㉒ 意变齐同：意谓万物千变不穷，但都是齐等同一的。意，通“亿”。这里化用《庄子·齐物论》的思想。 ㉓ 至人：即至德之人，同上句“大人”为大德之人一样，均为道家的理想人物。《庄子·天下》：“不离于真，谓之至人。” ㉔ 真人：指得道之人。《庄子·大宗师》从多方面塑造了真人的形象，如“古之真人，不知说（悦）生，不知恶死……不以心损道，不以人助天”。 ㉕ 自丧：谓自忘其身。遗形忘身，是道家修养的最高境界。《庄子·齐物论》提出了“形固可使如槁木，心固可使如死灰”的“吾丧我”的修养标准。 ㉖ 寥廓忽荒：谓修养极深，精神和宇宙浑然一体，无以分别。寥廓：深远广大。忽荒：同“恍惚”。 ㉗“乘流”两句：意谓人生于世如木浮水，顺流而去，遇坻则止，任其自然。坻（chí 迟），水中的小洲或高地。 ㉘“其生”两句：语本《庄子·刻意》：“其生若浮，其死若休。”意思是人活着好比浮游，死去好比休息。 ㉙“澹乎”句：意谓人心的宁静要像深渊那样沉寂，不受外物干扰。澹，安静。 ㉚“泛乎”句：语出《庄子·列御寇》：“无能者无所求，饱食而敖游，泛若不系之舟，虚而敖游者也。”意为人生在世好像漂荡不定的小船，任其自然。 ㉛ 养空而浮：修养空寂，顺时浮游。 ㉜“德人”两句：意为有修养的人不为外物牵累，因为他知晓天命而无所忧愁。德人，指得道之人。《庄子·天地》：“德人者，居无思，行无虑，不藏是非美恶。”知命不忧：语本《周易·系辞上》：“乐天知命，故不忧。” ㉝ 蒂芥：即芥蒂，比喻细小的事。

此赋作于汉文帝七年（前 173）作者谪居长沙（今属湖南）时。据《史记·屈原贾生列传》载：“贾生为长沙王太傅三年，有鸮飞入贾生舍，止于坐隅。楚人命鸮曰服（通“鹏”，俗称猫头鹰）。贾生既已適（谪）居长沙，长沙卑湿，自以为寿不得长，伤悼之，乃为赋以自广。”这里司马迁所揭示的创作动机，与赋文第一段作者的自述是一致的。然而这只是引起作者创作冲动的直接因素，此外还有更广阔更深刻的社会背景。王佐之才的贾谊，“年二十余，最为少，每诏令议下，诸老先生不能言，贾生尽为之对，人人各如其意所欲出”，为汉文帝所赏识而重用；只因力主改革，惨遭权贵的恶言中伤，贬谪长沙。满腔的政治热情受到无情的打击，美好的理想、强烈的愿望被恶意地诽谤。在这冷酷的人生逆境中，欲进不可，欲退不能，无穷的苦闷，无端的忧患，一发而不可止。贾谊的《吊屈原赋》便凝聚着这种沉郁的情感：“呜呼哀哉，逢时不祥！鸾凤伏窜兮，鸱枭翱翔；阘茸尊显兮，谗谀得志；贤圣逆曳兮，方正倒植。”这呼天抢地的哀怨，是悼伤屈原，更是借以倾诉自己的心声。贾谊处境的无可奈何，却又无法从社会政治上寻找出路，因而只有从自我的精神世界中寻求超脱，聊以自慰了。这就是此赋的创作主旨。

赋的二、三两段是全文的重心，着重阐发了如何看待人生和怎样超脱人生的哲理。作者把个人荣衰多变的身世，放到整个天地宇宙、万物众生之中来看，就不是个人不幸的个别现象，而是事物发展进程中的正常规律了，从而得到了自适自足的精神慰藉。第二段首先揭示出万物变化无穷、反复无常的道理，祸福相生，吉凶为邻，社会、人生、自然无不是这样。纵观历史，吴、越胜败无常；横看人生，李斯、傅说穷达莫测；洞察自然，云雨相错无有穷尽。这些变化并非人力所为，全由命运主宰着，由此而得出这样的结论："天不可预虑兮，道不可预谋；迟速有命兮，焉识其时！"这虽是无可奈何的心理反映，但那种错综复杂而又无法得到解释的人生疑虑，在这哲学的思辨里找到了答案。以贾谊为代表的汉代赋家，所以不赞同屈原沉江亡身以了结人生矛盾的做法，其原因就在于他们善于从外部的客观规律中认识领悟主观的自我人生，以求自我的精神解脱。

寻求精神的解脱，这是旧时代文人学士最高层次的处世哲学，只不过是时代不同方式各异。贾谊所寻求的精神超脱，既不是楚狂接舆式的放浪，也不同于儒家孔孟式的自我完善，而是道家庄周式的遗形忘我的达观超脱，其表现是清醒而自觉地追求自由的精神境界。第三段作者在"千变万化"的人生比较中，选择了"达人大观""大人不曲""至人遗物""真人恬漠""德人无累"的超脱之路。这"达人""至人"等是庄周所塑造的道者偶像，他们遗世忘我、恬淡无为，达到了这种精神境界，人生的忧患、烦恼和苦闷，统统消失在自得自乐的达观之中了。"细故蒂芥，何足以疑"。这篇末点题之笔，集中而有力地表现出作者置生死忧患于身外的精神追求、顺从命运安排的人生抉择。

汉代政权的高度集中，完全打破了春秋战国时代文人"朝秦暮楚"的处世方式，汉代文人学士虽有选择奉事侯王的自由，而一旦得罪权贵，则无所逃遁了。面对这种现实，他们得志时则以儒积极入世，失志时则以道解脱，因而儒道合流，在汉代文人身上表现最为突出，司马迁、扬雄、班固、张衡等赋家，无不是如此。这条文人处世之路的开辟首先是贾谊。这篇赋作最显著的特点是以老庄道家思想来抒发不得志的情怀。不论是"祸福相依"的哲理，还是"天地为炉"的设喻；从"纵然委命"的人生选择，到"与道翱翔"的精神追求，都是老庄思想的直接引用。而这种引用既不是据典摘句式的论证，也不是推出道家的偶像来崇拜，而是融化道家思想的哲理，剖析人生，透视社会，阐发事理，引典与议论、说理与抒情达到了浑然一体的化境。这正典型地反映出汉赋用典据理以抒情的艺术特色。此赋被称誉为“哲学的诗”（闻一多语）、“赋史上第一篇成熟的哲理赋”（马积高《赋史》），其原因就在这里。

在形式上，此赋又别开生面。全文基本上由四言构成，形式整齐，语言典雅，这显然是《诗经》句式的继承；又糅合楚辞骚体的形式，隔句用“兮”字，增添了抒情的色彩，加深了沉郁的情感，更富有韵律之美。同时又巧于排比列叙，对比鲜明，如小智达人、贪夫烈士、夸者愚士、众人真人，一连十二种人的排列，纷纭的人生异趣，一览无余；作者的精神追求，一吐为快！这又具有战国纵横家明快犀利、畅达穷尽的语言风格。《鹏鸟赋》集众美于一篇，正体现了汉赋融合百家之长的艺术成就，呈现出“一代文学”的风貌。从体裁上来看，这又是一篇寓言赋，作者假托与鹏的问答，“感鹏献辞”（陶渊明《读史述九章·屈贾》），婉曲达情，在我国文学史上具有开创意义。寓言诗始见于《诗经·鸱鸮》，寓言散文勃兴于战国诸子，而寓言赋则首见于此文。

（章沧授）

【作者小传】

刘 彻

（前156—前87） 即汉武帝。西汉皇帝。汉景帝子。公元前140—前87年在位。在位期间接受董仲舒建议，“独尊儒术”，即以儒术为其统治思想；并采用法术、刑名，以加强统治。颁行“推恩令”，使诸侯王多分封子弟为侯，以削弱割据势力。设置十三部刺史，加强对地方的控制。征收商人资产税，打击富商大贾；又采桑弘羊建议，将冶铁、煮盐、铸钱收归官营；设置平准官、均输官，由官府经营运输和贸易。同时兴修水利，移民西北屯田，实行“代田法”，有利于农业生产的发展。曾派张骞两次至西域，加强了对西域的统治，并发展了经济文化交流。又派唐蒙至夜郎，在西南先后建立了七个郡。并用卫青、霍去病为将，进击匈奴贵族，解除匈奴威胁，保障了北方经济文化的发展。由于举行封禅，祀神求仙，挥霍无度，加以徭役繁重，致使农民大量破产流亡。天汉二年（前99），齐、楚、燕、赵和南阳等地均曾爆发农民起义。

李夫人赋

刘 彻

美连娟以修嫭兮①，命樔②绝而不长。饰新宫以延贮兮，泯不归乎故乡③。惨郁郁其芜秽兮，隐处幽而怀伤。释舆马于山椒兮，奄修夜之不阳④。秋气憯以凄泪兮，桂枝落而销亡。神茕茕⑤以遥思兮，精浮游而出畺⑥。托沈阴以圹久兮，惜蕃华之未央⑦。念穷极之不还兮，惟幼眇⑧之相羊⑨。函菱荴以俟风兮，芳杂袭以弥章⑩。的容与以猗靡兮，缥飘姚虖愈庄⑪。燕淫衍而抚楹兮，连流视而娥扬⑫。既激感而心逐兮，包红颜而弗明⑬。欢接狎以离别兮，宵寤梦之芒芒。忽迁化而不反兮，魄放逸以飞扬。何灵魄之纷纷兮，哀裴回以踌躇。势路日以远兮，遂荒忽⑭而辞去。超兮西征，屑兮不见⑮。寖淫敞克，寂兮无音⑯。思若流波，怛⑰兮在心。

乱曰⑱：佳侠函光，陨朱荣兮。嫉妒阘茸，将安程兮⑲。方时隆盛，年夭伤兮。弟子增欷，洿沫怅兮⑳。悲愁於邑㉑，喧不可止兮。向不虚应㉒，亦云已兮。嫶妍太息，叹稚子兮㉓。恻栗不言，倚所恃兮㉔。仁者不誓，岂约亲兮㉕？既往不来，申以信兮㉖。去彼昭昭，就冥冥㉗兮。既下新宫，不复故庭兮。呜呼哀哉，想魂灵兮！

〔注〕 ①“美连娟”句：言李夫人修美而纤弱。嫭（hù互），美貌。连娟，纤弱貌。 ②樔（jiǎo剿）：绝灭。 ③“饰新宫”两句：意谓汉武帝装饰新宫以等待李夫人神灵的降临，然神灵灭绝而不归。延贮：引颈期待。泯，灭。 ④“惨郁郁”以下四句：描写李夫人身处墓穴如同停留于漫漫长夜而幽暗不明。山椒，指山陵。奄，有滞留的意思。阳，指天明亮。 ⑤茕茕：形容孤寂而无依。 ⑥畺（jiāng江）：同“疆”。 ⑦“托沈阴”两句：言李夫人命逝而长眠于地下，痛惜其年岁未逾半，而芳华陨落。沈阴，这里指在地下。圹，通“旷”。未央，意即未半。 ⑧幼眇（yào miào要妙）：即窈窕，美好貌。 ⑨相羊：犹言徘徊。 ⑩“函菱荴”两句：意谓李夫人美色犹如春华孕含娇艳花穗散发以待风，芳华重积而更加鲜明动人。函，包含。菱（suī虽），花穗。荴（fū肤），散开，敷布。杂袭，相杂而累积。 ⑪“的容与”两句：意思是，李夫人的颜色确实优雅盛美，虽如花芳在风中飘荡，而更加端庄。的，的确。容与，娴雅自得的样子。猗靡，艳丽。缥，同“飘”。飘姚，即飘摇。虖，通“乎”。 ⑫“燕淫衍”两句：在欢宴之时，娇羞地抚依着楹柱，轻轻扬动其娥眉，眼神含情脉脉。此为汉武帝追述李夫人平生的音容笑貌。燕，同“宴”。淫衍，放纵而奢靡。 ⑬“既激感”两句：谓既为李夫人的娇美所打动，心中遂追思不已，但人已入坟墓而不能相见。 ⑭荒忽：同“恍惚”，隐约而不可辨识。 ⑮“超兮”二句：超兮西征，形容李夫人逝去犹如太阳西下，很快就看不见了。屑，倏忽之间。 ⑯“寖淫”两句：意思是李夫人之逝好比听音，渐渐迷糊不清，最终寂然无声。寖淫，有逐渐的意思。敞克，同“惝恍（怳）”，不清楚。 ⑰怛：哀悼。 ⑱乱：通常指辞赋篇末总括全篇旨意的一段文字。 ⑲“佳侠函光”四句：形容李夫人容貌佳丽，光彩照人，一逝而红颜尽落；又言妒忌而品格卑鄙之辈，无法与夫人伦比。佳侠，佳丽。函，包藏。阘茸（tà róng踏容），指地位与品性卑贱者。

程，衡量，计核。 ⑳“弟子增欷”两句：言李夫人去世，其弟兄与孩子为之涕泪集下，泣不成声。欷，抽泣之声。洿(wū乌)沫，指涕泪覆集于面。 ㉑於(wū乌)邑：哽咽。 ㉒“向不虚应”两句：意谓，音响随声，必有回应，而今涕泣只有自己，而逝者不复知觉。向，通“响”。㉓“嫶妍太息”两句：《汉书·外戚传》：“初，李夫人病笃，上自临候之，夫人蒙被谢王：‘妾久寝病，形貌毁坏，不可以见帝，愿以王(其子昌邑哀王)及兄弟为托。’……上复言欲必见之，夫人遂转乡歔欷而不复言。”此言李夫人面容憔悴，叹息不愿见武帝，而帝哀怜其子幼且孤。嫶(jiāo焦)妍，憔悴。 ㉔“㦧栗不言”两句：意思是李夫人依恃平日武帝的恩宠，知其一定为之感念，而悲怆不语。㦧栗(liú lì刘力)，忧伤，悲怆。 ㉕“仁者不誓”两句：指仁人一般行施恩惠尚且不以为是在行惠，何必对待亲人施仁要信誓旦旦一番呢？形容仁者为亲施加恩惠，义无反顾。㉖“既往不来”两句：大致意谓死者一去不返，生者对其情意发誓不忘。 ㉗“去彼昭昭”两句：昭昭，光明，指阳间。冥冥，昏暗，指阴间。

让一位冠冕堂皇的皇帝，放下架子，为一个逝去的人大抒哀情，尤其是被悼念者身份微贱，大概是有失于帝王气度的。然而也并非绝对如此。打开记载两千年前汉代史实的班固《汉书》，在《外戚传》中保留汉武帝刘彻为追悼姬妾李夫人所作的一篇赋文，却是一个比较特殊的例子。据史书，汉武帝因“思念李夫人不已”，“又自为作赋，以伤悼夫人”。

一篇优秀的悼文，要能真正打动读者的心灵，关键在于作者所倾注的内心真情实感。这篇赋文的一个主要特点，即在于作者紧紧围绕真情的畅发而展开。在情的构造中，又融合作者思念、幻想、追叙、痛悼等多角度的情绪转换层次，突出情体流转、丰满的特点，使赋文显得感情起伏，一波三折。赋起首便描述李夫人娇美超俗的形象，纤弱而修长的玉体，显得分外婀娜多姿，楚楚动人，然而红颜薄命，美丽的佳人过早地陨落黄泉，自然引出赋作者为之思念不已的起因和情感回荡的波澜。

武帝与李夫人之间，有一段不同寻常的故事。李夫人本是一位出身微细的乐伎，因妙丽善舞而博得武帝的欢心，大受恩宠，结果少而早逝。为之痛惜爱怜不已的武帝，竟然叫人画成李夫人的遗像，挂在当时的甘泉宫，日夜思逐。又听说一位齐人方士有招致死者灵魂的一套方术，于是在夜晚张灯设烛，架起帷帐，摆好供品。方士的招术生灵，结果武帝隔着围成的幕帐，远远望见李夫人端坐和款步的动人倩影，但却不能趋近详视，因而越发相思悲感。这也就是如赋中所描绘的“饰新宫以延贮兮，泯不归乎故乡”，翘首急切地盼望魂灵的到来，可是魂灵最终还是寂灭而一去不复返。

当一个人处于一种意外的沉痛中时，他的思绪或许会随着情感的波动而不可自控。这样我们也就不难理解，在痛苦的思念和叹息中，哀悼者逐渐展开他对逝者地狱情形的一阵幻想。这，又自然承上推出赋作者第二层的情感波折。那是怎样的一番情景呢？凄惨、阴森的地狱充满荒凉和芜秽，而心目中的那位美艳早夭的佳人，孑然一身，独自处在幽暗的墓穴，伤心之极，在孤寂和凄凉中，度过一个又一个永远不见一丝阳光的漫漫长夜。而这番惨不忍睹的景象，又是通过作者两下相通的哀思的倾吐，不断加以烘托和映衬。作者在赋中接着写到自己身处萧瑟秋风之中而惨痛落泪，看到桂枝芳华的凋落，又情不自禁地联想到李夫人芳年早逝，以至于落得孤独无伴，只有缠绵不断的丝丝思绪，飞向遥远的地狱之门。这割不断的哀情，无疑更衬托出佳人殒命，"托沈阴以圹久"那种人世阴间相隔的残酷无情。

按照人的心理常态，对逝主的真切追悼和缅怀，同时说明逝主在悼者心中占据着相当重要和牢固的情感地位，以至于不可磨灭。无以例外，在这样的心理基础之上，作者的抒写视线，又自然落到对逝者平生音容笑貌和与自己感情契密的种种追述，或许正以此来充填悲痛和失落的心灵，换得一番自慰，寄托一种哀思。从赋本身的文学描写角度来说，增加了情感抒发的曲折与复杂化，避免呆板而机械的平淡和单一。当然，关键还在于逼使人不得不提出这样的发问：逝者以什么样的魅力，赢得这位身为一代帝王的赋作者如此倾心呢？在赋接下去的描述中，我们渐可看到，这位妙龄多情的李夫人，在武帝眼中，平生犹如一朵饱含芳蕊、馨香四射的鲜花，芳华交积而明艳夺目。然而更重要的是，在娇艳中她又更显露出圣洁和端庄，尤其在欢宴之时，那纤纤倩影抚依着楹柱，妩媚无比，淡淡的一弯蛾眉，轻轻跳扬，一泓秋波，回视顾盼，动人心魂。所谓"既激感而心逐"，心灵一经被打动，就很难平静下来，让人为之逐思追念。

当然自慰的追述，往往是一瞬即逝的，从过去美好的回忆中回到残酷的现实，经过这种心理的历程，也常常令人更加深感面临现实命运的痛苦。"包红颜而弗明"，眼前的情形又是如何呢？红颜毕竟是归入黄泉而不得相见。这样赋所描写的情感重心从作者的片刻追忆，移向对追忆之后失落和悲痛的情绪的刻画上，基调也更趋于浓重和激烈，显示作者内心情感反复波折，激荡不宁，并形成整篇作品情绪的高潮。在这里，作者借助几种典型的生理、自然现象和日常生活经验，反复极写生死别离、佳人命殒不复返的哀痛以强化感情色彩：先写与李夫人生前缱绻，犹如黑夜一场大梦醒来，茫然无知；次叙李夫人仿佛首途远外，依依惜别，终然辞去，倩影依稀而不可辨识，令人肝肠欲断；后以落日西下，听音无声，形容李夫人溘然长逝，不复相会。这种种的感情回旋起伏，最终则重重凝集在赋文的最后两句："思若流波，怛兮在心。"它，仿佛是作者内心深处对逝者满怀深情的轻轻呼唤：这滚滚不断的思流呵，时刻把你牵记在我的心中！如果说要追究作为一位体面的帝王为何对一位微不足道的姬妾如此情意缠绵，以至落得一经永诀便悲痛欲绝，那么不妨可以说，作为感情动物的人，总有与生俱来的七情六欲，帝王同样也是如此。当然这篇浸透滴滴情意而凄恻哀婉的文字，尽管可能有碍于帝王的身份，不过倒令读者借以窥探这位上层集权者心灵深层所蕴含的情意真切的一面，同时反过来也增强了这篇作品的畅发真情实感的艺术感染力。

赋文保留了楚辞体的文学样式，继承了这种文体注重抒情的文学创作特点，形式与写情自然契合，融和无间。在篇幅上以精短取胜，避免一些楚辞体冗长、琐碎的铺叙，以突出抒情的凝集与真切的程度。（郑利华）

【作者小传】

晁 错

（前200—前154） 西汉政论家。颍川（治今河南禹州市）人。初从张恢学申不害、商鞅的法家学说。文帝时，任太常掌故，后为太子家令，得太子（即景帝）信任，号“智囊”。景帝即位，任为御史大夫。曾建议逐步削夺诸侯王国的封地，巩固中央集权制度，为景帝所采纳。不久，吴楚七国以诛晁错为名，发动叛乱；他为袁盎等所谮，被杀。善政论，议论犀利，分析深刻，鲁迅称为“西汉鸿文”。著有《晁错》三十一篇，已佚，今有清马国翰等人辑本。

论贵粟疏　　晁 错

圣王在上，而民不冻饥者，非能耕而食之，织而衣之也，为开其资财之道也。故尧、禹有九年之水①，汤有七年之旱②，而国亡捐瘠者③，以畜积多而备先具也。今海内为一，土地人民之众不避④汤、禹，加以亡天灾数年之水旱，而畜积未及者，何也？地有遗利，民有余力，生谷之土未尽垦，山泽之利未尽出也，游食之民未尽归农也。

民贫，则奸邪生。贫生于不足，不足生于不农，不农则不地著⑤，不地著则离乡轻家，民如鸟兽，虽有高城深池，严法重刑，犹不能禁也。夫寒之于衣，不待轻暖⑥；饥之于食，不待甘旨⑦；饥寒至身，不顾廉耻。人情一日不再食则饥，终岁不制衣则寒。夫腹饥不得食，肤寒不得衣，虽慈母不能保其子，君安能以有其民哉？明主知其然也，故务民于农桑⑧，薄赋敛，广畜积，以实仓廪，备水旱，故民可得而有也。

民者，在上⑨所以牧之，趋利如水走下，四方亡择也。夫珠玉金银，饥不可食，寒不可衣；然而众贵之者，以上用之故也。其为物轻微易臧⑩，在于把握，可以周海内而亡饥寒之患。此令臣轻背其主，而民易去其乡，盗贼有所劝⑪，亡逃者得轻资也⑫。粟米布帛生于地，长于时，聚于力，非可一日成也。数石之重，中人弗胜⑬，不为奸邪所利；一日弗得而饥寒至。是故明君贵五谷而贱金玉。

今农夫五口之家，其服役⑭者不下二人，其能耕者不过百亩。百亩之收，不过百石⑮。春耕夏耘，秋获冬藏，伐薪樵，治官府，给徭役；春不得避风尘，夏不得避暑热，秋不得避阴雨，冬不得避寒冻，四时之间，亡日休息。又私自送往迎来，吊死问疾，养孤长幼在其中。勤苦如此，尚复被水旱之灾，急政暴赋，赋敛不时，朝令而暮改。当具，有者半贾而卖，亡者取倍称之息⑯；于是有卖田宅、鬻子孙以偿责⑰者矣。而商贾大者积贮倍息，小者坐列贩卖，操其奇赢⑱，日游都市，乘上之急⑲，所卖必倍⑳。故其男不耕耘，女不蚕织，衣必文采，食必粱肉；亡农夫之苦，有仟伯㉑之得。因其富厚，交通王侯，力过吏势，以利相倾㉒；千里游敖㉓，冠盖相望㉔，乘坚策肥㉕，履丝曳缟㉖。此商人所以兼并农人，农人所以流亡者也。今法律贱商人，商人已富贵矣；尊农夫，农夫已贫贱矣。故俗之所贵，主之所贱也；吏之所卑，法之所尊也㉗。上下相反，好恶乖迕，而欲国富法立，不可得也。

方今之务，莫若使民务农而已矣。欲民务农，在于贵粟。贵粟之道，在于使民以粟为赏罚。今募天下入粟县官㉘，得以拜爵，得以除罪。如此，富人有爵，农民有钱，粟有所渫㉙。夫能入粟以受爵，皆有余者也。取于有余，以供上用，则贫民之赋可损，所谓损有余，补不足，令出而民利者也。顺于民心，所补者三：一曰主用足，二曰民赋少，三曰劝农功㉚。今令："民有车骑马一匹者㉛，复卒三人㉜。"车骑者，天下武备也，故为复卒。神农之教曰："有石城十仞，汤池百步，带甲百万，而亡粟，弗能守也。"以是观之，粟者，王者大用㉝，政之本务。令民入粟受爵，至五大夫㉞以上，乃复一人耳㉟，此其与骑马之功相去远矣㊱。爵者，上之所擅㊲，出于口而亡穷；粟者，民之所种，生于地而不乏。夫得高爵与免罪，人之所甚欲也。使天下人入粟于边，以受爵免罪，不过三岁，塞下之粟必多矣。

〔注〕 ①"故尧、禹"句：《尚书·尧典》《史记·夏本纪》俱载尧时洪水滔天事。据载，尧用鲧治水，九年而不成，继由禹治理，故以尧、禹并称。 ②"汤有"句：据《说苑·君道》："汤之时，大旱七年，雒坼川竭，煎沙烂石，于是使人持三足鼎祝山川。" ③ 亡(wú无)：通"无"，下同。捐：遗弃。瘠(zì字)：通"胔(zī资)"，未腐烂的尸体。 ④ 不避：不让，不次于。 ⑤ 地著(zhuó浊)：即土著，指定居在一地。 ⑥ 轻暖：指以裘皮或丝绵制作的衣服。 ⑦ 甘旨：指精美的食物。 ⑧ 务民于农桑：使百姓尽力于种田和养蚕。 ⑨ 上：指人君。 ⑩ 臧：通"藏"。 ⑪ 劝：鼓励。 ⑫ 亡逃：因犯法而逃亡。轻资：带着轻便的东西。 ⑬ 中人弗胜：中等体力的人不能胜任，指拿不动。 ⑭ 服役：从事于官府的劳役。 ⑮ 石：即"斛"。据《汉书·律历志》载，汉代量器"合龠为合，十合为升，十升为斗，十斗为斛"。 ⑯"当具"三句：谓该当交纳赋税时，有粮的人不得不以半价贱卖，无粮的人不得不以加倍的利息以求借贷，买粮以应征。 ⑰ 责：通"债"。 ⑱ 操其奇赢：牟取暴利。 ⑲ 乘上之急：趁君主迫切需要之时。 ⑳ 所卖必倍：所卖出的价钱必定成倍提高。 ㉑ 仟伯：同"阡陌"，田间道路，此指土地。 ㉒ 倾：压倒，凌驾于其上。 ㉓ 敖：通"遨"。 ㉔ 冠盖相望：指商人一路上前后不绝。冠盖：原指仕宦者的官服和车盖，此处指商人。 ㉕ 乘坚：乘坐坚固的车辆。策肥：骑着肥壮的马。 ㉖ 履丝：穿着丝织的鞋。曳缟：拖着精细的丝织白绢衣服，古代衣裾长而拖地，故云。 ㉗"故俗之所贵"四句：谓一般人所尊敬的，正是国君所轻贱的商人，而官吏所鄙视的，却是法律所尊重的农民。 ㉘ 募：号令。入粟县官：将粮食缴纳给国家。汉以"县官"作为皇帝的代称，通指政府。 ㉙ 渫(xiè谢)：分散。 ㉚ 劝农功：鼓励人从事农业生产。 ㉛ 今令：现行法令。车骑马：能驾战车的马。 ㉜ 复卒三人：免除三个人的兵役。 ㉝ 王者大用：治理天下最为需要之物。 ㉞ 五大夫：爵号，汉代侯以下分二十级，五大夫为第九等。 ㉟ 乃复一人：才免除一人的兵役。 ㊱ 骑马之功：指出车骑之功。 ㊲ 擅：专有。

《论贵粟疏》是晁错上给汉文帝的奏疏，也是西汉著名的政论文。

秦末农民大起义推翻了暴虐的秦朝，但继之以长达五年的楚汉战争，使农业生产遭到严重破坏，农民或死于战乱，或流离他乡。面对着民生凋敝的局面，汉高祖刘邦采取了罢兵归家、予以田宅、招纳流亡、抑制商人、轻徭薄赋的政策，使农业生产得以逐渐恢复。此后，惠帝、吕后亦承袭黄老"无为而治"的思想，农业继续发展，人民衣食渐得滋殖。文帝刘恒即位后，仍奉行“与民休息”的方针，重视农桑，他曾下诏令全免田租，使自耕农得以迅速发展。但是，文帝长期实行减免田租赋税的政策，得益更多的是地主；与此同时，放松了山泽之禁，促进了商品流通，商人势力迅速加强。农业发展使粮价骤降，商业兴盛更令谷贱伤农，农民遭受侵蚀兼并之害，被迫卖田鬻子，相继破产流亡。

一方面是农业生产受到威胁，阶级矛盾渐趋激化，另一方面则是民族矛盾也很尖锐。自古以来，北方游牧民族就频繁地南侵骚扰，秦汉时期更成为主要边患。秦始皇以构筑长城御敌，汉高祖转以“和亲”及开放关市来缓和侵扰。汉文帝沿用祖法，和亲之外，另厚加馈赠，但匈奴仍不断入塞侵犯，劫掠人畜，毁坏禾稼，甚至游骑逼近长安，直接威胁到首都的安全。

面对这样的形势，晁错深感殷鉴未远，忧心如焚，遂从“复言守边备塞，劝农力本当世急务二事”（《汉书·晁错传》）的战略思想出发，继贾谊上《论积贮疏》后，再向文帝上疏。班固在《汉书》中将此疏分为两部分：“守边备塞”部分编入晁错本传，“劝农力本”部分载入《汉书·食货志》，后人将《食货志》中的这一部分抽出，加上《论贵粟疏》的题目。尽管一疏二分，割裂了晁错的整体见解，但仍可见“贵粟”与“守边”的必然联系，仍可见他对现实政治、经济、军事问题的真知灼见。

作为奏疏，既要充分陈述政见，又要考虑在指摘时弊同时不要冒犯皇帝，使皇帝能采纳意见。晁错从尊古意识出发，以古代的圣王业绩比照现实，正面提出重农贵粟之道。他指出，“尧、禹有九年之水，汤有七年之旱，而国亡捐瘠”，而“今海内为一，土地人民之众不避汤、禹，加以亡天灾数年之水旱，而畜积未及”，原因何在呢？除“地有遗利”未尽其用外，更在于“民有余力”，“游食之民未尽归农也”。晁错就“民贫，则奸邪生”作了逻辑严密的深入发掘，论述了不重农就不能保民的道理，从重农出发，正面提出“务民于农桑，薄赋敛，广畜积，以实仓廪，备水旱”的政策、方针。

在将历史与现实相对照，得出“贵粟”的结论，并阐述保民之理，正面提出重农的政策后，晁错又具体分析了“趋利”是民不归农的原因。尤其值得称道的是：晁错的所见所论并不是我国固有的重农思想的泛泛之谈，而是具有极强的针对性。据载，农业发展使粮价大跌，文帝初年每石粟“至十余钱”（《史记·律书》），商人竞相囤积居奇；与此同时，贱五谷而贵金玉成为时尚，危及“以食为天”的根本。汉高祖奉行“重租税以困辱”商人（《史记·平准书》）的政策，而现今的社会却是：“今法律贱商人，商人已富贵矣；尊农夫，农夫已贫贱矣。”晁错认为，由于商业发展带来了本末倒置的新问题，欲使国富法立，“方今之世，莫若使民务农而已矣”。并用“剥笋法”层层深入地指出:“欲民务农,在于贵粟。贵粟之道,在于使民以粟为赏罚。”在抓住了“贵粟”的关键后,他又提出了入粟于官、拜爵除罪等一系列具体措施。在晁错看来,这是“损有余、补不足,令出而民利”的好事:商人以囤积之粟输之国而受“出于口而亡穷”之爵,致使国库充足,粟贱伤农的情况可得以缓和,贫民的赋税亦可减少。由于“贵粟”的刺激,又必然使农民乐于耕种,以入粟于边使塞下足粮,这样,就能巩固国防,有效阻止匈奴南侵。

总之,贵粟使民务农,入粟以抑商固本,这对缓和阶级矛盾、改善农民处境无疑是有积极意义的;同时,入粟于边则可解决边防戍卒的粮食供给及运输耗费问题。由于“贵粟”与政治、经济、边防等国计民生大事相关,此疏得到汉文帝的重视,并采纳了以粟买爵的建议。《论贵粟疏》对于解决当时的粮食问题,促进农业生产发展,巩固政权,并造就著名的“文景之治”,确实起过较大的作用。

晁错上疏的目的虽是为了巩固封建统治,但仍然难掩其关怀农民疾苦的真诚态度。他真实描绘了农民所受的徭役、耕种之苦,水旱、暴政之虐,以及卖田宅、鬻子孙偿债的惨状,并以商贾不事耕织,却获利丰厚、衣锦食肉、乘坚策肥、权倾官吏的情况相对照。即使他以维护封建王朝的利益为根本,但这种正视现实的精神和关怀民瘼的态度,也不能不是作者改革政治的重要动因。

当然,由于时代和阶级的局限,作者以“贵粟”为核心的一整套办法,终究难以成为一蹴而就,使国家、商人、农民三方得益的“永动机”。“富人有爵,农民有钱,粟有所渫”的一举三得无法均衡实现,粟渫塞下不难,富人有爵甚易,但农民有钱只能是空话。如果说“入粟拜爵”是为了实现充实国库的目的,那么实施这一办法的结果非但未能抑制商人,反而导致了商人政治地位的提高,这也是晁错所始料未及的。以“贵粟”劝农力本、加强边备这两大目标可暂时达到,阶级矛盾可得缓和,却无法消除。号称“智囊”的晁错开示的“医国”药方,未能治好封建王朝的痼疾,却酿成了自身的悲剧,他终于因建议“削藩”遭“清君侧”而被诛。这实在足可使人掩卷浩叹!

晁错是政治家,他指斥时弊,直抒政见,本无意为文,然而《论贵粟疏》仍有较高的艺术性。首先,作为政论文,它具有立论精辟、论述严密的特点。文中一开始,就以“为开其资财之道”立论,然后承此论点,将“今世”对照禹汤之世,指出现在“畜积未及”的根本原因在于“不农”,继而论述不农之害和重农保民之理,再转入明君应贵粟贱金之论。“开资财之道”有本末之辨,文章转而论述事“本”之农与事“末”之商,比较二者的苦乐,使重农抑商之意自显,在貌似旁涉之际加深了对“开资财之道”的理解。文章最后作了使民务农、务农在贵粟、贵粟在以粟为赏罚的论述，与"开资财之道"一意相承，论述层层深入，具体而又严密。结构也于严整中寓变化，不流于沉滞平板。其次，《论贵粟疏》为增强其论辩、说服力量，不是平实地就事论事，而是善作古今比况，综言利弊得失，在正反相较中显得有血有肉，文章风格流畅矫健。文中在古今相较之后，指出不农而导致畜积未及，然后通过先逆写、再顺写不农之害，论以重农保民，尤其是农民与商人的形象对比，更见重农抑商的重要。文中用珠玉金银与粟米布帛的对照，以明"贵五谷而贱金玉"之理，用农夫与商人的对照，以明贵贱逆转之理，都写得生动透辟。再次，文章使用了排比手法，且排比与对照、反衬结合，语言虽朴实无华，却不乏激切深刻的感情和汪洋恣肆的气势，这一特点在写农商对照中表现得尤为突出。

（邓乔彬）

【作者小传】

枚　乘

（？—前140）　西汉辞赋家。字叔。淮阴（今属江苏）人。初为吴王濞郎中，曾上书劝濞勿谋反，不听，遂去吴至梁，为梁孝王客。吴楚七国反时，再上书劝濞罢兵，又不听。后景帝召为弘农都尉，以病去官。武帝即位后，以安车蒲轮征入京，年迈死于途中。善辞赋。近人辑有《枚叔集》。

七　发　　　枚　乘

楚太子有疾，而吴客往问之，曰："伏闻太子玉体不安，亦少间乎？"太子曰："惫！谨谢客。"客因称曰："今时天下安宁，四宇和平，太子方富于年。意者久耽安乐，日夜无极，邪气袭逆，中若结轖①。纷屯澹淡，嘘唏烦酲，惕惕怵怵，卧不得瞑②。虚中重听，恶闻人声。精神越渫，百病咸生。聪明眩曜，悦怒不平③。久执不废，大命乃倾。太子岂有是乎？"太子曰："谨谢客。赖君之力，时时有之，然未至于是也。"客曰："今夫贵人之子，必宫居而闺处，内有保母，外有傅父，欲交无所。饮食则温淳甘脆，脭酞肥厚④；衣裳则杂遝曼煖，燂烁热暑⑤。虽有金石之坚，犹将销铄而挺解也，况其在筋骨之间乎哉？故曰：纵耳目之欲，恣支体之安者，伤血脉之和。且夫出舆入辇，命曰蹷痿之机[6];洞房清宫,命曰寒热之媒;皓齿蛾眉,命曰伐性之斧;甘脆肥脓,命曰腐肠之药。今太子肤色靡曼,四支委随,筋骨挺解,血脉淫濯,手足堕窳[7];越女侍前,齐姬奉后;往来游宴,纵恣于曲房隐间之中。此甘餐毒药,戏猛兽之爪牙也。所从来者至深远,淹滞永久而不废,虽令扁鹊治内,巫咸治外,尚何及哉!今如太子之病者,独宜世之君子,博见强识,承间语事,变度易意,常无离侧,以为羽翼。淹沉之乐,浩唐之心,遁佚之志,其奚由至哉!”太子曰:“诺。病已,请事此言。”

客曰:“今太子之病,可无药石针刺灸疗而已,可以要言妙道说而去也,不欲闻之乎?”太子曰:“仆愿闻之。”

客曰:“龙门之桐,高百尺而无枝。中郁结之轮菌[8],根扶疏以分离。上有千仞之峰,下临百丈之谿。湍流溯波,又澹淡之[9]。其根半死半生。冬则烈风漂霰、飞雪之所激也,夏则雷霆、霹雳之所感也。朝则鹂黄、鳱鴠鸣焉[10],暮则羁雌、迷鸟宿焉。独鹄晨号乎其上,鹍鸡哀鸣翔乎其下。于是背秋涉冬,使琴挚斫斩以为琴,野茧之丝以为弦,孤子之钩以为隐,九寡之珥以为约[11]。使师堂操《畅》,伯子牙为之歌[12]。歌曰:‘麦秀蔪兮雉朝飞,向虚壑兮背槁槐[13],依绝区兮临回溪。’飞鸟闻之,翕翼而不能去;野兽闻之,垂耳而不能行;蚑、蟜、蝼、蚁闻之,拄喙而不能前。此亦天下之至悲也,太子能强起听之乎?”太子曰:“仆病未能也。”

客曰:“犓牛之腴,菜以笋蒲。肥狗之和,冒以山肤[14]。楚苗之食,安胡之飰,抟之不解,一啜而散。于是使伊尹煎熬,易牙调和[15]。熊蹯之臑,勺药之酱。薄耆之炙,鲜鲤之鲙[16]。秋黄之苏,白露之茹。兰英之酒,酌以涤口。山梁之餐,豢豹之胎。小飰大歠,如汤沃雪[17]。此亦天下之至美也,太子能强起尝之乎?”太子曰:“仆病未能也。”

客曰:“钟、岱之牡,齿至之车;前似飞鸟,后类距虚。穱麦服处,躁中烦外[18]。羁坚辔,附易路。于是伯乐相其前后,王良、造父为之御，秦缺、楼季为之右[19]。此两人者，马佚能止之，车覆能起之。于是使射千镒之重，争千里之逐。此亦天下之至骏也，太子能强起乘之乎？”太子曰：“仆病未能也。”

客曰：“既登景夷之台，南望荆山，北望汝海[20]，左江右湖，其乐无有。于是使博辩之士，原本山川，极命草木，比物属事，离辞连类。浮游览观，乃下置酒于虞怀之宫[21]。连廊四注，台城层构，纷纭玄绿。辇道邪交，黄池纡曲[22]。溷章、白鹭，孔鸟、鹍鹄，鹓雏、鵁鶄，翠鬣紫缨。螭龙、德牧，邕邕群鸣[23]。阳鱼腾跃，奋翼振鳞。漃漻薵蓼，蔓草芳苓。女桑、河柳，素叶紫茎。苗松、豫章，条上造天。梧桐、并闾，极望成林。众芳芬郁，乱于五风。从容猗靡，消息阳阴。列坐纵酒，荡乐娱心。景春佐酒，杜连理音。滋味杂陈，肴糅错该[24]。练色娱目，流声悦耳。于是乃发《激楚》之结风，扬郑、卫之皓乐。使先施、徵舒、阳文、段干、吴娃、闾娵、傅予之徒，杂裾垂髾，目窕心与[25]；揄流波，杂杜若，蒙清尘，被兰泽，嬿服而御[26]。此亦天下之靡丽皓侈广博之乐也，太子能强起游乎？”太子曰：“仆病未能也。”

客曰：“将为太子驯骐骥之马，驾飞軨之舆，乘牡骏之乘。右夏服之劲箭，左乌号之雕弓[27]。游涉乎云林，周驰乎兰泽，弭节乎江浔。掩青蘋，游清风。陶阳气，荡春心。逐狡兽，集轻禽。于是极犬马之才，困野兽之足，穷相御之智巧，恐虎豹，慑鸷鸟。逐马鸣镳，鱼跨麋角。履游麕兔，蹈践麖鹿，汗流沫坠，冤伏陵窘[28]。无创而死者，固足充后乘矣。此校猎之至壮也，太子能强起游乎？”太子曰：“仆病未能也”。然阳气见于眉宇之间，侵淫而上，几满大宅[29]。

客见太子有悦色，遂推而进之曰：“冥火薄天，兵车雷运，旍旗偃蹇，羽毛肃纷[30]。驰骋角逐，慕味争先。徼墨广博，观望之有圻[31]。纯粹全牺，献之公门。”太子曰：“善！愿复闻之。”

客曰："未既。于是榛林深泽，烟云暗莫，兕虎并作。毅武孔猛，袒裼身薄[32]。白刃硙硙，矛戟交错。收获掌功，赏赐金帛。掩蘋肆若，为牧人席。旨酒嘉肴，羞炰脍炙，以御宾客[33]。涌觞并起，动心惊耳。诚必不悔，决绝以诺；贞信之色，形于金石。高歌陈唱，万岁无斁[34]。此真太子之所喜也，能强起而游乎？"太子曰："仆甚愿从，直恐为诸大夫累耳。"然而有起色矣。

客曰："将以八月之望，与诸侯远方交游兄弟，并往观涛乎广陵之曲江。至则未见涛之形也，徒观水力之所到，则恤然足以骇矣[35]。观其所驾轶者，所擢拔者，所扬汩者，所温汾者，所涤汔者[36]，虽有心略辞给，固未能缕形其所由然也。怳兮忽兮，聊兮栗兮，混汩汩兮，忽兮慌兮，俶兮傥兮，浩瀇瀁兮，慌旷旷兮[37]。秉意乎南山，通望乎东海。虹洞兮苍天，极虑乎崖涘。流揽无穷，归神日母[38]。汩乘流而下降兮，或不知其所止。或纷纭其流折兮，忽缪往而不来。临朱汜而远逝兮，中虚烦而益怠。莫离散而发曙兮，内存心而自持[39]。于是澡概胸中，洒练五藏，澹澉手足，颒濯发齿，揄弃恬怠，输写淟浊，分决狐疑，发皇耳目[40]。当是之时，虽有淹病滞疾，犹将伸伛起躄，发瞽披聋而观望之也，况直眇小烦懑，酲醲病酒之徒哉[41]！故曰：发蒙解惑，不足以言也。"太子曰："善！然则涛何气哉？"

客曰："不记也。然闻于师曰，似神而非者三：疾雷闻百里；江水逆流，海水上潮；山出内云，日夜不止。衍溢漂疾，波涌而涛起。其始起也，洪淋淋焉，若白鹭之下翔。其少进也，浩浩溰溰，如素车白马帷盖之张。其波涌而云乱，扰扰焉如三军之腾装。其旁作而奔起也，飘飘焉如轻车之勒兵[42]。六驾蛟龙，附从太白；纯驰浩蜺，前后骆驿。颙颙卬卬，椐椐彊彊，莘莘将将；壁垒重坚，沓杂似军行[43]。訇隐匈礚，轧盘涌裔，原不可当[44]。观其两旁，则滂渤怫郁，暗漠感突，上击下律，有似勇壮之卒，突怒而无畏。蹈壁冲津，穷曲随隈，逾岸出追[45]。

遇者死，当者坏。初发乎或围之津涯，荄轸谷分。回翔青篾，衔枚檀桓㊻。弭节伍子之山，通厉胥母之场。凌赤岸，篲扶桑，横奔似雷行㊼。诚奋厥武，如振如怒；沌沌浑浑，状如奔马。混混庉庉，声如雷鼓㊽。发怒庢沓，清升逾跇，侯波奋振，合战于藉藉之口㊾。鸟不及飞，鱼不及回，兽不及走。纷纷翼翼，波涌云乱；荡取南山，背击北岸；覆亏丘陵，平夷西畔。险险戏戏，崩坏陂池，决胜乃罢㊿。汨潺湲，披扬流洒，横暴之极[51]。鱼鳖失势，颠倒偃侧，沋沋湲湲，蒲伏连延[52]。神物怪疑，不可胜言。直使人踣焉，洄暗凄怆焉[53]。此天下怪异诡观也，太子能强起观之乎?”太子曰:“仆病，未能也。”

客曰:“将为太子奏方术之士有资略者，若庄周、魏牟、杨朱、墨翟、便蜎、詹何之伦[54]，使之论天下之精微，理万物之是非。孔、老览观，孟子持筹而算之[55]，万不失一。此亦天下要言妙道也，太子岂欲闻之乎?”

于是太子据几而起，曰:“涣乎若一听圣人辩士之言”。涊然汗出，霍然病已[56]。

〔注〕 ① 中：胸中。结轖(sè 色)：郁结堵塞。　② 纷屯澹淡：昏乱、摇荡貌。嘘唏：叹息呻吟声。烦酲(chéng 成)：烦恼如病酒。惕惕怵(chù 处)怵：忧烦惊惧貌。瞑：眠，安睡。③ 越渫(xiè 谢)：涣散。聪：听觉。明：视觉。眩曜：惑乱。　④ 温淳：厚味。脭(chéng 成)：肥肉。醲(nóng 农)：厚酒。　⑤ 杂遝(tà 踏)：众多。曼：轻细。爓(qián 前)烁：火热。⑥ 舆、辇：均为车。命曰：名为。蹷痿(jué wěi 决伟)：麻痹瘫痪之症。机：机兆。　⑦ 媒：媒介。伐性：戕害生命。脓：同“醲”。靡曼：细柔有光泽。委随：不能屈伸。淫濯：过多、扩大。堕：懈怠。窳(yǔ 雨)：弱。　⑧ 郁结轮菌：纹理盘曲。　⑨ 溯(sù 素)波：逆流的波浪。澹淡：摇荡。　⑩ 感：触。鹂黄：黄莺。鳱鴠(hàn dàn 汗旦)：鸟名。　⑪ 琴挚：春秋时鲁太师(乐官)挚，善弹琴。钩：衣带钩。隐：琴上一种装饰。九寡：鲁国宫中的一位母师，不幸早失夫，独与九子居。珥(ěr 耳)：耳饰。约：一作“的”，又作“旳”，琴上的圆形星徽。　⑫ 师堂：古之乐师，一称“师襄”。孔子曾向他学琴。《畅》：传说为尧时琴曲名。伯子牙，即俞伯牙，古代善鼓琴者。　⑬ 秀：麦穗。蘮(jiàn 见)：麦芒。　⑭ 犓(chú 除)：小牛。腴(yú 鱼)：腹下肥肉。菜：作动词用。蒲：香蒲。和：羹。冒：通“芼”，用菜调和。山肤：植物名，或以为即“石耳”。⑮ 楚苗：楚地苗山。安胡：即菰米。飰：同“饭”。抟：团聚。啜：尝。伊尹：商汤时大臣，擅长烹调。易牙：齐桓公之宠臣，善调味。　⑯ 蹯(fán 凡)：掌。臑(ér 而)：即“胹”字，烂熟。勺药：即芍药。薄耆：切成薄片的兽脊肉。　⑰ 秋黄之苏：秋天变成黄色的紫苏草。茹：菜之总名。兰英之酒：兰花泡的酒。山梁：此代指野鸡。豢豹：饲养的豹。歠(chuò 辍)：饮。沃：浇。　⑱ 钟、岱：岱应作“代”，均为古代名马产区。牡：此指雄马。齿至之车：马的年龄适中

者所驾之车。距虚：兽名，善走。穱(zhuō 桌)麦：早熟麦。服处：服用。躁中烦外：马肥而心躁思奔。 ⑲ 易路：平坦之路。王良：古善驾车者。造父：相传为周穆王车御，曾驾八骏载穆王西游。秦缺：古勇士。楼季：古善跳跃者。右：车之右卫。 ⑳ 景夷：台名，在今湖北监利县北。汝海：即"汝水"，源出河南嵩县，东南入淮河。"海"以形容其流域之大。 ㉑ 离辞：连缀成文辞。虞怀：宫名。 ㉒ 连廊四注：宫廊四面相连。邪：斜。黄池：即"潢池"，绕城的积水池。 ㉓ 溷(hùn 混)章：鸟名。鹍(kūn 昆)鹄：即鹍鸡。鹓雏(yuān chú 渊除)：凤一类鸟。鵁鶄(jiāo jīng 交京)：水鸟名。鬣(liè 列)：头顶上毛。缨：颈毛。螭(chī 吃)龙：此借指雌、雄之鸟。德牧：鸟名，或说指鸟头、腹毛之花纹。 ㉔ 阳鱼：古人以为鱼类属阳，故称。寂漻(jì liáo 季辽)：清净的水。莽(chóu 愁)蓼(liǎo)：莽草和水蓼。并闾：棕榈树。猗靡：披拂摇摆。消息：意为隐、现。阳阴：此指树叶的正、反面。景春：战国时纵横家。杜连：一名田连，古善鼓琴者。滋：多。肴糅错该：菜肴错杂齐备。 ㉕ 练色：挑选的女色。激楚：楚歌曲名。结风：曲名，一说乃曲尾余声。皓乐：指好听的歌声。先施：西施。徵舒：指春秋时夏徵舒母亲夏姬。阳文：楚美人。吴娃：吴国美女。闾娵(zōu 邹)：战国魏王婴的美人。段干、傅予：未详。垂髫(shāo 烧)：垂着燕尾形发髻。窕：同"挑"，挑逗。 ㉖ 揄：引。蒙清尘：承受清风。被兰泽：加之以兰膏。嬿服：便服。御：侍奉。 ㉗ 軨(líng 玲)：有窗的车。夏服：夏后氏的箭囊。传说夏后氏良弓名"繁弱"，其箭亦利。乌号：传说黄帝时良弓，用柘木制作。 ㉘ 逐马鸣镳(biāo 标)：奔驰的马，鸾铃鸣于镳(马勒旁横铁)。鱼跨麋角：如鱼之跃腾、麋之角逐。履游：践踏。冤伏陵窘：指禽兽四散逃匿和急迫困窘。 ㉙ 侵淫：渐进貌。大宅：面额。 ㉚ 冥火：晚上纵火烧野以驱禽兽。旍：同"旌"。偃蹇：高貌。羽毛肃纷、旌旗上所饰羽、毛整齐众盛。 ㉛ 徼：边界。墨：烧过的焦黑之田。圻(yín 银)：同"垠"，界。 ㉜ 暗莫：不分明。孔猛：甚猛。袒裼(tǎn xī 坦西)：裸露身臂。身薄：亲身搏取。 ㉝ 掩蘋肆若：蘋，应作"薠"(fán 烦)。在薠草上铺设席位陈列杜若(香草)。牧人：田猎之官。羞：有滋味的食物。炰(páo 跑)：以火煮熟。脍：细切肉。 ㉞ 涌觞：满杯。形于金石：忠诚之心在音乐声中也表现出来。金石：指钟、磬一类乐器。无斁(yì 义)：无厌。 ㉟ 怞然：惊恐貌。 ㊱ 驾轶：超越。擢：拔。扬汩(yù 玉)：飞扬度越。温汾：结聚。涤汔(qì 气)：洗荡。 ㊲ 聊栗：恐惧貌。混汩(gǔ 古)汩：众浪相混疾流声。沆瀁(wǎng yǎng 网养)：水广大貌。慌旷旷：茫洋一片。 ㊳ 秉意：集中注意。通望：一直望到远处。虹洞：水天相连貌。极虑：此指极目。涘(sì 四)：水边。日母：日出之处。 ㊴ 缪(miào 庙)：缠结。朱汜(sì 四)：地名。莫离散而发曙：指晚(暮)潮退去，早潮到来。 ㊵ 概：同"溉"，涤。洒练：洗汰。澹澉：洗涤。颒(huì 会)：本指洗脸，此作洗涤解。揄：脱。输写：排除。淟(tiǎn 舔)浊：污垢。皇：明。 ㊶ 淹病：久病。伛(yǔ 雨)：驼背。起躄(bì 必)：使跛脚的站起来。眇：小。 ㊷ 溰(yí 夷)溰：高白貌。腾装：装备雄壮奔腾而进。如轻车勒兵：主将驾轻车检阅士兵。 ㊸ 太白：河伯，一说指帅旗。纯驰：纯，即"屯"。或屯或驰。骆驿：连续不断。颙(yóng)颙卬(áng 昂)卬：波高貌。椐(jū 居)椐彊彊：相随貌。莘莘将将：相激貌。军行：军队行列。 ㊹ 訇(hōng 轰)隐匈磕(kē 科)：形容涛声。轧盘：广大无际。涌裔：涛行貌。 ㊺ 暗漠感突：冲起貌。律：依五臣本《文选》作"硉"(lù 路)，从高处滚石而下。出追：追，古"堆"字。超出沙堆。 ㊻ 或围：地名。荄："陔"的假借字，山陇。轸：隐。浪涛如山陇之相隐。青篾：地名。一说车名，形容水波如车之回旋。檀桓：地名。一说犹"盘桓"，回旋貌。 ㊼ 胥母，山名。赤岸：地名。篲(huì 会)：扫。扶桑：神话中日升之树。 ㊽ 沌沌浑浑：波涛相逐貌。混混庉(tún 屯)庉：波涛声。 ㊾ 座(zhì 志)：碍止。沓(tà 踏)：沸出。逾跇(yì 义)：超越。侯波：阳侯之波，大波。藉藉：地名。

㊿ 平夷：横扫。险戏：危貌。陂池：即陂陀，斜坡，此指江岸。　㊿① 沛(jié 节)汩：波急浪击之声。　㊿② 沋(yóu 尤)沋湲湲：颠倒之貌。蒲伏：即匍匐，伏地爬行。　㊿③ 踣(bó 薄)：向前跌倒。洄暗：惊骇失智貌。　㊿④"若庄周"句：均指春秋战国时代的才智之士。　㊿⑤ 筹：筹划。㊿⑥ 据几：扶几。涣乎：清醒貌。涊(niǎn 碾)然：汗出貌。霍然：疾速状。

在气象恢宏的汉代赋坛上，有两位呼风啸浪的巨人先后崛起，那就是枚乘和司马相如。如果把相如的赋，比作气势磅礴的瀚海；那么，枚乘的赋，便是造成这瀚海的第一阵震撼天地的雄澜。

枚乘以前的辞赋创作，大抵还在楚辞峰影的笼盖之下。只有文思骏发的贾谊《鹏鸟赋》，在向汉代新体赋的奔进中，留下了山回谷应的先声。枚乘的伟绩，正在于既对楚辞（如《招魂》）有所取法，又以雄伟的魄力冲破了它的格局，造出了真正带有汉家"雄大"气象、可以命之曰"汉赋"的杰作——《七发》。

《七发》的主旨，实寓于它那奇妙的开篇部分——这与后世作赋者的惯于"曲终奏雅"恰正相反。赋之起笔以"楚太子有疾"凭虚而来，引出了神秘"吴客"的奇特探问。然后单刀直入，揭示太子的得病之源，乃在于"久耽安乐，日夜无极"。这就在开篇落笔之际，触及了"文景之治"时期一个不为人们注意的重大课题，即随着社会经济的恢复发展，"宗室有土，公卿大夫以下争于奢侈"，"世家子弟富人或斗鸡走狗马，弋猎博戏"的享乐腐化之风（《汉书·食货志》）。作者在揭露上层贵族的腐败风气时，感情之激切正与辞锋之犀利相并——他把贵族的种种享乐生活，形象地斥之为"蹷痿之机""寒热之媒""伐性之斧""腐肠之药"；并大声疾呼，倘不"变度易意"，一味"淹沉"在这些"浩唐"作乐之中，必将酿成"久执不废，大命乃倾"的严重恶果。这里所谈论的，自然已远不止是"生理"上的疾病，而是一种广泛而深刻得多的贵族"社会病"。在这样的背景下，"吴客"提出"可无药石针刺灸疗而已，可以要言妙道说而去也"（即用精妙的思想提高贵族子弟的精神境界）的治疗之方，便不禁如奇峰突起，更带有了振聋发聩的警醒之力。清人刘熙载指出："赋欲不朽，全在意胜"，"后世学相如之丽者，还须以乘之高济之"（《艺概·赋概》）。《七发》在展开"腴辞云构，夸丽风骇"的七事铺陈前，正以治疗上层贵族享乐之风的高妙立意，照耀全赋，警动当世。这大约正是它所以凌跨众作、卓然独立的原因之一吧。

构成《七发》主体，并以雄迈的气势震荡了千古读者的，则是"吴客"以七事启发楚太子的赋辞部分。

令人不解的是，在开篇一节的结尾，"吴客"既已宣称，欲以"要言妙道"驱除太子的耽乐之病，为什么进入赋辞部分，却又一反其意，大事铺陈起"音乐""车马”“饮食”“游观”“校猎”“观涛”之乐了呢？这与上文所寓的主旨岂非有背？这个问题，正涉及《七发》那宏奇而精妙的构思、布局。

须知当吴客探病之际，这位久耽安乐的太子，正处在“唏嘘烦酲”的病痛折磨之中，神思也极为恍惚。倘在此刻就向他进说“要言妙道”，他恐怕连聆听的兴致都没有，又何论疗疾去病？“吴客”进陈的“音乐”之类观赏之乐则不同：一方面，它们仍在贵族子弟爱好的享乐之列，在太子卧床不起的情况下，着力展示它们的赏观奇境，正可转移太子对病痛的注意力，激发起一种虽不能身临、却可神游的浓浓兴致。另一方面，此类观赏之乐，又不同于“越女侍前，齐姬奉后”，“纵恣于曲房隐间”的淫佚之乐；特别是“音乐”“车马”“校猎”“观涛”，因为带有吴客所盛赞的“至悲”“至骏”“至壮”的特点，更有助于打破贵族子弟“宫居闺处”的狭隘视野，开阔他们的胸襟，陶冶较为健康的观赏趣味。何况，“吴客”之所以着力渲染这些观赏之乐，也不是为了让太子沉湎其中，而是作为铺垫，最终推出凌跨众“乐”的至高境界，即精微深奥的“要言妙道”。这便是作者总体构思所指向的宏远目标。

为了实现这一目标，《七发》在行文、布局上，也作了周密而精妙的安排。“吴客”先述“音乐”“饮食”之乐，其观赏空间大抵还在宫廷之内，观赏活动也带有“静态”的特点。随着“车马”“游观”奇境的展示，楚太子之神思便被带领着冲破苑池宫墙，乘上“王良、造父”为御的快骏坚车，驰向了远为空阔的世界。在“既登景夷之台，南望荆山，北望汝海”的千里骋目中，该将领略到汉家江山的何其辽远壮奇！而在万骑奔逐的“校猎”之后，再“与诸侯远方交游兄弟，并往观涛乎广陵之曲江”，一睹那“似神非神”的江涛之壮观，又将使楚太子的“澳浊”心胸怎样为之刷洗一清，激荡起“疾雷闻百里，江水逆流，海水上潮”的磅礴豪情！作者铺写“吴客”所陈七事，正是在如此巨大的空间转换中，由近及远，由静到动，从宫廷池苑的狭隘天地，转向高山大川的壮阔自然，显示了以往赋作从未有过的宏伟气象。与此相适应的，是作者对七事的铺叙方式，也有详有略，层层逼进，极尽张弛起伏之妙：“音乐”一节作为七事之始，用的是力透纸背的浓笔：

> 龙门之桐，高百尺而无枝。中郁结之轮菌，根扶疏以分离。上有千仞之峰，下临万丈之谿。湍流溯波，又澹淡之。其根半死半生……

勾勒神奇突兀的琴桐，入笔即有先声夺人之势！然后展开“烈风”“飘霰”“飞雪”之激的渲染，“鹂雌”“独鹄”哀鸣上下的烘托，再配上“孤子之钩”“九寡之珥”的弦、饰、星徽，这世间奇琴奏发的音声，还能不令人魂惊而魄动！但作者仍不满足于这些渲染，接着竟又倒转时空，让名震上古的“师堂”“伯子牙”琴歌相和，文中便顿时响彻了令“鸟”“兽”“蝼蚁”垂翼拄喙的“天下至悲”之乐——如此酣畅的描摹，正是要在七事进陈之初，即给病中的楚太子一个无限意外的惊奇，从而紧紧吸引他的注意力。“饮食”“车马”二节，则采用了略写的方式，在舒缓的节奏中，稍稍松弛太子那已被激荡起来的心弦。自“游观”至“校猎”，行文又由略转详，文势顿如风吹浪立，怫郁直上。特别是在拟写楚太子“阳气”突现、“几满大宅”之际，作者即抓住良机，挥笔疾进，在“冥火薄天，兵车雷运”的火光车声中，展现了一幕“烟云暗莫，兕虎并作，毅武孔猛，袒裼身薄”的搏兽奇景。到了“观涛”一节，作者更抖擞精神，以啸风驱浪之笔，全力铺写那旷阔迷茫、万浪如山的天地间之壮观，由此将全赋推向高潮。最后才猛然顿笔，从容沉静地推出凌跨这所有一切壮奇之观之上的至高境界——即由孔、老、庄、孟所论说、筹算的天下最精微的“要言妙道”。这至高境界的展示，妙在一发即收：因为有了前文一浪高过一浪的奇境壮观的渲染、铺垫，这简约、轻捷的收笔，便带有了挽狂倒澜的力度；而至高境界的展示，也愈加显得深邃高远、神妙莫测。它在人们心中激起的，不正是一种万浪倏灭中邈邈高驰的庄严沉思，一种从尘俗享乐中摆脱出来，刹那间升入全新境界的极度惊喜？由此回看“楚太子”竟然在病榻之上“据几而起”，在“涊然汗出”中“霍然病已”，也就毫不奇怪了——这正是用“要言妙道”疗治贵族享乐之病的辉煌成功！全文以此收束，恰正与开篇的“吴客”探病遥相呼应，有力地表现了赋的主旨。

人们常说，《七发》的构思布局取法了楚辞《招魂》，这当然没错。但更为准确的是：由于枚乘在取法中作出了自己的巨大创造，《七发》的构思，显然已大大突破了《招魂》只限于表现宫廷生活的格局，而转向了唯有大一统时代才出现的不受阻隔的辽阔江山，在表现上带有了无可比拟的壮大气象。它那逐层推进的精妙布局和狂澜倒卷式的收束，较之于《招魂》诸境并呈的缤纷铺叙，也更具澎湃震荡的雄迈气势。

当然，《七发》最引人注目之处，还在于它那“腴辞云构，夸丽风骇”（刘勰《文心雕龙·杂文》）的描绘艺术。赋中对“曲江涛”的铺张描绘，可以说是达到了光芒腾耀的极致。枚乘在广陵生活多年，胸中无疑早就涌腾着曲江烟涛排奡推荡、沸升涨落的壮形雄声了吧！所以，当他挥动巨毫重现它的形神时，运笔也格外变幻多姿。江涛未现，文中先就作了奇异的铺垫：

> 至则未见涛之形也，徒观水力之所到，则恤然足以骇矣。观其所驾轶者，所擢拔者，所扬汩者，所温汾者，所涤汔者，虽有心略辞给，固未能缕形其所由然也……

在粗线条的白描勾勒中，运用一气奔赴的排句，展开相对平静时的曲江全景。然后以短促跳荡的楚辞句式，发出“恍兮忽兮，聊兮栗兮”“浩汇瀁兮，慌旷旷兮”的惊叹——寥廓清奇的曲江，便带着它那“或纷纭其流折，忽缪往而不来”的混茫、动荡气象，无限浩渺地展现在了人们眼前。当曲江还是平静状态时，已是如此的“恤然”骇人，读者自然急于了解：一旦在这无垠的江上，翻腾起万里涛浪，更将怎样惊心动魄？

随着“楚太子”的惊异询问，这世所罕见的“涛形”，果然从作者笔下，以“疾雷”震百里之势升腾而起了。作者的笔触，由此追随着涛浪的涨落、聚散，纵横挥洒、变化万千：

> 其始起也，洪淋淋焉，若白鹭之下翔。其少进也，浩浩溰溰，如素车白马帷盖之张。其波涌而云乱，扰扰焉如三军之腾装。其旁作而奔起也，飘飘焉如轻车之勒兵。

借助于“白鹭下翔”“素车白马”等连翩妙喻，把江涛逐步形成、推进中的奇姿异态，描摹得多么形象和富于层次！因为这才是江涛初生时的声势徐来，作者采用的还是轻笔点染，着色也清莹、飘逸。到了涛浪骤奔、带有了铺天盖地之势时，作者随即大笔泼墨，文中由此“訇隐匈磕”、啸声并作。那“颙颙卬卬，椐椐彊彊，莘莘将将”的波垒浪壁，那“滂渤怫郁”“轧盘涌裔”的如雷涛音，怎不令人魄骇心惊！作者描摹江涛不仅笔法多变，“视角”也不断转换：时而昂首仰视，展现那“六驾蛟龙，附从太白；纯驰浩蜺，前后络绎”的涛浪冲腾、如虹跨空的奇境；时而转身侧观，表现江浪如勇壮之卒“上击下律”“蹈壁冲津”的凶猛之势；时而又采用“散点透视”的方式，让读者跟着江浪一起渲腾直下——“回翔青篾，衔枚檀桓。弭节伍子之山”，这时的涛浪还是平静驯顺的。但忽然之间形势剧变：作者挥动巨毫，驱赶着千涛万浪，飞凌“赤岸”、横扫“扶桑”，在“藉藉之口”演出了一幕威不可挡的大“激战”！在如许电闪雷鸣、万浪排空之际，作者又别出心裁，将读者带入江浪之中，领略那“鱼鳖失势”“颠倒偃侧”的狼狈趣态。这便是出现在枚乘笔下的“观涛”奇境。现实中的曲江之涛，经过枚乘这“腴辞云构”的夸饰铺写，被表现得何其气象恢宏、瑰丽壮奇！这样壮奇的描绘艺术，在枚乘之前实无一人可与媲美；在枚乘之后，也只有司马相如的《子虚赋》《上林赋》可与对垒。尽管如此，清人刘熙载还没忘记加上一句：“相如之渊雅”，枚乘或有“不及”；但枚乘的“雄奇之气，相如亦当避谢”(《艺概》)。这评价，正是对《七发》特色的绝妙论定。

（潘啸龙）

【作者小传】

邹 阳

西汉文学家。齐(今山东东部)人。初从吴王濞,曾上书劝濞勿起兵叛汉,濞不听,遂去,为梁孝王客,被谗下狱。狱中上书梁王,申诉冤屈。得释后,为梁王上客。所作散文,有战国游士纵横善辩之风。

狱中上梁王书

邹 阳

臣闻"忠无不报,信不见疑",臣常以为然,徒虚语耳。昔者荆轲慕燕丹之义①,白虹贯日②,太子畏之③;卫先生为秦画长平之事④,太白蚀昴⑤,而昭王疑之。夫精变天地而信不谕两主,岂不哀哉!今臣尽忠竭诚,毕议愿知⑥,左右不明⑦,卒从吏讯⑧,为世所疑,是使荆轲、卫先生复起,而燕、秦不悟也。愿大王孰察之。昔卞和献宝,楚王刖之⑨;李斯竭忠,胡亥极刑⑩。是以箕子阳狂⑪,接舆辟世⑫,恐遭此患也。愿大王孰察卞和、李斯之意,而后楚王、胡亥之听⑬,无使臣为箕子、接舆所笑。臣闻比干剖心⑭,子胥鸱夷⑮,臣始不信,乃今知之。愿大王孰察,少加怜焉。

谚曰:"白头如新,倾盖如故⑯。"何则?知与不知也。故昔樊於期逃秦之燕,藉荆轲首以奉丹之事⑰;王奢去齐之魏,临城自刭以却齐而存魏⑱。夫王奢、樊於期非新于齐、秦而故于燕、魏也,所以去二国、死两君者,行合于志而慕义无穷也。是以苏秦不信于天下,而为燕尾生⑲;白圭战亡六城,为魏取中山⑳。何则?诚有以相知也。苏秦相燕,燕人恶之于王,王按剑而怒,食以駃騠㉑;白圭显于中山,中山人恶之于魏文侯,文侯投之以夜光之璧。何则?两主二臣,剖心坼肝相信,岂移于浮辞哉!

故女无美恶,入宫见妒;士无贤不肖,入朝见嫉。昔者司马喜膑脚于宋,卒相中山㉒;范睢摺胁折齿于魏,卒为应侯㉓。此二人者,皆信必然之画㉔,捐朋党之私,挟孤独之交,故不能自免于嫉妒之人也。是以申徒狄自沉于河㉕,徐衍负石入海[26]，不容于世，义不苟取比周于朝[27]，以移主上之心。故百里奚乞食于路，缪公委之以政[28]；甯戚饭牛车下，而桓公任之以国[29]。此二人者，岂借宦于朝，假誉于左右，然后二主用之哉？感于心，合于行，亲于胶漆，昆弟不能离，岂惑于众口哉？故偏听生奸，独任成乱。昔者鲁听季孙之说而逐孔子[30]，宋信子罕之计而囚墨翟[31]。夫以孔、墨之辩，不能自免于谗谀，而二国以危。何则？众口铄金，积毁销骨也。是以秦用戎人由余而霸中国[32]，齐用越人子臧而强威、宣[33]。此二国，岂拘于俗，牵于世，系阿偏之辞哉？公听并观，垂名当世。故意合则胡越为昆弟，由余、子臧是矣；不合则骨肉为仇敌，朱、象、管、蔡是矣[34]。今人主诚能用齐、秦之明，后宋、鲁之听，则五伯[35]不足称，三王[36]易为也。

是以圣王觉寤，捐子之[37]之心，而能不说于田常[38]之贤；封比干之后，修孕妇之墓，故功业复就于天下。何则？欲善无厌也。夫晋文公亲其仇，强霸诸侯[39]；齐桓公用其仇，而一匡天下[40]。何则？慈仁殷勤，诚加于心，不可以虚辞借也。至夫秦用商鞅之法，东弱韩、魏，兵强天下，而卒车裂之[41]；越用大夫种[42]之谋，禽劲吴，霸中国，而卒诛其身。是以孙叔敖三去相而不悔[43]，於陵子仲辞三公为人灌园[44]。今人主诚能去骄傲之心，怀可报之意，披心腹，见情素，堕肝胆，施德厚，终与之穷达，无爱[45]于士，则桀之狗可使吠尧，而跖之客可使刺由[46]；况因万乘之权，假圣王之资乎？然则荆轲之湛七族[47]，要离之烧妻子[48]，岂足道哉！

臣闻明月之珠，夜光之璧，以暗投人于道路，人无不按剑相眄者。何则？无因而至前也。蟠木根柢，轮囷离诡，而为万乘器者。何则？以左右先为之容也。故无因至前，虽出随侯之珠[49]，夜光之璧，犹结怨而不见德。故有人先谈，则以枯木朽株树功而不忘。今夫天下布衣穷居之士，身在贫贱，虽蒙尧、舜之术，挟伊、管[50]之辩，怀龙逢[51]、比干之意，欲尽忠当世之君，而素无根柢之容，虽竭精思，欲开忠信，辅人主之治，则人主必有按剑相眄之迹，是使布衣不得为枯木朽株之资也。是以圣王制世御俗，独化于陶钧之上[52]，而不牵于卑乱之语，不夺于众多之口。故秦皇帝任中庶子蒙嘉之言[53]，以信荆轲之说，而匕首窃发；周文王猎泾、渭，载吕尚而归，以王天下[54]。故秦信左右而杀，周用乌集[55]而王。何则？以其能越挛拘[56]之语，驰域外之议[57]，独观于昭旷之道也。今人主沉于谄谀之辞，牵于帷裳之制，使不羁之士与牛骥同皂[58]，此鲍焦所以忿于世而不留富贵之乐也[59]。

臣闻盛饰入朝者不以利污义，砥厉名号者不以欲伤行，故县名胜母而曾子不入[60]，邑号朝歌而墨子回车[61]。今欲使天下寥廓之士，摄于威重之权，胁于位势之贵，回面污行以事谄谀之人而求亲近于左右[62]，则士伏死堀穴岩薮之中耳，安肯有尽忠信而趋阙下者哉！

〔注〕 ① 荆轲：战国末卫人。燕丹：燕太子丹。丹曾在秦为人质，秦王待之无礼，于是逃回燕国，厚交荆轲，使刺秦王。荆轲行刺未成身亡。 ② 白虹贯日：此指荆轲精诚感动天地，以致天象出现白色长虹穿日而过之异状。 ③ 畏之：畏其不去。荆轲因等候一个事先约好一同去秦国的友人，拖延了出发时间，故太子丹担心他变卦。 ④ 卫先生：秦将白起手下谋士。长平之事：白起大破赵军于长平(今山西高平西北)，想乘胜灭赵，派卫先生说秦昭王增拨兵粮，被秦相范雎从中破坏，事未成。 ⑤ 太白：即金星。昴：星宿名，赵之分野。太白蚀昴：意谓赵国将灭。 ⑥ 毕议愿知：把计议说尽了，希望大王知道。 ⑦ 左右不明：不敢直言梁王，故称其左右。 ⑧ 从：听凭。讯：审讯。 ⑨ 卞和：楚人，在山中得璞(蕴玉之石)，献楚厉王，厉王给玉匠察看，回说是石头，于是厉王以欺君之罪砍断卞和右脚。武王即位，卞和又献，武王也以为是石头，便将其左脚砍断。文王时，卞和抱着璞在郊外痛哭，文王令玉匠凿璞，果得宝玉，加工成璧，称和氏璧。 ⑩ 李斯：秦国丞相。始皇死，二世即位，荒淫无道。李斯上书谏戒，胡亥不听，反信赵高谗言，将其腰斩。 ⑪ 箕子：纣王的叔父。纣王荒淫昏乱，箕子怕遭祸害，便假装疯癫。阳：同“佯”。 ⑫ 接舆：春秋楚隐士，也为了避世而佯狂。辟：同“避”。 ⑬ 后：使动用法，把……放在后面。 ⑭ 比干：纣王的叔父，因极力谏纣，被剖心而死。 ⑮ 子胥：伍员，字子胥，春秋楚人，帮助吴王阖闾即位并成就霸业。阖闾死，夫差立，败越后不灭越，又以重兵北伐齐国。子胥劝谏，夫差不听，反信谗言，命其自杀，并用鸱夷(皮口袋)盛胥尸体扔入江中。 ⑯ 白头如新：相识多年，已到了白头，还不相知。倾盖如故：道上相遇，停车交谈，犹如旧交。 ⑰ 樊於期：秦将，因得罪秦王而逃到燕国，秦王以重金购其头。荆轲要刺秦王，樊於期便自刎，让荆轲用他的头去做进献礼物。 ⑱ 王奢：齐臣，因得罪齐王而逃到魏国，齐因此而伐魏。王奢登城对齐将说：“今君之来，不过以奢之故也。夫义不苟生以为魏累。”

便自刎而死。 ⑲ 苏秦：曾因主张合纵抗秦而成为六国纵约之长，并相六国。后秦破坏了合纵之约，苏秦便失信于诸国，独燕仍信任他，以他为相。尾生：古代传说中的极守信之人，据说他与一女子约定桥下相会，女未至，潮涨，抱柱而淹死。这里是指极守信用而被人信任的人。⑳ 白圭：初为中山国将，因失六城，中山王要治他死罪，便逃到魏国。魏文侯待他极厚，于是他帮魏攻取了中山国。 ㉑ 駃騠：北狄之良马名。食以駃騠：燕王敬重苏秦，不信谗谤，杀了良马给苏秦吃。 ㉒ 司马喜：战国时人，据说在宋国受膑刑（割去膝盖骨），后三次任中山国相。㉓ 范雎：战国时魏人，曾使齐，回国后魏相疑其与齐私通，将他打得肋断齿脱。后入秦为相，封应侯。 ㉔ 信必然之画：深信自己一定会成功的计划。 ㉕ 申徒狄：一见于《庄子・外物》："汤（以天下）与务光，务光怒之。纪他闻之，帅弟子而蹲于窾水，诸侯吊之，三年，申徒狄因以踣河。"是为殷汤时人。一见于《盗跖》："申徒狄谏而不听，负石自投于河。"唐陆德明《经典释文》注："申徒狄将投于河，崔嘉止之。申徒狄曰：'不然。昔桀杀龙逢，纣杀比干，而亡天下；吴杀子胥，陈杀泄冶，而灭其国。非圣人不仁，不用故也。'遂沉河而死。"是为战国时人。又见于《淮南子・说山训》高诱注："申徒狄，殷末人也，不忍见纣乱，故自沉于渊。"大抵皆本于传说，故所述有出入。 ㉖ 徐衍：周末人，因不满乱世，负石沉海而亡。 ㉗ 义不苟取比周于朝：按照道义不肯随便采取结党于朝的手段。 ㉘ 百里奚：春秋时虞人，据说其闻秦穆公（即缪公）贤，要去拜见，没有路费，但一路乞食。后穆公任他为相。 ㉙ 甯戚：春秋时卫人，因不被用，到齐国经商，夜里边喂牛边唱"生不遭尧与舜禅"，桓公听了，知是贤者，便举为大夫。 ㉚ 鲁听季孙之说而逐孔子：鲁国大夫季孙接受了齐国送给鲁定公的女乐，致使鲁君怠于政事，三日不朝，于是孔子辞官而去。 ㉛ 宋信子罕之计而囚墨翟：此事未详出处。墨翟，即墨子，墨家创始人，战国时曾为宋国大夫。 ㉜ 由余：春秋时人，祖先是晋国人，迁居西戎。秦穆公发现他有才干，用计迫他降秦。后秦依靠他攻取西戎，开地千里，从而称霸一时。 ㉝ 齐用越人子臧：此事未详出处。威、宣：齐威王、齐宣王。 ㉞ 朱：即尧之子丹朱，为人顽凶不肖，故尧禅位于舜。象：舜之异母弟，曾与父母共谋害舜。管、蔡：即周武王之弟管叔、蔡叔。武王死，成王年幼，周公摄政，管、蔡便挟武庚反。 ㉟ 五伯：即春秋五霸，指齐桓公、晋文公、秦穆公、宋襄公、楚庄王。㊱ 三王：即夏禹、商汤、周文王。 ㊲ 子之：战国时燕哙之相，哙学尧让国，让子之代行王事，燕国因此而大乱。 ㊳ 田常：春秋时齐简公之臣，后来夺取了齐国的政权。说：通"悦"。㊴ 晋文公亲其仇：晋文公重耳为公子时，其父献公因信谗而派寺人披杀重耳，重耳逃走时被斩去袖子。后重耳回国为君，有人要谋杀他，寺人披告密，晋文公不念旧恶，接见了他，故得免于难。 ㊵ 齐桓公用其仇：齐桓公未立时，其异母兄公子纠之傅管仲曾想用箭射死他，结果因射中带钩而未死；为国君后，不记旧仇，任管仲为相，遂霸诸侯。 ㊶ 车裂：古代的一种酷刑，即五马分尸。 ㊷ 大夫种：春秋时越国大夫文种，帮助越王勾践打败吴王夫差，称霸中原，后越王赐剑令其自尽。 ㊸ 孙叔敖：春秋楚庄王时人。曾三次为相而不喜，因为知道是自己的才能得来的；三次免相而不悔，因为知道不是自己的罪过造成的。 ㊹ 於陵子仲：即陈仲子，隐居在於陵（今山东邹平），楚王以重金聘其为相，他便带着妻子逃走，为人灌园。 ㊺ 爱：吝啬。 ㊻ 跖：柳下跖，相传为古时大盗。由：许由，古时高士。 ㊼ 荆轲湛七族：荆轲刺秦王未成，被灭七族。湛：通"沉"。 ㊽ 要离：春秋时吴人，为了帮公子光行刺在卫国的庆忌，请公子光加罪于他并烧死他的妻儿，以便能取信，接近庆忌。 ㊾ 随侯之珠：据说春秋时随国之侯救活了一条受伤的大蛇，后来大蛇衔来一颗明珠报答他。后世即称之为随珠。 ㊿ 伊：伊尹；管：管仲，均是贤能之士。 (51) 龙逢：关龙逢，夏朝贤臣，因强谏，被桀囚杀。 (52) 陶钧：制陶器所用的转轮。此句意为圣王治理天下，应该与陶工转钧一样，有所权衡。 (53) 中庶子：官名。蒙嘉是秦王宠臣，荆轲至秦，赠其重礼，蒙嘉便说秦王见轲。事见《战国策·燕策三》。　㊴"周文王"三句：周文王在泾水、渭水间打猎，遇见吕尚(即姜太公)，交谈后，得知其是贤者，便邀同归。后辅佐武王灭殷。㊵乌集：指偶然相遇，如乌鹊之集，此指吕尚之遇文王。　㊶挛拘：片面固执。　㊷驰域外之议：意为摆脱肆无忌惮的议论。　㊸皂：同"槽"。　㊹鲍焦：春秋时齐国隐士，因愤世而不食死。　㊺曾子：名参，孔子弟子，以孝著名。其认为"胜母"之名不顺，故不入。见《淮南子·说山训》。　㊻墨子回车：墨子主张"非乐"，故不愿进以"朝歌"为名的都邑。亦见《淮南子·说山训》。朝歌：商朝后期都城，在今河南淇县。　㊼回面：转变面容。污行：玷污品行。

邹阳是西汉前期的著名辞赋家。早年在吴王刘濞手下任职，汉景帝时，吴王蓄谋反叛朝廷，他上书以谏，劝诫吴王勿以"一缕之任系千钧之重"，不见用，乃改投梁孝王门下。梁孝王刘武是景帝的同母弟，有嗣位之意，母亲窦太后也希望景帝能将帝位传给孝王，但是西汉的帝位实行的是嫡长子继承制，所以遭到大臣们的极力反对。当时邹阳虽在孝王门下，亦力争以为不可。于是孝王旧臣羊胜、公孙诡乘隙进谗。孝王怒，将其系于狱中，欲杀之。这封上书便是他在狱中所写。

从结构看，全文可分五段。第一段言明自己以忠信蒙冤，请求孝王察释。在以"臣闻'忠无不报，信不见疑'，臣常以为然，徒虚语耳"开端后，便引用正反事例予以说明。荆轲为燕太子刺秦王、卫先生为秦策画灭赵之精诚已达"变天地"的程度，却仍得不到二主理解之事，是从反面证明"虚语"之故；箕子佯狂、接舆隐居的逃世之行，是从正面证明"虚语"之故。作者之意，并非要否定忠信，而是"愿大王孰(熟)察"己之"尽忠竭诚"之心。"无使臣为箕子、接舆所笑"一句，便点明了本意。于此，作者再以比干因上谏纣王而被开膛剖心、伍子胥因劝阻夫差而被抛尸江中两个古代因忠信而蒙冤之事例，加一层复勒，以求进一步引起大王的深思明察。

第二段提出士贵相知、不当以新进而有疑的观点。作者先从"白头如新，倾盖如故"的谚语，引出"知与不知"的话题。由于相知，所以樊於期从秦国逃到燕国，用自己的头颅帮助太子丹报秦王之仇；由于相知，所以王奢由齐国投奔魏国，亲上城楼自刎以退齐军而保魏。就交往时间而言，樊於期于秦、王奢于齐，都要相对比燕与魏长得多，他们之能够离开秦、齐二国而为燕、魏两君效死，完全是因为行为与志向相合。同样，苏秦失信于诸国而独为燕国所信赖，白圭为中山国作战连失六城而却为魏国攻取了中山，亦在于相知。作者指出，苏秦在燕、白圭在魏，并非没有遭到谗毁之言，但燕、魏二主却不因谗言而有所改变，反予以赐赏，真正做到了肝胆相照。这段论述，引出了刺谗本意。

第三段承上文作转，就人主不当信谗发议。作者指出，嫉妒往往于才士尤甚，如中山相司马喜以前在宋国时被割去膝盖骨，秦应侯范雎以前在魏国时被打得肋断齿脱，其原因即在于他们"捐朋党之私，挟孤独之交"。殷之申徒狄自沉雍河、周之徐衍负石跳海,也就是为国家利益而不肯与世俗苟合。至此,作者将笔锋转向人主身上:才士之行如此,那么人主当如何待之呢?他通过秦穆公任乞食者百里奚为宰相、齐桓公举饲牛者甯戚为大夫两个事例,说明了人主于不党之士,当“感于心,合于行”,信之不惑,以至“昆弟不能离”。接着,作者又作进一步的阐发,以鲁国国君听信季孙的坏话赶走了孔子、宋国国君采用子罕的诡计囚禁了墨子,结果二国因此而危急,以及秦国任用了戎人由余遂称霸中国、齐国任用了越人子臧而强盛一时的正反事例,说明偏听独任则失、公听并观则明的道理。

第四段指出人主有欲善之心,出于至诚,士未有不为之用者。作者认为,人主欲成就大事,不仅要不信谗言、远离阴谋者,还得“欲善无厌”。晋文公之能“强霸诸侯”,齐桓公之能“一匡天下”,在于人主“慈仁殷勤,诚加于心”,以至仇敌亦为所用;商鞅使秦强盛于天下而终被车裂,文种使越称霸于中原而卒至诛身,在于人主未能“去骄傲之心,怀可报之意”,故孙叔敖三去宰相之位而毫无悔色,陈仲子宁辞三公之聘去为人灌园。作者因此下结论说:人主用士,须披露心腹,坦现真情,肝胆相照,同甘共苦,无所吝惜。只有如此推诚,士必会如荆轲、要离一样义无反顾、为己所用。

最后一段直接针对本事,阐明人君待士为左右人牵制之弊。作者指出,近者易亲,远者易疏乃是常理,正如无故将明月珠、夜光璧投人,人们必会按剑斜视,而弯木头、老树桩经过粉饰,倒能成为国宝。士之进退,亦常有此种情况,致使天下布衣穷居之士,虽怀大才,因无“左右先为之容”,无法尽忠于当世之君。由此作者亮出了自己的主张:“圣王制世御俗,独化于陶钧之上,而不牵于卑乱之语,不夺于众多之口。”在以秦始皇听信宠臣之言而差点亡身、周文王任用偶遇之士而成就王业作例证后,便转入对孝王接士为左右人所牵制的正面指责:“今人主沈于谄谀之辞,牵于帷裳之制,使不羁之士与牛骥同皂。”结尾处再转到士人身上,指明士之立身,品地高绝,若由左右而进,必不肯,从而表明了自己的坚贞节操,并以“忠信”二字照应篇首。

据史载,梁孝王读了此信后,立即释放了邹阳,并把他敬为上客。历来人们一直予此文极高的评价,如林云铭赞之为“妙文”(《古文析义》),李兆洛誉之为“言情之善者”(《骈体文钞》)。其艺术特色主要呈现在以下三个方面:

一是气盛语壮。邹阳这封上书乃是希望求得自脱,但他并没有通常人在这种处境中的哀求乞怜之状,而是理直气壮、激昂慷慨地陈述人主沉谗谀则危、任忠信则兴的道理。他不仅借古喻今,暗责梁孝王之“偏听”“惑于众口”“牵于卑乱之语”,也正面直刺,指出梁孝王已沉陷在逢迎奉承的包围圈里,受到近侍妃妾的牵制，致使那些不受羁缚的才识高超之士与牛马同槽。作者遣词用意虽颇有些“不逊”(司马迁《邹阳列传赞》)，然所言全是至理，故反为孝王器重。所以清浦起龙曾评此文云：“只反覆谗蔽之旨，不落一乞怜语，高绝。”(《古文眉诠》)《史记》称邹阳“抗直不挠”；《汉书》称邹阳“慷慨不苟合”，此文气骨挺然、不迎合媚上之特征，无疑是其人品的直接反映。

二是比物连类。梁孝王听信了谗言而将邹阳系于狱中，要打动他，仅靠说大道理定必难以见效。因此作者旁征博引，纵横驰骋，反复申说，从而使文章极有力度，颇有战国游说之风。如第三段在阐述人主须不“惑于众口”时，便援引了大量史实，正说反说，横说竖说，将事理说得透彻畅尽。第一层从女子无论美丑如何，一入后宫都会遭到妒忌；士人无论才能怎样，一进朝廷都将遭到排挤的现象，指出嫉妒乃是人之常情。第二层先引战国时代司马喜、范雎两个事例，说明才士因不肯党同，故遭嫉妒尤甚；再引殷周时代申徒狄、徐衍两个事例，说明才士之立身，与其苟合，毋宁跳江蹈海。第三层顺转，以百里奚、甯戚之所遇，指出人主于不党之士当信之不惑。第四层再从人主角度阐述“偏听生奸，独任成乱”与“公听并观，垂名当世”，先是反说，以鲁逐孔子、宋囚墨翟为例，说明惑于谗则国危；后是正说，以秦用由余、齐任子臧为例，说明不惑则国强。至此，作者还感意犹未尽，再添朱、象、管、蔡四例，说明有更惨于孔、墨者。行文真是千翻百转，如九级浮图，层层复叠，愈出愈高；如万里黄河，滚滚不竭，终归大海。在此等文字面前，梁孝王之有感于邹阳提出的“用齐、秦之明，后宋、鲁之听”，也就是非常自然的事了。所以刘勰赞之曰：“喻巧而理至，故虽危而无咎矣。”(《文心雕龙·论说》)

三是以赋为文。一般说来，用古过多不免伤气，议论过多不免伤格，而读此文则不觉有此弊，其原因在于作者以赋手为文章。文章句式大致整齐，且多偶俪，故读来朗朗上口，不觉其累，且又在行文衔接处，多用“是以”“何则”“故”“至夫”“臣闻”等词转折，因而似连而断，似断而连，形成了一笔呵成之势。徐中行称此文“缀文之妙，冠绝古今”(《汉书评林》引)，实非过誉之评。　(陈如江)

淮南小山

【作者小传】西汉淮南王刘安一部分门客的统称。他们的作品存有《招隐士》一篇，收入王逸《楚辞章句》中，王逸说是为闵伤屈原而作。但《文选》则题刘安作。又乐府《淮南王辞》、晋崔豹《古今注》、唐吴兢《乐府古题要解》也都说是淮南小山所作。

招 隐 士 淮南小山

桂树丛生兮山之幽,偃蹇连蜷兮枝相缭。山气巃嵸兮石嵯峨,谿谷崭岩兮水曾波①。猿狖群啸兮虎豹嗥,攀援桂枝兮聊淹留。王孙游兮不归,春草生兮萋萋。岁暮兮不自聊,蟪蛄鸣兮啾啾。坱兮轧,山曲岪,心淹留兮恫荒忽②。罔兮沕,憭兮栗,虎豹穴,丛薄深林兮人上慄③。嵚岑碕礒兮碅磳磈硊,树轮相纠兮林木茷骫④。青莎杂树兮薠草靃靡,白鹿麏麚兮或腾或倚⑤。状貌崟崟兮峨峨,凄凄兮漇漇⑥。猕猴兮熊罴,慕类兮以悲。攀援桂枝兮聊淹留,虎豹斗兮熊罴咆,禽兽骇兮亡其曹⑦。王孙兮归来,山中兮不可以久留!

〔注〕 ① 偃蹇:高貌。连蜷:枝曲貌。巃嵸(lóng zōng 龙宗):云气弥漫貌。曾波:波澜重叠。曾,一本作“增”。 ② 坱(yǎng 养)轧:旷远无际。岪(fú 弗):山势曲折貌。恫:一作“洞”,恐惧。 ③ 罔沕(mì 密):失志貌。穴:同“穴”。 ④ 嵚岑(qīn yín 钦银):高险貌。碕礒(qí yǐ 其蚁):山石嶙峋貌。碅磳(jūn zēng 君增):山石高耸貌。磈硊(kuǐ wěi 揆委):山石相杂貌。茷骫(bá wěi 拔苇):枝叶盘纡。 ⑤ 青莎:草名。靃(suǐ 髓)靡:随风披拂。麏(jūn 君):獐。麚(jiā 加):雄鹿。 ⑥ 崟(yín 银)崟:高耸貌。凄凄:盛貌。漇(xǐ 洗)漇:滋润貌。 ⑦ 曹:同类。

《招隐士》究竟招的是谁?按照汉人王逸的序言,乃“小山之徒,闵伤屈原,又怪其文升天乘云,役使百神,似若仙者;虽身沉没,名德显闻,与隐处山泽无异。故作《招隐士》之赋,以章其志也”。但读过此赋者,似乎很少能够相信,那“游兮不归”的,竟就是沉身汨罗的往古哲人屈原。至于近世有些研究者,猜测它是以比兴之辞,讽谏淮南王刘安从险恶的宫廷斗争中抽身而出,恐怕也纯属臆断,与本篇内容并不相符。倘要摒弃类似的附会或臆断,就只有一个办法,还是如实地把所“招”之人,按篇中给定的身份,视为是一位游遁山林而不归的“王孙”,也许反而要可靠些。至于这“王孙”是死了还是活着,所招者乃生魂还是死魂,都可以不必深究了。

前人称淮南小山“构思险怪而造语精圆”(陈绎曾《诗谱》)。此文开笔,为“隐士”淹留的山林造境,便觉有一派冷森险怪之气向读者袭来:那是在桂木丛生的幽谷之中,纠曲的树枝如蛇相缠,峻高的险崖俯临着水波湍急的溪流;山气凄迷,时时震响猿猴虎豹的森厉啸嗥。这样的幽森荒寂之地,岂是生人所可栖息?而可怜的王孙,竟还在那里久久耽留!开篇六句以萧淡的笔墨,展示“隐士”所处环境的险恶，由于笔端蕴含着深切的悯伤之情，读来自令人竦然动容。

“王孙游兮不归”以下，即上承悯伤之意，续写对“隐士”长往不归的怀思和忧心。文中抒写怀思，妙在不露痕迹，用的依然是景物映衬的笔法。“春草生兮萋萋”，展现冬去春来、江南草长的景象，本该引发人们多少美好的思致；但在“王孙游兮不归”的特定情境中，所勾起的便只是不见伊人的惆怅和牵念了。这牵思的绵绵不尽，正如眼前春草的“萋萋”无穷。南唐词人李煜的“离恨恰如春草，更行更远还生”（《清平乐》），是不是化用了这两句的意境呢？接着的“岁暮兮不自聊，蟪蛄鸣兮啾啾”，画面转为音响，用寒蝉的哀哀悲音，烘托年复一年秋尽草衰、王孙不归的寂寥，于牵念之中，更增添几重凄清的愁思。在“坱兮轧”以下六句中，作者翘首远眺，望中皆为盘曲的山峦、荒漠幽暗的丛林，那正是虎豹出没之地。料想“王孙”淹留其间，目之所及，也都是这骇人心魄的景象，难道不会因此更感到失意和悲凉？——这几句抒写山林的景象，重在表现视听者的主观感觉；而短句、长句的错综，用韵的由平转入，使作者那思忧交替的情感表现，显现出起伏跌宕之势；情感色彩，也由幽清一变而为凄冷。

前两层从对王孙“淹留”山林的悯伤，写到久往不归的牵念和忧惧，情感已几经往复盘旋。到最后一层（自“嵚岑碕礒”以下），便转入对“隐士”焦虑忧急的招唤。值得注意的是，这一层立意在“招”，采用的其实倒是“吓唬”的方式。“嵚岑碕礒”二句，渲染山势的高危险峻；“树轮相纠”四句，展示山林草野的幽森荒寂；“白鹿麏麚”至“慕类兮以悲”六句，抒写鹿獐牝牡相偕的情状，猕猴熊罴企慕同类的悲思，也都是在暗示：山林乃兽群出没之所，自非王孙淹留之地。至“虎豹斗兮熊罴咆，禽兽骇兮亡其曹”，描摹磨牙吮血的野兽争斗景象，更是为了逼出最后一声凄切的呼唤——“王孙兮归来，山中兮不可以久留”！

读到这里，人们也许会发现，此文的立意和写法，与楚辞名作《招魂》的前半部分颇为相似。《招魂》在呼唤“魂兮归来”之际，不正以夸饰铺张之辞，列举天地四方蝮蛇、封狐、虎豹、土伯的可怕景象，来吓唬楚王的魂魄“不可以止兮”的么？只是《招魂》运用传说中的可怕怪魅形象，来构成恐怖之境，想象固然缤纷，但在表现上相对要便利些。《招隐士》所面对的，只是现实中的寻常山林，却能将其渲染得令人寒栗，视为畏途，避之唯恐不及，就有相当难度了。两者在艺术表现上，虽然同样采用了景象展示的方式，毕竟带有各自不同的特点：《招魂》重在渲染客观景象；《招隐士》则更注重主观情感和感受的表现，将其由悯伤、牵念、忧惧到焦虑召唤的复杂心境，抒写得既有层次又起伏跌宕。就这一方面看，《招隐士》在取法《招魂》的同时，又有所创新和发展。

本文的另一特点，就是“奇字”的“叠用”。渲染山势的险峻，则叠用“嵯峨”“巃嵸”“嵚崟”“硱磳”等词；描述树枝之盘缠，则叠用“偃蹇”“连蜷”“茷骫”等词；状貌鹿獐的高伟润泽之态，又叠用“崟崟”“峨峨”“漇漇”等词。堆砌和叠用奇字异词，未必就是优点；其佶屈聱牙，也常招来读者之厌憎。不过，在本文中，这些奇字的叠用，正适合于作者对山林险怪之境的表现需要，而显示了奇奥的风格。明人胡应麟说：“屈宋诸篇，虽遒深闳肆，然语皆平典。至淮南《招隐》，叠用奇字，气象雄奥，风骨棱嶒。拟骚之作，古今莫迨。”（《诗薮内篇卷一》）清人刘熙载称：“屈子以后之作……骨之奇劲，莫如淮南《招隐士》；读楚辞《湘君》《湘夫人》，便觉有逍遥容与之情；读《招隐士》，便觉有罔沕憭栗之意。”（《艺概·赋概》）这棱嶒奇劲风骨之造成，恐怕与本文运用语言的“奇奥”特色也颇有关。

（潘啸龙）

【作者小传】

司马相如

（前179—前117） 西汉辞赋家。字长卿。蜀郡成都（今属四川）人。景帝时为武骑常侍，因病免。去梁，从枚乘等游。善辞赋。所作《子虚赋》为武帝赏识，因得召见，又作《上林赋》，用为郎。曾拜中郎将，奉使西南，后为孝文园令。其赋大都极尽铺张之能事，篇末寄寓讽谏，用辞华丽，富于文采。明人辑有《司马文园集》。

子虚赋

司马相如

楚使子虚使于齐，王悉发车骑，与使者出畋①。畋罢，子虚过奼②乌有先生，亡是公存③焉。坐定，乌有先生问曰：“今日畋乐乎？”子虚曰：“乐。”“获多乎？”曰：“少。”“然则何乐？”对曰：“仆乐齐王之欲夸仆以车骑之众，而仆对以云梦之事也。”曰：“可得闻乎？”

子虚曰：“可。王车驾千乘，选徒万骑，畋于海滨。列卒满泽，罘④网弥山。掩兔辚⑤鹿，射麋脚⑥麟，骛于盐浦，割鲜染轮⑦。射中获多，矜⑧而自功。顾谓仆曰：‘楚亦有平原广泽游猎之地，饶乐若此者乎？楚王之猎，孰与寡人乎？’仆下车对曰：'臣，楚国之鄙人也。幸得宿卫⑨，十有余年。时从出游，游于后园，览于有无，然犹未能遍睹也，又焉足以言其外泽乎？'齐王曰：'虽然，略以子之所闻见而言之。'

"仆对曰：'唯唯。臣闻楚有七泽，尝见其一，未睹其余也。臣之所见，盖特其小小者耳，名曰云梦。云梦者，方九百里，其中有山焉。其山则盘纡岪郁⑩，隆崇嵂崒⑪，岑崟⑫参差，日月蔽亏。交错纠纷，上干⑬青云；罢池陂陀⑭，下属⑮江河。其土则丹青赭垩⑯，雌黄白坿⑰，锡碧金银；众色炫耀，照烂龙鳞⑱。其石则赤玉玫瑰⑲，琳瑉昆吾⑳，瑊玏玄厉㉑，碝石碔砆㉒。其东则有蕙圃，衡兰芷若㉓，芎䓖菖蒲㉔，茳蓠蘪芜㉕，诸柘巴苴㉖。其南则有平原广泽，登降陁靡㉗，案衍坛曼㉘，缘以大江，限以巫山㉙。其高燥则生葴菥苞荔㉚，薛莎㉛青薠；其埤湿则生藏茛㉜蒹葭，东蘠雕胡㉝，莲藕觚卢㉞，奄闾轩于㉟。众物居之，不可胜图。其西则有涌泉清池，激水推移。外发芙蓉菱华，内隐巨石白沙；其中则有神龟蛟鼍㊱，玳瑁鳖鼋㊲。其北则有阴林，其树楩楠豫章㊳，桂椒木兰，檗离朱杨㊴，樝梨梬栗㊵，橘柚㊶芬芳；其上则有鹓雏孔鸾㊷，腾远射干㊸；其下则有白虎玄豹，蟃蜒貙犴㊹。

"'于是乎乃使刬诸㊺之伦，手格㊻此兽。楚王乃驾驯駮㊼之驷，乘雕玉之舆，靡鱼须之桡旃㊽，曳㊾明月之珠旗，建干将㊿之雄戟，左乌号(51)之雕弓，右夏服(52)之劲箭。阳子骖乘(53)，孅阿(54)为御，案节未舒(55)，即陵(56)狡兽。蹴蛩蛩(57)，辚距虚(58)，轶(59)野马，轊騊駼(60)，乘遗风(61)，射游骐(62)。倏眒倩浰(63)，雷动猋(64)至，星流霆击(65)，弓不虚发，中必决眦(66)，洞胸达掖(67)，绝乎心系(68)。获若雨(69)兽，揜(70)草蔽地。于是楚王乃弭节徘徊，翱翔(71)容与，览乎阴林，观壮士之暴怒，与猛兽之恐惧，徼𠞰受诎(72)，殚(73)睹众物之变态。

"'于是郑女曼姬(74)，被阿緆(75)，揄纻缟(76)，杂纤罗，垂雾縠(77)，襞积褰绉(78)，纡徐委曲，郁桡溪谷(79)。衯衯裶裶(80)，扬袘戌削[81]，蜚纖垂髾[82]。扶舆猗靡[83]，翕呷萃蔡[84]，下靡[85]兰蕙，上拂羽盖[86]。错翡翠之威蕤[87]，缪绕玉绥[88]。眇眇忽忽，若神仙之髣髴[89]。

"'于是乃相与獠[90]于蕙圃，媻姗教窣[91]，上乎金堤[92]。揜[93]翡翠，射鵕鸃[94]，微矰[95]出，孅缴[96]施。弋白鹄，连[97]驾鹅，双鸧下，玄鹤加[98]。怠而后发，游于清池。浮文鹢[99]，扬旌枻[100]，张翠帷，建羽盖。罔[101]玳瑁，钩[102]紫贝。摐金鼓[103]，吹鸣籁[104]；榜人歌，声流喝[105]。水虫骇，波鸿沸，涌泉起，奔扬[106]会。礧[107]石相击，硠硠礚礚[108]，若雷霆之声，闻乎数百里之外。将息獠者，击灵鼓[109]，起烽燧[110]，车按行，骑就队，纚乎淫淫[111]，般乎裔裔[112]。

"'于是楚王乃登云阳之台[113]，怕[114]乎无为，憺[115]乎自持；勺药之和[116]具，而后御之。不若大王终日驰骋，曾不下舆，脟割轮焠[117]，自以为娱。臣窃观之，齐殆不如。'于是齐王无以应仆也。"

乌有先生曰："是何言之过也！足下不远千里，来贶[118]齐国，王悉发境内之士，备车骑之众，与使者出畋，乃欲戮力[119]致获，以娱左右，何名为夸哉？问楚地之有无者，愿闻大国之风烈[120]，先生之余论也。今足下不称楚王之德厚，而盛推云梦以为高，奢言淫乐，而显侈靡，窃为足下不取也。必若所言，固非楚国之美也；无而言之，是害足下之信也。彰君恶，伤私义，二者无一可，而先生行之，必且轻于齐而累于楚[121]矣。且齐东陼[122]巨海，南有琅邪[123]，观乎成山[124]，射乎之罘[125]，浮渤澥[126]，游孟诸[127]。邪与肃慎[128]为邻，右以汤谷[129]为界；秋田乎青丘[130]，傍徨乎海外，吞若云梦者八九于其胸中，曾不蒂芥[131]。若乃俶傥[132]瑰玮，异方殊类，珍怪鸟兽，万端鳞崪[133]，充牣[134]其中，不可胜记；禹不能名，卨[135]不能计。然在诸侯之位，不敢言游戏之乐，苑囿之大；先生又见客[136]，是以王辞不复[137]，何为无以应哉？"

〔注〕 ① 畋(tián田)：打猎。 ② 过：过访。奼(chà诧)：夸耀。 ③ 存：《史记·司马

相如传》作“在”。 ④ 罘(fú 浮)：捕兔的网。 ⑤ 掩：指用网掩捕。 轔：用车轮辗压。 ⑥ 脚：指捉住一足。 ⑦ 鲜：指动物的生肉。染轮：血染车轮。 ⑧ 矜：夸耀。 ⑨ 宿卫：在宫中守夜值班。担任警卫。 ⑩ 岪(fú 伏)郁：山形曲折貌。 ⑪ 隆崇：高耸。峍崒(lù zú 路卒)：高险。 ⑫ 岑崟(yín 银)：山势高峻险要。 ⑬ 干：触接。 ⑭ 罢池(pí tuó 皮驼)：倾斜而下。陂陀(pō tuó 坡驼)：义同“罢池”。 ⑮ 属：连接。 ⑯ 丹：朱砂。青：石青。赭(zhě 者)：赤土。垩(è 饿)：白土。 ⑰ 雌黄：矿物名，橙黄色。白坿：白石英。 ⑱ “照烂”句：意为众色鲜明灿烂，犹如龙鳞相杂。 ⑲ 玫瑰：美玉。 ⑳ 琳：美玉。瑉(mín 民)：似玉的美石。昆吾：同“琨珸”，次于玉的石。 ㉑ 瑊玏(jiān lē 坚勒)：似玉的美石。玄厉：黑石，可作磨刀石。 ㉒ 碝(ruǎn 软)石：形似玉的石。碔砆(wǔ fū 武夫)：似玉的美石。 ㉓ 衡：同“蘅”，杜蘅，香草名。若：杜若，香草名。 ㉔ 芎藭(xiōng qióng 兄穷)：香草名。 ㉕ 江蓠：也作“江离”香草名。蘪芜：香草名。 ㉖ 诸柘：甘蔗。巴苴：芭蕉。 ㉗ 陁(yǐ 以)靡：山势倾斜绵延貌。 ㉘ 案衍：地势低洼。坛曼：平坦宽广。 ㉙ 巫山：一名阳台山，在云梦泽中。 ㉚ 葴菥(zhēn sī 针司)苞荔：四种草名。 ㉛ 薜莎(suō 梭)：两种草名。 ㉜ 藏莨(làng)：狼尾草，俗名狗尾巴草。 ㉝ 东蘠：植物名，形似蓬草，籽如葵子，可食，可榨油。雕胡：菰米，可作饭。 ㉞ 觚卢：《史记》作“菰芦”，菰米的嫩茎和芦笋。 ㉟ 菴(ān 安)闾：植物名，即青蒿，籽可医病。轩于：生长在水边的莸草，其味臭。 ㊱ 鼍(tuó 驼)：扬子鳄。 ㊲ 玳瑁(dài mào 代冒)：似龟动物。鼋(yuán 元)：似鳖而大。 ㊳ 楩(pián)：南方大木名。楠(nán 南)：常绿乔木。豫章：樟木。 ㊴ 檗(bò)：黄檗，落叶乔木。离：通“樆”，山梨。朱杨：河柳。 ㊵ 樝(zhā 渣)：同“楂”，山楂。梬(yǐng 影)：梬枣，又名软枣。 ㊶ 柚(yòu 右)：果木名，常绿乔木，果实似橘，味甜酸适口。 ㊷ 鹓雏(yuān chú 渊除)：凤类鸟名。孔：孔雀。鸾：凤类鸟名。 ㊸ 腾远：猿类动物。射(yè 夜)干：动物名，似狐而小。 ㊹ 蟃蜒(màn yán 曼延)：传说中的巨兽，似狸。 貙犴(qū hān 区酣)：猛兽，似狸而大。 ㊺ 刬诸：即专诸，春秋时吴国勇士，曾刺死吴王僚。 ㊻ 格：搏击。 ㊼ 驯：驯服。駮：同“驳”，指毛色不纯的马。 ㊽ 靡：同“麾”，挥动。桡(ráo 挠)旃：轻柔飘荡的旗帜。 ㊾ 曳：摇动。 ㊿ 建：高举。干将：宝剑名。 51 乌号：良弓名。 52 夏服：良箭名。 53 阳子：名孙阳，字伯乐，春秋时秦国善相马者。骖乘：陪乘。 54 孅(xiān 先)阿：善驾车马者。 55 案节：指马缓慢而有节奏地行走。舒：指纵意驰驱。 56 陵：意为践踏。 57 蹴(cù 促)：践踏。蛩(qióng 穷)蛩：传说中的野兽，状似马。 58 距虚：传说中的野兽，似骡而小。 59 轶：突击，冲犯。 60 轊(wèi 卫)：车轴头。此指以车轴头冲杀。騊駼（táo tú 陶图)：马名。 61 遗风：千里马名。 62 骐：青黑色的马。 63 倏眒(shū shūn 书顺)：形容奔逐急速。倩浰(liàn 练)：急速、飞快。 64 猋(biāo 标)：疾风。 65 “星流”句：喻车骑奔驰像流星陨坠、雷霆轰击一样地迅猛。 66 决眦(zì 字)：裂开眼眶。 67 洞：贯穿。掖：通“腋”。 68 心系：连着心脏的血脉经络。 69 雨：如雨一样降落。 70 揜(yǎn 掩)：同“掩”，遮蔽。 71 翱翔：悠闲游乐貌。 72 徼(yāo 腰)：拦截。𠊎(jū 剧)：疲倦之极。诎：同“屈”，穷尽。此句意为拦截疲倦、获取力尽的野兽。 73 殚：尽。 74 曼姬：美女。 75 被：同“披”。阿(ē)：细缯。緆(xì 细)：细布。 76 揄：拖曳。纻：麻布。缟：素绢。 77 雾縠(hú 胡)：轻薄如雾的绉纱。 78 襞(bì 毕)积：衣裙上的褶子。褰绉：衣裙上的缩叠褶绉。 79 “郁桡”句：郁桡：深曲貌。句意为女子衣裙褶裥像溪谷一样深曲。 80 衯(fēn 纷)衯裶(fēi 非)裶：衣长貌。 81 袘(yì 异)：衣裙下端边缘。戌削：形容衣服裁制合身。 82 蜚：同“飞”，飘动。襳(xiān 先)：上衣的长带。髾(shāo 梢)：上衣状如燕尾的饰物。 83 扶舆：盘旋而上貌。猗靡：随风飘动貌。 84 翕呷

(xī xiā 西瞎)、萃(cuì 翠)蔡：均为象声词，形容衣服摆动摩擦的声音。 ⑧⑤ 靡：《史记》作“摩”。 ⑧⑥ 羽盖：用羽毛装饰的车盖。 ⑧⑦ 错：错杂。威蕤(ruí)：形容羽饰华丽。 ⑧⑧ 缪：同“缭”。绥：通“绥”，此指缨饰。 ⑧⑨ 髣髴：同“仿佛”。 ⑨⓪ 獠：猎。 ⑨① 媻(pán 盘)姗、教窣(bèi sù 贝速)：皆谓缓慢而行。 ⑨② 金堤：坚固如金的水堤。 ⑨③ 揜：用网捕捉。 ⑨④ 鵔鸃(jùn yí 俊仪)：野鸡一类的鸟。 ⑨⑤ 矰：短箭。 ⑨⑥ 孅：同“纤”，细。缴：系在箭上的生丝绳。 ⑨⑦ 连：指用带绳的箭牵连而下。 ⑨⑧ 加：指中箭。 ⑨⑨ 文鹢(yì 弋)：指画有鹢鸟的船。 ⑩⓪ 枻：船桨。 ⑩① 罔：通“网”。 ⑩② 钩：钩取。 ⑩③ 摐(chuāng 窗)：敲击。金鼓：指钲一类的金属乐器。 ⑩④ 籁：箫。 ⑩⑤ 流：指歌声婉转悦耳。喝(yè 夜)：歌声悲咽凄凉。 ⑩⑥ 奔扬：指水波。 ⑩⑦ 礧(lèi 累)：以石下投。 ⑩⑧ 硠(láng 郎)硠礚(kē 科)礚：物相击发出的声音。 ⑩⑨ 灵鼓：六面鼓。 ⑪⓪ 烽燧：此指火炬。 ⑪① 辑(shǐ 始)：群行相连貌。淫淫：渐进貌。 ⑪② 般(pán 盘)：依次相连而行。裔裔：流动行进貌。 ⑪③ 云阳之台：在云梦泽巫山下。 ⑪④ 怕：同“泊”，恬淡。 ⑪⑤ 憺：通“澹”，安然，淡泊。 ⑪⑥ 勺药：五味调料的总称。和：指调和好的食物。 ⑪⑦ 脟(luán 峦)割：把肉切割成小块。脟，同“脔”。轮焠(cuì 粹)：在车轮间烤炙鲜肉而食之。焠：烤炙。 ⑪⑧ 贶(kuàng 况)：赠，赐。 ⑪⑨ 戮力：并力。 ⑫⓪ 风烈：指美俗善政。风：风俗。烈：功业。 ⑫① 轻于齐：被齐国所轻视。累于楚：妨碍楚国的信誉。 ⑫② 陼：水边。 ⑫③ 琅邪(yá 牙)：山名，在今山东诸城东南。 ⑫④ 成山：山名，在今山东荣城东北。 ⑫⑤ 之罘(fú 浮)：山名，在今山东福山东北。 ⑫⑥ 渤澥(xiè 谢)：渤海。 ⑫⑦ 孟诸：古泽名，在今河南商丘东北。 ⑫⑧ 邪：通“斜”。肃慎：古民族名，古代居于今辽宁、吉林、黑龙江三省。 ⑫⑨ 汤(yáng 羊)谷：即旸谷，古代传说是日出之处。右：当为“左”之误。 ⑬⓪ 青丘：古国名，相传在大海之东。 ⑬① 蒂(dì 地)芥：也作“芥蒂”，细小的鲠塞物，喻心中的疙瘩。 ⑬② 俶傥(tì tǎng 惕淌)：卓异不凡。 ⑬③ 鳞崪：犹如鱼鳞般地聚集在一起。崪，同“萃”，聚集。 ⑬④ 充牣(rèn 刃)：充满。 ⑬⑤ 离(xiè 谢)：同“契”，人名，尧时为司徒。 ⑬⑥ 见客：受到宾客的礼遇。 ⑬⑦ 王辞不复：齐王不以言辞相答。

《子虚赋》是司马相如早期客游梁孝王时所作，它给司马相如带来了进身皇宫的难得机遇。梁孝王死后，司马相如回到家乡成都，家贫无以自业；而《子虚赋》传入宫廷，汉武帝读后极为称赏，感叹说：“朕独不得与此人同时哉！”因得到身为狗监的同乡杨得意的推荐，司马相如被汉武帝召见入宫。受宠若惊的司马相如便献上了《天子游猎赋》，一跃而成为天子的侍卫郎官。《天子游猎赋》当包括《子虚赋》及其续篇《上林赋》。这两篇赋虽作于不同时期，在篇章上构成完密而不可分割的整体，假设三人对答辩驳，敷衍宏篇；艺术上铺扬夸饰，想象宏阔，穷尽叙事大赋的创作技巧；思想上从诸侯到天子的政事弊端、生活腐败，统统在批判之列。所不同的是，《子虚赋》主旨在讽谏诸侯藩王，《上林赋》主旨在讽谏天子，陈述主张；《子虚赋》以云梦泽为描写中心，《上林赋》以上林苑为描写对象；《子虚赋》的构篇初成波澜，蓄足文势，《上林赋》推向顶峰，形成极轨。

云梦泽，古代薮泽名。先秦两汉时代，大致包括今湖南益阳市、湘阴县以北，湖北江陵县、安陆市以南，武汉市以西地区。最早描写云梦泽景观的是战国楚人宋玉《高唐赋》，那是以高唐观为中心，限于云梦泽的局部，而《子虚赋》超越前贤，从宏观上展现了云梦泽的总体风貌，正如明人王世贞在《艺苑卮言》卷二中所说："长卿《子虚》诸赋，本从《高唐》物色诸体，而辞胜之。"

《子虚赋》的八个自然段，可分为三部分。前三段写云梦泽的地理风貌和自然富有，中间四段写楚王游猎云梦之乐，最后一段写乌有先生对子虚的批判，归结讽谏主题。前两个部分列述奢侈淫游的种种表现，后一部分揭示淫逸奢侈的危害。

司马相如所写的云梦泽，当是楚王游乐的田猎区域，其中的一切属于楚王专有而他人莫敢触犯的，因而云梦泽的富有应是反映出楚王淫乐生活的一个侧面。赋文从中、东、南、西、北五个方位来排比描绘，逐一展现。每一方位的风貌各自有别，独具个性特征，体现了作者构篇的精巧和手法的高明。

云梦泽的中部，群山林立，体势高峻而博大，广阔而富有，极尽雄伟富丽之美。其山峰盘纡连绵，参差交错，上插云端，下属江河。这里的"日月蔽亏"，是用高山遮蔽了太阳和月亮来衬托出山势高大的雄姿；"上干青云"，是用夸张之笔，化静为动，写出峰峦拔地而起直上云霄，那挺拔险峻之势可以想见。其土石，富有而灿烂。金、银、碧、锡，各类宝藏应有尽有；赤玉、玫瑰、昆吾、瑊玏，各种玉石列列于目。同时，这些宝物的色彩鲜丽夺目，丹青白坿相间，赭垩雌黄相映，简直是"众色炫耀，照烂龙鳞"。这里的"随类赋彩"的"蔚似雕画"，与山峰高大的体势是互为辉映的。云梦泽的东面是百花园圃，花草齐备，芬芳扑鼻，杜衡兰草错杂，白芷杜若相间，菖蒲遍地，江蓠漫延，芭蕉吐香，甘蔗甜美。园圃里齐集了楚国特有的香草。南面是一片广博宏阔的平原，起伏延伸，直至大江、巫山为限。其土地肥美，高燥之地生长着繁多而茂盛的植物；低洼之地芙蓉连塘，芦苇成片，真是"众物居之，不可胜图"。西面又别具一番清秀的景象，"涌泉清池，激水推移。外发芙蓉菱华，内隐巨石白沙"。这清水出芙蓉的景色，具有诗情画意般的秀美，下有清泉流淌，底有白沙铺垫，上有玉立的菱茎，盛开着鲜灿的荷花。这清澈的水，洁白的沙，鲜红的花，对比鲜明，互映生辉；那静态的水面荷花与泉底白沙，正衬托出泉水急流的动态美和清静透明的水色美，生动逼真。在这里是看不出大赋语言艰涩之弊的。北面果树芬芳，香木林立，同西面的秀美有别，那是一个喧闹的世界，茂密幽深的树林丛中，上有五色斑斓的孔雀凤鸟来回飞翔，下有白虎黑豹往复奔游，呈现出一片勃勃生机。如此写来，云梦泽由高山、花园、原野、清流、树木构成了一幅鲜丽多姿的山水图画。

如果说描写云梦泽的风物之美，尚有过于展现自然风貌而淡化了刺奢意图之嫌,那么描写楚王田猎之乐,则明显抉示出暴露侯王生活淫侈的用意。这是全赋的重心,作者不惜笔墨,多面渲染,层层展现。先是写楚王观猎。其田猎队伍华美之极:驾驯駮,乘玉车,明月之旗飘摇,干将之戟罗列,精美的雕弓劲箭为之佩戴,善驭的伯乐孅阿为之陪乘。其猎物手段之奇绝:既有勇士手扑猛兽,又有车轮辗撞,马蹄踩踏。其射手技艺高超而不凡:"雷动猋至,星流霆击,弓不虚发,中必决眦"。其收获丰硕:"获若雨兽,揜草蔽地"。其场面动人心魄:"观壮士之暴怒,与猛兽之恐惧"。这些描写无疑是在毕现楚王"睹众物之变态"的狂欢淫乐。

贵族的生活是少不了美女相伴作乐的,陪侍楚王田猎尽是异国姿色的美女,她们"若神仙之髣髴"。赋文写美女重在服饰的华美,她们披细缯,着绣裙,衣罗绮,曳轻纱,首饰用翡翠鸟的羽毛装饰,登车牵绳用美玉缭绕;她们牵衣起舞,飘然欲仙,"下靡兰蕙,上拂羽盖"。如此渲染,状尽贵族生活的淫耻奢豪。这些描写虽出自文学篇什,然而并非夸饰之笔,而是真实的再现,就连秦王当年为诸侯时也是"郑卫之女"充后宫,"随俗雅化,佳冶窈窕赵女"立于侧的(李斯《谏逐客书》)。

有妖艳美女的陪侍,楚王的游猎之乐自然推进到高潮:一会儿由美女的簇拥,楚王漫步于蕙圃,游览于金堤,尽情享受射鸟之欢乐;一会儿又乘坐着翠羽装饰的帷帐帷盖、画有鹢鸟文彩的舟船,纵情荡游在清池之中。这时,乐声飞扬,歌声四起,激情飘逸。作者运用夸张、拟人的手法,穷尽了这惊天动地的场面:"摐金鼓,吹鸣籁,榜人歌,声流喝。水虫骇,波鸿沸,涌泉起,奔扬会。"那击鼓声,吹箫声,船夫的歌谣声,水石的相击声,组成了响彻天宇的交响乐,"若雷霆之声,闻乎数百里之外"。那婉转抑扬、悲咽动人的乐声,使水虫惊骇而奔走,波涛扬起而奔腾。高潮过后,田猎便近于尾声了。这时又有无穷的余味,灵鼓紧催,火炬燃起,夜以继日,乐而忘归,楚王又沉醉在"勺药之和具"的美味佳肴的享乐之中了。

赋文借子虚之口列述楚王游猎生活的种种表现之后,又借乌有先生之口作了有力的批评:"今足下不称楚王之德厚,而盛推云梦以为高,奢言淫乐,而显侈靡,窃为足下不取也。"这种批评是尖锐的,一针见血。作者虽是以假设人物来代言议论,而所写的内容完全合乎汉代的史实。汉代诸侯藩王的生活是极为奢侈荒淫的,他们"争游猎之乐,苑囿之大",《史记·梁孝王世家》载:"孝王筑东苑,方三百余里,广睢阳城七十里。大治宫室,为复道,自宫连属于平台三十余里。得赐天子旌旗,出从千乘万骑,东西驰猎,拟于天子……府库金钱且百巨万,珠玉宝器多于京师。"史家之笔的概述与赋家之笔的铺陈是何等地一致。因此,我们完全有理由说《子虚赋》的作者是借言楚王的游猎来讽谏梁孝王了。这篇末一段文字,在结构上是承上启下的,以“曲终奏雅”归结上文,以抑楚扬齐为过渡到《上林赋》作了铺垫。

表达主题的方式上,《子虚赋》值得肯定的是曲意讽谏。司马相如早年客游于王侯幕府,目睹了贵族生活的腐败,但对骄横王侯的批评随时会有入狱之难、杀身之祸的。于是,相如以赋文描写贵族的争奇斗艳、互相贬抑的迂回曲折的方式,试图在陈述讽谏内容的同时,达到纳谏的目的并避免灾祸。这种尝试是有益的,尽管遭到“劝百讽一”的批评,但它所产生的思想价值是不容否定的,因为这成为汉代叙事大赋讽时疾俗的别无选择的方式。

语言艺术上,《子虚赋》的贡献在于极大地丰富了状描事物的语言词汇。枚乘《七发》显示了“离辞连类”的语言技巧,但描摹物态,尤其是对人体美的描绘,是不及“相如巧为形似之言”的(沈约《宋书·谢灵运传论》)。明人谢榛在《四溟诗话》中指出:“汉人作赋,必读万卷书,以养胸次……若‘杨袘戌削,飞襳垂髾’(按:这两句出自《子虚赋》)之类,命意宏博,措辞富丽,千汇万状,出有入无,气贯一篇,意归数语,此长卿所以大过人者也。”对《子虚赋》的语言艺术称道备至。

(章沧授)

上　林　赋　　　司马相如

亡是公听然[①]而笑,曰:“楚则失矣,而齐亦未为得也。夫使诸侯纳贡者,非为财币,所以述职也;封疆画界者,非为守御,所以禁淫也。今齐列为东藩,而外私肃慎[②],捐国逾限,越海而田,其于义固未可也。且二君之论,不务明君臣之义,正诸侯之礼,徒事争于游戏之乐,苑囿之大,欲以奢侈相胜,荒淫相越,此不可以扬名发誉,而适足以贬君自损也。

“且夫齐、楚之事,又乌足道乎!君未睹夫巨丽也?独不闻天子之上林[③]乎?左苍梧,右西极[④],丹水更其南,紫渊径其北。终始灞、浐[⑤],出入泾、渭[⑥];酆、镐、潦、潏[⑦],纡余委蛇,经营乎其内;荡荡乎八川分流,相背而异态。东西南北,驰骛往来:出乎椒丘之阙,行乎洲淤之浦;经乎桂林之中,过乎泱漭之野,汩乎混流,顺阿而下,赴隘陿之口。触穹石,激堆埼,沸乎暴怒,汹涌澎湃。滭弗宓汩,逼侧泌㴸,横流逆折,转腾潎洌，滂濞沆溉；穹隆云桡，宛潬胶戾，逾波趋浥，莅莅下濑；批岩冲拥[8]，奔扬滞沛；临坻注壑，瀺灂霣坠；沉沉隐隐，砰磅訇礚；潏潏淈淈，湁潗鼎沸。驰波跳沫，汩急漂疾。悠远长怀，寂漻无声，肆乎永归。然后灏溔潢漾，安翔徐回；翯乎滈滈，东注太湖，衍溢陂池。

“于是乎蛟龙赤螭[9]，𩷑𩽴渐离[10]，鰅鳙鰬魠[11]，禺禺魼鳎[12]；揵鳍掉尾，振鳞奋翼，潜处乎深岩。鱼鳖欢声，万物众夥：明月[13]珠子，的皪江靡；蜀石黄碝，水玉磊砢；磷磷烂烂，采色澔汗，藂积乎其中。鸿鹔鹄鸨[14]，驾鹅属玉[15]，交精旋目[16]，烦鹜庸渠[17]，箴疵䴔卢[18]，群浮乎其上。泛淫泛滥，随风澹淡，与波摇荡，奄薄水渚，唼喋菁藻，咀嚼菱藕。

“于是乎崇山矗矗，巃嵷崔巍；深林巨木，崭岩参嵯。九嵕[19]巀嶭，南山[20]峨峨；岩陁甗锜，摧崣崛崎。振溪通谷，蹇产沟渎，谽呀豁闭。阜陵别隝，崴磈嵔廆，丘虚堀礨。隐辚郁壘，登降施靡。陂池貏豸，沇溶淫鬻，散涣夷陆；亭皋千里，靡不被筑。掩以绿蕙，被以江蓠；糅以蘼芜，杂以留夷[21]；布结缕[22]，攒戾莎。揭车衡兰，槁本射干[23]；茈姜蘘荷[24]，葴[25]持若荪；鲜支黄砾[26]，蒋苎[27]青薠；布濩闳泽，延曼太原。离靡广衍，应风披靡，吐芳扬烈；郁郁菲菲，众香发越；肸蚃布写，晻薆咇茀。

“于是乎周览泛观，缜纷轧芴，芒芒恍忽，视之无端，察之无涯，日出东沼，入乎西陂。其南则隆冬生长，踊水跃波；其兽则㺎旄貘犛，沉牛麈麋[28]，赤首圜题[29]，穷奇[30]象犀。其北则盛夏含冻裂地，涉冰揭河；其兽则麒麟角端[31]，騊駼[32]橐驼，蛩蛩驒騱[33]，駃騠驴骡。

“于是乎离宫别馆，弥山跨谷；高廊四注，重坐曲阁；华榱璧珰，辇道纚属；步櫩周流，长途中宿。夷嵕筑堂，累台增成，岩窔洞房，俯杳眇而无见，仰攀橑而扪天；奔星更于闺闼，宛虹扡于楯轩。青龙蚴蟉于东箱，象舆婉僤于西清；灵圄[34]燕于闲馆，偓佺[35]之伦，暴于南荣。醴泉涌于清室，通川过于中庭。

盘石振崖，嵚岩倚倾，嵯峨𡾊嶫，刻削峥嵘。玫瑰碧琳，珊瑚丛生，瑉玉旁唐，玢豳[36]文鳞；赤瑕駮荦[37]，杂臿其间，晁采琬琰[38]，和氏出焉。

“于是乎卢橘夏熟，黄甘[39]橙楱；枇杷橪柿，亭奈厚朴；梬枣杨梅，樱桃蒲陶[40]；隐夫薁棣，答遝离支[41]。罗乎后宫，列乎北园；貤丘陵，下平原。扬翠叶，扤紫茎；发红华，垂朱荣。煌煌扈扈，照曜鉅野；沙棠栎槠，华枫枰栌[42]；留落胥邪[43]，仁频并闾；欃檀木兰，豫章女贞[44]。长千仞，大连抱；夸条直畅，实叶葰楙。攒立丛倚，连卷欐佹；崔错癹骫，坑衡閜砢；垂条扶疏，落英幡纚。纷溶萷蔘，猗狔从风；藰莅卉歙，盖象金石之声，管籥之音。偨池茈虒，旋还乎后宫。杂袭累辑，被山缘谷，循阪下隰；视之无端，究之无穷。

“于是乎玄猿素雌，蜼玃飞蠝[45]，蛭蜩蠼蝚[46]，獑胡豰蛫[47]，栖息乎其间。长啸哀鸣，翩幡互经，夭蟜枝格，偃蹇杪颠；隃绝梁，腾殊榛；捷垂条，掉希间；牢落陆离，烂漫远迁。若此者数百千处。娱游往来，宫宿馆舍；庖厨不徙，后宫不移，百官备具。

“于是乎背秋涉冬，天子校猎。乘镂象，六玉虬[48]；拖蜺旌，靡云旗[49]；前皮轩，后道[50]游。孙叔[51]奉辔，卫公[52]参乘，扈从横行，出乎四校[53]之中，鼓严簿[54]，纵猎者。河江为陆，泰山为橹，车骑雷起，殷天动地，先后陆离，离散别追，淫淫裔裔，缘陵流泽，云布雨施。生貔豹，搏豺狼，手熊罴，足野羊；蒙鹖苏，绔白虎，被班文，跨野马。凌三嵕之危，下碛历之坻；径峻赴险，越壑厉水。椎蜚廉[55]，弄獬豸[56]，格虾蛤[57]，鋋猛氏[58]；羂騕褭[59]，射封豕。箭不苟害，解脰陷脑；弓不虚发，应声而倒。

“于是乎乘舆弭节徘徊，翱翔往来；睨部曲之进退，览将帅之变态。然后侵淫促节，儵夐远去；流离轻禽，蹴履狡兽。轊白鹿，捷狡兔；轶赤电，遗光耀；追怪物，出宇宙。弯蕃弱[60]，满白羽；射游枭[61]，栎蜚遽[62]。择肉而后发，先中而命处；弦矢分，艺殪仆。然后扬节而上浮，凌惊风，历骇猋，乘虚无，与神俱。躏玄鹤[63]，乱昆鸡[64]；遒孔鸾，促鵕鸃。拂翳鸟，捎凤皇；捷鹓雏，揜焦明[65]。道尽途殚，回车而还；消摇乎襄羊，降集乎北纮；率乎直指，晻乎反乡。蹷石阙，历封峦；过鳷鹊，望露寒[66]；下棠梨，息宜春[67]。西驰宣曲，濯鹢牛首[68]；登龙台，掩细柳[69]。观士大夫之勤略，均猎者之所得获，徒车之所辚轹，步骑之所蹂若，人臣之所蹈藉；與其穷极倦谻，惊惮詟伏，不被创刃而死者，他他籍籍，填坑满谷，掩平弥泽。

“于是乎游戏懈怠，置酒乎颢天之台，张乐乎胶葛之寓；撞千石之钟，立万石之虡；建翠华之旗，树灵鼍[70]之鼓。奏陶唐氏之舞[71]，听葛天氏[72]之歌；千人唱，万人和；山陵为之震动，川谷为之荡波。巴渝、宋、蔡[73]，淮南《干遮》[74]，文成颠歌[75]，族居递奏，金鼓迭起，铿鎗闛鞈，洞心骇耳。荆吴郑卫之声，韶濩武象之乐[76]，阴淫案衍之音，鄢郢[77]缤纷，《激楚》《结风》[78]，俳优侏儒，狄鞮[79]之倡，所以娱耳目乐心意者，丽靡烂漫于前。靡曼美色。若夫青琴宓妃[80]之徒，绝殊离俗，妖冶娴都，靓妆刻饰，便嬛绰约，柔桡嫚嫚，妩媚孅弱，曳独茧之褕绁，眇阎易以恤削，便姗嫳屑，与俗殊服。芬芳沤郁，酷烈淑郁；皓齿粲烂，宜笑的皪；长眉连娟，微睇绵藐；色授魂与，心愉于侧。

“于是酒中乐酣，天子芒然而思，似若有亡，曰：‘嗟乎，此大奢侈！朕以览听余闲，无事弃日，顺天道以杀伐，时休息于此，恐后叶靡丽，遂往而不返，非所以为继嗣创业垂统也。’于是乎乃解酒罢猎而命有司曰：‘地可垦辟，悉为农郊，以赡萌隶。陨墙填堑，使山泽之人得至焉。实陂池而勿禁，虚宫馆而勿仞。发仓廪以救贫穷，补不足，恤鳏寡，存孤独。出德号，省刑罚，改制度，易服色，革正朔，与天下为更始。’

“于是历吉日以斋戒，袭朝服，乘法驾，建华旗，鸣玉鸾，游于六艺[81]之囿，驰骛乎仁义之途，览观《春秋》[82]之林。射狸首[83]，兼驺虞[84]；弋玄鹤[85]，舞干戚[86]；载云罕[87]，揜群雅；悲《伐檀》[88]，乐乐胥[89]；修容乎礼园，翱翔乎书圃；述易道[90]，放怪兽；登明堂，坐清庙；次群臣，奏得失；四海之内，靡不受获。于斯之时，天下大说，乡[91]风而听，随流而化；芔然兴道而迁义，刑错而不用；德隆于三王，而功羡[92]于五帝；若此，故猎乃可喜也。若夫终日驰骋，劳神苦形；罢车马之用，抗士卒之精；费府库之财，而无德厚之恩；务在独乐，不顾众庶；忘国家之政，贪雉兔之获，则仁者不繇也。从此观之，齐楚之事，岂不哀哉！地方不过千里，而囿居九百，是草木不得垦辟而人无所食也。夫以诸侯之细，而乐万乘之侈，仆恐百姓被其尤也。”

于是二子愀然改容，超若自失，逡巡避席曰：“鄙人固陋，不知忌讳，乃今日见教，谨受命矣。”

〔注〕 ① 亡是公：假设人物。亡，通“无”，寓意为无此人。听(yǐn 寅)然：笑貌。杨树达《积微居小学金石论丛·释听》：“忻为心开，听文从口，当为口开，笑者口必开，故听为笑貌矣。” ② 肃慎：古民族，分布于黑龙江、松花江流域。 ③ 上林：古宫苑名。故址在今西安市西及周至、户县界。本秦旧苑，汉武帝时重新扩建，南傍终南山，北滨渭水，“周袤三百里，离宫七十所，皆容千乘万骑。”(《三辅黄图》) ④ 苍梧、西极：非实指，当指上林苑旁的两个地方。 ⑤ 灞、浐：两水名，源出陕西蓝田县，向西北合流后入渭水。 ⑥ 泾、渭：两水名，源出甘肃省。 ⑦ 酆、镐、潦、潏：皆水名，同归渭河。 ⑧ 批岩冲拥：意谓水流不停地冲击着岸边。批，击；拥，同“壅”，曲堤。 ⑨ 螭(chī 痴)：古代传说中无角的龙。 ⑩ 䲍鳢(gèng méng 更盟)：鲟类鱼，似鳝。渐离：旧说谓鱼名，其状不详。 ⑪ 鰅(yú 鱼)：斑鱼，皮有纹彩。鳙(yōng 庸)：黑鲢。鳒(qián 前)：大鳠，似鲇而大，白色。魠(tuō 托)：泛指口大的鱼。 ⑫ 禺禺：鱼名，皮有毛，黄底黑纹。 鲑(qù 去)：比目鱼。鳎(tǎ 塔)：鲵鱼，似鲇，四足，声似婴儿。 ⑬ 明月：大珠。 ⑭ 鹔(sù 肃)：鹔鷞，水鸟，雁类，长颈绿身。鸨(bǎo 宝)：鸟名，似雁而大，无后趾。 ⑮ 属玉：鸟名，似鸭而大。 ⑯ 交精：鸟名，大如凫。旋目：鸟名，大于鹭而短尾。 ⑰ 烦鹜：似鸭而小。庸渠：鸟名，俗名水鸡，似鸭，鸡足。 ⑱ 箴疵、䴔(jiāo 交)卢：皆水鸟名，善捕食鱼类。 ⑲ 九嵕(zōng 宗)：山名，在今陕西礼泉县东北。 ⑳ 南山：即终南山，在今陕西西安市南。 ㉑ 绿蕙、江蓠、靡芜、留夷：皆香草名。 ㉒ 结缕：草名，俗称鼓筝草，多年生小草，茎细长，在地面随处生细根，互相连结，广覆于地面。 ㉓ 揭车、槁本、射干：皆香草名，可入药。 ㉔ 茈姜：紫姜。蘘荷：茎叶似姜，根香可食，亦可作药材。 ㉕ 葴(zhēn 真)：酸浆草。 ㉖ 鲜支、黄砾：皆香草名。 ㉗ 蒋：菰蒲草。苧：为“芧”字误，即橡实。 ㉘ 犏(yóng 庸)：牛类，头上有肉堆。旄：即旄牛。貘(mò 陌)：同“貊”，似熊。犛(lí 离)：黑色野牛。沉牛：水牛，因能沉没水中而名。麈(zhǔ 主)：似鹿而尾大，头生一角。 ㉙ 赤首：兽名。圜题：即圆蹄，兽名。“题”为“蹄”之误。 ㉚ 穷奇：兽名，似牛猬毛，食人。 ㉛ 角端：兽名，似猪，鼻端上生一角。 ㉜ 騊駼(táo tú 逃图)：兽名，似马。 ㉝ 蛩(qióng 穷)蛩：似马善奔走，青色。驒騱(diān xī 颠西)：似马而小。 ㉞ 灵圄：众仙的称号。 ㉟ 偓佺：仙人名，相传食松子，体生毛数寸，方眼，善走。见《列仙传》。 ㊱ 玢(bīn 宾)豳 ：玉的花纹。 ㊲ 赤瑕：赤色的玉。

駮荦(luó 洛):色彩斑驳。駮:同"驳"。 ㊳ 晁采:美玉名,即"朝采"。相传此玉早晨发出白光,故名朝采。琬琰(yǎn 演):美玉名。 ㊴ 甘:同"柑"。 ㊵ 蒲陶:即葡萄。 ㊶ 离支:即荔枝。 ㊷ 华:同"桦"。枰:银杏树。 ㊸ 胥邪:椰子树。 ㊹ 女贞:冬青树。 ㊺ 蜼(wèi 为):一种长尾猿,形似母猴。玃:母猴。蠝(lěi 垒):又名鼯鼠,能飞。 ㊻ 蛭(zhì 至):一种能飞的兽。蜩(tiáo 条):当为"犸(zhǒu 肘)",兽名,似猴,善爬树。蠼蝚(jué róu 决柔):同"玃猱",猴类。 ㊼ 獑胡:似猿而足短,腾跃如飞。縠(hù 户):兽名,似鼯而大。蛫(guǐ 轨):传说中的兽名,似龟。 ㊽ 虬(qiú 球):龙的一种,这里代指骏马。 ㊾ 蜺:同"霓"。靡:曳。 ㊿ 道:同"导"。 (51) 孙叔:古代善御者孙阳,号伯乐。此代指驾车的人。一说汉武帝时的太仆公孙贺(字子叔)。 (52) 卫公:古代善御者卫庄公。此代指善御者。一说指汉武帝时大将军卫青。 (53) 四校:天子射猎时的四支队伍。 (54) 簿:卤簿,天子出行时的仪仗侍卫队伍。 (55) 蜚廉:龙雀,鸟身鹿头。 (56) 獬(xiè 蟹)豸:神兽名,相传似鹿而一角。 (57) 虾蛤:猛兽名。 (58) 猛氏:兽名,似熊而小。 (59) 騕褭(yǎo niǎo 夭袅):神马名,相传赤毛金嘴,日行万里。 (60) 蕃弱:古代夏后氏的良弓。 (61) 枭:枭羊,即狒狒。猩类,能食人。 (62) 蜚遽:传说中的神兽,鹿头龙身。 (63) 玄鹤:黑鹤。古代传说鹤千年化为苍,又千年变为黑,谓之玄鹤。 (64) 昆鸡:鸟名,似鹤,黄白色。 (65) 焦明:西方鸟名,长喙,疏翼,圆尾,形似凤。 (66) 石阙、封峦、鳷鹊、露寒:均为汉武帝所建宫观名,在甘泉苑(故址在今陕西淳化县西北甘泉山上)内。 (67) 棠梨:汉宫名,在甘泉苑垣外云阳南三十里。宜春:汉宫名,在今陕西西安。 (68) 宣曲:汉宫名,在今陕西西安长安区西南。牛首:池名,在今陕西长安区西北。 (69) 龙台:观名,在今陕西西安户县东北。细柳:观名,在今陕西西安长安区西南。 (70) 灵鼍(tuó 驼):似鳄鱼,又名猪婆龙,皮可制鼓。 (71) 陶唐氏之舞:尧时的舞乐,名咸池。陶唐,尧有天下后的称号。 (72) 葛天氏:相传中的古帝王。《吕氏春秋·古乐篇》:"葛天氏之乐,三人操牛尾,投足以歌八阕。" (73) 巴渝:舞名,出于蜀地的巴渝。宋、蔡:指宋蔡两地的音乐。 (74) 淮南:指淮南之地的音乐。干遮:乐曲名。 (75) 文成:汉辽西县名。颠:即"滇",汉西南小国名。 (76) 韶:舜时乐曲。濩(huò 获):商汤乐曲。武:周武王之乐。象:周公之乐。 (77) 鄢郢:指楚鄢、郢两地的舞。 (78) 激楚、结风:均为歌曲名。一说结风为歌曲结尾的余声。 (79) 狄鞮(tí 提):古代西方民族。 (80) 青琴:古神女名。宓妃:洛水女神。 (81) 六艺:六经,指《诗》《书》《礼》《乐》《易》《春秋》。 (82)《春秋》:孔子整理的鲁国史书。 (83) 狸首:古逸诗篇名。古代诸侯行射礼时奏此乐章。 (84) 驺虞:《诗经》篇名。古代天子行射礼时奏此乐章。 (85) 玄鹤:相传舜有乐歌为和伯之乐,奏时舞玄鹤。 (86) 舞干戚:传说舜舞干戚以示不征伐,感化了有苗氏。 (87) 云罕(hǎn 罕):本为张于天空捕鸟的网,这里亦指天子出行时前驱者所举的旌旗。 (88)《伐檀》:《诗经》篇名,旧说"刺贤者不遇明王"。这里是说天子收罗贤才,故读《伐檀》而兴悲。 (89) 乐胥:语出《诗经·桑扈》:"君子乐胥,受天之祜"。此指天子读乐胥诗句,以贤人在位为乐。 (90) 易道:代指儒家之道。 (91) 乡:通"向"。 (92) 羡:超越。

《子虚赋》《上林赋》是司马相如的代表作,《史记》和《汉书》本传合称"天子游猎赋",南朝梁萧统在《文选》中始分为两篇。这篇力作给司马相如的人生带来了重大的转机,由家徒四壁的穷书生,一跃而成为天子的近臣郎中,出入宫廷,侍奉帝王。这篇赋作是汉代叙事大赋的典范,代表着汉赋的思想价值和艺术成就。因为它倾注了司马相如全部政治主张、创作精力和文学才华。《西京杂记》卷二载:“司马相如为《上林》《子虚》赋,意思萧散,不复与外事相关,控引天地,错综古今,忽然如睡,焕然而兴,几百日而后成。”正是这个原因,此赋成了后人褒贬汉赋的争论焦点。平心而论,《上林赋》是将强烈的政治热情、丰富的思想主张、巧妙的讽谏方式及娴熟的创作手法熔于一炉的宏篇巨制,可谓百代无匹的佳作。

《上林赋》是《子虚赋》的续篇。如果说,《子虚赋》为情节的发展作了必要的铺垫,那么,《上林赋》则“曲终奏雅”,揭示了作赋的主题。

《上林赋》的整体构架,是以天子的代表“亡是公”竭力夸扬帝王苑囿的广大富有、宫殿的林立富丽、田猎的盛况空前、宴乐的惊天动地,来压倒诸侯的代表“子虚”“乌有先生”对齐楚的称美。这种更推进一层的描绘,最典型地表现出汉代叙事大赋的艺术技巧:排比铺陈,不尽不止,破空而来,气势博大;想象虚构,夸张扬厉,光怪陆离,“气号凌云”;叠字韵语,艳辞丽句,“繁类成艳”,奇异宏富。赋篇描绘上林水流的壮观,从“荡荡乎八川分流”的竞相奔驰,写到“翯乎滈滈,东注太湖”的汹涌浩渺;从“沸乎暴怒,汹涌澎湃”的涌猛势态,写到“砰磅訇磕”的骇人声响。叙上林苑的物产,水中族类、玉石宝物、飞禽走兽、树木花草,无所不列。状天子游猎的盛况,“殷天动地”的车驾,“搏豺狼,手熊罴”的惊险,“追怪物,出宇宙”的淫乐,“填坑满谷,掩平弥泽”的猎获,极尽铺陈之能事。这些面面俱到的排比描写,达到了穷形尽貌的境地。《上林赋》的夸张令人叹服。“视之无端,察之无涯;日出东沼,入乎西陂。”日月出没其中,上林苑的广大无边可以想见;“撞千石之钟,立万石之虡……千人唱,万人和;山陵为之震动,川谷为之荡波。”宴乐的欢畅,歌舞的动人,被夸饰到了极点。想象虚构是司马相如又一精彩之笔。如描绘建筑的高耸雄姿:“离宫别馆,弥山跨谷……夷嵕筑堂,累台增成,岩窔洞房,俯杳眇而无见,仰攀橑而扪天;奔星更于闺闼,宛虹拖于楯轩。青龙蚴蟉于东箱,象舆婉僤于西清;灵圄燕于闲馆,偓佺之伦,暴于南荣。”奇想出宏域,这里以下不见地,上扪苍天,众星往来,仙人游历,寄实于虚,形象地衬托出宫馆的突兀奇异,富丽无比。赋家“包括宇宙,总览人物”的艺术构思,赋体文学排比夸张、虚实相生的创作技巧,大赋笔力雄健、意气纵横的风格,于此得到了最集中最典型的体现。难怪明人王世贞《艺苑卮言》赞誉道:“《子虚》《上林》,材极富,辞极丽,而运笔极古雅,精神极流动,意极高。”清人刘熙载《艺概·赋概》则称美说:“相如一切文,皆善于架虚行危。其赋既会造出奇怪,又会撇入窅冥,所谓‘似不从人间来者’此也。”

作者如此着墨,是颂扬还是暴露?前人早有正确的定论。司马迁说:“故空藉此三人为辞,以推天子诸侯之苑囿。其卒章归之于节俭,因以讽谏。”又说:“无是公言天子上林广大,山谷水泉万物,及子虚言楚云梦所有甚众,侈靡过其实,且非义理所尚,故删取其要,归正道而论之。"(《史记·司马相如列传》)唐司马贞《索隐》云:"大颜云:'不取其夸奢靡丽之论,唯取终篇归于正道耳。'"这里所揭示的"卒章显志"是符合作者创作意图的。

《上林赋》共有十四个段落,前十一段铺陈叙事,突出地表现了叙事大赋的艺术成就;后三段说理陈志,集中地体现了讽谏的政治内容和讽谏的艺术手段。首先,"言天子之悔过,以示讽谏"(清何焯语)。赋篇在逐层推进的夸扬之后,突然转折,写天子怅然长叹:"此大奢侈!"这一结论全然推翻了前文的夸扬,暗示出作者夸饰上林,渲染田猎,是在暴露奢侈,而不是歌颂功德。继而巧借天子之口,提出了治国安民的政治主张:励民垦荒辟地,发展生产;开放苑囿山泽,以便民利;开仓济贫,恩泽天下;减轻刑罚,改革政治。这种主张对于节制腐败、减轻民难,无疑具有现实意义和进步作用。如此强烈的讽谏内容,若是直陈则为指责君过,就不可能收到"奏之天子,天子大悦"的效果;而让天子自悔改过,就表现出天子的圣明,这正迎合汉武帝"好大喜功"的心理。这种言褒意贬的讽谏,委婉而深刻。其次,借题发挥,语意双关,曲意讽谏。作者以天子田猎为话题:"游于六艺之囿,驰骛乎仁义之途,览观《春秋》之林。"这里字面是写天子春秋田猎游乐于苑林之中,语意则是规劝天子要潜心于儒家的六经,推行仁义之道,借鉴《春秋》史书所总结的历史上成败的经验。"射狸首,兼驺虞,弋玄鹤,舞干戚,载云罕,揜群雅。"这里全是双关语:狸首、驺虞、玄鹤,既是动物名称,又是古代诸侯天子行礼仪式所奏的乐章;干戚,既是捕捉动物的工具,又指舜以仁义感化人心的手段;群雅,既指乌鸟,亦喻文雅贤俊之士。可见字面是写天子射杀各种禽兽,语意则是劝谏天子要以礼仪为准则,以圣王为榜样,广收贤才。清人朱珔已洞察出这微妙的讽谏,他说:"时武帝崇奖儒林,立五经博士,因借作颂扬,引之于正,以申下讽谏之语,庶几言之者无罪。长卿赋殆有微指。"(《文选集释》)其三,正反对照,直言讽谏,收结篇意。作者先叙述天子行仁义而"天下大说(悦)",进行正面引导。接着由正而反,指出终日纵情田猎的危害:于己"劳神苦形",于兵"抗士卒之精",于民"百姓被其尤",于国"费府库之财",于君"忘国家之政"。身为文学侍从,在伴君如伴虎的时代,如此大胆尖锐地告诫帝王,确是难能可贵的。不过这乃是代言立论,通篇假设"亡是公"居高临下地指责诸侯,讽谏的主旨虽明确,而"国手置棋,观者迷离,置者明白"(刘熙载《艺概·文概》),"劝百讽一",效果甚微,这是不能苛求于作者的。

汉代叙事大赋形成于枚乘的《七发》,而产生巨大影响的当是司马相如的《子虚赋》《上林赋》。从体制来看，由《七发》所形成的七体赋，除去几篇了无生气的模拟之作外，都转向抒情说理，如东方朔的《七谏》、傅毅的《七激》、张衡的《七辩》。而班固的《西都赋》《东都赋》，张衡的《西京赋》《东京赋》则完全继承了相如的体制。篇末讽谏也成为汉叙事赋的定式，如扬雄《羽猎赋》结尾提出"立君臣之节，崇贤圣之业"的政治主张，张衡《东京赋》结语指责"今公子苟好剿民以媮乐"。尤其是《上林赋》"奔星与宛虹入轩"的幻境虚构，飞廉、骙裹的神物假设，后人"酌其余波"，扬雄作《甘泉赋》，"语瑰奇，则假珍于玉树；言峻极，则颠坠于鬼神"（刘勰《文心雕龙·夸饰》）；张衡《西京赋》则用海若神状描西京的富有。以叙事大赋而言，《上林赋》真可谓是"卓绝汉代"了。

（章沧授）

长　门　赋并序　　司马相如

孝武皇帝陈皇后时得幸，颇妒，别在长门宫①，愁闷悲思。闻蜀郡成都司马相如天下工为文，奉黄金百斤为相如、文君取酒，因于解悲愁之辞②。而相如为文以悟主上，陈皇后复得亲幸。其辞曰：

夫何一佳人兮，步逍遥以自虞③。魂逾佚而不反兮，形枯槁而独居④。言我朝往而暮来兮，饮食乐而忘人。心慊移而不省故兮，交得意而相亲⑤。

伊予志之慢愚兮，怀贞悫之欢心⑥。愿赐问而自进兮，得尚君之玉音⑦。奉虚言而望诚兮，期城南之离宫⑧。修薄具而自设兮，君曾不肯乎幸临。廓独潜而专精兮，天漂漂而疾风⑨。登兰台而遥望兮，神怳怳而外淫⑩。浮云郁而四塞兮，天窈窈而昼阴⑪。雷殷殷⑫而响起兮，声象君之车音。飘风回而起闺兮，举帷幄之襜襜⑬。桂树交而相纷兮，芳酷烈之訚訚⑭。孔雀集而相存兮，玄猿啸而长吟⑮，翡翠胁翼⑯而来萃兮，鸾凤翔而北南。

心凭噫⑰而不舒兮，邪气壮而攻中。下兰台而周览兮，步从容于深宫。正殿块以造天兮，郁并起而穹崇⑱。间徙倚于东厢兮，观夫靡靡而无穷⑲。挤玉户以撼金铺兮，声噌吰而似钟音⑳。

刻木兰以为榱㉑兮，饰文杏以为梁。罗丰茸之游树兮，离楼梧而相撑㉒。施瑰木之欂栌兮,委参差以槺梁㉓。时仿佛以物类兮,象积石之将将㉔。五色炫以相曜兮㉕,烂耀耀而成光。致错石之瓴甓兮,象玳瑁之文章㉖。张罗绮之幔帷兮,垂楚组之连纲㉗。

抚柱楣以从容兮,览曲台之央央㉘。白鹤噭以哀号兮,孤雌跱于枯杨㉙。日黄昏而望绝兮,怅独托于空堂。悬明月以自照兮,徂㉚清夜于洞房。援雅琴以变调㉛兮,奏愁思之不可长。案流徵以却转兮,声幼妙而复扬㉜。贯历览其中操兮,意慷慨而自卬㉝。左右悲而垂泪兮,涕流离而从横㉞。舒息悒而增欷兮,蹝履起而彷徨㉟。揄长袂以自翳兮,数昔日之諐殃㊱。无面目之可显兮,遂颓思而就床。抟芬若以为枕兮,席荃兰而茝香㊲。

忽寝寐而梦想兮,魄若君之在旁。惕寤觉而无见兮,魂迋迋㊳若有亡。众鸡鸣而愁予兮,起视月之精光。观众星之行列兮,毕昴㊴出于东方。望中庭之蔼蔼兮,若季秋之降霜㊵。夜曼曼其若岁兮,怀郁郁其不可再更㊶。澹偃蹇而待曙兮,荒亭亭而复明㊷。妾人窃自悲兮,究年岁而不敢忘。

〔注〕 ①“孝武”三句:孝武皇帝,即汉武帝刘彻,有雄才大略,好文辞儒学。他统治时期有“西汉盛世”之称。陈皇后:汉武帝刘彻的姑妈长公主的女儿阿娇,汉武帝即位后立为皇后,失宠后废居长门宫。别,另外,这里有被逐出正宫谪居于外的意思。长门宫,汉代长安一别宫名。 ②“奉黄金”二句:文君,卓文君,司马相如妻。取酒:买酒,这里是礼聘司马相如作赋的委婉说法。于,为,这里指写作。 ③“夫何”二句:夫何,语气助词,表示感叹。虞,同“娱”。 ④“魂逾佚”二句:逾佚,失散,谓魂不守舍。反,同“返”。枯槁(gǎo 稿),憔悴。 ⑤“心慊移”二句:慊(qiǎn 欠)移,谓绝情变心。慊,绝,断绝。省(xǐng 醒)故,忆念故人(指自己)。得意,指称心如意的新人。 ⑥伊:语气助词。慢愚:指心思迟钝,不敏锐。贞悫(què 却):坚贞诚信。 ⑦“愿赐问”二句:赐问,指汉武帝问讯自己。玉音,指君王的诏旨。 ⑧“奉虚言”二句:虚言,虚假的诺言。望诚,指望他的话是真诚的。期,约会。城南之离宫,指长门宫。离宫,古代帝王于正式宫殿之外别筑的宫室,供随时游处。 ⑨“廓独潜”二句:廓,孤独寂寞。独潜,指孤独地深居。漂漂,青浅色。 ⑩“神怳怳”句:怳(huǎng 谎)怳,心神不定。外淫,谓散逸游移。 ⑪“浮云郁”二句:郁,堆积。窈窈,幽暗貌。 ⑫殷(yǐn 隐)殷:雷鸣声。 ⑬“飘风”二句:飘风,旋风。回,回旋。举,吹起。襜(chān 搀)襜,摇动貌。 ⑭“桂树”二句:纷,交杂。訚(yín 银)訚,香气浓郁。 ⑮“孔雀”二句:相存,互相抚慰。玄猿,黑猿。玄,黑色。 ⑯胁翼:收起翅膀。 ⑰凭噫:心中郁闷。 ⑱“正殿”二句:块,独立貌。造天:达到天上。郁:雄伟貌。穹崇:高大。 ⑲“间徙倚”二句:间,有时。徙倚,站立。靡靡,细巧精美貌,这里指宫中的装饰品。 ⑳“挤玉户”二句:挤,推。撼,摇动。金铺,门上铜制兽面环

钮,用以衔环。这里指门环。噌吰(chēng hóng 撑宏),声音宏大。 ㉑ 榱(cuī 崔):屋椽。㉒"罗丰茸"二句:罗,分布。丰茸(róng 荣),繁多。游树,宫殿梁上的柱子。离楼,众多树木攒聚貌。梧,交叉。撑(chēng 称),撑持,支住。 ㉓"施瑰木"二句:瑰木,瑰奇的木材。欂栌(bó lú 薄卢),柱上承梁的方形短木,即斗拱。委,堆积。槺(kāng 康)梁,中空貌。 ㉔ 积石:积石山,相传是黄河发源处。将(qiāng 枪)将:高峻貌。 ㉕ 炫(xuàn 绚):照耀。曜:照亮。㉖"致错石"二句:错石,交错拼成花纹图案的石块。瓴甓(líng pì 铃僻),铺地的砖。玳瑁(dài mào 代冒),一种产于热带海中、形象如龟的爬行动物,其甲壳可做装饰品。文章,色彩图案。这两句描写宫中道路的华贵。 ㉗"垂楚组"句:垂,挂。楚组,楚地出产的丝带。连纲,用以串连物体的绳子,这里指系帷帐的绶带。 ㉘"抚柱楣"二句:楣,门上的横梁。央央,宽广貌。㉙ 噭(jiào 叫):哀鸣声。号(háo 嚎):大叫。孤雌:孤独失偶的雌鸟。跱(zhì 致):栖息。这两句以鹤自喻。 ㉚ 徂(cú):消逝。 ㉛ 变调:指改变雅正的乐调而抒发愁思。 ㉜"案流徵"二句:案,弹奏。流徵,流利的徵音。徵(zhǐ 止)是古代五音(宫商角徵羽)中的第四音,徵调的乐曲可表达悲凉激动的情绪。幼妙:微妙曲折。 ㉝"贯历览"二句:中操,内心情志。卬(áng 昂),同"昂"。 ㉞"涕流离"句:流离,淋漓。从横,同"纵横"。 ㉟"舒息悒"二句:舒,吐出,发出。息,叹气。悒(yì 义),忧郁。欷(xī 希),抽噎,哽咽。蹝(xǐ 徙)履,拖着鞋。㊱"揄长袂"二句:揄(yú 余),扬起。袂(meì 妹),袖。諐(qiān 千),同"愆",过错。 ㊲"抟芬若"二句:芬若,香草。荃(quán 全)、兰、茝(chǎi),均为古代香草名。 ㊳ 迋(kuáng 狂)迋:恐惧。 ㊴ 毕昴(mǎo 卯):二十八宿中二星宿名,夏历五六月时出于东方。 ㊵"望中庭"二句:蔼蔼,暗淡貌。季秋,深秋。 ㊶"夜曼曼"二句:曼曼,漫长。郁郁,忧郁、沉闷。不可再更,不能再忍受。 ㊷"澹偃蹇"二句:澹,动摇。偃蹇,伫立貌。荒,昏暗。亭亭,遥远。这两句写黎明前的黑暗将成为过去,表示自己对重获宠幸并未绝望。

司马相如赋作以骋辞大赋为主,擅长客观化的铺写,体制庞大,气势闳衍,如《子虚赋》《上林赋》《大人赋》等。《长门赋》篇制不大,而以细腻的写景抒情见长,但后世研究者对其作者和本事颇有怀疑。尽管如此,它在古代宫廷赋作中,仍不失为别具一格的名作。

陈皇后就是金屋藏娇那个著名典故中的阿娇。阿娇被立为皇后后,因为妒忌汉武帝宠幸其他宫女,而被谪居于长门宫。为了重新得宠,她以重金聘请当时最著名的赋家司马相如写了这篇《长门赋》,希望以此来打动汉武帝的心。这篇赋生动地描绘了失宠者那种寂寞凄凉而又焦急期待的心理,反映了封建社会中普遍存在的妇女地位卑微、境遇悲惨的问题,具有非同凡响的感人艺术力量。因此,在后人所写的旨在解释这篇赋的写作缘起的小序中,陈皇后便拥有了"复得亲幸"的圆满结局。虽然这不是历史真实,但从中也反映出这篇赋影响之大。

另一方面,这篇作品在赋史上第一次完整而又婉转地转述了妇女的悲情哀怨。这是在楚辞和汉大赋题材之外的新开拓。因此,《文选》将其列于哀伤一类赋之首。它不仅成为后代许多抒情赋创作高手如陆机、潘岳、江淹、庾信等人赋作的渊源,而且对后代的宫怨闺情文学也产生了深远的影响。

虽然这是一篇抒情赋，但其中也颇有铺叙之笔。从抒情主人公的外貌特征到内心想象，从宫殿建筑到周遭环境，从所见所闻到所思所梦，反复咏叹。其中"刻木兰以为榱兮"至"垂楚组之连纲"一段，描写深宫景物，用笔细腻，最见体物之工。司马相如在写作骋辞大赋中，积累了体物铺陈的丰富经验，在结撰这篇抒情赋时，自然得心应手，优裕从容，因此在反复重叠的铺叙之中，依然显得层次安排井井有条。总的来说，这篇赋是以时间顺序为层次递进的线索，从"天窈窈而昼阴"的白昼到"怅独托于空堂"的黄昏，从"忽寝寐而梦想"的深夜到"众鸡鸣而愁予"的黎明前夕，而主人公的心情也由盼望、犹疑、无聊、寂寞、忧伤、梦想到希望重生，经历了一个起伏变化的过程。

在描写失意者的心态时，作者巧妙地运用了夸张想象和景物衬托两种手法。在失意悲伤的心态下，人容易神思恍惚，产生幻觉。这正如赋中所描写的女主人公登台遥望，但见"浮云郁而四塞兮，天窈窈而昼阴。雷殷殷而响起兮、声象君之车音"，周遭的声音物体无不随心境而呈现哀乐的色彩，这种感性化的描写自然有助于展现女主人公的感情世界。而"挤玉户以撼金铺兮，声噌吰而似钟音"二句，不仅夸张了殿门开启的声音之大，而且衬托出周围环境的寂静和女主人公心境的寂寞。这体现了作者对生活现象的深入体会和对艺术的敏锐感觉。至于运用景物衬托，则有暗示、对照等多种修辞作用。"孔雀集而相存兮，玄猿啸而长吟"，主人公对物自伤遭际，是一种对照，同时也暗示了自身的孤独无依。而"白鹤噭以哀号兮，孤雌跱于枯杨"，则是以哀景映衬哀情，以环境映衬内心，堪称殊途同归。

此外，作者还善于以动态的行为展示静态的心事，写女主人公的登台、周览、游步、徙倚、援琴、揄袂、就床等，无不扣紧当时的情境，使失宠者的心理在一幅幅生动的画面中依次展现，这样就避免了平面的呆板，也弥补了铺叙的不足。

（程千帆　程章灿）

【作者小传】

东方朔

（前154—前93）　西汉文学家。平原厌次（今山东陵县东北）人，字曼倩。武帝时，为太中大夫。性诙谐滑稽。后来关于他的传说很多。善辞赋，《答客难》较为有名。《汉书·艺文志》杂家有《东方朔》二十篇，今佚。《神异经》《海内十洲记》等书是托名于他的作品。明人辑有《东方先生集》。

答　客　难　　东方朔

客难[①]东方朔曰："苏秦、张仪壹当万乘之主[②]，而身都[③]卿相之位，泽及后世。今子大夫[④]修先王之术，慕圣人之义，讽诵《诗》《书》，百家之言，不可胜记，著于竹帛，唇腐齿落，服膺而不可释[⑤]。好学乐道之效，明白甚矣。自以为智能海内无双，则可谓博闻辩智矣，然悉力尽忠，以事圣帝，旷日持久，积数十年，官不过侍郎，位不过执戟[⑥]。意者尚有遗行邪[⑦]？同胞之徒[⑧]，无所容居，其故何也？"

东方先生[⑨]喟然长息，仰而应之曰：

"是故[⑩]非子之所能备。彼一时也，此一时也，岂可同哉？夫苏秦、张仪之时，周室大坏，诸侯不朝，力政争权，相擒以兵，并为十二国，未有雌雄，得士者强，失士者亡，故说得行焉[⑪]。身处尊位，珍宝充内，外有仓廪，泽及后世，子孙长享。今则不然。圣帝德流，天下震慑[⑫]，诸侯宾服。连四海之外以为带，安于覆盂。天下平均，合为一家。动发[⑬]举事，犹运之掌。贤与不肖何以异哉？遵天之道，顺地之理，物无不得其所。故绥之则安，动[⑭]之则苦；尊之则为将，卑之则为虏；抗[⑮]之则在青云之上，抑之则在深渊之下，用之则为虎，不用则为鼠[⑯]。虽欲尽节效情，安知前后[⑰]？夫天地之大，士民之众，竭精驰说，并进辐凑者不可胜数。悉力慕之[⑱]，困于衣食，或失门户[⑲]。使苏秦、张仪与仆并生于今之世，曾不得掌故[⑳]，安敢望侍郎乎？传曰[㉑]：'天下无害，虽有圣人，无所施才；上下和同，虽有贤者，无所立功。'故曰时异事异。

"虽然，安可以不务修身乎哉？《诗》曰：'鼓钟于宫，声闻于外[㉒]。''鹤鸣九皋，声闻于天[㉓]。'苟能修身，何患不荣？太公体行仁义，七十有二，乃设用于文、武，得信厥说；封于齐，七百岁而不绝[㉔]。此士所以日夜孳孳[㉕]，修学敏行而不敢怠也。譬若鹡鸰[㉖]，飞且鸣矣。传曰[㉗]：'天不为人之恶寒而辍其冬，地

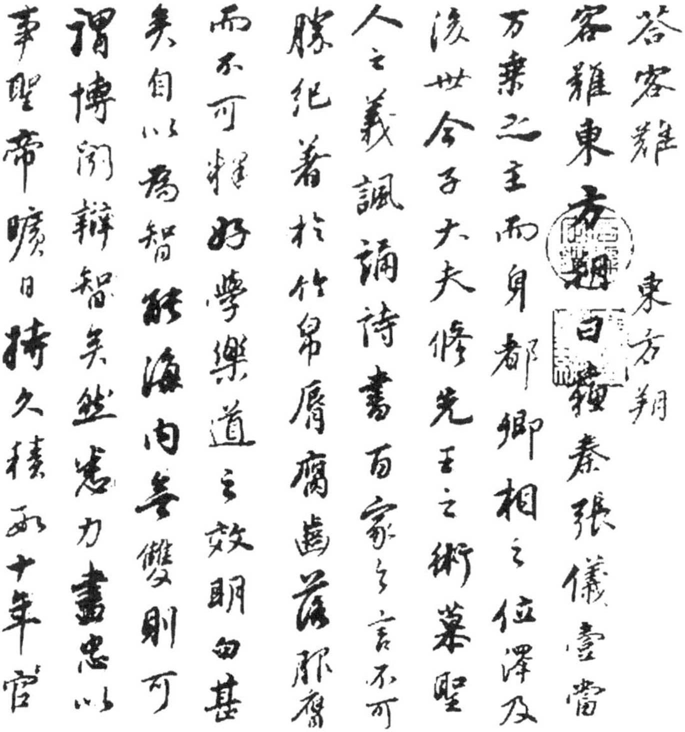
答客難 東方朔
客難東方朔曰蘇秦張儀壹當
萬乘之主而身都卿相之位澤及
後世今子大夫修先王之術慕聖
人之義諷誦詩書百家之言不可
勝紀著於竹帛脣腐齒落服膺
而不可釋好學樂道之效明白甚
矣自以為智能海內無雙則可
謂博聞辯智矣然悉力盡忠以
事聖帝曠日持久積數十年官

答客难(局部)

——〔明〕董其昌书

不为人之恶险而辍其广，君子不为小人之匈匈而易其行。天有常度，地有常形，君子有常行。君子道其常，小人计其功。《诗》云："礼义之不愆，何恤人之言？"'水至清则无鱼，人至察则无徒。冕而前旒，所以蔽明；黈纩充耳，所以塞聪㉘。'明有所不见，聪有所不闻。举大德，赦小过，无求备㉙于一人之义也。'枉而直之，使自得之；优而柔之，使自求之；揆而度之，使自索之㉚。'盖圣人之教化如此，欲其自得之。自得之，则敏且广矣。

"今世之处士㉛，时虽不用，块然㉜无徒，廓然㉝独居，上观许由㉞，下察接舆㉟，计同范蠡㊱，忠合子胥㊲，天下和平，与义相扶。寡偶少徒，固其宜也。子何疑于予哉？若夫燕之用乐毅㊳，秦之任李斯㊴，郦食其㊵之下齐，说行如流，曲从如环；所欲必得，功若丘山，海内定，国家安，是遇其时者也。子又何怪之邪？

"语曰：'以管窥天，以蠡测海，以筳㊶撞钟，岂能通其条贯，考其文理，发其音声哉？'犹是观之㊷，譬由鼱鼩之袭狗，孤豚之咋虎㊸，至则靡耳㊹，何功之有？今以下愚而非处士，虽欲勿困，固不得已。此适足以明其不知权变㊺，而终惑于大道也。"

〔注〕 ① 难（nàn）：诘问。 ② 苏秦、张仪：都是战国时代的纵横家。纵横家讲合纵、连横之术。合纵即联合六国以抗秦，连横即六国联合以事秦。苏秦、张仪凭借三寸不烂之舌，游说于七国君主之间，以博取荣华富贵。壹：同"一"。当：遇上。 ③ 都：居。 ④ 子大夫：犹"大夫先生"，指东方朔。子是古代对男子的敬称。大夫，东方朔所任官职太中大夫的简称。⑤ 服膺：记在心里。释：放下。这里指忘怀。 ⑥"官不"二句：侍郎，侍从在皇帝左右的郎官。戟是一种兵器，秦汉时代的中郎、侍郎、郎中等郎官都要执戟侍从宿卫宫门，故郎官亦称执戟。这里是形容东方朔官位低微。 ⑦ 意者：想来，料想。遗行：过失，不检点的行为。⑧ 同胞之徒：亲兄弟们。 ⑨ 东方先生：东方朔自称。 ⑩ 故：同"固"，原本，本来。⑪ 力政：同"力征"，大肆征战。相擒以兵：指以武力互相兼并。十二国：指鲁、卫、齐、宋、楚、郑、燕、赵、韩、魏、秦、中山。未有雌雄：未分强弱。 ⑫ 震慑（shè 设）：震惊，慑服。 ⑬ 动发：举动，发动。 ⑭ 动：劳动，这里有驱使、役使之意。 ⑮ 抗：举。 ⑯"用之"二句：虎：比喻有权有势、令人敬畏的人。鼠，比喻卑微可怜、无权势的人。 ⑰ 前后：这里作动词，意为"进退"。 ⑱ 之：指天子的恩德。 ⑲ 失门户：丧失家庭，指被杀戮。 ⑳ 掌故：汉代掌管礼乐制度等的故事（管档案、查事例）的小官，级别很低。 ㉑ 传曰：凡引用古书上的话都可以

泛称为"传曰"。以下所引数句出处不详。 ㉒"鼓钟"二句：出自《诗经·小雅·白华》。 ㉓"鹤鸣"二句：出自《诗经·小雅·鹤鸣》。 ㉔"太公"六句：太公，本姓姜，从其封姓吕，名尚，字子牙。传说他垂钓于渭水之滨，为出猎到此的周文王所遇，与语大悦，同载而归，尊之为师。当时他已七十二岁。文王死，武王立，又重用吕尚，终于灭商，建立了周朝。体行，身体力行。设用，大用。文、武，指周文王、周武王。信，同"申"，这里意为实践施行。七百岁而不绝，自太公封于齐到田和篡齐，大约七百年。 ㉕孳(zī 兹)孳：勤勉貌。 ㉖鹡鸰(jí líng 吉灵)：鸟名。这种鸟飞则鸣叫。 ㉗"传曰"以下所引数句见《荀子·天论篇》。原文作："天不为人之恶寒也辍冬，地不为人之恶辽远也辍广，君子不为小人之匈匈也辍行。天有常道矣，地有常数矣，君子有常体矣。君子道其常而小人计其功。《诗》曰：'礼义之不愆，何恤人之言兮？'此之谓也。"匈匈，同"汹汹"，争辩吵闹的声音。"礼义"二句：未被采入《诗经》，是逸诗。愆(qiān 千)，过错，失误。恤，忧虑，担心。 ㉘"水至"六句：为孔子语，见《大戴礼记·子张问入官》。冕，古代帝王、诸侯、卿大夫所戴的礼帽。旒(liú 流)，古代冕冠前后悬挂的珠串。明，指视力。黈(tǒu)纩(kuàng 矿)，黄色的丝绵。 ㉙无求备：不求全责备。 ㉚"枉而"六句：为孔子语，见《大戴礼记·子张问入官》。枉，弯曲。优而柔之，意为优厚宽和地对待他。揆而度之，意为仔细揣摸他的心理。 ㉛处士：有才德而隐居不仕的人，这里也包括像东方朔自己那样有德才而未得到重用的人。 ㉜块然：孤独貌。 ㉝廓然：空寂貌。 ㉞许由：尧时的一个隐士，尧让天下给他，他坚辞不受。 ㉟接舆：与孔子同时的隐士，曾唱歌讥笑孔子热衷于政治。 ㊱范蠡(lí 黎)：春秋时越王勾践的谋臣，帮助勾践刻苦图强，兴越灭吴，功成后辞去官职，改名陶朱公，经商致富，漫游江湖以终。 ㊲子胥：伍员(yún 云)，字子胥，春秋时吴国大夫，曾帮助阖闾刺杀吴王僚，夺取王位，振兴吴国，国势逐渐强大，不久又攻破楚国。吴王夫差时，他反对夫差答应越国求和，渐被疏远，终于被赐自尽。 ㊳乐毅：燕昭王的臣子，受燕昭王重用，曾大破齐国，攻下七十余城。 ㊴李斯：秦国丞相，曾辅佐秦始皇灭六国，统一天下。 ㊵郦食其(lì yì jī 丽义机)：秦汉之际人，曾在秦末农民战争中为刘邦献计献策，楚汉战争中，又为刘邦游说齐王田广，田广因而放松了守备，被汉军攻下七十余城。 ㊶筳(tíng 廷)：细竹枝。 ㊷犹是观之：由此看来。 ㊸"譬由"二句：譬由，譬犹，犹如。鼱鼩(jīng qú 精渠)，地鼠，尾短体小。豚(tún 屯)，小猪。咋(zé 责)，亦作"齰"，啃咬。鼱鼩袭狗、孤豚咋虎都是比喻以小犯大，以弱犯强，不自量力。 ㊹至则靡耳：碰到就只有倒下而已。一说靡通"糜"，溃烂之意。 ㊺权变：变通。

《答客难》属于对问体，虽未名之为赋，实际上却是赋的一种特殊格式。这种格式肇始于宋玉的《对楚王问》。《文心雕龙·杂文》云："自《对问》以后，东方朔效而广之，名为《客难》。"它进一步吸取了战国游士说辞铺陈排比，在对答中说服别人的形式特点，内容上有较强的思辨色彩，风格上更多地沾染了汪洋恣肆的纵横家风。《答客难》以其形式上的创新，促使了一系列同类赋作的诞生，赋这一种新兴体式也因之更加繁荣起来了。

《文选》将宋玉的《对楚王问》作为对问的代表作，而以东方朔的这篇《答客难》为设论之首。实质上，二者同属对问体。刘勰在《文心雕龙·杂文》中指出，对问这一体式的特点，"乃发愤以表志，身挫凭乎道胜，时屯寄于情泰，莫不渊岳其心，麟凤其采，此立本之大要也”。《答客难》就较典型地体现了这些特点。

作者东方朔为人放荡诙谐，他胸怀大志，却得不到重用，沉沦下僚，心中郁抑，就写了这篇对问体赋，假设有客就此诘难，而加以辩驳，由此求得心理平衡和自我慰藉。在答辞中，东方朔以苏秦、张仪、乐毅、李斯等人为例，分析了这些人昔日功成名就而自己今天却郁郁不得志的原因，指出其根源在于是否“遇其时”，从而阐述了时异则事异，不能执古衡今的深刻道理；并强调无论在什么时世，处于何种境遇，君子都应该注意修身养性，不要斤斤计较功名得失，始终保持宁静自得的心态，只有不通权变、不明大道的人，才会提出此赋开头的那种问难。

在进行辩驳时，此赋展现了谨严的结构和清晰的层次。第一段是引子，客人开始发起问难；第二段以下为东方朔的答辩。第三段阐述时异则事异，此一时，彼一时的道理，而以古与今的对照，突出时世的不同。第四段则重点突出古和今的相同点，即不管何时何地，都必须注意勤勉修身，不可稍有懈怠。在论辩方式上，则以多次引证经典语录从而加强说服力为特点。第五段进一步指出，士之用与不用，根本在于时之遇与不遇。这在很大程度上取决于社会历史发展的态势，大可不必为此大惊小怪。第六段则反唇相讥，嘲笑客的非难不仅毫无道理，而且恰恰表现出其不明事理，目光短浅，与答辩开头“东方先生喟然长息，仰而应之”一句相照应，明确表达了作者对“客难”的讥嘲和鄙夷的态度。这些无疑是为我们了解那个时代知识分子的境遇和心态提供了生动的材料。

这篇赋气势酣畅，风格雄辩畅达，显然受了战国游士说辞的影响。文中的铺陈排比，蝉联而下，尤易造成理直气壮的声势。除了对照、引证等修辞手法外，作者还善于使用对偶和设喻。第三段实际上是由古与今、彼与此两大对比构成，大量对偶句则包含了许多句式上的对比，如“绥之则安，动之则苦；尊之则为将，卑之则为虏；抗之则在青云之上，抑之则在深渊之下，用之则为虎，不用则为鼠”等等。这些句式和语气都具有典型的战国游士说辞的色彩。至于设喻，则“用之则为虎，不用则为鼠”，“譬由鼱鼩之袭狗，孤豚之咋虎”，“说行如流，曲从如环”等等，都是新奇而贴切的。

在东方朔之后，东汉扬雄《解嘲》、班固《答宾戏》，三国陈琳《应讥》，西晋庾敳《客咨》，东晋郭璞《客傲》，乃至唐代韩愈《进学解》等，都是祖述东方朔的《答客难》，即此可见这篇赋的血脉绵延多么长远。　　（程千帆　程章灿）

【作者小传】

司马迁

（约前145或前135—？）　西汉史学家、文学家和思想家。字子长。夏阳（今陕西韩城南）人。太史令司马谈之子。幼曾耕牧。十岁始读古文典籍。二十岁后游踪遍及南北，到处考察风俗，采集传说。初任郎中，曾奉使西南巴、蜀等地，后随武帝巡游，到过不少名山大川和重要都邑。元封三年（前108）继父职，任太史令，得尽读皇室藏书。太初元年（前104）与唐都、落下闳等参加改革历法，制订《太初历》。又继承其父遗志，撰写《太史公书》。李陵投降匈奴，他为之辩解，下狱受腐刑。出狱后任中书令，发愤完成《太史公书》，后称《史记》。这是我国最早的通史，开创了纪传体史书的形式，对后世史学和文学影响深远。

鸿　门　宴

司马迁

楚军夜击阬①秦卒二十余万人新安②城南，行略定秦地。函谷关③有兵守关，不得入。又闻沛公④已破咸阳。项羽大怒，使当阳君等击关。项羽遂入，至于戏西⑤。沛公军霸上⑥，未得与项羽相见。沛公左司马曹无伤使人言于项羽曰："沛公欲王关中，使子婴⑦为相，珍宝尽有之。"项羽大怒，曰："旦日飨士卒，为击破沛公军！"当是时，项羽兵四十万，在新丰鸿门⑧；沛公兵十万，在霸上。范增⑨说项羽曰："沛公居山东时，贪于财货，好美姬；今入关，财物无所取，妇女无所幸：此其志不在小。吾令人望其气⑩，皆为龙虎，成五采，此天子气也。急击勿失！"

楚左尹项伯者，项羽季父⑪也，素善留侯张良⑫。张良是时从沛公。项伯乃夜驰之沛公军，私见张良，具告以事，欲呼张良与俱去，曰："毋从俱死也！"张良曰："臣为韩王送沛公，沛公今事有急，亡去不义，不可不语。"良乃入，具告沛公。沛公大惊曰："为之奈何？"张良曰："谁为大王为此计者？"曰："鲰生⑬说我曰：'距⑭关，毋内⑮诸侯，秦地可尽王也。'故听之。"良曰："料大王士卒足以当项王乎？"沛公默然，曰："固不如也！

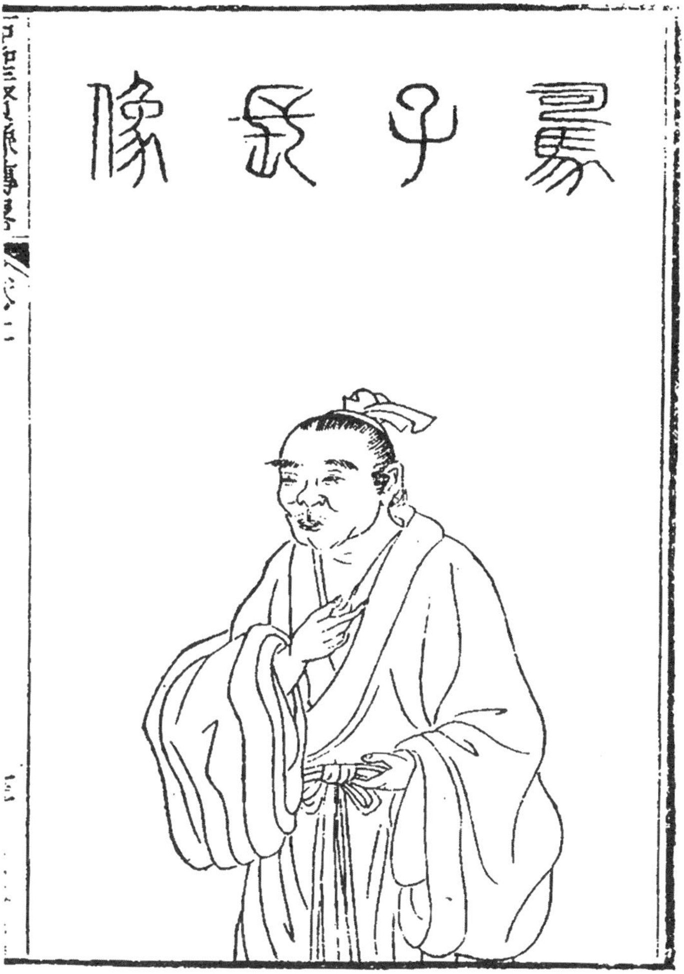

司马迁像

——清刊本《古圣贤像传略》

且为之奈何?”张良曰:“请往谓项伯,言沛公不敢背[16]项王也。”沛公曰:“君安与项伯有故?”张良曰:“秦时与臣游,项伯杀人,臣活之;今事有急,故幸来告良。”沛公曰:“孰与君少长?”良曰:“长于臣。”沛公曰:“君为我呼入,吾得兄事之。”张良出,要[17]项伯。项伯即入见沛公。沛公奉卮酒为寿,约为婚姻,曰:“吾入关,秋毫不敢有所近,籍吏民、封府库而待将军。所以遣将守关者,备他盗之出入与非常也。日夜望将军至,岂敢反乎! 愿伯具言臣之不敢倍[18]德也。”项伯许诺,谓沛公曰:“旦日不可不蚤[19]自来谢项王。”沛公曰:“诺。”于是项伯复夜去,至军中,具以沛公言报项王;因言曰:“沛公不先破关中,公岂敢入乎? 今人有大功而击之,不义也。不如因善遇之。”项王许诺。

沛公旦日从百余骑来见项王,至鸿门,谢曰:“臣与将军戮力而攻秦,将军战河北,臣战河南;然不自意能先入关破秦,得复见将军于此。今者,有小人之言,令将军与臣有郤[20]。”项王曰:“此沛公左司马曹无伤言之。不然,籍何以至此?”项王即日因留沛公与饮。项王、项伯东向坐;亚父[21]南向坐——亚父者,范增也;沛公北向坐;张良西向侍。

范增数目[22]项王,举所佩玉玦以示之者三,项王默然不应。范增起,出,召项庄[23],谓曰:“君王为人不忍。若[24]入,前为寿,寿毕,请以剑舞,因击沛公于坐,杀之。不者,若属皆且为所虏!”庄则入为寿。寿毕,曰:“君王与沛公饮,军中无以为乐,请以剑舞。”项王曰:“诺。”项庄拔剑起舞,项伯亦拔剑起舞,常以身翼蔽沛公,庄不得击。

于是张良至军门见樊哙[25]。樊哙曰:“今日之事何如?”良曰:“甚急! 今者项庄拔剑舞,其意常在沛公也。”哙曰:“此迫矣! 臣请入,与之同命!”哙即带剑拥盾入军门。交戟之卫士欲止不内,樊哙侧其盾以撞,卫士仆地。哙遂入,披帷西向立,瞋目视项王,头发上指,目眦[26]尽裂。项王按剑而跽[27]曰:“客何为者?”张良曰:“沛公之参乘[28]樊哙者也。”项王曰:“壮士!赐之卮酒!”则与斗卮酒。哙拜谢,起,立而饮之。项王曰:“赐之彘肩[29]!”则与一生彘肩。樊哙覆其盾于地,加彘肩上,拔剑切而啖之。项王曰:“壮士!能复饮乎?”樊哙曰:“臣死且不避,卮酒安足辞!夫秦王有虎狼之心,杀人如不能举,刑人如恐不胜[30],天下皆叛之。怀王与诸将约曰:‘先破秦入咸阳者王之。’今沛公先破秦入咸阳,毫毛不敢有所近,封闭宫室,还军霸上,以待大王来。故遣将守关者,备他盗出入与非常也。劳苦而功高如此,未有封侯之赏,而听细说,欲诛有功之人,此亡秦之续[31]耳。窃为大王不取也!”项王未有以应,曰:“坐!”樊哙从良坐。

坐须臾,沛公起如厕[32],因招樊哙出。沛公已出,项王使都尉陈平召沛公。沛公曰:“今者出,未辞也,为之奈何?”樊哙曰:“大行不顾细谨,大礼不辞小让[33]。如今人方为刀俎[34],我为鱼肉,何辞为!”于是遂去。乃令张良留谢。良问曰:“大王来何操[35]?”曰:“我持白璧一双,欲献项王;玉斗一双,欲与亚父。会其怒,不敢献。公为我献之。”张良曰:“谨诺。”当是时,项王军在鸿门下,沛公军在霸上,相去四十里。沛公则置[36]车骑,脱身独骑,与樊哙、夏侯婴、靳彊、纪信等四人持剑盾,步走,从郦山[37]下,道芷阳,间行[38]。沛公谓张良曰:“从此道至吾军,不过二十里耳。度我至军中,公乃入。”

沛公已去,间至军中;张良入谢,曰:“沛公不胜桮杓[39],不能辞;谨使臣良奉白璧一双,再拜献大王足下;玉斗一双,再拜奉大将军足下。”项王曰:“沛公安在?”良曰:“闻大王有意督过[40]之,脱身独去,已至军矣。”项王则受璧,置之坐上。亚父受玉斗,置之地,拔剑撞而破之,曰:“唉!竖子[41]不足与谋!夺项王天下者,必沛公也!吾属今为之虏矣!”

沛公至军,立诛杀曹无伤。

〔注〕 ① 击阬:击杀后掘坑埋掉。阬,同“坑”。 ② 新安:秦县名,故址在今河南渑池。

③ 函谷关：在今河南灵宝西南。 ④ 沛公：刘邦起兵于沛(今江苏沛县)，称沛公。 ⑤ 戏西：戏水之西。戏水在今陕西临潼东。 ⑥ 霸上：古地名，在今陕西西安市东，因地处霸水西高原上而得名。 ⑦ 子婴：秦二世胡亥之侄，赵高杀二世，立他为秦王。在位四十二天，投降刘邦，后为项羽所杀。 ⑧ 新丰鸿门：新丰，县名，在今陕西临潼东。鸿门：古地名，在今陕西临潼东十七里鸿门堡村，当地称为项王营。 ⑨ 范增：项羽的主要谋士。 ⑩“吾令人望其气”四句：望气是古代迷信占卜法，望云气附会人事，预言吉凶。此言刘邦所在的地方天空有异样的云气，是天子气，将来要做皇帝。 ⑪ 季父：叔父。 ⑫ 张良：字子房，刘邦的谋臣，后封为留侯。 ⑬ 鲰(zhōu 周)生：浅薄无知的人。 ⑭ 距：通“拒”。 ⑮ 内：通“纳”。 ⑯ 背：背叛。 ⑰ 要：通“邀”。 ⑱ 倍：通“背”。 ⑲ 蚤：通“早”。 ⑳ 郤：通“隙”。 ㉑ 亚父：敬称，表示仅次于父亲。 ㉒ 数目：多次以目示意。 ㉓ 项庄：项羽的堂弟。 ㉔ 若：你。 ㉕ 樊哙(kuài 快)：随刘邦起兵，为其部将。 ㉖ 目眦：眼眶。 ㉗ 跽(jì 忌)：长跪。按剑而跽，是警惕、戒备之意。 ㉘ 参乘：车右的侍卫。 ㉙ 彘肩：猪腿。 ㉚“杀人”两句：杀人唯恐不能尽，惩罚人唯恐不能用尽酷刑。 ㉛ 亡秦之续：已被灭亡的秦国的后继者。意为重蹈亡秦的覆辙。 ㉜ 如厕：上厕所。 ㉝“大行”两句：干大事不可拘泥小节，讲大礼不必计较琐屑的礼貌。 ㉞ 俎(zǔ 祖)：切肉用的砧板。 ㉟ 何操：带了什么(礼物)。 ㊱ 置：留下。 ㊲ 郦山：即骊山，在今陕西临潼东南。 ㊳ 道芷阳间行：从芷阳抄近路走。芷阳：秦县名，治所在今陕西长安县东。 ㊴ 桮杓(sháo 勺)：酒具。桮，同“杯”。 ㊵ 督过：责备。 ㊶ 竖子：小子。骂人的话。指项庄之流，暗讥项王。

《鸿门宴》是《史记·项羽本纪》中一个相对独立的片断，它标志着秦末起义军两大首领刘邦和项羽由联合破秦到互争天下的转折点。文章以刘邦赴项营请罪为核心，连同赴营以前和逃出以后为三个组成部分。在一千五百多字中，司马迁生动地记述了两家的明争暗斗。鸿门宴上，觥筹交错，刀光剑影。出场人物，个个形象鲜明，既保持了历史的真实，又“诙诡几类平话”(吕思勉《秦汉史》)，无愧是两千年来脍炙人口的名篇。

这段文字之所以脍炙人口，成功的艺术经验非只一端。要而言之，情节跌宕、波澜起伏和形象生动、个性鲜明两个方面是其主要特色。

试看文章入手，先用百十来字写了三件事。一写项羽大军入秦，函谷关闭，这位曾击破秦军主力的霸王遭此冷遇，已自怒火填膺；次写曹无伤反间之言，如火上加油；三写范增议论，谓刘邦“志不在小”，更在火油交煎之际，煽了一股阴风：风、火、油层层作势，紧张的空气仿佛划一根火柴就可以点燃。旦日灭刘，箭在弦上。不料陡然接上项伯夜访张良，沛公约婚一节，风、火、油顿然化作一天凉雨，情节忽趋平缓。接下去写刘邦鸿门谢罪，一席话赚得项羽推心留饮，前嫌顿释，文势再作一跌。不意酒筵间，范增“数目”示意于前，项庄舞剑助饮于后，平地又起波澜。幸而有项伯拔剑翼蔽沛公，暂趋缓解。但范增不杀刘邦不快，危机依然四伏。在这紧急关头，樊哙闯帐，使斗争变得更加复杂。项羽之为人，暴戾残忍。当年巨鹿之战时，诸侯将见了他，“无不膝行而前，莫敢仰视”；现在樊哙居然对他“瞋目而视”，岂不是披其逆鳞，存心挑燃刚刚平息下去的怒火？情势至此，再度紧张，流血五步，事在眉睫。谁想到这位“喑噁叱咤”的项王，竟然被樊哙粗犷忠勇的气质所吸引，呼为“壮士”，赐之卮酒，益以彘肩；听其慷慨陈辞，被他数落得“未有以应”。这段文字，如鹰翔鹘下，直起直落，尽翻腾跌宕之能事。

项王赐坐，“樊哙从良坐”，形势似乎平缓了。但沛公三人仍都坐在火药桶上。表面的、暂时的平静孕育着更大的危机。文字至此再作一大转折：“沛公起如厕”，间道逃归。但问题仍未完全解决，还有张良留谢。他如何向项王交代，仍是悬念。于是又有献璧、受璧、碎璧一节，去后余波，荡漾无极。纵观全文情节，凡五起五落，一千五百多字，几乎全是惊涛骇浪，又全都化为涟漪层层，令读者魂悸魄动，目眩神摇，时笑时颦，不能自已。

但是，任何文学作品，如果一味追求情节惊险离奇，都必然坠入魔道。情节必须为展开人物性格服务，让人物性格的发展导致情节的起伏波澜。只有进入这个境界，才能使作品具有令人信服的艺术魅力。《鸿门宴》正是用人物性格的展开来推动情节发展的。在这一个片断中，司马迁写了四对人物——雄主项羽和刘邦，谋臣范增和张良，武士项庄和樊哙，内奸项伯和曹无伤（曹虽未上场，同是内奸）。这些人物互相映衬，个性各不相同。这里重点分析项羽和樊哙。

《鸿门宴》是项羽人格开展的重要契机，也是其性情品质的一次重要展示。项羽的个性是丰富复杂的，其主体则是盲目的自信自负。这既体现为豪爽直率，又发展为近乎愚昧的个人英雄主义。他少时便想“学万人敌”，自信足以力征万人；看到秦始皇游会稽，脱口便说“彼可取而代也”，自信奋其私智足以霸王天下。直到垓下被围，山穷水尽，还以为失败是由于“天之亡我”，演出了“为诸君溃围、斩将、刈旗”的个人英雄主义的旷世悲剧。对这种贯串人物始终的鲜明个性，在《鸿门宴》这个片断中，司马迁作了深刻的、多侧面的展示。

项羽挟胜利之余威，带兵进至函谷关，紧闭的关门严重地损伤了他的自信心和自尊心，因此他遣将击关。曹无伤说：“沛公欲王关中，使子婴为相，珍宝尽有之。”范增说：“沛公……今入关，财物无所取，妇女无所幸，此其志不在小。”两人的话，显然矛盾，本不难觉察曹无伤说的是反间之言。但项羽听进去的只是“欲王关中”“此其志不在小”十个字。正是这十个字损伤了他的权力意志的欲望，刺痛了他唯我能霸王天下的自负自尊心，于是下令“旦日飨士卒，为击破沛公军”。在他看来，沛公十万之众，他可以在一个早晨将他们消灭。这正是他盲目自负性格的充分展示。

项伯在项王面前为沛公说情，打动项王的只有一句话："今人有大功而击之，不义也。"这里提出了一个普通的伦理原则。义，是项羽精神领域中的最高追求。他不是临到乌江自刎还把自己的头颅赠给追杀他的"故人"吕马童吗？那是为了显示他重义气。鸿门宴上，他不理范增的示意，不忍杀刘邦。他认为，杀了刘邦，一来实在没有道理。二来无此必要：区区沛公，安足为我敌！三来人家赤手空拳来谢罪，毫无抵抗能力，杀之不武，反伤我一世英名。更何况还有兄弟之约，战友之情？

沛公、樊哙对项羽说的话，以及沛公对项伯说的话——那显然是有意让项伯传述给项王听的，三者如出一辙，都是张良替他们准备好的台词。项王为什么听不出来，反而为这些花言巧语所动？原因也就在于这些话迎合了他盲目自信自负的心态。沛公说："秋毫不敢有所近。"说"不敢"而不说"不曾"，多么恭顺！"籍吏民、封府库而待将军"，"待"得多么虔诚！"日夜望将军至"，"望"得多么迫切！樊哙说得更妙："劳苦而功高如此，未有封侯之赏。"他直截了当地代沛公向项王讨赏了，隐然自居下僚。而且，能给人以"封侯之赏"的只能是天子，这就于无形之中把项羽抬高到了天下至尊的地位。盲目自负的项王听了，能不飘飘然吗？所以当沛公已去，张良持璧入谢时，项王还问"沛公安在"。这四字极其传神，正是项羽飘飘然、昏昏然心态的绝好描写。

对樊哙一席话，他"未有以应"，理屈乃至辞穷，显示了他个性中的豪爽直率。刘邦毕竟先入咸阳，项羽如欲诛之，必须编出一段理来；项羽决不肯编造理由为自己护短。当刘邦向他说"今者有小人之言，令将军与臣有郤"时，他张口便说："此沛公左司马曹无伤言之。"一般人认为项羽此言最为愚蠢，自伤耳目；殊不知这正是司马迁刻画项羽性格最深刻的一笔。胸怀磊落，直来直去，心口如一：这种个性，对于争天下，也许是极大的缺点；对于为人，却是高尚的品德。司马迁特地拿它与巧言佞色、心狠手辣的刘邦对比，最后还补了一笔："沛公至军，立诛杀曹无伤"，褒贬抑扬，文外无穷。

樊哙这个人物，也写得极为成功。他在最紧急的关头出场，一开口就说"与之同命"，誓与在危难中的沛公共生死。作者先写他"侧其盾"撞进军门，表现出他的英武，也表现出他的一腔义愤。进了军门，"披帷西向立，瞋目视项王，头发上指，目眦尽裂"，仿佛是一团愤怒的火，照亮了这阴谋四伏的军营。司马迁在这里，更以其明针暗线，写出了一场暗地里进行的斗争，大大丰富了樊哙的个性。项王赏识樊哙的豪壮勇武，吩咐左右"赐之卮酒"，奉上来的却变成了"斗卮酒"；吩咐"赐之彘肩"，奉上来的却变成了"生彘肩"。一字之增，阴谋毕显。这一大杯烈酒，看你如何对付？这一条生猪腿，看你如何下咽？不饮不吃，岂非露了胆怯，而且厚负项王？这分明是项羽左右存心捉弄樊哙。不料，樊哙一一挫败了对手的阴谋。大杯烈酒，他“拜谢，起，立而饮之”；那条生猪腿，他“覆其盾于地，加彘肩上，拔剑切而啖之”。“拜”“起”“立”“饮”四个动作，斩截有力，显示出他对项王多么有礼，对揶揄他的群小多么无畏！那“覆”“加”“拔”“切”“啖”五字，意气飞动，仿佛他切的、吃的不是生猪腿，而是敌人的肉。他咬碎钢牙，把生肉和仇恨一起吞下去。妙就妙在这一切都当着项王的面进行，项王却被蒙在鼓里。司马迁仅仅增了“斗”“生”二字，细处传神，把紧张的暗斗、项王的直爽、范增手下人的阴谋、樊哙的粗犷无畏，充分展现出来。清人刘熙载说：“画诀：‘石有三面，树有四枝。’盖笔法须兼阴阳向背也。于司马子长（司马迁）文往往遇之。”（《艺概·文概》）两字增华，写活了一个场面，揭示出几个人的性格，只有司马迁才具如此生花妙笔。

读这篇文章的人，往往责备项羽不杀刘邦是极大的失算，是妇人女子之仁；说鸿门宴是项羽从胜利走向失败的转折点。这未免厚诬英雄，其识见与范增不相上下。项羽失败的原因很多，岂在放走一个刘邦？杀一刘邦，难免诸侯人人震恐，天下纷纷叛楚，出来更多的刘邦。看来，项羽的眼光，倒远在心地褊狭的范增之流之上。明丘濬《拟古乐府》说：“霸王百行扫地空，不杀一端差可取。天命由来归有德，不在沛公生与死。”明乎此，我们就不只激赏司马迁的史才，更钦佩他的史识。

（赖汉屏）

项 羽 之 死　　司马迁

项王军壁①垓下，兵少食尽，汉军及诸侯兵围之数重。夜闻汉军四面皆楚歌②，项王乃大惊曰：“汉皆已得楚乎？是何楚人之多也！”项王则夜起，饮帐中。有美人名虞，常幸从；骏马名骓③，常骑之。于是项王乃悲歌忼慨④，自为诗曰：“力拔山兮气盖世，时不利兮骓不逝⑤！骓不逝兮可奈何！虞兮虞兮奈若何！”歌数阕⑥，美人和之。项王泣数行下，左右皆泣，莫能仰视。

于是项王乃上马骑，麾下壮士骑从者八百余人，直夜⑦溃围南出，驰走。平明，汉军乃觉之，令骑将灌婴以五千骑追之。项王渡淮，骑能属⑧者百余人耳。项王至阴陵⑨，迷失道，问一田父。田父绐曰:"左。"左,乃陷大泽中。以故汉追及之。项王乃复引兵而东,至东城⑩,乃有二十八骑。汉骑追者数千人。项王自度不得脱,谓其骑曰:"吾起兵至今八岁矣,身七十余战,所当者破,所击者服,未尝败北,遂霸有天下。然今卒困于此,此天之亡我,非战之罪也!今日固决死⑪,愿为诸君快战,必三胜之,为诸君溃围、斩将、刈旗⑫,令诸君知天亡我,非战之罪也。"乃分其骑以为四队,四向。汉军围之数重。项王谓其骑曰:"吾为公取彼一将。"令四面骑驰下,期山东为三处⑬。于是项王大呼驰下,汉军皆披靡,遂斩汉一将。是时,赤泉侯⑭为骑将,追项王;项王瞋目而叱之,赤泉侯人马俱惊,辟易⑮数里。与其骑会为三处。汉军不知项王所在,乃分军为三,复围之。项王乃驰,复斩汉一都尉,杀数十百人。复聚其骑,亡其两骑耳。乃谓其骑曰:"何如?"骑皆伏曰:"如大王言。"

于是项王乃欲东渡乌江⑯。乌江亭长舣船待⑰,谓项王曰:"江东虽小,地方千里,众数十万人,亦足王也。愿大王急渡。今独臣有船,汉军至,无以渡。"项王笑曰:"天之亡我,我何渡为!且籍与江东子弟八千人渡江而西,今无一人还,纵江东父兄怜而王我,我何面目见之!纵彼不言,籍独不愧于心乎!"乃谓亭长曰:"吾知公长者。吾骑此马五岁,所当无敌,尝一日行千里,不忍杀之,以赐公!"乃令骑皆下马步行,持短兵接战。独籍所杀汉军数百人,项王身亦被十余创⑱。顾见汉骑司马吕马童曰:"若⑲非吾故人乎?"马童面之⑳,指王翳曰:"此项王也。"项王乃曰:"吾闻汉购我头千金,邑万户。吾为若德㉑。"乃自刎而死。

〔注〕 ① 军壁:筑营驻扎。 ② 汉军四面皆楚歌:四面包围项王的汉军都唱着楚人之歌。可见楚人多已降汉。 ③ 骓(zhuī 追):黑白相间的马。 ④ 忼慨:同"慷慨"。 ⑤ 逝:跑。 ⑥ 数阕:几遍。 ⑦ 直夜:当天夜里。 ⑧ 属:跟随。 ⑨ 阴陵:汉县名,治所在今安徽滁州定远西北。 ⑩ 东城:秦县名,治所在今安徽滁州定远东南。 ⑪ 决死:必死。 ⑫ 刈旗:砍倒对方军旗。 ⑬ 期山东为三处:约定在山的东面分三处集合。 ⑭ 赤泉侯:即

杨喜。他因斩项羽有功，封赤泉侯。此时尚未封侯，当是史家追书之辞。 ⑮ 辟易：退避。 ⑯ 乌江：在今安徽马鞍山市和县东北四十里，今名乌江浦。 ⑰ 舣（yǐ 已）：使船靠岸。 ⑱ 被十余创：十多处负伤。 ⑲ 若：你。 ⑳ 面之：指吕马童转过脸来，面对项王。这是因为他既害怕项王，又是其故人，不敢正面看，直到项王叫他，才转过脸来面对项王。 ㉑ 吾为若德：我送你个人情。意为让你得我的头，好去讨封赏。

本篇节选自《史记·项羽本纪》，题目为后人所拟。

有人把《史记》誉之为悲剧英雄画廊，西楚霸王项羽则是悲剧群像中的绝代典型，“项羽之死”这个片断便是这部旷世悲剧的最后一幕。“喑噁叱咤，千人皆废”的英雄死了，留在人间的是历史长河中曾经“卷起千堆雪”的浪花，群山万壑中殷殷不绝的回响，两千年来无数读者掩卷而思、拍案而起的长叹息。

这最后一幕，由垓下之围、东城快战、乌江自刎三场组成，其中包含了楚歌夜警、虞兮悲唱、阴陵失道、东城快战、拒渡赠马、赐头故人等一连串惊心动魄的情节和细节。司马迁怀着满腔激情，运用史实、传说和想象，传写了项羽的穷途末路，不断丰富、发展了他的性格，让这位英雄死在歌泣言笑之中，取得了可歌可泣的艺术效果。

第一场：垓下之围。大幕刚启，夜空中传来若断若续、如泣如诉的四面楚歌之声，先奏起背景音乐；然后唱出变徵之音的“虞兮”主调：一起便哀音满耳，感人至深。“时不利兮可奈何！虞兮虞兮奈若何！”结尾三虚字反复唱叹，曼声苍凉。正如《史记评林》引吴贤齐说的那样：“一腔怨愤，万种低徊，地厚天高，托身无所，写英雄失路之悲，至此极矣！”这支歌由项羽主唱，美人和之，更显得英雄气短，儿女情长，以至这位从不曾流过泪的西楚霸王也不禁“泣数行下”；他的部属更是“左右皆泣，莫能仰视”，一片呜咽。这里唱出的不仅是个人在命运面前无可奈何的悲哀，也包含了连所宠爱的美人都无法保护的悲哀；这里流出的不仅是一位伟大的英雄犯了错误之后的悲哀的眼泪，也是一位伟大的英雄面对最终失败的忏悔与惭愧的眼泪。司马迁不愧是伟大的传记文学家，他对音乐的感发作用有着深邃的理解。在《刺客列传》中，他曾用“易水之歌”写荆轲的壮士之别，令“士皆垂泪涕泣”；在《留侯世家》中，他用“鸿鹄之歌”写刘邦晚年不得立如意为太子的痛苦心态，使戚夫人“嘘唏流涕”；现在，他又用“虞兮之歌”作为项羽之死这最后一幕的序曲，让悲怆的气氛笼罩全篇，把读者引进苍茫辽远、四顾寂寥的境界，噙着泪水一字一字地往下读，一读则欲罢不能。

接下来是第二场——东城快战。当项羽“自度不得脱”之后，连连说：“此天之亡我，非战之罪也。”“令诸君知天亡我，非战之罪也。”与后面的“天之亡我，我何渡为”互相呼应，三复斯言；明知必死，意犹未平。钱锺书说：“认输而不服气，故言之不足，再三言之。”（《管锥编》）“不服气”，正显示了他的平生意气，说明了他自负、自尊而不知自省、自责。快战之前，司马迁设计了阴陵迷道这个极富表现力的细节。田父把他指向绝路，看似偶然，其实必然。这是他过去“所过无不残灭”，丧失人心的结果。“田父给之曰：‘左。’左，乃陷大泽中，以故汉追及之。”人家骗他，指向左边，他便不加思索地驰向左边，表现了他从来不惯骗人，也从来不相信别人敢骗他的直率、粗犷的性格。这里两“左”字独字成句，节奏短促，纸上犹闻其声，显示出当时形势严峻紧张，仿佛那五千骑追兵已从征尘滚滚中风驰雨骤而至，迫促感、速度感、力量感尽蓄笔端。

写阴陵迷道，目的在揭示这位末路英雄丧失人心；写东城溃围、斩将、刈旗，则着意于进一步展开他拔山盖世的意气和个人英雄主义的性格。此刻，他丝毫不存幸胜突围之心，只图打一个痛快仗给追随他的残部看看，确证他的失败是“天之亡我”。在这位英雄心目中，死，从来就是不可怕的；英名受侮，承认自己失败，那才可怕。要死也死个痛快，死在胜利之中。这种心态，可笑而又可悲。在这场“快战”中，司马迁再一次运用细节描绘，写项羽的拔山之力，不世之威：“于是项王大呼驰下，汉军皆披靡”；“赤泉侯……追项王，项王瞋目叱之，赤泉侯人马俱惊，辟易数里”。这里，仍用虚笔，集中写他的声音。一呼则汉军披靡，一叱则不仅人惊，连马也吓得后退数里，这是何等的声威力量！他像一尊凛然不可犯的天神，一只被猎犬激怒了的猛虎，须眉毕张，咆哮跳踉，谁也不敢靠近他一步。特别是他“复聚其骑”后，“乃谓其骑曰：‘何如？’骑皆伏曰：‘如大王言！’”“何如”二字，写得意，写自负，声口毕见，活活画出项羽豪迈的性格。在这一瞬间，他感受到的只是一种不屈服的自我肯定的甜蜜，哪里还曾意识到自己是千枪万箭追杀的目标！

第三场：乌江自刎。其中写了拒渡、赠马、赐头三个细节。项羽马到乌江，茫茫江水阻绝了去路。悲剧的大幕即将落下，司马迁偏偏在这最后时刻打了一个回旋，为他笔下的英雄形象补上了最后的浓墨重彩的一笔，设计了“乌江亭长舣船待”这个细节。文如水穷云起，又见峰峦。项羽本来已无路可逃，司马迁却写成他有充分的机会脱逃而偏偏不肯过乌江，好像他不是被追杀得走投无路，不得不死；而是在生与义，苟活幸存与维护尊严之间，从容地作出了选择。江边慷慨陈辞，英雄的形象更加丰满完美。那曾经“泣数行下”的血性男子，临了反而笑了。“项王笑曰”的笑，不是强自矜持，不是凄然苦笑，而是壮士蔑视死亡，镇定安详的笑；显示了他临大难而不苟免的圣者之勇——“知耻近乎勇”。自惭无面见江东父老，正是由于知耻。这个细节，展示出他的纯朴、真挚、重义深情。对自己的死，他毫不在意；却不忍爱马被杀，以赠亭长。因为，“吾骑此马五岁，所当无敌”。五年来无数胜利的回忆，猛然兜上心头。今昔如此，情何以堪！文章写到这里，实已神完气足，司马迁颊上添毫，再加上把头颅留赠故人这样一个出人意表、千古未闻的细节。“故人”追之、认之，必欲杀之以邀功取赏；项羽却慷慨赐头，“吾为若德”：蝼蚁之微，泰山之高，两两对比，何等鲜明！

项羽终于自刎了，他是站着死的。帝王刘、项，将相萧、曹，对于两千年后的我们，本来无所轩轾。但当我们读完《项羽本纪》，特别是读完“项羽之死”这最后一幕的时候，总不免咨嗟叹息，起坐彷徨，这就见出司马迁传写人物的艺术魅力。在这最后一幕中，留给我们印象最深刻的，是三个场次之间的节奏变化，起伏张弛，抑扬徐疾。第一场重在抒情，节奏纡徐，情如悲笳怨笛，以变徵之音形成了呜咽深沉的境界。第二场重在叙事，全用短节奏，进行速度，铁马金戈，声情激越。第三场江畔陈辞，羽声慷慨。“纵江东父老怜而王我，我何面目见之！纵彼不言，籍独不愧于心乎！”连用两反诘句，顿挫抑扬，极唱叹之胜。此外，还用了许多形象生动，蕴涵丰富的细节，其中必有不少出于传闻、揣度，但无不使人感到可感可信、入情入理。清刘熙载《艺概》所谓“太史公时有河汉之言，而意理却细入无间”；钱锺书《管锥编》所谓“马（司马迁）善设身处地，代作喉舌”，都是赞扬他设计的细节情理兼胜，妙合无垠。虞姬悲歌，乌江拒渡，赠马赐头，一波三折，全凭细节传神，使全篇文字达到雄奇悲壮的美学境界，读之令人荡气回肠。在传记文学中，不说绝后，至少空前。

（赖汉屏）

孙　膑　　　　司马迁

孙膑尝与庞涓俱学兵法。庞涓既事魏，得为惠王[①]将军，而自以为能不及孙膑，乃阴使召孙膑。膑至，庞涓恐其贤于己，疾之，则以法刑断其两足而黥[②]之，欲隐勿见[③]。

齐使者如梁，孙膑以刑徒阴见[④]，说齐使。齐使以为奇，窃载与之齐。齐将田忌善而客待之。

忌数与齐诸公子驰逐重射[⑤]。孙子见其马足不甚相远，马有上中下辈[⑥]。于是孙子谓田忌曰：“君弟[⑦]重射，臣能令君胜。”田忌信然之，与王及诸公子逐射千金。及临质[⑧]，孙子曰：“今以君之下驷与彼上驷，取君上驷与彼中驷，取君中驷与[⑨]彼下驷。”既驰三辈毕，而田忌一不胜而再胜，卒得王千金。于是忌进孙子于威王。威王问兵法，遂以为师。

其后魏伐赵，赵急，请救于齐。齐威王欲将⑩孙膑，膑辞谢曰："刑余之人不可。"于是乃以田忌为将，而孙子为师，居辎车⑪中，坐为计谋。田忌欲引兵之赵，孙子曰："夫解杂乱纷纠者不控卷⑫，救斗者不搏撠⑬。批亢捣虚，形格势禁⑭，则自为解耳。今梁、赵相攻，轻兵锐卒必竭于外，老弱罢⑮于内；君不若引兵疾走大梁，据其街路⑯，冲其方虚⑰，彼必释赵而自救。是我一举解赵之围而收弊于魏⑱也。"田忌从之，魏果去邯郸，与齐战于桂陵，大破梁军。

后十三岁，魏与赵攻韩，韩告急于齐。齐使田忌将而往，直走大梁。魏将庞涓闻之，去韩而归，齐军既已过而西矣。孙子谓田忌曰："彼三晋之兵素悍勇而轻齐，齐号为怯⑲；善战者因其势而利导之。兵法：百里而趣利者蹶上将⑳，五十里而趣利者军半至㉑。使齐军入魏地为十万灶，明日为五万灶，又明日为三万灶。"庞涓行三日，大喜，曰："我固知齐军怯，入吾地三日，士卒亡者过半矣。"乃弃其步军，与其轻锐倍日并行㉒逐之。孙子度其行，暮当至马陵。马陵道狭，而旁多阻隘，可伏兵。乃斫大树白而书之㉓曰："庞涓死于此树之下。"于是令齐军善射者万弩夹道而伏，期㉔曰："暮见火举而俱发。"庞涓果夜至斫木下，见白书，乃钻火烛之㉕。读其书未毕，齐军万弩俱发，魏军大乱相失。庞涓自知智穷兵败，乃自刭，曰："遂成竖子之名㉖！"齐因乘胜尽破其军，虏魏太子申以归。

孙膑以此名显天下，世传其兵法。

〔注〕 ① 惠王：魏惠王，即梁惠王。魏惠王迁都大梁(今河南开封)，改国号为梁。下文"梁"，皆指魏。 ② 黥：在脸上刺字，即墨刑。 ③ 欲隐勿见：想叫他不能行动，不得见人。见：同"现"。 ④ 阴见：秘密会见。 ⑤ 驰逐重射：赛马打赌。重射：下大赌注。 ⑥ 上中下辈：上中下三等。 ⑦ 弟：同"第"，但，只管。 ⑧ 临质：临近比赛。 ⑨ 与：敌，对付之意。 ⑩ 将：以……为将。 ⑪ 辎车：有帷帐可坐卧载物的车。 ⑫ "夫解"句：杂乱纷纠：指乱丝。不控卷：不可抓紧拳头。卷：同"拳"。 ⑬ "救斗"句：救斗：劝解斗殴。搏撠(jǐ己)：搏击。 ⑭ "批亢"两句：避开敌人实力，打击其空虚懈怠的地方；在用兵的形势上阻止、抑制敌人，不使得势。 ⑮ 罢：同"疲"。 ⑯ 街路：交通要道。 ⑰ 冲其方虚：攻击敌人正空虚的地方。 ⑱ 收弊于魏：收魏军自弊之效，意为趁魏军疲乏打败它。 ⑲ 齐号为怯：齐

国军队素被视为怯弱之兵。 ⑳“百里”句：一日一夜追敌百里而求胜者，虽上将必受挫折。 ㉑“五十里”句：一日一夜逐敌五十里，只有一半人到达（另一半人掉队）。 ㉒倍日并行：一天走两天的路程。 ㉓斫大树白而书：将大树削去树皮，露出白色，写上文字。 ㉔期：约定。 ㉕钻火烛之：点燃火把照亮树上的字。 ㉖遂成竖子之名：成就了这小子的名声。竖子，指孙膑。

本文节选自《史记·孙子吴起列传》。

孙膑是战国时代的大兵家，但“膑”并非他的真名，只是一个绰号。“膑”本断足之刑。他是被人斫断双足才得了这个绰号的，至于真名，史乘不传。一个大兵家，历史上连名字都没有留下来，可见他是一个悲剧人物。他的悲哀，在于“才为世出”却又“才为世嫉”，无法见用于当世。他精通兵法，终其一生，只能躲在别人身后，小试于报一己之私恨，而不能建功立业，荣名显亲于当时；退而著书，也不过垂空文以自见。这是才智之士、倜傥非常之人共同的悲哀。因此，司马迁在其《报任少卿书》中说：“孙子膑脚，《兵法》修列……此人皆意有所郁结，不得通其道。”又说：“乃如左丘无目，孙子断足，终不可用，退而论书策，以舒其愤。”司马迁自己也是“身残处秽”的人，他引孙膑为同类，对他遭人嫉才致残、无法展其智能是深表同情的。他为孙膑作传，以恨笔而写恨人，借恨人而舒愤懑，带有特殊的感情。

这种感情，集中表现在人物内心的刻画上。庞涓之所以蓄意害孙膑，原因在于“恐其贤于己”。始则阴召孙膑，欲其助己而不致为敌国所用，使自己他日无法对付；继又担心孙膑的才能终必为魏王左右所知，影响到自己今日的地位，乃“以法断其足而黥之”，使他永远无法见人。其所以让他活下来而不加诛杀，一则孙膑是他召请来的同学，无故诛之不义；二则留着他仍然可备咨询。因为，直接出面加害孙膑的不是他庞涓，他是“以法断其足而黥之”——假手于法吏以加害孙膑，自己并未抛头露面，依然可以与孙膑保持关系。这种小人的曲折用心，司马迁虽未一一明言，细按其文，对庞涓的阴暗心理是刻画得很深的。这种阴暗心理是有典型意义的，也是司马迁最为痛恨的。

古往今来的小人，总是以为，除掉了才能高于自己的人，自己的才能也就高了一个层次。孙膑既除，庞涓以为从此用兵无敌于天下。在马陵之战中，孙膑正是利用他这种踌躇满志的心态，用减灶法示怯以骄其心，使庞涓兼程轻进以逐齐，终于中伏身死。这样写庞涓，阴曲残贼于前，骄恣轻躁于后，便活活画出一个小人形象，传写出戚戚小人的心态。写孙膑，他被害致残之后，居然能“以刑徒阴见，说齐使”，使“齐使以为奇，窃载与之齐”。“窃载”二字，也有深心。他谋见知于齐，先以替田忌画策胜射取得进身之阶。齐威王欲以孙膑为将，他婉辞谢绝以尊田忌，免重蹈扬己速祸的覆辙，以固田忌之心。他知道，自己再也没有用世的可能，所耿耿于怀者，唯有仇未报，愤未泄，才略未展而已。这些都必须通过威王，通过田忌来实现。作战时，他"居辎车中，坐为计谋"，联系前文"窃载"，不只有生理上(断足黥面)的原因，也有心理上的谋算。他不让庞涓知道自己依然活在人间，而且在助齐人与之为敌，以骄庞涓之心。这样便取得围魏救赵的全面胜利和马陵之战的终歼仇敌。庞涓临死时说"遂成竖子之名"，恐怕到这最后时刻，他才知道自己的对手是孙膑。善于利用对方的心理，隐忍以求复仇之效，不只见谋划之奇，而且写出他深沉痛苦的心态，这也是写得很有深度的。

其次，这种借恨人而舒愤懑的心情，也表现在情节与细节的设置上。文中写马陵之役，人魏减灶，险阻设伏，斫树书写文字以诱庞涓入瓮，情节曲折，文笔奔放，波澜迭起，却又丝丝入扣，合情合理。看来，司马迁把孙膑的胜利当作了自己的胜利，故而写来笔意欢快跳荡，充满了胜利的喜悦，表现出欢呼雀跃的心情。"斫树举火"之事，迹近离奇，可能来自传闻，也可能出于司马迁的虚构。他设计这样一个细节，使庞涓自取灭亡，在烛光下成为万箭之的，是因为必须如此，才足以报孙膑断足之仇，泄自己蚕室腐刑之愤。反正，减灶设伏是实录，尽破魏军、虏其太子是实录，庞涓败死也是实录，又何妨添"钻火烛书"一个细节，以彰孙膑之智，以见庞涓之流妒才残贼的下场，以伸千古遭奸人嫉才见废的才智之士的郁结之情呢？司马迁笔下的孙膑，暗中何尝没有自己的影子！

循此一念以往，分析本文的结构，也能见出司马迁的深心。全文以断足始，以报断足之仇终，融贯全文的是一种复仇意识。一段叙仇恨根源；二段记孙膑助田忌赛马得胜，以求他日复仇的进身之阶；三段叙围魏救赵之谋，目的也在于挫败魏将庞涓；四段记马陵道庞涓自刭，以恶人的下场收篇：四段一气流贯。为兵家孙膑作传，当然要展示他的用兵才能。他一生谋划军机，断不会只为这几个战役出谋献策。窥司马迁选材的用心，大凡既能报仇雪恨，又能展示其用兵才能的就入选，否则一概割弃。这样既显得中心突出，结构紧凑，又能次第展现孙膑的军事才能。段段写报仇雪恨，段段写其谋划用兵。仇恨、悲愤，化作力量、智慧，使这篇短文不仅条理清晰，而且流荡着人物内心的郁结，具有双层的艺术效应。

(赖汉屏)

管晏列传

司马迁

管仲夷吾者，颍上人也①。少时常与鲍叔牙②游，鲍叔知其贤。管仲贫困，常欺鲍叔，鲍叔终善遇之，不以为言。已而鲍叔事齐公子小白，管仲事公子纠[3]。及小白立为桓公，公子纠死，管仲囚焉。鲍叔遂进管仲[4]。管仲既用，任政于齐，齐桓公以霸，九合诸侯，一匡天下，管仲之谋也。

管仲曰："吾始困时，尝与鲍叔贾，分财利多自与，鲍叔不以我为贪，知我贫也。吾尝为鲍叔谋事而更穷困，鲍叔不以我为愚，知时有利不利也。吾尝三仕三见逐于君，鲍叔不以我为不肖[5]，知我不遭时也。吾尝三战三走，鲍叔不以我为怯，知我有老母也。公子纠败，召忽死之，吾幽囚受辱，鲍叔不以我为无耻，知我不羞小节而耻功名不显于天下也。生我者父母，知我者鲍子也。"鲍叔既进管仲，以身下之。子孙世禄于齐，有封邑者十余世，常为名大夫。天下不多[6]管仲之贤而多鲍叔能知人也。

管仲既任政相齐，以区区之齐在海滨，通货积财，富国强兵，与俗同好恶。故其称[7]曰："仓廪实而知礼节，衣食足而知荣辱，上服度[8]则六亲固。""四维[9]不张，国乃灭亡。""下令如流水之原，令顺民心。"故论卑而易行。俗之所欲，因而予之；俗之所否，因而去之。其为政也，善因祸而为福，转败而为功。贵轻重，慎权衡。桓公实怒少姬，南袭蔡[10]，管仲因而伐楚，责包茅不入贡于周室[11]。桓公实北伐山戎，而管仲因而令燕修召公之政[12]。于柯之会，桓公欲背曹沫之约，管仲因而信之，诸侯由是归齐[13]。故曰："知与之为取，政之宝也[14]。"管仲富拟于公室，有三归[15]，反坫[16]，齐人不以为侈。管仲卒，齐国遵其政，常强于诸侯。后百余年而有晏子焉。

晏平仲婴者，莱之夷维人也[17]。事齐灵公、庄公、景公，以节俭力行重于齐。既相齐，食不重肉，妾不衣帛。其在朝，君语及之，即危言；语不及之，即危行。国有道，即顺命；无道，即衡命。以此三世显名于诸侯。

越石父[18]贤，在缧绁中。晏子出，遭之途，解左骖赎之，载归。弗谢，入闺。久之，越石父请绝，晏子戄然，摄衣冠谢曰：

“婴虽不仁，免子于厄，何子求绝之速也？”石父曰：“不然。吾闻君子屈于不知己而伸于知己者。方吾在缧绁中，彼不知我也。夫子既已感寤而赎我，是知己；知己而无礼，固不如在缧绁之中。”晏子于是延入为上客。晏子为齐相，出，其御之妻从门间而窥其夫。其夫为相御，拥大盖，策驷马，意气扬扬，甚自得也。既而归，其妻请去。夫问其故，妻曰：“晏子长不满六尺，身相齐国，名显诸侯。今者妾观其出，志念深矣，常有以自下者。今子长八尺，乃为人仆御，然子之意自以为足，妾是以求去也。”其后夫自抑损。晏子怪而问之，御以实对，晏子荐以为大夫。

太史公曰：吾读管氏《牧民》《山高》《乘马》《轻重》《九府》⑲，及《晏子春秋》⑳，详哉其言之也。既见其著书，欲观其行事，故次其传。至其书，世多有之，是以不论，论其轶事。管仲世所谓贤臣，然孔子小之㉑。岂以为周道衰微，桓公既贤，而不勉之至王，乃称霸哉？语曰：“将顺其美，匡救其恶，故上下能相亲也㉒。”岂管仲之谓乎？方晏子伏庄公尸哭之，成礼然后去㉓，岂所谓“见义不为无勇㉔”者耶？至其谏说，犯君之颜，此所谓“进思尽忠，退思补过㉕”者哉！假令晏子而在，余虽为之执鞭，所忻慕焉。

〔注〕 ① 管仲夷吾：管仲（？—前645），字夷吾，春秋齐国颍上（今属安徽）人。初事公子纠，后相齐桓公，辅佐桓公成就霸业。 ② 鲍叔牙：即鲍叔，春秋齐国人。 ③“已而”两句：公元前686年，齐襄公昏庸无道，齐将乱，管仲、召忽从公子纠奔鲁，鲍叔从公子小白奔莒。纠、小白均为齐襄公弟。 ④“及小白”三句：公元前686年，齐襄公被杀，纠与小白争先回国即位。鲁国发兵送纠回齐，并使管仲袭击小白归路，射中小白带钩。小白佯死，使鲁国延误纠的归期，得以先回国即位，即齐桓公。桓公大败鲁军，鲁国被迫杀死纠。召忽自杀，管仲被囚禁。鲍叔遂进管仲：桓公即位后，使鲍叔为宰，他力辞不就，推荐管仲执政。桓公借口解射钩之恨，要鲁国押送管仲回齐。管仲返齐后，桓公任为相。 ⑤ 不肖：不贤。 ⑥ 多：赞美。 ⑦ 称：称述。指管仲在《管子》一书中的论述。 ⑧ 上：在上者，君主。服：服御，享用。度：有限度。 ⑨ 四维：指礼、义、廉、耻。 ⑩“桓公实怒”二句：少姬，齐桓公夫人，蔡国人。桓公曾与少姬在苑囿乘舟，少姬故意荡舟，桓公惊惧，怒而遣少姬回母家，但未断绝关系，蔡人却让少姬改嫁，桓公发兵袭蔡。蔡国，建都上蔡（今河南上蔡西南），后迁新蔡（今属河南）一带。 ⑪“管仲”二句：《左传·僖公四年》载，齐桓公伐楚，使管仲责之曰：“尔贡包茅不入，王祭不共，无以缩酒。”包茅，束成捆的菁茅草，古代祭祀时用以滤酒去渣。 ⑫“桓公”二句：山戎，又称

北戎，古代北方民族，居于今河北省东部，春秋时代常威胁齐、郑、燕等邻国安全。山戎攻燕时，齐桓公曾出兵伐山戎救燕。召公，一作邵公、召康公。西周初人，姬姓，名奭。因封地在召，故称召公。武王灭纣，被封于北燕。官为太保，曾与周公分陕而治，陕以西由他治理。 ⑬“于柯之会”四句：鲁庄公十二年(前 682)，齐桓公攻鲁，约鲁庄公会于柯(今山东阳谷县东)，庄公的侍从曹沫(亦作曹刿)以匕首劫桓公，逼他订立盟约，退还侵占的鲁国土地。桓公后欲背约，因管仲进言，终退还鲁国失地，以示信用。 ⑭“知与之”二句：见《管子·牧民》。 ⑮三归：台名。汉刘向《说苑·善说》：“管仲故筑三归之台，以自伤于民。” ⑯反坫：反爵之坫。坫为放置酒杯的土台，在两楹之间。互敬酒后，将空杯反置坫上，为周代诸侯宴会之礼。 ⑰“晏平仲婴”二句：晏婴(？—前 500)，字平仲，春秋时夷维(今山东高密)人。父弱死，继任齐卿，历仕灵公、庄公、景公三世。莱，古国名，在今山东黄县东南，公元前 567 年为齐所灭。 ⑱越石父：春秋时晋国人，有贤名。时因冻饿，为人奴。 ⑲《牧民》《山高》《乘马》《轻重》《九府》：皆《管子》篇名。《管子》为战国时齐稷下学者托名管仲所作。其中《牧民》《乘马》等篇存有管仲遗说。《轻重》等篇对经济问题阐述较多。 ⑳《晏子春秋》：旧题春秋齐晏婴撰，实系后人依托并采缀晏子言行而作。 ㉑孔子小之：《论语·八佾》有“管仲之器小哉”语。 ㉒“将顺其美”三句：见《孝经·事君》。 ㉓“方晏子”二句：事见《左传·襄公二十五年》。 ㉔“见义”句：《论语·为政》：“见义不为，无勇也。” ㉕“进思”二句：见《孝经·事君》。

《史记》的列传，通常是正文叙事，后加论赞，《伯夷列传》则通篇以议论为主，篇末没有论赞；《管晏列传》形式上没有《伯夷列传》那样特殊，但叙事极力概括，而抒情谈话独多，写法也很特别。

管仲和晏婴，是春秋时齐国的两个名相。其生平行事和言论，见于《管子》《晏子春秋》《左传》《国语》等书，材料丰富，可写者多。《管晏列传》对于有关两人的著作(非尽出本人之手)，只提书名和若干篇名，而于管仲略为摘引《牧民》篇的几句重要言论，其余以“详哉其言之也”一笔带过。因为著作既在，无烦详细介绍，《史记》对于老子、庄子、孟子、荀子的著作，也是这样处理。文中说：“既见其著书，欲观其行事，故次其传。”似乎要详写两人的行事，其实不然，对两人行事写得很概括，取严舍多。

传文的第一段，介绍管仲的出身。着重写他因鲍叔牙的推荐而任齐桓公之相的事，为后文管仲详谈他和鲍叔的关系作发端；于管仲的煌煌相业，则以“任政于齐，齐桓公以霸，九合诸侯，一匡天下，管仲之谋也”几句带论断性的、概括性极强的话了之。头绪集中，笔力极劲健。

第二段，集中显示了本文的特点。借管仲之口，尽量抒发存在于他与鲍叔之间的典型的人生知遇之情。“分财”多取而非“贪”，为人“谋事”陷于“穷困”而非“愚”，“三仕”都被逐而非“不肖”，作战退走而非“怯”，被囚降事新主而非“无耻”，管仲的一连串不容易为人原谅、得人理解的行动，鲍叔都能原谅，都能理解，丝毫不动摇对管仲的信赖，其见事之明，知人之深，真是别无可求，不能有加。在阶级社会中,人与人之间,充满计较利害、变换冷暖的情态,文中写鲍叔的对待管仲,真能使旧时一般缺乏援助、需要友谊的人,读了都感极而下泪。鲍叔知人,可令一般人如此感动,则管仲之高呼"生我者父母,知我者鲍叔也",自是出诸血诚,丝毫没有过分,一样令人共鸣,令人激动。文中这段抒情的谈话,都用排比之笔,重叠、连贯地写下来,恻怆悲凉,顿挫摇曳,情韵绵邈,一反上段的劲炼之概,使文章节奏变换,交错多姿。鲍叔之贤,得管仲相业而彰;管仲之污,得鲍叔智慧而除。司马迁在文中叙事那样节约笔墨,而放手去载管仲的抒情之言,目的固然是为了在管晏传中附写鲍叔,起合传中又有附传的微妙作用,因而后文又连带介绍鲍叔的子孙后世,并下一句抑管扬鲍、倒置历史人物的通常地位的断语:"天下不多管仲之贤而多鲍叔能知人也"。实际上其思想感情的根源,是司马迁因李陵事下狱受刑,得不到任何亲戚朋友的援助,任何朝廷显贵的主持公道的深切、惨痛的感受。有了这种根源,他往往自觉地或不自觉地在《史记》中抒发重视友谊、重视患难相助的感情。《游侠列传》中的"且缓急人之所需也"等议论写得那样哀痛;本传这段话又写得这样凄切动人,难道是没有来历的吗?本文写法的打破列传叙事的轻重主次、虚实详略的常规;它属历史传记而却突出抒情因素;它不正面写鲍叔,而鲍叔的形象却高大动人:原因也在于此。

第三段,笔调又变化,以议论带叙述,近于今人的所谓"以论带史"。它用作者的评论及管仲自己的言论,带来对于管仲相业成功原因的补叙。目的主要不在表彰管仲一人,而在提供带有普遍意义的历史经验,供人借鉴。在史传中注意提供有意义的政治、经济等方面的经验教训,又是《史记》重大的思想价值之一。司马迁有儒家思想,又善于汲取道家思想中的重自然、重顺应民心的合理因素。他在《货殖列传》中,曾发挥极具卓见的发展经济的"因势利导"的思想;在本段中,又着重总结管仲相齐的"下令如流水之原,令顺民心","善因祸而为福,转败而为功"的成功的政治经验。本段写完管仲的事迹,带出"后百余年而有晏子焉"一句,显示两人的类同关系,为后面介绍晏婴事迹作承转,也是《史记》的常用手法。

第四段开始写晏婴,也以极简练的笔墨概括其生平。段中着重揭示晏婴的"节俭力行"与"危言危行"两种行谊,由于有重点,故叙述虽简而晏婴为人的特点很分明。本文的第二段可见《史记》不避琐细,善于用繁的功夫;这段和第一段,又可见《史记》善于驾驭重大,善于用简的功夫。

第五段又不避琐细,选择两个生动事例,写晏婴的知人和谦逊。其中"志念深矣"一句,借晏婴驾车人妻子的口,表现晏婴的大臣和思想家的重要品质,极为深刻。越石父与晏婴的对答，驾车人与晏婴的对照，着墨无多，生动且具有戏剧性。对史事本身的善于选择和剪裁，此史笔之所以工；描写的富有生动性，此文学价值之所以高。往往一事而兼具两善如此段，则《史记》之多多过人也固宜。

最后一段为论赞，多用反问句跌宕生姿，此亦《史记》所擅长。“假令晏子而在，余虽为之执鞭，所忻慕焉。”一结以自卑口气，备致对晏婴的倾倒之情，牵扯自己，真是出人意外的神来之笔。然幽默之中，固含有无限的体会世味辛酸、渴望知人之贤的悲痛心情。了解司马迁的为人和经历，才能领会这句话的严肃的思想与感情的分量。

这篇列传叙事简洁而生动，突出抒情和议论，特色显著。清人评为“通篇无一实笔，纯以清空一气运旋”。所谓“无一实笔”，当然不能以形迹论，谁也知道叙事处即是“实笔”；审其用意，乃强调文章以抒情、议论之“虚”，运叙事之“实”，故觉“清空一气”，为史传文中所少见。

（陈祥耀）

信陵君窃符救赵　　司马迁

魏公子无忌者，魏昭王[①]少子，而魏安釐王[②]异母弟也。昭王薨，安釐王即位，封公子为信陵君。

是时，范雎[③]亡魏相秦；以怨魏齐故，秦兵围大梁[④]，破魏华阳[⑤]下军，走芒卯[⑥]。魏王及公子患之。

公子为人仁而下士，士无贤不肖皆谦而礼交之，不敢以其富贵骄士。士以此方数千里争往归之，致食客三千人。当是时，诸侯以公子贤，多客，不敢加兵谋魏十余年。

公子与魏王博[⑦]，而北境传举烽[⑧]，言“赵寇至，且入界”。魏王释博，欲召大臣谋。公子止王曰：“赵王田猎耳，非为寇也。”复博如故。王恐，心不在博。居顷，复从北方来传言曰：“赵王猎耳，非为寇也。”魏王大惊曰：“公子何以知之？”公子曰：“臣之客有能深得赵王阴事者。赵王所为，客辄以报臣，臣以此知之。”是后魏王畏公子之贤能，不敢任公子以国政。

魏有隐士曰侯嬴，年七十，家贫，为大梁夷门监者[⑨]。公子闻之，往请，欲厚遗[⑩]之。不肯受，曰：“臣修身絜行数十年，终不以监门困故而受公子财。”公子于是乃置酒大会宾客。坐定，公子从车骑，虚左[11]，自迎夷门侯生。侯生摄[12]敝衣冠，直上载公子上坐，不让，欲以观公子。公子执辔愈恭。侯生又谓公子曰："臣有客在市屠中，愿枉车骑过之。"公子引车入市。侯生下见其客朱亥，俾倪[13]，故久立，与其客语，微察公子。公子颜色愈和。当是时，魏将相宗室宾客满堂，待公子举酒。市人皆观公子执辔；从骑皆窃骂侯生；侯生视公子色终不变，乃谢客就车。至家，公子引侯生坐上坐，遍赞宾客[14]。宾客皆惊。酒酣，公子起，为寿[15]侯生前。侯生因谓公子曰："今日嬴之为公子亦足矣！嬴乃夷门抱关者[16]也，而公子亲枉车骑自迎嬴；于众人广坐之中，不宜有所过，今公子故过之。然嬴欲就[17]公子之名，故久立公子车骑市中，过客，以观公子，公子愈恭。市人皆以嬴为小人，而以公子为长者能下士也。"于是罢酒。侯生遂为上客。

侯生谓公子曰："臣所过屠者朱亥，此子贤者，世莫能知，故隐屠间耳。"公子往数请之，朱亥故不复谢，公子怪之。

魏安釐王二十年，秦昭王已破赵长平军，又进兵围邯郸。公子姊为赵惠文王弟平原君夫人，数遗魏王及公子书，请救于魏。魏王使将军晋鄙将十万众救赵。秦王使使者告魏王曰："吾攻赵旦暮且下，而诸侯敢救者，已拔赵，必移兵先击之。"魏王恐，使人止晋鄙，留军壁邺[18]，名为救赵，实持两端以观望。

平原君使者冠盖相属于魏，让[19]魏公子曰："胜所以自附为婚姻者，以公子之高义，为能急人之困。今邯郸旦暮降秦而魏救不至，安在公子能急人之困也[20]！且公子纵轻胜，弃之降秦，独不怜公子姊邪？"公子患之，数请魏王，及宾客辩士说王万端。魏王畏秦，终不听公子。

公子自度终不能得之于王，计不独生而令赵亡；乃请宾客，约车骑百余乘，欲以客往赴秦军[21]，与赵俱死。

行过夷门，见侯生，具告所以欲死秦军状。辞决而行，侯生曰："公子勉之矣！老臣不能从。"公子行数里，心不快，曰：

"吾所以待侯生者备矣,天下莫不闻;今吾且死,而侯生曾无一言半辞送我,我岂有所失哉㉒?"复引车还问侯生。侯生笑曰:"臣固知公子之还也。"曰:"公子喜士,名闻天下。今有难,无他端㉓,而欲赴秦军,譬若以肉投馁虎,何功之有哉!尚安事客㉔!然公子遇臣厚,公子往而臣不送,以是知公子恨之复返也。"公子再拜,因问。侯生乃屏人间语㉕,曰:"嬴闻晋鄙之兵符常在王卧内,而如姬最幸,出入王卧内,力能窃之。嬴闻如姬父为人所杀,如姬资之㉖三年,自王以下欲求报其父仇,莫能得。如姬为公子泣,公子使客斩其仇头,敬进如姬。如姬之欲为公子死,无所辞,顾未有路耳。公子诚一开口请如姬,如姬必许诺,则得虎符夺晋鄙军,北救赵而西却秦,此五霸之伐㉗也。"公子从其计,请如姬。如姬果盗晋鄙兵符与公子。

公子行,侯生曰:"将在外,主令有所不受,以便国家。公子即合符,而晋鄙不授公子兵而复请之,事必危矣。臣客屠者朱亥可与俱,此人力士。晋鄙听,大善;不听,可使击之。"于是公子泣。侯生曰:"公子畏死邪?何泣也?"公子曰:"晋鄙嚄唶宿将㉘,往恐不听,必当杀之,是以泣耳,岂畏死哉?"于是公子请朱亥。朱亥笑曰:"臣乃市井鼓刀屠者,而公子亲数存之㉙,所以不报谢者,以为小礼无所用。今公子有急,此乃臣效命之秋㉚也。"遂与公子俱。公子过谢侯生。侯生曰:"臣宜从,老不能。请数公子行日,以至晋鄙军之日,北乡自刭,以送㉛公子。"公子遂行。

至邺,矫魏王令代晋鄙。晋鄙合符,疑之,举手视公子曰:"今吾拥十万之众,屯于境上,国之重任。今单车来代之,何如哉㉜?"欲无听。朱亥袖四十斤铁椎,椎杀晋鄙。

公子遂将晋鄙军。勒兵㉝,下令军中曰:"父子俱在军中,父归;兄弟俱在军中,兄归;独子无兄弟,归养。"得选兵八万人,进兵击秦军。秦军解去,遂救邯郸,存赵。赵王及平原君自迎公子于界,平原君负韊矢㉞为公子先引。赵王再拜曰:

"自古贤人未有及公子者也!"当此之时,平原君不敢自比于人。

公子与侯生决,至军,侯生果北乡自刭㉟。

〔注〕 ① 魏昭王:名遬(古"速"字),魏国第五代君主,公元前295—前277年在位。 ② 魏安釐(xī 西)王:名圉,魏国第六代君主,公元前276—前243年在位。 ③ 范雎:魏人,因事为人所诬,被魏相魏齐命人笞击折胁。后亡走秦,为秦昭王相。 ④ 大梁:魏都,今河南开封。 ⑤ 华阳:山名,在今河南新郑东南。 ⑥ 芒卯:魏将,为秦战败后逃跑。走,败走。芒卯事见《战国策·魏策三》。 ⑦ 博:赌棋。 ⑧ 举烽:报警。古时边境有敌情,燃起烽火告警。 ⑨ 夷门监者:大梁城东门夷门的守门人。 ⑩ 厚遗(wèi 卫):赠以厚礼。 ⑪ 虚左:空出左边座位。古代以左边为上座。 ⑫ 摄:整理。 ⑬ 俾倪:同"睥睨",斜视,旁若无人,高傲的态度。 ⑭ 遍赞宾客:向宾客一一介绍侯生。赞,告诉。 ⑮ 为寿:举杯祝福。 ⑯ 抱关者:守门的人。 ⑰ 就:成就。 ⑱ 留军壁邺:命令军队停下,驻扎在邺(今河北临漳)地。 ⑲ 让:责备。 ⑳ "安在"句:什么地方能表现公子是关心别人困难的呢? ㉑ "欲以"句:想带着门客一同去与秦军拼命。 ㉒ "我岂"句:难道我有什么过失吗? ㉓ 无他端:别无其他办法。 ㉔ 尚安事客:还用得着(我这个)门客么?事,用。 ㉕ 屏人间语:叫旁人走开,悄悄地说。 ㉖ 资之:积在心里。 ㉗ 伐:功业。 ㉘ 嚄唶(huò zè 霍仄)宿将:有威势的老将。嚄唶,高声呼笑,气势威严。 ㉙ 亲数存之:多次亲自慰问我。 ㉚ 效命之秋:出死力的时候。 ㉛ 送:这里有"报答"之意。 ㉜ 何如哉:怎么回事呀? ㉝ 勒兵:整顿军队。 ㉞ 负韊(lán 兰)矢:背着箭筒,为当时隆重的礼节。 ㉟ 北乡自刭:面向北方自杀。乡,通"向"。

这篇文章节选自《魏公子列传》,是《史记》中一篇脍炙人口的名作。就叙录历史事件来说,"救赵"是文章的中心,写信陵君礼贤下士的大段文字全为救赵张本。从传记文学的角度看,前半写下士,后半写得士之用,二者都是为了刻画信陵君这个战国时代的名公子。《史记评林》录明代人茅坤之言曰:"信陵君是太史公胸中得意人,故本传亦太史公得意文。"分析这篇文章,首先要看司马迁是怎样写他胸中得意人的。

世之论信陵君者,多以为他的"下士"不同于平原君的"徒为豪举",也不同于孟尝君的网罗鸡鸣狗盗之徒,好像他的"下士"完全出于天性,没有功利的目的。其实未必如此。各人个性不同,因此,同为贵公子,"下士"的具体动机、态度可能并不一样。但把这一行为放在当时的历史背景下来考察,便会发现,这些宗室亲贵的"礼贤下士",都不是没有目的的。当时七国纷争,互相杀伐,诸侯进则欲并吞友邻与国以广霸业,退则求所以安社稷、保邦家。在一国之内,也是尔虞我诈,互相争夺,作为宗室贵近,位居公子的人,为了巩固自己的政治地位,或养士以延誉国中,或广蓄羽翼以备缓急,信陵君又何尝能够例外?他高出诸公子之上的地方，在于他“下士”除了上述目的之外，还体现了为国求贤。他一生勋绩卓著的事业，在于抗秦存赵。魏赵唇齿之邦，救赵即所以保魏，这是很浅近的道理。司马迁写信陵君，着意突出他爱国精神的一面。在救赵之后，写了他“留赵十年不归，秦闻公子在赵，日夜出兵伐魏”。归魏之后，又写他将五诸侯兵破秦于河外的事迹。传的结尾还补了一笔：信陵君死后十八年，秦“虏魏王，屠大梁”，终于灭亡了魏国（按，以上均《魏公子列传》后段所记，本文引原文仅至救赵止，未具录）。这样组织材料，显然在于表明信陵君一身系魏国之安危，以突出其爱国者的形象。这样写，他自然站得比春申、平原、孟尝等贵公子高出一等。这是司马迁刻画他“胸中得意人”的立足点。

其次，信陵君为国求士，态度确实与别的公子不同。司马迁对信陵君的刻画，在这方面也最为着力。人皆知信陵君“下士”，不分等第、身份、地位，却很少有人留意到，他对这些士的才识品节，事先有充分的考察和认识。他以厚礼待侯生、朱亥，这两个人果然在关键时刻为他谋划出力，直至身殉。这样写，就显出信陵君具有高人一等的识力，所谓“慧眼识英雄”。

写信陵君亲迎侯生赴家宴一场，笔触极细，是本文前半部最精彩动人的地方。侯生是个心怀韬略的隐者。他与信陵君同处大梁，近在咫尺，不可能不知道信陵君爱士。但他从不曾干谒过这位贵公子。显然，他持身严谨，在动荡纷繁的战国政局中，要择主而事。因此，公子送他厚礼，他一口拒绝。待公子亲自带车骑来接他赴家宴，他又一再考验公子的诚意。以信陵君的身份，亲自驾车，虚左以待，于侯生不可谓不恭不诚；这个守门老人却毫不谦逊地上车，公然坐于上座，以观公子颜色。车行途中，侯生又提出要公子驾车送他去市场上看望他的朋友——屠者朱亥，横生枝节。到了朱亥处，故意“久立，与其客语”，旁若无人，再一次考验公子。公子的反应却是“执辔愈恭”“颜色愈和”“色终不变”。与此同时，司马迁还骋其“石有三面，树有四枝”之笔，插叙公子府中“置酒大宴宾客”“魏将相宗室宾客满堂，待公子举酒”“市人皆观公子执辔，从骑皆窃骂侯生”的场景。一边急如星火，一边慢吞吞若无其事，愈益烘托出公子屈躬下士的虔诚，文字也显得一波三折，峰峦迭起，极富戏剧性。及至侯生车到，满堂贵客等了半天，没想到公子亲自驾车迎来的竟是这样一个衣冠褴褛的守门老头，自然要“宾客皆惊”。这一惊，衬出了公子为人不同凡俗，公子此举出人意表。刻画一个人物，能使之不同凡俗，出人意表，自然能给读者留下深刻难忘的印象，人物鲜明、独特的个性也就凸现出来了。

“窃符救赵”一节，是后半部分最激动人心的文字，司马迁把人物写得“精神血气，无所不具”，如见如闻。强秦是六国共同的敌人，赵、魏是唇齿相依的邻国，赵国的平原君又是天下闻名的贤公子、信陵君的姐夫。当赵国首都邯郸被秦兵包围，危在旦夕的时候，平原君夫妇驰书求救于魏王和信陵君。行文至此，波澜复起，魏王本已派老将晋鄙率十万大军救赵，不意秦王书来，横加威胁。魏王慑于强秦的军威，怕引火烧身，传令晋鄙停止进军，情况再趋严重。文情至此，雨骤风狂；信陵君的人格威望，受到了严峻的挑战。他既担心唇亡齿寒，又无法说服魏王进兵。在这紧急关头，信陵君迫于公谊私情，别无选择，准备带领他的门客死士，同赴秦军，与赵国共存亡。这当然是极其悲壮的抉择，却是一条以肉投饿虎的下策。偏偏在这生死存亡千钧一发之际，曾受过公子厚遇的侯生和朱亥，竟匿不见面。直到公子车骑过夷门，见侯生，主动告诉他准备赴秦军决死的打算，侯生依然冷漠相待，辞以不能同行。读文至此，不禁心头一冷，以为赵必亡，魏必危，公子必死，而深恨人心若水，交道难论；却不料公子引车去而复返，愿闻过于侯生，引出侯生“窃符救赵”一番奇策高论，真如山穷水尽，忽又柳暗花明。至此信陵君顿消前念，用侯生之谋，如姬果然冒死为公子窃得虎符，朱亥果然为公子效命椎杀晋鄙，侯生也果然如约“北向自刭”以报公子，信陵君终于完成了却秦存赵的不世之功。如姬之乐于冒死窃符，是因为公子借士之力替她报了父仇。写如姬，写侯生，写朱亥，都为了突出士的作用；写士乐为公子用，愿为公子死，又无不是着力刻画公子的品节高义，深得人心。文章一起，从礼遇侯生缓缓写来，信笔点染，娓娓而道。写到强秦围赵，渐觉风起云涌，波翻浪急；及至却秦存赵，则风驰电掣，四方辐辏，全文结穴。至此，每个人物都显示了作用，对曩者朱亥之不谢公子，也作了交代。回观前段缓缓写来，似信笔点染之处，竟无一处闲笔；而信陵君为国忘身之忠，谦逊下士之诚，急人危难之义，都得到酣畅淋漓、入木三分的刻画。一个崇高、丰满的形象，终于矗立于历史舞台，在后世读者心中，激起了永不平静的波澜，把司马迁对信陵君无限倾慕之意，化作了读者自己的感情，兴起“微斯人吾谁与归”的感叹。

信陵君窃符救赵这篇文章，是现实主义与浪漫主义手法交相为用的产物，是史乘资料与“旁搜异闻”的和谐统一体，其间取舍增删，都凝注着司马迁的思想感情。比如，却秦存赵之所以取得胜利，本非信陵君一人之力。当时楚国的春申君也曾率师救赵；平原君散家财、募死士三千人，却秦军三十里，也是取胜的重要原因(事见《史记・平原君列传》)。司马迁在这里却归美于信陵君一人，表现出鲜明的感情倾向。司马迁之所以如此倾慕信陵君，以满腔激情歌颂信陵君，是与他自己的遭遇和政治思想分不开的。他在《报任少卿书》中说过“士为知己者用，女为说(悦)己者容”的话。他感慨世无知己,自己“虽有形而不彰,徒有能而不陈”;深叹“何穷达之易惑,信美恶之难分”(《悲士不遇赋》)。当他身陷冤狱的时候,“交游莫救,左右亲近不为一言”(《报任少卿书》)。他从这种切身遭遇出发,热切希望统治阶级中出现信陵君那样屈身下士的人物,使“才怀随和,行若由夷”之士(其才智如随侯之珠、卞和之璧一样美,品德像古代许由、伯夷一样高尚),终能展其奇策才力,建功立业。自然,他这种理想在封建社会里是注定了无法实现的,就连他笔下尽情歌颂的信陵君,也终于因谗被毁,郁郁病酒以终,成了项羽、李广一类的悲剧人物,这是时代的悲哀。

(赖汉屏)

廉颇蔺相如列传　　司马迁

廉颇者,赵之良将也。赵惠文王十六年①,廉颇为赵将,伐齐,大破之,取阳晋②,拜为上卿,以勇气闻于诸侯。蔺相如者,赵人也,为赵宦者令缪贤舍人③。

赵惠文王时,得楚和氏璧④。秦昭王闻之,使人遗赵王书,愿以十五城请易璧。赵王与大将军廉颇、诸大臣谋:欲予秦,秦城恐不可得,徒见欺;欲勿予,即患秦兵之来。计未定,求人可使报秦者,未得。宦者令缪贤曰:“臣舍人蔺相如可使。”王问:“何以知之?”对曰:“臣尝有罪,窃计欲亡走燕。臣舍人相如止臣,曰:‘君何以知燕王?’臣语曰:‘臣尝从大王与燕王会境上,燕王私握臣手,曰:“愿结友。”以此知之,故欲往。’相如谓臣曰:‘夫赵强而燕弱,而君幸于赵王,故燕王欲结于君。今君乃亡赵走燕,燕畏赵,其势必不敢留君,而束君归赵矣。君不如肉袒伏斧质请罪,则幸得脱矣。’臣从其计,大王亦幸赦臣。臣窃以为其人勇士,有智谋,宜可使。”于是王召见,问蔺相如曰:“秦王以十五城请易寡人之璧,可予不?”相如曰:“秦强而赵弱,不可不许。”王曰:“取吾璧,不予我城,奈何?”相如曰:“秦以城求璧而赵不许,曲在赵;赵予璧而秦不予赵城,曲在秦。均之二策,宁许以负秦曲。”王曰:“谁可使者?”相如曰:“王必无人,臣愿奉璧往使。城入赵而璧留秦;城不入,臣请完璧归赵。”赵王于是遂遣相如奉璧西入秦。

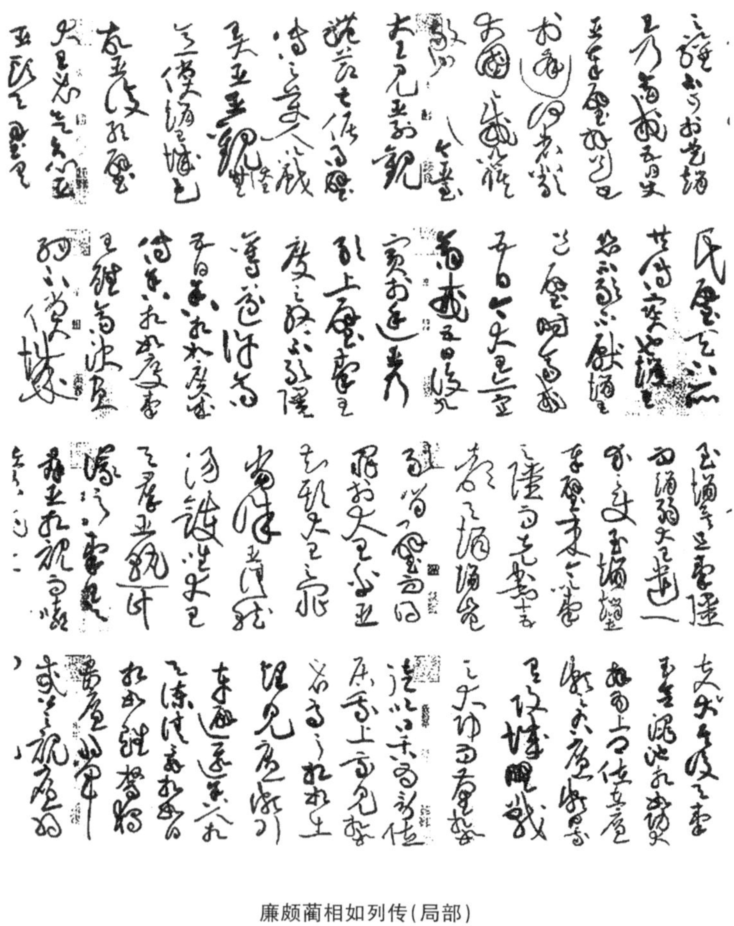

廉颇蔺相如列传(局部)

——〔宋〕黄庭坚书

秦王坐章台[5]见相如。相如奉璧奏秦王。秦王大喜，传以示美人及左右，左右皆呼万岁。相如视秦王无意偿赵城，乃前曰："璧有瑕，请指示王。"王授璧，相如因持璧却立，倚柱，怒发上冲冠，谓秦王曰："大王欲得璧，使人发书至赵王，赵王悉召群臣议，皆曰：'秦贪，负其强，以空言求璧，偿城恐不可得。'议不欲予秦璧。臣以为布衣之交尚不相欺，况大国乎！且以一璧之故逆强秦之驩，不可。于是赵王乃斋戒五日，使臣奉璧，拜送书于庭。何者？严大国之威以修敬也[6]。今臣至，大王见臣列观[7]，礼节甚倨；得璧，传之美人，以戏弄臣。臣观大王无意偿赵王城邑，故臣复取璧。大王必欲急臣，臣头今与璧俱碎于柱矣！"相如持其璧睨柱，欲以击柱。秦王恐其破璧，乃辞谢固请，召有司案图[8]，指从此以往十五都予赵。相如度秦王特以诈，佯为予赵城，实不可得，乃谓秦王曰："和氏璧，天下所共传宝也。赵王恐，不敢不献。赵王送璧时，斋戒五日，今大王亦宜斋戒五日，设九宾于廷[9]，臣乃敢上璧。"秦王度之，终不可强夺，遂许斋五日。舍相如广成传[10]。相如度秦王虽斋，决负约不偿城，乃使其从者衣褐，怀其璧，从径道[11]亡，归璧于赵。

秦王斋五日后，乃设九宾礼于廷，引赵使者蔺相如。相如至，谓秦王曰："秦自缪公[12]以来二十余君，未尝有坚明约束[13]者也。臣诚恐见欺于王而负赵，故令人持璧归，间至赵矣。且秦强而赵弱，大王遣一介之使至赵，赵立奉璧来；今以秦之强，而先割十五都予赵，赵岂敢留璧而得罪于大王乎？臣知欺大王之罪当诛，臣请就汤镬[14]。唯大王与群臣孰计议之！"秦王与群臣相视而嘻[15]。左右或欲引相如去，秦王因曰："今杀相如，终不能得璧也，而绝秦、赵之驩，不如因而厚遇之，使归赵。赵王岂以一璧之故欺秦邪！"卒廷见相如，毕礼而归之。

相如既归，赵王以为贤大夫，使不辱于诸侯，拜相如为上大夫[16]。秦亦不以城予赵，赵亦终不予秦璧。

其后秦伐赵，拔石城⑰。明年，复攻赵，杀二万人。秦王使使者告赵王，欲与王为好，会于西河外渑池⑱。赵王畏秦，欲毋行。廉颇、蔺相如计曰："王不行，示赵弱且怯也。"赵王遂行，相如从。廉颇送至境，与王诀曰："王行，度道里会遇之礼毕，还，不过三十日；三十日不还，则请立太子为王，以绝秦望。"王许之，遂与秦王会渑池。秦王饮酒酣，曰："寡人窃闻赵王好音，请奏瑟！"赵王鼓瑟。秦御史前，书曰："某年月日，秦王与赵王会饮，令赵王鼓瑟。"蔺相如前曰："赵王窃闻秦王善为秦声，请奏盆缻⑲秦王，以相娱乐。"秦王怒，不许。于是相如前进缻，因跪请秦王。秦王不肯击缻。相如曰："五步之内，相如请得以颈血溅大王矣！"左右欲刃相如，相如张目叱之，左右皆靡。于是秦王不怿，为一击缻。相如顾召赵御史书曰："某年月日，秦王为赵王击缻。"秦之群臣曰："请以赵十五城为秦王寿"。蔺相如亦曰："请以秦之咸阳为赵王寿。"秦王竟酒，终不能加胜于赵。赵亦盛设兵以待秦，秦不敢动。

既罢，归国，以相如功大，拜为上卿，位在廉颇之右⑳。廉颇曰："我为赵将，有攻城野战之大功，而蔺相如徒以口舌为劳，而位居我上。且相如素贱人，吾羞，不忍为之下。"宣言曰："我见相如，必辱之！"相如闻，不肯与会。相如每朝时，常称病，不欲与廉颇争列。已而相如出，望见廉颇，相如引车避匿。于是舍人相与谏曰："臣所以去亲戚而事君者，徒慕君之高义也。今君与廉颇同列，廉君宣恶言，而君畏匿之，恐惧殊甚。且庸人尚羞之，况于将相乎！臣等不肖，请辞去。"蔺相如固止之，曰："公之视廉将军孰与秦王㉑？"曰："不若也。"相如曰："夫以秦王之威，而相如廷叱之，辱其群臣；相如虽驽，独畏廉将军哉！顾吾念之，强秦之所以不敢加兵于赵者，徒以吾两人在也。今两虎共斗，其势不俱生。吾所以为此者，以先国家之急，而后私仇也！"廉颇闻之，肉袒负荆㉒，因宾客至蔺相如门谢罪。曰："鄙贱之人，不知将军宽之至此也。"卒相与驩，以刎颈之交。

是岁，廉颇东攻齐，破其一军。居二年，廉颇复伐齐幾[23]，拔之。后三年，廉颇攻魏之防陵、安阳[24]，拔之。后四年，蔺相如将而攻齐，至平邑[25]而罢。其明年，赵奢破秦军阏与[26]下。

赵奢者，赵之田部吏也。收租税而平原君[27]家不肯出租，奢以法治之，杀平原君用事者九人。平原君怒，将杀奢。奢因说曰："君于赵为贵公子。今纵君家而不奉公，则法削；法削则国弱；国弱则诸侯加兵。诸侯加兵，是无赵也，君安得有此富乎！以君之贵，奉公如法，则上下平；上下平则国强；国强则赵固；而君为贵戚，岂轻于天下邪！"平原君以为贤，言之于王。王用之治国赋，国赋大平，民富而府库实。

秦伐韩，军于阏与。王召廉颇而问曰："可救不？"对曰："道远险狭，难救。"又召乐乘[28]而问焉，乐乘对如廉颇言。又召问赵奢，奢对曰："其道远险狭，譬之犹两鼠斗于穴中，将勇者胜。"王乃令赵奢将，救之。

兵去邯郸三十里，而令军中曰："有以军事谏者死！"秦军军武安[29]西。秦军鼓噪勒兵[30]，武安屋瓦尽振。军中候有一人言急救武安，赵奢立斩之。坚壁[31]，留二十八日不行，复益增垒。秦间来入，赵奢善食而遣之。间以报秦将，秦将大喜曰："夫去[32]国三十里而军不行，乃增垒，阏与非赵地也！"赵奢既已遣秦间，乃卷甲而趋之[33]，二日一夜至。令善射者去阏与五十里而军。军垒成，秦人闻之，悉甲而至。军士许历请以军事谏。赵奢曰："内之！"许历曰："秦人不意赵师至此，其来气盛，将军必厚集其阵以待之。不然，必败。"赵奢曰："请受令！"许历曰："请就𫓧质之诛！"赵奢曰："胥后令邯郸[34]！"许历复请谏，曰："先据北山上者胜，后至者败。"赵奢许诺，即发万人趋之。秦兵后至，争山，不得上；赵奢纵兵击之，大破秦军。秦军解而走[35]，遂解阏与之围而归。

赵惠文王赐奢号为马服君[36]，以许历为国尉[37]。赵奢于是与廉颇、蔺相如同位。

后四年，赵惠文王卒，子孝成王立。七年，秦与赵兵相距长平㊳，时赵奢已死，而蔺相如病笃，赵使廉颇将攻秦。秦数败赵军，赵军固壁不战。秦数挑战，廉颇不肯。赵王信秦之间。秦之间言曰："秦之所恶，独畏马服君赵奢之子赵括为将耳。"赵王因以括为将，代廉颇。蔺相如曰："王以名使括，若胶柱而鼓瑟㊴耳。括徒能读其父书传，不知合变也。"赵王不听，遂将之。

赵括自少时学兵法，言兵事，以天下莫能当。尝与其父奢言兵事，奢不能难，然不谓善。括母问奢其故，奢曰："兵，死地也，而括易言之。使赵不将括即已，若必将之，破赵军者必括也！"及括将行，其母上书言于王曰："括不可使将！"王曰："何以？"对曰："始妾事其父，时为将。身所奉饭饮而进食者以十数，所友者以百数；大王及宗室所赏赐者尽以予军吏士大夫；受命之日，不问家事。今括一旦为将，东向而朝，军吏无敢仰视之者；王所赐金帛，归藏于家，而日视便利田宅，可买者买之。王以为何如其父？父子异心，愿王勿遣！"王曰："母置之，吾已决矣！"括母因曰："王终遣之，即有如不称，妾得无随坐乎？"王许诺。

赵括既代廉颇，悉更约束，易置军吏。秦将白起闻之，纵奇兵，佯败走，而绝其粮道，分断其军为二，士卒离心。四十余日，军饿，赵括出锐卒自搏战。秦军射杀赵括。括军败，数十万之众遂降秦，秦悉阬之。赵前后所亡凡四十五万。明年，秦兵遂围邯郸，岁余，几不得脱。赖楚、魏诸侯来救，乃得解邯郸之围。赵王亦以括母先言，竟不诛也。

自邯郸围解五年，而燕用栗腹㊵之谋，曰："赵壮者尽于长平，其孤未壮。"举兵击赵。赵使廉颇将，击，大破燕军于鄗㊶，杀栗腹，遂围燕。燕割五城请和，乃听之。赵以尉文㊷封廉颇为信平君，为假相国。

廉颇之免长平归也，失势之时，故客尽去；及复用为将，客又复至。廉颇曰："客退矣！"客曰："吁！君何见之晚也！夫天下以市道交，君有势，我则从君；君无势则去。此固其理也，有何怨乎？"居六年，赵使廉颇伐魏之繁阳㊸，拔之。

赵孝成王卒，子悼襄王立，使乐乘代廉颇。廉颇怒，攻乐乘，乐乘走。廉颇遂奔魏之大梁。其明年，赵乃以李牧为将而攻燕，拔武遂、方城㊹。

廉颇居梁久之，魏不能信用。赵以数困于秦兵，赵王思复得廉颇，廉颇亦思复用于赵。赵王使使者视廉颇尚可用否。廉颇之仇郭开多与使者金，令毁之。赵使者既见廉颇，廉颇为之一饭斗米，肉十斤，被甲上马，以示尚可用。赵使还报王曰："廉将军虽老，尚善饭；然与臣坐，顷之，三遗矢矣！"赵王以为老，遂不召。

楚闻廉颇在魏，阴使人迎之。廉颇一为楚将，无功，曰："我思用赵人！"廉颇卒死于寿春㊺。

李牧者，赵之北边良将也。常居代雁门㊻，备匈奴。以便宜置吏，市租皆输入莫府，为士卒费。日击数牛飨士，习射骑，谨烽火，多间谍，厚遇战士。为约曰："匈奴即入盗，急入收保，有敢捕虏者，斩！"匈奴每入，烽火谨，辄入收保，不敢战。如是数岁，亦不亡失。然匈奴以李牧为怯，虽赵边兵亦以为吾将怯。赵王让李牧，李牧如故。赵王怒，召之，使他人代将。

岁余，匈奴每来，出战；出战数不利，失亡多，边不得田畜。复请李牧。牧杜门不出，固称疾。赵王乃复强起使将兵，牧曰："王必用臣，臣如前，乃敢奉令。"王许之。

李牧至，如故约。匈奴数岁无所得，终以为怯。边士日得赏赐而不用，皆愿一战。于是乃具选车得千三百乘，选骑得万三千匹，百金之士㊼五万人，彀者十万人，悉勒习战，大纵畜牧，人民满野。匈奴小入，佯北不胜，以数千人委之。单于闻之，大率众来入。李牧多为奇陈，张左右翼击之，大破杀匈奴十余万骑。灭襜褴㊽，破东胡，降林胡，单于奔走。其后十余岁，匈奴不敢近赵边城。

赵悼襄王元年㊾，廉颇既亡入魏，赵使李牧攻燕，拔武遂、方城。居二年，庞煖㊿破燕军，杀剧辛[51]。后七年，秦破赵，杀将扈辄[52]于武遂城，斩首十万。赵乃以李牧为大将军，击秦军于宜安[53]，大破秦军，走秦将桓齮[54]。封李牧为武安君。居三年，秦攻番吾[55]，李牧击破秦军，南距韩、魏。

赵王迁七年[56]，秦使王翦攻赵，赵使李牧、司马尚[57]御之。秦多与赵王宠臣郭开金，为反间，言李牧、司马尚欲反。赵王乃使赵葱及齐将颜聚代李牧。李牧不受命。赵使人微捕得李牧，斩之。废司马尚。后三月，王翦因急击赵，大破，杀赵葱，虏赵王迁及其将颜聚，遂灭赵。

太史公曰：知死必勇；非死者难也，处死者难[58]。方蔺相如引璧睨柱，及叱秦王左右，势不过诛；然士或怯懦而不敢发。相如一奋其气，威信敌国，退而让颇，名重太山：其处智勇，可谓兼之矣！

〔注〕 ① 赵惠文王十六年：公元前283年。 ② 阳晋：齐邑，故址在今山东郓城西。 ③ 宦者令：宫中宦官的首领。舍人：王公贵官的侍从宾客、亲近左右。 ④ 楚和氏璧：楚人卞和得玉璞先后献给楚厉王、武王，琢玉的匠人都说是石头，王以为诳，先后断去其左右脚。文王立，卞和抱璞哭于山中，王使琢玉的匠人剖璞，得宝玉，因命为和氏璧。事见《韩非子·和氏篇》。 ⑤ 章台：秦离宫名，故址在今陕西长安县，渭水南岸。 ⑥“严大国”句：敬畏大国的威严而表明尊敬的心情。 ⑦ 列观：一般的台观，不是举行重大典礼的地方。这里指章台。 ⑧ 有司：职有专司的官吏。案图：依照地图。 ⑨ 设九宾于廷：当时外交上最隆重的礼仪，由傧相九人依次传呼接引上殿。 ⑩ 广成传：宾馆名。传：传舍，宾馆。 ⑪ 径道：小路。 ⑫ 缪公：缪，同“穆”。穆公即秦穆公，春秋五霸之一。 ⑬ 坚明约束：坚决明确地遵守信约。 ⑭ 镬：大锅。 ⑮ 嘻：这里指苦笑声。 ⑯ 上大夫：古官名，周王室及诸侯各国，卿以下有大夫，分上、中、下三等。 ⑰ 石城：赵邑名，故城在今河南林县西南。 ⑱ 渑池：古城名，一作黾池，因南有黾池得名，在今河南渑池西。 ⑲ 盆缻：盛酒的瓦器，秦人敲击作为唱歌的节拍。 ⑳ 右：这里指上位。 ㉑“公之视”句：你们看廉将军比秦王怎么样？ ㉒ 负荆：背着荆条表示愿受责打，古代表示认错服罪。 ㉓ 幾：古地名，在今河北大名东南。 ㉔ 防陵：古地名，在今河南安阳南。安阳：古地名，在今河南安阳东南。 ㉕ 平邑：赵邑名，在今河南濮阳南乐东北平邑村。 ㉖ 阏与：战国时韩邑，后属赵；故城在今山西和顺西北。 ㉗ 平原君：赵胜，战国四公子之一，因封于东武（今山东武城西北），故称为平原君。 ㉘ 乐乘：赵将，曾因功封为武襄君。 ㉙ 武安：赵邑，故城在今河北邯郸武安。 ㉚ 鼓噪：击鼓呐喊。勒兵：治军。

此指操练人马。㉛坚壁：坚守营垒。㉜去：离开。㉝卷甲而趋之：脱下铠甲轻装奔袭敌人。㉞胥后令邯郸：等待邯郸随后来的命令。胥，同"须"，等待。赵奢既赞赏许历的进谏，又不便改变其军令，故用缓词，说等待日后凯旋邯郸，由赵王发落。㉟解而走：被打散逃跑。㊱马服君：以马服山为赵奢封号。马服山在今邯郸西北。㊲国尉：官名，职位仅次于将军。㊳长平：赵邑，在今山西高平西北。㊴胶柱而鼓瑟：柱为琴瑟上支弦的小木。鼓瑟成调，先须转柱调弦，若胶柱则不能定音，就弹不成曲调了。比喻赵括死读兵书，不会活用。㊵栗腹：时为燕相。曾鼓动燕王乘危伐赵，事见《史记·燕召公世家》。㊶鄗（hào浩）：赵邑，在今河北邢台柏乡北。㊷尉文：邑名，在赵国西北境，今地不详。㊸繁阳：魏邑，在今河南内黄东北。㊹武遂：燕邑，在今河北徐水。方城：燕邑，在今河北固安南。㊺寿春：楚地，即今安徽六安寿县。㊻代：古国名，战国时其地属赵国。雁门：赵郡名，在今山西西北一带。㊼百金之士：曾荣获百金赏赐的勇士。㊽襜（dān丹）褴：当时少数民族所建国名，在代国的北面。㊾赵悼襄王元年：公元前244年。㊿庞煖：赵将，素与剧辛交好。剧辛为燕伐赵，被他所杀。(51)剧辛：赵人，后仕燕为将。(52)扈辄：赵将。(53)宜安：赵邑，在今河北藁城西南。(54)桓齮（yǐ椅）：秦将，曾杀扈辄。(55)番（pān潘）吾：赵邑，在今河北平山南。(56)赵王迁七年：公元前229年。(57)司马尚：赵将，时与李牧同御王翦。李牧死，被罢黜废免。(58)"知死"三句：知道自己将死而泰然处之，必定是大勇之人。死并非难事，难的是从容地对待死。

本篇合传与附传兼备，以写廉颇、蔺相如为主，后面附有赵奢、赵括、李牧等人的事迹。通过这五人的传略，反映了赵国从赵惠文王到赵王迁七十年间的兴亡史，同时也反映出如何使用人才的问题；强调了君主善于举贤授能，知人善任，国家就强盛，君主若良莠不分，忠奸不辨，国家就败亡的主题。

全文主要写了四个有名的故事，即"完璧归赵""渑池之会""廉蔺交欢"及"长平之战"。文章以双起法开篇，同时推出廉颇与蔺相如，而后又单写蔺相如，将廉颇的悬念留给了读者。写蔺相如，则先借缪贤之口，道出其平时为人的性格，推崇其临机处事的智谋，为下文张本。接着才开始"完璧归赵"的故事。"完璧归赵"一事不见于《战国策》，司马迁当另有所据。整段文字写来紧凑有力，情景细腻逼真。喜怒见于色，须眉见于形，可谓理明而辞畅。短短的数语，就将紧张、危险的场面，勇敢机智的人物形象表现得淋漓尽致，不禁使人由其文而想见其人，设想其事。其中尤以持璧睨柱一段最为精彩。接下来写秦王斋戒后相如徒手晋见，及今读之，犹不禁让人为之捏一把冷汗。但作者行文却从容不迫，由相如的一席话立刻将紧张的局势化为轻松，干戈化为玉帛，最后"毕礼而归之"。写来入情入理，不着痕迹；读来令人荡气回肠，时觉有一段激越悠扬的乐音回荡在心灵深处。"渑池之会"的情景则如戏，如电影。这一段文字留给读者以广阔的想象空间。那紧张危险、激动人心的场面，历历如在目前；那舌剑唇枪、互不相让的口战，仿佛就在耳旁。在这里，描写的已不是宴饮的好会，而是两国人才、智慧、勇气的决斗，是一处没有硝烟的战场。作者用他那如椽巨笔生动而富于戏剧性地刻画了蔺相如灵活机智，不畏强暴，据理力争的英雄形象。行文紧张刺激，历历如见。在“廉蔺交欢”中，廉颇才开始正式登场。在这里，作者的写法是两人并重。先写蔺相如度量宽宏，先公后私的襟怀，次写廉颇识大局，勇于改过的勇气。在当时，廉颇以百战功勋、国家重臣、齿德兼隆的身份，向蔺相如这位后起之秀负荆请罪，可知作者突出表现的是廉颇之勇气，用笔实胜过对蔺相如之宽容的刻画，廉颇性格中真率、憨直的一面也跃然纸上。“长平之战”着重于成败之由、得失之故。作者以无可辩驳的事实说明君主能否知人善任，关系到一个国家兴亡。宋代洪迈说：“赵括之不宜为将，其父以为不可，母以为不可，大臣以为不可；秦王知之，相应侯知之，将白起知之，独赵王以为可。故用之而败。”（《容斋随笔》卷二）长平之战的教训是惨痛的，但赵国君主仍不引以为戒，依然偏听偏信，终使廉颇报国无门，客死异邦；李牧蒙受冤屈，惨遭刑戮。赵王自断手足，自毁长城，其国不灭，难矣！

司马迁通过这四个故事成功地塑造出几个性格鲜明的人物形象。首先，司马迁善于在矛盾冲突中表现人物。他写蔺相如，主要通过完璧归赵、渑池之会、廉蔺交欢三个重要情节表现蔺相如的智勇。这三个故事反映了两种矛盾。一是秦赵之间的矛盾，一是廉蔺之间的矛盾。第一个矛盾也是主要矛盾，促成了蔺相如得以表现他的大智大勇，使赵国取得一个又一个胜利，他自己的地位也由一个普通门客提升为上卿，位在廉颇之右。这样，秦赵两国之间矛盾发展的结果，又构成了将相之间矛盾的前因，随秦赵矛盾的暂时缓和，廉蔺之间的矛盾突出了。但主要矛盾的始终存在，蔺相如的高瞻远瞩及廉颇的刚直敦厚使得廉蔺之间的矛盾终于得以消解。司马迁就在这两个矛盾的展开中完成了他理想中典型的儒家将相的形象塑造。其次，司马迁还善于在对比中显示人物的性格。所谓个性，就是这个人区别于其他人的独特的性格，这种区别也只有在对比中才能鲜明地表现出来。如蔺相如对强秦的英勇无畏与对廉颇的谦让退避；廉颇对蔺相如的前倨与后恭；蔺相如的大智大勇与秦王的色厉内荏；赵奢用兵之明与赵括纸上谈兵；众人对赵括的明察与赵王对赵括的不察……这些对比，就像画家用了鲜明的色彩一样，使人的感观出现强烈的反差，作者所要表现的形象就强烈地留在读者的脑海里了。

另外，司马迁也是塑造典型的大师。他笔下的每一个传记都有一个生命，他所有的素材都为之而组织。他尽可能去创造、去维护、去发扬这一生命。从某种意义上来说，司马迁可谓一个出色的摄影师，他总是选取最好的镜头，捕捉最完美的瞬间。在同一景色里，他会为他们拍合影，但更多的是特写。他能准确地把握作品的重心，由于这重心而构成了整个作品的完整。在这种意味上，他又是一个卓越的肖像画家，也是一个优异的雕刻家。同时，他也像一个大音乐家一样，在他的作品里奏着独有的旋律。而这旋律，使他的文章有着无比的韵味。在他精心谱写的旋律的起承转合处，可以强烈地体会到司马迁对结构是何等地惨淡经营而又挥洒自如，匠心独运。在本文所写的众人中，廉颇为赵国宿将，而死于最后。故行文以廉颇为经，以蔺相如、赵奢、赵括、李牧为纬，对这些人的记述详备，而对廉颇反而简略。于此最见司马迁意匠之妙。在叙次诸人时，又以廉颇缨络其间，前后一线相承，不致散漫。李牧最晚出，而死于廉颇之后，故司马迁先安排李牧与廉颇事迹相关之处，再详细叙李牧之事，中间再次点出廉颇，尽得参差之法。在这里，司马迁为增加文字结构之美，已把廉颇作为一种重复的事项，让他的出现就像一种旋律，又像建筑长廊中的列柱似的，构成一种连绵回环的气势。在文章的末尾，太史公的评又留有独特的余韵，令人读后掩卷深思。从这一点上，可以看出司马迁不仅构筑了结构宏大的《史记》纪传体例，而且在结构的每一细节上他更是精雕细刻，极尽巧匠之能事。

本文的语言，无论是叙事，还是对话，都达到极高的境界。其叙事语言奇而韵。所谓奇，就是自秦文的矫健而变为疏荡淡远；所谓韵，就是经楚辞的洗礼，使疏荡处不流于偏枯躁急。其对话语言极为贴切与传神，起到叙事语言所无法替代与企及的功效。整篇文字笔酣墨饱，神完气足，令人把玩不已！

（安平秋　李　宇）

魏其武安侯列传　　　　司马迁

魏其[1]侯窦婴者，孝文后从兄子也。父世观津[2]人，喜宾客。孝文时，婴为吴相，病免。孝景初即位，为詹事[3]。

梁孝王者，孝景弟也，其母窦太后爱之。梁孝王朝，因昆弟燕[4]饮。是时上未立太子，酒酣，从容[5]言曰："千秋之后[6]传梁王。"太后欢。窦婴引卮酒进上，曰："天下者，高祖天下；父子相传，此汉之约也。上何以得擅传梁王！"太后由此憎窦婴；窦婴亦薄其官，因病免。太后除窦婴门籍[7]，不得入朝请。

孝景三年，吴、楚反，上察宗室、诸窦毋如窦婴贤，乃召婴。婴入见，固辞谢病不足任。太后亦惭。于是上曰："天下方有急，王孙[8]宁可以让邪?”乃拜婴为大将军，赐金千斤。婴乃言袁盎、栾布诸名将贤士在家者进之。所赐金，陈之廊庑下，军吏过，辄令财取为用。金无入家者。窦婴守荥阳，监齐、赵兵。七国兵已尽破，封婴为魏其侯。诸游士、宾客争归魏其侯。孝景时，每朝议大事，条侯、魏其侯，诸列侯莫敢与亢礼[9]。

孝景四年，立栗太子，使魏其侯为太子傅。孝景七年，栗太子废；魏其数争，不能得。魏其谢病，屏居[10]蓝田南山之下数月。诸宾客、辩士说之，莫能来。梁人高遂乃说魏其曰：“能富贵将军者，上也；能亲将军者，太后也。今将军傅太子，太子废而不能争；争不能得，又弗能死。自引谢病，拥赵女，屏闲处而不朝。相提而论，是自明扬主上之过。有如两宫螫将军[11]，则妻子毋类[12]矣。”魏其侯然之，乃遂起，朝请如故。

桃侯免相，窦太后数言魏其侯。孝景帝曰：“太后岂以为臣有爱[13]，不相魏其？魏其者，沾沾自喜耳，多易[14]。难以为相，持重[15]。”遂不用；用建陵侯卫绾为丞相。

武安侯田蚡者，孝景后同母弟也，生长陵。魏其已为大将军后，方盛，蚡为诸郎[16]，未贵，往来侍酒魏其，跪起如子姓。及孝景晚节，蚡益贵幸，为太中大夫。蚡辩有口[17]，学《槃盂》诸书，王太后贤之。孝景崩，即日太子立，称制[18]，所镇抚多有田蚡宾客计策。蚡弟田胜，皆以太后弟，孝景后三年封蚡为武安侯，胜为周阳侯。

武安侯新欲用事[19]为相，卑下宾客，进名士，家居者贵之，欲以倾魏其诸将相。建元元年，丞相绾病免，上议置丞相、太尉。籍福说武安侯曰：“魏其贵久矣，天下士素归之。今将军初兴，未如魏其；即上以将军为丞相，必让魏其。魏其为丞相，将军必为太尉。太尉、丞相尊等耳，又有让贤名。”武安侯乃微言太后，风上[20]，于是乃以魏其侯为丞相，武安侯为太尉。籍福贺魏其侯，因吊[21]曰：“君侯资性喜善疾恶。方今善人誉君侯，故至丞相；然君侯且疾恶，恶人众，亦且毁君侯。君侯能兼容，则幸久；不能，今以毁去矣。”魏其不听。

魏其、武安俱好儒术，推毂[22]赵绾为御史大夫，王臧为郎中令；迎鲁申公，欲设明堂[23]。令列侯就国，除关[24]，以礼为服制[25]，以兴太平。举適诸窦宗室毋节行者[26]，除其属籍[27]。时诸外家[28]为列侯，列侯多尚[29]公主，皆不欲就国，以故毁日至窦太后。太后好黄、老[30]之言，而魏其、武安、赵绾、王臧等务隆推儒术，贬道家言，是以窦太后滋不说魏其等。及建元二年，御史大夫赵绾请无奏事东宫。窦太后大怒，乃罢逐赵绾、王臧等，而免丞相、太尉。以柏至侯许昌为丞相，武强侯庄青翟为御史大夫。魏其、武安由此以侯家居。

武安侯虽不任职，以王太后故，亲幸；数言事，多效，天下吏士趋势利者皆去魏其归武安。武安日益横。建元六年，窦太后崩，丞相昌、御史大夫青翟坐丧事不办，免。以武安侯蚡为丞相，以大司农韩安国为御史大夫。天下士郡诸侯愈益附武安。

武安者，貌侵[31]，生贵甚。又以为诸侯王多长，上初即位，富于春秋[32]；蚡以肺腑[33]为京师相，非痛折节以礼诎之[34]，天下不肃。当是时，丞相入奏事，坐语移日[35]，所言皆听。荐人或起家至二千石，权移主上。上乃曰：“君除吏已尽未？吾亦欲除吏！”尝请考工地[36]益宅，上怒曰：“君何不遂取武库！”是后乃退。尝召客饮，坐其兄盖侯南乡，自坐东乡：以为汉相尊，不可以兄故私桡[37]。武安由此滋骄，治宅甲诸第。田园极膏腴，而市买郡县器物相属于道。前堂罗钟鼓，立曲旃[38]；后房妇女以百数。诸侯奉金玉、狗马、玩好，不可胜数。

魏其失窦太后，益疏不用，无势。诸客稍稍自引而怠傲，唯灌将军独不失故。魏其日默默不得志，而独厚遇灌将军。

灌将军夫者，颍阴人也。夫父张孟，尝为颍阴侯婴舍人[39]，得幸，因进之至二千石，故蒙灌氏姓为灌孟。吴、楚反时，颍阴侯灌何为将军，属太尉，请灌孟为校尉。夫以千人与父俱。灌孟年老，颍阴侯强请之，郁郁不得意；故战常陷坚，遂死吴军中。军法：父子俱从军，有死事[40]，得与丧归。灌夫不肯随丧归，奋曰："愿取吴王若[41]将军头，以报父之仇。"于是灌夫被甲持戟，募军中壮士所善愿从者数十人。及出壁[42]门，莫敢前。独二人及从奴十数骑驰入吴军，至吴将麾下，所杀伤数十人。不得前，复驰还，走入汉壁，皆亡其奴，独与一骑归。夫身中大创十余，适有万金良药，故得无死。夫创少瘳[43]，又复请将军曰："吾益知吴壁中曲折，请复往。"将军壮义之，恐亡夫，乃言太尉。太尉乃固止之。吴已破，灌夫以此名闻天下。

颍阴侯言之上，上以夫为中郎将。数月，坐法去。后家居长安，长安中诸公莫弗称之。孝景时，至代相。孝景崩，今上初即位，以为淮阳天下交[44]，劲兵处[45]，故徙夫为淮阳太守。建元元年，入为太仆。二年，夫与长乐卫尉窦甫饮，轻重不得[46]。夫醉，搏甫。甫，窦太后昆弟也。上恐太后诛夫，徙为燕相。数岁，坐法去官，家居长安。

灌夫为人刚直，使酒，不好面谀。贵戚诸有势在己之右，不欲加礼，必陵之；诸士在己之左，愈贫贱，尤益敬，与钧[47]。稠人广众，荐宠下辈。士亦以此多[48]之。

夫不喜文学，好任侠，已[49]然诺。诸所与交通，无非豪杰大猾。家累数千万，食客日数十百人。陂池田园，宗族宾客为权利[50]，横于颍川。颍川儿乃歌之曰："颍水清，灌氏宁；颍水浊，灌氏族。"

灌夫家居虽富，然失势，卿相侍中宾客益衰。及魏其侯失势，亦欲倚灌夫，引绳批根[51]生平慕之后弃之者。灌夫亦倚魏其而通列侯、宗室为名高。两人相为引重，其游如父子然。相得欢甚，无厌，恨相知晚也。

灌夫有服[52]过丞相。丞相从容曰："吾欲与仲孺过魏其侯，会仲孺有服。"灌夫曰："将军乃肯幸临况[53]魏其侯，夫安敢以服为解[54]！请语魏其侯帐具[55]，将军旦日蚤临。"武安许诺。

灌夫具语魏其侯如所谓武安侯。魏其与其夫人益市牛酒，夜洒埽，早[56]帐具至旦。平明，令门下候伺。至日中，丞相不来。魏其谓灌夫曰："丞相岂忘之哉？"灌夫不怿，曰："夫以服请，宜往。"乃驾，自往迎丞相。丞相特前戏许灌夫，殊无意往。及夫至门，丞相尚卧。于是夫入见，曰："将军昨日幸许过魏其。魏其夫妻治具，自旦至今，未敢尝食。"武安鄂[57]谢曰："吾昨日醉，忽忘与仲孺言。"乃驾往，又徐行，灌夫愈益怒。及饮酒酣，夫起舞属[58]丞相；丞相不起，夫从坐上语侵之。魏其乃扶灌夫去，谢丞相。丞相卒饮至夜，极驩而去。

丞相尝使籍福请魏其城南田。魏其大望[59]，曰："老仆虽弃，将军虽贵，宁可以势夺乎！"不许。灌夫闻，怒，骂籍福。籍福恶两人有郄[60]，乃谩自好谢丞相曰："魏其老且死，易忍，且待之。"已而，武安闻魏其、灌夫实怒不予田，亦怒曰："魏其子尝杀人，蚡活之。蚡事魏其，无所不可；何爱数顷田？且灌夫何与也？吾不敢复求田！"武安由此大怨灌夫、魏其。

元光四年，春，丞相言："灌夫家在颍川，横甚，民苦之。请案。"上曰："此丞相事，何请！"灌夫亦持丞相阴事，为奸利，受淮南王金与语言。宾客居间[61]，遂止，俱解。

夏，丞相取燕王女为夫人，有太后诏，召列侯、宗室皆往贺。魏其侯过灌夫，欲与俱。夫谢曰："夫数以酒失得过丞相，丞相今者又与夫有郄。"魏其曰："事已解。"强与俱。饮酒酣，武安起为寿[62]，坐皆避席伏。已，魏其侯为寿，独故人避席耳，余半膝席[63]。灌夫不悦，起行酒[64]，至武安，武安膝席曰："不能满觞。"夫怒，因嘻笑曰："将军贵人也，属之。"时武安不肯。行酒次至临汝侯，临汝侯方与程不识耳语，又不避席。夫无所发怒，乃骂临汝侯曰："生平毁程不识不直一钱，今日长者为寿，乃效女儿呫嗫[65]耳语！"武安谓灌夫曰："程、李俱东西宫卫尉，今众辱程将军，仲孺独不为李将军地乎？"灌夫曰："今日斩头陷胸，何知程、李乎！"坐乃起更衣[66]，稍稍去。魏其侯去，麾灌夫出。武安遂怒，曰："此吾骄灌夫罪。"乃令骑留灌夫。灌夫欲出，不得。籍福起为谢，案灌夫项，令谢。夫愈怒，不肯谢。武安乃麾骑缚夫，置传舍[67]。召长史曰："今日召宗室，有诏。"劾灌夫骂坐不敬，系居室[68]。遂案其前事，遣吏分曹[69]逐捕诸灌氏支属，皆得弃市罪。魏其侯大愧，为资，使宾客请，莫能解。武安吏皆为耳目，诸灌氏皆亡匿，夫系，遂不得告言武安阴事。

魏其锐身[70]为救灌夫。夫人谏魏其曰："灌将军得罪丞相，与太后家忤，宁可救邪？"魏其侯曰："侯自我得之，自我捐之，无所恨！且终不令灌仲孺独死，婴独生！"乃匿其家，窃出上书。立召入，具言灌夫醉饱事，不足诛。上然之，赐魏其食，曰："东朝廷辩之。"

魏其之东朝，盛推灌夫之善，言其醉饱得过，乃丞相以他事诬罪之。武安又盛毁灌夫所为横恣，罪逆不道。魏其度不可奈何，因言丞相短。武安曰："天下幸而安乐无事，蚡得为肺腑，所好音乐、狗马、田宅。蚡所爱倡优、巧匠之属，不如魏其、灌夫日夜招聚天下豪杰壮士与论议，腹诽而心谤，不仰视天而俯画地，辟倪[71]两宫间，幸天下有变而欲有大功。臣乃不知魏其等所为！"于是上问朝臣："两人孰是？"御史大夫韩安国曰："魏其言灌夫父死事，身荷戟，驰入不测之吴军，身被数十创，名冠三军。此天下壮士。非有大恶，争杯酒，不足引他过以诛也。魏其言是也。丞相亦言灌夫通奸猾，侵细民，家累巨万，横恣颍川；凌轹[72]宗室，侵犯骨肉。此所谓'枝大于本，胫大于股，不折必披[73]'。丞相言亦是。唯明主裁之！"主爵都尉汲黯是魏其；内史郑当时是魏其，后不敢坚对。余皆莫敢对。上怒内史曰："公生平数言魏其、武安长短，今日廷论，局趣[74]效辕下驹，吾并斩若属矣！"即罢起，入，上食太后。太后亦已使人候伺，具以告太后。太后怒，不食，曰："今我在也，而人皆藉[75]吾弟；令我百岁后，皆鱼肉之矣！且帝宁能为石人邪！此特帝在，即录录[76]；设百岁后，是属宁有可信者乎！”上谢曰：“俱宗室外家，故廷辩之。不然，此一狱吏所决耳。”是时，郎中令石建为上分别言两人事。

武安已罢朝，出止车门[77]，召韩御史大夫载[78]，怒曰：“与长孺共一老秃翁，何为首鼠两端[79]！”韩御史良久谓丞相曰：“君何不自喜！夫魏其毁君，君当免冠解印绶归，曰：‘臣以肺腑幸得待罪[80]，固非其任。魏其言皆是。’如此，上必多君有让，不废君；魏其必内愧，杜门齚舌[81]自杀。今人毁君，君亦毁人，譬如贾竖[82]女子争言，何其无大体也！”武安谢罪曰：“争时急，不知出此。”

于是上使御史簿责[83]魏其所言灌夫，颇不雠[84]，欺谩，劾系都司空。孝景时，魏其常[85]受遗诏，曰：“事有不便，以便宜论上[86]。”及系，灌夫罪至族，事日急，诸公莫敢复明言于上。魏其乃使昆弟子上书言之，幸得复召见。书奏上，而案尚书，大行[87]无遗诏；诏书独藏魏其家，家丞封。乃劾魏其矫先帝诏，罪当弃市。五年十月，悉论灌夫及家属。魏其良久乃闻，闻即恚，病痱[88]，不食，欲死。或闻上无意杀魏其，魏其复食，治病。议定不死矣。乃有蜚语，为恶言闻上，故以十二月晦论弃市渭城。

其春，武安侯病，专呼服谢罪。使巫视鬼者视之，见魏其、灌夫共守，欲杀之。竟死。子恬嗣。元朔三年，武安侯坐衣襜褕[89]入宫，不敬。

淮南王安谋反，觉，治[90]。王前朝，武安侯为太尉时，迎王至霸上，谓王曰：“上未有太子，大王最贤，高祖孙；即宫车晏驾[91]，非大王立，当谁哉！”淮南王大喜，厚遗金财物。上自魏其时，不直武安[92]，特为太后故耳。及闻淮南王金事，上曰：“使武安侯在者，族矣！”

太史公曰：魏其、武安皆以外戚重；灌夫用一时决策而名显。魏其之举以吴、楚，武安之贵在日月之际[93]。然魏其诚不知时变，灌夫无术而不逊；两人相翼，乃成祸乱。武安负⑭贵而好权，杯酒责望⑮，陷彼两贤。呜呼哀哉！迁怒及人，命亦不延；众庶不载⑯，竟被恶言。呜呼哀哉！祸所从来矣！

〔注〕 ① 魏其（jī 机）：汉县名，属琅邪郡，故址在今山东临沂市南。 ② 观津：汉县名，治今河北武邑东南。 ③ 詹事：官名。始设于秦，汉代沿设。掌管皇后、太子家事。 ④ 燕：通"宴"。 ⑤ 从容：随便；闲暇无事。 ⑥ 千秋之后：指死后，乃避讳的说法。 ⑦ 门籍：进出宫殿门的名籍。 ⑧ 王孙：窦婴的字。 ⑨ 亢礼：用平等的礼节相待。亢，通"抗"，抗衡。 ⑩ 屏：通"摒"。屏居：摒除杂事而隐居。 ⑪ 两宫：东宫和西宫，借指窦太后和汉景帝。螫（shì 是）：蜂蝎用针钩刺人，这里是加害的意思。 ⑫ 毋类：绝种，一个不留。毋，通"无"。 ⑬ 爱：吝惜。 ⑭ 易：轻率。 ⑮ 持重：担当重任。 ⑯ 诸郎：指议郎、中郎、侍郎、郎中等郎官。 ⑰ 辩：善于言辞。口：口才。 ⑱ 称制：指太后代替皇帝执掌政权。制，皇帝的命令。 ⑲ 用事：当权。 ⑳ 微言：含蓄地说。风：通"讽"，暗示，劝告。 ㉑ 吊：告诫，警告。 ㉒ 毂（gǔ 古）：车轴。推毂：本义指推车前进，这里比喻推荐人才。 ㉓ 明堂：古代帝王宣明政教的场所。 ㉔ 除关：废除关禁。 ㉕ 以礼为服制：按照古礼来规定吉、凶、宾、军、嘉等服装制度。 ㉖ 举：检举。適：通"擿"，揭发。节行：品质，行为。 ㉗ 属籍：指宗谱。 ㉘ 外家：外戚。 ㉙ 尚：高攀门第，结成婚姻。 ㉚ 黄、老：黄帝，老聃。指代道家。 ㉛ 侵：通"寝"，矮小丑陋。 ㉜ 富于春秋：年纪还轻。 ㉝ 肺腑：亲信。 ㉞ 折节：使……降低身份。诎，通"屈"，使……屈服。 ㉟ 移日：日影移动了位置，指时间很长。 ㊱ 考工地：考工官署的地盘。 ㊲ 桡：通"挠"，委屈。私桡，私自降低身份。 ㊳ 曲旃（zhān 沾）：旗杆上端弯曲的长幡，古代国君用来招徕贤能的仪具。 ㊴ 舍人：战国和汉初王公贵官的家臣。 ㊵ 死事：效忠国事而死者。 ㊶ 若：或。 ㊷ 壁：营垒。 ㊸ 瘳（chōu 抽）：痊愈。 ㊹ 交：交通要道。 ㊺ 劲兵处：强大的军队驻扎的地方。 ㊻ 轻重不得：争论是非，意见不合。 ㊼ 钧：通"均"，平等。 ㊽ 多：推重，称赞。 ㊾ 已：兑现。 ㊿ 为权利：争权夺利。 51 引绳批根：引绳犹言纠举，批根有排除之意。合为成语，作动词用，以"生平慕之后弃之者"为其宾语。指平素仰慕窦婴，与之结交，后又因其失势而弃之的势利小人，窦婴也想倚靠灌夫与他们算算账。 52 有服：为姊服丧。 53 况：通"贶"，恩赐。临况：光临。 54 解：解说，推托。 55 帐具：用为动词，陈设帐具。 56 早：趁早，提早。 57 鄂：通"愕"，惊讶。 58 属：邀请。 59 望：怨恨。 60 郄（xì 戏）：通"隙"，嫌隙。 61 居间：从中调解。 62 为寿：敬酒祝福。 63 膝席：双膝跪在席上。 64 行酒：依次敬酒。 65 呫嗫（chè niè 彻聂）：耳语的声音。 66 更衣：入厕的委婉说法。 67 传（zhuàn 转）舍：供宾客住宿、休息的处所。 68 居室：官署名，是当时囚禁犯罪官员及其家属的地方。 69 分曹：分批。 70 锐身：挺身而出。锐，疾进。 71 辟倪（bì nì 必逆）：通"睥睨"，窥伺。 72 凌轹（lì 立）：践踏，压迫。 73 披：分裂。 74 局趣：通"局促"。 75 藉：蹂躏，践踏。 76 录录：通"碌碌"，无所作为。 77 止车门：宫禁的外门名。百官上朝时，至此门必须下车。 78 载：意为同载，即同乘一辆车。 79 首鼠两端：畏首畏尾，瞻前顾后的意思。 80 待罪：官吏自称任职的谦词。 81 齚（zé 责）舌：咬着舌头，指无话可说。 82 贾竖：对商人的贱称。 83 簿责：按案卷上的记载来追究罪行。 84 不雠（chóu 仇）：与事实不符。 85 常：通"尝"。 86 以便宜论上：用灵活方便的办法向皇帝报告。 87 大行：指刚刚死去的皇帝。 88 病痱：即中风。 89 襜褕（chán yú 缠鱼）：短衣。 90 治：究查治罪。 91 宫车晏驾：皇帝去世的委婉说法。 92 直：认为……正确。

⑬ 日月之际：指武帝初即位由太后称制时。日喻武帝，月喻太后。 ⑭ 负：依恃，倚靠。 ⑮ 责望：苛责，怨恨。 ⑯ 载：通“戴”，拥护，爱戴。

《魏其武安侯列传》描写汉代魏其与武安两个家族之间的矛盾和斗争，是揭示“外戚专权”这种历史现象的最早记载，也是一篇用精雕细刻的写实手法再现历史人物形象的传记作品。

在这篇列传中，人物故事的展开非常纷繁复杂。窦婴、灌夫、田蚡是这场倾轧斗争的主角，但是演成这场纠纷，构成这个人情势利的世界的，远不止这三人。宾客游士、朝廷大臣，甚至武帝本人，都是其中的重要角色。用何种手法来表现如此众多的人物形象及复杂的矛盾和深刻丰富的思想内涵，是这篇传记成败的关键。文章起首先写魏其，介绍其身份及性格，揭开了错综复杂的矛盾斗争的序幕，写其由得势到失势被冷落的过程，然后以“武安侯田蚡者，孝景后同母弟也”引入武安，并与魏其相对照，使田蚡未贵时的奴颜媚骨和得势后的傲慢无礼，遥相呼应，形成强烈对比。以武安之盛反衬魏其之疏，然后在两人矛盾斗争展开当中写灌夫，三人的事迹纠结在一起，难分难解。当矛盾斗争达到最高潮时，武帝、王太后等人都被卷了进去，使矛盾冲突在更广阔、更深刻的领域发展，最后以两败俱伤而告结束。司马迁先分别叙列三人的出身性行，介绍人物，交代关系，然后再捏合在一起，紧紧围绕三人的纠葛和矛盾斗争来写，在三人事迹转接过渡的地方，采用似了非了的写法，十分注意人物、事件、情节的穿插照应，结构虽较复杂，但发展脉络十分清楚。正如清人李景星所说：“传以魏其、武安为经，以灌夫为纬，以窦王两太后为眼目，以宾客为线索，以梁王、淮南王、条侯、高遂、桃侯、田胜、丞相绾、籍福、赵绾、王臧、许昌、庄青翟、韩安国、盖侯、颍阴侯、窦甫、临汝侯、程不识、汲黯、郑当时、石建等许多人为点染；以鬼报为收束，分合联络，错综周密，使恩怨相结，权势相倾，杯酒相争，情形宛然在目。奇文信史，兼擅其长，宜乎于古今家中首占一席也。”(《史记评议》)

司马迁除对人物传记的结构极费斟酌外，还非常注意运用多种艺术手法，生动地描绘和表现历史人物。在细密地刻画事件时，注意通过场面的描写来表现人物，在事物的发展和矛盾冲突中揭示人物的性格特征。在这篇传记中，司马迁选择的事件大至对皇帝的直言忠谏和到敌垒中斩将拔旗，小至作客应酬，举止谈笑，都进行细致入微的刻画和摹写，从而构成惊心动魄、引人入胜的情节。有时在事物发展过程中出现的场面，往往是集合了各种矛盾的焦点，在这样的关键性时刻，人物往往受到无法回避的考验，性格特征的表现最为明显。“东朝廷辩”是这篇传记情节的高潮，在这个场面中，既写出了斗争双方的争吵，又写出了与事件有关的人物的不同面貌。在这矛盾的尖锐冲突中，灌夫、魏其、武安这些前台主要人物的性格得到了进一步的深化，形象更加鲜明。而当时在场的朝中号称正直的官吏虽认为窦婴有理却不敢开口，武帝也无可奈何，充分体现出当时外戚气焰的嚣张。

用个性化的语言展示人物性格，用那些在特定的具体的语言环境下最能表现出他们为人特征、最能表现人物心理情绪的语言来塑造人物形象，是这篇传记的另一大特点。在"灌夫有服，过丞相"一大节中，司马迁叙事称武安为"丞相"，魏其面称武安始终为"将军"，而灌夫对魏其说"得过丞相"，称谓很不统一。这是司马迁从人物性格心理出发，有意为之。不同的称谓体现了不同人物的不同性格和心理状态，起到了进一步塑造人物形象的作用。正如钱锺书所评价："夫私家寻常酬答，局外事后只传闻大略而已，乌能口角语脉以致称呼致曲入细如是？貌似记言，实出史家之心摹意匠。此等处皆当与小说、院本中对白等类耳。"（《管锥编·史记会注考证》）

《魏其武安侯列传》中所写"东朝廷辩"时几个人物的对话，也足以使我们看出司马迁非常善于通过人物对话来显示人物性格的特点。田蚡的阴险、骄横、无耻；御史大夫韩安国的老于世故和圆滑；汉武帝对田蚡的不满以及对群臣庸懦的愤慨；王太后的偏袒和蛮不讲理，都在富有特征的对话中表露无遗，使其成为全文情节的高潮，把这场涉及整个封建统治阶级上层内部矛盾总暴露的争斗写得有声有色，淋漓尽致。像这样精彩的人物对话，传中还可以举出很多处。宋人陈善《扪虱新话》云："读窦灌田蚡传，想其使酒骂坐，口语历历，如在目前。"这种评价是毫不过分的。传中还引用颍川儿歌："颍水清，灌氏宁；颍水浊，灌氏族"来诅咒灌氏的横暴。注意从民间吸收一些生动、活泼、形象、精练的语言，这也是《史记》人物传记产生艺术魅力的原因之一。

再看《魏其武安侯列传》的结尾。林纾在《春觉斋论文》中评论道："有三传联为一气，事一而人三，则每传不能不划清界限；顾三人终局，必待第三传之末始能分晓，而每传中又宜有收笔，此应如何分界者？乃史公各于本传之末，各用似了非了之笔，读之雅有余味，则《魏其灌夫武安列传》之收笔是也。三传中惟武安得保首领以没，不就刑诛，故收束处用淮南王馈金事，上曰：'使武安侯在者，族矣。'余味盎然。"曾国藩在《求阙斋读书录》中也有评论："前言灌夫亦持武安阴事，后言夫系遂不得告言武安阴事，至篇末乃出淮南遗金财事，此亦如画龙者将毕乃点睛之法。"田蚡"受淮南王金"这一阴私，在传文中先后提到过三次，但并没有清楚地交代，而是埋下伏笔，制造和加强悬念，直到淮南王谋反之事败露以后，才用补叙的方法点明。这样将事情的真相放在最后揭晓，既符合事情本身发展过程，合情合理，又收到使读者恍然大悟的强烈效果，从而对人物形象的认识也加深了几层。司马迁的文章十分讲究收笔，本文即是一例。（安平秋　杨海峥）

周亚夫军细柳[①]　　司马迁

文帝之后六年[②]，匈奴大入边。乃以宗正[③]刘礼为将军，军霸上[④]；祝兹侯徐厉为将军，军棘门[⑤]；以河内[⑥]守亚夫为将军，军细柳：以备胡。

上自劳军。至霸上及棘门军，直驰入，将以下骑送迎。已而之细柳军，军士吏被甲，锐兵刃，彀[⑦]弓弩，持满[⑧]。天子先驱至，不得入。先驱曰："天子且至。"军门都尉[⑨]曰："将军令曰：'军中闻将军令，不闻天子之诏。'"居无何，上至，又不得入。于是上乃使使持节[⑩]诏将军："吾欲入劳军。"亚夫乃传言开壁门[⑪]。壁门士吏谓从属车骑[⑫]曰："将军约，军中不得驱驰。"于是天子乃按辔徐行[⑬]。至营，将军亚夫持兵[⑭]揖曰："介胄之士不拜，请以军礼见。"天子为动，改容式车[⑮]。使人称谢："皇帝敬劳将军。"成礼而去。

既出军门，群臣皆惊。文帝曰："嗟乎！此真将军矣！曩者霸上、棘门军，若儿戏耳，其将固可袭而虏也。至于亚夫，可得而犯邪？"称善者久之。

〔注〕①军：驻军。细柳：古地名，在今陕西咸阳市西南渭河北岸。②文帝后六年：公元前158年。③宗正：官名，为皇族事务机关的长官，多由皇族充任。④霸上：古地名，因地处霸水西高原上而得名，在今陕西西安市东，为当时军事要地。⑤棘门：古地名，在今陕西咸阳市东北。⑥河内：汉郡名，辖境相当今河南黄河以北，京汉铁路(包括汲县)以西地区。⑦彀(gòu够)：拉开。⑧持满：拉弓使满。⑨都尉：武官名。⑩持节：手持符节。符节是代表朝廷的信物，调动军队的凭证。⑪壁门：营门。⑫从属车骑：跟随皇帝前来的车马。⑬按辔徐行：控制着马缰绳，使车马慢慢走。⑭兵：兵器。⑮改容式车：改容，改变面容。指表情变得严肃。式车，在车上俯身而抚车前横木，表示敬意。式，同"轼"，车前横木。

这篇文字节选自《史记·绛侯周勃世家》。周勃是汉代开国元戎，他死后由其长子周胜之袭封侯爵。后胜之因犯罪削封，汉文帝才选周勃诸子中的贤者、当时担任河内守的周亚夫作爵位的继承人。文帝后元六年(前158)，匈奴入寇，亚夫奉命领军防守长安，驻军细柳。其实这次匈奴入侵，历时不过一个多月，因汉军戒备森严，以匈奴引兵退却而结束，对长安仅仅是一场虚惊。按照《史记》笔法，只须在头一段“以备胡”的后面，加上“居一月，虏遁，罢”六个字，即可交代这段史实。但这次周亚夫驻军细柳，是他袭封条侯、走上历史舞台之后的首次亮相，也是他受知于文帝，成就功名事业的开端。为了让这位汉初著名将相第一次出场就给人以鲜明深刻的印象，司马迁写了如上一大段文字，而且把这段文字写得曲折回环，起伏跌宕，极具精神，充分展示了周亚夫的才华与个性。

扬雄《法言·君子篇》说：“子长（司马迁字）多爱，爱奇也。”司马贞《史记索隐后序》也说：“太史公记事……或旁搜异闻以成其说，然其人好奇而词省。”苏辙评《史记》，谓“其文疏荡，颇有奇气”（《上枢密韩太尉书》）。“奇”是《史记》的基本艺术特色。其事奇而信，其文奇而雄。这种艺术特色，在《周亚夫军细柳》一节文字中，得到充分的印证。

文章第一句，就大书特书“匈奴大入边”。不必具言入边的匈奴有多少军马，分几条路线，攻到了什么地方，用了这“大入边”三个字，顿觉烽火烛天，胡尘匝地，一派紧张气象。司马迁让周亚夫在这严峻的时刻出场，一起便有激荡雄奇之气，蓄于笔端。

大战迫在眉睫，京都安危系于旦暮，周亚夫如何部勒士卒，经营防务，自是题内应有之义。司马迁于此只字不说，却突然转出“上（汉文帝）自劳军”大段精雕细刻的文字，真是起落无端，奇变莫测。天子劳军，礼仪隆重，屯军的将帅，当然要亲自送迎。当车驾进入长安东面霸上刘礼将军营中和长安东北棘门徐厉将军营中时，两位将军都大开营门，任劳军队伍驰骤而入，而且恭恭敬敬地迎送。人臣之礼如此，本是常情常态，这些也只是三言两语带过。待劳军车驾来到周亚夫大军驻地细柳，还在营外防御工事的大门边，迎接天子车驾的竟是披甲执刀、张弓搭箭的军士。劳军的先行队伍马到门前，军士闭门不纳。这情况就透着奇。此时卫士传呼天子将至，满以为守军会立刻开门。谁知守门军将严正回答：“军中闻将军令，不闻天子之诏。”连皇帝的命令也行不通了，又是一奇。等到文帝亲至，同样被拒于门外，更是奇中之奇。直到文帝派人手持符节以诏亚夫，他才传令打开防御工事的大门；但自己依然稳居中军，不来接驾，这更是一种奇异现象。天子车驾进了壁门，守门士吏居然传亚夫将令：“军中不得驱驰”，使文帝只好“按辔徐行”。堂堂汉家天子，不得不听命于属下将军，接受军令的约束，小心翼翼地行动，这在中国封建时代恐怕是绝无仅有的奇事。直到文帝进入中军营帐，周亚夫才出来接驾，却又不跪拜山呼，而是介胄戎装，持刀而揖，以军中之礼见当今天子。为人臣而平揖至尊，见了皇帝居然手持利刃，那行动，就不止令人感到奇，而且不能不为之一惊，将以为变生不测。更奇怪的是，这位汉文帝不但不责怪亚夫，反而为这位将军的威严整肃而动容，俯下身躯，抚着车前横木，表示敬意。这节劳军文字，其事则曲折起伏，变化迭起；其文则奇峰间出，波诡云谲。无怪乎劳军完毕车驾走出军门后，"群臣皆惊"；而识将才、赏奇士的汉文帝，却嗟然而叹，称赞周亚夫是"真将军"。

前面说过，"奇"是司马迁《史记》的主要艺术特色。但司马迁决非猎奇自炫、取媚流俗的作家。他的《史记》向称"实录"，决非小说家言。《史记》之奇，乃在善于在曲折奇特的情节中显示人物性格。他笔下的历史人物，性格统一，有血有肉，因此读之者感到文虽奇而事可信。这就是刘勰在其《文心雕龙·辨骚》中说的："玩华而不坠其实，酌奇而不失其真。"

这段文字的章法结构，虽剪裁一节而自成篇章。一起写三位将军的防地，两陪一正，两虚一实，对比映衬，使周亚夫的形象更加鲜明突出。结尾文帝一段议论，仍以霸上、棘门作陪衬，一起一结，先后辉映，显得章法严整而不失自然。对文帝，对亚夫，一笔两到，既突出亚夫，又显示出文帝的知人善任，犹其余事。

（赖汉屏）

万石君①传　　司马迁

万石君名奋，其父赵②人也，姓石氏。赵亡，徙居温③。

高祖东击项籍，过河内④，时奋年十五，为小吏，侍高祖。高祖与语，爱其恭敬，问曰："若何有⑤？"对曰："奋独有母，不幸失明。家贫。有姊，能鼓琴。"高祖曰："若能从我乎？"曰："愿尽力。"于是高祖召其姊为美人⑥；以奋为中涓⑦，受书谒⑧；徙其家长安中戚里⑨——以姊为美人故也。其官至孝文时，积功劳至太中大夫。无文学⑩，恭谨无与比。

文帝时，东阳侯张相如为太子太傅，免；选可为傅者，皆推奋，奋为太子太傅。及孝景即位，以为九卿；迫近，惮之⑪，徙奋为诸侯相。

奋长子建，次子甲，次子乙，次子庆：皆以驯行孝谨，官皆至二千石。于是景帝曰："石君及四子皆二千石，人臣尊宠乃集其门。"号奋为"万石君"。孝景帝季年⑫，万石君以上大夫禄归老于家，以岁时为朝臣⑬。过宫门阙，万石君必下车趋；见路马，必式焉⑭。子孙为小吏，来归谒，万石君必朝服见之，不名⑮。子孙有过失，不谯让⑯，为便坐，对案不食。然后诸子相责，因长老肉袒⑰固谢罪；改之，乃许。子孙胜冠者⑱在侧，虽燕居必冠⑲，申申⑳如也。童仆訢訢㉑如也，唯谨。上时赐食于家，必稽首俯伏而食之，如在上前。其执丧，哀戚甚悼；子孙遵教，亦如之。万石君家以孝谨闻乎郡国，虽齐、鲁诸儒质行㉒，皆自以为不及也。

建元二年㉓，郎中令王臧以文学获罪㉔。皇太后以为儒者文多质少㉕，今万石君家不言而躬行，乃以长子建为郎中令，少子庆为内史。

建老，白首，万石君尚无恙。建为郎中令，每五日洗沐，归谒亲。入子舍，窃问侍者，取亲中裙厕牏，身自浣涤㉖，复与侍者，不敢令万石君知，以为常。建为郎中令，事有可言，屏人恣言，极切；至廷见，如不能言者。是以上乃亲尊礼之㉗。

万石君徙居陵里㉘。内史庆醉归，入外门㉙不下车。万石君闻之，不食。庆恐，肉袒请罪；不许。举宗及兄建肉袒。万石君让曰："内史，贵人；入闾里，里中长老皆走匿，而内史坐车中自如，固当㉚！"乃谢罢庆㉛。庆及诸子弟入里门，趋至家。

万石君以元朔五年㉜中卒。长子郎中令建哭泣哀思，扶杖乃能行。岁余，建亦死。诸子孙咸孝，然建最甚，甚于万石君。

建为郎中令，书奏事，事下㉝，建读之，曰："误书！'马'者与尾当五，今乃四，不足一㉞。上谴死矣！"甚惶恐。其为谨慎，虽他皆如是。

万石君少子庆为太仆。御出㉟，上问车中："几马？"庆以策数马毕，举手曰："六马。"庆于诸子中最为简易㊱矣，然犹如此。为齐相，举齐国皆慕其家行，不言而齐国大治。为立石相祠。

元狩元年[37]，上立太子，选群臣可为傅者，庆自沛守为太子太傅。七岁，迁为御史大夫。元鼎五年[38]秋，丞相有罪，罢。制诏御史："万石君先帝尊之，子孙孝；其以御史大夫庆为丞相，封为牧丘侯。"是时汉方南诛两越，东击朝鲜，北逐匈奴，西伐大宛，中国多事。天子巡狩海内，修上古神祠，封禅，兴礼乐。公家用少[39]，桑弘羊[40]等致利，王温舒[41]之属峻法；兒宽[42]等推文学致九卿，更进用事[43]。事不关决于丞相[44]，丞相醇谨而已。在位九岁，无能有所匡言。尝欲请治上近臣所忠、九卿咸宣罪，不能服，反受其过，赎罪。元封四年[45]中，关东流民二百万口，无名数者[46]四十万。公卿议：欲请徙流民于边以適[47]之。上以为丞相老谨，不能与其议[48]，乃赐丞相告归；而案御史大夫以下议为请者[49]。丞相惭不任职，乃上书曰："庆幸得待罪丞相，罢驽无以辅治，城郭仓库空虚，民多流亡，罪当伏斧质。上不忍致法。愿归丞相侯印，乞骸骨归，避贤者路。"天子曰："仓廪既空，民贫流亡，而君欲请徙之；摇荡不安，动危之，而辞位；君欲安归难乎？"以书让庆，庆甚惭，遂复视事。

庆文深审谨，然无他大略为百姓言[50]。后三岁余，太初二年[51]中，丞相庆卒，谥为恬侯。庆中子德，庆爱用之，上以德为嗣，代侯。后为太常，坐法当死，赎免为庶人。庆方为丞相，诸子孙为吏更至二千石者十三人。及庆死，后稍以罪去[52]，孝谨益衰矣。

〔注〕 ① 万石君：石，十斗为一石。石奋及四个儿子均食禄至二千石，故汉景帝称呼石奋为"万石君"。汉例：二千石实际月俸为一百二十斛。 ② 赵：古国名，战国七雄之一。疆域有今山西中部、陕西东北角、河北西南部。 ③ 温：古国名，原名苏，建都于温，亦称温，故城在今河南温县西南。 ④ 河内：楚汉时郡名，辖境当今河南黄河以北，京汉铁路(包括汲县)以西地区。 ⑤ 若何有：你家有些什么人。 ⑥ 美人：嫔妃的称号。《汉书·外戚传序》："美人视二千石，比少上造。" ⑦ 中涓：官名，在内宫管理清洁之事，皇帝亲近之臣。 ⑧ 受书谒：负责宫中文书往来及谒见之事。 ⑨ 戚里：帝王外戚聚居之地。 ⑩ 无文学："文学"指儒术。此言石奋不懂儒术。 ⑪"及孝景"三句：景帝为太子时，石奋为太子太傅，深为石奋所拘苦，不得自肆。现在即帝位，石奋位居九卿，近在上前，景帝怕石奋又来限制他的行动。 ⑫ 季年：末年。 ⑬ 以岁时为朝臣：言石奋已告老退休，只在岁时节日参加朝贺。 ⑭"见路马"二句：言石奋见到皇帝乘用过的大车、御马，必定要伏于车前横木上致敬。路，通"辂"，大车。式，通

"轼",车前横木。 ⑮ 不名:不呼其名。 ⑯ 谯让:责问。 ⑰ 肉袒:赤膊。 ⑱ 胜冠者:有资格戴冠的人。指二十岁以上的人。 ⑲ 虽燕居必冠:即使是闲居,石奋也要把帽子戴上,以示严肃。 ⑳ 申申:整饬貌。 ㉑ 訢(yín 银)訢:谨敬貌。 ㉒ 质行:行为踏实质朴。 ㉓ 建元二年:公元前139年。建元为汉武帝刘彻年号。 ㉔ 以文学获罪:郎中令王臧等行儒术,上书请武帝立明堂以朝诸侯。窦太后治黄老,不爱儒术,暗查得他们的过失,以此责备汉武帝,武帝要处分王臧等,王臧等自杀。 ㉕ 文多质少:文,讲排场,尚浮夸。质,安分守己,老老实实做事。 ㉖ 子舍:别于正房的旁室。"取亲"二句:取父亲(指石奋)的内衣裤隐身于侧近暗处亲自浣洗。 ㉗ 亲尊礼之:亲自向石奋表示敬意。 ㉘ 陵里:长安城内一街道名。 ㉙ 外门:指里巷口上的大门。 ㉚ 固当:理所应当。这是故意说反话,讽刺石庆。 ㉛ 乃谢罢庆:意谓喝令石庆走开。 ㉜ 元朔五年:公元前124年。 ㉝ 事下:奏章经皇帝批阅后发还。 ㉞"马者"三句:"马(馬)"的曲笔为马尾,四点为四足,共五笔;现在少写一笔。 ㉟ 御出:给皇帝驾车出行。 ㊱ 简易:单纯。 ㊲ 元狩元年:公元前122年。 ㊳ 元鼎五年:公元前112年。 ㊴ 公家用少:国家缺乏财物。 ㊵ 桑弘羊(前152—前80):出身商人家庭,武帝时任治粟都尉,领大司农。 ㊶ 王温舒(?—前104):武帝时任河内太守,入为中尉。曾镇压豪强。 ㊷ 兒宽(?—前103):治《尚书》,为孔安国的弟子,武帝时官至御史大夫。兒,古"倪"字。 ㊸ 更进用事:一个跟着一个掌握大权。 ㊹"事不"句:大事不通过丞相。 ㊺ 元封四年:公元前107年。 ㊻ 无名数者:没有户籍的"流民"。 ㊼ 適:通"谪",惩罚之意。 ㊽ 不能与其议:不可能参与议论其事。 ㊾"而案"句:案,查处。这句说,查处御史大夫以下提议移民以作为惩罚手段的人。 ㊿ 无他大略:没有别的重大建议。 51 太初二年:公元前103年。 52 后稍以罪去:稍,逐渐。此言后来逐渐因犯罪被撤职。

《论语·阳货篇》说:"乡愿,德之贼也。"什么人可称之为"乡愿"?为什么孔子说"乡愿"是"德之贼"?《孟子》在《尽心篇下》中对此作了解说。"乡愿"是一种看似忠诚老实,其实虚伪透顶的好好先生,是无所作为的庸才,欺世盗名的伪君子。所谓"德之贼",就是外窃有德之名,内伤德义之实,因此孔子深责之。《万石君传》记述的石奋父子,正是这样的"乡愿",这样的庸才、奴才、伪君子。司马迁看不起这种人,更不满当时统治者倚重庸才的用人之道,因此写了《万石张叔列传》以讥之。这里的《万石君传》便是从《万石张叔列传》中节选出来的。

石奋原来不过是汉高祖刘邦的一个"小吏"。靠为人"恭敬",仗着他姐姐是刘邦的小妾(美人)这种裙带关系,官至太中大夫,食禄二千石。司马迁对他的总体评价是"无文学,恭谨无与比"八个字,即不学无术,唯知恭谨而已,是一个典型的奴才。司马迁集中笔墨刻画他"归老于家"的言行,取材便具深心。因为,石奋居家,志趣都在于培养其子孙成为与自己一样恭顺孝谨的奴才。由于他身体力行的培育,才出了石建、石庆那样一批"二千石",使之成为一种家风,形成了一种"矫俗干名"的社会风气。必须揭露他家居生活的种种矫饰,才能收鞭辟近里之功。石奋每逢年关节日上朝,经过宫门,一定要下车步行;见了皇帝乘坐过的车马,要恭恭敬敬行礼;有时皇帝颁赐食物给他,他在家里也要叩头拜谢,匍匐在地下吃：对皇上，真可谓毕恭毕敬。对待家里人，则装模作样，不近人情。子孙看望他，他要穿上朝服接见；不呼子孙之名而称其官衔，行官场中上下级相见之礼，这已经显得滑稽。更可笑的是，子孙办错了事，他从不正面教育，故意不坐正位，对案不食，俨然如丧考妣。一定要弄得几个儿子责难办错了事的人，还得请亲长出面求情，直至犯错误的儿孙肉袒请罪，才肯罢休。为了一点点小事，不惜闹得一家人惶惶不可终日，连仆役也惴惴不安。他自己成天戴着大官帽，正襟危坐，巍巍然像庙里木雕泥塑的神像一般。为什么处分家里的儿孙，一定要惊动亲邻长老，这样小题大作呢？无非故意扩大事态，作自我宣传。不如此，他的"恭谨"之名怎能传闻乡里郡国，一直传到皇上耳中？他这种奴化教育，果然非常有效，于是出现了"其执丧，哀戚甚悼。子孙遵教，亦如之"的滑稽剧。老头子伤心落泪，儿孙不敢不遵命伤心落泪，尽管他们对死者不一定有什么感情。司马迁对此作了穷形尽相的刻画后，又补了一笔："虽齐鲁诸儒质行，皆自以为不及也。""质行"是质朴、踏实之意。正因为齐鲁之儒崇尚质朴，不善于虚伪矫饰，因此才自叹不如，这话的讽刺意味不是十分深长吗？

石奋靠伪装恭谨起家，在他的教育下，两个儿子石建、石庆，也凭"不言而躬行"的"孝谨"，猎取了高官厚禄。从此，这两人便继承父业，着实在"孝谨"上下功夫。石建官居"郎中令"，是朝廷亲贵，休假回家居然偷偷地给老父亲浣洗内衣内裤。而且，洗之前取出，洗好后送还，特意经内侍之手，这不是存心假内侍之口，延誉乡曲么？文中写得最形象生动的是误书马字一节。石建呈给皇上的书奏中，马字少写了一笔，他大呼"误书！马字与尾当五，今乃四，不足一，上谴死矣！"几句话，声口毕具，读之如面对其人。为了一处笔误，竟然如此惶恐，已经不近人情。司马迁又写道："事下，建读之。"原来石建这场惊慌，是奏章批阅发还之后重读旧文时的事。本已事过境迁，皇帝并未发现缺笔，却装得如此紧张，这不是矫揉造作以博恭谨之名吗？石奋的幼子石庆，更深得乃父衣钵。他身为太仆，位列九卿，陪侍武帝乘车外出，武帝在车中问他用几匹马驾车，他明明一望便知是六匹马，却故意"以策（马鞭）数马毕，举手曰：'六马。'"寥寥十字，活活画出一个故作周至以博忠诚孝谨之名的奴才。司马迁的笔，不止尽相，而且诛心。他接着写一句："庆于诸子中最为简易矣，然犹如此。"石庆是石奋四个儿子中心地最单纯的一个，尚且如此装模作样，其他几个就不言可喻了。冷冷一言，笔锋入骨。

石建官居显要，石庆后来做了丞相，要把这两个人物写深刻，不能只记其生活琐屑，还必须写他们如何处理国家大政。石建为官的秘诀是：他向皇帝议论朝政时，"屏人恣言，极切；至廷见，如不能言者"。背着人恣意放言，在廷议时却只字不说，这就刻画出他两面派的嘴脸、阴暗圆滑的深心。石庆比其兄更胜一筹。他身为宰相，把朝政一概诿之于桑弘羊、王温舒诸人，自己只是唯唯诺诺，不置可否，所谓“醇谨而已”，“无能有所匡言”，“然无他大略为百姓言”——作了九年丞相，时当多事之秋，上不能向皇帝进匡济之言，下不曾为百姓辛苦说一句话，乍看也许以为他是个十足的无所作为的庸才。其实，司马迁告诉我们，石庆为人“文深审谨”。意思是，城府极深，精细谨慎，并非全无才具。他那种“庸”，是伪装出来的自保之术，他是个十足的“乡愿”。

文章结尾，司马迁意味深长地写道：“庆方为丞相，诸子孙为吏更至二千石者十三人。及庆死，后稍以罪去，孝谨益衰矣。”可见，“孝谨”原不过他们求显达、保名禄的手段；一旦丢了官，名禄不保，“孝谨”也就不要了。一语破的，把石奋家族的伪装彻底撕毁了。

这篇《万石君传》最能体现王世贞《艺苑卮言》评《史记》那句话：“婉而多讽。”司马迁写石奋父子，极像是给“不言而躬行”的贤者立传，“驯行孝谨”“不言而齐国大治”之类的话，看上去都像是赞美这些忠诚老实的人，因此曾骗过不少读者。明代人吴国伦就曾指出石氏父子的行为“近于亵”“近于矫”“近于谀”，而深叹《史记》颂扬石氏父子不当，“悲世人不察”。可见他也以为司马迁是颂扬他们，并没有领会他“婉而多讽”的艺术匠心。司马迁写石氏父子，于“刻露尽相”之外，往往在不要紧处轻轻挑一笔，便取得正言反出、点睛飞动的艺术效果。像上文分析过的“其执丧，哀戚甚悼。子孙遵教，亦如之”；“虽齐鲁诸儒质行，皆自以为不及也”；“庆于诸子中最为简易矣，然犹如此”；“及庆死，后稍以罪去，孝谨益衰矣”：这些话，都是婉而多讽之言，画龙点睛之笔。他这种讽刺艺术，妙在不动声色。对人物的“外美”，似尽力张扬；对其内在本质的丑恶，却只挑起轻纱帷幕的一角，让读者一瞥之余，发出会心的微笑，文字马上又回到正面，出以庄语。粗读之不免扑朔迷离，细味之涵蕴不尽。刘熙载《艺概·文概》说：“一语为千万语所托命，是为笔头上担得千钧。然此一语正不在大声以色，盖往往有以轻运重者。”“一语千钧”“以轻运重”，正是本文讽刺艺术的特色。

世称太史公善传奇人。这石奋一家，当然算不上“奇人”。要说奇，只是平庸得出奇，虚伪得出奇。历仕汉高祖、文、景、武帝，其中不乏英主。以英主而重此平庸，倒说得上是奇中之奇。看来，石奋一家之所以享禄至万石，历四君而荣宠不衰，是因为统治者既得天下后，须要树立这种恭顺的奴才以为天下仕宦者的极则。奴才总比隽才好驾驭，更能令主子放心。才智之士多数奇不遇，奴才却高居要津，这正是千古才士的悲慨，司马迁“愤懑”之所集。司马迁的笔锋，透过奴才，微讽主子，便是他“舒愤懑”的一端。因此说，这篇文字，立意构思，都在高处。

《万石君传》写的是貌似恭谨、内怀机巧的大人物，司马迁以冠冕堂皇的形象写活了一群小丑。《史记》另一篇《滑稽列传》，则是写貌似小丑、内怀忠义的小人物，司马迁以谑浪笑傲的形象写活了一群智辩之士。他写的优孟之类的小丑，读之反令人肃然起敬；他写的石奋之类的大人物，读之只令人恶心。这种诙诡捭阖的文风，变化莫测的艺术手段，正好表现了那个薰莸不分、人妖颠倒的社会现实。清人刘大櫆《读万石君传》说：“迁之报任安者曰：‘人臣出万死不顾一生之计，赴公家之难；而全躯保妻子之臣媒孽其短，诚私心痛之。’彼石奋者，特全躯保妻子之臣而已……后之为人臣者……则或以万石君自况，是自处于阉媚之小人也。”他的话说出了司马迁的深心。

（赖汉屏）

郭解传　　司马迁

郭解，轵人①也，字翁伯；善相人者许负外孙也。解父以任侠，孝文时诛死。解为人短小精悍，不饮酒。少时阴贼②，慨不快意③，身所杀甚众。以躯借交报仇④，藏命作奸⑤，剽攻⑥不休，及铸钱掘冢，固不可胜数。适有天幸，窘急常得脱若⑦遇赦。及解年长，更折节为俭⑧；以德报怨，厚施而薄望。然其自喜为侠益甚。既已振人之命，不矜其功，其阴贼著于心，卒发于睚眦如故云。而少年慕其行，亦辄为报仇，不使知也。解姊子负解之势，与人饮，使之嚼⑨。非其任，强必灌之。人怒，拔刀刺杀解姊子，亡去。解姊怒曰：“以翁伯之义，人杀吾子，贼不得！”弃其尸于道，弗葬；欲以辱解。解使人微⑩知贼处，贼窘，自归，具以实告解。解曰：“公杀之固当，吾儿不直⑪。”遂去其贼，罪其姊子，乃收而葬之。诸公闻之，皆多解之义，益附焉。

解出入，人皆避之。有一人独箕踞⑫视之。解遣人问其名姓。客欲杀之。解曰：“居邑屋至不见敬，是吾德不修也。彼何罪！”乃阴属尉史曰：“是人，吾所急⑬也，至践更⑭时脱之。”每至践更，数过，吏弗求。怪之，问其故，乃解使脱之。箕踞者乃肉袒谢罪。少年闻之，愈益慕解之行。

雒阳人有相仇者，邑中贤豪居间[15]者以十数，终不听。客乃见郭解。解夜见仇家，仇家曲听[16]解。解乃谓仇家曰："吾闻雒阳诸公在此间[17]，多不听者。今子幸而听解，解奈何乃从他县夺人邑中贤大夫权乎！"乃夜去，不使人知，曰："且无用待我！待我去，令雒阳豪居其间，乃听之。"

解执恭敬，不敢乘车入其县廷。之旁郡国，为人请求事，事可出，出之；不可者，各厌其意[18]，然后乃敢尝酒食。诸公以故严重之[19]，争为用。邑中少年及旁近县贤豪，夜半过门，常十余车，请得解客舍养之。

及徙豪富茂陵也[20]，解家贫，不中訾[21]。吏恐，不敢不徙。卫将军为言："郭解家贫，不中徙。"上曰："布衣权至使将军为言，此其家不贫。"解家遂徙。诸公送者出千余万。轵人杨季主子为县掾，举徙解[22]。解兄子断杨掾头。由此杨氏与郭氏为仇。

解入关，关中贤豪知与不知，闻其声，争交欢解。解为人短小，不饮酒，出未尝有骑。已又杀杨季主。杨季主家上书，人又杀之阙下。上闻，乃下吏捕解。解亡，置其母、家室夏阳[23]，身至临晋[24]。临晋籍少公素不知解，解冒[25]，因求出关。籍少公已出解，解转入太原[26]，所过辄告主人家。吏逐之，迹至籍少公[27]。少公自杀，口绝。久之，乃得解。穷治所犯，为解所杀皆在赦前[28]。轵有儒生侍使者坐。客誉郭解，生曰："郭解专以奸犯公法，何谓贤！"解客闻，杀此生，断其舌。吏以此责解，解实不知杀者；杀者亦竟绝，莫知为谁。吏奏解无罪。御史大夫公孙弘议曰："解布衣为任侠，行权，以睚眦杀人。解虽弗知，此罪甚于解杀之。"当大逆无道[29]。遂族[30]郭解翁伯。

自是之后，为侠者极众，敖而无足数者。然关中长安樊仲子、槐里赵王孙、长陵高公子、西河郭公仲、太原卤公孺、临淮兒长卿、东阳田君孺：虽为侠，而逡逡有退让君子之风。至若北道姚氏、西道诸杜、南道仇景、东道赵他羽公子、南阳赵调之徒，此盗跖居民间者耳，曷足道哉！此乃乡者朱家之羞也。

太史公曰："吾视郭解，状貌不及中人，言语不足采者。然天下无贤与不肖、知与不知，皆慕其声；言侠者皆引以为名。谚曰：'人貌荣名，岂有既乎㉛！'於戏㉜惜哉！"

〔注〕①轵(zhǐ纸)：汉县名，治所在今河南济源南。②阴贼：内心狠毒残忍。③慨不快意：感到不痛快。④"以躯"句：拼着性命为朋友报仇。⑤藏命作奸：窝藏亡命之徒，做出犯法的行为。⑥剽攻：劫夺。⑦若：或者。⑧折节为俭：改变行为，约束自己。⑨嚼：通"釂(jiào叫)"，把酒喝干。⑩微：暗访。⑪不直：理曲。⑫箕踞：傲慢不敬之貌。⑬急：这里引申为亲密。⑭践更：按期轮到服徭役。⑮居间：从中调解。⑯曲听：勉强听从。⑰间：从中调解。⑱各厌其意：使各方都满意。⑲严重之：十分敬重他。⑳"及徙"句：元朔二年(前127)，汉武帝下令，把天下豪族富户迁移到长安附近的茂陵居住。㉑不中訾：资产少，不够格。当时资产不满三百万为"不中訾"。訾(zī姿)，同"资"。㉒举徙解：把郭解报上去，说他家应迁徙。㉓夏阳：汉县名，治所在今陕西韩城市南。㉔临晋：汉县名，治所在今陕西大荔东朝邑旧县东南。㉕冒：冒昧(往见)。一说假冒姓名。㉖太原：汉郡名，治所在今山西太原市西南晋源镇。㉗"吏逐"二句：官吏追缉郭解，查访到籍少公家。㉘"穷治"二句：意为彻查郭解所犯之案件，他杀人都在大赦以前。依当时法律，赦前犯案，不再追究。㉙当大逆无道：该处以大逆无道之罪。㉚族：尽杀其家族。㉛"人貌"两句：既，确定。《方言》第六："既，定也。"这两句是说人的容貌和他的荣誉无必然联系。㉜於戏：同"呜呼"。

封建时代的史书，例多记帝王将相历史；只有司马迁的《史记》，不仅曾为许多社会地位高，对推动历史进程功业卓著的大人物作传，而且记载了许多社会地位低微，其言行足以显示高尚的品节，其勇力足以慑至尊于五步之内，其智慧足以戏君王于庙堂之上的"倜傥非常"的小人物，或传优伶、监门，或志游侠刺客。在用笔行文上，在感情寄托上，司马迁明显地倾心于这些小人物：写来绘影绘声，形象生动，墨酣笔畅；或回环往复，一唱三叹，慷慨悲凉。这里选录的《郭解传》，便是这类小人物的传记之一。

《郭解传》是《史记·游侠列传》中的一节。《游侠列传》重点写了三个人物——朱家、剧孟和郭解，其中写郭解最为详尽。世称"史迁善传游侠"，明人茅坤甚至说："读《游侠列传》即欲轻生"，可见这篇传记倾动人心的艺术力量。

司马迁是如何刻画这个小人物，使之倾动后世人心的呢？分析起来，他用了如下几种艺术手法：

首先是正面刻画，即用人物本身的言行来刻画人物的性格品质。在这方面，司马迁选择了三个典型事例。郭解姐姐的儿子被人杀死，仇家未获。其姐弃尸于道，迫郭解为甥报仇。当郭解从仇家口中得知外甥是仗解之势侮辱他人而自招杀身之祸后，不但不罪仇家，反而说"公杀之固当，吾儿不直"，放走了仇人。这件事表明了这位侠士公正无私、是非分明的性格。有人对郭解不敬，"箕踞视之"。他的门客要杀掉此人。郭解却认为这是"吾德不修"，不但不责怪，反而嘱尉史免掉此人的徭役，表现出他勇于自责、以德报怨的精神。他替洛阳两家"相仇者"居间调解，平息了当地贤豪无法平息的事端，但又不欲掠当地贤大夫之美，"夜去，不使人知"，表现出"不矜其能，羞伐其德"的高贵品质。通过这三个事例，郭解的性格品质跃然纸上，一位侠义之士的高大形象已经初步树立起来了。

但单凭这种正面刻画树立起来的形象，毕竟还是平面的、单薄的。伟大的传记文学家司马迁决不以此为满足。他要把已经树立起来的形象立体化，使之色彩斑斓；并进行多侧面、深层次的刻画，以取得倾动人心的艺术效果。

于是，司马迁运用了烘托的艺术手段。

在第四段，写了"邑中少年及旁近县贤豪夜半过门，常十余车，请得解客舍养之"的情节。"十余车"足以烘托郭解的物望之隆，"夜半"二字刷色，渲染出一派"月黑杀人夜，风高放火天"的紧张而神秘的气氛。写"徙茂陵"一节，衬托出他名重京师，以至显赫的大将军卫青为之说情，汉武帝亲作决断。当时武帝用主父偃之言，把天下的豪族富户都徙居长安附近的茂陵，内实京师，外销奸猾，该牵动了多少有钱有势的人家！但几曾有布衣赢得过大将军主动出面为之求情？又有谁家劳武帝亲自过问？要不是此人位下名高，何能致此？郭解徙居时，"诸公送者出千余万"为之饯行，他的感召力于此可见。徙家入关，"关中贤豪知与不知，闻其声，争交欢解"，何令人之景慕一至于此！先是，为了替郭解泄恨，他侄儿杀了"举郭解"的杨季主之子杨掾；入关后，"已又杀杨季主"；杨家上书京城，"人又杀之阙下"；联系上文"少年慕其行，亦辄为报仇，不使知也"，接二连三的无头公案，显示出幕后有多少人争为郭解冒死杀仇，愈益烘托出郭解的行为品节，足以使天下倾心。

最动人的，要数逃亡临晋一节文字。郭解避难逃到临晋，此时他是一个被通缉的"钦犯"。他见到"素不知解"的当地侠义之士籍少公，请少公设法救助出城。少公把他护送出去，郭解自临晋辗转逃入太原。他"所过辄告主人家"，表现出光明磊落；而法吏跟踪追捕，终于找到了帮助他脱逃的籍少公。籍少公为了掐断线索，保护郭解，终于自杀以"绝口"。一个人的言行声望，竟足以使素不相识的人为之殉身而无悔，其人必有一种内在的、不可企及的、动人心魄的精神力量。如此烘托，刻画愈加深刻。

郭解被捕后，终因杀人之事非他所知，"吏奏解无罪"。熟谙文法吏事，外宽内深的御史大夫公孙弘却说:"解虽弗知,此罪甚于解杀之。"将他判罪灭族。乍看似写公孙弘执法严忍,其实都是烘托郭解。因为,他的号召力太大大了,太可怕了。统治者不是按其罪论死,而是畏其威而必欲置之于死。看来,不杀郭解,这班人寝食难安。以一布衣而能令帝王将相惧怕一至于此,当是何等威震天下的人物!

有了以上层层烘托,司马迁意犹未足,情犹未申,又反复写其风貌,作为反衬手段:"解为人短小精悍,不饮酒";"解执恭敬,不敢乘车入其县廷";"解为人短小";"吾视郭解,状貌不及中人,言语不足采者"——司马迁与郭解同时而稍后,又曾同居茂陵,可能看见过郭解,郭解形貌也可能本来如此。但为什么这位史家于此不惮反复再三呢?这正是以"长不满七尺"来反衬其"心雄万夫"的手法。《史记·留侯世家》写张良,"运筹策帷帐之中,决胜千里外",何等威风!结尾却说,"余以为其人计魁梧奇伟;至见其图,状貌如妇人好女",用的也是这种反衬法。显然,司马迁看重的,不是人物的勇力,人物的外在美;他看重的是人物的深层力量,人物的内在美。他要刻画的是人物的性格、品节和精神世界。

这篇传记的讽刺意义含蓄深隐,极见匠心,也不可粗粗读过。传的开头发议论,先引了《庄子》"窃钩者诛,窃国者侯,侯之门仁义存"几句话(按:原文议论太长,本文未具录),然后写道:"解父以任侠,孝文时诛死",最后,郭解又被汉武帝灭族。首尾相应,被视为"窃钩"者流的任侠之士都诛了,那赫然位在公侯之上,"内多欲而外施仁义",言必周孔的统治者,不正是"窃国"之徒吗?传的结尾,司马迁慨叹地说:"於戏惜哉!"武帝诛之,司马迁惜之,一唱三叹中,立场、态度、爱憎,何等鲜明!鲁迅在《汉文学史纲要》中论司马迁《史记》曰:"恨为弄臣,寄心楮墨;感身世之戮辱,传畸人于千秋。"只因为司马迁心中有恨,故而笔端有情。他把匡扶正义的理想倾注在郭解之类性行迥异于常人的小人物身上。但小人物终无回天挽澜之力,他又怎能不深情地长叹一声"於戏"!　　(赖汉屏)

优　孟　传　　司马迁

优孟,故楚之乐人①也。长八尺,多辩,常以谈笑讽谏。楚庄王之时,有所爱马,衣以文绣,置之华屋之下,席以露床②,啗以枣脯。马病肥死,使群臣丧之③,欲以棺椁大夫礼葬之④。左右争之,以为不可。王下令曰:"有敢以马谏者,罪至死!"优孟闻之,入殿门,仰天大哭。王惊而问其故。优孟曰:

"马者，王之所爱也；以楚国堂堂之大，何求不得，而以大夫礼葬之，薄。请以人君礼葬之。"王曰："何如？"对曰："臣请以雕玉为棺，文梓为椁，楩、枫、豫章为题凑⑤，发甲卒为穿圹⑥，老弱负土，齐、赵陪位于前，韩、魏翼卫其后⑦，庙食太牢⑧，奉以万户之邑。诸侯闻之，皆知大王贱人而贵马也。"王曰："寡人之过一至此乎！为之奈何？"优孟曰："请为大王六畜葬之：以垄灶为椁，铜历为棺⑨，赍以姜枣，荐以木兰⑩，祭以粮稻，衣以火光⑪，葬之于人腹肠。"于是王乃使以马属太官⑫，无令天下久闻也。

楚相孙叔敖知其贤人也，善待之。病且死，属其子曰："我死，汝必贫困。若往见优孟，言我孙叔敖之子也。"居数年，其子穷困负薪，逢优孟，与言曰："我，孙叔敖之子也。父且死时，属我贫困往见优孟。"优孟曰："若无远有所之⑬。"即为孙叔敖衣冠⑭，抵掌谈语。岁余，像孙叔敖，楚王及左右不能别也。庄王置酒，优孟前为寿。庄王大惊，以为孙叔敖复生也。欲以为相。优孟曰："请归与妇计之，三日而为相。"庄王许之。三日后，优孟复来。王曰："妇言谓何？"孟曰："妇言慎无为，楚相不足为也⑮。如孙叔敖之为楚相，尽忠为廉以治楚，楚王得以霸。今死，其子无立锥之地，贫困负薪以自饮食。必如孙叔敖，不如自杀。"因歌曰："山居耕田苦，难以得食。起而为吏，身贪鄙者余财，不顾耻辱。身死家室富，又恐受赇枉法，为奸触大罪，身死而家灭。贪吏安可为也！念为廉吏，奉法守职，竟死不敢为非。廉吏安可为也！楚相孙叔敖，持廉至死，方今妻子穷困，负薪而食，不足为也！"于是庄王谢优孟，乃召孙叔敖子，封之寝丘⑯四百户，以奉其祀。后十世不绝。此知可以言时矣⑰。

〔注〕 ① 乐人：善歌舞的艺人。 ② 席以露床：用没有帷帐的床给它睡。 ③ 丧之：为马服丧。 ④"欲以"句：想把马装入棺椁，按葬大夫的礼仪来葬马。 ⑤ 题凑：棺材的两头。 ⑥ 穿圹：挖墓穴。 ⑦"齐赵"二句：既以人君之礼仪葬马，便请齐赵韩魏的使臣前来参加葬礼。 ⑧ 庙食太牢：建立祠庙，用牛、羊、猪（太牢）来祭它。 ⑨"垄灶"二句：用土堆成的灶

做它的外椁，用铜锅给它做棺材。⑩“赍以”二句：用姜枣来调味，用木兰做香料。⑪“祭以”两句：用稻粱来做祭品，用火光做它的寿衣。⑫属太官：交付掌管皇帝膳食的官员。⑬“若无”句：你不要走远了。⑭“即为”句：就穿戴上孙叔敖的衣帽。⑮“楚相”句：楚相这种官是没有什么干头的。⑯寝丘：春秋楚邑名，故址在今河南固始、沈丘之间。⑰“此知”句：其智可以说正合时宜。知，通“智”。

有个成语叫“衣冠优孟”，意思是：其人虽衣冠甚盛，身居显要，其实只是官场中的败类，装模作样而已。这个成语显然带有贬意。史传中的优孟并非如此。从上引《史记·滑稽列传》有关优孟的记述看，优孟是一个出色的艺人，一个值得称赞的小人物。他因演技超人而被选为楚庄王的弄臣，出入宫廷，承欢君侧。他利用这种特别身份伺机进言，出人于危难之中，“谈言微中”，婉而多讽。由于司马迁为他作传，终于人以文传，优孟成了略具古文知识的人所熟悉的名字。

司马迁记了他两件事。第一件是谏阻楚庄王不要“贱人贵马”。这节故事写了两个人，一个是聪明幽默而身居弄臣的优孟，一个是愚昧颟顸而位极人君的楚庄王。没有愚昧的庄王，不足以显优孟之智；没有优孟之智，不足以显庄王之愚。人与人比，有的相得益彰，有的相形见绌。这就是我们常说的对比陪衬的艺术手法。

文章入手先写楚庄王爱马。世上爱马的人太多了，这位庄王算是爱得出奇。马以骏骨健足为美，庄王却给它穿上绣花衣，掩其英姿；马以驰骋沙场为乐，庄王却将它置于华屋之中，露床之上，使马无法骋其万里横行之志；马以逐水草为食，庄王却喂给它干枣肉，使它徒长痴肥。如此爱马，这马自然非死不可。寥寥数语，一写庄王之愚昧，憨态可掬。马死之后，庄王不悟，竟要臣下为马服丧，葬以大夫之礼。此于愚昧之外，再写其昏庸。左右诤谏，原为辨人畜之界，且免贻笑四方；庄王却下令：“有以马谏者，罪至死！”此于愚昧、昏庸之外，三写其刚愎自用，专断横蛮。三层文字，活活画出这个庄王虽位极人君，其心智实低劣可笑，简直像个白痴、小丑。

优孟在当时的地位不过是供帝王取乐调笑的小丑、弄臣。但在司马迁笔下，他不仅具有心灵美的内在品质，而且有勇气，其胆识竟足以玩国君于殿廷之上。他入谏楚王，完全出以调笑戏弄。他深深懂得逻辑辩论中的“归谬法”。刚入殿门，先“仰天大哭”，举止异乎寻常，投庄王之所好；然后建议庄王以人君之礼葬马，并随口凑出一幅盛大的葬马图来，最后才点出“诸侯闻之，皆知大王贱人而贵马”。这时庄王才略有所悟，问优孟“为之奈何”，那语态就像梦中醒来，张皇无措，更显得颟顸。优孟答辞，诙谐有趣。他主张用灶作马的外椁，用大铜锅作内棺，用姜米作调料，用香料解腥膻，用米饭作祭奠之物，用火光作衣，把这匹高贵的死马埋葬在人的肠肚之中。这段答词，随口打趣，语妙如珠，幽默调笑，就像今天说相声一样，可谓辩才无碍，寓庄于谐，说得楚庄王赶紧把死马交给厨师，生怕这丑事张扬出去。

第二件事是为楚庄王的故相孙叔敖之子请封地。他装扮成这位故相去见庄王，竟然以假乱真，愚昧寡恩的庄王以为死人复生，欲以为相。优孟对答庄王的那段歌辞，连用"贪吏安可为也"，"廉吏安可为也"，"楚相……不足为也"，笑语中夹着辛酸，仿佛当斯之世，为楚之臣，人人无所适从。语调诙谐，意极沉痛，借古人歌笑，发愤世嫉俗之悲心。

司马迁的《史记》，不仅记帝王将相的历史，也写了许多可歌可泣的小人物。这些小人物集中见于"游侠""刺客""滑稽"三传，散见于《魏公子列传》等文字中。他们共同的特点是：虽地位卑微，而心灵优美，其行为智勇，胜过许许多多大人物。这自有史家之深意，文学家的深心。即以这一节包含在《滑稽列传》中的《优孟传》而言，讽刺的意味便十分深远。孔子"伤人乎不问马"，楚庄王却贵马而贱人，岂非鲜明对照？联系到《史记》另一篇《大宛列传》，汉武帝为了夺大宛所产的名马，不惜数年征战，把几万士卒投入扩大边境的战争。其中死病者该有多少？这不是又一个"贱人贵马"的楚庄王吗？千古昏君，岂止一庄王而已！庄王不过是一位经过漫画手法夸张突出的典型。宋人吕祖谦说："太史公之书法，岂拘儒曲士所能通其说乎？其旨意之深邃，寄兴之悠长，微而显，绝而续，正而变，文见于此，而起意于彼，若有鱼龙之变化，不可得而踪迹者矣。"(《大事记》)说的不正是这种借古讽今、一石数鸟的讽刺艺术么？

《优孟传》极富喜剧情调。优孟调笑戏弄，幽默诙谐，宛然像位喜剧大师。他的言谈既可笑，又深刻，在笑语中揭露世情，在喜剧中寓悲世之意，让读者在笑声中深思。喜剧，本来就是把丑恶的东西撕毁给人看。不作正面的批判，而出以诙谐幽默，把真理寄寓在笑闹之中，令人联想起《庄子》所说的"举世皆溷浊，不得与庄语"的名言。司马迁父子的思想倾向黄老。他写优孟，写其他滑稽者流，从思想、艺术角度看，都可以见出《庄子》的影响。楚庄王二事，迹近"谬悠"，情属"荒诞"。优孟之为人，以嘻笑为怒骂，正言若反。《庄子》一书，以浪漫主义手法反映现实；司马迁的《优孟传》，又何尝不是如此。

(赖汉屏)

秦楚之际月表①序

司马迁

太史公②读秦楚之际，曰：初作难，发于陈涉③；虐戾灭秦，自项氏④；拨乱诛暴，平定海内，卒践帝祚，成于汉家。五年之间，号令三嬗，自生民以来，未始有受命若斯之亟也。

昔虞、夏之兴，积善累功数十年，德洽⑤百姓，摄⑥行政事，考之于天，然后在位。汤、武之王，乃由契、后稷修仁行义十余世，不期而会孟津八百诸侯，犹以为未可，其后乃放弑。秦起襄公，章于文、缪、献、孝之后，稍以蚕食⑦六国，百有余载，至始皇乃能并冠带之伦。以德若彼，用力如此，盖一统若斯之难也。

秦既称帝，患兵革不休，以有诸侯也，于是无尺土之封，堕坏名城，销锋镝，锄豪杰，维万世之安。然王迹⑧之兴，起于闾巷，合从讨伐，轶于三代，向秦之禁，适足以资贤者为驱除难耳。故愤发其所，为天下雄，安在无土不王。此乃传之所谓大圣⑨乎？岂非天哉，岂非天哉！非大圣孰能当此受命而帝者乎？

〔注〕 ① 月表：按月纪事之表。《史记索隐》引张晏："时天下未定，参错变易，不可以年记，故列其月。" ② 太史公：即太史令。《史记正义》："司马迁自谓也……迁为太史公官，题赞首也。" ③ 陈涉：即陈胜（？—前208），秦末农民起义领袖，阳城（今河南登封东南）人，涉为其字。秦二世元年（前209），他被征屯戍渔阳，同吴广在蕲县大泽乡起义。曾建立张楚政权，被推为王。后被叛徒庄贾杀害。 ④ 项氏：指项羽（前232—前202），秦末农民起义军领袖。名籍，羽是其字，下相（今江苏宿迁西南）人。秦二世元年（前209），从叔父项梁在吴起义。曾在巨鹿之战中摧毁秦军主力。秦亡后自立为西楚霸王，楚汉战争中为刘邦击败，最后从垓下突围至乌江，自杀。 ⑤ 洽：沾润。 ⑥ 摄：代理。 ⑦ 蚕食：如蚕食桑叶，喻逐步侵占。 ⑧ 王迹：王者创业的功迹。功业可见者曰迹。 ⑨ 大圣：至圣，指道德高尚完备的人。

司马迁的文章，兼具豪健与跌宕、阳刚与阴柔之美。其阳刚豪健之美，为韩愈散文所继承与发展；其阴柔跌宕之美，为欧阳修散文所继承与发展。前者表现于《史记》纪、传、世家正文的多；后者表现于纪、传、世家的赞辞及表、书的序文的多。这篇《秦楚之际月表序》，也是表现阴柔跌宕之美的代表作。

司马迁是汉朝的臣子，但他论秦、汉之间的历史，一贯不偏袒、谀颂本朝，而给首先发难的农民领袖陈涉、吴广，以及参加起义、后来成为汉高祖敌人的项羽的历史作用以充分的估计。他不畏讥评和迫害，列陈涉于"世家"，列项羽于"本纪"，表现了卓越的史识和史胆。本文评论秦、汉之间的史事，于陈氏起义之后、项氏灭亡之前，尊之曰"秦楚之际"，也持这种观点。

文章第一段论汉朝得国之速，为自古以来所未有。它把"发难"之功归于陈涉,"灭秦"之功归于项羽;只把"拨乱诛暴,平定海内,卒践帝祚"之功归于汉朝。全段六十二字,论事分三层,断制分明,笔极劲炼。末了"自生民以来"两句,用唱叹之笔总结,开始显示文章的跌宕风神。

第二段,从虞、夏、商、周、秦五朝创建帝业的长久和艰难,作为汉朝得国之速的对照,也作为第一段论点的进一步申述。叙事断制的分明与劲炼,同于前段;末了三句总评,也以唱叹为议论。"以德若彼,用力如此",事分两类而唱叹如一;"盖一统若斯之难也",跌宕如前段结语。

第三段,论秦朝统一之后,为了惩前毖后,防天下兵争再起,于是废诸侯分封之制,隳名城,销兵器,诛锄豪杰,想要以此来长保帝业,"维万世之安";而想不到祸常起于细微,而出于人之所难料。陈涉、吴广,"起于闾巷",不是诸侯出身;没有武器,揭竿而起;"合从(纵)讨伐",声势之大与发展之速,"轶于三代"。作者概括、叙述到此,鉴古叹今之情,洋溢于怀,不能自已,遂一发出以唱叹:到"向秦之禁,适足以资贤者为驱除难耳",一转,一顿,一唱叹;"故愤发其所,为天下雄,安在无土不王",接着又一转,二顿,一唱叹;"此乃传之所谓大圣乎?岂非天哉,岂非天哉",接着又二转,三顿,三唱叹,后面两句又于言外表示汉朝之得天下,不完全是战功、知谋的人事之效,其中有主观力量之外的客观历史趋势和一系列的机遇的力量在,统归诸"天","微辞"贬语,含情尤远;"非大圣孰能当此受命而帝者乎",一递进,一唱叹,但承接前句而来,又使赞美之辞成为表面上的"虚应",更为深远微妙。这些唱叹之笔,思想感情接连转折起伏,语调不断跌宕,言简而情长,风神之美,更加得到充分的表现。

清浦起龙评此文为"宕往神行,千古逸调";林云铭评为"曲折淡宕",指其富于风神言;张裕钊评为"雄逸恣肆,千古一人,其奇宕则韩、欧之所自出也",兼指风神与气势,其气势,则表现在叙事的劲炼之中。

(陈祥耀)

高祖功臣侯者年表[1]序　　司马迁

太史公曰:古者人臣功有五品,以德立宗庙[2]、定社稷[3]曰勋,以言曰劳,用力曰功,明其等曰伐,积日曰阅。封爵之誓曰:"使河如带,泰山若厉,国以永宁,爰及苗裔[4]。"始未尝不欲固其根本,而枝叶稍陵夷[5]衰微也。

余读高祖侯功臣,察其首封,所以失之者,曰:异哉所闻!《书》曰"协和万国[6]",迁于夏、商,或数千岁。盖周封八百,幽、厉之后，见于《春秋》。《尚书》有唐、虞之侯伯，历三代千有余载，自全以蕃卫⑦天子，岂非笃于仁义、奉上法哉？汉兴，功臣受封者百有余人。天下初定，故大城名都散亡，户口可得而数者十二三⑧，是以大侯不过万家，小者五六百户。后数世，民咸归乡里，户益息，萧、曹、绛、灌⑨之属或至四万，小侯自倍，富厚如之。子孙骄溢，忘其先，淫嬖。至太初百年之间，见侯五，余皆坐法陨命亡国，耗矣。网亦少密焉。然皆身无兢兢⑩于当世之禁云。

居今之世，志古之道，所以自镜⑪也；未必尽同。帝王者各殊礼而异务，要以成功为统纪⑫，岂可绲⑬乎？观所以得尊宠及所以废辱，亦当世得失之林也；何必旧闻？于是谨其终始，表其文，颇有所不尽本末；著其明，疑者阙之。后有君子，欲推而列之，得以览焉。

〔注〕 ① 年表：按年编排记述史事或人物事迹的表。 ② 宗庙：天子、诸侯祭祀祖先的处所，封建帝王将天下据为一家所有，世代相传，故常以宗庙作为王室、国家的代称。 ③ 社：指土神。稷：指谷神。古代君主都祭社稷，后以社稷代表国家。 ④ 苗裔（yì 义）：后代子孙。 ⑤ 陵夷：衰落。 ⑥ 协和万国：语出《尚书·尧典》。国，作"邦"。协和：调和融洽。 ⑦ 蕃卫：捍卫。蕃：通"藩"，屏藩。 ⑧ 十二三：十分之二三。 ⑨ 萧、曹、绛、灌：指汉相国萧何、曹参，绛侯周勃、颍阴侯灌婴。 ⑩ 兢兢：小心戒慎的样子。 ⑪ 镜：借鉴。 ⑫ 统纪：纲纪。 ⑬ 绲（hùn 混）：同"混"，混同。

这篇文章，两段叙事，一段评论。第一段叙历代功臣封赏之制；第二段叙汉高祖封侯功臣的世代兴亡原委；第三段评论上述之事，并申作年表的目的。全文只三百七十五字，叙事的层次多，简练具体；而叙事与议论，又多出以抒情，唱叹之笔多，《史记》文章的跌宕的风神之美，也表现得很突出。

文章叙古今封侯世家的兴衰灭亡，是为了总结原因，提供鉴戒，目的单纯；但作者对这种事的涉想，却是复杂的，又很动情感，所以说了一层，便唱叹一层。第一段结尾的"始未尝不欲固其根本，而枝叶稍陵夷衰微也"，探索了分封和受封者的主观意图，考察其形势的客观变化，从其始末更替，认识到不以人的意志为转移的历史现实，一转折，一对照，一唱叹。第二段，自开头至"异哉所闻"，一转折，一唱叹，而唱叹的语气又特别重，特别奇突；"岂非笃于仁义、奉上法哉"，一总结，以反诘为唱叹；自此以下，至"余皆坐法陨命亡国，耗矣"，经过多层转折，又来一总结，一大唱叹；“网亦少密焉”两句，紧接便来两转折，两唱叹；转折之密，唱叹之多，超过前面。第三段，“所以自镜也”，“未必尽同”，“岂可绲乎”，“亦当世得失之林也”，“何必旧闻”，“颇有所不尽本末”，“得以览焉”等句，都是一小结即一转折，一转折即一唱叹；有的更是两句相连，便自为转折的。其转折之密，唱叹之多，一如第二段的结尾。

一篇短文，用意转折如此其多，唱叹之情如此其浓，文章跌宕的风神如此其突出，在《史记》之前固然见不到，《史记》之后也不容易见到。欧阳修的文章，风神近之，而转折没有这样多；王安石的《读孟尝君传》一类文章，转折之多近之，而风神不如。《史记》文章之擅绝技，实在惊人。而且一切转折与唱叹，皆出于自然，非有意做作，更使一些心慕手追者，不容易得其神与气。清林云铭评本文为“引古相形，轩轾绝殊，无限感慨”（《古文析义》），浦起龙评为“古今参会，笔有遥情，字含感慨”（《古文眉诠》），也是从跌宕风神方面去体会其佳处。 （陈祥耀）

报任少卿书 司马迁

太史公牛马走①司马迁再拜言。少卿足下：曩者辱赐书，教以顺于接物②、推贤进士为务。意气勤勤恳恳，若望③仆不相师，而用流俗人之言，仆非敢如此也。仆虽罢驽④，亦尝侧闻长者之遗风矣。顾自以为身残处秽⑤，动而见尤，欲益反损，是以独郁悒而与谁语。谚曰：“谁为为之？孰令听之？”盖钟子期死，伯牙终身不复鼓琴⑥，何则？士为知己者用，女为说己者容⑦。若仆，大质⑧已亏缺矣，虽才怀随、和⑨，行若由、夷⑩，终不可以为荣，适足以见笑而自点⑪耳。书辞宜答，会东从上来⑫，又迫贱事，相见日浅，卒卒无须臾之间⑬，得竭至意。今少卿抱不测之罪，涉旬月，迫季冬；仆又薄从上雍⑭，恐卒然不可为讳⑮，是仆终已不得舒愤懑以晓左右，则长逝者⑯魂魄私恨无穷。请略陈固陋，阙然久不报，幸勿为过！

仆闻之：“修身者，智之符⑰也；爱施者，仁之端也；取与者，义之表也；耻辱者，勇之决也；立名者，行之极也。”士有此五者，然后可以托于世而列于君子之林矣。故祸莫憯⑱于欲利，悲莫痛于伤心，行莫丑于辱先，诟莫大于宫刑。刑余之人，无所比数[19],非一世也,所从来远矣。昔卫灵公与雍渠同载[20],孔子适陈;商鞅因景监见,赵良寒心[21];同子参乘,袁丝变色[22]:自古而耻之。夫以中材之人,事有关于宦竖,莫不伤气,而况于慷慨之士乎?如今朝廷虽乏人,奈何令刀锯之余,荐天下豪俊哉!仆赖先人绪业[23],得待罪辇毂下[24],二十余年矣。所以自惟[25]:上之不能纳忠效信,有奇策才力之誉,自结明主;次之又不能拾遗补阙[26],招贤进能,显岩穴之士[27];外之又不能备行伍,攻城野战,有斩将搴旗之功;下之不能积日累劳,取尊官厚禄,以为宗族交游光宠。四者无一遂,苟合取容,无所短长之效,可见如此矣。向者,仆常厕下大夫[28]之列,陪外廷[29]末议,不以此时引维纲,尽思虑;今以亏形为扫除之隶,在阘茸[30]之中,乃欲仰首伸眉,论列是非,不亦轻朝廷、羞当世之士耶!嗟乎嗟乎!如仆尚何言哉!尚何言哉!

且事本末未易明也。仆少负不羁之行,长无乡曲之誉,主上幸以先人之故,使得奏薄伎,出入周卫[31]之中。仆以为戴盆何以望天,故绝宾客之知,亡室家之业,日夜思竭其不肖之才力,务一心营职,以求亲媚于主上,而事乃有大谬不然者。夫仆与李陵[32],俱居门下,素非能相善也,趣[33]舍异路,未尝衔杯酒,接殷勤之余欢。然仆观其为人:自守奇士,事亲孝,与士信,临财廉,取与义,分别有让[34],恭俭下人[35];常思奋不顾身,以徇国家之急。其素所蓄积也,仆以为有国士之风。夫人臣出万死不顾一生之计,赴公家之难,斯以奇矣。今举事一不当,而全躯保妻子之臣,随而媒孽[36]其短,仆诚私心痛之!且李陵提步卒不满五千,深践戎马之地,足历王庭[37],垂饵虎口,横挑强胡,仰亿万之师,与单于连战十有余日,所杀过半当[38],虏救死扶伤不给。旃裘[39]之君长咸震怖,乃悉征其左右贤王,举引弓之人,一国共攻而围之。转斗千里,矢尽道穷,救兵不至,士卒死伤如积;然陵一呼劳,军士无不起,躬自流涕,沫血饮泣,更张空拳[40],冒白刃,北向争死敌者。陵未没时,使有来报，汉公卿王侯，皆奉觞上寿。后数日，陵败书闻，主上为之食不甘味，听朝不怡；大臣忧惧，不知所出。仆窃不自料其卑贱，见主上惨怆怛悼，诚欲效其款款之愚。以为李陵素与士大夫绝甘分少㊶，能得人死力，虽古之名将，不能过也。身虽陷败，彼观其意，且欲得其当㊷而报于汉；事已无可奈何，其所摧败，功亦足以暴㊸于天下矣。仆怀欲陈之而未有路，适会召问，即以此指，推言陵之功，欲以广主上之意，塞睚眦㊹之辞；未能尽明，明主不晓，以为仆沮贰师，而为李陵游说，遂下于理㊺。拳拳之忠，终不能自列，因为诬上，卒从吏议。家贫，货赂不足以自赎；交游莫救，左右亲近，不为一言。身非木石，独与法吏为伍，深幽囹圄㊻之中，谁可告愬者！此真少卿所亲见，仆行事岂不然乎？李陵既生降，隤㊼其家声；而仆又佴之蚕室㊽，重为天下观笑，悲夫悲夫！事未易一二为俗人言也。

仆之先，非有剖符丹书之功，文史星历，近乎卜祝之间，固主上所戏弄，倡优所畜，流俗之所轻也。假令仆伏法受诛，若九牛亡一毛，与蝼蚁何以异？而世又不与能死节者，特以为智穷罪极，不能自免，卒就死耳。何也？素所自树立使然也。人固有一死，或重于泰山，或轻于鸿毛，用之所趋异也。太上不辱先，其次不辱身，其次不辱理色㊾，其次不辱辞令，其次屈体受辱，其次易服㊿受辱，其次关木索、被棰楚受辱，其次剔毛发、婴金铁受辱，其次毁肌肤、断肢体受辱，最下腐刑极矣！传曰："刑不上大夫[51]。"此言士节不可不勉励也。猛虎在深山，百兽震恐；及在槛阱之中，摇尾而求食：积威约之渐也。故士有画地为牢，势不可入；削木为吏，议不可对：定计于鲜[52]也。今交手足，受木索，暴肌肤，受榜箠，幽于圜墙之中。当此之时，见狱吏则头枪地[53]，视徒隶则正惕息，何者？积威约之势也。及以至是，言不辱者，所谓强颜耳，曷足贵乎！且西伯，伯也，拘于羑里[54]；李斯，相也，具于五刑[55]；淮阴，王也，受械于陈[56]；彭越、张敖，南面称孤，系狱抵罪[57]；绛侯诛诸吕，权倾五伯，囚于请室[58]；魏其，大将也，衣赭衣，关三木[59]；季布为朱家钳奴[60]；灌夫受辱于居室[61]。此人皆身至王侯将相，声闻邻国，及罪至罔加，不能引决自裁，在尘埃之中，古今一体，安在其不辱也！由此言之：勇怯，势也；强弱，形也。审矣，何足怪乎？夫人不能早自裁绳墨之外，以稍陵迟[62]，至于鞭箠之间，乃欲引节[63]，斯不亦远乎！古人所以重施刑于大夫者，殆为此也。

夫人情莫不贪生恶死，念父母，顾妻子；至激于义理者不然，乃有所不得已也。今仆不幸，早失父母，无兄弟之亲，独身孤立，少卿视仆于妻子何如哉？且勇者不必死节，怯夫慕义，何处不勉焉。仆虽怯懦欲苟活，亦颇识去就之分矣，何至自沉溺缧绁之辱哉！且夫臧获婢妾，由能引决，况仆之不得已乎？所以隐忍苟活，幽于粪土之中而不辞者，恨私心有所不尽，鄙陋没世[64]，而文采不表于后世也。

古者富贵而名摩灭，不可胜记，唯倜傥非常之人称焉。盖文王拘而演《周易》[65]；仲尼厄而作《春秋》；屈原放逐，乃赋《离骚》[66]；左丘失明，厥有《国语》[67]；孙子膑脚，兵法修列[68]；不韦迁蜀，世传《吕览》[69]；韩非囚秦，《说难》《孤愤》[70]；《诗》三百篇，大抵圣贤发愤之所为作也。此人皆意有所郁结，不得通其道，故述往事，思来者[71]。乃如左丘无目，孙子断足，终不可用，退而论书策以舒其愤，思垂空文以自见。仆窃不逊，近自托于无能之辞，网罗天下放失旧闻，略考其行事，综其终始，稽其成败兴坏之纪，上计轩辕，下至于兹，为十表，本纪十二，书八章，世家三十，列传七十，凡百三十篇，亦欲以究天人之际[72]，通古今之变，成一家之言。草创未就，会遭此祸，惜其不成，是以就极刑而无愠色。仆诚以著此书，藏诸名山，传之其人通邑大都，则仆偿前辱之责，虽万被戮，岂有悔哉！然此可为智者道，难为俗人言也。

且负下未易居[73]，下流多谤议[74]。仆以口语[75]遇此祸，重为乡党所笑，以污辱先人，亦何面目复上父母丘墓乎？虽累百世，垢弥甚耳！是以肠一日而九回，居则忽忽若有所亡，出则不知其所往，每念斯耻，汗未尝不发背沾衣也。身直为闺阁之臣⑯，宁得自引于深藏岩穴耶？故且从俗浮沉，与时俯仰，以通其狂惑。今少卿乃教以推贤进士，无乃与仆私心剌谬乎？今虽欲自雕琢，曼辞⑰以自饰，无益，于俗不信，适足取辱耳！要之死日，然后是非乃定。书不能悉意，略陈固陋，谨再拜。

〔注〕 ① 太史公：即太史令。此为司马迁自谓。牛马走：谓如牛马一样供人驱使，犹言仆人，为司马迁自谦之词。 ② 接物：待人接物。 ③ 望：抱怨。 ④ 罢：同“疲”。驽（nú奴）：驽马，跑不快的马。罢驽，喻人疲弱，才能低下。 ⑤ 身残处秽：指身遭腐刑，处于受污辱的可耻地位。 ⑥ 钟子期、伯牙：春秋楚国人。伯牙善鼓琴，志在高山流水。钟子期精于音乐，闻而知之。子期死，伯牙谓世无知音者，遂绝弦破琴，终身不再鼓琴。事见《吕氏春秋·本味》。 ⑦ 说：通“悦”。容：修饰打扮。 ⑧ 大质：身体，体质。 ⑨ 随、和：指随侯珠、和氏璧，均为天下至宝。喻指美好的才德。 ⑩ 由、夷：指许由、伯夷，均为古代品行高洁的贤士。⑪ 自点：自污。点，玷污，污辱。 ⑫ 东从上来：指随汉武帝从东方回长安。 ⑬ 卒（cù促）卒：匆促。间：间隙。 ⑭ 薄：迫。雍：古县名，在今陕西凤翔南。本春秋雍邑，秦曾建都于此。汉武帝常至此祭祀天神。 ⑮ 不可为讳：不可避忌，指任安不可避免要被处死。 ⑯ 长逝者：死者，指将死的任安。 ⑰ 符：符信，凭据。 ⑱ 憯（cǎn惨）：同“惨”。 ⑲ 比数：同列，相提并论。 ⑳ 卫灵公：春秋时卫国国君，名元，公元前534—前493年在位。雍渠：卫灵公宠爱的宦官。 ㉑ 商鞅：战国时政治家，卫国人，公孙氏。名鞅，亦称卫鞅。景监：秦孝公宠幸的太监。商鞅因景监推荐而被秦孝公重用。赵良：秦国的贤士。 ㉒ 同子：指汉文帝时的宦官赵谈。司马迁避父讳，故称同子。袁丝：即袁盎（丝为其字），汉文帝时以直谏名重朝廷。㉓ 绪业：遗业。 ㉔ 待罪辇毂下：谦词，指在皇帝周围做官。 ㉕ 惟：思。 ㉖ 拾遗补阙：为皇帝补救过失，指讽谏。 ㉗ 岩穴之士：古时隐士多山居，故称岩穴之士。 ㉘ 下大夫：太史令官禄六百石，位为下大夫。 ㉙ 外廷：即外朝。汉代朝官分内朝官和外朝官。汉武帝以侍中、常侍、给事中等近臣组成内朝，参与国家大事决策。丞相为首的外朝为执行一般政务的机关。 ㉚ 阘茸（tà róng踏戎）：卑贱。 ㉛ 周卫：宿卫周密，这里指宫禁。 ㉜ 李陵：西汉陇西成纪（今甘肃秦安）人，字少卿，名将李广之孙。善骑射。武帝时任骑都尉。曾率兵出击匈奴，战败投降。 ㉝ 趣：同“趋”。 ㉞ 分别有让：指待人接物能分别尊卑长幼，恪守礼节，有谦让的品德。 ㉟ 下人：指甘居人下。 ㊱ 媒孽：即媒糵。媒，酒母；糵，酒曲。酝酿之意，比喻构陷诬害，酿成其罪。 ㊲ 王庭：《文选》李善注：“单于所居之处，号曰王庭。” ㊳ 过半当：超过一半。 ㊴ 旃（zhān沾）裘：毡制之衣，为匈奴所穿用。这里指匈奴。 ㊵ 卷：弩弓。李陵矢尽，故张空弓。 ㊶ 绝甘分少：拒绝接受甘美之物，能将仅有的少量东西分给别人。㊷ 当：相当，指抵罪之功。 ㊸ 暴（pù铺）：显露。 ㊹ 睚眦（yá zì牙字）：怒目而视。这里指怨忿。 ㊺ 理：古代的司法机关。 ㊻ 囹圄（líng yǔ玲雨）：监狱。 ㊼ 隤（tuí颓）：同“颓”，败坏。 ㊽ 佴（èr二）：相次，随后。蚕室：狱名，宫刑者所居之室。《后汉书·光武帝纪下》注：“蚕室，宫刑狱名。宫刑者畏风，须暖，作窨室蓄火如蚕室，因以名焉。” ㊾ 理色：道理，脸面。 ㊿ 易服：改穿囚服。 51 传：指《礼记》。语出《礼记·曲礼上》：“礼不下庶人，刑不上大夫。刑人不在君侧。” 52 定计：事先打算。鲜：鲜明，明确。 53 枪地：即抢地，头触

地。 ⑭ 西伯：指周文王。商末周初周族领袖，姬姓，名昌。商纣时为西伯，一度被纣囚禁于羑里（今河南汤阴北）。 ⑮ 李斯：秦丞相，后被赵高陷害，腰斩于市。五刑：古代五种刑罚，指墨（脸上刺字）、劓（割鼻）、剕（断足）、宫刑、大辟（死刑）。 ⑯ 淮阴：即汉淮阴侯韩信，曾封楚王。公元前201年，有人上书告信欲谋反，高帝用陈平计，伪称将游云梦，会诸侯于陈（今河南淮阳），信至，令用刑具锁缚。械：锁缚手足的刑具。 ⑰ 彭越：字仲，汉初昌邑（今山东金乡西北）人。封梁王。后被告发谋反，为刘邦所捕，下狱被杀。张敖：汉初大梁（今河南开封西北）人。张耳子，嗣其父为赵王。因赵相贯高等谋刺高祖，被捕下狱。南面称孤：称王。 ⑱ 绛侯：即周勃。勃以功封绛侯。吕后死后，与陈平诛杀吕产、吕禄等人，迎立文帝，任右丞相。后被人诬告，一度下狱。请室：请罪之室，即囚禁有罪官吏的牢狱。 ⑲ 魏其：即窦婴。婴以功封魏其侯。后因与丞相田蚡交恶，被纠劾拘禁于都司空衙门的狱中。赭衣：囚衣。三木：加在犯人颈、手、足上的刑具。 ⑳ 季布：汉初楚人，任侠有名，项羽曾使率兵数次围困刘邦。项羽败后，刘邦以千金悬赏捉拿，他匿于濮阳周氏家。后接受周氏之计，髡钳（古代刑罚，剃去头发，用铁圈束颈）为奴，卖身给鲁国游侠朱家。 ㉑ 灌夫：曾为燕相。因辱骂丞相田蚡，被拘禁于居室。居室：汉官署名，属少府，为拘禁犯人的处所。 ㉒ 陵迟：同“陵夷”，衰落。 ㉓ 引节：守节自杀。 ㉔ 没世：终身。 ㉕ 文王拘而演《周易》：相传周文王被纣囚于羑里，推演伏羲所画的八卦为六十四卦，成为《周易》。 ㉖“屈原放逐”二句：战国楚大诗人屈原因遭靳尚等人诬陷，被流放，作《离骚》。 ㉗“左丘失明”二句：春秋时鲁国史官左丘明失去视力后著《国语》。 ㉘“孙子膑脚”二句：孙子即孙膑，战国初军事家。他被庞涓处以膑刑（剜去膝盖骨），后撰写了《孙膑兵法》。 ㉙“不韦迁蜀”二句：吕不韦本商人，后为秦相，尊为相国。以罪免职，被迁往蜀地。曾命门客编撰《吕氏春秋》。《吕览》即《吕氏春秋》。 ㉚“韩非囚秦”二句：韩非，战国末思想家、法家代表人物。曾建议韩王变法图强，不见用。后出使秦国，李斯忌其才，入狱自杀。《说难》《孤愤》为其所作篇名。 ㉛“述往事”二句：《文选》李善注：“言故述往前行事，思令将来人知己之志。” ㉜ 究天人之际：探究天地自然与人类社会的关系。 ㉝ 负下：处低下的地位。未易居：不容易生活。 ㉞ 下流多谤议：指自己居于下游容易遭到诽谤。 ㉟ 口语：指为李陵辩解。 ㊱ 直：同“值”，当。闺阁之臣：指宦官一类的官职。 ㊲ 曼辞：美饰之辞。

这是我国古典文学史上第一篇富于抒情性的长篇书信。据书中“会东从上来”及“薄从上雍”二事，司马迁写这封信，在汉武帝太始四年（前93）冬。致书的对象任少卿，名安，这时下狱。旧说，安这次下狱被处死。然据王国维《太史公行年考》，任安诛死，是坐戾太子案，当在征和二年（前91），褚少孙在《史记·田叔列传》后面补叙任安事，载武帝语：“任安有当死之罪甚众，吾尝活之。”则太始四年之狱，安或再遇赦，后死于北军护军使者任内。任安下狱前，司马迁任中书谒者令，掌“领赞尚书，出入奏事”，职属宫廷机要，安要他“推贤进士”，为朝廷荐举人才。司马迁自以为前数年因李陵事下狱，受过“腐刑”，是莫大的耻辱，不配做这种事。在信中，引证古今，抒发愤懑，对当时的现实及其自身的遭遇，都有深刻的反映。文长一千三百余字，可分为六大段：首尾两段述复信延迟原因及复信时的心情；第二段述不配“推贤进士”的缘故；第三段述为李陵事下狱的经过；第

四段述忍辱受刑;第五段述如何完成《史记》的写作。书中主要内容,有如下四个方面:

其一,反映了司马迁的光辉性格和封建统治者的一些恶劣行为。司马迁在书中称赞"慷慨之士"和"倜傥非常之人",他自己正是地地道道的这种人。因为这样,他对受"腐刑"的耻辱,极为强调,认为"大质已亏","在阘茸之中",至于"无可比数","虽累百世,垢弥甚耳";如再"仰首伸眉,论列是非",不但无地自容,而且"轻朝廷,羞当世之士",绝不能再做什么"推贤进士"之事。越是强调自己受刑后的卑贱,越见出作者的倔强与对屈辱的不能容忍。他认为在受刑前理应"引决自裁",不该苟且偷生,受此屈辱。这充分表现他性格的刚烈。他所以受此耻辱,又是出于正直敢言和对朝廷的忠诚。当李陵兵败投降匈奴的事件发生,在朝廷"大臣忧惧,不知所出","全躯保妻子之臣"及平时对李陵有"睚眦"之怨的人一片"媒孽其短"的声中,他挺身而出,说了一些公道话。李陵降敌,有失民族气节;但在当时,他的遭遇却又值得同情。司马迁与李陵无私交,然观察李陵平时的为人,"有国士之风";兵败前的忠勇苦战,确有"出万死不顾一生"之概,情状感人。李陵之败,本来为汉武帝宠妃李夫人之兄贰师将军李广利所误,主要责任在彼。司马迁要武帝考虑李陵平日的为人及此次作战情况,略观动静。武帝袒护李广利,以为司马迁的发言,是"沮贰师",即有伤李广利。遂如《史记》所载,"族陵母妻子",断陵赎罪之路;并下司马迁于狱,施以酷刑,以泄私愤。这些,反映了司马迁性格的另一光辉侧面,并反映了汉武帝的处事不公、威福无常,以及朝官权贵的势利和无能。

其二,反映了封建刑狱制度的黑暗、残酷。汉初,原有纳钱谷可以赎罪和拜爵之举,司马迁受处分,"家贫,货赂不足以自赎;交游莫救;左右亲近,不为一言"。入狱后,以其性格的慷慨刚烈,也不免要"见狱吏则头枪地,视徒隶则正惕息"。他进而从周文王(西伯)、李斯、韩信(淮阴侯)、彭越、张敖、周勃(绛侯)、窦婴(魏其侯)、季布、灌夫等人入狱和受刑的事,指出在刑罚、狱官、狱卒的"积威约之势"的驱迫下,这些著名人物,包括自己在内,同样屈身受辱,"言不辱者,所谓强颜耳"!这除了涉及人情冷暖和皇帝的"左右亲近"的畏怯之外,主要反映封建刑狱制度的黑暗和残酷。

其三,在我国文学史上,最早提出了"发愤著书"的理论。司马迁认为"腐刑"之辱不可忍,但书中却又指出自己碰到时,是"就极刑而无愠色"。为什么呢?这是因为他又认为死"或重于泰山,或轻于鸿毛",当时未对祖国和人民做出志所久存、力所能及的重要贡献,轻易一死,"轻于鸿毛";他的顽强的历史责任感不容许他这样做，他只得付出巨大的代价，咬着牙根忍受下来。他以自己的痛苦实践，并总结了周文王、孔子、屈原、左丘明、孙膑、吕不韦、韩非等人在患难中或残废中著书，以及“《诗》三百篇，大抵圣贤发愤之所为作也”的大量事例，提出了发愤著书、患难著书的理论。这在我国文学史上是首创的，对于我国文学的发展，是有积极的推动作用的。

其四，揭露封建帝王对待史官的态度和自己写作《史记》的情况。书中揭露史官并不为封建帝王所重视，成为“主上所戏弄，倡优所畜”的职务。但作者担任史官，并不因受到这种待遇而消沮，他意识到史官责任的重大，立志要为祖国写出第一部规模宏伟、全面而有系统的通史，这就是他忍死忍辱，而用血泪、生命换来的《史记》一书。他艰辛地“网罗天下放失旧闻，略考其行事，综其始终，稽其成败兴坏之理”，要把《史记》写成能够“究天人之际，通古今之变，成一家之言”的著作。实践证明，他坚强的意志和辛苦的劳动，使他达到这种目的，《史记》终于成为我国一部空前的、具有丰富史料、卓越史识，并有极高文学价值的伟大著作。书中这些话，对于我们理解《史记》这一部伟大著作，是很有帮助的。

书中所表达的这些思想内容，无疑都是可贵的。更为难能的，是作者能以非凡的文学才能，把这些思想内容，写得震撼人心，具有巨大的感染力。这种感染力，主要来自文章的激情和气势。司马迁既具有过人的激烈、慷慨和正义感强的性格，又有对于封建制度、封建统治的黑暗面的深切感受，对自己受刑以后的愤懑的长期郁积，对人生态度和历史责任感的反复思考，自然要在心中熔成一股火山下面的洪流、烈焰般的激情。一旦遇到写信的机会，又自然要迸喷而出，让这股洪流、烈焰去发放无限的光热。这就使文章无论是叙事或议论，都成为带着血泪、充满悲愤的控诉，成为抒情诗化的最强音，力量所至，飙扫涛卷。这种气势力量，又通过文章的语言形式，主要表现于如下的三个方面：

其一，急言极论，接连倾泻。书中历叙士德的五种表现，自己受“腐刑”之辱的“无所比数”，自己出仕后的种种矛盾，李陵的为人及其苦战情况，朝廷对于李陵事件的反应，各种刑罚的耻辱性的比较，历史上著名人物受罚就刑的态度，历史上发愤著书的事例，《史记》的内容和写作意图，或连类而及，或对比相触，都是一事接着一事，一例接着一例，思绪涌发，语不中断，用重叠、排比的句式，一气倾泻而下，既显得内容洋溢充实，又显得气势浩荡强盛。

其二，磅礴感情，起伏盘旋。书中所写，以忍辱受刑、忍痛著书的感情为主。这种感情，四面磅礴，不断起伏、沁透于各段之中，特别在首尾两段，更是呼应盘旋，贯注到底。这更使文章的主旋律的力量周遍伸张，始终不懈，更加强了文章的气势。

其三，在奔放中又极尽曲折、顿挫的能事。这篇文章，从整体上看，是一气倾泻的；但每叙一事或每发一议，又往往是层次多而转接自然，以奔放的气机挟曲折的思路以行。这种曲折，既不伤文章的奔放气势，相反的又以顿挫的力量加强了它。如第一段自“若望仆不相师”至“而与谁语”，“何则”至“适足以见笑而自点耳”；第三段自“仆少负不羁之行”至“而事乃有大谬不然者”，自“其素所蓄积也”至“私心痛之”；第四段自“与蝼蚁何以异”至“用之所趋异也”，自“当此之时”至“曷足贵乎”；第五段自“少卿视仆于妻子何如哉”至“况仆之不得已乎”……凡此之类，不胜备举，都是层次转折既多，机调又奔放直下，顿挫有加，而气势更旺的。

由于如上的特色，故整篇文章，以其过人的丰富、强烈、奔放的思想感情，形成卓绝千古的浩荡雄伟的气势。宋真德秀评为“跌宕奇伟”；清方苞评为“如山之出云，如水之赴壑，千态万状，变化于自然，由其气之盛也。后来惟韩退之《答孟尚书书》类此”；林云铭评为“通篇淋漓悲壮，如泣如诉，自始至终，似一气呵成”；浦起龙评为“沉雄激壮，如江海之气，横空上出，摩荡六虚”：都颇能得其气概。

（陈祥耀）

【作者小传】

褚少孙

西汉史学家。颍川（今河南禹县）人，居沛（今属江苏）。元帝、成帝时（一说宣帝时）博士。后以文学为侍郎，好观览《太史公书》（即《史记》）列传，曾补其缺篇。明人辑有《褚先生集》。

西门豹治邺

褚少孙

魏文侯①时，西门豹为邺令②。豹往到邺，会长老，问之民所疾苦。长老曰：“苦为河伯③娶妇，以故贫。”豹问其故，对曰：“邺三老、廷掾④常岁赋敛百姓，收取其钱得数百万，用其二三十万为河伯娶妇，与祝巫⑤共分其余钱持归。当其时，巫行视小家女好者，云是当为河伯妇，即娉取⑥。洗沐之，为治新缯绮縠⑦衣，闲居斋戒⑧；为治斋宫河上，张缇绛⑨

帷，女居其中。为具牛酒饭食，十余日，共粉饰之，如嫁女床席，令女居其上，浮之河中。始浮，行数十里乃没。其人家有好女者，恐大巫祝为河伯取之，以故多持女远逃亡。以故城中益空无人，又困贫，所从来久远矣。民人俗语曰，'即不为河伯娶妇，水来漂没，溺其人民'云。"西门豹曰："至为河伯娶妇时，愿三老、巫祝、父老送女河上，幸来告语之，吾亦往送女。"皆曰："诺。"

至其时，西门豹往会之河上。三老、官属、豪长者⑩、里父老皆会，以人民往观之者三二千人。其巫，老女子也，已年七十。从弟子女十人所，皆衣缯单衣，立大巫后。西门豹曰："呼河伯妇来，视其好丑。"即将女出帷中，来至前。豹视之，顾谓三老、巫祝、父老曰："是女子不好，烦大巫妪为入报河伯，得更求好女，后日送之。"即使吏卒共抱大巫妪投之河中。有顷，曰："巫妪何久也？弟子趣⑪之！"复以弟子一人投河中。有顷，曰："弟子何久也？复使一人趣之！"复投一弟子河中。凡投三弟子。西门豹曰："巫妪、弟子，是女子也，不能白⑫事，烦三老为入白之！"复投三老河中。西门豹簪笔磬折⑬，向河立待良久。长老、吏、傍观者皆惊恐。西门豹顾曰："巫妪、三老不来还，奈之何？"欲复使廷掾与豪长者一人入趣之。皆叩头，叩头且破，额血流地，色如死灰。西门豹曰："诺，且留待之须臾。"须臾，豹曰："廷掾起矣。状⑭河伯留客之久，若⑮皆罢去归矣。"邺吏民大惊恐，从是以后，不敢复言为河伯娶妇。

西门豹即发⑯民凿十二渠，引河水灌民田，田皆溉。当其时，民治渠少烦苦，不欲也。豹曰："民可以乐成，不可与虑始。今父老子弟虽患苦我，然百岁后，期令父老子孙思我言。"至今皆得水利，民人以给足富。十二渠经⑰绝驰道，到汉之立，而长吏以为十二渠桥绝驰道，相比近⑱，不可。欲合渠水，且至驰道合三渠为一桥。邺民人父老不肯听长吏，以为西门君所为也，贤君之法式不可更也。长吏终听置之。故西门豹为邺令，名闻天下，泽⑲流后世，无绝已时，几⑳可谓非贤大夫哉！

〔注〕 ① 魏文侯：即魏斯(？—前396)，战国时魏国国君。公元前445—前396年在位。 ② 西门豹：复姓西门，名豹。邺：今河北邯郸临漳西南。 ③ 河伯：传说中的河神。 ④ 三老：古代乡官，帮助县令、丞、尉推行政令。廷掾(yuàn 愿)：县令的属官。 ⑤ 祝巫：古代从事通鬼神的迷信职业者。 ⑥ 娉(pìn 聘)：同“聘”。取：同“娶”。 ⑦ 缯(zēng 增)：古代对丝织品的总称。绮(qǐ 起)：有花纹或图案的丝织品。縠(hú 胡)：有皱纹的纱。 ⑧ 斋戒：古人在祭祀活动前沐浴更衣，戒酒，戒荤腥，独居，整洁心身，以示虔诚，称为斋戒。 ⑨ 缇(tí 题)：橘红色。绛(jiàng 匠)：深红色。 ⑩ 豪长者：地方上的豪绅。 ⑪ 趣(cù 促)：催促。 ⑫ 白：禀告。 ⑬ 簪(zān)笔：张守节《史记正义》：“簪笔，谓以毛装簪头，长五寸，插在冠前，谓之为笔，言插笔备礼也。”磬(qìng 庆)折：弯腰如磬形，表示恭敬。磬，古代打击乐器，形状像曲尺，以玉或石制成。 ⑭ 状：类似，好像。表示揣测。 ⑮ 若：你们。 ⑯ 发：征发。 ⑰ 经：指纵向干渠。 ⑱ 比近：邻近。 ⑲ 泽：恩泽。 ⑳ 几：通“岂”。

这是一篇历史散文，写西门豹治邺的两大实绩：革除“为河伯娶妇”的陋习，凿渠引水灌溉农田。革除陋习是全文的重点，兴建水利是辅助性的笔墨。二者所用的笔法很不一样：前者主要通过描绘，再现当时的场景；后者主要采用记叙，说明有关的情况。从了解西门豹的全人来说，这两部分不可或缺。但若从艺术表现的角度来看，前一部分堪称精彩，后一部分则流于平淡。

前一部分有两个层次：介绍“为河伯娶妇”的情况与描叙如何革除这一陋习。第一层次着重写西门豹与长老的两次问答。第一次回答引出“为河伯娶妇”这件事，但回答过于简略，因而又引出西门豹的追问与长老的详细回答。长老的答话可以归纳为三点：指出“为河伯娶妇”的罪魁祸首是三老、廷掾与祝巫；描述从选女到嫁女的具体过程；交待这一陋习由来已久，后果严重。从答话中不难看出，长老对于这一陋习，态度是鲜明的，但又无可奈何。西门豹的反应又是如何呢？文章一开头，写他一到邺县，风尘仆仆，便召见长老，访问民间疾苦，见出是一个关心百姓痛痒的好官吏。而在听了长老的详细介绍以后，却变得无动于衷，只是平平淡淡地告诉长老，到为河伯娶妇的日子，希望三老、巫祝、父老都到河边去送女，他自己也将出席。这就不由得令人产生悬念，是因为听了长老的介绍退缩了么？或是本来就准备入乡随俗，听之任之？而读罢下文才如梦初醒，原来这是西门豹的以退为进，欲擒故纵。

在第二层次中，西门豹以大智若愚、大巧若拙的面貌出现。对于河伯娶妇，他仿佛比谁都更相信，也更虔敬：他以所嫁女不美作借口，解救了这一女子；接着以向河伯报告情况为理由，将大巫妪投入河中；之后又以催促大巫妪返回以及女子“不能白事”为幌子，先后把大巫妪的三个弟子以及三老投入河中；最后还准备以催促巫妪、三老返回为名，将廷掾、豪绅投河，吓得这班家伙跪地求饶，才算结束了这出由西门豹亲自执导的好戏。从此以后，为河伯娶妇的陋习不禁自止，再也没有人敢提起了。

从革除为河伯娶妇这一陋习的过程中，可以看出西门豹胆识过人，谋略超群。他明知这一陋习由来已久，自己所面对的势力十分强大，不仅有恶势力的代表三老、廷掾与巫祝，而且还有被愚弄而并不觉悟的百姓。但他从长老的谈话中了解到这一陋习对百姓为害最烈，便毅然决然地担负起了移风易俗的重任，主动地向恶势力发起挑战，并且战而胜之。如果没有必胜的信心与压倒一切的气概，是不可能进行这一场表面上看来力量对比如此悬殊的斗争的。但西门豹又不是一个勇者的形象，而是一个智者的形象。他的识见与胆略并不是外露的，而是内含的，是他作为智者形象的深层性格结构的重要组成部分。因而，在革除为河伯娶妇陋习的整个过程中，听不到西门豹的一句豪言壮语，见不到他有任何剑拔弩张的表示，有的只是与识见胆略相联系的充满睿智的种种谈吐与行为。他在听取长老的介绍时，就已在心中孕育了一个革除陋习的成熟的方案，决心将计就计，以其人之道还治其人之身，利用为河伯娶妇的仪式来惩治假借河伯名义以中饱私囊的坏人。当他轻描淡写仿佛随便说出准备参加为河伯娶妇的仪式时，实际上已神不知鬼不觉地在为实施斗争方案跨出了坚实的一步。到了为河伯娶妇的日子，他解救女子，将大巫妪等一一投入河中，于香烟缭绕之中频动杀机，无不是经过深思熟虑，逐一作了精心的设计的。为解救女子，他传令：“呼河伯妇来，视其好丑。”早已存心在“好丑”上做文章，并已准备好了答案——“是女子不好”。补救的办法也有了：“烦大巫妪为入报河伯。”大概大巫妪还没有反应过来，纵然反应过来了，也容不得她分说，西门豹已“即使吏卒共抱大巫妪投之河中”。“即使”，说明是马上发令；“共抱”，表明有好几个人一起动手。紧接着又以事先想好的理由，将大巫妪的三个弟子以及三老一一投入河中。真是高潮迭起，惊心动魄。看来西门豹很懂得掌握斗争的节奏，在连沉数人以后，毕恭毕敬地长久地站在河边，装出静候河伯回音的样子。这是向对手施展的心理战术，让对手在陡然急转的形势面前正视自己的尴尬处境。尤其有趣的是，他还提出再让一人到河伯那里去催促大巫妪等人返回，但引而不发，不像对大巫妪那样“即使吏卒共抱”“投之河中”，而是故意留出回旋的时间，好让廷掾与豪长者主动下跪求饶。西门豹则继续假戏真唱，一假到底，仍然以河伯作护法神与对手从容周旋，直至把对手彻底击溃。至此，一个老谋深算、料事如神、玩强敌于股掌之上的智者形象十分传神地得到了表现。

第二部分写西门豹兴建水利，在第一部分中已有伏笔。长老在向西门豹介绍为河伯娶妇的有关情况时，就曾提到过民间俗语，即如果不为河伯娶妇，就会“水来漂没，溺其人民”。也就是说，必须为河伯娶妇，否则就会发大水，淹死人。第一部分写了不为河伯娶妇，至于后果会不会真的“水来漂没，溺其人民”，还有待于第二部分来回答。可见两部分看似游离，实则有着内在的紧密联系。后一部分在内容上可注意的有两点：一是关于西门豹的远见卓识。百姓们嫌修渠吃苦，不想干，西门豹却毫不动摇。他说：“今父老子弟虽患苦我，然百岁后，期令父老子孙思我言。”一是关于西门豹兴建水利的深远影响。文中写到，百姓们都得到水利，由穷变富，后代官吏想要合渠水，改桥梁，百姓们认为是西门豹当年开凿的，不愿意改变。由此可见，西门豹在后人心目中的崇高地位。没有听说过西门豹在邺县给自己树立过记功的丰碑，但他为邺县百姓除弊兴利，这是他在邺县百姓的口碑中无意间留下的一段最好的记载。

西门豹在邺县做出的成绩，自然离不开他自身的条件，但也与他所处的特定历史环境有关。魏文侯魏斯代表新兴地主阶级的利益，师事卜商、段干木，任用李悝、吴起、西门豹等人，大刀阔斧地进行了政治、经济的改革，使魏国成为诸侯国中最为强大的国家。西门豹正是在魏斯的支持下来到邺县，顺应了这股改革的潮流才有所作为的。表面上看来，是西门豹这位英雄开创了邺县的新天地，实际上却是改革的大背景把他推到了历史的前台，归根结底还是历史造就了他这位英雄。通过本文，我们可以从一个侧面看出魏文侯时期魏国充满生机蓬勃发展的现实。

《西门豹治邺》在写作上的最大特点，是在历史散文中糅入小说、戏剧的笔法。文章构思巧妙，如同小说；冲突尖锐，又像戏剧。西门豹在听了长老的详细介绍之后，将计就计，表示要参加为河伯娶妇的仪式，在行文上，这是故作狡狯，有意不把窗户纸捅破，构思之巧，即使在以虚构擅长的小说中也属上乘。西门豹对大巫妪等人进行惩治，妙语连珠，险象环生，在正剧的严肃氛围中，演出了一幕又一幕令人喷饭的幽默喜剧。如此富于戏剧性的表现，这在历史散文中也是颇见特色的。如果说《西门豹治邺》的艺术成就主要体现在成功地塑造了一个智者形象的话，那么，这一形象之得以塑造成功，在很大程度上又不能不归功于作者巧妙的构思与富于戏剧性的表现。据褚少孙在《史记·滑稽列传》中的自述，他平生“好读外家传语”。所谓“外家传语”，是指六经以外的史传、杂说。可见他治学不主一家，旁求博采，所见必多，这正是他能够写出并写好《西门豹治邺》的一

个重要原因。　　（陈志明）

【作者小传】

王　褒

西汉辞赋家。字子渊。蜀资中（今四川资阳）人。宣帝时为谏大夫。以辞赋著称。其《洞箫赋》为早期的咏物之作，较有名。原有集，已散佚，明人辑有《王谏议集》。

洞箫赋

王　褒

原夫箫干之所生兮，于江南之丘墟①。洞条畅而罕节兮，标敷纷以扶疏②。徒观其旁山侧兮，则岖嵚岿崎，倚巇迤㠠③，诚可悲乎其不安也。弥望傥莽，联延旷荡④，又足乐乎其敞闲也。托身躯于后土兮，经万载而不迁。吸至精之滋熙兮⑤，禀苍色之润坚。感阴阳之变化兮，附性命乎皇天。翔风萧萧而径其末兮⑥，回江流川而溉其山。扬素波而挥连珠兮，声磕磕而澍渊⑦。

朝露清泠而陨其侧兮，玉液浸润而承其根。孤雌寡鹤，娱优乎其下兮，春禽群嬉，翱翔乎其颠。秋蜩不食，抱朴⑧而长吟兮，玄猿悲啸，搜索乎其间。处幽隐而奥屏兮，密漠泊以獭猭⑨。惟详察其素体兮⑩，宜清静而弗喧。幸得谥为洞箫兮，蒙圣主之渥恩。可谓惠而不费兮⑪，因天性之自然。

于是般匠施巧，夔妃准法⑫。带以象牙，掍其会合⑬。锼镂离洒，绛唇错杂⑭；邻菌缭纠，罗鳞捷猎⑮；胶致理比，挹抐擫擩⑯。于是乃使夫性昧之宕冥，生不睹天地之体势，暗于白黑之貌形；愤伊郁而酷䀇，愍眸子之丧精；寡所舒其思虑兮，专发愤乎音声⑰。

故吻吮值夫宫商兮，和纷离其匹溢⑱。形旖旎以顺吹兮，瞋唅咽以纡郁⑲。气旁迕以飞射兮，驰散涣以逫律⑳。趣从容其勿述兮，骛合遝以诡谲㉑。或浑沌而潺湲兮，猎若枚折；或漫衍而络绎兮，沛焉竞溢[22]。惏栗密率，掩以绝灭，𩃹霵晔踕，跳然复出[23]。

若乃徐听其曲度兮，廉察其赋歌。啾咇㘉而将吟兮，行锴铓以和啰[24]。风鸿洞而不绝兮，优娆娆以婆娑[25]。翩绵连以牢落兮，漂乍弃而为他[26]。要复遮其蹊径兮，与讴谣乎相和[27]。

故听其巨音，则周流氾滥，并包吐含，若慈父之畜子也[28]。其妙声，则清静厌瘱，顺叙卑达，若孝子之事父也[29]。科条譬类，诚应义理，澎濞慷慨，一何壮士，优柔温润，又似君子[30]。

故其武声，则若雷霆輘輷，佚豫以沸㥜[31]。其仁声，则若𩗗风纷披，容与而施惠[32]。或杂遝以聚敛兮，或拔摋以奋弃[33]。悲怆怳以恻惐兮，时恬淡以绥肆[34]。被淋灑其靡靡兮，时横溃以阳遂[35]。哀悁悁之可怀兮，良醰醰而有味[36]。

故贪饕者听之而廉隅兮，狼戾者闻之而不怼[37]；刚毅强暴反仁恩兮，啴唌逸豫戒其失[38]。钟期、牙、旷怅然而愕兮，杞梁之妻不能为其气[39]。师襄、严春不敢窜其巧兮，浸淫、叔子远其类[40]。嚚、顽、朱、均惕复惠兮，桀、跖、鬻、博儡以顿悴[41]。吹参差而入道德兮，故永御而可贵[42]。时奏狡弄，则彷徨翱翔，或留而不行，或行而不留[43]。愺恅澜漫，亡耦失畴，薄索合沓，罔象相求[44]。

故知音者乐而悲之，不知音者怪而伟之。故闻其悲声，则莫不怆然累欷，撇涕抆泪；其奏欢娱，则莫不惮漫衍凯，阿那腲腇者已[45]。是以蟋蟀蚸蠖，蚑行喘息；蝼蚁蝘蜓，蝇蝇翊翊。迁延徙迤，鱼瞰鸡睨，垂喙蜿转，瞪瞢忘食，况感阴阳之和，而化风俗之伦哉[46]！

乱曰：状若捷武，超腾逾曳，迅漂巧兮[47]。又似流波，泡溲泛㴋，趋巇道兮[48]。哮呷呟唤，跻躎连绝，淈殄沌兮[49]。搅搜㶁捎[50]，逍遥踊跃，若坏颓兮。优游流离，踌躇稽诣，亦足耽兮[51]。颓唐遂往，长辞远逝，漂不还兮[52]。赖蒙圣化，从容中道，乐不淫兮[53]。条畅洞达，中节操兮。终诗卒曲，尚余音兮。吟气遗响，联绵漂撇，生微风兮54。连延络绎，变无穷兮。

〔注〕 ① 箫：箫竹；干：小竹。江南之丘墟：指江宁县慈母山，该山所生之竹最宜制作箫管。 ② 洞：通。条：长。标：立，直。敷纷：茎多貌。扶疏：叶密貌。 ③ 旁：通“傍”。岖嵚岿崎：山势险峻貌。倚巇(xī戏)迤靡(mí靡)：山势逶迤连绵险峻貌。 ④ 倪莽：宽广貌。联延旷荡：绵延广大貌。 ⑤ 滋熙：润悦貌。 ⑥ 径：经过，掠过。末：竹梢。 ⑦ 礚(kē科)礚：水击石相撞声。澍(zhù注)：通“注”。 ⑧ 抱(fù附)：附着。朴：木皮。 ⑨ 奥屏(bìng并)：深蔽。屏，同“屏”。漠泊：竹密貌。獑猭(chēn chuán嗔船)：相连貌。 ⑩ 素体：竹之本体。 ⑪ 惠而不费：给人以好处而自己亦无所耗费。语出《论语·尧曰》：“子曰：‘因民之所利而利之，斯不亦惠而不费乎？’” ⑫ 般：公输般，墨子所称誉的巧匠。匠：即匠石，古名匠，见《庄子·人间世》和《徐无鬼》。夔：古乐官。《尚书·舜典》“帝曰：‘夔，命汝典乐，教胄子。’”妃：舜妃，即湘君。屈原《九歌·湘君》：“吹参差兮谁思。”王逸注：“参差，洞箫也。” ⑬ 带：装饰。掍(gǔn滚)：同，混合。 ⑭ 镂镂：雕镂。离洒：雕镂纹饰交错貌。绛唇：箫孔以朱红装饰。 ⑮ 邻菌缭纠：箫管排列紧密，成一整体。罗鳞：如鱼鳞布列。捷猎：参差。 ⑯ 胶致理比(bì必)：箫管排列紧密、有次序貌。挹抐(nì逆)擫(yè夜)撚(nié)：箫管排列合乎体制貌。 ⑰ 性昧之宕冥：指盲人。性昧，不察世事。宕冥，过于幽冥。伊郁：抑郁。酷䀹(nǜ)：极忧貌。愍(mǐn悯)：忧惜。这几句是说，在这时叫那盲人来吹奏洞箫，盲人天生就失明，不见天地之形体，也不能分辨黑夜和白昼，因而郁愤中结，极度忧伤，哀惜自己眼睛失明。他们因少见世事而无过多的思虑，专意发愤吹奏洞箫，所以能够充分显示出洞箫的音声。 ⑱ “故吻吮”二句：是说盲人吹奏洞箫皆和宫商曲调，音声和美，纷纷扬扬，四散传播。 ⑲ 旖旎(yǐ nǐ椅你)：柔美婀娜。此指盲人形体随箫声变换多姿多态。颔(hàn汗)：即颏，下巴。嗍：咽下垂为嗍。这句是说盲人顺着吹箫的情感起伏，躯体也婀娜多姿，他的下巴、咽喉也随着吹箫上下活动，像是把胸中郁结的愁闷全都借箫声喷发出来。 ⑳ 旁迕(wǔ午)：旁出相逆。遻(jué决)律：气出迟貌。这两句是说吹箫人呼吸换气之间气出迅疾或迟缓皆和音律。 ㉑ 合遝(tà沓)：盛多貌。这两句是说箫声吹奏的趋走从容无所乖律，演奏众多乐曲令人奇异。 ㉒ 猎：木折声。枚：木枝。这四句是说箫声有时浑浑沌沌如水清之声，如折木之声，有时箫声又悠扬连绵，丰沛充溢。 ㉓ 惏栗(lín lì林力)：寒貌。密率：安静。掩：止息貌。噏霵(xī jí吸辑)晔踕：众声疾貌。这四句是说箫声转而寒颤渐至细微以至无声，继而迅速地复起如跳跃迸出。 ㉔ 廉：察。咇咈(bǐ zhì笔制)：声出貌。行：且。镸(chěn)铑(rén人)：声音舒缓貌。和啰：声迭荡相杂貌。这四句是说，如果慢慢谛听洞箫的曲律，仔细察视洞箫曲的名目，也将齐声低吟并且会情不自禁地缓缓顺口和歌。 ㉕ 鸿洞：相连貌。娆娆：柔雅貌。这两句是说，如风吹其声连绵不绝，听来优悠柔雅，音声多姿多彩。 ㉖ 牢落：稀疏零落貌。这两句是说，音声连绵渐至稀落，漂然尽散，了结旧曲，然后又起新歌。 ㉗ 要(yāo腰)遮：拦截、阻留。这两句是说，吹奏洞箫要伺候歌者，如同在路上阻留住人一样，洞箫的演奏声要和歌唱的音律相和。 ㉘ “故听”四句：意思是说，听到歌者宏大之声，箫乐应当像慈父抚养儿子那样，给歌声以烘托和合，使其声能广布传远。 ㉙ 厌瘱(yì艺)：安静深邃。达(tì剃)：滑。这四句是说，歌者声音清妙，箫乐就应当清微静远，像儿子侍奉父亲那样小心顺滑其声。 ㉚ 科条：名目。澎濞(pì譬)：大水暴发波浪相击声。这六句是说，洞箫曲目应合乎义理，慷慨激烈之声犹如壮士高歌，优雅温柔之声又如同修养君子低声细吟。 ㉛ 輘輷(líng hōng陵轰)：大声。佚豫：声音迅速传播。沸憒(wèi渭)：喧腾貌。 ㉜ 颽(kǎi凯)风：南风。容与：宽和貌。 ㉝ 杂遝：众

多貌。拔搽(sà萨):分散。这两句是说,箫声或众多音调相合聚以成合声,或分散诸音迅速去掉不必要的音调而以单调独鸣。 ㉞怆恍:失意貌。恻惐(yù域):悲伤貌。绥肆:迟缓貌,一说安纵。这两句是说,箫声有时奏出悲伤失意的音声,有时又奏出使人感到内心恬静淡然而放松的音声。 ㉟被:及。淋灑(lí离):指声音连绵不绝。阳遂:清通貌。这两句是说,及箫声有时细密如缕,有时又如洪水决堤旁出清畅之音。 ㊱悁(yuān冤)悁:忧闷貌。醰(tán潭)醰:情趣深厚含蓄。这两句是说,箫声哀怨令人忧闷萦怀,箫声美好令人感到多情多味。 ㊲廉隅:品行端方。怼(duì队):怨恨。 ㊳啴唌(chǎn dàn产诞)逸豫:舒缓自纵貌。这两句是说,强暴顽刚之人听了和美的箫声会一反而变为知仁义恩爱之情,行为和缓而警戒自己不要再有过失。 ㊴钟期、牙、旷:钟子期、俞伯牙、师旷,皆是古代善乐知音之人。杞梁之妻:《琴操》曰:"《杞梁妻歌》者,齐邑杞梁殖之妻所作也。庄公袭莒,殖战而死,妻叹曰:'上则无父,中则无夫,下则无子,外无所依,内无所倚,将何以立?吾节岂能更二哉!'于是乃援琴而鼓之,曲终,遂自投淄水而死。"这两句意思是,钟子期、俞伯牙、师旷这些知音乐师们听到美好的洞箫声也怅然惊愕;杞梁妻虽然痛苦多感,听到美好的洞箫声也不会再感慨动气而痛不欲生。 ㊵师襄、严春:皆古之善鼓琴者。窜:措。浸(qīn侵)淫、叔子:皆古之知音的人。这两句是说,像师襄、严春这样善鼓琴的人,听到箫声也不敢施展其高妙的技巧,浸淫、叔子这样善解音律的人,听到箫声亦去而远之,不敢相与类比。 ㊶嚚(yín银)、顽:愚顽奸诈。《书·尧典》:"父顽,母嚚。"此指舜之父母。朱、均:尧子丹朱,舜子商均,皆不肖之人。桀:夏朝国君,以荒淫昏暴著称。跖:盗跖。鬻:同育,即夏育,猛勇之人。博:申博,勇侠之人。一说为朱博。偏:羸疾貌。悴:憔悴。这句是说,箫之妙音可以感化愚顽奸诈不肖强暴之徒,使他们恢复聪慧,使他们凶恶之性得到改变。 ㊷参差:洞箫。御:用。 ㊸狡弄:急奏箫曲。这四句是说,时时奏吹箫曲,音声如鸟儿彷徨翱翔于空中,或音声留顿而不远逸,或音声远逸而不留顿。 ㊹懆恅(cǎo lǎo草老):寂静。澜漫:分散。薄:迫。罔象:虚无。这四句说,箫声在寂静旷空中逐渐消散稀疏,迫求重沓则在虚无缥缈之中,即箫声余音尚袅袅依存。 ㊺惮漫衍凯:欢乐貌。阿那:同"婀娜"。腲腇(wěi něi委馁):舒缓貌。 ㊻蚑(qí奇):慢慢爬行。蝘蜓:蜥蜴。蝇蝇翊翊:游行貌。迁延徙迤:却退貌。蛩(wān蜿)转:盘旋貌。这十句是说,蟋蟀、尺蠖听到箫声徐徐爬行喘息,蝼蚁蜥蜴听到箫声游行爬动,鱼儿鸡子临食退却,垂口盘旋直视,昏然而忘其食。鱼鸟虫类皆受箫声所感,何况秉天地之气的人,人伦风俗怎么能不受箫声所感而转化呢! ㊼乱:辞赋篇末总括全篇要旨的一段。意为:总而言之,箫声如捷巧之人,超腾高空,敏捷而轻巧。 ㊽泡溲:盛多貌。泛捷:微小貌。这三句是说,箫声又如流水湍急奔走于险道。 ㊾哮呷呟唤:咆哮呼唤而声大貌。跻蹶:上下升降。淈(gǔ骨):乱。殄(tiǎn舔)沌:声杂不分。 ㊿搅搜㶎(xiào笑)捎:水声。 51"优游"三句:是说声音和缓分散,或稽留不散,也都是可耽玩。 52"颓唐"三句:是说声音渐微渐无,一点点远去,飘散不还。 53"赖蒙"三句:是说托赖君王圣化天下,从山间采得良竹,制成洞箫,从容和乐,中于大道,虽乐而不荒淫。 54漂撇:余响少腾相击之貌。这三句是说,箫声遗响余音仍连绵不绝,随风飘荡。

洞箫是一种古老的吹奏乐器,但不同于现代的单管箫。古箫以竹管编排而成,大者二十三管,长三尺四寸,小者十六管,又名籁;一般以蜡密封底,无封底者则为洞箫。洞者,通也。洞箫音声清肃。王褒甚爱洞箫,故作赋以咏之。

《洞箫赋》从制作洞箫的材料——江南江宁县慈母山的竹枝写起,描叙了竹子的生长环境,述说了这种竹子最宜于制作洞箫的原委。继而又描绘了制作洞箫的考究工艺，形容了洞箫和美的音声，论说了洞箫吹奏的技艺，及其乐声陶冶人们情性心灵的巨大作用。刘勰说："子渊《洞箫》，穷变于声貌。"（《文心雕龙·诠赋》）细致的描叙铺写，充分表现出作者对洞箫这一乐器的熟悉和热爱，使此赋具有强烈的感染力，令人油然产生对洞箫的喜爱和向往之情。可以说，从《洞箫赋》问世以后，赋史上才开始涌现出细致描摹、歌咏器物的作品。自此，从东汉到魏晋，咏物赋遂形成了一个庞大的家族。

善于铺排是汉赋的共同特色，讲究辞藻夸饰是汉赋的共同风格，而形式僵化，堆砌辞藻，内容单薄又是汉赋的通病。《洞箫赋》独能扬长避短。它词藻华美又生动形象，用语准确而又鲜明，无有堆砌之弊，却极尽精巧之致。如叙江南之竹："洞条畅而罕节兮，标敷纷以扶疏"；"吸至精之滋熙兮，禀苍色之润坚"，如写洞箫制作的华美："带以象牙，掍其会合。锼镂离洒，绛唇错杂"，措辞用语之妙，足以令人叹赏。至于全赋音调和美，句式整饬，虽骈偶而不呆板凝滞，则又可见作者结撰之匠心。如"朝露清泠而陨其侧兮，玉液浸润而承其根。孤雌寡鹤，娱优乎其下兮，春禽群嬉，翱翔乎其颠"；"故贪饕者听之而廉隅兮，狼戾者闻之而不怼；刚毅强暴反仁恩兮，啴唌逸豫戒其失"，读来皆朗朗上口，铿锵有韵。由于王褒在此赋中成功地运用了骈偶铺排，对后世骈俪文体的发展，也起了一定的推波助澜的作用。由于洞箫赋专咏洞箫一物，从头到尾句句不离洞箫，叙述它的质地材料之由来，描摹它的形体容貌之华美，形容它的音响之美妙动听，陈述它的功能作用之感人，所以尽管全赋长达千余言，但语语落在实处，不显空洞和浮夸，反而使人感到结构紧凑，一气呵成。特别是几个"故"字领头句的运用，使全赋的意境步步深化演进，而结尾又余韵悠扬，使人不能不感叹其妙、其美。

王褒生活在汉赋极盛的时代。刘勰曾言："繁积于宣（汉宣帝）时，校阅于成（成帝）世。进御之赋，千有余首。"（《文心雕龙·诠赋》）那时，司马相如、枚皋、东方朔、王褒、扬雄先后以赋名世，他们对汉赋的发展都作出了各自的贡献。王褒的《洞箫赋》则是赋史上有名的咏物赋代表作。虽然王褒以前，荀况、贾谊等人已有咏物为题的赋作，但荀况《蚕赋》《云赋》形式短小，语简意隐，有赋之名而无赋之实；而贾谊《鹏鸟赋》借物寓意，重在阐发议论，亦非意在咏物；只有自王褒的《洞箫赋》出，赋史上才真正出现了名副其实的咏物赋篇。此赋虽然没有什么巨大的思想意义，也没有什么讽谏，但是作为一篇艺术精品，仍具有不可低估的审美价值和陶冶人们情操的美学作用。

（门　岿）

【作者小传】

杨 恽

(?—前54) 西汉散文家。字子幼。华阴(今属陕西)人。司马迁外孙。习《太史公书》(即《史记》),好史学。宣帝时,任左曹,因告发霍氏谋反,任中郎将,封平通侯。后以过失免官,在与友人孙会宗书中对朝廷表示不满,被认为"大逆不道",腰斩而死。

报孙会宗书

杨 恽

恽材朽行秽,文质无所底[①],幸赖先人[②]余业,得备宿卫。遭遇时变,以获爵位。终非其任,卒与祸会。足下哀其愚矇,赐书教督以所不及,殷勤甚厚。然窃恨足下不深惟其终始,而猥随俗之毁誉也。言鄙陋之愚心,则若逆指而文过;默而自守,恐违孔氏各言尔志之义[③]。故敢略陈其愚,惟君子察焉。

恽家方隆盛时,乘朱轮[④]者十人,位在列卿,爵为通侯[⑤],总领从官,与闻政事。曾不能以此时有所建明,以宣德化,又不能与群僚同心并力,陪辅朝廷之遗忘,已负窃位素飡之责久矣。怀禄贪势,不能自退,遂遭变故,横被口语,身幽北阙,妻子满狱。当此之时,自以夷灭不足以塞责,岂意得全其首领,复奉先人之丘墓乎?伏惟圣主之恩,不可胜量。君子游道,乐以忘忧;小人全躯,说以忘罪。窃自念过已大矣,行已亏矣,长为农夫以没世矣。是故身率妻子,戮力耕桑,灌园治产,以给公上,不意当复用此为讥议也。

夫人情所不能止者,圣人弗禁。故君父至尊亲,送其终也,有时而既。臣之得罪,已三年矣。田家作苦,岁时伏腊,烹羊炮羔,斗酒自劳。家本秦也[⑥],能为秦声。妇赵女也,雅善鼓瑟。奴婢歌者数人,酒后耳热,仰天抚缶而呼呜呜。其诗曰:"田彼南山,芜秽不治。种一顷豆,落而为萁。人生行乐耳,须富贵何时?"是日也,拂衣而喜,奋袖低昂,顿足起舞,诚淫荒无度,不知其不可也。恽幸有余禄,方籴贱贩贵,逐什一之利。此贾竖之事,污辱之处,恽亲行之。下流之人,众毁所归,不寒而栗。虽雅知恽者,犹随风而靡,尚何称誉之有?董生不云乎:“明明求仁义,常恐不能化民者,卿大夫之意也;明明求财利,常恐困乏者,庶人之事也⑦。”故道不同不相为谋⑧,今子尚安得以卿大夫之制而责仆哉?

夫西河魏土⑨,文侯⑩所兴,有段干木、田子方⑪之遗风,凛然皆有节概,知去就之分。顷者足下离旧土,临安定⑫。安定山谷之间,昆夷⑬旧壤,子弟贪鄙,岂习俗之移人哉?于今乃睹子之志矣。方当盛汉之隆,愿勉旃,无多谈。

〔注〕 ① 厎(zhǐ纸):至。无所厎:即没有成就。 ② 先人:指其父杨敞。敞官至丞相。③ 孔氏:孔子。各言尔志:据《论语·公冶长》,孔子对颜渊、季路说:“盍(何不)各言尔志?”作者引此意在说明自己不能不回信表明观点。 ④ 朱轮:红色轮子的车。汉制,公卿列侯及二千石以上的官员都能乘朱轮。 ⑤ 通侯:爵位名。原为彻侯,因避汉武帝刘彻讳改为通侯。⑥ 家本秦也:杨恽为华阴人,属秦地。 ⑦ 董生:指汉代大儒董仲舒。下文两句引自董仲舒的《对贤良策》三。原文作:“夫皇皇求财利,常恐乏匮者,庶人之意也。皇皇求仁义,常恐不能化民者,大夫之意也。” ⑧ 道不同不相为谋:语出《论语·卫灵公》。 ⑨ 西河魏土:西河,战国时魏所置郡。魏文侯时吴起曾为西河守。辖境相当于今陕西华阴以北,黄龙以南,洛河以东,黄河以西地区。孙会宗为西河人,但汉之西河治所在平定(今陕西府谷县西北)。杨恽有意混为一谈,似是借以给孙会宗以难堪。 ⑩ 文侯:即魏文侯,名斯。 ⑪ 段干木:魏文侯时人,守道不仕,文侯请他作魏相,他不接受,于是文侯以客礼相待,以他为师,极为尊敬。田子方:亦魏文侯师。 ⑫ 安定:汉郡名,故治在今宁夏固原市。当时孙会宗任安定郡守。⑬ 昆夷:西戎,商、周时我国西北部的一个少数民族。

杨恽是司马迁外孙,其父曾任丞相,素有才干。他初为郎官,因上告霍氏(霍光的子孙)谋反有功而被封为平通侯,旋即升中郎将,直至郎中令,在朝廷很有声望。他为人坦率,刚直无私,秉性傲岸,好“揭人阴私”,故招来许多人的怨恨和嫉妒。后遭皇帝近臣太仆戴长乐诬告,而被贬为庶人。杨恽自然心怀不满,闲居后便治产业,造宅室,引起朝臣非议。友人安定郡太守孙会宗为此心感不安,便写信告诫他,认为大臣废退,当闭门惶恐,做出一种可怜样,而不应该治产业,通宾客。于是,杨恽便针对此信写了这篇流传千古的《报孙会宗书》,同时也因此信而触怒皇帝被腰斩长安,就连妻子儿女也被流配酒泉郡。杨恽因一封信而遭此杀身之祸,的确令人可悲可叹。清人吴楚材言:“宣帝处恽,不以戴长乐所告事,而以报会宗一书,异哉帝之失刑也。”(《古文观止》)可见这封信之非同一般了。

杨恽在这封书信的开首即言明致书孙会宗的缘由。信中他称自己“材朽行秽”，因“遭遇时变，以获爵位”，而“终非其任，卒与祸会”的不幸遭际。值此困顿之时，友人孙会宗不远千里“赐书教督以所不及，殷勤甚厚”，他自然是感激万分了，但令他深为遗憾的则是孙会宗并不理解他，而是“猥随俗之毁誉”。失望、愤慨之余，他只好依孔氏“各言尔志”之义而“略陈其愚”了。

信中他陈述自己沐浴皇恩，“总领从官，与闻政事”，但却不能有所建明，“以宣德化”，“已负窃位素飡之责久矣”。“遂遭变故，横被口语，身幽北阙，妻子满狱。”于是只好退而以小人自况，“身率妻子，戮力耕桑，灌园治产，以给公上”，又因此而遭世人讥议，这令他深感不解和愤懑。他认为自己的行为合乎天理人情，“圣人弗禁”，因此他才有“岁时伏腊，烹羊炮羔，斗酒自劳”，“奋袖低昂，顿足起舞”的“淫荒无度”之举了。并且还要行“贾竖之事”，“逐什一之利”。他以“君子”“小人”与“卿大夫”“庶人”的志尚不同替自己辩解：“道不同不相为谋”，你孙会宗怎么能用“君子”“卿大夫”的标准来要求我这个“小人”“庶人”呢？接着他以“习俗移人”之说，给孙会宗以有力回击：你从“西河魏土”这样人杰地灵的地方调到“子弟贪鄙”的“昆夷旧壤”，你的志尚便也不言自明了。其尖刻、辛辣之气，愤慨之情，借给孙会宗的信完全表达了出来。

通读这篇不足七百字的书信，一股沉重、幽怨、愤激的情绪深深地攫住了人的心灵，一个有血有肉，敢于蔑视皇权，不顾封建礼法和世俗相抗争者的傲岸不羁的形象跃然纸上。

身为丞相之子、官居显要的杨恽，秉性刚直，敢想敢言，年轻时即以材能称，好结交英俊，名显朝廷。他在职期间任用贤能，崇法尚令，革除积弊。据《汉书》本传载：“恽为中郎将，罢山郎，移长度大司农，以给财用。其疾病、休谒、洗沐，皆以法令从事。郎、谒者有罪过，辄奏免，荐举其高第有行能者，至郡守、九卿。郎官化之，莫不自厉，绝请谒货赂之端，令行禁止，宫殿之内，翕然同声。”正因为他的这一番作为得罪了朝中的权贵佞幸，于是就有人给他制造流言蜚语，最终被皇帝黜免。如果换了别人，也许只能“阖门惶惧，为可怜之意”，安分守己，徒唤奈何而了此一生了。但心怀不满的杨恽却没有走这条世俗为废退臣子所规定的结局。相反，他利用尚有余禄，“籴贱贩贵，逐什一之利”，以“小人”“下流之人”自居。卿大夫化民为求仁义，他却甘为庶人，追逐物利。表面看，这是杨恽的“堕落”，实则是他对皇权、对不公正命运的反抗，只不过他不是以直接的方式，而是曲折地宣泄罢了。形式上的荒淫无度，饮酒作乐，追逐钱财的小人之行为，实质上是一个志存高远、“轻财仗义”之士的更为深层的内心痛苦，更是他敢于反抗、傲岸不羁的性格的表现。如果说他的这些言行已经招致朝廷不满的话，那么他所吟唱的那首秦曲则更为统治者所不能容忍了："田彼南山，芜秽不治。种一顷豆，落而为萁。人生行乐耳，须富贵何时？"据《汉书》注家张晏解释："山高而在阳，人君之象也；芜秽不治，言朝廷之荒乱也。一顷百亩，以喻百官也。豆，贞实之物，当在囷仓，零落在野，喻己见放弃也。萁，曲而不直，言朝臣皆谄谀也。"既然朝政如此腐败，小人当道，方正不能见容，而己又无回天之力，便只好长歌当哭。"人生行乐耳，须富贵何时？"徒自安慰罢了。这首秦歌如此大胆地抨击朝政，当皇帝读到它时，杨恽被杀身的结局也就成为必然的了。杨恽的悲剧在中国漫长的封建社会中具有普遍性。自杨恽后，类似的文字狱，历代真是数不胜数。从杨恽来说，他不识"去就之分"，不遵从"温良恭俭让"的封建礼法；他豪迈不羁，嫉恶如仇，刚直不阿以至敢于蔑视皇权，奋力抗争，这一切，直接导致了他的毁灭。

杨恽这篇血泪凝成的文字，"满腹牢骚，触之倾吐，虽极蕴藉处，皆极愤懑"（余诚《重订古文释义新编》）。通篇行文沉郁顿挫，感情激越深沉，且多借正言反说、反言正说的方式，曲折淋漓地表达了一个废退臣子饱含冤屈、沉重愤激的情绪，刻画出一个敢于反抗世俗压力，蔑视权贵、桀骜不驯的鲜明人物形象。

（田和平）

【作者小传】

刘　向

（约前77—前6）　西汉经学家、目录学家、文学家。本名更生，字子政。沛（今江苏沛县）人。汉皇叔楚元王（刘交）四世孙。治《春秋穀梁传》，亦好《左氏传》。曾任谏大夫、宗正等。用阴阳灾异附会时政，屡次上书劾奏宦官、外戚专权。成帝时，任光禄大夫，终中垒校尉。曾校阅群书，撰成《别录》，为我国目录学之祖。又编有《楚辞》。所作辞赋三十三篇，今多亡佚，仅存《九叹》。原有集，已佚，明人辑有《刘中垒集》。另有《洪范五行传》《新序》《说苑》《列女传》等，今存。又有《五经通义》，已佚，清马国翰《玉函山房辑佚书》辑存一卷。

《战国策》书录　　刘　向

周室自文、武始兴，崇道德，隆礼义，设辟雍、泮宫、庠序之教①，陈礼乐、弦歌、移风之化，叙人伦，正夫妇，天下莫不晓然。论孝悌之义，惇笃之行，故仁义之道满乎天下，卒致之刑错[②]四十余年。远方慕义，莫不宾服。《雅》《颂》歌咏，以思其德。下及康、昭[③]之后，虽有衰德，其纲纪尚明。及春秋时已四五百载矣[④]，然其余业遗烈，流而未灭。五伯[⑤]之起，尊事周室。五伯之后，时君虽无德，人臣辅其君者，若郑之子产、晋之叔向、齐之晏婴[⑥]，挟君辅政，以并立于中国，犹以义相支持，歌说以相感，聘覲以相交，期会以相一[⑦]，盟誓以相救。天子之命，犹有所行；会享之国，犹有所耻[⑧]；小国得有所依，百姓得有所息。故孔子曰："能以礼让为国乎，何有[⑨]？"周之流化，岂不大哉！

及春秋之后，众贤辅国者既没，而礼义衰矣。孔子虽论《诗》《书》，定《礼》《乐》，王道粲然分明，以匹夫无势，化之者七十二人而已，皆天下之俊也。时君莫尚之，是以王道遂用不兴。故曰："非威不立，非势不行。"仲尼既没之后，田氏取齐[⑩]，六卿分晋[⑪]，道德大废，上下失序。至秦孝公捐礼让而贵战争，弃仁义而用诈谲，苟以取强而已矣[⑫]。夫篡盗之人，列为侯王[⑬]；诈谲之国，兴立为强[⑭]。是以转相放效[⑮]，后生师之，遂相吞灭，并大兼小，暴师经岁，流血满野。父子不相亲，兄弟不相安，夫妇离散，莫保其命，泯然道德绝矣。

晚世益甚，万乘之国七[⑯]，千乘之国五[⑰]，敌侔争权，尽为战国。贪饕无耻，竞进无厌；国异政教，各自制断；上无天子，下无方伯。力功争强，胜者为右。兵革不休，诈伪并起。当此之时，虽有道德，不得施设。有谋之强[⑱]，负阻而恃固，连与交质[⑲]，重约结誓，以守其国。故孟子、孙卿[⑳]儒术之士，弃捐于世；而游说权谋之徒，见贵于俗。是以苏秦、张仪、公孙衍、陈轸、代、厉之属[㉑]，生从横短长之说[㉒]，左右倾侧。苏秦为从，张仪为横。横则秦帝[㉓]，从则楚王[㉔]。所在国重，所去国轻。然当此之时，秦国最雄，诸侯方弱，苏秦结之，时六国为一，以傧背秦[㉕]。秦人恐惧，不敢窥兵于关中[㉖]，天下不交兵者二十有九年。

然秦国势便形利，权谋之士，咸先驰之。苏秦初欲横，秦弗用，故东合从。及苏秦死后，张仪连横，诸侯听之，西向事秦。是故始皇因四塞之固㉗，据崤、函㉘之阻，跨陇、蜀㉙之饶，听众人之策，乘六世之烈㉚，以蚕食六国，兼诸侯，并有天下。仗于谋诈之弊，终于㉛信笃之诚，无道德之教，仁义之化，以缀天下之心；任刑罚以为治，信小术以为道；遂燔烧诗书，坑杀儒士；上小尧、舜，下邈三王。二世愈甚，惠不下施，情不上达；君臣相疑，骨肉相疏；化道浅薄，纲纪坏败；民不见义而悬于不宁。抚天下十四岁，天下大溃，诈伪之弊也。其比王德，岂不远哉！孔子曰："道之以政，齐之以刑，民免而无耻；道之以德，齐之以礼，有耻且格㉜。"夫使天下有所耻，故化可致也。苟以诈伪偷活取容，自上为之，何以率下？秦之败也，不亦宜乎？

战国之时，君德浅薄，为之谋策者，不得不因势而为资，据时而为故㉝。其谋扶急持倾，为一切之权，虽不可以临国教，化兵革，亦救急之势也。皆高才秀士，度时君之所能行，出奇策异智，转危为安，运亡为存。亦可喜，皆可观。

〔注〕 ① 辟雍泮宫：西周为天子所设的大学。《礼记·王制》："大学在郊，天子曰辟雍，诸侯曰頖(同泮)宫。"辟雍"取其四面周水，圜如璧"(蔡邕《明堂月令论》)。泮宫，古时学宫前的水池，状如半月形。"泮之言半也。半水者，盖东西门以南通水，北无也。"(《诗·鲁颂·泮水》郑玄笺)庠序：中国古代学校名。《孟子·滕文公上》："设为庠、序、学、校以教之……夏曰校，殷曰序，周曰庠，学则三代共之。" ② 刑错(cù 醋)：通"措"。《史记·周本纪》："故成、康之际，天下安宁，刑错四十余年不用。"《集解》引应劭曰："错，置也。民不犯法，无所置刑。" ③ 康：周康王姬钊。昭：康王之子昭王姬瑕。 ④"及春秋时"句：一般研究者认为，西周开始约当公元前1066年，于前722年(鲁隐公元年)进入春秋时代，二者相距尚不足四百年。此所云"四五百载"，或计算有出入；或以年代难考，约略计之而已。 ⑤ 五伯：即五霸，通行的说法为齐桓公、晋文公、秦穆公、宋襄公、楚庄王。 ⑥ 子产：即公孙侨，春秋时郑国执政。叔向：羊舌氏，名肸，春秋时晋国大夫。晏婴：字平仲，春秋时齐国大夫。 ⑦ 歌：赋诗言志。说：申说己意。聘：遣使聘问。觐：诸侯朝见天子。期会以相一：诸侯会见，以求意见一致。 ⑧ 有所耻：以其可耻而不为。 ⑨"孔子曰"二句：所引孔子的话见《论语·里仁》。何有，有何困难之意。⑩ 田氏取齐：周安王十六年(公元前386)，周天子正式承认田和为齐国诸侯。 ⑪ 六卿分晋：春秋晚期，晋国由赵、韩、魏、知、范、中行六卿专权，时孔子尚在。 ⑫ 秦孝公：秦国国君，名渠梁，公元前361—前338年在位。即位之初，布恩惠，振孤寡，招战士，明功赏。下令国中曰："宾

客群臣有能出奇计强秦者,吾且尊官,与之分土。"(见《史记·秦本纪》)后用商鞅变法,国以富强。 ⑬ 篡盗之人,列为侯王:指赵、魏、韩及田和。 ⑭ 诈谲之国,兴立为强:指秦。 ⑮ 放效:即仿效。 ⑯ 万乘之国七:此指战国时之大国秦、齐、楚、赵、魏、韩、燕七国。 ⑰ 千乘之国五:指七雄之外的鲁、宋、卫、郑、中山五国,至战国时尚存者。 ⑱ 不得施设。有谋之强:一本作"不得施谋。有设之强","设"谓军备及要塞之类,亦通。 ⑲ 连与:国与国之间结成同盟。交质:相互以亲属作抵押以取信对方。 ⑳ 孙卿:即荀子,名况。时人尊而号为"卿"。汉人避宣帝刘询嫌名讳,称为孙卿。 ㉑ 苏秦、张仪、公孙衍、陈轸、(苏)代、(苏)厉:六人均为战国时纵横家,《史记》皆有传,其事迹《战国策》都有记载。 ㉒ 生从横短长之说:生,兴起。《史记·六国年表序》:"三国终之卒分晋,田和亦灭齐而有之,六国之盛自此始。务在强兵并敌,谋诈用而从衡(即"纵横")短长之说起。"可参。故《战国策》亦称《短长书》。 ㉓ 横则秦帝:谓实行连横,可使秦国达成帝业。 ㉔ 从则楚王(wàng 旺):实行合纵,则楚便成为山东六国联合抗秦的领袖。 ㉕ 傧:通"摈",排斥。 ㉖ "不敢窥兵"句:《史记·苏秦列传》:"苏秦既约六国从亲,归赵,赵肃侯封为武安君,乃投从约书于秦。秦兵不敢窥函谷关十五年。" ㉗ 四塞(sài 赛)之固:谓国境四面险要。《史记·苏秦列传》:"秦四塞之国,被山带渭,东有关河,西有汉中,南有巴蜀,北有代马,此天府也。" ㉘ 崤:崤山。函:函谷关。 ㉙ 陇:今甘肃兰州以东一带。蜀,今四川省。 ㉚ 六世:指孝公、惠文王、武王、昭襄王、孝文王、庄襄王六代。烈:功绩。 ㉛ 终于:一本"于"作"无"。 ㉜ "道之以政"六句:见《论语·为政》。这一段历来解说颇有分歧。兹采用杨伯峻《论语译注》译文:"用政法来诱导他们,使用刑罚来整顿他们,人民只是暂时地免于罪过,却没有廉耻之心。如果用道德来诱导他们,使用礼教来整顿他们,人民不但有廉耻之心,而且人心归服。" ㉝ 据时而为故:一本"为"字下有"画"字,"故"字属下句。

刘向是我国第一位校雠学家。他将当时所有的各种书籍,逐一校对,成为定本。每一部书校完之后,都要写一篇文章介绍情况或加评论,奏上皇帝。后来把这些文章集成《别录》,可以说是我国古书的第一部"书目提要"。向死之后,儿子歆,继承父业,写成《七略》,后来班固修《汉书·艺文志》就是根据《七略》,成为今存目录学最早的一部著作。当时外戚专权,刘向是汉的宗室,他总是利用一切机会上书匡谏皇帝,又把古代一些值得借鉴的小故事,编成《世说》(今佚)、《新序》、《说苑》等书,希望人主能够有所警惕,但都无济于事。这篇文章是从《校战国策书录》节选的,有的选本就标为《战国策序》,前面有"护左都水使者光禄大夫臣向言"一节叙述校书经过,最后还有"护左都水使者光禄大夫臣向所校《战国策》书录"一句,因与文章议论无关,兹删去。

这篇叙按照时间的顺序写出从西周到秦末的变化过程,强调道德仁义等教化的作用,同时对战国谋士也一分为二,有批评,也有肯定。全文分为五大段。

第一段从西周之兴盛,强调道德礼义的作用。分成三大层。从开始到"《雅》《颂》歌咏以思其德"为第一层,写西周的极盛时期教化大行的效果。"下及康、昭之后"到"百姓得有所息"为第二层,写周室衰微之后,遗业余烈,流传久远。重点在写“春秋”时期，五伯及其以后，人心仍有所维系。这一层里文势有起有伏，多用排比。如后面的几个“有所”句式，表现周德的久远。“故孔子曰”起为第三层，引孔子的话为证明，说明以礼让为国的重要，而用“周之流化，岂不大哉”的赞叹语作结，表现出作者对周代教化的无限向往之情。

第二段自“及春秋之后”至“泯然道德绝矣”，写春秋末至战国初期的动乱，强调废礼义用战争的祸害：“暴师经岁，流血满野，父子不相亲，兄弟不相安，夫妇离散，莫保其命。”可谓一字一泪，这和上一段“序人伦，正夫妇”那些话对比何等鲜明！作者的倾向性非常明显。这一段在结构上是承上启下，有过渡作用。

第三段用“晚世益甚”紧承上文，写战国连横合纵“兵革不休，诈伪并起”，“虽有道德不得施设”，然后举出几个代表人物。因为这是这部书里所谓“策”的主要谋划者，所以先述大势，然后说明孟子、荀卿的事迹不见于《战国策》的原因。对这两人是虚写，是宾，陪衬出下面苏秦、张仪等主角。这是写战国时合纵连横的变化情况。这一段仍然是为引起下一段服务。

第四段写秦结束战国的分立而又迅速灭亡的教训，分四层。“然秦国势便形利”至“西向事秦”为第一层，强调秦国的“势便形利”，谋士趋风，势必统一。“是故始皇”起至“下邈三王”，写秦始皇统一后的倒行逆施。这一段的内容和贾谊《过秦论上》近似，可以对参。这是第二层。“二世愈甚”至“岂不远哉”为第三层，写二世迅速灭亡，见出“诈伪之弊”。下面为第四层，引孔子的话，强调为国必须注重礼义教化，否则必将自取灭亡，秦之败正是必然结果。这一段的内容和第一段紧相对照，那一段也是用孔子的话做总结，然后赞叹：“周之流化，岂不大哉！”这一段也用孔子的话作结论，但在前面有“其比王德，岂不远哉”，后面又说“秦之败也，不亦宜乎”，深致叹惜。这里虽未明说，但以秦为殷鉴的意思是非常明白的。这是这篇序的中心部分。

最后一段是从前面的议论上翻转过来，强调这部书的“可喜”“可观”。先从“君德浅薄”说起，表明和西周盛世不可同日而语，然后强调这些“谋策者”不能不采用权谋。然后用“虽不可”句一抑，再用当时形势的特点加以肯定，“转危为安，运亡为存”。“虽不可”句，有些本子是这样读的：“虽不可以临国教化，兵革救急之势也。”意思也通。作“临国教，化兵革”和第一段呼应更为紧密。这段文章重点在阐明这部书内容的可取之处，认为当时的君主不可能谈仁义道德，实行礼义教化，只能用这些权谋来临时救急。这和一、二两段提到孔子、孟、荀的说法是一致的。但其中“不得不”的说法，容易使人误会无别的治国之道。后来宋人曾巩就这一点加以批判。

这篇文章以时间为顺序，以周秦为对比，阐明孔子关于治国以德化的主张的深远意义，以便有国者作为殷鉴，用意是明白的。语言多用整齐排比的句法，介乎骈散之间，而从谋篇到造句处处用对照说明问题，很能发人深省。其中所论述的形势变化和贾谊的《过秦论》很相近，但刘文和贾文比起来，缺少那种磅礴奔泻的气势，却另有一种平心静气、冲溶浑厚的特点。桐城派古文家姚鼐评说："此文固不若《过秦论》之雄骏，然冲溶浑厚，无意为文，而自能尽意，若《庄子》所谓'木鸡'者，此境亦贾生所无也。"（《古文辞类纂》卷六）这个评论很能反映出两种文风的特点，对比来读，更有收益。

（周本淳）

【作者小传】

扬 雄

（前53—后18） 一作杨雄。西汉文学家、哲学家、语言学家。字子云。蜀郡成都（今属四川）人。为人口吃，不能剧谈，以文章名世。成帝时为给事黄门郎。王莽时，校书天禄阁，官为大夫。长于辞赋，多摹拟司马相如之作，其意多在讽谏。著有《法言》《太玄》《方言》，编有《训纂篇》。明人辑有《扬子云集》。

解 嘲

扬 雄

客嘲扬子曰："吾闻上世之士，人纲人纪①，不生则已，生必上尊人君，下荣父母②。析人之珪③，儋④人之爵，怀人之符⑤，分人之禄；纡青拖紫⑥，朱丹其毂。今吾子幸得遭明盛之世，处不讳之朝，与群贤同行⑦；历金门⑧，上玉堂⑨，有日矣。曾不能画一奇⑩，出一策，上说人主，下谈公卿，目如耀星，舌如电光⑪，一纵一横，论者莫当⑫。顾默而作《太玄》⑬五千文，枝叶扶疏⑭，独说数十余万言。深者入黄泉，高者出苍天，大者含元气，细者入无间⑮。然而位不过侍郎⑯，擢才给事黄门⑰。意者玄得无尚白乎⑱？何为官之拓落⑲也！"

扬子笑而应之曰："客徒欲朱丹吾毂，不知一跌将赤吾之族也⑳！往昔周网解结，群鹿争逸㉑，离为十二㉒，合为六七㉓，四分五剖，并为战国。士无常君，国无定臣；得士者富，失士者贫。矫翼厉翮，恣意所存[24]。故士或自盛以橐[25]，或凿坏以遁[26]。是故邹衍以颉颃[27]而取世资，孟轲虽连蹇[28]，犹为万乘师。

“今大汉左东海，右渠搜[29]，前番禺，后椒涂[30]，东南一尉，西北一候[31]。徽以纠墨，制以锧铁[32]；散以礼乐，风以诗书[33]；旷以岁月，结以倚庐[34]。天下之士，雷动云合，鱼鳞杂袭[35]，咸营于八区。家家自以为稷、契[36]，人人自以为皋陶[37]，戴縰垂缨而谈者[38]，皆拟于阿衡[39]，五尺童子，羞比晏婴与夷吾[40]。当途者升青云，失路者委沟渠，旦握权则为卿相，夕失势则为匹夫。譬若江湖之崖，渤澥之岛[41]，乘雁集不为之多，双凫飞不为之少[42]。

“昔三仁[43]去而殷墟，二老[44]归而周炽；子胥[45]死而吴亡，种、蠡[46]存而越霸，五羖[47]入而秦喜，乐毅[48]出而燕惧；范雎以折摺而危穰侯[49]，蔡泽以噤吟而笑唐举[50]。故当其有事[51]也，非萧、曹、子房、平、勃、樊、霍则不能安[52]；当其无事也，章句之徒[53]，相与坐而守之，亦无所患。故世乱则圣哲驰骛而不足，世治则庸夫高枕而有余。

“夫上世之士，或解缚而相[54]，或释褐而傅[55]；或倚夷门而笑[56]，或横江潭而渔[57]；或七十说而不遇[58]，或立谈而封侯[59]；或枉千乘于陋巷[60]，或拥篲而先驱[61]。是以士颇得信其舌[62]而奋其笔，窒隙蹈瑕[63]而无所诎也。当今县令不请士，郡守不迎师，群卿不揖客，将相不俛[64]眉。言奇者见疑，行殊者得辟[65]。是以欲谈者卷舌而同声，欲步者拟足而投迹[66]。向使上世之士处乎今世，策非甲科[67]，行非孝廉，举非方正[68]，独可抗疏[69]，时道是非：高得待诏，下触闻罢[70]，又安得青紫[71]？

“且吾闻之：炎炎[72]者灭，隆隆[73]者绝。观雷观火，为盈为实，天收其声，地藏其热。高明之家，鬼瞰其室[74]。攫挐[75]者亡，默默者存；位极者宗危，自守者身全。是故知玄知默，守道之极[76]；爰清爰静，游神之庭[77]；惟寂惟漠，守德之宅。世异事变，人道不殊；彼[78]我易时，未知何如！今子乃以鸱枭而笑凤皇，执蝘蜓而嘲龟龙[79]，不亦病乎！子之笑我玄之尚白，吾亦笑子病甚，不遇俞跗与扁鹊[80]也，悲夫！"

客曰："然则靡玄无所成名乎？范、蔡以下，何必玄哉[81]！"

扬子曰："范雎，魏之亡命也。折胁摺髂[82]，免于徽索，翕肩[83]蹈背，扶服[84]入橐。激卬万乘之主，介泾阳、抵穰侯而代之[85]，当也。蔡泽，山东[86]之匹夫也，顉颐折頞，涕唾流沫[87]，西揖强秦之相，搤其咽而亢其气，拊其背而夺其位[88]，时也。天下已定，金革[89]已平，都于洛阳；娄敬[90]委辂脱挽，掉[91]三寸之舌，建不拔之策，举中国徙之长安，适也。五帝垂典，三王传礼，百世不易；叔孙通[92]起于枹鼓之间，解甲投戈，遂作君臣之仪，得也。吕刑靡敝[93]，秦法酷烈，圣汉权制[94]，而萧何造律，宜也。故有造萧何之律于唐、虞之世，则悖[95]矣；有作叔孙通仪于夏、殷之时，则惑矣；有建娄敬之策于成周之世，则乖矣；有谈范、蔡之说于金、张、许、史[96]之间，则狂矣！夫萧规曹随，留侯[97]画策，陈平出奇，功若泰山，响若坻隤[98]，虽其人之赡[99]智哉，亦会其时之可为也。故为可为于可为之时，则从；为不可为于不可为之时，则凶。若夫蔺生[100]收功于章台，四皓[101]采荣于南山，公孙[102]创业于金马，骠骑[103]发迹于祁连，司马长卿窃赀于卓氏[104]，东方朔割炙于细君[105]：仆诚不能与此数子并，故默然守吾《太玄》。"

〔注〕 ① 人纲人纪：指为人取法的准则。 ②"生必"二句：尊、荣，意为使人君受到尊崇，使父母得到荣耀。 ③ 析人之珪：谓分享人君赐给的玉器。人，指人君，下三句同此。 ④ 儋(dān丹)：同"担"，此指接受。 ⑤ 符：符信，古代官员执行朝廷命令的凭信。 ⑥ 纡青拖紫：谓身佩青色、紫色的印绶。汉制，丞相、太尉皆金印紫绶，御史大夫皆银印青绶。 ⑦ 行(háng杭)：行列。 ⑧ 金门：即金马门。被征召之士在公车门待诏，优异者在金马门待诏。 ⑨ 玉堂：汉宫殿名，文士待诏之处。 ⑩ 奇：奇计。 ⑪"目如"二句：形容论辩时，目光有神如星闪耀，口才敏捷如电迅疾。 ⑫ 当：抵敌。 ⑬ 顾：反而。《太玄》：即《太玄经》，是扬雄模仿《周易》所作的一部哲学著作。 ⑭ 扶疏：枝叶茂密分披貌。这里比喻《太玄》的言辞丰盛。 ⑮"深者"四句：形容《太玄经》的博大精深。 ⑯ 侍郎：地位较低的侍卫官。 ⑰ 给事黄门：汉官名，比一般的侍郎官地位稍高。 ⑱"意者"句：双关语。语面是说想来黑色的莫非成了白色，语意为扬雄作《太玄》空无所得。 ⑲ 拓落：失意貌。 ⑳"不知"句：跌，失足。

赤族：诛灭全族。 ㉑“往昔”二句：比喻周朝政权崩溃，诸侯纷争。 ㉒ 十二：指十二诸侯国，即鲁、齐、晋、秦、楚、宋、卫、陈、蔡、曹、郑、燕。 ㉓ 六七：指战国争雄的七国，即齐、楚、燕、韩、赵、魏六国及秦。 ㉔“矫翼”二句：谓士人游说君主如鸟儿自由飞翔，任意止息。 ㉕ 自盛以橐：指范睢入秦时曾藏于橐中。此指忍辱求仕。 ㉖ 凿坏(péi培)以遁：《淮南子·齐俗训》载，鲁君派人持币往聘颜阖为相，颜阖凿后墙而逃。此指拒不出仕。坏：屋的后墙。 ㉗ 邹衍：战国齐人，名重诸侯，为燕王师。颉颃：傲慢貌。 ㉘“孟轲”二句：连蹇，形容处境艰难。 ㉙“今大汉”二句：左，指东方。渠搜：古西戎国名，在今新疆北部及中亚部分地方。右：指西方。 ㉚“前番”二句：番禺，今广东广州市。椒涂，李善注引应劭说：“渔阳之北界。”约当今北京市以东、天津市以北及长城以南一带。前、后，指南、北方。 ㉛ 尉：指汉代所设的都尉府。候：边境守望之所。 ㉜“徽以”二句：意谓对于罪犯，轻则捆绑，重则死刑。徽，束缚。纠墨，指绳索。 ㉝ 散：指宣传。风：感化。 ㉞“旷以”二句：意谓让人民用长时间修建学舍去求学。旷，耗费。倚庐，指学舍。 ㉟“雷动”二句：形容天下之士如雷动之群起，如云合之相聚，如鱼鳞之众多。 ㊱ 稷契：指周始祖后稷、商始祖契。 ㊲ 皋陶(yáo姚)：相传舜时贤臣。 ㊳“戴縰”句：指士大夫。縰(xǐ洗)，束发的帛。 ㊴ 阿衡：代称伊尹。商伊尹曾任阿衡官职。 ㊵ 晏婴：晏子，春秋齐景公相。夷吾：即管仲，春秋齐桓公相。 ㊶ 渤澥(xiè谢)：古代称东海的一部分，即渤海。 ㊷“乘雁”二句：比喻朝廷人才众多，加几个不显多，少几个也不觉少。乘(shèng胜)，古计量以四为乘。 ㊸ 三仁：指商纣王时三贤微子、箕子、比干。《论语·微子》：“微子去之，箕子为之奴，比干谏而死。孔子曰：‘殷有三仁焉。’” ㊹ 二老：指伯夷和姜尚。据《孟子·离娄上》，伯夷和姜尚得知周文王善养老者，于是避开纣王而归之。 ㊺ 子胥：姓伍，名员(yún云)，春秋吴国大臣。曾佐吴王阖闾伐楚破郢，吴王夫差即位后，听信谗言，赐剑迫子胥自杀。九年后吴被越所灭。 ㊻ 种、蠡：指春秋越国大夫文种、范蠡。辅佐越王勾践灭吴称霸。 ㊼ 五羖(gǔ古)：指百里奚。《史记·秦本纪》：百里奚原为虞国大夫，晋灭虞后做了俘虏，作为陪嫁的臣子送入秦国。后逃亡至楚，秦穆公知其贤，用五张羖(黑公羊)皮把他赎回，与他谈论国事，非常高兴，并授以国政。 ㊽ 乐毅：《史记·乐毅列传》载，乐毅为燕将，率兵伐齐，攻城七十多。燕昭王死，惠王即位，心疑乐毅，乐毅惧诛而投奔赵国，赵封为望诸君，以威胁燕、齐，于是惠王感到恐惧。 ㊾“范睢”句：范睢，《史记·范睢列传》载，范睢是战国魏人，初随须贾出使齐国，被须贾所疑，归国后被打得折肋断齿。后化名张禄逃亡秦国，游说秦昭王驱逐秦相穰侯魏冉而代之。折摺(lā拉)，指折肋断齿。摺，打断。 ㊿“蔡泽”句：蔡泽，《史记·蔡泽列传》载，蔡泽为战国燕人，初说诸侯失败，便请魏国相士唐举看相，唐举见他相貌丑陋，便笑他说：听说圣人没有好的相貌，大概指的就是你吧。后在唐举的启发下，蔡泽入秦游说，取代范睢而做了秦相。噤吟，下巴上曲貌。 (51) 其：指天下。事：指乱事。 (52)“非萧”句：萧，萧何，辅佐刘邦建立汉朝，为丞相。曹，曹参，继萧何为汉惠帝丞相。子房，张良，字子房，佐刘邦定天下，封留侯。平，陈平，汉朝开国功臣，曾与周勃合谋平定诸吕之变。勃，周勃，汉开国功臣。樊，樊哙，佐刘邦定天下，曾任左丞相。霍，霍光，汉昭帝时为大司马大将军，辅政。昭帝死，迎立昌邑王刘贺为帝，因其淫乱而废去，更立宣帝。 (53) 章句之徒：只会诵读经文的庸陋小儒。 (54) 解缚而相：《左传·庄公九年》载，管仲事公子纠出奔鲁国，鲍叔牙奉公子小白出奔莒国。后小白即位为齐桓公，管仲被囚禁归齐，鲍叔牙亲解其缚，并推荐他做了齐桓公的相。 (55) 释褐而傅：相传傅说(yuè悦)曾在傅岩筑墙，殷武丁访得，任为相。释褐，脱去布衣换官服，指做官。 (56) 倚夷门而笑：《史记·魏公子列传》载，秦攻赵，赵求救于魏，魏王畏秦而观望不前，信陵君欲入秦军拼死，往辞夷门(大梁城东门)守卫者侯嬴，侯嬴不表示意见。信陵君行至半路折回,侯嬴笑着说:我本来就知道你会回来的。信陵君问他原由,他就为信陵君出计,窃符救赵。 ㊼ 横江潭而渔:《楚辞·渔父》载,屈原放逐江南,渔父劝他随波逐流,全身远祸。 ㊽“七十”句:《史记·十二诸侯年表》:“孔子明王道,干七十余君,莫能用。” ㊾ 立谈封侯:《史记·平原君虞卿列传》:虞卿游说赵孝成王,一见而得黄金白璧,二见而拜为上卿。 ㊿“或枉”句:《吕氏春秋·下贤》载,齐桓公曾一日三次来到小臣稷家,都未得见,从者劝止,齐桓公仍坚持要见到他。 (61) 拥篲(huì 会)先驱:《史记·孟子荀卿列传》:“(驺子)如燕,昭王拥篲先驱,请列弟子之座而受业,筑碣石宫,身亲往师之。”篲,扫帚。驺子,即驺(一作邹)衍,战国末哲学家。 (62) 信其舌:指发挥其口才。信,通“伸”。 (63) 窒(zhì 制)隙蹈瑕:意为乘机会、钻空子。 (64) 俛:同“俯”。 (65) 辟:罪。 (66)“欲谈”两句:意思是士人不敢说话,也不敢有所作为,只是人云亦云,亦步亦趋。拟,模仿。 (67) 策非甲科:策,汉代考试取士,将政事、经义等问题写在简策上,让应考者对答,称为“策问”,简称“策”。策问分为射策和对策。甲科,汉科举考试分为甲乙丙三科,甲科最上,入选者为郎中。 (68)“行非”二句:孝廉、方正,汉代选举官吏的两种科目名。以孝敬廉洁著称的人可举为孝廉,以品行端方、正直贤良著称的人可举为贤良方正。 (69) 抗疏:向皇帝上疏直言。 (70) 下触闻罢:谓次一等的触犯皇上,便通知罢而不用。 (71) 青紫:指汉代高官佩印的青绶和紫绶,参见注⑥。此代指高官。 (72) 炎炎:火光炽盛。 (73) 隆隆:雷声巨大。 (74)“高明”二句:谓富贵者,将有鬼神窥伺其覆灭。高明,指富贵者。以上八句是阐发《周易》“丰”卦的盛衰倚伏之理。“丰”卦卦画为下离上震。震为雷,离为闪电。《周易·丰》:“象曰:雷电皆至,丰。” (75) 攫拏(jué ná 决拿):争夺。 (76)“知玄”二句:谓懂得沉静无为之理是守道的最高标准。李善注引《淮南子》:“天道玄默,无容无则。” (77)“爰清”二句:谓淡泊无欲可以神游物外。李善注引《老子》:“知清知静,为天下正。” (78) 彼:指上世之士。 (79)“今子”二句:鸱枭、蝘蜓,猫头鹰、壁虎,比喻愚者。凤皇、龟龙,比喻贤者,此自喻。二句用《荀子·赋篇·佹诗》“螭龙为蝘蜓,鸱枭为凤皇”语意。 (80) 俞跗(fù 付):上古黄帝时良医。扁鹊:战国时良医。 (81)“范蔡”二句:谓范雎、蔡泽以来的文士靠游说取得功名,似不必用玄理吧! (82) 髂(qià 恰):腰骨。 (83) 翕(xì 细)肩:收缩肩膀。 (84) 扶服:通“匍匐”。 (85)“激卬”二句:意谓范雎人秦激怒秦昭王,离间他同泾阳君、穰侯的关系,而做了秦相。卬,同“昂”。介,指离间。抵(zhǐ 纸),攻击。 (86) 山东:指崤山或华山以东地区。 (87)“锁颐”二句:谓蔡泽相貌丑恶,下巴上曲,鼻梁陷塌,涕唾满面。锁(qīn 亲)颐,下巴上曲。频(è 饿),鼻梁。 (88)“西揖”四句:意思是说蔡泽见了秦相范雎,以利害恐吓要挟,取而代之。搤咽亢气,指用言语进行要挟威胁。搤(è 恶),同“扼”。 (89) 金革:犹言甲兵,代指战争。 (90) 娄敬:即刘敬。《史记·刘敬叔孙通列传》载,娄敬拉着车子去陇西服役,经过洛阳,卸下车子,向刘邦建议建都长安,刘邦采纳了他的意见,并赐以刘姓。 (91) 掉:指鼓动。 (92) 叔孙通:本为秦博士,在刘邦夺天下时归汉。刘邦定天下后,他招集儒生制定了君臣之间的礼仪,使贵贱有差别,尊卑有等级。 (93) 吕刑:泛指周代刑法。《尚书·吕刑篇》:周穆王命司寇吕侯制定刑法。靡敝:败坏。 (94) 权制:制定法典。 (95) 愢(pī 批):谬误。 (96) 金张:指金日磾(mī dī 密低)、张安世。二人汉宣帝时与大将军霍光同执国政,显贵一时,后以“金张”代称显宦。许:指汉宣帝皇后许氏之父许广汉。史:指汉宣帝祖母史良娣之兄史恭及其长子史高。后以“许史”代称外戚。 (97) 留侯:指张良。 (98) 响:指声誉。坻隤:岩石崩倒。此以山崩巨响喻声誉远扬。 (99) 赡:充足。 (100) 蔺生:蔺相如。章台:秦国宫殿名。《史记·廉颇蔺相如列传》:秦昭王想用十五城换取赵国和氏璧,赵王派蔺相如奉璧入秦,在章台献给秦王。蔺相如见秦王无换城之意,便用巧计完璧归赵。 (101) 四皓:指秦汉之际东园公、绮里季、夏黄公、用(lù路)里先生等四隐士,四人须发皆白,故称四皓。汉初刘邦召之不出,后刘邦欲废太子,吕后用张良计迎四皓,使辅佐太子,刘邦遂取消废太子的打算,四人因此尊荣。 ⑩② 公孙:即公孙弘。汉武帝元光五年(前130)征召贤才,公孙弘被录取为第一名,待诏金马门。 ⑩③ 骠骑:指骠骑将军霍去病。曾率兵击匈奴,深入祁连山,杀敌甚多。 ⑩④"司马"句:司马长卿,即司马相如,字长卿。娶临邛富商卓王孙之女卓文君,卓王孙终分财产给他。赀(zī资),指财物。卓氏,指卓文君之父卓王孙。 ⑩⑤"东方朔"句:《汉书·东方朔传》载,汉武帝赐肉群臣,近日暮,主持分肉的大臣未至,东方朔独自割肉而去。次日汉武帝责问他,他自责说:"朔来!朔来!受赐不待诏,何无礼也!拔剑割肉,一何壮也!割之不多,又何廉也!归遗细君(东方朔之妻),又何仁也!"武帝笑而宽恕了他。

扬雄曾有过入仕的积极追求,汉成帝时他以文学侍从的身份,屡次作赋讽谏。"欲谏则非时,欲默则不已"的强烈政治欲望,促使他援笔写就了传世杰作《甘泉》《羽猎》《河东》《长杨》四赋。然而"赋劝不止"的现实,迫使他辍笔不为,转而"好古而乐道,其意欲求文章成名于后世",埋头著书,成《太玄》《法言》《训纂》等煌煌巨著。扬雄这种"用心于内,不求于外"的人生观,与世俗格格不入,不为时人所理解,时而遭到嘲笑。《汉书·扬雄传》说:"哀帝时丁、傅、董贤用事,诸附丽之者或起家至二千石。时雄方草《太玄》,有以自守,泊如也。或嘲雄以玄尚白,而雄解之,号曰《解嘲》。"就连敬慕扬雄的刘歆也很不理解,"谓雄曰:'空自苦!今学者有禄利,然尚不能明《易》,又如《玄》何?吾恐后人用覆酱瓿也。'雄笑而不应"。为回击别人的嘲笑,扬雄写了这篇赋作。

解嘲,即对别人的嘲笑进行解释辩驳。作者不是立足于自身经历的正面叙述,而是有意避开自我,从古今广阔的社会历史背景中作侧面的提示。作为社会普通一员的士人,其命运是取决于社会,取决于时代的,那么从整个社会的命运来看自我的遭遇,个人身世中很多错综复杂的问题则能得到透彻而深刻的解答。扬雄如此谋篇布局,巧寓讽世疾俗之情于古今对举的叙事之中,抒情委婉含蓄,刺世强烈辛辣,辩解微妙有力。所以他的这篇《解嘲》,前承东方朔的《答客难》而较之深刻,后启韩愈的《进学解》而较之深广。全文二嘲二解,自然构成两个部分。前一部分主要揭示不能得志的社会原因,后一部分主要表明自己的人生态度。

首先,客嘲笑扬雄潜心作《太玄》,论理可谓深、高、大、细,臻于完备,然而不免"为官拓落",这不是违背了做"人纲人纪"的士君子的准则吗?客一下子将扬雄推到"明盛之世""不讳之朝"的社会对立面,突现了自我与社会、理想与现实的尖锐矛盾。究竟是自我对立于社会,还是社会抛开了自我?这是一个难以说清,也是不便说明的人生难题。作者巧妙地将自我与社会的矛盾,放到现实与历史相违背的现象中来解答，这样，便可以毫无顾忌地列述史实，将“往昔”与“今大汉”逐层对比：先是士人不同命运的对比。春秋战国时代，诸侯纷争，称雄逞霸，“得士者富，失士者贫”，历史的潮流将士人推向政治舞台的最前列，入国事君，自由选择；而汉代一统天下，思想一尊，随着政治竞争的消失，人才的多寡无损于大汉帝业，因而“青云”“沟渠”之殊，“卿相”“匹夫”之别，变在旦夕。这里的对比有力地说明了社会决定着士人的命运，暗示了“位不过侍郎”不是个人的遭遇，而是一代士人的悲剧。命运的不同，其作用必然不同。接着从士人不同作用来对比。汉以前的时代，士人的得失、存亡决定了国家兴衰成败的命运，殷墟周炽，吴亡越霸，秦喜燕惧，雄辩地证明了这一点。汉代社会太平，天下无患，连“庸夫高枕而有余”，士人自然无须发挥其才干了。这层对比说明士人作用的发挥也全不由己，都是“世乱”“世治”的时代需求所决定的，处在欲竭尽智力而不得的时代，个人的政治才华是无法发挥的。最后是士人不同地位的对比。春秋战国时代，囚徒为相者有之，奴隶得举者有之，或立谈封官，或枉驾君主，士人都能伸张其志而“无所诎”；当今大汉，士人面临“言奇者见疑，行殊者得辟”的险恶处境，只能“卷舌”附和，“拟足”随从，而不能提出自己的政治见解。这三层古今对比，清楚地表明时代不同，士人的命运、作用、地位绝然悬殊，生当汉世，士人的才华无须发挥，也无法发挥，更不能发挥，从而有力地反驳了客子对扬子处朝日久而“不能画一奇，出一策”的嘲笑，进而讥讽客子无知“自守者身全”之理，以愚笑贤。这一段的嘲笑与反驳，实为无情地嘲弄社会，讥刺时政，交待了无以得志的客观原因。

上文从社会对待士人的角度来辩解的，那么士人如何对待社会呢？这正是客子嘲笑扬子的第二个问题：著《太玄》是成名的唯一途径吗？下文正是从这个问题入手来谈个人的困境。作者一连列举了自春秋以来士人成名的宽广之路：范雎为相，蔡泽夺位，娄敬定都，叔孙制礼，萧何造律，张良画策，陈平奇计，他们都能各逞其志，这并不是他们特别有智慧，而是“会其时之可为也”。那么作者是处在“可为之时”还是“不可为之时”呢？扬雄则从同他人的对比中委婉地作了回答。蔺相如、四皓、公孙弘、霍去病、司马相如、东方朔，他们处于“可为之时”，因而成名立业；相比之下，“仆诚不能与此数子并”，这暗示了自己处于“不可为”的时代，所以不能从仕途上取得功名，留给自己成名的唯一道路只有“默然独守吾《太玄》”了。这一段的辩解，表明了作者自己身处困境而不愿同流合污的处世态度，表达了有志无时的愤懑之情。

本文的语言排比纵横，偶句连起，形成了犀利明快、深刻有力的风格特征。“当涂者升青云，失路者委沟渠；旦握权则为卿相，夕失势则为匹夫。”这两组偶句，前者从上下空间的云沟喻明仕途升沉之悬殊，后者从旦夕时间的短暂来形容士人得失之迅变，由此有力地突现了士人不幸的遭遇，尖锐地揭露了时政摧残人才的罪恶。“当今县令不请士，郡守不迎师，群卿不揖客，将相不俛眉。”作者连用四个否定排比句，当权者自下而上无人任用人才的恶习暴露无遗，世道如此，仕途哪有文人立足之地呢！如此锋芒毕露的语言，在汉赋作品中是不多见的。文如其人，这种语言风格的形成与扬雄“简易佚荡”的性格、“不汲汲于富贵”的品德是密切相关的。同时，本文富有哲理的论断、讥讽嘲弄的反语时见，语言又显得深沉委婉。“为可为于可为之时，则从；为不可为于不可为之时，则凶。”这是历史的沉痛告诫，也是扬雄生不逢时的深沉悲叹，呼喊出了旧时代士人共同的沉郁心声。“幸得遭明盛之世，处不讳之朝，与群贤同行”，这是反语，辛辣地讽刺了朝政的腐败。士大夫们以贤圣自我标榜的丑恶灵魂，在“家家自以为稷契，人人自以为皋陶”的称美中现出了原形。

（章沧授）

逐　贫　赋　　扬　雄

扬子遁居，离俗独处。左邻崇山，右接旷野。邻垣[①]乞儿，终贫且窭[②]。礼薄义弊，相与群聚。惆怅失志，呼贫与语：“汝在六极[③]，投弃荒遐。好为庸卒，刑戮相加。匪惟幼稚，嬉戏土沙。居非近邻，接屋连家[④]。恩轻毛羽，义薄轻罗[⑤]。进不由德，退不受呵[⑥]。久为滞客，其意谓何？人皆文绣，余褐不完[⑦]；人皆稻粱，我独藜飧。贫无宝玩，何以接欢？宗室之燕，为乐不槃[⑧]。徒行负笈，出处易衣[⑨]。身服百役，手足胼胝[⑩]。或耘或耔[⑪]，沾体露肌。朋友道绝，进官凌迟[⑫]。厥咎安在？职[⑬]汝为之！舍汝远窜，昆仑之颠；尔复我随，翰飞戾天[⑭]。舍尔登山，岩穴隐藏；尔复我随，陟彼高冈。舍尔入海，泛彼柏舟[⑮]；尔复我随，载沉载浮[⑯]。我行尔动，我静尔休。岂无他人，从我何求？今汝去矣，勿复久留！”

贫曰：“唯唯。主人见逐，多言益嗤。心有所怀，愿得尽辞。昔我乃祖，宣其明德，克佐帝尧，誓为典则。土阶茅茨，匪雕匪饰[⑰]。爰及季世，纵其昏惑。饕餮[⑱]之群，贪富苟得。鄙我先人，乃傲乃骄。瑶台琼榭，室屋崇高；流酒为池，积肉为崤⑲。是用鹄逝，不践其朝。三省吾身⑳，谓予无諐㉑。处君之家，福禄如山。忘我大德，思我小怨。堪寒能暑，少而习焉；寒暑不忒㉒，等寿神仙。桀跖不顾，贪类不干。人皆重蔽㉓，予独露居；人皆怵惕，予独无虞㉔！"言辞既罄㉕，色厉目张，摄齐而兴，降阶下堂。"誓将去汝㉖，适彼首阳。孤竹二子㉗，与我连行。"

余乃避席，辞谢不直㉘："请不贰过㉙，闻义则服。长与汝居，终无厌极。"贫遂不去，与我游息。

〔注〕 ① 邻垣：指邻居。 ② 窭(jù 具)：贫且简陋。此句语出《诗·邶风·北门》："终窭且贫，莫知我艰。" ③ 六极：谓六种极凶恶的事，贫为其四。《尚书·洪范》："六极，一曰凶短折，二曰疾，三曰忧，四曰贫，五曰恶，六曰弱。" ④ 接屋连家：谓贫与己相傍不离。⑤ "恩轻"二句：意谓贫待人薄恩少义。 ⑥ 呵：大声斥责。 ⑦ 褐：粗布衣。 ⑧ 槃(pán 盘)：快乐。 ⑨ "徒行"二句：负笈(jí 及)：背着书箱。出处易衣：谓生活穷困，在家穿破衣，外出换衣装。 ⑩ 胼胝(pián zhī 骈支)：指手掌、足底所生的老茧。这里形容辛勤劳苦。⑪ "或耘"句：耔：培土。这句语出《诗·小雅·甫田》："适彼南亩，或耘或耔。" ⑫ 凌迟：指晋升的希望逐渐衰微。 ⑬ 职：主要。 ⑭ "翰飞"二句：翰，高(飞)。戾，至。"翰飞"句语出《诗·小雅·小宛》："宛彼鸣鸠，翰飞戾天。"二句意谓贫困像鸟儿高飞上天一样紧随自己。⑮ "泛彼"句：泛，泛游。此句语出《诗·鄘风·柏舟》："泛彼柏舟，亦泛其流。" ⑯ "载沉"句：载，又。此句语出《诗·小雅·菁菁者莪》："泛泛杨舟，载沉载浮。" ⑰ "土阶"二句：意谓住的房屋非常简陋。 ⑱ 饕(tāo 滔)餮(tiè)：传说中的一种贪食恶兽。此喻贪婪的奸邪之人。⑲ 崤(xiáo 淆)：山名，在今河南洛阳洛宁县北。这里指山。 ⑳ 三省(xǐng 醒)吾身：谓时时反省自己的言行。语出《论语·学而》："吾日三省吾身。" ㉑ 諐(qiān 千)：同"愆"，过失。㉒ 忒(tè 特)：差错。 ㉓ 重蔽：重重遮蔽。此指深宫幽院。 ㉔ 虞：忧虑。 ㉕ 罄(qìng 庆)：尽。 ㉖ 誓将去汝：这句语出《诗·魏风·硕鼠》："誓将去女，适彼乐土。" ㉗ 孤竹二子：指商孤竹君的两个儿子伯夷、叔齐。相传商灭亡后他们不食周食，隐居首阳山(即今山西永济市南的雷首山)。 ㉘ 不直：不止。 ㉙ 贰过：重犯上次所犯的过失。语出《论语·雍也》："不迁怒，不贰过。"

《逐贫赋》是扬雄晚年的作品，近人陆侃如《中古文学系年》定为王莽新始建国四年(12)所作。是年扬雄六十五岁。

此赋是一篇以自我为素材的寓言赋，通篇用"扬子"与"贫"主客对答的形式。主客对答是汉代叙事、抒情赋的基本结构，而主客双方所代表的对象各有不同。大体说来，叙事赋中的主客双方是对立的：一方是作者的代言人，处于主动地位；另一方作为讽谏的对象，处于被动地位，如枚乘的《七发》、孔臧的《谏格虎赋》、扬雄的《长杨赋》、班固的《两都赋》等。而抒情赋中的主客双方则是作者一人的化身,始见于东方朔的《答客难》。《逐贫赋》继承了东方朔的手法,以“扬子”自称,把概念的“贫”人格化,构成主客对答,形成了两个深层的抒情结构。“扬子”为作者的外我形象,是现实中的自我,在这个形象上体现了作者不幸的遭遇和愤懑的情感。“贫”是作者的内我形象,是超脱中的自我,在这个形象中表现出作者守贫乐道的美好志趣和高尚节操。因此,这主客的激烈交锋,实际上是现实与理想对立矛盾的形象反映,是作者内心痛苦、愤激之情的强烈表露。同时,作者安排内我取胜的结局,正反映了旧时代不得志的知识分子所走过的共同人生之路。

本文由主客的一辩一答构成前后两个部分。前一部分写主人的怒斥,展现出外我的形象。扬雄历仕汉成、哀、平三帝,到头来却“离俗独处”,“惆怅失志”。他愤恨这贫困的境遇,于是对“贫”进行寻根列罪的控诉。扬子清醒地看到自己的艰难处境,根源在贫。贫本是六凶之一,谁沾上了它,必然遇到“好为庸卒,刑戮相加”的悲惨命运,正因为自己与贫“久为滞客”,而带来了一系列的不幸:生活贫寒,衣食不继,“人皆文绣,余褐不完;人皆稻粱,我独藜飧”;劳形苦身,仕途困窘,“身服百役,手足胼胝”,“朋友道绝,进官凌迟”;精神孤寂,有悲无欢,“贫无宝玩,何以接欢?宗室之燕,为乐不槃”。这里对贫的怒斥,实际上是在倾诉自己不幸的身世,控诉社会对他的不公平的待遇。我们结合作者的身世则不难看出这种用心。《汉书·扬雄传》载,扬雄历仕三帝,却“三世不徙官”,始终做个小小的“给事黄门”郎官;王莽新政后又“投阁几死”,终老“家素贫,耆酒,人希至其门”。这官场的失意,生活的贫寒,门庭的冷落,与赋文所叙完全吻合。扬雄正视过贫困命运的挑战,设法摆脱它。赋篇接着写扬子的“远窜”“登山”“入海”,千方百计地避开“贫”的跟随,然而“贫”始终“尔复我随”。扬子的努力无济于事,怒斥无效,避开不能,便严厉地对“贫”下了驱逐令,由此强烈地表达了作者不甘贫困的抗争精神,深刻地说明士人的贫困乃是社会的悲剧、时代的不幸。

扬雄不甘于贫困,又无法摆脱贫困,更不去以不正当的手段获取富贵,于是就守贫自洁,以贫为乐,在内我的精神世界中寄托着人生的志趣。赋的后半部分以“贫”的反驳曲尽其情。“贫”在遭受主人严厉的责骂、驱逐之后,没有退让,而是理直气壮、针锋相对地申辩。主人责他为祸根,他却列举先祖的功德:“克佐帝尧,誓为典则”,凡是抛开“贫”的君主无不骄侈淫逸,灭国亡身。主人指责他的罪状,他却一一视为美德:因贫而平生无祸,“福禄如山”;因贫而能耐寒暑,“等寿神仙”;因贫而奸邪无犯,持美保洁。主人下令驱逐,“贫”毫无惭愧,毅然“誓将去汝,适彼首阳”,隐遁自洁。这里以“贫”的有力辩解,强烈地表现了作者守贫乐道的平生志趣和精神追求，确有孔子不慕富贵、颜回“不改其乐”的遗风。这正像《汉书》本传所描述的扬雄形象：“为人简易佚荡，口吃不能剧谈，默而好深湛之思，清静无为，少耆欲，不汲汲于富贵，不戚戚于贫贱，不修廉隅以徼名当世。家产不过十金，乏无儋石之储，晏如也。自有大度，非圣贤之书不好也；非其意，虽富贵不事也。”

《诗经》的四言体在汉代诗歌中失去生气而被五言所代替，而在汉代赋作中却重放异彩，出现了不少完整的四言佳作，无论是咏物还是抒情都各尽其妙。刘胜的《文木赋》以精彩的比喻取胜，贾谊的《鹏鸟赋》以深刻的哲理感人，扬雄的《酒赋》以深远的寓意流芳，而这篇《逐贫赋》以特有的诙谐风趣别具一格。全文构思奇异，作者假设抽象概念的“贫”与人对答辩驳，雅谑相间，庄谐相生，颇有戏剧性的情趣：写扬子严肃庄重，他牢骚满腹，怨集于贫，怒言责骂，愤然喝令；写“贫”玩世不恭，始为平心静气，继而冤情大作，以至“色厉目张”，誓将决裂；最后以主人自悔、谅解，与贫重新和好。如此构造的寓言故事首尾完整，情节颇为生动，寓言人物的个性也十分鲜明突出，寓意隽永而耐人寻味，对后世产生了深远的影响，正如清人浦铣在《复小斋赋话》中所说：“扬子云《逐贫赋》，昌黎《送穷文》所本也。至宋、明而《斥穷》《驱戆》《礼贫》之作纷纷矣。”　（章沧授）

【作者小传】

毛　亨

相传是古文诗学“毛诗学”的开创者。一说西汉鲁（郡治今山东曲阜一带）人；一说河间（郡治今河北献县东南）人。据称其诗学传自子夏，曾作《毛诗故训传》，以授毛苌。世称亨为“大毛公”。但《汉书》只言毛公，不载名字；汉末郑玄《诗谱》谓“大毛公为《故训传》于其家，河间献王得而献之，以小毛公为博士”。三国时，吴陆玑又说“大毛公”名亨，“小毛公”名苌，而其传授世次又与唐陆德明《经典释文·叙录》引三国时吴徐整说不同。曾引起今文经学家魏源等的怀疑。

毛诗序

毛　亨

《关雎》①，后妃之德也，风之始也，所以风天下而正夫妇也。故用之乡人焉②，用之邦国焉③。风，风也，教也；风以动之，教以化之。

诗者，志之所之也。在心为志，发言为诗。情动于中而形于言，言之不足，故嗟叹之；嗟叹之不足，故永歌之；永歌之不足，不知手之舞之，足之蹈之也。

情发于声，声成文谓之音。治世之音安以乐，其政和；乱世之音怨以怒，其政乖；亡国之音哀以思，其民困。故正得失，动天地，感鬼神，莫近于诗。先王以是经夫妇，成孝敬，厚人伦，美教化，移风俗。

故诗有六义焉，一曰风④，二曰赋⑤，三曰比⑥，四曰兴⑦，五曰雅⑧，六曰颂⑨。上以风化下，下以风刺上，主文而谲谏⑩，言之者无罪，闻之者足以戒，故曰风。至于王道衰，礼义废，政教失，国异政，家殊俗，而变风变雅作矣。国史明乎得失之迹，伤人伦之废，哀刑政之苛，吟咏情性，以风其上，达于事变而怀其旧俗者也。故变风发乎情，止乎礼义。发乎情，民之性也；止乎礼义，先王之泽也。是以一国之事⑪，系一人之本，谓之风；言天下之事，形四方之风，谓之雅。雅者，正也，言王政之所由废兴也。政有小大，故有小雅焉，有大雅焉。颂者，美盛德之形容，以其成功告于神明者也。是谓四始⑫，诗之至也。

然则《关雎》《麟趾》⑬之化，王者之风，故系之周公。南，言化自北而南也⑭。《鹊巢》《驺虞》⑮之德，诸侯之风也，先王之所以教，故系之召公。《周南》《召南》⑯，正始之道，王化之基。是以《关雎》乐得淑女以配君子，忧在进贤，不淫其色；哀窈窕⑰，思贤才，而无伤善之心焉。是《关雎》之义也。

〔注〕① 关雎：《诗·国风·周南》首篇篇名，所以后来说是“风之始也”。旧说《关雎》诗写后妃事，指的是周文王妃太姒。　② 用之乡人焉：据《仪礼·乡饮酒礼》，乡大夫行乡饮酒礼时，以《关雎》合乐。《正义》解释为“令乡大夫以之教其民也”。　③ 用之邦国焉：据《仪礼·燕礼》，诸侯行燕礼燕饮其臣子及宾客时，歌乡乐《关雎》。《正义》解释，为“令天下诸侯以之教其臣也”。　④ 风：总括其意，当有风化、风俗和讽刺三义。　⑤ 赋：郑玄注《周礼·春官·大师》(下同)说：“赋之言铺，直铺陈今之政教善恶。”但后人大都认为只是“直书其事”“体物写意”的表现手法。　⑥ 比：郑玄解为“见今之失，不敢斥言，取比类以言之”。后人大都认为是明比

的手法。 ⑦ 兴：郑玄解为“见今之美，嫌于媚谀，取善事以喻劝之”。后人大都认为兴有即物起兴，用作发端，或有意，或无意；有意者用意较为隐晦。 ⑧ 雅：郑玄解为“言今之正者以为后世法”。近人梁启超《释四诗名义》解作夏声，即中原正声云。 ⑨ 颂：郑玄解为“颂今之德，广以美之”。清阮元《释颂》认为是舞诗，近人王国维《说周颂》考其乐曲速度较为舒缓。 ⑩ 谲谏：隐约曲折地劝谏而不直率以言。 ⑪“是以一国之事”六句：据《正义》，一人之本和言天下之事者，都是指作诗之人。一人者，用一人之心，来表一国之心；又总天下之心，由一人以达之。⑫ 四始：《正义》引郑玄答张逸云：“风也，小雅也，大雅也，颂也，此四者，人君行之则为兴，废之则为衰。”又引《郑笺》：“始者，王道兴衰之所由。”其后异说颇多，不具列。 ⑬《麟趾》：即《麟之趾》，《诗·国风·周南》中最后的诗篇。 ⑭ 南，言化自北而南也：《毛传》：“谓其化从岐周被江、汉之域也。” ⑮《鹊巢》《驺虞》：《鹊巢》是《诗·国风·召南》中的首篇。《驺虞》是《诗·国风·召南》中最后的诗篇。 ⑯《周南》《召南》：清马瑞辰《毛诗传笺通释》说：“周、召分陕，以今陕州之陕原(今河南陕县)为断，周公主陕东，召公主陕西。乃诗不系以陕东陕西而各系以南者，南盖商世诸侯之国名也。”宋程大昌《考古编》认为南是乐歌。近人郭沫若《甲骨文字研究·释南》又考定南为一种乐器，孳乳为曲调之名。 ⑰ 哀窈窕：哀即“爱”。郑玄训“衷”，殊欠妥。扬雄解“善心为窈，善容为窕”。

《诗经》作为一部古代的诗歌总集流传到汉代，已经成为一种具有各种不同派别的学问。齐(辕固生所传)、鲁(申公所传)、韩(韩婴所传)三家诗都立于学官，成为官学，三者全属今文学派。毛诗后起，属古文学派，其学直到汉末，还不曾被官家承认而只通过私学在社会上流传，但不意却能独步于后世。齐、鲁两家，各以地名称学，可见系当时的地方学派；韩、毛两家，各以姓氏称学，可见均系一家之言的学说。但这四家诗学，都同属汉代的学风，其解《诗》虽大相径庭，可是在推断方法上出手却如出一辙。班固《汉书·艺文志》论三家说诗，“咸非其本义”，于毛诗，则称其“自谓子夏所传”。“自谓”两字，微意可窥。班固所谈，不同一般经生之拘迂，确有其独特之识见在。

毛诗的传授源流相传为：孔子删诗授卜商(即子夏)，商为之序，后来递相授受到荀卿，荀卿授鲁国毛亨，亨作《故训传》，授赵国毛苌。时人称亨为大毛公，苌为小毛公，故称《毛诗》。汉末郑玄为之作笺，唐孔颖达等又因郑笺作《正义》。到清代，马瑞辰著《毛诗传笺通释》三十二卷，除纠孔之失外，颇多创见。陈奂著《诗毛氏传疏》三十卷，又舍郑用毛，发挥义蕴颇多。惟郑虽不尽遵毛，实亦别有所得，王国维《玉谿生年谱会笺序》曾论及之。可见各家都各有短长，不可执一而取，务宜择善而从才是。以上诸书，当是研究汉代《诗经》学的最重要的参考书。

据魏源的《齐、鲁、韩、毛异同论》说，三家诗都有序而亡佚，惟《毛诗序》独存。这里所录的为列于《国风》首篇《关雎》题下的一篇序言。旧日选文，自萧统《文选》始，都是这样选录的，可是其中也有大小序的论断之别。如《文选·毛诗序》《十三经注疏诗序》等，以“《关雎》，后妃之德也”至“用之邦国焉”，名《关雎序》，称

“大序”，以下称“小序”，这原本于汉人相承之说。唐陆德明《经典释文》则恰好与之相反，而以“诗者，志之所之也”至“是谓四始，诗之至也”，谓之“大序”；其各序一诗之由者，谓之“小序”，后来宋人大都相承此说。唐成僎《毛诗指说》又以各诗序文第一句称为“小序”，以后文字都属“大序”。孔颖达《毛诗正义》又以《关雎》前列诸文皆为“大序”。今既选此节全文，自当以孔氏为准，无暇与其他异说辩难。

序中所说的“《关雎》，后妃之德也”，“《关雎》《麟趾》之化”等等，自然是汉人穿凿附会上去的东西，与作诗的本意无涉。譬如同一首《关雎》，毛诗以为美诗，三家诗又以为刺诗，《韩诗外传》卷五又以为美诗，与《内传》不同。忽美忽刺，漫无定准。当然，在人世间原不乏丑恶的现象和美好的憧憬，作为反映社会现实的诗自不免有美有刺，但如果把所有的诗都说成是非美即刺，就未免将文学的表现看得过于政治化和简单化了。这种立论自然是不足为训的，不过，正如恩格斯在《致康·施米特》（1890 年 10 月 27 日）中所说：“他们的产物，包括他们的错误在内，就要反过来影响全部社会发展。”（见《马克思恩格斯全集》第三十七卷第 489 页）比如，后世许多深文周纳的文字狱，甚至旧红学中的索隐派，似乎都与这套说诗的方法有牵连。这也就是我们务必要对这种错误的说法加以深究的原因。

此序之论除有此弊之外，可取之说有三：

首先是对诗的认识问题。闻一多在《歌与诗》一文中，曾考出“志”有“记忆”“记录”“怀抱”三个意义，以证“志”即是“诗”。这是就语源来立说的。但随着社会的变迁和字义的变化，汉代所说的“志”，已是诗人的“情志”了。一方面，在心为“志”，因“情”动于中而发言为诗，言之不足固可嗟叹永歌、手舞足蹈，以取其“发乎情”之真；但另一方面，却也不是任情之所之的，必须有所节制而能“止乎礼义”，这就是要达到诗之善。

其次是对诗所反映的内容偏重于社会性和政治性方面。即认为从诗可以观政知世，用诗可以教民化俗。这个观点在序中是极为明确地阐明了的。

第三是论诗的艺术功用，说“正得失，动天地，感鬼神，莫近于《诗》”。这里从诗的思想作用谈到了艺术特性，这也就触及了美的问题。至于说到《诗》的六义，这里虽然只解释了“风”“雅”“颂”三义，可也涉及体和用的问题。“主文而谲谏”云云，就很突出地指出了刺上之“风”的艺术特色。

《诗序》的作者问题，历来是聚讼纷纭的。《四库全书总目提要》卷十五论《诗序二卷》，参考诸说，“定序首二句，为毛苌以前经师所传，以下续申之词，为毛苌以下弟子所附”，态度比较谨慎。后崔述《读风偶识·通论诗序》，始根据《后汉书·儒林传》之意，坐实为卫宏所著。然其绪说实本诸前人，纵手笔出自卫宏，也是裒辑之功为多。如“言志”之说，本之《尚书·尧典》；“声成文”诸语，本之《礼记·乐记》；“六义”之说，本之《周礼·春官·大师》。或小易其字句，或删节以成文。崔述称美它“章法井然，首尾完密”云云，其实全然未必。文中脉络不贯，卯榫不接之处，初按即知，即使汉前之文，也没有这么紊乱的。如次段言“情动于中而形于言”，三段言“情发于声，声成文谓之音”；言与歌，声与音，彼此间接榫就欠妥。又如四段言诗之六义，只释其三，致使后人于赋、比、兴之说，遂多异词。再如四段言风，却未说雅，忽又言及变风、变雅，随即又释及变风而不及变雅，接着再释雅，而变雅仍告阙如。还有如末段“然则《关雎》《麟趾》之化”云云，像是《二南》的总批，而措语亦失伦次。“南，言化自北而南也”，宜置于“王化之基”以后，始有总结之意。“是以《关雎》乐得淑女以配君子”云云，亦似《关雎》之总批或小序，其用当与首段同，撮合一处，反而会更合适。

由此可见，这当是采摭众说而弥纶未安之作，不著作者之名，或即此欤？

（刘衍文）

【作者小传】

路温舒

西汉散文家。字长君。巨鹿（今属河北）人。曾任县狱史，举孝廉，历官廷尉奏曹掾、太守等职。通《春秋》经义。曾上疏宣帝反对刑讯，主张“尚德缓刑”。

尚德缓刑书

路温舒

臣闻齐有无知之祸，而桓公以兴①；晋有骊姬之难，而文公用伯②。近世赵王不终，诸吕作乱，而孝文为大宗③。由是观之，祸乱之作，将以开圣人也。故桓、文扶微兴坏④，尊文、武⑤之业，泽加百姓，功润诸侯，虽不及三王，天下归仁⑥焉。文帝⑦永思至德，以承天心⑧，崇仁义，省刑罚，通关梁⑨，一⑩远近，敬贤如大宾⑪，爱民如赤子，内恕⑫情之所安，而施之于海内，是以囹圄⑬空虚，天下太平。夫继变化之后，必有异旧之恩，此贤圣所以昭天命也。往者，昭帝即世而无嗣，大臣忧戚，焦心合谋，皆以昌邑尊亲，援而立之[14]。然天不授命，淫乱其心，遂以自亡。深察祸变之故，乃皇天之所以开至圣也。故大将军受命武帝[15]，股肱[16]汉国，披肝胆，决大计，黜亡[17]义，立有德[18]，辅天而行，然后宗庙以安，天下咸[19]宁。

臣闻《春秋》正即位，大一统而慎始也[20]。陛下初登至尊，与天合符，宜改前世之失，正始受命之统[21]，涤烦文[22]，除民疾，存亡继绝，以应天意。

臣闻秦有十失[23]，其一尚存，治狱之吏是也。秦之时，羞文学[24]，好武勇，贱仁义之士，贵治狱之吏[25]。正言者谓之诽谤，遏过[26]者谓之妖言。故盛服先生[27]不用于世，忠良切言皆郁[28]于胸，誉谀之声日满于耳，虚美熏心[29]，实祸[30]蔽塞。此乃秦之所以亡天下也。方今天下赖陛下恩厚，亡金革[31]之危，饥寒之患，父子夫妻戮力[32]安家，然太平未洽[33]者，狱乱之也。夫狱者，天下之大命也，死者不可复生，绝者不可复属[34]。《书》曰："与其杀不辜，宁失不经[35]。"今治狱吏则不然，上下相殴[36]，以刻[37]为明。深[38]者获公名，平者[39]多后患。故治狱之吏皆欲人死，非憎人也，自安之道在人之死[40]。是以死人之血流离[41]于市，被刑之徒比肩而立，大辟之计岁以万数[42]，此仁圣之所以伤也。太平之未洽，凡以此也。夫人情安则乐生，痛则思死。棰楚[43]之下，何求而不得？故囚人不胜[44]痛，则饰辞以视之[45]；吏治者利其然[46]，则指道以明之[47]。上奏畏却[48]，则锻练而周内之[49]。盖奏当之成[50]，虽咎繇[51]听之，犹以为死有余辜。何则？成练者众[52]，文致之罪[53]明也。是以狱吏专为深刻，残贼[54]而亡极，偷[55]为一切，不顾国患，此世之大贼也。故俗语曰："画地为狱[56]，议不入。刻木为吏[57]，期不对。"此皆疾吏之风，悲痛之辞也。故天下之患，莫深于狱，败法乱正，离亲塞道[58]，莫甚乎治狱之吏。此所谓一尚存者也。

臣闻乌鸢[59]之卵不毁，而后凤凰集；诽谤之罪不诛，而后良言进。故古人有言："山薮藏疾，川泽纳污，瑾瑜匿恶，国君含垢[60]。"唯陛下除诽谤以招切言,开天下之口,广箴谏之路,扫亡秦之失,尊文、武之德,省法制,宽刑罚,以废治狱,则太平之风,可兴于世。永履和乐,与天亡极[61],天下幸甚。

〔注〕 ①"齐有"二句:春秋时齐僖公侄子无知杀齐襄公(僖公子)而自立,齐人杀之。襄公弟小白自莒返都即位,为齐桓公(前 686—前 643 年在位)。尊王攘夷,成为春秋时第一个霸主。 ②"晋有"二句:春秋时晋献公夫人骊姬欲立其子奚齐为太子,谮杀太子申生,并逐群公子,献公死,奚齐立,晋人杀之,骊姬也被杀。献公子重耳自秦返国即位,为晋文公(前 636—前 628 年在位)。尊王胜楚,成为霸主。伯(bà 霸),通"霸"。 ③"近世"三句:汉高祖生前欲立宠姬戚夫人之子赵王如意为太子,高祖死后,吕后杀赵王、戚夫人,立太子刘盈,为惠帝。惠帝死,吕后临朝称制,分封诸吕为王侯,掌握实权。吕后死,诸吕拟发动叛乱,为太尉周勃等所平定。高祖中子(薄姬所生)代王刘恒入为皇帝,为孝文帝(前 180—前 157 年在位)。与民休息,与景帝时期被称为文景之治。按宗法制度,以始祖的嫡长子为大宗,其他为小宗。景帝即位,丞相申屠嘉等奏:孝文皇帝盛德,"高皇帝宜为太祖之庙,孝文皇帝宜为太宗之庙"。从之。太宗即大宗。 ④ 桓、文:齐桓公、晋文公。扶微兴坏:即兴灭继绝。语出《论语·尧曰》:"兴灭国,继绝世。" ⑤ 文、武:指周文王、周武王,分别为商末周族首领、西周王朝建立者。古时称为圣王。 ⑥ 天下归仁:《论语·颜渊》:"一日克己复礼,天下归仁焉。" ⑦ 文帝:即孝文帝。⑧ 天心:天意。汉代人以为天有意志,主宰一切。这与晚周人以天为自然和无意志的天道不同。 ⑨ 梁:桥梁。 ⑩ 一:统一。用作动词。 ⑪ 大宾:诸侯一级来宾。《周礼·秋官·大行人》汉郑玄注:"大宾,要服以内诸侯。" ⑫ 内恕:存心宽厚。 ⑬ 囹圄(líng yǔ 玲雨):牢狱。 ⑭"昭帝"八句:汉昭帝死(前 74 年),因无嗣子,大臣霍光等迎立昭帝之兄子昌邑王刘贺为帝,昌邑王即位后行淫乱,霍光等大臣定计废黜之(后死于豫章)。援:引。 ⑮"大将军"句:霍光为大司马大将军,昭帝年幼即位,他受武帝遗诏辅政。 ⑯ 股肱(gōng 工):辅佐。⑰ 亡(wú 无):通"无"。 ⑱ 立有德:指迎立宣帝。霍光等废黜昌邑王后,奏请皇太后迎立武帝曾孙病已(即刘询),是为宣帝(前 73—前 49 年在位)。奏语云病已"躬行节俭,慈仁爱人"。⑲ 咸:皆。 ⑳"春秋"二句:《春秋》大义主张君主必须以正道即位,这是为了尊重天下的一统,而慎重于政治的开端。大,尊重。一统,指基于文化统一上的政治统一。《公羊传·定公元年》:"正月者,正即位也。"《穀梁传·桓公元年》:"已正即位之道而即位。"《公羊传·隐公元年》:"何言乎王正月,大一统也。" ㉑ 统:指政统、君统。 ㉒ 烦文:指严刑峻法。 ㉓ 秦有十失:秦有十大无道。指铸金人、筑长城、造阿房宫、营骊山陵、求不死药、焚书坑儒、用治狱之吏等。 ㉔ 羞文学:以人文文化为可耻。 ㉕"贱仁"二句:贱,以之为贱。贵,以之为贵。㉖ 遏过:批评过失。遏:阻止,批评。 ㉗ 盛服先生:衣冠整齐的先生。指有修养的学者。㉘ 郁:郁积。 ㉙"誉谀"二句:俱指秦始皇而言。 ㉚ 实祸:实在的祸患。 ㉛ 金革:兵甲,代指战争。 ㉜ 戮力:努力。 ㉝ 洽:周遍。 ㉞ 绝:断。属:连。 ㉟"与其"二句:《汉书·路温舒传》唐颜师古注(以下简称颜注):"《虞书·大禹谟》载咎繇之言。辜,罪。经,常也。言人命至重,治狱宜慎,宁失不常之过,不滥无罪之人,所以崇宽恕也。" ㊱ 殴:同"驱"。㊲ 刻:刻薄严酷。 ㊳ 深:义同"刻",刻薄严酷。 ㊴ 平者:执法公平者。 ㊵"自安"句:狱吏保全自己的办法是滥杀无辜的人。 ㊶ 流离:淋漓。 ㊷ 大辟:死刑。计:考核,指朝廷对死刑案的终审。 ㊸ 棰楚:杖刑。棰:木棍。楚:荆杖。 ㊹ 不胜:不堪。 ㊺ 饰辞:编造口供。视:示。之:指囚人。 ㊻"吏治"句:狱吏的上司认为这种屈打成招的方法很便

利。　㊼ 指道：指点。之：指（其他）狱吏。　㊽“上奏”句：上奏（死刑判决文书）怕被驳退。却，退。　㊾ 锻练而周内（nà 纳）之：编造罗织罪状。练，通“炼”。内，通“纳”。周内谓周密地陷人于罪。　㊿ 奏当之成：颜注：“当谓处其罪也。”　51 咎繇（gāo yáo 高姚）：即皋陶，舜之臣，掌刑狱，善听狱讼。　52 成练者众：罗织的罪名很多。　53 文致之罪：诬蔑不实的文辞所构成的罪状。　54 残贼：《孟子·梁惠王下》：“贼仁者谓之贼，贼义者谓之残。”　55 偷：苟且。56 画地为狱：相传上古于地上画圈，令犯罪者立圈中，以示惩罚。　57 刻木为吏：以木雕刻成的狱吏。颜注：“画狱、木吏，尚不入、对，况真实乎？期犹必也。议必不入、对。”后始以刻木为吏指狱吏之苛刻无心肝。　58 离亲塞道：离间亲人，堵塞人道。指告密成风而言。　59 鸢（yuān 冤）：老鹰。　60“山薮”四句：颜注：“《春秋左氏传》载晋大夫伯宗之辞。诟，耻也。言山薮之有草木则毒害者居之，川泽之形广大则能受于污浊，人君之善御下，亦当忍耻病也。诟音垢。”　61 与天亡（wú 无）极：颜注：“与天长久，无穷极也。”

西汉路温舒《尚德缓刑书》，是一篇富有文化意义的历史文献，也是一篇富有文学价值的散文作品。

元平元年（前 74），汉昭帝死，霍光等大臣迎昌邑王刘贺即皇位。昌邑王行淫乱，在位二十七日被废黜。霍光等又迎生长于民间的武帝曾孙刘询即皇位，是为汉宣帝。次年，改元本始元年（前 73）。《汉书》卷五一《路温舒传》：“会昭帝崩，昌邑王贺废，宣帝初即位，温舒上书言宜尚德缓刑。”并著录上书全文。可见班史之郑重此事。本文主题是尚德缓刑这一政治主张，因此当了解其思想背景与历史背景。

汉代承因秦法为治，法家政治余烈犹酷。法家政治学说核心，是由不信任人性和维护绝对君权，而主张“不务德而务法”（《韩非子·显学》），主张刑治即高压专制。与之相反，儒家政治思想核心，则是由信任人性本善和民本、民贵、君轻，而主张“尚德缓刑”，主张仁政即人道政治。秦代实行法家政治，“有敢偶语《诗》《书》者弃市，以古非今者族，吏见知不举者与同罪”（《史记·秦始皇本纪》），政治极其黑暗残暴。由《汉书·百官公卿表》，可以清楚地看到，在政治制度上，汉代是承秦制。由《汉书·高祖本纪下》十一年二月诏书并举周公、齐桓为政治典范，以至《汉书·元帝本纪》载宣帝所说“汉家自有制度，本以霸王道杂之，奈何纯任德教，用周政乎”，则可以清楚地看到，在实际政治上，汉代相当程度地是继承秦法。所谓王霸杂用，实具有外儒内法的性质。具体说，汉承秦后，虽经文景之治，使民休养生息，对秦代法家政治有相当程度的改变，但是刑法犹十分严酷。汉代自高后执政（前 187—前 180），酷吏即史不绝书，至武帝时期（前 140—前 87），遂愈演愈烈。《史记·酷吏列传》记载：王温舒为河内太守，捕人“相连坐千余家”，“不过二三日”，杀人“至流血十余里”。“会春，温舒顿足叹曰：‘嗟乎！令冬月益展一月，足吾事矣！’其好杀伐行威不爱人如此。天子闻之，以为能，迁为中尉。”

“自温舒等以恶为治，而郡守、都尉、诸侯二千石欲为治者，其治大抵尽放温舒。”由此可知，专制君主的主动要求，是酷吏政治的根源所在；而在此种狰狞恐怖的酷吏政治下，当时人间无异于一座地狱。代表着人民而对这种残暴政治进行抗议的士人，前有司马迁，后有路温舒。司马迁是用史笔进行抗议，而路温舒则是以谏书作正面的呼吁。

《尚德缓刑书》分为四段。第一段，借重于历史之经验，郑重言宣帝之即位。这是全文之引子，作者用了重笔来写。作者首先列举无知祸齐而桓公以兴，骊姬乱晋而文公用伯，诸吕作乱而文帝为大宗的史事，进而分析桓、文、文帝之所以成功，是由于“继变化之后，必有异旧之恩”，即实行政治改革，“泽加百姓”，“爱民如赤子”，“内恕情之所安，而施之于海内，是以囹圄空虚，天下太平”。最后，指出昌邑王以淫乱被废，宣帝以有德而立。这是表示宣帝即位一事，与上述史事极为相似，而上述历史经验值得鉴取。作者用重笔写此段，是为了提醒宣帝郑重于即位之初，把握住即位之初。这就足以导向主题，即改过从新，尚德缓刑。

第二段，突出即位之初，应当改过从新，实行政治改革。“《春秋》正即位，大一统而慎始也”，是指出改革政治的文化依据。“宜改前世之失，正始受之统”，是指出改革政治的现实需要。“涤烦文，除民疾”，是指出改革政治的核心任务。依《春秋》大义，君主之所以必须以正道即位，是为了尊重天下的一统，慎重于政治的开端。具体说，君主即位应当以政治有道改变政治无道。在当前，就是要革除繁重严酷的刑法，解除人民大众的痛苦。上文“必有异旧之恩”，此处已明确地指出之。上段是从即位之初一事，导向改过从新、尚德缓刑这一主题，此段则是直接推出政治改革纲领，亦即直接推出主题。此段篇幅虽小，却是本文关键所在。

第三段，痛陈酷吏政治何以必须革除，乃是本文结构中的主体部分。作者首先指出，酷吏政治是反文化反道德的秦朝法家政治的集中体现，亦是秦朝自取灭亡的一大原因；然后揭示，酷吏政治仍是本朝政治的现实存在，并是本朝“太平未洽”的根本原因。自论说文体的角度以观之，路温舒指出汉朝政治与暴秦具有一致性，是足以深切著明何以必须革除酷吏政治这一论说主题；自历史文化的角度以观之，作者指出本朝政治与暴秦具有一致性，则足以表明“西汉知识分子对专制政治的压力感”（徐复观《两汉思想史》卷一语）与批判精神，亦足以体现出他们为人民争生存权利的良知与道德勇气。作者又提出“夫狱者，天下之大命也”这一法律思想命题。大命，正是指人民的命运及由人民命运而来的国家命运。作者进而揭露酷吏政治下的现实，是司法官吏竞相“以刻为明”、量刑必重、“皆欲人死”的司法风气，造成“死人之血流离于市，被刑之徒比肩而立，大辟之计岁以万数”的社会惨状。作者深入揭发酷吏政治的内幕，是司法官吏使用编造罪名、屈打成招的刑讯手段。而主管官员更把这种手段指点传授给所有司法官吏，形成以逼、供、信为本质的司法程序。且不仅是编造罗织罪名强迫囚犯冤屈地认供，也是用这编造罗织的罪状，来骗取朝廷终审的认可。作者最后一针见血地指出，狱吏草菅人命、贼仁残义，乃是人民之公敌；狱吏败坏法律、败坏人伦人道，乃是天下之大患。此段“死人之血”三句，“画地为狱”四句俗语，直画出一幅酷吏政治下血淋淋的狰狞可怖的人间地狱图。由此来读此段首尾相呼应的“秦有十失，其一尚存”，“此所谓一尚存者也”，实际是警告：若不革除酷吏政治，则汉之为汉，将无异亡秦。

第四段，提出必须废除诽谤（指议论是非）罪。作者强调，废除诽谤之罪，才能“开天下之口，广箴谏之路，扫亡秦之失，尊文、武之德”，达到天下太平。作者在主张尚德缓刑、废除狱吏政治的同时，特别要求废除诽谤罪，用意至为深远。依中国文化传统，能否接受政治批评，是君主是否明智，政治是否有道的重要标尺。《尚书·商书·说命中》即云：“唯木从绳则正，后（指君主）从谏则圣。”而能够接受政治批评的主要标尺，则在于形成一个言者无罪、闻者足戒的政治风气。如《尚书·周书·洪范》云：“谋及庶人。”《国语·周语上》云：“为民者宣之使言。”《左传》襄公三十一年云：“郑人游于乡校，以论执政”，子产不毁乡校，曰：“是吾师也。”从刑法角度说，定诽谤罪，则易开滥刑之风。所以，作者以“诽谤之罪不诛”收束全文，实是尚德缓刑主题之高扬，亦是中国文化政治智慧之凝聚，意味深长。

《尚德缓刑书》无疑具有重要的历史文化意义。此书不仅深刻揭露了汉代黑暗残暴的酷吏政治，而且体现出汉代士人直面黑暗政治，敢于为人民伸张正义的道德勇气，力争以文化理想扭转现实政治的传统风范。依中国文化，天道（相当于希腊斯多亚派学说之自然法），是人类普遍具有的道德人性的终极根源，亦是人类生活的终极法则。因此，政治法律都应当服从于天道这一终极法则，政治应当是道德政治而不能是刑法政治。在儒家士人看来，以刑治为特征的法家政治，是违悖天道与人性的。路温舒所提出的尚德缓刑，革除酷吏政治，思想依据即在于此。在汉代，酷吏以武帝之世为烈，而循吏（奉法循理之官吏）则以宣帝之世为盛（参南宋王应麟《困学纪闻》卷十五《循吏酷吏之出视上之趋向》条）。宣帝是杂用霸王道之君主，其政治局面之被逐渐扭转，显然是与汉代士人如路温舒们的奋斗努力分不开的。

《尚德缓刑书》也具有不容忽视的文学价值。第一，体现了西汉散文向上一路的醇厚风格。清代刘熙载《艺概·文概》说：“汉文醇厚”，“本经立义，秦亦不能如汉也”。又说:“汉家制度,王霸杂用;汉家文章,周秦并法。唯董仲舒一路无秦气。”此文正是醇厚无秦气的向上一路的汉家文章。这种醇厚的文风,是由深厚的情感和深厚的学养而生成。“死者不可复生,绝者不可复属”等语,沉痛恻怛,不仅体现出作者对人类生命价值与尊严之维护,亦足见作者同情心之深厚。依据《春秋》大义以立论,则足见其学养之深厚。第二,论证严密,真实感强。作者援引历史教训,依据《春秋》大义,针对现实,提出革除酷吏政治的主张,进而层层分析酷吏政治的现象与本质,原因与结果,论证严密,使文章具有无可辩驳的说服力。但是,这种说服力又不仅来自推理分析,而且来自对现实存在的真实感受。文中揭发“治狱之吏自安之道在人之死”,“囚人不胜痛,则饰辞以视之;吏治者利其然,则指道以明之”,种种黑暗内幕,尤其援引当时俗语“刻木为吏,期不对”,反映人民对刑讯逼供所抱有的决不认供的共识,都具有极其强烈的真实感。这种真实感,系来自作者的切身经验。《汉书》本传载路温舒出身狱史,历官至廷尉史,可知他对刑狱上下之内幕,无辜人民之苦难,无不深深了解。唯温舒与一般狱吏不同,他有未泯灭的良心,且“又受《春秋》,通大义”(本传),更培养了他的良知。第三,骈散兼行,文句工俪,所以是标志汉代文章从散文向骈文发展的一篇重要作品。

(邓小军)

【作者小传】

班 固

(32—92) 东汉史学家、文学家。字孟坚。扶风安陵(今陕西咸阳东北)人。初继续其父班彪《史记后传》,被人告发私改国史,下狱。后得释,召为兰台令史,转迁为郎,典校秘书。奉诏继续完成其父所著书,历二十余年,修成《汉书》,文辞渊雅,叙事详赡。曾任中护军,从大将军窦宪征匈奴。后因宪擅权被杀,他受牵连,死于狱中。善辞赋。曾编撰《白虎通义》。后人辑有《班兰台集》。

苏 武 传

班 固

武字子卿,少以父任,兄弟并为郎[①],稍迁至栘中厩监[②]。时汉连伐胡,数通使相窥观。匈奴留汉使郭吉、路充国等前后十余辈[③]。匈奴使来,汉亦留之以相当。

天汉元年[4]，且鞮侯单于初立[5]，恐汉袭之，乃曰："汉天子，我丈人行也。"尽归汉使路充国等。武帝嘉其义，乃遣武以中郎将使持节送匈奴使留在汉者[6]；因厚赂单于，答其善意。武与副中郎将张胜及假吏[7]常惠等，募士、斥候[8]百余人俱。既至匈奴，置币遗单于。单于益骄，非汉所望也。

方欲发使送武等，会缑王[9]与长水虞常等谋反匈奴中——缑王者，昆邪王[10]姊子也，与昆邪王俱降汉，后随浞野侯[11]没胡中——及卫律[12]所将降者，阴相与谋劫单于母阏氏[13]归汉。会武等至匈奴，虞常在汉时，素与副张胜相知，私候[14]胜曰："闻汉天子甚怨卫律，常能为汉伏弩射杀之。吾母与弟在汉，幸蒙其赏赐。"张胜许之，以货物与常。

后月余，单于出猎，独阏氏、子弟在。虞常等七十余人欲发，其一人夜亡，告之。单于子弟发兵与战，缑王等皆死，虞常生得。单于使卫律治其事。张胜闻之，恐前语发，以状语武。武曰："事如此，此必及我。见犯乃死，重负国！"欲自杀，胜、惠共止之。虞常果引张胜。单于怒，召诸贵人议，欲杀汉使者。左伊秩訾[15]曰："即谋单于，何以复加？宜皆降之。"单于使卫律召武受辞[16]，武谓惠等："屈节辱命，虽生，何面目以归汉！"引佩刀自刺。卫律惊，自抱持武，驰召毉[17]。凿地为坎，置煴火，覆武其上，蹈其背以出血。武气绝，半日复息。惠等哭，舆[18]归营。单于壮其节，朝夕遣人候问武，而收系张胜。

武益愈，单于使使晓武，会论虞常，欲因此时降武。剑斩虞常已，律曰："汉使张胜谋杀单于近臣，当死。单于募降者赦罪。"举剑欲击之，胜请降。律谓武曰："副有罪，当相坐。"武曰："本无谋，又非亲属，何谓相坐？"复举剑拟之，武不动。律曰："苏君！律前负汉归匈奴，幸蒙大恩，赐号称王，拥众数万，马畜弥山，富贵如此。苏君今日降，明日复然。空以身膏草野，谁复知之！"武不应。律曰："君因我降，与君为兄弟，今不听吾计，后虽欲复见我，尚可得乎！"

武骂律曰:"女为人臣子,不顾恩义,畔主背亲,为降虏于蛮夷,何以女为见!且单于信女,使决人死生,不平心持正,反欲斗两主,观祸败!南越杀汉使者,屠为九郡[19];宛王杀汉使者,头县北阙[20];朝鲜杀汉使者,即时诛灭[21]。独匈奴未耳!若知我不降明,欲令两国相攻。匈奴之祸,从我始矣!"律知武终不可胁,白单于。单于愈益欲降之,乃幽武,置大窖中,绝不饮食。天雨雪,武卧啮雪,与旃[22]毛并咽之,数日不死。匈奴以为神,乃徙武北海上无人处,使牧羝,羝乳[23]乃得归。别其官属常惠等,各置他所。

武既至海上,廪食不至,掘野鼠、去草实而食之。仗汉节牧羊,卧起操持,节旄尽落。积五六年,单于弟於靬王弋射海上[24]。武能网纺缴[25],檠[26]弓弩,於靬王爱之,给其衣食。三岁余,王病,赐武马畜、服匿、穹庐[27]。王死,后人众徙去。其冬,丁令[28]盗武牛羊,武复穷厄。

初,武与李陵俱为侍中[29]。武使匈奴明年,陵降,不敢求武。久之,单于使陵至海上,为武置酒设乐。因谓武曰:"单于闻陵与子卿素厚,故使陵来说。足下虚心欲相待,终不得归汉,空自苦亡人之地,信义安所见乎?前长君为奉车[30],从至雍棫阳宫[31],扶辇下除,触柱折辕,劾大不敬,伏剑自刎,赐钱二百万以葬。孺卿从祠河东后土[32],宦骑与黄门驸马[33]争船,推堕驸马河中,溺死[34],宦骑亡;诏使孺卿逐捕,不得,惶恐饮药而死。来时,太夫人已不幸,陵送葬至阳陵[35]。子卿妇年少,闻已更嫁矣。独有女弟[36]二人,两女一男,今复十余年,存亡不可知。人生如朝露,何久自苦如此!陵始降时,忽忽如狂,自痛负汉,加以老母系保宫[37],子卿不欲降,何以过陵!且陛下春秋高[38],法令亡常,大臣亡罪夷灭者数十家,安危不可知,子卿尚复谁为乎?愿听陵计,勿复有云!"

武曰:"武父子亡功德,皆为陛下所成就,位列将[39],爵通侯[40],兄弟亲近,常愿肝脑涂地。今得杀身自效,虽蒙斧钺汤镬，诚甘乐之。臣事君，犹子事父也；子为父死，亡所恨。愿勿复再言！”

陵与武饮数日，复曰：“子卿壹听陵言。”武曰：“自分已死久矣！王必欲降武，请毕今日之驩，效死于前！”陵见其至诚，喟然叹曰：“嗟乎，义士！陵与卫律之罪，上通于天！”因泣下沾衿，与武决去。陵恶自赐武，使其妻赐武牛羊数十头。

后陵复至北海上，语武：“区脱捕得云中生口[41]，言太守以下吏民皆白服，曰上崩。”武闻之，南乡号哭，欧血，旦夕临数月。

昭帝即位数年，匈奴与汉和亲。汉求武等，匈奴诡言武死。后汉使复至匈奴，常惠请其守者与俱，得夜见汉使，具自陈道。教使者谓单于，言天子射上林[42]中，得雁，足有系帛书，言武等在某泽中。使者大喜，如惠语以让单于。单于视左右而惊，谢汉使曰：“武等实在。”于是李陵置酒贺武曰：“今足下还归，扬名于匈奴，功显于汉室。虽古竹帛所载，丹青所画，何以过子卿！陵虽驽怯，令汉且贳[43]陵罪，全其老母，使得奋大辱之积志，庶几乎曹柯之盟[44]，此陵宿昔[45]之所不忘也！收族陵家，为世大戮，陵尚复何顾乎？已矣，令子卿知吾心耳！异域之人，壹别长绝！”陵起舞，歌曰：“径万里兮度沙幕，为君将兮奋匈奴。路穷绝兮矢刃摧，士众灭兮名已隤。老母已死，虽欲报恩将安归！”陵泣下数行，因与武决。单于召会武官属，前已降及物故，凡随武还者九人。

武以始元六年[46]春至京师。诏武奉一太牢谒武帝园庙[47]。拜为典属国[48]，秩中二千石[49]；赐钱二百万，公田二顷，宅一区。常惠、徐圣、赵终根皆拜为中郎，赐帛各二百匹。其余六人老，归家，赐钱人十万，复终身。常惠后至右将军，封列侯，自有传。武留匈奴凡十九岁，始以强壮出，及还，须发尽白。

武来归明年，上官桀、子安与桑弘羊及燕王、盖主谋反[50]。武子男元与安有谋，坐死。初，桀、安与大将军霍光争权[51]，数疏光过失予燕王,令上书告之。又言苏武使匈奴二十年,不降,还,乃为典属国。大将军长史无功劳[52],为搜粟都尉[53],光颛权自恣。及燕王等反诛,穷治党与。武素与桀、弘羊有旧,数为燕王所讼[54],子又在谋中,廷尉奏[55]请逮捕武。霍光寝其奏[56],免武官。

数年,昭帝崩。武以故二千石与计谋立宣帝[57],赐爵关内侯[58],食邑三百户。久之,卫将军张安世荐武明习故事[59],奉使不辱命,先帝以为遗言。宣帝即时召武待诏宦者署[60],数进见,复为右曹典属国[61]。以武著节老臣,令朝朔望,号称祭酒[62],甚优宠之。武所得赏赐,尽以施予昆弟、故人,家不余财。皇后父平恩侯、帝舅平昌侯、乐昌侯[63]、车骑将军韩增、丞相魏相、御使大夫丙吉,皆敬重武。

武年老,子前坐事死,上闵之。问左右:"武在匈奴久,岂有子乎?"武因平恩侯自白:"前发匈奴时,胡妇适产一子通国,有声问来,愿因使者致金帛赎之。"上许焉。后通国随使者至,上以为郎。又以武弟子为右曹。武年八十余,神爵二年[64]病卒。

甘露三年[65],单于始入朝[66]。上思股肱之美[67]乃图画其人于麒麟阁[68],法其形貌,署其官爵、姓名。唯霍光不名[69],曰"大司马大将军博陆侯,姓霍氏";次曰"卫将军富平侯张安世";次曰"车骑将军龙额侯韩增";次曰"后将军营平侯赵充国";次曰"丞相高平侯魏相";次曰"丞相博阳侯丙吉";次曰"御史大夫建平侯杜延年";次曰"宗正阳城侯刘德";次曰"少府梁丘贺";次曰"太子太傅萧望之";次曰"典属国苏武"。皆有功德,知名当世,是以表而扬之,明著[70]中兴辅佐,列于方叔、召虎、仲山甫[71]焉。凡十一人,皆有传。自丞相黄霸、廷尉于定国、大司农朱邑、京兆尹张敞、右扶风尹翁归及儒者夏侯胜等,皆以善终,著名宣帝之世,然不得列于名臣之图,以此知其选矣。

赞[72]曰:李将军恂恂如鄙人[73],口不能出辞[74],及死之日,天下知与不知皆为流涕，彼其中心诚信于士大夫也⑦⑤。谚曰："桃李不言，下自成蹊。"此言虽小，可以喻大。然三代之将，道家所忌，自广至陵，遂亡其宗，哀哉！孔子称："志士仁人，有杀身以成仁，无求生以害仁⑦⑥"，"使于四方，不辱君命⑦⑦。"苏武有之矣。

〔注〕①"少以父任"二句：因父亲职位之故而得任官。汉代官员年俸二千石以上，其子弟可以父荫为郎。苏武父苏建曾为代郡太守，以功封平陵侯，苏武与兄苏嘉、弟苏贤都被任用为郎。郎，官名，皇帝近侍。　②稍迁：逐步升迁。栘(yí 移)：木名，即唐棣。汉宫廷中有栘园。厩监：管理马厩的官员，掌管栘园中鞍马、鹰犬和射猎用具。　③"匈奴留汉使"句：汉武帝于元封元年(前110)统兵十八万以临北边，使郭吉晓谕乌维单于。郭吉见单于，言多威胁之意。单于怒，扣留郭吉，迁辱北海之上。元封四年秋，匈奴使至汉，因病服药而死，汉使路充国送其丧归，单于以汉杀匈奴贵使，扣留路充国。　④天汉元年：即公元前100年。天汉为汉武帝年号(前100—前97)。　⑤"且鞮"句：且鞮(jū dī 居低)侯单于，乌维单于之弟。原为左大都尉，乌维单于死，子詹师庐立，年少，号为儿单于。儿单于在位三年而死，其子年少，匈奴乃立其叔(乌维单于弟)右贤王句黎湖为单于，句黎湖在位一年而死，由其弟且鞮侯继位。　⑥中郎将：官名。节：使臣所持信物，以竹为杆，长八尺，上缀三重牦牛尾为装饰，故又称旄节。⑦假吏：临时充任为吏者。　⑧募士：招募来的士卒。斥候：侦察人员。　⑨缑(gōu 勾)王：匈奴的一个亲王。　⑩昆邪(hún yē 浑耶)王：匈奴的一个亲王。据《汉书·匈奴传》，元狩二年(前121)夏，张骞、李广等击匈奴，单于怒昆邪王居西方而被杀被虏甚多，欲召诛之，昆邪王恐而降汉，缑王亦随之同降。　⑪浞(zhuó 浊)野侯：即赵破奴，太原人，早年亡命匈奴，后归国，为霍去病军司马。太初二年(前103)春，率二万骑出击匈奴，被俘投降，全军皆沦陷于胡。后又逃归汉，因罪灭族。　⑫卫律：其父为长水胡人，生长于汉。与协律都尉李延年相善，以李举荐出使匈奴；将还时，李因罪全家被捕，卫律奔降匈奴，被封为丁零王。　⑬阏氏(yān zhī 烟支)：匈奴王后的称号。　⑭私候：私访。　⑮左伊秩訾(zī 姿)：匈奴王号，有左右之分。⑯受辞：受审。　⑰毉：古"医"字。　⑱舆：抬着。　⑲"南越"二句：汉武帝元鼎五年(前112)，南越王相吕嘉杀南越王及汉使，武帝遣将讨伐。次年，平定南越，抓获吕嘉，在其地设置九郡。　⑳"宛王"二句：汉武帝曾派使者至大宛国求良马，大宛不与，又截杀汉使于归途。太初元年(前104)汉武帝派李广利征大宛，四年，大宛诸贵族杀国王毋寡。李广利携毋寡首级归京师，悬挂在汉朝的宫阙下。县，通"悬"。　㉑"朝鲜"二句：开封二年(前109)，汉武帝派涉何出使朝鲜，涉何派御者刺死伴送自己的朝鲜人，伪称杀死朝鲜将领，被武帝封为辽东东部都尉。朝鲜发兵杀死涉何。武帝再派兵攻朝鲜，次年，朝鲜尼溪相参杀朝鲜王右渠，降汉。　㉒旃(zhān 沾)：通"毡"，毡毯。　㉓羝(dī 低)乳：指公羊生小羊。乳：生育。　㉔於靬(wū jiān 乌尖)王：且鞮侯单于之弟。弋射：射猎。　㉕网：结网。纺缴(zhuó 酌)：纺出箭尾所系的丝绳。　㉖檠(qíng 晴)：矫正弓弩的器具，此处用作动词。　㉗服匿：盛酒酪的瓦器，小口广腹方底。穹庐：圆顶的大帐篷。　㉘丁令：又作丁灵、丁零，匈奴族的一支。　㉙侍中：官名，汉时为列侯以下至郎中的加官(由他官兼任者)，侍从皇帝左右，掌管乘舆服物。　㉚奉车：奉车都尉，掌管皇帝所乘的车。　㉛雍：春秋时为秦都，在今陕西凤翔县南，汉代置雍县。棫(yù 玉)阳宫：本秦宫，在雍县东北。　㉜孺卿：苏武弟苏贤的字。祠：祭祀。河东：汉郡名，治所

在今山西夏县西北。后土：土地神。 ㉝宦骑：充当皇帝骑从的宦官。黄门驸马：皇帝的骑侍。 ㉞溺死：淹死。 ㉟阳陵：汉县名，治所在今陕西咸阳市东北。 ㊱女弟：妹。㊲保宫：汉少府属官，其官署，有时也用作系囚之所。本名居室，武帝太初元年更名为保宫。㊳春秋高：年老。 ㊴位列将：指苏武父苏建曾为右将军，苏武本人为中郎将。 ㊵爵通侯：指苏建封平陵侯。 ㊶区(ōu欧)脱：同"欧脱"。匈奴语称边境的屯戍或守望之处为"区脱"。云中：郡名，治所在今内蒙古托克托东北。生口：指俘虏。 ㊷上林：汉上林苑，皇帝游猎之地，司马相如曾作《上林赋》。 ㊸贳(shì世)：宽恕。 ㊹曹柯之盟：春秋时，齐军伐鲁，鲁庄公的大将曹沫三战皆败，庄公献遂邑地以求和，与齐盟于柯。盟时，曹沫执匕首劫齐桓公，迫使其归还所侵之地。此句谓自己本有如同曹沫劫齐桓公之类折服敌国的愿望。 ㊺宿昔：往日。 ㊻始元六年：公元前81年。始元为汉昭帝年号。 ㊼太牢：以一牛、一豕、一羊为祭品。园：陵寝，帝后的葬地。庙：祀祖先之处所。 ㊽典属国：官名，掌管少数民族事务。㊾秩：官秩。中二千石：汉代二千石的官秩按俸禄大小，分为中二千石、二千石、比二千石三等，中二千石官秩最高。 ㊿上官桀：字少叔，上官为复姓。武帝末拜左将军，封安阳侯，与霍光、金日磾(mì dī密低)同受武帝遗诏，辅佐昭帝。其子安，昭帝时拜车骑将军。桑弘羊：武帝末为御史大夫。燕王：刘旦，武帝第三子。盖主：武帝长女，昭帝姊。其夫封为盖侯，故称盖长公主，又称盖主。此谋反之事指上官桀等人欲杀霍光，废昭帝，立燕王，事败，被杀，燕王与盖主自杀。 (51)霍光：字子孟，霍去病异母弟，武帝时为奉车都尉，昭帝时任大司马大将军，封博陆侯，昭帝死后迎立昌邑王刘贺为帝，不久即废，又迎立宣帝，前后执政二十年。 (52)大将军长史：大将军的辅佐官员，此指杨敞，他是霍光的属官。 (53)搜粟都尉：亦称治粟都尉，属大司农(掌管租税钱谷盐铁的长官)。 (54)讼：上书为人申诉。燕王曾多次上书，言朝廷待遇不公，苏武官位太低。 (55)廷尉：主管司法的官员。 (56)寝其奏：不将廷尉欲捕苏武的奏章发下。寝：搁置，扣压。 (57)"武以"句：宣帝，汉武帝曾孙刘询。昭帝死后，昌邑王刘贺即位，因其荒淫，霍光等人废贺而立宣帝。此句谓苏武以前任二千石官职的身份，参与谋立宣帝之举。(58)关内侯：秦汉时封爵名，有称号而无统辖的土地。 (59)张安世：字子孺，武帝时御使大夫张汤之子，昭帝时任右将军、光禄勋，封富平侯。与霍光策立宣帝，为大司马。明习故事：熟习朝章典故。 (60)待诏：等待皇帝宣诏。宦者署：宦者令的衙署。 (61)右曹：加官的一种，由任其他职务的官员兼任。 (62)"令朝"二句：令苏武只在每月的初一和十五朝见皇帝，其余时间不必上朝，敬称他为祭酒。祭酒，指德高望重的老人。古代重大宴会或祭享时，必推一年高德重者举酒先祭，称为祭酒。 (63)平恩侯：指宣帝后父许广汉。平昌侯：宣帝母王夫人之兄王无敌。乐昌侯：王无敌之弟王武。 (64)神爵二年：即公元前60年。神爵为汉宣帝年号。(65)甘露三年：即公元前51年，甘露为汉宣帝年号。 (66)单于始入朝：指呼韩邪单于称臣于汉，时匈奴内乱，呼韩邪单于为争取汉朝帮助，遂入汉称臣。 (67)股肱(gōng工)之美：指辅佐大臣的功绩。股：大腿。肱：胳膊。 (68)麒麟阁：在汉未央宫中。 (69)唯霍光不名：因霍光为三世重臣，政绩昭著，故不书其名以示尊敬。 (70)明著：明确地指出。 (71)方叔、召虎、仲山甫：皆辅佐周宣王中兴的功臣。 (72)赞：史传文中的作者评论。因苏武传在《李广苏建列传》中，故"赞"中先言李广、李陵，再及苏武。 (73)恂恂：诚谨貌。鄙人：乡野之人。 (74)口不能出辞：不善于言辞。 (75)"彼其"句：谓他的忠实诚笃能得士大夫信任。 (76)"志士"三句：《论语·卫灵公》："子曰：志士仁人，无求生以害仁，有杀身以成仁。" (77)"使于"二句：《论语·子路》："子曰：行己有耻，使于四方，不辱君命，可谓士矣。"

公元前三世纪末期，中国出现了统一的大帝国——秦，北方也形成了奴隶制国家——匈奴,南北对峙,战争不断。由于秦末农民起义,汉族统治者无暇顾及民族战争,汉初以来,匈奴领袖冒顿单于以其“控弦之士”三十余万,东败东胡,北服丁零,西逐大月氏,使“诸引弓之民,并为一家”,不断南侵。汉高祖刘邦率部亲征,却在公元前202年被围于平城,不得已只能忍辱和亲。经四朝六十多年,尤其是文景之治的休养将息之后,汉武帝凭借雄厚的国力,屡对匈奴用兵,经过几次大战役,匈奴力量渐弱,汉朝北方农业区所受威胁解除,到汉武帝统治后期,匈汉间虽还有战争,但规模已远不如前。由于汉朝国力之强,早先的和亲政策改为恩威兼施,遂有派使以示亲善之举,在表面修好的背后,其实质是乘机窥探对方的虚实。《苏武传》一开始就写道:“时汉连伐胡,数通使相窥观。匈奴留汉使郭吉、路充国等前后十余辈。匈奴使来,汉亦留之以相当。”遂将苏武出使匈奴置于这一背景中,同时为塑造苏武的形象准备下严酷的历史环境。

作为史传文学,《苏武传》详细记述了苏武羁留匈奴十九年的遭遇和归汉后的晚境。在历史事件的叙述和人物形象的刻画上,作者采取了前者略、后者详的处理原则,从而突现了人物的性格光彩。全文可分为三部分:第一部分写苏武出使匈奴,因事被扣,不屈服于威胁利诱,坚持民族气节,被遣于北海牧羊。第二部分写李陵以旧友身份陈述苏武家中变故,并自道真情,劝降苏武,苏武不为所动,终得回归祖国,行前李陵相送,剖明心迹。第三部分写苏武晚年遭遇,附载麒麟阁图画功臣之事。前两部分,层次分明,笔触丰满,刻画出苏武的爱国志士形象。

在《苏武传》中,首先值得称道的是班固善于以对照、映衬的艺术手法,来塑造主人公的形象,在言与行的比照烘托中,见出人物的正邪之别。这对照、映衬分见于敌我两个营垒,出现于不同场合。

其一,在出使匈奴之初,与副使张胜的对照。当苏武完成了送留汉匈奴使、厚赂单于的任务,正欲归汉之时,适遇缑王与虞常谋反匈奴的突发事件,副使张胜与虞常有旧,卷入其中。因谋泄事发,虞常被捕,张胜知难于隐瞒,只得告之苏武。苏武料此事必牵连自己,有负于国,欲自杀而被张胜、常惠所止。在单于使卫律召苏武受辞之时,苏武深责自己屈节辱命,引刀自刺,未死而得救。苏武伤愈之后,紧接着就是“会论虞常”和再度逼降。虞常被斩,张胜心惊,当卫律“举剑欲击”之时,“胜请降”。反观苏武,在卫律“复举剑拟之”的生死关头,却是“不动”。作为副使,张胜背着苏武行事,置两国关系于不顾,欲贪功而陷于虞常谋反之事,累及苏武,在匈奴的威逼之下,贪生请降。而苏武在得知真情后,首先想到的是“见犯乃死,重负国”,“虽生,何面目以归汉”,立下竭忠尽节之志,自杀未果,更不为敌方剑刃相加所动。通过与张胜的对照,更可见苏武以死全节、镇静无畏的使臣风度和高贵品质。

其二,在威逼利诱之时,与叛徒卫律的对照。卫律以李延年推荐,出使匈奴,还汉之时,延年因罪全家被捕,卫律逃奔匈奴,被封为丁零王。此次虞常与缑王合谋反叛之事,因涉及张胜,引出"单于使卫律召武受辞"一幕。在剑斩虞常、张胜请降之后,卫律先是以言相逼:"副有罪,当相坐。"苏武据理反驳,卫律理屈词穷,举剑威胁,苏武"不动"。威逼不成,卫律转以利诱来劝降,降之则是"赐号称王,拥众数万,马畜弥山",拒降则是"空以身膏草野,谁复知之"!但苏武仍是"不应"。卫律见恬不知耻的现身说法不能奏效,又转为威胁:"君因我降,与君为兄弟,今不听吾计,后虽欲复见我,尚可得乎?"对这种无耻之尤的言行,苏武终无法按捺而痛斥卫律。他先是指斥卫律"不顾恩义,畔主背亲"的叛变之举,继而痛责卫律"反欲斗两主,观祸败""欲令两国相攻"的阴谋诡计。卫律的骄横无耻、色厉内荏,苏武的坚定镇静、深明大义,使忠奸之别如同冰炭不能相容。

其三,在以情相劝之时,与降将李陵的对照。李陵不同于卫律,他长于骑射,谦让下士,汉武帝以其有乃祖李广之风。陵以五千步卒深入匈奴,杀败单于所将三万骑兵,单于又召八万骑兵攻李陵军。正当汉军且战且退之时,叛徒降匈奴并道出汉军窘况,致使李陵矢尽粮绝,不得已而降。后来汉武帝派公孙敖领兵入匈奴,迎还李陵,但公孙敖无功而还,将李绪教匈奴为兵误为李陵,致使李陵全家被杀,只得长留匈奴。李陵与苏武在汉时俱为侍中,相处素厚。他原来愧见苏武,受单于之使,以"置酒设乐"之举与武相见,道明"说足下"之意,和单于"虚心欲相待"的诚心。他先晓之以"空自苦无人之地,信义安所见"之理,再动之以情,陈述了苏武出使以来所未知的家庭变故(兄弟屈死、母亲亡故,妻子改嫁,子女走失),继而将心比心,陈述自己初降时的心情,最后又指出汉武帝年事已高、喜怒无常、大臣安危难卜的朝中实况。所说的这些,情理俱在,且陈述委婉,虽心如铁石亦不能不为所动。但是,苏武却置家中命运和个人恩怨于不顾,他所说的"臣事君,犹子事父也",虽不无愚忠色彩,但为国事甘赴汤镬,不避斧钺,"杀身自效",坚贞不屈,却闪烁着夺目的思想光芒。在连饮数日之后,仍陈其"必欲降武""效死于前"之志,终使李陵赞叹与自责并作,与之泣别。李陵虽有韬略武功之长,但自恃太过,以至兵败投降。苏武并无过人之才,却能在处变置难之时,不负使命,孤忠自誓,大义凛然。这种历久而不变的节操,将国家利益置于个人恩怨之上的高贵品德,较之一时的血气之勇更为难能可贵,在与李陵"喟然叹""泣下沾衿"的对照中,更见苏武胸襟之广、信念之坚。

此外,《苏武传》又以生动描绘事情经过,具体展现环境与行动,详尽记述人物言论见长。

当缑王、虞常等准备反叛匈奴而事发时,张胜"恐前语发,以状语武",苏武料知此事必会牵连自己,有负于国,欲自杀而被止。在被召"受辞"之时,苏武再申"屈节辱命"、无面目归汉之意,引刀自刺,文中详记"卫律惊"、召医抢救的过程,以"惠等哭""单于壮其节"烘托苏武。尤其是"会论虞常"一幕,剑斩虞常、逼降张胜,终于引出欲令苏武屈节的高潮,文中详细记述了卫律以言相逼、以剑威胁、以利相诱的过程,苏武铁骨铮铮,予以痛斥,其思想、形象凸现纸上。李陵劝降又全然不同于卫律逼降,李陵起先"不敢求武",后奉单于命,"为武置酒设乐",详言苏武的家庭变故,并惺惺相惜、推己及人地从激起对汉武帝的怨愤,以动摇对汉朝的信念,苏武在表明心迹之后,以"愿勿复再言"却之。一次未成,又"饮数日",再劝,苏武以"效死于前"相答,其至诚终引出李陵的喟叹、自责、泣下沾衿。在昭帝即位、匈汉和亲之后,对汉廷求取苏武的经过亦记叙颇详,尤其是李陵与苏武诀别时的剖白,读来令人酸楚。

为表现苏武的性格、气节及其始终不渝的爱国精神,文中在记"行"之时又着力于环境描绘。苏武自刺后,被置地坎煴火之上,蹈背出血,气绝复息,充满悲壮色彩。被幽置大窖,断绝饮食,卧而啮雪,与旃毛并咽,困苦中愈显苏武的性格坚强。牧羊北海,掘鼠食为食,仗节操持,节旄尽落,其历久而不变的节操更令人敬仰。

文中塑造人物形象,又得力于记述人物语言。苏武对张胜所说的"见犯乃死,重负国",对常惠所说的"屈节辱命,虽生,何面目以归汉",都可见其为坚持民族气节,已立下必死之念。卫律谓之当连坐罪时,苏武据理反驳,剑锋相逼时,不为所动,卫律软硬兼施的失败,正见苏武的过人胆略和斗争艺术。其怒斥卫律,并以汉使在诸国被杀的史实,警戒匈奴,更见其高瞻远瞩。与李陵对答,显然不同于卫律,李陵从苏武的家庭变故,自己初降时的心情,和武帝年高、法令无常、大臣安危难卜三方面劝降,苏武却以少应多,仅从忠君角度却之。初则"愿复勿再言",继则"王必欲降武,请毕今日之驩,效死于前",愈见恭敬则愈为冷峻。至临归之时苏李诀别,却只有李陵之言与诗,以李陵的悔与敬,更衬托苏武的节操可钦。在苏武先后与卫律、李陵的对答中,个性化的语言表现出人物的不同特点。苏武的威武不可屈、贫贱不能移、忠心耿耿、大义凛然,卫律的凶残、强横、无耻,李陵的良知未泯、内心充满矛盾与痛苦,都给人留下深刻的印象。

作者以图画麒麟阁功臣之事系于苏武一传,固然见出《汉书》"追述功德,傅会权宠”之短，但以孔子语入“赞”，则体现对苏武的同情和褒扬。正是这种进步的思想倾向，使此传成为史传文学中不可多得的佳篇。 （邓乔彬）

李 陵 传[1] 班 固

陵字少卿，少为侍中建章监。善骑射，爱人，谦让下士[2]，甚得名誉。武帝以为有广之风，使将八百骑，深入匈奴二千余里，过居延[3]视地形，不见虏，还。拜为骑都尉，将勇敢五千人，教射酒泉、张掖[4]以备胡。数年，汉遣贰师将军伐大宛[5]，使陵将五校[6]兵随后。行至塞，会贰师还。上赐陵书，陵留吏士，与轻骑五百出敦煌[7]，至盐水[8]，迎贰师还，复留屯张掖。

天汉二年[9]，贰师将三万骑出酒泉，击右贤王于天山[10]。召陵，欲使为贰师将辎重[11]。陵召见武台[12]，叩头自请曰：“臣所将屯边者，皆荆楚[13]勇士奇材剑客也，力扼虎，射命中，愿得自当一队，到兰于山南以分单于[14]兵，毋令专乡[15]贰师军。”上曰：“将[16]恶相属邪！吾发军多，毋骑予女[17]。”陵对：“无所事骑[18]，臣愿以少击众，步兵五千人涉单于庭。”上壮而许之，因诏强弩都尉路博德将兵半道迎陵军。博德故伏波将军，亦羞为陵后距[19]，奏言：“方秋匈奴马肥，未可与战，臣愿留陵至春，俱将酒泉、张掖骑各五千人并击东西浚稽[20]，可必禽[21]也。”书奏，上怒，疑陵悔不欲出而教博德上书，乃诏博德：“吾欲予李陵骑，云‘欲以少击众’。今虏入西河[22]，其引兵走西河，遮钩营之道。”诏陵：“以九月发，出遮虏鄣[23]，至东浚稽山南龙勒水[24]上，徘徊观虏，即亡所见，从浞野侯赵破奴故道抵受降城[25]休士，因骑置[26]以闻。所与博德言者云何[27]？具以书对。”陵于是将其步卒五千人出居延，北行三十日，至浚稽山止营，举图[28]所过山川地形，使麾下骑陈步乐还以闻。步乐召见，道陵将率得士死力[29]，上甚说[30]，拜步乐为郎。

陵至浚稽山，与单于相直[31]，骑可三万围陵军。军居两山间，以大车为营。陵引士出营外为陈[32]，前行持戟盾，后行持弓弩，令曰：“闻鼓声而纵[33]，闻金[34]声而止。”虏见汉军少，直前就营。陵搏战攻之，千弩俱发，应弦而倒。虏还走上山，汉军追击，杀数千人。单于大惊，召左右地兵[35]八万余骑攻陵。陵且战且引，南行数日，抵山谷中。连战，士卒中矢伤，三创者载辇，两创者将车，一创者持兵战。陵曰："吾士气少衰而鼓不起[36]者，何也？军中岂有女子乎？"始军出时，关东群盗妻子徙边者随军为卒妻妇，大[37]匿车中。陵搜得，皆剑斩之。明日复战，斩首三千余级[38]。引兵东南，循故龙城[39]道行，四五日，抵大泽葭苇中，虏从上风纵火，陵亦令军中纵火以自救[40]。南行至山下，单于在南山上，使其子将骑击陵。陵军步斗树木间，复杀数千人，因发连弩[41]射单于，单于下走。是日捕得虏，言"单于曰：'此汉精兵，击之不能下，日夜引吾南近塞，得毋有伏兵乎？'诸当户[42]君长皆言'单于自将数万骑击汉数千人不能灭，后无以复使边臣，令汉益轻匈奴。复力战山谷间，尚四五十里得平地，不能破，乃还。'"

是时陵军益急，匈奴骑多，战一日数十合，复伤杀虏二千余人。虏不利，欲去，会陵军候[43]管敢为校尉所辱，亡降匈奴，具言："陵军无后救，射矢且尽，独将军麾下及成安侯校各八百人为前行，以黄与白为帜，当使精骑射之即破矣。"成安侯者，颍川人，父韩千秋，故济南相，奋击南越战死，武帝封子延年为侯，以校尉随陵。单于得敢大喜，使骑并攻汉军，疾呼曰："李陵、韩延年趣[44]降！"遂遮道急攻陵。陵居谷中，虏在山上，四面射，矢如雨下。汉军南行，未至鞮汗山[45]，一日五十万矢皆尽，即弃车去。士尚三千余人，徒斩车辐而持之，军吏持尺刀，抵山入狭谷。单于遮其后，乘隅下垒石，士卒多死，不得行。昏[46]后，陵便衣独步出营，止左右："毋随我，丈夫一[47]取单于耳！"良久，陵还，大息[48]曰："兵败，死矣！"军吏或曰："将军威震匈奴，天命不遂，后求道径[49]还归，如浞野侯为虏所得，后亡还[50]，天子客遇之，况于将军乎！"陵曰："公止！吾不死，非壮士也！"于是尽斩旌旗，及珍宝埋地中，陵叹曰："复得数十矢，足以脱矣。今无兵复战，天明坐受缚矣！各鸟兽散，犹有得脱归报天子者。”令军士人持二升糒[51]，一半[52]冰，期至遮虏鄣者相待。夜半时，击鼓起士，鼓不鸣。陵与韩延年俱上马，壮士从者十余人。虏骑数千追之，韩延年战死。陵曰：“无面目报陛下！”遂降。军人分散，脱至塞者四百余人。

陵败处去塞百余里，边塞以闻。上欲陵死战，召陵母及妇，使相者[53]视之，无死丧色。后闻陵降，上怒甚，责问陈步乐，步乐自杀。群臣皆罪陵，上以问太史令司马迁，迁盛言：“陵事亲孝，与士信，常奋不顾身以殉国家之急。其素所畜积[54]也，有国士之风。今举事一不幸，全躯保妻子之臣随而媒糵[55]其短，诚可痛也！且陵提步卒不满五千，深輮[56]戎马之地，抑数万之师，虏救死扶伤不暇，悉举引弓之民共攻围之。转斗千里，矢尽道穷，士张空拳[57]，冒白刃，北首争死敌[58]，得人之死力，虽古名将不过也。身虽陷败，然其所摧败亦足暴[59]于天下。彼之不死，宜欲得当以报汉也[60]。”初，上遣贰师大军出，财[61]令陵为助兵，及陵与单于相值，而贰师功少。上以迁诬罔，欲沮[62]贰师，为陵游说，下迁腐刑[63]。

久之，上悔陵无救[64]，曰：“陵当发出塞，乃诏强弩都尉令迎军。坐预诏之，得令老将生奸诈[65]。”乃遣使劳赐陵余军得脱者。

陵在匈奴岁余，上遣因杅[66]将军公孙敖将兵深入匈奴迎陵。敖军无功还，曰：“捕得生口[67]，言李陵教单于为兵[68]以备汉军，故臣无所得。”上闻，于是族陵家，母弟妻子皆伏诛。陇西[69]士大夫以李氏为愧。其后，汉遣使使匈奴，陵谓使者曰：“吾为汉将步卒五千人横行匈奴，以亡救而败，何负于汉而诛吾家？”使者曰：“汉闻李少卿教匈奴为兵。”陵曰：“乃李绪，非我也。”李绪本汉塞外都尉，居奚侯城[70]，匈奴攻之，绪降，而单于客遇绪，常坐陵上。陵痛其家以李绪而诛，使人刺杀绪。大阏氏[71]欲杀陵，单于匿之北方，大阏氏死乃还。

单于壮陵，以女妻之，立为右校王，卫律为丁灵王，皆贵用事⑫。卫律者，父本长水胡人。律生长汉，善协律都尉李延年，延年荐言律使匈奴。使还，会延年家收⑬，律惧并诛，亡还降匈奴。匈奴爱之，常在单于左右。陵居外，有大事，乃入议。

昭帝立⑭，大将军霍光、左将军上官桀辅政，素与陵善，遣陵故人陇西任立政等三人俱至匈奴招陵。立政等至，单于置酒赐汉使者，李陵、卫律皆侍坐。立政等见陵，未得私语，即目视⑮陵，而数数自循其刀环⑯，握其足，阴谕之，言可还归汉也。后陵、律持牛酒劳汉使，博⑰饮，两人皆胡服椎结⑱。立政大言曰："汉已大赦，中国安乐，主上富于春秋⑲，霍子孟、上官少叔⑳用事。"以此言微动之。陵墨㉑不应，孰视㉒而自循其发，答曰："吾已胡服矣！"有顷㉓，律起更衣㉔，立政曰："咄㉕，少卿良苦！霍子孟、上官少叔谢㉖女。"陵曰："霍与上官无恙乎？"立政曰："请少卿来归故乡，毋忧富贵。"陵字立政曰："少公㉗，归易耳，恐再辱，奈何！"语未卒，卫律还，颇闻余语，曰："李少卿贤者，不独居一国㉘。范蠡㉙遍游天下，由余㉚去戎入秦，今何语之亲也！"因罢去。立政随谓㉛陵曰："亦有意乎？"陵曰："丈夫不能再辱。"

陵在匈奴二十余年，元平元年㉜病死。

〔注〕 ① 李陵本传原载《汉书》卷五四《李广苏建传》，《李广传》后附《李陵传》，《苏建传》后附《苏武传》。《李广传》云："广三子，曰当户、椒、敢。"又云："而当户有遗腹子陵。" ② 下士：屈身以尊敬士人。 ③ 居延：即居延泽，在今内蒙古额济纳旗北境。弱水（额济纳河）自张掖北来，分流汇聚于此，为一湖泊。 ④ 酒泉：汉郡名，今属甘肃。张掖：汉郡名，在今甘肃张掖西北。 ⑤ 贰师将军：李广利。大宛（yuān 冤）：西域国名，在今乌兹别克斯坦费尔干纳盆地。⑥ 校：《汉书·卫青传》唐颜师古注（以下简称颜注）："校者，营垒之称，故谓军之一部为一校。"⑦ 敦煌：汉郡名，在今甘肃敦煌西。 ⑧ 盐水：即盐泽，今新疆罗布泊，为一咸水湖。 ⑨ 天汉二年：公元前99年。天汉为汉武帝年号。 ⑩ 右贤王：匈奴官名。是单于之下最高官职。匈奴以单于子弟任左、右贤王，分领匈奴左、右二部。天山：即祁连山。匈奴称"天"为"祁连"。在今甘肃西部和青海东北部边境。 ⑪ 辎重：军用器械、粮草、营帐等的总称。辎，有帷盖的车，既可载物，又可作卧车。 ⑫ 武台：汉长安未央宫的武台殿。 ⑬ 荆楚：指古代楚国之地，今湖北、湖南一带。 ⑭ 单于：匈奴最高首领称号。全称"撑犁（天）孤涂（子）单于（广大）"。 ⑮ 乡：通"向"。 ⑯ 将：抑或，恐怕是。 ⑰ 女：同"汝"，你。 ⑱ 无所事骑：不用骑兵。 ⑲ 后距：后援。 ⑳ 浚稽：古山名，即浚稽山。约在今蒙古国戈壁阿尔泰山脉中段。

㉑ 禽：同"擒"。 ㉒ 西河：汉郡名，治所在平定(今陕西府谷西北)。辖境相当今内蒙古伊克昭盟东部、山西吕梁山、芦芽山以西、石楼以北及陕西延安宜川以北黄河沿岸地带。 ㉓ 遮虏鄣：地名，即居延城。故址在今内蒙古额济纳旗东。颜注："鄣者，塞上险要之处，往往修筑，别置候望之人，所以自鄣蔽而伺敌也。遮虏，鄣名也。"鄣，同"障"。 ㉔ 龙勒水：古水名，在今蒙古国戈壁阿尔泰山脉南，已干涸。 ㉕ 受降城：故址在今内蒙古乌拉特中旗东阴山北。汉太初元年(前104)为接受匈奴投降，武帝令将军公孙敖所筑。 ㉖ 骑置：驿骑，乘马传送公文的人。 ㉗"所与"句：你与路博德谈了些什么？这是汉武帝怀疑李陵的话。据上文，武帝怀疑李陵使路博德来请求拖延出兵。 ㉘ 举图：全部绘出地图。 ㉙ 将率：统率。死力：拼死出力。 ㉚ 说：同"悦"，喜悦。 ㉛ 相直：相遇。直，同"值"。 ㉜ 为陈：列阵。陈，同"阵"。㉝ 纵：出击。 ㉞ 金：指钲，行军作战用的金属乐器。 ㉟ 左右地兵：匈奴左右贤王所领东西二部之兵。匈奴自冒顿单于，分为三部，单于自领中部。 ㊱ 鼓不起：击鼓进兵而士气不振起。 ㊲ 大：多。 ㊳ 级：战争中斩下的人头。 ㊴ 龙城：匈奴祭天，大会诸部处。其地在今蒙古国鄂尔浑河西岸和硕柴达木湖附近。 ㊵ 纵火以自救：颜注："预自烧其旁草木，令虏火不得延及也。" ㊶ 连弩：装有机关，可以连续发射的弓。 ㊷ 当户：匈奴官名。《汉书·匈奴传上》："置左右贤王，左右谷蠡，左右大将，左右大都尉，左右大当户，左右骨都侯。" ㊸ 军候：维持军纪的军官。汉制大将军营五部，部下有曲，曲有军候一人。校尉：西汉时掌管特种军队的将领。 ㊹ 趣：快，从速。 ㊺ 鞮(dī低)汗山：山名，在今蒙古国南部边境内，位于居延泽正北。 ㊻ 昏：黄昏。 ㊼ 一：单独，一个人。 ㊽ 大息：即太息，叹息。 ㊾ 道径：途径、办法。这是指投降匈奴后再想办法，回到汉朝。 ㊿"如浞野侯"二句：《汉书》卷五五："赵破奴，太原人。尝亡入匈奴，已而归汉，为票骑将军司马。"后击匈奴，"破奴为虏所得，遂没其军。居匈奴中十岁，复与其太子安国亡入汉"。 51 糒(bèi备)：干粮。 52 半(pàn盼)：大片。 53 相者：相面的人。 54 畜积：涵养。畜，同"蓄"。 55 媒蘖(niè聂)：媒，酒母；蘖，酒曲。比喻挑拨是非，陷人于罪。 56 蹂：同"蹂"，践踏。 57 拳：颜注："拳字与絭同。"絭(quàn劝)，弦。 58 北首：北向。死敌：拼死杀敌。 59 暴：彰显，明白。 60 宜欲得当以报汉：该是想得到机会立功报汉。当，抵当，指立功抵罪的机会。 61 财：通"才"，仅仅。62 沮：诋毁。 63 腐刑：残害男子生殖器的刑罚。当时用于惩罚谋反、叛逆等罪。 64 无救：没有救兵。 65 生奸诈：指路博德不肯出塞救援李陵。 66 因杅(yú于)：胡地名，用作将军称号。 67 生口：指活捉的俘虏，可以提供情报。 68 为兵：练兵。 69 陇西：汉郡名，治所在狄道(今甘肃临洮南)，辖境相当今甘肃东部。李陵祖籍是陇西成纪县(今甘肃秦安北)。70 奚侯城：古城名，其址不详。 71 大阏氏(yān zhī烟支)：单于之母。阏氏，单于之妻的称号。 72 用事：掌权。 73 家收：因罪逮捕全家。 74 昭帝：汉昭帝刘弗陵。后元二年(前87)即位。 75 目视：颜注："以目相视而感动之，今俗所谓眼语者也。" 76 循：抚摸。摸刀环喻还归。环：谐音"还"。 77 博：博戏，共十二棋，六黑六白，两人相搏，每人六棋。 78 椎结：匈奴发饰。头发一撮为髻，其形如椎，故名。结，通"髻"。 79 富于春秋：年轻。意谓主上不昏聩。 80 子孟：霍光的字。少叔：上官桀的字。 81 墨：通"默"。 82 孰视：凝视。孰，通"熟"。 83 有顷：一会儿。 84 更衣：上厕所。 85 咄：感叹词。 86 谢：问候。87 字：以字称呼。古人称字，是表示恭敬。少公：任立政的字。 88 不独居一国：这是讽刺语，谓李陵降匈奴。 89 范蠡：春秋时楚国人，为越大夫，助越王勾践灭亡吴国。后游齐国，到陶，改名陶朱公，以经商致富。 90 由余：春秋时人。祖先是晋人，逃亡入戎。初在戎任职，转入秦，为秦穆公上卿，助秦伐西戎，灭国十二，称霸西戎。 91 随谓：随其后而告诉他。 92 元

平元年：公元前74年。元平为汉昭帝年号。

《汉书·李陵传》这篇传记含有深刻的意义，关系到人生立世的一些基本价值观。历史的主体是人。《汉书·李陵传》的意义，正体现于传中所记载的人。

论传主李陵的为人，勇猛善战是其所长，而道义素养薄弱，则是其致命的缺点。李陵曾经率领八百骑兵，深入匈奴二千余里。天汉二年(前99)，李陵自告奋勇，率领五千步兵深入匈奴，与单于八万骑兵浴血奋战，转战千里，杀敌万人，确有乃祖飞将军李广的遗风。但是，李陵终于兵败投降匈奴。

李陵由汉朝的一员猛将变为一降将，这可以找出好多主客观原因，但是根本的原因，还是李陵自己在最后关头的贪生怕死。本传记载："韩延年战死，陵曰：'无面目报陛下。'遂降。"李陵所谓无面目报陛下，其实是自欺欺人的话。兵败回国，固然无面目见人；但是，变节投降，又有何面目见人？又如何面对自己的良心？李陵决不是不懂这些。《汉书·苏武传》记载，李陵后来对苏武自述："陵初降时，忽忽如狂，自痛负汉。"可见他本心并不甘愿作背叛汉朝的人，忠于汉朝与背叛汉朝、道义与不义的大是大非，他完全明白。然而，李陵毕竟还是投降了。事实很清楚。校尉韩延年战死，而李陵投降。韩李二人面对生与死所作出的抉择，形成鲜明的对比。韩延年宁死不屈，真正不怕死，而李陵投降敌人，是贪生怕死。千古艰难唯一死。李陵本来是猛将，可是到了生死关头，过不了生死这一关。这应该发人深省。不能说李陵的勇气是不真实的，否则他就不敢带领五千步兵深入匈奴，与八万匈奴骑兵奋战。但是，也不能说李陵的勇气是完全真实的，他究竟过不了生死考验这一关。如实地说，李陵的勇气是无根柢的，只是血气之勇。这种血气之勇，并不能成为他生命的主宰。在终极关头，主宰他生命的是个人的欲望，是终极关头见利忘义、苟且偷生的欲望。杀身以成仁、舍生以取义的中国传统美德，与李陵的精神生命不相干。道义与不义，对于他来说，只是一种知识，并没有深入他的内心。在李陵内心，道义感是无根的。忠于自己的国家、民族、文化，是人类生存的一些基本价值。人一旦背叛了这些价值，就是葬送了自己生命。这样活着，不过是活着一副躯壳。也许李陵的本心，存有过找机会立功归汉的侥幸念头，可是一旦投降敌人，事情就由不得这种本心了。后来李广利率领汉军征匈奴，"匈奴使大将与李陵将三万余骑追汉军，至浚稽山合，转战九日"(《汉书》卷九四上《匈奴传上》)，到这个时候，李陵便成了汉朝的凶恶敌人。李陵走到这一步，其实是一个背叛祖国的人的必然结局。李陵变节后，也曾"忽忽如狂，自痛负汉"；也曾面对汉使，默默无言，而说出"吾已胡服矣"这样沉痛的话。看他的本心与结局，看他投降前后判然而为两人，实在是令人感到悲哀和惋惜。活着,要作为一个人活着,而不能失掉人之所以为人,自己之所以为自己的价值。这,就是《汉书·李陵传》的基本意义。这个意义看似简单,其实并不简单。

汉武帝刘彻是《汉书·李陵传》中的一个重要人物。透过班固的史笔,可以看出武帝的一些性格特征。武帝为人,多疑而又轻信。他听了路博德请求推迟出兵的话,就怀疑且认定这是李陵"悔不欲出而教博德上书"。路博德是老将,以自己作李陵的后援为耻,如何可能为李陵来游说?然而武帝不察。这是多疑。后来李陵奋战直至兵败,路博德竟然按兵不动,见死不救。用路博德这样的人作李陵的后援,便是武帝的轻信和战略失误。可见武帝并不真正了解自己的将领。知己知彼,是用兵的前提。武帝作为汉朝的最高统帅,多疑而又轻信,并不能知己,这是导致李陵兵败的一个决定因素。武帝为人又刚愎暴戾。李陵兵败投降,司马迁为李陵讲了同情的话,希望朝廷给时间让李陵立功抵罪,武帝竟然把司马迁当作叛逆来治罪,施以腐刑。武帝听公孙敖说,李陵教匈奴练兵对付汉军,在并未查明情况的条件下,便族灭李陵全家人,而他们都是无辜者。从这两件事,已足见武帝的刚愎暴戾。客观地说,武帝为人,也还有能够一定程度地反省、补过的长处。"久之,上悔陵无救",说出"坐预诏之,得令老将生奸诈"的话,并"遣使劳赐陵余军得脱者",又派公孙敖"将兵深入匈奴迎陵",都是能够反省、补过的表现。然而,有些事不是靠补过就能挽回的。杀了那么多无辜者,他们的生命就已无法挽回。多疑、轻信、粗暴,这些缺点,存在于一个普通人身上,还是可以容忍的;但是,当这些缺点存在于一个拥有无限权力的人主身上,就是危害无穷,而不可容忍的。多疑、轻信、刚愎暴戾,这是由专制制度及无限权力所造成的专制君主的通常的恶劣品格。正是在揭露武帝阴暗面的这些地方,体现出班固作为优秀史家所具有的正义感。班史这种揭露专制君主黑暗、对历史真实负责的正义感,是直接地继承于司马迁的。

司马迁亦是《汉书·李陵传》中的一位重要人物。李陵兵败投降,"朝中群臣皆罪陵",司马迁毅然站出来为李陵讲话,希望朝廷体念李陵的战功,给李陵以找机会立功抵罪的时间。这是合情合理的建议,亦体现出司马迁富于同情心的性格。李陵投降敌人,根本原因在于他自己贪生怕死,而司马迁决没有说李陵投降是应当的。李陵兵败,客观原因在于汉武帝用人不当,后援路博德见死不救,武帝自不能辞其咎。因此,司马迁的建议是合情合理的,是可以接受的。当然,司马迁在奏议中也有不尽妥当的话。李陵不能宁死不屈,便谈不上道义涵养有素,因此,便不好说他"素所畜积也,有国士之风"。王夫之在《读通鉴论》卷三《汉武帝》篇中尖锐地指出："迁之为陵文过，虽欲浣涤其污，而已缁之素不可复白，大节丧，则余无可浣也。"其语很激烈，当是有所寄托。王夫之生当明末清初，痛恨当时的许多变节者，但此语还是很痛切李陵的。总起来说，司马迁为李陵所讲的话，纵有个别不当之处，但基本上是合情合理的。退一万步说，即使司马迁的建议不能接受，也决不能视之为叛逆，治之以重罪。显然，汉武帝是把由李陵兵败投降所引起的怒火，转向司马迁身上发泄，并借此逃避自己对战略失误所应负的责任。这是极为恶劣的作风。在李陵案中，司马迁是第一个无辜的受害者。千古同情太史公，而决不同情汉武帝，可见公道自在人心。透过李陵案的前前后后，班固揭示出复杂的历史真实。

从艺术上讲，《汉书·李陵传》有几点特色值得称道。第一是史笔的客观性。全传对李陵前半生的勇猛善战与后半生的变节，能够同样地直书而不隐。既不因李陵前半生的功绩而掩饰其后半生的可耻，也不因其后半生的可耻而抹煞其前半生的功绩。对武帝的多疑、轻信、暴戾，乃至李陵案的始末，也都能够直书而不隐。由于有了这种直书而不隐的客观性，才能够呈现真实、复杂、丰富多彩的历史。而这种史笔的客观性，是以史家的道义感为根基的，决不是什么超越的客观性。没有深厚的道义感，即无从发生揭示历史真实的客观性。

第二，善于从重大事件和有意义的细节，刻画历史人物的性格。传文前半幅，主要写李陵战匈奴，突出了李陵的勇猛善战。后半幅，主要写李陵见汉使，则深刻表现出李陵变节后的心态：既自痛负汉，问心有愧；又与汉为敌，顽固到底。其中描写李陵在汉使面前语默的动作，细节都很传神。这些地方，便是艺术氛围特为浓厚的所在。传文记载武帝命李陵出兵的诏书，特为记下最后两句："所与博德言者云何？具以书对！"这一细节，刻画武帝多疑而固执的性格，真是如在目前。

第三，善于通过特定的细节描写，来增强生活气息和艺术氛围。如写李陵曰"吾士气少衰而鼓不起者，何也？军中岂有女子乎"一节，以及"上欲陵死战，召陵母及妇，使相者视之，无死丧色"一节，其中细节，或系夸张之辞，但既是汉代生活中所存有之事，自不妨书出。而这些细节，显然增添了生活气息和传奇色彩。

第四，《汉书》以李陵、苏武合为一传，实别具匠心，意在通过客观的比较，进一步彰显苏、李二人不同的品格。钱穆《现代中国学术论衡》第五章《略论中国史学(二)》，有一段论述足资参读，录之用作结束："班书有李广、苏建传，实为李陵、苏武合传，上承马迁魏其、武安侯等诸合传来。同一时同一事，而参加之人不同，人与人之相比，是非高下，最易从此等处显。李陵以五千步卒当匈奴八万骑，可谓不世出之将才矣。苏武北海牧羊，事若平易。孔门以回、赐相比，又以赐、商相比。彼人也，我亦人也，彼能是，我何为不能是！以事论，则海上牧羊与两军抗衡难易不能相比。以人论，则李陵之与苏武，一相比确见其为两人。中国史学伟大，亦正在此等处。”

（邓小军）

封燕然山①铭并序

班 固

惟永元元年秋七月②，有汉元舅曰车骑将军窦宪③，寅亮圣明④，登翼王室⑤，纳于大麓⑥，维清缉熙⑦。乃与执金吾耿秉，述职巡御⑧，理兵⑨于朔方。鹰扬⑩之校，螭虎⑪之士，爰该六师⑫，暨南单于、东胡乌桓、西戎氐羌，侯王君长之群⑬，骁骑三万。元戎轻武⑭，长毂四分⑮，云辎蔽路⑯，万有三千余乘。勒以八阵⑰，莅以威神⑱，玄甲耀日⑲，朱旗绛天⑳。遂陵高阙㉑，下鸡鹿㉒，经碛卤㉓，绝大漠㉔，斩温禺以衅鼓㉕，血尸逐以染锷㉖。然后四校横徂㉗，星流彗扫㉘，萧条万里，野无遗寇。于是域灭区殚㉙，反旆而旋㉚，考传验图㉛，穷览其山川。遂逾涿邪㉜，跨安侯㉝，乘㉞燕然，蹑冒顿之区落㉟，焚老上之龙庭㊱。上以摅高、文之宿愤㊲，光祖宗之玄灵㊳；下以安固后嗣㊴，恢拓境宇㊵，振大汉之天声㊶。兹所谓一劳而久逸，暂费而永宁者也㊷。乃遂封山刊石㊸，昭铭盛德㊹。其辞曰：

铄王师兮征荒裔㊺，剿凶虐兮截海外㊻。夐其邈兮亘地界㊼，封神丘兮建隆嵑㊽，熙帝载兮振万世㊾！

〔注〕 ① 封：在山上筑土为坛祭天，以报天之功。燕（yān 烟）然山：今蒙古国杭爱山。 ② 惟：发语词。永元：汉和帝年号。永元元年即公元89年。 ③ 元舅：君主之舅。窦宪是汉章帝刘炟的皇后章德窦太后之兄、汉和帝刘肇之舅。 ④ 寅：敬。亮：信。 ⑤ 登翼：登用辅翼。《后汉书·窦宪传》：“会南单于请兵北伐，乃拜宪车骑将军，金印紫绶，官属依司空。” ⑥ 纳于大麓：语出《尚书·舜典》。纳，用。麓，同“录”。大麓，指总理万机之政。句谓用作宰辅。 ⑦ 维清缉熙：语出《诗经·周颂·维清》。维，发语词。缉熙，光明。句谓政治清明。 ⑧ 述职巡御：诸侯朝见天子述其职守，叫述职。句谓奉命北伐匈奴。 ⑨ 理兵：用兵。 ⑩ 鹰扬：勇猛如鹰之飞扬。 ⑪ 螭（chī 吃）：蛟龙之属。螭虎与鹰扬，都是形容将士之勇猛。 ⑫ 该：率领。六师：六军。指朝廷的军队。 ⑬ 南单于：南匈奴单于屯屠河。时北匈奴大乱，南单于向汉朝请兵北伐，窦太后从之。乌桓：东胡部落之一。时臣属于汉，驻牧于今东北大凌河下游、河北山西北部、内蒙古南部一带。 ⑭ 元戎：兵车。轻武：形容兵车迅疾。 ⑮ 长毂：兵车。四分：分为四队。 ⑯ 云辎：形容兵车如云，言兵车之多。 ⑰ 勒：统率。 ⑱ 莅（lì 力）：到，临。 ⑲ 玄甲：铁甲。 ⑳ 朱旗绛天：红旗使天空变为红色。绛，作动词

用。　㉑ 陵：登。高阙：地名。在今内蒙古杭锦后旗东北。阴山山脉至此中断，成一缺口，望若门阙，故名。　㉒ 鸡鹿：即鸡鹿塞。在今内蒙古磴口西北哈隆格乃峡谷口，是古代贯通阴山南北的交通要冲，汉筑长城于此。　㉓ 碛（qì 气）：戈壁。卤：咸水湖。　㉔ 绝：越过。漠：沙漠。　㉕ 温禺（yú 于）：匈奴王号。衅鼓：杀人以血涂鼓。　㉖ 血：指杀人。作动词用。尸逐：匈奴王号。温禺、尸逐皆由单于子弟充任。　㉗ 四校：四面之校，指将校们率领的各路军队。　㉘ 星流彗扫：形容汉军追击时之迅猛。　㉙ 域、区：俱指北匈奴的地域。　㉚ 反旆（pèi 沛）：返师。旆，军前大旗。　㉛ 传：记载。图：地图。　㉜ 涿邪：即涿邪山，在高阙塞北千余里，今蒙古国满达勒戈壁附近。　㉝ 安侯：即安侯水，今蒙古国鄂尔浑河。　㉞ 乘：登。㉟ 蹑（niè 聂）：踏。冒顿（mò dú 莫毒）：秦汉之际匈奴单于之名。区落：处所。　㊱ 老上：即老上单于。汉武帝时匈奴单于稽粥（yù 玉）之号，冒顿之子。龙庭：指龙城，今蒙古国鄂尔浑河西岸和硕柴达木湖附近。匈奴每年五月大会龙城，祭祖先、天地、鬼神。　㊲ 高、文之宿愤：高，指汉高祖刘邦。文，指汉文帝刘恒。宿愤，旧恨。汉高祖七年（前200），匈奴兵围马邑（今山西朔县），扰太原（今太原市西南），刘邦亲自率三十万军出击，至平城白登山（今山西大同市东北），遇伏被围七日。不得已与匈奴结和亲之约，以公主嫁单于，岁奉贡献。汉文帝十四年（前166），匈奴十四万骑兵入寇，杀北地都尉，掳人民、畜产，烧毁回中宫（在今陕西陇县），前锋至长安甘泉（在今陕西淳化西北）。　㊳ 祖宗之玄灵：《文选》李善注："祖，高祖也。宗，太宗文帝也。"玄灵，幽灵。　㊴ 安固后嗣：使后人得到安宁。　㊵ 恢：大。拓：开。　㊶ 天声：雷霆之声。形容声威之大。　㊷ 一劳而久逸，暂费而永宁：《汉书·匈奴传下》载，扬雄上书论匈奴事曰："以为不一劳者不久逸，不暂费者不永宁。"暂费，一时之费。　㊸ 刊石：刻石。　㊹ 盛德：此从《文选》本，《后汉书·窦宪传》作"上德"，唐李贤注："上，犹至也。"义同。　㊺ 铄：光辉美盛之貌。《诗经·周颂·酌》："於铄王师。"毛传："铄，美。"裔（yì 义）：边远的地方。　㊻ 截：整治。《诗经·商颂·长发》："海外有截。"郑玄笺："截，整齐也。"　㊼ 敻（xiòng）：远，意为远至，用作动词。亘（gèn）：直至，穷尽。　㊽ 神丘：李贤注："神丘，即燕然山也。"隆：高。碣：同"碣"，圆顶的碑石。　㊾ 熙帝载：熙，广，发扬光大。载，事，事业。句谓发扬光大汉朝的事业。《尚书·舜典》："有能奋庸熙帝之载。"孔传："有能起发其功，广尧之事者。"

班固的《封燕然山铭并序》，是一篇重要的历史文献，也是一篇著名的文学作品。汉和帝永元元年（89），归汉的南匈奴单于请兵讨伐北匈奴，获得窦太后同意（时和帝年十一岁，太后临朝）。汉朝以窦宪为车骑将军，以执金吾耿秉为副，各领四千骑，合南匈奴、乌桓、羌胡骑兵三万余出征。汉军大败北匈奴于稽落山（今蒙古国额布根山），北单于仓皇逃窜，汉军追击诸部落，抵达私渠比鞮海（今蒙古国邦察干湖），北匈奴投降者二十余万人。窦宪、耿秉等登上去塞北三千余里的燕然山（今蒙古国杭爱山），刻石纪功，命班固撰写此铭。时班固以中护军随行，参与谋议。

我国秦汉时期，主要的外患是北方的匈奴。绵延中国北部的万里长城，就是防御匈奴入侵的一大战略设施。但是，"汉之形势实利攻而不利守。汉与匈奴边界辽阔，匈奴飘忽无定居，乘我秋冬农稼毕收，彼亦马肥弓劲（秋高则马壮，风劲则弓燥），入塞侵掠（攻者一点，防者千里），中国疲于奔命。就匈奴全国壮丁言，不出三十万，其社会组织并不如中国之强韧，则可以寻其主力一击而破，此所谓一劳永逸，较之消极的防御为利多矣。”（钱穆《国史大纲》第三编第十一章第二节《汉与匈奴》）因此，汉朝自从强盛起来后，便积极北伐匈奴，在战略上变被动防御为主动反击。东汉永元元年窦宪、耿秉大败匈奴，封燕然山而还，大振汉朝声威。这次北伐，可以与西汉元狩二年（前121）霍去病、卫青大败匈奴于漠北，封狼居胥山而还，前后媲美。应当指出，汉朝是在匈奴无数次入侵的危害之下，才反击匈奴的。在世界历史上，中华民族为一农业民族，酷爱和平，而不是一个侵略性民族；但是在侵略者面前，决不是只有招架之功，而无还手之力的。汉朝反击匈奴，即是极好的证例。班固《封燕然山铭并序》的历史意义与价值，也就在这里。

从艺术上讲，《封燕然山铭并序》具有三项显著特色。第一是气势磅礴。这一作品，铭、序一气贯注，浑然而为一体。虽说篇幅不长，却是元气淋漓，磅磅礴礴，读来令人精神振奋，可以真实感受到汉代人的恢宏气魄。磅礴气势的根源，是热爱祖国、保卫祖国的深厚情感。序云“上以摅高、文之宿愤，光祖宗之玄灵；下以安固后嗣，恢拓境宇，振大汉之天声”，铭云“铄王师兮征荒裔，剿凶虐兮截海外”，“熙帝载兮振万世”，即是洗雪国耻、保卫祖国、光大祖国声威的爱国激情的集中体现。而战略上的识见与议论，则深化了这一磅礴气势。序云“兹所谓一劳而久逸，暂费而永宁者也”，是承西汉扬雄论匈奴疏文之语而来。实际上表明，反击侵略者、变被动为主动的战略构想，本是两汉时期有识之士的一项共识。同时，序文多用排偶之句，铭文采用骚体，偶句排奡矫健，骚体雄浑，便成为磅礴气势喷薄而出的强有力载体。

《封燕然山铭并序》的第二项艺术特色，是着力描写强盛的军容军威，从而表现汉军的必胜。我国传统文学表现战争，总是对于战争的性质存有一种价值判断，即正义与不义之分；并且认为正义的战争，亦是不得已而为之的事。这种价值观的本原，乃是中国文化爱好和平的精神。由这种文化精神及价值观而来，我国传统文学对于战争的表现，就不以描写杀人流血为能事；对于正义战争的胜利，往往是通过着力描写我军军容军威的强盛来加以彰显的。在我国传统诗歌中，始自《诗经》中的《采薇》《六月》《出车》，直至盛唐的边塞诗，都鲜明地体现出这一详写军容军威而略写杀人流血的艺术传统。若是对比古希腊史诗，如《伊利亚特》，描写杀人流血，便是司空见惯，则中国文学的这一传统，特色更加显著。《封燕然山铭并序》，序文大部分篇幅，即从“鹰扬之校，螭虎之士”，直到“蹑冒顿之区落，焚老上之龙庭”，和全幅铭文，皆是用浓墨重彩描写汉军军容军威之强盛，而对于杀人流血的战争场面，仅下寥寥几笔，便已一带而过。描写军容军威，如“云辎蔽路”，“玄甲耀日，朱旗绛天”，“星流彗扫”，还颇富于诗意之美。班固这种详写军容军威，略写杀人流血的艺术笔法，当然不是由于他对战争缺乏了解。序文中“安固后嗣”，“一劳而久逸，暂费而永宁”等语句，再三地、清楚地表示了汉民族对于和平的渴望与关切。由此可见，爱好和平的中国文化精神，以及由此而来尚军容军威之描写、而不尚杀人流血之描写的中国文学传统，对于班固影响甚深。

由上述两项艺术特色出发，可以进而说《封燕然山铭并序》的第三项艺术特色，即其总体特色。铭之为体，或为祝颂，或为警戒。这是铭的内容特点。陆机《文赋》说：“铭博约而温润。”这是由铭的内容特点而来的铭之艺术体性。《封燕山铭并序》纪汉之功，既是对汉朝的祝颂，也是对侵略者之警戒。全文历述汉军北伐匈奴，从出师直写至凯旋，且包含历史的回顾与战略的议论，可以谓之博；文字精练，全文仅有三百多字，则又可以谓之约；不尚杀人流血之描写，而特盛于军容军威之描写，并且对于和平安宁再三致意，则可以谓之温润。既博、约、温润，又气势磅礴；既深得铭之体性，又特具艺术个性：这，就是《封燕然山铭并序》的总体特色。

（邓小军）

【作者小传】

张 衡

(78—139) 东汉科学家、文学家。字平子。河南南阳西鄂(今河南南阳县石桥镇)人。曾在京师洛阳，就读于太学。后两度担任掌管天文的太史令。精通天文历算，创制世界上最早利用水力转动的浑象(即浑天仪)和测定地震的地动仪(候风地动仪)，首次解释月食的成因。著有天文著作《灵宪》。又善诗赋。明人辑有《张河间集》。

归 田 赋

张 衡

游都邑[①]以永久，无明略以佐时[②]；徒临川以羡鱼[③]，俟河清乎未期[④]；感蔡子[⑤]之慷慨，从唐生[⑥]以决疑。谅天道[⑦]之微昧，追渔父[⑧]以同嬉；超埃尘以遐逝，与世事乎长辞。

于是仲春令月，时和气清，原隰[⑨]郁茂，百草滋荣。王雎[⑩]鼓翼，仓庚哀鸣[⑪]；交颈颉颃，关关嘤嘤。于焉逍遥，聊以娱情。

尔乃龙吟方泽，虎啸山丘[⑫]。仰飞纤缴[⑬]，俯钓长流；触矢而毙,贪饵吞钩⑭;落云间之逸禽,悬渊沉之魦鰡⑮。

于时曜灵俄景⑯,系以望舒⑰。极般游⑱之至乐,虽日夕而忘劬;感老氏之遗诫⑲,将回驾乎蓬庐。弹五弦之妙指⑳,咏周孔之图书㉑;挥翰墨以奋藻,陈三皇之轨模㉒。苟纵心于物外㉓,安知荣辱之所如?

〔注〕 ① 都邑:都城。这里指东汉都城洛阳。 ② 明略:高明的韬略。佐时:辅佐时政。 ③ 临川羡鱼:比喻空有愿望而无法付诸实践。典出《淮南子·说林训》:"临河羡鱼,不如归家织网。" ④ 河清:喻政治清明的太平盛世。古代传说,圣人出则黄河清。未期:不可预期。 ⑤ 蔡子:蔡泽,战国时燕国的辩士,曾为秦相。 ⑥ 唐生:唐举,战国时魏国的相士。蔡泽周游列国,长期不见任用,就请唐举为他看相,预测将来的命运,后果然应验。 ⑦ 天道:自然的规律,古人认为它是支配人类命运的天神意志。 ⑧ 渔父:一位隐居江湖的人,曾劝屈原不必为理想难以实现而忧伤憔悴,只管和光同尘,在江湖之间自得其乐。 ⑨ 原:平原。隰(xí 习):低平之地。 ⑩ 王雎(jū 居):鸟名,即鱼鹰。 ⑪ 仓庚:鸟名,即黄鹂。哀鸣:婉转啼鸣,这里的"哀"字用来形容声音优美动人。古人评赏声音,每以悲哀等词来形容动听。 ⑫"龙吟"二句:方泽,大泽。这二句意思是:自己就像龙之在泽、虎之在山那样,在田园中优游不迫,吟啸自得。 ⑬"纤缴(zhuó 酌)"二句:纤缴,系在箭上的细丝绳,用以收回射出的箭。这里代指箭。 ⑭"触矢"二句:意为鸟不高飞则中箭,鱼若贪饵必上钩。这里含自戒之意。 ⑮ 魦鰡(shā liú 沙留):一种小鱼,常伏在水底沙上。 ⑯ 曜灵:太阳。俄景:日影偏斜,指天色将暮。 ⑰ 系以:继之以。望舒:神话中给月亮驾车之神,这里即指月亮。 ⑱ 般(pán 盘)游:游乐。般,乐。 ⑲ 老氏:即老子。遗诫:遗留下来的警戒之言。这里指老子《道德经》第十二章"驰骋畋猎,令人心发狂"的话。 ⑳ 五弦:五弦琴,据说是舜创制。指,同"旨"。 ㉑ 周孔:周公、孔子。周公姓姬名旦,是西周初期政治家。孔子名丘,春秋时鲁国人,儒家学派的创始人。两人在这里被看作是圣贤的典范。 ㉒ 三皇:传说中三个远古的皇帝,一般指伏羲、神农、黄帝。轨模:法度。三皇轨模实际上寄寓了作者所追求的世界太平、人民安乐的政治理想。 ㉓ 物外:世俗是非得失之外。

在东汉安帝、顺帝时担任过中央和地方要职的张衡,晚年对于当时宦官专权、朝政腐败的现实,已由愤慨转而感到厌倦。虽然他曾多次上书揭露弊端,申明正道,但心头总是笼罩着遭谗被祸的阴影。所以,他在赋中抒发了"归田"的愿望,即远离污浊险恶的官场,在大自然明丽幽静的怀抱中实现生命的价值。但张衡一生实际上并未能真正归隐,他把归隐的生活想象与描述得十分优雅闲适,其实是表明自己高洁的志趣。所以,《文选》选录时,把这篇赋归入"志"类。

张衡慨叹政治清明时代的难以预期,正如黄河水清那样希望渺茫。赋一开始就笼罩着个人与社会政治生活无法相容的气氛。理想与现实的冲突,曾致使多少志士仁人为之愤慨悲叹!旧题为屈原所作的《渔父》中,塑造了一位带有浓重道家思想色彩的"渔父"形象,他劝诱屈原"与世推移",随遇而安,试图在心灵上泯灭这种冲突和矛盾。张衡在赋中表白:“谅天道之微昧,追渔父以同嬉”。说明其主题倾向是受到“渔父”为代表的高蹈避世思想的影响的。对“世事”的失望乃至摆脱,使他的视野发生转向,从而发现了一个清新的世界,这世界充满大自然的欣欣生意。这种富有诗意的画面,是与他体验到的新鲜的生命意蕴和情感节奏相符合的。

当然,从张衡笔下的“归田”生活中,仍可看出他并没有彻底被“与世推移”的思想所同化。对现实的失望没有使他堕入玩世不恭或颓唐任诞的情绪之中。在非同一般的自律意识支配下,他“弹五弦之妙指,咏周、孔之图书;挥翰墨以奋藻,陈三皇之轨模”,仍然不能忘怀于对理想的政治模式的探究。这里透露出他对社会、对民生的难以消磨的一份关心。所以,对个人情志的反省,最终的归趣就指向“苟纵心于物外,安知荣辱之所如”,即力求达到一种道德情操极高的心灵自由的境界。如果说,“纵心于物外”主要来源于道家思想的影响,那么,对于个人“荣辱”的认识则不能不说得力于儒家先贤的道德熏陶。儒家对社会、对个人采取的是积极进取的态度,讲究进德修业,而作为其道德观的一部分,还要求能做到:“人不知而不愠,不亦君子乎!”(《论语·学而》)可见孔子对个人的荣辱有超脱的看法。从张衡的思想境界中,不难看出是糅合了道家和儒家思想的成分的。

作为抒情短赋的杰作,这篇作品中所开创出来的境界,在赋史上也是极其值得重视的。尽管对田园生活还不能有更为惟妙惟肖的描摹,但毕竟开拓了赋的视野,标志着东汉末年赋的创作从外向经营的逞辞大赋转向回归内心的抒情短章的演进之路。

(程千帆　曹　虹)

【作者小传】

崔　瑗

(78—143)　东汉散文家。字子玉。涿郡安平(今属河北)人。崔骃之子。少锐志好学。十八岁游学京师,师事贾逵。精通天文、历数及《京氏易传》。四十余岁为郡吏,曾因事下狱。顺帝时,举茂才,任汲县令,开垦稻田数百顷。汉安元年(142),迁济北相,被劾贪赃下狱,他上书申辩获释。善于文辞。工章草。著有《草书势》等五十七篇。

座　右　铭

崔　瑗

无道人之短,无说己之长①。施人慎勿念,受施慎勿忘。

世誉不足慕，唯仁为纪纲。隐心而后动，谤议庸何伤。无使名过实，守愚圣所臧。在涅贵不淄，暧暧内含光②。柔弱生之徒，老氏诫刚强③。行行鄙夫志，悠悠故难量④。慎言节饮食，知足胜不祥。行之苟有恒，久久自芬芳。

〔注〕① 无：同“毋”，不要。　② 涅贵不淄：语出孔子《论语》：“不曰坚乎，磨而不磷。不曰白乎，涅而不淄。”涅，黑色染料，此用为动词。淄，黑色。　③“柔弱”二句：语出《老子》：“人之生也柔弱，其死也坚强。万物草木之生也柔脆，其死也枯槁。故坚强者死之徒，柔弱者生之徒。”　④ 行行：刚强貌。悠悠：柔弱貌。

崔瑗是东汉文学家崔骃的儿子，史书说他“锐志好学，尽能传其父业”（《后汉书·崔瑗传》）。他与张衡、马融特相友善，并以文章显名当世。但其人身世坎坷，四十岁才出为郡吏，后来又坐过牢，受过贬，久处下僚，郁郁不得其志。不过，从他的这篇《座右铭》来看，他对于世情练达之事和出处穷通之理，似乎看得比较清楚，悟得也比较透彻。

全文立论，从人与己的关系落笔，拈出社会生活中的一些常见的现象，诸如优点与缺点、施人与受施、赞誉与谤毁、名称与实际、柔弱与刚强等等，作为比较。它们互为矛盾，又互为依存。世人往往只取有益的一面，舍弃不利的一面。这是人之常情。而崔瑗则作出了与众不同的选择，这就是：不彰人丑，不扬己美；施人勿念，受施勿忘；誉不足喜，毁不足悲；名副其实，守愚藏拙；持柔弱，戒刚强……这当然不是作者故意标新立异，哗众取宠。座右铭是写给自己看的，是作者思想观念和行为准则的集中体现。其中有两点特别值得重视。一是做人的准则。文中已一言蔽之：“唯仁为纪纲”。这是规范作者行为的准绳，也是本文的核心。“仁”是孔子道德伦理思想的核心，崔瑗把它奉为圭臬。孔子说“仁”者“爱人”（《论语·颜渊》），所以崔瑗说，“无道人之短，无说己之长。施人慎勿念，受施慎勿忘”。孔子说“仁”者必“修己以敬”，“修己以安人”（《论语·宪问》），强调“内省不疚，夫何忧何惧”（《论语·颜渊》）；所以崔瑗也说，“无使名过实，守愚圣所臧。在涅贵不淄，暧暧内含光”——这是“修己以敬”，说“隐心而后动，谤议庸何伤”——这是“内省不疚”。可见崔瑗的仁爱思想，完全是与孔子的“仁”一脉相承的。二是做人的方式。强调外柔内刚，以柔取胜。这一思想则是从老子那里继承而来的。老子反复强调“坚强处下，柔弱处上”（《老子》第七十六章），“弱之胜强，柔之胜刚”（同上第七十八章），说明“弱者，道之用”（同上第四十章）。崔瑗此文中则直言“柔弱生之徒，老氏诫刚强”，认为柔弱是立身之本，取生之道，刚强反而易遭不测，所以接着追上“行行鄙夫志，悠悠故难量”二句，以示强调。总此二点，则已大致理清了此文的思想脉络和渊源。很显然，崔瑗在先贤那里汲取了思想精华，为己所用。在他那里，孔子的思想侧重于内，更多地强调内养，“暧暧内含光”，是做人的准则、核心；老子的思想侧重于外，更多地讲究做人的方式、方法。一内一外，一表一里，互为发明，相得益彰。而崔瑗的发明和贡献则在于，他把先贤们的高深莫测的哲学思想、伦理道德思想，融化贯通为自己的道德规范和行为准则，使之生活化、通俗化、大众化了。据《后汉书·崔瑗传》记载，崔瑗曾卷入一场废立之争。汉安帝废太子刘保，立刘懿。安帝死后，阎太后称制，以兄阎显为车骑将军，定策禁中。阎氏乃立刘懿，是为少帝。其时崔瑗为阎显幕僚，曾劝长史陈禅一起去说服阎显废刘懿立刘保。陈禅犹豫不决。恰逢少帝发病而死，刘保被拥立为帝，是为顺帝。为此，阎氏兄弟都被杀，崔瑗也以幕僚的关系而被连带贬斥，无功反有过。崔氏门人苏祇知道内情，深感冤枉，打算上书申明，被崔瑗制止。其时陈禅已为司隶校尉，表示只要苏祇上书，他愿作证。崔瑗仍不同意，说：“此譬犹儿妾屏语耳，愿使君勿复出口！”从此辞归，不再应州郡之命。由此可知，崔瑗对于荣辱誉毁之事，确已看破悟透，不仅铭文以诫之，更以身体力行之。这篇《座右铭》已是他砥砺品格、陶冶情操的一个象征。它的被《文选》收录，受到后人重视，也是与崔瑗的这种人品有关的。

此文在艺术上有两点很突出。一是在结构上，每两句构成一个意思，而且这两句的意思往往又是相反、相对甚至相矛盾的。作者正是通过这种对立、矛盾，突出了主观选择的价值和意义，显示出戛戛独造的修养和品德来。这样，全文的结构便由这两句一意的单元所组成，颇类似后世律诗的结构。二是在语言上，采用五言形式。铭文这种形式，一般都是用在比较正规的场合，开国大典，盖世奇功，往往刻山勒石，以传诸后世。所以它多采用四言形式，以示典雅庄重。即以《文选》所收铭文为例，前有班固《封燕然山铭》，后有张载《剑阁铭》，都是四言形式。而崔瑗此文，则通篇采用五言形式，确颇独特。其时五言形式，仅在民间流传，汉乐府民歌中比较多地采用这一形式，而文人圈子里则不太多见。前此虽有班固《咏史诗》通篇五言，但技巧颇为生疏，“质木无文”（钟嵘《诗品》）。崔瑗采用此式，大概是因为“座右铭”，写给自己看的，所以显得比较随便；而更重要的，是说明了崔瑗比较注重从汉乐府民歌汲取营养。在当时，他也是一个颇有文名的作家，《后汉书》称赞他“高于文辞”（《崔瑗传》），“以文章显”（《左周黄列传》）。而能对民间五言形式如此敏感与重视，运用得如此得心应手，确实是十分不易的。

（吴小平）

【作者小传】

赵 壹

东汉辞赋家。字元叔。汉阳西县(今甘肃天水南)人。为人耿直倨傲,狂放不羁。灵帝时为上计吏入京,为司徒袁逢等礼重,名动一时。善辞赋。曾作《刺世疾邪赋》抨击当时腐朽政治,笔锋犀利。原有集,已失传。

刺世疾邪赋　　　　赵 壹

伊五帝之不同礼,三王亦又不同乐①。数极②自然变化,非是故相反駮③。德政不能救世溷乱④,赏罚岂足惩时⑤清浊?春秋时祸败之始,战国愈复增其荼毒⑥。秦汉无以相逾越,乃更加其怨酷。宁计生民之命,唯利己而自足。

于兹迄今,情伪万方⑦。佞谄日炽,刚克⑧消亡。舐痔结驷⑨,正色徒行⑩。妪媀名势⑪,抚拍⑫豪强。偃蹇⑬反俗,立致咎殃;捷慑逐物⑭,日富月昌。浑然同惑,孰温孰凉⑮?邪夫显进,直士幽藏。

原斯瘼之攸兴⑯,实执政之匪贤。女谒⑰掩其视听兮,近习⑱秉其威权。所好则钻皮出其毛羽,所恶则洗垢求其瘢痕。虽欲竭诚而尽忠,路绝崄而靡缘。九重既不可启,又群吠之狺狺⑲。安危亡于旦夕,肆嗜欲于目前。奚异涉海之失柂⑳,积薪而待燃?荣纳由于闪榆㉑,孰知辨其蚩妍!故法禁屈挠于势族,恩泽不逮于单门㉒。宁饥寒于尧舜之荒岁兮,不饱暖于当今之丰年。乘理虽死而非亡,违义虽生而匪存。

有秦客者乃为诗曰:“河清不可俟㉓,人命不可延。顺风激靡草,富贵者称贤。文籍虽满腹,不如一囊钱。伊优㉔北堂上,抗脏㉕倚门边。”

鲁生闻此辞,系㉖而作歌曰:“势家多所宜,咳唾自成珠。被褐怀金玉,兰蕙化为刍。贤者虽独悟,所困在群愚。且各守尔分㉗,勿复空驰驱㉘。哀哉复哀哉,此是命矣夫!”

〔注〕 ① 伊:发语词。五帝:指黄帝、颛顼、帝喾、尧、舜。见《史记·五帝纪》。三王:指

夏禹、商汤、周文王；一说指夏禹、商汤、周代的文王、武王。礼：指典章制度。乐：音乐。《易·豫》："先王以作乐崇德。" ② 数：指社会、自然的气数、气运。极：发展到极限。 ③ 非是：是与非。故：本来。驳：同"驳"。反驳，排斥。 ④ 溷（hùn 混）：同"混"。 ⑤ 时：同"是"，此。 ⑥ 荼毒：荼为一种苦菜，毒指毒虫毒蛇之类，比喻毒害、苦难。 ⑦ 情伪：真假。万方：形形色色。 ⑧ 刚克：刚强正直的品德。 ⑨ 舐（shì 是）痔结驷：舔痔疮的人乘四匹马拉的车结队而行。事见《庄子·列御寇》。 ⑩ 正色徒行：正直的人徒步行走。 ⑪ 妪媀（yù qǔ 玉取）：同"伛偻"，驼背弯腰的样子，指卑躬屈节。名势：有名有势。 ⑫ 抚拍：拍马。 ⑬ 偃蹇（yǎn jiǎn 演简）：傲慢。 ⑭ 捷慑（shè 设）逐物：急切而唯恐落后地追逐名利权势。 ⑮ 温凉：指是非善恶。 ⑯ 原：推究。瘼（mò 莫）：病，这里指弊病。攸，所。 ⑰ 女谒：通过宫廷嬖宠的女子干求请托。 ⑱ 近习：指君主亲幸的人。 ⑲ 狺（yín 银）狺：狗叫声。 ⑳ 柂（duò 舵）：同"舵"。 ㉑ 闪榆（shū 输）：逢迎谄媚。 ㉒ 单门：孤寒门第。 ㉓ 河清：相传黄河水千年清一次，古人认为河清是政治清明的标志。 ㉔ 伊优："伊优亚"的省说，小儿刚学语的声音，后用以讥讽逢迎谄媚，说话无定见。 ㉕ 抗脏：高亢正直。 ㉖ 系：接着。 ㉗ 分（fèn 奋）：本分。 ㉘ 驰驱：努力奔走。

传统哲学倡导中庸之道，传统美学强调中和之美，传统诗学主张温柔敦厚。而赵壹的《刺世疾邪赋》却一反传统，以其尖锐的批判、激烈的措词、鲜明的思想倾向与不可干犯的凛然正气，在文学史上独标一格，辉映千古。

作者首先把批判的锋芒指向历史。清算历史并非他的本意，目的只是为了以历史映照现实，从宏观上展示进行现实批判的广阔背景。作者对历史的剖析分为哲学的与历史的两个层次。在哲学的层次上，他拈出一个"变"字。所谓"变化"自然是在直接说变，所谓"反驳"，其实也不出"变"字的范围。变有小变，也有大变。五帝、三王都是治世，但礼乐制度并不相袭，是小变；肯定与否定的反复，治世与乱世的更替，是大变。"数极自然变化"，这是他面对历史进行哲学思考得出的结论。后文说到东汉王朝危在旦夕，正是这一见解的具体发挥。在历史的层次上，他认为春秋是祸败的开始，以后就每况愈下，一代不如一代。这种历史退步论的看法，无疑是站不住脚的。但他的用心原在抨击现实，无可厚非。他把汉朝与暴秦相提并论，指斥为历史上最为"怨酷"的时代，愤世疾俗之情溢于言表。他概括春秋以来各个时代的共同本质是："宁计生民之命，唯利己而自足。"揭示统治者与被统治者之间存在着尖锐的利害冲突，见解深刻；为苍生呼号请命，其精神更令人肃然起敬。从内容来看，虽是明修栈道，评论历史，实际已在暗度陈仓，在对汉代的笼统评论中已暗含有对现实的批判。

批判现实，这是全篇的重点。题为"刺世疾邪"，便表明抨击现实的黑暗是作品的主旨所在。对现实的批判，从最容易引人注目的社会现象入手，指出在思想观念与人物命运两方面存在的严重问题。他指出，当时的社会正气已经荡然无存，正确的思想观念已经解体，出现了道德沦丧（“佞谄日炽，刚克消亡”）、是非不分（“浑然同惑，孰温孰凉”）的现象。与此同时，正人直士遭到了不公正的待遇，贤愚错位，忠奸倒置（“舐痔结驷，正色徒行”，“邪夫显进，直士幽藏”，“妪嫣名势，抚拍豪强。偃蹇反俗，立致咎殃；捷慑逐物，日富月昌”）。他的愤怒有如瀑布奔泻，但他并不仅仅停留在义愤的发泄上，而是在激愤之余，进行了冷静的思索，从而把批判的矛头深入到了政治领域之中。

作者在政治领域中的批判，最为尖锐激烈，也最见深度。他明确指出，世风败坏的原因在于“执政之匪贤”，即是由于最高统治者皇帝的昏聩所致。干预朝政的外戚（“女谒”）与宦官（“近习”）好恶任性，为所欲为，“所好则钻皮出其毛羽，所恶则洗垢求其瘢痕”。在他们的黑暗统治下，“法禁屈挠于势族，恩泽不逮于单门”，既不顾地主阶级中占多数的“单门（寒族）”的利益，也无视代表了地主阶级长远的整体利益的法律禁令。作品还形象而又精辟地指出了这些人日暮途穷的情状和即将覆亡的命运：“安危亡于旦夕，肆嗜欲于目前。奚异涉海之失柂，积薪而待燃？”真是已到了无可救药的地步了。这些揭露、分析，并非作者的夸大其辞，危言耸听。赵壹生活的桓、灵之世，是汉代历史上极为黑暗的时期，皇帝昏庸无能，外戚梁冀与宦官“十常侍”集团先后弄权。这些人任用私党，欺压百姓，大兴党狱，卖官鬻爵，贿赂公行，甚至灵帝本人还私令左右出卖公卿官爵。当时的歌谣说：“举秀才，不知书；察孝廉，父别居。寒素清白浊如泥，高第良将怯如鸡。”（《抱朴子·审举》）可见政治体制已腐败不堪了。灵帝之世即有黄巾起义爆发，不久，东汉皇朝倾覆，接踵而来的事变一次又一次证实了赵壹的远见卓识。作者在为东汉王朝敲响丧钟的同时，还明确表示了自己在生活中的抉择：“宁饥寒于尧舜之荒岁兮，不饱暖于当今之丰年。乘理虽死而非亡，违义虽生而匪存！”表示决不与当权者妥协，决心要为自己认定的真理而献身。这是基于对现实的深刻认识作出的抉择。他不仅这样说，而且也是这样做了的。他在家乡多次触犯刑律，几乎被杀；州郡先后十次征聘他，他都拒绝应征：这些都足以证明他的洁身自好，不同流俗。

《刺世疾邪赋》篇末有假托“秦客”“鲁生”的两首五言诗。这是我国早期文人五言诗中不可多得的珍品，概括了赋作“刺世疾邪”的基本精神，批判的尖锐性不减于赋作。其中的“文籍虽满腹，不如一囊钱”与“被褐怀金玉，兰蕙化为刍”，受到南朝梁代诗评家钟嵘的推重。他在《诗品》中说：“元叔（赵壹的字）散愤兰蕙，指斥囊钱，苦言切句，良亦勤矣。”这一评论，是摸到了作者跃动着的脉搏的。

从题材的性质来看，《刺世疾邪赋》是一篇政治抒情赋。传统上对赋体的看法是“体物写志”(《文心雕龙·诠赋》);但汉代大赋以绝大部分篇幅“体物”——铺写事物的形态,“写志”——抒写思想感情,仅仅是曲终奏雅,成为一条“光明的尾巴”。所谓“劝百而讽一”(《汉书·司马相如传赞》),就是针对这类写法的汉赋说的。《刺世疾邪赋》则抛开“体物”,全力“写志”,以议论纵横、词锋锐利显示出自己的特色。在具体的写法上,这篇赋也与追求排场、铺采摛文的传统大赋不同。它采用“剥笋法”层层剥进,从评历史到论现实,从批判世风到揭示原因,从抨击当权者到表明自己的政治态度,一气流转,步步深入,明朗畅达,洗尽铅华。《刺世疾邪赋》之具有不朽的价值,固然首先应该归功于它的强烈的批判性,但也不能不注意到它在革新传统大赋方面表现出来的上述特色。　（陈志明）

【作者小传】

蔡　邕

(132—192)　东汉文学家、书法家。字伯喈。陈留圉(今河南杞县南)人。少博学。灵帝时召拜郎中,校书东观,迁议郎。因上书论朝政阙失获罪,流放朔方。遇赦后,畏宦官陷害,亡命江湖十余年。董卓专权,被任为侍御史,迁尚书,官左中郎将。卓被诛后,为王允所捕,死于狱中。通经史、音律、天文。善辞赋,散文长于碑记。又精书法,工篆、隶,尤以隶书著称。曾于鸿都门见工匠用帚写字,得启发,创“飞白”书。熹平四年(175),奉灵帝诏与堂谿典等正定“六经”文字,部分由他自书丹于碑,立太学门外,世称“熹平石经”。也能画。原有《蔡中郎集》,已佚。后人有辑本。

述　行　赋并序　　蔡　邕

延熹①二年秋,霖雨逾月。是时梁冀②新诛,而徐璜、左悺等五侯③擅贵于其处。又起显阳苑于城西,人徒冻饿,不得其命者甚众。白马④令李云以直言死,鸿胪陈君⑤以救云抵罪。璜以余能鼓琴,白朝廷,敕陈留⑥太守发遣余,到偃师⑦,病不前,得归。心愤此事,遂托所过,述而成赋。

余有行于京洛兮,遘淫雨之经时。涂迍邅其蹇连兮,潦污滞而为灾。乘马蹯而不进兮,心郁悒而愤思。聊弘虑以存古兮,宣幽情而属词。

夕宿余于大梁⑧兮，诮无忌⑨之称神。哀晋鄙⑩之无辜兮，忿朱亥之篡军⑪。历中牟⑫之旧城兮，憎佛肸⑬之不臣。问宁越⑭之裔胄兮，藐仿佛而无闻。

经圃田⑮而瞰北境兮，悟卫康⑯之封疆。迄管邑⑰而增感叹兮，愠叔氏之启商⑱。过汉祖之所隘兮，吊纪信于荥阳⑲。

降虎牢⑳之曲阴兮，路丘墟以盘萦。勤诸侯之远戍兮，侈申子之美城。稔涛涂之愎恶兮，陷夫人以大名㉑。登长坂以凌高兮，陟葱山之峣陉；建抚体而立洪高兮，经万世而不倾。回峭峻以降阻兮，小阜寥其异形㉒。冈岑纡以连属兮，溪谷夐其杳冥。迫嵯峨以乖邪兮，廓岩壑以峥嵘。攒棫朴而杂榛楛兮㉓，被浣濯而罗生。布蘴薟与台菌兮㉔，缘层崖而结茎。行游目以南望兮，览太室㉕之威灵。顾大河于北垠兮，瞰洛汭㉖之始并。追刘定之攸仪㉗兮，美伯禹之所营。悼太康㉘之失位兮，愍五子之歌声㉙。

寻修轨以增举兮，邈悠悠之未央。山风汩以飙涌兮，气懆懆而厉凉。云郁术而四塞兮，雨濛濛而渐唐㉚。仆夫疲而劬瘁兮，我马虺隤以玄黄㉛。格莽丘而税驾兮，阴曀曀而不阳。

哀衰周之多故兮，眺濒隈而增感。忿子带之淫逆兮，唁襄王于坛坎。悲宠嬖之为梗兮，心恻怆而怀惨㉜。

乘舫舟而溯湍流兮，浮清波而横厉。想宓妃㉝之灵光兮，神幽隐以潜翳。实熊耳㉞之泉液兮，总伊瀍与涧濑㉟。通渠源于京城兮，引职贡乎荒裔。操吴榜其万艘兮，充王府而纳最。济西溪而容与兮，息巩都㊱而后逝。愍简公之失师兮，疾子朝之为害㊲。

玄云黯以凝结兮，集零雨之溱溱。路阻败而无轨兮，涂泞溺而难遵。率陵阿以登降兮，赴偃师而释勤。壮田横之奉首兮，义二士之侠坟㊳。佇淹留以候霁兮，感忧心之殷殷。并日夜而遥思兮，宵不寐以极晨。候风云之体势兮，天牢湍而无文㊴。弥信宿而后阕兮，思逶迤而东运。见阳光之颢颢兮，怀少弭而有欣。

命仆夫其就驾兮，吾将往乎京邑。皇家赫而天居兮，万方徂而星集。贵宠煽以弥炽兮㊵，佥守利而不戢。前车覆而未远兮，后乘驱而竞及㊶。穷变巧于台榭兮，民露处而寝湿。消嘉谷于禽兽兮，下糠秕而无粒。弘宽裕于便辟㊷兮，纠忠谏其骎急㊸。怀伊吕㊹而黜逐兮，道无因而获入。唐虞㊺渺其既远兮，常俗生于积习。周道鞠㊻为茂草兮，哀正路之日歰㊼。

观风化之得失兮，犹纷挐其多违。无亮采以匡世兮，亦何为乎此畿？甘衡门以宁神兮，咏都人㊽而思归。爰结踪而回轨兮，复邦族以自绥。

乱曰：跋涉遐路，艰以阻兮。终其永怀，窘阴雨兮㊾。历观群都，寻前绪兮。考之旧闻，厥事举兮。登高斯赋，义有取兮㊿。则善戒恶，岂云苟兮？翩翩独征，无俦与兮。言旋言复，我心胥兮。

〔注〕 ① 延熹：东汉桓帝的年号(158—167)。 ② 梁冀：汉桓帝梁皇后之兄，继父职为大将军，专朝政二十余年。梁皇后死，桓帝于延熹二年(159)八月，与宦官单超、左悺等五人密谋诛杀梁氏，他自杀。 ③ 五侯：汉桓帝一日同封宦官五人为侯，即单超为新丰侯，徐璜为五原侯，具瑗为东武阳侯，左悺为上蔡侯，唐衡为汝阳侯。 ④ 白马：东汉县名，属兖州东郡(今河南滑县附近)。李云因上书指责五侯无功不当封官，触怒桓帝，下狱而死。 ⑤ 鸿胪：即大鸿胪，掌管接待宾客的官。陈君：指陈蕃。 ⑥ 陈留：东汉郡名，治今河南开封东南。蔡邕为陈留圉(今河南开封杞县南)人。 ⑦ 偃师：县名，今属河南。相传武王伐纣时，在此城休整，故名偃师。 ⑧ 大梁：战国时魏国都城，故址在今河南开封。 ⑨ 无忌：魏国公子，号信陵君，好养士，为战国四公子之一。 ⑩ 晋鄙：魏国名将。 ⑪ 朱亥篡军：《史记·信陵君列传》载，公元前257年，秦兵围赵，赵向魏求救，魏王派晋鄙率救兵不肯前进，信陵君窃得虎符派朱亥椎杀晋鄙，夺其军权而解赵围。蔡邕认为晋鄙的死是无罪的，因而讥笑无忌的行为。 ⑫ 中牟：晋国城邑，今属河南。 ⑬ 佛肸(bì xī 必西)：晋国大夫赵简子手下的中牟邑宰，后据中牟反叛赵氏。 ⑭ 宁越：战国中牟人，因不堪耕稼之苦而决心求学。他听别人说学成需三十年，结果苦学十五年就成了周威王的老师。 ⑮ 圃田：圃田泽，古泽名，故址在今郑州市中牟县西。 ⑯ 卫康：即卫康叔，名封，周武王同母弟，卫国的始封君。 ⑰ 管邑：管叔的封地，在今河南郑州附近。 ⑱ 叔氏：指周成王叔父管叔、蔡叔。启商：引诱商民叛乱。周武王灭商后，封商纣王之子武庚为诸侯，并派其弟管叔、蔡叔监督武庚，安抚商遗民。武王死后，管、蔡同谋武庚反叛周公，被周公诛灭。 ⑲ 纪信：汉高祖刘邦的大将。刘邦被项羽困于荥阳(今属河南)时，纪信诈为刘邦出降，使刘邦趁机逃走，纪信被项羽烧死。 ⑳ 虎牢：古地名，在今荥阳附近。 ㉑“勤诸”四句：据《左传》僖公四年、五年、七年记载，齐桓公伐楚回师，要路过陈、郑。陈国大夫辕涛涂为减少陈、郑对齐师的供给费用，并同郑国的申侯商议，把齐师引向东路海边回国，申侯赞许。当涛涂说服了齐桓公时，申侯却背地告密，桓公大怒，囚禁了涛涂，并赐虎牢

予申侯。后陈齐和好,涛涂放回,涛涂为解告密之恨,一边劝申侯在虎牢筑一座美城,一边在郑君面前谗言申侯筑美城以反叛。郑君信以为真,杀死申侯。勤诸侯,指犒劳齐师。 ㉒“陟葱山”六句:葱山,在今河南巩县东南。抚体,指坚稳的山崖。 ㉓ 棫(yù玉)、朴、榛、楛:均为树名。 ㉔ 亹(mén门):即门冬,植物名。菼(tǎn坦):芦苇一类。台:即苔。 ㉕ 太室:代指嵩山。 ㉖ 洛汭(ruì瑞):古时洛水入黄河处叫洛汭。 ㉗ 刘定:指刘定公。他极称美禹治水的功绩:“美哉禹功!明德远矣。微禹,吾其鱼乎!”(《左传·昭公元年》)攸:所。仪:取法。㉘ 太康:夏启之子,在位荒淫无道,被后羿所逐。 ㉙ 五子之歌声:《五子之歌》为《尚书·夏书》篇名。《尚书序》:“太康失邦,昆弟五人,须于洛汭,作《五子之歌》。”后以五子之歌作臣子劝诫之辞。 ㉚ 唐:通“塘”,此指道路。 ㉛ 虺隤(huī tuí灰颓)、玄黄:形容劳累成疾。语出《诗经·周南·卷耳》:“我马虺隤”,“我马玄黄”。 ㉜“忿子”四句:指感怀周惠王二子争夺王位的事。周惠王死,太子郑和子带争夺王位,子带失败而出奔,太子郑立为襄王。后子带回国,私通襄王后隗氏,举兵攻襄王,襄王出奔坛坎(在今河南巩义市附近)。在晋文公帮助下,襄王杀了子带。 ㉝ 宓(fú伏)妃:洛水女神。 ㉞ 熊耳:山名,在洛阳西南。此句指洛水发源于熊耳山。 ㉟“总伊”句:谓洛水总汇了伊水、瀍水和涧水。 ㊱ 巩都:洛阳境内,为巩简公的国都。 ㊲“愍简”两句:《左传·昭公二十三年》载,周景王死后,庶子朝与王子猛争夺王位,王子猛即位后讨伐子朝,子朝又打败王子猛的私党巩简公。 ㊳“壮田”二句:《史记·田儋列传》载,汉高祖灭齐,齐王田横逃亡海岛。田横迫于召降,与二客来归洛阳,至洛阳不远的偃师附近,伏剑自杀,令二客捧其首见汉高祖。高祖礼葬田横,葬毕,二客掘坟穴于旁,自杀从死。㊴ 牢湍无文:指天气阴云密集,尚无晴意。 ㊵ 煽以弥炽:此以火越煽越旺,比喻权贵的气焰越来越盛。 ㊶“前车”二句:比喻权贵不顾一切地争权夺利。 ㊷ 便辟:受君主宠信的小人。辟,通“嬖”。 ㊸ 骎(qīn亲)急:急疾,引申为苛刻。 ㊹ 怀伊吕:指怀有伊尹、吕尚之才。伊尹,商代贤相。吕尚,即姜太公,为周文王师,佐武王灭商。 ㊺ 唐虞:唐尧、虞舜。㊻ 鞠:困穷。 ㊼ 踖:同“涩”,行不通。 ㊽ 都人:指《诗经·小雅·都人士》诗,诗意是赞美京都贵族的德行。 ㊾ 窘阴雨:被阴雨所困迫。这两句语本《诗经·小雅·正月》。 ㊿“登高”二句:《汉书·艺文志》:“传曰:‘不歌而诵谓之赋,登高能赋可以为大夫。’”古代将“登高能赋”视为大夫必须具备的九种才能之一,谓登高见广,能赋诗述其感受。

此赋作于汉桓帝延熹二年(159)。序文中“心愤此事,遂托所过”八字,揭示了作者的创作意图和艺术手法。

“心愤此事”,并非指偃师病归的事,病归正是作者不愿赴京所要寻找的借口。《后汉书·蔡邕传》:“邕不得已行至偃师,称病而归。”可见病归对作者来说是一件快事。他所愤激的,是序文中所述的四件事:宦官五侯专权,民众冻馁饿死,忠臣直谏抵罪,自身被迫赴京。此赋正表达了作者对宦官的愤恨、对民难的同情、对忠臣的哀念以及对自身不幸的悲伤。赋的后三段集中而直接地抒写了这个主题。作者首先直指宦官权贵们追名逐利,不顾后患,贪得无厌,不知休止,玩弄皇权,气焰嚣张。“前车覆”而“后乘驱”是极形象生动的比喻。接着进行三层强烈的对比。“穷变巧”四句,将贵族与民众直接对比,有力地揭露了上层贵族奢侈淫逸的腐朽生活,深刻地揭示了民众苦难的社会根源。如此强烈地反映现实生活，在汉赋作品中是不多见的。“弘宽裕”四句，将奸佞与直士的境遇相对照，揭露了社会政治的腐败而造成奸邪小人得势，忠正臣子遭难，说明了自己无以得志的原因。“唐虞渺”四句，将古尧舜周的圣明时代与当今的昏暗社会相对照，揭露了汉末社会世风衰败，正道难行，积习难返。这三层对比所揭露的宦官贪婪、政治腐败、社会衰落的时弊，正是作者不愿也不能赴京应诏的客观原因。京城“多违”，凶多吉少，必然不是作者的容身之地，“无亮采以匡世兮，亦何为乎此畿”？这自谦自责的语言正暗示了有才无时的现实。那么留给作者的只有“甘衡门以宁神，咏都人而思归”的唯一人生之路了。因而偃师遇雨称病而归，正好成全了作者不愿赴京的愿望。“言旋言复，我心胥兮”，这就是如愿心情的直接表露。

作为纪行赋，全文的主体部分是前七段，记叙了作者赴京途中的所见所闻，所思所感。这些思古之幽情都是有感而发的，但作者并不是直抒这种感慨之情，而是寄托于叙史和写景之中，这就是本文“遂托所过”的婉曲尽情的艺术手法。作者将纪行、咏史、写景，自然交融，浑成一体，以纪行为线索，因地咏史，因势写景，这样依次而进，大量咏史用典，既不觉杂乱，也不觉冗繁。同时行文又注意灵活的变换，时而以写史为主，时而以写景为主，时而又咏史写景参半。

引史入篇，这是赋体作品最基本的特征，但不同的赋体，引用史实的作用又各不相同。说理赋是以史来阐述事理的，如贾谊的《鹏鸟赋》；抒情赋多以对比引史来强化主人公的思想感情，如扬雄的《解嘲》；叙事赋引史则是借以讽谏，如司马相如的《上林赋》；咏物赋引史来突现事物的特征，如王褒的《洞箫赋》。而纪行赋咏史则是借古喻今，从汉班彪的《北征赋》到晋潘岳的《西征赋》都是这样，此赋自然不会例外。蔡邕纪行写史，多用富有感情色彩的词语，冠于句首，一字褒贬，评品人物。从陈留到偃师，一路追念往古：至大梁，哀晋鄙，忿朱亥；历中牟，憎佛肸，问宁越；到管邑，愠叔氏启商叛乱；过荥阳，吊纪信忠心而死；登虎牢，斥涛涂愎恶；览河洛，念刘定，美大禹，悼太康，愍五子；息巩都，愍简公，疾子朝；赴偃师，壮田横，义二士。作者经过的这些历史悠久的名城要地，千古往事纷纭繁复，这里的咏史只是褒扬忠良，贬斥奸邪。尽管作者对史实的评价未必全当，但他内心隐秘的透露却是鲜明的，那就是：赞美往古的忠臣义士，同情他们不幸的遭遇；痛斥历史上的谗佞奸恶，揭出他们卑劣的行径，以此来表达对现实朝政的不满和不甘赴京与小人同流的高风亮节。据《后汉书・蔡邕传》记载，蔡邕为人正直，不媚权贵，他曾多次上疏，言民情，斥时弊，指出“百里虚县，万里萧条”，“法为下叛”，“权不在上”；同时还直接对策，在皇帝面前指名道姓地揭露奸邪贪浊的权贵，致使权贵“皆侧目思报”，群起而攻之，他因而遭陷害致死罪，后减死“与家属髡钳徙朔方”。赦罪后，他仍不满权贵。一贯骄横的五原太守王智为他饯行时，他竟“拂衣而去”；灵帝时权贵董卓召他，他“称病不就”。明人张溥赞美说：“若家门清白，三世同居，却五侯之招，陈六（当为七）事之本，忧心虹霓，抵触禁近。”（《汉魏六朝百三家集题辞》）可见，作者对古人古事爱憎分明的评价，同他对现实是非分明的态度是完全一致的。

纪行咏史是借古喻今，曲折地交待了不愿赴京的政治背景；而纪行写景则形象地衬托出被迫赴京的悲苦心情。赋中写景主要有三处，分别寄托了三种不同的情感。登虎牢山所见的是奇险艰难的景象，山坡陡峭，冈岭曲折，溪谷幽深，峰峦峥嵘，杂草丛生，苔菌遍地。这险峻的自然之路，正象征着曲折的人生之路。过河洛所遇的气候十分恶劣，山风猛烈，寒气逼人，沉云四塞，久雨濛濛。这阴冷的气氛，强烈地烘托出作者被迫赴京、违心屈从的愁苦心境。接以仆夫疲惫、驾马成病作了进一步衬托。随着步步逼近京城，这种心情越发沉重。偃师是去洛阳的最后一个重镇，再迈进一步即至京城，其时同宦官相处，情景就不堪设想。因而，偃师所见的景色更为阴沉恐惧，天上黑云阴沉密集，四周阴雨连续不止，地上道路泥泞难行。这令人窒息的氛围，形象而有力地显现出作者不愿去京城的沉郁心情。接下又用田横偃师殉身不去归汉的典故，表明了自己不赴洛阳的决心。这里，作者将咏史和写景有机地交融，产生了互为补充的强烈抒情效果。最后以思东归的欣喜之情，结束“遂托所过”的部分。这种结语，既同上文的情感形成极大的反差，强化了去京的悲苦，又自然地过渡到下文的直接抒情。

此赋由借古喻今、托情于景和直抒情怀构成三个抒情层面，将往古历史、自身处境和现实社会这不同的时空，组合在同一的艺术空间之中，使读者在遥思联想中更真切深刻地领悟到作者人生的不幸、心情的沉郁。这就是本文成功的艺术之笔。

（章沧授）

郭泰碑

蔡 邕

先生讳泰，字林宗，太原界休人也①。其先出自有周王季之穆，有虢叔者②，实有懿德，文王咨焉。建国命氏③，或谓之郭，即其后也。先生诞应天衷④，聪睿明哲，孝友温恭，仁笃慈惠。夫其器量弘深⑤，姿度广大⑥，浩浩焉，汪汪焉，奥乎不可测已⑦。若乃砥节厉行⑧，直道正辞，贞固足以干事⑨，隐括足以矫时⑩。遂考览六经，探综图纬⑪，周流华夏，随集帝学⑫。收文武之将坠⑬，拯微言之未绝⑭。于是缨緌之徒⑮，绅佩之士⑯，望形表而影附，聆嘉声而响和者，犹百川之归巨海，鳞介之宗龟龙也⑰。尔乃潜隐衡门⑱，收朋勤诲，童蒙赖焉，用祛其蔽⑲。州郡闻德，虚己备礼，莫之能致。群公休之⑳，遂辟司徒掾㉑，又举有道㉒，皆以疾辞。将蹈鸿涯之遐迹㉓，绍巢许之绝轨㉔，翔区外以舒翼㉕，超天衢以高峙㉖。禀命不融㉗，享年四十有二，以建宁二年正月乙亥卒㉘。凡我四方同好之人，永怀哀悼，靡所置念。乃相与惟先生之德，以谋不朽之事㉙，佥以为先民既没㉚，而德音犹存者，亦赖之于见述也。今其如何，而阙斯礼？于是树碑表墓，昭铭景行㉛，俾芳烈奋于百世，令问显于无穷㉜。其词曰：

於休先生㉝，明德通玄，纯懿淑灵，受之自天。崇壮幽浚㉞，如山如渊。礼乐是悦，诗书是敦㉟。匪惟摭华，乃寻厥根㊱。宫墙重仞，允得其门㊲。懿乎其纯，确乎其操㊳。洋洋搢绅，言观其高㊴。栖迟泌丘㊵，善诱能教。赫赫三事㊶，几行其招。委辞召贡㊷，保此清妙。降年不永，民斯悲悼。爰勒兹铭，摛其光耀㊸。嗟尔来世，是则是效㊹！

〔注〕 ① 太原界休：今属山西省。 ②"王季"二句：谓虢叔是王季之子。《左传·僖公五年》："虢仲、虢叔，王季之穆也，为文王卿士。"王季，周文王之父，名季历。穆，古代宗庙制度，始祖的神位居中，二世、四世、六世，位在其左，称为昭；三世、五世、七世，位在其右，称为穆。周以太王为始祖，王季为太王之子，称昭，其子称穆。 ③ 建国命氏：谓虢叔始封虢国，因以虢为姓氏。虢，通"郭"。 ④ 天衷：天的善意。 ⑤ 器量：才识。 ⑥ 姿度：形貌气度。⑦"浩浩"三句：形容才识气度的浩大深远，不可度量。 ⑧ 砥节厉行：谓磨练节操品行。⑨ 贞固：坚守正道。 ⑩ 隐括：本为矫正竹木弯曲的器具。此指评论时政。 ⑪ 图纬：图谶和纬书。图谶，古代方士或儒生编造的关于帝王受征验一类的书，多为隐语、预言。纬书，对经书而言，汉代以儒家经义，附会人事吉凶祸福、预言治乱兴废的书，有《诗》《书》《乐》《易》《春秋》《孝经》《礼》七经的纬书。 ⑫ 帝学：指京师太学。 ⑬ 文武将坠：谓周文王、武王之道将要失传。语出《论语·子张》："子贡曰：'文武之道，未坠于地，在人。'" ⑭ 微言：精深微妙之言。⑮ 缨緌(ruí)之徒：指有声望的士大夫。缨，冠带。緌，冠饰。 ⑯ 绅佩之士：指有地位的人。绅，束腰阔带。 ⑰ 鳞介：指有鳞和甲壳的水族。龟龙：古人以龟龙为灵物。《大戴礼》："甲之虫三百六十，而神龟为之长。" ⑱ 衡门：指简陋的房屋。 ⑲ 用祛其蔽：谓因此去掉迷惑。⑳ 休：称赞。 ㉑ 司徒掾(yuàn 院)：司徒的属官。 ㉒ 有道：汉代察举科目之一，与秀才、

孝廉类似。　㉓ 鸿涯：传说古代仙人名。《列仙传》卷一："洪厓先生，或曰黄帝之臣伶伦也。或曰尧时已三千岁矣。"鸿，通"洪"。　㉔ 绍：继承。巢许：指尧时隐士巢父、许由。尧让天下，辞而不受。　㉕ 区外：世俗之外。　㉖ 天衢：天途。　㉗ 融：长。　㉘ 建宁二年：公元169年。建宁，汉灵帝的年号。　㉙ 不朽之事：指立碑的事。　㉚ 佥：都，皆。　㉛ 景行：崇高的德行。　㉜ 令问：美好名声。　㉝ 於(wū 乌)休：叹美词。犹言美好啊。　㉞ 幽浚：深沉。　㉟ 敦：治学。　㊱"匪惟"二句：比喻学习《诗》《书》经典，不是取用外表言辞，而是探求其内在根本。摭(zhí 直)，拾取。　㊲ 允：确是。　㊳ 确：坚定。　㊴"洋洋"二句：意谓士大夫纷纷仰慕郭泰的高尚美德。搢绅，插笏于带间。此借指士大夫。　㊵ 栖迟：指隐居。《诗经·陈风·衡门》："衡门之下，可以栖迟；泌之洋洋，可以乐饥。"　㊶ 三事：指三公。汉代指丞相(大司徒)、太尉(大司马)、御史大夫(大司空)。　㊷ 委辞召贡：婉言辞谢朝廷的召聘。　㊸ 摛(chī 痴)：传布。　㊹ 则：准则。

本文作于建宁二年(169)。题一作《郭有道碑》《郭有道林宗碑》。

郭泰(128—169)，东汉名士，为"八顾"(东汉时八位能以自己的德行影响别人的名士)之首。自幼丧父，从学致专，博通群书，因深为河南尹李膺赏识而名震京城。他生活的时代，正"逮桓、灵之间，主荒政缪，国命委于阉寺，士子羞与为伍"(《后汉书·党锢传》)，因而处世很谨慎，"不为危言核论，故宦官擅政而不能伤也。及党事起，知名之士多被其害，唯林宗及汝南袁闳得免焉"(《后汉书·郭泰列传》)。他几次受召不应，潜心教书，学生数以千计；又善于鼓励士人改邪归正，负有很高的名望。死时四方之士奔走会葬者达千余人。《谢承书》说："泰以建宁二年正月卒，自弘农函谷关以西，河内汤阴以北，二千里负笈荷担弥路，柴车苇装塞涂，盖有万数来赴。"名高望重，可以想见。

为这样的一位学者作碑文立传，既是一件有意义的事，又是一种荣幸。然而碑文要求"该要雅泽"，又非一般弄墨文人所能为。作为志同道合的蔡邕，怀着对郭泰的仰慕之情，悼念作文，自成杰作。他曾对卢植说："吾为碑铭多矣，皆有惭德，唯郭有道无愧色耳。"这话是中肯的，此文不仅是蔡邕本人碑文的成功之作，也是东汉时代碑文的佼佼者。南朝梁刘勰曾予以高度评价："自后汉以来，碑碣云起。才锋所断，莫高蔡邕。观《杨赐》之碑，骨鲠训典；《陈》《郭》二文，词无择言；周乎众碑，莫非清允。其叙事也该而要，其缀采也雅而泽。清词转而不穷，巧义出而卓立。察其为才，自然而至。"(《文心雕龙·诔碑》)洵非夸饰之辞。

《郭泰碑》在碑文体制上确是臻于完美的。全文由序传和颂辞两部分组成。序传为散体，记述死者生平经历；颂辞为铭文，称美死者的功绩美德。真可谓"属碑之体，资乎史才。其序则传，其文则铭。标序盛德，必见清风之华；昭纪鸿懿，必见峻伟之烈。此碑之制也"(《文心雕龙·诔碑》)。

前段用骈散间出的形式，全面地叙述了郭泰的生平业迹，先从籍贯、祖先写起，列述天赋品性、仁惠美德，以及才气学识、志趣声望，最后点明终年的时日、立碑作文的过程。其纷繁的一生，仅用四百来字便了然于目，可谓“叙事该要”了。面面俱到的叙述，往往失之具体而平铺无奇、抽象乏味，而此文时而用整齐的四言排比，时而以对偶的骈体语句；时而比喻，时而象征，便产生了平铺中见雄奇，列叙中显生气的艺术效果，不愧为大家手笔。叙其志趣，则连用“潜隐衡门，收朋勤诲……又举有道，皆以疾辞”十一句排句，语感强烈，令人肃然起敬。写其品德节操则“砥节厉行，直道正辞，贞固足以干事，隐括足以矫时”，四六骈语，两两对举，高风亮节，鲜明突出，临文如面，感人至深。运用比喻又给人以丰富的联想，化平淡为神奇，“缨緌之徒，绅佩之士，望形表而影附，聆嘉声而响和者，犹百川之归巨海，鳞介之宗龟龙也”。影附、响和，极形象地说明了郭泰在士人中的声望之大，地位之高；百川、鳞介，比喻崇敬郭泰的士人，显示出人数之多，人员之广；巨海、龟龙喻郭泰，其声望的崇高、形象的高大，因喻而得以升华。这种以虚显实的手法。除了比喻以外，又表现在奇异传说的运用上，使其形象达到出神入化的境地。“将蹈鸿涯之遐迹，绍巢许之绝轨”，郭泰能继承远古仙人鸿涯、隐士巢父许由避世高蹈的志趣，足见其超凡拔俗的风采。

后段铭文全是四言整齐的句式，通篇用韵，随着韵脚的灵活变换，内容层次便分明清晰地展开。玄、天、渊属真韵，这六句称美夸扬郭泰的天赋美德；敦、根、门属文韵，这六句赞美郭泰建立名声的历程；操、高、教、招、妙、悼、耀、效属宵韵，这十六句颂扬郭泰高尚的节操志趣和深远的影响。这种整齐的韵语，音韵和谐，言简意赅，高度而全面地概括了郭泰不凡的一生。同时，由于层层用典，语言又显出典雅庄重的风格特征。铭文二十八句，涉及到典故的就有八处。“礼乐是悦，诗书是敦”，这是化用《左传·僖公二十七年》中“说（悦）礼乐而敦诗书”的成语，不仅是赞美郭泰爱好诗礼，而且说明郭泰以儒家的经典作为道德的规范、言行的准则。《左传》中晋赵衰用此语称美郤縠时接着说：“诗书，义之府也；礼乐，德之则也；德义，利之本也。”儒家提倡以礼乐诗书作为立身之本，可见郭泰为人的正直、品德的高尚。“宫墙重仞，允得其门”，这是化用《论语·子张》篇中的典故语意。子贡用“夫子之墙数仞，不得其门而入，不见宗庙之美，百官之富。得其门者寡矣”，比喻孔子神圣伟大，能成为孔子门徒的人极少，作者反用其义，称美郭泰已是圣人的门徒了。“栖迟泌丘”，语出《诗经》中的成句，既表明郭泰避世隐居的志向，又突出他以隐为乐、甘守贫道的情趣。这些典故的化用，确能收到以少胜多、深化内容的效果。

（章沧授）

【作者小传】

孔 融

(153—208) 汉末文学家。字文举。鲁国(治今山东曲阜)人。少时为河南尹李膺所赏识,称为“伟器”。曾任北海相,时称“孔北海”。又任少府、大中大夫等职。为人恃才负气。终因触怒曹操被杀。为“建安七子”之一。所作散文锋利简洁,喜用讥嘲笔调。又能诗。明人辑有《孔北海集》。

与曹操论盛孝章书

孔 融

岁月不居,时节如流。五十之年,忽焉已至。公为始满,融又过二。海内知识①,零落殆尽,惟会稽盛孝章尚存。其人困于孙氏,妻孥湮没,单孑独立,孤危愁苦。若使忧能伤人,此子不得永年矣!

《春秋传》曰:“诸侯有相灭亡者,桓公不能救,则桓公耻之②。”今孝章实丈夫之雄也,天下谈士,依以扬声,而身不免于幽絷,命不期于旦夕,是吾祖不当复论损益之友③,而朱穆所以绝交也④。公诚能驰一介之使,加咫尺之书,则孝章可致,友道可弘矣。

今之少年,喜谤前辈,或能讥评孝章。孝章要为有天下大名,九牧⑤之人,所共称叹。燕君市骏马之骨⑥,非欲以骋道里,乃当以招绝足也。惟公匡复汉室,宗社将绝,又能正之。正之之术,实须得贤。珠玉无胫而自至者,以人好之也,况贤者之有足乎!昭王筑台以尊郭隗,隗虽小才,而逢大遇,竟能发明主之至心⑦。故乐毅自魏往⑧,剧辛自赵往⑨,邹衍自齐往⑩。向使郭隗倒悬而王不解,临溺而王不拯,则士亦将高翔远引,莫有北首⑪燕路者矣。凡所称引,自公所知,而复有云者,欲公崇笃斯义也。因表不悉。

〔注〕 ① 知识:知道的和相识的人。 ②《春秋传》:《春秋》的讲解本,现存的有三种:《左氏传》《公羊传》《穀梁传》。本文所引的为《公羊传》,见僖公元年。当时赤狄(北方少数民族)攻打邢国,齐桓公、宋桓公、曹昭公亲自率兵救邢,邢军已经溃散,逃到诸侯的军队里。故

《公羊传》说:"邢已亡矣,孰亡之？盖狄灭之。曷为不言狄灭之？为桓公讳也。曷为为桓公讳？上无天子,下无方伯,天下诸侯有相灭亡者,桓公不能救,则桓公耻之。" ③ 吾祖：指孔子。《论语·季氏》:"孔子曰:'益者三友,损者三友。友直,友谅,友多闻,益矣。友便辟,友善柔,友便佞,损矣。'" ④ 朱穆：字公叔,南阳宛(县治在今河南南阳市)人。汉桓帝时任侍御史。常感世风浇薄,乃著《崇厚论》以矫之。又著《绝交论》,《后汉书·朱穆传》注录其大略。 ⑤ 九牧：即九州。古代把中国分为九州,州的长官称"牧",故九州亦称九牧。亦指全中国。 ⑥"燕君"句:《战国策·燕策一》:燕国被齐国攻破,燕昭王即位,卑身厚币,以招贤者,欲以报仇,往见郭隗。郭隗曰:"臣闻古之君人,有以千金求千里马者,三年不能得。涓人(近侍)言于君曰:'请求之。'君遣之。三月得千里马,马已死,买其首五百金,反以报君。君大怒曰:'所求者生马,安事死马而捐五百金!'涓人对曰:'死马且买之五百金,况生马乎？天下必以王为能市马,马今至矣。'于是不能期年,千里之马至者三。今王诚欲致士,先从隗始。隗且见事,况贤于隗者乎？岂远千里哉？于是昭王为隗筑宫而师之。" ⑦"昭王"句：见注⑥。 ⑧ 乐毅：战国时魏人,为魏昭王使于燕,燕昭王以客礼待之。后使乐毅为上将军伐齐,下齐七十余城。 ⑨ 剧辛：战国时人,本居赵,后亡奔燕国。 ⑩ 邹衍：战国时阴阳家,齐人,历游魏、赵、燕等国,燕昭王请列弟子之座而受业,筑碣石宫,亲往师之。 ⑪ 首：向。"北首燕路",用《史记·淮阴侯传》广武君李左车语。

盛孝章名宪,是作者的挚友,会稽(今浙江绍兴)人,汉末为吴郡太守,是当时名士。孙策平定吴郡与会稽郡后,因妒其名望将他囚禁起来。远在北方的孔融得知后,心急如焚,但欲救无力。当时曹操正挟天子以令诸侯,声威显赫。孔融深知能救盛孝章者,唯操而已。所以他就写了这封信给曹操,请他出面援救盛孝章。可要达到这个目的,并不容易：一是曹操虽爱孔融文才,但又恨其骨傲气高,心存芥蒂;二是孔融虽求操心切,但又决不肯放下架子,俯首低眉。从文章看,这两方面的困难都被克服了。那么,作者是怎样做到既让曹操言听计从而自己又不失尊严的呢？我们来看正文。

全文可分三段,在第一段里并未直接提出请求,而是首先以老朋友的身份动之以情,以"岁月不居,时节如流"的慨叹入手,通过寒暄双方"忽焉已至"的"五十之年"来沟通感情,消除芥蒂;又用"海内知识,零落殆尽"的叹息之声诉之以今日朋友之难得,意在让曹操感觉到"会稽盛孝章"的"尚存"实为不幸中之万幸。作了这样的铺垫之后,作者笔势一顿,连用四短句正面描写盛孝章"困于孙氏,妻孥湮没,单孑独立,孤危愁苦"的悲惨处境,并着重突出其将"不得永年"的伤人之忧。这就造成了一种感情的力量,而感情的力量是很能打动人的,从而使曹操在心理上和感情上产生了一种压力,感到不救盛孝章,于心不忍。

感情的氛围形成以后,文章自然转入第一个层次的论说。在第二段的开头,作者仍然没有急于说出正意,而是继续引而不发,晓之以义。他先是采用激将之法,援引古例:"《春秋传》曰:'诸侯有相灭亡者,桓公不能救,则桓公耻之。'"言下之意是，曹操如果不救盛孝章，就该像桓公不能救邢国那样，感到耻辱。然后又强调了盛孝章的本领和名望，“今孝章实丈夫之雄也，天下谈士，依以扬声”。一方面明告曹操这是难得的人才，救来可用；一方面也在暗示曹操，这是个难得的机会，救盛可扬己名。曹操对此想来不会无动于衷。接着，作者笔锋陡转，再次突出盛孝章的困境，用“身不免于幽絷，命不期于旦夕”两句表明事情迫在眉睫，机会转瞬即逝，催促曹操赶快行动。而如果曹操撒手不管呢，则“吾祖不当复论损益之友，而朱穆所以绝交也”。写得这样严重，大有一种胁迫意味：救盛义不容辞，不救天理难容。在说尽了救与不救的道义之后，作者才水到渠成地轻轻说出自己的建议：让曹操“驰一介之使，加咫尺之书，则孝章可致，友道可弘矣”。前面一再强调意义重大，而实现的办法竟如此简单，反掌之间即有弘道之功，曹操何乐而不为呢？

但是，曹操不是书生，空洞的道义远不如切实的利益更有说服力。所以作者在结束了晓之以义的第二段之后，又趁热打铁，写了诱之以利的第三段。作者先用“今之少年，喜谤前辈，或能讥评孝章”这几句，告诉曹操“讥评孝章”者纯属诽谤，万不可轻信，以此打消曹操的疑惑，再用“孝章要为有天下大名，九牧之人，所共称叹”几句第二次强调孝章的名气，确为难得的“丈夫之雄”，从而坚定曹操救援的信念。然后又用以退为进之法写道：“燕君市骏马之骨，非欲以骋道里，乃当以招绝足也。”意思是说，即使孝章才能不合你用，但只要延揽救援，天下贤者必能闻风而至。救一人而贤达齐来，这对曹操的诱惑力可谓大矣。因为曹操要“匡复汉室”，统一天下，“实须得贤”。现在“得贤”的关键，就在救援孝章，真是天赐良机，求之不得。到了这一步，曹操可能会感到，不救盛孝章，于志不合。但是作者并没有就此罢手，而是继续旁征博引，连用形象的比喻，生动的实例阐发救盛招贤的意义：“珠玉无胫而自至者，以人好之也，况贤者之有足乎！昭王筑台以尊郭隗，隗虽小才，而逢大遇，竟能发明主之至心。故乐毅自魏往，剧辛自赵往，邹衍自齐往。”反之，“向使郭隗倒悬而王不解，临溺而王不拯，则士亦将高翔远引，莫有北首燕路者矣”。写得笔酣墨饱，雄辩有力，流畅之至。而曹操看到这里，不可能不是救志已坚了。文章的最后几句，作者又用“欲公崇笃斯义”照应全文，在反复叮咛声中结束了这封书信。

但令人叹惜的是，尽管孔融的说服非常成功，曹操准备征召盛孝章为骑都尉了，然而为时已晚，救援信尚未送出，盛孝章被杀的噩耗已经传来。

本文在写法上有两大特点。一是反客为主，不卑不亢。孔融此信目的是请求曹操援救盛孝章，可写来似乎是自己闲来无事，议论孝章，给曹操举荐人才。

明明是自己救盛心切，求操心切，但却不动声色，似乎只在为曹操出谋划策，俨然是其谋士；但又决非一般的谋士，而是具有特殊身份的谋士。他没有忘掉在寒暄时以年长者自居，说一句“公为始满，融又过二”，摆摆资格；没有忘掉在信中抬出“吾祖（孔子）”，亮亮名牌。孔融这样写，当然与他架子老大、不肯屈尊有关，但主要还是为了造成一种压力，一种气势，迫使曹操就范，写法非常高明。

二是知人论事，对症下药。作者深知曹操的为人，既是将帅又是诗人，必然重情尚义，既有雄心又有本领，必然爱才尊贤。所以他在信中首先动之以情，从感叹岁月飞逝，写到友情难得，再描画孝章愁苦，布置了感情氛围，然后晓之以义，以桓公知耻之事相激，以孔子友道之论相逼，使曹操感到救盛义不容辞，万难推却。最后又诱之以利，反复申说匡复汉室，实须得贤，得贤之法，在于救盛；否则贤人才士必将“高翔远引”。作者就是这样，分三个层次，有情有义，有软有硬，有理有利地写来，使得曹操对盛孝章不忍不救，不得不救，不愿不救，完全达到了预期的目的。

此外，全文字里行间所体现的作者对盛孝章的火热心肠也为文章增添了不少艺术感染力。限于篇幅，不再细析了。 （周先民）

【作者小传】

祢 衡

（173—198） 汉末文学家。字正平。平原般（今山东临邑东北）人。少有才辩，长于笔札。性刚傲物。曾自称狂病，不肯往见曹操。后操召为鼓史，欲当众羞辱，反为其所辱。操怒，遣送荆州刘表，复不合，转送江夏太守黄祖，终被杀。其文奋笔直书，尚骋词。原有集，已失传。

鹦 鹉 赋并序

祢 衡

时黄祖[1]太子射宾客大会，有献鹦鹉者，举酒于衡前曰：“祢处士[2]！今日无用[3]娱宾，窃以此鸟自远而至，明慧聪善，羽族之可贵，愿先生为之赋，使四坐咸共荣观，不亦可乎？”衡因为赋，笔不停缀，文不加点。其辞曰：

惟西域之灵鸟兮，挺自然之奇姿。体金精之妙质兮[4]，合火德之明辉[5]。性辩慧而能言兮，才聪明以识机[6]。故其嬉游高峻，栖跱幽深。飞不妄集，翔必择林。绀趾丹觜[7]，绿衣翠衿。采采丽容，咬咬好音。虽同族于羽毛，固殊智而异心。配鸾皇而等美，焉比德于众禽？

于是羡芳声之远畅，伟⑧灵表之可嘉；命虞人于陇坻⑨，诏伯益于流沙⑩；跨昆仑而播弋⑪，冠云霓⑫而张罗。虽纲维之备设，终一目⑬之所加。且其容止闲暇，守植⑭安停；逼之不惧，抚之不惊；宁顺从以远害，不违迕⑮以丧生。故献全者受赏，而伤肌者被刑。

尔乃归穷⑯委命，离群丧侣；闭以雕笼，翦其翅羽；流飘万里，崎岖重阻；逾岷越障⑰，载罹寒暑。女辞家而适⑱人，臣出身而事主；彼贤哲之逢患，犹栖迟⑲以羁旅。矧⑳禽鸟之微物，能驯扰㉑以安处！眷西路而长怀，望故乡而延伫㉒。忖陋体之腥臊，亦何劳于鼎俎㉓？

嗟禄命㉔之衰薄，奚遭时之险巇㉕？岂言语以阶乱㉖，将不密㉗以致危？痛母子之永隔，哀伉俪㉘之生离。匪余年之足惜，愍众雏之无知。背蛮夷之下国，侍君子之光仪。惧名实之不副，耻才能之无奇。羡西都㉙之沃壤，识苦乐之异宜㉚。怀代越㉛之悠思，故每言而称斯。

若乃少昊司辰㉜，蓐收㉝整辔。严霜初降，凉风萧瑟。长吟远慕，哀鸣感类。音声凄以激扬，容貌惨以憔悴。闻之者悲伤，见之者陨泪。放臣㉞为之屡叹，弃妻为之歔欷㉟。

感平生之游处㊱，若埙篪之相须㊲；何今日之两绝，若胡越㊳之异区？顺笼槛以俯仰，窥户牖以踟蹰；想昆山之高岳，思邓林㊴之扶疏；顾六翮之残毁，虽奋迅其焉如㊵？心怀归而弗果㊶，徒怨毒于一隅。苟竭心于所事，敢背惠而忘初？托轻鄙之微命，委陋贱之薄躯；期守死以报德，甘尽辞以效愚；恃隆恩于既往，庶弥久而不渝㊷。

〔注〕 ① 黄祖：汉江夏（今湖北武汉一带）太守，因其权势显赫，割据一方，如同诸侯，故称其子黄射（yì亦）为太子。射时为章陵太守。 ② 处士：指未做官或不做官的士人。 ③ 无用：无以。 ④“体金精”句：体，体现。古代以五行（水木金火土）配五方、五色。西方属金，白色。鹦鹉羽毛白色，所以体现着金的美质。 ⑤“合火德”句：南方属火，尚赤色。鹦鹉嘴为赤

色,故说合于火德。 ⑥ 识机:识别事物的微旨。 ⑦ 绀(gàn 干):深青带红的颜色。觜:同“嘴”。 ⑧ 伟:尊。 ⑨“命虞人”句:虞人,古代掌管山泽苑囿、田猎的官。陇坻,即陇山,六盘山南段别称,在陕西省陇县西南。 ⑩“诏伯益”句:伯益,舜时东夷部族首领。相传助禹治水有功,禹让位给伯益,伯益不受而避之箕山。流沙,指西边沙漠地带。 ⑪ 播弋:布设用绳系着的箭。 ⑫ 冠云霓:在云霓之上。 ⑬ 一目:指一个网孔。 ⑭ 守植:守志。植,通“志”。 ⑮ 迕(wǔ 午):违背。 ⑯ 归穷:陷入困境。 ⑰ 岷:岷山,在今四川境内。障:障山,在今甘肃西部。 ⑱ 适:嫁。 ⑲ 栖迟:淹留。 ⑳ 矧(shěn 审):况且。 ㉑ 能:能不。驯扰:驯服。 ㉒ 延伫:长久站立而期待。 ㉓ 俎:砧板。 ㉔ 禄命:指人生禄食运数。禄指盛衰兴废,命指富贵贫贱。 ㉕ 险巇(xī 希):险恶危难。 ㉖ 阶乱:导致祸乱。 ㉗ 将:或。不密:虑事不周密。 ㉘ 伉俪(kàng lì 抗利):夫妇。 ㉙ 西都:指长安。 ㉚“识苦”句:意谓知道苦和乐各不相同,即人以为乐,我以为苦。 ㉛ 代越:借指故乡。代,代郡,今山西北部。越,南越,今广东、广西等地。《古诗十九首·行行重行行》有“代马依北风,越鸟巢南枝”句,皆不忘故地意。 ㉜ 少昊(hào 浩):传说为古部落首领,黄帝之子。司辰:掌管时岁。 ㉝ 蓐收:掌管秋季的神。此句以车马的行进比喻时间的不断变换。 ㉞ 放臣:放逐的臣子。 ㉟ 歔欷:哭泣。 ㊱ 游处:往来相处。 ㊲ 埙篪(xūn chí 勋持)相须:比喻兄弟和睦相处。《诗经·小雅·何人斯》:“伯氏吹埙,仲氏吹篪。”伯仲,指兄弟。埙:陶制的乐器。篪:竹制的乐器。 ㊳ 胡越:胡地在北,越地在南,相距极远。 ㊴“想昆”二句:意谓鹦鹉鸟思念西边故乡的高山密林。昆山,即昆仑山,此泛指高山。邓林,古神话传说夸父追日而渴死,丢下手杖化为邓林。此泛指深密的树林。 ㊵ 焉如:何往。 ㊶ 弗果:没有成功。 ㊷ 庶:或许。渝:改变。

汉代以鸟为题材的赋作屈指可数,而其构思却各不相同。汉初贾谊的《鹏鸟赋》并未描写鸟的形象,只是以鸟语谈哲理,借以抒怀;西汉孔臧的《鸮赋》直接议论鸮鸟的凶兆;东汉赵壹的《穷鸟赋》托鸟寓情,但情节简单,只是以鸟的困境和获救的幸运来自况,表达对友人救助的感激之情,缺乏生动的形象。汉末祢衡的《鹦鹉赋》拟人写鸟,借鸟自况,已使这类赋作臻于成熟完美。赋文描绘鹦鹉遭难的全过程,突出其美德、品格、志趣,以完整的艺术形象,象征作者自己不幸的身世和人生的忧患,亦物亦人,物我相融。后世的咏鸟托志的赋作,如晋张华的《鹪鹩赋》、唐高適的《鹘赋》、杜甫的《雕赋》,大凡沿袭这条创作之路。

祢衡刚贞不阿,傲岸不羁,不媚权贵,不入俗流,其才茂性直,在汉末文人中极为难得。他始避难荆州,后游历许都,孔融爱其才把他推荐给曹操,他“自称狂病”,拒不见曹操,并“数有恣言”。曹操欲杀不能,辱为鼓史,他又“裸身而立”,击鼓辱骂曹操。曹操把他送给刘表,又因侮慢不能相容,刘表又把他转送给性情暴烈的黄祖。在一次大会宾客的场合,祢衡出言不逊,乃至破口大骂,终遭杀害,年仅二十六岁。祢衡短暂的一生是在权贵的淫威下度过的,超群的才志无法施展。作者巧妙地以鹦鹉自况,曲折地表达了生不逢时的遭遇。

前三段用多种手法、从多种侧面描绘鹦鹉的丽容奇姿、辩慧聪明。先以“金精”“火德”形容鹦鹉色泽的明辉鲜丽，继以“能言”“识机”的拟人手法状其灵机聪慧，再以想象显示出“嬉游高峻，栖跱幽深。飞不妄集，翔必择林”的高洁情趣，又直接描绘其美貌佳音，最后以“配鸾皇而等美，焉比德于众禽”的对比，有力地衬托出鹦鹉的美。作者极力赞美鹦鹉的容姿和“殊智异心”，正曲折地表现出自己才华的卓越、情志的高尚。

从写鸟的表层结构来看，这里的形貌之美为下文的境遇之悲作了有力的映衬。鹦鹉正因为芳声远扬、灵表可嘉，而遭致天罗地网的捕捉。猎人奉命远至昆仑，高达云霓，下到四方，张设罗网。“终一目之所加”，极形象地说明了鹦鹉面对罗网无法逃脱，虽是“逼之不惧，抚之不惊”，却被迫屈心顺从。鸟的这种不幸境遇，不仅曲折地反映出汉末大乱贤才遭受权贵严密控制的时代悲剧，又再现了自己几经转送、任人摆布的命运。随后，作者巧用比喻直抒心臆：“女辞家而适人，臣出身而事主；彼贤哲之逢患，犹栖迟以羁旅。”女、臣、贤哲，是喻鸟，又是自比，嗟叹身世，愤时疾俗。

后三段写鸟的悲苦心境。作者以人之常情比拟鸟的生离永别的悲愁。文中连用“痛”“哀”“愍”“背”“侍”“惧”“耻”“羡”“识”“怀”十个动词，表现出鸟的纷乱思绪，身不由己的哀怨和无以为乐的悒闷。接着，从侧面衬托加以强化，形象地再现这种情感。“严霜初降，凉风萧瑟”，渲染环境气氛的悲凉来示现鸟的心情凄凉；“闻之者悲伤，见之者陨泪。放臣为之屡叹，弃妻为之歔欷”，用闻声而悲的人物神情作进一层烘托。鹦鹉既有思乡念亲的痛苦，更有志趣难逞的悲叹。它身陷笼槛之中，却时刻“想昆山之高岳，思邓林之扶疏；顾六翮之残毁，虽奋迅其焉如”，“昆山”“邓林”是自由翱翔的理想之地，然而，羽翼残毁，无法如愿了。这一笔，曲尽了作者明君不遇、有才无时的怨愤之情。

本文结构精巧，托情微妙。作者咏物托情非同一般，除了抒发个人的身世之悲，还要兼顾宾客的“荣观”之乐、主人的幸慰之情和献鸟者的殷切之心。一篇赋作表达四种人不同层次的审美需求，诚非大家手笔而不能为之。命题者要求作赋“使四坐咸共荣观”而娱乐，作者却欲借题发挥以泄私愤，这两种不同的创作需求，非常融洽地寄寓于咏物之中。作者写鹦鹉由丽貌美德的赞美到闭笼离侣的哀怨，从观者来说，得到美的享受，勾起悲的怜悯，激起感情的起伏波动；从作者来看，鸟实为人的化身，形象地再现了个人的才志美德和不幸的身世。此文若是以悲收结，则会令人扫兴，也没有揽括主人和献鸟者的情感，所以结尾收回笔锋，写鸟对主人的效忠报德的感激之情。这既是借以表达献鸟者对主人的奉献诚意，又曲折地表现了主人的深情而博得宾客的信任，同时也藏匿了自己借题发挥的用心，“略无露才扬己意”。由此则言之纵横，淋漓痛快。而写鸟从悲怨到顺从的转变，则深刻暗示作者不满现实却又无法挣脱，因而被迫屈心事主的人生悲剧。这样构思谋篇，使主人、宾客、献者、作者，虽追求各异，却同样获得了心理的满足。真可谓“顷刻挥毫，滔滔汩汩，鹦鹉洲名，足千古矣”（李元度《赋学正鹄》）。

（章沧授）

【作者小传】

王　粲

(177—217)　汉末文学家。字仲宣。山阳高平(今山东邹县)人。以博洽著称。先依刘表，未被重用。后归曹操，官至侍中。其诗语言刚健，词气慷慨。其赋风格清丽。为“建安七子”之一，在七子中成就较大，与曹植并称“曹王”。明人辑有《王侍中集》。

登　楼　赋

王　粲

登兹楼以四望兮，聊暇日①以销忧。览兹宇之所处兮，实显敞而寡仇②。挟清漳之通浦兮，倚曲沮之长洲③。背坟衍之广陆兮，临皋隰之沃流④。北弥陶牧，西接昭丘⑤。华实蔽野，黍稷盈畴。虽信美而非吾土兮，曾何足以少留！

遭纷浊而迁逝兮，漫逾纪以迄今。情眷眷而怀归兮，孰忧思之可任！凭轩槛以遥望兮，向北风而开襟。平原远而极目兮，蔽荆山之高岑⑥。路逶迤而修迥兮，川既漾而济深。悲旧乡之壅隔兮，涕横坠而弗禁。昔尼父之在陈兮，有归欤之叹音。钟仪幽而楚奏兮，庄舄显而越吟。人情同于怀土兮，岂穷达而异心！

惟日月之逾迈兮，俟河清其未极⑦。冀王道之一平兮，假高衢而骋力。惧匏瓜之徒悬兮，畏井渫之莫食。步栖迟以徙倚兮，白日忽其将匿。风萧瑟而并兴兮，天惨惨而无色。兽狂顾以求群兮，鸟相鸣而举翼。原野阒其无人兮，征夫行而未息。心凄怆以感发兮，意忉怛而憯恻。循阶除而下降兮，气交愤于胸臆。夜参半而不寐兮，怅盘桓以反侧。

〔注〕 ① 暇日：暇，一作"假"，假借。 ② 仇：匹敌。 ③ 漳：漳水。发源于湖北襄阳市南漳县的蓬莱洞山，东南流经当阳，与沮水会合，成为沮漳河，流入长江。沮：沮水。源出湖北襄阳市保康县西南，东南流经当阳，与漳水会合，流入长江。 ④ 坟衍：土地高起为坟，广平为衍。皋隰(xí 习)：皋，水边的高地。隰，低湿地。 ⑤ "北弥"二句：弥，尽于。陶牧，地名，传说春秋越国陶朱公范蠡葬于此。昭丘，春秋时楚昭王墓。《水经注·沮水》："沮水又南径楚昭王墓，东对麦城，故王仲宣之赋《登楼》云'西接昭丘'是也。" ⑥ 荆山：山名，在今湖北襄阳市南漳县西南，东南谷地宽广，西北巍峨陡峻，故云"蔽高岑"。岑，小而高的山。 ⑦ 河清：喻天下太平。《左传·襄公八年》引逸诗："俟河之清，人寿几何?"古称黄河千年一清，谓时机难遇。

这篇赋乃王粲南依刘表时作。汉献帝兴平元年(194)，董卓部将李傕、郭汜战乱关中，王粲遂离去长安，南下荆州，投靠刘表。到荆州后，因体貌短小，不为刘表所重，乃作此赋，以抒其流离忧愤之情。王粲作此赋所登之楼，在今湖北当阳境内旧麦城所在地，正当漳、沮二水汇合之处。《水经注·漳水》："漳水又南径当阳县，又南径麦城东，王仲宣登其东南隅，临漳水而赋之曰：'夹清漳之通浦，倚曲沮之长洲'是也。"唐诗人罗隐《春日投钱塘元帅尚父二首》第二首末句云"麦城王粲谩登楼"，皆可为明证。旧日当阳城内曾建有仲宣楼，因刘表当时为荆州牧，又多驻在襄阳，故江陵及襄阳两地亦各建有仲宣楼。

此赋可分为三段，首段写登楼所览，次段叙怀乡之情，末段抒身世之惧，遵循主人公情绪的自然发展写来，层次极为明晰。

首段发端二句为全赋的纲领。作者为销忧而登楼览望，由望而触发怀念故乡及忧惧身世之感，终至思绪纷纭激越而不可开释，皆由登览而生。首段重在写登楼所览，先称赏所登之楼"显敞寡仇"，表现出乍一登上的快感，由此乃使望中所见山川原野，尽情收纳眼底。"挟清漳之通浦"以下，凡目力所及，由近至远，序次历历，各撮其要，并包无遗，给人的观感甚觉全面完整。这一切如在大赋家手下，则东南西北，物类纷陈，不知要费多少笔墨。"华实蔽野，黍稷盈畴"二句，总的形容出漳、沮两岸原野夏秋之际一片丰穰景象，极为真切。段末二句束上启下，起着枢纽的作用，以赞赏斯土之美，带发怀乡之情。异土虽美，何足少留，表情与后来建业民谣"宁饮建业水，不食武昌鱼"用意正一致。

次段抒怀念乡土之情。首四句叙说所以流离之故及时间之久，与怀旧情思之殷切。"遭纷浊"三字包容了大量历史事实。回顾献帝初年长安乱象，及作者在《七哀诗》第一首所咏"西京乱无象"云云，至足令人怵目惊心。"漫逾纪"句点明"迁逝"时间之久。一纪为十二年。这句确切地提供了作赋的时间，当是建安十一年(206)。“情眷眷”二句紧承上句言,流徙了那样漫长的时间,当恋恋思归之情激发时,谁能承受得住这种欲归不得的忧愁啊!“凭轩槛”以下几句写在楼上的展望活动,其中一直贯注着怀归的情绪。遥望时面向家乡所在的北方,心目关切的是回乡的水陆程途。然望眼既为荆山高岭所遮蔽,归途的川原又深长难越,于是自然产生“悲旧乡”二句那种涕泗横溢的悲感。最后六句撮举古代圣贤为例证,言怀念乡土,人情所同,不因穷达而异。“尼父”即孔子。孔子困厄于陈时,曾发出“归欤!归欤”的感叹(见《论语·公冶长》)。钟仪为楚国乐官,被俘囚于晋国时,仍以琴弹奏楚国的乐调(见《左传·成公九年》)。越人庄舄为楚国执珪的官,病中思念越国,呻吟着越国的声音(见《史记·陈轸传》)。这六句乃因思归不得,感伤至极,转而自解之辞,以避免招致区区乡井之讥。用此数事,亦可使文章中途气势盘旋凝重,而不致轻滑,接着以“人情”二句收束,显得分外矫健有力。

末段抒写身世之忧,与其遭遇紧相联系。开始六句表白内心忧惧所在,盖因时间大量流逝,而时清难待,但恐虚度一生,而不获骋力于斯世。“匏瓜”句意本于孔子自谓:“吾岂匏瓜也哉,焉能系而不食!”(见《论语·阳货》)以匏瓜之空悬而不为人食用,以喻人之终身虚度而不见用于世。“井渫”句原于《易·井卦》之“井渫不食”,与“匏瓜”句用意一致。“渫”为疏浚之意。以上六句为本段抒情的基因,然现实一切适与愿违。“步栖迟”以下八句,极写其此时耳目所触,无不令人惊心怆怀。“步栖迟”句写楼上览望时的活动情况,就是行行停停地徘徊着。就在这时,太阳掩藏了它的光辉,原野顿呈一片惨黯惶遽的景象,天色物状都富于象征性,反映着人对于现实的感觉。时局还在恶化,原野一片萧条,只有征夫还在为战争而紧张行进着。看到这一切违反素志的场景,怎不令人凄怆!最后四句写登览下来情绪激动的情况,与篇首相对照。登览原为销忧,而终局适得其反,把感情抒发得无比强烈。

这篇赋是建安时代抒情小赋的杰作。它的卓越的艺术成就表现在它的体貌的高度精练;而情思的深厚丰腴,使读者自然而然地感觉其意味深永。它的精练体现在无论是写景、抒情,以至运用典实来比喻其思想感情,都各适分而止,并不多事铺设辞藻,因而其感情表达得极为清晰而易于感人。在赋中,主人公的形象使读者宛然可见。他登览之际,始而舒畅,继而转忧,于是深思徘徊,最后带着激烈的矛盾情绪下楼,终至归去不能成眠。其时间乃由白昼以至晚暮而达到夜半。其情绪则由舒缓而紧张,由单纯而复杂,终至矛盾激烈而不可开释。这一切构成一幅完整的遭乱流离而满怀身世之忧的诗人形象。

(胡国瑞)

【作者小传】

陈 琳

(? —217) 汉末文学家。字孔璋。广陵射阳(今江苏扬州宝应东北)人。"建安七子"之一。初从袁绍,后归曹操,为司空军谋祭酒,管记室。所草书檄甚多。诗歌仅存四篇。原有集,已散佚,明人辑有《陈记室集》。

为袁绍檄豫州

陈 琳

左将军领豫州刺史郡国相守:盖闻明主图危以制变,忠臣虑难以立权。是以有非常之人,然后有非常之事;有非常之事,然后立非常之功。夫非常者,故非常人所拟也。曩者强秦弱主,赵高①执柄,专制朝权,威福由己;时人迫胁,莫敢正言,终有望夷之败②。祖宗焚灭,污辱至今,永为世鉴。及臻吕后③季年,产、禄④专政,内兼二军⑤,外统梁、赵⑥,擅断万机,决事省禁⑦,下凌上替,海内寒心。于是绛侯、朱虚⑧,兴兵奋怒,诛夷逆暴,尊立太宗⑨。故能王道兴隆,光明显融,此则大臣立权之明表也。

司空⑩曹操,祖父中常侍⑪腾,与左悺、徐璜⑫并作妖孽,饕餮⑬放横,伤化虐民。父嵩,乞匄携养⑭,因赃假位,舆金辇璧,输货权门,窃盗鼎司⑮,倾覆重器。操赘阉⑯遗丑,本无懿德,㟃狡锋协,好乱乐祸。幕府⑰董统鹰扬,扫除凶逆⑱,续遇董卓⑲,侵官暴国,于是提剑挥鼓,发命东夏⑳,收罗英雄,弃瑕取用。故遂与操同咨合谋,授以裨师㉑;谓其鹰犬之才,爪牙可任;至乃愚佻㉒短略,轻进易退,伤夷折衄㉓,数丧师徒。幕府辄复分兵命锐,修完补辑。表行东郡,领兖州刺史㉔,被以虎文,奖蹴㉕威柄,冀获秦师一克之报㉖。而操遂承资跋扈,肆行凶忒,割剥元元㉗,残贤害善。故九江太守边让,英才俊伟,天下知名,直言正色,论不阿谄,身首被枭悬之诛,妻孥受灰灭之咎。自是士林愤痛,民怨弥重,一夫奋臂,举州同声。故躬破于徐方㉘,地夺于吕布㉙,彷徨东裔,蹈据无所。幕府惟强干弱枝之义，且不登叛人之党[30]，故复援旌擐[31]甲，席卷起征[32]，金鼓响振，布众奔沮。拯其死亡之患[33]，复其方伯[34]之位，则幕府无德于兖土之民，而有大造于操也。

后会鸾驾反旆[35]，群虏寇攻，时冀州方有北鄙之警[36]，匪遑离局，故使从事中郎徐勋，就发遣操，使缮修郊庙，翊卫幼主。操便放志专行，胁迁[37]当御省禁；卑侮王室，败法乱纪；坐领三台，专制朝政；爵赏由心，刑戮在口；所爱光五宗，所恶灭三族；群谈者受显诛，腹议者蒙隐戮；百僚钳口，道路以目；尚书记朝会，公卿充员品而已。故太尉杨彪，典历二司[38]，享国极位。操因缘眦睚，被以非罪[39]，榜楚参并，五毒备至；触情任忒，不顾宪网。又议郎赵彦，忠谏直言，义有可纳，是以圣朝含听，改容加饰。操欲迷夺时明，杜绝言路，擅收立杀，不俟报闻。

又梁孝王，先帝母昆[40]，坟陵尊显，桑梓松柏[41]，犹宜肃恭。而操帅将吏士，亲临发掘，破棺裸尸，掠取金宝，至令圣朝流涕，士民伤怀。操又特置发丘中郎将、摸金校尉，所过隳突[42]，无骸不露。身处三公之位，而行桀虏[43]之态，污国虐民，毒施人鬼。加其细政苛惨，科防[44]互设，罾缴[45]充蹊，坑阱[46]塞路，举手挂网罗，动足触机陷。是以兖、豫有无聊[47]之民，帝都有吁嗟之怨。

历观载籍，无道之臣，贪残酷烈，于操为甚。幕府方诘[48]外奸，未及整训，加绪[49]含容，冀可弥缝。而操豺狼野心，潜包祸谋，乃欲摧挠栋梁[50]，孤弱汉室，除灭忠正，专为枭雄。往者伐鼓，北征公孙瓒[51]，强寇桀逆，拒围一年，操因其未破，阴交书命，外助王师，内相掩袭。故引兵造河，方舟北济，会其行人[52]发露，瓒亦枭夷，故使锋芒挫缩，厥图不果。

尔乃大军过荡西山[53]，屠各左校[54]，皆束手奉质，争为前登，犬羊残丑，消沦山谷。于是操师震慑，晨夜逋遁，屯据敖仓[55]，阻河为固，欲以螳螂之斧，御隆车之隧[56]。幕府奉汉威灵，折冲宇宙[57]，长戟百万，胡骑千群，奋中黄育获之士[58]，骋良弓劲弩之势，并州越太行，青州涉济、漯[59]，大军泛黄河而角其前，荆州下宛、叶[60]而掎其后，雷霆虎步，并集虏庭，若举炎火以焫[61]飞蓬，覆沧海以沃熛[62]炭，有何不灭者哉。又操军吏士，其可战者，皆自出幽、冀，或故营部曲，咸怨旷[63]思归，流涕北顾；其余兖、豫之民，及吕布、张扬之遗众[64]，覆亡迫胁，权时苟从，各被创夷，人为仇敌。若回旆方徂，登高冈而击鼓吹，扬素挥[65]以启降路，必土崩瓦解，不俟血刃。

方今汉室陵迟[66]，纲维弛绝，圣朝无一介[67]之辅，股肱[68]无折冲之势，方畿[69]之内，简练之臣，皆垂头搨翼[70]，莫所凭恃，虽有忠义之佐，胁于暴虐之臣，焉能展其节！又操持部曲精兵七百，围守宫阙，外托宿卫，内实拘执，惧其篡逆之萌，因斯而作。此乃忠臣肝脑涂地之秋，烈士立功之会，可不勖哉！

操又矫命称制，遣使发兵。恐边远州郡，过听而给与，强寇弱主，违众旅叛，举以丧名，为天下笑，则明哲不取也。

即日幽、并、青、冀四州并进。书到，荆州便勒见兵，与建忠将军[71]协同声势。州郡各整戎马，罗落[72]境界，举师扬威，并匡社稷，则非常之功于是乎著。其得操首者，封五千户侯，赏钱五千万。部曲偏裨将校诸吏降者，勿有所问。广宣恩信，班扬符赏，布告天下，咸使知圣朝有拘逼之难。如律令[73]。

〔注〕 ① 赵高：秦二世时任丞相，专断朝廷，指鹿为马，后杀秦二世，立子婴，不久被子婴所杀。 ② 望夷之败：指赵高逼秦二世自杀于望夷宫。望夷宫以临泾水，可望北夷而命名。故址在今陕西咸阳市泾阳县东南。 ③ 吕后：汉高祖刘邦的皇后，刘邦死后曾临朝执政。 ④ 产、禄：指吕后的侄儿吕产、吕禄。 ⑤ 二军：指汉代南、北军。南军负责未央宫等处的守卫，北军担任京师的守卫。吕后临朝后，吕产、吕禄掌握南、北军。 ⑥ 外统梁、赵：吕后封吕产为梁王，吕禄为赵王。 ⑦ 省禁：宫禁之中。 ⑧ 绛侯、朱虚：绛侯名周勃，官太尉，平定诸吕作乱，建立殊功。朱虚侯名刘章，协助周勃消灭诸吕。 ⑨ 太宗：指汉文帝刘恒，本封代王，平定吕产等人作乱后，大臣拥戴为帝。 ⑩ 司空：官名，为汉朝廷三公之一。 ⑪ 中常侍：官名，东汉时由宦官充任。 ⑫ 左悺、徐璜：人名，皆宦者。左悺曾为小黄门，徐璜曾为中常侍。 ⑬ 饕(tāo 滔)餮(tiè)：传说中的一种贪食的恶兽，比喻贪婪凶恶的人。 ⑭ “父嵩”二句：曹嵩字巨高，曹腾的养子，因不知曹嵩本父姓名，来路不清，所以称之为乞丐携养。匄，同“丐”。 ⑮ 鼎司：鼎古以为三公的象征，鼎司指三公的职位。曹嵩官至太尉，为三公之一，故称之为鼎司。 ⑯ 赘阉：指曹操父曹嵩为曹腾的养子。阉，指宦者。 ⑰ 幕府：借指将帅，此指袁绍。 ⑱ 扫除凶逆：公元 189 年汉灵帝死，少帝即位，大将军何进谋诛宦官。谋泄，何进反被宦官张

让等所杀。袁绍引兵大杀宦官,不论老小,一律处死。此句即言此事。 ⑲ 董卓:陇西人,字仲颖,灵帝时任并州牧。昭宁元年(189),他入据京师,废少帝,立献帝,独揽朝政。袁绍等起兵讨伐,他挟持献帝迁都长安,自为太师,将京都洛阳焚毁。后为王允、吕布所杀。 ⑳ 发命东夏:袁绍以渤海太守为讨董卓盟军首领。渤海在中国东部,故称东夏。 ㉑ 裨师:偏师。 ㉒ 佻(tiāo 挑):轻薄。 ㉓ 伤夷折衄(nǜ):伤夷,即伤痍,创伤。折衄,损伤,挫败。 ㉔"表行"二句:袁绍曾举荐曹操为东郡太守、刘公山为兖州,后公山为黄巾军所杀,又举荐曹操为兖州刺史。 ㉕ 蹴:《文选》李善注:"蹴,成也。" ㉖ 秦师一克之报:春秋时晋国伏兵崤山,大败秦军袭郑的部队,并俘获秦军统帅孟明。孟明被晋释放回国,继续为秦穆公所重用,终于复仇,战胜晋国。 ㉗ 元元:民众。 ㉘ 躬破于徐方:徐方,指徐州。兴平元年(194),曹操征讨徐州牧陶谦,刘备率兵来援,曹操因粮乏撤军。 ㉙ 地夺于吕布:当时曹操与吕布战于濮阳(今属河南),曹操战败。陈宫叛变,迎吕布,曹操所属郡县都响应。 ㉚ 登:加强、增大。叛人:指吕布。 ㉛ 擐(huàn 患):穿。 ㉜ 席卷起征:史载无袁绍亲征吕布之事。 ㉝ 拯其死亡之患:《文选》李善注引谢承《后汉书》:"操围吕布于濮阳,为布所破。投绍,绍哀之,乃给兵五千人,还取兖州。" ㉞ 方伯:泛称地方长官,此指刺史。 ㉟ 鸾驾反旆:指汉献帝从长安返回洛阳。旆(pèi 配):旌旗。 ㊱ 冀州方有北鄙之警:指公孙瓒率众攻打袁绍北面疆土。 ㊲ 胁迁:指建安元年(196)曹操迎献帝由洛阳迁都于许事。 ㊳ 典历二司:杨彪曾代董卓为司空,又代黄琬为司徒。 ㊴ 被以非罪:曹操以杨彪图谋更立天子,劾以大逆。 ㊵"又梁孝王"二句:先帝指汉景帝刘启。梁孝王(刘武)与汉景帝为同母兄弟。母昆,同母昆弟。 ㊶ 桑梓:为古代住宅旁常栽的两种树木,后用以喻故乡。松柏:古人墓地种松柏作为标识。 ㊷ 隳(huī灰)突:冲撞毁坏。 ㊸ 桀虏:凶暴掳掠。 ㊹ 科防:条律禁令。 ㊺ 罾缴(zēng zhuó 增酌):罾,捕鸟兽用的网。缴,系在箭上的生丝绳,射鸟用。这里比喻到处都有危险,即下文"举手挂网罗"之意。 ㊻ 坑阱:陷阱。 ㊼ 无聊:生活穷困,无所依赖。 ㊽ 诘:问罪。 ㊾ 绪:思。 ㊿ 栋梁:隐指袁绍。 (51) 北征公孙瓒:公孙瓒,字伯珪,汉末辽西令支人,曾任辽东属国长史,后割据幽州,与袁绍连年混战。袁绍北征公孙瓒,事在建安三、四年间。 (52) 行人:使者。 (53) 大军过荡西山:大军,指袁绍部队。荡西山,指平定黑山军于毒等。 (54) 屠各左校:屠各,匈奴部族名。左校,指左校郭太贤。 (55) 敖仓:敖,地名,在今河南荥阳西北。秦代筑谷仓于敖,故称敖仓。 (56) 隆车之隧:隆车,很多车。隧,旋转,此言车队前进。 (57) 折冲宇宙:折冲,本为挫败敌方战车。冲为一种战车。此言抵御、抗击。宇宙,天地。 (58) 中黄育获:指中黄伯、夏育、乌获,都是古代大力勇猛之士。 (59)"并州"二句:袁绍以其外甥高幹为并州刺史,以长子袁谭为青州刺史。此言高幹将越太行起兵,袁谭将率兵渡过济水和漯水来会合。济漯(tà 榻),指济水和漯水。 (60) 荆州下宛、叶:刘表时为荆州刺史,与袁绍结盟。言刘表部队从宛、叶出发。宛,地名,在今河南南阳。叶,地名,在今河南叶县南。 (61) 焫(ruò,又读rè):烧。 (62) 熛(biāo 标):燃烧。 (63) 怨旷:怨恨离别之久。 (64) 吕布张扬之遗众:曹操于建安三年(198)杀吕布并其军。张扬,字稚叔,云中人,董卓以为建义将军,建安四年,为属将杨丑所杀,眭固又杀丑,曹操杀眭固并其军。 (65) 素挥:即白旗。挥,通"徽",旗、幡。 (66) 陵迟:衰颓。 (67) 一介:一个。 (68) 股肱:本为大腿和上臂,此以喻帝王左右辅助得力的臣子。 (69) 方畿:指皇帝直接统治区。 (70) 搨翼:谓鸟垂翅,表现垂头丧气的神态。 (71) 建忠将军:即张绣。他以功封建忠将军,时投靠刘表,在宛与曹操对抗。 (72) 罗落:分布排列。 (73) 如律令:按法令执行。汉代诏书或檄文结尾多用此语。

《三国志·王粲传》载:"(陈)琳避难冀州,袁绍使典文章。袁氏败,琳归太祖。太祖谓曰:'卿昔为本初移书,但可罪状孤而已,恶恶止其身,何乃上及父祖邪?'琳谢罪,太祖爱其才而不咎。"险些给陈琳带来杀身之祸的移书,就是这篇《为袁绍檄豫州》;而使陈琳显露才华,获得曹操赏识的檄文,也是这篇《为袁绍檄豫州》。

建安四年(199),袁绍统领十余万大军攻汉献帝的都城许(今河南许昌),起兵时让陈琳起草这篇檄文晓谕当时任左将军豫州刺史的刘备,希望他反曹,与己联合。

檄文一开头就气宇不凡,陈琳没有就事论事,而是先立本文的总纲,即"盖闻明主图危以制变,忠臣虑难以立权。是以有非常之人,然后有非常之事;有非常之事,然后立非常之功"。在国家危难之时,要采取权变的方法,一切都不能循规蹈矩,墨守成规是成就不了大事业的。当时曹操已据有挟天子以令诸侯的有利形势,所以陈琳就将袁绍这次征讨称为挽救危难、粉碎篡逆的非常之举,以此作为号召。

为了使这一总纲有根有据,有说服力,有号召力,陈琳引用了历史上一反一正两件历史事实。一是赵高挟持秦二世,"时人迫胁,莫敢正言",终于酿成了二世被迫自杀的望夷宫事件,并导致秦朝的覆亡。这是一个惨痛的历史教训。二是吕后末年,吕产、吕禄等专权,汉代几至易姓,但在周勃、刘章等人"兴兵奋怒"的努力下,终于诛诸吕,立文帝,安定了汉室。这是一个成功的例证,"大臣立权之明表也",希望刘备来效法。选取这一历史事例,可以说十分贴切地联系着当时的现实:周勃诛诸吕时身为太尉,而袁绍当时"为太尉转为大将军",相当周勃的地位。朱虚侯刘章是汉代的宗室,而刘备正好也是汉宗室。陈琳正是通过这一历史事件希望袁绍、刘备携手,重演灭贼扶汉这幕剧。

檄文的第一段以赵高、诸吕影射曹操,提出中心论点;从第二段开始,则展开对曹操的实质性揭露和公开声讨。《文心雕龙·檄移》谈到檄移这种文体时说:"奋其武怒,总其罪人;征其恶稔之时,显其贯盈之数;摇奸宄之胆,订信慎之心"。要求将敌人的恶贯满盈进行彻底的揭露,暴露于光天化日之下,使他陷于孤立,闻风丧胆。陈琳抓住对曹操的揭露和声讨这一重点,由曹操的出身、参加讨董卓义军、作兖州刺史、擅权朝纲等重要时期从纵的方面进行揭露,显示他"承资跋扈,肆行凶忒,割剥元元,残贤害善"是一贯的;而且,随着权力的增强,地位的提高,为害亦越演越烈,竟至"擅收立杀,不俟报闻",发掘梁孝王的陵墓,怀有不臣之心;又"持部曲精兵七百,围守宫阙,外托宿卫,内实拘执,惧其篡逆之萌,因斯而作"。凡所言都有事实为据,十分有说服力,将曹操名为汉相实为汉贼的面目揭露无余。在揭露曹操残暴、不忠的同时,也揭露他的不义。檄文历叙袁绍和曹操的关系:曹操是由袁绍提携起来的,在以后的多次战争中,每当曹操遭遇危险,莫不由于袁绍的救助,才得以转危为安,恢复实力,袁绍是曹操的大恩人。但曹操不仅知恩不报,反而恩将仇报,当袁绍代表朝廷征讨公孙瓒时,曹操竟暗中与公孙瓒相勾结,企图危害袁绍,削弱汉室。通过对曹操不忠、不义、不道的深刻揭露,袁绍此举为君、为国、为民的正义性就显示出来了,这正是檄文所要达到的客观效果。

《文心雕龙·檄移》评论本文"抗辞书衅,皦然露骨",就是指对曹操的无情揭露,但同时又批评本文所称"奸阉携养,章密太甚;发丘摸金,诬过其虐",认为陈琳对曹操父祖的揭露有点多余,说曹操置发丘中郎将、摸金校尉专门从事挖墓掘坟是夸大不实之词。那么,檄文中该不该写曹操的出身,暴露其"赘阉遗丑"呢?如结合当时的背景,还是应该写的。东汉末年,宦官、外戚的斗争几经翻覆,当时士大夫中的清流差不多都是反对宦官专权的。汉末又是一个极讲究门第出身的社会,袁绍出身"四世三公"的家庭,门生故吏遍天下,在汉末的政治动乱中袁绍又扮演了诛杀宦官的急先锋角色,陈琳这样写对于争取士大夫中清流的支持应该说是有作用的。究竟曹操有没有设置发丘中郎将、摸金校尉,史无记载,但以情理推测,当有过此举。因为檄文是写给刘备的,曹、刘是同时代的人,如果无中生有,不仅达不到揭露曹操的目的,反而会引起刘备的反感,所以还不能因史无记载,就断言陈琳"诬过其虐"。

为了达到让刘备弃曹从袁的目的,仅指出孰为正义并不够,还需对双方实力、军事情势进行分析,使之明其利害,专一从己。檄文指出袁绍是乘胜之师,兵多将广。幽州、青州刺史都是袁绍的儿子,并州刺史是袁绍的外甥,他们一定会与袁绍本部冀州军团结一致,奋勇作战。荆州刘表是袁绍的同盟,形成对曹军的前后夹击。而曹操的部队,嫡系军队"怨旷思归,流涕北顾";收编吕布、张扬的部队则人心尚未归顺,"人为仇敌",强弱之势十分明显,最后希望刘备"举师扬威,并匡社稷",并公布立功的奖赏及投降不问的优待政策。作者对刘备可以说是晓之以理,动之以情,明之以利害。

本文大都以骈偶句构成,齐整凝练,不仅有着形式整饬之美,且能增加文章的气势,便于口耳相传,扩大影响。语言丰富,全文二千多字,除称谓之外,基本上没有重复使用的语词;叙述也很形象,如表示袁绍军队的威力,用"若举炎火以焫飞蓬,覆沧海以沃熛炭"等,给人极深印象。

（叶晨晖）

古文鉴赏辞典

赵朴初题

魏晋南北朝

上海辞书出版社文学鉴赏辞典编纂中心 编

上海辞书出版社

篇目表

魏晋南北朝

曹　操

让县自明本志令 …………………… 433

祀故太尉桥玄文 …………………… 439

周　瑜

疾困与孙权笺 ………………………… 442

诸葛亮

前出师表 ……………………………… 444

后出师表 ……………………………… 449

曹　丕

典论·论文 …………………………… 454

与吴质书 ……………………………… 458

出妇赋 ………………………………… 462

曹　植

洛神赋并序 …………………………… 463

与杨德祖书 …………………………… 469

无名氏

曹瞒传 ………………………………… 473

阮　籍

大人先生传 …………………………… 478

嵇　康

与山巨源绝交书 ……………………… 490

李　密

陈情表 ………………………………… 497

向　秀

思旧赋并序 …………………………… 500

刘　伶

酒德颂 ………………………………… 503

傅　玄

马钧传 ………………………………… 505

孙　楚

反金人铭 ……………………………… 510

陈　寿

隆中对 ………………………………… 513

张　载

剑阁铭 ………………………………… 516

潘　岳

秋兴赋并序 …………………………… 519

闲居赋并序 …………………………… 523

皇女诔 ………………………………… 528

左　思

白发赋 ………………………………… 530

左　芬

离思赋 ………………………………… 532

陆　机

文赋并序 ……………………………… 535

《吊魏武帝文》序 …………………… 545

刘　琨

答卢谌书 ……………………………… 549

鲁　褒

钱神论 ………………………………… 551

木　华

海赋 …………………………………… 556

王羲之
《兰亭集》序 …… 562
誓墓文 …… 566
孙　绰
游天台山赋并序 …… 568
陶渊明
桃花源记 …… 574
五柳先生传 …… 578
归去来兮辞并序 …… 580
闲情赋并序 …… 585
自祭文 …… 589
颜延之
陶征士诔并序 …… 592
祭屈原文并序 …… 596
谢惠连
雪赋 …… 598
范　晔
董宣传 …… 603
严光传 …… 605
中兴二十八将传论 …… 607
刘义庆
床头捉刀人 …… 610
王子猷雪夜访戴 …… 612
刘伶病酒 …… 614
石崇与王恺争豪 …… 616
张季鹰吊顾彦先 …… 618
谢太傅泛海 …… 619
温峤娶妇 …… 621
桓南郡好猎 …… 622
祖财阮屐 …… 624
袁　淑
庐山公九锡文 …… 626
鲍　照
芜城赋 …… 628
登大雷岸与妹书 …… 631
瓜步山楬文 …… 636
谢　庄
月赋 …… 638
孔稚珪
北山移文 …… 642
谢　朓
拜中军记室辞随王笺 …… 646
沈　约
丽人赋 …… 650
江　淹
恨赋 …… 652
别赋 …… 656
诣建平王上书 …… 662
任　昉
与沈约书 …… 666
刘　峻
广绝交论 …… 668
丘　迟
与陈伯之书 …… 676
陶弘景
答谢中书书 …… 681
郦道元
三峡 …… 684
孟门山 …… 687
刘　勰
情采 …… 689
物色 …… 694
吴　均
与宋元思书 …… 698
与顾章书 …… 700
钟　嵘
《诗品》序 …… 702

刘令娴
祭夫徐敬业文 …………………… 711
萧　统
《文选》序 ……………………… 714
《陶渊明集》序 ………………… 719
萧　纲
采莲赋 ………………………… 724
答张缵谢示集书 ……………… 727
萧　绎
采莲赋 ………………………… 729
荡妇秋思赋 …………………… 731
颜之推
涉务 …………………………… 733
徐　陵
《玉台新咏》序 ………………… 736
陈叔宝
夜亭度雁赋 …………………… 744
题江总所撰孙玚墓志铭后四
　十字 ………………………… 745
祖鸿勋
与阳休之书 …………………… 746
王　褒
与周弘让书 …………………… 750
庾　信
《哀江南赋》序 ………………… 753
小园赋 ………………………… 759
枯树赋 ………………………… 765
春赋 …………………………… 769
至仁山铭 ……………………… 772

魏晋南北朝

曹　操

(155—220)　即魏武帝。三国时政治家、军事家、诗人。字孟德，小名阿瞒。沛国谯县(今安徽亳县)人。东汉末在镇压黄巾起义中，逐步扩充势力。建安元年(196)，迎献帝都许(今河南许昌东)，“挟天子以令诸侯”，先后削平吕布等割据势力。官渡之战大败袁绍，逐渐统一中国北部。建安十三年，任丞相，率军南下，被孙权、刘备的联军击败于赤壁。后封魏王。子曹丕称帝，追尊为武帝。精兵法，曾著《孙子略解》《兵书接要》等书。善诗歌，风格慷慨悲凉。散文清峻质朴。明人辑有《魏武帝集》。

【作者小传】

让县自明本志令　　　　曹　操

孤[1]始举孝廉[2]，年少，自以本非岩穴知名之士[3]，恐为海内人之所见凡愚。欲为一郡守，好作政教以建立名誉，使世士明知之。故在济南[4]，始除残去秽[5]，平心选举[6]，违迕诸常侍[7]。以为强豪所忿，恐致家祸[8]，故以病还。

去官之后，年纪尚少，顾视同岁[9]中，年有五十，未名为老，内自图之：从此却去[10]二十年，待天下清，乃与同岁中始举者等耳。故以四时归乡里，于谯[11]东五十里筑精舍，欲秋夏读书，冬春射猎，求底下[12]之地，欲以泥水自蔽，绝宾客往来之望，然不能得如意。

后征为都尉[13]，迁典军校尉[14]，意遂更欲为国家讨贼立功，欲望封侯作征西将军，然后题墓道言“汉故征西将军曹侯之墓”，此其志也。而遭值董卓之难[15]，兴举义兵[16]。是时合兵能多得耳，然常自损，不欲多之。所以然者，多兵意盛，与强敌争，倘更为祸始。故汴水之战[17]数千，后还到扬州[18]更募，亦复不过三千人。此其本志有限也。

后领兖州[19]，破降黄巾三十万众。又袁术僭号[20]于九江[21]，下皆称臣，名门曰建号门，衣被皆为天子之制，两妇预争为皇后。志计已定，人有劝术使遂即帝位，露布天下[22]。答言：“曹公尚在，未可也。”后孤讨禽其四将[23]，获其人众，遂使术穷亡解沮,发病而死[24]。及至袁绍据河北[25],兵势强盛,孤自度势,实不敌之。但计投死为国,以义灭身,足垂于后。幸而破绍[26],枭[27]其二子。又刘表自以为宗室[28],包藏奸心,乍前乍却,以观世事,据有当州[29]。孤复定之,遂平天下。身为宰相[30],人臣之贵已极,意望已过矣。今孤言此,若为自大,欲人言尽,故无讳耳[31]。设使国家无有孤,不知当几人称帝,几人称王。

或者人见孤强盛,又性不信天命之事,恐私心相评,言有不逊之志[32],妄相忖度,每用耿耿[33]。齐桓、晋文[34]所以垂称至今日者,以其兵势广大,犹能奉事周室[35]也。《论语》云[36]:"三分天下有其二,以服事殷,周之德可谓至德矣。"夫能以大事小也。昔乐毅走赵[37],赵王欲与之图燕,乐毅伏而垂泣,对曰:"臣事昭王,犹事大王;臣若获戾,放在他国,没世然后已,不忍谋赵之徒隶[38],况燕后嗣乎?"胡亥之杀蒙恬[39]也,恬曰:"自吾先人及至子孙,积信于秦三世矣。今臣将兵三十余万,其势足以背叛,然自知必死而守义者,不敢辱先人之教以忘先王也。"孤每读此二人书,未尝不怆然流涕也。孤祖、父以至孤身[40],皆当亲重之任,可谓见信者矣;以及子桓兄弟[41],过于三世矣。孤非徒对诸君说此也,常以语妻妾,皆令深知此意。孤谓之言:"顾我万年之后,汝曹皆当出嫁,欲令传道我心,使他人皆知之。"孤此言皆肝鬲之要[42]也。

所以勤勤恳恳叙心腹者,见周公有《金縢》[43]之书以自明,恐人不信之故。然欲孤便尔委捐所典兵众,以还执事[44],归就武平侯国[45],实不可也。何者?诚恐已离兵为人所祸也。既为子孙计,又己败则国家倾危,是以不得慕虚名而处实祸,此所不得为也。前朝恩封三子为侯,固辞不受;今更欲受之[46],非欲复以为荣,欲以为外援为万安计。孤闻介推[47]之避晋封,申胥[48]之逃楚赏,未尝不舍书而叹,有以自省也。奉国威灵,仗钺征伐,推弱以克强,处小而禽大。意之所图,动无违事,心之所虑，何向不济，遂荡平天下，不辱主命，可谓天助汉室，非人力也。然封兼四县，食户三万，何德堪之！江湖未静，不可让位；至于邑土，可得而辞。今上还阳夏、柘、苦三县㊾户二万，但食武平万户，且以分损㊿谤议，少减孤之责(51)也。

〔注〕 ① 孤：《左传·僖公四年》传注："孤、寡、不谷，诸侯谦称。"东汉末州牧和刺史割据，多自称孤。建安中曹操官司空，手令也多自称孤。孝廉：两汉郡国推举的被称为孝悌清廉的人，是官僚的后备人选。 ② 岩穴知名之士：隐居山间有名望的人士。岩穴：山洞。 ③ 郡守：州郡太守，国相也相当于郡守。 ④ 济南：东汉王国名。治在今山东济南东。 ⑤ 除残去秽：除豪猾去奸吏。 ⑥ 平心选举：指推选茂才、孝廉公正，不受请托。 ⑦ 常侍：即宦官中掌权的人，灵帝时有张让、赵忠、夏恽等十常侍。 ⑧ 恐致家祸：怕导致全家受祸害。 ⑨ 同岁：同年举孝廉的人。 ⑩ 却去：度过。 ⑪ 谯：谯县，故治在今安徽亳州西。 ⑫ 底下：同"低下"。 ⑬ 都尉：武官名，汉末有关都尉及右扶风及京兆虎牙都尉，中平元年(184)置八关都尉。 ⑭ 典军校尉：中平五年(188)灵帝置西园八校尉，宦官蹇硕为上军校尉，袁绍为中军校尉，曹操为典军校尉。 ⑮ 董卓之难：董卓，临洮人，是西北军队将领，大将军何进召他入京师除宦官。宦官杀了何进，袁术也杀掉宦官二千余人。卓入京，废灵帝，立献帝，自命为相国。 ⑯ 义兵：初平元年(190)，关东州郡起义兵讨董卓，推渤海太守袁绍为盟主，曹操行奋武将军。 ⑰ 汴水之战：指曹操与董卓将徐荣战于荥阳(今河南郑州市惠济区古荥镇西)之汴水。 ⑱ 扬州：东汉扬州包括九江、庐江、会稽、吴郡、豫章、丹阳六郡。《三国志·魏志·武帝纪》："刺史陈温、丹阳太守周昕与兵四千人。" ⑲ 后领兖州：初平三年(192)，青州黄巾破兖州，曹操被推为兖州牧。破黄巾，受降卒三十余万。兖州，当今河南省东部、山东省西南部地区，东汉治所在今山东巨野南。 ⑳ 僭(jiàn贱)号：非分地称帝。 ㉑ 九江：东汉九江郡，包括今安徽寿春、合肥、当涂等地。治在寿春。 ㉒ 露布天下：即公开告示天下。诏书不加封缄叫露布，此处用为动词。 ㉓ 讨禽其四将：建安二年曹操讨杀袁术大将桥蕤、李丰、梁纲、乐就四人。禽，也指被围后被杀的，不指生擒，见《文史哲》1978年第5期《"擒"字解》。 ㉔ 发病而死：建安四年六月袁术穷困病死于寿春江亭。 ㉕ 袁绍据河北：初平二年(191)袁绍领冀州牧。冀州，当今河北省地，在黄河之北。 ㉖ 幸而破绍：建安五年(200)袁绍进军官渡，曹操兵力不及袁绍强大，用来降的袁氏谋士许攸计，袭乌巢，烧袁军粮草，于是大败袁军。 ㉗ 枭(xiāo消)：斩首示众。 ㉘ 刘表：高平(今山东微山西北)人，西汉鲁恭王之后，所以说他自以为宗室。 ㉙ 据有当州：据有所在之州，即荆州，刘表是当时的荆州牧。 ㉚ 身为宰相：建安十三年六月，废三公官，立丞相一人，以曹操为丞相。 ㉛ "欲人言尽"二句：谓人情都希望别人把话说尽，所以我也不隐讳什么。 ㉜ 不逊之志：即不顺之心，谓篡汉位。 ㉝ 每用耿耿：常常因此忧虑。 ㉞ 齐桓、晋文：春秋时齐桓公小白，晋文公重耳，是五霸之二。 ㉟ 周室：东周王朝。 ㊱《论语》云：这是《论语·泰伯》上的话，是讲周文王是纣臣，虽占有天下三分之二，还服事殷王朝。 ㊲ 乐毅走赵：乐毅，燕昭王将，曾攻下齐国七十余城，后被田单离间，逃到赵国。曹操所引，未详出自何书。 ㊳ 徒隶：刑徒奴隶。 ㊴ 蒙恬：秦始皇大将，祖父蒙骜事秦庄襄王。父蒙武事秦始皇，三世为将。他和公子扶苏将兵三十万守长城。被秦二世胡亥所杀。以下事见《史记·蒙恬传》。 ㊵ "孤祖"句：指中常侍曹腾、太尉曹嵩和他自己。 ㊶ 子桓兄弟：指曹丕、曹植等，曹丕字子桓。 ㊷ 肝鬲之要：心腹中最重要的话。鬲，同"膈"，横膈膜。

㊸《金縢》:《尚书》篇名,记周公把为武王祈祷而病愈的祷书,藏于铜封缄的柜中。周公被流言而出居东方,后成王打开金縢,才明白周公心迹。 ㊹ 执事:朝廷执政人。 ㊺ 武平侯国:建安元年曹操迎献帝都许昌,被封为武平侯。武平,故城在今河南鹿邑县西北。 ㊻ 今更欲受之:次年即建安十六年据《三国志》注引《魏书》,封三子,植为平原侯,据为范阳侯,豹为饶阳侯。 ㊼ 介推:即介之推,春秋晋公子重耳逃亡时的从行者,晋文公即位,他逃避封赏,隐于绵山,传说晋文公焚山逼他出来,竟被烧死。 ㊽ 申胥:即申包胥,楚大夫。伍员以吴兵灭楚,他求救于秦得复国,楚昭王要封赏他,他逃避不受。 ㊾ 阳夏(jiǎ 假)、柘、苦(hù 户)三县:阳夏,即今河南太康县。柘,即今河南柘城县。苦,汉县名,故城在今河南鹿邑县东。 ㊿ 分损:减少。 51 责:罪责。

本文原见《三国志·魏志·武帝纪》裴松之注引《魏武故事》。《武帝纪》注引《魏书》,说曹操文武并施,“手不舍书,昼则讲武策,夜则思经传。登高必赋,及造新诗”,又说他也擅长音乐和草书。而他的文章,直抒胸臆,情畅气爽,理直事确,是很具有风骨的。无论是短篇还是长文,无论是赞扬还是嘲讽,其语言运用,都很精妙,总的看来,是高于当时文人的。本文正是他的代表作。

本文写于建安十五年冬在邺城建立铜雀台时期,主要是针对当时有关于他将篡汉的流言,表明态度,表示自己本来的志向很低,现在扫平了袁绍、刘表等,位为丞相,已超过所望,又何况三世受汉厚恩,从不想代汉为帝;但也不能放弃兵权,使自己和子孙为虚名而受实祸。言外之意,则是保证自身是不会取汉而代之的。他自比周文王有三分之二的天下,还尊奉纣王,那么将来由于时势的必然,自会由他的儿子代汉,这是不言而喻的。可见,这篇文章写得自然是既坦率而又含蓄的。文中历写自己的生平,很善于反映他某个时期的心理状态,既生动而又极详实。

第一段(第一自然段)写曹操初举孝廉及为济南相时期的潜在想法和所受到的打击。曹操灵帝熹平三年(174)举孝廉,才二十岁,所以文中说“年少”。“自以本非岩穴知名之士,恐为海内人之所见凡愚”,他自己认为不是隐居岩穴的知名人士,怕被海内名人看成平凡愚蠢之辈。而实际上,他表露的正是他因出身阉宦养子后代感到不光彩的心态。“欲为一郡守,好作政教以建立名誉”,表白自己志愿只在做一个太守官,好好搞政教来建立名誉。他以作济南相(济南王国的相,相当于一个郡的太守)为例。灵帝时,他迁济南相,王国管辖十几个县,县的官长多依附贵戚,赃污狼藉,他奏免了八个。“除残去秽”就是指这件事而言。“平心选举”是说王国推荐孝廉茂才等,不徇权势。他认为由于上述原因,得罪了诸常侍(宦官),最后“以为强豪所忿,恐致家祸”,所以托病还洛阳。这一段是写他的最初志愿只在做个好郡守,树立好名誉。

第二段(第二自然段)则写他在洛阳,四时都回谯县(今安徽亳州),建立精舍,想秋夏读书,冬春弋猎。他还想"求底下之地,欲以泥水自蔽,绝宾客往来之望"。他的心里琢磨着与他同时举孝廉的人,有的年已五十,自己想等待二十多年,天下清平再出来做官,也不过才五十岁,可是这个想法又落空了。《三国志·武帝纪》引《魏书》说曹操"恐为家祸,遂乞留宿卫,拜议郎。常托疾病,辄告归乡里,筑室城外,春夏习读书传,秋冬弋猎,以自娱乐"。但这种意愿为什么不能达到呢?这是因为冀州刺史王芬等发动了一场叛乱未遂,而西北金城郡边章、韩遂等也起兵叛乱,兵众有十余万。由此曹操被征为都尉迁典军校尉,打算西征。

第三段(第三自然段)写为典军校尉时的志愿。无疑,他是想讨平金城郡边章、韩遂的叛兵后自己可以做到征西将军并封侯。而他说用以题墓道,则是为了说明他是以此为最高目标的。但世事不由人,文章转入"遭值董卓之难,兴举义兵",随后又写到起兵时的心理。当时他不愿多招募兵马,恐怕成为强敌打击的对象,以此说明自己意在平董卓,也没有抱什么更大野心。

第四段(第四自然段)突出表现自己扫定天下的功绩。初平三年(192),曹操领兖州牧,破降青州黄巾三十余万,奠定了军事力量的基础。"袁术僭号于九江",指建安二年(197),袁术称帝号于九江郡治寿春(今属安徽),因畏惧曹操,没有敢告示天下。文章写袁术两妇预争为皇后,人有劝他真即帝位,他却说:"曹公尚在,未可也。"逼真地刻画出袁术畏操的面目,也反映出自己的雄才大略。"后孤讨禽其四将,获其人众,遂使术穷亡解沮,发病而死",是叙述同年九月,进攻袁术,袁术渡淮逃走,曹操讨杀他留守的桥蕤、李丰等四将,袁术称帝的野心破灭,建安四年病死于寿春江亭的一段史实。曹操的劲敌,公开想称帝的是袁绍,本文叙述自己大破袁绍时说:"及至袁绍据河北,兵势强盛,孤自度势,实不敌之。但计投死为国,以义灭身,足垂于后。幸而破绍,枭其二子。"这里概括了前后八年的史实:建安五年(200),十月大败袁绍于官渡;七年再进军官渡,袁绍死。十年又攻冀州杀袁谭;十二年兵出卢龙塞,辽东太守公孙康杀袁尚,袁氏势力全被消灭。由于操挟天子出政令,扫平叛乱,所以自称"投死为国,以义灭身",即为国不顾死,仗义而弃身。他认为自己名声"足垂于后"。这就是他扫平群雄时的志愿。下面讲到刘表,则是突出汉室宗亲有称帝野心的。他认为刘表是"乍前乍却,以观世事"的人物,即忽进忽退,窥伺群雄成败,据有一州之地而从中渔利。他述及建安十三年刘表死,刘琮降,"遂平天下"。那么,"身为宰相,人臣之贵已极,意望已过矣",已达到志愿的极限,还有什么可言呢?但他自己却知道功大已到难以酬赏地步,上面所举的事例足以说明汉室没有他,就不能存在,"不知当几人称帝，几人称王”。于是他针对这一情况而提出问题，自作解答。

曹操所自明的本志，其实也不是一成不变的。从作一好郡守到征西将军封侯，这是一个变化；董卓之乱，不放弃募少量军队来定乱，又是一个变化；平定天下之后，身为宰相，又是一个变化。但是他认为自己的志愿始终有限制，没有超出为汉王朝效忠的范围。所以第五段讲自己在平定了割据各方，本身发展为最强有力的势力之后，针对篡汉的流言日兴的情况，自己感激三世受汉室厚恩所立下的本志。

这一大段，包括第五、第六两个自然段。第一个层次是讲流言：人们看到自己力量强大了，又不相信帝王有什么天命，私下会在心里议评我有篡汉的意图，常为此而忧虑。那么如何回答这一很多人心里存在的问题呢？第二个层次，就是用历史往事作证验来回答。一是学周文王，三分天下已有了二分，自己还事奉商王纣，这是一件被称颂为至德的事迹；二是以乐毅、蒙恬受国恩不肯背叛其主，特别是以蒙恬三世受秦恩，虽兵力强大也不叛秦为例，说明自己和他们有同感。第三个层次是说明自己为什么这样诚诚恳恳地讲内心的话呢？那是因为自己不能交出兵权，导致汉王朝和自己子孙受祸。如果曹操没有了实力，当然会有别人篡汉，而事实上自己也没有后退之路。第四个层次，又讲从前谦虚，朝廷封三子为侯，拒不接受；现在愿意接受了，他们可以领兵在外作外援，这表示形势已发生根本变化。最后一层则盛夸自己的威力和智慧，认为是天助“汉室”，非人力所致。这是示意能镇压一切反对自己的人。“江湖未静，不可让位”，但为了表明本志仍有限制，便推辞了朝廷给予的阳夏、柘、苦三县户口两万的租赋，来表示依旧忠于汉室的意思。

从文中自比周文王看，他和子孙都不能放弃政权，那么代汉自然是曹丕的事了。文章逻辑清楚，一点也不虚伪，但讲得也还是够含蓄的。《武帝纪》注引《魏氏春秋》说曹操对夏侯惇说过：“若天命在吾，吾为周文王矣。”与本文所讲的想法是完全一致的。他本人并不像袁绍、袁术那样头脑简单，急于篡汉，成为众矢之的；同时也是要留下不背叛恩主的形象，为子孙后代着想。从形势分析，可以推知，到曹丕一定代汉，也是势所必然。许劭评他为“治世之能臣，乱世之奸雄”，确是一点也不错的。建安十六年，《三国志》注引《魏书》说，这年封曹植为平原侯，曹据为范阳侯，曹豹为饶阳侯。每人食户口五千的租赋，也是从曹操让出的部分分派的，和本文中所讲的一致。而次子曹丕却不受汉封爵，作他的世子，就是准备代汉的。

本文的艺术特点之一，是深入社会心理，能反映个人心态。如“自以本非岩穴知名之士，恐为海内人之所见凡愚。欲为一郡守，好作政教以建立名誉”，“待天下清，乃与同岁中始举者等耳”，写自己的深层心理逼真。又如“曹公尚在，未可也”写袁术心理，“包藏奸心，乍前乍却，以观世事”写刘表心理，“恐私心相评，言有不逊之志”写朝廷中一些人们的心理，等等，都很深刻。本文的艺术特点之二是叙事既自然又生动。他讲兴举义兵自己是怎样想的，说：“是时合兵能多得耳，然常自损，不欲多之……后还到扬州更募，亦复不过三千人。”一点也没有矫饰之处。他讲袁术称帝，“两妇预争为皇后”一段，也很切合袁术为人。文章又特别写自己常把本心告妻妾说：“顾我万年之后，汝曹皆当出嫁，欲令传道我心，使他人皆知之。”也很富于人情味。但在他死前的《遗令》中，却不再提这一想法，并没有让姬妾改嫁。艺术特点之三是风骨兼备，文中四言短句多具骨力，像“除残去秽，平心选举，违迕诸常侍”，“后孤讨禽其四将，获其人众，遂使术穷亡解沮，发病而死”，“妄相忖度，每用耿耿”，“推弱以克强，处小而禽大。意之所图，动无违事，心之所虑，何向不济”，“江湖未静，不可让位”等，都豪气洋溢，骨力挺拔。而有些用较长的句子叙事，又很带有感情，像“求底下之地，欲以泥水自蔽，绝宾客往来之望”，“设使国家无有孤，不知当几人称帝，几人称王”，“孤每读此二人书，未尝不怆然流涕也”，“孤此言皆肝鬲之要也”，“是以不得慕虚名而处实祸，此所不得为也”，“未尝不舍书而叹，有以自省也”，都曲折表现内心感情，顿挫抑扬，使文章具有风力。

（王达津）

祀故太尉桥玄文　　曹　操

故太尉桥公①，诞敷明德②，泛爱博容。国念明训，士思令谟。灵幽体翳③，邈哉晞矣④！

吾以幼年⑤，逮升堂室，特以顽鄙之姿，为大君子⑥所纳。增荣益观，皆由奖助。犹仲尼称不如颜渊⑦，李生之厚叹贾复⑧。士死知己，怀此无忘。

又承从容约誓之言：“殂逝之后，路有经由，不以斗酒只鸡过相沃酹，车过三步，腹痛勿怪。”虽临时戏笑之言，非至亲之笃好，胡肯为此辞乎？匪谓灵忿，能诒己疾，怀旧惟顾，念之凄怆。

奉命东征，屯次乡里，北望贵土，乃心陵墓，裁⑨致薄奠，公其尚飨！

〔注〕 ① 故太尉桥公：桥玄字公祖，睢阳（治今河南商丘西南）人。汉灵帝初，征入为河南尹，转少府、大鸿胪。建宁三年迁司空转司徒。免，拜光禄大夫。光和元年迁太尉。因病罢。拜太中大夫。光和六年卒。 ② 诞敷明德：大布明德之政。诞，《尔雅·释诂》："大也。"敷，布散。《后汉书·桥玄传》引作"懿德高轨"。 ③ 灵幽体翳：指死去灵魂入于幽冥，身体已被埋藏。 ④ 邈哉晞矣：也指已死者离人间远去。晞，比喻人死如露水之干。《薤露》古辞："薤上露，何易晞……人死一去何时归。" ⑤ 吾以幼年：可能指灵帝熹平三年，年二十，举孝廉为郎时。曹操《让县自明本志令》云："孤始举孝廉，年少。" ⑥ 大君子：指桥玄。 ⑦ "犹仲尼"句：《论语·公冶长》："子谓子贡曰：'女（汝）与回（颜渊）也孰愈？'对曰：'赐也何敢望回。回也闻一以知十，赐也闻一以知二。'子曰：'弗如也，吾与女弗如也。'" ⑧ "李生"句：《后汉书·贾复传》："少好学，习《尚书》，事舞阴李生。李生奇之，谓门人曰：'贾君之容貌志气如此，而勤于学，将相之器也。'" ⑨ 裁：《后汉书·马援传》"但取衣食裁足"注："裁，仅也，与才同。"

桥玄是敢于打击豪强，执法很严的官吏。灵帝建宁三年（170），桥玄迁司空转司徒，已是三公；次年罢为尚书令，熹平末任光禄大夫。熹平三年（174）曹操年二十，举孝廉为郎，认识桥玄，或在此时。灵帝光和元年（178），桥玄为太尉，数月罢为太中大夫。曹操征拜议郎，与桥关系转为密切，后曹操也免官归谯县。光和三年再征拜议郎，六年桥玄死去。这篇祭文就是分别叙述了两个阶段他和桥玄的关系的。

汉代祭吊文并不多见，略而有两种：一种名为"吊"，是追悼古代不幸的人的，如贾谊《吊屈原文》；一种名为哀辞，是哀悼夭殇子女的。至于祭友人的文章，曹操这篇可以算作是现存的第一篇，可惜它不见述于《文心雕龙·哀吊》。

建安时代的文学，刘勰说："观其时文，雅好慷慨，良由世积乱离，风衰俗怨，并志深而笔长，故梗概而多气也。"（《文心雕龙·时序》）曹操的散文和诗都是如此。本文就充分表露他对桥玄的感激之情和必能成就大事业的信心。文章率性任情，直抒胸臆，用古朴甚至诙谐的语言，来体现真情实意，又富于逻辑力量，实是一种"情与气偕，辞共体并"（《文心雕龙·风骨》）的风骨表现。

当时正处于品评人物风气流行的时候，所以本文一开始，就写出桥玄的品德："诞敷明德，泛爱博容。国念明训，士思令谟。"这四字一句的评语，便"辞共体并"，是很得大体、很有骨力的语言。这是讲桥玄一生大布道德于世，泛爱各种人士，广泛容纳人才。国家思念他的遗训，士大夫想着他的嘉谋。特别是头两句，真能把桥玄在高位而能礼敬少年曹操的这种美德传写出来。桥玄在当时确实以能兼容并包而久居高位。

文章头一段，用四字句，骨力劲健，是东汉末碑铭文的习惯写法，这还不足奇。而第二段就显出曹操直抒胸臆的特点了。他说："吾以幼年，逮升堂室，特以顽鄙之姿，为大君子所纳。"灵帝熹平三年，他举孝廉为郎前后，曾拜谒过桥玄，所以说赶上了升堂入室，认为自己的资质顽而且陋，竟能受到桥玄的热情接待。这些话确为由衷之言。而下面又深一层说："增荣益观，皆由奖助（当从《后汉书·桥玄传》作'勖'）。"这是讲由于桥玄的品题奖勉，增加了荣誉，增益了世人好评。《世说新语·识鉴》注引《魏书》云："玄见太祖曰：'吾见士多矣，未有若君者，天下将乱，非命世之才不能济也，能安之者，其在君乎？'"那么曹操从桥玄那里得到了他所最希望的评价与鼓励，当然是一生感激的了。祭文中未重复这些话，这自然是当时人们所熟知的，所以祭文只用"犹仲尼称不如颜渊，李生之厚叹贾复"二语来比譬，是说桥公对自己的期许，不减于仲尼之认为自己不如颜渊，舞阴李生之赞美贾复是将相之器。然后说："士死知己，怀此无忘。"这一段文章感情流露得十分充沛，而且是以今天的自己论证了桥玄的话的准确性，更显得文章骨力挺拔，意气昂扬。

最后一段写得很幽默。曹操引用了桥玄生前戏笑之言，既使忘年之交、知己之情表现得更深刻，又使自己怀念死者的感情，表现得极为笃厚。这种写法也是建安文学所特有的。

文中写道："又承从容约誓之言：'殂逝之后，路有经由，不以斗酒只鸡过相沃酹，车过三步，腹痛勿怪。'"这段话，很代表建安文学"杂以嘲戏"的特征。如孔融写给曹操的信，陈琳代曹洪写给魏文帝的信，曹丕《典论·自叙》，曹植《与吴季重书》中所讲："过屠门而大嚼，虽不得肉，贵且快意"等。这种特点很符合于当时社会任情放纵、不拘泥礼法的风气。如《世说新语·伤逝》记载王粲好驴鸣，死后，魏文帝临丧，让同来的人，各作驴鸣一声来送灵，就是与本文所写很相近的例子。这种话如不是交情深厚的人，是不可能说的。所以文章又说："虽临时戏笑之言，非至亲之笃好，胡肯为此辞乎？"对桥玄上述一时戏笑的言辞作了情理俱到的评论，正反映曹操"心念旧恩"（《短歌行》语）的感情。所以下面说："匪谓灵忿，能诒己疾，怀旧惟顾，念之凄怆。"他认为他所以引述这些话语，并不意味着魂灵真的发怒，能够让自己生病，而是思念旧日友好情怀，回想起来十分难过。《三国志·魏志·武帝纪》裴松之注引《魏书》云，桥玄曾对曹操说："吾见天下名士多矣，未有若君者也。君善自持，吾老矣，愿以妻子为托。"这些话大概是和上面这段话同时说的，但史书所记，经过修饰，便远不及文中所述这一细节，最能表达桥玄对曹操的赏识和寄希望于他的真实感情。

这篇文章绝少冗赘言辞，不像六朝祭文多华少实；而结尾六句，写得更爽快简净，是地道英雄人语而不是小儿女之情，真足以体现曹公文章的古直风格。词云："奉命东征，屯次乡里，北望贵土，乃心陵墓，裁致薄奠，公其尚飨！"建安五年曹操打败袁绍于官渡之后，建安七年又假献帝命东征，大军屯驻于其乡里（谯）。睢阳是桥玄家乡，在谯之北。乃心，指操自己的心。周瑜《疏荐鲁肃文》："是瑜乃心夙夜所忧。"也是用乃心指自己的心的。寥寥数语，真是语短心长。

全文才百七十多字，主体的感情和个性都表现得很鲜明。这一祭奠的话语无疑是反映桥玄有先见之明。而曹操大破袁绍于官渡，又继续进攻，此祭就是借告慰桥公之灵，表明自己已奠定了扫平天下的基础。同时，这一祭文也是向朝野人士表示自己不忘旧恩，一语之赐必报，用意也是很深远的。在此文之前，曹操还写了《军谯令》，云："吾起义兵，为天下除暴乱。旧土人民，死丧略尽，国中终日行，不见所识，使吾凄怆伤怀。"他还为战死而无后者立后，有后者立庙，也是有意抚恤故旧，为进一步平定割据作有力的宣传。

（王达津）

【作者小传】

周 瑜

（175—210） 三国吴国名将。字公瑾。庐江舒县（今安徽庐江西南）人。出身士族。少与孙策为友。后归策，为建威中郎将，助策在江东创立孙氏政权。策死，与张昭同辅孙权，任前部大都督。建安十三年（208），曹操率军南下，他和鲁肃坚决主战，并亲率吴军大破曹兵于赤壁。后病死。精音乐，当时有"曲有误，周郎顾"之语。

疾困与孙权笺

周 瑜

瑜以凡才，昔受讨逆①殊特之遇，委以腹心，遂荷荣任，统御兵马，志执鞭弭，自效戎行。规定巴蜀②，次取襄阳③，凭赖威灵，谓若在握。至以不谨，道遇暴疾，昨自医疗，日加无损。人生有死，修短命矣，诚不足惜，但恨微志未展，不复奉教命耳。

方今曹公在北，疆埸④未静，刘备寄寓，有似养虎。天下之事，未知终始，此朝士旰食之秋，至尊垂虑之日也。鲁肃⑤忠烈，临事不苟，可以代瑜。人之将死，其言也善，傥或可采，瑜死不朽矣。

〔注〕 ① 讨逆：指孙策，他曾受封"讨逆将军"。 ② 巴蜀：汉代巴郡、蜀郡，约相当于今

四川省。当时为刘璋、张鲁所分据。　③ 襄阳：今属湖北，当时为荆州州治，为刘备所占据。④ 疆埸(yì易)：边境。　⑤ 鲁肃：字子敬，东吴谋臣。与周瑜友善，后代周瑜领兵。

这是周瑜病危之际给孙权的遗书，录自《三国志·吴书·鲁肃传》裴松之注所引《江表传》。《周瑜传》载：周瑜诣京见孙权后，“还江陵，为行装，而道于巴丘病卒，时年三十六”。因此，这封信当写于建安十五年(210)。

周瑜是东吴政权的重臣。他与孙策是同庚挚友，共同奠定了东吴政权的基础，又分娶江东美人乔氏姐妹，成为连襟。孙策曾说：“周公瑾英隽异才，与孤有总角之好、骨肉之分。”(《三国志·周瑜传》裴注引《江表传》)孙策死后，其弟孙权继位，孙母当周瑜面对孙权说：“我视之如子也，汝其兄事之。”周瑜以其杰出的才能和与孙氏家族的特殊关系，受到充分的信任和重用，得以施展其平生抱负。尤其在建安十三年(208)，曹操大军南下，威逼江东，东吴朝臣多以为无力拒曹，不如投降，周瑜力排众议，主张抗敌。在孙权的支持下，他率军联合刘备，在赤壁大战中击败曹军，创造了中国战争史上以少胜多的一个辉煌战例，表现出高超的军事才能，并由此一举奠定了魏蜀吴三分天下的局面。三国是一个天下动荡、英雄辈出的时代，而周瑜尤其是一个风流俊爽的佼佼者。八百多年以后，苏东坡写《念奴娇·赤壁怀古》词，仍无限感叹地说：“遥想公瑾当年，小乔初嫁了，雄姿英发。”

周瑜并非“文人”，但在这篇遗书里，透过简洁有力的文辞，可以体会到他的英豪之气。一开头，周瑜追叙了自孙策以来他与孙氏政权的密切关系，语含谦恭与忠诚，同时也包涵着不负重任的自信。赤壁之战后，刘备暂居荆州，立足未稳，刘璋、张鲁割据巴蜀，懦弱无能。因此，“规定巴蜀，次取襄阳”，以整个南部中国的力量与曹操所统治的北部中国相抗衡，进而统一天下，就是周瑜所设想的战略计划。“凭赖威灵，谓若在握”，显示他对自己的战略计划是稳操胜券的。然而正在三十六岁的英年，周瑜却走到了生命的尽头。“人生有死，修短命矣，诚不足惜”，似乎是一种通达；但是，人谁不恋生？只是以周瑜的豪气，绝不愿对生死之事，表现得哀哀戚戚罢了。他以“微志未展”的遗憾，表示对他所投身的大事业的留恋，流露了一个英雄人物在过早弃世之际的痛楚。在沉静的语气中，这一痛楚更显得感人。

这封遗书的一个直接的目的，是推荐鲁肃为自己的继承人。对于这一安排，周瑜再三强调了他的出发点，是考虑东吴政权的安危与前途。“天下之事，未知终始”，表现出深刻的忧虑；“鲁肃忠烈，临事不苟，可以代瑜”，语气斩绝，不容置疑；“人之将死，其言也善”，则表示了极其恳切的祈求，使得孙权无法拒绝他的临终安排。

就身份来说，周瑜与孙权是君臣关系，因而这封遗书使用了与彼此身份相符的谦恭委婉的词语。但是，周瑜的态度，又是坚定而自信的，绝无卑下之气。通观全文，可以真切地感受到周瑜的“性度恢廓”的品格。而作者使用语言表达情志的精确恰当，也显示出很高的文化修养。 （戎晓若）

【作者小传】

诸葛亮

(181—234) 三国蜀汉政治家、军事家。字孔明。琅邪阳都(今山东沂南南)人。东汉末隐居邓县隆中(今湖北襄阳西)，留心世事，时称为“卧龙”。刘备三顾茅庐，他向刘备提出联合孙权，对抗曹操，统一全国的建议，即所谓“隆中对”。从此成为刘备的主要谋士。刘备称帝后，任为丞相。刘禅继位，他被封为武乡侯，领益州牧。建兴十二年(234)，与魏司马懿在渭南相拒，病死于五丈原军中。著有《诸葛亮集》。

前出师表　　诸葛亮

先帝创业未半而中道崩殂①，今天下三分，益州②疲弊，此诚危急存亡之秋也。然侍卫之臣不懈于内，忠志之士忘身于外者，盖追先帝之殊遇，欲报之于陛下也。诚宜开张圣听，以光先帝遗德，恢弘志士之气；不宜妄自菲薄，引喻失义③，以塞忠谏之路也。

宫中府中④，俱为一体，陟罚臧否，不宜异同⑤。若有作奸犯科及为忠善者，宜付有司论其刑赏，以昭陛下平明之理；不宜偏私，使内外异法也。侍中、侍郎郭攸之、费祎、董允等⑥，此皆良实，志虑忠纯，是以先帝简拔以遗陛下。愚以为宫中之事，事无大小，悉以咨之，然后施行，必能裨补阙漏，有所广益。将军向宠，性行淑均⑦，晓畅军事，试用于昔日，先帝称之曰能，是以众议举宠为督⑧。愚以为营中之事，悉以咨之，必能使行阵和睦，优劣得所。亲贤臣，远小人，此先汉所以兴隆也；

孔明奏表出师

——明万历元年刘龙田刊本《亲锲考正绘像注释古文大全》

亲小人，远贤臣，此后汉所以倾颓也。先帝在时，每与臣论此事，未尝不叹息痛恨于桓、灵也⑨。侍中、尚书、长史、参军⑩，此悉贞良死节之臣，愿陛下亲之信之，则汉室之隆，可计日而待也。

臣本布衣，躬耕于南阳⑪，苟全性命于乱世，不求闻达于诸侯。先帝不以臣卑鄙，猥自枉屈，三顾臣于草庐之中，咨臣以当世之事，由是感激，遂许先帝以驱驰。后值倾覆，受任于败军之际，奉命于危难之间，尔来二十有一年矣⑫！先帝知臣谨慎，故临崩寄臣以大事也⑬。受命以来，夙夜忧叹，恐托付不效，以伤先帝之明。故五月渡泸，深入不毛⑭。今南方已定⑮，兵甲已足，当奖率三军，北定中原⑯，庶竭驽钝，攘除奸凶，兴复汉室，还于旧都。此臣之所以报先帝而忠陛下之职分也。至于斟酌损益，进尽忠言，则攸之、祎、允之任也。愿陛下托臣以讨贼兴复之效，不效则治臣之罪，以告先帝之灵。若无兴德之言，则责攸之、祎、允等之慢，以彰其咎。陛下亦宜自谋，以咨诹善道，察纳雅言，深追先帝遗诏⑰，臣不胜受恩感激。

今当远离，临表涕零，不知所言。

〔注〕 ① 先帝：蜀汉先主刘备。备于吴蜀夷陵之战大败后的次年章武三年(223)病死，年六十三岁。旧时称皇帝之死为“崩”或“殂”(cú)、“殂落”。 ② 益州：汉武帝所置十三刺史部之一，此指蜀汉疆域，相当于今四川、云南和贵州一部分。 ③ 引喻：称引和比喻。失义：失却义理。此指说话不合道理。 ④ 宫中府中：后主建兴元年(223)命诸葛亮开府治事(《华阳国志》定为建兴二年事)，自辟僚属。宫中，指侍奉皇帝的官员。府中，指丞相府的属官。 ⑤ 陟(zhì至)：升官。臧：善。否(pǐ匹)：恶。异同：偏义复词，侧重于“异”。 ⑥“侍中”句：侍中、侍郎，皆为皇帝的侍从官。郭攸之，字演长，南阳(今属河南)人，当时任侍中。附见于《三国志·蜀志·董允传》。裴松之注引《楚国先贤传》谓郭“以器业知名于时”。费祎(yī衣)，字文伟，江夏鄳(méng萌，故城在今河南罗山县西)人，当时任侍中。《蜀志》有传。董允：字休昭，南郡枝江(今属湖北)人，当时任黄门侍郎。《蜀志》有传。 ⑦ 向宠：襄阳宜城(今属湖北)人。刘备时为牙门将。夷陵之战失败，唯向宠所部独无损失，故刘备称之曰“能”。《蜀志》有传，附《向朗传》后。淑均：良善公正。 ⑧ 督：中部督，掌管禁卫军。 ⑨ 桓：后汉桓帝刘志(147—167年在位)。灵：灵帝刘宏(168—189年在位)。桓帝先信任外戚梁冀，后又宠信宦官，下诏逮捕反对宦官的李膺等二百余人，兴起党锢之祸。灵帝即位，宦官继续专政，党锢之祸复起，朝政腐败，导致黄巾大起义。 ⑩ 侍中、尚书、长史、参军：侍中，指郭攸之、费祎。尚书，协助皇帝

处理政事的官员，指陈震。震字孝起，南阳人，建兴三年拜尚书。《蜀志》有传。长史，主管丞相府文书簿籍的属官，指张裔。裔字君嗣，蜀郡成都人，此时以射声校尉领留府长史。《蜀志》有传。参军，丞相府属官，指蒋琬。琬字公琰，零陵湘乡（今属湖南）人，建兴元年迁参军，此时与长史张裔统留府事。《蜀志》有传。　⑪ 布衣：平民。躬耕于南阳：诸葛亮在襄阳城西二十里之隆中亲自耕种以待时，襄阳时属南阳郡。　⑫“后值倾覆”四句：倾覆，指建安十三年（208），刘备在当阳长坂被曹操击溃，逃奔夏口（今湖北武汉）。后派诸葛亮赴东吴与孙权约，共御曹操，败操于赤壁。自“倾覆”至此上表之建兴五年整二十年；从建安十二年三顾草庐算起，为二十一年。　⑬“临崩”句：章武三年春，刘备于永安（白帝城，今四川奉节）病危，召诸葛亮于成都，托以后事。　⑭ 泸：泸水，今金沙江。不毛：未经开发的地方。“毛”指五谷及其他农作物。南方酷热，五月渡泸，极言其艰苦。　⑮ 南方已定：蜀后主建兴元年，云南地区越巂郡高定元、益州郡雍闿（后为孟获）、牂柯郡朱褒等发动变乱，诸葛亮以新遭先主之丧，未便用兵。三年春，亮率众南征，其秋悉平。　⑯ 中原：指曹魏。　⑰ 先帝遗诏：《三国志·蜀志·先主传》裴松之注引《诸葛亮集》，载先主遗诏付后主，中有“勿以恶小而为之，勿以善小而不为”等语。

诸葛亮并不是一个文学家，而所著《出师表》却成为千古传诵的文学名篇。诚如宋代大文豪苏轼所说：“诸葛孔明不以文章自名，而开物成务之姿，综练名实之意，自见于言语。至《出师表》，简而尽，直而不肆，大哉言乎，与《伊训》《说命》相表里，非秦汉以来以事君为悦者所能至也。”（见《乐全先生文集叙》）一篇不到八百字的短文，看似平实无奇，竟受到后人如此高度的赞扬，其原因何在呢？

毋庸讳言，封建社会里的士大夫们看重《出师表》，自有其政治标准。他们往往着眼于文中表露的忠君思想，予以突出的鼓吹，借以树立他们心目中的道德人伦的规范，是我们所不取的。但撇开这一层，我们仍不能不承认，这是一篇耐人咀嚼的好文章，有其自身不可磨灭的价值。它的特点可以用“理周情切，志尽文畅”八个字加以概括。

所谓理周，并非指文中讲了许多道理，而是说文章的立论很切合实际，针对性强，一字一句都落到实处，不作空泛之议，因而所讲的道理就显得有说服力，逻辑谨严，充分体现了政治家的优良文风。

此文写于后主建兴五年（227）诸葛亮率师北伐中原之际，而作者却把笔墨集中在修明内政这一点上。前半对后主进谏，直接谈朝政问题，后半自己述志，亦是落脚到劝刘禅“咨诹善道，察纳雅言”上来。为什么这样写呢？因为北伐曹魏、统一天下，是蜀汉建国以来的既定方针，而为了争取北伐的胜利，事前也作了一系列准备工作。这些都是本已明了的事，不必赘言。诸葛亮放心不下的，是他率领大军出征后的国内政治。他考虑到，只有把内部政局稳定下来，才能有巩固的后方，也才能为前线军事斗争提供可靠的保证。这就是为什么他在临行前呈上的《出师表》里，反复叮咛修明内政，而无一字涉及军事方略的缘故。于此亦可见出文章的有为而发，不尚空言。

再来看修明内政的问题是怎样提出来的。这一问题的提出，离不开整个国家所面临的形势与任务。文章开宗明义指出：蜀汉先帝刘备开创的事业并未成就，天下仍处在分裂割据之中，而蜀国自身由于连年战争，国力疲弊，确实到了危急存亡的关头。这一起，起得突兀有力，好比在人背上猛击一掌，令人警醒，从而正视眼前的危机。这样，修明内政才有其必要性和迫切性。那么，情况是否一团乌糟呢？也不然。文章在“然”字下笔锋一转，列举“侍卫之臣不懈于内，忠志之士忘身于外”，说明文臣武将都还追念先帝的恩遇，忠心耿耿地为国效力，上下协同，人心可用，这是蜀国当前拥有的最大的资本，也是修明内政的可行性所在。有了必要，又有了可能，改良政事势在必行；而根据蜀国物力贫乏、士气有余的特点，这一努力自宜着眼于进一步调动人的积极性，所以文章接下来用正反对举的形式提出劝谏时，便把注意力放到“恢宏志士之气”、开通“忠谏之路”上面来，是完全顺理成章的。开首这一节话语不多，而能从大形势的分析导引出修明内政的要求，真有高屋建瓴、势如破竹的气概。

至于修明内政的具体措施，作者也说得很实在。一是内廷(宫中)与外廷(府中)须一视同仁，不能刑赏偏私、内外异法。史称刘禅嬖昵小人，听用宦官，可见诸葛亮的这一劝谏并非无的放矢。二是推举郭攸之、费祎、董允等贤臣主持朝中政事，又荐任将军向宠掌管卫戍营队，后方的军、政大权交付在可靠的人手里，国事就不致发生紊乱。三是以先前汉的兴隆与后来汉的倾败为鉴戒，规劝后主要“亲贤臣，远小人”，信用眼下任职的一批贞良死节之士，才有可能实现兴复汉室、一统天下的大计。几点建议都很具体着实，可以施行，而且围绕着一个中心，便是“亲贤臣，远小人”，不仅体现了诸葛亮关于修明内政、恢宏士气的主张，亦且切中后主刘禅自身的弱点，有鲜明的针对性和切实的指导性。这些都显示了文章议事落到实处而产生的巨大逻辑力量，确实当得起苏轼所谓“开物成务”“综练名实”的赞誉。

把道理说透，是一篇议论文的基本要求，但光能以理喻人，不能以情动人，仍不算上乘文字。诸葛亮早岁得到刘备知遇，后又受命托孤，辅佐刘禅，他同蜀汉两代君主之间的情谊非比一般，因而在远行告别时的进言中，自然饱和着感情色彩，读来特别感人。

文章的感情因素，较多地集中在后半部分，即作者述志之中。自“臣本布衣”以下，诸葛亮对个人一生的行事，作了简略的回顾。三顾茅庐，临危受命，突出刘备对自己的殊识；而平定南方，北伐中原，则表明自己对蜀汉政权的尽忠。这些情事的叙述，由于一一发自肺腑，尽管只是平平实实道来，自有一种动人心弦的力量。而反思创业之艰难，继成之不易，重提兴复之大业，君臣之职分，除了表白自己竭诚图报的心意外，同时也起着激励后主为光大先帝遗业而勤心国事的作用。本文这种披肝沥胆、痛切陈情的作风，很容易使人联想起屈原所写的《离骚》，尽管它们在表现形式上差别悬殊。清人丘维屏以"明白剀切中百转千回，尽去《离骚》幽隐诡幻之迹而得其情"来评说本文，是切中肯綮的。

当然，感情的表露并不局限于文章的后半。如一开头两句"先帝创业未半，而中道崩殂"，就有"百感交集"之慨。全文凡十三处提到"先帝"，时时不忘先帝的遗业、遗德、遗言、遗诏，足见情深志笃。而反复使用"宜""不宜""诚宜"字样，亦显示出叮咛周至、不厌其烦的心意。清浦起龙说："伊尹频称先王，武乡频引先帝，其圣贤气象兼骨肉恩情，似老家人出外，丁宁幼主人，言言声泪兼并。"(《古文眉诠》卷三十七)确能捕捉住文章的神气。

说理与陈情的完美结合，理周而又情切，便产生了本文在表情达意上的能尽、能畅的功能，形成质朴无华、明白透彻的语言风格。《文心雕龙·章表》篇在列举章表这类文体的典范作品时，曾以"志尽文畅"四个字来形容本文的特点，并以之与孔融《荐祢衡表》的"气扬采飞"相对照，认为它们"虽华实异旨，并表之英也"。可见在章表这类文体中，《出师表》属于质直明畅而较少修饰的一路，诵读全文当可自见。不过，这并不意味着文章绝无文采。由于语言自然气势的作用，文中出现了不少排偶句，如"侍卫之臣不懈于内，忠志之士忘身于外"，"苟全性命于乱世，不求闻达于诸侯"，"受任于败军之际，奉命于危难之间"以及"亲贤臣，远小人，此先汉所以兴隆也；亲小人，远贤臣，此后汉所以倾颓也"等，增强了文章的感情色彩。至于一些词语的组合，如"妄自菲薄""引喻失义""陟罚臧否""作奸犯科""裨补阙漏""斟酌损益"等，也往往能在简练的形式中得到鲜明、生动的表达效果，有的还流衍为成语、格言。但这类藻采主要来自自然语势，而非出于人工矫饰，所以并不给人以工巧琢炼或矜才使气的感觉，也并不损害文章质直明畅的整体风格。看来，苏轼所说的"简而尽，直而不肆"是能够把握住分寸的。

政治家的文章需要有政治家的风度，以今天的眼光来品味诸葛亮的《出师表》，似乎可以着重从这个角度加以领略。

（蒋哲伦）

后出师表　　诸葛亮

先帝虑汉、贼①不两立，王业不偏安②，故托臣以讨贼也。以先帝之明，量臣之才，故知臣伐贼，才弱敌强也。然不伐贼，王业亦亡;惟坐而待亡,孰与伐之?是故托臣而弗疑也。臣受命之日,寝不安席,食不甘味。思惟北征,宜先入南③。故五月渡泸④,深入不毛,并日而食。臣非不自惜也,顾王业不得偏全于蜀都⑤,故冒危难以奉先帝之遗意也,而议者谓为非计。今贼适疲于西⑥,又务于东⑦,兵法乘劳⑧,此进趋之时也。谨陈其事如左:

高帝⑨明并日月,谋臣渊深,然涉险被创⑩,危然后安。今陛下未及高帝,谋臣不如良、平⑪,而欲以长计取胜,坐定天下,此臣之未解一也。刘繇、王朗⑫各据州郡,论安言计,动引圣人,群疑满腹,众难塞胸,今岁不战,明年不征,使孙策⑬坐大,遂并江东,此臣之未解二也。曹操智计殊绝于人,其用兵也,仿佛孙、吴⑭,然困于南阳⑮,险于乌巢⑯,危于祁连⑰,逼于黎阳⑱,几败北山⑲,殆死潼关⑳,然后伪定㉑一时耳。况臣才弱,而欲以不危而定之,此臣之未解三也。曹操五攻昌霸㉒不下,四越巢湖不成㉓,任用李服㉔而李服图之,委夏侯㉕而夏侯败亡,先帝每称操为能,犹有此失,况臣驽下,何能必胜?此臣之未解四也。自臣到汉中㉖,中间期年耳,然丧赵云、阳群、马玉、阎芝、丁立、白寿、刘郃、邓铜等及曲长、屯将㉗七十余人,突将无前㉘。賨、叟、青羌㉙散骑、武骑一千余人,此皆数十年之内所纠合四方之精锐,非一州之所有;若复数年,则损三分之二也,当何以图敌?此臣之未解五也。今民穷兵疲,而事不可息;事不可息,则住与行劳费正等。而不及今图之,欲以一州之地,与贼持久,此臣之未解六也。

夫难平者,事也。昔先帝败军于楚㉚,当此时,曹操拊手,谓天下以定。然后先帝东连吴、越㉛,西取巴、蜀㉜,举兵北征,夏侯授首㉝,此操之失计而汉事将成也。然后吴更违盟,关羽毁败㉞,秭归蹉跌㉟,曹丕称帝㊱。凡事如是,难可逆见。臣鞠躬尽力㊲,死而后已;至于成败利钝,非臣之明所能逆睹㊳也。

〔注〕 ① 汉:蜀汉自称。贼:指曹魏。 ② 偏安:指帝王不能统治全国,偏据一方以自

安。　③ 入南：指建兴三年(225)诸葛亮深入南中，平定四郡事。　④ 泸：泸水，古水名，一名泸江水，指今雅砻江下流及金沙江会合雅砻江以后一段。　⑤ 蜀都：指成都。　⑥ 贼适疲于西：指建兴六年(228)春，诸葛亮初出祁山(今甘肃礼县东)时，曹魏西部的南安、天水、安定三郡叛魏应蜀。　⑦ 又务于东：指建兴六年秋，东吴陆逊击败魏大司马曹休于石亭(今安徽潜山东北)事。　⑧ 乘劳：趁敌军疲惫之机。　⑨ 高帝：指汉高祖刘邦。　⑩ 涉险被创：刘邦曾多次亲临战地，多次被困受伤。　⑪ 良、平：张良、陈平，为刘邦的谋士和重臣。　⑫ 刘繇(yóu由)：字正礼，东汉末年任扬州刺史，后被袁绍逼至曲阿(今江苏丹阳)，兴平二年(195)为孙策击败。王朗：字景兴，东汉末年任会稽(今浙江绍兴)太守，孙策率军渡江时，他兵败投降。⑬ 孙策：字伯符，孙坚之子，孙权之长兄。坚死后，策收拾残部依附袁术，兴平二年(195)渡江进据江东地区，奠定了孙吴政权的基础，后遇刺身亡。　⑭ 孙、吴：指春秋战国时的军事家孙武和吴起。　⑮ 困于南阳：建安二年(197)曹操进军宛城(汉时南阳郡治所，今河南南阳)，张绣设计偷袭曹营，操中流矢，长子昂亡于战事。　⑯ 险于乌巢：建安五年(200)，官渡之战中，袁绍屯粮乌巢(今河南延津东南)，兵多粮足，操军困乏危急，遂夜袭乌巢，焚其粮草，歼其主力，方转危为安。　⑰ 危于祁连：事不详。据《通鉴》胡三省注，此祁连可能指邺城(今河北磁县东南)附近的祁山。建安九年(204)曹操围邺，由祁山还邺途中，险为袁绍的将领审配所设伏兵射中。　⑱ 逼于黎阳：建安七年(202)五月，袁绍死，其子谭、尚固守黎阳(今河南鹤壁浚县东)。九月，操攻黎阳，连战不克。次年，操转攻邺，谭又引兵逼迫其后。　⑲ 几败北山：事不详。可能指建安二十四年(219)，曹、刘争夺汉中，三月，曹操自长安出斜谷，军至阳平北山(今陕西汉中市勉县西)，刘备因险拒守。操于五月引军还归长安。　⑳ 殆死潼关：建安十六年(211)，曹操与马超、韩遂战于潼关，将北渡黄河，遇马超军，避于舟中，追骑沿岸射击，箭如雨下。脱险后，操曰："今日几为小贼所困乎！"　㉑ 伪定：指曹氏统一北方，僭称国号。　㉒ 昌霸，一称昌豨。建安四年(199)，东海郡昌霸叛，郡县数万兵归附刘备。　㉓ 四越巢湖不成：曹操驻合肥以重军，南隔巢湖，与驻屯濡须口的孙吴对峙，操始终未能越过巢湖。　㉔ 李服：不详。据《通鉴》胡三省注："李服，盖王服也。"建安四年(199)，车骑将军董承受献帝衣带中密诏，与长水校尉种辑、将军吴子兰、王服和刘备等合谋诛操。事泄，董、吴、王被杀。　㉕ 夏侯：指夏侯渊，曹操的大将。建安二十年(215)曹操东征张鲁，留夏侯渊屯守汉中。建安二十四年(219)，刘备出兵汉中，夏侯渊被蜀将黄忠击杀。　㉖ 汉中：郡名，治所在今南郑。　㉗ 曲长、屯将：军队中的将领。　㉘ 突将：冲锋突阵的勇将。无前：无敌。　㉙ 賨(cóng丛)叟、青羌：蜀军中少数民族的兵士。　㉚ 败军于楚：建安十三年(208)，曹操南征刘表。表死，子琮投降。操即追击刘备，于当阳长坂坡大败之。当阳古属楚地，故云。　㉛ 东连吴、越：指建安十三年(208)，赤壁之战中刘备派诸葛亮至江东，与孙权联合抵御曹操。　㉜ 西取巴、蜀：建安十六年(210)益州牧刘璋恐曹操袭己，听张松计，迎刘备入蜀。后备与璋有隙，刘备自葭萌(今四川广元西南)进击益州，诸葛亮、张飞等平定白帝、江州、江阳等地，刘备进围成都，璋出降，刘备遂占有巴蜀地区。　㉝ 授首：被杀。事见注㉕。　㉞"吴更"二句：赤壁之战后，刘备领荆州牧。建安十六年(210)刘备入蜀时，留关羽镇守荆州。刘备既得益州，孙权欲复得荆州，双方于建安二十年(215)议定共据荆州。二十四年(219)，孙权乘关羽北攻曹魏时，袭击关羽后方，取江陵，掳其家属。关羽还军南下，途遭陆逊截击，羽及子平被杀，孙吴遂独占荆州。　㉟ 秭归蹉跌：刘备忿恨孙吴袭击荆州，于章武元年(221)亲率步卒伐吴，破吴军于秭归(今属湖北)。次年，出夷道，为吴将陆逊以火攻败于猇(xiāo消)亭，刘备还秭归，收合残兵，驻屯白帝。蹉跌，失坠。㊱ 曹丕称帝：公元220年，曹操亡，其子丕废献帝自立，改国号为魏。　㊲ 尽力：一作"尽瘁"。

㊳ 逆睹：预料的意思。

《后出师表》是历代传诵的名篇，同时又是一篇著作者有争议的文章。这篇文章未见载于晋陈寿所进原编《诸葛亮集》，而出自三国时吴人张俨的《默记》(见《三国志·诸葛亮传》裴松之注引《汉晋春秋》)，后世颇有人怀疑其真实可靠性，但历来仍将它视为《前出师表》的姐妹篇，宋司马光奉敕编集《资治通鉴》时亦将此表全文照录。而"鞠躬尽瘁(力)，死而后已"二句，则成为诸葛亮为国事竭尽心力的千古名言。

细细玩味，前、后两表所依据的现实，所反映的问题，所喻指的对象，所论述的旨趣并不相同，于是在写法乃至风格上也就有明显的差别。

就写作年代而言，后表作于蜀汉建兴六年(228)，与前表相距仅一年，但蜀汉帝国面临的形势却起了变化。一年前，正当诸葛亮率师第一次北伐中原。北伐是蜀汉的既定国策，事前又做过长时期的准备，所以对那次军事行动朝廷上下都无异言，而诸葛亮需要反复叮嘱的也只限于后方的巩固问题。可是，首次出征并未取得预期的成果，在小有获胜之后，前锋马谡溃败于街亭，迫使蜀汉大军不得不放弃已占有的土地而退守汉中。事隔一年，而今又提出第二次北伐，自然会引起各方面的疑虑与质询。《后出师表》便在这样的背景下写成的。因此，拿后表与前表相比较：前表的主题在内政，后表的重心则转到了军事方略；前表的说话对象是后主刘禅，后表的针对性则指向"议者"(持反对意见的人)。这也就决定了前表的基调是规劝和陈情，而后表则转变为论辩与驳难，其间当然也阐述了作者的正面见解。

由此可以领会后表在文章组织上的安排。它不像前表那样以劝谏和述志作为基本内容，却是从"破"与"立"两个方面来表述自己的主张，从而形成全文的三段式结构：即立论、驳论、结论三个有机部分。

开篇立论，通过三方面的陈述来实现。首先，以先帝的遗命，即蜀汉的既定国策为依据，揭示了"汉贼不两立，王业不偏安"的基本原则，证明出师北伐的必要性。这一基本原则不可能动摇，作者的论证就有了权威性，于是成为文章的大前提。值得注意的是，作者并不停留于一般地演绎这个大前提，而是把它同具体的政治形势结合起来考察，指出在敌强我弱的力量对比之下，"不伐贼，王业亦亡；惟坐而待亡，孰与伐之"。这就使文章的立论摆脱了纯道义说教的迂腐色彩，建筑在审时度势的坚实基础上，体现了政治家文风的特色。接着，作者回顾自己受命以来的所作所为，"寝不安席，食不甘味"，"深入不毛，并日而食"，种种努力都是为了"奉先帝之遗意"，进一步说明北伐的势在必行。而后，又对眼下曹魏政权两面受敌,“适疲于西,又务于东”的不利情况作了分析,力主抓住这一大好时机用兵进取。就这样,由远至近,一层层阐明了当前再次出师北伐的理由,为全文确立了基点。

光正面立论不够,还需要就“议者”的质询作出回答,于是转入驳论。驳论的主要目的是要解除人们的思想顾虑,即蜀国新败之后,再次伐魏,是否太担风险的问题。针对这一疑虑,文章一连举了六件事实进行辩驳,大致可归纳为三组。前两例属历史的事实。一是汉高祖刘邦,尽管他高明出众,谋臣精良,在创业过程中也仍然要“涉险被创,危然后安”。二是汉末割据州郡的刘繇、王朗,只会“论安言计,动引圣人”,不敢冒险犯难,从事征战,结果为别人所兼并。两个事例一正一反,共同说明了举大业必须冒危难,不能“坐定天下”的道理,这是反驳的第一层次。中间两例举敌方的事实。先说曹操才智过人,善于用兵,但也经历了“困”“险”“危”“逼”“几败”“殆死”等一连串磨难,始争得暂时的安定,自己怎能“不危而定”。再说曹操素以能干著称,打仗亦多次遭受失败与挫折,自己又“何能必胜”。表面看来,这两个事例所包含的意思和前面差不多,实际上进了一层。前面只是一般地解说“危然后安”的道理,这里则显然针对第一次北伐的失利加以辨析,所以列举曹操困顿、挫败的情节不厌其详,并且处处联系自己作比较申述,这是反驳的第二层次。后面两例举我方的事实。从军事实力看,几十年间积聚起来的精兵良将,随着岁月的消逝将逐渐减损。再从经济实力看,迁延不决的战事造成“民穷兵疲”,攻与守“劳费正等”。种种迹象表明,战争宜于速决,不宜持久,这更是决策北伐的重要根据。从一般道理说到具体战役,再到当前国情,六件事实不是漫然征引,而是构成逐层深入的系列,显示出谨严的逻辑性。前人评议这段文字“顿挫抑扬,反复辨论,似是平列,而文义实由浅入深,一气贯注”(清余诚《重订古文释义新编》),是有见地的。

立论、驳论皆已完成,至结论部分似可顺流而进,一锤定音了。可是,文章到这里却起了新的波澜。作者用“夫难平者,事也”一句感喟,引出深一层的反思。想当年,曹操削平群雄,以为天下大定,不料赤壁一战败于吴蜀联军,出现了三国鼎立的局面。又看蜀汉建国后,事业蒸蒸日上,更谁知荆州失守、伐吴败绩,几乎一蹶不振。由此作者得出的结论是:凡事成败利钝,难以预计,自己唯有“鞠躬尽力,死而后已”。这似乎是一个“低调”的结束语,和我们期望中的豪言壮词不那么一致,但联系作者一生在逆境中坚持奋斗,苦苦支撑大局的立身行事来看,则又是他实实在在的誓言,是他竭诚尽智报效国事的忠贞不贰的表白,所以能流传千古,使后人景仰不已。

总之,《后出师表》剀切务实,有为而发,立论远大,文风晓畅,与《前出师表》如出一辙。但由于论说的题旨不一,它也形成了自身的特点。比如行文上不像前表那样娓娓陈说,舒卷自如,而显得辩难迭起,议论风发。这不仅使它在篇章结构上更为严密,更加条理分明,也使它在语言表达上更有气势,更见慷慨沉雄。尤其是驳论部分的六个"臣之未解",但作反诘,不下按断,在整饬的布局中寓有疏宕激越之气,逐层地引向高峰,这种表现形式是《前出师表》所未曾见的。所以,如果我们将前表看作"理"和"情"的完美结合,那么,本文则更多地显现为"理"和"气"的统一,即在说理充分的前提下所产生的气势健旺。当然,这是一种自然的气势,远不像后世文人的一味逞才使气。　(蒋哲伦)

【作者小传】

曹　丕

(187—226)　即魏文帝。三国魏文学家。字子桓。沛国谯县(今安徽亳州)人。曹操次子。操死,袭位为魏王,不久代汉称帝,建都洛阳,国号魏。爱好文学。其诗受民歌影响,语言通俗,描写细致。所作《典论·论文》是我国较早的文学批评著作。著有《魏文帝集》。

典论·论文　　曹　丕

文人相轻,自古而然。傅毅之于班固,伯仲之间耳,而固小之。与弟超书曰:"武仲以能属文,为兰台令史,下笔不能自休①。"夫人善于自见,而文非一体,鲜能备善。是以各以所长,相轻所短。里语曰:"家有弊帚,享之千金。"斯不自见之患也。

今之文人,鲁国②孔融文举,广陵③陈琳孔璋,山阳④王粲仲宣,北海⑤徐幹伟长,陈留⑥阮瑀元瑜,汝南⑦应玚德琏,东平⑧刘桢公幹:斯七子者,于学无所遗,于辞无所假,咸以自骋骥騄于千里,仰齐足而并驰⑨。以此相服,亦良难矣。盖君子审己以度人,故能免于斯累而作《论文》。

王粲长于辞赋,徐幹时有齐气⑩,然粲之匹也。如粲之《初征》《登楼》《槐赋》《征思》,幹之《玄猿》《漏卮》《圆扇》《橘赋》，虽张、蔡⑪不过也。然于他文，未能称是。琳、瑀之章表书记，今之隽也。应玚和而不壮，刘桢壮而不密。孔融体气高妙，有过人者，然不能持论，理不胜辞⑫，以至乎杂以嘲戏。及其所善，扬、班⑬俦也。

常人贵远贱近，向声背实，又患暗于自见，谓己为贤。

夫文本同而末异，盖奏议宜雅，书论宜理，铭诔尚实，诗赋欲丽：此四科不同，故能之者偏也。唯通才能备其体。

文以气为主；气之清浊有体，不可力强而致。譬诸音乐，曲度虽均，节奏同检⑭；至于引气不齐，巧拙有素，虽在父兄，不能以移子弟。

盖文章经国之大业，不朽之盛事。年寿有时而尽，荣乐止乎其身。二者必至之常期，未若文章之无穷。是以古之作者，寄身于翰墨，见意于篇籍，不假良史之辞，不托飞驰之势，而声名自传于后。故西伯幽而演《易》⑮，周旦显而制《礼》⑯，不以隐约而弗务，不以康乐而加⑰思。

夫然，则古人贱尺璧而重寸阴，惧乎时之过已。而人多不强力，贫贱则慑于饥寒，富贵则流于逸乐，遂营目前之务，而遗千载之功。日月逝于上，体貌衰于下，忽然与万物迁化，斯志士之大痛也！

融等已逝，唯幹著《论》⑱，成一家言。

〔注〕 ① 下笔不能自休：下笔没完没了。这是笑其为文冗长，缺少剪裁。 ② 鲁国：在今山东省西南部。 ③ 广陵：今江苏省扬州市东北。 ④ 山阳：今山东省邹城市。 ⑤ 北海：今山东省寿光市。 ⑥ 陈留：今河南省开封市北。 ⑦ 汝南：今河南省汝南县。 ⑧ 东平：今山东省原东平县。 ⑨ "咸以"二句：意即谓他们都能各逞其才，各不相让。 ⑩ 齐气：古代齐国其俗文体舒缓，言徐幹为文亦染有这种地方习气。 ⑪ 张、蔡：东汉张衡、蔡邕。 ⑫ 理不胜辞：指词美而理不足。 ⑬ 扬、班：汉代扬雄、班固。 ⑭ 检：法度。 ⑮ 西伯幽而演《易》：相传周文王姬昌被纣拘于羑里，因推演《易》象而成书。西伯，谓西方诸侯之长。纣尝赐文王弓矢斧钺，使得专征伐，为西伯。 ⑯ 周旦显而制《礼》：姬诵即位为周成王，年幼而由叔父周公姬旦摄政。相传周公曾依据周的官制而作《周礼》。但据后人考证，《周易》与《周礼》的成书，大致都要在春秋末期和战国年间。 ⑰ 加：转移。 ⑱ 著《论》：徐幹有《中论》二十二篇，今存二十篇。

《典论·论文》是曹丕的专著《典论》中的一篇。《典论》一书，据《隋书·经籍志》著录,共有五卷。《魏志》载明帝太和四年(230)二月戊子,曾将它刻石立于庙门之外和太学,凡六碑。清严可均《全三国文》考证:"唐时石本亡,至宋而写本亦亡。"只有《自叙》见载于裴松之注,《论文》见收于《文选》而能完好无缺。又据《艺文类聚》卷十六《赞述太子表》,知成书尚在为太子时。又观《论文》中有"融等已逝"的话,可见成书已在汉献帝建安末期。然而这时事实上曹丕的文学时代已经开始了。

鲁迅先生在《魏晋风度及文章与药及酒之关系》一文中,曾说曹丕的一个时代,可以说是"文学的自觉时代"。那么,曹丕写的《典论·论文》,可以说是文学自觉时代中文学批评的自觉表现了。

在这以前的文学批评,最早的只有片言只语,如《论语》中孔子的论诗。稍后,或则裒辑成篇,如卫宏的《毛诗序》;或则限于一篇一书,如班固的《离骚序》、王逸的《楚辞章句》诸序等。而能较广泛地对当时的作家做出比较评论的,不能不推曹丕这一篇为最早了。

这篇"自觉的"批评中涉及了许多问题,而这些问题又大都是"自觉"而得的,如文人相轻、贵远贱近、审己度人、体裁不能兼善、七子评价、文章本末、文章功用以及怎样来完成千载之功等问题。文章不长,但涉及的问题却很广泛。那么,其中究竟哪个问题才是主要的呢?

对此,古往今来,论者往往各取所需,各有所得。其中最能一语破的的莫过于五臣中的吕向了,他说:"有此篇,论文章之体也。"

什么才是文章之体呢?按照曹丕的看法,这"体"字似乎包含有本末两层意思。他以为:"夫文本同而末异"。"本"即是指"体气"。他说:"文以气为主;气之清浊有体"。这是分而言之,为"主"即是为"本"。又说:"孔融体气高妙"。这是合而言之。以气和体气论文,即创于曹丕,指的当是作家特有的风格表现。这种风格表现,于社会习尚、师承关系及作家的个人素质都有一定的关系。从他所说"至于引气不齐,巧拙有素,虽在父兄,不能以移子弟"看来,则似以素质为其主要一面。

"末"即是指体裁。体裁之异即在:"奏议宜雅,书论宜理,铭诔尚实,诗赋欲丽:此四科不同,故能之者偏也。唯通才能备其体。"章学诚《文史通义·内篇一·诗教上》曾说:"后世之文,其体皆备于战国。"这些不同的体裁,经过两汉的繁荣与发展,为曹丕提供了大量观摩比较的实例,使他对它们各自的规律有了较多的认识和体会,为他的"四科八体"说的提出创造了条件。就当时的时代水平来说,在体裁特征的艺术把握上,曹丕的这篇文章,已可说是独具只眼的概括总结了。

在曹丕看来,知道了“本”和“末”的异同,自然就能审己度人,可以克服自古以来“文人相轻”的恶习,也自然能对当代作家的长短作出恰当和公正的评论了。他所评论的与他同时的“建安七子”,总的来说,是“于学无所遗,于辞无所假”的。这就是说,他们都同样有学问,有创造才能。而且“咸以自骋骥𫘧于千里,仰齐足而并驰”。但这是不是说他们之间只是各有短长,不能轩轻呢?表面上看来,好像的确是如此,可是如果我们稍稍用心推敲一番,就会觉得这里面大有玩味之处了。

有部中国文学批评史说曹丕独重徐幹之文,对孔融则说他“‘不能持论,理不胜辞’,不免有些微词了”,似乎把孔融贬得最低。是不是如此呢?细按一番,恰好与此相反:在七子中,他对孔融的评价最高;其器重徐幹,却有着另外的原因。

先说孔融。要知道曹丕是主张“文以气为主”的。在论气中,徐幹则“时有齐气”;应玚则“和而不壮”,刘桢则“壮而不密”;《与吴质书》中又说:“公幹时有逸气,但未遒耳。”王粲呢?同书中曾“惜其体弱,不足起其文”。论这些人的体气,都有不足之处;而唯独对于孔融,说他“体气高妙”。试问还有哪个褒词的分量能及得上“高妙”这个词!何况曹丕在将七子中的一些人与古人相比时,于王粲和徐幹,只说他们写得好的辞赋“虽张、蔡不过也”;而于孔融,则称他“及其所善,扬、班俦也”。我们知道,在古人的心目中,张衡和蔡邕,在文学史的地位上,一般是及不上扬雄和班固的。从曹丕的比拟里,我们就很清楚他的尺度了。再从《后汉书·孔融传》中“魏文帝深好融文辞”,“募天下有上融文章者辄赏以金帛”等语,更可得一佐证。由此可见,曹丕说孔融“不能持论”,不过是指其于“末”之不能兼善,而比之王粲、徐幹之只擅词赋,“然于他文,未能称是”;比之陈琳、阮瑀之只有章表书记为隽;则孔融之兼善者还是较多的。这样看来,怎能说曹丕对孔融独有“微词”呢!

再说徐幹。《典论·论文》末尾特别提了他一句,在《与吴质书》中,议论得尤多:“观古今文人,类不护细行,鲜能以名节自立。而伟长独怀文抱质,恬淡寡欲,有箕山之志,可谓彬彬君子者矣,著《中论》二十余篇……此子为不朽矣。”由此则可以看出,曹丕对当时一般的“文人无行”颇感不满(在这一点上他可没有“审己度人”),而认为徐幹的人品却是值得赞美的。对于他的立言有所成就尤为敬慕。我们知道,处于社会动乱,经学衰微的魏晋之际,要想立言以成一家之说的风气是非常盛行的。曹丕于此一直心向往之,故于徐幹的《中论》,一提再提。也正是这种心情,促成了他自己的《典论》之作,而这与他从“文以气为主”的艺术角度来评价徐幹的文章是不相干的。有些人把这两相混淆起来，于是产生了以为曹丕对徐幹艺术评价最高的错觉，而忘记了《典论·论文》早就说徐幹和王粲于词赋外，他文皆“未能称是”这一主要的论断了。

从曹丕的论“体”里，我们可以理解到，他所说的雅、理、实、丽等，都是体裁的特定要求；他所说的清、浊、和、壮、密和高妙等，都是指的体气之性。其中，清和浊是先天素质所形成；和与壮，则既有先天又有后天的成分在。齐气和不密、未遒等，则又后天重于先天，即可以通过努力逐步加以克服的。正因如此，壮而不密的刘桢要比和而不壮的应玚为优；具有齐气的徐幹亦得与体弱的王粲相匹。正是这种先天和后天，体气和体裁的彼此交相影响，就形成了文人创作的各有偏至的特色。

《典论·论文》之论，由人及文，因为文是人的创作；由末及本，因为本唯由末以得见。由此再及于文之用。这也是顺理成章的事。

有不少人说，曹丕论文章之用，也不过是从《左传》“三不朽”中“立言不朽”的命题引申来的，其中并没有多大新意，这大概算不了什么“自觉”吧？诚然，在春秋以后，司马迁《报任少卿书》也提到“鄙没世而文采不表于后”，“思垂空文以自见”，但都没有像曹丕那样把被扬雄说成“雕虫篆刻，壮夫不为”的词赋，也列入“经国之大业，不朽之盛事”中，这难道不算是一种大胆的突破吗？

近代章炳麟《国故论衡》中有一篇《论式》，谓魏、晋之文：“守己有度，伐人有序，和理在中，孚尹（采色）旁达，可以为百世师矣。”从《典论·论文》的结构、层次和表现艺术来看，它既不晦涩难明，又不浮泛词费，有什么话，就说什么话，而且又能说得很有分寸，说得美好，诚有如章氏之所言。

最后我们还要指出：知道“文非一体，鲜能备善”的道理后，是否“文人相轻”的习气，就可完全改变过来了呢？那又未免把这问题看得太简单了。在曹丕那个时代，也许可以这么说，可是后来当知这里面还有许多曲折和复杂的因素，诸如社会方面的派别问题、文艺思潮、人生观、世界观、艺术观、个人爱好等等，都会有很大的关系。这是知人论世者不能不加以考虑的。　（刘衍文）

与吴质[①]书　　曹 丕

二月三日，丕白[②]。岁月易得，别来行复[③]四年。三年不见，《东山》[④]犹叹其远，况乃过之，思何可支[⑤]！虽书疏往返，未足解其劳结[⑥]。

昔年疾疫[⑦]，亲故多离[⑧]其灾。徐、陈、应、刘[⑨]，一时俱逝，痛可言邪！昔日游处，行则连舆⑩，止则接席⑪，何曾须臾相失！每至觞酌流行⑫，丝竹并奏，酒酣耳热，仰而赋诗。当此之时，忽然⑬不自知乐也。谓百年已分⑭，可长共相保，何图数年之间，零落略尽，言之伤心！顷撰⑮其遗文，都⑯为一集。观其姓名，已为鬼录⑰。追思昔游，犹在心目；而此诸子，化为粪壤，可复道哉！

观古今文人，类不护细行⑱，鲜能以名节自立。而伟长独怀文抱质⑲，恬淡寡欲，有箕山之志⑳，可谓彬彬君子㉑者矣。著《中论》二十余篇，成一家之言，辞义典雅，足传于后，此子为不朽㉒矣。德琏常斐然㉓有述作之意，其才学足以著书，美志不遂，良可痛惜。间者㉔历览诸子之文，对之抆泪㉕，既痛逝者，行㉖自念也。孔璋㉗章表殊健，微为繁富。公幹㉘有逸气，但未遒耳。其五言诗之善者，妙绝时人。元瑜书记翩翩㉙，致足乐也。仲宣㉚独自善于辞赋，惜其体弱㉛，不足起其文。至于所善，古人无以远过。昔伯牙绝弦于钟期㉜，仲尼覆醢于子路㉝，痛知音之难遇，伤门人之莫逮。诸子但为未及古人，自一时之隽也。今之存者，已不逮矣。后生可畏㉞，来者难诬㉟，然恐吾与足下不及见也。

年行㊱已长大，所怀万端，时有所虑，至通夜不瞑。志意何时复类昔日？已成老翁，但未白头耳！光武㊲言："年三十余，在兵中十岁，所更非一㊳。"吾德不及之，年与之齐矣。以犬羊之质，服虎豹之文㊴；无众星之明，假日月之光㊵，动见瞻观，何时易乎㊶？恐永不复得为昔日游也。少壮真当努力，年一过往，何可攀援㊷？古人思秉烛夜游㊸，良有以也㊹。

顷何以自娱？颇复有所述造不㊺？东望於邑㊻，裁书叙心㊼。丕白。

〔注〕 ① 吴质(177—230)，字季重，济阴(今山东菏泽定陶)人，以有文才与曹丕、曹植兄弟相友善，曾为朝歌令、元城令，官至振威将军。 ② 白：陈告。当时书信的习惯用语。 ③ 行复：将又。 ④《东山》：《诗经·豳风·东山》："我徂东山，慆慆不归……自我不见，于今三年。"这是一首描写久戍的士卒思念家乡的诗。 ⑤ 思何可支：谓思念之情不堪承受。 ⑥ 劳

结：郁结于心的思念之情。 ⑦ 昔年疾疫：指汉献帝建安二十二年(217)中原大疫。 ⑧ 离：同“罹”，遭受。 ⑨ 徐、陈、应、刘：指建安七子中的徐幹(伟长)、陈琳(孔璋)、应玚(德琏)、刘桢(公幹)。 ⑩ 连舆：车子相连。 ⑪ 接席：坐席相接。 ⑫ 觞酌流行：传杯递盏，巡回行酒。 ⑬ 忽然：恍忽，不经意。 ⑭ 百年已分(fèn 奋)：以为百年之寿是自己份所应得的。 ⑮ 撰：编订。 ⑯ 都：总共。 ⑰ 鬼录：死者的名册。 ⑱ 类不护细行：大多不拘小节。《尚书·旅獒》：“不矜细行，终累大德。” ⑲ 怀文抱质：既有文采，又有实学。 ⑳ 箕山之志：传说尧让天下于许由，许由不受，隐于箕山(今河南登封东南)之下。这里借喻徐幹有隐居不仕的高尚情志。 ㉑ 彬彬君子：《论语·雍也》：“质胜文则野，文胜质则史。文质彬彬，然后君子。”质，指朴实的内涵；文，指外在的文采。这里用来称许徐幹文质兼备。 ㉒ 不朽：古人以立德，立功，立言为三不朽。 ㉓ 斐然：文采焕发的样子。 ㉔ 间者：近时。 ㉕ 抆(wěn 吻)泪：擦眼泪。 ㉖ 行：且，又。 ㉗ 孔璋：陈琳字。 ㉘ 公幹：刘桢字。 ㉙ 元瑜：阮瑀字。书记：指书札、奏记。翩翩：形容文采优美。 ㉚ 仲宣：王粲的字。独，一作续。《文选》李善注：“言仲宣最少，续彼众贤，自善于词赋也。” ㉛ 体弱：文章体气不强。曹丕《典论·论文》：“文以气为主，气之清浊有体。” ㉜ 伯牙绝弦：伯牙和钟子期是春秋时楚国人。伯牙善于弹琴，子期能知音。子期死，伯牙破琴绝弦，终身不复鼓琴。事见《吕氏春秋·本味》。 ㉝ 仲尼覆醢(hǎi 海)：孔子听到子路被卫人杀害，剁成肉酱，非常哀痛，就叫家人把吃的肉酱倒掉，以免见了伤心。事见《礼记·檀弓上》。 ㉞ 后生可畏：指青年有希望，令人敬畏。《论语·子罕》：“后生可畏，焉知来者之不如今也。” ㉟ 来者难诬：来者怎样，不能妄加品评。 ㊱ 年行：行年，年龄。 ㊲ 光武：指汉光武帝刘秀。 ㊳“年三十余”三句：原文见《文选》李善注引《东观汉记》刘秀《赐隗嚣书》。所更非一：指所经历的事不只一件，阅历很丰富。 ㊴“以犬羊”二句：扬雄《法言·吾子》：“羊质而虎皮，见草而说(悦)，见豺而战，忘其皮之虎矣。”原喻外表装作强大而内心虚怯。这里是曹丕自谦之词，说自己德行不够，虚处其位。 ㊵“无众星”二句：这也是曹丕自谦之词，说自己依仗君父(曹操)的力量而作太子，位居人上。 ㊶“动见观瞻”二句：(因为做了魏太子)自己的一举一动，都为世人注目，拘束得很，何时才能改变这种情况呢？ ㊷ 攀援：拉住，挽留。 ㊸ 秉烛夜游：《古诗十九首》：“昼短苦夜长，何不秉烛游？” ㊹ 良有以也：实在是有道理的。 ㊺ 颇：稍微。述造：著作，意为写点文章。不：同“否”。 ㊻ 於邑(wū yè 乌夜)：同“呜咽”，悲伤而气结的样子。 ㊼ 裁书：裁笺作书，即写信。

本文是曹丕书信的代表作。它以伤逝为主，追念旧游，哀悼亡友，自伤老大，表现了对朋友的真挚怀念和对岁月流逝的无限怅惘，是一篇著名的书信体抒情散文。

建安年间，俊才云蒸，诗人辈出。曹操、曹丕、曹植父子雅爱辞章，在他们周围聚集了一大批文学之士，形成了邺下文人集团。曹丕是曹操的次子，自幼性好文学，是建安时代一位重要的诗人。他与建安七子，除孔融因年辈较高未及交往外，与其余六人都过从甚密。徐幹、刘桢、应玚还做过他的属官，陈琳、王粲与他时有诗赋唱酬。他们在一起游乐欢宴，成为建安文坛的一时之盛。建安二十二年(217)，北方发生了一场大瘟疫，“徐、陈、应、刘，一时俱逝”，同年王粲也逝去，阮瑀则死得更早，建安文坛顿时冷落。曹丕和吴质是这场瘟疫中的幸存者，吴质又是往日一同游宴的友人，因而建安二十三年，曹丕写信给他表达对他的思念，并在信中追怀昔日一起游宴的情景。当年他们麇集邺下，“行则连舆，止则接席”，“酒酣耳热，仰而赋诗”。他们之间虽有尊卑之分，但却脱略形迹，一同慷慨悲歌，友谊中充满了文学气息。但岂料“数年之间，零落略尽”。游宴之欢，就永难再遇了！他追悔当时不知道那就是欢乐，以为大家可以长久在一起；如今抚今思昔，无限伤心。这种对逝去欢乐的感伤之情溢于言表，动人心魄，令人不胜感慨欷歔！

这封书信写于《典论·论文》之后。在《典论·论文》中，曹丕曾说：“文章经国之大业，不朽之盛事。”因而他对亡友最好的悼念，就是整理、编订他们的遗文，使之传于后世。在整理、编订遗文的过程中，他对亡友的诗文也与《典论·论文》一样，一一作出了公允的评价。但与《典论·论文》不同的是这封书信并非旨在论文，而是重在伤逝：一伤亡友早逝，美志未遂。在七子中，只有徐幹一人“成一家之言”，“足传后世”，可以不朽；余者才学虽“足以著书”，但不幸逝去，才华未尽，“美志不遂”，令人十分悲痛惋惜。二伤知音难遇，文坛零落。早逝诸人都是建安时期的“一时之隽”，与曹丕声气相通，他们亡故后，曹丕再也难以找到像那样的知音了。“今之存者”，又不及他们，邺下的文学活动顿时冷落下来，建安风流，零落殆尽。因而他一边整理他们的文章，一边“对之抆泪”，睹物思人，悲不自胜，伤悼忘友的早逝。

《与吴质书》写于建安二十三年。这一年曹丕三十二岁。曹丕自青年时期就从邺中诸子同游，于今岁月流逝，他已步入中年。因而他伤悼亡友时，也由人及己而自伤：“既痛逝者，行自念也”。他念及自己“年行已长大，所怀万端”，“志意”不复再类昔日，即使再和朋友像过去一样“觞酌流行，丝竹并奏”，也不会再有那时游宴的欢乐了。“年一过往，何可攀援”！他感伤自己那时没有尽情享受同游的欢乐。曹丕于建安十六年，任副丞相，二十二年立为魏王太子。他自觉位尊德薄，“动见瞻观”，在行动上受到外界种种羁绊，不再像过去那样无拘无束，自由自在，即使亡友健在，亦“恐永不复得为昔日游”了。这使他感到岁月的飘忽，欢乐的难久。一切美好的东西，都是转瞬即逝的，而那逝去了的东西，永远也不可复得，这是人生中一种极大的哀痛。因而曹丕不仅是自伤老大，也是感叹人生。

这封书信，“前段念往，后段悲来”（清浦起龙《古文眉诠》），通篇以抒感逝之情为主。古代书牍有言情、言理、言事之别，一般“多偏于事理，言情者绝少”。建安时期，战乱频仍，人们迭经忧患，因而这一时期的文章总的说来都涂上一层慷慨悲凉的感情色调。曹丕这封书信无论是追念旧游和亡友，还是想起未来文坛和自己的生活，都寄寓了一种人生无常的悲伤。他毫无帝王的矫饰，全出于一片真情，使人如见肺腑，这增加了这封书信的哀伤情调和感人力量，体现了建安时期时代的声音。书信的语言流利婉转，文采斐然，虽用了不少典故，但妥帖巧妙，一点没有艰涩之感。这表现了建安散文通脱自然的共同倾向，对后来短篇抒情散文的发展有一定影响。 （丰家骅）

出妇赋 曹丕

思在昔之恩好，似比翼之相亲。惟方今之疏绝，若惊风之吹尘。夫色衰而爱绝，信古今其有之。伤茕独①之无恃，恨胤嗣之不滋②。甘没身而同穴，终百年之长期。信无子而应出，自典礼之常度。悲谷风③之不答，怨昔人之忽故④。被入门之初服，出登车而就路。遵长途而南迈，马踌躇⑤而回顾。野鸟翩而高飞，怆哀鸣而相慕。抚騑服而展节⑥，即临沂⑦之旧城。践麋鹿之曲蹊，听百鸟之群鸣。情怅恨而顾望，心郁结其不平。

〔注〕 ① 茕（qíong 穷）独：孤独。 ② 胤嗣：后代，子孙。滋：培植、增殖。这里指生育。 ③ 谷风：《诗经·邶风》篇名，为弃妇自诉不幸之诗。全诗以谷风起兴："习习谷风，以阴以雨，黾勉同心，不宜有怒。"谷风乃来自深山大谷之风，暗喻人的暴怒。这里代指暴怒中的丈夫。 ④ 昔人：指其夫，呼应赋首句"思在昔之恩好，似比翼之相亲"。故：指变故、变心。 ⑤ 踌躇：徘徊不前貌。这里以马的驻足来表现人的留恋难舍之情。 ⑥ 騑（fēi 非）服：四马驾车时，中间两马夹辕者名服马，两旁之马名騑马。展节：意为举步前行。节指骨节相衔接之处。 ⑦ 临沂：县名，今属山东临沂市。

曹丕的《代刘勋出妻王氏诗序》云："王宋者，平虏将军刘勋妻也，入门二十余年。后勋悦山阳司马氏女，以宋无子，出之。还于道中，作诗。"曹丕同情刘勋妻王氏的遭遇，不仅写了诗，还作了这篇《出妇赋》。在同时期的作家中，作过同题赋的，尚有曹植与王粲，显示了建安文士对普通妇女情感世界的关注。而在将这类人事题材引入赋作的过程中，曹丕所起的首倡作用及其特有的创意，是不应低估的。

全赋以遭遗弃者的口吻，诉说不幸的婚变，在对薄倖的丈夫予以婉讽的同时，悲叹自己孤独无依的命运，笼罩着哀怨的气氛。这当然是与曹丕对"出妇"性格及心态的处理有关的。他笔下的"出妇"以为造成婚变的原因，是"色衰而爱绝，信古今其有之"，"信无子而应出，自典礼之常度"。虽然不无责备对方之意，但两个"信"字句流露出她在理智上替对方开脱的努力，从而使这位女性蒙上了一层阴郁的自责的色彩。

她的怨而不怒的遇事态度还表现在，尽管其夫呼之不答，弃若飞尘，她却“顾望”难舍，连乘马也为之“踌躇而回顾”，写得缠绵悱恻，悲戚动人。作者由马的通人情，继而写到途中飞鸟，尚且“怆哀鸣而相慕”，以对照出人之无情，连鸟兽都不如。此时此刻，出妇又怎能抑止内心的“怅恨”与“不平”！

这位女性忠爱执著的情操，还在“出登车而就路”时仍“被入门之初服”的刻画中得到渲染。不改初服意味着不改初衷，信守同甘共苦、百年好合的诺言。这在客观上与其夫的无信无义也形成对照，蕴含着一定的讥刺意味。

在中国文学传统中，抒发弃妇的悲慨，应该说早在《诗经》中就已开始，著名的有《邶风》中的《谷风》，诗中对薄情郎所作的揭露甚为严正。本篇尽管也借用了《谷风》的典故，但基本情调则偏于温柔敦厚、怨而不怒。相对说来，王粲的同题作则更接近《谷风》的精神，稍作比较，便可看出各自特色。王粲赋中是这样解释“她”的被“出”的：“君不笃兮终始，乐枯荑兮一时！”这里强调的是她丈夫的朝三暮四的劣迹，读后使人感到女主人公具有一股凛然正气，其夫的轻薄无行受到正面抨击。对于轻薄之人，还有什么值得留恋呢？所以结果便是：“马已驾兮在门，身当去兮不疑！”(《艺文类聚》卷三十)此处的“不疑”，表现出了一位人格不可侮的抗争的女性形象。由此也可看出，当时的作家们在同题共作的情况下，能各自发掘主题，形成风格。

(周勋初　曹　虹)

【作者小传】

曹　植

(192—232)　三国魏诗人。字子建。沛国谯县(今安徽亳州)人。曹操第三子。封陈王，谥思，世称“陈思王”。早年颇得曹操宠爱，一度欲被立为太子。及曹丕、曹叡相继为帝，遭受猜忌，郁郁而死。其诗以五言为主，词采华丽。其赋风格婉丽。后人辑有《曹子建集》。

洛　神　赋并序　　　　曹　植

黄初三年①，余朝京师，还济洛川。古人有言，斯水之神，名曰宓妃。感宋玉对楚王神女之事，遂作斯赋。其词曰：

余从京域，言归东藩②。背伊阙，越轘辕，经通谷，陵景

洛神传

——明刊本《玉茗堂摘评王弇州先生艳异编》

山③。日既西倾，车殆马烦。尔乃税驾乎蘅皋，秣驷乎芝田，容与乎阳林，流眄乎洛川④。于是精移神骇，忽焉思散⑤，俯则未察，仰以殊观，睹一丽人，于岩之畔。乃援御者而告之曰："尔有觌于彼者乎？彼何人斯，若此之艳也！"御者对曰："臣闻河洛之神，名曰宓妃，然则君王之所见也，无乃是乎？其状若何？臣愿闻之。"

余告之曰：其形也，翩若惊鸿，婉若游龙，荣曜秋菊，华茂春松。仿佛兮若轻云之蔽月，飘飖兮若流风之回雪。远而望之，皎若太阳升朝霞；迫而察之，灼若芙蕖出渌波。秾纤得衷，修短合度。肩若削成，腰如约素。延颈秀项，皓质呈露。芳泽无加，铅华弗御。云髻峨峨，修眉联娟。丹唇外朗，皓齿内鲜。明眸善睐，靥辅承权⑥。瑰姿艳逸，仪静体闲。柔情绰态，媚于语言。奇服旷世，骨像应图。披罗衣之璀粲兮，珥瑶碧之华琚。戴金翠之首饰，缀明珠以耀躯。践远游之文履，曳雾绡之轻裾⑦。微幽兰之芳蔼兮，步踟蹰于山隅。

于是忽焉纵体，以遨以嬉。左倚采旄，右荫桂旗。攘皓腕于神浒兮，采湍濑之玄芝⑧。余情悦其淑美兮，心振荡而不怡。无良媒以接欢兮，托微波而通辞。愿诚素之先达兮，解玉佩以要之。嗟佳人之信修兮，羌习礼而明诗。抗琼珶以和予兮，指潜渊而为期⑨。执眷眷之款实兮，惧斯灵之我欺。感交甫之弃言兮，怅犹豫而狐疑⑩。收和颜而静志兮，申礼防以自持。

于是洛灵感焉，徙倚彷徨。神光离合，乍阴乍阳⑪。竦轻躯以鹤立，若将飞而未翔。践椒涂之郁烈，步蘅薄而流芳⑫。超长吟以永慕兮，声哀厉而弥长。

尔乃众灵杂遝，命俦啸侣⑬。或戏清流，或翔神渚，或采明珠，或拾翠羽。从南湘之二妃，携汉滨之游女。叹匏瓜之无匹兮，咏牵牛之独处⑭。扬轻袿之猗靡兮，翳修袖以延伫⑮。体迅飞凫，飘忽若神。陵波微步，罗袜生尘。动无常则，若危若安。进止难期，若往若还。转眄流精，光润玉颜。含辞未吐，气若幽兰。华容婀娜，令我忘餐。

于是屏翳收风，川后静波，冯夷鸣鼓，女娲清歌⑯。腾文鱼以警乘，鸣玉鸾以偕逝⑰。六龙俨其齐首，载云车之容裔⑱。鲸鲵踊而夹毂，水禽翔而为卫⑲。于是越北沚，过南冈，纡素领，回清阳⑳。动朱唇以徐言，陈交接之大纲。恨人神之道殊兮，怨盛年之莫当。抗罗袂以掩涕兮，泪流襟之浪浪。悼良会之永绝兮，哀一逝而异乡。无微情以效爱兮，献江南之明珰。虽潜处于太阴，长寄心于君王。忽不悟其所舍，怅神宵而蔽光㉑。

于是背下陵高㉒，足往神留。遗情想象，顾望怀愁。冀灵体之复形，御轻舟而上溯。浮长川而忘反，思绵绵而增慕。夜耿耿而不寐，沾繁霜而至曙。命仆夫而就驾，吾将归乎东路。揽騑辔以抗策，怅盘桓而不能去。

〔注〕 ① 黄初三年：公元222年。黄初为魏文帝曹丕年号。据本传和《赠白马王彪》序言，曹植到京城朝拜文帝在黄初四年(223)，此赋可能故意不写明真实时间。 ② 东藩：东方藩国。当时曹植封鄄城王，其地在京城洛阳东北。 ③ 背：离开。伊阙：山名，在洛阳南。轘辕：山名，在今河南偃师市东南。通谷：谷名，在洛阳城南五十里。陵：升。景山：山名。 ④ 税驾：解马卸车。蘅皋：长有杜蘅的水边。秣：喂养。芝田：种植芝草之田，一说为地名。阳林：地名。流眄(miǎn免)：纵目而视。 ⑤"精移神骇"二句：神思恍惚，忽然思绪散乱。 ⑥ 睐(lài赖)：旁视。靥(yè夜)辅：两颊上的酒窝。权：通"颧"，面颊。 ⑦ 珥(ěr耳)：珠玉耳饰，此处作动词用，即佩戴。瑶、碧：均为美玉。华琚：有花纹的佩玉。文履：有花纹的鞋。绡(xiāo消)：生丝织的帛。裾：衣襟，此指襟边。 ⑧ 采旄：彩色旗(杆上有旄牛尾装饰)。桂旗：桂枝为杆的旗。攘：捋。浒：水边。湍濑：急流。玄芝：黑色灵芝。 ⑨ 要：约。抗：举。琼珶(dì弟)：美玉名。和：答。期：会。 ⑩ 款实：真诚。交甫：郑交甫。传说他行于汉水之滨，遇一仙女，目而挑之，女遂解佩与之。交甫行数步，佩玉不见；回视其女，也消失不见。弃言：失信。 ⑪ 徙倚：低徊。阴：暗；阳：明。 ⑫ 竦：耸立。椒涂：长着花椒的路。薄：草木丛生处。 ⑬ 杂遝(tà踏)：众多。命俦啸侣：呼朋唤侣。 ⑭ 匏(páo袍)瓜：星名，在牵牛星东。无匹：没有配偶。 ⑮ 袿(guī归)：女子上衣。猗靡：随风飘动状。翳：遮蔽。延伫：久立。 ⑯ 屏翳：风神。川后：水神。冯夷：河伯。 ⑰ 腾：传告。警乘：警卫车乘。⑱ 俨：庄严。容裔：闲暇自得状。 ⑲ 毂(gǔ古)：车轮中心承轴接辐部分，此指车子。⑳ 沚：水中小洲。素领：白皙的颈项。清阳：眉目清秀状。 ㉑ 宵：同"消"。蔽光：隐没光彩。 ㉒ 背：离。陵：登。

黄昏日落之际，最容易勾起人们坎坷途路的愁绪；而平生的种种向往和追求,也常会如烟如云地涌现眼前,化作惆怅难寻的幻梦。

名传千古的《洛神赋》,描述的景象就正如此。此赋的诞生,虽然因了作者"流眄"洛川的触动,并且受到了宋玉《神女赋》的感发;但它的真正起因,也许正是曹植经历了苍黄翻覆的宫廷风云之变,在崎岖山坂的颠簸和悲忧交瘁的沉思间,所做的一场绮丽清梦?

这清梦的展现很美,而且因了"词采华茂""骨气奇高"的曹植的浪漫之思,特别带有飘忽变幻和情意缱绻的韵致。而照亮了整个梦境和牵动了作者不尽思情的中心人物,便是传说中的美丽洛神——"宓妃"。

《洛神赋》的构思和写法,显然带有摹拟《神女赋》的痕迹。不过,因为《神女赋》是叙"梦"之作,笔底多带"梦"的特点。曹植此赋却不明言是梦,而将它处理为似乎真是作者身历的奇事,故起笔便是平中孕奇的氛围创造:"西倾"的红日,辉映着"车殆马烦"的主人公穿山过谷;长长的车影,缓缓移动在崎岖的山坂上。接着便来到长满蘅草的川边——洛水到了,辘辘的车音顿时消歇。只留下主仆二人,欣喜地伫立川岸,向着暮霭沉沉的远山眺望。平平的叙述,正与陶渊明《桃花源记》叙"武陵人"的行舟之始一样,奇境的显现在事前竟一无征兆。

但也正是在此刻,恰如云烟之突敛,作者刹那间目睹了一幕终身难忘的景象:一位俏丽的女子,已无声无息地现身于川上的山岩之间!由于文中对此丽人的现形,先就渲染了作者"精移神骇,忽焉思散"的异常情状;之后又暗示出同在川边的御者,对此景象却一无所见,更使这丽人即洛神的显现,变得蹊跷而神奇!

当作者落笔描摹所见洛神的形貌时,仿佛立志要与宋玉笔下的巫山神女争辉似的:虽然也重在展示她那照人的神采和明艳的姣容,采用了"荣曜秋菊,华茂春松","皎若太阳升朝霞","灼若芙蕖出渌波"的排喻,和"云髻峨峨,修眉联娟。丹唇外朗,皓齿内鲜。明眸善睐,靥辅承权"的点染;但细心的读者一眼即可看出,宋玉的描摹一发即收,更带印象式的"梦"境特点和飘忽之感。曹植则不同,因为不是写"梦",看得也较真切,故更重视云蒸霞蔚的彩笔雕画,使形象更觉明丽而纤毫毕现。最明显的不同在于:曹植表现洛神,不像巫山神女那样只在庭墀、宫帷间现身,而是安排在涣涣洛水和峨峨川岩之间,因此就有了更广大的活动空间,以展示洛神的动态风貌和性格特点:"其形也,翩若惊鸿,婉若游龙";"仿佛兮若轻云之蔽月,飘飖兮若流风之回雪";"忽焉纵体,以遨以嬉。左倚采旄,右荫桂旗。攘皓腕于神浒兮,采湍濑之玄芝"。以飘流舒卷的"轻云"、翩翩飞旋的雪花,比拟洛神衣袂飘拂、轻盈欲举的体态,有多形象!而"采旄""桂旗"的烘托,"神浒""湍濑"的辉映,又把她的天真妩媚之情,传写得多么动人!正是这些出色的描摹,使洛神的性格表现,带有了曹植的个性特色:与巫山神女的娴丽、雅静不同,在美丽的洛神身上,似乎透露着更多的热情、大胆和天真之性。

也许正因如此,主人公"托微波而通辞","解玉佩以要之",向洛神转达眷眷之情时,她的反应也远比巫山神女率真——不仅爽快地答应了下来,而且"抗琼珶以和予兮,指潜渊以为期",表达了相当真切的倾慕和痴心。而一旦感觉到对方对自己的怀疑时,情绪之激荡也格外令主人公惊心:"于是洛灵感焉,徙倚彷徨。神光离合,乍阴乍阳。竦轻躯以鹤立,若将飞而未翔……超长吟以永慕兮,声哀厉而弥长。"神光的忽隐忽现,身躯的竦立若飞,表现出洛神的身心受到了多大的打击;那哀哀长吟的凄厉之音,包含着这位身遭猜忌的女神多少痛苦和不平!

最令人惊异的,是作者描述洛神痛苦情状时的突然转笔;文中由此展出了"众灵杂遝,命俦啸侣"的一派欢乐景象:这些无忧无虑的快活神灵,或游戏于清波之间,或回翔于川渚之上,采摘着蚌中的"明珠",争拾着翠鸟的美羽,显得何其逍遥!人之哀乐已不能相通,神之感情竟也如此隔膜——在这样的热闹、欢乐之境中,表现洛神悄然"延伫"、举袖掩面的悲叹之情,正有王夫之所说的"以乐景写哀"的强烈反衬效果(《姜斋诗话》)。而况陪伴这孤寂洛神的,又是泪洒斑竹、沉身湘水的"二妃",踯躅汉水、只与郑交甫有"解佩"一晤之缘的"游女"——她们当年的酸辛悲剧,不都在无声地诉说着此刻洛神悲剧重演的绵绵伤情么?

全赋写到洛神的率众离去,正与屈原《离骚》抒写主人公悲怆远逝的景象,有异曲同工之妙:"于是屏翳收风,川后静波,冯夷鸣鼓,女娲清歌。腾文鱼以警乘,鸣玉鸾以偕逝。六龙俨其齐首,载云车之容裔……"真是车仗雍容、如火如荼,表现出洛神的随从何其繁盛和富丽。然而,此刻归去的洛神,却再不像她显现时那样爽朗无忧、天真欢快。虽然她还是那样美丽,那样"华容婀娜""丹唇外朗",但一颗纯真热情的心,却因了主人公的猜忌、人神的"道殊"而破碎了!她是带着不尽的幽怨和哀伤,在"抗罗袂以掩涕兮,泪流襟之浪浪"中逝去的。这一幕景象,正如朱冀评论《离骚》结尾一节的描述一样,"极凄凉中偏写得极热闹,极穷愁中偏写得极富丽"(《离骚辨》),更牵动读者的叹惋欷歔之情。然而,这位多情的女神,就是在哀伤之中,仍未割舍对主人公的眷恋和倾心:"无微情以效爱兮,献江南之明珰。虽潜处于太阴,长寄心于君王"——这就是她在神影消散、光彩隐没的刹那,留下的最凄切的心愿。由于作者那充满怅意的收笔,洛神的倩影至今似还袅袅不绝地飘忽在洛川的云水苍茫之间。

洛神宓妃在传说中,并不是一位令人敬仰的女神。在屈原的《离骚》和《天问》中,也因此被作为"信美无礼"、与河伯有着暧昧关系的形象描述的。但在曹植笔下,却进行了根本的改造,成了一位美丽、热情,虽遭猜忌仍不变其缱绻痴心的正面形象,这是颇耐人寻味的。作为一位同样怀有美好的追求,志在报效社稷、"流惠下民",而多次遭受谗言的倜傥之士,曹植是不是在洛神悲剧中投入了自己的影子?如果这一猜测成立,那么,在《洛神赋》中做着清绮之"梦"的,与其说是主人公("余"),不如说是现身岩畔的洛神了:正是她,身当"盛年",满怀"爱"心,希冀着有与"君王"一遇的"良会"之期,却在无端的猜忌中梦消神灭,永归"太阴"。这绵绵不绝的悲情离怨,似乎也正是曹植朝会京师,猝遇任城王曹彰被害,自己也险遭厄运的悲愤之情的幻化——弗洛伊德说:"梦境是愿望的达成。"而美丽热情的洛神——曹植,即使是在"梦"中,也仍未达成效"爱"社稷的"微"愿:这是不是在《洛神赋》那恍惚迷离之辞背后所包含着的最令作者叹伤的深沉意蕴呢?

（潘啸龙）

与杨德祖书　　曹　植

植白[①]:数日不见,思子[②]为劳,想同之也。

仆少小好为文章,迄至于今,二十有五年矣。然今世作者,可略而言也。昔仲宣独步于汉南[③],孔璋鹰扬于河朔[④],伟长擅名于青土[⑤],公幹振藻于海隅[⑥],德琏发迹于此魏[⑦],足下高视于上京[⑧]。当此之时,人人自谓握灵蛇之珠[⑨],家家自谓抱荆山之玉[⑩]。吾王于是设天网以该之,顿八纮以掩之,今悉集兹国矣[⑪]。然此数子犹复不能飞轩绝迹[⑫],一举千里。以孔璋之才,不闲[⑬]于辞赋,而多自谓能与司马长卿同风[⑭],譬画虎不成反为狗也[⑮]。前书嘲之,反作论盛道仆赞其文。夫钟期不失听[⑯],于今称之,吾亦不能妄叹者,畏后世之嗤余也。

世人之著述,不能无病。仆常好人讥弹[⑰]其文,有不善者,应时改定。昔丁敬礼[⑱]常作小文,使仆润饰之;仆自以才不过若人[⑲],辞不为也。敬礼谓仆:"卿何所疑难,文之佳恶,吾自得之,后世谁相知定吾文者耶?"吾常叹此达言,以为美谈。昔尼父[⑳]之文辞,与人通流[㉑];至于制《春秋》,游夏之徒乃不能措一辞[22]。过此而言不病者[23]，吾未之见也。

盖有南威之容，乃可以论于淑媛；有龙渊之利，乃可以议于断割[24]。刘季绪才不能逮于作者[25]，而好诋诃文章，掎摭[26]利病。昔田巴毁五帝，罪三王，訾五霸于稷下，一旦而服千人，鲁连一说，使终身杜口[27]。刘生之辩，未若田氏，今之仲连，求之不难，可无息乎？人各有好尚，兰茝荪蕙[28]之芳，众人所好，而海畔有逐臭之夫[29]；《咸池》《六茎》之发，众人所共乐，而墨翟有非之之论[30]，岂可同哉！

今往仆少小所著辞赋一通相与[31]。夫街谈巷说，必有可采；击辕之歌，有应风雅[32]。匹夫之思，未易轻弃也。辞赋小道，固未足以揄扬大义，彰示来世也。昔扬子云先朝执戟之臣耳，犹称壮夫不为也[33]。吾虽德薄，位为藩侯，犹庶几戮力上国，流惠下民，建永世之业，流金石之功[34]，岂徒以翰墨为勋绩、辞赋为君子哉！若吾志未果，吾道不行，则将采庶官之实录，辩时俗之得失，定仁义之衷，成一家之言[35]，虽未能藏之于名山，将以传之于同好。非要之皓首[36]，岂今日之论乎！其言之不惭，恃惠子[37]之知我也。

明早相迎，书不尽怀。植白。

〔注〕 ① 白：陈述。 ② 子：您。 ③ 仲宣：王粲字。粲曾避乱荆州，依附刘表多年。独步：谓无人可及。汉南：汉水之南，指荆州。 ④ 孔璋：陈琳字。琳曾在冀州任袁绍的记室。鹰扬：如鹰一般奋飞远翔，喻大展雄才。河朔：黄河以北地区。 ⑤ 伟长：徐幹字。幹北海郡人。擅名：大享盛名。青土：青州地区，北海古属青州。 ⑥ 公幹：刘桢字。桢东平宁阳人。振藻：显露文采。海隅：海边，宁阳地近海。 ⑦ 德琏：应玚字。玚汝南南顿人。发迹：立功扬名。此魏：指魏都许昌，南顿地近许昌。 ⑧ 足下：敬词，指杨修。高视：不同凡近。上京：即京师洛阳，杨修为汉太尉杨彪之子，生长于京师。 ⑨ 灵蛇之珠：即隋侯救蛇所得的宝珠（见《淮南子·览冥训》注）。 ⑩ 荆山之玉：即“和氏之璧”，楚人和氏奉献给楚王的荆山美玉（见《韩非子·和氏》）。 ⑪ 吾王：指魏王曹操。天网：笼罩天地的网。该：同“赅”，包罗。顿：振举。八纮（hóng宏）：网周围的纲绳，借指四面八方边远地。掩：寻搜，捕取。二句意谓曹操采取一切措施网罗人才。 ⑫ 飞轩绝迹：高飞远翥，超绝尘世。轩，飞翔。 ⑬ 闲：同“娴”，熟练。 ⑭ 长卿：西汉司马相如字。同风：同一风格。 ⑮ 画虎不成反为狗：喻好高骛远而事无所成，反贻笑柄。见东汉马援《诫兄子严、敦书》。 ⑯ 钟期：钟子期。春秋时期，楚人伯牙善弹琴，钟子期能知音；子期死后，伯牙终身不复弹（见《吕氏春秋·本味》）。不失听：指不会误会琴声中的寄意，即知音善听。 ⑰ 讥弹：指责，批评。 ⑱ 丁敬礼：丁廙，字

敬礼，建安时黄门侍郎，与曹植相友善，后为曹丕所杀。　⑲若人：此人，指丁敬礼。　⑳尼父：孔子。　㉑通流：交流，商讨。　㉒游夏之徒：孔子的学生子游、子夏这一流人。措：置。㉓过此：除此。此，指《春秋》。不病，没有缺点。　㉔“盖有南威之容”四句：意谓评论者自己须先具备过人的文才，方有资格去批评别人。南威，春秋时著名美女。淑媛，贤美的女子。龙渊，古代宝剑名，唐时避高祖李渊讳改作“龙泉”。　㉕刘季绪：刘表之子，著有诗赋颂六篇。逮：及。　㉖掎摭（jǐ zhí 己直）：拾取，挑剔。　㉗“昔田巴”六句：据《文选》李善注引《鲁连子》：“齐之辩者曰田巴，辩于狙丘，而议于稷下，毁五帝，罪三王，一日而服千人；有徐劫弟子曰鲁连，谓劫曰：臣愿当田子，使不敢复说。”三王，即“三皇”。訾，毁谤。稷下，齐都的城门有稷门，谈说之士多会集于稷下。鲁连，即鲁仲连。杜口，闭口。　㉘兰茝（chǎi）荪蕙：皆香草名。㉙逐臭：《吕氏春秋·遇合》：“人有大臭者，其亲戚、兄弟、妻妾、知识无能与居者，自苦而居海上。有悦其臭者，昼夜随之而弗能去。”　㉚“《咸池》”三句：咸池，黄帝时古乐名。六茎，颛顼时古乐名。发，指演奏。墨翟，墨子，著有《非乐》篇。　㉛往：送去。一通：一份。　㉜击辕之歌：田野中人叩击车辕唱歌，指代民歌。应：符合。风雅：《诗经》的国风与大、小雅。㉝“昔扬子云”三句：扬子云，扬雄，字子云。先朝，指西汉。执戟之臣，扬雄曾为郎官，执戟以侍皇帝。扬雄曾谓作赋乃是“童子雕虫篆刻”“壮夫不为”，见《法言·吾子》。　㉞“吾虽德薄”八句：藩侯，诸侯。庶几，希望。戮力，尽力。上国，指朝廷。流，留。金石之功，功绩能够刻在钟鼎、碑碣上，指永久流传的大功。　㉟“则将”四句：庶官，百官。实录，指政事、典章、制度等史料。辩，辨析。衷，指中心意旨。一家之言，自成体系的著述。　㊱要：约。皓首：白头。㊲惠子：即惠施，战国时学者。此喻杨修。惠施常与庄子辩论，他死后，庄子失去争论的对手，感到悲哀（见《庄子·徐无鬼》）。

本文写于建安二十一年（216），时间当在五月之后（文中有“吾王于是设天网以该之……”语，曹操进号“魏王”事在建安二十一年五月）。作者时为临淄侯。此信意在嘱托杨修对自己所作辞赋刊削点定，同时纵论当代才人优劣，抒发本身怀抱所系，意到笔随，情文并茂，是魏晋时代有特色的一篇论文。

这封信评论时人创作的得失，先从文坛盛况说起。作者以神采飞扬的笔触、错综排比的句式，大致勾勒了当时邺下文苑的繁兴局面，历数“独步汉南”“鹰扬河朔”“擅名青土”“振藻海隅”“发迹此魏”“高视上京”的王、陈、徐、刘、应、杨等建安诸杰，描写他们以“握灵蛇之珠”“抱荆山之玉”的极度自信，齐驱并驾，在曹操网罗文士、广开材路的政策感召之下，群聚魏都，形成了彬彬之盛、大备于时的繁荣景况。在此基础上，作者提出更高的要求，指出此数子尚未达到“飞轩绝迹，一举千里”的顶峰，各自都还存在局限与弱点。这就开始突出了此文的一个基本观点：既然著述“不能无病”，作家应当精益求精，不惮修改。信中先以陈琳为例，说明他在辞赋创作方面本不熟谙精通，而他却过高地自我估价，乃至将别人的讥嘲也当作了赞美。作家未必是全才，有这样那样的缺陷本不足怪（曹丕《典论·论文》也已指出：“文非一体，鲜能备善。”），问题在于是否有自知之明，是否真正欢迎别人的批评意见。曹植又举了两个例子，一是自己“常好人讥弹其文，有不善者,应时改定”的习惯,一是丁廙作小文请求自己润饰的事例。世人著述不能无病,需要批评改定,曹植不仅阐述这一颠扑不破的道理,而且身体力行,嘱请杨修刊定自己的辞赋,正是基于这样的认识。建安文坛不自满,不妄赞,重视修改意见的严肃创作态度与良好批评风气,在曹植此信与曹丕《典论·论文》中均可窥见一斑。

紧接着对作家提出的要求之后,作者又从批评家的角度来提问题,指出高度的艺术才能与素养是批评者必具的条件。“有南威之容,乃可以论于淑媛;有龙渊之利,乃可以议于断割。”依同理推断:有屈、宋之才,乃可以衡其文笔。这一要求对批评者说来该是不切实际的。文学史上,长于议论而短于创作者大有人在。例如钟嵘《诗品》评陆厥,曾谓其“自制未优,非言之失也”,即可以说明理论批评与艺术创作在文人一身得失不齐。准此而言,曹植对批评家似求之过苛。但是也应注意,曹植提出创作的行家才有资格议论创作这一观点,针对刘季绪之流才庸行妄、随意诋诃他人的情况而发,是有的放矢的。另外,曹植还指出:人各有好尚,每相异殊途,海畔有逐臭之夫,墨翟有非乐之论,因此批评者在评论文章时,不可以一己的偏好,强求别人认同迁就。

信的最后,叙说送去辞作请求审阅的意图,同时申明了自己的政治理想与事业追求。这一段文字的表述,用意曲折,语气亦自偏激。表面上看,似乎曹植对辞赋创作贬得很低,视为“未足以揄扬大义,彰示来世”的“小道”,与建安时兴起的“文章经国之大业,不朽之盛事”(曹丕《典论·论文》)的文学新观念完全矛盾。这个问题该怎么解释?应当看到,曹植是将辞赋、翰墨之事与他视为更重要的事业相提并论、权衡轻重的:首先追求功名勋业的建树,“建永世之业,流金石之功”是他毕生以求、最具吸引力的事业;其次,是采实录,辩得失,定仁义之衷,成一家之言,完成政治学术思想的著述;再次,行有余力,则以学文,仕而优则赋,余事作辞人。这也恰是他少小以来乐此而不疲的爱好,绝不可能放弃。信中说“街谈巷说,必有可采;击辕之歌,有应风雅。匹夫之思,未易轻弃”,明明是将辞赋之作置于“未易轻弃”的“匹夫之思”之列的。鲁迅还曾指出,子建说文章小道大概是违心之论。因为人总是不满自己所做而羡慕他人所为的,子建的文章已经做得好,便敢说文章是小道;他活动的目标又是在政治方面,政治不甚得志,遂说文章无用(见《魏晋风度及文章与药及酒之关系》)。这对曹植的心态不失为一种中肯的分析。总之,览文如诡,寻理即畅,后世的读者应当揣摩体察,理解作者的真正命意所在。

此信为送上辞赋的附言,本可以寥寥数语即交代清楚请托之事;但由于对方是秉意相投的知友，又是才博思颖、“高视上京”的文家，所以信中即兴挥翰，论文言志，洋洋洒洒地说了开去。纵论时人得失，略无拘忌；抒写衷心抱负，和盘托出。自许甚高而又虚怀请益，真实的心态自然呈露于纸上。议论虽间有过激处，致贻“辩而无当”（《文心雕龙·序志》）之讥；而通篇读来，“文藻条流，托在笔札”，条畅以任气，通脱以述怀，舒布其言，达而后已，作为心声的献酬，依然是达到了《文心雕龙·书记》对书体的要求的。（顾复生）

曹瞒传　　无名氏

太祖一名吉利，小字阿瞒。〔父〕嵩，夏侯氏之子，夏侯惇之叔父。太祖于惇为从父兄弟。

太祖少好飞鹰走狗，游荡无度，其叔父数言之于嵩。太祖患之，后逢叔父于路，乃阳败面㖞口；叔父怪而问其故，太祖曰：“卒中恶风。”叔父以告嵩。嵩惊愕，呼太祖，太祖口貌如故。嵩问曰：“叔父言汝中风，已差乎？”太祖曰：“初不中风，但失爱于叔父，故见罔耳。”嵩乃疑焉。自后叔父有所告，嵩终不复信，太祖于是益得肆意矣。

太祖初入尉廨，缮治四门。造五色棒，县门左右各十余枚，有犯禁者，不避豪强，皆棒杀之。后数月，灵帝爱幸小黄门蹇硕父夜行，即杀之。京师敛迹，莫敢犯者。近习宠臣咸疾之，然不能伤，于是共称荐之，故迁为顿丘令。

〔太祖与袁绍相拒，绍谋臣许攸来奔，〕公闻攸来，跣出迎之，抚掌笑曰：“子远，卿来，吾事济矣！”既入坐，谓公曰：“袁氏军盛，何以待之？今有几粮乎？”公曰：“尚可支一岁。”攸曰：“无是，更言之！”又曰：“可支半岁。”攸曰：“足下不欲破袁氏邪，何言之不实也！”公曰：“向言戏之耳。其实可一月，为之奈何？”攸曰：“公孤军独守，外无救援而粮谷已尽，此危急之日也。今袁氏辎重有万余乘，在故市、乌巢①，屯军无严备；今以轻兵袭之，不意而至，燔其积聚，不过三日，袁氏自败也。”公大喜，乃选精锐步骑，皆用袁军旗帜，衔枚缚马口，夜从间道出，人抱束薪，所历道有问者，语之曰：“袁公恐曹操钞略后军，遣兵以益备。"闻者信以为然,皆自若。既至,围屯,大放火,营中惊乱。大破之,尽燔其粮谷宝货,斩督将眭元进、骑督韩莒子、吕威璜、赵叡等首,割得将军淳于仲简鼻,未死,杀士卒千余人,皆取鼻,牛马割唇舌,以示绍军。将士皆怛惧。时有夜得仲简,将以诣麾下,公谓曰:"何为如是?"仲简曰:"胜负自天,何用为问乎!"公意欲不杀。许攸曰:"明旦鉴于镜,此益不忘人。"乃杀之。

〔公将北征三郡乌丸②,诸将皆谏不可,唯郭嘉劝行。公遂出兵,败虏众于柳城。〕时寒且旱,二百里无复水,军又乏食,杀马数千匹以为粮,凿地入三十余丈乃得水。既还,科问前谏者,众莫知其故,人人皆惧。公皆厚赏之,曰:"孤前行,乘危以侥幸,虽得之,天所佐也,故不可以为常。诸君之谏,万安之计,是以相赏,后勿难言之。"

〔公西征,与马超等夹潼关而军③。公潜遣徐晃、朱灵等夜渡蒲坂津④,据河西为营。公自潼关北渡。〕公将过河,前队适渡,超等奄至,公犹坐胡床不起。张郃等见事急,共引公入船。河水急,比渡,流四五里,超等骑追射之,矢下如雨。诸将见军败,不知公所在,皆惶惧,至见,乃悲喜,或流涕。公大笑曰:"今日几为小贼所困乎!"

〔公得渡河,循河而南。超等屯渭南,遣信求割河以西请和,公不许。〕时公军每渡渭,辄为超骑所冲突,营不得立,地又多沙,不可筑垒。娄子伯说公曰:"今天寒,可起沙为城,以水灌之,可一夜而成。"公从之,乃多作缣囊以运水,夜渡兵作城,比明,城立,由是公军尽得渡渭。

〔汉皇后⑤伏氏坐昔与父完书,云帝以董承⑥被诛怨恨公,辞甚丑恶,发闻。〕公遣华歆⑦勒兵入宫收后,后闭户匿壁中。歆坏户发壁,牵后出。帝时与御史大夫郗虑坐,后被发徒跣过,执帝手曰:"不能复相活邪?"帝曰:"我亦不自知命在何时也。"帝谓虑曰:"郗公,天下宁有是邪!"遂将后杀之,完及宗族死者数百人。

〔公昔〕为尚书右丞司马建公所举。及公为王，召建公到邺，与欢饮，谓建公曰："孤今日可复作尉否？"建公曰："昔举大王时，适可作尉耳。"王大笑。建公名防，司马宣王⑧之父。

〔汉室日衰，孙权上书称臣，称说天命。〕桓阶劝王正位，夏侯惇以为宜先灭蜀，蜀亡则吴服，二方既定，然后遵舜、禹之轨，王从之。及至王薨，惇追恨前言，发病卒。

〔建安二十五年，春于洛阳。〕王使工苏越徙美梨，掘之，根伤尽出血。越白状，王躬自视而恶之，以为不祥，还遂寝疾。

太祖为人佻易无威重，好音乐，倡优在侧，常以日达夕，被服轻绡，身自佩小鞶囊，以盛手巾细物，时或冠帢帽以见宾客；每与人谈论，戏弄言诵，尽无所隐，及欢悦大笑，至以头没杯案中，肴膳皆沾污巾帻，其轻易如此。然持法峻刻，诸将有计划胜出己者，随以法诛之，及故人旧怨，亦皆无余。其所刑杀，辄对之垂涕嗟痛之，终无所活。初，袁忠为沛相，尝欲以法治太祖，沛国桓邵亦轻之，及在兖州，陈留边让言议颇侵太祖，太祖杀让，族其家，忠、邵俱避难交州，太祖遣使就太守士燮尽族之。桓邵得出首，拜谢于庭中，太祖谓曰："跪可解死邪！"遂杀之。常出军，行经麦中，令"士卒无败麦，犯者死"。骑士皆下马，付麦以相持，于是太祖马腾入麦中，敕主簿议罪；主簿对以《春秋》之义，罚不加于尊，太祖曰："制法而自犯之，何以帅下？然孤为军帅，不可自杀，请自刑。"因援剑割发以置地。又有幸姬常从昼寝，枕之卧，告之曰："须臾觉我。"姬见太祖卧安，未即寤，及自觉，棒杀之。常讨贼，廪谷不足，私谓主者曰："如何？"主者曰："可以小斛以足之。"太祖曰："善。"后军中言太祖欺众，太祖谓主者曰："特当借君死以厌众，不然事不解。"乃斩之。取首题徇曰："行小斛，盗官谷，斩之军门。"其酷虐变诈，皆此类也。

〔注〕 ① 故市：在今河南荥阳东。乌巢：在今河南新乡封丘西。 ② 三郡乌丸：乌丸即乌桓，东胡别支。三郡乌丸即辽西乌丸、辽东属国乌丸、右北平乌丸，一度归顺袁绍。 ③ 马超：字孟起，汉末割据西北，以骁勇著称。为曹操所败，后投靠刘备。潼关：在今陕西潼关县

北，当山西、河南、陕西三省要冲。　④ 徐晃、朱灵，及下文张郃，均为曹操部下大将。蒲坂津：潼关北面的黄河渡口。　⑤ 汉皇后：指汉献帝伏皇后。　⑥ 董承：汉献帝时任车骑将军。建安五年(200)受献帝密诏，与朝臣王服、种辑等谋诛曹操，事泄，夷三族。　⑦ 华歆：汉献帝时任尚书令。因助曹氏，曹丕建魏后，任为司徒。　⑧ 司马宣王：指司马懿。其子司马昭封为晋王时，追尊懿为宣王。

《曹瞒传》是一篇久已散佚的文章。它的若干片段，被南朝宋人裴松之引用在《三国志》注中，主要见于《武帝纪》注，另外又见于《吕布传》和《荀彧传》注。裴松之称其作者为"吴人"，姓名不详。现在就是根据《三国志》裴松之注所引用的《曹瞒传》佚文加以整理，取其较为完整的片段，而舍弃了过于琐碎、无法连贯的零散短句，依曹操的生平和一般传记文的惯例排列。因为是从注文中辑录出来的，难免有许多残缺，以至无法相互衔接，这里就根据《三国志·武帝纪》的文字，用加以括号的方式作了简略而必要的补缀。这样，离恢复《曹瞒传》的原貌虽然还远，但已经是一篇大体完整可读的传记了。

《曹瞒传》不仅是一篇相当出色的文章，而且是魏晋时代"杂传"的典型代表，在中国传记文学史上很值得重视。

作为一篇独立的人物传记，《曹瞒传》与通常的史传表现出明显不同的特色。它以更自由更轻灵的笔法，塑造了一个鲜明生动、性格复杂的人物形象。一般读者初次接触这篇文章，大概会有"似曾相识"的感觉。原来《曹瞒传》的素材，基本上都已经被历史小说《三国演义》所采纳。《三国演义》中描写得最成功、给人印象最深刻的曹操的形象，实际上主要是以这篇《曹瞒传》为基础的。由此可以体会它的艺术价值。

具体可以从几个方面加以分析。一篇史传，通常首先要考虑传主的社会地位、历史作用；所记述的内容，首先也是他的重大政治、军事活动。《三国志·武帝纪》写曹操，大体就是如此。有时史传中也会写到一些生活细节，但比例不可能太多。而《曹瞒传》显然不受这种史传惯例的束缚，在记述曹操的重大历史活动的同时，又不惜笔墨，大量描述他的日常生活情景。诸如他的好游荡、多狡诈、轻佻无威重等等。这样来写人物，自然音容笑貌，亲切可见，也就更富于文学的形象性和美感。

一篇史传作为一部史书的一部分，必须处理许多历史事件。尤其像曹操这样的人物，一生中不知同多少历史大事发生关系。因此史传往往多用叙述的笔法，少用描写的笔法。当然《史记》有很多优秀的描写成分。但是，一则《史记》这个长处并未被后来的史书所继承，二则即使是《史记》，在重要历史人物的传记中，仍然不能不有大量的叙述性文字。《曹瞒传》在这方面同样自由得多，可以更多地运用描写笔法。如许攸投奔曹操一事,《三国志·武帝纪》先交代原因:“绍谋臣许攸贪财,绍不能足”;接着又以“来奔,因说公击(淳于)琼等”八字言其过程,文字简括,叙事完备。《曹瞒传》则大力渲染许、曹二人相会的情节。曹操听说许攸自敌营来降,喜不自胜,连鞋子都顾不上穿,赤脚出迎,并拍手大笑道:“子远,卿来,吾事济矣!”活生生地展现了曹操在困境中求才若渴的心情。但是在接下来关于军中存粮多少的对答中,曹操却又不愿暴露自己的窘迫,再三搪塞。直到许攸揭了他的老底,才以实情相告。这里对人物的语言、动作,都描写得十分细腻。而以现存的佚文来看,可以说《曹瞒传》总体是以描写为主的。大致每说曹操的一种性格,就描述一个实例。如说曹操“佻易无威重”,便写了他对音乐的爱好和宴客时纵情恣肆之态;说他“酷虐变诈”,便写了他割发代死、借粮吏之首以平军心的多种事例。这种描写性的增强,对于小说的兴起,无疑起了很大的促进作用。

《曹瞒传》最特出的长处,在于它反映了人物的复杂性格。史传作为一种严肃的著作,一般来说,既受到正统儒家思想的影响,又受到作者本人所属政治集团利益的束缚,对人物的评价,总是褒贬分明,好就是好,坏就是坏。而《曹瞒传》所写的曹操,却不是如此简单。作者虽是吴人,他对曹操也多有贬责之意,却没有把他写成一个纯粹的“坏人”。这里的曹操,有不避豪强、敢于棒杀得宠宦官叔父的政迹,有征战成功之后依然想到反对意见可取之处的政治家气度,有临危不惧、镇定自若的大将风范,也有自幼就形成的无赖相,有睚眦必报的狭隘复仇心理,有时严酷,有时轻佻……尤其是曹操机警狡诈的一面,表现得更为特出。这就活生生地塑造出一个所谓“乱世奸雄”的艺术形象,写出了人性的复杂而丰富的内涵,令人觉得可信。这个人物形象,为后来小说、戏曲的再创造,提供了重要的基础。

总之,《曹瞒传》具有很高的文学价值,是值得重新引起重视的作品。

(戎晓若)

阮　籍

【作者小传】

(210—263)　三国魏文学家、思想家。字嗣宗。陈留尉氏(今属河南)人。阮瑀之子。齐王曹芳时,任尚书郎、大将军曹爽参军,以疾归里。爽诛,任从事中郎,官至步兵校尉,世称“阮步兵”。性崇老庄,旷达不羁,蔑视礼教,尝以“白眼”看待“礼俗之士”,后期则“口不臧否人物”。常纵酒昏酣,以此保全自己。能诗善文,与嵇康齐名,为“竹林七贤”之一。原有集,已散佚,后人辑有《阮嗣宗集》。

大人先生传 阮 籍

大人先生盖老人也①。不知姓字。陈天地之始，言神农、黄帝之事，昭然也。莫知其生平年之数。尝居苏门之山②，故世或谓之③。闲养性延寿，与自然齐光，其视尧舜之所事若手中耳。以万里为一步，以千岁为一朝，行不赴而居不处，求乎大道而无所寓。先生以应变顺和，天地为家，运去势隤④，魁然独存⑤，自以为能足与造化推移，故默探道德，不与世同之。自好者非之，无识者怪之，不知其变化神微也；而先生不以世之非怪而易其务也。先生以为中区⑥之在天下，曾不若蝇蚊之着帷，故终不以为事，而极意乎异方奇域，游览观乐，非世所见，徘徊无所终极。遗其书于苏门之山而去，天下莫知其所如往也。

或遗大人先生书曰："天下之贵，莫贵于君子：服有常色⑦，貌有常则，言有常度，行有常式；立则磬折⑧，拱若抱鼓⑨，动静有节，趋步商羽⑩，进退周旋，咸有规矩。心若怀冰，战战栗栗，束身修行，日慎一日，择地而行，唯恐遗失，诵周孔之遗训，叹唐虞之道德，唯法是修，唯礼是克⑪，手挚珪璧⑫，足履绳墨，行欲为目前检，言欲为无穷则；少称乡闾，长闻邦国，上欲图三公，下不失九州牧，故挟金玉，垂文组，享尊位，取茅土，扬声名于后世，齐功德于往古；奉事君上，牧养百姓，退营私家，育长妻子，卜吉而宅，虑乃亿祉⑬，远祸近福，永坚固己：此诚士君子之高致，古今不易之美行也。今先生乃被发⑭而居巨海之中，与若君子者远，吾恐世之叹先生而非之也。行为世所笑，身无由自达，则可谓耻辱矣。身处困苦之地，而行为世俗之所笑，吾为先生不取也。"

于是大人先生乃逌然⑮而叹，假云霓而应之曰："若之云⑯尚何通哉！夫大人者，乃与造物同体，天地并生，逍遥浮世，与道俱成，变化散聚，不常其形。天地制域⑰于内，而浮明⑱开达于外，天地之永固，非世俗之所及也。吾将为汝言之。

“往者，天尝在下，地尝在上，反覆颠倒，未之安固，焉得不失度式而常之？天因地动，山陷川起，云散震坏，六合[19]失理，汝又焉得择地而行，趋步商羽？往者群气争存，万物死虑[20]；支体不从，身为泥土，根拔枝殊[21]，咸失其所，汝又焉得束身修行，磬折抱鼓？李牧功而身死[22]，伯宗忠而世绝[23]，进求利以丧身，营爵赏而家灭，汝又焉得挟金玉万亿，祇[24]奉君上而全妻子乎？且汝独不见夫虱之处乎裈[25]中，逃乎深缝，匿夫坏絮，自以为吉宅也。行不敢离缝际，动不敢出裈裆，自以为得绳墨也。饥则啮人，自以为无穷食也。然炎丘火流，焦邑灭都，群虱死于裈中而不能出。汝君子之处区内，亦何异夫虱之处裈中乎？悲乎！而乃自以为远祸近福，坚无穷已；亦观夫阳乌游于尘外而鹪鹩戏于蓬艾[26]，小大固不相及，汝又何以为若君子闻于予乎？且近者夏丧于商，周播之刘[27]，耿、薄为墟，丰、镐成丘[28]，至人未一顾而世代相酬，厥居未定，他人已有，汝之茅土，将谁与久？是以至人不处而居，不修而治，日月为正，阴阳为期[29]。岂希[30]情于世，系累于一时。乘东云，驾西风，与阴守雌，据阳为雄，志得欲从，物莫之穷，又何不能自达而畏夫世笑哉！

“昔者天地开辟，万物并生；大者恬[31]其性，细者静其形；阴藏其气，阳发其精；害无所避，利无所争；放之不失，收之不盈。亡不为夭，存不为寿；福无所得，祸无所咎：各从其命，以度相守[32]。明者不以智胜，暗[33]者不以愚败；弱者不以迫畏，强者不以力尽。盖无君而庶物定，无臣而万事理，保身修性，不违其纪[34]；惟兹若然，故能长久。今汝造音以乱声，作色以诡形[35]；外易其貌，内隐其情，怀欲以求多，诈伪以要名[36]；君立而虐兴，臣设而贼生，坐[37]制礼法，束缚下民，欺愚诳拙[38]，藏智自神[39]，强者睽视[40]而凌暴，弱者憔悴而事人，假廉以成贪，内险而外仁，罪至不悔过，幸遇则自矜[41]，驰此以奏除，故循滞而不振[42]。

“夫无贵则贱者不怨，无富则贫者不争，各足于身而无所求也。恩泽无所归，则死败无所仇；奇声不作则耳不易听，淫色不显则目不改视，耳目不相易改则无以乱其神矣；此先世之所至止[43]也。今汝尊贤以相高，竞能以相尚，争势以相君，宠贵以相加，驱天下以趣[44]之，此所以上下相残也。竭天地万物之至以奉声色无穷之欲，此非所以养百姓也。于是惧民之知其然，故重赏以喜之，严刑以威之；财匮[45]而赏不供，刑尽而罚不行，乃始有亡国戮君溃散之祸。此非汝君子之为乎？汝君子之礼法，诚天下残贼[46]、乱危、死亡之术耳；而乃目以为美行不易之道，不亦过乎！今吾乃飘飖于天地之外，与造化为友，朝食汤谷[47]，夕饮西海，将变化迁易，与道周始，此之于万物岂不厚哉？故不通于自然者不足以言道，暗于昭昭[48]者不足与达明；子之谓也。”

先生既申若言，天下之喜奇者异之，慷忾[49]者高之。其不知其体[50]，不见其情，猜耳其道，虚伪之名，莫识其真，弗达其情，虽异而高之，与向之非怪者，蔑如[51]也。至人者，不知乃贵，不见乃神，神贵之道存乎内，而万物运于外矣；故天下终而不知其用也。逌乎有宗[52]之野，有隐士焉见之而喜，自以为均志同行[53]也，曰：“善哉！吾得之见而舒愤也。上古质朴淳厚之道已废，而末枝遗叶并兴。豺狼贪虐，群物无辜，以害为利，殒性亡躯，吾不忍见也，故去而处兹。人不可与为俦，不若与木石为邻。安期逃乎蓬山，甪里潜乎丹水，鲍焦立以枯槁，莱维去而逌死[54]。亦由兹夫！吾将抗志显高，遂终于斯，禽生而兽死，埋形而遗骨，不复反余之生乎！夫志均者相求，好合者齐颜[55]，与夫子同之。”于是先生乃舒虹霓以蕃尘[56]，倾雪盖[57]以蔽明，倚瑶厢而徘徊，总众辔而安行，顾而谓之曰：“太初真人，唯天之根，专气一志，万物以存，退不见后，进不睹先，发西北而造制，启东南以为门，微道而以德久娱乐，跨天地而处尊。

夫然成吾体也，是以不避物而处，所睹则宁；不以物为累，所逌[58]则成；彷徉足以舒其意，浮腾足以逞其情。故至人[59]无宅，天地为客；至人无主，天地为所；至人无事，天地为故；无是非之别，无善恶之异，故天下被其泽而万物所以炽也。若夫恶彼而好我，自是而非人，忿激以争求，贵志而贱身，伊[60]禽生而兽死，尚何显而获荣，悲夫！子之用心也！薄安利以忘生，要求名以丧体，诚与彼其无诡[61]，何枯槁而逌死。子之所好何足言哉？吾将去子矣。”乃扬眉而荡目，振袖而抚裳，令缓辔而纵策[62]，遂风起而云翔。彼人[63]者瞻之而垂泣，自痛其志，衣草木之皮，伏于岩石之下，惧不终夕而死。

先生过神宫而息，漱吴泉而行[64]，回乎逌而游览焉。见薪于阜者[65]，叹曰：“汝将焉以是终乎哉？”薪者曰：“是终我乎，不以是终我乎，且圣人无怀，何其哀？夫盛衰变化，常不于兹，藏器[66]于身，伏以俟时。孙刖足以擒庞[67]，睢折胁而得位[68]，百里困而相嬴[69]，牙既老而弼周[70]，既颠倒而更来兮，固先穷而后收。秦破六国，并兼其地，夷灭诸侯，南面称帝，姱盛色，崇靡丽，凿南山以为阙[71]，表东海以为门[72]，辟万室而不绝，图无穷而永存，美宫室而盛帷帟[73]，击钟鼓而扬其章[74]，广苑囿而深池沼，兴渭北而建咸阳，峏[75]木曾未及成林，而荆棘已蘩[76]乎阿房。时代存而迭处，故先得而后亡，山东之徒虏[77]遂起而王天下。由此视之，穷达讵可知耶？且圣人以道德为心，不以富贵为志，以无为为用，不以人物为事，尊显不加重，贫贱不自轻，失不自以为辱，得不自以为荣。木根挺而枝远，叶繁茂而华零[78]，无穷之死犹一朝之生，身之多少，又何足营！”因叹而歌曰：“日没不周方[79]，月出丹渊[80]中，阳精蔽不见，阴光代为雄[81]，亭亭在须臾，厌厌将复东。离合云雾兮，往来如飘风。富贵俯仰间，贫贱何必终。留侯起亡虏，威武赫荒夷[82]；召平[83]封东陵，一旦为布衣，枝叶托根柢，死生同盛衰；得志从命升，失势与时隤。寒暑代征迈，变化更相推；祸福无常主，何忧身无归？推兹由斯理，负薪又何哀！”先生闻之，笑曰：“虽不及大，庶免小矣。”乃歌曰：“天地解兮六合开，星辰霣[84]兮日月隤，我腾而上将何怀！衣弗袭[85]而服美，佩弗饰而自章[86]，上下徘徊兮谁识吾常。

“遂去而遐浮，肆云轝[87]，兴气盖[88]，徜徉回翔兮漭瀁[89]之外。建长星以为旗兮，击雷霆之磏磕[90]，开不周而出车兮，步九野之夷泰[91]。坐中州而一顾兮，望崇山而回迈，端余节而飞旃兮[92]，纵心虑乎荒裔。释前者而弗修兮，驰蒙闲而远迈，弃世务之众为兮，何细事之足赖。虚形体而轻举兮，精微妙而神丰。命夷羿[93]使宽日兮，召忻来[94]使缓风。攀扶桑[95]之长枝兮，登扶摇[96]之隆崇。跃潜飘之冥昧兮，洗光曜之昭明。遗衣裳而弗服兮，服云气而遂行。朝造驾乎汤谷兮，夕息马乎长泉，时崦嵫而易气兮[97]，辉若华以照冥。左朱阳以举麾兮，右玄阴以建旗[98]，变容饰而改度，遂腾窃以修征[99]。

“阴阳更而代迈，四时奔而相遒[100]。惟仙化之倏忽兮，心不乐乎久留。惊风奋而遗乐兮，虽云起而忘忧。忽电消而神逌兮，历寥廓而遐游。佩日月以舒光兮，登徜徉而上游。压[101]前进于彼逌兮，将步足乎虚州。扫紫宫[102]而陈席兮，坐帝室[103]而忽会酬，萃众音而奏乐兮，声惊渺而悠悠，五帝舞而再属兮[104]，六神歌而代周[105]。乐啾啾肃肃，洞心达神，超遥遥茫茫，心往而忘反[106]，虑大而志矜。粤大人微而弗复兮[107]，扬云气而上陈，召六幽之玉女兮[108]，接上王之美人，体云气之逌畅兮，服太清[109]之淑真，合欢情而微授兮，光艳溢其若神，华姿烨以俱发兮，采色焕其并振，倾玄髦[110]而垂鬓兮，曜红颜而自新。

“时暧曃[111]而将逝兮，风飘飖而振衣，云气解而雾离兮，霭奔散而永归。心惝恍而遥思兮，眇回目而弗晞[112]。扬清风以为旃[113]兮，翼旋轸而反衍[114]。腾炎阳而出疆兮，命祝融[115]而使遣。驱玄冥以摄坚兮[116]，蓐收秉而先戈[117]，勾芒奉毂[118]，浮惊朝霞。寥廓茫茫而靡都[119]兮，邈无俦而独立。倚瑶厢而一顾兮，哀下土之憔悴。分是非以为行兮，又何足与比类。霓旌飘兮云旆，鬻乐游兮出天外。"

大人先生被发飞鬓，衣方离[120]之衣，绕绂阳[121]之带，含奇芝，爵甘华，噏[122]浮雾，飡霄霞，兴朝云，飏春风，奋乎太极之东，游乎昆仑之西，遗辔隤策，流盼乎唐虞之都，惘然而思，怅尔若忘，慨然而叹，曰："呜乎！时不若岁，岁不若天，天不若道，道不若神。神者，自然之根也。彼勾勾[123]者自以为贵夫世矣；而恶知夫世之贱乎兹哉！故与世争贵，贵不足尊；与世争富，富不足先。必超世而绝群，遗俗而独往，登乎太始之前，览乎沕漠[124]之初，虑周流于无外，志浩荡而遂舒，□飘飖于四运，翻翱翔乎八隅。欲纵而彷佛，洸瀁而靡拘，细行不足以为毁，圣贤不足以为誉，变化移易，与神明扶。廓无外以为宅，周宇宙以为庐，强八维[125]而处安，据制物[126]以永居：夫如是则可谓富贵矣。是故不与尧舜齐德，不与汤武并功；王、许[127]不足以为匹，阳、丘[128]岂能与比踪，天地且不能越其寿，广成子[129]曾何足与并容。激八风[130]以扬声，蹑元吉[131]之高踪；披九天以开除兮[132]，来云气以驭飞龙，专上下以制统兮，殊古今而靡同；夫世之名利胡足以累之哉！故提齐而踧楚，挈赵而蹈秦[133]，不满一朝而天下无人，东西南北莫之与邻。悲夫！子之修饰，以余观之，将焉存乎？"

于兹先生乃去之，纷泱莽[134]，轨沕洋[135]，流衍溢[136]，历度重渊，跨青天，顾而逌览焉。则有逍遥以永年，无存忽合，散而下臻[137]，霍分离荡[138]，瀁瀁洋洋[139]，飙[140]涌云浮，达于摇光[141]，直驰骛[142]乎太初之中，而休息乎无为之宫。太初何如？无后无先，莫究其极，谁识其根。邈渺绵绵，乃反复乎大道之所存，莫畅其究，谁晓其根。辟九灵而求索，曾何足以自隆。登其万天而通观，浴大始之和风。漻[143]逍遥以远游，遵大路之无穷。遗太乙[144]而弗使，陵天地而径行。超鸿濛[145]而远迹，左荡莽而无涯，右幽悠而无方，上遥听而无声，下修视而无章[146]，施无有而宅神,永太清乎敖翔。

崔巍高山勃玄云,朔风横厉白雪纷,积水若凌[147]寒伤人。阴阳失位日月隤,地坼石裂林木摧[148],火冷阳凝寒伤怀。阳和微弱隆阴竭,海冻不流绵絮折,呼吸不通寒伤裂。气并[149]代动变如神,寒倡热随害伤人,熙[150]与真人怀太清。精神专一用意平,寒暑勿伤莫不惊,忧患靡由素气宁。浮雾凌天恣所经,往来微妙路无倾,好乐非世[151]又何争,人且皆死我独生。

真人游,驾八龙[152],曜日月,载云旗,徘徊逌,乐所之。真人游,太阶夷,□原辟,天门开,雨濛濛,风飉飉,登黄山,出栖迟[153],江河清,洛无埃。云气消,真人来。真人来,惟乐哉!时世易,好乐隤,真人去,与天回。反未央[154],延年寿,独敖世[155],望我□,何时反。超[156]漫漫,路日远。

先生从此去矣,天下莫知其所终极,盖陵天地而与浮明遨游无始终,自然之至真也。鹳鸽不逾济,貉不渡汶[157],世之常人,亦由此矣。曾不通区域,又况四海之表[158],天地之外哉。若先生者,以天地为卵耳。如小物细人欲论其长短,议其是非,其不哀也哉!

〔注〕 ① 大人:指德行高尚、志趣高远的人。《晋书·阮籍传》:"籍尝于苏门山遇孙登,与商略终古及栖神导气之术,登皆不应,籍因长啸而退。至半岭,闻有声若鸾凤之音响乎岩谷,乃登之啸也。遂归著《大人先生传》。" ② 苏门之山:苏门山,一名苏岭,为太行山支脉,在今河南辉县。 ③ 世或谓之:意谓世人或称他为苏门先生。 ④ 运:时运。隤:颓败。 ⑤ 魁然:独立不群。魁,通"块"。 ⑥ 中区:犹言中国。 ⑦ 服有常色:古人以衣服颜色来体现礼制。《礼记·曲礼》:"为人子者,父母存,冠衣不纯素。孤子当室,冠衣不纯采……童子不衣裘裳。" ⑧ 磬折:磬是古代的一种打击乐器,形状如曲尺。磬折即身体像磬一样弯着,表示恭敬。 ⑨ 拱若抱鼓:拱手致礼时,要像怀中抱了一个鼓那样。 ⑩ 趋步商羽:趋是快走,步是慢走。商羽是五音之二。这里指君子走路快慢都有规矩可循,像踩着音乐的节奏一般。 ⑪ 克:自律、约束自己。 ⑫ 珪璧:古代王侯朝聘祭祀时手持的玉器。 ⑬ 亿祉(zhǐ 止):指子孙后代的福禄。亿:时间久远之意。祉:福禄。 ⑭ 被发:即披发。 ⑮ 逌(yóu 由)然:宽舒、悠闲貌。 ⑯ 若之云:你所说的。 ⑰ 制域:制约、局限。此句意谓天地被囊括在大人先生的内心。 ⑱ 浮明:指日月。 ⑲ 六合:天地四方。 ⑳"往者"二句:群气,指各种事物。死虑,以死为虑。 ㉑ 殊:断。 ㉒ 李牧功而身死:李牧是战国时赵国的名将,多次打败秦军,功封武安侯。后因秦国使反间计而被杀害。 ㉓ 伯宗:战国时晋国大夫,好以直辩凌人,终因忠言直谏被杀。世绝:绝了后代。 ㉔ 祗:敬。 ㉕ 裈(kūn 昆):有裆的裤。 ㉖ 阳乌:指鹤。

南朝宋浮世公《相鹤经》:"鹤者阳鸟也,而游于阴,因金气依火精以自养。"鷦鷯(jiāo liáo 交辽):鸣禽类小鸟,常在灌木丛中。 ㉗ 周播之刘:周朝后,递次到了汉朝。汉朝皇帝刘姓,故以刘指汉。 ㉘"耿、薄"二句:耿、薄,曾为商代国都。丰、镐,周代国都。 ㉙ 日月为正,阴阳为期:指不遵循哪一朝哪一代的历法,而以自然的运行为时间观念。 ㉚ 丢:同"吝"。 ㉛ 恬:安然。 ㉜ 以度相守:各守其限度,这种限度是天生的。 ㉝ 暗:此指智力上不明。 ㉞ 纪:指自然秩序。 ㉟ 诡形:使形体不显真实。 ㊱ 要名:求名。 ㊲ 坐:因而。 ㊳ 诳:欺骗。此句谓欺侮、诳骗那些笨拙之人。 ㊴ 藏智自神:自作聪明。 ㊵ 睽视:张目而视。 ㊶ 自矜:洋洋自得。 ㊷"驰此"二句:驰,向往。奏除,进一级台阶。循滞,因循滞留。此二句意谓,在上述种种恶习中倾轧、堕落,而不能自拔。 ㊸ 至止:至此停下。 ㊹ 趣:通"趋",奔向。 ㊺ 匮:用完。 ㊻ 残贼:伤害。 ㊼ 汤谷:传说中日出之地。 ㊽ 昭昭:光明。 ㊾ 忼忾:同"慷慨"。 ㊿ 体:体要。 51 蔑如:指没什么区别。 52 宗:周时国名,在今安徽庐江县境。 53 均志同行:意谓志同道合。均,同。 54"安期"四句:安期、甪里、鲍焦、莱维,均为古代隐士老人,宁死而不肯入世。蓬山,即蓬莱山,为传说中海上仙山。丹水,河名,发源于陕西商洛商县,东入河南省境,经南阳内乡、淅川二县,东注均水。逌(yóu 由)死,从容悠闲而死。 55 好合:爱好相投合。齐颜:同一副面目。 56 蓄尘:屏开尘埃。 57 雪盖:雪白的车盖。 58 逌:由。 59 至人:道德修养达到最高境界的人。《庄子·逍遥游》:"至人无己,神人无功,圣人无名。" 60 伊:发语辞。 61 诡:奇异。 62 筴:同"策",马鞭。 63 彼人:指那个要与大人先生在一块的隐士。 64"先生过"二句:神宫、吴泉,神话中的宫室和泉池。 65 阜:土山。薪于阜者即在土山上砍柴的人。 66 器:才能。 67 孙刖(yuè 越)足以擒庞:战国时孙膑与庞涓同学兵法,庞涓在魏国任将军,嫉妒孙膑比自己高明,便将他召到魏国,断其双脚。后孙膑偷渡到齐国,用分日减灶之计,在马陵道伏杀庞涓。刖,砍断。 68 雎折胁而得位:战国时范雎随魏国使者同出使齐国,齐王赐范雎食物与金,于是范雎被魏使所疑,回国后处以刑罚,打折了胁骨。后秦王派人将他接到秦国,受到重用。 69 百里困而相嬴:战国时百里奚在逃亡中被楚人逮捕,秦缪公以五张羊皮(即一个奴隶的价格)将他赎回,授以国政。相,任辅相之职。嬴,秦王姓。 70 牙既老而弼周:牙指姜太公,即吕尚,字子牙,又称吕牙。至老年才为周文王所赏识,后辅佐武王灭商。弼,辅助。 71 南山:终南山。秦始皇建阿房宫,又建阁道,从殿下直抵南山,以山峰为阙。阙是宫殿前侧的高楼。 72 表东海以为门:秦始皇在东海上立石,表示那儿是秦的东门。 73 帟(yì 义):帷幄中座上的承尘。 74 章:一段音乐奏完,为一章。 75 岯:陈伯君《阮籍集校注》谓疑当作"棡"。棡,栋梁。 76 藂:同"丛"。 77 山东之徒虏:此指陈胜。山东指崤山以东,即原秦国东面的各国地盘而被秦所统占者。 78 华零:华即"花"。零,凋零。 79 不周方:相传西北方有不周山,为日落之处。 80 丹渊:古代神话中的月出之处。 81"阳精"二句:阳精、阴光,指日光和月光。 82"留侯"二句:留侯,西汉开国功臣张良,被封为留侯。他曾因图谋刺杀秦始皇不成而逃亡。赫,显赫。荒夷,指很远的地方。 83 召平:秦时人,曾被封为东陵侯。秦亡后,种瓜于长安城东,身为布衣(平民)。 84 霣(yǔn 允):像下雨一般陨落。 85 袭:衣上加衣。 86 章:文采。 87 轝(yú 鱼):同"舆",车。 88 盖:车盖。 89 漭瀁(mǎng yàng 莽样):广大貌。 90 礚礚(kāng kē 康科):形容雷声大。 91 九野:中央与八方。夷:平坦。泰:通畅。 92 节:旄节,以旄毛尾织编而成,形状像竹节。旃:即旃,赤色曲柄的旗。 93 夷羿:即后羿。神话中射日的英雄。上古尧时天上曾有十个太阳并出,草木皆焦,民无所食,夷羿射落九个,留下一个。 94 忻(xīn 新)来:陈伯君《阮籍集校注》疑为"飞廉"之声转。飞廉,风神。

⑮ 扶桑：古代称日出的极东之处。据说那儿有桑树相扶而生。 ⑯ 扶摇：传说中生于东海的神木。 ⑰"夕息"二句：长泉、崦嵫，均为神话中的日落之处。 ⑱"左朱阳"二句：朱阳，太阳。玄阴，月亮。麾，旗。 ⑲ 修征：谓日复东出运行。 ⑳ 遒：急迫。 ㉑ 压：迫近。 ㉒ 紫宫：星座名。古代天文家分天体恒星为三恒，中恒有紫微十五星，亦称紫宫。《史记·天官书》："中宫天极星，其一明者，太一常居也；旁三星，三公，或曰子属；后勾四星，末大星，正妃，余三星，后宫之属也；环之匡卫十二星，藩臣。皆曰紫宫。"《索隐》："《元命苞》曰：'紫之言此也，宫之言中也，言天神运动，阴阳开闭，皆在此中也。" ㉓ 帝室：天帝的家族。指紫宫中子属、正妃、后宫之属。 ㉔ 五帝：指黄帝、颛顼、帝喾、尧、舜。相传都作过音乐。《汉书·礼乐志》："昔黄帝作《咸池》，颛顼作《六茎》，帝喾作《五英》，尧作《大章》，舜作《招》。"属：连。 ㉕ 六神：上下四方之神。伐：歌颂，赞美。 ㉖ 反：通"返"。 ㉗ 粤：发语词。微：隐行。 ㉘ 六幽：天地四方幽远之处。玉女：美女。 ㉙ 太清：古人指元气之清者。 ㉚ 髦：头发。 ㉛ 暧曃(ài dài 爱带)：阴暗无光。 ㉜ 眇：细视。睎(xī 西)观，望。 ㉝ 旃：古代的一种军旗。 ㉞ 翼：飞。轸：车后的横木。旋轸犹言回车。衍：行。 ㉟ 祝融：南方的夏神。 ㊱ 玄冥：北方的冬神。坚：指冰。 ㊲ 蓐(rù 入)收：西方的秋神。秉：执持。戈：过。 ㊳ 勾芒：东方的春神。 ㊴ 都：居住。 ㊵ 方离：犹弥离、蒙茏，纷乱貌。 ㊶ 炦阳：明亮。 ㊷ 噏：吸。 ㊸ 勾勾：弯曲。 ㊹ 汐(hū 忽)：渺茫，不分明貌。漠：广大貌。 ㊺ 八维：维系天地的八根绳索。 ㊻ 制物：造物。 ㊼ 王、许：王倪、许由，皆上古高人。 ㊽ 阳、丘：指老子、孔子。老子字伯阳，孔子名丘。 ㊾ 广成子：传说黄帝时人，居崆峒山中。黄帝立为天子后曾去见他。 ㊿ 八风：八方的风。 (131) 元吉：大吉，洪福。 (132) 九天：天的中央与八方。除：开辟。 (133)"故提"二句：提、挈，扶持。踧(cù 促)、蹈，压迫、践踏。 (134) 泱莽：广大貌。 (135) 汐洋：渺茫无涯。 (136) 衍溢：泛滥。 (137) 臻：聚集。 (138) 霍：疾速。 (139) 瀁瀁：无边际。洋洋：盛大。 (140) 飙：暴风。 (141) 摇光：北斗星座杓头的第一星。 (142) 骛：奔。 (143) 漂：同"漂"，漂浮。 (144) 太乙：即太一，为最尊贵的天神。 (145) 鸿濛：东方之野，据说是日出之处。 (146) 修视：长久地看。章：明。 (147) 凌：冰。 (148) 坼：裂。摧：折。 (149) 并：合。 (150) 熙：和乐，欢笑。 (151) 好乐非世：所好所乐者与世人不同，故与世无争。 (152) 八龙：神话中的八匹龙马。 (153) 栖迟：休息停留。 (154) 未央：天未亮。 (155) 敖：游。 (156) 趈(zhān 沾)：马疾行貌。 (157) 鸜鹆(qú yù 渠玉)：即八哥。貉(hé 禾)：一种形似狸的兽。济、汶：水名，均在今山东境内。《周礼·冬官·考工记》："橘逾淮而北为枳，鸜鹆不逾济，貉逾汶则死，此地气然也。" (158) 表：外。

阮籍传世之作，以《咏怀诗》八十二首和这篇《大人先生传》最为著名，它们恰好从两个相互关联而又完全不同的层面反映了阮籍的精神面貌和人生哲学。

要谈《大人先生传》，不妨先来说说《咏怀诗》。在这里，作者反复描绘了人在现实生活中的艰难处境：人生是短暂的，而短暂的人生又充满了危险的阴影；社会有形无形的制约，如同弥天大网，孤独的生命只是在其中作一场徒然的挣扎。"终身履薄冰，谁知我心焦？"诗人如此慨叹。他甚至追问："人言愿延年，延年欲焉之？"——既然生存只与痛苦相随，那么长寿的日子到哪里去消磨？确实可以说，还从来没有人把人在世间的生存现实描绘得如此阴暗、沉闷和毫无希望。

当我们说“现实”的时候，便意味着时间和空间的限定，以及在这时间和空间中形成的社会环境与社会规制的限定。这对于阮籍而言，便是三世纪前半叶的中国，便是司马氏集团正在夺取曹魏政权的势态，便是权势者作为伪饰的儒家礼法与血腥暴行的交织，便是他不得不接受的司马大将军府僚属的地位，便是他维护家族和保全自我的利益要求，便是逼视着他的放诞的目光……

时间是永无尽头的流程。在这流程中，万事万物皆有成有毁、移易变化，如阮籍所面对的一切，在我们皆已遥远。但任何一种既存的政治权力，都希望占据尽可能长久的时间，而维护这种权力的社会规制，常被描绘为具有恒常的价值。对于智者而言，世界常是荒谬的：你知道现存的一切都会过去，你知道那些装腔作势的威仪，那些勾心斗角的机关，那些华丽的夸夸其谈，都只是水上的波纹；水是长流的，波纹不过是些随起随灭的东西。但你的生命并不比这些“波纹”更长久，你若不能顺应它，它就将把你卷入到深不可测的漩涡。阮籍之所以如此悲哀，正是因为他具有高傲的个性，洞达的智慧，敏锐的感受力。他在忍耐现实中的一切时，又在细细地咀嚼着它的无穷苦涩。

但在黑暗中挣扎的人还有一件事可以做，那便是精神的逃离，用语言的材料，为自己构筑一个逃难所。文学本来具有两方面的功能，它既能够深深切入现实，又能够远远地飘离现实，给寒冷的心以温馨的徜徉。在赋体散文《大人先生传》中，阮籍便以华彩的语言、铿锵而流动的音调，展开他邈无际涯的幻想。我们看到在《咏怀诗》中小心翼翼、如履薄冰地求生存于人间夹缝的自我，在超世的虚无之乡把意志扩展到无限和永恒，成为不可一世的“大人先生”。他与作为宇宙本体的“大道”混融为一，因此他超越时间与空间的限制，也超越实存万物的成毁过程；他飘摇于风云，周流于天地，永远有光鲜的容颜，恢廓而恬定的情志；他与物变化而永远不失去自我，独立无俦而自足自得……

“大而无当”，“不近人情”，《庄子·逍遥游》中，肩吾听接舆说“神人”之事，给了他这样的评价。“大人先生”其实也就是来源于《庄子》中的“神人”和“真人”，在文章最后的一节，他的称呼也直接用“真人”来替代：“真人游，驾八龙，曜日月，载云旗，徘徊逌，乐所之。”对这位“大人先生”，在人的现实性上我们同样可以说他“大而无当”，“不近人情”，是人间最大的谎言。

但从《庄子》开始被虚构出来的这一类近乎神化的人物，尽管荒诞无稽，却具有追寻人的精神本源的意义。人的生命、人的智慧、人的精神无限扩展的力量，都是非常奇妙的现象。即使在号称科学发达的今天，人们也无法充分地解释它；将来有无充分解释的可能，也是未可知的事情。所以人对生命本身，是应该抱有虔敬之心的。而在遥远的过去，人们想象人的精神来之于一个超越有形而短暂的生命的更大存在，它和作为宇宙本体的“道”具有同一性，因而个体自我的精神有可能最终归返于“道”并获得“道”的品性，这不是什么不可理解的事情。这是人对永恒的向往，也是人的精神无限扩张的最终要求。

然而“大人先生”又并不等同于《庄子》中的“神人”或“真人”。

在《庄子》中，人的现实生存与精神自由是被分离为两端的。关于现实生存，庄子告诉人们要“不谴是非”而“与世沉浮”，人笑我笑，人哭我哭，对一切逆来顺受，与此同时保持精神的超越性，追求化同大道的至乐。有时读《逍遥游》，眼前会浮起一幅滑稽的图像：那位枯瘦的庄周先生背着一捆草鞋上集市去卖，走在半路忽然停下步来，眼望云天，神游物外，觉得自己变成了扶摇而上九万里的大鹏，“背负青天而莫之夭阏”，凭风南去，至于天涯，而突然他的肚子却咕咕叫起来，他不得不重又垂头丧气地去卖他的草鞋，心里未免有讨价还价的盘算……

而在阮籍的时代，在他所属的士族阶层，个性意识已经相当强烈。他和嵇康等一群人所提倡的“越名教而任自然”之说，表现着明确的在现世中满足个性自由的要求；他们毁弃礼法、纵酒放诞的生活，也分明是对于社会陈规的对抗。虽然阮籍不像嵇康那样所谓“直性狭中”（嵇康《与山巨源绝交书》），但他好为“青白眼”，每见礼法之士，辄以白眼相对，却也是好恶形之于颜色的。实际上，如果单就客观事实的层面来说，阮籍的处境与中国其他时代一般文人的处境相比，不能算是很恶劣的。只要他不在政治上站在司马氏集团的对立面，尽管他在日常生活中高傲放诞，无视礼法，并因此受到一帮“礼法之士”的攻讦和威胁，他还是能得到司马昭的优容。甚至，司马昭想同他结为儿女亲家，为后来成为晋武帝的司马炎娶他的女儿，在后世一般士大夫恐怕大都会视为莫大恩宠。而阮籍在这种处境中会感受到巨大的痛苦，乃是因为他的自由意志的强烈。对于缺乏自由意志的人而言，哪怕身为奴才，也能自得其乐；对于阮籍而言，只要他不得不为了保全自己而接受用暴力所维持的现实，不得不在司马家族巨大的阴影下既是放诞又是谨慎地对付着每一日的时光（他在这两方面都是很有名的，连司马昭都说“阮嗣宗至慎”），他就会感到莫大的屈辱，莫大的悲哀，以至对生存的意义产生根本性的怀疑。

“大人先生”是在现实中深受压抑的自我在幻想的自由境界如意舒展的形象，除了前面所说他是精神对于现实的逃离和自我安慰、他代表着对人的永恒本质的探寻这两层意义，作为渴望在现实中满足个性自由的阮籍的精神化身，他还负有反观人生的使命。“倚瑶厢而一顾兮，哀下土之憔悴”，这颇似屈原在《离骚》

中的话语。但不同的是,“大人先生”并不关心某个政治实体的兴废,而是要追诘是什么样的力量迫使人在现实中不能不拘挛蜷曲、小心翼翼而充满焦虑?

在“下土”,为社会建立程序、为人的行为和思想建立规范,使人失去自由而陷入锁套的东西叫“礼法”,维护这种“礼法”并从中获取利益的人叫“礼法之士”或谓“君子”。“大人先生”首先要攻击的,也就是这种角色。他以“道”的永恒和世界的无穷变化为参照系,比量出“礼法”只是短暂时间上的产物而“君子”更是委琐鄙小的东西。在“礼法”的世界里,“君子”们自以为获得了永恒的安全和不尽的荣耀,而在“大人先生”看来,这不过是虱子钻在裤缝里,再也看不到裤裆以外还有天地风云。当变故到来、毁灭覆顶,就像大火“焦邑灭都”,人无逃处,而虱子还能藏身到哪里去?在这种尖刻的嘲弄与咒骂中,能够感受到阮籍对虚伪的“君子”们的极度憎厌。

光是说变故无常、“礼法”并非长久之物,这并不能取消“礼法”和“君子”们存在的理由。所以阮籍通过“大人先生”作出更尖锐的议论,指明了“礼法”的本质,从而在根本上否定了整个封建政治制度的合理性。“大人先生”告诉人们,君也好臣也好,贪残才是他们的本性,而“礼法”既是他们的装饰,又是束缚下民的绳索。“假廉以成贪,内险而外仁”,“竭天地万物之至以奉声色无穷之欲”,这些对于统治者真相的刻画,确实是非常透彻有力的。

无疑,切身的体验是阮籍产生这些认识的基础。但是,尽管“大人先生”是一个飘摇于天地之间甚至可以外身于天地的神人,写《大人先生传》的阮籍仍然是生活在现实的关系中。他无法直接针对现实来说话,而只能把现实放进整个以君和臣的统治为特征的历史,然后把这个历史一起否定掉。这是从远处来看现实的办法,它避免了使自己成为现实政治力量的对立面的危险,却有发泄受现实压抑而形成的积郁的效用。阮籍终究是有几分圆滑的。

当然,在理论上我们可以认为:任何一种政治制度都与历史的某一进程相应,像阮籍依据老庄学说提出的崇尚自然无为、反对一切人为统治秩序的思想并无改进社会的实用价值。但同时我们也要注意到:就揭露统治阶级道德的伪善性和它维护统治者自身利益的真实本质的意义来说,《大人先生传》对封建礼法的批判对于后人是发生了强有力的启迪作用的。一直到清初黄宗羲的《原君》,我们都可以看到它的影响。

如果把《咏怀诗》和《大人先生传》对照起来看,我们可以发现阮籍通过对自身处境的思考,触及了某些相当深刻的问题:一方面,人具有最高和最完美的自由欲望;而另一方面,人在现实中不可能是自由的。自由是宏丽的梦想,又是艰难困苦的挣扎。对这一尖锐的矛盾状态的揭示，促使人们更深入地了解自己。

从文体来说，《大人先生传》是一篇相当特别的文章。它有时以散体为主，有时骈散结合，有时则以骈体为主，又有许多段落，完全用骚体句式写成；文中押韵之处很多，又夹杂三言诗和五言诗，形成很强的音乐性节奏。虽然有些意思反复铺排，未免显得累赘，却不失为一篇宏丽多变的大文。从文中大量的骈俪成分来看，它又代表了骈文正在兴起的势头。（骆玉明）

【作者小传】

嵇 康

(224—263)　三国魏文学家。字叔夜。谯郡铚（今安徽宿州西南）人。与魏宗室通婚，官中散大夫，世称“嵇中散”。为“竹林七贤”之一，与阮籍齐名。因声言“非汤武而薄周礼”，且不满专政的司马氏集团，遭钟会构陷，为司马昭所杀。其诗长于四言，风格清峻。其文长于论辩，思想新颖，笔锋犀利。著有《嵇中散集》。

与山巨源绝交书　　嵇 康

康白：足下昔称吾于颍川，吾常谓之知言①。然经②怪此意尚未熟悉于足下，何从便得之也？前年从河东还，显宗、阿都说足下议以吾自代③；事虽不行，知足下故不知之。足下傍通，多可而少怪④；吾直性狭中，多所不堪，偶与足下相知耳。间闻足下迁，惕然不喜，恐足下羞庖人之独割，引尸祝以自助，手荐鸾刀，漫之膻腥⑤。故具为足下陈其可否。

吾昔读书，得并介之人⑥，或谓无之，今乃信其真有耳。性有所不堪，真不可强。今空语同知有达人，无所不堪，外不殊俗，而内不失正⑦，与一世同其波流，而悔吝不生耳。老子、庄周，吾之师也，亲居贱职⑧；柳下惠、东方朔，达人也，安乎卑位⑨。吾岂敢短⑩之哉！又仲尼兼爱，不羞执鞭⑪；子文无欲卿相，而三登令尹⑫。是乃君子思济物⑬之意也。所谓达能兼善而不渝，穷则自得而无闷⑭。以此观之，故尧、舜之君世⑮，许由之岩栖[16]，子房之佐汉[17]，接舆之行歌，其揆一也[18]。仰瞻数君，可谓能遂其志者也。故君子百行，殊途而同致，循性而动，各附所安。故有处朝廷而不出，入山林而不反之论[19]。且延陵高子臧之风[20]，长卿慕相如之节[21]，志气所托，不可夺也[22]。吾每读尚子平、台孝威传，慨然慕之，想其为人[23]。加少孤露，母兄见骄[24]，不涉经学。性复疏懒，筋驽肉缓，头面常一月十五日不洗；不大闷痒，不能沐也。每常小便而忍不起，令胞中略转乃起耳[25]。又纵逸来久，情意傲散，简与礼相背[26]，懒与慢[27]相成，而为侪类见宽[28]，不攻其过。又读庄、老，重增其放[29]。故使荣进[30]之心日颓，任实[31]之情转笃。此由禽鹿，少见训育[32]，则服从教制；长而见羁，则狂顾顿缨，赴蹈汤火；虽饰以金镳，飨以嘉肴，逾思长林而志在丰草也。

阮嗣宗口不论人过[33]，吾每师之，而未能及。至性过人，与物无伤[34]，唯饮酒过差耳。至为礼法之士所绳，疾之如仇，幸赖大将军保持之耳[35]。吾不如嗣宗之资，而有慢弛之阙[36]；又不识人情，暗于机宜；无万石之慎，而有好尽之累[37]，久与事接，疵衅日兴[38]，虽欲无患，其可得乎？又人伦有礼[39]，朝廷有法，自惟[40]至熟，有必不堪者七，甚不可者二：卧喜晚起，而当关呼之不置[41]，一不堪也。抱琴行吟，弋钓草野，而吏卒守之，不得妄动，二不堪也。危坐一时，痹[42]不得摇，性[43]复多虱，把搔无已，而当裹以章服[44]，揖拜上官，三不堪也。素不便[45]书，又不喜作书，而人间多事，堆案盈机[46]，不相酬答，则犯教伤义，欲自勉强，则不能久，四不堪也。不喜吊丧，而人道以此为重，已为未见恕者所怨，至欲见中伤者；虽瞿然[47]自责，然性不可化，欲降心顺俗[48]，则诡故不情[49]，亦终不能获无咎无誉[50]，如此五不堪也。不喜俗人，而当与之共事，或宾客盈坐，鸣声聒耳，嚣尘臭处[51]，千变百伎[52]，在人目前，六不堪也。心不耐烦，而官事鞅掌[53]，机务[54]缠其心，世故繁其虑，七不堪也。又每非汤武而薄周、孔，在人间不止，此事会显，世教所不容[55]，此甚不可一也。刚肠疾恶，轻肆直言，遇事便发，此甚不可二也。以促中小心[56]之性，统此九患，不有外难，当有内病，宁可久处人间邪？又闻道士遗言，饵术黄精[57]，令人久寿，意甚信之。游山泽，观鱼鸟，心甚乐之。一行作吏，此事便废，安能舍其所乐而从其所惧哉！

夫人之相知，贵识其天性，因而济之。禹不逼伯成子高，全其节也[58]；仲尼不假盖于子夏，护其短也[59]；近诸葛孔明不逼元直以入蜀[60]，华子鱼不强幼安以卿相[61]。此可谓能相终始，真相知者也。足下见直木必不可以为轮，曲者不可以为桷[62]，盖不欲以枉其天才[63]，令得其所也。故四民有业，各以得志为乐，唯达者为能通之；此足下度内耳。不可自见好章甫，强越人以文冕也[64]；己嗜臭腐，养鹓雏以死鼠也[65]。吾顷学养生之术，方外[66]荣华，去滋味，游心于寂寞，以无为为贵。纵无九患[67]，尚不顾足下所好者。又有心闷疾，顷转增笃，私意自试，不能堪其所不乐。自卜已审[68]，若道尽途穷则已耳。足下无事冤之[69]，令转于沟壑[70]也。吾新失母兄之欢，意常凄切。女年十三，男年八岁，未及成人，况复多病，顾此悢悢[71]，如何可言。今但愿守陋巷，教养子孙；时与亲旧叙离阔，陈说平生。浊酒一杯，弹琴一曲，志愿毕矣。足下若嬲之不置[72]，不过欲为官得人，以益时用耳。足下旧知吾潦倒粗疏，不切事情[73]，自惟亦皆不如今日之贤能也。若以俗人皆喜荣华，独能离之，以此为快；此最近之，可得言耳。然使长才广度，无所不淹，而能不营，乃可贵耳。若吾多病困，欲离事自全，以保余年，此真所乏耳。岂可见黄门而称贞哉[74]！若趣欲共登王途[75]，期于相致，时为欢益，一旦迫之，必发其狂疾。自非重怨，不至于此也。野人有快炙背而美芹子者，欲献之至尊，虽有区区之意，亦已疏矣[76]。愿足下勿似之。其意如此，既以解[77]足下，并以为别[78]。嵇康白。

〔注〕 ① 颍川：指山涛的叔父山嵚(qīn 钦)。古代常以某人的任职地名、籍贯、官名作为

他的代称。山嵚曾为颍川太守。山涛曾向山嵚称说嵇康不愿出仕，嵇康认为可谓相知之言。②经：常常。③"前年"二句：河东，指山西境内黄河以东地区。显宗，公孙崇的字。阿都，吕安小名阿都，字仲悌，与嵇康为至交。④"足下"二句：指山涛处事圆滑，善于应变，多所许可，少所责怪的世故态度。⑤"恐足下"四句：《庄子·逍遥游》："庖人虽不治庖，尸祝不越樽俎而代之矣。"庖人：厨师。尸祝：指祭祀中执祭版对神主祝祷的人。鸾刀：指环上有铃的刀。荐：举。⑥并介之人：并，指能兼济天下；介，指耿介孤直。这两种品性是相互排斥，不能统一的，故下句说"或谓无之"，再下一句"今乃信其有"是一句反话，用来讽刺山涛。⑦"今空语"四句：达人，通达世理的人。外，指外表。内，指内心。⑧亲居贱职：老子曾为周朝的守藏史，庄周曾为宋国漆园吏，都是小官。⑨"柳下惠"三句：柳下惠曾作鲁国士师，管狱讼之事；东方朔在汉武帝时为郎官，职位卑下。⑩短：轻视。⑪"仲尼"二句：《论语·述而》："子曰：'富而可求也，虽执鞭之事，吾亦为之。'"⑫"子文"二句：《论语·公冶长》："令尹子文，三仕为令尹，无喜色；三已之，无愠色。"这二句意为令尹子文不把卿相名位作为自己追求的目标，故能于进退超然。⑬济物：济世。⑭"所谓"二句：意为孔子和子文才是所谓"达则兼善天下"而始终不变其志，"穷则独善其身"而能自得无闷的人。"达则兼善天下"语出《孟子·尽心》；"遁世无闷"语出《易经·乾传》。⑮君世：为君王于世。⑯许由：古代传说中的高洁之士，相传尧让天下于他，他不受，而到箕山下去隐居。岩栖：指栖宿于山岩之中。⑰子房：张良的字。张良曾辅佐刘邦，建立汉朝。⑱"接舆"二句：接舆，春秋时楚国的隐士。《论语·微子》："楚狂接舆歌而过孔子，曰：'凤兮！凤兮！何德之衰！往者不可谏，来者犹可追，已而，已而！今之从政者殆而！'孔子下，欲与之言，趋而避之，不得与之言。"其揆一也：揆，原则，道理。以上诸人出处行为虽然不同，而各从其志，原则是一致的。⑲"故有"二句：《韩诗外传》卷五："朝廷之人为禄，故入而不出；山林之士为名，故往而不返。"⑳"延陵"句：延陵(今江苏常州武进)，春秋时吴国季札曾居其地，这里即以延陵代替季札。吴君诸樊死，将立季札，季札引曹宣公死后，诸侯欲立子臧，子臧拒不接受的故事，表示学子臧来推辞继位。㉑"长卿"句：《史记·司马相如传》："相如(字长卿)既学，慕蔺相如之为人，更名'相如'。"蔺相如，战国时赵人，曾以"完璧归赵"一事闻名。㉒"志气"二句：季札和司马相如二人各自景慕子臧和蔺相如的节概，因而寄托了自己的志向，这是不能强加改变的。而山涛要自己出来做官，改变自己的初志，也是难以办到的。㉓"吾每读"三句：尚子平，后汉人，据李善注《文选》引《英雄记》，曾为县功曹，后弃官归家，入山砍柴为生。台孝威，名佟，据《后汉书·逸民传》，他隐居武安山，凿穴为居，采药为业。㉔"加少"二句：孤露，指幼年丧父；母兄见骄，即为母兄所溺爱而骄纵。㉕"令胞中"句：让尿在膀胱中略略转动而将胀出时才起身去小便。㉖"简与礼"句：简，简慢，这里意为举止随便。㉗慢：傲慢。㉘见宽：被宽容。㉙放：放荡。㉚荣进：做官求荣。㉛任实：放纵任性。㉜"此由"二句：由，同"犹"。禽，同"擒"。少，从小。㉝阮嗣宗：即阮籍，嗣宗为其字。《晋书》称他"发言玄远，口不臧否人物"。㉞与物无伤：待人接物，没有伤害之心。过差：即过度。㉟"至为礼法"三句：绳，绳削，这里指弹劾、纠正人的过失。大将军，指司马昭。保持，保护。李善注引孙盛《晋阳秋》："何曾于太祖(司马昭)坐，谓阮籍曰：'卿任性放荡，败礼伤教，若不革变，王宪岂得相容！'谓太祖：'宜投之四裔、以絜王道。'太祖曰：'此贤素羸病，君当恕之。'"保护了阮籍。㊱慢弛之阙：傲慢懒散的缺点。㊲"无万石"二句：万石，指汉朝石奋，他历事高祖、文帝、景帝，以谨慎著称，在人前"如不能言者"。他和四个儿子皆俸二千石，故景帝称之为万石君。好尽，即毫不忌讳，尽情而言。㊳疵衅：缺点和罪过。㊴人伦有礼：人伦旧指君臣、父子、夫妇、兄弟、朋友之间的关系。由这些关系便会产生一些道德规范，合乎这些规范的便谓之“有礼”。 ㊵ 惟：思。㊶ 当关：守门小吏。不置：不停。 ㊷ 痹(bì 必)：麻痹。 ㊸ 性：通“身”。 ㊹ 章服：即官服。 ㊺ 不便：不习，不善于。 ㊻ 机：同“几”，书案。 ㊼ 瞿然：恐惧貌。 ㊽ 降心顺俗：压抑自己傲散的心意，随顺世俗。 ㊾ 诡故不情：违背本性，是自己所不情愿的。 ㊿ 无咎无誉：即无荣无辱。 51 嚣尘臭处：嚣尘，喧杂多尘；臭处，秽气所集。均指官府所在。 52 千变百伎：指仕途中人各种钩心斗角的伎俩。 53 鞅掌：繁忙纷扰貌。 54 机务：官府要务。55 “又每非汤武”四句：汤武，指商汤和周武王取代夏、商。周、孔，指周公、孔子建立礼教。当时司马懿父子以汤武自命，借维护礼教，诛锄异己。非汤武薄周孔，实际上是反对司马氏的篡魏，嵇康终于因此遭杀害。人间，相对隐居而言，指出仕。此事，指非汤武薄周孔之事。世教，正统礼教。 56 促中小心：心胸狭隘。 57 饵术黄精：道家中有服食派，认为久服术(zhú 烛，草名，山蓟)与黄精，均可轻身延年。饵，服食。 58 “禹不逼”二句：逼，逼迫。传说中三代时的贤者伯成子高，尧舜时立为诸侯，至夏禹时辞去诸侯而归耕，禹往见之，子高告以今世德衰，耕而不顾。见《庄子·天地篇》。 59 “仲尼”二句：盖，雨具。孔子将行，遇雨，门人告诉他子夏(卜商，子夏为其字)有雨具，孔子说：“商之为人也，甚吝于财，吾闻与人交，推其长者，违其短者，故能久也。”于是不向卜商借用。 60 “诸葛”句：元直，徐庶的字。他与诸葛亮为友，同事刘备，后其母为曹操所获，因别备而归操，未随备入川，参与建立蜀汉。 61 “华子鱼”句：子鱼，华歆的字。幼安，管宁的字。两人同学，魏明帝时华歆为太尉，推举管宁，诏以为大中大夫，宁固辞不受。 62 桷(jué 决)：屋上承瓦的木条，它是直的，曲木不能用来做桷子。 63 枉：屈。天才：指本性。 64 “不可”二句：章甫，殷代冠名。文冕，饰有图纹的漂亮帽子。越，今福建、浙江一带。《庄子·逍遥游》：“宋人资章甫而适诸越，越人断发文身，无所用之。” 65 “已嗜”二句：《庄子·秋水》：“鹓雏发南海而飞于北海，非梧桐不止，非练实不食，非醴泉不饮。于是鸱得腐鼠，鹓雏过之，仰而视之曰：‘吓！’”言外之意，不要因为自己喜欢做官而勉强别人也来做官。 66 外：鄙弃、排斥。 67 九患：指上文七不堪和二甚不可。 68 自卜已审：自己已考虑十分明确。 69 无事冤之：平白无故地使我冤屈。 70 转于沟壑：指死亡。 71 悢(liàng 亮)悢：悲恨。 72 嬲(niǎo 鸟)之不置：纠缠不放。 73 不切事情：不愿接触世事。74 “岂可”句：黄门，指宦官。宦官不淫乱，不能称为贞洁；喻自己不慕荣华是因为缺乏才量，不能以为就高尚。 75 趣(cù 促)：急于。登王途：即入仕。 76 “野人”四句：《列子·杨朱》：“宋国有田父，常衣缊黂(fén 坟，乱麻)，仅以过冬。暨春东作，自曝于日，不知天下之有广厦隩室，绵纩狐貉，顾谓其妻曰：‘负日之暄(暖，即炙背)，人莫知者，以献吾君，将有重赏。’里之富室告之曰：‘昔人有美戎菽(葫豆)、甘枲茎(苍耳)、芹萍子者，对乡豪称之。乡豪取而尝之，蜇于口，惨于腹。众哂而怨之，其人大惭。’”区区，微小而诚恳之意。疏，远，不切合事理。 77 解：解喻。 78 别：指绝交。

本文是嵇康的著名散文，他用辛辣的笔触，满腔愤慨地抨击了司马懿父子的残暴，提出了“非汤武而薄周孔”的政治见解，并因此而被杀害，是一篇战斗性极强而艺术水平很高的文章。

司马懿父子欲夺曹魏政权，残酷地诛锄异己。史称司马懿诛曹爽，“支党皆夷三族，男女无少长，姑姊妹女子之适人者皆杀之”。到了他的儿子司马昭，更是处心积虑夺取政权。幼稚的高贵乡公曹髦忍耐不下去了，想率手下的数百僮仆去讨伐司马昭，司马昭得知，命令“太子舍人成济抽戈犯跸，刺之，刃出于背”，杀了年仅二十的高贵乡公。司马氏父子这样以血腥手段夺取政权，连他们的后人晋明帝听到王导说到他的祖先所作所为时，也说：“若如公言，晋祚安得长远？”

山涛与嵇康都是“竹林七贤”中的人物，原来是好朋友。但是山涛并不是真心当隐士，老死山林。他年轻时就曾对他的妻子说：“忍饥寒！我后当作三公，但不知卿堪公夫人不耳？”后来因为他与宣穆后（司马懿的妻子）有中表亲，夤缘这个裙带关系，当上了司马家的官，景元二年(261)当上了吏部郎的要职。这时，他为了稳固自己的地位，不但忠心耿耿地效忠于司马昭，而且和司马家的重要军政官吏裴秀、钟会（时任司隶校尉）“并申款昵”，而钟会正是在景元中杀害嵇康的关键人物。

在高贵乡公甘露年间，司马昭篡夺曹魏政权的野心已是路人皆知的了。嵇康当然知道司马懿如何诛曹爽以及景元元年成济杀害高贵乡公的惨状。而景元二年山涛升任吏部郎，其后又要举嵇康以自代。吏部郎的职责是为司马氏准备登基的官员，不干伤天害理的事是不能作的。因此，“刚肠疾恶”的嵇康对“非吏非隐”（孙绰语）的山涛，忍无可忍，如箭在弦上，不得不发，奋笔写下了《与山巨源绝交书》。

信的第一段是谈写信缘起，嵇康用“偶于足下相知耳”一句提起作纲，说明自己与山涛并不是真相知，山涛是显宦，“多可而少怪”；而自己则是“直性狭中”，“多所不堪”，在处世态度上走的是两条不同的道路，最后则以“越俎代庖”的故事，用“手荐鸾刀，漫之膻腥”作结，暗示山涛干的事与“屠刀”“腥膻”有关，而自己则不愿干那样的玩意儿，用以引起下文。

第二段叙述自己疏懒成性，不愿居庙堂为官。前半段谈人生旨趣。“老子、庄周，吾之师也，亲居贱职；柳下惠、东方朔，达人也，安乎卑位。”安于贱职卑位，是老子的处世哲学。因此，他要求山涛让自己“循性而动，各附所安”。结末则以“不涉经学”表示了对儒家的轻蔑，用“头面常一月十五日不洗”，“每常小便而忍不起，令胞中略转乃起耳”，表明了他自己连头也懒得洗，尿也懒得解，岂堪尸居庙堂为吏。笔势至此已渐奔放，嬉笑怒骂之势已成，为深入发展下段预备下契机。

第三段具体地提出了“必不堪者七，甚不可者二”，开拓了上段的论点。先举阮籍“口不论人过”，似扬实抑，似褒实贬。阮籍在司马残酷诛锄异己、夺取政权方面，曾经卖过力，受过司马懿从中事郎的官，在高贵乡公之难后，他还得到了提升，封关内侯。这说明他已因效劳于司马氏进入了权力内圈。因此虽“为礼法之士所绳，疾之如仇”，但大将军（即司马昭）不能不保持之。而嵇康自称“不如嗣宗之资，而有慢弛之阙”。正是表明他自己不愿学阮籍，甘愿“不识人情，暗于机宜”。中段明确提出“人伦有礼，朝廷有法”，自己是学老庄的人，对于这维护统治的礼、法，有七不堪忍受，于人生兴趣、日常生活方式上说明自己无法来担任官吏。在“七不堪”之后更提出“两不可”，明确说出自己的政治见解和政治态度是“非汤武而薄周孔”，是“刚肠疾恶，轻肆直言”。这下可捅到了马蜂窝。原来中国古代凡在政治上想篡权夺位的人，莫不用汤武、周公来掩饰自己的篡权行为，莫不以顺天应人，效法成汤、周武自居，这是他们夺取政权的理论根据和遮羞布。司马昭杀了高贵乡公之后，也还以“欲遵伊周之权”，“安社稷之难”来为自己辩解；阮籍为郑冲写的《劝晋王笺》，便是用“昔伊尹有莘氏之媵臣耳，一佐成汤，遂荷阿衡之号；周公藉已成之势，据既安之业，光宅曲阜，奄有龟蒙”这样的话来歌颂司马昭而获荣升并得以善终的。两相对比，无怪乎“非汤武而薄周礼”这句话触怒了司马昭，他迫不及待地要杀害嵇康了。

最后一段重复了第二段提出的“性有所不堪，真不可强”，要求山涛要像诸葛亮那样“不逼元直以入蜀”，像华歆那样“不强幼安以卿相”，态度似稍委婉；然而又提出“不可自见好章甫，强越人以文冕”；“已嗜臭腐，养鹓雏以死鼠”，借《庄子·秋水》中的寓言故事，把高官比作腐鼠，鸱嗜腐鼠，正如山涛之流要想做官；而把自己则比作鹓雏，非梧桐不止，非练实不食，非醴泉不饮，不愿意像山涛那样不择木而栖，不择主而事，再一次严正地申明了自己的政治标准，坚定地提出了不同流合污，与前文紧相照应。中段叙述自己的家世，“新失母兄之欢，意常凄切。女年十三，男年八岁，未及成人，况复多病，顾此悢悢，如何可言”！于嬉笑怒骂之余，插入这段文情并茂的文字，使文章跌宕多姿，摇曳有致。这是作者情感的真实流露与处理文章的高度技巧。最后又系以“见黄门而称贞”，说明自己不慕荣华，是本性短于此，又恢复了恣肆淋漓、玩世不恭的态度，使文章保持了讽刺且富有战斗性的本色。

嵇康的人品很高，其文亦如其人。《与山巨源绝交书》是他的代表作，最能显露他的高贵品性和卓越的才华。刘勰《文心雕龙》说：“嵇康《绝交》，实志高而文伟”，真是一语破的。

（龙　晦）

【作者小传】

李　密

（224—287）　西晋文学家。字令伯，一名虔。犍为武阳（今四川彭山东）人。父早亡，母改嫁，与祖母刘氏相依为命。曾仕蜀为郎官。晋武帝时征为太子洗马，他以刘氏年老无人奉养，上《陈情表》，辞不就职。刘氏死后出任洗马、温令、汉中太守等。被谗免官，卒于家。

陈 情 表　　　李 密

臣密言①：臣以险衅②，夙遭闵凶③。生孩六月，慈父见背；行年四岁，舅夺母志。祖母刘愍臣孤弱④，躬亲抚养。臣少多疾病，九岁不行，零丁孤苦，至于成立。既无叔伯，终鲜兄弟，门衰祚薄，晚有儿息。外无期、功强近之亲⑤，内无应门五尺之僮⑥，茕茕孑立，形影相吊。而刘夙婴疾病，常在床蓐⑦，臣侍汤药，未曾废离。

逮奉圣朝，沐浴清化⑧。前太守臣逵察臣孝廉⑨，后刺史臣荣举臣秀才，臣以供养无主，辞不赴命。诏书特下，拜臣郎中⑩，寻蒙国恩，除臣洗马⑪。猥以微贱⑫，当侍东宫⑬，非臣陨首所能上报。臣具以表闻，辞不就职。诏书切峻，责臣逋慢⑭。郡县逼迫，催臣上道；州司临门⑮，急于星火。臣欲奉诏奔驰，则刘病日笃；欲苟顺私情，则告诉不许：臣之进退，实为狼狈⑯。

伏惟圣朝以孝治天下⑰，凡在故老，犹蒙矜育⑱，况臣孤苦，特为尤甚。且臣少事伪朝⑲，历职郎署⑳，本图宦达，不矜名节㉑。今臣亡国贱俘，至微至陋，过蒙拔擢，宠命优渥，岂敢盘桓，有所希冀。但以刘日薄西山，气息奄奄，人命危浅，朝不虑夕。臣无祖母，无以至今日；祖母无臣，无以终余年；母孙二人，更相为命，是以区区不能废远㉒。

臣密今年四十有四，祖母刘今年九十有六，是臣尽节于陛下之日长，报刘之日短也。乌鸟私情，愿乞终养。臣之辛苦，非独蜀之人士及二州牧伯所见明知㉓，皇天后土实所共鉴㉔。愿陛下矜愍愚诚㉕，听臣微志，庶刘侥幸保卒余年㉖。臣生当陨首，死当结草㉗。臣不胜犬马怖惧之情㉘，谨拜表以闻。

〔注〕 ① 臣密言：意即“臣李密奏道”。这是旧时作表章的开头格式。 ② 险衅（xìn 信）：艰难祸罪。 ③ 夙（sù 朔）：早时。闵凶：忧患不幸。 ④ 愍（mǐn 敏）：悲痛，怜惜。 ⑤ 外：指自己一房之外的亲族。期（jī 基）：穿一周年孝服的人。功：穿大功服（九个月）、小功服（五个月）的亲族。强近：勉强算得接近的。 ⑥ 五尺：汉制五尺约相当于今三尺多。 ⑦ 蓐：草

褥子。 ⑧ 沐浴清化：受到清明政治教化的熏陶。 ⑨ 前：以前。太守臣逵：太守名逵的，下句“刺史臣荣”句法亦同。孝廉：汉代始兴郡国每年考察举荐孝廉(有孝行廉洁之士)，州举秀才，魏晋沿用这种选举制度。 ⑩ 拜：任命。郎中：官名，相当于后代诸司之长。 ⑪ 除：任官，除去旧官就新官。洗马：汉为太子属官，晋以后改掌图籍。 ⑫ 猥：鄙，自谦之词。 ⑬ 东宫：太子所居之官。当侍：充当侍奉。 ⑭ 逋慢：逃避、怠慢上命。 ⑮ 州司：州官，指地方官。 ⑯ 狼狈：喻进退两难。 ⑰ 伏惟：俯想，下级对上级的恭敬用语。 ⑱ 矜育：怜惜养育。 ⑲ 伪朝：对晋朝称被灭的蜀国。 ⑳ 历职郎署：一直升迁至郎官衙署任职。李密曾任蜀国尚书郎。 ㉑ 矜：自夸。 ㉒ 区区：拳拳，勤勤之心。废远：废弃奉养而远离祖母。 ㉓ 辛苦：苦处。二州牧伯：梁州、益州的长官，指逵、荣。 ㉔ 皇天后土：对天地的敬称。 ㉕ 矜愍：怜惜。 ㉖ 保卒：安然而终。 ㉗ 结草：《左传·宣公十五年》载，晋大夫魏武子临死，嘱其子颗杀武子爱妾为殉葬。颗未杀而改嫁之。后魏颗与秦将杜回战，颗见一老人结草绊倒杜回，回因此被擒。颗夜梦结草老人曰：我即妾之父，特来报君不杀之心。后以“结草”喻死后报恩。 ㉘ 犬马怖惧之情：谦卑之辞。谓对国君如犬马之惧怕主人一样。

李密从小赖祖母刘氏抚养成人，故侍刘十分孝顺。《晋书·孝友传》将他名列首位，誉之“以孝谨闻”。泰始三年(267)，晋武帝召为太子洗马，他以祖母年老多病无人奉养，辞不赴命。但因他曾仕蜀汉，而今亡国贱俘，故深恐晋武帝疑己怀念旧朝以矜名节，招致大逆不道的罪名，于是饱含血泪上了这篇《陈情表》。“武帝览表，嘉其诚款，赐奴婢二人，使郡县供祖母奉膳。至性之言，自尔悲恻动人。”(清吴楚材、吴调侯《古文观止》)

要想得到皇帝真正相信并谅解自己不奉诏的苦衷，就必须首先动之以深情，方能喻之以大义。故首段先从幼年坎坷不幸的遭遇说起，一下子把对方也带进一种悲怆酸楚的环境氛围中，以激起人皆有之的恻隐之心。开篇伊始，便用“臣以险衅，夙遭闵凶”八字总起，不仅高度概括，而且耸人听闻。往下即分两层具体描述如何“险衅”“闵凶”：从“生孩六月”至“至于成立”，写其幼年的零丁孤苦，全靠祖母的“躬亲抚养”；从“既无叔伯”至“未尝废离”，写其成年之后的缺亲少故，年老多病的祖母全靠他赡养侍奉。前一层着重突出“孤弱”二字。先写“孤”：出生六个月，慈父就死去；刚满四岁，舅父就强迫其母改嫁，使她不能守节抚孤，这就很自然地点出全赖祖母抚养的大恩。再写“弱”：从小多病，九岁还不能走路，这也是因“孤”而贫困、悒郁的恶果。这就含蓄地表明祖母抚养他这孤弱之人至于成人自立，是何等艰难不易！也就为后文“臣无祖母，无以至今日”，作了有力铺垫。后一层着重突出“无人侍亲”。先写“无人”：三代独脉单传，故“既无叔伯，终鲜兄弟”；家门衰微，福气稀薄，很晚才有儿子，太小不济事；外无亲族，内无童仆，孤单无依地独立生活，唯有自己形体和影子互相安慰。这几句不仅突出了独支门户、孤独凄凉的家境，起到以情动人的作用，而且也是“奉亲养老，舍我其谁”的有力证据。故接以“而”字自然转到“侍亲”问题上：祖母刘氏早已为疾病所缠绕，常年卧床不起，对他有养育大恩的祖母正需孙儿尽孝之时，他又怎能不侍候汤药，离她而去呢！这就为后文“祖母无臣，无以终余年”，作了有力铺垫。总之，本段无论写自己幼年孤弱，还是写祖母“夙婴疾病”，皆是为后文“母孙二人，更相为命，是以区区不能废远”这一不奉诏的原因，预作铺垫的。

有了这段悲恻感人的遭遇作基础，故第二段接叙朝廷屡次征召催逼、自己辞不赴命、进退两难的处境，就不致使皇帝感到突然，误解他傲慢抗命了。本段先分别以“逮”“寻”两个时间副词领起，连叙两次征召，一次“辞不赴命”，一次“辞不就职”，原因皆是供养祖母之事无人主持（供养无主），与首段呼应。而耐人寻味的是两次陈情之前先冠以恭敬之辞：一曰“逮奉圣朝，沐浴清化”，再曰“寻蒙国恩，除臣洗马”，皆表现出皇恩浩荡，感恩戴德之意；态度十分谦卑：“猥以微贱”，“非臣陨首所能上报”。这种诚惶诚恐、肝脑涂地亦难报圣恩之情，恰好极大地满足了皇帝的权威欲和虚荣心。然后再叙“诏书切峻”，“郡县逼迫”，“州司临门”，接二连三的催逼，使自己陷入进退两难的矛盾心境：想奉诏奔驰入朝，而祖母病情日益沉重；想苟且顺从私情，向州县申诉苦衷，又不被允许。这种先恭维皇恩，再申诉委屈，自然比直陈委屈更易打动“圣心”。本段连用“察臣”“举臣”“拜臣”“除臣”到“责臣”“催臣”，不仅文法错落，显出由弛而张的逐步紧迫情势，同时也体现出先恭维皇恩浩荡，后申诉委屈矛盾的心理层次。

如果说前两段重在叙事中动之以深情，那么三、四段则重在陈情中喻之以大义了。第三段先摆出“圣朝以孝治天下”的大道理，是“以子之矛，攻子之盾”的写法。史载司马昭死，晋武帝司马炎坚持为父行三年丧礼，即位时又下令“诸郡中正以六条举淹滞”。其中，二曰“孝敬尽礼”，三曰“友于兄弟”（《晋书·武帝纪》），均属孝悌，在荐贤的六条标准中就占了两条。司马氏集团标榜纲常名教本属虚伪，但李密严肃恭敬地摆出其施行纲领来为自己“辞不赴命”辩护，却不失为最有力的武器。接着宕开一笔，举出“凡在故老，犹蒙矜育”的普遍事实，再进一层到“况臣孤苦，特为尤甚”的特殊情况，逻辑严密，外柔内刚，可谓有理有节。行文至此，似应摊牌直说了，然而却以“且臣”一转，用曲折委婉的语气说明自己当初仕蜀，本为谋取官职显达，并不想自命清高，考虑什么名誉节操。这是作者怕晋武帝疑其不事二主、不肯真心归服所用的曲笔。再进一步说明自己不过是“亡国贱俘”，却受到皇帝过分的提拔，恩命如此优厚，已经是受宠若惊了，怎敢徘徊不进，存有更高的想望呢？这就再次满足了晋武帝希望看到降臣诚惶诚恐、感激涕零的那种虚荣心态。然后才以“但”字一转，正式说明自己不能奉诏的原因：祖母风烛残年，如迫近西山的落日，生命垂危，无人送终，强调“臣无祖母，无以至今日；祖母无臣，无以终余年”这一“更相为命”的关系，也是全文所论不能奉诏的主旨，既与首段的遭遇、二段的矛盾相呼应互证，又水到渠成地提出“是以区区不能废远”的明确答复。本段融情于理，情深理透，连用“凡在”“况臣”“且臣”“今臣”“但以”“是以”等词语，曲折而层次条贯，圆转而情理皆宜。作者意犹未尽，在末段又提出解决忠孝矛盾的办法，使皇帝心甘情愿地批准其请求。先以两个年龄数字对比，说明报国日长，尽孝日短，表明孝不碍忠；接以乌鸦长大后寻食反哺老鸦的生动比喻说明养老送终乃人之天性；再举出“蜀之人士及二州牧伯”“皇天后土”来证明自己的愚诚苦衷，表明此心天日可鉴、人神共察，对皇帝所奏绝对忠诚，决无半句虚言。最后恳求钦准自己请求，则将来活着定当尽忠效死，死后亦当感恩图报。信誓旦旦，情辞恳切，如金石掷地有声，纵铁石心肠，焉得不为之动容！

本文之所以成为千古传诵名篇，首先在于直摅真情至性，不假雕饰，以陈情统摄叙事、说理，一一从肺腑汩汩流出，故能情深理切，动人心弦，催人泪下。其次是造语平实而生动，少有典故和藻饰；虽多四言排句，而少有对仗，偶用对仗，如“既无叔伯”二句，“外无期、功”二句，也都自然浑朴，决无斧斤痕迹；且每段均间用一些散文奇句，形成骈散结合，整齐而错综，流畅而婉转之势。所以它是介乎散文与骈文之间的过渡文体，由于缘情挥洒，故具有行云流水、天真自然之妙。（熊 笃）

【作者小传】

向 秀

（约227—272） 魏晋之际哲学家、文学家。字子期。河内怀县（今河南武陟西南）人。“竹林七贤”之一。官至黄门侍郎、散骑常侍。善诗赋。曾为《庄子》作注，“发明奇趣，振起玄风”，但《秋水》《至乐》二篇注释未完而卒。后郭象“述而广之”，别为一书。向注早佚，现存《庄子注》，可视为向、郭二人的共同著作。

思 旧 赋并序

向 秀

余与嵇康、吕安居止接近①。其人并有不羁②之才，然嵇志远而疏③，吕心旷而放④，其后各以事见法⑤。嵇博综技艺⑥，于丝竹特妙⑦。临当就命⑧，顾视日影，索琴而弹之。余逝将西迈⑨，经其旧庐。于时日薄虞渊⑩，寒冰凄然。邻人有吹笛者，发声寥亮⑪。追思曩昔⑫游宴之好，感音而叹，故作赋云。

将命适于远京兮⑬，遂旋反而北徂⑭。济黄河以泛舟兮，经山阳之旧居⑮。瞻旷野之萧条兮，息余驾乎城隅。践二子⑯之遗迹兮，历穷巷之空庐。叹《黍离》之愍周兮⑰，悲《麦秀》于殷墟⑱。惟古昔以怀今兮⑲，心徘徊以踌躇。栋宇存而弗毁兮，形神逝其焉如⑳。昔李斯之受罪兮，叹黄犬而长吟㉑。悼嵇生之永辞兮，顾日影而弹琴。托运遇于领会兮，寄余命于寸阴㉒。听鸣笛之慷慨兮，妙声绝而复寻㉓。停驾言其将迈兮，遂援翰而写心㉔。

〔注〕①吕安：字仲悌，东平(今属山东)人。居止：即居住地。他们同住山阳，时作竹林之游。②不羁：不可羁绊，此以比喻人材超轶，不可以常规羁束。③志远而疏：志意高远而疏略于人事。④心旷而放：心胸开旷而不拘守礼法。⑤以事见法：因事被处死。此指嵇康、吕安被司马昭杀害。⑥博综技艺：指各种技艺集于一身。⑦丝竹：弦管乐器。此言嵇康艺术才能是多方面的，但音乐尤其见长。⑧就命：即终命。⑨逝将西迈：逝将，即去。西迈，指西往，即往洛阳。⑩日薄虞渊：太阳快要落山。⑪寥亮：嘹亮。⑫曩昔：从前。⑬将命：奉命。适：往。远京：指洛阳。⑭北徂(cú)：向北去，指归河内。⑮山阳旧居：山阳在今河南焦作市境内。即向秀与嵇康、吕安作竹林之游所在地。⑯二子：指嵇康、吕安。⑰叹《黍离》之愍周兮：《黍离》为《诗经·王风》中的一篇。《诗序》："黍离，闵(同愍)宗周也，周大夫行役，至于宗周，过故宗庙宫室，尽为禾黍，闵周室之颠覆，彷徨不忍去，而作是诗也。"⑱悲《麦秀》于殷墟：《史记·宋微子世家》："箕子朝周，过故殷虚(墟)，感宫室毁坏，生禾黍，箕子伤之，乃作《麦秀》之诗以歌咏之。"这里引用两个故事来寄托魏晋易代的感慨。⑲惟：思。古昔：承上文，指《黍离》和《麦秀》二事。今：指嵇、吕。⑳栋宇存而弗毁兮，形神逝其焉如：言嵇康旧宅犹在，而其人的形体和精神到哪里去了呢？栋宇，指嵇康的旧居。焉如，何往。㉑"昔李斯"二句：《史记·李斯列传》载李斯临刑时，顾谓其子曰："吾欲与若复牵黄犬俱出上蔡东门，逐狡兔，岂可得乎？"㉒"托运遇"二句：指嵇康通达死生祸福之理，故对遭到杀害能从容镇定，将自己的余生寄托在弹琴的顷刻之间。㉓"听鸣笛"二句：鸣笛，指序文所说"邻人有吹笛者"，与序文相呼应。妙声，指嵇康往日的琴音，嵇康虽然死了，他的琴声却因邻人吹笛得到再现。寻，续。㉔"停驾言其将迈兮"二句：谓停下的车子就要动身走了，在将离未离之际，我只好用笔来抒写心中的郁积和感慨。言，语助词。

向秀是"竹林七贤"之一。他亲眼目睹司马昭拉拢了山涛，又以"非汤武而薄周孔"之由杀了嵇康，因此吓破了胆。为了避免司马昭的残害，他"应本郡计入洛"。司马昭问他："闻有箕山之志，何以在此？"这本已够挖苦他的了。向秀非常巧妙地答："巢、许狷介之士，未达尧心，岂足多慕？"这样既替自己入竹林作隐士以后又出而求官的矛盾行为解嘲，同时又将司马昭吹捧为尧舜，算是混了过去。以后他作了散骑侍郎的官，用“在朝不任职，容迹而已”的方法，得到了“卒于位”的成效，和阮籍一样保全了首领。

向秀虽然逃脱了司马政权的残害，然而眼见自己的好友嵇康、吕安以莫须有的罪名被杀，因而在本非素志赴洛求官返程之际，路过自己和嵇康、吕安一同住过的山阳旧居，当然会有人琴俱亡之痛。在念曹魏政权之飘摇，伤旧友之先亡的气氛之中，也会联系到自己，有一些身世苍茫之感。因为入仕之后，在狡诈凶残的司马政权统治下，他对自己的未来捉摸不定：谁能想象那种乱世会为自己安排一个什么样的命运？

因此，写作本赋时，向秀的内心是伤感的；但他又不能一一明说，怕得罪司马昭，故行文比较隐晦含蓄，在论及嵇、吕诸人时，不免有些游移、曲护，有时感情还受到压抑。这是必须明白指出的，否则就不能准确理解本赋的思想内涵。

赋前的序文，点明了与嵇、吕居止接近的关系。作者对嵇、吕是有真实情感的，称赞了他们“并有不羁之才”，赞扬嵇的“志远”和吕的“心旷”，然而他们却遭到很大的冤屈，被司马昭杀害。但他不敢用“见杀”这些字眼，而以“见法”回避了冤屈的政治问题。既称“见法”，当然嵇、吕必有不是之处。故于嵇提出“疏”，于吕提出“放”，这样来避免刺激司马昭。序文后部分“邻人有吹笛者，发声寥亮，追思曩昔游宴之好，感音而叹，故作赋云”，说明自己只是“追思曩昔游宴之好”，是一般的“忆旧”之作，力图掩盖追念嵇康、吕安的政治内容。这是作者想以“淡淡的悲哀”，来压抑内心深沉的悲痛，故为“曲笔”的结果。

在赋里也体现了这种情况，刚写了“叹《黍离》之愍周兮，悲《麦秀》于殷墟。惟古昔以怀今兮，心徘徊以踌躇”，似乎在以古射今，借周宗尽为禾黍，殷朝被灭亡，故墟播种麦子，麦子的长势很好，正如后文所说“惟古昔以怀今”，似乎将大有一番伤古吊今之文，但马上又补上两句“栋宇存而弗毁兮，形神逝其焉如”，又折回到一般的悼亡的故辙上来。

紧接上文，“昔李斯之受罪兮，叹黄犬而长吟。悼嵇生之永辞兮，顾日影而弹琴”，把自己的好友冤屈而死，比作历史上颇有恶名的李斯，这是颇难以一下理解的。《文心雕龙·指瑕》：“若夫君子拟人必于其伦，而崔瑗之诔李公，比行于黄虞；向秀之赋嵇生，方罪于李斯。与其失也，虽宁僭无滥。然高厚之诗，不类甚矣。”乍看起来，刘勰的怀疑，颇有道理；然而细心考究那段史实，了解司马氏的残酷，文网的周密深刻，对本文处理嵇康时的乍前乍却，无不闪烁其词，不难看出这个李斯受罪的比譬也是为了逃脱司马氏阴谋而用的一种“自晦”，这是保全自己所采用的一种手段，否则我们就会相信刘勰的批评是真的了。

最末六句中，头两句“托运遇于领会兮，寄余命于寸阴”，把一个绝大的冤屈诿诸于“运遇”，这里面包含了作者内心的悲痛和无声的愤怒，与对司马氏的讨伐和申斥；中二句“听鸣笛之慷慨兮，妙声绝而复寻”，由邻人之笛，想到故友之琴：寥亮的笛声和好友的悠扬琴韵没有两样，似乎好友嵇康仍然在弹琴，然而故人的踪迹莫寻，他被杀害了，这是多么令人伤感的啊！最后两句表明作者驾起车子就要走了，又将踏上征途，只好在十分感怆的心情下提起笔来，将自己追悼好友之情写下，仍回到一般的悼亡的笔意上来。

全文不长，然而要真正理解，必须把握当时的恶劣政治环境。极深沉的悲哀用十分委婉的笔调来倾泻，这需要高超的艺术技巧，本文作者在这方面是很成功的。

（龙 晦）

【作者小传】

刘 伶

西晋文学家。字伯伦。沛国（今安徽宿州）人。魏末为建威参军。晋泰始初对策，盛言无为，以不合时旨而罢。纵酒放诞，蔑视礼法，常乘一鹿车，携一壶酒，使人荷锸随之，谓“死便埋我”。与嵇康、阮籍等同为“竹林七贤”。

酒 德 颂

刘 伶

有大人先生，以天地为一朝，万期为须臾①，日月为扃牖，八荒②为庭衢。行无辙迹，居无室庐，幕天席地，纵意所如。止则操卮执觚，动则挈榼提壶③，唯酒是务，焉知其余；有贵介公子④，搢绅处士⑤，闻吾风声，议其所以。乃奋袂攘襟，怒目切齿，陈说礼法，是非锋起。先生于是方捧罂承槽⑥，衔杯漱醪⑦，奋髯踑踞⑧，枕麴藉糟⑨，无思无虑，其乐陶陶。兀然⑩而醉，豁尔而醒。静听不闻雷霆之声，熟视不睹泰山之形。不觉寒暑之切肌，利欲之感情。俯观万物扰扰，焉如⑪江汉之载浮萍。二豪侍侧⑫，焉如蜾蠃之与螟蛉⑬。

〔注〕 ① 期(jī 机)：指周年。《书·尧典》："期，三百有六旬有六日，以闰月定四时成岁。"伪孔传："匝四时曰期"。须臾，犹言片刻。 ② 八荒：八方荒远之地。 ③ 卮、觚、榼、壶：均为古代盛酒的器具。 ④ 贵介：即尊贵，《左传·襄公二十六年》："夫子为王子围，寡君之贵介弟也。"注："介，大也。" ⑤ 搢(jìn 进)绅：搢，插也。绅是大带。搢绅即插笏于带间，古代用以指仕宦者。处士，指未仕或不仕的人。 ⑥ 承槽：槽是酿酒之器。捧罂承槽即捧着瓮子去接酒。 ⑦ 醪：古代的浊酒，衔杯漱醪，即端着杯子喝酒。 ⑧ 箕踞：即箕踞，古时无椅凳，坐于席上，坐则跪，行则膝前，不管坐或在席间行，均以足向后为敬。若伸两足，则手据膝，其状若箕，被认为傲慢无礼之容。奋髯箕踞，指大人先生听到贵介公子、搢绅处士的陈说礼法之后，对之鄙弃不屑一顾的神态。 ⑨ 麴：指酿酒的发酵物即酒母。糟：指未清带滓的酒。枕麴藉糟即沉溺于酒。 ⑩ 兀然：昏沉貌。 ⑪ 焉如：即乃如。下句同。 ⑫ 二豪：指贵介和处士。 ⑬ 蜾蠃(guǒ luǒ 果裸)：一种青色细腰蜂，寄生产卵于螟蛉幼虫体内，吸取为养料，蜾蠃后代即从螟蛉幼虫体内孵出，古人误以为代养桑虫之子。此处指贵介和处士听到大人先生议论之后，受到了感化，正如蜾蠃之变螟蛉。

刘伶也是"竹林七贤"之一，《晋书》本传说他"与阮籍、嵇康相遇，欣然神解，携手入林"，可见他与嵇、阮的政治见解、人生态度是相同的。本传又说他"尝为建威参军，泰始初对策，盛言无为之化。时辈皆以高第得调，伶独以无用罢，竟以寿终"。泰始是晋武帝的年号，可见得他比嵇、阮都活得长。在对策里他没有阿谀世主，而是坚守老庄"无为"的基本哲学，以"无用"作自己的防身手段，躲过了凶残的司马氏的魔掌。他的文章传世不多，史学家范文澜说"刘伶一生只作一篇《酒德颂》"，这话似乎并不过分。

在曹魏之际，思想界大体可分为两部分，一部分拥护礼法，以司马家族为首，加上他的重臣何曾、王祥；另一部分则是深疾礼法之士，提倡老庄虚无之学，放浪形骸，"竹林七贤"则是这派人的代表。

《酒德颂》假定以"大人先生"为一方，这种人胸襟阔大，以为从开天辟地到如今只不过是一个早上的事，一万年只不过是一刹那间；日月为门窗，八荒为庭院街道。他行路不用驾车，居住无需房屋，以青天为幕，大地作席，逍遥自在，也就能"唯酒是务，焉知其余"。这种人无疑是刘伶心目中的达人雅士，按照他的见解，这种人人品最高、最超脱，是刘伶等人追求的理想境界。而另一方则为"贵介公子""搢绅处士"，他们坚持自己维护礼法的政治标准，一听到"大人先生"在"唯酒是务，焉知其余"，便要暴跳如雷，奋袂攘襟，怒目切齿，一种"卫道士"的姿态令人讨厌地呈现在人们眼前。文章用两种截然相反的政治观与人生观的对比引入，真是开门见山，一语破的，丝毫没有矫揉造作的气息。

接着笔锋一转，写"大人先生"答复"贵介公子""搢绅处士"的攻击。他是以一种什么态度对待这些怒目切齿、奋袂攘襟的俗物呢？是以"捧罂承槽，衔杯漱醪，奋髯踑踞，枕麴藉糟”的态度来回答他们的攻击的，这和阮籍以大醉六十日拒绝司马昭为其子司马炎求婚于籍的策略是一样的。史载伶“尝醉，与俗人相忤，其人攘袂奋拳而往，伶徐曰：‘鸡肋不足以安尊拳。’其人笑而止”。可见他应用阮籍“软对抗”的方式甚精，在十分黑暗残酷的暴政之下，他用这种方法保全了自己。颜延之咏刘伶诗“韬精日沉饮，谁知非荒宴。颂酒虽短章，深衷自此见”，正说破了这个道理。

作品随后叙述大醉后的物我两忘，“静听不闻雷霆之声，熟视不睹泰山之形。不觉寒暑之切肌，利欲之感情”，正与陶渊明的《饮酒二十首》“不觉知有我，安知物为贵。悠悠迷所留，酒中有深味”是一样的，在刘伶叙述物我两忘的境界面前，贵介公子、搢绅处士也受了感化。

“竹林七贤”的作品，除阮籍、嵇康有反抗的精神，气象峥嵘，敢于与统治者犯难，有些值得称道的外，其他作品多颓唐厌世，能为后人借鉴的不多。刘伶是中国文人好酒的代表，因此他以后的诗人莫不盛谈饮酒，好像没有酒就没有诗，在这方面他的影响是巨大和深远的。

（龙　晦）

【作者小传】

傅　玄

(217—278)　西晋文学家。字休奕。北地泥阳(今陕西铜川市耀州区东南)人。州举秀才，魏末入选为著作郎，撰集魏书。晋武帝初，为散骑常侍，掌谏职，官至御史中丞。性刚直，上疏切论时事，常能反映社会实情。迁太仆，转司隶校尉，以争座位免官。卒于家。著《傅子》，批评空谈，今有辑本。明人辑其佚作为《傅鹑觚集》。

马　钧　传

傅　玄

马先生钧，字德衡，天下之名巧①也。少而游豫②，不自知其为巧也。当此之时，言不及巧，焉可以言知乎？

为博士③居贫，乃思绫机之变，不言而世人知其巧矣。旧绫机五十综者五十蹑④，六十综者六十蹑。先生患其丧功费日，乃皆易以十二蹑。其奇文异变⑤因感而作者，犹自然之成形，阴阳之无穷⑥。此轮扁之对，不可以言言者，又焉可以言校也⑦？

先生为给事中⑧，与常侍⑨高堂隆、骁骑将军⑩秦朗争论于朝，言及指南车，二子谓："古无指南车，记言之虚也。"先生曰："古有之，未之思耳，夫何远之有？"二子哂之曰："先生名钧，字德衡。钧者器之模，而衡者所以定物之轻重，轻重无准而莫不模哉⑪！"先生曰："虚争空言，不如试之易效也⑫。"于是二子遂以白⑬明帝，诏先生作之，而指南车成。此一异也，又不可以言者也。从是天下服其巧矣。

居京师，都城内有地可以为园，患无水以溉。先生乃作翻车⑭，令童儿转之，而灌水自覆，更入更出⑮，其功百倍于常。此二异也。

其后人有上百戏⑯者，能设⑰而不能动也。帝以问先生："可动否？"对曰："可动。"帝曰："其巧可益⑱否？"对曰："可益。"受诏作之。以大木雕构⑲，使其形若轮，平地施之，潜以水发焉。设为女乐舞象，至令木人击鼓吹箫；作山岳⑳，使木人跳丸㉑掷剑㉒、缘絙㉓倒立，出入自在，百官行署，舂磨斗鸡，变巧百端。此三异也。

先生见诸葛连弩㉔，曰："巧则巧矣，未尽善也。"言作之可令加五倍。又患发石车，敌人于楼边悬湿牛皮，中之则堕，石不能连属而至。欲作一轮，悬大石数十，以机鼓轮，为常则以断悬石㉕，飞击敌城，使首尾电至㉖。尝试以车轮悬瓴甓㉗数十，飞之数百步矣。

有裴子者，上国之士也㉘，精通见理㉙，闻而哂之。乃难㉚先生，先生口屈不能对。裴子自以为难得其要，言之不已。傅子㉛谓裴子曰："子所长者言也，所短者巧也；马氏所长者巧也，所短者言也。以子所长，击彼所短，则不得不屈；以子所短，难彼所长，则必有所不解者矣。夫巧者天下之微事㉜也，有所不解而难之不已，其相击刺，必已远矣㉝。心乖于内，口屈于外，此马氏所以不对也。"

傅子见安乡侯㉞，言及裴子之论，安乡侯又与裴子同。傅子曰："圣人具体备物，取人不以一揆也㉟。有以神㊱取之者，有以言取之者，有以事取之者。有以神取之者，不言而诚心先达㊲，德行颜渊之伦是也。以言取之者，以变辩是非，言语宰我、子贡是也。以事取之者，若政事冉有、季路，文学子游、子夏。虽圣人之明尽物，如有所用，必有所试㊳。然则试冉、季以政，试游、夏以学矣。游、夏犹然，况自此而降者乎㊴？何者？悬言物理㊵，不可以言尽也；施之于事，言之难尽，而试之易知也㊶。今若马氏所欲作者，国之精器，军之要用也。费十寻㊷之木，劳二人之力，不经时㊸而是非定；难试易验之事，而轻以言抑人异能，此犹以己智任天下之事，不易其道以御难尽之物，此所以多废也㊹。马氏所作，因变而得，是则初所言者不皆是矣。其不皆是，因不用之，是不世之巧无由出也。夫同情者相妒，同事者相害，中人㊺所不能免也。故君子不以人害人，必以考试为衡石，废衡石而不用，此美玉所以见诬为石，荆和所以抱璞而哭之㊻也。"

于是安乡侯悟，遂言之武安侯㊼，武安侯忽之，不果试也。此既易试之事，又马氏巧名已定，犹忽而不察，况幽深之才、无名之璞乎？后之君子，其鉴之哉！马先生之巧，虽古公输般、墨翟、王尔、近汉世张平子㊽，不能过也。公输般、墨翟皆见用于时，乃有益于世。平子虽为侍中㊾，马先生虽给事省中㊿，俱不典工官[51]，巧无益于世。用人不当其才，闻贤不试以事，良可恨[52]也。裴子者，裴秀。安乡侯者，曹羲也。武安侯者，曹爽也。

〔注〕①名巧：著名的技术高超的技师。　②游豫：游乐。《孟子·梁惠王》注："豫亦游也，游亦豫也。"少而游豫是说马钧从小就以工巧为乐事。　③博士：古代官名，为教授之官。④综：织绫机上经线的分组。蹑(niè聂)：古代织机上提综的踏具。　⑤奇文异变：花纹奇异变化万端。　⑥"犹自然"二句：织绫机经过马钧改良后，可以随心所欲地织出各式各样的花纹，就像天然形成一样；阴阳指宇宙变化。这里言花纹样式繁多，像宇宙变化的无穷。⑦"此轮扁"三句：轮扁，春秋时有名的巧匠。校，检验。《庄子·天道》曾记读书于堂上的齐桓公，与斫轮于堂下的轮扁对话。轮扁说，古人的书只是糟粕，真正巧妙的道是难以语言来表达

的，而且也不能用言语检验。 ⑧ 给事中：皇帝左右的一种顾问官。 ⑨ 常侍：宫廷的侍从官。 ⑩ 骁(xiāo 消)骑将军：武官名，在汉为杂号将军，魏置为中军，任使较重，秦朗为曹操的养子，故得授此官。 ⑪“先生名钧”五句：古人名与字相应，《说文·金部》谓“钧，三十斤也”，钧表重量，因此与《小尔雅·衡十三》所说“斤十谓之衡”相应。但钧又可释为陶范。《汉书·邹阳传》：“是以圣王制世御俗，独化于陶钧之上。”师古云：“陶家名转者为钧，盖取周回调钧耳。”器之模，指陶器的模型。嘲笑马钧的人借文字游戏，谓马钧名“衡”，但不能准确地定出轻重，还想作一切的模型吗！ ⑫“虚争”二句：效，证实。这二句是说，用空言争辩，不如实验容易证明。 ⑬ 白：告诉。明帝：指曹叡。 ⑭ 翻车：龙骨水车。 ⑮ 更入更出：循环不已地进出。 ⑯ 百戏：各种杂技，此专指木偶。 ⑰ 设：摆摆样子。 ⑱ 益：改进。 ⑲ 雕构：雕刻构造。 ⑳ 山岳：指彩山。 ㉑ 跳丸：抛球舞技。 ㉒ 掷剑：将几把剑抛到空中，然后依次用手接住，又抛上去。 ㉓ 缘絙(gēng 耕)：一种走绳索的杂技。 ㉔ 连弩：弩是用机械发射的硬弓，诸葛亮伐魏时，曾使用一种连弩，一弩可以连发十箭。 ㉕ 为常则以断悬石：轮子上悬石的绳索按一定的规律断掉，石块就顺势迅速连续抛射出去。 ㉖ 使首尾电至：从头至尾石子就像闪电一样接连飞到。 ㉗ 瓴甓(líng pì 玲辟)：瓦块，砖头。 ㉘ 裴子：即裴秀，魏晋有名的文学家和地图学家，传见《晋书》卷三五。上国：指中原地区。 ㉙ 精通见理：见识精深，通达事理。 ㉚ 难(nàn)：反驳，质问。 ㉛ 傅子：傅玄自称。 ㉜ 微事：精深微妙的事情。 ㉝“其相击刺”二句：你所攻击的事必然离题万里。 ㉞ 安乡侯：即曹羲，魏宗室曹爽之弟。 ㉟“圣人”二句：圣人具备各样事理，用人不局限于一点。 ㊱ 神：指思想品质。㊲ 诚心先达：诚心已首先表现出来。 ㊳“虽圣人”三句：即使圣人的智慧对事物均能认识透彻，但要使用人才，也得先要考查一下。 ㊴ 况自此而降者乎：何况不如子游、子夏他们的呢？㊵ 悬言物理：凭空而谈事物的道理。 ㊶“施之于事”三句：行之于事的时候，语言有时讲不清楚，却容易用实践来说明。 ㊷ 寻：古代八尺为寻。 ㊸ 不经时：要不了多久。 ㊹“难试易验之事”五句：把容易考查之事看得很难，不去尝试，随便用冷言冷语压制那些才能出众的人，这就是光靠自己的老经验来包办一切，用不变的方法来对待无穷无尽的事物，这样许多事情便办不好。 ㊺ 中人：一般人。 ㊻“此美玉”二句：事见《韩非子·和氏第十三》：“楚人和氏得玉璞楚山中，奉而献之厉王，厉王使玉人相之，玉人曰：‘石也。’王以和为诳而刖其左足；及厉王薨，武王即位，和又奉其璞而献之武王，武王使玉人相之，又曰：‘石也。’王又以和为诳而刖其右足；武王薨，文王即位，和乃抱其璞而哭于楚山之下，三日三夜，泪尽而继之以血。” ㊼ 武安侯：即曹爽。 ㊽ 公输般：即鲁班，春秋时鲁国有名的巧匠。墨翟：即墨子，能为木鸢，三日不下，公输般制造攻城的机械，墨子就制作防御的机械与公输般对抗。王尔：战国时有名的工匠。张平子：即张衡，平子为其字，东汉时杰出的科学家。 ㊾ 侍中：皇帝左右的高级顾问官。据《后汉书·张衡传》：衡先为太史令，后迁侍中，帝引在帷幄，讽议左右。 ㊿ 给事省中：马钧在朝廷里担任给事中的官职。 (51) 俱不典工官：都不管制造工艺这类的官。 (52) 恨：遗憾。

作者傅玄少孤贫，性刚劲亮直，不能容人之短，在仕途上累受压抑，两次因小故与人争，被免官。因而他对像马钧这样具有发明创造的人才受到压抑，能表示痛惜之情，并为他撰写了《马钧传》。

马钧是个大发明家，在科技发明上是与张衡并称的，连道家葛洪的《抱朴子》也记载了他是“木圣”这一事实：“故张衡、马钧于今有木圣之名焉。”(《辨问》)可见马钧在当时极受尊重。

傅玄生长在老庄盛行，士大夫放纵形骸的时代，独能注意科学生产，关心农事得失及水利兴废。他在泰始四年上疏，提出"圣明帝王受命，天时未必无灾"的唯物论断，作出了一些十分合宜的对策，得到武帝说他"申省周备"的好评，在那举世沉溺于玄虚，以亲庶务为可耻的时代，是不多见的。

本文从七段以前主于叙事，七段以后主于议论。第一段介绍马钧是天下之名巧，但由于他自己"言不及巧"，因此就没有人知道他的高超技术。

第二段说马钧改革织绫机，将五十综者五十蹑、六十综者六十蹑比较繁复的织绫机改为十二蹑，机器改轻简了，但仍可以随心所欲地织出各样花纹。正如古代巧匠轮扁对齐桓公所答，技艺的精微是不能用言语表达的；马钧的技巧太高明了，对于他的精湛的工艺同样也是不能用言语表达的。

第二段论述马钧复制指南车。当时常侍高堂隆，及曹操的养子秦朗争论指南车。一个是当时的学术权威，一个是当时的贵官，两人都否认有指南车；然而马钧肯定说有。最后争到明帝那里，马钧终于制作成了指南车。由于技术难度极大的指南车的制成，马钧的巧匠名声从此便奠定了。

以下三段，分别是说明马钧造了龙骨水车、机器人，并改造了诸葛亮的连弩。龙骨水车对我国农业灌溉起了莫大的作用，减轻了农民的劳动强度。机器人在那个时代能出现是一件了不起的大事，尽管它是用水力推之使动。全文至此，马钧的创造发明大事，都已介绍完毕，后面三段则是傅玄借马钧的不得用所发挥的感慨。魏晋文是以"清峻简约"（刘师培《中国中古文学史》）见称的，傅玄一反当时文人所为，真说得上是独树一帜。

第七段是记述当时在地图制作上颇有名气的裴秀，也起来非难马钧。由于马钧口屈，不能应对，傅玄为马钧辩护，认为"马氏所长者巧也，所短者言也。以子（裴秀）所长，击彼所短，则不得不屈；以子所短，难彼所长，则必有所不解者"。

第八段是说明傅玄为了推荐马钧，言于安乡侯曹羲，曹羲也和裴秀一个调门。于是傅玄发了一大通议论，说明取人不能局限于一点。根据《论语·先进》："德行：颜渊，闵子骞，冉伯牛，仲弓。言语：宰我，子贡。政事：冉有，季路。文学：子游，子夏。"说明孔门取人，尚分四科，不能拘于一格。"圣人之明尽物，如有所用，必有所试"，如果不试，而轻浮地想以言语压抑人的异能，这是不对的。因此"必以考试为衡石"，如果不用考试为衡石，公正地取人，必然会导致像和氏璧的故事那样，把美玉诬蔑为顽石，使卞和遭到刖足之刑，最后抱璞而哭的惨祸。这显然是针对当时九品中正的选举与门阀制度而发的。

最后一段，叙述安乡侯听信了傅玄的话，言之于当时掌握大权的曹爽，而曹爽没有重视，马钧终于没有一展他的长才。傅玄借此发挥了一段大感慨的文字，认为试一试马钧是一件极其容易的事情；马钧巧匠的名气已经很大，大官僚尚可以不重视，那些岩穴幽深之才，不见经传的小人物，其命运就更可知了。张衡作侍中，马钧给事省中，都没有用到他们的特长，使他们的巧技没有为人民造福，这是多么可惜的事情。而那些身居廊庙，听到有人荐贤，极其容易通过考试可以知道的，竟可以不给考试机会，他们颟顸无能，尸位素餐，真是可恨。最后大书特书裴秀、曹羲、曹爽三人的名字，来表示作者对他们的谴责，认为不关心人才，对人才采取轻蔑的态度是不对的。

本文爱憎分明，对科学发明予以充分肯定，对科学家给予无限同情；对只务空谈，轻视、压制科学人才的昏庸官僚给予有力的讽刺和谴责。据《晋史·傅玄传》说，傅玄"天性峻急，不能有所容。每有奏劾，或直日暮，捧白简，整簪带，竦踊不寐，坐而待旦。于是贵游慑伏，台阁生风"，可见他为人的刚正。文如其人，他对权贵曹爽、曹羲、裴秀也并没有一点假借，在晋人冲淡渊雅的文体占上风之际，他的夹叙夹议，甚至后半段纯是议论的文体，确是"守己有度，伐人有序，和理在中，孚尹旁达"（章太炎《国故论衡》中）。从他责备的严峻，千载而下，尚可隐约地领略到使"贵游慑伏，台阁生风"的傅玄风貌。刘勰说："傅玄篇章，义多规镜"（《文心雕龙·才略》），刘师培说傅玄的文章"质实近于魏人"（《中国中古文学史》）。这些评价，都很能道出傅玄文章的特征，在晋人的文章中是不多见的。

（龙 晦）

【作者小传】

孙 楚

（约218—293） 西晋散文家。字子荆。太原中都（今山西平遥西北）人。有才藻，性陵傲不群。年四十余始参镇东军事。迁佐著作郎，参将军石苞骠骑军事。因与石苞有嫌隙，被废。后杨骏复用为参军。惠帝初，为冯翊太守。明人辑有《孙冯翊集》。

反金人铭

孙 楚

晋太庙左阶之前，有石人焉，大张其口，而书其胸曰：

我古之多言人也。无少言，无少事！少言少事，则后生何述焉？我读三坟五典、八索九丘，赜罔深而不探，理无奥而不钩。故言满天下，而无口尤。夫唯言立，名乃长久。胡为块然①，生缄其口。自拘广庭，终身叉手。凡夫贪财，烈士殉名。盗跖为浊，夷柳为清；鲍肆为臭，兰圃为馨。莫贵澄清，莫贱滓秽。二者言异。归于一会②。尧悬谏鼓，舜立谤木。听采风谣，惟日不足。道润群生，化隆比屋③。末叶陵迟，礼教弥衰。承旨则顺，忤意则违。时好细腰，宫中皆饥④。时悦广额，下作细眉⑤。逆龙之鳞，必陷斯机；括囊无咎⑥，乃免诛夷。颠覆厥德，可为伤悲。斯可用戒，无妄之时。假说周庙⑦，于言为蚩⑧。是以君子，追而正之。

〔注〕①块然：沉默而无动于衷的样子。　②一会：一体。　③化隆比屋：谓教化之盛，人人皆受其益。　④"时好"二句：《韩非子·二柄》载，楚灵王好细腰，国中女子多因节食而饿死。　⑤"时悦"二句：东汉民谣，有"城中好广眉，四方且半额"之句。此处反用其意，谓时尚好广额，则人人作细眉。　⑥括囊：束紧袋口，比喻缜密无言。语出《易·坤》："六四，括囊，无咎无誉。"　⑦无妄之时："妄"犹"望"，谓无希望之时。这二句意思说，《金人铭》是后代乱世中人假托周庙之事。　⑧蚩：愚妄。

铭文通常刻于器物上，亦有在宫室、城关、山川名胜等场所勒石为铭。其用意大体有二：一以自戒或警人，一以祝颂德行，彪炳功业。本文的性质属于前一种。但它是假托之作，并未真的刻勒。相传周时有《金人铭》，劝人慎言远祸，为孔子所称道。此虽出于伪托，却很有名。孙楚遂亦以伪托形式，作《反金人铭》。二铭宣扬截然相反的处世态度，读来不仅有趣，且发人深思。

因为《反金人铭》针对《金人铭》而发，所以首先需要对后者略加介绍。据西汉刘向所著《说苑·敬慎》篇（又见于《孔子家语》，文字大同小异）记载，孔子到周，在周王室祭祀祖先的太庙中见到一个"金人"（即铜人），"三缄其口"——嘴巴上加有多层封闭之物，又在背后刻有如下的铭文："我古之慎言人也。戒之哉，戒之哉！无多言，多言多败；无多事，多事多患。安乐必戒，无行所悔。勿谓何伤，其祸将长；勿谓何害，其祸将大；勿谓何残，其祸将然（燃）；勿谓莫闻，天妖伺人。荧荧不灭，炎炎奈何？涓涓不壅，将成江河……诚不能慎之，祸之根也。口是何伤，祸之门也。强梁者不得其死，好胜者必遇其敌……"孔子看了，便以此告诫他的弟子，并又引证《诗经》中"战战兢兢，如临深渊，如履薄冰"之句，说："行身如此，岂以口遇祸哉！”这一篇《金人铭》，从头到尾，反反复复，教人不可多言多事，方得太平。如此说来，倘若不是要用嘴巴吃饭，真是应该把它缝起来——不吃饭的“金人”，不正是“三缄其口”的吗？

孙楚却不这么看。他假托的所谓晋太庙中的石人，与周太庙中的金人相反，不是“三缄其口”，而是“大张其口”；身上的铭文，不是刻于背后，而是堂而皇之地刻于胸前。他又借石人之口公然宣称：“我古之多言人也。无少言，无少事！”摆出一副全然不怕惹是生非的架势。

接着，作者从两方面展开论述。一方面，人生在世，本该有所作为，敢说敢做。“少言少事，后生何述”——什么也不说不做，历史岂非成了一片空白？再则，人各有别：烈士不同于凡夫，伯夷、柳下惠（这二位是古代公认的贤者仁人）不同于盗跖（他是古代公认的大盗），这犹如兰圃之香不同于咸鱼铺之臭，天地澄清之气不同于渣滓污秽。而其所以不同，乃是见于言见于行；若无言行，只是“生缄其口”，那又何来仁人志士与卑鄙小人之别？另一方面，作者又指出：良好的政治，本应该鼓励人们畅所欲言。尧时有“谏鼓”，供敢谏之士击鼓以陈述讽谏之言；舜时有“谤木”，任民众在上面书写对政治的不满和批评；周王朝还专门派人到民间采集风谣，以听取老百姓的牢骚——这些关于上古时代的传说，作者认为是统治者理应仿效的。

而后笔锋一转，尖锐地刺向最高统治者：为什么人们不敢说话，而视不违是非为高明，以无所建树为渊默？这乃是“末叶陵迟，礼教弥衰”的结果。因为在君主专横的权力下，委顺方可取媚，刚直适足杀身，多言难免得咎，缄口乃能避祸。于是世间多唯唯诺诺之人，少坦荡亮直之士；于是就有了这种伪造的《金人铭》，颠倒了美德与丑恶。

孙楚之为人，据《晋书》本传介绍，是“才藻卓绝，爽迈不群，多所陵傲，缺乡曲之誉”，可谓独立特行之士。魏晋时代之风气，亦是异端思想流行，富于批判精神。在个人与社会的双重条件下，产生了这样一篇《反金人铭》。它以斩绝之辞，逆翻前人陈见，揭示隐忍苟且、平庸委琐的所谓“美德”，实是残暴专制的产物，于社会于个人毫无价值，又提倡无所忌讳、敢说敢做，要求广开言路、容忍批评的政治，可称是一篇奇文。在中国漫长的封建社会中，《金人铭》的训诫为人们普遍接受，《反金人铭》则近乎湮没无闻；但在今天，它是更值得我们重视的。

铭文的风格，据陆机《文赋》所言，当以“博约而温润”为长。本文则文意醒豁，用语简劲，也是别有追求的特例。

（汪涌豪）

陈 寿

【作者小传】(233—297) 西晋史学家。字承祚。安汉(今四川南充北)人。师事同郡谯周。蜀汉时为观阁令史。入晋,历任著作郎、治书侍御史。时人称其善叙事,有良史之才。晋灭吴后,集合三国时官私著作,著成《三国志》。另撰有《益部耆旧传》等,编有《蜀相诸葛亮集》。

隆 中 对

陈 寿

亮躬耕陇亩[1],好为《梁父吟》[2]。身长八尺,每自比于管仲、乐毅[3],时人莫之许也。惟博陵[4]崔州平、颍川徐庶元直[5]与亮友善,谓为信然。

时先主屯新野[6]。徐庶见先主,先主器[7]之,谓先主曰:"诸葛孔明者,卧龙也,将军岂愿见之乎?"先主曰:"君与俱来。"庶曰:"此人可就见[8],不可屈致[9]也。将军宜枉驾顾之[10]。"

由是先主遂诣亮,凡三往,乃见。因屏[11]人曰:"汉室倾颓[12],奸臣窃命[13],主上蒙尘[14]。孤不度[15]德量力,欲信[16]大义于天下;而智术短浅,遂用猖蹶[17],至于今日。然志犹未已,君谓计将安出?"

亮答曰:"自董卓[18]已来,豪杰并起,跨州连郡者不可胜数。曹操比于袁绍[19],则名微而众寡。然操遂能克绍,以弱为强者,非惟天时,抑亦人谋也。今操已拥百万之众,挟天子以令诸侯,此诚不可与争锋。孙权[20]据有江东,已历三世,国险而民附,贤能为之用,此可以为援而不可图也。荆州北据汉、沔[21],利尽南海,东连吴会[22],西通巴蜀,此用武之国,而其主[23]不能守,此殆天所以资将军,将军岂有意乎?益州[24]险塞,沃野千里,天府[25]之土,高祖[26]因之以成帝业。刘璋[27]暗弱,张鲁[28]在北,民殷国富而不知存恤,智能之士思得明君。将军既帝室之胄[29],信义著于四海,总揽英雄,思贤如渴,若跨有荆、益，保其岩阻，西和诸戎，南抚夷越，外结好孙权，内修政理；天下有变，则命一上将将荆州之军以向宛、洛㉚，将军身率益州之众出于秦川㉛，百姓孰敢不箪食壶浆㉜以迎将军者乎？诚如是，则霸业可成，汉室可兴矣。”

先主曰：“善！”于是与亮情好日密。

关羽、张飞等不悦，先主解之曰：“孤之有孔明，犹鱼之有水也。愿诸君勿复言！”羽、飞乃止。

〔注〕 ① 躬耕陇亩：亲自参加田间劳动。 ② 梁父吟：古歌曲名。也作“梁甫吟”。梁父，山名，在泰山下。《梁父吟》言人死葬此山，为挽歌，歌词悲凉慷慨。 ③ 管仲、乐毅：管仲，名夷吾，春秋时齐桓公的国相，辅佐齐桓公成就霸业。乐毅，战国时燕昭王的名将，曾统率燕、赵、韩、魏、楚五国联军攻齐，连陷七十余城。 ④ 博陵：东汉郡名，治所在今河北保定蠡县南。 ⑤ 颍川徐庶元直：徐庶，字元直，颍川人。颍川，东汉郡名，治所在今河南禹州。 ⑥ 先主：指刘备。新野：今河南南阳市新野县。 ⑦ 器：器重。 ⑧ 就见：往其所居之处拜见。 ⑨ 屈致：屈节招致，犹言召来。 ⑩ 枉驾：即屈驾。驾：车马。顾：拜访。 ⑪ 屏（bǐng 饼）：命人退避的意思。 ⑫ 倾颓：衰败。 ⑬ 奸臣窃命：指曹操盗用皇帝的名义。 ⑭ 蒙尘：专指皇帝遭难出奔，东汉都城本在洛阳，曹操将汉献帝迁至河南许昌。 ⑮ 度：衡量。 ⑯ 信：同“伸”。 ⑰ 猖蹶：失败颠陨之意。 ⑱ 董卓（？—192）：陇西临洮（今甘肃岷县）人，字仲颖。本为凉州豪强，曾任并州牧。少帝即位，大将军何进欲除宦官，他被召率兵入京。旋废少帝，立献帝，独揽朝政，曹操、袁绍等起兵讨伐，他挟持献帝迁都长安，纵火焚京都洛阳周围数百里。后为王允、吕布所杀。 ⑲ 袁绍（？—202）：东汉末汝南汝阳（今河南商水西北）人，字本初。曾为讨董卓的盟主，占有冀、青、并、幽四州，为当时割据军阀中力量最强者，官渡之战中败于曹操，不久病死。 ⑳ 孙权（182—252）：字仲谋，吴郡富春（今浙江富阳）人。继承父坚、兄策所奠定的基业，割据长江中下游，是三国时吴国的建立者。 ㉑ 沔（miǎn 免）：沔水。古代通称汉水为沔水。据《水经注》，北源出自今陕西留坝西一名沮水者称沔，西源出自今宁强北者为汉，二源合流后通称沔水或汉水。 ㉒ 吴会（kuài 快）：东汉时分会稽郡为吴、会稽二郡，合称“吴会”。包括今江苏南部和浙江北部地区。 ㉓ 其主：当时的荆州牧是刘表。 ㉔ 益州：汉十三州之一，地在今四川省。 ㉕ 天府：指自然条件优越，地势险要，物产丰富的地区。 ㉖ 高祖：指刘邦。 ㉗ 刘璋（？—219）：字季玉，三国江夏竟陵（今湖北潜江西北）人。当时为益州牧。 ㉘ 张鲁：字公祺，沛国丰县（今属江苏）人。张陵之孙，世为天师道教主。据汉中，自号“师君”。后为曹操所破，投降曹操。 ㉙ 帝室之胄：刘备是景帝之子中山靖王刘胜的后代。胄，后代。 ㉚ 宛、洛：地名，今河南南阳市和洛阳市。 ㉛ 秦川：秦国故地，今陕西、甘肃省秦岭以北平原地带。 ㉜ 箪（dān 单）：用竹或苇制成的盛物器具。壶浆：用壶装着酒浆。

《隆中对》选自《三国志·诸葛亮传》的开头部分，标题为后人所加。

文章一开始简单地叙述了诸葛亮隐居隆中（在今湖北襄阳西），继而点出他“每自比于管仲、乐毅，时人莫之许也”。好的诗文都有“眼”，这一句就是本文的“眼”。管仲、乐毅是春秋、战国时有名的将相。管仲辅齐桓公成就霸业；乐毅为战国时燕昭王报齐仇，几至灭掉齐国。诸葛亮自比于管仲、乐毅，是在他“躬耕陇亩”之时。一介村夫竟如此自大，当然不被时人的舆论所赞许，形成了主观客观的反差和矛盾，在读者的头脑中产生悬念，文章亦据此而展开。

“惟博陵崔州平、颍川徐庶元直与亮友善，谓为信然。”在“时人莫之许也”的情况下，有两位友人赞许，从侧面表现了诸葛亮的才干，但并未消除人们的悬念：是崔州平和徐庶因为“与亮友善”的关系才“信然”，还是诸葛亮真正有管、乐之才？这句插叙在初步表现诸葛亮的才干的基础上，为下文徐庶推荐诸葛亮的情节发展作了铺垫。读者头脑中的悬念在情节发展中又与刘备对诸葛亮的十分看重，亲自登门，还“凡三往”形成强烈的对比。这一对比，既突出了刘备不为舆论所左右的“思贤如渴”的形象，也使文章在起伏中推进。

诸葛亮既自比于管、乐，他决不是一个隐居避世之人。处于汉末动乱的时代，人才普遍受到重视，同时也为人才择主而事提供了机遇。从下文诸葛亮对刘表的分析评价（他认定刘表是个“不能守”的庸主）看，他的“躬耕陇亩”可能带有避世待时的性质。而刘备屯兵新野，在荆州大地出现，则为有识之士发挥作用提供了机遇（“荆州豪杰归先主者日益多”）。徐庶主动“见先主”，可看作是诸葛亮出场的问路石。“先主器之”四字说明刘备确实是位“思贤如渴”的人，而“器之”的实际内容是对徐庶的真正尊重，对徐庶的言听计从。当徐庶推荐诸葛亮，刘备立即表示接纳，他让刘备“宜枉驾顾之”，刘备“遂诣亮，凡三往”。对谋臣的极端信任和尊重是管仲、乐毅所以成就事业的关键所在。自比于管仲、乐毅的诸葛亮，他要选择一个理想的人来实现抱负。他除了通过徐庶来了解刘备的为人，还以“凡三顾，乃见”亲自对刘备进行考验，可见诸葛亮对自己出处的慎重。当刘备“凡三往”时，诸葛亮尚未露庐山真面目，“时人莫之许也”的印象在读者的心中依然存在，也就是作者所安排的悬念仍在起作用，直到将诸葛亮的对答读完，读者心里的疑窦才冰融雪消，悬念才得到很好的回答。

刘备和诸葛亮的一问一答是本文的中心，通过对话显示出这两个人物的思想性格。刘备所问的是“欲信大义于天下”的大计，可见刘备是以复兴汉室为己任的英雄；诸葛亮的回答亦非权宜之计，而是指导今后若干年行动的纲领，是帝王之师所具有的高瞻远瞩。他为刘备规划了分三步走的切实可行的策略。他分析了曹操战胜袁绍，以弱胜强，足见曹操卓越的个人才能，且已经“拥百万之众，挟天子而令诸侯，此诚不可争锋”。孙权“国险而民附”，“可以为援而不可图也”。近期的主攻方向是地理位置重要，“其主不能守”的荆州。第二步是夺取益州，“刘璋暗弱”存在着可以夺得的有利因素。有了荆、益两州作根据地，然后“西和诸戎,南抚夷越,外结好孙权,内修政理”,静以待变,实现消灭曹操并进一步统一全国的第三步计划。一个“躬耕陇亩”的人竟对全国的形势了如指掌,对当时政坛人物的个性特点如数家珍,至此这位“自比于管仲、乐毅”的人庐山真面目才显示出来,崔州平徐庶的“信然”才是正确的,“时人莫之许也”是对诸葛亮的不了解或有眼不识泰山,初步完成了对诸葛亮形象的塑造。

刘备和诸葛亮的谈话是在“屏人”以后的两人密谈,刘备称善之后顿开茅塞而“与亮情好日密”。关羽、张飞尚如时人辈对诸葛亮的雄才大略一无所知。陈寿写了两人“不悦”,必待刘备说了“孤之有孔明,犹鱼之有水也”,不悦才止。这一细节的补充,正是本文行文的严密处。

本文虽是节录,亦能相对独立。它围绕着“自比于管仲、乐毅,时人莫之许也”这个文眼,安排悬念,引人入胜;又通过人物自己的行动和语言塑造形象;行文生动严密,从而成为脍炙人口的名篇。

（叶晨晖）

【作者小传】

张　载

西晋文学家。字孟阳。安平(今属河北)人。官至中书侍郎,领著作。后因世乱,称病告归。与弟协、亢,俱以文学著名,时称“三张”。其诗颇重辞藻。后人辑有《张孟阳集》。

剑　阁　铭　　　　张　载

岩岩梁山①,积石峨峨。远属荆衡②,近缀岷嶓③。南通邛僰④,北达褒斜⑤。狭过彭碣⑥,高逾嵩华⑦。

惟蜀之门,作固作镇。是曰剑阁,壁立千仞。穷地之险,极路之峻。世浊则逆,道清斯顺。闭由往汉,开自有晋。

秦得百二,并吞诸侯。齐得十二,田生献筹⑧。矧兹狭隘,土之外区。一人荷戟,万夫趑趄⑨。形胜之地,匪亲勿居。

昔在武侯,中流而喜。山河之固,见屈吴起。兴实在德,险亦难恃。洞庭孟门,二国不祀⑩。自古迄今,天命匪易。凭阻作昏,鲜不败绩。公孙既灭⑪,刘氏衔璧⑫。覆车之轨,无或重迹。勒铭山阿,敢告梁益⑬。

〔注〕 ① 梁山：即梁州之山。剑阁所在地剑门山当时属梁州。 ② 属(zhǔ 主)：连接，连缀。荆：湖北荆山。衡：衡山。 ③ 缀：连接。岷：岷山。嶓(bō 波)：嶓冢山，在今陕西宁强。 ④ 邛(qióng 穷)：汉代西南少数民族名，此指邛人居住的今四川省西昌地区。僰(bó 勃)：古族名。春秋前后居住在以僰道(今四川宜宾)为中心的今川南以及滇东一带。此指其地。 ⑤ 褒斜：即褒斜道，古道路名。因取道褒水、斜水两河谷得名。汉武帝治褒斜水道以通漕运未成，其陆道自汉以后为往来秦岭南北重要通道之一。 ⑥ 彭：彭门山，又称天彭阙，在今四川彭州西北，因两山相对，其形如阙而得名。碣：碣石，山名，在今河北昌黎西北。 ⑦ 嵩：嵩山。华：华山。 ⑧ 百二、十二：本指百分之二，十分之二，此谓山河险固之地。田生：田肯。语出《史记·高祖本纪》：刘邦伪游云梦，因执韩信。"田肯贺，因说高祖曰：'陛下得韩信，又治秦中。秦，形胜之国，带河山之险，县隔千里，持戟百万，秦得百二焉。地势便利，其以下兵于诸侯，譬犹居高屋之上建瓴水也。夫齐，东有琅邪、即墨之饶，南有泰山之固，西有浊河之限，北有勃海之利。地方二千里，持戟百万，县隔千里之外，齐得十二焉。故此东西秦也。非亲子弟，莫可使王齐矣。'" ⑨ 趑趄(zī jū 资居)：徘徊不前的样子。 ⑩ "昔在武侯"八句：事见《史记·孙子吴起列传》："(魏)武侯浮西河而下，中流，顾而谓吴起曰：'美哉乎山河之固，此魏国之宝也！'起对曰：'在德不在险。昔三苗氏左洞庭，右彭蠡，德义不修，禹灭之。夏桀之居，左河济，右泰华，伊阙在其南，羊肠在其北，修政不仁，汤放之。殷纣之国，左孟门，右太行，常山在其北，大河经其南，修政不德，武王杀之。由此观之，在德不在险。若君不修德，舟中之人尽为敌国也。'武侯曰：'善。'"意谓国家的兴亡在德不在险，若恃险而修政不德，则有如三苗与殷纣，终将亡国绝祀。 ⑪ 公孙：指公孙述(？—36)，新莽时，据益州称帝，光武帝建武十二年为汉军所破，被杀。 ⑫ 刘氏：指刘禅(207—271)，三国蜀汉后主。炎兴元年(263)魏军迫成都，他面缚舆榇出降。衔璧：《左传·僖公六年》："许男面缚衔璧。"杜预注："缚手于后，惟见其面，以璧为贽，手缚故衔之。"后人解释：古人死多含珠玉，所以示不生。后称国君投降为"衔璧"。 ⑬ 梁益：晋之两州。梁州治南郑，益州治成都。

铭按其撰刻宗旨，可概分为两类：记功德，使传扬于后世；表誓戒，求闻达于当代。张载的《剑阁铭》则是表誓戒铭文中的杰作。张载之父张收，晋武帝太康初任蜀郡太守，载至蜀省父，道经剑阁。剑阁，即剑门关，在今四川剑阁县北二十五公里的剑门山，山势横亘百余公里，七十二峰绵延起伏，形若利剑，高连霄汉，峭壁中断处，两山相峙如门，故名剑门关，为镇扼秦蜀通道之咽喉，历代兵家必争之地。张载以蜀人恃险好乱，因著此铭以作诫。益州刺史张敏见而奇之，乃表上其文，晋武帝遣使镌之于剑阁山，故此铭名重当时，扬声后世。

文章采用整饬谐畅的四言韵语，四十六句分作四段，逐段换韵，笔姿纵横，愈转愈深。

首段极状梁山(剑门山)的地形地势。作者以梁山为辐射点，作全方位的观照：先以铺张扬厉的赋笔铺写梁山远连荆山、衡山，近接岷山、嶓冢山，南通邛僰之地，北达褒斜栈道，为四通八达的战略要地；继而将梁山与彭门、碣石、嵩山、华山反复对照，夸饰其高峻之状。

二段承接上文，进而点出剑阁为镇守蜀川的门户。“壁立千仞”四字形象鲜明，剑阁拔地而起，陡峭如壁，千仞高耸的雄姿跃然纸上。接着宕开一笔，顾望历史，以蜀汉闭剑阁拒魏，魏钟会攻剑阁克蜀（按：蜀汉灭于曹魏景元四年。以魏政实归晋公司马昭掌握，故归功于晋）的事例，着重总结剑阁在治世与乱世的不同作用：“世浊则逆，道清斯顺。”这就为下文申足三重诫言奠定了基础。

三段化用西汉初年田肯庆贺刘邦智擒韩信的历史典故，指出秦、齐之所以成就霸业，并吞诸侯，实得山河险固之地利，进而强调剑阁之险隘尤过秦、齐——“一人荷戟，万夫趑趄”，从而提出本文的第一重诫言：警告中央政权的执政者，务必注意“形胜之地，匪亲勿居”。此言脱胎于田肯“非亲子弟，莫可使王齐矣”，而语言更加精粹警策，足见张载锻铸语言之工。晋武帝鉴于曹魏政权单行郡县制而早亡，大肆分封诸子，指望屏藩天下，拱卫中央，针对当时分封制与郡县制并行的现实，张载忠告执政者选择亲信亲近之人镇守巴蜀，还是有见地的。李白《蜀道难》吟道：“剑阁峥嵘而崔嵬，一夫当关，万夫莫开。所守或匪亲，化为狼与豺。”即本此二句。

四段继续借古讽今，以吴起谏魏武侯之言，说明国家之兴衰存亡，归根到底取决于修政仁德，从而提炼出比上文更为深刻精警的第二重诫言：“兴实在德，险亦难恃。”最后借助东汉初年公孙述与三国时刘禅败亡的实例，警告梁、益地方政权的当权者，勿蹈割据自灭的覆辙，发出“凭阻作昏，鲜不败绩”的第三重诫言。

此铭意深文省，语温词润，兼具概括性和典丽性。全文围绕三重诫言布局谋篇，行文有高屋建瓴之势，语言有精警隽永之味。南朝刘勰曾赞道：“唯张载《剑阁》，其才清采，迅足骎骎，后发前至，勒铭岷汉，得其宜矣。”（《文心雕龙·铭箴》）明代张溥亦称道：“剑阁一铭，文章典则，砻石蜀山，古今荣遇。”（《汉魏六朝百三名家集题辞》）

（章尚正）

【作者小传】

潘 岳

(247—300) 西晋文学家。字安仁。荥阳中牟（今属河南）人。曾任河阳令、著作郎、给事黄门侍郎等职。谄事权贵贾谧，后为赵王司马伦及孙秀所杀。长于诗赋，尤善哀诔之文，与陆机齐名。辞藻华丽。原有集，已散佚，明人辑有《潘黄门集》。

秋　兴　赋并序　　潘　岳

晋十有四年[1]，余春秋[2]三十有二，始见二毛[3]。以太尉掾兼虎贲中郎将[4]，寓直于散骑之省[5]。高阁连云，阳景[6]罕曜。珥蝉冕而袭纨绮之士[7]。此焉游处。仆野人[8]也，偃息[9]不过茅屋茂林之下，谈话不过农夫田父之客；摄官承乏[10]，猥厕[11]朝列，夙兴晏寝[12]，匪遑底宁[13]。譬犹池鱼笼鸟，有江湖山薮之思。于是染翰[14]操纸，慨然而赋。于时秋也，故以"秋兴"命篇。其辞曰：

四时忽其代序[15]兮，万物纷以回薄[16]。览花莳之时育兮[17]，察盛衰之所托。感冬索而春敷兮[18]，嗟夏茂而秋落。虽末士之荣悴兮[19]，伊[20]人情之美恶。善乎宋玉之言曰[21]："悲哉秋之为气也！萧瑟兮草木摇落而变衰，憀栗[22]兮若在远行，登山临水送将归。"

夫送归怀慕徒[23]之恋兮，远行有羁旅[24]之愤。临川感流以叹逝[25]兮，登山怀远而悼近[26]。彼四戚[27]之疚心兮，遭一涂[28]而难忍。嗟秋日之可哀兮，谅无愁而不尽[29]。野有归燕，隰有翔隼[30]，游氛朝兴，槁[31]叶夕陨。于是乃屏轻箑[32]，释纤絺[33]，藉莞蒻[34]，御袷衣[35]。庭树槭[36]以洒落兮，劲风戾[37]而吹帷。蝉嘒嘒[38]以寒吟兮，雁飘飘而南飞。天晃朗[39]以弥高兮，日悠扬[40]而浸微。何微阳之短晷兮[41]，觉凉夜之方永[42]。月瞳胧[43]以含光兮，露凄清以凝冷。熠燿粲于阶闼兮[44]，蟋蟀鸣乎轩屏[45]。听离鸿之晨吟兮，望流火[46]之余景。宵耿介而不寐兮，独展转于华省[47]。

悟时岁之遒尽兮[48]，慨俯首而自省。斑鬓髟以承弁兮[49]，素发飒以垂领[50]。仰群儁之逸轨兮[51]，攀云汉[52]以游骋。登春台之熙熙兮[53]，珥金貂之炯炯[54]。苟趣舍之殊涂兮[55]，庸讵识其躁静[56]。闻至人之休风兮[57]，齐天地于一指[58]。彼知安而忘危兮[59]，故出生而入死[60]。行投趾于容迹兮[61]，殆不践而获底[62]。阙侧足以及泉兮[63]，虽猴猿而不履[64]。龟祀骨于宗祧兮⑥⑤,思反身于绿水⑥⑥。

且敛衽⑥⑦以归来兮,忽投绂以高厉⑥⑧。耕东皋⑥⑨之沃壤兮,输黍稷之余税⑦⓪。泉涌湍于石间兮,菊扬芳乎崖澨⑦①。澡秋水之涓涓兮⑦②,玩游鲦之澈澈⑦③。逍遥乎山川之阿⑦④,放旷乎人间之世。优哉游哉,聊以卒岁⑦⑤!

〔注〕 ① 晋十有四年:晋武帝咸宁四年,公元278年。 ② 春秋:指年龄。 ③ 二毛:头发黑白相间。 ④ 太尉掾:太尉贾充的幕府僚属。虎贲中郎将:掌管皇宫出入仪仗的军官。这里是潘岳的官衔,不是实职。 ⑤ 寓直:值班的地方。直,通“值”。散骑之省:皇帝侍从散官的官署。实际上,散骑没有专门的官署。 ⑥ 阳景:阳光。 ⑦ 珥(ěr耳):像耳饰似地插戴。蝉冕:汉代近臣显贵官帽,上插蝉纹貂皮。袭纨绮:穿着素绢罗绸衣服。这句指世袭的大官僚子弟。 ⑧ 仆:自称谦词。野人:在野的庶民。 ⑨ 偃息:躺卧休息。 ⑩ 摄官:代理职官,表示暂时做官。承乏:恰逢缺乏适当人选。 ⑪ 猥:表示粗陋的谦词。厕:侧身。⑫ 夙:早。晏:晚。 ⑬ 匪遑:如果不忙碌。厎(zhǐ纸)宁:取得安宁。 ⑭ 染翰:毛笔蘸墨。 ⑮ 代序:按次序更替。 ⑯ 回薄:循环变化。 ⑰ 花莳:花的栽种。时育:及时养育。 ⑱ 索:萧索。敷:衍生。 ⑲ 末士:指下层士大夫。《文选》五臣注作“末事”。⑳ 伊:发语词,有转折语气。 ㉑ 宋玉:战国时楚国大夫,辞赋作家,相传是屈原弟子。下引四句出自宋玉《九辩》。 ㉒ 憀栗(liáo lì辽力):形容心情悲凉凄楚。 ㉓ 徒:服役的人。㉔ 羁旅:旅途困顿束缚。 ㉕ 叹逝:感叹时光流逝。 ㉖ 怀远:指缅怀先辈。悼近:指哀悼近人。 ㉗ 四戚:指上述四类愁伤的事情:送归怀慕,远行羁旅,临水叹逝,登山怀悼。㉘ 一涂:指上述四类中的一类。涂,通“途”,途径、道路。 ㉙ 无愁而不尽:没有一种忧愁是不到极端的,意即全都极其令人愁伤。 ㉚ 隰(xí习):低湿的地方。隼(sǔn笋):鹞,猛禽。㉛ 槁:枯。 ㉜ 箑(shà霎):扇子。 ㉝ 纤絺(chī痴):指细麻布衣裳。 ㉞ 藉:铺垫。莞蒻(guān ruò官弱):指蒲草床垫。 ㉟ 御:穿。袷(jiá夹)衣:夹衣。 ㊱ 槭(sè色):树叶光秃。 ㊲ 戾:形容风猛。 ㊳ 嘒嘒(huì会):虫鸣声。 ㊴ 晃朗:宽敞明亮。 ㊵ 悠扬:形容悠闲高远。《文选》李善注作“悠阳”,据五臣注改。 ㊶ 晷(guǐ鬼):日影。短晷:指白天短促。此句“兮”字原脱。 ㊷ 方永:正在变长。 ㊸ 朣胧:形容月亮迷濛。 ㊹ 熠耀(yì yào意耀):萤火。粲:鲜明。阶闼:台阶门洞。 ㊺ 轩屏:走廊与屏风。 ㊻ 流火:火,星名,或称大火星,即心宿。《诗经·豳风·七月》:“七月流火。”夏历七月,心宿从夜空正南向西低降,标志秋天来临。 ㊼ 华省:华丽的官署。 ㊽ 时岁:季节年岁,指一年。遒尽:逼近结束。㊾ 斑:须发花白。鬓彪(biāo标):鬓发长而飘拂。承弁(biàn变):头戴皮弁。皮弁是武官的冠冕。 ㊿ 飒:形容头发脱落稀疏。垂领:挂到脖子上。 51 群隽:俊杰们,指居高位的门阀子弟们。逸轨:洒脱的行为。 52 云汉:银河,形容极高贵荣耀。 53 春台:春天游览的高台。熙熙:形容热闹欢乐。这句用《老子》“众人熙熙,如享太牢,如登春台”语意。 54 炯炯:形容光采神气。 55 趣:通“趋”。涂:通“途”。 56 庸讵:何用,岂用。躁静:浮躁和沉静,指选择不同道路的人们具有不同的本性。 57 至人:这里指道家认为道德品性最高尚完美的人。《庄子·逍遥游》:“至人无己,神人无功,圣人无名。”休风:美好的风范。 58 齐天地于一指:用《庄子·齐物论》“天地一指也,万物一马也”语意,是说天地万物在本质上是一样的,没有区别,所以天地之大与一个指头之小,其实相同。 59 彼知安而忘危:用《周易·乾卦》

“知进而不知退，知存而不知亡，知得而不知丧，其唯圣人乎”语意，是说圣人的境界造诣。⑳ 故出生而入死：用《老子》“出生入死”语意，是说人一生本来就是从出生开始而进入死亡的自然变化过程。　㉑ 投趾：落脚。容迹：容纳脚迹大小的地方。　㉒ 殆：恐怕，几乎。践：踏实。获底：获得底下这点地方。这句是说极易获得。　㉓ 阙：空缺，指空地。侧足：插脚进去。泉：指黄泉，意思是死亡之地。　㉔ 履：走路。以上四句用《庄子·外物》一则语意：庄子认为只有懂得无用，方能知道有用。他举例说，大地极其广大，但对于人有用的只是“容足”而已；如果插脚到黄泉去，就无用了。　㉕ 龟：指神龟。祀骨：尸骨被祭祀。宗祧（tiāo 挑）：宗庙。　㉖ 反身：使自己返回。以上二句用《庄子·秋水》一则寓言的涵义：楚王派两个大夫去请庄子从政治国。庄子说，楚国有只神龟，死了三千年。楚王把它的尸骨收拾去供在宗庙。这只神龟是愿意死后富贵呢，还是活在泥途上摇曳尾巴呢？两个大夫说当然是活着。庄子说他就在泥途上摇曳尾巴，叫他们离开。　㉗ 敛衽（rèn 任）：收束衣襟。　㉘ 投绂（fú 福）：丢掉官印绶带，指辞官。高厉：以高节激励自己。　㉙ 东皋：指田地。　㉚ 输：交纳。　㉛ 崖澨（shì 是）：山崖水边。　㉜ 澡：洗涤。　㉝ 游鲦（tiáo 条）：指游鱼。鲦是白鱼。澼澼（pì 譬）：鱼游水声。　㉞ 阿：角落。　㉟ 卒岁：过完一年，意思是生存下去。

此赋有序有辞。序为古文，辞乃骚赋，均属精品。序很短，一百二十余字，说明本赋写作年时、境遇心情及主旨，清词丽句，委婉有致。东晋玄言大师孙绰曾说：“潘文浅而净。”（《世说新语·文学》）此序恰具这一特点。“浅”是浅显，不深奥；“净”是省净，不芜杂。这原是说明文字应有的要求。但是达到这一要求，可以是简明扼要，一目了然，不一定有情采神韵。显然，此序有情采，有神韵，所以浅而不薄，净而不枯，耐读有味。

情采来自笔墨含情，神韵由于个性鲜明。此序可分三节。先交待本赋写作在晋武帝咸宁四年（278），晋朝立国第十四年，作者三十二岁，时为太尉贾充府幕僚，职衔虎贲中郎将，是个侍从官衔，所以没有值班办公的官署。不言而喻，这是个闲官。然而它的地位不低，陪游于深宫高阁之内，近侍在帝王显贵之侧，因而是世袭门阀子弟的适宜差使。这节开门见山，明白无误，交待了写作本赋时的境遇：三十二岁做了这么一个清贵的闲官。读来似乎客观介绍，其实笔下有激情，含微词。一曰“始见二毛”，头发开始花白了；二曰“阳景罕曜”，见不到阳光；三曰“此焉游处”，是世袭纨袴子弟玩儿的地方。这就是说，作者不适合充当这类角色。所以次节直截了当地表明“仆野人也”，跟门阀子弟是两个阶层的人，住不惯高阁，也谈不到一起。至于做了这个官，则是由于恰逢缺人，马虎凑数，因而自己只得早起晚睡，忙忙碌碌，闲官不闲，以求心情安宁，而其实像池中之鱼、笼中之鸟，被拘羁，失自由，不合本性，心中始终思恋江湖山林一样。这节毫不含糊，直抒胸怀，表明自己本性不合于门阀官场。言词委婉，饱含激情，失志不遇的不平，自然流露，见出个性，所以有情采，有神韵。最后点出作赋命题的原由，结束小序。

序的主题是说明作赋原由及赋的主旨，实则是抒发不遇的感慨，要发牢骚。因而赋用骚体写作，是合乎魏晋文人的文章观念的。汉魏以来，辞赋的体裁运用，大体形成一种自然分类：铺叙咏物的大赋，沿袭古赋、汉赋体裁；抒情述怀的小赋，较多采用楚歌、骚体流变而来的骚赋，并且大多抒发失志不遇的牢骚。此赋亦然。但是辞赋与其他叙述文体还有所不同，要在抒情中寄寓哲理。因此，本赋与小序的主题实质相同，而侧重点明显不同，主要从人生哲理上抒写失志不遇的必然与觉悟了的抉择，因而它的结构是层次清楚、顺理成章的，但并无特色；它的表现是抒写感受和体会，也不追求艺术创新，咏物则形容，议论则析理。刘勰说："安仁(潘岳字)轻敏，故锋发而韵流。"(《文心雕龙·体性》)此赋与序一样富有个性且有情采神韵。

萧统《文选》把此赋列入《物色》类。李善注："四时所观之物色而为之赋。"这是从题材和表现上分类的。按照《文选》以"时义"与"能文"为选择标准，要求"事出于沉思，义归乎翰藻"(《〈文选〉序》)，此赋符合要求，确乎具有两个特点和成就，思想上有西晋时代特征，艺术上讲究用事和词藻。

西晋立国，门阀士族专政，用人依据官僚世家的地位高低，实质是保证大官僚世袭特权，使门阀子弟养尊处优，享有富贵，而不必有真才实学。门阀制度堵塞了广大中下层士大夫的仕途，加之以高压手段排斥异己，所以西晋虽然结束了鼎立割据，统一了天下，却在立国之初，盛世之际，便有一种不平、不满的压抑情绪弥漫于朝野，抒发为悲秋，升华为谈玄，继承正始时代嵇康、阮籍的悲慨曲折而为感伤超脱，以哀怨泄幽愤，将无奈化超脱。潘岳的父祖都是州郡长官，到中央则仅属中层官僚，因而潘岳从小被乡里誉为神童，拥有才名，较早被征辟为太尉幕僚，然而一蹲十年，未获晋升，不受重用。《晋书》本传说他"才名冠世，为众所疾，遂栖迟十年，出为河阳令，负其才而郁郁不得志"。与父祖相比，官位反而降为县级，当然愤愤不平。但是对于这样的运遇，他无可奈何，所以就写出了这篇抒泄时代不平的《秋兴赋》，前半悲秋，后半谈玄。

悲秋的实质是感伤士大夫的命运。自从西周的武士变成战国的游说之士，出现了依靠才智谋取出路的文士，便有宋玉《九辩》这样悲秋的杰作，并且成为士大夫抒情吟咏的一个传统主题，感觉下层的才士的命运归宿就像万物在四时运转到了秋天一样，不可避免地趋于寥落，终于沉沦。潘岳也体会到了："虽末士之荣悴兮，伊人情之美恶。"从下层士大夫的运遇，可以看到时代人情好恶的变化。这是说，末士的命运历来相同，但是各代的具体情况却不尽相同。所以作者首先引用宋玉悲秋的名言，议论、抒写自己的感受，其思想实质并无新意，只是从失志思乡、时光蹉跎来写秋天节物光景，情重于理，词工于义，婉转细致，哀伤不尽。作者集中抒写秋天生活的典型感受：更衣换席，风吹落叶，蝉吟雁飞，天高日远，昼短夜长，月清露冷，萤灿虫鸣，离鸿深夜，孤独不寐。几乎从白天到黑夜，只是在落寞无聊中度过时光，充满失志蹉跎的哀伤。

谈玄的实质是人生道路归宿的抉择。自从正始名士被司马氏集团恐怖高压之后，入晋门阀士族统治巩固，名教流于空谈，士风趋于庸俗，清议不及政治，谈玄只是析理。潘岳也体验到了："苟趣舍之殊涂兮，庸讵识其躁静。"既然选择了不同的道路，就不必计较人们本性的浮躁与沉静。这是说，仕途官场虽然有两种人，或者像自己一样哀伤失志蹉跎，或者是门阀子弟优游富贵，其实都没有认识到合乎人的本性的根本道路，都没有觉悟。因此作者阐述了老庄齐物论的自然人生观，忘却得失，以求合本性的自然生活归宿，引典析理，情从理出，含蓄深微，感慨不已。他是把天地之大与一指之小视为同等的，既然空间的大小是无区别的，那么时间的长短亦不存在。"至人"能达到知安忘危的境界，是因为他们能把生命看作是一个生生死死的自然过程。俯仰天地，出入人间，每个人在广袤的世界中都有自己的容身之地，不用争取就可得到，就好比走路，每个人身下都有一足的空间，你不去踩它，它也属于你。至于侧足踏空命赴黄泉，这是猿猴都不会干的蠢事，更何况人呢？所以我们应该安分守己，随缘乘化，在自然中求得自由。至于人为求得富贵而受到种种束缚，就像把神龟的尸骨供奉在宗庙里享受祭祀，虽尊贵却不自由，不如回到泥滩里自在地生活，更加合乎自然本性。显然，作者是以道家思想来解脱现实中无法克服的矛盾苦闷，看透人生，超脱现实，复归自然，抛弃富贵。因而其必然的抉择与归宿是逍遥山水，放旷人间，优哉游哉，聊以卒岁。然而用抹煞差别来化解矛盾，将主观思想代替客观存在，以逃避为清高，慰失志于自在，其实蕴含着无奈与无聊，压抑着不平与哀伤。这种玄虚的思想有着西晋时代特色。

思想内容的玄虚及平庸，不是作者的过失，恰是这个时代的特点。抒发感情的压抑而真实，却是本文的成就，确乎表现作者的个性。因此这篇赋，正文与序一样，具有浅而净的艺术特点，词采清丽，笔调流畅，用典精要，析理清简，显出了作者的文学造诣，在西晋抒情小赋中占有一席之地。　　（倪其心）

闲　居　赋并序　　　　潘　岳

岳尝读《汲黯传》至司马安四至九卿[①]，而良史[②]书之，题以巧宦之目，未曾不慨然废书而叹。曰：嗟呼！巧诚有之，拙亦宜然。顾常以为士之生也，非至圣无轨微妙玄通[③]者，则必立功立事，效[4]当年之用。是以资忠履信以进德，修辞立诚以居业。仆少窃乡曲之誉，忝司空太尉[5]之命，所奉之主，即太宰鲁武公[6]其人也。举秀才为郎。逮事世祖武皇帝[7]，为河阳、怀令[8]，尚书郎[9]，廷尉平[10]。今天子谅闇[11]之际，领太傅主簿[12]。府主[13]诛，除名为民。俄而复官，除长安令。迁博士[14]，未召拜，亲疾，辄去官免。自弱冠涉乎知命之年[15]，八徙官而一进阶[16]，再免，一除名，一不拜职，迁者三而已矣。虽通塞[17]有遇，抑亦拙者之效也。昔通人和长舆[18]之论余也，固谓"拙于用多"。称多，则吾岂敢；言拙，则信而有徵。方今俊乂[19]在官，百工惟时[20]，拙者可以绝意乎宠荣之事矣。太夫人[21]在堂，有羸老[22]之疾，尚何能违膝下色养[23]，而屑屑从斗筲之役[24]乎？于是览止足[25]之分，庶浮云[26]之志，筑室种树，逍遥自得。池沼足以渔钓，舂税[27]足以代耕。灌园鬻[28]蔬，以供朝夕之膳；牧羊酤酪，以俟伏腊[29]之费。孝乎惟孝，友于兄弟。此亦拙者之为政也[30]。乃作《闲居赋》以歌事遂情焉。其辞曰：

遨坟素[31]之长圃，步先哲之高衢[32]。虽吾颜之云厚，犹内愧于宁、蘧。有道吾不仕，无道吾不愚[33]。何巧智之不足，而拙艰之有余也！于是退而闲居，于洛[34]之涘。身齐逸民[35]，名缀下士。陪京溯伊[36]，面郊后市。浮梁[37]黝以径度，灵台杰[38]其高峙。窥天文之秘奥，睹人事之终始。其西则有元戎禁营[39]，玄幕绿徽[40]，谿子巨黍[41]，异絭[42]同机，炮石雷骇[43]，激矢虻飞[44]，以先启行，耀我皇威。其东则有明堂辟雍[45]，清穆敞闲[46]，环林萦映，圆海[47]回渊，聿追孝以严父，宗文考[48]以配天，祗圣敬以明顺，养更老[49]以崇年。若乃背冬涉春，阴谢阳施[50]，天子有事于柴燎[51]，以郊祖[52]而展义，张钧天之广乐[53]，备千乘之万骑，服振振以齐玄[54]，管[55]啾啾而并吹，煌煌[56]乎，隐隐[57]乎，兹礼容之壮观，而王制之巨丽也。两学[58]齐列，双宇如一，右延国胄[59]，左纳良逸[60]。祁祁生徒，济济儒术，或升之堂，或入之室。教无常师，道在则是。故髦士投绂[61]，名王怀玺[62]，训若风行，应如草靡。此里仁所以为美⑥³，孟母所以三徙也⑥⁴。

爰定我居，筑室穿池，长杨映沼，芳枳树篱⑥⁵，游鳞瀺灂⑥⁶，菡萏⑥⁷敷披，竹木蓊蔼⑥⁸，灵果参差。张公大谷之梨，梁侯乌椑之柿，周文弱枝之枣，房陵朱仲之李⑥⁹，靡不毕殖。三桃表樱胡之别⑦⁰，二柰曜丹白之色⑦¹，石榴蒲桃之珍，磊落⑦²蔓衍乎其侧。梅杏郁棣⑦³之属，繁荣丽藻⑦⁴之饰，华实照烂，言所不能极也。菜则葱韭蒜芋，青笋紫姜，堇荠⑦⁵甘旨，蓼荾⑦⁶芬芳，蘘荷⑦⁷依阴，时藿⑦⁸向阳，绿葵⑦⁹含露，白薤⑧⁰负霜。

于是凛秋⑧¹暑退，熙春⑧²寒往，微雨新晴，六合⑧³清朗。太夫人乃御版舆⑧⁴，升轻轩⑧⁵，远览王畿，近周家园。体以行和，药以劳宣⑧⁶，常膳载加，旧疴⑧⁷有痊。席长筵，列孙子，柳垂荫，车结轨⑧⁸，陆擿紫房⑧⁹，水挂赪⑨⁰鲤，或宴于林，或禊⑨¹于汜。昆弟班白，儿童稚齿，称万寿以献觞，咸一惧而一喜⑨²。寿觞举，慈颜和，浮杯⑨³乐饮，丝竹骈罗⑨⁴，顿足起舞，抗音⑨⁵高歌，人生安乐，孰知其佗。退求己而自省，信用薄而才劣。奉周任之格言⑨⁶，敢陈力而就列，几陋身之不保，而奚拟于明哲，仰众妙⑨⁷而绝思，终优游⑨⁸以养拙。

〔注〕 ①“岳尝读”句：汲黯(àn暗)：字长孺，濮阳人。汉武帝时任主爵都尉、淮阳太守等职，以直谏著称，被武帝誉为社稷之臣。司马安：黯姊子。《汉书·汲黯传》谓其“为人谄佞，善事上下，故四至九卿之位”。 ②良史：指班固。 ③无轨：没有痕迹。微妙玄通：深不可识。 ④效：致力。 ⑤忝(tiǎn舔)：谦词，表示辱没他人，自己有愧。司空、太尉：均为官名，此指贾充，他为司空转太尉。 ⑥太宰鲁武公：指贾充，贾充字公闾，封鲁公，死后赠太宰，谥武公。 ⑦世祖武皇帝：指晋武帝司马炎。 ⑧河阳、怀：均为古县名。河阳治所在今河南孟州市西。怀县治所在今河南武陟县西南。 ⑨尚书郎：官名，西晋尚书台有直事、殿中等三十五曹，各曹有侍郎、郎中等官综理职务，通称尚书郎。 ⑩廷尉平：为廷尉属官。 ⑪谅闇(àn暗)：指帝王居丧。 ⑫太傅主簿：太傅属官。太傅为辅弼国君的官，汉以后多为大官加衔，无实职。 ⑬府主：指杨骏，时为太傅，委任潘岳为太傅主簿。 ⑭博士：官名，西晋时负责国子学的教学。 ⑮“自弱冠”句：弱冠，指二十岁时。知命之年：指五十岁。《论语·为政》：“子曰：五十而知天命。” ⑯一进阶：指由怀令升为尚书郎。 ⑰通塞：通，指处境顺利，做官显达。塞，指时运不济。 ⑱通人：学识渊博贯通古今的人。和长舆：和峤，字长舆，晋武帝时累迁中书令，惠帝时官太子太傅。 ⑲俊乂(yì义)：有才德贤能的人。 ⑳百工惟时：言政无非。百工，百官。时，善。 ㉑太夫人：潘岳对他母亲的尊称。 ㉒羸(léi雷)老：老弱。 ㉓色养：以愉悦的容颜，尽孝养侍奉之道。亦泛称尽孝。 ㉔屑屑：忙碌不定貌。

斗筲(shāo 梢)：斗，口大底小的方形量器，有柄。筲，古时盛饭的竹器，仅容一斗二升。此指微薄的待遇。 ㉕ 止足：谓知止知足，不求名利。《老子》："知足不辱，知止不殆。" ㉖ 浮云之志：谓鄙视不义而富贵。《论语·述而》："子曰：不义而富且贵，于我如浮云。" ㉗ 舂税：舂谷取利。 ㉘ 鬻：卖。 ㉙ 伏腊：古代在夏天的伏日和冬天的腊日举行的两种祭祀。 ㉚"孝乎"三句：《论语·为政》："或谓孔子曰：'子奚不为政?'子曰：'书云：孝乎惟孝，友于兄弟，施于有政。是亦为政，奚其为为政?'" ㉛ 坟素：泛指古代典籍。坟，指三坟，相传为三皇之书。素，指素王之文，指孔子的著述。 ㉜ 高衢：大道。 ㉝"虽吾颜"四句：宁：指春秋时卫国大夫宁俞，死后谥为武。蘧，指春秋时卫国大夫蘧瑗，字伯玉。《论语·公冶长》："子曰：'宁武子邦有道则智，邦无道则愚。其智可及也，其愚不可及也。'"《论语·卫灵公》："子曰：'君子哉蘧伯玉！邦有道则仕，邦无道则可卷而怀之。'" ㉞ 洛：洛阳附近的洛水。 ㉟ 逸民：遁世隐居的人。 ㊱ 京：晋代国都洛阳。溯：面向。伊：指伊水，在洛水之南。 ㊲ 浮梁：即浮桥。㊳ 灵台：本汉天象台名，晋天象台亦沿用此名。杰：特立突出。 ㊴ 元戎：大军。禁营：宫廷卫队。 ㊵ 玄幕：指军中黑色的帐幕。徽：旌旗。 ㊶ 谿子：强弓名。巨黍：良弓名。㊷ 絭(juàn 倦)：弓弩。 ㊸ 炮石：炮车发射的抛石，亦称飞石。骇：起。 ㊹ 虻飞：箭名。㊺ 明堂：古代天子宣明政教的地方，凡朝会及祭祀、庆赏、选士、养老、教学等大典，均于其中举行。辟雍：古代天子所设的太学。 ㊻ 清穆：清和静穆。敞闲：宽敞清静。 ㊼ 圆海：辟雍四周皆有水环绕，象征教化通向四海。 ㊽ 文考：指晋文王。 ㊾ 更老：指五更三老。古代统治者设三老五更之位，以尊养年老致仕而经验丰富者。 ㊿ 阴谢阳施：阴去阳布。古以春夏为阳，秋冬为阴。 (51) 柴燎：指积柴烧之以祭天。 (52) 郊祖：祭名，在郊野祭祀祖宗。(53) 钧天之广乐：天上的音乐。钧天：古代神话传说中谓上帝所居。 (54) 振(zhēn 真)振：威武貌。玄：黑色。 (55) 管：指箫、笙等管乐器。 (56) 煌煌：光明貌。 (57) 隐隐：盛大貌。(58) 两学：指国学和太学。 (59) 右：指国学，国学教胄子(帝王和贵族的后裔)。 (60) 左：指太学，太学招贤良。逸：指有高超才能的人。 (61) 髦(máo 毛)士：英俊之士。投绂(fú 弗)：谓弃官来学习。绂，系官印的丝带。 (62) 名王怀玺：名王们藏起玉印以普通人的身份来学习。名王：诸王中之著名者。 (63) 里仁所以为美：《论语·里仁》："里仁为美。择不处仁，焉得知。"意谓：选择居所要选择仁者所居之处，才是美好之事。选择住处不选择仁者所居之处，如何能称为明智的人呢！ (64) 孟母所以三徙：《列女传》载，孟子少时家近墓地，所作游戏都模仿丧葬事。孟母认为这地方不宜居住，迁居到市场旁，孟子作游戏都仿市场作买卖。孟母又认为这地方不宜居住，迁居到学宫附近，孟子作游戏都学祭祀的仪式或交往的礼仪，孟母认为这个地方才适宜于定居。 (65) 篱：篱笆。 (66) 瀺灂(chán zhuó 馋啄)：形容鱼出没的样子。 (67) 菡萏(hàn dàn 汗旦)：荷花。 (68) 蓊(wěng)蔼(ǎi 矮)：繁盛多荫貌。 (69)"张公"四句：此四句言洛阳北芒山的夏梨、梁园侯家的乌椑柿、周文王时的弱枝枣、房陵县朱仲的李，皆优良品种。椑(bēi 悲)，即椑柿。 (70) 三桃：指樱桃、胡桃、山桃。樱胡：即樱桃、胡桃(亦称核桃)。 (71) 柰(nài 奈)：即花红，亦名沙果。品种有白柰、赤柰，故称二柰。 (72) 磊落：果实繁盛貌。 (73) 郁棣(dì 弟)：两种树木名。郁，郁李。棣，实似樱桃。 (74) 藻：文采。 (75) 堇荠(jǐn jì 井剂)：堇，堇菜，一名旱芹。荠，荠菜。 (76) 蓼(liǎo)荾(suī 虽)：蓼，植物名，叶味辛香，古人用为调味品。荾，一种香菜。 (77) 蘘(ráng 攘)荷：植物名，多年生草本，花穗和嫩芽可供食用。 (78) 藿(huò 获)：豆叶，古代有葵藿向太阳之说。 (79) 葵：菜名，可食，子为冬葵子，可入药。 (80) 薤(xiè 谢)：植物名，鳞茎为薤白，可作蔬菜，一般加工制成酱菜。 (81) 凛(lǐn)秋：寒冷的秋天。(82) 熙春：和煦的春天。 (83) 六合：指天地四方。 (84) 版舆：车名，亦称步舆。 (85) 轻轩：轻便车。　⑯ 宣：散。　⑰ 疴(kē 科)：病。　⑱ 结轨：停车。　⑲ 紫房：成熟的果子。　⑳ 赪(chēng 称)：赤色。　㉑ 禊(xì 系)：古人消除不祥之祭，常在春秋二季于水滨举行。阴历三月三日上巳修禊尤为流行。　㉒ 一惧一喜：《论语·里仁》："子曰：父母之年，不可不知。一则以喜，一则以惧。"孔安国曰："见其寿则喜，见其衰老则惧。"　㉓ 浮杯：罚酒。　㉔ 骈罗：双双并列。　㉕ 抗音：声音昂扬。　㉖ 周任之格言：《论语·季氏》："孔子曰：'求！周任有言曰：陈力就列，不能者止。'"周任：古代的良史官。其所言：为人臣者，当施展其才力以居其职位；如果不能这样做，就应该辞职退位。　㉗ 众妙：万物的玄理。《老子》："玄之又玄，众妙之门。"言幽深莫测的道，是世上一切事物的总根源。　㉘ 优游：悠闲。

《闲居赋》序文以自己"尝读《汲黯传》至司马安四至九卿，而良史书之，题以巧宦之目，未曾不慨然废书而叹"发端，说明了写作此赋的原委。班固《汉书·汲黯传》说："司马安文深善巧宦，四至九卿。"这里的"文深"有舞文弄墨故弄玄虚之意，"巧宦"则有投机取巧之意。良史班固目司马安为"善巧宦"，意含批判和否定；而潘岳读至此"未曾不慨然废书而叹"，表明了他对班固的赞许，对巧宦者的鄙夷和不满。巧的对立面是拙，于是很自然地引出"拙亦宜然"的结论。

潘岳从个人三十年的宦海沉浮中看到自己是个拙者，而对拙者来说，所"宜然"的，应该是"览止足之分，庶浮云之志"，"绝意乎宠荣之事"，即闲居奉亲、躬耕陇亩。陶渊明在《归园田居》诗中所说的"守拙归园田"，与潘岳这篇序文所表述的思想可说是一脉相承的。

潘岳这次辞官闲居，《晋书》本传仅言"征补博士，未召，以母疾辄去官免"。这一点在序文中亦提到。但综观序文，绝大部分篇幅是谈他的拙，而他所谓的拙则是为官三十年仅一进阶，几乎是原地踏步，甚至还遭到"再免""一除名"。从他的自述中不难看出，"母疾"只不过是辞博士官所能够公开亮出的一个理由，骨子里则是对未能升迁的不满和抗议。他自述的"一进阶"，是指由怀令为尚书郎，这次迁博士显然没有进阶。而且迁博士前所任的长安令在县令中是个宠荣的职务，《晋书·职官志》说："郧、长安置吏如三千户以上之制。"而博士是一个闲散之职，对于"趋世利"、热衷功名的潘岳来说，无疑会产生投闲置散的失落感，他虽自言拙，实有不满不平的情绪。他并非真心实意地要闲居，他退而复出，"寻为著作郎，转散骑侍郎，迁给事黄门侍郎"，即是明证。

潘岳自言他的人生态度："非至圣无轨微妙玄通者，则必立功立事，效当年之用。"他本人曾"资忠履信以进德，修辞立诚以居业"，朝着这一目标努力。在现实生活中他本着这一信条，"频宰二邑，勤于政绩"。这样的人得不到升迁，而那些投机钻营的巧宦者却可以作九卿位三公，从客观上暴露了封建社会官场的黑暗。

对于潘岳这次辞官闲居史无年月记载，潘岳《〈伤弱子〉序》说："元康二年

(292)夏五月余之长安。”可知他任长安令于此年，迁博士当在三年任满以后，时当元康六年前后，陆侃如《中古文学系年》定《闲居赋》的写作在元康六年，是信而有征的。

赋的写作特点是铺陈，《闲居赋》在写作上遵循着这一传统的写法。赋的第一段，除了开头几句交代为什么要辞官闲居外，主要是铺陈卜居宅所的邻里。一开头自述辞官原由时说：“何巧智之不足，而拙艰之有余也！”而“拙艰”的具体内容则指一生经历中出处不当，并未言及母疾之事，更可以证明“母疾”仅仅是他辞官的一个幌子。他辞官后卜居之所，位于洛阳的南面，洛水边上，向着伊水，与灵台有浮桥相连；宅西是皇家禁卫军的营房；宅东有明堂辟雍(国学、太学)。他盛赞居地，以邻近这些朝廷机构为美。在赋中每当写到一个机构时，总不忘铺陈几句该衙门的职能，从叙写中使人感到作者借此在歌颂晋王朝的文治武功。文如其人。潘岳的退居并非看清官场的黑暗而与之决裂，只是因为爬不上去而怀忿辞职，因而在选择居宅时不愿远离都城，还在赋中歌功颂德。如将本文与陶渊明同样写于辞官以后的《归去来兮辞》作一比较，即可看出他们的思想境界和生活情趣的高下异同。

第二段则铺陈如何营建他的居宅。居宅以枳为篱，宅内除居室外还挖有池塘，水池中有鱼、荷花，池边有杨树。园中还遍植竹木，栽种了梨、柿、枣、石榴、蒲桃等优良品种的果木及各种菜蔬。潘岳所种的不少是经济作物，准备“灌园鬻蔬，以供朝夕之膳；牧羊酤酪，以俟伏腊之费”，依靠躬耕解决自己的生活问题。

第三段则铺陈太夫人在园中游览、宴饮及为太夫人庆寿的情形，描绘了一幅家庭和谐欢乐的场面。《金楼子·立言篇》在引用了这段文字后感叹道：“嗟夫！天下之至乐唯斯而已矣。”闲居奉亲的欢乐与官场的不得意形成了强烈的对比，从而突出了赋的主题。

以赋的形式来表现闲居的乐趣，本文是比较早的，在赋这一文体的题材开拓方面应该说是有贡献的，从陶渊明的《归去来兮辞》中就可以看到受本赋影响的痕迹。赋的语言比较通俗。句式以四字为主，又杂以五字句、六字句、三字句。既有骈偶句又杂有散句，参差有致，富于变化。　(叶晨晖)

皇　女　诔　　潘　岳

厥初在鞠①，玉质华繁②。玄发倏曜③，蛾眉连娟④。清颀横流⑤，明眸朗鲜。迎时夙智⑥，望岁能言⑦。亦既免怀⑧，提携紫庭⑨。聪惠机警⑩，授色应声。亹亹其进⑪，好日之经。辞合容止，闲于幼龄⑫。猗猗春兰⑬，柔条含芳。落英凋矣⑭，从风飘飏。妙妙弱媛，窈窕淑良。孰是人斯[15]，而离斯殃[16]。灵殡既祖[17]，次此暴庐[18]，披览遗物，徘徊旧居。手泽未改[19]，领腻如初[20]。孤魂遐逝，存亡永殊。呜呼哀哉！

〔注〕 ① 鞠：抚育。 ② 华：同“花”。 ③ 倏（shū书）曜：光彩鲜明。 ④ 蛾眉连娟：形容女子眉毛弯曲而纤细。 ⑤ 清颅横流：额头皮肤洁白细嫩，有光泽。颅，额头。横（guāng光），光。 ⑥ 夙智：早有智慧。 ⑦ 望岁：满一岁，即周岁。 ⑧ 免怀：不要别人抱。 ⑨ 紫庭：宫廷。 ⑩ 惠：同“慧”。 ⑪ 亹（wěi伟）亹：行进貌。 ⑫ 闲：规范。 ⑬ 猗（yī衣）猗：美盛貌。 ⑭ 落英：初生的花。 ⑮ 孰是人斯：化用《论语·雍也》“斯人也而有斯疾也”之意。 ⑯ 离：通“罹”，遭到。 ⑰ 祖：古人出行前祭祀路神，此泛指启行。 ⑱ 暴庐：指野外的房子，即坟墓。 ⑲ 手泽：手汗所沾润。 ⑳ 领腻：衣领的污垢。

诔是古代哀祭文体的一种。本文哀悼皇室一位幼女，前半叙述皇女幼弱时天生丽质，聪明伶俐；后半睹物伤怀，感慨皇女早逝。

《文心雕龙》论诔这一文体的写作时说：“论其人也，暧乎若可觌；道其哀也，凄焉如可伤。”潘岳撰写本文，就是从这两个方面着笔的。他写皇女呱呱落地后，有着富有光泽的黑发、弯弯细长的眉毛和清澈明亮的眼睛；周岁时就会说话，有着超常的智慧；刚能走路时，处处能领会大人的意思；稍大，言谈举止都合乎规范的要求。通过各个时期具体的描绘，显现了一个讨人喜爱的小女孩的形象。作者竭力渲染女孩的美丽、伶俐、聪明、可人，正是为伤其早逝作铺垫。

本文虽是奉命之作，但当他“道其哀也”时，作到了“凄焉如可伤”。他化用了《论语·雍也》中孔子沉痛哀伤冉耕“斯人也而有斯疾也”的话，富有表现力地表达沉痛之情。“手泽未改，领腻如初”，则恰如其分地表现出对小孩遗物的怜惜之情。

诔文中还巧用了一些恰当的比喻，如将皇女生前比为一株美盛的春兰，刚刚开花；将她的夭折比为刚开的花却不幸凋落，随风飘扬，都十分形象。诔文一般都采用四言句式，本文也不例外。全文凝重典雅，很好地表现了哀祭亡者这一严肃的主题。

《晋书·潘岳传》说潘岳“辞藻绝丽，尤善为哀诔之文”。从这篇《皇女诔》来看，这一评价是合适的。

（叶晨晖）

【作者小传】

左　思

（约250—约305）　西晋文学家。字太冲。齐国临淄（今属山东）人。官秘书郎。齐王（司马冏）命为记室督，不就。出身寒微，不好交游。《晋书》本传谓其构思十年，写成《三都赋》，豪贵之家，竞相传写，洛阳为之纸贵。其诗语言质朴刚健。原有集，已散佚，后人辑有《左太冲集》。

白发赋　　　左思

星星白发，生于鬓垂。虽非青蝇①，秽我光仪。策名观国②，以此见疵。将拔将镊，好爵是縻③。白发将拔，惄然④自诉："禀命不幸，值君年暮。逼迫秋霜，生而皓素。始览明镜，惕然见恶。朝生昼拔，何罪之故？子观橘柚，一暠一晔⑤。贵其素华，匪尚绿叶。愿戢子之手，摄子之镊。"

咨尔白发，观世之途。靡不追荣，贵华贱枯。赫赫阊阖，蔼蔼紫庐⑥。弱冠来仕，童髫献谟。甘罗乘轸，子奇剖符。英英终贾，高论云衢。拔白就黑，此自在吾。

白发临欲拔，瞑目号呼："何我之冤，何子之误！甘罗自以辩惠⑦见称，不以发黑而名著。贾生自以良才见异，不以乌鬓而后举。闻之先民，国用老成。二老归周，周道肃清。四皓佐汉，汉德光明。何必去我，然后要荣？"

咨尔白发，事各有以，尔之所言，非不有理。曩贵耆耋，今薄旧齿⑧。皤皤荣期⑨，皓首田里。虽有二毛⑩，河清难俟⑪。随时之变，见叹孔子。

发乃辞尽，誓以固穷。昔临玉颜，今从飞蓬。发肤至昵，尚不克终。聊用拟辞，比之《国风》。

〔注〕 ① 青蝇：蝇的一种。《论衡·累害》："清受尘，白取垢。青蝇所污，常在练素。" ② 策名：出仕。古人开始出仕，必先书其名于策。观国：《易·观卦》："观国之光，利用宾于王。"谓观瞻王朝的光辉盛治，利于成为君王的贵宾。 ③ 好爵是縻：《易·中孚卦》："鸣鹤在阴，其子和之；我有好爵，吾与尔靡（mí迷）之。"爵，酒器，借指酒。靡同"縻"，共也。好爵或解作高官厚禄。陶潜《咏贫士》："好爵吾不萦，厚馈吾不酬。"又《辛丑岁七月赴假还江陵夜行涂口》："投冠旋旧墟，不为好爵萦。"此当从后者。 ④ 惄（nì匿）然：忧伤貌。 ⑤ 暠：同"皓"。晔（yè叶）：光明。 ⑥ 阊阖：天门，亦指宫门。紫庐：宫殿。 ⑦ 惠：通"慧"。 ⑧ 旧齿：有德望的老人。陆机《门有车马客行》："亲友多零落，旧齿皆凋丧。" ⑨ 皤（pó婆）皤：头发斑白貌。荣期：荣启期之省。春秋时隐士。《列子·天瑞》："孔子游于太山，见荣启期行乎郕之野，鹿裘（裘之粗者，非以鹿为裘）带索，鼓琴而歌。"孔子问：先生所以乐，何也？荣启期回答：得为人，一乐也。得为男子，二乐也。既已行年九十矣，三乐也。 ⑩ 二毛：头发花白。 ⑪ 河清难俟：《左传·襄公八年》："俟河之清，人寿几何？"

左思长于大赋，其《三都赋》产生了"纸贵洛阳"的轰动效应。然而作为一位成功的赋家，他的小赋也出手不凡。魏晋以降，小赋脱颖于大赋丛中。咏物抒怀，“触兴致情”（《文心雕龙·诠赋》），已成文士在嘉会、交游的即兴或刻意之作。这些内容，文士们往往以小赋为之。故小赋一扫大赋以学问博物为内容，以铺张夸陈为手法的风格，更之以才情睿智和生动地刻画。要之，魏晋以降，社会动荡，旧秩序、旧道德被冲击，人对生命之价值思考，已由对外在宇宙和社会秩序的寄托，转为对内在本体的超越。故死生、哀乐、事易时移等现象在文学中皆发为强烈之情感。道家学说于此时复兴，凝聚为艺术中的哲理、睿智、情趣等风格因素。读此小赋，也当由此际的文化转变背景出发。

人生苦短，白发生于衰年。这是中国文学中反复出现的题材，多系于时光易逝的感慨之中。但左思的这篇小赋却又另辟新意，以自己厌恶白发生于鬓角，于“将拔将镊”之际与白发的一段对话，机智冷隽地讽刺了世人“靡不追荣”“贵华贱枯”的势利现象。魏晋以降，由于道德价值的没落，功利主义的抬头，故左思这篇《白发赋》之外，又有侯瑾《矫世》、刘梁《破群辨和同》、鲁褒《钱神论》、傅亮《演慎论》等作品，俱为针砭时俗之文。中国传统道德中，“孝”为“天经地义”，因而身体发肤受之父母，不可损伤。但由于受时俗“贵华贱枯”观念的影响，以白发为“秽我光仪”的“青蝇”，竟欲拔除，时风至此，怎能不生感慨？

赋中以拟人化的手法写出“我”与我的“白发”因观念的对立而进行的两次对话。

第一次对话：白发见“我”要将它拔去，便申诉自己无罪，并用橘柚以素花为人所贵作譬喻，欲阻止“我”的行为。可是“我”却告之以世人“靡不追荣”之理，引典征故，宣称“拔白就黑，此自在吾”。这里，“我”一口气举了四位年少得志的历史人物。其一为甘罗，战国时秦国文信侯的近侍之臣。文信侯欲联燕攻赵，令张唐相燕以成此事。张唐辞，甘罗则自告奋勇，请车五乘（乘轸）使赵，晓以利害，迫使赵王割五城予秦。事见《战国策·秦策五》。其二为子奇，春秋时齐国人，年十八受齐君之命（剖符）治阿地。至阿后他将库藏兵器铸为农具，开仓廪赈济贫民，阿地大治。事见《后汉书·顺帝纪》李贤注引《新序》（今本无载）。其三为终军，西汉济南人。年十八选为博士弟子，西至长安上书言事，引起汉武帝的惊奇，拜官后持节使降南越，为越相吕嘉所杀，年仅二十，世谓之“终童”。其四为贾谊，西汉洛阳人，年十八闻于郡中，年二十余为博士，其廷对议论为文帝赏识，后出为长沙王太傅。终、贾之事见于《史记》《汉书》，二人皆以年少高论著称，因此赋中称之为“英英终贾，高论云衢”。

第二次对话：白发指出这些少年英俊之所以得志，并非由于他们外在相貌的年轻，而是由于他们的才学。接着又举先朝重视老成之人为例，请求“我”重德而不要重貌。白发所举“国用老成”之例，一为周文王以德治周，孤竹君二子伯夷、叔齐归附而来。一为汉初商山四皓（东园公、角里先生、绮里季、夏黄公）出佐汉高祖的太子。在传统的历史和政治观念中，遗民隐士出山归附，一向被看成太平治世的象征。因此，白发与“我”的冲突，事实上是过去与现在，理想与现实的碰撞。然而，“我”尽管认为白发所言“非不有理”，但仍坚持认为，即便是荣启期那种歌吟于郊野的隐逸超脱的人，也未能得势逞志，而是皓首田里，终老一生。人生的变化与命运，能否合于时势机遇，这是连孔夫子都只能感叹的问题。所以还是坚持要拔除白发。

最后一段，写白发无言以对，只得感慨无尽。于此，作者跳出了对话双方的角色之外，指出写此小赋的用意在于刺世，如同《诗经·国风》以谣讽之法批评时俗。

这篇小赋的语言简洁明快，清新通脱，立意新颖有妙趣。对白发的拟人化描写，以及将自我与自我的组成部分作对立分割的观察，角度错综，殊堪玩味，是小赋中的精品。

（周勋初 徐兴无）

【作者小传】

左 芬

（？—300） 西晋女文学家。据出土墓志，“芬”作“棻”。字兰芝。齐国临淄（今属山东）人。左思之妹。少好学，善作文。为武帝妃嫔。今存诗、赋、颂、赞、诔等二十余篇，大都为应诏而作。其中《离思赋》表达了与家人离别的哀伤之情。原有集，已失传。

离 思 赋 左 芬

生蓬户之侧陋兮[①]，不闲习于文符[②]。不见图画之妙像兮，不闻先哲之典谟[③]。既愚陋而寡识兮，谬忝厕于紫庐[④]。非草苗之所处兮，恒怵惕[⑤]以忧惧。怀思慕之忉怛[⑥]兮，兼始终之万虑。嗟隐忧之沈积兮，独郁结而靡诉。意惨愦[⑦]而无聊兮，思缠绵以增慕。夜耿耿[⑧]而不寐兮，魂憧憧[⑨]而至曙。

风骚骚[⑩]而四起兮，霜皑皑而依庭。日晻暧而无光兮，气懰栗[⑪]以洌清。怀愁戚之多感兮，患涕泪之自零。昔伯瑜[⑫]之婉娈兮，每彩衣以娱亲。悼今日之乖隔兮，奄与家为参辰[⑬]。

岂相去之云远兮，曾不盈乎数寻⑭。何宫禁之清切兮，欲瞻睹而莫因。仰行云以歔欷兮，涕流射而沾巾。

惟屈原⑮之哀感兮，嗟悲伤于离别。彼城阙之作诗兮，亦以日而喻月⑯。况骨肉之相于⑰兮，永缅邈⑱而两绝。长含哀而抱戚兮，仰苍天而泣血。

乱曰⑲：骨肉至亲，化为他人，永长辞兮。惨怆愁悲，梦想魂归，见所思兮。惊寤号咷，心不自聊，泣涟洏兮⑳。援笔舒情，涕泪增零，诉斯诗兮。

〔注〕 ①"生蓬户"句：出生在偏僻简陋的蓬户之家。言出身卑微。 ②"不闲习"句：不熟习诗书古籍。闲，同"娴"。 ③ 典谟：《尚书》中的《尧典》和《大禹谟》篇。这里指古圣贤的训诫。 ④"谬忝(tiǎn 舔)"句：很惭愧置身于帝王宫中。 ⑤ 怵(chù 矗)惕：惊惧，提心吊胆。 ⑥ 忉怛(dāo dá 刀答)：忧伤，悲痛。 ⑦ 惨愦(kuì 愧)：心情烦乱。 ⑧ 耿耿：心中不安貌。 ⑨ 憧(chōng 冲)憧：摇曳不定貌。 ⑩ 骚骚：风劲吹貌。 ⑪ 懰(liǔ 柳)栗：忧伤，悲怆。 ⑫ 伯瑜：即韩伯瑜，汉时人，性至孝。传说他年七十着彩衣以娱亲。婉娈：感情深挚。 ⑬ 奄：同"淹"，久。参辰：二星名，即参商。参在西，商在东，此出彼没，各不相见。这里比喻与父兄隔离，不得相见。 ⑭ 寻：古代八尺为一寻。 ⑮ 屈原：战国时期楚国的大诗人，遭谗去职，放逐后眷念楚国，作《离骚》，倾诉他离别的悲伤。 ⑯"彼城阙"二句：《诗经·郑风·子衿》："挑兮达兮，在城阙兮。一日不见，如三月兮。"言思念之深，相隔未久而觉久。 ⑰ 相于：相亲近，相友好。 ⑱ 缅邈(miǎo 渺)：相隔遥远。 ⑲ 乱：辞赋中最后总括全篇要旨的一段。 ⑳ 涟洏(ér 儿)：流泪貌。

这是西晋女文学家左芬的一篇骚体小赋。左芬是著名文学家左思的妹妹，晋武帝(司马炎)闻其文名，纳入宫中。她"受诏作愁思之文"，借机写下了这篇《离思赋》，抒发自己幽居深宫的思亲之情。

这篇小赋通篇用韵，全文依韵可分为三段。首段作者先叙入宫后的心情。她自称出身寒微，没有见过"图画之妙像"，也没有听过"先哲之典谟"，不仅"愚陋"，而且"寡识"，实在不配住在华丽的宫殿里。她以为帝王宫殿"非草苗之所处"，有一种愧怍的心理。左芬的姿容丑陋，司马炎对她只是"以才德见礼"，并不宠爱。她所处的后宫充满了天姿国色的佳丽，竞相邀宠，争斗非常激烈。这种险恶的环境使她终日提心吊胆，战战兢兢。万仞高墙使她与家人暌隔，她在宫中形单影只，感到很孤独，郁积在心头的思亲之情也无人倾诉。万虑千忧使她心灵上受尽了煎熬，竟至漫漫长夜不能成寐，梦魂飘忽直至天明。这一段直抒胸臆，真实地表现了她入宫后的惭愧、忧惧、孤独、悲伤的复杂心态，写得既缠绵、凄苦，又庄重、含蓄。

次段集中笔力抒发思亲之情，左芬幼时丧母，依靠父兄长大，与父兄感情很深，尤其与左思更是笔墨之交。她“拜修仪”后，全家移居洛阳，虽相去“不盈乎数寻”，但宫禁森严，彼此“欲瞻睹而莫因”。她又体羸多病，“常居薄室”，内心是很痛苦的。每当窗外秋风四起，白霜满庭，日光昏暗，寒气凛冽，这种孤寂的痛苦更令她难耐，以至涕泪自零，不能自已。文章用了一段景物描写，渲染一种悲凉凄清的气氛，衬托后宫生活的清寂、悲凉。用笔委婉曲折，表达了一个少女幽闭在深宫中虚度青春的悲伤。左芬在《答兄感离诗》曾说：“自我离膝下，倏忽逾再期。邈邈情弥远，再奉将何时？……仿佛想容仪，歔欷不自持。”她渴望回到父兄身边，亲自侍奉亲长，像韩伯瑜彩衣娱亲一样以尽孝道。但事实却是家人睽隔，骨肉分离，如同参商，永不得相见，只有仰望苍茫青天飘动着的白云，借以寄意。古人对待离别，大而言之，如屈原流放而作《离骚》；小而言之，若情侣分离，一日不见如同三月。何况自己是骨肉之亲永不能相见，其痛可知。文章从涕泪“自零”到涕泪“流射”“沾巾”，到“泣血”，层层推进，达到高潮。情溢于纸，读来莫不令人欲一洒同情之泪。最后一段结语，总括全赋主旨，再一次表达了对骨肉至亲“梦想魂归”的深情，同时连用“号咷”“泣涟洏”“涕泪”，更增加了悲怆的气氛。

这篇小赋虽名“离思之文”，但却属宫怨一体。宫怨主题自班婕妤的《团扇歌》起，历来多抒写失宠被弃，怨君王喜新厌旧。左芬的《离思赋》另辟蹊径，偏重写自己失去自由，骨肉分离之悲，有着较为深广的内容。它也不同于许多虚拟悬想之作（如司马相如的《长门赋》），而是亲身遭遇的实录，因而情辞真切，于宫怨体中实不可多得。《离思赋》是一篇韵文，在用韵上也很有特色。赋的主体部分多用仄声韵，有力地烘托了悲痛欲绝的感情；结尾部分三句一韵（“辞”“思”“洏”“诗”）；而每一韵之中又各自押韵（“亲”“人”，“悲”“归”，“咷”“聊”，“情”“零”），韵中有韵，匠心独具，足见左芬的才思。

（丰家骅）

陆 机

【作者小传】

(261—303) 西晋文学家。字士衡。吴郡吴县华亭（今上海市松江）人。祖逊、父抗，皆三国吴名将。少时任吴牙门将。吴亡，家居勤学。太康末，与弟云同至洛阳，文才倾动一时，时称“二陆”。曾官平原内史，世称“陆平原”。成都王（司马颖）讨长沙王（司马乂）时，任为后将军、河北大都督，兵败被谗，为颖所杀。其诗注重藻绘排偶，多拟古之作。也善骈文。所作《文赋》以赋体论述作文利弊，是古代重要文学论文。后人辑有《陆士衡集》。

文 赋并序 陆 机

余每观才士之所作，窃有以得其用心。夫放言遣辞，良多变矣。妍蚩好恶，可得而言。每自属文[①]，尤见其情。恒患意不称物，文不逮意，盖非知之难，能之难也。故作《文赋》以述先士之盛藻[②]，因论作文之利害所由，他日殆可谓曲尽其妙。至于操斧伐柯，虽取则不远[③]，若夫随手之变[④]，良难以辞逮。盖所能言者，具于此云。

伫中区以玄览[⑤]，颐情志于《典》《坟》[⑥]。遵四时以叹逝，瞻万物而思纷；悲落叶于劲秋，喜柔条于芳春。心懔懔以怀霜，志眇眇而临云。咏世德之骏烈，诵先人之清芬；游文章之林府，嘉丽藻之彬彬。慨投篇而援笔[⑦]，聊宣之乎斯文。

其始也，皆收视反听[⑧]，耽思傍讯[⑨]，精骛八极[⑩]，心游万仞。其致也，情曈昽[⑪]而弥鲜，物昭晢[⑫]而互进。倾群言之沥液[⑬]，漱六艺[⑭]之芳润。浮天渊以安流，濯下泉而潜浸。于是沉辞怫悦[⑮]，若游鱼衔钩而出重渊之深；浮藻联翩，若翰鸟缨缴而坠曾[⑯]云之峻。收百世之阙文，采千载之遗韵；谢[⑰]朝华于已披，启夕秀于未振；观古今于须臾，抚四海于一瞬。

然后选义按部，考辞就班[⑱]，抱景者咸叩，怀响者毕弹[⑲]。或因枝以振叶，或沿波而讨源；或本隐以之显，或求易而得难；或虎变而兽扰，或龙见而鸟澜；或妥帖而易施，或岨峿[⑳]而不安。罄澄心以凝思，眇[㉑]众虑而为言。笼天地于形内，挫万物于笔端。始踯躅于燥吻，终流离于濡翰。理扶质以立干，文垂条而结繁。信情貌之不差，故每变而在颜；思涉乐其必笑，方言哀而已叹。或操觚[㉒]以率尔，或含毫而邈然。

伊兹事[㉓]之可乐，固圣贤之所钦。课虚无以责有，叩寂寞而求音。函绵邈于尺素，吐滂沛乎寸心。言恢之而弥广，思按之而愈深。播芳蕤之馥馥，发青条之森森。粲风飞而飙竖，郁云起乎翰林[㉔]。

体有万殊，物无一量。纷纭挥霍[25]，形难为状。辞程才以效伎[26]，意司契[27]而为匠。在有无而僶俛，当浅深而不让。虽离方而遁员，期穷形而尽相。故夫夸目[28]者尚奢，惬心者贵当，言穷者无隘，论达者唯旷。诗缘情而绮靡，赋体[29]物而浏亮。碑披文以相质[30]，诔缠绵而凄怆。铭博约而温润，箴顿挫而清壮。颂优游以彬蔚，论精微而朗畅。奏平彻以闲雅，说炜晔而谲诳[31]。虽区分之在兹，亦禁邪而制放。要辞达而理举，故无取乎冗长。

其为物也多姿，其为体也屡迁。其会意也尚巧，其遣言也贵妍。暨[32]音声之迭代，若五色之相宣。虽逝止之无常，固崎锜而难便[33]。苟达变而识次[34]，犹开流以纳泉。如失机而后会，恒操末以续颠。谬玄黄之秩序，故淟涊[35]而不鲜。

或仰逼于先条[36]，或俯侵于后章[37]；或辞害而理比[38]，或言顺而义妨。离之则双美，合之则两伤。考殿最[39]于锱铢，定去留于毫芒。苟铨衡[40]之所裁，固应绳其必当。

或文繁理富，而意不指適[41]。极无两致，尽不可益。立片言而居要，乃一篇之警策。虽众辞之有条，必待兹而效绩。亮功多而累寡，故取足而不易[42]。

或藻思绮合，清丽芊眠。炳若缛绣，凄若繁弦。必所拟之不殊，乃暗合乎曩篇。虽杼轴[43]于予怀，怵他人之我先。苟伤廉而愆义，亦虽爱而必捐。

或苕[44]发颖竖，离众绝致。形不可逐，响难为系。块[45]孤立而特峙，非常音之所纬。心牢落而无偶，意徘徊而不能揥[46]。石韫玉而山辉，水怀珠而川媚。彼榛楛[47]之勿剪，亦蒙荣于集翠[48]。缀《下里》于《白雪》[49]，吾亦济夫所伟。

或托言于短韵，对穷迹而孤兴。俯寂寞而无友，仰寥廓而莫承。譬偏弦之独张，含清唱而靡应。

或寄辞于瘁音[50]，言徒靡而弗华。混妍蚩而成体，累良质而为瑕。象下管[51]之偏疾，故虽应而不和。

或遗理以存异，徒寻虚而逐微。言寡情而鲜爱，辞浮漂而不归。犹弦幺而徽急[52]，故虽和而不悲。

或奔放以谐合，务嘈囋[53]而妖冶。徒悦目而偶俗，故声高而曲下。寤《防露》与《桑间》[54]，又虽悲而不雅。

或清虚以婉约，每除烦而去滥。阙大羹之遗味，同朱弦之清氾[55]。虽一唱而三叹，固既雅而不艳。

若夫丰约之裁，俯仰之形，因宜适变，曲有微情。或言拙而喻巧，或理朴而辞轻；或袭故而弥新，或沿浊而更清；或览之而必察，或研之而后精。譬犹舞者赴节以投袂[56]，歌者应弦而遣声。是盖轮扁所不得言[57]，亦非华说[58]之所能精。

普辞条与文律，良余膺之所服。练[59]世情之常尤，识前修之所淑。虽浚发于巧心，或受欰[60]于拙目。彼琼敷与玉藻，若中原之有菽。同橐籥[61]之罔穷，与天地乎并育。虽纷蔼[62]于此世，嗟不盈于予掬。患挈缾[63]之屡空，病昌言之难属。故踸踔[64]于短韵，放庸音以足曲。恒遗恨以终篇，岂怀盈而自足。惧蒙尘于叩缶，顾取笑乎鸣玉。

若夫应感[65]之会，通塞之纪，来不可遏，去不可止。藏若景[66]灭，行犹响起。方天机[67]之骏利，夫何纷而不理？思风发于胸臆，言泉流于唇齿。纷葳蕤以馺遝[68]，唯毫素之所拟。文徽徽[69]以溢目，音泠泠[70]而盈耳。及其六情底滞[71]，志往神留，兀若枯木，豁若涸流。揽营魂以探赜[72]，顿精爽而自求。理翳翳[73]而愈伏，思轧轧[74]其若抽。是以或竭情而多悔，或率意而寡尤。虽兹物之在我，非余力之所戮[75]；故时抚空怀而自惋，吾未识夫开塞之所由。

伊兹文之为用，固众理之所因。恢万里而无阂，通亿载而为津。俯贻则于来叶[76]，仰观象乎古人。济文武于将坠，宣风声[77]于不泯。涂[78]无远而不弥，理无微而弗纶。配沾润于云雨，象变化乎鬼神。被金石[79]而德广，流管弦而日新。

〔注〕 ① 属(zhǔ 主)文：写作。谓连缀字句而成文章。 ② 盛藻：指优秀的作品。 ③“操斧”二句：柯，斧柄。则，法则，标准。操斧伐柯，持斧伐木为柯，谓就近取法。《诗经·豳风·伐柯》：“伐柯伐柯，其则不远。”其则不远，是说标准就在近前。 ④ 随手之变：指临文之

际随时出现的变化。 ⑤ 中区：即区中，人世间。玄览：深察。 ⑥ 颐：颐养，陶冶。《典》《坟》：《三坟》《五典》的省称，传说中我国最古的书籍。这里泛指古代书籍。 ⑦ 慨投篇而援笔：有所感慨，就把所阅读的作品放在一边，提起笔准备写作。 ⑧ 收视反听：谓无视无闻，集中思想。 ⑨ 耽思：深思，专心研究。傍讯：多方探求。 ⑩ 八极：八方极远之处。 ⑪ 曈昽(tóng lóng 童龙)：由暗而渐明貌。 ⑫ 昭晢(zhé 哲)：清晰，明白。 ⑬ 沥液：点滴，指文籍的精华。 ⑭ 六艺：指六经，即《易》《诗》《书》《礼》《乐》《春秋》。 ⑮ 怫(fú 佛)悦：难出貌，指吐辞艰涩。 ⑯ 曾：同"层"。 ⑰ 谢：弃。 ⑱ 按部、就班：指安排文义，组织章句。 ⑲ "抱景"二句：景，同"影"。雷琳、张杏滨《赋抄笺略》云："物之有形者，叩之以求其形；物之有声者，弹之以尽其声。" ⑳ 岨峿(jǔ yǔ 举雨)：不相合，抵触。 ㉑ 眇(miào 妙)：同"妙"。 ㉒ 觚(gū 孤)：即木简，古代用以书写。 ㉓ 伊：发语词。兹事：指写作之事。 ㉔ 翰林：文坛。 ㉕ 挥霍：轻捷迅疾貌。 ㉖ 程：同"呈"，显示。伎，技艺，才能。 ㉗ 司契：谓文词能恰切传情达意。 ㉘ 夸目：炫耀。 ㉙ 体：形状，这里作动词，意为描写，描摹。 ㉚ 碑披文以相质：质，实质，事实。《文选》李善注："碑以叙德，故文质相半。" ㉛ 炜晔(wěi yè 伟叶)：光明貌。谲诳：指语言奇诡而有诱惑力。 ㉜ 暨(jì 季)：及，到。 ㉝ 崎锜(qí yǐ 奇以)：不安。便(pián 骈)：适宜，安适。 ㉞ 次：次序。 ㉟ 淟涊(tiǎn niǎn 舔碾)：污秽。 ㊱ 逼：侵迫。先条：此指上文。 ㊲ 后章：此指下文。 ㊳ 比：从，和顺。 ㊴ 殿最：古代考核军功或政绩，以上等为最，下等为殿。这里指文辞的高下。 ㊵ 铨衡：衡量轻重的器具。 ㊶ 適(dí 敌)：主，指主旨。 ㊷ 易：改变。 ㊸ 杼轴：织布机上的梭子和筘子。本指组织经纬而成布，这里喻诗文的组织、构思。 ㊹ 苕：苇花。 ㊺ 块：孤独。 ㊻ 揥(dì 地)：去，弃。 ㊼ 榛楛(zhēn hù 真户)：丛生的杂木，这里喻指平庸的语句。 ㊽ 翠：指翠鸟。 ㊾《下里》：即《下里巴人》，指俚俗歌谣。《白雪》：即《阳春白雪》，指高雅歌曲。 ㊿ 瘁音：哀苦憔悴之音，指病弱、不刚健的言词。 51 象：如同。下管：古代举行大祭等仪式，在堂下吹奏管乐，故称管乐为下管。 52 幺：细小。徽：同"挥"，弹奏。 53 嘈囋(zá 杂)：嘈杂，语声繁碎。 54《防露》：古曲名。谢庄《月赋》："徘徊《房露》，惆怅《阳阿》。"李善注云："《防露》，盖古曲也。《文赋》曰：'寤《防露》与《桑间》，又虽悲而不雅。''房'与'防'古字通。"《桑间》：指桑间、濮上之音。《礼记·乐记》："桑间、濮上之音，亡国之音也。"《汉书·地理志》："卫地有桑间、濮上之阻，男女亦亟聚会，声色生焉，故俗称郑、卫之音。"当为古代情歌。 55 阙：同"缺"。大羹：不和五味的肉汁，为古代祭祀时所用。朱弦：古代乐器上的深红色丝弦。氾(fàn 泛)：浮。《礼记·乐记》："清庙之瑟，朱弦而疏越，一唱而三叹，有遗音者矣。大飨之礼，尚玄酒而俎腥鱼，大羹不和，有遗味者矣。" 56 赴节：跟随音乐的节奏、节拍。投袂(mèi 妹)：甩袖起舞。 57 轮扁所不得言：《庄子·天道》："轮扁曰：'臣也以臣之事观之。斲轮徐则甘而不固，疾则苦而不入。不徐不疾，得之于手而应于心，口不能言，有数存焉于其间。臣不能以喻臣之子，臣之子亦不能受之于臣。是以行年七十而老斲轮。'" 58 华说：华美的言辞。 59 练：熟悉。 60 蚩(chī 痴)：同"蚩(嗤)"，讥笑。 61 橐籥(tuó yuè 驼月)：古代冶炼用以鼓风吹火的用具。犹今之风箱。 62 纷葳：纷繁。 63 挈(qiè 切)缾：缾，也作"瓶"。《左传·昭公七年》："虽有挈瓶之知，守不假器。"注云："挈缾，汲者，喻小知。" 64 踸(chěn)踔(chuō 戳)：跛行貌。引申为迟滞、支绌。 65 应感：交相感应。 66 景：同"影"。 67 天机：天赋的悟性，指文思。 68 葳(wēi 威)蕤(ruí)：草木茂盛貌，引申为盛多。馺遝(sà tà 萨踏)：前后相继不断，引申为盛多。 69 徽徽：灿烂。 70 泠(líng 玲)泠：形容声音清越。 71 六情：指喜、怒、哀、乐、爱、恶。底滞：停滞。 72 营魂：指心灵、精神。赜(zé 责)：精微，深奥。 73 翳(yì 义)翳：深晦不明貌。 74 轧(yà

讶)轧：一本作“乙乙”。文思难出貌。 ⑮ 戮(lù陆)：勉力。 ⑯ 贻则：遗留法则。来叶：将来，后世。 ⑰ 风声：风教。 ⑱ 涂：道路。 ⑲ 金石：指钟鼎碑碣等。

在我国古代文学理论批评史上，陆机的《文赋》是一篇里程碑式的作品。对创作的全过程进行系统的探讨，采用赋的体裁动情地形象地写出，这在文学理论批评史上是破天荒的，也是仅见的。这就决定了《文赋》不仅是一篇具有独特价值的理论文章，而且也是一篇值得欣赏的优美的文学作品。

《文赋》洋洋洒洒，有小序和正文，长达一千七百多字，涉及的文学问题极多。研读《文赋》，如进入深山大泽，山光水色迎面扑来，令人目不暇给。新颖的见解，动人的警策，流走的意象，华艳的辞采，令人击节称赏。但要对全篇作宏观的把握，从繁富中看到单纯，从杂多中见出统一，则不能不从小序入手。

小序是赏览《文赋》必经的唯一门户。作者的命意所在与全文的基本内容，序中都有清楚的说明。陆机认为，写作中常见的问题无非是“意不称物”与“文不逮意”。他以“才士之所作”作为研究的对象，找出作品“妍蚩好恶”的原因，目的在于在正确理论的指导下，有朝一日能够“曲尽其妙”，写出优秀的作品。关于《文赋》的内容，他概括为两句话：“述先士之盛藻，因论作文之利害所由”。前一句话，并不是说《文赋》要正面论述历代作家的优秀作品，而是指在论述写作过程时所揭示的规律性现象是从“先士之盛藻”中总结出来的，具体指的是《文赋》第一段到第五段所论的内容。后一句话，“因”字后省去代词“之”，所说“因之”，也就是“依据先士之盛藻”，但不同于前五段的正面论述，而是从“利”与“害”两个方面的正反对比中阐明写好与写坏的原因，具体指的是第六段以后的主要内容。可见，尽管《文赋》貌似庞杂，但只要重视作者在小序中的提示，便可纲领在握，虽多而不见其乱了。小序不仅有提纲挈领的作用，其中的一些理论观点也很值得重视。如说“妍蚩好恶，可得而言”，认为导致作品好坏是有规律可寻的。在古代写作学史上，这是第一次自觉地将研究写作作为一门科学来对待。又如说“恒患意不称物，文不逮意”，表明作者对写作规律的探讨，是注意到了客体与主体(物与意)、内容与形式(意与文)两个不同的层面，而且是把写作作为一个由物而意、由意而文纵向展开的系统过程来研究的。这又为科学的写作论的创建，指明了基本的研究内容与研究方法。此外，如“至于操斧伐柯，虽取则不远，若夫随手之变，良难以辞逮”以及“非知之难，能之难也”等说法，说明写作学研究的是写作的一般规律，而写作则是一门实践性的学科，是一种能力。对写作规律的认识(“知”)固然有助于写好文章，但并不能代替变化无穷的写作实践(“能”)，也就是“能与人规矩，不能使人巧”(《孟子·尽心下》)的意思。这思想也是深刻的。后世有的作家、理论家，或者根本否定探讨写作规律对于指导写作的意义，或者相反，将写作规律视为写好文章的万灵良药，则又不免各执一是，远不如陆机的看法来得通达。

关于《文赋》的正文，无论是结合创作过程的叙述，正面展示前人艺术经验的前一部分，或是专论作文之利害所由的后一部分，各自都有着丰富的内容与精彩的笔墨。让我们跨过小序这道门槛，对《文赋》这一理论大厦本身进行一番较为具体的察看。

关于前一部分，对创作过程的论述，作者是从文思的酝酿说起的。怎样引起文思呢？一方面要"伫中区以玄览"，对自然界进行观察以触发文思，另一方面要"颐情志于《典》《坟》"，通过读书以颐养文情。直到"慨投篇而援笔"，这一阶段才告结束。主张观察自然而不及于社会现象，是有所不足的；但陆机主张读书，则是很有见地的看法。后来杜甫所说"读书破万卷，下笔如有神"(《奉赠韦左丞丈二十二韵》)，韩愈主张"游之乎《诗》《书》之源"(《答李翊书》)，"沉浸酴郁，含英咀华"(《进学解》)，柳宗元提倡多读书以"取道之原"并"旁推交通而以为之文"(《答韦中立论师道书》)，与陆机的看法正是一脉相承的。后人或只讲读书，或只重生活，未免失之偏颇，都是无助于作家的创作的。

有了"投篇而援笔"的创作冲动以后，便进入到构思的阶段。第二段即论构思。"其始也"等五句，指明构思之初应专心一志，让想象空前活跃，神与物游，以捕捉表现的对象。从"其致也"到这一段结束，主要写构思时文意与物象逐步变得明晰以至表现为文字的具体情状。对于词语的运用，提出创新的要求，主张采用前人从未使用过的"阙文""遗韵"，比之于开花，不愿成为早晨已开的花朵，宁可化作傍晚将开的蓓蕾。

获得文意之后，便进入到表现的阶段，探讨谋篇布局，将文意转化为文辞的问题。这就是第三段所论。作者认为，一篇文章的具体写法是各式各样的：有的先树要领，有的则最后点明主题；有的从含蓄处落笔，有的则从浅近处写起；段落之间，有的主次搭配得好，有的搭配不好；字句的选定，有的恰如其分，有的则用词不当，显得生硬(以上见"或因枝以振叶"等八句)。这即是小序中"放言遣辞，良多变矣"的意思。同时，作者还提出了必须遵循的原则："理扶质以立干，文垂条而结繁。"思想内容是文章的主体，应该根据思想内容的需要选定文词。他还提出了选定文词("选义""考辞")的原则："抱景者咸叩，怀响者毕弹。"指出应在广泛比较的基础上精心选择，并应注意文字的形象性("抱景者咸叩")与音乐性("怀响者毕弹")。

第四段谈行文乐趣。指出创作是一种创造性的劳动，借助想象可以无中生有，于寂然无声处听到声音，一旦写成文章，其乐无穷。第五段深入一层谈到客观世界森罗万象，即所谓“体有万殊”，而作家又各有才性，观察万物不可能有一个统一的标准，即所谓“物无一量”，这就必然表现为千姿百态的作品面貌。作者指出：“虽离方而遁员(圆)，期穷形而尽相。”即使偏离写作的规矩，但只要做到“穷形尽相”，极尽物态与人情，也就达到了写作的目的。在这一段中，还谈到不同才性的作家各有好尚(见“故夫夸目者尚奢”等四句)，各种不同的文体各有特点(见“诗缘情而绮靡”等十句)，但对于写成的作品都应有“辞达而理举”的共同要求，即文辞要畅达，思想内容要充实。

从第六段开始，转入对“作文之利害所由”的论述。先用五个段落(第六至第十段落)，论述作文利害的关键。首先提到的是构思和遣词的总原则：“其会意也尚巧，其遣言也贵妍。”构思讲究巧，用词追求妍。所谓“妍”，在陆机的文学思想中，除了词采美，还包括声韵美在内。因而在意巧辞妍的总原则之后，紧接着谈到的声韵美的问题(第六段)，以及其他几个有关作文利害的关键问题：熔裁(第七段)、警策(第八段)、独创(第九段)、秀句(第十段)。独创和熔裁作为文章成败的关键问题是不难理解的——步人后尘，拾人牙慧，肯定是等而下之的败笔；“或仰逼于先条，或俯侵于后章”，一篇之中，前后段落互相矛盾；“或辞害而理比，或言顺而义妨”，一句之中，或句与句之间，辞意不相谐调；如果无炉锤与裁剪之功，无疑也是不可能成为一篇佳作的。是否讲究声韵美，为什么也是写作成败的关键问题呢？凡文章都有一个声韵美问题，陆机据以立论的“先士之盛藻”，主要是诗歌一体，声韵美对于诗歌尤为重要。节奏的快慢，韵位的疏密，字句的平仄，韵字的调类，以至声母(辅音)的清浊与韵母(元音)的开合，无不与所抒之情息息相关。沈约说：“妙达此旨，始可言文。”(《宋书·谢灵运传论》)对于音韵美的作用尽管不无夸大，但也足见其在诗文创作中非同一般的重要性了。那么，陆机为什么又把警策、秀句作为作文利害的关键问题呢？陆机心目中的“警策”，是指处于重要位置上的片言只语(“立片言而居要，乃一篇之警策”)。后人解释说：“凡文章必有一段或数语为一篇之精神所团聚处，或为一篇之精神所发源处。”(陈柱《讲陆士衡文赋自记》)可见是指表现中心思想的句子，与后人心目中的警句并不是一回事。大体上相当于警句的句子，刘勰称之为“秀”句；“秀”是杰出的意思，“秀也者，篇中之独拔者也”(《文心雕龙·隐秀》)。陆机将秀句比喻成开放的花朵(“苕发”)与竖起的禾穗(“颖竖”)，有着与普通字句不同的独特风神(“离众绝致”)。警策与秀句，有时可能相统一，如“海内存知己，天涯若比邻”(王勃《送杜少府之任蜀川》),既体现了全诗的中心思想,是警策,又是篇中最杰出的一联,无疑是秀句。但像“裙拖六幅湘江水,鬓耸巫山一段云”(李群玉《杜丞相悰筵中赠美人》),可称之为秀句,却说不上是警策。可知秀句的范围要大于警策,凡警策都是秀句,而秀句却不一定就是警策。警策的重要性在于:“虽众辞之有条,必待兹而效绩。”尽管文从字顺,条理井然,但还有待于画龙点睛的警策突出主题,使全篇纲领昭畅。秀句在篇,有如“石韫玉而山辉,水怀珠而川媚”,与平凡的字句相映成趣,使文章增色。重视警策与秀句,表现了作者的艺术辩证法的思想,他是注意到了主要与次要之间(警策与其他文字之间)、杰出与平庸之间(秀句与常音之间)的辩证统一的关系的。

从第十一段到第十五段,是论述“作文之利害所由”的另一个层次。上一层次论述作文利害的关键,主要是从正面建树的角度提出构思遣词的总原则以及声律、独创、熔裁、警策、秀句等问题;这一层次主要是批评写作中常见的缺点,以音乐作比,逐层剥进,指出五种文病:“譬偏弦之独张,含清唱而靡应”,篇幅太小,不足以成文;“象下管之偏疾,故虽应而不和”,虽然篇幅较长,但段落间不够谐调;“犹弦幺而徽急,故虽和而不悲”,虽然谐调了,但违背事理,缺乏真情,并不动人;“寤《防露》与《桑间》,又虽悲而不雅”,虽然能够以情动人了,但放纵感情,投合世俗的口味,说不上高雅;“虽一唱而三叹,固既雅而不艳”,虽然已堪称高雅,但过于清淡质朴,说不上繁富艳丽。其中两见的“悲”字,并不局限于悲哀的感情,而是扩展一步,泛指动人。这一用法,在前代屡见,如《韩非子·十过》篇记师旷论乐提到的“悲”,《淮南子·齐俗训》指出弦乐器是“悲之具”,以及王充在《论衡·自纪》篇中所说的“师旷调音,曲无不悲”,几个“悲”字,都是动人的意思。在对五种文病的批评中,同时表露了作者对艺术美的理想追求:应、和、悲、雅、艳,即要丰富、谐调、动人、雅正、华艳。如果仔细寻绎作者的论述,不难发现他心目中的艺术美,并不仅仅关系到形式方面的因素,如文病一的篇幅,文病二的谐调,文病五的华艳,而且与思想是否纯正、感情是否真实、情趣是否高尚有关,如文病三批评“遗理以存异”“言寡情而鲜爱”,文病四批评“徒悦目而偶俗,故声高而曲下”。这表现了陆机作为一个艺术家对于艺术的心领神会,也表现了他作为一个文艺理论家的高瞻远瞩。

《文赋》的最后四段,即从第十六段到第十九段,是前面两大部分——论述创作过程的规律性与“作文之利害所由”的补充性的笔墨。如果将前面十五段称为正论,末四段则可称为余论。第十六段说明写作是一种实践,与临场发挥有关,即小序中“随手之变,良难以辞逮”的意思。作者既示人以规矩,又指示人不要为规矩所束缚,应在“因宜适变”中去求巧。第十七段自谦不足,慨叹为文不易,佳篇难得。这是现身说法，进一步说明小序中"非知之难，能之难也"的意思。这两段的安排颇见巧思：上一段排除了以为学了《文赋》便可写出好文章的误解，下一段避免了可能招致的眼高手低、爱教训别人的责难。至此，全文的意思已相当完整。第十八段论感兴，即灵感思维。这本是写作中时而会遇到的关系写作成败的重要问题，但由于作者无法揭示灵感思维的奥秘，不便与论述规律性现象的"述先士之盛藻，因论作文之利害所由"的本论放在一起，因而置于篇末，单独提出来讨论。这一段的文字极为优美，作者的感情流注于笔端，极为生动形象地写出了文思通塞的情况。看来作者写这一段文字时，正是灵感来袭之际，"思风发于胸臆，言泉流于唇齿"，因而落笔字字珠玑，洒墨满纸琳琅。尤其值得称道的是，他指明了灵感思维的重要性及其通塞的情状，开创了研究灵感思维的新领域，对后人的研究起到了"导夫先路"的重要作用。最后一段论文章的作用，指出了文章可将道德教化传诸久远。这也正是作者写作《文赋》以探讨写作规律的出发点与归结点，所以正好用来收束全篇。

以上大体上勾画了《文赋》正文的轮廓。其实《文赋》不仅在总体上脉络分明，而且段落之内以至字句之间也都是细针密线，极少罅漏的。如第一段，以"伫中区以玄览，颐情志于《典》《坟》"，提出通过观察与读书以引起文思这一纲领，然后以"遵四时"等四句具体阐说观察，以"咏世德"等四句具体阐说读书。如何观察？提出了时、空两个方面。时间上要"遵四时"，要遵循春夏秋冬四季不断观察；空间上要"瞻万物"，将所有的自然现象都作为观察的对象。"遵四时"与"瞻万物"各起什么作用呢？一是"叹逝"，惋惜时光的流逝；一是"思纷"，引起纷纭的思绪。在泛说"四时""万物""叹逝""思纷"的基础上，接着又举例式地进一步具体说明："悲落叶于劲秋，喜柔条于芳春。"以"劲秋"与"芳春"说"四时"，以"落叶"与"柔条"说"万物"，以一"悲"与一"喜"具体写出"叹逝"与"思纷"的感情。在阐说读书以引起文思的四句中，前两句指书籍文章的思想内容方面，后两句指艺术形式方面。"咏世德之骏烈"，是说要涵咏书中所写的历代道德高尚的人做出的大功业；"诵先人之清芬"，是说要讽诵所写前人美好的思想品德。"游文章之林府，嘉丽藻之彬彬"，则是从艺术形式的角度着眼，提倡多读文采斐然的佳作，注意学习内容充实而又辞采华丽的作品。在观察与读书这两部分之间，插入"心懔懔以怀霜，志眇眇而临云"，说明观察与读书时应该怀抱高洁的心志。这一段的最后两句，是说通过观察与读书终于培养了文思，便开始进入"投篇而援笔"的具体写作过程。文章也就随着转到论述构思情况的第二段。

《文赋》的理论贡献，不在于深，而在于新。陆机不仅创建了创作理论的体系,还在想象(第二段)、灵感(第十八段)、风格(第五段)、体裁(第五段)、声律(第六段)、独创(第二段、第九段)等一系列问题上有新的开拓。这对于后来刘勰进一步建立严整的文学理论体系,写出《文心雕龙》,具有十分重要的意义。清章学诚在《文史通义·文德》中说:"刘勰氏出,本陆机氏说而昌论文心。"是一点也不夸大的说法。陆机在《文赋》中倡导"妍"(第六段)与"艳"(第十五段),有的论者便据以认为《文赋》的理论是形式主义、唯美主义的。这一看法并不符合《文赋》的实际。陆机十分重视文学的社会历史作用,为此专门写下一段文字(第十九段)加以论述。他的创作发生论是建立在感物的基础上的,倡导的是文能逮意与意能称物的写作路线。在作品内部,他还明确提出了"理扶质以立干,文垂条而结繁"的以理为主、文与理相结合的主张。陆机提倡"妍"与"艳",重视艺术形式,强调音韵动听,词采华美,并不是《文赋》的局限,相反,这是文学逐渐繁荣以后文学自身独立意识的觉醒,是文学发展过程中的规律性的现象,反映了陆机对文学特点认识的深化,对于提高六朝文学的艺术性是有促进作用的。而六朝文学的艺术成就,又是唐诗繁荣发展的重要前提条件之一。至于六朝文学的形式主义与唯美主义的弊病,那是另一回事,陆机是不能任其咎的。

与其他古代文学理论批评的论著相比较,《文赋》在表现上具有抒情性与形象性相结合的显著特色。作者用的不是冷笔,而是热笔,笔调充满感情,富有诗意。如谈行文乐趣(第四段),论构思(第二段),说灵感(第十八段),作者如身临其境,写得笔飞墨舞,神采飞扬。有时作者干脆采用第一人称的口吻描述或议论,如"缀《下里》于《白雪》,吾亦济夫所伟"(第十段)、"虽兹物之在我,非余力之所戮;故时抚空怀而自惋,吾未识夫开塞之所由"(第十八段)。"普辞条与文律"一段(第十七段)自谦不足,更是全用第一人称写成。作者如对亲朋好友,娓娓而谈,令人倍感亲切。陆机在《文赋》中就指出过:"言寡情而鲜爱,辞浮漂而不归。"他本人的情况恰好相反。他对写作一道甘苦备尝,对写作中的是非得失态度鲜明,因而虽是理论文章,仍能写得极富于情韵,神气充盈,生动感人。与抒情性相共生的,是形象性。《文赋》虽是一篇论说文,但并不采用抽象的逻辑推理,而是采用形象地再现的方式。具体写法多种多样:有时以具体写抽象,以部分代全体,如以"悲落叶于劲秋,喜柔条于芳春"写"遵四时以叹逝,瞻万物而思纷"。清刘熙载所谓"以鸟鸣春,以虫鸣秋"(《艺概·诗概》),指的正是这一类写法。有时则借助比喻,如论获得了文意以后,进入表现阶段时的情况:"于是沉辞怫悦若游鱼衔钩而出重渊之深;浮藻联翩,若翰鸟缨缴而坠曾(层)云之峻。"以钓起深渊中衔钩之鱼比喻遣辞的艰难,以飞鸟被箭迅速坠落比喻行文的顺畅,说明无论难易，都应精心探求，以使词与意相称。陆机还特别喜欢用音乐比喻写作，一半以上段落中都有这一类比喻，如“凄若繁弦”（第九段），“譬偏弦之独张”（第十一段）等。至若“譬犹舞者赴节以投袂，歌者应弦而遣声”（第十六段），更是以音乐、舞蹈同时作比了。文学与音乐以至舞蹈，都是艺术的创造。以音乐舞蹈作比，引譬连类，浮想联翩而来，有助于加深对文学的感性印象。有时，作者还采用拟人化的手法以加强作品的形象性。如“辞程才以效伎，意司契而为匠”（第五段），意思是文词如乐伎，充分表演，任人挑选；文意如同匠人，根据命意的需要，决定对词句的取舍。此外，还借助典故以加强作品的形象性。如“是盖轮扁所不得言，亦非华说之所能精”（第十六段），以《庄子·天道》中轮扁斲轮的典故，说明写作时“随手之变，良难以辞逮”的可以意会而难以言传的情形。

抒情性与形象性相结合，这就是《文赋》虽是一篇理论文章却显得文采斐然、情韵动人的主要原因。但另一方面，也不能不看到，运用赋的体裁与富于文学性的写法，对于充分展开理论的论证是有所影响的，《文赋》在后世引起的种种争议，与它本身缺乏应有的概念的明晰性，多少是有些关系的。（陈志明）

《吊魏武帝文》序　　陆　机

元康八年，机始以台郎出补著作①，游乎秘阁②，而见《魏武帝遗令》，忾然③叹息，伤怀者久之。

客曰：“夫始终④者，万物之大归⑤；死生者，性命之区域⑥。是以临丧殡而后悲，睹陈根而绝哭。今乃伤心百年之际，兴哀无情之地，意者无乃知哀之可有而未识情之可无乎？”

机答之曰：“夫日食由乎交分⑦，山崩起于朽壤⑧，亦云数而已矣。然百姓怪焉者，岂不以资高明之质，而不免卑浊之累；居常安之势，而终婴倾离之患故⑨乎？夫以回天倒日之力，而不能振形骸⑩之内；济世夷难之智，而受困魏阙⑪之下。已而格乎上下⑫者，藏于区区之木⑬；光于四表⑭者，翳乎蕞尔之土⑮。雄心摧于弱情⑯，壮图终于哀志；长算屈于短日，远迹顿于促路。呜呼，岂特瞽史之异阙景⑰，黔黎⑱之怪颓岸乎？”

观其顾命冢嗣⑲，贻谋四子⑳，经国之略既远，隆家之训亦弘。又云：“吾在军中，持法是也。至小忿怒、大过失，不当效也。”善乎，达人之谠言㉑矣。持姬女而指季豹㉒以示四子曰：“以累汝。”因泣下。伤哉，曩以天下自任，今以爱子托人。同乎尽者无余，而得乎亡者无存。然而婉娈㉓房闼之内，绸缪家人之务，则几乎密与！又曰：“吾婕好妓人，皆著铜爵台㉔。于台堂上施八尺床，繐帐，朝晡㉕上脯糒之属。月朝㉖十五，辄向帐作妓。汝等时时登铜爵台，望吾西陵墓田。”又云：“余香可分与诸夫人，诸舍中无所为，学作履组卖也。吾历官所得绶，皆着藏中。吾余衣裘，可别为一藏。不能者，兄弟可共分之。”既而竟分焉。亡者可以勿求，存者可以勿违。求与违，不其两伤乎？悲夫！爱有大而必失，恶有甚而必得。智惠不能去其恶，威力不能全其爱，故前识㉗所不用心，而圣人罕言焉。若乃系情累于外物，留曲念于闺房，亦贤俊之所宜废乎？于是遂愤懑而献吊云尔。

〔注〕 ① 台郎：即尚书郎。著作：著作郎的省称。 ② 秘阁：古代禁中藏书之所，亦称秘馆、秘府。 ③ 忾（xì 戏）然：叹息貌。 ④ 始终：产生与死灭。这里偏指死灭。 ⑤ 大归：最终归宿。 ⑥ 区域：界限。 ⑦ 交分：指日、月和地球运行到一定位置产生日食、月食现象。 ⑧ 朽壤：指山根日久剥蚀。 ⑨ 故：缘故。 ⑩ 形骸：人的形体、躯壳。 ⑪ 魏阙：古代宫门外的阙门，为悬布法令的地方，代指朝廷。 ⑫ 上下：指天地。 ⑬ 区区之木：指棺木。 ⑭ 四表：四方极远之地。 ⑮ 蕞（zuì 最）尔之土：指坟墓。蕞尔：小貌。 ⑯ 弱情：儿女之情。 ⑰ 瞽（gǔ 鼓）史：官名。瞽，乐官。史，太史，掌阴阳记事。阙景：指日、月之食。景：通“影”。 ⑱ 黔黎：黔首、黎民，即庶民、黎民。 ⑲ 顾命：天子遗诏。冢嗣：嫡长子，这里指曹丕。 ⑳ 四子：指曹操之子曹彰、曹植等四人。 ㉑ 谠（dǎng 党）言：正直的话。 ㉒ 季豹：指曹操的幼子曹豹。《文选注》引《魏略》曰：“太祖杜夫人生沛王豹及高城公主。四子即文帝以下四王也。太祖崩，文帝受禅，封母弟彰为中牟王，植为雍丘王，庶弟彪为白马王。又封支弟豹为侯。然太祖子在者尚有十一人，今唯四子者，盖太祖崩时，四子在侧。史记不言，难以定其名位矣。”按《魏志》沛王名林，建安十六年封饶阳侯。武帝死时，林年已长。《文选注》所引疑非，当为赵王幹。《魏略》曰：“幹一名良。良本陈妾子，良生而陈氏死。太祖令王夫人养之。良年五岁，而太祖疾困，遗令语太子曰：此儿三岁亡母，五岁失父，以累汝也。”疑陆机所言乃赵王幹事，或幹小名季豹，必非杜夫人所生之沛王豹（林）也。此事无关本文宏旨，录以备参。㉓ 婉娈：缠绵，深挚。 ㉔ 著：安置。铜爵台：即铜雀台。汉末建安十五年（210）曹操所建，故址在今河北临漳西南。楼台顶置大铜雀，舒翼若飞，故名。 ㉕ 晡（bū）：泛指晚间。 ㉖ 月朝：初一日。 ㉗ 前识：指有先见之明者。

这篇《〈吊魏武帝文〉序》是陆机在西晋惠帝元康八年（298）由尚书郎升为著作郎，掌管国史时写的。因为看到档案材料中有曹操的《遗令》（《曹操集》原来未收，靠陆机这篇文章而保存下来），感慨万分，写了这篇悼念性的文章。这是文章的序。

全序分四段。第一段简单叙述文章的缘起，怎么见到《遗令》的，见到后自己的感伤，这是为了引起下文。虽然短短几句，已为全文定了基调。

第二段借客人的非议来引出后面自己的议论。客人三句话，第一句说死生终始是自然规律。第二句说因为是规律，所以对新死的，见到了棺柩就感到悲哀，但是看到坟墓上有陈年的草根就不再哭了，因为这是自然规律，哀伤应该有节制。《礼记·檀弓上》说："朋友之墓有宿草，而不哭焉。"是客人这句话的根据。这一句是为了反跌下文，批评陆机为魏武兴哀的不对。第三句和第二句成鲜明对比："百年"和"陈根"，"朋友之墓"和"无情之地"（从时间到空间）都不该无端兴哀伤心，于是推测陆机大概只知道兴哀而不懂得"情之可无"的道理。这句是这一段话的中心，但前用"意者"，又用"无乃……乎"这样的推测语气，比较委婉，目的在反引陆机的一段回答来阐明本文主旨。

第三段是陆机用比喻来否定客人的批评。分两层，到"故乎"为一层，用"日食""山崩"这种自然之"数"为喻，说明百姓见到这种现象仍然要惊怪。因为日月这样高明之质，却要受到亏蚀；山本来是非常稳定的，但由于朽壤终于受到崩塌之祸。这一层用"岂不……乎"表反诘。这层是宾，下面说到曹操是主。第一句是两个转折分句，上半讲曹操在日的煊赫，下半讲临死时的无可奈何。平时的能力可以"回天倒日"，是夸张地说明曹操的能力，但是他对自己本身却无法拯救，这里用"天日"和"形骸"做鲜明对比。"济世夷难之智"，是实写曹操的智谋，概括了他一生的功业，但却在自家宫殿之下受困。这里用"世"和"魏阙"做对比。这一句说曹操写《遗令》时的凄惨。"已而"句是写曹操死后的可悲，也是用对比来抒情。"格乎上下"指生前的威势感通天地，"光于四表"指照耀四方极远之地。这两句出自《尚书·尧典》"光被四表，格于上下"，本来是用以写尧的德行远化的，这里用来写曹操，因他事实上成了当时中国本土的主宰。用"区区""蕞尔"这些极小的形容词，同"格乎上下""光于四表"这样极大的功勋威势做对比，使人兴"一世之雄，而今安在"的感叹。下一句"雄心""壮图"与"长算""远迹"却被"弱情""哀志"和"短日""促路"所战胜，加强了上一句的抒情气氛。"呜呼"以下回应本段上一层的比喻，说明这比日蚀山崩（颓岸）还值得惊诧。这里用《诗经》"高岸为谷"的话，回应上文"山崩起于朽壤"。"岂特……乎"用反诘语气，加重分量，表明自己的兴哀是不可免的，否定了客人的指责。以上这三段，除了第一段提到《魏武遗令》之外，其他两段，表面一点未提《遗令》，而只在兴哀上做文章。实际上第三段的第二层已把《遗令》隐含其中，以引起下面一段具体的评述。

第四段是序文的主要部分，采用夹叙夹议的方式，先扬后抑，以《遗令》的内容分成三个层次。第一层从“观其”到“说言矣”，又说《遗令》值得称道之处。“经国之略既远，隆家之训亦弘”是概括评价《遗令》中的主要部分。“又云”以下，引述曹操对自己的清醒认识，教训儿子们学什么不学什么，这就补充了上面“经国”“隆家”的一点内容。“善乎，达人之说言矣”，是高度赞扬这种态度。从“持姬女”到“不其两伤乎”是第二层。第一层称赞曹操是“达人之说论”，这一层却一落千丈，变成“弱情”和“哀志”。这一层也是夹叙夹议，讲到“持姬女而指季豹以示四子曰：‘以累汝。’因泣下”，陆机以伤感的笔调为曹操此举惋惜：“曩以天下自任，今以爱子托人。”英雄末路，读之使人酸鼻。“同乎尽者无余，而得乎亡者无存”，这点起码的常识（人死一切都归于毁灭空无）曹操也不能理会，却反而对死后那么细致地叮咛嘱咐。“婉娈房闼之内，绸缪家人之务，则几乎密与！”这句是总提，带点讥评，以引出下文分香卖履等一连串嘱咐。“吾余衣裘，可别为一藏。不能者，兄弟可共分之。”把这件事叙述在最后，为的是“既而竟分焉”这句话，曹操的儿子们竟然把这些衣裘分了，可见其贪婪无父子之恩。所以陆机批评说：“亡者（曹操）可以勿求，存者（诸子）可以勿违”，然而现在两方面都错了。用“不其两伤乎”，语气较含蓄。这一层是边叙边议，指出曹操临死时叮嘱诸子家人的荒唐以及儿子们的不讲恩义。“悲夫”以下为第三层，从曹操《遗令》的情况，引申开来，说明“爱有大而必失（如曹操所留恋的那些事物），恶有甚而必得（如曹操讨厌死，怕自己的遗命被违背等）。智惠（同‘慧’）不能去其恶，威力不能全其爱”的自然现象，爱恶之得失不是智慧威力所能改变的。因此聪明的人不在这方面花脑筋，而圣人也很少谈这方面的事。对比之下，曹操在这方面“系情累于外物，留曲念于闺房”，就未免太糊涂了。“亦贤俊之所宜废乎”，也是说得委婉，认为这样做实在和“贤俊”的身份不相称，因此要“愤懑而献”这篇吊文。

曹操以雄才大略，不可一世，执法无情，人所悉闻。而临终分香卖履之嘱，又何其软弱缠绵。罗隐所谓“英雄亦到分香处，能共常人较几多”（《邺城》），即讥其无异于常人。昔人所谓“奸雄末路，振古如兹，一世之雄，而今安在”，实自陆机此文发端。这篇文章开头用一问一答的方式，说明自己睹《遗令》兴悲之有理，然后用夹叙夹议的方式，把议论抒情、赞扬嘲讽糅为一体，文虽吊魏武，实际以魏武为题，发抒吊古伤今盛衰存亡之感。在行文上骈散结合，较为自由，比完全骈四俪六的对偶要生动些。这是陆机文中一篇有代表性的作品，在吊古之作中可为上乘。

（周本淳）

刘　琨

【作者小传】

(271—318)　西晋将领、诗人。字越石。中山魏昌(今河北无极)人。少与祖逖为友。惠帝时,封广武侯。愍帝初,任大将军,都督并州诸军事。曾向元帝劝进,迁侍中太尉。长期坚守并州,招抚流亡,与刘聪、石勒相对抗。后为石勒所破,投奔鲜卑贵族段匹磾,不久被杀。诗文风格悲壮。后人辑有《刘越石集》。

答卢谌书　　刘　琨

琨顿首。损书①及诗,备辛酸之苦言,畅经通之远旨。执玩反覆,不能释手。慨然以悲,欢然以喜。昔在少壮,未尝检括②。远慕老庄之齐物,近嘉阮生之放旷③。怪厚薄何从而生,哀乐何由而至④。自顷辀张⑤,困于逆乱,国破家亡⑥,亲友凋残。负杖行吟,则百忧俱至;块然⑦独坐,则哀愤两集。时复相与举觞对膝,破涕为笑,排终身之积惨,求数刻之暂欢。譬由积疢弥年,而欲一丸销之,其可得乎⑧!夫才生于世,世实须才。和氏之璧,焉得独曜于郢握⑨?夜光之珠,何得专玩于随掌⑩?天下之宝,当与天下共之。但分析之日,不能不怅恨耳!然后知聃、周⑪之为虚诞,嗣宗⑫之为妄作也。昔騄骥倚辀于吴坂,长鸣于良、乐,知与不知也⑬;百里奚愚于虞而智于秦,遇与不遇也⑭。今君遇之矣,勖⑮之而已。不复属意于文二十余年矣⑯。久废则无次,想必欲其一反,故称指送一篇。适足以彰来诗之益美耳。琨顿首顿首。

〔注〕① 损书:对他人来信敬辞,谓来信者不惜贬低尊贵地位而给自己写信。　② 检括:检点,指遵守法度与社会伦理规范。　③ 老庄:老子、庄子。齐物:指《庄子》中的《齐物篇》。阮生:指阮籍。　④“怪厚薄”二句:这两句话乃概括列子的话而成。《列子·力命》:“生非贵之所能存,身非爱之所能厚;生亦非贱之所能夭,身亦非轻之所能薄;故贵之或不生,贱之或不死;爱之或不厚,轻之或不薄。此似反也,非反也。此自生,自死,自厚,自薄。或贵之而生,或贱之而死;或爱之而厚,或轻之而薄,此似顺也,非顺也。此亦自生、自死、自厚、自薄……信命者无寿夭,信理者无是非,信心者无逆顺,信性者无安危,则谓之都亡所信。都亡所不信,真矣,悫矣。奚去?奚就?奚哀?奚乐?”刘琨从庄子的“齐物论”思想出发,企求得到一种“物我两

忘”的境界，因此觉得“厚薄”“哀乐”都不应产生。 ⑤ 辀（zhōu 周）张：惊惧貌。 ⑥“困于”二句：此指永嘉之乱后，刘曜破洛阳，灭西晋，琨父母并遇害事。事详《晋书·刘琨传》。⑦ 块然：孤独貌。 ⑧“积疢（chèn 称）”三句：疢，指病。弥年，即经年。积年的重病，想以一丸轻量的药去医治，是办不到的。 ⑨“和氏”二句：楚人卞和得玉璞于楚山中，献与楚厉王，玉人相之以为石，王以和为诳而刖其左足；后以献之武王。玉人又相之以为石，刖其右足；文王即位，和乃抱其璞而哭于楚山之下，王乃使玉人理其璞乃得宝，此即所谓“和氏之璧”。事见《韩非子·和氏》。郢（yǐng 影），楚国都城，这里代指楚人。和氏璧后入于赵，秦灭六国又入于秦。独曜于郢握，言和氏璧虽楚国的重宝，终究不能为楚人所独有。 ⑩“夜光”二句：《淮南子·览冥训》：“譬如隋侯之珠，和氏之璧，得之者富，失之则贫。”注：“隋侯，汉东之国，姬姓诸侯也，隋侯见大蛇伤断，以药傅之，后蛇于江中衔大珠以报之，因曰：‘隋侯之珠’。” ⑪ 聃、周：指老子与庄周，老子亦称老聃。 ⑫ 嗣宗：阮籍的字。 ⑬ 昔騄骥倚辀于吴坂，长鸣于良、乐：騄骥，良马名；辀，车辕；吴坂，即颠軨坂，在今山西平陆东。《战国策·楚四》：“夫骥之齿至矣，服盐车而上太行，蹄申膝折，尾湛胕溃，漉汁洒地，白汗交流，中坂迁延，负辕不能上，伯乐遭之，下车攀而哭之，解纻衣以幂之。”良，指王良，善驭车。乐，指伯乐，善相马。此处借良马未得遇善相马的伯乐与善驭车的王良，来比喻刘琨自己兴复晋室，未得知己。现在卢谌得到段匹磾的赏识，正可以为自己的困境援手相助。 ⑭“百里奚”二句：百里奚，虞人，尝之齐，齐不用；又之周，周不用；后归虞，为虞大夫，知其将亡，不谏而先去之。秦缪公闻其贤，以五羖羊皮赎之而授以国政。按《汉书·韩信传》：“信曰：‘仆闻之，百里奚居虞而虞亡，之秦而秦伯，非愚于虞而智于秦也，用与不用，听与不听耳。’” ⑮ 勖（xù 序）：勉励。 ⑯ 属意：留意。

刘琨是一位民族志士，他生活在民族矛盾深重的时代，整个华北几乎全为异族统治，而他独尊晋室。晋人授他为并州刺史，他“到官之日，属承其弊，遗户无几，当易危之势，处难济之土”，“寇盗互来掩袭，以城门为战场，百姓负楯以耕，属鞬而耨”。在这样艰苦的情况下，他“鸠集伤痍，抚和戎狄”。经他苦心经营，“数年之间，公私渐振”（均见《晋书·刘琨传》）。北方少数民族政权犬牙相错，政治局势异常复杂，逃到江南的晋元帝司马睿几乎对他没有什么支援，加上他在军事上失误，最后丧失了并州，投奔鲜卑族的段匹磾，想联合段反对窃据中原，荼毒人民最深的刘聪、石勒，后因嫌隙为段所害。刘琨一生忠心耿耿为晋室效命，常常表示要“没身报国，辄死自效”，“（刘）聪（石）勒不枭，臣无归志”。虽然在兵力悬殊之下失败了，甚至丧失了生命，应该说他是大节可风的。南宋爱国诗人陆放翁曾称赞他“刘琨死后无奇士，独听荒鸡泪满襟”。

《答卢谌书》正是刘琨失去并州，投奔段匹磾时所作。卢谌是他的朋友卢志的儿子，原在刘琨手下任职。据《晋书·卢谌传》，“琨妻即谌之从母”，“建兴末，随琨投段匹磾，匹磾自领幽州牧，取谌为别驾”（《文选》注说“谌求为匹磾别驾”有误）。由于一些嫌隙和误会，段匹磾拘留了刘琨，刘琨存亡未卜，还想通过卢谌，表达他愿与段合作维护晋室的决心，希卢谌代他向段表明，因此趁卢谌笺诗于琨之际，写下这封信和诗。

书的前段叙述自己青壮年时代，受到了老庄的影响，“怪厚薄何从而生，哀乐何由而至”，这正是《列子·力命》的话。然后通过五胡乱华的大变化，“国破家亡，亲友凋残”，悟出了西晋的灭亡实在是“清谈误国”知“聃、周之为虚诞，嗣宗之为妄作”的道理，然后叙述卢谌受到段匹磾的知遇，应该有所勖勉。他在四言诗《答卢谌诗》（八章）中，首先痛叙国家危难，“火燎神州，洪流华域”“哀我皇晋，痛心在目”（其一），意在激发卢谌的爱国志气；中段叙述刘琨与卢谌的关系与卢、刘二家的破灭，“郁穆旧姻，嬿婉新婚”，“二族偕覆，三孽并根”（四章），动之以情，希卢谌帮助他解脱危难；最后则劝卢谌“何以赠子，竭心公朝”（八章），仍是归结到共同抵御异族侵略。但由于谌“素无奇略”，仅“以常词酬琨”，故刘琨终为段匹磾所害，成为后代歌颂惋惜的人物。

刘勰说“刘琨雅壮而多风”（《文心雕龙·才略》），钟嵘说“越石感乱”，又说“琨既体良才，又罹厄运，故善叙丧乱，多感恨之辞”（俱见《诗品》），对刘琨的诗文作了高度评价，以之来论《答卢谌书》也很贴切。全书字数不多，家国沦亡之痛，跃然纸上；末尾称赞卢谌，原为希其有为而作，不卑不亢，亦甚得体，在清峻简约的晋文中不失为上乘文字。

（龙 晦）

【作者小传】

鲁 褒

西晋文学家。字元道。南阳（今属河南）人。好学多闻。隐姓名，终身不仕。疾元康以后逐利之风，著《钱神论》以刺之。

钱 神 论[1]

鲁 褒

有司空公子[2]，富贵不齿[3]，盛服而游京邑，驻驾平市里[4]。顾见綦母先生，班白而徒行[5]。公子曰：“嘻！子年已长矣，徒行空手，将何之乎？”先生曰：“欲之贵人。”公子曰：“学《诗》乎？”曰：“学矣。”“学《礼》乎？”曰：“学矣。”“学《易》乎？”曰：“学矣。”公子曰：“《诗》不云乎：‘币帛筐篚，以将其厚意，然后忠臣嘉宾，得尽其心[6]。’《礼》不云乎：‘男贽玉帛禽鸟，女贽榛栗枣脩[7]’。《易》不云乎：‘随时之义大矣哉[8]！’吾视子所以，观子所由[9]，岂随世哉！虽曰已学，吾必谓之未也。”先生曰：“吾将以清谈[10]为筐篚，以机神[11]为币帛。所谓‘礼云礼云，玉帛云乎哉’[12]者已。”

公子拊髀[13]大笑曰：“固[14]哉，子之云也！既不知古，又不知今。当今之急，何用清谈！时易世变，古今易俗，富者荣贵，贫者贱辱。而子尚质，而子守实，无异于遗剑刻船[15]，胶柱调瑟[16]。贫不离于身名，誉不出乎家室，固其宜也！

“昔神农氏没，黄帝、尧、舜，教民农桑，以币帛为本[17]。上智先觉变通之，乃掘铜山，俯视仰观，铸而为钱。故使内方象地，外圆象天[18]。大矣哉！

“钱之为体[19]，有乾有坤[20]。内则其方，外则其圆。其积如山，其流如川。动静有时，行藏有节[21]。市井便易[22]，不患耗折[23]。难朽象寿[24]，不匮象道[25]。故能长久，为世神宝。亲爱如兄[26]，字曰孔方。失之则贫弱，得之则富强。无翼而飞，无足而走。解严毅[27]之颜，开难发之口。钱多者处前，钱少者居后。处前者为君长，在后者为臣仆。君长者丰衍而有余，臣仆者穷竭而不足。《诗》云：‘哿矣富人，哀此茕独[28]。’岂是之谓乎！

“钱之为言泉[29]也，百姓日用，其源不匮，无远不往，无深不至。京邑衣冠[30]，疲劳讲肆[31]，厌闻清谈，对之睡寐。见我家兄，莫不惊视。钱之所祐，吉无不利。何必读书，然后富贵！昔吕公欣悦于空版[32]，汉祖克之以嬴二[33]。文君解布裳而被锦绣[34]，相如乘高盖而解犊鼻[35]。官尊名显，皆钱所致。空版至虚，而况有实！嬴二虽少，以致亲密。由是论之，可谓神物。无位而尊，无势而热，排朱门，入紫闼[36]。钱之所在，危可使安，死可使活。钱之所去，贵可使贱，生可使杀。是故忿诤[37]辩讼，非钱不胜；孤弱幽滞[38]，非钱不拔；怨仇嫌恨，非钱不解；令问[39]笑谈，非钱不发。

“洛中朱衣[40]，当途[41]之士，爱我家兄，皆无已已。执我之手，抱我终始，不计优劣，不论年纪。宾客辐辏[42]，门常如市。谚云：‘钱无耳，可暗使。’岂虚也哉？又曰：‘有钱可使鬼。’而况于人乎？子夏云：‘死生有命，富贵在天。’[43]吾以死生无命，富贵在钱。何以明之？钱能转祸为福，因败为成，危者得安，死者得生。性命长短，相禄[44]贵贱，皆在乎钱，天何与[45]焉？天有所短，钱有所长。四时行焉，百物生焉，钱不如天；达穷开塞，赈贫济乏，天不如钱。若臧武仲[46]之智，卞庄子[47]之勇，冉求[48]之艺，文之以礼乐[49]，可以为成人矣[50]。今之成人者何必然？唯孔方而已。

“夫钱，穷[51]者能使通达，富者能使温暖，贫[52]者能使勇悍。故曰：君无财，则士不来；君无赏，则士不往。谚曰：‘官无中人[53]，不如归田。’虽有中人，而无家兄，何异无足而欲行，无翼而欲翔？使才如颜子[54]，容如子张[55]。空手掉臂[56]，何所希望？不如早归，广修农商。舟车上下[57]，役使孔方。凡百君子，同尘和光[58]，上交下结，名誉益彰。”

黄铜中方[59]，叩头对曰：“仆自西方庚辛[60]，分王诸国[61]，处处皆有，长沙越嶲[62]，仆之所守。黄金为父，白银为母，铅为长男，锡为適妇[63]。伊[64]我初生，周末时也，景王尹世[65]，大铸兹也[66]。贪人见我，如病得医，饥飨太牢[67]，未之逾也。”

〔注〕 ①《钱神论》：选自清严可均《全晋文》卷一一三。《晋书》卷九四、《艺文类聚》卷六六、《初学记》卷二二、《太平御览》卷八三六均有节录，异文颇多。 ②司空公子：作者假托的人名。 ③不齿：不与同列，表示极为鄙视。 ④平市里：作者假托的地名。 ⑤“顾见”二句：綦（qí其）母先生，作者假托的人名。班白，即斑白，头发花白。徒行，步行。 ⑥币帛：缯帛，古人馈赠用的礼品。筐：方形盛物的竹器。篚（fěi匪）：圆形盛物的竹器。“币帛”四句出《诗经·小雅·鹿鸣》小序。将：行。 ⑦“男贽”二句：贽（zhì至），古人初次进见尊长者所持礼品。《左传·庄公二十四年》：“男贽，大者玉帛，小者禽鸟，以章物也；女贽，不过榛、栗、枣、脩，以告虔也。”榛（zhēn贞）：其果似栗而小。脩：干肉。今本《礼记》无此二句。 ⑧“随时”句：随时之义，随时势而变通。语出《周易·随卦》：“天下随时，随时之义大矣哉！” ⑨“吾视”二句：所以，所为，指言行举止。所由，所从，指经过的道路。语出《论语·为政》：“视其所以，观其所由，察其所安。” ⑩清谈：清雅的言谈。 ⑪机神：高妙的玄理。 ⑫“礼云”二句：礼难道仅是指玉帛等礼物而说的吗？语出《论语·阳货》。 ⑬拊（fǔ府）髀：手拍大腿。⑭固：固执，顽固。 ⑮遗剑刻船：即刻舟求剑，比喻拘泥成法而不讲实际。典出《吕氏春秋·察今》。 ⑯胶柱鼓瑟：用胶把弦柱粘住，则鼓瑟者无从调节声音。比喻拘泥固执，不知

变通。典出《史记·赵奢传》。 ⑰ 本：根本。 ⑱“内方”二句：古人认为地方天圆。象，象征。 ⑲ 体：形状。 ⑳ 有乾有坤：《易经》八卦的乾、坤二卦。乾之象为天，坤之象为地。㉑ 行藏有节：指钱币的流通和贮藏有一定的法度。 ㉒ 市井便易：在市场上做买卖便于交易。 ㉓ 耗折（shé 舌）：消耗亏损。 ㉔ 难朽象寿：像长寿难以衰老。 ㉕ 不匮（kuì 馈）象道：像大自然运行不息，不会缺乏。 ㉖ 亲爱如兄：《晋书》作“亲之如兄”。此据《艺文类聚》。㉗ 严毅：严厉刚正。 ㉘“哿（gě 舸）矣”二句：富人犹可，孤苦伶仃的人就十分可哀。语出《诗经·小雅·正月》。“茕”作“惸（qióng 穷）”。 ㉙ 泉：古代钱币的名称。谓其“流行如泉”（《汉书·食货志》颜师古注）。 ㉚ 京邑衣冠：京城里的士大夫。 ㉛ 讲肆：讲学的地方。《晋书》作“讲肄”。此据《艺文类聚》。 ㉜“昔吕公”句：吕公，汉吕后之父。版，进见时用的名帖。刘邦为亭长时，不持一钱往贺吕公，名帖上却写“贺万钱”。吕公迎为上宾，并把女儿嫁给他。事见《史记·高祖本纪》。 ㉝“汉祖”句：克，同“刻”，铭记。赢，多。刘邦为小吏时奉差咸阳，吏皆送三百钱，独萧何送五百钱。刘邦铭记萧何多赠二百钱，称帝后多封萧何食邑二千户。事见《史记·萧相国世家》。 ㉞“文君”句：文君，卓文君，西汉临邛大富商卓王孙之女。她夜奔司马相如，同驰归成都。相如家贫，文君久之不乐，遂返临邛，与相如卖酒，文君当垆。卓王孙以为耻，不得已分财产与之，文君有钱百万，又穿上锦绣衣裳。事见《史记·司马相如列传》。 ㉟“相如”句：相如，司马相如，字长卿，西汉辞赋家。高盖：高车。犊鼻：犊鼻裈（kūn 坤），短裤，或谓围裙，状如犊鼻。相如与文君同返临邛卖酒，文君当垆，相如着犊鼻裈，与保佣杂作、涤器于市。卓王孙分财产与文君后，遂回成都买田舍，致富。 ㊱“排朱门”二句：朱门，指富豪之家。紫闼（tà 榻），指帝王宫廷。 ㊲ 诤：同“争”，争执。 ㊳ 幽滞：指失意不得进仕的人。 ㊴ 令问：问候。 ㊵ 洛中：洛阳。朱衣：泛指权贵。 ㊶ 当途：当道，当权。㊷ 辐辏（còu 凑）：指四方宾客聚集到一处。 ㊸“子夏”三句：孔子的学生，姓卜，名商，字子夏。“死生”二句：出自《论语·颜渊》。 ㊹ 相禄：享有福禄的面相。 ㊺ 与（yù 愈）：参预。㊻ 臧武仲：春秋时鲁国大夫臧孙纥，有智谋。 ㊼ 卞庄子：春秋时鲁国大夫，以勇力著名。㊽ 冉求：孔子的学生冉有，有才艺。 ㊾ 文之以礼乐：用礼乐来加以修饰。 ㊿ 成人：德才兼备的人，即完人。语出《论语·宪政》：“子曰：‘若臧武仲之知，公绰之不欲，卞庄子之勇，冉求之艺，文之以礼乐，亦可以为成人矣。’” 51 穷：困厄，不得志。 52 贫：贫弱，软弱。53 中人：君主身边有权势的人。 54 颜子：即颜回，孔子的学生，孔子屡称其有才德。55 子张：即颛（zhuān 专）孙师，孔子的学生，貌美。 56 空手掉臂：空手摇动臂膀，指空手无钱。 57 上下：指来往。 58 同尘和光：即“和光同尘”。语出《老子》：“和其光，同其尘。”这里指与尘俗混同，随波逐流。 59 黄铜中方：铜钱，这里指钱神。 60 庚辛：古时把天干与五行相配合表示方位。庚在五方中属西；庚、辛在五行中属金；金在五行中代表西方。故钱自称来自西方庚辛。 61 分王诸国：分往诸国称王。 62 越巂（suǐ 随）：地名，故地在今四川西昌市。 63 適（dí 迪）妇：嫡长子妻。適，同“嫡”。 64 伊：句首语气词。 65 景王：周景王（前 544—前 520 在位）姬贵。尹世：治世。 66 大铸兹也：周景王时，患钱轻，更铸大钱。事见《国语·周语》。兹，此指钱。 67 太牢：古代宴会或祭祀时并用牛、羊、猪三牲，称太牢。

西晋元康之世，朝政昏暗，“纲纪大坏”，贪财成风，贿赂公行。金钱作为货币的万能神力，日益为世人所认识，同时出现了三四篇同名之作揭露金钱的神力。其中最著名的当推鲁褒的这一篇。它对金钱的神力从不同侧面作了淋漓尽致的揭露，对日益堕落的社会风气进行了猛烈的抨击，嬉笑怒骂，冷嘲热讽，堪称六朝文章中一篇奇文。

这篇文章通篇设为问答，敷衍成章。题目虽名曰“论”，但实为赋体。作者假托司空公子和綦毋先生的对话，揭示当时社会风气大变，指出当时“时易世变，古今易俗”，作为钱神产生的背景。而后借司空公子之口，叙述钱的历史，交代金钱的来历；描述钱的形体，交代名为孔方的原由；分述钱的特性，交代人的贫富、强弱在于钱之有无、多少，以此作为揭露金钱神力的引子。

接着，作者就集中笔力，对金钱的巨大神力从不同角度进行了深刻而有力的揭露。其一，学优则仕原是儒者传统的人生道路。但自金钱来到人间后，做官就不靠知识了。文章列举了大量的史实，说明如今“官尊名显，皆钱所致”。金钱主宰着一切：危安、死活、贵贱、生杀等等，都取决于钱。它可以“排朱门，入紫闼”，通关节，买人情，使人“无位而尊，无势而热”，办任何事情，都非钱不可。金钱成了万能的神，知识贬值，已一文不值。因而作者愤激地说：“何必读书，然后富贵！”其二，“死生有命，富贵在天”原是儒家传统的观念，但由于钱的法力无边，作者提出了“死生无命，富贵在钱”。钱是万物的异化形式，它可以使万物互相转化：祸转为福，败转为成，危转为安，死转为生。甚至“性命长短，相禄贵贱”，也在于钱，而不在天。作者把钱和天的力量作了一番比较，认为“天有所短，钱有所长”，结论是“天不如钱”。钱的力量超过了主宰一切的上天，成了宇宙间至高无上的神。人格的完美，依照儒家观点，必须具有仁、义、智、勇、礼、乐等条件。现在由于钱可使丑变成美，使卑贱变成高贵，使罪过变成正义，因而完人的条件，亦“唯孔方而已”，钱成了左右人格的动力。其三，俗话说：“朝中无人莫做官”，但时至西晋，朝中有人而无钱也仍然做不到官。“虽有中人，而无家兄，何异无足而欲行，无翼而欲翔?”即使此人才貌超群，空手摇臂，无钱送礼，也仍然做不到官。但只要有钱，就可以买到权势，做上高官。可见钱的神通广大，法力无边了。这些论述对金钱的神力是何等大胆的揭发，又是何等犀利的解剖！这在当时是十分难能可贵的。

与此同时，作者还对世人追逐金钱的丑态作了形象的描绘。一些清高的读书人听儒者讲学或玄学清谈，都深感无味，昏昏欲睡，而“见我家兄”则“莫不惊视”，精神振奋：唯一能刺激他们神经的只有一个“钱”字。至于那些当朝权贵更是嗜钱如命，“爱我家兄，皆无已已。执我之手，抱我终始”。“执”和“抱”，活画出这伙钱癖的丑恶嘴脸。西方谚语说：“金钱无臭味。”他们对钱也是“不计优劣，不论年纪”，只要是钱，就如蝇逐臭，唯钱是求。文章结尾作者通过钱神的自白，揭示钱之为神,"处处皆有";爱钱之癖,古已有之。回应前文,收束全篇。

《钱神论》除开头司空公子和綦母先生的对话运用散体,句式长短参差不齐,而后则以简短的四字句为主,在工整的四字句中,亦间杂以三、六、九字句,句式排比整齐而又有变化,骈散相间,错落有致。文中用韵,也形式多变,或两句一押韵,如"使才如颜子,容如子张。空手掉臂,何所希望?不如早归,广修农商。舟车上下,役使孔方";或四句一换韵,如"动静有时,行藏有节。市井便易,不患耗折。难朽象寿,不匮象道。故能长久,为世神宝",读来韵律和谐,铿锵有力。

这篇文章问世后,"疾时者共传其文";"孔方兄"的称号更是不胫而走,流播后世。明人袁宏道《读〈钱神论〉》诗云:"闲来偶读《钱神论》,始识人情今亦古;古时孔方比阿兄,今日阿兄胜阿父。"清人叶承宗更"敷衍《钱神论》"而作杂剧《孔方兄》针砭时弊。这些拟作皆缘于鲁褒的《钱神论》,可见其影响之深远。

(丰家骅)

【作者小传】

木 华

西晋文学家。字玄虚。广川(今河北枣强东)人。曾为太傅杨骏府主簿。作品仅存《海赋》一篇,颇有名。

海 赋

木 华

昔在帝妫臣唐①之代,天纲浡潏②,为凋为瘵③;洪涛澜汗④,万里无际;长波涾㴋⑤,迤涎八裔⑥。于是乎禹也,乃铲临崖之阜陆,决陂潢而相沃⑦。启龙门之岝嶺,垦陵峦而崭凿⑧。群山既略,百川潜渫⑨。泱漭澹泞⑩,腾波赴势。江河既导,万穴俱流,掎拔五岳,竭涸九州。沥滴渗淫,荟蔚云雾,涓流泱瀼⑪,莫不来注。於廓灵海,长为委输⑫。其为广也,其为怪也,宜其为大也。

尔其为状也,则乃浟湙潋滟⑬,浮天无岸;沖瀜沆瀁,渺瀰泼漫⑭;波如连山,乍合乍散。嘘噏百川,洗涤淮汉;襄陵广舄,漻漷浩汗⑮。若乃大明摭辔于金枢之穴⑯,翔阳逸骇于扶桑之津[17]。彯沙礐石，荡飏岛滨[18]。于是鼓怒，溢浪扬浮，更相触搏，飞沫起涛。状如天轮，胶戾而激转；又似地轴，挺拔而争回。岑岭飞腾而反覆，五岳鼓舞而相磓。㵾濆沦而滀渫[19]，郁沏迭而隆颓[20]。盘盓[21]激而成窟，㴔泋潗而为魁[22]。泅泊柏而迆飏[23]，磊匒匌而相豗[24]。惊浪雷奔，骇水迸集；开合解会，瀼瀼湿湿[25]；葩华踧沑[26]，湏泞潗滀[27]。若乃霾曀潜销[28]，莫振莫竦；轻尘不飞，纤萝不动；犹尚呀呷[29]，余波独涌；澎濞灪磙，碨磊山垄[30]。

尔其枝岐潭瀹[31]，渤荡成汜[32]。乖蛮隔夷，回互万里。若乃偏荒速告，王命急宣，飞骏鼓楫，泛海凌山。于是候劲风，揭百尺[33]，维长绡，挂帆席，望涛远决，冏然鸟逝，鹬如惊凫之失侣，倏如六龙之所掣。一越三千，不终朝而济所届。

若其负秽临深，虚誓愆祈[34]，则有海童邀路，马衔当蹊[35]。天吴乍见而仿佛，蝄像暂晓而闪尸[36]。群妖遘迕[37]，眇䁦冶夷[38]。决帆摧橦，戕风起恶。廓如灵变，惚怳幽暮。气似天霄，叆靆[39]云布。倏昱[40]绝电，百色妖露。呵嗽掩郁[41]，矆睒[42]无度。飞涝相磢，激势相沏[43]。崩云屑雨，浤浤汩汩[44]。踔踔湛濼[45]，沸溃渝溢。瀖泋濩渭[46]，荡云沃日。于是舟人渔子，徂南极东，或屑没于鼋鼍之穴，或挂罥于岑嶅之峰[47]。或掣掣泄泄于裸人之国，或泛泛悠悠于黑齿之邦[48]。或乃萍流而浮转，或因归风以自反。徒识观怪之多骇，乃不悟所历之近远。

尔其为大量也，则南涂朱崖，北洒天墟，东演析木，西薄青徐[49]。经途瀴溟[50]，万万有余。吐云霓，含龙鱼，隐鲲鳞，潜灵居[51]。岂徒积太颠之宝贝，与随侯之明珠[52]。将世之所收者常闻，所未名者若无。且希世之所闻，恶[53]审其名？故可仿像其色，叆䨴其形[54]。尔其水府之内，极深之庭，则有崇岛巨鳌，峌岘[55]孤亭。擘洪波，指太清[56]。竭磐石，栖百灵[57]。飏凯风而南逝，广莫至而北征[58]。其垠则有天琛水怪，鲛人之室[59]。瑕石诡晖[60]，鳞甲异质。若乃云锦散文于沙汭之际，绫罗被光于螺蚌之节。繁采扬华，万色隐鲜。阳冰不冶，阴火潜然。熺炭重燔，吹炯九泉[61]。朱焰绿烟，腰眇蝉蜎[62]。鱼则横海之鲸，突扤孤游，戛岩嶅[63]，偃高涛，茹鳞甲，吞龙舟。噏波则洪涟踧蹜，吹涝则百川倒流。或乃蹭蹬[64]穷波，陆死盐田，巨鳞插云，鬐鬣刺天，颅骨成岳，流膏为渊。

若乃岩坻之隈，沙石之嵚，毛翼产鷇，剖卵成禽。凫雏离褷，鹤子淋渗[65]。群飞侣浴，戏广浮深。翔雾连轩，泄泄淫淫[66]。翻动成雷，扰翰为林。更相叫啸，诡色殊音。

若乃三光既清，天地融朗。不泛阳侯[67]，乘蹻绝往[68]。觌安期[69]于蓬莱，见乔山[70]之帝像。群仙缥眇，餐玉清涯。履阜乡之留舄[71]，被羽翮之襂纚[72]。翔天沼，戏穷溟，甄有形于无欲，永悠悠以长生。且其为器也，包乾之奥，括坤之区。惟神是宅，亦祇是庐。何奇不有，何怪不储？芒芒积流[73]，含形内虚。旷哉坎德[74]，卑以自居。弘往纳来，以宗以都[75]。品物类生，何有何无！

〔注〕 ① 帝妫(guī 龟)：舜。妫，舜之姓。唐：尧。尧姓陶唐氏。 ② 天纲：古人以江、河为天之纲纪。浡潏(bó jué 薄决)：水沸涌貌。 ③ 凋：伤。瘵(zhài 债)：病。 ④ 澜汗：水势浩大。 ⑤ 湝沲(tà duò 踏舵)：水波重叠。 ⑥ 迆(yǐ 椅)涎：绵延相连。八裔：八方。 ⑦ 陂潢：积水之处。沃：灌。 ⑧“启龙门”二句：龙门，黄河流经山西河津西北和陕西韩城东北，两岸峭壁对峙，形如门阙，是名龙门，极为险要。岞崿(zuò è 坐饿)，高貌。垦，治也。崭凿，开凿。 ⑨“群山”二句：略，治理。渫(xiè 屑)，疏通。 ⑩ 泱漭：水广大无边。澹(dàn 旦)泞：水色澄深。 ⑪ 泱瀼：细水流动貌。 ⑫“於廓”二句：於(wū 乌)，赞叹之辞。廓，大。委输，转运。 ⑬ 浟湙(yóu yì 由义)：水流之貌。潋滟：水波荡漾。 ⑭“沖瀜”二句：沖瀜(chōng róng 充容)沆(hàng)瀁(yǎng 养)，水深广貌。渺瀰湠(tàn 炭)漫，水旷远之貌。⑮“襄陵”二句：襄陵，大水漫过丘陵。广舄(xì 戏)，扩大了海水浸渍的盐碱地。舄，通“潟”，盐碱地。滮潒(jiāo gé 交格)，水广深之貌。 ⑯ 大明：月亮。摭(biāo 标)：揽。金枢之穴：西方月没处。 ⑰ 翔阳：太阳。逸骇：言其出迅疾。扶桑：托名东方朔所撰《海内十洲记》："扶桑在碧海中，树长数千丈，一千余围，两干同根，更相依倚，日所出处。" ⑱“影沙”二句：影(piāo 飘)沙砦(què 确)石，大风扬沙，风或水激石作声。飍(yù 玉)，风疾貌。 ⑲ 渭(wèi 谓)：乱貌。溃沦：水势起伏汹涌。滀漯(chù tà 畜榻)：攒聚貌。 ⑳ 沏(qiè 切)迭：水流快速貌。隆颓：高低不平貌。 ㉑ 盘盓(yū 迂)：犹盘涡，水旋流形成深涡。 ㉒ 湍潭(qiào tán 俏谈)：巨浪。滐：同"杰"，特出。魁：山丘。 ㉓ 㳕(shǎn 闪)：水流疾速。泊(pō 泼)柏：小波浪。迆(yǐ 倚)飏：斜起貌。 ㉔ 磊：大。訇匌(dá kē 答科)：重叠。豗(huī 灰)：撞击。 ㉕ 瀼瀼湿(chì 赤)湿：浪涛开合之貌。 ㉖ 葩华：分散貌。踧(cù 促)沑(nù)：蹴聚貌。 ㉗ 澒泞

(dǐng nìng 顶佞)：水腾翻貌。湒潪(jí nì 集腻)：水波腾涌声。　㉘ 霾曀(mái yì埋意)：《诗·邶风·终风》："终风且霾。"又，"终风且曀。"本意为大风杂尘土而下以致天色阴晦。此处可解为大风吹起浪沫遮住太阳，至"潜销"则这种现象俱不存在。　㉙ 呀呷：水波吞吐之状。　㉚"澎濞"二句：澎濞(pì 僻)，波浪撞击声。灪瀤(yù huái 郁怀)，波浪高貌。碨(wěi 伟)磊，高低不平貌。　㉛ 枝岐：水的支流。潭瀹(yuè 月)：水波动荡貌。　㉜ 渤荡：涨潮。汜：由主流分出而复汇合的河水。　㉝ 百尺：帆樯。　㉞"若其"二句：负秽，指身有罪。愆祈，失误的祈祷。　㉟"则有"二句：海童、马衔，皆为传说中的海中神怪。　㊱"天吴"二句：天吴、蝄(wǎng 网)像，并为海神。闪尸，暂现之貌。　㊲ 遘迕：遭遇冒犯。　㊳ 眇䁏(yǎo 咬)：视貌。冶夷：妖媚貌。　㊴ 叆䨴(ài fèi 爱费)：昏暗貌。　㊵ 倏昱：疾速。　㊶ 呵歔(xù 序)掩郁：不明之貌。　㊷ 矆睒(huò shǎn 霍闪)：光色闪烁不定。　㊸"飞涝"二句：涝，大的波浪。磢(chuǎng 闯)，摩擦。沏，碰撞。　㊹ 浤(hóng 宏)浤汩(gǔ 骨)汩：波涛声。　㊺ 踸(chěn)踔(chuō 戳)：水波进退不定之貌。湛瀹(yuè 悦)：波浪腾涌貌。　㊻ 濩渀(huò huì 霍卉)濩渭：波浪起伏之声。　㊼"或挂罥"二句：挂罥(juàn 券)，牵挂。岑嶅(áo 傲)，山岭。　㊽"或掣"二句：掣掣泄泄，任风漂泊之貌。泛泛悠悠，随水流转之貌。裸人之国与黑齿之邦：《三国志·魏志·东夷传》："女王国东渡海千余里，复有国，皆倭种。又有侏儒国在其南，人长三四尺，去女王四千余里。又有裸国、黑齿国复在其东南，船行一年可至。"　㊾"则南澰"四句：澰(liàn 练)，浸渍。朱崖，亦作珠厓，即今海南省海口市，古时以为极南之地。天墟，极北面的天空。演，长流。析木，十二星次之一。古以十二星次配十二分野，以析木为燕之分野，属幽州，今北京市、河北北部及辽宁一带。薄，迫近。青，青州，古九州之一。《书·禹贡》："海、岱惟青州。"海指渤海，岱指泰山。青州，今山东半岛。徐，徐州，古九州之一。《书·禹贡》："海、岱及淮惟徐州。"海指黄海，岱指泰山，淮指淮河。徐州，今江苏、安徽北部、山东南部。因青、徐二州古代靠海，被认为海的最西方。　㊿ 瀴(yǐng 影)溟：杳远貌。谓上述东南西北四至之地，经历绝远。　51"隐鲲鳞"二句：鲲鳞，鲲鱼，古代传说中的大鱼。或为昆山。昆山为传说中的神山。与灵居皆为神仙所居。　52"岂徒"二句：太颠之宝贝，《琴操·拘幽操序》："纣囚文王于羑里，欲杀之，于是文王四臣，太颠、闳夭、散宜生、南宫适之徒，得美女二人、水中大贝，白马朱鬣，以献于纣，纣王释文王。"随侯之明珠，《淮南子·览冥训》"隋侯之珠"注："隋侯见大蛇伤断，以药傅之。后蛇于江中衔大珠以报之，因曰隋侯之珠，盖明月珠也。"　53 恶(wū 乌)：何。　54"故可"二句：仿像，仿佛相似。叆䨟(ài xì 爱戏)，依稀，不明貌。　55 峌岘(dié niè 迭聂)：高貌。　56 太清：天空。　57"竭磐石"二句：竭，负载。百灵，众仙。　58"飏凯风"二句：凯风、广莫，《吕氏春秋·有始览》高诱注："南方曰巨风，一曰凯风。北方曰寒风，一曰广莫风。"　59"其垠"二句：天琛，天产的珍宝。鲛人，神话传说中居于水底的怪人。或云即人鱼。　60 诡晖：奇异的色泽。　61"熺炭"二句：熺(xī 西)炭，炽热的炭。炯，明亮。　62 腰眇(yǎo miǎo 咬秒)蝉蜎(xuān 宣)：烟艳飞腾之貌。　63 戛岩嶅：戛，刮平。岩嶅，山岭。　64 蹭(cèng)蹬(dèng 邓)：失势之貌。　65 凫雏离褷(shī 尸)、鹤子淋渗：俱毛羽初生貌。　66"翔雾"二句：连轩，飞翔貌。泄泄淫淫，缓飞貌。　67 阳侯：传说中的波神。《淮南子·览冥训》高诱注："阳侯，陵阳国侯也。其国近水，溺水而死。其神能为大波，有所伤害，因谓之阳侯之波。"　68 乘跻绝往：乘跻，指能举足高飞，道家所谓飞行之术。《抱朴子·杂应》："若能乘跻者，可以周流天下，不拘山河。"　69 安期：即安期生，先秦时方士。《史记·封禅书》载，李少君言："臣尝游海上，见安期生，安期生食巨枣，大如瓜。安期生仙者，通蓬莱中，合则见人，不合则隐。"　70 乔山：即桥山。黄帝葬地，在今陕西省境内。《史记·五帝本纪》："黄帝崩，葬桥山。"　71 阜乡之留舄：传说中仙人留下的鞋。旧题汉刘向《列仙传》:“安期先生,琅琊阜乡人,时人皆言千岁翁。秦始皇东游,与语三日三夜,赐金璧数千万。出阜乡亭,皆置去,留赤玉舄一双为报。” ⑫ 褛缅(shēn shǐ 申始):毛羽下垂貌。 ⑬ 芒芒:众多貌。 ⑭ 坎德:《易·说卦》:“坎者,水也,正北方之卦也。”故以坎德为水德。 ⑮ 以宗以都:《书·禹贡》:“江汉朝宗于海。”《管子·水地》:“人皆赴高,己(水)独赴下,卑也……而水以为都居。”注:“都,聚也。水聚居于下,卑也。”

中国古代文学史上,不乏以孤篇名世的作家。西晋木华即以其瑰奇壮阔的《海赋》有名于当时,垂范于后代。

《海赋》一开始,述说帝舜还在做唐尧臣子的时代,天下洪水泛滥,万里无边无岸,百姓忧之。舜命禹平水土,禹乃开通沟渎,“瀹济、漯而注诸海,决汝、汉,排淮、泗而注之江”(《孟子·滕文公上》),“凿龙门,辟伊阙”(《淮南子·人间训》),经过多年的辛勤劳动,然后“江河既导,万穴俱流”,“於廓灵海,长为委输”,到这里才拈出一个“海”字,步入正文。此前的一段笔墨,好比后世小说戏曲的“楔子”,楔出一大篇文章来。“其为广也,其为怪也,宜其为大也”三句,是承上启下的句子,提纲挈领地带出下文。

“尔其为状也”,是写大海的状貌神情。以下四句,说海水流动相连,既深且广,旷远无边。“波如连山,乍合乍散”,形容确当,得海波之神。“大明”二句,言月落与日出两个时辰,巨风骤起,海岛中飞沙飘石,激浪扬波,宛如天旋地转。“惊浪雷奔,骇水迸集”,确实令人“惊骇”。待到风静了,犹自余波吞吐,在高峻而不平的山岩中,澎澎有声。至于一些入海岔流,出而复入,动摇不已,这仍是写海水的动态,写海岸线的情状,与对面的“蛮夷”地域隔海相望,有万里之遥,暗示大海的辽阔。以下设想边远地区如有向朝廷告急之事,或者朝廷有向下急告之事,那就可以凭借海路迅速传达。这里有一段很精彩的描写,转述恐失其真,就直引原文吧:

> 飞骏鼓楫,泛海凌山。于是候劲风,揭百尺,维长绡,挂帆席,望涛远决,冏然鸟逝,鹬如惊凫之失侣,倏如六龙之所掣。一越三千,不终朝而济所届。

看他写鼓棹挂帆,便渡海如飞,这似乎脱胎于《诗·卫风·河广》:“谁谓河广,一苇杭之;谁谓宋远,跂予望之。谁谓河广,曾不容刀;谁谓宋远,曾不崇朝。”然而时代有了进步,内地的渡河、涉江,扩展到了航海,这气魄之大,又迈越了前人。这是写海之广。

以下别出一景。大海遇到恶劣的天气,则风暴乍起,吹断帆樯,天昏地暗,波冲浪突,似有海中神怪纷起作祟。古人不明台风海啸的起因,以为是神怪所为,但其结果是看到了的,这就是“舟人渔子,徂南极东,或屑没于鼋鼍之穴,或挂罥于岑嶅之峰”;有些人是任风随流,飘荡到裸人之国、黑齿之邦;有些人是终于能够因回头风而送返家园……这是写海之怪，不过是从另一面来写罢了，同时也可以见出海之广。

海之大，从其南北东西四至之广阔可知，统括为经过的途径，万万里而有余，给人以一个远大的概念。加以鱼龙变幻，神仙潜隐，有许多世间尚未闻知、未有名目的地方和事物，只能出之以大概的想象罢了。譬如说到海水极深之处，有五座神山，下分洪涛，上指青天，众仙所居，有巨鳌负之游走，飘浮南北不定。这一段采取《列子·汤问》之说。至于海边有天产的珍宝，有水中的怪物，有居于水底的鲛人，有各种色彩的石头，有不同形体的鳞甲类动物，以及沙滩上云锦般的花纹，海螺巨蚌壳内绫罗般的光彩。又"阳冰不冶，阴火潜然"是指极地的冰山，与海中生物所发的光。其中大多是可以见证的。还有大海中的鲸鱼，写其生时何等的威猛，失势之后又是何等的悲惨。海边岩石上的禽鸟，自出生至毛羽长成，群飞嬉戏，"更相叫啸，诡色殊音"，又是何等传神的描写，绝无怪异之态了。这是大海的所藏之富，前者既足惊耳骇目，后者又是亲切有味。

末段又回到神仙、黄帝上面来。"黄帝仙登于天"，见《史记·武帝本纪》。秦皇、汉武之好神仙，亦见《史记·封禅书》。而大海中蓬莱三神山，为众仙所居，已见上文。如此历代相传的观念，木华不能不受影响。借海以写神仙，或借神仙以写海，二者都兼有了，笔调也颇有清致。如"群仙缥眇，餐玉清涯。履阜乡之留舄，被羽翮之襂纚。翔天沼，戏穷溟，甄有形于无欲，永悠悠以长生"，确有飘飘欲仙的气息；没有这些，也许《海赋》不会写得这么神奇美妙了。最后以概括性的文字归纳了大海的特点，赞叹大海的品格，说它广纳众流，虚心受物，得水之德，卑下自居。纳水愈多，潴蓄愈深，品物类生，无奇不有。这些都有根有据，或出自细心的观察，或由于合理的想象，使《海赋》能在中国文学史上屹立不衰，仍是以它写实为基础的构思在起作用，其动人心魄的艺术魅力亦在于此。　（陈长明）

【作者小传】

王羲之

(321—379，一作 303—361)　东晋书法家。字逸少。琅邪临沂（今属山东）人，居会稽山阴（今浙江绍兴）。官至右军将军、会稽内史，人称"王右军"。在会稽，与孙绰、许询、支遁等交游。晚年称病去官。工书法。早年从卫夫人（铄）学，后博采众长，草书学张芝，正书学钟繇，集前代之大成，风格妍美流便，号为"书圣"，与子献之并称"二王"，对后世影响极大。后人辑有《王右军集》。

《兰亭集》序 王羲之

永和九年，岁在癸丑。暮春之初，会于会稽山阴之兰亭，修禊事①也。群贤毕至，少长咸集。此地有崇山峻岭，茂林修竹；又有清流激湍，映带左右，引以为流觞曲水，列坐其次。虽无丝竹管弦之盛，一觞一咏，亦足以畅叙幽情。是日也，天朗气清，惠风和畅。仰观宇宙之大，俯察品类之盛，所以游目骋怀，足以极视听之娱，信可乐也。

夫人之相与，俯仰一世。或取诸怀抱，悟言一室之内；或因寄所托，放浪形骸之外。虽趣舍万殊，静躁不同，当其欣于所遇，暂得于己，快然自足，不知老之将至。及其所之既倦，情随事迁，感慨系之矣。向之所欣，俯仰之间，已为陈迹，犹不能不以之兴怀；况修短随化，终期于尽？古人云："死生亦大矣②"，岂不痛哉？每览昔人兴感之由，若合一契，未尝不临文嗟悼，不能喻之于怀。固知"一死生"为虚诞，"齐彭殇"为妄作③。后之视今，亦犹今之视昔，悲夫！故列叙时人，录其所述。虽世殊事异，所以兴怀，其致一也。后之览者，亦将有感于斯文。

〔注〕①修禊：古代民俗，于农历三月上旬的巳日至水滨游浴采兰，以驱不祥，叫做修禊。曹魏之后固定在三月三日，又常以羽觞盛酒置溪水中，觞触岸停止时，坐于近处之人即应取觞饮酒，名曰曲水流觞之饮。 ②死生亦大矣：《庄子·德充符》引孔子语。 ③一死生，齐彭殇：庄子认为人生前死后都存于所谓的"大块"之中，生与死实质一样。又认为殇子与寿达八百岁的彭祖相比，二者等同无别。分见《庄子》之《大宗师》及《齐物论》篇。

王羲之精于书法，又富于文才，刘宋人评其文章"高爽有风气，不类常流"（《世说新语·赏誉》注引《文章志》）。这篇《〈兰亭集〉序》，是其传世作品之最佳者。

兰亭，为东晋会稽郡治山阴（今浙江绍兴市）城西南郊名胜。其地有湖，"湖南有天柱山，湖口有亭，号曰兰亭"（《水经注·浙江水》）。东晋建立后，南渡之中原士族在山水清丽之会稽广置园田别墅。风景幽绝的兰亭，遂成为王羲之、谢安等名流宴集流连之地。穆帝永和九年（353），五十一岁的王羲之时任会稽内史（相当于郡太守）。三月三日，他邀集友人谢安、孙绰等四十余人聚于兰亭，作曲

元赵孟頫临王羲之《兰亭集序》

水流觞之饮。当时要求与会者每人作四言、五言诗各一首。之后，王羲之将诸人名爵及诗作一一记录，并作序一篇，记述其事并抒写内心感触。此序即《〈兰亭集〉序》。

全文分两大部分。前半部分叙兰亭宴集情景，乃是实写。这部分以一"乐"字为基调。起笔先叙宴集之时令、地方及事由，笔调从容沉稳。接写与会人士。"群贤"二字非浮泛之奉承，是表明诸人与己意气相投，否则虽有良辰美景亦不足为乐。下面再叙兰亭地理环境及景物，主体是山水。其山如何？"崇"与"峻"只是本色形容，而"茂林修竹"四字遂赋予山岭盎然生气。其水如何？"清"与"激"亦为本色形容，而"映带左右"四字方使流水神采飞动。清波之上，一只只盛满旨酒的羽觞飘来；人们胸中，一阵阵畅叙怀抱的话语流出。此时，作者与众人均为自然之美所陶醉，以致感到人为的管弦之声亦属多余。再下描述当日天气。"是日也"三句具承上启下之功用。就承上而言，山水姿容如此清丽，人们心情如此欣快，均与晴和之天气相关。就启下而言，由"天""气"而及于下文之"宇宙"，显得紧密而自然。最后写宴集之感受。仰观宇宙，俯察万物，是极视觉之娱；竹木萧萧，流水潺潺，是尽听觉之乐。但这愉悦之情，仅以"信可乐也"四字表出，仍然保持笔势之从容沉稳，可谓"乐而不淫"。

这一部分层次清晰，外在的特色则是简练。作者"模山范水"，真是惜墨如金。但简练常人亦可做到，其内在的特色，还在于其格调之淡雅。三月江南，想那山间水渚，该有多少鲜花吐艳，真是"姹紫嫣红开遍"！但在此处，这些浓艳之物却不见姿影，得寓作者之目者，唯山、水、林、竹、天、风而已。即使绘竹，亦只言其修而弃其绿；写水，亦只言其清而弃其碧。一切过于浓厚之色不用，这是色调的淡雅。兰亭宴集，可谓良辰、美景、赏心、乐事四美齐臻，但作者之喜悦不过分不逾度，笔势始终从容沉稳，这是心境的淡雅。晋人对王羲之其人的情性，有"清鉴贵要"之评（《世说新语·赏誉》）。文字格调之淡雅，正是作者情性的体现。

后半部分抒发宴集之后的感触，是为虚写。这部分则以一个"悲"字为基调。上文方言乐，此处忽言悲，表面看来突兀，实际却不难理解。兰亭聚饮，自是乐事，然有聚必有散，世间"没有不散的筵席"。聚会难而短，分散易而长。这种欢聚难常的感触已经使人情绪低落；而由聚散再想到人生之短促，死生的悬隔，更令人悲从中来。其实，在中国古典文学作品中，描述聚会之欢乐后，因感人生无常而转入悲伤，并不自《〈兰亭集〉序》始。汉武帝行幸河东，中流与群臣欢饮，自作《秋风辞》云："横中流兮扬素波，箫鼓鸣兮发棹歌。欢乐极兮哀情多，少壮几时奈老何!”东汉《古诗十九首》之四云:“今日良宴会,欢乐难具陈……人生寄一世,奄忽若飙尘。”魏文帝《与朝歌令吴质书》叙在南皮与吴质等人宴游之欢之后云:“乐往哀来,怆然伤怀。余顾而言:‘斯乐难常。’足下之徒,咸以为然。”西晋石崇《金谷诗叙》,亦先叙众人宴集之乐,接着以“感性命之不永,惧凋落之无期”作结。可见至少从汉魏以降,聚散生死这股悲凉之雾,始终笼罩着文学家的心灵。《〈兰亭集〉序》的由乐转悲,亦就不足为怪了。后世有人以此怀疑此序非王羲之所作,是没有道理的。

这部分文字的特色,在于作者将其悲伤之思的产生,写得回环曲折,感动人心。首先从兰亭聚会,联想到现今人们彼此相处,时间非常短促。而相处的方式亦不相同:好静者常在内室清谈,好动者喜在山林遨游。虽然人们情趣不同,相聚方式各异,但都具有共同之处,这就是遇到喜欢的事物就心满意足,不知老之将至,等到对所遇事物产生厌倦,感情随事物之变化而变化时,无尽的感慨就产生了。先前喜欢的事物,转瞬变为陈旧的过去,这已经不能不令人感慨万分,更何况随着世界的变化,任何人都难免一死呢!孔子早就说死和生是大事,此种情况岂不使人悲伤!以上一层,是说与作者同时代人情感的变化。接着,作者眼光上移至古昔。他从古人留下的文章看到:古人亦为人生变化而兴叹生悲,这和当今人的情况完全契合无异。古今一律使人嗟叹,而古人文章中的悲凉情绪更令人伤感,这使作者心胸久久不能开解。既然古今一例为人生无常而兴叹生悲,可见庄周所谓的死生一样、寿夭等同的说法,乃是虚妄难信之辞。下面,作者又将眼光移至未来。他推想将来之人其情感变化必和古今之人相同。及至将来,现今一切即为陈迹;将来之人,亦将临今人之文而感伤,如此无情的变迁再次引起作者的悲叹。至此,其笔势一收,顺势点明其记录诸人名爵、诗作,以及作序之旨:既然人生变化如此迅速,此次宴集有关情况就应详细记录下来,以免湮没不彰,同时也使将来之人,能够了解我心中的感触。这部分文字从兰亭宴集发端兴感,从今人及于古人,再及于后人,最后回到兰亭宴集而收笔,舒卷自如,辞气畅达。在深沉的慨叹之中,暗含着对人生的眷恋和热爱,从而与上文的乐生之旨契合无间了。

两晋时期,骈俪藻饰之风已经盛行。《〈兰亭集〉序》在修辞上不尚藻饰,不堆砌故实;在句法上骈散兼行而以散句为主,这种素朴自然的形式与其内容构成了和谐的统一,确实是一篇“不类常流”的佳作。

王羲之曾以其精妙绝伦的书法书写此文,其真迹虽然不传,但从后人的摹本仍可领略其神采。其书其文,将永远受到世人的珍视与喜爱。　　(方北辰)

誓 墓 文 王羲之

维永和十一年三月癸卯朔，九日辛亥，小子羲之敢告二尊之灵。羲之不天①，夙遭闵凶②，不蒙过庭之训③。母兄鞠育，得渐庶几，遂因人乏，蒙国宠荣。进无忠孝之节，退违推贤之义。每仰咏老氏、周任之诫，常恐死亡无日，忧及宗祀，岂在微身而已！是用寤寐永叹，若坠深谷。止足之分，定之于今。谨以今月吉辰肆筵④设席，稽颡⑤归诚，告誓先灵。自今之后，敢渝此心，贪冒苟进，是有无尊之心而不子也。子而不子，天地所不覆载，名教⑥所不得容。信誓之诚，有如皦日⑦！

〔注〕 ① 不天：不为天所佑。 ② 闵凶：疾病死丧之事。此指丧父。 ③ 过庭之训：指父教。《论语·季氏》："（孔子）尝独立，（其子）鲤趋而过庭。曰：'学诗乎？'对曰：'未也。''不学诗，无以言。'鲤退而学诗。" ④ 肆筵：陈设筵席。 ⑤ 稽颡（sǎng 嗓）：古时一种跪拜礼。屈膝下拜，以额触地。 ⑥ 名教：指封建社会的等级名分和礼教。 ⑦ 有如皦（jiǎo 娇）日：古人发誓之辞，谓有明亮的太阳可作证。

王羲之辞会稽内史后，决心不再为官，这一决心就表现在这篇誓墓文中。一个人不愿为官何必要大动干戈到父母坟上去设誓呢？这种怪现象是与当时的社会环境分不开的。晋代的官场由高门士族所把持，士族中的名士，统治者总要千方百计地将他们征召出来，授以官职，为巩固本阶级统治服务。王羲之为了向最高统治者表达不愿为官的决心，就别出心裁，来了一个誓墓的举动。据《晋书》记载，他的这一举动获得了预期的效果，"朝廷以其誓苦，亦不复征之"。他自己给谢万的信中为此庆幸地说："古之辞世者或被发佯狂，或污身秽迹，可谓艰矣。今仆坐而获免，遂其宿心，其为庆幸，岂非天赐！"

作者在文中表述了三层意思。开头第一句是第一层次，交代设誓的时间和地点。时间是永和十一年（355），永和是晋穆帝的年号；地点是"二尊之灵"，即父母的坟前。

从"羲之不天"至"定之于今"，是第二层次，写自己辞官的原由，是文章的重点。

羲之为什么要辞官呢？他自言遵循着二位古人的遗训，即"每仰咏老氏、周任之诫"。老氏即老子。周任据说是古代的良史，《论语·季氏篇》中孔子引用了他的话："陈力就列，不能者止。"意思是为人臣者，当施展其才力以居其职位；如果不能做到,就应该辞让退位。羲之自以为从小未得父亲的教导,只因朝廷缺乏人才,自己才滥竽充数。为官以后,个人既无忠孝节操的表现,又未作过推举贤士的义举。从这几个方面对照周任的话,自己理应自动引退。羲之为官并非一年,对于朝廷的大事曾积极提过建议,很多意见被时间和实践证明是正确的。他也曾为赈济灾区人民上书朝廷,不是个尸位素餐的人,为官也非不称职,为什么这里却以此为理由提出辞退呢?《晋书》本传说主要出于与扬州刺史王述的矛盾。羲之平日有点瞧不起王述,但王述却官运亨通,官位偏在羲之之上。冤家路窄,偏由王述来会稽检查工作,王述就公报私仇,有意刁难,"辩其刑政,主者疲于简对"。面对这一情况,"羲之深耻之,遂称病去郡,于父母墓前自誓"。如此看来,他自述的这一辞官的理由,可能是一种愤激的言辞。

老氏之诫,当指《老子》四十六章所言:"祸莫大于不知足。"这大概就是"止足之分,定之于今"思想产生的根据。在羲之笔下,为官是一件十分危险的事,不仅个人无时无刻不受着死亡的威胁,而且孕育着灭族断祀的危机。东晋时代,统治阶级内部矛盾十分尖锐,各个集团、各种势力之间相互倾轧,动辄灭族,即使出嫁的女子、哺乳的幼儿也难幸免。羲之以此作为辞官的一个理由,表现了他对封建社会的残酷刑罚是不满的,他要以急流勇退来躲避横祸。

羲之辞官是以"老氏、周任之诫"为指导的,而在行文中却不将它放在最前面,领起下文;也不将它位于第二层次的最后,作为总结,而是将它置于中间,起一种承上启下,总结、推衍的综合作用,使文章如一气呵成,毫无斧凿之痕,于此可见作者行文的独具匠心。

羲之誓墓将"常恐死亡无日,忧及宗祀"作为辞官的一条理由,从这里亦可以窥见当时士大夫的特殊心态,可以帮助我们去认识理解晋代的士大夫们之所以纵情山水、崇尚隐逸,以及老庄思想广为流传的社会原因。羲之的这种心态有着时代的典型性。

从"谨以今月吉辰肆筵设席"至结束,是誓墓的誓词,是第三个层次。从誓词看,他所设的誓很重:如果重新从政,就是个不孝之子,为天地所不容,被舆论所唾弃。设誓之重,说明他决心之大。此后羲之确实再未进入官场,可见他是忠实于自己的誓言的。

从全文的思想倾向说,羲之将忠与孝对立起来,而他所取的是孝。当然孝并未脱离封建道德的规范,但从客观效果考虑,这种思想对封建统治亦有某种冲击作用。

全文写得简洁明快,感情激越,说理清晰,内心剖白无遗,千载之下尚能一睹斯人风貌。

(叶晨晖)

【作者小传】

孙 绰

(314—371) 东晋文学家。字兴公。太原中都(今山西平遥西南)人。家于会稽。官至廷尉卿,领著作。少爱隐居,以文才著称。为诗宣扬玄学,枯淡寡味,是玄言诗的代表作家。亦能赋。原有集,已散佚,明人辑有《孙廷尉集》。

游天台山赋并序

孙 绰

天台山①者,盖山岳之神秀者也。涉海则有方丈、蓬莱②,登陆则有四明③、天台,皆玄圣④之所游化,灵仙之所窟宅。夫其峻极之状,嘉祥之美,穷山海之瓌富,尽人神之壮丽矣。所以不列于五岳⑤,阙载于常典者,岂不以所立冥奥,其路幽迥。或倒景于重溟⑥,或匿峰于千岭;始经魑魅⑦之途,卒践无人之境。举世罕能登陟,王者莫由禋祀⑧,故事绝于常篇⑨,名标于奇纪⑩。然图像⑪之兴,岂虚也哉!非夫遗世玩道⑫,绝粒茹芝⑬者,乌能轻举⑭而宅之?非夫远寄冥搜⑮,笃信通神者,何肯遥想而存之?余所以驰神运思,昼咏宵兴,俯仰之间,若已再升⑯者也。方解缨络⑰,永托兹岭。不任⑱吟想之至,聊奋藻以散怀。

太虚⑲辽廓而无阂,运自然之妙有⑳,融而为川渎,结而为山阜㉑。嗟台岳之所奇挺,实神明之所扶持。荫牛宿㉒以曜峰,托灵越㉓以正基。结根弥于华岱㉔,直指高于九疑㉕。应配天于唐典㉖,齐峻极于周诗㉗。

邈彼绝域,幽邃窈窕㉘,近智以守见而不之,之者以路绝而莫晓㉙。哂夏虫之疑冰㉚,整轻翮而思矫㉛。理无隐而不彰,启二奇㉜以示兆:赤城霞起以建标,瀑布飞流以界道。

睹灵验而遂徂㉝,忽乎吾之将行。仍羽人于丹丘㉞,寻不死之福庭㉟。苟台岭之可攀,亦何羡于层城㊱?释域中㊲之常恋,畅超然之高情。被㊳毛褐之森森,振金策之铃铃㊴。披荒榛之蒙茏㊵,陟㊶峭崿之峥嵘。济楢溪㊷而直进,落五界㊸而迅征。跨穹隆之悬磴㊹,临万丈之绝冥。践莓苔之滑石,搏㊺壁立之翠屏。揽樛木㊻之长萝,援葛藟㊼之飞茎。虽一冒于垂堂㊽,乃永存乎长生。必契诚于幽昧㊾,履重崄而逾平。既克阶于九折㊿,路威夷[51]而修通。恣心目之寥朗,任缓步之从容。藉萋萋之纤草[52],荫落落之长松。觌翔鸾之裔裔[53],听鸣凤之嗈嗈[54]。过灵溪[55]而一濯,疏烦想于心胸。荡遗尘[56]于旋流,发五盖之游蒙[57]。追羲农[58]之绝轨,蹑二老之玄踪[59]。陟降信宿[60],迄于仙都[61]。双阙[62]云竦以夹路,琼台[63]中天而悬居。朱阁玲珑于林间,玉堂阴映于高隅。彤云斐亹以翼棂[64],皦日炯晃[65]于绮疏。八桂[66]森挺以凌霜,五芝含秀而晨敷[67]。惠风伫芳于阳林,醴泉[68]涌溜于阴渠。建木灭景[69]于千寻,琪树[70]璀璨而垂珠。王乔控鹤[71]以冲天,应真飞锡以蹑虚[72]。骋神变之挥霍[73],忽出有而入无[74]。

于是游览既周[75],体静心闲。害马[76]已去,世事都捐[77]。投刃皆虚,目牛无全[78]。凝思幽岩,朗咏长川。尔乃羲和亭午[79],游气高褰[80]。法鼓[81]琅以振响,众香馥[82]以扬烟。肆觐天宗[83],爰集通仙[84]。挹以玄玉之膏[85],嗽以华池[86]之泉,散以象外之说[87],畅以无生之篇[88]。悟遣有之不尽,觉涉无之有间[89]。泯色空以合迹[90],忽即有而得玄[91]。释二名[92]之同出,消一无于三幡[93]。恣语乐以终日,等寂默于不言[94]。浑万象以冥观,兀同体于自然[95]。

〔注〕 ① 天台山:在浙江天台县北。 ② 方丈、蓬莱:传说中海上两座仙山名,与瀛洲合称为三神山(见《史记·秦始皇本纪》)。 ③ 四明:山名,在浙江宁波市西南,为天台山支脉。李白《天台晓望》诗有"天台邻四明"之句。 ④ 玄圣:仙人。 ⑤ 五岳:指东岳泰山、西岳华山、北岳恒山、南岳衡山、中岳嵩山。 ⑥ 景:同"影"。重溟:指大海。 ⑦ 魑魅(chī mèi 痴妹):鬼怪。 ⑧ 禋(yīn 音)祀:祭祀。 ⑨ 常篇:常籍、常典,一般的典籍。 ⑩ 奇纪:特殊的记载。李善注说指《内经·山纪》。 ⑪ 图像:指天台山图。 ⑫ 遗世玩道:指脱离尘世,研习道术。 ⑬ 绝粒茹芝:不食粒米而以灵芝为食。 ⑭ 轻举:指飞升成仙。 ⑮ 远寄冥搜:指寄心玄冥,寻求神仙。 ⑯ 再升:两次登览。 ⑰ 缨络:喻指世俗的束缚。 ⑱ 不任:不胜。 ⑲ 太虚:宇宙。 ⑳ 妙有:道家指超乎"有"和"无"以上的原始存在。李善注云:"妙有谓一也。言大道运彼自然之妙一,而生万物也……《老子》曰:'道生一。'王弼曰:'一,数之始而物之极也。'谓之为妙有者,欲言有,不见其形,则非有,故谓之妙;欲言其无,物由之以生,则

非无，故谓之有也。斯乃无中之有，谓之妙有也。” ㉑“融而”二句：实指太虚元气融而为川，结而为山。 ㉒ 牛宿(xiù秀)：指牵牛星座，二十八宿之一。古代天文家以天上星辰与地理区域相配，称为分野。天台山坐落在越国，与牵牛星座相对应，故谓“荫牛宿以曜峰”，意为在牵牛星座光照之下，承受它的福荫。 ㉓ 灵越：山川灵秀的越国(今浙江地区)。 ㉔ 华岱：华山、岱岳(泰山)。 ㉕ 九疑：山名，在湖南宁远境内。 ㉖ 唐典：指唐尧时的祭典。上古以山岳配天祭祀，《左传·庄公二十二年》：“山岳则配天。”此句说天台山合乎唐典中以山岳配天的资格。 ㉗ 周诗：《诗经·大雅·崧高》有“崧高维岳，峻极于天”之句。此句说天台山与产生于周代的《诗经》所赞颂的嵩山高峻相等。 ㉘ 窈窕：幽深貌。 ㉙“近智”二句：言小智者因囿于所见而不能往，即使前往也因路途阻断而不能见晓。 ㉚ 夏虫疑冰：语本《庄子·秋水》：“夏虫不可以语于冰者，笃于时也。”此以喻见识浅陋的人，如夏虫怀疑冬天有冰雪一样不相信未来的事情。 ㉛ 翮(hé核)：羽翅。矫：飞举。 ㉜ 二奇：即下句写的“赤城栖霞”“石梁飞瀑”，为天台八景中的二景。 ㉝ 徂(cú殂)：往。 ㉞ 仍：依随。羽人：仙人。丹丘：仙人所居之地。此连下句语出屈原《远游》：“仍羽人于丹丘兮，留不死之旧乡。” ㉟ 福庭：犹言福地，神仙、有道者所居之处。 ㊱ 层城：神话中昆仑山上神仙的居处。 ㊲ 域中：指尘世。 ㊳ 被：同“披”。 ㊴ 金策：饰金的手杖。铃铃：震撼声。 ㊵ 披：拨开。榛(zhēn真)：此泛指丛林。蒙茏：茂密貌。 ㊶ 陟(zhì志)：登。 ㊷ 楢(yóu由)溪：水名，一作油溪，在浙江天台县东。 ㊸ 五界：地名。李善注说指五县之界。 ㊹ 穹隆：拱起，高而弯曲。悬蹬：凌空的石桥。 ㊺ 搏：抓住。 ㊻ 樛(jiū纠)木：弯曲的树木。 ㊼ 葛藟：粗藤。 ㊽ 垂堂：堂屋的垂檐下，易落瓦伤人处，故古人视为危地。此句语本《史记·司马相如列传》：“家累千金，坐不垂堂。”又，《袁盎传》：“千金之子，坐不垂堂。”此言天台山路险难行。 ㊾ 幽昧：指幽深之境，亦兼指玄奥的道境。 ㊿ 陟(jì际)：登。九折：指曲折的路。 51 威夷：纡回舒缓貌。 52 藉：垫，此言以柔嫩的芳草为席垫。 53 觌(dí敌)：遇见，看到。裔裔：鸟飞翔貌。 54 噰(yōng雍)噰：鸟和鸣声。 55 灵溪：天台山溪水名。 56 遗尘：残留的俗尘。 57 五盖：佛经以贪欲、瞋恚、睡眠、调戏、疑悔五种不良思念为五盖，因其能覆盖真性。游蒙：昏蒙愚昧。 58 羲农：指伏羲和神农。 59 二老：指老子和老莱子。玄踪：幽远的踪迹。 60 信宿：连宿两夜。 61 迄：到达。仙都：指天台仙境。 62 双阙：天台山峰名。两峰对峙如门，在桐柏宫南。 63 琼台：天台山峰名。《徐霞客游记》：“双阙所夹而环者，即为琼台。台三面绝壁，后转即连双阙。”“琼台夜月”为天台八景之一。 64 彤云：红色的祥云。斐亹(wěi尾)：文彩绚丽貌。此处形容云色甚美。翼：承接。櫺(líng陵)：窗格。 65 皦(jiǎo皎)日：白日。炯晃：光辉灿烂。 66 八桂：语本《山海经·海内南经》：“桂林八树，在番禺东。”言仙桂高大茂密，八树即可成林。 67 五芝：指赤芝(一名丹芝)、黄芝(一名金芝)、白芝(一名玉芝)、黑芝(一名玄芝)、紫芝(一名木芝)五种灵芝。秀：草木的花。敷：开放。 68 醴(lǐ里)泉：甘美的清泉。 69 建木：神话中的木名。木高百仞无枝，日中无影。景：同“影”。 70 琪树：玉树。 71 王乔：即仙人王子乔。传为周灵王太子晋，故亦称王子晋。相传他由浮丘公接上嵩高山，三十余年后，乘白鹤驻于山头，数日而去。控鹤：驾鹤。 72 应真：佛教罗汉的别称。以其能上应于真道，故称。飞锡：佛家语，僧侣执锡杖云游四方。《释氏要览》卷下谓高僧掷锡杖飞空而往，故云飞锡。蹑虚：谓得道成仙后可腾空而行。 73 神变：迅速变化。挥霍：疾速貌。 74 出有而入无：出入于有无之中。《云笈七签》卷一〇四：“或与众仙，策空驾虚，出有入无，分形散影，处处游集。”又李善注：“《淮南子》曰：‘出于无有，入于无为。’”无有，指不见形相的东西；无为，指道家主张的清静虚无，顺应自然。 75 周：遍。 76 害马：语出《庄子·徐无鬼》：“夫为天下者，亦奚以异乎牧马者哉，亦去其害马者而已矣。"原比喻危害天下者，此指妨害纯真之性的尘世嗜欲。　⑦ 捐：弃。　⑧ 目牛无全：即目无全牛。语本《庄子·养生主》："始臣之解牛之时，所见无非全牛者；三年之后，未尝见全牛也。"意谓庖丁善于屠牛，技术纯熟，所注意的已非牛的整体，而是牛体的筋骨空隙，操刀运行于虚隙之间，故曰"投刃皆虚"。　⑨ 羲和：神话中太阳的御者。亭午：正午，中午。　⑩ 游气：浮游于空中的大气。褰(qiān 牵)：散开。　⑪ 法鼓：佛寺的大鼓。举行法事时用以集众唱赞。　⑫ 馥(fù 付)：芳香。　⑬ 肆：遂，于是。天宗：指道教所崇奉的最高天神。　⑭ 爰：乃，于是。通仙：群仙。　⑮ 挹：用勺舀取。玄玉之膏：神仙所食的像黑玉一样的膏。　⑯ 华池：神话中昆仑山池名。此泛指仙池。　⑰ 象外：超逸具体物象之外。此指天道。象外之说，即超出象外的道家学说。　⑱ 无生：佛教认为万物的实体无生无灭。无生之篇，指佛教经典。　⑲"悟遣"二句：李善注："言道释二典，皆以'无'为宗。今悟'有'为非而遣之，遣之而不尽；觉'无'为是而涉之，涉之而有间，言皆滞于'有'也。"意谓领悟到驱遣尘念未尽，学习道术尚有空缺。　⑳ 泯色空以合迹：意谓色即是空，泯灭两者界限而合于一。佛教认为一切色法都是空幻不实的，故《般若波罗蜜多心经》说"色即是空"，强调世俗世界的一切都是人们认识上的幻化产物，是一种假象。　㉑ 即有而得玄：意谓从"有形"中得到玄妙的道理。在《老子》中，"玄"是指幽深微妙、高远莫测的"道"。　㉒ 二名：指"有"与"无"。二名同出，即两者同出一源，语本《老子·一章》："无名，天地之始；有名，万物之母……此两者同出而异名。"　㉓ 三幡：佛经语，指色、空、观。此句说使色、空、观消而为一，同归于"无"。　㉔"恣语"二句：意谓尽情谈论乐而终日，与整天默然不语一样。此语由《庄子·寓言》："言无言，终身言未尝言"化出。　㉕"浑万象"二句：意谓浑齐万物而以玄冥观之，不知不觉地兀然与自然合为一体。

自班彪作《览海赋》，班固作《终南山赋》，张衡作《温泉赋》以后，山水赋逐渐超越苑囿大赋的藩篱而走上独立发展的道路。魏晋以后，随着山水诗的兴起，山水赋也有新的开拓，名山胜水越来越多地成为作家摹写的对象。孙绰这篇赋即为写天台山的第一篇散文名作。

天台山是我国佛教天台宗的发源地，也是道教的洞天福地之一。早在东汉时期，天台山即以灵异闻名于世。刘义庆《幽明录》所描述的刘(晨)阮(肇)入天台山采药遇仙女故事，便是古代诗人津津乐道的一个神奇传说。在孙绰生活的东晋初期，天台山已遍布道宫梵宇，更增添了神秘色彩，成为四方香客朝奉圣地和玄学名士向往的幽奥之区。这篇赋所写的天台景色，正是按照玄学名士心目中的神山形象进行描述的，是被理想化、神化了的。关于此赋的创作缘起和时间，《洞天福地岳渎名山记》说孙绰"为永嘉太守，意将解印以向幽寂，闻天台神秀，可以长往，因使图其状，遥为之赋"。以此参验赋前序文，可知其当时已有"方解缨络，永托兹岭"的愿望，观画之后，更为天台山的神美景色所吸引，于是驰神运思，昼咏宵兴，俯仰之间，如两次登览。他吟想之至，奋藻散怀，写成这篇观画神游的名作。

由于受正始玄风影响，东晋的山水赋也和山水诗一样，带有浓厚的玄学色彩。如刘勰《文心雕龙》所说:“江左篇制,溺乎玄风”(《明诗》),“诗必柱下之旨归,赋乃漆园之义疏”(《时序》)。而玄学又是与佛教合流的,以玄理作赋,往往释道相杂,仙佛并存,这在《游天台山赋》中也有鲜明的反映。孙绰是“少慕老庄之道”的玄言诗人,也是好讲佛理的佛乘文人,曾作《道贤论》以论天竺七僧,方竹林七贤;又作《喻道论》调和儒佛,说“周孔即佛”。他在这篇赋中所采取的以玄理结合佛教哲学描摹山水的写法,不仅是他个人创作的思想倾向,而且典型地反映了东晋玄学家共有的创作趋向。

在作者笔下,天台山是一座耀动着佛光仙影的神山仙都。为突出天台山的神秘灵异,赋中以佛老思想解释它的非凡来历并竭力以夸张之笔渲染其神美景色。这样写,固然在于抒发对山水自然美的酷爱与追求,希望“永一日之足,当百年之溢”;更重要的是借神化山景、神游天台来宣扬求仙悟道,解脱人生苦闷,故在景物描写中夹杂着许多佛道哲理和神迹仙踪的内容。所谓自然妙有、出有入无、象外之说、无生之篇、遣有不尽、涉无有间、色空合迹、即有得玄以及羽人、二老、王乔、应真、天宗、通仙、丹丘、福庭、玉膏、华池等等,都与释道、仙佛相关。其中所说的“有”与“无”,作为哲学本体论的两个重要论题,是释道两家热烈讨论的焦点。《老子》云:“有生于无”,“无名天地之始,有名万物之母”。释昙济《六家七宗论》说:“夫冥造之前,廓然而已。至于元气陶化,则群象禀形……由此而言,无在元化之先,空为众形之始,故称本无。”都以“无”为宇宙的原始,由无而生有,化生万物,则谓之“妙有”。孙绰正是由释道的有无之说出发,去探求人生乃至宇宙的真义的,故文章开篇便说:“太虚辽廓而无阂,运自然之妙有,融而为川渎,结而为山阜。嗟台岳之所奇挺,实神明之所扶持。”天台山由元气运化而成,妙造自然,为神明所佑护,故而为“山岳之神秀者”,“其峻极之状,嘉祥之美,穷山海之瓌富,尽人神之壮丽矣”。它立于冥奥幽迥之境,坐落于山川灵秀的越国,在地理分野上正好处于牵牛星座光照之下,承受着它的福荫,成为玄圣游化之地,灵仙窟宅之所,既可与方丈、蓬莱并列,又“应配天于唐典,齐峻极于周诗”。这里不仅是佛道相伍,更是儒释相参了。

这座神山仙都,凡夫俗子、近智守见之徒是无由登览的,故曰:“非夫遗世玩道,绝粒茹芝者,乌能轻举而宅之?”只有得道的真圣和仙人、罗汉才得以栖息其上,“王乔控鹤以冲天,应真飞锡以蹑虚”,驰骋变化,在有无之境神奇地自由往来。按照这种玄虚的想象和理解,作者神游天台所企求的是“仍羽人于丹丘,寻不死之福庭”,“追羲农之绝轨,蹑二老之玄踪”。这羽化登仙、长生不死的渴望,虽说是荒唐的梦幻,然而却是魏晋人共有的文化心态。与此相联系,作者在神游中悉心体察和关注的是如何“契诚于幽昧”，在山水灵境中“荡遗尘于旋流，发五盖之游蒙”，“释域中之常恋，畅超然之高情”，尽洗尘念，驱散昏昧，畅达高情，求得人生的解脱。神奇的天台是进行这人格历练的理想去处，因此，即使是历险披荒，践苔搏壁，身临万丈绝冥，有一冒垂堂之危，也在所不辞，为的是“永存乎长生”，到达理想的彼岸，隐然有历尽劫难，方成正果的宗教意味。赋中对天台仙境的大段描绘，是在登上曲折的山路之后着意刻画的神仙世界。鸾飞凤鸣，仙树森茂，仙草含秀，惠风伫芳，甘泉涌溜，神木灭景，玉树垂珠，更有双阙琼台、朱阁玉堂、彩云绮户，丽日生辉，法鼓振响，香烟袅袅，一派明丽、祥和景象，尽是神山仙都风光。它给予作者的是心境的净化、尘俗的超越和灵性的契悟，故而说：“游览既周，体静心闲。害马已去，世事都捐”，达到了“投刃皆虚，目牛无全”的化境。此刻，朝觐天尊，邀集群仙，挹玄玉之膏，漱华池之泉，领会道家象外之说、佛门无生之篇，既觉得有无之说深奥莫测，难以穷尽，但理解到“色即是空”的佛理，也就泯灭了色空界限，彻悟到一切色法都是空幻不实的，尘俗世界的一切都不过是人们认识上幻化的产物。因此，“有”也就是“无”了，故而能“即有而得玄”，从“有”中悟出玄妙的道理。显然，作者从释道学说的参悟中契悟到道家的“有”“无”之说，乃同出一源，佛经所说的色、空、观三幡也终将泯迹于一无之中。由此推而论之，人们的终日恣情欢谈笑语，也就是“等寂默于不言”了。总而言之，在作者看来，按照佛老之说，一切都是终归于空、无的。在这般心境中，人世间一切纷扰忧苦都可以忘却，从而进入到清虚玄默的精神境界，冥观自然，浑同万物，使人融于自然，与之冥合，化为一体。

这种与自然同体共化的思想，是魏晋名士所共有的。阮籍《达庄论》、嵇康《赠兄秀才入军》等都曾作过阐述。他们认为人与自然“混一不分，同为一体”，“至人远鉴，归之自然。万物为一，四海同宅”，人的本质要义就是要“法自然而化”。由此出发，观照山水，便归结出“山静而谷深者，自然之道也”的结论。山水不仅是自然之道的体现者，而且可以启迪理性，契悟玄机。因而主张“方寸湛然，固以玄对山水”（孙绰《庾亮碑》），以宅心玄远的玄学眼光去审视山水，观照自然，便可与之浑然圆融，同化共美。所以他们对神美的山水有一种狂热的感情，执著的追求，以至于荒诞地神化山水，涂上一层神秘色彩。应该说，这是魏晋人在审美活动中特有的一种气质、风韵和神采。它所流溢的是复归自然的童真和个性解放的灵动，是挣脱精神枷锁的热望和解脱思想苦闷的渴求。无疑，这些都是玄学精神所激发出的人性的强烈闪光，以新的理性再现出庄子的精神和风采。

这篇赋是以盛行于当时的骈文写成的，辩致工巧，语句骈俪而无滞涩之病。

加之想象丰富，波澜起伏，意奇语新，景物摹写更显得情采飞动，可谓有摇笔散珠，动墨横锦之妙。作者自己也以此为其得意之作，曾以之示友人范荣期说："卿试掷地，当作金石声也。"直至明代，洪若皋在《天台纪游诗自序》中还说："读孙公之赋，声贬金石。"在当时文坛上，孙绰确是一个很有才藻，名冠江表的作家。一些显赫人物如温峤、王导、庾亮死时，"必须绰为碑文，然后刊石焉"。但论文辞之美，则应首推此赋。它不仅是孙绰的代表作，也是东晋玄赋、山水赋的名作。《晋书》本传赞所说的"彬彬藻思，绰冠群英"，绝非过誉之辞。 （臧维熙）

【作者小传】

陶渊明

(365或372或376—427) 东晋大诗人。一名潜，字元亮，私谥靖节。浔阳柴桑(今江西九江)人。曾任江州祭酒、镇军参军、彭泽令等职，因不满当时社会现实，去职归隐。与周续之、刘遗民并称为"浔阳三隐"。长于诗文辞赋，多田园诗。语言质朴自然，极为精练，兼有平淡与爽朗之胜。著有《陶渊明集》。

桃花源[①]记

陶渊明

晋太元[②]中，武陵[③]人捕鱼为业，缘溪行，忘路之远近。忽逢桃花林，夹岸数百步，中无杂树，芳草鲜美，落英[④]缤纷，渔人甚异之。复前行，欲穷其林。

林尽水源[⑤]，便得一山。山有小口，仿佛若有光，便舍船从口入。初极狭，才通人。复行数十步，豁然开朗。土地平旷，屋舍俨然[⑥]，有良田、美池、桑竹之属。阡陌[⑦]交通，鸡犬相闻。其中往来种作，男女衣著，悉如外人[⑧]；黄发垂髫[⑨]，并怡然自乐。见渔人，乃大惊，问所从来，具答之。便要[⑩]还家，设酒杀鸡作食。村中闻有此人，咸[⑪]来问讯。自云先世避秦[⑫]时乱，率妻子邑人来此绝境，不复出焉，遂与外人间隔。问今是何世，乃不知有汉[⑬]，无论魏、晋[⑭]。此人一一为具言所闻[⑮]，皆叹惋。余人各复延[⑯]至其家，皆出酒食。停数日，辞去。此中人[⑰]语云："不足[⑱]为外人道也。"

既出，得其船，便扶向路⑲，处处志⑳之。及郡㉑下，诣㉒太守，说如此㉓。太守即遣人随其往，寻向所志㉔，遂迷，不复得路。南阳刘子骥㉕，高尚士也，闻之，欣然规往㉖，未果㉗，寻病终。后遂无问津㉘者。

〔注〕 ① 桃花源：相传在今湖南桃源县西南十五公里处。《常德府志》："县西南三十里，乌头村南，即桃源洞，为秦人避乱处。"大约在南朝齐梁时即以此地为《桃花源记》所写的仙境。梁任安贫《武陵记》曾述及。 ② 太元：东晋孝武帝司马曜年号(376—396)。 ③ 武陵：郡名，治所在今湖南常德。 ④ 落英：落花。一说为初开之花。 ⑤ 林尽水源：言桃花林尽头即桃花溪源头。 ⑥ 俨然：整齐貌。 ⑦ 阡陌：田间小路，南北为阡，东西为陌。 ⑧ 外人：指桃源外的世人。 ⑨ 黄发垂髫(tiáo条)：老人和儿童。髫，儿童垂以为饰的头发。 ⑩ 要(yāo腰)：通"邀"。 ⑪ 咸：都，全。 ⑫ 秦：秦朝(前221—前207)。 ⑬ 汉：汉朝(前206—后8为西汉，25—220为东汉)。 ⑭ 魏：三国时的魏国(220—265)。晋：晋代(265—316为西晋，317—420为东晋)。 ⑮"此人"句：言渔人为桃源中人细说所知道的世间历史变化。 ⑯ 延：邀引。 ⑰ 此中人：指桃花源中人。 ⑱ 不足：不必，不可。 ⑲ 扶：缘，沿着。向路：旧路，指来时的路。 ⑳ 志：作标记。 ㉑ 郡：指武陵郡。 ㉒ 诣：往，到。 ㉓ 说如此：说了像前面写的这些情景。 ㉔ 寻向所志：寻找回来时所作的标记。 ㉕ 南阳：今河南南阳。刘子骥，名骥之，好游山水。曾至衡山采药，深入忘返，见涧岸有两石仓，一闭一开，因水深难渡，欲还而迷路，幸遇伐木者指路乃得还。后闻石仓有仙丹，欲再往，已不知其所在(见《晋书·隐逸传》)。陶渊明可能闻知其事，有所联想，因将其写入本文，不必实有。 ㉖ 规往：计划前往。 ㉗ 未果：没有实现。 ㉘ 问津：访求。

在中国，素有"山川以人而胜"的传统，所谓"美不自美，因人而彰"，"地不自胜，惟人则鸣"。王勃之于滕王阁，李白之于敬亭山，崔颢之于黄鹤楼，柳宗元之于永州，范仲淹之于岳阳楼，欧阳修之于醉翁亭，苏轼之于黄冈赤壁，莫不如此。但他们写的都是实景，而桃源仙境却是虚构出来的。以一篇诗文虚构一个仙境而令游人神魂颠倒，在中外都是少有的。武陵桃源，原是鲜为人知的荒僻之地，自陶渊明作《桃花源诗并记》以后，始为文人墨客所重，梁陈之际已有诗人涉足山溪，探寻灵秘。至唐代开元天宝年间，桃花源忽名声大噪，甚至引起朝廷的关注。天宝七年，诏令"三十户蠲免税赋，永充洒扫，守备山林"。此后，游者日众，成为人皆慕趋的风景胜地，吟咏之作也历代赓续不绝。

陶渊明为什么要虚构桃源仙境？这要从他的时代和思想说起。东晋末年，陶渊明家乡江州(今江西九江)一带，由于战乱频仍，民不聊生，"至乃男不被养，女无匹对，逃亡去就，不避幽深"(《晋书·刘毅传》)。及至晋宋易代，人民逃亡情形更为严重。《宋书·荆州蛮传》说："宋民赋役严苦，贫者不复堪命，多逃亡入蛮"，因"蛮无徭役，强者又不供官税"。这些史实便是虚构桃源仙境的历史背景和社会基础。从思想来说，陶渊明受道家思想影响很深，并又追慕阮籍无君无臣、无富无贵的社会理想，接受过鲍敬言的无君论思想，素怀高洁，久慕淳风，眷爱丘山，厌恶官场，曾以羲皇上人自谓，幻想做无怀氏、葛天氏之民。这些思想意识积聚起来便成为其虚构仙境的思想根源。《晋书》本传说陶渊明自以曾祖为晋世宰辅而"耻复屈身后代"，故何文焕说他是以"避宋之怀"写桃源人避秦之事，也可作为剖析其创作动机的参考。

从中国文学史的角度考察，桃源故事的出现也是一个十分惹人注目的奇异现象。其流传之广，影响之大，是一般诗文所难以企及的。探究其原因，固然与它的艺术成就有密切关系，但也与我们民族的文学理想、审美心理有着不可分割的联系。在桃花源中，人与人之间、人与自然之间都表现为和谐的、完美的统一。没有压迫，没有纷争，没有忧伤，处处恬静、和乐，人人敦厚、纯朴。这正是倍感人生苦难，充满忧患意识的古代诗人梦寐以求的理想境界，也是灾难深重的古代人民要求作家表现和赞美的理想社会。陶渊明生活在东晋末年，经历过刘裕篡晋的动乱，深切体验到社会的黑暗和人生的忧苦。从当时的文学倾向来说，他可以像同代诗人那样寄言上德，托意玄珠，沉溺于追步松乔，羽化登仙。但是，与人民有着深厚感情，对社会人生有着深刻认识的陶渊明不肯这样做。他没有长生的梦幻，也不想借助于玄谈游仙去求得解脱，而是以现实的态度去对待人生。他离开污浊的官场，长隐田园，过着躬耕自食，贫寒简朴的生活。《桃花源记》所构造的图景，正是艺术地反映了他逃禄归耕，经过农村生活体验以后所产生的生活理想。尽管在剥削制度下不可能有如此的化外世界，但在人民的心中它是应该有的。早在三千年前，《诗经·硕鼠》已在强烈地呼唤着这人间的乐土。应该说，《桃花源记》与《硕鼠》在思想倾向上是一脉相承的，都表现出对剥削的厌恨，对君权的否定，故宋王安石《桃源行》说："儿孙生长与世隔，虽有父子无君臣。"

陶渊明作诗，擅长白描，文体省净，语出自然，如大匠运斤，毫无斧凿之痕。金元好问谓之"一语天然万古新，豪华落尽见真醇"。《桃花源记》也具有这种艺术风格。它虽是虚构的世外仙境，但由于采用写实手法，虚景实写，给人以真实感，仿佛实有其人，真有其事。全文以武陵渔人行踪为线索，像小说一样描述了溪行捕鱼、桃源仙境、重寻迷路三段故事。第一段以"忘""忽逢""甚异""欲穷"四个相承续的词语生动揭示出武陵渔人一连串的心理活动。"忘"字写其一心捕鱼，无意于计路程远近，又暗示所行已远。其专注于一而忘其余的精神状态，与"徐行不记山深浅"的妙境相似。"忽逢"与"甚异"相照应，写其意外见到桃花林的惊异神情，又突出了桃花林的绝美景色。"芳草鲜美，落英缤纷"两句，乃写景妙笔,色彩绚丽,景色优美,仿佛有阵阵清香从笔端溢出,造语工丽而又如信手拈来。第二段先以数语描述发现仙境经过。“林尽水源,便得一山”,点明已至幽迥之地;“山有小口,仿佛若有光”,暗示定非寻常去处。渔人的搜寻目光、急切心情也映带出来。及至通过小口狭道,写到“豁然开朗”,又深有柳暗花明的韵致。进入桃源仙境之后,先将土地、屋舍、良田、美池、桑竹、阡陌、鸡鸣犬吠诸景一一写来,所见所闻,历历在目。然后由远而近,由景及人,描述桃源人物的往来种作、衣著装束和怡然自乐的生活,勾出一幅理想的田园生活图景。最后写桃源人见到渔人的情景,由“大惊”而“问所从来”,由热情款待到临别叮嘱,写得情真意切,洋溢着浓郁的生活气息。第三段先写渔人在沿着来路返回途中“处处志之”,暗示其有意重来。“诣太守,说如此”,写其违背桃源人“不足为外人道也”的叮嘱。太守遣人随往的“不复得路”和刘子骥的规往不果,都是着意安排的情节,明写仙境难寻,暗写桃源人不愿“外人”重来。对桃源仙境,世俗之人寻访无着也不再问津了,而陶渊明自己却从来没有停止过追求,在《桃花源诗》的结尾处就剖露了“愿言蹑轻风,高举寻吾契”的心愿。他以桃源人为志趣相合的契友,热切期望与之共同生活于桃花源中。

陶渊明成功地运用了虚景实写的手法,使人感受到桃源仙境是一个真实的存在,显示出高超的叙事写景的艺术才能。但《桃花源记》的艺术成就和魅力绝不仅限于此,陶渊明也不仅仅是企望人们确认其为真实的存在。所以,在虚景实写的同时,又实中有虚,有意留下几处似无非无,似有非有,使人费尽猜想也无从寻求答案的话题。桃源人的叮嘱和故事结尾安排的“不复得路”“规往未果”等情节,虚虚实实,惝恍迷离,便是这些话题中最堪寻味之笔。它所暗示于世人的是似在人间非在人间,不是人间胜似人间,只可于无意中得之而不可于有意中求之,似乎与“此中有真意,欲辨已忘言”有着某种微妙的内在联系。这虚渺灵奥之区始终蒙着一层神秘的面纱,“借问游方士,焉测尘嚣外”,世人是难以揭晓的。它的开而复闭,渔人的得而复失,是陶渊明有意留下的千古之谜,“惹得诗人说到今”。可是,他又在《桃花源诗》中透露了一点消息,说“一朝敞神界”之所以“旋复还幽蔽”,乃是因为“淳薄既异源”!原来桃源民风淳厚,人间世风浇薄,惟恐“使武陵太守至焉,化为争夺之场”(苏轼《和桃花源诗序》),玷污了这块化外的净土,即使像刘子骥那样的人间高尚之士,也得不到一睹仙境的机缘。

一千多年来,在中国诗人心中,桃源仙境始终是美好的,令人向往的,具有永恒的魅力。尽管唐代韩愈说“桃源之说诚荒唐”,子虚乌有,可是古代诗人宁信其有而不愿信其无,总是怀着虔诚的心理和美好的愿望去寻求那梦中的温馨。他们“不疑灵境难闻见”，只怪自己“尘心未尽思乡县”（王维《桃源行》），“尘心如垢洗不去”（刘禹锡《桃源行》）。也许，愈是神秘愈能叩动诗人的心扉，所以尽管“仙家一出寻无踪”，“只见桃花不见人”，不得不带着“恨满桃花一溪水”的惆怅离去，也还是魂牵梦随，津津乐道，难以忘情。因为它不同于一般的乌托邦的社会学说，而是一种理想，一种美的象征。 （臧维熙）

五柳先生传 陶渊明

先生不知何许①人也，亦不详其姓字。宅边有五柳树，因以为号焉。闲静少言，不慕荣利。好读书，不求甚解②。每有会意③，便欣然忘食。性嗜酒，家贫，不能常得。亲旧知其如此，或置酒而招之。造④饮辄尽，期在必醉。既醉而退，曾不吝情⑤去留。环堵萧然⑥，不蔽风日。短褐穿结⑦，箪瓢⑧屡空，晏如⑨也。常著文章自娱，颇示己志。忘怀得失，以此自终⑩。

赞⑪曰：黔娄之妻⑫有言，不戚戚⑬于贫贱，不汲汲⑭于富贵。其言兹若人之俦乎？衔觞⑮赋诗，以乐其志，无怀氏之民欤？葛天氏之民欤⑯？

〔注〕 ① 何许：何处。 ② 甚解：太深刻的理解。 ③ 会意：心得体会。陶渊明《与子俨等疏》说：“开卷有得，便欣然忘食。”与此同义。 ④ 造：来到。 ⑤ 吝情：感情上计较。 ⑥ 环堵：四周墙壁。萧然：空空无物。 ⑦ 褐：粗麻布。穿结：衣服穿孔补绽。 ⑧ 箪(dān单)：竹制食器。瓢：饮器。 ⑨ 晏如：安然。 ⑩ 自终：自己过完一辈子。 ⑪ 赞：史传体例，是史官评论传主的结语。 ⑫ 黔娄之妻：黔娄：春秋时鲁国的高士，不求仕进，独善其身。下引两句，各本都作黔娄的话，无“之妻”二字。按此二句见《列女传》，是黔娄妻所说，应作“黔娄之妻”。 ⑬ 戚戚：忧愁。 ⑭ 汲汲：竭力求取。 ⑮ 衔觞：口衔酒杯，指饮酒。 ⑯ 无怀氏、葛天氏：传说是上古帝王，当为原始氏族部落首领。这里指上古原始纯朴社会阶段，是作者的社会理想寄托。

这是一篇用史传体写的自传性散文。五柳先生实即作者陶渊明自己。史传是由史官撰写的，实录行状，见美见刺，褒善贬恶，作出评论，留芳遗臭，千古永垂。而作者俨然以史官立场、春秋笔法来为自己立传。如果不是诡谲寓言，那就是坦然自信。所以本文明显的特点是思想明确，形象鲜明。

传主五柳先生是个隐士，来路不明，姓氏不传。这并非姑隐其名，也不是隐士必须的特征，因为郡望、籍贯和姓字都可以杜撰，自古以来，隐士而为名士者也

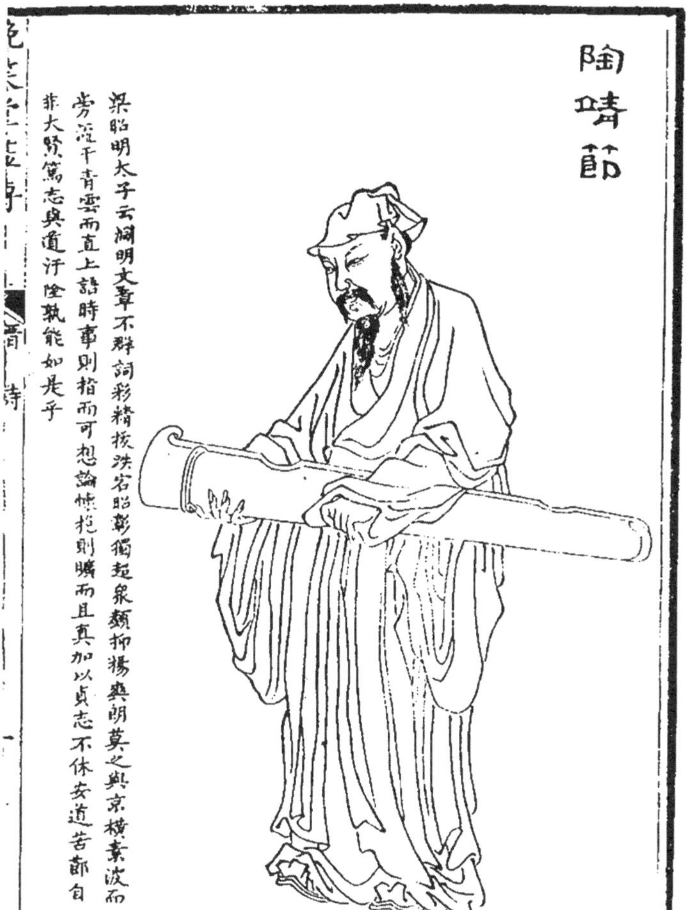

陶渊明像

——清乾隆八年刊本《晚笑堂画传》

不乏其人。作者的用意在于蔑视门阀士族所依重的郡望、阀阅、士姓；根本不在乎，索性不要了。为了便于称呼，就以住宅边五棵柳树作为称号；由于受到尊敬，因而人们称他先生；这正是姓氏字号最初的来历和习尚，也在淳朴的社会中获得尊重。所以这依史传体例开头介绍传主的姓字籍贯，便有明确的对立于门阀世俗的思想倾向，显出鲜明的性格特征。

东晋盛行清德玄谈，以隐矫名、以谈炫荣的假隐士不少，其实是走捷径的利禄之徒。五柳先生是真隐士，“遁世无闷”，淡漠世事，不尚玄谈，不爱荣华富贵，所以文静不多言谈。但他有自己的爱好：“好读书”，“性嗜酒”。隐士是士，也是读书人，爱好读书是本分，理所当然。不同于世俗的是，他读书不是为了做官求荣利，不必适应官府标准，无须牵强附会，穿凿曲解。他按自己的理解来读书，所以每当有心得体会，“便欣然忘食”。他是从古圣贤作者求取真知，精神上获得充实和鼓舞，守志励节。至于魏晋名士风流的饮酒，在他则是本性的嗜好，爱喝而已，既不标榜，更不风流，反而因为贫穷，窘相毕露，有酒就喝，一醉方休，根本不管别人的礼貌态度。所以他的饮酒，任性而旷达，不矫情，不放肆，获得亲友的理解和宽容。

真隐士是贫士，不能安贫乐道，是坚持不了的。五柳先生几乎赤贫，住房破漏，衣服破旧，饮食不继，却安然自在，而且还写文章抒怀述志，自得其乐。这样的生活，他满足了，心里踏实，没有追求也没有失落，没有苦闷与烦恼。显然，他不是儒家贤人颜回的安贫乐道，而是乐于老、庄的自然无为、返朴归真的道，跟虚伪丑恶的门阀荣利决裂。不过他的态度比较平和，只是“颇示己志”，似不揭露丑恶，因而显得冲淡自然。诚如鲁迅所说，丑恶多了，看惯了，众所周知，也不值一提了。这恰是东晋时代的特色。

思想明确，形象鲜明，是作者采取史传体写作所必需的。史传有赞，撰者以史官立场表明褒贬。本传的赞十分明确归结出五柳先生的两个主要特点：一是不愁贫贱也不求富贵，二是怡然自乐，返朴归真，希望过先民生活。这也正是传立行状的取舍准则和传文层次结构的安排原则，因而选材典型，行文简洁，风格平淡朴实，意味深长，百读不厌。

（倪其心）

归去来兮辞并序

陶渊明

余家贫，耕植不足以自给。幼稚盈室，缾[①]无储粟，生生所资[②]，未见其术。亲故多劝余为长吏，脱然有怀，求之靡途[③]。会有四方之事[④]，诸侯以惠爱为德，家叔以余贫苦，遂见用于小邑。于时风波未静，心惮远役，彭泽去家百里，公田之

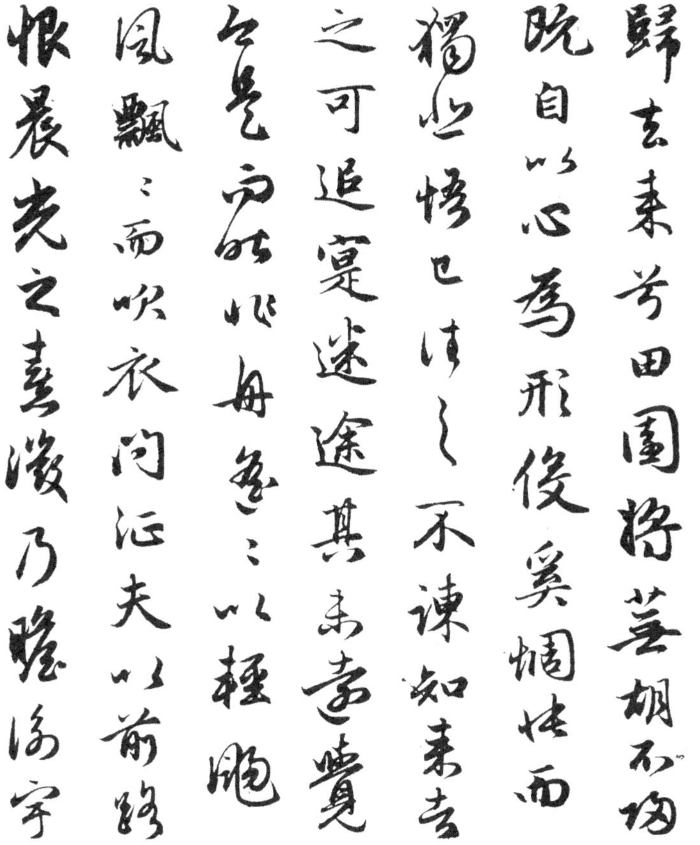

归去来兮辞(局部)

——〔元〕赵孟頫书

利，足以为酒，故便求之。及少日，眷然有归欤⑤之情。何则？质性自然，非矫厉⑥所得，饥冻虽切，违己交病。尝从人事，皆口腹自役⑦。于是怅然慷慨，深愧平生之志。犹望一稔，当敛裳宵逝⑧。寻程氏妹丧于武昌，情在骏奔，自免去职。仲秋至冬，在官八十余日。因事顺心，命篇曰《归去来兮》。乙巳岁⑨十一月也。

归去来兮，田园将芜胡不归？既自以心为形役⑩，奚惆怅而独悲！悟已往之不谏，知来者之可追。实迷途其未远，觉今是而昨非。舟遥遥⑪以轻飏，风飘飘而吹衣。问征夫以前路，恨晨光之熹微。

乃瞻衡宇，载欣载奔。僮仆欢迎，稚子候门。三径⑫就荒，松菊犹存。携幼入室，有酒盈樽。引壶觞以自酌，眄庭柯以怡颜。倚南窗以寄傲，审容膝之易安。园日涉以成趣，门虽设而常关。策扶老以流憩，时矫首而遐观⑬。云无心以出岫，鸟倦飞而知还。景翳翳以将入，抚孤松而盘桓。

归去来兮，请息交以绝游！世与我而相违，复驾言兮焉求？悦亲戚之情话，乐琴书以消忧。农人告余以春及，将有事于西畴。或命巾车，或棹孤舟。既窈窕以寻壑，亦崎岖而经丘。木欣欣以向荣，泉涓涓而始流。善万物之得时，感吾生之行休。

已矣乎，寓形宇内复几时！曷不委心任去留⑭，胡为乎遑遑兮欲何之？富贵非吾愿，帝乡不可期。怀良辰以孤往，或植杖而耘耔⑮。登东皋以舒啸，临清流而赋诗。聊乘化以归尽⑯，乐乎天命复奚疑！

〔注〕 ① 缾，同“瓶”，瓦瓮。 ② 生生：维持生计。前一“生”作动词，后一“生”是名词。资：凭借。 ③ 脱然：舒畅貌。有怀：产生出仕之念。靡途：无门路。 ④ 四方之事：指地方势力的争势夺权。 ⑤ 归欤：归家的叹息。《论语·公冶长》：“子在陈曰：‘归欤，归欤！’” ⑥ 矫：假。厉：勉强。 ⑦ 口腹自役：为糊口饱腹而役使自己。 ⑧ 稔（rěn忍）：谷物成熟之期。一稔即一年（古代谷物一年成熟一次）。敛裳：收拾行装。宵逝：连夜离去。 ⑨ 乙巳岁：指晋安帝义熙元年（405）。 ⑩ 心：本心夙志。形役：为形体（所需）而役使。 ⑪ 遥遥：即“摇摇”。 ⑫ 三径：指小路，借用汉代蒋诩隐居后，在家宅前竹林中开“三径”，只与隐士求仲、羊仲二人游息的典故。 ⑬ 策：拄。扶老：鸠杖。流憩（qì气）：周游、休息。矫首：抬头。

⑭ 去：死。留：生。委心：随心。 ⑮ 植杖：把手杖直插在田边。耘：除草。耔：在苗根培土。 ⑯ 聊：姑且。乘化：随应大化（自然界）。

逆江而行的一叶扁舟上，站立着从彭泽弃官归家的诗人陶渊明。猎猎的江风，吹得他衣袂飘拂。此刻，他的心境正如那轻轻摇漾的小舟，既惆怅，又快意：想起以往的几度出仕，“皆口腹自役”，有违平生向往自由的情性，便不免爽然若失；仰对江天，想到终于从“迷途”返回，从此冲破官场的羁绊，就又欣然开怀。遥远的山村，似正有一个热切的声音在呼唤：“归来！归来！”而浪花飞溅的舟上，他那颗激动的心，也分明作出了殷殷的回应：“归去来兮！田园将芜胡不归？”这就是本文开篇所化生的情景：亲切而饱含人生哲理的自语，伴着“遥遥以轻飏”的浪舟，在读者眼前展开了一个何其清缈的诗一般画境！

大约因为心情急切，诗人的归程画面转换得也快：他刚才还在轻飏的舟上迎风伫立，转眼间又出现在“晨光熹微”的山路之上。“百里”之遥本应驾轻就熟，却偏还要一次次“问征夫以前路”；待到“乃瞻衡宇”，这位已届中年的诗人，竟又像年轻人一样奔跑起来。文中正是以这一连串画面的变换，把诗人的归家之情表现得分外浓烈。你从那“风飘飘”“舟遥遥”的快风轻帆，从“恨晨光之熹微”“问征夫以前路”的可笑情态，以及“载欣载奔”的异常举止上感受到的，不正是一颗迫不及待、欢欣“骏奔”之心的跳荡？

故乡的亲人又何尝不是如此。虽说离家才八十余日，童仆稚儿一听说诗人到来，早已惊喜地迎候门前；诗人襟怀高洁，平生爱与“松菊”为友，而今它们在萧萧风日中，竟还生机蓬勃，仿佛也在为友人归来微笑低语。这欢欣随着诗人的“携幼入室”展开，终于在“有酒盈樽”的合家欢宴中推向高潮。三盏两杯过后，微醺的诗人不免有些忘形——“引壶觞以自酌”，免去了仆人侍候的俗节，任他自饮自酌岂不痛快？“眄庭柯以怡颜”，在醉眼乜斜中一瞥庭中高树，那景象是不是也多了一重可爱的朦胧？而后，倚窗而立，渐渐神畅气傲；还视狭小的居室，虽然环堵萧然，较之于大衙高府，愈觉得“晏如”可亲。何况还有后园，可供日日漫步遐观呢！这一节抒写初到家中的欢乐心境，全从家人迎候、把盏饮宴的情景中传达。那阶前的菊色、松影，席间飘溢的酒香，家人的欢语浅酌，和诗人“眄”柯、“倚”窗的忘形之态，在文中交织成了一种多么亲切的氛围，一片多么和悦的情韵！

而后出现在读者眼前的，已是诗人在园中沉思、“流憩”的身影。园虽有“门”，却因少有俗人造访而“常关”，自当更觉清幽；人虽未老，却也可扶杖而步，姑且体味一下老翁的悠闲。时或举首远眺，可以看到朵朵白云，正从淡青的远峰间悠悠飘出；联翩的鸟雀，在外飞倦了，也都纷纷归栖于苍茫的山林。已是夕阳落山时分，诗人却还在园中的“孤松”前抚思、流连——他是从那“出岫”的白云之态中，领略了与汲汲奔走仕途绝然不同的自由生活之哲理；还是在倦飞的鸟雀之栖中，体悟到了值得依恋的人生归宿之真谛？这体味因了“无心”“知还”二语的点示，便使眼前之景染上了某种哲理意味，把读者引向了远为深邃和高妙的境界。

想必诗人自己也为这种境界陶醉了，因此在下笔之间，情不自禁再次发出了“归去来兮，请息交以绝游”的呼告。息交绝游、断绝与官场中人的来往，这生活在许多人看来，未免显得孤寂黯淡，诗人却感到，其中自有极大的兴味。文中接着所展开的，正是诗人对未来生活无限憧憬的虚境：早晚间有亲人问暖嘘寒的“情话”，寂寞中亦可借诵书弹琴“消忧”；春天来了，近邻的农人将会关切地相告：“该是去西坡地耕种的时节了。”人们常说陶渊明的诗文看似平淡，其实蕴含着浓浓的情趣。这几句如数家常的娓娓之语，正飘散着诗人村居生活的多少淳美气息和盎然情味！

村居之乐当然远不止于此。农作之余，诗人还可以自由游赏。“或命巾车，或棹孤舟”，在幽深的山溪、“崎岖”的丘壑中独来独往。那山必是朗润润的，树木也都蓬勃婀娜，一片新绿，刚刚解冻的小溪在山石间淙淙而流。漫步在这万物生长、自由适性的世界中，诗人的身心简直就与大自然融成一片了，怎能不发出“善万物之得时，感吾生之行休”的感叹？初读这后一句，似乎表现了一种乐尽哀来之悲。其实，这是诗人在领略到大自然的真美之后，所发出的由衷赞美和不能及早皈依自然的惋惜之叹。正因为如此，诗人在结尾一节才一再自问：“寓形宇内复几时”？“胡为乎遑遑欲何之”？问语中包含着对以往迷误的几多感慨，又透露着回归家园的几多欣慰。当年遑遑奔走仕途的怅惘，而今已为跳出尘网的意外喜悦所取代，更为对未来生活的美好展望所否定。此刻，诗人的心境是那样朗畅、明净，再无一丝尘翳：他仿佛看到自己正在“良辰”的月光下信步独往，或者披着一身晨曦在田间“植杖耘耔”；村东的高地上可听到他敞怀舒心的啸音，清莹的山溪中将映出他“临流赋诗”的身影。《归去来兮辞》之结尾，正以如此富于情致的景象，将对未来生活的展望，推向更淡远、更令人憧憬的境界，而留下了让人含咏不尽、萦耳不息的意趣和声韵。

读过陶渊明田园诗的人们，大约都能深切地感受到其清淡平远的描述中，所包含着的一股浓浓的意趣。《归去来兮辞》不是田园诗，而是一篇记述诗人解职归田的抒怀之赋，并带有相当多的叙事成分。但由于它将议论、叙事与抒情极为和谐地交融在一起，善于在如画的情景展现中，着重表现诗人那洒落的胸怀、高洁的志趣和意兴，因此具有了诗一样的境界和淳挚动人的情致。在这里，诗人的情性与家乡自然的美好景物构成了一个和谐的统一体;心灵的淳朴和自由,外化在清纯、幽远而富于生机的岫云、归鸟、丘壑、林泉中,伴随着亲戚的情话、悠扬的琴声和邻人亲切的告语汩汩而流,自能造出苏东坡所称叹的那种"妙"境和"奇趣"。宋陈师道《后山诗话》以为,"渊明不为诗,写其胸中之妙尔"。《归去来兮辞》又何尝不是如此!

(张 巍)

闲 情 赋并序

陶渊明

初,张衡作《定情赋》,蔡邕作《静情赋》,检逸辞而宗澹泊,始则荡以思虑,而终归闲正。将以抑流宕之邪心,谅有助于讽谏。缀文之士,奕代继作;并因触类,广其辞义。余园闾多暇,复染翰为之;虽文妙不足,庶不谬作者之意乎!

夫何瓌逸①之令姿,独旷世以秀群②;表倾城③之艳色,期有德于传闻。佩鸣玉以比洁,齐幽兰以争芬;淡柔情于俗内,负雅志于高云。悲晨曦之易夕,感人生之长勤④;同一尽于百年,何欢寡而愁殷!褰⑤朱帏而正坐,泛清瑟以自欣⑥。送纤指之余好,攘皓袖之缤纷;瞬美目以流眄,含言笑而不分。曲调将半,景落西轩;悲商⑦叩林,白云依山。仰睇天路,俯促鸣弦;神仪妩媚,举止详妍。

激清音以感余,愿接膝以交言。欲自往以结誓,惧冒礼之为諐⑧;待凤鸟以致辞,恐他人之我先。意惶惑而靡宁,魂须臾而九迁⑨。愿在衣而为领,承华首之余芳;悲罗襟之宵离,怨秋夜之未央。愿在裳而为带,束窈窕之纤身;嗟温凉之异气,或脱故而服新。愿在发而为泽,刷玄鬓于颓肩;悲佳人之屡沐,从白水以枯煎。愿在眉而为黛⑩,随瞻视以闲扬⑪;悲脂粉之尚鲜,或取毁于华妆。愿在莞⑫而为席,安弱体于三秋;悲文茵之代御⑬,方经年而见求。愿在丝而为履,附素足以周旋;悲行止之有节,空委弃于床前。愿在昼而为影,常依形而西东;悲高树之多荫,慨有时而不同。愿在夜而为烛,照玉容于两楹;悲扶桑⑭之舒光,奄灭景而藏明。愿在竹而为扇,含凄飙于柔握;悲白露之晨零,顾襟袖以缅邈⑮。愿在木而为桐，作膝上之鸣琴；悲乐极以哀来，终推我而辍音。

考所愿而必违，徒契契[16]以苦心。拥劳情而罔诉，步容与于南林。栖木兰之遗露，翳青松之余阴；傥行行之有觌[17]，交欣惧于中襟[18]。竟寂寞而无见，独悁想[19]以空寻。敛轻裾以复路，瞻夕阳而流叹；步徙倚以忘趣，色惨凄而矜颜。叶燮燮[20]以去条，气凄凄而就寒；日负影以偕没，月媚景于云端。鸟凄声以孤归，兽索偶而不还；悼当年之晚暮，恨兹岁之欲殚。思宵梦以从之，神飘飖而不安；若凭舟之失棹，譬缘崖而无攀。于时毕昴盈轩[21]，北风凄凄；惆惘[22]不寐，众念徘徊。起摄带以伺晨，繁霜粲于素阶。鸡敛翅而未鸣，笛流远以清哀；始妙密以闲和，终寥亮而藏摧[23]。意夫人之在兹，托行云以送怀；行云逝而无语，时奄冉[24]而就过。徒勤思以自悲，终阻山而滞河；迎清风以祛累，寄弱志于归波。尤《蔓草》之为会[25]，诵《邵南》之余歌[26]。坦万虑以存诚，憩遥情于八遐。

〔注〕 ① 瓌：同"瑰"。瓌逸：奇妙卓出。 ② 旷世：超绝一世。秀群：超群。 ③ 倾城：汉李延年歌："北方有佳人，绝世而独立。一顾倾人城，再顾倾人国。"此指美女。 ④ 长勤：总有诸多艰辛勤苦。 ⑤ 褰：同"搴"，打开。 ⑥ 泛：弹奏。自欣：自娱。 ⑦ 悲商：商为五音之一，音调凄厉。此指秋风之声。 ⑧ 諐：过失。 ⑨ 九迁：屡迁。九，多意。 ⑩ 黛：青黑色颜料，古代妇女饰眉之用。 ⑪ 闲扬：娴雅清扬。 ⑫ 莞：用蒲草编织的席子。 ⑬ 文茵：有花纹的皮褥。御：用。 ⑭ 扶桑：相传日出之地，指太阳。 ⑮ 缅邈：遥远貌。 ⑯ 契契：同"契阔"，辛苦貌。 ⑰ 行行：徘徊不前貌。觌：会面。 ⑱ 中襟：怀中。 ⑲ 悁想：忧思。 ⑳ 燮燮：叶落之声。 ㉑ 毕昴盈轩：星星满窗。毕、昴（mǎo 卯）：皆星宿名。 ㉒ 惆惘：同"炯炯"，神情不安貌。 ㉓ 藏摧：犹摧藏，心情受冲击。 ㉔ 奄冉：延迁。 ㉕ 尤：过咎、不赞同。蔓草：《诗经·郑风》有《野有蔓草》篇，写男女际遇。 ㉖《邵南》：同《召南》，《诗》十五国风之一。所谓《邵南》之余歌，盖指其中之《行露》《草虫》《野有死麕》等篇，皆写男女私会。

这是一篇神采丰盈、旨趣深邃、文情并茂的抒情写志赋章，约成于作者彭泽致仕归隐期间。关于这篇赋的主旨和作用，历来众说纷纭，褒贬不一。萧统在《陶渊明集》的题序中直谓："白璧微瑕者，惟在《闲情》一赋。"苏轼则将它与屈原、宋玉之作相提并论，于《题文选》中批评萧统云："渊明《闲情赋》，所谓'国风好色而不淫'，正使不及《周南》，与屈宋所陈何异？而统大讥之，此乃小儿强作解事者。"后世如元李治，明郭子章、张自烈，清邱嘉穗、方东树、刘光蕡等人评论，大都不外昭明、东坡之议而有所引申、发挥。综其所论，又不外乎“爱情”与“寄托”（讽谏）二说。就“寄托”而言，刘光蕡所云：“身处乱世，甘于贫贱，宗国之覆既不忍见，而又无如之何，故托为闲情。其所赋之词，以为学人之求道也可，以为忠臣之恋主也可，即以为自悲身世以思圣帝明王也亦无不可”（《烟霞草堂遗书·陶渊明闲情赋注》），较为圆通。事实上，此赋主旨，作者赋序已启端绪，所谓承张衡之《定情》、蔡邕之《静情》，“将以抑流宕之邪心，谅有助于讽谏”。可见从题目、承传关系以及赋中自白，都有防闲爱情流宕之意。然而，作者赋序复谓“余园闾多暇，复染翰为之”，此中又透露两点消息：一是园闾多暇，又何须“闲情”？此必于作者之身世、心态得之。二是染翰作赋，而赋之言铺，敷采摛文，以致劝百讽一，客观描写效果与主观创作动机的矛盾，既为赋体常见，又呈示作者假赋体之光怪诡谲写矛盾心曲之奥妙。考陶氏一生，处晋末宋初，社会动荡，权贵倾轧，黎民困苦，世态浑噩。作为士族中一员，他既欲读书立品，异俗高蹈；又不免干禄求进，以维护其自身利益。所以他曾于二十九岁、三十五岁、四十一岁三度出仕，初仕晋朝，二仕桓玄，再仕刘裕。其出仕与归隐的矛盾，长期曲折地缠绕着他的心灵，使他在寻求解脱之时又往往陷入不可解脱之中。《闲情赋》可谓这种矛盾心态的艺术写照。换言之，作者从彭泽归来，为束缚放荡不羁之情，恐意志不坚，难“全身保洁”，常警戒自己“但使愿无违”；然所“闲”之“情”，却非全如赋序所说的“流宕之邪心”，相反，是充满了上下求索之意。这恰是全赋旨外之趣的价值所在。

全赋正文分为三段。第一段首先将情志人格化、形象化，描写出一位外貌艳美、品行高尚、情感丰富、举止优雅的女子。她的“令姿”“柔情”与“美德”“雅志”，既是作者的自喻，又是其美好的追求和向往。可是，在混浊官场中，一个人自比白玉、幽兰，反而会受到现实的冷嘲。作者情志之初次萌发尚未待自我防闲，便受到客观的压抑，屈原“惟天地之无穷，哀人生之长勤”的志士之悲与作者“望云惭高鸟，临水愧游鱼”（《始作镇军参军经曲阿作》）的惆怅心绪的郁结，无疑昭示出《闲情赋》中“才华不隐世”（情）与“逃禄而归耕”（闲情）的深层矛盾。因此，作者在追求时虽顾忌“冒礼为諐”，却更怕“待凤鸟以致辞，恐他人之我先”，从而坐失良机。这使他“意惶惑而靡宁，魂须臾而九迁”。这种意象飘忽、魂魄迁荡的追求凝成全赋的妙笔，即第二段“愿在衣而为领”的“十愿”描绘。在这里，“十愿”（十个比喻）不啻十种追求，直贯着炽热的感情，横陈了不平的机遇。每一追求均以“愿”字生出，又自成形象，表现情之坚贞、委婉、隐忍；然每一“愿”字又以“悲”字作结，表现的又正是人生坎坷、壮志难酬的情怀。尽管由现实激发出的感情和由心理映显出的现实，已使作者陷入仕途悲剧，但“倘行行之有觌，交欣惧于中襟”，只要存一线希冀，仍须求索。而只有当一切希望皆成泡影，作者才感到“气凄凄而就寒”，“鸟凄声以孤归”，回首往事，既感情采缤纷，又觉朔漠苍凉。于此“悯悯不寐，众念徘徊”，“言尽意不舒”的迷惘中，引出第三段以主动词的防闲之意结束全赋。在艺术上，末段萧然淡泊，闲和渊雅，自有一种胸襟气象；然在思想上，此虽为作者揭破主旨之处，但欲以此总其奔放之情，却只使人感觉作者仍陷在欲解脱而又不可解脱之间。如果仅依此确证“曲终奏雅”类的说教，则不能正视闲情与情的辩证关系；如果根据作者对情爱的渲染遽立纯“爱情”之说，亦乖作者治赋心曲。

爱情与闲情是诗赋艺术中先后出现的两种主题。《诗经》之《郑》《卫》，已开情爱描写先河，而经《楚辞》之《九歌》《离骚》人神爱情描写，宋玉较早地创作出《高唐》《神女》等爱情主题赋。汉魏以来，爱情赋如司马相如《美人》、蔡邕《青衣》、曹植《洛神》等虽仍承写未绝，但《诗》中“郑卫”情爱描写在先秦已受到孔子等儒学派“郑风淫”之反拨，至汉儒之诗教化理解，势必延伸于辞赋创作，张衡《定情》等“闲情”主题应运而生，欲立人情与教化一体显现之道德文学典型。在这层意义上，陶渊明《闲情赋》正以此主题集前人之大成而居赋史之高标的。然而，陶赋的艺术价值又绝非仅限于儒家道德观的诠解，而是以文学创作的形象特征凝化《诗》《骚》传统而达到的具有当世精神的审美境界。首先，陶赋尤《蔓草》之会，恪守孔子“人而不为《周南》《召南》，其犹正墙面而立”(《论语·阳货》)之训词，但同时又能承继《诗》之风采，怊怅述情，以大胆直率的笔法对爱情渲染描绘，情真意切，臻于神趣。赋中对“秀群”“艳色”之美人的追求，既幻化为衣领、腰带、发膏、眉黛、床席、丝履、影子、蜡烛、扇子、鸣琴等物象，又连用“褰朱帏”“泛清瑟”“送纤指”“攘皓袖”“瞬美目”“含言笑”等一系列戏剧性动作，至欲与美人“接膝交言”。此中又明显渗融了司马相如、曹植爱情赋的描写，使爱神飞动艳美的翅翼，回旋于神奇的画图。值得注意的是，陶赋中炽热的感情、无畏的追求、生动的比喻、象征的描摹，之所以超越汉晋诸家同类题材的赋作，还在于受屈骚浪漫主义表现手法的影响，驱使丰富的艺术想象。屈原《离骚》堪称凭虚构象的佳作，陶渊明身世与境遇虽同屈原有区别，可那种“怀才不遇”的遭际和“泥而不滓”的性格，确有仿佛之处；而《闲情》中虚构方法源自《离骚》，更显而易见。如《离骚》“惟天地之无穷，哀人生之长勤”，《闲情》“悲晨曦之易夕，感人生之长勤”；《离骚》“凤皇既受诒兮，恐高辛之先我”，《闲情》“待凤鸟以致辞，恐他人之我先”；《离骚》“恐美人之迟暮”，《闲情》“悼当年之晚暮”等等，相似的句意，传递出共同的心灵。《离骚》作为一首长诗，作者在自叙世系、生辰、品德、志趣后通过“女媭告诫”“灵氛占卜”“巫咸降神”三个情节，申述理想，批判现实，发抒愤慨，驰骋想象；《闲情》作为一篇短赋，作者同样能表达志趣、理想、品德，把理想的追求和政治上的失意隐示于十次短暂的幻梦之中。这里除缠绵柔情、愉心悦意外，有宵离之叹、脱故之悲、枯煎之苦、毁妆之痛、求见之难、委弃之怨……现实的愁绪被融化于梦幻，梦幻的苦痛成现实之反思；而梦醒之后，"寂寞无见"，"摇摇空寻"，如烟如雾，惝恍迷离。无怪清人陈沆感叹："从来拟《骚》之作，见于《楚辞集注》者，无非灵均之重诒，独渊明此赋，比兴虽同，而无一语之似，真得拟古之神。"（《诗比兴笺》卷二）《闲情赋》采用浪漫手法，包孕现实内容，以小总大，情意弥深，实为作者善于含咀风骚菁华的结晶。

（周勋初　许　结）

自祭文　　陶渊明

岁惟丁卯，律中无射①。天寒夜长，风气萧索。鸿雁于征，草木黄落。陶子将辞逆旅之馆，永归于本宅。故人凄其相悲，同祖行②于今夕。羞以嘉蔬，荐以清酌。候颜已冥，聆音愈漠③。呜呼哀哉！

茫茫大块，悠悠高旻，是生万物，余得为人。自余为人，逢运之贫，箪瓢屡罄，絺绤④冬陈。含欢谷汲，行歌负薪，翳翳柴门，事我宵晨。春秋代谢，有务中园，载耘载耔，乃育乃繁。欣以素牍⑤，和以七弦。冬曝其日，夏濯其泉。勤靡余劳，心有常闲。乐天委分，以至百年。

惟此百年，夫人⑥爱之。惧彼无成，愒日惜时⑦。存为世珍，殁亦见思。嗟我独迈，曾是异兹。宠非己荣，涅岂吾缁⑧？捽兀穷庐⑨，酣饮赋诗。识运知命，畴能罔眷。余今斯化，可以无恨。寿涉百龄，身慕肥遁⑩。从老得终，奚所复恋！寒暑逾迈，亡既异存。外姻晨来，良友宵奔。葬之中野，以安其魂。

窅窅我行⑪，萧萧墓门。奢耻宋臣，俭笑王孙⑫。廓兮已灭，慨焉已遐。不封不树⑬，日月遂过。匪贵前誉，孰重后歌？人生实难，死如之何？呜呼哀哉！

〔注〕 ①丁卯：指宋文帝元嘉四年（427）。律中无射：指夏历九月。古代将乐律与历法附会，以十二律应十二月。陶渊明卒于此年十一月。　②祖行：古人出行时的祭神仪式，这里指出殡前一夕的祭奠。　③"候颜"二句：指晤面和闻声都已不可能。　④絺绤（chī xì 赤细）：葛布精者称絺，粗者称绤。　⑤素牍：指书籍。　⑥夫（fú 扶）人：众人。　⑦愒（kài 忾）日：

贪爱时日。 ⑧ 涅：黑色染料。缁：黑色。 ⑨ 捽兀（zuó wù 昨务）：意气傲然貌。 ⑩ 肥遁：隐居。 ⑪ 窅（yáo 摇）窅：隐晦、深远貌。 ⑫“奢耻宋臣”二句：宋臣桓魋作石椁（棺），三年尚未完成，孔子叹以为奢。汉代杨王孙临终，遗嘱命其子裸葬，未免又过俭啬。 ⑬ 封：封墓，积土成高坟。树：墓地植树。

旷达不羁的陶渊明，也做过许多美丽的人生之梦：从《桃花源记》那“黄发垂髫，并怡然自乐”的老人、孩子身上，人们看到了他憧憬的理想之梦；从《咏荆轲》那“惜哉剑术疏，奇功遂不成”的嗟叹中，人们看到了他的金刚怒目之梦；还有那些个“采菊东篱下，悠然见南山”的飘逸之梦，那些个“登东皋以舒啸，临清流而赋诗”的自得之梦……正是这些缤纷、断续的梦，给了陶渊明一生以莫大的慰藉。就是到了沉疴不去、即将辞世之际，他似乎还流连在这些梦中，凄怆却又坦然，悲凉而仍平静；甚至还有心境编织了一个自我悼祭的梦——这就是他的临终绝笔《自祭文》。

祭文起笔，展现的是一个凄清的虚境：深秋的夜晚，萧瑟的寒风刮得正紧；草木相约着一起枯黄萎去；夜色里还传来几声鸿雁南飞的哀唳。作者终于感觉到生命的大限已到，该是辞别人世、永归南山“旧宅”的时候了。恍惚间“嘉蔬”“清酌”已供满祭案，“娇儿索父啼，良友抚我哭”（《挽歌辞》）的景象，依稀都飘浮眼前。自己却将停卧棺中，再听不到那幽幽悲泣之音，看不见那吊衣如雪之景。这是一种怎样令人心酸的情境：秋气的萧瑟与将死的哀情相融相映。一句“呜呼哀哉”之叹，更使开篇蒙上了几多苍凉气息！

在辞世的弥留之间，追索飘逝而去的一生，不知会有怎样的感觉？当陶渊明抚视那“逢运之贫”的清素出身，“箪瓢屡罄，絺绤冬陈”的窘困生涯时，想必也曾为之黯然的吧？不过令他宽慰的是，清素养育了他的淳真之心，窘困也未移易他对人生的热爱。虽然不免要宵晨“谷汲”，荷锄“负薪”，朝夕出入的也只是“翳翳柴门”。然而他有欢乐，有歌声，有“载耘载耔”的怡然和“欣以素牍，和以七弦”的自得。《自祭文》所展示的陶渊明之平生，似乎很琐碎，很平淡，远没有官场中人车骑雍容的气象、笙歌院落的富丽。但这恰恰是作者引为自豪的人生！人们从“含欢”“行歌”的轻笔点染中见到的，不正是一位遗世独立、超逸不群的高蹈之士的身影么？他“不戚戚于贫贱，不汲汲于富贵”，在“冬曝其日，夏濯其泉”的简朴生活中，在“乐天委分”的淡然一笑中，领略到了“我心常闲”的劳作之乐趣，体会到了自由不羁的人生之价值。这样度过的一生看似平淡，但较之于巧取豪夺，较之于“为五斗米折腰”而丧失独立之人格，岂不是更充实、更富足的吗？这一节的行文，正如作者平日的田园诗，疏淡、平远，字里行间淌满了深情。浓浓的人生意趣，融入悠悠的哲理思索，更令人久久回味而不尽。

人生百年,谁不珍惜?倘若陶渊明亦有世人所不免的“适俗”之韵,它原本可以作另一种安排的,那就是追求虚幻的尊宠和声名,“愒日惜时”地钻营于仕宦之途。对于这样一种“存为世珍,殁(死)亦见思”的人生,陶渊明在辞世之际又是怎样看待的呢?“嗟我独迈,曾是异兹”一节,正表明了他回顾平生后无悔无怨的态度:营营惜生、追名逐利的生涯毫不可慕;在那污浊的世界里,适足以秽污了人的美好本性而已。我洁身自好,不以尊宠为荣,肮脏的东西又岂能沾染我的身心?置身于陇亩之中,独立于天地之间,“捽兀穷庐,酣饮赋诗”,才是值得追求的傲岸率真之人生!陶渊明正是这样做了,这一生已无所遗恨。所以对于即将到来的死生之变,他也显得格外平静。他知道帝乡之“不可期”,他知道死去之“何所道”,自己既然已“寿涉百龄”,“从老得终”,那就任它“托体同山阿”好了,又有什么可眷恋的?在“外姻晨来,良友宵奔”的凄清氛围中,一位哲人就要离去——他似乎不喜不惧,显得异样地安详。

然而,陶渊明对自己的一生,也并非真的一无憾意。在他的内心深处,其实仍蕴蓄着几分悲怆和苦涩。《自祭文》写到结尾,陶渊明的辞世之梦也已编织到了最幽暗的一幕:当他看见自己在昏昧中告别“逆旅之馆”、踽踽飘临“萧萧墓门”之际,虽然还表现了“不封不树,日月遂过”的淡泊,“匪贵前誉,孰重后歌”的超旷,毕竟还是发出了“廓兮已灭,慨焉已遐”的苍凉慨叹。此刻,陶渊明似乎对过去的一生,又投去了最后的一瞥,他忽然见到了另一个自己:从“猛志逸四海,骞翮思远翥”(《杂诗》)的少年意气,到“大济于苍生”(《感士不遇赋》)的壮年怀抱,从对“荆轲”抗暴精神的讴歌,到对“桃花源”无压迫社会的向往。在他的一生中,除了“性本爱丘山”的率真外,原也有造福世界的雄怀的呵!令人痛心的是,他所置身的时代,却是一个“网密裁而鱼骇,宏罗制而鸟惊”的专制时代。理想被幻灭,壮志被摧折,他纵然“怀琼握兰”,又能有什么作为?最终只能如一只铩羽之鸟、一朵离岫之云,在归隐林下的孤寂中了其一生。这深藏在内心的悲怆,在作者离世的最后一瞥中,终于如潮而涌,化作了《自祭文》结语那撼人心魄的嗟叹:“人生实难,死如之何?”

这嗟叹之音,震散了陶渊明的自悼之梦,也使貌似平静的祭文霎时改观。南宋真德秀在《跋黄瀛拟陶诗》中论及陶渊明时说:“虽其遗荣辱、一得丧,真有旷达之风,细玩其词,时亦悲凉感慨,非无意世事者。”《自祭文》亦正如此:在它那“身慕肥遁”、自甘淡泊的回顾中,虽然有“我心常闲”的安舒,但也有“嗟我独迈”的咨叹;那“翳翳柴门”,固然掩映着他“捽兀穷庐”的旷傲,但也不免有“闲居寡欢”的落寞(《饮酒》);“识运知命,乐天委分”是通达的,但又何尝不含有“日月掷人去,有志不获骋”的辛酸和无奈？他也平静，但那是饱经风霜后苦衷难言的平静；他也“含欢”，但那也大抵是暂时忘却苦恼的欢欣。旷达中含几多悲凉，飘逸中带几多沉重，这就是陶渊明辞世前夕，所编织的最后梦境的真实色彩。人们读到这篇祭文的结尾，不分明感受到了那一片哀情，在凄凄问叹中弥漫？　（张　巍）

【作者小传】

颜延之

(384—456)　南朝宋诗人。字延年。琅邪临沂(今属山东)人。少孤贫，好读书。官至金紫光禄大夫。与谢灵运以词采齐名，世称“颜谢”。又与谢灵运、鲍照并称“元嘉三大家”。后人辑有《颜光禄集》。

陶征士诔并序　　颜延之

夫璇玉致美，不为池隍之宝；桂椒信芳，而非园林之实：岂其深而好远哉，盖云殊性而已。故无足而至者，物之藉也；随踵而立者，人之薄也。若乃巢、高之抗行，夷、皓之峻节，故已父老尧、禹，锱铢周、汉①，而绵世浸远，光灵不属，至使菁华隐没，芳流歇绝，不其惜乎！虽今之作者，人自为量，而首路同尘，辍途殊轨②者多矣，岂所以昭末景，泛余波③？

有晋征士寻阳陶渊明，南岳之幽居者也。弱不好弄，长实素心；学非称师，文取指达。在众不失其寡，处言每见其默。少而贫苦，居无仆妾。井臼弗任，藜菽不给。母老子幼，就养勤匮。远惟田生致亲之议，追悟毛子捧檄之怀④。初辞州府三命，后为彭泽令。道不偶物，弃官从好。遂乃解体世纷，结志区外，定迹深栖，于是乎远。灌畦鬻蔬，为供鱼菽之祭；织约纬萧⑤，以充粮粒之费。心好异书，性乐酒德，简弃烦促，就成省旷，殆所谓国爵屏贵、家人忘贫者与⑥？有诏征为著作郎，称疾不到。春秋若干，元嘉四年⑦月日卒于寻阳县之某里。近识悲悼，远士伤情，冥默福应，呜呼淑贞！

夫实以诔华，名由谥高，苟允德义，贵贱何算焉。若其宽

乐令终之美，好廉克己之操，有合谥典，无愆前志⑧。故询诸友好，宜谥曰“靖节征士”。其辞曰：

物尚孤生，人固介立。岂伊时遘，曷云世及⑨。嗟乎若士，望古遥集⑩。韬此洪族，蔑彼名级⑪。睦亲之行，至自非敦。然诺之信，重于布言⑫。廉深简洁，贞夷粹温。和而能峻，博而不繁。依世尚同，诡时则异。有一于此，两非默置。岂若夫子，因心违事⑬。畏荣好古，薄身厚志。世霸虚礼，州壤推风。孝惟义养，道必怀邦。人之秉彝，不隘不恭。爵同下士，禄等上农。度量难钧，进退可限。长卿弃官，稚宾自免⑭。子之悟之，何悟之辨。赋辞归来，高蹈独善。亦既超旷，无适非心。汲流旧巘，葺宇家林。晨烟暮霭，春煦秋阴。陈书缀卷，置酒弦琴。居备勤俭，躬兼贫病。人否其忧，子然其命。隐约就闲，迁延辞聘。非直也明，是惟道性。纠缠斡流，冥漠报施。孰云与仁？实疑明智⑮！谓天盖高，胡譻斯义⑯。履信曷凭，思顺何置。年在中身，疢维痁疾⑰。视死如归，临凶若吉。药剂弗尝，祷祀非恤。傃幽告终⑱，怀和长毕。呜呼哀哉！

敬述清节，式遵遗占。存不愿丰，没无求赡。省讣却赙，轻哀薄敛。遭壤以穿，旋葬而窆。呜呼哀哉！

深心追往，远情逐化。自尔介居，及我多暇。伊好之洽，接阎邻舍。宵盘昼憩，非舟非驾。念昔宴私，举觞相诲。独正者危，至方则阂⑲。哲人卷舒，布在前载⑳。取鉴不远，吾规子佩。尔实愀然，中言而发。违众速尤，迕风先蹶。身才非实，荣声有歇。睿音永矣，谁箴余阙？呜呼哀哉！

仁焉而终，智焉而毙。黔娄既没，展禽亦逝㉑。其在先生，同尘往世。旌此靖节，加彼康、惠。呜呼哀哉！

〔注〕 ①“若乃”四句：巢，巢父，尧时隐者，栖巢而居。高，伯成子高，尧时诸侯，后弃诸侯而耕。夷，伯夷，商孤竹君之子，逃位而隐；后采薇首阳山，义不食周粟。皓，商山四皓，秦时博士，后隐于熊耳山西。父老尧禹、锱铢周汉，视尧、禹若普通老百姓中的父老而已，轻蔑周、汉如锱铢。锱铢，指极轻微的重量单位。 ②“首路”二句：言起先同走一条道路，而后来半途而废，分道扬镳。 ③“岂所以”二句：谓不能够继续发扬前代隐士之风节。景，同“影”。

④“远惟”二句：惟：思。田生：指田过。田过在回答齐宣王“君之与父孰重”的问话时，有“君不如父重”，爵禄“受之于君，致之于亲。凡事君者亦为亲也(即为养亲、尊亲)”之论(见《韩诗外传》)。毛子捧檄，指东汉毛义，家贫，以孝称。为了养亲，捧受州府征召为官之檄，而“喜动颜色”。母死，即“去官行服”。“后举贤良，公车征，遂不至……往日之喜，乃为亲屈也”(见《后汉书》卷六九)。 ⑤织绚纬萧：绚(qú渠)，渔网。纬萧，用蒿草编成帘子，在河流中堵水以捕鱼蟹者。 ⑥国爵：国之贵爵。屏：摒弃。《庄子·天运》：“至贵，国爵屏焉；至富，国财屏焉；至愿，名誉屏焉。”家人忘贫：《庄子·则阳》：“故圣人，其穷也使家人忘其贫。”言淡然无欲，家人不以贫为苦。 ⑦元嘉：南朝宋文帝年号。四年：公元427年。 ⑧“若其”四句：张守节《史记正义·谥法解》：“宽乐令终曰靖。好廉自克曰节。”前志，指谥典。 ⑨“物尚孤生”四句：言物崇尚独立生存，人坚持独立于世。这种人不能时时遇到，更不能代代都有。 ⑩“嗟乎”二句：若士，此士，指陶渊明。下句说他与古人遥遥相应。 ⑪“韬此”二句：韬，藏。名级，高门。谓陶渊明不炫耀其曾祖陶侃封长沙郡公，追赠大司马之家世，蔑视名爵高下。 ⑫“然诺”二句：布，指汉初季布。《史记·季布列传》：“楚人谚曰：‘得黄金百斤，不如得季布一诺。’” ⑬“依世尚同”六句：言为人之道，依俗而行，人必讥以追随世尚；违背时俗，人又讥以好标新立异。而渊明则能适心而行，不管世俗之议。 ⑭长卿：司马相如，在景帝时推托有病自免朝廷之官，客游于梁。稚宾：指汉人郇相，举州郡孝廉茂材，数次称病去官。 ⑮“纠缠斡流”四句：纠缠(mò墨)，指二股和三股线捻成的绳索。斡(wò沃)流，运转。冥漠，幽暗，此指冥冥中的主宰者“天”。《老子》：“天道无亲，常与善人。”此四句怀疑命运中祸福之纠缠运转，而仁人自有好报的说法。明智，即指老子之言。 ⑯“胡諐斯义”句：諐(qiān千)，即“愆”，过失。此句诘问苍天为何违背了“报施善人”的旨义。 ⑰疢(chèn趁)：病。痁(shān山)疾：多日发作的疟疾。 ⑱傃(sù素)：向。幽：幽冥，阴间。终：死亡。 ⑲阂(hé核)：阻隔、碍止。 ⑳前载：前世之记载。 ㉑黔娄：春秋时高士，传说他品性高洁，甘天下之淡味，安天下之卑位；不戚戚于贫贱，不汲汲于富贵。死谥为“康”。展禽：春秋鲁大夫，食邑柳下(地名)，死谥为“惠”，故又称“柳下惠”。

“诔”之为体，相当于今之悼词。早期的诔文似颇简短，如鲁哀公之诔孔子：“旻天不吊(淑)，不慭(yìn印，“不慭”即“何不”之意)遗一老！俾屏余一人以在位，茕茕余在疚(病)。呜呼哀哉尼父！无自律(丧尼父，无以自为法)！”——只不过数语，却表达了对死者的深切哀思(见《左传·哀公十六年》)。后世诔文，往往以侈大之辞，历述死者生平功业，即不算“挂狗肉帐”，也几近于“谀鬼”辞，颇有失“诔缠绵而凄怆”(陆机《文赋》)之旨。

颜延之的这篇《陶征士诔》，虽亦不免辞费了些，但与不见情性的诔文相比，则又以朴实真挚之情，放射了异彩。

全文分序和诔辞两部分。序之引人注目之处，在于立意的高古和行文上的跌折辉映之妙。倘从世俗的眼光看陶渊明的一生，实在平淡无奇：这位“少而贫苦”“学非所师”的寻阳隐士，只不过几进几出，做了几任小官，便挂冠解绶，深栖山野了。二十年后，终于在贫病交困中，离开了尘世。既无功业可言，也无多少行状可叙，又有什么可以称述当代、传誉万世的呢？然而，作者却从其平淡的一生中，发见了光焰摇曳的不平凡处：凭陶渊明之品行才学，很可以俯青拾紫、飞腾魏阙的，但他却甘于贫贱，不肯与污浊的官场同流，以致三辞州府之命、不应朝廷之诏。这样一种"国爵屏贵、家人忘贫"的立身处世之风，在天下攘攘，皆为功名利禄奔走的当代，不正是挺然独拔的"靖节"么？此文叙渊明之身世，而独标其"宽乐令终之美，好廉克己之操"，正显示了作者评价目光之超世脱俗。不过这评价倘只平平叙来，未必就能引发读者的高远之思。此文则以富于哲理的比兴之语凭空起笔，随即瞻仰往古，盛推"巢、高之抗行，夷、皓之峻节"，并为他们高尚德行在后世的"隐没""歇绝"怫然啸叹；然后逆折而起，大笔挥写陶渊明解绶归园、幽居南岳的清操洁行，与之媲美。这便如浪叠峰矗一般，使笔下的故人身影，刹那间耸起于末景衰世，穿透层层历史烟云，而与往古贤哲光芒相接、遥相辉映了！

"诔辞"部分的动人之处，则在对故人风貌的形象忆摹和交往之情的悲恸怀思上。颜延之是一位狂傲不羁、屡犯权要的年轻后辈。当他三十九岁外放为始安郡（治所在今广西桂林市）太守时，陶渊明已是年近六十的老翁了。此后二三年间，延之每经寻阳，总要拜望这位为人敬仰的前辈。两人饮酒村舍，常常自晨达昏，可见相得之欢。正因为如此，作者在诔辞中忆及故人生前形貌时，不仅笔蘸深情，而且传写入神："赋辞归来，高蹈独善。亦既超旷，无适非心"——这是对渊明归隐形象的总体勾勒，只下数笔，一位高蹈旷逸、随遇而适的隐世名士，已飘然如生！"汲流旧巘，葺宇家林。晨烟暮蔼，春煦秋阴。陈书缀卷，置酒弦琴。"这充满诗情画意的生活景象，不正是陶渊明那"宽乐令终之美"的逼真写照么？读前四句，人们能不悠然思及渊明生前吟咏过的美好诗句："方宅十余亩，草屋八九间"，"晨兴理荒秽，带月荷锄归"（《归园田居》），"盥濯息檐下，斗酒散襟颜"（《于西田获早稻》）。在"晨烟暮蔼""春煦秋阴"中出没的，就是这样一位"畏荣好古""居备勤俭"的可敬老人呵！至于"陈书缀卷，置酒弦琴"二句，更画出了渊明性情之神髓。它与陶渊明"好读书，不求甚解；每有会意，便欣然忘食"（《五柳先生传》）的自画像，以及萧统《陶渊明传》记载的"渊明不解音律，而蓄无弦琴一张，每酒适，辄抚弄以寄其意"的率真忘形之态，交相融汇，表现了所诔故人襟怀的高雅和旷达！然而，当这亲切的形貌神态，在追忆中宛然如生地重现眼前时，作者所面对的，却已是故人溘然而逝的冰冷遗容！对于如此"薄身厚志"之士，苍天又怎忍心在"年及中身"之际，便让贫困和痁疾夺取他的生命！辞中由此出现了作者抚视故人的怆然问叹之语："纠缠斡流，冥漠报施。孰云与仁？实疑明智！"这数语至今读来，犹令人欷歔堕泪。

但最令作者悲痛的，还在于他从此失去了一位耳提面命的师长。作为晚辈，颜延之当年曾与渊明共同度过多少"宵盘昼憩,非舟非驾"的难忘时光。"诔辞"中对此当然不可能一一忆及,作者只是饱含热泪,为读者再现了聆听故人"举觞相诲"的最动人一幕:陶渊明曾在"宴私"中途,谆谆告诫作者:不要恃才以傲物,凭宠以凌人,要知道违众、忤世,是要犯错误和跌交子的呵!这就是故人留下的肺腑箴言。这充满睿智的话音,至今还响在作者耳际;而敬爱的师长,却已永远离开了人间!作者追忆至此,已是悲恸难遏,故自"睿音永矣,谁箴余阙"以下,便化作长声恸哭之语,汩汩而涌,终于淹没了全辞的结尾。这是文中最动情之处,它蕴含着作者对失去故人兼师长的多少伤痛哀思!

颜延之的文名,在宋代可与谢灵运诸人并驰。但所作诗文过于雕饰,故鲍照在比较颜谢优劣时,对他作过委婉的批评:"谢五言如初发芙蓉,自然可爱;君诗若铺锦列绣,亦雕缋满眼"(《南史》本传)。这篇诔文却一反铺列、雕缋之风,写得颇朴实动人:有高古的情志,有传神的摹写;追缅感怀,情词凄惋,正有"论其人也,暧乎若可觌;道其哀也,凄焉如可伤"之致(刘勰《文心雕龙·诔碑》)。其得力处,盖所悼乃平生故友,而下笔落墨,自有深情相随之故吧?

(潘啸龙)

祭屈原文并序

颜延之

惟有宋五年月日①,湘州刺史吴郡张邵②,恭承帝命,建旟旧楚③。访怀沙之渊,得捐珮之浦④。弭节罗潭,舣舟汨渚。乃遣户曹掾某,敬祭故楚三闾大夫屈君之灵:

兰薰而摧,玉缜则折。物忌坚芳,人讳明洁。曰若先生,逢辰之缺。温风怠时,飞霜急节。

嬴、芈遘纷,昭、怀不端⑤。谋折仪、尚,贞蔑椒、兰。身绝郢阙,迹遍湘干。比物荃荪,连类龙鸾⑥。

声溢金石,志华日月。如彼树芳,实颖实发⑦。望汨心欷,瞻罗思越。藉用可尘,昭忠难阙⑧。

〔注〕 ①"有宋五年":即宋少帝景平二年(424)。自宋武帝刘裕永初元年(420)建国,至此为第五年。是年五月少帝被废,八月文帝即位,改为元嘉元年。 ② 湘州:州治在临湘(今湖南长沙)。张邵:字茂宗,吴郡吴(今江苏苏州)人。 ③ 旟(yú 鱼):绘有鸟隼图像的旗。《周礼·春官·司常》称"州里建旟",此指张邵在故楚之地湘州为刺史。 ④"访怀沙"二句:《史记·屈原贾生列传》:"乃作《怀沙》之赋,于是怀石,遂自沉汨罗以死。"屈原《九歌·湘君》:"捐余玦兮江中,遗余佩兮醴浦。" ⑤ 嬴:秦国之君姓"嬴"。芈(mǐ 米):春秋楚国的祖姓。昭:秦昭王。怀:楚怀王。端:直、正。 ⑥"比物"二句:王逸《楚辞序》:"《离骚》之文,依《诗》取兴,引类譬谕,故

善鸟香草，以配忠贞……虬龙鸾凤，以托君子。” ⑦ 实颖实发：取典于《大雅·生民》。实，副词，“是”也。颖：带芒的谷穗一类，此指芳草叶尖的挺拔生长。 ⑧ 藉(jiè借)：祭祀时所致祭品(食物)的垫底，一般用白茅为藉。《易·大过》：“藉用白茅。”虽然微薄，却是昭示忠信之物。

与《陶征士诔》的哀慨激荡、洋洋几及千言不同，这篇同出于颜延之手笔的《祭屈原文》，却显得意外地简短。

全文除序言外，只三节，九十余字。第一节从兰、玉的易遭摧折，写到屈原的生不逢时。读者在“温风怠时(衰落)，飞霜急节(肃杀)”的慨叹中，已可感受到摧残这位故楚贤臣的秋气，在当年竟怎样飒然凄急！第二节抒写屈原在“嬴(秦)、芈(楚)遘纷”中，为楚之命运前途挺身抗争的峻节。他力折张仪、靳尚的绝齐合秦之议，蔑斥子椒、子兰的媚秦乞和之行，真是正气浩然、铁骨铮铮，堪称独撑楚国社稷的栋梁之臣。然而他却遭到了楚怀王父子的废黜和放逐，从此“身绝郢阙(楚都)，迹遍湘干(岸)”，终于在无限痛苦中沉身汨罗，殉了毕生怀抱的“美政”理想。他的震荡千古的杰作《离骚》，正以“比物荃荪(香草)，连类龙鸾”的象征形象，表现了经久不歇的芬芳志节和不与浊世同流的贞臣之风。就全文看，这一节追述，对屈原的平生事迹，作了最简洁的概括。而屈原那“与日月争光”的朗采丰姿，却已在字里行间灿然升立，足以令万世读者肃然仰瞻了。第三节以庄重的言辞，盛推屈原的声名和情志；然后向着滔滔江流，欷歔堕泪，遥致一片祭奠之情，以吊慰这位蹈浪而逝的往古哲魂，全文由此戛然收止。

不知读者的感觉如何，笔者诵罢掩卷，总感到颜延之的这篇祭文，似乎言犹未尽——正如向秀悼念故人嵇康的《思旧赋》，给人一种“刚开头便又煞了尾”的印象。屈原的为人，高洁卓立；他的遭际，又令无数志士扼腕不平。汉初政论家贾谊，被权贵挤出朝廷，出为长沙王太傅，曾在汨罗江畔投书以吊屈原。其辞感怀呜咽，哀慨深切，打动过多少后人！颜延之的政治眼光远不如贾谊，却也是位负才傲世、桀骜不驯的名士(时人呼之为“颜彪”)。因为在朝中“辞意激扬，每犯权要”，遭尚书令傅亮等人所忌，终于被外放始安郡(治所在今广西桂林)太守。当其“弭节(止车)罗潭，舣舟(移舟靠岸)汨渚”，祭奠这位命运相似的古贤时，难道不会有无限忧愤涌泻笔端？况且照刘勰的说法：“祭奠之楷，宜恭且哀”(《文心雕龙·祝盟》)。何以此文却一发即收，而很少“哀”情之激荡？

要解决这个疑问，还须回头再读序文。只要稍为细心一点，便可发现，此文的“主祭”原就不是颜延之，而是“湘州刺史吴郡张邵”！也就是说，这篇祭文是作为堂堂刺史祭奠屈原的“官样文章”，而由颜延之代笔的。这一点决定了一切：作为官方祭文，作者只能冠冕堂皇地写些仰瞻高风、虔诚致奠的内容，方能为张邵所接受;又怎能自由地抒发自身的感怀?这也就是所谓"代哭不哀"的道理。

虽然如此,此文毕竟出自满怀郁悒的颜延之之手。而且,在他离开京师时,领军将军谢晦曾不冷不热地告诉他:当年阮咸遭忌于荀勖,被贬斥到始平郡作官;而今你又斥为始安郡太守,真可以称之为"二始"了!黄门郎殷景仁也警告他:俗恶俊异,世疵文雅。可要当心呵!(见《宋书》本传)在这种心境下途经汨罗,代作祭文,即使强为堂皇之语,总难免触发真情而有所泄逸于笔端。即以开篇而言,作者挥毫落墨,便叹"兰薰(芳)而摧,玉缜(细密)则折"。这固然符合屈原的遭际,而字里行间,更透露着作者自身的忧愤之慨。而后文的"温风怠时,飞霜急节",当然亦指屈原的生不逢时而言,但是否也还传达了作者对当代政治气候的冷冽之感?所以,当他拟为"户曹掾某"身临汨罗江畔的情境时,又有"望汨心欷(泣),瞻罗思越(飞)"之句。作者写到这里,显然自己先就潸然动情了。可惜他不能将内心的不平和伤怀,尽情倾吐(因为这毕竟是别人的祭文);故只好在情澜欲奔之际,赶紧收止,化作幽幽的致祭之词煞尾。

将自身的悲慨,寓于为人代作的祭文之中,既不失虔诚恭敬之旨,又隐约可见作者之微情,这正是颜延之《祭屈原文》的独特之处。全文虽短,却具"文见于此,而起义在彼""婉而成章"(杜预《春秋序》)之妙。倘若读者能于墨光所射之处,体味其中所蕴含的一片哀愤之情,便不负作者之苦心了。 (潘啸龙)

【作者小传】

谢惠连

(397—433) 南朝宋文学家。陈郡阳夏(今河南周口太康)人。幼年能文。因在为父守丧期间作诗赠人,长期不得官职。后为彭城王刘义康法曹参军。能诗赋。所作《雪赋》较有名。与族兄灵运并称"大小谢"。原有集,已散佚,明人辑有《谢法曹集》。

雪 赋

谢惠连

岁将暮,时既昏,寒风积,愁云繁。梁王不悦,游于兔园①。乃置旨酒,命宾友②,召邹生,延枚叟,相如末至③,居客之右。俄而微霰零,密雪下,王乃歌《北风》于卫诗,咏《南山》于周雅④,授简于司马大夫曰:"抽子秘思,骋子妍辞,侔色揣称,为寡人赋之!”

相如于是避席⑤而起,逡巡⑥而揖,曰:“臣闻雪宫建于东国⑦,雪山⑧峙于西域,岐昌发咏于来思⑨,姬满申歌于《黄竹》⑩。《曹风》以麻衣比色⑪,楚谣以幽兰俪曲⑫。盈尺则呈瑞于丰年,袤丈则表沴以阴德⑬。雪之时义远矣哉!

“请言其始,若乃玄律穷,严气升⑭,焦溪涸,汤谷凝,火井灭,温泉冰,沸潭无涌,炎风不兴⑮,北户墐扉,裸壤垂缯⑯。于是河海生云,朔漠飞沙,连氛累霭⑰,揜日韬霞,霰淅沥而先集,雪纷糅而遂多。

“其为状也,散漫交错,氛氲⑱萧索,蔼蔼浮浮,瀌瀌奕奕⑲,联翩飞洒,徘徊委积⑳。始缘甍而冒栋㉑,终开帘而入隙。初便娟于墀庑㉒,末萦盈㉓于帷席。既因方而为珪㉔,亦遇圆而成璧㉕。眄隰则万顷同缟㉖,瞻山则千岩俱白。于是台如重璧,逵似连璐㉗,庭列瑶阶㉘,林挺琼树,皓鹤夺鲜,白鹇失素,纨袖惭冶,玉颜掩姱㉙。若乃积素未亏,白日朝鲜,烂兮若烛龙㉚,衔耀照昆山。尔其流滴垂冰,缘霤承隅㉛,粲兮若冯夷,剖蚌列明珠㉜。

“至夫缤纷繁骛之貌,皓旰曒絜之仪㉝;回散萦积之势,飞聚凝曜之奇。固展转而无穷,嗟难得而备知。若乃申娱玩之无已,夜幽静而多怀,风触楹而转响,月承幌而通晖,酌湘吴之醇酎㉞,御狐貉之兼衣,对庭鹍㉟之双舞,瞻云雁之孤飞,践霜雪之交积,怜枝叶之相违,驰遥思于千里,愿接手而同归。”

邹阳闻之,懑然㊱心服,有怀妍唱,敬接末曲。于是乃作而赋《积雪之歌》。歌曰:“携佳人兮披重幄,援绮衾兮坐芳缛。燎薰炉兮炳明烛,酌桂酒兮扬清曲。”又续而为《白雪之歌》,歌曰:“曲既扬兮酒既陈,朱颜酡㊲兮思自亲。愿低帷以昵㊳枕,念解佩而褫绅㊴。怨年岁之易暮,伤后会之无因。君宁见阶上之白雪,岂鲜耀于阳春。”

歌卒,王乃寻绎吟玩,抚览扼腕㊵,顾谓枚叔,起而为乱㊶。

乱曰:"白羽虽白,质以轻兮;白玉虽白,空守贞兮。未若兹雪,因时兴灭,玄阴㊷凝不昧其洁,太阳曜不固其节。节岂我名,洁岂我贞,凭云升降,从风飘零。值物赋象,任地班形㊸。素因遇立,污随染成。纵心皓然,何虑何营。"

〔注〕 ① 梁王:指梁孝王刘武。《汉书·文三王传》:"于是孝王筑东苑,方三百余里。"兔园:即东苑。 ② 宾友:宾客与朋友。古代诸侯多养门客,不授以官职而处以宾友之位。《荀子·尧问》:"中蘬之言曰:'诸侯自为得师者王,得友者霸,得疑者存,自为谋而莫己若者亡。'" ③ 邹:指邹阳。枚:指枚乘。相如:指司马相如。 ④《诗·邶风·北风》:"北风其凉,雨雪其雱。"邶、鄘、卫均相近,而邶、鄘不知何时并于卫。它们所咏多卫事,故可以《卫风》称之。《诗·小雅·信南山》:"上天同云,雨雪雰雰。"二诗均咏雨雪,故《雪赋》用之。 ⑤ 避席:离开坐位。 ⑥ 逡(qūn)巡:退后。 ⑦《孟子·梁惠王下》:"齐宣王见孟子于雪宫。"赵注:"雪宫,离宫之名也,宫中有苑囿台池之饰,禽兽之饶。"东国:指齐国。齐国在山东,居全国境域之东。 ⑧ 雪山:指天山。 ⑨ 岐昌:岐:周人之所居。昌:指周文王姬昌。《诗·小雅·采薇》:"昔我往矣,杨柳依依。今我来思,雨雪霏霏。""来思"即取其中二字,以示与雪相关。 ⑩ 姬满:周穆王名满,周人姬姓。《穆天子传》五:"日中大寒,北风雨雪,有冻人,天子作诗三章以哀民。曰:'我徂黄竹'。"故名《黄竹歌》。 ⑪《诗·曹风·蜉蝣》:"蜉蝣掘阅,麻衣如雪。"麻衣色白如雪,故云"麻衣比色"。 ⑫"楚谣"二句:《古文苑》卷二宋玉《讽赋》:"乃更于兰房之室,止臣其中,中有鸣琴焉,臣援而鼓之,为《幽兰》《白雪》之曲。"楚谣,指《讽赋》。《广雅·释诂》四:"俪,偶也。"俪曲指以幽兰与白雪相偶而为曲。 ⑬ 沴(lì力):不和。《汉书·五行志》中:"气相伤,谓之沴。沴犹临莅,不和意也。"阴阳家以雨雪为阴,象征阴道、臣道。袤:长,引申为丈,深雪至丈。据阴阳家的见解,是严重的不和之气所引起。这意味着要产生女主,或以臣代君。 ⑭ 玄律穷,严气升:古代历法家以冬代表北方,照五行家的看法,黑色主运(也就是玄色主运)。一年冬尽,黑色主运的规律至此已告结束。又《礼记·月令》:"孟冬之月,天气上腾,地气下降。"天气上腾,即严气升。 ⑮"焦溪"六句:焦溪、汤谷、温泉、沸潭都是温泉,多因靠近火山或因泉中矿质放出热量,水温较当地一年的平均气温为高,一般不易随冬夏温度之差异而变化。这里作者以夸张的手法,写焦溪干涸,汤谷结冰,强调它们在严寒的冬季也受了影响。火井(在今四川自贡)不会因气候变化而熄灭,沸腾的泉水也不会腾涌;炎风指热带的热风,更与北温带的冬天无关。这些均与自然景观不符。这里用的是夸张手法,不可拘泥字面去理解。 ⑯ 裸壤:旧注引《东夷传》:"倭国东四千余里,裸人国也。"北户:与裸壤对文,亦是国名。《尔雅·释地》:"觚竹、北户、西王母、日下,谓之四荒。"《吴都赋》:"开北户以向日。"刘渊林注:"曰南人北户,犹曰北人南户也。"其地当在今越南。越南炎热,到冬天也要将柴扉涂上泥土以保暖,仍是用的夸张手法。 ⑰ 霭:即"霭",云貌。《集韵·泰韵》:"霭,霭或省。" ⑱ 氛氲:盛貌。 ⑲ 蔼蔼:通霭霭,云盛貌。浮浮:行貌。瀌(biāo标)瀌:雨雪盛貌。奕奕:盛貌。蔼蔼浮浮言下雪时形云飞动;瀌瀌奕奕言雪下得很大。 ⑳ 委积:聚集。 ㉑ 甍(méng萌):屋脊。冒:覆盖。 ㉒ 便(pián骈)娟:回旋飞舞貌。墀庑(chí wǔ迟五):墀指台阶或台阶上的空地。庑,堂下。 ㉓ 萦盈:雪委回之貌。 ㉔ 因方而成珪:珪,古代玉名,上圆或尖,下方形。言雪落在方形的器物上,就堆积成方形,雪色白如玉,故如珪玉。 ㉕ 遇圆而成璧:璧,平圆的玉。雪落在圆形的器物上,就堆积成圆形,像璧似的。 ㉖ 眄(miàn面):斜视。隰(xí习):低湿的地方。缟

(gǎo 稿)：古时的一种白色绢。　㉗ 逵：四通八达的道路。《尔雅·释宫》："九达谓之逵。"璐：美玉。　㉘ 瑶：美玉。阶：台阶。　㉙"纨袖"二句：纨(wán 丸)，古代白色细生绢。纨袖，与玉颜对举，指代穿着素洁的女子。冶，装饰艳丽。姱(kuā 夸)，美好。这两句话都是赞美雪的洁白美丽，使白皙姣美的姑娘感到惭愧，不敢夸耀。　㉚"烂兮"二句：言雪的光洁。烛龙，《山海经·大荒北经》："西北海之外，赤水之北，有章尾山，有神，人面蛇身而赤，直目正乘，其瞑乃晦，其视乃明。不食，不寝，不息，风雨是谒，是烛九阴，是谓烛龙。"近人研究这种现象，或认为是北极光。　㉛ 霤(liù 六)：屋檐滴水之处。缘霤承隅：谓雪结了冰，悬挂在屋檐滴水处和屋的四角。　㉜"粲兮"二句：言雪凝结成冰之后，到处都是光洁的珍珠，好像河神冯夷把河里的蚌蛤全都剖开来陈列。　㉝ 皓旰(hàn 汗)：明亮。曒絜：同"皦洁"，皎洁。皓旰曒絜，即明亮而洁白。仪：指仪态。　㉞ 酌湘吴之醇酎：指湖南酃湖和吴兴乌程所重酿的醇酒，二酒均很有名。　㉟ 鹍(kūn 昆)：鸟名。《楚辞·九辩》："鹍鸡啁哳而悲鸣"。洪兴祖补注云："鹍鸡，似鹤，黄白色。"　㊱ 懑(mèn 闷)然：惭貌。《庄子·天地》："子贡懑然惭，俯而不对。"　㊲ 酡(tuó 驼)：同"酡"，指喝酒后脸色变红。　㊳ 昵(nì 逆)：亲近。　㊴ 褫(chǐ 耻)：脱去。绅，大带。　㊵ 扼腕：以一手握另一手腕，表示惋惜。　㊶ 乱：辞赋篇末总括全篇要旨的文句。　㊷ 玄阴：指冬月。　㊸ 任地班形：任，因。班，布，铺。言雪因地形而铺盖大地。

《雪赋》是一篇清新婉丽的赋作，采用汉人假设主客陈说事物的方式，以梁王为主，司马相如、邹阳、枚乘为宾，引出作赋的设辞，描绘雪这一大自然的奇观。此赋当时就以"高丽见奇"，与谢庄《月赋》同为六朝小赋的名篇。

《雪赋》可以分为四段。

第一段即第一自然段，假设主客陈说事物，叙述汉梁王雪天游兔园，置酒召宾友，使司马相如为赋的情形。

第二段包括第二、三、四、五四个自然段，由司马相如"避席而起，逡巡而揖"，应命为赋转入赋题正文。在第二自然段中，先举出一些雪的典故，如雪宫、雪山、《小雅·采薇》和《曹风·蜉蝣》……并模仿《易经》常用的"豫之时义大矣哉""颐之时义大矣哉"的感叹句式，在举了一串雪的故事之后，以赞叹口气说："雪之时义远矣哉！"其意思说："下雪的意义可真来得深远啊！"

第三自然段描述下雪前的严寒至下雪渐多的情景。"玄律穷，严气升"是指下雪的时令，下雪几乎都在冬天。"玄律穷"，指季冬十二月，日月星辰运行到了此月皆周匝还于故处，各自走完了它们一年应走的旅程："肃"，据郑玄注说是隆冬"严急之气"，到了冬天，天气变得严酷，一年即将完毕，正是下雪的时节。以下举焦溪、汤谷、火井、温泉、沸潭、炎风六例。从它们的命名来看，都应是温度很高的，但到了下雪的时节，它们都走向反面。在这样严寒的时节，人们也"北户墐扉"，连裸人国为了保温，也垂缯御寒，都作了防寒保温的准备。下面六句则是叙述下雪的情景，"于是河海生云，漠北飞沙"，只有朔北的寒风怒吼才会使天气变得更冷，才可以使"连氛累霭，揜日韬霞"，先下的是淅沥的雨夹雪，终于密集的大雪也随之而来了。

第四自然段写得十分清丽，是全赋最精彩的段落。由初期雪的"氛氲萧索，蔼蔼浮浮"变为"联翩飞洒，徘徊委积"，由"开帘而入隙"变为"万顷同缟"，"千岩俱白"，一幅素裹银装的壮观场面呈现在我们的眼前。雪覆盖着大地，使得"台如重璧，逵似连璐，庭列瑶阶，林挺琼树"，仿佛到了一个素光炫耀的仙境。是嫦娥的广寒宫呢？抑或是西王母的瑶池呢？但都难以和它相比。紧接四句从反面衬写。"皓鹤夺鲜，白鹇失素，纨袖惭冶，玉颜掩姱"，皓鹤、白鹇、纨袖、玉颜都是人间最白净美丽的，然而都为之黯然失色。这种艺术手法曾为以后文学家所仿效，"蝉噪林逾静，鸟鸣山更幽"，"美人庭前坐，羞落数朵花"，都是继承这种反衬手法。最后六句是描写太阳出来的雪景。

第五自然段叙述各种情况和各种方式的赏雪，以及由它们引起的各种情感。"若乃申娱玩之无已，夜幽静而多怀，风触楹而转响，月承幌而通晖，酌湘吴之醇酎，御狐貉之兼衣"，说明赏雪有时在幽静的夜里，有时有风，有时还有明月，穿着狐貉的皮衣，饮着湘、吴的美酒，这样来赏月，自然就有各种不同的感情，自然会"怜枝叶之相违，驰遥思于千里"了。

第三段即第六自然段，叙写邹阳作《积雪之歌》与《白雪之歌》两歌，使第一自然段中的"召邹生，延枚叟"得到呼应，也使他们有了着落。插入这两首楚辞式的歌词后，全赋便呈现错落变化。谢庄的《月赋》同样也是以这样的方式转入收笔的。

第四段即第七自然段是乱辞，对雪的性质以哲理的眼光加以概括。白羽质轻而白，白玉质坚而白，但是它们都是固定不变的，都不如白雪之白，随着时间的推移，可以兴起无形，消释无踪：冬天的严凝并不能掩盖它的洁白，太阳的照耀它也可以融化：洁与节都不是雪的自身所具有，它只不过"凭云升降，从风飘零。值物赋象，任地班形"。一切随大自然的规律而变化，遇着素洁的东西就变为纯净，遇着肮脏的东西就变成污秽。它并没有什么用心，对万物一视同仁，人亦应像雪一样"乘化以归尽"，不须思虑营求于其间。使人读了此赋，除了欣赏绚丽多姿的雪景之外，顿有一种飘逸清新的感觉，思想得到净化，享受到一种超然、宁静的美。这段文字显然是用老庄思想作基调的。

《文心雕龙·明诗》云："宋初文咏，体有因革，庄老告退，而山水方滋。"谢惠连正是南朝宋初的人，但老庄思想并未如刘勰所说完全告退，而是巧妙地融于美丽的大自然中。他是老庄初步告退、山水方滋的一个不可缺少的中间环结，值得研究南北朝文学者的注意。距惠连约百年光景，北周的刘璠也作了一篇《雪赋》，无论构思、布局和遣词造句都学谢惠连的《雪赋》，不过篇幅较短，手法的创新、艺术的造境也远远不及谢惠连所作。

（龙 晦）

【作者小传】

范　晔

(398—445)　南朝宋史学家。字蔚宗。顺阳(今河南南阳淅川东南)人。曾任尚书吏部郎,元嘉元年(424)为宣城太守。后迁左卫将军、太子詹事。二十二年,因谋废立案牵连,被杀。著有《后汉书》。

董宣传

范　晔

董宣字少平,陈留圉人也①。初为司徒侯霸所辟②,举高第,累迁北海相③。到官,以大姓公孙丹为五官掾④。丹新造居宅,而卜工以为当有死者,丹乃令其子杀道行人,置尸舍内,以塞其咎。宣知,即收丹父子杀之。丹宗族亲党三十余人,操兵诣府,称冤叫号。宣以丹前附王莽,虑交通海贼,乃悉收系剧⑤狱,使门下书佐水丘岑尽杀之。青州以其多滥,奏宣考岑⑥,宣坐征诣廷尉。在狱,晨夜讽诵,无忧色。及当出刑,官属具馔送之,宣乃厉色曰:"董宣生平未曾食人之食,况死乎!"升车而去。时同刑九人,次应及宣,光武驰使驺骑⑦特原宣刑,且令还狱。遣使者诘宣多杀无辜,宣具以状对,言水丘岑受臣旨意,罪不由之,愿杀臣活岑。使者以闻,有诏左转宣怀令⑧,令青州勿案岑罪。岑官至司隶校尉。

后江夏⑨有剧贼夏喜等寇乱郡境,以宣为江夏太守。到界,移书曰:"朝廷以太守能擒奸贼,故辱斯任。今勒兵界首,檄到,幸思自安之宜。"喜等闻,惧,即时降散。外戚阴氏为郡都尉,宣轻慢之,坐免。

后特征为洛阳令。时湖阳公主苍头⑩白日杀人,因匿主家,吏不能得。及主出行,而以奴骖乘⑪,宣于夏门亭候之,乃驻车扣马,以刀画地,大言数主之失,叱奴下车,因格杀之。主即还宫诉帝,帝大怒,召宣,欲箠杀之。宣叩头曰:"愿乞一言而死。"帝曰:"欲何言?"宣曰:"陛下圣德中兴,而纵奴杀良人,将何以理⑫天下乎?臣不须箠,请得自杀。"即以头击楹,流血被面。帝令小黄门⑬持之，使宣叩头谢主，宣不从，强使顿之，宣两手据地，终不肯俯。主曰："文叔⑭为白衣时，藏亡匿死，吏不敢至门。今为天子，威不能行一令乎?"帝笑曰："天子不与白衣同。"因敕强项令出。赐钱三十万，宣悉以班⑮诸吏。由是搏击豪强，莫不震栗，京师号为"卧虎"。歌之曰："枹鼓不鸣⑯董少平"。

在县五年。年七十四，卒于官。诏遣使者临视，唯见布被覆尸，妻子对哭，有大麦数斛、敝车一乘。帝伤之，曰："董宣廉洁，死乃知之!"以宣尝为二千石，赐艾绶，葬以大夫礼。拜子并为郎中，后官至齐相。

〔注〕 ① 陈留圉(yǔ羽)：陈留，东汉郡名。圉是其属县，今河南开封杞县南五十里圉镇。 ② 辟：征聘去做官。 ③ 北海相：王国的地方长官，相当于郡太守。东汉置北海国，治所在剧县(今山东昌乐西)。 ④ 五官掾：这里指国相、郡守的佐治官吏。 ⑤ 剧：即北海国治所剧县。 ⑥ 青州：汉十三刺史部之一，北海国属之。考：拷问。 ⑦ 驿骑(jì寄)：皇帝派遣的骑士。 ⑧ 左转：降职。怀令：怀县(今河南焦作武陟县西南)的县令。 ⑨ 江夏：郡名，治所在今湖北黄冈西北。 ⑩ 苍头：奴仆。 ⑪ 骖乘：陪乘，坐在车右。 ⑫ 理：治。 ⑬ 小黄门：在皇帝左右掌理文书、传达诏令的宦官。 ⑭ 文叔：汉光武刘秀字文叔。 ⑮ 班：分赐。 ⑯ 枹(fú浮)鼓不鸣：没有人击鼓鸣冤。《汉书·张敞传》："由是枹鼓稀鸣，市无偷盗。"

此篇选自范晔所作的《后汉书》，其笔下的董宣，具有鲜明的个性，即所谓"强项"：刚烈倔强而不肯低首下人。其典型事例是对待湖阳公主。湖阳公主是汉光武刘秀的姊姊。她的奴仆白昼杀人，董宣毫不留情地把这个奴仆从公主身边拉下车来，当场格杀。事情闹到皇帝面前，光武帝要董宣向湖阳公主叩头谢罪，董宣不肯，"强使顿之，宣两手据地，终不肯俯"。于是光武称之为"强项令"。"强项"的实质是不畏权势，疾恶如仇，宁死不屈。

作为传记，这个典型事例是传主一生的光辉顶点，是刻画人物的一个高潮。但它并非突如其来。此前，写了两件事。一是董宣杀公孙丹父子及其宗族亲党三十余人，原因是公孙丹为迷信而滥杀无辜。二是任江夏太守时先行发文告诫"剧贼夏喜"一伙，促使他们自动"降散"。第一件事与杀湖阳公主奴仆性质相同，区别在于公孙丹是地方豪强，湖阳公主是皇亲国戚。两相观照，情节发展有波澜起伏之妙，"强项"性格也有所发展。第二件事显示董宣疾恶如仇性格的多侧面性，不是一味要杀，亦能先礼后兵，收水到渠成之效。当然，一纸文书能起作用，也是他杀公孙丹等余威尚存的缘故。在这个典型事例之后，文中只说"由是搏击豪强，莫不震栗。京师号为'卧虎'"。简要概括，不再记叙事例。但强项令的所作所为，人们尽可想见。

汉武帝以来，豪强势力逐渐发展，到了东汉更日益膨胀，刘秀就是南阳著名的大豪强。地方豪强凭借宗族亲党的力量，掠夺农民土地，迫使农民成为奴隶，进行敲骨吸髓的剥削。官府对豪强的横行霸道也无能为力，而董宣执法如山，敢于搏击，是具有进步意义的。

董宣对贵戚、豪强决不宽贷，对自身极为严格，不贪不占。出狱上刑场，官属设酒宴送别，他厉色疾言："董宣生平未曾食人之食，况死乎！"生平未吃过别人的，就是要死了，也决不苟且。生动传神的言语，掷地有声。汉光武称他为强项令，赐钱三十万，他"悉以班诸吏"，自己不取一文，全部分发给部属，具有不贪钱财的品格。他死了，光武派使者探视，只见"布被覆尸，妻子对哭，有大麦数斛、敝车一乘"，可谓身无长物，家徒四壁。光武伤感地称他"廉洁"，直是盖棺论定。不贪吃、不爱财，两件事随意写来；死后定论，大笔勾勒。一线相连，轻重有别，由一斑而达全豹，这种写法引人入胜，十分巧妙。

董宣对部属有爱护之心，得了赏钱悉数分发即为一例。还有，水丘岑因为杀公孙丹宗族亲党而身陷囹圄时，董宣声言水丘岑是奉他之命行事，"罪不由之，愿杀臣活岑"。承担责任，决不推诿。他对犯法的豪强狠，对自己严，对部属宽，态度各不相同，表现出他的为人。这篇简短的传记，对传主的刻画是颇为全面的。

董宣与豪强斗，风险重重，但最后都得到光武帝的支持。是的，刘秀是以南阳豪强首领登上皇帝宝座的，但作为东汉开国之主，为了巩固统治，或多或少要设法缓和豪强地主与农民之间的矛盾。他需要董宣这样的官吏，抑制为非作歹的豪强势力。汉光武对董宣的宽容和支持，原因盖出于此。

董宣入《后汉书·酷吏传》，尽杀公孙丹余党三十余人，可见其酷。范晔评酷吏云，末世浇薄，上下欺骗，"德义不足以相洽，化导不能以惩违，遂乃严刑痛杀，随而绳之，致刻深之吏，以暴理奸，倚疾邪之公直，济忍苛之虐情"。乱世用重刑，矫枉必须过正，酷吏之酷有其社会原因。这确是不能一概否定酷吏的一个方面。但不分青红皂白，滥杀一气，毕竟有背人道。范晔把这些人列入《酷吏传》，是有针砭意义的。对董宣，也应作如是观。

（吴　锦）

严光传　　范　晔

严光字子陵，一名遵，会稽余姚① 人也。少有高名，与光武同游学。及光武即位，乃变名姓，隐身不见。帝思其贤，乃令以物色②访之。后齐国③上言:"有一男子,披羊裘钓泽中。"帝疑其光,乃备安车玄纁④,遣使聘之。三反而后至。舍于北军⑤,给床褥,太官⑥朝夕进膳。

司徒侯霸与光素旧,遣使奉书。使人因谓光曰:"公闻先生至,区区⑦欲即诣造,迫于典司⑧,是以不获。愿因日暮,自屈语言。"光不答,乃投札与之,口授曰:"君房⑨足下:位至鼎足⑩,甚善。怀仁辅义天下悦,阿谀顺旨要领⑪绝。"霸得书,封奏之。帝笑曰:"狂奴故态也。"车驾即日幸其馆。光卧不起,帝即其卧所,抚光腹曰:"咄咄子陵,不可相助为理邪?"光又眠不应,良久,乃张目熟视,曰:"昔唐尧著德,巢父洗耳⑫。士故有志,何至相迫乎!"帝曰:"子陵,我竟不能下汝邪?"于是升舆叹息而去。

复引光入,论道旧故,相对累日。帝从容问光曰:"朕何如昔时?"对曰:"陛下差增于往。"因共偃卧,光以足加帝腹上。明日,太史奏客星犯御坐甚急。帝笑曰:"朕故人严子陵共卧耳。"

除为谏议大夫⑬,不屈,乃耕于富春山⑭,后人名其钓处为严陵濑焉。建武十七年⑮,复特征⑯,不至。年八十,终于家。帝伤惜之,诏下郡县赐钱百万,谷千斛。

〔注〕 ① 余姚:今属浙江。 ② 物色:形体相貌。 ③ 齐国:治为山东淄博。这里指当地官府。 ④ 安车:用一匹马拉的可以坐乘的小车。玄纁:黑色和黄赤色的布帛。这里指帝王用来聘请贤士的贽礼。 ⑤ 北军:这里指汉代警卫京城部队在城北的驻地。 ⑥ 太官:掌管皇帝饮食的官员。 ⑦ 区区:自称的谦词。 ⑧ 典司:掌管的公事。 ⑨ 君房:侯霸字君房。 ⑩ 鼎足:东汉以太尉、司空、司徒为三公,如一鼎三足。侯霸为大司徒,故称鼎足。 ⑪ 要领:腰与颈。 ⑫ 巢父洗耳:传说唐尧让天下于巢父,巢父不受,并认为这句利禄之言弄脏了他的耳朵,特地到颍水边洗耳。 ⑬ 除:任命。谏议大夫:秩六百石。 ⑭ 富春山:在今浙江富阳。 ⑮ 建武十七年:即公元41年。 ⑯ 特征:区别于平常选举的特别征召。

此篇选自《后汉书》。严光是封建社会中的隐逸之士。他有学问,有才干,所以"少有高名","帝思其贤",又是光武的少年同学。对他来说,高官厚禄唾手可得。可是在光武帝即位后,他却改名换姓,"隐身不见"。光武访求他的行踪,把他请到京城,亲自登门拜访,劝他出山,他不肯;给他官做,他不要。最后在富春江边种田钓鱼,以终天年。这是封建时代的一种特殊人物。他们无视帝王将相,拒绝权势利禄，甘心畎亩之中，憔悴江海之上，洁身自好，我行我素，如巢父、许由、伯夷、叔齐、长沮、桀溺、商山四皓，等等，古代把他们归于隐逸之列。他们隐遁的原因各不相同，有的是愤世嫉俗，有的是远祸避害，有的是修身养性，到后来甚至有人沽名钓誉，"身在江湖之上，心存魏阙之下"，做假隐士。就严光而言，经历了西汉末年的大动乱后，他不愿再入官场，而是一心一意守持超脱、清高的节操。

严光坚贞执著，决不见异思迁。皇帝的礼聘，权势利禄的诱惑，他毫不动心。《荀子·修身》云："志意修则骄富贵，道义重则轻王公。"严光有自己信奉的"道义"，有坚定的意志，才能做到终身隐遁不仕。他与侯霸对比鲜明。侯霸官运亨通，位至三公。他自称公务繁忙，要严光于傍晚去见他，可见他为官作宦的骄矜之态。得了严光斥责他的信，赶快封奏光武，说明他一味奉上，还想在光武面前败坏严光。这有点像惠施怕庄子来抢他的相位了。侯霸以高官厚禄为荣耀，自以为显赫无比；而严光视之为粪土而已。两个人的精神境界，不啻有天壤之别。

严光自在洒脱，决不阿谀奉承，决不矫揉造作。对侯霸，取"狂奴故态"，绝不趋炎附势。对至高无上的光武帝，同样如此。光武亲临其馆，他高卧不起；请他出山，他闭目不应；问他"朕何如昔时"，他回答是比过去稍稍好些；两人共卧，他"以足加帝腹上"。一切都是严光的本来面目，即使面对皇帝，赤子之心不失，依然故我。执著的追求，无所讳饰的真性情，构成严光形象的特色。

汉光武与严光关系密切，成为本传中的重要人物。他是一个有作为的开国之主。鉴于西汉末年动乱不止，许多才士隐居岩穴，他四出访求。"举逸民，天下之民归心焉"(《论语·尧曰》)，通过提拔被遗落的人才，达到天下百姓心悦诚服、一心归向的效果。汉光武对严光如此礼贤下士，目的在于"天下归心"。他对严光很了解，严光的不拘礼节、恃才傲物的态度，他不计较，显出宽宏大量。他尊重严光的意愿，没有用任何手段强留；严光死后，极为"伤惜"，下诏赏钱赐谷，可见他的通情达理。在《严光传》中的光武帝，很有个性，写得相当成功。

浙江桐庐富春江边，现在还留下了严子陵钓台。虽然钓台距离水面很远很远，垂钓是不可能了，但毕竟是风光优雅的一处名胜古迹，吸引了许多游人，严子陵的事迹，也就流传不绝。这应该归功于范晔成功地记述了严子陵其人其事。

（吴　锦）

中兴二十八将传论　　范　晔

中兴二十八将①，前世以为上应二十八宿②，未之详也。然咸能感会风云，奋其智勇，称为佐命③，亦各志能之士也。

议者多非光武不以功臣任职，至使英姿茂绩，委而勿用。然原夫深图远算，固将有以焉尔。若乃王道既衰，降及霸德④，犹能授受惟庸⑤，勋贤皆序，如管、隰之迭升桓世⑥，先、赵之同列文朝⑦，可谓兼通矣。降自秦、汉，世资战力⑧，至于翼扶王运，皆武人屈起⑨。亦有鬻缯屠狗轻猾之徒⑩，或崇以连城之赏，或任以阿衡⑪之地，故势疑则隙生，力侔则乱起。萧、樊且犹缧绁⑫，信、越终见葅戮⑬，不其然乎！自兹以降，迄于孝武，宰辅五世，莫非公侯。遂使缙绅道塞，贤能蔽壅，朝有世及之私⑭，下多抱关之怨⑮。其怀道无闻，委身草莽者，亦何可胜言。故光武鉴前事之违，存矫枉之志，虽寇、邓之高勋⑯，耿、贾之鸿烈⑰，分土不过大县数四，所加特进、朝请⑱而已。观其治平临政，课职责咎，将所谓"导之以政，齐之以刑⑲"者乎！若格之功臣，其伤已甚。何者？直绳则亏丧恩旧，挠情则违废禁典，选德则功不必厚，举劳则人或未贤，参任⑳则群心难塞，并列㉑则其弊未远。不得不校其胜否，即以事相权㉒。故高秩厚礼，允答元功，峻文深宪，责成吏职。建武㉓之世，侯者百余，若夫数公㉔者，则与参国议，分均休咎，其余并优以宽科，完其封禄，莫不终以功名，延庆于后。昔留侯以为高祖悉用萧、曹故人㉕，而郭伋亦讥南阳多显㉖，郑兴又戒功臣专任㉗。夫崇恩偏授，易起私溺之失，至公均被，必广招贤之路，意者不其然乎！

〔注〕 ① 中兴：西汉末年，王莽篡位，汉光武刘秀恢复王业，建立东汉，史称"中兴"。二十八将：指高密侯邓禹、全椒侯马成、广平侯吴汉、阜成侯王梁等二十八人，为东汉开国功臣，史称中兴二十八将。 ② 二十八宿(xiù 秀)：我国古代天文家在黄道带和赤道带的两侧绕天一周，选取二十八个恒星星组，作为观测天象的标志，分成东西南北四组，每组七宿。 ③ 佐命：古代帝王建立王朝，自称承天受命，故以佐命称辅佐之臣。 ④ 霸德：指晋文公、齐桓公等称霸天下。 ⑤ 庸：用，根据需要而任用。 ⑥ 管、隰：管仲和隰朋，先后辅佐齐桓公治理齐国。 ⑦ 先、赵：先轸和赵衰，同任职于晋文公时。 ⑧ 资：依靠、凭借。 ⑨ 屈起：崛起，勃起。 ⑩ 鬻缯屠狗：灌婴是贩卖丝绸的，樊哙以屠狗为业，后追随汉高祖刘邦，俱封侯。 ⑪ 阿衡：旧说为伊尹之名，商汤倚靠伊尹治理国家，后来把"阿衡"引申为辅导帝王，主持国政。 ⑫ 萧、樊：萧何、樊哙。萧何为丞相，代百姓要求上林苑中空地为田，汉高祖怒，命廷尉械系萧何。樊哙以吕后妹吕须为妻，与吕氏一党，高祖曾下令斩之。陈平将樊哙押解长安，时高祖已死，吕后

释之。缧绁：指牢狱。　⑬ 信、越：韩信、彭越。韩信封淮阴侯，有人告发韩信谋反，吕后派武士斩之。彭越为梁王，吕后令其门客告发彭越谋反，灭其宗族。菹戮：杀戮。　⑭ 世及：父子相继。　⑮ 抱关之怨：意为屈居卑微之位，内心怨愤。抱关，守门卒。　⑯ 寇、邓：寇恂，封雍奴侯。邓禹，封高密侯。　⑰ 耿、贾：耿弇，封好畤侯。贾复，封胶东侯。鸿烈：大功业。寇、邓、耿、贾，均在中兴二十八将之列。　⑱ 特进、朝请：均为赐给功臣的名位。特进位在三公之下。朝请是朝见皇帝的特权。　⑲ 导之以政，齐之以刑：见《论语・为政》，意谓用政法作引导，用刑罚作整顿。　⑳ 参任：参杂并用功臣与贤才。　㉑ 并列：指并用功臣。　㉒ 权：权衡轻重。　㉓ 建武：汉光武刘秀年号，公元25年至57年。　㉔ 数公：指高密侯邓禹、固始侯李通、胶东侯贾复。见《后汉书・贾复传》。　㉕ 留侯：张良。他曾对刘邦说，“今陛下为天子，而所封皆萧（何）曹（参）故人，而所诛者皆生平所仇怨”，所以诸将相聚偶语是要谋反。见《史记・留侯世家》。　㉖ 郭伋：汉光武曾任命他为并州牧，郭伋进言云：“选补众职，当简天下贤俊，不宜专用南阳人。”见《后汉书・郭伋传》。　㉗ 郑兴：任太中大夫时上疏云：“道路流言，咸曰朝廷欲用功臣，功臣用则人位谬矣。”见《后汉书・郑兴传》。

此篇选自《后汉书》。东汉明帝永平三年（公元60年），为“追感前世功臣，乃图画二十八将于南宫云台”，于是邓禹、马成、吴汉、贾复、朱祐等称中兴二十八将。他们在西汉沦亡之后，追随汉光武刘秀，为复兴王业、建立东汉政权立下了汗马功劳。二十八将在《后汉书》中均有传，范晔在朱祐、景丹、马武等人最后一篇合传之后，作了评论，后人名之曰《中兴二十八将传论》。

作为对中兴二十八将的总评，范晔首先肯定他们的功勋和才干：“咸能感会风云，奋其智勇”，成为“佐命”之臣。在西汉末年举国动乱之中，他们认清形势，紧随刘秀，“云从龙，风从虎”，风云际会，表现出他们的识见；为刘秀出谋划策，东征西讨，统一全国，表现出他们智勇双全的才干。至于神化二十八将，视为天上星宿下凡的迷信说法，范晔称“未之详也”，实际上是予以否定。二十八将的功业，各人的传记中已有详尽的记载，这里画龙点睛，概括地指出他们成就一番功业的缘由所在。

传论中心不在于评价二十八将的勋绩，而是评价汉光武对待这些功臣的政策。汉光武“不以功臣任职”的政策，后世曾有非议，而范晔则认为完全正确。其一，从历史发展的渊源看，秦汉以来，任用功臣的结果往往是君臣猜疑，引发乱事，导致功臣被杀；同时，重用功臣，使“缙绅道塞，贤能蔽壅”，阻挡了贤才进用之路，这二者均不利于国家的长治久安。其二，从汉光武的治国方略看，他对官吏“导之以政，齐之以刑”，用政法引导他们，用刑罚整顿他们，“课职责咎”，务求治绩。如果据此严格要求功臣，则“亏丧恩旧”；如果对功臣碍于感情，则“违废禁典”。因此，汉光武在百余功臣中，仅邓禹、李通（不属二十八将）、贾复与公卿一道，参议国家大事。对功臣，以尊贵的封爵与丰厚的俸禄作为酬答。这有利于国家的长治久安。这番阐述，驳斥了非议汉光武“不以功臣任职，至使英姿茂绩，委而勿用”的说法。用驳论的方式，增强了文章的气势和说服力。范晔是史学家，所以能从历史的发展、东汉的实际肯定汉光武对待功臣的正确策略。他既能辨明史实，又能作出判断，学与识兼而有之。范晔在《狱中与诸甥侄书以自序》中称：“吾杂传论，皆有精意深旨，既有裁味，故约其词句。”“裁味”，即裁断之意，根据自己的见解作出判断。本篇就汉光武对待功臣的策略予以裁断，可见一斑。所谓“精意深旨”，是指由史实概括出来的具有普遍意义的思想观点。汉光武正确对待功臣的策略，说明“崇恩偏授，易起私溺之失，至公均被，必广招贤之路”。一反一正，中心是广开招贤之路，才能使国家兴旺发达、长治久安。今人钱锺书在《管锥编》中称范晔《后汉书》中的传论“从衡驰骋，感慨飞扬”，《中兴二十八将传论》最能体现这样的特色。

（吴 锦）

【作者小传】

刘义庆

（403—444） 南朝宋文学家。彭城（今江苏徐州）人。宋宗室，袭封临川王。曾任南兖州刺史、都督加开府仪同三司。爱好文学，招纳文士。撰有《世说新语》。原有集，已失传。

床头捉刀人　　刘义庆

魏武将见匈奴使①，自以形陋，不足以雄远国，使崔季珪②代，帝自捉刀立床头。既毕，令间谍问曰：“魏王何如？”匈奴使答曰：“魏王雅望非常。然床头捉刀人，此乃英雄也。”魏武闻之，追杀此使。

〔注〕 ① 魏武：即曹操（155—220），汉末任丞相，封魏王。其子丕称帝，追尊他为武帝，世称魏武帝。匈奴：我国古代北方民族之一，游牧在大漠南北，善骑射。 ② 崔季珪：即崔琰，字季珪，三国清河东武城（今山东武城西）人。建安初为袁绍所辟，后归曹操，历任丞相东、西曹掾、魏国尚书等职，为人质朴梗直。后被诬指诽谤朝政，自杀。

本文选自《世说新语·容止》。

古代人们习用“奸雄”二字形容曹操，确实有一定的道理，而且也相当简单明了。这两个字把曹操的品德和才干都概括了。

是啊！魏王曹操不愧为一个大政治家，治理国家有一手，论文才，也是第一流的。他的“挟天子以令诸侯”的手法很高明，充分显露了“奸雄”本色。

虽然陈寿《三国志》的曹操传，亦即《武帝纪》，对曹操不够光明磊落的种种尽可能回避，或加以掩饰，甚至篡改，但是三国鼎立的局面，使曹操父子没有法子控制吴蜀两国的史学论著，所以吴国人还是写出了资料详赡的《曹瞒传》等书，使这位“奸雄”的本来面目公之于天下，流传于后世。

曹操的猜疑，曹操的妒忌，曹操的居心叵测，在中国历史上罕见其匹，在世界历史上也不多见吧！

《曹瞒传》篇幅不小，最能有声有色地刻画曹操的精神面貌的则是以下这一部分：

> 然持法峻刻，诸将有计划胜出己者，随以法诛之，及故人旧怨，亦皆无余。其所刑杀，辄对之垂涕嗟痛之，终无所活。
>
> ……
>
> 又有幸姬常从昼寝，枕之卧，告之曰：“须臾觉我。”姬见太祖卧安，未即寤，及自觉，棒杀之。
>
> 常讨贼，廪谷不足，私谓主者曰：“如何？”主者曰：“可以小斛以足之。”太祖曰：“善。”后军中言太祖欺众，太祖谓主者曰：“特当借君死以厌众，不然事不解。”乃斩之。取首题徇曰：“行小斛，盗官谷，斩之军门。”其酷虐变诈，皆此类也。

从这里已经可以看到，曹操一贯就是把一切错误推给别人，把一切功绩全归自己的。

曹操的“酷虐变诈”的事情太多了，《曹瞒传》不及备载，把《床头捉刀人》这一则集“酷虐变诈”之大成的记载遗漏了，幸而《世说新语》收录了，使我们后世之人大开眼界。

文章之妙处在于不用《曹瞒传》那种褒贬之词，而是比较冷静客观地记录这一事实，但曹操的“酷虐变诈”则更为形象化，跃然纸上，呼之欲出，令人不寒而栗矣！

“自以形陋”，可见形并不陋，又何以要崔琰代他接见匈奴使节呢？怕遇刺么？要寻找一个谋害崔琰的机会或借口么？谁都不知道。

曹操是否真的认为自己的风度气概不如崔琰呢？大概是的吧。《三国志·魏志·崔琰传》载：“琰声姿高畅，眉目疏朗，须长四尺，甚有威重，朝士瞻望，而太祖亦敬惮焉。”所以曹操要他假扮自己接见使者。但他也许希望匈奴使节真的行刺，这样既能保全了自己的性命，又借手除了他所忌惮的崔琰，以后和匈奴打交道时则更能处于有利的主动的地位了，岂非一举三得么？所以这种可能性也不能完全排除。

再说，曹操又为什么要自己扮作捉刀人，为什么一定要亲临现场进行观察？为什么还要派间谍去问匈奴使节对接见时的"魏王"的印象呢？

匈奴使节很有眼力，看出了床头捉刀人是英雄，不仅没有得到奖赏，反而把性命也送掉了。这真是祸从天降！

照理说，崔琰此次假扮魏王既未被识破，又顺利地完成了任务，也应得嘉奖，但事实发展并非如此，后来还是被曹操借故逼他自杀了的。

《床头捉刀人》文长不过百字，可以让我们进行思考的问题则很多，也十分深刻。

历代历朝不乏为曹操翻案者，总是说曹操是个难得的人才，总是说曹操采取过一些促进生产繁荣经济的政策，等等，但全是多余的话。因为这些从没有人否定过，根本用不着翻案。

正因为他是难得的人才，而又聪明绝顶，被他妒忌、被他怀疑的人就更难逃避他所精心编织的罗网而一命呜呼。

虽然如此，历史总是无情的。曹操满以为他的"割发代首"等欺诈手段会赢得身后的歌颂，结果却与他的愿望相反，人民群众由此更信服了曹操同时代人对他所作的"奸雄"的评价。

至于戏曲中的《战宛城》《华容道》等等都是大快人心的好戏，和这篇《床头捉刀人》是好文章一样，都展示了曹操阴险卑鄙的一面。顺便补一笔，其实《三国志》里边也并非对曹操一味歌颂的，也有所不满。在《崔琰传》的末尾就写道："太祖性忌，有所不堪者，鲁国孔融、南阳许攸、娄圭，皆以恃旧不虔见诛，而琰最为世所痛惜，至今冤之。"冤崔琰即所以责曹操，这就同《曹瞒传》说到一块儿去了，可见公道自在人心。

（蒋星煜）

王子猷[1]雪夜访戴 刘义庆

王子猷居山阴[2]，夜大雪，眠觉，开室，命酌酒，四望皎然。因起彷徨，咏左思《招隐诗》[3]，忽忆戴安道[4]。时戴在剡[5]，即便夜乘小船就之。经宿方至，造门不前而返。人问其故，王曰："吾本乘兴而行，兴尽而返，何必见戴？"

〔注〕①王子猷：王徽之字子猷，王羲之之子。②山阴：旧县名，治今浙江绍兴。③左思：西晋著名诗人。其《招隐诗》写隐居田园之趣。④戴安道：戴逵字安道，东晋著名文士，当时隐居不仕。⑤剡（shàn扇）：今浙江绍兴嵊州市。

本文选自《世说新语·任诞》。

王徽之作为东晋名门贵胄，曾身居显位，又负一时才名。不过他既没有留下什么可以称说的政绩，也没有留下什么不朽的文字。《晋书》是为他立传的，标名青史，这又是很大的荣耀。但他的传记的内容，竟只是史官从《世说新语》中采拾来的几则琐细的故事，如他暂居别人家空宅，便令人种竹，声称“何可一日无此君”，以及上面这则“雪夜访戴”之事。读史至此，令人易生疑惑：这样的琐事，也值得堂而皇之地载入史册吗？

《晋书》修撰于唐初，那是一个门阀士族政治势力开始衰退却又依然保持着崇高声望的时代，东晋名士的风采在唐人心目中尤其是值得羡慕的典范。其实到了晚唐的杜牧，犹在诗中写下“自古南朝多旷达，可怜东晋最风流”（《润州二首》其一）这样满怀向往之情的句子。而一说到“东晋风流”，只要是读过些古书的，恐怕没有人不知道王子猷种竹、访戴之事。这几乎成了历史上士族文化、士族人生姿态的象征。如此说来，这些琐细的故事就不能视为无足道的了。

人在世间生存，大多情况下是受功利愿望支配，受社会一般行为标准制约的，我们暂且把这称为“日常生活程序”。但人还有同这不甚谐调乃至相背离的一面，那就是人的自由的自然的天性，它跃出于日常生活秩序的情态，我们可称之为“兴”。“兴”这东西容易给人带来麻烦，古训“三思而行”，就是要人凡事不要受一时兴致的蛊惑。譬如一个悭吝之人在酒兴中会豪情大发，作出一掷千金的许诺，日后为了赖账而又不失面子，那要懊悔好几天；倘是真的已经当场“掷”出了，那就够悔恨一辈子了。但一个人倘事事都盘算得很精明，永远也不受情绪的影响，那也真是绝无趣味：不仅在别人看来面目可厌，在自己也活得难过。所以，人既是顺俗的，又是向往脱俗的。

东晋是中国历史上士族势力最强大的时代，特别像王谢那样的高门，拥有不受皇权影响的社会地位和财富，他们的子弟凭着血统的高贵，便可以安享尊荣，这是一个真正的贵族阶层。贵族制度当然有它不合理的一面，但那些名门贵胄也因此获得了相当程度的尊严和自由——因为他们无求于人，不需要看别人的颜色行事。而尊严和自由，其实是人的天性所要求的东西。在后来贵族消失、皇权强化的时代，一般读书人为了混一点可怜的功名利禄，连走路的脚步、说话的声气都得小心谨慎；然而即使如此，危险依然存在。这种扭曲的、受压迫的生命状态使他们对六朝贵族的显为自由舒展的生命状态生出无限企羡，那是很自然的事情。“东晋风流”的历史价值，就在于它所显示的人生的可能性。

王子猷雪夜访戴所表现出的，还不仅是任由情兴的名士风度，它还由此生发为一种具有唯美情调的人生姿态。山阴那个“四望皎然”的雪夜，对酒的王子猷遥望室外晶莹纯净的世界，在寂寞清寒中究竟体悟了什么呢？这里有微妙而不可言说的感受。于是油然吟出《招隐诗》的句子，想起隐士避俗而任其本真的高怀，想起隐居在风景如画的剡县的戴逵，想到如此良夜，二人对酌，漫话古今的雅趣。一条船便在这雪夜里驶出了。

“兴味”这东西很奇怪。倘若它是在情投意合者之间共同地产生的，它就是如空气一样弥漫着的氛围；倘若你拿它向一个不在场的人说明——哪怕是情投意合者，它就会在刹那间消失无踪，只剩下毫不相干的辞语干瘪瘪地挂在嘴边，成为再滑稽再愚蠢也不过的怪物。所以只要王子猷一脚踩进戴逵的家门，他就只有把这一次造访解释成具有某种现实理由的行动，因而既然他是“乘兴而来”，就必然要“兴尽而返”，这才不至于把他的“兴”——在雪夜里升起的生命的美感包括想象中友朋相对的谐和破坏掉。“雪夜访戴”并非是有目的的行为，它的意趣只在路途中。那在曹娥江上穿过杳渺的夜色的行程，是完全摆脱日常生活程序、使生命在某个特异的时空中融入自然而转化为一支无声而曼妙的音乐的过程。

这确实是一个琐细的故事，但它却有一种动人之处。即使我们可以拿另外的事实来说明东晋名士未必真的那么高雅，他们仍然有很多庸俗可笑的地方，但在这个故事发生的时刻，生命终究呈现了自由的、唯美的、不假借任何“意义”而自我完足的姿态。

（骆玉明）

刘伶病酒 刘义庆

刘伶① 病酒，渴甚，从妇求酒。妇捐酒毁器，涕泣谏曰：“君饮太过，非摄生② 之道，必宜断之。”伶曰：“甚善！我不能自禁，唯当祝鬼神自誓断之耳。便可具酒肉。”妇曰：“敬闻命。”供酒肉于神前，请伶祝誓。伶跪而祝曰：“天生刘伶，以酒为名。一饮一斛，五斗解酲。妇人之言，慎不可听！”便引酒进肉，隗然③ 已醉矣。

〔注〕 ① 刘伶：字伯伦，西晋沛国（今安徽宿州西北）人。魏末曾为建威参军。纵酒放诞，

蔑视礼法，为“竹林七贤”之一。 ② 摄生：养生。 ③ 隗(wěi 委)然：倾颓貌。

本文选自《世说新语·任诞》。

熟悉刘伶的都知道：此公名列“竹林七贤”之一，长得“容貌甚陋”，却以“好酒”驰名天下。他一生“唯酒为务”，只要一见到酒，便“奋髯箕踞，枕麴藉糟”，非拼个酩酊大醉不可。据说他“终其世”只做了一篇文章，也与“酒”有关——那就是传诵至今的《酒德颂》。本篇所记叙的，便是刘伶“好酒”生涯中的一个片断，或者说，一幕令人捧腹的家庭笑剧。

幕布拉开的时候，刘伶正患着酒“病”——大约昨夜又喝了个昏天黑地，此刻醒来，还渴得要命。旁人口渴，要的是水；唯独此公解渴，也还得靠酒。

可是他到处找不到杯中之物。原来是他夫人动了气，一怒之下把酒都倒了，连喝酒家什也一并砸毁。这下刘伶可惨了，只好再求夫人发慈悲。文中的“从妇求酒”四字，不可轻易放过：那简直把刘伶低三下四、死乞白赖地缠着夫人要酒的神态，全都画活了。

接着便见泪水涌上了刘夫人眼眶：“君饮太过，非摄生之道，必宜断之。”看来这夫人心中之气未平，又已生出一片爱怜之情。所以“必宜断之”虽近乎命令，刘伶听来却一点也不感到严厉，故回答得也干脆：“很好！我这就断酒——只是我怕管不住自己，须得到鬼神那里发誓求佑才行——你快去准备酒肉吧！”这便引出了刘夫人同样庄重的应诺：“敬闻命。”只此三字，妇人那收泪而喜、满心欢悦的笑影，已浮现其中，记叙得也真绘声绘形！

场景转移，已在酒肉供奉的神前——看来刘夫人虽曾“捐酒毁器”，其实还颇留有余“酒”，这便是妇人有心计处。此刻刘伶的心境不知如何，但脸色肯定是虔诚极了：你看他真就“跪”到神前，口中念念有词起来：“天生刘伶，以酒为名，一饮一斛，五斗解酲。”这开初几句听去倒也全是真话：他本就是个“天生”酒鬼，以酒为命的嘛！接着该说到断酒了。盯视一旁的刘夫人，想必正喜孜孜等着下文呢。谁知——“妇人之言，慎不可听！”这是什么话？刘夫人大吃一惊，这边刘伶则已赶紧“引酒进肉”，“跪”在神前就大喝大嚼起来。待到刘夫人缓过神来，想要拦阻，刘伶早又醉成一团，瘫倒在地了……

一幕“断”酒之誓，就这样变成了令人忍俊不禁的笑剧。其可笑处全在刘伶“渴”急使诈，连严厉的夫人也给骗了。这骗局早在刘伶回答“甚善”的时候，大约已在他闪烁不定的眼光中泄露，可惜刘夫人泪眼未干，未能识破。当着刘夫人急急忙忙准备酒肉之际，刘伶一定在心里窃笑不已吧？此篇行文之妙，正在于始终不动声色，只将人物的语言、行动，稍加叙述和勾勒，便将这幕笑剧逼真地展现在眼前。诙谐的情趣，借助于格外庄重的语气描摹和“跪”神发誓的细节刻画，由此收到了意想不到的效果。一位嗜酒如命的酒鬼形象，带着刘伶所特有的风神，嘻笑着走到了读者面前。明人胡应麟称赞《世说新语》：“读其语言，晋人面目恍然生动，而简约玄远，真致不穷。”从“刘伶病酒”，读者即可窥其“恍然生动”之一斑。

不过，读了这则记载，恐怕还不能一笑了之。像刘伶这样的名士，竟然在纵酒放诞中了其一生，究竟是什么原因？按照他《酒德颂》所说，好像是不满意于“贵介公子”“搢绅处士”之流的“陈说礼法，是非锋起”，是有意以此放诞之行，来与“礼法”作对似的。但酗酒到了《名士传》所说的“常乘鹿车，携一壶酒，使人荷锸随之。云：‘死便掘地以埋’”的地步，这生涯也实在可悲了。倘若不是魏晋之际政治的黑暗，知识之士惨遭迫害而人人自危，又何至于此！刘伶便是这旧时代埋葬的一位悲剧人物。在他那可笑的荒诞言行背后，我们不是听到了类似于阮籍那“率意独驾，不由径路，车迹所穷，辄恸哭而反”的苦闷叹息和哭泣之音么？

（张　巍）

石崇与王恺争豪[1]　　刘义庆

石崇与王恺争豪，并穷绮丽以饰舆服。武帝[2]，恺之甥也，每助恺。尝以一珊瑚树高二尺许赐恺，枝柯扶疏，世罕其比。恺以示崇，崇视讫，以铁如意击之，应手而碎。恺既惋惜，又以为嫉己之宝，声色甚厉。崇曰：“不足恨，今还卿。”乃命左右悉取珊瑚树，有三尺四尺，条干绝世，光彩溢目者六七枚，如恺许[3]比甚众。恺惘然自失。

〔注〕 ① 石崇（249—300）：字季伦，西晋渤海南皮（今河北沧州南皮东北）人。初为修武令，累迁至侍中。后出为荆州刺史。八王之乱中与齐王冏勾结，为赵王伦所杀。王恺：字君夫，西晋东海郯县（今山东临沂郯城）人。他是司马昭妻弟，惠帝时位至后军将军。 ② 武帝：晋武帝，即司马炎（236—290），司马昭之子。继昭为相国、晋王，后代魏称帝，建立晋朝。公元266—290年在位。 ③ 许：这样。

本文选自《世说新语·汰侈》。从“汰侈”二字看出作者鲜明的感情倾向，在于揭露豪门贵族骄奢淫逸的腐朽生活。文章开门见山，直叙文中之主人公及发生之事件，以突出其主旨。石崇晋惠帝时出为荆州刺史，以劫远客商人致巨富，生活极端奢侈，在河阳（今河南孟县西）筑金谷别墅，为历史上著名的大富豪。王恺是晋武帝司马炎的舅父，官至后军将军。这两个达官贵戚穷奢极欲，竭尽美物来装饰自己的车具和服装，以显示阔绰豪华，反映了西晋社会贵族奢靡的风尚。

王恺是皇亲国戚，地位显赫，身世不凡，而帝又“每助恺”，这就更突出王恺在斗富中有着坚强的后盾，占有相当的优势。武帝赐给恺一株珊瑚树，作者极力夸耀这株珊瑚之高（二尺许）、之大（枝柯扶疏），为举世稀有。这一细节，紧紧扣住了读者的心弦，可说是文中第一个高潮。

当王恺得意忘形地将珊瑚呈现在石崇面前时，出人意外的是：“崇视讫，以铁如意击之，应手而碎”。石崇的异常举止，反映他的骄横傲慢，不可一世。这如同晴天霹雳，引起斗富场中强烈反响，喜怒哀乐之情顿时迥异：王恺暴跳如雷，石崇镇定自若，观众惊骇疑惑，所有视点都凝聚在“应手而碎”的这一瞬间，构成一幅惊心动魄的争豪画图。

石崇为何击碎珊瑚？王恺“疑为嫉己之宝”，因而“声色甚厉”。“嫉己”二字，再次表明王恺在斗富中之自信，夸耀其珊瑚之不凡，正是作者为以下烘托石崇绝世之珊瑚作铺垫；而“声色甚厉”四字如同浮雕般地把王恺的形象、个性突现在读者面前。

此时，斗富场中气氛十分紧张，目光都凝视着石崇，看他如何收拾残局。而石崇却泰然置之，徐徐地对恺说：“不足恨，今还卿。”“乃命左右悉取珊瑚树，有三尺四尺，条干绝世，光彩溢目者六七枚，如恺许比甚众。”这光彩动人的珊瑚，把人们引到一个美丽神奇的世界，人们的情绪由低落转而高昂，琳琅满目的珊瑚，流光溢彩，耀人眼目，动人心魄，使人目瞪口呆，叹为观止，这是文中第二个高潮。作者通过对王恺的珊瑚先扬后抑，运用对比衬托等手法，突出石崇珊瑚的“绝世”，从而为其一举夺魁造成了心理定势。但随之人们产生疑惑：一个刺史，为何比有皇帝作后盾的皇亲国戚还要阔绰？他们究竟是如何为非作歹，巧取豪夺，搜刮民脂民膏的？

作者揭露石崇与王恺斗珊瑚，仅是摘取生活中的一个片断，其实他们的奢侈豪华又何止这些？据《晋书·石崇传》载：“（崇）财产丰积，室宇宏丽，后房百数，皆曳纨绣，珥金翠，丝竹尽当时之选，庖膳穷水陆之珍。与贵戚王恺、羊琇之徒以奢靡相尚。恺以粭澳釜，崇以蜡代薪；恺作紫丝布步障四十里，崇作锦步障五十里以敌之；崇涂屋以椒，恺用赤石脂：崇、恺争豪如此。”他们奢华糜费，纵情享乐，可谓是贵族生活的一个典型。

在这场争豪中，王恺因始料未及，以“惘然自失”而告终。故事的发展，完全出人意外，而又符合必然的规律。以此结束，新人耳目，不落俗套。

全文叙事状物极为生动，人物性格丰富鲜明而又富于变化：如写王恺初出场时充满自信，持珊瑚“以示崇”，表现出有恃无恐、自满自得之状，继而写他“声色甚厉”之愤怒情绪，末以“惘然自失”结束，勾画出王恺的情绪变化过程，有血有肉，栩栩如生。其次，情节曲折，跌宕多致。始扬恺之珊瑚“世罕其比”，人们为之赞赏。但忽陡转，恺之珊瑚被石崇之铁如意击碎，读者感情旋即冷却。而随崇琳琅满目珊瑚之展现，至冰点的感情又回升沸腾。读者的情绪随作品情节的变化而波澜起伏，始终被作者朴质而又生动的艺术笔触所吸引，所感动。其三，语言精练，含意深邃。如“每助恺”三字，不仅揭示王恺斗富的政治背景与经济背景，而且在“每”字、“助”字里反映皇帝对贵族骄奢淫逸生活的支持和怂恿。如“世罕其比”的“罕”字，着力渲染王恺珊瑚之珍奇，但又没有把话说绝，这就为后来衬托石崇之珊瑚“绝世”留有余地，作者之匠心，至为工细。（苏者聪）

张季鹰吊顾彦先　　刘义庆

顾彦先①平生好琴。及丧，家人常以琴置灵床②上。张季鹰③往哭之，不胜其恸。遂径上床鼓琴，作数曲，竟，抚琴曰：“顾彦先颇复赏此不？”因又大恸，遂不执孝子手而出。

〔注〕 ① 顾彦先：即顾荣（？—312），西晋吴郡吴县（今属江苏）人。彦先为其字。 ② 灵床：人死后虚设的坐卧之具。 ③ 张季鹰：即张翰，西晋吴郡吴县人。季鹰为其字。

本文选自《世说新语·伤逝》。

友情恰似生命中的阳光，带给你多少温馨和慰藉！在没有友情的人群中生活，正如在暗夜的荒漠中行走，人生将变得怎样孤寂？

深挚的友情弥足珍贵。所以当友人溘然而逝，任凭你千呼万唤，也不能微笑醒来再看你一眼，不能在人生路上再伴你一程，那时，留给你的，将是多么巨大的空虚和悲哀！

张季鹰（翰）对于顾彦先（荣）的病逝，大约正有这样的感觉。他们同是吴中的名士。张翰洒脱不羁，时人比之阮籍，有“江东步兵”之称；顾彦先与陆机兄弟齐名，曾被时人号为“三俊”。他们同在齐王司马冏手下任职，经历了西晋末年的“八王之乱”。在天下震荡之际，他们更同怀高蹈之志，执手相约着“采南山蕨，饮三江水”。当秋风起，张翰思家乡的菰菜、莼羹、鲈鱼脍，终于命驾而归；顾荣则由于种种牵制，不得不仍在诸王间周旋。“顾荣平生好琴”，张翰又正是琴声之知音——许多个清风月夜，该都在企盼着故人造访，一奏那高山流水之曲吧？而今盼来的，竟是顾荣病卒的噩耗，他能不“不胜其恸”么？

张翰去吊丧时，灵床上正放着那张熟悉的琴。这是友人的心爱之物，然而琴在人亡，从此生死相违、音容永隔。逝去的故友，你独自走在通往彼岸的渺渺幽途，不会感到寂寞吗？那么就让我以琴当哭，再送你一程，让琴声倾诉这永难静歇的哀思吧！

这便是张翰吊丧时充溢心间的唯一念头。这念头使他完全忘了礼节，忘了身旁还侍立着的故人亲属——“遂径上床鼓琴”，多么鲁莽而无礼的举动！然而死者的家人竟不加阻止：他们想必早已熟知，这位“江东步兵”哀乐所至，从来就是这样超旷脱俗的，世俗的礼法又怎奈他何？

张翰弹了些什么？人们已无从知道。但这琴曲，无疑是顾荣生前最赏识的。张翰奏罢数曲，竟然抚琴而问：“顾彦先，你还是那样欣赏我的琴曲么？”——仿佛故人从来就未曾离他而去，仿佛顾荣依然坐在对面，正凝神聆听，含笑不语……

这是张翰凭吊友人的最动情的一幕。当他从瞬间的静寂中“醒”来，才发现友人已不再能回答他的询问，琴弦犹存，故人却早已去到冥冥之中。留在眼前的，只有素洁的灵床，含悲堕泪的吊客！钟子期死，伯牙终身不复鼓琴。他即使能像往日那样鼓琴，又将与谁共赏？想到这些，张翰“又大恸”，他再也抑制不住翻涌胸间的巨大伤痛。可是他没有说话，他全部的深情，都已溶进抚琴时对友人的那一声呼唤中了；他也没有痛哭，丧友的悲痛，早已借琮琮的琴曲尽情倾泻；竟然就径自下灵床而去——再一次忘记了丧吊的礼节，忘记了他本该和那位侍立一旁的孝子，去“执手”抚慰一番。

张翰之吊顾荣，正是这样不拘礼俗：既不去安慰死者亲属，也不在故人灵前洒泪痛哭；只是登门径入，“径上床鼓琴”，最后又下床径去。在这过程中，他只说了一句话，却又是对于死者的奇特询问——似乎可笑，似乎“无礼”之至，然而均出自内心的真情，出自时光流逝也永难冲淡的深切哀思。人们常常指斥张翰的狂放，指斥他不问“身后名”，只顾“眼前一杯酒”的荒诞。殊不知在假仁假义的“礼法”社会，在欺世盗名的权势争夺中，能够不为世俗所染，不为名利所移，而保持独立自主的人格，已是何等不易！至于他对故人的深挚情谊，又岂肯受“礼法”“流俗”的拘束——情之所至，琴歌啸傲。这哀乐之不同流俗，较之于屈从“礼法”故作嘶声号泣之态，究竟哪个更真诚，哪个更动人？

（张　巍）

谢太傅泛海　刘义庆

谢太傅盘桓东山时①，与孙兴公②诸人泛海戏。风起浪涌，孙、王③诸人色并遽，便唱使还。太傅神情方王，吟啸不言。舟人以公貌闲意说，犹去不止。既风转急，浪猛，诸人皆喧动不坐。公徐云："如此，将无归？"众人即承响而回。于是审其量足以镇安朝野。

〔注〕 ① 谢太傅：即谢安(320—385)，字安石，东晋陈郡阳夏(今河南周口太康)人。曾任司徒府佐著作郎，称疾辞，隐居会稽东山(在今浙江上虞县西南)。后复出仕，官至宰相。卒赠太傅。 ② 孙兴公：即孙绰(314—371)，东晋太原中都(今山西平遥西北)人。兴公为其字。博学善文，为当时文人之冠，是当时玄言诗代表作家。 ③ 孙：指孙绰。王：指王羲之(321—379)，字逸少，东晋琅邪临沂(今属山东)人，居会稽山阴(今浙江绍兴)，是中国历史上最有名的书法家。

本文选自《世说新语·雅量》。

一次充满险情的"泛海"，让读者见识了东晋名相谢安那非同寻常的襟怀和气度。

这次泛海，在开初想必还是颇有乐趣的：小船在长天碧海上轻轻滑过，作伴的又是如许俊雅的诗人孙绰(字兴公)和书圣王羲之等。在仰对水天无涯之际，发几通精微玄谈、爽朗笑语，而情不自禁沉入物我两忘的悠远之境，岂不很妙？

然后便遇到了意外：平静的海上，突然掀起了风浪。这风浪究竟多大？文中没有交代。但连"孙、王诸人"都为之神色遽急，呼唤着赶快回船，可见船已处于怎样剧烈的颠荡之中！有了这一节文字的烘托，再看谢安的反应，就颇不寻常了："太傅神情方王(旺)，吟啸不言"；从舟子眼中望去，更觉"貌闲意说(悦)"。面对喧嚣的风浪，他非但全无回船之意，竟然还吟啸起来，充满了欢欣、神往之情！其襟怀之雄迈，自可凌轶"孙、王诸人"而与海浪争锋了——虽然孙绰、王羲之在当世，亦可称得上鹤立之俊。

当海风"转急"，而浪涛愈加猛烈之时，无疑已临近浪翻船覆的生死关头。这时泛海诸人，都不免惊惶起来，纷纷在船上"喧动不坐"。谢安，当然也感觉到了危险。但他在作出决断时，居然还慢条斯理，以商量的口气徐徐说："如此，将无归(莫不就回去)？"——从容闲暇，直有一种"山崩于前而色不变"的镇定和沉静。这气度实在不凡！最妙的是"众人即承响而回"一句，将处于生死关头的孙、王诸人(自然也包括那位屡经风浪的"舟人")听了谢安之语，均如获大赦的欢动之态，描摹入神。有了这一笔映衬，谢安那足以"镇安朝野"的奕奕风采，便如闪电照耀的峰影一样，刹那间耸浮在读者眼际，直须仰视方可了。

汉武帝《求茂材异等诏》说："盖非常之功，必待非常之人。"而谢安，正是这样一位"非常之人"。公元383年，他谈笑从容，运筹帷幄，指挥东晋八万之师，杀得苻坚百万大军望风披靡；次年又调兵遣将，北伐中原，连复徐、兖、青、司、豫、梁六州，建立了气壮河山的“非常之功”。他的雄迈襟怀和闲暇气度，曾在李白“但用东山谢安石，为君谈笑静胡沙”的诗句中，得到过充满钦慕之情的称颂。

但不知读者想过没有，像谢安这样的“非常之人”，又何尝是天生的。他们的襟怀气度，其实在日常生活中，就曾经历过多次的磨炼和考验，方才养成。谢安的“泛海”轶事，在他的一生中自然算不得什么，但至少可以证明，他之所以迎浪而进，不肯轻易回舟，显然是把这危及生命的风浪，当作对自身胆略的一次检验来对待的。在急风猛浪中，既可以临危不惊，吟啸坦然，置生死于度外，则以此雄怀施之于治理天下，笑对强敌，汹汹压境的百万胡师，又何足道哉！（潘啸龙）

温峤[1]娶妇　　刘义庆

温公丧妇。从姑刘氏，家值乱离散，唯有一女，甚有姿慧，姑以属公觅婚。公密有自婚意，答云：“佳婿难得，但如峤比云何？”姑云：“丧败之余，乞粗存活，便足慰吾余年。何敢希汝比。”却后少日，公报姑云：“已觅得婚处，门地粗可，婿身名宦，尽不减峤。”因下玉镜台一枚，姑大喜。既婚，交礼，女以手披纱扇，抚掌大笑曰：“我固疑是老奴，果如所卜！”玉镜台是公为刘越石长史[2]，北征刘聪[3]所得。

〔注〕①温峤(288—329)：字太真，东晋太原祁县(今山西祁县东)人。初在并州，从姨父刘琨为谋主，抗刘聪、石勒。明帝即位，任中书令，后任江州刺史。　②刘越石：即刘琨(271—318)，西晋中山魏昌(今河北石家庄无极)人。愍帝初任大将军，都督并州诸军事。为晋室招抚流亡，与刘聪、石勒对抗。　③刘聪(？—318)：十六国时期汉国国君。一名载，字玄明。匈奴族。公元310—318年在位。曾派刘曜等攻破洛阳、长安，俘晋怀、愍二帝。

本文选自《世说新语·假谲》。

历史上有在国家危亡之际挺身自荐的毛遂，却很少有像温峤这样为人“觅婚”而自聘、自娶的趣事。

温峤长得风仪秀整，胸间却有一腔安邦定国的奇气。当年他作为大将军刘琨(字越石)的特使，渡江而南，曾以劝说晋王称帝的慷慨陈词，震惊了江左群彦；而今出现在从姑刘氏面前，大约已官至骠骑将军了吧？

身为将军，而看中了从姑之女，本来只须遣一介部属说媒即成。温峤却不愿借重自身的权势，便差点失去了自己的意中人——他从姑不晓其“密有自婚意”，反让他代“觅”他人为婿，岂不教温峤扫兴？

然而温峤却狡黠得很，居然就以媒人身份，煞有介事地讨论起“觅婚”的条件来。文中一句"但如峤比云何"，实际上已为下文的自娶从表妹埋下了伏线。这虽然显得有心计了些，但从另一方面看，又何尝不可以视为他在试探从姑(当然也包括从表妹)对自己的态度。婚姻大事不由自己一方决定，而充分尊重对方的心愿，这正是温峤的可爱处。而征求意见的方式，自然以媒人("觅婚"者)身份最为合适——若是明说是自己，万一对方不愿，又碍于亲戚关系不便启齿，又怎能探得真情？

待到温峤以"玉镜台"下聘，最后现身自娶的时候，他大概颇以瞒过了从姑母女而心头窃喜了吧？出人意外的是，新妇在"交礼"后披扇而窥、"抚掌大笑"的话语，却泄露了全部天机："我固疑是老奴，果如所卜！"原来温峤自以为得计，其实他从姑母女，早在接受"玉镜台"(乃温峤随刘琨北征十六国的汉刘聪时所得)聘礼时，即已猜到了未来佳婿的身份！然而她们居然也沉得住气，佯装不知，一任温峤天花乱坠地夸说"婿身名宦，尽不减峤"云云。读者倘能发挥一下想象，当可恍见这母女俩，怎样审视着玉镜台而发现温峤的秘密，又怎样相视而笑、窃喜在心的动人情景。

这同时也逗露了一个信息：对于这桩婚事，温峤固然盼望已久，他的从表妹其实也早已身心相许了。当这一切曲折、蹊跷而又忽然柳暗花明的往事，在洞房花烛之夜，从新妇那"抚掌大笑"又含情脉脉，与温峤惊喜相对中亲切叙来，该充满了多少喜剧色彩！新妇的爽朗性格(从她的"大笑"，以及昵称温峤为"老奴"可知)，温峤的狡黠和憨厚，也均可从文中恍然生动地想见。

《世说新语》对世态人情的描述，正这样简洁而充满意趣：它只是在关键处稍加勾勒和摹刻，也不正面点破，把许多如画情景留在文外，让读者自己去体味、涵咏，读来更觉隽永而有余韵。

(潘啸龙)

桓南郡好猎

刘义庆

桓南郡好猎，每田狩，车骑甚盛。五六十里中，旌旗蔽隰。骋良马，驰击若飞，双甄[①]所指，不避陵壑。或行阵不整，麏[②]兔腾逸，参佐无不被系束。桓道恭，玄之族也，时为贼曹参军，颇敢直言。常自带绛锦绳著腰中，玄问："此何为？"答曰："公猎，好缚人士。会当被缚，手不能堪芒也。"玄自此小差。

〔注〕 ① 双甄：甄，田猎阵名。《宋书·礼志一》："先猎一日，遣屯布围，领军将军一人督右甄，护军将军一人督左甄。"合言之曰"双甄"。 ② 麏(jūn君)：即獐。

本文选自《世说新语·规箴》。

人们的感情，苦于不能总相沟通，倘能息息相通，许多给人带来伤害的事，便大多可以避免。

曹操自称“梦中好杀人”，其实是要警告企图谋害他的左右之人。一次眠中落被于地，近侍好心为他盖被，即被他跃身而起，砍了。难怪杨修要为之叹曰：“岂是丞相在梦中，实在是你（近侍）自己在梦中呵！”如果曹操能体谅近侍的关切之情，思量一下砍头究竟是什么滋味，这样的“杀人”诈术，就未必会“好”了。

本文的主角桓玄，袭封南郡公，功业远不能与阿瞒（曹操的小名）相比，但对于打“内战”，在东晋可算一位行家。他后来主盟诸将，起兵反晋，自立为“楚”帝，终于被刘裕攻杀，也是活该。不过此刻他还在江州刺史任上，野心初萌，时机未到，便常在打猎中抖威风。文中对他的狩猎场面，仅以“五六十里中，旌旗蔽隰（原野低湿处）。骋良马，驰击若飞，双甄所指，不避陵壑”稍加渲染，其车骑之壮盛，追捕禽兽时的那股疯狂劲，已跃然纸上。

这当然显得荒淫了些，但对于局中人来说，也未始没有得意忘形之乐。可惜桓玄之意，更计较于猎兽之得失。倘若行阵一乱，堵截中的“麏兔”跑了，便将怒气全发泄在“参佐”身上，总要把他们捆绑起来斥骂。那捆绑的绳子，想必也是临时扯来的荆棘、野藤之类。绑在臂膊上，刺芒入肉，味道如何？想来总不会那么有味吧。既不好受，“参佐”们何不就向桓玄诉说一下呢？他们却又没这胆量——大约被暴虐折磨久了，人就会变得麻木、怯弱以致习惯于逆来顺受。这恐怕正是造就“奴性”的秘密。

在这种情况下，桓道恭的仗义进谏，就显得格外引人注目了。按说，他既是桓玄族人，关系近了一层，说起话来要好办些。但即使这样，他也并未如文中所说“颇敢直言”，而是采取了迂回战术：每逢出猎，就带一条“绛锦绳”束在腰间，想法引起桓玄的注意。这举动稀奇古怪，果然引出了桓玄的发问。桓道恭正好借题发挥，实施对桓玄“好缚人”的进说：“我担心哪一天会轮到我受缚，手臂膊肉嫩，受不了那刺肉的芒刺呵！”

这进说妙在好似全不反对桓玄“缚人”，而只是诉说手肉“不堪”芒刺的痛苦。这倒是桓玄从来没有想到过的。桓道恭的诉说，一下把他从“缚人”者拉到被缚者的地位，使他多少了解到被“缚”是多么痛苦的事——感情交流了，粗莽的桓玄由此受到了触动。那“好缚人”的脾气，便有了一些收敛（“小差”）。

桓道恭的进说，没有泛泛空论“缚人”的政治利弊，全从人之情性、感受上设言。这是他进说的独特之处，也正从一个侧面，反映了这个时代的精神风尚——

尊重个性,反对摧残人之自由本性。

不知读者诸君,可也有某些令友朋、儿女、属下、邻人痛苦的雅好?倘有,就也请设想一下对方的感受,“自此小差”些罢!　　(潘啸龙)

祖财阮屐　　刘义庆

祖士少①好财,阮遥集②好屐,并恒自经营,同是一累,而未判其得失。人有诣祖,见料视财物,客至,屏当未尽,余两小簏箸背后,倾身障之,意未能平。或有诣阮,见自吹火蜡屐,因叹曰:“未知一生当箸几量③屐!”神色闲畅。于是胜负始分。

〔注〕 ① 祖士少:即祖约(? —330),东晋范阳遒县(今河北涞水)人。士少为其字。祖逖弟。逖死,曾继任平西将军、豫州刺史。 ② 阮遥集:阮孚,遥集为其字。西晋陈留尉氏(今属河南)人。阮咸子。元帝时为安东参军,后迁黄门常侍,被弹劾。 ③ 箸:同“着”。量(liǎng两):双。

本文选自《世说新语·雅量》。

嗜好本身原无高下,这正如萝卜青菜,各有所爱。谁又能在李白的好酒和鲁迅的好烟中判其得失呢?倘若是指嗜好的雅、俗,则祖士少的好财固显得俗气,阮遥集的好屐也未必怎样高雅,又何须分其“胜负”?

然而,重视人物品评的魏晋之际,偏生就有这样的好事者,要对祖、阮的嗜好,组织一场决定胜负的考试,自然引发了人们浓厚的兴趣。

这考试是突然袭击式的,故情景也颇为可观:大约祖士少紧闭大门赏玩财物之际,“笃笃”的敲门声传来,祖士少当即神色大变,忙不迭地收拢财物,东塞西藏间客人已到,只好慌慌张张,把不及收藏的两只小筐掩在身后。别看他已挤出笑容招呼客人,身子却还倾俯着想把竹筐遮住——那笨拙的举止和唯恐客人窥觑财物的惶急之态,文中只以“倾身障之,意未能平”八字传写,便神情逼真,令读者哑然失笑。阮遥集则又是另一种景象,客人上门,他还浑然不觉,可见正沉浸在陶然自乐的境界之中。他一边吹着火熔蜡,一边深情地把玩着木屐,忽然悠悠而叹:“真不知这一生能穿多少双木屐呵!”那神色之“闲畅”,简直就未把盯视一旁的客人当作一回事。于是作者宣称:阮、祖之胜负已分。

当然不难判明,这场考试中得胜的是阮遥集;至于祖士少,却败得一塌糊涂。这胜败的区分,正在于“神色闲畅”与“意未能平”的鲜明对比之中——一个“好”得潇洒脱俗,一个则“好”得自私而累人。

人们常常以为,凡"好"财物者境界一定就低,其实是并不尽然的。战国有位燕太子丹,未尝不爱金银狗马,但当他得到壮士荆轲,竟不惜"令人捧盘金",任其当作瓦片,临池投龟取乐;荆轲想吃马肝,太子丹即杀千里马以"进肝"——这种乐以钱财待天下贤士的豪爽,境界就颇动人。祖士少的好财,却是一种守财奴式的聚敛。它以一己之占有为乐趣,而且以为天下人也像他一样,目光全盯在财物上,见了就想攫为己有,所以连赏玩之时,也胆战心惊,时刻防范着他人的窥伺。若要他以财物输人,便无疑要他的命了。这样一种充满铜臭味的嗜好,只能成为压抑人生的沉重物累,境界焉得为高?——他后来投奔石勒,恶习不改,肆意夺掠他人的田产,终于为此丧命,正说明了这一点。

"竹林七贤"阮咸的儿子阮遥集则不同。他的"好屐"看似怪异,却一无聚财之心。小小木屐,价值几何?既不能靠它营利,也不能借以扬名。可见这"好"只是一种身心的喜爱,并未夹杂有利害的考虑:这境界就颇已不俗。更有韵味的是,他之好屐,所追求的,只是一种把玩过程中的精神满足,而不以是否占有为意:自己的木屐固然可爱,别人所有也一样可喜。所以客来人往,他毫不在乎,一无被人窥觑的牵挂和担忧。只要看他在来人面前,依然"吹火蜡屐"不辍,神色竟那样"闲畅",便知他之"好屐"是怎样乐在其中了。那一声"未知一生当箸几量屐"的叹息,还隐隐透露:此刻的阮遥集,已由眼前的"蜡屐",进入多么悠远的人生哲理思考之中。这种不计得失,只求畅神的嗜好,自不会因几量木屐之失而牵累——你可以夺去他眼前的火、手中的屐,又怎能夺取他"吹火蜡屐"时的那一份快乐、那一份满足呢?

由此推想开去,人们想必还能在生活哲理上得到不少启迪。人生的路本已够艰难的了。在劳苦的创业和开拓之余,有一些养花、钓鱼或收集邮票、古玩之类的雅好,原不过是生活的一种补充和乐趣。然而,生也有涯,物也无尽。故对这类个人的嗜好,完全可以像阮遥集那样,持一种潇洒超脱的态度,能得畅神足矣,又何须像祖士少那样聚敛无已,而惶惶不安于得失之间呢?　　（张　巍）

【作者小传】

袁　淑

(408—453)　南朝宋文学家。字阳源。陈郡阳夏(今河南周口太康)人。有才辩。官太子左卫率。刘劭作乱时,为劭所杀。能诗赋。原有集,已散佚,明人辑有《袁阳源集》。

庐山公九锡文 袁 淑

若乃三军陆迈，粮运艰难，谋臣停算，武夫吟叹；尔乃长鸣上党①，慷慨应官，崎岖千里，荷囊致餐；用捷大勋，历世不刊：斯实尔之功也。音随时兴，晨夜不默；仰契玄象，俯叶漏刻②；应更长鸣，毫分不忒。虽挈壶③著称，未足比德：斯复尔之智也。若乃六合④昏晦，三辰⑤幽冥，犹忆天时，用不废声：斯又尔之明也。青脊绛身，长颊广额；修尾后垂，巨耳双磔⑥：斯又尔之形也。嘉麦既熟，寔须精面，负磨回衡，迅若转电，惠我众庶，神祇获荐：斯又尔之能也。尔有济师旅之勋，而加之以众能，是用遣中大夫闾丘骡，加尔使衔勒、大鸿胪、斑脚大将军、宫亭侯，以扬州之庐江、江州之庐陵、吴国之桐庐、合浦之珠庐，封尔为庐山公。

〔注〕 ① 上党：古郡名，始置于战国，在今山西省东南部。地势险要，历来为兵家攻守重地。 ② 漏刻：古代计时器。盛水于有孔的壶中，以其滴漏而计时。有刻度，一般为一昼夜百刻。 ③ 挈壶：挈壶氏，古官名，其职责之一为掌漏刻以报时。 ④ 六合：天地四方。 ⑤ 三辰：日、月、星。 ⑥ 磔(zhé 哲)：开张貌。

从魏晋时代起，诙谐嘲戏一类作品的写作兴盛起来，故刘勰《文心雕龙·谐隐》云："魏晋滑稽，盛相驱扇。"此类作品，使人开颜一笑，解乏消忧，也可表现作者之巧思，故一些著名文士，都有所作，南朝时作者仍然不少。刘宋袁淑，史称其"博涉多通，好属文，辞采遒艳，纵横有才辩"(《宋书》本传)；当皇室内乱、弑逆将行之际，他宁死不从逆谋，被称为"怀忠陨难"，"义重乎生"(同上)。总之，他是一个博学能文、性格倔强的人。而他却又以写诙谐文字著名，所作曾集为专书，广为流传，惜今多已亡佚。这篇《庐山公九锡文》为仅存数篇之一，也已残缺而非完篇了。

九锡乃古代盛典。锡，给予、赐予。天子将车马、礼服、音乐等九种器物赐与功勋卓越的大臣，名为九锡。西汉末年王莽图谋篡位，先自导自演了一场九锡闹剧。此后为历代野心家所效法，如汉末曹操、魏末司马昭、晋末刘裕等，均曾行此典。此外也有对于表示归顺者行九锡者，如曹丕之于孙权，孙权之于公孙渊。九锡之时，照例要找人作一篇洋洋洒洒、庄重典雅的大文，即以皇帝的口气下诏进行封赏，称颂受赐者的功德，说明九锡的缘由。其中汉末潘勖所作《册魏公九锡文》最为著名，几乎成为后世诸作的典范。袁淑此文虽为残篇，但仍可看出其结构、句式模仿潘文之处。不过历代九锡文多不押韵，此文则是押韵的。

所谓“庐山公”，其实不过是驴子而已。文中先从各个方面对驴加以称颂。先说它有转运军粮之功。“谋臣停算，武夫吟叹”，盖因道路险阻、粮运不继之故。形势急迫如此，而驴乃慷慨发奋于崎岖险厄的高山峻岭之间，从而为战争的胜利作出了贡献。“历世不刊”，作者说这乃是不可磨灭、永垂不朽的功勋。次说驴能按时长鸣，合于天象和漏刻，分毫不爽，甚至连掌管报时的官员也比不上；即使天昏地暗之时，也不废声失时。再称赞其毛色和形貌之伟。最后颂其负磨之能。将麦子磨成面粉，不仅有惠于民众，而且让神祇得到荐享。驴子善于驮负、旋磨，又能长鸣（典籍上记载魏晋时颇有人爱听驴叫），本不足奇；经作者夸张地加以颂扬，便觉滑稽。即其形貌之面长、耳大，用了“长颊广额”“巨耳双磔”之语加以形容，隐然似颂其形貌之伟，便也令人失笑了。

接着写对驴的封赏。所加官衔中的“使衔勒”，是杜撰的称号，却使人联想到“使持节”。晋代州刺史往往加“都督诸军”衔，其权颇重；或再加“使持节”衔，则权力更大，可杀二千石以下官。而“使衔勒”之意，则是使其衔嚼子，戴笼头，供驱使而已。两相对照，令人哑然失笑。又“斑脚大将军”，也是杜撰。古代大将军权位尊贵。刘邦以韩信为大将军，择日斋戒，设坛而后拜之。东汉、曹魏，其职均不常置，凡为之者皆擅朝权，受非常之任。又古代将军称号极多。或以其任务为称，如汉代征贰师城则置贰师将军，晋立射营则置积射将军；或夸耀其武勇，如奋威、建威、鹰扬之类。此处既尊之为大将军，而其号“斑脚”则不过言其脚毛色斑驳而已，亦使人忍俊不禁。又作者还用了谐音手法。“大鸿胪”之“胪”、“庐江”、“庐陵”、“桐庐”、“珠庐”以至“庐山公”之“庐”，中古时均与“驴”谐音。所遣宣行册命的闾丘骡（雄驴、雌马交配则生骡），“闾丘”为复姓，其“闾”字亦与驴谐音。至于加封“宫亭侯”的“宫亭”，据《水经注·庐江水》，庐山下有神庙，号曰宫亭庙，山以东的彭蠡湖亦有宫亭湖之称。故“宫亭”亦暗寓“庐”字，一笔不懈。

按九锡文惯例，下文还该说到赐以九种器物。赐与人者为车马、衣服、音乐等，赐驴则或许另有适合驴的需要的东西吧。想来作者原来还有些令人发噱的写法的，可惜今已不可得见了。

本文原是一篇游戏之作，并无深意，但总使我们想起历史上权臣以“禅让”为攘夺的一幕幕闹剧。那一篇篇九锡文，那典赡雅正的大手笔，从本质上看，不也都具有某种滑稽意味么？

（杨　明）

【作者小传】

鲍 照

(约414—466) 南朝宋文学家。字明远。东海(郡治在今山东临沂兰陵南)人。出身寒微。曾任秣陵令、中书舍人等职。后为临海王刘子项前军参军,世称“鲍参军”。子项起兵失败,他为乱兵所杀。长于乐府,尤擅七言歌行,风格俊逸。也擅赋及骈文。以文辞驰名当世,与谢朓并称“鲍谢”。著有《鲍参军集》。

芜 城 赋 鲍 照

沵迤①平原,南驰苍梧涨海②,北走紫塞雁门③。柂以漕渠④,轴以昆岗⑤。重江复关之隩,四会五达之庄。当昔全盛之时,车挂辖,人驾肩,廛闬扑地⑥,歌吹沸天。孳货盐田,铲利铜山。才力雄富,士马精妍。故能侈秦法,佚周令,划崇墉,刳浚洫,图修世以休命。是以板筑雉堞⑦之殷,井幹烽橹⑧之勤,格高五岳,袤广三坟⑨,崪若断岸,矗似长云。制磁石以御冲,糊赪壤以飞文⑩。观基扃之固护,将万祀而一君。出入三代,五百余载,竟瓜剖而豆分。

泽葵依井,荒葛罥涂。坛罗虺蜮⑪,阶斗麏鼯⑫。木魅山鬼,野鼠城狐。风嗥雨啸,昏见晨趋。饥鹰厉吻,寒鸱吓雏。伏虣藏虎,乳血飧肤⑬。崩榛⑭塞路,峥嵘古馗⑮。白杨早落,塞草前衰。棱棱霜气,蔌蔌风威。孤蓬自振,惊沙坐飞。灌莽杳而无际,丛薄纷其相依。通池⑯既已夷,峻隅⑰又以颓。直视千里外,唯见起黄埃。凝思寂听,心伤已摧。若夫藻扃黼帐⑱,歌堂舞阁之基,璇渊碧树⑲,弋林⑳钓渚之馆,吴蔡齐秦之声,鱼龙爵马之玩,皆薰歇烬灭,光沉响绝。东都妙姬,南国丽人,蕙心纨质,玉貌绛唇,莫不埋魂幽石,委骨穷尘,岂忆同舆㉑之愉乐,离宫㉒之苦辛哉?

天道如何,吞恨者多,抽琴命操㉓,为芜城之歌。歌曰:边风急兮城上寒,井径灭兮丘陇残㉔。千龄兮万代,共尽兮何言!

〔注〕 ① 沵迆(mǐ yǐ 米以):地势相连渐平貌。 ② 苍梧:汉代郡名,治所在今广西梧州市。涨海:古海名,相当于我国南海至爪哇海一带。 ③ 紫塞:指长城。雁门:郡名,治所在今山西北部。 ④ 漕渠:此指古代邗沟,即今江苏江都至淮安的一段运河。 ⑤ 昆岗:又名昆仑岗、广陵岗,广陵城建置其上。 ⑥ 廛闬(chán hàn 蝉汉)扑地:居民房屋紧凑相连。廛,居民区。闬,里门。扑地,遍地。 ⑦ 板筑:古代筑墙,先在两块木板中间填上土,再夯结实,叫做板筑。雉堞:城上女墙。 ⑧ 井幹(hán 寒):井上木栏,此借喻城楼。烽橹:瞭望烽火的望楼。 ⑨ 三坟:指汝河、淮河、黄河三条河的流域。 ⑩"制磁石"句:《三辅黄图》:"阿房宫以磁石为门,怀刃者止之。"冲,突也。"糊赪壤"句:谓以红泥将城墙涂成彩色的纹饰。 ⑪ 虺蜮:(huǐ yù 毁玉):毒蛇和短狐。 ⑫ 阶斗麕鼯(jūn wú 军吴):阶前麕和飞鼠在厮斗。麕:似鹿而小。 ⑬ 䖘:古文"暴"字。"伏暴"不可通,或谓当依《说文》作"虒 ",音"觅",白虎也。乳血飧肤:以血为乳,以肉为飧。 ⑭ 崩榛:倒下的树木。榛:丛生的树木。 ⑮ 古馗(kuí 葵):古道。馗,同"逵"。 ⑯ 通池:城濠。 ⑰ 峻隅:高城。 ⑱ 藻扃(jiōng):雕花的门。黼(fǔ 斧)帐:绣花帐。 ⑲ 璇(xuán 旋)渊:玉池。碧树:玉树。 ⑳ 弋林:射鸟的地方。㉑ 同舆:皇帝命后妃同车,表示宠爱。 ㉒ 离宫:皇帝的行宫,此指失宠后妃所居的冷宫。㉓ 抽琴命操:取琴作曲。 ㉔ 井径:田间小路。丘陇:坟墓。

芜城即广陵(今江苏扬州)。它作为淮左名都,从西汉初年吴王刘濞在此建都以来,地方经济有了发展。在南北朝初期,成为南北交通枢纽,最为富盛。但在宋文帝末,却在十年中间先后两次遭到严重破坏。先是元嘉二十七年(450)十二月,魏太武帝拓跋焘率军追击大败南逃的宋军,在回军路上,曾在广陵地区大肆屠戮:"丁壮者即加斩截,婴儿贯于槊上,盘舞以为戏。春燕归巢于林木。"(《资治通鉴·宋纪八》)接着是大明三年(459),宋孝武帝刘骏的弟弟竟陵王刘诞(时任南兖州刺史)据广陵反叛,刘骏派沈庆之领兵进攻。城破后,下诏广陵城中士民无大小,悉命杀之,经沈庆之请,五尺童子以下得以保全,其余男子皆死,丁壮被杀者有三千多人。不到十年,经过这两次战乱,广陵繁华荡尽,庐舍丘墟,凄惨荒凉。大明三年,鲍照正客江北,刘诞乱平不久,他即来到广陵。时创痕犹新,血迹尚在,他目睹惨状,悲从中来,感发而为《芜城赋》。因为重点是写荒凉了的广陵,所以称为芜城。这就是这篇赋的创作背景。全文可分为三段。

第一段,写广陵的地理形势,昔日的繁华以及城池的兴废。开头至"四会五达之庄"是这一段的第一层。广陵城深藏在纵横交会的江河关口之间,交通极为便利,四通八达的大道与各地相连。寥寥数语,就将这座名城的地理轮廓,简要地勾画了出来。从"当昔全盛之时"到"竟瓜剖而豆分"为这一段的第二层,描写广陵昔日的繁华以及城池的兴废。首句以"当昔全盛之时"领起,接着描绘广陵街市熙熙攘攘喧嚣热闹的情景。歌乐之声,响入云霄,一派都会的繁华景象。广陵的财力雄富天下，煮海为盐，开山采铜，是它的两大经济命脉。“故能”以下写城池的兴建。由于广陵物产丰饶，人材济济，客观条件相当优越。所以，城市的建置，超过了周、秦法令制度规定的规模，城墙坚实高大，城池既阔又深。从“是以”起，具体描绘广陵城的建造情形。城池建造得非常坚固，无怪乎一些君主以为可以子孙万代，长保富贵了。谁知从刘濞筑城算起，仅仅经过汉、魏、晋三代，不过五百余年，竟然崩颓毁坏得不成样子。末三句笔力遒劲，急转直下，既收束了上文，又自然地过渡到下文。

第二段写广陵昔日的繁华荡尽无遗。它和第一段的第二层紧相呼应。那里主要是从广陵的城市建置和市人的生活来描画广陵的繁华，这里则从这两方面来展现它的荒芜。从“泽葵依井”到“心伤已摧”是第一层，描绘作者登城时见到的荒凉残破的景象。他先连用二十个四字句，对荒城进行细致地描绘。井边长满青苔，道路爬满葛藤，坛堂庭院也都成为怪禽异兽的场所。特别是在风雨飘潇、黄昏凌晨的时候，更可以听到鬼怪狐鼠的凄厉叫声，看到它们频繁出没。还有各种鸟兽，在这里肆其所能，争夺食物。这儿的草木，早早地就干枯零落。寒气凛冽，冷风瑟瑟，蓬草在空中飘转，沙土四处飞扬。这块禽兽的乐园实在太荒凉了。接着则用六句总写广陵城池的颓坏陈废。草木丛生，无边无际；极目千里，只有尘土漫天飞扬。这种情景，令人伤心至极！从“若夫藻扃黼帐”到“离宫之苦辛哉”是第二层，写广陵盛时的豪华生活一去不复返。以“若夫”二字领起，既紧承上文，又有更进一层的意思。华丽堂皇的殿阁，精美豪奢的装饰，供娱乐的渔猎场所，荟萃在这里的各地音乐，百戏伎艺，一切都无影无踪，永远销声匿迹了。还有后宫里来自南北各地的佳人，花容月貌，聪慧伶俐，现在都一律被葬身于九泉之下。这一段在骈偶的基础上，参差变化较大。同时，作者在夸张描写之后，用“皆”“莫不”等字词，使所写的一切都囊括无遗，笔力饱满，淋漓尽致。

第三段，抒发作者的感慨。面对着荒芜的广陵，遥想它昔日的繁华，作者感到人世沧桑，反复无常，人们的主观愿望难以得到满足，多数只能含恨以终。他为此创作了《芜城之歌》。歌词极写广陵的隳废残破，人的凄凉悲怆的感觉，以及华屋山丘的慨叹，与前文“将万祀而一君”呼应。用几句诗来结束全文，是赋中常见的形式，作用多是抒发感慨。本文歌词的题目又为这篇赋点题，则不多见。

这篇赋作于广陵两次战乱以后，其“废池乔木”的荒凉景象是作者亲眼所见。它不是一般意义上的登临览胜吊古之作，而主要是一篇抚迹生悲、感事伤时的现实主义作品。何焯说此赋是针对刘骏剿杀刘诞的内乱，“照盖感事而赋也”（《义门读书记》）。近代的林纾也说：“文不敢斥言世祖（刘骏）之夷戮无辜，亦不言竟陵(刘诞)之肇乱,入手言广陵形胜及其繁盛,后乃写其凋敝衰飒之形,俯仰苍茫,满目悲凉之状溢于纸上,真足以惊心动魄矣。"(《林纾评点古文辞类纂》)都指出了这一点。广陵在当时是江北重镇,它的盛衰可说是国家兴亡的缩影。痛惜它的衰落,无疑寄寓着作者对国家前途命运的深刻隐忧,这就是此赋的主旨所在。

《芜城赋》是一篇历来传诵的名作。此赋的艺术特色首先是对比手法的运用。赋的作意是痛惜广陵的荒凉残破,但并未直接落笔,而是先描绘一番昔日"全盛之时"的繁盛情形,为下文写荒芜蓄势,然后提笔一转,折到写当今上来。这样,一盛一衰的两种情景紧紧扣合,形成强烈的对照。清人许梿说:"从盛时极力说入,总为'芜'字张本,如此方有势有力。"(《六朝文絜笺注》)可说是深有会心,十分精到的评论。此外,第二段极力夸张形容昔日的统治者豪华奢侈的生活,而以"皆薰歇烬灭,光沉响绝","莫不埋魂幽石,委骨穷尘"等语一一给予全盘抹倒,昔盛今衰的对比效果也是很强烈的。

夸张手法的运用是此赋的又一特色。赋中写盛时"车挂辖,人驾肩,廛闬扑地,歌吹沸天";衰时"白杨早落,塞草前衰","直视千里外,唯见起黄埃"等很多句子,无不都是极尽夸张形容之能事的。清人姚鼐说:"驱迈苍凉之气,惊心动魄之辞,皆赋家之绝境也。"(《古文辞类纂》)他是体会到了这一点的。文中的极意夸张,将盛衰之间的悬殊拉大到了顶点,因而使得对比效果达到了极致。所以,赋中的对比和夸张紧密结合,夸张又是为对比服务的。

借景抒情,情景交炼,也是此赋的艺术特色。不管是写广陵的繁盛还是它的衰落,作者都是以饱含着感情的笔调写的。他不仅善于将描绘景色和直接抒情相配合,而且善于在行文中选炼恰当的字词,以加强感情色彩的表达。如"观基扃之固护,将万祀而一君","竟瓜剖而豆分","直视千里外,唯见起黄埃","岂忆同舆之愉乐,离宫之苦辛哉"等等,都是这样的例子。另外,作者在命题立意上也颇具匠心。文中的一切描写莫不是为了表现一个"芜"字,而它又处处切合"城"字,没有一点多余的笔墨,十分精警洗练。正是因为鲍照这篇赋太出名了,后人竟以"芜城"作为广陵的别称。获得如此巨大成功的作品,在文学史上是不多见的。

(李廷先　王锡九)

登大雷岸与妹书　　鲍　照

吾自发寒雨,全行日少。加秋潦浩汗,山溪猥至,渡泝无边,险径游历,栈石星饭,结荷水宿,旅客贫辛,波路壮阔,始以今日食时,仅及大雷。涂登千里,日逾十晨。严霜惨节,悲风断肌，去亲为客，如何如何！

向因涉顿，凭观川陆；遨神清渚，流睇方曛；东顾五洲①之隔，西眺九派②之分；窥地门③之绝景，望天际之孤云。长图大念，隐心者久矣！

南则积山万状，负气争高，含霞饮景，参差代雄，凌跨长陇，前后相属，带天有匝，横地无穷。东则砥原远隰，亡端靡际。寒蓬夕卷，古树云平。旋风四起，思鸟群归。静听无闻，极视不见。北则陂池潜演，湖脉通连。苎蒿攸积，菰芦所繁。栖波之鸟，水化之虫④，智吞愚，强捕小，号噪惊聒，纷乎其中。西则回江永指，长波天合。滔滔何穷，漫漫安竭！创古迄今，舳舻相接。思尽波涛，悲满潭壑。烟归八表，终为野尘⑤。而是注集，长写⑥不测，修灵浩荡⑦，知其何故哉！

西南望庐山，又特惊异，基压江潮，峰与辰汉⑧相接。上常积云霞，雕锦缛，若华⑨夕曜，岩泽气通，传明散彩，赫似绛天。左右青霭，表里紫霄⑩。从岭而上，气尽金光，半山以下，纯为黛色。信可以神居帝郊⑪，镇控湘、汉者也。

若潨洞⑫所积，溪壑所射，鼓怒之所豗⑬击，涌澓之所宕涤⑭，则上穷荻浦，下至狶洲，南薄燕庂，北极雷淀⑮，削长埤短⑯，可数百里。其中腾波触天，高浪灌日，吞吐百川，写泄万壑。轻烟不流，华鼎振涾⑰。弱草朱靡，洪涟陇蹙⑱。散涣长惊，电透箭疾。穹溘⑲崩聚，坻飞岭覆。回沫冠山，奔涛空谷。砧石为之摧碎，碕岸为之齑⑳落。仰视大火，俯听波声㉑，愁魄胁息，心惊慄矣！

至于繁化殊育，诡质怪章㉒，则有江鹅、海鸭、鱼鲛、水虎之类㉓，豚首、象鼻、芒须、针尾之族㉔，石蟹、土蚌、燕箕、雀蛤之俦㉕，折甲、曲牙、逆鳞、反舌之属㉖。掩沙涨，被草渚，浴雨排风，吹涝弄翮。夕景欲沉，晓雾将合，孤鹤寒啸，游鸿远吟，樵苏㉗一叹，舟子再泣。诚足悲忧，不可说也。

风吹雷飙，夜戒前路。下弦㉘内外，望达所届㉙。寒暑难适，汝专自慎。夙夜戒护，勿我为念。恐欲知之，聊书所睹。临涂草蹙，辞意不周。

〔注〕① 五洲：长江中相连的五处沙洲。 ② 九派：郭璞《江赋》："流九派乎浔阳。"长江在江西九江一带分为很多支流，因以"九派"称这一段的长江。"九"形容其多。 ③ 地门：《河图括地象》："武关山为地门。"按此为虚用，指山。 ④ 水化之虫：指鱼。《说文》："鱼，水虫也。" ⑤ 八表：八方之外，指极远的地方。野尘：《庄子·逍遥游》："野马也，尘埃也，生物之以息相吹也。"指天地间的浮尘。 ⑥ 写：同"泻"。 ⑦ 修灵浩荡：屈原《离骚》："怨灵修之浩荡兮。"王逸章句："灵，神也。修，远也。浩荡，无思虑貌也。"此以神为河神，又以代指河流。 ⑧ 辰汉：辰，大辰星。《尔雅》："大辰，房、心、尾也。"汉，天河。 ⑨ 若华：《淮南子·地形训》："若木在建木西，末有十日，其华（光华）照下地。"此指霞光。 ⑩ 紫霄：《庐山记》："山南简寂观白云峰。其间一峰，独出而秀卓，名曰紫霄峰，秦始皇曾登之，与云汉相接，因名之。" ⑪ 帝郊：言天帝所居之处。屈原《九歌·少司命》："夕宿兮帝郊。" ⑫ 潀（cóng 从）洞：《说文》："小水入大水曰潀。"又："洞，疾流也。" ⑬ 豗（huī 灰）：撞击。 ⑭ 澓（fú 伏）：水洄流。宕涤：同"荡涤"。 ⑮ 荻浦、狶洲、燕辰（即"派"字）、雷淀：未详。疑均为小地名。 ⑯ 削长埤短：埤，增益。《战国策·秦策一》："今秦地断长续短，方数千里。" ⑰ 涾：水沸溢。"华鼎振涾"句谓彭蠡湖浪花飞腾，如水沸于鼎中。 ⑱ "弱草"二句：朱，同"株"，指草茎。靡，披靡，示草为水淹没。洪涟，大波纹。陇蹙，形容高浪前后相迫近如丘陇相蹙。 ⑲ 穹溘：大浪。穹，大。溘，水。 ⑳ 齏（jī 机）：原意为切成细末的咸菜。此指细碎。 ㉑ "仰视"二句：大火，即火星。东方朔《七谏·自悲》："观天火之炎炀兮，听大壑之波声。"王逸注："言己仰观天火，下睹海水，心愁思也。"本文两句意本此。 ㉒ 诡质怪章：奇异的躯体，怪诞的外表。 ㉓ 江鹅：《本草》引《释名》："鸥者浮水上，轻漾如沤也，在海者名海鸥，在江者名江鸥，江夏人讹为江鹅也。"海鸭：《金楼子》："海鸭大如常鸭，斑白文，亦谓之文鸭。"鱼鲛：《山海经·中山经》："荆山，漳水出焉，而东南流注于睢，其中多鲛鱼。"郭璞注："鲛，鲋鱼类也，皮有珠文而坚，尾长三四尺，末有毒，螫人。"水虎：《襄沔记》："沔水中有物，如三四岁小儿，甲如鳞鲤，秋曝沙上，膝头如虎掌爪，常没水，名曰水虎。" ㉔ 豚首：郭璞《江赋》："鱼则江豚海狶。"注引《南越志》曰："江豚似猪。"象鼻：《隋书·真腊传》："海中有鱼名建同，四足无鳞，其鼻如象，吸水上喷，高五六十尺。"芒须：《太平御览》卷九四三引王隐《晋书》："吴后置广州，以南阳滕脩为刺史。或语脩虾长一丈，脩不信。其人后故至东海取虾，须长四五尺，封以示脩，脩乃服。"针尾：《太平御览》卷九四〇引沈怀远《南越志》："鱆鱼似鯸鲱尾上有刺，如棁树刺也。" ㉕ 石蟹：傅肱《蟹谱·总论》："明（明州，今浙江宁波）越（越州，今浙江绍兴）溪涧石穴中，亦出小蟹，其色赤而坚，俗呼为石蟹。"土蚌：《说文》：蚌，蜃属。段玉裁注："珠出于蚌。"燕箕：《兴化县志》："魟鱼头圆秃如燕，其身圆褊如簸箕，又曰燕魟鱼。"雀蛤：《礼记·月令》："季秋之月，雀入大水为蛤。" ㉖ 折甲：《说郛》卷七六《水族加恩簿》："鳖名甲拆翁。"曲牙：未详。逆鳞：王旻之《与琅琊太守许诚言书》："贵郡临沂县，其沙村逆鳞鱼，可调药物。"反舌：唐陆德明《经典释文·礼记·月令》："反舌，郑（玄）云：'百舌鸟。'蔡伯喈（邕）云：'虾蟆。'" ㉗ 樵苏：樵，砍柴。苏，取草。 ㉘ 下弦：阴历每月二十三、二十四日，谓之下弦。 ㉙ 望达所届：有希望抵达所要到的地方，此指江州（今江西九江）。

这是用骈文形式写的一封书信，约写于元嘉十六年（439）秋后。这年鲍照二十六岁，他当时刚刚做了临川王刘义庆的王国侍郎，初次离开在建康（今江苏南京)的家随临川王往江州(今江西九江)赴任,乘船溯江而上,途经大雷口(在今安徽安庆市望江县境内长江边上)时,给妹妹鲍令晖写了这封家信。信中主要描写作者旅途的见闻,尤以刻画山川形胜见长,在模山范水之中,隐含着作者郁结在心中的激昂之气与"长图大念",实为借景抒怀之作。

全文可分七段。从首句到"如何如何"为第一段,写旅途的风霜之苦。作者冒着寒雨出发,所以能整日行船的日子不多,加上秋涝时江水上涨,山溪暴发,又是逆流而上,困难不言而喻。"栈石星饭,结荷水宿","严霜惨节,悲风断肌"数句,概括地写出了旅途的苦辛,离开自己的亲人,飘泊羁旅,心里很不是滋味。"如何如何"一句,写出了"去亲为客"的苦况和一言难尽的旅情。

从"向因涉顿"至"隐心者久矣"为第二段,写途中止泊之机留心观赏川陆风景。"东顾"以下四句,写景视野开阔,境界恢闳,表现出作者阔大的胸怀。"长图大念,隐心者久矣",是借山川写自己的抱负,"长图大念",就是雄心壮志。那烟波浩渺的长江隔五洲、流九派的雄姿,那地门(代指山)的绝景,天际的孤云,引起他对祖国大好河山的热爱,激发起他久藏心中的"长图大念"。此段写得很有气势,是篇中写景的总纲。

从"南则积山万状"到"知其何故哉"为第三段,此段全为写景文字。作者用散点透视之法,写四面所见之景,犹如电影摄影师,换转镜头由南而东而北而西转了一周,不断变换着画面。南则侧重写山,"积山万状,负气争高,含霞饮景,参差代雄"四句,将山拟人化,运意深刻。那千姿万状的山峰,好像含着彩霞,饮着阳光似的;那犬牙相错的群峰,也好像在互相更替着逞雄称霸。这样描写,可说是将寂静的群峰写活了。实际上,写山的负气争雄,正是写自己的雄心壮志。鲍照虽出身寒贱,但并不甘居人下。他在"贡诗言志"之前,对朋友说过自明心志的话:"千载上有英才异士沉没而不闻者,安可数哉!大丈夫岂可遂蕴智能,使兰艾不辨,终日碌碌,与燕雀相随乎?"(《南史·鲍照传》)可见,他的"长图大念,隐心者久矣"。下文写东望之景,又是一种手法。鲍照的旅程由东往西沿江溯流而上,他用回顾的方法,写东望的一派平川,愈远愈低,远远望去,无边无际。"寒蓬夕卷,古树云平"都是远望之情,略带秋冬之际的衰飒气氛。"旋风四起,思鸟群归"两句,以归林的群鸟,象喻自己羁旅思乡之情。写北望的景物,着重描写大小水泽之间水脉相连,以及水陆的出产。在描写动植物的生存竞争时,用"智吞愚,强捕小,号噪惊聒,纷乎其中"这几句,象喻人世的尔虞我诈、弱肉强食和尘嚣的纷杂,寓意深婉。写西望之景,重点是写长江的浩浩荡荡,长波天合,江中舟船相连,往来不绝。"思尽波涛,悲满潭壑"二句,以沉郁的语言,写出胸中的波澜与悲思。上文所写的东西南北之景，各具特色，绝无雷同，而且寄慨遥深，又多用拟人化的方法来写山川、动、植，以我观物，赋予物以人的感情，故读之使人觉得字里行间自有一种昂藏之气，溢于言表。

自“西南望庐山”至“镇控湘、汉者也”为第四段，转笔写庐山风景，是全篇写景最优美的文字，也最为脍炙人口。“基压江潮”两句，写庐山的雄姿，山脚压着江水，峰顶上接霄汉。“积云霞，雕锦缛”等句，色彩奇丽，辉映的晚霞夕霏，山间与水上的烟云之气，烘托、映衬出庐山的秀色。“从岭而上，气尽金光，半山以下，纯为黛色”数句，写出了庐山不同层次的美色，色彩鲜明，绘景如画。许梿评此段描写说：“烟云变灭，尽态极妍，即使李思训数月之功，亦恐画所难到。”（《六朝文絜笺注》）此论十分精到。

从“若潨洞所积”至“心惊慓矣”为第五段，写长江及在九江附近汇集的众水波浪奔腾的景象。其中“腾波触天，高浪灌日，吞吐百川，写泄万壑”等句，惊涛骇浪，恍然在目。下文写波浪崩散的种种惊人之状，来势之猛，如“电透箭疾”，冲击力之大，破坏力之强，简直可以把河岸冲走，把山岭冲翻，那被撞击回来的浪花，直可冲上山顶，大浪可以把河岸连同捣衣石击得粉碎，其不可阻挡之势，真令人惊心动魄。

从“至于繁化殊育”到“不可说也”为第六段，抒写览物思乡之情。这里所写的“繁化殊育”“诡质怪章”的十六种水生动物，有的实有其物，有的来自神话，有的仅举其形体的某一特点，未必实有其名。这些水生动物和鸟类，吐水拍翅，活跃在风晨雨夕之中。又由孤鹤、游鸿的吟啸，樵夫、舟子的悲叹，牵动了作者思乡的情怀，览景述事，意调悲凉。

最后一段预计抵达日期，并对妹妹鲍令晖致以关切之意。令晖很有文才，钟嵘《诗品》评其诗说：“令晖歌诗，往往崭绝清巧，拟古尤胜。”鲍照在《请假启》中自言“天伦同气，实惟一妹”，可见兄妹感情很深，故刚离家十日，他便把旅途所见所闻，写信告诉妹妹。篇末的叙述，回应题目中的“与妹书”。

这篇骈文书信，在写法上受到汉代大赋的影响，写景则分南、北、东、西；写水生动物，罗列至十六种之多，很像爱炫耀博物知识的辞赋家所为。但辞赋爱铺张扬厉，堆垛寡变，语言繁缛；鲍照的骈文则能以奇峭见长，变幻多端，加上写景优美，与汉赋迥别；语言也不同于大赋，精妙凝练，有不少可以讽诵的名句，诚如许梿所说：“句句锤炼无渣滓，真是精绝。”用这种骈体写书信，在文学史上是一大创新。吴汝纶说：“奇崛惊绝，前无此体，明远创为之。”（《汉魏六朝百三家集》评语）谭献说：“矫厉奇工，足与《行路难》并美。”（《骈体文钞》评语）这些评赏，都比较中肯。本文在写山水景物方面的成就，超过了作者的山水诗。它的问世，使鲍照在骈文史上获得了较高的地位。许梿说:“明远骈体,高视六代。文通(江淹)稍后出,差足颉颃,而奇峭幽洁不逮也。”(《六朝文絜笺注》)《登大雷岸与妹书》与《芜城赋》可以并美,是鲍照骈文中的双璧,故赢得了历代评家的交口称赞。 (刘文忠)

瓜步山楬文 鲍 照

岁舍龙纪,月巡鸟张,鲍子辞吴客楚,指兖归扬。道出关津,升高问途。北眺毡乡,南晒①炎国,分风代川,揆气闽泽;四②睨天官,穷曜星络,东窥海门,候景落日。游精八表,驶视四遐,超然远念,意类交横。信哉!古人有数寸之籥,持千钧之关,非有其才施,处势要也。瓜步山者,亦江中眇小山也,徒以因迥为高,据绝作雄,而凌清瞰远,擅奇含秀,是亦居势使之然也。故才之多少,不如势之多少远矣!

仰望穹垂,俯视地域,涕洟③江河,疣赘丘岳。虽奋风漂石,惊电剖山,地纶④维陷,川斗毁宫⑤,毫发盈虚,曾未注言;况乎沉河浮海之高,遗金堆璧之奇,四迁八聘⑥之策,三黜五逐⑦之疵,贩交买名⑧之薄,吮痈舐痔⑨之卑,安足议其是非。

〔注〕 ① 晒(xǐ洗):看视。 ② 四:当作“西”。 ③ 涕洟:眼泪鼻涕。 ④ 纶:当作“沦”。维:地维,古人以为地是方的,有四角,以大绳维系,故称。 ⑤ 川斗毁宫:《国语·周语下》:“(周)灵王二十二年,穀、洛斗,将毁王宫。”注:“穀、洛,二水名也。洛在(洛阳)王城之南,穀在王城之北,东入于瀍。斗者,两水激,有似于斗也。” ⑥ 四迁:《汉书·主父偃传》:“上召见,拜偃为郎中。偃数上书言事,迁谒者中郎中大夫,岁中四迁。”八聘:未详。 ⑦ 三黜:《论语·微子》:“柳下惠为士师,三黜。”五逐:《列女传》:“孤逐女者,齐即墨之女,齐相之妻也。初逐女孤无父母,状甚丑,三逐于乡,五逐于里。” ⑧ 贩交:《史记·郦商传》:“其子寄,字况,与吕禄善。太尉周勃不得入北军,乃使人劫商,令其子况给吕禄出游,勃乃得入据北军,遂诛诸吕。天下称郦况卖交也。”买名:《管子·七臣七主》:“居为非母,动为善栋,以非买名,以是伤上。” ⑨ 吮痈:《汉书·佞倖传》:“邓通为黄头郎,文帝尝病痈,通尝为上嗽吮之。”舐痔:《庄子·列御寇》:“秦王有病,召医,破痈溃痤者得车一乘,舐痔者得车五乘,所治愈下,得车愈多。”

宋文帝元嘉二十九年壬辰(452),鲍照三十九岁。这一年,他从南兖州(治广陵,即今江苏扬州)返回建业(今南京),途经瓜步山而作此文。瓜步山在今江苏南京市六合区境内,东临长江,六朝时是长江的重要渡口。“楬”(音杰)是用作标志的小木桩。《周礼·秋官·蜡氏》说:“若有死于道路者,则令埋而置楬焉。”而为一山作楬文,则是鲍照的独创,其写法也有创新,实际上是一篇寓言小品。

全文可分两段。从首句至“才之多少,不如势之多少远矣”为第一段。“岁舍龙纪”,表示岁次在辰年。“月巡鸟张”即月份在五月。“辞吴客楚”指作者的行程将由苏南而客居江北。“指兖归扬”,表示其旅程是从南兖州(治所在今江苏镇江)而至扬州。前四句指示了作品系年的线索。下文写登上瓜步山,向北可眺望北陲的毡帐之乡,往南可瞭望南疆的炎热之地,还可感受到代北山川和闽地水乡的风气。向西瞧,可看到闪闪群星的宫位;向东望,可窥见镇江焦山附近的海门山,观赏风景一直等候到夕阳西落的时刻。作者游神于八表之外,疾视于四远之处,超然遐想,感慨万端。以上所写景物,视野开阔,语含夸张,多非实景;有些景物,非目力所及,带有视通万里的想象成分。实际上,作者并非着意写景,而是由景及情,借题发挥,引入自己的议论。“信哉”以下的议论,是此文最重要的部分,也是全文的题旨。在过渡到正题议论之前,作者先使用一个比喻:古人拿着几寸长的开门工具,可以启开千钧重的城门,这不是其人有大本领,而是他手中有权势,所处的地位重要。下文,将笔一转,议论起瓜步山来。瓜步山,不过是江中的小山,只因它与江中水面高度相差颇大,处在重要的“关津”,便俨然成了“据绝作雄”的地方,登上此山居然可以大饱眼福,欣赏山水的奇异与秀丽,这是它所处的地位使它能“擅奇含秀”。紧接着,作者发出一句深沉的叹喟:“故才之多少,不如势之多少远矣!”这句话很有分量。我们知道,自九品中正制建立以后,形成了世族豪门独占上品的现象。在晋代有所谓“上品无寒门,下品无世族”之说。这一不合理的社会现象,曾引起寒门出身的才智之士的不满,反映在文学作品中,前有左思的《咏史》诗:“郁郁涧底松,离离山上苗。以彼径寸茎,荫此百尺条。世胄蹑高位,英俊沉下僚。地势使之然,由来非一朝。”后即有鲍照的这篇《瓜步山楬文》。而鲍照对门阀制度的抨击,似比左思更为激烈。鲍照出身寒门,虽跻身仕途,但很不得意。“才之多少,不如势之多少远矣”的呼声,在门阀制度统治下的南朝,如同孤星夜月,使黑夜见到一线光明。这是反抗的呼声,是当时文坛上抨击门阀制度的最强音。

“仰望穹垂”以下为第二段。作者在俯仰之间,感到江河不过是上天的涕泪,山岳不过是大地的赘疣。这时即使有漂石的疾风,剖山的惊电,甚至共工触山而地维绝,二水相斗而王宫毁,他也不再关心;至于人间的是非,也只是如一毫一发之得失,更觉不值得分辨。这里,作者的感情由愤激而变得消沉,但骨子里还是愤激。这一段用了不少典故,如“沈河浮海”,出自《庄子·让王》:商汤王与伊尹谋伐夏桀,成功之后,想让天下给卞随。卞随认为这是对自己的污辱,于是投水而死。汤又让天下给务光,务光也不接受,“乃负石而自沉于庐水”。这是“沉河”的典故。舜以天下让于其友石户之农,石户之农于是夫妻携子以入于海,终身不返。这是“浮海”的典故。“遗金堆璧”,出《韩诗外传》:延陵季子见遗金,呼牧者取金,牧者不听,反而把延陵季子奚落了一番。这是“遗金”的出典。楚襄王持金十斤,白璧百双,聘庄子为相,庄子固辞不受。这是“堆璧”的出典。另外后文的“四迁八聘”“三黜五逐”“贩交买名”“吮痈舐痔”等,在历史上也均有所指。以上这些人和事,有高士的奇言异行,也有小人的卑鄙龌龊,本来是有是非可议的,作者为什么不屑于评论呢?实际上这是愤激之言。鲍照运用众多的典故,目的不是评论历史或传说人物的功过是非,而是援古证今,借古喻今,着眼点在批判现实社会中争权夺利、卖友求荣、溜须拍马等丑恶现象。所以这篇楬文实际上又是批判不合理现象及社会上种种丑行的战斗檄文,是骂世之文。

《瓜步山楬文》在艺术上当然比不上他的《芜城赋》与《登大雷岸与妹书》,但它是一篇战斗性很强的杂文。它使用了寓言的手法,又巧于运用比喻,善于借题发挥,不失为一篇形式活泼、富有创意的优秀小品。 (刘文忠)

【作者小传】

谢 庄

(421—466) 南朝宋文学家。字希逸。陈郡阳夏(今河南周口太康)人。曾任吏部尚书,官至金紫光禄大夫。能文章,善诗赋。后人辑有《谢光禄集》。

月 赋

谢 庄

陈王初丧应、刘①,端忧多暇。绿苔生阁,芳尘凝榭。悄焉疚怀②,不怡中夜。乃清兰路,肃桂苑;腾吹③寒山,弭盖秋阪④。临浚壑而怨遥,登崇岫而伤远。于时斜汉左界⑤,北陆南躔⑥;白露暧⑦空,素月流天。沉吟齐章⑧,殷勤陈篇⑨。抽毫进牍,以命仲宣⑩。

仲宣跪而称曰:“臣东鄙幽介⑪,长自丘樊⑫,昧道懵学,孤奉明恩。

“臣闻沉潜既义,高明既经⑬,日以阳德,月以阴灵⑭。擅扶光于东沼⑮,嗣若英于西冥⑯。引玄兔于帝台⑰,集素娥于后庭⑱。朒朓⑲警阙,朏魄示冲⑳。顺辰通烛,从星泽风㉑。增华台室[22]，扬采轩宫[23]。委照而吴业昌，沦精而汉道融[24]。

"若夫气霁地表，云敛天末；洞庭始波，木叶微脱。菊散芳于山椒，雁流哀于江濑[25]。升清质[26]之悠悠，降澄辉之蔼蔼。列宿[27]掩缛，长河[28]韬映；柔祇[29]雪凝，圆灵[30]水镜；连观霜缟[31]，周除冰净[32]。君王乃厌晨欢，乐宵宴；收妙舞，弛清县[33]；去烛房，即月殿；芳酒登[34]，鸣琴荐[35]。

"若乃凉夜自凄，风篁[36]成韵。亲懿[37]莫从，羁孤递进[38]。聆皋禽之夕闻[39]，听朔管之秋引[40]。于是丝桐练响[41]，音容选和[42]；徘徊《房露》，惆怅《阳阿》[43]。声林虚籁[44]，沦池灭波[45]。情纡轸[46]其何托？愬[47]皓月而长歌。

"歌曰：'美人迈[48]兮音尘阙，隔千里兮共明月。临风叹兮将焉歇？川路长兮不可越。'歌响未终，余景就毕，满堂变容，回遑[49]如失。又称[50]歌曰：'月既没兮露欲晞[51]，岁方晏[52]兮无与归；佳期可以还，微霜沾人衣。'"

陈王曰："善。"乃命执事[53]，献寿羞璧[54]。"敬佩玉音[55]，复之无斁[56]。"

〔注〕 ① 陈王：指曹植，曹操之子。兄丕代汉为魏帝，封植为陈王。应、刘：指应玚、刘桢，与王粲等七人被后人称为建安七子，都是曹植的朋友。作者假设这时应、刘二人刚去世不久，曹植闲居抑郁。 ② 悄焉：忧愁貌。疚怀：伤心。 ③ 腾吹：奏乐。吹，管乐。 ④ 弭：停止。盖：指车。阪：山坡。 ⑤ 汉：银汉，银河。左界：东方。古人坐北朝南，左为东方。⑥ 北陆：星名，二十八宿之一，位在北方。躔(chán 缠)：太阳的运行。夏至太阳偏北，冬至太阳偏南。北陆南躔是说太阳已从北边向南运行。这是秋冬之际的天象。 ⑦ 暧：浓云遮蔽貌。 ⑧ 齐章：指《诗经·齐风》中吟咏明月的"东方之月兮"。 ⑨ 殷勤：反复吟诵。陈篇：指《诗经·陈风》中描写月光的《月出》。 ⑩ 仲宣：王粲字。 ⑪ 鄙：偏边的地方。王粲是山阳高平(今山东邹县)人，故自称东鄙之人。幽：幽暗。介：孤独。 ⑫ 丘樊：山林。 ⑬"沉潜"二句：沉潜，指地。高明，指天。义、经，意为按照自然规律形成。此处把天经地义拆成两句，是说天地按其规律形成以后。 ⑭"日以"二句：古人认为，太阳属阳性，月亮属阴性，各自以其属性，显示品格。 ⑮ 擅：拥有。扶：扶桑，神话中日出之处。东沼：指东海。 ⑯ 若英：若木的花。若木在神话中为日落之处。冥：幽谷。 ⑰ 玄兔：黑兔，神话认为月中有兔。帝：天帝。 ⑱ 素娥：嫦娥。后庭：帝王的宫廷。 ⑲ 朒(nǜ)：古人称夏历月初月亮在东方出现为朒。朓(tiǎo 窕)：古人称夏历月底月亮在西方出现为朓。 ⑳ 朏(fěi 匪)魄：新月的光亮。冲：谦冲。 ㉑"顺辰"二句：辰，十二时辰。通烛，照耀天下。泽，雨水。古人认为月与某些星相遇，即兆示风雨的来临。 ㉒ 增华：指月光照耀。台室：三台星座。 ㉓ 扬采：指月光照耀。轩宫：轩辕星座。 ㉔"委照"二句：委，这里意为投射。照，光照，指月光。吴业，三

国时东吴的帝业。传说东吴时，吴氏梦月入怀，而生开创帝业的孙策。沦，指月光照射。精，光彩，指月亮。西汉时，有李氏女因梦月入怀，而生西汉元帝皇后。融，昌明。这两句是说月神显灵，能生女成为皇后，生子创建大业。 ㉕ 山椒：山顶。濑(lài 赖)：流过沙石上的急水。 ㉖ 清质：月亮清美的姿容。 ㉗ 列宿(xiù 秀)：众多的星座。 ㉘ 长河：指银河。 ㉙ 祇(qí 祈)：地神。柔祇，指地。 ㉚ 圆灵：圆的神灵，指天。古人认为天是圆的。 ㉛ 观(guàn 贯)：高大华丽的楼台。连观：一排排楼台。 ㉜ 除：台阶。冰净：冰一样明净。 ㉝ 弛：停止。县：通"悬"。古代的打击乐器均悬挂于支架上，如编钟。清县：指清妙的音乐。 ㉞ 登：进，送上。 ㉟ 荐：奉献，指弹琴。 ㊱ 风篁：风吹竹林。 ㊲ 亲懿：犹"懿亲"，至亲。 ㊳ 羁孤：羁旅孤客。递进：接踵而至。 ㊴ 皋禽：鹤。闻：传扬。《诗经·小雅·鹤鸣》："鹤鸣于九皋，声闻于野。" ㊵ 朔管：羌笛，泛指北方少数民族所用的乐器。秋引：秋天凄怆的曲调。 ㊶ 丝桐：指琴。琴以丝为弦，以桐木作身。练：选定。响：指曲调。 ㊷ 音容：指琴曲的风格。和：指风格和谐。 ㊸《房露》《阳阿》：均为古曲名。徘徊、惆怅：形容人们为幽怨怅惘的乐曲所感动。 ㊹ 声林：风声作响的树林。籁：自然的声音。 ㊺ 沦池：泛起涟漪的池水。 ㊻ 纡轸(yū zhěn 迂诊)：深愁隐痛。 ㊼ 愬(sù 诉)：同"诉"。 ㊽ 迈：远。 ㊾ 回遑：彷徨。 ㊿ 称：吟唱。 51 晞(xī 希)：干。 52 晏：晚。 53 执事：办事人员，指仆从之类。 54 献寿：向人献礼祝寿。羞：进献。璧：平圆形，中心有孔的玉器。 55 玉音：优美珍贵的言辞，指王粲描写赞美月光的话。 56 复：反复吟诵。斁(yì 义)：厌倦。

汉梁孝王兔园里的文人和建安时代的邺下七子，是赋史上两个引人注目的创作群体，他们的流风遗韵给后人留下了深刻的印象。谢庄在《月赋》中假设"初丧应(玚)、刘(桢)"的陈王曹植与王粲等人赏月吟诗的故事，正如谢惠连在《雪赋》中虚构梁孝王与邹阳、枚乘、司马相如等人置酒赋雪一样，表露了后代赋家对前辈的文采风流的歆羡之情。当然，更直接也是更主要的，这些虚构的人物故事起着贯穿和结构全文的作用。

在一般人的眼里，谢庄的《月赋》都被看作是一篇抒情小赋。而实际上，它是一篇叙事赋兼抒情赋。更准确地说，它是通过虚构曹植与王粲等赏月吟诗的故事情节，借以展开对月光的清丽以及沐浴在月光当中的人们的情思的描写，在叙事中透出怨遥伤远之意，使叙事与抒情二者巧妙地融合起来。这可以说是《月赋》构思布局的奇巧之处，也正是其结构形式上的特点之一。从总体上看，叙事是表，抒情是里；叙事是宾，抒情是主；叙事是骨干，而抒情是血肉；叙事是形式，而抒情是目的。在这个意义上说，《月赋》确是一篇抒情赋。

《月赋》清雅秀美，这种风格显然适合赋中所描绘的秋月景象。另一方面，这种风格的形成，又与作者所采取的特殊的视角和手法有关。《月赋》是赋史上第一篇专门写月的赋作，在此前的诗赋作品中，或局部，或全体，或片断，或通篇，描摹月夜、月色、月景的篇什已不罕见，要想出奇制胜，后来居上，并不是一件容易的事。谢庄大胆地接受了文学史提出的挑战，他在状写月光时，遗貌取神，即不拘泥于描写月的形状、月光、色彩，而着力作侧面的摹绘、景物的烘托和气氛的渲染。“若夫气霁地表，云敛天末；洞庭始波，木叶微脱。菊散芳于山椒，雁流哀于江濑”六句，写晴朗的地表，澄澈的天际，洞庭的微波，秋叶的零落，菊花的芬芳，流雁的哀鸣，似乎远离月的主题，实际上都为月轮升空起到了铺垫、衬托的作用。其中“洞庭始波，木叶微脱”二句，化用屈原《九歌·湘夫人》“洞庭波兮木叶下”语意，而笔触更见细腻。接下来数句，写皎洁的月光，所用笔法相似。“列宿掩缛，长河韬映；柔祇雪凝，圆灵水镜；连观霜缟，周除冰净”六句，都是从侧面或对面落笔的，用笔极力追求轻灵流丽。如果我们对比一下赋中的第三、四两段，就会发现：第三段写月，多穿插神话、典故以及历史传说，显得比较质实；而第四段就显得空灵多了。清人许梿评《月赋》“无一字说月，却无一字非月，清空澈骨，穆然可怀”（《六朝文絜》），主要也就是针对这一段而言的。第三段中穿插典故及神话传说，这在骈赋中是很常见的；而且，在深化月的历史背景，展示其文化意味方面，这一段也与赋的其他部分有机地联系起来了。

在营造秋月的意境上，《月赋》的手法是相当经济而高妙的。句式以骈为主，而杂以散句，显得整齐而有变化。在词汇的使用上，尽量选择那些色彩比较柔和、声音比较浏亮、含意比较准确的字和词来造句遣词，展开细腻的描绘。例如，“洞庭始波，木叶微脱”，就属于色彩比较柔和的一类；“悠悠”“蔼蔼”等，属于声音比较浏亮的一类；“散芳”“流哀”等，属于含意比较准确的一类。诸如此类，都体现了作者的匠心。

这篇赋写月神采飞动，用笔柔和细腻，风格柔美清澄，读来诗意盎然。而这种诗意，更集中体现在篇末所系的两首歌诗中。赋中系诗滥觞自《楚辞》中的乱辞，但一篇赋中系以二诗的并不多见。《月赋》中篇末的两首歌诗，一首歌咏明月，一首歌咏落月，感叹岁月流逝，再致怨遥伤远之意，情思绵邈，韵味悠永；既总结全篇，又与篇首“沉吟齐章，殷勤陈篇”相呼应，反映了此赋结构的精巧完整，并昭示南朝赋风在总体上走向诗化的大趋势。　（程千帆　程章灿）

【作者小传】

孔稚珪

（447—501）　南朝齐文学家。字德璋。会稽山阴（今浙江绍兴）人。少好学。举秀才。仕宋为尚书殿中郎。入齐，官至太子詹事，加散骑常侍。博学能文。后人辑有《孔詹事集》。

北山移文

孔稚珪

钟山之英，草堂之灵，驰烟驿路，勒移山庭。夫以耿介拔俗之标，潇洒出尘之想，度白雪以方洁，干青云而直上，吾方知之矣。若其亭亭物表，皎皎霞外，芥千金而不眄，屣万乘其如脱，闻凤吹于洛浦①，值薪歌于延濑②，固亦有焉。岂期终始参差，苍黄翻覆，泪翟子之悲，恸朱公之哭③，乍回迹以心染，或先贞而后黩，何其谬哉！呜呼！尚生不存，仲氏既往④，山阿寂寥，千载谁赏！

世有周子，隽俗之士，既文既博，亦玄亦史。然而学遁东鲁，习隐南郭⑤，偶吹草堂，滥巾北岳，诱我松桂，欺我云壑，虽假容于江皋，乃缨情于好爵。其始至也，将欲排巢父，拉许由，傲百氏，蔑王侯。风情张日，霜气横秋。或叹幽人长往，或怨王孙不游⑥。谈空空于释部⑦，核玄玄于道流⑧。务光何足比，涓子不能俦⑨。及其鸣驺入谷，鹤书赴陇，形驰魄散，志变神动。尔乃眉轩席次，袂耸筵上，焚芰制而裂荷衣⑩，抗尘容而走俗状。风云凄其带愤，石泉咽而下怆，望林峦而有失，顾草木而如丧。

至其纽金章，绾墨绶，跨属城之雄，冠百里之首。张英风于海甸，驰妙誉于浙右。道帙长殡，法筵久埋。敲扑喧嚣犯其虑，牒诉倥偬装其怀。琴歌既断，酒赋无续。常绸缪于结课，每纷纶于折狱。笼张、赵于往图，架卓、鲁于前箓⑪，希踪三辅豪，驰声九州牧⑫。

使我高霞孤映，明月独举，青松落⑬阴，白云谁侣？涧户摧绝无与归，石径荒凉徒延伫。至于还飙入幕，写雾出楹，蕙帐空兮夜鹄怨，山人去兮晓猿惊。昔闻投簪逸海岸，今见解兰缚尘缨。于是南岳献嘲，北垄腾笑，列壑争讥，攒峰竦诮。慨游子之我欺，悲无人以赴吊。故其林惭无尽，涧愧不歇，秋桂遗风，春萝罢月，骋西山之逸议，驰东皋之素谒。

今又促装下邑，浪栧上京，虽情投于魏阙，或假步于山扃。岂可使芳杜厚颜，薜荔无耻，碧岭再辱，丹崖重滓，尘游躅于蕙路，污渌池以洗耳。宜扃岫幌，掩云关，敛轻雾，藏鸣湍，截来辕于谷口，杜妄辔于郊端。于是丛条瞋胆，叠颖怒魄，或飞柯以折轮，乍低枝而扫迹。请回俗士驾，为君谢逋客⑭！

〔注〕 ① 凤吹：《列仙传》："王子乔，周灵王太子晋也。好吹笙作凤鸣，常游于伊、洛之间。" ② 薪歌：《文选·北山移文》吕向注："苏门先生游于延濑，见一人采薪，谓之曰：'子以终此乎？'采薪人曰：'吾闻圣人无怀，以道德为心，何怪乎而为哀也。'遂为歌二章而去。" ③"泪翟子"二句：《淮南子·说林训》："杨子见歧路而哭之，为其可以南可以北。墨子见练丝而泣之，为其可以黄可以黑。"翟子，墨翟。朱公，杨朱。 ④"尚生"二句：《后汉书·逸民·向长传》："向长字子平(注："《高士传》'向'字作'尚'。")河内朝歌人也。隐居不仕……建武中，男女娶嫁既毕，敕断家事，勿相关当，如我死也。于是遂肆意与同好北海禽庆，俱游五岳名山，竟不知所终。"仲氏，《后汉书·仲长统传》："仲长统字公理，山阳高平人也……每州郡命召，辄称疾不就。常以为凡游帝王者，欲以立身扬名耳。而名不常存，人生易灭，优游偃仰，可以自娱。欲卜居清旷，以乐其志。" ⑤ 学遁东鲁：《庄子·让王》："鲁君闻颜阖得道之人也，使人以币先焉。颜阖守陋闾，苴布之衣而自饭牛。鲁君之使者至，颜阖自对之。使者曰：'此颜阖之家与？'颜阖对曰：'此阖之家也。'使者致币，颜阖对曰：'恐听谬而遗使者罪，不若审之。'使者还，反审之，复来求之，则不得已。故若颜阖者，真恶富贵也。"习隐南郭：《庄子·齐物论》："南郭子綦隐几而坐，仰天而嘘，嗒焉似丧其耦。"文中所谓"学遁""习隐"，是说周子只是学习隐遁者的姿态。 ⑥ 王孙：指隐士。《楚辞·招隐士》："王孙游兮不归，春草生兮萋萋。" ⑦ 空空：佛教般若学说，认为一切皆空。空是假名，假名亦空，故称空空。《大智度论》卷四六："何等为空空？一切法空，是空亦空，非常非灭故。"释部：佛家典籍。 ⑧ 玄玄：《老子》："玄之又玄，众妙之门。"道家用以形容"道"的深远微妙。道流：道家。 ⑨ 务光：《列仙传》："务光者，夏时人也。殷汤伐桀，因光而谋，光曰：'非吾事也。'汤得天下，已而让光，光遂负石沉窾水而自匿。"涓子：《列仙传》："涓子者，齐人也。好饵术，隐于宕山。" ⑩ 芰制、荷衣：屈原《离骚》："制芰荷以为衣兮，集芙蓉以为裳。"此指隐士的衣服。 ⑪ 张：西汉张敞，拜胶东相，有治绩，擢守京兆尹。赵：西汉赵广汉，为阳翟令，以治行尤异，迁京辅都尉，守京兆尹。卓：东汉卓茂，为密县令，人纳其训，吏怀其恩，数年教化大行，道不拾遗。鲁：东汉鲁恭，拜中牟令，专以德化为治，不任刑罚。笼：笼盖。往图，过去的记载。架：同"驾"，超越。箓：簿籍。 ⑫ 三辅：汉代称京兆尹、左冯翊、右扶风为三辅。三辅豪，治理三辅的能吏。九州牧：天下各处的地方长官。 ⑬ 落：遗留、剩余。 ⑭ 谢：辞绝。逋客：逃亡者，指周子，谓其从退隐的山林中逃亡。

《北山移文》是南朝骈文中的一篇名作。北山，即钟山，因在建康城(南朝京都，今江苏南京市)北，故名。移文，古代官府文书的一种，旨在晓喻或责备对方。本篇借用这一文体，假托北山山灵口吻，对周颙表面爱好栖隐、实际贪求官位的行为予以揭露和鞭挞。文中的周子，是指当时著名文人周颙。《文选》吕向注说：周颙初隐居钟山，"后应诏出为海盐县令，欲却过此山。孔生(孔稚珪)乃假山灵之意移之，使不许得至”。但考《南齐书·周颙传》，颙曾为剡令、山阴县令，未尝为海盐县令；一生仕宦不绝，未尝有隐而复出之事。他在钟山立隐舍，系在中央朝廷任职时供假日休憩之用。吕向之说，与正史记载不合，不足凭信。本文实际是一篇游戏文章，故其中所言不一定合于事实。魏晋南北朝时代，游戏文学颇为发达，作品众多，故《文心雕龙》有《谐隐》专篇着重论述这类文章。孔稚珪与周颙均在朝廷任职，又都擅长文学，是文酒之交。孔稚珪为人富有风趣。本文就是作者在当时游戏文学发达的历史背景下，借用移文这一形式，和朋友开开玩笑的。

文章首段一开始指出：钟山和周子所居草堂的神灵，为了谴责周子的行为，刻这篇移文于山庭。接着以对照手法，描写世间有真假两种隐士。真隐士为人耿介有节操，超脱世俗，与白雪青云比高洁，视千金之重为草芥，万乘之尊如敝屣。假隐士则是不能始终如一，反复无常，其心被利禄所染，不能保持节操。如果墨翟、杨朱看到他们的所作所为，一定会悲痛哭泣。作者慨叹像尚子平、仲长统这样高洁之士已经不在，世间真隐士少假隐士多，致使美丽的山林非常寂寥，长期无人赏识。描写两种隐士，主旨是揭露批评假隐士的反复无常，为下文直接描写周子作张本。写真隐士的高洁和蔑视爵禄，是作为一种陪衬，对照出假隐士的虚伪和庸俗。全段富于抒情气息。开头“钟山之英”四句，运用短促的四字句，语调沉重，仿佛透露着钟山和草堂英灵的愤怒情绪。下面具体描写中，穿插了“吾方知之矣”，“固亦有焉”，“何其谬哉”等感叹语句，逐步渲染着赞美真隐士，批评假隐士的感情。又结以“尚生不存”四句，把这种感情引到了高峰。

第二段描写周子由隐居而出山。周子博学能文，不失为流俗中特出的士人。他学习隐居，表面装得像隐遁东鲁的颜阖和南郭子綦那样，过着清贫的生活。他带着隐士头巾居于北山草堂，欺骗山中的松桂云壑，实际内心牵挂爵禄。他初至北山时，气概不可一世，把古代著名隐士巢父、许由以至百家名士、王公大人等都不放在眼里，还慨叹没有幽人佳士与之作伴。他在草堂谈玄讲佛，议论风生，其风度连古代隐士务光、涓子都不能比拟。可是，当朝廷使者带着征召文书，乘着车马来到山中时，周子为之“形驰魄散，志变神动”，立刻显现假隐士的原形。他高兴得在席间筵上眉目飞扬，衣袖耸举，很快撕毁了隐士服装，露出一副尘俗之相。接着作者以拟人化手法，写山中风云、泉石、林峦、草木等目击周子变节行为，为之愤怒凄怆，若有所失。本文长于夸张手法，中间两段尤为突出。本段写周子隐居时的昂扬意气，写他准备应诏出山时的庸俗神态和行为，写山中景物的悲愤感情，都出以夸张的笔墨，形象鲜明生动。

第三段写周子出山做官和北山寂寥蒙耻的情状。周子接受朝廷委任，佩带了官员所用的铜印和黑色绶带，在海滨地区浙右绍兴一带做方圆约百里大的一县之长（周颙曾为山阴令、剡令），名声很响。他平时忙于听取诉讼、决断案子、惩办犯人、考核官吏等公务，隐居时的那种谈玄讲佛、弹琴唱歌、饮酒赋诗的风雅韵事一概抛弃了。周子做官很有政绩，几欲凌架汉代张敞、赵广汉、卓茂、鲁恭等那些著名地方官吏之上。在周子忙于公务的同时，北山却是非常凄清冷落。高霞、明月等美景，无人作伴；涧户石径，无人憩息；山中一片寂寥，徒闻夜鹄悲鸣，晓猿惊啸。北山出了个"解兰缚尘缨"的假隐士，于是附近的南岳、北垄等都加以讥诮，使北山蒙垢含耻，惭愧非常，山中秋桂春萝，对着风月良辰，也是心情沉重而不能舒展。这一段和上一段一样，也运用了夸张手法，写得具体生动。下半写北山凄凉和蒙耻部分，尤觉语言精警，色彩鲜明，富有诗情画意。相传宋代王安石诵此篇，特别赏爱"使我高霞孤映"四句，认为奇绝，是很有见地的。从结构上说，下半写北山的蒙垢含耻和凄凉怨愤，为末段拒绝周子再度来临作好了铺垫。

末段写北山担心周子重来，决心挡驾，点明了移文的主旨。周子从地方进京，可能要重来北山游憩，这样将使山中芳草、崖岭等再度受辱。北山英灵决定闭山门，藏美景，在谷口郊端截住周子的车马，不让他入山。在山神的意志感召下，山中丛丛草树，怒气填膺，决心回俗士之车，谢绝离山出仕的逋逃客。本段写得虎虎有生气，充分表达了北山的愤怒心情和断然行动。结尾"请回俗士驾"两句，义正辞严，笔力劲健，与开头"钟山之英"四句互相呼应，有力地点明了写作这篇移文的主旨。

六朝时代，由于老庄出世思想流行，贵族文人们在江南秀丽的山林环境中，往往爱好过隐居生活；但他们又不免贪恋官爵和荣华富贵。这种退隐与出仕的矛盾，在一部分文学作品中也有所反映。《文心雕龙·情采》所谓"志深轩冕，而泛咏皋壤"，就是批评当时文人那种心爱官爵而又吟咏山林之乐的虚假文风。如上所述，本篇虽是作者对友人开开玩笑的游戏文章，但在客观上反映了当时一部分文人醉心做官、言行不一的精神面貌，具有一定的认识意义。

本文的艺术成就很高。它写人写景，善于运用艳丽多姿的语言，描绘得形象鲜明生动，富有感染力。写真隐士，是度白雪、干青云、芥千金、屣万乘，其高洁之态跃然纸上。写周子的行为神态，更为具体生动。例如"形驰魄散"以下，只短短六句，就使热中功名富贵的假隐士原形毕露。文中用拟人法写山林景色和情绪，尤觉绚烂多姿。写怨愤则是"风云凄其带愤"等等，写凄清则是"高霞孤映"等等，写惭愧则是"林惭无尽"等等，无不色彩缤纷，耀人眼目。在刻画人物、景物时，除多用夸张笔墨外，还善于运用对比手法。第一段以真隐士与假隐士对比，显示出假隐士的可鄙。第二段以周子原先的意气和接受征聘时的举动对比，显示出周子的庸俗虚伪。第三段以周子的得意热闹和北山的失意凄凉对比，显示出周子的负心。这样对比来写，更加突出了周子作为假隐士的丑恶面目，达到了谴责对方的目的。

全文富于抒情气味。它构思奇巧，假托山灵口吻抒写，把山中山峦草木等都拟人化，便于抒发种种感情。再穿插了“涧户摧绝无与归”，“蕙帐空兮夜鹄怨”等类似七言诗的句子，更显得诗味浓郁。本文运用辞赋体裁，除句尾押韵外，还注意句中平仄协调，音韵铿锵。无论是意境或语言，都使人如读一篇优美的抒情诗。

南朝骈文流行，本文也采用骈体，除重视辞藻、用典外，特别注意对偶的工巧。全文用了许多四言句、六言句（这是骈文最常用的句式），对偶整齐工致。此外更穿插运用了若干三言、五言、七言句；除对偶句外，还穿插了少数散句。这样就使文章于整齐中具有流动的韵致，避免了一般骈文容易发生的呆板之病。短句节奏较紧促，长句较舒缓，交错使用，宜于表现不同的情景和感情。例如“将欲排巢父，拉许由，傲百氏，蔑王侯。风情张日，霜气横秋”诸句，句短而语气紧急，很好表现了周子的高昂气概。又如“蕙帐空兮夜鹄怨，山人去兮晓猿惊。昔闻投簪逸海岸，今见解兰缚尘缨”诸句，句长而语气舒缓摇曳，很好表现了北山哀怨怅惘之情。

《北山移文》卓越的艺术成就，标志着南朝骈文艺术达到了高峰。

（王运熙　施绍文）

【作者小传】

谢　朓

（464—499）　南朝齐诗人。字玄晖。陈郡阳夏（今河南周口太康）人。曾任宣城太守、尚书吏部郎。后被萧遥光诬陷，下狱死。诗多描写自然景色，风格清拔，在永明体作家中成就最高。后世与谢灵运对举，亦称“小谢”。原有集，已散佚，后人辑有《谢宣城集》。

拜中军记室辞随王笺

谢　朓

故吏文学谢朓死罪死罪。即日被尚书召，以朓补中军新安王记室参军①。朓闻潢污之水，愿朝宗而每竭；驽蹇之乘，希沃若而中疲②。何则？皋壤摇落，对之惆怅③；歧路西东，或以呜唈。况乃服义徒拥④，归志莫从。邈若坠雨，翩似秋蒂。

朓实庸流，行能无算。属天地休明，山川受纳⑤，褒采一介，抽扬小善。故舍耒场圃，奉笔兔园⑥，东乱三江，西浮七泽⑦。契阔戎旃，从容宴语。长裾日曳，后乘载脂⑧。荣立府庭，恩加颜色。沐发晞阳，未测涯涘⑨。抚臆论报，早誓肌骨。不悟沧溟⑩未运，波臣自荡；渤澥方春，旅翮先谢。

清切藩房，寂寥旧荜。轻舟反溯⑪，吊影独留。白云在天，龙门不见⑫。去德滋永，思德滋深。唯待青江可望，候归艎于春渚；朱邸方开，效蓬心于秋实⑬。如其簪履或存，衽席无改，虽复身填沟壑，犹望妻子知归。揽涕告辞，悲来横集。不任犬马之诚。

〔注〕①中军新安王：即萧昭文，齐武帝长子萧长懋的次子。记室：掌章表书记文檄之事。　②潢污：低洼积水处。朝宗：指百川归海。沃若：指威仪之盛。《诗·小雅·皇皇者华》："我马维骆，六辔沃若"。　③皋壤：沼泽旁的洼地。《庄子·知北游》："山林与！皋壤与！使我欣欣然而乐与！乐未毕也，哀又继之。"　④服义：谓服膺随王之道义。归志：谓归往随王之志愿。　⑤天地：喻齐武帝。山川：喻竟陵王、随王。《梁书·武帝纪》："竟陵王子良开西邸，招文学，高祖(萧衍)与沈约、谢朓、王融、萧琛、范云、任昉、陆倕等并游焉，号曰八友。"　⑥兔园：原指汉武帝之子刘武(梁孝王)的园囿。这里指齐武帝、竟陵王、随王在芳林园、西邸等地主持的各项文学活动。　⑦三江：古时越地诸江。乱：横渡。七泽：古时楚地诸湖。浮：在水上泛行。随王曾任会稽太守、荆州刺史等职，谢朓常从随王。　⑧长裾日曳：语出邹阳《上书吴王》："何王之门不可曳长裾乎"。这里指谢朓常在王府。后乘：曹丕《与吴质书》"文学托乘于后车"。载脂：《诗·邶风·泉水》："载脂载辖，还车言迈。"(载脂载辖，用油脂涂车轴，这是驾车出行的准备。)后乘载脂，指谢朓从随王外出。　⑨沐发晞阳：《楚辞·远游》："朝濯发于汤谷兮，夕晞余身乎九阳。"(汤谷，古代传说的日出之处。九阳，指太阳。)晞，晒干。两句形容承受王恩之深。　⑩沧溟：大海。《庄子·逍遥游》：鲲化而为鸟，其名为鹏，海运则将徙于南溟。波臣：水族。《庄子·外物》载庄周顾视车辙中有鲋鱼，曰："我东海之波臣也，君岂有斗升之水而活我哉？"　⑪轻舟：送谢朓之舟。谢朓由荆州(江陵)到京都建康(今江苏南京)乃顺流而下，故曰轻舟。　⑫白云在天：《穆天子传》载周穆王周游天下，曾西登昆仑，见西王母。西王母赠以厚礼，临别时，为穆王谣曰："白云在天，山陵自出。道路悠远，山川间之。将子无死，尚能复来？"龙门不见：《楚辞·九章·哀郢》："过夏首而西浮兮，顾龙门而不见。"王逸注："龙门，楚东门也。"谢朓以龙门比荆州。两句写离别惆怅之情。　⑬归艎：指随王入朝。朱邸：指随王在京之府邸。蓬心：比喻浮浅，心无主见。这里用来比自己。秋实：谷实，比喻人的德行成就，这里指随王。

谢朓以诗闻名，可在散文发展史上，也该有他一席之地，如《辞随王笺》就是他的传世名篇。对这篇文章，明代张溥曾有评论："集中文字，亦惟文学辞笺、西府赠诗，两篇独绝，盖中情深者为言益工也。"(《汉魏六朝百三家集题辞·谢宣城集》)张溥所说的"文学辞笺"即指《辞随王笺》。谢朓曾任随王文学(官名，类似后代教官)之职，故有谢文学之称。"西府赠诗"则指《暂使下都夜发新林至京邑赠西府同僚》。一文一诗，同写于齐永明十一年(493)，可以参看。

随王萧子隆系齐武帝第八子，既富政治才干，又具文学禀赋。谢朓为幕僚，以文才出众，备受赏爱。永明九年，谢朓从随王来到荆州，随王当时任镇西将军、荆州刺史，都督荆、雍等六州。在荆州期间，谢朓与随王"流连晤对，不舍日夕"，情投意合，相得甚欢。然而好景不常，宾主间这种"契阔戎旃，从容宴语"的关系，不久就因政治斗争的风云变幻而中断。永明十一年太子病逝。不久立了长孙为皇太孙，但其年岁尚幼，齐武帝又老迈体弱，于是宫廷权力之争日趋激烈，拥有一定政治实力的随王也遭疑忌。就在这时，发生了于谢朓命运有重大影响之事："长史王秀之以朓年少相动，密以启闻。世祖(齐武帝)敕曰：'朓可还都。'"(《南齐书·谢朓传》)"相动"一词，语焉不详，但参看后来萧遥光对他的诬陷之词"昔在渚宫(属荆州)，构扇藩邸，日夜从谀，仰窥俯画"，可推知当是指谢朓挑动随王，有所图谋。已被卷入政治漩涡的谢朓此时奉调还京，正是百感交集，心绪难宁：对荆州生活的留恋难舍之情，对知遇之恩的感激图报之情，壮志难酬的抑郁不平之情，身遭陷害的忧虑恐惧之情，以及虽处逆境仍盼转机的期待之情，奔涌而来，激荡胸怀。这种复杂而又强烈的感情见诸《辞随王笺》中，便形成了该文"情思宛妙"(《六朝文絜》许梿评语)的独特风格。

这是一篇骈体文。全文写了三层意思，据此可分为三个段落：第一段抒写临行心情；第二段追叙宾主情谊；第三段设想别后情景，表白誓死效忠随王的心迹。

化用典故，写心中块垒，是本文的一大特点。骈文是一种美文，为求典雅含蓄，往往大量用典。不少骈文词意晦涩，令人难以卒读，用典过多过冷确是重要原因。但是对于用典也不能一笔抹杀。今人钱锺书也将"隶事""骈语"看作"骈体文两大患"，但他又说："隶事运典，实即'婉曲语'之一种……用意无他，曰不'直说破'，俾耐寻味而已。"(《管锥编》第四册二三〇则)运典之妙，在谢朓文中可见一斑。例如文章开头，作者在说明自己应召将行之后，先以潢污之水难至东海、驽蹇之乘不骋千里，隐喻自己壮志难遂之苦。接着用"何则"一语设问；按理说，下文应接写个中原因，可作者却宕开笔墨，续以"皋壤摇落，对之惆怅；歧路西东，或以呜唈"一组对句。从表面上看，似与上文毫不相涉；但细加体味，其中实蓄无数深意。谢朓奉召，适值秋日。“皋壤摇落”，正是眼前之景。草木由葳蕤而凋零，常常可以由此联想到人的命运。想当初谢朓喜遇随王，满心希望奉行仁义，报效国家；不料一纸皇命，奉调还京，顿令壮志成空。此时一别，前途吉凶难测。这自然景观的迁移与社会生活的变故何其相似乃尔！而且，“摇落”一词出自《楚辞·九辩》“悲哉秋之为气也！萧瑟兮草木摇落而变衰”，“皋壤摇落”，正是由于秋气肃杀，这一层意思暗承上文，说明其志难遂，乃是由于一种个人无法抗拒的力量。谢朓此时心怀愤懑，却无可奈何，甚至还不便明说，借用典故作一点暗示，于此可谓恰到好处。接着“歧路西东”一句，又以“杨子见歧路而哭之”一典进一步渲染了自己离王而去，如临歧路，进退失据，徬徨迷乱的心情。作者巧用典故写处境，表心迹，诉情怀，确实收到了直抒胸臆所无法达到的曲折尽意、耐人寻味的效果。如果说第一段已点到了王、臣分手的政治原因，那么第二段的最后则在此基础上进一步展示了被调事件后潜伏的危机。对句“沧溟未运，波臣自荡；渤澥方春，旅翮先谢”，融化《庄子》用语，意为“沧海尚未翻腾，水族已受震荡；渤海正属阳春，候鸟辞地南翔”。其中“沧溟”“渤澥”喻随王，“波臣”“旅翮”喻自己。随王尚未施展宏图，但属下已受猜忌；自己本当尽力辅佐随王成就一番事业，但现在却被迫调离。谢朓在荆州为随王出谋划策，对当时王室的矛盾以及“山雨欲来风满楼”的政治斗争形势自然有所察觉。临行之际，深切的忧虑与浓重的离情交织在一起，化成了这组“姿采幽茂”（《六朝文絜》许梿评语）、情意绵长的对句。它与第一段侧重于写个人处境的对句“邈若坠雨，翩如秋蒂”前呼后应，反复咏叹，给人以回肠荡气之感。

虚拟情景，诉复杂情怀是本文的第二个特点。这在第三段表现得尤为充分。第一组对句“清切藩房，寂寥旧荜”便是想象之词。作者过去经常出入王府，备受恩宠，而今调离，顿受阻隔。府庭依旧，然已中情难宣。荆州旧舍，当也随着主人的离去日趋萧条冷落。“清切”“寂寥”在这里皆已融入作者主观感受，透露出凄恻无奈、哀怨愁苦之情。接下去设想抵京后的情景。读着“轻舟反溯，吊影独留”，“白云在天，龙门不见”，“唯待青江可望，候归艎于春渚；朱邸方开，效蓬心于秋实”这些对句，我们眼前似展示出这样一幅画面：谢朓神情落寞地站在江畔，目睹一叶轻舟反溯而去，不禁心潮起伏。船儿此去，仍能回到随王身旁，而自己滞留京城，形影相吊，情何以堪？仰首望天，只见白云悠悠，山川阻隔。别时容易见时难，此次与随王别离，不知何日方能重逢。但于无限辛酸悲怆之中，作者却又勉强宽慰自己（是宽慰自己，又何尝不是宽慰随王）：厄运也许会过去，转机也许会到来，自己唯有时时祈求，期待着这一时刻的来临。到时候，自己将沐浴着春晖，伫立在青江边，翘首以待恭候随王归来。这里作者借助想象，虚拟别后情景，将自己千回百转的复杂情怀表现得十分含蓄动人。

总起来说，谢朓此文因具由衷之情，所以即便用的是十分讲求形式的骈体，读来仍然真切自然，在同类文字中实属上品。　（冯芝祥）

【作者小传】

沈　约

(441—513)　南朝梁文学家。字休文。吴兴武康(今浙江德清武康镇)人。历仕宋、齐二代，后助梁武帝登位，为尚书仆射，封建昌县侯。官至尚书令，卒谥隐。与周颙等创四声、八病说，对古体诗向律诗转化有重要作用，但对创作束缚过多。其诗与谢朓、王融诸人所作，皆注重声律，时号“永明体”。其文以史笔见长。著有《四声谱》《齐纪》《沈约书》等，今仅存《宋书》。明人辑有《沈隐侯集》。

丽　人　赋　　　　沈　约

有客弱冠①未仕，缔交戚里②，驰骛王室，遨游许史③。归而称曰：狭邪④才女，铜街⑤丽人。亭亭似月，嬿婉如春。凝情待价。思尚衣巾⑥。芳逾散麝，色茂开莲。陆离⑦羽佩，杂错花钿⑧。响罗衣而不进，隐明灯而未前。中步檐⑨而一息，顺长廊而回归。池翻荷而纳影，风动竹而吹衣。薄暮延伫，宵分乃至。出暗入光，含羞隐媚。垂罗曳锦，鸣瑶动翠。来脱薄妆，去留余腻。沾妆委露，理鬓清渠。落花入领，微风动裾。

〔注〕 ① 弱冠：《礼记·曲礼上》：“二十曰弱，冠。”古人以二十为成年，初加冠；体犹未壮，故曰弱。泛指青年。　② 戚里：帝王外戚家聚居处，借指外戚。　③ 许史：西汉宣帝皇后许家、祖母史家，皆显贵一时。泛指有势力的外戚家。　④ 狭邪：小街曲巷。邪，通斜。古乐府有《长安有狭斜行》。因此种街巷多为娼妓所居，后世遂多以狭邪指娼妓居处。　⑤ 铜街：即铜驼街，在洛阳。以列置铜驼，故名。为城内繁华之处。此借指京城中繁华的街道。　⑥ 尚衣巾：尚，侍奉。此指侍奉男子。　⑦ 陆离：参差错综貌。　⑧ 钿：金花，妇人首饰。　⑨ 步檐：走廊。

在本赋中，沈约以一个冶游少年的口气，描绘自己在京都所遇一位丽人的绰约多姿。

全文可分三层。由"狭邪才女"至"杂错花钿"为第一层,静态地描写丽人容貌服饰之美;由"响罗衣而不进"至"风动竹而吹衣"为第二层,写其于曲廊荷竹之间远去;由"薄暮延伫"至结末为第三层,写其夜半而来、天明而去的景况。

第一层写得较平,但"亭亭似月,嬿婉如春"八字,颇堪回味。《诗·陈风·月出》云:"月出皎兮,姣人僚兮,舒窈纠兮。"以皎洁的月光衬托佳人的美好。宋玉《神女赋》云:"其少进也,皎若明月舒其光。"则直接以明月比喻神女的光彩焕发。"亭亭似月"的意象构思,显然受前人启发。而四字成句,尤为凝练。"亭亭"叠字,更觉悦耳。古人还有以日喻美女的,如宋玉《神女赋》:"耀乎若白日初出照屋梁。"曹植《洛神赋》:"皎若太阳升朝霞。"两相比较,"似月"给人的感觉,除了光华朗耀之外;还透着一种温柔和幽娴。"嬿婉如春"或受《庄子·大宗师》中"暖然似春"语的影响,那是形容得道"真人"的"喜怒通四时"的。这里乃是形容丽人容貌、态度、神韵之美好宜人,有如温和明丽的春天给人的感受一样。这是一种复杂而模糊的通感,尽读者去体会、想象。"亭亭似月,嬿婉如春"两句写得较虚,下面"芳逾散麝"等四句则写得具体、实在。这样虚实交映,使读者既如见其形,又想象其神。

如果说第一层中的丽人形象还是静止的,平面的,那么在第二层中她便活动起来了。"响罗衣而不进,隐明灯而未前",妙在"不进""未前"。黄昏时分,这位弱冠少年正一心想望着丽人前来,可是只微闻其声,若见其影,知其就在近处,却未曾出现。但见她沿着长长的檐廊姗姗远去,中间还曾暂停玉步,倚槛小憩。她是有意迁延么?我们无从知晓;但那位少年可见而不可求、可望而不可即,他此时的心情是可想而知了。这情景正是"镜里拈花,水中捉月,觑着无由得近伊"(黄庭坚《沁园春》)。她也不曾"临去秋波那一转",但那俏丽的背影,袅娜的步态,定是怎样地牵逗着少年的心啊!"池翻荷而纳影,风动竹而吹衣"二句,更以明媚清朗的环境衬托丽人的形象:那窈窕的身影与池中的荷影相映发,那罗衣的飘拂与翠竹的摇曳相谐和。多么美好的韵律,多么令人神往的彩画!

第三层其实写了少年与丽人夜中的欢爱,但作者绝未如王夫之斥责的那样,"备述衾裯中丑态"(《夕堂永日绪论内编》斥元、白艳诗语)。丽人"出暗入光",终于来到近前。作者仅用"含羞隐媚"四字写其神态,用"垂罗曳锦,鸣瑶动翠"八字写其服饰和动作,而读者却似已感受到那动人的风致。"来脱薄妆,去留余腻"中的"余腻",即唐人元稹《会真诗》所谓"衣香犹染麝,枕腻尚残红"。《会真诗》加以细致描写,这里则只是一笔带过,突出表现的只是少年那无限的留恋和惆怅。最后四句说丽人离去,脂粉为晨露所沾湿,她对着清清的渠水略略整理云鬓。但见落花轻柔，飘入了她的衣领；微风徐来，拂动了她的锦裾。她最后给读者留下了一个如此美丽的印象，读者似乎还想追寻什么，但全文已戛然而止了。

这位丽人的身份，从赋中"凝情待价"一语看来，大约也就是那种"门前立地看春风"的女子。所谓"凝情待价"者，其实也就是《史记·货殖列传》所说"赵女郑姬……目挑心招……奔富厚也"而已。不过作者之意，并不在于写男女风月。他只是冷静客观、从从容容地描绘着丽人之美。其笔墨之简洁，音调之柔美，点染之轻灵得体，真是使人不能不再三击节的。 （杨 明）

【作者小传】

江 淹

(444—505) 南朝梁文学家。字文通。济阳考城(今河南民权东北)人。少有才思。举秀才，对策上第。历仕宋、齐、梁三代。梁时官至金紫光禄大夫。早年即以文章著名，晚年诗文不进，时谓"江郎才尽"。其诗长于模拟，赋以《恨赋》《别赋》最著名。后人辑有《江文通集》。

恨 赋 江 淹

试望平原，蔓草萦骨，拱木敛魂。人生到此，天道宁论！于是仆本恨人，心惊不已，直念古者，伏恨而死。

至如秦帝按剑，诸侯西驰，削平天下，同文共规①。华山为城，紫渊为池②。雄图既溢，武力未毕。方驾鼋鼍以为梁，巡海右以送日③。一旦魂断，宫车晚出④。

若乃赵王既虏，迁于房陵⑤。薄暮心动，昧旦神兴。别艳姬与美女，丧金舆及玉乘。置酒欲饮，悲来填膺，千秋万岁，为怨难胜。

至如李陵降北，名辱身冤，拔剑击柱，吊影惭魂。情往上郡，心留雁门⑥。裂帛系书⑦，誓还汉恩。朝露溘至⑧，握手何言！

若夫明妃去时，仰天太息。紫台⑨稍远，关山无极。摇风忽起，白日西匿。陇雁少飞，代云寡色。望君王兮何期，终芜绝兮异域。

至乃敬通见抵⑩，罢归田里。闭关却扫，塞门不仕。左对孺人，顾弄稚子。脱略公卿，跌宕文史。赍志没地，长怀无已。

及夫中散下狱，神气激扬。浊醪夕引，素琴晨张。秋日萧索，浮云无光。郁青霞之奇意，入修夜之不旸⑪。

或有孤臣危涕，孽子坠心⑫。迁客海上，流戍陇阴。此人但闻悲风汩起，血下沾衿；亦复含酸茹叹，销落湮沉。

若乃骑叠迹，车屯轨；黄尘匝地，歌吹四起。无不烟断火绝，闭骨泉里。

已矣哉！春草暮兮秋风惊，秋风罢兮春草生。绮罗毕兮池馆尽，琴瑟灭兮丘垄平。自古皆有死，莫不饮恨而吞声！

〔注〕① 同文共规：统一文字和制度。《史记·秦始皇本纪》：秦始皇统一天下后，“一法度衡石丈尺，车同轨，书同文字”。　② “华山”二句：华山，在陕西东部。贾谊《过秦论》：“践华为城，因河为池。”紫渊，水名。司马相如《上林赋》：“独不闻天子之上林乎？左苍梧，右西极，丹水更其南，紫渊径其北。”　③ “方驾”二句：鼋，大鳖。鼍，扬子鳄。梁，桥。李善注引《纪年》：“周穆王三十七年，大起九师，东至于九江，叱鼋鼍以为梁。”海右，右，西；古人设想有西海。《列子·周穆王》记穆王驾八骏马，至昆仑山，见西王母，西观日之所入。此两句言秦始皇雄图未已，继续扩展。　④ 宫车晚出：古代臣子不便直言皇帝死亡，因以宫车晚出代指。《史记·范雎列传》：“宫车一日晏驾。”《集解》引韦昭曰：“凡初崩为晏驾者，臣子之心犹谓宫车当驾而晚出。”　⑤ 房陵：今湖北房县。　⑥ 上郡、雁门：皆汉北方郡名。上郡治所在肤施（今陕西榆林东南）。雁门郡治所在善元（今山西右玉南）。　⑦ 裂帛系书：原为苏武故事，作者移用于李陵。苏武出使匈奴被扣，牧羊北海上十九年。昭帝即位，匈奴与汉和亲。汉使至匈奴，原苏武属吏常惠夜见汉使，“教使者谓单于，言天子射上林中得雁，足有系帛书，言武等在某泽中”。使者据以责问单于，苏武因得以回国。见《汉书·苏建传》附《苏武传》。　⑧ 朝露溘至：《汉书·苏武传》：李陵谓苏武曰：“人生如朝露，何久自苦如此？”颜师古注：“朝露见日则晞（干燥），人命短促亦如之。”溘，忽然。　⑨ 紫台：即紫宫，皇帝所居。杜甫《咏怀古迹》之三咏王昭君事：“一去紫台连朔漠。”　⑩ 敬通：即冯衍，京兆杜陵（今陕西西安市东南）人。初从更始帝刘玄起兵，后归光武帝，为曲阳令，迁司隶从事。衍有谋略，善辞赋，常遭权臣谗毁。后以交通外戚免官。“西归故郡，闭门自保，不敢复与亲故通”（《后汉书》本传）。见抵：被排挤。　⑪ 青霞之奇意：犹青云之奇志，谓其志高。入修夜之不旸：修夜，长夜。旸，明。此句意指死亡。《汉书·外戚传》载汉武帝所作李夫人赋：“释舆马于山椒兮，奄修夜之不阳。”　⑫ “孤臣”二句：孤臣，失势疏远的臣子。孽子，贱妾所生的庶子。《孟子·尽心上》：“独孤臣孽子，其操心也危，其虑患也深。”李善注引《字林》曰：“心当云危，涕当云坠。江氏爱奇，故互文以见义。”

不知有多少人，曾对彩虹般的一生，许下过种种美好的期愿。而当大限来临，不得不向如烟的往事投去最后一瞥时，又有谁能平静地告慰自己，这一生已诸愿皆了，无愧无怨？在江淹看来，人生的哲学大约就是这样：不仅充满了“黯然销魂”的别离，而且总要带给人们抱恨终身的余痛。否则，为什么他要在《别赋》之外，又作此弥漫着不尽“恨”意的奇赋？

这人生之“恨”，平时往往隐藏不露；非要等到饮泣吞声、命捐梦断的刹那，才会以惊心折骨的力度，震荡每一个衔恨离世的魂魄。《恨赋》正是抓住这一特点，开篇即在读者眼前，猛然展开了平原上“蔓草萦骨，拱木敛魂”的累累坟茔。此刻，这里再没有烂漫的野花，也落尽了翩飞的枯叶，只剩下一切繁嚣过后的死一般沉寂。但经了作者一笔“直念古者，伏恨而死”的堕泪叩问，你不分明听到了，那冷月照耀下的每一座坟垅，都振响起了千古幽魂含恨地下的凄凄号嗟？由此引出下文对不同身份的古人的“恨”事铺叙，便造出了一种幽魂隐现、史事缥缈的奇异氛围。

首先涌现的是雄心勃勃的天下征服者嬴政。文中仅以“秦帝按剑，诸侯西驰”八字，就将他的威严和功业，表现得气势非凡。当他“削平天下，同文共规”，建立起从未有过的大一统帝国时，以往的五帝三王，谁不在他的光芒笼盖之下？当他充满信心地预言大秦的天下，将二世、三世至于万世时，谁又会想到他竟也有征服不了的对手——死亡？令他自豪的万里长城，阻拦过匈奴的铁骑，却阻拦不住生命的流逝。不管他有着怎样的抱负和雄心，也不管他怎样虔诚地访道求仙，死神还是冲破了他的禁闼。文中在大笔渲染秦皇“驾鼋鼍”“巡海右”的壮盛场面后，便折笔倒澜，推出他“一旦魂断，宫车晚出”的溘然死亡。这便是作者用横扫六合式的雄劲笔力，所抒写的不能长享天下的帝王之“恨”。

足以与帝王之恨相并的，还有凡庸之主的失国之恨。文中紧接着涌出的，正是那位被秦皇夺了江山的赵王迁。他失却了往昔那“艳姬美女”“金舆玉乘”的繁华，被流放到房陵，思念故国，作《山水之讴》，使闻之者也都流涕痛哭（见《淮南子·泰族训》）。其思、其恨，竟也如滚滚而去的江水，“千秋万岁”哀咽不尽了！

昏黄的月色中，也还可见到叱咤武将的身影逡巡，也还可听到绝域孤女的凄怆咽泣。那便是武帝时代被俘匈奴的李陵，和元帝时代远嫁塞外的明妃（王昭君）。一位曾经志在“经万里兮度沙漠，为君将兮奋匈奴”（李陵《别歌》）的国士，终于兵败名隤，沦为屈身事敌的降臣，心中的耻辱和痛苦，显然是难以言传的。所以，作者抒写李陵的遗恨，笔墨也极为苍凉。读者从“拔剑击柱，吊影惭魂”，“朝露溘至，握手何言”数句中所感受到的，不正是一种冤辱不洗、于国有愧，直到死去也难可告语的无言之恨么？抒写明妃之恨，笔致却又不同：那一声长长的“仰天太息”，吐露着一位孤弱女子不得不远嫁和亲的多少哀愁。这哀愁由于“紫台稍远，关山无极。摇风忽起，白日西匿”的大漠暮景的烘托，便愈加凄切而悠远。昭君那望断乡关的遗恨，至今似还在月夜弥漫！

你自然还想了解才人名士的命运——他们旷达、潇洒，该没有平生恨事了吧？那就请追随作者的目光，从塞外转向汉魏时代的柴扉、林下。首先出现的是那位“年九岁能诵诗，二十而博通群书”的冯衍（字敬通）。他身怀“凌云之志”，却因为得罪过刘秀，只能“罢归田里”。赋中写他“左对孺人（妻子），顾弄稚子”，待客不以公卿为意，读书恣纵于文史之间，那景象何其洒脱！但他内心又何尝没有“自伤不遭”“不得舒其所怀”的凄悲（见冯衍《自论》）。人生不得行胸怀，虽寿百岁，犹为夭也。这位冯衍，分明只有壮志不酬、潦倒没世之恨，又哪有半点出岫之云的悠然？至于那位酣畅竹林、“非汤武而薄周孔”的嵇康，虽也自称“愿守陋巷，教养子孙……浊酒一杯，弹琴一曲，志愿毕矣”，但在魏晋之交的黑暗世界，竟连这样的微愿也实现不了，最后还是被司马氏杀了。赋中虽只展现了他临刑前“秋日萧索，浮云无光”的惨淡之景，字里行间分明还回应着嵇康绝命前的一声恨恨嗟叹：“《广陵散》从此绝矣！”又哪还有往昔“手挥五弦，目送归鸿”的飘逸？

世上的恨事当然还不止这些。在幽幽月夜的坟垄间，伴随着冯衍、嵇康隐去的，也还有“迁客海上，流戍陇阴”的孤臣孽子，还有曾经“骑叠迹，车屯轨”的达官贵人。他们或“含酸茹叹”了半生，或“歌吹”欢娱了一世，最后终竟都带着未完之愿、不尽之兴，而“烟断火绝，闭骨泉里”了——这就是江淹所描述的人生恨事，或者说，是他从无数古人身上体悟的人生哲理。这体悟是那样深切地惊骇了作者，以至在赋之收尾，更以浓重的抒情笔墨，将这种恨意融入了“春草生”“秋风起”的四时交替中，“池馆尽”“丘垅平”的岁月沧桑中，蓬蓬勃勃地笼盖了自古及今的茫茫世界！那一笔“自古皆有死，莫不饮恨而吞声”的结语，也因此如一声夜钟，带着全赋所渲染的无限恨意，穿透时间、空间，久久震颤在千古读者的心上！

为了渲染生命之遗恨，江淹竟将多彩的人生描述得如此惨淡，这无疑显得偏颇了些。但知道了南朝的世道充满了倾轧争夺，人们在兵戈扰攘中随时可以丧身，“伏恨而死”，江淹此赋便是那个时代的一曲悲歌，也便不以为怪。从艺术表现上看，你毕竟还得承认，《恨赋》具有很强烈的艺术感染力。江淹善于“以诗为赋”，所以他的赋作往往具有诗一样的激情和意境。《恨赋》的选材看似信手拈来，其实经过了精心的选择：中间所叙六类不同的人生之恨，或为帝王、列侯，或为名将、宫女，或为才人名士，两两相对，毫不重复。作者的描述也绝不就事论事，常常能举一人而概众，传微意于言外。读者从秦皇的遗恨中，自然会联想到与之类似的唐宗宋祖；从赵王的悲怨中，想到那“故国不堪回首月明中”的李后主、宋徽宗。这样由古及今，由此及彼，自能令人于掩卷之余感叹不尽。

《恨赋》的运笔也颇高明。起句单用一韵，便觉警动非常（李元度《赋学正鹄》）。中间抒写六人六事，写来也各见风神：述雄主则“秦帝按剑”，写降将则“吊影惭魂”，叙明妃之出塞则“仰天太息”，貌嵇康之下狱则“神气激扬”。作者还善于造境，如“置酒欲饮，悲来填膺”（赵王）、“陇雁少飞，代云寡色”（明妃）、“秋日萧索，浮云无光”（嵇康）等，均以特定景物映衬，将种种人生恨意渲染、烘托得愈加浓烈。特别需要指出的是，作者的语言，也能适应不同人物的性格风貌，而施用不同的色彩和力度。正如一位评论家称叹的，“（叙）帝王之恨简劲，列侯之恨激昂，名将之恨慷慨，美人之恨凄绝，名士之恨洒脱，高人之恨淋漓……如高渐离之筑，刘越石之笳，变徵之声，几能裂云”。令人不禁怀疑：莫非江郎真有一枝五彩神笔，否则，又何以能写出如此动人的奇赋？

（张　巍）

别　赋　　江　淹

黯然销魂①者，唯别而已矣。况秦吴兮绝国②，复燕宋③兮千里。或春苔兮始生，乍秋风兮暂起。是以行子④肠断，百感凄恻。风萧萧兮异响，云漫漫而奇色。舟凝滞⑤于水滨，车逶迟⑥于山侧。棹容与而讵前⑦，马寒鸣而不息⑧。掩金觞而谁御⑨，横玉柱而沾轼⑩。居人⑪愁卧，怳⑫若有亡。日下壁而沉彩，月上轩⑬而飞光。见红兰之受露，望青楸之罹霜⑭。巡层楹⑮而空掩，抚锦幕而虚凉。知离梦之踯躅，意⑯别魂之飞扬。

故别虽一绪⑰，事乃万族⑱。至若龙马银鞍，朱轩绣轴⑲，帐饮东都⑳，送客金谷㉑。琴羽张兮箫鼓陈㉒，燕赵歌兮伤美人㉓。珠与玉兮艳暮秋，罗与绮兮娇上春。惊驷马之仰秣，耸渊鱼之赤鳞㉔。造㉕分手而衔涕，感寂寞而伤神。

乃有剑客惭恩㉖，少年报士㉗。韩国赵厕㉘，吴宫燕市㉙。割慈忍爱㉚，离邦去里㉛。沥泣㉜共诀，抆血㉝相视。驱征马而不顾，见行尘之时起。方衔感于一剑㉞，非买价于泉里㉟。金石震而色变，骨肉悲而心死。

或乃边郡未和，负羽㊱从军。辽水㊲无极，雁山㊳参云，闺中风暖，陌上草薰㊴。日出天而耀景㊵，露下地而腾文㊶。镜朱尘之照烂㊷，袭青气之烟煴㊸。攀桃李兮不忍别，送爱子兮沾罗裙。

至如一赴绝国㊹，讵相见期㊺。视乔木㊻兮故里，决北梁兮永辞㊼。左右㊽兮魂动，亲宾兮泪滋。可班荆㊾兮赠恨，惟樽酒兮叙悲。值秋雁兮飞日，当白露兮下时。怨复怨兮远山曲㊿，去复去兮长河湄(51)。

又若君居淄右(52)，妾家河阳(53)。同琼珮(54)之晨照，共金炉(55)之夕香。君结绶(56)兮千里，惜瑶草之徒芳(57)。惭(58)幽闺之琴瑟，晦高台之流黄(59)。春宫闷此青苔色(60)，秋帐含兹明月光，夏簟(61)青兮昼不暮，冬釭(62)凝兮夜何长。织锦曲(63)兮泣已尽，回文诗(64)兮影独伤。

傥有华阴上士(65)，服食还山(66)。术既妙而犹学，道已寂而未传(67)。守丹灶而不顾(68)，炼金鼎(69)而方坚。驾鹤上汉(70)，骖鸾腾天(71)，暂游万里，少别千年。惟世间兮重别，谢主人兮依然(72)。

下有芍药之诗(73)，佳人之歌(74)，桑中卫女(75)，上宫陈娥(76)。春草碧色，春水渌波(77)，送君南浦(78)，伤如之何！至乃秋露如珠，秋月如珪(79)，明月白露，光阴往来。与子之别，思心徘徊。

是以别方不定(80)，别理千名(81)，有别必怨，有怨必盈(82)，使人意夺神骇，心折骨惊。虽渊、云(83)之墨妙，严、乐(84)之笔精，金闺之诸彦(85)，兰台(86)之群英，赋有凌云之称(87)，辩有雕龙之声(88)，谁能摹暂离之状(89)，写永诀之情者乎！

〔注〕①黯然：神情忧伤，容颜失色。销魂：失魂落魄，精神涣散。　②秦吴：指周代秦国和吴国，一在今陕西，一在今江浙，故云“绝国”，谓隔绝不通的国家。　③燕宋：周代燕国在今河北北部，宋国在今河南东部，相距遥远。　④行子：离家外出的游子、旅人，指丈夫。⑤凝滞：遇阻困顿。　⑥逶迟：行缓慢貌。　⑦棹：船桨，指行船。容与：形容行进徐缓。讵前：怎么前进，意即前进很慢。　⑧不息：不能喘息，呼吸困难。　⑨御：用，指饮酒。⑩横：横放，意为搁置不弹。玉柱：琴柱，指琴。沾轼：泪落在车前横木上。　⑪居人：指在家的妻室。　⑫怳：同“恍”，恍惚。　⑬轩：门窗。　⑭楸：楸树，落叶乔木。罹：遭受。⑮楹：厅堂前部的柱子。层楹指一间间高楼。　⑯意：想。　⑰一绪：同一情绪。　⑱事：

指离别的具体现象。万族：万类，指各种各样情况。 ⑲ 朱轩：指贵官所乘红色车厢。绣轴：指有锦绣帷幕的车子。 ⑳ 帐饮：古时贵官显达出行，送别时在城郊水边设帐饯饮，敬酒祝行。这句用典故。汉宣帝时，太子太傅疏广和侄子疏受一起告老还乡，公卿大夫为他们在长安城东门外设帐饯饮，送行车辆数百。东都：《汉书·疏广传》云："设祖道供帐东都门外。"注引苏林曰："长安东都门也。"实指长安城东门，并非长安城有"东都门"，也不指东汉都城洛阳的"东都"。 ㉑ 金谷：指晋石崇在洛阳西北金谷涧的别墅金谷园。晋惠帝元康六年(296)，石崇在金谷园送王诩回长安，举行盛大宴会。 ㉒ 羽：舞者所执鸟羽，为舞具，与琴为乐器相对。琴、羽为二物。张，亦如下文之"陈"。陈，陈列，也指演奏。 ㉓ 燕赵歌：古时传言燕国、赵国多出歌舞乐伎美女。这句是说燕赵乐妓美女歌唱悲伤动人。 ㉔"惊驷马"二句：《韩诗外传》载，"昔伯牙鼓琴而渊鱼出听，瓠巴鼓瑟而六马仰秣"，是说古代音乐家俞伯牙、瓠巴二人演奏琴瑟超妙，使深潜的鱼浮出水面来听，吃着草料的马仰头欣赏。此用来形容音乐动听。惊，惊动。耸，耸起。秣，马料。赤鳞，鱼鳞变红，夸张形容鱼激动。 ㉕ 造：临，到。 ㉖ 惭恩：受恩未报，感到惭愧。 ㉗ 报士：替人报仇之士。 ㉘ 韩国：齐国侠士聂政，受韩国严仲子百金结交，感知遇而替他到韩国去刺杀仇人侠累后自尽。赵厕：战国时，豫让受晋国智伯礼遇，智伯被赵襄子灭亡，豫让改名换姓，装成罪奴，隐藏在赵国宫中厕所，伺机刺赵襄子，为智伯报仇。㉙ 吴宫：春秋时，刺客专诸为吴国公子光在宴会上，用藏在鱼腹中的匕首刺杀吴王僚，自己当场被杀。燕市：战国时卫国荆轲在燕国街市上与朋友饮宴歌唱，后受燕太子丹的厚遇，受遣刺杀秦王不成，被秦王杀死。 ㉚ 割慈：割断父母慈爱。忍爱：忍心离别妻子儿女。 ㉛ 邦：国家。里：乡里。 ㉜ 沥泣：流泪哭泣。 ㉝ 抆血：眼泪流尽，继之以血，所以擦血。形容极度悲伤。 ㉞ 衔感：满含感激之情。一剑：指以剑术为恩人报仇，以报答恩情。 ㉟ 买价：买取声价。泉里：黄泉下，指赴死地。 ㊱ 负羽：背着弓箭。 ㊲ 辽水：即今辽河，在辽宁省。 ㊳ 雁山：指今山西北部雁门山。辽水、雁山都喻指从军出征的北方边塞。 ㊴ 陌上：指家乡田野小道。薰：散发香气。以上二句形容家乡和平光景。 ㊵ 耀景：光辉照耀。景：日光。 ㊶ 腾文：形容露珠依附草木闪烁光彩。 ㊷ 镜：映照。朱尘：尘土。照烂：明亮。㊸ 袭：笼罩。青气：春天雾气。烟煴：迷漫貌。 ㊹ 绝国：隔绝遥远的国家，指远方异国。㊺ 讵相见期：哪会有重逢再见的日期。以上二句用战国时音乐家雍门周说孟尝君的话："臣之所能令悲者，无故生离，远赴绝国，无相见期。" ㊻ 乔木：古以乔木为故乡标志。王充《论衡·佚文》："睹乔木知旧都"。 ㊼ 北梁：指诀别地点。李善《文选注》引《楚辞》："济江海兮蝉蜕，决北梁兮永辞。" ㊽ 左右：指仆从。 ㊾ 斑荆：荆草铺地，席荆而坐。《左传·襄公二十六年》载，楚国伍举与声子友好，伍举离郑奔晋，在郑国郊外遇见声子也前往晋国，两人"斑荆相与食"，商谈归楚之事。这里是说可以席荆相谈，但只会增添伤感。赠：通"增"。 ㊿ 曲：山角。(51) 湄：水边。 (52) 君：尊称丈夫。淄右：淄水西边。淄水在今山东省。 (53) 妾：妻子自称。河阳：黄河北面。 (54) 琼珮：美玉的佩饰。 (55) 金炉：指薰香的铜香炉。 (56) 结绶：佩结绶带官印，指做官。 (57) 瑶草：一种香草，妻子自喻青春年华。徒芳：白白浪费芳香。 (58) 惭：指对琴有愧，无心弹琴。 (59) 晦：使帐帷减色变灰暗。高台：指闺楼。流黄：指黄色绢丝的帐帷。 (60) 春宫：义同"春闺"，五臣本作"春闺"。闷：关闭。青苔色：无人来往，台阶一片青苔颜色，即谓长满青苔。 (61) 簟(diàn店)：竹席。 (62) 釭(gāng缸)：灯。 (63) 织锦曲：前秦苻坚时，秦州刺史窦滔被流放流沙，他的妻子苏蕙把思念之情织锦为回文旋图诗寄给他。 (64) 回文诗：一种诗体，排列文字，正反竖横斜读，都成诗章，故称"回文"。此即指苏蕙诗。 (65) 傥：倘使。华阴：华阴山即华山，在今陕西华阴南。上士：得道之士。 (66) 服食：吃丹药。还山：

一作"还仙"。 ㊼ 寂：寂静无声，道家悟道的境界。《老子》二十五章："寂兮寥兮，独立而不改。"未传：未获真传。 ㊽ 丹灶：道家炼丹的炉灶。不顾：专心不旁顾。 ㊾ 金鼎：炼金为丹的鼎。 ㊿ 汉：云汉，银河，指天上。相传仙人王子乔驾鹤上天。 (71) 骖(cān 参)：原为拉车的骖马，此用作动词，拉车。骖鸾：鸾拉的乘车。相传神仙洪崖先生乘鸾车。 (72) 谢：辞别。依然：依恋不舍貌。 (73) 芍药之诗：指《诗经·郑风·溱洧》。其中说："维士与女，伊其相谑，赠之以芍药。"是男女相爱的情歌。 (74) 佳人之歌：指汉代李延年诗："北方有佳人，绝世而独立，一顾倾人城，再顾倾人国。"赞美绝代佳人，此用以表示爱慕美人的情恋。 (75) 桑中：指《诗经·鄘风·桑中》。诗中"期我乎桑中，要我乎上宫，送我乎淇之上矣"之语，写男女约会。卫女：卫国女子，指《桑中》的女主人公。鄘与卫相近，故称。 (76) 上宫：即《桑中》所说上宫，是约会地点。陈娥：陈国美女子。陈与卫亦邻近，故称。 (77) 渌波：清澈的水波。 (78) 南浦：南边水口。《九歌·河伯》："子交手兮东行，送美人兮南浦。"后用作男女送别之处。 (79) 珪：古代玉制礼器，圆形。 (80) 别方：离别的地方去向。 (81) 别理：离别的原因道理。千名：繁多名目。 (82) 必盈：指伤怨发展到极点才了。 (83) 渊：汉代赋家王褒，字子渊。云：汉代赋家扬雄，字子云。 (84) 严：汉代作家严安。乐：汉代作家徐乐。 (85) 金闺：指汉代皇宫的金马门，是文臣学士待诏的地方。彦：俊才。 (86) 兰台：汉代皇宫藏书处。 (87) 凌云之称：汉武帝读司马相如的《大人赋》，十分赞赏，"飘飘有凌云之气"。此用其事，表示写赋才能极高。 (88) 雕龙之声：战国时驺衍、驺奭善辩，有谈天衍、雕龙奭之称。此用其事，形容词令如辩，声誉甚高。 (89) 谁：一作"讵"。摹：描写。

《别赋》与《恨赋》一样是江淹赋的代表作，也是南朝齐、梁间抒情赋的代表作。不难看到，它的特点不是作者抒发自己的离愁别绪，而是描写人间种种离别的情景。实际上，它的写法是铺陈离别其事其情的咏物赋，不仅描写，而且议论。作者的情感，与其说是伤感的同情，不如说是无奈的感慨，而且相当清醒。所以在思想上，作者把人间离别悲伤作为一种普遍存在的人之常情，叙述不同的离别现象，描写不同离别悲伤的感情特色、气氛及程度，并不对离别原因、背景及结果作出政治、社会的褒贬。在这方面，它具有齐、梁时代的一般特点，感慨多于不平，议论止于人情，比较委婉，比较软弱。而在艺术上，则力求精湛，讲究骈丽、融典、声韵和词藻。正是在这方面，它足以代表齐、梁时代的特点和成就。

本赋的结构类似议论文。开宗明义，点出题目，列出论点："黯然销魂者，唯别而已矣！"指出离别的距离远、时间长，更加悲伤。然后概述一般离别的双方，游子和思妇的处境与心情。接着便列举公卿、侠士、从军、去国、宦游、成仙、情恋等各类离别悲伤情景。最后归结到离别悲伤的深重，以至难以形容。显然，这是从一般到特殊的列论，结构简明，层次清楚，在写作上便于对具体的类型进行具体描写，而本文的精彩恰在于此。

作者善于从不同方面对各类离别悲伤进行特征的描写。一般离别发生在游子离家、思妇空闺的情境。"行子肠断"是离开亲爱者与熟悉的生活环境，登上旅程，涉水越山，暑夏寒冬，一切陌生、奇异、无聊，引起孤独落寞的思念，“百感凄恻”。“居人愁卧”是生活环境依旧，丈夫离开了，忍受孤独空虚的煎熬，时光消逝，朝思暮想，一切熟悉、感伤、思愁，百无聊赖，“怳若有亡”。对行居双方的心理描写都采取人物对处境及时令光景的感受。旅途山水是变动的，空闺光景是习常的。变动有新鲜感，习常有亲切感，然而因为离别的失落感，全都变得黯然失色，无精打采。这样的描写是细致的，表现是富有特征的。

同样，对各类特殊的离别情境，作者也分别其各自特点，突出描写某一侧面，表现富有特征的离情。公卿饯别，设帐祖饮，贵客群集，歌舞绮丽，“惊驷马之仰秣，耸渊鱼之赤鳞”，音乐十分动人，几乎成了盛大宴会娱乐。只是到了临别一刻，才悲伤地“感寂寞而伤神”。剑客侠士的复仇诀别，则是风云变色的慷慨赴义，不顾亲情与生死，呈现一种悲壮气氛。从军卫国的离别，则是另一番笔墨，只用两句写北边山水，在阻远隔绝中显得阔大；又用两句写攀桃李，送爱子，泪沾罗裙，仍然是写送“爱人”即征夫，不是母亲送子之词。《吴声歌曲·懊侬歌》有“爱子好情怀”句，正用“情人”之意。而中间六句写景物，渲染出家乡和乐，风光绚烂，充满温情，避开正面描写离别悲伤，更不触及慷慨赴死的爱国壮心，而委婉显出从军保卫家乡和乐生活的意义，突出家人的理解和爱心。他如出使异国，突出故国乡亲的思愁悲绪；宦游离别，侧重于闺妇的寂寞蹉跎及无望期盼；修道成仙的长逝，不无诙谐地点出凡心的依恋；私情苦恋则以春情秋思衬托。作者力求写出不同离怨的不同特征，不仅事不同，而且情不同，境不同，因而读来不类同，不重复，各有一种滋味，也有不同启迪。

善于抓住特征，善于选择素材，还必须有相应的语言艺术技巧，方可描写出色。这是一篇骈赋，首先要求通篇骈对精巧整饬，又必须运用参差灵活的句法使文章语调句序活泼不呆板。同时，由于类型描写，集中一点，字句不宜多，选词必须精练，含意才能丰富，而又要传声绘色的文采，因此要词藻又不要堆砌，要用典故又不可艰僻。应当说，作者的语言艺术造诣使本文成功地做到了：骈对精整，文句活泼，词采绚丽，用典得当，而且声韵铿锵，和谐动听。

齐、梁骈文基本形成四六句的格式。本文除通篇四六为主的骈对句之外，很注意四六句的搭配运用、虚词和语气词的调节作用以及句子的语法结构变化。例如“况秦吴兮绝国”四句，去掉虚词、语气词，便是四言四句：“秦吴绝国，燕宋千里，春苔始生，秋风暂起。”加了“况”“复”“或”“乍”及“兮”字，主要不是句意明确与否，而是语气情调明显了，变得舒缓沉重，抒情色彩浓厚了。一般地说，四言句在中古汉语中结构紧凑，比较简洁斩截，本文多用于论叙；六言句则多转折，比较舒缓流走。本文主要是描述，所以用六言句多，并且句子结构灵活变化，造成语调抑扬、节奏活泼的艺术效果。如“日下壁而沉彩”二句是主谓结构，语调是“日下壁——而——沉彩”；下接“见红兰之受露”二句是省略主语的动宾结构，语调是“见——红兰——之——受露”；两两相对而语调抑扬，效果显然。正因注意效果，本文起结用散句以增强气势，中间也屡用楚歌的三三兮字句，而且在四六搭配上，不拘泥于固定的四四六六或四六四六的格式，因情取式，因势造句，往往连用六字对句而变化句式，需要时也用一色的排句。

词采绚丽是本文显著特色和成就。词汇丰富是写作骈文必须的条件，无论顺对逆对，正对反对，都要求适当的词汇，并且在对仗中显出文采。本文并不堆砌词藻，而是准确使用适当的词语进行叙事述情，传声绘色，因而在描写不同特征的离别情景中，自然而然地显出丰富多彩的词藻。如写行子居人的离愁，一是旅途山水，一是闺中光景，各用清词丽语描述出来，便形成两相对衬的画幅。词语是构成形象的材料和手段，其功能如同颜色、音响及光线，不在多，而在恰当。事实上，本文有不少词语是重复的，屡次出现，但由于使用适当，各尽其职，令人不觉重复，却有文采。例如日、月，有“日下壁而沉彩，月上轩而飞光”；“日出天而耀景，露下地而腾文”；“值秋雁兮飞日，当白露兮下时”；“春宫闷此青苔色，秋帐含兹明月光”；“秋月如珪，明月白露”等，写时令光景，词语、材料不免相同，关键在于使用适当。其他传声绘色的词语也这样。

用词语熔铸典故，是文学语言精练的重要修辞手段。本文用典同样显示了作者的语言修养。本文用典很多，方式不同，但很少用僻典，不用生典，也不追求旧典翻新。作者只是要求精练和适当。有的运用熟典，一读便知，而熔练精当。如“惊驷马之仰秣，耸渊鱼之赤鳞”，用“伯牙鼓琴而渊鱼出听，瓠巴鼓瑟而六马仰秣”的故事，见于《韩诗外传》《荀子》《淮南子》等典籍，是熟典，涵意是形容音乐动听，这里同其涵意，而以“惊”“耸”二字突现动听的用意，避免直用形容音乐动听的词语，使文章词采丰富而表现生动。有的熟典只是点出即止，例如“韩国赵厕，吴宫燕市”，分别指春秋战国的刺客聂政、豫让、专诸、荆轲，其人其事久传习知，所以点出其事发生场所，不予陈述，读者从上下文联系便明白。再如“织锦曲兮泣已尽，回文诗兮影独伤”，以及“芍药之诗，佳人之歌，桑中卫女，上宫陈娥。春草碧色，春水渌波，送君南浦，伤如之何”等等，都是点出典故，化于文章，用意明显，却使文采增辉，形象鲜明。

在南朝文坛，在古代文学史上，齐、梁是诗赋艺术跃进的时代。江淹是以善于摹拟和艺术出色著称的代表作家。虽然历来评论都对江淹善于摹拟不无微词，甚至有嘲弄他“江郎才尽”的传说，说他的文采是从郭璞或张华那里得来的，自己并无才华和创造，没有独特的风格；但是江淹自己则申明，摹拟是学习前人艺术的一条途径、一种方法，应当学习前人各种艺术经验，吸取不同风格（见《杂体诗三十首序》）。他对于诗赋语言艺术技巧确乎认真钻研，造诣很高。《别赋》及《恨赋》其实就是显示他艺术素养和才华的文章，应当说，本文也的确是一篇文采焕发的好作品。

（倪其心）

诣建平王上书　　江 淹

昔者贱臣叩心，飞霜击于燕地；庶女告天，振风袭于齐台[①]。下官每读其书，未尝不废卷流涕。何者？士有一定之论，女有不易之行。信而见疑，贞而为戮，是以壮夫义士，伏死而不顾者此也。下官闻仁不可恃，善不可依，谓徒虚语，乃今知之。伏愿大王暂停左右，少加怜察。

下官本蓬户桑枢之人，布衣韦带之士[②]。退不饰诗书以惊愚，进不买名声于天下。日者谬得升降承明之阙，出入金华之殿[③]。何常不局影凝严，侧身扃禁者乎[④]！窃慕大王之义，复为门下之宾，备鸣盗浅术之余，豫三五贱伎之末[⑤]。大王惠以恩光，顾以颜色。实佩荆卿黄金之赐，窃感豫让国士之分矣[⑥]。常欲结缨伏剑[⑦]，少谢万一，剖心摩踵，以报所天。不图小人固陋，坐贻谤缺；迹坠昭宪，身限幽圄[⑧]。履影吊心，酸鼻痛骨！下官闻亏名为辱，亏形次之。是以每一念来，忽若有遗。加以涉旬月，迫季秋，天光沉阴，左右无色。身非木石，与狱吏为伍，此少卿所以仰天槌心，泣尽而继之以血也[⑨]！下官虽乏乡曲之誉，然尝闻君子之行矣。其上则隐于帘肆之间，卧于岩石之下；次则结绶金马之庭，高议云台之上[⑩]；退则虏南越之君，系单于之颈。俱启丹册，并图青史[⑪]。宁当争分寸之末，竞锥刀之利哉！下官闻积毁销金，积谗磨骨。远则直生取疑于盗金，近则伯鱼被名于不义[⑫]。彼之二子，犹或如是，况在下官，焉能自免？昔上将之耻，绛侯幽狱；名臣之羞，史迁下室[⑬]。至如下官，当何言哉！夫鲁连之智，辞禄而不返；接舆之贤，行歌而忘归；子陵闭关于东越，仲蔚杜门于西秦：亦良可知也⑭。若使下官事非甚虚，罪得其实，亦当钳口吞舌，伏匕首以殒身。何以见齐鲁奇节之人、燕赵悲歌之士乎？

方今圣历钦明，天下乐业，青云浮雒，荣光塞河⑮。西泊临洮、狄道，北距飞狐、阳原，莫不浸仁沐义，照景饮醴而已⑯。而下官抱痛圆门，含愤狱户。一物之微，有足悲者。仰惟大王少垂明白，则梧丘之魂，不愧于沉首；鹄亭之鬼，无恨于灰骨⑰。不任肝胆之切，敬因执事以闻。

〔注〕 ① 贱臣：指战国时代邹衍。《初学记》卷二引《淮南子》："邹衍事燕惠王，尽忠，左右谮之，王系之，仰天而哭，夏五月，天为之下霜。"此文不见于今本《淮南子》。庶女：指齐之寡妇。被诬杀婆母，含冤告天事。《淮南子·览冥训》："庶女叫天，雷电下击，景公台陨，支体伤折，海水大出。" ② 蓬户：编蓬为门。桑枢：揉桑条为门枢。韦带：无饰皮带，与布衣皆为平民所服用。 ③ 承明、金华：皆汉宫殿名。 ④ 局影凝严：屈曲着身影在端庄严肃的地方。侧身扃禁：置身于宫禁之内。 ⑤ 鸣盗：战国齐孟尝君门客有能为狗盗者，能为鸡鸣者，曾以此"浅术"助孟尝君脱困。三五贱伎：《抱朴子·军术》："大将军当明案九宫，视年在宫，常就三居五。五为死，三为生。能知三五，横行天下。"盖指八卦易象。 ⑥ 荆卿：荆轲。燕太子得荆轲，与轲至东宫，临池而观。轲拾瓦投龟，太子令人奉盘金以供投龟之需。豫让：晋智伯之臣，智伯以国士待之。智伯死，豫让为他报仇，不惜漆身吞炭行刺赵襄子。 ⑦ 结缨：孔子弟子子路与敌斗，帽带(缨)被击断。子路曰："君子死，冠不免。"结缨而死。伏剑：豫让行刺赵襄子不成，伏剑自杀，以报智伯于地下。 ⑧ 昭宪：法令。幽圄：监狱。 ⑨ 传为李陵所作《答苏武书》有"何图志未立而怨已成，此陵所以仰天椎心而泣血也"之语。 ⑩ 隐于帘肆之间：指严君平。他卜筮于成都市中，得百钱，足自养，即闭肆下帘。卧于岩石之下：指郑子真。他耕于岩石之下，名震京师。二人均为汉代之高隐。金马之庭：汉代有金马门，东方朔、主父偃、严安等均曾待诏金马门。云台：汉洛阳南宫有云台广德殿，汉明帝图画中兴功臣之十二人于云台。 ⑪ 虏南越之君：汉终军自请愿受长缨，必羁南越王致之阙下。系单于之颈：贾谊《新书》："系单于之颈而制其命。"丹册：汉高祖论功定封，以丹书为信物。青史：指史册。 ⑫ 直生：指汉人直不疑。他曾被同舍之人诬为窃金。伯鱼：指东汉第五伦。他字伯鱼，曾被诬告虐待岳父("笲妇公")。⑬ 绛侯：指汉功臣周勃。他诛诸吕、立文帝，后被诬告"欲反"，系于狱中。得薄太后救援，方得出狱复爵。史迁：即太史公司马迁。他被汉武帝下于蚕室，即受宫刑。 ⑭ 鲁连：即战国高士鲁仲连。他曾为赵解难排忧，平原君欲封仲连，仲连终不肯受，逃隐于海上。接舆：春秋楚之狂士，曾行歌以嘲孔子。子陵：即东汉严光。他与光武帝有同学之谊。刘秀即位，严光改名换姓，隐身不见。仲蔚：即东汉张仲蔚。他隐身不仕，所居蓬蒿没人。 ⑮ 青云浮雒，荣光塞河：古时以为祥瑞之征。《初学记》卷六《洛水》引《尚书·中候》："武王观于河，沉璧礼毕，且退，至于日昧，荣光并塞河沉璧，青云浮洛，赤龙临坛，衔玄甲之图，吐之而去。" ⑯ 临洮、狄道、飞狐、阳原：均为地名。《淮南子·氾论训》："丁壮丈夫，西至临洮、狄道，东至会稽、浮石，南至豫章、桂林，北至飞狐、阳原，道路死人以沟量。"高诱注："临洮，陇西之县；狄道，汉阳之县；飞狐，盖在代郡飞狐山；阳原，盖在太原。"照景：为景星所照，祥瑞也。醴：甘甜的泉水，亦为祥瑞。 ⑰"而

下”九句：圜门，狱门。梧丘之魂，指齐灵公所杀五丈夫，埋于梧丘。后齐景公猎于梧丘，梦见五丈夫告冤，掘其骨而厚葬之。沉首，断头。鹄亭之鬼：指汉女子苏娥行宿鹊巢亭（一云“鹄奔亭”），为亭长龚寿谋财而杀。后交阯刺史周敞宿亭，发觉其奸，上奏而杀龚寿。

倜傥刚直之士遭谗受辱，便往往有哀慨悲愤之作传世。江淹的这篇上书，虽不如《恨赋》《别赋》出名，却是一篇兼有邹阳《狱中上梁王书》和太史公《报任安书》流风遗韵的辩冤奇文。

这桩冤狱，发生在江淹出任宋建平王刘景素幕府的早年。广陵令郭彦文有罪，供称江淹有“受金”之嫌；建平王一怒之下，即将江淹收系狱中。“信而见疑，贞而为戮”，就是匹夫匹妇也不堪忍受，何况是江淹这样的“壮夫义士”！故江淹的上书，开篇即有一股怫郁之气震荡笔端：“昔者贱臣叩心，飞霜击于燕地；庶女告天，振风袭于齐台。下官每读其书，未尝不废卷流涕。”在突兀而发的感慨中，展示数百年前燕臣、齐女蒙冤泣天，竟至夏日飞霜、雷风摧台的奇景，无非是要让建平王览书之始，即受到强烈的震动。由此引出自身的蒙受奇冤、伏死上书，建平王又焉能无动于衷而不“少加怜察”？这一开篇，显然取法于邹阳当年“狱中上书自明”的写法。不过，邹阳以“臣闻忠无不报，信不见疑”委婉叙来，起势较为平缓；江淹则凌空落笔，峭奇突兀，更多地显示了这位初涉仕途的年轻人的刚烈之性。

大凡人之蒙冤，稍有几分凭据，总还可以当堂对质，辩其真伪；唯独捕风捉影之辞，最令闻者生疑而冤者有口难辩。江淹之被诬为“受金”，不幸正属后者。他又该怎样辩说？江淹却自有他的办法。本文第二节，先不对“受金”之事作斤斤琐细之辩，而是突然转笔，从平生的出处、为人叙起，正显示了辩说的高明之处。文中自叙“本蓬户桑枢之人，布衣韦带之士。退不饰诗书以惊愚，进不买名声于天下”，揭示的正是这位安贫乐道、洁身守节之士的夙志。接着叙及得到建平王的意外扶掖，而“窃感豫让国士之分”，“常欲结缨伏剑少谢万一”之意，更从情理上剖明了作者衔恩不忘以死相报的心迹。试问，这样的清廉之士、忠贞之臣，难道还会为区区阿堵物而玷污自身名节，辜负建平王的知遇之恩？以此反观诬陷江淹“受金”的小人之辞，就非但显得“固陋”，简直令人可笑了！这一节文字，妙在一字未及“受金”之事，径从立身处世的大节入手。申之以理，动之以情，较之于纠缠在“受金”事上作饶舌之辩，自有更大的说服力。固陋小人诬陷作者的不实之辞，也正是在作者为人、出处的大节辉耀下，不攻自破了。

然而，小人的诬陷固不足惧，可悲的是建平王却相信了它！昔日的节义之士，而今竟身陷囹圄，成了蒙冤受辱的阶下罪臣，这才是最令江淹“酸鼻痛骨”的。

作者一思及此，便哀愤难抑，行文也因此一顿，化出了数声长恸号嗟之音："下官闻亏名为辱，亏形次之。是以每一念来，忽若有遗……身非木石，与狱吏为伍，此少卿所以仰天槌心，泣尽而继之以血也！"短短数语，泪血浸渍，传达了作者下狱受辱的多少难言之痛！但江淹毕竟不是摧眉折腰之奴，而是一位卓立天地的奇士。文中号嗟之声未息，即又为一股浩然升腾的正气所笼盖："下官虽乏乡曲之誉，然尝闻君子之行矣。其上则隐于帘肆之间，卧于岩石之下；次则结绶金马之庭，高议云台之上；退则虏南越之君，系单于之颈……宁当争分寸之末，竞锥刀之利哉！""结绶金马之庭，高议云台之上"，多么潇洒和充满自信的期许！在雄气超迈的排句后，复下一痛快淋漓的反诘之语，表现了这位倜傥之士对"争分寸之末，竞锥刀之利"的多少鄙夷和不屑之情！这正是江淹的本色：即使是在系身牢狱的困厄中，他也依然挺立着自己的一身傲骨。江淹后来在朝中官至尚书左丞兼御史中丞，以清刚严正之风，博得齐明帝"可谓近世独步"的赞誉。读者从上述掷地可作金石声的话语中，不是隐隐可见这位名臣卓然独立的清拔身影么？可叹的是，这位名臣此刻却正遭受诬陷，下于狱中；其上书的对象，又恰是顿生疑忌的昔日恩王。江淹纵然有一身傲气，又怎能向他喷发？所以行文至此，终又无可奈何，化作了"昔上将之耻，绛侯幽狱；名臣之羞，史迁下室。至如下官，当何言哉"的深沉叹息。援引古贤取疑、受辱之例自宽自慰，其中所盘旋着的，仍是对古贤、今人同遭不幸的哀愤和不平。正因为如此，作者才更不甘心于"钳口吞舌，伏匕首以殒身"，而要向建平王剖明实情，一雪其冤。在江淹看来，只有这样做，才不至遭"齐鲁奇节之人"所笑，而让鲁连辞禄、子陵闭关的故事重演。

读这一节文字，人们想必会联想到司马迁那传诵千古的名作《报任安书》。江淹所受的冤屈，较之于太史公的突遇腐刑之祸，自不可同日而语；但义烈之士无端受辱的孤傲、不平、愤怨之气，却是古今相通的。正是这一点，使江淹此书与《报任安书》一样，带有了感慨啸歌、忧思怫郁的浓郁抒情意味。即使从行文上看，此节文字，哀愤中忽作孤傲之谈，不平中折为自慰之语——也都与太史公之运笔相似，只觉有一股奇气在其间排奡跌宕，盘旋不已。

此书的收结也颇有情韵。有了上一节的感慨啸歌，建平王应该很能感受到江淹蒙冤下狱的悲愤了。在这样的氛围中，作者完全可以直陈"不任肝胆之切，敬因执事以闻"的恳请以收束全文。江淹却不然，他在结尾一顿，竟又出人意外地为读者描述了"方今圣历清明，天下乐业"的景象，并从"西洎临洮狄道，北距飞狐阳原"的广大空间上，展开了天下"莫不浸仁沐义、照景饮醴"的一派祥瑞。初看起来，这段文字出现在恳请建平王明冤的上书中，似乎颇为唐突。但若联系下文的“而下官抱痛圆门，含愤狱户”看，便非但不见唐突，恰倒是一笔绝妙的映衬之文了。原来，作者之所以极力渲染天下四方的仁义普施之乐，正是为了更加鲜明地衬出自身的系狱含冤之悲。在如此强烈的哀乐反差中，发出“一物之微，有足悲者。仰惟大王少垂明白，则梧丘之魂，不愧于沉首；鹄亭之鬼，无恨于灰骨”的恳请，便愈加显得情词凄切，催人泣下。建平王就算是木石，恐怕也要为之动情了。史载江淹书上，建平王览之，即日就将他从狱中释放。可见此书是怎样以清正磊落之节、凄惋动人之情，把对方在刹那间征服了。 （潘啸龙）

【作者小传】

任 昉

(460—508) 南朝梁文学家。字彦昇。乐安博昌(今山东寿光)人。历仕宋、齐、梁三代。梁时历任义兴、新安太守等职。当时以表、奏、书、启诸体散文擅名，而沈约以诗著称，时人号曰“任笔沈诗”。原有集，已散佚，明人辑有《任彦昇集》。又《文章缘起》及《述异记》二书，旧均题为昉作。

与沈约书 任 昉

范仆射遂不救疾。范侯淳孝睦友，在家必闻；直道正色，立朝斯著。一金之俸，必遍亲伦；钟庾之秩①，散之故旧。佐命兴王，心力俱尽；谋猷忠允，谅诚匪躬②。破产而字死友之孤，开门而延故人之殡。则惟其常，无得而称矣。器用车马，无改平生之凭；素论款对，不易布素之交③。若斯人者，岂云易遇？昉将莅此邦④，务在遄速。虽解驾流连，再贻款顾；将乖之际，不忍告别。无益离悲，只增今怅。永念平生，忽焉畴曩。追寻笑绪，皆成悲端。

〔注〕 ① 钟庾：古容量单位。钟，六斛四斗；庾，十六斗。秩：俸禄。 ②“谋猷”二句：谋猷，谋划。允，允当。谅诚，诚信。匪躬，彼躬。杨树达《词诠》：“匪，指示形容词，与‘彼’同。”指范云亲为筹划。 ③“素论”二句：素论，朴实之论。款对，诚挚相对。布素之交，贫寒的朋友。④ 将莅此邦：疑即指任昉赴任之宜兴。《梁书·任昉传》：“天监二年，出为义兴(今江苏宜兴)太守。”

一封写给沈约的短短书信，倾泻着对亡友范云多少追思的深情！

梁武帝天监二年(503)五月，尚书右仆射范云病逝。任昉虽得于范云弥留之时，匆匆见上一面，便又“遄速”而奔宜兴赴任。当其在途中以一纸书信，将此噩耗告知以母忧居家的沈约时，心中该是何等伤痛！故信之起笔，即似隐隐挟带咽泣之声：“范仆射遂不救疾”——友人已去，何忍明言曰“死”？“不救”二字，正吐露着许多难以言传的生死永隔之悲。一片浓重的哀思，由此开始在信中弥漫。

自“范侯(范云封霄城县侯)淳孝睦友”以下，看似是向沈约诉说亡友的生平，但沈约亦为范云之至交，对其平生事迹焉能不知？所以此间之所倾诉，实乃任昉自己沉入对亡友深深缅怀之时，所浮涌眼前的几幕难忘片断。

首先涌来的，是范云当年在郢城的往事。郢城被围，老母落入敌手，范云被迫为围城军队送书入城。城内有人要杀他，范云朗声而言：“老母弱弟，悬命沈氏(围城之将沈攸之)。若违其命，祸必及亲。今日就戮，甘心如荠！”表现了为母舍身的深挚孝心。范云后来官居显职，仍“事寡嫂尽礼，家事必先咨而后行”。所受俸金、馈赠，随“散之亲友”，以至辞世之时，“家无蓄积”(见《梁书·范云传》)。这便是深深印入任昉心中的亡友印象：那“淳孝睦友”的平生风貌，伴着“今日就戮，甘心如荠”的铮铮话音忆来，至今不还历历分明，令任昉于凝想之际热泪涌集？

随着烟云缥缈的追思，现在出现的，已是亡友“直道正色，立朝斯著”的情景了。那似乎是在伴随齐文惠太子在东田观获稻的时候，太子以为割稻容易得很，笑着说：“此刈甚快！”范云即正色谏曰：“三时(春、夏、秋)之务，亦甚勤劳。愿殿下知稼穑之艰难，无徇一朝之宴逸也！”一番话说得太子改容而谢。又似乎是在大司马萧衍纳齐东昏侯余妃的时候，余氏在旁，“颇妨政事”，范云又数次据理力谏，且举汉高祖入关，财帛无所取，妇女无所幸为言，终于说动了萧衍，把余妃改送给他人——这正是亡友立朝所素具的诤臣之风。萧衍后来之能代齐得天下，成为梁朝的开国之君，更与范云“心力俱尽”“谋猷忠允”的辅佐之功分不开。当这位“佐命兴王”的一代勋臣，终于带着奕奕丰采，在追思中飘逝而去时，任昉心中，又该为多少痛惜之情所充塞？

往事如烟，追思不尽。令任昉心向神往的，还有亡友那待人处世的烈烈高风：范云之友江祏(shí石)，早年与他曾有儿女婚姻之约。后来江祏身败，“妻子流离”。范云知道了，即攘臂为助，“每相经理”。这就是文中所称颂的“破产而字(养)死友之孤”。范云又“好节尚奇，专趋人之急”。年轻时与领军长史王畡交往甚厚。而后范云新宅刚成，适逢王畡亡于官舍而尸无所归，范云即以东厢给之，移尸自门入，他亲自在门前接迎，为办殡敛之礼。故文中又有“开门而延故人之殡”的欷歔赞叹。

所有这些，虽只范云平生往事之片断，而一位风华照人的亡友形象，由此带着往日的音容笑貌，反复闪现于沉入追思的任昉眼前。由于任昉和收信人皆为范云故友，对此情节均极熟悉。所以文中所述“本事”，无须展开，只用伤怀之笔稍加点示，便可引发沈约同样温馨的忆念和痛惜的泪花了。

待到叙及探视范云和亡友弥留之际的景象时，任昉便再也抑制不住心头的悲恸。故行文也忽然一变，化作了呜咽啜泣般的一片哭音：“解驾流连，再贻款顾”——那是多么令人心酸的生死一瞥呵！它从此便永留在作者的脑际了。“将乖（离）之际，不忍告别”——眼看着友人溘然将去，又怎忍说出“别矣”之言？“永念平生，忽焉畴曩。追寻笑绪，皆成悲端”——友人去了，平生的音容和笑影，刹那间全化为梦幻般的过去，从此再不能一接款语，再不能携手共游。人生的分手，还有比这更教人脏摧腑裂的吗？念及于此，任昉还有什么话说？泪水成串地坠落书笺，全文也因之戛然收住。而绵绵无尽的哀思，似还重重烟云般涌过结句，正向着千年后的读者，不断弥漫……

全文虽短，用的还是不太灵便的骈体，但作者的追思却突破骈体句式的限制，忽前忽后，颠倒错综，而且时断时续。这说明他在忆念之际，曾怎样和泪而书，运笔随思绪往复盘旋，而时时为哀痛所冲断。任昉在南朝与沈约有“沈诗任笔”之称。这封短短的书信，正显示出在他笔底倾泻着多么动人的文情！　（潘啸龙）

【作者小传】

刘　峻

（462—521）　南朝梁学者、文学家。字孝标。平原（今属山东）人。天监初典校秘书，后任荆州户曹参军。讲学东阳紫岩山。私谥玄靖。曾撰《类苑》，注《世说新语》，内容丰富，为世所重。后人辑有《刘户曹集》。

广绝交论　　　　刘　峻

客问主人曰：“朱公叔《绝交论》①，为是乎？为非乎？”

主人曰：“客奚此之问？”

客曰：“夫草虫鸣则阜螽跃，雕虎啸而清风起。故絪缊相感，雾涌云蒸，嘤鸣相召，星流电激。是以王阳登则贡公喜②，罕生逝而国子悲③。且心同琴瑟，言郁郁于兰茝；道叶胶漆，志婉娈于埙篪。圣贤以此镂金版而镌盘盂，书玉牒而刻钟鼎。若乃匠人辍成风之妙巧④，伯子息流波之雅引⑤；范、张款款于下泉⑥，尹、班陶陶于永夕⑦。骆驿纵横，烟霏雨散。巧历⑧所不知，心计莫能测。而朱益州⑨汩彝叙，粤谟训⑩，捶直切⑪，绝交游，比黔首以鹰鹯，媲人灵于豺虎。蒙⑫有猜焉，请辨其惑。”

主人听然而笑曰：“客所谓抚弦徽音，未达燥湿变响；张罗沮泽，不睹鸿雁云飞。盖圣人握金镜⑬，阐风烈⑭，龙骧蠖屈，从道污隆。日月联璧⑮，赞亹亹之弘致；云飞电薄⑯，显棣华⑰之微旨。若五音⑱之变化，济九成⑲之妙曲。此朱生得玄珠于赤水⑳，谟神睿而为言。

“至夫组织仁义，琢磨道德，欢其愉乐，恤其陵夷，寄通灵台之下，遗迹㉑江湖之上，风雨急而不辍其音，霜雪零而不渝其色。斯贤达之素交㉒，历万古而一遇。

“逮叔世㉓民讹，狙诈㉔飙起，溪谷不能逾其险，鬼神无以究其变。竞毛羽之轻，趋锥刀之末㉕。于是素交尽，利交兴，天下蚩蚩，鸟惊雷骇。然则利交同源，派流则异。较言㉖其略，有五术焉：

“若其宠钧董、石㉗，权压梁、窦㉘，雕刻百工，炉捶万物，吐漱兴云雨，呼噏㉙下霜露。九域耸其风尘，四海叠其熏灼㉚，靡不望影星奔，藉响川骛。鸡人始唱，鹤盖成阴，高门旦开，流水接轸。皆愿摩顶至踵，隳胆抽肠，约同要离㉛焚妻子，誓殉荆卿㉜湛七族。是曰‘势交’，其流一也。

“富埒陶、白㉝，赀巨程、罗㉞，山擅铜陵㉟，家藏金穴㊱，出平原而联骑，居里闬而鸣钟㊲。则有穷巷之宾，绳枢㊳之士，冀宵烛之末光㊴，邀润屋之微泽㊵。鱼贯凫跃，飒沓㊶鳞萃。分雁鹜之稻粱，沾玉斝之余沥。衔恩遇，进款诚，援青松以示心，指白水而旌信。是曰‘贿交’，其流二也。

“陆大夫宴喜西都㊷，郭有道人伦东国㊸，公卿贵其籍甚，搢绅羡其登仙。加以颔颐蹙頞[44]，涕唾流沫，骋黄马之剧谈[45]，纵碧鸡之雄辩[46]。叙温郁则寒谷成暄[47]，论严苦则春丛零叶。飞沈出其顾指，荣辱定其一言。于是有弱冠王孙、绮纨公子，道不挂于通人，声未遒于云阁[48]，攀其鳞翼，丐其余论，附驵骥之旄端，轶归鸿于碣石[49]。是曰'谈交'，其流三也。

"阳舒阴惨，生民大情[50]；忧合欢离，品物恒性[51]。故鱼以泉涸而呴沫，鸟因将死而鸣哀。同病相怜，缀河上之悲曲[52]；恐惧寘怀，昭《谷风》之盛典[53]。斯则断金由于湫隘[54]，刎颈起于苫盖。是以伍员濯溉于宰嚭[55]，张王抚翼于陈相[56]。是曰'穷交'，其流四也。

"驰骛之俗，浇薄之伦，无不操权衡，秉纤纩。衡所以揣其轻重，纩所以属其鼻息[57]。若衡不能举，纩不能飞，虽颜、冉龙翰凤雏[58]，曾、史兰薰雪白[59]，舒、向金玉渊海[60]，卿、云黼黻河汉[61]，视若游尘，遇同土梗。莫肯费其半菽，罕有落其一毛。若衡重锱铢，纩微影撇，虽共工[62]之蒐慝，驩兜[63]之掩义，南荆[64]之跋扈，东陵[65]之巨猾，皆为匍匐逶迤，折枝[66]舐痔；金膏翠羽[67]将其意，脂韦便辟[68]导其诚。故轮盖所游，必非夷、惠[69]之室；苞直[70]所入，实行张、霍[71]之家。谋而后动，毫芒寡忒。是曰'量交'，其流五也。

"凡斯五交，义同贾鬻。故桓谭譬之于阛阓[72]，林回[73]喻之于甘醴。夫寒暑递进，盛衰相袭。或前荣而后悴，或始富而终贫，或初存而末亡，或古约而今泰。循环翻覆，迅若波澜。此则殉利之情未尝异，变化之道不得一。由是观之，张、陈[74]所以凶终，萧、朱[75]所以隙末，断焉可知矣。而翟公方规规然勒门以箴客[76]，何所见之晚乎？

"因此五交，是生三衅：败德殄义，禽兽相若，一衅也；难固易携，仇讼所聚，二衅也；名陷饕餮[77]，贞介所羞，三衅也。古人知三衅之为梗，惧五交之速尤，故王丹[78]威子以槚楚，朱穆昌言而示绝，有旨哉！有旨哉！

“近世有乐安任昉[79]，海内髦杰，早绾银黄[80]，夙昭民誉。遒文丽藻，方驾曹、王[81]；英跱俊迈，联横许、郭[82]。类田文[83]之爱客，同郑庄[84]之好贤。见一善则盱衡扼腕，遇一才则扬眉抵掌。雌黄出其唇吻，朱紫由其月旦[85]。于是冠盖辐凑，衣裳云合；辎軿击辖，坐客恒满。蹈其阃阈，若升阙里[86]之堂；入其隩隅，谓登龙门[87]之阪。至于顾盼增其倍价，剪拂使其长鸣[88]。彯组云台者摩肩，趋走丹墀者叠迹，莫不缔恩狎，结绸缪，想惠、庄[89]之清尘，庶羊、左[90]之徽烈。及瞑目东粤[91]，归骸洛浦。繐帐犹悬，门罕渍酒[92]之彦；坟未宿草，野绝动轮之宾[93]。藐尔诸孤，朝不谋夕，流离大海之南，寄命嶂疠之地。自昔把臂之英[94]，金兰之友，曾无羊舌[95]下泣之仁，宁慕郈成[96]分宅之德。呜呼！世路险巇，一至于此，太行、孟门，岂云崭绝！是以耿介之士，疾其若斯，裂裳裹足[97]，弃之长骛。独立高山之顶，欢与麋鹿同群，皦皦然绝其雰浊。诚耻之也！诚畏之也！”

〔注〕 ① 朱公叔：朱穆，字公叔，东汉人，曾任侍御史。他感风俗浇薄，倡敦厚忠义，撰《崇厚论》《绝交论》。 ② 王阳：王吉，字子阳。贡公：贡禹。均西汉时人，相交好。 ③ 罕生：罕虎，字子皮。国子：名侨，字子产。均春秋郑国人，为挚友。 ④ 匠人：指《庄子·徐无鬼》中的匠石，曾运斤成风，斫尽郢人鼻上所沾白粉而不伤鼻，郢人死后遂不再展示此绝技。 ⑤ 伯子：伯牙。雅引：高雅的乐曲。伯牙与钟子期为挚友，伯牙奏琴，子期听而知其意或在泰山，或在流水。子期死后，伯牙伤于知音不复能得，摔琴断弦，终身不再弹琴。 ⑥ 范：指范式，字巨卿。张：指张劭，字元伯。二人为挚友。张劭死，灵柩行至墓地，忽停滞不前。待范式号哭赶来，牵引灵车绳索，灵车才缓缓前行。 ⑦ 尹：指尹敏。班：指班彪。二人交好，常欢谈，以至废寝忘食。 ⑧ 巧历：精于历法的人士。 ⑨ 朱益州：即朱穆。穆卒，赠益州刺史。⑩ 粤：通“越”，逾越。谟训：圣人的谋略和训诲。 ⑪ 捶：指攻击。直切：指耿直诚恳的人。⑫ 蒙：自称谦词。 ⑬ 金镜：喻指圣明之道。 ⑭ 风烈：风教。 ⑮ 日月联璧：喻太平景象。 ⑯“云飞”句：喻世道衰乱。薄：通“迫”，逼近。 ⑰ 棣华：李善注：“道衰则显棣华权道之微旨。”古称道之至当不变者为经，反经合道为权。《论语·子罕》引逸《诗》：“唐棣之华，偏其反而。”何晏《论语集解》：棠棣之华，反而后合。赋此诗以言权反而后至于大顺也。 ⑱ 五音：指宫、商、角、徵、羽五个音阶。 ⑲ 九成：反复多次演奏。乐曲演奏一遍为一成。《书·益稷》：“《箫韶》九成，凤凰来仪。”此处指韶乐，相传为舜所作。 ⑳ 朱生：朱穆。玄珠：黑色之珠。相传黄帝曾游赤水之北，登昆仑之丘，遗失玄珠。此喻指“道”。赤水：传说中的河流。㉑ 遗迹：遗忘形迹。 ㉒ 素交：纯洁的友情。 ㉓ 叔世：末世。 ㉔ 狙诈：诡诈。 ㉕ 锥刀之末：锥刀的尖端，喻指小利。 ㉖ 较言：大略言之。 ㉗ 钧：通“均”，等同。董：指董贤，字圣卿。石：指石显，字君房。均西汉宦官，贵宠一时。 ㉘ 梁：指梁冀。窦：指窦宪。皆东

汉外戚,权势极盛。 ㉙ 噏:同“吸”。 ㉚ 叠:畏惧。熏灼:喻猖獗气焰。 ㉛ 要离:春秋吴国人。公子光欲杀庆忌,要离诈以罪出逃,令吴王焚其妻儿,于是庆忌不疑而纳之。要离趁其不备,抽剑刺杀之。 ㉜ 荆卿:荆轲。荆轲为燕太子丹刺秦王,未遂而死,株连其族人。㉝ 陶:陶朱公,即春秋时人范蠡,治产积资,家产巨万。白:白圭,周人,善理财积资。 ㉞ 程:程郑,以冶铸成大富。罗:罗褒,家资巨万。均为西汉时人。 ㉟ 铜陵:铜山。汉文帝赐宦者邓通铜山,得以铸钱,邓氏钱布天下。 ㊱ 金穴:喻指东汉郭况之家。况为郭皇后弟,屡得赏赐,其富无比。 ㊲ 闬(hàn 汗):里门。鸣钟:吃饭时敲钟,为富贵人家礼仪。 ㊳ 绳枢:用绳系代替门的转轴,喻指贫穷人家。 ㊴ 末光:余光。《战国策·秦策》:“夫江上之处女,有家贫而无烛者。处女相与语,欲去之。家贫无烛者将去矣,谓处女曰:‘妾以无烛故,常先至,扫室布席。何爱余明之照四壁者。幸以赐妾,何妨于处女?’”余明,犹余光。 ㊵ 邀:求。润屋:指富家。微泽:小恩小惠。 ㊶ 飒沓:众多貌。 ㊷ 陆大夫:陆贾。汉高祖授以太中大夫之职,陈平赠钱五百万,陆贾以此款待公卿,名声鹊起。西都:长安。 ㊸ 郭有道:郭泰,字林宗,东汉人。善谈论。自洛阳归乡,诸儒送之。与李膺同舟,众宾客望之,以为神仙。东国:东都洛阳。 ㊹ 颔(qiǎn 浅)颐:脸颊扭曲的丑样。蹙頞(è 饿):紧皱鼻梁。此句形容高谈阔论时的面部表情。 ㊺ 黄马之剧谈:指战国公孙龙关于黄马的辩词。《公孙龙子·通变》:“黄其马也,其与类乎。” ㊻ 碧鸡之雄辩:指公孙龙关于碧鸡的辩词。《公孙龙子·通变》:“碧其鸡也,其与暴乎。” ㊼ 温郁:温暖。暄:暖。刘向《别录》:“邹衍在燕,有谷寒不生五谷,邹子吹律而温至,生黍也。” ㊽ 云阁:即云台,汉宫中高台名。汉明帝曾将中兴功臣三十二人画于云台。㊾ 碣石:山名。此处泛指,喻远。 ㊿“阳舒阴惨”二句,谓人活在世上则舒,在阴间则惨。 51“忧合欢离”二句:谓忧时聚合,欢时离散,是万物常情。 52“同病相怜”二句:《吴越春秋·阖闾内传》谓,伯嚭奔吴,伍子胥请授以大夫之职。吴大夫被离问,为何相信伯嚭。子胥曰:“吾之怨与嚭同。子闻河上之歌者乎?同病相怜,同忧相救。” 53“恐惧寘怀”二句:《诗·小雅·谷风》:“将恐将惧,寘予于怀。”《诗序》谓此篇:“刺幽王也。天下俗薄,朋友道绝焉。” 54 断金:喻指同心。《周易·系辞上》:“二人同心,其利断金。”湫(qiǎo 巧)隘:低洼狭小之地,贱者所居。 55 伍员:伍子胥。濯溉:浇灌,喻指扶植。伯嚭奔吴,子胥扶植而荣显,然日后正是伯嚭害子胥。 56 张王:张耳。陈相:陈余。均汉初人。抚翼:扶持。陈余因张耳扶持而尊贵,得志后,反袭张耳。 57 属(zhǔ 主):附着。人将死,于口鼻上置丝绵,观察有无呼吸,称属纩。 58 颜:指颜渊。冉:指冉伯牛。均孔子弟子。龙翰凤雏:喻出类拔萃。 59 曾:指曾参。史:指史鱼。皆孔子弟子。薰:花草香气。 60 舒:指董仲舒。向:指刘向。均西汉人。金玉渊海:谓德比金玉,学如渊海。 61 卿:指司马相如,字长卿。云:指扬雄,字子云。皆西汉文学家。黼黻河汉:喻文章灿若黼黻,烂如星汉。黼黻(fǔ fú 辅服),古代礼服上绘绣的花纹。 62 共工:尧时四凶之一。 63 驩兜:尧时四凶之一。 64 南荆:楚国,此指楚大盗庄跻。他为盗境内,吏不能禁。 65 东陵:盗跖,春秋时大盗。 66 折枝:弯腰揖拜。67 金膏翠羽:仙药和翠鸟毛羽,皆贵重难得。 68 便辟:逢迎谄媚貌。 69 夷:指伯夷。惠:指柳下惠。均春秋时高尚之士。 70 苞苴:包裹,喻指贿赂之物。 71 张:指张安世。霍:指霍光。皆汉代显贵。 72 桓谭:字君山,东汉光武时拜议郎。阛阓(huán huì 环会):泛指街市。阛,市巷。阓,市门。李善注谓桓谭并无以市喻交之文,疑为战国齐人谭拾子之语。见《战国策》。 73 林回:战国时人。回有“君子之交淡若水,小人之交甘如醴”之语,见《庄子》。74 张、陈:张耳、陈餘。 75 萧:指萧育。朱:指朱博。皆西汉人。二人本友善,后育为九卿,博先至丞相,遂有隔阂。 76 翟公:汉下邽人。为廷尉,宾客盈门,及废,门可罗雀。后复职,宾客欲往，翟公大字书于门："一死一生，乃知交情；一贫一富，乃知交态；一贵一贱，交情乃见。"规规然：惘然自失貌。　⑦⑦ 饕(tāo 涛)餮(tiè)：传说中的凶恶贪食野兽，喻指凶恶贪婪的人。⑦⑧ 王丹：东汉时人。丹之子有同门生丧亲，家在中山，丹子欲往吊唁并慰友人，丹怒挞之。⑦⑨ 乐安：地名，今属山东。任昉：字彦昇，梁武帝时任义兴、新安太守，为政清廉。　⑧⓪ 银黄：银印黄绶。　⑧① 曹：曹植。王：王粲。　⑧② 许：许劭。郭：郭泰。皆东汉末年名士。　⑧③ 田文：战国齐相，即孟尝君。　⑧④ 郑庄：名当时，字庄，西汉时人。为大司农，上朝多言天下贤者事迹。　⑧⑤ 朱紫：指是非、优劣等。月旦：指品评人物。　⑧⑥ 阙里：孔子居处，在今山东曲阜。　⑧⑦ 龙门：当时喻称任昉居宅。唯声望卓著之人能登。　⑧⑧"至于顾盼"二句：《战国策·齐策》谓，有人欲卖骏马，数日无人光顾，伯乐去而顾之，马价立增十倍。剪拂，洗涤拂拭。《战国策·楚策》谓，一骏马拉盐车，上太行，车重坡陡，不能上。伯乐遇见，下车，以为用非其才，攀而哭之，骏马乃仰天长鸣。　⑧⑨ 惠：惠施。庄：庄周。　⑨⓪ 羊：指羊角哀。左：指左伯桃。二人为生死之交，闻楚王贤，往寻之。道遇雪，伯桃将衣粮一并交与角哀，入树中死。⑨① "瞑目"句：任昉卒于新安太守任上，其地在今浙江，故曰东粤。　⑨② 渍酒：旧友吊丧之礼。⑨③ 动轮之宾：指范式，参见注⑥。　⑨④ 把臂之英：指可以托孤之友。　⑨⑤ 羊舌：羊舌肸，春秋晋人。羊舌肸见司马侯之子，抚而哭之。　⑨⑥ 郈成：郈成子。春秋时，郈成子自鲁赴晋，道过卫国，右宰谷臣设宴款待，并赠以璧。后闻卫乱，谷臣死，成子迎其妻子，还其璧，分宅安置。⑨⑦ 裂裳裹足：鞋坏，撕衣裹足而行，喻疾走。

本文是作者有感于南朝梁代任昉生前身后截然不同的境遇，慨叹世态炎凉和人情浇薄而撰写的。

南北朝时期，任昉是名闻遐迩的文学家、政绩卓著的新安太守。《梁书·任昉传》云："初昉立于士大夫间，多所汲引。有善己者，则厚其声名。"故士大夫纷纷慕名造访，正如文中所述："见一善则盱衡扼腕，遇一才则扬眉抵掌。雌黄出其唇吻，朱紫由其月旦。冠盖辐凑，衣裳云合，辎軿击辖，坐客恒满。"他为政清廉，家无蓄资，一旦撒手西归，家业顿时萧条。四个儿子尚未成年，无力支撑生活的重负，而昔日的朋友却再也不肯光顾，如文中所述："及瞑目东粤，归骸洛浦。繐帐犹悬，门罕渍酒之彦；坟未宿草，野绝动轮之宾。藐尔诸孤，朝不谋夕，流离大海之南，寄命嶂疠之地。自昔把臂之英，金兰之友，曾无羊舌下泣之仁，宁慕郈成分宅之德！"《南史·任昉传》云："(昉)有子东里、西华、南容、北叟，并无术业，坠其家声。兄弟流离，不能自振。生平交友，莫有收恤。西华冬月著葛帔练裙。道逢平原刘孝标，泫然矜之，谓曰：'我当为卿作计。'乃著《广绝交论》以讥其旧交。"

题为《广绝交论》，是因为早在东汉，就有朱穆针对当时人心不古、世风日下的社会现实，撰写了《绝交论》。本文作者则匠心独运，虚构了一个辩说的对象，假借客人之口提出问题，客问主答，以对话的形式展开宏论，进一步揭露社会丑态，论述绝交的必要，对朱穆的文章进行阐发，抒写胸中的愤慨和不平。

自古以来，友朋始终是现实社会中的客观存在，也是人们精神生活的需要。

文章一开头，就借用“客人”之口，说出对朱穆《绝交论》的困惑，并引用自然界的多种现象和历史上的诸多事实，企图说明友朋的不可或缺和多多益善。作者(即“主人”)认为，应该断绝的，并非古时那种“寄通灵台之下，遗迹江湖之上；风雨急而不辍其音，霜雪零而不渝其色”的素交，而是近世诡诈飙起之后，那种追逐财势、自私可鄙的利交。然而素交早已随着岁月的流逝销声匿迹，代之而起的，唯有形形色色的利交。为了保持自身贞介的本性，唯一的办法就是绝交。

利交源出一脉，而形态各异。作者将它分解成五种表现形式：一曰势交，即追随权贵，阿谀拍马；二曰贿交，即贪图钱财，不顾名节；三曰谈交，即倾慕名士，附庸风雅；四曰穷交，即落魄失意之人暂时苟合；五曰量交，即凡事再三权衡，只求自利。总之，这“五交”犹如街市上做买卖的商贩，有利则成交，赔本绝对不干。

“五交”的危害，并非局限于朋友之间，而是波及社会的各个层面，造成多种尖锐的社会矛盾，破坏性极大，用作者的话来说，就是“三衅”：

“一衅”是促成了仁义道德的丧失：“败德殄义，禽兽相若”。“二衅”是导致患难朋友境遇改善之后的反目成仇：“难固易携，仇讼所聚”。“三衅”是引发不知羞耻、大肆追名逐利的恶习：“名陷饕餮，贞介所羞。”此“三衅”淋漓尽致地揭露了当时社会风俗中的种种弊病。

最后，作者将笔锋指向身边的人物，无情暴露并嘲笑任昉昔日友人们的丑态。他痛苦愤懑，激情难遏，长叹道：“呜呼！世路险巇，一至于此，太行、孟门，岂云崭绝！是以耿介之士，疾其若斯，裂裳裹足，弃之长骛。独立高山之顶，欢与麋鹿同群，皦皦然绝其雰浊，诚耻之也！诚畏之也！”道出了他倡言绝交的真正缘由，是为世道所逼，因为在淳风沦丧的年代，人世间根本不存在真挚纯洁的友谊。他呼唤真正的友情，衷心希望有朝一日利交尽，素交兴。

和通常说理文形式有所不同，本文以骈文写成，这是当时文坛风气使然。但它并无一般骈文过于追求形式美，矫揉造作而削弱文意表达的毛病，显得格调清新，泼辣爽利，感染力很强。

作者善于说理，或援引史实，或直斥现状，或分析道理，或描绘世态，正论反议，层层推进，条分缕析，归纳总结，从素交尽、利交兴的原因说起，转而扩大为利交的多种形式和弊病，最后又收拢至眼前的事实，从而将利交的丑陋和危害剖析得清晰透辟，令读者自然认同必须绝交的观点。

作者立论深邃，说理透彻，得益于他敏锐的社会观察能力和对生活、对朋友的满腔热诚。其实，他并非是一个天马行空、独往独来的傲士畸人。从他存留的书信看，他推崇那些不与时俗同流合污、隐居修行、遨游林泽的高士，称扬不愿为官、挂檄而逃的后辈。他的交游中，既有贵人又有平民，既有长者也有少年，不仅交游很广，而且十分希望缔结真挚的友情。就是在本文中，也能看到他对任昉孤子深切的关怀。正因为他爱之深，才能恨之切，自始至终保持一股激昂真挚的感情，大大增强了文章的感染力。

作为骈文，本文对仗和用典尤为精妙。古人有言："言对为易，事对为难。"（《文心雕龙·丽辞》）所谓事对，既讲求语言形式的骈偶，还必须注意典故的对仗。本文大量采用事对，似乎是不经意之中的随手剪裁，却往往是妙不可言的佳对。如"匠人辍成风之妙巧，伯子息流波之雅引；范、张款款于下泉，尹、班陶陶于永夕"，再如"约同要离焚妻子，誓殉荆卿湛七族"，又如"陆大夫宴喜西都，郭有道人伦东国"等等，均足以显示其非凡的语言功力。

本文虽重在议论说理，却经常采用辞赋惯用的排比铺张的笔法，增强文章的文学色彩。作者还巧妙地援引类似诗歌的起兴手法，以相关的事物暗喻、烘托并引发人事。如文章开头说到朋友的关系，就首先描绘了一系列相互依存、相互作用的自然现象："夫草虫鸣则阜螽跃，雕虎啸而清风起。故絪缊相感，雾涌云蒸，嘤鸣相召，星流电激。"以此强调人世间相依相存的朋友关系，自然妥帖。

文中比喻、夸张的运用，形象贴切，发人深思。比如讥讽人的僵化迂拙，以操琴捕鸟作比："所谓抚弦徽音，未达燥湿变响；张罗沮泽，不睹鸿雁云飞。"再如说到董贤、石显等权贵们的嚣张和威势，夸饰为："吐漱兴云雨，呼噏下霜露；九域耸其风尘，四海叠其熏灼。"又如描绘"势交"朋友们的奔走钻营和信誓旦旦："鸡人始唱，鹤盖成阴；高门旦开，流水接轸。皆愿摩顶至踵，隳胆抽肠。"凡此种种，都显示了作者圆熟的艺术技巧。

《广绝交论》痛快淋漓，慷慨激昂，揭露时弊，入木三分。据仕梁入周的刘璠《梁典》载，任昉的旧友到溉"见此论，抵几于地，终身恨之"，足见它具有强大的威慑力。作者为炎凉世态、浇薄人情描绘了一幅真实的图画，深刻剖析并论证"五交三衅"，曾引发后世文人高士的强烈共鸣，至今仍然有着不容低估的现实意义。

（孙小力）

【作者小传】

丘　迟

（464—508）　南朝梁文学家。字希范。吴兴乌程（今浙江湖州市）人。举秀才。初仕齐，官殿中郎。入梁，官司空（一作司徒）从事中郎。善诗赋文章。后人辑有《丘司空集》。

与陈伯之书　　丘　迟

迟顿首。陈将军足下：无恙，幸甚，幸甚！

将军勇冠三军，才为世出，弃燕雀之小志，慕鸿鹄以高翔。昔因机变化，遭遇明主，立功立事，开国称孤①，朱轮华毂，拥旄万里②，何其壮也！如何一旦为奔亡之虏③，闻鸣镝而股战，对穹庐以屈膝，又何劣邪！

寻君去就之际，非有他故，直以不能内审诸己，外受流言，沉迷猖獗④，以至于此。圣朝赦罪责功，弃瑕录用，推赤心于天下，安反侧于万物，将军之所知，不假仆一二谈也。朱鲔涉血于友于⑤，张绣剚刃于爱子⑥，汉主不以为疑，魏君待之若旧。况将军无昔人之罪，而勋重于当世。夫迷途知返，往哲是与；不远而复，先典攸高⑦。主上屈法申恩，吞舟是漏；将军松柏不翦，亲戚安居，高台未倾，爱妾尚在。悠悠尔心，亦何可言！

今功臣名将，雁行有序，佩紫怀黄，赞帷幄之谋；乘轺建节，奉疆埸之任，并刑马作誓，传之子孙。将军独靦颜借命，驱驰毡裘之长，宁不哀哉！夫以慕容超之强，身送东市⑧；姚泓之盛，面缚西都⑨。故知霜露所均，不育异类；姬汉旧邦，无取杂种。北虏僭盗中原，多历年所，恶积祸盈，理至焦烂。况伪孽昏狡，自相夷戮，部落携离，酋豪猜贰。方当系颈蛮邸，悬首藁街。而将军鱼游于沸鼎之中，燕巢于飞幕之上，不亦惑乎！

暮春三月，江南草长，杂花生树，群莺乱飞。见故国之旗鼓，感平生于畴日，抚弦登陴，岂不怆恨！所以廉公之思赵将⑩，吴子之泣西河⑪，人之情也，将军独无情哉？

想早励良规，自求多福。当今皇帝盛明，天下安乐。白环西献⑫，楛矢东来⑬。夜郎滇池，解辫请职；朝鲜昌海，蹶角受化⑭。唯北狄⑮野心，掘强沙塞之间，欲延岁月之命耳。中军临川殿下，明德茂亲，总兹戎重⑯。吊民洛汭，伐罪秦中⑰。若遂不改，方思仆言。聊布往怀，君其详之。丘迟顿首。

〔注〕① 开国称孤：开建邦国。孤，王侯自称。502年4月萧衍称帝后，陈伯之"进号征南将军，封丰城县公，邑二千户"（《梁书·陈伯之传》），并依旧任江州刺史。晋以后封爵，自郡公至县男，皆冠以"开国"之号。 ② 拥旄万里：拿着朝廷颁发的旄节，号令一方。《文选》李善注引荀悦《汉纪》有"今之州牧，号为万里"的说法。 ③ 奔亡之虏：逃亡投敌分子。502年，疑心很重的陈伯之，受野心分子褚缃等人的蛊惑，叛梁降魏（详《通鉴·天监元年》及《梁书·陈伯之传》）。 ④ 猖獗：倾覆、失败。 ⑤ 朱鲔涉血于友于：朱鲔（wěi），王莽末年绿林军将领，曾劝更始帝刘玄杀害光武帝刘秀之兄伯升。后刘秀攻洛阳，鲔坚守。刘秀令岑彭劝降，鲔曰："大司徒公被害，鲔与其谋，诚知罪深，不敢降耳。"刘秀复令彭往说："夫建大事不忌小怨，今降，官爵可保，况诛罚乎？"遂降。友于：兄弟。 ⑥ 张绣剚刃于爱子：《三国志·魏书·武帝纪》："（建安）二年，公到宛，张绣降，既而悔之，复反。公与战，军败，为流矢所中，长子昂、弟子安民遇害。四年冬十一月，张绣率众降，封列侯。" ⑦ 不远而复：《易·复》："不远复，无祇悔，元吉。"《正义》："不远复者，是迷而不远即能复也。无祇悔元吉者，祇，大也，既能速复，是无大悔，所以大吉。" ⑧ 慕容超：十六国时南燕君主。刘裕北伐，生擒之，解赴建康斩首。东市：原为汉代长安处决犯人之处，后泛指刑场。 ⑨ 姚泓：十六国时后秦君主。刘裕伐泓，长驱入关。王镇恶克长安，生擒姚泓，斩于建康。西都：长安。 ⑩ 廉公之思赵将：廉颇，赵之良将。赵悼襄王立，使乐乘代廉颇。廉颇怒，攻乐乘，遂奔魏，魏不能信用。赵王思复得廉颇，颇亦思复用于赵。然因使者之言以为老，遂不召。廉颇入楚为楚将，无功，曰："我思用赵人。"见《史记·廉颇蔺相如列传》。 ⑪ 吴子之泣西河：吴起治西河之外，王错谮之于魏武侯，武侯使人召之。吴起至于岸门，止车而望西河，泣数行下，曰："西河之为秦取不久矣，魏从此削矣。"见《吕氏春秋·长见》，又见于《观表》篇。 ⑫ 白环西献：《竹书纪年》卷上载帝舜有虞氏时，"西王母来朝，献白环、玉玦"。 ⑬ 楛矢东来：《国语·鲁语下》："仲尼曰：'昔武王克商，通道于九夷、百蛮，使各以其方贿来贡，使无忘职业。于是肃慎氏贡楛矢、石砮，其长尺有咫。'"此两条引用典故，言梁朝之盛明。 ⑭ 夜郎滇池，解辫请职：古夜郎国在今贵州桐梓东。汉武帝元鼎六年（前111），夜郎王始倚南越，南越已灭，夜郎遂入朝。古滇池国，在今云南昆明一带。汉武帝元封二年（前109）以兵临滇，滇王举国降，以为益州郡。《史记·西南夷列传》称夜郎、滇等民"皆魋结（椎髻）"，巂、昆明"皆编发"。解辫请职谓改易风俗，服于中朝，请求封职。朝鲜昌海，蹶角受化：汉武帝元封三年（前108），定朝鲜，为乐浪、临屯、玄菟、真番四郡。昌海：即昌蒲海，一名蒲昌海，又名盐泽，去玉门、阳关三百余里，广阔三百里。此言其附近诸国。蹶角受化谓以额角叩地，表示归顺。梁武帝萧衍甫即位，即封高句骊王高云为车骑大将军，百济王餘大为征东大将军，见《梁书·武帝纪》。 ⑮ 北狄：指北魏。古代对北方民族称狄。 ⑯"中军临川殿下"三句：《梁书·武帝纪》："（天监四年）冬十月丙午北伐，以中军将军扬州刺史临川王（萧）宏都督北讨诸军事。" ⑰ 洛汭、秦中：洛汭，洛水入黄河处，在河南洛阳、巩县一带。秦中，今陕西中部地区。当时均属北魏。

《与陈伯之书》是一篇优美的骈体书信，系丘迟晚年之作。丘迟今存文章十三篇（见严可均辑的《全梁文》），诗十一首（见逯钦立辑的《先秦汉魏晋南北朝诗》）。明人张溥认为，使丘迟能在文学史上站得住，"其最有声者，与陈将军伯之一书耳"（《汉魏六朝百三名家集题辞》）。

一封书信产生了明显的政治作用，招降了八千叛军，这在历史上是罕见的。其中复杂的历史因素，有待于认真探讨。但是，它在文学上的成就，我们似乎可以从“尽言”和“尽情”两个方面加以认识。

丘迟的同辈人刘勰（与迟同游于萧宏之门），在《文心雕龙·书记》篇里，对自汉以来的书札作了理论分析。他举出其中的优秀作品，如司马迁的《报任安书》、东方朔的《难公孙宏书》、杨恽的《报孙会宗书》、扬雄的《答刘歆书》，虽然风采各异，但都具有感情充沛、气魄雄伟的特点。刘勰十分强调这些名家在书简写作上能自出机杼，灌注情感（“并杼轴乎尺素，抑扬乎寸心”）。刘勰进而总结书札“本在尽言，言以散郁陶，托风采”。如何“散郁陶”呢？应该文字畅达，发抒情性，曲尽心声（“故宜条畅以任气，优柔以怿怀。文明从容，亦心声之献酬也”）。

“尽言”和“尽情”是互为依存的，以理服人，以势导人，离不开以情动人。而以情动人，总是有待于透彻的说理和敏锐的时势分析。应该说，在这个水平上看《与陈伯之书》，总是会有教益的。

从“尽言”来说，作者丘迟如仅以老朋友身份率直地向陈伯之进忠告，显然也是可行的，但必须审时度势，洞察隐情，打开对方的心扉。应该注意到，写这封信的时候（梁武帝天监五年[506]三月），形势有微妙的变化。前一个月，陈伯之打败了南方名将昌义之而威震江淮，而本月份北魏咸阳王元禧的儿子元翼等三贵胄投奔梁朝，使集结洛口的北伐军平添声色。此时此刻，有利因素和不利因素都显示了重要意义，如何将“劝降书”写得得体，能打动对方，的确是不容易的。

信是从肯定陈伯之的才干写起的。“勇冠三军”“慕鸿鹄以高翔”等词色很重的奖借话头，不能看成虚美，是为“昔因机变化”作铺垫的。丘迟充分肯定了陈伯之四年以前随梁武帝萧衍引兵进围建康，消灭南齐东昏侯暴虐统治之举。但是，细按史书，陈伯之当年的起义是颇为犹豫的，说穿了，他是萧衍逼降的（逼降的经过，具详《通鉴·中兴元年（公元501年）》）。然而，参与讨伐东昏侯，毕竟是陈伯之政治生涯中最“光彩”的一页。没有对这一页的充分肯定，就树立不起陈伯之重新归义的信心与决心。然而，揄扬之笔也不能突兀生硬，总得有前因倚托。因此，“勇冠三军”云云虽稍嫌过誉，但把它放在“遭遇明主，立功立事，开国称孤。朱轮华毂，拥旄万里”这一段有滋有味的回顾之前，就特别中听，显得顺理成章。写到这里，再将过去的明智、显赫，与今日“闻鸣镝而股战，对穹庐以屈膝”的卑怯加以对比，真使人愧煞，悔煞，难以自容。过去的评笺家，只从章法上着眼，认为这是一种“擒纵之法”，实质上这更是在“尽言”，是“言以散郁陶”，是对老朋友肝肠内热的开导，给老朋友解思想疙瘩。

信的第二段先是分析陈伯之失误的原委。“寻君去就之际，非有他故，直以不能内审诸己，外受流言，沉迷猖獗，以至于此。”针对陈伯之多疑的性格弱点，这一段剖析事理很细，很有层次。

陈伯之是一个“目不知书”、草莽起家的乱世英雄，在扰攘的齐梁之际，他发迹了。公元494年，他还是平西将军王广之军前的部将，过了四年就独当一面，升任冠军将军、骠骑司马，在淝口一带与北魏抗衡。再过一年即被东昏侯大用，为江州刺史都督前锋诸军事，据寻阳以拒梁武(萧衍)，而寻阳则是齐朝西面的重镇。在齐、梁建康决战之际，他的确是举足轻重的大人物了。当萧衍逼降他的时候，他“犹怀两端”，直到萧衍大军压境，他才杀了新蔡太守席谦“束甲请罪”。而他作了萧衍的江州刺史不到一年，就由“自疑”而投奔北魏去了。这个“自疑”是陈伯之性格中最突出之点，也是他反复无常的内在原因。政局急剧动荡，使军阀们最重视保存实力，计较眼前利害，陈伯之的反复与此有直接关系。丘迟紧紧抓住陈伯之“自疑”的性格特点，“抑扬乎寸心”，解陈伯之的思想疙瘩，可谓深中肯綮。天监元年(502)，陈伯之“沉迷猖獗”，叛梁降魏，第一位的原因至少是“不能内审诸己”(自己没有主见)，同时也不能忽视“流言”的蛊惑作用。对于朋友的这个严重的历史问题，如有意回避，则进言就不真诚，对方必难以置信；如过于追究个人责任，这个“草莽英雄”也会产生对立情绪，听不进忠告。只有这样设身处地、推心置腹的分辨是非，才显得出老朋友之间“肝胆相照”的友谊。关于陈伯之的“沉迷猖獗”，《梁书·陈伯之传》的记载是清楚的：彼时有个野心分子褚緭，在建康钻谋不到好职位，看到“陈伯之拥强兵在江州……有自疑意”，于是就跑到江州撺掇陈伯之。而陈的亲信邓缮、戴永忠“并乘伯之愚闇，恣行奸险”。而恰在这时，注目江州的梁武帝萧衍，又派陈伯之的儿子陈虎牙从京城到江州“私戒伯之”(《通鉴》)，并委派替换邓缮的人，于是矛盾激化了，陈伯之在一群策反者的包围下，作出了投降北魏的决定。丘迟在这桩历史公案面前是非清楚，诘责极有分寸。信中持论如此正，陈义如此高，自会令人心折。然而，丘迟的“尽言”尚不止此，他要把陈伯之疑惧的根子挖出来。信的第二段接着极论梁朝宽大政策，远引历史著名事例，近举陈伯之切身私事，反复设譬，层层论证，就是这个用意。对比刘秀、曹操不念旧恶，“将军无昔人(朱鲔、张绣)之罪，而勋(指讨东昏侯)重于当世”，就很有说服力；引证《易经》上“不远而复”的话，强调“迷途知返”，就有理论根据。真心话自与真感情相伴而至，丘迟语重心长地告诉陈伯之，“将军松柏不翦，亲戚安居，高台未倾，爱妾尚在”，陈伯之牵肠挂肚的事释然于心，自会相信

"主上屈法申恩，吞舟是漏"是真的。这样理惬情真的劝说，对方不能不动心，不能不考虑。

第三段进一步剀切地陈述现实的利害，"尽言""尽情"又有所深入：而今梁朝君臣相得，荣华富贵可以"传之子孙"的情景，是陈伯之衷心向往的。而侧身异族的危殆，不论从历史和现实讲都是严峻的；何况"伪孽昏狡，自相夷戮；部落携离，酋豪猜贰"都是可以复按的事实。光说北魏宣武帝元恪即位以来，统治中枢的激烈政争就够怵目惊心了。公元501年宣武帝的叔叔咸阳王元禧图谋起兵被杀。公元504年北海王元详遭权臣高肇之忌，被囚暴卒。推前几年(497)因孝文帝迁都洛阳，血案迭起：太子元恂，贵胄元业、元隆、元超，大臣穆泰等相继被杀。由于南北对峙，边境上常有叛降之事发生，而公元505年竟有三个北魏重要人物降梁：正月，骁骑将军镇守合肥的夏侯道迁降梁。二月，氐王杨集起、杨集义叛魏，断汉中粮道。十一月，益州刺史王足奔梁(均见《通鉴》天监四年)。接触这些敏感的事实，陈伯之会有一种"鱼游于沸鼎之中，燕巢于飞幕之上"的危机感，不能不认真自谋。

第四段宕开笔墨写"杂花生树，群莺乱飞"的迷人醉人的江南春景，和第二段"高台未倾，爱妾尚在"的温馨生活联系起来，怎能不使陈伯之动归首之情？紧承这一段朴素优美的写景文字，接踵而来的是回肠荡气的抒情排句"见故国之旗鼓，感平生于畴日，抚弦登陴，岂不怆悢"，把感情推向高潮。人们历来激赏"暮春三月，江南草长"等四句，认为这是写活了江南暮春绮丽的风光。人们也承认这写景名句有强烈的移情作用。然而，似乎还应该注意到，这些写景名句，只有如此这般地镶嵌在《与陈伯之书》里，才显出非凡的动魄悦魂的力量。人们眷恋故土的感情是沁透心脾的。中唐诗人刘商在他颇负盛名的乐府诗《胡笳十八拍》第六拍中写道："怪得春光不来久，胡中风土无花柳。"南方旖旎的花柳春光，对羁留北土的蔡文姬当然是不堪回首的。晚唐诗人钱珝在他的七绝《春恨》之一里写道："负罪将军在北朝，秦淮芳草绿迢迢。高台爱妾魂消尽，始得丘迟为一招。"把陈伯之的故国之思理解得较全面，既包括故土的眷恋，也有亲人的萦怀。丘迟的信从这两个方面较深地触动了陈伯之的思绪，一定程度上叩开了叛将的心扉。

第五段既是必不可少的收束，也有一点宣传势头。夸张梁朝的"盛德"服四夷，是空泛一些，但特别提示此次身膺北伐重任的是临川王萧宏殿下，却值得玩索。萧宏此次挂帅，不仅因他是梁武帝萧衍之弟，"明德茂亲"，来头不小；尤其在"北人"眼里有不寻常的反响："器械精新，军容甚盛，北人以为百数十年所未之有"(《梁书·太祖五王传》)。陈伯之自然是"北人"中之一员，他对萧宏北伐将会有怎样的反响，丘迟秉笔时一定有过掂量。

必须看到，丘迟写这封信具有权威身份。丘迟的这种权威身份，陈伯之是明确意识到了。时代略晚于丘迟的历史学家刘璠(510—568)，在《梁典》里记述："帝(萧衍)使吕僧珍寓书于陈伯之，丘迟之辞也。伯之归于魏，为通散常侍。"(转引自《文选》李善注)这一条史料值得重视，它明确告诉我们：《与陈伯之书》是梁武帝萧衍授意吕僧珍让丘迟起草的。吕僧珍是梁武帝的亲信大臣，梁武帝受禅后他是"散骑常侍，入直秘书省，总知宿卫。天监四年冬，大举北伐，自是军机多事，僧珍昼直中书省，夜还秘书"(《梁书·吕僧珍传》)。丘迟有了皇帝的承诺和谅解，代表皇帝而又以老朋友的情谊，草拟这封"尽言""尽情"的书札。陈伯之驻军寿阳，首当北伐大军"吊民洛汭，伐罪秦中"之冲，接到这封情至意切而有权威的书信，怎能不幡然来归呢？

（魏明安）

【作者小传】

陶弘景

(456—536)　南朝齐梁时道教思想家、医学家。字通明，自号华阳隐居。丹阳秣陵(今江苏南京)人。仕齐拜左卫殿中将军。后隐居茅山。搜集整理道经，创立茅山派。入梁，武帝礼聘不出，但朝廷大事辄就咨询，时称"山中宰相"。对历算、地理、医药等都有较深研究。卒谥贞白先生。著有《本草经集注》《真诰》等。

答谢中书书①　　陶弘景

山川之美，古来共谈。高峰入云，清流见底。两岸石壁，五色交辉；青林翠竹，四时俱备。晓雾将歇，猿鸟乱鸣；夕日欲颓，沉鳞竞跃。实是欲界②之仙都。自康乐③以来，未复有能与其奇者。

〔注〕①谢微：《梁书·文学传》作"谢征"，字元度，曾任豫章王记室兼中书舍人，中书郎。②欲界：指人世。佛家有三界之说，欲界是有七情六欲的众生所居的人间。　③康乐：谢灵运袭封康乐公，平生最喜登临山水。

《答谢中书书》是陶弘景俊赏山林、心灵净化之后所写。它是六朝书札名篇，与吴均的《与宋元思书》可称双璧。谢中书即谢微，与陶弘景皆卒于大同二年

(536)。谢微任中书舍人的后限是公元526年,任中书郎在公元532年,都在陶弘景七十岁以后。故此篇当为陶弘景晚年所作。

这篇骈文山水小札,引起后世选家的普遍注意,是因它清丽明净而富于含蕴,与充斥在齐、梁文坛上那些繁缛浮艳、内容空虚的骈体文大异其趣,也与作者早年所写的《寻山志》(《艺文类聚》卷三六)、《答虞中书书》(《艺文类聚》卷三七)等追求形似,"窥情风景之上,钻貌草木之中"(《文心雕龙·物色》)的作品迥然不同。

陶弘景早年游历访道时足迹遍及江浙的名山胜水,三十七岁退隐茅山,后在江南佳丽的山水中度过了四十四个春秋。《答谢中书书》中凝聚了他激赏江南山林的情韵。这情韵,首先表现为作者山水意识的强烈与深湛。"山川之美,古来共谈",看似平平叙说,实则包孕很广。自从孔子说了"智者乐水,仁者乐山"(《论语·雍也》)以后,山水在人们的眼里常有性格的隐现。接着庄周更讲了"山林与!皋壤(原野)与!使我欣欣然而乐与?"(《庄子·知北游》)"大林丘山之善于人也(所以适于人),亦神者不胜(也是因为心神舒畅无比的缘故)"(《庄子·外物》)等审美意识更浓的话。魏晋南北朝时期大批隐士肥遁山林后,亦在佳山水中寻求启示。可见谈"山川之美"的话题自古就很多。文章一开头引起读者思索,这效果很不一般。

抓住江南山林的特征,用简洁空灵的笔墨来写,这是《答谢中书书》突出的优点。"高峰入云"的磅礴气势在北方也能看到,但在同一个景观里,又相伴着"清流见底"直视无碍的澄澈之美,在北方就难以见到。

写山林景色的瑰丽,作者只用了两组对偶句共十六个字,即"两岸石壁,五色交辉;青林翠竹,四时俱备",已显得活脱精到,引人遐想。南宋人邓椿在他的《画继》里曾指出:"世徒知人之有神,而不知物之有神。"山林的"神"(本质特征),高明的作家艺术家总有独特的感受。陶弘景以形写神,在他笔下茅山中一年到头"青林翠竹"已使人欣悦不置,更有谁领略过,在清流两岸壁立千仞的高峰之上,常年色彩变幻莫测。这奇幻瑰丽的色彩,当然是大自然奥秘的生命之彩,它的奇情壮采和迷离多变的性格,作者用"五色交辉"来形容,可谓恰到好处。而如果用工笔刻镂,即使作到"情必极貌以写物,辞必穷力而追新"(《文心雕龙·明诗》),也难免拖沓板滞,存形而略神。多种色彩奇妙的调谐而又变动不居,正是山林的逸趣神韵所在,然而这却是最难着笔之处。陶弘景用视觉形象和动感都很强的"五色交辉"四字来点染,自会引起读者对绚烂的山林形象的种种联想与记忆,在记忆里呈现的奇伟与色彩因人而异,具有无比的丰富性。这种能激起读者审美活动的活脱笔触，可称“字外之奇”（萧衍《观钟繇书法十二意》）。陶弘景又是书法家，他与梁武帝萧衍讨论钟王书法的文字俱在（见萧衍《答陶弘景书》及陶弘景《与梁武帝启》），颇能显示他的艺术见解，这一点可存而不论。但陶弘景在书法艺术上讲究空间布白之美，和文学创作上用笔空灵是一致的。通过文字诱发读者的联想，虚实相生，形成字外的意境，让读者丰富的想象补充作者的艺术空白，正是本文成功之笔。

写了茅山中一年四时之美后，作者又用两组并列对偶句写一日之美：“晓雾将歇，猿鸟乱鸣；夕日欲颓，沉鳞竞跃。”如果说写茅山一年四时之美是以静见动：静到能窥见大自然的奥秘，大自然生命之律动是通过“交辉”的色彩奉献给作家的，那么，茅山中一日之美则是以动见静：天刚麻麻亮，“晓雾将歇”，花叶上露珠还未照上太阳时，山林就开始了欢唱，“猿鸟乱鸣”。这“乱”字有声繁悦耳，使人迷惑，动人心魄的意思。而到了“夕日欲颓”、金乌西栖之后，鱼儿避开了“鹰瞵鹗视”的威胁，此际竞跃腾欢，尽情享受空气中弥漫的芳馨。总之，从早到晚，山林中正是由于猿的柔声啼唤，鸟的恣意鸣啭和鱼的欢腾竞跃而显得格外静谧幽美。

从结构上看，《答谢中书书》从富有审美意味的两句开头，接着有两个不同时空层次的描写，以静现动，以动见静，写出了茅山美的性灵。至此出声赞叹：“实是欲界之仙都（实在是人间天堂呀）！”就是应有之笔。接着以反接收束全篇，深憾于自谢灵运以来竟无人妙赏此佳山水，一唱三叹，摇曳生姿，文章虽短而含蕴不尽。

以骈文的主要特征来看，《答谢中书书》或许不是很严饬的。四四四四的句式对属虽工，但基本上不用典藻饰。音律上平节和仄节的交替，也不完全合律。但它好就好在骈散兼行，散文的疏宕流畅之美和骈文的整炼之美结合得很好。谋篇见巧思，用语清丽含蓄，诗化了意境。

李兆洛在《骈体文钞》卷三十《答谢中书书》末批曰：“亦应尚有起讫。”认为它不是完篇。这是对书信体应该“尽言”（《文心雕龙·书记》）一点理解得过死，认为只有洋洋洒洒才算“尽言”，殊不知“文明从容，亦心声之献酬也”（同上），写信向对方把心里的话说透了，即算“尽言”。《答谢中书书》虽只六十八个字，但它已把作者幽栖山林俊赏妙悟之情趣写出来了。谢中书即谢微，出身名门，为谢朓的从侄孙，深得梁武帝萧衍之倚重。《梁书·文学传》说他：“年位尚轻，而任遇已重”。他很有才华，曾当殿赋诗三十韵，二刻便就，“其辞甚美，高祖（萧衍）再览焉”。这样一位锋芒早露、官运亨通的晚辈（谢少陶四十四岁），其骄矜自负自不待言，而陶弘景摒弃客套直抒胸臆的答书（谢的报书今已佚），愈益显出他这位

“山中宰相”(《南史·陶弘景传》)的气度。 (魏明安)

【作者小传】

郦道元

(466或472?—527) 北魏地理学家、散文家。字善长。范阳涿县(今河北保定涿州市)人。官御史中尉,执法严峻。后为关右大使,被雍州刺史萧宝寅杀害。好学博览,文笔深峭。撰有《水经注》。

三 峡① 郦道元

自三峡七百里中,两岸连山,略无阙处。重岩叠嶂,隐天蔽日,自非亭午夜分,不见曦月。至于夏水襄陵,沿溯阻绝。或王命急宣,有时朝发白帝,暮到江陵②,其间千二百里,虽乘奔御风,不以疾也。春冬之时,则素湍绿潭,回清倒影。绝巘多生怪柏,悬泉瀑布,飞漱其间,清荣峻茂,良多趣味。每至晴初霜旦,林寒涧肃,常有高猿长啸,属引凄异,空谷传响,哀转久绝。故渔者歌曰:“巴东③三峡巫峡长,猿鸣三声泪沾裳。”

〔注〕 ① 三峡:瞿塘峡、巫峡、西陵峡的总称,在长江上游四川东部、湖北西部一带。据今人考证,郦道元足迹未至南方,其文实取材自南朝宋盛弘之的《荆州记》。 ② 白帝:城名,在今四川奉节县东边山上。江陵:县名,今属湖北。 ③ 巴东:郡名,东汉末置,治所在鱼复(今四川奉节东)。地控三峡之险,为蜀汉东部门户。

在诗人、画家的眼中,流动的江河,挺峙的山峦,都是有生命的。他们常与明月对饮,同清风闲谈,故出现在笔下的山水草木,也大多清新可爱,带着许多灵气。就如北魏的郦道元,他以地理学家的目光探寻自然,又以文学家的心灵感受自然,因此他的《水经注》虽是一部地理学巨著,又同时能带给人们以艺术上的莫大享受。《三峡》正是其中最具魅力的篇章之一。它仿佛是一轴瑰奇多彩的山水画长卷,令人于赏观之际不胜惊奇,不胜喜悦!

你看它开头几笔,多像是潇洒泼墨的大写意:“自三峡七百里中,两岸连山,略无阙处。重岩叠嶂,隐天蔽日。”作者的视线,在无限空阔的天地间扫过,而后从上到下,又从下到上,大笔勾勒磅礴七百里的三峡全景:那耸峙两岸的群峰,拔地而起的叠嶂，便连绵疾走，瞬息之间占据了天空，遮蔽了云日。它们的涌现，简直使整个世界都黯然失色了，天地是三峡的，连“曦（日）月”也只有在“亭午（正午）夜分”，才能进入其中。

不过高山总需有流水陪衬，才显得灵气十足。至于伟岸雄峻的三峡，就更需汹涌飞驰的一江急流了。作者接着选取的，恰正是震荡三峡的浩浩“夏水”：椽笔方落，夏水即已“襄陵”（水凌于高陵之上）。那是三峡水势最盛的夏日，它滚滚滔滔，奔腾咆哮，正与两岸沉默的高山相应，为三峡带来了蓬勃的活力。而阻塞水道，漫过高陵的迅猛，又使三峡于雄峻之中，增添了几分惊险壮奇的声色。令人惊异的是，作者并没有去直接描摹江水的惊涛拍岸，江行的风波险恶；而是想落天外，在波峰浪尖之上，虚拟了一叶扁舟，让它击波逐浪，与“王命急宣”的使者骏骑相比。结果是“朝发白帝，暮到江陵”，一千二百里的行程，“虽乘奔御风，不以（如）疾也”。只八个字，便在路遥、时短、行速的比较中，显示了三峡之流无可凌逾的湍急！而虚拟中小舟和使者的出现，又赋予了雄奇的自然以无限的生命力，作者的运笔奇思，真是妙不可言。难怪后世李白，竟也因之触动灵感，写出了“朝辞白帝彩云间，千里江陵一日还”（《早发白帝城》）的名句。

三峡之美，虽以山高水急为主要特征，但也不仅仅如此。在它七百里的山山水水中，还回转着无尽的俊姿秀影。恰似一条曲折漫长的彩色画廊，一弯一转之间，向你展现的，都是令人留连的绝美画境。就说是“春冬之时”吧，三峡深幽隽逸，别是一种清奇秀脱的模样：你看那碧绿的潭水，浮漾着峰峦花树的倒影；而那些“吸翠霞而夭矫”的怪柏，把根扎在悬崖峭壁上，倾斜着躯干，真是情态百出。还有那些挂在山崖上的大大小小瀑布，正带着欢畅的笑声，从高处飞冲而下。面对着这种水清、树荣、山峻、草茂的幽秀景象，你是否也要与作者一起，发出“良多趣味”的感叹呢？

至于那些雨后初晴的秋日，或是霜花满天的早晨，三峡却又另有一番风致了：山野间寒静肃穆，仿佛含着深愁似的。寂寂的山谷之间，又常有“高猿长啸”，啸声绵长，凄凉怪异，加以“空谷传响”，很久才消失。它所带给你的，该是一脉何其缠绵的愁思！这种种惆怅和哀愁，又被作者巧妙地绾结到那一曲“猿鸣三声泪沾裳”的古朴渔歌中去，听来便愈加余音缠绕，令你神思萧散而泪水涔涔了。

细细涵咏，这篇短短的文字，竟把三峡之美，表现得何等神奇！它的山旋水转、四季变幻和奇境迭出，究竟给了作者以多少画之笔意、诗之灵感呵？作者笔下的三峡，简直就是一位魁伟入云的奇男子：盛夏的奔放和热情，春冬的俊逸和

三峡

——明崇祯六年墨绘斋刻本《名山图》

闲远，秋日的忧伤和啸叹，构成了它多么丰满而多姿多态的性格。这就是绵延大江七百余里的三峡！它仿佛一直在等待着人们发现它、认识它，以至于天荒地老，亿万千年。只是到了作者的眼中、笔下，它的雄峻神奇、秀美俊逸和豪放深情，才第一次得到了欣喜惊人的表现，激起了读者的诧愕高妙的赞叹、遐想。面对着这位拥有一襟山岚的友人的到来，倘若三峡有知，恐怕也要“惊知己于千古”了。

（张　巍）

孟　门　山　　郦道元

河水南径北屈县故城西。西四十里有风山，上有穴如轮，风气萧瑟，习常不止。当其冲飘也，略无生草，盖常不定，众风之门故也。风山西四十里，河南孟门山。《山海经》曰：“孟门之山，其上多金玉，其下多黄垩、涅石①。”《淮南子》曰：“龙门未辟，吕梁未凿，河出孟门之上，大溢逆流，无有丘陵，高阜灭之，名曰洪水。大禹疏通，谓之孟门②。”故《穆天子传》曰：“北登孟门，九河之隥。”孟门，即龙门之上口也。实为河之巨厄③，兼孟门津之名矣。

此石经始禹凿，河中漱广，夹岸崇深，倾崖返捍，巨石临危，若坠复倚。古之人有言：“水非石凿，而能入石。”信哉！其中水流交冲，素气云浮，往来遥观者，常若雾露沾人，窥深悸魄。其水尚崩浪万寻，悬流千丈，浑洪赑怒④，鼓若山腾，浚波颓叠，迄于下口。方知慎子下龙门，流浮竹，非驷马之追也⑤。

〔注〕①“孟门”数句：见《山海经·北山经》。黄垩（è扼），黄沙土。涅（niè聂）石，矾石。②“龙门”二句：见《淮南子·本经训》。又“龙门未辟”至“名曰洪水”：见于《尸子》卷下。③厄（ài爱）：阻塞。④浑：深大貌。赑（bì必）：猛烈激疾貌。⑤慎子：慎到，战国时人，著有《慎子》，书中言及“河下龙门，其流驶如竹箭，驷马追之不及”。

如果说《三峡》以磅礴的气势，挥斥着七百里长峡的叠嶂奔浪，绘下了江行南国的清壮俊逸之境的话，《孟门山》则以粗犷的旋律，从惝恍迷离的荒古传说中，奏响了河下龙门的雄浑壮曲。

本文的开笔，似乎是在尚无编年的洪荒时代。狂暴不羁的滚滚大河，正带着太古荒原的朴拙气息，从传说中的西昆仑啸腾奔来。它在受到吕梁山的阻挡后，便掉头南下，一改往日的憨厚之性，突然变得暴戾焦躁起来。它横蛮地扑过黄土高原，留下纵横数百里的沟沟壑壑；一路上穿州过府，恣肆横行，简直毫无阻拦。它当然没有想到，在征服了屈县和风山之后，竟会遇到难以冲决的“巨厄”——孟门山。

孟门山究竟是何许物也？竟然想阻扼黄河！这是读者所惊疑的，也是狂暴的大河感到陌生的。作者因此将笔一顿，引用《山海经》《淮南子》《穆天子传》三部古籍，交代孟门山的来历。原来这是一座“其上多金玉，其下多黄垩、涅石”的荒古奇山。当年驾着八骏周历天下的周穆王，来到此地，也只是登上它的斜坡（隥）而已。它对于普通的河流，无疑该是座不可逾越的巨大屏障；但在黄河眼中，却只能算是区区丘、阜而已。作者借《淮南子》的描述告诉读者，当年黄河来到此山时，由于不能将它冲决，曾怎样倔犟呼啸着冲上山巅，带着轰然的巨响汹涌而过。当其“大溢逆流”之际，两岸的大小丘陵，全被淹没在它的滚滚怒涛之中。这就是曾经使后世谈虎色变的荒古洪水。它那“无有丘陵，高阜灭之”的景象，经过神话传说的渲染，便愈加带上了骇人心魄的气势。然而，神话传说毕竟又翻到了新的一页：身背神斧、裤管高挽的大禹出现了。他挥动巨斧，劈开孟门，终于将暴怒无羁的黄河，约束在畅通的河道里。而孟门山，也从此一分而为二，绵延在黄河两岸。

“孟门，即龙门之上口也”，“兼孟门津之名矣”。这一节，作者落笔似乎处处不离孟门；但其墨光射处，其实均在孟门山所横截的沸嚣黄河。在未凿的奇山与浩荡河水的较量中，强者竟会是河水！这才是作者笔意之所在。孟门山的地貌，大禹的疏凿，都从一个侧面，表现了黄河那不可阻挡、笼盖一切的气势。而神话传说的引用，又使读者浮想联翩，仿佛置身于太古时代，亲眼目睹那“龙门未辟，吕梁未凿”时的大河之貌，让你感到：眼前涌腾着的，是一条何其雄浑和神秘的河流！

不过，作者并没让你在荒古传说中沉浸多久。因为现实中的黄河，早已挟着不歇的啸声奔腾而过了。文中一句“此石经始禹凿，河中漱广”，正将时间一下带过了数千年。而今出现在你面前的，已是郦道元为之愕然惊呼的实境——这条被约束在狭窄河道里的大河，其实并没有驯服。它依然凭借着湍急巨浪，向顽固的山石开战，居然冲刷出了更宽广的河道，为自己争得了更多的自由。两岸高耸的山崖，向河谷倾斜而出，仿佛还在做隔断黄河的旧梦；傲慢的大河，虽处在谷底，却又威风凛凛，仿佛正巡视着被它统驭的大自然。这神威迫得山崖悚然自惊，又赶快返身，捍护住山壁。从下面向上望去，那些本来倚靠在山崖上的巨石，受了咆哮怒涛的震撼，竟全都颤颤悠悠，简直就要坠落下来似的，这就是作者在

"夹岸崇深"四句中,为读者描摹的河过孟门之境。想象和拟人手法的运用,使面对惊涛拍崖、浊浪排空的孟门群峰,全染上了一派震慑战栗之色。所以连作者自己,回味起"水非石凿,而能入石"的古话,不免慨然而叹"信哉"了。

但更壮观的景象还在后面。倘若你随着作者的脚步登上高崖,俯瞰河谷的怒波湍涌,就更有神迷目眩之感。"水流交冲,素气云浮",那沸浪似乎就要冲上你置身的崖巅,濛濛的水气更如浓浓的"雾露",就要沾湿你的全身!你正想退避,正想遮挡,黄河却又带着峰立而起的万寻涛浪,在空中崩裂,化作千丈悬流,坠落而下。那"浑洪赑怒"的隆隆吼声,听来该何其骇人心魄!好在黄河的意向不在高处,荡荡东去才是它万载不移的追求。所以你还来不及惊呼,它已把你抛在后面,又鼓涌着巍巍洪峰,直奔龙门的"下口"去了——这就是郦道元笔下河过孟门的奇境。当你俯瞰着这一"鼓若山腾"的壮观,感受到黄河那统驭万物、尽盖乾坤的气象,能不再次凝神屏息,久久沉浸在这迷茫巨川的涛浪轰响之中?

作为一条哺育了整个中华民族的巨河,黄河与流经南国的长江相比,无疑多了几分苍莽、几分狂暴。黄河的性格是不羁而沉郁的。郦道元此文,正借助于神话传说和不断变换的观察视角,从河过孟门山的壮浪恣肆景象中,将它的性格鲜明地再现了。

(张　巍)

【作者小传】

刘　勰

(约465—约532)　南朝梁文学理论批评家。字彦和。原籍东莞莒县(今属山东),世居京口(时称南东莞,今江苏镇江)。早年笃志好学,家贫不婚娶,依沙门僧祐。精通佛教经论。梁武帝时,历任奉朝请、东宫通事舍人等职,深为萧统(昭明太子)所重。晚年出家为僧,改名慧地。南齐末年,写成《文心雕龙》,是我国古代文学理论批评的巨著。

情　采

刘　勰

圣贤书辞,总称"文章",非采而何?夫水性虚而沦漪结,木体实而花萼振:文附质也。虎豹无文,则鞟同犬羊①;犀兕有皮,而色资丹漆②:质待文也。若乃综述性灵,敷写器象,镂心鸟迹③之中,织辞鱼网④之上,其为彪炳,缛采名矣。故立文之道[5]，其理有三：一曰形文，五色是也；二曰声文，五音是也；三曰情文，五性是也。五色杂而成黼黻[6]，五音比而成《韶》《夏》[7]，五性发而为辞章，神理之数[8]也。《孝经》垂典，丧言不文[9]，故知君子常言，未尝质也。老子疾伪，故称"美言不信[10]"，而五千[11]精妙，则非弃美矣。庄周云"辩雕万物[12]"，谓藻饰也。韩非云"艳采辩说[13]"，谓绮丽也。绮丽以艳说，藻饰以辩雕，文辞之变，于斯极矣。研味《孝》《老》，则知文质[14]附乎性情；详览《庄》《韩》，则见华实[15]过乎淫侈。若择源于泾渭之流[16]，按辔于邪正之路，亦可以驭文采矣。夫铅黛[17]所以饰容，而盼倩[18]生于淑姿；文采所以饰言，而辩丽本于情性。故情者文之经，辞者理之纬；经正而后纬成，理定而后辞畅：此立文之本源也。

昔诗人什篇，为情而造文；辞人赋颂，为文而造情。何以明其然？盖《风》《雅》之兴，志思蓄愤，而吟咏情性，以讽其上，此为情而造文也；诸子之徒[19]，心非郁陶[20]，苟驰夸饰，鬻声钓世[21]，此为文而造情也。故为情者要约而写真，为文者淫丽而烦滥。而后之作者，采滥忽真，远弃《风》《雅》，近师辞赋，故体情之制日疏，逐文之篇愈盛。故有志深轩冕[22]，而泛咏皋壤[23]，心缠几务[24]，而虚述人外[25]。真宰[26]弗存，翩其反矣。夫桃李不言而成蹊[27]，有实存也；男子树兰而不芳[28]，无其情也。夫以草木之微，依情待实；况乎文章，述志为本。言与志反，文岂足征？

是以联辞结采，将欲明理[29]；采滥辞诡，则心理愈翳。固知翠纶桂饵，反所以失鱼[30]。言隐荣华[31]，殆谓此也。是以衣锦褧衣[32]，恶文太章[33]；《贲》象穷白[34]，贵乎反本。夫能设模以位理，拟地以置心[35]，心定而后结音[36]，理正而后摛藻；使文不灭质，博不溺心[37]，正采耀乎朱蓝，间色屏于红紫[38]，乃可谓雕琢其章[39]，彬彬君子[40]矣。

赞曰：言以文远[41]，诚哉斯验。心术既形[42]，英华乃赡[43]。

吴锦好渝㊹，舜英㊺徒艳。繁采寡情，味之必厌。

〔注〕 ①"虎豹"二句：鞟(kuò扩)，去毛的兽皮。《论语·颜渊》："虎豹之鞟，犹犬羊之鞟。" ②"犀兕(sì寺)"二句：犀兕，如牛一类的野兽，雄为犀，雌为兕，其皮坚韧，可制盔甲。《左传·宣公二年》载，宋将华元与郑人战，大败被俘，损失甲车四百六十辆；后逃归，主持筑城工作。役人嘲笑他弃甲逃归。华元使其骖乘谓之曰："牛则有皮，犀兕尚多，弃甲则那(奈何)？"役人曰："从(纵)有其皮，丹漆若何(丹漆难给，将若之何)？"二句用语本此。 ③鸟迹：指文字。据说仓颉看了鸟迹兽蹄而制作文字。 ④鱼网：指纸。东汉蔡伦用树皮、麻头及破布、鱼网造纸。 ⑤立文之道：形成文采的方法。 ⑥黼黻(fǔ fú府弗)：古代礼服上织绣的花纹。⑦《韶》《夏》：古乐曲名，《韶》为舜乐，《夏》为禹乐。这里泛指音乐。 ⑧神理之数：依据神妙道理而形成的规则。数，同"术"。 ⑨"《孝经》"二句：垂典，传下法度。《孝经·丧亲章》："孝子之丧亲也，哭不偯，礼无容，言不文，服美不安，闻乐不乐，食旨不甘，此哀戚之情也。"丧言不文，言居丧时说话不讲求修饰。 ⑩美言不信：语出《老子》第八十一章。信，真实。 ⑪五千：指《老子》(又名《道德经》)。《史记·老庄申韩列传》："于是老子乃著书上下篇，言道德之意五千余言而去。" ⑫辩雕万物：语出《庄子·天道》。辩，巧言。雕，雕绘。 ⑬艳采辩说：《韩非子·外储说左上》作"艳乎辩说"。艳，羡慕。 ⑭文质：偏义复词，指文。 ⑮华实：偏义复词，指华。 ⑯择源于泾渭之流：泾水浊，渭水清，故云。 ⑰铅黛：铅粉和黛石，古时女子用以妆面画眉。 ⑱盼倩：《诗·卫风·硕人》："巧笑倩兮，美目盼兮。"盼指眼神的流转，倩指笑靥的动人。 ⑲诸子之徒：承上"辞人"而言，指汉以后的辞赋家。 ⑳郁陶(yáo摇)：情思郁积。 ㉑鬻声钓世：指沽名钓誉。 ㉒轩冕：轩，有帷幕的车。冕，礼帽。借谓官位爵禄。 ㉓皋壤：水边的原野，此指隐居之所。 ㉔几(jī机)务：指政务，语出"日理万几"。几，细微。 ㉕人外：人世以外。 ㉖真宰：指真实的心地。宰，言心是身的主宰。 ㉗桃李不言而成蹊：《史记·李将军列传》引民谚："桃李不言，下自成蹊。"说明高尚的德行自会受人仰慕，就好像树上的果子不用开口招呼，自会将采果子的人纷纷吸引过来，而在树下踩出一条小路。 ㉘男子树兰而不芳：语出《淮南子·缪称训》，意谓男子没有爱花的真情，所以种出来的兰花也不香。 ㉙理：有的本子作"经"。 ㉚翠纶：用翡翠鸟毛羽装饰钓丝。桂饵：用肉桂作鱼饵。《太平御览》卷八三四引《阙子》："鲁人有好钓者，以桂为饵，黄金之钩，错以银碧，垂翡翠之纶，其持竿处位即是，然其得鱼不几矣。" ㉛言隐荣华：语出《庄子·齐物论》，意谓话里的含意被华丽的辞藻所掩盖。 ㉜衣锦褧(jiǒng窘)衣：语出《诗·卫风·硕人》，意谓在锦服外加上麻布罩衫。第一个"衣"字是动词，穿着的意思。 ㉝恶(wù务)文太章：嫌恶花色过于鲜明。章，同"彰"。 ㉞《贲(bì闭)》象穷白：《贲》为《易经》中的卦名，本身有文饰的意思，而《象传》上说"白贲无咎"，意谓文饰到了极点，仍将返回素质。穷白，谓极于白色。 ㉟"设模"二句：意谓树立正确的规范来安置作品的内容，拟定适当的基础来表达作家的心情。㊱"心定"句：谓中心思想安排定了再来调声协律。 ㊲"文不灭质"二句：《庄子·缮性》："心与心识知而不足以定天下，然后附之以文，益之以博。文灭质，博溺心，然后民始惑乱，无以反其性情而复其初。"成玄英疏："前既使心运知，不足以定天下，故后依附文书以匡时，代增博学而济世。不知质是文之本，文华则隐灭于素质；博是心之末，博学则没溺于心灵。唯当绝学而去文，方会无为之美也。"原意谓文与博本来是修饰质与心的，但过多的文与博，反而隐没了质与心。这里说当使文与质相符，情与采相应。 ㊳"正采"二句：古以青、赤、黄、白、黑为正色(朱属赤，蓝属青)，绀、红、缥、紫、流黄等均为杂色，故云。间色：杂色。 ㊴雕琢其章：《诗·

大雅·棫朴》:"追琢其章,金玉其相。"毛传:"追,雕也。" ㊵ 彬彬君子:《论语·雍也》:"质胜文则野,文胜质则史;文质彬彬,然后君子。"彬彬,形容文质兼备。 ㊶ 言以文远:《左传·襄公二十五年》引孔子曰:"言之无文,行而不远。" ㊷ 心术既形:《礼记·乐记》:"应感起物而动,然后心术形焉。"形,指具体表现。 ㊸ 英华:指文章的辞藻。赡:富足。 ㊹ 好渝:好(hào浩),容易。渝,变色。 ㊺ 舜英:木槿花,朝开暮落,有花无实。

《文心雕龙》是我国古代文学典籍里罕见的"体大虑周"的理论专著,《情采》则是其中带有关键性的一篇。"情采"的"情",指情理、情性,亦即文章的思想感情;"采"指文采、辞采,即文章的语言修饰。"情"和"采"的关系,也就是通常所谓作品内容与形式的关系,这是文章学、文艺学中的一个大题目。

《情采》篇是怎样来论述这个大题目的呢?

一开始,作者从"文章"二字的正名入手,引出了文质并重、不可偏废的主张。我们知道,"文"和"章"原本都有花纹的涵义,其中必然包含着"采"的要素。但作者紧接着指出:事物外观上的文采,又总是同它内在的质性紧密相联系的。水性虚明,方能结成波纹;树体坚实,才会开出花朵——一定的文采须依附于一定的质地。虎豹身上失去花斑,就同犬羊的外鞟没有差异;犀兕的皮革拿来制甲,也还要涂上红漆才见得美观适用——一定的质地又有待于一定的文采方足以显现。"文附质"和"质待文",确切地说明了事物内质与外形间的辩证统一关系。至于抒写性灵、铺陈物象的文章,又怎能不焕发出与其内容相适应的明丽光彩来呢?于是作者进而将文采的形态归为三类:由青、黄、赤、白、黑各种色彩所构成的叫"形文",如织绣的图案;由宫、商、角、徵、羽各种声音所构成的叫"声文",如演奏中的乐曲;由人的情性如喜、怒、欲、惧、忧所构成的叫"情文",如人们书写的辞章:它们都是依据质文不可分割的规律而产生出来的。就这样,从广义的"文章"(包括一切有形象的事物)推论到狭义的辞章,从一般事物文质相统一的规律引申出特殊形态的事物——"情文",申明情性与文采相结合的原理,可谓大处着眼,立论高卓。

那么,"情"和"采"在文章中的结合关系,又该怎样具体来把握呢?作者引证了四家的有关言论,经比较后指出:《孝经》和《老子》尽管注重文辞质实的一面,却并不废弃语言的美;《庄子》和《韩非子》则光强调了辩丽藻饰,不免有华侈过度的弊病。要把握住两者的合理关系,必须弄清楚文章的本源。正好比花粉黛石是用来修饰容貌的,而真正的美丽则出自人的姿质;文辞藻采也是用来修饰言语的,而动人的言辞还发自内在情性。由此作者提出:"情者文之经,辞者理之纬;经正而后纬成,理定而后辞畅。"用织布时经纬线的交错来比喻文章情理与文辞的结合,其本末主从的关系就表述得很明白了,这可以说是全篇主旨之所在,也是作者论文的一个基本纲领。到这里为止,构成本文的第一大段,即正面立论的部分。

论点既已确立,便转入实际创作现象的考察。作者就情采关系上将历来的文学传统区别为两大倾向:一种是胸中怀有忧思,再通过语言文辞吟唱出来,以期达到讽喻的效果,如《诗经》里的篇什,这叫作"为情而造文";另一种是内心本无郁积,徒然虚饰着一大堆藻采,便于沽名钓誉,如辞赋家的作品,这叫作"为文而造情"。两种倾向哪一种符合"立文之本源",是不言而自明的。不同倾向便又形成了不同的风格:前者"写真",而后者"烦滥";前者"要约",而后者"淫丽"。两两相较,取舍亦很明显。在作者看来,可惜的是,后世文章家大多走上"为文造情"的道路,采袭伪滥,忽略真情,以至热中功名富贵的人偏要高唱田园情趣,操心繁忙政务的人亦要空谈隐逸生活,真实的思想感情不复存在,言辞和情志正好相反,这样的文章还怎么能取信于人呢?从区分两大倾向,进而批判"采滥忽真"的近世文风,显示了作者"情采"观的现实针对性。这是本文的第二大段,亦可以算作驳论部分。

正面反面的道理都已讲过,第三大段进入结论。结论部分承上正反对举讲起,且用了一连串比喻和典故来加以申说。鱼钩子本用来钓鱼,但若用翠羽作钓丝,肉桂作钓饵,反而会将鱼吓跑,就好像文辞藻采用来说明道理,而若辞采诡伪,华过于实,也会掩蔽真实的思想感情。织锦的衣服要套上麻布罩衫,是担心它的色彩过于显耀;《周易·贲卦》的"贲"字有文饰的意思,而卦象却归之于白色的本底。这一切表明,文章的写作必须以情理的设置为前提,理正心定,而后摛藻结音,才能"文不灭质,博不溺心",正采辉耀,杂色摒弃,这才算辞章的合理修饰,达到文与质的真正统一。最后的结论呼应着开首的立论,但立论部分对"文附质"和"质待文"这两方面关系仅作平列的展开,结论部分则突出了"文不灭质"的思想,显然是有为而发的。

篇末以"赞曰"的形式对全篇大意作了概括,这是《文心雕龙》各篇的定式。赞词无多,要害处要能包举无遗。细细品读,当能有所体会。

从上面分析可以看出,《情采》是一篇具有重要学术价值的文学专论。它对文章内容与形式的辩证关系作了较为全面的把握,既有理论的依据,又有实践的针对性;既有正面的立论,又有批判性的阐述,到今天还没有失去其意义。在表达方法上,它既有严密的逻辑结构,能够步步深入地把道理说清楚,让人心悦诚服,又运用了一系列比喻和比附的手法进行推理,增强了文章的形象性。像第一段里连用水波、花萼、虎豹、犀兕的事例来论证文质的不可分割,以及稍后用铅黛饰容、经纬交织来比喻质本文末的关系，都给人以鲜明生动的印象。二、三两段也有同样的例子。还需指出的是，本文采取了当时流行的骈文体裁来写作，这种两两相对的骈偶句法自不免给文章说理带来某些限制，但作者并没有去刻意剪裁文字，炫示工巧，而是力求把话语说得明白通畅。在这一思想的指导下，他不仅适当运用了骈散相间、长短错综的句式，还尽可能地借取骈偶组织来表达正反相形、高下相须的文理。如“水性虚而沦漪结，木体实而花萼振，文附质也；虎豹无文，则鞟同犬羊，犀兕有皮，而色资丹漆，质待文也”，反映的是对待关系。“五色杂而成黼黻，五音比而成《韶》《夏》，五性发而为辞章”，反映的是并列关系。“铅黛所以饰容，而盼倩生于淑姿；文采所以饰言，而辩丽本于情性”，反映的是类比关系。“桃李不言而成蹊，有实存也；男子树兰而不芳，无其情也”，反映的是反比关系。各种不同的关系，却有着相须相对的共同文理，用骈偶的形式加以表达，不但不觉人工矫饰，反更显得自然贴切。这大概正是作者的“情”“采”统一观的具体体现吧。

（陈伯海）

物 色

刘 勰

春秋代序，阴阳惨舒①，物色之动，心亦摇焉。盖阳气萌而玄驹步②，阴律凝而丹鸟羞③，微虫犹或入感，四时之动物深矣。若夫珪璋④挺其惠⑤心，英华⑥秀其清气，物色相召，人谁获安！是以献岁发春，悦豫之情畅⑦；滔滔孟夏，郁陶之心凝⑧；天高气清⑨，阴沉之志远；霰雪无垠⑩，矜肃⑪之虑深。岁有其物，物有其容；情以物迁，辞以情发。一叶且或迎意，虫声有足引心。况清风与明月同夜，白日与春林共朝哉！

是以诗人⑫感物，联类⑬不穷，流连万象之际，沉吟视听之区。写气图貌⑭，既随物以宛转⑮；属采附声⑯，亦与心而徘徊⑰。故“灼灼”状桃花之鲜⑱，“依依”尽杨柳之貌⑲，“杲杲”为出日之容⑳，“瀌瀌”拟雨雪之状㉑，“喈喈”逐黄鸟之声㉒，“喓喓”学草虫之韵㉓。“皎日”“嘒星”，一言穷理㉔；“参差”“沃若”㉕，两字穷形。并以少总多，情貌无遗矣。虽复思经千载，将何易夺？及《离骚》㉖代兴，触类而长㉗，物貌难尽，故重沓舒状㉘，于是“嵯峨㉙”之类聚，“葳蕤㉚”之群积矣。及长卿㉛之徒，诡势瑰声，模山范水，字必鱼贯，所谓诗人丽则而约言，辞人丽淫而繁句也㉜。至如《雅》咏棠华，“或黄或白”㉝；《骚》述秋兰，“绿叶”“紫茎”㉞。凡摛表五色，贵在时见㉟；若青黄屡出，则繁而不珍。

自近代以来，文贵形似，窥情风景之上，钻貌草木之中。吟咏所发，志惟深远，体物为妙，功在密附㊱。故巧言切状，如印之印泥㊲，不加雕削，而曲写毫芥㊳。故能瞻言而见貌，印字而知时也㊴。然物有恒姿，而思无定检㊵，或率尔㊶造极，或精思愈疏。且《诗》《骚》所标㊷，并据要害，故后进锐笔，怯于争锋，莫不因方以借巧，即势以会奇，善于适要，则虽旧弥新矣。是以四序㊸纷回，而入兴贵闲㊹；物色虽繁，而析辞尚简；使味飘飘而轻举，情晔晔㊺而更新。古来辞人，异代接武㊻，莫不参伍㊼以相变，因革以为功，物色尽而情有余者，晓会通㊽也。若乃山林皋壤，实文思之奥府㊾，略语则阙，详说则繁。然屈平所以能洞监㊿《风》《骚》之情者，抑亦江山之助乎？

赞曰：山沓水匝，树杂云合。目既往还，心亦吐纳。春日迟迟，秋风飒飒。情往似赠，兴来如答。

〔注〕 ① 春秋代序：屈原《离骚》：“日月忽其不淹兮，春与秋其代序。”阴阳惨舒：即阴惨阳舒。张衡《西京赋》：“夫人在阳时则舒，在阴时则惨。”薛综注：“阳谓春夏，阴谓秋冬。”惨，忧伤。舒，舒展。 ② 玄驹：蚂蚁。步：走动。 ③ 丹鸟羞：螳螂吃（蚊子）。羞，同“馐”，进食。 ④ 珪璋：美玉，此喻人的美质。 ⑤ 惠：同“慧”。 ⑥ 英华：花朵，亦喻人的美质。 ⑦ 献岁发春：进入新年，春气萌发。宋玉《招魂》：“献岁发春兮，汩吾南征。”悦豫：即愉悦。 ⑧ 滔滔孟夏：滔滔，水大的样子。孟夏，四月。屈原《怀沙》：“滔滔孟夏，草木莽莽。”郁陶：心情困闷。 ⑨ 天高气清：宋玉《九辩》：“泬寥兮天高而气清。” ⑩ 霰雪无垠：屈原《九章·涉江》：“霰雪纷其无垠兮，云霏霏而承宇。”按自“献岁发春”以下四组词语，分指春、夏、秋、冬四时景象，各用《楚辞》语句点出。又“情”“心”“志”“虑”，意思相近，因避免重复，故换用不同的字。 ⑪ 矜肃：端庄严肃，谓引起诗人对世事的忧虑。 ⑫ 诗人：此指《诗经》作者。 ⑬ 联类：由联想而产生类比。 ⑭ 写气图貌：指描绘事物的气韵、形态。写气指神似，图貌指形似。 ⑮ 宛转：变化。 ⑯ 属采附声：指所写风物之采与声。即下文“灼灼状桃花之鲜”六句所云。 ⑰ 徘徊：来回走动，此指随情感而波动。按“既随物以宛转”，“亦与心而徘徊”二句互文足义，即是说“写气图貌，属采附声，既随物以宛转，亦与心而徘徊”。 ⑱ “灼灼”句：见《诗经·周南·桃夭》：“桃之夭夭，灼灼其华。” ⑲ “依依”句：见《诗经·小雅·采薇》：“杨柳依依。” ⑳ “杲杲”句：见《诗经·卫风·伯兮》：“杲杲出日。”杲杲，明亮。 ㉑ “瀌（biāo 标）瀌”句：见

《诗经·小雅·角弓》:“雨雪瀌瀌。”雨(yù 玉)雪,下雪。瀌瀌,雪下得很大。 ㉒“喈喈”句:见《诗经·周南·葛覃》:“黄鸟于飞,集于灌木,其鸣喈喈。”喈喈,鸟声和鸣。逐:随。 ㉓“喓(yāo 腰)喓”句:见《诗经·召南·草虫》:“喓喓草虫。”喓喓,虫声。 ㉔“皎日”:见《诗经·王风·大车》:“谓予不信,有如皎日。”“嘒星”:见《诗经·召南·小星》:“嘒彼小星。”嘒,星光明亮。一言穷理:指用一个字就能写尽事物的质态。 ㉕“参差”:见《诗经·周南·关雎》:“参差荇菜。”参差,长短不齐。“沃若”:见《诗经·卫风·氓》:“桑之未落,其叶沃若。”沃若,形容柔润。 ㉖《离骚》:此指楚辞。 ㉗触类而长:触类旁通,加以引申。《易·系辞上》:“引而申之,触类而长之。” ㉘重(chóng 虫)沓舒状:反复连叠地加以摹状。舒,叙。 ㉙嵯峨:山石高耸。见《楚辞·招隐士》:“山气巃嵸兮石嵯峨。” ㉚葳(wēi 威)蕤(ruí):花叶茂盛下垂。见《楚辞·七谏·初放》:“上葳蕤而防露兮。” ㉛长卿:汉辞赋家司马相如之字。 ㉜“诗人”二句:语出扬雄《法言·吾子》:“诗人之赋丽以则,辞人之赋丽以淫。”丽以则指美丽典雅,丽以淫指侈丽放荡。 ㉝“至如《雅》咏”二句:见《诗经·小雅·裳裳者华》:“裳(táng 堂)裳者华,或黄或白。”裳裳,同“堂堂”,形容花的光采之盛,这里引作“棠华”。 ㉞“《骚》述”二句:见《楚辞·九歌·少司命》:“秋兰兮青青,绿叶兮紫茎。” ㉟“摛(chī 痴)表”二句:意谓文学作品里描写色彩的字眼,以用得适时为贵。摛,铺陈。 ㊱密附:指紧贴物象。 ㊲印泥:在泥封的信口上盖章。 ㊳曲:委曲详尽。毫芥:喻指极细微的东西。毫,兔毛。芥,芥子。 ㊴“瞻言而见貌”二句:与《辨骚》篇之“论山水,则循声而得貌;言节候,则披文而见时”意同,可以互参。印:当作“即”,意为“就”“接近”。 ㊵检:法度,规范。 ㊶率尔:随便貌。 ㊷标:示,此指《诗》《骚》里显示的写景文句。 ㊸四序:四季。 ㊹入兴:作家进入感受、创作的心态。兴,感兴。闲:闲静。 ㊺晔(yè 夜)晔:鲜明貌。 ㊻接武:相承。武,足迹。 ㊼参伍:错综。 ㊽会通:融会贯通,此指文学发展中前后继承而又变化的规律。 ㊾山林皋壤:皋壤,沼泽旁的洼地。《庄子·知北游》:“山林与!皋壤与!使我欣欣然而乐与!”奥府:深区,此指文思所藏。 ㊿洞监:深察。监,同“鉴”。

《物色》是《文心雕龙》中较重要的篇章之一。

如果说,《情采》篇探讨的是文章内容与形式的关系这样一个带有全局性的大题目,那么,《物色》篇论述文中自然景物的描写,则只能算较小的枝节性的课题。但是,在眼光恢宏的文论家审视下,任何小题目都会有它的大背景,联系大背景来分析,小题目中也能发掘出具有重大原则性的意义来。《物色》篇可以说是即小见大、小题大做的一个范例。

“春秋代序,阴阳惨舒,物色之动,心亦摇焉。”文章一上手,气局就很开阔,它不是把着眼点局限在具体的写景方法和技巧上,而是首先突出了自然景物对文学创作的推动作用,特别是“物色”对于人心的感发作用,这就把问题提上了哲学的层面。在作者看来,这种感发的力量是很强大的。他先举蚂蚁、螳螂等昆虫因感受气候变化而改变自身活动的事例,用以说明人心的不能不受外界影响,然后列举春夏秋冬四时景物的变迁,来同人的情绪的波动相匹配,叙述虽嫌简略,不能说没有根据。在此基础上,他用“岁有其物,物有其容;情以物迁,辞以情发”四句话，对景物与创作的关系作了扼要、精当的概括。他把这一关系归结为“岁——物——情——辞”四环节组成的链索，即物色由季节而形成，情感随物色而变迁，辞章又因情感而生发。设若我们将其中的“岁”与“物”合并为一个单项（都属于自然景物的范畴），那么，“物色——情灵——辞章”便构成了由客观物象转变为文学形象的基本系列。明确这一点很重要，因为它是下文讨论景物描写原则的大前提。

自然景物既然对文学创作有如此密切的关系，历来的文学家又是怎样描写景物的呢？本文中间部分就写景的历史演变加以鸟瞰式的浏览。文中着重总结了《诗经》的典范经验，指出《诗经》作者对外物采取了感受、联想、玩味、沉吟的态度，在联缀文字、摹写物象时能够“既随物以宛转”，“亦与心而徘徊”，也就是将物色与情灵交渗在一起，用最精练的语言表达出来，做到“以少总多，情貌无遗”。这样一种写景的方法，与前段所肯定的“物——情——辞”的创作路线是一致的，所以作者认为虽经千载也不可改易。到楚辞兴起后，由于联想更为丰富，事物的形状难以描摹周全，于是复叠连绵的文词开始产生。再到司马相如等汉代赋家手里，一意用奇诡瑰丽的辞藻来刻画山水的容貌，意义类同的字眼便鱼贯般地堆积起来。前人所谓“诗人之赋丽以则，辞人之赋丽以淫”，说的就是这种情况。在对写景传统由简趋繁的经过作了上述考察之后，作者借取《诗》《骚》里形容色彩的例句表明了自己的态度，即贵重简约而不尚繁缛。可见这一段追溯历史，实际上又是为后面的立论作好铺垫。

于是，作者将笔触转向了他所要针砭的近代文风。所谓近代，大抵指晋宋以来，“文贵形似”一语揭示了其普遍的作风。在这种风气影响下，作家们偏好自然，多与僧徒交往，深山幽谷，游踪所至，把注意力集中在自然景物的绘形摹状上，只是以贴切地传写物态为文章的妙用，所以写出来的文辞就好像印章盖在封泥上，能把物象的细微处表现得一清二楚。对于这样一种作风，作者是不满意的。他指出：尽管事物有恒定的姿容，而人的思想并没有现成的框架，有时在不经意中能达到高妙的境界，有时用尽心思却离开目标更远。况且《诗》《骚》之类典范在景物描写上都已抓住要害，后来的作家们不敢和它们正面较量，只有借用巧力，别出奇思，适应变化的大势，才能做到推陈出新。这里一是从文学创作过程中的主客体交互作用，二是从文学发展过程中的继承与革新关系，来说明写景不纯然是摹写外物的问题，还需要有主体的独特感受。由此，作者进一步提出他有关景物描写的原则，亦即本篇的中心论点：“是以四序纷回，而入兴贵闲；物色虽繁，而析辞尚简；使味飘飘而轻举，情晔晔而更新。”在他看来，纷繁的岁序与物色，应该用闲静的心态加以观照，才会引发诗人的感兴，再通过简练切要的文辞加以表白，方足以显示悠扬不尽的韵味和明朗清新的情思。这正是古往今来的辞人们能够继承前人而又超越前人，在有限的物色中寄托无限的情思的奥秘所在。无怪乎人们要把山林原野看作深藏文思的宝库，而大诗人屈原不也恰恰是在江山的助力下得以掌握诗歌创作精义的吗？

综观全篇，由物色对文思的启动作用肇端，中经写景传统的追溯和近世文风的批判，落脚于写景原则的阐发，而又复归于物色对文思的启动，首尾回环，前后呼应，气脉流动而贯串。文章的目的在于写景方法的探讨，但自始至终扣住"物"与"心"、"情"与"辞"这两对矛盾来展开论述，不仅使通篇立论有了明确的主心骨，亦且能跳出专谈技巧的狭小眼界，从具体问题引申到了一般原则。《物色》篇之成为《文心雕龙》整个体系中不可分割的部分，这应该是重要的原因。就语言风格而言，本篇的一大特点在于大量运用白描的手法，以渲染那种物色与情灵互通互融的氛围。如："献岁发春，悦豫之情畅；滔滔孟夏，郁陶之心凝；天高气清，阴沉之志远；霰雪无垠，矜肃之虑深……一叶且或迎意，虫声有足引心，况清风与明月同夜，白日与春林共朝哉！"读这样的语句，我们几乎忘了自己面对的是用骈文写成的理论专著，而仿佛觉得在品味一首优美的散文诗。至于篇末那段充满诗情画意的赞语，用传神的笔调勾绘出动人的境界，在整炼的句式中蕴含着深沉的理趣，这不正是《二十四诗品》的雏形吗？后人击节赞赏，誉之为"诸赞之中，此为第一"（清纪昀评），殆非虚夸。

（陈伯海）

【作者小传】

吴 均

（469—520） 南朝梁文学家。字叔庠。吴兴故鄣（今浙江湖州安吉）人。官待诏著作，奉朝请。其文工于写景，尤以小品书札见长，时称"吴均体"。通史学，曾应诏撰《通史》，未竟而卒。著有《续齐谐记》等。后人辑有《吴朝请集》。

与宋元思书

吴 均

风烟俱净，天山共色，从流飘荡，任意东西。自富阳至桐庐一百许里①，奇山异水，天下独绝。水皆缥碧，千丈见底；游鱼细石，直视无碍。急湍甚箭，猛浪若奔。夹岸高山，皆生寒树。负势竞上，互相轩邈，争高直指，千百成峰。泉水激石，泠泠作响；好鸟相鸣，嘤嘤成韵。蝉则千转不穷，猿则百叫无绝。鸢飞戾天者，望峰息心；经纶②世务者，窥谷忘反。横柯上蔽，在昼犹昏；疏条交映，有时见日。

〔注〕 ① 富阳：县名，在今浙江杭州西南部，以县城位于富春江之北而得名。富春江沿岸为著名风景区。桐庐：县名，在今浙江杭州西南部、富春江沿岸。 ② 经纶：筹划治理。

这是吴均写给友人的一封信，现存为节文。宋元思，一作朱元思，其人不详。吴均在这封信中，生动而简练地描写了富阳、桐庐一带富春江上的优美景色，抒写了向往自然、厌弃尘俗的心情。

“风烟俱静，天山共色”二句，以对句发端，从大处着笔，写登舟纵目的总体感受。江上风平浪静，烟光尽扫，两岸山色无垠，远与天接，视野是何等开阔，心情又是何等舒展！这正是一个秋高气爽、游目骋怀的大好时节。这两句景语孕情，大气包举，可谓善于发端。“从流飘荡，任意东西”，进一步抒写江上放舟、对景陶醉的那种自由解脱的情态。这种无定点的审美观照，正说明山光水色纷至沓来，令人目不暇接，人在大自然的美景面前仿佛变得身不由己了。这种随任式的态度，却正是自由的审美心态的独特表现方式。“自富阳至桐庐一百许里，奇山异水，天下独绝。”至此点明舟行路线。富阳在富春江下游，桐庐则在其上游，因而作者是溯江而上。这一百里左右的水路，也是富春江的最佳游程，作者用“奇山异水，天下独绝”来概括，极尽其赞叹、倾倒之情。行文至此为第一小段，是概览性的总写。

下文即承“奇山异水”而分写之。先逐层写水：“水皆缥碧，千丈见底；游鱼细石，直视无碍。”这是写江水深而清澈，以至水中游鱼，江底细石，皆历历可见。游动的鱼儿，目光很难追踪，江底的细石，通常更不易看得分明。然而作者却说“直视无碍”，那么这一江碧琉璃的晶莹澄澈，不用说是何等令人惊叹了。面对这表里俱澄澈的明镜般的江水，人的心灵也仿佛变得透明而无杂质了。这一层意思作者虽然没有说，却是可以自然联想到的。这几句写江水的明净可爱，大体是一种静态美(游鱼的动态，不过是江水明净的一种陪衬而已)。接着两句“急湍甚箭，猛浪若奔”，则开出另一境界。原来富春江也有急流险滩，它在让你领略柔和明净的风姿外，还以其奔腾湍急的波涛给人一种气势磅礴的美感。由静态而转为动态，舟行景换，可见江上风光丰富多彩。这是就“水”的一面着笔，写来姿态横生。次写“山”:“夹岸高山,皆生寒树。负势竞上,互相轩邈,争高直指,千百成峰”,写来气势非凡。两岸的高山都长着耐寒的树木,可见山色之青葱;这连绵的群山,在作者的视觉感受中不止是静穆崇高的,却还是奔放活跃的,它们仿佛在互比高低,使劲往上耸,正是这相互竞争,才形成了千百座形状不一的奇峰。这是用审美移情的眼光,写山势之高、之奇,化静为动,使人感受到大自然那种强烈的生命节奏。

以上为第二小段,分写山水之奇异,着重从视觉感受一面落笔。下文转换角度,着重写听觉感受:“泉水激石,泠泠作响;好鸟相鸣,嘤嘤成韵。蝉则千转不穷,猿则百叫无绝。”山泉声,鸟鸣声,蝉声,猿声,声调各异,自成天籁,这是一部大自然的协奏曲,多么令人心旷神怡!工整的骈语,联翩而至,语言形式本身的韵律美,更加强了所描写音响的天然韵律美,两者可谓水乳交融了。

接着从写景而转到抒写身历其境的内心感受:“鸢飞戾天者,望峰息心;经纶世务者,窥谷忘反。”那种像鹰一样具有高飞冲天的雄心的人,见了这样的高峰,也要死了超越山峰的心;那些为经营世务而奔走忙碌的人,看见这幽谷的美景,也要留连忘返。这是说优美的山水,足以使热心世务、企盼仕途腾达的人也产生隐居之想。触景生情,从审美感受引向仕途进退的人生态度的变化,进一步烘托出山水巨大的诱人魅力。文意至此似已具足,下面“横柯上蔽,在昼犹昏;疏条交映,有时见日”四句,是写山谷中树木蔽天,景象幽深,阳光只偶尔从疏枝叶隙间漏射下来。这境界是异常清冷的,热衷世务者至此自然要冷下心来。因而这四句不妨看作对上文的一种补充渲染。

这封书信短小隽永,而层次井然,写景抒情,均极简练生动。以四言句式为主,多用骈句,韵律感很强,宛如一首韵味盎然的诗,千百年来脍炙人口,不愧为六朝山水小品的上乘之作。

（吴战垒）

与顾章书　　　吴　均

仆去月谢病,还觅薜萝。梅溪①之西,有石门山者,森壁争霞,孤峰限日,幽岫含云,深溪蓄翠;蝉吟鹤唳,水响猿啼,英英②相杂,绵绵成韵。既素重幽居,遂葺宇其上。幸富菊花,偏饶竹实。山谷所资,于斯已办③。仁智所乐,岂徒语哉!

〔注〕 ① 梅溪:山名。吴均《续齐谐记》:“吴兴故鄣县东三十里有梅溪山,山根直竖一石,可高百余丈,至青而圆,如两间屋大,四面斗绝,仰之于云外,无登涉之理。” ② 英英:声音和盛之貌。《吕氏春秋·古乐》:“其音英英。” ③ 办:具备。

中国古典文学作品中，表现出世隐居的诗文可谓多矣。然而这篇才八十四字的小品，却以其写景的出色而出类拔萃，成为六朝散文的名篇。

这是一封描述隐居生活的书札。起首二句，告知友人近况。“薜萝”，即薜荔与女萝，二者皆为香草。屈原《九歌·山鬼》云：“若有人兮山之阿，被薜荔兮带女萝。”后世遂以薜萝为隐者服饰。此二句告诉友人二事：一是上月我告病辞官，二是已经还乡隐居。作者仅用九个字即将时、地、事交代清楚，直截而简练，与后世书札开头常有繁文缛饰者迥然不同。作者如此用笔，不单因为友人顾章与自己关系平等亲密，无须客套，更主要是为了将自己的得意之笔——对隐居之处山水的描绘尽快向对方托出。

下面开始写山中胜景。梅溪，为吴均故乡吴兴郡故鄣县（今浙江安吉县西北）山名。故鄣地处天目山区，多有奇山秀水。“森壁争霞，孤峰限日，幽岫含云，深溪蓄翠”四句，正面写石门山水。山乃是环境的主体，故而作者从不同角度加以描绘：“森壁”，即众多险峻壁立的山崖，这是山的群体；“孤峰”，即独耸云天的高峰，这是山的个体。“森壁”和“孤峰”二句，着力表现山的高峻和阳刚，而“幽岫”一句，则着力表现山的深邃和阴柔。水是山的陪衬，只以一句写之。但这句中的“蓄翠”二字极为形象，使得满纸散发清凉。山与水本无生命。善于炼字的作者，精心选择了富于动感的“争”“限”“含”“蓄”四字，作各句之句眼，山水因之充满勃勃生机。接着又以“蝉吟鹤唳，水响猿啼，英英相杂，绵绵成韵”四句，从侧面对石门山水加以烘托。在这空山幽谷之中，蝉、猿、鹤等有生命的动物在自由吟唱，其声连绵不断，与淙淙流水共同形成悦耳的共鸣。这生命之声驱散了山间的沉寂，增强了山水的生意。以上八句之中，就有三组表现力很强的词语：“争”“限”“含”“蓄”表现动态，“霞（彩色）”“日（红色）”“云（白色）”“翠”表现色彩，“吟”“唳”“响”“啼”表现声音。它们共同作用，把石门山水点染成一幅清丽高远但又生气盎然的画图。如此幽美的山水胜地，一般人也会倾心向往不已，何况素常就看重幽居生活的人呢！至此，“遂葺宇其上”的结论自然而然就产生了。这一层文字，先不明说究竟在何处隐居，而是先写石门山水之美，待读者对它获得深刻印象之后，才顺势点明这就是自己退隐之地，自是高明的笔法。杜甫七律《登楼》首二句云：“花近高楼伤客心，万方多难此登临。”清施补华《岘佣说诗》评此二句说：“起得沉厚突兀。若倒装一转，‘万方多难此登临，花近高楼伤客心’，便是平调。此秘诀也。”先让鲜明具体的形象抓住读者之后再言其他，这一“秘诀”对诗和文都是通用的。

“幸富”等四句，告诉友人已将隐居生活的必需品置办齐备，意在消除友人的担忧。深山景色虽然迷人，但隐士终归不能不食人间烟火。“菊花”“竹实”，均为文学作品中所述的隐者食物。屈原《离骚》有“夕餐秋菊之落英”句。《三国志·王粲传》注引《魏氏春秋》云：“苏门山有隐者莫知名姓，有竹实数斛，臼杵而已。”此处采摭典故，以“菊花”“竹实”指代粮食等各种生活用品，化俗为雅，化繁为简，与起首二句的笔法异曲同工。

末二句以感叹结束全篇。六朝书札佳作，常以感叹作结，以求达到言尽而意不尽的效果，此文亦然。孔子曾登泰山，又曾临川而叹，看来也是山水的知音者，所以他说：“智者乐水，仁者乐山。”(《论语·雍也》)作者引孔子之语兴感，字面意义是说，孔子所言的仁智喜欢山水，确实不是空话呵！然而言外之音却耐人寻味：山水幽绝之处，仁者智者亦不免移情，何况我辈？山水之美，唯仁智方能玩味，我今脱离尘网，与猿鹤为侣，岂非仁智之流？可见这戛然而止的八字结语，其味含蓄深长。

此文通篇句式比较整饬。其中的“森壁争霞，孤峰限日”，“幽岫含云，深溪蓄翠”，“蝉吟鹤唳，水响猿啼”，“幸富菊花，偏饶竹实”四对主干句子，对仗工整，平仄合律，已是标准的骈句。虽然全篇骈俪意味较重，但因用典不多，读来仍然明快流畅。而且因主干句子二四字的平仄呈规律性变化，吟诵时还有抑扬跳荡之感，更增强了山水画面的生气。总之，由于文学语言的成功运用，读罢此文，人们并不觉得是一封友朋书札，只觉得纯然是一首自然之美的颂歌。 (方北辰)

【作者小传】

钟 嵘

(？—约518) 南朝梁文学批评家。字仲伟。颍川长社(今河南许昌长葛西)人。齐时官至司徒参军。入梁，历任中军临川王行参军和衡阳王、晋安王记室。所撰《诗品》，成书于梁天监十二年(513)以后，为古代诗歌批评专著。

《诗品》序

钟 嵘

(一)

气之动物，物之感人，故摇荡性情，形诸舞咏。照烛三才，晖丽万有①。灵祇②待之以致飨，幽微藉之以昭告。动天地，感鬼神，莫近于诗。

昔《南风》之辞[3]，《卿云》之颂[4]，厥义夐矣。夏歌曰“郁陶乎予心[5]”，楚谣曰“名余曰正则[6]”，虽诗体未全，然是五言之滥觞也。逮汉李陵，始著五言之目矣[7]。古诗眇邈，人世难详[8]，推其文体，固是炎汉之制，非衰周之倡也。自王、扬、枚、马之徒[9]，词赋竞爽，而吟咏靡闻。从李都尉迄班婕妤，将百年间，有妇人焉，一人而已[10]。诗人之风，顿已缺丧。东京二百载中，惟有班固《咏史》[11]，质木无文。降及建安[12]，曹公父子[13]，笃好斯文；平原兄弟[14]，郁为文栋；刘桢、王粲[15]，为其羽翼。次有攀龙托凤，自致于属车者[16]，盖将百计，彬彬之盛，大备于时矣。尔后陵迟衰微，迄于有晋。太康[17]中，三张、二陆、两潘、一左[18]，勃尔复兴，踵武前王[19]，风流未沫，亦文章之中兴也。永嘉[20]时，贵黄老，稍尚虚谈[21]。于时篇什，理过其辞，淡乎寡味。爰及江表[22]，微波尚传，孙绰、许询、桓、庾诸公诗[23]，皆平典似《道德论》[24]，建安风力尽矣。

先是郭景纯[25]用隽上之才，变创其体；刘越石[26]仗清刚之气，赞成厥美。然彼众我寡，未能动俗。逮义熙中，谢益寿[27]斐然继作。元嘉中，有谢灵运[28]，才高词盛，富艳难踪，固已含跨刘、郭，陵轹潘、左。故知陈思为建安之杰，公幹、仲宣为辅；陆机为太康之英，安仁、景阳为辅；谢客为元嘉之雄，颜延年为辅[29]。斯皆五言之冠冕，文词之命世也。

夫四言，文约易广，取效《风》《骚》，便可多得。每苦文繁而意少，故世罕习焉。五言居文词之要，是众作之有滋味者也，故云会于流俗。岂不以指事造形，穷情写物，最为详切者邪？故诗有六义焉：一曰兴，二曰比，三曰赋。文已尽而意有余，兴也；因物喻志，比也；直书其事、寓言写物，赋也。宏斯三义，酌而用之，幹之以风力，润之以丹采，使咏之者无极，闻之者动心，是诗之至也。若专用比兴，则患在意深，意深则词踬。若但用赋体，则患在意浮，意浮则文散。嬉成流移[30]，文无止泊，有芜漫之累矣。

若乃春风春鸟，秋月秋蝉，夏云暑雨，冬月祁寒，斯四候之感诸诗者也。嘉会寄诗以亲，离群托诗以怨。至于楚臣去境[31]，汉妾辞宫[32]；或骨横朔野，或魂逐飞蓬；或负戈外戍，杀气雄边；塞客衣单，孀闺泪尽；又士有解佩出朝，一去忘反；女有扬蛾入宠，再盼倾国[33]：凡斯种种，感荡心灵，非陈诗何以展其义，非长歌何以骋其情？故曰："《诗》可以群，可以怨[34]。"使穷贱易安，幽居靡闷，莫尚于诗矣。

故词人作者，罔不爱好。今之士俗，斯风炽矣。才能胜衣[35]，甫就小学[36]，必甘心而驰骛焉。于是庸音杂体，各各为容。至使膏腴子弟，耻文不逮，终朝点缀，分夜呻吟。独观谓为警策，众睹终沦平钝。次有轻薄之徒，笑曹、刘[37]为古拙，谓鲍照羲皇上人[38]，谢朓[39]今古独步。而师鲍照，终不及"日中市朝满[40]"，学谢朓，劣得"黄鸟度青枝[41]"。徒自弃于高明，无涉于文流矣。

观王公搢绅之士，每博论之余，何尝不以诗为口实。随其嗜欲，商榷不同，淄渑并泛[42]，朱紫相夺[43]，喧议竞起，准的无依。近彭城刘士章[44]，俊赏之士，疾其淆乱，欲为当世诗品，口陈标榜。其文未遂，嵘感而作焉。昔九品论人[45]，《七略》裁士[46]，校以宾实，诚多未值。至若诗之为技，较尔可知，以类推之，殆均博弈。

方今皇帝[47]，资生知之上才，体沉郁之幽思，文丽日月，学究天人，昔在贵游[48]，已为称首。况八纮既奄[49]，风靡云蒸[50]，抱玉者联肩，握珠者踵武[51]。固以瞰汉魏而不顾，吞晋宋于胸中。谅非农歌辕议，敢致流别。嵘之今录，庶周旋于闾里，均之于谈笑耳。

（二）

序曰：一品之中，略以世代为先后，不以优劣为铨次。又其人既往，其文克定；今所寓言，不录存者。

夫属词比事[52]，乃为通谈。若乃经国文符，应资博古[53]：撰德驳奏，宜穷往烈[54]。至乎吟咏情性，亦何贵于用事？“思君如流水[55]”，既是即目；“高台多悲风[56]”，亦唯所见；“清晨登陇首[57]”，羌无故实；“明月照积雪[58]”，讵出经史。观古今胜语，多非补假[59]，皆由直寻。颜延、谢庄[60]，尤为繁密，于时化之。故大明、泰始[61]中，文章殆同书钞。近任昉、王元长等[62]，词不贵奇，竞须新事。尔来作者，寖以成俗。遂乃句无虚语，语无虚字，拘挛补衲，蠹文已甚。但自然英旨，罕值其人。词既失高，则宜加事义，虽谢天才，且表学问，亦一理乎！

陆机《文赋》，通而无贬；李充《翰林》[63]，疏而不切；王微《鸿宝》[64]，密而无裁；颜延论文[65]，精而难晓；挚虞《文志》[66]，详而博赡，颇曰知言：观斯数家，皆就谈文体，而不显优劣。至于谢客集诗[67]，逢诗辄取；张隲《文士》[68]，逢文即书：诸英志录，并义在文，曾无品第。嵘今所录，止乎五言。虽然，网罗今古，词人殆集。轻欲辨彰清浊，掎摭利病，凡百二十人[69]。预此宗流者，便称才子。至斯三品升降，差非定制，方申变裁，请寄知者尔。

（三）

序曰：昔曹、刘殆文章之圣，陆、谢为体贰之才，锐精研思，千百年中，而不闻宫商[70]之辨，四声[71]之论。或谓前达偶然不见，岂其然乎！

尝试言之：古曰诗颂，皆被之金竹[72]，故非调五音，无以谐会。若“置酒高殿上”，“明月照高楼[73]”，为韵之首。故三祖之词[74]，文或不工，而韵入歌唱。此重音韵之义也，与世之言宫商异矣。今既不被管弦，亦何取于声律耶？

齐有王元长者，常谓余云：“宫商与二仪[75]俱生，自古词人不知之。惟颜宪子[76]乃云‘律吕音调’，而其实大谬。唯见范晔、谢庄[77]，颇识之耳。”常欲造《知音论》，未就而卒。王元长创其首，谢朓、沈约扬其波[78]。三贤咸贵公子孙，幼有文辩。

于是士流景慕，务为精密，襞积细微，专相凌架。故使文多拘忌，伤其真美。余谓文制，本须讽读，不可蹇碍，但令清浊通流，口吻调利，斯为足矣。至平上去入，则余病未能，蜂腰鹤膝⑦⑨，闾里已具。

陈思赠弟⑧⓪，仲宣《七哀》⑧①，公幹思友⑧②，阮籍《咏怀》⑧③，子卿"双凫⑧④"，叔夜"双鸾⑧⑤"，茂先寒夕⑧⑥，平叔衣单⑧⑦，安仁倦暑⑧⑧，景阳苦雨⑧⑨，灵运《邺中》⑨⓪，士衡《拟古》⑨①，越石感乱⑨②，景纯咏仙⑨③，王微风月⑨④，谢客山泉⑨⑤，叔源离宴⑨⑥，鲍照戍边⑨⑦，太冲《咏史》⑨⑧，颜延入洛⑨⑨，陶公《咏贫》⑩⓪之制，惠连《捣衣》⑩①之作：斯皆五言之警策者也。所谓篇章之珠泽⑩②，文采之邓林⑩③。

〔注〕 ① 三才：天、地、人。万有：万物。 ② 灵祇：灵，天神。祇，地神。 ③《南风》：《韩非子·外储说左上》："昔者舜鼓五弦之琴，歌《南风》之诗而天下治。"诗云："南风之薰兮，可以解吾民之愠兮；南风之时兮，可以阜吾民之财兮。" ④《卿云》：指《卿云（即"庆云"）歌》。《尚书大传》："舜将禅禹，于时俊乂百工，相和而歌《卿云》。帝乃倡之曰：'卿云烂兮，纠缦缦兮。日月光华，旦复旦兮。'"后人多指其伪。 ⑤ 郁陶乎予心：见《书·夏书·五子之歌》。 ⑥ 名余曰正则：见《楚辞·离骚》。 ⑦"逮汉李陵"二句：《文选》有李陵《与苏武诗》三首。《文章缘起》："五言诗，创于汉骑都尉李陵《与苏武诗》。"历代学者多认为是后人伪托。 ⑧"古诗"二句：古诗，指《古诗十九首》及其他同题诗。人，指"古诗"的作者；世，指"古诗"的写作年代。⑨ 王、扬、枚、马：王褒、扬雄、枚乘、司马相如，皆汉代赋家。 ⑩"从李都尉"四句：李都尉：指李陵。班婕妤：汉成帝婕妤（女官）。《玉台新咏》载其《怨诗》一首（《文选》题为《怨歌行》），恐系魏代伶人伪托。有妇人：指班婕妤。一人：指李陵。 ⑪ 班固《咏史》：班固有《咏史》，见《文选·永明九年策秀才文》注。 ⑫ 建安：汉献帝年号，公元196—220年。文学史上的"建安"，多指汉末包括魏初。 ⑬ 曹公父子：指曹操及其子曹丕。 ⑭ 平原兄弟：指曹植及其异母弟白马王曹彪。曹植曾封平原侯。 ⑮ 刘桢、王粲："建安七子"中的二人。刘桢字公幹，王粲字仲宣。 ⑯"次有"二句：龙、凤，指君王，此指曹氏父子。属车，侍从之车。 ⑰ 太康：晋武帝年号，公元280—289年。 ⑱ 三张：张载与弟张协、张亢。二陆：陆机与弟陆云。两潘：潘岳与其侄潘尼。一左：左思。 ⑲ 踵武前王：屈原《离骚》："及前王之踵武。"踵，追。武，迹。此谓继建安之盛况。 ⑳ 永嘉：晋怀帝年号，公元307—313年。 ㉑ 黄、老：黄帝与老子，二人为道家所奉的始祖，用以称代道家。虚谈：清谈，专谈玄理。 ㉒ 江表：古地区名，指长江以南地。从中原人看来，地在长江之外，故称"江表"。东晋都建康（今江苏南京），故以江表代称东晋。 ㉓ 孙绰：东晋玄言诗代表作家。许询：东晋著名玄言诗人。桓：桓温。庾：庾亮。二人诗今不存。一说桓指桓伟，庾指庾友、庾蕴，三人均有《兰亭诗》，但其声望地位似均不足以称"公"。 ㉔《道德论》：阐述道家思想的论文。三国魏何晏、夏侯玄、阮籍都写过此题的文章，今不存。 ㉕ 郭景纯：晋郭璞，《游仙诗》为其代表作。 ㉖ 刘越石：刘琨，今存诗四首。㉗ 义熙：东晋安帝年号，公元405—418年。谢益寿：名混，字叔源，小字益寿，谢安之孙。其诗

清新，长于写景。　㉘ 元嘉：南朝宋文帝年号，公元424—453年。谢灵运：南朝宋著名诗人，小名客儿，故又称“谢客”。　㉙ 安仁：潘岳字。景阳：张协字。颜延年：颜延之字。　㉚ 嬉成流移：嬉，轻浮。流移，油滑。　㉛ 楚臣去境：楚臣，指屈原。去境，被放逐。　㉜ 汉妾辞宫：汉妾，指王昭君。昭君出塞和亲辞别汉宫。　㉝“女有”二句：蛾，蛾眉。《汉书·外戚传》：“孝武李夫人，本以倡进。初夫人兄延年……侍上，起舞歌曰：‘北方有佳人，绝世而独立。一顾倾人城，再顾倾人国。宁不知倾城与倾国，佳人难再得。’上叹息曰：‘善，世岂有此人乎？’平阳主因言延年有女弟，上乃召见之，实妙丽善舞，由是得幸。”　㉞“《诗》可以群”二句：《论语·阳货》：“诗可以兴，可以观，可以群，可以怨。”群，群居相切蹉；怨，讽刺朝政。　㉟ 胜（shēng升）衣：儿童稍长，体力足以承受得起成人衣服的重量。　㊱ 小学：《汉书·食货志》：“八岁入小学，学六甲五方书计之事。”　㊲ 曹刘：曹植、刘桢。　㊳ 鲍照：南朝齐著名诗人。羲皇上人：言伏羲时代以上的人。陶渊明《与子俨等疏》：“常言五六月中，北窗下卧，遇凉风暂至，自谓是羲皇上人。”此句谓轻薄之徒尊崇鲍照之地位。　㊴ 谢脁：南朝齐著名诗人。㊵ 日中市朝满：鲍照《代结客少年场行》诗句。　㊶ 黄鸟度青枝：南朝齐虞炎《玉阶怨》诗句。劣得：仅得。　㊷ 淄渑：二水名。在今山东省境内。相传二水味异，合则难辨。并泛：混合在一起。　㊸ 朱紫相夺：《论语·阳货》：“恶紫之夺朱也。”朱为正色，紫为杂色。夺，代替。㊹ 彭城刘士章：刘绘，字士章，南朝齐彭城（今江苏徐州）人。《诗品》列入下品。　㊺ 九品论人：《汉书·古今人表》列九等之序，曰上上、上中、上下、中上、中中、中下、下上、下中、下下，以位置古今人物。　㊻《七略》裁士：《汉书·艺文志》载，刘歆总群书而奏《七略》，有《辑略》《六艺略》《诸子略》《诗赋略》《兵书略》《术数略》《方技略》，为我国最早的目录学著作。此指分七类以划分作家。　㊼ 方今皇帝：指梁武帝萧衍。　㊽ 昔在贵游：指萧衍称帝前和另外一些文士的交游。《梁书·武帝纪》：“（齐）竟陵王（萧）子良开西邸，招文学，高祖与沈约、谢脁、王融、萧琛、范云、任昉、陆倕等并游，号曰八友。”世称“竟陵八友”。　㊾ 八纮既奄：八纮，八方。奄，包有。此指萧衍做了皇帝，包有天下。　㊿ 风靡云蒸：《易·乾·文言》：“云从龙，风从虎。”谓有许多人才出来辅佐。　(51) 抱玉、握珠：皆谓有才华的文人。曹植《与杨德祖书》：“人人自谓握灵蛇之珠，家家自谓抱荆山之玉。”　(52) 属词比事：《礼记·经解》：“属词比事，《春秋》教也。”谓组织词句，排比事实。　(53) 经国文符，应资博古：有关国家大事的文书，应该通晓古事，旁征博引去写作。　(54) 撰德驳奏，宜穷往烈：撰述名人德行和驳议、奏疏等文章，应该尽量称引古人的功业。　(55) 思君如流水：徐幹《室思》诗句。　(56) 高台多悲风：曹植《杂诗》句。　(57) 清晨登陇首：《北堂书钞》卷一五七引晋张华诗：“清晨登陇首，坎壈行山难。岭阪峻阻曲，羊肠独盘桓。”　(58) 明月照积雪：谢灵运《岁暮》诗句。　(59) 补假：补缀、假借，谓借用前人语句典故，补缀成诗。　(60) 颜延：颜延之。谢庄：字希逸。二人皆南朝宋文学家。　(61) 大明：宋孝武帝年号，公元457—464年。泰始：宋明帝年号，公元465—471年。　(62) 任昉：南朝梁文学家。王元长：名融，南朝齐文学家。　(63) 李充《翰林》：李充，东晋初人。《隋书·经籍志》总集类著录其《翰林论》三卷，为文学评论之作。书已亡佚，严可均《全晋文》辑存其佚文八则。　(64) 王微《鸿宝》：王微，南朝宋人。《隋书·经籍志》杂家类著录有《鸿宝》十卷，不著撰人，其书已佚。(65) 颜延论文：颜延之《庭诰》中有论文之语，又《太平御览》亦引录其有关文学言论数则。(66) 挚虞《文志》：《晋书·挚虞传》：“虞撰《文章志》四卷。”论作家文体，理甚惬当，为世所重。今佚。　(67) 谢客集诗：《隋书·经籍志》总集类有谢灵运《诗集》五十卷、《诗集钞》十卷、《诗英》九卷，俱佚。　(68) 张隲《文士》：《隋书·经籍志》杂传类著录张隐《文士传》五十卷。“隐”当作隲，形近而误。书今佚。　(69) 百二十人：陈振孙《直斋书录解题》：“《诗品》三卷，梁记室参军钟嵘仲伟撰。以古今作者为三品而评之，上品十一人，中品三十九人，下品六十九人。”按下品实收七十二人，共一百二十三人。此云“百二十人”，系举成数而言。 ⑦⓪ 宫商：五音的名称，这里是四声的代用语。 ⑦① 四声：平、上、去、入。 ⑦② 金竹：金属和竹做的乐器。此指音乐。⑦③ 置酒高殿上：曹植《箜篌引》诗句。明月照高楼：曹植《七哀》诗句。 ⑦④ 三祖：指魏武帝曹操，太祖；魏文帝曹丕，高祖；魏明帝曹睿，烈祖。 ⑦⑤ 二仪：《易·系辞上》：“是故易有太极，是生两仪。”二仪即两仪，指天、地。 ⑦⑥ 颜宪子：即颜延之。宪子是其谥号。 ⑦⑦ 范晔：南朝宋史学家、文学家，《后汉书》作者。其《狱中与诸甥侄书》云：“性别宫商，识清浊，斯自然也。观古今文人，多不全瞭此处。纵有会此者，不必从根本中来，言之皆有实证，非为空谈。年少中，谢庄最有其分。”谢庄：南朝宋文学家。 ⑦⑧“王元长创其首”二句：谓王融、沈约等提倡四声八病之说。《宋书·文学·陆厥传》：“永明（南齐武帝年号，公元483—493年）末，盛为文章。吴兴沈约、陈郡谢朓、琅邪王融以气类相推毂，汝南周颙善识声韵。约等文皆用宫商，以平上去入为四声，以此制韵，不可增减，世呼为永明体。”沈约，南朝梁文学家。 ⑦⑨ 蜂腰鹤膝：沈约等人提出诗歌创作上八病（平头、上尾、蜂腰、鹤膝、大韵、小韵、旁纽、正纽）中的两种。 ⑧⓪ 陈思赠弟：陈思王曹植有赠异母弟曹彪诗，即《赠白马王彪》。 ⑧① 仲宣七哀：王粲有《七哀诗》。 ⑧② 公幹思友：刘桢有《赠徐幹诗》，为思友之作。 ⑧③ 阮籍《咏怀》：阮籍字嗣宗，三国魏诗人，“竹林七贤”之一。有《咏怀》诗八十二首。 ⑧④ 子卿双凫：《古文苑》载苏武《别李陵诗》有“双凫俱北飞，一凫独南翔”之句；“子卿（苏武）”疑为“少卿（李陵）”之误。 ⑧⑤ 叔夜双鸾：嵇康字叔夜，三国魏文学家，“竹林七贤”之一。其《赠秀才》诗有“双鸾匿景曜，戢翼太山崖”之句。 ⑧⑥ 茂先寒夕：张华字茂先。其《杂诗》有“繁霜降当夕”之句，下又云“重衾无暖气，挟纩如怀冰”，“寒夕”括其诗意。 ⑧⑦ 平叔衣单：何晏字平叔，三国魏文学家，其“衣单”诗已佚。 ⑧⑧ 安仁倦暑：潘岳字安仁。其《在怀县作》诗有“初伏启新节，隆暑方赫羲。朝想庆云兴，夕迟白日移。挥汗辞中宇，登城临清池。凉飙自远集，轻襟随风吹”等句，故曰“倦暑”。 ⑧⑨ 景阳苦雨：张协《杂诗》有云：“云根临八极，雨足洒四溟。霖沥过二旬，散漫亚九龄。阶下伏泉涌，堂上水衣生。洪潦浩方割，人怀昏垫情……”是所谓“苦雨”诗。江淹《杂体诗》中有《拟张黄门协苦雨》一题。 ⑨⓪ 灵运《邺中》：谢灵运有《拟魏太子邺中集诗八首》并序。 ⑨① 士衡《拟古》：陆机有《拟古诗》十二首。 ⑨② 越石感乱：刘琨有《扶风歌》《重赠卢谌》，皆“感乱”之作。江淹《杂体诗》中有《拟刘太尉琨伤乱》一题。 ⑨③ 景纯咏仙：郭璞有《游仙诗》十九首。 ⑨④ 王微风月：王微有集十卷已佚，其“风月”诗亦不传。 ⑨⑤ 谢客山泉：谢灵运以山水诗著名，此以“山泉”代称所作。或谓“谢客”当指谢朓、谢庄或谢瞻，疑不能明也。 ⑨⑥ 叔源离宴：谢混字叔源。其《送二王在领军府集诗》末二句云：“乐酒辍今辰，离端起来日。”“离宴”当指此。 ⑨⑦ 鲍照戍边：鲍照有《代出自蓟北门行》，为咏戍边之作。 ⑨⑧ 太冲《咏史》：左思有《咏史诗》八首。 ⑨⑨ 颜延入洛：颜延之有《北使洛》诗。 ⑩⓪ 陶公《咏贫》：陶渊明有《咏贫士》诗七首。 ⑩① 惠连《捣衣》：南朝宋文学家谢惠连有《捣衣诗》。 ⑩② 珠泽：《穆天子传》：“天子北征，舍于珠泽。”郭璞注：“此泽出珠，因名之云。”此言篇章富润如珠泽。 ⑩③ 邓林：《列子·汤问》：“夸父不量力，欲追日影，逐之于隅谷之际……道渴而死。弃其杖，尸膏肉所浸，生邓林。邓林弥广数千里焉。”此以邓林喻文采荟萃之地。

作为“百代诗话之祖”，钟嵘《诗品》“深从六艺溯流别”“思深而意远”（章学诚《文史通义·诗话》），与刘勰《文心雕龙》堪称六朝文学批评史上的双璧。作为我国第一部诗论著作，《诗品》所揭示的诗歌史观、批评标准、诗歌发生论和方法论，在我国诗歌史和美学史上有重要地位。而这些诗歌理论,除上中下三品品语外,主要表现在《〈诗品〉序》中。《〈诗品〉序》,是钟嵘美学思想的代表,是《诗品》进行诗歌评论的理论纲领。

最早的《〈诗品〉序》,如《梁书·钟嵘传》所引,是从"气之动物,物之感人"到"庶周旋于闾里,均之于谈笑耳"的一段文字,即文中(一)的那部分。而文中(二)实为上品小序或后序;文中(三)是中品的小序或后序。在宋末至元的流传过程中,由于经过三卷本——一卷本——三卷本的版式变化,使原来的上品后序误与中品品语相连;中品后序误与下品品语相连,最后变成了"中品序"和"下品序"。这就是《四库全书》所说,《诗品》"分为上、中、下三品,每品之首,各冠以序"的情况。这种将"诗品序"误为"上品序","上品后序"误为"中品序","中品后序"误为"下品序"的做法,明显存在不合理的地方。故清人何文焕刻《历代诗话》,索性将不能致辨的三品序以三品前汇集起来一并刻于卷首。目前通行本有两种:一种是三序分置三品品语前,一种是三序合一置于卷首。这两种序言的位置都是错误的。本文为叙述的方便,仍将三序合一列论,仅以(一)、(二)、(三)标识加以区别,而略去考证部分和位置不同带来某些意义差别的论述。

《〈诗品〉序》的酝酿写作,大约在天监初年,完成则在天监十七年(518)沈约死后,前后大致经过十几年时间。《诗品》和《〈诗品〉序》的写作,主要鉴于三点情况:一是汉末盛行起来的五言诗,经过三百五十多年的发展,已蔚为大国,作为表达情感思想的载体,它在形式上的优势已十分明显。二是当时诗风盛炽,"终朝点缀,分夜呻吟"使诗歌充满"庸音杂体",尤以"王公搢绅之士"谈诗,"随其嗜欲,商榷不同。淄渑并泛,朱紫相夺",以致形成"喧议竞起,准的无依"的情况令人不可容忍。三是当时的文学评论著作,如陆机的《文赋》,李充的《翰林》,王微的《鸿宝》,乃至张隲的《文士》,谢灵运的集诗,都"就谈文体,不显优劣","诸英志录,并义在文,曾无品第"。这使钟嵘决心"辨彰清浊,掎摭利病",参考《七略》裁士,九品论人的方法写作一部《诗品》,并把自己的文学观和美学观阐述清楚。

《〈诗品〉序》即(一),主要阐述了这样几个问题:

首先是诗歌发生论。从"气之动物,物之感人"至"动天地,感鬼神,莫近于诗","若乃春风春鸟"至"莫尚于诗矣",除说明诗的功用外,主要阐述了诗歌的发生问题。钟嵘认为:诗之发生,是人有感情需要发泄,而人的感情,又是外界客观事物作用于主观心灵的结果。外物作用分两种:一是客观自然。由四季变换引起自然万物代谢触动人的情思,这就是"春风春鸟,秋月秋蝉,夏云暑雨,冬月祁寒,斯四候之感诸诗者也"。二是社会生活。由社会生活中的悲欢离合,种种遭际触发人的哀怨心理和英雄失路的慷慨，这就是“楚臣去境，汉妾辞宫；或骨横朔野，或魂逐飞蓬；或负戈外戍，杀气雄边；塞客衣单，孀闺泪尽”，“士有解佩出朝，一去忘反；女有扬蛾入宠，再盼倾国”的情形。值得注意的是：“汉妾”“孀闺”“扬蛾入宠”等，都是以女子哀怨心理和她们内心的情绪天地为例证的，因此更具感染力。

第二阐述了自《南风》之辞、《卿云》之颂以来的五言诗史。时代经历了夏歌、楚谣、汉、东京二百载、建安、晋、太康、永嘉、江表、义熙、元嘉，直至“方今”的阶段；人物有屈原、李陵、班婕妤、班固、三曹、七子、孙绰、许询、郭璞、刘琨、谢混、谢灵运，直至梁武帝萧衍等人，把时代与诗人交织在一起，论述诗体的产生、演变、发展、风格上的变化和由历代著名诗人代表的诗歌主流。其中以“逮”“始”“推”“固是”“非”“自”“从”“惟有”“降及”“尔后”“迄于”“爰及”“先是”“故知”等发端连接词值得注意，它们仿佛是一根绳索，不仅贯穿起时代与诗人，表现了作者的评价，且一气到底，把千年诗史概括殆尽而不给人以重复之感，兼得清刚的文气和顿挫转换之妙。

第三阐述了作为新兴载体的五言诗形式。四言诗的衰落是因为它“文繁而意少”，五言的兴盛是因为这种形式“指事造形，穷情写物，最为详切”，是“众作之有滋味者”。钟嵘指出：诗的“六义”，其中“赋、比、兴”方法仍适用于五言诗。同时，对汉儒赋、比、兴的定义又作了新的阐释。尤其把“兴”释为“文已尽而意有余”，从吟咏情性和审美的角度去把握，表现出一种新的创造精神。与这种创造精神关联的是，作为方法论，作诗“若专用比兴，患在意深，意深则词踬”，但若专用赋体，又“患在意浮，意浮则文散”，故此三义，应“酌而用之”。这是一个重要的创作原则。

第四针对五言诗写作庸音杂体，越写越滥的时尚提出批评，表明自己继承彭城刘士章的初衷写作《诗品》，为世人树立准的和理论标准的决心。

作为“上品后序”和“中品后序”，(二)、(三)是前“诗品序”的补充(现已作为广义的《〈诗品〉序》的一部分)。自“一品之中，略以世代为先后”至“今所寓言，不录存者”，及“嵘今所录”至“预此宗流者，便称才子”应为撰例。上品后序，即(二)主要解释上品十二人，为何无一齐、梁诗人的原因。在阐明近世诗人任昉、王元长等“词不贵奇，竞须新事”缺点的同时，表明了自己的诗学观。即：作为抒情的诗歌作品，不同于“经国文符”，“应资博古”；也不类似“撰德驳奏”，“宜穷往烈”，不需要故实和经史，只要“思君如流水”式的直寻和“高台多悲风”式的即目。“自然英旨”、“直寻”的“真美”——乃是钟嵘最高的美学理想。中品后序，即(三)主要解释当代文学巨匠沈约为何仅列于中品的原因。通过对沈约、谢朓、王元长在诗歌音律上“务为精密，襞积细微，专相陵架。故使文多拘忌，伤其真美”的做法提出批评的同时，确立了自己诗歌音律美学。末段“陈思赠弟”至“文采之邓林”，应为全书的赞论或总跋，是“结言于四字之句，盘桓乎数韵之辞，约举以尽情，昭灼以送文”(《文心雕龙·颂赞》)的总括之辞。从全书章法结构看，《〈诗品〉序》首论诗歌发生，次述五言诗之纲领，末举五言诗警策佳篇以示诗界法程，结构谨严而论之有序。

与同时人刘勰的《文心雕龙》相比较，除整体上刘勰重视教化，钟嵘重视抒情；《文心雕龙》理论系统更强而《〈诗品〉序》在美学更有突破创新外，在语言、文风上亦存在很大差异。刘勰论宋初文咏“俪采百字之偶，争价一句之奇；情必极貌以写物，辞必穷力而追新”，对这一倾向语带微词，而《文心雕龙》却正是用“俪采百字之偶”的形式写成的，且颇有“争价一句之奇”，“穷力追新”的倾向，文章写得极为宏丽。钟嵘也能写这种漂亮文章，《南史·钟嵘传》说钟嵘做衡阳王元简记室时，曾作《瑞室颂》旌表居士何胤，“辞甚典丽”。但钟嵘写《诗品》，用的却是长短参差，自由活泼的散文形式。也许他认为理论文章不宜逞弄才藻，逞弄才藻的结果，便使文章有拘忌蹇碍的可能，而清新刚健、灵活自如的散文才更适宜说理，更能与他所标举的美学观相契合。刘勰用骈体写体大思精的理论问题是一种创造，钟嵘用轻松活泼、刚健清新的散文品评诗歌，同样是一种创造。从而给我们留下的，不仅有深邃的文学思想，精彩纷呈的美学理论，更有文体表达上的楷模作用和敢于突破的创新精神。

（曹　旭）

【作者小传】

刘令娴

南朝梁女文学家。彭城(今江苏徐州)人。刘孝绰第三妹，徐悱妻。世称刘三娘。其文清拔。所作《祭夫文》，辞甚凄怆。亦能诗。原有集，已散佚。

祭夫徐敬业文①

刘令娴

惟梁大同五年②，新妇谨荐少牢于徐府君之灵曰③：惟君德爰礼智，才兼文雅。学比山成，辨同河泻④。明经擢秀⑤，光朝振野。调逸许中⑥，声高洛下⑦。含潘度陆⑧，超终迈贾⑨。二仪既肇⑩，判合始分⑪，简贤依德，乃隶夫君。外治徒奉，内佐无闻。幸移蓬性⑫，颇习兰薰⑬。式传琴瑟⑭，相酬典坟⑮。辅仁难验，神情易促。雹碎春红，霜雕夏绿。躬奉正衾，亲观启足⑯。一见无期，百身何赎⑰？呜呼哀哉！生死虽殊，情亲犹一。敢遵先好，手调姜橘。素俎空干⑱，奠觞徒溢。昔奉齐眉⑲，异于今日。从军暂别，且思楼中⑳；薄游未反，尚比飞蓬㉑。如当此诀，永痛无穷！百年何几，泉穴方同㉒。

〔注〕 ① 徐敬业：名悱，东海郯（今江苏连云港海州）人。幼聪敏，能属文，位太子舍人，掌书记，为南朝梁女作家刘令娴的丈夫。 ② 大同：梁武帝萧衍年号。五年为公元539年。按《梁书·徐勉传》载勉为《答客喻》曰："普通五年春二月丁丑，余第二息晋安内史悱丧之问至焉，举家伤悼，心情若陨……所谓父子天性，不知涕之所从来也。"徐勉卒于大同元年（535），若悱卒于五年，勉不及见，无从有此等语，故当依《徐勉传》定徐悱卒于普通五年（524）。 ③ 荐：进献祭品。少牢：《大戴礼记·曾子天圆》："大夫之祭，牲羊，曰少牢。" ④ 辨同河泻：辨，同"辩"。这句是说吐辞属文，如滔滔不绝的河水一泻千里。 ⑤ 明经擢秀：以通晓经术而被提拔任用。 ⑥ 调逸许中：调，才调，才情。逸，通"轶"，超越。许中，指许昌。东汉建安元年（196）曹操奉献帝迁都许昌，依附曹操的建安文人也随同到许昌。这里的"许中"代指建安文人。这句是说徐悱的才情超过了他们。 ⑦ 声高洛下：声，声名。洛下，指洛阳。建安二十五年（220），魏文帝曹丕又迁都洛阳。咸熙二年（265），司马炎代魏称帝，国号晋，仍都洛阳。魏晋时期许多著名诗人，如阮籍、陆机、左思等集中于洛阳。这里的"洛下"指洛下文人。这句是说徐悱的声名高于他们。 ⑧ 含潘度陆：潘为潘岳，字安仁，美姿仪，词藻绝丽。陆为陆机，字士衡，身长七尺，文章冠世。时人有"陆才如海，潘才如江"之说。这句是称赞徐悱的容貌文才超过了潘岳和陆机。 ⑨ 超终迈贾：终为终军，汉济南人，年十八选为博士弟子，武帝时曾自请"愿受长缨必羁南越王而致之阙下"。贾为贾谊，洛阳（今河南洛阳东）人，年十八通诸子百家之书，文帝初召为博士，多次上疏评论时政。这句是说徐悱的才干超过了终军和贾谊。 ⑩ 二仪：亦作"两仪"，天地。 ⑪ 判合：亦作"牉合"，两半相合。《仪礼·丧服》："父子首足也，夫妻牉合也。" ⑫ 蓬性：蓬草性柔曲。《荀子·劝学》："蓬生麻中，不扶而直。"这两句是比喻自己受到丈夫的扶持。 ⑬ 兰薰：兰草的香气。 ⑭ 式传琴瑟：《诗经·小雅·常棣》："妻子好合，如鼓瑟琴。"这句用琴瑟同时弹奏，其音谐和，比喻夫妇和好。式：用。 ⑮ 典坟：即《三坟》《五典》，相传为古书名。 ⑯ 启足：《论语·泰伯》："曾子有疾，召门弟子曰：'启予足！启予手！'"启，看视。此为曾子临终之言，因以为善终的代称。 ⑰ 百身何赎：秦穆公卒，以子车氏之三子为殉，国人哀之，皆愿百其身以易之。语见《诗经·秦风·黄鸟》："如可赎兮，人百其身。" ⑱ 俎：祭祀时盛祭品的盘。 ⑲ 齐眉：梁鸿妻孟光每馈食，必举案齐眉。典出《后汉书》卷八十三。旧时用以形容夫妻相敬有礼。案，有脚的托盘。 ⑳ 且思楼中：曹子建《七哀诗》："明月照高楼，流光正徘徊。上有愁思妇，悲叹有余哀。" ㉑ 飞蓬：《诗经·卫风·伯兮》："自伯之东，首如飞蓬。"言丈夫暂别出征，妻子思念不已，无心梳洗，头发蓬乱。 ㉒ 泉穴方同：《诗经·王风·大车》："穀则异室，死则同穴。"穀，活着。这句说生不能相随以同室，愿死后能

合葬而同穴。

这是南朝女作家刘令娴为祭奠亡夫而写的一篇祭文，文字清拔，辞意凄怆，颇为世人称道，是古代祭文的名篇之一。

文章开头，依照固定的程式，先交代了祭奠的时间、祭奠人、被祭对象及其关系等。这虽是套话，但对正文的理解也有一定帮助。如文中的"新妇"，就可使人了解作者和死者结褵未久。遽然而逝，其痛其悲不言可知，起笔就令人顿生凄恻之情。接着转入正文。祭文的正文一般多追记死者生平，称颂死者。但作者的亡夫是位才华横溢的诗人，自己又是名闻一时的才女，他们是亲密的夫妻，又是志趣相投的同道，因而作者舍弃了一般化的追述生平，而从富有个性特征的内容着笔，写得不落俗套。首先盛赞亡夫的人品，突出写他德才兼具，博学多能；光振朝野，出类拔萃。他的才情、声望、容貌、能力都超过了一时名流，雄视古今。这段话虽不无溢美之辞，却表现了对亡夫的景仰。而后追叙他们婚后的生活，先写他们结为夫妇后，贤德相依，朝夕相处，受到夫君的扶持、熏陶。他们一起读书作文，琴瑟相和，美满幸福。这段回忆往事用语简淡，却寄寓了无限深情。所谓"祭奠之楷，宜恭宜哀"(《文体明辨·祭文》)，即是此等作法。而后以"春红""夏绿"比喻婚后美满红火的生活，以"雹碎""霜雕"比喻突遭变故，好景不长。文势至此陡然一转，追写丈夫卒于晋安内史任上，丧还建邺，亲为送殡；想到从此永无会期，悲恸欲绝，恨不能以身相代。这段话与前文形成了一个强烈的反差，表现了对亡夫的无比眷恋之情！

祭文追记死者生平之后，往往是对死者的凭吊和哀悼。作者写到这里，用了一声哀叹："呜呼哀哉！"集中宣泄了内心蓄积的悲痛，同时也提起下文，向死者表白：对他的亲情虽死如一，曾特地做了他生前爱吃的食品祭享，但是，素盘空自摆设，酒杯徒然斟满，想起昔日举案齐眉，而今人已逝去，不能来享用了。这几句情辞异常沉痛。而后文章更进一层，用了两个典故，说明古人暂别尚不胜思念之苦，何况如今生死殊途，这种悲痛就更是永无穷尽了。最后作者宽慰死者说：好在人生并不长久，生时不能同室，待死后同穴吧！真是情切思哀，语语凄绝。

这篇祭文在体制上采用了四言韵体，通篇押韵，音律和谐。文中多次换韵，追怀婚后美满幸福生活时，交错用了"君""薰""闻""坟"，韵律响亮，显得欢快愉悦；回忆丈夫病逝，亲往送丧时，则改用"促""绿""足""赎"，声调短促，显得低沉压抑。悲欢感情的跳动，随着韵律的抑扬顿挫而起伏变化，读起来令人回肠荡气，击节叹赏。全篇用了简短的四字句，置辞简赅，含蕴丰富，对偶工整，排比整齐。其中许多句式已渐趋骈丽，如"雹碎春红，霜雕夏绿"，"素俎空干，奠觞徒溢"

等句，不仅属对精巧，而且色彩鲜明，见出骈体文的早期风貌。 （丰家骅）

【作者小传】

萧 统

(501—531) 南朝梁文学家。字德施。南兰陵(今江苏常州西北)人。梁武帝长子。天监元年(502)，立为太子，未及即位而卒，谥昭明，世称"昭明太子"。幼遍读《五经》，后信佛。曾引纳才学之士，选录古今各体诗文编为《文选》三十卷。能文。后人辑有《昭明太子集》。

《文 选》序

萧 统

式①观元始，眇觌玄风②。冬穴夏巢之时，茹毛饮血之世，世质民淳，斯文未作。逮乎伏羲氏③之王天下也，始画八卦，造书契，以代结绳之政。由是文籍生焉。《易》曰："观乎天文，以察时变；观乎人文，以化成天下。"文之时义远矣哉！若夫椎轮④为大辂⑤之始，大辂宁有椎轮之质？增⑥冰为积水所成，积水曾微⑦增冰之凛。何哉？盖踵其事而增华，变其本而加厉。物既有之，文亦宜然。随时变改，难可详悉。

尝试论之曰：《诗序》云："诗有六义⑧焉：一曰风，二曰赋，三曰比，四曰兴，五曰雅，六曰颂。"至于今之作者，异乎古昔。古诗之体，今则全取赋名。荀、宋⑨表之于前，贾、马⑩继之于末。自兹以降，源流实繁，述邑居，则有"凭虚""亡是"之作⑪；戒畋游，则有《长杨》《羽猎》之制⑫。若其纪一事，咏一物，风云草木之兴，鱼虫禽兽之流，推而广之，不可胜载矣。又楚人屈原，含忠履洁，君匪从流，臣进逆耳，深思远虑，遂放湘南。耿介之意既伤，壹郁⑬之怀靡诉；临渊有怀沙之志，吟泽有憔悴之容。骚人之文，自兹而作。诗者，盖志之所之也，情动于中而形于言。《关雎》《麟趾》⑭，正始⑮之道著；桑间濮上⑯，亡国之音表。故风雅之道，粲然可观。自炎汉中叶，厥途渐异：退傅⑰有"在邹"之作，降将著⑱"河梁"之篇，四言五言，区以别矣。又少则三字，多则九言，各体互兴，分镳并驱。颂者，所以游扬德业，褒赞成功。吉甫⑲有“穆若”之谈，季子⑳有“至矣”之叹。舒布为诗，既言如彼；总成为颂，又亦若此㉑。次则箴兴于补阙，戒出于弼匡，论则析理精微，铭则序事清润，美终则诔发，图像则赞兴。又诏诰教令之流，表奏笺记之列，书誓符檄之品，吊祭悲哀之作，答客指事之制，三言八字之文，篇辞引序，碑碣志状㉒，众制锋起，源流间出。譬陶匏异器，并为入耳之娱；黼黻㉓不同，俱为悦目之玩。作者之致，盖云备矣。

余监抚㉔余闲，居多暇日。历观文囿，泛览辞林，未尝不心游目想，移晷㉕忘倦。自姬、汉以来，眇焉悠邈，时更七代，数逾千祀。词人才子，则名溢于缥囊㉖；飞文染翰，则卷盈乎缃帙㉗。自非略其芜秽，集其清英，盖欲兼功，太半难矣！若夫姬公之籍，孔父之书，与日月俱悬，鬼神争奥，孝敬之准式，人伦之师友；岂可重以芟夷，加之剪截？老、庄之作，管、孟之流，盖以立意为宗，不以能文为本；今之所撰，又以略诸。若贤人之美辞，忠臣之抗直，谋夫之话，辩士之端，冰释泉涌，金相玉振。所谓坐狙丘，议稷下㉘，仲连之却秦军㉙，食其之下齐国㉚，留侯之发八难㉛，曲逆之吐六奇㉜，盖乃事美一时，语流千载，概见坟籍㉝，旁出子史，若斯之流，又亦繁博。虽传之简牍，而事异篇章，今之所集，亦所不取。至于记事之史，系年之书，所以褒贬是非，纪别异同；方之篇翰，亦已不同。若其赞论之综缉辞采，序述之错比文华，事出于沉思，义归乎翰藻，故与夫篇什，杂而集之。远自周室，迄于圣代，都为三十卷，名曰《文选》云尔。凡次文之体，各以汇聚。诗赋体既不一，又以类分；类分之中，各以时代相次。

〔注〕①式：发语词。②眇觌玄风：远察上古的风气。眇（miǎo渺），远；觌（dí笛），看。③伏羲氏：上古三皇之一。④椎轮：没有辐条，由整块木料做成的车轮。⑤大辂：天子之车。⑥增（céng层）：通“层”。⑦微：无。⑧六义：《诗·大序》谓诗有六义，指风、雅、颂、赋、比、兴。风为各国乐歌，雅为周王朝王都一带的乐歌，颂为庙堂祭祀乐歌，

赋为直叙其事，比为譬喻，兴为寄托。风、雅、颂是诗的三种体制，赋、比、兴是诗的三种表现手法。 ⑨ 荀、宋：战国荀子与宋玉。荀子有《赋篇》，宋玉有《风赋》等。 ⑩ 贾、马：西汉贾谊与司马相如。贾谊有《鹏鸟赋》等，司马相如有《子虚赋》等。 ⑪ “凭虚”“亡是”之作：指东汉张衡的《西京赋》（托“凭虚公子”立言）和西汉司马相如的《上林赋》（托“亡是公”立言）。⑫《长杨》《羽猎》之制：指东汉扬雄的《长杨赋》《羽猎赋》，写田猎游乐而寓劝戒之义。 ⑬ 壹郁：抑郁。 ⑭《关雎》《麟趾》：《诗经·周南》篇名。《关雎》，《诗序》以为是咏“后妃之德”；《麟趾》，全名《麟之趾》，旧说或以为是赞美君之宗族忠信仁厚。 ⑮ 正始：正其始。《诗序》：“《周南》《召南》，正始之道，王化之基。” ⑯ 桑间濮上：《礼记·乐记》：“桑间濮上之音，亡国之音也。”郑玄注：“濮水之上，地有桑间者，亡国之音，于此之水出也。昔殷纣使师延作靡靡之乐，已而自沉于濮水。” ⑰ 退傅：西汉韦孟曾任楚王傅，后退居邹地，作四言的《在邹》诗。 ⑱ 降将：指西汉李陵，兵败降匈奴。旧传他作有五言的《与苏武诗》，有“携手上河梁”之句。 ⑲ 吉甫：即尹吉甫，周宣王时重臣。相传《诗经·大雅·烝民》为其所作，有“吉甫作诵（即颂），穆如清风”之句。“穆若”即“穆和”。 ⑳ 季子：即吴公子季札。《左传·襄公二十九年》载季札聘鲁，请观于周乐。为之歌《颂》。曰：“至矣哉！盛德之所同也。” ㉑ “舒布”四句：意谓颂本系诗之一体，而得独立。 ㉒ “次则”以下数句：箴、戒、论、铭、诔、赞、诏、令、表、记、书、檄、哀祭、答客、篇、辞、引、序、碑、碣、志、状为各类文体。三言、八字，诸家所释不一。向宗鲁氏以为三言如《战国策》所记说辞“海大鱼”之类，八字如秦玺文“受命于天，既寿永（一作且）昌”。 ㉓ 黼黻（fǔ fú 辅扶）：古时礼服上的花纹。 ㉔ 监抚：监国抚军。《左传·闵公二年》：太子“君行则守，有守则从，从曰抚军，守曰监国。” ㉕ 移晷（guǐ 轨）：日影移动，指时间很长。 ㉖ 缥囊：用淡青色丝帛做成的书袋。 ㉗ 缃帙：用浅黄色丝帛做成的书套。 ㉘ 坐狙丘、议稷下：狙丘、稷下为古地名，《史记·鲁仲连传正义》引《鲁仲连子》：“齐辩士田巴，服狙丘，议稷下……一日服千人。” ㉙ “仲连”句：鲁仲连，战国齐人，喜为人排难解纷，秦围赵，仲连见平原君，力言不可帝秦，适魏信陵君率兵救赵，秦遂退兵。见《战国策·赵策》三。 ㉚ “食其”句：郦食其，秦汉之际高阳人，投刘邦，楚汉战争中说齐王田广归汉。韩信袭齐，齐王以为受骗，烹食其。见《史记·郦生传》。 ㉛ “留侯”句：张良，西汉开国功臣，封留侯，楚汉战争中曾陈八难驳立六国后之论。见《史记·留侯世家》。 ㉜ “曲逆”句：陈平，西汉开国功臣，封曲逆侯，曾六出奇计助刘邦建立和巩固汉王朝。 ㉝ 坟籍：犹言坟典，坟为三坟，典为五典，传说中最古的书籍。此指古代典籍。

《文选》是现存最早的诗文总集，梁昭明太子萧统撰，选录先秦至梁代作者一百三十余人的赋、诗、诏、表、书信等诸体文章，凡三十卷（李善注本及六臣注本均分为六十卷）。萧统爱好文学，许多著名文人都曾与之游处，《文心雕龙》作者刘勰也曾为其东宫通事舍人，深为他所爱接。萧统常与这些文人一起讨论和写作文章。据《梁书·昭明太子传》说，当时东宫有书近三万卷，“名才并集，文学之盛，晋宋以来未之有也”。《文选》的编撰，很可能有这些文人参与其事。至于其成书年代，研究者据不录存者的惯例，认为在梁武帝普通七年（526）后（所录作者中陆倕最后逝世，时为普通七年）。《〈文选〉序》大约也写于是年前后。

自汉末建安时期开始，我国文学的发展进入了“自觉时代”（鲁迅《魏晋风度及文章与药及酒之关系》),人们的文学观念有很大进步。人们将文章的地位、作用看得很重要,对于文章的审美特性也有了较充分的认识,不再像汉代儒生那样把文学视为经学的附庸,狭隘而过分地强调其政治教化作用了。齐梁时骈体诗文有很大发展,讲究词藻富丽,对偶工整,声律和谐,人们对文章语言的形式美非常看重。这样的文学观念和趣味,在《〈文选〉序》中都有所反映。

《〈文选〉序》可分为三段。第一段论述"文"的起源和发展。认为远古时代,物质生活贫乏,社会风气淳朴,只须结绳而治便可应付简单的人事,尚未有"文"。至伏羲氏时,才画八卦,造文字,于是逐渐产生了文章典籍。这是借用了伪《孔安国古文尚书序》中的话,以说明"文"起源极古,并出于圣人之手。接着又引《易·贲卦》彖辞语,说治国者须观天文以察时序之变化,观人文以教化天下之人。这是为了强调"文"的重要。然后总结道:"文之时义远矣哉!"这里所谓"人文""文",都是泛指文化、教育、礼乐制度等,当然也包括诗文写作。《文选》是一部文章总集,固然选录了诏册章表等封建政治生活中必需的文体,但更选了许多抒情写景、与政治无明显联系的诗赋等作品;即使诏册章表等,之所以编入,主要也不是为了进行教化,而是供欣赏和揣摩。那么萧统为何将诸体诗文与广义的"人文"相联系,并推始于圣人,又与"天文"相牵合,强调其教化作用呢?因为这样一来,诗文写作的地位就被抬高了。此种说法早已有之,齐梁时代更屡见不鲜,《文心雕龙·原道》便是其中最为系统完整者。接下来论文章发展的总规律。萧统以车辆和寒冰作比喻,说明一切事物,无论人类生活还是自然界的事物,都是按照"踵事增华""变本加厉"的规律发展变化的,那么"文"自然也是如此。它"随时变改",不断发展,由简单质朴趋于繁复华丽。此种认识也非偶然,而是文学发展客观事实在人们头脑中的反映。晋代文论已言及文学由质趋文的变化,东晋葛洪所论尤详。他说:"古者事事醇素,今则莫不雕饰,时移世改,理自然也。"(《抱朴子外篇·钧世》)至南朝时,人们对于这一点认识得更为普遍,不管是论社会生活,还是论文学、书法等,都常常举出古质今文的规律。《〈文选〉序》所述,与时代风气是密切相关的。

第二段简论诸种文体。或简述其发展过程(如说赋始于荀况、宋玉,经贾谊、司马相如而发展至今,已是内容广泛而"不可胜载";又如说诗始于《诗经》时代,至西汉形成五言诗等等),或说明其功用(如说颂用于歌功颂德,箴、戒用于规谏告诫,诔用于赞美死者,赞用于配合画像),或指出其写作特点(如说论要求分析道理精深微妙,铭则具有风格清润的特点),也有许多仅仅列举其名。所论内容,基本上是承袭魏晋以来文体研究的成果。所言及的文体,多达三十余种。这样细致地区分文体，也是当时人的共同倾向，如《文心雕龙》所述文体即与之大体相同。值得注意的是这一段的最后几句话，将各体文章喻为各种音乐和色彩，说它们都是“入耳之娱”“悦目之玩”。这表明在萧统看来，诸种文体都具有审美价值和娱乐作用，诗赋等抒情体物之作固然是这样，诏诰教令等实用性文体也是如此。这种看法也由来已久。如西汉司马迁即称赞汉武帝册文“文辞烂然，甚可观也”(《史记·三王世家》)，建安时曹丕也说阮瑀“书记翩翩，致足乐也”(《与吴质书》)，都反映了人们对于公家文书的一种欣赏态度。

第三段说明编撰《文选》的目的，是由于年代久远，作家作品众多，必须“略其芜秽，集其清英”，才便于阅览揣摩；还说明了编撰体例，系按文体编次，而诗赋二体中又各分门类，一类中则以时代为先后。这一段的重点，则在于阐明选录范围乃是单篇文章，成部的经、子、史著作均不入选。其理由是：儒家经典出于圣人之手，光照千古，是为人处世的准则，不可剪截割裂。子书的特点在于“立意”，而不在于表现写作才能。各种著作中所载“贤人”“忠臣”“谋夫”“辩士”的口头言论，虽经记录成文，但当初究非文章，故也不在选录范围之内。至于历史著作，其作用在于记事实，寓褒贬，也不同于文章。但史书中的赞、述(均为撮述一篇大意的四言韵语)和序、论(史书纪、传前或后所载作史者的论述)，“综缉辞采”，“错比文华”，“事出于沉思，义归乎翰藻”，乃精心结撰、注重文采之作，与其他单篇文章一样，表现了作者的写作才能，故可入选。将史书的论、赞当作单篇文章欣赏，这在南朝时也是普遍现象。例如刘宋范晔《后汉书》的论、赞就颇为人所重，曾别出单行。《文选》“史论”“史述赞”两类选范作也最多。萧统这里所谓“辞采”“文华”“沉思”“翰藻”的说法，虽是就史论赞而言，但也体现了他对各体文章审美特性的看法，即文章的语言应该富于藻饰之美(包括对偶、用典、词藻、声律等)。实用性文章也被视作“入耳之娱”“悦目之玩”，其语言富于声色之美正是一个重要原因。清人阮元曾说，《文选》之所以不录经、史、子著作，就是因为这些著作比较地不讲究藻采，不能名之为“文”(见其《书昭明太子〈文选序〉后》《与友人论古文书》等文)。其说有一定道理。在南朝大多数人心目中，文章之学具有独立的地位；经史子性质与单篇诗文不同，人们对于它们主要不是从文章写作的角度去欣赏和研习的。在刘宋时的国学中，文学就已作为单独一科而与儒、玄、史并列了。究其原因，与经史子著述就总体而言比较不重视藻采是有关系的。但阮说又不够全面稳妥。因《文选》之所以不录经史子，更与撰录别集、总集时只录单篇制作的通行体例密切攸关。应该说，《〈文选〉序》关于选录范围的话是萧统对这一通例所作的解释，而其解释中又反映了时人对文章审美特性的看法和文学取得独立地位的事实。

《〈文选〉序》本身也体现了对文辞声色之美的讲求。其句式大多整齐，四字、六字句最多，但也富于变化，还时而插入散行之句，因而并不呆板。讲究对偶，注意声调的变化和谐，读来铿锵流利。语言形象而颇见锤炼之功。如大辂增冰、陶匏黼黻之喻，都很生动贴切，给人深刻的印象。而“踵事增华”“变本加厉”更成为至今仍有生命力的成语。又如称“贤人之美辞”等为“冰释泉涌，金相玉振”，也十分凝练。《诗经·大雅·棫朴》有“金玉其相”之语，东汉王逸《离骚叙》则云“金相玉质”，都是说内在质地之美。又《孟子·万章》下有“金声玉振”之语，是说声音如钟磬之美。萧统合之为“金相玉振”，则既称其质，又美其声。凡此之类，都是颇具匠心，能给读者以美感的。

（杨　明）

《陶渊明集》序　　萧　统

夫自衒自媒者，士女之丑行[1]；不忮不求者，明达之用心[2]。是以圣人韬光，贤人遁世。其故何也？含德之至，莫逾于道；亲己之切，无重于身。故道存而身安，道亡而身害。处百龄[3]之内，居一世之中，倏忽比之白驹[4]，寄寓谓之逆旅[5]，宜乎与大块[6]而盈虚，随中和而任放，岂能戚戚劳于忧畏，汲汲役于人间。齐讴赵女之娱，八珍九鼎之食，结驷连骑之荣，侈袂执圭之贵[7]，乐则乐矣，忧亦随之。何倚伏[8]之难量，亦庆吊之相及。智者贤人居之，甚履薄冰[9]；愚夫贪士竞之，若泄尾闾[10]。玉之在山，以见珍而终破；兰之生谷，虽无人而自芳。故庄周垂钓于濠[11]，伯成躬耕于野[12]，或货海东之药草，或纺江南之落毛[13]。譬彼鸳雏，岂竞鸢鸱之肉[14]；犹斯杂县，宁劳文仲之牲[15]！至如子常、宁喜之伦[16]，苏秦、卫鞅之匹[17]，死之而不疑，甘之而不悔。主父偃言：“生不五鼎食，死即五鼎烹[18]。”卒如其言，岂不痛哉！又楚子观周，受折于孙满[19]；霍侯骖乘，祸起于负芒[20]。饕餮之徒[21]，其流甚众。唐尧四海之主，而有汾阳之心[22]；子晋天下之储，而有洛滨之志[23]。轻之若脱屣，视之若鸿毛，而况于他人乎！是以至人达士，因以晦迹。或怀釐而谒帝[24]。或被裘而负薪[25]，鼓枻清潭[26]，弃机汉曲[27]。情不在于众事,寄众事以忘情者也。

有疑陶渊明诗篇篇有酒。吾观其意不在酒,亦寄酒为迹者也。其文章不群,辞采精拔,跌宕昭彰,独超众类,抑扬爽朗,莫之与京。横素波而傍流,干青云而直上。语时事则指而可想,论怀抱则旷而且真。加以贞志不休,安道苦节,不以躬耕为耻,不以无财为病,自非大贤笃志,与道污隆㉘,孰能如此乎!余爱嗜其文,不能释手,尚想其德,恨不同时。故更加搜求,粗为区目。白璧微瑕,惟在《闲情》一赋,扬雄所谓劝百而讽一者㉙,卒无讽谏,何必摇其笔端?惜哉,无是可也!并粗点定其传,编之于录。尝谓有能读渊明之文者,驰竞之情遣,鄙吝之意祛,贪夫可以廉,懦夫可以立㉚,岂止仁义可蹈,亦乃爵禄可辞!不劳复傍游太华㉛,远求柱史㉜,此亦有助于风教也。

〔注〕 ① 衒:炫耀。曹植《求自试表》:"夫自衒自媒者,士女之丑行也。" ② 忮(zhì至):忌恨。《诗·邶风·雄雉》:"不忮不求,何用不臧?" ③ 百龄:百岁,指人的一生。 ④"倏忽"句:《庄子·知北游》:"人生天地之间,若白驹之过隙,忽然而已。"白驹,白色骏马,或解作"日"。 ⑤ 逆旅:旅舍。 ⑥ 大块:自然造化。 ⑦ 侈袂:一种礼服。圭:一种长条形的玉质礼器。执圭:意谓做官。 ⑧ 倚伏:《老子》:"祸兮福之所倚,福兮祸之所伏。" ⑨ 薄冰:《诗·小雅·小旻》:"战战兢兢,如临深渊,如履薄冰。" ⑩ 尾闾:《庄子·秋水》:"天下之水莫大于海,万川归之,不知何时止而不盈;尾闾泄之,不知何时已而不虚。"尾闾,传说中海水所归之处。 ⑪"庄周"句:《庄子·秋水》:"庄子钓于濮水,楚王使大夫二人往先焉。曰:'愿以境内累矣!'庄子持竿不顾。" ⑫"伯成"句:《庄子·天地》:"尧治天下,伯成子高立为诸侯。尧授舜,舜授禹,伯成子高辞为诸侯而耕。禹往见之,则耕在野。" ⑬"海东"二句:二语均出《高士传》:安期生卖药海边;楚人老莱子遁耕于蒙山之阳,曰:"鸟兽之毛可绩而衣。" ⑭"鹭雏"二句:《庄子·秋水》:"惠子相梁,庄子往见之。或谓惠子曰:'庄子来,欲代子相。'于是惠子恐,搜于国中三日三夜。庄子往见之,曰:'南方有鸟,其名为鹓雏,子知之乎?夫鹓雏发于南海而飞于北海,非梧桐不止,非练实不食,非醴泉不饮。于是鸱得腐鼠,鹓雏过之,仰而视之曰:"吓!"今子欲以子之梁国而吓我邪?'" ⑮ 杂县(xuán悬):即爰居,一种海鸟。文仲:臧文仲,春秋鲁国之卿。《国语·鲁语》载,有海鸟爰居止于鲁东门之外,臧文仲使国人祭之。柳下惠批评他无故而祭海鸟,不合国典。后来臧文仲也知道错了。 ⑯ 子常:楚令尹囊瓦子常。宁喜:春秋卫人。二人均为贪财狡诈之辈。 ⑰ 苏秦:战国时纵横家。卫鞅:即商鞅。为秦相十年,仕秦孝公。孝公卒,被杀。 ⑱ 主父偃:为西汉中大夫。后为齐相,以胁齐王自杀,被诛。 ⑲"楚子"二句:据《左传·宣公三年》,周定王派王孙满慰劳楚子,楚子问周鼎之大小轻重。"问鼎"即有图谋之意。王孙满说鼎之归周是天命,周德虽衰,天命未改,鼎之轻重,未可问也。将楚子顶了回去。 ⑳ 霍侯:汉霍光。骖乘:坐在车子右边作护卫。汉宣帝始立,霍光从骖

乘,汉宣帝惧,如芒刺背。霍光死后,宣帝诛其宗族。 ㉑ 饕(tāo 滔)餮(tiè):传说中贪食的恶兽,以比喻贪婪凶恶。 ㉒“唐尧”二句:《庄子·逍遥游》:“尧治天下之民,平海内之政,往见四子(王倪、啮缺、被衣、许由),藐姑射之山,汾水之阳,窅然丧其天下焉。” ㉓“子晋”二句:《列仙传》载周灵王太子晋(即王子乔)“游伊洛之间,道士浮丘公接以上嵩高山,三十余年”。储,储君,太子。 ㉔ 釐(xī 西):通“禧”,福。 ㉕ 披裘而负薪:《高士传·披裘公》:“披裘公者,吴人也。延陵季子出游,见道中有遗金,顾披裘公曰:‘取彼金。’公投镰瞋目,拂手而言曰:‘何子处之高而视人之卑!五月披裘而负薪,岂取金者哉?’” ㉖ 鼓枻清潭:屈原《渔父》:“屈原既放,游于江潭,行吟泽畔。渔父见而问之,曰:‘圣人不凝滞于物,而能与世推移。世人皆浊,何不淈其泥(同其风)而扬其波(与沉浮)?众人皆醉,何不餔其糟(从其俗)而歠其酾(食其禄)?’屈原曰:‘宁赴湘流,葬于江鱼之腹中,安能以皓皓之白,而蒙世俗之尘埃乎?’渔父莞尔而笑,鼓枻而去。” ㉗ 弃机汉曲:《庄子·天地》载,子贡过汉阴,见一老丈正在浇灌菜园。他凿隧入井,抱瓮出灌,用力多而见效少。子贡劝他采用桔槔,老丈忿然作色而笑曰:“吾闻之吾师,有机械者必有机事,有机事者必有机心。机心存于胸中,则纯白不备(纯粹素白不圆备);纯白不备,则神生(性)不定;神生不定者,道之所不载也。吾非不知,羞而不为也。” ㉘ 污隆:污指下降,衰落;隆指上升,兴盛。 ㉙“扬雄”句:《史记·司马相如传赞》:“相如虽多虚辞滥说,然其要归引之节俭,此与《诗》之风谏何异。扬雄以为靡丽之赋,劝百讽一,犹驰骋郑卫之声,曲终而奏雅,不已亏乎?” ㉚“贪夫”二句:《孟子·尽心下》:“故闻伯夷之风者,顽夫廉,懦夫有立志。” ㉛ 太华:泰山和华山。这里傍游是指隐居。 ㉜ 柱史:柱下史,即老子。相传老子曾为周柱下史,故以代称。

陶渊明作为一名伟大的诗人,当世声名不显,死后在相当长的一段时间里,也鲜为人知。他的超群拔俗的真纯品格和澹淡飘逸的田园诗歌,一直没有受到人们的应有重视。刘勰《文心雕龙》洋洋数十万言,纵论古今作家,惟只字不及陶渊明;钟嵘《诗品》清理诗歌源流,排列诗人座次,陶渊明仅列中品;颜延之与陶渊明私交甚笃,过从颇密,尝著《陶征士诔》一篇以示哀悼,也仅作“征士”观之而已。独有萧统,独具慧眼,最早认识到了陶渊明作为一名诗人的“独超众类”的价值,对其作品广加搜求,区分编录,在陶渊明逝世百年之后,编成了《陶渊明集》,使其作品免遭散佚之灾。这事本身,功德已不可限量。而这篇序言,正反映了萧统编定陶集的思想认识,初次给陶诗以应有的评价和较高的地位,反映了他对陶诗与众不同的认识和爱好,具有非同寻常的历史意义和文献价值。

全文分为两大部分。第一部分,主要是阐述作者对于立身处世的观点。他提出一个“道”,认为“道”是立身处世的准则,是最高境界。作者首先指出两种处世方式,一是“自衒自媒者”,一是“不忮不求者”。认为前者是“士女之丑行”,后者是“明达之用心”,是非褒贬,一目了然。然后由圣人贤人的韬光遁世,推引出这个“道”字来,提出“道存而身安,道亡而身害”的中心命题。他认为,人生居一世,倏忽如白驹之过隙,稍纵即逝,所以“宜乎与大块而盈虚,随中和而任放”,怎么能够整日为忧虑恐惧所纠缠，被庸俗杂事所驱使呢？“与大块而盈虚，随中和而任放”，是作者对于“道”的具体阐述。接下来，便围绕着得“道”与失“道”，从两个方面进行论证。一曰得显达者未必得“道”。他举出欢娱、饮食、荣耀、显贵之至极者，认为“乐则乐矣，忧亦随之”，因为宦海沉浮，官场险恶，常常是福祸难量，庆吊相及。因而，智者与愚夫处之，便是截然不同的态度。智者胜履薄冰，愚夫若泄尾闾。智者贤人虽居之，但以求“道”未臻之故，而常怀忧戚之心；愚夫贪士犹竞之，则去“道”愈远而所趋愈卑。所以说，得显达者未必得“道”。二曰处穷困者未必失“道”。“玉之在山，以见珍而终破；兰之生谷，虽无人而自芳”，这两个显明的比喻，说明了居处高低，不是衡量“道”的标准。而“玉之在山”句，说明处者以高显而招身破，是总绾上文；“兰之生谷”句，说明处者以低微而得身全，正启揭下文。所以，这二句比喻，作为转折，确乎自然贴切，巧妙无比。下文列举庄子、伯成、安期生、老莱子的事迹以及鸳雏、杂县的典故，都是进一步论证“兰之生谷”的道理。圣者贤者韬光遁世，所以才“道存而身安”。行文至此，大义已明，作者仍感意犹未尽，将笔触再度伸向历史的长河，捕捉到更多更显目的正反两方面的生动事例，一一数来，历历如贯珠，进一步增加了说服力。子常、宁喜、苏秦、卫鞅、主父偃、楚子、霍光之流，都曾有过风云一时的显耀，达则达矣，皆因“道亡而身害”。这是回应第一层得显达者未必得“道”的意思。唐尧天下之主，王子乔天下之储，皆有韬光遁世之心，视荣华富贵如敝屣，是为得“道”，所以“道存而身安”。这又补足了第二层处穷困者未必失“道”的意思。文气上下贯通，首尾呼应。最后才总括起来，认为至人达士，应当敛迹息影，韬光养晦，入世而不泥于事，寄心为事，得意而忘形。在作者看来，这就是“与大块而盈虚，随中和而任放”，臻乎此，便可谓得“道”。

作者坐而论道，宏论滔滔，为下一步论述陶渊明及其作品，做了实实在在的铺垫。这同时也就向我们揭示了一个视角、一个观察点：萧统是从立身处世的角度来认识陶渊明的，正是在这一点上，他欣赏陶的态度，推崇陶的方式。陶渊明其人，就是萧统的“道”的典型代表和理想化身。萧统的大段议论，在陶渊明身上才落到了实处。所以，序文的第二部分，则着重论述陶渊明其人及其作品。“有疑陶渊明诗篇篇有酒”，这本身已十分新奇，足以昭示陶的与众不同的性格；而“吾观其意不在酒，亦寄酒为迹者也”，则更清警俊拔，深刻揭示了陶诗的深沉隽永的内蕴。本句句式与第一部分末句“情不在于众事，寄众事以忘情者也”基本一致，所表达的思想内容也基本相同，寄事忘情与寄酒为迹，其旨一也；且以一“亦”字从形式上标志出前后文气的赓续关系：前者收绾上文，后者启迪下文，上下前后的内在联系十分清楚地揭示出来。举重若轻，巧妙自然，其起承转合的手法之高妙，于此可见一斑。以下则分三层评论陶诗。第一，评诗品，论人品。作者以形象的语言，精练的文字，高度评价了陶诗的品格，而且，把它与陶渊明本人的“贞志不休，安道苦节”紧紧联系起来，使人一睹陶诗之真髓纯韵。这里，作者又提到“与道污隆”，再次与上文“与大块而盈虚”相呼应，将抽象的“道”的说教在陶渊明身上具体化、形象化了。萧统生于深宫之中，长于妇人之手，衣轻裘，食美味，荣华富贵应有尽有，惟有心性不得施展，故常有遗世高蹈之想。他之念念不能忘情于“道”，深深笃爱陶渊明其人，企羡陶的方式，正是这一内心世界的真实写照。尤其值得指出的是，他这是在文学史上，第一次对陶渊明作出了公正的评价，而且语言形象生动。有的，如“其意不在酒，亦寄酒为迹”，如“语时事则指而可想，论怀抱则旷而且真”，等等，已成为千古不易之评，常为后来论陶者所引用。第二，指出陶诗之不足，并说明编纂陶集之缘由。他认为陶集中“白璧微瑕，惟在《闲情》一赋”，理由是没有讽谏，所以价值不大。陶渊明的《闲情赋》，描写了作者对一位外貌艳丽、内心世界极为丰富的美丽女子的深情爱慕和热情追求，个中有无寄托，历来说法不一。但它无疑是陶集中的上佳之作。萧统这里批评它是“白璧微瑕”，自有其认识的局限性。但如果撇开这个批评本身，仅从其立论的角度来看，则可以窥见，萧统对于纯粹描写女人举止体态的作品，是不满的，是持批评、否定态度的。由此也可以透视出，他对盛行于时的专以描写女人起居、体态、服饰等搔首弄姿的作品——宫体诗，显然是持批评态度的。这就显出了他不苟世风的见解，见出他的卓荦不凡之处。正因为如此，我们应该肯定其持论的积极的一面。大概也正因为萧统对于世风的不满，他对陶渊明特别“爱嗜其文，不能释手，尚想其德，恨不同时”，几乎到了如痴如醉的程度。第三，论述陶诗的社会功能。“尝谓有能读渊明之文者”云云，则将陶诗的功能提到了很高的程度。其说虽有夸大，反映了萧统的偏爱，但这又反映了萧统注重文学的社会功用的文学思想。他不但说读陶诗可以“驰竞之情遣，鄙吝之意祛，贪夫可以廉，懦夫可以立”，还将它提到“有助于风教”的高度，足见其对于文学的社会功用的重视。这与当时注重辞采华靡，只讲究文学娱心性、快耳目的风尚相比，又见出萧统的高出一筹。总此三层意思，萧统几乎把陶渊明当作一面旗帜，高擎起来，标帜人生之“道”，宏扬文学之功，也作为自己的理想寄托之所，娱心遣意之宅。

本文在艺术上有三点值得注意。首先是结构，取先放后收式。先论“道”，后论人；先抽象，后具体。纵笔挥洒，横古贯今，滔滔不绝。行文至大半，仍不及陶渊明一字，仿佛全与陶无关似的。然后调转笔锋，峰回路转，巧妙过渡，将视点集中到陶渊明身上，就势评说，水到渠成。于是，析论则鞭辟入里，论人则入木三分，说艺则点到为止，使人获渐入佳境、会心领悟之趣。其次是形式，大体走骈文一路，形式整饬，语言工丽。对仗排偶，参差而下，意思赓续，一气呵成，都很好地配合了中心意旨的表达。尤其是文章不守成式，注重变化，间亦杂以散句，更使全文显得抑扬顿挫，跌宕生姿。最后是用典。此文不但用典多，而且多取材于老庄，这不仅反映了当时喜好使典隶事的文风，也说明了萧统对于老庄的偏好。兴许正是从这种偏好，他才逐渐悟出了他所反复阐述的那个“道”，认识了陶渊明作为一名诗人的价值，而与之心心相印、血脉相通的。　　（吴小平）

【作者小传】

萧　纲

(503—551)　即梁简文帝。字世缵。南兰陵(今江苏常州西北)人。武帝第三子。在位二年，被叛将侯景所杀。他是宫体诗的主要倡导者。论文反对以儒家经典为规范。部分诗专描写女子举止情态，风格绮艳，又颇多咏物写景之作。原有集，已散佚，后人辑有《梁简文帝集》。

采　莲　赋　　　　萧　纲

望江南兮清且空，对荷花兮丹复红。卧莲叶而覆水，乱高房而出丛。楚王暇日之欢，丽人妖艳之质。且弃垂钓之鱼，未论芳萍之实①。唯欲回渡轻船，共采新莲。傍斜山而屡转，乘横流而不前。于是素腕举，红袖长，回巧笑，堕明珰。荷稠刺密，亟牵衣而绾裳；人喧水溅，惜亏朱而坏妆。物色虽晚，徘徊未返。畏风多而榜②危，惊舟移而花远。歌曰：常闻蕖可爱，采撷欲为裙。叶滑不留綖，心忙无假薰。千春谁与乐，唯有妾随君。

〔注〕 ①“且弃”二句：《战国策·魏策四》载，魏王与所宠幸的龙阳君共船而钓，龙阳君说，既得大鱼，即欲弃去前此所钓小鱼。又《说苑·辨物》载，楚昭王渡江，有大物漂而触舟，乃萍实。剖食之，甚甘美。据《战国策》，与龙阳君共钓者乃魏王而非楚王。此赋写丽人采莲而托为楚王时事；本是虚构；用典亦属信手拈来，不必拘泥。　② 榜：船桨，此处借指船。

古人歌唱江南风光的作品多极了。如唐末韦庄的“春水碧于天，画船听雨

采莲图

——清光绪间刊本《茜窗小品》

眠”(《菩萨蛮》),元人虞集的“为报先生归也,杏花春雨江南”(《风入松》),偶一吟诵,辄令人心醉神驰。那都是写江南春景的名句。南朝梁代作者则似乎对于江南夏日荷花盛开的景象尤为倾心。他们既写荷花,也写那些美丽的采莲少女。以此为题材的诗赋,当时甚多。萧纲这篇《采莲赋》便是其中之一。

一上来四句就将我们带进一幅多么美丽的图画!那是清远的碧天、无边的红莲构成的充满生气的境界。看那密密的翠叶遮蔽了流水,修长而柔软的荷茎顶着饱满的莲蓬,而那深红浅红的花儿,恰如亭亭的少女轻歌曼舞于一片翠绿之上。“乱高房而出丛”,“房”指莲房,即莲蓬。这“乱”字让我们联想到那些荷叶、莲蓬、花朵繁密丰茂的景象,它们似乎分布得没有规律,但又有一种天然的和谐。

接着作者虚拟了楚王和宫中丽人们采莲的情景。钓起的鱼儿都不要了,芳香甜美的萍实也无心品尝,他们兴致勃勃,一心只想漾着轻舟,共采新莲。这里用了《战国策》《说苑》中弃鱼、食萍实的典故,只是为了反衬荷花之美对楚王和丽人的吸引力而已,我们不须拘泥其原意。“楚王”也只是陪衬,作者着意写的乃是那些采莲的丽人,写她们的服饰、动作、神态、心理。“回巧笑”,应是说她们平日那粲然可爱的笑容不见了,写出了她们采莲时神情的专注。“堕明珰”,是说脱落了耳上所戴的明珠,也许是为了采莲方便自己脱下,也可能是因波荡舟摇、动作剧烈而坠落。“荷稠刺密,亟牵衣而绾裳”,荷花是多么稠密繁茂,以至小舟曲折穿行于其间时,衣裳常常被牵挂住了。刺,指莲茎上的刺毛。“人喧水溅,惜亏朱而坏妆”,写出了一派热闹的气氛。丽人们在专心采摘时却仍时时注意着自己的妆饰,这正是那些贵族少女们、那些成天闲着总也忘不了自己形象美丽的少女们特有的心理。荷花是如此美丽,采莲是如此有趣;暮色渐渐来临,她们仍流连忘返。晚风起了,她们既因波荡船摇而提心吊胆,又因轻舟漂离花丛远去而着急。“畏”“惊”二字,写其心情颇能传神。尤其是“惊”字,状其急切之甚,使读者似乎听到了一声声娇喊。

赋末缀以短歌。先说丽人欲采撷莲花荷叶为裙裳。《楚辞》中常说到以香草为衣裳服饰,如《离骚》云:“制芰荷以为衣兮,集芙蓉以为裳。”《九歌·少司命》云:“荷衣兮蕙带。”后世作者常祖袭其语,使诗文意境更美丽芬芳。又传说西汉昭帝苑中有淋池,内植荷花,宫人游宴,“或剪以为衣,或折以蔽日,以为戏弄”(《拾遗记》卷六)。“采撷欲为裙”也正是一种游戏。碧绿的莲叶那么滑泽,当然不能穿针走线;丽人们既忙着嬉戏,清香的莲衣本也不须再用香去熏。(当时贵族着衣多以香熏之。)“叶滑”这两句既写莲美,也表现少女们天真的心理。最后两句反映了丽人们愿得长侍君王、长受宠爱的心情。“君”即指上文提到的楚王。

全赋即在这一派欢乐的歌声中结束。

萧纲是一位皇子,他笔下的女性美当然是贵族化的。然而他的审美感受力十分细致敏锐,用笔又颇轻灵。这篇小赋不足一百六十字,却将人物的活动、神态、心理以及环境气氛,写得历历如在目前,如同一件轻倩俏丽的艺术品,足供我们赏玩。

(杨　明)

答张缵谢示集书　　萧　纲

纲少好文章,于今二十五载矣。窃尝论之:日月参辰①,火龙黼黻②,尚且著于玄象,章乎人事,而况文辞可止,咏歌可辍乎?不为壮夫,扬雄实小言破道;非谓君子,曹植亦小辩破言。论之科刑,罪在不赦!

至如春庭落景,转蕙承风;秋雨且晴,檐梧初下;浮云生野,明月入楼。时命亲宾,乍动严驾;车渠③屡酌,鹦鹉骤倾④。伊昔三边,久留四战;胡雾连天,征旗拂日;时闻坞笛,遥听塞笳;或乡思凄然,或雄心愤薄。是以沉吟短翰,补缀庸音,寓目写心,因事而作。

〔注〕①参辰:参(shēn深)星和辰星(一名商星),均为二十八宿之一。②火龙黼黻:《左传》桓公二年:"火、龙、黼、黻,昭其文也。"四者皆古代贵族礼服上的纹饰,为不同等级之标志。黼(fǔ辅):白黑相间,作斧形。黻(fú浮):青黑相间,形如两"己"字相背。③车渠:玉石之类,出于西域。曹操曾用以制碗,曹丕、曹植、王粲、徐幹、应玚等均作有《车渠碗赋》。④鹦鹉骤倾:屡屡倾倒鹦鹉杯中的酒。鹦鹉,指鹦鹉螺所制酒杯。其螺状如覆杯,头部弯曲如鸟头屈向其腹,似鹦鹉,故名。见《文选》郭璞《江赋》李善注引《南州异物志》。东晋成帝时曾以此种酒杯作为礼物赠送远方使者,见《太平御览》卷七五九引《晋咸康起居注》,可见其为人所重。骤,屡次。

这篇《答张缵谢示集书》是作者向张缵出示自己的诗文集,并收到对方表示感谢的信之后所写的回信。时为梁武帝大通元年(527)。张缵是萧纲祖母之侄,又娶了萧纲的姐妹为妻,与萧纲的关系是颇为密切的。

信中所说有两层意思:一是说诗文写作非常重要,表述自己热爱创作的心情;二是陈述自己写作诗文的兴感之由,说明其创作冲动系来自生活,来自外物的激发。

关于第一层,萧纲说,日月星辰照耀于天象,那是"天文";火龙黼黻彰著于人事,那是"人文"。"文"既是至高无上的天所具有的性质,又为人伦纲纪所必需,那当然非常重要了。这里需要略作解释:“文”的本义为线条交错,色彩错杂,引申之,凡经纬错综、华彩美丽者均谓之文。因此日月星辰是“文”,火、龙、黼、黻等礼服上的图饰也是“文”。这种图饰不仅是美化衣裳而已,而且是天子、公卿大夫、士各种等级的标志,何种身份使用何种图饰,是有严格规定不可僭越的。再加引申,“人文”还包括诸种礼仪、制度、法令以及经典和学术著作等等,它们在封建政治、社会生活中的重要性是不言而喻的。那么,同属“人文”的诗歌文赋也就十分重要了,所以说:“而况文辞可止,咏歌可辍乎?”这样的论证逻辑今天看来颇为牵强:第一,天象与“人文”不是一回事。第二,诗文写作并不都与政治发生密切关系,其中如诏、策、奏、议等实用性文体,祭祀大典所用乐歌等,不妨称为经国之大业,至于一般抒情写景的文字,与政治有何重要关系呢?岂可因为都属于“文”这一含义极为广泛的概念,便笼而统之地与礼仪制度以至天文玄象一起抬到崇高的地位呢?但是,六朝时类似的论述却屡见不鲜。即以刘勰《文心雕龙·原道》而言,也是先将“日月叠璧”“山川焕绮”称为天地之文,然后将“人文”(包括圣贤经典、各种实用文体、子史著作,也包括一般的抒情写景诗文)与之相截搭,从而抬高文章地位的。萧纲这里简简单单的几句话,其实是时代风气的反映,是文学创作地位提高的表现。

萧纲在这里还批评了扬雄和曹植。扬雄晚年潜心于学术著作,深悔早岁写作辞赋耗费了许多精力,于是说作赋犹如学童习字,“雕虫篆刻”,是初级的玩意儿,“壮夫不为也”(《法言·吾子》)。曹植虽爱好文学,但为了表示自己还有更远大的志向,要在政治上有所作为,建功立业,因此在《与杨德祖书》中引用扬雄之语,并说自己“岂徒以翰墨为勋绩,辞赋为君子哉”!萧纲斥责他们的话是“小言”“小辩”,是破坏“人文”“天文”合一之大道的妄说,甚至说若绳之以法,他们将“罪在不赦”。这当然是开玩笑的话,但将其爱好、重视文学创作的心情表现得多么鲜明!应该说明,曹植其实还是十分爱好辞赋并以其创作才能自负的。他说辞赋是小道,只是为了表白自己另有大志的一时兴到之言而已。事实上,他的那封信恰是在寄自己的辞赋作品给杨修(字德祖)时所写,而且一开头就说:“仆少小好为文章,迄至于今,二十有五年矣。”萧纲此信一上来说“纲少好文章,于今二十五载矣”,便是有意模仿其语气。南朝时曹植文名极高。青年萧纲将自己的诗文出示友人,又作此信,我们不难体会到其间隐然有不甘在曹植之下的心情。

关于第二层,萧纲自述其创作兴感之由,大致可归为三点:一是自然景色的感召。六朝文人对于四季风物非常敏感,认为它能触发人们心中蕴蓄的丰富感情,所谓“物色相召,人谁获安”。创作冲动也就由此而产生,“情以物迁,辞以情发”(《文心雕龙·物色》)。二是亲友宾客朝游夕宴,酒酣耳热之际,以诗赋抒情娱心。这是贵族文人日常生活中的一项主要内容。萧纲以皇子之尊,身边聚集了一批文学之士,经常进行这样的活动。三是边塞戎旅生涯的感发。军旅生涯既艰辛又豪迈,既引起将士们浓郁的乡愁,又激发他们豪壮的情怀。“或乡思凄然,或雄心愤薄”,便是此种悲壮感情的概括。萧纲写此信前,已曾远离京都,历镇荆州、襄阳,那在当时属于西北边境。在襄阳时他还曾遣军北伐,拓地千余里。因此这里所说是有亲身体验的。南朝人重视边塞诗作。钟嵘《〈诗品〉序》也曾突出地说到“或骨横朔野,魂逐飞蓬,或负戈外戍,杀气雄边”的景象和生活能够激发诗人的创作热情。当时人欣赏情感强烈、摇荡性灵的作品,要求作品具有“风力”即情感表现的力度,边塞戎旅之作正容易符合这样的审美趣味。总之,从萧纲这段自述其创作的话中,可知他对于文学的抒情性质有充分的自觉。前面说到他将诗文写作抬到很高的地位,他所重视和爱好的主要就是此类抒情写景之作。他不把文学视为政治教化的工具,而是视之为宣泄个人情感的需要,这也正是所谓“文学的自觉的时代”的反映。

这封信用骈俪文体写成,对偶的文句,铿锵的音节,使它具有语言声色之美,而丝毫没有妨碍思想情感的表达。前半段读来觉得意气扬扬,有破竹之势;后半段则寥寥数笔,便形象鲜明,气氛浓郁,富有诗意。它反映了萧纲的文学观点,在文学批评史上是值得注意的文献,同时本身也是一篇耐读的骈文小品。

(杨　明)

【作者小传】

萧　绎

(508—554)　即梁元帝。字世诚。南兰陵(今江苏常州西北)人。武帝第七子。初封湘东王。侯景作乱,他命王僧辩等讨景,事平,即位于江陵。在位三年,为西魏军所掳,被杀。论文强调“情灵摇荡”“流连哀思”。所作诗赋文辞绮艳而音节流转。原有集,已散佚,后人辑有《梁元帝集》。又有《金楼子》辑本。

采　莲　赋　　萧　绎

紫茎兮文波,红莲兮芰荷。绿房兮翠盖,素实兮黄螺。于时妖童媛女,荡舟心许。鹢首①徐回,兼传羽杯②。棹将移而藻挂，船欲动而萍开。尔其纤腰束素，迁延顾步。夏始春余，叶嫩花初。恐沾裳而浅笑，畏倾船而敛裾。故以水溅兰桡，芦侵罗荐。菊泽未反，梧台迥见③。荇湿沾衫，菱长绕钏。泛柏舟而容与，歌采莲于枉渚④。歌曰：碧玉小家女，来嫁汝南王⑤。莲花乱脸色，荷叶杂衣香。因持荐君子，愿袭芙蓉裳。

〔注〕 ① 鹢首：古代船头上画着鹢鸟（一种像鹭鹚的水鸟），故称。亦借指船。 ② 羽杯：古代饮酒用的杯，作雀鸟形，有头尾羽翼。 ③ 菊泽：未详。梧台：《水经·淄水注》记："昔楚使聘齐，齐王飨之梧宫。其地犹名梧台里。台甚层秀，东西百余步，南北如减，即古梧宫之台。"按此是借用，并非实指其处。 ④ 枉渚：屈原《九章·涉江》："朝发枉渚兮，夕宿辰阳。"《水经·沅水注》："沅水又东历小湾，谓之枉渚。"按，此亦是借用古地名。 ⑤ "碧玉"二句：《玉台新咏》卷十录晋孙绰《情人碧玉歌》二首："碧玉小家女，不敢攀贵德"云云。杜佑《通典》："碧玉，歌者，晋汝南王妾名，宠好，故歌之。"

本文属体物抒情小赋一类，以状物传神见长。全文可分三个层次。首四句以描写河中红莲开篇。淡紫的茎干出于绿水，微风吹来，拂起阵阵波纹。它擎起一团红莲，亭亭玉立，绿色荷叶为其扶枝。荷叶仿佛一面高大的翠盖，遮盖住绿色的苞蕊。丰硕的苞蕊中，藏着素白的莲子，它那丝丝黄瓣，仿佛轻盈的霓裳羽衣。短短四句，就像一个特写镜头，直逼夏水轻波中的荷花，把它的枝叶蕊实，全盘托现在读者眼前。其描写笔法，细致准确，丝丝入扣，表现出相当高的白描技巧。接下来中间一大段，则将描写的镜头摇向远方，于是画面逐渐扩大，一幅夏日采莲图渐次展现。但见一群少男少女，轻舟荡桨而来。他们同心相映，杯酒传情。这段描写有两处特别入神。一是"棹将移而藻挂，船欲动而萍开"，写舟船泛于河中情景。兰棹将举，已被水藻牵挂；船身未移，浮萍早已漾开，宛然一艘水波荡漾中的画船，轻摆慢摇而来，整个画面因之全活。所以清人许梿有"体物浏亮，斯为不负"（《六朝文絜笺注》卷一）之评。一是"恐沾裳而浅笑，畏倾船而敛裾"，写船中男女调笑之态。其中"纤腰束素，迁延顾步。夏始春余，叶嫩花初"，写少女的情态入神。"夏始春余"喻其芳龄正盛，"叶嫩花初"喻其青春正美，都是未经人道的妙笔。但虽有胜日之高情雅趣，也不敢纵情任性，不敢开怀放声，因为着轻舟而荡兰桨，生怕动作大了，溅水沾了衣裳，甚至翻了船。因此，着一"浅笑""敛裾"，直把少女的神情心态，刻画得惟妙惟肖，仿佛身临其境一般。作者这里的描写，分寸感把握得特别好，用笔不轻不重，好像蜻蜓点水，妙处全在那漫不经心的漾漾涟漪之中，而文中人物之夏日情趣，突现于读者眼前。下面继续写船在水中行进的情态。"水溅兰桡，芦侵罗荐"，"荇湿沾衫，菱长绕钏"等语，无不是写船上人与水和水中的植物打交道，写得轻盈俏皮，似是芦苇荇菱特爱与人为难，别饶情趣。最后一层，为五言六句小歌一阕，说他们泛舟的悠闲快活，然后女子唱起歌来，作画龙点睛式的渲染，碧玉小家女之形象，若隐若现，翩然而出。“莲花乱脸色，荷叶杂衣香”，以浑沌比拟手法，恍惚使人产生错觉：莲花亦脸色，脸色亦莲花；衣亦荷，荷亦衣；衣香荷香，浑然一体。作者运用这种笔法，把碧玉女放在了绿一片、香满天的莲荷图中，在大自然的美景中点缀以人的精灵，让人们观照，造成一种美景美人浑然一体的胜境，产生了只可意会不可言传的美感效应，使人有美不胜收之感。

全篇以莲起，以莲结，而中间核心部分只写了少男少女的荡舟嬉游，似与主题“采莲”无干。实际上自“棹移”“船动”以至“荇湿”“菱长”等等，无不是采莲过程中的动态渲染，因为是暗写，使人不觉。如果是明写如何如何采莲，反倒呆了。朱自清的著名散文《荷塘月色》，引用了萧绎这篇赋中间自“于时妖童媛女”至“畏倾船而敛裾”一段，以见“当时嬉游的光景”，可知此赋历久传诵不衰。

全文语言整饬，首尾周全，换韵频繁，音节谐美。而其举体小巧轻灵，笔调婉娈多姿，在在闪现出玲珑剔透、潇洒飘逸之气，堪称梁朝体物抒情小赋中的上佳之作。

（吴小平）

荡妇秋思赋①　　萧　绎

荡子之别十年，倡妇之居自怜。登楼一望，惟见远树含烟。平原如此，不知道路几千？天与水兮相逼，山与云兮共色。山则苍苍入汉②，水则涓涓不测。谁复堪见鸟飞，悲鸣只翼！秋何月而不清，月何秋而不明？况乃倡楼荡妇，对此伤情。于时露萎庭蕙，霜封阶砌。坐视带长，转看腰细。重以秋水文波，秋云似罗，日黯黯而将暮，风骚骚而渡河。妾怨回文之锦③，君思出塞之歌④。相思相望，路远如何！鬓飘蓬而渐乱，心怀愁而转叹。愁萦翠眉敛，啼多红粉漫。已矣哉！秋风起兮秋叶飞，春花落兮春日晖。春日迟迟犹可至，客子行行终不归。

〔注〕①荡妇：荡子之妇。《古诗十九首·青青河畔草》：“荡子行不归，空床难独守。”②汉：云汉，云霄。③回文锦：可以倒读的回文诗。《晋书·列女传》载：窦滔因罪被戍流沙，其妻苏蕙织锦为回文诗《璇玑图》以赠其夫。此代指妻子赠夫之言。④出塞歌：据《西京

杂记》记载，汉高帝令戚夫人歌《出塞》《入塞》《望归》之曲，数百侍婢齐和，声入云霄。此代指丈夫思归之歌。

中古的文人文学创作当中，常有代人立言、代客言愁的作品。曹丕有《代刘勋出妻王氏作二首》，拟出妻王氏口吻，写遭弃返家苦状；潘岳有《寡妇赋》，设寡妇任子咸妻身份，抒伶俜孤苦声情；陆机陆云兄弟，各有《为顾彦先赠妇诗》二首，等等。这类创作，不但要具有高超的描写技艺，还要具有善感人意、体会入微的艺术感受力。这样，声吻情辞，才能一如所代之人，宛若己出。萧绎的这篇《荡妇秋思赋》，也属此类作品，可称其中佳作。

赋写一荡子之妇，与夫相别十年，秋日登临，触目皆感怀伤心之色。于是，秋思秋情，络绎而生，不能自已。全文可分四层来看。第一层主要写景，以秋景带出秋情。开首"荡子之别十年，倡妇之居自怜"二句，把抒情主人公身份、背景交代清楚。自怜，即自爱。这位倡妇很珍惜自己，珍惜那份感情。所以秋日清畅，不禁登楼一望，天边山光云色，尽收眼底。"天与水兮相逼"四句，描绘清秋气象，水绵延而入天，天水相逼；山巍峨而刺云，云山一色，可谓素笔淡彩，出神入化。而孤鸟悲鸣，划入长空，扑入画面，仿佛一支无形的纤手，拨动了倡妇孤苦伶俜的琴弦，"谁复堪见鸟飞，悲鸣只翼"，以至于她连秋景也看不下去了。第二层便顺此情感脉络，渐次生发开来，转入抒情。仍为秋景，但已跳到夜色。"秋何月而不清，月何秋而不明"，突入两个反诘句，似写景而实抒情，明知故问，加强语气，振起一篇情绪。接下来描写环境，"露萎""霜封"云云，烘托凄凉气氛；"带长""腰细"云云，描状相思情愫，突出孤苦形象。这一层写的并非倡妇"登楼一望"时的实景，而是由不堪再睹只鸟悲鸣而勾引起的伤怀，只不过仍以写景的方式一脉相承而已。所以从全文结构来看，这是插叙，是一种追记。第三层才又转回到"登楼一望"的实景当中来，再写秋水、秋云、秋日、秋风。与第一层不同的是，就景物描写而言，彼为远景、大景，为粗笔涂染；此为近景、小景，是工笔细描。而且，景物描写当中，暗寓时间变化，"日黯黯而将暮"，表明倡妇登楼，已历时良久。就人物描写而言，彼只写景物，只见景，不见人，人隐景外；此则人景兼到，人在景中，抒情主人公已跳到前台，与景物合为一体。这是从"妾怨"二句开始的。这二句是用典，具有引古证今、以人映己的意思，而且还起到转入抒情的作用，所以用得精心独到，巧妙自然。随后主人公相思不可寄、相望不可即的鬓乱心愁的形象，也就自然而然地展现出来。"已矣哉"以下为第四层，以七言骚体作结，带有反复咏叹，情无如何的意味，也是一般辞赋的常式。

本文一依倡妇感情的波澜起伏，而布置结构，脉络篇章。登临时则山川景物,尽收眼底;伤怀时则霜露交加,顾影自怜。秋日秋月,皆因主人公感情的起伏,而络绎奔会,鳞次栉比。所以,从时间顺序、行文先后上来考察,第一层与第三层上下一贯,紧密相连,第二层仿佛突入其间,有悖常理似的。须知这正是本文结构上的一大特色。一部作品,依情感为线索,还是依时间、空间等自然次序为线索,往往是诗与散文的主要区别。前者是诗,后者则是散文。本文形式上是辞赋,从现代文体学上看是属于散文,而它的精神内蕴和血脉筋骨,却显然是属于诗的。作者正是以诗的情怀,诗的构思,谱写了一曲荡妇秋思的凄婉的歌。清人许梿评价本篇开头"语浅而思深"(《六朝文絜笺注》),移以置评全文,也颇贴切。

(吴小平)

【作者小传】

颜之推

(531—约590以后)　北齐文学家。字介。琅邪临沂(今属山东)人。博览群书。初仕梁,为散骑侍郎。西魏破江陵,投奔北齐,官至黄门侍郎、平原太守。齐亡入周,为御史上士。隋开皇中,太子召为学士,以疾卒。其文词情典丽。著有《颜氏家训》。

涉　务

颜之推

士君子之处世,贵能有益于物耳,不徒高谈虚论,左琴右书,以费人君禄位也。国之用材,大较不过六事:一则朝廷之臣,取其鉴达治体,经纶博雅;二则文史之臣,取其著述宪章,不忘前古;三则军旅之臣,取其断决有谋,强干习事;四则藩屏之臣,取其明练风俗,清白爱民;五则使命之臣,取其识变从宜,不辱君命;六则兴造之臣,取其程功节费,开略有术,此则皆勤学守行者所能办也。人性有长短,岂责具美于六途哉?但当皆晓指趣,能守一职,便无愧耳。

吾见世中文学之士,品藻古今,若指诸掌,及有试用,多无所堪。居承平之世,不知有丧乱之祸;处庙堂之下,不知有战陈之急;保俸禄之资,不知有耕稼之苦;肆吏民之上,不知有劳役之勤,故难可以应世经务也。晋朝南渡,优借士族,故江南冠带，有才干者，擢为令、仆已下[①]，尚书郎、中书舍人已上，典掌机要；其余文义之士，多迂诞浮华，不涉世务，纤微过失，又惜行捶楚，所以处于清高，盖护其短也。至于台阁令史，主书监帅，诸王签省[②]，并晓习吏用，济办时须，纵有小人之态，皆可鞭杖肃督，故多见委使，盖用其长也。人每不自量，举世怨梁武帝父子爱小人而疏士大夫，此亦眼不能见其睫耳。

梁世士大夫，皆尚褒衣博带，大冠高履，出则车舆，入则扶侍，郊郭之内，无乘马者。周弘正为宣城王所爱，给一果下马[③]，常服御之，举朝以为放达。至乃尚书郎乘马，则纠劾之。及侯景之乱，肤脆骨柔，不堪行步，体羸气弱，不耐寒暑，坐死仓猝者，往往而然。建康令王复，性既儒雅，未尝乘骑，见马嘶歕陆梁，莫不震慑，乃谓人曰："正是虎，何故名为马乎？"其风俗至此。

古人欲知稼穑之艰难，斯盖贵谷务本之道也。夫食为民天，民非食不生矣，三日不粒，父子不能相存。耕种之，茠锄[④]之，刈获之，载积之，打拂之，簸扬之，凡几涉手，而入仓廪，安可轻农事而贵末业哉？江南朝士，因晋中兴，南渡江，卒为羁旅，至今八九世，未有力田，悉资俸禄而食耳。假令有者，皆信僮仆为之，未尝目观起一拨土，耘一株苗；不知几月当下，几月当收，安识世间余务乎？故治官则不了，营家则不办，皆优闲之过也。

〔注〕 ① 令、仆：尚书令与仆射(yè 夜)，为朝廷要职。 ② 签省：签，典签；省，省事，通事。都是王府中的属官。 ③ 果下马：魏晋南北朝时期一种珍贵的马，高三尺，乘之可于果树下行，故名。 ④ 茠(hāo 蒿)锄：即薅锄，除草用的短柄小锄。

颜之推生于南朝梁代，身仕梁、北齐、北周、隋四朝，辗转南北，颇遭坎坷。特别是侯景之乱，对作者的影响尤其深刻。《颜氏家训·终制》云："吾年十九，值梁家丧乱。"侯景围攻梁的都城建康，次年三月，台城陷。大宝二年(551)四月，侯景溯江攻陷郢州，时之推为湘东王世子方诸掌管记，也在郢州，侯景"频欲杀之，赖其行台郎中王则以获免，囚送建邺"(《北齐书·文苑·颜之推传》)。作者在乱离中饱经忧患，耳闻目睹，深知政治的得失，南北俗尚的利弊，学术的长短，到了晚年，为了“整齐门内，提撕子孙”（《颜氏家训·序致》），让后代在社会上立身处世有个准则和借鉴，所以写下这部七卷二十篇的《颜氏家训》。《家训》一书涉及的面很广，其中有作者经历了许多痛苦之后得出的经验，或是目睹了乱离社会种种惨痛教训的总结，因此颇中士大夫的肯綮，恳切动人。《涉务》是该书的佳篇之一。

《涉务》列在《家训》第十一篇。“涉务”，是专心致力从事某项具体工作的意思。文章第一段，作者开宗明义，指出士君子立身处世，贵在对社会做出有益的贡献，仅仅懂得“高谈虚论，左琴右书”是不行的。作者认为国家所需要的人材大约有六种，即“朝廷之臣”“文史之臣”“军旅之臣”等。人各有长短，要求一人同时具备六种才能是困难的；一个人倘若具备其中一种，胜任一职，也就于心无愧了。这是一种务实精神。接着，颜之推进一步指出，南朝士大夫的通病在于夸夸其谈，“及有试用，多无所堪”，他们虽然多身居要职，但实际上“难可以应世经务”。与此相反，倒是那些旁门庶族、出身清寒的中下层官吏能做一点事。时俗“怨梁武帝父子爱小人（指有实际能力的中下层官吏）而疏士大夫”，颜之推认为这是一种偏见，讥其眼不能见睫，缺乏自知之明。第三段，作者举史实为例，论证放达不务实际的后果是坐以待毙。梁世士大夫崇尚“褒衣博带，大冠高履，出则车舆，入则扶侍”，京城内外，没有人骑马。如果有谁骑马，就会招惹来非议，甚至遭到弹劾。建康令王复，有一次看见“马嘶歕（喷）陆梁（跳跃）”，非常吃惊，说：“这分明是虎，怎么叫它为马呢？”士大夫由于“肤脆骨柔”，到了侯景之乱，他们既不会乘马，又“不堪行步”，以至“坐死仓猝者，往往而然”，这对后人的教训极为深刻，唐太宗李世民说：“梁武帝君臣惟谈苦空，侯景之乱，百官不能乘马。元帝为周师所围，犹讲《老子》，百官戎服以听。此深足为戒。”（《资治通鉴》卷一九二）颜之推对梁世士大夫夸竞仪表容态，优游享乐，不务实际的风气极为不满，他在《勉学》篇中对他们大加鞭挞嘲讽：“梁朝全盛之时，贵游子弟，多无学术……无不熏衣剃面，傅粉施朱，驾长檐车，跟高齿屐，坐棋子方褥，凭斑丝隐囊，列器玩于左右，从容出入，望若神仙”；一旦社会离乱，朝市变革，则“求诸身而无所得，施之世而无所用。被褐而丧珠，失皮而露质，兀若枯木，泊若穷流，鹿独（流离颠沛之意）戎马之间，转死沟壑之际”。这些描述，可以和本篇互相参证。末段，作者深入一层阐发涉务应当首先重视农事，只有重视农事才能治国营家。重农务本，当然不能算是一个新鲜的话题，但经历过侯景之乱等种种社会变迁，颜之推的“三日不粒，父子不能相存”，并非无感而发，因此更突出了重农务本的重要。他认为：“未尝目观起一墢土，耘一株苗；不知几月当下，几月当收，安识世间余务乎？”一个不懂得一点农事的人，做官，必定不称职；营家，必定办不好。因此，作者对子孙后代发出了“安可轻农事而贵末业（指商贾）哉”的警告。

尽管颜之推是站在士大夫的立场上来劝诫子孙后代如何立身处世的，但《涉务》所提倡的务实精神无疑值得肯定。作为《颜氏家训》中的一篇，它持论平实，言之有物。梁代末期的社会动乱使一部分作家从虚诞浮华的文风中觉醒过来，使他们比较地重视现实和实际。《颜氏家训》本来就是写给子孙后代看的，有一定的实际意义，所以《涉务》讲家常话，道眼前事，夹叙夹议，恳切动人；作者并没有板起脸孔训斥说教，而给人一种浑朴的感觉。颜之推处在骈文盛行的南北朝末年，却不为骈文文体所囿，而是骈散结合，行文自如，语言朴素流畅。《涉务》篇叙事时还注意进行形象生动的描写，第三段对梁士大夫“褒衣博带”“肤脆骨柔”的刻画，入木三分，相当精彩；建康令王复见马嘶而震慑，以至强指为虎，虽是极端的例子，逗人发笑，但仍给人以真实感，有说服力。这些描写，淡淡几笔，就勾勒出一幅梁代士大夫生活和精神风貌的图像。如果说，读古人家训，不能不读《颜氏家训》，那么读《颜氏家训》就不能不读《涉务》一篇。 （陈庆元）

【作者小传】

徐 陵

（507—583） 南朝陈文学家。字孝穆。东海郯（今山东郯城）人。梁时官东宫学士，陈时历任尚书左仆射、丹阳尹、中书监。其诗歌和骈文大都精巧细密，声调流转，而文辞绮艳。与庾信齐名，世称“徐庾”。原有集，已散佚，后人辑有《徐孝穆集》。另编有《玉台新咏》。

《玉台新咏》序

徐 陵

凌云概日，由余之所未窥①；万户千门，张衡之所曾赋②。周王璧台之上③，汉帝金屋之中④，玉树以珊瑚作枝，珠帘以玳瑁为押⑤。其中有丽人焉。其人也，五陵豪族，充选掖庭⑥；四姓良家，驰名永巷⑦。亦有颍川、新市，河间、观津⑧，本号娇娥，曾名巧笑⑨。楚王宫内，无不推其细腰⑩；魏国佳人，俱言讶其纤手⑪。阅诗敦礼，非直东邻之自媒⑫；婉约风流，无异西施⑬之被教。弟兄协律，自小学歌⑭；少长河阳，由来能舞⑮。

琵琶新曲，无待石崇[16]；箜篌杂引，非因曹植[17]。传鼓瑟于杨家[18]，得吹箫于秦女[19]。至若宠闻长乐，陈后知而不平[20]；画出天仙，阏氏[21]览而遥妒。至乃东邻巧笑，来侍寝于更衣[22]；西子微颦，将横陈于甲帐[23]。陪游驳娑，骋纤腰于结风[24]；长乐鸳鸯[25]，奏新声于度曲。妆鸣蝉之薄鬓[26]，照堕马之垂鬟[27]，反插金钿[28]，横抽宝树[29]。南都石黛[30]，最发双蛾；北地燕脂，偏开两靥。亦有岭上仙童，分丸魏帝[31]；腰中宝凤，授历轩辕[32]。金星与婺女争华，麝月共嫦娥竞爽[33]。惊鸾冶袖，时飘韩掾[34]之香；飞燕长裾，宜结陈王之佩[35]。虽非图画，入甘泉[36]而不分；言异神仙，戏阳台而无别[37]。真可谓倾国倾城，无双无对者也。

加以天情开朗，逸思雕华[38]，妙解文章，尤工诗赋。琉璃砚匣，终日随身；翡翠笔床，无时离手。清文满箧，非惟芍药[39]之花；新制连篇，宁止蒲萄之树[40]。九日登高，时有缘情之作；万年公主[41]，非无诔德之辞。其佳丽也如彼，其才情也如此。既而椒房宛转，柘馆阴岑[42]，绛鹤晨严，铜蠡昼静[43]。三星未夕，不事怀衾[44]；五日犹赊[45]，谁能理曲。优游少托，寂寞多闲。厌长乐之疏钟[46]，劳中宫之缓箭[47]。轻身无力，怯南阳之捣衣[48]；生长深宫，笑扶风之织锦[49]。虽复投壶玉女，为欢尽于百骁[50]；争博齐姬，心赏穷于六箸[51]。无怡神于暇景，惟属意于新诗，可得代彼萱苏，微蠲愁疾[52]。

但往世名篇，当今巧制，分诸麟阁，散在鸿都[53]。不藉篇章，无由披览。于是然脂暝写[54]，弄墨晨书，撰录艳歌，凡为十卷。曾无参于雅颂，亦靡滥于风人，泾渭[55]之间，若斯而已。于是丽以金箱，装之宝轴。三台妙迹，龙伸蠖屈之书[56]；五色花笺，河北胶东[57]之纸。高楼红粉，仍定鱼鲁之文[58]；辟恶生香，聊防羽陵之蠹[59]。灵飞六甲，高擅玉函[60]；鸿烈仙方，长推丹枕[61]。至如青牛帐[62]里，余曲未终，朱鸟窗[63]前，新妆已竟。方当开兹缥帙，散此绦绳[64]，永对玩于书帷，长循环于纤手。

岂如邓学春秋[65],儒者之功难习;窦传黄老[66],金丹之术不成。固胜西蜀豪家,托情穷于鲁殿[67];东储甲观,流咏止于洞箫[68]。娈彼诸姬,聊同弃日[69];猗欤彤管,丽以香奁[70]。

〔注〕 ①"凌云"二句:凌云,魏文帝所建台名,见《三国志·魏书·文帝纪》。概日,当亦台名,取义与日齐高。由余,春秋时戎王之臣,到秦国聘问时,曾观览秦宫室台观之美。见《史记·秦本纪》。 ② 张衡:东汉著名赋家,所写《西京赋》形容宫室群的曲折深广,有"门千户万"之句。 ③ 周王:指周穆王,曾为盛姬造重璧之台。见《穆天子传》。 ④ 汉帝:指汉武帝刘彻,幼时曾说若能得阿娇为妻,"当作金屋贮之"。见《汉武故事》。 ⑤"玉树"二句:《汉武故事》载,汉武帝造神屋,庭前立玉树,以珊瑚为枝。又穿白珠为帘,以玳瑁为帘押。押(yā 压),置于帘端镇帘的帘额。 ⑥"五陵"二句:五陵,指汉代高祖等五座陵园,在今陕西西安北,其地多住豪门大族。掖庭,后宫妃嫔所居之地。 ⑦"四姓"二句:四姓,《后汉书·明帝纪》称外戚樊、郭、阴、马四氏为"四姓"。永巷,秦称掖庭为永巷。 ⑧"亦有"二句:颍川,郡名,在今河南境内。晋明帝庾皇后为颍川鄢陵人。新市,在今湖北京山东北。河间,汉郡国名,在今河北境内,汉武帝钩弋夫人赵氏为河间人。观津,汉县名,在今河北武邑东南。汉文帝窦皇后为观津县人。 ⑨"本号"二句:娇娥,疑即指汉武帝陈皇后,名阿娇。秦晋一带称美女为娥。巧笑,魏文帝宫人名。以上八句言丽人出身。 ⑩"楚王"二句:楚王,指楚灵王。《韩非子·二柄》:"楚灵王好细腰,而国中多饿人。" ⑪"魏国"二句:魏国,周代诸侯国名,在今山西芮城一带。《诗经·魏风·葛屦》云:"掺掺女手,可以缝裳。"《毛传》:"掺掺,犹纤纤也。" ⑫"阅诗"二句:阅诗敦礼,即知《诗》达《礼》之意,是女子有德性的表现。东邻之自媒,宋玉《登徒子好色赋》说有东邻美女登墙窥视他,即欲自媒求合之意。 ⑬ 西施:春秋时美女名,《越绝书》卷八载她曾在越国美人宫接受调教。 ⑭"弟兄"二句:《汉书·外戚传》载:李延年知音,善为新声变曲。其女弟为歌女,妙丽善舞,后得幸于汉武帝,称李夫人。延年也被任命为协律都尉。⑮"少长"二句:河阳,汉县名,在今河南孟县西。此指河阳主家,赵飞燕早年曾在这里"学歌舞,号曰飞燕",后得幸于汉成帝,被立为皇后。据《汉书》颜师古注,河阳为后世妄改,当为阳阿。 ⑯"琵琶"二句:石崇,西晋人,作有《王明君辞》,序中说到造琵琶"新曲",多哀怨之声。⑰"箜篌"二句:曹植,魏著名诗人,有《箜篌引》诗。 ⑱ 杨家:西汉杨恽《报孙会宗书》曾说到其"妇赵女也,雅善鼓瑟"。 ⑲ 秦女:指秦穆公女弄玉,她嫁给善吹箫的萧史,后吹箫引来凤凰,一起乘凤仙去。见《列仙传》。以上写丽人体貌优美,德艺双全。 ⑳"至若"二句:长乐,汉代皇后所居宫名。陈后,指汉武帝陈皇后,擅宠十余年,后卫子夫得幸,她心中不平,"几死者数焉"。见《汉书·外戚传》。 ㉑ 阏氏(yān zhī 焉支):匈奴王后的称号。桓谭《新论》载,陈平为解平城之围,向汉高祖献谋说,大力宣扬要向单于献美女,匈奴阏支有妒性,必竭力使汉脱围而去。 ㉒"东邻"二句:东邻,司马相如《美人赋》说:"臣之东邻,有一女子,云发丰艳,蛾眉皓齿……恒翘翘而西顾,欲留臣而共止。"侍寝于更衣:《汉书·外戚传》载,卫子夫因侍汉武帝更衣于轩中而得幸。 ㉓"西子"二句:西子,即西施。《庄子·天运》说,西施有心病,尝捧心而颦眉,人皆以为美。甲帐,汉武帝所造的帐幕。《汉武故事》载,武帝杂错珠玉珍宝为甲帐,以居神;其次一等为乙帐,以自居。 ㉔"陪游"二句:驳娑(sà suō 飒梭),汉殿名,在建章宫中。结风,《拾遗记》卷六载,赵飞燕身轻,风至则欲随风飘去,汉成帝"以翠缨结飞燕之裙",防风吹走。㉕ 长乐:此处为长日游乐之意,与上句"陪游"相对。鸳鸯:殿名,《飞燕外传》载,汉成帝曾居此殿便房,见飞燕女弟合德。 ㉖ 鸣蝉之薄鬓:指蝉鬓发式,始制于魏文帝宫人莫琼树,望之缥

缈如蝉翼。见《中华古今注》。　㉗ 堕马之垂鬟：指堕马髻发式，创于东汉梁冀妻孙寿。见《后汉书·梁冀传》。　㉘ 金钿：指镶嵌金花的钗。　㉙ 宝树：喻指步摇类首饰。　㉚ 南都：与下句"北地"对言，泛指南、北方。石黛：画眉用的青色颜料。燕脂：同胭脂。以上写丽人之备受宠遇。　㉛ 魏帝：指魏文帝曹丕。其《折杨柳行》诗中说西山有两仙童，给他一丸药，服食后身体生羽翼，乘云轻举。　㉜"腰中"二句：宝凤，指凤鸟氏，为历正，见《左传·昭公十七年》。轩辕，指黄帝。《汉书·律历志上》注引应劭曰："黄帝造历得仙"。按，清纪容舒《玉台新咏考异》言此四句"与下文不属，疑有脱落"，可供参考。　㉝"金星"二句：金星，星状靥妆。婺女，星名。嫦月，月形靥妆。嫦娥，神话传说中羿的妻子，因偷吃不死之药，飞升入月宫，此用以指月。　㉞ 韩掾：指晋人韩寿，贾充属官。贾充女与之私通，因所用外国进贡香料，一著人衣，经月不息，韩寿沾此香气，被贾充发现，遂嫁女与韩。　㉟ 飞燕：即赵飞燕，见注㉔。陈王：指魏曹植，曾封陈王。他的《洛神赋》向洛神表述情意说："愿诚素之先达兮，解玉佩以要之。"　㊱ 甘泉：汉宫名。汉武帝怀想死去的李夫人，曾"图画其形于甘泉宫"。见《汉书·外戚传》。
㊲"言异"二句：神仙，指巫山神女。戏阳台，宋玉《高唐赋》言楚先王游高唐，梦见巫山神女自荐枕席，临去时说："旦为朝云，暮为行雨，朝朝暮暮，阳台之下。"以上写丽人佳妙，宜得男欢女爱的生活。　㊳"加以"二句：天情，本然的情性。逸思，超群的思致。　㊴ 芍药之花：晋傅统妻辛萧有《芍药花颂》。　㊵"新制"二句：新制，新巧的创作。蒲萄之树，出典未详，亦当为女子之作品。　㊶ 万年公主：晋武帝之女，死后，武帝命贵嫔左芬作诔，其文甚丽。以上写丽人富有才情。　㊷"既而"二句：椒房，汉代后妃所住宫殿，以椒和泥涂壁，取其温暖，故名。柘馆，汉上林苑中宫馆名。　㊸"绛鹤"二句：绛鹤，指赤色鹤形锁钥。严，指关合。铜蠡，铜铺，铜制的衔门环的螺形底座。蠡（luó 罗）即螺。　㊹"三星"二句：三星，即参星，二十八宿之一。怀衾，抱着被子。《诗·召南·小星》："嘒彼小星，维参与昴。肃肃宵征，抱衾与裯。"郑玄笺以为是"诸妾夜行，抱衾与床帐，待进御之次序"。　㊺ 五日犹赊：《礼记·内则》载妾有"五日之御"制度，此言进御之间歇日甚多。　㊻ 长乐之疏钟：《三辅黄图》载，钟室在长乐宫中。
㊼ 缓箭：指时间缓慢推移。箭指古代计时器漏壶中的刻箭。　㊽"怯南阳"句：南阳，郡名，治所在宛县，今河南南阳。古代诗文中常以拆洗缝制衣服寄远以表女子相思之情，南阳之捣衣出典未详。　㊾ 扶风：郡名，辖境当今陕西乾县以西、秦岭以北地区。前秦苻坚时，窦滔为秦州刺史，被流放西去，其妻织锦为回文诗以寄情思。见臧荣绪《晋书》。　㊿"虽复"二句：投壶玉女，投壶是古代一种游戏，向特制壶中投矢，以投中多寡定输赢。东方朔《神异经》载有东王公与玉女做投壶戏的神话。百骁（xiāo 消），《西京杂记》卷五载投壶一般取中不求还，郭舍人改变为激矢令还，一矢能返百余次，谓之骁。　51"争博"二句：博，指六博的局戏。共黑白十二棋，每人各六，两人对博。争博齐姬：出典未详。六箸，博戏双方各投六箸以行六棋。　52"可得"二句：萱，草名，古人认为可以使人忘忧。苏，皋苏木，相传食其汁可以解饥释劳。三国魏王朗《与魏太子书》："虽复萱草忘忧，皋苏释劳，无以加也。"蠲（juān 捐），免除。以上写丽人寂寞，百般无聊，落到属意于以诗抒怀遣忧。　53"分诸"二句：麟阁，麒麟阁，汉萧何建以藏朝廷图书。鸿都，东汉宫门名，内设有书库。　54 然脂：即燃灯之意。暝写：夜中抄写。　55 泾渭：陕西境内的两条水名，一浊一清。《诗·邶风·谷风》："泾以渭浊。"意谓二水相较始显其清浊。此即用其比较而言之意。以上交代编辑《玉台新咏》的意旨，说明该书的价值。　56"三台"二句：三台，汉置尚书为中台，御史为宪台，谒者为外台，合称三台。龙伸蠖屈，形容笔体飞动。三国吴书法家皇象善八分篆草，世称其字"龙蠖蛰启"。　57 河北：泛指古黄河以北地区。胶东：汉封国名，治所在即墨（今山东平度东南）。　58"高楼"二句：红粉，指美女。鱼鲁：《抱朴子·遐

览》:“故谚曰:书三写,鱼成鲁,虚成虎。”指文字因字形相近而错讹。 ⑲“辟恶”二句:辟恶生香,指芸草,其香气能除恶味,防止蠹虫蛀书。羽陵之蠹,《穆天子传》载,羽陵地方之书为蠹虫所蛀。 ⑳“灵飞”二句:灵飞六甲,均为成仙方术。《汉武内传》载汉武帝得西王母所授五岳真形图、六甲灵飞十二事,盛以黄金之箱,封以白玉之函。玉函,指玉制的书套。 ㉑“鸿烈”二句:鸿烈,即《淮南子》,亦称《淮南鸿烈》。丹枕,即枕中丹书,仙方以红笔书写,故称丹书。《博物志》载刘德治淮南王狱,得枕中鸿宝秘书。以上写珍藏其书。 ㉒青牛帐:以青牛为图画之帷帐。相传老子乘青牛出函谷关,又汉方士封君达好道,常乘青牛,号青牛道士。 ㉓朱鸟窗:《博物志》载西王母降临九华殿,东方朔从朱鸟牖中偷窥西王母。 ㉔“方当”二句:缥帙,淡青色书套。绦绳,古代穿书简的丝绳。 ㉕邓学春秋:汉和熹邓皇后早年即“昼修妇业,暮诵经典”,入宫后更“从曹大家受经书”。 ㉖窦传黄老:《汉书·外戚传》载汉文帝窦皇后“好黄帝老子言”。 ㉗“固胜”二句:西蜀豪家,指三国蜀刘琰。鲁殿,指东汉王延寿所写《鲁灵光殿赋》。刘琰生活豪奢,有侍婢数十,既能歌唱,“又悉教诵读《鲁灵光殿赋》”。 ㉘“东储”二句:东储,东宫储君,指太子。甲观,汉太子宫中观名。洞箫,指王褒《洞箫赋》。《汉书·王褒传》载,汉元帝为太子时,“喜褒所为《甘泉》及《洞箫颂》,令后宫贵人左右皆诵读之”。 ㉙“娈彼”二句:娈彼诸姬,用《诗·邶风·泉水》句。娈,美好的样子。弃日,遣日。 ㉚“猗欤”二句:猗欤,叹美词。彤管,女史记事所用的赤管笔。丽,附。香奁,杂置香料以收藏珍物的匣子。以上言此书足资把玩,消遣时日。丽以香奁,一本作“无或讥焉”,似较胜。

这是一篇书序,是徐陵为自己编纂的诗歌总集《玉台新咏》所写的序言。书序的内容自然受所序之书制约。《玉台新咏》一书的编纂与南朝梁代宫体文学的发展密切相关。梁简文帝萧纲为太子时,与其周围的文士掀起一股宫体诗的潮流,用绮艳的词藻描写声色艳情,盛极一时。徐陵当时为太子宫属的东宫学士,正当二三十岁的盛年,才华横溢,成为其中重要人物之一。唐人刘肃《大唐新语·公直》载:萧纲“为太子,好作艳诗,境内化之,浸以成俗,谓之宫体。晚年改作,追之不及,乃令徐陵撰《玉台集》以大其体”。据刘肃此说,《玉台新咏》乃是徐陵奉萧纲之命编纂,并有适当扭转宫体诗的趋向和弥补其内容狭隘缺陷的意向。从书中采录的作品看,排除明人增益的部分,虽只限于“闺房一体”(胡应麟《诗薮外编》卷二),并有一部分明显属于宫体艳情之作,但也确有不少作品表现了真挚的爱情或封建礼教压迫下妇女的不幸命运,有的更只是借爱情关系为比兴以伤时慨世,别有寄托。这些都不是“宫体”所能范围,出脱于宫体诗的浮靡诗风与冶艳内容之外,对“宫体”来说,确可以说“以大其体”了。所以作者也在序文中不无自豪地说:“曾无参于雅颂,亦靡滥于风人。”固然非《雅》《颂》之比,但也不滥于《国风》中言情之作。靡靡之音的宫体诗,便借此可以提到与《国风》媲美的地位了。不过就序文本身而论,这样的视角表现得并不明显。序文中几乎完全没有涉及入选作品的上述展拓性与丰富性,只是把它们笼统地称为“艳歌”而予以概括与阐扬,包括文中所用的典实,描写的生活内容,也都弥漫宫体气息。这不能不说是作者深受宫体文学影响带来的一种局限。

吴讷《文章辨体》引宋人吕祖谦的话说:“凡序文籍,当序作者之意。”本篇序文也不例外,主旨在阐明作者编辑该书的用意。但作为一篇骈体序文,作者不走一般书序文字的路径,即不拘泥于周详地表述编选原则与凡例,而是扣住入选作品反映的生活内容,产生的环境,展开具体的描写,在生动的情景中展示出主要意旨,抽象的原则全都转化为优美的画面,在书序一类文字中,便别开生面。把它与产生于同一时代的梁昭明太子萧统的《文选序》做一对比,其特点与差别显然可见。作者所采取的这一独特路径,为发挥骈文宜于铺排的长处拓广了天地,为充分表现骈文的技巧创造了良好的条件。

《玉台新咏》选录的作品不出闺情,都是以女子为歌咏对象的篇章,作者也自视为“撰录艳歌”。所以序文的描写不能不限于女子的生活与情思;又由于作者深受宫体文学风气的左右,更几乎完全着眼于宫中女子。描写对象的单一,表述内容的偏狭,很容易使文章流于单调呆板。作者却极善于展拓,通过创造性的构思,尽可能做多侧面多层次的描写,把本来比较单纯的题材,写得丰富多彩,具有波翻浪涌之势。全文共分三大段。第一大段写丽人之美,却从宫室落笔引出丽人,不仅有汉乐府《陌上桑》起笔由日而楼、由楼而人的藏移之妙,而且开篇便推出雄拔警动的画面,画楼钻云,高阁连延,摇人神思,很容易唤起读者的兴味。由楼而引出人后,又分两个层次展开具体的刻画。“其人也”以下,写丽人出常入贵,德艺兼综;“至若宠闻长乐”以下,写丽人宠遇非常,令人倾倒;最后归结为“倾国倾城,无双无对”,把丽人之美妙无匹点染得惹人眼目。第二大段写丽人之才,引入创作,先以“妙解文章,尤工诗赋”一段,点明丽人之才情出众。至“既而椒房宛转”以下,又着意勾画出一种“优游少托,寂寞多闲”的情境,很自然地推衍到“无怡神于暇景,惟属意于新诗”,用创作“代彼萱苏,微蠲愁疾”,即以诗歌遣闷怡神。有才情,有处境,在生动的描写笔墨中,将诗作产生的条件、环境、动因交代得一清二楚。第三大段写编纂之意。先说明篇章分散,“无由披览”,由此引出编为专集的必要性,并对全书的价值做一扼要的评价。至此似乎文意已足,但接下去作者却又凭空翻出两段文字:“于是丽以金箱”以下,写妙墨珍藏;“至如青牛帐里”以下,写暇日把玩。不觉蛇足,读来反有余波荡漾之妙。总之,题材虽然单调,由于善于展拓,从多层次多侧面落笔,一路写来,情事层出不穷,场景变换不居,使人如入画廊,彩绘连翩,扑眼而来,只见其丰而不觉其狭。同时,这也形成文章气势流转,摇漾不平,达到了以意脉运骈偶,流宕不板的境界。

本篇是用骈体所写。骈体必须句式对称,给笔墨带来很大束缚,作者文笔的技巧则相当精熟，几乎无适而不可。文中以骈偶摹景状物，倩丽传神。如刻画丽人动人的妆貌："南都石黛，最发双蛾；北地燕脂，偏开两靥"，读来确有"黛痕欲滴，脂晕微烘"(《六朝文絜》许梿评语)之态。一个"最发"，一个"偏开"，启人想象眉妆靥饰的无限风神。又如以"惊鸾冶袖""飞燕长裾"的造语勾勒丽人的美妙风姿，意象上也给人以飘逸飞动、婀娜多姿的突出感受。它如"椒房宛转，柘馆阴岑，绛鹤晨严，铜蠡昼静"之写宫馆寂寞，"青牛帐里，余曲未终；朱鸟窗前，新妆已竟"之写独处无聊，无不以规整秀美的笔墨曲尽其情景，意境宛然。有时将骈偶运用于铺排衬托的场合，往往繁简适度，既能造出浓郁的气氛，又不给人以饾饤堆垛之感。如开篇之写丽人居室，"凌云概日"言其高大，"万户千门"言其深邃，"碧台""金屋""玉树""珠帘"言其屋宇与环境的华美，一气铺写下来，浓墨重笔，将宫阁的高华壮丽凸现在纸上，为闺阁佳丽的出场做了极好的铺垫。又如写丽人以写诗遣怀，于"寂寞多闲"之后，着意铺写无聊之状。从厌听钟漏，到怯"捣衣"、笑"织锦"，再到对棋戏也都欢尽赏穷，经过如许点染，方引到"无怡神于暇景，惟属意于新诗"，真是"千呼万唤始出来"，引人注目，使人对以诗怡神有更为深刻突出的印象。又如篇末言把玩《玉台新咏》，远胜邓后之学《春秋》，窦后之传黄老，刘琰侍婢之诵《鲁灵光殿赋》，元帝后宫之颂王褒《洞箫赋》，连用四个典实反衬，将该书之足以娱情散怀烘托得意完神足。

骈体文从魏晋开始形成，在其发展过程中，句子愈来愈整饬，对仗也愈来愈精妙。在开始阶段，对句三、五、七言不等，并时杂散句以疏畅文气。本篇则散句几乎绝迹，基本是用四字与六字句组成，又多为四六句间隔作对，实开四六体骈文之先河。这种句式结构具有更加整严精工之美，但也容易流于平板呆滞。本篇妙在经过精心的安排，能于整齐划一之中保有自然流动之势。它虽以四字和六字句为主，却参错运用，或四字句自对，或六字句自对，或四六句相间为对，变化无常，便不呆不板，具有活气。文中又多于对句中嵌进转接连词或虚词，使板实的句式多抑扬振荡之致。如"其佳丽也如彼，其才情也如此"，各嵌一语助词"也"字，不仅增添了赞叹之意，也使语调显得活脱。又如"虽非画图，入甘泉而不分；言异神仙，戏阳台而无别"，于上下联之首，分别冠以"虽非""言异"。"清文满箧，非惟芍药之花；新制连篇，宁止蒲萄之树"，于上下联之中，分别嵌以"非惟""宁止"，都大大增强了流转跌宕之感。

早期骈文并不追求用典，南朝刘宋以后，此风渐长，"大明、泰始中，文章殆同书钞"(钟嵘《诗品・总论》)。至徐陵、庾信，可以说达到了顶峰。本篇基本上是用典实表现的。典实用得好，可收言简意丰之效，得含蓄蕴藉之美。用得不好，也会堆垛故实，牵强比附，滥调满眼，陈腐无神而徒增晦涩。本篇运用典实的技巧也相当高明，它对丰富的故实能消化活用，不仅挥洒自如，贴切表意，而且构造对句也精妙动人。如“楚王宫内，无不推其细腰；魏国佳人，俱言讶其纤手”，上联是为人们熟知的楚王爱细腰之典，下联则是用《诗经·魏风·葛屦》中诗句“掺掺女手，可以缝裳”（毛传：“掺掺，犹纤纤也”），于无明显典实处拈出典实，并与上联构成铢两悉称的佳对，鲜明地描绘出丽人的身手之美。又如“琵琶新曲，无待石崇；箜篌杂引，非因曹植”，西晋石崇有《王明君辞》，序中说到造琵琶“新曲”，魏曹植有诗篇，题为《箜篌引》，上下联乃活用一篇辞序和一首诗题而成典，并构成匀称的对句，有力地勾画出丽人的知音识曲。再如“东邻巧笑，来侍寝于更衣；西子微颦，将横陈于甲帐”，上下联都是捏合二事而成。上联的“东邻”出司马相如《美人赋》，“侍寝”则出《汉书·外戚传》；下联的“西施”出《庄子·天运》，“甲帐”则出《汉武故事》。这样，根据具体情况，从不同侧面着眼，改造嫁接，使用典有如用词，故能妥帖地描摹各种情景。此外，本篇在用典的造语上，除对仗工致外，还词感明晰，在很大程度上减轻了用典晦涩之弊。诸如“五陵豪族，充选掖庭；四姓良家，驰名永巷”；“三台妙迹，龙伸蠖屈之书；五色花笺，河北胶东之纸”；“九日登高，时有缘情之作；万年公主，非无诔德之辞”，等等，即使不明其典，也能粗知其意，而且都是自拟新词，摆脱了陈言相因的窠臼。徐陵这些精妙的创造，为骈文积累了丰富的艺术经验。当然，本篇也有用典生僻的毛病，有些典故，至今无人知其出处。

总之，层积侧累的内容，倩丽传神的描写，繁简适中的铺排，严整多变的对句，灵活巧使的典实，使得全篇确如孙梅所评：“美意泉流，佳言玉屑。其烂熳也，若蛟蜃之嘘云；其鲜新也，如兰苕之集翠。”（《四六丛话》）文意如喷泉涌流，缀词如贯玉连珠，光华灿烂有如海市蜃楼幻现碧空，绮丽鲜新一似翠鸟栖止兰苕之上，悦人眼目，摇人情思，堪称骈文佳作。

（孙　静）

陈叔宝

【作者小传】

(553—604)　即陈后主。南朝陈皇帝。公元582—589年在位。字元秀，小字黄奴。在位时大建宫室，生活奢侈，日与妃嫔、文臣游宴，制作艳词。隋兵南下时，恃长江天险，不以为意。祯明三年(589)隋兵入建康(今江苏南京)，被俘，后在洛阳病死，追封长城县公。明人辑有《陈后主集》。

夜亭度雁赋　　陈叔宝

春望山楹①,石暖苔生。云随竹动,月共水明。暂逍遥于夕径,听霜鸿之度声。

度声已凄切,犹含关塞鸣。从风兮前侣驶,带暗兮后群惊。帛久兮书字灭,芦束兮断衔轻。行杂响时乱,响杂行时散。

已定空闺愁,还长倡楼②叹。空闺倡楼本寂寂,况此寒夜搴珠幔。心悲调管曲未成,手抚弦,聊一弹。一弹管,且陈歌,翻使怨情多。

〔注〕 ① 山楹:就山岩凿成的石室。汉严忌《哀时命》:"凿山楹而为室兮。" ② 倡楼:以歌舞娱人的女子所居之处。

南朝帝王大多能文。陈朝后主陈叔宝虽是有名的荒主,但在文学上颇有才华,诗、赋都写得很好。《夜亭度雁赋》就是其残存赋作中的一篇。

全赋可分三段。第一段六句,写自己在一个月白风清的夜晚漫步小径而闻雁声。文中既称"春望",又称"石暖",似乎那是一个温暖的春夜;但从下文来看,鸿雁南飞,寒气凛冽,又明明是指秋夜。很可能有文字舛误,当然,也可能开头两句是渲染作者未闻雁声前心情的愉悦,以反衬闻雁后的凄凉感受。也就是说,事实上并非春夜,但周围的美好环境使作者感受到春天的气息。

"听霜鸿之度声"一句自然过渡到第二段,于是具体地描绘雁群飞过夜空的情景。此段中"犹含关塞鸣"一句甚妙。这是说凄切的雁声挟带着北国关塞的肃杀寒气呢,还是说鸿雁传达了离乡去国的悲壮情怀?或者两者兼而有之?言简意赅,引人遐想。这分明是一群历尽艰险、惊魂未定的鸿雁。它们队伍零乱,时断时连;鸣声嘈杂,忽高忽低。作者在这段生动的描写中充分运用想象,嵌入了两个典故。据《汉书》记载,苏武出使匈奴被扣留在漠北,匈奴还诡称苏武已死。后来汉使者假说汉武帝在上林苑射得北来雁,雁足系有苏武的帛书,苏武因得归汉。又《淮南子·修务》云:"夫雁顺风以爱气力,衔芦而翔,以备矰弋。"高诱注认为,鸿雁衔芦飞翔是为了防止人们用系着绳子的箭截住其羽翼。此赋驰骋想象,说这群雁已飞过了很远的距离,它们脚上系着的帛书已字迹磨灭了,它们嘴里衔着的芦苇也已折断变轻了。这样的写法既是用典,从而使描写对象含有深厚的文化意蕴;又是拟人,从而使鸿雁具有与人类一样丰富的情感,并在它们身上投射了作者的深切关怀。

第三段笔锋一转，写鸿雁对人们产生的影响。作者把目光集中在不幸的妇女身上：她们既有良家妇女，也有青楼妓女，但她们都同样忍受着离别相思之苦，在那寂静的寒夜里独守空闺。忽然从空中传来了阵阵雁鸣，她们不约而同地搴开珠帘。这是为什么？赋中没有明说，但我们不妨作一点合理的补充：她们听到雁鸣，猜想那是远方的情人（或丈夫）捎带书信来了，于是拉开帘幔眺望夜空，寻觅那月光中的雁影。可是雁群飞掠而过，于是她们深深地失望了，转身调管抚弦，低声歌唱，以抒发心中的幽怨。赋中在“搴珠幔”之后即接以“心悲调管曲未成”，对她们“搴幔”的结果不着一字，直有此时无声胜有声之妙。读到这里，我们又可联想到上文中“帛久兮书字灭”一句正是与此暗中呼应的，细针密线，堪称佳妙。

从上面的分析可以看出，此赋貌为体物，实为抒情，或者说是一篇抒情意味极浓的体物小赋。全赋总共只有二十四句，却已对一个特定的对象——“夜亭度雁”作了多方面的生动描绘，堪称绘影绘声。从抒情的角度来看，此赋先将作者的感情投射到鸿雁身上，再写鸿雁对人们心理引起的影响，这种双向的情感交流使此赋感人甚深，在凄冷的秋夜中注入了一缕温馨的气息，也许这正是作者在开头把秋夜说成“春暖”的潜意识的缘由？此赋在六朝赋中不算名篇，但它仍鲜明地体现了南朝体物小赋的抒情化、诗歌化倾向。借用陆机《文赋》中的话说，它既具“体物而浏亮”的赋体功能，又具“缘情而绮靡”的诗歌功能，是一篇诗化小赋。

（程千帆　莫砺锋）

题江总所撰孙玚墓志铭后四十字　　陈叔宝

秋风动竹，烟水惊波。几人樵径，何处山阿？今时日月，宿昔绮罗。天长路远，地久云[1]多。功臣未勒，此意如何？

〔注〕 ① 云：《梁书·孙玚传》《南史·孙玚传》均作“灵”。

本文取自《陈书·孙玚传》，题目为后人所加。

孙玚是由梁入陈的一位将军，在陈朝受到朝廷的重用，史称“战胜攻取，屡著勋庸”。“后主频幸其宅，赋诗述勋德之美。”可见后主对他的垂青。他曾以年老，屡请退休，但均未得朝廷允准，死于任上，年七十二。死后江总为他撰写了墓志铭，陈朝后主陈叔宝在其墓志铭后又题了四十个字。这四十个字，可以说是陈后主对孙玚的挽词。一个国君为臣子作挽词，并派人立即将所题的词镌刻在墓志上，这对死者来说真是一种殊荣。

题词开头两句描写噩耗传来时举国悲痛的情景。竹子因风发出萧瑟悲吟之声，茫茫烟水也为这突然的消息而波惊潮涌。作者通过景物描写表现了大地哀伤、举国悲泣之情。在表现这种伤悼之情的同时，实际上也寄寓了对死者的评价。一个人的死能够令大自然为之动容，这个人一定是系天地于一身的举足轻重的人物。

“几人樵径”以下四句，以死后葬身山间对比昔日的贵盛，表现死是人生的恨事。江淹将他叙写死的赋定名为《恨赋》，就是认为死是人生的恨事，《恨赋》的最后也有“绮罗毕兮池馆尽”这样感伤的句子。而陶渊明的“死去何所道，托体同山阿”(《拟挽歌辞》)，则是较为达观的见解了。想到如今葬于旷野之中，感叹死者不能再享受人间荣华富贵，进一步表达对死者的哀悼。

“天长路远”以下四句，是希望死者陵墓长存，永远显灵，以及对他未能最终完成丰功伟绩的惋惜。“地久云多”，《南史》“云”作“灵”，疑以“灵”为是。此句应该是“天长地久，路远灵多”。“天长地久”，指陵墓永存；“路远灵多”，指虽生死路遥，死后常显灵异。六朝文人爱奇，往往将前后两句的词移位互换，形成现在这样的句式。“功臣未勒”的“勒”是用东汉窦宪追逐匈奴北单于，登燕然山刻石勒功的典故。“未勒”指尚未如窦宪一样建立丰功伟绩。“功臣未勒”和“此意如何”连在一起，以询问的语气，问死者是否还想建功于地下，实际上表达了陈后主对死者还寄托着无限希望和怀思。

题词一共只四十字，用骈语组织成一篇挽词，写得曲折尽致，感情真挚动人。陈后主尽管是个亡国之君，我们却不能以人废言，否定这篇文章表情达意的艺术。

（叶晨晖）

【作者小传】

祖鸿勋

(? —约 550) 北齐散文家。涿郡范阳(今河北涿州)人。仕魏，初为州主簿，官至廷尉正，后去官还乡。北齐时，任高阳太守。善文章。所作名篇有《晋祠记》(已佚)、《与阳休之书》等。

与阳休之书

祖鸿勋

阳生大弟：吾比以家贫亲老，时还故郡①。在本县之西界，有雕山焉。其处闲远，水石清丽，高岩四匝，良田数顷。家先有野舍于斯，而遭乱荒废，今复经始。即石成基，凭林起栋。萝生映宇，泉流绕阶。月松风草，缘庭绮合；日华云实，傍沼星罗。檐下流烟，共霄气而舒卷；园中桃李，杂椿柏而葱倩。时一褰裳涉涧，负杖登峰。心悠悠以孤上，身飘飘而将逝。杳然不复自知在天地间矣。若此者久之，乃还所住。孤坐危石，抚琴对水，独咏山阿，举酒望月。听风声以兴思，闻鹤唳以动怀。企庄生之逍遥，慕尚子之清旷②。首戴萌蒲③，身衣缊袯④，出艺⑤粱稻，归奉慈亲。缓步当车，无事为贵，斯已适矣，岂必抚麈哉⑥！

而吾子既系名声之缰锁，就良工之剞劂⑦。振佩紫台之上，鼓袖丹墀之下⑧。采金匮之漏简，访玉山之遗文⑨，敝精神于丘坟⑩，尽心力于河汉⑪。摛藻期之鞶绣⑫，发议必在芬香。兹自美耳，吾无取焉。尝试论之：夫昆峰积玉，光泽者前毁；瑶山丛桂，芳茂者先折。是以东都有挂冕之臣⑬，南国见捐情之士⑭。斯岂恶粱锦，好蔬布哉！盖欲保其七尺，终其百年耳。今弟官位既达，声华已远。象由齿毙，膏用明煎⑮。既览老氏谷神之谈⑯，应体留侯止足之逸⑰。若能翻然清尚，解佩捐簪，则吾于兹山庄，可办一得。把臂入林，挂巾垂枝，携酒登巘，舒席平山。道素志，论旧款，访丹法⑱，语玄书⑲，斯亦乐矣，何必富贵乎？去矣阳子！途乖趣别。缅寻此旨，杳若天汉。已矣哉，书不尽意。

〔注〕① 故郡：祖鸿勋原籍涿郡范阳(今河北涿州)。 ② 庄生：庄子，有《逍遥游》。尚子：尚长，字子平(《后汉书·逸民传》作“向长”)，西汉末隐士，待男女娶嫁已毕，遂与同好俱游五岳，不知所终。 ③ 萌蒲：即茅蒲，斗笠。 ④ 缊袯：乱麻制成的蓑衣。 ⑤ 艺：种植。 ⑥ 抚麈：麈为一种似鹿而大的动物，其尾毛可制成拂尘。魏晋人清谈时常执此种拂尘，所以挥麈、抚麈等常成为清谈的代称。 ⑦ 剞劂(jī jué 机决)：刻镂用的刀和凿。 ⑧ 紫台、丹墀：皆宫廷中建筑物，代指朝廷。 ⑨ 金匮：古代政府所设藏书之所。玉山：传说上古帝王藏书之处。 ⑩ 丘坟：上古有所谓三坟五典、八索九丘之书，此指经典著作。 ⑪ 河汉：王充《论衡·案书》云，汉作书者多，以司马迁、扬雄为河汉，其余为泾渭。此指子史之书。 ⑫ 鞶绣：一种锦绣小饰物。扬雄《法言·寡见》：“今之学也，非独为之华藻，又从而绣其鞶帨。”李轨注：

“鞶，大带也。帨，佩巾也。”此指文采。 ⑬“东都”句：西汉末年逢萌，因王莽杀其子宇，即解冠挂于东都城门而归，携家属浮海，客于辽东。 ⑭“南国”句：屈原既放江南，不忍以清白之身心而居浊世，乃自沉汨罗江而死。 ⑮象由齿毙：《左传·襄公二十四年》：“象有齿以焚其身。”膏用明煎：《庄子·人间世》：“膏火自煎也。”成玄英疏：“膏能明照，以充灯炬，为其有用，故被煎烧。” ⑯老氏：老子。老子把“道”形容为谷神。“谷”为山谷，取其空虚；“神”则有变化莫测之意。老子说：“谷神不死。”认为“道”变化莫测，永恒不变。 ⑰留侯：西汉张良，辅助刘邦打天下，功成名就，封为留侯。乃急流勇退，自愿弃人间之事，从赤松子游。所谓知足不辱，知止不殆。 ⑱丹法：道教所谓延年益寿，长生不老之法。 ⑲玄书：玄言之书。语玄书，意谓谈玄、清谈。

南朝文，受宫体习染，多风花雪月，吴侬软语，而风格轻靡，姿态婉娈。入北朝，则稍涉清刚之气，江河山川，沟陇田园，往往藏锋露颖，渐见风力。读祖鸿勋此文，可略见一斑。

此文是祖鸿勋辞官归里后写给阳休之的信。共分两个部分。先叙述陶冶山水、逍遥自在的隐居生活，后规劝阳休之急流勇退，知足而返。祖鸿勋为人耿介，不与世俗同流，虽入仕朝廷，常心寄霄汉。他位至高阳太守，而在官清廉朴素，妻子不免寒馁，时议颇以为清高。所以，他的最终辞官归里，完全是适心应性而发展的必然结果，绝非身外俗事所驱遣者。由此来看本文开头第一句“吾比以家贫亲老，时还故郡”，纯粹是托辞而已。所以作者仅用一笔带过，立即转入对家乡山庄田园风光的描写。先写居处环境。雕山地处闲远，水清石丽，四周有重峦叠嶂相拥，中间有数顷良田相伴。家有野舍于斯，虽遭荒废，而经过修复，已焕然一新。作者以十分欣赏的心情描绘他的“野舍”：依山就势，即石成基，援木为梁，凭林起栋。上有萝蔓攀援，高映屋宇；下有清泉潺湲，环绕石阶。庭中有月松婆娑，绿草生翠，溪边有日华浮动，云光徘徊。时有流烟飘过，随云气氤氲而舒卷汗漫；再看园中桃李，共香椿翠柏而比丽争姿。短短数十字，即将其雕山野舍的大好风光描摹出来，运笔幽峭简劲，清丽而生动，令人不胜企羡之至。至此，作者转换笔法，变客观描绘为主观介入。作者自己果然耐不住山川风光的巨大吸引，直接跳入画面，尽情陶醉了。当他不时牵裳涉水、拄杖登攀的时候，不禁产生了“心悠悠以孤上，身飘飘而将逝”的感觉，仿佛不是立足人间，而已置身仙山琼阁，羽化而登仙了。旷怀雅量，弥率弥真。“若此者久之，乃还所住”一句，直将作者误把人间作仙境，盘桓其间流连忘返的心情和神态，勾画得出神入化，宛然若现。所以，他余兴未尽，归来仍“孤坐危石，抚琴对水，独咏山阿，举酒望月”，直似李白“举杯邀明月，对影成三人”的情慨！“举酒望月”，不但勾勒出了作者寄情山水、啸傲江湖的潇洒形象，还暗寓了时间的流程，表明作者从褰裳涉水到举杯望月，已在山间徜徉了一天，时已至晚了。眼观之景渐已朦胧隐去，惟耳聆之声与心想之象，则络绎奔会，粲然成章。所以接下来这“听风声以兴思”四句，既暗寓了时间的流程，也揭示了作者心理变化的过程：观景——聆声——兴想。这样，文章从写景到抒情的转合也就天衣无缝、顺理成章地完成了。其笔法之老练纯熟，可见一斑。随后八句，则从这具体的情境中跳出来，略写归隐后的生活。戴斗笠，穿蓑衣，躬自耕耘，奉养双亲，以散步代车马，以无事为和贵。他认为这是人间最为适意快心的事了，连挥麈清谈的风雅也难以与之媲美。“岂必抚麈哉”，把作者身居山间、心性俱足的感情和盘托出了。

第二部分，掉转笔锋，直指阳休之本人。据《北齐书·阳休之传》记载，阳休之“俊爽有风概，少勤学，爱文藻，弱冠擅声，为后来之秀”。可见他出名很早，且仕途通达。但在祖鸿勋看来，名声之事，不过缰锁而已，为其所累，就像一块天然好料，被木工左砍右凿，削刮得面目全非。所以他转过来第一句话就直捣黄龙之府：“而吾子既系名声之缰锁，就良工之剞劂”，直截了当，切中要害。接着八句描绘阳氏官场得意、文坛擅名之状，用语精丽，文辞华美，俨然歌颂褒扬的口吻。但归为八字，甚具振聋发聩之响：“兹自美耳，吾无取焉。”这不过是你阳某人的自鸣得意而已，我根本就看不上！这段文字很值得玩味。以腴词裹讥意，用颂调唱哀声，仿佛先要让阳休之高兴一下，然后当头棒喝，使之猛省。可以说，这种先扬后抑、明褒实贬的欲擒故纵之法，运用得非常成功，颇具奇峰突起、耳目顿开之效。然后再展开正面论证，而获水到渠成之势。作者先以积玉光泽者前毁，丛桂芳茂者先折为喻，再以先贤历史教训为鉴，反复开导，多方引证，告诫阳氏应注意敛锋藏迹，免遭“象由齿毙，膏用明煎”的命运。他还拈出老子的虚无之道，奉为圭臬，举出张良的急流勇退，作为楷模，希望阳氏能够幡然悔悟，悬崖勒马。他竟禁不住把假设的“若能……”，悬想为即将实现的现实，怀着殷切的心情，热烈地憧憬起二人山林的归隐生活：把手入林，携酒登山，天为被，地为床，昼论道，夜谈玄，摅心志，畅胸怀。人生得此足矣，“何必富贵乎”！一语既出，强烈表明了作者对于这种生活的倾心向往和追求，同时，又把自己从热烈的遐想拖回到了清冷的现实。他不得不认识到，人各有志，不可力强而致，所以最后忍不住以感慨作结。个中既有埋怨、责怪，也有希望、期待，蕴含丰富而复杂。“若能”以下一节，以想象设辞，再以“去矣阳子”的棒喝拦截，悬想滔滔，戛然而止，笔法颇与此前的先扬后抑相类似。可见作者运用抑扬之法，是非常得心应手的。

本文在结构上，截然分为上下二段。上段写己，写归隐，写山川风光，写愉情快性；下段写人，写在朝，写名缰利锁，写跼蹐蹭蹬。两相对照，效果强烈，泾渭分明。"一清闲如此，一喧闹如彼，不可以道里计矣。"(《六朝文絜笺注》卷七许梿评语)且以高尚映低卑，用委琐衬潇洒，二者互为比照，高者愈见其高，低者愈显其低。这是本文的最大艺术特色。另外，此文虽取骈文形式，但文思清省，运笔简洁，虽有风花雪月之姿，而无轻软丽靡之质。腴词蕴清骨，波俏藏峥嵘。许梿评为"幽峭玲珑，饶有两晋风力"，颇中肯綮。　（吴小平）

【作者小传】

王　褒

北周文学家。字子渊。琅邪临沂(今属山东)人。梁元帝时官吏部尚书、左仆射。江陵被陷后入北朝。北周时官小司空，出为宣州刺史而卒，年六十四。原为梁的宫廷诗人，在北朝文名颇高。原有集，已散佚，明人辑有《王司空集》。

与周弘让书　　王　褒

嗣宗穷途①，杨朱歧路②。征蓬长逝，流水不归③。舒惨殊方④，炎凉异节⑤。木皮春厚，桂树冬荣。想摄卫惟宜⑥，动静多豫。贤兄入关，敬承款曲⑦。犹依杜陵之水⑧，尚保池阳之田⑨。铲迹幽溪，销声穷谷⑩。何其愉乐，幸甚幸甚！

弟昔因多疾，亟览九仙之方⑪；晚涉世途，常怀五岳之举⑫。同夫关令，物色异人⑬；譬彼客卿，服膺高士⑭。上经说道，屡听玄牝之谈⑮；中药养神⑯，每禀丹砂之说⑰。顷年事遒尽，容发衰谢，芸其黄矣⑱，零落无时，还念生涯，繁忧总集。视阴愒日，犹赵孟之徂年⑲；负杖行吟，同刘琨之积惨⑳。河阳北临，空思巩县㉑；霸陵南望，还见长安㉒。所冀书生之魂，来依旧壤；射声之鬼，无恨他乡㉓。

白云在天，长离别矣！会见之期，邈无日矣！援笔揽纸，龙钟横集㉔。

〔注〕 ① 嗣宗穷途：嗣宗，阮籍的字。阮籍，三国魏文学家，与嵇康齐名，为竹林七贤之一。他不满司马氏的横暴，纵酒昏酣，常独自驾车出游，任其乱走，到无路可行的地方便恸哭而返。事见《晋书·阮籍传》。 ② 杨朱歧路：杨朱，战国时魏人，又称杨子。《列子·说符》："杨

子之邻人亡羊，既率其党，又请杨子之竖追之。杨子曰：'嘻！亡一羊何追者之众？'邻人曰：'多歧路。'既反，问：'获羊乎？'曰：'亡之矣！'曰：'奚亡之？'曰：'歧路之中，又有歧焉，吾不知所之，所以反也。'" ③ 征蓬：犹飘蓬。与下文"流水"，均喻远行的人。 ④ 舒惨殊方：悲喜北方与南方不同。舒：豫、乐。惨：悲。 ⑤ 炎凉异节：冷热与南方季节不同。 ⑥ 摄卫：保养身体。 ⑦ 款曲：衷情，详尽情况。 ⑧ 杜陵：在今陕西西安市东南。本名杜原，又名乐游原。汉宣帝在此筑陵，改名杜陵。张仲蔚、蒋诩曾隐居于此，终身不出。事见嵇康《高士传》。此指周弘让。 ⑨ 池阳：故城在今陕西泾阳县西北，因在池水之阳而得名。民歌曰："田于何所，池阳谷口。郑国在前，白渠起后。" ⑩"铲迹"二句：销声匿迹于深山幽谷之中。此指周弘让隐于句容之茅山，频征不出。 ⑪ 九仙之方：道家餐霞食露、修炼养生的方法。滑子好饵术，食其精。隐岩山，受伯阳九仙法。事见《列仙传》。 ⑫ 五岳之举：向长好通《老》《易》，"与同好北海禽庆俱游五岳名山，竟不知所终"。事见《后汉书·逸民列传》。 ⑬ 关令：指周时关令尹喜。相传老子西游，关令尹喜先见其气，知真人当过，候物色而迹之，果得老子，强留为著书。事见《史记·老子韩非列传》。异人，指老子。 ⑭ 服膺高士：鲁仲连，战国齐人，高蹈不仕，为人排难解纷而无所取，各国客卿对他衷心信服，称为"齐国之高士"，后逃隐海上。事见《战国策·赵策》《史记·鲁仲连列传》。 ⑮ 玄牝之谈：指道家的学说。玄牝，衍生万物的本源。《老子》："玄牝之门，是谓天地之根。" ⑯ 中药养神：中药，一种养性之药。"神农曰：上药养命，中药养性。"见嵇康《养生论》。 ⑰ 丹砂之说：道家炼丹以求长生的学说。 ⑱ 芸其黄矣：花草枯黄貌。《诗·小雅·苕之华》："苕之华，芸其黄矣。" ⑲ 视阴愒（kài 忾）日：看着日影叹息旷废时日而又急不可待。《左传·昭公元年》：赵孟视阴曰："朝夕不相及，谁能待五？"后子出而告人曰："赵孟将死矣。主民，玩岁而愒日，其与几何？"赵孟，即赵盾。春秋时晋大夫。此以赵孟自比，叹息岁月已逝，来日难久。 ⑳ 刘琨：字越石，中山魏昌（今河北无极）人。少与祖逖为友，有志恢复中原。愍帝初，任大将军，都督并、冀、幽三州诸军事，与段匹磾（dī 滴）共讨石勒。后兵败投奔段匹磾，段收琨下狱，杀于狱中。此以刘琨自喻，谓心中充满悲痛。 ㉑ 河阳：今河南孟县。巩县：今属河南。东周所居。 ㉒ 霸陵：汉文帝刘恒的陵墓，在长安东郊。长安：汉代的都城，故城在今陕西西安市西北。上二句语出谢朓《晚登三山还望京邑》："灞涘望长安，河阳视京县。"借以表达对故都的怀念。 ㉓ 射声之鬼：班超出使西域三十一年，官至西域都护、封定远侯。后因久在绝域，年老思乡，上书曰："臣不敢望到酒泉郡，但愿生入玉门关。"其妹班昭亦为之上书乞归，帝感其言召回，拜为射声校尉。旋因胸疾而卒。射声之鬼，指班超。 ㉔ 龙钟：泪流貌。蔡邕《信立退怨歌》："空山歔欷，涕龙钟兮。"

这是南北朝后期文坛名家王褒的一篇骈体书信。王褒是梁朝重臣，公元554年，西魏宇文泰攻陷江陵时，他被俘送往长安。由于他在南朝的声名，宇文氏封他为石泉县子，寻加开府仪同三司。公元557年，南朝陈霸先代梁为陈，后三年，北朝宇文邕为周皇帝，两国开始通好，"南北流寓之士，并许其还归国。陈氏乃请王褒及（庾）信等数十人。武帝唯放王克、殷不害等，信及褒并惜而不遣"（《北史·庾信传》）。当陈的先期使者尚书周弘正到长安时，王褒因与周曾同在梁元帝江陵朝廷内供职，又与他弟弟周弘让相善，心情十分高兴。后得知仍要继续留在北地不能南归时，心中无限怅惘，写成了这封书信，托来使捎给周弘让，向故人陈述了自己羁留长安的境遇、心情和期望。

这封信一起首就极其不凡，援引阮籍、杨朱作比，表现其凄苦的情怀。他说自己身处北地，如同阮籍的处于穷途，杨朱的立于歧路。但阮籍处于穷途，却恸而能返；杨朱立于歧路，亦泣而能归。而自己连阮籍、杨朱也不如，像蓬草飞逝，流水东去，永远也不能回返。北地春迟秋早，与江南"炎凉异节"；不似"江南燠热，桔柚冬青"（周弘让复信中语）。他生活在北方的环境里，就更因不堪忍受而思念江南了。作者借北地凄凉景色的渲染，有力地烘托出了他望归不能的心情。他推想故友在南朝的生活，当是适意而愉快的。周弘正来到长安，带来周弘让"铲迹幽溪，销声穷谷"的信息，故友能在暮年遂其心志，栖居幽谷，啸傲日月，饮霞吸光，服颐期养，这是何等幸运啊！通过他对周弘让晚年得归旧所的欣悦，表达了自己的企慕之情。

王褒在南朝时，曾多次与周弘让同游茅山。周弘让的"犹依杜陵之水"，更勾引起他欲归江左，忘情山水的想法。他向老友倾诉了自己对求仙访道的夙愿，自称"昔因多疾"，早有"亟览九仙之方"的追求；"晚涉世途"，更是"常怀五岳之举"的情思。过去一直追慕求仙访道，听禅悟化，炼丹服药，以求益寿延年。但事与愿违，而今年至暮期，"容发衰谢"，"零落无时"，仍身陷异域。回顾过去的生活道路，想想未来有限的时日，心中忧思丛集。他像赵孟一样"朝夕不相及"，来日难久；像刘琨一样被囚系，身阻塞外，难生羽翼，不能返回故乡。文章从对往日的回想转到对现今境遇的慨叹。前半对夙愿极力铺陈，恰为后半理想失落张本，前后形成鲜明的对照，表现出他的乡关之思的切迫。人总是难忘故国的。他因年老不能生还故里，但仍望魂归旧国，无作他乡之鬼，这表现了他至死不忘故国的情怀。

信的结末，作者想到自己年暮力衰，羁留塞外，与老友永无相见之期，"援笔揽纸"，不禁老泪纵横。这一段既总拢全篇，又活画出了自己情痛难忍、不能自持的情状。这封书信在极其有限的篇制内，写人写己，写聚写散，写生写死，使之融于一体，表现乡关之思，情溢满纸，酸楚入骨，哀思无涯，痛彻千古。周弘让接信后，"开题申纸"，"声泪俱咽"，感慨万分，立即写了《复王少保书》，痛呼："子渊子渊，长为别矣！"足见这封信感人至深了。

这是一篇骈体书信，对仗工整。有四字句与四字句组成上下两联相对的：如"嗣宗穷途，杨朱歧路"；"铲迹幽溪，销声穷谷"。有四六句组成上下两联相对的：如"昔因多疾，亟览九仙之方；晚涉世务，常怀五岳之举"；"视阴愒日，犹赵孟之徂年；负杖行吟，同刘琨之积惨"。也有上四四与下四四组成上下两个长联相对的：如"同夫关令，物色异人；譬彼客卿，服膺高士"；"河阳北临，空思巩县；霸陵南望，还见长安"等。句式整齐，对偶工切，有珠联璧合之巧。同时这封书信全篇几乎每句用典，多而精巧，其中有的援引古人古事为典，如嗣宗、杨朱，赵孟、刘琨等，借以自况表达自己年老思乡之情。有的则暗用典故，如"犹依杜陵之水，尚保池阳之田"；"书生之魂，来依旧壤；射声之鬼，无恨他乡"，前者指张仲蔚、蒋诩隐居之事，后者指班超思归之求，暗含古人古事。这加强了文章的表现力，丰富了文章的内容，更显得文意曲折、深沉动人。

（丰家骅）

【作者小传】

庾　信

（513—581）　北周文学家。字子山。南阳新野（今属河南）人。庾肩吾之子。初仕梁，为东宫抄撰学士、建康令。后出使西魏，值西魏灭梁，被留。历仕西魏、北周，官至骠骑大将军、开府仪同三司，世称"庾开府"。善诗赋、骈文。在梁时作品绮艳轻靡，与徐陵皆为当时宫廷文学的代表，时称"徐庾体"。暮年作品风格转为萧瑟苍凉。后人辑有《庾子山集》。

《哀江南赋》序　　庾　信

粤以戊辰之年，建亥之月，大盗移国，金陵瓦解①。余乃窜身荒谷②，公私涂炭；华阳奔命，有去无归③。中兴道销，穷于甲戌④。三日哭于都亭，三年囚于别馆⑤。天道周星，物极不反⑥。傅燮之但悲身世，无处求生⑦；袁安之每念王室，自然流涕⑧。昔桓君山之志事，杜元凯之平生，并有著书，咸能自序⑨。潘岳之文采，始述家风；陆机之辞赋，先陈世德⑩。信年始二毛，即逢丧乱，藐是流离，至于暮齿⑪。《燕歌》远别，悲不自胜⑫；楚老相逢，泣将何及⑬！畏南山之雨，忽践秦庭⑭；让东海之滨，遂餐周粟⑮。下亭漂泊⑯，高桥羁旅⑰。楚歌非取乐之方，鲁酒无忘忧之用⑱。追为此赋，聊以记言。不无危苦之辞，唯以悲哀为主⑲。

日暮途远，人间何世⑳！将军一去，大树飘零㉑；壮士不还，寒风萧瑟㉒。荆璧睨柱，受连城而见欺㉓；载书横阶，捧珠盘而不定㉔。钟仪君子，入就南冠之囚㉕；季孙行人，留守西河之馆㉖。申包胥之顿地，碎之以首；蔡威公之泪尽，加之以血㉗。钓台移柳，非玉关之可望；华亭鹤唳，岂河桥之可闻㉘！

孙策以天下为三分，众才一旅；项籍用江东之子弟，人唯八千。遂乃分裂山河，宰割天下㉙。岂有百万义师，一朝卷甲，芟夷斩伐，如草木焉㉚！江淮无涯岸之阻，亭壁无藩篱之固。头会箕敛者，合纵缔交；锄耰棘矜者，因利乘便㉛。将非江表王气，终于三百年乎㉜？是知并吞六合，不免轵道之灾㉝；混一车书，无救平阳之祸㉞。呜呼！山岳崩颓，既履危亡之运；春秋迭代，必有去故之悲。天意人事，可以凄怆伤心者矣！况复舟楫路穷，星汉非乘槎可上；风飙道阻，蓬莱无可到之期㉟。穷者欲达其言，劳者须歌其事㊱。陆士衡闻而抚掌，是所甘心；张平子见而陋之，固其宜矣㊲！

〔注〕 ① 粤：同"曰"，发语辞。戊辰：梁武帝太清二年(548)。建亥之月：十月。大盗移国：语见《后汉书·光武帝纪赞》，谓王莽篡位，此指侯景作乱。侯景于太清二年八月举兵反，十月攻陷建康(即金陵，今江苏南京)，梁武帝饿死台城。侯景先立简文帝萧纲，继立豫章王萧栋，旋又废萧栋自立。后为梁将陈霸先、王僧辩所败，被部将所杀。 ② 荒谷：《左传·桓公十三年》："莫敖缢于荒谷。"杜预注："荒谷，楚地。"在今湖北江陵县西。此借指江陵。《北史·庾信传》："侯景作乱，梁简文帝命信率宫中文武千余人，营于朱雀航。及景至，信以众先退。台城陷后，信奔于江陵。" ③"华阳"二句：华阳，指江陵。江陵在华山之南，山南为阳，故称。奔命，指奉命出使。建康陷落后，梁元帝萧绎在江陵自立。承圣三年(554)，命庾信出使西魏，是年十一月，西魏攻陷江陵，元帝被杀，庾信从此被羁留北方，故曰"有去无归"。 ④"中兴"二句：中兴，指梁元帝即位，平侯景之乱。嗣后被杀。道销，国运销亡。 ⑤"三日"二句：《晋书·罗宪传》：宪为蜀守永安城，"知刘禅降，乃率所统临于都亭三日。"临，哭。都亭，外城的驿亭。上句用此典，借喻自己对梁亡的哀痛。三日是虚指，言其多。《左传·昭公二十三年》："晋人来讨，叔孙婼如晋，晋人执之……乃馆诸箕。"箕，晋国别都，在今山西蒲县东北。馆，这里意为隔离软禁。引用此典故，取其出使被囚这一层意思。三年也是虚指，非实数。 ⑥"天道"二句：意谓照上天的道理，岁星(或称太岁、木星、周星)每十二年绕天一周，周而复始。但现在"物极不反"，梁朝自江陵败后，至今不能复兴。《鹖冠子·环流》："物极则反，命曰环流。"言事物发展到极点则向自身的反面转化。庾信则反其意而用之。 ⑦"傅燮"二句：《后汉书·傅燮传》载：傅燮字南容，汉阳太守。王国、韩遂等围攻汉阳，城中兵少粮尽。其子幹劝他弃郡归乡，将来别辅明主。傅燮慨然而叹："世乱不能养浩然之志，食禄又欲避其难乎？吾行何之，必死于此！"遂麾左右进兵，临阵战殁。这两句用的是傅燮悲叹自己的遭遇，及"吾行何之，必死于此"之意。 ⑧"袁安"二句：《后汉书·袁安传》：袁安字邵公，官司徒。和帝时，"安以天子幼弱，外戚擅权，每朝会进见，及与公卿言国家事，未尝不噫呜流涕"。这两句悲叹梁朝的覆亡。 ⑨"昔桓君

山”四句：《后汉书·桓谭传》：“桓谭字君山。著书言当世行事二十九篇，号曰《新论》。”《晋书·杜预传》：“杜预字元凯。既立功之后，从容无事，乃耽思经籍，为《春秋左氏经传集解》。”志事，有志于事业。自序，叙述自己生平的文章。　⑩“潘岳”四句：潘岳，字安仁，西晋诗人，作有《家风诗》。《世说新语·文学》：“潘因此遂作《家风诗》。”刘孝标注：“岳《家风诗》载其宗祖之德，及自戒也。”陆机，字士衡，西晋文学家，其祖父陆逊、父陆抗均为东吴名将。机有《祖德赋》《述先赋》，述其祖先功德。　⑪“信年”四句：二毛，头发斑白。丧乱，指梁朝的变故，侯景攻陷台城为公元549年，庾信三十七岁；西魏陷江陵为554年，庾信四十二岁，正值中年，故头发已花白。藐，通“邈”，远。暮齿，晚年。　⑫“燕歌”二句：《燕歌行》，乐府平调曲名。以曹丕所作二首为最早，言时序迁换，行役不归，妇人怨旷无所诉也。燕（yān 烟），地名。《北史·王褒传》：“褒曾作《燕歌》，妙画塞北寒苦之状，元帝及诸文士并和之，而竞为凄切之辞。”以为西魏入侵，元帝出降之征验。庾信亦有和作一篇。此言作者远别故国，悲不自胜。　⑬“楚老”二句：《列子·周穆王》：“燕人生于燕，长于楚，及老而还本国。过晋国，同行者诳之，指城曰：‘此燕国之城。’其人愀然变容。指社曰：‘此若（你）里之社。’乃喟然而叹。指舍曰：‘此若先人之庐。’乃涓然而泣。指垅曰：‘此若先人之冢。’其人哭不自禁。”此言思念故国，唯有悲泣。　⑭“畏南山”二句：《列女传·贤明传·陶答子妻》：“妾闻南山有玄豹，雾雨七日而不下食者，何也？欲以泽其毛而成文章也，故藏而远害。”忽，匆匆。秦庭，指西魏都城长安，旧为秦地。此两句说，自己本有隐居远害之志，然国事危急，不得不匆匆出使西魏。　⑮“让东海”二句：《史记·齐太公世家》：“（齐康公）十九年，田常曾孙田和始为诸侯，迁康公海滨。”此指宇文觉篡代西魏建立北周的事，但作者这里不说篡代而说“让”（禅让）。庾信在北周做官，故不直言篡夺。这也是庾信所亲历的一件大事，不在赋本文范围之内，故在序里带叙一笔。“遂餐周粟”，反用伯夷、叔齐耻食周粟事，点出他在北周做官。“北周”与“姬周”也是巧合。而上句不说“篡”而说“让”（禅让），是饰美之词，也可见他用字的苦心。　⑯“下亭”句：《后汉书·独行·范式传》：“孔嵩辟公府，之京师，道宿下亭，盗共窃其马。”这句说途中之狼狈。　⑰高桥：《后汉书·逸民·梁鸿传》：梁鸿“至吴（今江苏苏州），依大家皋伯通，居庑下（堂下周围的廊屋），为人赁舂”。高桥，一作“皋桥”，在苏州阊门内。这句说自己在他乡作客，寄人篱下。　⑱“楚歌”二句：《史记·留侯世家》：汉高祖欲废太子，立戚夫人子赵王如意。张良定计请商山四皓辅太子，高祖认为太子羽翼已成，很难动摇，以告戚夫人。“戚夫人泣。上（高祖）曰：‘为我楚舞，吾为若楚歌。’……歌数阕，戚夫人嘘唏流涕，上起去，罢酒。”鲁酒，鲁国所酿的酒。《庄子·胠箧》：“鲁酒薄而邯郸围。”唐陆德明《经典释文·庄子音义》引汉许慎注《淮南子》（《缪称训》）云：“楚会诸侯，鲁、赵俱献酒于楚王，鲁酒薄而赵酒厚。楚之主酒吏求酒于赵，赵不与。吏怒，乃以赵厚酒易鲁薄酒，奏之。楚王以赵酒薄，故围邯郸（赵国都城）也。”后世遂以鲁酒为薄酒。这两句说，楚歌只会引起悲泣，鲁酒无解忧之用。　⑲“不无”二句：嵇康《琴赋》：“称其材干，则以危苦为上；赋其声音，则以悲哀为主。”　⑳“日暮”二句：《史记·伍子胥列传》：“吾日暮途远，吾故倒行而逆施之。”索隐：“譬如人行，前途尚远，而日势已暮。”人间世，《庄子·人间世》王先谦集解云：“谓当世也。”这两句说，人事变化无常，不知目前又是怎样一个世界，而自己已经日薄西山，路途尚远，难以为力了。　㉑“将军”二句：《后汉书·冯异传》：“每所止舍（歇息），诸将并坐论功，异常独屏（退避）树下，军中号曰‘大树将军’。”这两句与原出典无关，只借用其字面，说自己离开了江陵后，梁朝便飘摇零落了。将军，作者自指。　㉒“壮士”二句：《史记·刺客列传》：荆轲入秦谋刺秦王，在易水边作歌曰：“风萧萧兮易水寒，壮士一去兮不复还。”喻自己出使西魏，将不复还。
㉓“荆璧”二句：《史记·廉颇蔺相如列传》载：赵惠文王得楚（即“荆”）和氏璧，秦昭王闻之，愿

以十五城易璧，赵王遂使蔺相如奉璧入秦。秦王大喜，传以示美人及左右。相如见秦王无意以城与赵，"乃前曰：'璧有瑕，请指示王。'王授璧，相如因持璧却立，倚柱，怒发上冲冠，谓秦王曰：'……臣观大王无意偿赵王城邑，故臣复取璧。大王必欲杀臣，臣头今与璧俱碎于柱矣！'相如持其璧睨柱，欲以击柱，秦王恐其破璧，乃辞谢，固请，召有司案图，指从此以往十五都予赵"。这两句说蔺相如出使秦国，不曾被秦王欺侮，而自己出使西魏却被拘留而不得归。 ㉔"载书"二句：《史记·平原君列传》："平原君与楚合从，言其利害，日出而言之，日中不决。毛遂按剑历阶而上。"责楚王。"楚王曰：'唯唯，诚若先生之言，谨奉社稷而以从。'毛遂谓楚王之左右曰：'取鸡狗马之血来！'毛遂奉铜盘而跪进之。楚王曰：'王当歃血而定从，次者吾君，次者遂。'遂定从于殿上。"载书，盟书。珠盘，诸侯盟誓用器，以盛牛耳。这两句反用毛遂故事，说自己出使西魏没有完成使命。 ㉕"钟仪"二句：《左传·成公七年》载：楚子重伐郑，囚钟仪，献于晋，晋人囚之于军府。九年，"晋侯观于军府，见钟仪问之曰：'南冠而縶者谁也？'有司对曰：'郑人所献楚囚也。'使税之。召而吊之。再拜稽首。问其族，对曰：'伶人也。'使与之琴，操南音……文子曰：'楚囚，君子也……君盍归之，使合晋、楚之成。'公从之，重为之礼，使归求成。"这两句以钟仪自比，言己本楚人，而羁留魏、周，如南冠之囚，且不得释归，连楚囚也不如。 ㉖"季孙"二句：《左传·昭公十三年》载，诸侯盟于平丘，晋侯不准鲁昭公与盟，并逮捕其卿季孙意如，带回晋国。后欲释放，而季孙欲得盟会相送之礼然后去，使得晋国方面感到为难。辗转设法叫叔鱼去劝季孙，说听见官吏们讲"将为子除馆于西河"，准备在西河造房子把你安置在那里，怎么办？西河是晋的西部边境，离鲁国更远，季孙害怕远，就赶紧回去了。行人，使者。这两句以季孙自比，说自己出使西魏，不得南归，而被留于长安。 ㉗"申包胥"四句：《左传·定公四年》载，吴伐楚，攻入郢都(楚都，今湖北江陵北十里之纪南城)。楚大夫申包胥至秦请救兵，"立，依于庭墙而哭，日夜不绝声，勺饮不入口七日"。终于感动秦哀公答应出兵。申包胥在地下叩了九个头表示感谢，这才坐下。刘向《说苑·权谋》："蔡威公闭门而泣，三日三夜，泣尽而继之以血，曰：'吾国且亡！'"这里说自己未能感动西魏，使梁免于灭亡，对梁亡非常伤心。 ㉘"钓台"四句：钓台在武昌西北。移，应作"栘"，杨树。玉关，玉门关。华亭，在今上海市松江县境，为陆机家乡。陆机被害之前说："华亭鹤唳，岂可复闻乎？"河桥是陆机被害的地方，在今河南境内。这一联说，故国的树木不是羁留在北方的人所能望见；故国的鸟鸣自己也听不到了。 ㉙"孙策"六句：孙策字伯符。《三国志·吴志·孙策传》："(袁)术表策为折冲校尉，兵才千余，骑数十匹，宾客愿从者数百人。"又《陆逊传》："昔桓王(孙策卒后追谥长沙桓王)创基，兵不一旅，而开大业。"言孙策兵少。《史记·项羽本纪》：籍字羽，随其季父起事反秦，"举吴中兵，使人收下县(吴郡四周诸县)，得精兵八千人"。亦言其兵不多。贾谊《过秦论》："秦有余力而制其弊，追亡逐北，伏尸百万，流血漂橹。因利乘便，宰割天下，分裂河山。"这几句说孙策、项羽只用极少兵力就能割据一方。此引用江东英雄故事，以反衬下文"百万义师，一朝卷甲，芟夷斩伐，如草木焉"的不堪。 ㉚《南史·侯景传》："初，援兵至北岸，众号百万，百姓扶老携幼，以候王师。才过淮便竞剥掠，征责金银，列营而立，互相疑贰。邵陵王纶、柳仲礼(均梁将帅，下同)甚于仇敌，临城公大连、永安侯确逾于水火，无有斗心。"故诸将出战，连战连败。直至侯景陷台城，援兵并散。《侯景传》又载："先是景每出师，戒诸将曰：'吾破城邑，净杀却，使天下知吾威名。故诸将以杀人为戏笑。'"这是说侯景像除草伐木一样地屠杀兵士和人民。 ㉛"头会"四句：《史记·张耳陈餘列传》："头会箕敛，以供军费。"言家家按人头数出谷，以簸箕来装。此指下层官吏。下句见贾谊《过秦论》："以致天下之士，合从(纵)缔交，相与为一。"锄耰(yōu 忧)，农具。棘矜，矛戟的柄。此指用低劣武器的人民。此句并下句亦见于《过秦论》。这里是说下层官吏和人民，并乘梁朝衰弱混乱之机，起兵夺了梁朝天下。　㉜“将非”二句：江表，江南，这里专指金陵。《史记·高祖本纪》载秦始皇常曰“东南有天子气”。此言江表王气将终，意即梁朝气数将尽。自孙权建都建邺起，至东晋、宋、齐至梁亡，共二百九十二年，三百年是举其成数。　㉝“是知”二句：并吞六合，即兼并天下。轵道之灾，《史记·高祖本纪》：“沛公兵遂先诸侯至霸上，秦王子婴素车白马，系颈以组，封皇帝玺符节，降轵道旁。”轵道，在今陕西西安市东北。　㉞“混一”二句：指统一天下。《晋书·怀帝本纪》：永嘉五年(311)，匈奴族刘聪攻陷洛阳，迁怀帝于平阳(今山西临汾)，七年遇害。又《愍帝本纪》：建兴四年(316)刘曜陷长安，迁愍帝于平阳，五年遇害。这两联运用历史事实，说明统一全国的王朝也会有崩溃的一天，梁朝如此，亦不足怪。　㉟“况复”四句：星汉，天河。槎，竹木筏。张华《博物志》载，有人居住海边，每年八月见海上有浮槎去来，从不失期，他便乘槎而去，到达天河，与河边牵牛人问答，又如期而归。后世诗文以乘槎指登天。此反用其意，言自己走投无路，没有归宿。“风飙”二句：《史记·封禅书》载，东海有三神山，去人不远，但船只将至，则被风引开，终不能到达。此二句以回风阻路，蓬莱不可到达比喻自己的无处投奔。　㊱“穷者”二句：《晋书·王隐传》：“盖古人遭时则以功达其道，不遇则以言达其才。”《公羊传·宣公十五年》何休注：“劳者歌其事。”此两句说想写此赋以表达心中想说的话，记下自己的遭遇。　㊲“陆士衡”四句：陆机，字士衡。《晋书·左思传》：“初，陆机入洛，欲作此(三都)赋，闻思作之，抚掌而笑，与弟云书曰：‘此间有伧父欲作《三都赋》，须(等待)其成，当以覆酒瓮耳。’及思赋出，机绝叹伏，以为不能加也，遂辍笔。”《后汉书·张衡传》：“衡乃拟班固《两都》，作《二京赋》因以讽谏，精思傅会，十年乃成。”《艺文类聚》卷六十一：“昔班固睹世祖(汉光武帝)迁都于洛邑，惧将必逾溢制度，不能遵先圣之正法也，故假西都宾盛称长安旧制，有陋洛邑之议，而为东都主人折礼衷以答之。张平子薄而陋之，故更造(造《二京赋》)焉。”张衡，字平子。此一联为谦抑之词，意谓自己这篇赋作得不好，被人轻视，理所当然。

本文作于庾信晚年，是《哀江南赋》前的序文。题目“哀江南”取自《楚辞·招魂》中“魂兮归来哀江南”句。作者自伤身世，眷怀故国，作赋以寄托乡关之思。赋中记梁朝一代兴亡，叙个人家世盛衰与一己之飘零。这篇序文概括了全赋大意，着重说明创作的背景和缘起，虽属赋的有机组成部分，却可独立成篇，为六朝骈文的佳制。

开篇十八句，以极精练的语言概括了作者一生中的三件恨事。首六句叙侯景之乱，金陵沦落，自己逃匿江陵，朝野无不惨遭涂炭，次六句叙西魏兵起，江陵失陷，自己出使无归，故国中兴无望。再六句写被扣西魏，国破家亡，自己心情如东汉傅燮临难之时，但悲身世，无处求生；又像东汉袁安念及国事，潸然泪下；因此想仿效桓谭、杜预、潘岳、陆机等古人，作赋写序，从而水到渠成地交代了作赋的缘由。“信年始二毛”以下转写身世之悲。庾信是著名诗人庾肩吾之子。庾氏本为名门望族，但到庾信这一代家道中衰。他中年即遭丧乱，晚年流落异方，屈身仕周，愧恨萦心，歌不能为乐，酒不能解忧。作者凄咽絮语，泪随墨挥，一片惨痛之情自肺腑出。结末“不无危苦之辞，唯以悲哀为主”，直白地表明全赋以悲家国沦丧为主调。

第二段追述出使西魏不仅无功，反而被拘的过程，抒写羁留异国的悲愤和对江南故国的怀念。首六句用冯异、荆轲两典，兴起出使西魏，有往无归的喟叹。接着反用蔺相如完璧归赵和毛遂定盟而还的故事，自伤使命不成。作者伤叹年已高而归途远，只能像君子钟仪那样，做一个戴着南冠的楚囚；像行人季孙那样，留住在西河的别馆，其悲痛惨烈，不减于申包胥求秦出兵时的叩头于地，头破脑碎；也不减于蔡威公国亡时的痛哭泪尽，继之以血。末联四句以不见钓台移柳，不闻华亭鹤唳，比喻自己怀念故国而不可见。这一段中，在古代忠臣良将义士的故事中，饱含着作者立功无望、仕周无奈、忠于故国、思乡难归的复杂感情，悲苦欲绝的苦衷和暮年凄凉的境况宛然可见。

末段感叹梁朝的腐败而亡和人民的惨遭杀戮。开端以孙策、项羽靠少数兵力崛起，终能剖分山河、割据天下的史实，与梁朝百万军队，竟然一朝卷甲溃败，以致西魏长驱直入，杀戮平民如割草摧木，构成强烈的对比。不仅使文势因此而起伏跌宕，而且述古用以讽今，暗含对梁朝腐败怯懦的批评之意。作者对代梁而起的南朝陈是有些敌对情绪的，出于门阀思想的局限，他看不起寒族出身的陈霸先，称这些地位微贱者暗中勾结，乘虚而入，终于篡梁自立，使梁绝统，江南一带的帝王之气，历经三百年而归于终结。“是知并吞六合”以下，以秦及西晋虽一统天下，却终归覆亡的史实，抒发春秋更替、兴亡变迁的感慨。作者认为梁亡既是天意又是人事，虽不无委运于天的宿命思想，但又认识到正是梁朝士族腐朽，同室操戈，引狼入室，亡国惨祸也就不可避免了。这正如他在赋文中所云：“若江陵之中否，乃金陵之祸始；虽借人之外力，实萧墙之内起。”深刻的历史教训，令作者痛心疾首。序文结末几句，又由“念王室”转入“悲身世”。故国不复存在，自己觍颜仕北，虽然眷恋故人、故土，但如同舟船无路，银河不是乘筏驾船所能上达；风狂路阻，海中仙山也无到达的希望。欲归无奈，还乡无望，处于日暮途穷，于是，“穷者欲达其言，劳者须歌其事”，也就是说国事之慨，穷者之忧，必须一吐为快。这种创作原则，标志着庾信后期已经走向现实主义的创作道路。

这篇序文悲亡国，叙家世，抒哀思，感情深挚动人。全篇以骈文写成，多用典故来暗喻时世，表达自己悲苦欲绝的隐衷。庾信学问渊博，文中使事用典，博观约取，熔铸史料，如同己出。首先是用典大多贴切传神，如用战国时毛遂说服楚王与赵定盟和春秋时申包胥赴秦求解吴难的典实，表现自己赴西魏约盟通好，以求摆脱来自外部的威胁；用“华亭鹤唳，岂河桥之可闻”两句，以陆机临刑悲叹故乡风物的不可见，表明自己身处异国，永远不能与江南故国相见的深切悲哀等，无不切情切境。其次是运用典故的方法多变：有正用的，如“袁安之每念王室，自然流涕”，“壮士不还，寒风萧瑟”等；也有反用的，如“让东海之滨，遂餐周粟”等。

骈文要求字句两两成对，运用不当易流于刻板划一。庾信此序在句式运用上极为灵活，既有双句对句，也有单句对句，对句的长短错落，造成音节整齐、和谐可诵的效果。庾信晚年作品清新老成，颇多激楚之声，悲凉之调。本文中郁勃哀婉之气流注于字里行间，在用事排偶、敷藻调声的外壳下，复杂的感情如海底潜流，回旋倒折，又如地下岩浆，奔突激荡，自有一种一反南朝骈文柔弱纤秀的力度。这固然与作者家国俱亡的心灵创伤有关，同时也是运思沉著、用笔刻峭的结果。杜甫说：“庾信平生最萧瑟，暮年诗赋动江关”（《咏怀古迹》之一），“庾信文章老更成，凌云健笔意纵横”（《戏为六绝句》之一）。庾信此序能挺立文苑，长绿不凋，是其萧瑟的生平使然，也是他的那支凌云健笔使然。（顾伟列）

小园赋　　庾信

若夫一枝之上，巢父得安巢之所①；一壶之中，壶公有容身之地②。况乎管宁藜床③，虽穿而可坐；嵇康锻灶④，既暖而堪眠。岂必连闼洞房，南阳樊重之第；赤墀青琐，西汉王根之宅⑤。余有数亩敝庐，寂寞人外，聊以拟伏腊，聊以避风霜。虽复晏婴近市，不求朝夕之利⑥；潘岳面城，且适闲居之乐⑦。况乃黄鹤戒露，非有意于轮轩⑧；爰居避风，本无情于钟鼓⑨，陆机则兄弟同居⑩，韩康则舅甥不别⑪。蜗角蚊睫⑫，又足相容者也。

尔乃窟室徘徊，聊同凿坯⑬。桐间露落，柳下风来。琴号珠柱，书名《玉杯》⑭，有棠梨而无馆，足酸枣而非台⑮。犹得欹侧八九丈，纵横数十步，榆柳两三行，梨桃百余树。拨蒙密兮见窗，行欹斜兮得路，蝉有翳兮不惊⑯，雉无罗兮何惧⑰。草树混淆，枝格⑱相交。山为篑覆，地有堂坳⑲。藏狸并窟，乳鹊重巢⑳，连珠细菌，长柄寒匏㉑。可以疗饥，可以栖迟㉒。崎岖兮狭室，穿漏兮茅茨，檐直倚而妨帽，户平行而碍眉。坐帐无鹤，支床有龟㉓。鸟多闲暇，花随四时。心则历陵枯木，发则睢阳乱丝㉔。非夏日而可畏，异秋天而可悲㉕。

一寸二寸之鱼，三竿两竿之竹，云气荫于丛蓍，金精养于秋菊㉖。枣酸梨酢，桃榹李薁㉗。落叶半床，狂花满屋。名为野人之家，是谓愚公之谷㉘。试偃息于茂林，乃久羡于抽簪㉙，虽有门而长闭，实无水而恒沉㉚。三春负锄相识，五月披裘见寻㉛。问葛洪之药性，访京房之卜林㉜。草无忘忧之意，花无长乐之心㉝，鸟何事而逐酒，鱼何情而听琴㉞？

加以寒暑异令，乖违德性，崔骃以不乐损年㉟，吴质以长愁养病㊱。镇宅神以埋石，厌山精而照镜㊲。屡动庄舄之吟㊳，几行魏颗之命㊴。薄晚闲闺，老幼相携㊵，蓬头王霸之子㊶，椎髻梁鸿之妻㊷。燋麦两瓮，寒菜一畦。风骚骚而树急，天惨惨而云低。聚空仓而雀噪㊸，惊懒妇而蝉嘶㊹。

昔草滥于吹嘘㊺，藉《文言》之庆余㊻。门有通德㊼，家承赐书㊽。或陪玄武之观，时参凤凰之墟㊾，观受釐于宣室，赋《长杨》于直庐㊿。

遂乃山崩川竭㉛，冰碎瓦裂，大盗潜移㉜，长离永灭㉝。摧直辔于三危，碎平途于九折㉞。荆轲有寒水之悲，苏武有秋风之别㉟。关山则风月凄怆，陇水则肝肠断绝㊱。龟言此地之寒㊲，鹤讶今年之雪㊳。百龄兮倏忽，光华兮已晚。不雪雁门之踦㊴，先念鸿陆之远㊵。非淮海兮可变，非金丹兮能转㊶。不暴骨于龙门，终低头于马坂㊷。谅天造兮昧昧，嗟生民兮浑浑㊸。

〔注〕 ① 巢父：皇甫谧《高士传》："巢父者，尧时隐人也，山居不荣世利，年老以树为巢而寝其上。" ② 壶公：《后汉书·方术传》："费长房者，汝南人也，曾为市掾。市中有老翁卖药，悬一壶于肆头，及市罢，辄跳入壶中。" ③ 管宁藜床：《三国志·魏书·管宁传》注引《高士传》："管宁自越海及归，常坐一木榻，积五十余年，未尝箕股，其榻上当膝处皆穿。" ④ 嵇康锻灶：《晋书》本传："性绝巧而好锻。宅中有一柳树甚茂，乃激水圜之，每夏月，居其下以锻。" ⑤ "岂必"四句：樊重之第，《后汉书·樊宏传》："樊宏，南阳湖阳人。父重。其所起庐舍，皆有重堂高阁，陂渠灌注。"连闼，谓门闼相连属。王根之宅，王根，汉元帝皇后庶弟，封曲阳侯。根骄奢僭上，赤墀青琐。见《汉书·元后传》。皇帝宫殿阶地涂丹漆，故称赤墀。青琐，门上刻为连琐文，以青涂之，为天子之制。 ⑥ 晏婴近市：《左传·昭公三年》："（齐）景公欲更晏子之

宅,曰:'子之宅近市,湫隘嚣尘,不可以居,请更诸爽垲者。'辞曰:'君之先臣容焉,臣不足以嗣之,于臣侈矣。且小人近市,朝夕得所求。小人之利也,敢烦里旅(职掌卿大夫之家宅者)!'" ⑦潘岳面城:潘岳《闲居赋》:"于是退而闲居于洛之涘……面郊后市。"面,面向。 ⑧黄鹤戒露:周处《风土记》:"鸣鹤戒露,此鸟性警,至八月白露降,流于草上,滴滴有声,因即高鸣相警,移徙所宿处。"轮轩,车乘。《左传·闵公二年》:"卫懿公好鹤,鹤有乘轩者。" ⑨爰居避风:《国语·鲁语上》:"海鸟曰爰居,止于鲁东门之外三日,臧文仲使国人祭之。展禽曰:'今兹海其有灾乎?夫广川之鸟兽,恒知避其灾也。'是岁也,海多大风。"钟鼓:祭祀所用的乐器。 ⑩陆机兄弟同居:《世说新语·赏誉》:"蔡司徒在洛,见陆机兄弟住参佐廨中,三间瓦屋,士龙住东头,士衡住西头。"陆机,字士衡。弟陆云,字士龙。 ⑪韩康舅甥不别:《晋书·殷浩传》:"(浩)废为庶人,徙于东阳之信安县……浩甥韩伯(字康伯),浩素赏爱之,随至徙所。" ⑫蜗角蚊睫:形容居处极狭小。《庄子·则阳》:"有国于蜗之左角者曰触氏,有国于蜗之右角者曰蛮氏,时相与争地而战,伏尸数万。"《晏子春秋·外篇》:"东海有虫,巢于蚊睫。" ⑬凿坯:《淮南子·齐俗训》:"颜阖,鲁君欲相之而不肯,使人以币先焉,凿培(pēi坯)而遁之。"培通"坯",屋的后墙。这里凿坯指后墙穿洞,比喻屋破。 ⑭珠柱:琴名,以珠为支弦琴柱。《玉杯》:书篇名,汉董仲舒撰,收入《春秋繁露》。 ⑮棠梨:果木名,又汉甘泉宫中馆名,见《三辅黄图》。酸枣:果木名,又为县名,治所在今河南延津县北。旧有韩王望气台,见《水经·济水注》。二句谓园中虽有棠梨、酸枣,而无馆与台。 ⑯"蝉有"句:《庄子·山木》:"睹一蝉方得美荫而忘其身,螳螂执翳而搏之。"此反用其意,谓蝉得荫蔽,所以不惊。 ⑰"雉无"句:《诗·王风·兔爰》:"雉离(罹)于罗。"此亦反用其意,言雉无罗网,所以无惧。 ⑱枝格:枝条。长枝曰格。 ⑲"山为"二句:《论语·子罕》:"譬如平地,虽覆一篑,进,吾往也。"篑,土筐。堂坳,小水洼。《庄子·逍遥游》:"覆杯水于坳堂之上,则芥为之舟。"二句极言园之狭小。 ⑳"藏狸"二句:言园狭小,故狸相连作窟,鹊重叠作巢。 ㉑"连珠"二句:亦言园小,菌的生长只能紧密如连珠;匏(葫芦)无地可容,只能伸出长柄。 ㉒"可以疗饥"二句:《诗·陈风·衡门》:"衡门之下,可以栖迟;泌之洋洋,可以乐饥。"乐饥,郑玄笺解作"㾮饥",即"疗饥"。 ㉓"坐帐"二句:《神仙传》:"介象,字元则,会稽人也。吴王征至武昌,甚尊敬之,称为介君。诏令立宅,供帐皆是绮绣,遗黄金千镒,从象学隐形之术。后告言病,帝以美梨一奁赐象。象食之,须臾便死。帝埋葬之。以日中死,晡时已至建邺,所赐梨付苑吏种之。吏后以表闻,先主即发棺视之,惟一符耳。帝思之,与立庙,时时躬往祭之。常有白鹤来集座上,迟回复去。"《史记·龟策列传》:"南方老人用龟支床足,行二十余岁,老人死,龟尚生不死。"坐帐无鹤,暗示不能像介象那样自由返回梁朝的都城建邺(今江苏南京);支床有龟,说只能像那龟一样久滞长安。 ㉔历陵:县名,汉属豫章郡,在今江西九江市东。《宋书·五行志三》:"永嘉六年(312)七月,豫章郡有樟树久枯,是月忽更荣茂。"此言自己心如枯木。睢阳:古邑名,即今河南商丘。《墨子·所染》:"子墨子言见染丝者而叹曰:'染于苍则苍,染于黄则黄,所入者变,其色亦变。'"由染丝变色而联想到头发丝。墨子宋人,睢阳为春秋时宋国都城,故此称乱发为睢阳乱丝。 ㉕"非夏日"二句:《左传·文公七年》:"酆舒问于贾季曰:'赵衰、赵盾孰贤?'对曰:'赵衰冬日之日,赵盾夏日之日也。'"杜预注:"冬日可爱,夏日可畏。"宋玉《九辩》:"悲哉秋之为气也!"此处活用典故,言非夏日亦可畏,非秋天亦堪悲,以状其处境之苦。 ㉖"云气"二句:《史记·龟策列传》:"蓍生满百茎者,其下必有神龟守之,其上常有青云覆之。"《玉函方》:"甘菊,九月上寅日采,名曰金精。" ㉗"枣酸"二句:东汉马第伯《封禅仪记》:"国家上坛,见酢梨酸枣狼籍。"酢(cù醋),"醋"之本字,又大酸也。桃榹(sī思):《尔雅·释木》:"榹桃,山桃。"左思《蜀都赋》:"榹桃函列,梅李罗生。”李薁(yù 郁)：司马相如《上林赋》：“隐夫薁棣。”注：“薁，山李也。”二句本为“酸枣酢梨，榹桃薁李”，作者有意倒置。 ㉘ 野人：乡野之人，农夫。愚公之谷：《说苑·政理》：“齐桓公出猎，逐鹿而走，入山谷之中，见一老公而问之曰：‘是为何谷?’对曰：‘为愚公之谷。’桓公曰：‘何故?’对曰：‘以臣名之。’” ㉙ 抽簪：古人以簪绾发，抽簪即散发，意为弃官闲居。 ㉚ 无水恒沉：《庄子·则阳》：“方且与世违而心不屑与之俱，是陆沉者也。”郭象注：“人中隐者，譬无水而沉。” ㉛ 负锄：代指农夫。皇甫谧《高士传》：“林类者，魏人也，年且百岁，底春披裘，拾遗穗于故畦，并歌并进。孔子适卫，望之于野，顾谓弟子曰：‘彼叟可与言者。’”五月披裘：皇甫谧《高士传》：“披裘公者，吴人也。延陵季子出游，见道中有遗金，顾披裘公曰：‘取彼金!’公投镰瞋目拂手而言曰：‘何子处之高而视人之卑! 五月披裘而负薪，岂取金者哉!’” ㉜“问葛”二句：葛洪，字稚川，晋丹阳句容(今属江苏)人，道教理论家、医学家，著有《抱朴子》，医学著作有《金匮药方》一百卷、《肘后要急方》四卷。京房：字君明，汉东郡顿丘(今河南浚县西)人，治《易》，精于占卜。今传《京氏易传》三卷。 ㉝“草无”二句：忘忧，草名。《诗·卫风·伯兮》毛传：“谖(萱)草令人忘忧。”长乐，花名。傅咸《紫华赋序》：“紫华，一名长乐花。” ㉞“鸟何”二句：《庄子·至乐》：“昔者海鸟止于鲁郊，鲁侯御而觞之于庙……鸟乃眩视忧悲，不敢食一脔，不敢饮一杯，三日而死。”《韩诗外传》：“昔伯牙鼓琴而渊鱼出听。” ㉟ 崔骃：东汉窦宪为车骑将军，辟骃为掾。宪擅权骄恣，骃数谏之，宪不能容，使出为长岑长。骃自以为远去不得意，遂不赴任，卒于家。见《后汉书》本传。 ㊱“吴质”句：吴质《答魏太子(曹丕)笺》：“今质已四十二矣，白发生鬓，所虑日深，实不复若平日之时也。” ㊲“镇宅”二句：梁宗懔《荆楚岁时记》：“十二月暮日，掘宅四角，各埋一大石以镇宅。”厌(yā 鸦)，同“压”，抑制。《抱朴子·登涉》：“万物之老者，其精悉能假托人形，以眩惑人目而常试人，唯不能于镜中易其真形耳。是以古之入山道士，皆以明镜径九寸以上悬于背后，则老魅不敢近人。” ㊳ 庄舄之吟：《史记·张仪列传》：“越人庄舄，仕楚执珪，有顷而病。楚王曰：‘舄故越之鄙细人也，今仕楚执珪，贵富矣，亦思越不?’中谢(侍御之官)对曰：‘凡人之思故，在其病也，彼思越则越声，不思越则楚声。’使人往听之，则尚越声也。” ㊴ 魏颗之命：《左传·宣公十五年》：“魏武子有嬖妾，无子。武子疾，命颗曰：‘必嫁是妾!’疾病，则曰：‘必以为殉!’及卒，颗嫁之。曰：‘疾病则乱，吾从其治(合理的)也。’”这两句意谓自己离开梁朝至魏，常思故国，病甚至于昏乱。 ㊵ 闲闺：空闺，指居室。老幼相携：庾信家中老幼并在长安。《哀江南赋》：“提挈老幼，关河累年。” ㊶ 蓬头王霸之子：《后汉书·列女·王霸妻传》载，王霸与同郡令狐子伯为友，后子伯为楚国国相，其子为郡功曹。子伯令儿子奉书于霸，车马雍容，而王霸子方在田野耕种，蓬发历齿，不知礼数，王霸见之，不觉自失。 ㊷ 椎髻梁鸿之妻：《后汉书·梁鸿传》载，梁鸿，字伯鸾。同县孟氏有女，择对不嫁。父母问其故，女曰：“欲得贤如梁伯鸾者。”鸿闻而聘之。及嫁，始以装饰入门，七日而鸿不答，妻乃更为椎髻，著布衣，操作而前。鸿大喜曰：“此真梁鸿妻也。”椎髻，简易像椎形之发髻，喻简朴。 ㊸ 空仓雀噪：晋苏伯玉妻《盘中诗》：“空仓雀，常苦饥。” ㊹ 惊懒妇：陆玑《毛诗草木鸟兽虫鱼疏》：“蟋蟀，幽州人谓之趣(同“促”)织，督促之言也。里语曰‘趣织鸣，懒妇惊’是也。”本指蟋蟀鸣声，作者移用于蝉嘶。 ㊺“昔草”句：用南郭处士滥竽充数故事，指年轻时仕于梁朝。《韩非子·内储说上》：“齐宣王使人吹竽，必三百人，南郭处士请为王吹竽，宣王悦之，廪食以数百人。宣王死，湣王立，好一一听之，处士逃。” ㊻“藉文”句：《易·乾·文言》：“积善之家，必有余庆。”指己仕梁系赖先人之余荫。按庾信之父庾肩吾为梁散骑常侍、中书令；伯父庾於陵黄门侍郎、中书通事舍人、荆州大中正。 ㊼ 门有通德：《后汉书·郑玄传》：“郑玄，字康成，北海高密人。(北海)国相孔融深敬于玄，屣履造门，告高密县为玄特立一乡，曰郑公乡，广开门衢，令容高车，号为通德门。”信之祖父庾易在齐屡征不赴，故比之郑玄。 ㊽ 家承赐书：班固《汉书·叙传》：班固父班彪“与从兄嗣共游学，家有赐书”。赐书，皇帝颁赐的书籍。庾信父肩吾与伯父於陵并有文名，并受宠于朝廷，此以班固父班彪与伯父班嗣事作比。 ㊾“或陪”二句：玄武，汉宫阙名。《三辅旧事》：“未央宫北有玄武阙。”凤凰，汉宫殿名。《三辅黄图》：“汉宫殿有凤凰殿。”此用以代指梁朝宫阙。二句言自己在梁朝出入宫禁。 ㊿“观受”二句：受釐，祭祀后以祭余之肉归致皇帝，以示受福，称受釐。《史记·贾生列传》：贾谊出为长沙王太傅，“后岁余，贾生征见，孝文帝方受釐，坐宣室。上因感鬼神事，而问鬼神之本。贾生因具道所以然之状”。长杨，汉宫名。扬雄曾作《长杨赋》。以上四句写在梁曾侍皇帝游宴。 ⑤① 山崩川竭：《国语·周语上》：“(周)幽王二年，西周三川皆震。伯阳父曰：‘夫国必依山川，山崩川竭，亡之征也。’” ⑤② 大盗潜移：指侯景之乱。梁武帝太清二年(548)，侯景攻陷建邺，武帝饿死台城。梁简文即位。大宝二年(551)侯景又杀简文帝，自称皇帝。 ⑤③ 长离：二十八宿中南方七宿(井、鬼、柳、星、张、翼、轸)组成鸟状图像，南方属火，称朱鸟或朱雀，又称长离。这里代指梁朝。 ⑤④“摧直”二句：三危，中国古代西方山名，其所指不一，一说在甘肃敦煌东南，一说在甘肃陇西县西北。九折，九折坂，在今四川荥经县西邛崃山。二处为象征性地名，喻艰险。言侯景之乱，摧毁往日平直的道路。 ⑤⑤“荆轲”句：《燕丹子》：“荆轲入秦，不择日而发，太子与知谋者皆素衣冠送之于易水之上。荆轲起为寿，歌曰：‘风萧萧兮易水寒，壮士一去兮不复还。’”“苏武”句：《文选》李陵《与苏武》诗：“长当从此别，且复立斯须。欲因晨风发，送子以贱躯。”二句言自己出使西魏。 ⑤⑥“关山”二句：古乐府有《关山月》，南北朝作品多写戍卒思家和家人念远之情。陇水，古乐府《陇头歌辞》：“陇头流水，鸣声呜咽。遥望秦川，肝肠断绝。”两句写北行路上之苦。 ⑤⑦“龟言”句：《晋书·苻坚载记》：“高陆人穿井得龟，大三尺，背有八卦文。坚命大卜池养之，食以粟，及此而死，藏其骨于太庙。其夜庙丞高虏梦龟谓之曰：‘我本出将归江南，遭时不遇，陨命秦庭。’”作者引此以寄不得归江南之恨。 ⑤⑧“鹤讶”句：刘敬叔《异苑》：晋太康二年(281)冬大寒，南州人见二鹤语于桥下，曰：“今兹寒不减尧崩年也。”清倪璠《庾子山集注》谓此句乃伤梁元帝之死。 ⑤⑨ 雁门之踦：《汉书·段会宗传》载，会宗为雁门太守，坐法免，复为西域都护。会宗为人好大节，矜功名，与谷永相友善。谷永悯其老复远出，予书戒曰：“愿吾子因循旧贯，毋求奇功，终更亟还，亦足以复雁门之踦。万里之外，以身为本，愿详思愚言。”踦(jī机)通“奇”，不利。段会宗为雁门太守被免职，故称雁门之踦。雪，洗刷。 ⑥⓪ 鸿陆之远：《易·渐》：“鸿渐于陆，夫征不复。”言大雁飞行渐进于小山顶，宛如夫君远征一去不还。以上二句说未能洗雪失败之耻，却远使西魏，不得南归。 ⑥①“非淮”二句：《国语·晋语九》：“赵简子叹曰：‘雀入于海为蛤，雉入于淮为蜃。鼋鼍鱼鳖，莫不能化，唯人不能，哀夫。’”《抱朴子·金丹》：“一转之丹，服之三年得仙。二转之丹，服之二年得仙……九转之丹，服之三日得仙。”二句慨叹不能如雀雉金丹之能变。 ⑥② 暴骨于龙门：《艺文类聚》卷九六引辛氏《三秦记》：“河津一名龙门。大鱼集龙门下数千，不得上，上者为龙，不上者(有脱文)，故云曝鳃龙门。”低头马坂：《战国策·楚策四》：“夫骥之齿至矣，服盐车而上太行，蹄申膝折，尾湛胕溃，漉汁洒地，白汗交流，中阪迁延，负辕不能上。”二句喻自己不能摆脱异国的羁绊。 ⑥③ 天造兮昧昧：《易·屯》：“天造草昧。”言大自然制造万物于草创之际、冥昧之时。浑浑：无知貌。此两句说信天道之幽昧，叹百姓之无知，以慨叹结束全篇。

庾信于梁元帝承圣三年(554)，奉命使北，未终使命，西魏大军进犯江陵。江陵陷落后，元帝遇害，十万臣民被掠至长安。庾信羁留长安，被迫仕于西魏、北周。从此，他再也没有回到南方去，而是"移住华阴下，终为关外人"了。在北朝他度过了二十六个年头，虽位望通显，但对于屈仕魏、周，他常感面惭耳热，为臣不忠，为子不孝。一方面怀着仕北的惭耻，另方面又对其愿隐居而不可得，表示极大的遗憾。故写《小园赋》以寄慨，以乡关之思，发为哀怨之辞。

全赋可分六段。首段写自己本无情于禄仕，不求华堂大厦，但求一席之地足以容身。此段用对比的方法并借用历史典故以明心迹。他愿像巢父那样，夏则居巢，冬则穴处；像壶公那样，夜间在壶中存身；像管宁与嵇康那样，将藜床坐穿，将锻灶兼作暖炕使用，以简居自安。至于像东汉时代南阳人樊重，庐舍豪华，门闼洞开，重堂高阁，广厦相连；西汉的曲阳侯王根，家中赤墀青琐，与皇宫相似。作者并不希望有樊重、王根那种豪华的宅第。有了上文的对比与抉择，下文将笔一转，自然地过渡到自己理想中的小园生活："数亩敝庐，寂寞人外，聊以拟伏腊，聊以避风霜"，虽居近市井，结庐人境，但不求朝夕得居市之利，惟求闲适之乐。作者又用"黄鹤戒露"比喻自己处境险恶，企图以隐居而求远祸自全。以鹤的无意乘轩和爰居本为避海风而来，没想到国人以钟鼓祭之，表示自己本无意做官，而今却冠冕加身了。看来还是弃官归隐，求得"亲戚共一处，子孙还相保"（陶渊明《杂诗》）为好。巢林之鸟，不过栖于一枝，哪怕自己的敝庐小如蜗角蚊睫，可以容身足矣，此外又何所营求？

第二段回笔再写他理想中的小园风光。园子虽小，犹得"欹侧八九丈，纵横数十步，榆柳两三行，梨桃百余树"。居室虽如窟室如凿坯，但可以领略"桐间露落，柳下风来"的逸趣，可以读书弹琴于其间。园中有繁茂的花草树木为伴，有无忧无虑的鸟儿为侣。但是这些想象中的乐趣又何尝能够得到？自己如今头发已白，年貌俱衰，形如枯木，心同死灰，内心笼罩着畏惧与忧愁，又有什么乐趣可言？

第三段再写小园景物，其中有池鱼、修竹，花草丛生，果树繁多，以至落叶狂花，纷飞乱舞。如野人之家，愚公之谷，"虽有门而长闭，实无水而恒沉"，相识与见寻者都是隐士或学者。但是这种生活又何尝能得到。如今旅居长安，花草虽多，但起不到忘忧长乐的作用。自己本愿像飞鸟与游鱼一样，栖于深林，潜于重渊，如今却屈仕魏、周，失其故性，真是"望云惭高鸟，临水愧游鱼"（陶渊明《始作镇军参军经曲阿作》），以至触景皆是痛苦。

第四段先以吴质和崔骃的不得志喻己，复以庄舄的病中作越吟，喻己之恒念故国梁朝。以下数句，喻己提携老幼，关河累年，处境困难，事不如意，不免屡动乡关之思，作穷愁之吟。

第五段以倒叙之法，插入往事的回忆。言昔日在梁时，父子在东宫，出入宫廷，恩宠无比，如贾谊之应召宣室，扬雄之作赋《长杨》。

最后一段，由回忆承平之际的梁朝，转笔写梁末的动乱。《赋》中所写的“山崩川竭”的一次大动乱，指太清二年(548)的侯景之乱。此乱打破了“五十年来，江表无事”的局面，自此以后，庾信流离失所，屡遭挫折。荆轲、苏武之事，喻己聘于西魏，被留长安。仰望关山，清风明月亦含凄怆之色，听胡笳而落泪，闻流水而断肠。“龟言”句，喻己不愿老死长安。“鹤讶”句，指梁元帝遇害之年(承圣三年)。“百龄兮倏忽”以下数句，言壮年遭逢世乱，流离而成暮齿，命运不济，注定不能返回故土，屈节仕北，其局已定，此辱难洗，天道昧昧，一切都是多么渺茫啊！在深极悲痛之中，结束全篇。

庾信六十七岁以疾去职，六十九岁辞世，一生未曾隐居。此赋所写的小园光景，实为虚拟想象中的境界，莫作真实的赋景读。从谋篇看，前半篇俱从小园落想，后半篇以乡关之思，发为哀怨之辞。写景言情，几乎全借重典故。琐陈缕述，反复申说，悲感淋漓，体现庾信坎壈咏怀，穷途一恸的心情。

庾信在赋中勾画的小园光景，有陶渊明田园诗的影子。庾信《拟咏怀》诗说：“怀抱独昏昏，平生何所论？由来千种意，并是桃花源。”足见桃花源式的隐居生活，诗人庾信曾心向往之。陶诗所写的“方宅十余亩，草屋八九间。榆柳荫后檐，桃李罗堂前。”(《归园田居》)“弊庐何必广，取足蔽床席。”(《移居》)“园日涉以成趣，门虽设而常关……悦亲戚之情话，乐琴书以消忧。”(《归去来兮辞》)这些描写，均可以在《小园赋》中隐约看到。陶诗多真景物，是真性情的流露；庾信的《小园赋》多虚拟之景，在构思时曾借鉴过陶渊明诗文的意境。而以乡关之思，发为哀怨之辞，风格沉郁悲凉，与陶就大不相同了。

(刘文忠)

枯　树　赋　　　　庾　信

殷仲文风流儒雅，海内知名；世异时移，出为东阳太守，常忽忽不乐，顾庭槐而叹曰：“此树婆娑，生意尽矣。”

至如白鹿贞松，青牛文梓；根柢盘魄，山崖表里。桂何事而销亡①，桐何为而半死②？昔之三河徙植，九畹移根；开花建始之殿，落实睢阳之园。声含嶰谷③，曲抱《云门》④；将雏集凤⑤，比翼巢鸳⑥。临风亭而唳鹤，对月峡而吟猿。乃有拳曲拥肿，盘坳反覆；熊彪顾盼，鱼龙起伏。节竖山连⑦，文横水蹙⑧。匠石⑨惊视，公输⑩眩目。雕镌始就，剞劂仍加；平鳞铲甲，落角摧牙；重重碎锦，片片真花；纷披草树，散乱烟霞。

若夫松子、古度，平仲、君迁⑪，森梢百顷，槎枿千年。秦则大夫受职⑫，汉则将军坐焉⑬。莫不苔埋菌压，鸟剥虫穿；或低垂于霜露，或撼顿于风烟。东海有白木之庙，西河有枯桑之社，北陆以杨叶为关，南陵以梅根作冶⑭。小山则丛桂留人⑮，扶风则长松系马⑯。岂独城临细柳⑰之上，塞落桃林⑱之下。

若乃山河阻绝，飘零离别；拔本垂泪，伤根沥血。火入空心，膏流断节。横洞口而欹卧，顿山腰而半折，文斜者百围冰碎，理正者千寻瓦裂。载瘿衔瘤，藏穿抱穴，木魅睒睗，山精妖孽。

况复风云不感⑲，羁旅无归；未能采葛⑳，还成食薇㉑；沉沦穷巷，芜没荆扉；既伤摇落，弥嗟变衰㉒。《淮南子》云："木叶落，长年悲㉓。"斯之谓矣。乃歌曰："建章三月火，黄河万里槎；若非金谷满园树，即是河阳一县花。"桓大司马闻而叹曰："昔年种柳，依依汉南；今看摇落，凄怆江潭。树犹如此，人何以堪！"

〔注〕 ① 桂何事而销亡：《汉书·外戚传》汉武帝悼李夫人赋："秋气潜以凄泪兮，桂枝落而销亡。" ② 桐何为而半死：枚乘《七发》："龙门之桐，高百尺而无枝……其根半死半生。" ③ 声含嶰谷：《汉书·律历志上》："黄帝使泠纶（一名伶伦，黄帝时乐官）自大夏之西，昆仑之阴，取竹之解谷生，其窍厚均者，断两节间而吹之，以为黄钟之宫。"解谷，同"嶰谷"，借以指黄钟之声。 ④《云门》：相传为黄帝时乐舞。 ⑤ 将雏集凤：应璩《百一诗》："为作《陌上桑》，及言《凤将雏》。"《晋书·乐志》："吴歌杂曲中有《凤将雏》。" ⑥ 比翼巢鸳：干宝《搜神记》：宋康王埋韩凭夫妻，"宿昔之间，便有大梓木生于二冢之端，旬日而大盈抱，屈体相就，根交于下，枝错于上。又有鸳鸯，雌雄各一，恒栖树上，晨夕不去，交颈悲鸣，音声感人"。 ⑦ 节竖山连：节，柱上承梁的斗栱，刻作山形，又名山节。 ⑧ 文横水蹙：文，绘于梁上短柱的水草状花纹。蹙，紧凑貌。 ⑨ 匠石：《庄子·人间世》记巧匠名"石"者自鲁至齐，经过曲辕地方，见一栎树，枝叶覆荫，蔽数千牛，围粗百尺，而拥肿不成材，匠石弃之而不顾。 ⑩ 公输：公输般，即鲁班，鲁之巧匠。 ⑪ 松子、古度、平仲、君迁：皆为木名。松子，一作松梓。左思《吴都赋》："平仲桾櫏，松梓古度。"刘逵注："平仲之木，实白如银。君迁之树，子如瓠形。松、梓，二木名。古度，树也，不华而实，子皆从皮中出，大如安石榴，正赤，初时可煮食也，广州有之。" ⑫ 大夫受职：《史记·秦始皇本纪》："二十八年，始皇东行郡县，乃遂上泰山，立石，封，祠祀，下，风雨暴至，休于树下，因封其树为五大夫。" ⑬ 将军坐：《后汉书·冯异传》："诸将并坐论功，异常独屏树下，军中号曰大树将军。" ⑭"东海有白木之庙"四句：统言东西南北四方有庙、社、关、冶，以木得名者。梅根冶，镇名，在安徽贵池县梅根港东五里，晋及六朝以来皆在此炼铜铸钱。

⑮“小山”句:《楚辞·招隐士》序:“《招隐士》者,淮南小山之所作也。”其词曰:“桂树丛生兮山之幽。”又云:“攀援桂枝兮聊淹留。” ⑯“扶风”句:刘琨《扶风歌》:“系马长松下,发鞍高丘头。” ⑰细柳:汉周亚夫屯军处,在今陕西咸阳市西南。 ⑱桃林:《左传·文公十三年》:“晋侯使詹嘉处瑕(地名),以守桃林之塞。”桃林塞在今河南灵宝西。瑕在今山西芮城南,与桃林隔黄河相对,故处瑕即可守桃林。 ⑲风云不感:《后汉书·中兴二十八将传论》:“中兴二十八将,咸能感会风云,奋其智勇。称为佐命,亦各智能之士也。”风云不感,是说没有机会为国效劳。 ⑳采葛:《诗·王风》有《采葛》篇。郑玄笺:“喻臣以小事使出。” ㉑食薇:《史记·伯夷列传》:“武王已平殷乱,天下宗周,而伯夷、叔齐耻之,义不食周粟,隐于首阳山,采薇而食之。” ㉒摇落、变衰:宋玉《九辩》:“悲哉秋之为气也,萧瑟兮草木摇落而变衰。” ㉓《淮南子》三句:《淮南子·说山训》:“故桑叶落而长年悲也。”高诱注:“桑叶时将茹落,长年惧命尽,故感而悲也。”

《枯树赋》是庾信由南朝流入北朝之后的作品。张鷟《朝野佥载》说:“梁庾信从南朝初至北方,文士多轻之,信将《枯树赋》以示之,于后无敢言者。”此说不可信。庾信第一次作为梁使奉命使北在三十三岁之时,从《枯树赋》所写的“风云不感,羁旅无归;未能采葛,还成食薇;沉沦穷巷,芜没荆扉;既伤摇落,弥嗟变衰”等内容看,流露出“乡关之思”和仕北的惭耻,当写于后期。

《枯树赋》是咏物赋,但它的咏物是有所寄托的。赋中枯树的形象与遭际,是作者自我形象的写照。正像倪璠所说:“《枯树赋》者,庾子山乡关之思所为作也。”(《庾子山集注》)

赋的开头一段,借殷仲文之事以发端,兼切赋题。殷仲文是东晋的名士,桓玄称帝时,以殷仲文为侍中,领左卫将军。桓玄败后,虽免于死,却已有些失意了。《世说新语·黜免》载:“桓玄败后,殷仲文还为大司马咨议,意似二三,非复往日。大司马府厅前有一老槐,甚扶疏,殷因月朔,与众在厅,视槐良久,叹曰:‘槐树婆娑,无复生意。’殷仲文既素有名望,自谓必当阿衡朝政,忽作东阳太守,意甚不平。”这就是第一段所概括的本事。第一段在全赋起了序文的作用。

从“至如白鹿贞松”至“散乱烟霞”为第二段。此段写了各种各样的树木,其中有《十三州志》所记的白鹿塞的古松,有《搜神记》所写的“青牛大梓树”等。尽管它们盘根广大,结体山崖,到头来有的消亡了,有的半死不活。“开花建始之殿(在洛阳),落实睢阳之园(在商丘)”的树木是不幸的,因为它离开了故土。这几句隐寓作者本是梁朝之臣,而今流落北朝,飘零异地,不觉年老,像枯树一样,已失去生意。下文转笔写各种不材之木,其中有弯曲臃肿的,也有节疤横生的,加工这种树木,使能工巧匠也望而生畏;但经过一番雕刻砍削之后,居然能雕出诸如“重重碎锦,片片真花;纷披草树,散乱烟霞”之类的美丽图案。无材之木偏偏有用,与此相反,便出现了“材大难为用”的反常现象。

“若夫松子古度”以下至“塞落桃林之下”为第三段。此段也写了名目繁多的树木，如松子、古度，平仲、君迁，还有受过皇帝封号的五大夫松，坐过汉将的将军树。但它们的最终结局，终不免“苔埋菌压，鸟剥虫穿”，枯萎于霜露与风烟之中。惟有以树命名的庙、社、关、冶、塞、营，却能名存后世。这里隐寓着人的年寿有时而尽，荣华止乎其身，惟有名存青史，才可永垂不朽。

“若夫山河阻绝”至“山精妖孽”为第四段。此段较明显地引入己身的遭遇。其中“山河阻绝，飘零离别，拔本垂泪，伤根沥血。火入空心，膏流断节”的艺术描写，“喻已失国丧家，流离异域，犹木之拔本伤根也”（倪璠《庾子山集注》）。

最后一段，是更明显的自身遭际的感叹。这里有羁旅不归的悲哀，有屈节仕北的惭耻。《淮南子》上所说的“木叶落，长年悲”，引起作者的共鸣，引文意有未尽，作者又自作歌四句：“建章三月火，黄河千里槎。若非金谷满园树，即是河阳一县花。”“建章”是汉宫名，“三月火”指赤眉焚西京宫室事，以此喻承圣三年（554）西魏大军进犯江陵的战火。梁之灭亡，信之被羁留北朝，均与江陵之祸有关。“黄河万里槎”用《博物志》“八月浮槎”的故事。传说黄河与天河相通，浮槎（木筏）可上，此喻路途遥远，不知家山何处。“金谷满园树”用晋石崇在金谷园植树万株的故事，“河阳一县花”用潘岳为河阳令，满县皆栽桃花的故事。四句歌虽句句用典，却句句暗落己身，昔日的繁华已成过眼云烟，剩下的只有飘泊羁旅的孤独与凄凉和无穷无尽的哀伤而已。最后在桓温的几句哀叹中结束了全篇。“树犹如此，人何以堪”，既与赋首的“此树婆娑，生意尽矣”相呼应，又是全篇以树形人的致意之点，读之令人辄唤“奈何”。

杜甫《咏怀古迹》说：“庾信平生最萧瑟，暮年诗赋动江关。”此赋名为咏树，实为咏怀，赋中的许多艺术描写，与他后半生的经历密不可分。赋末由树及人，将写树与喻己有机地结合起来。以树喻人，并不是庾信的创造，赋中引殷仲文语，引《淮南子》和桓温的话，都是以树喻人，或写物色之动对人的感触，如“木叶落，长年悲”之类。但他们的咏叹比较简单，还只是概念和感兴，没有多少形象的艺术描绘。《枯树赋》将简单的叹喟变成丰富具体的形象，他用了很多艺术手段来写树，写各种各样的树，其中有环境的烘托，也有气氛的渲染，写树的遭遇，也写它们拔本伤根的悲哀，语言形象鲜明。作者使用了很多典故，他的典故汇彼多方，屡变屡新，有些用典使人不觉，多数典故，运用得灵活自如，似出己口。

《枯树赋》是一篇骈赋，骈赋发展到庾信更臻于成熟。通篇骈四俪六，抽黄对白，词藻络绎奔会，语言清新流丽，声律婉谐，虽多次换韵，读之仍然音韵铿锵，朗朗上口。

前人论咏物诗赋，大多主张要有寄托，咏物而不粘于物：既得物态之真，又有比兴之意，要求对物的描写不即不离，不粘不滞。《枯树赋》处处符合这些写作要求，它对后代，特别是对唐代的咏物诗赋，均有一定影响。如张九龄的《归燕》诗，就是将燕子作为自我形象的写照的。杜甫著名的《古柏行》，也是以树喻人，寄慨遥深，其艺术手法与《枯树赋》一脉相承。

（刘文忠）

春　赋　　　　庾　信

宜春苑中春已归，披香殿①里作春衣。新年鸟声千种啭，二月杨花满路飞。河阳一县并是花②，金谷从来满园树③。一丛香草足碍人，数尺游丝即横路。开上林而竞入，拥河桥而争渡。

出丽华之金屋，下飞燕之兰宫。钗朵多而讶重，髻鬟高而畏风。眉将柳而争绿，面共桃而竞红。影来池里，花落衫中。

苔始绿而藏鱼，麦才青而覆雉。吹箫弄玉之台，鸣佩凌波之水。移戚里而家富④，入新丰而酒美⑤。石榴聊泛，蒲桃酦醅⑥。芙蓉玉碗，莲子金杯。新芽竹笋，细核杨梅。绿珠捧琴至，文君送酒来。

玉管初调，鸣弦暂抚。《阳春》《渌水》之曲，对凤回鸾之舞⑦。更炙笙簧，还移筝柱⑧。月入歌扇，花承节鼓。协律都尉，射雉中郎⑨。停车小苑，连骑长杨⑩。金鞍始被，柘弓新张。拂尘看马埒，分朋入射堂⑪。马是天池之龙种，带乃荆山之玉梁⑫。艳锦安天鹿⑬，新绫织凤凰。

三日曲水向河津，日晚河边多解神。树下流杯客，沙头渡水人。镂薄窄衫袖，穿珠帖领巾⑭。百丈山头日欲斜，三晡未醉莫还家。池中水影悬胜镜，屋里衣香不如花。

〔注〕① 宜春苑：秦离宫中苑名，在今陕西西安市东南。披香殿：汉后宫之殿名，在西安市西北长安故城。　②“河阳”句：西晋潘岳任河阳令，曾令满县栽桃李。　③“金谷”句：西晋石崇有别馆在河阳之金谷。其《思归引序》称此处“柏木几于万株”。　④ 戚里：西汉时皇室姻亲居住的地方，在长安城中。　⑤ 新丰：古县名，在陕西临潼东北。汉高祖因其父思念故里丰县，乃于此仿丰地街巷筑城，并移诸故人居此，因名新丰。其地以美酒著名。王维《少年行》：“新丰美酒斗十千。”李白《结客少年场行》：“买醉入新丰。”　⑥ 酦醅（pō pēi 坡胚）：未滤过的

再酿酒。 ⑦ 阳春、渌水：并琴曲名。对凤、回鸾：并为舞名。 ⑧ 炙：熏烤。簧暖则发声清越，故天寒时须烘烤笙簧。筝：拨弦乐器，面上张弦，每弦用一柱支撑，柱可左右移动以调节音高。 ⑨ 射雉中郎：指潘岳，任虎贲中郎将，作《射雉赋》。 ⑩ 长杨：汉代行宫名，在今陕西周至县东南。 ⑪ 马埒(liè 列)：跑马道。分朋：分作一对一对。射堂：古时习射之地。 ⑫ 天池：指陕西神马山泉，乃龙马所生处。荆山：山名，在今湖北南漳县西。出玉，相传卞和得璞玉于此山。玉梁：带名。 ⑬ 天鹿：即白鹿，古人以为祥瑞的征象。此言艳锦以天鹿为绣饰。 ⑭ 镂薄：薄，饰。此言雕刻金属作装饰。帖：紧贴。领巾：披巾。

飞花啼莺的建康，姹紫嫣红的春色，偏偏借助于如梦如幻消逝的历史，从汉宫、皇苑、魏风、晋树的清绮富丽中传写；达官显贵的车马，名门闺秀的钗钿，交织着花影麦色，台歌榭舞，奏出了一支多么明快的春之圆舞曲，绘下了一幅多么绚丽的春之游乐图。这就是庾信早期的咏春名篇：《春赋》。

也许是“春归”的踪影来得太快吧，作者的开篇也下笔如飞：宜春苑里，刚感觉到春气的萌动，披香殿的妃子们，早已喜气洋洋地穿起了春衣；欢快的鸟儿千鸣百啭，还沉浸在新春的试喉之中，转眼间已见杨花飘舞，飞荡满城了。接着便出现了时空的惊人跳跃：在潘岳栽桃满县的河阳，刹那间成了灿若云霞的桃花世界；而从石崇那驰名遐迩的金谷园中，更有万株花树吐艳争辉！在春光照眼之中，那一丛丛带着晶莹露珠和清淡芳香的兰草，固已叫人们流连驻足，舍不得离去；更何况还有飘飞空中的蛛丝，在路上拂来拂去，简直就是撩拨不尽的春之妙绪呵！这短短一节，以“春”字领起，在历史时空的巨大转换中，追踪着春归大地的脚步。将鸣禽、飞絮、花树、草色，从西起长安、东到河阳的宫苑名园中推涌而出，造出了一个如此浓郁、如此璀璨的春之世界！怪不得老老少少，男男女女，都迫不及待地要“开上林而竞入，拥河桥而争渡”了。

在游春赏景的人流中，那些裙裾飘曳的仕女，无疑最先吸引了作者的视线。她们穿戴高贵，艳光照人，仿佛就是阴丽华刚从汉光武帝的金屋露面，赵飞燕含笑盈盈步出汉成帝的昭阳宫！她们全都那样娇媚可人：梳得高高的髻鬟，真怕要被多情的春风吹乱了呢；发髻上插满了金钗，居然也不怕压得太重。最妙的是“眉将柳而争绿，面共桃而竞红”二句，不仅把这些仕女的惊人之美绘出，而且连她们的微妙心理都写尽了：她们哪里是来游春的呀，分明是要来与春光争俏的哩！这一“争”一“竞”二字，正展示出一种令人迷惑的奇境：在恍惚迷离之际，真不知柳叶比蛾眉更翠呢，还是人面比桃花更艳？只有这些仕女自己，也许更了解美的奥秘吧——她们看中的是一池清水，数枝花树，只在那里顾盼几眼，依傍一会，便造成了艺术家梦寐难求的奇妙之景：“影来池里，花落衫中”——在池水、落花的漾映之中，还有什么比这些拈花不语的女郎更美的呢？反过来，那幽幽的春日，不正因了这些女郎的赐予，才带有了那般迷人的魅力的么？借人画春，这真是作者颇得意的一笔！

春色之美堪供观赏，但它的妙处更在于可餐可醉！面临一池碧水，看石苔下悠然藏身的游鱼；从刚泛青的麦垅间，惊喜地瞥见窜飞的雉鸟；登上的亭台，仿佛还是传说中萧史、弄玉吹箫升天之处；流水淙淙，似乎还可闻江妃、洛神解佩、凌波之音：这该是怎样赏心快意和飘举欲仙的境界！而况这些游客，又都是家富"戚里"的贵人，随载的更有名扬天下的"新丰"美酒。值此阳春美景，自当借春色助餐，谋它个一醉方休了。于是"石榴聊泛，蒲桃酦醅"，芬芳的佳酿，盛满芙蓉和莲子形的玉碗金杯，再加上春日独有的"新芽竹笋，细核杨梅"，这豪奢的饮宴，把春日又装点得多么欢畅、热烈！饮宴中少不了歌舞，散宴后还可去"射堂"骑射——在觥筹交错之间、"连骑长杨"之时，简直荟萃了历史上的所有名人：送酒的是年轻貌美的卓文君，弹琴的是石崇的爱妾绿珠，调度着"阳春渌水之曲，对凤回鸾之舞"的，更有武帝时代的协律都尉李延年；待到分朋起射、柘弓新张，竟然还赶来了晋太康时代的虎贲中郎将潘岳！能够在这样的春日，一睹这些骑着天池龙马，佩挂荆山玉带的名臣丰采，真要令人喜出望外了。作者正是这样，在巧妙的用典中，变凡成奇，把眼前的游春之乐，与历史的佳话、盛会交织在一起，尽情地渲染着春日的迷人娱乐。在作者的笔下，这春景确乎是浓烈得可以醉人！

末段写到三月三日曲水流觞的盛举。这是一个古老的节日的风俗。每年三月三日，人们于河边引水环曲为渠，流酒杯以行酒，祓除不祥，直至日晚。故齐颜延之《三月三日曲水诗序》："情盘景遽，欢洽日斜。"王融同题文曰："桑榆之阴不居，草露之滋方渥。"他们在河边祈神还愿，痛饮赏春，不觉日暮，还说"三晡未醉莫还家"！而那些"镂薄窄衫袖，穿珠帖领巾"的美人，在款款离去时，不时回眸注视那带给她们无穷乐趣的池水、花树："池中水影悬胜镜，屋里衣香不如花。"——是呵，那池水照影的美好意趣，那人花竞红的难忘一幕，又岂是屋里、镜中的孤寂自窥所可比拟的？作者这最后一笔，忽作感喟之语，从依依回首的女子口中写出，正与前文那"影来池里，花落衫中"的景象呼应，为一篇《春赋》留下了惆怅不尽的回味之韵。

作为庾信的早年之作，《春赋》以鲜丽的物色，轻靡的情思，表现了作者对春天的赞美。文中大量化用典故，来描摹春景、状貌游人的情态，不仅不显得隐晦，而且造出了时空、人物上古今错陈、迷离恍惚的美好幻觉，更加浓了赋春的色彩和情趣。较之庾信后期的赋作，虽然缺少那种刚健苍茫的开阔和深沉，但从充满青春活力而言，毕竟还是妍丽可喜的。

（张 巍）

至仁山铭　　庾 信

峰横鹤岭①,水学龙津②。瑞云一片③,仙童两人④。三秋云薄,九日寒新⑤。真花暂落,画树长春。横石临砌,飞檐枕岭。壁绕藤苗,窗衔竹影。菊落秋潭⑥,桐疏寒井⑦。仁者可乐,将由爱静。

〔注〕 ① 鹤岭:《豫章记》:"鸾冈西有鹤岭,王子乔控鹤所经。"王子乔,古代传说中的仙人。《列仙传》:"王子乔者,周灵王太子晋也,道士浮丘公接以上嵩高山。" ② 龙津:即龙门,又名禹门口,在陕西韩城与山西河津之间。《艺文类聚》卷九六引《三秦记》:"河津一名龙门,大鱼集龙门下数千不得上,上者为龙。" ③ 瑞云:吉祥之云。《洞冥记》:"东方朔云:'东海有大明之墟,有釜山。山出瑞云,应王者之符命,如黄帝黄云,尧时有赤云之祥之类。'" ④ 两仙童:曹丕《折杨柳行》:"西山一何高,高高殊无极。上有两仙童,不饮亦不食。与我一丸药,光耀有五色。服药四五日,身体生羽翼。轻举乘浮云,倏忽行万亿。流览观四海,茫茫非所识。" ⑤ 九日:九月九日重阳节。 ⑥ 菊落秋潭:语出晋陆机《要览》:"酉阳山中有甘谷,谷中皆菊花,堕水中,居人饮之多寿,有及一百五十有余岁者。" ⑦ 桐疏寒井:化自魏明帝曹叡《猛虎行》诗:"双桐生空井。"

庾信擅长作铭,《庾子山集》有铭一卷,收其作十二篇;或长近二百言,或短至二十四字,无不弘润博约,得铭体之妙。

人秉阴阳之气而生,气质本有爱动好静之别,对于自然美也就各有殊好。孔子云:"知者乐水,仁者乐山;知者动,仁者静;知者乐,仁者寿。"(《论语·雍也》)后人将孔子此语推衍发展成为儒家比德说,认为审美主体在欣赏自然美时带有主观选择性,不仅以自己的气质和趣味,更以自己的道德观念为选择标准。如朱熹解释孔子此语说:"知者达于事理而周流无滞,有似于水,故乐水;仁者安于义理而厚重不迁,有似于山,故乐山。"(《四书章句集注》)庾信即本孔子之言命笔,阐发"仁者爱静山"的至理妙趣。

此铭写于"三秋云薄,九日寒新"之季,却全无"悲哉秋之为气也"的感伤,更无流落西魏后苍老悲怆的情味,当作于在梁之时。清倪璠谓此铭"中大通三年(531)后简文为太子时,随侍东宫之所作也",并谓至仁山即"梁宫中之小山也"(《庾子山集注·玉帐山铭题解》)。

落笔不同凡响。头四句写至仁山的峰、水、云、人,笔墨似实而虚,有意借助古代神话传说,渲染飘缈仙气,将山神圣化。请看:横峰如鹤岭,有仙人驾鹤飞掠;激水似龙津,多群鱼逆流腾跃;山上瑞云缭绕,有仙童出现,可访求飞升仙丹,岂非神异之山!真令人神思飞越,遐想联翩。继而笔锋一转,改用实笔描写山舍景观：远而望之，睹“飞檐枕岭”之雄姿；近而察之，悟“壁绕藤苗”之生气；自屋向外看，得“窗衔竹影”之幽趣；还能饮菊延年益寿，观桐玄思人生，真是赏心悦目，美不胜收。以上句句含景，如诗如画，将至仁山风光形容得出神入化，清绮无伦。最后顺势画龙点睛，濡毫点出山居的最高心得，亦即此铭的玄妙旨趣：“仁者可乐，将由爱静。”唯此山为静境，且惟仁者方知此静山之可乐也！

此铭融情入景，写景如画，表现出作者对自然美体察入微的观察力和点染神化的表现力。章法上，虚笔与实笔相辅相成，景语与情语相得益彰，尤堪玩味。全文除结末二句外，全部两两对偶，音韵谐美；用典多而通达，深而雅妍，不愧为集南北朝艺术之大成的大师。（章尚正）

古文鉴赏辞典

赵朴初题

隋唐五代

上海辞书出版社文学鉴赏辞典编纂中心 编

上海辞书出版社

《古文鉴赏辞典》

主　编　陈振鹏　章培恒

撰稿人（以姓氏笔画为序）：

门　岿　丰家骅　王少华　王达津　王运熙　王英志　王　政
王思宇　王　源　王锡九　王镇远　方北辰　方智范　邓小军
邓子勉　邓乔彬　邓韶玉　艾思同　龙　晦　卢　元　卢敦基
叶晨晖　田和平　冯永军　冯芝祥　戎晓若　朱宏达　朱良志
任国绪　刘乃昌　刘文忠　刘立人　刘传新　刘季高　刘学锴
刘衍文　刘桂秋　刘燕歌　羊春秋　汤贵仁　安平秋　许　总
许　结　孙小力　孙钦善　孙　静　严　明　严迪昌　苏者聪
杨月英　杨　明　杨海明　杨海峥　杨福廷　李廷先　李　宇
李良镕　李茂肃　李国章　李　鸣　李修生　李祚唐　李露蕾
吴丈蜀　吴小平　吴小如　吴小林　吴功正　吴战垒　吴调公
吴　锦　邱鸣皋　何永康　何满子　余恕诚　汪涌豪　沈维藩
沈惠乐　宋　廓　张永芳　张宏生　张明非　张宪光　张　敏
张葆全　张　璟　张　巍　陆志平　罗立刚　陈长明　陈庆元
陈如江　陈志明　陈伯海　陈绍华　陈祖美　陈晓芬　陈祥耀
周　艺　周本淳　周先民　周建忠　周勋初　周啸天　周　晶
周　虹　周　溶　周慧珍　郑延年　郑利华　孟　斐　赵伯陶
赵其钧　赵昌平　胡光舟　胡传志　胡国瑞　钟　陵　俞浩胜
施绍文　宫晓卫　祝　诚　骆玉明　骆冬青　秦岭梅　袁世硕
耿百鸣　聂世美　莫砺锋　顾伟列　顾复生　钱伯城　倪其心
徐兴无　徐应佩　高永年　高克勤　高若海　高洪奎　郭　平
郭　涛　黄进德　萧澄宇　曹光甫　曹　旭　曹　虹　曹济平
常文昌　章沧授　章尚正　董扶其　蒋星煜　蒋哲伦　蒋锡康
韩兆琦　喻朝刚　程千帆　程郁缀　程章灿　童明伦　曾枣庄
曾　弢　赖汉屏　臧维熙　管遗瑞　熊　笃　潘啸龙　潘裕民
霍松林　魏中林　魏明安

目　录

篇 目 表 ……………………………

正　　文 ………………………………

隋唐五代 ………………………………

篇目表

隋唐五代

祖君彦

为李密檄洛州文 …………………… 777

魏　徵

十渐不克终疏 …………………… 793

王　绩

醉乡记 …………………………… 799

李　善

上《文选注》表 …………………… 802

骆宾王

代李敬业传檄天下文 ………… 805

王　勃

秋日登洪府滕王阁饯别序 …… 809

陈子昂

与东方左史虬《修竹篇》序 …… 815

张　说

贞节君碣 ……………………… 818

任　华

送宗判官归滑台序 ………… 820

王　维

山中与裴秀才迪书 ………… 822

李　白

与韩荆州书 ………………… 824

春夜宴诸从弟桃李园序 ……… 828

颜真卿

与郭仆射书 …………………… 832

李　华

吊古战场文 …………………… 838

元　结

右溪记 ………………………… 843

苏源明

秋夜小洞庭离宴序 ………… 845

殷　璠

《河岳英灵集》序 …………… 847

独孤及

仙掌铭并序 …………………… 850

韩　愈

原道 ………………………………… 853

原毁 ………………………………… 861

杂说(一) ………………………… 864

杂说(四) ………………………… 865

伯夷颂 …………………………… 867

子产不毁乡校颂 ……………… 869

师说 ……………………………… 871

进学解 …………………………… 874

获麟解 …………………………… 878

择言解 …………………………… 880

讳辩 …………………………… 882
送穷文 …………………………… 885
送孟东野序 …………………………… 889
送李愿归盘谷序 …………………………… 893
送董邵南游河北序 …………………………… 897
送石处士序 …………………………… 900
送温处士赴河阳军序 …………………………… 902
《张中丞传》后叙 …………………………… 905
答李翊书 …………………………… 910
应科目时与人书 …………………………… 914
毛颖传 …………………………… 916
圬者王承福传 …………………………… 923
新修滕王阁记 …………………………… 926
蓝田县丞厅壁记 …………………………… 929
祭十二郎文 …………………………… 932
祭河南张员外文 …………………………… 937
祭柳子厚文 …………………………… 941
祭田横墓文 …………………………… 943
殿中少监马君墓志 …………………………… 945
柳子厚墓志铭 …………………………… 947
试大理评事王君墓志铭 …………………………… 953
柳州罗池庙碑 …………………………… 956
鳄鱼文 …………………………… 959

李　翱

杨烈妇传 …………………………… 962
祭吏部韩侍郎文 …………………………… 965

刘禹锡

陋室铭 …………………………… 967
说骥 …………………………… 969

白居易

与元九书 …………………………… 972
庐山草堂记 …………………………… 982
三游洞序 …………………………… 985
《荔枝图》序 …………………………… 987

吕　温

成皋铭 …………………………… 989

柳宗元

段太尉逸事状 …………………………… 991
梓人传 …………………………… 997
童区寄传 …………………………… 1002
种树郭橐驼传 …………………………… 1005
愚溪诗序 …………………………… 1009
罴说 …………………………… 1011
捕蛇者说 …………………………… 1013
三戒并序 …………………………… 1016
始得西山宴游记 …………………………… 1020
钴鉧潭记 …………………………… 1023
钴鉧潭西小丘记 …………………………… 1026
至小丘西小石潭记 …………………………… 1028
袁家渴记 …………………………… 1030
石渠记 …………………………… 1032
石涧记 …………………………… 1034
小石城山记 …………………………… 1036
游黄溪记 …………………………… 1038
永州韦使君新堂记 …………………………… 1041
永州铁炉步志 …………………………… 1044
送薛存义序 …………………………… 1046
答韦中立论师道书 …………………………… 1048

陆　贽

奉天请罢琼林大盈二库状 …………………………… 1053

阎伯理

黄鹤楼记 …………………………… 1059

皇甫湜

《顾况诗集》序 …………………………… 1061

舒元舆

长安雪下望月记…………………… 1065

殷　侔

窦建德碑…………………………… 1068

杜　牧

阿房宫赋…………………………… 1070

杭州新造南亭子记………………… 1079

李商隐

李贺小传…………………………… 1084

上河东公启………………………… 1087

祭小侄女寄寄文…………………… 1090

孙　樵

书褒城驿壁………………………… 1093

书何易于…………………………… 1096

罗　隐

英雄之言…………………………… 1099

天机………………………………… 1100

皮日休

读《司马法》……………………… 1102

陆龟蒙

野庙碑并诗 ……………………… 1104

象耕鸟耘辨………………………… 1107

程　晏

设毛延寿自解语…………………… 1109

隋唐五代

【作者小传】

祖君彦

(？—618)　隋散文家。范阳遒县(今河北涞水)人。北齐尚书仆射祖珽之子。以才学著名海内。大业末为东平郡书佐,以翟让取东平,遂入瓦岗军中,为李密记室,军书羽檄,一以委之。讨炀帝檄即出其手。密败,为王世充所杀。

为李密檄洛州文[1]　　祖君彦

自元气肇辟,厥初生人[2],树之帝王,以为司牧[3]。是以羲农轩顼之后[4],尧舜禹汤之君,靡不祇畏上玄,爱育黔首[5]。乾乾终日[6],翼翼小心。驭朽索而同危[7],履春冰而是惧[8]。故一物失所,若纳隍而愧之[9];一夫有罪,遂下车而泣之[10]。谦德轸[11]于责躬,忧劳切于罪己。普天之下,率土之滨[12],蟠木距于流沙,瀚海穷于丹穴[13],莫不鼓腹击壤,凿井耕田[14],治致升平,驱之仁寿。是以爱之如父母,敬之若神明,用能享国多年,祚延长世。未有暴虐临人,克终天位者也。

隋氏往因周末,预奉缀衣。狐媚而图圣宝,胠箧以取神器[15]。及缵戎负扆,狼虎其心[16],始曈明两之晖,终干少阳之位[17]。先皇大渐,侍疾禁中,遂为枭獍,便行鸩毒。祸深于莒仆,衅酷于商臣[18]。天地难容,人神嗟愤。州吁安忍,阏伯日寻[19]。剑阁所以怀凶,晋阳所以兴乱[20]。甸人为罄,淫刑斯逞[21]。夫九族既睦,唐帝阐其钦明[22];百世本枝,文王表其光大[23]。况乃隳坏盘石,剿绝维城,唇亡齿寒,宁止虞虢[24]?欲其长久,其可得乎?其罪一也。

禽兽之行,在于聚麀[25];人伦之体,别于内外。而兰陵公主,逼幸告终。谁谓殺首之贤,翻见齐襄之耻[26]。逮于先皇嫔御,并进银环;诸王子女,咸贮金屋[27]。牝鸡鸣于诘旦,雄雉恣其群飞[28]。袒衣戏陈侯之朝,穹庐同冒顿之寝[29]。爵赏之出,女谒[30]遂成;公卿宣淫,无复纲纪。其罪二也。

平章百姓，一日万机[31]。未晓求衣，昃晷不食[32]。大禹不贵于尺璧，光武不隔于反支[33]。以是忧勤，深虑幽枉。而荒湎于酒，俾昼作夜。式号且呼，甘嗜声伎。常居窟室，每藉糟丘[34]。朝谒罕见其身，群臣希睹其面。断决自此不行，敷奏于是停拥。中山千日之饮，酩酊无名；襄阳三雅之杯，留连讵比[35]。又广召良家，充选宫掖。潜为九市，亲驾四驴；自比商人，见要逆旅。殷辛之谴为小，汉灵之罪更轻[36]。内外惊心，遐迩失望。其罪三也。

上栋下宇，著在《易》爻[37]；茅茨采椽，陈诸史籍[38]。圣人本意，唯避风雨。讵待朱玉之华，宁须绨锦之丽。故琼室崇构，商辛以之灭亡；阿房崛起，二世是以倾覆[39]。而不遵古典，不念前章，广立池台，多营宫观。金铺玉户，青琐丹墀，蔽亏日月，隔阂寒暑。穷生人之筋力，罄天下之资财。使鬼尚难为之，劳人固其不可。其罪四也。

公田所彻，不过十亩；人力所供，才止三日[40]。是以轻徭薄赋，不夺农时，宁积于人，无藏于府[41]。而科税繁猥，不知纪极；猛火屡烧，漏卮难满。头会箕敛，逆折十年之租[42]；杼轴其空，日损千金之费[43]。父母不保其赤子，夫妻相弃于匡床。万户则城郭空虚，千里则烟火断灭。西蜀王孙之室，翻同原宪之贫；东海糜竺之家，俄成邓通之鬼[44]。其罪五也。

古先哲王，卜征巡狩，唐虞五载，周则一纪[45]。本欲亲问疾苦，观省风谣。乃复广积薪刍，多聚饔饩[46]，年年历览，处处登临。从臣疲弊，供顿[47]辛苦。飘风涷雨，聊窃比于先驱；车辙马迹，遂周行于天下[48]。秦皇之心未已，周穆之意难穷。宴西母而歌云，浮东海而观日[49]。家苦纳秸之勤，人阻来苏之望[50]。且夫天下有道，守在海外[51]。夷不乱华，在德非险[52]。长城之役，战国所为，乃是狙诈之风，非关稽古之法。而追踪秦代，板筑更兴，袭其基墟，延袤万里[53]。尸骸蔽野，血流成河。积怨满于山川，号哭动于天地。其罪六也。

辽水之东，朝鲜之地。《禹贡》以为荒服，周王弃而不臣[54]。示以羁縻，达其声教。苟欲爱人，非求拓土。又强弩末矢，讵能穿于鲁缟；冲风余力，理无动于鸿毛[55]。石田得而无堪，鸡肋啖而何用[56]。而恃众怙力，强兵黩武，惟在并吞，不思长策。夫兵犹火也，不戢将自焚[57]。遂令亿兆夷人，只轮莫返[58]。夫差丧国，实为黄池之盟[59]，苻坚灭身，良由寿春之役[60]。欲捕鸣蝉于前，不知挟弹在后[61]。复矢相顾，髽吊成行[62]。义夫切齿，壮士扼腕。其罪七也。

直言启沃，王臣匪躬[63]。惟木从绳，若金须砺[64]。唐尧建鼓，思闻献替之言；夏禹悬鞀，时听箴规之美[65]。而愎谏违卜，妒贤嫉能，直士正人，皆由屠害。左仆射齐国公高颎，上柱国宋国公贺若弼，或文昌上相，或细柳功臣，暂吐良药之言，翻加属镂之赐[66]。龙逢无罪，便遭夏癸之诛；王子何辜，滥被商辛之戮[67]。遂令君子结舌，贤人缄口。指白日而比盛，射苍天而敢欺[68]。不悟国之将亡，不知死之将至。其罪八也。

设官分职，贵在铨衡；察狱问刑，无闻贩鬻。而钱神起论，铜臭为公[69]。梁冀受黄金之蛇，孟佗荐葡萄之酒[70]。遂使彝伦攸敦[71]，政以贿成，君子在野，小人在位[72]。积薪居上，同汲黯之言；囊钱不如，伤赵壹之赋[73]。其罪九也。

宣尼有言：无信不立[74]。用命赏祖[75]，义岂食言。自昏主嗣位，每岁行幸，南北巡狩，东西征伐[76]。至于浩亹陪跸[77]，东都守固[78]，阌乡野战[79]，雁门解围[80]，自外征夫，不可胜纪。既立功勋，须酬官爵。而志怀翻覆，言行浮诡，危急则勋赏悬授，克定则丝纶不行[81]。异商鞅之颁金，同项王之刓印[82]。芳饵之下，必有悬鱼[83]。惜其重赏，求人死力，走丸逆坂，匹此非难。凡百骁雄，谁不仇怨。至于匹夫蕞尔，宿诺不亏，既在乘舆，二三其德[84]。其罪十也。

有一于此，未或不亡。况四维不张，三灵总瘁[85]。无小无大，愚夫愚妇，共识殷亡，咸知夏灭。罄南山之竹，书罪无穷；

决东海之波,流恶难尽。是以穷奇灾于上国,猰貐暴于中原,三河纵封豕之贪,四海被长蛇之毒[86]。百姓歼亡,殆无遗类,十分为计,才一而已。苍生懔懔,咸忧杞国之崩;赤子嗷嗷,但愁历阳之陷[87]。

且国祚将改,必有常期,六百殷亡之年,三十姬终之世[88]。故谶录云:"隋氏三十六年而灭。"此则厌德之象已彰,代终之兆先见[89]。皇天无亲,惟德是辅[90]。况乃欃枪竟天,申繻谓之除旧;岁星入井,甘公以为义兴[91]。兼朱雀门烧,正阳日蚀,狐鸣鬼哭,川竭山崩,并是宗庙为墟之妖,荆棘旅庭之事[92]。夏氏则灾衅非多,殷人则咎征更少[93]。牵牛入汉,方知大乱之期;王良策马,始验兵车之会[94]。

今者顺人将革,先天不违[95],大誓孟津,陈盟景亳。三千列国,八百诸侯,不谋而同辞,不召而自至[96]。轰轰隐隐,如霆如雷,彪虎啸而谷风生,应龙骧而景云起[97]。我魏公聪明神武,齐圣广渊[98],总七德而在躬,包九功而挺出[99]。周太保魏国公之孙,上柱国蒲山公之子[100]。家传盛德,武王承季历之基;地启元勋,世祖嗣元皇之业[101]。笃生白水,日角之相便彰[102];载诞丹陵,天宝之文斯著[103]。加以姓符图纬,名协歌谣,六合所以归心,三灵所以改卜[104]。文王厄于羑里,赤雀方来[105];高祖隐于砀山,彤云自起[106]。兵诛不道,《赤伏》至自长安[107];锋锐难当,黄星出于梁宋[108]。九五龙飞之始,大人豹变之初,历试诸难,大敌弥勇[109]。上柱国、司徒、东郡公翟让,功宣缔构,翼亮经纶,伊尹之佐成汤,萧何之辅高帝[110]。上柱国、总管、齐国公孟让,柱国、历城公孟畅,柱国、绛郡公裴行俨,大将军、左长史邴元真[111]等,并运筹千里,勇冠三军,击剑则截蛟断鳌,弯弧则吟猿落雁[112]。韩彭绛灌,成沛公之基;寇贾吴冯,奉萧王之业[113]。复有蒙轮挟辀之士,拔距投石之夫[114],冀马追风,吴戈照日。

魏公属当期运[115],伏兹亿兆。躬擐甲胄,跋涉山川。栉风沐雨，岂辞劳倦。遂起西伯之师，将问南巢之罪[116]。百万成旅，四七为名[117]。呼吸则河渭绝流，叱咤则嵩华自拔。以此攻城，何城不陷？以此击阵，何阵不摧？譬犹泻沧海而灌残荧，举昆仑而压小卵。鼓行而进，百道俱前，以今月二十一日届于东都。而昏朝文武，留守段达、韦津等，昆吾恶稔，飞廉奸佞，久迷天数，敢拒义兵。驱率丑徒，众有十万，回洛仓北，遂来举斧[118]。于是熊罴角逐，貔虎争先，因其倒戈之心，乘我破竹之势。曾未旋踵，瓦解冰销。坑卒则长平未多，积甲则熊耳为小[119]。达等助桀为虐，婴城自固。梯冲乱舞，徒设九拒之谋；鼓角将鸣，空凭百楼之险[120]。燕巢卫幕，鱼游宋池[121]，殄灭之期，匪朝伊暮。

然兴洛、虎牢，国家储积，我已先据，为日久矣。既得回洛，又取黎阳[122]，天下之仓，尽非隋有。四方起义，万里如云，足食足兵，无前无敌。裴光禄仁基，雄才上将，受脤专征，遐迩攸凭，安危是托。乃识机知变，迁虞事夏[123]。袁谦擒自蓝水，张须陁获在荥阳，窦庆战殁于淮南，郭询授首于河北[124]。隋之亡候，断可知也。

清河公房彦藻，近秉戎律，略地东南，师之所临，风行电击。安陆、汝南，随机荡定；淮安、济阳，俄然送款[125]。徐圆朗已平鲁郡，孟海公又破济阴。于是海内英雄，咸来响应。封民瞻取平原之境，郝孝德据黎阳之仓，李士雄虎视于长平，王德仁鹰扬于上党，滑郡公李景、考功郎中房山基发自临榆，刘兴祖起于北朔，崔白驹自颍川起，方献伯以谯郡来，各拥数万之兵，俱期牧野之会[126]。沧溟之右，函谷以东，牛酒献于军前，壶浆盈于道路[127]。

诸君等并衣冠世胄，杞梓良材[128]。神鼎灵绎之秋，裂地封侯之始[129]，豹变鹊起，今也其时；鼍鸣鳖应[130]，见机而作。宜各鸠率子弟，共建功名。耿弇之赴光武，萧何之奉高帝[131]，岂止金章紫绶，华盖朱轮，富贵以重当年，忠贞以传奕叶[132]，岂不盛哉！

若隋代官人，同吠尧之犬[133]，尚荷王莽之恩，仍怀蒯聩之禄[134]。审配死于袁氏，不如张郃归曹[135]；范增困于项王，未若陈平从汉[136]。魏公推以赤心，当加好爵。择木而处，令不自疑。脱猛虎犹豫，舟中敌国[137]，夙沙之人，共缚其主；彭宠之仆，自杀其君[138]，高官上赏，即以相授。如暗于成事，守迷不反，昆山纵火，玉石俱焚[139]，尔等噬脐，悔将何及[140]！黄河带地，明余旦旦之言[141]；皎日丽天，知我勤勤之志[142]。布告海内，咸使闻知。

〔注〕①李密(582—618)：字玄邃，本辽东襄平(今辽宁辽阳)人，后徙为京兆长安(今陕西西安)人。隋上柱国、蒲山郡公李宽之子。后起兵反隋，投奔瓦岗军，被推为全军之主，自立为魏公。洛州：即隋河南郡，今称洛阳，炀帝建为东都。大业十三年(617)李密命记室祖君彦写此檄文，暴露炀帝十罪，向隋朝地方文武劝降。此檄全文载于《旧唐书·李密传》。②"自元气"二句：古人以为，天地未分之前是一团混一之气，名之为元气。元气分裂，轻清者上浮为天，重浊者下沉为地，中间生人。清马骕《绎史》卷一引《五运历年记》："元气濛鸿，萌芽兹始，遂分天地，肇立乾坤，启阴感阳，分布元气，乃孕中和，是为人也。"③"树之"二句：树，立。司牧，管理，统治。《左传·襄公十四年》："天生民而立之君，使司牧之。"④羲农轩项：即伏羲、神农、轩辕(黄帝)、颛顼。后：君。⑤祇(zhī脂)畏：敬畏。上玄：上苍，上天。黔首：庶民，统谓百姓。⑥乾乾：自强不息。《易·乾》："君子终日乾乾。"⑦驭朽索：《尚书·五子之歌》："予临兆民，若朽索之驭六马，为人上者，奈何不敬？"以已腐朽的绳索驾马，表示十分危险。⑧履春冰：《诗·小雅·小旻》："战战兢兢，如临深渊，如履薄冰。"比喻应该处处小心。⑨纳隍：隍，没有水的护城濠。张衡《东京赋》："人或不得其所，若己纳之于隍。"言如同自己推他们到沟中。⑩下车而泣：《说苑·君道》："禹出，见罪人，下车问而泣之。"盖自叹德薄不能教化人民，使民犯罪，故哭之也。⑪轸：痛。⑫"普天"二句：《诗·小雅·北山》："溥天之下，莫非王土；率土之滨，莫非王臣。"⑬"蟠木"二句：蟠木，古代传说中的山名。流沙，古指我国西北的沙漠地区。《大戴礼记·五帝德》："(高阳)乘龙而至四海，北至于幽陵，南至于交趾，西济于流沙，东至于蟠木。"瀚海，北海。丹穴，南方极远处地名。两句指东西南北四境之内。⑭"鼓腹"二句：《庄子·马蹄》："含哺而熙(嬉)，鼓腹而游。"言上古之民饱食无事之乐。明王圻《三才图会·人事十卷》："《释名》曰：'击壤，野老之戏也。'盖击块壤之具，因以为戏也。"后来以木为之，其形如履，则恐非古时原始之制。王充《论衡·感虚》："尧时，五十之民击壤于涂。观者曰：'大哉，尧之德也。'击壤者曰：'吾日出而作，日入而息，凿井而饮，耕田而食，尧何等力？'"两句谓百姓安居无忧。⑮"隋氏"四句：北周宣帝大象二年，宣帝病重，隋国公杨坚用手段谋得"辅政"，从而在次年于年仅九岁的静帝手里夺取了政权，建立了隋朝。缀衣，典出《尚书·顾命》。周成王病重，以子钊托于召公奭等大臣。诸臣受顾命既毕，"出缀衣于庭"，即将成王的冕服置于王庭，以供群臣朝拜。预奉缀衣，即参预供奉缀衣之事，言领受顾命。狐媚，指杨坚长女为周宣帝皇后。胠箧，窃贼开箱取物，语出《庄子·胠箧》。圣宝、神器，均指皇位。⑯"缵戎"二句：缵，继承。戎，你。语出《诗·大雅·烝民》"缵戎祖考"。负，背负。扆，户牖间画有斧纹的屏风。周天子朝诸侯，背扆南面而立，称为负扆。此指即位。这两句指隋炀帝效法

其父以阴谋夺取帝位。 ⑰ 曀：暗。明两：《易·离》："《象》曰：明两作，离。"言《离》卦上下均为"离"，"离为日"，是"明"之象。"两作"，是继续明照。君主是"日"，太子是第二个"日"，少阳，即指太子，今使阴暗之，是有侵犯之象。干，即指侵犯。这两句说杨广终于夺取了其兄杨勇的太子地位。 ⑱ 先皇：指隋文帝。大渐：病危。枭：传说为食母之鸟。獍：传说是食父之兽。鸩毒：鸩鸟的羽有毒。这几句是说炀帝趁视父之疾的机会毒杀父亲，其罪深于莒国之世子仆与楚国之世子商臣。《左传·文公十八年》载莒纪公之世子名仆，杀父自立。又文公元年，楚世子商臣杀其父成王自立。 ⑲ 州吁安忍：州吁，卫庄公庶子，庄公死后，杀嫡兄桓公自立，后为卫人所杀，见《左传·隐公四年》。安忍，习于残忍。阏伯事见《左传·昭公元年》。郑子产说昔高辛氏有二子，长曰阏伯，少曰实沉，二子不和，"日寻干戈，以相征讨"。这两句借用典以说炀帝兄弟间之争。 ⑳ 剑阁怀凶：隋文帝第四子杨秀，封蜀王。在太子杨勇被废，杨广为太子后，意甚不平，终于被杨广陷害，废为庶人。晋阳兴乱：晋阳，今山西太原。隋文帝第五子汉王杨谅，为并州（治太原）总管。太子被废，谅常不乐，及蜀王又废，愈不自安，文帝死后遂起兵反。炀帝遣杨素兵围太原，谅请降，废为庶人。见《隋书·文四子传》。 ㉑ 甸人：《礼记·文王世子》："公族其有死罪，则罄于甸人。"甸人即《周礼·天官》之甸师："王之同姓有罪，则死刑焉。"罄，同"磬"，缢杀。这两句说炀帝对兄弟之亲滥加杀戮。 ㉒ "九族"二句：唐帝，即唐尧。《尚书·尧典》说尧"克明俊德，以亲九族"。钦明，亦《尧典》中语，郑玄释"敬事节用谓之钦"；明，明察。 ㉓ 百世本枝：《诗·大雅·文王》："文王孙子，本支百世。"本，王室之本宗。枝，同"支"，支族。 ㉔ 盘石、维城：皆指宗室之亲以卫护国家。《汉书·文帝纪》："高帝王子弟，地犬牙相制，所谓盘石之宗也。"盘石，亦作"磐石"。《诗·大雅·板》："怀德维宁，宗子维城。无俾城坏，无独斯畏。"唇亡齿寒：《左传·僖公五年》："晋侯复假道于虞以伐虢。宫之奇谏曰：'虢，虞之表也，虢亡，虞必从之……谚所谓辅车相依，唇亡齿寒者，其虞虢之谓也。'"此四句总谓隋炀帝毁废同宗杨秀、杨谅等。 ㉕ 聚麀（yōu优）：《礼记·曲礼上》："夫唯禽兽无礼，故父子聚麀。"麀是雌鹿。父子共偶一只雌鹿，喻指乱伦行为。此指炀帝奸占隋文帝的宣华夫人陈氏与容华夫人蔡氏。 ㉖ 兰陵公主：隋文帝第五女，炀帝之妹，嫁柳述。文帝死后，述贬岭南。炀帝令公主与述离异，将改嫁之，公主以死自誓。《隋书·列女传》无"逼幸"之事，疑出于当时传闻。敤（kē科）首：《汉书·古今人表》作"敤手"，帝舜之妹，列为上等人物。齐襄之耻：鲁桓公之夫人文姜，为齐襄公之妹，二人通奸。见《左传·桓公十八年》。兰陵公主有贤名，故以敤首相比，而以齐襄公之丑行比拟炀帝。 ㉗ 银环：古代宫中女子被君王召去侍寝时，要在手上戴一个银环为验证。这里指炀帝强使文帝妃嫔侍寝。金屋：《汉武故事》："（胶东王）数岁，长公主嫖抱置膝上，问曰：'儿欲得妇不？'胶东王曰：'欲得妇。'长公主……指其女问曰：'阿娇好不？'于是乃笑对曰：'好！若得阿娇作妇，当作金屋贮之。'"此言炀帝霸占他的堂姊妹。 ㉘ "牝鸡"二句：《尚书·牧誓》："古人有言曰：'牝鸡无晨。牝鸡之晨，惟家之索。'今商王受，惟妇言是用。"《雄雉》：《诗经》篇名，诗序说是刺卫宣公淫乱不问国事的。此二句指炀帝的败政。 ㉙ "衵衣"二句：《左传·宣公九年》："陈宁公与孔宁、仪行父通于夏姬，皆衷其衵服以戏于朝。"说是三人与夏姬通奸，都把夏姬的汗衫贴身穿着，在朝廷上开玩笑。穹庐，匈奴所居的毡帐。冒顿（mò dú末独），秦末汉初的匈奴单于。寝，寝帐。《史记·匈奴列传》："其俗……父死，妻其后母；兄弟死，皆取其妻妻之。"这里几句总指炀帝荒淫。 ㉚ 女谒：通过宫廷得宠的女子进行干求请托。 ㉛ 平章百姓：出《尚书·尧典》。平，分辨。章，彰明。百姓，百官族姓。言天子应辨别百官善恶。一日万机：《尚书·皋陶谟》："一日二日万几。"几，同"机"。此言情况每天千变万化。 ㉜ 未晓求衣：邹阳《上书吴王》说汉文帝"据关入立，寒心销志，不明求衣"，言未明而起。

仄晷不食:《尚书·无逸》周公说文王“自朝至于日中昃,不遑暇食”。 ㉝尺璧:《淮南子·原道训》:“故圣人不贵尺之璧而重寸之阴,时难得而易失也。”反支:古代阴阳家按阴阳五行配合岁月日时推算出的凶日称为反支,如戌亥朔,一日反支;申酉朔,二日反支,以此类推。东汉王符《潜夫论·爱日》说汉明帝时每逢反支日,官府不接受民众上书。明帝以为这样做会剥夺了百姓的权利,下令官府接受申诉,不避反支。这里的光武,应为明帝。 ㉞糟丘:酒糟堆成小山。《论衡·语增》:“纣为长夜之饮,糟丘酒池,沉湎于酒,不舍昼夜。” ㉟中山千日饮:中山人狄希能造千日酒,饮后醉千日。刘玄石好饮酒,求饮一杯,醉眠千日。见张华《博物志》卷五、干宝《搜神记》卷十九。三雅:雅,酒爵。曹丕《典论·酒诲》:“荆州牧刘表,跨有南土,子弟骄贵,并好酒,为三爵,大曰伯雅,次曰仲雅,小曰季雅。伯雅受七胜(升,下同),仲雅受六胜,季雅受五胜。”按刘表为荆州牧,镇襄阳。 ㊱九市:《汉书·东方朔传》:“夫殷作九市之宫,而诸侯畔。”注引应劭曰:“纣于宫中设九市。”四驴:《后汉书·五行志一》:“灵帝于宫中西园驾四白驴,躬自操辔,驱驰周旋,以为大乐……迟钝之畜,而今贵之,天意若曰国且大乱,贤愚倒植,凡执政者,皆如驴也。”又云:“灵帝数游戏于西园中,令后宫采女为客舍主人,身为商贾服,行至舍,众女下酒食,因共饮食,以为戏乐。”这几句说,纣王与汉灵帝,比之隋炀帝,其罪为轻。 ㊲“上栋”二句:《易·系辞下》:“上古穴居而野处,后世圣人易之以宫室,上栋下宇,以待风雨。”爻是构成《易》卦的基本符号,“—”是阳爻,“--”是阴爻。这里“《易》爻”即指《易》。 ㊳“茅茨”二句:《韩非子·五蠹》:“尧之王天下也,茅茨不剪,采椽不斫。”《史记·李斯列传》用其语。《汉书·艺文志》:“茅屋采椽,是以贵俭。”采椽,采来的木头即以为椽,不加斫削,以示朴素。 ㊴“琼室”二句:《竹书纪年》:“(殷帝辛)九年,王师伐有苏,获妲己以归。作琼室,立玉门。”阿房,秦始皇所筑宫殿名。 ㊵“公田”四句:《孟子·滕文公上》:“周人百亩而彻。”周法什一而税谓之彻。如耕公田百亩,抽十亩的税。《礼记·王制》:“用民之力,岁不过三日。” ㊶“宁积”二句:《隋书·食货志》载开皇十二年隋文帝诏曰:“既富而教,方知廉耻。宁积于人,无藏府库。” ㊷“头会”二句:《隋书·炀帝纪》:“奸吏侵渔,内外虚竭,头会箕敛,人不聊生。”又:“东西游幸,靡有定居,每以供费不给,逆收数年之赋。”头会,每家按人头数出稻谷,用畚箕收集。逆折,提前征收。 ㊸杼轴其空:《诗·小雅·大东》:“小东大东,杼轴其空。”本言谭国(在东方)大夫苦于周王室搜括劳役之无厌,东方诸小国织机皆空。布帛之征如此,粟米之征可知。杼,织梭。轴,卷经线的轴。以上统言隋炀帝因享乐所需,残酷地剥削人民。 ㊹西蜀王孙:指卓王孙。本是西汉时蜀中富豪,见《史记·司马相如列传》。原宪:字子思,孔子弟子,居穷巷,敝衣冠,见《史记·仲尼弟子列传》。糜竺:字子仲,东海朐(今江苏连云港市)人。祖上世代为商贾,家有僮客万人,资产巨亿。邓通:蜀郡南安(今四川乐山)人。受汉文帝宠幸,赐铜山,得自铸钱,景帝立,尽没其家产,竟至饿死。 ㊺卜征:巡狩。《左传·襄公十三年》:“先王卜征五年,而岁习其祥,祥习则行,不习则增,修德而改卜。”意思是为了巡狩要连续占卜五年,每年都是吉兆就出动。《周礼·秋官·大行人》:“十有二岁王巡守。”一纪:十二年。 ㊻薪刍:柴和马草。饔饩:生肉和活的牲口。 ㊼供顿:供应食宿及行旅所需之物。 ㊽飘风涷雨:暴风暴雨。《九歌·大司命》:“令飘风兮先驱,使涷雨兮洒尘。”车辙马迹:《左传·昭公十二年》:楚子革对楚灵王曰:“昔(周)穆王欲肆(放纵)其心,周行天下,将皆必有车辙马迹焉。” ㊾“秦皇”四句:《穆天子传》:“天子觞西王母于瑶池之上,王母为谣曰:‘白云在天,丘陵自出。道路悠远,山川间之。’”《太平御览》卷四引《三齐略记》:“秦始皇作石桥于海上,欲过海看日出处。” ㊿纳秸:《尚书·禹贡》:“五百里甸服。百里赋纳总,二百里纳铚,三百里纳秸服,四百里粟,五百里米。”是说国都以外的五百里中,离国都一百里的要缴纳连秆的禾,二百里的缴纳禾穗，三百里的缴纳谷粒，四百里的缴纳糙米，五百里的缴纳精米。这里以“纳秸”包括其他，统指赋税之重。来苏：《书·仲虺之诰》：“后来其苏。”说君王（指商汤）来了我们就能死里求生。此二句说家家苦于纳税之勤，人人绝了活命之望。　㊿“天子”二句：《左传·昭公二十三年》：“古者，天子守在四夷。”晋江统《徙戎论》：“天子有道，守在四夷。”说是天子有德，能和柔四方夷族以保卫中国。海外，即指四夷。　52“夷不”二句：《左传·定公十年》：“裔不谋夏，夷不乱华。”言边远不能图谋中原，东夷不能搅乱华人。《史记·吴起列传》：“（魏）武侯浮西河而下，中流，顾而谓吴起曰：‘美哉乎山河之固，此魏国之宝也。’起对曰：‘在德不在险。若君不修德，舟中之人尽为敌国也。’”　53“追踪”四句：谓炀帝效法秦始皇修筑长城。《隋书·炀帝纪》：大业三年七月，“发丁男百余万筑长城，西距榆林，东至紫河，一旬而罢，死者十五六”。四年七月，“发丁男二十余万筑长城，自榆林谷而东”。　54 荒服：《尚书·禹贡》以帝王都城为中心，往外扩展，分天下为五服，有甸服、侯服、绥服、要服、荒服，每一服五百里。荒服最边远。弃而不臣：《史记·宋微子世家》：“于是武王乃封箕子于朝鲜而不臣也。”谓不以臣下之礼相待。　55“强弩”四句：《史记·韩长孺列传》：“且强弩之极，矢不能穿鲁缟；冲风之末，力不能漂鸿毛。非初不劲，末力衰也。”鲁缟，白绢，鲁国所产的最薄。冲风，疾风。　56 石田：多石之田，不可耕种。《左传·哀公十一年》：“得志于齐，犹获石田也，无所用之。”鸡肋：《三国志·魏志·武帝纪》裴松之注引司马彪《九州春秋》：“时王（曹操）欲还，出令曰‘鸡肋’，官属不知所谓。主簿杨修便自严装（收拾行李整齐），人惊问修：‘何以知之？’修曰：‘夫鸡肋，弃之如可惜，食之无所得，以比汉中（时曹操兵驻汉中），知王欲还也。’”　57“兵犹”二句：见《左传，隐公四年》。　58 亿兆夷人：语见《尚书·泰誓中》。夷人，平民。只轮莫返：《公羊传·僖公三十三年》：“而晋人与姜戎要之殽而击之（秦），匹马只轮无反者。”此句犹言全军覆没。　59“夫差”二句：鲁哀公十三年（前482），吴王夫差与晋定公、鲁哀公等于黄池（今河南封丘西南）会盟，越王勾践乘虚袭吴，于哀公二十二年灭吴。　60“苻坚”二句：秦、晋淝水之战，苻坚据寿阳（今安徽寿县），秦兵逼淝水列阵，晋兵不得渡，谢玄遣使劝苻融麾兵稍退，使晋兵得渡，以决胜负。坚等从之，秦兵一退不可复止，遂至大败。苻坚后为姚苌所杀。　61“欲捕”二句：《说苑·正谏》：“园中有树，其上有蝉，蝉高居悲鸣饮露，不知螳螂在其后也。螳螂委身曲附欲取蝉，而不知黄雀在其旁也。”　62“复矢”二句：《礼记·檀弓上》：“邾娄复之以矢。”又：“鲁妇人之髽而吊也。”复，招死者之魂。招魂应用死者衣服，今用矢招，表死者之众。髽（zhuā 抓），用麻和头发合打成的发髻，是古代妇人的丧髻。髽吊成行，言吊丧者多。　63“直言”二句：《尚书·说命上》：“启乃心，沃朕心。”言开启你心，浇灌我心。《易·蹇》：“王臣蹇蹇，匪躬之故。”言王之臣仆尽职劬劳，不为自己一身。64“惟木”二句：《尚书·说命上》：“惟木从绳则正。”又：“若金用汝作砺。”绳，木匠取直用的墨斗线。砺，磨刀石。此两句说君主作事须接受臣下谏诤纠正。　65“唐尧”四句：《淮南子·主术训》：“尧置敢谏之鼓。”献替，“献可替否”的省略，语出《左传·昭公二十年》。献，进言指出。替，去除。《鬻子》：“禹之治天下也，以五声听，门悬钟、鼓、铎、磬而置鞀，以得四海之士。”鞀，长柄的摇鼓，俗称拨浪鼓。　66 高颎（jiǒng 炯）：隋文帝时拜尚书左仆射、左领军大将军，甚见信用，后被谗，除名为民。炀帝即位，拜为太常。时帝好声色，颎又与人言近来朝廷殊无纲纪。有人奏之，以为谤讪朝政，于是下诏诛杀，诸子徙边。贺若弼：以高颎推荐，献取陈十策，有功，加位上柱国，进爵宋国公。每以宰相自许，意仍不平，形于言色，竟除名为民。后以私议朝政得失，为人所奏，因此受诛。二人《隋书》并有传。文昌上相：斗魁六星曰文昌宫，其中一星曰贵相，象征宰相，见《史记·天官书》。此借指高颎。细柳功臣：西汉周亚夫，驻军细柳营，此借指贺若弼。良药：谓良药苦口利于病，见《韩非子·外储说左上》。属镂（zhǔ lòu 主漏）：剑名。

《左传·哀公十一年》，伍子胥谏吴王伐齐，夫差不听，使赐之属镂以死。 ⑥⑦ 龙逄(páng 旁)：夏桀之贤臣。王子：即比干，殷纣之叔父。《庄子·人间世》："昔者桀杀关龙逄，纣杀王子比干。"夏桀名履癸，故又称夏癸。殷纣名辛。 ⑥⑧"指白日"二句：《新序·刺奢》：桀作瑶台，为酒池、糟堤，纵靡靡之乐。伊尹举觞而告桀曰："君王不听臣之言，亡无日矣！"桀拍然而作，哑然而笑曰："子何妖言！吾有天下，如天之有日也。日有亡乎？日亡吾亦亡矣。"《史记·殷本纪》："帝武乙无道，为革囊，盛血，仰而射之，命曰'射天'。" ⑥⑨ 钱神：《晋书·鲁褒传》："元康(西晋惠帝年号)之后，纲纪大坏，褒伤时之贪鄙，乃隐姓名，而著《钱神论》以刺之。"铜臭：讥讽以钱买官者。《后汉书·崔寔传》：崔烈入钱五百万，得为司徒。问其子钧曰："吾居三公，于议者何如？"钧曰："论者嫌其铜臭。" ⑦⓪"梁冀"句：梁冀为汉顺帝皇后之兄，在朝专权二十余年。《后汉书·种暠传》载，永昌太守冶铸黄金为文蛇以献梁冀。"孟佗"句：《后汉书·张让传》注引《三辅决录》注："孟佗以葡萄酒一斗遗张让，即拜佗为凉州刺史。"张让，汉灵帝时宦官。 ⑦① 彝伦攸斁(dù 杜)：常理因此破坏。语出《书·洪范》。 ⑦② 君子在野，小人在位：语出《诗·小雅·隰桑》序。 ⑦③"积薪"二句：《史记·汲黯列传》载黯见汉武帝曰："陛下用群臣，如积薪耳，后来者居上。"赵壹《刺世疾邪赋》："文籍虽满腹，不如一囊钱。" ⑦④ 宣尼：即孔子。汉平帝追谥孔子曰褒成宣尼公。"民无信不立"，见《论语·颜渊》。 ⑦⑤ 赏祖：古代天子亲征，将高祖以上神主载于齐(斋)车以行(参见《礼记·曾子问》)，有功受赏即在神主前行赏。 ⑦⑥ 独夫：见《书·泰誓下》。原指商纣，此处指隋炀帝。孔安国传："言独夫，失君道也。"南北巡狩：炀帝累岁巡幸，南则江都宫，北则晋阳宫、汾阳宫、临渝宫，远至河西走廊。东西征伐：三次东侵高丽，西攻吐谷浑。 ⑦⑦ 浩亹(gào mén 告门)陪跸：浩亹，水名，一名大通河，东南流经青海甘肃边境，入于湟水。跸，古代帝王出行时清除道路，以止行人，也指帝王车驾经行之处。陪跸，侍从皇帝。隋炀帝大业五年(609)五月，在浩亹河上建桥，分配诸军四面围困吐谷浑。 ⑦⑧ 东都守固：大业九年，炀帝二次征高丽。六月，礼部尚书杨玄感反于黎阳，进逼东都洛阳。 ⑦⑨ 阌(wén 文)乡野战：阌乡，今河南灵宝。炀帝自杨玄感反后从高丽撤兵，派宇文述、屈突通等驰回以讨玄感。八月，破杨玄感于阌乡，斩之。 ⑧⓪ 雁门被围：大业十一年八月，突厥始毕可汗率骑兵数十万谋袭，炀帝奔至雁门，突厥围城，九月始解围而去。 ⑧①"危急"二句：言危急时宣称将要给予立功者升官，打了胜仗、事态平定后又不实现。丝纶，皇帝的说话。《礼记·缁衣》："王言如丝，其出如纶；王言如纶，其出如綍。"丝，蚕丝。纶，较粗的丝线，如钓丝。綍，大索。 ⑧② 异商鞅之颁金：商鞅定变法之令，恐怕民间不相信，遂立三丈之木于都城闹市的南门，有能将木搬到北门者赏以重金。众人奇怪，都不敢动，有一人搬了，果然得金。同项王之刓印：《史记·郦生陆贾传》说项羽"为人刻印，刓而不能授"。刓印，把印的角磨圆。 ⑧③"芳饵"二句：《淮南子·说山训》："钓鱼者务在芳其饵……芳其饵所以诱而利之也。"言以香饵钓鱼，必大有所获。 ⑧④ 蕞(zuì 最)尔：渺小。乘舆：皇帝的车驾，代指皇帝。二三其德：语出《诗·卫风·氓》，犹言三心两意。这两句说，小人物尚且答应了的事不违背，何况做皇帝的竟说了不算。 ⑧⑤ 四维不张：《管子·牧民》："何谓四维？一曰礼，二曰义，三曰廉，四曰耻。"又："四维不张，国乃灭亡。"三灵总瘁：班固《典引》："答三灵之蕃祉。"李善注："三灵，天、地、人也。"瘁，困病。 ⑧⑥ 穷奇、猰貐、封豕、长蛇：都是古代神话传说中的怪兽异物，有些能食人，具见《山海经》。此以比喻残暴之人横行全国。 ⑧⑦ 杞国之崩：《列子·天瑞》："杞国有人，忧天地崩坠。"历阳之陷：《淮南子·俶真训》："历阳之都，一夕反而为湖，勇力圣知与罢怯不肖者同命。"《太平御览》卷六六引，"反"作"化"，"勇力"句作"勇力圣智与不肖者同命，无遗脱也"，较清楚。历阳，今安徽和县。 ⑧⑧"六百"二句：《左传·宣公三年》："桀有昏德，鼎迁于商，载祀六百。"又："成王定鼎于郏鄏，卜世三十，卜年七百，天所命也。”姬，周天子之姓。　⑧⑨ 厌德：厌，厌弃。《左传·隐公十一年》：“天而既厌周德矣。”与“代终”均指隋朝气数已尽。　⑨⓪ “皇天”二句：见《左传·僖公五年》引《周书》语。意思是说：上天没有私亲，只对有德的人才加以辅助。　⑨① “欃枪(chán chēng 馋撑)”：彗星。竟天：横贯天空。“申繻”句：《左传·昭公十七年》：“冬，有星孛于大辰(彗星在大火星旁边出现)，西及汉(银河)。申须曰：‘彗所以除旧布新也。’”盖彗为扫帚，所以去尘，故云“除旧布新”。申须：鲁大夫。作者误为申繻(xū 须)。申繻亦鲁大夫，在《左传》中最早见于桓公六年(前706)，而申须见于昭公十七年(前525)，二人相距一百八十年，显非同一人，盖因须、繻二字同音致误。岁星：木星。井：井宿。甘公：名德，战国至秦汉间占星家。《汉书·天文志》：“汉元年十月，五星聚于东井，从岁星也。此高皇帝受命之符也。故客谓张耳曰：‘东井，秦地，汉王入秦，五星从岁星聚，当以义取天下。’”　⑨② “朱雀门烧”六句：自“朱雀门烧”至“川竭山崩”，皆关灾异之事，史书或无记载，或虽有而不详不合，难以指实，要是当时传言如此。古人迷信，往往以自然附会人事，读者意会可也。　⑨③ 夏氏：指桀。殷人：指纣。　⑨④ 牵牛入汉：牵牛，星名。汉，银河。《史记·天官书》“牵牛为牺牲”正义：“牵牛为牺牲，亦为关梁……移入汉中，天下乃乱。”王良策马：《史记·天官书》：“汉中四星曰天驷，旁一星曰王良。王良策马，车骑满野。”为战乱之象。王良：古之善驭马者，又为星名。　⑨⑤ 顺人将革：谓顺乎人心，将行革命。与《易·革·象》之“汤武革命，顺乎天而应乎人，革之时大矣哉”的意思相同。先天不违：《易·乾·文言》：“先天而天弗违。”谓先于天象(自然界尚未出现变化时)而行动，天不违背他。　⑨⑥ “大誓孟津”六句：《史记·周本纪》：“武王东观兵，至于盟津(即孟津)……是时，诸侯不期而会盟津者八百诸侯。”孟津：黄河渡口，在今河南孟津县东。陈盟景亳：《史记·殷本纪》正义：“宋州(今河南商丘)北五十里大蒙城为景亳，汤所盟地，因景山为名。”《周书·殷祝》：“汤放桀而复薄(即亳)，三千诸侯大会。”“不谋而同辞”二句，见《书·泰誓》孔颖达《正义》引汉马融《书序》：“八百诸侯，不召自来，不期同时，不谋同辞。”此六句比喻当时群雄联合反隋。⑨⑦ “彪虎”二句：《淮南子·天文训》：“虎啸而谷风至，龙举而景云属。”谷风，东风。景云，彩云，古人以为祥瑞。　⑨⑧ 魏公：李密自立为魏公。齐圣广渊：《书·冏命》：“昔在文、武，聪明齐圣。”又《微子之命》：“乃祖成汤，克齐圣广渊。”宋蔡沈《书集传》：“齐，肃也。齐则无不敬，圣则无不通，广言其大，渊言其深也。”　⑨⑨ 七德：《左传·宣公十二年》：“夫武，禁暴、戢兵、保大、定功、安民、和众、丰财者也。”故曰“武有七德”。九功：《书·大禹谟》：“九功惟叙。”谓“水火金木土谷”六事皆人民生活需要，“正德、利用、厚生”三事为治民要务，总称九功。　⑩⓪ 李密曾祖父李弼，在北周历任太保，终除太师，进封赵国公，卒后追封魏国公。祖父李曜，北周太保，封魏国公。父李宽，自周入隋，位上柱国，封蒲山郡公。皆知名当代。　⑩① 季历：周武王祖父。世祖：汉光武帝刘秀。元皇：即汉元帝，光武尊元帝为父。此四句说李密承父祖之业。　⑩② “笃生”二句：《诗·大雅·大明》：“笃生武王。”笃，语助词，见清马瑞辰《毛诗传笺通释》卷二四。白水，南阳郡蔡阳县乡名，在今湖北枣阳附近。汉光武生于此。《后汉书·光武纪》谓其相有日角，即额骨中央部分隆起，为帝王之相。　⑩③ “载诞”二句：载，语助词。诞，生。《帝王世纪》：“帝尧陶唐氏，母庆都，孕十四月而生尧于丹陵。”马骕《绎史》卷九引《帝尧碑》：“赤龙负图出，庆都读之云：‘赤受天运。’其下图人，衣赤衣……题曰：‘赤帝起成天下宝。’其后生尧，状如图上人，故曰‘天宝之文’。”　⑩④ “姓符”四句：图纬，附会经义以占验术为主要内容的书。《隋书·五行志》：“大业中，童谣曰：‘桃李子，鸿鹄绕阳山，宛转花木里。莫浪语，谁道许？’”其后李密因从杨玄感谋反，为吏所拘，在路上逃亡，潜结群雄，自阳城山出，袭破洛口仓，后又屯兵苑内。“桃李子”者，逃李子也。“花木里”者，苑内也。“莫浪语”者，密也。六合，天地东南西北，即指天下。

三灵改卜，语见陆机《汉高祖功臣颂》。三灵，天、地、人。改卜，另择有德者为君。　⑮“文王”二句：《史记·周本纪》：“帝纣乃囚西伯(文王)于羑(yǒu 有)里(故址在今河南汤阴北)。”《墨子·非攻下》：“赤鸟衔珪，降周之岐社，曰：‘天命周文王伐殷有国。’”　⑯“高祖”二句：“(高祖)隐于芒、砀山泽岩石之间。吕后与人俱求，常得之。高祖怪问之，吕后曰：‘季(高祖字)所居上常有云气，故从往常得季。’”　⑰“兵诛”二句：《后汉书·光武纪》：“光武先在长安时，同舍生彊华，自关中奉赤伏符曰：‘刘秀发兵捕不道，四夷云集龙斗野，四七之际火为主。’”光武于是乃即皇帝位。　⑱“锋锐”二句：《三国志·魏书·武帝纪》：“初，桓帝时有黄星见于楚、宋之分，辽东殷馗善天文，言后五十岁当有真人起于梁、沛之间，其锋不可当。至是凡五十年，而公破(袁)绍，天下莫敌矣。”沛，春秋战国时属宋，故云“出于梁宋”。　⑲“九五”四句：《易·乾·九五》：“飞龙在天。”又《革·九五》：“大人虎变。”又《革·上六》：“君子豹变。”李密先随杨玄感，继投翟让，故云“豹变”。历试诸难，语出《尚书·舜典》。指尧将禅位给舜时先使他多次经受考验。大敌弥勇，《后汉书·光武纪》：“刘将军(指光武)平生见小敌怯，今见大敌勇，甚可怪也。”　⑳翟(zhái 宅)让：东郡韦城(今河南滑县东南)人，组织瓦岗(今河南滑县南)农民起义，发展至万余人，李密往投之。次年，翟让推李密为主，号魏公。密以翟让为上柱国、司徒、东郡公。缔构：指发展起义军。翼亮：辅助。经纶：整理丝缕，引申为处理国家大事。伊尹：商初大臣，助汤灭桀。萧何：秦末佐刘邦起义，高祖称帝后任丞相。此处以伊尹、萧何比拟翟让。　㉑孟让：本起义于长白山(在今山东邹平南，章丘和淄博市之间)，后发展到河南，归属李密。孟畅：不详。裴行俨：河东人，裴仁基子，骁勇善战，密以为绛郡公。邴元真：出身微贱，后降王世充。　㉒截蛟：楚人次非渡江，有两蛟夹绕其船，次非赴江刺蛟，杀之而复上船。见《吕氏春秋·知分》。断鳌：《淮南子·览冥训》：“于是女娲炼五色石以补苍天，断鳌足以立四极。”吟猿：《淮南子·说山训》：“楚王有白猿，使养由基射之，始调弓矫矢，未发而猿拥柱号矣。”落雁：《战国策·楚策四》：“雁从东方来，更羸(人名)以虚发而下之。”　㉓韩彭绛灌：韩信、彭越、绛侯周勃、灌婴，皆辅佐刘邦以成帝业的人。刘邦初起义时自号沛公。寇贾吴冯：寇恂、贾复、吴汉、冯异，皆辅佐刘秀以成帝业的人。刘秀初从更始帝时，封为萧王。　㉔蒙轮：《左传·襄公十年》：“狄虒(sī 斯)弥建大车之轮，而蒙之以甲，以为橹……孟献子曰：‘《诗》所谓有力如虎者也。’”以皮制之甲蒙大车之轮，以为盾，显示其力大。挟辀(zhōu 舟)：挟起车杠。《左传·隐公十一年》：“公孙阏(è 遏)与颍考叔争车，颍考叔挟辀以走。”拔距投石：古代练习武功的活动，拔距即跳远、跳高。《汉书·甘延寿传》：“投石拔距，绝于等伦。”这里都用来形容李密麾下将士的勇猛。　㉕属当期运：谓气数正盛。　㉖西伯之师：周文王在商为西伯。武王伐纣，以车载文王木主，言奉文王以伐，不敢自专。南巢：在今安徽巢县西南。《尚书·仲虺之诰》：“成汤放桀于南巢。”此以桀、纣比喻隋炀帝。　㉗四七：《赤伏符》云：“四七之际火为主。”四七，二十八也。自汉高祖至光武初起，合二百二十八年。一说刘秀起兵时二十八岁。这里指李密名应谶语。　㉘留守段达、韦津等：《隋书·炀帝纪》载大业十二年七月，炀帝“幸江都宫，以越王侗、光禄大夫段达、太府卿元文都、检校民部尚书韦津、右武卫将军皇甫无逸、右司郎卢楚等，总留后事”。大业十三年四月，李密复据回洛仑，大修营垒以逼东都，隋将段达等出兵七万拒之，战于故都，官军败走。昆吾：夏的同盟部落，在今河南许昌东。商汤伐桀，先伐昆吾。恶稔：谓恶迹成熟，即恶贯满盈之意。《左传·昭公十八年》：“周毛得杀毛伯过而代之。苌弘曰：‘毛得必亡，是昆吾稔之日也。’”飞廉：纣之佞臣。举斧：以螳螂为喻。晋郭璞《螳螂赞》：“螳螂飞虫，挥斧奋臂。”即螳臂当车之意。　㉙“坑卒”句：《史记·赵世家》：“秦人围赵括，赵括以军降，卒四十余万皆坑之。”“积甲”句：《后汉书·刘盆子传》：“樊崇乃将盆子及丞相徐宣以下三十余人肉袒降，上所得传国玺绶,更始七尺宝剑及玉璧各一,积兵甲宜阳(今属河南)城西,与熊耳山齐。”熊耳:山名,在今河南省西部,以两峰状若熊耳得名。⑫⓪“梯冲”二句:梯冲,云梯和冲车,古代攻城器具。九拒:《墨子·公输》:“公输盘九设攻城之机变,子墨子九距之。”距通“拒”。鼓角将鸣,即鼓和号角将鸣于地中,指义军掘地道攻城。楼,楼橹,守城的哨楼。《后汉书·公孙瓒传》:“袁氏(绍)之攻,状若鬼神,梯冲舞吾城上,鼓角鸣于地中。”⑫①燕巢卫幕:《左传·襄公二十九年》载,卫国的执政大臣孙林父获罪于君,在其食邑戚地闲居。吴公子季札经过,听见钟声,说道:这个人获罪于君,“犹燕之巢于幕上”,不害怕,还听音乐!遂不止宿而去。鱼游宋池:《吕氏春秋·必己》:“宋桓司马有宝珠,抵罪出亡。王使人问珠之所在,曰投之池中。于是竭池而求之,无得,鱼死焉。”⑫②兴洛仓:故址在今河南巩县,一名洛口仓。虎牢关:在今河南荥阳县汜水镇西。大业十三年李密攻下兴洛仓,隋将裴仁基以虎牢关降密。回洛仓:故址在河南洛阳隋故城西。黎阳仓:故址在今河南浚县西南。发布此檄文时,黎阳仓尚未攻破。⑫③裴仁基:字德本,河东(郡名,又县名,治所在今山西永济县蒲州镇)人,在隋任光禄大夫。李密据洛口仓,炀帝以仁基为河南道讨捕大使,据虎牢以拒密。后受监军御史所抑制,乃以其众归密,封上柱国、河东郡公。受脤(shèn慎):《左传·闵公二年》:“帅师者,受命于庙,受脤于社。”古代出兵祭社,祭毕,以社肉颁赐诸人,谓之受脤。社肉盛以蜃形的漆器,故曰脤。《周礼·地官》有掌蜃。专征:古代帝王授予诸侯、将帅掌握军队的特权,不待天子之命,得专征伐。迁虞事夏:语出于《尚书大传》,系说禹受舜禅让的事。这里指裴仁基弃隋而从李密。⑫④袁谦:不详。张须陁:隋荥阳通守,与李密战,密以伏兵邀击于林木间,须陁军败战死。窦庆:隋左武卫大将军窦荣定少子,大业末,出为南郡太守。《隋书》称其“为盗贼所害”,见《窦荣定传》。淮南:隋郡名,治所在寿春。郭询:大业十二年为涿郡(治所在今北京城西南)通守,将兵讨高士达义军,被窦建德袭杀。⑫⑤房彦藻:李密大将。《资治通鉴》卷一八三:“密遣房彦藻将兵东略地,取安陆、汝南、淮安、济阳。河南郡县,多陷于密。”安陆:隋郡,今属湖北。汝南:隋郡,今属河南。淮安:隋郡,治所在今河南泌阳县。济阳:隋县名,治所在今河南兰考东北、山东曹县西南,属济阴郡(郡治今山东曹县)。⑫⑥鲁郡:即兖州,大业二年改为鲁郡。徐圆朗:兖州人,隋末据本郡起事,分兵略地,自琅邪以西,北至东平尽有之。孟海公:济阴人,在大业九年三月起兵,众至数万。封民瞻:事迹无考。平原:隋郡,治所在德州(今属山东)。郝孝德:大业九年三月起义于平原。十三年九月,李密与郝孝德共袭破黎阳仓。李士雄:大业十三年二月,李密称魏公,于是群雄响应,投归李密者有长平(郡名,治所在今山西晋城)李士雄等。王德仁:亦响应李密而投归的群雄之一,以大业十年十一月聚众数万起义于林虑山(在河南林县西),隋时属上党郡,治所在山西长治。李景:大业九年六月,杨玄感反于黎阳,时炀帝复侵高丽,闻讯班师,高丽追兵大至,李景击走之,进爵滑国公。后虎贲郎将罗艺与景有隙,诬景将反,炀帝不信。后为义军所杀。《隋书》有传。檄中此句当系据传闻而言。房山基:事迹不详。临榆:即临榆关,今河北秦皇岛市东山海关。刘兴祖:事迹不详。北朔:泛指北方。崔白驹:事迹亦不详。颍川:今河南许昌。方献伯:《隋书》作房宪伯,大业十三年四月攻陷汝阴(隋郡,治今安徽阜阳)。谯郡:治今安徽亳州市。以两地相近,传闻或略有参差。牧野之会:《史记·周本纪》记周武王伐纣,“诸侯兵会者车四千乘,陈师牧野”。牧野,商纣都城朝歌南郊。⑫⑦沧溟:大海。右:西面。函谷:关名,在今河南灵宝东北。牛酒:古时用来赏赐、慰劳的物品。壶浆:壶里盛的浓汁饮料。《孟子·梁惠王下》:“箪食(sì饲)壶浆,以迎王师。”意为百姓欢迎所爱戴的军队。⑫⑧衣冠世胄:《晋书·石季龙载记》:“雍、秦二州望族,自东徙以来,遂在戍役之例。既衣冠华胄,宜蒙优免。”衣冠,代指世族、仕绅。世胄,显贵者的后代。杞梓:杞和梓,两种优质木材,比喻优秀人才。《晋书·

陆机陆云传评》:"观夫陆机、陆云,实荆衡之杞梓。" ⑫9 神鼎灵绎:原作"神歇灵绎",出扬雄《剧秦美新》。谓神停歇灵验之旧绪,不复降福祐祥瑞于秦。此两句说:现在旧朝将亡,新朝将兴,争取建功立业,以博封侯之赏,正在开始。 ⑬0 鹊起:鹊由低处凌风而起,喻乘时崛起之意。鼍鸣鳖应:《后汉书·张衡传》载衡所作《应问》曰:"当此之会,乃鼍鸣而鳖应也。"李贤注:"喻君臣相感也。焦赣《易林》曰:'鼍鸣岐野,鳖应于泉也。'" ⑬1 耿弇:汉光武的佐命功臣,居云台二十八将之前列。萧何:汉高祖开国元勋,序次功臣,萧何第一。 ⑬2 金章紫绶:大官的标志。汉朝相国、丞相皆金印紫绶。华盖朱轮:古代贵官所乘之车有华盖,用朱红漆轮。此两句统指贵族高官的服用。传奕叶:一代接一代传下去。 ⑬3 桀犬:邹阳《狱中上书自明》:"桀之狗可使吠尧。"《战国策·齐策六》:"跖之狗吠尧,非贵跖而贱尧也,狗固吠非其主也。"这里称隋官吏为桀犬,即有各为其主之意。 ⑬4 王莽:借指隋文帝。蒯聩:春秋时卫灵公太子,出奔宋。灵公死,卫人立蒯聩之子名辄者为出公。十三年后,蒯聩逐走出公自立,为卫庄公。这里借指隋炀帝。 ⑬5 审配:袁绍谋士。绍死,为绍子袁尚守邺城拒曹操,城破不降,被杀。张郃:袁绍部将,多立战功。官渡之战,袁绍兵败,郃降曹操。 ⑬6 范增:项羽谋士,尝劝项羽于鸿门宴上杀刘邦,项羽不应。后项羽轻信陈平所设离间计,疑范增与汉有私,范增大怒辞归,半路疽发背而死。陈平:本为项羽都尉,后弃羽归汉,数为汉出奇计,后为丞相。 ⑬7 猛虎犹豫:《史记·淮阴侯列传》:"猛虎之犹豫,不若蜂虿之致螫。"言对事应及早决断。舟中敌国:《史记·吴起列传》:"若君不修德,舟中之人尽为敌国也。"言内部也会发生问题。 ⑬8 夙沙之人:《淮南子·道应训》:"宿沙之民,皆自攻其君而归神农。"高诱注:"伏羲、神农之间,有共工、宿沙,霸天下者也。"宿沙,《帝王世纪》作"夙沙",同。彭宠:《后汉书》有传。宠先归汉光武,自负其功,意望甚高,光武接之不能满,心怀不平。后发兵反,自立为燕王。不久为家奴所杀。 ⑬9"昆山"二句:《尚书·胤征》:"火炎昆冈,玉石俱焚。" ⑭0 噬脐:《左传·庄公六年》:"若不早图,后君噬齐。"杜预注:"若啮腹齐,喻不可及。"齐通"脐"。 ⑭1"黄河"二句:《史记·高祖功臣侯年表》:"封爵之誓曰:'使河如带,泰山若厉,国以永宁,爰及苗裔。'"言黄河何时小如衣带那样,泰山何时小如磨刀石那样,封国乃绝。指黄河、泰山为誓,表示山河永固,子子孙孙传世无穷。旦旦,诚恳貌。《诗·卫风·氓》:"信誓旦旦。" ⑭2"皎日"二句:《诗·王风·大车》:"谓予不信,有如皦日。"指白日为誓。勤勤,殷勤。

中国古代农民起义次数之多、规模之大、影响之巨,都远超世界其他各国。但农民起义军声讨封建地主阶级暴虐腐朽统治的革命文献,完整保存下来的却为数极少。这篇由出身文学世家的落拓才人祖君彦为隋末农民起义军著名领袖李密代撰的声讨隋炀帝的檄文,以宏大的规模、磅礴的气势、谨严的结构,痛快淋漓地揭露了炀帝的滔天罪行,展现了以李密为首的义军阵营强大的声威和必胜的趋势,不仅是一篇具有很高历史价值的文献,而且是一篇内容宏富,风格雄放,具有文学价值的骈文。

这篇檄文,写于李密领导的农民起义军(瓦岗军)声威日益壮大,挥师攻打隋王朝东都洛阳的关键时刻。大业十三年(617),李密连破兴洛、回洛、黎阳等仓,立为魏王,山东、河北一带义军纷纷归附,众至数十万。四月下旬,作者为李密写了这篇声讨罪恶、宣扬声威、敦促归降的檄文。其中,揭露声讨炀帝罪恶,是文章的主体，也是后两项内容的基础与前提。宣扬义军声威及必胜趋势，则又是敦促隋军将士归降的关键。促降，则是全篇的归宿与根本目的。这三项内容，正是环环相扣，具有内在因果关系和逻辑联系的。从这个基本框架，可以看出文章整体构思的清晰与严密。

文章的声讨炀帝罪恶部分，包括前面十三个小段，约占全文篇幅的三分之二，可见它在文中所占的重要地位。开头一小段，从远古时代帝王的产生谈到君主的根本职责和最高道德是“爱育黔首”。只有“爱之如父母，敬之若神明”，才能“治致升平”，国运长久。这是全篇立论的基础和思想核心。以下历数炀帝罪恶，宣扬李密“顺人将革”，劝谕隋将“见机而作”，都或显或隐地与此关联。正是在这个根本点上，文章鲜明地体现了农民起义军与广大百姓的命运血肉相关，成为全文中最具光彩的核心内容。这一段的最后两句，从反面强调暴虐临民者绝不可能“终天位”，自然引渡到对炀帝罪行的揭露声讨，承接无迹。

第二到十一小段，历数炀帝十大罪状：窃国篡位、荒淫乱伦、荒废政事、大建宫观、赋税苛重、淫游无度、穷兵黩武、拒谏戮忠、卖官鬻爵、勋赏无信。十款之中，第一款涉及整个隋代政权及炀帝统治本身的不合法性，在封建社会中是头等重要的法统问题。第二款涉及根本的人伦道德，足见炀帝之无父无君。第三款则是炀帝完全放弃君主“司牧”职责的表现。以上三款，在古人眼里，都带有根本性质，故冠于前列。四、五、六、七各款，则主要从对内（人民）、对外的关系上，揭露炀帝如何因穷奢极欲、骄侈无度而加剧了对人民的诛求剥削，造成了人民的深重灾难和隋代政权的危机，显示了炀帝的“民贼”面目。这些实际上是隋朝灭亡最根本的原因。八、九、十三款，主要是从炀帝处理统治集团内部关系上的种种倒行逆施，以及所导致的“君子结舌，贤人缄口”，“彝伦攸斁，政以贿成”，“凡百骁雄，谁不仇怨”的严重恶果，揭示统治集团的分崩离析和炀帝的“独夫”面目。从十罪的先后次序中，正可略见作者的精心安排。

十二、十三小段，总结上文而加发挥，一述亡理，一述亡征。十罪居一，犹未或不亡，何况十罪俱全？是以“愚夫愚妇，共识殷亡”。古往今来，暴君昏主层出不穷，但像炀帝这样，集昏、暴、淫、侈、骄、顽、愎为一体的典型，却属罕见。作者在历数其十恶不赦之罪的基础上，用“罄南山之竹，书罪无穷；决东海之波，流恶难尽”这样充满义愤、极富气势的句子，对炀帝的罪行作了出色的渲染，遂使此成为千古流传的声讨暴君的警句。述亡征一段，虽多谶纬迷信之事，但在古代农民起义史上，它往往是起义农民号召推翻反动统治的舆论手段。

文章中宣扬义军声威的部分，包括十四至十七四个小段。这部分的开头一段,先刻意渲染李密领导的义军顺乎民心、应乎天意,得到各路义军云集响应的情景。然后回叙李密"聪明神武",家世才德,都足以成为取隋而代之的杰出领袖。接着再铺叙其文臣武将,人才济济,勾画出一幅兴旺昌盛的义军阵营图景。次段乃转述义军李密挥师攻打东都,隋军胆敢抗拒,必遭殄灭。三段指出义军连下兴洛诸仓,足食足兵,无前无敌,隋军大将望风而降。四段更描绘出"海内英雄,咸来响应"的大好形势,和人民拥护义军,"牛酒献于军前,壶浆盈于道路"的动人情景,充分显示出"顺人将革"的战争必胜的趋势。如果说,上一部分声讨罪行,是义愤填膺,这一部分则神采飞扬,充满信心。

文章的晓谕隋将归降部分,包括十八、十九两小段。号召他们认清形势,见机而作,鸠集子弟,共建功业。如果"暗于成事,守迷不反",必将玉石俱焚。从正反两个方面告诫他们趋利避害。这是文章的结穴。

作为一篇檄文,本篇的知名度可能不如三十多年后骆宾王为李敬业起草的那篇讨伐武则天的檄文,艺术上也确实不像后者那样简劲锋利,富于文采。但从内容看,祖文显然优于骆文。这并不单纯由于本篇是农民起义军声讨暴君的檄文,骆文则是统治集团内部斗争的产物,而是主要由于二者在事理的切实充足方面显然有别。骆氏所列武后罪状,诸如"地实寒微""狐媚惑主",即在当时亦属比较陈腐的观点,更无论"弑君鸩母"一类纯属传闻乃至虚构的所谓罪名了。因此这种声讨,虽气盛辞断,却未必理足而事切。缺乏政治上的充分说服力,而本篇列举的炀帝十大罪状,则条条确凿,有大量铁案如山的事实作证。即令列为最后一条罪状的"危急则勋赏悬授,克定则丝纶不行",也都言之有据,确为炀帝众叛亲离的一个重要原因。因此这篇檄文才能真正做到事昭理辨,义正辞严,具有强大的号召力。同时,由于炀帝一身集中了历史上暴君的所有恶德恶行,因而这十大罪状便具有更广泛的典型意义。从这份典型的暴君罪行录中可以看出反动封建统治的腐朽性和农民起义的正义性。

这篇檄文,具有磅礴的气势。除了"理足"这一根本因素外,充分发挥骈文的优长,也是一个重要原因。骈文大量运用排偶句式,本易流于堆垛平板。本篇则借一气直下的骈偶句式,造成雄放恣肆的气势。如形容起义军的声势:"百万成旅,四七为名。呼吸则河渭绝流,叱咤则嵩华自拔。以此攻城,何城不陷? 以此击阵,何阵不摧? 譬犹泻沧海而灌残荧,举昆仑而压小卵。"由于在排偶中糅合了夸张、比喻手法,更显得气势磅礴,一泻千里。像"罄南山之竹,书罪无穷;决东海之波,流恶难尽"这种警句,同样是将骈偶句法与高度夸张结合的范例。作者还将排偶扩展到段落的排比上。十大罪状,连贯而下,势如破竹,大大增强了文章的力度。

骈文的特征之一是大量用典，走向极端也往往使文章流于堆砌晦涩。本文虽也运用了不少典故，但多为人们较为熟悉的事典，而且切合所要说明的事理。加以借气势驱使故典，读来并不感到晦涩堆垛，而是较一般骈文来得疏宕明快，像"公田"一段、"有一于此"一段、"魏公"一段，尤为明显。

骈文的语言由于用典使事和炼饰追琢，往往华美典雅有余，而骨力不足。本文的语言则吸收与发挥了骈文注意锤炼的优长，而在一定程度上变典雅为通俗，使它更切合实用，发挥宣传号召的力量。像"爱之如父母，敬之若神明"，"穷生人之筋力，罄天下之资财。使鬼尚难为之，劳人固其不可"，"父母不保其赤子，夫妻相弃于匡床。万户则城郭空虚，千里则烟火断灭"，"尸骸蔽野，血流成河。积怨满于山川，号哭动于天地"，"四方起义，万里如云。足食足兵，无前无敌"，"沧溟之右，函谷以东，牛酒献于军前，壶浆盈于道路"等句，除了句式对偶外，几乎是通俗的口语。这种语言风格，是对骈文过分典雅华丽的传统语言风格的一种改进。要之，这篇骈文，在一定程度上变骈文的柔弱乏骨为富于气势，变骈文的堆垛晦涩为疏宕明快，变骈文的典雅华丽为通俗朴素，是在实践中扬骈文之长、弃骈文之短的一篇佳作。

（刘学锴）

【作者小传】

魏　徵

(580—643)　唐初政治家。字玄成。巨鹿(今属河北)人，后移居相州内黄(今河南内黄西)。少孤贫，出家为道士。隋末参加瓦岗军，李密败，降唐。又被窦建德所俘，任起居舍人。建德败，归唐为太子洗马。太宗即位，为谏议大夫。后任秘书监，参预朝政，校定秘府图籍。后一度任侍中，封郑国公。敢于直谏，所言多被采纳。其言论见于《贞观政要》。曾主持梁、陈、齐、周、隋诸史的编撰，作《隋书》的序论与《梁书》《陈书》《齐书》的总论。著有《类礼》，并主编《群书治要》。

十渐不克终疏　　魏　徵

臣观自古帝王受图定鼎①，皆欲传之万代，贻厥孙谋②。故其垂拱岩廊，布政天下，其语道也，必先淳朴而抑浮华；其论人也，必贵忠良而鄙邪佞；言制度也，则绝奢靡而崇俭约；谈物产也，则重谷帛而贱珍奇。然受命之初，皆遵之以成治；稍安之后，多反之而败俗。其故何哉？岂不以居万乘之尊，有四海之富，出言而莫己逆，所为而人必从，公道溺于私情，礼节亏于嗜欲故也！语曰："非知之难，行之惟难；非行之难，终之斯难。"所言信矣。

伏惟陛下年甫弱冠，大拯横流，削平区宇，肇开帝业。贞观之初，时方克壮，抑损嗜欲，躬行节俭，内外康宁，遂臻至治。论功则汤、武不足方，语德则尧、舜未为远。臣自擢居左右，十有余年，每侍帷幄，屡奉明旨。常许仁义之道守之而不失，俭约之志终始而不渝。一言兴邦，斯之谓也。德音在耳，敢忘之乎？而顷年已来，稍乖曩志。敦朴之理，渐不克终。谨以所闻列之如左：

陛下贞观之初，无为无欲。清静之化，远被遐荒。考之于今，其风渐坠。听言则远超于上圣，论事则未逾于中主。何以言之？汉文、晋武俱非上哲。汉文辞千里之马③，晋武焚雉头之裘④。今则求骏马于万里，市珍奇于域外，取怪于道路，见轻于戎狄。此其渐不克终一也。

昔子贡问理人于孔子，孔子曰："懔乎若朽索之驭六马。"子贡曰："何其畏哉？"子曰："不以道导之，则吾仇也。若何其无畏？"故《书》曰："民惟邦本，本固邦宁。为人上者，奈何不敬？"陛下贞观之始，视人如伤。恤其勤劳，爱民犹子。每存简约，无所营为。顷年已来，意在奢纵，忽忘卑俭，轻用人力。乃云百姓无事则骄逸，劳役则易使。自古已来，未有百姓逸乐而致倾败者也。何有逆畏其骄逸而故欲劳役者哉！恐非兴邦之至言，岂安人之长算？此其渐不克终二也。

陛下贞观之初，损己以利物。至于今日，纵欲以劳人。卑俭之迹岁改，骄侈之情日异。虽忧人之言不绝于口，而乐身之事实切于心。或时欲有所营，虑人致谏，乃云若不为此不便我身。人臣之情，何可复争？此直意在杜谏者之口，岂曰择善而行者乎？此其渐不克终三也。

立身成败，在于所染。兰芷鲍鱼，与之俱化。慎乎所习，不可不思。陛下贞观之初，砥砺名节，不私于物，唯善是与。亲爱君子，疏斥小人。今则不然，轻亵小人，礼重君子。重君子也，敬而远之；轻小人也，狎而近之。近之则不见其非，远之则莫知其是。莫知其是，则不间而自疏；不见其非，则有时而自昵。昵近小人，非致理之道；疏远君子，岂兴邦之义？此其渐不克终四也。

《书》曰："不作无益害有益，功乃成；不贵异物贱用物，人乃足。犬马非其土性不畜，珍禽奇兽弗育于国。"陛下贞观之初，动遵尧、舜，捐金抵璧，反朴还淳。顷年已来，好尚奇异。难得之货无远不臻，珍玩之作无时能止。上好奢靡而望下敦朴，未之有也。末作滋兴而求丰实，其不可得亦已明矣。此其渐不克终五也。

贞观之初，求贤如渴。善人所举，信而任之。取其所长，恒恐不及。近岁已来，由心好恶。或众善举而用之，或一人毁而弃之；或积年任而用之，或一朝疑而远之。夫行有素履，事有成迹。所毁之人，未必可信于所举，积年之行，不应顿失于一朝。君子之怀，蹈仁义而弘大德；小人之性，好谗佞以为身谋。陛下不审察其根源，而轻为之臧否，是使守道者日疏，干求者日进。所以人思苟免，莫能尽力。此其渐不克终六也。

陛下初登大位，高居深视。事惟清静，心无嗜欲。内除毕弋之物，外绝畋猎之源。数载之后，不能固志。虽无十旬之逸⑤，或过三驱之礼⑥。遂使盘游之娱见讥于百姓，鹰犬之贡远及于四夷。或时教习之处，道路遥远，侵晨而出，入夜方还。以驰骋为欢，莫虑不虞之变。事之不测，其可救乎？此其渐不克终七也。

孔子曰："君使臣以礼，臣事君以忠。"然则君之待臣，义不可薄。陛下初践大位，敬以接下。君恩下流，臣情上达，咸思竭力，心无所隐。顷年已来，多所忽略。或外官充使，奏事入朝，思睹阙庭，将陈所见。欲言则颜色不接，欲请又恩礼不加。间因所短，诘其细过，虽有聪辩之略，莫能申其忠款。而望上下同心，君臣交泰，不亦难乎？此其渐不克终八也。

傲不可长，欲不可纵，乐不可极，志不可满。四者前王所以致福，通贤以为深诫。陛下贞观之初，孜孜不怠。屈己从人，恒若不足。顷年已来，微有矜放。恃功业之大，意蔑前王；负圣智之明，心轻当代。此傲之长也。欲有所为，皆取遂意。纵或抑情从谏，终是不能忘怀。此欲之纵也。志在嬉游，情无厌倦。虽未全妨政事，不复专心治道。此乐将极也。率土乂安，四夷款服，仍远劳士马，问罪遐裔。此志将满也。亲狎者阿旨而不肯言，疏远者畏威而莫敢谏，积而不已，将亏圣德。此其渐不克终九也。

昔陶唐、成汤之时，非无灾患，而称其圣德者，以其有始有终，无为无欲，遇灾则极其忧勤，时安则不骄不逸故也。贞观之初，频年霜旱，畿内户口，并就关外，携负老幼，来往数年，曾无一户逃亡，一人怨苦。此诚由识陛下矜育之怀，所以至死无携贰。顷年已来，疲于徭役。关中之人，劳弊尤甚。杂匠之徒，下日悉留和雇⑦；正兵之辈，上番⑧多别驱使。和市⑨之物，不绝于乡闾；递送之夫，相继于道路。既有所弊，易为惊扰。脱因水旱，谷麦不收，恐百姓之心，不能如前日之宁帖。此其渐不克终十也。

臣闻祸福无门，唯人所召。人无衅焉，妖不妄作。伏惟陛下统天御宇，十有三年。道洽寰中，威加海外。年谷丰稔，礼教聿兴。比屋逾于可封，菽粟同于水火。暨乎今岁，天灾流行。炎气致旱，乃远被于郡国；凶丑作孽，忽近起于毂下⑩。夫天何言哉？垂象示诫。斯诚陛下惊惧之辰，忧勤之日也。若见诫而惧，择善而从，同周文之小心，追殷汤之罪己，前王所以致理者勤而行之,今时所以败德者思而改之,与物更新,易人视听,则宝祚无疆,普天幸甚。何祸败之有乎?然则社稷安危,国家理乱,在于一人而已。当今太平之基,既崇极天之峻;九仞之积,犹亏一篑之功。千载休期,时难再得。明主可为而不为,微臣所以郁结而长叹者也。臣诚愚鄙,不达事机,略举所见十条,辄以上闻圣听。伏愿陛下采臣狂瞽之言,参以刍荛之议,冀千虑一得,衮职有补,则死日生年,甘从斧钺。

〔注〕 ① 受图定鼎:指即帝位。 ② 贻厥孙谋:遗留给子孙。语出《诗·大雅·文王有声》。 ③“汉文”句:汉文帝时,有人献千里马,帝还马,并给他路费。 ④“晋武”句:晋武帝时,太医司马程据献雉头裘,帝以奇技异服典礼所禁,焚之于殿前。 ⑤ 十旬之逸:夏代太康盘游无度,曾畋猎十旬不返。 ⑥ 三驱之礼:《易·比·九五》:“王用三驱。”孔疏:“三驱之礼,先儒皆云三度驱禽而射之也,三度则已。” ⑦ 和雇:官府出钱雇用劳力。 ⑧ 上番:轮替值勤。 ⑨ 和市:官府向百姓议价购买货物。 ⑩“凶丑”二句:指贞观十三年(639)突厥突利可汗之弟结社率犯行宫之事。

本篇是作者于贞观十三年(659)上唐太宗的奏疏。

一代英主唐太宗李世民经过贞观初的励精图治、去奢从俭,经济、政治、文化得到迅速发展,国家繁荣昌盛,他的帝王事业接近巅峰,而骄侈之心也逐渐滋长。在这关键时刻,魏徵这位经历过隋末农民大起义风暴,亲眼看到以节俭著称的隋文帝苦心经营的帝业和富庶的隋朝,如何在骄侈淫佚的炀帝统治下迅速覆灭的“良臣”,写了这篇著名的奏疏,对太宗在“成治”以后滋长起来的“奢纵”趋向表现出特殊的敏感和深切的忧虑。《贞观政要》卷十载:“贞观十三年,魏徵恐太宗不能克终俭约,近岁颇好奢纵,上疏谏。疏奏,太宗谓徵曰:‘人臣事主,顺旨甚易,忤情尤难。公作朕耳目股肱,常论思献纳。朕今闻过能改,庶几克终善事。若违此言,更何颜与公相见?复欲何方以理天下?自得公疏,反复研寻,深觉词强理直。遂列为屏障,朝夕瞻仰;又录付史司,冀千载之下,识君臣之义。’乃赐徵黄金十斤,厩马二匹。”从唐太宗的恳切态度与行动中,可以看出这篇奏疏对他的强烈震动。作为一篇批评帝王的文章,能产生如此强烈的政治效果,主要在于批评的切直和表述的准确、得体。

开头两小段,是全文的纲领和引子。先提出帝王长治久安之道,在于崇俭贵贤,然后指出“受命之初,皆遵之以成治;稍安之后,多反之而败俗”的普遍现象及其原因。“居万乘之尊”六句,紧扣帝王唯我独尊的特殊身份地位立论,将封建统治者不能慎终如始的原因分析得非常透辟,这也正是唐太宗这种既属英主,又有常人嗜欲的皇帝不免滋长骄侈心的根本原因。这一小段可以说是从历史经验中总结出了帝王慎终如始的困难与极端重要性。第二小段在充分肯定了太宗即位前后的辉煌业绩以后,便转笔揭出题旨,指出其近年来“敦朴之理,渐不克终”的现象。

三至十二段,是文章的主体部分,用鲜明的对比,将“贞观之初”与“顷年已来”太宗的政治举措及生活俭奢情况加以论列,揭示了十个不能善始善终的方面:一、搜求珍奇,清静寡欲之心渐不克终;二、轻用民力,爱民卑俭之心渐不克终;三、纵欲拒谏,损己利物之心渐不克终;四、疏贤昵佞,慎习与善之心渐不克终;五、好尚奢靡,敦重淳朴之心渐不克终;六、疑弃贤人,求贤若渴之心渐不克终;七、盘游畋猎,清静无欲之心渐不克终;八、对下骄慢,敬礼臣下之心渐不克终;九、骄傲自满,谦虚谨慎之心渐不克终;十、劳弊百姓,忧勤矜育之心渐不克终。这“十不克终”,概而言之,无非是“骄侈劳民,远贤拒谏”八个字。这正是像李世民这样的英主在事业上获得卓越成就后,因帝王的特殊身份而极易滋长的毛病,也是对唐王朝长治久安的极大威胁。作者条分缕析,不惮其烦地从各个不同的侧面加以申述,正是要给滋长了这种危险的毛病而不自觉的唐太宗以反复切直的警诫,使其闻而警醒惕惧。可以说,这十条完全切中唐太宗政治上向反面演变的要害。作者在列举“十不克终”时,并不停留在表面现象上,而是把这些表现和国家治乱的普遍规律,以及它们产生的原因、造成的严重后果联系起来论述,强调“民为邦本”的道理,和“傲不可长,欲不可纵,乐不可极,志不可满”这一“前王所以致福”的经验,指出上述现象如何导致了“守道者日疏,干求者日进”和百姓“疲于徭役”“劳弊尤甚”等严重后果。这样的分析,才能使对方“见诫而惧”,闻过而改,达到批评的目的。

最后一段,希望太宗采纳他的谏言。

作者的批评,既直率尖锐,又极有分寸,切合对象实际。文中对太宗的许多批评,不但直言不讳,毫不假借,而且往往直揭其言与心、言与行的矛盾,深入其内心隐秘。如批评其“虽忧人之言不绝于口,而乐身之事实切于心”,“听言则远超于上圣,论事则未逾于中主”,“恃功业之大,意蔑前王”,甚至把太宗为自己轻用民力而辩护的歪理(“百姓无事则骄逸,劳役则易使”)也和盘托出,直截了当地加以指斥,锋芒尖锐,鞭辟入里,足使太宗感到脸红。但这些批评本身又正说明太宗的骄侈与轻用民力,不同于炀帝的骄侈与滥用民力,这是在一种知与行、理智与欲望的矛盾下产生的骄侈行为,带有某种不自觉的特点,而不是昏主暴君不顾一切后果的一意孤行。又如“渐不克终四”对李世民对待君子与小人态度的批评，一开始只指出他"轻亵小人，礼重君子"。这一轻一重，似乎并不错。但从内心深处说，这时的太宗并不喜欢君子，也不厌恶小人。因此对前者是"狎而近之"，对后者却是"敬而远之"。这就必然导出"不见其非""莫知其是"的结果。通过严密的推理与层层深入的分析，将这一轻一重提到"非致理（治）之道""兴邦之义"的高度，批评不可谓不切直尖锐，但"轻亵小人，礼重君子"这种现象本身又说明太宗在理智上完全明白孰轻孰重，表面行动上也能做到。这就与昏暴之主本性跟小人一致者有明显区别，因此这种批评又是完全切合实际的。可见，真正有效的批评，乃是实事求是的批评。人们往往只注意魏徵"直谏"的一面，而忽略了其谏诤之所以成功的原因。当然，这跟太宗本身的诸多主观条件也是分不开的。

这篇奏疏，虽大量运用骈偶句法，但又时参散句。偶句本身也脱去六朝骈文专门在辞藻、典故、声律上下功夫的旧习，用平易朴素、明白晓畅的语言说理，真正做到辞达而理洽，具有一种朴质明畅的美感。诚如近人高步瀛所评："词旨剀切，气势雄骏，与六朝骈文俪黄妃白者迥然殊途。陆宣公献纳之文即出于此，后来欧、苏奏议皆用其体，应用之文以此为宜。"（《唐宋文举要》）　（刘学锴）

【作者小传】

王　绩

（约589—644）　唐诗人。字无功。绛州龙门（今山西运城河津）人。王通之弟。尝居东皋，号东皋子。隋大业中举孝悌廉洁及第，除秘书正字、扬州六合县丞。曾往依窦建德幕下数月。唐初以前官待诏门下省，改太乐丞，后弃官还乡。放诞纵酒。其诗多以酒为题材，流露对现实不满。也能文。著有《东皋子集》。

醉　乡　记　　　　王　绩

醉之乡，去中国不知其几千里也。其土旷然无涯，无丘陵阪险；其气和平一揆，无晦明寒暑；其俗大同，无邑居聚落；其人甚精，无爱憎喜怒，吸风饮露，不食五谷；其寝于于，其行徐徐，与鸟兽鱼鳖杂处，不知有舟车器械之用。

昔者黄帝氏①尝获游其都，归而杳然丧其天下，以为结绳之政②已薄矣。降及尧舜，作为千钟百壶③之献，因姑射神人④以假道，盖至其边鄙，终身太平。禹汤立法，礼繁乐杂，数十代与醉乡隔。其臣羲和⑤，弃甲子⑥而逃，冀臻其乡，失路而道夭，故天下遂不宁。至乎末孙桀纣，怒而升糟丘⑦，阶级千仞，南向而望，卒不见醉乡。武王得志于世，乃命公旦⑧立酒人氏⑨之职，典司五齐⑩，拓土七千里，仅与醉乡达焉，故四十年刑措不用。下逮幽厉，迄乎秦汉，中国丧乱，遂与醉乡绝。而臣下之爱道者，往往窃至焉。阮嗣宗、陶渊明等十数人并游于醉乡，没身不返，死葬其壤，中国以为酒仙云。

嗟乎，醉乡氏之俗，岂古华胥氏之国⑪乎？何其淳寂也如是！予得游焉，故为之记。

〔注〕 ①黄帝氏：传说中中原各族的祖先，姓公孙，号轩辕氏、有熊氏，又居姬水，故改姓姬。 ②结绳之政：上古未产生文字时，用绳打结的方法记事治政。《易·系辞下》："上古结绳而治，后世圣人易之以书契。" ③千钟百壶：钟、壶皆指酒器。 ④姑射神人：姑射是传说中的仙山名。《庄子·逍遥游》："藐姑射之山，有神人居焉。" ⑤羲和：传说中掌天地四时的官吏。 ⑥甲子：岁月的代称，这里指羲和所掌管的职事。 ⑦糟丘：酿酒后剩下的糟堆积成的小丘。《新序·节士》："桀为酒池，足以运舟，糟丘足以望七里。" ⑧公旦：周公姬旦，周文王子，辅助武王灭纣建周。 ⑨酒人氏：掌管造酒的官。 ⑩五齐：古代按酒的清浊分为五等，称作"五齐"：泛齐、醴齐、盎齐、缇齐、沈齐。 ⑪华胥氏之国：寓言中的国名。《列子·黄帝》："（黄帝）昼寝，而梦游于华胥氏之国。华胥氏之国在弇州之西，台州之北，不知斯齐国（离中国）几千万里。盖非舟车足力之所及，神游而已。"后用为梦境的代称。

封建文人在不满现实而又无力改变现实时，往往借虚幻的境界寄寓自己的政治理想。东晋陶渊明构造过与世隔绝的桃花源，王绩则虚构了"无爱憎喜怒"的醉乡。

王绩曾在隋朝为官，年轻时，也有立功封侯的壮怀；入唐后，对新王朝不满，不久就弃官归隐。他仿效陶渊明、阮籍、刘伶诸人，纵情饮酒，蔑视礼法，以这种方式宣泄心中的块垒，企求精神的解脱。他把醉乡看作理想境界，就含有以醉态与现实抗争的意思。《新唐书·王绩传》言王绩"著《醉乡记》以次刘伶《酒德颂》"。刘伶的《酒德颂》直接颂扬酒德，对陈说礼法的"贵介公子、缙绅处士"表示了极度的蔑视；王绩的《醉乡记》则宣扬醉乡功德，以嗜酒来麻醉自己，表露了逃避现实、明哲保身的消极态度。

文中对醉乡的状写受到《老子》《庄子》中有关内容及陶渊明《桃花源记》等多方面的影响，其中有如同桃花源一样平旷开阔的自然环境，有如同庄子《逍遥游》

中所描绘的“不食五谷、吸风饮露”的神仙一般的居民，也有类似老子赞美的“使有什佰之器而不用”的生活习俗。作者把这些特征汇聚于笔下，创造出一个无是非纷争、无矛盾差异的境界，人归返于自然之中，呈现出与自然同样质朴率真的风尚。但值得注意的是，陶渊明作《桃花源记》，其记述重点完全在理想国自身，以桃花源没有压迫欺诈、人人平等的社会特征及其与外界隔绝的状态，显示出与现实的区别，表明对现实的否定；而本文虽然也创造了一个与世不同的境界，但作者对其描写却比较简单粗略，更多的篇幅则用于叙述古代各朝君王与醉乡的关系之上，其中有以不同方式与醉乡交往的黄帝、尧、舜和周武王，也有与醉乡隔绝的禹、汤、桀、纣以及幽、厉、秦、汉各代。这样，醉乡就不仅是理想的象征，也成为衡量评判现实社会的标准。显而易见，作者肯定的是与醉乡有交往的君王，而否定与醉乡隔绝的君王。他以这样的褒贬方式，进一步揭示了醉乡所象征的理想社会的思想内涵，而同时，也流露出他思想上存在的矛盾。他没有让历史上有贤君之称的禹、汤与醉乡发生联系，原因是“禹汤立法，礼繁乐杂”，这表明他把醉乡与封建礼法相对立，反映了他反对封建礼法的态度。但另一方面，他的褒贬又基本符合儒家的传统标准。他肯定了周武王的政绩，赞美周武王统治的社会“四十年刑措不用”，说明他并非笼统地一概反对封建礼法，因为西周恰恰是孔子最推崇的朝代，复辟周礼是孔子孜孜以求的目标，历代封建统治者也把西周视作礼法制度最完美的典范。他更渴求的不是取消封建礼法，而是祈求一个合其心意的贤君。他的不满产生于自身所处的社会环境，当他以一种特殊形式表示与现实的对抗时，思想深处并没有真正背离儒道的基本原则。他写到在与醉乡隔断的朝代，总有爱道者私至醉乡，而自己也得以游历醉乡。显然，他是把阮籍、陶渊明引为同调，同时也暗示自己所处的正是不能与醉乡相通的朝代。他以醉乡对抗封建礼法，主要是出于对现实的不满，他把能与醉乡相通者称为“爱道者”，以与丧乱的时代相对立，说明他终究还是把封建之道作为立身准则，并非真是醉乡之人。

这篇文章以醉名乡，所举的人和事都与酒有关联，如夏桀与糟丘，黄帝立酒人氏之职，阮籍、陶渊明的酣饮等。这些都有史可查，巧用于文中，自然而富有趣味，足见构思的精妙。在用字上，也很见作者的苦心，如写与醉乡的关系，禹汤用“隔”，桀、纣用“不见”，幽、厉等则用“绝”，用字的差异表明作者对他们的贬抑程度的不同，他对后两者的态度显然比对禹汤更为严厉。　（陈晓芬）

【作者小传】

李　善

(？—689)　唐学者。扬州江都(今属江苏)人。曾任崇贤馆直学士、兰台郎等职。学识渊博,但不善治文,时人称为“书簏”。曾流放姚州,后遇赦还,寓居汴、郑间。以讲授《文选》为业。学生多自远方而至,传其业,号“文选学”。有《文选注》六十卷。

上《文选注》表　　李　善

臣善言:窃以道光九野①,缛景纬以照临②;德载八埏③,丽山川以错峙。垂象之文斯著④,含章之义聿宣⑤。协人灵以取则,基化成而自远。

故羲绳之前,飞葛天之浩唱⑥;娲簧之后,掞丛云之奥词⑦。步骤分途,星躔殊建⑧;球钟愈畅⑨,舞咏方滋。楚国词人,御兰芬于绝代;汉朝才子,综鞶帨于遥年⑩。虚玄流正始之音,气质驰建安之体。长离北度⑪,腾雅咏于圭阴⑫。化龙东骛⑬,煽风流于江左。

爰逮有梁,宏材弥劭。昭明太子,业膺守器⑭,誉贞问寝⑮。居肃成而讲艺⑯,开博望以招贤⑰。搴中叶之词林⑱,酌前修之笔海。周巡绵峤⑲,品盈尺之珍;楚望长澜,搜径寸之宝⑳。故撰斯一集,名曰《文选》。后进英髦,咸资准的㉑。

伏惟陛下,经纬成德,文思垂风㉒。则大居尊,耀三辰之珠璧㉓;希声应物㉔,宣六代之云英㉕。孰可撮壤崇山,导涓宗海?

臣蓬衡蕞品㉖,樗散陋姿㉗。汾河委策,夙非成诵㉘;嵩山坠简,未议澄心㉙。握玩斯文,载移凉燠。有欣永日,实昧通津。故勉十舍之劳㉚,寄三余之暇。弋钓书部,愿言注缉,合成六十卷。杀青甫就,轻用上闻。享帚自珍,缄石知谬。敢有尘于广内㉛,庶无遗于小说㉜。谨诣阙奉进,伏愿鸿慈,曲垂照览。谨言。显庆三年九月日上表。

〔注〕 ① 九野：九天。《吕氏春秋·有始》："天有九野：中央曰钧天，东方曰苍天，东北曰变天，北方曰玄天，西北曰幽天，西方曰颢天，西南曰朱天，南方曰炎天，东南曰阳天。" ② 景纬：指日和星。《文选》王元长《三月三日曲水诗序》："揆景纬以裁基。"李善注："景，日也。纬，星也。" ③ 八埏(yán 延)：地的八方边际。 ④ 垂象之文：指天的文采。《易·系辞下》："天垂象。" ⑤ 含章：蕴含美质于内。《易·坤·六三》："含章可贞。"《易》以坤卦代表地。义，通"仪"。 ⑥ 羲绳：伏羲以前结绳而治，伏羲以后始造书契。葛天之浩唱：《吕氏春秋·古乐》："昔葛天氏之乐，三人操牛尾，投足以歌八阕。" ⑦ 娲簧：传说女娲作笙簧。掞(yàn 艳)：同"炎"，盛。丛云：指古《卿云歌》，歌中有"卿云丛丛"语。 ⑧ 星躔(chán 蝉)：历法。按各代建立正月，取之日运星行不同，如夏建寅，商建丑，周建子，故曰"殊建"。 ⑨ 球：玉磬。畅：发达。 ⑩ 鞶帨(pán shuì 盘税)：大带和佩巾，喻指繁丽的文辞。 ⑪ 长离：灵鸟，此喻陆机。潘岳《为贾谧作赠陆机诗》："婉婉长离，凌江而翔。长离云谁？咨尔陆生。" ⑫ 圭阴：指洛阳。古代以土圭测地，定颍川阳城为地中。洛阳在阳城之西，故云圭阴。 ⑬ 化龙东骛：指晋元帝东迁。《晋阳秋》："太安中童谣曰：'五马浮渡江，一马化为龙。'永嘉大乱，王室沦覆，唯琅琊、西阳、汝南、南顿、彭城五王获济，至是中宗登祚。"中宗，即晋元帝司马睿，初袭封琅琊王。 ⑭ 守器：封建王朝，太子主宗庙之器，故称太子为主器，亦称守器。 ⑮ 贞：精诚。问寝：问安。⑯ 肃成：魏文帝曹丕在东宫时集诸儒于肃城门内讲论大义。此借喻昭明太子。 ⑰ 博望：汉武帝太子刘据立博望苑，以交接宾客。亦借喻昭明太子。 ⑱ 中叶：指周、秦以来的中世。⑲ 周巡绵峤：绵，远。峤(qiáo 桥)，山高而尖。指周穆王巡游昆仑事。 ⑳ 楚：指隋侯。径寸之宝：指隋侯所救之蛇衔以报答的大珠。 ㉑ 准的：标准。 ㉒ 文思垂风：道德风范垂示于后世。 ㉓ 三辰之珠璧：日月星辰的光辉。《汉书·律历志》："日月如合璧，五星如连珠。"㉔ 希声：《老子》："大音希声。"喻帝王制乐。 ㉕ 六代之云英：《周礼·春官·大司乐》贾《疏》引《乐纬》曰："帝喾之乐曰六英。"此指周以前的音乐。 ㉖ 蕞(zuì 最)品：犹下品。 ㉗ 樗(chū 初)散：不材无用。 ㉘"汾河"二句：汉武至河东，丢失书三箱，张安世凭记忆写出简策上的文字。作者谦称无此学问。 ㉙"嵩山"二句：晋束皙能辨认嵩山下出土的竹简上的科斗文。作者亦谦称无此博识。 ㉚ 十舍：行军三十里为一舍。《淮南子·齐俗训》："夫骐骥千里，一日而通；驽马十舍，旬亦及之。" ㉛ 广内：皇宫藏书之所。 ㉜ 小说：古代指杂记、笔记等文字。

梁代昭明太子萧统编撰的《文选》，是一部选录自周至齐优秀文学作品，规模宏大的诗文总集。唐初以来，适应封建大一统文化的建设和文学的发展，《文选》日益成为士人家弦户诵之书。高宗显庆年间，以学问淹博古今著称的李善，第一个为《文选》撰写详赡的注释。本篇是显庆三年(658)九月呈献《文选注》给高宗时的上表。文章采用典型的四六骈体，写得典雅华丽，简括郑重，气魄宏大，是一篇精心结撰之作。

文章开头，从天文之有日月繁星的照临，地文之有山岳河川的分布，讲到圣人效法天地创造了人文，使它成为教化的原则，由来已久。这一段似离本题甚远，却是从文学的起源这个根本问题上强调了"文"的重要地位与作用，从而将

《文选》这部精选从周至齐诗文的总集的不朽价值也暗透出来了。这个开头,气脉宏远,气氛隆重,与给皇帝上表相称。

接下来一段,用简括的笔法叙述了从古到今的文章流变。先指出远在伏羲结绳而治以前,就已飞扬着葛天氏的浩歌;女娲作笙簧之音以后,更响起《卿云歌》一类含义深奥的歌辞。尽管三皇五帝的政教各异,三代的文化不同,但总趋势是音乐歌舞越来越盛。这里说的是上古时代文学与音乐舞蹈融为一体时的情况。接着,用六句话概括叙述了从屈、宋的楚辞,贾、马的汉赋,到建安时代慷慨激烈的抒怀之作和正始时期虚无幽玄的哲理诗,再到西晋陆机等人的"雅咏"和东晋煽起的玄言诗风这一长期发展变化的过程。这里所提到的,虽然只是这一过程中的几个点,但由于它本身的典型性,却可由这些点联成一条梁以前文学发展的大体线索。作者用"御兰芬""综鞶帨""气质""虚玄"等来揭示上述各时期文学的特色,也比较切当。但对"江左"的宋、齐近代文学,《文选》虽多所选录,表文中却未正面涉及,只用"煽风流于江左"一语带过。

第三段方入本题,叙述昭明《文选》的编撰过程、目的与价值。指出萧统以继承帝业的身份,招引贤才,讨论文章,鼓励著述,博采前贤的诗文著作,精选其中的珍品,撰成《文选》,使后进英才以之为学习的标准。这里标举萧统重视文学,言外自含希望当代统治者效法之意;而"后进英髦,咸资准的"之客观需要,又正透出为《文选》作注的必要。

接下来一段,是对高宗的颂美之词。先极赞其高居尊位,效法上天,使人文闪耀光辉,使三代的文化传统得以发扬,遥应篇首"协人灵以取则,基化成而自远"。继又将当朝的政治文化比作高山大海,谦称自己不敢再有点滴的增加。颂美与自谦,固然是上表的例行文章,但从文势说,此处稍作顿挫,正是以退为进,引出下文作注、献书之事。

末段叙作注的过程和献呈皇帝览阅的要求。其中虽颇多谦抑之词,但用意实在强调自己对《文选》钻研赏玩时间之长久("握玩斯文,载移凉燠"),注解此书之辛劳("勉十舍之劳,寄三余之暇"),以及对《文选注》的自珍。

这种呈献著述给皇帝的表章,既要颂美皇帝,又要庄重得体;既要说明著述的有关背景,又不能流于繁琐;既要反映著述的重要价值和成书的辛劳,又不能露才扬己。作者比较好地克服了这些困难与矛盾。近人高步瀛称此文"闳括瑰丽"(《唐宋文举要》),洵为的评。 (刘学锴)

【作者小传】

骆宾王

(约638—?)　唐文学家。婺州义乌(今属浙江)人。曾任临海丞。后随徐敬业起兵反对武则天,兵败后下落不明,或说被杀,或说为僧。与王勃、杨炯、卢照邻以文词齐名,并称"王杨卢骆",亦称"初唐四杰"。其诗以七言歌行见长。又善骈文。著有《骆宾王文集》。

代李敬业传檄天下文　　骆宾王

伪临朝武氏者,人非温顺,地实寒微。昔充太宗下陈,尝以更衣入侍①。洎乎晚节,秽乱春宫②。密隐先帝之私,阴图后庭之嬖。入门见嫉,蛾眉不肯让人;掩袖工谗,狐媚偏能惑主③。践元后于翚翟④,陷吾君于聚麀⑤。加以虺蜴⑥为心,豺狼成性,近狎邪僻,残害忠良,杀姊屠兄,弑君鸩⑦母。神人之所共疾,天地之所不容。犹复包藏祸心,窥窃神器⑧。君之爱子,幽之于别宫;贼之宗盟,委之以重任。呜呼!霍子孟⑨之不作,朱虚侯⑩之已亡。燕啄皇孙⑪,知汉祚之将尽;龙漦帝后,识夏庭之遽衰⑫。

敬业皇唐旧臣,公侯冢子。奉先君之成业,荷本朝之厚恩。宋微子之兴悲⑬,良有以也;桓君山⑭之流涕,岂徒然哉!是用气愤风云,志安社稷。因天下之失望,顺宇内之推心,爰举义旗,誓清妖孽。南连百越⑮,北尽三河⑯,铁骑成群,玉轴⑰相接。海陵红粟⑱,仓储之积靡穷;江浦黄旗⑲,匡复之功何远。班声动而北风起⑳,剑气冲而南斗平㉑。喑呜则山岳崩颓,叱咤则风云变色。以此制敌,何敌不摧;以此攻城,何城不克!

公等或家传汉爵㉒,或地协周亲㉓,或膺重寄于爪牙㉔,或受顾命于宣室㉕。言犹在耳,忠岂忘心?一抔之土未干㉖,六尺之孤㉗安在!傥能转祸为福,送往事居㉘,共立勤王之勋,无废旧君之命,凡诸爵赏,同指山河㉙。若其眷恋穷城,徘徊歧路，坐昧先几之兆㉚，必贻后至之诛㉛。请看今日之域中，竟是谁家之天下！移檄州郡，咸使知闻。

〔注〕 ①“昔充”二句：下陈，后列，指地位较低的宫妃。武则天曾为太宗才人。更衣，宴会休息时更换衣服，暗用卫子夫因汉武帝更衣入侍得幸的典故。 ②“洎乎”二句：晚节，犹言后来。秽乱春宫，指高宗为太子时入侍太宗，武后即与之有暧昧关系。春宫，东宫，太子所居之宫。③“掩袖”二句：指武则天用阴谋陷害王皇后事：她自己弄死亲生女婴而诬陷于王皇后，高宗下诏废王皇后，立她为皇后。 ④元后：正宫皇后。翚翟(huī dí 灰狄)：五色野雉。皇后的礼服上有翚翟图案花纹。 ⑤聚：犹“共”。麀(yōu 优)：母鹿。聚麀，两头公鹿共同占有一头母鹿。 ⑥虺蜴(huǐ yì 毁易)：毒蛇和蜥蜴。 ⑦鸩(zhèn 振)：毒鸟，羽毛有毒，浸酒饮之即死。此指以毒酒害人。 ⑧神器：指帝位。 ⑨霍子孟：西汉霍光，子孟为其字。曾以大司马大将军辅佐昭帝，拥立宣帝。 ⑩朱虚侯：汉高祖之孙刘章，封朱虚侯。曾与陈平、周勃合谋诛诸吕外戚，迎立汉文帝。 ⑪燕啄皇孙：汉成帝后赵飞燕，于后宫有子者皆杀之，时有“燕飞来，啄皇孙”的童谣。 ⑫“龙漦”二句：龙漦(lí 梨)，龙吐的唾沫。传说夏末有二龙降于庭，夏帝以木盒封漦，传至周厉王时，始开盒，漦流于庭，入于后宫，一宫女感而怀孕，生一女，即褒姒。后为幽王王后，致西周乱政亡国。 ⑬宋微子：名启，殷纣王的庶兄，封于宋，故名。殷亡，微子朝周，过殷都废墟，作《麦秀歌》以寄故国之悲。 ⑭桓君山：桓谭字君山，东汉人。因疏陈时弊谪六安郡丞，郁郁不乐而死。 ⑮百越：泛指今南方沿海地带。 ⑯三河：河东、河内、河南，古代帝王建都的中原之地。 ⑰玉轴：指船。轴，通“舳”。 ⑱海陵：今江苏泰州市，唐代属扬州。红粟：陈年的米。 ⑲江浦：指东南一带。黄旗：旧说，紫盖黄旗，象征帝王一统的气象。 ⑳班声：马声。 ㉑南斗：即斗宿。斗宿和牛宿是吴地星空的分野。㉒家传汉爵：有世代传袭的爵位。因汉初王侯封爵，故借汉说唐代的功臣后裔。这里指异姓官员。 ㉓地协周亲：身份地位合于至亲。这里指宗室官员。 ㉔重寄：寄托重任。爪牙：指节制一方的将帅。 ㉕顾命：皇帝临死的遗命。宣室：汉未央宫殿室名，此是借用。㉖一抔(póu)之土：指高宗陵墓。一抔，犹一掬。未干：高宗下葬才一个多月，故云。 ㉗六尺之孤：指嗣位的新君李显。无父之子曰孤。 ㉘送往事居：往，死者，指高宗；居，生者，指中宗。 ㉙同指山河：共指山河以为凭信。 ㉚先几之兆：事前的朕兆。这句说，看不清事先的预兆。 ㉛后至之诛：迟迟不响应者定按军法从事。《周礼·大司马》：“比军众，诛后至者。”

弘道元年(683)，唐高宗死去，太子李显即位(中宗)，武则天临朝称制；翌年即废中宗为庐陵王，改立第四子李旦为帝(睿宗)，实囚之于宫。武后大权在握，改东都洛阳为神都，悉改百官名称，积极筹建武周王朝。李唐宗室旧臣与武后集团长期以来的权利斗争更趋尖锐。李敬业是唐朝开国功臣英国公李勣(本姓徐，因有功赐姓李)的长孙，曾任太仆少卿、眉州刺史，这年因事谪柳州司马，便与其弟敬猷联络薛璋、唐之奇、杜求仁及客居扬州的骆宾王等人，于九月在扬州以恢复中宗帝位为号召，发动武装暴动，旬日之间便云集十万余人。敬业自称匡复府上将、领扬州大都督。骆宾王为艺文令，写下了这篇声讨武后的檄文。

武则天是中国历史上唯一的女皇帝，有卓越的政治才能，贞观之治的统一强盛在她手里得到切实巩固，对历史颇多贡献；但她为了夺权称帝，残酷杀戮异己，株连太广，连作了太子的亲生儿子李弘、李贤，因有才能也被她先后杀害，更不必说大批忠于李唐的朝臣地方官了。过去对这篇讨武檄文的评价，或因肯定武后历史功绩而否定骆宾王，或因强调封建正统而拔高骆宾王的“忠义大节”（如明末追谥宾王为“文忠”，清雍正时又为其建忠孝祠），其实皆失之片面。檄文中固有维护李唐王朝的正统观念，但更主要的则是他长期侘傺失志、身受迫害压抑，而对武后政权不满的爆发。在此六年前（678），他因受诬陷“坐赃”而被捕下狱，在《狱中书情通简知己》中就公然声称“莫言韩长儒，长作不然灰”；出狱后作《畴昔篇》，又感愤“谗言巧佞傥无穷”；公元680年，除临海县丞，因才高位卑受人奚落而“怏怏失志，弃官而去”（《旧唐书》本传），而他的个性又是“天生一副侠骨，专喜欢管闲事，打抱不平，杀人报仇，革命，帮痴心女子打负心汉”（闻一多《宫体诗的自赎》）。此时恰好身处政治暴风雨中心的扬州，故李敬业起兵，正好为他提供了一个喷发胸中积郁愤懑的机会。这是作者写作本文时的心态。檄文中的情绪也反映了当时一批人怀念贞观、永徽之治，反感武后残暴的共同心态。

作为军用文书的檄文，本篇确实达到了“事昭而理辨，气盛而辞断”（《文心雕龙·檄移》）的要求。首段历数武氏罪恶昭彰，警醒李唐社稷面临生死存亡之秋，为兴兵讨武铺垫了充足的理由，可谓“事昭而理辨”；次段接写敬业举义之名正言顺和兵威强盛之必胜无疑，可谓“气盛而辞断”；末段号召京、藩文武响应，示之以大义，动之以刑赏，更是理直气壮，慷慨果断。

而每段内部的层次章法，也无不体现出这些特点。

首段分两层：先历数武氏之罪不容诛，紧扣首句一个“伪”字（篡位不合法、非正统）：论本性，无妇人应有的谦和温顺；论出身，是个贫寒微贱的木材商家庭；论资历，仅是太宗后宫排在后列的才人，以更衣之便得幸；论品行，她先与太子淫乱，后为掩盖曾为太宗才人之迹而削发为尼，以图高宗后宫嬖幸……这是纵向揭其根底之“伪”。然后写其对帝、后、臣、属所犯罪行：对嫔妃心怀嫉妒，以色媚取专宠；对皇帝巧言进谗加以迷惑，陷高宗于父子共妻的乱伦中；诬陷王皇后自己取而代之；亲近许敬宗、李义府等邪僻佞臣；残害长孙无忌、褚遂良等忠臣义士；杀害兄长、侄儿侄女等亲属；害死皇帝和皇后；特别是野心勃勃，妄想篡夺皇位，废中宗为庐陵王，囚睿宗于宫中，大封诸武党羽，委以重任……这是从横向斥其篡逆之“伪”。第二层先以“呜呼”领起，前两典感叹王佐之臣已被杀尽，讥刺现有朝臣中再无霍光、刘章那样辅弼良臣了；后两典以汉成帝后赵飞燕、周幽王妃褒姒为喻，直斥武后是亡国灭君的祸根，说明李唐社稷危在旦夕。这就为下段正写兴兵讨武、匡扶唐室之刻不容缓，作了有力铺垫。

次段亦分两层，先写起兵之正义：说敬业乃功臣、宗室后裔，出身高贵，理当义不容辞，肩负匡复重任；接以宋微子、桓谭二典比喻敬业乃宗室不忘故国、失爵谪居外地的忧国之情，故志安社稷，乃应天顺民之壮举。第二层写其兵威之壮：从控制地盘之广、兵马战船之众、粮草储备之丰，东南帝气之旺、兵威士气之高等多方面铺张扬厉，说明天时、地利、人和均占优势，必然攻无不克，战无不胜。整段从道义之正和实力之强两方面来争取人心，理直气壮，慷慨磅礴，具有很强的号召力和凝聚力。

末段针对敌方先示之以大义：前四句晓谕在朝诸君，皆厚蒙国恩重托，不论宗室异姓，讨逆义不容辞；接以“一抔之土未干，六尺之孤安在”诘问，激发故君之思和新君之危，是动之以深情。再以“凡诸爵赏，同指山河”正面饵之以赏赐；以不察征兆，“后至之诛”怵之以刑罚。末句“请看今日之域中，竟是谁家之天下”，气势磅礴，充满必胜信心，成为后世经常引用的警句。通篇雄文劲采，足以鼓舞斗志；事彰理辩，足以折服人心。难怪武后看罢也赞叹其才，而怪宰相“何得失如此人”了(《酉阳杂俎》卷一)。

本篇通体骈四俪六，不仅句式整饬而略显错综(四四四四、四四六六、六四六四、四六四六参差成趣；每句中的音步变化如四字句有二二结构，有一三结构；六字句有三三、三一二、二二二、二四、四二等结构)，平仄相对而低昂有致(如“入门见嫉”四句，一三两句、二四两句平仄完全相反对应)，对仗精工而十分自然(如“南连百越”对“北尽三河”，“海陵红粟”对“江浦黄旗”，不仅词性、句法结构相对，而且方位、地名、颜色等事类也相对)，用典贴切委婉而不生硬晦涩(如用霍子孟、朱虚侯、赵飞燕、褒姒、宋微子、桓君山等典故)，词采华艳赡富而能俊逸清新；尤其难得的是，无论叙事、说理、抒情，都能运笔如舌，挥洒自如，有如神工巧铸，鬼斧默运，虽经锻炼而成，却似率然信口。音节美、文情美达到了高度统一，堪称声文并茂的佳品；与六朝某些堆砌典故藻饰、晦涩板滞、略无生气的骈体文，自有霄壤之别；而与王勃的《滕王阁序》，堪称骈文的双璧。

李敬业的举义，终被武则天的三十万大军彻底打垮了，骆宾王从此也“亡命不知所之”(《新唐书》本传)，然而他的这篇檄文却传诵千古，具有不朽的艺术价值。

(熊 笃)

王　勃

【作者小传】

(650或649—676)　唐文学家。字子安。绛州龙门(今山西河津)人。麟德初对策高第，曾任虢州参军。后往交趾探父，渡海溺水，受惊而死。少时即显露才华。与杨炯、卢照邻、骆宾王以文词齐名，并称“王杨卢骆”，亦称“初唐四杰”。其诗风格清新。其文多为骈体。著有《王子安集》。

秋日登洪府滕王阁饯别序

王　勃

豫章故郡，洪都新府①。星分翼轸，地接衡庐②。襟三江而带五湖③，控蛮荆而引瓯越④。物华天宝，龙光射牛、斗之墟⑤；人杰地灵，徐孺下陈蕃之榻⑥。雄州雾列，俊采星驰⑦。台隍枕夷夏之交，宾主尽东南之美⑧。都督阎公之雅望，棨戟遥临⑨；宇文新州之懿范，襜帷暂驻⑩。十旬休假⑪，胜友如云；千里逢迎，高朋满座。腾蛟起凤，孟学士之词宗；紫电青霜，王将军之武库⑫。家君作宰，路出名区⑬；童子⑭何知，躬逢胜饯。

时维九月，序属三秋⑮；潦水⑯尽而寒潭清，烟光凝而暮山紫。俨骖騑于上路，访风景于崇阿⑰。临帝子之长洲，得天人之旧馆⑱。层台耸翠，上出重霄；飞阁翔丹，下临无地⑲。鹤汀凫渚⑳，穷岛屿之萦回；桂殿兰宫，即冈峦之体势㉑。披绣闼，俯雕甍㉒：山原旷其盈视，川泽纡其骇瞩㉓。闾阎扑地，钟鸣鼎食之家㉔；舸舰迷津，青雀黄龙之轴㉕。云销雨霁，彩彻区明㉖。落霞与孤鹜齐飞，秋水共长天一色㉗。渔舟唱晚，响穷彭蠡㉘之滨；雁阵惊寒，声断衡阳㉙之浦。

遥襟甫畅，逸兴遄飞㉚。爽籁发而清风生，纤歌凝而白云遏㉛。睢园绿竹，气凌彭泽之樽㉜；邺水朱华，光照临川之笔㉝。四美具，二难并㉞。穷睇眄于中天㉟，极娱游于暇日。天高地迥，觉宇宙㊱之无穷；兴尽悲来，识盈虚之有数㊲。望长

滕王阁图

——清康熙五十九年刊本《西江志》

安于日下，目吴会于云间[38]。地势极而南溟深，天柱高而北辰远[39]。关山难越，谁悲失路之人；沟水相逢，尽是他乡之客[40]。怀帝阍而不见，奉宣室以何年[41]？嗟乎！时运不齐，命途[42]多舛；冯唐易老，李广难封[43]。屈贾谊于长沙，非无圣主[44]；窜梁鸿于海曲，岂乏明时[45]？所赖君子见机，达人知命[46]。老当益壮，宁移白首之心；穷且益坚，不坠青云之志[47]。酌贪泉而觉爽，处涸辙以犹欢[48]。北海虽赊，扶摇可接，东隅已逝，桑榆非晚[49]。孟尝高洁，空余报国之情；阮籍猖狂，岂效穷途之哭[50]？

勃，三尺微命，一介书生[51]。无路请缨，等终军之弱冠[52]；有怀投笔，慕宗悫之长风[53]。舍簪笏于百龄，奉晨昏于万里[54]。非谢家之宝树，接孟氏之芳邻[55]。他日趋庭，叨陪鲤对[56]；今晨捧袂，喜托龙门[57]。杨意不逢，抚凌云而自惜[58]；钟期相遇，奏流水以何惭[59]？呜呼！胜地不常，盛筵难再；兰亭已矣，梓泽丘墟[60]。临别赠言[61]，幸承恩于伟饯；登高作赋，是所望于群公。敢竭鄙诚，恭疏短引[62]；一言均赋，四韵俱成[63]。请洒潘江，各倾陆海云尔[64]。

〔注〕①"豫章"二句：豫章，汉郡名，治南昌（今市）。洪都：指洪州。唐武德五年(622)改豫章郡为洪州，治豫章（今江西南昌）设都督府，故称"洪都新府"。　②"星分"二句：翼轸，星宿名。古代天文家根据天上星宿的位置划分地面相应的区域，称为"分野"。豫章古属楚地，为翼、轸二星的分野。衡庐，指衡州的衡山（在今湖南衡阳衡山县西）和江州的庐山（在今江西北部）。这里代指两山所在的衡州和江州地区。　③"襟三江"二句：襟三江，以三江为衣襟。三江，指太湖的支流松江、娄江、东江，因豫章在三江的上游，如衣之襟，故称。带五湖，以五湖为衣带。五湖，指太湖、鄱阳湖、青草湖、丹阳湖、洞庭湖，因在豫章周围，如衣带束身，故称。④"控蛮荆"句：蛮荆，指楚地，古称楚国为"荆蛮"，即今湖南、湖北一带。瓯越，指今浙江省，境内有瓯江，古为越国，故称。　⑤"物华"二句：物华天宝，物的光华焕发为天上的宝气。龙光，指宝剑的光辉。牛、斗，二星宿名。墟，所在之处。据《晋书·张华传》，晋初，牛、斗二星之间常有紫气照射，因问精通天象的雷焕，焕称此是宝剑之精，上通于天，剑当藏于丰城。于是张华补焕为丰城令，命他寻找。焕到任后，掘狱屋，入地四丈余，得一石匣，内有宝剑二，一名龙泉，一名太阿。后宝剑入水化为双龙。　⑥"人杰"二句：人杰地灵，人物有俊杰地方有灵秀之气。徐孺，名穉（zhì志），字孺子，东汉时豫章南昌名士，德行为时人所景仰。据《后汉书·徐穉传》，陈蕃为豫章太守时，不接待宾客，只为徐穉特设一榻，徐去后即将榻挂起不用。　⑦"雄州"二句：雄州，大州。雾列，形容繁华。雾，喻浓密、盛多。俊采，指有才之士。星驰，形容人才之多如流星飞驰。　⑧"台隍"二句：台隍，亭台、城堑。枕，据。夷，指荆楚少数民族地区。夏，华夏地区，指古扬州。交，接壤之处。尽东南之美，指包括东南一带所有的人才。尽，穷尽。

⑨“都督”二句：阎公，当时洪州的都督姓阎。雅望，崇高的声望。棨(qǐ启)戟，有衣套的木戟，这里指大官出行时作前导的一种仪仗。 ⑩“宇文”二句：宇文，复姓宇文的新州(治今广东新兴)刺史，名不详。懿范，美好的榜样。襜(chān搀)帷，车上四旁的帷幕，借指车驾。 ⑪十旬休假：适逢十日一旬的假期。唐时官吏逢十休假。 ⑫“腾蛟”四句：腾蛟起凤，形容才华如蛟龙腾空，凤凰起舞。《西京杂记》载，相传董仲舒梦蛟龙入怀，作《春秋繁露》。扬雄作《太玄经》，梦口吐凤凰，飞集书上。孟学士，名不详。词宗，文辞的宗匠。紫电青霜，古宝剑名。《古今注》载，吴大帝孙权有六柄宝剑，其二名紫电。《西京杂记》载，汉高祖刘邦曾用剑斩白蛇，剑刃上常若霜雪。王将军，名不详。武库，武器仓库。这里显示王将军的威武。 ⑬“家君”二句：家君，家父。宰，县官。出，过。名区，名胜之地，指洪州。 ⑭童子：犹言小辈，王勃自称。⑮“时维”二句：时，时序。维，乃，是。三秋，指季秋九月。 ⑯潦(lǎo老)水：雨后的积水。⑰“俨骖騑”二句：俨，通“严”，整治。骖騑(cān fēi餐非)，指驾车的马。崇阿，高大的山陵。⑱“临帝子”二句：帝子，帝王之子，指滕王李元婴。长洲，指滕王阁前的沙洲。天人，出类拔萃的人，犹言天上人，这里指滕王。旧馆，指滕王阁。 ⑲无地：犹言看不见地面，形容位置高渺。 ⑳“鹤汀”句：鹤汀，鹤所栖止的水边平地。凫(fú浮)渚，野鸭聚处的小洲。 ㉑“即冈峦”句：即，依着。体势，形势。 ㉒“披绣闼”二句：披，开。绣闼(tà榻)，绘饰华美的门。雕甍(méng蒙)，雕饰的屋脊。 ㉓骇瞩：使人见了感到惊骇。 ㉔“闾阎”二句：闾阎，里巷的门，这里借指房屋。扑地，遍地。钟鸣鼎食：古代贵族鸣钟列鼎而食，这里喻豪富大族。㉕“舸舰”二句：舸(gě戈)舰，指大船。迷津，塞满渡口。迷，通“弥”。青雀黄龙之轴，装饰精美的雀舫龙舟。轴，通“舳”，船尾把舵处，这里代指船。 ㉖“彩彻”句：彩，光彩，指日光。彻，通“贯”。区，指天空。 ㉗“落霞”二句：出于庾信《马射赋》：“落花与芝盖同飞，杨柳共春旗一色。”鹜(wù务)：野鸭。 ㉘彭蠡：古大泽名，即今鄱阳湖。 ㉙衡阳：今属湖南省，相传雁飞到衡阳就不再南飞，等到春天才归。衡山有回雁峰。 ㉚“遥襟”二句：遥襟，远怀。逸兴，超逸的兴致。遄(chuán船)，迅速。 ㉛“爽籁”二句：爽籁，管子参差不齐的排箫。纤歌，音调柔细的歌。凝，指歌声缭绕。 ㉜“睢园”二句：睢(suī虽)园，即汉梁孝王刘武的睢阳(古县名，治今河南商丘市南)菟园。梁孝王曾在园中聚集文士饮酒赋诗。彭泽，指陶渊明，他曾任彭泽令。 ㉝“邺水”二句：邺，古邑都名，在今河北邯郸临漳县境，是曹魏兴起的地方。曹植曾在此作过《公宴诗》，诗中有“秋兰被长坂，朱华冒绿池”句。朱华，荷花。临川，郡名，治今江西抚州市临川区。这里代指谢灵运，他曾任临川内史，《宋书》本传说他：“文章之美，江左莫逮。”㉞“四美”二句：四美，指良辰、美景、赏心、乐事。二难，指贤主、嘉宾难得同时在一起。 ㉟穷睇眄(dì miǎn地免)：极目远望。中天：长天。 ㊱宇宙：《淮南子·原道训》高诱注：“四方上下曰‘宇’，古往来今曰‘宙’，以喻天地。” ㊲“识盈虚”句：盈虚，消长，指变化。数，命运。㊳“目吴会”二句：日下，指京都。封建社会以帝王比日，因将皇帝所在之地为日下。吴会，地名，秦汉会稽郡治在吴县，郡县连称为吴会，即今江苏苏州市。 ㊴“地势”二句：南溟，南海。天柱，古代神话中昆仑山有铜柱，高入天，称为天柱。北辰，北极星，这里喻指国君。 ㊵“关山”四句：失路，比喻不得志。沟水相逢，比喻偶然相遇，聚散无定。“沟”一作“萍”。 ㊶“怀帝阍”二句：帝阍(hūn昏)，天帝的守门人，这里借指朝廷。宣室，汉未央宫前殿正室。贾谊被贬长沙后，汉文帝召他回长安，曾在此接见他。 ㊷命途：命运。 ㊸“冯唐”二句：冯唐，西汉人，文、景帝时不被重用，武帝时求贤良，冯唐被推举，但年已九十余，不能复为官。李广，西汉名将，屡建战功，但终身未能封侯。 ㊹“屈贾谊”二句：贾谊，西汉文帝时人，曾受排挤被贬长沙。圣主，指汉文帝。 ㊺“窜梁鸿”二句：窜，逐走。梁鸿，东汉人，曾作《五噫歌》讽刺朝

廷，得罪章帝，避居齐鲁、吴中。海曲，海隅，滨海之地。明时，政治清明之时。　㊻“所赖”二句：见机，识时务。达人，通达事理的人。　㊼“老当”四句：老当益壮，《后汉书·马援传》：“丈夫为志，穷当益坚，老当益壮。”青云之志，喻志向高远。　㊽“酌贪泉”二句：贪泉，泉名，传说在今广州北二十里的石门，传说人饮此泉则会变贪，但晋代廉吏吴隐之饮此水后，操守愈坚定。涸（hé 河）辙，干涸的车辙，比喻穷困的境遇。《庄子·外物》有车辙中鲋鱼求活的寓言。　㊾“北海”四句：赊（shē 奢），远。扶摇，一种自下而上的巨风。“北海”二句典出《庄子·逍遥游》：“鹏之徙于南冥也，水击三千里，抟扶摇而上者九万里。”东隅，日出处，比喻早年的时光。桑榆，日落处，比喻未来的日子。“东隅”二句典出《后汉书·冯异传》：“失之东隅，收之桑榆。”　㊿“孟尝”四句：孟尝，字伯周，东汉会稽上虞人。曾任合浦太守，以廉洁著称，后因病隐居。桓帝时，虽有人多次荐举，终不见用。阮籍，字嗣宗，晋代名士。《晋书·阮籍传》载，阮籍不满于世，佯作狂放，常驾车外出，行不由径，路不通时，就痛哭而返。　51“三尺”二句：三尺微命，指地位卑微。一介，一个。　52“无路”二句：请缨，据《汉书·终军传》，终军武帝时出使南越，自请“愿受长缨，必羁南越王而致之阙下”，时年二十余岁。弱冠，古代男子二十岁行冠礼，一般称二十岁左右的人为弱冠。　53“有怀”二句：投笔，指东汉班超投笔从军事。宗悫（què 确），南朝宋人，少年时曾向叔父表示“愿乘长风破万里浪”。后封洮阳侯。　54“舍簪笏”二句：簪笏，古代官员用的冠簪、手版，这里借指官职。百龄，百年，犹指一生。奉晨昏，古代侍奉父母的礼节，即晚间侍奉父母就寝，早晨向父母请安。　55“非谢家”二句：谢家之宝树，比喻好子弟。据《晋书·谢安传》，谢安曾问子侄们：为何人们都希望子弟好？其侄谢玄回答：“譬如芝兰玉树，欲使其生于庭阶耳。”孟氏之芳邻，据说孟轲的母亲为教育儿子而三迁择邻。　56“他日”二句：趋庭，指接受父教。《论语·季氏》记孔鲤曾“趋而过庭”，接受父亲孔子的教诲。趋，小步快走，表示恭敬。鲤，孔鲤，孔子之子。对，庭对，指接受教诲。　57“今晨”二句：捧袂（mèi 妹），举起双袖，向长者表示恭敬。龙门，喻声望高的人的门第。《后汉书·李膺传》：“（膺）以声名自高，士有被其容接者，名为登龙门。”龙门即禹门口，在今山西河津和陕西韩城市东北。黄河至此，两岸峭壁对峙，形如门阙，故名。辛氏《三秦记》：“河津一名龙门，大鱼积龙门数千不得上，上者为龙，不上者（鱼），故云曝鳃龙门。”　58“杨意”二句：杨意，即杨得意。汉武帝时为狗监，曾向武帝推荐司马相如。凌云，司马相如曾作《大人赋》，武帝读后大悦，“飘飘有凌云之气”。59“钟期”二句：钟期，即钟子期，春秋时楚人，善听琴。伯牙鼓琴，时而志在高山，时而志在流水，钟子期都能理解，后人因以“高山流水”比喻知音。　60“兰亭”二句：兰亭，东晋王羲之等曾在兰亭宴集，故址在今浙江绍兴。梓泽，西晋石崇金谷园的别名，故址在今河南洛阳市西北。61 赠言：临别时用正言相勉励，这里指写这篇序文。　62 恭疏短引：恭敬地写这篇小序。63“一言”二句：一言，指诗一首。均赋，每人作诗一首。四韵，八句四韵诗。王勃有《滕王阁诗》：“滕王高阁临江渚，佩玉鸣鸾罢歌舞。画栋朝飞南浦云，珠帘暮卷西山雨。闲云潭影日悠悠，物换星移几度秋。阁中帝子今何在？槛外长江空自流。”　64“请洒”二句：潘江陆海，钟嵘《诗品》：“陆（机）才如海，潘（岳）才如江。”这里用来形容众宾客的文才。云尔，语气助词，用于句尾表示全文的结束。

滕王阁为唐永徽四年（653）高祖子滕王李元婴为洪州都督时所建，以封号为名，故址在今江西南昌市赣江滨。上元二年（675）九月，王勃往南海省亲，途中路经洪州，逢都督阎公在滕王阁大宴宾客，遂在宴会上挥毫写成此《秋日登洪府滕王阁饯别序》（简称《滕王阁序》）。这篇临别赠言虽为即兴之作，但堪称古代骈文中的精品。在严格的骈体形式束缚下，作者充分发挥骈文特有的表现手段，熔对偶、声韵、事典、辞藻于一炉，又运散文之气于骈偶之中，严整中呈行云流水之势。

全文层层扣题，文思缜密，运思谋篇，无不统于题目之下。第一段历叙洪州地势之雄伟、物产之珍异、人才之杰出、宾主之尊贵，扣题中"洪府"二字。第二段由趋名楼，登高阁，写到近览楼阁之壮丽，远眺山川之胜景，展示出一幅流光溢彩的滕王阁秋景图，扣题中"秋日""登滕王阁"六字。第三段正面写滕王阁宴会，由参与宴会的逸兴，引出人生遇合的感慨，扣题中"饯"字。第四段自叙遭际，说明有幸躬逢盛会，自当应命作序，扣题中"别"字，复出"饯"字。

统观全文，由地及人，由人及景，由景及情，步步递进，紧扣题意。文因饯别而作，但对于宴会之盛仅略叙数笔带过，而倾全力写登阁所见之景，因景而生之情，这就脱去了一般饯别文章颂扬、应酬的窠臼，辟出了自家蹊径。

作者善用灵活多变的笔法描写山容水态，表现楼台壮观，从而把读者带入身临其境的审美境地。

其一，色彩变化之美。"潦水尽而寒潭清，烟光凝而暮山紫"，这两句不囿于静止的画面色彩，而着力表现水光山色的色彩变幻：寒潭之水因积水退尽而一片清明；傍晚的山峦因暮霭笼罩而呈紫色。上句设色淡雅，下句设色浓重，在色彩的浓淡对比中，突出秋日景物的特征，被前人誉为"写尽九月之景"。

其二，远近错落之美。作者笔下，诸般景物纷至沓来，依次展现，既各尽其美，又有层次的远近变化。"鹤汀凫渚"四句写滕王阁周围景物，是近景；"山原旷其盈视"二句写山峦、平原的广阔和川流、湖泽的迂回，是中景；"云销雨霁"以下则是水天浩渺的远景。笔墨由近及远地铺展开去，把远近景物编织在一起，组成一幅富有层次感和纵深感的全景图。

其三，上下浑成之美。"层台耸翠，上出重霄；飞阁翔丹，下临无地"，这四句由两组镜头剪辑而成：上有层台碧瓦攒刺云霄，下有飞架的阁道丹彩欲流，借视角的俯仰变化，使上下相映成趣，突出了危楼高耸的壮观。"落霞与孤鹜齐飞，秋水共长天一色"更是写景名句，青天碧水，天水相接，上下浑然一色；彩霞自上而下，孤鹜自下而上，相映增辉，构成一幅色彩明丽而又上下浑成的绝妙好图。

其四，虚实相映之美。作者登高临远，不仅骋目八方，而且思接千里。文中既实写目见之景，又发挥想象，构想出目力难及之景。"渔舟唱晚"四句，即凭借听觉联想，用虚写手法传达远在"彭蠡之滨""衡阳之浦"的渔歌和雁声。如此虚实相间地模山范水，既使读者对景物有具体的感受，又引导读者开拓视野，展开联想，登山临水，视通万里。

在着意铺叙景色之美后，作者以腾挪跌宕的笔势，述志言情，由逸游的豪兴，陡引出宇文新州及自己途路坎坷的感慨，表白了报国无门却壮志不坠的执著态度。"望长安于日下"四句，明写南、北，暗藏东（云间）、西（昆仑），抒写远离京城、失意流落之情，接着从关山难越，念及英雄失路，连用屈原、贾谊、冯唐、李广四人的典故，借历代怀才不遇的人物，表达有志难伸的悲慨，同时也流露"时运不齐，命途多舛"的消极情绪。至"所赖"一提，振起全篇。"老当益壮"几句，勉励宇文新州莫因年华易逝和处境困顿而自暴自弃，片言居要，为全篇警策。接着再用《庄子·逍遥游》典，以大鹏作比，表明扶摇直上九霄的凌云之志；用《汉书·冯异传》"失之东隅，收之桑榆"的成句，表示早年虽然失意，但拯时济世的信心并未泯灭。同时又反用"贪泉"、"涸辙"、阮籍之典，说明处困顿而清操不移，逆境中壮志弥坚。作者正是自如地驱遣历史典故，以跌宕之笔述志言情，事典繁多但贴切达意，气势充畅而语约意丰，展示了抑扬升沉的情感发展轨迹，披露了交织于内心的失望与希望、痛苦与追求、失意与奋进的复杂感情。

唐初的骈体文还有齐、梁余风，"绨句绘章"，以形式上的华美掩盖内容上的空虚。王勃此文却用骈体表现了比较丰富的内容，流露了作者的真情实感，具有很强的艺术感染力。历史上的滕王阁虽已不复存在，但它的名字依然留在人们的记忆中，为祖国的江山增辉，这不能不归功于王勃的这篇千古传诵的名篇。

（顾伟列）

【作者小传】

陈子昂

(659—700)　唐文学家。字伯玉。梓州射洪（今属四川）人。少任侠。开耀进士。以上书论政，为武则天所赞赏，拜麟台正字，转右拾遗。敢于陈述时弊。曾随武攸宜击契丹。后解职还乡，为县令段简所诬，入狱，忧愤而死。论诗标举汉魏风骨，强调兴寄，反对柔靡之风。所作《感遇》等诗，风格高昂清峻，是唐代诗歌革新的先驱。为文反对浮艳，重视散体。著有《陈伯玉集》。

与东方左史虬①《修竹篇》序　　陈子昂

东方公足下：文章道弊五百年矣。汉魏风骨，晋宋莫传。然而文献有可征者。仆尝暇时观齐梁间诗，彩丽竞繁，而兴寄都绝，每以永叹。思古人常恐逶迤颓靡②，风雅不作，以耿耿也。一昨于解三处见明公《咏孤桐篇》③，骨气端翔④，音情顿挫，光英朗练⑤，有金石声。遂用洗心饰视⑥，发挥幽郁。不图正始之音⑦，复睹于兹；可使建安作者，相视而笑。解君云："张茂先、何敬祖⑧，东方生与其比肩。"仆亦以为知言也。故感叹雅制⑨，作《修竹诗》一篇，当有知音以传示之。

〔注〕 ① 东方虬：武则天当政时任左史，是陈子昂的朋友。《全唐诗》录存其诗四首。② 逶迤颓靡：形容文章衰败委靡，每况愈下。 ③ 解三：人名，生平不详。三是排行。④ 骨气端翔：骨格坚实，气势飞动。 ⑤ 光英朗练：光彩明朗皎洁。 ⑥ 洗心饰视：洗涤心灵，擦亮眼睛。 ⑦ 正始之音：指《国风》的优良传统。一说指魏正始年间以阮籍、嵇康为代表的诗歌风格。 ⑧ 张茂先：即西晋诗人张华。茂先为其字。何敬祖：即何劭，敬祖为其字。博学善文，与张华同时。 ⑨ 雅制：指东方虬的《咏孤桐篇》。

在唐诗发展史和唐代诗歌理论批评史上，这篇短序，是一个具有深远影响的以复古为革新的诗歌理论纲领，一篇向齐梁以来绮靡浮艳诗风宣战的檄文。关于它的内容、观点，文学史家和文学批评史家已经作过许多深刻透辟的分析和中肯的评价。这里只从文章写作和审美角度作一些评赏。

这篇文章给人最突出的感受，是文中所贯注的那种高瞻远瞩的历史感。它采用的是书信体，却略去书信常有的寒暄套语，开门见山，单刀直入。一开头便揭出"文章道弊五百年矣"这样一个令人感慨沉思的事实，将读者的思绪引向悠远的历史，显示出作者从宏观上考察一长段文学史的高远视野。这个开头，警动突兀，引人深思。接着即对"道弊五百年"加以申述："汉魏风骨，晋宋莫传。"这里提出了他论诗的一个重要标准，即风骨之有无。在他看来，汉魏之际（即建安时代）的诗歌，由于多抒发诗人的理想抱负，慷慨任气，词语峻直，风格遒劲，是富于风骨的。但这个优良传统，从晋、宋以来，随着"言志"的消歇，已经"莫传"了。下及齐梁，更变本加厉，"彩丽竞繁，而兴寄都绝"，片面追求华采文饰的风气越来越盛，而寄托情志的传统则完全中断。这里又提出了他论诗的另一重要标准——兴寄之有无，亦即是否继承了"诗言志"和比兴寄托的传统。兴寄与风骨，是陈子昂诗论的两大核心。这一恢复风雅兴寄，继承汉魏风骨的理论主张，就是在回顾"文章道弊五百年"的历史过程中提出来的。由于把这一理论主张放在如此深远的历史背景下，就使它具有深厚的历史基础，从而增添了感召力与说服力。

与这种高远的历史感密切联系，文中还贯注了一种深沉强烈的现实责任感。文章道弊五百年的"逶迤颓靡"、每下愈况的发展趋势，使作者"每以永叹""耿耿"

不安。说明他不仅把文章看作关系世运兴衰、风俗浇淳的大事，而且要自觉担当起救弊起衰的重任。当他看到东方虬的托物寓志之作《咏孤桐篇》(此诗已佚，但从子昂和诗《修竹篇》可以窥见其性质)时，"遂用洗心饰视，发挥幽郁。不图正始之音，复睹于兹；可使建安作者，相视而笑"，不仅流露出文道久衰后忽睹"正始"元音(指《国风》的优良传统)的欣喜，而且随即作《修竹篇》以和之，希望能有"知音"以传示之。这实际上是把自己和东方虬置于上承汉魏风骨、风雅兴寄传统的文章正道传人的地位，呼唤知音与同道一起担当救弊起衰的责任。这种强烈的责任感，赋予文章以遒劲的气骨，加强了文章的感染力。这就使这篇宣示理论主张的文章，不以辨析事理取胜，而是以情感的深沉强烈给人以感召。

以上两方面，使人自然联想起他的《登幽州台歌》。尽管一是诗，一是文，但那种俯仰今古的广远视野，那种寻觅知音的努力，却是声息相通的。

文章在提出"风骨""兴寄"的同时，还用简劲形象的语言描绘出理想的诗歌风貌："骨气端翔，音情顿挫，光英朗练，有金石声。"即要求诗歌骨端气翔，感情起伏，音调抑扬，清朗明洁，掷地作金石声。这实际上是对风骨、声律兼备的诗歌的一种热情呼唤。尽管东方虬的《咏孤桐篇》和他自己的《修竹篇》都未必能达到这种境界，但它却为即将出现的盛唐诗歌风貌作了形象的描绘。

陈子昂这篇诗论的意义，不在理论上的创新和辨析上的细致，而在他明确提出的"风骨""兴寄"主张适应了诗歌革新的趋势与潮流。同样，作为一篇有特色的文章，它的长处也不在阐述理论的说服力，而在贯注其中的高远的历史感、强烈的责任感和对未来诗歌的热情呼唤。不妨说它是一篇以情感人的文章。在骈文仍然统治文坛的时代，这篇号召诗歌革新的序用的是散体。这本身便似乎意味着在号召诗歌革新的同时，作者在实践中已经开始了文体革新的尝试。它和作者一系列其他散体文章，对转变文章风气的作用是不可低估的。　(刘学锴)

【作者小传】

张　说

(667—730)　唐大臣。字道济，一字说之。洛阳(今属河南)人。武则天时应诏对策，得乙等，授太子校书。中宗时任黄门侍郎等职。睿宗时进同中书门下平章事，劝睿宗以太子隆基(玄宗)监国。玄宗时，任中书令，封燕国公。曾任朔方节度使。擅长文辞，朝廷重要文件多出其手，与许国公苏颋并称为"燕许大手笔"。亦能诗，被贬岳阳时的作品尤工。著有《张燕公集》。

贞节君碣　　　　张　说

神功元年十月乙丑[①]，阳鸿卒于雩都县。友人沛国朱敬则、清河孟乾祚、范阳卢禹等哀鸿抱德没地，继体未识，考行定谥，葬于旧域[②]。

鸿字季翔，平恩人也。其先著族右北平郡。大父真阳宰，适兹乐土，爰定我居，维桑与梓[③]，既重世矣。

鸿倜傥奇杰，瑰玮博达。贯涉六籍百家之言，其要在霸王大略，奇正大旨[④]，君亲大义，忠孝大节而已。章句之徒，不之视也。尝陋汉史地理志、《周礼》职方志，时异虚记，心不厌焉。乃攀恒、岱，浮洞庭，窥河源，践岷、衡，稽四海之风俗，筭九州之险易，与赵国、贯高图献其议，遇火焚荡，天下壮其志而痛其事。

养徒闾里，不应宾辟[⑤]。仪凤中，河北大使薛公举鸿行励贪鄙。天子喜之，用置于吏，乃尉汲、曲阿，主簿龙门、雩都。夫其屏居十年，一方化德；历佐四邑，诸侯观政。惜乎有大才无贵仕，命也。

初鸿游太学，有书生山东李思言物故南馆[⑥]，鸿伤其终远家属，有丧无主，乃躬驾柩车送归东土。及在曲阿，敬业作难润州[⑦]，藉鸿得人，历旬坚守，城既陷而犹斗，力虽屈而蹈节，寇义而脱之，因伪加朝散大夫，即署曲阿令。鸿贞而不谅[⑧]，诡应求伸，既入邑，则焚服阖门而设拒矣！故得殿邦奋旅[⑨]，一境赖存。淮海底绩，答勋效功。卒不言赏，赏亦不及。

君子以为急友成哀，高义也；临危抗节，秉礼也；矫寇违祸，明智也；保邑匿勋，近仁也。义以利物，智以周身，礼以和众，仁以安人。道有五常[⑩]，鸿擅其四；武有七德[⑪]，鸿秉其二。大虑克就之谓贞，好廉自克之谓节，粤若夫子，可谥为贞节也已！于是纪名垂迹，表墓勒石，其词曰："倬[⑫]良士，纵自天[⑬]。辨方物，覈山川。厥志大哉！峻刚节，殷义声。返旅榇，宴穷城⑭。厥德迈哉！哀斯人，命莫赎。德不朽，温如玉。轨来世哉⑮！

〔注〕① 神功元年：公元697年。神功为武则天年号。乙丑：初二日。 ② 域：葬地。 ③ 桑梓：指乡里。 ④ 奇正：古代兵法术语，指战略战术中特殊和正规的各种变化，被认为是用兵的关键。 ⑤ 不应宾辟：不应召入幕。 ⑥ 南馆：指太学。 ⑦ 敬业作难润州：指徐敬业在润州起事讨武后事。 ⑧ 贞而不谅：《论语·卫灵公》："君子贞而不谅。"指坚持正道而不存小信。 ⑨ 殿邦：镇守邦国（指曲阿）。奋旅：激励兵士。 ⑩ 五常：谓仁义礼智信。 ⑪ 武有七德：指禁暴、戢兵、保大、定功、安民、和众、丰财。见《左传·宣公十二年》。 ⑫ 倬（zhuó 琢）：高大。 ⑬ 纵自天：谓天使其多才。 ⑭ 宴：安。穷城：指荒远的边城。 ⑮ 轨：树立法度、规矩。

号称"燕、许大手笔"之一的燕国公张说，擅长碑文墓志，当时无能及者。这篇记述阳鸿事迹德义的墓碣，是这类文字中有代表性的一篇。题内"碣"字《全唐文》作"碑"。按《唐六典》卷四："五品以上立碑，螭首龟趺，趺上高不过九尺；七品以上立碣，圭首方趺，趺上高不过四尺。"据文中所述阳鸿仕历，当依本集作"碣"。

文章在按碑碣文字惯例简要叙述阳鸿的卒、葬与籍贯家世后，随即转入对其学问识见及著述的评赞。"倜傥奇杰，瑰玮博达"八字，是对其卓异风采和博通学问的总括。然后揭出其学问之要在"霸王大略，奇正大旨，君亲大义，忠孝大节"，而非拘拘于章句之学。但又决非空言虚论，而是注重实地调查，以此检验并修正前人著作，包括像《周礼》这样的儒家经典和《汉书》这样的正史。这种注重现实政治、注重实地考察、不迷信前人的学风，正是昌盛开扩时代所孕育的一代知识分子恢宏博达精神风貌的反映。作者在叙述其为学之要与实地考察之行时，分别连用四个结构相同的四字句与三字句，节短势促，连贯而下，极有气势。

接下来一小段，简要叙述了阳鸿的仕历。由于他只作过簿、尉一类下级官吏，故只以简笔带过。而在此同时却不忘点醒其"屏居十年，一方化德；历佐四邑，诸侯观政"的品德与才能。这样，段末"有大才无贵仕"的慨叹便非虚美之辞，而能给人留下深刻的印象。

下面一段，追叙他生平事迹中两件特别值得表彰且能见其个性的事。一是游太学时遇山东书生李思言去世，同情其遭遇而亲驾灵车送归故土。这件事充分显示其侠义的性格和富于同情心，这也正是当时士人尚任侠、重节义风气的表现。二是李敬业在润州起事，他初则率曲阿城兵民坚守，继则力屈蹈节，为寇"义而脱之"，署以伪职。他"诡应求伸"，终于拒守保境。这件事既显示出他的节义，更突出了他的智慧。他不是后世那种但求忠名的迂儒，懂得怎样在全节的前提下从权，来达到保境安民的目的。这种通达权变、脱略小节的宏达作风，也是那一时代士人精神风貌的反映。作者在叙述这件事时，对其明智之行的赞赏流溢于字里行间："鸿贞而不谅，诡应求伸，既入邑，则焚服阖门而设拒矣！"妙在段末闲闲缀以"卒不言赏，赏亦不及"二语，既突出了他的无意于功赏的淡泊品性，又暗示了上层社会对他的冷落。

以上三段，一言其学识，一叙其历仕，一赞其节概，用笔或虚或实，或简或繁，各有不同。但通过这些记述，一位博学异才，注重实践，不拘琐屑章句之学，不拘龌龊小谨，侠义有节概，忠勇而明智的知识分子形象已经跃然欲出。接下来一段，以"道有五常，鸿擅其四；武有七德，鸿秉其二"数语，对他的言行事迹作出评赞和总结，并归到"贞节君"这个谥号的意义上来，与首段"考行定谥"遥相呼应。最后一段，用韵语对阳鸿的才志德义作再一次概括的评赞，用"志大""德迈"二语对其一生行事作了盖棺论定的总结。

一个健康发展的时代，必然孕育出一种比较健全的人格。阳鸿这位"志大""德迈"的士人，正是宏大开扩时代的产儿。这样的人物正须用恢宏大度的"大手笔"去描述。这篇文章特有的宏放气度，是植根于时代风尚的土壤之上的。

（刘学锴）

【作者小传】

任 华

唐散文家。乐安（今山东高青一带）人。隐居多年。玄宗时曾任秘书省校书郎，出为播州刺史参佐等职。倾慕李白，为文亦与李白风格略同。书笺诸作，颇有纵横之言。

送宗判官归滑台序

任 华

大丈夫其谁不有四方志？则仆与宗衮，二年之间，会而离，离而会，经途所亘，凡三万里。何以言之？去年春，会于京师，是时仆如桂林，衮如滑台。今年秋，乃不期而会于桂林；居无何，又归滑台，王事[①]故也。舟车往返，岂止三万里乎？人生几何，而倏聚忽散，辽敻若此，抑知己难遇，亦复何辞！

岁十有一月，二三子出饯于野。霜天如扫，低向朱崖。加以尖山万重，平地卓立，黑是铁色，锐如笔锋。复有阳江、桂江②，略军城③而南走，喷入沧海，横浸三山④。则中朝群公，岂知遐荒之外，有如是山水？山水既尔，人亦其然。衮乎对此，与我分手。忘我尚可，岂得忘此山水哉！

〔注〕①王事：公事。②阳江：桂林附近水名。桂江：即漓江，源于广西兴安县境猫儿山，西南流至阳朔，以下称桂江。③略：通"掠"，擦过。军城：指桂林。④喷入沧海：桂江在梧州汇入西江，通向南海。三山：传说中的海上三座仙山。

任华是一位狂士式的人物，平生最服膺李白。他有《杂言寄李白》长诗，极赞其诗文"能奔逸气，耸高格，清人心神，惊人魂魄"。这篇赠序，是他为桂州刺史参佐时在桂林送别友人宗衮返回滑台（今河南安阳滑县，滑魏六州节度使府）幕府时所作。文章很短，却写得既奇峭挺拔，又潇洒飘逸，抒情写景，都很具个性特色，颇有李白诗文的风神。

首段抒离合之情。起句用设问提明大丈夫的"四方志"，飘然而来，起势奇突。紧接着，用自己与宗衮二年间"会而离，离而会"之迹与经途三万里之事来说明四方之志。进而以"何以言之"的设问引出对二年间离会之迹的具体情事的叙述，为下文送行伏根。"王事故也"正应"四方志"。"人生"句突作转折，由离合引出聚散无常、隔绝万里的感慨，而段末二句又稍加勒转，似觉此聚散无常中因得遇知己，亦略觉有所慰藉。这一段从抒四方之志到写离合之迹，再转叹聚散之情，最后又回到知己难遇、何辞离合的自解。文意凡三转，文势夭矫变化，极富波峭奇逸之致。

次段承离合写眼前送别。先点时令、饯别，旋即掉笔写景。"霜天"二句，画出秋空一碧如洗，笼盖遥山，与红色山崖相映的阔远景象。"扫""低"二字，锤炼而归于自然，似不着力而境界全出。"尖山万重，平地卓立"，正是桂林奇山异峰的绝妙形容。唐柳宗元《桂州訾家洲亭记》所谓"桂州多灵山，发地峭竖，林立四野"，清袁枚《游桂林诸山记》所谓"突然而起，戛然而止"，均可与此印证。"黑是"二句，形容其山色、形状之奇，用笔刚劲。以下四句，乃写阳、桂二江掠过郡城，迤逦而下，直奔沧海的情景，写实中融入想象成分，这就使所描绘的境界更阔远。妙在对桂林山水稍作描绘点染之后，并不立即落到送别的题面上来，而是宕开一笔，转到"中朝群公"头上，说他们根本不知遐荒之外有此奇山秀水。明言其无此经历，故不能领略此异景；实暗讽其不恤荒外之士民，观下文"山水既尔，人亦其然"二语，其意自见。回过头来咀味"尖山万重"四句，并觉此奇山尖峰也带有人格化的意味。写到这里，却又不再发挥，而是旋即从"人"折回眼前送别的双方。点明"分手"之后，不说彼此相思、互相珍重一类俗套语，而是反笔以出，缀以"忘我尚可，岂得忘此山水哉”，笔姿摇曳不尽。

此文抒离合之情，状送别之景，别有一种豪纵不羁之气贯注其间。原因盖在“大丈夫其谁不有四方志”一语，笼盖全篇，遂使“会而离，离而会”的情事和遐荒之外的境界都成为四方之志的应有之义。故虽感慨聚散，荒徼送别，而略无伤感气息。写桂林山水，则用刚劲奇峭之笔，与韩愈诗“江作青罗带，山如碧玉簪”之用柔媚婉约之笔明显不同。盖桂林山水，尤其是山，本有奇峭的特点，作者胸中又有一股逸气需要表现，遂不觉以刚劲奇峭之笔出之，与所描绘的桂林奇峰神合，饶有奇趣。

（刘学锴）

【作者小传】

王 维

(701? —761) 唐诗人、画家。字摩诘。先世为太原祁(今山西祁县)人，其父迁居于蒲州(治今山西永济西)，遂为河东人。开元进士。累官至给事中。安禄山军陷长安时曾受职，乱平后，降为太子中允。后官至尚书右丞，世称“王右丞”。晚年居蓝田辋川，亦官亦隐。能诗，善画，工书法，擅长音乐。著有《王右丞集》。

山中与裴秀才迪书

王 维

近腊月下，景气和畅，故山殊可过①。足下方温经，猥不敢相烦。辄便往山中，憩感配寺②，与山僧饭讫而去。

北涉玄灞③，清月映郭。夜登华子冈，辋水沦涟，与月上下。寒山远火，明灭林外。深巷寒犬，吠声如豹。村墟夜舂，复与疏钟相间。此时独坐，僮仆静默，多思曩昔携手赋诗，步仄径，临清流也。

当待春中，草木蔓发，春山可望，轻鯈④出水，白鸥矫翼，露湿青皋，麦陇朝雊⑤。斯之不远，傥能从我游乎？非子天机清妙者，岂能以此不急之务相邀？然是中有深趣矣。无忽。因驮黄檗人往，不一⑥。山中人王维白。

〔注〕 ① 故山：旧日所居住的山，此指蓝田山辋川别业。 ② 感配寺：在蓝田县城，一作感化寺。 ③ 玄灞：深青色的灞水。辋水在蓝田县南北流入灞。 ④ 鯈(tiáo 条)：一种细长

的淡水鱼。⑤ 雊(gòu 构)：野鸡鸣叫。⑥ 驮黄蘖(bò 柏)人：进城卖黄蘖(一种药材)的人。不一：不详说，旧时书信结尾用语。

王维工诗善画。苏轼评其诗谓："诗中有画"，"画中有诗"。这篇山水小品，写得饶有诗情画意，不妨说是文中有诗，文中有画，体现了诗、画、文的融合。题内"山中"，指蓝田县南的峣山中。王维在蓝田辋谷川口(即峣山口)有隐居别业，常与朋友裴迪在这一带的风景佳胜处同游赋诗。这是王维从长安回到辋川别业后给裴迪写的一封信，邀他在开春后同游山中。秀才，是当时对士人的通称。

信一开头，就以轻淡而有情致的笔墨明快地提出"故山殊可过"这个全文的中心。农历十二月，气候本来还相当寒冷，但对大自然特别敏感的王维，却已感到阳气的萌动和景物气候的温煦宜人。这正透露出他"天机清妙"的禀赋。接着讲到，由于裴迪正在温习经书，不便相邀，只能自己先往山中。这就为下面邀裴明春同游埋下伏笔。

接下来一段，是对山中冬夜清寥优美景色的具体描绘，也是对上文"故山殊可过"的具体印证。作者先点出"北涉玄灞"的经行路线，并以"清月映郭"带出特定的时间背景和景物总特征，然后顺着由近及远，由水而山，由视而听，由色而声的次序进行描写，显得既从容有致，又井然有序；并且运用以动衬静、以明托暗、以声显寂的手法，使读者于波光月影的荡漾、寒山远火的明灭、深巷寒犬的吠叫、夜舂疏钟的相间中，感受到辋川月下寒夜的幽寂、清寥与深永。辋川景物原是作者所熟悉的，但寒夜登华子冈所见所闻，却使他感到既新鲜又亲切，像是发现了一个新的充满诗情画意的境界。这正是作者笔下的境界虽带有冬夜的幽寒，却并不显得凄清，而是具有令人神远的诗意美的原因。接着，作者用"此时独坐"一句作为转折，由途中观赏月夜清景折入静夜独坐时对往昔与裴迪同游情景的追忆。"此时""曩昔""独坐""携手"，两两相对，"步仄径""临清流"的兴会与眼下的"独坐""静默"相形，益发衬托出对朋友的思念，从而引出对"春中"同游的热烈期待。

接着，文章以欢快而充满展望的语调描绘出明春山中生机勃发的景象。从春山到春水，从天空到地下，从田野到草地，从植物到动物，到处充溢着跃动的生机，展示出与寒冬月夜的辋川迥然不同的境界，其中渗透了作者对春天、对生命的热爱。想到这一切，他对朋友的思念更加殷切了，因而水到渠成地发出"从我游"的邀约。作者强调只有"天机清妙"者才能领略大自然的美景，并在观照中发现"深趣"，这就把同游山中升华到一个更高的思想境界和美学境界，被世俗视为"不急之务"的游赏也就获得了深刻的意义。文章写到这里，随即淡淡收住，留下对明春山中同游的期待，让读者去驰骋想象。

同作者许多优秀的山水诗一样，这篇山水小品尽管也有对具体景物鲜明如画的描绘，但它的主要特点却是表现作者在观照自然时所领略到的一种得意忘言的“深趣”，一种对自然界诗意美的发现的喜悦，和对更美好的生活的向往。它的艺术感染力也主要来自渗透在作者所描绘的境界中的一片荡漾诗情。这和后来一些以刻画客观景物为主的山水游记是很不同的。

文章以春中同游山中为结穴，但它用笔的重点仍在寒夜月下辋川景物的描写。寒夜景色之美已使人神往，则“春山可望”之时更不待言。对春天山中的风光，只以想象之笔稍作点染，正是由于上文已作了充分的铺垫。文中多用比较整齐的四字句，但不拘骈偶，语言清丽，又贯注着深情妙趣，读来只觉流畅自如，毫无板滞之感。

（刘学锴）

【作者小传】

李 白

（701—762） 唐代诗人。字太白，号青莲居士。祖籍陇西成纪（今甘肃天水秦安），隋末其先人流寓碎叶（唐时安西都护府，在今吉尔吉斯斯坦北部托克马克附近），他即于此出生。幼时随父迁居绵州昌隆（今四川江油）青莲乡。少年时即显露才华，吟诗作赋，博学广览，并好行侠。从二十五岁起离川，长期在各地漫游。天宝初曾供奉翰林，因遭权贵谗毁，仅一年余即离开长安。安史之乱中曾为永王李璘幕僚，因璘败牵累，流放夜郎。中途遇赦东还。晚年飘泊江南，卒于当涂。其诗雄奇豪放，想象丰富，是屈原之后我国最伟大的浪漫主义诗人，与杜甫并称“李杜”。其文豪迈俊爽。著有《李太白集》。

与韩荆州书

李 白

白闻天下谈士相聚而言曰：“生不用封万户侯，但愿一识韩荆州。”何令人之景慕，一至于此耶！岂不以有周公之风，躬吐握之事，使海内豪俊，奔走而归之，一登龙门[①]，则声誉十倍。所以龙盘凤逸之士，皆欲收名定价于君侯[②]。君侯不以富贵而骄之，寒贱而忽之，则三千宾中有毛遂，使白得颖脱而出，即其人焉。

白陇西③布衣，流落楚汉。十五好剑术，遍干诸侯；三十成文章，历抵卿相。虽长不满七尺，而心雄万夫。王公大人，许与气义。此畴曩④心迹，安敢不尽于君侯哉！

君侯制作⑤侔神明，德行动天地，笔参造化，学究天人。幸愿开张心颜，不以长揖见拒。必若接之以高宴，纵之以清谈，请日试万言，倚马可待。今天下以君侯为文章之司命，人物之权衡，一经品题，便作佳士；而君侯何惜阶前盈尺之地，不使白扬眉吐气，激昂青云耶！

昔王子师为豫州⑥，未下车即辟荀慈明，既下车又辟孔文举。山涛作冀州⑦，甄拔三十余人，或为侍中、尚书⑧，先代所美。而君侯亦一荐严协律⑨，入为秘书郎⑩；中间崔宗之、房习祖、黎昕、许莹之徒，或以才名见知，或以清白见赏。白每观其衔恩抚躬，忠义奋发，以此感激，知君侯推赤心于诸贤腹中，所以不归他人，而愿委身国士。倘急难有用，敢效微躯。

且人非尧舜，谁能尽善？白谟猷⑪筹划，安能自矜。至于制作，积成卷轴，则欲尘秽视听，恐雕虫小技，不合大人。若赐观刍荛⑫，请给纸墨，兼之书人。然后退扫闲轩，缮写呈上。庶青萍、结绿，长价于薛、卞之门。幸推下流，大开奖饰，惟君侯图之！

〔注〕 ① 龙门：《艺文类聚》引《三秦记》："河津一名龙门，大鱼积龙门数千不得上，上者为龙，不上者(鱼)。"地在今陕西韩城与山西河津间。 ② 君侯：对尊贵者的敬称。 ③ 陇西：郡名，秦昭襄王时置，隋初废。辖境在今甘肃陇西一带。 ④ 畴曩：往日。 ⑤ 制作：著作。 ⑥ 豫州：古州名，东汉时治所在今安徽亳州市。 ⑦ 冀州：古州名，晋时治所在今河北高邑西南。 ⑧ 侍中：官名，魏晋时职责为顾问应对，系清要之官。尚书：官名，魏晋时掌群臣章奏。 ⑨ 协律：协律郎，掌管音乐的官，隶属于太常寺。 ⑩ 秘书郎：掌管图书收藏及校写的官，隶属于秘书省。 ⑪ 谟猷(mó yóu 磨油)：谋划。 ⑫ 刍荛(chú ráo 除饶)：向人陈述意见的谦词。

李白的散文现存几十篇，数量不多，但有的也写得很好。本文便是他散文中的名篇。

本文约写于唐玄宗开元二十一年(733)左右。这时李白寓家于安州(治所在今湖北安陆），漫游今湖北、湖南一带，广事交游，渴望获得仕进机会，施展抱负，因此写了这封信给韩荆州。韩荆州，即韩朝宗，此时正任荆州大都督府长史兼襄州刺史、山南东道采访处置使，是荆襄地区的高级行政长官。他乐于识拔后进，为时人推重，所以李白写了这封自荐书给他，希望得到援引。

本文开头借谈士之口，说他们不想封万户侯，但愿认识韩荆州，赞美韩朝宗对士人具有强大的吸引力。后世“识荆”一语，即源于此，成为人们拜见贤者、初次相识的雅语。接着，李白以西周时周公旦“躬吐握”和东汉李膺使后进“登龙门”两个典故，说明海内豪俊之士奔走归附韩朝宗的原因。相传周公为了不怠慢来谒见的士人，“一沐三握发，一饭三吐哺”（《韩诗外传》）；东汉李膺以维持纲常名教为己任，后进之士被他认真接待的，名为“登龙门”，犹如鱼跃上龙门，化而为龙，成为不平凡的人物。接着又说：韩朝宗如能不以己之富贵骄人，不以人之贫贱而轻忽之，则李白就能如战国时毛遂那样，在三千门客中脱颖而出。毛遂是赵国平原君的门客，他向平原君自荐，在赵、楚两国谈判中立了功。颖脱，指锥子放在袋中，其颖（尖头）立刻破袋而出，比喻贤士的才能必然迅速显现。这一段着重赞美韩朝宗能礼贤下士，把他和周公、李膺相比，可谓称颂备至。这种颂美从不少士人的谈论中引出，显得很自然，并不使人感到是阿谀奉承。后面再从平原君的故事中，很自然地表达了自荐的心情和要求。

第二段简单介绍自己的经历和才能。李白出生于蜀中，自称为西凉武昭王李暠之后代（见《上安州裴长史书》），李暠是陇西成纪人，又是汉代名将李广的十六世孙，故此处说是陇西布衣。这时他流寓于今湖北省汉水流域一带（战国时属楚地，故称楚汉）。他十五岁爱好击剑，三十岁文章写得很有成就，凭着其文武才能，遍谒诸侯（指各地地方长官）和王公卿相，冀求援引。那些达官贵人也承认他的气节道义很好。李白在另一篇文章《上安州裴长史书》中曾谈到，他早年时曾与蜀中友人吴指南同游楚地，指南死于洞庭湖滨，李白素服恸哭，临时葬指南于湖侧。数年后从金陵一带归来，又筹措经费，把指南安葬于江夏城（今湖北武昌）东。这便是他重视气节、道义的一个例子。段末说：这是他平时的心情和行为，希望韩朝宗能够了解。李白在本文中介绍自己的经历、才能和性格特点颇为简括，在《上安州裴长史书》中则有较详细的叙述，读者可以参看。

第三段进一步希望韩朝宗能够认识自己的才能而加以任用。先是颂扬韩朝宗的德行、学问、文章都好；意为他具备这么好的修养，能够识拔贤能之士是不言而喻的。接着希望韩朝宗要气度宽宏，不因自己的长揖不拜而拒予接待。长揖，拱手自上而至极下，是古代宾主以平等身份相见时所行的礼。他要求韩朝宗不但不拒绝接待，而且要优厚款待，这样他的文才便能充分发挥出来。据说东晋时大臣桓温北征，半路上要写一篇露布（公告），叫幕下文士袁宏倚立在马前起草。袁宏手不停挥，很快写满七张纸，而且写得相当好（见《世说新语·文学》）。此处用这一典故来说明自己文思敏捷、才能出众。（李白的文才确是非常敏捷的，故杜甫有“敏捷诗千首”的诗句称赞他。）接着又说：今天大家认为你韩朝宗是衡量文章、人物的权威人士，一经你的好评，便称佳士。你何必吝惜阶前盈尺之地，不让我李白像袁宏那样倚马草文，一展文才，扬眉吐气，直上青云呢？李白颂扬韩朝宗，希望他赏识自己的才能而加以任用；但他对韩朝宗没有显示出一点卑躬屈膝的样子，而是长揖不跪拜。（李白《忆襄阳旧游赠马少府巨》诗中也有“高冠佩雄剑，长揖韩荆州”之句。）这里充分显示了他“平交王侯”的气概。《古文观止》编者评云：“此段正写己愿识荆州，却绝不作一分寒乞态，殊觉豪气逼人。”说得颇为中肯。

第四段推开一步，补充说明自己要求归附韩朝宗的原因。先是说，从前东汉王允做豫州刺史，任用了贤士荀爽、孔融；西晋山涛做冀州刺史，甄拔三十余人，有的在朝廷做了侍中、尚书等官，为前人所赞美。接着就说韩朝宗也荐举了协律郎严某为秘书郎，还有崔宗之、房习祖等人，有的富有才学，有的行为清白，都被赏识荐用。李白看到他们衔恩图报，忠义奋发，因此心情激动，知道韩朝宗对贤士能推心置腹，所以决心归附于他。国士，全国推尊仰慕之士，这里是对韩朝宗的美称。段末表示，倘逢急难之际，自己愿为之献身，表现出诗人满腔报国的热忱。这里急难是指战乱等关系国运的大事。安史之乱爆发，李白出山参与永王李璘幕府；他临终前不久，还打算以老病之身参加李光弼军队，讨伐安史余孽（见《李太尉大举秦兵百万出征东南懦夫请缨冀申一割之用半道病还留别金陵崔侍御》诗），都表现出他敢效微躯的举动和精神。

最后一段说自己愿呈献文章，求得对方赏识。先是说人不会尽善尽美，关于政治方面的谋划主张，不敢自夸，至于诗文，写得颇多，积成卷轴，这类雕虫小技，如果对方不嫌弃而愿赐观，则请给予纸墨等文具，还有抄写人员，就可认真抄写呈上。青萍，宝剑名。结绿，美玉名。春秋时越国人薛烛和楚国人卞和，一个善于识剑，一个善于识玉。结尾意思说：宝剑美玉依靠良工的鉴别，方能增长声价；自己地位不高，也要靠韩朝宗大加奖励称誉，才有光明前途啊！唐代读书人的习尚，欢喜把自己的诗文等作品写在卷子上呈献给达官贵人或文坛前辈，希望获得他们的赏识，从而猎取功名。李白也准备把文章呈献给韩朝宗。李白在政治才能上也颇自负，曾自称“怀经济之才”（《为宋中丞自荐表》），并常以东晋名臣谢安自比。本段说“白谟猷筹划，安能自矜”，比较谦逊，可能是他没有写什么政治性论文，能向韩朝宗呈献的都是一些文学性诗文的缘故。

本文和李白的某些诗篇一样，充分表现了他自负和傲岸的性格。他写信要求韩朝宗赏识自己，所以更是着重称述自己。首段以毛遂自比，说明其才能超过众人；接着说自己能文有武，心雄万夫，讲究气节道义，文才更是卓越敏捷；结尾说准备呈献所作诗文：自负不凡的高昂气概，贯穿全篇。李白不但自负，而且兀傲。对那些达官贵人，李白希望他们援引，但他不肯为此而卑躬屈膝，所谓“安能摧眉折腰事权贵”(《梦游天姥吟留别》)；而是要以平等之礼节结交。他对韩朝宗是长揖不拜，对当时另一名人李邕，李白赠诗给他说，“宣父犹能畏后生，丈夫未可轻年少”(《上李邕》)，要李邕学习孔子，知道后生可畏，不要看轻自己这个年轻人。李白这种傲岸和自负的气质，在本文中紧密结合，随处流露，而在第三段中表现尤为突出，在要求“扬眉吐气，激昂青云”的语句中达到了顶峰。由于生动地展示了自负、傲岸的性格特征，诗人的形象在本文中可说跃然纸上。

文中对韩朝宗也是颂扬备至。先是以周公、李膺相比，赞美他礼贤下士；接着又说他德行、才学都极好；继而又说他已经荐举了一批佳士。这种颂扬，目的是说明韩朝宗必能赏识、荐举自己，为本文自荐这一主题服务。颂扬对方，称述自己，两条线索在文中很好配合，交叉进行，起了打动对方的作用。

本文语言特色，是夸张而又流畅奔放。文中不论颂扬对方，称述自己，都出以夸张笔墨，充分显示出诗人的浪漫气质。全篇语言明快流畅，句子长短错综，自然奔放，富有气势，很好表现了诗人的豪迈性格与胸襟。前三段末尾，都使用了感情洋溢的感叹语句，“使白得颖脱而出，即其人焉”，“安敢不尽于君侯哉”，“不使白扬眉吐气，激昂青云耶”，各自在上文具体描述基础上进行小结，做到声情摇曳，增加了艺术感染力。

(王运熙 施绍文)

春夜宴诸从弟桃李园序 李 白

夫天地者，万物之逆旅[①]；光阴者，百代之过客。而浮生若梦，为欢几何？古人秉烛夜游，良有以也。况阳春召我以烟景，大块[②]假我以文章。会桃李之芳园，序天伦之乐事。群季俊秀，皆为惠连[③]；吾人咏歌，独惭康乐[④]。幽赏未已，高谈转清。开琼筵以坐花，飞羽觞而醉月。不有佳作，何伸雅怀？如诗不成，罚依金谷酒数[⑤]。

〔注〕①逆旅：客舍。　②大块：大自然。　③惠连：南朝宋文学家谢惠连，与其族兄谢灵运并称"大小谢"。　④康乐：南朝宋文学家谢灵运，谢玄孙，袭封康乐公。　⑤金谷酒数：晋石崇宴客洛阳金谷涧中，赋诗不成者罚酒三觞。

这篇散文小品，洋溢着诗情画意，像一首优美的诗，长期以来，家弦户诵，脍炙人口。明代大画家仇英还把它转化为视觉形象，绘成图画，流传至今。

从题目看，这是一篇记事文。记事文，一般要包含六个要素：Who(何人)、When(何时)、Where(何地)、What(何事)、How(如何)、Why(为何)。题目即回答了四个要素：什么人？作者与诸从弟。什么时候？春夜。什么地方？桃李园。干什么？宴饮。这已经在很大程度上泄露了主题。一看题目就知道文章的基本内容，又怎能引人入胜呢？然而一读全文，就立刻被那强烈的艺术魅力所吸引，陶醉于美的享受。原因在于：作者结合剩下的两个要素，对已见于题目中的四个要素作了进一步的、独特的回答，从而展现了情景交融、景美情浓的艺术天地。

全文是以议论开头的："夫天地者，万物之逆旅；光阴者，百代之过客。而浮生若梦，为欢几何？古人秉烛夜游，良有以也。"《古文观止》的编者说这是"点'夜'字"，即回答了"何时"。这固然是对的；但不仅如此。更重要的，还在于回答了另一个要素："为何"。白天满可以"宴"，为什么要"夜"宴呢？就因为"浮生若梦，为欢几何"，所以要及时行乐，连夜间都不肯放过。及时行乐的思想在我们看来是消极的，但在封建社会的某些知识分子和达官贵人中却是普遍存在的。《古诗十九首》有云："生年不满百，常怀千岁忧。昼短苦夜长，何不秉烛游？"曹丕《与吴质书》有云："少壮真当努力，年一过往，何可攀援？古人思秉烛夜游，良有以也。"作者在行文上的巧妙之处，就表现在他不去说明自己为什么要"夜"宴，只说明"古人秉烛夜游"的原因，而自己"夜"宴的原因，已和盘托出，无烦词费。

"阳春召我以烟景，大块假我以文章"，这是万口传诵的名句。《古文观止》的编者说它"点'春'字"，即与第一段"点'夜'字"结合，照应题目，回答了"何时"。这当然不算错；但不仅如此。它用一个表示进层关系的连词"况"承接第一段，进一步回答了"为何"。"浮生若梦，为欢几何"，因而应该"夜"宴；更何况这是春季的"夜"，"阳春"用她的"烟景召唤我"，"大块(天地)"把她的"文章"献给我，岂容辜负！因而更应该"夜"宴。其所以成为名句，就由于它的确佳妙。第一，只用几个字就体现了春景的特色。春天的阳光，暖烘烘，红艳艳，多么惹人喜爱！"春"前着一"阳"字，就把春天形象化，使人身上感到一阵温暖，眼前呈现一片红艳。春天地气上升，花、柳、山、水，以及其他所有自然景物，都披绡戴縠，分外迷人。那当然不是绡縠，而是弥漫于空气之中的袅袅轻烟。"景"前着一"烟"字，就展现了这独特的画面。此后，“阳春烟景”，就和作者在《黄鹤楼送孟浩然之广陵》一诗中所创造的“烟花三月”一样，成为人们喜爱的语言，一经运用，立刻唤起对春天美景的无限联想。至于把天地间的森罗万象叫做“文章”，也能给人以文采炳焕、赏心悦目的感受。第二，这两个句子还把审美客体拟人化。那“阳春”是有情的，她用美丽的“烟景”召唤我；那“大块”也是有情的，她把绚烂的“文章”献给我。既然如此，作为审美主体的“我”又岂能无情！自然主客拥抱，融合无间了。

“会桃李之芳园”以下是全文的主体，兼包六个要素，而着重写“如何”。这一点很重要。试想，与诸从弟夜宴，如果是为了饯别，那就会出现“醉不成欢惨将别，别时茫茫江浸月”（白居易《琵琶行》）的场面，或“今宵酒醒何处，杨柳岸晓风残月”（柳永《雨霖铃》）的景象，未免大败人意。如今幸而并非如此。“会桃李之芳园”，不是为了饯别，而是为了“叙天伦之乐事”。这一句，既与第一段“为欢几何”里的“欢”字相照应，又赋予它以特定的具体内容。这不是别的什么“欢”，而是“叙天伦之乐事”的“欢”。看来，作者与从弟们分别很久了。作为封建社会里的“浮生”，难得享天伦之乐啊！如今，不但相会了，而且相会于流芳溢彩的桃李园中，阳春既召我以烟景，大块又假我以文章，此时此地，“叙天伦之乐事”，真是百倍的欢乐！当然，“天伦之乐事”，不同的人有不同的“叙”法。那么，作者和他的从弟们是什么样的人呢？南朝著名诗人谢灵运的族弟谢惠连工诗文，擅书画，作者便说“群季（诸弟）俊秀，皆为惠连”。以谢惠连比他的几位从弟，不用说就以谢灵运自比了。“吾人咏歌，独惭康乐”，不过是自谦罢了。人物如此俊秀，谈吐自然不凡。接下去的“幽赏未已，高谈转清”，虽似双线并行，实则前宾后主。“赏”的对象，就是前面所写的“阳春烟景”、“大块文章”和“桃李芳园”；“谈”的内容，主要是“天伦乐事”，但也可以包括“赏”的对象。“赏”的对象那么优美，所以“赏”是“幽赏”；“谈”的内容那么欢乐，所以“谈”是“高谈”。在这里，美景烘托乐事，幽赏助长高谈，从而把欢乐的激情推向高潮。

“开琼筵以坐花，飞羽觞而醉月”两句，集中写“春夜宴桃李园”，这是那欢乐的浪潮激起的洪峰。“月”乃“春夜”之月，“花”乃“桃李”之花。兄弟相会，花月交辉，幽赏高谈，其乐无穷，于是继之以开筵饮宴。“飞羽觞”一句，实在写得好！《汉书·外戚传》引班倢伃赋云：“酌羽觞兮销忧。”颜师古注采用孟康的解释：“羽觞，爵也。作生爵形，有头，尾，羽翼。”爵，是酒器的名称；而在古代，“爵”字又与“雀”字相通。所谓“作生爵形”，就是其酒器的形状像活的雀儿，有头，有尾，有羽翼。正因为有羽翼，所以又称“爵”为“羽觞”。班倢伃独自借酒浇愁，“觞”虽有“羽”，却只能“酌”，不能“飞”。李白从“羽”字着想，生动地用了个“飞”字，就把兄弟们痛饮狂欢的场景表现得淋漓尽致。

痛饮固然可以表现狂欢，但光痛饮，就不够“雅”。他们都是诗人，痛饮不足以尽兴，就要作诗。于是以“不有佳作，何伸雅怀”等句结束了全篇。《古文观止》的编者说：“末数语，写一觞一咏之乐，与世俗浪游者迥别。”是相当中肯的。

开头以“浮生若梦”等句引出夜宴，在今天看来，思想境界当然不高，但在李白却有其社会原因。况且，开头一段，不过是为了引出下文；而其中的“欢”字，又为全文定下了基调。“况”字以下，写景如画，充满着春天的生机；叙事如见，洋溢着健康的欢乐。意境是崇高的，格调是明朗的。诵读全文，并不会滋生“浮生若梦”的消极情绪，却能于获得艺术享受的同时提高精神境界，热爱自然，热爱人生。

结尾的“如诗不成，罚依金谷酒数”，用的是石崇《金谷诗序》(《全晋文》卷三三)的典故。李白的这篇序，从体裁、题材上看，也与《金谷诗序》相似。而《金谷诗序》却说“感性命之不永，惧凋落之无期”，情调很悲凉。其他同类作品，如王羲之的《兰亭集序》，前面虽说“仰观天地之大，俯察品类之盛，所以游目骋怀，足以极视听之娱，信可乐也”，结尾却“临文嗟悼，不能喻之于怀”，发出“悲夫”的慨叹。孙绰的《三月三日兰亭诗序》(《全晋文》卷六一)也说“乐与时去，悲亦系之”，与王序如出一辙。陶渊明的《游斜川诗序》亦然：“悲日月之既往，悼吾年之不留”，调子是低沉的。直到初唐的游宴诗文，仍跳不出这种老套子。王勃的《滕王阁序》，不是也有“呜呼！胜地不常，盛筵难再；兰亭已矣，梓泽丘墟”的感慨吗？李白同样写游宴，却完全摆脱了“既喜而复悲”的陈套，给人以乐观情绪的感染。与古人的同类作品相比，本篇确是别开生面，“自是锦心绣口之文”。　(霍松林)

【作者小传】

颜真卿

(709—785)　唐书法家、文学家。字清臣。京兆万年(今陕西西安)人。开元二十二年(734)举进士，二十四年又登拔萃科。调醴泉尉，迁监察御史，进殿中侍御史。遭杨国忠排斥，出为平原太守。安禄山叛乱，起兵抵抗。至德元载(756)十月，至凤翔谒肃宗，授宪部尚书，迁御史大夫。后为宰相李辅国所忌，贬为蓬州长史。代宗立，迁吏部侍郎，历尚书右丞，刑、吏部尚书等职。封鲁郡公，世称“颜鲁公”。德宗朝，官至太子太师。李希烈谋反，奉使往谕，死希烈营中。书法“善正、草书，笔力遒婉”(《新唐书》本传)，世称“颜体”，与柳公权并称“颜柳”。又善文。原有集，已佚。后人辑有《颜鲁公文集》行世。

与郭仆射书　　颜真卿

十一月日，金紫光禄大夫[①]、检校刑部尚书[②]、上柱国[③]、鲁郡开国公[④]颜真卿谨奉书于右仆射[⑤]、定襄郡王郭公阁下：

盖太上有立德，其次有立功，是之谓不朽。抑又闻之：端揆[⑥]者，百寮之师长；诸侯王者，人臣之极地。今仆射挺不朽之功业，当人臣之极地，岂不以才为世出，功冠一时？挫思明跋扈之师，抗回纥无厌之请，故得身画凌烟之阁，名藏太室之廷，吁，足畏也！然美则美矣，而终之始难。故曰："满而不溢，所以长守富也；高而不危，所以长守贵也。"可不儆惧乎！《书》曰："尔惟弗矜，天下莫与汝争功；尔惟不伐，天下莫与汝争能。"以齐桓公之盛业，片言勤王，则九合诸侯，一匡天下；葵丘之会[⑦]，微有振矜，而叛者九国。故曰："行百里者半九十里。"言晚节末路之难也。从古至今，洎我高祖、太宗已来，未有行此而不理，废此而不乱者也。前者菩提寺行香，仆射指麾宰相与两省[⑧]、台省[⑨]已下常参官[⑩]并为一行坐，鱼开府[⑪]及仆射率诸军将为一行坐。若一时从权，亦犹未可，何况积习更行之乎？

一昨郭令公[⑫]以父子之军破犬羊凶逆之众，众情忻喜，恨不顶而戴之，是用有兴道之会。仆射又不悟前失，径率意而指麾，不顾班秩之高下，不论文武之左右。敬以取悦军容为心，曾不顾百寮之侧目，亦何异清昼攫金之士哉？甚非谓也。君子爱人以礼，不闻姑息，仆射得不深念之乎？

真卿窃闻军容[⑬]之为人，清修梵行，深入佛海；况乎收东京有殄贼之业，守陕城有戴天之功，朝野之人所共景仰，岂独有分于仆射哉？加以利衰涂割，恬然于心，固不以一毁加怒，一敬加喜；尚何半席之座、咫尺之地能汩[⑭]其志哉？且乡里上齿，宗庙上爵，朝廷上位，皆有等威，以明长幼。故得彝伦[⑮]叙而天下和平也。且上自宰相、御史大夫、两省五品已上供奉

颜真卿像

——明弘治十一年明宗室天然重刊本《历代古人像赞》

官[16]自为一行，十二卫[17]大将军次之；三师[18]、三公[19]、令、仆[20]、少师[21]、保傅[22]、尚书左右丞、侍郎自为一行，九卿[23]、三监[24]对之：从古已然，未尝参错。至如节度使、军将，各有本班。卿监有卿监之班，将军有将军之位。纵是开府、特进[25]，并是勋官用荫，即有高卑，会宴合依伦叙；岂可裂冠毁冕，反易彝伦，贵者为卑所凌，尊者为贱所逼？一至于此，振古未闻！

如鱼军容阶虽开府，官即监门将军[26]，朝廷列位，自有次叙。但以功绩既高，恩泽莫二，出入王命，众人不敢为比，不可令居本位，须别示有尊崇，只可于宰相、师、保座南横安一位，如御史台众尊知杂事御史，别置一榻，使百寮共得瞻仰，不亦可乎？圣皇时，开府高力士承恩传宣，亦只如此横座，亦不闻别有礼数。亦何必令他失位，如李辅国[27]倚承恩泽，径居左右仆射及三公之上，令天下疑怪乎？古人云："益者三友，损者三友。"愿仆射与军容为直谅之友，不愿仆射为军容佞柔之友。

又，一昨裴仆射[28]误欲令左右丞勾当尚书，当时辄有酬对。仆射恃贵，张目见尤。介众之中，不欲显过。今者兴道之会，还尔遂非，再猲[29]八座尚书，欲令便向下座。州县军城之礼，亦恐未然；朝廷公宴之宜，不应若此。今既若此，仆射意只应以为尚书之与仆射，若州佐之与县令乎？若以尚书同于县令，则仆射见尚书令，得如上佐事刺史乎？益不然矣。今既三厅齐列，足明不同刺史。且尚书令与仆射同是二品，只校上下之阶；六曹尚书并正三品，又非隔品致敬[30]之类。尚书之事仆射，礼数未敢有失；仆射之顾尚书，何乃欲同卑吏？又据《宋书·百官志》，八座同是第三品，隋及国家始升，别作二品。高自标致，诚则尊崇；向下挤排，无乃伤甚！况再于公堂，猲咄常伯？当为令公初到，不欲纷披，僶俛就命，亦非理屈。朝廷纪纲，须共存立，过尔隳坏，亦恐及身。明天子忽震电含怒，责斁彝伦之人，则仆射其将何辞以对？

〔注〕 ① 金紫光禄大夫：官名。晋初有光禄大夫，授银章青绶。加赐金章紫授者，为金紫

光禄大夫。唐贞观十一年(637)置为正三品文散官。 ② 检校刑部尚书：表示官阶的虚衔。检校初谓代理，即尚未实授某官，而业已掌其职事。中唐以后，其加三公、尚书仆射、尚书、丞郎等高级官衔者，称检校官，为寄衔之意。刑部尚书为正三品刑部长官。唐代中叶以后多以外官兼任，渐成虚衔，由侍郎实掌部务。 ③ 上柱国：勋位。初为官名，战国楚国置，位极尊崇。唐高祖武德七年(624)置十二转勋官，比正二品。 ④ 开国公：爵位。初指公爵中开国置官食封者，后仅为爵位名。食邑为郡，爵前常冠以所封郡名。晋始置，一品。唐贞观十一年(637)置为正二品，名义食邑二千户，实则不加实封者不食封。颜真卿为鲁郡开国公，故世称颜鲁公。 ⑤ 右仆射：即尚书右仆射。官名。初设于秦代，为尚书令副职，后职权益重。唐尚书令罕有除授，左、右仆射成为尚书省长官，从二品。与中书、门下省长官并为宰相。 ⑥ 端揆：指代相位。唐代左右仆射为宰相之职，故称。 ⑦ 葵丘之会：又称葵丘之盟。公元前651年，齐桓公在葵丘(今河南兰考)会盟鲁、宋、郑、卫、许、曹等各国诸侯，周襄王也派使者参加，象征齐桓公霸业的顶峰。 ⑧ 两省：门下省、中书省的合称。 ⑨ 台省：尚书台(省)、中书省、门下省、御史台的合称。 ⑩ 常参官：官名统称。唐代文官五品以上职事官、八品以上供奉官及员外郎、监察御史、太常博士，每日朝参，故称常参官。 ⑪ 开府："开府仪同三司"的省称。为文散官第一等。 ⑫ 郭令公：此指郭子仪。令公为中书令的尊称。 ⑬ 军容：此指鱼朝恩。军容为官名，唐朝观军容使的省称。 ⑭ 汩：弄乱，扰乱。 ⑮ 彝伦：伦常。 ⑯ 供奉官：指侍中、中书令、左右散骑常侍、黄门侍郎、中书侍郎、谏议大夫、给事中、中书舍人、起居郎、起居舍人、通事舍人、补阙、拾遗等侍奉皇帝的近臣。 ⑰ 十二卫：军事管理机构的合称。唐承袭隋制，以左右卫、左右骁骑卫、左右武卫、左右威卫、左右领军卫、左右金吾卫为十二卫。 ⑱ 三师：唐代太师、太傅、太保的合称。赠予德高望重元老大臣的荣衔。 ⑲ 三公：唐代太尉、司徒、司空的合称。赠予元老大臣的荣衔，位次三师。 ⑳ 令仆：尚书令、仆射的合称。 ㉑ 少师：官名。相传西周置，与少傅、少保合称三少，或称三孤，佐太师、太傅、太保辅弼君王。后为大臣加官，位尊而无职司。 ㉒ 保傅：太保、太傅的合称。 ㉓ 九卿：官名合称。指太常寺、光禄寺、卫尉寺、宗正寺、太仆寺、大理寺、鸿胪寺、司农寺、太府寺九寺的长官。 ㉔ 三监：官署合称。指国子监、少府监、将作监。 ㉕ 特进：官名。正二品文散官。 ㉖ 监门将军：唐代十六卫中左右监门卫的长官。 ㉗ 李辅国：唐代宦官。肃宗时当权，拥立代宗。被代宗尊为尚父，政无巨细，皆委参决。代宗恶其骄横，遣人将其刺杀。 ㉘ 裴仆射：裴冕。时为左仆射。 ㉙ 猲：通"嚇"，怒斥，威吓。 ㉚ 隔品致敬：唐代仆射视事，坐受四品官左右丞、吏部侍郎、御史中丞廷拜之礼。

《与郭仆射书》是颜真卿于唐代宗广德二年(764)十一月致信尚书右仆射郭英乂的底稿，是颜真卿的行书代表作之一，也被称为《争座位帖》，与《祭侄文稿》《祭伯父文稿》合称"平原三帖"。此信篇幅甚长，凡一一九四字，内容为颜鲁公与郭英乂论及巨珰鱼朝恩坐席次序之事。而厘其本源，则要从仆固怀恩叛乱的原因说起。

宝应元年(762)，仆固怀恩之女所和亲的登里可汗听从史思明长子史朝义之言，率军进逼关中，唐代宗派遣仆固怀恩说服登里可汗助讨史朝义，虽可谓力挽狂澜于危难之中，然而他与登里可汗的姻亲关系，使得此事成为他被猜忌的开始。

第二年,仆固怀恩奉命护送登里可汗夫妇回漠北,监军者为担任右骁卫大将军一职的宦官骆奉先。《新唐书》对此事的评价是:“奉先恃恩贪甚,怀恩不平。既而惧其谮,遂叛。”彼时安史之乱虽已平定,困扰中晚唐并导致其最终覆灭的宦官弄权、藩镇割据等问题却已现出端倪。这里仆固怀恩被骆奉先逼反,就是一个典型的例子。当骆奉先向唐代宗报告仆固怀恩谋反后,颜真卿指出仆固怀恩所受的冤屈:“且明怀恩反者,独辛云京、李抱玉、骆奉先、鱼朝恩四人耳,自外朝臣,咸言其枉。”

颜真卿曾于天宝十五载(756)出任河北招讨采访使,与河东节度使李光弼一共讨伐安史之乱的叛军,参与常山诸役。而据《旧唐书·仆固怀恩传》:“(天宝)十五载,(仆固怀恩)进军与李光弼合势,及史思明战于常山、赵郡、沙河、嘉山,皆大破之,怀恩功居多。”可知颜真卿与仆固怀恩原为故旧。当此仆固怀恩见疑之时,颜真卿曾提出召其入朝,这是不废一兵一卒解除武将兵权的方式,而当时未能成行。等到仆固怀恩谋反的迹象明显,唐代宗要求颜真卿召回仆固怀恩时,颜真卿认为丧失时机,事情已经无可挽回了。最终唐代宗派郭子仪平定仆固怀恩之乱,广德二年十一月的这场兴道之会,就是唐代宗与文武百官迎接郭子仪自泾阳入朝,在兴道坊安福寺举行的欢迎会。

颜真卿在此信的开头列出了自己的官阶、勋位与爵位,这在古代称为结衔,是相当正式的写法。金紫光禄大夫、检校刑部尚书皆为虚衔,用以表示文官的品阶。当时颜真卿的实衔为尚书右丞,位在时任尚书右仆射的郭英乂之下。郭英乂负责安排列席官员的座次,因其抬高宦官鱼朝恩的席位,颜真卿写了这封信,公开表达自己的质疑。

正文的首句“盖太上有立德,其次有立功,是之谓不朽”,典出《左传》鲁国大夫叔孙豹所说的“太上有立德,其次有立功,其次有立言,虽久不废,此之谓不朽”。德行、功绩与著书立说,被认为是人生于世,所能追求的“三不朽”。此处颜真卿点出立德和立功,略去了立言。

颜真卿郡望为琅琊颜氏,五世祖为北齐学者颜之推,虽早年即以书法知名,而并不因此自重,以忠义贤良为己任。论及颜真卿时,其士族高门与家学渊源颇有值得留心之处。在《颜氏家训》中,颜之推把书法归入杂艺,认为书法虽然可以“微须留意”,却告诫子孙“慎勿以书自命”,这是把书法看做是一种才艺,而视追求儒家德行为士大夫要务的态度。颜真卿对于德行与立功的推重,显然与其家风是一脉相承的。

此信用欲抑先扬的手法，从列举郭英乂的功绩开始写起，然而紧接在“不朽之功业”“人臣之极地”的应酬文字后，笔锋一转，用“美则美矣，而终之始难”来引发对郭英乂安排鱼朝恩座次问题的不赞同。在论及这个问题时，颜真卿先引用《尚书》中的文句，又援引齐桓公晚年霸业不保、盛极而衰的事例，再用本朝无成例，而郭英乂此前在菩提寺行香时，已经有过抬高鱼朝恩座次的情况发生，这样一步步引经据典、由远及近的行文方式，表达了自己的看法：“苟以取悦军容为心，曾不顾百寮之侧目，亦何异清昼攫金之士哉?”这是一句说得极重的话，意思是如果为了拍鱼朝恩的马屁，不顾大臣们的非议将他的座次排前，这种不要脸面的行为跟明目张胆的抢劫又有什么区别呢。

在古代，身份的尊卑是涉及礼仪的重要问题，官位不同，官服的颜色、用印的材质等各种用度皆有所区分，以体现“明贵贱，应征召”的尊卑有别。所以郭英乂为了取悦宦官鱼朝恩，将其座位排在仆射之旁，高于六部尚书，这是完全无视礼法的举动。据《旧唐书》所载，郭英乂为人穷奢极欲，恃富而骄，为仆射后“未尝问百姓间事，人颇怨之”，不仅为相有失政之讥，且结交朋党，“与宰臣元载交结，以久其权”。

由此可知，郭英乂之所以一而再地将鱼朝恩的座次抬高，实际上是结交权贵的举动，座次的排序只是此举的外在形式。正因为意识到这一问题的严重性，颜真卿写下了这封给郭英乂的公开信。信札文句毫不矫饰，将郭英乂此举与礼法不合之处条分缕析地一一道来，并直言不讳地指出郭英乂失礼于左仆射裴冕之处，文字质朴，气势刚烈，体现出“以文明道”的特点。

而信末的“明天子忽震电含怒，责斁彝伦之人，则仆射其将何辞以对”，这既是一种责问，指出郭英乂此举有违礼制，同时也是在提醒对方，做出如此出格的举动，等到惩罚到来的时候，又将如何自处？在朴素的文字中，别有一种谆谆告诫的敦厚之气，使得此信以这样一种余意不尽的方式结尾。郭英乂大权在握，对此有恃无恐，在第二年(即永泰元年，公元765年)十二月即以兵哗而被斩首。六年之后，权倾一时的鱼朝恩也因专横跋扈，被唐代宗采用元载的计谋将其诛杀。此后元载恃功而骄，专擅弄权，于大历十二年(777)复以贪贿见杀。这句“明天子忽震电含怒”的善意相劝，不仅没有被郭英乂等人听从，反而使得元载衔恨在心，于永泰二年(766)构陷颜真卿，使之出贬为峡州别驾。直至元载被杀后，颜真卿才官复刑部尚书。

这封信虽然是写给郭英乂的，而其中提到的宦官李辅国专权，“令天下疑怪”，其中包涵的深意，则是对当时宦官弄权的忧心忡忡。此时与李辅国、程元振宦官干政事隔不远，李辅国所宣称的“大家但内里坐，外事听老奴处置”更是言犹在耳。而仆固怀恩所以谋反，也有宦官骆奉先、鱼朝恩陷害在前的因素在内。考虑到这样的时代背景，这封书信明写郭英乂、鱼朝恩违反礼法，而借此所表达出的反对宦官干政的强硬态度，恐怕更是颜真卿据理力争的关要所在。

颜真卿书风端庄朴厚，结体宽博，被称为颜体。作为信札的草稿，这幅作品并不斤斤于笔墨之斧凿，别有一种气势飞动的神采，因此米芾在《书史》中评价道：“此帖在颜最为杰思。想其忠义愤发，顿挫郁屈，意不在字，天真罄露，在于此书。”可谓的评。这种“绝去姿媚，独标古劲”的书法与文风，使得颜真卿虽然下笔质朴，本不以文辞章句取胜，却具有他人所不能及的“文章字法，皆能动人”（黄庭坚语）的强大力量。

（杨月英）

【作者小传】

李 华

（约715—774） 唐散文家。字遐叔。赵郡赞皇（今属河北）人。开元进士。官监察御史、右补阙。安禄山陷长安时，曾受凤阁舍人官职，乱平后贬官。后起官至检校吏部员外郎。擅长古文，文辞华丽，与萧颖士齐名。著有《李遐叔文集》。

吊古战场文 李 华

浩浩乎平沙无垠，夐[①]不见人。河水萦带，群山纠纷[②]。黯兮惨悴，风悲日曛[③]。蓬断草枯，凛若霜晨；鸟飞不下，兽铤亡群[④]。亭长告余曰：“此古战场也，常覆三军，往往鬼哭，天阴则闻。”

伤心哉，秦欤汉欤，将近代欤？吾闻夫齐魏徭戍[⑤]，荆[⑥]韩召募。万里奔走，连年暴露。沙草晨牧，河冰夜渡。地阔天长，不知归路。寄身锋刃，腷臆[⑦]谁诉？秦汉而还，多事四夷[⑧]。中州耗斁[⑨]，无世无之。古称戎夏[⑩]，不抗王师。文教失宣[⑪]，武臣用奇[⑫]。奇兵有异于仁义，王道[⑬]迂阔而莫为。

呜呼噫嘻！吾想夫北风振漠，胡兵伺便。主将骄敌，期门[⑭]受战。野竖旌旗，川回组练[⑮]。法重心骇，威尊命贱[⑯]。

利镞穿骨，惊沙入面；主客相搏，山川震眩；声析江河，势崩雷电。至若穷阴凝闭⑰，凛冽海隅；积雪没胫，坚冰在须；鸷鸟休巢，征马踟蹰；缯纩⑱无温，堕指裂肤。当此苦寒，天假强胡，凭陵⑲杀气，以相剪屠。径截辎重，横攻士卒；都尉新降，将军覆没；尸填巨港之岸，血满长城之窟。无贵无贱，同为枯骨，可胜言哉！

鼓衰兮力尽，矢竭兮弦绝，白刃交兮宝刀折，两军蹙兮生死决。降矣哉，终身夷狄；战矣哉，骨暴沙砾！鸟无声兮山寂寂，夜正长兮风淅淅；魂魄结兮天沉沉，鬼神聚兮云幂幂⑳；日光寒兮草短，月色苦兮霜白。伤心惨目，有如是耶！

吾闻之，牧用赵卒，大破林胡㉑；开地千里，遁逃匈奴。汉倾天下，财殚力痡㉒，任人而已，其在多乎？周逐猃狁㉓，北至太原，既城朔方㉔，全师而还。饮至策勋㉕，和乐且闲，穆穆棣棣㉖，君臣之间。秦起长城，竟海为关㉗；荼毒生灵，万里朱殷㉘。汉击匈奴，虽得阴山；枕骸遍野，功不补患㉙。

苍苍蒸民㉚，谁无父母？提携捧负㉛，畏其不寿。谁无兄弟？如足如手。谁无夫妇？如宾如友。生也何恩，杀之何咎？其存其没，家莫闻知；人或有言，将信将疑；悁悁㉜心目，寝寐见之。布奠倾觞，哭望天涯。天地为愁，草木凄悲。吊祭不至㉝，精魂何依？必有凶年㉞，人其流离。呜呼噫嘻！时耶命耶？从古如斯！为之奈何？守在四夷㉟。

〔注〕①敻(xiòng)：辽远。②纠纷：杂乱交错。③曛：昏黄无光。④铤(tǐng挺)：疾走。⑤徭戍：服徭役守边地。⑥荆：楚国。⑦腷(bì闭)臆：情绪郁结。⑧四夷：泛指汉族以外各少数民族。⑨耗斁(dù度)：损耗败坏。⑩戎夏：外族与华夏。⑪文教：礼乐等典章制度。失宣：不再宣传提倡。⑫奇：不正的诡谲之术。⑬王道：以仁义礼乐治天下的方法。⑭期门：军营之门。⑮川回：在平川上来回奔跑。组练：组甲、被练，皆为将士的衣甲服装，借指精锐部队。⑯威尊命贱：因军威严峻而不得不轻贱生命。⑰穷阴凝闭：指冬天阴云密布。⑱缯(zēng增)：丝织品。纩(kuàng矿)：棉絮。⑲凭陵：侵凌，进逼。⑳幂(mì密)幂：阴惨貌。㉑大破林胡：李牧守雁门郡大破匈奴，降服林胡(住今张家口以北的少数民族)，单于逃走，十余年不敢近赵边城。㉒汉倾天下：汉武帝打败匈奴，自文景帝以后积蓄数十年财力耗尽。痡(pū扑)：疲劳。㉓猃狁(xiǎn yǔn险允)：同"玁狁"，即匈奴。㉔朔方：北方，指宁夏灵武一带。㉕饮至：凯旋归来告祭祖庙

而后饮宴。策勋：把功勋书于竹简而授有功者以官爵。 ㉖ 穆穆：形容帝王仪表端庄。棣棣：形容帝王仪态娴雅。 ㉗ 关：指山海关。 ㉘ 殷(yān 烟)：赤黑色。 ㉙ 功不补患：得不偿失。 ㉚ 苍苍：指苍天。蒸民：百姓。 ㉛ 提携捧负：携带抱背，指父母对小孩从小的抚育。 ㉜ 悁(yuān 渊)悁：忧愁。 ㉝ 不至：指因遥死边疆太远，故精魂难归。 ㉞ 凶年：荒年。 ㉟ 守在四夷：四夷各为天子守土，则相安无战争。语出《左传·昭公二十三年》："古者天子，守在四夷。"

唐天宝十一载(752)，李华由伊阙县尉调任监察御史，就在这年或第二年的十一月，他奉诏出使朔方(今宁夏灵武一带)边陲巡按军政(参见《重庆师院学报》1986 年 2 期熊笃《天宝文学编年中的几个问题》对本文作年的考证)，目睹边塞大漠飞沙，风雪河冰和战士苦寒景况，遂触景生情，驰骋想象，写下这篇散文名作。

借古讽今，以刺玄宗穷兵黩武，任将非人；悲悯伤悼士卒的惨重阵亡，乃是全文的主旨。天宝年间，由于唐玄宗好大喜功，致使边将轻启边衅，生事邀功，战争频仍，生灵涂炭，军费开支由开元前每年二百万增至一千一百万，"公私劳费，民始痛苦"(《通鉴》)。在西北，天宝八载命哥舒翰强攻吐蕃石堡城，六万多士卒死亡殆尽；九年，高仙芝为邀边功偷袭石国，惨杀老弱，掳其丁壮，掠其金宝，俘杀其国王，导致西域群胡皆叛，引大食来攻；十载，高仙芝征大食惨败，三万人只剩数千残兵逃回；在北陲，天宝九至十一载，安禄山连续大规模征讨契丹，六万人马全军覆灭；在南疆，天宝十至十二载，杨国忠先后遣鲜于仲通，李宓三次征南诏，唐军共死二十多万人……对这种劳民伤财，视士兵生命如蝼蚁的不义战争，进步诗人无不愤怒谴责：李白愤慨"李牧今不在，边人饲豺虎"(《古风》十四)；高适控诉"边兵如刍狗，战骨生尘埃"(《答侯少府》)；杜甫批评"边庭流血成海水，武皇开边意未已"(《兵车行》)；王昌龄痛挽"纷纷几万人，去者全无生"(《塞下曲》)；刘湾怒斥"死是征人死，功是将军功"(《出塞曲》)；张谓呼吁"安边自合有长策，何必流离中国人"(《代北州老翁答》)……他们从不同侧面唱出了人民厌战的心声，代表了当时的普遍情绪。明乎此，方能正确理解李华在本文中批评"多事四夷"，"中州耗斁"，"文教失宣，武臣用奇"的非战思想，渲染古战场"尸填巨港之岸，血染长城之窟"的悲惨景象，要求"任人而已"，"守在四夷"的安边主张，悲悯"苍苍蒸民"，"杀之何咎"，"布奠倾觞，哭望天涯"的断肠情境，无不与上述诗人所代表的时代呼声同声相应，一脉相承。所以，"吊古"实为讽今；指斥秦汉"荼毒生灵""功不补患"，实为针砭玄宗好大喜功，穷兵黩武；描写士兵在"积雪""坚冰"中"堕指裂肤"的苦寒，貌似虚写想象，实乃亲临阴山黄河所见真情……凡此，皆借古讽今的曲意所在。

构思精密，虚实交错，融情于景，夹叙夹议，将写景、叙事、抒情、议论融为一片，思接千载，视通万里，描绘出古战场一幅幅悲凉空旷、惨绝人寰的历史画卷，惊心动魄，摧人肝肺。这乃是本文最突出的艺术成就。全文共分三段：首段(第一自然段)实写古战场的悲凉空旷：浩渺无涯的广漠不见人迹，唯有无声的山川萦绕；天昏地暗，日月无光；悲风卷枯草乱飞，凛冽如霜落之晨；禽鸟惊飞不定，野兽疾走失群……静态则笼罩着死寂愁惨，动态则令人怵目心惊。接叙亭长沉痛的声音：这古战场便是千百万士兵葬身的坟场！“常覆三军”，是一篇之纲；“往往鬼哭，天阴则闻”，则令人想起杜甫与此同时所作《兵车行》中“新鬼烦冤旧鬼哭，天阴雨湿声啾啾”的情景。作者由触景生情，便过渡到下段缘情造境，引出思接千载的悲叹遐想……

第二段(二、三、四自然段)，通过想象虚写历代穷兵黩武给广大士兵带来的巨大灾难和惨重后果。三个自然段分四层。先以“伤心哉”三句总吊一笔，“近代”则初露讽今之意。然后从战国时代写起，写初防未战的戍边苦寒。“万里”“连年”，见守边时空之久远；“晨牧”“夜渡”，状夙兴夜寐之苦寒……接着夹议一段战争的原因，以转入重点批判秦汉以来的黩武开边。“无世无之”则再露刺今之意。因秦皇汉武之好大喜功正与玄宗类似，故明白点出：他们都失误于不重视宣传仁义礼乐的文治，而重用武将的诡谲之术，导致边战不息的后果。故第二层接写初战未覆之酷烈，重点谴责主将骄堕轻敌之弊，又使人想起高適《燕歌行》中“战士军前半死生，美人帐下犹歌舞”的讽刺，和王昌龄《出塞》中“但使龙城飞将在，不教胡马渡阴山”的呼吁，其根源在于所任将帅非人。所以漫山遍野的战士来回奔跑，虽然心里害怕，但迫于军法军威，不得不贱视生命以奉法，在惊沙扑面中不顾利箭穿骨冲刺搏斗；金鼓互喧，山川也为之眼花缭乱，江河似乎也将分崩离析。这是用拟人手法移情入景，“使物皆著我之色彩”。第三层以严冬酷寒，杀气弥漫之景，渲染三军正覆之时的惨重：正当阴云密布，寒气逼人，雪没小腿，冰结胡须的严冬，猛禽栖巢不出，战马也踌躇不前，故士兵们手指冻掉，皮肤皲裂；而强胡却凭借这险恶的气候，前来袭击粮草，血洗边防；结果主将战死，副将投降，士兵尸横遍野，血流成河，惨不堪言。以渲染夸张的动态，描写出一幅惨绝人寰的血战图，是对前文“常覆三军”的具体照应。作者意犹未尽，故第四层又倒叙三军欲覆未覆之际进退维谷的矛盾心态和已覆之后的阴森死寂：当激战到鼓竭力衰、箭尽弦绝，白刃相拼、生死决战的时刻，战士们经过一场欲降欲战的心理矛盾斗争之后，终于以身殉国了。此时战场一片万籁俱寂，夜风飒飒，天昏地暗，冤魂聚集的“伤心惨目”的景象，犹如一曲凄绝的挽歌，把惨景哀情的典型描写推向极致。全段都是虚景实写，情景相生；在景物渲染描写中或以感叹抒情领起，或以感伤抒情收结，或于叙事描写中穿插议论，皆错综不可端倪。

第三段（五、六自然段）议论评价历代战争得失，以人道主义抒发痛吊死者，悲悯生者（家属）的悲恸之情。前一层议论：褒周、赵而贬秦、汉，以宾衬主，是非分明。褒赵之良将李牧大破林胡，说明关键在“任人而已，其在多乎”，与前文“主将骄敌”遥相对照，隐刺玄宗用将非人；又反衬下文“汉倾天下”。褒周逐猃狁，则重在说明应以守备为本，不以攻战为先。这与作者在《韩国公张仁愿庙碑铭并序》中，颂张之持重安边，使“匈奴莫敢南视，雷哭而遁”，“天下减征役之半矣”的主张正一以贯之。贬秦汉一在“荼毒生灵”，一在“功不补患”，皆隐刺玄宗的黩兵，这与当时宰相张说“连兵十余年……虽师屡捷，所得不偿所亡”（《通鉴》）的批评，与李白《战城南》中“乃知兵者是凶器，圣人不得已而用之”的思想亦复一致。作者有褒有贬，可见他并非一概反对战争，而重在强调应以守国安民为本。后一层抒情：慨叹天生众民，父母辛勤抚养，谁不想儿子活着？谁不想兄弟、夫妇团聚？而帝王于民之生有何恩惠？民有何罪而驱之被杀？连下数问，悲愤激昂，直斥帝王违反人道，为士兵鸣冤叫屈。接写家人遥望天涯痛哭洒泪，祭奠招魂的凄惨场面，长歌当哭，反复问叹，满纸呜咽，悲痛淋漓。终以“从古如斯”反结秦汉近代，再点“刺今”之意，用“守在四夷”正述自己主张，结出一篇之旨。

综观全文，围绕古战场，三段分写所见、所想、所感，虚实相生，时空交变。在所想中，又紧扣“常覆三军”四字，依序描写三军戍边之苦，初战之烈、结战之惨、战后之寂，叙事层次井然，描写意象生动，抒情真切动人，议论纵横排宕，事、景、情、理达到了高度的有机融合。

其次，在语言风格上也颇具特色。首先是句式整齐而错综，以四言为主，间用五六七言句，或骈或散，或奇或偶，参差错落，变化多姿。长句舒张排宕，短句繁弦促节，“兮”字句一唱三叹。即使四字句中，有的排比兼对偶，如“万里奔走”四句；有的只排不偶，如“秦汉而还”四句。所以，它比通篇四六对偶的骈文更见灵活自由，又比完全长短无规则的散文更见整齐优美。其次，通篇用韵，如首段全押平声真、文韵；次段分用去声遇韵，平声支韵，去声霰韵，平声虞韵，入声屑、锡、陌等韵；末段分用平声虞韵、寒韵，上声有韵，平声支韵等。不仅换韵平仄相间，而且每句中亦大致平仄相间，从而形成和谐拗怒，抑扬顿挫，弛张徐疾等不同声情，恰与每段每节或低回感伤，或激越呼号，或深沉喟叹，或悲痛欲绝的文情变化对应配合，构成声文并茂、荡气回肠的节奏旋律。在修辞上，参差运用“伤心哉”，“呜呼噫嘻”等回肠荡气的感叹句，用“可胜言哉”，“有如是耶”，“谁无父母”，

“谁无兄弟”,“谁无夫妇”,“生也何恩,杀之何咎”等情勃力坚的反诘句,用“秦欤汉欤,将近代欤”,“时耶命耶”,“为之奈何”等发人深省的设问句,用“河水萦带”,“凛若霜晨”等生动形象的比喻句,用“山川震眩;声析江河”等铺张扬厉的夸张句,用“天地为愁,草木凄悲”等移情入景的拟人句,用“法重心骇,威尊命贱”等当句、上下句皆珠联璧合的对仗句,用“牧用赵卒”与“汉倾天下”,“周逐猃狁”与“秦起长城”等褒贬鲜明的对比句,用“积雪”“坚冰”“鸷鸟”“征马”等铺陈展衍的排比句……凡此,不仅使章法多变,文辞华赡,而且使文情跌宕起伏,姿态万千。全文又很少用典故僻字,读来显豁流畅。

(熊　笃)

【作者小传】

元　结

(719—772)　唐文学家。字次山,号聱叟,曾避难入猗玗洞,因号猗玗子。河南(今河南洛阳)人,居鲁山(今属河南)。天宝进士。曾参加抗击史思明叛军,立有战功。后任道州刺史、容管经略使。为诗注重反映政治现实和人民疾苦。散文亦多涉及时政,风格古朴。著有《元次山文集》。又曾编选《箧中集》行世。

右溪记　　　　元　结

道州城西百余步,有小溪。南流数十步,合营溪①。水抵两岸,悉皆怪石,攲嵌盘屈,不可名状。清流触石,洄悬激注②。佳木异竹,垂阴相荫。此溪若在山野,则宜逸民退士③之所游处;在人间④,可为都邑之胜境,静者之林亭。而置州已来,无人赏爱,徘徊溪上,为之怅然。乃疏凿芜秽,俾为亭宇;植松与桂,兼之香草,以裨形胜。为溪在州右,遂命之曰右溪。刻铭石上,彰示来者。

〔注〕 ① 营溪:即营水,源出湖南宁远南,西流经江华县东,北流经道县东,至零陵县西入湘水,道县以上称沱水,道县以下称潇水。 ② 洄悬激注:溪流触岸后回旋激荡貌。 ③ 逸民退士:指隐居遁世者。 ④ 人间:指市朝,与“山野”相对。

本文为元结任道州(州治在今湖南道县)刺史时所作。

吴讷《文章辨体序说》云:“大抵记者,盖所以备不忘。”但元结作文铭石以彰示来者，决不仅是为了把右溪的地理位置、景色特征、作者的修整营建、为溪命名等诸事一一叙述清楚，也不仅是为了“不忘”他开拓此景之功，而是为了向游客呈示作者的情趣、才思和文采。这样的记文，其自身就应该具有欣赏价值，和自然山水同给人以美的享受。

这种美主要体现在写景部分，尽管着墨无多，但由于作者抓住景物的基本特征，既有具体的描绘，又传示空间布局整体性的和谐，因而创造了一个富有感染力的意境。整个环境以小溪为中心物象，兼以岸石、竹木，三者各具风姿，自成一趣。作者写石，不写其排列的错落有致，却突出其形状的“欹嵌盘屈”，以其怪异造成幽峭感，以其不整齐与相冲抵的流水互为映衬，使原本静止的岸石富有动态。他写水，不写其涓涓细流，却突出水波冲击岸石的迂回激荡，形成较强的动势。他写树和竹，不写其枝茂叶绿，却写其浓荫相叠，造成色彩光亮的幽暗感。作者把这些充满动感而又奇峭的景物组合成一体，使景色呈现出非常鲜明的特征：宁静而有生气，和美又觉幽眇。大自然的清幽奇巧充分展示于峻洁清疏的文字之中。

这种美，又因作者感情的流注而别具韵味。作品对右溪不仅作了观赏性的描绘，还进一步为其长久未受人重视的遭遇而慨叹不已。此景无论置于山野或是都邑，都会受到青睐，而在这里却遭冷遇。作者以为与此景相称的游赏者当是逸民退士或清心静欲者。这是作者对右溪美景特有的体悟，它与以上的描写文字相辅相成，使景色清幽宁静的特征更为突出。与作者的慨叹相应的，还有他自我形象的出现。此景无人赏爱，惟独他孤身一人，怅然徘徊流连。这一略觉寂寞而沉思的意态，与环境气氛融于一体，主体形象和客观景色同成为画面的构成，一丝淡淡的怅意更给水石草木抹上一层幽幽的美感。

这种美，还得之于句式结构和所写之景的有机结合。文中写景全用四言句，这里显见郦道元《水经注》的影响，《水经注》骈散结合，四言句较多。作者组合这些语句时，采用一物一态的方式推出一组组画面，石、水、竹木，分别接以“欹嵌盘屈”“洄悬激注”“垂阴相荫”等节律明快的四言句，这样的句式与景物的动态动感极为吻合，增强了画面的生动性。

清古文家吴汝纶说：“次山放恣山水，实开子厚先声，文字幽眇芳洁，亦能自成境趣。”（转引自《唐宋文举要》）本文抓住景物特征酿造意境，并有意溶入个人心绪，揭示景物内蕴。这些艺术表现手法，在柳宗元的山水记中得到更为完美的展现。可见在郦道元之后，元结之文对山水游记的发展具有一定的影响。

（陈晓芬）

【作者小传】

苏源明

(？—764)　唐诗人。初名预，字弱夫。京兆武功(今属陕西)人。天宝进士。后官东平太守、国子司业。安禄山陷京师，他不受职。肃宗时官秘书少监。与杜甫、元结等友善。诗文集已散佚，散篇存于《全唐诗》和《全唐文》中。

秋夜小洞庭离宴序　　苏源明

源明从东平太守征国子司业①，须昌外尉袁广载酒于回源亭②，明日遂行，及夜留宴。会庄子若讷过归莒③，相里子同祎过如魏④，阳谷管城、青阳权衡二主簿在座⑤，皆故人也。

彻馔新樽，移方舟中⑥。有宿鼓⑦，有汶篁⑧，济上⑨嫣然能歌者五六人共载。止回源东柳门，入小洞庭，迟夷彷徨，眇缅旷漾；流商杂徵，与长言者啾焉合引；潜鱼惊或跃，宿鸟飞复下，真嬉游之择耳。源明歌曰："浮涨湖兮莽条遥⑩，川后⑪礼兮扈予桡。横增沃兮蓬迁延⑫，川后福兮易予舷。月澄凝兮明空波，星磊落兮耿秋河。夜既良兮酒且多，乐方作兮奈别何！"曲阕，袁子曰："君公行当挥翰右垣⑬，岂止典胄米廪⑭邪！广不敢受赐，独不念四三贤⑮！"源明醉曰："所不与吾子及四三贤同恐惧安乐，有如秋水！"

晨前而归。及醒，或说向之陈事。源明局局⑯然笑曰："狂夫之言，不足罪也。"

乃志为序。

〔注〕 ① 东平：唐郡名，治所在今山东东平东。国子司业：即国子监司业，隋炀帝大业三年(607)设置，帮助祭酒教授生徒。历代沿置，为学官，清末废。 ②"须昌"句：须昌，县名，治所在今山东东平须城镇西北，时属东平郡。外尉，县尉之一，为县令的辅佐官。回源亭，小洞庭湖上亭名。 ③ 莒(jǔ举)：县名，治所在今山东莒县，时属高密郡。 ④ 相里：复姓。魏：当时州名，治所在今河北大名东北。 ⑤"阳谷"二句：阳谷，县名，治所在今山东阳谷县东北，时属济阳郡。青阳，县名，治所在今安徽青阳县，时属池州。 ⑥ 新樽：犹新洗酒杯。方舟：两船相并。 ⑦ 宿鼓：宿地产的鼓。春秋时宿国在今山东东平县东。 ⑧ 汶篁：汶水一带所产的篁。汶水在东平县境内入济水。 ⑨ 济上：济水一带。济水经东平、寿张入运河。 ⑩ 条遥：

犹“迢遥”,长远。 ⑪ 川后:河神。 ⑫ 增:通“层”。蓬迁延:蓬草在风中旋舞不进,喻船在水中徘徊游荡。 ⑬ 挥翰:挥笔。右垣:中书省。 ⑭ 典胄:指主管贵族子弟的教育。庠:指教育王公贵族子弟的学校。 ⑮ 四三贤:指上文所说的庄若讷、相里同祎、管城、权衡几位贤士。 ⑯ 局局:俯身大笑貌。

据《新唐书·文艺传》等考订,苏源明大约于天宝十三载(754),从山东的东平太守任调京城任国子司业,负责官僚贵族子弟教育事宜。须昌县的外尉袁广,邀约了庄若讷、相里同祎、管城、权衡四位老友为他饯行。酒宴先设在岸上的回源亭,后来又移席船上,载歌载吟,边饮边谈,通宵达旦。这篇《秋夜小洞庭离宴序》记叙了这次游宴的过程,表现了朋友间坦白真挚的思想感情。

本文的主体是写在小洞庭舟上的宴乐,展示出天地澄澈、心地明洁的境界。

酒宴由亭中移到船上,作者先交代随带宿鼓、汶簧等乐器,又有“济上嫣然能歌者五六人共载”,预示夜游定然充满欢快。而鼓是宿地产的宿鼓,笙管是汶水一带产的汶簧,歌女是济水一带的美女。宿,春秋时宿国,旧址在今山东东平县东;汶,是东平县境入济水的汶水;济,指流经东平、寿张县入运河的济水。这些都在东平境内。以当地的乐器、歌人助兴,有着浓厚的地方色彩。作者任东平太守多年,如今调职赴京,这些具有地方特色的演奏,更能引起他对故土故人的感激,加浓了依依惜别的感情。

入小洞庭后,只见湖光浩渺,夜色静谧。“迟夷彷徨,眇缅旷漾”,写出了湖上的风光。迟夷,即迟疑,和“彷徨”近义,都是说船在湖中缓缓划行,游来荡去。一叶扁舟飘荡在浩阔的湖面,明月当空,静影澄璧,抛开了尘俗的冗务杂事,远离了市廛的繁嚣喧闹,几个好友促膝相坐,有歌乐同赏,有美酒共饮,确是人生乐事。音乐的“流商杂徵”和游人的吟咏相合拍,使“潜鱼惊或跃,宿鸟飞复下”。潜藏水底的鱼闻声而惊,且跃出水面;已入眠的鸟闻声飞起,又循声下寻。可见其音乐、吟哦声的响亮与动人。作者写游船所处的自然环境,使人有超然物外之感。鱼跃鸟飞既衬托了歌声之美,又增添了景色之趣,更使人感到心情舒畅,因而以“真嬉游之择耳”一语收煞,表现情酣意浓。

苏源明处于景美情洽的情况下,不由放怀高歌:“泛舟湖上啊湖水茫茫无边,河神以礼相待啊追随着我们的游船。横渡重重波浪啊徘徊游荡,河神赐福啊使我们航船平安。月亮皎洁啊波光灿灿,群星灿烂啊银河闪闪。夜又美啊酒又多,乐声一起啊别意缠绵。”歌词描绘了夜游的逸豫、舒适,夜景的明洁、安宁。可是,此景不长,友人情深意厚,即将分手,此情何时才能再现?苏源明的歌唱,和当时环境胶融乳合,和自己心境熨帖无间,完全是真情的流露、实感的写照。作者抒发了自己的情怀，他与友人间感情更为融合，也就引起友人的毫无顾忌的请求。

苏源明以歌唱表露了他与友人的亲密无间，袁广等他歌一结束就恭维他这次到京城去，将要在中书省大显文才，同时希望他想着这三四位好朋友，提出引荐的要求。袁广是东道主，他说自己不敢受恩赐，而要对方照顾其他几位，实际上正是为自己打算。君子耻于干谒，而今正面相求，直言不讳，既是亲密的表现，也是告诫苏源明不要一旦高升忘了故人，丢了旧情，要牢记今日的相处。苏源明毫不犹豫地表示一定与袁广和几位好友同忧患共安乐。这番对话，完全是亲朋好友之间推心置腹之言，也只有在酒酣耳热、情激心畅时才会如此赤诚相见。

这篇文章以从者预造了气氛，以环境渲染了气氛，进而以歌唱宣泄了情怀，再以对话显示了友人之间的至情，使读者领略到苏源明磊落胸怀和志高意扬的情绪，不仅钦羡其游乐的雅趣，而且诚服其友情的深笃。文章结束时，补写苏源明俯身大笑曰："狂夫之言，不足罪也。"并非苏源明反悔对友人的承诺，而是借醉后之言谦称自己的荣升口出大言。他升调入京，颇为得意，醉后也有些忘形；但醉后吐真言，所言可以当真，其心可谓诚。补上自责自谦之言，更反衬了前夜游乐之欢快。

本文写宴游，有叙述，有歌唱，有对话，行文自然活泼，语言流利畅达，不用典，不堆砌，清新雅致，确是矫文坛骈风的古文运动中的上乘之作。　（徐应佩）

【作者小传】

殷　璠

唐诗选家。润州丹阳（今属江苏）人。天宝间乡贡进士。曾编选润州十八位诗人作品为《丹阳集》一卷，已佚，今存残文。又编选开元、天宝间二十四位诗人作品为《河岳英灵集》二卷。鉴选精审，颇为后世所推重。

《河岳英灵集》序　　殷　璠

梁昭明太子撰《文选》，后相效著述者十有余家，咸自称尽善。高听之士①，或未全许。且大同至于天宝，把笔者近千人，除势要及贿赂，中间灼然可尚者，五分无二，岂得逢诗辄纂，往往盈帙？盖身后立节②，当无诡随③，其应诠简不精④，玉石相混，致令众口谤铄，为知音所痛。

夫文有神来、气来、情来，有雅体、野体、鄙体、俗体。编纪者能审鉴诸体，委详所来，方可定其优劣，论其取舍。至如曹、刘，诗多直语⑤，少切对⑥，或五字并侧，或十字俱平，而逸驾终存。然挈瓶肤受之流⑦，责古人不辨宫商徵羽，词句质素，耻相师范。于是攻异端，妄穿凿，理则不足，言常有余，都无比兴，但贵轻艳。虽满箧笥，将何用之？

自萧氏⑧以还，尤增矫饰。武德初，微波尚在⑨。贞观末，标格渐高。景云中，颇通远调。开元十五年后，声律风骨始备矣。实由主上恶华好朴，去伪从真，使海内词场，翕然尊古，南风周雅，称阐今日。

璠不揆，窃尝好事，愿删略群才，赞圣朝之美。爰因退迹⑩，得遂宿心。粤若王维、昌龄、储光羲等二十四人，皆河岳英灵也。此集便以"河岳英灵"为号。诗二百三十四首，分为上下卷。起甲寅⑪，终癸巳。论次于叙，品藻各冠篇额⑫。如名不副实，才不合道，纵权压梁、窦⑬，终无取焉。

〔注〕 ① 高听：见解高超。 ② 身后：当作"身前"。 ③ 诡随：随声附和。 ④ 诠简：选择。 ⑤ 直语：质直。 ⑥ 切对：工整的对仗。 ⑦ 挈瓶：喻学识浅陋。肤受：学问只得皮毛。 ⑧ 萧氏：指梁代。梁代皇帝萧姓。 ⑨ 微波：指梁陈绮艳余风。 ⑩ 退迹：辞官归隐。 ⑪ 甲寅：开元二年(714)。 ⑫ 篇额：篇首。 ⑬ 梁、窦：指梁冀、窦宪，皆东汉时的权门贵戚。

在唐人选唐诗中，殷璠的《河岳英灵集》专选盛唐诗歌，有着严格的选录标准，并结合对入选诗人、诗作的品评，表达自己对诗歌的见解，是一部重要唐诗选本，历来受到文学史家、文学批评史家和选家的重视。这部选集的序，集中表述了编选者选录当代诗歌的审美标准和严肃态度，是诗歌理论批评史上一篇重要的文献，也是一篇颇见作者个性的文章。

序文开头一段，通过批评萧统《文选》以来许多文学选本"诠简不精"的弊病，强调选家的选录标准必须谨严，不能"逢诗辄纂"，不加选择。作者特别提出《文选》以来的选本和"大同(梁武帝年号)至于天宝"这二百二十多年时间，表明对梁陈以来的诗歌及这一时期的选本持严格的批评态度。在这一时期近千"把笔者"中，殷璠首先剔除"势要及贿赂"者，旗帜鲜明地反对以权势地位为选录标准。这正是序中着意强调的一个原则。

第二段从诗歌有神来、气来、情来及雅、野、鄙、俗诸体之别，推论编选者必须"审鉴诸体，委详所来"，方能定其优劣，论其取舍。这里提出了编选者的审美眼光问题。他举建安时代曹、刘的诗为例，指出它们虽"多直语""少切对"，却有很高的审美价值；那些见识浅薄的人责备他们"不辨宫商徵羽，词句质素"，正说明这些选家"但贵轻艳"，不重比兴的审美趣向。作者严厉批评这种选家及选本，正体现了对梁陈以来轻艳浮靡诗风的批判态度，也透露出他所提出并坚持的是符合时代要求的标准。

第三段追溯了从萧梁到当前这段时期诗歌风貌的变化，并把"开元十五年(727)，声律风骨始备"作为新时期诗歌成熟的时间、风貌标志。接着，分析了这种新诗风产生的原因，即统治者"恶华好朴，去伪从真"，使海内词人"翕然尊古"，继承风雅传统的结果。这一段述诗风演变，要言不烦，颇为治文学史者所称引。

末段交待编选此集的目的与体例。此编初选、补选时间不同，故入选作品的下限时间有"乙酉"(天宝四载，公元745年)与"癸巳"(天宝十二载)之异文，入选篇数亦有"一百七十首"与二百余首之异词。诗选在诗家之前冠以"品藻"，是殷璠开创的融选诗与评诗为一体的新体制，故特加标出。结尾特别强调选录标准之严格，"纵权压梁(冀)、窦(宪)，终无取焉"，遥应篇首"势要及贿赂"者，是画龙点睛之笔。这是在曲终奏雅的关键处再次强调本编完全以诗人创作的成就及作品的艺术水平为选录标准，而不以作者的权势为标准。从本编入选的诗人多为落拓不偶、栖迟簿尉的中下层文人及诗作的艺术水准看，编选者的这一反复强调的标准是郑重地付诸实践的。这一点，既是诗坛情况深刻变化的反映，又和殷璠个人的遭际地位密切相关。梁、陈以来轻艳浮靡的宫体诗风，影响直至唐初，其时作者多为帝王贵族和宫廷文人。随着世族地主文人逐步退出文学舞台，庶族文人逐渐成为诗坛主体，以权势地位为选录标准的旧习自然要被革除，殷璠旗帜鲜明地反对以权势取诗，正是适应了诗坛的深刻变化。殷璠本人，据今人考证，也有过屡试不中，长期以处士身份困居丹阳(曲阿)的经历，因此对仕宦不进、困顿坎壈的诗人怀有真切同情。以诗而不以势为标准选诗，正是《河岳英灵集》的特色和受人重视的原因之一。

序中标举"声律风骨"兼备，《集论》中也以"气骨""宫商"并举，这应该是殷璠评选盛唐诗的重要标准。但实际上，他于二者之中偏重于风骨。这不仅表现在他多选风骨遒劲的古体，而且在评论诗人时也多以风骨作为主要标准。在序中对"或五字并侧，或十字俱平，而逸驾终存"的古体非常赞赏，对"责古人不辨宫商"的挈瓶肤受之流投以轻蔑，赞颂"恶华好朴"，鼓吹"翕然尊古"，都可看出他的主要审美趣向。

殷璠指出文有“气来”，本篇正可视为“气来”的典型。文章从首段批评近世选家“诠简不精”开始，就贯注着一种居高临下的气势。以下批评挈瓶肤受之流，历叙诗风演变以至篇末宣称“纵势压梁、窦，终无取焉”，都有一种对自己的认识和所坚持的观点的高度自信。因此，文章在论述过程中常带着锐利的锋芒和强烈的感情，像首段、次段、末段的结尾，这种特点尤为显著。　（刘学锴）

【作者小传】

独孤及

(725—777)　唐文学家。字至之。河南洛阳(今属河南)人。天宝末举洞晓玄经科，曾任左拾遗、礼部员外郎、常州刺史等职。与李华、萧颖士等同以古文著名，长于议论，对崇尚骈偶藻丽的文风表示不满。也能诗。著有《毗陵集》。

仙　掌　铭并序

独孤及

阴阳开阖，元气变化，泄为百川，凝为崇山，山川之作，与天地并，疑有真宰而未知尸①其功者。有若巨灵赑屃②，攘臂其间，左排首阳，右拓太华，绝地轴使中裂，坼山脊为两道，然后导河而东，俾无有害，留此巨迹于峰之巅。后代揭厉③于玄踪者，聆其风而骇之，或谓诙诡不经，存而不议。

及以为学者拘其一域，则惑于余方。曾不知创宇宙，作万象，月而日之，星而辰之，使轮转环绕④，箭驰风疾，可骇于俗有甚于此者。徒观其阴骘无眹⑤，未尝骇焉。而巨灵特以有迹骇世，世果惑矣。天地有官，阴阳有藏，锻炼六气⑥，作为万形。形有不遂其性，气有不达于物，则造物者取元精之和，合而散之，财而成之，如埏埴⑦炉锤之为瓶为缶，为钩为棘⑧，规者矩者，大者细者，然则黄河、华岳之在六合，犹陶冶之有瓶缶钩棘也。巨灵之作于自然，盖万化之一工也。天机冥动而圣功启，元精密感而外物应。故有无迹之迹，介于石焉。可以见神行无方，妙用不测。彼管窥者乃循迹而求之，揣其所至于巨细之境，则道斯远矣。

夫以手执大象⑨，力持化权，指挥太极，蹴蹋颢气，立乎无间，行乎无穷，则捩长河如措杯，擘太华若破块⑩，不足骇也。世人方以禹凿龙门以导西河为神奇，可不为大哀乎？峨峨灵掌，仙指如画，隐辚⑪磅礴，上挥太清。远而视之，如欲扪青天以掬皓露，攀扶桑而捧白日，不去不来，若飞若动，非至神曷以至此？

唐兴百三十有八载，余尉于华阴，华人以为纪崦嵫⑫，勒之罘，颂峄山⑬，铭燕然⑭，旧典也。玄圣巨迹，岂帝者巡省伐国之不若欤？其古之阙文以俟知言欤？仰之叹之，斐然琢石为志。其词曰：

天作高山，设险西方。至精未分，川壅而伤。帝命巨灵，经启地脉。乃眷斯顾，高掌远跖。砉如剖竹，騞若裂帛。川开山破，天动地坼。黄河太华，自此而辟。神返虚极，迹挂石壁。迹岂我名？神非我灵。变化翕忽，希夷杳冥。道本不生，化亦无形。天何言哉！山川以宁。断鳌补天，世未睹焉。夸父愚公，莫知其踪。屹彼灵掌，悬诸宠岌。介二大都，亭亭高耸。霞艳烟喷，云抱花捧。百神依凭，万峰朝拱。长于上古，以阅群动。下视众山，蜉蝣蠛蠓。彼邦人士，永揖遗烈。瞻之在前，如揭日月。三川有竭⑮，此掌不灭。

〔注〕① 尸：居其位而不干事。② 赑屃（bì xì 闭戏）：猛壮有力貌。③ 揭（qì 气）厉：《诗经·邶风·匏有苦叶》："深则厉，浅则揭。"《尔雅·释水》："揭者，揭衣也，以衣涉水为厉，由膝以下为揭，由膝以上为涉，由带以上为厉。"指涉水，此喻探求古迹。④ 轮转：古代浑天说认为天如车轮而转，日月白天从上过，夜间从下过。环绕：指众星环绕北极。⑤ 阴骘（zhì 至）无眹（zhèn 阵）：暗中作用而无朕兆。眹，征兆。⑥ 六气：指阴阳风雨晦明。⑦ 埏埴（shān zhí 山直）：将陶土放入陶器模型中制成陶器。⑧ 钩：似剑而曲的兵器。棘：戟。⑨ 大象：指无形无象的道。见《老子》三十五章。⑩ 破块：破开土块。⑪ 隐辚：堆垒不平貌。⑫ 纪崦嵫（yān zī 烟资）：崦：同"崦"。传说周穆王登弇山，纪其迹于弇山之石。弇山，即崦嵫，在今甘肃天水县西，神话中日入之山。⑬ 勒芝罘，颂峄山：秦始皇二十八年（前219），始皇东行郡县，上邹峄山（在今山东邹县东南）立石，与鲁诸生议刻石颂秦德。又登芝罘山（在今山东烟台市北），立石颂德。⑭ 铭燕然：东汉窦宪击匈奴，登燕然山（今蒙古国境内

的杭爱山)刻石勒功。 ⑮三川:指泾、渭、洛水。

这篇铭文并序,作于天宝十四载(755)独孤及任华阴尉时。仙掌,指西岳华山顶的东峰。清《嘉庆一统志》引《华岳志》云:"岳顶东峰曰仙人掌。峰侧石上有痕,自下望之,宛然一掌,五指俱备,人呼为仙掌。"传说首阳、华岳本为一山,"当河,水过之而曲行。河之神(即所谓巨灵神)以手擘开其上,足蹋离其下,中分为二,以通河流。手足之迹,于今尚在"(《文选·张衡西京赋》注引薛综注。《水经·河水注》略同)。华山以奇险著称,巨灵神开山通河的神话传说,以恢宏丰富的想象力对山河奇险壮丽的面貌及其成因作了极富浪漫色彩的解释。这种自然景观,连同有关它的传说,在盛唐那样一个恢宏开扩的时代,遂成为文士诗人津津乐道,寄托其崇尚奇瑰壮伟的审美情趣的热门题材。大诗人李白《西岳云台歌送丹丘子》写道:"西岳峥嵘何壮哉!黄河如丝天际来。黄河万里触山动,盘涡毂转秦地雷……巨灵咆哮擘两山,洪波喷流射东海。三峰却立如欲摧,翠崖丹谷高掌开。"气势磅礴,境界壮阔,足为河山增色。独孤及这篇《仙掌铭》,则主要围绕巨灵擘山的传说是否可信这一点来做文章,开合擒纵,抑扬顿挫,以构思奇特见长。而其境界之壮阔、气度之恢宏则又可以与李白诗相媲美。

首段先从正面用大笔濡染,从阴阳开合、元气变化而形成高山百川,说到"真宰"(即造物者)的存在及作用。一个"疑"字,于迷离惝恍中更见其神功妙用。紧接着以壮阔飞动之笔渲染想象中巨灵开山的场景,以实证幻。"留此巨迹"四字伏下对有迹无迹的议论。然后笔锋一转,指出后世探求古迹者却认为其"诙诡不经",为下文进一步开拓发挥提供一个批评的靶子。一扬一抑,一开一合,文势顿挫有致。

次段紧承"诙诡不经"之论,予以批评。指出世俗不骇于造物者创宇宙,作万象,而骇于巨灵擘山之事,盖因一无迹、一有迹之故,从而嘲笑了世俗之拘守于形迹。然后想象造物者如何"取元精之和,合而散之,财(裁)而成之",作成万象的情景,说明巨灵之作于自然,不过是"万化之一工",石上之迹,乃是一种无迹之迹,是"神行无方,妙用不测"的表现。这一段围绕迹之有无立论,而统归于天道变化无穷,说明巨灵之事殊不足怪,先分后合,先纵后擒,文势较上段更多曲折变化,而境界更为恢宏开阔,想象更为冥远超忽。

接下来一段,又回到巨灵之神力上来。先从虚处生发,想象巨灵神"手执大象,力持化权,指挥太极,蹴蹋颢气,立乎无间,行乎无穷"的先天地、超时空的伟岸形象和他"捩长河""擘太华"的轻而易举,无足惊骇。接着又由实返虚,从"峨峨灵掌,仙指如画"的情景证实"非至神曷以至此"。一是将本属子虚乌有的巨灵神描绘得活灵活现，一是将实有的仙掌峰化为虚缈幽玄的仙迹。两种手法，都"证实"了巨灵神的真有。"不去不来，若飞若动"的形容，渗入了虚渺的想象，可谓对"仙掌"的传神之笔，笔意极为空灵超妙。

在淋漓尽致地发挥奇幻想象之后，第四段落到作铭上来，由前两段之大开而大合。将铭仙掌与"纪嶂巘"等四事并提，正见"玄圣巨迹"之神异。

末段铭文，概括全篇。但并非简单的重复，而是着意渲染，写得气势壮伟，文采斐然。特别是"砉如剖竹"四句写巨灵开山的巨大声势，"霞艳烟喷"四句写仙掌峰的壮美奇伟，更是有声有色，气势非凡。

这篇铭文，文笔纵恣恢诡，风格近似李白《蜀道难》，可见盛唐文人宏阔的胸襟气度和崇尚奇瑰壮伟的审美情趣。作者论辩巨灵之有无，实不过借以抒写胸中一段奇情壮采而已。近人高步瀛说："巨灵擘山之说，本恢诡不经，文中略见正意，随即斥去，一以恢诡出之，石破天惊，雅与题称。"又说："古来神怪之说，其妄诞易知，有不待辨者，而文家反得借以发其雄奇。若概以迷信目之，反为古人所欺矣。"（《唐宋文举要》）是为知言。

（刘学锴）

【作者小传】

韩　愈

(768—824)　唐文学家、哲学家。字退之。河南河阳（今河南孟县南）人。自谓郡望昌黎，世称"韩昌黎"。贞元进士。任监察御史，以言事贬为阳山令。赦还后，曾任国子博士、刑部侍郎。参预平定淮西之役。又因谏阻宪宗迎佛骨，贬为潮州刺史。后官至吏部侍郎。卒谥文，世称"韩文公"。反对骈偶文风，提倡散体，与柳宗元同为古文运动的倡导者。其散文刚健雄肆，奥衍闳深，旧时列为唐宋八大家之首。诗则力求新奇，以文入诗，有时流于险怪。著有《昌黎先生集》。

原　道①　　　　韩　愈

博爱之谓仁，行而宜之②之谓义，由是而之焉之谓道，足乎己无待于外③之谓德。仁与义为定名，道与德为虚位④。故道有君子小人，而德有凶有吉。老子之小仁义⑤，非毁之也，其见者小也。坐井而观天，曰天小者，非天小也，彼以煦煦⑥

韩愈像

——明弘治十一年明宗室天然重刊本《历代古人像赞》

为仁，孑孑[7]为义，其小之也则宜。其所谓道，道其所道，非吾所谓道也。其所谓德，德其所德，非吾所谓德也。凡吾所谓道德云者，合仁与义言之也，天下之公言也。老子之所谓道德云者，去仁与义言之也，一人之私言也。

周道衰，孔子没，火于秦，黄老于汉，佛于晋、魏、梁、隋之间，其言道德仁义者，不入于杨[8]，则入于墨[9]；不入于老[10]，则入于佛。入于彼，必出于此。入者主之，出者奴之，入者附之，出者污之。噫！后之人其欲闻仁义道德之说，孰从而听之？老者曰：孔子，吾师之弟子也。佛者曰：孔子，吾师之弟子也。为孔子者，习闻其说，乐其诞而自小也，亦曰吾师亦尝师之云尔。不惟举之于其口，而又笔之于其书。噫！后之人虽欲闻仁义道德之说，其孰从而求之！甚矣，人之好怪也，不求其端，不讯其末，惟怪之欲闻。古之为民者四[11]，今之为民者六[12]。古之教者处其一[13]，今之教者处其三[14]。农之家一，而食粟之家六。工之家一，而用器之家六。贾之家一，而资焉之家六。奈之何民不穷且盗也？

古之时，人之害多矣。有圣人者立，然后教之以相生养之道。为之君，为之师，驱其虫蛇禽兽而处之中土。寒然后为之衣，饥然后为之食。木处而颠，土处而病也，然后为之宫室。为之工以赡其器用，为之贾以通其有无，为之医药以济其夭死，为之葬埋祭祀以长其恩爱，为之礼以次其先后，为之乐以宣其湮郁，为之政以率其怠倦，为之刑以锄其强梗。相欺也，为之符玺斗斛权衡以信之；相夺也，为之城郭甲兵以守之。害至而为之备，患生而为之防。今其言曰：“圣人不死，大盗不止；剖斗折衡，而民不争。”呜呼！其亦不思而已矣。如古之无圣人，人之类灭久矣。何也？无羽毛鳞介以居寒热也，无爪牙以争食也。

是故君者，出令者也；臣者，行君之令而致之民者也；民者，出粟米麻丝，作器皿，通货财，以事其上者也。君不出令，则失其所以为君。臣不行君之令而致之民，民不出粟米麻丝，作器皿，通货财，以事其上，则诛[15]。今其法曰：必弃而君臣，去而父子，禁而相生养之道，以求其所谓清净寂灭者。呜呼！其亦幸而出于三代之后，不见黜于禹、汤、文、武、周公、孔子也；其亦不幸而不出于三代之前，不见正于禹、汤、文、武、周公、孔子也。

帝之与王，其号名殊，其所以为圣一也。夏葛而冬裘，渴饮而饥食，其事殊，其所以为智一也。今其言曰：曷不为太古之无事[16]？是亦责冬之裘者曰曷不为葛之之易也，责饥之食者曰曷不为饮之之易也。

传曰："古之欲明明德于天下者，先治其国；欲治其国者，先齐其家；欲齐其家者，先修其身；欲修其身者，先正其心；欲正其心者，先诚其意。"然则古之所谓正心而诚意者，将以有为也。今也欲治其心而外[17]天下国家，灭其天常，子焉而不父其父，臣焉而不君其君，民焉而不事其事，孔子之作《春秋》也，诸侯用夷礼则夷之，进于中国则中国之。经曰："夷狄之有君，不如诸夏之亡。"《诗》曰："戎狄是膺，荆舒是惩[18]。"今也举夷狄之法而加之先王之教之上，几何其不胥[19]而为夷也！

夫所谓先王之教者，何也？博爱之谓仁，行而宜之之谓义，由是而之焉之谓道，足乎己无待于外之谓德。其文《诗》《书》《易》《春秋》；其法礼、乐、刑、政；其民士、农、工、贾；其位君臣、父子、师友、宾主、昆弟、夫妇；其服丝麻；其居宫室；其食粟米、果蔬、鱼肉；其为道易明，而其为教易行也。是故以之为己，则顺而祥；以之为人，则爱而公；以之为心，则和而平；以之为天下国家，无所处而不当。是故生则得其情，死则尽其常，郊[20]焉而天神假，庙焉而人鬼飨。曰：斯道也，何道也？曰：斯吾所谓道也，非向所谓老与佛之道也。尧以是传之舜，舜以是传之禹，禹以是传之汤，汤以是传之文、武、周公，文、武、周公传之孔子，孔子传之孟轲，轲之死，不得其传焉。荀与扬也，择焉而不精，语焉而不详。由周公而上，上而为君，故其事行；由周公而下，下而为臣，故其说长。然则如之何而可也？曰：不塞不流，不止不行。人其人，火其书，庐其居㉑，明先王之道以道之，鳏寡孤独废疾者有养也，其亦庶乎其可也！

〔注〕 ① 原：推原，论述。道：政治哲学概念。中国哲学史上各派都使用“道”这个概念，但其内涵却各不相同。韩愈的“道”，则是指孔、孟的社会政治伦理。 ② 行而宜之：行为符合社会客观需要。 ③ 足乎己无待于外：自己感到满足而不需外在的援助。这是说，“德”是个人的内在修养和自我的社会性评价。 ④ 仁与义为定名，道与德为虚位：这两句互相关联。仁与义是社会结构稳定的客观要求，道与德是人自身适应社会结构稳定的客观要求的修养和行为评价，所以，仁与义是因社会要求而定名，而道与德则是待社会性的仁与义来“填充”。在韩愈心中，这两句是一个整体。 ⑤ 小：轻视。《老子》：“大道废，有仁义。”又：“失道而后德，失德而后仁，失仁而后义，失义而后礼。夫礼者，忠信之薄而乱之首。”都可以看出老子对仁义的轻视。 ⑥ 煦煦：本温暖之义，此指个人小恩惠。 ⑦ 孑孑：本孤单之义，此指不关社会痛痒的个人行为。 ⑧ 杨：杨朱，字子居，又称杨子、阳子或阳生，战国魏人，当时著名的学派领袖。 ⑨ 墨：墨翟，鲁人，春秋战国之际著名的思想家，墨家学派的创始人。 ⑩ 老：老聃，老子，春秋战国之际楚人，著名的思想家。 ⑪ 古之为民者四：古时民有士、农、工、贾四类。 ⑫ 六：六类，即士、农、工、贾、佛教僧徒、道教教徒。 ⑬ 一：指士。 ⑭ 三：指士、僧人、道教徒。 ⑮ 诛：责罚。一说杀，非。 ⑯ 无事：指上古时代无战事、灾异等。《庄子·胠箧》：上古时，“民结绳而用之，甘其食，美其服，乐其俗，安其居，邻国相望，鸡狗之音相闻，民至老死而不相往来”。《老子》“小国寡民”章说法相似。 ⑰ 外：抛开。 ⑱ 戎狄是膺，荆舒是惩：语见《诗·鲁颂·閟宫》。戎、狄，是古代少数民族的名称。荆、舒是古代楚和楚的属国，中原视楚为边疆少数民族。膺是打击，惩是惩罚。皆尊中原文化而轻四夷之意。需要说明的是，这里的“尊”，只是文化哲学范畴内的，似乎与政治人格关系不大。 ⑲ 胥：相引，相与。 ⑳ 郊：周代于冬至日祭天于南郊称为“郊”。 ㉑ 人其人：前“人”字本为“民”，避唐讳所改。“民其人”即使僧人、道士还俗为民。庐其居：将僧寺、道观改为民宅。

《原道》是韩愈论述社会政治伦理的代表作，力排佛老，独尊儒家仁义道德，维护封建社会结构的安定，维护社会秩序的稳定。

仁、义、道、德，在我们今天看来，带着浓重的封建色彩，但在韩愈当时，却是维系君君臣臣、父父子子社会结构的黏结剂。中唐之际，藩镇割据，宦官专权，朝臣党争，唐王朝尾大不掉，人民备受艰难，恢复仁、义、道、德的活力和调节功能，修补和强化“其文”“其法”“其民”“其位”“其服”“其居”“其食”的生活网络结构，达到封建社会秩序的安定、稳固，未尝不是一项可取的选择。所以韩愈以“原道”为题，首先确定仁、义、道、德的社会命意及其价值。“仁与义为定名，道与德为虚位。故道有君子小人，而德有凶有吉”，为全文的正面论证和反面批驳奠定了基础。韩愈认为，“仁与义”“道与德”是社会生活的维系点，是社会生活中各阶层、各阶级、各等次的人都应该遵循的准则，只是各阶层、各阶级、各等次的人遵循的"仁与义""道与德"有各自不同的侧重点而已。因为"仁与义""道与德"包含着不同阶层、不同阶级、不同等次的人的严肃的社会责任与义务，所以，违背"仁与义""道与德"的观念、行为就是错误的。众所周知，老子反对儒学的"仁义"，而标示"道德"，韩愈以为，老子"小仁义"，其道德观念和韩愈的道德观念是根本不同的，老子的"道德"是"去仁与义"的"一人之私言"，而韩愈的"道德"是"合仁与义"的"天下之公言"。细详后文，此"合仁与义"的"道德"之所以是"天下之公言"，是它标示着上下结构之间的双向调节，即"君臣"之间，要"君君臣臣"；"父子"之间，要"父父子子"。反之，老子的"道德""去仁与义"，不重视社会上下结构之间的相互关系，因而是"一人之私言"。这种随立随破，将正面论述与反面驳论结合在一起的论述方式，使行文摇曳多姿、变化有致。

在标出老子的"道德"与韩愈主张的"仁与义""道与德"的原则区别之后，韩愈叙述了我国思想史上一段曲折的历史：周王朝衰微，孔子逝世，战国纷争，统一于秦；秦焚书坑儒，文化思想突变：黄、老盛行于汉，佛教盛行于晋、魏、梁、隋。儒学不兴，人惟好怪。韩愈以一般人"不求其端，不讯其末，惟怪之欲闻"引入道家、佛家、杨朱、墨翟之说为害，重在辟佛、老。首先从经济入手，指佛道两家的出现是社会的沉重负担。"农之家一，而食粟之家六。工之家一，而用器之家六。贾之家一，而资焉之家六。"生产的人少，消耗的人多，人民必定贫困，而社会则必定存在不安定因素，社会结构的稳固性必定受到震撼。所谓"穷且盗"，就是社会安定的破坏性因素。其次，从社会发展的过程，说明君君臣臣社会结构的合理性。韩愈以为，圣人、君、师都是人类在为生存而斗争中出现的，是在为民除害，为民驱虫蛇禽兽，教民"相生养之道"的过程中自然形成的。值得注意的是，韩愈在这里使用了以叙事代议论的方法，说圣人为民设立君主，荐举老师，这君主、老师为民驱除虫蛇禽兽，使人民安处于中原土质深厚的地方以种植谋生。寒，则教之以制衣；饥，则教之以饭食。居于树，易危坠；居于穴，易患病，则教之以盖房建屋。为之礼、乐、刑、政以维持社会生活的正常进行。需要指出的是，人们从洪荒时代逐渐进入文明时代，由初始的文明向更高层次文明的发展，在这个过程中，每一项经验由不自觉到自觉的总结应用，每一件工具由不完备到完备的创造发明，从偶然性的角度看问题，可能出现在某一个具体的"圣人"身上，但从必然性的角度看问题，则是全体人类劳动经验的结晶。韩愈从社会表象看问题，重视"圣人"在社会生活进程中的积极作用，虽不无偏颇，但却看到了具体生活进程的事实，并以这一事实来批驳庄周"圣人不死，大盗不止；剖斗折衡，而民不争"的不负责任的观念。这种以正面事实来驳斥对方反面意见的方法，一方面说明“事实胜于雄辩”的事理，另一方面又使驳论带有强烈的感情色彩，将深刻的哲理思辨过程化为通俗的感性叙述。但是，感性的事实毕竟需要升华，毕竟需要理性的概括，因此，作者在两个层次之间以“是故”关联，导出“君者，出令者也；臣者，行君之令而致之民者也；民者，出粟米麻丝，作器皿，通货财，以事其上者也”的社会政治结构。为了强调这个社会政治结构的正确性，韩愈既从正面提出结论“君者，出令者也……”，又从反面加以论证“君不出令……”，正反结合，不仅行文通畅，而且在气势上有坚不可摧之态。在文气上建立了这种态势之后，高屋建瓴，居高临下，直捣佛教理论体系。众所周知，佛学以“清净”为本，“寂灭”为宗，提倡看破红尘，超脱人世，“弃而君臣，去而父子，禁而相生养之道”；他们梦寐以求的是佛国天堂，嫌恶厌弃的则是纷纷尘世。这在韩愈看来，佛教破坏的恰恰是他梦寐追求的人世社会结构的稳定和维护这个结构稳定的社会政治伦理，而韩愈嫌恶厌弃的超现实的佛国天堂，正是佛教僧徒梦寐以求的理想，两者之间，势如水火。一声“呜呼”，宣泄了势不两立的情绪。“其亦幸而出于三代之后，不见黜于禹、汤、文、武、周公、孔子也；其亦不幸而不出于三代之前，不见正于禹、汤、文、武、周公、孔子也”两句，仅增两字，换两字，便将韩愈对佛学的憎恶、对儒学的厚爱表达得淋漓尽致。

特别需要说明的是，韩愈认为，人类社会生产的发展，生活的繁富，是人类智慧的标志，换句话说，人越聪明，人类的生产越发展，人们享有的生活资料就越繁富，享受的快乐就越多。人们由洪荒时代发展到“夏葛而冬裘”的文明时代，靠的是智慧。从历史传说中的五帝到三王，就是这样一个智慧发展、生产发展、生活繁富的过程。道家责难“曷不为太古之无事”，实际上是要人们返回洪荒的野蛮时代，重过不文明的生活。而韩愈以为，历史是不能逆转的，这就像要求人们冬天不穿裘皮衣服而穿麻葛衣服、饥饿时不吃饭而喝水一样，滑天下之大稽，不会被人们接受的。既然如此，人们怎样才能对付日益繁多的物质而引起的矛盾纷争呢？《原道》主张加强社会中人的各自的修养，加强社会中人的各自的社会责任感，那么，社会结构就会稳固，天下就一定太平。所谓“古之欲明明德于天下者，先治其国；欲治其国者，先齐其家；欲齐其家者，先修其身；欲修其身者，先正其心；欲正其心者，先诚其意”，就是这个意思。这一段话，原见于《礼记·大学》。“明明德”，就是昭明大德；“齐家”，就是整肃自己的家庭。细细体味，这一段话极富于政治哲理意味。就社会中的个体人而言，凡事从自身做起，诚意、正心、修身。但就社会中的人的群体而言，齐家、治国、“明明德于天下”，就包含了比较丰富的内涵，表现了封建社会结构中的调节功能，而这种调节功能就成为社会结构稳定的黏结剂。“古之所谓正心而诚意者，将以有为也”，就是以天下国家为己任。一“古”一“今”互相关联，从社会道德伦理的角度，批驳佛道“欲治其心而外天下国家”，“灭其天常，子焉而不父其父，臣焉而不君其君，民焉而不事其事”，是韩愈不能接受的。他援引《春秋》《论语》《诗经》诸书，力排“夷狄之法”。以为孔子作《春秋》，诸侯用夷礼，孔子就以夷人视之；诸侯用“中国”之礼，就以“中国”人视之。韩愈极力维护的是中原固有的文化传统和道德伦理传统，虽不无褊狭，但在当时，还应当承认中原文化是最先进的文化，至少与“大汉民族主义”没有什么瓜葛。而在论证方式上，又一改前文的叙事论证为援引论证，援引《礼记》《春秋》《论语》《诗经》，以证明自己的观点合于先圣之论，亦为下文的“道统”伏笔，为建立高层次的社会政治伦理奠定基础。

在完成了思想史、经济、政治、伦理诸方面的论证、批驳之后，韩愈回应前文，重述他的仁、义、道、德的观念，将“其文”“其法”“其民”“其位”“其服”“其居”“其食”的社会网络结构明确标示。确认仁、义、道、德的社会价值是：“以之为己，则顺而祥；以之为人，则爱而公；以之为心，则和而平；以之为天下国家，无所处而不当。”至此，我们可确认韩愈的仁、义、道、德的观念的含意，都带着明显的社会结构双向调节功能。由于前人只注意韩愈在论述过程中的单向叙述，只讲圣人在社会发展中的作用，强调君出令，臣行君令，民出丝麻粟米的单向政令贯通，误以为韩愈的仁、义、道、德偏于确立帝王权威的单向性。其实，“博爱”“行而宜之”都具有双向性，下与上，左与右，都具备等同性，不包含差别性，由“博爱”“行而宜之”所达之“道”，就是社会政治伦理。至于“足乎己无待于外”的个人修养，则是仁、义、道实现的重要保证。这在法制极不健全的专制主义社会里，是极易理解的文化心态。韩愈在完整地表述了自己的观点之后，再一次表示，他的“道”与佛老之“道”是风马牛不相及的两个不同的社会伦理概念。他坚信自己“道统”的正确性。只是周公以前坚持这个“道统”的尧、舜、禹、汤、文、武是帝王，“故其事行”；而周公以后坚持这个“道统”的孔子、孟轲都是人臣，所以就必须反复陈述，才能引起社会重视。至于说“荀与扬也，择焉而不精，语焉而不详”，韩愈有《读荀》一文，说“考其辞，时若不粹”，不粹即不精。又说：“荀与扬，大醇而小疵。”扬雄好为艰深之辞，故云“语焉而不详”。韩愈这样说，则是充分显示他个人的学说上的自信。前文说过，韩愈作文，极重感情，最后又以犀利的笔锋，强烈的感情，摆出兴此必灭彼的誓不两立的态势：“不塞不流，不止不行。人其人，火其书，庐其居”，必灭佛老而后快，真所谓声势夺人，气吞万里。　（汤贵仁）

原　毁　　韩　愈

古之君子，其责己也重以周，其待人也轻以约[①]。重以周，故不怠；轻以约，故人乐为善。闻古之人有舜者，其为人也，仁义人也。求其所以为舜者，责于己曰："彼，人也，予，人也；彼能是，而我乃不能是[②]！"早夜以思，去其不如舜者，就其如舜者。闻古之人有周公者，其为人也，多才与艺人也。求其所以为周公者，责于己曰："彼，人也，予，人也；彼能是，而我乃不能是！"早夜以思，去其不如周公者，就其如周公者。舜，大圣人也，后世无及焉；周公，大圣人也，后世无及焉。是人也，乃曰："不如舜，不如周公，吾之病也。"是不亦责于己者重以周乎！其于人也，曰："彼人也，能有是，是足为良人矣；能善是，是足为艺人矣。"取其一不责其二，即其新不究其旧，恐恐然惟惧其人之不得为善之利。一善易修也，一艺易能也。其于人也，乃曰："能有是，是亦足矣。"曰："能善是，是亦足矣。"不亦待于人者轻以约乎！

今之君子则不然，其责人也详，其待己也廉[③]。详，故人难于为善；廉，故自取也少。己未有善，曰："我善是，是亦足矣。"己未有能，曰："我能是，是亦足矣。"外以欺于人，内以欺于心，未少有得而止矣，是不亦待于己者已廉乎！其于人也，曰："彼虽能是，其人不足称也；彼虽善是，其用不足称也。"举其一不计其十，究其旧不图其新，恐恐然惟惧其人之有闻也，是不亦责于人者已详乎！夫是之谓不以众人待其身[④]，而以圣人望于人，吾未见其尊己也！

虽然，为是者有本有原，怠与忌之谓也。怠者不能修[⑤]，而忌者畏人修。吾尝试之矣。尝试语于众曰："某良士，某良士。"其应者，必其人之与也[⑥]；不然，则其所疏远不与同其利者也；不然，则其畏也。不若是，强者必怒于言，懦者必怒于色矣。又尝语于众曰："某非良士，某非良士。"其不应者，必其人之与也；不然，则其所疏远不与同其利者也；不然，则其畏也。不若是，强者必说⑦于言，懦者必说于色矣。是故事修而谤兴，德高而毁来。呜呼！士之处此世，而望名誉之光、道德之行，难已！

将有作于上者⑧，得吾说而存之，其国家可几而理欤！

〔注〕 ①“其责己也”二句：语本《论语·卫灵公》：“子曰：‘躬自厚而薄责于人。’” ②“求其所以为舜者”六句：《孟子·离娄下》：“舜人也，我亦人也。”又《滕文公上》：“颜渊曰：‘舜，何人也？予，何人也？有为者亦若是。’”韩文即从《孟子》化出。意思是以舜为榜样来要求自己。 ③详、廉：详，详尽，与“周”相近；廉，少，意谓要求不高，与“约”相近。 ④不以众人待其身：不拿对一般人的要求标准来要求自己。意谓比这还要低。 ⑤修：进修，求进步。 ⑥与：同党、朋友。 ⑦说：同“悦”，下同。 ⑧将有作于上者：身居上位而将有所作为的人。

所谓“原毁”，即推原毁谤之由来。韩愈所生活的中唐时代，在封建士大夫中滋生一种嫉贤妒能的恶劣风气，于人求全责备，于己则务求宽容，即所谓“其责人也详，其待己也廉”。为正视听，引起当权者注意，并采取措施纠正这股歪风邪气，韩愈奋笔写下这篇《原毁》。

文章从待人、对己两个方面，通过古、今“君子”的对比，指出他们的不同表现和态度，进而得出“怠”与“忌”乃是毁谤根源的结论。

第一段先说“古之君子”。“责己重以周，待人轻以约”，是“古之君子”的表现特征，也是本段的中心论点。责己、待人是论题并列的两个方面，论证也从此入手。首论责己重以周。文章以一向被古人尊为圣君或圣贤的舜和周公为例，这就增强了说服力和可信性，因为取的是楷模，是无可非议的典范。但两人的情况又有所不同，前者取其“仁义”，后者取其“多才与艺”，用今天的话说就是德才并举。古之君子去掉自身那些不如他们的缺点，努力符合他们所代表的道德行为规范，这正是责己重以周的表现。次谈待人轻以约。于人“取其一不责其二，即其新不究其旧”，这是对他人缺点的态度；而对他人的优点却唯恐其做了好事而得不到应有的利益。本来，做一件好事不难，具一技之长亦是易事，可是对他人来说，能做到这些亦足称善了，这正是待人轻以约的表现。以上是古之君子责己待人的正确态度，但对本文来说却非正题，而是陪衬，是客体，因为要探求谤毁之源的对象是“今之君子”的态度，那才是正题和主体。所以第二段马上转到对“今之君子”的表现的剖析上来。

紧承上文，一个“则不然”即昭然揭示了“今之君子”的态度。这里值得注意的是，文章谈古之君子的态度时用的是“责己”“待人”；而现在谈“今之君子”却作了一个颠倒，变成"责人""待己"。虽是一字之差，表现却恰好相反，同时也给论证提供了便利：只需点明其与古之君子的态度相悖即可。例如，对人的缺点，一个是"取其一不责其二，即其新不究其旧"；一个是"举其一不计其十，究其旧不图其新"。对人的优点，一个是"恐恐然惟惧其人之不得为善之利"；一个是"恐恐然惟惧其人之有闻"，等等。最后得出结论：今之君子责人详、待己廉的实质是"不以众人待其身，而以圣人望于人"——对自己比对普通人的要求还低，而对他人却拿圣人的标准来衡量。当然，这种人连对己也谈不上自尊，更何况他人了。行文至此，在充分摆事实、讲道理之后，突然用一评论句收束，简捷有力，而又见得跌宕有致，开合自如，诚非大手笔不能为之。

申足今之君子的表现，接下以"虽然"急转，探究其所以如是的本原，于是引出"怠与忌"是毁谤之源这个不仅是本段也是全文的中心论点，切中要害，一语中的。"怠者不能修"，所以待己廉；"忌者畏人修"，因而责人详：既论证了"怠与忌"必然产生的恶果，也给下文"是故事修而谤兴，德高而毁来"的结论作了铺垫。两个"尝试语于众"则是以其亲验来揭露当时士大夫阶层中党同伐异、嫉贤妒能的恶劣习气。有理论概括，又有试验说明，进而水到渠成，顺理成章地得出"是故事修而谤兴，德高而毁来"这个根本结论。至此，既点明了题旨，又终结了论证，似乎可以立刻收住了，然而又补上"名誉之光""道德之行"难以企望二句，顺手指出它的危害不可低估，也是令人深恶痛绝的，同时也提醒"得吾说而存之"者：斯弊不除不得了。

最后一段用三句话，既交待了本文的写作目的，呼吁当权者纠正这股毁谤歪风，又语重心长，寄托了作者对国是的期望。

韩愈的议论文一般都具有结构严谨、说理透辟、逻辑严密的特点，《原毁》也不例外。文章的宗旨在于探究毁谤之根源，从古今君子之对比入手先古后今，由正到反，最后揭示根源，间架细密，环环相扣，足见作者结构布局之匠心。《古文观止》说它"全用重周、轻约、详廉、怠忌八字立说。然其中只以一'忌'字，原出毁者之情，局法亦奇。若他人作此，则不免露爪张牙，多作仇愤语矣"，所见颇是。

然而本文最突出的特点还是对比和排比修辞手法的运用。通篇以古今君子相对比，比较他们对人对己态度的不同；而在描述古或今之君子的表现时，其对人对己的不同又构成一比；最后再以"某良士""某非良士"的一反一正的"试语"相对比，甚至把对比和一定的形象性描写结合起来，揭露的作用更其鲜明尖锐。两个"责于己曰""早夜以思"等排比手法的运用，使文章往复回环，迂曲生姿，大大增强了表达效果。

（萧澄宇）

杂 说 (一) 韩 愈

龙嘘气成云,云固弗灵于龙也。然龙乘是气,茫洋穷乎玄间,薄日月,伏光景,感震电,神变化①,水下土,汩陵谷,云亦灵怪矣哉!

云,龙之所能使为灵也;若龙之灵,则非云之所能使为灵也。然龙弗得云,无以神其灵矣。失其所凭依,信不可欤!异哉!其所凭依,乃其所自为也。

《易》曰:"云从龙②。"既曰龙,云从之矣。

〔注〕 ① 神变化:《管子·水地篇》:"龙生于水,被五色而游,故神。欲小则化为蚕蠋,欲大则藏于天下,欲上则凌于云气,欲下则入于深泉,变化无日,上下无时,谓之神。"韩愈语本此。② 云从龙:《易·乾·文言》:"云从龙,风从虎,圣人作而万物睹。"这是用来借喻"同声相应,同气相求"的道理的。

韩愈的《杂说》是一组通篇设喻的杂文,共四篇。这是其中的第一篇。这篇根据典籍和传说写的杂感,用意很明显:以龙喻君,以云喻臣。君虽圣明,若无贤臣,无以显其德;臣虽贤良,若无圣君,无以成其用。这也就是说,圣君是要依靠贤臣来建功立业的,贤臣又是要仰仗圣君的识拔才能荷重行远的。君臣之间,务必声气相应,才可相得益彰。

这个辩证的道理,如果直说,实很平常;韩愈却换了一种艺术的处理手法,以龙云为喻,专从一个"灵"字着眼,用正逆交转、轻重交替的笔致来表现。这,也许可以称为文章的"换骨法"吧,读来就很有兴味了。

第一段说云弗灵于龙,是逆笔。把云之灵说轻了,然后用正笔急转,描绘龙乘云气的情况。它直上浩渺无际的太空,迫近日月,遮掩其光辉;感发雷电,降雨水于大地,浸没山谷:这些都体现了"云"的作用。着重写云之灵,实际上更突出了龙之灵。第二段说龙能使云灵,但云不能使龙灵,云之灵似乎又有局限了。这儿又用了逆笔。然后又翻转说龙无云则无所依,"无以神其灵",强调了云的重要性,用的又是正笔。随后又一转,龙所凭依之云乃其所自为,是对首句"嘘气成云"的照应,说明无龙就无云,隐言云之为灵作用虽重而实轻,龙之为灵作用似轻而实重,用的又是逆笔。以"异哉"二字带起,下笔有情,令人猛省。最后一段引《易》语作解,说云必从龙;龙又必有云从之,然后成其为龙。更加归重于龙,同样亦连带归重于云,则又逆、正两笔互用。全文虽龙、云并提,实以龙为主而云为宾,这正好反映了韩愈想作贤臣的心理和对最高统治者的幻想与希冀。

这篇文字,不仅阐明了圣主贤臣缺一不可的道理,还指出了君臣各有职责,不可相代的实质。君主虽圣,却不可能事必躬亲;人臣虽贤,亦不得越职行事。这也就是说,龙要像龙,只作嘘气成云之事;云只为云,当从龙而不得行龙之事。明确了二者的职分和其间的主从关系,而又对云作了足够的强调:"失其所凭依,信不可欤!"这就是这篇文章着意之所在。　(李露蕾)

杂说(四)　韩愈

世有伯乐[①],然后有千里马。千里马常有,而伯乐不常有。故虽有名马,只辱于奴隶人之手,骈死于槽枥之间,不以千里称也。

马之千里者,一食或尽粟一石。食马者不知其能千里而食也,是马也,虽有千里之能,食不饱,力不足,才美不外见[②],且欲与常马等不可得,安求其能千里也!

策之不以其道,食之不能尽其材,鸣之而不能通其意,执策而临之曰:"天下无马。"呜呼!其真无马邪?其真不知马也?

〔注〕①伯乐:姓孙名阳,春秋秦穆公时人,以善相马著称。曾荐九方堙为秦穆公相马,认为千里马须"得其精而忘其粗,在其内而忘其外"。事见《淮南子·道应训》。②见:通"现"。

这是《杂说》的第四篇。文中以千里马喻杰出的人才,以伯乐喻善于识别人才的当权者。但文章的重点却落在千里马与伯乐的对立面上。这是它的构思立意新颖独特之处。

开头就出人意表,警动非凡。作者不是一般化地论述伯乐对于千里马的重要性,而是别出心裁地推出一个仿佛不合常识的论断:"世有伯乐,然后有千里马。"千里马是客观存在,它的有无按说并不取决于伯乐,作者这样耸人耳目地提出问题,自然是要引起读者的思索。紧接着,又指出另一种现象:"千里马常有,而伯乐不常有。"这表面上似乎跟开头的论断矛盾,实际上恰恰为它提供了论据。下面"故"字就势一转,把谜底揭开了,也把读者的悬念消除了:正因为伯乐不常有,所以虽有千里马,也只能在根本不识马的奴仆手下受辱,和平庸的马一起默默无闻地老死于马棚,不以千里马著称于世。这就强调指出了,千里马如果不遇伯乐,就实际上不成其为千里马。作者正是在这个意义上使用"然后有千里马"

的“有”字的。对于千里马这个特殊事物来说，没有被发现，实际上等于不存在。作者抓住了这个特点，才使开头的那个论断显得分外真实合理、警策非凡，而这个“有”字也确切不可移易。

千里马之所以没有被发现，作者认为跟它“食不饱”有密切关系。因此接下来就抓住千里马的食量问题做文章。作者将千里马的才具与食量联系起来，强调在“食(饲)马者不知其能千里而食”的情况下，它“食不饱，力不足，才美不外见(现)”，连跟平常的马相等也办不到，更不用说日行千里了。“不知”二字，从“伯乐不常有”来，是这一段的眼目。由“不知”引起下文一连串的“不”，层层顶接，极富逻辑力量。然后用“且欲……安求……”的句式，逼进一层，将“不知”所造成的后果淋漓尽致地表现出来。上段还只说“骈死于槽枥之间”，这里则说“且欲与常马等不可得”，意思又深一层。

接下来一段便明显地把重点落在驭马者身上。开头三句，以“食之不能尽其材”承上段，而就势翻出“策之”“鸣之”两句，但对此并不再展开论述，读者自可意会。三句用排比句式，一气蝉联，指出对千里马既不懂得正确的驾驭之道，又不能按照它的才具给以充足的食料，而当它鸣叫时又不懂得它的心意。这三个“不”，归根于一个“不知”，已将驭马而不识马的害处揭露得非常充分，下面更进一步，用漫画化手法画出驾驭者愚妄无知而又极主观武断的形象。千里马就在眼前，他却视而不见，执策而临之曰：“天下无马。”在讽刺揶揄中流露出意味深长的幽默。最后，是作者对上述现象的强烈感慨。本意是斥责驭者不知马，却故意用摇曳之笔咏叹出之：“呜呼！其真无马邪？其真不知马也？”以疑问的口吻来表达肯定的意思，讽刺更辛辣，幽默感也更浓了。

杰出的人才不被当权者所了解与任用，是封建社会的痼疾。这个问题并不新鲜。韩愈这篇文章，好在老问题而有新角度。他不是单纯从身受其害的知识分子出发，诉说一番怀才不遇的委屈与牢骚，也不是一般地论述当权者了解、任用人才的重要性，而是紧紧抓住对人才的发现在某种意义上比人才本身更为重要这个特点，围绕“不知”二字来做文章，从而一方面揭露出居于伯乐之位而无伯乐之识的当权者颟顸无知而又主观武断的丑恶面目，另一方面又揭示出杰出人才被埋没、受屈辱的境遇及其原因，深刻地说明了：不是天下无才，而是缺乏发现人才、了解人才的“伯乐”。千里马的食量和才具，一般的人往往不大注意它们之间的关联，但作者却注意到“千里之能”的发挥有待于食饱力足的客观条件这个事实，从而别有会心地从一个人们容易忽略的角度提出问题，揭示出“食不饱”与“才美不外见”的关系，从而说明对待杰出的人才，应为他们创造一些特殊的条件。这样提出问题,便具有新意,能给人以启示。

文章的另一特点是感情色彩强烈,表达上富于含蕴。作者仕途偃蹇,三度上书宰相而被置之不理,对才士的遭遇有切肤之痛。发而为文,便处处流露出一种强烈的愤郁,对颟顸无知的当权者表示了强烈的鄙视和嘲讽。但在表达时,却不流于一泻无余的斥责怒骂,而是以唱叹之笔含蓄出之。文中多次提到千里马,每一次都笔端饱含感情,而且笔笔都不重复。像"是马也,虽有千里之能,食不饱,力不足,才美不外见,且欲与常马等不可得,安求其能千里也"这个长句,浑浩流转,一气旋折,蕴含着满腔牢骚愤郁,但用的却是抒情笔调。文章的结尾,将强烈的愤郁化为无穷的感慨,更显得蕴蓄有致。前人评其"起如风雨骤至,结如烟波浩渺。寥寥短章,变态无常。而庸耳俗目,一齐写尽"(清蔡铸《蔡氏古文评注补正全集》),是很准确的。

（刘学锴）

伯　夷[1]　颂　　韩　愈

士之特立独行,适于义而已,不顾人之是非:皆豪杰之士,信道笃而自知明者也。一家非之,力行而不惑者,寡矣;至于一国一州非之,力行而不惑者,盖天下一人而已矣;若至于举世非之,力行而不惑者,则千百年乃一人而已耳。若伯夷者,穷天地、亘万世而不顾者也。昭乎,日月不足为明;崪乎,泰山不足为高;巍乎,天地不足为容也!

当殷之亡,周之兴,微子[2]贤也,抱祭器而去之;武王、周公[3]圣也,从天下之贤士与天下之诸侯而往攻之:未尝闻有非之者也。彼伯夷、叔齐[4]者,乃独以为不可。殷既灭矣,天下宗周,彼二子乃独耻食其粟,饿死而不顾。由是而言,夫岂有求而为哉?信道笃而自知明也。

今世之所谓士者,一凡人誉之,则自以为有余;一凡人沮之,则自以为不足。彼独非圣人,而自是如此。夫圣人[5]乃万世之标准也。余故曰:若伯夷者,特立独行,穷天地、亘万世而不顾者也。虽然,微二子,乱臣贼子接迹于后世矣。

〔注〕①伯夷:商末孤竹君的长子。相传孤竹君立次子叔齐为继承人。孤竹君死后,叔齐让位给他,他逃避。两人先后逃到周国。周武王伐纣,两人曾劝谏。武王灭商后,他们隐居首阳山,耻食周粟,饿死。　②微子:殷纣王庶兄,名启。数谏纣不听,去国。周武王灭商,他

称臣于周。后封于宋，为宋国始祖。 ③ 武王：周武王。周文王子，名发。起兵伐纣，灭商，建立周王朝。周公：姬旦。周文王子，辅助武王灭纣，建立周王朝，封于鲁。武王死，成王幼，周公摄政。曾东征平武庚、管叔、蔡叔。相传周代礼乐制度均为他所制订。 ④ 叔齐：商末孤竹君的次子，伯夷弟。详注①。 ⑤ 圣人：指周武王、周公。

韩文重情，这篇《伯夷颂》称许“信道笃”“自知明”为特立独行，强调人自身的品格素养，与殷、周之际的历史是非并无特别的同步性。

首先，确立标准。“特立”“独行”意思相近。独特的建树，超凡的品行，是士人最看重的人格因素。“特立独行”就是行为合乎社会准则，不顾及世俗人情之是非，信道诚笃而又有自知之明。从行文上说，“士之特立独行”与“适于义而已”两句承顺衔接，气势通贯，而“不顾人之是非：皆豪杰之士，信道笃而自知明者也”三句显然是倒置。将“皆豪杰之士”嵌置在“不顾人之是非”与“信道笃而自知明者也”之间，使本来一气畅通的句式造成一个暂时的节制，这个节制形成的顿挫，为下文的一气奔放做好了准备。其次，这个行文上的顿挫，又使“不顾人之是非”“信道笃而自知明”两句特别引人注目，突出了“特立独行”的实在性，为下文的伯夷出场做了意蕴上的铺垫。随后，作者用三个句式相似的层递句，层层逼进，由一家非之、一国一州非之进而为举世非之，将特立独行的信道笃而自知明的杰出人物推至“千百年乃一人而已耳”的巅峰。行文至此，似乎文意已足，文气已极，但是，韩愈却能妙手回春，更翻一层，将伯夷“不顾人之是非”翻到“穷天地、亘万世而不顾”的九十九重天。翻上了高度，立即紧扣题旨“颂”，用排比句横向展开，一则将伯夷“穷天地、亘万世而不顾”的特立独行强化，二则将伯夷的特立独行情化，两者的目的合而为一——颂伯夷：“昭乎，日月不足为明；崪乎，泰山不足为高；巍乎，天地不足为容也。”由开头确立理性标准到引出本文的核心人物，再到三颂伯夷的“特立独行”的明、高、大，从正面将伯夷的特立独行展示在读者面前。

其次，进行比较。微子和伯夷同是殷末周初的人，并且微子还是殷的宗室、帝乙的长子、纣王的庶兄。作者以“抱祭器而去之”一句，点明他在周灭殷过程中的态度。韩愈以为，微子虽然被称为贤者，但是他躲避祸乱，不言是非，称不上信道笃、自知明，更不能算是有特立独行之士。司马迁《史记·宋微子世家》记述微子后来被周封于宋，而子孙绵延。避祸为后来和周合作作好了政治准备。其命意大约也与韩愈相似。不过从论证问题的角度看，以微子与伯夷相比，两者都是“个体”，以“个别”比“个别”，在逻辑上容易陷入片面性。为了突出伯夷的“特立独行”，还必须将伯夷的“个别”和殷、周交替之际的贤人(“一般”)相比较。“从天下之贤士与天下之诸侯而往攻之：未尝闻有非之者也”，正是起着这个作用。天下贤人、诸侯皆从武王周公攻殷，而伯夷、叔齐却以为不可，这才真正显示出伯夷、叔齐的“不顾人之是非”和“信道笃而自知明”的豪杰性格和“适于义”的情怀。据《史记》记载，伯夷、叔齐原是周的属臣，武王伐纣时，曾叩马而谏，说周武王父死不葬，急于战事，不孝；周是殷的属臣，以臣讨君，不仁。周胜殷败之后，义不食周粟，在首阳山采薇而食，终至饿死。在韩愈看来，微子先谏于殷，不听而去，是“顾是非”，不是“特立独行”；周胜从周，也是“顾是非”，不是“特立独行”，皆未曾做到“信道笃而自知明”。同理，天下贤人、诸侯皆从周伐殷，也不是具备“特立独行”“信道笃而自知明”的人物，只有伯夷，笃信仁孝之道，敢于叩马而谏，具备“自知之明”，故周胜后义不食周粟，饿死首阳山。凡此等等，说明伯夷是不以时人之是非为是非，不以贤人之是非为是非，不以圣人之是非为是非的“特立独行”之士，将上文的“日月不足为明”“泰山不足为高”“天地不足为容”作了事实上的论证，使题目中的“颂”具有实际的社会价值。

最后，议论时人。韩文尚奇，布局常出奇制胜。为了以伯夷“穷天地、亘万世而不顾”的高标绝韵为准的，先以当时之人以一人称誉为“有余”，一人贬之为“不足”，媚俗从众做铺垫，缀以“彼独非圣人，而自是如此”。“彼”是指伯夷。在行文上，“今世之所谓士”将伯夷托上高峰，而“夫圣人乃万世之标准”，反弹一句，峭拔至九十九重天之上。回应前文，强调全文的主旨之后，突然以“虽然”二字带住，引出“微二子，乱臣贼子接迹于后世”的警世之论。“图穷而匕首见”，至此，才揭示颂伯夷而诛“乱臣贼子”的真意。韩愈之世，藩镇为患，朝廷大臣或依负幽隐，作恶猖狂，斥乱臣贼子是韩愈一贯主张。励士人处乱世而不乱，一则应有“穷天地、亘万世而不顾”的勇气，二则需要“信道笃而自知明”的品格。

人或以周伐殷是合乎历史的需要，颂伯夷有背历史趋势，是着眼于政治。而韩愈着眼于人格素质，在文章中反复强调“特立独行”“信道笃”。不过，两者都是从各自的时代需要着眼，似可两说并存，不必加以轩轾。　　（汤贵仁）

子产不毁乡校颂　　韩　愈

我思古人，伊郑之侨①。以礼相②国，人未安其教，游于乡之校，众口嚣嚣③。或谓子产，毁乡校则止。曰：“何患焉，可以成美。夫岂多言，亦各其志。善也吾行，不善吾避；维善维否④，我于此视。川不可防，言不可弭。下塞上聋，邦其倾矣。”既乡校不毁，而郑国以理。

在周之兴，养老乞言；及其已衰，谤者使监：成败之迹，昭哉可观。

维是子产，执政之式。维其不遇，化止一国。诚率是道，相天下君；交畅旁达，施及无垠。於虖⑤！四海所以不理，有君无臣。谁其嗣之，我思古人！

〔注〕 ① 郑之侨：子产（？—前522）。公孙氏，名侨，字子产，春秋时郑国人，自郑简公时始执政，历定、献、声公三朝。 ② 相：治理。 ③ 嚣嚣：议论繁多貌。 ④ 否（pǐ 匹）：恶。《庄子·渔父》：“不择善否。” ⑤ 於虖：即“呜呼”，感叹词。

《左传·襄公三十一年》载子产与然明议论乡校事。子产以为，人民议论执政善否，是正常现象，是好事，应该采取“其所善者，吾则行之，其所恶者，吾则改之”的态度。后人传为美谈。

检讨历史，常常是为了现实。韩愈将子产不毁乡校事由散文改写成韵文，加以称颂，目的是给李唐王朝增加一点生机。

文章开门见山，直书其事。“我思古人，伊郑之侨”，直戳中心，毫不拖泥带水。应该重视的是，子产是“以礼相国”，而不是“非礼相国”。韩愈强调的有三点。一是“众口嚣嚣”，不是坏事，而是好事，是“亦各其志”。允许各言其志，这是最起码的；而周厉王连这一点也不允许，终于招致自毁之灾。二是对“众口嚣嚣”的态度是“善也吾行，不善吾避；维善维否，我于此视”。“众口嚣嚣”，各言其志，都是从各自的地位、各自的利益、各自角度观察问题，片面性中带着整体性，或整体性中带着片面性，执政柄者应该“我于此视”，分辨善否，“善也吾行，不善吾避”。在封建社会里，统治者有时也允许“众口嚣嚣”，但不辨善否，于善不行，于恶不避。纳谏，纯粹是一种形式，甚而至于挂羊头卖狗肉。韩愈有感于此，将“善者吾行，不善吾避”放在“维善维否，我于此视”之前，强调重在施行，用心亦堪称良苦。三是从理论上深化一步：“川不可防，言不可弭。下塞上聋，邦其倾矣。”从上下文看，韩愈正面颂扬郑国子产，反面却批判周厉王。据《国语·周语》记载，周厉王听说有人批评他，便请卫巫监视谤者，“以告则杀之”。结果，人民敢怒而不敢言，道路以目。周之卿士邵公曾批评说：“防民之口，甚于防川。川壅而溃，伤人必多，民亦如之。”以“为川者决之使导”为喻，说明治民必宣之使言。韩愈更深一层，指出“下塞上聋，邦其倾矣”的历史教训。周厉王不听邵公之谏，被流放于彘地。正面的经验是子产，“既乡校不毁，而郑国以理”。历史的经验与教训，说明一个深刻的真理：所谓治国，就是合理调整本阶级内部、本阶级与其他阶级阶层之间的关系。堵塞言路，下塞上聋，势必造成上述诸关系的紊乱，破坏社会结构的稳定性，造成“邦其倾矣”的恶果。因此，子产值得大颂特颂。

“颂”语部分，先以周为鉴，说明周初兴盛，是因为奉养老成有德之人，听取他们的意见；周厉王衰败，是派人监视有意见的人的结果。“民主”则“成”；“独裁”则“败”，昭然若揭。接着以史为鉴，颂扬子产。颂子产，说他是“执政之式”，仅仅让他治理郑国，是政治上的屈才，他应该治理天下。他是“交畅旁达，施及无垠”的大才。最后以“於虖”一叹，转入当今：“四海所以不理，有君无臣。谁其嗣之，我思古人！”中唐之际，藩镇割据，唐王朝尾大不掉，“有君无臣”，令人感慨，谁能继承子产之风？谁有子产之才？“我思古人”，回应开头，既意在言内，又意在言外。韩愈在本文中，抚今追昔，借古伤今，理在情中，情在理中，耐人寻味。

（汤贵仁）

师　说　　　　　韩　愈

古之学者必有师。师者，所以传道受业解惑也[①]。人非生而知之者，孰能无惑？惑而不从师，其为惑也，终不解矣。生乎吾前，其闻道也，固先乎吾，吾从而师之；生乎吾后，其闻道也，亦先乎吾，吾从而师之。吾师道也，夫庸知其年之先后生于吾乎？是故无贵无贱，无长无少，道之所存，师之所存也。

嗟乎，师道之不传也久矣，欲人之无惑也难矣！古之圣人，其出人也远矣，犹且从师而问焉；今之众人，其下圣人也亦远矣，而耻学于师。是故圣益圣，愚益愚。圣人之所以为圣，愚人之所以为愚，其皆出于此乎？

爱其子，择师而教之，于其身也，则耻师焉，惑矣！彼童子之师，授之书而习其句读[②]者，非吾所谓传其道解其惑者也。句读之不知，惑之不解，或师焉，或不焉[③]，小学而大遗，吾未见其明也。

巫医、乐师、百工之人，不耻相师。士大夫之族，曰师、曰弟子云者，则群聚而笑之。问之，则曰：“彼与彼年相若也，道相似也。”位卑则足羞，官盛则近谀。呜乎！师道之不复可知矣！巫医、乐师、百工之人，君子不齿，今其智乃反不能及，其可怪也欤！

圣人无常师。孔子师郯子④、苌弘⑤、师襄⑥、老聃⑦。郯子之徒，其贤不及孔子。孔子曰："三人行，则必有我师。"是故弟子不必不如师，师不必贤于弟子，闻道有先后，术业有专攻，如是而已。

李氏子蟠，年十七，好古文，六艺经传⑧，皆通习之，不拘于时，学于余。余嘉其能行古道，作《师说》以贻之。

〔注〕 ① 道：指孔孟之道。业：指以攻读儒家经典为主的学业。惑：指道与业两方面的疑难。受，通"授"。　② 句读(dòu 豆)：即"句逗"。文辞语意已尽处为句，语意未尽而须停顿处为读。　③ 不：同"否"。　④ 郯(tán 谈)子：春秋时郯国的君主，据说孔子曾向他请教少皞氏以鸟名官的事。　⑤ 苌(cháng 长)弘：周敬王时大夫，据说孔子曾向他请教音乐方面的问题。　⑥ 师襄：鲁国乐官，孔子曾向他学琴。　⑦ 老聃(dān 丹)：即老子李耳，孔子曾向他问礼。　⑧ 六艺经传：六经的经文和注解。

这是韩愈著名的论说"师道"的文章。文中虽也正面论及师的作用、从师的重要性和以什么人为师等问题，但重点是批判当时流行于士大夫阶层中的耻于从师的不良风气。唐柳宗元《答韦中立论师道书》说："今之世，不闻有师；有辄哗笑之，以为狂人。独韩愈奋不顾流俗，犯笑侮，收召后学，作《师说》，因抗颜而为师；世果群怪聚骂，指目牵引，而增与为言辞。愈以是得狂名。"可见当时韩愈倡言师道，抗颜为师，是冒着触犯流俗的危险，很需要一些勇气的。就文章的写作意图和主要精神看，这是一篇针对性很强的批驳性论文，只不过没有采用通常的驳论形式而已。

文章的开头一段，先从正面论述师道——从师的必要性和从师的标准(以谁为师)。劈头提出"古之学者必有师"这个论断，紧接着概括指出师的作用："传道受(授)业解惑"，作为立论的出发点与依据。从"解惑"(道与业两方面的疑难)出发，推论人非生而知之者，不能无惑，惑则必从师的道理；从"传道"出发，推论从师即是学道，因此无论贵贱长幼都可为师，"道之所存，师之所存也"。这一段，层层顶接，逻辑严密，概括精练，一气呵成，在全文中是一个纲领。这一段的"立"，是为了下文的"破"。一开头郑重揭出"古之学者必有师"，就隐然含有对"今之学者"不从师的批判意味。

第二段开头，紧承上段对师道的论述，连用两个语气强烈的感叹句："嗟乎，师道之不传也久矣，欲人之无惑也难矣！"重笔挽转，总起这一段的批判内容，其势如风雨骤至，先声夺人。接着，就分三层从不同的侧面批判当时士大夫中流行的耻于从师的不良风气。先以“古之圣人”与“今之众人”作对比，指出圣与愚的分界就在于是否从师而学；再以士大夫对待自己的孩子跟对待自己在从师而学问题上的相反态度作对比，指出这是“小学而大遗”的糊涂作法；最后以巫医、乐师、百工不耻相师与士大夫耻于相师作对比，指出士大夫之智不及他们所不齿的巫医、乐师、百工。作者分别用“愚”“惑”“可怪”来揭示士大夫耻于从师的风气的不正常。由于对比的鲜明突出，作者的这种贬抑之辞便显得恰如其分，具有说服力。

在批判的基础上，文章又转而从正面论述“圣人无常师”，以孔子的言论和实践，说明师弟关系是相对的，凡是在道与业方面胜过自己或有一技之长的人都可以为师。这是对“道之所存，师之所存”这一观点的进一步论证，也是对士大夫之族耻于师事“位卑”者、“年近”者的现象进一步批判。

文章的最后一段，交待作这篇文章的缘由。李蟠“能行古道”，就是指他能继承久已不传的“师道”，乐于从师而学。因此这个结尾不妨说是借表彰“行古道”来进一步批判抛弃师道的今之众人。“古道”与首段“古之学者必有师”正遥相呼应。

在韩愈的论说文中，《师说》是属于文从字顺、平易畅达一类的，与《原道》一类豪放磅礴、雄奇桀傲的文章显然有别。但在平易畅达中仍贯注着一种气势。这种气势的形成，有多方面的因素。

首先是理论本身的说服力和严密的逻辑所形成的夺人气势。作者对自己的理论主张高度自信，对事理又有透彻的分析，因而在论述中不但步骤严密，一气旋折，而且常常在行文关键处用极概括而准确的语言将思想的精粹鲜明地表达出来，形成一段乃至一篇中的警策，给人留下强烈深刻的印象。如首段在一路顶接，论述从师学道的基础上，结尾处就势作一总束：“是故无贵无贱，无长无少，道之所存，师之所存也。”大有如截奔马之势。“圣人无常师”一段，于举孔子言行为例之后，随即指出：“是故弟子不必不如师，师不必贤于弟子。闻道有先后，术业有专攻，如是而已。”从“无常师”的现象一下子引出这样透辟深刻的见解，有一种高瞻远瞩的气势。正如清刘熙载所说：“说理论事，涉于迁就，便是本领不济。看昌黎文老实说出紧要处，自使用巧骋奇者望之辟易。”（《艺概·文概》）

其次是硬转直接，不作任何过渡，形成一种陡直峭绝的文势。开篇直书“古之学者必有师”，突兀而起，已见出奇；中间批判不良风气三小段，各以“嗟乎”“爱其子”“巫医、乐师、百工之人”发端，段与段间，没有任何承转过渡，如三峰插天，兀然峭立，直起直落，了不相涉。这种转接发端，最为韩愈所长，读来自觉具有一种雄直峭兀之势。近代林纾说："大家之文，每于顶接之先，必删却无数闲话，突然而起，似与上文毫不相涉。"(《春觉斋论文》)本篇正是典型的例证。

此外，散体中参入对偶与排比句式，使奇偶骈散结合，也有助于加强文章的气势。

(刘学锴)

进学解 韩愈

国子先生晨入太学，招诸生立馆下，诲之曰："业精于勤，荒于嬉；行成于思，毁于随。方今圣贤相逢，治具毕张，拔去凶邪，登崇畯良。占小善者率以录，名一艺者无不庸，爬罗剔抉，刮垢磨光。盖有幸而获选，孰云多而不扬。诸生业患不能精，无患有司之不明；行患不能成，无患有司之不公。"

言未既，有笑于列者曰："先生欺余哉！弟子事先生，于兹有年矣。先生口不绝吟于六艺[①]之文，手不停披于百家之编。记事者必提其要，纂言者必钩其玄。贪多务得，细大不捐。焚膏油以继晷，恒兀兀以穷年。先生之业，可谓勤矣。抵排异端，攘斥佛老。补苴罅漏，张皇幽眇。寻坠绪之茫茫，独旁搜而远绍。障百川而东之，回狂澜于既倒。先生之于儒，可谓有劳矣。沈浸醲郁，含英咀华。作为文章，其书满家。上规姚、姒[②]，浑浑无涯。周《诰》殷《盘》[③]，佶屈聱牙。《春秋》谨严，《左氏》浮夸。《易》奇而法，《诗》正而葩。下逮《庄》《骚》，太史所录。子云、相如，同工异曲。先生之于文，可谓闳其中而肆其外矣。少始知学，勇于敢为。长通于方，左右具宜。先生之于为人，可谓成矣。然而公不见信于人，私不见助于友。跋前踬后，动辄得咎。暂为御史，遂窜南夷。三为[④]博士，冗不见治。命与仇谋，取败几时。冬暖而儿号寒，年丰而妻啼饥。头童齿豁，竟死何裨！不知虑此，而反教人为！"

先生曰："吁！子来前。夫大木为杗[⑤]，细木为桷[⑥]，欂栌侏儒[⑦]，椳闑扂楔[⑧]，各得其宜，施以成室者，匠氏之工也。玉札、丹砂，赤箭、青芝，牛溲、马勃[⑨]，败鼓之皮，俱收并蓄，待用无遗者，医师之良也。登明选公，杂进巧拙，纡余为妍，卓荦为杰，校短量长，惟器是适者，宰相之方也。昔者孟轲好辩，孔道以明，辙环天下，卒老于行；荀卿守正，大论是弘，逃谗于楚，废死兰陵。是二儒者，吐辞为经，举足为法，绝类离伦，优入圣域。其遇于世何如也？今先生学虽勤而不繇其统，言虽多而不要其中，文虽奇而不济于用，行虽修而不显于众。犹且月费俸钱，岁靡廪粟。子不知耕，妇不知织。乘马从徒，安坐而食。踵常途之促促，窥陈编以盗窃。然而圣主不加诛，宰臣不见斥，非其幸欤！动而得谤，名亦随之。投闲置散，乃分之宜。若夫商财贿之有亡，计班资之崇庳，忘己量之所称，指前人之瑕疵，是所谓诘匠氏之不以杙⑩为楹，而訾医师以昌阳⑪引年，欲进其豨苓⑫也。"

〔注〕 ① 六艺：六经，即《诗》《书》《礼》《乐》《易》《春秋》。 ② 姚、姒：虞、夏之姓。 ③ 周《诰》殷《盘》：周《诰》指《尚书》中周代的《大诰》等篇，殷《盘》指《尚书》中殷代的《盘庚》等篇。 ④ 三为：原作"三年"，据《旧唐书·韩愈传》改。 ⑤ 宲(máng 忙)：屋梁。 ⑥ 桷(jué 决)：方形椽子。 ⑦ 欂栌(bó lú 博卢)：即斗拱，柱上承梁的短木。侏儒：梁上短柱。 ⑧ 椳(wēi 微)：门臼，用以承门轴。闑(niè 聂)：门中央所树短木。扂(diàn 店)：门闩。楔(xiē 些)：门两旁木柱。 ⑨"玉札丹砂"三句：玉札、丹砂、赤箭、青芝、牛溲、马勃都是药材。玉札、丹砂为矿物，赤箭、青芝为植物，牛溲即牛尿，马勃属真菌。 ⑩ 杙(yì 义)：小木桩。 ⑪ 昌阳：即菖蒲，据说久服可延年益智。 ⑫ 豨(xī 希)苓：猪苓，一种真菌，可治小便不利等。

韩愈《进学解》，旧说作于唐宪宗元和八年(813)。是年韩愈四十六岁，在长安任国子学博士，教授生徒。进学，意谓勉励生徒刻苦学习，求取进步。解，解说，分析。全文假托先生劝学、生徒质问、先生再予解答，故名《进学解》；实际上是感叹不遇、自抒愤懑之作。

文章分三段。第一段是国子先生勉励生徒的话。大意谓方今圣主贤臣，励精图治，注意选拔和造就人才。故诸生只须在"业"和"行"两方面刻苦努力，便不愁不被录用，无须担忧用人部门的不明不公。"业"指学业，读书、作文都属于"业"。"行"指为人行事，所谓"立言"即发表重要见解也属于"行"。韩愈认为这二者是主观修养的重要方面。例如他曾作《五箴》以儆戒自己。其中《游箴》感叹自己少年时学习的劲头和精力很足，而如今年岁大了，便不如少时了；痛心地说："呜呼余乎！其无知乎！君子之弃，而小人之归乎？"可见他始终念念不忘学业之重。又《行箴》要求自己的言行合乎正义，认为这样做了，便虽死犹生。还说"思而斯得”，要求自己一言一行都须认真思考。可见《进学解》中关于“业”和“行”的教诲都不是泛泛之语，而确是韩愈所执著的立身处世之大端。第二段是生徒对上述教诲提出质问。大意谓先生的“业”“行”均很有成就，却遭际坎坷，则业精行成又有何用呢？先说先生为学非常勤勉，六经诸子无不熟读精研，叙事之文必记其要略，论说之文必究其深义，夜以继日，孜孜不倦；次说先生批判佛、老，力挽狂澜，大有功于儒道；再说先生博取先秦西汉诸家文字之长，写作古文已得心应手；最后说先生敢作敢为，通晓治道，为人处事，可谓有成。这四个方面，一、三相当于“业”，二、四相当于“行”。验之韩愈其他诗文，可知这里生徒所说实际上是韩愈的自我评价。以学而言，他曾说自己“究穷于经传史记百家之说”，“凡自唐虞以来，编简所存……奇辞奥旨，靡不通达”（《上兵部李侍郎书》），并能穷究奥妙，达于出神入化之境。以文而言，他以“文书自传道，不仗史笔垂”（《寄崔二十六立之》）自许，欲以古文明道，传世不朽。以捍卫儒道而言，他说道统久已不传，即使荀子、扬雄也还有小疵，隐然以上继孟子、振兴儒学自期（见《原道》等文）。以为人行事而言，他自称“矫矫亢亢，恶圆喜方，羞为奸欺，不忍害伤”（《送穷文》），即坚持原则，正直不苟；又颇自负其政治才干，青年时便说已潜究天下形势得失，欲进之于君相（见《答崔立之书》）。这些评价，虽有的受到后人讥评，如有人批评他儒道不纯，但大体说来，他在这几方面确实都相当有成绩。可是其遭遇并不顺遂。下文生徒所说“跋前踬后，动辄得咎”云云，就是概述其坎坷困窘之状。他青年时本以为功名唾手可得，然而经四次进士试方才及第，其后三次于吏部调试，都未能得官，只得走投靠方镇为幕僚的道路。至三十五岁时才被授以四门博士（其地位低于国子博士）之职。次年为监察御史，同年冬即贬为连州阳山（今属广东）县令。三年后始召回长安，任国子博士。当时宪宗新即位，讨平夏州、剑南藩镇叛乱，显示出中兴气象。可是韩愈并未能展其怀抱，却困于谗言诽谤，次年即不得不要求离开长安，到洛阳任东都的国子博士。其后曾任河南县令、尚书省职方员外郎之职，至元和七年四十五岁时又因事黜为国子博士。生徒所谓“三为博士，冗不见治”，即指一为四门博士、两为国子博士而言。冗，闲散之意。博士被视为闲官。不见治，不能表现其治政之才。“头童齿豁”，也是真实情况的写照。韩愈早衰，三十五岁时已自叹齿落发白，作《进学解》时更已发秃力羸，只剩下十来个牙齿在那里摇摇欲坠了。仕途失意和体力衰退，使他愤慨而悲哀。生徒的这一大段话，其实正是他“不平而鸣”，借以一吐其胸中块垒而已。第三段是先生回答生徒的话。先以工匠、医师为喻，说明“宰相之方”在于用人能兼收并蓄，量才录用。次说孟轲、荀况乃圣人之徒，尚且不遇于世；则自己被投闲置散，也没有什么可抱怨。最后说若还不知止足，不自量力，岂不等于是要求宰相以小材充大用吗！这里说自己“学虽勤而不繇其统”云云，显然不是韩愈的由衷之言，实际上是反语泄愤。“动而得谤，名亦随之”，是说自己动辄遭受诽谤，而同时却名声益彰。这就更具有讽刺意味了。这里所谓“名”，主要是指写作和传授“古文”的名声。其《五箴·知名箴》就说过，由于自己文章写得好，又好为人师（其实是宣传“古文”理论），因而招致怨恨。《答刘正夫书》也说：“愈不幸独有接后辈名，名之所存，谤之所归也。”据柳宗元《答韦中立论师道书》说，韩愈就是因“奋不顾流俗”，作《师说》，教后学，而遭受谤言，不得不匆匆忙忙离开长安的。至于说孟、荀不遇云云，看来是归之于运命，借以自慰；实际上也包含着对于古往今来此种不合理社会现象的愤慨。他看到不论是历史上还是现实生活中，总是“贤者少，不肖者多”，而贤者总是坎壈不遇，甚至无以自存，不贤者却“比肩青紫”，“志满气得”。他愤慨地问：“不知造物者意竟如何！”（均见《与崔群书》）这正是封建时代比较正直的知识分子常有的感慨。可贵的是韩愈并未因此而同流合污。他说：“小人君子，其心不同。唯乖于时，乃与天通。”（《送穷文》）决心坚持操守，宁可穷于当时，也要追求“百世不磨”的声名。

《进学解》表现了封建时代正直而有才华、有抱负的知识分子的苦闷，批判了不合理的社会现象，具有典型意义，故而传诵不绝。此外，第二段中谈古文写作一节，可供了解其古文理论和文学好尚，也值得注意。其所举取法对象止于西汉，那是因东汉以后文章骈偶成分渐多，与古文家崇尚散体的主张不合之故。所举除儒家经典外，尚有子书《庄子》、史书《史记》以及《楚辞》和司马相如、扬雄的赋、杂文等。这数家作品往往雄深宏伟，奇崛不凡，韩愈好尚正在于此。他曾称屈原、孟轲、司马迁、司马相如、扬雄为“古之豪杰之士”（《答崔立之书》）。这与古文运动前期某些论者片面地将“道”与文学的审美特性对立起来，以至鄙视屈原、宋玉以下作家是很不相同的。

《进学解》以问答形式抒发不遇之感，此种写法古已有之。西汉东方朔作《答客难》，扬雄仿之而作《解嘲》，其后继作者甚多。但《进学解》仍能给人以新鲜感。这与它善于出没变化有关。如第二段先大段铺写先生之能，浩瀚奔放；再以寥寥数语写其不遇之状，语气强烈。其间自然形成大幅度的转折，而全段总的气势是酣畅淋漓的。第三段则平和谦退，似乎火气消尽；而细味之下，又感到有辛酸、无奈、愤懑、嘲讽种种情绪包孕其中，其文气与第二段形成对比。又如通篇使人悲慨，使人深思，但有的地方又似有谐趣。如先生谆谆教诲，态度庄重，而生徒却以嬉笑对之；先生为说服生徒，不得不痛自贬抑，甚至自称盗窃陈编。这些地方见出先生实处于被动，而具有滑稽意味。总之，全文结构虽简单，但其内在的气势、意趣却多变化，耐咀嚼。它之所以使人感到新鲜，又与其语言的形象、新颖有关。如以"口不绝吟""手不停披"状先生之勤学，以"踵常途之促促，窥陈编以盗窃"形容其碌碌无为，以"爬罗剔抉，刮垢磨光"写选拔培育人才等等，不但化抽象为具体，而且其形象都自出机杼。至于"贪多务得""细大不捐""含英咀华""佶屈聱牙""同工异曲""动辄得咎""俱收并蓄""投闲置散"等词语，既富于独创性，又贴切凝练，今天都已成为常用成语。又如"业精于勤，荒于嬉；行成于思，毁于随"等，将丰富的人生体验提炼为短句，发人深思，有如格言。在一篇不长的文章中，此类具有独创性的语句却如此之多，实在使人不能不惊叹作者在文学语言方面的创造能力。此外，本文文体系沿袭扬雄《解嘲》，采用押韵的赋体，又大量使用整齐排比的句式，读来声韵铿锵，朗朗上口，也增加了其艺术的魅力。

（杨 明）

获麟解 韩 愈

麟①之为灵昭昭也：咏于《诗》②，书于《春秋》，杂出于传记百家之书③，虽妇人小子，皆知其为祥也。

然麟之为物，不畜于家，不恒有于天下。其为形也不类，非若马牛、犬豕、豺狼、麋鹿然。然则虽有麟，不可知其为麟也。

角者吾知其为牛，鬣者吾知其为马，犬豕、豺狼、麋鹿，吾知其为犬豕、豺狼、麋鹿，惟麟也不可知。不可知，则其谓之不祥也亦宜。

虽然，麟之出，必有圣人在乎位：麟为圣人出也。圣人者必知麟，麟之果不为不祥也。

又曰：麟之所以为麟者，以德不以形。若麟之出，不待圣人，则谓之不祥也亦宜。

〔注〕 ① 麟：即麒麟。《尔雅·释兽》作麐，说它是"麕身、牛尾、一角"。有人认为古之麒麟，即今非洲之长颈鹿。 ②《诗》：《诗经·周南》有《麟之趾》。 ③ 传记百家之书：如东汉王充《论衡·讲瑞篇》、班固《白虎通·封禅篇》，东晋葛洪《抱朴子·自叙》等皆叙及麟。

相传在唐宪宗元和七年(812)，麟曾现于东川，因而有人疑此文是韩愈由此触发而写的。但据唐李翱《李文公全集》卷七《与陆傪书》，李极推崇韩文，尝书此以赠陆傪。陆傪在德宗贞元十八年(802)就去世了,则此说可不攻自破。

根据《春秋》所载,鲁哀公十四年(前481)春,西狩获麟。《公羊传》说孔子于此有“吾道穷矣”之叹。《左氏传》载,获麟者是叔孙氏的御车人子鉏商(用服虔说),“以为不祥,以赐虞人”。孔子观之,曰:“麟也。”然后取之。杜预注以为麟是仁兽,“仲尼伤周道之不兴,感嘉瑞之无应”,因《鲁史》修《春秋》,至此而绝笔。韩愈当是读了这些记载后有所激发而写成这篇杂感的,实际上是一种不平之鸣,用来表现自己自怜自重而又自怨自艾的感情。但形象大于思想,就这个意义来说,本文反映了杰出人才非但得不到赏识器重,反而遭到歧视和打击的“不祥”的社会悲剧。

自李翱开始,后人多选录此文,把它看成韩愈最重要的代表作之一。好些文评家,如宋黄震(见《黄氏日钞》卷六十)、明唐顺之(见《唐宋八大家文钞》卷十)、清林云铭(见《韩文起》卷七)、章懋勋(见《古文析观解》卷五),都认为此文是以“祥”与“不祥”作眼目的,独有清何焯在《义门读书记》卷二中却强调:“不是用‘祥’与‘不祥’两字转换,是以‘知’‘不知’两字转换。”

究竟是谁说得确切一些呢?

若是一篇正论,自然以“知”与“不知”作眼目来看待比较明确透彻;若是一篇杂感,情况就完全不同了。以此为解,则“求深而反浅”,未免无视于文章的艺术性了。就行文的语气来看,可知此文是地地道道的杂感。是杂感就当按杂感的体例和法则来认识。因此,若认“知”与“不知”作眼目就未免把文章看得过于平直显露了;若抓住“祥”与“不祥”二词,则能在含蓄与委婉之中看到悲愤,也就是说,更能感受到文章的艺术力量。

文章的开头:“麟之为灵昭昭也”。先作肯定,其中包含了三层意思:一是隐隐表明,麟的存在,是无容置疑的。二是麟是有灵的。所谓灵,即就其为“祥”的征兆而言,同时也为下文“以德不以形”埋下了伏笔。三是说麟不但有灵,而且其灵还是“昭昭”的。“昭昭”二字,暗逗下文“知”字。以下的几句,取证于历代典籍的记载,得出“虽妇人小子皆知其为祥”的结论。这仿佛在喻说,凡是罕见的、不世出的人才,任何人在理论上都是知道他能对社会和人类作出巨大贡献的。

照理,这一点该是毫无疑问的。可是第二、三段却来了一个转换。韩愈先作一个翻案文章:尽管古书上都说麟有其形,是“麕身、牛尾、一角”的(见《尔雅·释兽》《公羊传·哀公十四年》《说文》等),他偏说“为形也不类”,因为,根据记载,遇到麟的人们都不能凭外表把它辨认出来,而其他各种动物都可以根据其固有特征来加以识别,可见其形是“不可知”的;既不可知,则要说它是个“不祥”之物亦可。

第四段,却又翻转过来从正面来说,麟之所以为祥瑞之征是在于它出现时必有圣人在位,圣人能知麟,这样,麟就决不能说是“不祥”之物了。

但随即第五段又翻折过来:先用“以德不以形”一句,对前面“知”与“不知”的说法作了总结,然后说,麟不待圣人而出,出非其时,以致世无知者,那么说它是个“不祥”之物亦可。用语看来平淡冷漠,但其中却包含着无量的酸辛与悲痛。

麟的不幸,比起伯乐所相的千里马,安徒生所写的丑小鸭来,还有过之而无不及。千里马亦是马之类,而能出类拔萃,有伯乐知之;即世无伯乐,不过把它与凡马等量齐观而已,决不会看成是“不祥”之物的。丑小鸭之遭到奚落,不过是偶然自小失群失所而已,一旦成长起来,就可摆脱它原来的恶劣环境,找到同类,一飞冲天了。但是,“不恒有于天下”的麟,就无人知之了。孔子虽能知麟,但孔子有圣人之德而无圣人之位,知也无用,连孔子自己也因而有“绝笔”之伤。这样就更把这个不幸的根源,从知麟之人进一步推到出麟之时上来,则其含意就更为深广了。由此可证此文的关键,决不在“知”与“不知”上,而实在“祥”与“不祥”上。“祥”是正说,“不祥”是反说;但以反说为主,正说为宾。

这篇文字历来获得很多人的赞叹,只有近代陈衍把它一笔抹煞。陈衍认为“角者吾知其为牛”一段,摹《史记·老庄申韩列传》,“此直是点金成铁”。并且说:“羊鹿亦有角,何以必牛?豕亦有鬣,何以必马?更说开去,全篇毫无深意。”以为“此等文虽不作可也”(《石遗室论文》卷四)。似乎专从小处着眼,迹近吹毛求疵。其实这段话句法的变化,却也能令人耳目一新。文艺性的表达手段若用科学的精密方法来苛求,那是会大煞风景的。陈说实不足取。 (李露蕾)

择言解 韩 愈

火泄于密,而为用且大,能不违于道,可燔可炙,可熔可甄[①],以利乎生物;及其放而不禁,反为灾矣。水发于深,而为用且远,能不违于道,可浮可载,可饮可灌,以济乎生物;及其导而不防,反为患矣。言起于微,而为用且博,能不违于道,可化可令,可告可训,以推于生物;及其纵而不慎,反为祸矣。

火既我灾,有水而可伏其焰,能使不陷于灰烬矣;水既我患,有土而可遏其流,能使不仆[②]于波涛矣;言既我祸,即无以掩其辞,能不罹于过者亦鲜矣:所以知理者又焉得不择其言欤？其为慎而甚于水火！

〔注〕 ① 甄(zhēn 真)：制陶器的转轮，这里指制陶。 ② 仆(pū 扑)：向前跌倒。

在封建等级极严格的时代，知识分子的言祸时时发生；而当封建等级制条件下政治腐败的情况严重时，言祸尤为酷烈。中唐之世，弊政丛生，因言而得祸者屡见不鲜。白居易因言事而贬谪江州，造成后半生不愉快。韩愈一生，两次因言致祸，一贬阳山，一贬潮阳。刘禹锡作《口兵戒》，痛言"可以多食，勿以多言"。韩愈的《择言解》以水火为喻，说明言之为祸，甚于水火，既通俗生动，又深刻警辟。

文章一开始，以水、火为喻，说"火泄于密""水发于深"，只要不违其道，可以有利有济于生物。欲言其害，先言其利。"火泄于密"是作者观察，燃烧火焰，火苗向外奔窜，是由"密"向"疏"泄。火的用途，可烧，可烤，可熔炼，可制陶；水的用途，可浮物，可载舟，可饮用，可灌溉。两者的条件都是"不违于道"。文章的本体是言，言与水、火一样，也有自己的用途，可教化，可命令，可劝告，可教训，条件也是"不违于道"。但是，细加品味，水、火之"不违于道"和言之"不违于道"，两个"道"的概念却不属于同一范畴。水火之"道"是自然规律，言之"道"是社会政治伦理。韩愈将水、火之自然规律与人言之社会政治伦理标准视同一律，说明"道"的二重性。这对我们把握韩愈思想的准确性是有帮助的。就行文而言，其利相同，其害相似，是作者构思所在。因此，火"放而不禁"，则为灾；水"导而不防"，则为患；言"纵而不慎"，则为祸。至此，将火、水、言三者之利害相通，寻求了共同点，放在构思的同一平面上，为下文的火、水与言的不同点奠定了转捩的基础。

火为我灾，有水可伏；水为我患，有土可遏。第二段开头六句承接第一段而来。这种似承而实转的文气，贯串平和，如水行平地，行其所当行。至"言既我祸，即无以掩其辞"，才风云突变，形成一个大捩折——"能不罹于过者亦鲜矣"。言而致祸，却无以为救，与火、水为灾为患大异。这个大捩折，告诉人们一个客观事实：言祸甚于水火之灾患！令人感兴味的是，说到紧要处，韩愈以"所以知理者又焉得不择其言欤？其为慎而甚于水火"两句结束全文，可谓戛然而止，止于不可不止。

何以为言？这还得从第一段中三句"不违于道"的"道"字说起。韩愈一生重道，他的"道"，实际上就是儒家的社会政治伦理。韩愈一贯以为，儒家的社会政治伦理是维护封建等级社会结构的黏合剂。上文的三个"道"虽分属两个不同的范畴，但作为客观真理却是一致的，故而连用。而第二段中的"火既我灾，有水而可伏其焰"，"水既我患，有土而可遏其流"，亦皆属"不违其道"。何以至"言既我祸，即无以掩其辞”，而不能以“不违其道”的方式解祸呢？盖中唐弊政多端，上下其乱，社会政治伦理大坏，其道不行，其道不存，讳忌繁多，言祸时见，故避而不用，反而以“知理者又焉得不择其言欤”搪塞。此“知理者”实际上是媚众随俗、屈从腐败之徒。其讽谕之意，溢于言表。这种方式以正面的语气表示相反的真意，用的是《老子》“正言若反”的笔法。因此，韩愈的《择言解》，言虽浅而意蕴却深。

（汤贵仁）

讳 辩 韩 愈

愈与李贺书，劝贺举进士。贺举进士有名，与贺争名者毁之，曰：“贺父名晋肃，贺不举进士为是，劝之举者为非。”听者不察也，和而唱之，同然一辞。皇甫湜曰[①]：“若不明白，子与贺且得罪。”愈曰：“然。”

律曰[②]：二名不偏讳。释之者曰[③]：谓若言征不称在，言在不称征是也。律曰：不讳嫌名。释之者曰：谓若禹与雨、丘与苢之类是也。今贺父名晋肃，贺举进士，为犯二名律乎，为犯嫌名律乎？父名晋肃，子不得举进士，若父名仁，子不得为人乎？

夫讳始于何时，作法制以教天下者，非周公、孔子欤？周公作诗不讳[④]，孔子不偏讳二名[⑤]，《春秋》不讥不讳嫌名[⑥]。康王钊之孙实为昭王[⑦]。曾参之父名皙，曾子不讳昔[⑧]。周之时有骐期[⑨]，汉之时有杜度[⑩]，此其子宜如何讳？将讳其嫌，遂讳其姓乎？将不讳其嫌者乎？汉讳武帝名彻为通，不闻又讳车辙之辙为某字也。讳吕后名雉为野鸡，不闻又讳治天下之治为某字也。今上章及诏不闻讳浒、势、秉、饥也[⑪]。唯宦官宫妾乃不敢言谕及机[⑫]，以为触犯。

士君子言语行事，宜何所法守也？今考之于经，质之于律，稽之以国家之典，贺举进士为可邪，为不可邪？

凡事父母，得如曾参，可以无讥矣；作人得如周公、孔子，亦可以止矣。今世之士，不务行曾参、周公、孔子之行，而讳亲之名则务胜于曾参、周公、孔子，亦见其惑也！夫周公、孔子、曾参卒不可胜，胜周公、孔子、曾参，乃比于宦者宫妾，则是宦者宫妾之孝于其亲，贤于周公、孔子、曾参者耶？

〔注〕①皇甫湜：字持正，睦州新安（今浙江淳安）人。曾从韩愈学古文。②律：指《唐律》。③释之者：指《疏议》，是对《唐律》条文所作的解释。所说“二名不偏讳”和“不讳嫌名”，都出自《礼记·曲礼》。所说的“谓若”，都是汉郑玄为《檀弓》作注所举例。而在《唐律》则见于《职制律》中。④周公作诗不讳：《诗·周颂》中《噫嘻》篇有“克昌厥后”句，《雍》篇有“骏发尔私”句，昌是周文王名，发是周武王名。⑤孔子不偏讳二名：《论语·八佾》篇载孔子说过“宋不足征也”，《卫灵公》篇载孔子说过“某在斯”。孔母名征在，孔子不偏讳二名。⑥“《春秋》”句：旧注举《春秋》载卫桓公名完之例。桓公是谥号。⑦康王：西周第三位君主。据《史记·周本纪》，昭王是康王之子。⑧曾子不讳昔：《论语·泰伯》载曾子说：“昔者我友。”又说：“裼裘而吊。”昔、裼，与曾子父名皙同音。⑨骐期：春秋时楚国人。⑩杜度：东汉章帝时齐相。⑪浒、势、秉、饥：唐太祖（李渊祖父）名李虎，“虎”与“浒”同音；唐太宗李世民，“世”与“势”同音；唐世祖（李渊父）李昞，“昞”与“秉”同音；唐玄宗李隆基，“基”与“饥”同音。⑫谕及机：唐代宗李豫，“豫”与“谕”同音。机，同上条“饥”。

读《讳辩》这篇文章，最好先了解一点背景材料。

李贺，现在大家都知道，是唐朝一位有名的天才诗人。但在唐朝最先赏识并为之扬名的，正是韩愈。《新唐书·文艺传》说，李贺“七岁能辞章，韩愈、皇甫湜始闻未信，过其家，使贺赋诗，援笔辄就，如素构，自目曰《高轩过》。二人大惊，自是有名”。所以韩愈鼓励李贺举进士是有来由的。皇甫湜也是赞成李贺举进士的。此其一。

其二，唐朝律法确有规定，府号、官称犯祖、父名者禁止居官。据《唐律疏议·职制三十一》称：“府号者，假若父名‘卫’，不得于诸卫任官；或祖名‘安’，不得任长安县职之类。官称者，或父名‘军’，不得作将军；或祖名‘卿’，不得居卿任之类。皆须自言，不得辄受。”犯讳的处徒刑一年。所以《讳辩》所说李贺举进士的反对者，以“贺父名晋肃，贺不举进士为是，劝之举者为非”作为理由，不能说没有法律依据。法律是否合理，则是另一回事。但是，唐朝律法确又有“若嫌名及二名偏犯者不坐”的规定，也见于《唐律疏议·职制二十五》。《讳辩》中所引的“释之者曰”，就是《唐律疏议》的一段释文，《唐律》和《疏议》举的例子，也就是《礼记·曲礼》的文字。所以韩愈的辩驳，也是有法律依据的。不过他故意不理会“府号官称”的避讳条例，这条规定对他的论点显然不利。当然也可辩解说进士名称不在府号官称之内。

其三，反对李贺举进士的是些什么人，“和而唱之，同然一辞”，说明反对者不少。据唐末康骈的《剧谈录》说，乃是因为李贺得罪了“明经登第”的元稹，元稹做了礼部官，借此进行报复。《讳辩》就是为反驳元稹而写。但后人考证，元稹为礼部在长庆初，李贺前卒已久，不可能与之争名。但不管这次事件是否与元稹有关，反对者的声势是相当大的。韩愈被迫反击。不然的话，如皇甫湜所说，“若不明白，子与贺且得罪”。这罪名，大概就是前引府号官称犯祖、父名的律条。

其四，这篇《讳辩》当时反应如何，看来有同意的，但是也有大摇其头，不以为然的。后者的意见，可以《旧唐书·韩愈传》的评论为代表：“李贺父名晋，不应进士，而愈为贺作《讳辩》，令举进士……此文章之甚纰缪者。”纰缪，这里不妨解作是荒唐，《旧唐书》作者认为这篇文章写得很荒唐。清人曾国藩则从另一角度批评：“此种文为世所好，然太快利，非韩公上乘文字。”所以近代有的选本不选这篇文章。

通过以上材料，我们可知《讳辩》这篇文章，自面世后一直存在着争议。但是我们今天肯定这篇文章，则因为它表现了韩愈勇敢的战斗精神，为他所认为的真理而顽强地争辩。

争辩之一，李贺举进士是不是犯了二名律或嫌名律？反对者说是，李贺父亲名晋肃，晋与进同音，所以李贺不能应进士试。韩愈说不对，并抬出律法作为论证根据。律法规定二名不偏讳，即仅用二名中的一名，可不避讳；又规定不讳嫌名，就是同音的可不避讳。而唐朝的这条律法，又是根据《礼记·曲礼》所定的礼法而制定的。所以，不论从本朝的律法，还是圣贤的经典，都可证明李贺举进士是合法的。但是，这还仅是表层的理由，固然引经据律很为充分了，实际尚有更深层的问题存在。避尊(君主)长(祖、父、母)的名讳，是封建等级制度为表达忠孝而规定的礼法，后来演变为国家的律法，强制执行，其本身是极其不合理的。尤其发展到后世，愈演愈烈，无限扩大范围，几乎到荒谬的地步。帝王君主则以此为统治人民、树立威权的一种手段，稍有不慎，便要加上“不忠不孝”的罪名。韩愈当然不敢公然指斥这种礼法制度，但他显然已意识到它的不合理性与荒谬程度。《讳辩》问道：“父名晋肃，子不得举进士，若父名仁，子不得为人乎？”这一问，问得好，问得有理，击中了那些假道学、伪君子的要害，以子之矛攻子之盾，使他们瞠目结舌，无言以对。除了经与律的根据外，韩愈还抬出“国家之典”(列朝遵行的典则)做他立论的根据。唐朝不避太祖李虎、太宗李世民、世祖李昞、玄宗李隆基的同音名讳，既然如此，李贺为什么不可以举进士呢？这一问也是很有力的。

争辩之二，李贺举进士合不合于圣贤之道？封建社会的最高道德准则，是圣贤的行事和教导。反对者的所谓“贺不举进士为是，劝之举者为非”，所标榜的也是圣贤之道。韩愈为此特别抬出周公、孔子、曾参的行事，作为他进行论争的依据。周公作诗不讳文王、武王的名，孔子讲话不讳母亲的名，曾参讲话不讳父亲的名，他们都是圣人贤人。韩愈进一步发问："周之时有骐期，汉之时有杜度，此其子宜如何讳？将讳其嫌，遂讳其姓乎？将不讳其嫌者乎？"这又是一个使反对者无以回答的问题，这也揭露了避讳制度的可笑与不合理。你们这些人不是口口声声要孝于父母、效法圣贤吗？"凡事父母，得如曾参可以无讥矣；作人得如周公、孔子，亦可以止矣。今世之士，不务行曾参、周公、孔子之行，而讳亲之名则务胜于曾参、周公、孔子，亦见其惑也！"这一反驳，真是厉害极了，一语中的，剥开了反对者假道学、伪君子的真面目。至此李贺举进士之不容非议，完全合乎圣贤之道，这道理是明明白白的了。

宋代谢枋得曾评论这篇文章说："理强气直，意高辞严。最不可及者，有道理可以折服人，全不直说破，尽是设疑，佯为两可之辞，待智者自择，此别是一样文法。"（《文章轨范》卷二）这是文论家从文章轨范角度的看法。我们可以看得更广阔一些。

首先，我们可以看到这篇文章的战斗性是很强的。韩愈所面对的是一群人，而不是单一某个人；是一股顽固势力，而不是个别的流言蜚语。这群人，这股势力，因循守旧，嫉贤害能，但又貌似公正，遵纪守法。同他们作斗争，笔锋要像匕首般犀利，层层剖析，剥开他们的画皮，使其无从遁形。韩愈本人是儒家正统的卫道士，但他对于假道学、伪君子之流假借道学之名推行的不合理制度，则嫉之如仇，坚决抵制。我看近代杂文的传统，尽可上溯到韩愈。而《讳辩》，就是韩愈杂文的代表作。

其次，《讳辩》所批评的虽是唐朝当时的社会现象，但对后世的社会仍有其现实意义。《讳辩》所批评的那些可笑的、荒谬的、不合理的避讳现象，后世不仅没有消除，反而变本加厉，成为套在人民颈上的沉重枷锁。明太祖朱元璋当皇帝前做过和尚、做过盗贼，所以臣下奏章只要犯了和尚（僧）或盗贼的嫌名，以为就是骂他，立即赐死。辛亥革命以后，帝王没有了，避讳转换了形式，变成各式各样的禁忌。例如十年浩劫中，这也不能说，那也不许说，真话只能闷在肚里，或者绕着弯子说，等等，等等。这些，假如读读《讳辩》，就会恍然古人的作品为什么流传至今尚有生命力，让人读之如新，其原因或许就在这里吧。（钱伯城）

送穷文　　韩愈

元和六年正月乙丑晦，主人使奴星结柳作车，缚草为船，载粮舆粻①，牛系轭下，引帆上樯。三揖穷鬼而告之曰："闻子行有日矣，鄙人不敢问所途，窃具船与车，备载粮粻，日吉时良，利行四方，子饭一盂，子啜一觞，携朋挈俦，去故就新，驾尘彍风②，与电争先。子无底滞之尤，我有资送之恩，子等有意于行乎？"

屏息潜听，如闻音声，若啸若啼，砉欻嘎嘤③，毛发尽竖，竦肩缩颈，疑有而无，久乃可明。若有言者曰："吾与子居，四十年余：子在孩提，吾不子愚。子学子耕，求官与名，惟子是从，不变于初。门神户灵，我叱我呵④，包羞诡随，志不在他。子迁南荒，热烁湿蒸，我非其乡，百鬼欺陵。太学四年，朝齑暮盐，惟我保汝，人皆汝嫌。自初及终，未始背汝，心无异谋，口绝行语。于何听闻，云我当去？是必夫子信谗，有间于予也。我鬼非人，安用车船？鼻齅⑤臭香，糗粻可捐。单独一身，谁为朋俦，子苟备知，可数已不⑥？子能尽言，可谓圣智；情状既露，敢不回避。"

主人应之曰："子以吾为真不知也耶！子之朋俦，非六非四，在十去五，满七除二；各有主张，私立名字，捩手覆羹，转喉触讳。凡所以使吾面目可憎、语言无味者，皆子之志也——其名曰智穷：矫矫亢亢，恶圆喜方，羞为奸欺，不忍害伤。其次名曰学穷：傲数与名，摘抉杳微，高挹群言，执神之机。又其次曰文穷：不专一能，怪怪奇奇，不可时施，只以自嬉。又其次曰命穷：影与形殊，面丑心妍，利居众后，责在人先。又其次曰交穷：磨肌戛骨，吐出心肝，企足以待，置我仇冤。凡此五鬼，为吾五患，饥我寒我，兴讹造讪，能使我迷，人莫能间。朝悔其行，暮已复然，蝇营狗苟，驱去复还。"

言未毕，五鬼相与张眼吐舌，跳踉偃仆，抵掌顿脚，失笑相顾。徐谓主人曰："子知我名，凡我所为，驱我令去，小黠大痴。人生一世，其久几何，吾立子名，百世不磨。小人君子，其心不同，惟乖于时，乃与天通。携持琬琰，易一羊皮，饫于肥甘，慕彼糠糜。天下知子，谁过于予，虽遭斥逐，不忍子疏。谓予不信，请质《诗》《书》。”

主人于是垂头丧气，上手称谢，烧车与船，延之上座。

〔注〕 ① 糗(qiǔ)：干粮。粻(zhāng 章)：粮食。 ② 彉(kuò 扩)：张大。彉风：乘风。 ③ 砉欻(xū xū 须需)：声音细碎。嘤嘤(yōu yīng 忧英)：声音夹杂。 ④ 我叱我呵：即呵叱我。 ⑤ 齅："嗅"的古字。 ⑥ 不(fǒu 否)：同"否"。

韩愈自贞元八年(792)中进士后，政治上一直坎坷不顺。贞元十九年任监察御史，旋又贬阳山令；而后由江陵而河南，抑郁不得志。《送穷文》仿扬雄的《逐贫赋》，意蕴上寓庄于谐，文字上寓谐于庄，最能体现韩愈奇崛文风。

文章从寻常的祭祀活动开始。按照古代传说，高辛氏之子死于正月晦日(农历每月的最后一天称晦日)，他一生艰苦，人称"穷子"。为了纪念他，人们在这一天以稀饭、破衣来祭他，亦称"送穷"。元和六年(811)，也是正月的晦日，韩愈使奴名星者"结柳作车，缚草为船""送穷"。需要指出的是，这里的"穷"和古代传说高辛氏之子不穿好衣，不食美食，人称"穷子"，以及后来人们"送穷""逐贫"的意义不同。这里是"困穷"之"穷"，是说在社会生活中不得意。虽说《送穷文》中也提到"朝齑暮盐""饥我寒我"，但它的基本立意在彼而不在此。既然是以礼鬼的方式来送"穷"，自然少不了告词。韩愈"三揖穷鬼而告之"的告词，带着诙谐的轻松，"子无底滞之尤，我有资送之恩，子等有意于行乎"三句，既要表达"送穷"的题意，又要符合后文勾勒的自我性格。不说韩愈对穷鬼的怨恨，而说穷鬼一走，就不致有留滞在韩愈家的怨恨。至于"我有资送之恩"，更是仁至而义尽。将上下两句连起来看，"我有资送之恩"的目的是为了使"子无底滞之尤"，反客为主，带着明显的轻松、滑稽之态。但是，掩卷深思，将韩愈数年来的仕途迍邅与这里的轻松、滑稽相联系，就能觉察到，这是一种沉重的轻松、苦涩的滑稽。

随后，作者以三个自然段叙述自己不当穷而穷的意蕴，借穷鬼与自己的对话来抒发内心的郁闷和不平。写"穷鬼"动态数语，鬼气阴森，活灵活现，最为传神。"屏息潜听，如闻音声，若啸若啼，砉欻嘤嘤，毛发尽竖，竦肩缩颈，疑有而无，久乃可明"，若有若无，似无似有，鬼气十足。特别是将"主人"的听觉、感觉、心理幻觉一齐调动起来，别具情味。韩愈生于大历三年(768)，至元和六年(811)，计四十四年，文中说"四十年余"，实是"四十余年"之倒。倒置的目的是为了协韵。此文多用四言，句式基本整齐，且又协韵，说明作者以形式上的庄严整齐，造成内容上寓谐于庄的格局。应该指出的是，这一段"鬼语"，情味良多。"吾与子居，四十年余"，"自初及终，未始背汝，心无异谋，口绝行语"，名为鬼语，实为人语；名为诞语，实系情语。这一段话中，叙述了韩愈一生中三段经历。一是孩提时代以至于成人，求学从耕，求官与名，"穷鬼"的态度是"惟子是从，不变于初"。二是"子迁南荒，热烁湿蒸"，这是指贞元十九年(803)十二月韩愈被贬为连州阳山令。"南荒"，指阳山。广东气候湿热，故称"热烁湿蒸"。韩愈贬官，"穷鬼"凄凉，"我非其乡，百鬼欺陵"。此等叙述，主人与穷鬼合而为一，人即"鬼"，"鬼"亦人，极富情味。三是"太学四年，朝齑暮盐"。这是指元和元年六月至四年六月任国子博士，分司东都。国子博士乃投闲置散之职，生活清苦，餐无美味佳肴，故朝食咸菜佐餐，暮就盐水下饭。在如此不得意的情况下，"人皆汝嫌"，而"惟我保汝"。鬼的行为，一片忠诚。至于"是必夫子信谗，有间于予也"，则不仅是人语、情语，而且简直就是伤心语了，读来令人哀痛。"间"，离间。本来是两位一体，却偏来"送穷"，"云我当去"，分一体为两途。"单独一身，谁为朋俦"，着意叙述"穷鬼"的自感孤单以乞哀怜。

再看主人的回答。他就以"朋俦"为引子，逼进一步，引出深一层的命意。为了使两个深层次的意蕴之间有一个情绪上的缓冲，需要制造一点特别诙谐的气氛。"子之朋俦，非六非四，在十去五，满七除二"数语，承上文"单独一身，谁为朋俦"而来，引出"五"数。以"非六非四，在十去五，满七除二"三句说明"五"数，一则轻松活泼，二则引出"五鬼"，加深下文的旨意。闲处不闲，正是韩愈行文的巧妙处。五鬼相随，晦气丛生，"捩手覆羹，转喉触讳"。动手惹祸，说话遭灾，不堪其苦，不得不指斥五个穷鬼。一穷鬼为智穷："矫矫亢亢，恶圆喜方，羞为奸欺，不忍害伤。"所谓"矫矫亢亢"，就是坚强正直，刚正不阿。痛恨圆滑，特尚方正，力排奸诈，不忍伤害他人。这实在是人格高尚，品行端方。二穷鬼为学穷："傲数与名，摘抉杳微，高挹群言，执神之机"，学而能得精髓。"数"，术数；"名"，典章制度，不求名数，唯求深微之道，把握各家学说，掌握其精神实质。这是学习的最高境界，文中以之为"穷"，是牢骚、是愤慨。三穷鬼为文穷："不专一能，怪怪奇奇，不可时施，只以自嬉。"韩愈之文，尚奇伟之风格，本为艺术创造，却不见容于时。《毛颖传》出，举世哗然，柳宗元力排时议，独标"有益于世"，最为知音。"不可时施，只以自嬉"，是实况，亦是不平。四穷鬼为命穷："影与形殊，面丑心妍，利居众后，责在人先。"这"影与形殊"一句，韵味无穷。这"形"，当是"面丑"；而"影"，则应是"心妍"。所谓"心妍"，便是享利在众人之后，尽责在他人之前。令人绝倒的是，这些正大光明的宏论却出之以自怨自艾的口气，"以小人之心度君子之腹"，用小人之心代替君子之腹，在颠倒中展开文思，奇趣天成。五穷鬼为交穷："磨肌戛骨，吐出心肝，企足以待，置我仇冤。""磨肌戛骨"是一个比喻，与人亲热得像抚摩肌肉一样地近，像贴着骨头一样地亲，然而结果不佳，落了个“置我仇冤”的下场。因此，“磨肌戛骨，吐出心肝”与“置我仇冤”的反差，透露出了社会的腐败、时代的病态。文章表面上指斥“穷鬼”，实际上有深刻的社会命意。而最能体现这一文心的是本段的结语。在“饥我寒我，兴讹造讪”与“蝇营狗苟，驱去复还”之间，插入“能使我迷，人莫能间，朝悔其行，暮已复然”四句，令人注目。这“能使我迷，人莫能间”的，恰恰是上文韩愈指为五“穷鬼”的表现。这四句透露天机，文中指斥的，正是韩愈自鸣得意的。这几句结语，用嬉笑怒骂的外衣，裹着纯洁、庄严、美丽、高尚的躯体，若隐若现，扑朔迷离，给人以无限的情味。

人有人情，鬼有鬼态。主人之言未毕，“五鬼相与张眼吐舌，跳踉偃仆，抵掌顿脚，失笑相顾”，鬼头鬼脑，鬼手鬼脚，一派鬼气。其实，谁都理解，韩愈写鬼气，实为写人情，而以人情、鬼气去指斥腐败的社会、黑暗的时代。前文已经说到，五穷鬼的表现相加，是完美人格的综合体。尽管韩愈声称送穷，要求穷鬼们“携朋挈俦，去故就新”，但是，穷鬼们却不以为然，认为“吾立子名，百世不磨”，要“驱我令去”是“小黠大痴”，最后甚至表示“虽遭斥逐，不忍子疏”，执意不肯离去。在送穷的过程中，完成了对穷鬼伦理价值的确认：“谓予不信，请质《诗》《书》。”《诗》《书》是《诗经》《尚书》之省称。当时人以为，二者皆表现了儒家社会政治伦理。既然如此，穷鬼正确。穷鬼不得意，是社会问题。“主人于是垂头丧气，上手称谢，烧车与船，延之上座。”全文从送穷开始，至留穷结束。在行文上由正而反，在立意上由反而正，皆相反相成，精巧之至。

（汤贵仁）

送孟东野序　　韩　愈

大凡物不得其平则鸣。草木之无声，风挠之鸣；水之无声，风荡之鸣。其跃也或激之，其趋也或梗之，其沸也或炙之。金石之无声，或击之鸣。人之于言也亦然。有不得已者而后言，其歌也有思，其哭也有怀，凡出乎口而为声者，其皆有弗平者乎！乐也者，郁于中而泄于外者也，择其善鸣者而假之鸣：金、石、丝、竹、匏、土、革、木八者①，物之善鸣者也。维天之于时也亦然，择其善鸣者而假之鸣。是故以鸟鸣春，以雷鸣夏，以虫鸣秋，以风鸣冬，四时之相推敚，其必有不得其平者乎！

其于人也亦然。人声之精者为言，文辞之于言，又其精也，尤择其善鸣者而假之鸣。其在唐、虞，咎陶②、禹其善鸣者也，而假以鸣。夔弗能以文辞鸣③，又自假于《韶》以鸣④。夏之时，五子以其歌鸣⑤。伊尹鸣殷⑥，周公鸣周⑦。凡载于《诗》《书》六艺，皆鸣之善者也。周之衰，孔子之徒鸣之，其声大而远。《传》曰：天将以夫子为木铎⑧。其弗信矣乎！其末也，庄周以其荒唐之辞鸣。楚，大国也，其亡也以屈原鸣。臧孙辰⑨、孟轲、荀卿，以道鸣者也。杨朱、墨翟、管夷吾、晏婴、老聃、申不害、韩非、慎到、田骈、邹衍、尸佼⑩、孙武、张仪、苏秦之属，皆以其术鸣。秦之兴，李斯鸣之。汉之时，司马迁、相如、扬雄，最其善鸣者也。其下魏、晋氏，鸣者不及于古，然亦未尝绝也。就其善者，其声清以浮，其节数以急，其辞淫以哀，其志弛以肆，其为言也，乱杂而无章。将天丑其德莫之顾耶？何为乎不鸣其善鸣者也？

唐之有天下，陈子昂、苏源明、元结、李白、杜甫、李观，皆以其所能鸣。其存而在下者，孟郊东野，始以其诗鸣，其高出魏、晋，不懈而及于古，其他浸淫乎汉氏矣。从吾游者，李翱、张籍其尤也。三子者之鸣信善矣，抑不知天将和其声，而使鸣国家之盛耶？抑将穷饿其身，思愁其心肠，而使自鸣其不幸耶？三子者之命，则悬乎天矣。其在上者奚以喜，其在下者奚以悲！东野之役于江南也，有若不释然者，故吾道其命于天者以解之。

〔注〕 ① 金：指钟、镈(bó 博)。石：指磬。丝：指琴、瑟。竹：指箫、管。匏(páo 跑)：指笙。土：指埙(xūn 宣)，六孔的吹奏乐器，陶制。革：指鼓。木：指柷(zhù 注)、敔(yú 鱼)，打击乐器。 ② 咎陶：咎，一作"皋"；陶，一作"繇"，唐虞时法官，《尚书》有《皋陶谟》篇。 ③ 夔：唐虞时乐官。 ④《韶》：乐名，相传帝舜所作。这里说夔假以鸣，似指夔所作。 ⑤ 五子以其歌鸣：《尚书》有《五子之歌》。五子，一说是帝启的儿子兄弟五人，一说指帝启少子武观。 ⑥ 伊尹鸣殷：殷汤宰相。《尚书》中《咸有一德》《伊训》《太甲》诸篇相传伊尹所作。 ⑦ 周公鸣周：《尚书》所载《金縢》《大诰》《洛诰》《多士》《无逸》《君奭》《立政》诸篇为周公作。 ⑧"《传》曰"二句：《传》指《论语》。"天将以夫子为木铎"是《论语·八佾》篇仪封人称赞孔子的话。木铎，金属制成的铃，铃舌为木制，故称。古代发布政令或教令，摇木铎召集群众。 ⑨ 臧孙辰：即臧文仲，春秋时鲁国大夫。《左传》说他"既殁，其言立"。其言论散见于《国语》和《左传》。 ⑩ 尸佼：战国时鲁人，著有《尸子》二十篇。

孟郊(751—814)，字东野，著名诗人，韩愈敬爱的朋友。他五十岁成进士，又四年，选为溧阳尉，即序末所说的“役于江南”；去一个小县份做一个小官，对有才能的人来说不是得意的事，故序中说他“有若不释然者”，所以韩愈作此序赠行，为他解譬。又序中与孟郊并列提到的李翱与张籍二人，都从韩愈学古文，受到韩愈的器重，后来都成为有名的学者、诗人。韩愈作此文在唐德宗贞元十八年(802)，年三十五岁。孟郊比他年长十九岁。

这篇文章主要阐述一个论点：不平则鸣。这是一个完整的概念，但内涵可分解为两点：

第一点，不平是一个概念，鸣又是一个概念，它们是大概念中的两个小概念，它们的关系是表与里，互为依存。有不平方有鸣。不平是某种感受，鸣是某种表达。相对地说，不平是无声的，鸣是有声的。单有不平无法鸣，单有鸣而无不平也鸣不起来。有不平之鸣，是否尚有不不平之鸣？按本文的观点，只有不平之鸣，没有不不平之鸣。只要是鸣得起来的鸣，必是不平之鸣。因此，什么是不平，乃是首先必须弄清的问题。本文举出两条：一条是“有不得已者而后言”；另一条是“郁于中而泄于外者也”。这两条概括起来，成为两句叹决词：“其皆有弗平者乎”，“其必有不得其平者乎”。由此可知，“不得已”就是不平，“言”就是鸣；“郁于中”也是不平，“泄于外”也是鸣。合而言之，即是不平则鸣。这里讲的不平和鸣的范围较大，有政治的、学术的和文学的各个方面，但主要指文学的方面。不平是一种郁积，郁积到一定程度，即不得不喷薄而出，这就成为鸣。近代对文学创作的动力，有各种说法，有灵感说、性压抑说、苦闷的象征说等等。我们可以看到，在这些说法之前，韩愈很早已意识到这个问题，并提出了自己的看法，可称之为不平说，却没有受到后人应有的重视。

第二点，鸣的主体，既是物，也是人。不平是普遍的，鸣则有物有人。“大凡物不得其平则鸣”，这是指物；“人之于言也亦然”，这是指人。从自然界的现象，推及到人类社会的现象。文中提到音乐，称金石丝竹等乐器为“物之善鸣者”，但在此上面说“择其善鸣者而假之鸣”，事实上也是指人。自然界的现象是陪衬，人类社会的现象方是本文所要论述的主题。“人声之精者为言，文辞之于言，又其精也”，这句话很重要，说明本文论述的范围，不是别的，必须是写成文字的“文辞”，亦即是文章（诗歌、散文都在其内）。因此，不论是政治家、哲学家、文学家，只要有“文辞”传世的，皆可称为“善鸣者”。善鸣者不仅“自鸣其不幸”，同时也“鸣国家之盛”。由此又可知，本文所说的“不平”，有的是作者个人的穷愁苦恼，有的也是作者对国家兴旺强盛的由衷热爱。这好像有矛盾，但在韩愈看来，二者是统一的，同样都是感受，同样都是创作的动力。因此韩愈的不平说，不构成对封建专制统治的威胁；相反，倒是表现了对这个制度的拥护。在物与人之上，则是天。它是物与人的“不得其平则鸣”的主宰者，“择其善鸣者而假之鸣”。自然界的天，是浑浑噩噩的上帝；人类社会的天，则是人间帝王在天上的幻影。自然界的天，支配风雷雨电、四时运行；人间帝王则支配人的穷通蹇达、一生命运。韩愈在这篇文章中五处提到天的作用，说明他虽然看到人间的“不平”，但不含任何抗争意味，不存在与封建统治政权的对抗性矛盾，也不会有损他作为封建正统卫道士的地位。

关于这篇文章的写法，有几点可说：

一，通篇以“鸣”字为中心，围绕着“鸣”字发挥议论。六百多字的文章，用了三十九个鸣字，抑扬顿挫，起伏升降，离不开一个鸣字。文章第一句就是“大凡物不得其平则鸣”，以此笼罩全篇，统领到底。中间叙物、人、声、言、文辞，重叠出现，交错历落，离奇恍忽，变化之妙，几乎使人目不暇接；但又位置秩然，章法谨严，无一句闲文。同一是鸣，各有不同的鸣法。

二，这篇文章的目的，是为孟郊鸣不平；但提到孟的地方，只有“始以其诗鸣”和“役于江南也”两句话。文章从咎陶、禹说起，历数历史上几十位有名的人士，称他们为“善鸣者”，最后落到孟郊身上，显示孟郊的身份，承负千钧的重量。说孟郊“始以其诗鸣”，这是抬高孟郊的诗人地位。但前面特为标出“唐之有天下”，而举出的“善鸣者”的名字，陈子昂、李白、杜甫等也都是诗人，似乎不能说孟郊“始以其诗鸣”。因此这里需要注意，文章在提到孟郊时所用的“其存而在下者”这句话。“存”，就是现在存世的人；“在下者”，就是处于下位的人。意思就是存世而处于下位的人中，孟郊是最能以诗鸣的人了。孟郊之下，又提出“从吾游者，李翱、张籍其尤也”，作为伴说。“尤”指“善鸣者”之尤，“从吾游者”这句话见得韩愈的自视不小。这三位“善鸣者”都在他的笼络之下。

三，韩愈的丰富的想象力，在这篇文章中得到充分的发挥，特别在描写自然界的“不平则鸣”中显示出来。如说“草木之无声，风挠之鸣；水之无声，风荡之鸣”，接着便是描写风与水的相激、相梗与相炙。最令人惊叹的，是描写四时季节的鸣：以鸟鸣春，以雷鸣夏，以虫鸣秋，以风鸣冬。这些描写形象而又贴切，若用旧时评点家惯用的话，真可说“亏他如何想得出来”。写人的鸣，也极尽变化的能事，无一单调重复。说孔子之徒的鸣，是“其声大而远”；说庄周的鸣，是“以其荒唐之辞鸣”。但是对屈原，则说“楚，大国也，其亡也以屈原鸣”。屈原鸣什么？鸣楚国之亡，还是鸣他个人的悲哀？都不直说。下面诸人或以道鸣，或以术鸣，或鸣国家之兴，或鸣时世之衰。对魏、晋、南北朝，则以浮、急、哀、肆作为这个时代

“乱杂而无章”的鸣。对不同的鸣的不同的评述，事实上也是韩愈对各个时代与人物的评价，表明了他的看法与观点。为了突出孟郊的“始以其诗鸣”，而将在他之前的唐朝诗人的“诗”字隐去，只说“皆以其所能鸣”。李翱、张籍与孟郊，“三子者之鸣信善矣”，孟郊以诗鸣，李、张又以什么鸣呢？错综变化，叫人眼花缭乱，当然也给人以思考的余地。

“不平则鸣”论的提出，同儒家关于《诗经》的“怨刺”说很有关系，“怨”“刺”也是一种不平；同屈原的“发愤以抒情”说（《九章·惜诵》）和司马迁的“发愤著书”说（《报任少卿书》）也很有关系，“发愤”即是“有不得已者而后言”，即是“郁于中而泄于外者也”。但是他们都不及“不平则鸣”论说得那样透彻。一般认为，宋代欧阳修的“穷而后工”说（《梅圣俞诗集序》）受“不平则鸣”论的影响。确实，本文说到“穷饿其身，思愁其心肠，而使自鸣其不幸”，强调了“穷”对于作品的催化作用。但是，这只是文章的一方面，还有一方面“鸣国家之盛”，与“穷”相反。倒是韩愈在另一篇《荆潭唱和诗序》中提出：“和平之音淡薄，而愁思之声要妙；欢愉之辞难工，而穷苦之言易好。”又在《柳子厚墓志铭》中说：“子厚斥不久，穷不极，虽有出于人，其文学辞章，必不能自力以致必传于后如今，无疑也。”欧阳修的“穷而后工”说，同这似有更多的承传关系。

（钱伯城）

送李愿归盘谷①序 韩 愈

太行之阳②有盘谷，盘谷之间，泉甘而土肥，草木丛茂，居民鲜少。或曰：“谓其环两山之间，故曰盘。”或曰：“是谷也，宅幽而势阻，隐者之所盘旋。”友人李愿居之。

愿之言曰：“人之称大丈夫者，我知之矣。利泽施于人，名声昭于时，坐于庙朝，进退③百官，而佐天子出令。其在外，则树旗旄，罗弓矢，武夫前呵，从者塞途；供给之人，各执其物，夹道而疾驰。喜有赏，怒有刑。才畯④满前，道古今而誉盛德，入耳而不烦。曲眉丰颊，清声而便体⑤，秀外而惠中，飘轻裾，翳长袖，粉白黛绿者，列屋而闲居，妒宠而负恃，争妍而取怜。大丈夫之遇知于天子，用力于当世者之所为也。吾非恶此而逃之，是有命焉，不可幸而致也。

“穷居而野处，升高而望远，坐茂树以终日，濯清泉以自洁。采于山，美可茹；钓于水，鲜可食。起居无时，惟适之安。

与其有誉于前，孰若无毁于其后。与其有乐于身，孰若无忧于其心。车服⑥不维，刀锯⑦不加；理乱⑧不知，黜陟不闻。大丈夫不遇于时者之所为也，我则行之。伺候于公卿之门，奔走于形势⑨之途，足将进而趑趄，口将言而嗫嚅，处秽污而不羞，触刑辟而诛戮，侥幸于万一，老死而后止者，其于为人，贤不肖何如也！”

昌黎韩愈闻其言而壮之，与之酒而为之歌曰：

“盘之中，维子之宫。盘之土，维子之稼⑩。盘之泉，可濯可沿⑪。盘之阻，谁争子所。窈而深，廓其有容。缭而曲，如往而复。嗟盘之乐兮，乐且无殃⑫；虎豹远迹兮，蛟龙遁藏；鬼神守护兮，呵禁不祥。饮则食兮寿而康，无不足兮奚所望！膏吾车兮秣吾马，从子于盘兮，终吾生以徜徉。”

〔注〕 ① 盘谷：在今河南济源北。 ② 太行之阳：太行山之南。 ③ 进退：擢升与贬黜。 ④ 才畯：才能卓越的人。畯，同“俊”。此指所谓“大丈夫”的幕僚。 ⑤ 便体：体态灵活轻盈。此处上下数句均描写所谓“大丈夫”的姬妾女宠。 ⑥ 车服：车驾与章服，此处偏义在车。章服，以图文为等级标志的礼服。 ⑦ 刀锯：喻刑法。 ⑧ 理乱：治乱。避唐高宗讳，以“理”代“治”。 ⑨ 形势：指权力地位，犹言权势。 ⑩ 稼：取上古音(gǔ 鼓)，与“土”押韵。 ⑪ 沿：《说文解字》：“沿，缘水而下也。” ⑫ 殃：各本作“央”，朱熹《韩文考异》作“殃”。央，尽。

赠序是古代散文一种文体，为的是朋友远行，临别赠言，说几句安慰、勉励的话。韩愈的赠序，因人变化，不拘泥于一定的格式，有的坦率陈言，有的含蓄婉转，有的借题发挥，有的诙谐幽默，各篇有不同的写法，也有不同的意味。这篇赠李愿的序，有很多言外之意，藏而不露，须细看方能领悟辨别。

李愿是位隐士，但韩愈写序为他送行的时候，还未真做隐士，而是将做隐士。所以序的题目用一“归”字。“归”者，含蓄地点明隐居乃归去之后才得实现的事。文中第一段写盘谷风土之美和得名由来，然后说“友人李愿居之”，这也是指归去之后，并不是说已在隐居。倘若李愿早在那里隐居起来，就不用赠序“送”他“归盘谷”了。

李愿在归隐前，做什么，是什么身份？过去曾认为他就是西平王李晟的儿子，雪夜袭蔡州的名将李愬的兄长，做过武宁军节度使，因罪去职，所以去盘谷做隐士。但这位李愿，新、旧《唐书》都有传，虽然贬过官，那是在长庆二年(822)宣武节度使任内，旋即起用，一直到长庆四年(824)韩愈逝世这年还在做河中节度使,并无隐居的经历。而这篇赠序作于贞元十七年(801),韩愈才三十四岁,因此这篇赠序所写的,当是另一位李愿。这另一位李愿的仕历,则无从查考,序中也无一字提及。(韩愈另有《卢郎中云夫寄示送盘谷子诗两章歌以和之》诗,作于元和六年[811],涉及的也是这个李愿,也无资料提供。)不过文中他自说想做而做不到富贵权势人,但又不愿做奔走官场的趋炎附势之人。可推想他大概属于后一类人,也就是曾做过官,但官职不高,不得意,所以弃官归隐。隐士是人品高尚之人,弃官归隐也是高尚之事,韩愈为李愿送行,上来竟不将他的仕历略为交待几句,只是闲闲写盘谷是可隐之地,你李愿"居之(住下)"吧。不写足,留待读者自去寻索。

李愿归隐的原因,是下面一段由李愿自己说出来的。他对三种类型的人做了比较,然后选择了隐居一途。这一段是全文的中心。首段的文与尾段的歌,皆是此段的陪衬,但也不是闲笔,无首尾也就无中心。借人之口来做文章,这是韩愈常用的一种笔法。如《圬者王承福传》借王承福的自述,做成一篇文章。又碑志中有一篇《唐河中府法曹张君墓碣铭》,也是用"有女奴抱婴儿来,致其主夫人语曰"云云,引入下面墓主张圆的不幸遭遇与生平事迹的。当然各文的写法,并不雷同。

李愿所讲述的三种人,一种是富贵权势人,一种是趋炎附势人,另一种是山林隐居人。对这三种人,他都有形象性的描绘。这里的关键是"大丈夫"这个词的称呼。他对富贵权势人和山林隐居人统称为大丈夫。韩愈引述的李愿的话,"愿之言曰",第一句就是"人之称大丈夫者,我知之矣"。他知道什么?就是接下来讲述的富贵权势人与山林隐逸人都是他所谓的大丈夫。他们当然也有区别。区别在于:富贵权势人是"大丈夫之遇知于天子,用力于当世者之所为也";山林隐逸人是"大丈夫不遇于时者之所为也"。对前一种人,他不是不想做,而是"吾非恶此而逃之,是有命焉,不可幸而致也",做不到,只好委之于命不好;后一种人,其表现较前一种人退一步,承认命运的安排,但是也是大丈夫,所以"我则行之"。由此可知,富贵权势人与山林隐逸人从表面看,似乎是判然不同的两种人,但在李愿看来,实际只是一种人,即大丈夫。既然都是大丈夫,我们就应该来看看大丈夫必须具有的条件。孟子为大丈夫定下的条件是历来所公认的:"富贵不能淫,贫贱不能移,威武不能屈,此之谓大丈夫。"(《孟子·滕文公下》)可见大丈夫不是随便可称的。按照这个标准来衡量李愿所"不可幸而致也"的富贵权势人,这种人作威作福,骄奢淫泆,无论如何够不上大丈夫这个规格。再来衡量李愿所要"行之"的山林隐逸人,行事、人品应该说都是很高尚的;但是很可惜,如他自己所承认的，这类人对于富贵和威武不是“恶此而逃之”，而是歆羡之唯恐不及，对于贫贱是不得已而就之的。可以肯定，一旦有富贵和威武的可能，这类人是立刻就会去贫贱而“移”向富贵和威武的。这种人，自然也是达不到孟子所说的大丈夫的标准的。

前人往往以为，在李愿的心目中，富贵权势人与趋炎附势人是等同一类，都受他的鄙视；而山林隐逸人则是高洁一类，是赞颂的对象。有这样的说法，“极力形容得志之小人与不得志之小人，而隐居之高尚乃见”（刘大櫆语）。这是忽略了李愿将富贵权势人与山林隐逸人同称作“大丈夫”，视为同一类人；而与他们相对立的，则是趋炎附势人。李愿所说“贤不肖何如也”，这个“不肖”只指趋炎附势人，决没有包括富贵权势人在内的意思。从行文的次序来看，倘若富贵权势人与趋炎附势人是同一类人，那就应在形容富贵权势人后，紧接趋炎附势人，不应中间插入山林隐逸人，生硬地把他们分隔开来。

如上所述，“大丈夫”一词是李愿自述的关键。只有弄清他所谓的“大丈夫”的真实含义，方能理解李愿思想的实质。

那么，韩愈的看法如何？他转述了李愿的说话，是不是亦即表示同意他的看法？

在这个问题上，前人往往也有误解，以为二人的看法是一致的。其实不然，他们有同有不同。对趋炎附势人的看法，这种人“不肖”，看法是相同的；但是，对所谓“大丈夫”的两种人的看法，显然并不相同，韩愈不会赞同降低了标准的所谓“大丈夫”。或问：照此说来，韩愈何以未表示反对或批评呢？答曰：请注意韩愈在听完李愿的描述后的反应，“闻其言而壮之”所用的“壮之”二字，这就是表示他的委婉的反对或批评，不过用的是相当巧妙而含蓄的方式。回家做隐士，与世无争，又不是上战场，赴国难，原是不用“壮之”的；现偏用此二字，使人觉得突兀，突兀之余不免思索，思索之后，方知这是针对李愿的说大话、表决心的豪言壮语而言的。李愿这位朋友很自负，自以为做起隐士来品格很高，韩愈虽然不同意他的一些看法，但也不便在赠序中公然提出批评，于是便在有意无意间点他一点，委婉地讽刺一下，然而文章却做得天衣无缝，不落丝毫痕迹，朋友看了也满心喜欢。相传苏东坡曾说：“唐无文章，唯韩退之《送李愿归盘谷》一篇而已。平生愿效此作一篇，每执笔辄罢，因自笑曰：‘不若且放，教退之独步。’”（《跋退之送李愿序》）不知东坡所指是不是也有这个意思，这里也且放下，请读者探究吧。

赠序后缀以诗歌，或先有诗歌而后写序，都是赠序的一种体式，当然也可以是没有诗歌的。这篇序后的“歌曰”，用的是楚辞体，主要是韩愈自己抒发向往隐居之乐的情怀。混迹官场，为进取而搏斗，却屡遭挫折，自然希望远离社会，躲开烦恼。但这仅是想望，现实生活中不可能真正实现。歌词最后说："膏吾车兮秣吾马，从子于盘兮，终吾生以徜徉！"这种愿望或许是真诚的，但韩愈真会相信自己这样做吗？这是值得怀疑的。

（钱伯城）

送董邵南①游河北序　　韩　愈

燕、赵②古称多感慨悲歌之士。董生举进士，连不得志于有司，怀抱利器③，郁郁适兹土。吾知其必有合④也。董生勉乎哉！

夫以子之不遇时，苟慕义强仁⑤者皆爱惜焉；矧燕、赵之士出乎其性者哉！然吾尝闻风俗与化移易，吾恶知其今不异于古所云邪？聊以吾子之行卜之也。董生勉乎哉！

吾因子有所感矣。为我吊望诸君之墓，而观于其市，复有昔时屠狗者⑥乎？为我谢曰："明天子在上，可以出而仕矣！"

〔注〕 ① 董邵南：寿州安丰（今安徽寿县）人，韩愈的友人。举进士不第，将游河北，韩愈作此序送行。 ② 燕、赵：战国时两个诸侯国。燕国在今河北、辽宁一带，赵国在今河北、山西一带。这里借指当时河北一带。 ③ 利器：比喻杰出的才能。 ④ 合：遇合。 ⑤ 强仁：勉力行仁。 ⑥ 屠狗者：以屠狗为业者，旧时喻从事卑贱职业者。《史记・刺客列传》："荆轲既至燕，爱燕之狗屠及善击筑者高渐离。"

这篇文章寥寥一百五十字，层层转折，意在言外，是历来公认的名作。然而如何疏通句篇，揭示那言外之意，却殊为不易。

题为《送董邵南游河北序》，因而要理解这篇短文，必须弄清"董邵南游河北"是怎么回事以及韩愈对之是否赞成。

当时的河北是藩镇割据的地方。《新唐书・藩镇传》中说："安史乱天下，至肃宗，大难略平，君臣皆幸安，故瓜分河北地付授叛将，护养孽萌，以成祸根……一寇死，一贼生，讫唐亡百余年，卒不为王土。"韩愈是坚决主张削平藩镇、实现统一的。在他看来，如果有人跑到河北去投靠藩镇，那就是"从贼"，应该鸣鼓而攻之。此其一。

韩愈为了实现唐王朝的统一，很希望统治者延揽人才；但在这一点上，统治者常常使他失望。所以在不少诗文里，替自己、替别人抒发过沉沦不偶的感情。他有一篇《嗟哉董生行》，也是为董邵南写的。其中说："寿州属县有安丰，唐贞元时，县人董生邵南隐居行义于其中。刺史不能荐，天子不闻名声，爵禄不及门。”他在赞扬董生“隐居行义”的同时，对“刺史不能荐”表示遗憾。这位董生“隐居”了一阵子，大约不安于“天子不闻名声”的现状，终于主动出山。但是“举进士”，又“连不得志于有司”。对于他的“郁郁不得志”，韩愈自然是同情的。此其二。

然而这位因“隐居行义”而受到韩愈赞扬的董生，却由于在唐王朝“不得志”，竟然要“游河北”——投奔藩镇去了。当他临行之时，韩愈要写一篇序送他，看来很难措词。赞成他去吧，那就违背了自己一贯的主张；“责以大义”，阻止他去吧，那就变成了“留行”，不合“赠序”的体裁；何况对于“怀抱利器”而无处施展的董生毕竟是同情的，不忍太严厉。

“惟陈言之务去”的韩愈写文章常常因难见巧。这篇短序的构思、造语、布局，就相当巧。

一上来先赞美河北（燕赵）“多感慨悲歌之士”；接着即叙述董生“怀抱利器”而“不得志于有司”，因而要到河北去；然后两相绾合，作一判断：“吾知其必有合也”。这很有点为董生预贺的味道。再加上“董生勉乎哉”！仿佛是说：你就要找到出路了，努力争取吧！

作者还嫌不够，又深入一层说：像你这么个怀才不遇的人，只要是“慕义强仁”的人都会爱惜的，何况那些仁义“出乎其性”的“燕赵之士”呢？又将河北赞美一通，为董生贺。意思仿佛是：你的出路的确瞅对了，好好去干吧！

这其实是些反话，所谓“心否而词唯”。

作者在称赞河北时，有意识地埋伏了一个“古”字。为什么说是“埋伏”呢？因为特意在“古”字下用了个“称”字，放了些烟幕，使“古”字隐藏其中，不很显眼。如果不用“称”字，写成“燕赵古多感慨悲歌之士”，那“古”字就十分突出，等于说“燕赵今无感慨悲歌之士”。这样，下面的文章就不好作。而用一“称”字，就是另一种情况。“古称”云云，即“历史上说”如何如何。历史上说“燕赵多感慨悲歌之士”，则现在可能还是那样，所以先就“古称”落墨，送董生游河北，断言“必有合”。然而“古称”毕竟不同于“今称”。“古称”河北“多感慨悲歌之士”，则现在可能还是那样，也可能不是；因而到底是与不是的问题，终归要提出来。于是用“然”字扳转，将笔锋从“古称”移向现实。不难看出，写“古”正是为了借宾定主，为下文蓄势。

“今”之河北是不是仍“多感慨悲歌之士”呢？在作者心目中，其答案当然是否定的。但他并不立刻否定，却提出一个原则：“风俗与化移易（风俗人情，随着教化的改变而改变）”。既然如此，则河北已被反叛朝廷的藩镇“化”了好些年，其风俗怎能不变？风俗既然变了，变得再没有“感慨悲歌之士”，那么董生到那里去，就未必“有合”。“风俗与化移易”的原则一经提出，分明造成了箭在弦上的形势，眼看要作如上的推论。但作者真像在他的《雉带箭》诗里所说的那样：“将军欲以巧伏人，盘马弯弓惜不发。”只提出“吾恶知（我怎么知道）其今不异于古所云邪”的疑问而不作判断。“今”是不是异于“古”，“聊以吾子之行卜之也”——姑且拿你的此行所遇试试看。

当时的藩镇为了壮大自己的声势，竭力罗致人才。董生到河北去，“合”的可能性很大。如果“合”了，岂不是就证明了“今”之燕赵“不异于古所云”吗？但作者是早有“埋伏”的。他说“燕赵古称多感慨悲歌之士”，又说“感慨悲歌”的“燕赵之士”都仁义“出乎其性”。预言董生与仁义“出乎其性”的人“必有合”，这是褒扬董生。而先“扬”正是为了后“抑”。“风俗与化移易”一句既然点出了当时掌握河北政教的藩镇，而当时的藩镇呢，恐怕连董生（他不能没有忠君观念）也不好说他们仁义“出乎其性”吧！既然如此，那么董生与藩镇“合”，就只能说明他丧失仁义罢了。“聊以吾子之行卜之也”的“卜”，与其说是“卜”燕赵，毋宁说是“卜”董生。“勉乎哉”云者，勉其不可“从贼”也。

作者怕董生不懂，又照应前面的“古”字，提出原为燕国大将，被迫逃到赵国，被封为望诸君，却仍然念念不忘燕国的乐毅来。“为我吊望诸君之墓”，是提醒董生应当妥善处理他和唐王朝的关系。还怕他不懂，进一步照应前面的“古”字，委托他到燕市上去看看还有没有“屠狗者”；如果有，就劝其入朝效忠。连河北的“屠狗者”都劝其入朝，则对董生的投奔河北藩镇抱什么态度，也就不言自明了。

全文表面上一直是送董生游河北。第一段就“燕、赵古称多感慨悲歌之士”立论，预言董生“必有合”，是送他去；第二段怀疑燕赵的风俗可能变了，但要“以吾子之行卜之”，还是送他去。结尾委托董生吊望诸君之墓、劝谕燕赵之士出仕朝廷，仍然是送他去。总之，的确是一篇送行文字。但送之正所以留之，微情妙旨，全寄于笔墨之外。有些评论者，或说此文是作者希望“董生以仁义化河北”，使之归顺朝廷；或说“董邵南的前途交织着希望和失望”，此文正表现了“封建时代的正直知识分子不能掌握自己的命运”，显然都没有搔到痒处。

这篇文章的主旨是劝阻董邵南游河北，但措辞婉妙，转折不测，内涵十分深广。第一，向往古燕赵的感慨悲歌之士，赞扬他们仁义“出乎其性”；其反面，自然讥刺了当时割据河北的藩镇。第二，劝阻董生游河北，但肯定他是“怀抱利器”的。“怀抱利器”，却“连不得志于有司”，因而到河北去谋出路；这又流露了对“有司”的不满，似乎在指责他们“为渊驱鱼”。第三，董生明明是“不得志于有司”才投奔藩镇的，却委托他劝谕河北的“屠狗者”入朝做官；“屠狗者”如果真的跑到朝廷来，“有司”会让他“得志”吗？在这些地方，作者不仅暗暗责怪“有司”，而且隐隐然向最高统治者敲警钟。从董生的遭遇看，所谓“明天子”其实不很“明”，但作者却希望他“明”。根据历史记载，当时的唐王朝“仕路壅滞”，失意之士纷纷投奔藩镇；而藩镇又“竞引豪杰为谋主”，因而藩镇益强而朝廷益弱。韩愈企图恢复唐王朝大一统局面，因而在给他曾经赞美过的董邵南送行的时候，真是感慨万千！惟其感慨万千，才能写出这样言有尽而意无穷的妙文。

这篇序以“古”“今”分层次，以“吾知”“吾恶知”相呼应，转折出人意外，而脉络又极分明，词约而意丰，文短而气长，确是千古传诵的名篇。 （霍松林）

送石处士序 韩 愈

河阳军节度、御史大夫乌公为节度之三月①，求士于从事②之贤者。有荐石先生者，公曰：“先生何如？”曰：“先生居嵩、邙、瀍、谷③之间，冬一裘，夏一葛，食朝夕饭一盂，蔬一盘。人与之钱则辞，请与出游，未尝以事辞，劝之仕，不应。坐一室，左右图书，与之语道理，辩古今事当否，论人高下，事后当成败，若河决下流而东注，若驷马驾轻车就熟路，而王良、造父④为之先后也，若烛照数计而龟卜也。”大夫曰：“先生有以自老，无求于人，其肯为某来邪？”从事曰：“大夫文武忠孝，求士为国，不私于家。方今寇聚于恒，师环其疆，农不耕收，财粟殚亡。吾所处地，归输之途，治法征谋，宜有所出。先生仁且勇，若以义请而强委重焉，其何说之辞？”于是撰书词，具马币，卜日以授使者，求先生之庐而请焉。

先生不告于妻子，不谋于朋友，冠带出见客，拜受书礼于门内。宵则沐浴，戒行事，载书册，问道所由，告行于常所来往。晨则毕至，张⑤上东门外，酒三行，且起，有执爵⑥而言者曰：“大夫真能以义取人，先生真能以道自任，决去就。为先生别。”又酌而祝曰：“凡去就出处何常，惟义之归。遂以为先生寿。”又酌而祝曰：“使大夫恒无变其初，无务富其家而饥其师，无甘受佞人而外敬正士，无昧于谄言，惟先生是听。以能有成功，保天子之宠命。”又祝曰：“使先生无图利于大夫而私便其身。”先生起拜祝辞曰：“敢不敬蚤⑦夜以求从祝规⑧。”

于是东都之人士咸知大夫与先生果能相与以有成也。遂各为歌诗六韵，退，愈为之序云。

〔注〕①河阳军节度：河阳在今河南孟县，南临黄河，向为洛阳外围重镇。唐建中（780—783）时置河阳三城节度使于此，领一方军政大权。御史大夫：监察机构御史台的长官，唐时多为加官。乌公：乌重胤（761—827），字保君，以平叛有功迁怀州刺史，充河阳三城节度使，后累官横海、天平、沧景等镇节度使。②从事：州刺史的属官。③嵩、邙、瀍（chán蝉）、谷：指嵩山、邙山、瀍水、谷水。嵩山，在河南登封；邙山，在洛阳；瀍水、谷水，源出陕县，在洛阳西南汇入洛水。④王良、造父：王良，春秋时晋人；造父，西周时人。均为善御马者。王良，《荀子·王霸》杨倞注以为即伯乐。造父，《史记·赵世家》载其曾取骏马以献周穆王。⑤张：指张设筵席以送行。⑥爵：盛酒的礼器，商周时用于祭祀、宴享，后世通称酒器为爵。⑦蚤：通“早”。⑧规：规劝。

唐代安史乱后，各地藩镇拥兵自重，河北、河南、山东诸地藩镇为患尤烈。元和初，宪宗着意遏制藩镇势力。元和五年（810）四月，乌重胤任河阳军节度使，是为对付成德军节度使王承宗的叛乱。河阳是今河南孟县，成德军在今河北正定，地域相近，形势最为重要。石处士，名洪，字濬川，洛阳人。时在隐居，故称处士。乌重胤任河阳节度使而求贤，人们对他寄寓希望；石洪以处士身份而应聘，人们寄寓厚爱。这体现了当时知识分子渴望平抑藩镇，维护唐王朝权威的心态。韩愈序以成文，表现了他正确的政治见解和积极的人生态度。

文章开始，在极简括的叙事之后，便以对话的方式转入对石洪的介绍。介绍以乌重胤的一问发端，似乎极其平淡，而回答叙述石洪的日常生活，亦极平常。至“人与之钱则辞，请与出游，未尝以事辞，劝之仕，不应”才转出“奇”：不爱财，不求官，只重交游。这里见其人品，尚未见才情，在行文上有“千呼万唤始出来，犹抱琵琶半遮面”的态势。及至“坐一室，左右图书，与之语道理，辩古今事当否，论人高下，事后当成败”，一连用三个比喻，说石洪论说道理，分辩古今历史，品评人物成败，就像黄河决口奔注东流一样滔滔不绝；又像四匹壮马驾一辆轻车走熟路，王良、造父这样的驭手为之驾驭一样轻松自如；还像烛光照射一样明澈、数计一样准确、龟卜一样有预见性。这三个比喻中套着比喻，联翩并举，造成“大珠小珠落玉盘”之势，既在艺术上保持上文的发展趋势，又将石洪的人品才能识见推向高峰。行文至此，似乎文气已尽，但作者却从石洪“有以自老，无求于人”的现状，引出乌重胤。乌重胤“文武忠孝，求士为国，不私于家”。这里的“国”，指唐王朝。这里的“家”，指乌重胤自家。“国”与“家”对举，说明乌重胤勤于王事，忠于朝廷，政治品格高尚。就文思而言，“求士为国，不私于家”将“文武忠孝”落到实处，可谓滴水不漏。随后，一叙当时形势。“方今寇聚于恒，师环其疆”，河北恒州(今正定)王承宗叛变朝廷，宪宗派兵征讨，兵围其境，其结果就是“农不耕收，财粟殚亡”。二叙河阳节度使的责任。“吾所处地，归输之途，治法征谋，宜有所出。”“归”，朱熹《昌黎先生集考异》以为即“馈”，谓漕运也。“归输之途”就是运输要道。“宜有所出”，就是应该做出贡献。这八句是将“求士为国，不私于家”落到实处，行文步步为营，好像在讨论聘用石洪，实际上着力写乌重胤的政治品格。至此，石洪、乌重胤双峰对峙，各具风采，为下文的请聘和应聘蓄足了气，注满了情。因此，当乌重胤派使者“求先生之庐而请”的时候，石洪就“不告于妻子，不谋于朋友，冠带出见客，拜受书礼于门内。宵则沐浴，戒行事，载书册，问道所由，告行于常所来往”。这段文字承上文之势，一气直下，不可遏止，将“同道同谋”的思想溶化于一系列的动作中。通过人的行为去证实上文第三者的介绍，环环相扣，丝丝入理。至此，似乎文意已尽，聘请与应聘的过程已经结束。但是，作者以“问道所由，告行于常所来往”引出送行和祝酒词。祝酒词共四条。第一条祝词是说乌重胤以义取人，石洪以道自任，两句中皆着“真”字以强调。众所周知，韩愈的“义”是指富于社会责任感的行为规范，所谓“行而宜之之谓义”。韩愈的“道”是指儒家社会政治伦理体系，所谓“由是而之焉之谓道”。“义”“道”是韩愈一生追求的社会准则，以此界定乌重胤、石洪的人格，使他们继续保持在人生价值的高层次上。第二条祝词，突出石洪，希望石洪不仅“以道自任”，而且“惟义之归”，以“义”为“去就出处”的标准。第三条祝词，拉出乌重胤，希望乌重胤无变其初衷，无专营自身富贵，无使士兵饥饿，无乐于接待奸人而疏远真诚正直之士，不要爱听谄媚的话。其实，话虽多，而意在“画龙”，真正的“点睛”之笔是“惟先生是听，以能有成功，保天子之宠命”。拉出乌重胤，目的在石洪，犹如项庄舞剑，意在沛公，极见韩文诡谲多端，变幻莫测的风采。第四条祝词，正面回到石洪身上，希望他“无图利于大夫”，无“私便其身”。不谋私利，不谋自身，一心为道义，一心为国家，始终将石洪置于高层次的精神世界里。最后，作者以石洪的响应、东都洛阳人士的确认结束全文，戛然而止。需要指出的是，本文从平淡开始，力翻高度，而进入高层次境界后，极力盘桓，以畅文意。最后的戛然而止又独具反弹力，使文气拔高，文意升华，给人以特殊的艺术力量。

(汤贵仁)

送温处士赴河阳军序　　韩　愈

“伯乐[①]一过冀北[②]之野，而马群遂空。”夫冀北马多天下，伯乐虽善知马，安能空其群邪？解之者曰：“吾所谓空，非无马也，无良马也。伯乐知马，遇其良辄取之，群无留良焉。苟无良，虽谓无马，不为虚语矣。”

东都③，固士大夫之冀北也。恃才能深藏而不市者，洛之北涯曰石生，其南涯曰温生。大夫乌公以铁钺镇河阳之三月，以石生为才，以礼为罗，罗而致之幕下；未数月也，以温生为才，于是以石生为媒，以礼为罗，又罗而致之幕下。东都虽信多才士，朝取一人焉，拔其尤，暮取一人焉，拔其尤，自居守、河南尹，以及百司之执事，与吾辈二县之大夫，政有所不通，事有所可疑，奚所咨而处焉？士大夫之去位而巷处者，谁与嬉游？小子后生，于何考德而问业焉？缙绅之东西行过是都者，无所礼于其庐。若是而称曰：“大夫乌公一镇河阳，而东都处士之庐无人焉！”岂不可也？

夫南面而听天下，其所托重而恃力者，唯相与将耳。相为天子得人于朝廷，将为天子得文武士于幕下，求内外无治，不可得也。愈縻于兹，不能自引去④，资二生以待老。今皆为有力者夺之，其何能无介然于怀邪？生既至，拜公于军门，其为吾以前所称，为天下贺；以后所称，为吾致私怨于尽取也。

留守相公⑤首为四韵诗歌其事，愈因推其意而序之。

〔注〕 ① 伯乐：秦穆公时善于相马的人，或说即孙阳。 ② 冀北：冀州之北，在今河北、山西一带。 ③ 东都：今河南洛阳。 ④“愈縻”二句：意思是说，因职务在身，不能离开。縻，牵制、束缚。当时韩愈任河南令。 ⑤ 留守相公：指东都留守郑余庆。

唐宪宗元和五年(810)四月，朝廷以乌重胤为河阳节度使。乌重胤原来是昭义节度使卢从史的牙将，由于诱执通敌叛逆的卢从史有功而授节。《旧唐书》本传说：“重胤出自行间，及为长帅，赤心奉上。能与下同甘苦，所至立功，未尝矜伐。而善待宾僚，礼分同至，当时名士，咸愿依之。”韩愈所写的这篇文章就说明了当时洛阳一带的名士依附这位大帅的情况。

温造，字简舆，是唐初名臣温大雅的五世孙。他自幼嗜学，自负节概，隐居在王屋山。寿州刺史张建封曾致书币招延，并把兄女嫁给他。后来温造又隐居在洛阳。出仕后，他历官至御史中丞。兴元军乱，节度使李绛被杀，他赴朝廷之命赴镇，以迅雷不及掩耳的手段，诛杀了罪魁祸首，打击了叛乱的势力，巩固了唐王朝的统治。因为有功，加检校礼部尚书。由此可见温造确实是有胆识才干的人。韩愈写这篇文章时任河南县令，他为温造应河阳节度使乌重胤的聘请而写序，也很有识人的眼力。

文章从取士立论。开头一段以喻起，开笔奇突。韩愈在《杂说四》中曾说："世有伯乐，然后有千里马。"此则云："伯乐一过冀北之野，而马群遂空。"由于说的是对事物的识别问题，所以再三从主从关系上强调伯乐对于千里马之极端重要。这里"马群遂空"的"空"是文章的关节，统摄全文，直贯篇末。无论高度赞扬乌重胤，还是激赏温造，都是从这个"空"字生发开去。冀北是天下产马最多的地方，伯乐即使善于识马，怎么能说使那里的马群都空了呢？如果"马"的概念是一般的马，"空"字就说不通了，但是伯乐善于相马的着眼点，在于选择良马。"吾所谓空，非无马也，无良马也。"经过对"马"这一概念的补充解释，"空"的疑难，就迎刃而解了。文章的警策，一开始就在立论的回澜曲波上显示出来，犹如书家运笔之用波磔，落笔即非同凡响。

第二段紧扣上段的比喻顺势而下。东都洛阳，人才荟萃，这是士大夫的冀北。"恃才能深藏而不市者"，洛水南北有石、温二生。"市"字用得甚妙，扣"马"甚紧。那么谁是识人的伯乐呢？那就是乌重胤。他在短短的时间内就把石、温二生罗致在幕下。所谓"伯乐知马，遇其良辄取之"是也。可在作者的主观感受里，这几个月的时间距离，一下变成了朝暮之间的事。而排比句法的重复和短促节奏，更使人有紧迫之感。乌重胤求贤若渴，取之唯恐不尽；而地方上人才缺乏，又不能不使人为之担心。所以紧接着说：如果政事上有什么疑难之处，到哪里去咨询而后作出正确的处理呢？那些辞官隐居在小巷的人，同谁去过从相处呢？年轻人到哪里考究道德、讲求学业呢？那些路过东都的官员，也不能走访他们的草庐了。这一连串的问题，愈是写得言之有理，持之有故，就愈能映衬温、石二人才能的出众。由于做足了文章，水到渠成，所以"东都处士之庐无人"这一断语也就如前段冀北马群遂空一样为人所首肯。

文章的重心既然在于乌公之取士，所以第三段又推开一步，进而阐明了求治与得人的密切关系。乌重胤之唯贤是举，正是为国求治。如此颂美，就显得堂堂正正，无阿好谄谀之嫌。文章写到这里，似乎已经神完气足，但是余波回荡，在颂美之后紧接着又以怨词出之，抱怨石、温二人被有力者夺取，不能不耿耿于怀。从字面上看，似乎有"颂"有"怨"，但实际上这只是虚托之笔、映衬之法。怨是假怨，颂是真颂。因为"隐"与"仕"乃是完全不同的两个概念。"恃才能深藏而不市"，根本不能与在节度使那里运筹帷幄相提并论。说到底，还是"为天下贺"；至于“私怨”,那只是怨他“尽取”而已,盖亦以怨为颂者也。

结尾补充说明:东都留守郑余庆赋诗歌颂这件事,因而写了这篇文章,收束到题目上的“序”字。

在写此序之前,韩愈曾写了一篇《送石处士序》,借别人的荐词,对石洪的为人作了生动的介绍,并有进规之意。但是送温造的这篇序,写法迥然不同,通篇不用实笔直笔,却使温造的才能跃然纸上,使乌重胤提拔人才的重大意义更加得到阐明。这种不落窠臼、不落俗套的写法,是别具匠心,很有特色的。

（宋　廓）

《张中丞传》后叙　　韩　愈

元和二年四月十三日夜,愈与吴郡张籍[①]阅家中旧书,得李翰所为《张巡传》。翰以文章自名,为此传颇详密。然尚恨有阙者:不为许远立传,又不载雷万春[②]事首尾。

远虽材若不及巡者,开门纳巡,位本在巡上,授之柄而处其下,无所疑忌,竟与巡俱守死,成功名。城陷而虏,与巡死先后异耳。两家子弟材智下,不能通知二父志,以为巡死而远就虏,疑畏死而辞服于贼。远诚畏死,何苦守尺寸之地,食其所爱之肉,以与贼抗而不降乎?当其围守时,外无蚍蜉蚁子之援,所欲忠者国与主耳,而贼语以国亡主灭。远见救援不至,而贼来益众,必以其言为信。外无待而犹死守,人相食且尽,虽愚人亦能数日而知死处矣。远之不畏死亦明矣!乌有城坏,其徒俱死,独蒙愧耻求活?虽至愚者不忍为。呜呼,而谓远之贤而为之邪!说者又谓,远与巡分城而守,城之陷自远所分始,以此诟远。此又与儿童之见无异。人之将死,其脏腑必有先受其病者;引绳而绝之,其绝必有处。观者见其然,从而尤之,其亦不达于理矣。小人之好议论,不乐成人之美,如是哉!如巡、远之所成就如此卓卓,犹不得免,其他则又何说!

当二公之初守也,宁能知人之卒不救,弃城而逆遁?苟此不能守,虽避之他处何益?及其无救而且穷也,将其创残饿羸之余,虽欲去,必不达。二公之贤,其讲之精矣!守一城,捍天下，以千百就尽之卒，战百万日滋之师，蔽遮江淮，沮遏其势，天下之不亡，其谁之功也！当是时，弃城而图存者，不可一二数；擅强兵坐而观者，相环也。不追议此，而责二公以死守，亦见其自比于逆乱，设淫辞而助之攻也。

愈尝从事于汴、徐二府[3]，屡道于两府间，亲祭于其所谓双庙[4]者。其老人往往说巡、远时事，云：南霁云[5]之乞救于贺兰[6]也，贺兰嫉巡、远之声威功绩出己上，不肯出师救。爱霁云之勇且壮，不听其语，强留之，具食与乐，延霁云坐。霁云慷慨语曰："云来时，睢阳之人不食月余日矣。云虽欲独食，义不忍；虽食，且不下咽。"因拔所佩刀断一指，血淋漓，以示贺兰。一座大惊，皆感激为云泣下。云知贺兰终无为云出师意，即驰去。将出城，抽矢射佛寺浮图[7]，矢著其上砖半箭，曰："吾归破贼，必灭贺兰，此矢所以志也。"愈贞元中过泗州[8]，船上人犹指以相语。城陷，贼以刃胁降巡，巡不屈，即牵去，将斩之。又降霁云，云未应。巡呼云曰："南八，男儿死耳，不可为不义屈！"云笑曰："欲将以有为也。公有言，云敢不死！"即不屈。

张籍曰：有于嵩者，少依于巡。及巡起事，嵩常在围中。籍大历[9]中于和州[10]乌江县见嵩。嵩时年六十余矣。以巡初尝得临涣县尉。好学，无所不读。籍时尚小，粗问巡、远事，不能细也。云巡长七尺余，须髯若神。尝见嵩读《汉书》，谓嵩曰："何为久读此？"嵩曰："未熟也。"巡曰："吾于书读不过三遍，终身不忘也。"因诵嵩所读书，尽卷，不错一字。嵩惊，以为巡偶熟此卷，因乱抽他帙以试，无不尽然。嵩又取架上诸书试以问巡，巡应口诵无疑。嵩从巡久，亦不见巡常读书也。为文章，操纸笔立书，未尝起草。初守睢阳时，士卒仅[11]万人，城中居人户亦且数万，巡因一见问姓名，其后无不识者。巡怒，须髯辄张。及城陷，贼缚巡等数十人坐，且将戮。巡起旋[12]，其众见巡起，或起，或泣。巡曰："汝勿怖。死，命也。"众泣，不能仰视。巡就戮时，颜色不乱，阳阳如平常。远宽厚长者，貌如其心。与巡同年生，月日后于巡，呼巡为兄。死时年四十九。

嵩贞元⑬初死于亳、宋⑭间。或传嵩有田在亳、宋间，武人夺而有之，嵩将诣州讼理，为所杀。嵩无子。张籍云。

〔注〕 ① 张籍(766？—830?)：唐诗人，字文昌，吴郡(今江苏苏州)人，贞元十五年(799)登进士第，官至国子司业。 ② 雷万春：张巡部下偏将，《新唐书》本传谓其“强毅用命，每战，巡任之与霁云均”。但本文中并未述及其事，故茅坤《韩文钞》、阎若璩《潜邱札记》以为恐传抄之误，应作南霁云为是。 ③ 汴、徐二府：汴、徐二州的幕府。唐时汴州治所在今河南开封，徐州治所在今江苏徐州。 ④ 双庙：时诏赠张巡扬州大都督，许远荆州大都督，皆立庙睢阳，岁时致祭，号双庙。 ⑤ 南霁云：张巡部下勇将，本为张沼下属，遣睢阳与巡计事，为巡忠诚所感，遂留其处。 ⑥ 贺兰：贺兰进明，时以御史大夫、河南节度使驻军临淮(今江苏盱眙北)。 ⑦ 浮图：塔。 ⑧ 泗州：州名，唐时治所为临淮。 ⑨ 大历：唐代宗年号(766—779)。 ⑩ 和州：州名，唐时治所为历阳(今安徽和县)。 ⑪ 仅(yìn 近)：将近。 ⑫ 旋：小便。 ⑬ 贞元：唐德宗年号(785—804)。 ⑭ 亳、宋：亳州，唐时治所为谯县(今安徽亳州)。宋州，唐时治所为睢阳。

《〈张中丞传〉后叙》作于唐宪宗元和二年(807)，是表彰安史之乱期间睢阳(今河南商丘)守将张巡、许远的一篇名作。睢阳是江淮的屏障，而唐朝廷军队的给养主要依赖江淮地区。因此，坚守睢阳，对制止叛军南犯，保障给养由淮河、长江溯汉水进入唐军后方，具有极重要的意义。史家认为，张巡、许远坚守睢阳之功，不亚于郭子仪、李光弼的用兵。

题中的张中丞即张巡，本来是真源(今河南鹿邑)县令，叛军进入河南后，张巡领兵在雍丘(今河南杞县)等地抗战。至德二载(757)正月，睢阳太守许远向张巡告急，巡领兵杀进睢阳与许远共同守城，直至壮烈牺牲。张巡守睢阳时，朝廷封其为御史中丞、河南节度副使，故称张中丞。曾随他守睢阳的李翰写过一篇《张中丞传》，韩愈这篇文章是对《张中丞传》的阐发和补充，故题为《〈张中丞传〉后叙》。

《后叙》的写作，有其现实针对性。当时距张、许殉难虽已半个世纪，但由安史之乱开始的藩镇割据并未停息。社会的动荡引起人们思想的混乱，对张、许缺少公正的评价。唐宪宗即位后，以武力削藩，但不少人主张姑息，反对用兵。因此，本文的用意，不限于评价张、许，实际上是对专务姑息、为叛乱势力张目者的回击。

宋人张耒说：“韩退之穷文之变，每不循轨辙。”(《明道杂志》)本文忽而议论，忽而叙事，议论、叙事中又插入描写和抒情。除叙张巡、许远、南霁云三人事迹外，还牵涉到于嵩、张籍和作者自己。这样纷繁复杂的头绪和变化，可按由破到立的线索去把握。前三段先通过议论，破小人的诬蔑，后两段通过补叙遗事，彰英雄之业绩。而从材料来源看，则是先据李翰《张巡传》所提供的事实，进行论辩，然后根据作者自己在汴、徐二府的见闻和张籍所提供的材料，补叙英雄遗事。

第一段是引子，借评论李翰的《张巡传》，作一些必要的交待。真正的议论是从第二段开始的。张、许二人中，许远受诬更重，第二段便主要为许远辩诬。“远虽材若不及巡者，开门纳巡，位本在巡上，授之柄而处其下，无所疑忌，竟与巡俱守死，成功名。城陷而虏，与巡死先后异耳”，是对许远的总评。抓住最关键性的几件事，充分说明许远忠于国家、以大局为重的政治品质，同时又紧扣与张巡的关系，让人感到坚守危城，大义殉国，张、许是完全一致的，任何想把张、许二人分开，从许远身上打开缺口的企图都是徒劳的。在这样的总评之后，再逐一辩诬，就有高屋建瓴之势。辩诬的第一层是驳畏死论。作者从两家子弟不能通晓父辈心志落笔。庸劣子弟之所以会如此，无非是受了流言蜚语的惑乱。当年张、许二人同生死共患难，而子弟互生是非，从这样令人痛心的事实，人们自然会想到恶语中伤者之可恨。辩诬的第二层，是驳所谓“城之陷自远所分始”。小人的这一攻击，好像抓到一点事实，较畏死论更为恶毒。回击时必须透过现象，揭示本质。文章以人死和绳断作比喻，用归谬法，指出其不达于理。随后发出感愤，斥责“小人之好议论，不乐成人之美”，指向一种带有普遍性的社会现象，不仅增强了文章的气势，而且非常能引起人的共鸣。

在驳倒小人对许远的攻击后，第三段接着为整个睢阳保卫战辩护。先驳死守论，由申述不能弃城逆遁的原因，转入从正面论证拒守睢阳的重大意义。“守一城，捍天下……蔽遮江淮，沮遏其势，天下之不亡，其谁之功也!”把保卫睢阳，提高到关系国家存亡的战略高度来认识，死守论以及其他种种否定睢阳战役的谬论就统统破产了。作者那种反诘的语气，俨然是面对群小加以痛斥的口吻。在这样大义凛然地斥倒群小之后，便更掌握了主动。于是进一步抓住无可抵赖的事实，给对方以致命的一击。在睢阳将士艰难奋战时，周围弃城逃跑者，擅强兵坐视不救者，比比皆是。现在那些好议论者竟然放过这类人不提，反而责备张、许死守，究竟居心何在呢？作者尖锐地指出，这是站在叛乱者一边，有意制造谰言，帮助他们攻击爱国志士。这样一下子便揭穿了小人的阴险面目，使他们再也无法冒充正人君子。

文章四、五两段展开对英雄人物轶事的描写。第四段写南霁云乞师和就义。乞师一节，把南霁云放在贺兰进明嫉妒张巡、许远的功绩，而又企图强留霁云的尖锐矛盾环境中，展示人物的性格。南霁云由不忍独食到断指、射塔，其言语行为被矛盾一步步推向前进，而他忠义、慷慨、愤激的表现也越来越震撼人心。围绕南霁云，除让贺兰进明从反面加以陪衬外，后面还有作者贞元中过泗州的补笔，不仅把传说坐实，而且在紧张激烈的气氛中，突然宕开一笔，更显得顿挫生姿，摇曳不尽。就义一节，将南霁云和张巡放在一起互相映衬，显示了两位英雄精神的契合。而张巡的忠义严肃，南霁云的临危不惧、慷慨爽朗，又各具个性。

第五段补叙张巡的读书、就义，许远的性格、外貌、出生年月，以及于嵩的有关轶事。材料不像第四段那样集中完整，但作者娓娓道来，挥洒自如，不拘谨，不局促。人物的风神笑貌及其遭遇，便很自然地从笔端呈现出来，同样具有很强的艺术感染力。

四、五两段所叙述的都是李翰《张巡传》所未载的一些轶事。时隔五十年之后，这些轶事得来不易，而要将这些零碎的材料，一一围绕中心组织起来尤难。作者把它们有机地融合在文章里，读之毫无散漫、杂乱、游离之感。南霁云事，一方面是对张巡的衬托，是整个睢阳战役无数忠勇义烈事迹中的一例；另一方面，又是用事实进一步加强对“设淫辞助之攻”的小人的回击。南霁云乞师的对象，就是“擅强兵坐而观”的贺兰进明。“虽欲独食，义不忍。虽食，且不下咽”，不仅表现了南霁云和睢阳将士同甘苦、共患难的感情，同时又是对贺兰进明之流义正词严的斥责。与后面的射塔一样，都足以使群小震慑。第五段写张巡读书，记忆力过人，似乎与睢阳战役无关，但反映出英雄人物的品格和能力，与其文化修养是有密切关系的。特别是把他的记忆力，与在围城中跟士卒“一见问姓名，其后无不识者”联系起来，就知其并非游离中心的闲笔。至于于嵩的轶事，乍看也似闲笔，但由于嵩之死，可见盘据在各处的武人是多么猖獗。而这种混乱，正是思想舆论混乱的社会根源。把于嵩的不幸遭遇置于篇末，既让人于掩卷之时更想到张、许所蒙受的委屈，同时暗示了铲除大大小小的封建割据势力多么刻不容缓。这些遗闻轶事，似不甚经意地信手拈来，挥洒以出，却能围绕文章主线展开，神气流注，章法浑成，真不愧是大手笔。

《〈张中丞传〉后叙》熔议论、叙事、抒情、描写于一炉，的确体现了韩文多变的特色。从前半议论到后半叙事，是一大变。就议论部分看，开头一段，寥寥数语，简直类乎日记或读书札记的写法。第二段辩许远之诬，多用推论。由于许远所受的诬蔑太重，在阐明一层层事理之后，不免有悲慨深长的抒情插笔。第三段虽然也是议论，但由于睢阳保卫战功勋卓著，有目共睹，所以话语蹈厉奋发，咄咄逼人。像“守一城，捍天下”一节，读之有“轩昂突起，如崇山峻岭，矗立天半”（吴闿生语）之感。四、五段同是叙事，四段专叙南霁云，情节紧张，气氛浓烈，人物形象鲜明，语言激昂。五段为了统合比较分散的材料，语言则显得自然而随意，节奏也较舒缓。这两段，文笔有拙朴处，有渲染处，有很带感情的叙述，有精细的描绘刻画。可见，在段与段之间，以及在语言、精神、境界等方面，确有多种变化。但这些变化绝非纷然杂陈的大杂烩，而是于多样之中仍见浑成统一。这除了组织结构之功外，还因为篇中有一种对张、许壮烈殉国而又蒙冤的悲剧感激荡于字里行间，成为统贯全篇的文气。一、二段因张、许蒙冤未白，这种悲剧感处在被压抑的状态，故层层申辩，文气比较收敛。三、四段由辩诬转入主动进攻和正面歌颂，悲剧感强烈地向外激射，文气也显出盛强凌轹之势。五段则由高潮转入回旋和余波，悲剧感也化为悼念缅怀的情绪，文气随之显得委婉纡徐。由于全文自始至终带着这种悲剧感，所以虽变化多姿，却仍具有统一的基调。（余恕诚）

答李翊书 韩 愈

六月二十六日，愈白，李生足下：生之书辞甚高，而其问何下而恭也！能如是，谁不欲告生以其道？道德之归也有日矣，况其外之文乎？抑愈所谓望孔子之门墙而不入于其宫[①]者，焉足以知是且非邪？虽然，不可不为生言之。

生所谓立言者是也。生所为者与所期者，甚似而几矣。抑不知生之志，蕲[②]胜于人而取于人邪，将蕲至于古之立言者邪？蕲胜于人而取于人，则固胜于人而可取于人矣。将蕲至于古之立言者，则无望其速成，无诱于势利，养其根而俟其实，加其膏而希其光。根之茂者其实遂，膏之沃者其光晔，仁义之人，其言蔼如也。

抑又有难者，愈之所为，不自知其至犹未也。虽然，学之二十余年矣。始者，非三代两汉之书不敢观，非圣人之志不敢存。处若忘，行若遗，俨乎其若思，茫乎其若迷。当其取于心而注于手也，惟陈言之务去，戛戛[③]乎其难哉！其观于人，不知其非笑之为非笑也。如是者亦有年，犹不改。然后识古书之正伪，与虽正而不至焉者，昭昭然白黑分矣。而务去之，乃徐有得也。当其取于心而注于手也，汩汩然来矣。其观于人也，笑之则以为喜，誉之则以为忧，以其犹有人之说④者存也。如是者亦有年，然后浩乎其沛然矣。吾又惧其杂也，迎而距⑤之，平心而察之，其皆醇也，然后肆焉。虽然，不可以不养也。行之乎仁义之途，游之乎《诗》《书》之源，无迷其途，无绝其源，终吾身而已矣。

气，水也；言，浮物也。水大而物之浮者大小毕浮。气之与言犹是也，气盛，则言之短长与声之高下者皆宜。虽如是，其敢自谓几于成乎？虽几于成，其用于人也奚取焉？虽然，待用于人者，其肖于器邪？用与舍属诸人。君子则不然，处心有道，行己有方，用则施诸人，舍则传诸其徒，垂诸文而为后世法。如是者，其亦足乐乎？其无足乐也？有志乎古者希矣。志乎古必遗乎今，吾诚乐而悲之。亟称其人，所以劝之，非敢褒其可褒而贬其可贬也。

问于愈者多矣，念生之言不志乎利，聊相为言之。愈白。

〔注〕 ①“望孔子”句：《论语·子张》：“子贡曰：‘譬之宫墙，夫子之墙数仞，不得其门而入，不见宗庙之美，百官之富。’” ② 蕲（qí 祈）：求。 ③ 戛（jiá 夹）戛：形容困难而费力。 ④ 说（yuè 月）：同“悦”，喜爱。人之说者，指时人所喜好的“陈言”。 ⑤ 距：同“拒”。

《答李翊书》是韩愈宣传其“古文”理论的重要文章之一。李翊，贞元十八年（802）进士及第。这是一封书信，约作于贞元十七年（据宋人樊汝霖说），时韩愈三十四岁。韩愈自贞元八年考取进士后，未能经由吏部考试步入仕途，只得投身方镇幕下为幕僚。他胸怀用世之志而无所施展，颇不得意，但以儒道和“古文”自负的志向并未衰减。本文一作《答李翱书》。李翱为韩愈堂兄韩弇的女婿，曾从韩愈学习古文。

文章可分为四段。第一段表示愿回答对方的问题，谈谈写作之道。先称赞来信文辞高卓而态度谦恭；接着宕开一笔，感叹世人久已不讲道德（指儒家仁义之道），道德之外的“文”，当然更无人讲求。这一笔并非闲笔，它抒发了深沉的感慨，又暗示自己所说的“文”不是一般文章，而是与道德联系在一起的。接着说自己虽所知亦有限，但却不可不为对方谈论一番。这不仅因李生谦恭好学，更因他“不志乎利”，是可教之材。不过这个意思是在文末才点明的。第二段正面揭出中心论点。先向李生提出希望，希望他不要满足于文章胜过一般人而可为时人所取（包括应科举为主司所取），而应该树立“至于古之立言者”的宏大志向。这一期望很高，但是在先称赏对方文章的基础上，再以问句出之，故显得态度诚恳，语气平缓。然后正面提出“无望其速成，无诱于势利”的论点，指出要写好文章，须从根本做起，须加强道德修养，使自己成为“仁义之人”，则自然能够“其言蔼如”。蔼，原意为草木美盛，此处借指语言文辞之美。第三段即以自己学为古文的经过和体会说明这一论点。先说写作古文确乎很难，不过自己学着写已二十余年了。言外之意是也还略有心得。以下叙述学为古文的三个阶段，都扣紧“道”与“文”的关系着笔。第一阶段，“非三代两汉之书不敢观，非圣人之志不敢存”。韩愈认为三代两汉书中有儒道精醇者（如《五经》《孟子》），有大醇小疵者（如荀况、扬雄的著作），魏晋以后则儒道不传。起步须正，故不敢观两汉以后之书。这两句写出兢兢业业、唯恐误入歧途的心情。“处若忘”以下四句即是形象地写其专心一意、苦思冥想之状。学有所得，发为文章，务求去除人云亦云的陈词滥调，而甚感为难。所谓“陈言”，既指立意，也指文辞表达。有了好的思想内容，要表达得新鲜、有力，也颇不易。所作之文，内容既是阐发不合流俗的独特见解，形式又是不拘于对偶、声律的“古文”，故颇为人所非笑。但韩愈“不知其非笑之为非笑”，置之不顾。当时骈文势力很大，日常应用文字和科举取士，大多使用骈文。韩愈提倡古文，确实是经过艰巨斗争的。如此坚持数年，便进入第二阶段。此时已有分析批判能力，能明辨古书中何者为合乎儒道之“正”，何者为似是而非之“伪”，何者大体虽“正”而犹有所不足。其阅读范围也就不再有所限制，而能去伪存真。此时执笔为文，则能如水流汩汩不绝；示之于人时，不但不为其毁誉所动，而且毁之反以为喜，誉之反以为忧：表明其主见已定，心思朗彻，正欲反时俗之道而行之。这也是就意与辞两方面说的。如此数年，又进入第三阶段。此时作文如长江大河，滔滔而至。但仍不敢掉以轻心，仍须平心静气，对所欲言者一一加以细心的体察和检点，确知其醇而不杂，然后才奔涌而出；而且，仍须不断加强道德修养，“行之乎仁义之途，游之乎《诗》《书》之源”，终身以之。总之，学为古文须有极严格而自觉的道德修养，须花费长期以至一生的工夫，且不但不能以之谋取私利，还要为世人所非笑，故为之甚难。至此已将三个阶段为李生描述完毕，然后拈出关于气和言的心得举以告之。气，指作者对于所欲表达的内容具有充分自信而产生的昂扬的精神状态。气盛则句式长短、声调高下便能自然合宜。作者之“气”即以此而表现为文章的气势。气之盛大与否，当然又取决于平日修养。这养气之说当是继承孟子“我善养吾浩然之气”（《公孙丑》上）的说法。

孟子善辩，其文气势盛大；不过他并未将“气”与“文”联系起来加以论说。韩愈则将二者联系起来，并将文气具体化为“言之短长与声之高下”。从文辞声音之美的角度而言，骈文的句式长短、声调变化都较整齐，具有人工美，但易流于单调板滞。韩愈提倡古文，力矫其弊，但古文亦应讲求节奏、声调之美。以“气”即气势、语气为主导来决定其长短高下，其声音之美便比较自然，且更能切合文章的内容。第四段表明坚持古文之道的态度。先紧接上文，说虽已得心应手，但仍不敢自以为近乎有成；即使近乎有成，也不为世人所用。而君子正不欲苟合取用于世俗之人，而是以坚持其道、立言不朽、传诸后世为乐事。不过，应者寥寥，毕竟又使他乐中有悲。这不仅是为个人遭际而悲，也是为古道、古文不见取于今世而悲。其提倡古文的态度是坚定的，而感情则是矛盾复杂的。最后表明对李生的劝勉之意，与第一段“不可不为生言之”相呼应。

韩愈曾说过，君子“未得位，则思修其辞以明其道。我将以明道也”（《争臣论》）。正因为作文是为了明道，所以要强调作者的道德修养。韩愈这样鼓吹儒道，有其现实意义。例如，用儒家大一统和君臣名分的思想去反对藩镇割据，要求儒道独尊以反对佛教迷信和寺院经济的恶性膨胀，在当时都有一定进步性。古文理论是与现实斗争密切相关的。不过其理论也充分重视文章的艺术表现，如本文关于务去陈言和气言关系的主张就很有价值，影响于后世极大；即在今日，对于学习写作也不无可资借鉴之处。至于“无望其速成，无诱于势利”的观点，则更具有较普遍的意义。许多在文化科学领域内卓有建树的人物，正是以其百折不回的毅力和不求名利、甘于寂寞的品质而取得成功的。韩愈的话至今仍给人以启发和鼓舞。

《答李翊书》在写作上颇有特色。首先是其文气的变化流转与内容、情感相切合。文章总的来说，充满了对于自己主张的强烈自信和不为流俗所动的气魄，读之令人振奋。但是，文中言及“志乎古必遗乎今”时，不能不叹恨感慨；所述学为古文的过程，有如临深履薄；对李生竭诚相告，而不可有居高临下之势。凡此种种内容方面的因素，使得文势又起伏多变。而其语言形式亦与之相应。如第二段先以参差如口语且杂以问句的形式表达委婉、商量的语气；而后面的“无望其速成”等六句则采用整齐排偶的句式，再加以“仁义之人，其言蔼如”的有力一结，显得凝练铿锵，精光焕发，充分显示其斩钉截铁的态度，很好地突出了中心。第四段“君子则不然”以下数句则以较整齐而对比的句式表示其坚定的态度。文中转折连词“抑”“虽然”用得较多，增加了语气的往复回旋之感。本文虽纯是说理，而语言颇为形象。如以“养其根”“加其膏”比喻作文当求根本，以水与物比喻气与言，都新鲜而生动。又如以“处若忘”等句描写苦思，使读者恍如目击其状。全文针线绵密而不露痕迹。如第一段自称“焉足以知是且非”，第四段说不敢“自谓几于成”，都表明了为古文之难，第三段更以一个“难”字贯穿，而这又都是为了说明写作古文是终身事业、“无望其速成”的道理。又如第四段的“志乎古”“不志乎利”“用于人也奚取”分别与第二段的“蕲至于古之立言者”“无诱于势利”“取于人”相照应，且都自然而然，绝无重复之感。

（杨　明）

应科目①时与人书　　韩　愈

月日愈再拜②：天池之滨，大江之濆③，曰有怪物焉；盖非常鳞凡介之品汇匹俦也！其得水，变化风雨上下于天不难也；其不及水，盖寻常尺寸之间耳。无高山大陵、旷途绝险为之关隔也；然其穷涸不能自致乎水，为猵獭之笑者，盖十八九矣。如有力者哀其穷而运转之，盖一举手一投足之劳也。

然是物也，负其异于众也，且曰：烂死于沙泥，吾宁乐之；若俯首帖耳摇尾而乞怜者，非我之志也。是以有力者遇之，熟视之若无睹也。其死其生，固不可知也。今又有有力者当其前矣，聊试仰首一鸣号焉，庸讵知有力者不哀其穷，而忘一举手一投足之劳而转之清波乎？

其哀之，命也；其不哀之，命也；知其在命而且鸣号之者，亦命也：愈今者实有类于是。是以忘其疏愚之罪，而有是说焉。阁下其亦怜察之！

〔注〕 ① 科目：唐人考试，科目繁多，如进士、明经之类。此指博学宏词。此题目或作《与韦舍人》。 ② 月日愈再拜：一本作“应博学宏词前进士韩愈谨再拜上书舍人阁下”。 ③ 濆（fén 坟）：水边。

贞元八年（792）韩愈中进士，随后，连续三应宏词科而不中。这篇《应科目时与人书》当是他应宏词科考试时求人荐举而作。写信托物以喻，曾国藩说事类滑稽，其实是韩愈的一大发明创造，将难于言说之词，托比兴抒发，颇见文采风流。

书信正文，首出“天池之滨，大江之濆，曰有怪物焉”，飘然而来，出人不意。濆与滨，皆水边。水边怪物，自与水相关，故下文就围绕着水和怪物的关系铺叙。不过，韩愈每故作腾挪，以掀波浪，在“有怪物焉”与“其得水”之间，插入“盖非常鳞凡介之品汇匹俦也”一句，姿态横生。就上文言，是将“怪”字点透，非常鳞凡介之类可以比匹；就下文言，为其求得水蓄势。此"怪物"之所以非常鳞凡介，则在于"得水"时，可变化风雨，上下于天；若不及水，则只在寻常尺寸之间。寻，八尺；常，十六尺。两相对衬，得水与否，成为此怪物"非常鳞凡介之品汇匹俦"的关键，此乃怪物之为怪。此物"无高山大陵、旷途绝险为之关隔"，也处于"穷涸不能自致乎水"的境地，希望有一位在社会上强有力的人能"哀其穷而运转之"。韩愈以为，如果"有力者"真"哀其穷"，乐意运转这"怪物"，那么，也仅是"一举手一投足之劳"而已。显而易见，这里的"有力者"，就是韩愈企求荐引的人，而"怪物"则是韩愈自身。值得注意的是，韩愈在"盖寻常尺寸之间耳"之后，缀以"无高山大陵、旷远绝险为之关隔也；然其穷涸不能自致乎水"两句，又一次显示其"转捩曲折，自生奇致"的文心。这"无高山大陵、旷远绝险为之关隔"一句让步，在文气上将"穷涸不能自致乎水"一句推上突出的位置，使"有力者哀其穷而运转之"显得至为重要，而"一举手一投足之劳"又反推一笔，将"有力者哀其穷而运转之"再拔高一层，使"有力者"处于中心地位，十分切合求人援助的态势，妙不可言。

行文至此，"怪物"只求"有力者哀其穷"，而不见其人品之"异"，必须转向。将"有力者"放过，拈出"怪物"异于众人的情志。首先抓住"是物"自负其"异"。宁愿烂死于沙泥，而不作"俯首帖耳摇尾而乞怜"之态，人格高尚，非一般媚俗谄上者可比。人品高上，而命运不佳，有力者"熟视之若无睹"，其生死"固不可知"。人品与机遇，形成剧烈的矛盾，启人深思。行文至此，似乎文气已尽，然而韩愈又绝处逢生，翻出"今又有有力者当其前矣"一句，引出下文。这里连用两个"有力者"，含意不同，所指非一。"是以有力者遇之"一句中的有力者，是昏聩官僚，不识人间贤不肖、才与不才；"今又有有力者当其前矣"一句中的有力者，就是韩愈求其荐引的人。这两个"有力者"连用，自然给被求人一点不痛不痒的刺激——至少在被求者心中掀起一阵涟漪。韩文的文心，沁入骨髓。这一微妙的点拨，可能产生正反应，也可能产生负反应，"聊试仰首一鸣号焉"，就是消除负反应，促使所求之"有力者"发出正反应的信号。"庸讵"两句以疑问的方式表达正面的愿望，十分得体。

如果说前此是说之以理，那么最后则动之以情。"其哀之，命也；其不哀之，命也；知其在命而且鸣号之者，亦命也"，任你铁石心肠，也不能不为之动容，不能不为之动情。以"怜察"二字托住全篇，结束全文，将全部情理囊括一尽，简洁之至，亦感人之至。

人或谓韩愈前面已说过一生不"俯首帖耳摇尾而乞怜"，此结束时亦乞人"怜察"，未免矛盾。其实，两者意蕴不同。前者"乞怜"是求官，后乞"怜察"是为考试，且唐代士子参加考试每求人引荐。引荐人才，不仅不以为非，实乃风雅之事。

（汤贵仁）

毛颖[1]传　韩愈

毛颖者，中山[2]人也。其先明眎[3]，佐禹治东方土，养万物有功，因封于卯地，死为十二神。尝曰："吾子孙神明之后，不可与物同，当吐而生。"已而果然。明眎八世孙䨲[4]，世传当殷时居中山，得神仙之术，能匿光使物，窃恒娥[5]，骑蟾蜍入月，其后代遂隐不仕云。居东郭者曰㕙[6]，狡而善走，与韩卢争能，卢不及。卢怒，与宋鹊谋而杀之，醢[7]其家。

秦始皇时，蒙将军恬[8]南伐楚，次中山，将大猎以惧楚。召左右庶长[9]与军尉，以《连山》筮之[10]，得天与人文[11]之兆。筮者贺曰："今日之获，不角不牙，衣褐之徒，缺口而长须，八窍而趺居[12]。独取其髦[13]，简牍是资，天下其同书[14]。秦其遂兼诸侯乎？"遂猎，围毛氏之族，拔其豪[15]，载颖而归，献俘于章台宫[16]，聚其族而加束缚焉。秦皇帝使恬赐之汤沐[17]，而封诸管城[18]，号曰管城子，日见亲宠任事。

颖为人强记而便敏，自结绳之代[19]以及秦事，无不纂录；阴阳、卜筮、占相、医方、族氏、山经、地志、字书、图画、九流百家、天人之书，及至浮图[20]、老子、外国之说，皆所详悉；又通于当代之务，官府簿书，市井货钱注记，惟上所使。自秦皇帝及太子扶苏、胡亥[21]、丞相斯[22]、中车府令高[23]，下及国人，无不爱重。又善随人意，正直邪曲巧拙，一随其人。虽见废弃，终默不泄。惟不喜武士，然见请，亦时往。

累拜中书令[24]，与上益狎，上尝呼为中书君。上亲决事，以衡石自程[25]，虽宫人不得立左右，独颖与执烛者常侍，上休方罢。颖与绛人陈玄[26]、弘农陶泓[27]及会稽褚先生[28]友善，相推致，其出处必偕。上召颖，三人者不待诏，辄俱往，上未尝怪焉。

后因进见，上将有任使，拂拭之，因免冠谢。上见其发秃，又所摹画不能称上意。上嘻笑曰："中书君老而秃，不任吾用。吾尝谓君中书，君今不中书㉙邪？"对曰："臣所谓尽心者。"因不复召，归封邑，终于管城。

其子孙甚多，散处中国夷狄，皆冒管城，惟居中山者能继父祖业。

太史公曰：毛氏有两族。其一姬姓，文王之子，封于毛，所谓鲁、卫、毛、聃者也，战国时有毛公、毛遂㉚。独中山之族，不知其本所出，子孙最为蕃昌。《春秋》之成，见绝于孔子，而非其罪。及蒙将军拔中山之豪，始皇封诸管城，世遂有名，而姬姓之毛无闻。颖始以俘见，卒见任使，秦之灭诸侯，颖与有功，赏不酬劳，以老见疏，秦真少恩哉！

〔注〕 ① 毛颖：毛笔尖。颖，尖端。 ② 中山：战国初诸侯国名，在今河北正定东北。 ③ 眎：古文"视"。 ④ 㝹(nóu)：小兔。 ⑤ 恒娥：亦作姮娥，即嫦娥，月中女神。 ⑥ 毚(jùn 俊)：狡兔。 ⑦ 醢(hǎi 海)：把人体剁成肉酱的一种酷刑。 ⑧ 蒙将军恬：蒙恬(？—前210)，秦名将，秦统一六国后，率军击匈奴，修长城，后被秦二世所迫，自尽。 ⑨ 庶长：秦爵位名，左庶长为第十等，右庶长为第十一等。 ⑩《连山》：上古筮法，今佚。《周礼·春官·大卜》："掌三易之法，一曰《连山》，二曰《归藏》，三曰《周易》。"筮(shì 誓)：以蓍草占卦。 ⑪ 人文：人事。 ⑫ 趺居：两脚交叠而坐。 ⑬ 髦：毛。 ⑭ 同书：写相同的文字。 ⑮ 豪：同"毫"，毛。 ⑯ 章台宫：秦代离宫名，旧址在今陕西长安县故城。楚灵王时所建，在今湖北监利西北。 ⑰ 汤沐：沐浴。《礼记·王制》："方伯为朝天子，皆有汤沐之邑于天子之县内。"郑玄注："给斋戒自洁清之用。" ⑱ 管城：古地名，在今河南郑州。周初管叔封于此，故名。此借义指有竹管的毛笔。 ⑲ 结绳之代：指文字产生前用绳子打结记事的时代。《易·系辞》："上古结绳而治。" ⑳ 浮图：亦作浮屠，即佛陀，佛的梵语音译。 ㉑ 胡亥：即秦二世。 ㉒ 丞相斯：秦丞相李斯。 ㉓ 中车府令高：即赵高。中车府令，秦官名，掌皇室车舆。 ㉔ 中书令：官名。汉武帝时设，掌文书，秦时尚无此官。 ㉕ 衡石自程：据《史记·秦始皇本纪》，秦始皇处理政事，每日夜批阅上奏简册一石(合一百二十斤)，不满不休息。衡，秤。程，定额。 ㉖ 绛人陈玄：喻墨。绛，地名，在今山西曲沃西南。 ㉗ 弘农陶泓：喻砚。弘农，地名，在今河南灵宝县北。 ㉘ 会稽褚先生：喻纸。会稽，地名，即今浙江绍兴。 ㉙ 中(zhòng 众)书：适合书写。此系借异读开玩笑。 ㉚ 毛公：战国赵人。秦攻魏，他劝寄居赵国的魏信陵君回国，击退秦军。毛遂：战国赵人。平原君门客，曾自荐说楚王定合纵之约。

《毛颖传》在韩愈的集子里是一篇突出的以滑稽闻名而又感慨淋漓、才情横溢的文章。这篇文章大约写于唐宪宗元和一、二年间，即公元806或807年，当时韩愈作国子博士。这篇文章写出后曾遭到许多人的指责，据当时的记载看来主要是讥笑他的"俳谐"，也就是今天所说的"不严肃"。柳宗元曾为此专门写了

《读韩愈所著〈毛颖传〉后题》来为韩愈辩护，说“俳谐”并不违反“圣人之道”，而且在教育后进时还有解倦提神的效用；并极力推崇这篇文章，说它的气势如同“捕龙蛇，搏虎豹，急与之角而力不敢暇”。

这篇文章的主旨是什么呢？柳宗元当时就曾说韩愈是借此“以发其郁积”，但这个“郁积”的内容是什么，他语焉不详。宋代的叶梦得对此说：“退之所致意，亦正在‘中书君老不任事，今不中书’等数语，不徒作也。”（《避暑录话》）现在流行的有些文学注本，说这篇文章“貌似游戏文字，而实寓讥刺统治者‘少恩’之意，抒发了胸中的郁愤之情”。这些话是对的。“赏不酬劳，以老见疏”，这是古往今来许多功臣良将的感慨。廉颇终生为赵，卓有战功，晚年犹欲为国效力，在赵王的使者面前他“一饭斗米，肉十斤，被甲上马，以示尚可用”。但是有人谮毁他，结果“赵王以为老，遂不用”。汉将魏尚为云中守，有谋略，得士心，使得“匈奴远避，不近云中之塞。虏尝一入，尚率车骑击之，所杀甚众”。结果由于报功时全军多报了六个首级，魏尚被削爵下狱。后来冯唐对汉文帝论及此事说：“臣愚以为陛下法太明，赏太轻，罚太重。”汉文帝是我国古代少有的开明君主，他尚且如此，其他人、其他时代的事情就不用说了。司马迁写《廉颇列传》，写《冯唐列传》，不就是借以抒发自己对这种“赏不酬劳，以老见疏”的感慨，批评统治者的“少恩”吗？再以韩愈自己而言，他这时四十岁，年龄虽不算老，但人生道路的艰难却也领略不少了。早先的“举进士，凡四举乃登第”；后又“三选于吏部而不得官”；后又应博学宏辞选，“再试，才一得，又黜于中书”，这些都不必讲了。单以三十六岁为监察御史时的事情来说，当时关中大旱，韩愈上书请求减免关中地区的赋税徭役，本来是做好事，结果被贬为阳山令，一下子被弄到现在的广东去了。二年以后，因遇赦才内迁到江陵府，当一名法曹参军；又过了一年，多蒙“皇恩浩荡”，才召回朝廷，当了“试用”的国子博士。这官场中的冷暖，这统治者随便的一喜一怒都关系着多少人命运的事实，难道还非等六十岁才能看清楚吗？这种吊古伤今，并饱含着个人身世之感的悲凉慷慨，是本文所抒发的“郁积”的第一个方面。

第二，我们再看文章中这段话：“居东郭者曰㕙，狡而善走，与韩卢争能，卢不及。卢怒，与宋鹊谋而杀之，醢其家。”韩愈写这篇文章，每一个说法几乎都有史料作根据，《战国策·齐策》云：“韩子卢者，天下之疾犬也。韩子卢逐东郭㕙，环山者三，腾山者五，兔极于前，犬废于后。”《博物志》云：“宋有骏犬曰鹊。”情况只此，而文中所谓“与韩卢争能，卢不及。卢怒，与宋鹊谋而杀之，醢其家”，则是韩愈为了热闹而编进去的情节。这难道只是随便一说么？不，这也是古往今来多少功臣良将、英雄豪杰的共同的悲惨下场。屈原被上官大夫、令尹子兰所毁逐，李牧被郭开所谮杀，韩信、彭越被吕后、陈平等所灭族、菹醢。入唐以来，那种小人当道、谗害忠良的事情就更不可胜举了，李林甫、李辅国、元载、裴延龄，这些口蜜腹剑、妒贤嫉能的家伙们，受他们倾害的人还有办法统计吗？韩愈因论关中荒旱而被远贬阳山，其中就是因为有“幸臣”李实在拨弄；后来顺宗即位，大赦天下，韩愈本当回京，结果又“为观察使所抑”，改派到江陵。凡此种种，还不使人心寒，还不使人气愤吗？

第三，本文对于汉魏以来的门阀制度，对于那种好把古代名人牵引入自家谱牒的社会习气有一种讽刺嘲弄的作用。例如韩愈在为后世奔跑的这些兔子们考证它们的祖先说：“其先明眎，佐禹治东方土，养万物有功，因封于卯地，死为十二神。”其支系：“明眎八世孙䨲，世传当殷时居中山，得神仙之术，能匿光使物，窃恒娥，骑蟾蜍入月，其后代遂隐不仕云。居东郭者曰㕙，狡而善走。”如此等等。这样考证自家谱系的方法我们是很熟悉的：汉朝皇帝说他们是为夏朝驯龙的刘累的后代，北周皇帝说他们是炎帝神农氏的后代，唐朝的皇帝说他们是老子李耳的后代；屈原说他是“帝高阳之苗裔”，司马迁自称是颛顼时代的重黎之后，扬雄找到周朝的伯侨，班固找到春秋楚国的令尹子文；甚至连与世无争的大隐士陶渊明也于此未能免俗，居然在《命子》诗中说什么“悠悠我祖，爰自陶唐。邈焉虞宾，历世重光。御龙勤夏，豕韦翼商。穆穆司徒，厥族以昌”。一个个都是找名门，攀大户，千篇一律，极尽其穿凿附会之能事。与此相反，我们却从来没有听到过谁说自己是驩兜的后代，是盗跖的子孙。这些现象，作为一种社会风气，是极端庸俗的；作为一类文章，是十分可厌的。现在韩愈为兔子们考订渊源，也仿效前贤，一丝不苟地把它们的门阀勋业追寻到了五帝三王。这一手真叫人啼笑皆非，其效果正如十七世纪西班牙小说《堂吉诃德》对于骑士文学的嘲弄。

《毛颖传》最显著的特征是它的滑稽幽默，也就是柳宗元所说的“俳”；但是，这篇文章的艺术性却不是简单的一个“俳”字所可概括的。它的成就很高，大致有以下四点：

其一，旁征博引，叙事凿凿有据。《毛颖传》是一篇给毛笔尖立传的文章，开头就说：“毛颖者，中山人也。”这不是随便讲的，宋代马永卿《嬾真子》说：“退之以毛颖为中山人者，盖出于《右军经》云：唯赵国豪中用。盖赵国平原广泽无杂木，唯有细草，是以兔肥，肥则豪长而锐，此良笔也。”《右军经》有人怀疑是后人伪托，中山究竟在哪里也有一些争议，这些问题都不大，关键的是由此可以得知中山产兔子、中山出毛笔的这种说法是由来已久的了，不是韩愈瞎说。文章接下去是：“其先明眎，佐禹治东方土，养万物有功，因封于卯地，死为十二神。”兔子见于经典，最早的是《礼记》，其《曲礼》篇说："兔曰明视。"孔颖达疏："兔肥则目开明也。"中国从汉代就有所谓十二生肖，又以十二地支与十二生肖相配，《论衡·物势》所谓"酉，鸡也；卯，兔也；申，猴也"等等，就是指此。中国古代又以十二地支表示方位，如酉指西方，卯指东方，子指北方，午指南方等等，韩愈说兔祖明眎"封于卯地，死为十二神"，就是由这里推衍出来的。韩愈又记载明眎说："吾子孙神明之后，不可与物同，当吐而生。"这里的构思和措辞，真是异想天开，神妙莫测。关于兔子"吐而生"的问题，古人有过这种错误说法，例如《论衡·奇怪》篇就说："兔吮豪而怀子，及其子生，从口而出。"韩愈在这里故意将错就错地采用了这个说法，从而使故事更显得恍忽迷离，意趣横生，而且与前面的叙述也衔接得非常自然巧妙。

关于明眎八世孙𪕨"窃恒娥，骑蟾蜍入月"的事情，《尔雅·释兽》："兔子嬎。"郭璞注："俗呼曰𪕨。"《广雅·释兽》："𪕨，兔子也。"《淮南子·览冥训》："羿请不死之药于西王母，恒娥窃以奔月。"《初学记·天部》引《五经通义》："月中有兔，与蟾蜍并。月，阴也；蟾蜍，阳也。而与兔并明，阴系于阳也。"韩愈的说法就是根据这些捏和成的。关于东郭㕙的问题，前已述及。凡此种种，都是古书上旧有其说，韩愈信手拈来，头头是道，表现了他的渊博的知识和非凡的才华。而且态度还似乎非常严肃，就如同某些古人极力想把自家的谱系写得华贵而久远那样，韩愈也是为之极力搜寻，异常认真的。这就如同一个滑稽演员表演节目，他的神情越装得严肃郑重，观众也就越是笑得前仰后合。

更妙的是文章的结尾部分，他说："毛氏有两族。其一姬姓，文王之子，封于毛，所谓鲁、卫、毛、聃者也，战国时有毛公、毛遂。独中山之族，不知其本所出，子孙最为蕃昌。"在这里他把圣人的子孙和一群兔子相提并论，显然是有点玩世不恭了，《旧唐书》说他"讥戏不近人情"，可能也与这段话有关。但是这种"以实证虚"，假戏真做的表现方法是饶有兴味的。记得陶渊明写《桃花源记》就是如此，一开头就说："晋太元中，武陵人捕鱼为业。"有时间，有地点，都是真的。最后又说："南阳刘子骥，高尚士也。闻之，欣然规往，未果，寻病终。"有名有姓，真实性简直都不容人们再怀疑。两篇文章采用的方法都是以实证虚，但在《桃花源记》所达到的效果是使故事更活脱、更令人神往；而在《毛颖传》里则是使故事显得更幽默、更引人发笑了。

其二，描绘主人公的形象性格，贴切生动。好的寓言作品，除了它的含意深刻外，总还要求它所描写的事物本身具有它固有的性格，与我国古代的其他大多数寓言相比，《毛颖传》对毛颖形象性格的描画是异常成功的。作品写蒙恬制笔的过程时说:"遂猎,围毛氏之族,拔其豪,载颖而归,献俘于章台宫,聚其族而加束缚焉。秦皇帝使恬赐之汤沐,而封诸管城,号曰管城子,日见亲宠任事。"这所谓"豪",所谓"汤沐",所谓"管城",都是双关语,既有表面意思上的热热闹闹,又有本质意思上的实实在在。作品在描写毛颖的性格,亦即毛笔的性能时说:"颖为人强记而便敏,自结绳之代以及秦事,莫不纂录;阴阳、卜筮、占相、医方、族氏、山经、地志、字书、图画、九流百家、天人之书,及至浮图、老子、外国之说,皆所详悉;又通于当代之务,官府簿书,市井货钱注记,惟上所使。自秦皇帝及太子扶苏、胡亥、丞相斯、中车府令高,下及国人,无不爱重。又善随人意,正直邪曲巧拙,一随其人。虽见废弃,终默不泄。惟不喜武士,然见请,亦时往。"这段话要说的实质含意只不过是"笔,什么事都可以写,什么人都可以用"这两点,但作者为突出表象上的毛颖的这种性格才能,而极尽其铺排张皇之能事。古往今来,凡是人世上用文字笔画勾写的东西,他都一一点到,唯恐遗漏。蒙恬时代的显赫人物,他又点出一长串。真是夸张又夸张,详尽又详尽,似乎是推崇得也太过分了。但我们细心想想,又有哪一句有任何一点不切合实际呢?当我们读到毛颖"善随人意,正直邪曲巧拙,一随其人。虽见废弃,终默不泄"时,我们不得不佩服作者的用心之细,体察社会的人情世态之深。这里面不是没有对历代佞臣的那种揶揄嘲讽,但作为一支听人使用的毛笔,谁又能说不是这个样子呢?到此为止,作为毛笔性能的描写,已经相当淋漓酣畅,已经可以结束了,但作者还不停止,他又荡开一笔,说:"唯不喜武士,然见请,亦时往。"真是飞来之笔,变化莫测,而在叙事上又补得点水不漏。

为了从另一个角度补写毛颖的性格,作者写了毛颖的挚友与同僚。他说:"颖与绛人陈玄、弘农陶泓及会稽褚先生友善,相推致,其出处必偕。上召颖,三人者不待诏,辄俱往,上未尝怪焉。"在唐代,绛州向朝廷贡墨、弘农贡砚、会稽贡纸的事情,见于《通典》和《新唐书》,不是韩愈杜撰。所谓"上召颖,三人者不待诏,辄俱往",描写细腻入微,使人叹服。经过这一补充,毛颖的性格更鲜明了。

以上几节是《毛颖传》的骨干部分,作者对毛颖这种性格才能的精彩而又精确的描写,是本文获得成功的关键。

其三,整个文章从格式到词气口吻都是故意地模仿《史记》,模仿得惟妙惟肖。例如《史记·李将军列传》说:"李将军广者,陇西成纪人也。其先曰李信,秦时为将,逐得燕太子丹者也。"《毛颖传》开头就是这个格式。《吴太伯世家》的最后说:"太史公曰:余读《春秋》古文,乃知中国之虞与荆蛮句吴兄弟也。"《毛颖传》在这里也学《史记》:"太史公曰:毛氏有两族,其一姬姓"云云。二者都是另引材料以补传文所未及，兼出“其停笔踌躇，俯仰今古之意”。

其中尤其逗人兴味的是写毛颖的归秦：“秦始皇时，蒙将军恬南伐楚，次中山，将大猎以惧楚。召左右庶长与军尉，以《连山》筮之，得天与人文之兆。筮者贺曰：‘今日之获，不角不牙，衣褐之徒，缺口而长须，八窍而趺居。独取其髦，简牍是资，天下其同书。秦其遂兼诸侯乎？’”这里所以提出蒙恬，是因为早在晋代张华的《博物志》和崔豹的《古今注》上就有“蒙恬造笔”的说法。至于后面的筮者之辞，我们先看看《左传》写晋灭虞虢的一段：“（僖公五年）八月甲午，晋侯围上阳，问于卜偃曰：‘吾其济乎？’对曰：‘克之。’公曰：‘何时？’对曰：‘童谣云：丙之晨，龙尾伏辰，均服振振，取虢之旂。鹑之贲贲，天策焞焞，火中成军，虢公其奔。其九月十月之交乎！’”清末李刚己评论《毛颖传》说：“筮词奇古绝伦，置之《左传》占筮词中，当无以复别。”这种口吻辞气上的模仿，真可以说是出神入化了。

韩愈的模仿《史记》《左传》，与南朝人的写“拟古”诗、唐朝人的写“选体”诗不同：他们的模仿是以“逼真”为目的，结果是愈逼真，愈呆板愈死；韩愈这里的模仿是以“逼真”为手段，结果是愈逼真，愈生动愈活。《毛颖传》之所以能取得如此突出的诙谐幽默的效果，与这点大有关系。

其四，寓伤心叹惋、愤世嫉俗于诙谐滑稽之中。一般说来，诙谐滑稽的东西容易流于轻浮，这是人们对于“俳”往往产生反感的原因。但是《毛颖传》使人读起来决不感到轻浮，这是因为它有思想，它的每一个段落，甚至一言一语，都有令人深思、令人联想的问题。它整个文章的字里行间都带着一种浓厚的感情色彩，流露着一种世态炎凉的人生慨叹。我们看看韩愈是怎样写毛颖受宠的。他说：“累拜中书令，与上益狎，上常呼为中书君。上亲决事，以衡石自程，虽宫人不得立左右，独颖与执烛者常侍，上休方罢。”“中书”在这里又是双关，始皇帝亲自决断一切大小事务，甚至“以衡石量书，日夜有程，不中程不得休息”，这在《史记》里是有记载的。说“虽宫人不得立左右，独颖与执烛者常侍”，又与毛笔的实质非常切合。但是我们应该注意作者在这里对毛颖受宠的描写是极力夸张的，而且是有意识地让它与后面的毛颖被黜作对照。请看后面：“后因进见，上将有任使，拂拭之，因免冠谢。上见其发秃，又所摹画不能称上意。上嘻笑曰：‘中书君老而秃，不任吾用。吾常谓君中书，君今不中书邪？’对曰：‘臣所谓尽心者。’因不复召，归封邑，终于管城。”这里的表象是毛颖，实指是秃笔，寄寓的是无数忠臣义士一生为君主效力，至年齿衰迈竟被抛弃的人世悲哀。王维的《老将行》、杜甫的《瘦马行》《丹青引》不都是写的这个意思吗？文章到这里作者还嫌不够酣畅，还觉得像有骨鲠在喉，于是他在后面的“太史公曰”里又补充写道：“颖始以俘见，卒见任使,秦之灭诸侯,颖与有功,赏不酬劳,以老见疏,秦真少恩哉!”如果说全文是寓言,前面几段还都比较含蓄的话,那么这里可就是画龙点睛了。

正因为《毛颖传》既有这个贯穿全文的主旨,又有我们前面说过的那些零星的到处随文而发的愤世嫉俗,有随文流露的那种人生社会的凄凉哀怨之音,因而就使这篇文章显得格外深沉,格外有气势、有力量。柳宗元敬佩地说是读它有如“捕龙蛇,搏虎豹”,苏东坡说《毛颖传》在韩愈的文章里是最“狡狯变化”的,具有“大神通”。这些都不是溢美之词。

（韩兆琦）

圬者王承福传　　韩　愈

圬之为技,贱且劳者也,有业之,其色若自得者。听其言,约而尽。问之,王其姓,承福其名,世为京兆长安农夫。天宝之乱,发人为兵,持弓矢十三年,有官勋,弃之来归,丧其土田,手镘衣食,余三十年,舍于市之主人,而归其屋食之当焉,视时屋食之贵贱,而上下其圬之佣以偿之,有余,则以与道路之废疾饿者焉。

又曰:粟,稼而生者也;若布与帛,必蚕绩而后成者也;其他所以养生之具,皆待人力而后完也。吾皆赖之。然人不可遍为,宜乎各致其能以相生也。故君者,理我所以生者也;而百官者,承君之化者也。任有小大,惟其所能,若器皿焉。食焉而怠其事,必有天殃,故吾不敢一日舍镘以嬉。夫镘易能,可力焉,又诚有功,取其直,虽劳无愧,吾心安焉。夫力,易强而有功也;心,难强而有智也,用力者使于人,用心者使人,亦其宜也,吾特择其易为而无愧者取焉。嘻!吾操镘以入贵富之家有年矣,有一至者焉,又往过之,则为墟矣;有再至三至者焉,而往过之,则为墟矣。问之其邻,或曰:噫,刑戮也。或曰:身既死,而其子孙不能有也。或曰:死而归之官也。吾以是观之,非所谓食焉怠其事而得天殃者邪?非强心以智而不足,不择其才之称否而冒之者邪?非多行可愧,知其不可而强为之者邪?将贵富难守,薄功而厚飨之者邪?抑丰悴有时,一去一来而不可常者邪?吾之心悯焉,是故择其力之可能者行焉，乐富贵而悲贫贱，我岂异于人哉！

又曰：功大者其所以自奉也博，妻与子皆养于我者也，吾能薄而功小，不有之可也。又吾所谓劳力者，若立吾家而力不足，则心又劳也，一身而二任焉，虽圣者不可能也。

愈始闻而惑之，又从而思之，盖贤者也，盖所谓独善其身者也。然吾有讥焉，谓其自为也过多，其为人也过少，其学杨朱之道者邪①？杨之道，不肯拔我一毛而利天下，而夫人以有家为劳心，不肯一动其心以畜其妻子，其肯劳其心以为人乎哉！虽然，其贤于世之患不得之而患失之者②，以济其生之欲，贪邪而亡道以丧其身者，其亦远矣！又其言有可以警余者，故余为之传，而自鉴焉。

〔注〕 ① 杨朱：战国时学者，主张“为我”学说。《孟子》《庄子》《韩非子》载有他的事迹和言论。《列子》有《杨朱篇》，多记杨朱之言以及他和墨子弟子禽滑厘的辩论。 ② 患不得之而患失之者：这是孔子说的话：“其未得之也，患得之；既得之，患失之。苟患失之，无所不至矣。”见《论语·阳货》。

圬，粉刷墙壁；圬者，粉刷墙壁的工匠，也就是“泥水匠”，这在封建社会属于所谓“贱业”。韩愈为一位操贱业的泥水匠立传，说明他不轻视劳动人民。但是，王承福是否真有其人，尚可存疑。因为通观全文，与其说是为某一位劳动人民立传，不如说宣扬或发挥作者本人的某种思想。这一点，前人看出的不多，只有清人蔡铸说：“按‘王其姓，承福其名’，不必有其人也，不必有其事也。公疾当世之‘食焉而怠其事’者，特借圬者口中以警之耳。凭空结撰，此文家无中生有法也。”(《古文评注补正全集》)这话很有见地。但韩愈所不满的，并不仅是“食焉而怠其事”一端；他所要宣扬和发挥的，乃是儒家为建立和维持封建社会组织机制而提出的“社会分工论”。

儒家的社会分工思想，集中到两句话，就是孟子说的“劳心者治人，劳力者治于人”。《孟子·滕文公上》记载孟子的谈话，举出“有大人之事，有小人之事”，百工必须各司其职，各尽其能。韩愈写了《原道》，阐发这一思想：“君者，出令者也；臣者，行君之令而致之民者也；民者，出粟米麻丝、作器皿、通货财以事其上者也。君不出令，则失其所以为君；臣不行君之令而致之民，则失其所以为臣；民不出粟米麻丝、作器皿、通货财以事其上，则诛。”后人因为这后一句“则诛”，便说韩愈站在封建反动统治阶级立场，对广大劳动人民进行威胁。这是仅从表面看问题。

从儒家主张的社会分工秩序来看，这正是维系封建社会运行机制的必要手段，何况对作为封建统治阶级的君与臣，同样也规定了他们的职责，失职的将“失其所以为”君或臣的，他们同样也要承担失职的处分。

这篇《圬者王承福传》中，泥水匠王承福的处世观点，同《孟子》和韩愈《原道》中表达的社会分工思想观点是一致的。王承福说：“然人不可遍为（指一个人不能兼做百工的事），宜乎各致其能以相生也。故君者，理我所以生者也（就是《原道》说的“君者出令者也”）；而百官者，承君之化者也（就是《原道》说的“臣者行君之令而致之民者也”）。任有小大，惟其所能（就是《孟子》说的“有大人之事，有小人之事”）……用力者使于人，用心者使人，亦其宜也（就是《孟子》说的“劳心者治人，劳力者治于人”）。”因此，可以说这篇传是《原道》的续篇。《原道》是一篇政治论文，这篇传则是一篇政治性传记，虽然王承福不必实有其人。《原道》从理论上对儒家社会分工论作了论证，这篇传则落实到社会生活中的具体个人，用较为艺术的手法证实儒家拥护的封建社会存在的正确性与合理性。

但是，王承福不是一个艺术形象。在韩愈笔下，他不是一个活生生的人物，韩愈无意为他点染音容笑貌。在这篇传里，他被描写成为一个社会思想者和社会观察者。通过他的思考，肯定社会分工的必要性，统治阶级有权统治劳动人民，劳动人民有义务服从统治阶级的统治。通过他的眼睛，观察“贵富之家”即统治阶级“食焉而怠其事”所受到的惩罚，如他所说的“必有天殃”，对他们提出了警告。他列举了“贵富之家”所受的“天殃”：“刑戮也”，“身既死，而其子孙不能有也”，“死而归之官也”。这些，他都归之于“食焉而怠其事”所致。其实，这是封建统治阶级内部周期性的财产与权势再分配的循环，任何时代都在不断重复出现的。王承福看到这种现象，他也发出这样的疑问：“将贵富难守，薄功而厚飨之者邪（付出很少的劳绩，得到过分的报酬）？抑丰悴有时（贵与贱、好与坏不时交替变换），一去一来而不可常（永久）者邪？”似乎提出问题，但只要去掉前后的疑问语词，答案已在其中。王承福之能够得出这样的结论，因为他站在第三者亦即旁观者的立场，所以他是一个社会观察者。只有头脑冷静的人，才能做出这样的分析。

照此看来，王承福已经超越了他作为劳动人民的思想，韩愈笔下的这个人物是否真实可信呢？王承福既是泥水匠，处于社会的底层，是被剥削者，怎么可能拥护剥削阶级的统治呢？但是，我们知道，“统治阶级的思想就是统治的思想”，王承福接受并拥护当时封建统治阶级的思想，是完全可能的。此其一。儒家的社会分工论，“劳心者治人，劳力者治于人”的论点，过去曾被认为是封建统治阶级的反动谬论，但从劳动分工的角度看，确有脑力与体力之分，不能一概斥之为欺骗人民的反动谬论。社会的分工，任何时代都是必要的，主要看站在什么立场讲话。此其二。因此，王承福不是人为制造出来的虚假代言人，而是当日社会的真实人物。前面曾说王承福不必实有其人，这里又说他是真实的人物，不是前后矛盾吗？不必实有其人，并不是说没有这一类型的人物。像王承福这一类型的人物，在封建社会里还是普遍存在的，不过认识有深浅，性格有差异罢了。

然而王承福虽然接受了儒家的社会分工思想，安于"劳心者治人，劳力者治于人"的分工观点，却不是一个积极分子。他自居劳力，不愿再去劳心；劳力只求养活自己，不愿再去劳心养育妻子。他的理论是"若立吾家而力不足，则心又劳也，一身而二任焉，虽圣者不可能也"。这同儒家的积极有为思想是直接违背的，因此韩愈一方面肯定他贤于那些患得患失和贪邪亡道之徒，但也严厉批评他"不肯一动其心以畜其妻子"的"其自为也过多，其为人也过少"的杨朱思想。他写这篇传的用意也就在此。

从结构来看，这篇传由四段构成。第一段叙述王承福的出身和经历；第二段由王承福自述他对社会分工的看法，以及他对"贵富之家"兴衰丰悴的感慨；第三段仍由王承福自述他的"独善其身"的处世哲学；第四段则是作者韩愈对王承福的评论，揭出写传的主旨所在。各段有明确的中心，言简意赅，语语相扣，一气而下。如第二段写"贵富之家"的败落衰亡，连用三个"或曰"和三个"非"如何如何，既是并列句，层次很分明，又是一句追一句，把王承福眼中的所闻所见说得何等透彻，确是道出了封建社会的痼疾。

安史之乱在天宝末年(755)，王承福从军"持弓矢十三年"，则是代宗大历三年(768)；又三十年，是德宗贞元十四年(798)，这年韩愈在汴州宣武军幕府。传中说"余三十年"是三十多年，王承福在长安已做了多年的泥水匠；贞元十七年，韩愈来京师调选，是年三十四岁，这篇传可能就是这年作的。

这篇作品名为"传"，但以说理为主，不论其思想或艺术，都显示了韩愈散文的特色，不回避社会问题，面对现实，观察深刻，鞭辟入里，是一篇值得仔细阅读的文章。

（钱伯城）

新修滕王阁记

韩 愈

愈少时则闻江南多临观之美，而滕王阁独为第一，有瑰伟绝特之称；及得三王所为序、赋、记等①，壮其文辞，益欲往一观而读之，以忘吾忧；系官于朝，愿莫之遂。十四年，以言事斥守揭阳②，便道取疾以至海上，又不得过南昌而观所谓滕王阁者。其冬，以天子进大号，加恩区内，移刺袁州③。袁于南昌为属邑，私喜幸自语，以为当得躬诣大府，受约束于下执事，及其无事且还，傥得一至其处，窃寄目偿所愿焉。至州之七月，诏以中书舍人太原王公④为御史中丞，观察江南西道；洪、江、饶、虔、吉、信、抚、袁悉属治所⑤。八州之人，前所不便及所愿欲而不得者，公至之日，皆罢行之。大者驿闻，小者立变，春生秋杀，阳开阴闭，令修于庭户数日之间，而人自得于湖山千里之外。吾虽欲出意见，论利害，听命于幕下；而吾州乃无一事可假而行者，又安得舍己所事以勤馆人？则滕王阁又无因而至焉矣！

其岁九月，人吏浃和，公与监军使燕于此阁，文武宾士皆与在席。酒半，合辞言曰："此屋不修，且坏。前公为从事此邦，适理新之，公所为文，实书在壁；今三十年而公来为邦伯，适及期月，公又来燕于此，公乌得无情哉？"公应曰："诺。"于是栋楹梁桷板槛之腐黑挠折者，盖瓦级砖之破缺者，赤白之漫漶不鲜者，治之则已；无侈前人，无废后观。

工既讫功，公以众饮，而以书命愈曰："子其为我记之！"愈既以未得造观为叹，窃喜载名其上，词列三王之次，有荣耀焉；乃不辞而承公命。其江山之好，登望之乐，虽老矣，如获从公游，尚能为公赋之。

元和十五年十月某日，袁州刺史韩愈记。

〔注〕① 三王所为序、赋、记：旧本有注云："王勃作游阁序，王绪作赋，今中丞王公为从事日作修阁记。""今中丞王公"即王仲舒，详注④。　② 以言事斥守揭阳：唐宪宗元和十四年正月，韩愈以上疏论佛骨事，自刑部侍郎贬潮州刺史。揭阳为潮州的别称，今广东潮州市西南有揭阳县。　③ 移刺袁州：元和十四年七月，群臣为宪宗上尊号曰"元和圣文神武法天应道皇帝"，大赦天下。韩愈于同年十月得量移袁州刺史。　④ 太原王公：《旧唐书·王仲舒传》："王仲舒，字弘中，太原人。（元和十五年正月）穆宗即位，复召为中书舍人，其年出为洪州刺史、御史中丞、江南西道观察使。"　⑤ 洪、江、饶、虔、吉、信、抚、袁：皆属江南西道州郡。洪州治今南昌，江州治今九江，饶州治今波阳，虔州治今赣州，吉州治今吉安，信州治今上饶，抚州治今临川，袁州治今宜春。

滕王阁，故址在今江西南昌市，前临赣江，风景秀丽。唐高祖子李元婴于贞观十三年(639)受封为滕王，曾官洪州都督，他在任期间主持兴建了此阁，故称滕王阁。阁以人称，声名益彰，遂成为洪州游览胜地。迁客骚人，多会于此，登临寄慨，览物情浓，每每泼墨挥毫，吟诗撰文，歌颂滕王阁。其中最为人称道的是王勃的《秋日登洪府滕王阁饯别序》，序文用骈体写成，词采华丽，对仗工整，顺序写来，层次清晰，气势奔放，意境开阔，历来脍炙人口。此文一出，致使后来者难以超步。中唐古文运动的领袖韩愈不愧为一代文宗，才情富赡，勇于创新，笔力矫健，难以羁勒。故他的这篇《新修滕王阁记》，能避开对滕王阁本身及四周景物的正面描绘，独辟蹊径，以情取胜。

作者并未到过洪州，也未曾游览过滕王阁，文章提笔便抒发自己对滕王阁的向往之情："愈少时则闻江南多临观之美，而滕王阁独为第一，有瑰伟绝特之称"。这个开头大有笼罩全篇之势，作者推窗见月，以江南多临观之美，来烘托出美中最美的要数滕王阁"独为第一"。"瑰伟绝特"四字，则是对滕王阁最集中的赞美之辞。正因为如此，阁名久闻遐迩，作者从少小时便知滕王阁为江南第一胜观。等到读了王勃等人描写滕王阁的文章后，"益欲往一观"。这在文势上是一扬，写渴望之久、渴望之切。然而因"系官于朝"，繁务缠身，所以"愿莫之遂"。这在文势上是一抑。下面又写自己有幸"移刺袁州"，袁州乃南昌属邑，满以为这下子该有机会偿其夙愿，登临滕王阁了。这在文势上又是一扬。作者以"私喜幸""窃寄目偿所愿焉"等语，十分准确地传达出作者内心深处抑制不住的兴奋之情。可是又正好碰上御史中丞王公来任江南西道观察使，王公办事干练，公允得当；兴利除弊，雷厉风行，所以自己虽然想去南昌"躬诣大府"，"出意见，论利害"，顺便观赏滕王阁，但竟无意见可出，无利害可陈，这样"滕王阁又无因而至焉矣"！这在文势上又是一抑。如此两扬两抑，文情起伏，顿挫分明，使人随着作者的行文，忽喜忽叹，乍惊乍疑。俗话说：为人贵直，为文贵曲。文须曲折跌宕，才能产生扣人心弦的艺术魅力。韩愈乃为文之大手笔，即便是一篇仅五百余字的普通小记，行文也不愿平直简率，充分显示出其超迈的笔力和独特的个性。

文章的第二节，叙述了新修滕王阁一事的缘起。九月深秋，王公与监军使及文武宾士宴于滕王阁，"人吏浃和"，主客交欢，畅饮至酒半，大家一起建议王公重修滕王阁，王公应诺。这一节行文极其简洁，对新修滕王阁的具体过程仅用"于是栋楹梁桷板槛之腐黑挠折者，盖瓦级砖之破缺者，赤白之漫漶不鲜者，治之则已"等寥寥数语，便概括无遗。结句"无侈前人，无废后观"八字，含义尤其丰富。修滕王阁既要修好，以造福子孙，遗泽后世；又没有奢侈过度，劳民伤财。这八个字言虽在阁而意实在人，是对主持修阁者王公为政务实精神的一种巧妙赞美。

行文最后才点题，说明自己是受王公之命而撰写这篇《新修滕王阁记》的。虽然“以未得造观为叹”，但“窃喜载名其上”，故“不辞而承公命”。文章以渴望已久却未能造观滕王阁的感叹起，又以最终也未得造观滕王阁的感叹结，气脉贯通，章法井然。

本文侧重叙事，在叙事中抒情。一是叙述自己一直渴望游览滕王阁的心愿，抒发对名阁的热切向往之情。二是叙述御史中丞王公治理江南西道的卓著政绩，抒发对王公的仰慕之情。作者写“八州之人，前所不便及所愿欲而不得者，公至之日，皆罢行之。大者驿闻，小者立变，春生秋杀，阳开阴闭，令修于庭户数日之间，而人自得于湖山千里之外”。表面上语语平淡，实质上句句颂扬王公的才能和德政。尤为巧妙的是，作者说自己虽然想找一个原由去南昌谒见王公，提提建议，顺便游览一下滕王阁，但“虽欲出意见，论利害，听命于幕下；而吾州乃无一事可假而行者”。在为又无机会游览滕王阁的深深慨叹中，含而不露地表达了对王公的由衷赞叹！诚如前人所评价的那样：“寻常颂扬文字，经退之之手，便觉瑰玮巨丽，简老深括，敻绝于人。”（张裕钊语。转引自《韩昌黎文集校注》）

记叙某一处作者并未曾身临其境的名胜，反复抒写不得造观的感叹，这种作文路径，乃韩愈首先开创。此法门一开，后人遂争相效仿，如宋代欧阳修为襄州知州史中辉撰《岘山亭记》、苏舜钦为处州知州李然明撰《照水堂记》、苏轼为眉州知州黎希声撰《远景楼记》等等，文辞虽异而大意略同。这种模仿不是不可以，但过则为滥。对此，曾国藩曾评道：“反复以不得至彼为恨，此等蹊径自公辟之，亦无害；后人踵之以千万，乃遂可厌矣。故知造意之无关义理者，皆不足复陈也。”（转引同前）此论大体上是中肯的。　（程郁缀）

蓝田县丞厅壁记　　韩　愈

丞之职所以贰令，于一邑无所不当问。其下主簿、尉，主簿、尉乃有分职。丞位高而逼，例以嫌不可否事。文书行，吏抱成案诣丞。卷其前，钳以左手，右手摘纸尾，雁鹜行以进，平立，睨丞曰“当署”。丞涉笔占位署，惟谨。目吏，问“可不可”。吏曰“得”，则退，不敢略省，漫不知何事。官虽尊，力势反出主簿、尉下。谚数慢，必曰“丞”，至以相訾謷①。丞之设，岂端使然哉！

博陵崔斯立，种学绩文，以蓄其有，泓涵演迤[②]，日大以肆。贞元初，挟其能，战艺于京师，再进再屈千人[③]。元和初，以前大理评事言得失黜官，再转而为丞兹邑。始至，喟然曰："官无卑，顾材不足塞职。"既噤不得施用，又喟然曰："丞哉！丞哉！余不负丞，而丞负余！"则尽枿去牙角[④]，一蹑故迹，破崖岸[⑤]而为之。

丞厅故有记，坏漏污不可读。斯立易桷[⑥]与瓦，墁治壁[⑦]，悉书前任人名氏。庭有老槐四行，南墙巨竹千梃，俨立若相持，水㶁㶁循除[⑧]鸣。斯立痛扫溉，对树二松，日哦其间。有问者，辄对曰："余方有公事，子姑去。"

考功郎中、知制诰韩愈记。

〔注〕 ① 訾謷(zǐ áo 紫敖)：诋毁。 ② 泓涵演迤：宏深广大，源流绵长，形容学识深厚广博。 ③ 屈千人：一说作"屈□人"。 ④ 枿(niè 涅)去牙角：去掉锐气和棱角。 ⑤ 崖岸：比喻人的性情高傲。破崖岸也是磨去棱角的意思。 ⑥ 桷(jué 决)：方的椽子。 ⑦ 墁治壁：粉刷好墙壁。墁是涂壁的工具，这里作动词用。 ⑧ 㶁(guó 国)㶁：水流声。除：庭阶。

此文作于唐元和十年(815)，当时韩愈四十岁，正任考功郎中兼知制诰。这篇文章通过描写对待县丞不近情理的种种表现，抨击封建官场的弊病，为有职而无实权、有才而不得用的知识分子鸣不平，具有鲜明的现实针对性和尖锐的批判锋芒。

前人曾称此文"真古今有数奇文"(清林云铭《韩文起》)。确实，它奇妙独特，精彩绝伦，艺术性很高。

首先，写法新。旧时官府的厅壁记，是专门用来记叙前后任的姓名及其履历，书写在厅堂的墙壁上，有一定的格式。唐封演的《封氏闻见记》卷五云："朝廷百司诸厅，皆有壁记，叙官秩创置及迁授始末。原其作意，盖欲著前政履历而发将来健羡焉。故为记之体，贵其说事详雅，不为苟饰。"这类作品容易写成平板乏味的官样文章，或者成为虚夸不实的粉饰之作。而韩愈的这篇厅壁记，却一反旧例，生面别开。它没有繁琐地罗列蓝田县丞前后任的姓名履历，而是通过一些具体、生动的事例，以小见大，以少总多，着重揭示社会相，从一个侧面勾勒当时官场活生生的图画，让人真切地感到其荒谬，笔带嘲谑，语挟风霜，揭露弊病，反映知识分子怀才不遇的苦闷。"丞哉！丞哉！余不负丞，而丞负余"，崔斯立的感叹就饱和着有才之士报国无门的无限辛酸。全文寓庄于谐，寄意深婉，形式上是一篇厅壁记，实际是尖锐泼辣的讽刺小品文。韩文那种“道人之所不道，到人之所不到”（孙樵《与王霖秀才书》）的创造性和新鲜感，在这里又一次得到突出的体现。

其次，结构巧。此文灵动多变而又布局严谨，臻于形散神不散的极致。全文分两大段。第一段说明使县丞“例以嫌不可否事”的旧习惯之不合理。开头说县丞是一县的副行政长官（贰令），“无所不当问”，似乎职权很大。然后笔锋一转，写丞由于职位逼近县令，容易引起县令对其“争权”的疑忌，为了避嫌，照例对公事不加可否，实际是无一事可问。接着写丞木偶似地在公文上签字的尴尬相，写民间俗语说到闲散多余的官员总是提到丞，有时甚至以“丞”作为相互谩骂的话。或详叙，或略写，一一加以印证。最后以“丞之设，岂端使然哉”的感叹作小结，点出这种局面的产生不合设置县丞的本意，使人领悟到这种弊病是官场浑浊的产物。第二段具体地写到崔斯立怀抱用世之心担任蓝田县丞，却有职无权，无所作为。这是文章的重点所在，又是上段内容的具体化。起首先渲染崔的才能学识和志向抱负，这是采取高抬重跌的手法，为下文写崔的失意作衬托。后叙崔在碰壁以后，感叹无用武之地，逐渐磨去棱角，以种树吟诗度日，进一步揭露了官场陋习导致无数知识分子怀才不遇的悲剧。这两段分别从宏观和微观的角度来描写，从一般和个别的意义上来揭示，宏观和微观的互相结合，一般和个别的交相作用，从而深刻而形象地揭示了文章的主旨。此文不仅结撰精严，而且机警灵动。它在宏观描写中又时时包含着微观刻画，如第一段中，丞在公文上签字的叙写就是典型的例子；同时，在个别描摹中又融合着一般意义上的揭示，如第二段在对崔斯立遭遇的具体描写中，那“丞哉！丞哉”的喟叹就提到了触及官场积弊的高度。总体描写和具体刻画互相渗透，错综变化，腾挪跌宕；宏观展示和微观摹写前后衔接，遥相呼应，浑然一体，结构精巧而又和谐。

再者，叙事状物活。厅壁记往往被写成板着面孔记事议论的严肃文字，而韩愈的这篇文章却写得生动活泼，谐趣横生。其重要原因之一是重视细节描写，善于选取典型性的场景加以具体入微的刻画，把所要表现的事物写得鲜明生动，栩栩欲活。第一段写丞为了怕引起县令对夺权的疑忌，于是只好遇事不多过问，尽量回避，而县吏看准了县令不愿丞多插手的心思，也把丞看作县衙门中多余的人，这样就使县丞处在木偶般的难堪境地。对这些，作者不是停留在抽象叙说上，而是选取县丞在公文上签字的典型情景加以描绘。短短几句，把封建官场中一幕苦涩的滑稽剧写得惟妙惟肖，声情毕现。那县吏仗势欺人，根本不把县丞放在眼里的势利嘴脸；那县丞逆来顺受，签字时不敢要求看公文内容一眼，只知拿起笔小心谨慎地在规定的地方署名的可怜相，都刻画得入木三分，完全是一副生动的小说笔墨。第二段写崔斯立担任蓝田县丞后，由于有职无权，只得无所事事，也选择了一个典型的细节进行描摹：他在庭院里种上松树，整天在其间吟咏。别人问他，他总是说："余方有公事，子姑去。"以无事为公事，在这种自我解嘲中，熔铸着知识分子有才而不能施展抱负的悲愤和不平。这样写，不仅形象具体，而且反话正说，有着强烈的悲剧色彩。此文活泼灵变的又一原因，是语言精练准确，生动传神。韩文往往文约意丰，尺幅具千里之势。全文才三百多字，可是有描写，有感叹，有议论，或正叙，或反嘲，或义在文中，或意在言外，以少许的文字表现了丰富的内容。描写县丞的办公厅说："庭有老槐四行，南墙巨竹千梃，俨立若相持，水灖灖循除鸣。"寥寥几笔，就写出了环境的幽雅冷清，可是环境越清幽，就越显出了县丞崔斯立的闲散无聊，我们仿佛看到主人公在这样的处境中，那颗渴望一展宏图的心在流血。作者还善于准确地选择富有表现力的词语叙事写人。如写吏持公文让丞签字的情景："卷其前，钳以左手，右手摘纸尾，雁鹜行以进。"县吏早已视丞为傀儡，所以他用手紧紧夹住卷起的公文，只让丞看到该签名的纸尾部分。一个"钳"字，精确地写出了吏的动作，又把他不让丞多看一眼公文内容的心理淋漓尽致地展现出来了。接着写："平立，睨丞。"平立，直立，不屈身示礼；睨是斜视。直立而斜视，又写尽了县吏对丞的轻蔑态度。下面叙丞签字后和吏的对话："目吏"问"可不可"，吏曰"得"。"得"，就是"行了""可以"的意思。这个口语化的"得"字，如闻其声，如见其人，再次形象地突现出县吏鄙视的神情。官场中的势利小人，被刻画得活龙活现，跃然纸上，充分显示作者卓越的语言技巧。

（吴小林）

祭十二郎文　　韩 愈

年月日①，季父愈闻汝丧之七日，乃能衔哀致诚，使建中②远具时羞之奠，告汝十二郎之灵：

呜呼！吾少孤，及长，不省所怙，惟兄嫂是依。中年兄殁南方③，吾与汝俱幼，从嫂归葬河阳④，既又与汝就食江南⑤；零丁孤苦，未尝一日相离也。吾上有三兄⑥，皆不幸早世。承先人后者，在孙惟汝，在子惟吾，两世一身，形单影只，嫂尝抚汝指吾而言曰："韩氏两世，惟此而已！"汝时尤小，当不复记忆;吾时虽能记忆,亦未知其言之悲也。

吾年十九,始来京城[7]。其后四年,而归视汝。又四年,吾往河阳省坟墓,遇汝从嫂丧来葬[8]。又二年,吾佐董丞相幕于汴州[9],汝来省吾;止一岁,请归取其孥。明年丞相薨,吾去汴州[10],汝不果来。是年,吾又佐戎徐州[11],使取汝者始行,吾又罢去[12],汝又不果来。吾念汝从于东,东亦客也,不可以久;图久远者,莫如西归,将成家而致汝。呜呼!孰谓汝遽去吾而殁乎!吾与汝俱少年,以为虽暂相别,终当久相与处,故舍汝而旅食京师,以求斗斛之禄;诚知其如此,虽万乘之公相,吾不以一日辍汝而就也。

去年孟东野往[13],吾书与汝曰:"吾年未四十,而视茫茫,而发苍苍,而齿牙动摇。念诸父与诸兄,皆康强而早世,如吾之衰者,其能久存乎?吾不可去,汝不肯来;恐旦暮死,而汝抱无涯之戚也。"孰谓少者殁而长者存,强者夭而病者全乎?呜呼!其信然邪?其梦邪?其传之者非其真邪?信也,吾兄之盛德,而夭其嗣乎?汝之纯明,而不克蒙其泽乎?少者强者夭殁,长者衰者而存全乎?未可以为信也。梦也,传之非其真也?东野之书[14],耿兰之报[15],何为而在吾侧也?呜呼!其信然矣!吾兄之盛德,而夭其嗣矣!汝之纯明宜业其家者,不克蒙其泽矣!所谓天者诚难测,而神者诚难明矣!所谓理者不可推,而寿者不可知矣!虽然,吾自今年来,苍苍者或化而为白矣,动摇者或脱而落矣。毛血日益衰,志气日益微,几何不从汝而死也!死而有知,其几何离?其无知,悲不几时,而不悲者无穷期矣。汝之子始一岁[16],吾之子始五岁[17],少而强者不可保,如此孩提者又可冀其成立邪?呜呼哀哉!呜呼哀哉!

汝去年书云:"比得软脚病,往往而剧。"吾曰:"是疾也,江南之人,常常有之。"未始以为忧也。呜呼!其竟以此而殒其生乎?抑别有疾而至斯极乎?汝之书,六月十七日也。东野云:汝殁以六月二日。耿兰之报无月日。盖东野之使者不知问家人以月日；如⑱耿兰之报，不知当言月日。东野与吾书，乃问使者，使者妄称以应之耳。其然乎？其不然乎？

今吾使建中祭汝，吊汝之孤与汝之乳母。彼有食可守以待终丧，则待终丧而取以来；如不能守以终丧，则遂取以来。其余奴婢，并令守汝丧。吾力能改葬，终葬汝于先人之兆⑲，然后惟其所愿。

呜呼！汝病吾不知时，汝殁吾不知日；生不能相养以共居，殁不能抚汝以尽哀，敛不得凭其棺，窆不得临其穴。吾行负神明，而使汝夭，不孝不慈，而不得与汝相养以生，相守以死；一在天之涯，一在地之角，生而影不与吾形相依，死而魂不与吾梦相接，吾实为之，其又何尤！彼苍者天，曷其有极！自今已往，吾其无意于人世矣！当求数顷之田于伊、颍⑳之上，以待余年，教吾子与汝子，幸其成；长吾女与汝女，待其嫁，如此而已！呜呼！言有穷而情不可终，汝其知也耶？其不知也耶？呜呼哀哉！尚飨。

〔注〕 ① 年月日：指写此祭文的时间。《文苑英华》卷九九三《祭侄老成文》作"贞元十九年五月二十六日"，但下文有"汝之书六月十七日"的话，且祭文又作于闻老成死讯后之七日，故《英华》作"五月"当误。 ② 建中：当是韩愈的家仆。 ③ 中年兄殁南方：韩愈之兄韩会于大历十二年(777)五月，由起居舍人贬为韶州(治所在今广东韶关市)刺史，不久病死，时年四十二岁。 ④ 河阳：今河南孟县西，韩氏先茔所在地。 ⑤ 江南：指宣州(今安徽宣城)。韩氏有别业在宣州。建中二年，因中原兵乱，韩愈全家避居于此。 ⑥ 吾上有三兄：从已有的材料看，韩愈只有长兄韩会、次兄韩介，三兄名不详，或死时尚幼，未及命名。 ⑦ 始来京城：贞元二年(786)韩愈十九岁，离宣州到长安参加进士考试。 ⑧ 遇汝从嫂丧来葬：韩愈长嫂郑氏于贞元九年死于宣州。贞元十一年，韩愈往河阳祭扫祖坟，正遇十二郎送其母灵柩归葬。 ⑨ 佐董丞相幕于汴州：贞元十二年七月，董晋拜检校尚书左仆射同中书门下平章事、汴州刺史、宣武军节度副大使知节度事、管内支度营田汴宋亳颍等州观察处置等使，任韩愈为观察推官。唐自天宝元年，改左右丞相为左右仆射，故董晋以尚书左仆射有"丞相"之称。汴州，今河南开封。 ⑩ 吾去汴州：《新唐书·韩愈传》："晋卒，愈从丧出，不四日，汴军乱，乃去。"时为贞元十五年二月。 ⑪ 吾又佐戎徐州：《新唐书·韩愈传》："依武宁节度使张建封，建封辟府推官。"时张建封为徐州刺史兼武宁军节度使。韩愈于贞元十五年二月末抵徐州，张建封居之于符离睢上，及秋将辞去，建封辟为节度推官。 ⑫ 吾又罢去：韩愈于贞元十六年五月十四日所作《题李生壁》云："余黜于徐州，将西居于洛阳。"韩愈在徐州任节度推官不足一年，大概与张建封不合，故去。 ⑬ 去年孟东野往：孟郊，字东野，与韩愈交谊极厚。去年：贞元十八年。按孟郊于贞元十七年春在长安选官，出任溧阳(今属江苏)县尉。时韩愈亦在京谒选无成，三月东归，有《将归

赠孟东野房蜀客》诗。溧阳离宣州不远，故韩愈托其带信给十二郎。孟郊在溧阳尉任二年，而韩愈东归洛阳，十七年冬复赴京选调，授四门博士，迁监察御史，此两年间一直在长安，无由复托孟郊带信。此“去年”二字不可拘泥。　⑭ 东野之书：十二郎死后，孟郊在溧阳得知，有信告韩愈。　⑮ 耿兰：当是韩家在宣州的家人，他也给韩愈报十二郎之丧。　⑯ 汝之子始一岁：十二郎有二子，长韩湘，次韩滂。韩愈于元和十四年(819)正月贬潮州刺史，湘与滂俱从行。同年冬韩愈改袁州刺史，湘、滂随至袁州，滂数月后病死，时年十九岁(见《韩滂墓志铭》)，为贞元十八年生，是“始一岁”者为滂。一本“一岁”作“十岁”，则指韩湘。朱熹《昌黎先生集考异》正从作“十岁”本，云：“‘十’或作‘一’。老成二子曰湘，曰滂。滂以季子出继，则湘固宜十岁也。”⑰ 吾之子始五岁：此指韩愈之长子韩昶，于贞元十五年生于徐州之符离，小名曰“符”。⑱ 如：通“而”。唐陆德明《经典释文·序录》谓当时语音之讹，有曰“如、而靡异，邪、也弗殊”。⑲ 先人之兆：谓河阳韩氏先茔。　⑳ 伊、颍：伊河和颍河，均在今河南省境内。

人们不幸失去亲人时，悲痛至极，情之所至，往往呼天抢地，捶胸顿足，甚而至于痛不欲生。《祭十二郎文》就是倾诉此情此景的一篇哀婉动人的文章。文章是身为长辈的韩愈为先逝的晚辈十二郎写的祭文。依常情，老祭少，本身就是一个悲剧；再追思韩氏两代人之间特殊的家庭环境和生活遭际，其悲惨之情就更非寻常可比了。因此，当贞元十九年(803)五月，在长安监察御史任上的韩愈突然得知十二郎病死异乡的噩耗时，如雷轰顶，竟茫然不知所措。直到七天之后，痛定思痛，才以这篇被后世誉为“千年绝调”的祭文倾吐了叔侄间患难与共、生离死别的无限悲伤之情。

文章是按时间顺序写的，首告闻丧以致哀，然后以“吾少孤”一段痛忆家世。原来，韩愈三岁丧父，其后便由长兄韩会及嫂嫂郑夫人抚养。韩愈二兄韩介之次子韩老成，即十二郎，出嗣韩会为子，与韩愈同在韩会夫妇抚育下成长，叔侄情同骨肉，亲如手足。后来，韩会不幸去世，这样，韩氏两代人中，“承先人后者”唯韩愈与十二郎叔侄二人，零丁孤苦，形影难离。写到这，作者笔锋一顿，忽然忆起嫂夫人郑氏当年因是而发的“韩氏两世，惟此而已”的深长慨叹，情深意惨，苦楚倍增。接下“吾年十九”一段，写作者为了生活南奔北走，叔侄再少见面的情形。特别是后来虽几度相约而十二郎终“不果来”，原以为“俱年少”，“虽暂相别，终当久相与处”，不愁没有再聚的机缘。然而万没料到，“不果来”，而终成死别。这是无法挽回的悔恨，给作者的刺激和打击太深太重了，以致痛呼“诚知其如此，虽万乘之公相，吾不以一日辍汝而就也”，早知今日，悔不当初，但为时已晚，于今只能抱无穷之恨了。这悔恨和自责，是韩愈对十二郎无限深情的自然流露，也是对自己往日为追求功名富贵，“俯首帖耳，摇尾而乞怜”(《应科目时与人书》)的仕途生涯的反省和批判。以上叙早期生活与离阔之情，以叙事为主，间或抒情。

以下“去年孟东野往”及“汝去年书云”两段，陈述闻死讯后将信将疑之状和对死因、死期的追想。写法上虽仍以叙事为线索，但由于所叙之事愈来愈接近死者的末期，笔调愈加低沉，抒情的气息亦愈加浓郁。特别是闻死讯之初那将信将疑、恍惚迷离之状的陈说，更是如泣如诉，悲痛至极，达到了抒情的高峰。前者叙少年时期患难与共的生活和生离死别的情景，是“已然”之事，多在情理和意料之中，故以凄苦悲伤为主调；而此叙死讯之来则如晴天霹雳，是突然的袭击，令人茫然不知所措，盼其“未然”，故以惊愕怀疑为基干。这里值得特别注意的是，作者采用“反差”手法以增强抒情的艺术效果：作者自揣眼花，发白，齿摇，体衰，不能久存；而十二郎少壮康强，且蒙“吾兄之盛德”，理当存全。但事实却偏偏相反，“少者强者而夭殁，长者衰者而存全”。事情如此出乎意料，以至顿生真邪梦邪、信也不信也的种种怀疑。然而，事实是无情的，不可移易的，因为“东野之书，耿兰之报”就在身旁。事实确在，彻底打破了原来“梦也”的幻想。幻想破灭，于是情不自禁地向天理、神明、寿命发出了一连串愤愤不平的质疑和冲击！问天无语，问神不应，遂生“几何不从汝而死也”的念头，至此感情的悲愤已至其极。但一想到双方两个幼子，想到对他们的抚养和期望，又不得不回到求生的现实中来。结尾处两个“呜呼哀哉”连用，既表现了思绪的起伏跌宕，又示以神情的无可奈何之状，使读者同坠于悲哀迷惘之中而不觉。

“今吾使建中祭汝”至结尾为最后一大段，叙丧后的安排并进一步抒发与十二郎“生不能相养以共居，殁不能抚汝以尽哀”的内疚和憾恨。结穴仍以抒情为主，与前面相比，不同的是这里突出一个“愧”字，因为两个“不能”“不得”而愧对“神明”，愧对父兄，也愧对夭殁的十二郎。于是痛极生悲，发出“彼苍者天，曷其有极”的呼喊，甚至“无意于人世”，只求“数顷之田”抚养子孙以待余年。

古人写祭文常有一套固定的格式，内容多为对死者生平的追述和赞颂，形式多为骈文或四言韵文。《祭十二郎文》却一破常规，内容上既无赞颂之词，形式上也不用骈文、韵语，而用自由活泼的散文体来抒写无尽的哀思。这是它独辟蹊径之处。然而，它之所以被后人誉为“千年绝调”，主要还在于：

一是行文质朴自然，情深语切，感人至深。苏轼把《祭十二郎文》与《出师表》《陈情表》并举，称其“惨痛悲切，皆出于至情之中，不期然而然也”（清章懋勋《古文析观解》卷五引）。这话不假。通篇叙家人亲情，所取皆“俗情俗事”，且完全是发自肺腑的至性真情，故给人以质朴自然，如泣如诉，仿佛“一面哭一面写，字字是血，字字是泪”的真实而又惨痛的感觉。有人说它“未免俗韵”，其实，感人动人之处正在于此。二是语言运用上的复沓重叠，回环转折，变化多姿。如始写对死讯的将信将疑，以“信邪”“真邪”“梦也”反复申说，用一连串的疑问语气状其迷离惝恍之态，使表达效果倍增。再如同样是自叙衰老的情状，先是“而视茫茫，而发苍苍，而齿牙动摇”，随又“苍苍者或化而为白矣，动摇者或脱而落矣”，语意基本相同，但表达上略加变化，就显得错落有致，生动活泼。同样，最后一段两个“不知”“不能”“不与”句的运用，意亦颇雷同，却给人以变化多姿的感觉。最后还值得一提的是，这篇祭文在语助词的运用上，也颇见功夫。与论说文不同，哀祭的文字不是一气贯注的，尤其是“以痛哭为文章”的《祭十二郎文》，更是在“夹哭夹写”中完成的，这就需要靠助语的穿插缀合以示抑扬顿挫。诚如宋费衮《梁溪漫志》所云：“退之《祭十二郎文》一篇，大率皆用助语。其最妙处，自‘其信然耶’以下，至‘几何不从汝而死也’一段，仅三十句，凡句尾连用‘耶’字者三，连用‘乎’字者三，连用‘也’字者四，连用‘矣’字者七，几于句句用助辞矣！而反复出没，如怒涛惊湍，变化不测，非妙于文章者，安能及此！”

（萧澄宇）

祭河南张员外文　　韩　愈

维年月日，彰义军行军司马守太子右庶子兼御史中丞韩愈①，谨遣某乙以庶羞清酌之奠，祭于亡友故河南县令张十二员外②之灵。

贞元十九，君为御史；余以无能，同诏并跱。君德浑刚，标高揭己；有不吾如，唾犹泥滓。余戆而狂，年未三纪③；乘气加人，无挟自恃。

彼婉娈者，实惮吾曹；侧肩帖耳，有舌如刀。我落阳山，以尹鼯猱④；君飘临武，山林之牢。岁弊寒凶，雪虐风饕；颠于马下，我泗君咷。夜息南山，同卧一席；守隶防夫，抵顶交跖。洞庭漫汗，粘天无壁；风涛相豗，中作霹雳；追程盲进，飒⑤船箭激。南上湘水，屈氏所沉；二妃行迷，泪踪染林；山哀浦思，鸟兽叫音。余唱君和，百篇在吟。

君止于县，我又南逾；把盏相饮，后期有无。期宿界上，一夕相语；自别几时，遽变寒暑。枕臂欹眠，加余以股，仆来告言，虎入厩处，无敢惊逐，以我骡去。君云是物，不骏于乘；虎取而往，来寅其征。我预在此，与君俱膺；猛兽果信，恶祷而凭。

余出岭中，君俟州下；偕掾江陵，非余望者。郴山奇变，其水清写；泊沙倚石，有遌无舍。衡阳放酒，熊咆虎嗥；不存令章，罚筹猬毛。委舟湘流，往观南岳；云壁潭潭，穹林攸擢。避风太湖，七日鹿角，钩登大鲇，怒颊豕豞；脔盘炙酒，群奴余啄。走官阶下，首下尻高；下马伏途，从事⑥是遭。

予征博士，君以使已，相见京师，过愿之始。分教东生⑦，君掾雍首⑧，两都相望，于别何有。解手背面，遂十一年；君出我入，如相避然；生阔死休，吞不复宣。

刑官属郎，引章讦夺⑨；权臣不爱，南昌是斡⑩。明条谨狱，氓獠户歌；用迁澧浦⑪，为人受瘥。还家东都，起令河南；屈拜后生，愤所不堪。屡以正免，身伸事蹇；竟死不升，孰劝为善！

丞相南讨，余辱司马；议兵大梁，走出洛下。哭不凭棺，奠不亲斝；不抚其子，葬不送野；望君伤怀，有陨如泻。铭君之绩，纳石壤中；爰及祖考，纪德事功；外著后世，鬼神与通；君其奚憾，不余鉴衷！呜呼哀哉，尚飨！

〔注〕 ① 彰义军：蔡州，淮西节度使治所。元和十二年八月，裴度为淮西节度使，讨吴元济，韩愈任行军司马。太子右庶子、御史中丞皆韩愈当时职衔。太子右庶子，正四品下，而韩愈任行军司马是赐三品，古人称“阶卑而职高”为“守”。 ② 张十二：张署排行为“十一”。此“十二”误。 ③ 三纪：三十六岁。古人以十二年为一纪。按韩愈生于大历三年（768），至贞元十九年（803），已三十六岁。 ④ 尹：主，管理。鼯：鼯鼠。猱：猿猴。 ⑤ 颿（fān 帆）：风吹船进。一作“帆”。 ⑥ 从事：指参军一类的官职。 ⑦ 分教东生：元和元年六月，韩愈自江陵召拜国子博士，乞分教东都生。 ⑧ 雍：雍州。京兆府属雍州。君掾雍首，指张署任京兆府司录参军。 ⑨ 讦夺：争辩取胜。 ⑩ 南昌是斡：张署由刑部员外郎出任虔州刺史。按：虔州，唐称南康郡。此“南昌”当是“南康”之误。 ⑪ 用迁澧浦：张署由虔州刺史改任澧州刺史。

张署，河间（今属河北）人，贞元二年（786）进士第，以博学宏词任校书郎，拜监察御史，终官河南令。贞元末元和初，韩愈与张署有过共同的生活经历，建立了友谊。韩愈自称是“最为知”张署的人。元和十二年，张署逝世，韩愈先作《唐故河南令张君墓志铭》以“纪德事功”、“纳石壤中”，继又作《祭河南张员外文》以寄托伤怀。《祭河南张员外文》将自己和张署联系在一起，通过自身的经历叙述张署的品格以及与张署的友情，自然亲切，真实感人。

本文开始以数句单行散句式的散文叙述韩愈祭亡友之灵，作为引言。此后，则以四言协韵的整齐句式，叙事抒情。对张署的怀念主要通过四件事来展开：

第一件事是贞元十九年(803)冬，韩愈和张署在监察御史任上直言批评幸臣，被贬。韩贬阳山，张贬临武。这件事对韩愈影响甚大。韩愈自贞元八年中进士，三试博学宏词而不选，几经转折，才进任监察御史之职。更令人伤感的是，韩愈上《天旱人饥状》，以事实为依据，为民请命，于国于民，皆称正确。忠国爱民者受迫害，贪赃枉法者逍遥，正义何在，天理何存！为了表达这一深刻的隐情，他首先写自己和张署的人格，“君德浑刚，标高揭己；有不吾如，唾犹泥滓”，叙张署德行浑厚刚强，以高标准要求自己，而韩愈自以为难以企及，并自愧弗如。于韩自身，则称“戆而狂”，“乘气加人，无挟自恃”。自责实际上是自扬。“无挟自恃”，不依靠政治背景而自恃正确，也是秉性刚正不阿，和张署的“德浑刚”一致，至于“乘气加人”，直犯奸臣佞人，和“标高揭己”也存在着内部联系。另一面是“娈婉者”，他们“侧肩帖耳，有舌如刀”。“娈婉者”，就是在统治者面前谄谀献媚的奸佞，“侧肩帖耳”，一副奴才相。他们对上“娈婉”温顺，对下则“有舌如刀”。两类人，两类行为，水火不相容。韩愈和张署，一“落阳山，以尹鼯猱”；一“飘临武，山林之牢”。这“落”“飘”二字，既说明韩、张二人命运之惨，又照应前文“无挟自恃”。此下，以二十二句抒写南下同行情景。时值严冬，“岁弊寒凶”，风雪中“颠于马下”，韩“泗”，张“咷”。“泗”，泪流于鼻；“咷”，号咷大哭。“夜息南山，同卧一席”，情同手足。“南山”，前人以为乃商山，在陕西商州东。写景叙事，情在景中事中。途经洞庭，“风涛相豗”，声如霹雳。“追程盲进，飒船箭激。”“盲”，快，急。“漫汗”“粘天无壁”，皆极言洞庭湖广大无边，给贬谪南荒制造心理氛围。“南上湘水”，浮想联翩。请出屈原，以明心志。众所周知，屈原自沉汨罗，与湘水相邻，联类而及，表明此次被贬是行为正确而遭受打击。又即地怀人，引出娥皇、女英二妃“泪踪染林”，以抒写心情。“山哀浦思，鸟兽叫音”，将上述四层作形象性的总结，名为散文，实际带着浓烈的诗味。共同的政治见解，共同的遭遇，共同的生活，形成了深厚的友谊。遗憾的是，此次南行保留的诗作仅一首：《答张十一功曹(即张署)》。这段文字，向来被人激赏，选注家称“洞庭漫汗”数语“有万怪惶惑，震炫耳目之势”。

第二件事是两人在阳山、临武时的交往。相偕南行，预先约定界上相聚，谋一夕话，及至相会，已历寒暑。韩张两人的惺惺相惜之情，尽在事中展示：“枕臂欹眠，加余以股”。这“枕臂眠”“加以股”，何其亲热乃尔！正当酣睡之际，或告有虎入畜栏，“以我骤去”。“骤”，驴之子。虎食驴子，人不敢逐。“君云是物，不骏于乘，虎取而往，来寅其征”，转述张署语。共宿失驴，本不快之事，张署出以谐语,说驴子本来走不快,被虎叼走了,象征噩运消失,佳运到来。"我预在此,与君俱膺",祸福相关,是贴心语。如果说前文所述共贬南荒,是有难同当,那么,虎食其驴,"来寅其征"后缀以"我预在此,与君俱膺",则希望有福同享。从行文的角度说,"来寅其征"的好兆头,为下文出岭中、赴江陵伏笔。这一段文字不仅趣味横生,而且构思精巧。

第三件事是韩离阳山,张出临武,"偕掾江陵"。永贞元年(805),韩、张遇赦;秋,韩移江陵法曹参军,张移江陵功曹参军。他们在湖南盘桓数月,郴州山水,衡阳纵酒,南岳风光,无不令人倾倒。唐人习惯,以京官为荣,外官为耻。连类而及,以近京为官者荣,以远京为官者耻。参军一职,地位低下,但江陵在地理上相对地比较接近京城,故心情亦为之一畅。本段以轻快的笔调写山水,与南下时以伤感的笔调写山水,相映成趣。形容郴州之山以"奇变",足见气象万千;状郴州之水以"清写",足见其清秀夺人。"写",或解为"泻"之本字,或释为"吐",两说皆通。至"泊沙倚石,有遌无舍",使人有目遇神移、悠然神外之概。"遌(è饿)",遇。"衡阳放酒",缀以"熊咆虎嗥",不仅将"放"字写活,而且也体现了韩愈文字奇伟的风格。因为"不存令章",故而"罚筹猬毛"。"存",省察,懂得。"令章",指酒令。这"罚筹猬毛"四字,不仅由罚筹之多可想饮酒之多,而且将"熊咆虎嗥"的因由点清。由此可见,韩愈行文,常常环环相扣,处处呼应,令人有点水不漏的感觉。上文的郴州山水,衡阳放酒,是详写,而泛湘流、观南岳则略写,然后洞庭阻风再详写,造成摇曳多姿之态。"太湖",即洞庭湖。"鹿角",洞庭湖地名,在岳阳县洞庭湖滨。洞庭湖中得大鲇鱼,声如猪鸣,于是"脔盘炙酒,群奴余啄"。"狗(hòu后)",猪鸣声。这一段文字的情绪较为复杂,一方面脱离南荒,有轻松愉悦之态;另一方面,"偕掾江陵",又并非美差。唐人习惯,以县尉、参军两职最为不齿,所以,"走官阶下,首下尻高",委实不甘心。最后的"下马伏途,从事是遭",显然带着无可奈何的情绪。需要说明的是,写江陵参军之任的不快,仅从自身着笔,从自身推想张署,于人情,于世故,更为允当。

第四件事是韩、张"解手背面,遂十一年"。十一年中韩愈由坎坷而逐渐顺畅,而张署却始终没有得意过。从元和元年(806)起,韩愈历任国子博士、都官员外郎、河南县令、尚书职方员外郎、国子博士、比部郎中、史馆修撰、考功郎中知制诰、中书舍人、右庶子等职;张署历任京兆府司录参军、凤翔判官、三原令、刑部员外郎、虔州刺史、澧州刺史、河南县令等职。相比这两个履历表,大体可以理解"君出我入,如相避然"的事实以及"生阔死休,吞不复宣"的情绪的由来。这第四件事所包含的经历,是张署一生的最后时光,应该将祭文的重点移到张署这一边来。所以重点写张署的政绩。“引章讦夺”，是在刑部期间“守法争议，棘棘不阿”；“氓獠户歌”，是任虔州（治今江西赣县）刺史期间政绩卓著，“民相扶携，守州门叫欢为贺”。政绩煌煌而不被重用，在垂老之年，任河南县令，“屈拜后生，愤所不堪”，正指此事。韩愈在张署的墓志铭中鸣不平：“河南尹适君平生所不好者，君年且老，当日日拜走，仰望阶下，不得已就官，数月大不适。”“竟死不升，孰劝为善！”愤慨之情，溢于言表。总上四事，或写景，或叙事；或具体，或抽象；或简括，或详赡；或奇伟，或平易，变化多端，情与词俱。

最后，韩愈抒写自己在张署死后的情怀：“哭不凭棺，奠不亲斝；不抚其子，葬不送野；望君伤怀，有陨如泻。”因为此时军务在身，参与丞相裴度讨伐军阀吴元济的大业，只有写墓志铭“铭君之绩”；只有“谨遣某乙”代祭亡友之灵。需要说明的是，这里的“丞相南讨，余辱司马”，是历史的真实，不亲吊祭，事出有因。唯其事真，故其情切。

（汤贵仁）

祭柳子厚文　　韩　愈

维年月日，韩愈谨以清酌庶羞①之奠，祭于亡友柳子厚之灵：

嗟嗟子厚，而至然②邪！自古莫不然，我又何嗟？人之生世，如梦一觉；其间利害，竟亦何校？当其梦时，有乐有悲；及其既觉，岂足追惟③？

凡物之生，不愿为材；牺尊④青黄，乃木之灾。子之中弃，天脱馽⑤羁；玉佩琼琚，大放厥词。富贵无能，磨灭谁纪？子之自著，表表愈伟。不善为斫，血指汗颜⑥；巧匠旁观，缩手袖间。子之文章，而不用世；乃令吾徒，掌帝之制。子之视人，自以无前；一斥不复，群飞刺天。

嗟嗟子厚，今也则亡。临绝之音，一何琅琅？遍告诸友，以寄厥子。不鄙谓余，亦托以死。凡今之交，观势厚薄；余岂可保，能承子托？非我知子，子实命我；犹有鬼神，宁敢遗堕？念子永归，无复来期。设祭棺前，矢心以辞。

呜呼哀哉，尚飨⑦！

〔注〕① 清酌庶羞：清酒与多种佳肴。《礼记·曲礼下》：“凡祭宗庙之礼……酒曰清酌。”

《仪礼·公食大夫礼》:"上大夫庶羞二十。""羞"同"馐"。 ② 然:指死亡。 ③ 追惟:追思。④ 牺尊:牛形的酒器,可以木刻成。牺牛,古代祭祀用的纯色牛。 ⑤ 帛(zhí 直):绊住马脚。也作"縶"。 ⑥"不善"二句:《老子》:"夫代大匠斫者,希(稀)有不伤其手矣。"斫,砍削。⑦ 尚飨(xiǎng 想):希望死者来享用祭品。《仪礼·士虞礼》:"卒辞曰:哀子某,来日某,隮祔尔于尔皇祖某甫,尚飨。"后世祭文末尾多用此二字。

柳宗元和韩愈同是唐代散文的大家。柳宗元把韩愈列为"先友"(父亲的朋友)。但两人在前期政治立场上有分歧,柳宗元为王伾、王叔文所引用,韩愈对二王却恨之入骨。柳宗元死于元和十四年(819),韩愈当时由潮州召回为袁州(今江西宜春)刺史,写了这篇祭文。后来又写了《柳子厚墓志铭》,过了三年又写了《柳州罗池庙碑》。三篇文章都很精彩。除最后一篇外,韩愈着重从朋友和文学的角度来纪念柳宗元。这篇祭文标题称"子厚",这是朋友相呼以字的规矩。第一小节套语,一般要列被祭者的官衔,这里却只称"亡友",表示关系亲切。

祭文有固定的首尾格式,中间是正文,一般多用四言韵语,本篇亦然。一起四句,哀痛之极,而用反复咏叹的方式出之。"自古莫不然"全文只这一个五字句,这是有意加重,若换成"自古皆然"就平庸无力了。由这一句引起下面几层,说明死生是自然规律。这本来是"人生如梦"的老生常谈,但韩愈一分疏,就化腐朽为清新了。而中间提到的"利害""悲乐",又为正文第二段的根据,读来似叹似慰,悠然不尽。

"凡物之生"起,是对柳子厚的文章和遭遇兴发的无限感慨。前四句用《庄子·天地篇》的话:"百年之木,破为牺尊,青黄而文之;其断在沟中。比牺樽于沟中之断,则美恶有间矣,其于失性一也。"百年巨木,良材也,砍削雕镂之,作成祭器"牺尊",又加青黄文饰,诚然精美了,而失去木之本性。这一比喻说明"多才为患害",为的是从反面引起下面的议论。"子之中弃"四句,说明子厚虽宦途中被斥逐,而从文章的成就说,这是天的帮助,解除富贵于己的束缚,得以大写文章,是好事,言外不必哀伤。"富贵无能"四句是对上文的比较(与富贵者)和引申,表明子厚以文章自显,必然不朽。这些意思,也见于他的《柳子厚墓志铭》中。如"然子厚斥不久,穷不极,虽有出于人,其文学辞章,必不能自力以致必传于后如今无疑也。虽使子厚得所愿,为将相于一时,以彼易此,孰得孰失,必有能辨之者",说得更为明白。下面"不善为斫"四句,文章又生波澜,用比喻表明得用于世者不一定有真本领,而真正的"巧匠"却往往被闲置,引起后面八句为柳子厚之不见用抱屈。这八句分两层,都用对比的形式为子厚鸣不平。妙在全用逆笔,先写子厚之"不用",再写飞黄腾达者多是无能之辈。特别是"一斥不复",概括子厚的仕履;"群飞刺天",表示庙堂上充斥无能之辈,对比异常强烈。这一节是祭文的主体。一般祭文在这里多是铺陈死者的功业和两人的交往；韩愈却只写柳子厚才高而不见用，但中间却充满郁塞不平之气，譬喻和正反对比杂糅在一起，读来有苍茫不尽的感觉。

最后一段是表述自己的态度。柳宗元临死之前寄信给刘禹锡，希望在抚养幼小遗孤、载柩归葬先茔的事情上，得到朋友们的帮助，又托韩愈作墓志，见于刘禹锡《祭柳员外文》所述。所谓"退之承命，改牧宜阳，亦驰一函，候于便道，勒石垂后，属于伊人"，即指此事。时韩愈正由潮州刺史改任袁州（治宜春，宜阳为古称）。了解刘禹锡这段话，才能理解此文最后一段感情的沉重。"嗟嗟子厚"是承上一段来，认为子厚这样的高才，应该有用世之日，然而"今也则亡"，死者不可复生，这里有无限哀伤和感触隐于其中。"临绝之音"起，引起全段。从诸友引到自己，看出子厚对自己的信托。这段文章如果是凡手，说到这里，就可以表态了，那样平直而无波澜。韩愈却插入"凡今之交"四句从反面激起浪涛。只读这四句好像韩愈不肯接受任务似的，实际正是为了反衬下文表明子厚相知之深，托己之重，这是逆笔，要善于体会。"非我知子"四句就正面表明自己的态度。"犹有鬼神，宁敢遗堕"，等于指天发誓，所以前人评这四句"语意真挚，可贯金石"，"止此已足，血诚自任之语，似淡而实深，极沉郁恻怛之致"（《唐宋文举要·甲编》卷三），是搔着痒处的。"念子永归"四句，和篇首及本段之首相呼应，并且总结全文，"矢心以辞"又重复表明态度，这是对死者的最大安慰。

祭文应以悲哀为主，被祭的对象有功业可纪的，应铺叙功业。柳宗元在柳州政绩为群众所称道，但韩愈这篇文章却只字不提柳的惠政，只强调柳的高才被弃、自己的感慨和表示接受柳的托孤重任。这是因为刘禹锡已经告诉韩愈要为柳写墓志，而柳的生平，墓志中不可不叙，如果祭文里再叙就要重复了。所以祭文完全撇开生平，但言文章高而"一斥不复"，令人不平，写出自己对子厚的深切悼念之怀。古文家如果同时为一个人写两篇文章，每篇的角度和材料一定要避免重复。韩愈为柳宗元写的三篇文章可以作为范例。（周本淳）

祭田横墓文　　韩　愈

贞元十一年九月，愈如东京，道出田横墓下，感横义高能得士，因取酒以祭，为文而吊之，其辞曰：

事有旷百世而相感者，余不自知其何心；非今世之所稀，孰为使余歔欷而不可禁？余既博观乎天下，曷有庶几乎夫子①之所为？死者不复生，嗟余去此其从谁？当秦氏之败乱，得一士而可王；何五百人之扰扰，而不能脱夫子于剑铓？抑所宝之非贤，亦天命之有常。昔阙里②之多士，孔圣亦云其遑遑③。苟余行之不迷，虽颠沛其何伤？自古死者非一，夫子至今有耿光。跽陈辞而荐酒，魂仿佛而来享。

〔注〕 ① 夫子：指田横。 ② 阙里：孔丘少时所居地，此借为孔子门下。 ③ 遑遑：匆忙不安之状，此指孔子之道不行于时。

韩愈贞元八年(792)举进士，此后，“三选于吏部卒无成”，三上宰相书而不被重视，求仕不果，心情抑郁，贞元十一年五月离长安东归河南。文章第一段中的“愈如东京”，就是指的这个背景。整个第一段实际上是文章的小序，属于过渡性的文字。但韩愈常常在小地方做大文章，在本该轻松的地方，来显示大手笔的才气，做出含蕴深沉的文章，给人以深刻的印象。田横墓在河南偃师，唐代的东京就是现在的洛阳。从贞元十一年的五月至九月，韩愈在河南，独拈出田横，事出有因。田横是秦末汉初政坛上有影响的人物。他先与刘邦一样，曾南面称王，后败入海中，被刘邦以“大者王，小者侯”的礼遇招降，以为“其耻固已甚矣”；又曾烹郦商之兄，以与郦商同列为有愧，遂自刭。人称田横有“义”。横死后，二随从穿穴墓旁，亦自刭；岛上部众闻横死，皆自杀。史称田横“高节，宾客慕义而从横死，岂非至贤”。韩愈过田横墓以“能得士”为表象，以“义高”的意蕴，展开文思，借历史的酒杯，浇现实的块垒；借田横的酒杯，浇自己的块垒。这第一段是在给下文运气、蓄势。

祭文的真正开始是在第二段。“事有旷百世而相感者，余不自知其何心”，有劈空而来、声势夺人之概。旷，空，可以引申为“超越”。超越百世而相感，是“心有灵犀”，显示了道德力量。前人谓三十年为“一世”，则“百世”为三千年。本来，自田横之世到韩愈之时，时仅千年，今言“百世”，意在强调精神的感通，可以纵贯古今。众所周知，韩愈一生十分重视“道统”的建设，十分重视精神在社会生活中的作用，因此，这“事有旷百世而相感”一句，在韩愈写来，又有千钧之力。饶有兴味的是，“事有旷百世而相感”一句聚集起来的能量，又用“余不自知其何心”释放，故作腾挪。其实，产生“旷百世而相感”的韩愈其心十分明确，就是第一段中的“感义高能得士”。这里的“余不自知其何心”，盖有难以明言之隐衷。难言而又不能不言，则极需曲折隐约，扑朔迷离。“非今世之所稀，孰为使余歔欷而不可禁”，又扳回一笔。“今世之所稀”和“歔欷而不可禁”，都暗中紧扣“义高能得士”之事而言。行文中不出现此等字面，故作隐约朦胧，和本文的作意有关。据今人童第德研究，“此文借田横能得士来讽刺当时的宰相”，言之有理。韩愈三上宰相书而不见复，不免愤懑。所以“余既博观乎天下”四句，便是针对着现实来的。韩愈作文，不拘大小长短，率皆精细为之。此“余既博观”二句，承上文“今世之所稀”生发；“死者不复生”二句，继上文“使余歔欷而不可禁”深入，层层逼进，部署谨严。统观天下，无田横之高义，亦无田横之重士，说尽心中不平，骂尽当时权贵；田横死而不能复生，自叹无人可归以从，说尽心中愤懑，骂尽世上庸人。以上八句，两换其韵，行文跳动闪烁，似承而折，似折而承，若续若断，若断若续，真是文心锦绣，姿态横生。

但是，由田横而感发的当时政坛无义、宰相不能得士必须进一步阐明。因为田横“义高能得士”毕竟以失败告终，于是，韩愈从田横的失败开始着笔，说“当秦氏之败乱，得一士而可王；何五百人之扰扰，而不能脱夫子于剑铓”，以退为进，将田横的历史以极简括的语言表达出来，原因是两个：或者田横所宝视之士并非真贤？或者是天命有定，终该田横失败？这两项，作者以疑问句的方式表达，一则给读者设疑，一则为自己行文引线，将读者拉进文章的构思范畴，使读者、作者捆在一起。首先，田横的失败与得士无关，以孔门多士而孔子一生却道不行于列国为例，确认田横得士，并不是“所宝之非贤”；田横失败，从士皆死，所得之士皆贤。既如此，田横失败，唯归之于天命。“苟余行之不迷，虽颠沛其何伤”，力挽山河，否定天命。韩愈一生，崇信儒家社会政治伦理，以为只有维护儒家社会政治伦理这个“道统”，才能保持君君臣臣父父子子这个社会结构的稳固性。就本文而言，否定天命论，就是承认“义高能得士”的正确性；而肯定田横“义高能得士”的正确性，就是针砭当时执政柄的人不能做到“义高能得士”。文章读起来令人眼花缭乱，但项庄舞剑，意在沛公，以田横刺当世，目标始终明确。“苟余行之不迷，虽颠沛其何伤”，正面表态，反面一枪，正正反反，妙处横生！诚然，祭文毕竟是祭文，必须回到对田横的悼念上来：自古以来，死者众多，而田横却独放光辉，令人钦敬，令人怀念。“跽陈辞而荐酒，魂仿佛而来享”，韩愈不仅在精神上感到田横的存在和道德的力量，而且表示了他的极大虔诚。同本层次前十二句一样，对田横的虔诚，正是对今世的怒视。此十四句一韵到底，虽意蕴上腾挪擒纵，曲折多姿，但行文上却一气奔纵，淋漓酣畅，与前一层次在气象上有明显的不同。韩愈为文，变化莫测，此文亦一佳例。（汤贵仁）

殿中少监马君墓志 韩 愈

君讳继祖，司徒赠太师北平庄武王之孙，少府监赠太子少傅讳畅之子。生四岁，以门功拜太子舍人，积三十四年，五转而至殿中少监，年三十七以卒。有男八人，女二人。

始余初冠，应进士贡在京师，穷不自存，以故人①稚弟拜北平王于马前，王问而怜之，因得见于安邑里第。王轸其寒饥，赐食与衣，召二子使为之主，其季②遇我特厚，少府监赠太子少傅者也。姆抱幼子立侧，眉眼如画，发漆黑，肌肉玉雪可念，殿中君也。当是时，见王于北亭，犹高山深林巨谷，龙虎变化不测，杰魁人也。退见少傅，翠竹碧梧，鸾鹄停峙，能守其业者也。幼子娟好静秀，瑶环瑜珥，兰茁其牙，称其家儿也。

后四五年，吾成进士，去而东游，哭北平王于客舍。后十五六年，吾为尚书都官郎，分司东都，而分府③少傅卒，哭之。又十余年，至今哭少监焉。呜呼！吾未耄老，自始至今未四十年，而哭其祖子孙三世，于人世何如也！人欲久不死而观居此世者，何也？

〔注〕 ① 故人：指韩愈从兄韩弇。 ② 季：马燧二子，长名汇，次名畅，此指次子马畅。 ③ 分府：马畅任少府监，亦派往东都分司，故称“分府”。

马燧是唐代兼具武功和治绩的大臣，官至同中书门下平章事、魏州大都督府长史，爵封北平郡王，死谥庄武。其子马畅以恩荫官鸿胪少卿，终少府监。其孙马继祖，四岁以祖荫为太子舍人，五迁至殿中少监：真可谓三世显达，一门荣耀。韩愈从兄韩弇，贞元三年(787)参与马燧主张、浑瑊主持的与吐蕃的结盟，因吐蕃背盟而韩弇被害。此年，韩愈正在京都参加进士考试，拜见马燧，得到马燧的关心与照拂。韩愈与马家的友谊自此始。马继祖如同他的名字一样，依继祖父的功勋进升官职，一生无作为，且又中道殂谢，实无功业可志，只有别开生面，写与马氏三代的交往。本文写马氏一门祖、子、孙三代，笔触简洁，宛如三幅人物速写。这不仅是韩愈不谀墓的佳证，而且具备特殊的文学风采。

文章简要地叙述了马继祖的世系、职位、年龄、子女之后，立即转入韩愈与马氏关系的叙述，在交游中展开人物勾勒。写马燧，则“犹高山深林巨谷，龙虎变化不测，杰魁人也”三句。马燧自安史乱时引人注目，此后，在反对藩镇，保卫中央政权，制止边境民族战争，捍卫唐王朝利益，治理地方，使人民得以休养生息等方面，都做过有益的贡献。韩愈拜见时，马燧声势正大，故以“高山深林巨谷”形容其气象。“龙虎变化不测”是状其威猛。高深莫测的神秘感，常常伴随着恐怖的意味，给人以威严之态。这是从心理态势看马燧。写马畅，则“翠竹碧梧，鸾鹄停峙，能守其业者也”。显然，“翠竹碧梧”，与“高山深林巨谷”相较，气象迥别。前者尽可说高、深、大、威、猛，而后者则只能写平和、谐调、柔顺、舒畅。前者是“杰魁人”、创业者，而后者就只能是“能守其业者”了。至于马继祖，当然是本文的中心，韩愈两次着墨，一是“眉眼如画，发漆黑，肌肉玉雪可念”；二是“娟好静秀，瑶环瑜珥，兰茁其牙”。前者描形，后者写神。男子汉而眉眼如画，发黑，肉白，难见雄风。“瑶环瑜珥”，装饰品，皆玉属。其神如玉，如兰，未免柔弱过甚。再以乃祖、乃父相衬，“称其家儿”，发人遐想，启人深思。需要说明的是，韩愈在勾勒马燧、马畅、马继祖的风貌时，都使用古代画论中的神似法，别具韵味。

勾勒人物，言其生；叙流年，言其死。韩愈贞元八年二十五岁时中进士，贞元十一年转辗河南，哭马燧于客舍；元和五年(810)，韩愈除尚书都官员外郎，分司东都，马畅卒。约长庆元年(821)，韩愈在京中任国子祭酒，转兵部侍郎，马继祖卒。韩文重情，“自始至今，未四十年，而哭其祖子孙三世，于人世何如也”数语，饱含着意蕴和情愫。韩愈此时，政治地位较高，给马继祖写墓志铭，以乃祖为说话对象，“祖子孙”的内涵，便是一例。马燧死，韩愈二十八岁，似近情理；而马继祖死，韩愈五十四岁，以老哭少，则令人感慨。“于人世何如也”一句，将马氏一家扩展至“人世”，意味深沉。“人欲久不死而观居此世者，何也”，又将马氏、人世、自身联系在一起，浮想联翩。未四十年，马氏“祖子孙”三世相继而死，“人欲久不死”，岂可得乎？“未四十年，而哭其祖子孙三世”，己欲长健，岂可得乎？生死之情，人孰能免？

全文避开墓志的常规写法，别开生面，刻画马氏一家三代人的风貌，虽难称激动人心，然亦颇惬人意。

（汤贵仁）

柳子厚墓志铭　　韩　愈

子厚讳宗元①，七世祖庆，为拓跋魏侍中，封济阴公②。曾伯祖奭③，为唐宰相，与褚遂良、韩瑗④，俱得罪武后⑤，死高宗⑥朝。皇考讳镇，以事母，弃太常博士，求为县令江南。其后以不能媚权贵，失御史。权贵人死，乃复拜侍御史，号为刚直，所与游皆当世名人。

子厚少精敏，无不通达。逮其父时，虽少年，已自成人，能取进士第，崭然见头角，众谓柳氏有子矣。其后以博学鸿词，授集贤殿正字。俊杰廉悍，议论证据今古，出入经史百子，踔厉风发，率常屈其座人，名声大振，一时皆慕与之交，诸公要人争欲令出我门下，交口荐誉之。贞元十九年⑦，由蓝田尉拜监察御史。顺宗即位，拜礼部员外郎，遇用事者得罪，例出为刺史；未至，又例贬永州⑧司马。

居闲，益自刻苦，务记览，为词章，泛滥停蓄，为深博无涯涘，而自肆于山水间。元和中，尝例召至京师，又偕出为刺史，而子厚得柳州。既至，叹曰："是岂不足为政耶？"因其土俗，为设教禁，州人顺赖。其俗以男女质钱，约，不时赎，子本相侔，则没为奴婢。子厚与设方计，悉令赎归。其尤贫力不能者，令书其佣，足相当，则使归其质。观察使下其法于他州，比一岁，免而归者且千人。衡湘以南为进士者，皆以子厚为师。其经承子厚口讲指画为文词者，悉有法度可观。

其召至京师而复为刺史也，中山刘梦得禹锡亦在遣中⑨，当诣播州⑩。子厚泣曰："播州非人所居，而梦得亲在堂，吾不忍梦得之穷，无辞以白其大人。且万无母子俱往理。"请于朝，将拜疏，愿以柳易播，虽重得罪死不恨。遇有以梦得事白上者，梦得于是改刺连州。呜呼，士穷乃见节义，今夫平居里巷相慕悦，酒食游戏相征逐，诩诩强笑语以相取下，握手出肺肝相示，指天日涕泣，誓生死不相背负，真若可信；一旦临小利害，仅如毛发比，反眼若不相识；落陷阱，不一引手救，反挤之又下石焉者，皆是也。此宜禽兽夷狄所不忍为，而其人自视以为得计。闻子厚之风，亦可以少愧矣。

子厚前时少年，勇于为人，不自贵重，顾藉谓功业可立就，故坐废退；既退，又无相知有气力得位者推挽，故卒死于穷裔。材不为世用，道不行于时也！使子厚在台省时，自持其身，已能如司马、刺史时，亦自不斥；斥时有人力能举之，且必复用不穷。然子厚斥不久，穷不极，虽有出于人，其文学辞章必不能自力以致必传于后如今无疑也。虽使子厚得所愿，为将相于一时，以彼易此，孰得孰失，必有能辨之者。

子厚以元和十四年⑪十一月八日卒，年四十七。以十五年七月十日归葬万年先人墓侧。子厚有子男二人，长曰周六，始四岁；季曰周七，子厚卒乃生。女子二人皆幼。其得归葬也，费皆出观察使河东裴君行立。行立有节概，重然诺。与子厚结交，子厚亦为之尽，竟赖其力。葬子厚于万年之墓者，舅弟卢遵。遵，涿⑫人，性谨慎，学问不厌。自子厚之斥，遵从而家焉，逮其死不去。既往葬子厚，又将经纪其家，庶几有始终者。铭曰：

是惟子厚之室，既固既安，以利其嗣人。

〔注〕 ① 柳宗元(773—819)，字子厚，河东解县(今山西运城西南)人。世称柳河东。曾任柳州(今属广西)刺史，又称柳柳州。与韩愈皆倡导古文运动，并称"韩柳"。 ②"七世祖庆"三句：柳宗元《先侍御史府君神道表》云："六代祖讳庆，后魏侍中平齐公，五代祖讳旦，周中书侍郎济阴公。"与韩愈所叙有出入。有人怀疑"侍中"后面脱去"封平齐公，六世祖旦为周中书侍郎"若干字，也有人怀疑柳庆也封为"济阴公"而史书漏略。拓跋，北魏皇族的姓。 ③ 曾伯祖奭：上引柳文谓"曾祖讳奭"，那么从柳宗元说应是"高伯祖"，疑"曾"字是"高"字传写错误。还有人怀疑祖父以上各代都可称"曾祖"。这些都无法考订。写墓志铭是根据死者亲属提供的"行状"，柳宗元死时子女都很幼小，很可能抄送给韩愈的参考材料有脱误，以致和柳宗元有关文字矛盾。在古人这算大问题，但在今天对理解这篇文章，并无大碍。 ④ 褚遂良(596—658 或 597—659)：字登善，钱塘(今浙江杭州)人，一作阳翟(今河南禹县)人。官至中书令。受太宗遗诏辅政。以谏高宗废王皇后，为武后所恶，后忧忿而死。精于书法，与欧阳询、虞世南、薛稷并称为唐初四大书法家。韩瑗(606—659)：字伯玉，雍州三原(今陕西三原东北)人。曾任宰相。反对高宗废王皇后，又为褚遂良辩护，为武后所恶。 ⑤ 武后：武则天(624—705)，名曌，唐高宗后，后为武周皇帝，公元 690—705 年在位。 ⑥ 高宗(628—683)：即李治，唐代皇帝。公元 649—683 年在位。 ⑦ 贞元十九年：公元 803 年。贞元为唐德宗年号。 ⑧ 永州：今湖南永州市。 ⑨ 中山：治今河北定县。刘梦得：刘禹锡(772—842)，字梦得，洛阳(今属河南)人，自言系出中山。曾任太子宾客加检校礼部尚书，世称刘宾客。与柳宗元交谊很深，世人并称"刘柳"。 ⑩ 播州：治今贵州遵义市。 ⑪ 元和十四年：公元 819 年。元和为唐宪宗年号。 ⑫ 涿：涿州，治今河北涿州市。

墓志碑板的文字是韩愈最擅长也是写得最多的，他因此而被人讥为"谀墓"。实际上，这是不切合实际的吹毛求疵，只要读一读《殿中少监马君墓志铭》就可明白了。这篇《柳子厚墓志铭》确是韩愈诸多碑铭文中最精彩的。韩愈写这篇文章有很大的难度。一方面，柳宗元是王伾、王叔文所重用的人，而韩愈对二王是深恶痛绝的，当柳宗元仕宦得意之时，正是韩愈远贬阳山，所以两人政见和政治遭遇不同。而作墓志，一个人的仕宦经历又是必不可少的内容。另一方面，韩愈也很推重柳宗元的散文，以为“雄深雅健，似司马子长，崔、蔡不足多也”。两人的私交也不错，柳宗元临死之前，“遍告诸友，以寄厥子，不鄙谓余，亦托以死”(《祭柳子厚文》)，还托韩愈照顾自己的身后之事。这篇文章韩愈就以朋友风义为主线来称赞柳宗元，文章、政事作为旁及的材料。

先看标题，柳宗元在中央是“礼部员外郎”，在地方是“柳州刺史”，按照惯例，墓志铭应写官衔，而这篇文章却根据“朋友相呼以字”的规矩，称《柳子厚墓志铭》，这和《祭柳子厚文》一样，定下朋友的基调。

全文分七段。

第一段写家世，这是墓志文必须写的。唐朝很重门阀牒谱，必须举上代的达官贵人。一开头只称“子厚”，不提姓柳，因为在第二段里有“众谓柳氏有子矣”的话，这儿就可省去“柳”字。在举上世勋业中，提到柳奭，强调“与褚遂良、韩瑗，俱得罪武后，死高宗朝”，表明风节。对其父强调两点：一是孝道。唐朝以京官为贵，认为到地方去就是倒楣，而柳镇却“以事母，弃太常博士，求为县令江南”，这种孝行很值得称道，这又和后面对刘禹锡母亲的关切相呼应。二是说他“号为刚直”，表明品格。这是暗为柳宗元参与二王集团辩白。最后“所与游皆当世名人”一句是为下文服务。柳宗元有《先君石表阴先友记》，一共记了六十七人(韩愈也列名其中)，自言“先君之所与友，凡天下善士举集焉”。韩愈这一句，也是对《先友记》的呼应。

第二段写柳宗元年少得志及遭贬。这里可分三层。从开始到“众谓柳氏有子矣”，是写柳子厚少年意气之盛。柳宗元二十一岁中进士，这年五月父亲去世。“众谓柳氏有子矣”补足第一段的“姓”，而且用他父亲“所与游皆当世名人”的口说出柳氏门中出了人才。这是对柳宗元中进士阶段的充分肯定。自“其后以博学鸿词”至“交口荐誉之”为第二层。这层文章韩愈是煞费苦心的，他先极力强调柳子厚的才能，说明名不虚得。“名声大振，一时皆慕与之交”，表明不是柳宗元去求别人而是别人仰慕他，这和交友已经挂了钩。“诸公要人争欲令出我门下，交口荐誉之”，这句话尤其重要，为柳宗元参加二王集团辩解，说明不是柳宗元巴结权贵，而是权贵们想拉拢柳宗元。这样既未抹掉参加二王集团的事实，又为写柳宗元的品格留下余地，同时也伏下第五段“子厚前时少年，不自贵重”的根，为总结他的一生得失做准备。“贞元十九年”至“又例贬永州司马”为第三层，写其骤升和远贬。这层文章也是很不好写的。这对柳宗元一生是大事，所以先写年份，以示郑重。“由蓝田尉拜监察御史”表明特殊恩遇。这下面有的本子是这样的：“王叔文、韦执谊用事，拜尚书礼部员外郎，且将大用。遇叔文等败，例出为刺史。”这是柳子厚升沉的关键，不能回避。朱熹《昌黎先生集考异》认为“疑初本直书，后乃更定也”。这个想法较合情理。在韩愈心目中，王叔文等是小人，不愿让他们的名字玷辱了柳的清白，所以最后定稿改成“顺宗即位，拜礼部员外郎，遇用事者得罪，例出为刺史”。因为当时人或后世读史的人都知道顺宗是听二王和韦执谊的，宪宗掌权把他们引用的人都一例远贬，所以这样写也就够了。应该说明的是，王叔文集团的功过，宋代范仲淹就不同意韩愈及唐史的看法。这是研究唐史的人要解决的问题。而韩愈是把他们看成小人的，又为柳宗元惋惜，所以采用这样的写法，前人称为得体。这一层着重说明升官不是柳宗元自己钻营的，遭贬也不是柳宗元本身的罪过，是受人连累。这又和上一层“诸公要人争欲令出我门下，交口荐誉之”挂了钩。

第三段写在永州的刻苦为词章和在柳州的政绩。分两部分。至“而自肆于山水间”为第一部分，表明柳宗元的文学成就主要在永州，这为第五段总结一生的得失安下伏线。自“元和中”起写在柳州的政绩。这里不可不写，因为柳州四年表现出柳宗元为政的才能，但如果写得过多就冲淡了风义和文学的内容，所以着重选一件最重大的政绩来详写，那就是解决男女质钱而被没为奴婢的陋俗。这件事韩愈在袁州也这样办的。“衡湘以南”以下，是写柳宗元传播文化的功劳，这和这一段开头“刻苦”为文又是相呼应的。柳宗元在柳州的政绩主要在此后写的《柳州罗池庙碑》中详尽表现。

第四段是这篇墓志中最富感情也最为激昂慷慨的段落。一开头特别用重笔提上段的事：“其召至京师而复为刺史也，中山刘梦得禹锡亦在遣中，当诣播州。”这件事按顺序应该叙在到柳州上任之前，但那样就不能突出柳宗元对朋友的风义。这次是因为刘禹锡写《玄都观看花诗》恼怒了执政，柳宗元也跟着倒楣，但柳不但不怨刘，而且为刘着想，要冒死上请。主要理由是刘有老母。“老吾老以及人之老”，第一段叙柳镇时就强调了孝道，这是柳宗元继承父亲的孝道的具体表现，推己以及人。“呜呼”以下是就这件事发的感慨。在祭文中韩愈已发出“凡今之交，观势厚薄”的感叹。这段议论以“士穷乃见节义”为纲，把小人的嘴脸刻露殆尽。用“平居里巷”时的信誓旦旦，来和“一旦临小利害”时的落井下石做对比，“利害”前着一“小”字，又加上“仅如毛发比”来和平居“握手出肺肝相示”那些话对照，该是何等强烈！结语是“闻子厚之风亦可以少愧矣”，说得非常有分寸。《孟子》上说“闻伯夷之风”“闻柳下惠之风”，表明他们的影响之深。这里韩愈不说他们能翻然悔悟，而用“少愧”二字，表明这些人全无心肝，也该有点惭愧。这段全用对比：柳宗元的行为和现在一般人是一大对比，这批人的“平居”和“一旦临小利害”又是一大对比。而结句仍然回到柳子厚的风义上。

第五段是对柳一生得失的总评。分四层。至“道不行于时也”是对柳子厚遭遇的惋惜。“顾藉”，有人属上读（作“不自贵重顾藉”），当“顾惜”讲，但“贵重”应该包括“顾惜”之意，不如当“只是”意属下句，写子厚少年时把功业看得太简单，和第二段呼应。再进一步，废退之后，又没有得力的朋友援引，因此不得志而死。“才不为世用，道不行于时”，这是为当世惋惜。“使子厚在台省时”至“且必复用不穷”，是从反面设想，子厚有可能不被贬斥，贬斥后也有可能复用，这和第一层正相对应。这些话都充满惋惜与同情。“然”字一转，把前面两层意思反过来了。这和第三段“居闲益自刻苦”那些话呼应，前面是为子厚惋惜，这里变成为子厚庆幸，因为文章无疑必传于后。这是第三层。“虽使”以下，比较得失，把前三层意思总起来作比较：一是生前富贵，死后无名，一是生前困顿，文章必传。“孰得孰失，必有能辨之者”，不说煞，耐人寻味。因为“太上有三不朽”（语出《左传·襄公二十四年》），立言是“不朽”之一，而“为将相于一时”，死与草木同腐者多矣，结论不言自明。这段文章是对子厚一生得失的总结，先为之惋惜，后为之庆慰，波澜起伏，充满友情，假使子厚地下有知，亦当不以贬谪为憾事。不是深交，不可能写出这样的文字，这也是《祭文》中“富贵无能，磨灭谁纪。子之自著，表表愈伟”那段话的发挥。

第六段写子厚之死及归葬。写出死日及年岁，生年即可推知；归葬在古人看作大事，所以要写；然后写子嗣：这些都是墓铭里少不了的。子厚的子女很小，不可能营葬，所以从费用和人力两方面点出裴行立和卢遵。“行立有节概，重然诺。与子厚结交，子厚亦为之尽，竟赖其力。”这几句话仍然扣紧朋友之义这根主线。对卢遵，韩愈不但写了他对子厚的亲密关系，特别是患难中相从，而且叮咛嘱咐：“既往葬子厚，又将经纪其家，庶几有始终者。”是表扬，也带有勉励口吻。这段文章既表现子厚终于获朋友之助，归葬故土，也表现韩愈对子厚家室子女未来的关切，同样是深厚友情的流露。

第七段是铭辞。这个铭辞特别短，只有两个韵脚（“安”和“人”古音通押），三句话。但如果了解柳子厚生前在永州就以无后为忧（见《寄许京兆孟容书》），死后小孩特别小，临死“遍告诸友，以寄厥子”，那么这三句话是对死者最大的安慰。同样表现出韩愈对柳的一往情深。

一般墓铭多以纪事为主，容易板滞，韩愈此篇却神采飞动，原因在抓住朋友之义为主线，结合文章成就，极写柳子厚的高风亮节，而又痛斥世俗酒肉之交，处处表现深厚的朋友之情。在叙事上力求简净生动，多用逆笔，正反夹说，将实事化虚，显得空灵。后世如“酒食征逐”“落井下石”等成语就导源于此篇，也可见韩愈在语言上的深刻影响。刘禹锡也是以文豪自命的。他在《河东先生集序》中说：“凡子厚名氏与仕与年暨行己之大方，有退之之志若祭文在，今附于第一通之末云。”可见刘对韩愈这两篇文章的推重，认为真正写出了柳的主要精神。　（周本淳）

试大理评事王君墓志铭　　韩　愈

君讳适，姓王氏。好读书，怀奇负气，不肯随人后举选。见功业有道路可指取，有名节可以戾契①致，困于无资地②，不能自出，乃以干诸公贵人，借助声势。诸公贵人既志得，皆乐熟软媚耳目者，不喜闻生语，一见，辄戒门以绝。

上初即位，以四科③募天下士，君笑曰：“此非吾时邪！”即提所作书，缘道歌吟，趋直言试④。既至，对语惊人，不中第，益困。

久之，闻金吾李将军年少喜士，可撼⑤，乃蹐⑥门告曰：“天下奇男子王适，愿见将军白事。”一见语合意，往来门下。卢从史既节度昭义军，张甚⑦，奴视法度士，欲闻无顾忌大语，有以君生平告者，即遣客钩致。君曰：“狂子不足以共事。”立谢客。李将军由是待益厚，奏为其卫胄曹参军，充引驾仗判官，尽用其言。将军迁帅凤翔⑧，君随往，改试大理评事，摄监察御史、观察判官。栉垢爬痒，民获苏醒。

居岁余，如有所不乐，一旦载妻子入阌乡⑨南山不顾。中书舍人王涯、独孤郁，吏部郎中张惟素，比部郎中韩愈日发书问讯，顾不可强起，不即荐。明年九月疾病，舆医京师，其月某日卒，年四十四。十一月某日，即葬京城西南长安县界中。曾祖爽，洪州武宁令。祖微，右卫骑曹参军。父嵩，苏州昆山丞。妻上谷侯氏处士高女。高固奇士，自方阿衡、太师⑩，世莫能用吾言，再试吏，再怒去，发狂投江水。

初，处士将嫁其女，懲曰：“吾以龃龉穷⑪，一女，怜之，必嫁官人，不以与凡子。”君曰：“吾求妇氏久矣，惟此翁可人意，且闻其女贤，不可以失。”即谩谓媒妪：“吾明经及第，且选，即官人。侯翁女幸嫁，若能令翁许我，请进百金为妪谢。”诺，许白翁。翁曰：“诚官人耶？取文书来！”君计穷吐实。妪曰：“无苦，翁大人，不疑人欺我，得一卷书粗若告身⑫者，我袖以往，翁见，未必取视，幸而听我。”行其谋。翁望见文书衔袖，果信不疑，曰：“足矣。”以女与王氏。生三子，一男二女。男三岁夭死，长女嫁亳州永城尉姚挺，其季始十岁。铭曰：

鼎也不可以柱车，马也不可使守闾。佩玉长裾，不利走趋。只系其逢，不系巧愚。不谐其须，有衔不祛。钻石埋辞，以列幽墟。

〔注〕 ① 戾契：头不正貌，喻奇邪不正的行为。 ② 资地：资格、地位。 ③ 四科：贤良方正直言极谏科、才识兼茂明于体用科、达于吏理可使从政科、军谋弘远堪任将帅科。 ④ 趋直言试：去应贤良方正直言极谏科试。 ⑤ 撼：动，打动、说动。 ⑥ 蹐(jí 极)：轻步，小步行走。一本作“踏”。 ⑦ 张甚：自大过甚。 ⑧ 凤翔：府名，属关内道。元和六年(811)五月，以李惟简为凤翔陇州节度使。 ⑨ 阌(wén 文)乡：今河南灵宝。 ⑩ 阿衡：借指宰相。太师：三公之一。 ⑪ 龃龉：齿不正，此指意见相左。穷：不得志。 ⑫ 告身：古代委任官职的文凭。

韩愈写的墓志铭，曾被人诋毁为“谀墓”之文。其实，无论是达官贵人，还是平民百姓；无论是至亲好友，还是素昧平生，凡韩愈为之写墓志铭的，皆不“谀”。更为重要的是，韩愈的墓志铭常常脱去“史”的羁绊，闪烁着“文”的光芒。这篇《试大理评事王君墓志铭》就是一篇精彩的人物特写。

文章一开始，标出王適是“怀奇负气”的人物，为整个特写定下基调。首先是求官奇。在唐代，知识分子谋求的出路是做官。升官之阶，不外赴考、从军两途。读书人每以考试最为荣耀。韩愈说王適“好读书”而“不肯随人后举选”(“举选”，就是考试应举)，是为一奇。在缺少资历、社会地位的情况下，“不能自出”，就企图借助他人力量，“乃以干诸公贵人”，此所谓求出无途，是为二奇。至于诸公贵人“皆乐熟软媚耳目者，不喜闻生语”，一见王適之面，便“戒门以绝”，是闲笔不闲，忙里偷闲，在闲处做大文章。“生”与上句“熟”相对。“熟”字前有“乐”字，“熟”字后有“软媚耳目”短语；“生”字前有“不喜闻”三字，而“生”字后不带与“软媚耳目”相悖的字面，露而不露，不露而露。特别应该指出的是，“乐熟软媚耳目”这种心态，是中国封建等级制下人身依附的必然产物；“不喜闻生语”，是上述心态的孪生兄弟。两者结合，将中国封建等级制下的人才观作了入骨的剖析。闲中见紧，小地方做大文章。宪宗李纯以四科募天下士，王適"提所作书，缘道歌吟，趋直言试"，是为三奇。"对语惊人，不中第"，是为四奇。这两项，又关照上文"怀奇负气"与"干诸公贵人"。其次是遇人奇。李惟简"年少喜士"，王適以"天下奇男子"相投，"一见语合意"，便"往来门下"，相遇奇。卢从史身为昭义军节度使，握一方军政大权，仅因骄傲自大，"奴视法度士"，王適以"狂子不足以共事"拒之，可见奇中有正，并不一味奇。因此，李惟简"待益厚"，"尽用其言"。王適亦尽心尽力，"栉垢爬痒，民获苏醒"。王適一生，地位不高，亦未曾有惊世之业，故用"栉垢爬痒"一句带过。"栉垢"是用梳子除头上之垢；"爬痒"就是搔痒。虽可谓为民除弊，但毕竟是"小动作"。韩愈不谀墓，于此亦是一证。在李惟简处居留一年有余，以"如有所不乐"离去，入阌乡南山隐居，是又一奇。这是韩愈行文故作之奇。从前后文看，王適离开李惟简可能是发现有病，不说原因，才显其奇。王適死后，叙王適岳父侯高"固奇士"，奇人荟萃，互相烘托，也是闲笔不闲，给下文的嫁娶制造了气氛。

王適娶妻，侯高嫁女，堪称奇人奇事。前人以为"堕恶趣"，今人以为"足风流"。侯高一生为"处士"，极愿以女儿嫁"官人"，不嫁"凡子"。王適认定"此翁可人意"，又"闻其女贤"，非此不娶。然而王適并非"官人"，不得不弄虚作假。王適的弄虚作假，却表现了他对侯高及其女儿的真诚，势在必得。侯高为女求"官人"心切，"望见文书衔袖，果信不疑"，一片忠厚之态，不应以骗婚目之。时贤指出，这一段故事，有类小说，不像墓志铭。它的好处是"借此来写王適之为奇男子，写王適之落拓不羁，极生动，极活泼，有此一处渲染，更觉有声有色"，实为知音之赏。此外，这一段文字极为生动，不仅在叙述，曲曲折折，摇曳多姿，而且文字亦极传神。当侯高自以为一生"龃龉穷，一女，怜之，必嫁官人"时，前边冠以"愆曰"二字。这"愆"字笔力千钧，它的含意是"发誓""发狠"。当媒人"得一卷书粗若告身者""袖以往"，侯高一望而不疑，说"足矣"二字，意满志得，一副忠厚长者之态。"愆曰"和"足矣"，一头一尾，完成了一个特殊的心理发展过程。

最后，作者以十句铭文给王適一生遭际作概括。说王適是"鼎""马"，不应使之柱车、守闾；言外之意是王適奇才未得其用。"佩玉长裾，不利走趋。只系其逢，不系巧愚"四句，关合"诸公贵人既志得，皆乐熟软媚耳目者，不喜闻生语，一见，辄戒门以绝"。挂着玉佩，拖着长袖，遵循礼法，不利于走趋，暗示着正直人士与腐败社会的矛盾。关键在未遇其人，或未遇时机，与巧愚并无干碍。王適生不逢其时，生不逢其人，故而"不谐其须，有衔不祛"。不合时宜，不合统治者要求，有本领也不起社会作用。“钻石埋辞，以列幽墟”，是一代奇人的结局，可悲也欤！

（汤贵仁）

柳州罗池庙①碑 韩 愈

罗池庙者，故刺史柳侯庙也。柳侯为州，不鄙夷其民，动以礼法。三年，民各自矜奋②，曰：“兹土虽远京师，吾等亦天氓③。今天幸惠仁侯，若不化服，我则非人。”于是老少相教语，莫违侯令。凡有所为于其乡闾及于其家，皆曰：“吾侯闻之，得无不可于意否？”莫不忖度而后从事。凡令之期，民劝趋之，无有后先，必以其时。于是民业有经④，公无负租，流逋四归，乐生兴事。宅有新屋，步⑤有新船，池园洁修；猪牛鸭鸡，肥大蕃息；子严父诏，妇顺夫指⑥。嫁娶葬送，各有条法。出相弟长，入相慈孝。先时民贫，以男女相质，久不得赎，尽没为隶。我侯之至，按国之故，以佣除本⑦，悉夺归之。大修孔子庙，城郭巷道，皆治使端正，树以名木。柳民既皆悦喜。

尝与其部将魏忠、谢宁、欧阳翼饮酒驿亭，谓曰：“吾弃于时，而寄于此，与若等好也。明年吾将死，死而为神，后三年为庙祀我。”及期而死。三年孟秋辛卯⑧，侯降于州之后堂，欧阳翼等见而拜之。其夕，梦翼而告曰：“馆我于罗池。”其月景辰⑨庙成，大祭。过客李仪醉酒，慢侮堂上，得疾，扶出庙门即死。

明年春，魏忠、欧阳翼使谢宁来京师，请书其事于石。余谓柳侯，生能泽其民，死能惊动福祸之，以食其土，可谓灵也已。作迎享送神诗遗柳民，俾歌以祀焉，而并刻之。柳侯河东人，讳宗元，字子厚。贤而有文章，尝位于朝，光显矣，已而摈不用。其辞曰：

荔子⑩丹兮蕉黄，杂肴蔬兮进侯堂。侯之船兮两旗，度中流兮风泊之，待侯不来兮不知我悲。侯乘驹兮入庙，慰我民兮不颦以笑。鹅之山兮柳之水⑪，桂树团团兮白石齿齿。侯朝出游兮暮来归，春与猿吟兮秋鹤与飞。北方之人兮为侯是非；

千秋万岁兮侯无我违。福我兮寿我，驱厉鬼兮山之左。下无苦湿兮高无干，粳稌充羡⑫兮蛇蛟结蟠。我民报事兮无怠，其始自今兮钦于世世。

〔注〕①柳州：治今广西柳州市。罗池庙：即柳侯祠，祀唐柳州刺史柳宗元。唐长庆元年(821)建于柳州罗池边，名罗池庙，宋徽宗追封柳宗元为文惠侯后，改名柳侯祠。②矜奋：奋勉。《管子·形势》："矜奋自功，而不因众人之力。"③天氓：天民，天子之民。④经：常。⑤步：柳宗元《永州铁炉步志》："江之浒，凡舟可縻而上下者曰步。"⑥指：同"旨"。⑦以佣除本：通过做工来偿还以男女相质的本钱。⑧三年孟秋辛卯：旧注谓长庆三年(823)七月辛卯，但据历法，此月无辛卯日。按柳宗元卒后三年为长庆二年，该年孟秋辛卯为七月三日。此处三年当系二年之误。⑨景辰：丙辰。避唐高祖李渊父李昞讳，以"景"代"丙"。⑩荔子：荔枝。⑪鹅之山：鹅山，亦名峨山，在今广西柳州。宋王象之《舆地纪胜》："广南西路柳州，鹅山在马平县(今广西柳州市)西十里，山巅有石，状如鹅，故名。鹅水出焉。"柳之水：即柳江。西江支流，在广西北部。⑫粳稌(jīng tú 精涂)：粳稻与糯稻。充羡：丰裕。

这是韩愈为柳宗元写的第三篇文章，也是脍炙人口的名篇，写于长庆四年(824)，即柳宗元死后的第五年。和祭文及墓志铭着眼点不同，这篇着重写柳宗元在柳州的政绩，是应州人之请，从柳州人民的角度写的；称之为"柳侯"，也是用老百姓的口吻。按《诗·邶风·旄丘》毛序孔颖达疏："侯为州牧也。"

全文分序文和歌词两大部分。序文又分三段。第一段叙述柳子厚生前对柳州人民的贡献，也就是第三段里韩愈说的"生能泽其民"。第一句点明庙主是"故刺史柳侯"，入题非常干脆，先说庙，而不是平铺直叙说庙的由来。然后叙述柳侯为州的政绩。先总叙基本态度是"不鄙夷其民，动以礼法"。这一点是下文成绩的总根。古代把边远地区的老百姓常常看成未开化的蛮夷，把他们当奴隶看，因此对立情绪严重。柳宗元能够把柳州人和中原人一视同仁，这就能取得百姓的信赖。"三年"至"必以其时"表明柳民对柳侯的尊重、信服，这是上一句"不鄙夷其民"的效果，又是后面具体政绩的根据。"三年"二字一方面是柳侯治柳的实际时间，另一方面也用孔子说的"三年有成"的话。这中间用柳民互相劝告从善的两处口吻，惟妙惟肖，写出柳民对柳侯的爱戴之情。这是本节的第二层。"于是"至"入相慈孝"是第三层，写具体的政绩。这中间先写物质方面的成就，再写风气的良好。这是按照孔子"先富后教"的从政主张组织的，也是完全符合"衣食足而知荣辱"的实际情况的。"先时"起用特笔补叙解救奴隶的事。因为跟上面的内容相比，这一件特别重大，所以用追叙之笔大书特书。"大修孔子庙"，这是教化的重点措施之一，也特书一句，然后是改善城市面貌，修整道路，绿化。这些都必须在老百姓丰衣足食"宅有新屋，步有新船"之后，看出轻重缓急的次序。最后一句小结：

“柳民既皆悦喜。”这是承上启下关键的句子，也有人把这句话放在下一节开头。

第二段叙建庙的过程和灵验。这是上面一段政绩的逻辑结论。这段话写得活灵活现，是下一段“死能惊动福祸之，以食其土”的根据。这段话很惹来一些非议，如《旧唐书·韩愈传》说韩愈恃才肆意，违背周、孔的教训，譬如南人荒谬地以柳宗元为罗池神，韩愈就写这篇《罗池庙碑》坐实其事，被当代人批评指责。《新唐书·柳宗元传》说：“宗元既没，柳人怀之，托言降于州之堂，人有慢者辄死，庙于罗池，愈因碑以实之。”这里对韩愈也有微词。这段话表面看韩愈在宣传“怪力乱神”，而深一层看，应该注意韩愈是根据谢宁请他写碑的内容来写的，不是自己杜撰。叙述中，“吾弃于时，而寄于此”这几句柳宗元的心里话，透露这段文字的用意：“此非铭罗池神之文也，愈吊宗元之文也。”（朱熹《楚辞后语》引晁补之说）吴汝纶更进一步申述说：“此因柳人神之，遂著其死后精魄凛凛，以见生时之屈抑，所谓深痛惜之，意旨最为沉郁，史官乃妄议之，不知此乃《左氏》之神境也。”（《唐宋文举要》引）这一段文字应该作如是观，和篇首相呼应，点明庙之由来。

第三段讲述写这篇文章的原因。至“可谓灵也已”是总结上两段。“作迎享送神诗”引起第二部分，是说额外作诗表示对柳侯的钦慕以满足柳民的要求。本来“而并刻之”后应该紧接“其辞曰”，但忽插入柳子厚的身世概述，这种插叙的办法，前人的术语叫“续者断之”“断者续之”，使文章避免平直，同时为歌词安了伏线。

第二部分是一首《楚辞·九歌》式的迎享送神诗。诗以时间顺序分节，前六句是迎神，先写礼品，完全是南方风物，然后写迎神的船和群众的焦急心情。“侯乘驹”二句写出神的容态笑貌，既然入庙，必然受享。然后写庙外的环境清幽，鹅山柳水，桂树白石，朝出暮归，春猿秋鹤，可以悠闲自在。这已经写到送神的内容。“北方之人兮”是交代序文里的“已而摈不用”，“为侯是非”，指群言谤议，不像柳民对柳侯的一片诚心。后面是对柳侯的祈祷，希望能长期为柳州造福，人畜平安，五谷丰登，高田下田毫不例外。最后表示柳民世世敬祀不衰的意思。“驱厉鬼兮山之左”，《龙城录》记载说有人挖土得到一块白石，上面刻文云：“龙城柳，神所守。驱厉鬼，山左首。福土氓，制九丑。”《龙城录》传说是柳宗元作，经后人考证是宋人王铚伪造，“驱厉鬼兮山之左”就是伪作牵强附会的根据。这篇歌词历来受到很高的评价，以为神情宛然《九歌》。但韩愈除了用“兮”字表示楚歌特点之外，其余句法字法保持韩愈不肯因袭的特点，取材写景都表现柳州特色，而不是袭用《九歌》字面。如《九歌》：“君不行兮夷犹，蹇谁留兮中洲。”韩愈却说：“侯之船兮两旗，度中流兮风泊之，待侯不来兮不知我悲。”真正是取其神而遗其貌。

韩愈曾经说过“惟陈言之务去”（《答李翊书》），一些熟烂的词语要使它们给人清新之感，套用古文家的术语，叫做“熟语生用”。本篇如“无有后先”（不说“先后”）、“池园洁修”（不说“修洁”）、“猪牛鸭鸡”（不说“鸡鸭”）、“死能惊动福祸之”（不说“祸福”）等皆是；又如“春与猿吟兮秋鹤与飞”，如果把句子弄整齐应该是“春与猿吟兮秋与鹤飞”，韩愈是有意识这样破整为散，化熟为生。这是从颠倒词序说的。还有详略变化的。拿歌词说，“荔子丹兮蕉黄”，如求整齐，“子”字删去，或于“蕉”后增“实”字。“下无苦湿兮高无干”，不说“高无苦干”。但如一味如此也显得单调，所以像“鹅之山兮柳之水”就有意嵌两“之”字使音节从容不迫。

本篇也是韩愈为柳宗元写的极得意的作品，它和另外两篇着眼和措词都不相同，纯以柳民口吻描摹，没有自己发议论抒感慨，但字里行间仍然流露出对柳的一往情深，特别在叙述部分第二段开头柳宗元的话和第三段对柳身世的插叙，都应该细细玩味，不能轻易放过。

（周本淳）

鳄　鱼　文①　　　韩　愈

维年月日，潮州②刺史韩愈，使军事衙推③秦济，以羊一猪一，投恶溪④之潭水，以与鳄鱼食，而告之曰：

昔先王既有天下，列⑤山泽，罔绳擉刃⑥，以除虫蛇恶物为民害者，驱而出之四海之外。及后王德薄，不能远有，则江汉之间，尚皆弃之以与蛮、夷、楚、越；况潮，岭海⑦之间，去京师万里哉！鳄鱼之涵淹卵育于此，亦固其所。

今天子嗣唐位，神圣慈武，四海之外，六合之内，皆抚而有之；况禹迹所揜，扬州⑧之近地，刺史、县令之所治，出贡赋以供天地、宗庙、百神之祀之壤者哉！鳄鱼其不可与刺史杂处此土也。刺史受天子命，守此土，治此民，而鳄鱼睅然不安溪潭，据处食民畜、熊、豕、鹿、獐，以肥其身，以种其子孙，与刺史亢拒，争为长雄；刺史虽驽弱，亦安肯为鳄鱼低首下心，伈伈睍睍⑨，为吏民羞，以偷活于此邪！且承天子命以来为吏，固其势不得不与鳄鱼辨。

鳄鱼有知，其听刺史言：潮之州，大海在其南，鲸鹏之大，虾蟹之细，无不容归，以生以食，鳄鱼朝发而夕至也。今与鳄鱼约：尽三日，其率丑类南徙于海，以避天子之命吏。三日不能，至五日；五日不能，至七日；七日不能，是终不肯徙也。是不有刺史，听从其言也；不然，则是鳄鱼冥顽不灵，刺史虽有言，不闻不知也。夫傲天子之命吏，不听其言，不徙以避之，与冥顽不灵而为民物害者，皆可杀。刺史则选材技吏民，操强弓毒矢，以与鳄鱼从事，必尽杀乃止。其无悔！

〔注〕 ① 鳄鱼文：通行本为《祭鳄鱼文》。林云铭《韩文起》云："文中只用'告'字，并无'祭'字。故李汉编入杂著，不列祭文卷内。后人不知此意，把题目硬添一'祭'字。今依李本为确。" ② 潮州：州治在今广东潮安。 ③ 军事衙推：刺史属官。 ④ 恶溪：即今潮安的韩江。 ⑤ 列：通"迾"，遮遏。 ⑥ 罔绳擉刃：罔，同"网"。擉(chuò 辍)，刺。 ⑦ 岭海：岭即五岭越城、都庞、萌渚、骑田、大庾的总称。海，南海。 ⑧ 扬州：禹分天下为九州，其一扬州。潮州古属于扬州地域。 ⑨ 伈(xǐn)伈：恐惧的样子。睍(xiàn 现)睍：眯着眼睛看，胆怯害怕的样子。

唐宪宗元和十四年(819)春正月，刑部侍郎韩愈因谏迎佛骨，被贬为潮州刺史。《新唐书》云："初愈至潮州，问民疾苦，皆曰恶溪有鳄鱼，食民畜产且尽，民以是穷。"于是就写了这篇檄文以驱逐鳄鱼。

鳄鱼"冥顽不灵，刺史虽有言，不闻不知也"。这在韩愈的文章中是说得一清二楚的。既然鳄鱼无知，韩愈为什么煞有介事地写这篇文章呢？看来"好游戏"(清李光地《榕村语录》卷五)的韩愈，无非是在借题发挥而已。在指责鳄鱼的背后，我们应该看到有比鳄鱼更为凶残的丑类在。安史之乱以来那些拥兵割据的藩镇大帅，鱼肉百姓的贪官污吏，不是更为祸国殃民吗？所以这篇貌似"游戏文字"的文章，显然寓有鲜明的主题，它因小见大，发人深思，有着严峻的现实意义。

文章开头在点明韩愈以潮州刺史身份派遣下属致祭之后，第一段先回顾漫长的历史，拿先王和后王对比，以阐明鳄鱼得以长期肆虐的原因。古代的圣王统治天下，放火焚烧山野草泽，用绳网利刃来消除"虫蛇恶物为民害者"；但是后王德薄，不能统治远方，连江汉之间都放弃了，何况潮州处在五岭和南海之间，距离京师有万里之遥的地方呢？所以鳄鱼在这里潜伏、繁殖，自然也就是它活动的场所了。先王能为民除害，后王则不能。驱逐鳄鱼，追根穷源，先归咎于后王，这是很有胆识的。对安史之乱以来的唐王朝，韩愈虽不敢直斥，但寓意讽谏，确有空谷传音之妙。再从行文上来看，这是故意放宽一步，为下文蓄势，将合先开，欲擒故纵，这是古文家常用的笔法。

第二段陡然折笔回锋，展开堂堂之阵：以今非昔比晓喻之，以大唐天子、刺史、县令、天地、宗庙、百神震慑之。这就使鳄鱼完全丧失了得以肆虐的依据。"况禹迹所揜"以下，语意更进一步，字字跃动，蝉联如贯珠，一气读下，越显得雄辩有力。直到推出“鳄鱼其不可与刺史杂处此土也”，才揭出一篇之纲。譬如登泰山，攀“紧十八盘”，南天门始赫然在目，以前的“阶崇万级”，均为此铺垫。如果说在这以前是从天子的角度上昭告鳄鱼的话，那么在这以下就是从刺史的职责上阐发议论了：“刺史受天子命，守此土，治此民”，鳄鱼岂敢与刺史抗拒？刺史是受天子之命而来，抗拒刺史就是抗拒天子。对鳄鱼而言，抗拒刺史，将会带来什么严重后果，这是不言而喻的；就刺史而言，为民除害，是其职责。退一步说，即使刺史驽弱，也不肯屈服于鳄鱼，矫矫者岂能听之任之？故“其势不得不与鳄鱼辨”。辨，就是辨明道理，辨清形势。反复晓喻，这就不是“不教而诛”了。值得一提的是，在这段文字里，韩愈顺便给那些在恶势力面前吓得魂不附体的人给予有力的讽刺，意在言外，耐人寻味。

在待之以礼、晓之以理之后，接踵而来的就是凌之以威、绳之以法了。第三段以“鳄鱼有知，其听刺史言”开头，正式堂而皇之地宣布了驱逐鳄鱼的命令。先为鳄鱼指出去路，限定了时间，限期也是宽之又宽，做到仁至义尽。但是，如果七日内不能迁徙呢？文笔又陡起层叠而下：“夫傲天子之命吏，不听其言，不徙以避之，与冥顽不灵而为民物害者，皆可杀。”这段判决文字写得极为严正，十分果决，犀利无比，犹如巨石滚动于万仞之峰，其势不可当，最后落到“杀”字上，火光迸发，真有雷霆万钧之力。更有甚者，不仅要杀，而且要斩尽杀绝！诛杀的方法，也写得明明白白，以示有绝对的把握。那些“为民物害者”，对此能不心惊胆战吗？结尾“其无悔”只有三字，戛然而止，尤见峭劲。韩愈有言：“气盛则言之短长与声之高下者皆宜。”(《答李翊书》)从他这篇文章来看，确实表现了这一特点。

史载韩愈派人祭过鳄鱼之后，鳄鱼西徙六十里，从此潮州再无鳄鱼为患了。这种传说，自然是无稽之谈，姑妄言之，姑妄听之而已。但是韩愈所表现的为民除害、敢于斗争的精神，却是值得赞扬的。特别是在韩愈被远贬以后，写这种充满讽刺意味的文章，更觉难能可贵。

（宋　廓）

李　翱

【作者小传】

(772—841)　唐散文家、哲学家。字习之。陇西成纪(今甘肃秦安西北)人。一说赵郡人。贞元进士。官至山南东道节度使。谥文。曾从韩愈学古文，参加古文运动。所作《来南录》，为传世很早的日记体文章。文风平易。在哲学上，受佛学影响，所撰《复性论》，糅合儒、佛两家思想。著有《李文公集》。

杨烈妇传　　李翱

建中四年，李希烈陷汴州①；既又将盗陈州②，分其兵数千人，抵项城县③。盖将掠其玉帛，俘累其男女，以会于陈州。

县令李侃，不知所为。其妻杨氏曰："君，县令也。寇至当守；力不足，死焉，职也。君如逃，则谁守？"侃曰："兵与财皆无，将若何？"杨氏曰："如不守，县为贼所得矣，仓廪皆其积也，府库皆其财也，百姓皆其战士也，国家何有？夺贼之财而食其食，重赏以令死士，其必济！"

于是，召胥吏、百姓于庭，杨氏言曰："县令，诚主也；虽然，岁满则罢去，非若吏人、百姓然。吏人、百姓，邑人也，坟墓存焉，宜相与致死以守其邑，忍失其身而为贼之人耶？"众皆泣，许之。乃徇④曰："以瓦石中贼者，与之千钱；以刀矢兵刃之物中贼者，与之万钱。"得数百人，侃率之以乘城⑤。

杨氏亲为之爨⑥以食之；无长少，必周而均。使侃与贼言曰："项城父老，义不为贼矣，皆悉力守死。得吾城不足以威，不如亟去，徒失利无益也。"贼皆笑。有蜚⑦箭集于侃之手，侃伤而归。杨氏责之曰："君不在，则人谁肯固矣！与其死于城上，不犹愈于家乎？"侃遂忍之，复登陴。

项城，小邑也，无长戟、劲弩、高城、深沟之固，贼气吞焉，率其徒将超城而下。有以弱弓射贼者，中其帅，坠马死。其帅，希烈之婿也。贼失势，遂相与散走，项城之人无伤焉。刺史上侃之功，诏迁绛州太平县令。杨氏至兹犹存。

妇人女子之德，奉父母舅姑尽恭顺，和于娣姒，于卑幼有慈爱，而能不失其贞者，则贤矣。辨行列，明攻守勇烈之道，此公卿大臣之所难。厥自兵兴，朝廷注意宠旌守御之臣。凭坚城深池之险，储蓄山积，货财自若，冠胄服甲负弓矢而驰者，不知几人！其勇不能战，其智不能守，其忠不能死，弃其城而走者，有矣！彼何人哉！若杨氏者，妇人也。孔子曰："仁者必有勇⑧。”杨氏当之矣。

赞曰：凡人之情，皆谓后来者不及于古之人。贤者古亦稀，独后代耶！及其有之，与古人不殊也。若高愍女、杨烈妇者，虽古烈女，其何加焉！予惧其行事湮灭而不传，故皆叙之，将告于史官。

〔注〕 ① 李希烈：燕州辽西(今北京市一带)人。德宗时为节度使，与叛乱的河北藩镇朱滔、田悦等勾结，侵掠州县。建中四年底攻入汴州(今河南开封)，自称楚帝。不久为刘洽所败。后被部将毒死。 ② 陈州：治所在今河南淮阳。 ③ 项城县：今属河南。 ④ 徇：对众宣示。 ⑤ 乘城：登城。 ⑥ 爨(cuàn 窜)：烧火煮饭。 ⑦ 蜚：通“飞”。 ⑧ 仁者必有勇：见《论语·宪问》。

李翱为文尚气质，主张“文、理、义三者兼并”；提倡独创，反对因袭，要求文章“创意造言，皆不相师”。本文便是他不袭陈言、不循归径的一篇作品。他在《答皇甫湜书》中说：“仆文采虽不足以希左丘明、司马子长，足下视仆叙高愍女(指作者所作的《高愍女碑》)、杨烈妇，岂尽出班孟坚、蔡伯喈之下耶?”其自信、自负若此。

本文以简洁流畅的笔墨，成功地塑造了杨烈妇这位有勇有谋、仁义兼备、忠于国家、体爱民众的女性形象。文章先叙述事情发生的背景及经过。唐德宗建中四年(783)，李希烈背叛唐室，拥兵自立称帝，陷汴州，袭陈州，直逼项城，形势危急。在这紧要关头，杨氏当机立断，挺身而出，帮助担任项城县令的丈夫确定作战方针，谋划抗敌对策，激励胥吏百姓上下一心，奋勇杀敌，终于以少胜多，以弱胜强，击退了敌人的进攻，取得了项城自卫战的胜利。最后用赞文直接赞扬杨氏事迹古今少有，“虽古烈女，其何加焉”。并交代撰写本文的意图是“惧其行事湮灭而不传，故皆叙之，将告于史官”，以便使其事迹永垂青史。

本文在艺术上的一个重要特色是善于通过人物的典型语言行动，来刻画人物的典型性格。当强敌压境、兵临城下时，杨氏对丈夫斩钉截铁地说：“寇至当守；力不足，死焉，职也。”寥寥数语，掷地有声。杨氏正气凛然的形象一下子便凸现在人们面前，令人肃然起敬。为了坚定丈夫抗敌之志，她又细陈利弊得失：“如不守，县为贼所得矣，仓廪皆其积也，府库皆其财也，百姓皆其战士也，国家何有?夺贼之财而食其食，重赏以令死士，其必济!”充分展示了杨氏在关键时刻所表现出的过人智慧，分析透彻深入，出人意料之外，却又尽在情理之中。“其必济”，表现了她对胜利充满信心。她召集胥吏、百姓于庭，俨然以大将风度，理直气壮地号召大家“宜相与致死以守其邑”，决不失身从贼。她一面申明大义，一面又以杀敌有赏来激励民众，将一切可以杀敌的力量都动员起来，组织成一支强有力的守城队伍，一场自卫反击战就这样拉开了序幕。

在守城战斗中，杨氏继续发挥着重要作用。她"亲为之爨以食之"，为守城吏民做饭、送饭，而且严格做到"无长少，必周而均"，使大家毫无怨言，团结抗敌。她还让丈夫宣传瓦解敌军；丈夫受伤而归，她又鼓励他忍痛带伤，重返火线杀敌，率领众人固守城池。一人身先士卒，百人奋勇争先，终于打垮敌人，使"项城之人无伤焉"。通过对杨氏言行的生动描述，将她身上所蕴藏的智勇仁义的性格光辉展示无遗，熠熠生光。

本文在艺术上的另一特色是运用对比的手法，来烘托主人公的光辉形象。首先是将杨氏和她丈夫李侃进行对比。李侃身为县令，在强敌压城时手足无措，"不知所为"；而杨氏则信念坚定："寇至当守"；并以有力的反问："君如逃，则谁守？"堵死临阵脱逃之路。同时又为他出主意，想办法，既坚定其抗敌意志，又积极动员民众，组织力量，决不坐以待毙。战斗中，李侃被流矢射中，"伤而归"，他根本没想到自己身为一县之主，负伤退阵，会动摇守城吏民的军心；如果带伤指挥，又会增强守城吏民的士气：一进一退，事关全城安危，影响抗敌大局。杨氏却都想到了，于是严肃地斥责道："君不在，则人谁肯固矣！与其死于城上，不犹愈于家乎？"其胆气之豪壮，其识见之卓越，在李侃行为的反衬下，显得多么鲜明突出！李侃的形象虽着墨不多，但真实可信。他的胆识智勇都不如其妻，但他心中是非分明，对妻子的劝导言听计从，率众迎敌；负伤后强忍伤痛，重返前线指挥抗敌，直至最后胜利。如此县令，也不失为一位好官。他的从善如流，知错即改，反衬了杨氏精神人格力量。

其次是将杨氏同古代的贤士烈女及某些文臣武将相对比。古代传统的道德只要求妇女对父母、公婆孝顺，对妯娌和睦，对晚辈慈爱，恪守贞节操守。而杨氏却具有"辨行列，明攻守勇烈之道"的才能，这是连一般公卿大臣都难以企及的。尤其是那些受朝廷爱重表彰的文臣，与平时占城聚财、武装驰骋的将军，一旦有战事，"其勇不能战，其智不能守，其忠不能死，弃其城而走者，有矣！彼何人哉！"通过对这些人丑恶行为痛心疾首的感叹，作者抒写了对杨氏热情洋溢的赞叹："孔子曰：'仁者必有勇。'杨氏当之矣！"用孔子的这一赞语来赞扬杨氏，确实是当之无愧的。在这一系列对比中，杨氏的形象更加鲜明、高大、丰满，文章的主题也变得更加深刻、更有意义。

杨氏这位名不见经传的普通妇女，在作者的笔下，显得如此光彩照人："虽古烈女，其何加焉！"这固然是因为杨氏本身的事迹十分生动，但同时也不能不归功于作者进步的思想观点和高超的文学表现才能。名家写就了名篇，名篇颂扬了

名女，岁月悠悠，三者可并垂史册而不朽矣！（程郁缀）

祭吏部韩侍郎文[①]　李　翱

呜呼！孔氏去远，杨朱[②]恣行。孟轲拒之，乃坏于成。戎风混华，异学魁横[③]。兄尝辨之，孔道益明。建武[④]以还，文卑质丧。气萎体败，剽剥[⑤]不让。俪花斗叶，颠倒相上。及兄之为，思动鬼神。拔去其华，得其本根。开合怪骇，驱涛涌云。包刘越嬴，并武同殷。六经之风，绝而复新。学者有归，大变于文。兄在仕官，罔辞于艰。疏奏辄斥，去而复还。升黜不改，正言亟闻。

贞元十二，兄在汴州。我游自徐，始得兄交。视我无能，待予以友。讲文析道，为益之厚。二十九年，不知其久。兄以疾休，我病卧室。三来视我，笑言穷日。何荒不耕，会之以一。人心乐生，皆恶言凶。兄之在病，则齐其终。顺化以尽，靡憾于中。别我千万，意如不穷。

临丧大号，决裂肝胸。老聃[⑥]言寿，死而不亡。兄名之垂，星斗之光。我撰兄行，下于太常，声殚天地，谁云不长。丧车来东，我刺庐江。君命有严，不见君丧。遣使奠斝[⑦]，百酸搅肠。音容若在，曷日而忘。呜呼哀哉，尚飨！

〔注〕 ① 吏部韩侍郎：即韩愈，曾官吏部侍郎，故亦称韩吏部。 ② 杨朱：人名。战国时魏人。又称杨子、阳子或阳生。后于孔子，先于孟子。其学说重在爱己，不以物累，不拔一毛以利天下，被当时儒家斥为异端。 ③ 魁横：魁，盘结貌；横，不由正道或不循正理。 ④ 建武：汉光武帝刘秀年号（25—56）。 ⑤ 剽剥：犹言攻击。 ⑥ 老聃：人名。即老子，春秋战国时楚人。在其所著《道德经》第三十三章中云："死而不亡者寿。"意思是说虽死而以为生之道不亡，乃得全寿。身殁而道犹存，况身存而道不卒乎。 ⑦ 奠斝（jiǎ 假）：泛指用于祭祀的礼器。斝，古代铜制酒器。

这是祭奠韩愈的一篇祭文。作者李翱"始从昌黎韩愈为文章，辞致浑厚，见推当时"（《新唐书》本传），是韩愈的高足弟子。两人志同道合，过往密切。李翱对韩愈十分推崇，韩愈也非常器重李翱，在《与李翱书》中曾发自肺腑地感叹道："嗟乎！子诚爱我矣，子之所责于我者诚是矣！"情谊如此诚笃深厚，一旦永诀，怎能不如同"决裂肝胸"，痛苦万分呢！李翱的这篇祭文可以说是血泪凝成的，"真情实意,溢出言辞之表”(明吴讷《文章辨体序说》)。

所谓“祭文者,祭奠亲友之辞也。古之祭祀,止于告飨而已。中世以还,兼赞言行,以寓哀伤之意”(明徐师曾《文体明辨序说》)。本篇祭文形式上是较为常见的四言韵语,内容上则大致可分为赞功绩、叙交往、抒哀情三个部分。

第一部分从开头到“正言亟闻”,是赞功绩,称颂韩愈在思想文化领域里革新文体,兴复古道,弘扬儒学的丰功伟绩。对于恣意横行的杨朱、佛老等异学,他辨析之,攘斥之,不遗余力;还勤勉不懈地探求儒家学说中幽深杳渺的道理,致使“孔道益明”。对于东汉以后、魏晋以来片面追求声韵、对偶和华丽辞藻的骈俪文体,对于文坛“文卑质丧,气萎体败”的混乱衰飒之风,他奋力扫荡,“拨去其华,得其本根”,大力倡导内容和形式统一的“文道合一”说,从而使得“六经之风,绝而复新”。这段祭文抓住了韩愈一生功绩中最重要之点,即“文起八代之衰,而道济天下之溺”(苏轼《潮州韩文公庙碑》)。其次,作者颂扬了韩愈为官正直,敢于犯颜直谏,为了国家利益而置自身穷达升黜于不顾的高尚品质。为谏迎佛骨,触怒宪宗,几至丧命,但他依然表示:“欲为圣明除弊事,肯将衰朽惜残年!”(《左迁至蓝关示侄孙湘》)欲为朝廷革除弊政,岂肯顾惜老年的生命!这种精神是多么难能可贵!

第二部分从“贞元十二”到“意如不穷”,是叙交往,追忆自己与韩愈的交往始末。从两人一见如故,到遂成道德文章之友;每次欢聚,都愉快坦诚,无所不谈,“笑言穷日”,意犹未竟;如此倏忽间不觉过了二十九个春秋。作者叙述自己从韩愈的“讲文析道”中得益丰厚,赞扬他勤业不辍的精神,即便是生病期间,仍然孜孜不倦,“何荒不耕”;而对生命,则持一种委运随化的达观态度。这一段回忆往事,充满挚爱深情,以昔日把臂共处的欢乐,反衬出眼下诀别的痛苦,自然过渡到最后的哀悼。

第三部分从“临丧大号”到文章结尾是抒哀情。作者先以“决裂肝胸”来形容自己惊闻噩耗后五内俱摧的深痛巨哀;接着引老聃之言,称颂韩愈“死而不亡”,永垂青史,英名可与日月星辰争光;最后以“遣使奠斝,百酸搅肠。音容若在,曷日而忘”作结,将悼念的感情推向高潮。

南朝梁刘勰在《文心雕龙》中说:“祭奠之楷,宜恭且哀;若夫辞华而靡实,情郁而不宣,皆非工于此者也”。明人吴讷《文章辨体·序说》中也说:祭文中大抵“祭故旧以道达情意为尚。若夫谀辞巧语,虚文蔓说,固弗足以动神,而亦君子之所厌听也。”他们对祭文这种文体提出了两点要求:一是感情真挚,态度恭敬,抒发哀情要淋漓尽致、宣泄无遗。二是文辞朴实,以能够表情达意为尚,力戒谀辞巧语。李翱的这篇《祭吏部韩侍郎文》正好在这两方面都取得了成功。作者叙述韩愈为文和为政的历史功绩，既切合实际，符合历史真实，无溢美浮夸之辞；又把握准确，着笔在实质性的问题上，切中肯綮。回忆往日交往，情感充沛，意态宛然，文辞质朴，形象真切；最后仰天长号，情如泉涌，给人以强烈的艺术感染。总观全文，可以说如果没有深厚的真性情，便不会写出如此感人的真文字；反之，如果不是如此简洁凝炼、质朴无华的真文字，也难以传达出作者内心充沛的真性情，更难以引起后世异代不同时的读者心灵的共鸣。而这一切又都跟作者所具有的高尚的人格及出众的文学才华，密不可分的。　（程郁缀）

【作者小传】

刘禹锡

(772—842)　唐文学家、哲学家。字梦得。洛阳（今属河南）人。贞元进士，又登博学宏词科。累迁监察御史。与柳宗元等参加主张改革的王叔文集团，反对宦官和藩镇割据势力。失败后，贬朗州司马，迁连州刺史。后任太子宾客，加校检礼部尚书，世称“刘宾客”。和柳宗元交谊很深，人称“刘柳”，后与白居易唱和甚多，又并称“刘白”。其诗通俗清新，《竹枝词》《柳枝词》等富有民歌特色，为唐诗中别开生面之作。著有《刘梦得文集》。

陋　室　铭　　刘禹锡

山不在高，有仙则名；水不在深，有龙则灵。斯是陋室，惟吾德馨①。苔痕上阶绿，草色入帘青。谈笑有鸿儒②，往来无白丁③。可以调素琴④，阅金经⑤。无丝竹之乱耳⑥，无案牍之劳形⑦。南阳诸葛庐⑧，西蜀子云亭⑨。孔子云：“何陋之有⑩？”

〔注〕 ① 馨：香，指德行美好。《左传·僖公五年》：“黍稷非馨，明德惟馨。”亦见《尚书·君陈》。 ② 鸿儒：大儒，博学者。 ③ 白丁：白衣，平民。 ④ 素琴：没有华丽装饰的琴。 ⑤ 金经：古时用泥金书写经文的佛经。 ⑥ 丝竹：弦乐和管乐，泛指音乐。 ⑦ 案牍：官场文书。 ⑧ 南阳诸葛庐：诸葛亮在南阳隐居住草庐。 ⑨ 西蜀子云亭：成都少城西南有汉辞赋家扬雄宅，亦称草玄堂，因扬雄字子云，故称子云亭，是扬雄著《太玄》之处。 ⑩ 何陋之有：《论语·子罕》：“子欲居九夷。或曰：‘陋，如之何？’子曰：‘君子居之，何陋之有？’”

《陋室铭》是一篇托物言志的铭文。它单纯、简练、清新像一首精粹的诗，充满了哲理和情韵。

开篇几句从《世说新语·排调》“山不高则不灵，渊不深则不清”翻出新意，运用诗歌中常见的比兴手法引出陋室。“山不在高”“水不在深”比兴陋室，“有仙则名”“有龙则灵”则比兴陋室之德。这四句是脍炙人口的名言佳句，颇有哲理诗的精警和含蕴。

作者自远而近，次第写来，以并列句式造成顺流直下的气势，随后托出“斯是陋室，惟吾德馨”，便觉妙语如珠，胜意迭出。这两句从《尚书·周书·君陈》“黍稷非馨，明德惟馨”联想得来，强调以德自励，确为一篇之主旨与警策。

写陋室之陋是为了衬托室中主人之贤，而写室中主人之贤，正好说明陋室不陋。这是一种相反相成的关系。以下写室之内外之景、室中人、室中事，句句扣住“陋”字，而又不离“德”字。

“苔痕上阶绿，草色入帘青”是写室内外之景，妙在精切地传出陋室的佳处，以诗的语言表现诗的意境。“痕”“色”二字，变概念化的“苔”“草”为可感、可视的具体形象。“上阶”“入帘”，化静为动，写出“苔”“草”的神态，又将外景引入室内，为陋室增添了勃勃生机，洋溢一片盎然春意。而一“绿”一“青”，色彩鲜明，更映衬出陋室的闲雅、清幽与别致。这两句为叙写陋室中的人和事创造了适宜的环境。

“谈笑有鸿儒，往来无白丁”写室中人，侧重写与朋友的交往，借以显示作者身份的高贵和性情的高雅。作者《自左冯归洛下酬乐天兼呈裴令公》一诗云：“新恩通籍在龙楼，分务神都近旧丘。自有园公紫芝侣，仍追少傅赤松游。”这情景正堪为“谈笑有鸿儒，往来无白丁”作注。

“可以调素琴，阅金经。无丝竹之乱耳，无案牍之劳形”四句写室中事，表现身居陋室的雅趣，足见作者行事不陋。“调素琴，阅金经”，见出陋室生活之清雅；“无丝竹之乱耳，无案牍之劳形”，显出陋室生活之安适。一个超然物外、体静心闲的高人雅士形象呼之欲出。其中所叙的生活作风和精神境界在作者晚年诗作中时有反映：“暑服宜秋著，清琴入夜弹”（《秋中暑退赠乐天》），“案头开缥帙，肘后检青囊”（《闲坐忆乐天以诗问酒熟未》），这正与铭文中的“调素琴，阅金经”相谐合。作者写室中之人心闲体静，衬托他的勤于修德；而写他的勤于修德，则揭示陋室不陋、令名远播的原委。从句式上看，前二句散句单行，后二句骈俪偶对，骈散相间，颇具韵律美。从写法上看，一二句从正面说，三四句从反面写，正反结合，且“可以调素琴”与“无丝竹之乱耳”、“阅金经”与“无案牍之劳形”又形成呼应和对照，颇见文思之巧。

最后引证古人、古迹、古语作结。把陋室比作诸葛孔明的南阳草庐、扬雄的成都宅第，意在自慰和自勉；援引孔子“何陋之有”，则说明自身的志趣与圣人之道相符合。而省略上句“君子居之”只引下句，既呼应上文“惟吾德馨”，又隐含君子居住其内之意，妙在机趣横生，不露自炫之迹。上下古今，浑然一体，包含着无限的情兴和深长的韵味。

全文短短八十一字，但能打破铭文句式整齐对偶、内容多为规诫与褒赞的局限，行文一波三折，回环往复，富有诗歌的韵姿和含蕴，确为短小精警的千古名文。

（王少华）

说　骥　　刘禹锡

伯氏佐戎于朔陲，获良马以遗予。予不知其良也，秣之稊秕①，饮之污池。厩枥也，上痹而下蒸；羁络也，缀索而续韦。其易之如此。予方病且窭，求沽②于肆。市之驵③亦不知其良也，评其价六十缗④。将剂⑤矣，有裴氏子赢其二以求之，谓善价也，卒与裴氏。裴氏所善李生，雅挟相术，于马也尤工。睹之周体，眙然视，听然笑，既而抃随之⑥。且曰：“久矣吾之不觏⑦于是也。是何柔心劲骨，奇精妍态，宛如锵如，晔如翔如之备邪！今夫马之德也全然矣，顾其维驹藏锐于内，且秣之乖方⑧，是用不说⑨于常目。须其齿备而气振，则众美灼见，上可以献帝闲⑩，次可以鬻千金。”裴也闻言竦焉。遂儆其仆，蠲其皂⑪，筐其恶，厦其溲，稚以美荐⑫，秣以芗⑬粒，起之居之，澡之捉⑭之，无分阴之怠。斯以马养，养马之至分也。居无何，果以骥德闻。

客有唁予以丧其宝，且讥其所贸也微。予洒然曰：“始予有是马也，予常马畜之。今予易是马也，彼宝马畜之。宝与常在所遇耳。且夫昔之翘陆⑮也，谓将蹄将啮，抵以棰策，不知其祭⑯云耳。昔之嘘吸⑰也，谓为疵为疠，投以药石⑱，不知其喷玉耳。夫如是，则虽旷日历月，将至顿踣，曾何宝之有焉？由是而言，方之于士，则八十其缗也，不犹逾于五羖皮⑲乎？”客谡而竦。予遂言曰：马之德也，存乎形者也，可以目取，然犹为之若此。矧德蕴于心者乎？斯从古之叹，予不敢叹。

〔注〕 ① 秣(mò 莫)：喂养。稊(tí 提)：草名。形似稗，实如小米。秕(bǐ 比)：干瘪中空的谷子。 ② 沽：卖。 ③ 驵(zǎng)：马匹市场的经纪人。 ④ 缗(mín 民)：成串的钱，即贯钱。 ⑤ 剂：古代买卖时用的一种契券。相当于现在的合同。 ⑥ 眙(chì 翅)：直视貌。听(yǐn 隐)：笑貌。抃(biàn 变)：鼓掌，表示欢欣。 ⑦ 觏(gòu 够)：遇见。 ⑧ 乖方：指方法不得当。 ⑨ 说：通"悦"。 ⑩ 帝闲：皇家马厩。 ⑪ 蠲(juān 娟)：通"涓"，清洁。皂：通"槽"。 ⑫ 荐：草。 ⑬ 芗(xiāng 乡)：指紫苏之类的香草，古人用以调味。 ⑭ 挋(zhèn 震)：拭去。 ⑮ 翘陆：举足跳跃。 ⑯ 臬(niè 聂)：通"蹑"，踏。 ⑰ 嘘吸：呼吸，吐纳。 ⑱ 疠：疾疫。药石：治病的药物和砭石，泛指药物。 ⑲ 五羖皮：羖(gǔ 古)，黑色公羊。春秋时秦国大夫百里奚被称为五羖大夫。关于五羖，传说不一。一说百里奚以五张羊皮的身价，卖身到秦国，替别人养牛，想找机会接近秦穆公。一说百里奚从秦国逃到宛(地名)，被楚人拘留，秦穆公知道后，用五张羊皮把他赎回，并授以国政，称五羖大夫。

古文中有说、论二体，二者性质相近，而又有所区别。论，着重在论理；说，着重在说明、申释。明人吴讷在《文章辨体序说》中称："说者，释也，述也，解释义理而以己意述之也。"一般说来，称之为"说"的文章，往往带有某些杂文、杂感性质，或论述一得之见，或抒发内心感触，如韩愈的《杂说》、苏轼的《日喻说》等。本文题为《说骥》，也属于这类。

文章分前后两部分。前一部分重在叙事，叙述了得马、售马、相马，善养马和果得良马的始末。得到人所赠之马，然"不知其良"，以常马待之，饮食粗淡，厩枥简陋，笼头破旧。于是将它牵到集市上卖给了裴生，得钱八十缗，自以为是好价钱。裴生请善相马的朋友一看，方知是一匹良骥。随即精心喂养，不久，果然面目一新，变成了一匹良马。后一部分是议论，围绕一个中心，即"宝与常在所遇耳"。虽有良马，但未遇识者时，则以常马畜之，不知其举足腾跃乃踏云之举，反而以为是要踢人，动辄鞭打。如此待之，"何宝之有"？而以慧眼识之，并以宝马畜之，方得良骥。其关键就在于一要遇识，二要善待。这跟韩愈在《杂说》(其四)中所阐述的观点是一致的："世有伯乐，然后有千里马；千里马常有，而伯乐不常有。"没有伯乐，千里马也只是同常马一样而已。文章在最后结穴处画龙点睛地说道："马之德也，存乎形者也，可以目取，然犹为之若此。矧德蕴于心者乎？"良与不良"存乎形"，"可以目取"的马，尚且如此不易为人所识，更何况美德与才智蕴藏于内心的人呢？

本文的议论是有感而发的。作者刘禹锡步入仕途后，雄心勃勃准备施展远大抱负，因参加王叔文集团的进步政治改革遭到失败，而被贬朗州司马等官职，在外飘零二十多年。后虽入朝作主客郎中、太子宾客，但实质上都没有被重用，一生襟抱未开，空负凌云之才。他曾写过不少感慨身世、发泄积愤的诗，如《再游玄都观》《聚蚊谣》等。本文也是寄托作者才高运厄、怀才不遇的愤懑不平之情的。当然文章的意义并不仅限于此，它对于埋没和摧残人才的封建制度所进行的有力抨击，则具有更加广泛深刻的社会意义和现实意义。

本文在写作上有以下几个特色：首先是对比手法的成功运用。作者将对于良马以常马待之的情景与以良马待之的情景相对比，前者"秣之稊秕，饮之污池。厩枥也，上痹而下蒸；羁络也，缀索而续韦"；后者则"斸其皂，筐其恶，蹷其溲，稚以美荐，秣以芗粒，起之居之，澡之揗之"，一时一刻也没有丝毫的懈怠。待遇之迥然不同，其结果也判若云泥：前者是将至顿踣，后者则齿备气振，众美灼见。此外还将识者的慧目和不识者的常目进行对比。在常人眼中不悦于目的马，一到识者眼中便成了"柔心劲骨，奇精妍态"的宝马。通过如此一抑一扬的反复对比，有力地深化了"宝与常在所遇耳"的主题，给人以形象的艺术感染和理性的启迪。

其次是铺陈排比，颇有赋体文风。本文篇幅不长，但善于铺陈排比。如开始写获良马而未能以良马待之的一段，从食、饮、住，铺写到马笼头；而裴氏"儆其仆"精心喂养那一段，也从多方面进行了铺排描写。这种铺排增强了文章的气势和服人以理的力量。此外，本文后半部分大体上采用了赋体文所常用的主客问答的形式，显豁而又透彻地申述了题旨。

最后一点就是本文语言简洁凝练、生动传神。无论是叙述性文字，还是论说性文字，都十分省净、简洁。篇无冗句，句无余字，语言精练传神。如写相马李生对马"睹之周体"后，作者以"眙然视，听然笑"六个字，便真切地传达出李生的神态。而写李生评价良马，以"宛如锵如，晔如翔如"八个字，既洋溢出对良马的由衷赞叹之情，也写尽了良马的生动情态和风神韵致，着墨不多而尽得风流，可谓是以少胜多的传神之笔。

（程郁缀）

【作者小传】

白居易

（772—846）　唐代诗人。字乐天，晚年号香山居士。其先太原（今属山西）人，后迁居下邽（今陕西渭南东北）。贞元进士。授秘书省校书郎。元和年间任左拾遗及左赞善大夫。因上表请求严缉刺死宰相武元衡的凶手，得罪权贵，贬为江州司马。后任杭州刺史、苏州刺史，官至刑部尚书。在文学上积极倡导新乐府运动，主张"文章合为时而著，歌诗合为事而作"。其诗通俗浅显。早年所赋讽谕诗尤为世所重。和元稹友谊甚笃，与之齐名，世称"元白"。晚年与刘禹锡唱和甚多，人称"刘白"。有《白氏长庆集》。

与元九书　　白居易

月日，居易白，微之足下：

自足下谪江陵至于今①，凡枉赠答诗仅百篇②。每诗来，或辱③序，或辱书，冠于卷首，皆所以陈古今歌诗之义，且自序为文因缘，与年月之远近也。仆既受足下诗，又谕足下此意，常欲承答来旨，粗论歌诗大端，并自述为文之意，总为一书，致足下前。累岁已来，牵故少暇，间有容隙④，或欲为之，又自思所陈，亦无出足下之见，临纸复罢者数四，卒不能成就其志，以至于今。今俟罪⑤浔阳，除盥栉食寝外无余事，因览足下去通州日所留新旧文二十六轴⑥，开卷得意，忽如会面。心所畜者，便欲快言，往往自疑，不知相去万里也。既而愤悱之气思有所泄，遂追就前志，勉为此书。足下幸试为仆留意一省。

夫文尚矣⑦，三才各有文⑧：天之文，三光首之⑨；地之文，五材首之⑩；人之文，六经首之⑪。就六经言，《诗》又首之。何者？圣人感人心而天下和平。感人心者，莫先乎情，莫始乎言，莫切乎声，莫深乎义。诗者，根情，苗言，华声，实义⑫。上自贤圣，下至愚呆，微及豚鱼，幽及鬼神，群分而气同，形异而情一，未有声入而不应，情交而不感者。圣人知其然，因其言，经之以六义⑬；缘其声，纬之以五音⑭。音有韵，义有类⑮。韵协则言顺，言顺则声易入；类举则情见，情见则感易交。于是乎孕大含深，贯微洞密。上下通而一气泰，忧乐合而百志熙⑯。五帝三皇所以直道而行⑰，垂拱而理者⑱，揭此以为大柄，决此以为大宝也⑲。故闻"元首明，股肱良"之歌，则知虞道昌矣⑳；闻五子洛汭之歌，则知夏政荒矣㉑。言者无罪，闻者足戒㉒，言者闻者，莫不两尽其心焉。

洎周衰秦兴，采诗官废，上不以诗补察时政，下不以歌泄导人情，乃至于谄成之风动，救失之道缺。于时"六义"始刓矣㉓。

白居易像

——明弘治十一年明宗室天然重刊本《历代古人像赞》

《国风》变为骚辞[24]。五言始于苏、李[25]。苏、李、骚人，皆不遇者[26]，各系其志，发而为文。故“河梁”之句，止于伤别[27]；泽畔之吟，归于怨思[28]：彷徨抑郁，不暇及他耳。然去《诗》未远，梗概尚存。故兴离别，则引双凫一雁为喻[29]，讽君子小人，则引香草恶鸟为比[30]，虽义类不具，犹得风人之什二三焉。于时“六义”始缺矣。

晋、宋已还，得者盖寡。以康乐之奥博，多溺于山水[31]；以渊明之高古，偏放于田园[32]。江、鲍之流[33]，又狭于此。如梁鸿《五噫》之例者[34]，百无一二焉。于时“六义”浸微矣[35]，陵夷矣[36]！

至于梁、陈间，率不过嘲风雪、弄花草而已。噫！风雪花草之物，《三百篇》中[37]，岂舍之乎？顾所用何如耳。设如“北风其凉[38]”，假风以刺威虐也；“雨雪霏霏[39]”，因雪以愍征役也。“棠棣之华[40]”，感华以讽兄弟也。“采采芣苢[41]”，美草以乐有子也：皆兴发于此，而义归于彼。反是者，可乎哉！然则“余霞散成绮，澄江净如练[42]”，“离花先委露，别叶乍辞风”之什[43]，丽则丽矣，吾不知其所讽焉。故仆所谓嘲风雪、弄花草而已。于时“六义”尽去矣。

唐兴二百年，其间诗人不可胜数。所可举者，陈子昂有《感遇》诗二十首[44]，鲍防有《感兴》诗十五首[45]。又诗之豪者，世称李、杜[46]。李之作，才矣奇矣，人不逮矣。索其风、雅、比、兴，十无一焉。杜诗最多，可传者千余首。至于贯穿今古，覼缕格律[47]，尽工尽善，又过于李。然撮其《新安吏》《石壕吏》《潼关吏》《塞芦子》《留花门》之章，“朱门酒肉臭，路有冻死骨”之句[48]，亦不过三四十首。杜尚如此，况不逮杜者乎？

仆常痛诗道崩坏，忽忽愤发[49]，或食辍哺，夜辍寝，不量才力，欲扶起之。嗟乎！事有大谬者，又不可一二而言，然亦不能不粗陈于左右。

仆始生六七月时，乳母抱弄于书屏下，有指“无”字“之”字示仆者,仆虽口未能言,心已默识;后有问此二字者,虽百十其试,而指之不差。则仆宿昔之缘,已在文字中矣。及五六岁便学为诗,九岁谙识声韵。十五六始知有进士,苦节读书。二十已来,昼课赋,夜课书,间又课诗,不遑寝息矣。以至于口舌成疮,手肘成胝,既壮而肤革不丰盈,未老而齿发早衰白,瞥瞥然如飞蝇垂珠在眸子中也[50],动以万数。盖以苦学力文所致,又自悲矣。

家贫多故,二十七方从乡赋[51]。既第之后,虽专于科试,亦不废诗。及授校书郎时[52],已盈三四百首。或出示交友如足下辈,见皆谓之工,其实未窥作者之域耳[53]。自登朝来[54],年齿渐长,阅事渐多,每与人言,多询时务;每读书史,多求理道[55]。始知文章合为时而著,歌诗合为事而作[56]。是时皇帝初即位[57],宰府有正人,屡降玺书,访人急病[58]。仆当此日,擢在翰林[59],身是谏官[60],月请谏纸[61],启奏之外,有可以救济人病,裨补时阙,而难于指言者,辄咏歌之,欲稍稍递进闻于上。上以广宸聪[62],副忧勤[63];次以酬恩奖,塞言责;下以复吾平生之志[64]。岂图志未就而悔已生[65],言未闻而谤已成矣。

又请为左右终言之。凡闻仆《贺雨》诗[66],而众口籍籍[67],已谓非宜矣。闻仆《哭孔戡》诗[68],众面脉脉[69],尽不悦矣。闻《秦中吟》[70],则权豪贵近者相目而变色矣。闻乐游园寄足下诗,则执政柄者扼腕矣[71]。闻《宿紫阁村》诗[72],则握军要者切齿矣。大率如此,不可遍举。不相与者,号为沽名,号为诋讦,号为讪谤。苟相与者,则如牛僧孺之戒焉[73]。乃至骨肉妻孥,皆以我为非也。其不我非者,举不过三两人。有邓鲂者,见仆诗而喜,无何而鲂死[74]。有唐衢者,见仆诗而泣,未几而衢死[75]。其余则足下,足下又十年来困踬若此。呜呼!岂"六义""四始"之风[76],天将破坏,不可支持耶?抑又不知天之意,不欲使下人之病苦闻于上耶?不然,何有志于诗者不利若此之甚也。

然仆又自思，关东一男子耳[77]，除读书属文外，其他懵然无知；乃至书画棋博，可以接群居之欢者，一无通晓，即其愚拙可知矣。初应进士时，中朝无缌麻之亲[78]，达官无半面之旧，策蹇步于利足之途[79]，张空拳于战文之场[80]。十年之间，三登科第[81]，名入众耳，迹升清贯[82]，出交贤俊，入侍冕旒[83]。始得名于文章，终得罪于文章，亦其宜也。

日者，又闻亲友间说，礼、吏部举选人[84]，多以仆私试赋、判传为准的。其余诗句，亦往往在人口中。仆恧然自愧[85]，不之信也。及再来长安，又闻有军使高霞寓者[86]，欲聘倡妓，妓大夸曰："我诵得白学士《长恨歌》[87]，岂同他妓哉？"由是增价。又足下书云：到通州日，见江馆柱间有题仆诗者，复何人哉？又昨过汉南日[88]，适遇主人集众乐娱他宾，诸妓见仆来，指而相顾曰："此是《秦中吟》《长恨歌》主耳！"自长安抵江西[89]，三四千里，凡乡校、佛寺、逆旅、行舟之中，往往有题仆诗者；士庶、僧徒、孀妇、处女之口，每每有咏仆诗者。此诚雕虫之戏[90]，不足为多，然今时俗所重，正在此耳。虽前贤如渊、云者[91]，前辈如李、杜者，亦未能忘情于其间哉！

古人云："名者，公器，不可以多取[92]。"仆是何者？窃时之名已多。既窃时名，又欲窃时之富贵，使己为造物者，肯兼与之乎？今之迍穷，理固然也。况诗人多蹇。如陈子昂、杜甫，各授一拾遗[93]，而迍剥至死[94]。李白、孟浩然辈，不及一命[95]，穷悴终身。近日孟郊六十，终试协律[96]；张籍五十，未离一太祝[97]。彼何人哉！彼何人哉！况仆之才又不逮彼。今虽谪佐远郡[98]，而官品至第五[99]，月俸四五万，寒有衣，饥有食，给身之外，施及家人，亦可谓不负白氏之子矣。微之，微之，勿念我哉！

仆数月来，检讨囊帙中，得新旧诗，各以类分，分为卷目。自拾遗来，凡所遇所感，关于美、刺、兴、比者，又自武德迄元和[100]，因事立题，题为《新乐府》者，共一百五十首，谓之"讽谕诗”。又或退公独处，或移病闲居，知足保和，吟玩情性者一百首，谓之“闲适诗”。又有事物牵于外，情理动于内，随感遇而形于叹咏者一百首，谓之“感伤诗”。又有五言、七言，长句、绝句，自一百韵至两韵者四百余首，谓之“杂律诗”。凡为十五卷，约八百首。异时相见，当尽致于执事。

微之！古人云：“穷则独善其身，达则兼济天下[101]。”仆虽不肖，常师此语。大丈夫所守者道，所待者时。时之来也，为云龙，为风鹏，勃然突然，陈力以出；时之不来也，为雾豹，为冥鸿，寂兮寥兮，奉身而退。进退出处，何往而不自得哉？故仆志在兼济，行在独善，奉而始终之则为道，言而发明之则为诗。谓之讽谕诗，兼济之志也；谓之闲适诗，独善之义也。故览仆诗，知仆之道焉。其余杂律诗，或诱于一时一物，发于一笑一吟，率然成章，非平生所尚者，但以亲朋合散之际，取其释恨佐欢。今铨次之间，未能删去。他时有为我编集斯文者，略之可也。

微之！夫贵耳贱目，荣古陋今[102]，人之大情也。仆不能远征古旧，如近岁韦苏州歌行[103]，才丽之外，颇近兴讽。其五言诗又高雅闲淡，自成一家之体。今之秉笔者谁能及之？然当苏州在时，人亦未甚爱重，必待身后，然后人贵之。今仆之诗，人所爱者，悉不过杂律诗与《长恨歌》以下耳。时之所重，仆之所轻。至于讽谕者，意激而言质；闲适者，思淡而词迂，以质合迂，宜人之不爱也。

今所爱者，并世而生，独足下耳。然千百年后，安知复无足下者出而知爱我诗哉？故自八九年来，与足下小通则以诗相戒，小穷则以诗相勉，索居则以诗相慰，同处则以诗相娱。知吾罪吾[104]，率以诗也。如今年春游城南时，与足下马上相戏，因各诵新艳小律，不杂他篇，自皇子陂归昭国里[105]，迭吟递唱，不绝声者二十里余。樊、李在旁[106]，无所措口。知我者以为诗仙，不知我者以为诗魔。何则？劳心灵，役声气，连朝接夕，不自知其苦，非魔而何？偶同人，当美景，或花时宴罢，或月夜酒酣，一咏一吟，不知老之将至。虽骖鸾鹤游蓬瀛者之适[107]，无以加于此焉，又非仙而何！微之，微之！此吾所以与足下外形骸[108]，脱踪迹[109]，傲轩鼎[110]，轻人寰者[111]，又以此也。

当此之时，足下兴有余力，且欲与仆悉索还往中诗[112]，取其尤长者，如张十八古乐府[113]，李二十新歌行[114]，卢、杨二秘书律诗[115]，窦七、元八绝句[116]，博搜精掇，编而次之，号《元白往还诗集》。众君子得拟议于此者，莫不踊跃欣喜，以为盛事。嗟乎！言未终而足下左转[117]，不数月而仆又继行[118]，心期索然[119]，何日成就，又可为之叹息矣。

又仆尝语足下：凡人为文，私于自是[120]，不忍于割截，或失于繁多。其间妍媸[121]，益又自惑，必待交友有公鉴无姑息者，讨论而削夺之，然后繁简当否得其中矣。况仆与足下，为文尤患其多。己尚病之，况他人乎？今且各纂诗笔[122]，粗为卷第，待与足下相见日，各出所有，终前志焉。又不知相遇是何年，相见在何地，溘然而至[123]，则如之何！微之，微之！知我心哉！

浔阳腊月，江风苦寒，岁暮鲜欢，夜长无睡。引笔铺纸，悄然灯前[124]，有念则书，言无次第，勿以繁杂为倦，且以代一夕之话也。微之，微之！知我心哉！乐天再拜。

〔注〕 ① 自足下谪江陵至于今：指元稹从元和五年(810)由监察御史贬为江陵(今属湖北)士曹参军到元和十年这段时间。 ② 仅百篇：近百篇之多。 ③ 辱：谦词，犹言“承蒙”。④ 容隙：空闲。 ⑤ 俟罪：指元和十年(815)白居易被贬到浔阳(今九江)任江州司马。⑥ 通州：元稹于元和十年改官通州(今四川达县)司马。轴：卷。唐代以前书均手写，卷端有轴，以便舒卷。一轴即一卷。 ⑦ 尚矣：由来久远。 ⑧ 三才：天、地、人。文：文章。⑨ 三光：日、月、星。 ⑩ 五材：即五行，指金、木、水、火、土。 ⑪ 六经：儒家以《诗》《书》《礼》《乐》《易》《春秋》为六经，其中《乐经》在汉代以前就亡失了，流传下来的只有“五经”。⑫ 根情、苗言、华声、实义：谓诗应以感情为根，语言为苗，声韵为花，思想为果。 ⑬ 六义：《诗经》有风、雅、颂三种体裁及赋、比、兴三种表现手法，合称六义。 ⑭ 五音：也称五声。指古代音乐上的宫、商、角、徵(zhǐ 止)、羽，音韵上的唇、齿、喉、舌、牙音等五类发音部位也称五音。 ⑮ 音有韵，义有类：五音有不同的韵律，六义有不同的体裁和表现手法。 ⑯“上下”二句：一气，《旧唐书》作“二气”，指天地之气。泰，通顺。熙，和悦。 ⑰ 五帝：指黄帝、颛顼(zhuān xū 专须)、帝喾(kù 酷)、尧、舜。三皇：指燧人、伏羲、神农。 ⑱ 垂拱而理：意谓不费气力而治理天下。垂拱，垂衣拱手。 ⑲“揭此”二句：揭，高举。柄，武器。决，抓住。大宝，

最宝贵的事物。　⑳“元首明，股肱良”之歌：相传虞舜在位时，天下大治，他和皋陶(yáo 摇)作歌唱和，其中有三句说：“元首明哉！股肱良哉！庶事康哉！”见《尚书·益稷篇》。元首，君主。股肱(gōng 公)，喻辅佐君主的大臣。昌，昌明，兴盛。　㉑五子洛汭(ruì 瑞)之歌：相传夏王太康荒淫无道，被羿所逐，他的五个兄弟在洛水边等候他不来，作了五首歌表示怨恨。后人相沿用《五子之歌》作臣子劝诫之辞。《尚书》有《五子之歌》，是一篇伪古文。　㉒“言者无罪”二句：语出《毛诗·大序》：“言之者无罪，闻之者足以戒。”　㉓刓(wán 完)：削弱。　㉔《国风》：《诗经》有十五《国风》，是《诗经》的主要部分，因而以《国风》代指《诗经》。骚辞：《楚辞》第一篇为屈原《离骚》，因而以“骚辞”代指《楚辞》。　㉕苏、李：《文选》有苏武、李陵赠答诗，是五言体，实为后人伪作。　㉖“苏李骚人”二句：骚人：泛指诗人。苏武出使匈奴，被扣留十九年，守节不屈，归国后未受重用。李陵战败，投降匈奴。　㉗“河梁”之句：指苏、李赠答之诗，李陵《与苏武》诗第三首：“携手上河梁，游子暮何之？徘徊蹊路侧，悢悢不得辞。”　㉘泽畔之吟：指屈原的作品。《楚辞·渔父》：“屈原既放，游于江潭，行吟泽畔。”　㉙双凫一雁：苏武归国时写诗与李陵留别：“双凫俱北飞，一雁独南翔。”　㉚香草恶鸟：王逸《离骚序》：“《离骚》之文，依《诗》取兴，引类譬喻。故善鸟香草以配忠贞，恶禽臭物以比谗佞。”意思是说用香草比喻君子，用恶鸟比喻小人。　㉛“以康乐之奥博”二句：康乐，刘宋时著名诗人谢灵运，因袭封康乐公，所以世称谢康乐。他精研玄理，著述丰富，故称“奥博”，所作诗歌偏重描写山水景物。　㉜“以渊明之高古”二句：东晋时大诗人陶潜，字渊明，所作诗歌多写田园生活，超逸典雅。　㉝江、鲍之流：指六朝著名诗人江淹、鲍照。　㉞《五噫(yī 衣)》：东汉诗人梁鸿，路过当时的京城洛阳，对统治者的奢侈生活极为愤慨，作了一首《五噫歌》。　㉟浸(jìn 进)微：渐渐衰微。　㊱陵夷：陵与夷皆渐平之意，引申为衰颓。　㊲《三百篇》：指《诗经》，共计三百零五篇，后世以整数三百篇代称。　㊳“北风其凉”：《诗经·邶风·北风》首句。　㊴“雨雪霏霏”：《诗经·小雅·采薇》最后一章中的一句。　㊵“棠棣之华”：《诗经·小雅·棠棣》中句子。棠棣，果实像李子的植物。　㊶“采采芣苢(fú yǐ 浮椅)”：《诗经·周南·芣苢》中句子。芣苢，车前子。　㊷“余霞散成绮”二句：谢朓《晚登三山还望京邑》诗中的名句。　㊸“离花先委露”二句：鲍照《玩月城西门廨中》诗中的名句。　㊹陈子昂：字伯玉，初唐著名诗人，今本《陈伯玉集》有《感遇》诗三十八首。　㊺鲍防：天宝进士，这里所说的《感兴诗》十五首，已失传。　㊻李、杜：指唐代大诗人李白、杜甫。　㊼覼(luó 罗)缕格律：覼缕，委曲详尽。格律，体例音律。　㊽“朱门酒肉臭”二句：杜甫《自京赴奉先县咏怀五百字》诗中名句。　㊾忽忽：草率不经意。　㊿瞀(mào 冒)瞀：形容眼睛昏花。　(51)乡赋：即乡试，地方举行的乡贡考试。据记载，白居易于二十八岁时在安徽宣城参加乡贡考试，考取后被送到京城长安参加进士考试。(52)校书郎：官名，属秘书省，掌管校理内府藏书。　(53)域：门径。　(54)自登朝来：指白居易自从元和三年(808)为左拾遗、翰林学士以来。　(55)理道：指治理天下的道理。　(56)“文章合为时而著”二句：文章应该为反映时代而写，诗歌应该为反映现实而作。这是白居易现实主义诗文创作主张的主要观点。　(57)皇帝初即位：指唐宪宗李纯即位初期。　(58)访人急病：人，即民。急病，疾苦。　(59)擢(zhuó 浊)：提拔。翰林：翰林学士是皇帝的侍臣，可参加商议军国大事，起草诏书。　(60)谏官：向皇帝进行劝谏的官。白居易于元和三年(808)，以翰林学士出任左拾遗。拾遗是谏官的一种。　(61)请：领取。谏纸：朝廷所发，为谏官誊写谏书的纸张。白居易《论制科人状》：“臣今职为学士，官是拾遗，日草诏书，月请谏纸。”唐制，谏官每月领谏纸二百张。　(62)宸(chén 辰)聪：皇帝的听察。　(63)副忧勤：帮助皇帝忧民勤政。　(64)复：实现。(65)悔：指祸事。　(66)《贺雨》诗：白居易于元和四年(809)写《贺雨》诗讽劝皇帝改善人民生活。

㊼ 籍籍：议论纷纷。 ㊽《哭孔戡》诗：孔戡正直不畏权势，有才不得重用，只作了闲官，含冤病死，白居易于元和五年(810)写《哭孔戡》诗悼念他。 ㊾ 脉脉：脸有怒色而口不说。 ㊿《秦中吟》：白居易创作的组诗，共十首，与《新乐府》同为“讽谕诗”重要部分。 (71) 乐游园寄足下诗：即《登乐游园望》诗。元和五年(810)元稹被贬作江陵士曹参军，白居易作这首诗相赠。扼腕，扼紧手腕，表示痛恨。 (72)《宿紫阁村》诗：即《宿紫阁山北村》诗，揭露皇家禁卫军公然在京城近郊掠夺人民财物的罪行。 (73) 牛僧孺之戒：元和初牛僧孺在对策中，指陈时政，得罪权贵，他和考官都受到处分。白居易有《论制科人状》，所论奏者即指此事。 (74) 邓鲂(fáng 防)：白居易同时的诗人，怀才不遇，贫困而死。 (75) 唐衢：白居易同时的诗人，曾应进士第，未被录取，看到贞元、元和时期国事日非，常痛哭流涕，后穷愁而死。 (76) 四始：指《诗经》中四个首篇：《国风·关雎》《小雅·鹿鸣》《大雅·文王》《颂·清庙》。 (77) 关东一男子：函谷关以东均称关东，白居易是太原人，所以自称“关东一男子”。 (78) 缌(sī 思)麻之亲：缌麻，细麻布，用作古代“五服”中最疏亲属的丧服。这是说在朝廷中连最疏远的亲族都没有。 (79)“策蹇步”句：蹇(jiǎn 俭)，跛脚。全句意为骑着跛脚的马在利于驰骋的大路上竞跑。 (80) 卷(quān 圈)：弩弓。《汉书·司马迁传》：“张空卷，冒白刃，北首争死敌。”战文之场：竞赛文章的场所，指考试。 (81) 三登科第：指白居易于贞元十六年(800)登进士第，贞元十八年书判拔萃登科，元和元年(806)应“才识兼茂、明于体用”科试，入第四等。 (82) 清贯：皇帝的侍从官员。 (83) 冕旒(liú 流)：皇冠叫冕，皇冠上的垂珠叫旒，代指皇帝。 (84) 礼、吏部举选人：唐代制度，由礼部主持进士考试，考取后，还要通过吏部考试，才授官职。 (85) 恧(nǜ)然：惭愧貌。 (86) 军使高霞寓：军使，节度使的异称。高霞寓随高崇文讨伐西川叛将刘辟有功，后为唐、邓、隋节度使。 (87) 白学士《长恨歌》：白居易曾任翰林学士，所以称他白学士。《长恨歌》，白居易根据唐玄宗和杨贵妃的故事写成的一首著名长诗。 (88) 汉南：指襄阳(今属湖北)。白居易《送冯舍人阁老往襄阳》诗：“莫恋汉南风景好，岘山花尽早归来。” (89) 江西：唐朝江南西道的简称。 (90) 雕虫之戏：犹雕虫之技，意谓微不足道的技能。汉代扬雄说，辞赋是雕虫小技，大丈夫所不为。 (91) 渊、云：指汉代文学家王褒(字子渊)和扬雄(字子云)。 (92)“名者，公器，不可以多取”：这句话出自《庄子·天运篇》：“名，公器也，不可多取。” (93) 拾遗：唐代设左右拾遗各六人，分属门下、中书两省，都是从八品上阶，虽然担任讽谏皇帝的任务，但地位很低。陈子昂曾任右拾遗，杜甫曾任左拾遗。 (94) 迍剥：艰困和被迫害。 (95) 一命：最低一级的官。李白生平只作过翰林供奉，无正式品级。孟浩然因写诗得罪唐玄宗，一生没有做官。 (96) 孟郊：和白居易同时的诗人，五十岁才考中进士，六十岁还只是正八品上阶的协律郎(乐官)。 (97) 太祝：替皇帝掌管祭祀的小官。 (98) 佐：即佐贰，是知府、知州、知县的辅助官。郡：州的通称。当时白居易贬为江州司马，辅助刺史处理政务。 (99) 官品至第五：唐代官制，江州司马是从五品。 (100) 武德：唐高祖年号(618—626)。元和：唐宪宗年号(806—820)。 (101)“穷则独善其身”二句：语出《孟子·尽心上》。意指仕途不顺利的时候，要保持个人的品格；有了地位后，应该把天下治理好。 (102) 贵耳贱目，荣古陋今：典出张衡《东京赋》：“若客所谓，末学肤受，贵耳而贱目者也。苟有胸而无心，不能节之以礼，宜其陋今而荣古矣！”谓贵其所闻，贱其所见，尊古而卑今，为人情所不免。 (103) 韦苏州：指韦应物，贞元初为苏州刺史，故称韦苏州，所作五言诗最有名。 (104) 知吾罪吾：原文作“知吾最要”，据《全唐文》《旧唐书》改。 (105) 皇子陂：长安城南的一个名胜地。《长安志》引《十道志》曰：“秦葬皇子，起冢陂北原上，因名皇子陂。”据毕沅考证，谓即秦悼太子冢。昭国里：在长安朱雀门街东的第三街永崇里南，白居易曾住在这里。 (106) 樊、李：樊宗师和李绅，都是白居易好友。 (107) 骖(cān 餐)鸾鹤：以鸾鹤为坐骑，神话中登

仙的意思。蓬瀛：蓬莱和瀛洲，传说中的海上两座仙山。　⑩⑧外形骸：把形体看作外物。⑩⑨脱踪迹：摆脱世俗礼法的拘束。　⑪⓪轩：古时大夫所乘的高车。鼎：贵族所用的食器。轩鼎代指权贵。　⑪①人寰：人世。这里实指官场生活。　⑪②还往：指交往的朋友。　⑪③张十八：张籍。　⑪④李二十：李绅。　⑪⑤卢、杨：卢拱、杨巨源。　⑪⑥窦七、元八：窦巩、元宗简。⑪⑦左转：降职。古代尊右卑左，被降职即称左转或左迁。元稹这时被贬为江陵府士曹参军。⑪⑧仆又继行：白居易接着又被贬为江州司马。　⑪⑨心期索然：心中的期望落空。指编集《元白往还诗集》的心愿成空。　⑫⓪私于自是：偏向于自己的爱好。　⑫①妍媸（chī吃）：美丑。⑫②诗笔：诗歌和散文。　⑫③溘（kè客）然：忽然，指死。　⑫④悄然：冷清的意思。

这封信写于元和十年（815），这时白居易在江州司马任上，四十四岁。从二十九岁进士及第后，经过十多年的宦海风波，被贬到江州当一名有职无权的司马，对他是一次最沉重的打击，内心充满愤慨和忧伤，思想上的矛盾难以解决，于是诉之笔墨，写出这封感情真挚、内容丰富的长信。

元稹是白居易的好友。他们同在贞元十九年（803）以书判拔萃科登第，又同授秘书省校书郎，订交之后，交往密切，唱酬之作甚多，得意时以诗相戒，失意时以诗相勉，论诗作文观点相似，志同道合，感情深厚。元稹于元和五年因得罪权贵，从监察御史降为江陵士曹参军，元和十年调任通州司马。五年之中，他们来往赠答的诗篇超过百首，书信来往也多。因此，这封长信是他们之间长期以来思想交流的结晶。白居易所总结的创作经验，阐明的理论观点，完全是有感而发的，是深思熟虑的产物。

白居易作文和他写诗一样，思想感情袒露无遗，语言务求通俗浅白，形成独特的艺术风格。这篇文章是在吸取前代和同时代作家所提出的诗歌创作理论的基础上，加以发展，形成自己的诗歌理论的纲领，总结他创作政治讽谕诗的经验，观点鲜明，文字生动流畅，有较强的说服力，在中国文学批评史上占有重要的地位。

本文在简要地叙述他写作这封信的目的之后，以大量篇幅，列举文学史上大量作家和作品，用十分简洁的语句，叙述历代诗歌发展变化的概况，阐明《诗经》以来反映现实的优良文学传统。他从“六义”着眼，强调“风、雅、比、兴”是“六义”的精髓，并从“六义”的兴起、削弱，以至逐渐衰微、消失，评价不同时期的诗歌创作，虽然还不能概括从上古到中古诗歌发展的全貌，但基本上能自圆其说，成一家之言。他还提出诗歌的内容必须做到“根情”“实义”，就是说诗歌所体现的感情和意义，正像植物的根和果实一样；而形式上的“苗言”“华声”，是指诗歌的语言和声韵只是苗和花。只有根深，才能叶茂，开出鲜艳的花朵，结出丰硕的果实。这个比喻十分形象地说明诗歌的内容与形式的关系，即内容是诗歌的根本，形式必须为内容服务，只有内容与形式相统一，才能发挥它的社会功能。按照这个观点，他在《诗经》之后，特别推崇杜甫的作品，肯定《新安吏》《石壕吏》《潼关吏》等名篇，和“朱门酒肉臭，路有冻死骨”等名句，而对六朝以来出现的脱离现实、绮靡颓废的文风，“嘲风雪，弄花草”的形式主义作品加以批判和否定，态度明确，褒贬基本得当，为他提倡的新乐府运动揭示有力的理论根据。

白居易从自己的勤学苦读，谈到仕宦之后潜心诗歌创作，以及作品的巨大影响，在总结创作经验时，着重谈到文学创作与现实的关系，得出“文章合为时而著，歌诗合为事而作”的结论。他谈到自己“苦学力文”的过程，说从二十岁以后，“昼课赋，夜读书，间又课诗，不遑寝息矣。以至于口舌成疮，手肘成胝，既壮而肤革不丰盈，未老而齿发早衰白，瞀瞀然如飞蝇垂珠在眸子中也，动以万数”。描写具体生动，读后令人感动。他还谈到，在创作《贺雨》《哭孔戡》《秦中吟》等诗篇时，由于紧密联系当时的政治斗争和社会现实，贯彻自己提出的创作主张，却被达官贵人切齿痛恨，但他毫无反悔之意：“始得名于文章，终得罪于文章，亦其宜也。”相反，他对自己的诗文得到各阶层人民的欢迎，感到由衷的高兴：“自长安抵江西，三四千里，凡乡校、佛寺、逆旅、行舟之中往往有题仆诗者，士庶、僧徒、孀妇、处女之口，每每有咏仆诗者。此诚雕虫之戏，不足为多，然今时俗所重，正在此耳。”白居易诗歌无论是在当时或是后世，影响是很大的，正是由于他用诗歌作武器，揭露社会矛盾，反映现实生活，具有进步意义。他特地把自己诗歌创作中有关“美刺兴比”的篇章，编为《新乐府》一百五十首，称为“讽谕诗”，体现现实主义诗歌理论的成果。

白居易以儒家的“穷则独善其身，达则兼济天下”的说教为准则，说明他写“讽谕诗”是表达“兼济之志”，其目的还是“惟歌生民病，愿得天子知”（《寄唐生》）；他写“闲适诗”是表现“独善之义”，特别是贬谪江州之后，他在政治思想上由积极转入消极，写了大量的“闲适诗”。所谓“志在兼济，行在独善”的人生观，正是反映他思想上的矛盾，也正是这种思想矛盾，使他的晚年创作走上消极颓放的道路。此外，本文在评价作家作品时，对陶渊明、李白等的诗歌创作的批评也有不当之处，这也是必须加以指出的。

（李国章）

庐山草堂记

白居易

匡庐①奇秀，甲天下山。山北峰曰香炉峰，北寺曰遗爱寺。介②峰寺间，其境胜绝，又甲庐山。元和十一年秋，太原人白乐天见而爱之，若远行客过故乡，恋恋不能去。因面峰腋寺③，作为草堂。

明年春，草堂成。三间两柱，二室四牖，广袤丰杀[4]，一称心力[5]。洞[6]北户，来阴风[7]，防徂暑[8]也；敞南甍，纳阳日，虞祁寒[9]也。木斲而已，不加丹；墙圬而已，不加白。砌[10]阶用石，幂[11]窗用纸，竹帘纻帏，率称是焉。堂中设木榻四，素屏二，漆琴一张，儒、道、佛书各三两卷。

乐天既来为主，仰观山，俯听泉，旁睨竹树云石，自辰及酉，应接不暇。俄而物诱气随，外适内和。一宿体宁，再宿心恬，三宿后颓然嗒然[12]，不知其然而然。

自问其故，答曰：是居也，前有平地，轮广[13]十丈；中有平台，半平地；台南有方池，倍平台。环池多山竹野卉，池中生白莲、白鱼。又南抵石涧，夹涧有古松、老杉，大仅十人围，高不知几百尺。修柯戛[14]云，低枝拂潭，如幢[15]竖，如盖张，如龙蛇走。松下多灌丛，萝茑叶蔓，骈织承翳，日月光不到地，盛夏风气如八、九月时。下铺白石，为出入道。堂北五步，据层崖积石，嵌空垤堄，杂木异草，盖覆其上。绿阴蒙蒙，朱实离离，不识其名，四时一色。又有飞泉植茗，就以烹燀，好事者见，可以永日。堂东有瀑布，水悬三尺，泻阶隅，落石渠，昏晓如练色，夜中如环珮琴筑声。堂西倚北崖右趾，以剖竹架空，引崖上泉，脉分线悬，自檐注砌，累累如贯珠，霏微如雨露，滴沥飘洒，随风远去。其四旁耳目、杖屦[16]可及者，春有锦绣谷花，夏有石门涧云，秋有虎溪月，冬有炉峰雪。阴晴显晦，昏旦含吐，千变万状，不可殚纪，覙缕[17]而言，故云甲庐山者。噫！凡人丰一屋，华一箦，而起居其间，尚不免有骄稳之态；今我为是物主，物至致知[18]，各以类至，又安得不外适内和，体宁心恬哉！昔永、远、宗、雷辈十八人[19]同入此山，老死不返，去我千载，我知其心以是哉！

矧予自思：从幼迨老，若白屋[20]，若朱门，凡所止，虽一日二日，辄覆篑土为台，聚拳石为山，环斗水为池，其喜山水病癖如此。一旦蹇剥[21]，来佐江郡。郡守以优容而抚我，庐山以灵胜待我，是天与我时，地与我所，卒获所好，又何以求焉！尚以冗员㉒所羁，余累未尽，或往或来，未遑宁处。待予异时，弟妹婚嫁毕，司马岁秩㉓满，出处行止，得以自遂，则必左手引妻子，右手抱琴书，终老于斯，以成就我平生之志。清泉白石，实闻此言！

时三月二十七日，始居新堂。四月九日，与河南元集虚、范阳张允中、南阳张深之、东西二林㉔长老凑、朗、满、晦、坚等凡二十有二人，具斋施茶果以落㉕之。因为《草堂记》。

〔注〕 ① 匡庐：即江西庐山，又称匡山，合称之即为"匡庐"。 ② 介：处两者当中。 ③ 面峰腋寺：对山傍寺。腋，两腋在人身旁，故引申为"傍"。 ④ 广袤(mào 茂)：土地的长和宽。东西长度曰广，南北长度曰宽。这里指面积大小。丰杀(shài 晒)：增减。 ⑤ 一称(chèn 趁)心力：全与自己的愿望和财力相称。 ⑥ 洞：洞开。 ⑦ 阴风：北风。 ⑧ 徂(cú)暑：盛暑。《诗经·小雅·四月》："四月维夏，六月徂暑。" ⑨ 祁寒：严寒。 ⑩ 砌(qì 气)：通"砌"，台阶。这里作动词用。 ⑪ 幂(mì 密)：覆盖。 ⑫ 嗒(tà 踏)然：身心俱遣、物我两忘貌。 ⑬ 轮广：纵横。南北为轮，东西为广。 ⑭ 戛(jiá 夹)：轻轻碰击。 ⑮ 幢(chuáng 床)：古代作仪仗用的一种旗帜，以羽毛为饰。 ⑯ 杖屦(jù 巨)：扶杖步行。屦，亦作"履"。 ⑰ 覼缕(luó lǚ 锣吕)：谓语言委曲详尽而有条理。这里指"概括"。 ⑱ 物至致知：谓各种景物纷至眼前，使人有所感受而增长智慧。《礼记·大学》："致知在格物。" ⑲ 永、远、宗、雷辈十八人：指东晋高僧慧永、慧远兄弟和著名隐士宗炳、雷次宗等人。据《莲社高贤传》载，他们曾在庐山东林寺结社念佛，因寺中有池植白莲，世称"莲社十八贤"。 ⑳ 白屋：指贫苦人家的屋子。 ㉑ 蹇(jiǎn 检)剥：均为《易经》中的卦名。此指遭受挫折。 ㉒ 冗(rǒng)员：闲散多余的官员。 ㉓ 岁秩：规定的任职年限。 ㉔ 东西二林：指东林寺、西林寺。 ㉕ 落：落成。这里指庆贺落成。

此文作于唐宪宗元和十二年(817)，前此二年，宰相武元衡被平卢节度使李师道派人暗杀。白居易上疏"急请捕贼，以雪国耻"(《旧唐书》本传)，为权贵所憎恶，以"越职言事"贬为江州司马。元和十一年(816)秋，白居易游庐山，独爱香炉峰下、遗爱寺旁的一处胜景，便在那里修筑一草堂。次年草堂落成，他写了这篇《庐山草堂记》。

文章起始，交代草堂的由来及位置。庐山三面临水，层峦叠嶂，云影瀑流，相互映发，景色奇丽秀美，故作者以"匡庐奇秀甲天下"句总赞一笔；而草堂建在香炉峰与遗爱寺之间，"其境胜绝"，作者又以"甲庐山"称誉。两个"甲"字，突出了草堂周围环境之美。至于修建草堂的起因，作者说是"见而爱之，若远行客过故乡，恋恋不能去"，可见是出于对庐山美景的深情迷恋。

第二自然段，写草堂的设置。草堂于元和十一年秋动工，次年春落成。草堂格局简单：一间堂屋，两间侧室；正屋与侧室之间以柱相隔，故曰“两柱”；另有两间耳房，前后各开两窗。其《香炉峰下新卜山居草堂初成偶题东壁》诗有句云：“五架三间新草堂，石阶桂柱竹编墙。”堂内陈设朴素古雅，听其自然，显示作者的爱好和志趣。

三、四两个自然段，写住进草堂后的情景。作者仰观诸峰险峻，俯听泉水流响，还有竹树云石等点缀，令人从早到晚欣赏不尽。美景的诱惑，使他产生“外适内和”之感。他觉得身体舒适，精神和畅，几乎进入了物我两忘的境界。为烘托草堂主人之乐，作者又通过自问自答，对草堂附近的自然景物进行细致描绘：堂前平地，中间平台，台南方池，环池山竹野草，满池白莲白鱼。南面山涧，两岸古松老杉，林间白石铺路，散步其间，悠然自得。这就把草堂南面的景物写得生动有致，情趣盎然。接下去，又分别描绘出草堂北、东、西面景物的特色：北面山石层叠，杂木异草覆盖；绿荫茂密，红果累累，四季呈现出一样的色调。还有飞湍的泉水和种植的茶树，可就近烹煮品饮，消磨尽日。东面有瀑布，水悬三尺，入夜瀑布声叮当悦耳。西面靠山崖处，剖竹架空，引泉注入台阶。草堂四周的景物都写得动静相生，有声有色。作者仍感意犹未尽，又展示草堂四季景色的特点：“春有锦绣谷花，夏有石门涧云，秋有虎溪月，冬有炉峰雪。”加上早晚天气变化，景物时隐时现，明灭可见，气象万千。于此，用“故云甲庐山者”一句收束，转入议论，抒发物我两忘的情怀，回应上文“俄而物诱气随”两句，显出构思的精妙。

第五自然段正面记叙对山水的爱好和希望终老草堂的心情，而将其归隐的政治原因仅以“一旦蹇剥，来佐江郡”句一带而过，抑郁不平之气寄于言外，意蕴深远，更富艺术魅力。作者又为未来生活构思出一幅“出处行止，得以自遂”的美妙图景，宣称要“终老于斯，以成就我平生之志”。而这，正是文章的主旨所在。他对着泉石发誓，更见归志之殷切。

最后一个自然段，附记移居、庆贺及作记等事，虽是“记”体散文通有的格式，却透露出作者当时的思想情趣。

这篇“记”写景生动，叙事简洁，层次清楚，旨趣隽永，堪称唐文中别具特色的篇什。

（潘裕民）

三游洞序　　白居易

平淮西之明年①冬，予自江州司马授忠州刺史，微之②自通州司马授虢州长史。又明年春，各祗命③之郡，与知退④偕行。三月十日，参会于夷陵。翌日，微之反棹送予，至下牢戍⑤。

又翌日，将别未忍，引舟上下者久之。酒酣，闻石间泉声，因舍棹进，策步入缺岸。初见石，如叠，如削；其怪者，如引臂，如垂幢。次见泉，如泻，如洒；其奇者，如悬练，如不绝线。遂相与维舟岩下，率仆夫芟芜刈翳，梯危縋滑⑥，休而复上者凡四五焉。仰睇俯察，绝无人迹，但水石相薄，磷磷凿凿，跳珠溅玉，惊动耳目。自未讫戌，爱不能去。俄而峡山昏黑，云破月出，光气含吐，互相明灭，晶荧玲珑，象生其中，虽有敏口⑦，不能名状。

既而，通夕不寐，迨旦将去，怜奇惜别，且叹且言。知退曰："斯境胜绝，天地间其有几乎？如之何俯通津，绵岁代⑧，寂寥委置⑨，罕有到者？"予曰："借此喻彼，可为长太息，岂独是哉？岂独是哉？"微之曰："诚哉是言。矧吾人难相逢，斯境不易得；今两偶⑩于是，得无述乎？请各赋古调诗二十韵，书于石壁。"仍命予序而纪之。又以吾三人始游，故目为"三游洞"。洞在峡州上二十里北峰下两崖相廞间⑪。欲将来好事者知，故备书⑫其事。

〔注〕 ① 平淮西之明年：唐将李愬以元和十二年(817)冬十月生擒吴元济，淮西乱平。明年，即元和十三年(818)。 ② 微之：元稹字。 ③ 祇(zhī 枝)命：奉命。祇，敬，引申为敬奉。 ④ 知退：白行简字。 ⑤ 下牢戍：即下牢关，在今湖北宜昌西。 ⑥ 梯危縋(zhuì 坠)滑：高峻处用梯子爬，滑溜处则用绳子拉。 ⑦ 敏口：即巧嘴。 ⑧岁代：年复一年，谓长久以来。 ⑨ 委置：被抛在一边。 ⑩ 两偶：两种偶然的事情，此指会良友和遇胜境。 ⑪ 两崖相廞(qiàn 欠)间：指两山崖相衔接处。廞，通"嵌"。 ⑫ 备书：详细记载。

这是一篇序体山水游记，作于唐宪宗元和十四年(819)。这年三月，白居易由江州司马迁忠州(今四川忠县)刺史，挚友元稹也由通州(今四川达县)司马改授虢州(今河南灵宝)长史，两人相遇于夷陵。当时白居易的弟弟白行简随行，三人一同游览了西陵峡口下牢津的一个石洞，各赋一诗题壁，因名此洞为"三游洞"。本文是白居易为三人游洞诗写的序。

第一段写三人相会的情形，着墨不多，而其背景、时间、地点以及人物关系交代得一清二楚。从"微之反棹送予"这一细节中，则可体会到元、白二人的深挚情谊。用笔简妙，为下文抒写惜别之情预作铺垫。

第二段写三人发现并游览三游洞的经过，是本文的重点所在。临别之际，不忍分手，彼此牵引着船，久久地在江中来回航行，忽闻石间泉声，便下船上岸，步入缺岸寻找。他们一边循声探索，一边观赏景物。石则观其形状之“怪”，像人工着意堆叠和劈削而成；而石钟乳就像张开的臂膀和下垂的旗帜。泉则赏其势态之“奇”，像飞泻，像喷洒，像悬挂的白带，像不断的白线。动静结合，给人如临其境的感觉。他们又把船拴在岩石下，割杂草，除障碍，进洞游览。作者突出“险”“惊”“幻”三字。“梯危缒滑”，“休而复上者”达四五次之多，攀登艰难，写出洞的险峭、滑溜；水石相击，发出“磷磷凿凿”的巨响，溅出如珠似玉的水花，作者以“惊动耳目”四字，写出了自己的独特感受。洞中黄昏，景色奇绝：“俄而峡山昏黑，云破月出，光气含吐，互相明灭，晶荧玲珑，象生其中。”寥寥几笔，便把洞中光彩变幻的景物如画般地展现，使人目夺神移。这“险”“惊”“幻”的景色，描绘得神奇美妙，作者犹有“虽有敏口，不能名状”的遗憾。

末段因景伤情，抒写“怜奇惜别”的感慨，加深了文章的思想内涵。爱景之奇，惜友之别，二者融为一体。三人的对话，“且叹且言”，尤其是作者的慨叹，借此喻彼，含英才被贬之意，意味更为深长。末了，以介绍作序原因、洞名来历及三游洞的具体位置作结，收笔从容自然。

这篇文章叙事简洁有序，写景生动逼真，抒情含蕴深邃。明人杨慎评曰：“白居易《三游洞记》：‘云破月出，光气含吐，互相明灭，晶荧玲珑，象生其中，虽有敏口，莫可名状。’造语如此，何异柳宗元。世以为大易轻议之，盖亦未能深玩之也。”（《丹铅杂录》卷七）他把白居易与柳宗元相提并论，是慧眼别具的。作为诗人，白居易和柳宗元一样，写景叙事充满着诗情，但两人处境、性格、艺术素养有所不同，因此柳宗元写永州山水，雄奇峭拔，感慨颇深，而白居易写景状物则清新隽永，自然浑成。这篇优美的游记小品，正体现了这种风格特色。（潘裕民）

《荔枝图》序　　白居易

荔枝生巴峡[①]间，树形团团如帷盖。叶如桂，冬青。华如橘，春荣。实如丹，夏熟。朵如蒲萄[②]，核如枇杷，壳如红缯[③]，膜如紫绡[④]，瓤肉莹白如冰雪，浆液甘酸如醴酪[⑤]。大略如彼，其实过之。若离本枝，一日而色变，二日而香变，三日而味变，四五日外，色香味尽去矣。元和十五年夏，南宾守乐天命工吏图而书之，盖为不识者与识而不及一二三日者云。

〔注〕 ① 巴峡：指巴郡三峡，即巴县以东江面的石洞峡、铜锣峡、明月峡，水程九十里。② 蒲萄：即葡萄。 ③ 缯(zēng 憎)：古代对丝织品的统称。 ④ 绡(xiāo 消)：生丝织成的绸子。 ⑤ 醴酪：甜酒酸醋。

在唐代，荔枝是一种生长于南方的珍贵果品，北方难以觅到。据《新唐书·杨贵妃传》记载："妃嗜荔枝，必欲生致之，乃置骑传送，走数千里，味未变，已至京师。"但在当时，一般北方人是很难见到荔枝的。白居易于元和十四年(819)任忠州刺史，第二年命画工绘荔枝图，并亲自为图写序，介绍荔枝的特质，为的是使"不识者与识而不及一二三日者"了解荔枝。

作为一篇咏物小品，作者以其对荔枝的习性及其特点的细致观察，运用出色的比喻，形象地展示了荔枝特有的风姿。

作者先从大处着笔，用"荔枝生巴峡间"点明荔枝的生长环境，接着便从细微处对荔枝本身的各个部位及其特征加以具体说明。文章以"荔枝"二字领起，点醒题面并统摄全篇，以下虽不再出现"荔枝"二字，但句句不离"荔枝"，可谓主旨集中，惜墨如金。其中最精彩的部分，莫过于这段用比喻描绘荔枝的文字："树形团团如帷盖。叶如桂，冬青。华如橘，春荣。实如丹，夏熟。朵如蒲萄，核如枇杷，壳如红缯，膜如紫绡，瓤肉莹白如冰雪，浆液甘酸如醴酪。"这里，采用日常生活中习见的十种物体作比，使未见荔枝者借助以往的经验对荔枝产生具体的印象：树形，用车上的帷幕和篷子作比，使人想见其绿荫蔽日的圆圆树冠。树叶，用桂树叶子作比，使人想见其椭圆形、革质、对生、冬夏青翠的特征。花朵，用橘树的花作比，使人想见其圆锥花序、小而无瓣、呈绿白色、芳香袭人、春季开花的特点。果实，用朱砂作比，使人想见其颜色的红艳。果实的颗粒，用葡萄作比，使人想见其相聚而成的嘟噜成串的形状。果实的内核，用枇杷作比，使人想见其球形的饱满硕大。果实的外壳，用红绸作比，使人想见其表面鳞斑状突起的鲜红色泽。果实壳内的薄膜，用紫色生丝作比，使人想见其质地的薄而透明。果瓤肉质，用晶莹洁白的冰雪作比，使人想见其半透明凝脂状。果实的浆液，用甜酒和奶酪作比，使人想见其甘酸可口的美味。"不识者与识而不及一二三日者"，完全可以借助帷盖、桂、橘、丹、蒲萄、枇杷、红缯、紫绡、冰雪、醴酪这十种可以感知的东西，获得对荔枝具体而形象的感受。每一个比喻自然妥帖，与荔枝本身的特点贴近，使人能如见其形，如闻其香。而对色香味随时间推移而变化的特点，仅用"一日而色变，二日而香变，三日而味变，四五日外，色香味尽去矣"加以简要说明，最后点明作画时间、作画者、主持人及作序目的，略作交代即收住。

作者从大到小(树—叶—花—实)，由外而内(朵—核—壳—膜—瓤肉—浆液），层次明晰、详略得体地描摹了荔枝的形态。难怪清代王符曾读了之后，写下这样的评语："特为荔枝立传，想见太守风流。昔东坡有空寓岭表之叹（按：苏轼《食荔枝二首》有"罗浮山下四时春，卢橘杨梅次第新。日啖荔枝三百颗，不辞长作岭南人"语），对此，真令人恨不生巴峡也。"（《古文小品咀华》卷三）（王少华）

【作者小传】

吕　温

（772—811）　唐文学家。字和叔，一字化光。河中（治今山西永济西）人。贞元进士。与王叔文等友善，迁左拾遗。因奉命至吐蕃，未参与永贞改革，得免贬谪。后进户部员外郎。终为宰相李吉甫所忌，贬道州刺史，转衡州。工诗文。著有《吕衡州集》。

成皋铭　　吕　温

茫茫大野，万邦错峙①。惟王守国，设险于此。呀谷②成堑，崇颠③若垒。势轶赤霄④，气吞千里。洪河⑤在下，太室⑥旁倚。岗盘岭蹙⑦，虎伏龙起。锁天中区⑧，控地四鄙⑨。出必由户，入则同轨⑩。拒昏纳明，闭乱开理⑪。

昔在秦亡，雷雨晦冥。刘、项分险⑫，扼喉⑬而争。汉飞镐京⑭，羽斩东城⑮。德有厚薄，此山无情。

维唐初兴，时未大同⑯。王于东征⑰，烈火顺风⑱。乘高建瓴⑲，擒建系充⑳。奄㉑有天下，斯焉定功。

二百年间，大朴㉒既还。周道如砥㉓，成皋不关。顺至则平，逆者惟艰。敢迹成败㉔，勒铭巉颜㉕。

〔注〕①错峙：交错并立。　②呀谷：深广的山谷。呀，大而空貌。　③崇颠，高山。颠，同"巅"。　④势轶赤霄：山势高出云霄。轶，超过。赤霄，布满云霞的天空。　⑤洪河：大河，指黄河。　⑥太室：指嵩山。　⑦蹙（cù促）：皱起，突起。　⑧中区：中原。　⑨四鄙：四方边邑之地。　⑩同轨：本指车轮宽窄相同，引申为同一、统一的意思。　⑪闭乱开理：战争时关闭，太平时打开。理，同"治"，指政治的清明与安定。　⑫刘、项分险：刘邦、项羽分别相持于成皋天险之一侧。　⑬扼喉：指扼守成皋这一咽喉要地。　⑭汉飞镐京：汉王刘邦如龙飞天，进入长安为天子。镐京，西周都城，即唐时之长安，称西京。　⑮羽斩东城：项羽在东城自刭而死。东城，古县名，故址在今安徽省定远县东南五十里。　⑯大同：本为儒家理

想的太平盛世，这里指天下统一。 ⑰ 王于东征：指唐高祖李渊武德三年(620)派李世民出兵关中，东征盘踞洛阳的王世充一事。王，指李世民，当时封为秦王。 ⑱ 烈火顺风：形容李世民进军迅猛的气势。 ⑲ 乘高建瓴(líng 铃)：形容居高临下，不可阻遏的形势。 ⑳ 擒建系充：指窦建德、王世充先后被擒，投降李世民事。 ㉑ 奄：包括。 ㉒ 大朴：指民风民俗敦厚质朴。 ㉓ 周道如砥：这里借指唐朝赋税均平，政治清明。周，周朝。砥，磨刀石。 ㉔ 敢迹成败：冒昧地考查了历史上成败的经验。敢，自言冒昧之词。 ㉕ 嶘(chán 缠)颜：同"巉岩"，山势险峻貌。《文苑英华》《全唐文》均作"嶘顽"。

成皋，在今河南省荥阳县境内，自古以来就是兵家必争之地。本篇介绍了成皋险要的自然形势和重要的战略地位，并通过这一战略要地所经历的历史风云，总结天下兴亡成败的经验教训。

作者生活的中唐社会，经过安史之乱的沉重打击，已经不复有往昔的繁荣。各种社会矛盾错综复杂，日趋尖锐。其中，王朝统治力量的衰微和藩镇割据势力的扩大，尤其严重地影响到唐朝的和平统一乃至生存发展。在这种情势下，作为永贞革新运动重要成员之一的作者写作本文，显然不是为了发思古之幽情，而是出于对国事的关心和忧虑，警示当世。他在文中提出的"拒昏纳明，闭乱开理"的思想，与前人"在德不在险"一脉相承的"德有厚薄，此山无情"的见解，以及反对分裂、坚持统一的倾向，无疑合乎历史潮流，具有进步意义。

文章的主旨是围绕着成皋天险这一中心层层有序地阐发出来的。开头一段总写成皋的形势，从它自然形势的异常险要和战略地位的至关重要，说明成皋天险关乎天下的兴亡治乱。第二段紧承上文，以历史上发生于此的楚汉相争为例，具体说明成皋确系兵家必争的咽喉要地，并从战争的结果总结出天险固然重要，"德厚"更为关键的经验教训，强调了"德"对据有天下的决定作用。第三段由远及近，以唐开国之初于此平定天下、奠定基业的历史事实，进一步说明成皋天险关系国家统一的重要性，并为中唐社会现实提供了可资借鉴的历史经验。第四段借对有唐"二百年间""成皋不关"历史的回顾和赞颂，含蓄地表达了对现实的隐忧，并对企图拥兵自雄的逆乱者发出警告。最后点明作铭的目的在于让世人明鉴历史教训。

本文在艺术上既体现了铭文以四字为句和押韵的特点，又全然没有因形式整齐划一而造成的呆板凝滞之弊。通篇笔力雄健，气势充沛，语言生动，文采斐然，堪称铭文的典范。其中第一段描写成皋自然形势的文字，调动正面描写、侧面烘托等艺术手段，运用比喻、夸张、排比等多种修辞手法，不仅使得成皋高峻奇险、蜿蜒起伏的风貌历历如绘，而且将这座天然要塞写得气势飞动，令人惊心动魄。再如以"雷雨晦冥"比喻秦亡动荡不安、天下大乱的形势，用"烈火顺风"形容唐军异常迅猛、不可阻挡的气势,都形象生动,富有表现力。

拟人化手法的运用,也是本篇的一个特色。作者笔下的成皋已不再是客观的自然之物,而被赋予了生命,具有人的意志和感情。它宛如一个顶天立地、生龙活虎的巨人,"锁天""控地",牢牢掌握着天下出入必经的门户,"拒昏纳明,闭乱开理",主宰着历史的命运。不仅如此,作者还写到"德有厚薄,此山无情","奄有天下,斯焉定功","顺至则平,逆者惟艰",对它的公正无私、爱憎分明以及它统一天下的功绩给予了高度评价,流露出一片赞佩之情。成皋的形象,如此庄严神圣,自然不仅仅是一座天然要塞,而俨然是人民意愿的象征。作者正是借成皋这一人格化了的形象,表达了自己的思想倾向,有力地揭示了文章的主旨。

古代铭文中多以歌功颂德为主,可取的很少,只有少数作品意存警戒,具有一定的价值。晋人张载的《剑阁铭》是其中成就突出的一篇。《文心雕龙·铭箴》称赞说:"唯张载《剑阁》,其才清采,迅足骎骎,后发前至,勒铭岷汉,得其宜矣。"而《成皋铭》,无论在文体的省净、辞采的鲜明或是语言的凝练、音韵的铿锵方面,较之张载的《剑阁铭》都毫不逊色,甚至在文气充沛方面还略胜一筹,与《剑阁铭》堪称古代铭文中的双璧。

(张明非)

【作者小传】

柳宗元

(773—819) 唐文学家、哲学家。字子厚。河东解(今山西运城西)人。世称"柳河东"。贞元进士,授校书郎,调蓝田尉,升监察御史里行。与刘禹锡等参加主张改革的王叔文集团,任礼部员外郎。失败后贬为永州司马。后迁柳州刺史,故又称"柳柳州"。与韩愈倡导古文运动,同被列入"唐宋八大家",并称"韩柳"。散文峭拔矫健,说理透彻。山水游记多有寄托,尤为有名。寓言笔锋犀利。诗风清峭。著有《河东先生集》。

段太尉逸事状

柳宗元

太尉始为泾州刺史时①,汾阳王以副元帅居蒲②。王子晞为尚书③,领行营节度使,寓军邠州④,纵士卒无赖。邠人偷嗜暴恶者,率以货窜名军伍中⑤,则肆志,吏不得问。日群行丐取于市,不嗛,辄奋击折人手足,椎釜鬲瓮盎盈道上,袒臂徐

柳宗元像

——明弘治十一年明宗室天然重刊本《历代古人像赞》

去，至撞杀孕妇人。邠宁节度使白孝德[6]以王故，戚不敢言。

太尉自州以状白府，愿计事。至则曰："天子以生人付公理，公见人被暴害，因恬然。且大乱，若何？"孝德曰："愿奉教。"太尉曰："某为泾州，甚适，少事；今不忍人无寇暴死，以乱天子边事。公诚以都虞候[7]命某者，能为公已乱，使公之人不得害。"孝德曰："幸甚！"如太尉请。

既署一月，晞军士十七人入市取酒，又以刃刺酒翁，坏酿器，酒流沟中。太尉列卒取十七人，皆断头注槊上，植市门外。晞一营大噪，尽甲。孝德震恐，召太尉曰："将奈何？"太尉曰："无伤也！请辞于军。"孝德使数十人从太尉，太尉尽辞去。解佩刀，选老躄者一人持马，至晞门下。甲者出，太尉笑且入曰："杀一老卒，何甲也？吾戴吾头来矣！"甲者愕。因谕曰："尚书固负若属耶？副元帅固负若属耶？奈何欲以乱败郭氏？为白尚书，出听我言。"

晞出见太尉。太尉曰："副元帅勋塞天地，当务始终。今尚书恣卒为暴，暴且乱，乱天子边，欲谁归罪？罪且及副元帅。今邠人恶子弟以货窜名军籍中，杀害人，如是不止，几日不大乱？大乱由尚书出，人皆曰尚书倚副元帅，不戢士。然则郭氏功名，其与存者几何？"言未毕，晞再拜曰："公幸教晞以道，恩甚大，愿奉军以从。"顾叱左右曰："皆解甲散还火伍[8]中，敢哗者死！"太尉曰："吾未晡食，请假设草具[9]。"既食，曰："吾疾作，愿留宿门下。"命持马者去，旦日来。遂卧军中，晞不解衣，戒候卒击柝卫太尉。旦，俱至孝德所，谢不能，请改过。邠州由是无祸。

先是，太尉在泾州为营田官[10]。泾大将焦令谌取人田，自占数十顷，给与农，曰："且熟，归我半。"是岁大旱，野无草，农以告谌。谌曰："我知入数而已，不知旱也。"督责益急，农且饥死，无以偿，即告太尉。

太尉判状辞甚巽[11]，使人求谕谌。谌盛怒，召农者曰："我畏段某耶？何敢言我！”取判铺背上，以大杖击二十，垂死，舆来庭中。太尉大泣曰：“乃我困汝！”即自取水洗去血，裂裳衣疮，手注善药，旦夕自哺农者，然后食。取骑马卖，市谷代偿，使勿知。

淮西⑫寓军帅尹少荣，刚直士也。入见谌，大骂曰：“汝诚人耶？泾州野如赭，人且饥死，而必得谷，又用大杖击无罪者。段公，仁信大人也，而汝不知敬。今段公唯一马，贱卖市谷入汝，汝又取不耻。凡为人傲天灾、犯大人、击无罪者，又取仁者谷，使主人出无马，汝将何以视天地，尚不愧奴隶耶！”谌虽暴抗，然闻言则大愧流汗，不能食，曰：“吾终不可以见段公！”一夕，自恨死⑬。

及太尉自泾州以司农征⑭，戒其族：“过岐⑮，朱泚幸致货币⑯，慎勿纳。”及过，泚固致大绫三百匹。太尉婿韦晤坚拒，不得命。至都，太尉怒曰：“果不用吾言！”晤谢曰：“处贱无以拒也。”太尉曰：“然终不以在吾第。”以如司农治事堂，栖之梁木上。泚反，太尉终⑰，吏以告泚，泚取视，其故封识具存。

太尉逸事如右。

元和九年月日⑱，永州司马员外置同正员柳宗元谨上史馆。今之称太尉大节者，出入以为武人一时奋不虑死，以取名天下，不知太尉之所立如是。宗元尝出入岐周邠斄间⑲，过真定⑳，北上马岭㉑，历亭障堡戍，窃好问老校退卒，能言其事。太尉为人姁姁㉒，常低首拱手行步，言气卑弱，未尝以色待物；人视之，儒者也。遇不可，必达其志，决非偶然者。会州刺史崔公来㉓，言信行直，备得太尉遗事，复校无疑。或恐尚逸坠，未集太史氏，敢以状私于执事㉔。谨状。

〔注〕 ①“太尉”句：唐代宗大历十二年(777)，段秀实因邠宁节度使白孝德的推荐，任泾州(治所在今甘肃泾川北)刺史。这里是以段秀实死后追赠的官名称呼他。 ②汾阳王：即郭子仪。肃宗宝应元年(762)，因郭子仪平定安史之乱有功，进封汾阳郡王。代宗广德二年正月，郭子仪兼任关内、河东副元帅，河中节度、观察使，出镇河中。蒲：州名，唐为河中府(治所在今山西永济)。 ③“王子晞”句：郭晞，郭子仪的第三子，随父征伐，屡建战功。历任御史中丞，

加御史大夫，检校工部尚书。 ④ 寓军：在辖区之外驻军。邠(bīn 宾)州：治所在今陕西彬县。 ⑤“率以”句：意谓大都用贿赂手段在军队中列上自己的名字。货，财物，这里指贿赂。窜，不正当地混入。 ⑥ 白孝德：安西(治所在今新疆库车)人，李光弼部将，广德二年(764)任邠宁节度使。 ⑦ 都虞候：军队中执法的长官。 ⑧ 火伍：队伍。古代军队编制十人为火，五人为伍。 ⑨ 假设草具：意谓代办一般性的食物。草具，粗劣的餐具。 ⑩ 营田官：唐制，诸军万人以上置营田副使一人，掌管军队屯垦。 ⑪ 巽：通“逊”。 ⑫ 淮西：今河南许昌、汝南、郾城一带。 ⑬ 自恨死：此处与事实不符。按白孝德初任邠宁节度使时，署段秀实为度支营田副使，事在广德二年。而据宋世綵堂本注引《段公别传》云：“大历八年(773)令谌犹存。”作者可能是得之于传闻而误记。 ⑭ 司农：即司农卿，为司农寺长官，掌国家储粮用粮之事。德宗建中元年二月，段秀实自泾原节度使召为司农卿。 ⑮ 岐：州名，治所在今陕西凤翔。 ⑯ 朱泚：幽州昌平(今属北京市)人，时为凤翔府尹。幸：或许。 ⑰ 终：去世。 ⑱ 元和：唐宪宗李纯年号(806—820)。九年为公元814年。 ⑲“宗元”句：柳宗元曾于贞元十年(794)时游历邠州一带。周，在岐山下，今陕西眉县一带。斄(tái 台)，在今陕西武功西。 ⑳ 真定：可能是“真宁”之误。真宁，今甘肃正宁。 ㉑ 马岭：山名，在今甘肃庆阳西北。 ㉒ 姁(qú 渠)姁：和悦貌。 ㉓ 州刺史崔公：指永州刺史崔能，作者的上司。 ㉔ 执事：旧时书信中称对方，不直称其人，而向其侍从左右执事者陈述以示尊敬。此处指韩愈。

此文作于唐宪宗元和九年(814)柳宗元贬居永州时，是作者给当时在史馆任职的韩愈修史时作参考的。他在《与史官韩愈致段秀实太尉逸事书》中，谈了其写作动因：“太尉大节，古固无有。然人以为偶一奋，遂名无穷，今大不然。太尉自有难在军中，其处心未尝亏侧，其莅事无一不可纪。会在下名未达，以故不闻，非直以一时取笏为谅(信)也。”很明显，作者写此文的目的是要辩正当时一些人对段秀实为人的曲解。事情要追溯到唐德宗建中四年(783)十月，泾原节度使姚令言的部队在京师哗变，德宗仓皇出奔，原卢龙节度使朱泚被叛军拥立为帝。段秀实时在朝中，一次被召议事之时，他突然用手中的笏猛击朱泚的头部，同时唾面大骂朱泚“狂贼”，终被杀害。柳宗元对段秀实的忠勇行为深表敬仰。然而朝中也有人散布流言，说段秀实的这一举动是“武人一时奋不虑死，以取名天下”。柳宗元听后极为愤慨。他深知其为人一贯刚直，“遇不可，必达其志”。为了让人们了解段秀实，作者取其生平逸事三则，经恰当剪裁组织，生动描写，鲜明渲染，说明段秀实的刚勇是出自其性格之必然，从而使流言不攻自破。

此文取材于真人真事，作者通过三件逸事，塑造了一个不畏强暴，关心人民，临财而不苟取的封建时代正直官吏的形象，同时对当时社会现实的丑恶现象也有所揭露，具有一定的认识意义和史料价值。

全文可分为四段。第一段即第一个事件：勇服郭晞。作者依次写悍卒肆志，自荐平乱，诣营陈辞，请留宿营，突出了段秀实外柔内刚的性格。事情的起因是郭晞纵士卒残害百姓，为所欲为。作者先详细地叙述了士卒肆志之状：天天成群结队地在街市上强索财物，不能满意，就奋击折人手足，将各种瓦器都砸碎，狼藉满地，裸露着臂膀扬长而去，至撞杀孕妇人。写暴行之惨烈，如在眼前。接着作者指出了士卒之所以敢为所欲为的症结所在，因为汾阳王郭子仪的缘故，白孝德只是心中忧伤却不敢说明。紧接着作者又写段秀实自荐担任都虞候前去平乱，显示了他的刚勇无畏。不久，在郭晞士卒十七人再度横行时，段秀实果断地派士兵捕捉了他们，并一一斩首，把头插在长矛上，竖立在街市示众。这里“注”和“植”两个动词，非常有力地突出了段秀实的“勇”。这是一写其勇。段秀实为民除了害，大快人心，然郭晞士卒岂肯罢休，立时都披上盔甲，事件进入高潮。此时白孝德震恐，而段秀实从容镇定，临危不惧，决定诣营陈辞。作者极写郭晞士卒剑拔弩张，如临大敌的紧张气氛，反衬了段秀实的大智大勇。段秀实不带卫士，不带佩刀，坦然出现在郭营，使郭晞士卒愕然。段秀实知道，要治服郭晞，不可能凭借武力，只能晓之以理，因此，辞卫士，解佩刀，选年老腿跛的人持马，这是从心理上消除对方的戒备。作者这样叙写的寓意是：段秀实是不怕死的。他外柔内刚，平易而又刚强的个性在这里得到了充分的体现。至此，段秀实已渐居主动地位，他向郭晞慷慨陈词，指明利害关系后，终于折服了对方。这是二写其勇。至此，事件似已告终，不料作者又出人意料地写了段秀实要求留宿军营一节。为什么要写这一情节呢？掩卷细想，却又不难理解，段秀实用大义和利害晓喻郭晞，使郭晞心悦诚服，再拜谢罪，顾叱士卒说：“皆解甲散还火伍中，敢哗者死！”郭晞到底有无约束部下的决心，段秀实要探明白。留宿军营，既显示了段秀实的坦荡胸怀，又可考察郭晞改过的诚意和决心。这是三写其勇。

第二段即第二个事件：仁愧焦令谌。段秀实除了以刚勇取胜对方外，还具有仁信爱民之心。这则逸事叙述他同情、救助、安抚一个无力交租而惨遭毒打的农民。作者通过段秀实一系列外在的行动，展现了他对农者的怜悯之情。写这则事件的结局，作者让第三者淮西寓军帅尹少荣出场，由他怒斥焦令谌的不敬、不耻、不愧，从侧面烘托了段秀实仁厚慈惠的爱民之心。

第三段即第三个事件：节显治事堂。段秀实不仅具有不畏强暴，疾恶如仇，爱民如子的高贵品质，而且还有清正廉洁的节操。作者写段秀实洞察朱泚之心，拒不收礼，将礼物栖之梁木的逸事，颂扬了他的高风亮节。这则逸事作为段秀实拿笏击泚行为的补充，说明他的气节，不仅表现在大处，而且见于小处，人物形象更显得光彩。

上述三则逸事，发生的时间、地点虽各异，彼此间也无联系，但其精神是相通的。从作者客观的叙述中，使人感受到了深沉的赞颂之情。

第四段交代写作本文的时间、原因及材料的来源，以说明逸事状内容之不谬。

此文在结构上也颇具匠心。所记逸事的开头，作者都写明了事件发生的时间。按顺序，“仁愧焦令谌”之事应在“勇服郭晞”之事前，作者将它移后，把“勇服郭晞”提前来写，其好处是能充分体现写作主旨。因作者要反击小人诽谤段秀实以笏击泚是“武人一时奋不虑死，以取名天下”的流言，就一定要强调他“遇不可，必达其志，决非偶然”的本质，而“勇服郭晞”最能说明这一点。另外，这种先后倒叙也符合读者的欣赏心理。作者先写剑拔弩张的气氛和激烈的场面，能给读者一种强烈的印象。然后写段秀实性格中仁信爱民的一面，对百姓的和好眷眷之意，文势跌宕起伏，布局富有变化。这样安排，能收到较好的艺术效果。本文的另一显著特色是，全文不着一句议论，寓情于事，以形传神，繁简得当。作者在行文中不感情用事，完全让事实和形象说话，他精心选取了段秀实生活中的三则逸事，充分展示其性格特征。作者有意把他和其他封建官吏对照写，这样更能显示其不畏强暴，疾恶如仇，爱民如子的可贵品质。全文虽有叙无论，但在叙事记人中，褒贬已自见。这种写法不仅符合史传的特点，且能发人深思。所叙三则逸事，繁简得当。“勇服郭晞”一事，作者花了很多笔墨写其事件的起因、发展、高潮、结局、余音，充分展示了段秀实的刚勇个性。诣营陈辞是这则事件的高潮，叙写尤为详细，令读者如见其人，如闻其声。“仁愧焦令谌”一事，作者为展示段秀实的仁心爱民的品质，在描述其为被打成重伤的农者洗血、裹疮、注药、哺食、卖马、偿谷，不避琐细。而“节显治事堂”，作者笔墨简略，用的是以简代繁的手法，叙事行文虽寥寥数语，然而由于能抓住主要环节，收到了见微知著的效果，人物的识见和气节仍光彩逼人。

（郑延年）

梓　人　传　　柳宗元

裴封叔之第，在光德里。有梓人款其门，愿佣隙宇而处焉。所职寻引①、规矩、绳墨，家不居砻斫②之器。问其能，曰：“吾善度材，视栋宇之制，高深、圆方、短长之宜，吾指使而群工役焉。舍我，众莫能就一宇。故食于官府，吾受禄三倍；作于私家，吾收其直太半焉。”他日，入其室，其床阙足而不能理，曰：“将求他工。”余甚笑之，谓其无能而贪禄嗜货者。

其后京兆尹将饰官署，余往过焉。委群材，会众工。或执斧斤，或执刀锯，皆环立向之。梓人左持引，右执杖，而中处焉。量栋宇之任，视木之能，举挥其杖曰："斧彼！"执斧者奔而右；顾而指曰："锯彼！"执锯者趋而左。俄而斤者斫，刀者削，皆视其色，俟其言，莫敢自断者。其不胜任者，怒而退之，亦莫敢愠焉。画宫于堵[3]，盈尺而曲尽其制，计其毫厘而构大厦，无进退焉[4]。既成，书于上栋，曰"某年某月某日某建"，则其姓字也。凡执用之工不在列。余圜视大骇，然后知其术之工大矣。

继而叹曰：彼将舍其手艺，专其心智，而能知体要者欤？吾闻劳心者役人，劳力者役于人，彼其劳心者欤？能者用而智者谋，彼其智者欤？是足为佐天子相天下法矣！物莫近乎此也。彼为天下者本于人。其执役者，为徒隶，为乡师[5]、里胥[6]；其上为下士；又其上为中士，为上士；又其上为大夫，为卿，为公。离而为六职，判而为百役。外薄四海，有方伯、连率[7]。郡有守，邑有宰，皆有佐政。其下有胥吏，又其下皆有啬夫[8]、版尹[9]，以就役焉，犹众工之各有执伎以食力也。彼佐天子相天下者，举而加焉，指而使焉，条其纲纪而盈缩焉，齐其法制而整顿焉，犹梓人之有规矩、绳墨以定制也。择天下之士，使称其职；居天下之人，使安其业。视都知野，视野知国，视国知天下，其远迩细大，可手据其图而究焉，犹梓人画宫于堵而绩于成也。能者进而由之，使无所德；不能者退而休之，亦莫敢愠。不衒能，不矜名，不亲小劳，不侵众官，日与天下之英才讨论其大经，犹梓人之善运众工而不伐艺也。夫然后相道得而万国理矣。相道既得，万国既理，天下举首而望曰："吾相之功也。"后之人循迹而慕曰："彼相之才也。"士或谈殷、周之理者，曰伊、傅、周、召[10]，其百执事之勤劳而不得纪焉，犹梓人自名其功而执用者不列也。大哉相乎！通是道者，所谓相而已矣。其不知体要者反此：以恪勤为公，以簿书为尊，衒能矜名，亲小劳，侵众官，窃取六职百役之事听听[11]于府廷，而遗其大者远者焉，所谓不通是道者也。犹梓人而不知绳墨之曲直、规矩之方圆、寻引之短长，姑夺众工之斧斤刀锯以佐其艺，又不能备其工，以至败绩用而无所成也。不亦谬欤？

或曰："彼主为室者，傥或发其私智，牵制梓人之虑，夺其世守而道谋是用，虽不能成功，岂其罪耶？亦在任之而已。"余曰：不然。夫绳墨诚陈，规矩诚设，高者不可抑而下也，狭者不可张而广也。由我则固，不由我则圮。彼将乐去固而就圮也⑫，则卷其术，默其智，悠尔而去，不屈吾道，是诚良梓人耳。其或嗜其货利，忍而不能舍也；丧其制量，屈而不能守也；栋挠屋坏，则曰"非我罪也"。可乎哉，可乎哉？

余谓梓人之道类于相，故书而藏之。梓人，盖古之审曲面势者⑬，今谓之都料匠云。余所遇者，杨氏，潜其名。

〔注〕 ① 寻引：此指量尺。寻，八尺。引，十丈。 ② 居：积储。砻：磨光。斫：砍削。 ③ 宫：房屋。堵：土墙。 ④ 进退：出入，差错。 ⑤ 乡师：古代的一乡之长。 ⑥ 里胥：古代的一里之长。 ⑦ 方伯：古代千里之外设方伯。连率：即"连帅"。古代十国为连，连设帅。 ⑧ 啬夫：汉代小的乡置啬夫一职。 ⑨ 版尹：古代掌户籍的官吏。 ⑩ 伊：商汤时名相伊尹。傅：商王武丁时名相傅说。周：周公旦，辅佐周武王灭纣，建周朝。召：召公奭，周武王大臣。 ⑪ 听（yǐn引）听：笑声。 ⑫"彼将"句：意谓宁可不要牢固而要毁坏。 ⑬ 盖古之审曲面势者：《周礼·冬官·考工记》："审曲面势，以饬五材，以辨民器，谓之百工。"注："谓审察五材曲直方圆形势之宜以治之，及阴阳之面背是也。"

柳宗元的人物传记，可说篇篇不雷同，一篇有一篇的面目。他的人物传记的基本格局，是史传、寓言、政论三位一体；但因在艺术构思上三方面因素时或有所侧重，便造成了表现形式的多样化。这篇《梓人传》，写的是一个作者亲见的真实人物，故属于传记文；但从人物行事引出大段议论，便具有了浓厚的政论色彩。人物行事与所发议论之间，又有着类比的关系，其讽谕时事的手法，又带有寓言的性质了。

这是柳宗元的早期散文，作于在长安为官时期。德宗贞元十四年（798），柳宗元以博学宏词授集贤殿正字，后调蓝田尉，其间曾在京兆府庭做过文书工作。他初入仕途，对当时朝廷政出多门、吏治混乱的状况有所觉察，深致不满，他认为要改变这种局面，关键在于执政者须明为相之道，即能够统揽全局，善于用人。宋代韩醇认为此文"端为佐天子相天下、进退人才者设也"（《柳宗元文集音释》），正确指出了《梓人传》的写作意图。这是我们阅读此文的一把锁钥。

本文的传主是梓人杨潜，这是一个识见卓拔、才能超群的人物。前人指出梓人的立意来自古代典籍，或曰采自《吕氏春秋》，而《庄子》郭象注的两句话："工人无为于刻木，而有为于运矩；主上无为于亲事，而有为于用臣"，似与本文文意最为近似。柳宗元确实会从古代典籍中汲取思想营养和类比方法，但谓此文就是循前人之途辙敷衍而成，则大谬不然。杨潜实有其人，文中所述行事也有现实依据。且看作者一开头的交代："裴封叔之第，在光德里。有梓人款其门，愿佣隙宇（空屋）而处焉。"裴封叔名瑾，是宗元的姐夫，家住长安光德里，梓人就借宿其家。"其后京兆尹将饰官署，余往过焉"。宗元曾任蓝田尉，蓝田为京畿属县，与京兆府为上下级，并屡代京兆尹作各种文字，过从宜密，当然也会亲睹杨潜施工的场景。为强调人物的真实性，作者特地在文末注明："梓人，盖古之审曲面势（犹言总体设计）者，今谓之都料匠云。余所遇者，杨氏，潜其名。"身份、姓氏，凿凿有据。作者这样写，固然是出于人物传记的体式框架要求；但更重要的是，越是把传主写得真实有据，后面的类比和议论越见得基础坚实，令人信服。这是作者用心用力之处。

柳宗元善于把握人物的性格特征，然后精心选择反映人物特征的思想和行动，加以集中的表现。写梓人，他并未一般地铺叙其行事，而是集中笔墨写他的特殊识见和才能。其识见，用人物自述道出，就是"吾善度材"。他向人们自夸：自己擅长统盘筹划建筑的总体构架（"栋宇之制"），擅长组织、指挥各类匠人进行具体施工（"吾指使而群工役焉"），对于自己所处的地位和作用，他极为自信和自负："舍我，众莫能就（建成）一宇。"与他的自信自负形成有趣对照的是，他居室中没有一件木匠的工具，连自己的卧床断了一条腿，他也不会动手修复。然后，又以细腻工致的白描手法再现梓人在京兆府署指挥施工的场面，使其特殊才能得到生动展现。他俨然是施工全局的中心："梓人左持引，右执杖，而中处焉"；指挥众工时令行禁止，胸有成竹："举挥其杖曰：'斧彼！'执斧者奔而右；顾而指曰：'锯彼！'执锯者趋而左。"他赏罚分明，裁断果决："其不胜任者，怒而退之，亦莫敢愠焉。"总之，他是施工中的绝对权威："既成，书于上栋（正梁），曰：'某年某月某日某建'，则其姓字也。凡执用之工不在列。"而众工服从指挥的态度，又如绿叶之扶红花，更突出了梓人的形象。对梓人的自述和实绩，作者是先抑而后扬，当其自夸时，"余甚笑之，谓其无能而贪禄嗜货者"；一旦亲见其施工实绩，方才由嘲笑转为惊骇和敬服："余圜视大骇，然后知其术之工大矣。"

作者对梓人才能如此夸赞，谓"其术之工大"，乍看似觉小题大做，不免太过郑重。然而正是在这种郑重其事的描写和夸赞中，透露出作者另有寓意的端倪。

以上是文章的前幅，处处预伏着下文，末句“其术之工大”，则是转入后幅议论的关钮。“继而叹曰”以下为议论部分。“彼将舍其手艺，专其心智，而能知体要者欤？吾闻劳心者役人，劳力者役于人，彼其劳心者欤？能者用而智者谋，彼其智者欤？”三句总锁上文，三个“欤”字声情摇曳，赞叹备加。其中特别点出的“体要”二字，是全篇之纲绳。“体要”者，全局、宏观、总体、根本之谓。梓人才能，即在能知体要，“足为佐天子相天下法”，也就贵在能知体要。有此二字作纲，后幅议论就如缰辔在握，虽气势宏放如骏马注坡，却不会奔逸支离，明人唐顺之评语所谓“如黄河之流，九折而入海”，一路委曲而悉归本旨。以下将梓人之道与为相之道节节相应，以“犹梓人……也”的句式层层回抱，若综其文意，实指出了为相者的职能。这就是：上至公卿，下至胥吏，内之朝臣，外之方伯连帅，均应归于宰辅指挥，按一定纲纪法制加以管理；统揽全局，运筹帷幄，使百姓各安其业，百官各司其职；举贤授能，识拔人才，力避事必躬亲，更忌越俎代庖。唯有这样，“夫然后相道得而万国理矣”；唯有这样，则可以天下诚服，后世景慕。这一段议论，写来文势层叠，而次序井然，所归即在“体要”二字。末又以“不知体要者反此”作正反相形之笔，以“不亦谬欤”一句反结，结得十分有力。

“或曰”以下一段又对为相之道再作开拓，议论仍不离梓人行事：为相者不应贪嗜禄位，屈从君王，能用则留，不用则去，大道决不可变。这不是旁涉、泛及之笔，而是就文章本旨再作申论，使立意更趋深化、提高。故张伯行评曰：“末段更补出以道事君不可则止意，是古今绝大议论。”（《唐宋八大家文钞》评语）

此文的结构颇有规矩绳墨。前幅叙事，后幅议论，前幅叙梓人，后幅议相道，两者是类比、对应的关系。“前细写梓人，句句暗伏相道；后细写相道，句句回抱梓人。”（《古文观止》评语）两个部分犹如铜山西崩而洛钟东应，宕开复回，曲折尽意，构成了一个有机整体。然而，对此行文格局，后人颇有疵议指摘。明代王世贞、清代何焯、近代林纾认为，后半议论是个累赘，使文意发露无余，不如写到梓人事迹处煞住，方有引而不发、意味深长之佳趣。其实他们是把此文当作《蝜蝂传》那种单纯的寓言读了，而未能把握柳宗元的文心。宗元写此文时正当英年，“俊杰廉悍，议论证据今古，出入经史百子，踔厉风发，率常屈其座人”（韩愈《柳子厚墓志铭》）。作为年轻的政治家，他以卓荦的人格、锐敏的识见，指斥时世，议论朝政，才发为这一篇虎虎有生气的《梓人传》，所以文中议论乃是他高度自信心和政治责任感的表现，我们何尝又不可以认为，他实是以相才自许、自励呢？所以，还是清代的储欣能窥其作文之壶奥：“分明一篇大臣论，借梓人以发其端，由宾入主，非触类而长之之谓也。”（《唐宋八大家类选》评语）叙事是宾，议论是主，作者

就是要写得意旨分明，而不要引而不发。读文章若不能知人论世，拘于就文论文，就会像扣槃而识日，不免差以千里了。 （方智范）

童区寄传 柳宗元

柳先生曰：越①人少恩，生男女，必货视之。自毁齿②以上，父兄鬻卖以觊其利。不足，则取他室，束缚钳梏之，至有须鬣③者。力不胜，皆屈为僮。当道相贼杀以为俗。幸得壮大，则缚取幺弱者。汉官因以为己利，苟得僮，恣所为，不问。以是越中户口滋耗，少得自脱；惟童区寄④以十一岁胜，斯亦奇矣！

桂部从事杜周士⑤为余言之：

童寄者，郴州⑥荛牧儿也。行牧且荛。

二豪贼劫持，反接，布囊其口，去，逾四十里，之墟所卖之。寄伪儿啼，恐栗为儿恒状。贼易之，对饮酒醉。一人去为市；一人卧，植刃道上。童微伺其睡，以缚背刃，力上下，得绝；因取刃杀之。

逃未及远，市者还，得童，大骇，将杀。童遽曰："为两郎僮，孰若为一郎僮耶？彼不我恩也；郎诚见完与恩，无所不可。"市者良久计曰："与其杀是僮，孰若卖之？与其卖而分，孰若吾得专焉？幸而杀彼，甚善！"即藏其尸，持僮抵主人所。愈束缚，牢甚。夜半，童自转，以缚即炉火，烧绝之，虽疮手勿惮；复取刃杀市者。因大号，一墟皆惊。童曰："我区氏儿也，不当为僮。贼二人得我，我幸皆杀之矣！愿以闻于官。"

墟吏白州，州白大府。大府召视儿，幼愿耳。刺史颜证奇之，留为小吏。不肯。与衣裳，吏护之还乡。

乡之行劫缚者，侧目莫敢过其门。皆曰："是儿少秦武阳⑦二岁，而讨杀二豪，岂可近耶！"

〔注〕 ①越：通"粤"。 ②毁齿：换乳牙。《白虎通·嫁娶》："男八岁毁齿，女七岁毁齿。"此处指当换牙年龄的儿童。 ③鬣：此指髭须。 ④童区（ōu欧）寄：儿童姓区名寄。 ⑤桂部从事杜周士：从事，州郡长官僚属。唐高宗时，于岭南地区置广、桂、容、邕、安南五府节

度使，统属于广州都督府，名“岭南五管”。桂管治所在桂州，今广西桂林。杜周士，贞元十七年(801)中进士第，曾任桂管观察留后。柳宗元有《同吴武陵送前桂州杜留后诗序》，作于永州。另据《资治通鉴》及《新唐书·南蛮传》载，元和十五年(820)二月，废邕管，命容管经略使兼领之。长庆二年(822)，邕州人不乐属容管。监察御史杜周士使安南，过邕州，刺史李元宗以吏人状授御史，使奏之。周士从事五管，积三十年矣，亦知其不便。容管经略使严公素遣人盗其状稿，周士愤死。可略见其生平。 ⑥ 郴州：今属湖南，唐属江南西道潭州中都督府。《文苑英华》卷七九四所收本文，“郴”作“柳”。按区寄事，文中言“墟吏白州，州白大府，刺史颜证奇之，留为小吏”。查《旧唐书·德宗纪》，颜证于贞元十九年(803)十二月由桂管防御使迁桂州刺史、桂管观察使。事当是发生在岭南道桂部属下之柳州境内，然后桂州刺史得以过问，桂部从事知悉而告柳宗元。且郴州西距桂境不下四百里，二豪贼在郴劫持区寄，行逾四十里至墟所，不应已属桂部辖境，此亦“郴”字可疑之一证。近人章士钊《柳文指要》说：“世传柳集各本，皆一律作‘郴州’字。案‘郴’、‘柳’两字，偏旁相同，集或旧是‘柳’字，因年久漫漶，字讹作‘郴’，大是可能。”可供参考。 ⑦ 秦武阳：《战国策·燕策三》：“燕国有勇士秦武阳，年十三，杀人，人不敢与忤视。”

《童区寄传》，是一篇独创性的传记文学作品。

封建时代的文人，一般只为剥削阶级的代表人物立“传”。柳宗元的这篇“传”，却是为一个孤苦伶仃的穷孩子写的。

“传”(传记)者，“传”(传达、流传)也。一个穷孩子，有什么可“传”的呢？这里首先发生了如何选材、如何突现主题思想的问题。

作者在开头的一段类似“引言”的文字中说：越地有一种劫缚小儿和成人“屈为僮”的恶俗，“汉官因以为己利，苟得僮，恣所为，不问”；所以无数弱小者被劫缚而“少得自脱”。只有区寄这个童子“以十一岁胜，斯亦奇矣”。可以看出：作者对暴徒劫缚弱小的恶俗异常不满，对不设法制止劫缚，反而借此谋利的官府十分憎恨；对反抗豪贼而获得胜利的区寄，则极其赞赏。这几点，如有舍弃，也将削弱作品的思想意义；倘要同时得到表现，又难免头绪纷繁，不易突出重点。作者的高明之处，首先表现在对这个问题的处理上。他举重若轻，以简驭繁，集中力量写区寄的被劫、反抗、胜利及其影响，而当区寄的形象逐渐站立起来、丰满起来的时候，前述的几点意思，也跟着突现出来了。

传文本身的第一段，只用“童寄者，郴州荛牧儿也，行牧且荛”十三个字叙述了主人公的姓名、年龄、籍贯和身份。叙述这一些，本是古文中纪传体的老套子；但这十三个字，却不应作老套子看。

“引言”中说：“惟童区寄以十一岁胜，斯亦奇矣！”可知作者打算写童区寄的“奇”。而在写“奇”之前，却先写他并不“奇”。这倒不仅是为了使文势跌宕，富有波澜；更重要的是先要为他的“奇”提供根据。现实生活中的“奇”，常常是植根于

“平凡”之中的。加个“童”字，表示区寄是个小孩。小孩有什么“奇”呢？区寄是个“荛牧儿”，每天“行牧且荛”，这又有什么“奇”呢？然而不难设想：这个穷孩子正是在“行牧且荛”的平凡生活里得到了锻炼。他自然爬过峭壁，涉过急涧，砍过荆棘，也许还驱逐过毒蛇猛兽。惟其如此，才可以做出下文要写的“奇”事来。若果换上个未经风雨的纨袴子弟，则下文所写的“奇”，就未免“奇”得难以令人置信了。此其一。

“引言”中点出越地劫缚儿童成风，这里写区寄正是个儿童，已暗示出有可能被劫缚。而他又是个“荛牧儿”，一则无钱无势，二则常出没于荒野，暴徒劫缚他既不需费多大的气力，又无后顾之忧。此其二。

寥寥十三字，不仅介绍了主人公的简况，而且为此后情节的开展和人物性格的刻画埋下了根子。

第二大段包括两个小段，写区寄的被劫、反抗及其胜利，是全文的主体。

紧接上段，先写区寄“行牧且荛”之时被“二豪贼劫持”。“二”字、“豪”字，都不应随便读过。贼既豪强，又是两个，双方的力量对比已经极其悬殊；而贼子的手段又万分凶狠毒辣，于劫持区寄之后，立刻“反接”双手，“布囊其口”，抓到四十里以外的市集上去卖。看来，这个十一岁的孩子绝难逃出魔掌了。几个简短的句子，写得惊心动魄，读者在痛恨豪贼的同时，不能不为主人公的命运捏一把汗。然而，就在这惊险万状之时，主人公出人意料，显出了他的“奇”。他在强敌面前，毫不“恐栗”，却装出“恐栗”的样子，像一般小儿遇到危险时那样哭哭啼啼，有意识地使敌人麻痹大意。敌人果然中计了，满以为胜算在握，开怀畅饮之后，一个去市集上谈交易；另一个醉醺醺地“植刃道上”，睡着了。区寄抓紧时机，磨断捆绳，“取刃杀之”。

读者刚刚松了一口气，而一波才平，一波又起。区寄被从市集上回来的豪贼抓住了，眼看要被杀死。然而区寄这个孩子真不简单！他根据敌人唯利是图的特点，揭穿了二贼之间基于利害冲突而产生的矛盾，使得那个利欲熏心的贼子因区寄杀了他的同伴，得以独吞利益而额手称庆，从而放下了刀。可是，这一回，他防备更严了，区寄的处境比上一次更困难。而处境愈困难，又恰恰愈有利于表现他的“奇”。他终于想方设法，除掉了这个敌人。

杀死第二个贼子之后，区寄不像上一回那样逃跑了，他大声号呼，惊动了赶集的众人，对他们陈述经过，“愿以闻于官”。这显然不止为了自己的安全，而是想通过这件事引起官府对劫缚之风的注意。而这，在行文上又反跌出下一段。

这一大段，作者用异常精练、生动的语言，活灵活现地写出正反双方针锋相对、曲折复杂的斗争及其结局，从而表现了区寄惊人的沉着、机智、勇敢和在强敌面前毫不畏缩、敢于反抗、敢于夺取胜利的优秀品质，揭露了敌人残酷、贪婪的恶行和貌似强大而实质上虚弱的特点。

最后一段，写区寄斗争胜利的社会影响，分两层。头一层，从官府方面着笔。“墟吏白州，州白大府”，层层上报，直闹到最高级的地方行政长官桂管观察使兼桂州刺史颜证那里，足见这案件已轰动一时。“大府召视，儿幼愿耳。”区寄既“幼”且“愿”（老实），不“奇”；照应第一段。“幼愿”而能“讨杀二贼”，“奇”；“刺史颜证奇之”，照应第二大段。“留为小吏，不肯”，这在刺史之流眼中，更是“奇”上加“奇”。

这一层，是对区寄的赞扬，也是对官府的鞭打。这样轰动一时的大案件，却丝毫没有引起官府对劫缚之风的注意，从而采取措施。刺史感兴趣的，只是想把那个“奇”儿“留为小吏”，替他做爪牙而已。区寄不肯做他的爪牙，就用“与衣裳，吏护之还乡”的省事办法，了结了这一案件。

第二层，从劫缚者方面落墨。区寄的斗争胜利给那些“行劫缚者”以沉重的打击。在他们看来，区寄比历史上著名的少年勇士秦武阳还有能耐，因而不敢触犯他。

从“童寄者”到结尾，不过二百五十余字，却描绘出相当丰富多彩的画面。写豪贼行劫，凶暴毒狠，令人握拳透爪；写区寄斗争，愈出愈奇，令人拍案叫绝；写斗争胜利的影响，寓意无穷，引人深思。而斗争分两步，各有特点；影响分两层，各有重心。笔墨极洗练，而又极富变化。这变化，主要表现在章法上，前面已提到了；也还表现在句子上。举例说：写贼缚区寄，第一次用“反接”，第二次则说“愈束缚牢甚”；写区寄自解其缚，前一回，“以缚背刃，力上下，得绝”，后一回，则“自转以缚即炉火烧绝之，虽疮手勿惮”。

乍看起来，作者很客观地描绘了这幅图画。细读几遍，就会发现在这似乎很客观的描绘里，渗透着作者的强烈爱憎，闪耀着在今天看来仍然是光彩夺目的思想。爱什么，憎什么呢？爱的是英勇斗争的区寄，憎的是劫缚之风和“因以为己利”的官府。光辉的思想是什么呢？这就是：封建社会的人民要免于劫缚之苦，不能指望官府（官府正是劫缚之风的支持者），只能依靠自己的斗争。当然，这不一定是作者主观上的明确认识，然而作品的客观意义、社会效果，的确是这样的。

（霍松林）

种树郭橐驼传　　柳宗元

郭橐驼，不知始何名。病偻，隆然伏行，有类橐驼者。故乡人号之驼。驼闻之曰:“甚善,名我固当。”因舍其名,亦自谓橐驼云。

其乡曰丰乐乡,在长安西。驼业种树,凡长安豪富人为观游①,及卖果者,皆争迎取养。视驼所种树,或移徙,无不活;且硕茂,早实以蕃。他植者虽窥伺效慕,莫能如也。

有问之,对曰:“橐驼非能使木寿且孳②也,能顺木之天,以致其性焉尔。凡植木之性,其本欲舒③,其培欲平④,其土欲故⑤,其筑欲密⑥。既然已,勿动勿虑,去不复顾。其莳也若子⑦,其置也若弃。则其天者全而其性得矣。故吾不害其长而已,非有能硕茂之也;不抑耗其实而已,非有能早而蕃之也。

“他植者则不然。根拳而土易,其培之也,若不过焉则不及;苟有能反是者,则又爱之太恩⑧,忧之太勤,旦视而暮抚,已去而复顾。甚者爪其肤以验其生枯,摇其本以观其疏密,而木之性日以离矣。虽曰爱之,其实害之;虽曰忧之,其实仇之。故不我若也,吾又何能为哉!”

问者曰:“以子之道,移之官理⑨,可乎?”驼曰:“我知种树而已,理非吾业也。然吾居乡,见长人⑩者好烦其令,若甚怜焉,而卒以祸。旦暮吏来而呼曰:‘官命促尔耕,勖尔植,督尔获,早缫而绪⑪,早织而缕⑫,字⑬而幼孩,遂⑭而鸡豚。’鸣鼓而聚之,击木而召之⑮。吾小人辍飧饔以劳吏者⑯,且不得暇,又何以蕃吾生而安吾性耶?故病且怠。若是,则与吾业者其亦有类乎?”

问者嘻曰:“不亦善夫!吾问养树,得养人术。传其事以为官戒也。”

〔注〕 ① 为观游:为了观赏游览。 ② 寿:活得长久。孳:生长得快。 ③ 本:树根。舒:舒展。 ④ 培:培土。平:平整。 ⑤ 故:指原来的旧土。 ⑥ 筑:捣土。密:密实。 ⑦ 其莳也若子:移栽时像对子女一样精心照顾。 ⑧ 太恩:爱得过分。 ⑨ 移之官理:移用来为官治民。“理”本当作“治”,唐人避唐高宗李治讳改。下“理”字同。 ⑩ 长(zhǎng 掌)人:“长”字作动词用。“人”本当作“民”,唐人避唐太宗李世民讳改。长人即为人民的官长。 ⑪ 缫(sāo 骚):煮茧抽丝。绪:丝头。而:通“尔”,下三句“而”字同。 ⑫ 织而缕:缕,线。此谓用线织布。 ⑬ 字:养育。 ⑭ 遂:成长。 ⑮ “鸣鼓”二句:击鼓聚集百姓,敲木梆召

集众人。 ⑯ 小人：小民。辍飧饔（sūn yōng 孙雍）：中止晚餐和早餐。意思说自己顾不上吃饭。劳：慰劳。

本文题目虽称为“传”，却并非是一般的人物传记。文章以老庄学派的无为而治、顺乎自然的思想为出发点，借郭橐驼之口，由种树的经验说到为官治民的道理，说明封建统治阶级有时打着爱民、忧民或恤民的幌子，效果却适得其反，照样使民不聊生。这种思想实际上就是“圣人不死，大盗不止”“剖斗折衡，而民不争”的老庄思想的具体反映。唐代从安史之乱以后，老百姓处于水深火热之中，苦不堪言。只有休养生息，才能恢复元气。如果封建统治者仍借行政命令瞎指挥，使老百姓疲于奔命，或者以行“惠政”为名，广大人民既要送往迎来，应酬官吏；又不得不劳神伤财以应付统治者摊派的任务，这只能使人民增加财物负担和精神痛苦。如果我们了解中唐时期的社会现实，知道柳宗元写这篇文章的针对性，则能体会到这篇文章的进步意义。这是我们首先必须弄清的。

本文共六个自然段，每两个自然段又可合为一大段。第一大段是介绍传记主人公的姓名、形象特征，以及籍贯、职业和技术特长。第一小段看似闲笔，却生动有趣，给文章带来了光彩色泽。这里面要注意三点。一、在《庄子》书中所描绘的许多人物，有的具有畸形残疾，如《养生主》《德充符》中都写到失去单足或双足的人，《人间世》中则写了一个怪物支离疏；有的则具有特异技能，如善解牛的庖丁，运斤成风的匠人，承蜩的佝偻丈人等。柳宗元写这篇传记，把这两种特点都集中在郭橐驼一人身上，他既有残疾，又精于种树。可见柳宗元不仅在文章的主题思想方面继承了《庄子》的观点，连人物形象的刻画也灵活地吸取了《庄子》的写作手法。二、橐驼即骆驼，人们称这位主人公为橐驼，原带有开玩笑甚至嘲讽性质。但这位种树的郭师傅不但不以为忤，反欣然接受。柳宗元在这里不着痕迹地写出了这位自食其力的劳动者的善良性格。但作者这样写仍是有所本的。在《庄子》的《应帝王》和《天道》中，都有这样的描写，即人们把一个人呼之为牛或呼之为马，他都不以为忤，反而欣然答应。这同郭橐驼欣然以橐驼为名是一样的。这种描写实际上也体现了老庄学派顺乎自然的思想，即认为“名”不过是外加上去的东西，并不能影响一个人的实质，所以任人呼牛呼马，思想上都不致受到干扰波动；相反，甚至以为被人呼为牛马也并不坏。三、把外表丑陋而心灵美统一在一个人身上。这类描写，在我国，可以说从《庄子》就开始了。柳宗元所塑造的郭橐驼形象也是这方面的典型。不过柳宗元是把“丑”和“真”（他思想上认识到颠扑不破的真理）统一起来，同把“丑”和“善”统一起来，略有不同而已。

后一小段写郭橐驼种树的特异技能。他种树的特点有二：一是成活率高，二是长得硕茂,容易结果实,即所谓“寿且孳”。作者在后文没有写郭橐驼对树的移栽易活的特点,只提到栽了树不妨害其成长的这一面。其实这是省笔。盖善植者必善移树,只有掌握了事物发展的内部规律才能得到更大的自由。所以这里为了使文章不枝不蔓,只点到而止。在这一小段的收尾处还布置了一个悬念,即“他植者虽窥伺效慕,莫能如也”。读者从这儿必然急于想知道郭橐驼种树到底有什么诀窍。而下文却讲的是极其平凡,实际却很难做到的道理:“顺木之天,以致其性”。可见郭并不藏私,而是“他植者”的修养水平和掌握规律的深度太不够了。从这里,作者已暗示给我们一个道理,即“无为而治”并不等于撒手不管或放任自流。这个道理从下面两大段完全可以得到证明。

第二大段的两小段是郭橐驼自我介绍种树的经验。上下两节是正文两面对举,关键在于“顺木之天,以致其性”。为了把这一道理阐述得更深刻、更有说服力,文章用了对比的写法,先从种植的当与不当进行对比。究竟什么是树木的本性呢?“其本欲舒,其培欲平,其土欲故,其筑欲密”,四个“欲”字,既概括了树木的本性,也提示了种树的要领。郭橐驼正是顺着树木的自然性格栽种,从而保护了它的生机,因而收到“天者全而其性得”的理想效果。这正是郭橐驼种树“无不活”的诀窍。他植者则不然,他们违背树木的本性,种树时“根拳而土易,其培之也,若不过焉则不及”,因此必然遭致“木之性日以离”的恶果。这就回答了上段的问题,他们“莫能如”的根本原因就在于学标不学本。继从管理的善与不善进行对比。“勿动勿虑,去不复顾。其莳也若子,其置也若弃”是郭橐驼的管理经验。乍看,好像将树种下去以后,听之任之,不加管理。事实上,橐驼的“勿动勿虑”,移栽时的“若子”,种完后的“若弃”,正是最佳的管理。没有像疼爱孩子那样的精心培育,就不会有理想的效果。他植者不明此理,思想上不是撒手不管而是关心太过,什么都放不下,结果适得其反,“虽曰爱之,其实害之;虽曰忧之,其实仇之”,压抑了甚至扼杀了树木的生机。这两层对比写法,句式富于变化。写橐驼种树,用的是整齐的排比句,而写他植者之种树不当,则用散句来表示,文章显得错落有致。“虽曰爱之,其实害之;虽曰忧之,其实仇之”用押韵的辞句,使重点突出,系从《庄子·马蹄》的写法变化而出。从介绍橐驼的种树经验上可以看出,柳宗元的观点同老庄思想还是有差别的,它是儒、道两家思想的结合。他并不主张一味听之任之的消极的“顺乎自然”,而是主张在掌握事物内部发展规律下的积极的适应自然。他要求所有的种树人都能做到认识树木的天性,即懂得如何适应树木生长规律的业务。把种树的道理从正反两面讲清楚以后,文章自然就过渡到第三大段。

第三大段是正面揭出本旨,实为一篇之“精神命脉”。作者通过对话,运用“养树”与“养人”互相映照的写法,把种树管树之理引申到吏治上去。对“养人”之不善,文章先简要地用几句加以概括:“好烦其令,若甚怜焉,而卒以祸”,这与上文“他植者”养树管理之不善遥相呼应。接着用铺陈的手法,把“吏治不善”的种种表现加以集中,加以典型化,且有言有行,刻画细致入微,入木三分。如写官吏们大声吆喝,驱使人民劳作,一连用了三个“尔”、四个“而”和七个动词,把俗吏来乡、鸡犬不宁的景象描绘得淋漓尽致。作者最后以“问者”的口吻点出“养人术”三字。这个“养”字很重要。使天下长治久安,不仅要“治民”,更重要的还要“养民”,即使人民得到休养生息,在元气大伤后得到喘息恢复的机会,也就是后来欧阳修说的“涵煦之深”。这才是柳宗元写这篇文章的最终目的。

综观全文,我们应注意三点:一是无论种树或治民,都要“顺天致性”,而不宜违逆其道;二是想要顺天致性,必先掌握树木或人民究竟怎样才能“硕茂以蕃”,亦即摸清事物发展规律;三是动机效果必须统一,不允许好心办坏事,或只把好心停留在表面上和口头上。把这三点做好,才算懂得真正的“养人术”。

（吴小如）

愚溪诗序　　柳宗元

灌水①之阳,有溪焉,东流入于潇水②。或曰,冉氏尝居也,故姓是溪曰冉溪。或曰,可以染也,名之以其能,故谓之染溪。余以愚触罪,谪潇水上,爱是溪,入二三里,得其尤绝者家焉。古有愚公谷③,今余家是溪,而名莫能定,土之居者犹龂龂然,不可以不更也,故更之为愚溪。

愚溪之上,买小丘,为愚丘。自愚丘东北行六十步,得泉焉,又买居之,为愚泉。愚泉凡六穴,皆出山下平地,盖上出也,合流屈曲而南,为愚沟。遂负土累石,塞其隘为愚池。愚池之东为愚堂。其南为愚亭。池之中为愚岛。嘉木异石错置,皆山水之奇者,以余故,咸以愚辱焉。

夫水,智者乐也④。今是溪独见辱于愚,何哉?盖其流甚下,不可以溉灌;又峻急,多坻石,大舟不可入也;幽邃浅狭,蛟龙不屑,不能兴云雨,无以利世;而适类于余,然则虽辱而愚之可也。宁武子邦无道则愚⑤,智而为愚者也;颜子终日不违如愚⑥，睿而为愚者也。皆不得为真愚。今余遭有道，而违于理，悖于事，故凡为愚者莫我若也。夫然，则天下莫能争是溪，余得专而名焉。

溪虽莫利于世，而善鉴万类，清莹秀澈，锵鸣金石，能使愚者喜笑眷慕，乐而不能去也。余虽不合于俗，亦颇以文墨自慰，漱涤万物，牢笼百态，而无所避之。以愚辞歌愚溪，则茫然而不违，昏然而同归，超鸿蒙⑦，混希夷⑧，寂寥而莫我知也。于是作《八愚诗》，纪于溪石上。

〔注〕 ① 灌水：潇水支流，在今湖南省境内。 ② 潇水：在今湖南省道县北，源出潇山，故名。 ③ 愚公谷：在今山东省临淄。《说苑·政理篇》："齐桓公出猎，入山谷中，见一老翁，问曰：'是为何谷？'对曰：'愚公之谷。'桓公问其故，曰：'以臣名之。'" ④ 夫水，智者乐(yào)也：本于《论语·雍也》："知者乐水，仁者乐山。" ⑤ 宁武子邦无道则愚：宁武子，春秋时卫大夫宁俞。《论语·公冶长》："宁武子，邦有道则智，邦无道则愚。其智可及也，其愚不可及也。" ⑥ 颜子终日不违如愚：颜子，即颜回。《论语·为政》："子曰：'吾与回言终日，不违如愚。退而省其私，亦足以发，回也不愚。'" ⑦ 鸿蒙：《庄子·在宥》："云将东游，过扶摇之枝而适遭鸿蒙。"《经典释文》引司马彪云："自然元气也。" ⑧ 希夷：《老子》："视之不见名曰夷，听之不闻名曰希，搏之不得名曰微。"指一种虚寂混沌、形神俱忘的境界。

本篇是作者贬谪永州时为《八愚诗》所作的一篇序，其诗久佚，所幸序文留存下来，并且成为古代散文中的精品，至今为人们所传诵不衰。

溪既非人类，本无所谓贤愚，谓之"愚溪"，自不免出人意表。作者就从这个有悖常理的"愚"字入手，引出一篇洋洋洒洒、旨趣遥深的文字来。

起首先写命名的由来。之所以要为溪定名，一是此溪"或曰，冉氏尝居也，故姓是溪曰冉溪。或曰，可以染也，名之以其能，故谓之染溪"，"名莫能定"；二是作者"谪潇水上，爱是溪"，寓家于此，自不得无名。而更名"愚溪"的原因也有两点，一是"余以愚触罪"，二是"古有愚公谷"。

既有愚溪，"愚溪之上"的小丘，便为"愚丘"；"愚丘东北"的水泉，便为"愚泉"。以此类推，于是又有了"愚沟""愚池""愚堂""愚亭""愚岛"。这一连八处以"愚"命名的景观，不独山水池亭一应俱全，而且"嘉木异石错置，皆山水之奇者"。如此佳胜，统以"愚"名之，已令人费解，偏作者又说："以余故，咸以愚辱焉。"岂非明知名实不符而有意为之？这就自然引出了下文对"今是溪独见辱于愚"原因的说明。

作者先论溪之"愚"："盖其流甚下，不可以溉灌；又峻急，多坻石，大舟不可入也；幽邃浅狭，蛟龙不屑，不能兴云雨，无以利世”。有此三桩，故“虽辱而愚之，可也”。继而论己之“愚”，同古代宁武子、颜回相比：彼乃“智而为愚者”，“睿而为愚者”，“皆不得为真愚”；己则“遭有道，而违于理，悖于事”，岂止是“愚”而已，简直是“凡为愚者莫我若也”。这样，以“愚”名溪既非无因，溪又“适类于余”，“则天下莫能争是溪，余得专而名焉”也就合乎逻辑，顺理成章，文章也似乎可以就此结束了。

不料，作者接下来却将笔锋陡转，称溪虽“莫利于世”，却自有其独特的价值，它“善鉴万类，清莹秀澈，锵鸣金石”，何等美丽清纯！它使观者“喜笑眷慕”，乐而忘返，又是何等有益于人！如此美溪，何愚之有？怎可以不能灌溉云云苛责它呢？联系到作者自己，又何尝不是这样？“虽不合于俗，亦颇以文墨自慰，漱涤万物，牢笼百态，而无所避之。”这一段文字表面看来不过是为愚溪和自己解嘲，但从对愚溪溢于言表的赞叹和作者对自己文才的自负中不难看出，这才是他发自肺腑的由衷之言，而先前的嘲溪和自嘲不过是他有意使用的曲笔而已。所谓“以愚触罪”，所谓“违于理，悖于事”，其实是说自己处在这黑白颠倒的社会里，由于坚持正直的操守不肯随俗从流，投机逢迎，便无辜遭到贬黜。而所谓“无以利世”，不过是说自己抱负无由施展，才能遭到埋没罢了。正因为作者怀着被压抑的悲愤和不平，清纯秀美而地处偏远无人赏识的愚溪，才唤起他极大的怜惜和同情；也正因为发现自己与愚溪有如许相通之处，他才更深切地感到，能够赏识这在荒山野岭中寂寞流淌的溪水之美的，大概只有自己，而能够安慰被贬远荒孤独失意的自己的，怕也只有这眼前的溪水了。于是作者“以愚辞歌愚溪，则茫然而不违，昏然而同归，超鸿蒙，混希夷”，只觉得溪与己已同归化境。然而我们从这貌似得意的笔调中，特别是从继之而来的“寂寥而莫我知”的慨叹中，是不难体味出浓重的失意的悲凉和苦涩的，其中包含着作者多少愤慨和不平！同作者其他山水游记相比，本文更为强烈地表达了他对压抑人才的不合理社会的不满和抗争，闪烁着独特的思想光芒。

本文不仅立意超卓，富于哲理意味，而且情文并茂，妙趣横生。作者不直抒胸中抑郁，而是无端将所居山水拈出，借题发挥，写溪亦是写自己，溪与自己打成一片，真可谓匠心独运，匪夷所思。行文千回百折，跌宕生姿，文句骈散相间，抑扬顿挫，有一唱三叹之妙。读之，既能得到思想上的启迪，又可享受到审美的愉悦。

（张明非）

罴　说　　柳宗元

鹿畏䝙①，䝙畏虎，虎畏罴②。罴之状，被发人立，绝有力而甚害人焉。楚之南有猎者，能吹竹为百兽之音。昔云持弓矢罂火而即之山，为鹿鸣以感其类，伺其至，发火而射之。貙闻其鹿也，趋而至。其人恐，因为虎而骇之。貙走而虎至，愈恐，则又为罴。虎亦亡去。罴闻而求其类，至则人也，捽搏挽裂而食之。

今夫不善内而恃外者，未有不为罴之食也。

〔注〕 ① 貙(chū出)：一种似狐狸的野兽。 ② 罴(pí皮)：如熊，黄白纹。《尔雅》郭璞注："似熊而长头高脚，猛憨多力，能拔树木，关西呼曰貑熊。"

从文中"楚之南"的提示，可知这篇《罴说》作于柳宗元贬官永州时期或稍后。

这是一篇借物托讽的寓言文。寓言的基本特征是把动植物人格化，本篇亦然。文中出现的形象，有鹿、貙、虎、罴，作者一上来就揭示了它们之间物物相克的关系："鹿畏貙，貙畏虎，虎畏罴。"三句总领，以此为基础，构筑出生动有趣的情节。四者之中，罴是猎者的主要敌人，故作者对其外形及习性作了具体的描绘："罴之状，被发人立，绝有力而甚害人焉。"因物肖形，又预伏下文。猎者是本篇的主角，作者对其专长亦有交代："能吹竹为百兽之音。"戏剧性的情节即循此而生发、展开。猎者吹竹为鹿鸣，本意是猎鹿，但愿望与结果相反，先引来貙。吹作虎吼以惊貙，又引来了虎；作罴叫又引来了罴，弄巧反拙，猎者招致了粉身碎骨的悲惨下场：被凶恶的罴"捽搏挽裂而食之"。

猎者的错误，在于只从良好的愿望出发，而没有防备吹竹可能引出的坏结果。正是在愿望与结果相背离这一点上，作者在文末加以点醒："今夫不善内而恃外者，未有不为罴之食也。"这里的"罴"当然只是一种象征，喻指最凶恶的敌人。柳宗元生活的中唐贞元、元和时期，各地藩镇拥兵割据，"既有其土地，又有其人民，又有其甲兵，又有其财赋"(《新唐书·兵志》)，对中央政权构成重大威胁。在永贞革新中，柳宗元曾与王叔文等一起采取抑制藩镇的措施，如把被藩镇垄断的盐铁转运大权收归中央朝廷，并谋划夺取藩镇兵权，其目的是为了"善内"，即加强中央权力。但永贞以后，面对居心叵测的藩镇力量，朝廷却采取"以藩治藩"的错误方针，这就是"不善内而恃外"。柳宗元认为，此举势必养虎成患，难逃可悲下场。林纾论柳宗元寓言："必有一句最有力量、最透辟者镇之"(《柳文研究法》)。确实，文末这一句，是对朝廷的强有力警告。

这篇寓言同《蝜蝂传》《三戒》等哲理性寓言不同，是对当时重大政治问题的讽喻，具有鲜明的现实针对性，可视为政论性寓言。而故事之生动与立论之严肃

巧妙结合，寓言其表，论说其里，则是其主要特点。（方智范）

捕蛇者说　　柳宗元

永州之野产异蛇，黑质而白章，触草木尽死；以啮人，无御之者。然得而腊之以为饵，可以已大风、挛踠、瘘、疠，去死肌，杀三虫①。其始，太医以王命聚之，岁赋其二。募有能捕之者，当其租入。永之人争奔走焉。

有蒋氏者，专其利三世矣。问之，则曰："吾祖死于是，吾父死于是，今吾嗣为之十二年，几死者数矣。"言之，貌若甚戚者。

余悲之，且曰："若毒之乎？余将告于莅事者，更若役，复若赋，则何如？"

蒋氏大戚，汪然出涕曰："君将哀而生之乎？则吾斯役之不幸，未若复吾赋不幸之甚也。向吾不为斯役，则久已病矣。自吾氏三世居是乡，积于今六十岁矣；而乡邻之生日蹙，殚其地之出，竭其庐之入，号呼而转徙，饥渴而顿踣，触风雨，犯寒暑，呼嘘毒疠，往往而死者相藉也。曩与吾祖居者，今其室十无一焉；与吾父居者，今其室十无二三焉；与吾居十二年者，今其室十无四五焉。非死则徙尔。而吾以捕蛇独存。悍吏之来吾乡，叫嚣乎东西，隳突乎南北，哗然而骇者，虽鸡狗不得宁焉。吾恂恂而起，视其缶，而吾蛇尚存，则弛然而卧。谨食之，时而献焉。退而甘食其土之有，以尽吾齿。盖一岁之犯死者二焉，其余则熙熙而乐。岂若吾乡邻之旦旦有是哉！今虽死乎此，比吾乡邻之死则已后矣。又安敢毒耶？"

余闻而愈悲。孔子曰："苛政猛于虎也②。"吾尝疑乎是。今以蒋氏观之，犹信。呜呼！孰知赋敛之毒有甚是蛇者乎！故为之说，以俟夫观人风者得焉。

〔注〕① 三虫：一般应是蛔虫、赤虫、蛲虫等人体内的寄生虫。一说是三尸之虫。道家将人体的脑、胸、腹称为三尸，这三处的病虫称为"三虫"。柳宗元有《骂尸虫文》，则是另有寓意，为谗害者而发。 ② 苛政猛于虎：语出《礼记·檀弓》。

唐顺宗永贞元年(805),柳宗元参与了王叔文为首的永贞革新运动,失败后,被贬为永州(今属湖南)司马,历时十年(805—815)。这期间,他有更多的机会接触下层,了解人民的疾苦,自然就更激起对朝廷苛敛重赋的不满和义愤。《捕蛇者说》正是在永州所写。文中揭露了天宝以后六十年来农民破产流亡的现实,展现了在统治者的横征暴敛之下,中唐时期苦难深重的社会画面,表达了对人民疾苦的同情,曲折地反映了作者坚持改革的意愿。《捕蛇者说》是柳文中最广为传颂的名篇。“此文无选本不录,读者最广,人谈柳文,必首及是篇”(章士钊《柳文指要》)。可见其对后世影响之深远。

《捕蛇者说》这题目,意思是讲讲捕蛇人的事。说,是一种文体,可以议论,也可以叙事。全文可分为三段。

第一段从开头到“永之人争奔走焉”,集中写永州之蛇的特点,突出了一个“异”字。请看:这蛇“黑质而白章,触草木尽死;以啮人,无御之者”,毒性异常;然而“腊之以为饵”,可以“已大风、挛踠、瘘、疠,去死肌,杀三虫”,什么麻疯、手足麻木、脖子肿、恶疮等病都可以治好,还可以消除局部坏死的肌肉,杀死人体内的寄生虫,这可说是功用奇异。早先给皇帝治病的太医以皇帝的名义发布命令,征集这种异蛇,每年征两次,可以抵消应缴的租税。因此,从那以后,“永之人争奔走焉”。作者只用“争奔走”三字,就把永州百姓争先恐后,不顾劳苦,冒死捕蛇的情景显现了出来。当然,这是“王命”所致。

第二大段从“有蒋氏者”到“又安敢毒邪”,包括文章的二、三、四自然段,是全文的重心。

由上文的异蛇,引出捕蛇人蒋氏。这蒋氏可说是捕蛇世家,经历也可称奇。请听他的诉说:他的祖父死于捕蛇,他的父亲死于捕蛇,他自己接着捕蛇十二年,险遭丧身之害也不知多少次了。这里,讲祖孙三代,连用了三个“死”字,突出了毒蛇的可怕,捕蛇的危险;写捕蛇人,只“言之貌若甚戚者”一句,便把他回首往事,悲痛在心,哀形于色的情态勾画出来了。明明是备受毒蛇之害,却说独享捕蛇之利,在这极为矛盾的境况中,更见出其内心的酸楚。

因此,作者接下来说:“余悲之,且曰:‘若毒之乎?余将告于莅事者,更若役,复若赋,则何如?’”在为蒋氏的不幸遭遇而感到悲痛的同时,这位好心肠的作者立刻提出了一个解脱危险的办法。这几句话句子简短,语气急促,而且连用了三个当“你”讲的“若”字,表明“余”是在跟捕蛇人面对面地交谈,态度是诚恳的,帮助对方的心情是急切的,办法似乎也是切实可行的。也许在“余”想来,对方一定会欣然接受吧。

可出乎意料的是，蒋氏并没有表示感激，他“大戚，汪然出涕曰：‘君将哀而生之乎？则吾斯役之不幸，未若复吾赋不幸之甚也’”。蒋氏这番话，态度同样是恳切的，语气也十分肯定。蒋氏的态度表明：毒蛇可怕，但赋敛之毒更厉害呀！

这话怎么讲呢？接着，蒋氏说了这样几层意思：

一层意思是：蒋氏祖孙三代在这个地方居住有六十年了，亲眼见到同村的人生活一天比一天艰难窘迫。为了缴赋税，他们耗尽了田地的出产、全家的收入，不够，只好哭喊着离乡背井去逃荒，一路上，饥渴劳累，跌跌撞撞，受着风吹雨打，冒着酷暑严寒，吸着有毒的瘴气，死在途中的人很多。跟他的祖父、父亲和自己一起住的那些人家越来越少了。他们不是死去就是逃亡，只有他因为捕蛇才在这里生活下来。《柳文指要》引录了林西仲一文，算一笔唐代的赋税账：“按唐史，元和年间，李吉甫撰《国计簿》，上之宪宗，除藩镇诸道外，税户比天宝四分减三，天下兵仰给者，比天宝三分增一，大率二户资一兵，其水旱所伤，非时调发，不在此数，是民间之重敛难堪可知，而子厚之谪永州，正当其时也。”因知文中所言，自是实录。

第二层意思是：那些凶暴的官吏到乡下催租逼税的时候，到处狂呼乱叫，到处喧闹骚扰，那种吓人的气势，就连鸡犬也不得安宁。而这时他小心翼翼地起来看看自己的瓦罐，只见捕来的蛇还在，便可以放心地躺下了。他细心地喂养蛇，到规定的时间把它当租税缴上去，回来后，就能美美地享用自己田里的出产，安度岁月。

蒋氏说的第三层意思是：这样看来，一年当中他冒生命危险有两次，而其余的时间就可以坦然快乐地过日子，哪像乡邻们天天都受着死亡的威胁呢？即使现在因为捕蛇而丧生，比起乡邻们来，也是后死的了，哪还敢怨恨捕蛇这个差使呢？

蒋氏的这一番话，以他“以捕蛇独存”和乡邻们“非死则徙”相对比；以他“弛然而卧”和乡邻们备受悍吏袭扰相对比；以他“一岁之犯死者二”和乡邻们“旦旦有是”相对比，说明捕蛇之不幸，确实“未若复吾赋不幸之甚也”。可见他在讲述三代人受蛇毒之害时“貌若甚戚”，而当听了要恢复他的赋税时却“大戚，汪然出涕”地恳求，完全是出于真情。蒋氏的话，发自肺腑，带着血泪，听来怎不令人心碎！

作者在文章的第三部分，也就是结尾一段说：“余闻而愈悲”，比听蒋氏讲一家人的苦难时更加悲痛了。想到自己过去对孔子所说的“苛政猛于虎”这句话还有所怀疑，现在从蒋氏所谈的情况看来，这话是可信的。唉！谁知道赋税对人民的毒害竟比毒蛇还要严重呢！于是写了《捕蛇者说》这篇文章，为的是让那些观察民情的人知道苛重的赋税给老百姓造成的灾难。在全文边叙述边议论间或抒情的写法中，最后这一番议论，确实起到了画龙点睛的作用。如果说“苛政猛于虎”强调的是一个“猛”字，那么本文就紧扣一个“毒”字，既写了蛇毒，又写了赋毒，并且以前者衬托后者，得出“赋敛之毒”甚于蛇毒的结论。

本文在写作手法方面，除了对比、衬托的大量运用及卒章点明主题外，对蒋氏这一个人物的描绘也是极富特色的。特别是他不愿意丢掉犯死捕蛇这一差使的大段申述，讲得是既有具体事实，又有确切数字；既有所闻所见，又有个人切身感受；既有祖祖辈辈的经历，又有此时此刻的想法；既讲述了自家人的不幸，又诉说了乡邻们的苦难：不仅使人看到了一幅统治者横征暴敛下的社会生活图景，也让人感到此人的音容体貌宛在目前，有血有肉，生动传神。

通篇读来，《捕蛇者说》这篇散文内容翔实，人物突出，见地深邃，笔锋犀利，结构完整，堪称散文中的杰作。 （董扶其）

三　　戒并序　　　　柳宗元

吾恒恶世之人，不知推己之本，而乘物以逞，或依势以干非其类，出技以怒强，窃时以肆暴，然卒迨于祸。有客谈麋、驴、鼠三物，似其事，作三戒。

临 江 之 麋①

临江之人畋，得麋麑②，畜之。入门，群犬垂涎，扬尾皆来。其人怒，怛之③。自是日抱就犬，习示之，使勿动，稍使与之戏。积久，犬皆如人意。麋麑稍大，忘己之麋也，以为犬良我友，抵触偃仆，益狎。犬畏主人，与之俯仰甚善，然时啖其舌。三年，麋出门，见外犬在道甚众，走欲与为戏。外犬见而喜且怒，共杀食之，狼藉道上。麋至死不悟。

黔 之 驴④

黔无驴，有好事者船载以入。至则无可用，放之山下。虎见之，尨然大物也⑤，以为神。蔽林间窥之，稍出近之，慭慭然⑥莫相知。他日，驴一鸣，虎大骇远遁，以为且噬己也，甚恐。然往来视之，觉无异能者。益习其声，又近出前后，终不敢搏。稍近益狎，荡倚冲冒。驴不胜怒，蹄之。虎因喜，计之曰："技止此耳！"因跳踉大㘎，断其喉，尽其肉，乃去。噫！形之龙也类有德，声之宏也类有能，向不出其技，虎虽猛，疑畏，卒不敢取；今若是焉，悲夫！

永某氏之鼠⑦

永有某氏者，畏日⑧，拘忌异甚。以为己生岁直子⑨，鼠，子神也，因爱鼠。不畜猫犬，禁僮勿击鼠。仓廪庖厨，悉以恣鼠，不问。由是鼠相告，皆来某氏，饱食而无祸。某氏室无完器，椸⑩无完衣，饮食大率鼠之余也。昼累累与人兼行，夜则窃啮斗暴，其声万状，不可以寝，终不厌。数岁，某氏徙居他州，后人来居，鼠为态如故。其人曰："是阴类恶物也，盗暴尤甚。且何以至是乎哉？"假五六猫，阖门撤瓦灌穴，购僮罗捕之。杀鼠如丘，弃之隐处，臭数月乃已。呜呼！彼以其饱食无祸为可恒也哉！

〔注〕 ① 临江：县名，今江西清江。麋：鹿类动物。 ② 麑（ní 泥）：鹿子，麋麑指幼麋。 ③ 怛（dá 达）：恐吓。 ④ 黔：州名，治所在今四川彭水。 ⑤ 龙：通"庞"。 ⑥ 慭（yìn 印）慭然：小心谨慎的样子。 ⑦ 永：州名，今湖南永州市。 ⑧ 畏日：对日辰的迷信忌讳。 ⑨ 直：通"值"，当着。子：十二地支之一，十二支与十二属相相配，子年为鼠年，故下云鼠为子神。 ⑩ 椸（yí 移）：衣架。

这是柳宗元寓言作品中的名篇，作于被贬官永州之后。这时作者经历过复杂的斗争，有了更丰富的社会阅历和更深切的人生体验，遂将其中足以垂戒世人的现象，写成寓言，以示劝惩。《论语·季氏》载孔子语云："君子有三戒。"本篇主旨虽只一个，事类则区而为三，遂取"三戒"二字以名篇，隐含君子人不可不戒之意，加深了题意的内涵，可谓善用古典。

寓言的基础是其中寓含的富有劝惩意义的道理与教训。本篇所要揭示的道理与教训，序文中已经交代得很清楚，即"不知推己之本，而乘物以逞"，自致败亡。也就是说，不从自己的实际情况出发，任性妄为，凌蔑外物以逞志，结果自蹈祸难之中。在社会上，人们行事不知推己之本，自古及今，均非稀见。本篇所指对象的这种广泛性，决定了它教谕深切，不仅具有极大的概括力与震撼力，而且具有久远的生命力。其中《黔之驴》形成“黔驴技穷”的成语，千百年来一直为人们所熟知和习用。

寓言的特点是不直接说理，而将道理教训寓于故事之中，通过故事以明理。故事与道理必须切合无间，使人读其事即得其理，以事圆理明为上乘。道理过于笼统，故事则易流于不切。本篇的妙处之一就在于，它并不停留在“不知推己之本，而乘物以逞”这一笼统的观念上，而是通过敏锐的观察，攫取住三种具体不同的表现，区分为三种更为具体的教训。这就是或“依势以干非其类”，或“出技以怒强”，或“窃时以肆暴”。将一化而为三，便为它们各自找到了最恰切的故事，即“临江之麋”“黔之驴”“永某氏之鼠”。麋麑本是犬的齿颊中物，家犬只是由于受到主人的制约，才强与之嬉戏相处，而不加伤害。麋麑竟因此忘记了自己的身份，遇到不受主人约束的外犬时，也视同家犬与之狎戏，结果为外犬所食。麋麑不顾己之为麋麑，任性狎犬，一旦失去主人庇护的条件，自然立及于难。这用来说明“不知推己之本”，“依势以干非其类”，真是再恰当不过了。驴表面看去，庞然大物，没有见过驴的老虎，不摸其底细，也不能不畏它三分。然而驴不过“形之尨也类有德，声之宏也类有能”，徒具庞大的形体、洪亮的鸣声而已，并没有真实的看家本领。这“尨然大物”四字，取喻人事，义类是很广泛的。诸如幸得的高位、虚致的名声、无根的荣宠等，无不可包含其中。驴本外强中干，却要在老虎面前卖弄出全部伎俩，结果被老虎彻底看穿，成为老虎口中之食。驴不自量力，不忍小愤，以其浅薄的本事与强者斗，自然技穷身败。这用来说明“不知推己之本”，“出技以怒强”，也是铢两悉称。永州某氏生肖为鼠，出于迷信的忌讳，护鼠备至。老鼠得此机缘，便恣意横行，居室换了主人，仍依然故态，但是人易时移，遂遭聚歼之祸。老鼠忘记了自己属于人们厌憎的阴类恶物，钻了时机的空子便以为可以永久饱食无祸，结果情势一变，灾难便不旋踵而至。这用来说明“不知推己之本”，“窃时以肆暴”，同样如影随形，如响应声。三条教训与三个故事，各自都如榫入卯，天衣无缝，使人读其故事即默契其理，构思是非常巧妙高明的。

寓言的基础虽是其中所寓的教训，其艺术感染力却主要取决于故事的生动。本篇作者没有片面地把故事视为运载教训的简单工具，草草了事，而是把每一个故事都作为真正的文学作品精心创作。三篇故事无不首尾完整，意趣盎然，不仅取喻当，而且体物精，读来津津有味，引人入胜，真有使人“悦其解颐，忘其猛醒”（清人孙琮评《三戒》语）之力。首先是善体物情。寓言可以采取人间的故事，多数则是将动植物等自然事物拟人化，本篇则主要是以动物为主角，通过动物来表现。作者沿着拟人化的路径，将动物在各种情势下的心态揣摸得透彻细腻，篇中的麋、犬、虎、驴、鼠，无不写得情理自然，活龙活现。且看黔地那只从没有见过驴的老虎。先是一无所知，见驴庞然大物，惊以为神，躲在树林的背后偷偷地窥视；听驴一声长鸣，以为要吃掉自己，吓得远远地跑开；待到习惯了驴的叫声，经过反复观察，也觉得似乎并无特殊本事，但还是不敢贸然相犯，又用种种行为试探，从狎戏到荡倚到冲冒，直到将驴激怒，使出看家本领——蹄之，彻底摸到"技止此耳"的底细，才猛攫大嚼。在虎不识驴的特定条件下，老虎对驴的摸底过程及其心态，可以说揣摩入微，所以才将虎写得如此有态有神，栩栩如生，令人拍案叫绝。其次是善摹物状。本篇不只刻写物情入情入理，描摹物状也形象鲜明，使人如亲临其境，亲见其景。我们看他写鼠乘时肆暴、横行无忌的情形："室无完器"，可见器皿无不被老鼠扒倒撞翻，摔碰得残缺不全；"椸无完衣"，可见衣装无不被老鼠咬啮撕扯得遍体鳞伤；"饮食大率鼠之余"，又可见食物浆饮无不被老鼠先用过。白昼老鼠与人并行不惧，夜晚则偷噬咬闹不休。一笔笔勾勒下来，笔无虚墨，移步换形，将老鼠的众多与其猖獗横行之状，刻画得淋漓尽致，历历如见。刘师培评柳文说："咸能类万物之情，穷形尽相，而形容宛肖，无异写真。"（《论文杂记》）确非过誉。柳宗元自言其文"参之太史公以著其洁"，他的描写文笔的高处，尤在简妙传神。作者善于捕捉最能显现事物特征的行为或细节，往往几个字就将事物的形象鲜明地凸现出来。如写犬，"群犬垂涎，扬尾而来"，一个"垂涎"，一个"扬尾"，便把群犬见麋馋涎欲滴、一哄而上的情态活现纸上。写犬在主人挟制下，不得不与幼麋和平共处，但虽与麋"俯仰甚善"，却"时啖其舌"，那一种欲食而不敢的强忍之态，也跃现纸上。写虎躲在林子里窥视驴，"稍出近之"。"稍"，逐渐之意，用在这里，使人如见老虎心怀畏惧、小心翼翼向驴磨蹭过来的情景。而听驴一鸣，"大骇远遁"，"远遁"二字也使人立见老虎没命地逃开的形象，有力地显现出老虎恐惧的程度。写鼠白昼"累累与人兼行"，一个跟着一个与人并行不惧，以此细节表现其对人肆无忌惮之态，可说力透纸背。而写其夜里，"窃啮斗暴，其声万状"，虽只八个字，不仅使人如见众鼠群出咬嚼食物、争夺厮斗之景，还如闻噬啮物品、扒翻器皿、咬斗嘶叫、追逐窜逃之声。柳宗元的善于以简笔传神，往往有颊上添毫之妙。

寓言的根本目的与落脚点毕竟在传教训，不是为故事而故事，为形象而形象，这不能不给寓言的艺术创作带来一定的特点。本篇三个故事虽都巧于编织，工于描写，笔墨的运用却绝非漫无目标，无论是故事的构造，材料的取舍，用笔的繁简，无不以所寓的教训为轴心。所谓"手写本事，神注言外"（林纾评柳氏寓言之语，见《春觉斋论文》），描写在故事，心思在教训。所以本篇不只故事引人入胜，对于显现主旨来说也明晰精妙，使寓言的生动性与教训的鲜明性达到了完美的结合。如《临江之麋》，笔墨集中在主人的庇护，犬受主人挟制，麋之忘己为麋，而对主人、犬、麋又各突出其主要之点。如犬，着重展示其食麋本性。当主人怀抱幼麋一入门，它们便流着口水，撅起尾巴扑来。后来在主人的呵斥管制下，处处都依从主人的意旨，但虽与麋麑“俯仰甚善”，却仍“时啖其舌”。将犬的猎食本性写足，就为麋麑终为外犬所食做了最好的铺垫。对麋则着重写其在主人庇护下的得意忘形，从与犬戏，到直以为“犬良我友”，以至“抵触偃仆”，无所不至。这与其结局为外犬所食，而“至死不悟”，如声响之相应。《黔之驴》重在虎对驴的试探过程和驴耐不住挑逗而出技的情态，尤为明显，自不待言。《永某氏之鼠》除交代某氏因忌讳而容鼠之外，主要是勾画老鼠的乘时肆暴，写得笔酣墨饱，与本篇的教训“彼以其饱食无祸为可恒”紧密关合。笔墨运用上的这种目标集中，使得本篇不仅故事生动，形象鲜明，而且文笔精粹，篇幅短小，主旨清晰突出，绝无支离漫衍之感。

本篇每一故事的结尾，还都善用画龙点睛之笔。不论是含而不露，还是有意发挥，都与作者冷隽犀利的笔墨风神相结合，具有力重千钧，发人猛醒之力。《临江之麋》结云：“麋至死不悟。”《永某氏之鼠》结云：“彼以其饱食无祸为可恒也哉！”各以一语冷然作收，都如当头棒喝，使人矍然警觉。读了这点睛之笔，再回过头来咀嚼故事，真是回甘有味，更加令人悠然神往。 （孙 静）

始得西山[①]宴游记 柳宗元

自余为僇人[②]，居是州，恒惴慄。其隙也，则施施而行，漫漫而游。日与其徒上高山、入深林，穷回溪，幽泉怪石，无远不到。到则披草而坐，倾壶而醉；醉则更相枕以卧，卧而梦，意有所极，梦亦同趣。觉而起，起而归。以为凡是州之山水有异态者，皆我有也，而未始知西山之怪特。

今年九月二十八日，因坐法华西亭[③]，望西山，始指异之。遂命仆人过湘江，缘染溪[④]，斫榛莽，焚茅茷，穷山之高而止。攀援而登，箕踞而遨，则凡数州之土壤，皆在衽席之下。其高下之势，岈然洼然，若垤若穴。尺寸千里，攒蹙累积，莫得遁隐。萦青缭白，外与天际，四望如一。然后知是山之特立，不与培塿为类；悠悠乎与颢气俱，而莫得其涯；洋洋乎与造物者游，而不知其所穷。引觞满酌，颓然就醉，不知日之入。苍然暮色，自远而至，至无所见，而犹不欲归。心凝形释，与万化冥合。然后知吾向之未始游，游于是乎始。

故为之文以志。是岁，元和四年⑤也。

〔注〕 ① 西山：山名。《清一统志》："永州府：西山在零陵（今湖南永州）县西。县治在县西隔河二里，自朝阳岩起，至黄茅岭北，长亘数里，皆西山也。" ② 僇（lù路）人：罪人。僇同"戮"。 ③ 法华西亭：法华寺西的一座亭子，寺在永州城内东山上，作者于元和四年建亭，称为西亭，并有《永州法华寺新作西亭记》。 ④ 染溪：即冉溪，潇水支流，在永州西南。 ⑤ 元和四年：公元809年。元和为唐宪宗的年号。

柳宗元因参与王叔文"永贞革新"失败，被贬为永州（今属湖南）司马。时艰不可济，唐祚难振兴，谤毁兼至，贫病交迫，老母病故，居处遭火，他满怀忧惧之情，多借山水以排遣。被明人吴讷称为"体之正"的《永州八记》就写于此时。这"八记"是情景交融的真正游记，它们如同通景画，自成章法又互有联系。《始得西山宴游记》是其首篇。

文章题目的"始得"二字是全文关键。诚如清人浦起龙《古文眉诠》卷五十三所说："'始得'有惊喜意，得而宴游，且有快足意，此扼题眼法也。"因山水之游，得游中三昧，才有处难置困中的情感解脱与人格升华。就"八记"而言，"始得"则有领起诸篇之意。文章可分为前后两部分，而"始"字贯通全文，成为立意与为文的肯綮所在。

文章以"自余为僇人"开局，"僇人"二字实含受辱与被害的悲愤。居于永州而一直感到忧惧，一"恒"字深刻表现了被贬后心态。因为身是带罪之人，又是闲官，故能"施施而行，漫漫而游"。"施施"状其行动之缓，"漫漫"写其随意而行，这正是作为"僇人""惴慄"之情的重要补充。"日与其徒"五句，具体而又概括地写出了自己的游踪。"上""入""穷"加上"无远不到"，正为后面的"始得"作一预伏。"到则披草而坐"八句，就"游""宴"二字展开，接字钩句，续续相生，极其精练，却以坐、醉、卧、梦、觉、起、归的所行所为，传"施施""漫漫"的神韵。正是这看似乐而忘忧之举，带着随缘任运的色彩，并未摆脱"惴慄"的阴影，为后文"始得西山"所产生的心弦震颤和精神超越作一铺垫，并起到"借宾定主"作用。"以为凡是州"二句，总赅前文。"未始知西山之怪特"，"始"字始出，结束前半部分，从反面引西山入题。

后半部分用郑重交代时间开头，以见"始得西山"之异于以前诸游。法华寺地势高，西亭所见无遗，终于望见西山。"始指异之"，"始"字再出，正式点题，"指"而才能"得"，"异"则应前"怪特"。接着命仆人开道前往，过、缘、斫、焚四字领起四个短句，以动宾结构的短促排比句式，构成一种急促之势，往日“施施”“漫漫”的情态立变，可见西山之“异”有多大吸引力！登西山之举仅用“攀援而登，箕踞而遨”八字，就写出了身登目游的过程。“则凡”以下，专写西山，先继以“借宾定主”之法写西山的雄奇，然后从西山引发所感。作者不是正面写西山，却写立于西山之所见，“则凡数州之土壤，皆在衽席之下”，这是以所见之远写西山之高，是总括之笔。“岈然”者似蚁垤，“洼然”者如洞穴，这众山的总貌足以反衬西山雄峙特立之势，这是第一个层次：言高下之势。“尺寸千里”，实因登高才能望远，正所谓“迫目以寸，则其形莫睹；迥以数里，则可围于寸眸”（南朝宋宗炳《画山水序》），远近景物重叠压缩，都入于眼内，这是第二个层次：言所见之广。青山萦回，白水缭绕，直到与天相接，四方望去，所见如一，这是第三个层次：言西山有众山拥戴之势。于是，“然后知”三字使“始得”之意第三次出现：西山之特立引发出“不与培塿为类”之感，这是从形貌言；由西山之超乎众上，联想起其如同颢气的悠悠无际、漫漫无涯，这是从精神言；由西山之与造物者相始终，想到它的洋洋无穷尽，这是从生命力而言。至此，作者才从自然中的西山，“始得”人格化的西山，山引发了人的胸襟，人也认识了山的精神，时空合一，情景相融，这是正写西山的笔墨，也是全文的精华。

山移人情，人又移情于山，接着就是由游而宴之举。“引觞满酌，颓然就醉，不知日之入。”此番之醉虽曰“颓然”，却非以前的“相枕而卧，卧而梦”，是真正为西山所陶醉了。不是么？“苍然暮色”四句，非但写出“暮从碧山下”的神韵，“犹不欲归”与前“觉而起，起而归”相较，可见此番眷恋正是心灵充实的表现。“心凝神释，与万化冥合”，进一步点明荡涤灵魂，开拓心胸，使人格精神与宇宙自然合一之意。“恒惴慄”的心态被破除了，“然后知吾向之未始游，游于是乎始”。至此，主定宾弃，扫处即生，以西山之游否定昔日之游。“然后知”连二“始”字，“始”字四出又第四次点题，文中关锁可见。最后，以“故为之文以志”并书年份作结，是对此游之重视，同时也是对“始得”的重要补充。

《始得西山宴游记》达到了描摹山水与言志抒情完美结合的境界。山水游记之作并非始于柳宗元，远的不说，仅唐人之中，元结就起了承前启后的作用，如清人吴汝纶就认为：“次山放恣山水，实开子厚先声。”但是，情景交融，将山水人格化，却是柳氏独造之境。本文从被贬后的忧惧和漫游写起，透露出当时的处境和心情，然后由一般游览引入西山之游，重笔写西山之“怪特”。岈然洼然的高下之势，咫尺千里的登眺所见，萦青缭白的山水远景，三组画面、三个层次，以相互的映衬、生动的比喻、色彩的渲染，构成绚丽多姿的“怪特”，准确而生动地写出了西山的景色。诚如他的诗《江雪》，千山不见鸟影，万径没有人踪，更衬托出独钓寒江、不畏严寒的勇气，寄托着政治革新失败后既孤独又不屈的精神。本文中的西山，不类培塿，与颢气俱，与造物游，超尘拔俗，卓立不群，其伟大的人格力量正是作者高尚品格和人生理想的体现。西山熔铸了他的幽愤，陶冶了他的胸襟，启迪了他的悟性，而他的赞美西山正是以之来言志抒情。

作为山水游记的伟大宗匠，柳宗元在本文中采用了“从对面着笔”的描写手法，产生了不同凡响的艺术效果。文中写登西山远眺之所见，呈现了雄奇开阔的境界，而不写西山本身，写了“不以培塿为类”的培塿，从而也就衬托了西山，突出了西山。这种不从实处落笔的写法，颇类于汉乐府诗《陌上桑》的从旁人所见来写罗敷美貌，和罗敷自夸其夫的“坐中千余人，皆言夫婿殊”一样，是将诗的“虚处着墨”化为文中的“从对面着笔”。如此写来，大有“不着一字，尽得风流”之妙。近人林纾曾说：“文有诗境，是柳州本色。”揆之本文，洵非虚誉。

柳宗元推尊“文以明道”，但并不轻视“文”之本身，章士钊曾谓柳文“字字沁人心脾”，本文就极见字句烹炼之功。以句言，骈散结合而又句式多变，极见灵动矫变之妙。“施施而行，漫漫而游”，“披草而坐，倾壶而醉”的四字对偶句，平稳中见沉滞，活画出“惴慄”心态下无所事事之状。在“上高山，入深林，穷回溪”构成鼎足对，以句式之变化和音节之振拔力图冲破平淡之后，“倾壶而醉”等七句更变为顶真句式，活泼流丽，以倾泻“凡是州之山水有异态者，皆我有也”的自慰自悦心情。及至一睹西山之异后，命仆人开道上山，四个三字对句传递出急于上西山的迫切愿望。上西山后所见，以基本上是三组四字句组成三个画面，略见铺排后即引入“悠悠乎”“洋洋乎”的赞叹，状物与抒情达到高度统一。其后“引觞而酌”等四字句复归于平稳，但这是解脱与彻悟后的心情，已不同于前。总之，文中句式之变与感情脉络有着密切的关系。以用字言，写山容水态的“幽泉怪石”“岈然”“洼然”“若垤”“若穴”“萦青缭白”“苍然暮色”，都形象、精练，有极炼如不炼之妙。其动词与名词的搭配更令人叫绝，“上高山”“入深林”“穷回溪”“过湘江”“缘染溪”“斫榛莽”“焚茅茷”，整中有变，表达精微。

宴游西山而始得西山之妙，读《始得西山宴游记》而始得永州山水之妙，本文确实堪当“始得”之妙。

（邓乔彬）

钴 鉧 潭 记　　柳宗元

钴鉧潭在西山西①。其始盖冉水②自南奔注，抵山石，屈折东流；其颠委势峻，荡击益暴，啮其涯，故旁广而中深，毕至石乃止。流沫成轮，然后徐行。其清而平者且十亩余，有树环焉，有泉悬焉。

其上有居者，以予之亟游也，一旦款门来告曰："不胜官租、私券之委积，既芟山而更居，愿以潭上田贸财以缓祸。"予乐而如其言。则崇其台，延其槛，行其泉，于高者坠之潭，有声潀然。尤与中秋观月为宜，于以见天之高，气之迥。孰使予乐居夷而忘故土者，非兹潭也欤？

〔注〕 ① 西山：山名。见作者《始得西山宴游记》注①。钴鉧潭：宋范成大《骖鸾录》："渡潇水即至愚溪，溪上愚亭以祠子厚。路旁有钴鉧潭。钴鉧，熨斗也，潭状似之。其地如大小石渠石涧之类，询之皆芜没篁竹中，无能的知其处者。"宋王象之《舆地纪胜》："永州：钴鉧潭，在州西五里，即冉溪别派也，其间水石尤异，柳子厚有记。" ② 冉水：即冉溪。柳宗元《愚溪诗序》："灌水之阳，有溪焉，东流入于潇水，或曰冉氏尝居也，故姓是溪曰冉溪。或曰可以染也，名之以其能，故谓之染溪。余以愚触罪，谪潇水上，爱是溪，入二三里，得其尤绝者家焉。古有愚公谷，今予家是溪，而名莫能定，土之居者，犹龂龂然，不可以不更也，故更之为愚溪。"

这篇《钴鉧潭记》，是著名的山水游记《永州八记》的第二篇。

作者在《永州八记》第一篇《始得西山宴游记》中说："自余为僇人，居是州，恒惴慄。其隙也，则施施而行，漫漫而游……"在《与李翰林建书》中更明白地说："永州于楚为最南，状与越相类。仆闷即出游，游复多恐……时到幽树好石，暂得一笑；已复不乐。何者？譬如囚拘圜土，一遇和景，负墙搔摩，伸展支体，当此之时，亦以为适。然顾地窥天，不过寻丈，终不得出，岂复能久为舒畅哉！"不难体会，他流连山水，不过想借此排遣愤懑抑郁的情感而已。然而越想排遣，那种愤懑抑郁的情感反而越加强烈；于是乎以情观景，因景抒情，出现在他笔下的山水、泉石、草木、虫鱼，都仿佛有特定的个性，特定的遭遇。而这一切，既是自然景物的生动写照，又是他自己的人格、情怀、处境的曲折反映。

《钴鉧潭记》以"钴鉧潭在西山西"开头，紧接《始得西山宴游记》，重点写潭。第一段写潭状；第二段写得潭经过及潭上景物因人工改造而显得更加优美宜人；然后就他与潭的密切关系感慨作结，余味无穷。

钴鉧潭是由冉水汇成的，因而先从冉水着笔："其始盖冉水自南奔注，抵山石，屈折东流。""奔注"二字，描状冉水迅猛而来，大有一泻千里之势。但偏偏遇上山石屹立，挡住去路。"奔注"之水碰上山石，用了个"抵"字。抵，《说文》："挤也。"段注曰："排而相拒也。"水毕竟"抵"不过山石，只得"屈折东流"，似乎软弱了。然而不然。由于"颠委势峻"，故"荡击益暴"。"荡击益暴"四字，不仅表现了水势因落差过大而迸发的巨大冲击力，而且进一步写出了水的性情：遇阻之后，不甘屈服，反而更加暴烈，像在发泄它的怨怒之气。怒气难平，进而“啮其涯”。狠命地“啮”完了水涯的沙土，“毕至石乃止”，于是开拓出“旁广而中深”的水潭。“流沫成轮”，乃是“荡击”的必然结果。不说“如轮”而说“成轮”，生动地画出了因水势冲击、回荡而形成的旋涡溅沫卷雪、旋转如飞的奇景。

冉水由“奔注”而遇阻，而“屈折”，而“荡击”，而“啮食”，直至冲出个水潭，这才平静了下来，“其清而平者且十亩余，有树环焉，有泉悬焉”。这境界是幽寂的，清冷的。从冉水的本性看，难道它会安于这种处境吗？

第二段于叙述得潭经过时带出一个社会问题：潭上居民因受不了官租私债的重重负担，逃到山里去开荒，情愿把潭上的田地卖给作者。作者“乐而如其言”，这仿佛是把贫民的“忧”变成了自己的“乐”。其实相反。联系作者自身的遭遇和《捕蛇者说》等文所反映的情况，就不难想见他此时的心情。如前所说，作者寄情山水，本来是想逃避现实，排遣忧闷，然而尖锐的社会矛盾，直扩展到山巅水涯，如何逃避？一个由于企图改变黑暗现实而被放逐的人仍然不能不面对政治苛虐、生民涂炭的现实，他的忧闷又怎能排遣得了呢？

遇上类似处境，不太高明的作家很可能从贫民卖田的事写到他的政敌，写到他自己的被贬，将愤懑抑郁之情一泄无余。然而，那未免离题太远了。柳宗元则不然。贫民卖田的事分明于他企图排遣忧闷之时增加了忧闷，却不正面说穿，偏偏说“予乐而如其言”，下了个“乐”字。于是，这贫民卖田的情节自然而然地成为向后文过渡的桥梁。买地前的“亟游”是寻“乐”，买地后“崇其台，延其槛，行其泉，于高者坠之潭，有声潨然”，又是为了更好地寻“乐”。“于以见天之高，气之迥”，不正是“称心快意”地赞美经他改造后的水潭多么适于寻“乐”吗？从前后的几篇文章中看，他初游钴鉧潭时，那年的中秋节已经过去了。中秋已过，却说“尤与中秋观月为宜”，当然是期待在明年、后年乃至往后若干年的中秋节来潭上观月，“于以见天之高，气之迥”的。真可以说是“乐此不疲”“乐而忘返”啊！

啮不动石岸的潭水，幽寂清冷，仿佛安于它的处境。抗不过恶势力的反扑而遭到贬谪的作者呢，与潭水结为知己，频频来游，更盼望着中秋节来此赏月，也仿佛安于他的处境。写了潭，又写了人。于是绾合二者，收束全篇：“孰使予乐居夷而忘故土者，非兹潭也欤？”（是谁使我乐于居住在“夷”人地区而忘掉京城的呢？不就是你这个小潭子吗？！）这里又一次用了个“乐”字；但谁都能懂得它的言外之意、弦外之音。

全篇描写，看来很客观。直到结尾，有如张僧繇“点睛”，刚一落笔，全龙飞动；前面绝妙的写景文字，顿时变成了绝妙的抒情文字。徐幼铮说得很中肯："结语哀怨之音，反用一'乐'字托出。在诸记中，尤令人泪随声下。"（高步瀛《唐宋文举要》引）

（霍松林）

钴鉧潭①西小丘记　　柳宗元

得西山②后八日，寻山口西北道二百步，又得钴鉧潭。潭西二十五步，当湍而浚者为鱼梁。梁之上有丘焉，生竹树。其石之突怒偃蹇、负土而出、争为奇状者，殆不可数。其嵚然相累而下者，若牛马之饮于溪；其冲然角列而上者，若熊罴之登于山。

丘之小不能一亩，可以笼而有之。问其主，曰："唐氏之弃地，货而不售。"问其价，曰："止四百。"余怜而售之。李深源、元克己时同游，皆大喜，出自意外。即更取器用，铲刈秽草，伐去恶木，烈火而焚之。嘉木立，美竹露，奇石显。由其中以望，则山之高，云之浮，溪之流，鸟兽之遨游，举熙熙然回巧献技，以效兹丘之下。枕席而卧，则清泠之状与目谋，潆潆之声与耳谋，悠然而虚者与神谋，渊然而静者与心谋。不匝旬而得异地者二，虽古好事之士，或未能至焉。

噫！以兹丘之胜，致之沣、镐、鄠、杜③，则贵游之士争买者，日增千金而愈不可得。今弃是州也，农夫渔父过而陋之。贾四百，连岁不能售。而我与深源、克己独喜得之，是其果有遭乎！书于石，所以贺兹丘之遭也。

〔注〕 ① 钴鉧潭：见作者《钴鉧潭记》注①。　② 西山：山名。见作者《始得西山宴游记》注①。　③ 沣、镐、鄠、杜：沣（fēng 丰），水名，即沣水，源出陕西秦岭山中，北流至西安市西北，最后注入渭水。镐（hào 浩），地名，在今西安市西南，沣水东岸。周武王曾迁都于此，称镐京。鄠（hù 户），地名，今陕西户县，在今西安市西南。杜，地名，故地在今西安市东南。均在唐都城长安附近，为当时豪门贵族集中居住的地区。

这是《永州八记》的第三篇。开头几句，照应前两篇，点出西山、钴鉧潭和小丘的发现经过及其位置，并为后面"不匝旬而得异地者二"预留伏线。接下去，即抓住小丘的"异"处，描绘满布丘上的嶙嶙奇石。在一般人看来，那些毫无生命的石头本来就暴露在那里；但在作者眼中，却是"突怒偃蹇、负土而出、争为奇状"。

这是说：那埋于泥土之中，不见天日的石头，不甘埋没，愤然突破地面，顶土而出，争作奇状，以显示自己的存在。构思何等新颖！这一句二十来个字，既写出了石数之多、石态之奇，又化静为动，传达了奇石的感情。石头无所谓感情，自然是作者移入的。而一经移入，那形象就立刻栩栩欲活。清王夫之说过："烟云泉石，寓意则灵。"（《姜斋诗话》卷下）一点也不假。但"意"绝不能生硬地"寓"。在这里，作者即景会心，主观的情和客观的景契合无间，从而创造了独特的境界，既寓了"意"，又妙合自然。

作者于总写众石之后，又分写其中的两类："其嵚然相累而下者，若牛马之饮于溪；其冲然角列而上者，若熊罴之登于山。""若牛马""若熊罴"的比喻本来很寻常，但和"相累而下""角列而上"及"饮于溪""登于山"结合起来，就显得生气勃勃。而"饮于溪"又带出丘下景物，与前面"当湍而浚者为鱼梁，梁之上有丘焉"相应。

一个"不能一亩，可以笼而有之"的小丘似乎没有什么好写，作者却写得这样生动，这样诱人。

当然，作者不是为写小丘而写小丘。他着力写小丘的特异，甚至给丘上的"奇"石注入理想，这都是为了反跌下文。小丘有众石"争为奇状"，理应受到人们的重视；然而事实却不是这样。"问其主，曰：'唐氏之弃地，货而不售。'问其价，曰：'止四百。'"这就是它的遭遇！

"余怜而售之"中的"怜"，乃是"同病相怜"的"怜"，怜小丘正所以怜自己。但仍不肯泄露主题，却用同游者的"大喜"作为反衬（"大喜"者，喜小丘之贱，出乎意料也），与前一篇《钴鉧潭记》用"乐"字异中有同。作者"怜"，同游者"喜"，虽然心情各别，却同样是"人弃我取"。不但取，而且在取得之后，刮垢磨光，让那被人遗弃的小丘变得更美好。"铲刈秽草，伐去恶木，烈火而焚之。嘉木立，美竹露，奇石显"等句，很有点"新松恨不高千尺，恶竹应须斩万竿"（杜甫《将赴成都草堂途中有作先寄严郑公五首（其四）》）的意味。稍不同者，杜诗所表现的是长新松、斩恶竹的愿望，而这里则已经付诸行动。像新松一样，嘉木、美竹自然越高越好；但不能揠苗助长。铲去秽草，伐掉恶木，则原来被淹没的嘉木、美竹就自然会显露出来，拂日凌云的前景是不难预卜的。

何况，秽草、恶木既除，不仅"嘉木立，美竹露，奇石显"，而且整个天地都为之开朗。"由其中以望，则山之高，云之浮，溪之流，鸟兽之遨游，举熙熙然回巧献技，以效兹丘之下"。这个小丘，不是也可以使作者"乐居夷而忘故土"吗？但他并不蹈袭前篇，却用一组排句，实写"枕席而卧"于小丘之上的时候"清泠之状与目谋，潽潽之声与耳谋，悠然而虚者与神谋，渊然而静者与心谋”，几乎达到了“与万化冥合”的境界。而“清泠之状”与“潽潽之声”，又分明指的是丘下二十五步以外的钴鉧潭。于是回顾首段，遥应前篇，绾合潭、丘，作一小结：“不匝旬而得异地者二，虽古之好事之士，或未能至焉。”看来他是十分得意的。

这得意，其实是失意的特殊表现形式，读者已不难领会；但如果就此收束，仍嫌意有未足。因而又以抒情的、跌宕多姿的文笔略作发挥：先对小丘的未能致身于繁华的京城郊区而远弃荒凉的永州表示痛惜，反转来又对小丘得到他与同游者的赏识表示庆贺。尽管始终没有讲他自己，但“今弃是州也”的小丘的遭遇，不正是他自己的遭遇吗？被人遗弃的小丘还会得到他与同游者的赏识，而他自己呢？“贺兹丘之遭”，不过是自伤不遇罢了。故清人储欣评曰：“寓意至远，令人殊难为怀。”（《唐宋八大家类选》卷十）

（霍松林）

至小丘西小石潭记　　柳宗元

从小丘西行百二十步，隔篁竹，闻水声，如鸣珮环，心乐之。伐竹取道，下见小潭，水尤清冽。全石以为底，近岸，卷石底以出，为坻为屿①，为嵁②为岩。青树翠蔓，蒙络摇缀，参差披拂。

潭中鱼可百许头，皆若空游无所依。日光下澈，影布石上，佁然③不动，俶尔远逝，往来翕忽，似与游者相乐。

潭西南而望，斗折蛇行，明灭可见。其岸势犬牙差互，不可知其源。坐潭上，四面竹树环合，寂寥无人，凄神寒骨，悄怆幽邃。以其境过清，不可久居，乃记之而去。

同游者：吴武陵、龚古、余弟宗玄④。隶而从者：崔氏二小生，曰恕己，曰奉壹。

〔注〕 ① 坻（chí 池）：水中高地。屿（yǔ 雨）：小岛。 ② 嵁（kān 刊）：不平的山岩。 ③ 佁（yǐ 以）然：静止貌。佁，一本作“怡”。 ④ 吴武陵（？—834）：唐信州（治今江西上饶）人，一说澧州（治今湖南澧县东南）人。元和进士，以史才直史馆，旋因事流放永州，与柳宗元交往。工诗文，柳宗元称其才气壮健。龚古：人名，生平未详。

这是《永州八记》的第四篇。题中有个“至”字，第一段即紧承上篇《钴鉧潭西小丘记》，写从小丘西行“至”小石潭的经过。“隔篁竹，闻水声，如鸣珮环”，于是“心乐之”，欲寻声而往，一窥究竟；但为丛篁所隔，无路可通，便下决心“伐竹取道”。“伐竹取道”四字，用行动写心情，坐实了前边的“乐”字。到了“下见小潭，水尤清洌”，见得力气没有白费，其“乐”更不待言。这几句，既与前篇联系，点出小石潭的环境，又表现了发现小石潭的喜悦心情。未见小潭，先闻水声；因闻水声，即觅小潭。行文曲折，引人入胜。

第二篇《钴𬭁潭记》着重写潭源冉水的奔注、屈折、荡击，潭本身写得很少。这一篇，则着重写小石潭本身。

作者于“下见小潭”之时赞美“水尤清洌”。接下去，即在“清”字上作文章。要写出水如何“清”，是比较困难的；作者却因难见巧，写出了两段妙文。

他先撇开“清”，从“小石潭”的“石”字上落墨，写这个潭“全石以为底”；在靠近四周石岸的地方，又从潭底突出若干形态各异的石头，有的像坻，有的像屿，有的像嵁，有的像岩。石上满是青树翠蔓，在微风里“蒙络摇缀，参差披拂”。可以想见，那翠带似的蔓条有的在空际摇曳，有的在水面飘拂，甚或浸入水里。寥寥数语，写景如画。

以上是写石潭的形状，也是写潭水之所以“清”。就文章的脉络说，分明是从“水尤清洌”生发出来的。试想，一个以“全石”为底、又被遍生青树翠蔓的石坻、石屿、石嵁、石岩环绕的水潭，怎能不“清”？当然，如果潭源之水挟泥沙而俱下，那又是另外一回事。可是前面的“闻水声，如鸣珮环”，不是已经暗示出潭源之水也是“清洌”的吗？

就潭状写出了潭水之所以“清”，自然要进一步写潭水如何“清”。

“潭中鱼”几句，不太细心的读者会认为只不过写鱼罢了。其实不仅写鱼。大画家只画飞虫，不画天空；只画游鱼，不画清水。但由于虫的确在飞，鱼的确在游，因而在欣赏者眼前，就出现了天空，出现了清水。这里写“潭中鱼”的几句，正是采用了这种以实见虚的写法。“皆若空游无所依”，脱胎于前人的创作。但东晋袁山松的“其水十丈见底，视鱼游如乘空”（《宜都山川记》记夷水入江处）；南朝梁吴均的“水皆缥碧，千丈见底，游鱼细石，直视无碍”（《与宋元思书》）；北魏郦道元的“绿水平潭，清洁澄深，俯视游鱼，类若乘空”（《水经注·洧水》）；唐沈佺期的“朝日敛红烟，垂钓向绿川，人疑天上坐，鱼似镜中悬”（《钓竿篇》）；唐王维的“涟漪涵白沙，素鲔如游空”（《纳凉》）：都是先写水清，后写鱼游，就像某些画家按照游鱼的动势勾了些代表波纹的弧线。至于宋苏舜钦的“人行镜里山相照，鱼戏空中日共明”（《天章道中》）；宋楼钥的“水真绿净不可唾，鱼若空行无所依”（《顷游龙井得一联，王伯齐同儿辈游，因足成之》）；宋刘爚的“炯鯈鱼之成群，闯寒波而游泳，若空行而无依，涵天水之一镜”（《鱼计亭赋》）；明阮大铖的“水净顿无体，素鲔若游空，俯视见春鸟，时翻荇藻中”(《园居杂咏》)：看来都借鉴了柳文，又各有新意，但在先写水清，后写鱼游这一点上，却都与袁、吴、郦、沈、王之作相类。柳宗元的独创性，在于不复写水，只写鱼游，而澄澈的潭水已粼粼映眼。这还不够，他又借日光作进一步的渲染。作者于岸上观鱼，很难看清潭心；而近岸之处，石坻、石屿、石嵁、石岩上的青树翠蔓，又摇缀、披拂，鱼游于树荫蔓条之下，也未必能够看得一清二楚。所以，必须借助日光。“日光下澈”的“澈”字下得好！“澈”者，照澈潭底也。红艳艳的日光透过蓝晶晶的潭水，直照到白莹莹的石底，多么富于色彩！这色彩，又是用来烘托游鱼以见潭水之“清”的。潭水透明，所以当日光下澈之时，鱼自然“影布石上”。“佁然不动，俶尔远逝，往来翕忽”的是水里的鱼，又是潭底的鱼影；加上“似与游者相乐”一句，人、鱼并写，情味无穷。

这几笔，真是绘形，绘神，绘影，绘色，即便是最高明的画师，也很难达到这样超妙的艺术境界。

《钴鉧潭记》先写潭源，这一篇恰恰相反。作者是从小丘西行——即从石潭的东方走来的，因被竹林所遮，所以未见石潭，先闻水声。“如鸣珮环”，显然是潭源之水撞击石岸、滴入石潭之时发出的清响。但是接下去，却为什么不先写潭源呢？原来潭源不在潭东，而在西南。作者从潭东行来，立刻被石潭本身的奇景所吸引，于是先写石潭。在饱赏石潭奇景之后，这才朝西南而望，发现了潭源。

写潭源，也就是写远景。潭源是一条小溪。因“其岸势犬牙差互”(其为石岸可知)，故溪水像北斗般曲折，像长蛇般蜿蜒。从潭上望去，有些地方溪光闪耀，有些地方为石岸所蔽，不见溪光。写远景半藏半露，饶有画意。而这又是写远望中景物，重点在“望”字上。望潭源而“不可知其源”，又富有诗情。

结尾以“其境过清”收尽全篇。前面出现过两个“乐”字，但作者的“乐”是短暂的。“竹树环合，寂寥无人，凄神寒骨，悄怆幽邃……不可久居”等句，借景物写感受，含蓄地反映了他的寂寞的处境和凄怆、哀怨的心境。 (霍松林)

袁家渴[①] 记 柳宗元

由冉溪[②]西南水行十里，山水之可取者五，莫若钴鉧潭[③]。由溪口而西陆行，可取者八九，莫若西山。由朝阳岩东南，水行至芜江，可取者三，莫若袁家渴。皆永中幽丽奇处也。

楚、越[④]之间方言，谓水之反流者为渴，音若衣褐之褐。渴上与南馆高嶂合，下与百家濑合。其中重洲小溪，澄潭浅渚，间厕曲折，平者深墨，峻者沸白，舟行若穷，忽又无际。

有小山出水中，山皆美石，石上生青丛，冬夏常蔚然。其旁多岩洞，其下多白砾。其树多枫、柟、石楠、楩、槠、樟、柚；草则兰、芷；又有异卉，类合欢而蔓生，轇轕[5]水石。每风自四山而下，振动大木，掩苒众草，纷红骇绿，蓊葧香气，冲涛旋濑，退贮溪谷，摇飏葳蕤，与时推移。其大都如此，余无以穷其状。

永之人未尝游焉，余得之不敢专也，出而传于世。其地主袁氏，故以名焉。

〔注〕 ① 袁家渴：宋王象之《舆地纪胜》："永州（今湖南永州市）：袁家渴，在州南十里，尝有姓袁者居之，两岸木石奇怪，子厚记叙之。" ② 冉溪：见作者《钴鉧潭记》注②。 ③ 钴鉧潭：见《钴鉧潭记》注①。 ④ 楚、越：楚，楚国，原在今湖北和湖南北部，后扩展到今河南、安徽、江苏、浙江、江西和四川。越，越国，原在今浙江东部，后扩展到江苏、山东。 ⑤ 轇轕（jiāo gé 交葛）：杂乱纠缠貌。

这是《永州八记》的第五篇。

袁家渴是一条可以泛舟的西流水，景物繁富。故《袁家渴记》于水容石态之外，兼写山、渚、草木、花卉等等。

《史记·西南夷列传》起首说："西南夷君长以什数，夜郎最大；其西靡莫之属以什数，滇最大；自滇以北君长以什数，邛都最大。"本篇第一段笔势由此化出，以钴鉧潭、西山为宾，陪出袁家渴。第二段写渴。"其中重洲小溪，澄潭浅渚，间厕曲折，平者深墨，峻者沸白"等句，既简括，又生动。而这，又是为下文更精彩的描写准备条件。因为这条渴自南馆高嶂曲曲折折地流向百家濑，中间又间以重洲浅渚，所以"舟行若穷，忽又无际"。"舟行若穷，忽又无际"，八个字抵得上一篇游记。与王维的"安知清流转，偶与前山通"（《蓝田山石门精舍》）、陆游的"山重水复疑无路，柳暗花明又一村"（《游山西村》）意境相类，却更其妙远。

"有小山出水中"以下，记山石，记岩洞，记各种树木花草，虽然文笔雅洁，但毕竟像流水帐。殊不知这都是为下文蓄势。"每风自四山而下，振动大木，掩苒众草，纷红骇绿，蓊葧香气，冲涛旋濑，退贮溪谷，摇飏葳蕤"等句，将上面所记的一切统统纳入风中，收到水上，使读者于树动、花摇、草掩、涛飞、濑旋中看见奇光异彩，听见清音远韵；而一股浓郁的香气也随风飘来，直沁心脾。

柳宗元很善于写风中景。如《南涧中题》诗里的"回风一萧瑟，林影久参差"；《石渠记》里的"其侧皆诡石怪木，奇卉美箭，可列坐而庥焉。风摇其巅，韵动崖谷，视之既静，其听始远”，都很传神。这里的“每风自四山而下”一段，则更其生动。苏轼称其造语“入妙”，其实不仅妙在造语，更妙的还是他那“以一风统众景”的艺术构思。

结尾的“永之人未尝游焉，余得之不敢专也，出而传于世”云云，命意与《钴鉧潭西小丘记》类似，而用笔各殊。这样奇伟、这样高洁、这样清丽幽雅的风景区，却无人了解，长久地被遗弃、被埋没，连当地人都“未尝游”！作者“发潜德之幽光”，以巧夺天工的笔墨描绘这种自然美，表彰这种自然美，“出而传于世”，既表现了他对受压抑、受摧残的美好事物的无限同情爱护，也寄托了他自己的无限惨痛、无限深沉的身世之感。

（霍松林）

石渠记

柳宗元

自渴①西南行不能百步，得石渠。民桥其上。有泉幽幽然，其鸣乍大乍细。渠之广，或咫尺，或倍尺，其长可十许步。其流抵大石，伏出其下。逾石而往有石泓②，昌蒲被之，青藓环周。又折西行，旁陷岩石下，北堕小潭。潭幅员减百尺，清深多鯈鱼。又北曲行纡余，睨若无穷，然卒入于渴。其侧皆诡石怪木，奇卉美箭③，可列坐而庥焉。风摇其巅，韵动崖谷，视之既静，其听始远。

予从州牧得之，揽去翳朽，决疏土石，既崇而焚，既酾④而盈。惜其未始有传焉者，故累记其所属，遗之其人，书之其阳，俾后好事者求之得以易。

元和七年正月八日蠲⑤渠至大石，十月十九日逾石得石泓、小潭。渠之美于是始穷也。

〔注〕 ① 渴：指袁家渴。作者《袁家渴记》云：“楚越之间方言，谓水之支流为渴。” ② 石泓（hóng 红）：凹石积水而形成的小潭。 ③ 箭：小竹。 ④ 酾（shī 尸）：分流，疏导。 ⑤ 元和七年：公元 812 年。元和为唐宪宗的年号。蠲（juān 涓）：清洁。

这是《永州八记》的第六篇。

本文作于柳宗元谪居永州的第七年（元和七年，公元 812 年）。作品以游览山溪小潭为主线，事中见意，处处流露出放逐投荒的身世之慨和怀抱难伸的不平之鸣。

第一段是记游。因作者随行随游，随览随记，看似平淡自如，随心所欲，却笔趣横生，天然妙合之中现出无限的精致。文章起笔先写石渠，水鸣幽幽，忽大忽细，石渠虽然小得不起眼，其特征却十分鲜明。水流潜过大石，便注入石泓，昌蒲、青藓，衬出石泓的清澄凛冽，较之石渠，风趣全异。水入石潭，顿然开朗，水面之阔，水底之深，别有一番气势。别石潭而北行，曲折迂回，又回到了袁家渴。这一路风景中，作者以石渠石泓石潭作为重点描写，以水流作为中心贯穿，而一路之上其他的风物，仅以“其侧皆诡石怪木奇卉美箭”一笔扫过，轻重有致，重点突出。而石渠石泓石潭又各有特色，绝不雷同，石渠之幽，石泓之清，石潭之阔，都非常富有个性。作者抓住特征，动静交错，蝉联成篇，俨然是一首优美的风光小诗。作品在结构安排上，以水流为线索，由“西南行”转“西行”，“又北曲行纡余”，一圈下来，又回到起点。这样安排，行有其始，回有其归，显得完整而又紧凑，首尾衔接，暗中呼应。“风摇其巅”四句，是作者的神来之笔。作者坐歇于诡石怪木之间，一阵山风吹过，崖谷中树声骤起，有琴韵之美听。随声转目视之，见树已归静，而崖谷中的回声却一波一波地转向了远处。这种情景易于感受，却难于表达，柳宗元用短短十六个字，写尽了它的神韵，足见其笔力之强。

如果仅仅以表现手段和描写能力见长，那还算不上是文学的上品，只有将作者自己的感情、气质、品格和哲思，都无间地融入描写对象之中，作品才有可能获得永恒的艺术生命力。在《石渠记》中，风光景物的描写仅仅是文章的表层，作者借物写怀，以景序志，真正的主角则是埋藏于作品深层的身世之慨和悲凉之情。细读《石渠记》，作者笔下的泉、渠、石、流、泓、潭都有一个十分明显的特征：它们都显得蜿蜒纡曲，坎坷艰难，清幽孤寂。无论是有意寓情于景，或是出自无意之笔，均与作者的身世坎坷和此时此地的境遇情怀有着密切的吻合。泉之声“乍大乍细”，“渠之广”或狭或宽，刚流“十许步”，便受阻于大石而“伏出其下”，入石泓后“又折西行”，复“陷岩石下，北堕小潭”，“又北曲行纡余，睨若无穷”，这短短的历程显得何等的艰难曲折啊！“零落残魂倍黯然，双垂别泪越江边。一身去国六千里，万死投荒十二年。”（《别舍弟宗一》）一切景语皆情语。有此遭遇，便有此情怀；有此情语，便有此景语。在文中，石渠和作者自身，已达到难解难分的高度交融，山水草木，皆已染上了作者的喜怒哀乐。柳宗元在元和四年《与李翰林建书》中曾对这一情形作了确切的说明：“仆闷即出游，游复多恐。涉野有蝮虺大蜂，仰空视地，寸步劳倦；近水即畏射工沙虱，含怒窃发，中人形影，动成疮痏。时到幽树好石，暂得一笑，已复不乐。何者？譬如囚拘圜土，一遇和景，负墙搔摩，伸展支体。当此之时，亦以为适。然顾地窥天，不过寻丈，终不得出，岂复能久为舒畅哉！”

但是,作者的性格深处,并没有被这些磨难轻易地击垮,作品强烈地表现了作者不屈从于"翳朽"的抗争意识,以及抑丑恶、扬美善的正义感。石渠微流,本来就已曲折纡余,历尽磨难,然而土石壅塞,荆棘丛生,枯枝遍地,更使渠水滞涩不畅。在这"茂树恶木,嘉葩毒卉,乱杂而争植"(《永州韦使君新堂记》)的环境中,作者亲自动手,"揽去翳朽,决疏土石,既崇而焚,既酾而盈",扫除令人憎恶的障蔽之物,还山水的自然本色美。作者的爱憎之情,借草木山水而发,表现了他忧郁中不绝望,重压下不易辙的难能可贵的高尚品格。

作品还有一个十分明显的主旨,那就是为埋没无闻的自然山水鸣不平。作者有感于永州山水的沉埋不遇,叹惜之情,溢于言表,故撰文刻石,以昭示后世之知音。山水有佳境,却无闻于世上;而人间之英才,沉埋无闻之余,更兼遭遇扼杀和迫害。作品更深沉的浩叹,正在于此。明代文学家茅坤在《唐宋八大家文钞》中指出:"愚窃谓公与山川两相遭,非子厚之困且久,不能以搜岩穴之奇;非岩穴之怪且幽,亦无以发子厚之文……抑可见天地内不特遗才而不得试,当并有名山绝壑,而不得自炫其奇于骚人墨客之文者,可胜道哉!"这个"两相遭"说得很中肯綮,只有柳宗元的身世遭际,才有可能倾心于石渠幽景;也只有永州的无名胜境,才有可能激发出作者如此强烈的共鸣。所以说,《石渠记》既写了石渠,也写了人:石渠就是作者,作者就是石渠,妙在似与不似之间。 (耿百鸣)

石涧记 柳宗元

石渠之事既穷,上由桥西北下土山之阴,民又桥焉。其水之大,倍石渠三之一。亘石①为底,达于两涯,若床若堂,若陈筵席,若限阃奥②。水平布其上,流若织文,响若操琴。揭跣③而往,折竹扫陈叶,排腐木,可罗胡床十八九居之。交络之流,触激之音,皆在床下;翠羽之木,龙鳞之石,均荫其上。古之人其有乐乎此耶?后之来者有能追予之践履耶?得意之日,与石渠同。

由渴而来者,先石渠,后石涧。由百家濑上而来者,先石涧,后石渠。涧之可穷者,皆出石城村东南,其间可乐者数焉。其上深山幽林逾峭险,道狭不可穷也。

〔注〕 ① 亘石:乱石相连。 ② 阃(kǔn 捆)奥:内室深隐之处,引申为隐微深奥的境界。 ③ 揭(qì 气)跣:提起衣裳,光着脚。

这是《永州八记》的第七篇。

永州地处湖南零陵盆地的南端，属南方较为常见的丘陵地带，算不上佳境胜地。在柳宗元的其他文章中，也不止一次地描述了其地的荒凉原始之状。但是，在柳宗元的山水游记，尤其是《永州八记》中，永州却成了无石不奇、无水不美的人间佳境。“北之晋，西适豳，东极吴，南至楚、越之交，其间名山水而州者以百数，永最善。”(《游黄溪记》)永贞元年(805)柳宗元贬任永州后，政治风波险恶，生活环境艰难。在忧郁和痛苦之余，常常徜徉于山水之间，以洁净忘机的大自然作为自己的挚友，在山水草木之中寻求安慰和寄托，“投迹山水地，放情咏《离骚》”(《游南亭夜还叙志七十韵》)。感情在山水中得到遣散，山水在感情中得到升华。从这点出发，永州游记中美妙境界的出现就很可以理解。而这种“造境”，《石涧记》是最为典型的。

这篇游记的最大特色，就是景由情生，于常景中写出奇景。其实，作者笔下的石涧，只不过是一条乱石纵横、流水交加的普通山涧，它既无险壑奇石之趣，也无激流飞瀑之观，甚至说不上有一点点异于其他任何一条山涧的特别之处，在一般游人看来绝不起眼。但正因为作者感情倾注，慧眼独到，故小小石涧无不成景，每一景致无不奇妙。作者是这样描写石涧的：“亘石为底，达于两涯，若床若堂，若陈筵席，若限阃奥。水平布其上，流若织文，响若操琴。”“翠羽之木，龙鳞之石，均荫其上。”这一连串的博喻，不仅将石渠写得美，而且写得富有情节，富于联想，写得令人心谗。若床，若堂，若筵席，若阃奥，写出了石涧尺幅千里的空间的无限变化；流若织文，写出了这一空间在时间作用下的平面拓展；响若操琴，则是这一空间的立体扩散；翠羽之木，龙鳞之石，则是这一特定空间的限制和回归。这条小小的山涧中，有静态美，有动态美，有平面美，有立体美，有图画美，有音乐美，竟是一个妙不可言的世界。这使我们想起鲁迅先生描述百草园一段短短的泥墙根的名笔：“油蛉在这里低唱，蟋蟀们在这里弹琴。翻开断砖来，有时会遇见蜈蚣；还有斑蝥，倘若用手指按住它的脊梁，便会拍的一声，从后窍喷出一阵烟雾。何首乌藤和木莲藤缠络着，木莲有莲房一般的果实，何首乌有臃肿的根……如果不怕刺，还可以摘到覆盆子，像小珊瑚珠攒成的小球，又酸又甜，色味都比桑椹要好得远。”二者的观察能力和描述能力，真有异曲同工之妙。

物我交融，主体和客体并重，也是这篇游记的一个重要特色。作者并不只注重写石涧，更注重写我在游石涧，我是如何游石涧的。“揭跣而往”，写出了作者兴致勃勃而又急切渴望的游兴；“扫陈叶，排腐木”，写出了作者善善恶恶、爱物惜景的情操；“罗胡床十八九居之”，写出了作者投身自然，不思归返的情趣；“古之人其有乐乎此耶？后之来者有能追予之践履耶？”则是充满了洋洋得意之情。当然，前无古人、后无来者的浩叹，亦寄寓着作者被放逐偏隅的身世之慨，但也许正是这个原因，才促成了作者化身于山水之间的强烈的渴望。作品对石涧的精雕细琢，若非凝目久思，细摩其味，是断然写不出的。作者对环境的领悟和感受，也不是短暂的体验所能达到的。文章中，“我”的角色始终鲜明地占着主动。很显然，作者写的不是单纯的“石涧记”，准确地说是“我游石涧记”；记中的石涧不仅仅是永州的石涧，而且还是作者心中的石涧；对石涧的着墨，也同样是作者的自我描绘。

《石涧记》在结构上也很有特色。首先是剪裁得体：详处极尽石涧之奥妙，笔触细腻，毫发不爽；略处行云流水，天地一览，如“其间可乐者数焉”“道狭不可穷也”等，无限风光，尽藏其中。其次，这篇游记的结尾不同凡响，收得十分高妙，妙就妙在结与不结之间。“其上深山幽林逾峭险，道狭不可穷也。”前句犹是铺扬开去，后句却陡然合起。一方面，与开头“石渠之事既穷，上由桥西北下土山之阴”相照应，完整地表述了石涧之游的结束，可以乘兴而归了；另一方面，“道狭不可穷也”埋藏着很多潜台词。或云：再往上去更有无穷佳境，如王安石《游褒禅山记》所云：“世之奇伟瑰怪非常之观，常在于险远而人之所罕至焉。”此等景观当留待后人开发。或云：今日已倦，无意再上，他日当再穷尽之。或云：前程风光虽好，奈何路险而不能致，憾之憾之。或云：我本意就是浪迹山水，寻求寄托，非专为石涧记写述始末、树碑立传而来，我意已足，我兴已尽，归去来哉！诸如此类，尚有多种。它给人以一种更深远的联想，言有尽而意无穷，绕梁余韵，久久不绝。无论如何，一篇《石涧记》，只写了半条石涧，还有半条怎么样？这必然会引起读者们的遐思。

（耿百鸣）

小石城山记 柳宗元

自西山[①]道口径北，逾黄茅岭而下，有二道：其一西出，寻之无所得；其一少北而东，不过四十丈，土断而川分，有积石横当其垠。其上为睥睨梁欐[②]之形，其旁出堡坞，有若门焉。窥之正黑，投以小石，洞然有水声，其响之激越，良久乃已。环之可上，望甚远，无土壤而生嘉树美箭，益奇而坚，其疏数[③]偃仰，类智者所施设也。

噫！吾疑造物者之有无久矣。及是，愈以为诚有。又怪其不为之中州④，而列是夷狄⑤，更千百年不得一售其伎⑥，是故劳而无用。神者傥不宜如是，则其果无乎？或曰：以慰夫贤而辱于此者。或曰：其气之灵，不为伟人，而独为是物，故楚⑦之南少人而多石。是二者，余未信之。

〔注〕①西山：山名。见作者《始得西山宴游记》注①。②睥睨(pì nì 辟腻)：通"埤堄"，城上短墙。梁欐(lì 丽)：屋梁。③数(cù 醋)：密。④中州：泛指黄河中游地区。⑤夷狄：指边远少数民族地区。⑥伎：通"技"，技巧，技艺。此指小石城山的景色。⑦楚：楚国，原在今湖北、湖南北部，后扩展到今河南、安徽、江苏、浙江、江西和四川。

这是《永州八记》的第八篇。

本文写于唐元和七年(812)，与作者同年游袁家渴、石渠、石涧所作三记合为著名的"永州八记"的后四记。和其他三记不同，柳宗元在《小石城山记》里几乎用了一半的篇幅抒发了他贬逐永州后游历自然时触景生情的感慨。这也自然构成了文章的写景和议论两段。

上段写景。可分两层，先是指明小石城山的方位："自西山道口径北，逾黄茅岭而下，有二道：其一西出，寻之无所得；其一少北而东，不过四十丈，土断而川分，有积石横当其垠。"反映了作者在永州借游赏自然寻幽探奇、"无所不到"以排遣悠闲时光和怀才不遇的烦忧的精神状态；继而描述小石城山的奇貌。无论是方位的指点还是景观的描绘，都是在循序渐进中进行的，自然景致随着观赏者的游历渐次展现，使读者阅读时不自觉地由其导引，似乎也步入了自然奇观。这样的笔法使本文的景物描写达到了紧凑而自然流畅的效果。随着横亘路头的积石的出现，紧接着以简洁形象的笔墨勾勒了积石上呈现的房屋形状及四围像小城的外貌，于是与"石城"之称吻合。此后写石上如门的洞穴，其深邃且有水，可感其幽静；"环之可上，望甚远"，则见其高旷；石上没有土壤，却疏密相间、高昂低伏地生长着秀美的树木竹子，又显其奇丽。柳宗元曾说过："游之适，大率有二：旷如也，奥如也。"(《永州龙兴寺东丘记》)登其高，有旷达之感；探其奥，有幽奇之得。小石城山的天然造化、鬼斧神工，实为作者眼中适游的奇妙之地，从而顺理成章地发出了"类智者所施设也"的慨叹。以本句承上启下，第二段对造物者的疑问就丝毫不感突兀了。

第二段是作者由自然景观带来的联想和思索。作者在这一段里，本意是通过像小石城山这样美好的自然景观却埋没于荒僻之乡，引发对美的事物被压抑、遭遗弃的郁愤之情，并借以抒发贤才遭贬逐的天涯沦落之感，然而却不直抒胸臆。首句由怀疑造物者的有无到"愈以为诚有"，乃是作者的着意之笔，思索由此伸展。文章波澜层出，避免了平铺呆板之病。美好的景观“不为之中州”，反长期沉埋在人迹罕至的僻野，不为人知，不为人用，暗扣柳宗元自己的身世遭际，把自己怀才不遇的感情寄托到被弃置的美丽自然之上，用曲笔表达了身遭贬逐的不平之鸣。至此，由上段的纯景物描写达到了与主观感受的和谐交融。在感慨能向人们呈伎献巧的石头和在艰苦的条件下“益奇而坚”的嘉树秀竹“劳而无用”之后，作者又以推想神者大概不会这么作而提出了造物者“其果无乎”的反问，文章再起波澜。因反问而设答，不说自己借奇石以自慰，却说奇石是造物者安排在这里以安慰那些被贬黜到此的贤人；不说自己贬到这荒僻之地的孤单寂寥，唯以自然之石为伍遣怀，却说造物者灵气独钟于石，所以湖南、湖北一带少伟大人物而多奇石，所透出的天涯沦落、同病相怜、孤芳独赏的痛楚愤懑之情就更深一层。最后用“余未信之”作结，既可看作对造物者的否定，更流露了柳宗元渴求摆脱现状以施展才能的希望。

《小石城山记》在艺术上留给人们的鲜明印象，是白描式流畅自然的景物描写和触景生情、物我合一、丰富而带有思辨性的思索。正是这一点，构成了这篇散文独到的艺术风貌。

（宫晓卫）

游黄溪记　　柳宗元

北之晋①，西适豳②，东极吴③，南至楚越④之交，其间名山水而州者以百数，永⑤最善。环永之治百里，北至于浯溪⑥，西至于湘之源⑦，南至于泷泉⑧，东至于黄溪⑨东屯，其间名山水而村者以百数，黄溪最善。

黄溪距州治七十里，由东屯南行六百步，至黄神祠⑩。祠之上，两山⑪墙立，如丹碧之华叶骈植，与山升降。其缺者⑫为崖峭岩窟，水之中，皆小石平布。黄神之上，揭水⑬八十步，至初潭，最奇丽，殆不可状。其略若剖大瓮，侧立千尺，溪水积焉。黛蓄膏渟，来若白虹，沉沉无声，有鱼数百尾，方来会石下。南去又行百步，至第二潭。石皆巍然，临峻流，若颏颔龂腭。其下大石杂列，可坐饮食。有鸟赤首乌翼，大如鹄，方东向立。自是又南数里，地皆一状，树益壮，石益瘦，水鸣皆铿然。又南一里，至大冥之川⑭，山舒水缓，有土田。始黄神为人时，居其地。

传者曰："黄神王姓，莽之世也[15]。莽既死，神更号黄氏，逃来，择其深峭者潜焉。"始莽尝曰："余，黄、虞之后也[16]。"故号其女曰黄皇室主[17]。黄与王声相迩，而又有本，其所以传言者益验。神既居是，民咸安焉，以为有道，死乃俎豆之[18]，为立祠。后稍徙近乎民，今祠在山阴[19]溪水上。元和八年五月十六日，既归为记，以启后之好游者。

〔注〕 ① 晋：周代国名，今山西和河北南部一带。 ② 豳(bīn宾)：古邑名，今陕西旬邑西。这里泛指陕西一带。 ③ 吴：古国名，今江苏等地。 ④ 楚：古国名，今两湖、两广一带。越：古国名，今浙江等地。 ⑤ 永：永州，今属湖南。 ⑥ 浯(wú无)溪：源出湖南祁阳西南松山，东北流入湘江。唐诗人元结爱其胜景，居于溪畔，并起此名(见《浯溪铭序》)。 ⑦ 湘之源：湘江源头，在今广西兴安县海阳山。 ⑧ 泷(shuāng双)泉：水名，未详。 ⑨ 黄溪：又名黄江，位于今湖南永州市东。源出阳明山的后龙洞，北至祁阳，合白水注入湘江。 ⑩ 黄神祠：后称黄溪庙，故址在今湖南永州市福田区黄江口右侧。 ⑪ 两山：黄神祠后山称百岭，与江对岸寨子岭两相对峙，二岭陡峭异常。 ⑫ 缺者：指寨子岭面对黄神祠大门的一个凹陷缺口处。 ⑬ 揭水：提起衣服渡水。语见《诗经·邶风·匏有苦叶》："深则厉(不脱衣服涉水)，浅则揭。" ⑭ 大冥：川名。川：平地。 ⑮ 莽：王莽，新朝建立者。初始元年(8)称帝，更始元年(23)，被赤眉、绿林等农民起义军杀死。世：后嗣。 ⑯ 黄：黄帝，神话传说中人物。轩辕氏部落首领，后为炎黄部落联盟的组织者。虞：虞舜，传说中有虞氏部落长，炎黄联盟首领。王莽自称"予皇初祖考黄帝，皇始祖考虞帝"，故云承黄、虞之后。 ⑰ 黄皇室主：王莽女嫁汉平帝，平帝崩，王莽立刘婴为孺子，尊后为皇太后。王莽废刘氏即位，改皇太后为定安公太后，不久又改称黄皇室主(见《汉书·王莽传》)。 ⑱ 俎豆：古代祭祀用的器具，此为祭祀、崇奉之意。 ⑲ 山阴：指寨子岭下黄溪北岸。

柳宗元于唐顺宗永贞元年(805)因王叔文事件贬为永州司马后，寄情山水，形诸笔墨，写了不少游记。此文是他随永州刺史韦中丞前往黄神祠求雨，畅游黄溪后所作(另有《韦使君黄溪祈雨见召从行至祠下口号》诗，系同时作)。林纾称："黄溪一记，为柳州集中第一得意之笔。"(《柳文研究法》)

全文由三部分组成。第一部分交代黄溪的位置。本文题为《游黄溪记》，但一开始并不径直写出黄溪，而是敷设笔墨，步步进逼。先概述以山水见称的州，大笔淋漓。下"永最善"三字，文章迭进，带出永州胜景。再着一"环"字，将视线集中永州。尔后，推出以山水著名的村子，使范围进一步缩小。在几经跌衬之后，黄溪才赫然在目，进入卷面。作者在用笔时，颇似围野狩猎，逐渐圈小区域。这样不仅让人们了解到黄溪之所在，而且通过层层烘托，突出了它的美，文章亦自然过渡到第二部分。

下文描写黄溪之美。这部分主要是围绕黄神祠、初潭、第二潭而展开的。

黄神祠无甚可写，则写祠上两山陡立如墙，山上并排长着红花绿叶，这些花叶“与山升降”，随着山势高低起伏，神采宛转，奇趣横生。随后，笔锋转至窟洞。窟洞处于山间的凹陷缺口处，形状别致，洞内自是一派清幽。以上写山写洞，仿佛是顺手拈来，实际甚有深意。作者对于祠宇不作正面的刻画，而是通过侧面的山与洞，用壮观的和奇巧的画面交互映衬来表现，因此显得格外有力。

写初潭，先概括一句“殆不可状”。这是为什么呢？文章从观赏感受落笔，给读者设置了悬念，迫人追读，引人入胜。接着勾勒潭之全貌：“若剖大瓫，侧立千尺”，突出其高深的特征。然后对潭中细细地描绘：“黛蓄膏渟”，这是水色，既有青绿纯净的色感，又具润滑如脂的质感；“来若白虹”，这是水流，使人欲见水波漾漾的美景；“沉沉无声”，这是水声，“无声”，也是“声”的一种表现，说明溪水积而成潭，既深且厚，故而无声，倍增探幽揽胜的兴致。如果说对水色、水流、水声的种种描绘是电影中一个个摇曳生姿的全镜头的话，那么以下二句对游鱼的描写则是一个特写镜头：“有鱼数百尾，方来会石下”，活现了游鱼悠闲嬉戏的情态。于鱼见水，绝非闲笔。

作者在完成了游鱼这个特写镜头后，又将镜头对准第二潭上的石头：“石皆巍然，临峻流，若颏颔断腭”，不但写出了石形的参差怪异，而且赋予生命力。“其下大石杂列，可坐饮食”，与上石相对照，一奇一平，亦具妙趣。忽然又涉笔写到“有鸟赤首乌翼，大如鹄，方东向立”，与上文的“有鱼数百尾，方来会石下”，两个“方”字表明，鱼也鸟也，都是作者此游即目所见，写景状物之间，并没有忘记自己的存在。随后，描绘南方数里之外的壮树、瘦石、水鸣，以及大冥之川的山舒、水缓、有土田……使整个画面境界开阔，尺幅之中具万里之势，给人以无尽的诗意。

第三部分写黄神的传说。这部分意在说明黄溪、黄神祠名称的由来，是文中不可少的笔墨，使山水增加了一层神秘的色彩。不过写神也还是写人。“始黄神为人时，居其地”，“逃来，择其深峭者潜焉”，“神既居是，民咸安焉”，还是一个平常人的样子。后来老百姓“以为有道，死乃俎豆之，为立祠”，这才成了“神”，但又“后稍徙近乎民，今祠在山阴溪水上”，也还是与老百姓接近的。作者在《时令论上》说过：“圣人之道，不穷异以为神，不引天以为高；利于人，备于事，如斯而已矣。”写黄神这一段，是符合这个宗旨的。

《游黄溪记》寥寥不足五百字，在艺术上却很具特色。首先，变换视角，体物入微。作者善于在统一和谐的基调上，运用多种艺术手法，从多种角度来刻画景物，使形象生动丰满，立体感甚强。比如山主要呈静态，作者却别出心裁地描绘其动态：“两山墙立，如丹碧之华叶骈植，与山升降。”水一般呈动态，作者就既不放过写其动态之美:“峻流”,“水鸣皆铿然”;又精心刻画其静态之美:“沉沉无声”,“水缓”;或用烘托法写水:“有鱼数百尾,方来会石下”;或用比喻法写水:“黛蓄膏渟,来若白虹”,其表现技巧的高超真令人惊叹不已。

其次,作者写游记,处处体现“游”字,其特征即在里程的记录上。如“黄溪距州治七十里,由东屯南行六百步,至黄神祠”;“黄神之上,揭水八十步,至初潭”;“南去又行百步,至第二潭”;“自是又南数里”,“又南一里”: 读来亦如作者之亲历其境。此类文字虽平常,却不容忽略过去。

这篇游记写于元和八年(813),作者谪居永州已经八年有余,久居南荒,自不免抑郁孤独;黄溪山水之胜而不为人所知,其孤独也相同。末段写的黄神,她是因为失掉政治靠山而逃居于此的,作者的遭遇和黄神也很相似;而黄神为人时给人民做了很多好事,“死乃俎豆之,为立祠”,也是作者心目中的理想人物。作者写山水称“黄溪最善”,写“黄神”又不吝惜笔墨。这些,都是值得我们反复咀嚼的。

(俞浩胜)

永州韦使君新堂记① 柳宗元

将为穹谷嵁岩渊池于郊邑之中,则必辇山石,沟涧壑,凌绝险阻,疲极人力,乃可以有为也。然而求天作地生之状,咸无得焉。逸其人,因其地,全其天,昔之所难,今于是乎在。

永州实惟九疑之麓,其始度土者,环山为城。有石焉翳于奥草,有泉焉伏于土涂,蛇虺之所蟠,狸鼠之所游,茂树恶木,嘉葩毒卉,乱杂而争植,号为秽墟。韦公之来既逾月,理甚无事,望其地,且异之。始命芟其芜,行其涂,积之丘如,蠲之浏如②。既焚既酾③,奇势迭出,清浊辨质,美恶异位。视其植,则清秀敷舒;视其蓄,则溶漾纡余。怪石森然,周于四隅,或列或跪,或立或仆。窍穴逶邃,堆阜突怒。乃作栋宇,以为观游。凡其物类,无不合形辅势效伎于堂庑之下。外之连山高原林麓之崖,间厕隐显。迩延野绿,远混天碧,咸会于谯门之外。

已乃延客入观,继以宴娱。或赞且贺,曰:“见公之作,知公之志。公之因土而得胜,岂不欲因俗以成化? 公之择④恶而取美,岂不欲除残而佑仁? 公之蠲浊而流清,岂不欲废贪而立廉？公之居高以望远，岂不欲家抚而户晓？夫然，则是堂也，岂独草木土石水泉之适欤？山原林麓之观欤？将使继公之理者，视其细，知其大也。”

宗元请志诸石，措诸屋漏⑤，以为二千石⑥楷法。

〔注〕 ① 韦使君：唐宪宗元和七年新任命的永州刺史。汉称刺史为使君，后世沿用它来尊称州郡的长官。柳宗元贬永州十年，其刺史姓韦者有二人，一见元和元年所作《代韦中丞贺元和大赦表》，一见元和七年所作《代韦永州谢上表》及八年所作《韦使君黄溪祈雨见召从行》诗，而其名不可考。一本注云本篇的韦使君为韦彪。 ② 蠲（juān 捐）之浏如：蠲，通“涓”，清洁。谓洁其浊水，使之清澈。 ③ 酾（shī 尸）：疏导。 ④ 择：章士钊《柳文指要》卷二十七依王荆石改“择”为“释”。释，舍弃也，似是。 ⑤ 屋漏：室内西北角地方。 ⑥ 二千石：汉代刺史的薪俸是二千石，故以二千石作为刺史一级官吏的代称。

唐宪宗元和七年（812），韦中丞出任永州刺史，到任月余，即营造新堂。落成时，设宴招待官绅。时柳宗元正谪任永州司马。韦素知柳宗元善文，便请他为新堂作记，柳宗元遂写下这篇写景状物曲尽其妙、运思谋篇深具匠心的《永州韦使君新堂记》。

全文由三部分组成。第一部分发端先撇开新堂，另起端绪，指出在城市或郊野营造穹谷嵁岩渊池等景致，一则耗尽人力，二则难得天然之美。如此开篇，文章避免了入题平板，而给人劈空而来，波澜顿起之感，同时又为记新堂作了铺垫和衬托。接着便由抒写历来名胜难得之憾，引出今日得新堂之喜。“逸其人，因其地，全其天，昔之所难，今于是乎在。”即从正面赞美韦使君在永州造新堂能轻用民力，因地得胜。“逸其人”三句将民力与名胜关合，以冒起一篇大意，为下面的描述与议论张本。

以下一段是第二部分，先写新堂修筑前的荒芜景况。永州地处九疑山麓，景致秀丽。然而，初始规划永州城池者，未能除其秽恶，显其佳胜，以致永州有奇石，却被荒草遮蔽；有清泉，却被污泥埋没；毒蛇狐鼠盘踞出没；佳树恶木、香花毒草丛生竞长。这一节，极写昔日的荒芜不堪，是为了陪衬出今日的开辟之功。接着即由昔到今，分三层写新堂筑成后的天然美妙。首以“韦公之来”四句，暗点韦公安闲恬适的情怀，挑明其搜奇选胜的眼力，因为有此闲适情怀和审美眼力，始有造新堂之举。次以“始命芟其芜”十八句，铺叙韦公除恶显美的实绩。经其精心整治，永州山水秀色纷呈：佳木青翠而舒展，溪流澄澈而萦回，洞穴曲折而幽深，土山突兀而耸峙，更有众石，争为奇状，或成列，或下跪，或挺立，或仆伏，显出千姿百态。经此一路铺叙，纷纭万象，无不奔赴眼底，而韦使君的开辟之功，亦得彰明，这才以“乃作栋宇，以为观游”，点出新堂落成。但文章未拘于正面写新堂，而是着笔于峰峦山崖，交错隐现，绿野平展，外与天连的堂外景观，既用以映衬新堂之美，又回应上文的“因其地，全其天”，说明新堂得造化之资，美在天然。此节中，作者采用赋的铺陈手法，拢草林山川、怪石岩穴、绿野碧天于尺幅之中，尽情点染其美，使诸般景物，辉映成色，取景典型，历历如画。而且，作者对韦使君的颂扬之情也融入景物描写之中。

最后两段是第三部分，由叙新堂筑成之功论及为政，表达对韦使君在政治上的期望和建议。先以“见公之作，知公之志”总提一笔，接着因事出论，循意引申：由顺应地势而获得胜景，引申出应顺从民俗以实施教化；由舍弃秽恶而保留佳美，引申出应去除残暴而实行仁政；由清洁浊水而流出清泉，引申出应废除贪婪而倡导廉洁；由身居高处而凭眺远景，引申出应安抚和教导百姓。从而驱遣自己的文思由审美的表层向社会的、政治的深层延伸，把新堂和政教这本不相关的两者勾连贯通。接着，用“夫然，则是堂也”顿宕一笔，以承上领下，归结出韦使君造新堂，其意不只在于揽观胜景，更在于使后继者能即小知大，从中感悟到为政的道理。这既是对韦公此举之深意的揭示，实则也是作者为此文的良苦用心之所在。篇末一段表示愿望，郑重请求将此记刻于石碑，置于堂的西北角，以为州府长官的楷模。如此作结，打破了一般“记”文仅标明作记日期及作者姓名的常例，而把自己渴望政治清明的殷殷之心和盘托出，使结尾显得感慨良深，耐人寻味。

统观全文，其立意、章法、语言都有独到之处。就立意而言，本文没有拘限于记述新堂的题面，而是即小见大，化无为有，以新堂为媒介，借事明道，托物言理，言从新堂而起，其意却在新堂之外，把题旨确立在如何为政上。这就使得文章内容充实，立意顿高。与此立意相应，作者巧妙地运用了引申、映照的写法，由祝贺新堂落成，推及到具体的为政主张，缘事入理，触类生发，把自己的政治主张讲得深入浅出，透辟形象。热情的礼赞中闪烁着警世的火花；殷切的期望中寄寓着革新政治的要求。文章所以能够如此立意，导源于当时的社会现实和作者进步的政治观点。柳宗元生活的时代，政乱令烦，民不聊生，他痛感吏道败坏，主张革除弊政，力倡官为民役，本文所提出的因俗成化，除残佑仁，废贪立廉，抚谕百姓等主张，在当时的历史条件下都是具有积极意义的。就章法而言，本文采用夹叙夹议的布局章法，以议发端，经议而叙，叙后再议，从而把叙事、写景、抒情、议论融会起来，做到景、事、情、理的和谐统一。从整体上看，本文结构又以翻腾开合、跌宕多姿取胜，而且直起直落中饶有映衬、对比之美。比如，以历来名胜之难得，映衬今日的得新堂之喜；以历来营造景观都耗尽民力，失去天然之美，映衬韦使君造新堂能轻用民力，因地得胜；以新堂筑成前的荒芜污浊，映衬新堂筑成后的美妙天然；通过映衬、对比，突出了新堂之美与修筑新堂之功。在语言方面，本文交错运用偶句和散句，散中有整，参差多变。如中间两段，作者于衔接、过渡处选用散句，从容为之，纡徐用墨，余则使用大量的排偶句，构成句式的蝉联，造成文气的奔放，不仅读来富于回旋的节奏，而且与作者绘景则尽情尽致，议论则滔滔不穷统一成和谐之妙。如此灵活地变换句式，使语句长短相间，音节徐疾相济，形成一种行文流畅，顿挫有节的艺术风格。 （顾伟列）

永州铁炉步志 柳宗元

江之浒，凡舟可縻而上下者曰步①。永州②北郭有步，曰铁炉步。

余乘舟来，居九年，往来求其所以为铁炉者无有。问之人，曰："盖尝有锻者居，其人去而炉毁者不知年矣，独有其号冒而存。"余曰："嘻！世固有事去名存而冒焉若是耶？"步之人曰："子何独怪是！今世有负其姓而立于天下者，曰：'吾门大，他不我敌也。'问其位与德，曰：'久矣其先也。'然而彼犹曰'我大'，世亦曰'某氏大'。其冒于号有以异于兹步者乎？向使有闻兹步之号而不足釜锜、钱镈、刀鈇者，怀价而来，能有得其欲乎？则求位与德于彼，其不可得，亦犹是也。位存焉而德无有，犹不足大其门，然世且乐为之下。子胡不怪彼而独怪于是？大者桀冒禹，纣冒汤，幽、厉冒文、武，以傲天下③。由不知推其本而姑大其故号，以至于败，为世笑僇，斯可以甚惧。若求兹步之实，而不得釜锜、钱镈、刀鈇者，则去而之他，又何害乎？子之惊于是，末矣！"

余以为古有太史，观民风，采民言。若是者，则有得矣。嘉其言可采，书以为志。

〔注〕 ① 步：即船埠头。 ② 永州：治所在今湖南永州市。 ③"大者"四句：桀，夏朝末代君主；纣，商朝末代君主，相传均为暴君。禹，夏代第一位君主，传说曾治平洪水；汤，商朝的建立者。幽、厉，西周幽王、厉王的合称。厉王暴虐，为国人放逐；幽王为犬戎击败，死于骊山下。文、武，周文王、周武王的合称。文王曾为西部诸侯之长。其子武王灭殷，建立周王朝。

这是一篇借题寓讽的杂文，作于柳宗元贬居永州的第九年（宪宗元和八年，公元813年）。文中的铁炉步虽实有其地，但其中两个人物的对答，却是从汉赋中主客问答辩难的写法变化而来，是作者借以表达自己观点的一种方式。实际上，真正能代表作者观点的并不是文中“余”的想法，而是“步之人”的一番议论。

开头一小段文字，简要交待了“步”的名称所指（即船埠头）和铁炉步的所在。这是对题目应有的说明，也是给虚构的对答提供一个真实的背景。

顾名而思义，循名以求实，是一般人的心理。第二段开头，便通过“余”的求与问，和步之人的答，引出了“人去而炉毁”，“独其号冒而存”的现象，继而又引出了“余”对这种现象的惊怪态度。这几句是下文全部议论的出发点和凭借。其中，“乘舟”切“步”，“九年”“往来”“不知年”，说明“事去名存而冒”的情况已经存在很久。而“余”的惊怪态度则成为“步之人”批评的靶子，实际上是把议论引向深入的一种桥梁。

步之人的一段议论，是全文的主体，也是作者写这篇文章的真正意图所在。他先用“子何独怪是”，对“余”的惊怪态度表示了总的否定，接着，便层层转进，加以嘲讽批驳。先指出：“今世有负其姓而立于天下者”，他们既无位，又无德，却冒着高门大族的名号自高自大，别的人也把他们看得很高大，这跟冒号的铁炉步有什么两样？接着进一步指出：到铁炉步求不到铁制的炊具、农具、刀斧，跟在冒号的高门中求不到位和德，情况是相似的；而且即使有位而无德，也不能光大他们的门第，但世上的人却仍然把他们看得很高，乐意居于其下，那么，铁炉步的冒号又有什么可怪的呢？最后，更进而指出：历史上的桀、纣、幽、厉分别假冒禹、汤、文、武的名号以傲视天下，最后都遭到失败，为世人所讥辱，这是深可戒惧的。相比之下，铁炉步的冒号倒不会造成什么危害，对此感到惊怪，而无视政治上的冒号，那是舍本逐末了。这三层，运用类比对照，从冒号的铁炉步引出冒号的高门、冒号的帝王，从铁炉步的人去炉毁，引出高门的无位无德、妄自尊大，进而引出末世帝王“不知推其本而姑大其故号”，从“余”的惊怪引出世人不重才德、但重门第的陋风和无视政治上冒号的危害的短见，层层转进加深。作者借步之人的这番议论，不但揭露了政治上已趋没落，但还以高门自诩的世家旧族，揭露了承袭祖宗旧业和名号、昏庸无能的封建统治者，而且批评了但重名号、不求才德的庸人陋习。

近人章士钊《柳文指要》谓：“子厚此作，明有所讽。盖唐世重门第，好夸张，子孙冒祖父之名与位，以震骇流俗，所在多有，子厚或亲遇其事而恶之，故借铁炉而揭其事于此。”虽为推测之辞，实是近情合理。末段交待文章的写作目的。所谓"嘉其言可采"，以备太史观民风而采之，故作严肃郑重之语，使这段虚构的"步之人"的议论显得实有其事，与首段之写铁炉步同一手法。柳宗元带有寓言性质的杂文，每用此种虚虚实实之笔。

（刘学锴）

送薛存义序　　柳宗元

河东薛存义将行，柳子载肉于俎，崇酒于觞，追而送之江之浒。饮食之，且告曰：凡吏于土者，若知其职乎？盖民之役，非以役民而已也。凡民之食于土者，出其十一佣乎吏，使司平于我也。今我受其直，怠其事者，天下皆然。岂惟怠之，又从而盗之。向使佣一夫于家，受若直，怠若事，又盗若货器，则必甚怒而黜罚之矣。以今天下多类此，而民莫敢肆其怒与黜罚者，何哉？势不同也。势不同而理同，如吾民何！有达于理者，得不恐而畏乎？

存义假令零陵二年矣。蚤作而夜思，勤力而劳心，讼者平，赋者均，老弱无怀诈暴憎①。其为不虚取直也的②矣，其知恐而畏也审矣。

吾贱且辱，不得与考绩幽明③之说。于其往也，故赏以酒肉而重之以辞。

〔注〕 ① 怀诈暴憎：心怀欺诈、外露憎恨。 ② 的：确实。下"审"义同。 ③ 考绩幽明：语本于《尚书·尧典》："三载考绩。三考，黜陟幽明。"黜，罢降；陟，擢升；幽，愚暗；明，贤明。

这是一篇闪烁着夺目的民主性思想光辉的文章，作于柳宗元贬任永州（治所在今湖南零陵）司马期间。薛存义是河东人，和柳宗元同乡，曾在零陵县担任代理县令。当他调任时，柳宗元写了这篇赠序送他。题一作《送薛存义之任序》。

文章开头，用简约的笔墨点明薛存义的离任和自己的送行，缴清题目。"载肉""崇（满）酒""追而送之"，显出送行的郑重和情谊的深厚，为下面一段语重心长的议论蓄势。

薛存义这次离开永州，是在"假（代理）令二年"之后到新的地方去做官，作者在送行之际谆谆相告的内容便集中在官吏的职责上。但作者却并不把"告"的对象局限在薛存义一人身上，而是以"凡吏于土者，若知其职乎"劈头发问，从而使所论的内容具有普遍的意义。紧接着又用非常概括精粹的语言从正反两个方面揭示了官吏的职责:“盖民之役,非以役民而已也。”上句正意,却是宾;下句反面,恰是主,放在后面,处于强调的位置。从文章本身看,作者所着重评论、揭露、警戒的,正是这一类“役民”的官吏。下面就围绕这个论断来揭露役民之吏。作者指出,“民之食于土者”——靠土地为生的人,即农民,把他们收入的十分之一拿来纳税,雇佣官吏,是为了让官吏为自己办理事情。这里把纳税的目的说成是雇佣官吏办事,而不是像封建统治者历来所宣扬的那样,是奉事君上应尽的义务,不但在实际上否定了封建王税剥削的合理性,而且对官、民之间统治被统治的关系也是一种大胆的翻案。

在正面论述了官吏的职责、官吏与人民的关系以后,作者便将批判的笔锋直接指向现实中的官吏。首先尖锐地揭露当今受其直(报酬)而怠其事的官吏“天下皆然”,显示出吏治的普遍腐败,令人怵目惊心;接着又进一步指出,还有比“怠”更严重的“盗”——贪污中饱,敲诈勒索。作者就近取譬,指出一个受雇的仆役,如果拿了工钱不干事,甚至偷盗主人的财物,必然要受到主人的驱逐与责罚。这个比喻由于紧扣雇佣与受雇的主仆关系,就把人民黜罚不称职的官吏乃至贪官污吏的合理性说得极其明白透彻,让人感到作为主人的人民有着充分的行使黜罚的权利。然后,作者笔锋一转,指出当今的官吏尽管都是这一类人,但人民却不敢充分表露自己的愤怒并且行使黜罚之权,原因就在于“势不同”——官与民权势地位的不同。一个“势”字就点穿了问题的实质。写到这里,似乎无可为继,作者却又掉笔翻转:“势不同而理同,如吾民何!”老百姓虽然无“势”,却有“理”。能把(有理的)“吾民”怎么样!作者语重心长地说:“有达于理者,得不恐而畏乎?”暗示官吏怠事、盗民的情况如果继续发展,终将酿成大乱。吏治问题关系着封建统治的存亡,这正是作者写这篇文章的根本认识和出发点。但他却不直接说破,而是用有通达事理者“得不恐而畏乎”这样的言词来略加点逗,读来反更有“危言耸听”之感。

接下来一段,由论述吏的职责落到题目上来,赞美薛存义的政绩。“蚤作”二句,明其非“怠”;“讼者”三句,明其“司平”于民;“不虚取直”“知恐而畏”是对薛的总赞,应上段“民之役”“达于理”。这一段从正面表彰,而与上段关于吏职的论述严丝合榫,无异于为作者的理论树立一个正面的典型。对薛本人来说,上一段是临别赠言,这一段则是热情的勉励。

末段交待饯行赠序的缘由,遥应篇首。“吾贱且辱,不得与考绩幽明之说”,是牢骚语。作者由于身遭贬斥,地位低微,不能对于官吏的考核升降参加意见,只能给他写几句话送行。也正因为处于“贱辱”之故,所以能比较深切地体会到人民的痛苦和愿望,从而进一步确立并发挥了他在《送宁国范明府诗序》中已经提出的“为吏者，人役也”的观点。他心目中的“民之役”，也不过是使“讼者平，赋者均”的封建官吏。但他的这一观点，在当时却是石破天惊的异端理论，具有一定的进步意义。

全文不过二百四十一字，却提出并透辟地论述了一个重大的政治理论问题——官吏的职责和官民的关系问题。文中不但有一语破的、揭示本质的论断与分析(如吏为民役、非以役民的论断；民无势莫敢肆其怒的分析)，而且有层层转进、推理严密的论证(从“民之役”推出对怠事盗货者黜罚的合理，又从民莫敢黜罚推出“势不同”的论断；再从“势不同而理同”推出达理者的“恐而畏”)，有生动恰切、切中事理的比喻，不但有尖锐的揭露批判，而且有正面的表彰。虽是短章，却显得有曲折波澜。而文风的犀利、简洁、严密、深刻，尤见柳文特色。

(刘学锴)

答韦中立[1]论师道书 柳宗元

二十一日，宗元白：

辱书云，欲相师。仆道不笃，业甚浅近，环顾其中，未见可师者。虽常好言论，为文章，甚不自是也。不意吾子自京师来蛮夷间，乃幸见取。仆自卜固无取；假令有取，亦不敢为人师。为众人师且不敢，况敢为吾子师乎？

孟子称“人之患在好为人师[2]”。由魏、晋氏以下，人益不事师。今之世，不闻有师；有辄哗笑之，以为狂人。独韩愈奋不顾流俗，犯笑侮，收召后学，作《师说》，因抗颜而为师；世果群怪聚骂，指目牵引，而增与为言辞。愈以是得狂名。居长安，炊不暇熟，又挈挈[3]而东。如是者数矣。

屈子赋[4]曰：“邑犬群吠，吠所怪也。”仆往闻庸、蜀之南，恒雨少日，日出则犬吠，余以为过言。前六七年，仆来南[5]。二年[6]冬，幸大雪逾岭被南越中数州，数州之犬，皆苍黄吠噬狂走者累日，至无雪乃已，然后始信前所闻者。今韩愈既自以为蜀之日，而吾子又欲使吾为越之雪，不以病乎！非独见病，亦以病吾子。然雪与日岂有过哉！顾吠者犬耳。度今天下不吠者几人，而谁敢炫怪于群目，以召闹取怒乎？

仆自谪过以来，益少志虑。居南中九年，增脚气病，渐不喜闹，岂可使呶呶[⑦]者早暮咈[⑧]吾耳、骚吾心，则固僵仆烦愦，愈不可过矣。平居望外遭齿舌不少，独欠为人师耳。

抑又闻之，古者重冠礼[⑨]，将以责成人之道，是圣人所尤用心者也。数百年来，人不复行。近有孙昌胤者，独发愤行之。既成礼，明日造朝，至外庭，荐笏[⑩]，言于卿士曰：某子冠毕。应之者咸怃然。京兆尹郑叔则怫然曳笏却立曰："何预我耶？"廷中皆大笑。天下不以非郑尹而快孙子，何哉？独为所不为也。今之命师者，大类此。

吾子行厚而辞深，凡所作，皆恢恢然有古人形貌。虽仆敢为师，亦何所增加也。假而以仆年先吾子，闻道著书之日不后，诚欲往来言所闻，则仆固愿悉陈中所得者。吾子苟自择之，取某事、去某事，则可矣；若定是非以教吾子，仆材不足，而又畏前所陈者，其为不敢也决矣。吾子前所欲见吾文，既悉以陈之，非以耀明于子，聊欲以观子气色诚好恶何如也。今书来，言者皆大过，吾子诚非佞誉诬谀之徒，直见爱甚故然耳。

始吾幼且少，为文章以辞为工。及长，乃知文者以明道，是固不苟为炳炳烺烺、务采色、夸声音而以为能也。凡吾所陈，皆自谓近道，而不知道之果近乎远乎？吾子好道而可吾文，或者其于道不远矣。

故吾每为文章，未尝敢以轻心掉之，惧其剽而不留也；未尝敢以怠心易之，惧其弛而不严也；未尝敢以昏气出之，惧其昧没而杂也；未尝敢以矜气作之，惧其偃蹇而骄也。抑之欲其奥，扬之欲其明，疏之欲其通，廉之欲其节，激而发之欲其清，固而存之欲其重。此吾所以羽翼夫道也。

本之《书》以求其质，本之《诗》以求其恒，本之《礼》以求其宜，本之《春秋》以求其断，本之《易》以求其动。此吾所以取道之原也。

参之《穀梁氏》以厉其气，参之《孟》《荀》以畅其支，参之

《庄》《老》以肆其端，参之《国语》以博其趣，参之《离骚》以致其幽，参之《太史公》以著其洁。此吾所以旁推交通而以为之文也。

凡若此者，果是耶，非耶？有取乎，抑其无取乎？吾子幸观焉，择焉，有余以告焉。苟亟来以广是道，子不有得焉，则我得矣，又何以师云尔哉？取其实而去其名，无招越、蜀吠怪而为外廷所笑，则幸矣。宗元白。

〔注〕 ① 韦中立：潭州刺史彪之孙。柳宗元又有《送韦七秀才下第求益友序》，称“其文懿且高，其行愿以恒，试其艺益工，久与居，益见其贤，然而进三年连不胜”。后于元和十四年(819)中进士第。 ② 人之患在好为人师：语见《孟子·离娄上》。 ③ 挈(qiè切)挈：急切貌。 ④ 屈子赋：指《九章·怀沙》。 ⑤ 仆来南：唐顺宗永贞元年(805)，宗元被贬为邵州刺史，中途又贬为永州司马，故说来南。 ⑥ 二年：唐宪宗元和二年(807)。 ⑦ 呶(náo挠)呶：哗闹貌。 ⑧ 咈：乖戾。 ⑨ 冠礼：周代二十岁行冠礼。 ⑩ 荐笏：古代作官者，插笏于绅带。荐，插。

柳宗元的《答韦中立论师道书》与韩愈的《答李翊书》，是唐代古文家文论中的双璧，谈的主要都是自己的创作经验。但韩谈得比较笼统，侧重描摹了学文的进展过程，柳则触及了具体师承和取法所在。因此有些尊韩者遂说“昌黎文愈高而论愈不明”(林纾《春觉斋论文·述旨》)，言下大有“善《易》者不言《易》”之誉。或说柳“旁推交通于子史，其本根则未尝道焉”，所以说他“不如韩之自得于己者之深”(沈訚《韩文述旨》卷二)。然而说精而遗粗，终不若由粗以达精；抱本而去末，也不如由末以推本；得里而失外，何不径由外以及里。正因为如此，我们觉得柳宗元此文更可金针度人，使后学有法门可入。

柳宗元这封信，只有日而未署年月，根据其中“居南中九年”一语，知是元和八年(813)在永州所作。全书虽大谈其“不敢为师”之语，而却愿陈所得，说来似乎有些矛盾，但从信末所说的“取其实而去其名”这句话，实可知其微意之所在。

这封信宜分做两大部分。第一部分，主要是说在世风日下，人不事师、不闻有师之际，己之所以不敢为师、不欲为师与不能为师之故(实际上只是辞去为师之虚名)。其中又可分做五段：第一段是自谦不敢为师之意。第二段是说世人不肯事师，并举韩愈抗颜为师而受诬事作证。第三段用犬吠日、吠雪二喻对世俗的蒙昧表示愤懑。第四段说自己的处境本已不堪讪詈，更不敢因作人师而雪上添霜。第五段又以成人冠礼之废为例，衬托师道之为世所弃。慨乎言之，重师道而偏不欲作师，其意可明。

这一部分的文字，充满着抑郁牢骚、愤世嫉俗之情，这当然是有激于当时的社会不良风气而发，但更重要的还是作者迁谪后的“一肚皮不合时宜”的发泄，因此措语就未免有些支离拉杂。何焯《义门读书记·柳河东集》引李光地语，或说他“繁称琐引，子家修辞之一累”，或说他“词无涵蓄至此”，或说他“尖薄”，这都未免太不替人设身处地作想了。我们则从中能感觉到，这些转折的词句和穿插的议论，在左顾右盼之际，充分地表现出作者的个性，而对于尊重师道的传统，正言若反地作了肯定。

第二部分自道为文的甘苦与心得，这是全文的重心；既言之而仍不敢以师名自居，末申取实去名之理来回结上文。可分为六段：

第一段是承上启下的过渡段，言不敢为师而愿陈所得之故，文多转折。李涂《文章精义》谓柳文多方，而此段之用笔，看起来却能于方中寓有圆意。

第二段总说自己对于为文之道的认识过程，乃是从工辞而走向明道，即由对形式美的重视转到对思想性的追求。柳宗元学文，原自骈体入手，后来专攻古文，故字里行间，仍留有骈语的痕迹。但总的说来，还是以散体为主的。这一段话，反映了他创作道路的改变。关于这一点，章学诚《文史通义·内篇二·原道下》有异议说：“不知其故，而但溺文辞，其人不足道已；即为高论者，以为文贵明道，何取声情色彩以为愉悦，亦非知道之言也。夫无为而治之奏薰风，灵台之功而乐钟鼓，以及弹琴遇文，风云言志，则帝王致治，贤圣功修，未尝无悦目娱心之适，而谓文章之用必无咏叹抑扬之致哉！”不过柳宗元言“炳烺”“采色”“声音”前冠一“固不苟为”之“苟”字，则亦未尝舍此而不道，而章学诚之意，却指应该利用声情色彩以更好地表现内容，似乎要比柳宗元的立论通达、开阔得多。

第三段论其如何“羽翼夫道”的方法，这也就是如何运用写作技巧来表现内容的问题。前八句，以“心”“气”言之，指下笔前的事先考虑，是就消极方面的防范来说的。后六句，指下笔时的具体运用，是就积极方面的努力来说的。为什么不敢以“轻心掉之”呢？陈衍《石遗室论文》卷四（下引同）解释说：“文章不欲过快，快则单。”对付的办法就是“抑之欲其奥，扬之欲其明”。陈衍说：“奥者不欲其太浅显，明者不欲其太晦涩。”为什么不敢“以怠心易之”呢？陈衍说：“不欲过慢，慢则散。”对付的办法就是“疏之欲其通，廉之欲其节”。陈衍说：“疏之指接笔言，廉之指转笔言。”的确，接笔以疏之，转笔使廉之，自然文字就不致散漫了。为什么不敢“以昏气出之”呢？陈衍说：“不可无持择”。对付的办法就是“激而发之欲其清”。陈衍说：“指开笔。”文章开拓一步，若用此法，自可去其昏气。又为什么不敢“以矜气作之”呢？陈衍说：“不可近妆做。”对付的办法就是“固而存之欲其重”。陈衍说：“指顿笔。”按，清袁枚《续诗品》有《固存》一则，引用柳宗元的话说：

“固而存之，骨欲其重。”点出一个“骨”字，似比陈衍解释得更加深切圆满。陈衍又说：“发、存二句，谓炼格也。”按，矜气其实就是古人所说的“客气虚张”，浮而不实，故不唯要以顿笔取重，兼宜以骨力镇之。

第四段是谈取道之原，这是本诸儒家的传统哲学观和美学观来说明的。《唐宋文醇》卷十三评《报袁君陈秀才避师名书》中，说这些话“犹有罅漏”；陈衍也说它“未见包括的当”。不过，一部书只用一个字来取用，自然难于完全妥帖，何况见仁见智，各人的看法也必然会有所分歧的。何焯的诠释是最为得体的。他认为：“求其质”是“言实事也；质为道德之本，言其大体”。“求其恒”是“言常理也；恒者性情之常，言其细微”。“求其宜”是“节文之中”，也就是“止乎礼义”的适度性。“求其断”是“是非之辨”，“求其动”是“变通之道”。从当时的客观条件来说，就为文之取径为法而论，却也的确是能得其要领的。

第五段是说如何旁推交通而以之为文。关于这一段，异议更多。如清梁章钜《退庵随笔》卷十九《学文》一则就说：“此数语分贴处实未能深切著明。”陈衍更指出：“《穀梁》焉得有气？《孟》《荀》岂能并论？”“《国语》无甚趣。”的确，姑以文论，《孟》可言“畅”，《荀》不可以“畅”概之。“肆其端”者，《庄子》可以这么说，《老子》不过是连类及之而已。至于《穀梁》，由于柳宗元学《春秋》于陆质，质之学本于啖助；啖助之学，不喜《左传》而宗《穀梁》。或者宗元于此，别有会心也未可知。后人所论，但凭一己之领会，各说其是，不能起柳宗元于地下以问之，谁又能知道他究竟是从哪些方面去理解而概括出这些一字精义的呢！

第六段是总收全文，回结前意。何焯批评“此等收法亦有迹”。然而诚如金人瑞《古文评注补正》卷七所说，“此为恣意恣笔之文。恣意恣笔之文最忌直”，故自不妨多用转折以尽其恣，多用回环照顾以达其圆。若仅能方而少圆意，那就未免太刻板了。

（刘衍文）

【作者小传】

陆　贽

（754—805）　唐散文家。字敬舆。苏州嘉兴（今属浙江）人。大历进士。德宗即位，任为翰林学士，参与机谋。建中四年（783）德宗避朱泚之乱于奉天，许多诏书都由他起草。贞元八年（792）为中书侍郎、同平章事，敢于指陈弊政。因被裴延龄所谗，十年冬罢相，次年贬为忠州别驾，居忠州十年而死。所作奏议，多用排偶，条理精密，文笔流畅。著有《翰苑集》（或称《陆宣公奏议》）。

奉天请罢琼林大盈二库状　　陆　贽

右[①]：臣闻作法于凉，其弊犹贪；作法于贪，弊将安救[②]？示人以义，其患犹私；示人以私，患必难弭。故圣人之立教也，贱货而尊让，远利而尚廉。天子不问有无，诸侯不言多少[③]。百乘之室，不畜聚敛之臣[④]。夫岂皆能忘其欲贿之心哉？诚惧贿之生人心而开祸端，伤风教而乱邦家耳。是以务鸠敛[⑤]而厚其帑椟之积者，匹夫之富也；务散发而收其兆庶之心者，天子之富也。天子所作，与天同方。生之长之，而不恃其为[⑥]；成之收之，而不私其有。付物以道，混然忘情。取之不为贪，散之不为费。以言乎体则博大，以言乎术则精微。亦何必挠废公方[⑦]，崇聚私货，降至尊而代有司之守，辱万乘以效匹夫之藏，亏法失人，诱奸聚怨？以斯制事，岂不过哉？

今之琼林、大盈，自古悉无其制。传诸耆旧之说，皆云创自开元[⑧]。贵臣贪权，饰巧求媚，乃言郡邑贡赋所用，盍各区分：税赋当委之有司，以给经用；贡献宜归乎天子，以奉私求。玄宗悦之，新是二库。荡心侈欲，萌柢于兹。迨乎失邦，终以饵寇。《记》[⑨]曰："货悖而入，必悖而出[⑩]。"岂非其明效欤？

陛下嗣位之初，务遵理道。敦行约俭，斥远贪饕[⑪]。虽内库旧藏，未归太府[⑫]；而诸方曲献[⑬]，不入禁闱。清风肃然，海内丕变。议者咸谓汉文却马[⑭]、晋武焚裘[⑮]之事，复见于当今矣。近以寇逆乱常，銮舆外幸[⑯]，既属忧危之运，宜增儆励之诚。臣昨奉使军营，出由行殿，忽睹右廊之下，榜列二库之名。戄然若惊，不识所以。何则？天衢尚梗，师旅方殷[⑰]。疮痛呻吟之声，噢咻[⑱]未息；忠勤战守之效，赏赉未行。而诸道贡珍，遽私别库。万目所视，孰能忍怀？窃揣军情，或生觖望[⑲]。试询候馆[⑳]之吏，兼采道路之言，果如所虞，积憾已甚。或忿形谤嬿[㉑]，或丑肆讴谣，颇含思乱之情，亦有悔忠之意。是知甿俗昏鄙，识昧高卑，不可以尊极临，而可以诚义感。顷者，六师初降[22]，百物无储，外扞凶徒，内防危堞，昼夜不息，迨将五旬；冻馁交侵，死伤相枕，毕命同力，竟夷[23]大艰。良以陛下不厚其身，不私其欲，绝甘以同卒伍，辍食以啗功劳[24]。无猛制而人不携[25]，怀所感也；无厚赏而人不怨，悉所无也。今者，攻围已解，衣食已丰，而谣讟方兴，军情稍阻。岂不以勇夫恒性，嗜货矜功[26]，其患难既与之同忧，而好乐不与之同利，苟异恬默，能无怨咨[27]？此理之常，固不足怪。《记》曰："财散则人聚，财聚则人散[28]。"岂非其殷鉴欤？众怒难任，蓄怨终泄。其患岂徒人散而已，亦将虑有构奸鼓乱，干纪而强取者焉。

夫国家作事，以公共为心者，人必乐而从之；以私奉为心者，人必咈[29]而叛之。故燕昭筑金台[30]，天下称其贤；殷纣作玉杯[31]，百代传其恶。盖为人与为己殊也。周文之囿百里，时患其尚小；齐宣之囿四十里，时病其太大[32]。盖同利与专利异也。为人上者，当辨察兹理，洒濯其心，奉三无私[33]，以壹有众[34]；人或不率[35]，于是用刑。然则宣其利而禁其私，天子所恃以理天下之具也。舍此不务，而壅利行私，欲人无贪，不可得已。今兹二库，珍币所归，不领度支[36]，是行私也；不给经费，非宣利也。物情[37]离怨，不亦宜乎？

智者因危而建安，明者矫失而成德。以陛下天姿英圣，倘加之见善必迁[38]，是将化蓄怨为衔恩，反过差为至当。促殄遗孽，永垂鸿名，易如转规，指顾可致。然事有未可知者，但在陛下行与否耳。能则安，否则危；能则成德，否则失道：此乃必定之理也。愿陛下慎之惜之。陛下诚能近想重围之殷忧，追戒平居之专欲[39]，器用取给，不在过丰；衣食所安，必以分下[40]。凡在二库货贿，尽令出赐有功。坦然布怀，与众同欲。是后纳贡，必归有司；每获珍华，先给军赏，瑰异纤丽，一无上供[41]。推赤心于其腹中[42]，降殊恩于其望外。将卒慕陛下必信之赏，人思建功；兆庶悦陛下改过之诚，孰不归德[43]？如此，则乱必靖，贼必平。徐驾六龙[44]，旋复都邑。兴行坠典，整缉棼[45]纲。

乘舆有旧仪，郡国有恒赋，天子之贵，岂当忧贫？是乃散其小储，而成其大储也；损其小宝，而固其大宝㊻也。举一事而众美具，行之又何疑焉？吝少失多，廉贾不处；溺近迷远，中人所非。况乎大圣应机，固当不俟终日㊼。不胜管窥愿效之至，谨陈冒以闻。谨奏。

〔注〕①右：唐代进状的格式，把将要论列的人或事扼要写在正文之前，正文开头冠一"右"字，以下才是就前列人或事所作论述。古时文字直行书写，由右而左，"右"即指前面的提要。　②"作法于凉"四句：语出《左传·昭公四年》："君子作法于凉，其敝犹贪；作法于贪，敝将若之何？"凉，薄。作法于凉，谓赋税从轻。　③"天子"二句：语出《荀子·大略》："天子不言多少，诸侯不言利害"。　④"百乘"二句：语出《礼记·大学》。　⑤鸠敛：聚集。　⑥"生之"二句：语出《老子》五十一章："故道生之，德畜之，长之育之，亭之毒之，养之覆之。生而不有，为而不恃，长而不宰，是谓玄德。"　⑦挠废公方：扰乱、败坏公家的法令。　⑧开元：唐玄宗年号(713—741)。《新唐书·食货志》："王𫟹(hóng 洪)为户口色役使，岁进钱百亿万缗，非租庸正额者，积百宝大盈库，以供天子燕私。"　⑨《记》：指《礼记》。　⑩"货悖"二句：语出《礼记·大学》。　⑪贪饕(tāo 滔)：指贪官污吏。　⑫太府：唐有太府寺，掌财货廪藏。　⑬曲献：私献，指租赋以外的贡献。　⑭汉文却马：据《汉书·贾捐之传》，有人献千里马于汉文帝，文帝谢绝，退还其马。　⑮晋武焚裘：《晋书·武帝纪》载，太医司马程据献雉头裘，晋武帝以此乃奇技异服，为典礼所禁，遂焚之于殿前。　⑯寇逆：举兵叛乱者，此指朱泚。銮舆外幸：天子出逃的委婉说法。　⑰"天衢"二句：意谓京师的道路还被堵塞，战事还很频繁。　⑱噢咻(yǔ xǔ 宇许)：安慰病痛者时发出的声音。　⑲觖(jué 决)望：怨恨。　⑳候馆：指驿馆。　㉑讟(dú 独)：怨言。　㉒初降：刚刚降临奉天，实指带着卫队出亡。　㉓夷：平。指打退朱泚围困奉天的部队。　㉔啗(dàn 淡)功劳：给有功劳的人去吃。　㉕携：离叛。　㉖嗜货矜功：好财夸功。　㉗"苟异"二句：意为：假若不是恬淡静默的人，能不发抱怨之声吗？　㉘"财散则人聚"二句：《礼记·大学》："财聚则民散，财散则民聚。"此处所引，改"民"为"人"，是避唐太宗李世民讳。　㉙咈(fú 弗)：违拗。　㉚燕昭筑金台：据《史记·燕召公世家》，燕昭王为报齐仇，在易水东南筑台，置千金于台上，以招延天下贤士，终报齐仇。　㉛殷纣作玉杯：《韩非子·喻老》："昔者纣为象箸而箕子怖，以为象箸必不加于土铏(盛羹的瓦器)，必将犀玉之杯。"指逐渐贪图个人奢侈享受。　㉜"周文"四句：扬雄《羽猎赋》："文王囿百里，民以为尚小；齐宣王囿四十里，民以为大，裕民之与夺民也。"　㉝三无私：指像天、地、日月那样无私。《礼记·孔子闲居》："奉三无私以劳天下。天无私覆，地无私载，日月无私照。"　㉞壹有众：统一众心。有，助词。　㉟率：遵循。　㊱度支：官名，掌管全国财政收支。　㊲物情：众情。㊳见善必迁：《易·益·象传》："君子以见善则迁，有过则改。"　㊴专欲：专恣贪欲。㊵"衣食"二句：《左传·庄公十年》"衣食所安，弗敢专也，必以分人。"　㊶一无上供：全不供奉给皇帝。　㊷"推赤心"句：语出《后汉书·光武帝纪》"(光武帝)推赤心置人腹中，安得不投死乎？"　㊸归德：感德而归心，意谓拥戴。　㊹六龙：古时天子坐的车套六匹马。马八尺称龙，因用为天子车驾的代称。汉刘歆《遂初赋》："总六龙于驷房兮，奉华盖于帝侧。"　㊺棼(fén 坟)：乱。　㊻大宝：指帝位。《易·系辞下》："圣人之大宝曰位。"　㊼"况乎"二句：语出《易·系辞下》："君子见几而作，不俟终日。"几，几微，预兆。

这篇状是陆贽于建中五年(784)在奉天(陕西乾县)时向唐德宗上奏的。状是奏疏的一种,陈列事状,分析利弊,供皇帝采择。

据《旧唐书·德宗纪》与《新唐书·逆臣传》载,建中三年(782)十一月,淮西李希烈叛乱,“自称天下都元帅”。四年(783)八月,李率军围攻襄阳(今河南襄城)。十月诏泾原节度使姚令言率泾原(今属甘肃)之师救援。救兵行经长安(今陕西西安市西北),朝廷以“粝饭菜肴”饷军,“众怒不肯食”,直向琼林、大盈库扑去。琼林、大盈二库,本是国库之处,专供皇帝任意挥霍、赏赐亲近的私藏,皆为佞臣于国家正税之外搜括百姓所贡,早已引起群众不满。所以,这时激起泾原兵哗变,拥前卢龙节度使朱泚为帝,攻入长安。德宗逃往奉天,继而遭到朱泚兵的围困。德宗由于仓皇出逃,府藏委弃,“凝冽之际,士众多寒。服御之外,无尺缣之帛”(《旧唐书·陆贽传》),即此文中“百物无储,外扞凶徒,内防危堞”,“冻馁交侵,死伤相枕”,非常艰苦。建中四年(783)十一月癸巳(二十日),李怀光败朱泚兵于澧泉,朱泚惧,引兵遁归长安。重围既解,诸道贡赋继至,用度始振。德宗在喘息初定、存亡未卜之际,首先想到的却是恢复二库。《通鉴》卷二百二十九载,德宗“于行宫庑下,贮诸道贡献之物,榜曰:‘琼林’、‘大盈’库。陆贽以为,战守之功,赏赉未行,而遽私别库,则士卒怨望,无复斗志。上疏谏。”指的就是这篇文章。连眼光短浅、刚愎自用的唐德宗也深为所感,“嘉纳之”而“去其榜”。内容的现实性与效果的卓异性,使得这篇奏状成为千古名文。而从重建二库而论及的封建王朝兴衰存亡的基本道理,又以议论的精辟与深刻而著名,为历代文人学士、君主大臣所重,被评为“聚古今之精英,实治乱之龟鉴”(苏轼《乞校正陆贽奏议进御札子》)。那么,作者又是如何运用自己炉火纯青的文学素养,使本文达到这种境界的呢?

一、以立代破,立中有破。作者的本意是请罢二库,但既没有像李斯《谏逐客书》那直截了当地宣称:遽别私库过矣!也没有直接点明榜题二库的危害,而是从正面立论入手,由远及近,由虚至实,避免了臣下对君主过于突兀的“顶撞”,也从更高的层面审视这件小事。所以全文从贱货尊让、远利尚廉的“圣人立教”发端,正面提出天子治国宜“务散发而收其兆庶之心”的基本道理,并不厌其烦地反证这个观点,同时又与德宗的所作所为保持“远距离”的针对性:首先以古语提醒,“作法于贪”,“示人以私”,则会导致祸难止息、不可救药的结局;其次以“欲贿之心”的后果不堪设想戒之,连举“生人心”等四弊,触目惊心;最后直斥“崇聚私货”,声色俱厉。虽然语有所指,却似泛泛设论;锋芒毕露,却又居高临下。基于此,又从历史、现实、理论三个角度对“遽私别库”作了充分的批驳,进而提出

"凡在二库货贿，尽令出赐有功。坦然布怀，与众同欲"的建议，以为有"散其小储，而成其大储"之效。作者虽然没有一味论及榜题二库的过失与后果，却以高屋建瓴、以大烛小的分析，改过成德、固其大宝的指点，从纵横交叉的立体视点上断绝了德宗的退路，使之无以推诿而拒谏。

二、多方对比。为了增强说服力，作者在立论、论证、结论的每个步骤上，都毫无例外地用了比较。如文章的最后一部分，有"天姿英圣"的陛下与智者、明者的映衬对比，也有"行与否"的结局对比；有眼前与长远的小大之比，也有恭维性的廉贾、中人与大圣的对比，促使德宗改过迁善，付诸实施。同样，作者在每个论证环节上，亦是如此，如历史论证方面，有德宗与玄宗二代君主的比较，其中又包含若干个小的对比：悖入悖出的古训对比、二十七年中两代君主因二库致乱出逃、库藏饵寇的类比，显然亦暗含若再设二库必再蹈覆辙之意。由于奏状是劝谏德宗的，所以作者比较集中地将德宗本身的言行作了对比，如嗣位之初"务遵理道"与后来专欲二库的对比，奉天之围解除前后的对比。这些不同的言行，又导致了不同的后果，这本身又是一种鲜明的对比，如清风肃然与兵变致乱的对比，毕命同力、共御乱军与谣言方起、军情稍阻的对比，从而以无可辩驳的事实说明，最高统治者的一言一行，都会导致关乎国家前途的不同后果，促使德宗高度重视自己的劝谏，废弃二库，矫失归德。

三、情、义、利三者结合。这篇奏状的"义理之精"(曾国藩语)，已为公认，有的已成名句，如"宣其利而禁其私，天子所恃以理天下之具也"，"无猛制而人不携，怀所感也；无厚赏而人不怨，悉所无也。"同时，本文对利害得失的分析也是非常尖锐、刺耳的，如说设立二库是德宗壅利、行私，导致人心离散是理所当然的，而且还可能有"构奸鼓乱、干纪而强取者焉"。这样说，虽然有两次祸乱为事实根据，但更主要的还是作者那"忠言不逆耳"的表达艺术在起作用。作者始终站在德宗的角度上议论古今，指陈是非，处处为对方的脱离困境、长治久安着想，设身处地为之谋虑，所以文中论述的对象总是"圣人""天子""陛下""至尊""万乘""銮舆""为人上者""大圣"，而提到的古人，也往往是燕昭、殷纣、周文、齐宣、汉文、晋武等历代人君，而且文中六次提及"天子"，八次呼及"陛下"。言天子者，见平和、普遍之理；言陛下者，含亲切、真挚之情。像德宗这样一位胸无大志、荡心侈欲的君主，要劝说他克制私欲是极其困难的，作者在晓以大义、戒以利害的同时，也常常穿插赞扬德宗的优点，恰到好处地恭维几句，如奉天之围时无以享受，作者则誉之为"不厚其身，不私其欲"，这样也从心理上考虑到了对方的接受程度。再如要德宗改过从善时，连呼六声"陛下"，很动感情：先以"天姿英圣"扬之，继以"行与否”询之，次以“慎之惜之”戒之，复以“近想”“追戒”劝之，终以“人思建功”“孰不归德”导之，丝丝入扣，层层逼进，又恳切体己，真挚用情。

四、骈散结合，一气贯注。作为公牍文，自六朝至唐初均用骈体文写作，往往有大义隐微、芜累伤气、浮靡失实的毛病。陆贽则采用散文风格来写骈文。一般来说，散文重气势，骈文重气韵；散文讲究通畅、古朴，骈文推崇含蓄典丽。本文则吸取了两者之长，体现出骈文散化的新气象。句式对偶，却明白晓畅；偶用典故，并不艰深晦涩，而且是为了说明事理；句式排比整炼，但又根据内容需要，夹以散行文句，既得义理之精，又见气势之盛，读来朗朗上口，音韵铿锵，又气盛言宜，奔放畅达。这儿仅举“运单成复”为例。骈文发展到唐代，已形成所谓“四六文”。本文也基本上采用了“四六”句式，同时又有所改造与突破：一是在对偶句的前后，夹以不规则的散文句式，这些散文句一般是祈使句、反问句、感叹句，造成文情上的跌宕多变，活脱而有规则。二是用通俗的语言、散文的句式构成对偶，如“传诸耆旧之说，皆云创自开元”，促成典雅与通俗的结合。三是在“四六”文五种基本句式之外，新组多种句式，如“十一五字句”“六六字句”“九四字句”“五五字句”等。这些句式与“四六”基本句式交叉运用，既合“无一句不对，无一字不谐平仄”的要求，又应变自如，毫不凝滞呆板。四是根据内容需要，对偶却不拘泥于字数。如“周文之囿百里，时患其尚小；齐宣之囿四十里，时病其太大”，“百里”与“四十里”相对，“六五字”句式与“七五字”句式相对。若论字数，“四十里”则可承前省删去“里”，但作者不受对偶束缚，不避重复，以突出“同利”与“专利”的不同社会心理。不对而对，既骈又散，独具韵味。

若对照题目与作意，文章应从“臣昨奉使军营，出由行殿，忽睹右廊之下，牓列二库之名”写起，作者却舍近求远，从容道来，由“圣人”而及“天子”，复追忆玄宗二库之设置与祸害，再颂德宗即位之初的“美德”，然后才水到渠成地切入要害。仅此一斑，亦可见本文结撰之妙。

这篇奏状作为千古名篇，确实有许多值得玩味、思考的地方。《旧唐书》破例收录，《资治通鉴》择要收采，良有以也。

（周建忠）

【作者小传】

阎伯理

一作阎伯瑾或阎伯玾，唐代宗永泰时人。永泰元年(765)，陪鄂州刺史穆宁登黄鹤楼游览，作《黄鹤楼记》，后被收入《文苑英华》，是现存最早介绍黄鹤楼的文章，具有珍贵的史料价值。

黄鹤楼记　　阎伯理

州城西南隅，有黄鹤楼者，《图经》云："费祎①登仙，尝驾黄鹤返憩于此，遂以名楼。"事列《神仙》之传②，迹存《述异》之志③。观其耸构巍峨，高标巃嵸，上倚河汉，下临江流；重檐翼馆，四闼霞敞；坐窥井邑，俯拍云烟：亦荆吴④形胜之最也。何必濑乡九柱⑤、东阳八咏⑥，乃可赏观时物、会集灵仙者哉。

刺史兼侍御史、淮西租庸使、鄂岳沔等州都团练使，河南穆公名宁，下车而乱绳皆理，发号而庶政其凝。或逶迤退公，或登车送远，游必于是，宴必于是。极长川之浩浩，见众山之累累。王室载怀，思仲宣⑦之能赋；仙踪可揖，嘉叔伟⑧之芳尘。乃喟然曰："黄鹤来时，歌城郭之并是；浮云一去，惜人世之俱非⑨。"有命抽毫，纪兹贞石。时皇唐永泰元年，岁次大荒落，月孟夏，日庚寅也⑩。

〔注〕 ① 费祎（？—253）：字文伟，三国江夏鄳县（今河南信阳东北）人，曾任蜀汉大将军、录尚书事。 ②《神仙》之传：即《神仙传》，晋葛洪撰，广采群籍所载及当世所传神仙故事而成。 ③《述异》之志：即《述异志》，题南朝梁任昉作，内容冗杂，大抵掇拾古代笔记、小说中的志怪故事而成。 ④ 荆吴：楚国和吴国，泛指长江以南地区。 ⑤ 濑乡九柱：指位于濑乡的老子祠，故址在今河南鹿邑。柱，屋柱，代指屋宇。九，泛指多数。 ⑥ 东阳八咏：指南齐文学家沈约任东阳太守时所建八咏楼。楼原名元畅楼，沈约有《登台望秋月》等诗八首，称八咏诗，故称。 ⑦ 仲宣：汉文学家王粲（177—217），善诗赋。所作《登楼赋》颇有名。 ⑧ 叔伟：荀叔伟，曾于黄鹤楼上见到仙人驾鹤而至。事见《述异记》。 ⑨"乃喟然曰"五句：传说汉辽东人丁令威学道成仙，化鹤归来，落城门华表柱上。有少年欲射之，鹤乃飞鸣作人言："有鸟有鸟丁令威，去家千年今始归，城郭如故人民非，何不学仙冢累累。"事见晋陶潜《搜神后记》。 ⑩ 永泰元年：即公元765年。永泰为唐代宗的年号。大荒落：《尔雅》纪年，太岁运行到地支"巳"的方位。孟夏：四月。庚寅：二十七日。

历史上，人们将修建在湖北武昌的黄鹤楼，与江西南昌的滕王阁和湖南岳阳的岳阳楼，并称为江南三大名楼。滕王阁因有王勃的《滕王阁序》而名益显，岳阳楼亦由于有范仲淹的《岳阳楼记》更为人所知。唯有黄鹤楼，其得名主要归之于崔颢的一首黄鹤楼诗和李白等诗人有关黄鹤楼的吟咏，并不是因一篇文章而更有名。有关黄鹤楼的文章，过去是不是没有人写过呢？事实并非如此，唐人阎伯理写的这篇《黄鹤楼记》，就是一千多年来现存最早的一篇关于黄鹤楼的碑记。

此文载北宋时编的类书《文苑英华》中，因此才流传下来。作者为阎伯理，

"理"字下注"石本作理"。清代编刻《黄鹤楼集》时,将此文作者定为阎伯理。建国后重建黄鹤楼,将此文刻碑,亦据《黄鹤楼集》作阎伯理。从文末记载得知此文写于公元765年。那么,此文写作时间距今已一千二百二十多年了。

此文不到三百字,却包含了丰富的内容,而且极具文采。

文章的开头两句,就点出黄鹤楼所在的地方,在武昌城西南角,使人一开始就对黄鹤楼有了明确的印象。"图经"以下五句,阐明黄鹤楼取名的由来。据《图经》载,黄鹤楼是因费祎登仙后,曾驾黄鹤回来在此处休息,于是定名的。后两句更旁征博引,提出晋代葛洪的《神仙传》和梁代任昉的《述异记》都记载了关于黄鹤的故事,以证明事实不虚,极有说服力。从"观其耸构巍峨"到"四闼霞敞"这几句,是仰观黄鹤楼的外貌:"耸构"二句是刻画楼的整体形象;"上倚河汉"写楼的顶端,以状其高;"下临江流"则写楼的底部,从侧面写出楼在江干;"重檐"两句又是对楼的建筑结构的具体描写。作者对黄鹤楼外貌的刻画,气势雄浑,读后令人胸襟为之一爽。

以下"坐窥"二句,是登楼以后的感触,极言楼高不同一般。一个"坐"字,说明无意观市容而市容尽收眼底;"俯拍"二字构思别致,有形象感觉,而"云烟"既能"俯拍",其身在高处可知。这两句虽未直言楼高,而一座直凌霄汉的高楼已历历如绘。紧接"荆吴形胜"这一句,则对楼的重要性作了扼要而极有分量的概括。

以上几句对黄鹤楼景物的描写,有上有下,有远有近,有内有外,也有虚有实,行笔变化莫测,情趣盎然。

作者对黄鹤楼的形态已经刻画尽致了,本可以收住,但他意犹未尽,为了确立这座名楼的特殊地位,他又列出"荆吴"以外的东阳的八咏楼和濑乡的老子祠来作陪衬,说明黄鹤楼能够代替这些楼观以"赏观时物","会集灵仙",突出黄鹤楼的存在价值。

第二段,作者在介绍了这篇文章的促成者穆宁的本兼各职和籍里之后,接着"下车"二句是颂扬他的政绩,虽是谀词,但乃行文必不可免。而这位穆刺史能要阎伯理写下这篇碑记,给后代留下一件珍贵的文献,也算做了一件好事。以下"逶迤"四句,指出黄鹤楼在当地所起的作用,是公余游览或举行宴会的好所在。其中"逶迤退公"句与隔句"游必于是"相照应,"登车送远"句又照应隔句"宴必于是"(《文苑英华》本无此四字)。紧接"极长川"两句,是以穆宁的身份远望河山,触景生情,不免追念东汉末年因见王室衰微,登楼兴感而作《登楼赋》的王粲;又因穆宁身在黄鹤楼,就很自然地想到当年曾在黄鹤楼上见到仙人驾鹤而至,进而宾主畅叙的荀叔伟。这两句是交代穆刺史兴感之由,因而才有嘱咐阎伯理撰写这篇《黄鹤楼记》付刻碑石的行动，顺理成章，组合严密。这里，作者对穆宁思想活动的刻画也是真实的。穆宁作为一个高级地方长官和封建文人，在特定环境里有那么一些想法，是符合人物性格的。而后面四句发出有如当年丁令威化鹤归来的感叹，也就更合乎情理了。

这篇《黄鹤楼记》文章虽短，却取材得当，层次分明，用精练的语言高度概括，把黄鹤楼的概况包揽无遗，其中有掌故，有景物，有事实，有议论，也有感慨。用这么短的篇幅包括丰富的内容，不失为一篇情辞并茂的好文章，与王勃的《滕王阁序》和范仲淹的《岳阳楼记》比较，可以说并无逊色。（吴丈蜀）

【作者小传】

皇甫湜

（约777—约830）　唐文学家。字持正。睦州新安（今浙江淳安）人。元和进士。官工部郎中。从韩愈学古文。文章刻意求奇，或流于险奥。思想倾向与韩愈接近。其诗传世者甚少。著有《皇甫持正文集》。

《顾况诗集》序

皇甫湜

吴中山泉气状[1]，英淑怪丽，太湖异石，洞庭朱实，华亭清唳，与虎丘、天竺诸佛寺[2]，钩绵秀绝[3]。君出其中间，翕清轻以为性，结泠汰以为质，煦鲜荣以为词。偏于逸歌长句，骏发踔厉[4]，往往若穿天心、出月胁[5]，意外惊人语，非寻常所能及，最为快也。李白、杜甫已死，非君将谁与哉[6]？

君字逋翁，讳况，以文入仕，其为人类其词章。尝从韩晋公于江南，为判官，骤成其磊落大绩[7]。入佐著作[8]，不能慕顺，为众所排，为江南郡丞[9]。累岁脱縻，无复北意[10]，起屋于茅山，意飘然，若将续古三仙[11]，以寿卒。

湜以童子，见君扬州孝感寺[12]。君披黄衫，白绢鞜头，眸子瞭然，炯炯清立，望之，真白圭振鹭也。既接欢然，以我为扬雄、孟轲，顾恨不及见[13]。三十年于兹矣，知音之厚，曷尝忘诸！

去年,从丞相凉公襄阳⑭,有白顾非熊生者在门⑮,讯之,即君之子也。出君之诗集二十卷,泣示余发之。凉公适移莅宣武军⑯,余装归洛阳⑰,诺而未副,今又稔矣,生来速文,乃题其集之首为序。

〔注〕 ① 吴中:指苏州。 ② 华亭:地名,在今上海松江西平原村,即古华亭谷。清唳:清越的鹤鸣声。虎丘:山名,在苏州西北七里。天竺:在浙江杭州灵隐山飞来峰之南,分上中下三竺,有三天竺寺。 ③ 钩绵:钩联绵亘,牵引连绵之意。 ④ 骏发:迅疾犀利貌。踔厉:腾跃飞动貌。 ⑤"穿天心"二句:形容想象奇特,出人意外。 ⑥ 与:亲近、跟从。 ⑦"尝从"句:韩滉于德宗建中二年(781)六月为润州刺史,辟顾况为判官。唐代节度使设置判官二人,分判参、兵、骑、胄四曹事。 ⑧ 入:自外地调入中央任官。顾况在江南时,与柳浑、李泌交好。贞元三年(787)正月,柳浑为相,征况为校书郎。同年六月,李泌为相,迁况为著作佐郎。 ⑨ 为江南郡丞:李泌卒后,顾况因以诗嘲权贵,被贬为饶州司户。 ⑩ 脱縻:谓解职弃官。无复北意:不再有北上长安谋官的意向。 ⑪ 茅山:在江苏句容县东南四十五里,又称句曲山。汉代茅盈与弟衷、固自咸阳来此山修道,相传皆得道仙去,世称三茅君,因名此山曰茅山,亦称三茅山。 ⑫ 孝感寺:在今江苏扬州。 ⑬ 顾恨不及见:但以不能见到(我成名)为恨。 ⑭ 去年:指文宗大和二年(828)。丞相凉公:李逢吉(758—835),字虚舟,系出陇西。敬宗即位,封凉国公。襄阳:指李逢吉于敬宗宝历二年(826)为山南东道节度使事。山南东道治襄阳,在今襄樊市。 ⑮ 顾非熊:顾况之子。《唐才子传》记其事迹。 ⑯ 宣武军:指大和二年(828)十月李逢吉为宣武军节度使。宣武军治汴州,在今河南开封市。 ⑰ 装:整治行装。

顾况是唐大历时代的著名诗人。他为人狂放不羁,不拘礼法,好嘲侮权贵,因而一生仕途失意。诗如其人,他的作品和他的性格一致,不囿于成法,不僵化板滞,富于想象,且多以口语入诗。他与柳浑、李泌等名诗人相交甚厚。宋严羽在《沧浪诗话·诗评》中说:"顾况诗多在元(稹)、白(居易)之上,稍有盛唐风骨处。"严羽固然是以"盛唐气象"为论诗标准的,此说不尽切当,但也确道出了顾况诗的独特之处。宋黄叔达(黄庭坚之弟)认为,咏望夫石的诗作中,"以顾况为第一"(宋陈师道《后山诗话》)。皇甫湜是顾况的晚辈,又是知音,同情其遭遇,敬仰其为人,加之受顾况之子之托,因而这篇序言也就写得情酣墨饱,机杼别制。

一是叙乡里以写其诗风。一般的书序如介绍其籍贯乡里,多平平道来,交代清楚即可。皇甫湜却就其出生地的自然风光、名物胜迹,以显示诗心孕育之胎。顾况,一说是浙江海盐人,一说是苏州人,后者就是以皇甫湜这篇序言为重要依据的。

"吴中山泉气状,英淑怪丽",总写苏州风景的特点。英,杰出;淑,精湛;怪,奇异；丽，秀美。四字并列，写山泉风物的造型、色彩、韵味。接着分别写“太湖异石”“洞庭朱实”“华亭清唳”三景。太湖石系太湖中的石骨，因波激浪冲，而成玲珑剔透、皱瘦多孔、姿态万千的石头。洞庭朱实，指太湖东山盛产的红橘。华亭清唳，指古华亭谷（今松江县平原村）白鹤的鸣叫。这些再和虎丘、天竺诸佛寺相联结，成为天下绝秀之景。皇甫湜以“石”喻其坚贞，以橘比其文采，以鹤唳暗射其有如陆机的才气。一“怪”、一“异”、一“绝”，突出了其地的特异超常。作者写景不是单纯叙说顾况家乡的美好，选景完全服务于写人及其诗。因此继而以“君出其中间”导出顾况的器质：“翕清轻以为性，结泠汰以为质，煦鲜荣以为词”。他的秉赋有吴中山泉的清净轻盈之气，素质有太湖山石的狂放之神，文词有东山红橘之光灿。顾况外有傲岸之态，内有脱俗之性，加之锦心绣口，他的诗作也就非同一般。作者首推他“偏于逸歌长句”，指出顾况于各体之中，古诗最多，绝句次之，律诗最少，歌行尤为擅长。这也正可看出顾况不愿为音律所拘，喜用可自由驰骋的古诗与豪放不羁的歌行体。最后盛赞其诗歌成就与地位：“骏发踔厉，往往若穿天心、出月胁，意外惊人语，非寻常所能及，最为快也。李白、杜甫已死，非君将谁与哉？”形容他的诗如骏马奔腾飞跃，想象奇特，出人意表。例如他的《悲歌》其三：“新系青丝百尺绳，心在君家辘轳上。我心皎洁君不知，辘轳一转一惆怅。”设想新奇，形象逼真。他的《春草谣》：“春草不解行，随人上东城。正月二月色绵绵，千里万里伤人情。”以春草写离思不乏佳作，而顾况以其“随人上东城”写出了离恨绵绵，别具情味。再如《郑女弹筝歌》：“郑女八岁能弹筝，春风吹落天上声。一声雍门泪承睫，两声赤鲤露鬐鬣，三声白猿臂拓颊。郑女出参丈人时，落花惹断游空丝。高楼不掩许声出，羞杀百舌黄莺儿。”极尽渲染夸张之能事，其不受规拘，确属罕见。

二是述仕履写其人品。书序一般都先行介绍作者的字号、乡里、履历，而本文先从乡里之景观入篇，第二部分才写其字号、仕履；写这些又非一般的客观叙述，而是以此显示其“不能慕顺”的性格。顾况“以文入仕”，而且曾为韩晋公滉的知遇，被辟为判官，更得柳浑、李泌的赏识，相交甚厚。贞元三年（787）正月，柳浑为相，征况为校书郎。同年六月，李泌为相，迁况为著作佐郎，掌撰写碑志、祝文、祭文等事。凭顾况的文才，“骤成磊落大绩”，屡屡完成显著的功绩，从而不断升迁。但又因“其为人类其词章”，他的词章“骏发踔厉”，超常异俗，自然个性也就“不能慕顺”，放逸不拘，高尚绝俗。在那样的社会中，如果不与贪虐的官僚同流合污，必然视为异端；如果不谄媚逢迎，必然被排挤打击。他如此的个性，导致“为众所排，为江南郡丞”，自属意中之事。《唐才子传》卷三《顾况》条说：李泌卒,作《海鸥咏》云:“万里飞来为客鸟,曾蒙丹凤借枝柯。一朝凤去梧桐死,满目鸱鸢奈尔何!”嘲诮权贵,大为所嫉,贬为饶州司户。顾况在饶州四年以上,他在《寄秘书包监》诗中说:“一别长安路几千,遥知旧日主人怜。贾生只是三年谪,独自无才已四年。”顾况每多关心民生疾苦之作,其旨则在揭露、讽刺黑暗统治。如他的《筑城二章》,其小序云:“筑城,刺临戎也。”《十月之郊一章》序云:“十月之郊,造宫室也。君子居宫室,当思布德行化焉。”《囝》揭露福建地主、富商、官僚勾结掠卖儿童,摧残他们身体的残酷行径。凡此种种刺贪嘲腐之作,必然不为当世所容,受谗遭贬自然属意中之事。

顾况受打击后,终于参透了人生之理,摆脱了名缰利锁,隐居于今江苏句容县茅山的大茅岭东,自号“华阳山人”。作者说他“意飘然,若将续古三仙”,就如汉代茅盈、茅衷、茅固三位修行得道的仙人一样。顾况晚年佛老思想占了重要地位,如他的《闲居自述》:“荣辱不关身,谁为疏与亲。有山堪结屋,无地可容尘。白发偏添寿,黄花不笑贫。一樽朝暮醉,陶令果何人!”《归山作》:“心事数茎白发,生涯一片青山。空林有雪相待,古道无人独还。”《题明霞台》:“野人本自不求名,欲向山中过一生。莫嫌憔悴无知己,别有烟霞似弟兄。”顾况确是过着“世事休相扰,浮名任一边”的淡如水、洁似玉,自由如行云舒卷、自然似春花荣谢般的生活。作者从顾况的经历写出了他不媚世、脱尘俗的人品,最后交代“以寿卒”。《文苑英华》卷七〇五、《全唐文》卷六八六均作“以寿九十卒”。

三是忆交往言其知遇。三十年前皇甫湜和顾况相遇,那时皇甫湜还是“童子”,顾况已是享誉文坛的诗人,在皇甫湜的眼中,顾况丰采清逸,身披黄衫,头鞜白绢,其衣饰显示风度不凡;目光炯炯,神采焕发,其精神更见超然脱俗。因而说“望之,真白圭振鹭也”,不仅觉得他的外形如洁玉光灿、白鹭飘逸,而且其品德亦如无瑕之玉、凌霄之鹭。在顾况的眼中,皇甫湜俨然是神童,与之“欢然”相接,情绪热烈,已忘年忘形。把一个小孩子比作扬雄、孟轲,可见皇甫湜聪颖过人,居然使前辈“恨不及见”。皇甫湜受到如此殊宠,怎不叫他三十年来一直感激“知音之厚”!追叙这一段交往,一方面使顾况的形象跃然纸上,一方面显示了自己对前辈深厚的感情。

最后,说明写这篇序言的直接缘由。顾况之子顾非熊携其父诗集二十卷,到襄阳找到皇甫湜,“泣示余发之”,诚恳之极,后又催促序文,心急之极。皇甫湜出于对顾况的知遇之恩和景仰之情,加之其子的心诚情深,自然乐而为序。

综观皇甫湜这篇序言,写出了顾况的人品、诗品,将其乡里、履历与写人格诗风错综安排,构思别具一格。同时,这样写也足以表现顾况社会观、艺术观形成的原因：环境造就了顾况的人品，人品决定了诗品。这是颇有见地的。行文简洁平易，形象鲜明，在皇甫湜文集中也是风格颖异的。由于皇甫湜感激顾况的“知音之厚”，因而文章写得华采风发、挚情流漾，自然对顾况诗集的整体评价就有失准之处。顾况早期之作还锋芒锐利，可归隐之后却圆润滑利，消退了那种忤世疾暴的精神。至于说“李白、杜甫已死，非君将谁与哉”之语，显然也言过其实。

（徐应佩）

【作者小传】

舒元舆

（？—835）　唐文学家。江州（治今江西九江）人，一作婺州东阳（今属浙江）人。元和进士。曾隶裴度为掌书记，所草文檄，为世所重。后历任监察御史、刑部员外郎等官。大和九年（835），与李训同任宰相。甘露之变时，与训等同被宦官所杀。原有集，已佚，诗文存于《全唐诗》《全唐文》。

长安雪下望月记　　舒元舆

今年子月月望①，长安重雪终日，玉花搅空，舞下散地，予与友生喜之。因自所居南行百许步，登崇冈，上青龙寺②门。门高出绝寰埃，宜写目放抱。今之日尽得雪境，惟长安多高，我不与并。日既夕，为寺僧道深③所留，遂引入堂中。

初夜有皓影入室，室中人咸谓雪光射来，复开门偶立，见沍云驳尽④，太虚真气如帐碧玉⑤。有月一轮，其大如盘，色如银，凝照东方，辗碧玉上征，不见辙迹。至乙夜⑥，帖悬天心。予喜方雪而望舒⑦复至，乃与友生出大门恣视。直前终南，开千叠屏风，张其一方。东原接去，与蓝岩骊峦，群琼含光。北朝天宫，宫中有崇阙洪观，如甃珪叠璐，出空横虚。

此时定身周目，谓六合八极⑧，作我虚室。峨峨帝城，白玉之京，觉我五藏出濯清光中，俗埃落地。涂然寒胶⑨，莹然鲜著，彻入骨肉。众骸⑩跃举，若生羽翎，与神仙人游云天汗漫之上，冲然而不知其足犹蹋寺地，身犹求世名。二三子相视，亦不知向之从何而来，今之从何而遁。不讳言，不譆声，复根还始，认得真性。非天借静象，安能辅吾浩然之气若是邪！且冬之时凝沍有之矣，若求其上月下雪，中零清霜，如今夕或寡。某以其寡不易会，而三者俱白，故序之耳。

〔注〕 ① 子月：农历十一月。月望：农历每月十五日，月满之日。 ② 青龙寺：在长安新昌里。据《唐两京城坊考》，青龙寺本隋灵感寺，景云二年(711)改为青龙寺。 ③ 道深：青龙寺僧的法号。 ④ 沍(hù 互)云：寒云。驳：即解驳，阴云散开。 ⑤ 太虚：指天空。真气：这里指空中大气。 ⑥ 乙夜：二更时分，夜间十时左右。 ⑦ 望舒：神话中为月驾车的神，后为月亮的代称。屈原《离骚》："前望舒使先驱兮，后飞廉使奔属。" ⑧ 六合：天地四方，泛指宇宙。八极：八方极远的地方。《淮南子・地形训》："天地之间，九州八极。"又："九州之外乃有八殥"，"八殥之外乃有八纮"，"八纮之外乃有八极"。 ⑨ 涂然：涂饰、涂抹的样子。寒：寒气。胶：凝。 ⑩ 众骸：犹百骸，指人的各种骨骼，指全身。《庄子・齐物论》："百骸九窍六藏。"成玄英疏："百骸，百骨节也。"

舒元舆自称其文"锻炼精粹，出入今古数千百年，披剔剖抉，有可以补教化者未始遗"。他从这样的艺术观出发，很重视作品的"教化"功能，因而他的文章往往现实性强，善于借题发挥，以小见大，缘事明理。如他的《牡丹赋》，写牡丹，可借此却发出"曷草木之命，亦有时而塞，亦有时而开"的感慨，写人事遭际。他的《养狸述》，说家中养狸之前鼠祸甚烈，自养狸之后，"室内洒然"，说明"向之暴耗，非有大胆壮力，能凌侮于人，以其人无御之之术，故得恣横若此"，目的在于说世上"窃盗圣人之教"的小人，对社会的危害远远超过老鼠，必须认真对付。他的这篇《长安雪下望月记》也不只是写月下雪景的美观奇象，而是借纯洁、虚净境界的描述，表现对追名逐利、尔虞我诈的现实的不满，希望恢复人的天然本性，精神得到净化。

作者首先写重雪月望之夕，登上青龙寺，从时间、地点、天气三方面为下文叙写奠下基础。"子月月望"，十一月十五日，时届冬令，又当月满之时。这节令才会出现"长安重雪终日"，"玉花搅空，舞下散地"的景象。终日大雪必致地面覆盖厚雪，天空还正飞舞着雪花，这一粉妆玉琢的世界，为后文雪下望月预设了充分的条件。作者因喜如此之雪景，和友生登高尽览雪境。青龙寺在崇冈之上，"出绝寰埃"，正是纵目放怀的好去处。立足点高，雪盛月圆，给望景预造了气氛，也为四望所见创设了主客观的条件。

其次，写雪下望月和月下四望，从月色、雪景两方面为下文叙写感受作铺垫。先由月光导出月亮。"皓影入室"，使室中人都误以为是雪光射来，导致到室外观看。先写月光，寒云四散，天空中夜气弥漫，如笼着碧玉一般，既迷濛如纱，又晶莹似玉，渲染出一种寂静澄明的气氛。再写月亮，“有月一轮，其大如盘，色如银，凝照东方，辗碧玉上征，不见辙迹。”一轮满月，冉冉上升，光华弥空，纤云不存，到夜深，如“帖悬天心”。这是一个纯洁无瑕的世界，也是一个寂然无哗的天地。出门所见，南边的终南山如张着千叠屏风，东边的蓝田山、骊山，如琼玉泛光，北边长安唐宫，宫殿楼台犹如玉砌冰雕般横绝太空。所见景物都如沐似浴，光洁无尘。作者按时间推移，写与友人从“开门”到“出大门”，由仰望到环视，自一般的看到“恣视”，既反映了望月、观景的过程，也反映了为外界景物所吸引的心理。这就为缘景动情、因景生慨奠定了基础。

最后，着重写观景后的感受，并交代写作记的原因。感受之一是：觉得天地清空，可以视同自己的内心。“六合八极，作我虚室”，《庄子·人间世》：“虚室生白，吉祥止止。”感受之二是：觉得月色雪光濯涤五脏，荡尽凡思俗虑。月亮皎洁，雪光明灿，是扫荡争名逐利思想的清洁剂。感受之三是：觉得身披月光，体受雪光，洁净深透入骨肉，使自己犹如羽化而登仙。这些感受，由外入内，由浅入深，由被动入主动，把主体感受逐步升华，且又都围绕着月之洁与雪之净而产生，而发展。为了证明自己感受的可信性，推衍到二三子的共同感受，都觉得处此境地，忘却一切烦恼，甚至忘了自己的存在，达到“复根还始，认得真性”的境界。作者认为人受于自然的天然本性，是最天真、纯洁，无邪念，无物欲，这都是靠了天借予的“静象”而使然的。

文末指出“上月下雪，中零清霜”，“三者俱白”的境界不易得，且从中获得很大启发，故而写作这篇记。

这篇小记题为《长安雪下望月记》，虽处处紧扣时节、地点、雪景、月色，可作者笔墨之意无不在写感慨。而写感慨，明为写天地洁净，自己精神得到净化，而实为以此暗讽当时社会的黑暗污浊。作者超尘出世的思想，不是企求长生不老，不是追求个人的安逸享乐，而是嫉恶世道的贪婪奸邪。当然，这种不满与反抗是微弱的，但烛照于当时士大夫心灵，却也给阴暗的心胸透进一些亮色，给人以精神上一些慰藉。

（徐应佩）

【作者小传】

殷　侔

唐文学家。大和间曾官魏州（今河北大名）书佐。其《窦建德碑》歌颂失败的英雄，为时传诵。《全唐文》存其文一篇。

窦建德碑　　殷 侔

云雷方屯①,龙战②伊始,有天命焉,有豪杰焉。不得受命,而命归圣人。于是元黄③之祸成,霸图④之业废矣。

隋大业末,主昏时乱,四海之内,兵革⑤咸起。夏王⑥建德,以耕氓崛兴,河北、山东,皆所奄有。筑宫金城⑦,立国布号,岳峙虎踞,赫赫乎当时之雄也!是时李密在黎阳,世充据东都,萧铣王楚,薛举擅秦⑧。然视其刱⑨割之迹,观其模略之大,皆未有及建德者也!唯夏氏为国,知义而尚仁,贵忠而爱贤,无暴虐及民,无淫凶于己。故兵所加而胜,令所到而服,与夫世充、铣、密等甚不同矣。行军有律,而身兼勇武;听谏有道,而人无拒拂。斯盖豪杰所以勃兴而定霸一朝,拓疆千里者哉!或以建德方项羽之在前世,窃谓不然。羽暴而嗜杀,建德宽容御众,得其归附,语不可同日。迹其英分雄分⑩,指盼备显,庶几孙长沙流亚⑪乎?唯天有所勿属,唯命有所独归。故使失计于救邻,致败于临敌。云散雨覆,亡也忽然。嗟夫,此亦莫之为而为者欤!向令运未有统,时仍割分,则太宗龙行乎中原,建德虎视于河北,相持相支,胜负岂须臾辨哉!自建德亡,距今已久远。山东、河北之人,或尚谈其事,且为之祀,知其名不可灭,而及人者存也。

圣唐太和三年,魏州书佐殷侔过其庙下,见父老群祭,骏奔有仪,夏王之称,犹绍于昔。感豪杰之兴奋,吊经营⑫之勿终。始知天命之莫干,惜霸略之旋陨,激于其文,遂碑。

〔注〕 ① 屯:聚集,积蓄。 ② 龙战:指群雄割据争雄。班固《答宾戏》:"于是七雄虓阚,分裂诸夏,龙战而虎争。" ③ 元黄:即玄黄,指血。《易·坤》:"龙战于野,其血玄黄。" ④ 霸图:指争霸的雄图。 ⑤ 兵革:兵,戈、矛、刀、箭等兵器;革,甲胄。这里指战争。 ⑥ 夏王:《新唐书·窦建德传》:"(大业)十四年(618)五月,更号夏王。" ⑦ 金城:《旧唐书·窦建德传》:"始都乐寿,号曰金城宫。" ⑧ "是时"四句:李密、王世充、萧铣、薛举,皆隋末起义军首领。萧铣"武德元年(618),迁都江陵",江陵系楚地,故称"王楚"(《旧唐书·萧铣传》)。薛举"自称西秦霸王",故云"擅秦"(《旧唐书·薛举传》)。 ⑨ 刱(chuàng 创):同"刅","创"的本字,开始。 ⑩ 英分雄分:分,素质,犹天分。三国魏刘邵《人物志·英雄》:"夫聪明者英之分

也,不得雄之胆,则说不行;胆者,雄之分也,不得英之智,则事不立。”这里意为智勇双全。⑪ 孙长沙:即孙坚。《三国志·孙坚传》:“乃以坚为长沙太守。”流亚:指同一流人物。　⑫ 经营:规划创业。《诗经·小雅·北山》:“旅力方刚,经营四方。”

唐文宗太和三年(829),魏州(今河北大名东)主办文书的佐吏殷侔路过夏王庙,目睹了当地百姓举行的盛大祭祀仪式,联想到晚唐政局的黑暗、腐败,感慨系之,奋笔撰写了《窦建德碑》,赞颂农民起义英雄窦建德的功德,显示了非凡的史识和胆略。

开始一段阐述作者“天命归于圣人”的唯心主义观点。“云雷方屯,龙战伊始”,碑文一开始就描绘出一场震撼宇宙的大血战开始了,乌云翻滚,雷声隆隆,一幅“黑云压城”的悲壮图景。可惜“天命”并没有归属窦建德,因而他遭到了国灭身亡的厄运,“元黄之祸成,霸图之业废矣”。这开篇八句,叙议结合,以议为主,如一短序,引入正题。

中间一段是碑文主体,称颂窦建德彪炳显赫的历史功德。首先简述了窦建德起义成功,“夏王建德,以耕氓崛兴……筑宫金城,立国布号”。当时群雄并起,“李密在黎阳,世充据东都,萧铣王楚,薛举擅秦”,他们割据的疆域和拥有的实力,“视其刜割之迹,观其模略之大,皆未有及建德者也”。窦建德的农民起义军是当时一支最强大的劲旅,相当具备统一天下的条件。接着叙述了窦建德的人品,“知义而尚仁,贵忠而爱贤,无暴虐及民,无淫凶于己”。新、旧《唐书·窦建德传》保留了这方面的一些记载。当时,窦建德虽然是统领千军万马的夏王,却仍然过着朴素的生活。他“不啖肉,常食唯有菜蔬、脱粟之饭。其妻曹氏不衣纨绮……得宫人以千数,并有容色,应时放散”。他还重视和爱护知识分子,“每获士人,必加恩遇”(见《旧唐书·窦建德传》)。这与当时其他的农民起义军很不相同。在攻城略地、行军作战方面,他是一位智勇双全的人物,“行军有律,而身兼勇武;听谏有道,而人无拒拂”;他“倾身接物,其执苦与士卒均,由是能致人死力”,因此形成了“定霸一朝,拓疆千里”的政治局面(见《新唐书·窦建德传》)。作者不仅讴歌了窦建德高尚的人品,而且还从多侧面加以评论。针对当时有人认为“建德方项羽之在前世”的谬误论点,作者举出“羽暴而嗜杀,建德宽容御众”的事实来驳斥。据《史记·项羽本纪》记载,项羽曾指挥“楚军夜击阬秦卒二十余万人新安城南”。而窦建德“得隋文武官及骁果尚且一万,亦放散,听其所去……其有欲往关中及东都者亦恣听之,仍给其衣粮,以兵援之,送出其境”(《旧唐书·窦建德传》)。作者认为“迹其英分雄分,指盼备显”,只有威震华夏、割据称霸的三国时代的孙坚才能与之相比,因而,他的败亡纯属“天命”。作者还认为他去援救王世充是“莫之为而为者”的大失策，如果他不去援救，或援救时不骄傲，不“为阵……亘二十里，鼓而前”(《新唐书·窦建德传》)，则很可能形成与李唐双雄并峙的局面，即“太宗龙行乎中原，建德虎视于河北”。据《隋唐史话》记载：“夏王的政策最初和隋朝有显著区别，他们给农民减轻负担、劝课农桑。在清河一带修枯下渠入柳沟，与永济渠合流，促进了生产发展。”窦建德败亡二百多年后，“山东、河北之人，或尚谈其事且为之祀”。作者悟出一个道理，窦建德为民做了好事，“名不可灭，而及人者存也”，说明他是活在人民心里的。

最后一段，叙述了夏王庙香火盛况以及作者写碑文的原因。作者观看了夏王庙前“父老群祭，骏奔有仪”热闹非凡的场面，同情窦建德的败亡，“惜霸略之旋陨”，援笔撰写了碑文。收笔言简意赅，引人回味。

刘勰说：“夫属碑之体，资乎史才。”本文保留了晚唐人对窦建德评价这段信史，殊属难得。但因碑文旨在歌功颂德，“昭纪鸿懿，必见峻伟之烈”(见《文心雕龙·诔碑》)，因而文中不免有虚夸成分。例如本文称他“听谏有道”，而《旧唐书·窦建德传》就记载他因拒绝祭酒凌进、其妻曹氏的正确策略而遭失败。

（李良镕）

【作者小传】

杜　牧

(803—约852)　唐文学家。字牧之。京兆万年(今陕西长安)人。太和进士。曾为江西、宣歙观察使沈传师和淮南节度使牛僧孺的幕僚，历任监察御史，黄、池、睦诸州刺史，后入为司勋员外郎，官终中书舍人。以济世之才自负，曾注曹操所定《孙子兵法》十三篇。其诗善写景抒情，在晚唐成就颇高。后人称杜甫为“老杜”，称他为“小杜”。亦能文。著有《樊川文集》。

阿房宫赋　　　　杜　牧

六王毕①，四海一②。蜀山兀③，阿房出。覆压三百余里，隔离天日。骊山④北构而西折，直走咸阳⑤。二川⑥溶溶，流入宫墙。五步一楼，十步一阁；廊腰缦回，檐牙高啄；各抱地势，钩心斗角。盘盘焉，囷囷⑦焉，蜂房水涡，矗不知其几千万

阿房宫赋（局部）

——〔明〕文徵明书

落。长桥卧波，未云何龙[8]？复道[9]行空，不霁何虹？高低冥迷，不知西东。歌台暖响，春光融融；舞殿冷袖，风雨凄凄。一日之内，一宫之间，而气候不齐。

妃嫔媵嫱[10]，王子皇孙，辞楼下殿，辇来于秦。朝歌夜弦，为秦宫人。明星荧荧，开妆镜也；绿云扰扰，梳晓鬟也；渭流涨腻，弃脂水也；烟斜雾横，焚椒兰也；雷霆乍惊，宫车过也；辘辘[11]远听，杳不知其所之也。一肌一容，尽态极妍，缦立[12]远视，而望幸[13]焉。有不得见者三十六年。燕赵之收藏，韩魏之经营，齐楚之精英，几世几年，剽掠其人，倚叠[14]如山；一旦不能有，输来其间，鼎铛玉石，金块珠砾，弃掷逦迤，秦人视之，亦不甚惜。

嗟乎！一人之心，千万人之心也。秦爱纷奢，人亦念其家。奈何取之尽锱铢[15]，用之如泥沙！使负栋之柱，多于南亩之农夫；架梁之椽，多于机上之工女；钉头磷磷，多于在庾[16]之粟粒；瓦缝参差，多于周身之帛缕；直栏横槛，多于九土之城郭；管弦呕哑，多于市人之言语。使天下之人，不敢言而敢怒。独夫[17]之心，日益骄固。戍卒叫[18]，函谷举[19]；楚人一炬[20]，可怜焦土！

呜呼！灭六国者六国也，非秦也。族秦者秦也，非天下也。嗟夫！使六国各爱其人，则足以拒秦；使秦复爱六国之人，则递三世可至万世而为君，谁得而族灭也？秦人不暇自哀，而后人哀之；后人哀之而不鉴之，亦使后人而复哀后人也。

〔注〕 ① 六王：齐、楚、燕、赵、韩、魏六国的国王。毕：完结。 ② 四海一：指全国统一。 ③ 兀(wù务)：形容山秃，指山上木材都被采伐尽了。 ④ 骊山：在今陕西临潼东南。 ⑤ 咸阳：秦都，故址在今陕西咸阳东北，秦亡为项羽焚毁。 ⑥ 二川：渭川、樊川。 ⑦ 囷(qūn)囷：曲折回旋的样子。 ⑧ 未云何龙：没有云哪来的龙？《周易》："云从龙，风从虎。" ⑨ 复道：在空中架木筑成的阁道，连通宫中楼阁，上下都有通道。 ⑩ 妃嫔媵嫱(yìng qiáng映墙)：均为帝王的妾侍。各有等级，妃次于后，比嫔、嫱高。嫔、嫱为宫中女官，媵为陪嫁女子。这里指六国的宫妃。 ⑪ 辘(lù鹿)辘：车声。 ⑫ 缦(màn慢)立：延伫，久立。 ⑬ 望幸：盼望帝王来临。 ⑭ 倚叠：积累。 ⑮ 锱铢(zī zhū资朱)：一两的二十四分之一为铢，六铢为锱。这里指极微小的数量。 ⑯ 庾(yǔ雨)：仓。 ⑰ 独夫：众叛亲离的统治者。这里指秦始

皇。 ⑱ 戍卒叫：指陈涉、吴广起义。戍卒：戍守边疆的兵士。 ⑲ 函谷举：函谷关被攻下。公元前206年，刘邦从武关攻入咸阳，又派兵守函谷关。秦时函谷关在今河南灵宝县西南。 ⑳ 楚人一炬：指公元前206年，项羽入咸阳，焚烧秦国宫殿，大火连烧三月。项羽为楚将项燕之后，故称为楚人。

在唐人小赋中，杜牧的《阿房宫赋》是一篇很出色的作品。脱稿不久，即引起人们的重视。《新唐书·文艺传·吴武陵传》中有这样一段记载：

太和初，礼部侍郎崔郾试进士东都，公卿咸祖道长乐。武陵最后至，谓郾曰："君方为天子求奇材，敢献所益。"因出袖中书，搢笏授郾读之，乃杜牧所赋阿房宫。辞既警拔，而武陵音吐鸿畅，坐客大惊。武陵请曰："牧方试有司，请以第一人处之。"郾谢已得其人；至第五，郾未对，武陵勃然曰："不尔，宜以赋见还！"郾曰："如教。"牧果异等。

杜牧是主张"凡为文，以意为主、气为辅，以辞彩章句为之兵卫"(《答庄充书》)的。那么，他写《阿房宫赋》，其用意何在呢？

关于阿房宫建造的时间、原因、地址及规模，《史记·秦始皇本纪》《汉书·贾山传》《水经注·渭水》以及《三辅旧事》《三辅黄图》等都有记述；《史记》成书最早，其记述也比较准确，故摘引如下：

(始皇)三十五年(公元前212年)……始皇以为咸阳人多，先王之宫廷小，吾闻周文王都丰，武王都镐，丰、镐之间，帝王之都也。乃营作朝宫渭南上林苑中。先作前殿阿房，东西五百步，南北五十丈，上可以坐万人，下可以建五丈旗。周驰为阁道，自殿下直抵南山。表南山之巅以为阙。为复道，自阿房渡渭，属之咸阳，以象天极，阁道绝汉抵营室也。阿房宫未成；成，欲更择令名名之。作宫阿房，故天下谓之阿房宫。隐宫徒刑者七十余万人，乃分作阿房宫，或作丽山。

这一段记述与《阿房宫赋》的描写相对照，有几点值得注意：一、秦始皇修阿房宫，主要由于"咸阳人多，先王之宫廷小"。即随着国家的统一，作为国都的咸阳人口不断增加，原有的宫廷已不能满足新的需要，故于渭水之南营建新的朝宫，可见《阿房宫赋》把阿房宫的兴建完全归因于"秦爱纷奢"，并不确切。二、阿房宫先建前殿，终始皇之世，全部工程并未完成。即使全部完成，也谈不上《阿房宫赋》所说的"覆压三百余里"。三、秦始皇三十五年才开始修阿房宫，距始皇之死不过两年，因而《阿房宫赋》说"宫人"们"缦立远视，而望幸焉，有不得见者三十六年"，也不合事实。

项羽入关，阿房宫即化为灰烬，杜牧描写阿房宫，所依据的最早最可靠的文字资料，也只能是《史记》中的有关部分。而把《阿房宫赋》的描写和《史记》中的有关记载相比较，就发现它在很大程度上出于作者的艺术想象和夸张；想象和夸张的用意，则在于借历史题材以警戒当时的荒淫君主。

《阿房宫赋》被选入《古文观止》卷七，编选者评论说："前幅极写阿房之瑰丽，不是羡慕其奢华，正以见骄横敛怨之至，而民不堪命也，便伏有不爱六国之人意在。所以一炬之后，回视向来瑰丽，亦复何有！以下因尽情痛悼之，为隋广、叔宝等人炯戒，尤有关治体。不若《子虚》《上林》，徒逢君之过也。"指出这篇作品"为隋广（隋炀帝）、叔宝（陈后主）等人炯戒，尤有关治体"，很有见地；但由于对杜牧的社会环境和政治态度缺乏了解，还未能准确地揭示出作者的创作意图和这篇作品的思想意义。

杜牧所处的时代，政治腐败，阶级矛盾异常尖锐，而藩镇跋扈，吐蕃、南诏、回鹘等纷纷入侵，更加重了人民的痛苦。大唐帝国，已面临崩溃的前夕。杜牧针对这种形势，极力主张内平藩镇，加强统一，外御侵略、巩固国防。为了实现这些理想，他希望当时的统治者励精图治、富民强兵。而事实恰恰和他的愿望相反。穆宗李恒以沉溺声色送命。接替他的敬宗李湛，荒淫更甚："游戏无度，狎昵群小"，"视朝月不再三，大臣罕得进见"；又"好治宫室，欲营别殿，制度甚广"；并命令度支员外郎卢贞，"修东都宫阙及道中行宫"，以备游幸（引文见《通鉴》卷二四三）……对于这一切，杜牧是愤慨而又痛心的。他在《上知己文章》中明白地说："宝历（敬宗的年号）大起宫室，广声色，故作《阿房宫赋》。"可见《阿房宫赋》的批判锋芒，不仅指向秦始皇和陈后主、隋炀帝等亡国之君，而主要是指向当时的最高统治者的。

"六王毕，四海一。蜀山兀，阿房出。"起势雄健，涵盖无穷。乍看似乎仅仅是叙事；实则于叙事中寓褒贬，并为此后的许多文字埋下根子。"六王"为什么会"毕"？"四海"为什么能"一"？一亡一兴，关键何在？读完全篇，这些问题就会得到解答。例如在中间写道："燕赵之收藏，韩魏之经营，齐楚之精英，几世几年，摽掠其人，倚叠如山……"则六王之骄奢淫逸，不惜民力，已于言外见意。到了篇末，更明确地作了结论："灭六国者六国也，非秦也……使六国各爱其人，则足以拒秦……"读到这里，再回头看看首句，就不能不惊佩那个"毕"字下得好！"六王"之"毕"，其原因既在自身，那么，秦能统一四海的原因，也就不言可知了。这两句一抑一扬；而扬秦又是为更有力地抑秦蓄势。秦统一四海之后，如果吸取"六王"的教训，"复爱六国之人"，就不会那么迅速的被"族灭"。谁知秦王一旦变成秦始皇，立刻志得意满，走上腐化的道路。"蜀山兀，阿房出。"一因一果，反映了一苦一乐，六个字概括了无限深广的内容。"兀""出"两字，力重千钧，自不待言。而从“兀”到“出”的过程，更给读者留下了驰骋想象的广阔天地。第一，举蜀山以概秦陇之山。由蜀山到关中，要经过“难于上青天”的蜀道，凭借人力运送巨大的木料异常艰难。而一定要取材蜀山，见得秦陇一带的树木已经砍伐一空，尚不敷用。秦陇之山尽秃而殃及蜀山，直到蜀山不剩一木而阿房始“出”，则阿房宫多么宏大，秦始皇多么骄奢，已不难想见。第二，举木料以概其他建筑材料。所需的木料既如此众多，则其他的建筑材料需要如何，也不难想见。第三，举砍伐、运送木料以概其他工程。而从木材及其他一切建筑材料的砍伐、加工、运送直到合拢来建成“覆压三百余里”的阿房宫，都是役使人民进行的，这中间榨取了多少人民的血汗、葬送了多少人民的生命，也是可以想见的。“六王”既以“不爱其人”而覆亡，秦始皇又将自己的淫乐建筑在人民的苦难之上，那么，从“六王”的已“毕”，不是很可以预见秦的将“毕”吗？

廖莹中《江行杂录》上说：

> 杜牧之《阿房宫赋》云：“六王毕，四海一。蜀山兀，阿房出。”陆参作《长城赋》云：“干城绝，长城列。秦民竭，秦君灭。”参辈行在牧之前，则《阿房宫赋》又祖《长城》句法矣。

《长城赋》（见《全唐文》卷六一九）以四个三字句发端，一句一意，层层逼进；又句句押韵，音节迅急，有如骏马下坡，俊快无比。《阿房宫赋》正与此相似，说它“祖《长城》句法”，是很有见地的。但作赋以四个三字句开头，并非始于陆参，而是创于晋人郭璞。郭璞《井赋》云：“益作井，龙登天，凿后土，洞黄泉。”此后，南朝谢惠连《雪赋》以“岁将暮，时既昏，寒风积，愁云繁”发唱，无疑受了郭璞的启发，却青出于蓝。《长城赋》学习《井赋》《雪赋》的句法，又比前者更胜。《阿房宫赋》则在取法前人的基础上有更多的创造，百尺竿头，更进一步。这说明文艺创作既贵在创造，又需要借鉴前人。杜牧作《阿房宫赋》，既表现了惊人的艺术想象力，又很善于借鉴前人。这在后面还要谈到。

“覆压三百余里，隔离天日”两句，紧承“出”字，总写阿房宫的规模。上句言其广，下句言其高。自“骊山北构而西折，直走咸阳”到“高低冥迷，不知西东”，就广、高两方面作进一步的描写。“五步一楼，十步一阁。廊腰缦回，檐牙高啄。各抱地势，钩心斗角”等句，既简练，又形象。特别是“长桥卧波，未云何龙？复道行空，不霁何虹”，更其传神。不说长桥如龙，复道如虹，而说“未云何龙”“不霁何虹”，不仅笔势跌宕，而且从惊叹语气中表达了对那些建筑物的观感，给客观描写涂上了浓烈的抒情色彩。欧阳修很赞赏苏舜钦《新桥对月诗》中写松江长桥的“云头滟滟开金饼，水面沉沉卧彩虹”一联（《六一诗话》）。其后一句，可能从杜牧的这两句脱胎。

以上写阿房宫的宏伟瑰丽，已寓贬意；但还不能完全说明问题。因为完成如此宏丽的建筑，固然加重了人民的负担；但如果在完成之后，用来做有利于人民的事情，那还是应该赞许的。所以，作者在写了阿房宫的宏伟瑰丽之后，立刻将笔锋伸向更重要的地方。“歌台暖响，春光融融；舞殿冷袖，风雨凄凄。一日之内，一宫之间，而气候不齐。”这几句用夸张的手法描写了歌舞之盛（歌喉吐暖，舞袖生风，以致改变了气候）。接下去，点出那些供秦始皇享乐的歌舞者，乃是六国的“妃嫔媵嫱，王子皇孙”；既回应“六王毕”，又暗示秦统治者的前途。

关于阿房宫的宏丽和秦始皇的淫乐，《史记》以后的描述不断增加夸张和想象的成分。《三辅黄图》云：“阿房宫可受十万人，车行酒，骑行炙，千人唱，万人和。”《阿房宫赋》中“歌台暖响”等句如果说有文字资料作为根据的话，其根据不过如此；因而可以看出作者在艺术构思方面的高度创造性。

承“为秦宫人”的“明星荧荧……”一段是脍炙人口的：忽然间，天际群星闪耀；不是群星，而是美人开了妆镜！忽然间，空中绿云飘动；不是绿云，而是美人梳理头发！渭河暴涨，泛起红腻；原来是美人泼了脂水！烟雾乍起，散出浓香；原来是美人点燃兰麝！不直说美人众多，却用明星、绿云、渭涨、雾横比喻妆镜、晓鬟、弃脂、焚椒，间接地写出美人众多，其手法已很高明。但还不止这些。通过形象而又贴切的比喻，既写了美人，又写了阿房宫。下临渭水、高插青霄的楼阁，像蜂房似的布满空际的窗户，以及当窗晓妆的美人，都历历如见。而写美人，又正是为了写秦始皇。所以接着便写“宫车”之过。“宫车”日日行幸，而宫人尚“有不得见者三十六年”，则秦始皇荒淫到何种程度，也就用不着说穿了。

这一段也是前有所承的。陆参《长城赋》云：

> 边云夜明，列云铧也；白日昼黑，扬尘沙也；筑之登登，约之阁阁，远而听也，如长空散雹；蛰蛰而征，沓沓而营，远而望也，如大江流萍；其号呼也，怒风旬訇；其鞭朴也，血流纵横。

《阿房宫赋》的开头既然取法于《长城赋》，那么中间的这一段，造句、构思都有一致之处，可能也受了《长城赋》的启发。当然，如果从句式的相似方面着眼，它受《华山赋》的影响更其明显，洪迈《容斋五笔》卷七指出：

> 唐人作赋，多以造语为奇。杜牧《阿房宫赋》云：“明星荧荧，开妆镜也；绿云扰扰，梳晓鬟也；渭流涨腻，弃脂水也；烟斜雾横，焚椒兰也；雷霆乍惊，宫车过也；辘辘远听，杳不知其所之也。”其比兴引喻，如是其侈！然杨敬之《华山赋》又在其前，叙述尤壮。曰：“见若咫尺，田千亩矣；见若环堵，城千雉矣；见若杯水，池百里矣；见若蚁垤，台九层矣；醯

鸡往来，周东西矣；蠛蠓纷纷，秦速亡矣；蜂窠联联，起阿房矣；俄而复然，立建章矣；小星奕奕，焚咸阳矣；累累茧栗，祖龙藏矣。”……则《阿房宫赋》实模仿杨作也。

杨敬之《华山赋》一脱稿，即传诵士林，轰动一时，韩愈、李德裕、杜佑都十分赞赏。上引数句，杜佑时常吟诵(《容斋五笔》卷七《唐赋造语相似》条)。杜佑是杜牧的祖父，则杜牧熟习这篇作品是毫无疑问的。但杜牧的“明星荧荧”等句，绝不能说是“模仿杨作”；而是从杨作中吸取了有益的东西加以变化，用以表现新的主题，具有推陈出新的作用。

从“燕赵之收藏”到“一旦不能有，输来其间，鼎铛玉石，金块珠砾，弃掷逦迤，秦人视之，亦不甚惜”，承上歌舞之盛，美人之多，进而写珍宝之富。通过这一系列叙写，形象地点出阿房宫的用途，从而对秦始皇进行了鞭挞。

从开头直到这里，作者以精练、生动的笔墨，叙写了阿房宫的兴建、规模和用途，没有抽象地发议论，而议论已寓于其中。读者不难看出：用人民的血汗凝成、供统治者享乐的阿房宫，集中地反映着人民的苦难，也集中地反映着统治者的荒淫腐化。

于是，作者水到渠成似的进一步完成他的主题：写阿房宫的毁灭，也就是写秦统治者的毁灭及其所以毁灭之故，向当时的最高统治者敲响警钟。

“嗟乎！一人之心，千万人之心也。秦爱纷奢，人亦念其家。奈何取之尽锱铢，用之如泥沙！”对秦统治者的残民以自肥作了有力的抨击。以下数句，尤其精彩：“使负栋之柱，多于南亩之农夫；架梁之椽，多于机上之工女；钉头磷磷，多于在庾之粟粒；瓦缝参差，多于周身之帛缕；直栏横槛，多于九土之城郭；管弦呕哑，多于市人之言语。使天下之人，不敢言而敢怒。独夫之心，日益骄固。戍卒叫，函谷举；楚人一炬，可怜焦土！”这是紧承“嗟乎”以下各句而来的。“秦爱纷奢，人亦念其家”两句，“秦”“人”并提。接着以“奈何取之尽锱铢，用之如泥沙”的愤慨语，总括秦的纷奢及其给人民带来的灾难。然后用“使”字领起，摆出一系列罪证。秦统治者剥削、压迫人民的罪证是不胜枚举的。文学创作的特点在于通过个别表现一般，因而在一篇作品中也用不着从各方面罗列罪证。作者写的是《阿房宫赋》，即从阿房宫着笔，就前半篇的叙写作了合乎逻辑的推演。一连串用准确的比喻构成的排句，形象地表现了“秦”与“人”、剥削者与被剥削者一乐一苦的两个方面及其相互关系。一句句喷薄而出、层层推进，到了“使天下之人，不敢言而敢怒”，已将火山即将爆发的形势全盘托出。再用“独夫之心，日益骄固”从反面一逼，便逼出“戍卒叫，函谷举”的局面，农民起义的熊熊烈火终于埋葬了统治者。而供统治者享乐的阿房宫，也随之化为灰烬。

作者写《阿房宫赋》，其目的是给当时的最高统治者提供历史教训。为了丰富历史教训的内容，从"六王毕，四海一"以下，一直是既写秦，又不忘六国。就章法说，以秦为主，以六国为宾。就思想意义说，以六国为秦的前车之鉴。阿房宫中的无数美人，乃是六国的"妃嫔媵嫱"；阿房宫中的无数珍宝，又是六国"取掠其人"的长期积累。六国一旦灭亡，则美人"辇来于秦"，珍宝"输来其间"；那么，秦一旦蹈六国的覆辙，又将怎样呢？秦不以六国为鉴，终于自食其果；那么，当时的统治者又走秦的老路，难道会有什么更好的结局吗？写到这里，真可谓"笔所未到气已吞"！接下去，还不肯正面说破，却以无限感慨揭示出六国与秦灭亡的原因："呜呼！灭六国者六国也，非秦也。族秦者秦也，非天下也。嗟夫！使六国各爱其人，则足以拒秦；使秦复爱六国之人，则递三世可至万世而为君，谁得而族灭也？"既指出六国与秦的所以亡，又指出倘能"各爱其人"（作者避唐太宗李世民的讳，故以"人"代"民"），就不会亡。这才将笔锋移向"后人"——主要是当时的统治者："秦人不暇自哀，而后人哀之；后人哀之而不鉴之，亦使后人而复哀后人也。"

作者具有可贵的民本思想。他把六国及秦的灭亡，归因于"不爱其民"，希望统治者汲取教训，真可谓语重心长！但他自己也意识到这种希望终归要落空，因而以深沉的感慨结束全篇。

杜牧的感慨，对于古往今来的志士仁人来说，很有代表性，因而不妨看作历史的感慨。且看《汉书》卷七五所记汉元帝与京房的对话：

> 是时中书令石显颛（专）权……（京房）问上（元帝）曰："幽、厉之君何以危？所任者何人也？"上曰："君不明，而所任者巧佞。"房曰："知其巧佞而用之耶？将以为贤也？"上曰："贤之。"房曰："然则，今何以知其不贤也？"上曰："以其时乱而君危知之。"房曰："若是，任贤必治，任不肖必乱，必然之道也。幽、厉何不觉寤而更求贤，曷为卒任不肖以至于是？"上曰："临乱之君各贤其臣，令皆觉寤，天下安得危亡之君？"房曰："齐桓公、秦二世亦尝闻此君而非笑之，然则，任竖刁、赵高，政治日乱，盗贼满山，何不以幽、厉卜之而觉寤乎？……夫前世之君亦皆然矣。臣恐后之视今，犹今之视前也。"

《通鉴·唐纪·贞观十一年》所载马周的议论也与此相类似："盖幽、厉尝笑桀、纣矣，炀帝亦笑周、齐矣，不可使后之笑今如今之笑炀帝也。"

不难看出，杜牧"后人哀之而不鉴之"的感慨是前有所承的。后人"笑"前人、"哀"前人，却不肯引以为鉴，硬是要蹈前人的覆辙，就只能使"后人而复哀后人"、复“笑”后人,这的确是可“悲”的!

元人祝尧在《古赋辨体》里说:“杜牧之《阿房宫赋》,古今脍炙;但太半是论体,不复可专目为赋矣。毋亦恶俳律之过而特尚理以矫之乎?”明人吴讷在《文章辨体·序说》中引了祝氏的这几句话,然后说:“吁! 先正有云:‘文章先体制而后文辞。’学赋者其致思焉!”把文章体裁看得比内容还重要,这显然是荒谬的;何况说《阿房宫赋》“太半是论体”,也不完全符合事实。作者先以约占全文三分之二的篇幅,简练地叙述、生动地描写了阿房宫的兴建、规模和用途,形象鲜明而含意深广。“嗟乎”以下,当然发了议论。但是第一,议论中有描写。例如“使负栋之柱,多于南亩之农夫……”一段,不加判断,只用农民、工女及其所生产的粟粒、帛缕等的数量与阿房宫上的柱、椽、钉、瓦等相比较,而阶级矛盾的尖锐化已见于言外。第二,议论带有浓烈的抒情性。以“嗟乎”“呜呼”“嗟夫”开头的各小段,都洋溢着愤慨、痛惜与哀怨交织而成的复杂情感。这种把议论、写景(广义的景)、抒情结合起来的艺术特色,也表现在杜牧的诗歌创作中。比如为人传诵的“一骑红尘妃子笑,无人知是荔枝来”,“霓裳一曲千峰上,舞破中原始下来”,“商女不知亡国恨,隔江犹唱后庭花”之类,不都是这样的吗? 笼统地否定文学创作中的一切议论的做法,在今天还能看到,这其实是有害的。　　(霍松林)

杭州新造南亭子记　　杜　牧

佛著经曰:生人既死,阴府收其精神①,校平生行事罪福之。坐罪者,刑狱皆怪险,非人世所为,凡人平生一失举止,皆落其间。其尤怪者,狱广大千百万亿里,积火烧之,一日凡千万生死,穷亿万世,无有间断,名为“无间②”;夹殿宏廊,悉图其状,人未熟见者,莫不毛立神骇。佛经③曰:我国有阿阇世王④,杀父王篡其位,法⑤当入所谓狱无间者,昔能求事佛,后生为天人⑥;况其他罪,事佛固无恙。

梁武帝⑦明智勇武,创为梁国者,舍身为僧奴,至国灭饿死不闻悟。况下辈,固惑之。为工商者,杂良以苦⑧,伪内而华外,纳以大秤斛,以小出之,欺夺村闾戆民,铢积粒聚,以至于富。刑法钱谷小胥,出入人性命,颠倒埋没⑨,使簿书条令不可究知,得财买大第⑩豪奴,如公侯家。大吏有权力,能开库取公钱,缘意恣为,人不敢言。是此数者,心自知其罪,皆捐己奉佛以求救，日月积久，曰：“我罪如是，富贵如所求，是佛能灭吾罪，复能以福与吾也。”有罪罪灭，无福福至；生人唯罪福耳，虽田妇稚子，知所趋避。今权归于佛，买福卖罪，如持左契⑪，交手相付。至有穷民，啼一稚子，无以与哺；得百钱，必召一僧饭之，冀佛之助，一日获福。若如此，虽举寰海内尽为寺与僧，不足怪也。屋壁绣纹可矣，为金枝⑫扶疏，擎千万佛；僧为具味饭之可矣，饭讫持钱与之。不大、不壮、不高、不多、不珍、不奇瓌怪为忧，无有人力可及而不为者。晋，霸主⑬也，一铜鞮宫⑭之衰弱，诸侯不肯来盟。今天下能如几晋，凡几千铜鞮，人得不困哉？

文宗皇帝⑮尝语宰相曰：“古者三人共食一农人⑯，今加兵、佛，一农人乃为五人所共食，其间吾民尤困于佛。”帝念其本牢根大，不能果去之。武宗皇帝⑰始即位，独奋怒曰：“穷吾天下，佛也。”始去其山台野邑⑱四万所，冠⑲其徒几至十万人。后至会昌五年⑳，始命西京㉑留佛寺四，僧唯十人；东京㉒二寺。天下所谓节度、观察、同、华、汝三十四治所，得留一寺，僧准西京数，其他刺史州㉓不得有寺。出四御史缕行天下以督之㉔。御史乘驿未出关㉕，天下寺至于屋基，耕而刓㉖之。凡除寺四千六百，僧尼笄㉗冠二十六万五百。其奴婢十五万，良人枝附为使令者㉘，倍笄冠之数，良田数千万顷，奴婢口率与百亩，编入农籍。其余贱取民直㉙，归于有司㉚，寺材州县得以恣新其公署、传舍㉛。今天子㉜即位，诏曰：“佛尚不杀而仁，且来中国久，亦可助以为治。天下州率与二寺，用齿衰男女为其徒，各止三十人，两京数倍其四、五焉。”著为定令，以徇㉝其习，且使后世不得复加也。

赵郡李子烈播㉞，立朝㉟名人也，自尚书比部郎中出为钱塘㊱。钱塘于江南，繁大雅亚吴郡㊲。子烈少游其地，委曲㊳知其俗蠹人者，剔削根节㊴，断其脉络㊵，不数月人随化之。三笺干丞相云：“涛坏人居，不一锃锢，败侵不休。”诏与钱二千万，筑长堤，以为数十年计，人益安喜。子烈曰："吴、越㊶古今多文士，来吾郡㊷游，登楼倚轩，莫不飘然而增思。吾郡之江山甲于天下，信然也。佛炽害中国六百岁㊸，生见圣人㊹，一挥而几夷之，今不取其寺材立亭胜地，以彰圣人之功，使文士歌诗之，后必有指吾而骂者。"乃作南亭，在城东南隅，宏大焕显，工施手目，发匀肉均，牙滑而无遗巧矣。江平入天，越峰如髻，越树如发，孤帆白鸟，点尽上凝。在半夜酒余，倚老松，坐怪石，殷殷潮声，起于月外。

东闽、两越㊺，宦游善地也，天下名士多往之。予知百数十年后，登南亭者，念仁圣天子之神功，美子烈之旨㊻迹。睹南亭千万状，吟不辞已；四时千万状，吟不能去。作为歌诗，次之于后，不知几千百人矣。

〔注〕 ① 精神：指灵魂。 ② 无间：佛教徒宣传的"八大地狱"中的第八层地狱。 ③ 佛经：指《涅槃经》等。 ④ 我国：指古天竺国。阿阇世王：古天竺摩揭陀国悉苏那伽王朝国王，年十六弑父频毗娑罗而即位，都王舍城。据传他起初反佛教，后皈依佛教，为之护法。 ⑤ 法：佛律。这里指依照佛律。 ⑥ 天人：升入西天净土极乐世界的得道之人。《普超经》云：阿阇世死，"生上方佛土"，"后当作佛，号净界如来"。 ⑦ 梁武帝：萧衍。曾三次舍身同泰寺，为佛执役。侯景反叛，攻陷梁都建康(今南京)，他被囚死于台城。 ⑧ 苦(gǔ古)：粗劣。 ⑨ 颠倒：指冒收、重收、已缴又收。埋没：指贪污盗窃，中饱私囊。 ⑩ 大第：大宅院。 ⑪ 左契：古时在竹板上写契约，分左右两片，双方各持一片。一说持左契的一方为索债者，一说持右契的一方为索债者。 ⑫ 金枝：涂金的宝树图案。 ⑬ 霸主：春秋时，晋文公称霸中原，至晋平公渐失霸主地位。 ⑭ 铜鞮(dī低)宫：晋平公所建之离宫。 ⑮ 文宗皇帝：唐文宗李昂，公元827—840年在位。 ⑯ 三人共食一农人：古代民分士、农、工、贾四类。农耕作，士、工、贾则需农供粮。 ⑰ 武宗皇帝：唐武宗李炎，公元841—846年在位。 ⑱ 山台野邑：指山区僻野未得到官方承认的寺院。 ⑲ 冠：加冠。古代男子二十岁起结发加冠，僧人剃发故不需加冠。这里意为使其蓄发还俗。 ⑳ 会昌五年：公元845年。会昌为唐武宗年号。 ㉑ 西京：长安。 ㉒ 东京：洛阳。 ㉓ 刺史州：只有刺史的州，指无节度使、观察使的一般州。 ㉔ 御史：官名，属御史台。缕行：细致地巡视。 ㉕ 关：指潼关。 ㉖ 刓(wán完)：挖。 ㉗ 笄(jī基)：古代妇女束发用的簪子。这里意为使尼姑留发插上簪子，即还俗。 ㉘ 枝附：依附。使令：使唤。 ㉙ 民直：百姓的财物。 ㉚ 有司：官府。 ㉛ 寺材：拆除佛寺后的器材。传舍：驿站。 ㉜ 今天子：即唐宣宗李忱，公元846—859年在位。 ㉝ 徇：顺从。 ㉞ 赵郡：治所在今河北赵县。李子烈播：李播，字子烈。 ㉟ 立朝：指大臣执政于朝。 ㊱ 尚书比部郎中：官名，尚书省刑部四司之一比部的长官。出：由朝官外任地方官吏。钱塘：旧县名，隋、唐时先后为杭州及余杭郡治所。 ㊲ 吴郡：治所在吴县(今江苏苏州)。 ㊳ 委曲：详尽。 ㊴ 根节：比喻佛教的寺庙。 ㊵ 脉络：指佛教徒来源的渠道。 ㊶ 吴、越：二

古国名，今江苏、浙江等地区。　㊷ 吾郡：指杭州。　㊸ 六百岁：佛教于东汉明帝时传入中国，魏、晋后广为传播，至唐武宗灭佛，约六百年左右。　㊹ 圣人：指唐武宗。　㊺ 东闽、两越：今福建、浙江一带。　㊻ 旨：美好。

此文写于唐宣宗大中时期。通篇围绕南亭子修建的原委始终，大写佛教危害之烈与唐武宗灭佛之功，表现了作者反对宗教迷信的战斗精神。

全文分五段。第一段概括记述唐代佛教骗人宣传的基本内容。一是灵魂不灭。人死后，阴府将根据其生前行事对灵魂加罪或降福。二是因果报应。人平生难免有失误，一旦失误，灵魂就会入“刑狱”，受尽折磨。三是解救途径。文中举出阿阇世王之例，意在说明：唯有事佛才能免祸得福，并最终升入西天净土极乐世界。以上三层，抓住了佛教骗人宣传的关键，即利用人们欲避祸趋福的心理，大肆兜售事佛的谬论，从而为以下逐层深入揭露其危害拓开文路。

第二段具体揭露佛教卖罪买福之说、殃民祸国的种种情况及其严重后果。作者着重举出三则事例。一是萧衍死而不悟。“国灭饿死”四字，揭示了这位南朝梁的开国君主笃信佛教所付出的惨重代价。由于皇帝的提倡，势必上行下效，种种恶习劣行便愈演愈烈。二是商吏骄横欺诈。商人玩弄花招，不择手段。“欺夺”一词，正是对其横蛮行径的集中概括。胥吏依仗权势，极尽盘剥。“缘意恣为”一词，正是对其狰狞嘴脸的真实勾勒。商吏不但为所欲为，还故意装出“捐己奉佛”的样子，“佛能灭吾罪，复能以福与吾也”。这样，便为其骄横欺诈加上了一道神灵的光圈。三是穷民深受毒害。由于“权归于佛”具有极大的欺骗性，所以穷民宁可忍饥挨饿，也不忘“冀佛之助，一日获福”；而佛教地位的提高，又使寺庙巨增，僧徒得利，足见人们深受毒害与佛教恶性发展是多么触目惊心！

第三段热情赞扬唐武宗反对佛教的有力措施和巨大成果。本段记述了唐代几个皇帝对佛教的不同态度，但用笔重心是在唐武宗。先写形：“独奋怒”。用语简劲，道出了唐武宗敢于向崇佛世风宣战的无畏精神。继写言：“穷吾天下，佛也。”一针见血地指出了问题的实质：佛教盛长已酿成时弊。词锋犀利，刺戟有力。再写行：他果断清除佛教恣肆的山台野邑，下令让僧人蓄发还俗，派出御史巡视监督，释放奴婢归田从农，规定寺材恣新公署、传舍……这些，无不显示了唐武宗的睿智、胆识和气魄。

第四段真实记述李子烈在钱塘除弊兴利的政绩和南亭子周围的景象。南亭子地处杭州，建造南亭子自有一番来历，所以先从李子烈的政绩说起。“剔削根节，断其脉络”。这是写他拆除佛寺、禁度僧尼的事迹，即“除弊”。接着，写“兴利”：一是修筑长堤，使百姓免遭水害；二是建造南亭子，纪念唐武宗。这样，便行云流水般地过渡到南亭子的描绘。先总领一句:“宏大焕显”。这是总体性的描述和概括性的评论。继写亭之精巧。“工施手目,发匀肉均,牙滑而无遗巧”。造语经济,含意丰富。次写亭之日景。“如髻”“如发”,是山峰、树木的形状,将静止的形象注进了生命。“点尽上凝”,则勾画行驶的孤帆、飞翔的白鸟如小黑点在江水上空凝止不动,化动态为静态,以小景衬大景。而这一切,都从一个“江平入天”的“远”字生出。再写亭之夜景。“殷殷潮声,起于月外”。这一笔,既交待了大潮滚滚、奔腾翻卷的壮观,又描摹了明月缓缓升起,月光随波簇涌的美景,潮声月影,相映成趣,使人读来驰想不已,回味无穷。

第五段再次肯定唐武宗反佛、李子烈建亭,以此加深印象,深化主题。

本文在艺术上取得的成就是十分显著的。主要表现在:

言此意彼,击中要害。文章的主旨是抨击佛教的危害,但开始时作者却有意宕开一笔,集中写佛教的基本内容。接下来逐层予以揭露、抨击。首先写佛教之说殃民祸国的情况和后果,造成发聩震聋的声势;其次写唐武宗反佛措施和成果,形成褫魂夺魄的力量;再次写李子烈灭佛和造亭,留下发人警醒的见证。由于作者开篇即拎出佛教要点,随后又能从不同角度揭露、抨击,因而文意显豁,是非判然。同时,在章法上形成层浪叠涌之势,有一种回旋掩映之美。

对比突出,泾渭分明。作者通过对比,集中而强烈地显现出事物之间的差异,在极为经济的笔墨中暗示出自己的情感。如文章第三段记述文宗、武宗、宣宗对佛教的不同态度,就成功地运用了这种艺术手法。文宗面对“民尤困于佛”这一严峻现实,却“不能果去之”;武宗洞鉴佛教作祟的恶果,更有反佛的具体行动;宣宗则极力为佛辩护,并以“徇其习”为由恢复佛寺。比较对三人的描写,不难发现作者的态度是不同的:对文宗的无能流露出一种鄙夷之情;对武宗的壮举表示了由衷的赞赏;对宣宗的谬误则巧妙地予以批评。鲜明的思想倾向,高超的表现艺术,无疑使文章增添了引人入胜的魅力。 (俞浩胜)

【作者小传】

李商隐

(约813—约858) 唐诗人。字义山,号玉谿生。怀州河内(今河南沁阳)人。开成进士。曾任县尉、秘书郎和东川节度使判官等职。因受牛李党争影响,被人排挤,潦倒终身。其诗擅长律、绝,富于文采,构思精密,情致婉曲,具有独特风格。也工四六文。著有《李义山诗集》;文集已散佚,后人辑有《樊南文集》《樊南文集补编》。

李贺小传 李商隐

京兆杜牧为《李长吉集序》,状长吉之奇甚尽,世传之。长吉姊嫁王氏者,语长吉之事尤备。

长吉细瘦,通眉,长指爪。能苦吟疾书,最先为昌黎韩愈所知。所与游者,王参元、杨敬之、权璩、崔植为密。每旦日出与诸公游,未尝得题然后为诗,如他人思量牵合以及程限为意。恒从小奚奴,骑距驉①,背一古破锦囊,遇有所得,即书投囊中。及暮归,太夫人使婢受囊,出之,见所书多,辄曰:"是儿要当呕出心始已耳!"上灯与食,长吉从婢取书,研墨叠纸足成之,投他囊中。非大醉及吊丧日,率如此,过亦不复省。王、杨辈时复来探取写去。长吉往往独骑往还京洛,所至或时有著,随弃之,故沈子明家所余四卷而已。

长吉将死时,忽昼见一绯衣人,驾赤虬,持一版,书若太古篆或霹雳石文者,云当召长吉。长吉了不能读,歘下榻叩头言:"阿㜷老且病,贺不愿去。"绯衣人笑曰:"帝成白玉楼,立召君为记。天上差乐不苦也。"长吉独泣,边人尽见之。少之,长吉气绝。常所居窗中,勃勃有烟气,闻行车嘒管之声。太夫人急止人哭,待之如炊五斗黍许时,长吉竟死。王氏姊非能造作谓长吉者,实所见如此。

呜呼!天苍苍而高也,上果有帝耶?帝果有苑囿宫室观阁之玩耶?苟信然,则天之高邈,帝之尊严,亦宜有人物文彩愈此世者,何独眷眷②于长吉,而使其不寿耶?噫!又岂世所谓才而奇者,不独地上少,即天上亦不多耶?长吉生二十七年③,位不过奉礼太常④,时人亦多排摈毁斥之,又岂才而奇者,帝独重之,而人反不重耶?又岂人见会胜帝耶?

〔注〕 ①距驉:或写作"駏驴""距虚"等,驴、骡之属,故用以称驴。 ②眷眷:冯本作"番番",注云"一作'眷眷',误",未有进一步解说。现知的"番番"有"白发貌""勇武貌"诸义,用在此处都不适合。今仍作"眷眷"。 ③二十七年:原作"二十四年"。冯注云"当作'二十七'为是",据改。 ④奉礼太常:《旧唐书·职官志三》:"太常寺:奉礼二人,从九品上。"

虽说小传有别于史传、行状，而主于掇取轶事遗闻，以见传主性情；但是详记白日飞升之事，几类于神仙传之属，于唐世文人中实为少见。譬如玄真子张志和，当时颜真卿为作碑铭，亦仅言其泛舟沧浪，不知所之；后来说他在临平湖水解升仙云云，已是仙传的张皇其事了。不过我们不必怀疑这篇小传所记非实，这不仅因玉谿有言“王氏姊非能造作”者，应当相信；而且因为当时仙道之风极盛，羽化之迹屡见，事虽虚妄，但当时颇以为事实，即使韩愈的《谢自然诗》，也不敢对民女谢自然之白日升仙断然否定。因此对于所记李贺仙迹实不必怪，应当详究的倒是玉谿录入其事的本意。

李贺一生坎壈，二十七岁就过早地去了，只是留下了二百余首“虚荒诞幻”而“感怨刺怼”（杜牧《李贺集序》）的歌诗与一个“鬼才”的“令”名。其久屈不伸、近乎病态的抑郁心理，导致临终时仙游的幻觉，也在情理之中，颇可以现代心理学家弗洛伊德的精神分析理论来解说。“帝成白玉楼，立召君为记，天上差乐不苦也”，可说是潜意识的最生动的流露。在人间世业已绝望了的显扬云路的希望，为厄穷病苦压抑既久，以致在自虐自苦中变得麻木了的、追求“乐”的人生本能，在弥留之际，以“浮动的想象”“梦幻”“谵呓”的形式凸显出来了，而为后人留下了他最后一份闪光的文学遗产，就诗人的生涯而言，可谓“鞠躬尽瘁，死而后已”；而就常人的际遇来说，则不能不说是一个过于辛酸的悲剧。

悲剧的缘由，由诗人自身而言，早在小传开首“状长吉之奇甚尽”中提挈了。奇，也是全文的主脉。这“奇”当然有诗风奇的意思，却不尽在于此。古人以为充中外发，诗风之奇必以性情之奇为本根。性情过奇又必与世不相谐，故“奇”颇有“畸”的意思。畸零不偶，这当是玉谿在杜牧为《〈李贺集〉序》后，仍要补作此小传来隐隐传达的一层意思。奇、正相反而又相生。如果社会正常，畸零之人就不免有自寻烦恼、自作多情之嫌；相反，社会如不那么正常，本身就是“畸”的，那么畸零人之畸，就好像负负得正一样，其实更多的是正的成分了。这种奇中正的意思，先就衍为小传第二段记其作诗情状的一节妙文。“每旦日出与诸公游，未尝得题然后为诗，如他人思量牵合以及程限为意”，看似闲笔，却是此段中锋，树起了刘勰所称“为情造文”与“为文造情”（《文心雕龙·情采》）两种创作倾向的壁垒。以这种为文造情的世风作映衬，玉谿极写李贺作诗的特点：一曰情真，“恒从小奚奴，骑距驉，背一古破锦囊，遇有所得，即书投囊中”，可见所作尽即目即心，“兴发意生”（《文镜秘府论·论文意》），正与得题为诗、思量牵合者相对。二曰苦吟，“上灯与食，长吉从婢取书，研墨叠纸足成之，投他囊中。非大醉及吊丧日，率如此”，又正与以“程限为意”相对。即兴情真与苦吟足成看似相反，实则相成。关于这一点,可以作一篇大文章来论述,这里只能大略指出,这是唐人将传统的抒情言志说与六朝以降对文学形式美的自觉追求统一起来的实际经验。统一就统一在写心,不仅要写真心,且要写得好,写得美,写得出人意表,戛戛独造。太夫人说"是儿要当呕出心始已耳",是这一段点睛之笔,呕心沥血而为写心,写毕而又随置之,正是李贺诗的真率处、严肃处,是他的奇中之正,于此段开首"能苦吟疾书,最先为昌黎韩愈所知"之领脉作用与全段的意脉就显示出来了。如以此句直接李贺作诗情状,至多说明李贺诗为韩派后劲,文意浅甚;必以时人作诗情状居中作运掉,方在文势曲折中隐隐道出李贺背于时而合于大家宗匠的本色,文意也就深且厚了。不过文章之意仍不尽于此。命题作诗,思量牵合,规定程限,是当时文人聚会时的风气,其根源则在科举的程式。唐代进士科试一诗一赋,均命题,限体,规定时刻——三条烛燃尽收卷。李贺是因科场失利而痛恶这种作诗法,还是生性与之格格不入,难以详究;但是这奇中正,不合于世之"正中畸",却是无可调和的事实。世言李贺因父讳"晋肃"而被摈于进士试之列,其实这仅是一方面的原因,或者还只是某一次的事实,就其全集观之,他应试不止一次,却总归一第无成。"春卿拾才白日下,掷置黄金解龙马",这虽是送友人沈亚之下第归吴江的诗句,却也正是其夫子自道,于是这旷世奇才,命定了要以背时倒运来收场。这也不仅是他个人的遭遇。韩孟诗派除韩愈本人在其政治及文章方面,于困厄中有所成功外,均与荣达绝缘;李贺的后起与早夭,正是典型。玉谿将这种种复杂的感触凝聚在李贺作诗这一小小轶事中,人们却能在诗人"细瘦,通眉,长指爪",骑驴从小奚奴,背负古锦囊,"或时有著,随弃之"的形象中,感受到其与时不谐的清奇之气,从而顿生惋惜与同情。

正是惋惜与同情,使玉谿又将诗人看似妄诞的临终幻觉采撷入传,并在现实与幻觉的强烈反差中逼出最后一节的议论。"上果有帝耶?帝果有苑囿宫室观阁之玩耶?"对于这冥冥难征的仙界,玉谿从感情而言,似乎是宁肯信其有,未忍断其无的,在他恍惚迷离的笔触中,可以感到,他希望,凡为人间不公正地剥夺了的一切,都能在天界重新给予奇绝一代的诗人,他愿意完整地保留诗人最后的奇丽的幻想,以完成其自我形象的塑造,也为杜牧《集序》所盛赞的诗人奇警诗风作上最后一条注脚:"……长吉生二十七年,位不过奉礼太常,时人亦多排摈毁斥之,又岂才而奇者,帝独重之,而人反不重耶?又岂人见会胜帝耶?"结末以颇类于韩愈《祭十二郎文》的笔法,层层设问,又层层递进地反复呼号,让人们深思才而奇、奇而正者何以不见容于世,以与篇首"奇"字遥相照应,贯串文中在日与临终两件奇异的轶事,也使这篇奇绝的小传内含有深刻的思理与深挚的情感。如果我们细细品味所记诗人仙去一节中“长吉了不能读，欻下榻叩头言”云云，“长吉独泣”等语句，就更能领会到奇幻的仙游情景之悲剧意味，与玉谿何以如此悲愤地为小传作结了。

早夭的诗人得到安慰了。他不仅身后有杜牧、李商隐这两位晚唐诗坛的泰斗为之序集，为之传事；而且，他开创的诗风，在不同方面为小李杜所继承光大，衍为晚唐时期两支重要的流派。从这人事的关涉中，可以窥见中晚唐之际诗风的承接蜕变之一页。由于小传的写作时间难以详定——杜牧序在李贺卒后十五年，时玉谿约二十岁左右，正在郓州令狐楚幕中，小传作于此后可以肯定，但具体年份不明；因此，传中是否寄寓有玉谿自身科场不利及于党争中备受枉陷的感愤，也难以指实。不过传中对李贺的心所向往，不难看出。所以，如果不是作者多历世艰后有所寄寓而作，则颇可以此传看作他后来生活创作道路的“文谶”。虽然玉谿较李贺多活了二十年，然而“才而奇者”不容于世的遭遇竟何其相似，只是所受的磨难更多了二十年而已。可憾的是再也没有这样一位大手笔，也来为玉谿作上一篇同样精彩警深的小传，致使他过久地背负了偏见的史家率尔论定的负义无行的恶名，直要到百千年后方有人先后出来为他辩白，衍成文学史上至今尚不能说是完全澄清了的一段公案。这，正是玉谿更甚于长吉的悲剧。

（赵昌平）

上河东公启　　李商隐

商隐启：两日前于张评事处伏睹手笔，兼评事传指意，于乐籍中赐一人，以备纫补。某悼伤已来，光阴未几。梧桐半死，才有述哀；灵光独存，且兼多病。眷言息胤，不暇提携，或小于叔夜之男①，或幼于伯喈之女②。检庾信荀娘之启③，常有酸辛；咏陶潜通子之诗④，每嗟漂泊。所赖因依德宇，驰骤府庭，方思效命旌旄，不敢载怀乡土。锦茵象榻，石馆金台⑤，入则陪奉光尘，出则揣摩铅钝⑥。兼之早岁，志在玄门⑦，及到此都，更敦夙契，自安衰薄，微得端倪。至于南国妖姬，丛台妙妓⑧，虽有涉于篇什，实不接于风流。况张懿仙本自无双，曾来独立，既从上将，又托英僚。汲县勒铭，方依崔瑗⑨；汉庭曳履，犹忆郑崇⑩。宁复河里飞星⑪，云间堕月⑫，窥西家之宋玉⑬，恨东舍之王昌⑭？诚出恩私，非所宜称。伏惟克从至愿，赐寝前言，使国人尽保展禽⑮，酒肆不疑阮籍⑯，则恩优之理，何以加焉。干冒尊严，伏用惶灼。谨启。

〔注〕 ① 叔夜之男：嵇康字叔夜，其《与山巨源绝交书》云："女年十三，男年八岁，未及成人。"本年商隐子衮师方六岁，故云。 ② 伯喈之女：蔡邕字伯喈，其女蔡琰，少聪慧，年六岁，邕鼓琴弦绝，琰曰："第二弦。"按：商隐之女年长于其子衮师。《骄儿诗》有"堂前逢阿姊"句。③ 庾信荀娘之启：庾信有《谢赵王赉息丝布启》云："某息荀娘，昨蒙恩引，曲赐丝布等五段。南冠获宥，既预礼筵；稚子胜衣，还蒙拜谒。" ④ 陶潜通子之诗：陶潜《责子诗》："通子垂九龄，但觅梨与栗。" ⑤ 石馆金台：碣石馆、黄金台，均燕昭王筑以招致贤才的馆舍。此借指幕府。⑥ 铅钝：铅质的刀不锋利，喻才力微弱，自谦之辞。 ⑦ 玄门：指道教。陶弘景《答朝士访仙佛两法体相书》："先生领袖玄门，学穷仙苑。"亦指佛教。唐太宗《大唐三藏圣教序》："栖虑玄门。" ⑧ 丛台：战国时赵武灵王在邯郸所筑台，多蓄声妓，以为享乐之所。 ⑨"汲县"二句：东汉崔瑗为汲县令，开渠造稻田，百姓歌之。迁济北相，官吏男女号泣，共垒石作坛，立碑颂德而祠之。 ⑩"汉庭"二句：《汉书·郑崇传》载哀帝擢崇为尚书仆射，数求见谏诤。每见，曳革履，上笑曰："我识郑尚书履声。" ⑪ 河里飞星：用织女星渡银河与牵牛星相会事。 ⑫ 云间堕月：谢灵运《东阳溪中赠答诗》："可怜谁家妇，缘流洗素足。明月在云间，迢迢不可得。""可怜谁家郎，缘流乘素舸。但问情若为，月就云中堕。" ⑬ 窥西家之宋玉：宋玉《登徒子好色赋》："臣东家之子……登墙窥臣三年。" ⑭ 东舍之王昌：梁武帝《河中之水歌》："人生富贵何所望，恨不早嫁东家王。" ⑮ 国人尽保展禽：《诗·小雅·巷伯》："哆兮侈兮，成是南箕。"毛传："鲁人有男子独处于室，邻之嫠妇又独处于室。夜暴风雨至而室坏，妇人趋而托之。男子闭户而不纳。妇人自牖与之言曰：'子何为不纳我乎？'男子曰：'吾闻之也：男子不六十不闲居。今子幼，吾亦幼，不可以纳子。'妇人曰：'子何不若柳下惠（即展禽）然？妪（煦）不逮门之女，国人不称其乱。'" ⑯"酒肆"句：《世说新语·任诞》："阮公（籍）邻家妇有美色，当垆沽酒。阮与王安丰常从妇饮酒。阮醉，便眠其妇侧。夫始殊疑之。伺察，终无他意。"

唐宣宗大中五年（851），李商隐的妻子王氏病故。同年十月，他应剑南东川节度使柳仲郢之辟，赴梓州（治今四川三台）任柳幕判官。远幕，丧妻，别子，多病，加上长期落拓不遇，使他的心情非常悒郁。柳仲郢同情他，打算在梓州的官妓中挑选一位色艺双全的女子张懿仙，给他作侍妾。李商隐得知，即写了这封情辞恳切的书启婉辞。信采用骈体形式，却毫无华靡伤真之弊，用语圆润精工，表达了深沉恳挚、委婉缠绵的感情。

题中的"河东公"，指柳仲郢。河东是柳氏郡望。信的开头叙述了作者从同僚张评事处看到柳仲郢的手札，并听到张评事传达柳的旨意，要给自己一位官妓作侍妾。这几句以散句起，口气在亲切中显出恭敬。这是写信的缘由，全文即围绕此事展开。

接下来，作者用充满感伤气息的笔调叙写了自己丧妻以来的处境与心情。王氏于是年春夏间亡故，距写信时不过半年左右，故说"悼伤已来，光阴未几"。

“梧桐半死”,用西汉枚乘《七发》:“龙门之桐,高百尺而无枝,其根半死半生。”这里比喻丧偶,而自己遭此变故后形毁骨立的情状如见。“灵光独存”,用东汉王延寿《鲁灵光殿赋序》:“遭汉中微,盗贼奔突,自西京未央、建章之殿皆见隳毁,而灵光岿然独存。”比喻亲故零落,仅余己身,而孑然孤立、形影相吊之处境可想,用典精切而富形象感。然后,又进一步说到,自己所眷恋的儿女,年纪尚幼,无暇提携照顾,每当咏读前贤关爱儿女的诗文,不免勾起自己的辛酸。陶、庾诗文中所言子息,皆属幼龄,用以映衬己方,正是恰到好处。作者对幼儿弱女充满爱怜,王氏死后,他有诗说:“嵇氏幼男犹可悯,左家娇女岂能忘?”在梓州关于“小男阿衮”亦有诗云:“渐大啼应数,长贫学恐迟。寄人龙种瘦,失母凤雏痴。”此次只身远赴东川,撇下儿女,自不免更添天涯漂泊之悲。以上一路写来,仿佛只是在诉说丧妻后的孤孑凄伤,但读者从这充满哀感的叙说和对亡妻弱息的深情中,已不难想见作者对赠妓一事是何反应。

接着,作者用“所赖”二字一转,折入对府主知遇之恩的感激。“锦茵象榻,石馆金台”,正渲染出礼遇的隆重,而“入则陪奉光尘,出则揣摩铅钝”,则正是自己“效命旌旄”的行动。从“方思效命旌旄,不敢载怀乡土”的话语看,柳之赠妓自含慰其异乡孤独之意,故有此半是感激、半是表白的说法,其中隐隐透出作客依人的辛酸。然后,又以“兼之”领起,转进一层,说自己早岁有志学道,到东川后,更加深了平生之所好,历尽坎坷之后,早已自安于禄命衰薄之境,而对玄门的精义稍微懂得了一点头绪。这是用自己对宗教的信仰含蓄地表明,对于男女情爱一类事,已经再也无所追求了。作者早年曾一度在玉阳山、王屋山隐居学道,所谓“忆昔谢四骑,学仙玉阳东”就是。中年入仕以后,在牛、李党争的夹缝中无辜蒙受打击,只得栖身幕府,漂泊天涯;又遭妻子王氏之丧,转而虔诚事佛,欲从中寻求解脱烦恼之方,如大中七年底作的《樊南乙集序》所云:“三年已来,丧失家道,平居忽忽不乐,始克意事佛,方愿打钟扫地,为清凉山行者”,说的正是这一时期的心情。这里以“兼之”“及”“更”,蝉联而下,婉转表达自己绝意情爱的意思。接下来,又用“至于”二字提起,正面表白自己在一些篇什中虽曾描写过“南国妖姬”“丛台妙妓”,却“实不接于风流”。无论是“借美人以喻君子”,别有寓托,还是抒写感受体验,非即纪实,都说明自己并不是热中艳情的人。以“虽有”先让一步,用“实不”随即翻转加以否定,一纵一收,将自己生性并非重色这一点有力地强调出来了。

自己方面的原因,从悼亡之悲、子女之念、报效恩知、志在玄门一直写到性“不接风流”,已经将无意于纳妾之意表达得非常充分了,下面便换另一角度,从张懿仙的经历、身份方面说。从下一段文字看，张懿仙大约原曾得柳仲郢（即所谓"上将"，"犹忆郑崇"句指此）的宠爱，后来又曾托身柳的某一僚属（所谓"又托英僚"，"方依崔瑗"句指此）。当时乐籍歌妓俯仰随人虽属常事（如杜牧《张好好诗》所反映的情况即是一例），但在对男女情爱持较为严肃态度的作者看来，却感到不合适。因此他用略带调侃的语气说："宁复河里飞星，云间堕月，窥西家之宋玉，恨东舍之王昌？"——难道还要让她再渡鹊桥，投入别人的怀抱，成为窥墙密约的女子吗？这里，实际上蕴含着对张懿仙这类女子命运的同情，但以"雅谑"的形式出之，便不至冒犯府主的尊严，更不会拂逆他的"好意"，措辞委婉得体。四句连用四典，均极雅切，且流丽圆转，一气贯注，读来有声情摇曳之致。

最后，方揭出辞赠正意。作者一方面感激府主的"恩私"，同时又委婉表明"非所宜称"，希望对方顺应自己的愿望，收回赐妓的成命，使人们不致对自己的品德产生错觉。作者把"赐寝前言"看作府主对自己的爱护，这是特别动听的。

一位幕府主人，出于对幕僚处境的同情，而有赠妓之举。辞谢这种"恩遇"，是很难措辞的。作者却能诉之以情，明之以理，既不拂逆对方的好意，又使对方充分了解自己的情性，从而"赐寝前言"。从这里不但可以看出作者恳挚的情感性格，还可以看出他善于辞令和驾驭骈文形式的圆熟技巧。隶事用典和骈偶对仗不但没有成为表达感情的障碍，而且成了更有效地表达感情的一种凭借。华不伤真，本篇是典型的一例。

（刘学锴）

祭小侄女寄寄文　　李商隐

正月二十五日，伯伯以果子、弄物招送寄寄体魄归大茔之旁。哀哉！尔生四年，方复本族；既复数月，奄然归无。于鞠育而未申，结悲伤而何极！来也何故？去也何缘？念当稚戏之辰，孰测死生之位？时吾赴调①京下，移家关中，事故纷纶，光阴迁贸，寄瘗尔骨，五年于兹。白草枯荄，荒途古陌，朝饥谁抱？夜渴谁怜？尔之栖栖②，吾有罪矣。今吾仲姊，反葬有期，遂迁尔灵，来复先域。平原卜穴，刊石书铭。明知过礼之文，何忍深情所属！

自尔殁后，侄辈数人，竹马玉环，绣襜文褓，堂前阶下，日里风中，弄药争花，纷吾左右，独尔精诚，不知所之。况吾别娶已来，胤绪未立，犹子③之义，倍切他人。念往抚存，五情空热！

呜呼！荥水之上，坛山之侧，汝乃曾乃祖，松檟④森行，伯姑仲姑，冢坟相接。汝来往于此，勿怖勿惊。华彩衣裳，甘香饮食，汝来受此，无少无多。汝伯祭汝，汝父哭汝，哀哀寄寄，汝知之邪？

〔注〕①赴调：赴京参加外官内任的调选。②栖栖：亦作"恓恓"，不安貌。③犹子：《礼记·檀弓》："兄弟之子，犹子也。"④檟（jiǎ假）：即楸（qiū秋）。常同松树一起种在坟墓前。

李商隐是中国文学史上感伤气质特别浓重的作家之一。感伤情调，贯串在他大部分诗文创作中，构成他"深情绵邈"风格的一个重要因素。《旧唐书·文苑传》说他"尤善为诔奠之辞"，这篇《祭小侄女寄寄文》便是他祭奠文章中出色的一篇。寄寄，是他弟弟羲叟的女儿，四岁而夭，初葬于济源（今属河南）。会昌四年（844）正月，迁葬到商隐祖茔所在的荥阳（今河南郑州）坛山。这次迁葬，除将他母亲的灵柩由长安（今陕西西安）迁往荥阳外，还将裴氏姊、徐氏姊的灵柩分别迁往荥阳及景亳夫家。这在李商隐的个人生活中，是一件大事。

文章一开始，就以充满感情的笔调叙述了迁葬的事情。用散体明点日月，交待祭奠者与祭奠对象，虽属祭文通例，但说"伯伯以果子、弄物招送寄寄体魄"，便见亲切爱抚，切合双方身份。"归大茔之旁"，点出"归"字，既为下文描绘未归前孤魂栖栖之情作反托，又为末段伏脉。接着，以强烈的哀叹转入对寄寄夭折及死后情事的追叙。寄寄出生后，大约曾寄养在外姓人家，后方回到父母身边，故有"尔生四年，方复本族"之语。对这样一个出生后就未能得到亲生父母爱抚、刚回到父母身边又旋即夭折的幼女，作者怀着一种特殊的怜爱同情。情之所至，不免对她的来去匆匆发出惘然的喟叹："来也何故？去也何缘？"人生的种种悲剧，往往使人感到迷惘不解。接下来，又用追忆之笔叙写寄寄死后自己方面的情况和想象寄寄孤魂无依的情景。寄寄死于开成五年（840）春。这一年，作者为调补官职、移家长安的事仆仆道途，顾不上为寄寄归葬祖茔，只能暂时将她葬在济源（商隐在开成年间曾奉母居此），谁知"事故纷纶，光阴迁贸"，转眼又已五年。想起幼小的孤魂独处"白草枯荄，荒途古陌"之中，饿了没有人抱，渴了没有人怜，不禁发出"尔之栖栖，吾有罪矣"这样沉痛的呼号。这一节写得极为哀恻动人。作者在叙述寄寄死后羁孤的情景时，自然融入自己的身世之感。"事故纷纶，光阴迁贸"八个字中蕴含了许多难以尽言的人生遭际。而"白草"四句，更用诗的意境传出孤魂无依的凄恻和自己一片哀伤关切之情。在封建时代,作为家庭的长子,应当担负起支撑整个门户的责任,“尔之栖栖,吾有罪矣”,这种似乎“过情”的自责,正与作者沉沦困顿的遭遇和未能尽责的负疚感密切相关,悲伤的情绪至此已达高潮。

紧接着,又用“今”字勒回到当前,叙述这次迁葬的缘由。这几句语气转为平缓,反映出作者的感情因迁葬事成而有所慰藉,而“明知过礼之文,何忍深情所属”两句,则总结性地点出了为幼小的侄女作这篇祭文的原因。“深情所属”,正是李商隐的性格特征,也是这篇祭文动人的根本原因。

接下来,又转笔抒写寄寄死后自己触景伤情的深长哀感。与前段以想象之笔渲染孤魂的凄凉不同,这里是以眼前“侄辈数人”在“堂前阶下,日里风中”的天真嬉戏来反托对寄寄精魂不知所之的强烈思念和深沉感伤。可以说是以丽景写哀情,以热闹衬孤寂,更觉情之难堪。然后又用“况”字转进一层,将伤怀的特殊原因进一步揭示出来。商隐续娶王茂元之女以来,此时尚无子嗣,因此寄寄便被视为自己的亲骨肉。“念往抚存,五情空热!”将感情又一次推向高潮。

祭文的最后一段,是对寄寄亡魂的深情抚慰。作者像是面对寄寄的幼魂,告诉她今后再也不会孤孑无伴了,曾祖、祖父的坟地上,松槚已经森然成行;大姑二姑的坟墓,就在近旁紧紧相连;往来于此,不用担惊受怕。写到这里,不但撤去了幽明的界限,而且撤去了尊卑长幼的界限,一片深挚的慈爱之情,流注于字里行间。最后用呼告语收束,更见情之深长无极。寄寄幼魂有知,当可安息于地下了。

骈文最显著的特点之一是大量用典隶事。这对某些需要典重雅正的章表书奏来说,可能有一定的增饰作用;但对纯粹以抒情真挚取胜的哀祭之文,却往往是一种障碍,容易造成感情表达上的“隔”。韩愈《祭十二郎文》之所以取得很大的成功,跟运用奇句单行的散体有密切关系。李商隐的这篇祭文,虽然用的是骈体,却全不用典,通篇都用感情色彩极为浓郁的平易明畅的语言直抒深情,毫不雕琢。加上骈中有散、骈散结合的格式,和骈句本身的畅达自然,读来但觉清空如话,一气流走。骈俪之文,能运用到如此纯净自如、不见任何束缚的程度,确已臻于化境。

(刘学锴)

【作者小传】

孙 樵

唐散文家。字可之,一作隐之。关东人。大中进士。累官至中书舍人。黄巢起义军入长安,随僖宗奔岐陇,迁职方郎中。所作古文,刻意求奇,对当时统治集团的昏愦无能,颇多讽刺。著有《孙可之集》。

书褒城驿壁　　孙　樵

褒城[1]驿号天下第一。及得寓目[2]，视其沼，则浅混而茅；视其舟，则离败而胶；庭除甚芜，堂庑甚残，乌睹其所谓宏丽者！

讯于驿吏，则曰："忠穆公尝牧梁州，以褒城控二节度治所。龙节虎旗[3]，驰驿奔轺[4]，以去以来，毂交蹄劘[5]，由是崇侈[6]其驿，以示雄大。盖当时视他驿为壮，且一岁宾至者，不下数百辈，苟夕得其庇[7]，饥得其饱，皆暮至朝去，宁有顾惜[8]心耶！至如棹舟，则必折篙破舷碎鹢[9]而后止；渔钓，则必枯泉汩泥[10]尽鱼而后止；至有饲马于轩，宿隼于堂：凡所以污败室庐，糜毁器用。官小者，其下虽气猛可制；官大者，其下益暴横难禁。由是日益破碎，不与曩类。某曹八九辈[11]，虽以供馈[12]之隙，一二力治之，其能补数十百人残暴乎！"

语未既，有老甿笑于旁，且曰："举今州县皆驿也。吾闻开元[13]中，天下富蓄[14]，号为理平[15]，踵千里者不裹粮，长子孙者不知兵[16]。今者天下无金革[17]之声，而户口日益破；疆埸无侵削之虞[18]，而垦田日益寡，生民日益困，财力日益竭，其故何哉？凡与天子共治天下者，刺史、县令而已。以其耳目接于民，而政令速于行也。今朝廷命官，既已轻任刺史、县令，而又促数[19]于更易；且刺史、县令，远者三岁一更，近者一二岁再更。故州县之政，苟有不利于民，可以出意革去其甚者，在刺史，曰：'我明日即去，何用如此？'在县令，亦曰：'明日我即去，何用如此？'当愁醉醲，当饥饱鲜，囊帛椟金，笑与秩[20]终。"

呜呼！州县者，真驿耶！矧更代之隙，黠吏因缘恣为奸欺，以卖[21]州县者乎！如此而欲望生民不困，财力不竭，户口不破，垦田不寡，难哉！予既揖退老甿，条其言[22]，书于褒城驿屋壁。

〔注〕①褒城：唐属山南西道兴元府，今陕西勉县。　②寓目：观看。　③龙节虎旗：

节度使奉命出镇,赐双旌双节,符节和旗上画有龙虎图案。 ④ 驿:传递官方文书的马、车。轺(yáo 遥):轻便小车。 ⑤ 毂(gǔ 古)交蹄劘(mó 磨):车轴马蹄交错相磨。毂:车轮当中贯轴之处。劘:摩擦。 ⑥ 崇侈:高大宏敞,超过一般规格。 ⑦ 夕得其庇:夜间得住宿之地。 ⑧ 顾惜:爱惜。 ⑨ 鹢(yì 益):水鸟,指船头画饰。 ⑩ 汩(gǔ 古)泥:把水底泥浆搅乱翻腾。 ⑪ 某曹:我等,指驿馆人员。辈:个。 ⑫ 供馈:供应接待来往旅客的饮食。 ⑬ 开元:唐玄宗年号(713—741)。 ⑭ 富蕃:财物丰富,人口众多。 ⑮ 理平:太平。理,同"治"。 ⑯ 长(zhǎng 掌)子孙者:指年老的人。长,养。兵:指打仗。 ⑰ 金革:指刀枪甲衣钲鼓之类,此代指战争。 ⑱ 疆埸(yì 易):边疆。侵削:侵略削夺。 ⑲ 促数:经常。 ⑳ 秩:职位,指任期。 ㉑ 卖:欺骗,叛卖。 ㉒ 条其言:把他的话加以整理。

孙樵是唐宋十大家之一。其文以奇崛见长,自称"尝得为文真诀于来无择,来无择得之于皇甫持正,皇甫持正得之于韩吏部退之"。可见他是韩愈的三传弟子。这篇讽刺杂文就继承了韩愈"不平则鸣"的精神和奇崛犀利的文风,主要有以下三大特点:

一、借题发挥,有以小见大之妙。文中从目睹褒城驿荒凉残破的景象,在于过往旅客"暮至朝去"的临时观点,因而糟蹋公物,不加爱惜;进而假托老甿之口来借题发挥,揭露朝廷对州县官吏不仅所用非人,而且更换频繁,恰如"暮至朝去"的旅客一样,把州县当旅馆,不去兴利除弊,只管在短期内饱肥私囊,任满离去;而且,在新旧官员交接之隙,黠吏又乘机胡作非为。由此导致天下生民日困,财力日竭,户口日减,垦田日少。这就从一驿之兴废,推及天下之盛衰:小中见大,深达物情之理致;见微知著,明察时弊之症结。故意蕴丰富,发人深省。其间从眼前一瞬所见,到引出历史的反思;从一驿的荒凉残破,到普天下的吏治腐败,时间"思接千载",空间"视通万里",包容无限时空于一瞬尺幅之中,此为一妙。在手法上,驿站之破的原因,只从驿吏口中写出;而"举今州县皆驿也"的感叹,即天下凋敝的原因,又只从"老甿"口中道出;作者并不直接出面议论,而胸中的不平波澜全寓其中。托人之口,煞有介事,寓议于叙,不露痕迹,隐微而显,耐人寻味,此则又一妙也。

二、章法严密,极尽变化之奇。首段写褒城驿的荒芜残破及其原因。首句刚说"褒城驿号天下第一",次句即陡然一转"及得寓目"如何荒残,这是欲抑先扬,形成反跌,大有"百闻不如一见"之叹。以下四个分句两长两短并列,从池沼水浅混浊长满茅草,游船破碎陷住浮不起来,庭院台阶荒芜,中堂厢房残破四个方面铺叙其荒残,再以"乌睹"(哪里看得出)一句反问总收,推翻"号天下第一"的传闻。如此名不符实,故当"讯于驿吏",从而自然过渡到第二层写其荒残的原因,引出驿吏所答一段。先用一个二重因果复句写昔日之所以兴盛:因为忠穆公严震当初出任山南西道节度使(相当于古代梁州牧),褒城是控制山南西道节度使治所南郑(今陕西汉中)和凤翔节度使治所天兴(今陕西凤翔)两处的交通要冲,所以车马往来络绎不绝("由是"以前是二重因果复句的原因部分,也是由因果复句构成)。"由是"扩大驿站建制规格,以示雄伟壮观(结果部分)。然后分四个方面写今日所以残破:一是用"且""苟""宁"三词关联构成进层、假设复句,说明来往人多,皆"暮至朝去",故无"顾惜"之心;二是用"至如""至有"等词关联,从"棹舟""渔钓""饲马""宿隼"四个方面并列而进层地铺叙旅客尽情糟蹋公物,用"凡所以"(全用来)一句收缩;三是用两个二重复句(让步套因果和二重因果)并列,说明官越大,下属越横暴难禁;四是用因果套让步二重复句,说明驿站维修者少,而来往破坏者多。"由是日益破碎,不与曩类"二句,虽不在段末,却是总括以上四个原因的。第二段"语未既"二句,是承接首段过渡到本段"老甿"的发言,同时"老甿"突然出现,使文势波澜更加耸观。"举今州县皆驿也"一句,既是本段议论的总纲,也是联系一二两段类比的关键,因而亦即全文主旨所在。从"吾闻开元中"到"其故何哉"为本段第二层,通过昔盛反衬今衰,逼出当前的问题:从户破、田寡、民困、财竭四个方面突出"今者天下"的凋敝现象,再以"其故何哉"设问,引出第三层对原因的剖析。先说州县长官对于天下大治如何重要;接着一转,说朝廷对此却轻率任命,即所用非人;又频繁调换,造成临时观点。所以州县官都不愿去做为民兴利除弊之事,总觉得"明日我即去,何用如此"?于是他们愁则醉饮美酒,饥则饱食肥鲜,竭力聚敛贮藏,丝帛金银装满私囊木柜,乐呵呵地当满任期离去。这就淋漓尽致地揭露了朝廷对州县官所用非人和频繁调换所造成的严重恶果,揭示出天下凋敝的症结,与驿站荒废的根源事异而理同的实质。第三段才写作者听后的感慨:先惊呼,继感叹,再用"矧"(况且)递进一层,补充还有狡黠的胥吏趁州县官交接之隙,大搞奸伪欺骗、损公肥私之事,这样,怎能不民困、财竭、户破、田寡呢!回应了"老甿"之语。结以"条其言,书于褒城驿屋壁",点明文题。

三、对比鲜明,揭露、讽刺鞭辟入里。全文处处运用对比、宾主映衬手法。如开头"号天下第一"与"及得寓目"的实况,是传闻与眼见的对比;驿吏介绍昔日的"崇侈""雄大"与今日的"日益破碎"的对比;官小的下属与官大的下属横暴程度的对比;驿站"八九辈"修缮者与"数十百人"破坏者的对比;老甿发言中开元时代的"富蓄""理平"与"今者天下"的衰败凋敝的对比;州县对天下大治的重要与朝廷"轻任"态度的对比;民困户减、田寡财竭,与官吏的"醉醲""饱鲜""囊帛椟金"的对比……而全文旅客糟蹋驿站与州县官破坏天下,更是重大的同类对比。所有这些对比,都以前者为宾,后者为主,以宾衬主,不仅文情变化错综,而且使揭露讽刺更加深刻有力、鞭辟入里，作者寄寓其中的褒贬态度和丰厚意蕴，也更加鲜明而又耐人寻味了。

（熊 笃）

书何易于　　孙 樵

何易于尝为益昌[①]令，县距刺史治所四十里，城嘉陵江南。刺史崔朴尝乘春自上游多从宾客歌酒，泛舟东下，直出益昌旁。至则索民挽舟，易于即腰笏，引舟上下。刺史惊问状，易于曰："方春，百姓不耕即蚕，隙不可夺。易于为属令，当其无事，可以充役。"刺史与宾客跳出舟，偕骑还去。

益昌民多即山树茶，利私自入。会盐铁官奏重榷筦[②]，诏下所在不得为百姓匿。易于视诏曰："益昌不征茶，百姓尚不可活，矧厚其赋以毒民乎！"命吏划去。吏争曰："天子诏所在不得为百姓匿，今划去，罪愈重。吏止死，明府公[③]免窜海裔耶？"易于曰："吾宁爱一身以毒一邑民乎？亦不使罪蔓尔曹。"即自纵火焚之。观察使闻其状，以易于挺身为民，卒不加劾。

邑民死丧，子弱业破不能具葬者，易于辄出俸钱，使吏为办。百姓入常赋[④]，有垂白偻杖者，易于必召坐与食，问政得失。庭有竞民，易于皆亲自与语，为指白枉直。罪小者劝，大者杖，悉立遣之，不以付吏。治益昌三年，狱无系民，民不知役。改绵州罗江[⑤]令，其治视[⑥]益昌。是时故相国裴公[⑦]出镇绵州，独能嘉易于治。尝从观其政，道从[⑧]不过三人，其察易于廉约如是。

会昌五年[⑨]，樵道出益昌，民有能言何易于治状[⑩]者，且曰："天子设上下考以勉吏[⑪]，而易于考止中上[⑫]，何哉？"樵曰："易于督赋如何？"曰："止请贷期[⑬]，不欲紧绳[⑭]百姓，使贱出粟帛。""督役如何？"曰："度支费不足[⑮]，遂出俸钱，冀优贫民。""馈给往来权势如何？"曰："传符[⑯]外一无所与。""擒盗如何？"曰："无盗。"樵曰："予居长安，岁闻给事中校考[⑰]，则曰：'某人为[⑱]某县，得上下考，由考得某官。'问其政，则曰：'某人能督赋，先期而毕；某人能督役，省度支费；某人当道[⑲]，能得往来达官为好言；某人能擒若干盗。’县令得上下考者如此。”邑民不对，笑去。

樵以为当世在上位者，皆知求才为切。至如缓急[20]补吏，则曰：“吾患无以共治”；膺命举贤，则曰：“吾患无以塞诏。”及其有之，知者何人哉？继而言之，使何易于不有得于生，必有得于死者，有史官在[21]。

〔注〕①益昌：县名，治所在今四川广元南。②榷筦：指对某些物资实行专卖管理。筦，同“管”。③明府公：唐时对县令的尊称。④常赋：指按规定要交纳的赋税，与临时增收的苛捐杂税相对。⑤绵州：州治在今四川绵阳市东。罗江：县名，在今四川绵阳西南。⑥治：政绩。视：相当于。⑦裴公：指裴度。度字中立，屡任宰相。《新唐书·循吏传·何易于传》说是裴休。⑧道从：前导与随从人员。道，《唐文粹》作“导”。⑨会昌五年：公元845年。会昌，唐武宗年号。⑩治状：治理（益昌）时的情况。⑪上下考：唐代考核官吏的善恶功过，分三等九级：上上、上中、上下，中上、中中、中下，下上、下中、下下。唐代地方官所能得的最高考绩为“上下考”，故曰设此以“勉吏”。⑫中上：中等中的上等。⑬贷：放宽。⑭紧绳：过急地勒逼。⑮“度支”句：国家财政部门所拨的经费不够。⑯传（zhuàn撰）符：凭券，证件。古代官员、使者外出，按品级给券由各地驿站供应食宿、车马。⑰给事中：官名，唐初吏部每年举行内外官考绩时，给事中参加监考。校（jiào叫）考：考核官吏好坏。⑱为：治。⑲当道：（作官之地）正当交通要道。⑳缓急：偏义复词，急需。㉑“使何易于”三句：即使何易于在世时没有得到“在上位者”的赏识，但在他死后肯定会得到应有的评价，因为还有秉笔直书的史官在呢！

作者曾在《孙樵集·自序》中称，“藏书五千卷，常自探讨，幼而工文，得之真诀”。从此文来看，他是颇得史迁传记笔法的“真诀”的。

为何易于作传，先以“奇事”出之：亲为刺史挽舟。顶头上司崔朴乘船从嘉陵江顺流而下，歌酒游春，兴致盎然。进入益昌县后，“索民挽舟”；身为下属的益昌县令何易于既不趋奉讨好，亦不驱民助兴，而是亲自“腰笏，引舟上下”。这一特殊的行动自然引起了刺史的且“惊”且“问”，而不卑不亢、绵里藏针的回答，才是易于对上司“索民挽舟”的本意，民忙官闲，可以充役，则表明了益昌百姓万万不可为役的态度，同时也是对刺史不理政务、游春扰民的否定与谴责，从容、婉转，却又尖锐、直露。刺史跳舟而还，是其一“引”一“答”的效果，也是何易于人品、智慧、勇气、胆量的综合体现。

奇事之二：纵火焚诏。这次“顶”的是比刺史更权威的“诏书”，为了保证一邑之民的“利私自入”，他宁愿冒流放海裔的危险，也不厚赋毒民，征收茶税。这件事以易于与小吏间的问答来表现，显出下属的关切之情与此事的干系之重。吏之“争”与刺史之“惊”一样，衬托了何易于的刚正与爱民。

引舟、焚诏这两个“典型事例”，已经展示了何易于的性格基调，作者因而由实入虚，概述易于在其他方面的情况：助民治丧、尊老问政、立遣竞民、部从极少、为政简约，从不同的角度对“性格基调”予以补充、扩展，使形象趋于完整、丰满。至于易于改任罗江令后的政绩，则以“视益昌”一言概之，读者据此可以生发出无穷的想象，而担任绵州刺史的故相国裴公的“观政”，则是对读者“想象”的证实与限定，虚实相生，详略有致，平中见奇，叙中有赞。

行文至此，文章本可结束，作者却插入自己“道出益昌”的经历，通过自己与益昌邑民的对话，从何易于与其他官吏的对比中，再次对上文的叙述作出有力的印证与烘托。“邑民不对，笑去”，悲慨满膺却又含蓄凝重，寄寓了作者“不平则鸣”的批判精神：勤政爱民、清正廉洁的何易于考核止得“中上”，沉沦下僚，而“紧绳平民”、巴结权贵的酷吏，反而横行腾达。考核制度的倾斜，使得忠佞易位、是非颠倒。作者情不自禁地为历史上的“何易于们”呼吁，尽管“在上位者”皆知求才之重要，都打出“共治”“塞诏”的招牌，实际上根本没有人能识拔真才、举贤授能。作者由事入理，情理交融，以精辟的语言解剖当时的现实：忠佞易位，考核混乱，有司昏庸。又以满腔的热情预言：“何易于不有得于生，必有得于死”！这解剖，这期待，不仅显示了作者的历史洞察力，而且也包含着作者充分的自信心。将一个普通县令的政绩、遭遇放到全国官吏的横断面上来考察比较，放到漫漫的历史长河中来描述评判，这就是孙樵的气魄、胸襟与境界！而详略交叉、虚实相应、事理相连、情理相生的精心结撰，又是孙樵驾繁就简、举重若轻的艺术表现力的集中体现。也许是何易于的事迹与孙樵记叙的魅力共同产生了传世“效应”，《新唐书》首先响应了孙樵的呼吁：据此文为何易于列了专传。人以文传，文以史重，使得易于事与孙樵文，同为千古美谈。孙耀祖、孙猷《经纬集笺评》曾深有感慨地说：“古来如何君贤令者不少矣，无樵等纪述，几与草木同朽。”

（周建忠）

【作者小传】

罗　隐

(833—909)　唐文学家。字昭谏。本名横，以十举进士不第，乃改名。自号江东生。杭州新城（今浙江富阳西）人。与罗邺、罗虬合称“三罗”。光启中，入镇海军节度使钱镠幕，后迁节度判官、给事中等职。其散文小品笔锋犀利，诗颇有讽刺现实之作。著有诗集《甲乙集》和《谗书》《两同书》等。清人辑有《罗昭谏集》。

英雄之言　　罗　隐

物之所以有韬晦者，防乎盗也①。故人亦然。

夫盗亦人也，冠履焉，衣服焉；其所以异者，退逊之心、正廉之节，不常其性耳②。视玉帛而取之者，则曰牵于寒饿；视家国而取之者，则曰救彼涂炭③。牵我寒饿者，无得而言矣；救彼涂炭者，则宜以百姓心为心。而西刘则曰："居宜如是④！"楚籍则曰："可取而代⑤！"意彼未必无退逊之心、正廉之节，盖以视其靡曼、骄崇，然后生其谋耳⑥。

为英雄者犹若是，况常人乎？是以峻宇、逸游，不为人所窥者，鲜矣⑦。

〔注〕 ① 物：这里指生物、动物。盗：指加害于身的外敌。 ② 不常其性：不能始终保持这种品性。常性，即上文"退逊之心、正廉之节"。 ③ 涂炭：污泥和炭火，喻困苦境地，犹言水深火热。《尚书·仲虺之诰》："有夏昏德，民坠涂炭。" ④ 西刘：秦亡，楚汉相争，汉在西，故称刘邦为"西刘"。居宜如是：概括《史记·高祖本纪》中刘邦艳羡秦帝豪华生活所说的"嗟乎，大丈夫当如此也"的话。 ⑤ 楚籍：项羽，名籍，后自立为西楚霸王，故称楚籍。《史记·项羽本纪》载：秦始皇出游会稽时，项羽和他的季父项梁看到秦始皇时说："彼可取而代也。" ⑥ 靡曼：奢侈、华美，指宫殿服饰。骄崇：骄贵尊崇，指地位作风。 ⑦ 逸游：舒适游乐的物质条件。窥：窥伺，犹言暗算。

本文选自罗隐的《谗书》。《谗书》是罗隐抒写杂感的小品文集，编成于唐懿宗咸通八年(867)正月。其自序云："有可以谗者则谗之，亦多言之一派也。而今而后，有诮予以谗自矜者，则对曰：'不能学扬子云寂寞以诳人。'"鲁迅曾说："罗隐的《谗书》，几乎全部是抗争和愤激之谈。"(《南腔北调集·小品文的危机》)

这篇《英雄之言》，推衍《庄子·胠箧》"窃钩者诛，窃国者为诸侯"的论点，进一步指出以救民为号召的英雄们，其真正目的，只不过是为了满足个人的私欲而已。

文中所谓"英雄"，实则是指那些窃取高位、夺得重权者。他们口中之"言"，多为救民于水火、救国于倾危的冠冕堂皇的高调宏论；而他们心中所思，却是追求高楼大厦的住处和锦衣玉食的生活。"英雄"们以其言掩其心，以其言惑于众，以其言逞其欲。作者褫其华衮，裸其本质，使人认识滔滔英雄者，皆如是也。

作者写"英雄"言与心的不一、表与里的相违，先从物的"韬晦"写起。动物韬光晦迹(收敛光芒，隐藏踪迹)，是本能。这种本能是出于防范外敌，保存自身。

揭示了这一普遍规律后，以“故人亦然”一语即切入本题。人的韬晦，也是“防乎盗”。而“盗亦人”，盗只是人性的异化，“退逊之心、正廉之节，不常其性耳”，不能始终保持谦退、正直、廉洁的本性，那就成了“盗”。盗玉帛的，说是被饥寒驱迫；盗国家的，却说是救人民于水深火热。受饥寒之迫，不必苛责；说救民于水火，按理应以百姓之心为心。可是那些以救世主自居的英雄内心究竟如何呢？当年刘邦到咸阳见到秦帝豪华生活和壮丽宫殿，不胜羡慕地说：“嗟乎，大丈夫当如此也！”项羽和他的季父项梁在会稽见到秦始皇时说：“彼可取而代也。”作者认为他们都是见到帝王靡曼、骄崇的生活，泯没了“退逊之心、正廉之节”，已丧失了“以百姓心为心”的良知。他们高喊“救彼涂炭”，实为欺世诳众。

文章结束部分，由“英雄”推及“常人”，点出人多向往“峻宇”“逸游”，只是人们往往以“英雄之言”掩盖其不雅、不洁、不仁的内心罢了。

一般地说，罗隐的小品文放胆抨击唐末藩镇、宦官、朋党间尔虞我诈、勾心斗角的权利之争，揭露嗜权鸩欲者的伪善，在当时社会环境中，确实是光彩烨烨，锋芒锐利，对后世也不失其鉴戒意义。当然，罗隐毕竟是封建社会的进步文士，不可避免地表现出受其历史和阶级的局限。《英雄之言》中既有揭露“窃国”的“英雄”伪诈的一面，又有儒家“性善”说的腐见。他认为那些盗，是“退逊之心、正廉之节，不常其性”；那些“英雄”，也是“意彼未必无退逊之心、正廉之节”；人的本性应该是有着“退逊之心、正廉之节”的。这显然不符合马克思主义的观点。但我们决不能以此苛求古人，从而贬损其在当时历史条件下的价值。

（徐应佩）

天　机　　　　罗 隐

善而福，不善而灾，天之道也。用则行，不用则否，人之道也。天道之反，有水旱残贼之事；人道之反，有诡谲权诈之事。是八者谓之机也。机者，盖天道人道一变耳，非所以悠久也。

苟天无机也，则当善而福，不善而灾，又安得饥夷齐而饱盗跖①。苟人无机也，则当用则行，不用则否，又何必拜阳货而劫卫使②。是圣人之变合于其天者，不得已而有也，故曰“机”。

〔注〕 ①“饥夷齐”句：夷齐，即伯夷、叔齐。他兄弟二人是商末孤竹君之子。初孤竹君以次子叔齐为继承人，孤竹君死后，叔齐让位，伯夷不受，后二人都投奔到周。到周后，反对周武王进军讨伐商王朝。武王灭商后，他们又逃到首阳山，不食周粟而死。盗跖：旧时对跖的蔑称。跖为春秋战国时期人民起义领袖，《庄子·盗跖》说他率“从卒九千人，横行天下，侵暴诸侯”，所

到之处，使“大国守城，小国入保（堡）”。　②“拜阳货”句：《论语·阳货》：“阳货欲见孔子，孔子不见，归（馈）孔子豚。孔子时其亡也，而往拜之，遇诸涂。谓孔子曰：‘来！予与尔言。’曰：‘怀其宝而迷其邦，可谓仁乎？’曰：‘不可。’‘好从事而亟失时，可谓知（智）乎？’曰：‘不可。’‘日月逝矣，岁不我与。’孔子曰：‘诺。吾将仕矣。’”阳货，季氏家臣，名虎，尝囚季桓子而专国政。孔子不得已而拜阳货。

罗隐的《天机》反映了他进步的天道观。所谓天机，犹言天之机密，即天意。关于天道，最初包含有日月星辰等天体运行过程和用来推测吉凶祸福的两个方面，亦即包括天文学知识和关于天帝、天命等迷信观念两个方面的因素，而后者则被利用为殷周神权统治的工具。如《书·汤诰》：“天道福善祸淫，降灾于夏。”但宗教迷信的天道观，至春秋时已经动摇，人们开始怀疑天道主宰人事的观念，产生了朴素唯物主义思想。罗隐不是泥守“福善祸淫”的天命论，而提出“机”说。机者，变也。人的祸福凶吉往往不合于关于天道的腐说，而常常有种种变化。这就从强调变化中否定了天道的祸福守恒律。

罗隐首先将“天道”与“人道”并列提出，天道是“善而福，不善而灾”，人道是“用则行，不用则否”。“善”，从道德观念上说；“用”，从行为表现上讲。罗隐将“天道”与“人道”分项阐说，这就首先否定了“天道”决定“人道”的观点。同时又进一步从它们的“反”面来说，天道反了，即有水旱残贼之事；人道反了，则有诡谲权诈之事。违背了自然与社会正常规律，那就产生了灾祸。“水旱残贼”“诡谲权诈”是“道”的“变”，也就是反道了，那便是“机”。认识了没有固定不变、悠久常是的“道”，那就知道祸福凶吉不会是守常不变的。

天道有“机”，人道亦有“机”，都有反常违律之处。罗隐进一步以伯夷、叔齐饿死首阳山，柳下跖虽盗而温饱的事实，说明恰恰有善而灾，不善而福的情况。同样，按“人之道”，用当行，不用当否，那么孔子何必拜阳货，在阳货关于“仁”“知”的说教下，答应“吾将仕矣”。劫卫使不用者而又当用。因此，圣人之变也有不得已而合于天的情况，这就叫做“机”。

罗隐反复论证，集中证明“天机”就是有不合“天之道”“人之道”的情况，也就是客观现实不完全合于理念上所想象的法则，实际上提出一种符合客观的规律，世事万物都无时不在变化着。但罗隐此文不是哲学论文，而是针砭时弊之作，意在说明唐代的社会有很多颠颠倒倒的现象，因此不可能以今天的哲学观点予以品评。作者表面上好像是说这种颠倒是“天机”，实际上乃在于否定其不合天之道、人之道。这种名为肯定实为否定的笔法，既合事理之道，又得艺术之妙，在罗隐小品论说之作中，也是颖异而突出的。　（徐应佩）

皮日休

【作者小传】

(约834—约883) 唐文学家。字逸少,后改袭美。襄阳(今湖北襄樊)人。早年住鹿门山,自号鹿门子、间气布衣等。咸通进士。曾任太常博士。后参加黄巢起义军,任翰林学士。黄巢兵败后为唐廷所害。旧史说他因故为黄巢所杀。或谓黄巢败后流落江南病死。诗文与陆龟蒙齐名,人称“皮陆”。颇多借古讽今的作品。著有《皮子文薮》。

读《司马法》

皮日休

古之取天下也以民心,今之取天下也以民命。

唐、虞尚仁,天下之民,从而帝之①。不曰取天下以民心者乎?汉、魏尚权②,驱赤子于利刃之下③,争寸土于百战之内。由士为诸侯,由诸侯为天子,非兵不能威,非战不能服。不曰取天下以民命者乎?

由是编之为术④。术愈精而杀人愈多,法益切而害物益甚。呜呼,其亦不仁矣!

蚩蚩⑤之类,不敢惜死者,上惧乎刑,次贪乎赏。民之于君,由子也⑥。何异乎父欲杀其子,先给以威,后啗以利哉?

孟子曰:“我善为阵,我善为战,大罪也⑦!”使后之士于民有是者⑧,虽不得土,吾以为犹土焉⑨。

〔注〕 ① 唐:唐尧,即陶唐氏,传说中的古帝名。虞:虞舜,即有虞氏,传说中的古帝名。相传尧、舜实行“禅让”,不传子孙,是古代著名圣君。 ② 尚权:崇尚权力,注重权术。 ③ 赤子:婴儿,比喻人民。 ④ 由是编之为术:谓用兵作战有了经验,就把它编成兵法。 ⑤ 蚩蚩:忠实貌。 ⑥ 由:通“犹”,好像。一本作“犹”。 ⑦ “我善”三句:出于《孟子·尽心下》。 ⑧ 士:指任官吏。有是者:有这样的用心,指上面孟子所说的话。 ⑨ “虽不”二句:即使他没有获得土地,我认为和获得土地一样。

这是作者读古代兵书《司马法》后的一篇读后感。文章写得语精意明,论证严密,对当时的社会现实有强烈的针砭意义。

《司马法》是我国古代一部讲战略战术的军事著作。《史记·司马穰苴列传》云:“齐威王使大夫追论古者司马兵法,而附穰苴于其中,因号曰《司马穰苴兵法》(后世简称为《司马法》)。”司马穰苴是春秋时齐国大夫,姓田,名穰苴,官为司马。

他精通兵法，善于用兵打仗。皮日休这篇读后感，并非谈这部兵法的具体得失，或从军事科学的角度予以评价，而是从更高一个层次上谈民心与帝治的问题。《司马法》仅仅是个引起作文的动机，并不是论述的对象。

对比立论是本文谋篇构思的最大特点。作者从儒家的民本思想出发，主张君主尚仁，以得民心，同时也就反对征战而牺牲民命去夺取权力。立和破并举，是和非同提，取和舍共论，在尖锐对立和鲜明对比中使立论确凿坚实。具体表现为如下几方面：

提出论点：正反对举。开篇即揭示中心论点："古之取天下也以民心，今之取天下也以民命。"前句与后句句式相同，仅两字相异。也就是这相异的两字，从"古"与"今"的对比中，显示了"心"与"命"的判然之别。

阐释论点：双双对照。阐释"古之取天下也以民心"，所说"唐、虞尚仁，天下之民，从而帝之"与阐释"今之取天下也以民命"所说的"汉、魏尚权……非兵不能威，非战不能服"，两相对照，其理彰明。"尚仁"，能爱人则得民心；"尚权"，想夺权便要毙民命。

引申论点：两相比较。作者认为兵法"术愈精而杀人愈多，法益切而害物益甚"，这是将帅的"不仁"。而这又为什么能驱赶士兵去赴死的呢？完全是因为"上惧乎刑，次贪乎赏"，这是士兵的"不智"。嗜权者心存不仁，驱不智之兵，既丧本方士兵之命，又毙敌阵士众之命，结果"一将功成万骨枯"。作者将理论和实际相联系，将帅和士兵相比较，将论点所述进一步深化，说理更为透彻。

得出结论：兼及双方。得出结论时，作者仍然顾及两方面：取天下以民命，则"我善为阵，我善为战，大罪也"；取天下以民心，则"虽不得土，吾以为犹土焉"。回应论点时，语言有别，其意相同。本文从头到尾，围绕一个中心，或自己立言，或引他人语，或从理论上阐述，或联系实际分析，都立与破并举，使读者从对比中信服所论述的观点。

作者为了使对立对举鲜明，采取对称句式，如"古之取天下也以民心，今之取天下也以民命"，"唐、虞尚仁……汉、魏尚权"；为了强化某方面，也以偶句出之，如"驱赤子于利刃之下，争寸土于百战之内"，"非兵不能威，非战不能服"，"术愈精而杀人愈多，法益切而害物益甚"，"上惧乎刑，次贪乎赏"之类。文句整饬，含义丰赡，且气势酣畅。

本文揭露了汉魏以来封建统治者不惜以人民生命夺取个人权位的罪恶本质，这在晚唐藩镇割据、战争频仍的情况下，有明显的进步意义。但文中以尧、舜时“天下之民，从而帝之”说明古之取天下以民心，将原始公社时期和后来的阶级社会同等看待，同时不区分战争正义与非正义的性质，一概加以反对，也就显出其历史和阶级的局限性。

（徐应佩）

【作者小传】

陆龟蒙

（？—约881）　唐文学家。字鲁望。姑苏（今江苏苏州）人。曾任湖、苏二州从事，后隐居甫里，自号江湖散人、甫里先生，又号天随子。诗文与皮日休齐名，人称“皮陆”。散文对当时社会多讽刺和揭露。诗多写景咏物。著有《笠泽丛书》《甫里集》。

野　庙　碑并诗　　陆龟蒙

碑者，悲也。古者悬而窆，用木；后人书之，以表其功德，因留之不忍去，碑之名由是而得①。自秦、汉以降，生而有功德政事者，亦碑之；而又易之以石，失其称②矣。余之碑野庙也，非有政事功德可纪，直悲夫甿竭其力，以奉无名之土木而已矣③。

瓯、越间好事鬼，山椒水滨多淫祀④。其庙貌⑤有雄而毅、黝而硕者，则曰将军；有温而愿、晰而少者⑥，则曰某郎；有媪而尊严者，则曰姥；有妇而容艳者，则曰姑。其居处，则敞之以庭堂，峻之以陛级⑦，左右老木，攒植森拱；萝茑翳于上，鸱鸮室其间⑧。车马徒隶⑨，丛杂怪状。甿作之，甿怖之，走畏恐后。大者椎牛，次者击豕⑩，小不下犬鸡。鱼菽之荐，牲酒之奠，缺于家可也，缺于神不可也。一日懈怠，祸亦随作，耋孺畜牧栗栗然。疾病死丧，甿不曰适丁⑪其时耶！而自惑其生，悉归之于神。

虽然，若以古言之，则戾；以今言之，则庶乎神之不足过也。何者？岂不以生能御大灾、捍大患！其死也，则血食于生人⑫。无名之土木，不当与御灾捍患者为比，是戾于古也明矣！今之雄毅而硕者有之，温愿而少者有之：升阶级、坐堂筵、耳弦匏⑬、口粱肉、载车马、拥徒隶者，皆是也。解民之悬，清民之暍⑭，未尝怵于胸中。民之当奉者，一日懈怠，则发悍吏，肆淫刑，驱之以就事。较神之祸福，孰为轻重哉？平居无事，指为贤良；一旦有天下之忧，当报国之日，则佪挠脆怯⑮，颠踬窜踣⑯，乞为囚虏之不暇。此乃缨弁⑰言语之土木，又何责其真土木耶？故曰：以今言之，则庶乎神之不足过也。

既而为诗，以乱⑱其末：

土木其形，窃吾民之酒牲，固无以名；土木其智，窃吾君之禄位，如何可仪⑲！禄位颀颀⑳，酒牲甚微，神之飨也，孰云其非？视吾之碑，知斯文之孔㉑悲。

〔注〕 ①"古者悬而窆"数句：据《释名·释典艺》："碑，被也。此本葬时所设也，施辘轳，以绳被其上，引以下棺也。臣子追述君父之功美，以书其上。后人因焉，无故建于道陌之头，显见之处，名其文就谓之碑也。" ② 失其称：失去其名称的原意。吴讷《文章辨体·序说》："秦汉以来，始谓刻石曰碑，其盖始于李斯峄山之刻耳。" ③"直悲"二句：直，只，仅。甿(máng芒)，农民。土木，指泥塑木雕的偶像。 ④"瓯越"二句：瓯(ōu欧)越，指今浙江东南温州一带地区。山椒，山顶。 ⑤ 庙貌：指庙里的神像。 ⑥ 温而愿：温文而谨厚。晰(xī昔)而少：洁白而年轻。 ⑦ 陛级：原为宫殿台阶，这里指野庙的台阶。 ⑧"萝茑"二句：萝茑(niǎo鸟)，女萝和茑萝，都是蔓生植物。枭鸮(xiāo xiāo消消)，两种猛禽。室，筑巢。 ⑨ 车马徒隶：指陈列在神庙两廊供神使用的车马和鬼卒。 ⑩"大者"二句：椎牛，宰牛。击豕，杀猪。 ⑪ 丁：遇到。 ⑫ 血食于生人：从活人那里得到祭祀。 ⑬ 耳弦匏(páo刨)：听琴瑟、笙竽奏的音乐。 ⑭"解民"二句：悬，倒悬。暍(yē椰)，中暑。解悬、清暍，比喻解除人民痛苦。 ⑮ 佪(huí回)挠脆怯：慌乱怯懦，脆弱畏缩。 ⑯ 窜踣(bó伯)：逃窜。 ⑰ 缨弁：有带子的帽子，指古代官吏的服装。 ⑱ 乱：乐曲的末章。 ⑲ 仪：仪法，这里意为"取法"。 ⑳ 颀(qí旗)颀：高貌。 ㉑ 孔：甚，很。

碑文，源于古代墓葬以绳引棺下圹时，"臣子追述君父之功美，以书其上。后人因焉，无故建于道陌之头、显见之处，名其文就，谓之碑也"(刘熙《释名·释典艺》)。秦后又称记功的刻石为碑。吴讷《文章辨体·碑文》："秦始刻铭于峄山之巅，此碑之所从始也。"又《序说》："自秦汉以来，始谓刻石曰碑。"秦始皇东巡时，李斯所竖的峄山碑，即为"刻石颂秦德"的。可见碑文多歌功颂德之作，起赞扬表彰的作用。然而，陆龟蒙却为野庙立碑，更别有新意。"野庙"，既非名山大寺，也非千年古刹，仅为荒山野处的普通庙宇。因此，他既不讲庙宇的巍然壮观，也不讲神佛的威煞灵异，更不讲寺院的历史沿革，或善男信女的虔诚膜拜，而称"余之碑野庙也，非有政事功德可纪，直悲夫甿竭其力，以奉无名之土木而已矣”，这就无怪乎他于开篇即别出心裁地根据字的谐音指出：“碑者，悲也。”以悲为全文基调，以悲为通篇枢轴，以悲为首尾呼应。

一悲民之“淫祀”。《礼记·曲礼下》云：“非其所祭而祭之，名曰淫祀。”“瓯、越间好事鬼，山椒水滨多淫祀”，古代百越之地（今浙江东南部、福建东北部一带），山顶水边多“淫祀”。从地域的广阔和处所的多样，说明了淫祀面广人众，且扣紧“野庙”行文。淫祀的表现，一为祀之无由。农村居民建庙祀神，并非因为神的灵异、神的功德，纯然出于一种愚昧心理。“其庙貌有雄而毅、黝而硕者，则曰将军；有温而愿、晰而少者，则曰某郎；有媪而尊严者，则曰姥；有妇而容艳者，则曰姑。”可见祭祀时，原先并无定准，并非出于对某神明的崇奉，而是就“庙貌”而予以附会，随意指定而已。且所敬之神，“将军”与小姑并列，少年与老媪同堂，无内在联系，非统一整体。把这些“无名之土木”奉之为神，足见其愚。二为祀之甚隆。“其居处，则敞之以庭堂，峻之以陛级，左右老木，攒植森拱；萝茑翳于上，鸱鸮室其间。车马徒隶，丛杂怪状。”给这些无名之土木，筑了高堂大屋，修了级级阶梯，地高殿敞，十分威严。庙的左右，有老树护卫；庙的墙上，有藤蔓攀援，殿堂内凶猛的鸱鸮筑巢，还有一些车马仆役的塑像。由此可见人们对野庙中的神极为尊崇，不惜代价修庙盖殿。三为祀之极诚。人们不惜代价祭奠。“大者椎牛，次者击豕，小不下犬鸡。鱼菽之荐，牲酒之奠，缺于家可也，缺于神不可也”，或是椎牛宰猪，或是杀鸡烹鱼，家中可缺，祭神不可少，虔诚之极。本为无由之祀，加之又如此隆重与虔诚，且山椒水滨多如此，充分描述了“淫祀”。

不仅如此，作者还揭示了“淫祀”的本质。那些木偶土梗，原系“甿作之”，是他们自己树起的偶像，可是却“甿怖之”，自欺自惑。一旦遇上疾病死丧，“悉归之于神”，老人小孩都害怕恐惧。这就如韩愈《题木居士》诗所写：“火透波穿不计春，根如头面干如身。偶然题作木居士，便有无穷求福人。”一段被火烧水蚀的烂木头，居然被人顶礼膜拜，崇信虔敬。陆龟蒙写越人淫祀，以其面之广，其殿之大，其祭之诚，极写其愚。

二悲官之贪暴。作者由“以今言之，则庶乎神之不足过也”，翻跌入官的贪婪暴虐，笔锋犀利，戟刺有力。今之当官者，其外观犹如庙貌，“雄毅而硕者有之，温愿而少者有之”，武将、文官都有。他们“升阶级、坐堂筵、耳弦匏、口粱肉、载车马、拥徒隶”，享用民脂民膏，可是作威作福，鱼肉人民，麻木不仁，对“解民之悬，清民之暍，未尝怵于胸中”，根本上不管民众的死活，何谈体恤民生的疾苦！民众一旦奉之懈怠，他们就“发悍吏，肆淫刑，驱之以就事”。祭神“一日懈怠，祸亦随作”，那只是甿“自惑其生”；残害民众，却是当官者主动施刑发威。平居无事时，就是这么凶残贪索，“一旦有天下之忧，当报国之日，则佪挠脆怯，颠蹶窜踣，乞为囚虏之不暇”，在敌人面前却一反常态，由凶变为懦，由贪化为乞，贪生怕死，摇尾乞怜，丑态百出。这段文字乃全篇之要旨。作者缘野庙写起，要跃入本题，用类比、反衬的办法，使行文如行云流水，不显痕迹。“若以古言之，则戾；以今言之，则庶乎神之不足过也”，以此为关键，以古今反向联比，以“过”为层级对比。官的虐民系官主动，不像民受神愚弄乃“自惑”；官的虐民使民实受其害，神的“降祸”只是臆想附会，证明官一方面乃“缨弁言语之土木耳”，另一方面较神之为害更甚。

本文写作意在抨击晚唐时官场的昏聩，却从“碑”写到“野庙”，写到“淫祀”，由远而近，由外而内，由彼而此，貌似离题旨太远，其实正是作者构思的巧妙处。第一段从碑的记政事功德反激出野庙“非有政事功德可纪，直悲夫甿竭其力，以奉无名之土木而已矣”，第二段紧承上段写对无名土木的淫祀，第三段对“缨弁言语之土木”予以鞭挞，说明“神之不足过”。第一段为第二段的导引，第二段为第三段蓄势。最后一部分以诗结束，兼及神与官两方面，进一步以官神对比，对“窃吾君之禄位”的贪官暴吏，进行猛烈抨击。篇末再点“悲”字，突出了作者悲甿的本意，同时使文章首尾呼应，浑然一体。

本文以“悲”贯之始终，核心在悲甿之愚。正因为愚，才把无名之土木奉为神明，淫祀不已。也因为其愚，才对缨弁言语之土木不敢反抗。那些神，“甿作之，甿怖之”，如果认识到既为己作便不怖，就自然视之为土木而已。同样，如果认识到官也不过是靠人民而存活的，破除了迷信，清醒了认识，那么也就视同于无名土木。作者所以用祀神和官吏相比，其深层的涵意也就在此。“悲甿”，不仅仅是同情，还有着“警甿”的用心。

鲁迅先生在《南腔北调集・小品文的危机》中称陆龟蒙的小品文为“一塌糊涂的泥塘里的光彩和锋芒”。这篇庙碑立意颖出，谋构奇巧，确实是光彩焕然，锋芒毕露。

（徐应佩）

象耕鸟耘辨　　陆龟蒙

世谓舜之在下也，田于历山①，象为之耕，鸟为之耘，圣德感召也如是。余曰：斯异术也，何圣德欤？孔子叙《书》②，于舜曰浚哲文明，圣德止于是而足矣，何感召之云云乎！然象耕鸟耘之说，吾得于农家，请试辨之。

吾观耕者行端而徐，起拨③欲深。兽之形魁者无出于象。行必端，履必深，法其端深，故曰象耕。耘者去莠，举手务疾而畏晚。鸟之啄食，务疾而畏夺，法其疾畏，故曰鸟耘。试禹之绩，大成而后荐于天，其为端且深，非得于象耕乎！去四凶④恐害于政，其为疾且畏，非得于鸟耘乎！不然，则雷泽之渔⑤，河滨之陶⑥，无一感召何也？岂圣德有时而不德耶！孟子曰，尧舜与人同耳，而好事者张以就其怪。怪非圣人之意也，吾病其书之异端，殴之使合于道。人其从我乎，虽不从，吾亦不能变其说。

〔注〕 ① 历山：相传为舜耕作的遗迹。其说法不一，较著名的有：(1) 在山东济南市南，又名舜耕山、千佛山。(2) 山东菏泽市东北。(3) 在山西垣曲东北，为中条山主峰之一，山上有舜王坪。(4) 在山西永济东南。(5) 在浙江余姚西北，相传舜后裔居此。(6) 一名釜历山，在浙江永康南，山巅有田、井，皆以舜名。(7) 在湖南桑植西北，澧水发源于此。 ② 叙《书》：为《尚书》作序。 ③ 拨(fá 伐)：耕地时第一畚起出的土块。 ④ 四凶：指古代传说中舜所流放的四个部族的首领。《尚书·舜典》："流共工于幽州，放驩兜于崇山，窜三苗于三危，殛鲧于羽山，四罪而天下咸服。" ⑤ 雷泽：在今山西永济县蒲州南，源出雷首山，南流入黄河，相传为"舜渔雷泽"之处。 ⑥ 陶：意谓制作陶器。

陆龟蒙的一些小品文之所以写得深刻透彻，文笔犀利，主要就在于他有着唯物的进步世界观，不为成说所囿，不为妄言所惑，不为表象所迷。古人对尧舜等圣人，往往予以神化，给他们戴上高贵的桂冠，并圈上灿烂的光环，如说舜的"圣德感召"，使"象为之耕，鸟为之耘"。大象为之耕田，飞鸟为之耘草，岂非神异非凡？陆龟蒙这篇《象耕鸟耘辨》，就是从事实与事理两方面予以辨析，切于事，合于道，具有较强的说服力。本文有三大特点：

一是开篇揭题，一语破的。作者指出，传说舜象为之耕，鸟为之耘是"圣德感召"，乃"异术也"，一下子就揭穿了这种说法属邪门歪道；继而指出，要说圣德，如孔子所说的"浚哲文明"也就足够了，用不着什么圣德感召之类的邪说，从道理上辨清是非。

二是究之事理，予以辨析。既然不会有圣德感召而使象耕鸟耘，那么这种说法究竟是从何附会而来？作者从实际出发，认为耕田者行(行走)必端，拨欲深，而象是兽中形体最大的，它"行必端，履必深"，"法其端深，故曰象耕"。那么，"象耕"并非用大象耕田，而是如象一样地耕田。鸟耘，也不是鸟耘草，而是如鸟一样耘草。"鸟之啄食，务疾而畏夺"，耘者去莠"务疾而畏夺"，就这一点而言，"法其疾畏,故曰鸟耘”。陆龟蒙认为“象耕鸟耘”,不是并列的两个主谓词组,而是名词作状语,以“象”与“鸟”修饰“耕”与“耘”。同时作者进而深化认识,以为“象耕鸟耘”并不是讲耕耘之事,而是一种比喻,比喻舜为人、为政,就像象耕一样“端且深”,不仅正直而且深入细致;就像鸟耘一样“疾且畏”,去除凶邪快速迅疾,生怕漏网逃脱。这样,言舜的象耕鸟耘,实为讲舜的“圣德”。

三是推论合理,反证有力。作者为了使立论置于不可动摇的地位,又从反面予以论证。如果说象耕鸟耘是出于圣德的感召,那么雷泽那些捕鱼的,河滨那些制陶的,为什么不因舜的圣德感召而代之捕鱼与制陶呢!难道是圣德有时竟“不德”吗!可见圣德感召而致象耕鸟耘是不存在的。最后引孟子的话作结:“尧舜与人同耳”。尧舜和常人是相同的,为之编出种种异行怪说,完全是“好事者”的张扬、诳说。这就揭穿了圣德感召之说的虚枉、荒诞。

这篇小品主要在于破除圣德感召说的诡称,作者以“得于农家”、从实际中获得的认识,辨析“象耕鸟耘”致讹的原因,观点是积极的、进步的。作者认为自己的立论“合于道”,而且坚定不移地表示,即使他人“不从”,“吾亦不能变其说”。但作者毕竟受历史的局限,他虽辨明“象耕鸟耘”不是圣德感召所致,可仍然归之于舜的德政方面。舜处于原始公社社会即将解体之际,其时生产力低下,生产方式简陋,传说中的“象耕鸟耘”,正是当时生产状况的反映。当然,作为一篇小品,题旨在于破除圣德感召说,不能要求作者对它予以历史唯物主义的准确解说,且对文学作品也不一定要进行缜密的历史考证。　（徐应佩）

【作者小传】

程　晏

唐散文家。字晏然。乾宁二年(895)举进士及第。所作多为杂文。原有集,已佚,其文存于《全唐文》。

设毛延寿自解语　　程　晏

帝见王嫱美,召毛延寿责之曰:“君欺我之甚也。”

延寿曰:“臣以为宫中之美者,可以乱人之国。臣欲宫中之美者,迁于胡庭,是臣使乱国之物,不逞于汉而移于胡也。昔闳夭献美女于纣而免西伯①,齐遗女乐于鲁而孔子行②,秦遗女乐于戎而间由余③，是岂曰选其恶者遗之，美者留之邪！陛下以为美者，是能乱陛下之德也。臣欲去之，将静我而乱彼。陛下不以美者，是不能乱我之德，安能乱彼谋哉。臣闻太上无乱，其次去乱，其次迁乱。今国家不能无乱，陛下不能去乱，臣为陛下迁乱耳。恶可以为美为彼得乎！”帝不能省。

君子曰：良画工也，孰诬其货哉！

〔注〕 ①“昔闳夭”句：西周时，大臣闳夭和散宜生同辅周文王。文王被纣囚禁，他们把有莘氏之女献给纣，使文王获释。 ②“齐遗女”句：齐国赠送女乐人给鲁国，使孔子得以离境。 ③“秦遗女乐”句：由余系春秋时大夫，一作繇余。其祖先原为晋人，逃亡入戎。初在戎任职，后因秦献美女给戎，从而离间了戎与由余关系，使由余转入秦，为秦穆公重用，曾助穆公谋伐西戎。

汉元帝因毛延寿将王昭君像画得丑陋而欲杀之，《设毛延寿自解语》系作者拟毛延寿自我辩解的话。

王昭君的故事最早见于《汉书》。东晋葛洪编的《西京杂记》里的《王昭君》，杜撰了画工毛延寿利用为元帝画后宫美人像的职权，向昭君索贿未成，便故意将其相貌画得丑陋，使她长期陷身冷宫，不得见君王。后来匈奴单于求婚，元帝“按图以昭君行”，临别时才发现昭君“貌为后宫第一”，姿容绝代，于是“穷按其事”，把营私纳贿的毛延寿杀了。

对于王昭君的故事，历来作家或就昭君的遭遇，或就“和亲”之事大发议论，很自然地涉及其中关键人物毛延寿。唐代沈佺期《王昭君》诗云：“薄命由骄虏，无情是画师。”宋代王安石《明妃曲》云：“归来却怪丹青手，入眼平生未曾有。意态由来画不成，当时枉杀毛延寿。”元代马致远的杂剧《汉宫秋》写当匈奴王大兵压境，强索美女和番之时，毛延寿背叛祖国，卖国求荣，将王昭君的美人图献于单于王。总之，对毛延寿各人臧否不一，或认为是“枉杀”，或认为“该杀”。程晏的这篇《设毛延寿自解语》，从虚拟毛延寿被汉元帝罪责时自我辩解的角度着笔，实则借此以宣扬一种“美人乱国”的观点。

本文以毛延寿自解语为主体。毛延寿的中心论点是：“宫中之美者，可以乱人之国。”故将王昭君画丑也就完全有理由：“欲宫中之美者，迁于胡庭，是臣使乱国之物，不逞于汉而移于胡也。”他列举例证：西周初年，大臣闳夭和散宜生辅佐周文王。文王被纣囚禁，他们把有莘氏之女、骊戎的文马等献给纣，使文王获得释放。齐国因赠送女伶给鲁国，才使孔子得以离境。春秋时晋人由余逃入戎，在戎任职，秦因给戎赠送女乐离间了由余与戎的关系，才使由余入秦，为秦穆公重用,任上卿,帮助穆公谋伐西戎,灭国十二,称霸西戎。三个例子都说明由于选送了美女而“乱彼之谋”,而使斗争获得成功,从而进一步证明美女能乱人之国,不该留美自乱,而要赠美乱彼。毛延寿最后得出结论:最好是无乱,其次是去乱,最后是迁乱。所以将王昭君画丑,是为国家迁乱。

毛延寿的自解完全是诡辩。他认为宫中之美者,可以乱人之国,这一前提就是错误的。宫中美女,她本身并不危害国家。有时因美女而致亡国,那是昏君的贪色误国。昏君沉湎美色,过在君王,不在美女。可是出于儒家男尊女卑的观念,往往嫁祸于女人,把美女视为祸水。

程晏跳出历来关于毛延寿的评说,别出心裁地为毛延寿辩说,认为毛为“良画工也,孰诬其货哉”。虽然美人乱人国的观点是错误的,可是借此指出“今国家不能无乱,陛下不能去乱”而要画工“为陛下迁乱”的社会现实,使人看到唐代帝王的昏愦、社会的腐败,还是有一定意义的。关于毛延寿的故事,原属文学创作,代为拟自解语,更属虚构。我们只能将此文当作为一篇小品文来读,由此领会作者所要表达的旨趣。

(徐应佩)

古文鉴赏辞典

宋金元

赵朴初题

上海辞书出版社文学鉴赏辞典编纂中心 编

上海辞书出版社

篇目表

宋金元

王禹偁

唐河店妪传…………………… 1115

黄州新建小竹楼记…………… 1117

穆　修

《唐柳先生集》后序…………… 1120

范仲淹

岳阳楼记……………………… 1123

严先生祠堂记………………… 1129

宋　庠

蚕说…………………………… 1132

欧阳修

朋党论………………………… 1135

送杨寘序……………………… 1139

送曾巩秀才序………………… 1142

送徐无党南归序……………… 1144

《梅圣俞诗集》序……………… 1147

《苏氏文集》序………………… 1151

《释秘演诗集》序……………… 1155

《新五代史·一行传》序……… 1157

《新五代史·伶官传》序……… 1160

读李翱文……………………… 1164

记旧本韩文后………………… 1167

戕竹记………………………… 1170

醉翁亭记……………………… 1172

相州昼锦堂记………………… 1175

王彦章画像记………………… 1178

秋声赋………………………… 1181

六一居士传…………………… 1185

祭石曼卿文…………………… 1188

尹师鲁墓志铭………………… 1190

泷冈阡表……………………… 1194

苏舜钦

沧浪亭记……………………… 1199

苏　洵

六国论………………………… 1202

上欧阳内翰第一书…………… 1205

心术…………………………… 1210

名二子说……………………… 1213

周敦颐

爱莲说………………………… 1214

曾　巩

墨池记………………………… 1216

学舍记………………………… 1218

越州赵公救灾记……………… 1221

《战国策目录》序……………… 1225

赠黎、安二生序………………… 1228

钱公辅

义田记…………………………1230

李　觏

袁州州学记……………………1233

司马光

谏院题名记……………………1236

《资治通鉴》

肥水之战………………………1238

王安石

本朝百年无事札子……………1250

兴贤……………………………1255

取材……………………………1256

读《孟尝君传》………………1259

书《刺客传》后………………1260

与马运判书……………………1262

答司马谏议书…………………1264

答曾子固书……………………1267

同学一首别子固………………1269

伤仲永…………………………1271

游褒禅山记……………………1273

度支副使厅壁题名记…………1276

祭范颍州文……………………1278

王逢原墓志铭…………………1281

泰州海陵县主簿许君墓志铭…………………………1283

苏　轼

刑赏忠厚之至论………………1286

留侯论…………………………1289

教战守策………………………1293

上梅直讲书……………………1297

日喻……………………………1300

喜雨亭记………………………1303

凌虚台记………………………1306

超然台记………………………1309

放鹤亭记………………………1313

灵壁张氏园亭记………………1316

石钟山记………………………1319

文与可画筼筜谷偃竹记………1323

记游定惠院……………………1327

记承天寺夜游…………………1328

书上元夜游……………………1331

答谢民师书……………………1332

答张文潜县丞书………………1335

《范文正公集》叙……………1338

方山子传………………………1341

前赤壁赋………………………1344

后赤壁赋………………………1349

黠鼠赋…………………………1352

书蒲永昇画后…………………1353

韩幹画马赞……………………1356

文与可飞白赞…………………1357

三槐堂铭并叙…………………1359

祭欧阳文忠公文………………1361

潮州韩文公庙碑………………1363

苏　辙

上枢密韩太尉书………………1368

黄州快哉亭记…………………1371

东轩记…………………………1375

武昌九曲亭记…………………1377

孟德传…………………………1380

秦　观

《精骑集》序…………………1382

李格非

书《洛阳名园记》后…………1384

晁补之
新城游北山记…………………… 1387
孟元老
《东京梦华录》序………………… 1390
李清照
《金石录》后序…………………… 1394
胡　铨
戊午上高宗封事………………… 1403
岳　飞
五岳祠盟记……………………… 1410
陆　游
烟艇记…………………………… 1413
跋李庄简公家书………………… 1417
跋傅给事帖……………………… 1420
姚平仲小传……………………… 1422
祭朱元晦侍讲文………………… 1425
萧德藻
吴五百…………………………… 1426
范成大
峨眉山行纪……………………… 1429
洪　迈
稼轩记…………………………… 1437
王　质
游东林山水记…………………… 1442
朱　熹
送郭拱辰序……………………… 1447
百丈山记………………………… 1451
记孙觌事………………………… 1453
周去非
斗鸡……………………………… 1457
陆九渊
送宜黄何尉序…………………… 1460
辛弃疾
跋绍兴辛巳亲征诏草…………… 1463
谢枋得
却聘书…………………………… 1465
周　密
西湖游赏………………………… 1467
观潮……………………………… 1470
文天祥
《指南录》后序…………………… 1473
邓　牧
吏道……………………………… 1480
谢　翱
登西台恸哭记…………………… 1483
元好问
市隐斋记………………………… 1487
送秦中诸人引…………………… 1490
王若虚
高思诚咏白堂记………………… 1492
门山县吏隐堂记………………… 1495
戴表元
送张叔夏西游序………………… 1498
刘　因
《辋川图》记……………………… 1501
虞　集
尚志斋说………………………… 1504
李孝光
大龙湫记………………………… 1507
钟嗣成
《录鬼簿》序……………………… 1510

宋金元

王禹偁

【作者小传】

(954—1001)　北宋文学家。字元之。济州巨野(今属山东)人。太平兴国进士。历直史馆、知制诰,为翰林学士。刚直敢言。修《太祖实录》,直言史事,为宰相不满,出知黄州,后迁蕲州,病卒。善诗文。反对宋初浮靡文风,提倡平易朴素,于诗推崇杜甫、白居易,于文推崇韩愈、柳宗元。著有《小畜集》《五代史阙文》。

唐河店妪传

王禹偁

唐河店,南距常山郡七里,因河为名①。平时虏至店饮食游息,不以为怪;兵兴以来,始防捍之,然亦未甚惧。

端拱②中,有妪独止店上。会一虏至,系马于门,持弓矢,坐定,呼妪汲水。妪持绠缶趋井,悬而复止。因胡语呼虏为王;且告虏曰:“绠短不能及也,妪老力惫,王可自取之。”虏乃系绠弓杪,俯而汲焉。妪自后推虏堕井,跨马诣郡。马之介甲具焉,鞍之后复悬一彘首。常山吏民观而壮之。噫!国之备塞,多用边兵,盖有以也:以其习战斗而不畏懦矣。一妪尚尔,其人可知也。

近世边郡骑兵之勇者,在上谷曰“静塞”,在雄州曰“骁捷”,在常山曰“厅子”③。是皆习干戈战斗而不畏懦者也。闻虏之至,或父母辔马,妻子取弓矢,至有不俟甲胄而进者。顷年④胡马南下,不过上谷者久之,以“静塞”骑兵之勇也。会边将取“静塞”马分隶帐下以自卫,故上谷不守⑤。

今“骁捷”“厅子”之号尚存,而兵不甚众,虽加召募,边人不应,何也?盖选归上都,离失乡土故也;又月给微薄,或不能充;所赐介胄鞍马,皆脆弱羸瘠,不足御胡;其坚利壮健者,悉为上军所取;及其赴敌,则此辈身先,宜其不乐为也。

诚能定其军,使有乡土之恋;厚其给,使得衣食之足;复赐以坚甲健马,则何敌不破!如是得边兵一万,可敌客军五万矣。谋人之国者,不于此而留心,吾未见其忠也。

故因一妪之勇,总录边事,贻于有位者云。

〔注〕 ① 常山郡:宋为真定府,治所在今河北石家庄市正定县南。查今正定县城北无唐河,唐河实流经河北唐县、定县等地。疑此文"郡"为"关"之误。常山关,今名倒马关,在河北保定市唐县西北,为宋时战略要地。 ② 端拱:宋太宗年号(988—989)。 ③ 静塞、骁捷、厅子:皆为当时地方武装的徽号。上谷:郡名,即易州(今河北保定市易县)。雄州:治所在今河北雄县。 ④ 顷年:近年。 ⑤"会边将"二句:侍卫马军都指挥使李继隆为定州都部署。易州静塞骑兵尤骁勇果敢,继隆取以隶麾下,留妻子城中。定州监军、判四方馆事袁继忠言于继隆曰:"此精卒止可令守城,万一敌至,城中谁与捍者?"继隆不从。既而敌果入寇,易州遂陷,卒妻子皆为敌所掠。见《续资治通鉴长编》卷二九及《宋史·袁继忠传》。

五代以来,北方契丹族(辽)渐渐崛起,并常有南下之望,汉与契丹之间长期和睦相处的局面渐被打破了。北宋王朝统一南中国后,为了解除契丹人的威胁,进行了两次抗辽战争,但最终都归于失败。探讨失败的原因,谋划进击的策略,是当时朝野十分关注的问题。王禹偁这篇散文就是缘此而发的。

这是一篇议论文,是"贻于有位者"的一篇策论。在具体论证上,作品采取归纳推理的方法。它的逻辑结构是这样安排的:突出一个重要的字眼——"勇",先写老妪之勇,以老妪之勇推及整个边民之勇,接着便从正反两方面来展示嘉其勇和削其勇所带来的不同后果,并在此基础上提出全文论点:重视边民之勇,此乃克敌制胜的法宝。作者在篇末结语中说:"故因一妪之勇,总录边事"。实际上道出他安排这一逻辑结构的匠心。

这种逻辑结构促成了文章典型概括的成功,这是本文最可称道的地方。开章是一段叙述,说从前汉辽相安无事时,唐河店之地常有辽人进出,边民并不以为怪。双方交兵后,边民提高了警惕,"然亦未甚惧",何以见得呢?由此引出下文。文章没有去铺写边民如何勇敢,而是去写一个人、一件事。作者选择的是一个老妪。这老妪胆量过人,从一个"独"字就可看出,虏兵常出入此店,而她能安然独居此地,自然不是胆小之辈。紧接着,文章叙述一件小事:一日,一虏兵来到此处,耀武扬威,端坐店中,呵斥老妪给他送水。老妪到井边吊水,佯称自己提不动,请虏兵自取,乘机将其推入井中,最后割其首级,跨马奔州府报告。特别写出的是她的马上甲胄俱齐,马鞍后面还挂着一个猪头(实是敌人首级,此称"彘首",有鄙视意)。一个老妇人,便如此机智英勇,故"常山吏民观而壮之"。作者由此感叹道:"一妪尚尔,其人可知也。"老妪尚且有此壮举,何况那千万个比老妪年轻强壮的边民呢!详写老妪之勇,而对边民之勇则加以概括叙述,即跃然呈现,相得益彰。读者完全可以感受到像《续资治通鉴》所记载的"边民之骁勇者,竞团结以御敌,或夜入城垒,斩取首级来归”的动人情景。作者娴熟地运用了典型概括的方法,以一件事来概括一个人的典型特征,又以一个人的典型特征来概括整个边民的精神状态。不于大处着笔,而从细微处着眼,借一勺水而兴洪波,借一片叶以知春秋,从一个人的心理中探讨出千万个人的心理。

本文论证的方法、节奏甚有可取之处:时而叙述,时而议论,时而铺陈,时而简说,事理相交,详略互补。结构上环环扣紧,渐入渐深,首尾相联,一气贯通,形成一个极为严密的整体。而且能前有所伏,后有所应,前有所指,后有所陈,往复回还,语断势连。如文章首叙老妪之勇,而自然得出“其人(边郡骑兵的整体)可知”的结论。文章由此进入其核心部分:论抗辽战争的成败根由,从正反两方面说明边民之勇在迎击敌寇中的重要性,进而指出如何对待边民问题的严峻性。作者以具体的历史事实为依据,说明“在位者”若能重视这种地方武装,助其力,嘉其勇,边疆就能岿然不动;若像边将李继隆那样削弱边民力量以保全自己,则边民有勇也不会战,战争必告失败。最后层层逼进,指出削弱边民之勇不仅是李继隆一人,如今朝廷所为正是步其后尘,对整个边兵薄其给,轻其力,散其势,使强壮者不足以御敌,羸弱者不足以保身,边民勇气不复,国家安全何存!于是水到渠成地向“有位者”献策:谋人之国者,要在重视边民之勇处用心。读者于此可感到强劲的逻辑力量。

王禹偁为人耿介正直,敢于直面规讽。他多次被贬,大都因好直言而坐罪。本文非常明显地体现了他的性格特点,文中毫不隐讳地批评“有位者”,并把矛头直接指向朝廷:“谋人之国者,不于此而留心,吾未见其忠也。”语锋犀利,诚为可贵。这就使本文形成一个特点:说理恳切,语势酣畅。此决非胸无磊落之气者所能为,是一种忠毅人格力量的体现。　　(朱良志)

黄州新建小竹楼记　　王禹偁

黄冈之地多竹,大者如椽,竹工破之,刳去其节,用代陶瓦。比屋皆然,以其价廉而工省也。

子城西北隅,雉堞圮毁,蓁莽荒秽,因作小楼二间与月波楼[①]通。远吞山光,平挹江濑,幽阒辽夐,不可具状。夏宜急雨,有瀑布声;冬宜密雪,有碎玉声;宜鼓琴,琴调虚畅;宜吟诗,诗韵清绝;宜围棋,子声丁丁然;宜投壶,矢声铮铮然:皆竹楼之所助也。

公退之暇，披鹤氅，戴华阳巾，手执《周易》一卷，焚香默坐，消遣世虑，江山之外，第见风帆沙鸟、烟云竹树而已。待其酒力醒，茶烟歇，送夕阳，迎素月，亦谪居之胜概也。彼齐云、落星，高则高矣，井幹、丽谯[②]，华则华矣，止于贮妓女，藏歌舞，非骚人之事，吾所不取。

吾闻竹工云："竹之为瓦仅十稔[③]，若重覆之，得二十稔。"噫！吾以至道乙未岁自翰林出滁上，丙申移广陵，丁酉又入西掖，戊戌岁除日，有齐安之命，己亥闰三月到郡[④]。四年之间，奔走不暇，未知明年又在何处，岂惧竹楼之易朽乎！幸后之人与我同志，嗣而葺之，庶斯楼之不朽也！

咸平二年八月十五日记。

〔注〕 ① 月波楼：黄州的西北角城楼。王禹偁有《月波楼咏怀》诗，其序云："月波之名，不知得于谁氏，图经故老，皆无闻焉。"诗中云："郡城无大小，雉堞皆有楼。兹楼最轩豁，旷望西北陬。" ② 齐云、落星、井幹、丽谯：四者均为古代名楼。齐云楼在吴县(今江苏苏州)。《吴地记》云："唐曹恭王所建。白居易有《齐云楼晚望》诗。"落星楼在建邺(今江苏南京)东北十里，《金陵地记》："吴嘉禾(吴大帝孙权年号)元年(232)，于桂林苑落星山起三重楼，名曰'落星楼'。"井幹楼，在长安(今陕西西安)。《史记·孝武本纪》："乃立神明台、井幹楼，度五十余丈。"丽谯，《庄子·徐无鬼》郭象注："丽谯，高楼也。"《白氏六帖事类集》卷三记载，魏武帝建丽谯楼。 ③ 十稔：十年。 ④"吾以"六句：至道乙未，宋太宗至道元年(995)。出滁上，作者因"谤讪朝廷"罪贬滁州(今安徽滁州)。丙申，至道二年。移广陵，调广陵(今江苏扬州)做官。丁酉，至道三年。西掖，指中书省。戊戌，宋真宗咸平元年(998)。齐安，宋黄冈为黄州齐安郡。己亥，咸平二年。

题目《黄州新建小竹楼记》系原题，一般选本皆作《黄冈竹楼记》。宋真宗咸平元年(998)除夕，作者被贬为黄州(今湖北黄冈)刺史，次年三月二十七日到达任所，不久修建竹楼二间，同年八月十五日作文以记。

王安石曾谓"《竹楼记》胜《醉翁亭记》"(王若虚《滹南遗老集》卷三十六)。欧阳修的《醉翁亭记》被公认为天下妙文，而王氏却以为此文超过《醉翁亭记》，其妙处又何在呢?

首先妙在其对竹楼这一描写对象进行了深入开掘。竹对于中华民族来说，实在不是一种平凡的植物，它常常作为一种人格力量、人格理想的象征。苏东坡说："可使食无肉，不可使居无竹。无肉令人瘦，无竹令人俗。人瘦尚可肥，士俗不可医。"(《於潜僧绿筠轩》)郑板桥说："盖竹之体，瘦劲孤高，枝枝傲雪，节节干霄，有似乎士君子豪气凌云，不为俗屈。”（《郑板桥集·补遗》）千古以来文人雅士，多乐以竹为对象吟诗为文，作曲绘画，表现狷介之人格，展露隐逸之意趣。王禹偁被贬黄州，而黄州之地多竹，这就自然地使他借竹来抒发自己的身世之叹。作者并没去正面描写竹，赞美竹，而是去描叙以竹所构建的竹楼。古往今来，描写亭台楼阁的文章多矣，而王氏所记却独独钟情于竹构之楼，真是妙出机杼。实际上，他所写的楼就是他的“心灵宅宇”，在这种命意的基础上，本文不厌其烦地写此楼非同寻常的特征：第一节交待楼由竹构成，故名竹楼。第二节详细地描写在竹楼中可以领略到种种别处所无法领略到的清韵雅趣。第三节写楼的主人由于居此楼而产生的“谪居之胜概”，进而别出心裁地举出历史上的四大名楼来与竹楼作比，衬出竹楼之不俗。和四楼的高华富丽相比，竹楼实在寒伧至极，然而，高华富丽中藏污纳垢，有说不尽的浮华庸俗，为“吾所不取”；小小的竹楼却有千般雅趣，万种风情。这里用了象征的手法，四楼之高华象征着朝廷的腐败；而竹楼却是当下自身地位的写照：地位虽如竹楼一样卑小，但拥有竹的高洁、狷介、昂然自信和恬然自安。至此，我们似乎明白了作者为什么要大记特记这竹之楼了。

这篇散文还具有涵泳深沉、烟波不尽之妙。在临文之顷，作者的内心异常复杂，遭遇坎坷的嗟叹、昂奋刚毅的自慰以及乐此不疲的自遣搅杂在一起，深思浅叹，淡然道出。通篇写黄州之竹楼，但无处不在泻自我之心潮，似断若续，似有若无，感情的一个个奇峰都淹没在平淡的语言外表之中。如最后一段关于竹楼存留时间的抒述。首先引用竹工的话：竹瓦一般只能用十年，重复加盖也不过二十年。紧接着用一个“噫”字植入自己的人生之叹，叙述自己频繁迁徙的经历：“吾以至道乙未岁自翰林出滁上，丙申移广陵，丁酉又入西掖，戊戌岁除日，有齐安之命，己亥闰三月到郡。四年之间，奔走不暇，未知明年又在何处，岂惧竹楼之易朽乎！”件件数来，如密云压顶。作者这里的描写，构成了一对情感矛盾。通篇皆谓挚爱竹楼，此处却言“岂惧竹楼之易朽乎”，表露了对世事无凭的哀伤。文章最后以“幸后之人与我同志，嗣而葺之，庶斯楼之不朽也”峭然绾住，蕴含不尽，正如古人所评“极系念，又极旷达”。作者于此寄托着殷殷厚望，从表面看，他希望后之与我同道者，能够继续修葺竹楼，使其至于不朽；而实际上，是希望后之“同志”理解自己的心志，即身处逆境而矢志不渝的信念，官位名利皆可朽，唯有意志可以不朽也。

王禹偁为宋代古文运动的先驱者之一，他论文提倡“句之易道，义之易晓”（《答张扶书》），反对雕章琢句、艰深晦涩。这种观点在本文得到了很好的体现。

本文在形式上清新自然，不务雕饰，但又不平淡寡味。作者十分注意语言的锤炼，注意文章的内在节奏韵律和恰如其分的辞藻运用，语辞雅丽而如出天然。如第二节描写竹楼的特点时极富功力，由远及近，由实及虚，由视觉到听觉，多层次的渲染，烘托出竹楼的佳趣来。“远吞山光，平挹江濑，幽阒辽夐，不可具状。”由远及近，展现一个广阔辽远的视觉世界。接下来，连用了六个排比句，表现了一个独特的听觉世界：“夏宜急雨，有瀑布声；冬宜密雪，有碎玉声；宜鼓琴，琴调虚畅；宜吟诗，诗韵清绝；宜围棋，子声丁丁然；宜投壶，矢声铮铮然”。犹如一曲绝妙的交响乐。六个“宜”字一气排出，构成文章的内在气势。归结于“皆竹楼之所助也”，总束一句，便觉竹楼无一处不可爱，确是妙笔。 （朱良志）

【作者小传】

穆　修

(979—1032)　北宋散文家。字伯长。郓州汶阳(今山东汶上)人。后居蔡州(治今河南汝南)。大中祥符进士。曾任泰州司理参军，颍州、蔡州文学参军。反对宋初杨亿、刘筠尚骈偶声调的华靡文风，独以古文称。作文主张阐扬儒家道义。尊崇韩柳，为文受韩愈影响。著有《河南穆公集》(或题《穆参军集》)。

《唐柳先生集》后序

穆　修

唐之文章，初未去周、隋、五代之气①。中间称得李、杜，其才始用为胜，而号雄歌诗，道未极浑备。至韩、柳氏起，然后能大吐古人之文，其言与仁义相华实而不杂。如韩《元和圣德》《平淮西》，柳《雅章》之类，皆辞严义密，制述如经，能崒然耸唐德于盛汉之表蔑愧让者，非先生之文则谁与？

予少嗜观二家之文，常病柳不全见于世，出人间者，残落才百余篇。韩则虽目其全，至所缺坠，忘字失句，独于集家为甚。志欲补其正而传之，多从好事访善本，前后累数十，得所长，辄加注窜。遇行四方远道，或他书不暇持，独赍《韩》以自随，幸会人所宝有，就假取正。凡用力于斯，已蹈二纪②外，文始几定。而惟柳之道，疑其未克光明于时，何故伏真文而不大耀也？求索之莫获，则既已矣于怀。不图晚节，遂见其书，联为八九大编。夔州③前序其首，以卷别者凡四十有五，真配韩之巨文与！

书字甚朴，不类今迹，盖往昔之藏书也。从考览之，或卒卷莫迎其误脱，有一二废字，由其陈故劘灭，读无甚害，更资研证就真耳。因按其旧，录为别本，与陇西李之才参读累月，详而后止。

呜呼！天厚予者多矣。始而餍我以韩，既而饫我以柳，谓天不吾厚，岂不诬也哉！世之学者，如不志于古则已；苟志于古，则践立言之域，舍二先生而不由，虽曰能之，非余所敢知也。

〔注〕 ① 五代：唐人称梁、陈、北齐、北周、隋为五代。此为前五代。这里沿用唐人的说法。 ② 二纪：古代以十二年为一纪。《尚书·毕命》："既历三纪。"孔安国传："十二年曰纪。"则二纪为二十四年。 ③ 夔州：指刘禹锡。刘曾为夔州刺史，故称。

穆修是北宋诗文革新运动的先驱者，虽然他的古文成就并不甚高，但他在理论建树上与石介、柳开等人一同为反对西昆体，倡导唐代古文运动的传统，推尊韩愈、柳宗元的文章作出了贡献。他还不顾流俗的诋毁，亲自刻印韩愈、柳宗元的文集几百部在京师出售，对传播韩、柳之文，起到了重要作用。

本文是穆修为他所刻印的柳宗元文集所作的后序，因为底本卷首有刘禹锡所作序言，故穆修只作后序。柳宗元文集最早为刘禹锡所编，刘序称全集共三十二通。穆修所得之本，分四十五卷，与刘序不合，可见已非刘编原本。《四库全书总目》谓"虽非禹锡之旧第，诸家之本，亦无更古于是者矣"。因此可以说，柳宗元文集之得以流传后世，在很大程度上是依赖穆修之力了。

凡书序，必对其书进行评价。本文的最大价值正在于开篇就对韩愈、柳宗元的文章作出了高度评价。评价言简意赅地肯定了韩愈、柳宗元继承古代散文的优秀传统，创造新的散文，从而摧垮了骈文的长期统治的历史功绩。作者指出，唐初的文章，仍未摆脱梁、陈、齐、周、隋这五代文章的骈俪之习。这就把著名的"初唐四杰"、陈子昂以及号称"大手笔"的苏颋、张说等都包括在内了。对于李白、杜甫，作者不乏赞许之词，但其赞许也只限于他们的诗歌，"号雄歌诗"，这赞许确实不低，但对李白、杜甫的散文，作者认为仍"道未极浑备"——这似乎可从两方面理解：其一，"道"指文章的内容，是说李、杜的散文在内容上还有局限性；

其二，“道”指为文之道，是说在表达上还欠火候。其实，在今天看来，李、杜的散文确未摆脱骈俪余习。正是经过这一番历史的回顾，作者才郑重其事地抬出韩愈、柳宗元，突出其开创唐代新古文的宗师地位。从“至韩、柳氏起”至“非先生之文则谁与”这段评价包括三层意思：第一层，“能大吐古人之文”，是说韩、柳能继承先秦两汉的散文传统。事实也是如此，韩、柳之文打破骈文那种骈四俪六的体式，变而为奇句单行，即从先秦两汉文体而来。所以韩愈才称之为古文，以和“俗下文字”即骈文对立。韩愈说：“或问：‘为文宜何师？’必谨对曰：‘宜师古圣贤人。’”(《答刘正夫书》)正表明了他的师古的态度。但韩愈的师古，不仅要学习古代散文的文体、语言文字及表达技巧，更重要的还要继承发扬其思想内容方面的精华，用韩愈的话来说，就是还要学古道：“愈之所志于古者，不惟其辞之好，好其道焉尔。”(《答李秀才书》)“愈之为古文，岂独取其句读不类于今者耶？思古人而不得见，学古道则欲兼通其辞；通其辞者，本志乎古道者也。”(《题欧阳生哀辞后》)所以穆修评价的第二层意思，就指明韩、柳之文在“文以载道”“文道统一”方面所取得的成就：“其言与仁义相华实而不杂”，“辞严义密”。单从语言文字上讲，所谓“不杂”“严”，当包含韩愈自己所提出的“唯陈言之务去”，“文从字顺各识职”这两条标准。第三层，特别强调了韩、柳之文在反映当时社会现实方面所取得的成就，给予韩、柳之文以经典地位。但穆修所谓的“耸唐德”，似乎是侧重于二人对于封建国家的法权、教化、道德伦理的维护与宣扬，对其揭露与批判黑暗现实的“不平则鸣”之作，则未予应有的关注。这不能不说是一大局限。

在北宋诗文革新运动的先驱者中，柳开、石介等都提出尊韩的问题，穆修则不但尊韩，并且同时尊柳，他对韩、柳之文的高度评价，为北宋的新古文运动找到了依据，从而推进了它的创造性的发展，为彻底摧毁西昆体铺平了道路。

穆修的可贵还在于：他不仅从理论上向人们进行尊崇韩、柳的说教，更怀着一颗对韩、柳文章的挚爱之心，满怀热忱地搜集、整理韩、柳的文章，并刻印成集。这篇后序接下来详细地叙述了他的这种心态及所做的工作。他对韩、柳文章的酷爱，从“嗜观”其文到“病”其“残落”，“忘(亡)字失句”，再到“志欲补其正而传之”，可谓无以复加。仅辑补校订韩集，他就花了二十多年的时间，中间艰辛备尝，终于搞成了一个定本。对柳集，他也一直在用心寻访，直到晚年获得完本始了却心愿。这段文章感情饱满，语言朴实，富于变化。从“既已矣于怀”到“不图晚节，遂见其书”云云的转折，充分揭示了其惊喜之情，读来十分感人。

接着作者专门介绍了对柳集的鉴定及辑录情况。首先确定其为古本、完本，然后按原有体例进行辑录。对原本磨灭的“一二废字”，以其“读无甚害，更资研证就真”，而绝不妄加填补，且与人“参读累月，详而后止”。凡此，足见作者科学的严肃态度，令人钦敬。

最后一段“天厚予者多矣”之抒情，表达了作者以传播宣扬韩、柳文章为己任的怀抱，且推己及人，对当世学者发出继承发扬韩、柳古文传统的号召，点明了全文的宗旨。

这篇后序本身即具韩、柳之风。全文纯用古体而绝少骈俪，无一处用典。长、短句式及设问、感叹句法的交替使用，增加了文章的气势和节奏感。语言简洁朴实，篇幅虽小而其内含量很大。如首段对韩、柳文章的评价，开头作历史回顾与比较时，对初唐只用两句话，对盛唐只用四句话，皆能点中要害。对韩、柳文章本身的评价，也只用了一组多重复句，却从内容到形式及其影响等多方面全面肯定了二家的成就。序文层次清晰分明，内在逻辑也很严密。（任国绪）

【作者小传】

范仲淹

(989—1052)　北宋政治家、文学家。字希文。苏州吴县(今属江苏苏州)人。大中祥符进士。天圣中任西溪盐官。康定元年与韩琦同为陕西经略安抚招讨副使。庆历三年(1043)任参知政事，倡导新政。罢职后，出任陕西四路宣抚使。后在赴颍州途中病死。工诗词散文。著有《范文正公集》。

岳阳楼记　　范仲淹

庆历四年①春，滕子京谪守巴陵郡②。越明年③，政通人和，百废具兴。乃重修岳阳楼，增其旧制，刻唐贤今人诗赋④于其上。属⑤予作文以记之。

予观夫巴陵胜状，在洞庭一湖：衔远山，吞长江，浩浩汤汤⑥，横无际涯；朝晖夕阴，气象万千。此则岳阳楼之大观也。前人之述备矣。然则，北通巫峡，南极潇湘，迁客骚人⑦，多会于此。览物之情，得无异乎？

若夫霪雨霏霏⑧，连月不开；阴风怒号，浊浪排空；日星隐曜，山岳潜形；商旅不行，樯倾楫摧；薄暮冥冥，虎啸猿啼。登

岳阳楼记扇面

——〔明〕文徵明书

斯楼也，则有去国⑨怀乡，忧谗畏讥，满目萧然，感极而悲者矣。

至若春和景明，波澜不惊，上下天光，一碧万顷；沙鸥翔集，锦鳞⑩游泳；岸芷汀兰，郁郁青青。而或长烟一空，皓月千里，浮光跃金，静影沉璧；渔歌互答，此乐何极！登斯楼也，则有心旷神怡，宠辱皆忘，把酒临风⑪，其喜洋洋者矣。

嗟夫！予尝求古仁人之心，或异二者之为。何哉？不以物喜，不以己悲。居庙堂⑫之高，则忧其民；处江湖之远⑬，则忧其君：是进亦忧，退亦忧。然则何时而乐耶？其必曰“先天下之忧而忧，后天下之乐而乐”乎！噫！微⑭斯人，吾谁与归⑮？时六年⑯九月十五日。

〔注〕 ① 庆历四年：公元1044年。庆历，宋仁宗年号。 ② 滕子京谪守巴陵郡：滕子京，名宗谅，河南(今河南洛阳一带)人。与范仲淹同于大中祥符八年(1015)中进士，为泰州军事判官时，曾助范仲淹主持筑捍海堤堰。庆历二年，他以天章阁待制任环庆路都部署、并知庆州，在防御西夏方面曾有贡献。次年被人诬告，牵连甚众，囚系满狱。范仲淹、欧阳修为之辩白，遂贬知凤翔府，后又贬知虢州。庆历四年，王拱辰提出滕子京“盗用公使钱，止削一官，所坐太轻”；因而又贬到岳州巴陵郡(今湖南岳阳一带)。 ③ 越明年：到第二年。越，及，到。 ④ 唐贤今人诗赋：如李白的《秋登巴陵望洞庭》、杜甫的《登岳阳楼》、孟浩然的《临洞庭上张丞相》、夏侯嘉正的《洞庭赋》等，都是写“岳阳楼之大观”的。杜甫的“吴楚东南坼，乾坤日夜浮”及孟浩然的“气蒸云梦泽，波撼岳阳城”两联，尤其有名。 ⑤ 属：同“嘱”。 ⑥ 汤(shāng 商)汤：水流大而急的样子。 ⑦ 迁客：谪迁的人。骚人：诗人。 ⑧ 霪雨：连绵的雨。霏霏：雨飘落的样子。 ⑨ 去国：离开国都。 ⑩ 锦鳞：指鱼。 ⑪ 把酒临风：端起酒杯，面对着风喝酒。 ⑫ 庙堂：指朝廷。 ⑬ 处江湖之远：指不在朝廷做官。 ⑭ 微：假如没有。 ⑮ 吾谁与归：我同谁一起呢？与，同“欤”，表示疑问。归，归附，归依。 ⑯ 六年：指庆历六年。

宋人王辟之曾说：“庆历中，滕子京谪守巴陵，治最为天下第一。政成，重修岳阳楼，属范文正公为记，词极清丽。苏子美书石，邵悚篆额，亦皆一时精笔。世谓之‘四绝’云。”(《渑水燕谈录》卷六)作为“四绝”之一的《岳阳楼记》，确是一篇脍炙人口的名文。

全文共分五段。第一段，叙作记的原因。分三层。“庆历四年春，滕子京谪守巴陵郡。”这是第一层。“谪”字是全文的关键。“越明年，政通人和，百废具兴。”这是第二层。一个被“谪”的人而能做出这样的成绩，自然值得赞美。作者写这几句，正是赞美滕子京；但也另有用意，后面再谈。“乃重修岳阳楼，增其旧制，刻唐贤今人诗赋于其上。属予作文以记之。”这是第三层。“乃”字承上启下，说明“重修岳阳楼”是在“政通人和，百废具兴”的前提下进行的。

第二段共两层。作者在前一段只用两句话交代了重修岳阳楼的全部工程；并没有描写重修后的岳阳楼如何壮丽，因为这与他所要表现的主题无关。到了第二段，先写岳阳楼上所见的自然形胜：“予观夫巴陵胜状，在洞庭一湖：衔远山，吞长江，浩浩汤汤，横无际涯；朝晖夕阴，气象万千。此则岳阳楼之大观也。前人之述备矣。”这是第一层，也写得很概括。因为一则“前人之述备矣”（与前段中的“刻唐贤今人诗赋于其上”呼应），用不着重复；二则这不是重点，仅是逐渐向重点过渡的桥梁。是怎样过渡的呢？“然则，北通巫峡，南极潇湘，迁客骚人，多会于此。览物之情，得无异乎？”这是第二层，以“然则”承上转下：既然岳阳楼之大观如此，那么，南来北往的“迁客骚人”（“迁客”与前段中的“谪”字呼应）到这里登高四望，触景而生的情感岂不有所不同吗？这一反问引出了第三段和第四段。这两段是对“览物之情，得无异乎”的回答。多用偶句，在形式和内容上是对称的：都是先写景，后写“迁客骚人”触景而生的“情”。景不同，情也不同。一悲一喜，形成鲜明的对照，坐实了上面的“异”字。

最后一段是全文的重点，即古人所谓“结穴”。“嗟夫！予尝求古仁人之心，或异二者之为。何哉？”提出理想化了的“古仁人”用以否定上两段所写的“迁客骚人”，这是第一层。“不以物喜，不以己悲。居庙堂之高，则忧其民；处江湖之远，则忧其君：是进亦忧，退亦忧。然则何时而乐耶？其必曰‘先天下之忧而忧，后天下之乐而乐’乎！”具体地写出“古仁人”不同于“迁客骚人”的宏大抱负，回答了前面的“何哉”，这是第二层。“噫！微（非）斯人，吾谁与归？”这是第三层。作者含蓄地、但也明确地表示了他的态度：他是把这样的“古仁人”作为学习的榜样的。虽然没有提“以物喜”“以己悲”的“迁客骚人”，实际上是把他们否定了，而那种感慨系之的语气，更加强了否定的力量。

全文步步深入，由反而正，章法谨严而又富有变化。

在一篇作品中否定什么，肯定什么，这与当时的社会环境、作者的生活道路和思想倾向有关。范仲淹写这篇文章的时代，北宋王朝因政治腐败，阶级矛盾已复杂而尖锐，民族矛盾（契丹的威胁、西夏的侵略）也日益严重。不少有远见的知识分子要求实行政治改革，并以范仲淹为中心，形成一个较有进步性的政治集团，与代表大地主官僚利益的“邪党”（以夏竦、吕夷简为中心）作斗争。由于大地主官僚的经济力量仍然保持支配地位，在政治上也自然握有实权，因而以范仲淹为首的政治集团中的许多人物，都一再地遭到打击，作了“迁客”。

庆历三年(1043)以后,大地主官僚在政治上的代表人物夏竦、吕夷简等由于欧阳修、蔡襄、孙沔等交章弹劾而先后被罢免,范仲淹、韩琦、富弼等执掌政权,提出许多改革政治的主张:明黜陟、抑侥幸、精贡举、择官长、均公田、厚农桑、修武备、减徭役、覃恩信、重命令。对内外职官严加考核,非有功绩,不得升迁;严选各路监司,有不称职者,就班簿上一笔勾去。又更定荫子法:公卿大臣除长子不限年龄外,其他子孙非年过十五、弟侄非年过二十,不得荫官。这些措施,立刻引起许多贵族、旧臣、滥官污吏的不满,攻击范仲淹引用朋党,甚至伪造石介给富弼的信,诬告他们要废除皇帝,终于庆历五年,迫使他们离开朝廷。

《岳阳楼记》是庆历六年九月十五日写的。作者于前一年出知邓州。就是说,作记的时候,他已经是"迁客"。在中国封建社会里,"迁客"往往也是"骚人"(诗人)。那些"迁客骚人",大都因"怀才不遇"而牢骚满腹,多愁善感。作者在几次被贬谪、如今又作"迁客"的情况下写这篇文章,却能否定一般"迁客骚人""以物喜""以己悲",被个人得失和环境变化所支配的卑微情感,而提出所谓"古仁人"作榜样,这分明是对自己的鞭策,也是对因受"邪党"迫害而作了"迁客"的许多朋友的勉励——首先是对滕子京的勉励。

滕子京有才能,有抱负。然而作为一个"迁客",他的情感却和记中所赞扬的"古仁人之心"相去甚远。范公偁在《过庭录》里说:

> 滕子京负大才,为众所嫉。自庆帅谪巴陵,愤郁颇见辞色。文正(范仲淹)与之同年友善,爱其才,恐后贻祸;然滕豪迈自负,罕受人言,正患无隙以规之。子京忽以书抵文正,求岳阳楼记,故记中云:"不以物喜,不以己悲","先天下之忧而忧,后天下之乐而乐"。其意盖有在矣。

范公偁是范仲淹之后,他的《过庭录》所记的事实,都是从他父亲那里听来的。其中关于范仲淹的部分,相当可信;这条关于滕子京求写《岳阳楼记》的材料,尤为珍贵。此后的有些材料,也可以与此相补充。如南宋周煇《清波杂志》(卷四)云:

> 放臣逐客,一旦弃置远外,其伤悲憔悴之叹,发于诗什,特为酸楚,极有不能自遣者。滕子京守巴陵,修岳阳楼,或赞其落成,答以:"落甚成?只待凭栏大恸数场!"闵己伤志,固君子所不免,亦岂至是哉!

看了这些材料,再来读《岳阳楼记》,就可以更清楚地看出"滕子京谪守巴陵郡"的"谪"字,的确是全文的关键,而"先忧后乐"云云,则是全文的结穴。中间否定的"以物喜""以己悲"的"迁客骚人",分明包括滕子京在内;后面提出的"古仁人",也正是希望滕子京作为榜样,进行学习的。"噫!微斯人,吾谁与归?"说的是“吾”，指的主要是滕子京。那意思是：我离开了这样“先天下之忧而忧，后天下之乐而乐”的“古仁人”，就迷失了前进的方向，那么，你呢？

前面说过，“政通人和，百废具兴。乃重修岳阳楼”是赞扬，但也另有用意。用意何在呢？那就是勖勉滕子京应该看得远些，不必“凭栏大恸”，而要进一步做到“政通人和，百废具兴”。

这篇作品的客观意义当然有更大的普遍性；但作者却主要是规劝，或者说是批评“罕受人言”的滕子京的。规劝、批评而不露锋芒，却又很有力量，也显示了作者的构思之妙。

就艺术表现说，《岳阳楼记》有许多特点。骈散结合，排比工整，词采富丽，颇有诗味，这是众所熟知的。结构严密，构思精妙，规劝滕子京不露痕迹，却很有力量，这也在前面谈过了。除此而外，还有几点值得注意。

这篇文章仿佛一向以善写景著名。《后山诗话》中说：“范文正公为《岳阳楼记》，用对话说时景，世以为奇。”那些写景部分，的确相当出色。作者以非常精练的诗的语言，描绘了几种迥然不同的自然景色，形象鲜明突出，极富感染力。

可是这篇作品，却并不是写景文。

古文中的“记”，从前的许多文论家都认为是“记事之文”。而《岳阳楼记》却只有第一段“记事”，中间几段大部分“写景”，最后一段，又分明是“议论”。一种文章体裁，并不是一个死硬的框框。范仲淹把“记事”“写景”“议论”冶于一炉，正显示了他的创造性。

不过只说有记事、有写景、有议论，还不足以说明这篇文章的主要特点。这篇文章，实质上是议论文——独特的议论文。

写议论文，通常先提论点、再摆论据。而这篇文章的论点却在最后，即“先天下之忧而忧，后天下之乐而乐”。这个论点，是通过对“迁客骚人”的否定树立起来的。全文的第一段突出“谪守巴陵郡”，第二段从“岳阳楼之大观”引出“迁客骚人”的“览物之情”。“若夫”“至若”两段尽管写景很出色，但不是为写景而写景，而是为了写“迁客骚人”的“情”；而写“迁客骚人”的“情”，又是为了用这种只局限于个人的“情”来反衬“古仁人之心”的“伟大”“崇高”，实际上起了论据的作用。

有扼要的记事，有生动的写景，有简明的议论；写景与议论，又带有浓郁的抒情色彩。而这一切，又都集中于强化“先忧后乐”的论点。正因为这样，随着《岳阳楼记》的广泛传播，“先天下之忧而忧，后天下之乐而乐”两句话便日益深入人心，化为鼓舞人们关心天下、献身民众的精神力量。

（霍松林）

严先生[①]祠堂记　　范仲淹

先生，光武[②]之故人也，相尚以道。及帝握《赤符》[③]，乘六龙[④]，得圣人之时[⑤]，臣妾[⑥]亿兆，天下孰加焉？惟先生以节高之。既而动星象[⑦]，归江湖，得圣人之清[⑧]，泥涂轩冕，天下孰加焉？惟光武以礼下之[⑨]。

在《蛊》之上九[⑩]，众方有为，而独“不事王侯，高尚其事”，先生以之。在《屯》之初九[⑪]，阳德方亨，而能“以贵下贱，大得民也”，光武以之。

盖先生之心，出乎日月之上；光武之量，包乎天地之外。微先生不能成光武之大，微光武岂能遂先生之高哉？而使贪夫廉，懦夫立，是大有功于名教也。

仲淹来守是邦[⑫]，始构堂而奠焉。乃复[⑬]为其后者四家，以奉祠事。又从而歌曰：“云山苍苍，江水泱泱。先生之风，山高水长。”

〔注〕 ① 严先生：严光，字子陵，东汉余姚人。少与光武帝同学，后为一代名士，光武即位，召至洛阳，欲拜他为谏议大夫，他固辞不受，还归富春江垂钓隐居。其钓台故址在今浙江桐庐，景致极佳。 ② 光武：东汉光武帝刘秀。西汉末年王莽篡位后，全国爆发以绿林、赤眉为首的大规模农民起义，刘秀组织地方武装，先后剿灭各路义军、豪强，于公元25年称帝洛阳，建立东汉王朝。 ③《赤符》：即《赤伏符》。《后汉书·光武纪》载：公元25年，刘秀兵至鄗地，儒生强华自关中奉《赤伏符》前来进见，符中有谶文道：“刘秀发兵捕不道，四夷云集龙斗野，四七之际火为主。”刘秀以为是天降祥瑞，预示着他要当皇帝，遂登帝位。 ④ 乘六龙：《易·乾·象》曰：“时乘六龙以御天。”六龙，乾卦六爻皆以龙为象，分别表示龙的六种升降变化，即：潜、见、惕、跃、飞、亢。这六种状态概括了世间万物的变化。“乘六龙”意为凭借龙的六种变化，驾驭天地万物。借此象征皇帝君临天下、统治万民之威仪。 ⑤ 得圣人之时：语本《孟子·万章下》：“孔子，圣之时者也。”即孔子是顺应历史发展的当世圣人，这里借指汉光武帝奉天承运，即皇帝位。 ⑥ 臣妾：臣民。 ⑦ 动星象：《后汉书·逸民传》载：严光与光武“共偃卧，光以足加帝腹上。明日，太史奏：客星犯御座甚急。帝笑曰：‘朕故人严子陵共卧耳。’”客星指严光，御座指光武帝。古人以天象与人事相联系，严光以足压光武帝腹上，天上便显现出“客星犯御座”的星象，实为一种天人感应的附会之辞。 ⑧ 得圣人之清：语本《孟子·万章下》：“伯夷，圣之清者也。”这里指严光和古时的伯夷一样都是圣贤之人。 ⑨ 以礼下之：对地位比自己低的人待之以礼。指汉光武礼遇严光。 ⑩《蛊》之上九：《蛊》为《周易》中的卦名。蛊，坏极而有事也。“上九”指该卦的第六个爻。《蛊》卦之中，前五爻的爻辞均指清除祸害，整饬弊端，即“众方有为”之意；而第六爻的爻辞为“不事王侯，高尚其事”，指治蛊之事完毕之后，退居在野，洁身自

守。 ⑪《屯》之初九:《屯》是《周易》中的卦名。屯,难也。"初九"指该卦的第一爻。此爻为阳爻,其位置居于下卦震体两个阴爻之下,卦象称:"上贵下贱"。初九阳爻本为乾阳尊贵之体,即文中所言"阳德方亨",却能甘居下位,谦卑自处,如此则深得民众拥戴,因此说:"以贵下贱,大得民也。" ⑫ 是邦:即睦州,治所在建德县,管辖今浙江省新安江、桐江流域。当时范仲淹被贬知睦州。 ⑬ 复:免除徭役。

这是一篇缅怀严子陵高风亮节的短文。文中深刻蕴含着作者范仲淹对时世的感喟与怅惘,以及对当世君王的失望和企盼,难言之苦衷,耿介之情怀溢于言表。故虽通篇颂扬严先生,而实为感叹士人仕途坎坷的一篇鸣不平之作。

此文写于作者贬居睦州之时。史载他每次外贬,同僚都要为他饯行,第一次称他"此行极光",第二次称他"此行愈光",第三次称他"此行尤光"。可见他的被贬,实际上恰好是他心忧天下的写照。睦州人杰地灵,既有新安江这样的奇美山水,又有严子陵这样的高义之士,身为知州的范仲淹由严子陵而联想到自己,由汉光武而联想到当世之时弊,于是当他"来守是邦",即着手"构堂而奠",精心巧构出一篇礼赞之文,表达他对于严先生的仰慕之情,以及对于盛世的向往之心。后人读之,不只要对严先生肃然起敬,而且会从字里行间想见范仲淹那壮心不已的志士情怀。

全篇以先生名篇,文中却不单言先生一人,而以光武与之相对应来写;不只是一味地"发思古之幽情",而是注意在遣词为文中,处处体现严子陵的高洁之风。文章一开始即连用了两个"天下孰加焉"发问,前者极言光武"握《赤符》,乘六龙",君临天下的威仪,后者则尽写严子陵"动星象,归江湖"的傲岸不群的风姿。遥想当初,汉光武践帝位之时,念及旧日与严子陵"相尚以道"的布衣之交,召他入朝任谏议大夫,而严子陵却始终不为所动,守冰雪之节操,还耕钓于富春江畔。他能够在至尊延请之时置若罔闻,处之泰然,绝非一般俗人、假隐士所能比拟。古来隐士颇多,然而志趣迥异,其中不少人是做着将来一旦为官的美梦才去隐居的,那是以退为进的干禄之徒所为,诚如孔稚珪《北山移文》中所言:一俟"鸣驺入谷,鹤书赴陇",这些人就会撕下隐士的面纱,现出一副"形驰魄散,志变神动"的丑态,招致山林笑骂,"列壑争讥"。严光之隐,则纯乎为保持自己清高安贫的气节,故而得到世人景仰,这也正是为什么范仲淹称他"以节高之"的原因了。极言光武,意在盛赞严光,"说得光武大,愈显先生高"(金圣叹语),是范仲淹作文的妙处所在。

范仲淹没有仅仅停留于对严先生的赞颂,因为这也并不是他写作此文的全部初衷。他期待着仁者能够欣逢盛世,明主能够体恤良臣,非如此则不能"大有功于名教"。文中以光武映衬严光,并非有贬抑光武之意,相反,他同时也是想借严光之隐反衬出当时世道的清明，寄寓自己未遇明主的淡淡惆怅。他想见当年严光与光武“共偃卧，光以足加帝腹上”(《后汉书·逸民传》)，而光武竟不以为意。严光的威武不屈、富贵不淫，固然可钦可敬，光武的宽容大度又何尝不令人追慕景仰呢？联系自己颇不平坦的艰辛仕途，几番直言进谏，触犯龙颜，忤逆权贵，徒然招来党争之祸；世逢内忧外患，自己报国无门，怎不追思光武帝这样的一代圣明君主啊！

范仲淹是治《易》大儒，深通卦爻之术。他把《易》卦引入文中，立意既新，又自然贴切，不致使人产生艰涩难懂的感觉，足见其易学功力之深。以《蛊》卦比严光，赞其“不事王侯，高尚其事”之风；以《屯》卦比光武，颂其“以贵下贱，大得民也”之德，力图说明：虽则严光至为圣贤，但如若遭逢乱世，则唯有微子之逃、比干之戮的下场，即使一心要去归隐，恐怕也难遂其愿了。所以要紧的还在于光武帝“以贵下贱”的得民之举，故而范仲淹慨然作叹道：“微光武岂能遂先生之高哉？”其心中不平之意，不言自明。

很显然，作者是以一种复杂微妙的心态来写作此文的：一方面，他满怀激情，赞扬严光，全篇以光武与严光对举相始终，“两两相形，竟作一篇对偶文字，至末乃归到先生”(吴楚材、吴调侯《古文观止》卷九)，一气贯通，有发挥，有咏叹，最后以歌作结，以新安秀丽的山水颂扬先生之风，笔力确乎非同凡响。而另一方面，他又是在无限憧憬地追念光武之德政，进而提出“有功名教”的政治主张，认为贤人的出现与明君在位不无关系。可见他之所以祀先生，不特颂扬先生之风，而更在于期待有圣明之世的出现，使得“贪者廉，懦者立”，天下的仁人得以一展其雄才大略。对于这一点，后来捧读此文者颇多心领神会之人。比如有个人称萧公的人过祠下，“因慨然曰：‘先生此祠，乃名教之首，何可令其颓圮若是？’”(清李扶九《古文笔法百篇》卷一)可见先生之风固然有如“山高水长”，值得大加称颂，而政治之清明，君主之德政，名教之建立，又岂非众望所归，而需大书特书的呢？

范仲淹为文雅洁，语言流畅，结构谨严，后人评他的文章“字少意多，义简理详”(宋谢枋得《文章轨范》卷六)。本篇笔力雄健，结构精严，被人盛赞为“直追秦汉”之作。其中结句“云山苍苍，江水泱泱。先生之风，山高水长”，更是脍炙人口的名句，足以概括出严先生的高风亮节。世传范仲淹初作此文之时，“先生之风”本作“先生之德”，后李泰伯建议以“风”代“德”，他听罢欣然改之，果然全篇为之熠熠生辉，光彩照人。

古今仁者，心意相通。范仲淹能从严光之隐，悟出世道清明的重要，又能在身遭贬谪之际，“不以己悲”，而能“处江湖之远，则忧其君”（《岳阳楼记》）。严先生若有知，也当惊知己于千古了。

（郭 涛）

【作者小传】

宋 庠

（996—1066） 北宋文学家。初名郊。字公序。开封雍丘（今河南杞县）人。幼居安陆（今属湖北）。与弟祁并有文名，时称“二宋”。二人同时于天圣初举进士，他名列第一。官兵部侍郎同平章事。谥元宪。文章典雅，诗多秾丽之作。著有《宋元宪集》。

蚕 说

宋 庠

里有织妇，蓍簪葛帔，颜色憔悴，喟然而让于蚕曰：“余工女也，惟化治丝枲是司，惟服勤组纫是力[①]，世受蚕事，以蕃天财。尔之未生，余则浴而种以俟；尔之既育，余则饬其器以祗事；尔食有节，余则采柔桑以荐焉；尔处不慁，余则弭温室以养焉；尔惟有神，余则蠲其祀而未尝黩也；尔惟欲茧，余则趣其时而不敢慢也；尔欲显素丝之洁，余则具缲盆泽器以奉之；尔欲利布幅之德[②]，余则操鸣机密杼以成之。春夏之勤，发蓬不及膏；秋冬之织，手胝无所代。余之于子可谓殚其力矣！

“今天下文绣被墙屋，余卒岁无褐；缇帛婴犬马，余终身恤纬[③]。宁我未究其术，将尔忘力于我耶?”

蚕应之曰：“嘻！余虽微生，亦禀元气；上符龙精，下同马类[④]。尝在上世，寝皮食肉；未知为冠冕衣裳之等也，未知御雪霜风雨之具也。当斯之时，余得与蠕动之俦，相忘于生生之域；蠢然无见豢之乐，熙然无就烹之苦。自大道既隐，圣人成能，先蚕氏[⑤]利我之生，蕃我以术，因丝以代毳，因帛以易韦；幼者不寒，老者不病：自是民患弭而余生残矣！

“然自五帝以降，虽天子之后，不敢加尊于我：每岁命元日，亲率嫔御，祀于北郊，筑宫临川，献茧成服[⑥]；非天子宗庙黼黻无所备，非礼乐车服旂常⑦无所设，非供祀无制币，非聘贤无束帛，至纤至悉，衣被万物。女子无贵贱，皆尽心于蚕。是以四海之大，亿民之众，无游手而有余帛矣。

“秦汉以下，本摇末荡：树奢靡以广君欲，开利涂以穷民力；云锦雾縠之巧岁变，霜纨冰绡之名日出；亲桑之礼颓于上，灾身之服流于下。倡人孽妾被后饰而内闲中者以千计，桀民大贾僭君服以游天下者非百数；一室御绩而千屋垂缯，十人漂絮而万夫挟纩：虽使蚕被于野、茧盈于车，朝收暮成，犹不能给；况役少以奉众，破实而为华哉！方且规规然重商人衣丝之条，罢齐官贡服之织；衣弋绨⑧以示俭，袭大练而去华：是犹捧凷堙尾闾之深⑨，覆杯救昆冈之烈⑩，波惊风动，谁能御之？由斯而谈，则余之功非欲厚啬声以侈物化，势使然也。二者交坠于道，奚独怒我哉？且古姜嫄、太姒⑪皆执子之勤，今欲以一己之劳而让我，过矣。”

于是织妇不能诘，而终身寒云。

〔注〕 ① 化治丝枲：枲（xǐ 喜），麻。《周礼·天官》：“太宰以九职任万民，七曰嫔妇，化治丝枲。”化治丝枲，即以丝麻来纺织。组紃（xún 旬）：丝带。薄阔者为组，似绳者为紃。服勤组紃说的是为织丝带而辛勤劳作。 ② 利布幅之德：《左传·襄公二十八年》：“且夫富，如布帛之有幅焉，为之制度，使无迁也。夫民，生厚而用利，于是乎正德以幅之。”幅，范围，限制。 ③ 卒岁无褐：褐，粗布短衣。《诗·豳风·七月》：“无衣无褐，何以卒岁。”缇帛婴犬马：缇帛，赤黄色的绸制品。婴，系。全句意为，用华丽的绸缎系在动物身上作为装饰。余终身恤纬：意为我连丝毫的劣等线都不忍浪费。恤，怜惜。纬，本指组成布匹的纬线，这里用指织布中一些最低等的下脚料。 ④ 上符龙精，下同马类：古代传说中，说蚕为龙精，又与马同气。见《周礼·夏官·马质》疏。 ⑤ 先蚕氏：指发明养蚕的人。《后汉书·礼仪志上》“祠先蚕”注：“今蚕神曰菀窳妇人、寓氏公主，凡二神。”南北朝以后皆祀黄帝正妃嫘祖为先蚕。 ⑥ 祀于北郊：古人认为蚕是神物，因有祭蚕的风俗。《周礼·天官·内宰》：“中春，诏后帅外内命妇始蚕于北郊，以为祭服。” ⑦ 旂常：旗帜之名。画交龙的叫做“旂”，画日月的叫做“常”。《周礼·春官·司常》：“掌九旗之物名。日月为常，交龙为旂。” ⑧ 弋绨（tí 题）：黑色的粗绸。弋，通“黓”，黑色。 ⑨ 凷：“块”的本字，指土块。尾闾：指海水。语见《庄子·秋水》：“尾闾泄之，不知何时已而不虚。”尾闾乃杜撰的泄出海水之处，后用作海水的借语。 ⑩ 覆杯：翻覆一杯的水。昆冈之烈：昆冈：昆山，古代著名的产玉地。烈，指烈火。《尚书·胤征》：“火炎昆冈，玉石俱焚。” ⑪ 姜嫄：传说中周族始祖后稷之母。太姒：周文王之妃，武王之母。

本文是一篇寓言故事，假设织妇与蚕的对话，来表现自己对劳动人民疾苦的同情和对统治者荒淫生活的批判。用寓言作文，在中国有悠久的传统，先秦散文多用寓言形式，而庄子则自谓“寓言十九”，用大量的谬悠之言、荒唐之语来表达自己的哲理思考。汉魏以来，利用寓言形式成为文人惯用的“书生伎俩”。如贾谊《鹏鸟赋》就是一篇用寓言写成的哲学文章。在我国古代的多种文体中，赋体又最善用寓言形式。这篇《蚕说》基本上可以说是赋体，它很好地体现了中国古代寓言模式的特点，并反映出寓言自身的魅力。

首先，这是一篇规讽时政之文，但作者身居高位，直言陈说不但甚为不便，而且也有违古代文化传统，因而借用寓言。文章将充满着血腥的社会现实化为饶有兴味的寓言故事，旨在批评当今，但却托言历史，真正做到优柔含讽。这极切合中国文学讲究含蓄的美学传统，也透露出中国古代寓言赋何以流行的社会原因，它是社会高压统治下的一种畸形反映。

其次，此文为问答式，以织妇“让”(责难)蚕为起，蚕大不以为然，进而博论历史，由情入理，层层剥开，最后得出：织妇的悲惨遭遇并非由蚕造成，而罪在那些荒淫无度的人间寄生虫，从而使得织妇无言以对，陷入深深的思考之中。这种问答式易收到渐入渐胜之趣，明知而故纵，曲为之说，欲此而言彼，使得文生波澜，很有韵致。问答式是古代赋体常用的方法，如贾谊《鹏鸟赋》借“我”与鹏鸟对答，司马相如《上林赋》借子虚和乌有先生对答，枚乘《七发》则假借吴客与楚太子对答。中国古代这种对话式的赋体模式，行文自由活泼，给读者极其亲切的感受，而且又有较大的容量。宋庠《蚕说》对话体的运用是成功的。

复次，在语言上，这篇散文深受宋初文风的影响，辞藻华丽，并多用骈偶句式，极力铺叙，夸张烘托手法也多有出现。其实，这种语言形式也多少与作者选择寓言赋这种文体有关。自庄子以来，寓言赋多讲究文采，为使文章有纵横排荡的气势，总少不了铺陈烘托，少不了那种华丽的辞藻。同时，作者用寓言的形式写这篇血的文字，在语言上体现出一种特点，即寓庄于谐，寓实于玄，篇中多有荒唐之语，使极为严肃的道理能在轻松的氛围中进行阐述。在中国民俗中，蚕被视为一种有灵性的生物，为人们所崇拜。作者所假托蚕的一番机智、深刻而饶有趣味的陈述，很切近人们心目中这种生物的特点。

中国古代散文创作非常讲究“势”，“势”由“气”生。孟子说：“我善养吾浩然之气。”这是一种人格理想，也是一种文章境界。曹丕说：“文以气为主。”韩愈则倡为“气盛言宜”之论。宋庠的《蚕说》可以说是得于气势的佳作。如首段织妇诉说自己劳作之苦，连用了七个排比句，从“尔之未生”直到织成布幅，连连道来，愈转愈急，辞短而意迫，较好突现了织妇的忧思痛楚。在文势上一泻而下，至下而突转，横出两组短句："今天下文绣被墙屋，余卒岁无褐；缇帛婴犬马，余终身恤纬。"两个反句，斩钉截铁，如临江屏障，截住洪流，使文有奇崛恣肆之美。文势至此由急趋缓，与下文蚕缓缓的陈述承接。

此文在结构上作了巧妙的安排。织妇以终年辛劳但仍贫苦来责怪蚕，而蚕和织妇可说是"同是天涯沦落人"。蚕诉说：人类在未利用蚕时，蚕熙然而乐，当人们以蚕丝织帛时，蚕则饱受就烹之苦，最终是"民患弭而余生残"，以自己的痛苦换来了他人的欢乐，表面上是写蚕，实际上是写织妇。接下去，文章又深入一层，蚕的牺牲本来是为了"幼者不寒，老者不病"，死而无憾。而今蚕既残其性命，人则兴起剥削之法，统治者徒肆奢靡，而劳动者仍受其不衣之患，此乃蚕之大憾。但又何尝不是织妇的大憾？从而推出文章的主旨，该"让"的不是蚕，而是那些人间的统治者。文章结束两句更具匠心："于是织妇不能诘，而终身寒云。"织妇的命运同于蚕而惨于蚕，蚕之命运犹可说也，而织妇只有空留长叹。　（朱良志）

【作者小传】

欧阳修

(1007—1072)　北宋文学家、史学家。字永叔，号醉翁、六一居士。吉州吉水（今属江西吉安）人。天圣进士。曾任翰林学士、枢密副使、参知政事。谥文忠。论文主张"明道"、致用，对宋初以来追求靡丽、险怪的文风表示不满，平生多奖掖后进，是北宋古文运动的领袖。所作散文畅达委婉，为"唐宋八大家"之一。其诗流畅自然，词风婉丽。又长于史，曾与宋祁合修《新唐书》，并独撰《新五代史》。著有《欧阳文忠集》。

朋党论　　欧阳修

臣闻朋党之说，自古有之，惟幸人君辨其君子、小人而已。

大凡君子与君子以同道为朋，小人与小人以同利为朋，此自然之理也。然臣谓小人无朋，惟君子则有之，其故何哉？小人所好者，利禄也；所贪者，货财也。当其同利之时，暂相党引以为朋者，伪也；及其见利而争先，或利尽而交疏，则反相贼害，虽其兄弟亲戚，不能相保。故臣谓小人无朋，其暂为朋者，伪也。君子则不然，所守者道义，所行者忠信，所惜者名节。

欧阳修像

——清道光年间刊本《吴郡名贤图传赞》

以之修身，则同道而相益；以之事国，则同心而共济，始终如一。此君子之朋也。故为人君者，但当退小人之伪朋，用君子之真朋，则天下治矣！

尧之时，小人共工、驩兜①等四人为一朋，君子八元②、八恺③十六人为一朋。舜佐尧，退四凶小人之朋，而进元、恺君子之朋，尧之天下大治。及舜自为天子，而皋、夔、稷、契④等二十二人并立于朝，更相称美，更相推让，凡二十二人为一朋，而舜皆用之，天下亦大治。《书》曰："纣有臣亿万，惟亿万心；周有臣三千，惟一心⑤。"纣之时，亿万人各异心，可谓不为朋矣，然纣以亡国。周武王之臣，三千人为一大朋，而周用以兴。后汉献帝⑥时，尽取天下名士囚禁之，目为党人⑦，及黄巾⑧贼起，汉室大乱，后方悔悟，尽解党人而释之，然已无救矣。唐之晚年⑨，渐起朋党之论⑩，及昭宗时⑪，尽杀朝之名士，或投之黄河⑫，曰："此辈清流，可投浊流。"而唐遂亡矣。

夫前世之主，能使人人异心不为朋，莫如纣；能禁绝善人为朋，莫如汉献帝；能诛戮清流之朋，莫如唐昭宗之世；然皆乱亡其国。更相称美推让而不自疑，莫如舜之二十二臣，舜亦不疑而皆用之；然而后世不诮舜为二十二人朋党所欺，而称舜为聪明之圣者，以能辨君子与小人也。周武之世，举其国之臣三千人共为一朋，自古为朋之多且大，莫如周；然周用此以兴者，善人虽多而不厌也。

夫兴亡治乱之迹，为人君者可以鉴矣。

〔注〕 ① 共工、驩(huān 欢)兜：古代传说中的"四凶"，有四个恶人，共工、驩兜是其中的两个，另外两个是三苗和鲧(gǔn 滚)。 ② 八元：上古帝喾(kù 酷)的八位贤臣：伯奋、仲堪、叔献、季仲、伯虎、仲熊、叔豹、季狸。元，贤良。 ③ 八恺(kǎi 凯)：上古颛顼(zhuān xū 专须)的八位贤臣：苍舒、隤敳(tuī āi 推哀)、梼戭(táo yín 桃银)、大临、尨降、庭坚、仲容、叔达。恺，和善。八恺、八元均见《左传・文公十八年》，称"舜臣尧，举八恺、八元"。 ④ 皋、夔、稷、契(xiè 谢)：都是舜时贤臣。其中皋陶(yáo 摇)掌管刑狱，夔掌音乐，稷为农官，为周朝始祖，契为商朝始祖。 ⑤ "纣有臣"四句：引自《尚书・泰誓》篇，为周武王会师孟津(今属河南)大举伐纣时所作。 ⑥ 后汉献帝：刘协，东汉亡国之君。所引党人事件发生在桓帝、灵帝时期，"献帝时"，当是作者误记。 ⑦ 党人：指东汉桓、灵二朝发生的党锢之祸。汉桓帝刘志(147—167)时，李

膺、陈蕃等官员联合太学生领袖郭泰、贾彪等反对宦官专权,被诬为“诽讪朝廷”,下狱治罪。汉灵帝刘宏(168—184)时,捕杀李膺、杜密等百余人,株连近千人,史称“党锢之祸”。 ⑧ 黄巾:东汉末年张角等领导的农民起义,以黄巾裹头为标志,史称“黄巾起义”。 ⑨ 唐之晚年:指唐穆宗李恒(821—824)至唐宣宗李忱(847—859)时期。 ⑩ 渐起朋党之论:指唐穆宗时牛僧孺与李德裕各为一方的朋党之争,史称“牛李党争”。这一党争延续到文宗李昂(827—840)、武宗李炎(841—846)、宣宗李忱几朝,历时近四十年之久。 ⑪ 及昭宗时:昭宗李晔(889—904)为昭宣帝之误。 ⑫“尽杀朝之名士”二句:唐昭宣帝天祐二年(905),李振唆使朱全忠杀死朝臣裴枢等七人,李振说:“此辈常自谓清流,宜投之黄河,使为浊流!”文中“昭宗时”,系作者误记。

宋仁宗庆历三年(1043),范仲淹、富弼、韩琦等同时执政,推行政治改革,史称“庆历新政”。朝廷内部的保守派强烈反对新政,以“朋党”之名倾陷范仲淹、富弼等人。庆历四年(1044),范仲淹、富弼等先后离朝外放,新政失败。欧阳修是新政的积极支持者,在朋党之说纷然的情势下,他写了这篇有名的奏章。

作者针对统治者下诏戒止臣下结为朋党和客观上存在朋党的现实,在文章中不是否认朋党的存在,而是着重申说朋党的君子、小人之别。他先从社会发展的事实立论:“朋党之说,自古有之”。证明朋党的存在有其历史的依据,同时也为下文征引史实下一伏笔。接着大笔一振,鲜明地提出:“惟幸人君辨其君子、小人而已”。从政治角度阐明君主辨清朋党的君子、小人之分是极为重要的关键。随后,作者概括指出“同道”与“同利”是君子、小人之朋的根本区分所在,这是从正面阐说;笔锋一转,作者又翻进一层,论述小人实际上无朋,君子才能有朋,这一点远远超出一般的朋党之说。范仲淹曾对宋仁宗说过:“方以类聚,物以群分,自古以来,邪正在朝,未尝不各为一党,不可禁也,在圣上鉴辨之耳!”(见《范文正公年谱》)范仲淹所讲的朋党邪正之分,也就是欧阳修所说的君子、小人之别,这是两者之所同。但欧文并不停留在这一步,而是揭示出“道”和“利”是区分朋党邪正和君子、小人之别的要素,并在此基础上深一层剖析:小人、邪者以“利”相结,同“利”则暂时为朋,见“利”则相互争竞,“利”尽则自然疏远或互相残害,从实质上看,小人无朋;与此相反,君子之朋以“道”相结,以道义、忠信、名节为重,同道、同德,自然同心,从这一意义上看,君子之朋才是真朋。二者对比鲜明,自然得出“退小人之伪朋,用君子之真朋,则天下治矣”的结论,论证十分有力,同时带起下面一大段文字。

文章的第二大部分,广泛列举史实,从各方面论证用君子之真朋则国兴,用小人之伪朋则国亡。对上文开头的“朋党之说,自古有之”,是遥相呼应;对上文结尾的“退小人之伪朋,用君子之真朋,则天下治矣”,是有力的补充和论证。文中援举尧时退四凶小人之朋,进八元、八恺君子之朋,使天下大治;舜连用皋、夔、稷、契等二十二人君子之朋，天下也随之大治。这些都属正面引用，阐明天下大治，必须退小人之朋，而进君子之朋。接着援举纣有臣亿万，但各怀异心，实际上是无朋，纣正因此亡国；周武王有臣三千，同道、同心，自然也就同力，实际上是一大朋，周正因此兴国。正反引用，加强对比，阐明小人无朋，君子有朋，有关国家兴亡。最后，再以东汉桓、灵时的党锢之祸、晚唐昭宣帝时朱全忠杀害名士的史实，引用反面例证，阐明迫害残杀君子之朋导致亡国的历史教训。作者或正，或反，或正反对比，反复论述君子、小人之朋的进退关系到国家的治乱兴亡，举证多样，剖析精当。

全文的第三部分，在大量援引历史例证的基础上，着重阐述迫害君子之朋则国亡，信用君子之朋则国兴的意旨。先紧接上文，从殷纣使人异心，汉末禁绝善人为朋，晚唐诛戮清流名士等反面史实，作出“皆乱亡其国”的结论。然后，以舜能明辨，信任君子之朋，周能广用、重用君子之朋的正面史实，指出舜因此称为圣者，周因此兴国的结果。全文至此，作一收束。结尾“夫兴亡治乱之迹，为人君者可以鉴矣”二句，揭明题旨，与文章开头的“臣闻朋党之说，自古有之，惟幸人君辨其君子、小人而已”几句相呼应，作者的鉴古说今的用意得到充分的强调，具有令人心折的说服力。

（钟　陵）

送杨寘序　　欧阳修

予尝有幽忧之疾①，退而闲居，不能治也。既而学琴于友人孙道滋，受宫声数引②，久而乐之，不知疾之在其体也。

夫琴之为技，小矣。及其至也，大者为宫，细者为羽，操弦骤作，忽然变之：急者凄然以促，缓者舒然以和。如崩崖裂石，高山出泉，而风雨夜至也；如怨夫寡妇之叹息，雌雄雍雍之相鸣也③。其忧深思远，则舜与文王、孔子之遗音也④；悲愁感愤，则伯奇⑤孤子、屈原忠臣之所叹也。喜怒哀乐，动人心深；而纯古淡泊，与夫尧舜三代之言语、孔子之文章、《易》之忧患、《诗》之怨刺无以异⑥。其能听之以耳，应之以手，取其和者，道其堙郁，写其忧思，则感人之际，亦有至者焉。

予友杨君，好学有文，累以进士举，不得志。及从荫调，为尉于剑浦。区区在东南数千里外，是其心固有不平者。且少又多疾，而南方少医药，风俗、饮食异宜⑦。以多疾之体，有不平之心，居异宜之俗，其能郁郁以久乎？然欲平其心以养其疾，于琴亦将有得焉。故予作“琴说”以赠其行，且邀道滋酌酒进琴以为别。

〔注〕 ① 幽忧之疾：过度忧劳而成的疾病。 ② 受宫声数引：学得琴曲数支。 ③ 雍雍相鸣：指雁鸣。《诗·邶风·匏有苦叶》：“雍雍鸣雁。” ④ 舜与文王、孔子之遗音：传说这三位古代贤者都善于以琴声表达思想感情。 ⑤ 伯奇：周代人。他本孝顺后母，其父却听后母之言驱逐了他，他因此悲伤，含冤投河而死。 ⑥“与夫”四句：指琴音纯古淡泊，能起到与尧舜的语言，孔子的文章，《易经》的表现忧患意识，《诗经》的抒发怨情、讽刺时政同样的作用。 ⑦ 异宜：不相宜，不适应。

欧阳修爱琴，他的诗文集中收有许多关于琴的作品。他晚年自号“六一居士”。其《六一居士传》云：“居士曰：‘吾家藏书一万卷，集录三代以来金石遗文一千卷，有琴一张，有棋一局，而常置酒一壶。’客曰：‘是为五一尔，奈何？’居士曰：‘以吾一翁，老于此五物之间，是岂不为六一乎？’”这“六一”中的一项便是琴。他家里藏有三张古琴，曾作《三琴记》以志其事。记文中说，他对于琴曲“尤爱小流水”，“梦寝不忘”。但他并不孜孜于琴艺，他说过：“琴曲不必多学，要于自适。”可见他爱琴在于消遣世虑，在纷繁的社会生活中借琴音以求得心理上的宁静与平衡，正如嵇康《琴赋》说的那样，取其“流楚窈窕，惩躁雪烦”，“感荡心志，发泄幽情”（《文选》）。欧阳修这篇《送杨寘序》的第一段，记述了他以琴治“幽忧之疾”的亲身经验；第二段又铺写琴的音乐特征，全文三分之二的篇幅写琴，因此文末径称为“琴说”。但这篇文章的题目终究是《送杨寘序》，而没有标为《琴说》，可见文章的主旨原不能以所占篇幅之多少来决定。

这篇序属于“赠序”，犹如今天的临别赠言。杨寘此行是“为尉于剑浦”，即到今天的福建南平一带去当个小小的县尉。那地方既僻处东南，其任官又属“荫调”——靠祖先的功劳德泽照顾他当个小官，并非出于自己的功名科第。在封建社会里，对于一个有志者来说，这是很不光彩的。杨寘处于这种境地，心里自然有很多不快，很多不平。加上他从小体弱多病，此去南边又缺医少药，那地方的语言风习也大异于中土，更将影响他的身心健康。任官本是喜事，杨寘这次任官，却仿佛是个悲剧的序曲。现在朋友分手，这篇赠序如何落笔？能不能写上一些“圣眷方隆”“牛刀小试”之类的客套话，或预言其治绩，或遥祝其升迁，来安慰他寂寞的别怀？要真如此，对于作者，是虚伪冷漠；对于受者，无异于揶揄讽刺。欧阳修决不会这样。他在本文第三段满怀深情地写道：“以多疾之体，有不平之心，居异宜之俗，其能郁郁以久乎？”乍读之，倒真有几分像祭吊文字。用这种话饯行，一般人看来，会以为语出不祥；但如果身历其境者读了，将忍不住潸然流下感恩知己的热泪。因为，这才是倾吐肺肝的赤诚之言，表现了两人间深刻的理解，真挚的友情。《诗·小雅·巧言》所谓“他人有心，予忖度之”；司马迁说的“人之相知，贵相知心”（《报任安书》），正是对这种互相理解、彼此关切的人际关系的赞扬。由于爱之深，乃言之悱恻，因此语无忌讳，担心他此去活不长久；又由于言之悱恻，转见爱之深沉，因此赠之以“琴说”，想借音乐的力量“平其心以养其疾”。欧阳修此文最大特点，就在于情真语切，无一浮泛应酬之辞，句句从内心流出。说到这里，也许有人要问：欧阳修为什么说得如此动情？他为什么有“幽忧之疾”？联系到他写此文时正贬谪滁州，他的处境，他的心情，又无形中与杨寘的“多疾之体”“不平之心”“异宜之俗”发生了微妙的关联，使读者进一步领悟到文章里“同是天涯沦落人”这样一层含蓄很深的意蕴——当然，这是字面上未曾说出来的。

下面要说到本文另一个特点——对琴音的精微刻画。欧阳修曾以琴却病，足见他对音乐有深邃的理解。正因为如此，本文第二段写琴音最为生动、形象、深刻。这一段又可分为两层。到“伯奇孤子、屈原忠臣之所叹也”止为第一层，描绘琴声的音乐形象和音乐意境；此下为第二层，写琴声的感发力量。音乐是抒发感情的听觉艺术，乐曲中涵蕴复杂，又非常抽象，要用语言描摹，非常困难。欧阳修却能化抽象为具体，使人读其文恍如闻其声，进入音乐的意境之中。第一层先以“凄然以促”写琴曲中的快节奏，“舒然以和”写琴曲中的慢节奏，作总体勾画。然后用山崩石破，泉水从高山迸泻而下，暴风雨在黑夜降临三种自然界的音响来比喻快节奏的琴曲旋律；用怨夫寡妇的叹息，大雁雄飞雌从的和鸣描绘慢节奏的琴曲旋律，二者都着意刻画音乐形象。接下来又用“忧深思远”“悲愁感愤”描写琴曲的意境。作者用文王、孔子躬行仁义、忧民伤时的崇高思想和伯奇、屈原含冤负屈的悲愤心情象征琴音，使音乐的旋律与古代哲人的思想感情融合一起，揭示出琴音中的遥深寄托，引起古今忧乐天下者的思想共鸣，因之构成了幽深肃穆的艺术境界。这比单纯的化抽象为具体、摹拟音乐形象者又高出一个层次。唐代诗人白居易的《琵琶行》，用“急雨”“私语”等众多音响比拟琵琶之声，饮誉千古；欧阳修成功之处，则在于写出了音乐境界，可谓各擅胜场。第二层写琴音的感发力量。作者把音乐与儒家经典《论语》《易》《诗》启迪心智、陶冶情操的作用置于同等地位，说它们都能“动人心深”，对于不幸而处抑塞偃蹇之际的人，更能“道（导）其堙郁（疏通胸中的积郁），写（泻）其幽思”。他强调听琴、奏琴能乐以忘忧，净化灵魂。这种对音乐感发力量的深刻理解，虽然不自欧阳修始，但欧阳修能结合具体对象的具体处境加以阐发，写来就不是泛泛的说理而弥见其饱含深情。

现在来看全文结构。文章用琴音能“道其堙郁，写其忧思”这层意思结住第二段，正好与第一段叙述自己以琴治好了“幽忧之疾”，第三段希望杨寘用琴来“平其心以养其疾”的意思拧为一体。从这个侧面评析这篇序文，便会发现本文另外一个特色：首尾照应，通篇贯一。刘熙载《艺概・文概》说：“揭全文之指，或在篇首，或在篇中，或在篇末。在篇首则后必顾之，在篇末则前必注之，在篇中则前注之，后顾之。”欧阳修这篇序文，可谓尽得“顾注”之法。（赖汉屏）

送曾巩秀才序　　欧阳修

广文曾生，来自南丰①，入太学②，与其诸生群进于有司。有司敛群材，操尺度，概以一法考。其不中者而弃之；虽有魁垒③拔出之材，其一累黍④不中尺度，则弃不敢取。幸而得良有司，不过反同众人叹嗟爱惜，若取舍非已事者，诿曰：“有司有法，奈不中何。”有司固不自任其责，而天下之人亦不以责有司，皆曰：“其不中，法也。”不幸有司尺度一失手，则往往失多而得少。

呜呼！有司所操果良法邪？何其久而不思革也？况若曾生之业，其大者固已魁垒，其于小者，亦可以中尺度；而有司弃之，可怪也！然曾生不非同进，不罪有司，告予以归，思广其学而坚其守。予初骇其文，又壮其志。夫农不咎岁而菑播⑤是勤，其水旱则已；使有一获，则岂不多邪？

曾生橐其文数十万言来京师，京师之人无求曾生者，然曾生亦不以干也。予岂敢求生，而生辱以顾予。是京师之人既不求之，而有司又失之，而独余得也。于其行也，遂见于文，使知生者可以吊有司而贺余之独得也。

〔注〕①广文：即广文馆。宋国子监下属学校之一，收纳四方游士到京师求试者，遇贡举之年，先补中广文馆生，然后执牒诣国子监验试，十人取一。南丰：曾巩的故乡，今属江西抚州。②太学：亦宋国子监属下学校之一。学生从八品以下官员子弟和平民的优秀子弟中招收。③魁垒：雄伟。④累黍：累和黍是古代两种微小的重量单位。《汉书・律历志》：“权轻重者不失黍絫（古“累”字）。”注：“应劭曰：‘十黍为絫，十絫为一铢（二十四铢为一两）。’”二字合成一

词，表示极细微的分量。　⑤菑播：开荒播种。菑，开荒。《尚书·大诰》："厥父菑，厥子乃弗肯播。"疏："菑，耕其田，杀其草。"

这篇文章是欧阳修为曾巩参加进士考试落第而作。曾巩与欧阳修一样，也是唐宋古文八大家之一。《宋史·曾巩传》说他"生而警敏，读书数百言，脱口辄诵。年十二，试作《六论》，援笔而成，辞甚伟。甫冠，名闻四方。欧阳修见其文，奇之"。可见曾巩在青少年时代就是个才子，他的文章一开始就得到了欧阳修的赏识。这种赏识，也体现在本文欧阳修对曾巩的文章的评价中："况若曾生之业，其大者固已魁垒，其于小者，亦可以中尺度"。就是说曾文的上乘之作，已臻雄伟杰出之境；其一般水平的作品，也写得极有章法，按进士考试的录取标准衡量，是完全合格的。这样看来，曾巩就不应该落第。

然而曾巩毕竟还是落第了！这不能不引起欧阳修严肃的思考："而有司弃之，可怪也！"事情就是这样：如果被试的一方没有出问题，那么毛病肯定就出在主试的一方。按理说，主管考试的部门担当替国家选拔人才的重任，本不该出毛病，然而现在竟然出了毛病，这就是"可怪"之所在。本篇的行文脉络正是沿着这一思路展开的。

文章首先揭示了主试部门所规定的录取标尺有问题："概以一法考。其不中者而弃之"。就是说主试部门只规定了唯一的一种衡文的尺度，只要应试文章的体式风格不合这种尺度，即使内容再好，艺术成就再高，也概不入选。这必然造成一种形式主义的文风，使天下举子对此时风趋之若鹜，而真正有志于改革形式主义文风，继承韩愈、柳宗元优秀传统的真才实学之士，受到排斥废黜，从而形成考场的流弊。

但是任何原则毕竟要由人来执行，当时的主考官员又是怎样执行录取原则的呢？作者从两方面做了揭示。其一，所谓"良有司"——这种人是能够识别文章的好坏的，但他们奉"一法"为圭臬，不敢越雷池一步。只是严格选拔文章之"中尺度"者，对文章"不中尺度"的人，明知人家落第是冤枉的，也不肯录取。充其量只是表面上做出点假惺惺的同情惋惜姿态，实则把责任推得一干二净："有司有法，奈不中何。"文章惟妙惟肖、入木三分地刻画了这种人对人才所摆出的冷酷虚伪的嘴脸。但问题还不止于此，严重的是当时的社会舆论对此也不加谴责，却一味为主考官员推卸责任："皆曰：'其不中，法也。'"这无疑进一步助长了主考官员因循守旧的陋习。其二，更不幸的是，有些主考官员连当时规定的唯一尺度也掌握不好。这样，即使是按既定尺度写应试文章的举子，也会因主考官的误判而落第，造成"不幸有司尺度一失手，则往往失多而得少"的后果。

在揭示考场流弊的基础上,作者痛切愤慨地提出质问:"有司所操果良法邪?何其久而不思革也?"实际是否定了主管考试部门所操之"法",谴责了主考官员因循陈规陋习,不思改革的不负责任的行为。行文至此,作者才以曾巩落第为例,指出这是一种不能容忍的"可怪"的现象,既为曾巩鸣不平,也表达了他本人要求改革考场流弊的迫切愿望。事实上,欧阳修也是这样做的。《宋史·欧阳修传》载:"(欧阳修)知嘉祐二年贡举。时士子尚为险怪奇涩之文,号'太学体'。修痛排抑之,凡如是者辄黜。场屋之习,从是遂变。"

欧阳修置流俗于不顾,大胆改革考场陋习,无疑是对当时人才的解放。据《宋史·曾巩传》载,曾巩恰恰就是"中嘉祐二年进士第"的。两相对照,孰是孰非,不是再明显不过吗?说到底,这关系到如何正确地负责任地替国家识别、选拔人才的问题。本文的价值正在于提出了这个关系到国家命运的根本大计。

正因为作者的视野开阔,立脚点高,所以在这篇送人落第归乡的文章中并没有对落第者表示廉价的同情。相反,对曾巩"不非同进,不罪有司,告予以归,思广其学而坚其守"大加赞扬:"予初骇其文,又壮其志。"这里充分表现了欧阳修对人才的严格要求。其实这才是对人才的最大爱护与扶植。作者以农夫不因遭逢灾年而中止农事为例,肯定了曾巩决定返乡,"思广其学而坚其守"的行为,并满怀信心地预言曾巩必有发达之日。这是对曾巩最大的激励。

文章的最后,追述了作者结识曾巩的始末,表达了自己发现了曾巩这样品学皆优的人才的喜悦心情,对京师之人及主考部门官员不能赏识曾巩表示了莫大的遗憾:不仅写得亲切有味,而且发人深思。结句一"吊"一"贺"这对反义词的运用,揭示了对待人才的两种截然不同的思想境界,而作者那种以赏识、扶植天下俊才为己任的文坛领袖的形象,也就在这种鲜明的对照中显现了出来。

整篇文章不仅立意高迈,而且写得极有章法。如揭示考场流弊,就用了"剥笋皮"式的层层"曝光"的方法,在内在逻辑上也就是层层推进,层层深入,然后归结到主考官员因循陋习、不思改革这一重心上来;从而和作者自己的思想态度形成反差对照,突出了全文的中心思想,即如何正确地、负责任地替国家识别与选拔人才的问题,可谓丝丝入扣,天衣无缝。

(任国绪)

送徐无党南归序　　欧阳修

草木鸟兽之为物,众人之为人,其为生虽异,而为死则同,一归于腐坏、澌尽、泯灭而已。而众人之中,有圣贤者,固亦生且死于其间,而独异于草木鸟兽众人者,虽死而不朽,逾远而弥存也。其所以为圣贤者，修之于身，施之于事，见之于言[①]，是三者所以能不朽而存也。

修于身者，无所不获；施于事者，有得有不得焉；其见于言者，则又有能有不能也。施于事矣，不见于言可也。自《诗》《书》《史记》所传，其人岂必皆能言之士哉？修于身矣，而不施于事，不见于言，亦可也。孔子弟子，有能政事者矣，有能言语者矣。若颜回者，在陋巷，曲肱饥卧而已，其群居则默然终日如愚人。然自当时群弟子皆推尊之，以为不敢望而及，而后世更千百岁亦未有能及之者。其不朽而存者，固不待施于事，况于言乎？

予读班固《艺文志》、唐《四库书目》[②]，见其所列，自三代、秦、汉以来，著书之士，多者至百余篇，少者犹三四十篇；其人不可胜数，而散亡磨灭，百不一二存焉。予窃悲其人，文章丽矣，言语工矣，无异草木荣华之飘风，鸟兽好音之过耳也。方其用心与力之劳，亦何异众人之汲汲营营[③]？而忽焉以死者，虽有迟有速，而卒与三者同归于泯灭。夫言之不可恃也盖如此。今之学者，莫不慕古圣贤之不朽，而勤一世以尽心于文字间者，皆可悲也。

东阳徐生，少从予学为文章，稍稍见称于人。既去，而与群士试于礼部，得高第，由是知名。其文辞日进，如水涌而山出。予欲摧其盛气而勉其思也，故于其归，告以是言。然予固亦喜为文辞者，亦因以自警焉。

〔注〕 ① 修之于身：加强自身修养。施之于事：用来建立事功。见之于言：撰述文章以传世。 ② 班固《艺文志》：即《汉书·艺文志》。唐《四库书目》：唐代多次整理内库图书，官修目录，有《开元四库书目》等。四库，指经、史、子、集四部。 ③ 汲汲营营：匆忙地、不停息地工作、谋划。

《左传·襄公二十四年》记载了穆叔与范宣子论何者为“不朽”的一段名言。范宣子以世禄为不朽，穆叔却认为世禄不能称为不朽。他说：“太上有立德，其次有立功，其次有立言。虽久不废，此之谓不朽。”欧阳修这篇文章里所说的“修之于身”“施之于事”“见之于言”，就是指立德、立功、立言。全文用了一半篇幅，论三者之所以为不朽，并将“修之于身”（立德）放在最高地位，“见之于言”（立言）排在第三，这自然不无重道轻文的意思。但这篇文章的主旨，又不在权衡文道之孰重孰轻，而另有其深意在。

文章重点在第三段——论立言之不可恃。细读这段文字，会发现文章在立论上有一个矛盾。前面说，圣贤是不同于草木、鸟兽、众人的，这种人“虽死而不朽，愈远而弥存”。他们之所以被人尊为圣贤，长存不朽，是由于他们曾经立德、立功、立言。这里指明立言为三不朽之一。而第三段又说：“文章丽矣，言语工矣，无异草木荣华之飘风，鸟兽好音之过耳也。”这不是说，立言之士，与草木鸟兽之必然速朽没有区别吗？下文说得更明显：著作之士“卒与三者（指草木、鸟兽、众人）同归于泯灭”，岂非前后矛盾？

再三涵泳这段文字，就会悟出这里面有含而未申之意。这含而未申之意，正是本文的主旨之所在。第一，古人留下的著作，大多数仅在《汉书·艺文志》诸书中著录其书名、篇目，具体的作品则“百不一二存”。这说明，历史对立言之士的著作进行了无情的淘汰。那“百不一二存”的传世之作，是大浪淘沙剩下来的金子，是经受过时代的严格考验的，其余的早就湮没不存了。于此可见，文章难工，传世不易，后之视今，亦如今之视昔。这是作者的慨叹，既以自勉，也以之勉徐无党。其次，前两段把“修之于身”“施之于事”“见之于言”三者并列为“不朽”，是阐述古代经传中论道之言，反映的是书本上的人生价值观念。第三段论立言之不可恃，将与鸟兽众人同归于泯灭，是欧阳修读史自悟之理。所谓言之不可恃，就是文章著述不重于人的委婉说法。这是从历史事实中总结出来的，反映了实践中呈现的另一种价值观念。书本上的价值观念与实践中的价值观念如此不同，遂使古今无数文士为之荷笔彷徨。作者自己一生的体验，便是明证。因此，文章结尾用“亦以自警焉”，暗暗透出个中消息。由此可见，这篇文章还表明了自古以来文章之士共同的悲哀，因以之警徐无党。

这样就见出本文的第一个特点：题旨深隐。欧阳修在其《论尹师鲁墓志》一文中提出：写作应该力求“文简而意深”，并说：“春秋之义，痛之益至，则其辞益深……诗人之志，责之愈切，则其言愈缓。”他这篇《送徐无党南归序》，无愧于文简意深、爱深言切的典范之作。

全文立意，既重在表明文之难工与立言之不足恃，抒发包括自己在内的千古文章之士共同的悲慨，写来便情真语切，感慨深沉，这是本文的另一个特点。自古文士，留下来的篇章已仅“百不一二”，其余都“散亡磨灭”，是事之一可悲。留传下来的文章，“文字丽矣，语言工矣”，又“无异草木荣华之飘风，鸟兽好音之过耳”,是事之二可悲。这些人士活着的时候,“汲汲营营”,辛苦忙碌、呕心沥血地进行写作,才达到文丽语工的境地;而当其“忽焉以死”,仍然免不了“同归于泯灭”,是事之三可悲。末了写到“今之学者”,穷其一生精力,孜孜于文字著作,结果是“皆可悲也”。这段文字,饱含深情,既哀人亦复自哀。那种苍茫万古之意,发而为声,则抑扬唱叹,慷慨苍凉。试诵读第三段,先用“百不一二存焉”,“无异草木荣华之飘风,鸟兽好音之过耳也”,发出深沉的咏叹;次用“汲汲营营”一个反问句抒发感慨;再用“夫言之不可恃也盖如此”一收一顿;最后用“皆可悲也”放声长吁:语调吞吐抑扬,声情契合,不仅足以“摧其(徐无党)盛气”,也足以引起后之文士读此文者无限悲怆。事之不平,积为愤懑。全篇无一愤语,却饱含愤意于笔端。

这篇文章在艺术上还有一个特点:结构非常紧凑,前呼后应,针线绵密,因此读来气势流贯,又回环往复,现出一种感情上的涡流。入手一句,先提出“草木”“鸟兽”“众人”三者都无法逃避同归灭亡的自然规律,然后从“众人”中引入“圣贤”,说他们独异于草木、鸟兽、众人。六字扣紧首句,文境稳步推开。接下去论圣贤之所以不朽在于修身、施事、见言,将三者平列。继以比较法层层筛选,步步推出中心。首则拿“施事”与“见言”比,论见之于言者不如施之于事;再拿“施事”“见言”与“修身”比,引孔子的弟子宰我、子贡善于言语,冉有、季路长于政事,都比不上能修身立德而并不长于言语、政事的颜回,突出修身为首要之道,立言居三者之末,渐渐过渡到第三段论立言之不足恃,文意暗暗逗出,又层层推进。到第三段,先说“予窃悲其人,文章丽矣,言语工矣”,束以“无异草木荣华之飘风,鸟兽好音之过耳也”,“荣华”紧承“丽”字,“好音”紧承“工”字,接榫紧密。又加上“方其用心与力之劳,亦何异众人之汲汲营营”,使草木、鸟兽、众人汇齐,与篇首第一句“草木鸟兽之为物,众人之为人”桴鼓相应。复承以“而卒与三者同归于泯灭”“今之学者,莫不慕古圣贤之不朽”,再提“泯灭”“不朽”,首尾回环,遥相顾盼,使这篇短文在畅达中有一种遒练逆折的劲气。这些地方,都见出作者为文炼气的功力和缜密的文心。

(赖汉屏)

《梅圣俞诗集》序　　欧阳修

予闻世谓诗人少达而多穷,夫岂然哉! 盖世所传诗者,多出于古穷人之辞也。凡士之蕴其所有而不得施于世者,多喜自放于山巅水涯之外,见虫鱼草木风云鸟兽之状类,往往探其奇怪;内有忧思感愤之郁积,其兴于怨刺,以道羁臣寡妇之所叹，而写人情之难言，盖愈穷则愈工。然则非诗之能穷人，殆穷者而后工也。

予友梅圣俞，少以荫补为吏[①]，累举进士，辄抑于有司，困于州县凡十余年[②]。年今五十，犹从辟书，为人之佐，郁其所蓄，不得奋见于事业。其家宛陵[③]，幼习于诗，自为童子，出语已惊其长老。既长，学乎六经仁义之说。其为文章，简古纯粹，不求苟说于世，世之人徒知其诗而已。然时无贤愚，语诗者必求之圣俞；圣俞亦自以其不得志者，乐于诗而发之。故其平生所作，于诗尤多。世既知之矣，而未有荐于上者。昔王文康公尝见而叹曰："二百年无此作矣[④]！"虽知之深，亦不果荐也。若使其幸得用于朝廷，作为雅颂，以歌咏大宋之功德，荐之清庙，而追商、周、鲁颂之作者，岂不伟欤！奈何使其老不得志，而为穷者之诗，乃徒发于虫鱼物类、羁愁感叹之言？世徒喜其工，不知其穷之久而将老也，可不惜哉！

圣俞诗既多，不自收拾。其妻之兄子谢景初，惧其多而易失也，取其自洛阳至于吴兴已来所作，次为十卷。予尝嗜圣俞诗，而患不能尽得之，遽喜谢氏之能类次也，辄序而藏之。

其后十五年，圣俞以疾卒于京师。余既哭而铭之，因索于其家，得其遗稿千余篇，并旧所藏，掇其尤者六百七十七篇，为一十五卷。呜呼！吾于圣俞诗，论之详矣，故不复云。

庐陵欧阳修序。

〔注〕 ① 荫补为吏：梅尧臣少时应进士试不第，不能授官，以其叔父翰林侍读学士梅询荫，任河南县(宋西京河南府首县)主簿，乃职品甚低之佐吏。朱熹《建宁府建阳县主簿厅记》："县之属有主簿，秩从九品，县一人，掌县之簿书。凡户租之版，出内(纳)之会，符檄之委，狱讼之成，皆总而治之，勾检其事之稽违与其财用之亡失，以赞令治，盖主簿之为职如此。" ② 困于州县凡十余年：梅尧臣后又调任河阳县主簿，建德、襄城县令，监湖州盐酒税，佥书忠武军(许州)、镇安军(陈州)节度判官等，皆州县佐职。 ③ 宛陵：宣城旧称。 ④ 王文康公：王曙，字晦叔，宋仁宗时官至枢密使、同中书门下平章事(宰相)，卒谥文康。宋曾敏行《独醒杂志》卷一载："王文康公晦叔，性严毅，见僚属未尝解颜。知河南(府治在今洛阳)日，梅圣俞时为县主簿。一日，袖所为诗文呈公。公览毕，次日，对坐客谓圣俞曰：'子之诗，有晋宋遗风，自杜子美没后，二百余年不见此作。'由是礼貌有加，不以寻常待圣俞矣。"

宋初诗文革新运动中，梅圣俞是欧阳修志同道合的挚友。欧阳修对梅诗非常赞赏和喜爱，屡加褒评。宋仁宗庆历六年(1046)，他为梅诗初次结集而写下这篇序言的主体部分。仁宗嘉祐五年(1060)，汴京大疫，圣俞于四月间病逝。次年，欧阳修亲自为梅诗整理编撰成书，并续完此序。

文章开头难，也最易见功力。俗话说：文章好开端，成功已一半。确有道理。优秀的古文名篇，发端总是精心结撰，气象万千，振起全文，开合自如。本篇第一段，即是工于发端的一个范例。

这一段的成功，首先在它提炼出"穷而后工"这样一个千古独创的命题，对后世有深远影响。类似的意思，前人也有所表述。汉司马迁《报任安书》"《诗》三百篇，大抵圣贤发愤之所为作也"，唐韩愈《荆潭唱和集序》"夫和平之音淡薄，而愁思之声要妙；欢愉之辞难工，而穷苦之言易好也"等都是，但都不如"穷而后工"这样言简意赅，清楚明白。

欧阳修推出这一命题也极具匠心。他并不急于求成，一泻无遗，而是针对世情，从容曲折。文章先引述一个似是而非的世俗论调"诗人少达而多穷"作诱饵，慢慢引钓，以求大鱼。世俗所见，因为写诗，所以使人穷，唐代大诗人杜甫甚至愤懑地慨叹"文章憎命达"。"夫岂然哉"，用反问句作顿挫，妙在疑似之间，而实际上已隐含否定之意，含蓄有力。接着一句："盖世所传诗者，多出于古穷人之辞也。"写得扑朔迷离，似乎在为世俗论调作辩解，肯定其是；其实是妙语双关，为展开论述奠定根基。

论述伊始，作者用"凡"字总起，可知是考察和综合了大量诗歌现象的结果，并非一知半解或以偏概全，显示了论述的深广度。"穷"的标志是在政治遭际上的不偶，而非生活境况上的困苦——那叫做"贫"。《孟子·尽心上》："古之人，得志，泽加于民；不得志，修身见于世。穷则独善其身，达则兼善天下。"说得很清楚。当然，政治"穷"与生活"苦"，往往是一胎孪生子。所以，栖身草野或困于州县做小官，都属于不得志的"穷"。穷者为什么能"写人情之难言"，而且愈穷愈工呢？因为他们具备有利的主客观条件：内心有忧思感愤，喷薄倾吐为快；外见充满生机的自然万象，尽可寄兴托意。因此，在这形象思维的沃土上，穷者能"兴于怨刺"，创作出大量优秀篇章。这样的例证，历史上可以举出许多，屈原是最典型的。他的不朽长诗《离骚》，就写于被放逐以后。所以梅圣俞《答韩三子华韩五持国韩六玉汝见赠述诗》说："屈原作《离骚》，自哀其志穷。愤世嫉邪意，寄在草木虫。"如果屈原仕途得意，青云直上，岂能有《离骚》？文章在论述了"愈穷则愈工"的道理后，最后用两句作一收束："然则非诗之能穷人"，水到渠成，点出世论之误；"殆穷者而后工也"，揭出千古名言。

这一段的成功，还表现在它统摄全文，是后面展开叙述和议论的灵魂，牵一发而能动全身。没有这一段，后文将成为无源之水，无本之木，黯然失色。本文的主角梅圣俞在此只字未提，好像不着边际，然而联系下文细加吟味，方知此段议论处处影射圣俞，并非泛笔。点题而不着痕迹，确是文家上乘笔墨。

第二大段紧承上文，正写梅圣俞其人其诗。第一层承"穷"，第二层承"工"，第三层感叹其"穷而工"。

叙写梅圣俞的经历，用笔简练而语带感情，其侧重点在反映其穷。从"少"开始，到"年今五十"，其中不少时间词，概括了梅的仕历，屈身佐吏，沉沦下僚，长达近半个世纪，确是"穷之久"。"辄抑""困于""犹从"等语，字里行间透露出不平与同情。"郁其所蓄，不得奋见于事业"，这一句上结其穷，下启其诗，并与首段"士之蕴其所有而不得施于世者"相照应，相当巧妙。

梅圣俞诗之"工"，文章从多角度予以反映。首先写他从"童子"开始即有诗才。接着用其文陪衬其诗。"简古纯粹，不求苟说（悦）于世"，补出了累举进士"辄抑于有司"的原因。梅圣俞"学乎六经仁义之说"，满腹经纶，但不愿阿附世风，不以浮艳柔靡的文字去猎取功名。这句赞其文风之正，人品之高，很有分量。而"世之人徒知其诗而已"，又深深叹惜，也包含着对主考官无识的谴责。接着写他诗的内容是"不得志"，扣住"穷"字。其数量，则"于诗尤多"，又为下文三、四两段的编诗张本。最后写世人对其诗的推崇。前面"然时无贤愚，语诗者必求之圣俞"是概写，以见广度；再用王文康公语作赞，是特写，以见深度。有点有面，极写梅圣俞诗之"工"。诗虽工，世虽知，竟未得其用，"未有荐""不果荐"两句感慨系之，由此引出下一层的议论和抒情。行文细针密线，极具匠心。

第三层就"穷"和"工"在梅圣俞身上的体现兴发感慨，写得有波折。"若使"这一长句是虚写，作者希望两全其美，即梅圣俞既能在朝廷做官，又能写歌功颂德的"雅颂"诗。但是在道理上有矛盾，即诗人倘不穷，又安能工诗？清代李扶九《古文笔法百篇》按语就说："果其进于朝，工于铺陈功德，恐无传世行远之作矣。"其实这个道理，欧阳修何尝不知！他在《薛简叔公文集序》中说："君子之学，或施之事业，或见于文章，而常患于难兼也。盖遭时之士，功烈显于朝廷，名誉光于竹帛，故其常视文章为末事，而又有不暇与不能者焉。至于失志之人，穷居隐约，苦心危虑，与其有所感激发愤，惟无所施于世者，皆一寓于文辞，故曰穷者之言易工也。"欧阳修的内心，只是殷切期望老友能脱穷得达，其目的如文章开头所说，是士"蕴其所有"，当"得施于世"，以实现其"致君泽民"的抱负，若不凭借一定的权位,就难以展其长才。为了摆脱“穷”,宁愿牺牲这个“工”,所以只要“得用于朝廷”,然后去写些歌颂大宋功德的诗也是“岂不伟欤”的。但看来也未有“得用”的可能,所以这只是虚设一愿,从反面加强对其“不达”的愤叹之意。“奈何”句陡一转折,是实写,回到无情的现实,梅圣俞终究只能写“虫鱼物类”“羁愁感叹”的穷者之诗!这感情上一扬一抑的对照,把无奈和惋惜之情表达得淋漓尽致。最后一句“世徒喜其工,不知其穷之久而将老也,可不惜哉”,用“工”“穷”“惜”三字总束第二大段,又密切照应了首段,文情妙绝。

三、四两段写对梅圣俞诗编次的情况,谢景初编之于生前,欧阳修编之于殁后。两段不仅反映了梅圣俞诗作之多,更表达了欧阳修对他的倾慕和哀痛心情。“嗜”“遽喜”“辄序而藏之”“哭而铭之”“索”“掇”等动态词的运用,准确生动,而且一往情深。前人曾论“此篇是欧公最作意文字”,就其全篇感情之深、结撰之精、下语之警而言,实为笃论。

欧阳修文章与韩愈深有渊源,这篇可作显证。韩愈写过一篇《送孟东野序》,也是就诗兴感。写作的对象孟郊是“善鸣”而不得志的人,韩愈希望他得志,以“鸣国家之盛”,不希望老天“穷饿其身,思愁其心肠,而使自鸣其不幸”。欧阳修在本篇中表达的对梅圣俞的感情和希望,与之有异曲同工之妙。至于韩文称“不平则鸣”,欧文谓“穷而后工”,两语同富有创造性,堪称工力悉敌。　(曹光甫)

《苏氏文集》序　　欧阳修

予友苏子美之亡后四年,始得其平生文章遗稿于太子太傅杜公①之家,而集录之,以为十卷。子美,杜氏婿也。遂以其集归之,而告于公曰:

“斯文,金玉也,弃掷埋没粪土,不能销蚀。其见遗于一时,必有收而宝之于后世者。虽其埋没而未出,其精气光怪已能常自发见,而物亦不能掩也。故方其摈斥摧挫、流离穷厄之时,文章已自行于天下。虽其怨家仇人,及尝能出力而挤之死者,至其文章,则不能少毁而掩蔽之也。凡人之情,忽近而贵远。子美屈于今世犹若此,其伸于后世宜如何也。公其可无恨。”

予尝考前世文章政理之盛衰,而怪唐太宗致治几乎三王之盛,而文章不能革五代之余习。后百有余年,韩、李之徒出,然后元和②之文始复于古。唐衰兵乱,又百余年而圣宋兴,天下一定,晏然无事,又几百年,而古文始盛于今。自古治时少而乱时多,幸时治矣,文章或不能纯粹,或迟久而不相及。何其难之若是欤?岂非难得其人欤?苟一有其人,又幸而及出于治世,世其可不为之贵重而爱惜之欤?嗟吾子美,以一酒食之过,至废为民,而流落以死,此其可以叹息流涕,而为当世仁人君子之职位宜与国家乐育贤材者惜也。

子美之齿③少于予,而予学古文反在其后。天圣④之间,予举进士于有司,见时学者务以言语声偶相擿裂⑤,号为时文,以相夸尚,而子美独与其兄才翁及穆参军⑥伯长作为古歌诗杂文。时人颇共非笑之,而子美不顾也。其后,天子患时文之弊,下诏书讽勉学者以近古,由是其风渐息,而学者稍趋于古焉。独子美为于举世不为之时,其始终自守,不牵世俗趋舍,可谓特立之士也。

子美官至大理评事、集贤校理⑦而废,后为湖州长史⑧以卒,享年四十有一。其状貌奇伟,望之昂然,而即之温温,久而愈可爱慕。其材虽高,而人亦不甚嫉忌,其击而去之者,意不在子美也。赖天子聪明仁圣,凡当时所指名而排斥,二三大臣而下,欲以子美为根而累之者,皆蒙保全,今并列于荣宠。虽与子美同时饮酒得罪之人多一时之豪俊,亦被收采,进显于朝廷。而子美独不幸死矣,岂非其命也。悲夫!

庐陵欧阳修序。

〔注〕 ① 太子太傅:本为辅翊皇太子的官名,宋代作为加官,为从一品,只授给宰相本官未至仆射者和致仕的枢密使。杜公:杜衍(978—1057),字世昌,曾官枢密使并拜相,封祁国公。② 元和:唐宪宗年号(806—820)。 ③ 齿:年齿,年龄。 ④ 天圣:宋仁宗年号(1023—1031)。欧阳修中进士在天圣八年。 ⑤ 擿(zhāi 摘)裂:割裂。擿,同"摘"。 ⑥ 才翁:苏舜元的字。穆参军:穆修(979—1032),字伯长,大中祥符间进士,官终蔡州文学参军。 ⑦ 大理评事:治狱事的官署大理寺属下官员。集贤校理:掌收掌、校勘典籍的官署集贤院属下官员。⑧ 长史:官名,与诸州府司马、别驾称上佐官,为散官,无职掌。

苏舜钦(字子美)是北宋比较出名的作家之一,对古文、诗歌和行草书法都有很深的造诣。他和欧阳修是好友。欧阳修在苏死时写过《祭苏子美文》,说:"哀哀子美，命止斯耶？小人之幸，君子之嗟。”皇祐三年(1051)又写这篇《〈苏氏文集〉序》，再过五年嘉祐元年(1056)，又写《湖州长史苏君墓志铭》。关于苏舜钦受屈被贬的经过及原因，墓志铭和费衮《梁溪漫志》卷八所载舜钦致欧阳修信，叙述颇详。其根源涉及“庆历新政”。新政的主持者参知政事范仲淹是苏舜钦的荐举人，宰相杜衍是苏的岳父，苏舜钦又是新政的积极支持者。反对派欲扳倒范、杜等，以其方受皇帝信任而未能，乃转从苏舜钦下手，借口舜钦在集贤校理、监进奏院任上“循例祀神，以伎乐娱宾”，支用了卖旧公文纸的钱，奏以“自盗”之罪。舜钦受“除名”处分，同席知名之士十余人皆被贬，反对派自喜，以为“一网打尽”。实际上，支用卖旧纸的钱是常例，算不得过错，而苏舜钦等却因此受到削除官籍，革职为民的严厉惩罚。当时欧阳修正按察河北，未能了解详情并上疏为苏辩白；且力量不及，唯有嗟叹痛惜而已。

这篇序文对苏舜钦无限惋惜，对他的不幸遭遇充满愤懑和同情。题目称“苏氏”而不像前面写祭文称苏子美，后来写墓志称其官职，这是有深意的，表示他的文章足以为苏氏之荣耀，就像韩愈夸柳宗元“众谓柳氏有子矣”一样。全文除末句外分五段。

第一段叙述文集编纂的情况，作为本文的引子。这里充满了感情，开头“予友”“亡后四年始得”，说明得来不易，同时时间之久，也作为下文“不能销蚀”的证据。说到“子美，杜氏婿也”，这和下文子美的受冤屈又分不开。所以这一小节看似平平叙述，实际有力地笼罩全篇。

第二段用告慰杜衍的话，来申述子美文章必传于后，又分成几层论述。“斯文，金玉也”是总的评价；至“而物亦不能掩也”，都是就“金玉”为比来说的。古人认为宝物都有宝气，即使埋藏再深，宝气也要表现出来。这一层是以“金玉”作比。“故”字从金玉的比喻引到苏子美的文章，其光芒也是遮掩不了的。虽然人被除名，但“文章已自行于天下”，这和上文“不能销蚀”的比喻一致。“虽”字起又推进一层，不但“行于天下”，就连那些想置苏子美于死地的冤家仇人，也不能“少(稍)毁而掩蔽”苏的文章。这一层大为苏文吐气。以下“凡人之情”两句，是根据《汉书·扬雄传赞》“桓谭曰：凡人贱近而贵远”，曹丕《典论·论文》“常人贵远贱近，向声背实”的话变化而成的，宕开一笔，然后以“屈于今世”应“贱近”，“伸于后世”应“贵远”，拍回到苏子美：子美“屈于今世”，而其文犹能如此(已自行于天下而不能毁灭掩蔽之)，那么“其伸于后世”又会如何呢？因为前面的论述已经充分，结语用“宜如何也”的虚问反诘，比直接正面陈述，更耐人寻味。“公其可无恨”一句，既回应上段“子美，杜氏婿也”，又从个人“可无恨”引出下文为国家而恨。这句话是安慰杜衍,同时也表明杜衍原来是"有恨"的。这个恨的根据就是上文的"子美屈于今世"的"屈"。

第三段是从文章和时世政治兴衰的关系,为苏子美鸣不平。文章由远及近,由抽象到具体。"予尝考前世文章政理之盛衰",从上段看,又是宕开一笔;从本段看,则为总领下文。"而怪"以下,以前世情况,引出人才难得,必当爱惜的结论。这里用"三王(夏禹,商汤,周文、武)之盛"和"五代(宋、齐、梁、陈、隋)之余习"对比。从贞观到元和又百余年,以见文章复兴之难。后人称唐代古文家以"韩柳"为宗,这里称"韩、李之徒",是因为欧阳修从儒家道统着眼,认为李翱思想比柳宗元"醇正",而"之徒"二字就包括了另外从事古文创作的人物。"始复于古"就是后来苏轼称韩愈"文起八代之衰"的话。"始复于古"又和下文"始盛于今"相对,这样,文章便从"自古"到"唐代"到"今"。如果不会作文章的人,就会迫不及待地提到苏子美。而作者从容不迫做个小结:"自古治时少"起强调"何其难之若是",再逼出"岂非难得其人欤"的结论。这两句,一句感喟,一句反诘,极言振兴文运之难,就更加看出苏子美"屈于今世"之可惜。下面"苟"字起,又用假设语气,说明当世应该爱惜这样的人才。用"世其可不为之贵重而爱惜之欤"的语气,比直陈更富有感情。这里一字未提苏子美,但联系一、二两段,处处都是为苏子美而发。上面的文势蓄足了,然后"嗟吾子美"四字,一声长叹,使人如闻其声。"以一酒食之过,至废为民,而流落以死"和上文"贵重而爱惜"是鲜明的对照,自然应"叹息流涕",为当政者失此贤材而痛惜。这里用一个长句,和上一段"公其可无恨"的短句对照,杜衍从子美个人想可以"无恨",执政用人者从人才难得着想应该痛惜。这一段说明子美生于治世而又能文,竟然以小过而遭废黜,无限惋惜之情跃然纸上。

第四段是从上段"古文始盛于今"申说其复兴过程,强调苏子美是真正的"特立之士"。欧阳修之赞扬苏子美鄙弃时文专事古文的见识毅力,这里的两个"独"字至关重要。一是(仁宗)天圣年间,时文盛行,"而子美独与其兄才翁,及穆参军伯长作为古歌诗杂文",不顾时人的"非笑"。等到天子提倡古文,"学者"才"稍趋于古","独子美为于举世不为之时",能"始终自守,不牵世俗趋舍",真正是"特立之士"。这是从文章说到子美的精神品质,引到第五段。

第五段写其品格,深哀其不幸。作此《序》时,欧阳修还没有为苏子美写墓志,所以先用两句交代生平,看似平平,其实无限惋惜之情已从"而废""以卒"里传达出来。接着写其状貌性格,这和上段"特立之士"相呼应。"其材虽高"以下,痛斥当时的小人借打击子美以倾陷大臣的险恶用心。然后归美于"天子聪明仁圣”,保全多人,使小人之意不能得逞,而主要托出“而子美独不幸死矣”。这个“独”字和上段两个“独”字相映照,悲苦尤甚。“岂非其命也。悲夫!”这是无可奈何的话。联系第三段看,这话言外对新政失败后的执政者深致不满。

这篇序文是欧阳修文章中的精品。因为苏子美是欧阳修志同道合的好友,又是极为难得的人才。这样一位有特立独行的有志之士,却横受冤屈以致罢废而死。所以为他的文集作序,先从其文章的价值说到其不幸遭遇,为其鸣不平。全文把叙事、议论、抒情融为一体。在称呼上,“予友苏子美”,“嗟吾子美”,“而子美独不幸死矣”,语含悲哀,催人泪下;在结构上开合变化,一浪高似一浪,一层深似一层;在语言上,长短句、正反意,错综变化,一唱三叹,充分表现散文的音节美,值得反复吟诵玩味。

(周本淳)

《释秘演诗集》序 欧阳修

予少以进士游京师①,因得尽交当世之贤豪。然犹以谓国家臣一四海,休兵革,养息天下以无事者四十年②,而智谋雄伟非常之士,无所用其能者,往往伏而不出,山林屠贩,必有老死而世莫见者,欲从而求之不可得。

其后得吾亡友石曼卿③。曼卿为人,廓然有大志,时人不能用其材,曼卿亦不屈以求合。无所放其意,则往往从布衣野老,酣嬉淋漓,颠倒而不厌。予疑所谓伏而不见者,庶几狎而得之,故尝喜从曼卿游,欲因以阴求天下奇士。

浮屠④秘演者,与曼卿交最久,亦能遗外世俗,以气节相高。二人欢然无所间。曼卿隐于酒,秘演隐于浮屠,皆奇男子也。然喜为歌诗以自娱,当其极饮大醉,歌吟笑呼,以适天下之乐,何其壮也!一时贤士皆愿从其游,予亦时至其室。十年之间,秘演北渡河,东之济、郓⑤,无所合,困而归。曼卿已死,秘演亦老病。嗟夫,二人者予乃见其盛衰,则予亦将老矣夫!

曼卿诗辞清绝,尤称秘演之作,以为雅健有诗人之意。秘演状貌雄杰,其胸中浩然,既习于佛,无所用,独其诗可行于世,而懒不自惜。已老,胠其橐,尚得三四百篇,皆可喜者。

曼卿死,秘演漠然无所向。闻东南多山水,其巅崖崛崒⑥，江涛汹涌，甚可壮也，遂欲往游焉，足以知其老而志在也。于其将行，为叙其诗，因道其盛时，以悲其衰。

庆历二年十二月二十八日，庐陵欧阳修序。

〔注〕 ① 少以进士游京师：欧阳修于宋仁宗天圣八年(1030)中进士，时年二十四岁。 ② 臣一：统一。自最后一个割据政权北汉于太平兴国四年(979)降宋，国内平定。景德元年(1004)与契丹和议成，南北罢兵，至庆历二年约四十年。 ③ 石曼卿(991—1041)：字延年。先世为幽州人，后徙居宋城(今河南商丘)。平生豪气磊落，官至秘阁校理。文章劲健，诗辞清绝，为欧阳修所推重。 ④ 浮屠：即佛陀，一译作“浮图”。这里指佛教徒。 ⑤ 济：济州，治今山东巨野。郓：郓州，治今山东东平。 ⑥ 崛崒(jué lǜ 倔律)：崎岖陡峭。

宋仁宗康定二年(1041)，欧阳修的好友石延年(曼卿)去世。庆历二年(1042)，石延年的方外知交秘演离京去东南一带。临行之际，苏舜钦作《赠释秘演》长诗，欧阳修和尹洙为秘演诗集作序。就通常的序跋文字来说，是以议论评断为主，但这篇序文的重点并不是在评说秘演的诗作，而是通过叙述秘演的平生，抒写友朋间的深厚情谊和人生盛衰感慨，以及奇士贤豪不能为时所用而终致困死的郁勃之情。文中摒弃空泛浮滥的称扬谀赞，以浓墨重彩叙事写人，散发着浓郁的抒情气息，显示出作者不落凡俗的胸襟和独出机杼的文思。

层层铺垫，步步映衬，是本文的显著特色。未写秘演之前，先写自己渴望交结“智谋雄伟非常之士”的心情，然后写“得吾亡友石曼卿”，称赏其人“廓然有大志”，慨叹“时人不能用其材”，以石曼卿作为写秘演的衬笔。写秘演之前，先写石曼卿，因为他们二人“交最久”，石曼卿磊落不凡，秘演“亦能遗外世俗，以气节相高”，表赞秘演其人。“交最久”，表明二人相知之深，志趣之合，情谊之厚。石曼卿不得志而隐沉于酒，秘演也因不得志而隐伏于空门，形式上虽略有别，而奇男子不能伸其志负则是其所同。写秘演，不得不写石曼卿；写石曼卿，正是为了写出秘演。文中写到秘演诗作时，仍然以石曼卿作衬：“曼卿诗辞清绝，尤称秘演之作，以为雅健有诗人之意。”用石曼卿的话代替了自己的评赞。这是因为石曼卿与秘演相交最久，知之最深，评断自然最为得当；而石曼卿本人诗作清绝，则其所称赏者定自佳妙，作者无庸再作赘言，文笔简要精妙。最后写到“曼卿死，秘演漠然无所向”，始终将秘演与石曼卿绾合在一起，互为映衬，相得益彰。

按题是为秘演诗集作序，但其主要笔墨却在写人与抒情，文中反复回荡着智谋雄伟之士不能为时所用的深沉感慨。他写亡友石曼卿胸怀大志，但未得伸展，只能沉溺于酒；与石曼卿相交的秘演，也是一位奇男子，超脱世俗，“其胸中浩然，既习于佛，无所用，独其诗可行于世”，满腹经纶，不能为时所用，而用以自娱的歌诗却能行之于世！言下不胜感慨。石曼卿、秘演壮年时，豪迈纵放，常常痛饮高歌，气势非凡，许多贤士豪客都愿从之游，有着广泛的影响。然而，十年之后，秘演北渡黄河，东游济、郓，期望有所遇合，但最后失望而归，石曼卿已经去世，秘演也衰老多病。作者从这两位奇男子的一生遭际，慨叹人生的盛衰浮沉。最后再以石曼卿死后，秘演极为孤寂，而有离京去东南之行，写出秘演失去好友的感伤，实际上蕴含着作者本人对亡友的深沉怀念之情。结尾以“于其将行，为叙其诗”，揭示作序的背景，以“因道其盛时，以悲其衰”收合全文，感慨深沉。对于以评述、议论为主的序跋文字来说，这篇以叙事、写人、抒情取胜的序文可称“别格”，但这种“别格”却真正表现了欧阳修散文摇曳多姿、情韵悠长的“六一风神”。

（钟　陵）

《新五代史·一行传》序　　欧阳修

呜呼！五代之乱极矣，传所谓“天地闭，贤人隐”之时欤！当此之时，臣弑其君，子弑其父，而搢绅[①]之士安其禄而立其朝，充然无复廉耻之色者，皆是也。吾以谓自古忠臣义士多出于乱世，而怪当时可道者何少也！岂果无其人哉？虽曰干戈兴，学校废而礼义衰，风俗隳[②]坏，至于如此；然自古天下未尝无人也。吾意必有洁身自负之士，嫉世远去而不可见者。自古材贤，有韫[③]于中而不见于外，或穷居陋巷，委身草莽，虽颜子之行，不遇仲尼而名不彰，况世变多故而君子道消之时乎？吾又以谓必有负材能、修节义而沉沦于下，泯没而无闻者。求之传记，而乱世崩离，文字残缺，不可复得，然仅得者，四五人而已。

处乎山林而群麋鹿，虽不足以为中道[④]，然与其食人之禄，俛[⑤]首而包羞，孰若无愧于心，放身而自得。吾得二人焉，曰郑遨、张荐明。

势利不屈其心，去就不违其义，吾得一人焉，曰石昂。

苟利于君，以忠获罪而何必自明；有至死而不言者，此古之义士也。吾得一人焉，曰程福赟。

五代之乱，君不君，臣不臣，父不父，子不子，至于兄弟、夫妇，人伦之际，无不大坏，而天理几乎其灭矣。于此之时，能以孝弟⑥自修于一乡而风行于天下者，犹或有之，然其事迹不著而无可纪次，独其名氏或因见于书者，吾亦不敢没。而其略可录者，吾得一人焉，曰李自伦。

作《一行传》。

〔注〕 ① 搢绅：插笏于衣带间。搢，插；绅，大带。古仕宦者垂绅搢笏，因称士大夫为搢绅。 ② 隳（huī 灰）：毁坏。 ③ 韫（yùn 运）：藏。 ④ 中道：中庸之道。 ⑤ 俛（fǔ 府）：同"俯"。 ⑥ 弟：同"悌"。

《新五代史》是欧阳修私修的史书。其中的《一行传》是参照《后汉书·独行传》而写的合传。这类传记撷取传主的某一方面的突出表现（一行）立传，而不像对一些重要人物那样详述功业官历。这里只选了《传》的《序》，叙述他写这篇传的缘由和主要人物。

全文除最后一句外，分五小节，共两大部分。第一节为一大部分，叙述作传的缘由，是这篇序的主体。文章纡徐委曲，一唱三叹。"呜呼"二字未言先叹，这是有道理的。五代可说是中国历史上最乱的时期。欧阳修在《本论·上》说五代"五十三年之间，易五姓十三君，而亡国被弑者八，长者不过十余岁，甚者三四岁而亡"。欧阳修的儿子欧阳发等说："其于《五代史》尤所留心，褒贬善恶，为法精密，发论必以'呜呼'，曰：'此乱世之书也。'"（《欧阳文忠公集·附录》卷五《事迹》）"五代之乱极矣"，总评一句，然后引用《易·坤·文言》的话来感喟。"天地闭，贤人隐"，指极端黑暗的时期，贤人潜隐不用于世，五代时正表现这个特点；句末用"欤"而不用"也"，文字更为空灵。接着再用"当此之时"一提，从三方面写"乱之极矣"。这是第一层。"吾以谓"起是第二层，一波三折。"疾风知劲草，板荡识忠臣"。五代的乱极，应该忠臣义士特多，而怪其何少。"岂果无其人哉？"用虚转传神。"虽曰"与"然"，又成转折，从"何少"说到应该有人。"吾意"以下提出推论的根据。从逻辑说，应该先写理由，再下判断；从文章说，往往先下判断，再申述理由，文势更有起伏。以颜子为证，说明岩穴之士没有仲尼表彰也不被人知，何况五代这样的乱世！前面用"天地闭，贤人隐"，这里又用"君子道消"相呼应。这第二层主要在说必然有人，但不易发现。接着用"吾又以谓"四字和前一层对照，为第三层，认为一定有人，转入下面搜求人物事迹立传的根据。"求之传记"以下又为一层，先说世乱事湮，不可复得，然后说仅得"四五人而已"，一语中，得之之难与求之之力并见。下文明明提到五人，这里为什么说四五人？这不是疏忽，看得到欧阳修造句遣词的深刻用心。下文五人，张荐明是附在郑遨传后，连类而及，五人只有四种类型，所以这样说法。以上是这篇文章的主体部分。

下面每一小节，叙述一种类型的人物。提郑遨、张荐明，采用先抑后扬的办法。先说他们"处乎山林而群麋鹿"不足为"中道"，因为孔子说过"鸟兽不可与同群"的话，欧阳修是以孔子思想为指针的；但着一"虽"字，为下文的表扬伏了线。"与其""孰若"这种取舍句法，表现舍前取后。这和文章开头"搢绅之士安其禄而立其朝，充然无复廉耻之色"正相映照。《郑遨传》里说他见到世乱就入少室山做道士，唐明宗、晋高祖时用官位征召他，他都不出仕。这是"无愧于心，放身而自得"。张荐明后来也做了道士。把这两人写在前面，正是和"搢绅之士"做对照，表扬他们，也就是批评那些"俛首而包羞"的官儿。

石昂本来不求仕进。节度使符习高其行，召以为临淄令。符习入朝京师，监军太监杨彦朗代理工作。石昂因公事到府里上谒，"赞者以彦朗讳'石'，更其姓曰'右'。昂趋于庭，仰责彦朗曰：'内侍奈何以私害公！昂姓"石"，非"右"也。'"彦朗大为恼火，"拂衣起，去。昂即趋出，解官还于家"。而且告子孙勿出仕乱世，以己为戒。欧阳修在传里写得很详细，这里只用"势利不屈其心，去就不违其义"十二个字概括石昂的主要精神。

程福赟发现有人谋反放火，就把叛乱制止了。当时因为契丹入寇，后晋出帝出征在外，怕张扬出去，动摇民心，所以就未把此事报告天子。他的部下李殷想夺他的位置，就诬告程福赟谋反，下狱，人都以为冤枉，程却不辩白，终于被杀。欧阳修赞美这种行为称得上"古之义士"，为了国家大局，宁愿负屈而死。"忠"，在当时已非常难得；"以忠获罪，至死不言"，这就尤为难得。

李自伦的主要事迹就是"六世同居"。这个人放到最后，先把产生他的环境叙述一下：五代之乱，"人伦之际，无不大坏，而天理几乎其灭矣。"这与本篇开头"呜呼！五代之乱极矣"，"臣弑其君，子弑其父"相呼应。在这样环境下"能以孝弟自修于一乡而风行于天下"，就尤值得大书特书，所以先写环境，再提李自伦的名氏，从结构上看又很好地回应篇首。

这篇文章，于四个传主的安排煞费苦心，叙述的方式也富于变化，但是有一个句式"吾得一（二）人焉"却四次都重复使用，句式一律，以反映搜求不易。这在变化中又有不变。在行文方面，欧阳修善于把感情融合于叙事、议论之中。叙述、评议和感喟交织在一起，回环往复，一唱三叹，令读者有悠然不尽、回味无穷的感受。桐城派古文家刘大櫆评此序"慨叹淋漓，风神萧飒"，实际上这正是欧公叙事之文深得太史公笔法神理的典型作品。　（周本淳）

《新五代史·伶官传》序 欧阳修

呜呼！盛衰之理，虽曰天命，岂非人事哉！原庄宗①之所以得天下，与其所以失之者，可以知之矣。

世言晋王②之将终也，以三矢赐庄宗而告之曰："梁③，吾仇也；燕王④，吾所立；契丹⑤与吾约为兄弟，而皆背晋以归梁。此三者，吾遗恨也。与尔三矢，尔其无忘乃父之志！"庄宗受而藏之于庙。其后用兵，则遣从事以一少牢告庙，请其矢，盛以锦囊，负而前驱，及凯旋而纳之。

方其系燕父子以组，函梁君臣之首，入于太庙，还矢先王而告以成功，其意气之盛，可谓壮哉！及仇雠已灭，天下已定，一夫夜呼，乱者四应，苍皇东出，未及见贼，而士卒离散，君臣相顾，不知所归；至于誓天断发，泣下沾襟，何其衰也！岂得之难而失之易欤？抑本其成败之迹而皆自于人欤？《书》曰："满招损，谦受益。"忧劳可以兴国，逸豫可以亡身，自然之理也。故方其盛也，举天下之豪杰莫能与之争；及其衰也，数十伶人困之，而身死国灭，为天下笑。

夫祸患常积于忽微，而智勇多困于所溺，岂独伶人也哉！作《伶官传》。

〔注〕 ① 庄宗：后唐庄宗李存勗(885—926)，五代后唐王朝的建立者。公元923—926年在位。 ② 晋王：即李克用(856—908)，唐沙陀部人。曾率沙陀兵镇压黄巢起义军，受唐封晋王。其子存勗建立后唐，他被追尊为太祖。 ③ 梁：指后梁太祖朱温(852—912)。公元907—912年在位。宋州砀山(今属安徽)人。唐时曾任宣武节度使，封梁王。他是中原最大的军阀，与李克用长期争夺河北地区，结仇颇深。 ④ 燕王：指刘仁恭(？—914)。唐末、五代时深州乐寿(今河北沧州献县)人。初为幽州军校，后投李克用，旋又背叛。其子称大燕皇帝。这里称仁恭燕王是笼统的称呼。 ⑤ 契丹：指契丹首领耶律阿保机。他曾与李克用约为兄弟，后背叛，与后梁通好。

在"序跋类"古文中，《新五代史》里的一些序，是和《史记》里的《汉兴以来诸侯年表序》《秦楚之际月表序》等同样著名的。清姚鼐《古文辞类纂序目》云："余撰次古文辞，不载史传，以不可胜录也。惟载太史公、欧阳永叔表志序论数首，序之最工者也。"其中的《伶官传序》，明代古文家茅坤推为"千年绝调"，虽未免溢美，然而跌宕唱叹，情韵绵远，确乎得《史记》神髓而不袭其貌。

《新五代史》“发论必以‘呜呼’”，这篇《伶官传序》也不例外。为什么一上来就要“呜呼”呢？这和欧阳修所处的时代以及他的政治态度、政治遭遇有关。《欧阳文忠公集·附录》卷五载欧阳修的儿子欧阳发等所述《事迹》中有云：“先公……自撰《五代史》七十四卷……褒贬善恶，为法精密。发论必以‘呜呼’，曰：‘此乱世之书也。’其论曰：‘昔孔子作《春秋》，因乱世而立治法。余述本纪，以治法而正乱君。’此其志也。”

《东皋杂志》的作者曾说：“神宗问荆公（即王安石）：‘曾看《五代史》否？’公对曰：‘臣不曾仔细看，但见每篇首必曰“呜呼”，则事事皆可叹也。’余谓公真不曾仔细看；若仔细看，必以‘呜呼’为是。”认为五代之事可叹，故多用“呜呼”，这是搔到了痒处的；但还忽视了更重要的一面。

五代是中国历史上出名的乱世。北宋王朝建立以后，生产得到了恢复和发展，社会得到了暂时的相对稳定。然而紧接着，统治者日益荒淫腐化，社会矛盾日益扩大加深。到了仁宗庆历初年，以王伦、李海等为首的人民暴动接踵而起，西夏又侵扰西北边境，屡败宋军。欧阳修、范仲淹等人针对当时的弊政，力图实行政治改革，以挽救北宋王朝的危机，却接二连三地遭到当权派的打击。在这种情况下，欧阳修忧心忡忡，很担心五代惨痛历史即将重演。而宋太祖时薛居正奉命主修的《旧五代史》又“繁猥失实”，无助于劝善惩恶。于是自己动手，撰成了七十四卷的《新五代史》，通过对五代政治与历史人物的记述、描写和批判，表现了他对北宋王朝的忧虑和对当时弊政和当权派的不满。这篇《伶官传序》，和《宦者传论》《唐六臣传论》等一样，既是史评，也可以说是针对北宋的现实而发的政论。它以“呜呼”开头，并非无病呻吟，而是寓有无穷的感慨的。

《伶官传序》是冠于《伶官传》前的短序，旨在说明写《伶官传》的意图。很明显，有关伶官的事实，自然应该写在传里。事实上，关于后唐庄宗（李存勖）宠幸伶官景进、史彦琼、郭门高等，任其败政乱国的史实，正是写进了《伶官传》里的。那么，既要写明作传意图，又要避免和传文重复，就难免概念化。欧阳修的这篇短序之所以写得好，就在于既避免了和传文重复，又说明了作传意图，而文字生动，形象鲜明，毫无概念化的毛病。

“呜呼！盛衰之理，虽曰天命，岂非人事哉！”文章劈头就讲大道理；而“呜呼”与“哉”相呼应，却造成极其浓烈的抒情气氛。“盛衰”二字是全篇眼目，“虽曰天命”一纵，“岂非人事哉”一擒，“天命”是宾，“人事”是主。从感慨万千的叹息声中，读者已不难觉察：有些人忽略“人事”而将国家的“盛衰”委于“天命”，正是作者所痛心的。而他的写作意图,也已经呼之欲出。

论点一经提出,即须摆出事实来。“原庄宗之所以得天下,与其所以失之者,可以知之矣”,便是过渡到摆事实的桥梁。桐城派古文家刘大櫆认为此句较弱,拟删去。在全文中,这一句的确弱一些。然而起势横空而来,此后叙事的一段又笔笔骞举;在二者之间,还是需要有这么个文气迂缓的句子调剂一下的。一张一弛,也适用于文章作法。何况,“庄宗之所以得天下”,应“盛”,“所以失之者”,应“衰”;而下文将要写什么,也交代得一清二楚。有了它,文章的脉络就更加分明了。

接下去,自然要先写“庄宗之所以得天下”。而庄宗李存勖得天下的全部过程,已经写入《唐本纪》了。何况,即使冒重复之嫌,在这里写出李存勖得天下的经过,也必将造成文势的拖沓,且不合“序”的体制。那又怎么办呢?

写一部书,像缝一套衣服一样,如何剪裁,是要作全盘考虑的。仅从这篇小序着眼,已经可以看出欧阳修在全书的总的构思方面,付出了多少心血!遍读《新五代史》,就会发现:此下所写的关于李存勖得天下的事实,不仅在《唐本纪》和《伶官传》里都没有写,而且在其他任何篇里也不曾涉及。这大约有两个原因。其一是:在通盘考虑之后,觉得这些事实留在这里写最合适,因而在其他篇里不写。其二是:这些事实本身的真实性还有问题,不便写入有关的“纪”“传”;但其精神还是符合晋王(李克用)和庄宗的情况的,因而写在这篇“序”里,“虚寄之于论以致慨”。看来这二者都有,而后者的成分更大。所以先用“世言”二字冒下。

比欧阳修早生五十多年的王禹偁在《五代史阙文》中写道:“世传武皇(李克用)临薨,以三矢付庄宗曰:‘一矢讨刘仁恭;汝不先下幽州,河南未可图也。一矢击契丹……阿保机与吾把臂而盟,约为兄弟,誓复唐家社稷,今背约附梁,汝必伐之。一矢灭朱温。汝能成吾志,死无憾矣!’庄宗藏三矢于武皇庙庭。及讨刘仁恭,命幕吏以少牢告庙,请一矢,盛以锦囊,使亲将负之以为前驱;及凯旋之日,随俘馘纳矢于太庙。伐契丹、灭朱氏亦如之。”开头用“世传”二字,也见出王禹偁的严肃态度。对于这些事实,司马光在《资治通鉴考异》卷二十八中通过考证,作了这样的结论:“庄宗初嗣世……未与契丹及守光(燕王)为仇也。此盖后人因庄宗成功,撰此事以夸其英武耳。”胡梅磵则认为:“晋王实怨燕与契丹,垂殁以属庄宗,容有此理。”姑无论这些事本身可信不可信,而李存勖“英武”是真实的,后来也确曾“系燕父子以组,函梁君臣之首”。因而写进这篇序里,并没有什么不可以。而且,这些本来用以夸赞李存勖“英武”的情节,正适合于说明他所以“盛”全在于“人事”。

“世言”两字，直冒到“及凯旋而纳之”。事实根据王禹偁的记载，而文字却更精练、更生动、更传神。其中写李克用临终之言和“与尔三矢”的动作，真是绘声绘色！简短的几句话，说得很急促，很斩截；追述已往的恨事，激励复仇的决心，如闻切齿之声，如见怒目之状。写李存勖受父命，只一句：“受而藏之于庙。”而“受而藏”的行动，却既表现了他的坚定意志，也流露出他的沉重心情。而这，又为后面杀敌制胜的描写和“忧劳可以兴国”的论断埋下了伏线。

从“晋王之将终”到“及凯旋而纳之”，“庄宗得天下”似乎已经写完了。但在这里，关于李存勖复父仇的事未免写得太简括，不足以落实那个“盛”字。然而别忙！看来这是作者有意安排的。用“及凯旋而纳之”一收，却立刻用“方其……”承上提起，作了追叙；并在追叙的基础上作出判断，表明了作者的态度。由几个既对偶又错落的短句构成的长句，一口气读下去，有如迅雷猛击、暴雨骤至、烈风巨浪相激搏。就李存勖说，“其意气之盛，可谓壮哉”；就作者的行文说，也是“其意气之盛，可谓壮哉”！

从“及仇雠已灭”到“何其衰也”写“失天下”，夹叙夹议，极概括而又不乏形象性。读之只觉阴风飒飒，冷雨凄凄，与前一段形成鲜明的对照：就史实说，一“盛”一“衰”；就文势说，一扬一抑。两相激射，而作者肯定什么，否定什么的情绪，也洋溢于字里行间，给读者以强烈的感染。

光看这一段文字，对李存勖失天下的具体过程自然还不甚了了。但这不能责怪作者，因为那些事实全写入了《伶官传》。作为《伶官传》的序，只要提几笔就够了。

接下去，用“岂得之难而失之易欤？抑本其成败之迹而皆自于人欤”两个反诘语一宕，既承上，又转下。前一句照应“得失”“天命”，是陪笔；后一句照应“岂非人事”，是主意。“《书》曰”以下，紧承第二个反诘语，用“‘满招损，谦受益。’忧劳可以兴国，逸豫可以亡身，自然之理也”几句，充实开头提出的论点，揭示李存勖得天下与失天下的根源。“故方其盛也……”与“及其衰也……”两层，回应“盛”“衰”，先扬后抑，一唱一叹。如李悉伯所说：“虽仍就后唐之盛衰反复咏叹，而神气已直注于结末三句。”

作者通过李存勖得天下与失天下的事实，阐明了“满招损，谦受益”，“忧劳可以兴国，逸豫可以亡身”的“自然之理”，从而有力地体现了他的写作意图（在《伶官传》里，便着重写李存勖得天下以后溺于伶人，如何“满”、如何“逸豫”的事实）。行文至此，似乎可以收束了。但他还嫌不够，又推开一步，提出更有普遍性的两个问题感慨作结。从文意上说，更见得语重心长；从文势上说，也显得烟波不尽：真有“篇终接混茫”之妙。而其所以语重心长，正由于作者忧国情深。当时的北宋王朝，表面上虽称“盛世”，但其实已经危机四伏。“祸患常积于忽微”，难道不应该及早注意，防微杜渐吗？当时的北宋统治者，固然不像李存勗那样溺于伶人；然而“智勇多困于所溺”，足以溺人者，“岂独伶人也哉”！难道不应该提高警惕，居安思危吗？作者写这篇文章，分明是痛恨当时统治者的“满”“逸豫”和溺于奸邪小人，希望他们从李存勗那里吸取历史教训的。

这篇用以“序”《伶官传》的文章，实质上是论说文，所以不少人管它叫《伶官传论》；但又和非文艺性的论说文不同。写李克用愤恨填膺，须眉皆动；写李存勗始而英毅，继而衰飒，神态如生：极富形象性，而又跌宕唱叹，情深韵远，于尺幅短章中见萦回无尽之意。《文章精义》的作者曾说欧阳修的文字“遇感慨处便精神”。这里所谓“精神”，除了语言的平易畅达、富有音乐感而外，最基本的因素，恐怕就和这“感慨”有关。而欧阳修的感慨，则如前面所说，来自北宋王朝的危机，来自他为争取实行政治改革而受到的政治打击。

（霍松林）

读李翱文

欧阳修

予始读翱《复性书》三篇，曰：此《中庸》之义疏尔。智者诚其性，当读《中庸》；愚者虽读此不晓也，不作可焉。又读《与韩侍郎荐贤书》，以谓翱特穷时愤世无荐己者，故丁宁如此；使其得志，亦未必。然以韩为秦汉间好侠行义之一豪俊，亦善论人者也。最后读《幽怀赋》，然后置书而叹，叹已复读，不自休。恨翱不生于今，不得与之交；又恨予不得生翱时，与翱上下其论也。

凡昔翱一时人，有道而能文者，莫若韩愈。愈尝有赋矣，不过羡二鸟之光荣，叹一饱之无时尔。此其心使光荣而饱，则不复云矣。若翱独不然，其赋曰：“众嚣嚣而杂处兮，咸叹老而嗟卑；视予心之不然兮，虑行道之犹非。”又怪神尧①以一旅取天下，后世子孙不能以天下取河北，以为忧。呜呼，使当时君子皆易其叹老嗟卑之心为翱所忧之心，则唐之天下岂有乱与亡哉！

然翱幸不生今时，见今之事，则其忧又甚矣。奈何今之人不忧也！余行天下，见人多矣，脱有一人能如翱忧者，又皆贱远②，与翱无异；其余光荣而饱者，一闻忧世之言，不以为狂人，则以为病痴子，不怒则笑之矣。呜呼，在位而不肯自忧，又禁他人使皆不得忧，可叹也夫！

景祐三年十月十七日，欧阳修书。

〔注〕 ① 神尧：指唐高祖李渊，他的谥号为"神尧皇帝"。 ② 贱远：指职位低微、被朝廷贬斥在远方的人。这里暗指范仲淹等。

《读李翱文》是一篇读后感。李翱为中唐散文家、哲学家，韩愈的学生，在当时颇有文名。这篇文章是写读了李翱之文后的感想慨叹。清人林云铭说："是篇虽赞李翱，却是借李翱作个引子，把自己一片忧时热肠血泪，向古人剖露挥洒耳。文之曲折感怆，能令古今来误国庸臣无地生活。"（《古文析义》二编卷七）这段话很好地道出了此文思想和艺术的特点。

文章借题发挥，用心良苦。它作于宋仁宗景祐三年(1036)。其时，主张改革弊政的范仲淹因触怒宰相吕夷简而遭贬谪，朝臣纷纷论救，唯独谏官高若讷含糊不言，事后反而落井下石，诋毁范氏，以为有罪当贬。欧阳修出于义愤，写信给高若讷，斥责他"不复知人间有羞耻事"，后高把此信上奏给宋仁宗，欧阳修因此而被贬为夷陵(今湖北宜昌市)令。这篇文章就是在赴夷陵途中写的，它的本意和侧重点并不在于评价李翱之文，而只是借着谈李翱的文章，赞李翱的为人，把自己当时对时世的忧念和对保守派阻挠革新的愤懑倾泻出来。

欧阳修的散文以委婉曲折、平易柔美著称。"纡余委备，往复百折，而条达疏畅，无所间断；气尽语极，急言竭论，而容与闲易，无艰难劳苦之态"（苏洵《上欧阳内翰书》），这种特色，在此文中表现得很典型。作者在全文三大段中，运用多种手法，由远及近，曲折写来，逐渐把文章推向高潮，突现主旨。

第一段用欲扬先抑法。所谓"读李翱文"，主要是写读了李翱的《幽怀赋》后的所感所叹，但文章在此以前作了层层铺垫，对比映衬。作者先说读了李翱的《复性书》的看法。《复性书》是李翱的代表性文章，有上中下三篇，内容是以《中庸》为理论根据，提出人有性和情两个方面，认为"情有善有不善，而性无不善也"，要求去情复性。作者认为该文写得不好，只是给《中庸》作注释而已，理解能力强的人可以不读它而直接读《中庸》，理解能力弱的人则读它也读不懂，这样的文章可以不写。此纯为"抑"。次说读了李翱的《与韩侍郎荐贤书》的看法。作者认为李翱不得志时愤于当世无肯荐拔自己的人，故说这番话，如果得志就未必如此；但又说信中对韩愈的“好贤”，仅比之于“秦汉间好侠行义之一豪俊”之所为，评论得很恰当。此为“抑”中有“扬”，以“抑”为主。最后才写到读了《幽怀赋》后的赞赏，并为自己和李翱生不同时而嗟叹不已。经过这样的先抑后扬，蓄势衬托，再来表现对李翱的钦佩之情和知己之感，就显得更加深挚浓烈。

第二段用抑彼扬此法。这段开始并不直接承继上文，一下子写明《幽怀赋》的什么内容感动了自己，而是先插入韩愈文章以为对照，似断而实连。韩愈是欧阳修倾心推崇的人物，这里就肯定地说：“凡昔翱一时人，有道而能文者，莫若韩愈。”可是对他写的《感二鸟赋》则不以为然。韩愈的这篇赋作于唐德宗贞元十一年（795），当时他仕途失意，三次给宰相上书自荐，都未被理睬，后在离长安东归的路上看到“笼白鸟、白鸜鹆”西行进献天子者，就有感而作此赋。赋中说：“感二鸟之无知，方蒙恩而入幸。唯进退之殊异，增余怀之耿耿。”作者认为韩愈的赋只是为自己不得志发牢骚而已，如果他当时能如二鸟之“光荣而饱”，得意作官，就不会写这篇赋了。此处抑韩文的目的是为了扬李赋，所以接着说：“若翱独不然”。笔锋一转，就引出李翱赋中使作者产生共鸣的那几句话：“众嚣嚣而杂处兮，咸叹老而嗟卑；视予心之不然兮，虑行道之犹非。”并肯定李翱为河北藩镇割据的严重局势而引起的忧时之心。欧阳修自己也是个以天下为忧的人，他不满意那种叹老嗟卑，仅仅为个人遭遇发泄不平的诗文，所以把不以个人进退出处为念，唯忧国家治乱安危的李翱引为同调，并结合李翱当时的政治情况，提到系乎有唐一代存亡的高度来加以赞颂。由于文章采取了这种抑彼扬此、对照烘托的手法，使行文更加曲折，而对李翱的称颂也境界更高，分量更重。

第三段则用以古联今法。此文不是为写读后感而写读后感。作者惜唐是为了悲宋，赞李翱之赋是为了抒自己之情，所以这段一开始就承接前文，由李翱所处的时代联系到北宋当时的现状：“然翱幸不生今时，见今之事，则其忧又甚矣。奈何今之人不忧也！”作者生活的仁宗时期比李翱所处的唐代中叶，内忧外患的严重程度有过之无不及，可是作者认为当权者中没有人忧虑时局，不仅自己不忧时，还讥笑打击忧念国运、改革弊政的人，“不以为狂人，则以为病痴子”。作者揭露批判此种“光荣而饱”的人物的行为心态，锋芒尖锐而用笔含蓄。最后，作者愤激地说：“呜呼，在位而不肯自忧，又禁他人使皆不得忧，可叹也夫！”千回百折逼出的这两句话是文章的点睛之笔，也是题旨所在。明代茅坤评得好：“其结胎全在感当时事上，归重于愤世。”（《唐宋八大家文钞·欧阳文忠公文钞》卷三十二）全文如此曲折跌宕，层层递进，由彼及此，由古及今，将作者的忧时之心、愤世之意，尽情吐泄，显得情辞悲怆，感慨浓烈，收到了极好的艺术效果。

这篇读后感属议论文字，言辞也很尖锐犀利，鲁迅就说此文末尾"呜呼"云云几句话"悻悻得很"，并把它作为"指斥当路"的"古人并不纯厚"的例子之一加以肯定(《花边文学·古人并不纯厚》)。宋代李涂说："论及时政，子厚发之以愤激，永叔发之以感叹"(《文章精义》二〇)。还说欧阳修许多文章，"有'呜呼'二字，固是世变可叹，亦是此老文字遇感慨便精神"(同书五一)。这篇文章里就蕴积着他的深沉感叹，作者忧世而不能的愤慨和对守旧的当权派的指斥，表达得柔中见刚，诗意盎然，能引起读者的深长回味。（吴小林）

记旧本韩文后　　欧阳修

予少家汉东[①]，汉东僻陋无学者，吾家又贫无藏书。州南有大姓李氏者，其子尧辅颇好学。予为儿童时，多游其家。见有弊筐贮故书在壁间，发而视之，得唐昌黎先生文集六卷，脱落颠倒，无次序，因乞李氏以归。读之，见其言深厚而雄博，然予犹少，未能悉究其义，徒见其浩然无涯，若可爱。是时天下学者，杨、刘[②]之作，号为"时文"。能者取科第，擅名声，以夸荣当世，未尝有道韩文者。予亦方举进士，以礼部诗赋为事[③]。年十有七，试于州，为有司所黜[④]。因取所藏韩氏之文复阅之，则喟然叹曰："学者当至于是而止尔。"因怪时人之不道，而顾己亦未暇学，徒时时独念于予心。以谓方从进士干禄以养亲，苟得禄矣，当尽力于斯文，以偿其素志。后七年，举进士及第，官于洛阳[⑤]，而尹师鲁[⑥]之徒皆在，遂相与作为古文。因出所藏昌黎集而补缀之，求人家所有旧本而校定之。其后天下学者亦渐趋于古，而韩文遂行于世。至于今，盖三十余年矣，学者非韩不学也，可谓盛矣。

呜呼！道固有行于远而止于近，有忽于往而贵于今者，非惟世俗好恶之使然，亦其理有当然者。而孔、孟惶惶于一时，而师法于千万世。韩氏之文，没而不见者二百年，而后大施于今。此又非特好恶之所上下，盖其久而愈明，不可磨灭，虽蔽于暂而终耀于无穷者，其道当然也。予之始得于韩也，当其沉没弃废之时，予固知其不足以追时好而取势利，于是就而学之，则予之所为者，岂所以急名誉而干势利之用哉？亦志乎久而已矣。故予之仕，于进不为喜、退不为惧者，盖其志先定而所学者宜然也。

集本出于蜀，文字刻画，颇精于今世俗本，而脱谬尤多。凡三十年间，闻人有善本者，必求而改正之。其最后卷帙不足，今不复补者，重增其故⑦也。予家藏书万卷，独昌黎先生集为旧物也。呜呼！韩氏之文之道，万世所共尊，天下所共传而有也。予于此本，特以其旧物而尤惜之。

〔注〕 ① 汉东：汉水以东，指随州（今湖北随州）。欧阳修四岁丧父往随州依靠叔父生活。 ② 杨、刘：杨亿、刘筠。其文华靡，石介《怪说》评为“穷妍极态，缀风月，弄花草，淫巧侈丽，浮华纂组”。 ③ 以礼部诗赋为事：宋代进士科考试由礼部主持，试策论与诗赋，而以诗赋为主。 ④ 为有司所黜：欧阳修于天圣元年（1023）应随州州试，因赋不合官韵，被黜落。 ⑤ 举进士及第，官于洛阳：欧阳修于天圣八年赴礼部试，翰林学士晏殊主试，获第一。御试中甲科第十四名，授将仕郎、试秘书省校书郎、充西京（洛阳）留守推官。 ⑥ 尹师鲁：欧阳修好友尹洙，字师鲁。 ⑦ 重增其故：此句文字疑有讹误。一说保持其原貌，不肯轻率地增补原本。重，难。一说增为“赠”之误。重赠其故，原因是珍重李氏的赠书。

这是一篇书跋文字，以获得一部旧本韩文的始末为中心线索，叙述了三十余年间韩文由埋没不显而至于学者非韩不学的文学风气的变化，并连带而及自己不满意时文，学习韩文，以至“作为古文”，天下学者也“渐趋于古”的过程，实际上也就勾画了北宋古文运动的发展历史。

跋文的第一部分，叙写旧本韩文获得的经过，从时文与韩文的盛衰演变，反映古文运动的产生及其发展。作者先从童年家贫在李氏破旧筐中获得旧本韩愈文集写起，记叙第一次阅读韩文留下的印象和体会：虽限于年幼和理解不深，但已感到韩文“其言深厚而雄博”，“浩然无涯”。在当时的情势下，“未尝有道韩文者”，是因为杨亿、刘筠为代表的骈俪文风行一时，成为天下学者追逐的“时文”，并以此去获取科第，争得仕途出身和名誉地位，与之大相径庭的韩文自然遭到冷落。接着作者叙写自己科举考试不中之后，第二次阅读韩文，对照当时流行的时文，认识和体会比第一次深刻得多，心情也比较复杂。他一方面感叹：学者应当以韩文作为奋斗的目标；另一方面却因为求得仕途出身，养活家口，只能学习时文，而将学习韩文的愿望推迟到科举得中之后。这里道出了科举制度对当时文风的深刻影响，同时也反映了作者对韩文价值的认识，和“尽力于斯文，以偿其素志”的决心，从中也不难发现欧阳修的文学思想的渊源和唐宋古文运动之间的继承关系。作者第三次阅读韩文，则是在他进士及第、为官洛阳之后，也正是他得禄可以养亲、能够偿其尽力于韩文的素志之时，何况还有尹洙等志同道合的好友相互学习琢磨。北宋古文运动由此诞生，而韩愈文章也随之受到越来越多的重视，以至到了“学者非韩不学”的地步。“可谓盛矣”，既写出天下学习韩文的风气，实际上也就道出了北宋古文运动的蓬勃发展和辉煌胜利。作者叙写自己三读韩文的过程，在不经意之间，概括描述了三十余年间的北宋文坛变化，展示了时文与韩文的沉显盛衰的交替，委婉地写出自己与北宋古文运动的产生及其发展的关系、影响，以小见大，寓深意于平常之中。

跋文的第二部分，紧接上文的具体叙述发抒感慨。先作一般性的泛论，以圣人之道为例，往往出现当时被人忽视，不能流行，而后世反而得到珍惜并广泛流传的情况。作者认为，这不仅是客观的社会风气的影响，道本身也有一个从不被人认识、理解到逐步认识、理解的过程。孔、孟这两位圣人当年也曾因道不能实行而四处奔走游说，惶惶不安。韩愈文章的遭遇，也同样如此。但一种正确的思想、道理，是不可能磨灭的，即使是遭到埋没，也只是暂时的，时间愈久，愈能显示出它的光辉。作者联系获得旧本韩文以后的经历，回忆第一次获见韩文是它被弃废沉埋的时候，自己已认识到韩文不是用来追取利禄和趋媚时俗的工具，所以决心学习韩文，实是出于趣尚的相合。作者从韩文中更加深刻地认识韩愈的文品、人品；而自己的不屑名利、不随时好的性格、志趣，更进一步地促进自己努力学习韩文：立志与为学相互统一，相互影响。

跋文的最后一部分，交代旧本韩愈文集的版本情况。宋代印刷技术发达，就书籍印刷的地区而言，有所谓浙本、蜀本、建本之分，这里所说的“出于蜀”，指的是四川刻印的蜀本。欧阳修知识广博，精于考古，对书籍的版本自然十分讲究。他认为这一旧本韩文的优点是文字刻画上精妙，超过流行的一般本子，但缺点是校勘不严，文字的脱落和错误甚多。基于这种情况，所以三十余年中，他听到有精善完美的本子，就极力访求来对照勘正。这个本子的最后几卷残缺不全，没有补全的原因，则是为了保持这一版本的原貌，表明欧阳修是一位精于版本的内行。文章最后写道：“予家藏书万卷，独昌黎先生集为旧物也。”点出这部旧本韩文在万卷藏书中的特殊性，突出自己的珍重、爱惜之情。其原因有二：一是“韩氏之文之道，万世所共尊，天下所共传而有也”。郑重指出韩愈文章本身所具有的文学艺术价值和思想道德价值：就时间角度说，为万世所尊崇；就空间角度说，为天下广泛传播，产生越来越深远的影响。二是“予于此本，特以其旧物而尤惜之”。则着重表明作者对这部旧本韩文有着特殊的感情，它与作者三十余年的生涯、北宋的诗文革新运动密切相连，难以分割。一“特”字，一“尤”字，突出表现了作者对这部旧本韩文的珍爱之情。 （钟　陵）

戕　竹　记　　欧阳修

洛最多竹，樊圃棋错。包箨榯笋之赢，岁尚十数万缗，坐安侯利，宁肯为渭川①下。然其治水庸，任土物，简历芟养，率须谨严。家必有小斋闲馆在亏蔽间，宾欲赏，辄腰舆以入，不问辟疆，恬无怪让也。以是名其俗，为好事。

壬申之秋，人吏率持镰斧，亡公私谁何，且戕且桴，不竭不止。守都出令：有敢隐一毫为私，不与公上急病，服王官为慢，齿王民为悖。如是累日，地榛园秃，下亡有啬色少见于颜间者，由是知其民之急上。

噫！古者伐山林，纳材苇，惟是地物之美，必登王府，以经于用。不供谓之畔废，不时谓之暴殄。今土宇广斥，赋入委叠；上益笃俭，非有广居盛囿之侈。县官材用，顾不衍溢朽蠹，而一有非常，敛取无艺。意者营饰像庙过差乎！《书》不云：“不作无益害有益②。”又曰：“君子节用而爱人③。”天子有司所当朝夕谋虑，守官与道，不可以忽也。推类而广之，则竹事犹末。

〔注〕 ① 渭川：《史记·货殖列传》：“安邑千树枣，燕、秦千树栗……渭川千亩竹……此其人皆与千户侯等。” ② 不作无益害有益：《尚书·旅獒》：“不作无益害有益，功乃成。” ③ 君子节用而爱人：《论语·学而》：“道千乘之国，敬事而信，节用而爱人，使民以时。”

这篇文章写的是一起戕害竹林之事。事情发生在洛阳，时间在宋仁宗明道元年(1032)。这一年八月宫中大火，烧毁了崇德、长春等八殿。为了修复宫殿，朝廷命各地供给修建材料。洛阳官吏得令后不问需要多少，迅即将所有竹林砍伐一空。作者时在洛阳任西京留守推官，记下了这件事，并就此发表了自己的见解。

文章从题前落笔，先写洛竹之利，养竹之艰，竹林之美，主人之好客，言简意赅，生动而具体地展现了洛阳竹林既有巨大的经济价值，又有极高的观赏价值。这就为“戕竹”——一场灾难的到来，作了有力的铺垫和反衬。

第二节正面写“戕竹”。先点出时间：“壬申之秋”，即明道元年秋天。接着就写大砍大伐。“人吏”四句，句式由长而短，由散而整，用词斩截，音节急促，将“戕竹”的来势之猛，行动之快，渲染得令人难以喘息。“人吏”之所以有如此来头，原来是“守都”（指河南府的主管官，即西京留守）有令。如此层层邀功，个个卖力，不几天，“樊圃棋错”的竹林，便变成处处“地榛园秃”。而百姓呢？却没有一丝吝惜之情流露于颜面。确实耐人寻味。再读下去，便深感百姓的可怜、可悲，因为他们不仅在物质上作了惨重而无益的牺牲，而且在感情上还遭到一番极大的欺骗和愚弄，则吏之可恨，自在言外。“下亡有啬色少见于颜间者，由是知其民之急上”，实在是意味深长的一笔。

作者写过“戕竹”之后，引古证今，加以议论，这就是文章的最后一节。首先指出“伐山林，纳材苇”的目的是“以经于用”。在这个前提之下，地方“不供谓之畔废”，但是，官府若不按一定时间采伐聚敛，则“谓之暴殄”，更何况不“经于用”呢！现在疆域辽阔，年年赋敛之物积聚甚多，而仁宗亦无大建宫室园囿的奢侈之心，所以朝廷长期积压的各种材料，无不听其朽烂。但是尽管如此，只要有一点意外情况，还是一不问是否需要，需要多少；二不问时间是否合适，便打着“与公上急病”的旗号，层层加码，敛取无度，“不竭不止”，结果所取又超过所需，自然又是堆积腐烂。“《书》不云”两句，以正面的教诲之词，婉转而尖锐地批评了上述行为，恰恰是以“无益”于民之举（戕竹），害于民有益之物（洛竹），无“节用爱人”之心显而易见。由记事而评论，最后上升到为官之道。至此，事已记过，理也说透，文章似乎可以结束了，出乎意料，作者又再加生发——“推类而广之，则竹事犹末”。奇峰突起，境界大开。原来“戕竹”一事，只不过是用以折射大千世界的一面小小的镜子。点睛结穴，戛然而止，是所谓实处还虚。大千世界，古往今来，究竟有多少大大小小、形形色色的“戕竹”之事？还是留给读者去思考吧。

这篇文章一般选本不大见，其原因大概是觉得它还不能反映欧阳修的“纡徐委备”的风格。其实，它也有值得注意之处。我们知道二十五岁的欧阳修，于天圣九年（1031）到洛阳任西京留守推官，“始从尹洙游，为古文，议论当世事，迭相师友；与梅尧臣游，为歌诗相倡和，遂以文章名冠天下”（《宋史》本传）。可见欧阳修的政治活动与文学活动基本上是同时起步的。这篇文章作于明道元年，也正是这个“起步”阶段的作品。文中所述的为官之道，与他后来主张为政宽简，注重实际，无疑是一脉相承的；那“推类而广之，则竹事犹末”的看法，正可以解释他之所以要赞助、参与范仲淹主持的革弊救民的“庆历新政”。这篇文章不仅采用散体形式，而且内容直接议论时事，干预现实，这也反映了他的进步的政治思想与进步的文学创作，在“起步”阶段就统一在他的实践中。事实证明，他后来反对为文而文，反对“弃百事不关于心”的文风，也不是偶然的；而这对于宋代古文运动的胜利，则是至关重要的一点。这篇文章还显示了这位年轻的西京留守属官欧阳修的踔厉风发、不畏权势的精神风貌，而且这种“果敢之气，刚正之节，至晚而不衰”（王安石《祭欧阳文忠公文》）。可见这篇短文，在表现上虽不能充分反映作者成熟期的文风，但对了解、研究作者思想、创作的发展，乃至作者的品格、为人，都是颇有价值的。这就是我们之所以说它值得注意的原因。 （赵其钧）

醉翁亭记 欧阳修

环滁皆山也。其西南诸峰，林壑尤美。望之蔚然而深秀者，琅邪也。山行六七里，渐闻水声潺潺，而泻出于两峰之间者，酿泉也。峰回路转，有亭翼然临于泉上者，醉翁亭也。作亭者谁？山之僧智仙也。名之者谁？太守自谓也。太守与客来饮于此，饮少辄醉，而年又最高，故自号曰醉翁也。醉翁之意不在酒，在乎山水之间也。山水之乐，得之心而寓之酒也。

若夫日出而林霏[①]开，云归而岩穴暝，晦明变化者，山间之朝暮也。野芳发而幽香，佳木秀而繁阴，风霜高洁，水落而石出者，山间之四时也。朝而往，暮而归，四时之景不同，而乐亦无穷也。

至于负者歌于途，行者休于树，前者呼，后者应，伛偻提携[②]，往来而不绝者，滁人游也。临溪而渔，溪深而鱼肥；酿泉为酒，泉香而酒洌；山肴野蔌，杂然而前陈者，太守宴也。宴酣之乐，非丝非竹；射者中[③]，弈者胜，觥筹交错，起坐而喧哗者，众宾欢也。苍颜白发，颓然乎其间者，太守醉也。

已而夕阳在山，人影散乱，太守归而宾客从也。树林阴翳，鸣声上下，游人去而禽鸟乐也。然而禽鸟知山林之乐，而不知人之乐；人知从太守游而乐，而不知太守之乐其乐也。醉能同其乐，醒能述以文者，太守也。太守谓谁？庐陵欧阳修也。

〔注〕 ① 林霏：林中雾气。 ② 伛偻：老人。提携：小孩。 ③ 射者中：“射”指投壶。

以矢投壶中,中者胜。

这篇《醉翁亭记》是宋代散文名篇,历来被视为欧阳修的代表作之一。文章的语言平易明畅,写作背景却相当复杂,涵蕴也很丰厚,以致评析此文的主题时,众说纷纭,莫衷一是。

首先要弄清的是:欧阳修为什么一贬滁州,就自号"醉翁",并以此名亭,作文为记。就这篇文章内容看,那是由于琅邪山的风景使他陶醉,人与人之间亲密淳朴的关系使他陶醉,那香而且冽的酒使他陶醉。因此有人说,欧为此文,意在寓性情于游赏。或者说,纵情山水,表旷达自放的情怀。但是,这篇文章写于宋仁宗庆历六年(1046),时欧年四十,贬滁州已经一年。他这次被贬,由于论救推行庆历新政诸君子,得罪了守旧官僚。这些人利用他甥女张氏犯法一事,想把他牵连下狱。后来事虽大白,他还是被贬往滁州。欧阳修是个个性刚直的人,读他的《与高司谏书》可知其议论之峻切。现在邪正颠倒,他无端被诬,心中怎么能没有愤懑,又怎么能自放于山水诗酒?十年前,因为支持范仲淹,贬为夷陵县令时,他曾写信给同案被贬的尹师鲁,肯定了尹在谪迁中"益慎职,无饮酒"的自处之道,并批评了那些一遭贬逐,便"傲逸狂醉"的人。十年后的今天,写这篇《醉翁亭记》,竟然畅言饮酒,自号"醉翁",以至苍颜白发,颓然乎众宾之间,前后矛盾,判若两人。要说这完全是出于性爱游乐,纵情山水,是很难令人信服的。

那么,是不是果如另外一些评论者说的,山水之乐无非是沉郁、压抑心情的饰容,像李白那样,以耽酒自寓其愤世傲岸之情呢?考欧阳修之为人及其所为文,可贵处在一"真"字。他决不会矫情伪饰,自欺欺人。他之所以前后矛盾,其中必有一个难以具言的心理历程。十年前,他写了那封著名的《与尹师鲁书》,透露了一点消息。那信中说,不少前代名人,包括韩愈在内,"一到贬所,则戚戚怨嗟,有不堪之穷愁形于文字,其心欢戚无异庸人。"因此告诫余靖(安道):"慎勿作戚戚之文。"他显然看不起、更不屑做那种患得患失的庸人,他的心有更宽广的天地。再说,受到打击、遭到贬谪就忧戚怨嗟,反而使那些陷害他的人弹冠相庆,无异于为敌张目。因此,他诗酒山林,随遇皆乐,显示自己绝不曾因横遭打击垂头丧气;反而意气自若,心态安怡,表现出泱泱君子的坦荡风怀,铮铮铁骨。这是他在《醉翁亭记》里强调"其乐亦无穷也"的真正原因。再说,滁州"地僻而事简",他于无意中得此闲太守,正所谓不幸中之大幸。滁州又有琅邪林泉之胜足资畅游,可以涤荡胸中积悃。来滁时过一年,朝往暮归,便渐渐得到一种翛然自适之乐,冲淡了心底的烦忧。更何况,守滁一年,能使滁州的人民"乐其岁物之丰成",又幸滁州士人"喜与予游",而"与民共乐"正是"刺史之事"(以上几处引文均见作者写于与本文同时的《丰乐亭记》),更足以使他化忧为乐。怀此乐心,以涉山林,则寓目之景色无不献美于前;以临卮酒,则入口之涓滴无不"饮少辄醉"。"饮少辄醉"也不全限于酒量的大小,而且包含有心之所乐,未饮先如醉一层意蕴。于此可知,由诫人以"无饮酒"发展到"自号醉翁",经历了一个从毋为个人忧患戚戚然借酒浇愁,变为真正"得心寓酒"的心理历程。因此说,这篇文章写作背景相当复杂,分析时不能以偏概全。

从上述分析看,这篇散文涵蕴是非常丰厚的。唯其丰厚,故耐咀嚼。但此文之所以传诵千古,又不限于涵蕴的丰厚,还因为它在艺术上确有独特的成就。欧文最长于抒情。在这篇散文里,他要抒发的是被贬滁州一年后的生活情怀。因此,题目虽是《醉翁亭记》,在"亭"字上反而着墨不多,用主要篇幅来写"醉翁"。林壑泉亭,无不是醉翁活动的衬景;"日出""云归",无不荡漾着醉翁的诗情雅意。这样安排重点,写"亭记"却突出人物,不以亭为核心,乍看似乎离了题面,其实扣紧题旨,是这篇优美的抒情散文在裁剪上独具的特色。但命题既为《醉翁亭记》,当然又不能完全不点到"亭"。这篇散文写"亭"虽只寥寥数语,构思也很具匠心。全文先用"环滁皆山也"一语喝起,写大景、全景。但这仅仅是远处环视,只可能看见一片模糊的轮廓,故泛言其为"环滁皆山"。镜头拉近到"西南诸峰",渐渐望见那"蔚然深秀"之色;再拉近到"酿泉",便听到了流水潺潺之声;再拉近到醉翁亭,终于看清了亭子像鸟翼一般的具体形象。这样迤逦写来,切合步行入山远近视听之理,又显得层次丰富,胜境迭陈,使读者随着作者的脚印,信步神游于楮墨画图之间,有一种"引人入胜"的艺术效果。第三段写山林中的人,先写"负者""行者"的来往游人,次写坐起喧哗的众宾,镜头拉近,头像扩大,最终写核心人物——"颓然乎其间"的太守,推出"苍颜白发"的特写镜头。后段写人禽和谐共乐,也是先写禽鸟之乐,而后写众人之乐,最后归结到太守之乐,结末一句直接点出"太守者,庐陵欧阳修也":都是从大到小,由远而近,最后集中到醉翁一人。这种移步换形、聚焦一点的艺术手法,使全文重点突出,"醉翁"始终居于画面的中心。所写事物虽不多,却纷繁有序;林壑之胜,朝暮四时之景,休息、行走的游人,以至喧哗的众宾,幽鸣的禽鸟,这众多杂沓的物态人情,都用一个"乐"字贯串,使文意辐凑,凝而不散。特别是结处"然而禽鸟知山林之乐,而不知人之乐;人知从太守游而乐,而不知太守之乐其乐也",四句中两用"知"与"不知",文势遒劲,一转一深,构成螺旋式层层推进,是一篇之警策,显示出作者炼句炼意的艺术功力。

人多称赞欧阳修的散文富于诗意,誉之为"诗化的散文"。称之为诗,首先要有诗的意境。前面论析过的人与自然，人与人的心灵沟通，情景相生，意与境偕，已具诗的意境。誉之为诗，还必须具备音乐之美，要求韵律悠扬，声情契合。在这方面，本文也有戛戛独造之处。这篇文章的中心人物醉翁的心情，是翛然自适、悠闲容与的。反映这种心情的句式韵律，也纡徐悠远，逸韵从容，自有诗一般的音乐境界。这就要说到本文连用"也"字的艺术效果。"也"这个助词，本多用来表判断语气，用于句末，往往表示语意顿结。欧阳修在这篇文章的许多句子里，却赋予"也"与今语"啊"字情韵相近的特殊的感叹意味，不是休止符而是一个延长音符。全文连用二十一个"也"字，构成曼声咏叹的韵致，以表现醉翁悠然自得的心态，这是欧阳修的独创。欧的史传文字，多顿挫唱叹之美；这类记游乐情怀的文字，却不取顿挫转折而专一反复咏叹。可见他的散文，因情赋声，具有多种风调，多种情韵。所谓秋虫春鸟，各有新声，不拘于一格，却无往而不近乎诗。

（赖汉屏）

相州[①]昼锦堂记　　欧阳修

仕宦而至将相，富贵而归故乡，此人情之所荣，而今昔之所同也。盖士方穷时，困厄闾里，庸人孺子皆得易而侮之，若季子[②]不礼于其嫂，买臣[③]见弃于其妻。一旦高车驷马，旗旄导前而骑卒拥后，夹道之人，相与骈肩累迹，瞻望咨嗟，而所谓庸夫愚妇者，奔走骇汗，羞愧俯伏，以自悔罪于车尘马足之间。此一介之士得志于当时，而意气之盛，昔人比之衣锦之荣者也。

惟大丞相魏国公则不然。公，相人也。世有令德，为时名卿。自公少时，已擢高科、登显仕，海内之士闻下风而望余光者，盖亦有年矣。所谓将相而富贵，皆公所宜素有，非如穷厄之人侥幸得志于一时，出于庸夫愚妇之不意，以惊骇而夸耀之也。然则高牙大纛[④]不足为公荣，桓圭衮冕[⑤]不足为公贵；惟德被生民而功施社稷，勒之金石，播之声诗，以耀后世而垂无穷。此公之志，而士亦以此望于公也。岂止夸一时而荣一乡哉！

公在至和中，尝以武康之节[⑥]来治于相，乃作昼锦之堂于后圃。既,又刻诗于石以遗相人。其言以快恩仇、矜名誉为可薄,盖不以昔人所夸者为荣,而以为戒。于此见公之视富贵为何如,而其志岂易量哉!故能出入将相,勤劳王家,而夷险一节。至于临大事、决大议,垂绅正笏⑦,不动声色而措天下于泰山之安,可谓社稷之臣矣!其丰功盛烈,所以铭彝鼎而被弦歌者,乃邦家之光,非闾里之荣也。

余虽不获登公之堂,幸尝窃诵公之诗,乐公之志有成,而喜为天下道也。于是乎书。

尚书吏部侍郎、参知政事欧阳修记。

〔注〕①相州:州名,宋时治所在今河南安阳。②季子:战国时纵横家苏秦字季子,初出游数年,大困而归,为其兄弟、妻嫂所笑。闭门读《阴符》一年后,出以合纵之说为六国诸侯所悦,并相六国,诸侯发使送之甚众。其兄弟、妻嫂俯伏一旁,苏秦谓其嫂:"何前倨而后恭也?"其嫂答称:"见季子位高金多也。"③买臣:朱买臣,西汉吴县(今属江苏)人。初以樵为生,其妻嫌其贫而改嫁。后买臣官会稽太守,迎送车马百余乘,其妻与后夫亦在修路民伕之中。其妻遂羞愧自缢死。④高牙大纛(dào到):指旗杆上装饰象牙的大将牙旗,亦代指高位者的仪仗。⑤桓圭衮(gǔn滚)冕:桓圭是古代公爵所执的玉制礼器,长九寸,两面各二棱。衮冕是古代帝王及诸侯大夫的礼服和礼帽。⑥武康之节:武康军节度使的旌节。⑦垂绅正笏(hù户):指端庄严肃。绅,大带;笏,官员上朝时记事的手板。

韩琦,字稚圭,相州(今河南安阳)人。宋仁宗至和二年(1055),韩琦因病自请由并州武康军节度使改知相州,就任之后,在州署的后园中建了一座"昼锦堂"。这篇文章的开头即就堂名生发。《汉书·项籍传》说:"富贵不归故乡,如衣锦夜行"。反之,富贵归故乡,那就犹如衣锦昼行,其富贵荣华人人可见,世人亦皆以此为荣;而且,这一观念还是古今不变的,苏秦、朱买臣的经历便是人们熟知的故事。那么,怎么会形成这种风气和观念的呢?作者认为一方面是由于"士"的境遇和表现的不同——"穷"则"困厄闾里","达"则"高车驷马",衣锦昼行,唯恐亲朋故旧不知。另一方面就是世俗态度的变化——视其"穷","皆得易而侮之";见其"达",则"自悔罪于车尘马足之间"。一穷一达,一倨一卑,两两相形,便自然地渲染出落魄之悲,得志之快,所以苏秦大为感叹:"人生在世,势位富贵盍可忽乎哉!"

照此看来,韩琦如 今归乡为官,并建"昼锦堂",显然也有炫耀富贵之意了?不,"惟大丞相魏国公则不然"!至于为什么"不然",怎样"不然",下面再细细表来。这就是前人所说的文字过脉,"贵空而不贵实"(李腾芳《山居杂著》)。这大概是因为“空”可造成悬念，引人兴味；由“空”而“实”，还能造成层次，突出需要强调的内容。是的，下面就具体地回答之所以“不然”了。先说韩琦其人——第一，韩琦世代仕宦，非一介寒门之士；第二，他少年得志，仕途通达，“早有盛名……年甫三十，天下已称为韩公”(《宋史》本传)。可见他未经困厄，亦未受庸夫愚妇之侮，自然也不存在向他们夸耀富贵以雪耻报恨之心。这些都与久穷而后得志者大不相同。那么，韩公仕宦多年，历官三朝（仁宗、英宗、神宗），当然也会有他自己的荣辱观和他自己的追求，这就是“德被生民而功施社稷，勒之金石，播之声诗，以耀后世而垂无穷”，并不在报个人穷通之恩仇，也不在夸一时、荣一乡。这是第三点，以韩琦的身世、经历、抱负为基础，正面阐述韩公之志。

下面再说，既然这样，那为什么要在家乡建堂而又取名“昼锦”呢？请看文章的第三段，作者先对建堂的时间、地点略作交待，随即用“既”字引出“刻诗于石”。这“诗”是指韩琦自己写的《昼锦堂诗》。“诗”中有言：“所得快恩仇，爱恶任骄狷。其志止于此，士固不足羡。兹予来旧邦，意弗在矜炫……公余新此堂，夫岂事饮宴。亦非张美名，轻薄诧绅弁。重禄许安闲，顾己常兢战……”作者点出韩公之“诗”，意在表明文中所说的：“其言以快恩仇、矜名誉为可薄，盖不以昔人所夸者为荣，而以为戒”，不是作者的强为解释，更不是虚美之谀词，而是主人命名的本意——意不在“夸荣”，恰恰相反，是以此为“戒”。有此境界方能成其事业，接着再转入对韩琦壮志伟业的称赞。如果说前言“德被生民而功施社稷”是虚提一笔，这里的“出将入相”云云，便是实叙功德，且为下文的“志有成”伏笔。“所以铭彝鼎”几句，既回应了“勒之金石，播之声诗”，又进一步肯定了功在天下，而不在一时一乡之荣。可谓环环相扣，墨饱意足。

这篇文章作于治平二年(1065)，不是出于“昼锦堂”的落成之时，也不是因为观赏而作，文中明言“余虽不获登公之堂”，同时，亦不见韩琦请为作记的迹象。那么作者此时为何要写这篇“记”呢？文章的最后几句话就在说明作意，不过言辞甚简，似有略作剖析的必要。“尝窃诵公之诗”，读其“诗”（指《昼锦堂诗》），想其“堂”，思其人，当然是可以理解的；然而，“诗”早已有之，作者亦不是此时方见，所以“诗”之触发，恐怕不能说是主要的、直接的原因吧。如果说十年前从公之“诗”意、“堂”名，可以看出“公之志”，那么，十年过去了，韩琦已于嘉祐三年(1058)入朝为相，嘉祐八年仁宗去世，曹太后与英宗失睦，随之治平二年朝廷“濮议”之争兴起，作为宰相的韩琦在这种多事之秋处境是可以想象的，要拿出自己的见解、办法支撑朝政，就需要有不计个人安危得失的胆识与气魄。可贵的是，韩琦做到了这一点。对此《宋史》本传也特地记下一笔：“嘉祐、治平间，再决大策,以安社稷。当是时,朝廷多故,琦处危疑之际,知无不为。或谏曰:'公所为诚善,万一蹉跌,岂惟身不自保,恐家无处所矣。'琦叹曰:'是何言邪!人臣尽力事君,死生以之。至于成败,天也。岂可豫忧其不济,遂辍不为哉!'闻者愧服。"而同样以社稷为重的欧阳修,与韩琦共事有年,曾与韩琦共同调和两宫矛盾,现又卷入"濮议"之争,这就不仅更有体会,也更能了解韩琦,而且更寄希望于韩琦。"士亦以此望于公也",说的是过去,又何尝不包括眼前和未来呢?所以作者那么热情洋溢地说:"乐公之志有成,而喜为天下道也。"这肯定与赞扬之中,蕴藏了多少期望和激励啊!这,就是作者之所以写这篇记的真正的意图吧!作品的现实意义也正在此。

王葆心说:"欧文入手多配说,故逶迤不穷。相配之妙,至于旁正错出,几不可分。"(《古文词通义·文家格法之析分》)颇有见地。这篇文章开头大谈衣锦荣归之人事、情理,说得头头是道,读下去方知作者之意,只在以世俗中两种不同人物的心态与表现,反衬出韩公超凡脱俗之大志。二者似正实反,正见出"相配之妙"。第二段写韩公其人、其志,还是"盘马弯弓惜不发";直至第三段方入正题,揭开堂名"昼锦"之意;最后再道出作意。这种盘旋而下、层层蓄势、步步回应的章法,充分地体现了欧文委婉曲折、从容自如的特色。 (赵其钧)

王彦章画像记 欧阳修

太师王公,讳彦章,字子明。郓州寿张人也。事梁,为宣义军节度使,以身死国,葬于郑州之管城。晋天福二年,始赠[①]太师。

公在梁以智勇闻。梁、晋[②]之争数百战,其为勇将多矣;而晋人独畏彦章。自乾化后,常与晋战,屡困庄宗于河上。及梁末年,小人赵岩等用事,梁之大臣老将,多以谗不见信,皆怒而有怠心;而梁亦尽失河北,事势已去,诸将多怀顾望。独公奋然自必[③],不少屈懈,志虽不就,卒死以忠。公既死而梁亦亡矣。悲夫!

五代终始才五十年,而更十有三君,五易国而八姓[④]。士之不幸而出乎其时,能不污其身,得全其节者,鲜矣!公本武人,不知书,其语质[⑤],平生尝谓人曰:"豹死留皮,人死留名。"盖其义勇忠信出于天性而然。予于《五代书》,窃有善善恶恶之志⑥。至于公传，未尝不感愤叹息。惜乎旧史残略，不能备公之事。

康定元年，予以节度判官来此。求于滑人，得公之孙睿所录家传，颇多于旧史，其记德胜之战尤详。又言：敬翔怒末帝不肯用公，欲自经于帝前；公因用笏画山川，为御史弹而见废。又言：公五子，其二同公死节。此皆旧史无之。又云：公在滑，以谗自归于京师，而史云"召之"。是时，梁兵尽属段凝，京师羸兵不满数千；公得保銮⑦五百人之郓州，以力寡，败于中都。而史云将五千以往者，亦皆非也。公之攻德胜也，初受命于帝前，期以三日破敌；梁之将相闻者皆窃笑。及破南城，果三日。是时，庄宗在魏，闻公复用，料公必速攻，自魏驰马来救，已不及矣。庄宗之善料，公之善出奇，何其神哉！

今国家罢兵四十年，一旦元昊反⑧，败军杀将，连四五年，而攻守之计，至今未决。予尝独持用奇取胜之议，而叹边将屡失其机。时人闻予说者，或笑以为狂，或忽若不闻；虽予亦惑，不能自信。及读公家传，至于德胜之捷，乃知古之名将，必出于奇，然后能胜。然非审于为计者不能出奇；奇在速，速在果，此天下伟男子之所为，非拘牵常算之士⑨可到也。每读其传，未尝不想见其人。

后二年，予复来通判州事。岁之正月，过俗所谓铁枪寺者，又得公画像而拜焉。岁久磨灭，隐隐可见。亟命工完理之⑩，而不敢有加焉，惧失其真也。公尤善用枪，当时号"王铁枪"。公死已百年，至今俗犹以名其寺，童儿牧竖皆知王铁枪之为良将也。一枪之勇，同时岂无？而公独不朽者，岂其忠义之节使然欤？画已百余年矣，完之复可百年。然公之不泯者，不系乎画之存不存也。而予尤区区⑪如此者，盖其希慕之至焉耳。读其书，尚想乎其人；况得拜其像，识其面目，不忍见其坏也。画既完，因书予所得者于后，而归⑫其人，使藏之。

〔注〕 ① 死后追封叫"赠"。 ② 晋：此"梁晋之争"的晋及下句"晋人独畏彦章"的晋与上

段“晋天福二年”的晋，所指不同。“晋天福二年”的“晋”指五代的“后晋”，“梁晋”“晋王”的“晋”指晋王李存勗，灭梁之后才称帝，史称“后唐”。后文“庄宗”，即后唐庄宗李存勗。 ③ 奋然自必：奋起与晋争斗，毫不动摇。 ④“五代”数句：五代为后梁、后唐、后晋、后汉、后周，共五十三年，换十三个皇帝，五次改易国号。五代中，后梁、后汉、后晋三个皇帝各一姓；后唐三个皇帝实际上是三姓；后周皇帝，一姓郭，一本姓柴，加起来，五代主国者共八姓。 ⑤ 语质：说话朴素直率。 ⑥《五代书》：指欧阳修所著《五代史记》，今称《新五代史》。善善恶恶：表彰好人，批揭坏人。 ⑦ 保銮：皇帝的禁卫军。 ⑧ 元昊反：指西夏主赵元昊叛宋称帝。 ⑨ 拘牵常算之士：被常规所束缚，办事畏首畏尾的人。 ⑩ 完理：修复。 ⑪ 区区：诚恳貌。 ⑫ 归(kuì 愧)：同“馈”，赠送。

这是一篇题记文字，可存史料，写法却有别于史传。若按文体的要求，只须从画像一点生发，由像及人，因人述事，缘事抒情。但本文构思布局，另辟蹊径。先记王彦章在后梁面临败亡时的忠义品节，最后才以寥寥数语写到画像，点题作结。如此安排材料，很具匠心。首先，画像终归是一件微物，官宦之家类多有之，值得记的还是像中之人。先记其人，把人的精神写足、写活，才是文章中心，才能给读者以深刻印象；然后写得像、修像、归像，这画像才显得珍贵。其次，写人物，写画像，目的又不全在于表彰古人的忠勇节烈，而在于借古讽今，激劝来者。故在近尾处用“今国家罢兵四十年”一节文字，发为议论，批判“拘牵常算之士”；最后以抒情作结。把发现王彦章画像一事安排在结尾处，让议论、叙事、抒情三者汇合，在结处掀起巨大的波澜，聚光一点，映射全文，产生强烈的感发作用。

这篇散文不仅在材料安排上深具匠心，章法也非常严谨。首段概言人物生平，语极明洁，立即转入正面叙事。二段写后梁国势危殆，诸将顾望，王彦章在这“事势已去”的时候，独“奋然自必，不少屈懈”，突出他的忠义；三段以家传补旧史之失数事，重点记德胜之战，突出他的智勇。这两段核心文字，以“公在梁以智勇闻”“晋人独畏彦章”领起，总分有序，层次分明。刘熙载《艺概·文概》以为：“章法不难于续而难于断。”又说：“明断，正取暗续也。”本文第三段结末处，用“惜乎旧史残略，不能备公之事”，十分自然地引出第四段“康定元年，予以节度判官来此。求于滑人，得公之孙睿所录家传，颇多于旧史”。第五段结尾，又用“每读其传，未尝不想见其人”，逗起最后一段：“岁之正月，过俗所谓铁枪寺者，又得公画像而拜焉。”这些地方，“抛针掷线”，使段与段之间明断暗续，全文转换自然，如行云流水。

但是，构局、章法，人所能臻；韵致风神，人所难到。抑扬顿挫，跌宕唱叹，才是欧文的主要特色。这种特色，在《新五代史·伶官传序》和这篇《王彦章画像记》里，体现得最充分。第二段开头说：“梁、晋之争数百战，其为勇将多矣”，接着一转:“而晋人独畏彦章”。上句一开,曼声摇曳;下句一顿,斩截有声:极富抑扬顿挫之致。紧接着写道:“梁之大臣老将……皆怒而有怠心”,“诸将多怀顾望”,然后又作一急转:“独公奋然自必,不少屈懈”。两用“独”字,在人欲横流中突出彦章一人,大节凛然,形象鲜明夺目。复承以“公既死而梁亦亡矣。悲夫”,唱叹感慨,一往情深,最见风神。写五代之际,“士之不幸而出乎其时,能不污其身,得全其节者,鲜矣”,继之以“公本武人”数语,又作一顿挫;到“至于公传,未尝不感愤叹息”,再用“惜乎旧史残略”一转,千回百折,起伏跌宕,读之令人无限低徊。

这种顿挫唱叹之美,集中表现在最后一段。在铁枪寺得彦章画像后,“亟命工完理之”,承以“而不敢有加焉,惧失其真也”,为一转折,写出对王顶礼膜拜,无限崇敬的心情。“童儿牧竖皆知王铁枪之为良将也”,又承以“一枪之勇,同时岂无?而公独不朽者,岂其忠义之节使然欤?”先用反诘“岂无”作一顿,再用“岂……使然欤”,故为疑问一扬,文意从匹夫之勇转进到忠义之节,境界升华;音节从上句反诘的四字短节奏一顿,变为下句疑问句式的无限延长,更见纡徐摇曳之美。“画已百余年矣,完之复可百年”,是两个平缓的陈述句,接下来。“然公之不泯者,不系乎画之存不存也”,再作转折,从画之不能不朽转到王之必将不朽,从画之弥足珍贵转到画之存不存无关紧要,从感情倾泻转入理性认识。下面复作一转折:“而予犹区区如此者,盖其希慕之至焉耳”,又从王之精神不朽,不必以画存,转出自己一片钦慕之忱,不能不珍重这幅画像,再从理性认识转出不能自已其修像归像的感情抒发,文意回环激荡,境界愈转愈高。最后写道:“读其书,尚想乎其人”,结出“况得拜其像,识其面目,不忍见其坏也”,把感情的激荡更推进一步。真如沦漪层层,波澜荡漾;神韵缥缈,味之无穷。

刘熙载说:“欧阳公欲作文,先诵《史记·日者传》。”(《艺概·文概》)苏轼说:“欧阳子……记事似司马迁。”为什么欧文似司马迁之文?近代散文家梁启超自称其文“笔端常带感情”,这六个字,正道出欧阳修与司马迁散文笔意相近的根本原因,倒不在于是不是诵《史记·日者传》。由于感情强烈,爱憎分明,发而为文,臧否抑扬,感慨浩叹,不能自已。如果说,《史记》是“无韵之离骚”(鲁迅《汉文学史纲要》),欧阳修这类文字,又何尝不可称之为无韵的诗歌? (赖汉屏)

秋声赋　　欧阳修

欧阳子方夜读书,闻有声自西南来者,悚然而听之,曰:“异哉!”初淅沥以萧飒,忽奔腾而砰湃,如波涛夜惊,风雨骤至。其触于物也,鏦鏦铮铮,金铁皆鸣;又如赴敌之兵,衔枚①

疾走，不闻号令，但闻人马之行声。予谓童子："此何声也？汝出视之。"童子曰："星月皎洁，明河在天，四无人声，声在树间。"

予曰："噫嘻悲哉！此秋声也，胡为而来哉？盖夫秋之为状也：其色惨淡，烟霏云敛；其容清明，天高日晶；其气栗冽，砭人肌骨；其意萧条，山川寂寥。故其为声也，凄凄切切，呼号愤发。丰草绿缛而争茂，佳木葱茏而可悦；草拂之而色变，木遭之而叶脱。其所以摧败零落者，乃其一气之余烈。夫秋，刑官也，于时为阴②；又兵象也，于行用金③。是谓天地之义气④，常以肃杀而为心。天之于物，春生秋实，故其在乐也，商声主西方之音⑤，夷则为七月之律⑥。商，伤也，物既老而悲伤；夷，戮也，物过盛而当杀。

"嗟乎！草木无情，有时飘零。人为动物，惟物之灵；百忧感其心，万事劳其形；有动于中，必摇其精⑦。而况思其力之所不及，忧其智之所不能；宜其渥然丹者为槁木⑧，黟然黑者为星星⑨。奈何以非金石之质，欲与草木而争荣？念谁为之戕贼，亦何恨乎秋声！"

童子莫对，垂头而睡。但闻四壁虫声唧唧，如助予之叹息。

〔注〕 ① 衔枚：古代秘密行军时，为了保持部队肃静，常令士兵口里横衔一根小棍，以免喧哗。 ②"夫秋"三句：周制，掌刑法狱讼的官称"秋官"。又，古人以阴阳配四季，春夏属阳，秋冬属阴。 ③ 又兵象也，于行用金：古来征战，多在秋季。又，古人把五行分配于四季，秋天属金。 ④ 义气：节烈、刚正之气。 ⑤ 商声主西方之音：古代以五声配四时，商声属秋；五声和五行相配，则商声属金，主西方之音。 ⑥ 夷则为七月之律：古以十二律配十二月，七月为夷则。 ⑦ 必摇其精：损害精气。 ⑧ 渥然丹者为槁木：红润的容貌变为苍老枯槁。 ⑨ 黟然黑者为星星：乌黑的须发变成白色。

《秋声赋》开宋代文赋的先河，是宋文名篇。宋代文人把散文引入诗、词，也引入赋，改造了六朝以来盛行的骈赋，给这种文体注入了新的血液，使之能更自由地状物抒情。欧阳修此文既出，苏轼《赤壁赋》继响，遂成后代楷模。因此，《秋声赋》在文学史上占有重要的地位。

此赋的主旨在通过秋声摹写自然界的秋天，用以烘托作者心理上、人生旅途上的秋天。作此文时,欧阳修年五十三。他自二十九岁为范仲淹被落职事上书切责司谏高若讷,初贬夷陵;三十九岁复因论救推行庆历新政诸君子,被反对者构陷,再贬滁州;四十八岁那一年,丁母忧刚刚期满复官,又有小人诈称他奏请裁汰内侍,激怒了宦官,被诬以他事,几乎出知同州。入仕二十多年中,真可谓历尽宦海波涛。他本来体弱多病,四十岁时就白发萧疏;现在五十多岁了,身体、心态更已经进入了人生的秋天。因此,一年四季有风声,他对秋声特别敏感;秋天有各种色彩,他独独看到“惨淡”的颜色。正由于他对秋天有特殊的感受,发而为文,便秋怀满纸,秋思遥深。

但伤秋毕竟是一个古老的主题,用这个主题写出的名篇不少。“秋思遥深”,人多如此,单凭这一点,不可能使这篇文章获得那么高的声誉。它之所以脍炙人口、传诵不衰,是因为在艺术上确有人所难及的地方。

试潜心一读这篇《秋声赋》,给你的第一印象便是秋声满耳,感受到有一种充塞于天地之间的无边秋意缭绕在你身旁。这说明本文具有强大的感发力量。

写秋声而如此摇动人心,首先由于作者对秋声的质和量作了成功的描绘。他把秋声比拟为淅沥潇洒的细雨,奔腾澎湃的波涛,互相碰撞的金铁:这就使抽象的声音具有质的实感。那秋声时而小,时而大;时而显,如风雨夜惊;时而隐,像战士衔枚疾走:这就使无形的声音具有量的存在。有了质的实感和量的存在,才使读者感到秋声盈耳,秋意无边。这第一层写秋声之形,手法是化虚为实。

而后,再写秋色、秋容、秋气、秋意,用“秋之为状”写秋声之神。其中“色”“容”为实,“气”“意”是虚,手法是从实入虚。那秋色:轻烟飘飞不绝,薄云虽少未尽,色调是惨淡的。那秋容:晴天有日光照耀,显得凄清明朗;云薄则感到天高,天愈高则愈感空旷寥廓。那秋气:寒到刺人肌骨,自然也浸人心脾。至于秋意,则萧条寂寞,仿佛万物生意已尽,山川也神态黯然。这一层写秋之为状,好像游离于题面“秋声”;其实,“写物而不滞于物”,只是换了一个角度,改用烘托手法,以秋状写足秋声。因为,秋声来自秋风。风因空气流动的速度不同而有疾徐大小之别,又因流动的方向不同而有东西南北之分;如果风速风向相同,便很难说秋风与别的风有多大区别。用了“秋之为状”一加烘托,才显出秋风的独特性格,秋声的特殊情调。古人云:“山之精神写不出,以烟霞写之;春之精神写不出,以草树写之。”(刘熙载《艺概·诗概》)正是此意。

接着,笔意又变,改用刑官、兵象、音乐写秋之为心,借秋心进一步渲染秋声。刑官古名“秋官”,秋天又是用兵的季节,因此秋有一种肃杀之心。五声音阶宫、商、角、徵、羽中,与秋相应的是商声;“商”“伤”通训,因此闻秋声而自伤。十二乐律中，与凉秋七月相配的是夷则。"夷"字可训为杀戮，正与物盛则衰、草茂当杀的自然规律相应。秋之为心如此，故万物逢秋而兴悲，更何况万物之灵的人类呢？这个层次用象征手法，拓开了文境，文势张扬。所用音训、义训，虽不无附会，但作者怀抱如此，转见其心中别有所会，正不必拘拘于训诂。

以上从秋声、秋状、秋心三个角度，调动了化虚为实、烘托、象征等多种艺术手段，写秋之质，摄秋之魂，进而形成了一种幽悄凄怆的意境。

写秋声、秋状，无非写景状物，何以就能形成意境呢？关键在于写景状物中融进了作者的感情，引起了读者的共鸣。举例来说，作者把秋风触物之声拟之为军士衔枚疾走，便使人联想到一场伏尸满地、流血遍野的战斗惨剧马上就要发生，读之能不紧张心悸吗？秋色"惨淡"，令人联想起孤儿寡妇无食无衣的面色，对此能不触目心伤吗？写秋之为心，用"刑官""兵象"作象征。刑官、兵象，带给人间的无非惨不忍睹的悲剧。至于商声，正像陶潜《咏荆轲》说的那样——"商声更流涕，羽奏壮士惊"，更令人不忍卒听。由于作者用来描摹秋声、秋状、秋心的事物，无不带有强烈的感情色彩，因此一读斯文，便如身临其境，徙倚彷徨，愀然难以为怀。客观景况融进作者的主观感情，此景此情又引起了读者的感情共鸣，歌哭随之，不能自持，进入幽悄凄怆的意境，这是本文传诵千古、魅力独具的地方。

其次，这篇文章在对比映衬的运用上，也独具匠心。写秋声，有远近、强弱、缓急的对比；写草木，用了荣枯消长的对比；特别是童子与作者形成的对比映衬，更增添了文章的情趣，突出了作者寂寞的秋心，大大增强了文字的表现力。深夜，作者正陷入思考人生、无眠叹息之中，童子却"垂头而睡"，漠然无动，这与李清照《如梦令》中主人担心"绿肥红瘦"，而侍儿"却道海棠依旧"，有异曲同工之妙。通过对比，以童子的单纯无忧衬出主人秋怀的纷繁复杂，更显得两间一人，彷徨寂寞，不仅相映成趣，而且相得益彰。

第三，这篇文章在遣词造句上富有音乐美。欧阳修为文向来注重声情契合。他不仅在每一个文句中用音节、语词的抑扬顿挫表现感情的起伏变化，而且精心构局，使整篇文字的韵律乍起乍落，恍如游龙蜿蜒，首尾回环，极具旋律美。本文一起，万籁俱寂，只有作者一人在伏案夜读，那是极静谧的境界。忽而秋声骤起，金铁铮鸣，引进了自然界强烈的音响；再用"噫嘻悲哉，此秋声也"和"嗟乎，草木无情，有时飘零"，展开感慨抒情，表现出心理上的强烈震动。最后结以唧唧虫音，声声叹息，环境又归于沉寂。文中既有音量大起大落的动静变化，又有"淅沥""奔腾""凄凄切切""呼号奋发"等小的波澜；最后的虫声、叹息声，更显得余音袅袅，使整篇文章像一支乐曲，极具旋律变化。写秋声而具体可见可闻，已经不易；把秋声写得饱含感情，具有意境，更非寻常手眼所能及；写秋声而使整篇文字像一支旋律优美、如怨如诉的小夜曲，则更非大手笔不能到。“赋”这种文体，本来介乎诗与散文之间；欧阳修这篇《秋声赋》，可以说兼有诗与散文两者的佳胜。

至于描秋声、秋状之景，融“百忧感其心”之情，悟“天之于物，春生秋实”，“物过盛而当杀”之理，情、景、理三者水乳交融，更是欧文共同的优点，非本篇所独具。

（赖汉屏）

六一居士传　　欧阳修

六一居士初谪滁山，自号醉翁。既老而衰且病，将退休于颍水之上，则又更号六一居士。

客有问曰：“六一，何谓也？”居士曰：“吾家藏书一万卷，集录三代以来金石遗文一千卷，有琴一张，有棋一局，而常置酒一壶。”客曰：“是为五一尔，奈何？”居士曰：“以吾一翁，老于此五物之间，是岂不为六一乎？”客笑曰：“子欲逃名①者乎？而屡易其号。此庄生所诮畏影而走乎日中者也②；余将见子疾走大喘渴死，而名不得逃也。”居士曰：“吾固知名之不可逃，然亦知夫不必逃也；吾为此名，聊以志吾之乐尔。”客曰：“其乐如何？”居士曰：“吾之乐可胜道哉！方其得意于五物也，太山在前而不见，疾雷破柱而不惊；虽响九奏于洞庭之野③，阅大战于涿鹿之原④，未足喻其乐且适也。然常患不得极吾乐于其间者，世事之为吾累者众也。其大者有二焉，轩裳珪组⑤劳吾形于外，忧患思虑劳吾心于内，使吾形不病而已悴，心未老而先衰，尚何暇于五物哉？虽然，吾自乞其身于朝者三年矣，一日天子恻然哀之，赐其骸骨⑥，使得与此五物偕返于田庐，庶几偿其夙愿焉。此吾之所以志也。”客复笑曰：“子知轩裳珪组之累其形，而不知五物之累其心乎？”居士曰：“不然。累于彼者已劳矣，又多忧；累于此者既佚矣，幸无患。吾其何择哉？”于是与客俱起，握手大笑曰：“置之，区区不足较也。”

已而叹曰："夫士少而仕，老而休，盖有不待七十者矣⑦。吾素慕之，宜去一也。吾尝用于时矣，而讫无称焉，宜去二也。壮犹如此，今既老且病矣，乃以难强之筋骸，贪过分之荣禄，是将违其素志而自食其言，宜去三也。吾负三宜去，虽无五物，其去宜矣，复何道哉！"

熙宁三年九月七日，六一居士自传。

〔注〕 ① 逃名：避名声而不居。 ② 畏影而走乎日中：《庄子·渔父》说："人有畏影恶迹而去之走者，举足愈数而迹愈多，走愈疾而影不离身。自以为尚迟，疾走不休，绝力而死。" ③ 九奏：即"九韶"，虞舜时的音乐。《庄子·至乐》："咸池九韶之乐，张之洞庭之野。" ④ 阅大战于涿鹿之原：《史记·五帝本纪》记黄帝与蚩尤战于涿鹿之野，遂擒杀蚩尤事。 ⑤ 轩裳珪组：分指古代大臣所乘车驾，所着服饰，所执玉板，所佩印绶，总指官场事务。 ⑥ 赐其骸骨：喻皇帝同意其告老退休。 ⑦ 不待七十：古人认为，人到七十岁，便当退职；"不待七十"是说退休不一定要等到七十岁。

善于谋篇的作家，都重视文章的结尾。举凡一篇的胜义，全文的主旨，精辟的议论，乃至警策的语言，往往安排在结尾处，使人读完全文，或留下深刻的印象，或产生无穷的感慨，或引起连翩的浮想。所谓掩卷沉思，低徊击节，起坐彷徨，种种艺术效果的取得，虽不能说完全系于一结，那精警的一结却起了重要的作用。像这篇小文，以"六一"命篇，中心意旨却并不在表现作者晚年徜徉琴棋书酒之间的至乐，而在于表明亟于辞官归老的心情；结尾"三宜去"，才是全篇的归趣。前面写"六一"之乐，只是一种向往，一种追求；这种"乐"只有在辞官归老后才能变为现实。预想"六一"之乐，旨在求得"三宜去"之早日得到理解和实现；把"三宜去"安排在结尾处，才能感动人心，引起同情，求得宋神宗及其执政者"恻然哀之"。因此，文章的题面虽然是"传"，其实不是一篇记叙性的传文，而是一篇借议论以抒情的散文。

欧阳修的抒情散文，其独到之处，在于"美"而且"真"。他写这篇《六一居士传》时，已经六十四岁，自二十四岁应试及第，授西京留守推官，步入仕途，已整整四十年。他以其毕生精力献给了赵宋王朝。现在，既老且病，春蚕丝尽，蜡泪将干，应该得到休息的机会了。更何况，四十年中，群小与新党中人交相煎迫，以至三度贬官，历尽宦海风涛；到了暮年，还经历了"濮议"之争的惊涛骇浪：宋仁宗死，无子，欧阳修时在朝廷，与韩琦等议立英宗。英宗是濮安懿王赵允让的亲生子。濮王死后，英宗按例追赠尊亲。有人认为，英宗只能称生身之父允让为皇伯，不能称父。欧阳修力辟其非。御史弹劾欧阳修"首开邪议"，欧阳修著《濮议》

来反驳。这场宫廷风波使欧阳修“形不病而已悴，心未老而先衰”，此时求去，完全是出之于至性真情。写这篇文章后一年，他才获准致仕；又过了一年，病逝颍州。他仅得一年的琴棋书酒之乐便溘然长逝。以后事证今言，再读这篇《六一居士传》，谁能不为这位老人的晚年遭际愀然动容？这便是文中真挚之情具有感发力量的明证。

这篇文章除了感情真挚动人之外，还深寓人生哲理。当作者对“客”说明更名“六一居士”的含义后，“客”指出他企图“逃名”，并引《庄子·渔父篇》的话，讥诮他这样做是“畏影而走乎日中”，必将“疾走大喘渴死”，而名终不可逃。封建社会的知识分子，在青年时代，无不想捷高科，干名位，汲汲于事功。一旦有了高科名位，才发现名位与劳苦忧患俱来，名愈高忧劳愈甚，居位愈久愈不可自拔，真所谓春蚕作茧，徒以自缚。欧阳修在北宋中期享大名数十年，深谙个中消长盈虚之理。如何解决这种矛盾？“客”所引《庄子·渔父》那段话，还有两句没有直接说出来，这就是“处阴可以休影，处静可以息迹”。人要逃避自己的影子，最简单的办法是从阳光下站到阴处来；人要是怕见自己的脚印，只消停下来不走，那脚印自然消失。这里的“处阴”“处静”，隐喻息影林泉，摆脱物累世虑；对于欧阳修来说，便是辞官归田。这话虽从客人引述道家之言中隐约其辞地泄露出来，其实就是欧阳修对人生哲理的清醒体认。这段客主问答，是十分含蓄的悟道之言，妙在引而不发，言而未尽，特别引人寻绎，耐人咀嚼。

从上面分析过的三点——巧妙的谋篇、真挚的感情、隐寓的哲理——来看，这是一篇文思十分缜密的短文。但作者写来，似乎信笔所之，轻松疏淡，娓娓而道，绝不经意。这就是文章家常常说的“举重若轻”，是欧文的一贯风格，不过在这篇《六一居士传》里体现得更为充分。文章第一段自叙其更名的因由（“既老而衰且病，将退休于颍水之上”），作平静的叙述；最后一段论“三宜去”，从议论中抒情。这两段文字仅占全文的四分之一；而以四分之三的篇幅设为客主问答。这种构局可谓精心结撰。客主问答的体例出于板重的汉大赋。但作者为什么要在一篇小文中采用这种形式呢？说仅仅出于模仿，那是唐突古人。试想，这一大段中包含的内容，如果不用这种设为问答的特殊形式而改用直接议论抒情，该多么板滞沉闷！用了这种形式，使文情顿生波澜，起伏荡漾，变板滞为活泼多姿，化沉闷为轻松流走，借问答而层层推进。所谓“举重若轻”“娓娓而道”的风调，不是全赖此客主问答的形式展现出来的吗？“太山在前而不见，疾雷破柱而不惊”那一段精彩的答词，连用四句作形象化的描绘以写其翛然自适的专注之情，文势多么酣畅开扬！“于是与客俱起，握手大笑曰：‘置之，区区不足较也’”，把一场内容严肃的对话结束得多么轻松活脱！论古文者，向有"韩如海，柳如泉，欧如澜，苏如潮"（清俞樾《茶香室丛钞》卷八所引萧墨《经史管窥》）之喻。欧阳修的散文，确乎如沦漪层层，波澜荡漾；虽多唱叹，出以曼声，不为狂涛海啸；然疏淡安详之中，又非止水如镜，而是时有微风飘忽，吹皱一池春水。 （赖汉屏）

祭石曼卿文　欧阳修

维治平四年七月日①，具官②欧阳修，谨遣尚书都省令史李敭③，至于太清④，以清酌庶羞之奠，致祭于亡友曼卿之墓下，而吊之以文。曰：

呜呼曼卿！生而为英，死而为灵。其同乎万物生死而复归于无物者，暂聚之形⑤；不与万物共尽而卓然其不朽者，后世之名。此自古圣贤莫不皆然，而著在简册者，昭如日星。

呜呼曼卿！吾不见子久矣，犹能仿佛子之平生。其轩昂磊落、突兀峥嵘而埋藏于地下者，意其不化为朽壤，而为金玉之精。不然，生长松之千尺，产灵芝而九茎⑥。奈何荒烟野蔓，荆棘纵横，风凄露下，走磷⑦飞萤？但见牧童樵叟，歌吟而上下，与夫惊禽骇兽，悲鸣踯躅而咿嘤⑧。今固如此，更千秋而万岁兮，安知其不穴藏狐貉与鼯鼪⑨？此自古圣贤亦皆然兮，独不见夫累累乎旷野与荒城！

呜呼曼卿！盛衰之理，吾固知其如此，而感念畴昔，悲凉凄怆，不觉临风而陨涕者，有愧乎太上之忘情⑩。尚飨⑪！

〔注〕 ① 维：发语词。治平四年：公元1067年。治平为宋英宗年号。 ② 具官：唐、宋以后，在公文函牍或其他应酬文字上，常把应写明的官爵品级简写为"具官"。 ③ 尚书都省：即尚书省。都省，汉以仆射总理六尚书省，谓之都省。唐垂拱中，改尚书省曰都省。令史：指三省、六部及御史台的低级事务员。 ④ 太清：地名，指永城县（今河南商丘东南）太清乡。欧阳修《石曼卿墓表》："既卒之三十七日，葬于太清之先茔。" ⑤ 暂聚之形：躯体。 ⑥ 灵芝：菌类植物。古人以为芝为瑞草，故名灵芝。古以九为极数，故九茎灵芝尤为珍贵。 ⑦ 磷（lín林）：磷火。人与动物尸体腐烂时分解出磷质，并自动燃烧。夜间发出白色带蓝绿色火焰，俗称"鬼火"。 ⑧ 咿嘤（yī yīng衣婴）：象声词，鸟兽啼叫声。 ⑨ 狐：狐狸。貉（hé和）：兽名，形似狸，锐头尖鼻，昼伏夜出。鼯（wú吾）：鼠名，俗称飞鼠，别名夷由，形似蝙蝠，前后肢间有飞膜，能在树林中滑翔。鼪（shēng生）：黄鼠狼。 ⑩ 太上：最上，指圣人。亦作"大上"。《左传·僖公二十四年》："大上以德抚民。"疏："然则大上，谓人之最大上，上圣之人也。"忘情：对喜怒哀乐之事不动感情，淡然自若。《世说新语·伤逝》记王戎丧子，悲不自胜，有人相劝，戎曰：

"圣人忘情，最下不及情，情之所钟，正在我辈。"　⑪ 尚飨(xiǎng 想)：旧时祭文通用的结语，意为希望死者来享用祭品。

石曼卿(994—1041)，名延年，曼卿为其字，宋州宋城(今河南商丘)人，一生怀才不遇，颓然自放。欧阳修与曼卿相识是在景祐元年(1034)，当时两人同官馆阁校勘，欧阳修二十八岁，曼卿四十岁。不到一年，他俩就分别了，一别就是四五年。再度相逢时，曼卿已心老貌癯。不久，四十七岁的曼卿就过早地去世了。欧阳修在《哭曼卿》一诗中说："嗟我识君晚，君时犹壮夫。信哉天下奇，落落不可拘……朐山顷岁出，我亦斥江湖。乖离四五载，人事忽焉殊……而今壮士死，痛惜无贤愚。"可以看出欧阳修对彼此相交较晚，相聚无多，是深感遗憾的。不过这并没有影响欧阳修对他的了解和敬仰，欧阳修在《石曼卿墓表》中，就曾对他的文章、才气、奇节、伟行作了全面的称赞。治平四年，距曼卿去世已二十多年了，作者又派人祭奠墓前，并作了这篇祭文，再一次抒发了他深情的怀念。

应该说，作者此时此举不无自己的境遇、情绪结合在内。嘉祐八年(1063)宋仁宗去世，英宗即位，英宗乃濮安懿王允让之子。因此到了治平二年、三年，朝廷便出现了崇奉濮王典礼一事的争论，欧阳修亦因此事遭到侍御史吕诲等人的指责，说他"首开邪议，以枉道说人主"。蒋之奇赞同欧阳修的意见，而后吕诲被谪，欧阳修荐举蒋之奇为御史，这又遭到一些人的非议。蒋之奇为了洗清自己，便反过来将别人诽谤欧阳修的"帷薄不修"的流言，上告朝廷。事情虽然澄清了，蒋氏却被贬了，欧阳修也因此上表力求去职。治平三年欧阳修解去尚书左丞、参知政事等职，出知亳州(治今安徽亳州市)。这虽然符合其求退之心，然而他已是六十一岁的老人，一生刚直敢言，却累遭挫折，一旦到了亳州之后，不平之情，孤寂之境，不免使往事常常浮现，而追忆那些"同病亦同忧"的亲朋故旧，便成为一种精神上的寄托，曼卿只是其中的一位。他六月到任，七月便派人祭奠，并作了这篇为后世传诵的祭文。

祭文的第一小节，虽然是一般性的交代，但读者应从那时间、"具官"(成文是要详写职衔。欧阳修此时为观文殿学士、刑部尚书、知亳州)等词语中，领略出上述内涵。这不但有助于理解这篇祭文，也揭开了这一时期作者之所以对许多亡友(如蔡襄、丁宝臣、吴奎等)致祭的背景。

第二节进入正文。"呜呼曼卿！"一声哀唤，劈面而来，悲情浓郁，扣人心弦。紧接着便是"生而为英，死而为灵"，情切语急，笔势突兀。它的完整的意思似乎是——一个高尚有为的人，不论是生还是死，总该有一个理想的境界，那就是"生而为英，死而为灵"。英，即英杰之意；灵，神灵，结合下文看，亦指由功德言行所体现出来的不逝之精神，不朽之英名。因此，人之死只不过是"暂聚之形（躯体）"，"复归于无物"，但其身后之英名则是卓然不朽的。请看那些与日月同辉、青史名垂的圣贤豪杰，不都是这样的吗！这一节虽是泛论，实际上是将曼卿包括在内的。

第三节与上文之间的暗转之意，读者亦须填补——曼卿啊！你在我心中留下的何止是"后世之名"呢！（作者不忍以"死"相称，只以"不见"代之，深情可见。）二十多年过去了，你那遇事洒脱、豪宕不拘的风格，乃至你的一言一笑，至今犹历历在目，"暂聚之形"何曾消失啊！因此，我也从不相信你那气宇轩昂的神态，坦荡磊落的心胸，优异出众的才华，会埋入地下变成腐土烂泥。我以为不化成金玉之精，也会化成千尺青松，九茎灵芝，岂能"归于无物"！可是事实不然——再以想象之辞（作者未亲临墓地）加以转折——你的墓地竟是野草遍地，荆棘丛生……现在已是如此荒凉破败，千百年之后，恐怕你的墓穴早就成了狐貉鼯鼪的栖身之处了。由墓外而墓内，由眼前而未来，愈转愈悲，愈思愈痛，如此悲痛，生者不堪，死而有灵亦不得安眠地下。文章至此如何收束得住呢？不必担心，作者忽接以"自古圣贤"两句加以逆挽，是所谓"顺其变以节其哀，故存者不至于伤生，逝者不至于甚痛"（韩愈《顺宗实录》）。开阖自如，方显得思路恢宏，文情多姿。

那么，作者的情绪是否得到一点平静了呢？没有。"盛必有衰而生必有死，物之常理也"（《祭蔡端明文》）。这道理虽然明白，但一想起当年的交往，昔日的情事，依然是悲不可抑，泪如泉涌，所谓"圣人忘情"，实在是自愧不能。似了非了，余情不尽。

这篇祭文不详于叙事，诸如曼卿的家世、生平、事业等等，一概略去（因为作者前已有《石曼卿墓表》），而重在抒情，这是它在内容上的特点。如何抒情呢？作者通过物之盛衰，人之生死，形、名之存亡等等的议论，而在这些议论中，始终交织着事实与情感、常理与心理、客观与主观的矛盾，一波一折，千回百转，而终究是事不胜悲悲不已，理不解情情更伤，低回凄咽，一往情深，真可谓善于言哀。这，便是它在表现上的特点，当然，也可以作为欧阳修的"纡徐委备，往复百折"的行文风格的一个生动的例证。

（赵其钧）

尹师鲁墓志铭　　欧阳修

师鲁，河南人，姓尹氏，讳洙①。然天下之士识与不识皆称之曰师鲁，盖其名重当世；而世之知师鲁者，或推其文学，或高其议论，或多其才能。至其忠义之节，处穷达，临祸福，无愧于古君子，则天下之称师鲁者未必尽知之。

师鲁为文章，简而有法。博学强记，通知今古，长于《春秋》②。其于人言，是是非非，务穷尽道理乃已，不为苟止而妄随，而人亦罕能过也。遇事无难易，而勇于敢为，其所以见称于世者，亦所以取嫉于人，故其卒穷以死。

师鲁少举进士及第，为绛州正平县主簿③、河南府户曹参军④、邵武军判官⑤，举书判拔萃⑥，迁山南东道掌书记，知伊阳县⑦。王文康公⑧荐其才，召试，充馆阁校勘，迁太子中允⑨。天章阁待制范公贬饶州⑩，谏官御史不肯言，师鲁上书，言仲淹臣之师友，愿得俱贬，贬监郢州⑪酒税，又徙唐州⑫。遭父丧，服除，复得太子中允，知河南县⑬。赵元昊⑭反，陕西用兵，大将葛怀敏⑮奏，起为经略判官。师鲁虽用怀敏辟，而尤为经略使韩公⑯所深知。其后诸将败于好水⑰，韩公降知秦州⑱，师鲁亦徙通判濠州⑲。久之，韩公奏，得通判秦州。迁知泾州⑳，又知渭州㉑，兼泾原路经略部署㉒。坐城水洛与边臣异议，徙知晋州㉓，又知潞州㉔。为政有惠爱，潞州人至今思之。累迁官至起居舍人、直龙图阁㉕。

师鲁当天下无事时，独喜论兵，为《叙燕》《息戍》二篇行于世。自西兵起凡五六岁，未尝不在其间。故其论议益精密，而于西事尤习其详。其为兵制之说，述战守胜败之要，尽当今之利害，又欲训士兵代戍卒以减边用，为御戎长久之策，皆未及施为。而元昊臣，西兵解严，师鲁亦去而得罪矣。然则天下之称师鲁者，于其才能亦未必尽知之也。

初，师鲁在渭州，将吏有违其节度者，欲按军法斩之而不果。其后吏至京师，上书讼师鲁以公使钱贷部将，贬崇信军节度副使，徙监均州㉖酒税。得疾，无医药，舁至南阳求医。疾革，隐几而坐，顾稚子在前，无甚怜之色；与宾客言，终不及其私。享年四十有六以卒。

师鲁娶张氏某县君。有兄源，字子渐，亦以文学知名，前一岁卒。师鲁凡十年间三贬官，丧其父，又丧其兄。有子四人，连丧其三。女一适人，亦卒。而其身终以贬死。一子三岁，四女未嫁，家无余资，客其丧于南阳不能归。平生故人无远迩皆往赙之，然后妻子得以其柩归河南。以某年某月某日葬于先茔之次。

余与师鲁兄弟交，尝铭其父之墓矣，故不复次其世家焉。

铭曰：

藏之深，固之密。石可朽，铭不灭。

〔注〕 ① 尹洙(1001—1047)：字师鲁，河南(治今河南洛阳东)人，世称河南先生。为文简古，曾与欧阳修等倡为古文。 ②《春秋》：古编年体史书，旧传为孔子所撰，记事起鲁隐公元年(前722)，迄哀公十四年(前481)。为儒家经典之一。 ③ 绛州：治今山西新绛。主簿：官名，知县的佐官。 ④ 河南府：治今河南洛阳。户曹参军：官名，州府属官，六曹参军之一，掌户籍、赋税等。 ⑤ 邵武军：宋太宗时分建州置军，治今福建邵武。判官：州府幕府官，掌审判案件。 ⑥ 书判拔萃：铨选科名。天圣七年(1029)所定试法，应试选人撰判词三十道，佳者赴京试判词十道，合格者予殿试，选授官职。 ⑦ 伊阳县：今河南汝阳。 ⑧ 王文康公：王曙(963—1034)，字晦叔，官至枢密使同中书门下平章事，卒谥文康。 ⑨ 太子中允：官名，属东宫官，随宜设置。 ⑩ 天章阁：天禧四年(1020)建，天圣八年(1030)置备皇帝顾问的侍从官待制。范公：范仲淹。饶州：治今江西波阳。 ⑪ 郢州：治今湖北钟祥。 ⑫ 唐州：治今河南唐河。 ⑬ 河南县：今河南洛阳。 ⑭ 赵元昊(1003—1048)：即李元昊，西夏国建立者。世称夏景宗。公元1032—1048年在位。对宋多次进行战争，至天授礼法延祚七年(1044)与宋约和。 ⑮ 葛怀敏(?—1042)：初以父荫补官，西夏进扰，除泾原路副都总管，兼招讨、经略、安抚副使。后与西夏军战，败死。 ⑯ 韩公：韩琦(1008—1075)，时任陕西经略安抚副使，与范仲淹等共事，指挥防御西夏战事。 ⑰ 好水：好水川，在今宁夏隆德西。康定二年(1041)二月，韩琦闻西夏谋攻渭州，遣任福等进击，夏兵佯败，宋军被引至好水川，陷伏，任福等阵亡。 ⑱ 秦州：治今陕西天水。 ⑲ 濠州：治今安徽凤阳东北。 ⑳ 泾州：治今甘肃泾川。 ㉑ 渭州：州名，治今甘肃平凉。 ㉒ 泾原路：宋康定二年(1041)分陕西路置泾原路经略安抚使，治渭州。经略部署：官名，经略使下属的武官，掌军旅屯戌、攻防等事务。 ㉓ 水洛：今甘肃庄浪。晋州：治今山西临汾。 ㉔ 潞州：治今山西长治。 ㉕ 起居舍人：中书省官员，当时为寄禄官，无实职。龙图阁：咸平四年(1001)前建，景德九年(1004)置直龙图阁，以他官兼领。 ㉖ 均州：治今湖北丹江口市。

欧阳修一踏上仕途，便结识了比他大六岁的尹洙，他曾在《记旧本韩文后》中说过："官于洛阳，而尹师鲁之徒皆在，遂相与作为古文。"应该说尹洙古峭凝练的文风，以及他的"大抵文字所忌者，格弱字冗"(《湘山野录》卷中引)的见解，对欧阳修都是很有启发的。两人志趣相投，情如兄弟，偶一小别，便生悬念。这从欧阳修的诗中可以看出:“追怀洛中俊,已动思归操。为别未期月,音尘一何杳。因书写行役,聊以为君导。”(《代书寄尹十一兄……》)因此庆历八年(1048),欧阳修提笔写这篇《尹师鲁墓志铭》时,其心情之沉痛是可以想见的。但是,事有意外,《墓志》写成之后,师鲁的亲属和一些朋友却大加责难:“师鲁文章不合只著一句(即‘简而有法’)道了”;“铭文不合不讲德,不辩师鲁以非罪”。这当然不是一般的意见了,所以第二年(1049)欧阳修又写了《论尹师鲁墓志》(以下称《论墓志》)一文,对《墓志》的作意、作法详细地申述一番,因此,将这两篇文章合读是非常必要的。

欧阳修在《论墓志》中说:“修见韩退之与孟郊联句便似孟郊诗,与樊宗师作志便似樊文,慕其如此,故师鲁之志,用意特深而语简,盖为师鲁文简而意深。”这段话值得注意,因为它很明白地告诉我们,欧阳修是在有意识地效法师鲁的文风,为师鲁写《墓志》(这做法的本身就含有敬慕与评价)。所以如何理解《墓志》,也就应该从“简而有法”“简而有深意”入手。“简”不是浅显、粗疏,相反地,它要求文章以最精练的词语,最典型的题材,寄寓作者的是非褒贬之深意,而寄寓的方法,不必呼天抢地,也不必高谈阔论,滔滔不绝。请看:“《春秋》之义,痛之益至,则其辞益深……诗人之意,责之愈切,则其言愈缓”(《论墓志》)。那些对《墓志》的种种责难,正是由于不明此理,不解此法而产生的。比如《墓志》中虽然只用“简而有法”一句评论师鲁之文,但要知道“此一句在孔子六经,惟《春秋》可当之”(同上)。其用意非浅,分量非轻,单看字之多少只能是“无识者”之见。再比如《墓志》中说:“至其忠义之节……则天下之称师鲁者未必尽知之”。很显然,这是作者要着意强调之处。但尽管如此,人的一生,历事甚多,“不可遍举,故举其要者一两事以取信。如上书论范公,而自请同贬,临死而语不及私,则平生忠义可知也;其临穷达祸福不愧古人,又可知也。”(《论墓志》)具有如此高风亮节,祸福不动其心的人,“必不犯法,况是仇人所告,故不必区区曲辩也。今止直言所作,自然知非罪矣”(同上)。若再联系起来加以考察,像这样文学、才能、议论、忠义皆备之人,而最终“为仇人挟情论告以贬死”,其后人又如此贫病不堪,则死者之冤曲,作者之同情,自然可知,也就“不必号天叫屈,然后为师鲁称冤也。故于其铭文但云:‘藏之深,固之密。石可朽,铭不灭。’意谓举世无可告语,但深藏牢埋此铭,使其不朽,则后世必有知师鲁者,其语愈缓,其意愈切,诗人之义也。”(同上)其立意之深远,表现形式之选择,无不蕴含了作者对师鲁的敬仰,对黑暗现实的愤慨!

如果我们再看看欧阳修的其他文章,还会发现在他的理论中“简”不是孤立存在的。他还说过:《春秋》是“谨一言而信万世”,“及后世衰,言者自疑于不信,始繁其文”(《薛塾墓表》);“事信言文,乃能表现于后世”(《代人上王枢密求先集序书》)。可见,“简”是与“信”、与“文”相联系的,其目的在于“传”。因而作文的态度要严谨,“不虚美,不溢恶”,实事求是。诚然,师鲁确实博学强记,长于古文,对宋代古文振兴确有影响。但是,“若作古文自师鲁始,则前有穆修、郑条辈,及有大宋先达甚多,不敢断自师鲁始也”(《论墓志》)。很清楚,作者既不因为与师鲁有“兄弟”之交,也不因为有人说他对师鲁称赞不够,便放弃信而实的原则,去滥作虚美之词。同时,欧阳修的这篇《墓志》在“文”的方面也是颇为用力的。且不说遣词用语之精深,选材之精当(以上分析已涉及此类问题),就是篇章结构,人物表现,也是很有讲究的。比如文章的开头,既不叙师鲁如何如何,也不抒己见如何如何,而是凌空著笔,总述“世人”对师鲁的知与不知,高屋建瓴,大有揽天下于笔底之势。其好处在于:第一,师鲁之幸与不幸,作者之胸襟识见,一寓其中;第二,那“天下之称师鲁者未必尽知之”一语,不仅领起全文,并暗示了“墓志”的重心所在;第三,它表现了作者一开始就将师鲁与“世人”联系起来,也就是将人物置于社会现实中加以考察,从而把人物塑造引向正确方向。因而,文中在写师鲁才能、议论、忠义、爱民以至其结局时,无不与现实相关联。这样,既揭示了师鲁悲剧的社会根源,也透过人物命运折射出时代面貌。“不识黄云出塞路,岂知此声能断肠?”(欧阳修《明妃曲和王介甫》)作者之所以能如此理解,并满怀深情为师鲁写出这样词简意深、章法谨严的墓志,与他自己几遭排斥的经历不无关系。“其所以见称于世者,亦所以取嫉于人”,像这种深刻而辩证的判断,何尝不饱含自己的体验、自己的辛酸和悲愤呢!

如果说《墓志》,是作者撰写墓志的主张,也是他的文学主张的一次成功的实践;那么《论墓志》,则是对这一实践的意图和手法,从理论上作了具体而细致的分析。这不但有助于理解《墓志》,还可以使我们看到一个严肃的作家,在创作中是如何精心地、认真地去坚持、去实践自己的观点和理论的。不过,就《论墓志》的出现而言,读者除了感谢欧阳修,还应该向“世之无识者”致谢,因为正是他们的责难,才促成了它的诞生。

(赵其钧)

泷冈阡表　　欧阳修

呜呼!惟我皇考崇公卜吉于泷冈之六十年[①],其子修始克表于其阡。非敢缓也,盖有待也。

修不幸,生四岁而孤。太夫人守节自誓,居穷,自力于衣食,以长以教,俾至于成人。太夫人告之曰:“汝父为吏廉,而好施与,喜宾客。其俸禄虽薄,常不使有余,曰:‘毋以是为我累。’故其亡也,无一瓦之覆、一垄之植,以庇而为生。吾何恃而能自守邪?吾于汝父,知其一二,以有待于汝也。自吾为汝家妇,不及事吾姑,然知汝父之能养也。汝孤而幼,吾不能知汝之必有立,然知汝父之必将有后也。吾之始归也,汝父免于母丧方逾年。岁时祭祀,则必涕泣曰:‘祭而丰,不如养之薄也。’间御酒食,则又涕泣曰:‘昔常不足,而今有余,其何及也!’吾始一二见之,以为新免于丧适然耳。既而其后常然,至其终身未尝不然。吾虽不及事姑,而以此知汝父之能养也。汝父为吏,尝夜烛治官书,屡废而叹。吾问之,则曰:‘此死狱也②,我求其生不得尔。’吾曰:‘生可求乎?’曰:‘求其生而不得,则死者与我皆无恨也;矧求而有得邪!以其有得,则知不求而死者有恨也。夫常求其生,犹失之死;而世常求其死也。’回顾乳者剑③汝而立于旁,因指而叹曰:‘术者谓我岁行在戌将死④,使其言然,吾不及见儿之立也,后当以我语告之。’其平居教他子弟,常用此语,吾耳熟焉,故能详也。其施于外事,吾不能知;其居于家,无所矜饰,而所为如此,是真发于中者邪⑤。呜呼!其心厚于仁者邪,此吾知汝父之必将有后也。汝其勉之!夫养不必丰,要于孝;利虽不得博于物,要其心之厚于仁。吾不能教汝,此汝父之志也。”修泣而志之,不敢忘。

先公少孤力学,咸平三年⑥进士及第,为道州判官⑦,泗、绵二州推官⑧,又为泰州判官⑨。享年五十有九,葬沙溪⑩之泷冈。太夫人姓郑氏,考讳德仪,世为江南名族。太夫人恭俭仁爱而有礼,初封福昌县太君⑪,进封乐安、安康、彭城三郡太君⑫。自其家少微时,治其家以俭约,其后常不使过之,曰:“吾儿不能苟合于世,俭薄所以居患难也。”其后修贬夷陵⑬,太夫人言笑自若,曰:“汝家故贫贱也,吾处之有素矣。汝能安之,吾亦安矣。”

自先公之亡二十年，修始得禄而养⑭。又十有二年，列官于朝，始得赠封其亲⑮。又十年⑯，修为龙图阁直学士、尚书吏部郎中、留守南京⑰。太夫人以疾终于官舍⑱，享年七十有二。又八年，修以非才，入副枢密，遂参政事⑲。又七年而罢⑳。自登二府㉑，天子推恩，褒其三世。故自嘉祐以来，逢国大庆，必加宠锡。皇曾祖府君累赠金紫光禄大夫、太师、中书令㉒，曾祖妣累封楚国太夫人。皇祖府君累赠金紫光禄大夫、太师、中书令兼尚书令㉓，祖妣累封吴国太夫人。皇考崇公累赠金紫光禄大夫、太师、中书令兼尚书令，皇妣累封越国太夫人㉔。今上初郊㉕，皇考赐爵为崇国公，太夫人进号魏国。

于是，小子修泣而言曰："呜呼！为善无不报，而迟速有时，此理之常也。惟我祖考，积善成德，宜享其隆。虽不克有于其躬，而赐爵受封，显荣褒大，实有三朝㉖之锡命，是足以表见于后世，而庇赖其子孙矣。"乃列其世谱，具刻于碑。既又载我皇考崇公之遗训，太夫人之所以教而有待于修者，并揭于阡。俾知夫小子修之德薄能鲜，遭时窃位；而幸全大节，不辱其先者，其来有自。

熙宁三年㉗岁次庚戌四月辛酉朔十有五日乙亥，男推诚保德崇仁翊戴功臣、观文殿学士、特进、行兵部尚书、知青州军州事、兼管内劝农使、充京东东路安抚使、上柱国、乐安郡开国公，食邑四千三百户、食实封一千二百户㉘修表。

〔注〕 ① 崇公：即崇国公。欧阳修的父亲名观，字仲宾，卒于大中祥符三年(1010)，追封崇国公。泷(shuāng双)冈：地名。在今江西省永丰县沙溪镇南之凤凰山。 ② 死狱：谓应判处死刑的案件。 ③ 剑：挟抱。一本作"抱"。 ④ 术者：指占卜、算命的人。岁行在戌：古代天文学有岁星纪年法。星指岁星，即木星；岁指太岁。岁星每十二年一周天，经历黄道带的十二星次，如"星纪""玄枵"等，至某一星次即以"岁在某某(该星次名)"纪年。但岁星运行为自西向东，与将黄道带分为由子至亥十二地支的方向相反，故另设想一个假岁星，称为"太岁"，与岁星作反方向即自东向西运行，而与十二地支方向顺序一致。《尔雅·释天》所说的"太岁在寅""在卯"等，用的就是太岁纪年法。"岁行在戌"，即是戌年。 ⑤ 发于中：出自内心。邪：此同"也"。参王引之《经传释词》卷四引王念孙说。下句"邪"字同。 ⑥ 咸平三年：公元1000年。咸平，宋真宗赵恒年号。 ⑦ 道州：州名，宋属荆湖南路，治所在今湖南道县，位于湘江支流潇水流域。判官：官名。州府长官的僚属，主管文书，小州判官或兼理司法。 ⑧ 泗：泗州，

宋属淮南东路，治所在今安徽泗县。绵：绵州，宋属成都府路，治所在今四川绵阳。推官：与判官同为州府长官的僚属，主管司法事务。小州推官、判官不并置，或以推官兼观察支使。⑨ 泰州：州名，宋属淮南东路，治所即今江苏泰州市。据《欧阳修年谱》载，欧阳观卒于泰州任所。 ⑩ 沙溪：地名，在今江西永丰县南。 ⑪ 福昌：古县名。太君：古代对官吏母亲的一种封号，有县太君、郡太君，次于太夫人。 ⑫ 乐安、安康、彭城：皆古郡名。按，这些郡、县名仅作赠封的一种荣誉称号，并非实封其地。 ⑬ 夷陵：县名。为荆湖北路峡州首县，治所在今湖北宜昌市东南。仁宗景祐三年(1036)，范仲淹因得罪宰相吕夷简而被黜，欧阳修为之鸣不平，作《与高司谏书》，与高若讷争辩，因言辞激烈，反对坚决，遭贬夷陵县令。其母郑氏随同前往。 ⑭ 得禄而养：谓做官而得俸禄以归养母亲郑氏。案欧阳修进士及第在仁宗天圣八年(1030)，由此得授官食禄，上距其父死之大中祥符三年(1010)，整二十年。 ⑮"又十有二年"三句：仁宗康定元年(1040)，欧阳修被召还京，复任馆阁校勘原官，转太子中允。庆历元年(1041)十一月，仁宗祀南郊，加恩百官，欧阳修亦得升迁，由太常博士加骑都尉，改集贤校理。封赠其亲，当在此年。 ⑯ 又十年：即仁宗皇祐二年(1050)。 ⑰ 龙图阁直学士：官号，宋代加给侍从官的一种荣誉头衔。龙图阁，宋代收藏和管理图书典籍的官署。尚书吏部：尚书省下属之官署名。郎中为部内各司的主管。留守：官名。北宋时，皇帝外出巡视或亲征，每命亲王或大臣留守京城，称东京留守，掌管宫钥及京城治理与守卫等事。当时西京河南府、南京应天府与北京大名府亦均各置留守，以知府兼任之。南京：真宗时，升宋州为应天府，建为南京，治所在今河南商丘市。以上龙图阁直学士为加衔；尚书吏部郎中为寄禄官，仅用以定官位俸禄，无实际职掌；欧阳修此时的实职为知应天府兼南京留守司事。 ⑱"太夫人"句：欧阳修母郑氏卒于皇祐四年(1052)。 ⑲ 入：这里指进入中央最高军政机关。副枢密：即任枢密副使。参政事：即任参知政事(副宰相)。据《欧阳修年谱》所载，欧阳修于仁宗嘉祐六年(1061)由枢密副使转户部侍郎参知政事。 ⑳ 又七年：即英宗治平四年(1067)，欧阳修罢参知政事，以观文殿学士、刑部尚书出知亳州。 ㉑ 二府：宋以枢密院掌军事，称西府；以中书门下掌政务，称东府。合称二府，为最高国务机关。 ㉒ 累赠：陆续追赠许多官爵，其最终所封之最高官爵称累赠。金紫光禄大夫：官名。宋制，金紫光禄大夫用作阶官之号，为正三品文阶官。太师：官名。三师(或称"三公")之一。宋制，以太师、太傅、太保为三师。宋代的太师属特殊待遇之荣衔，一般只封赠少数开国元勋或累朝元老重臣。中书令：官名，中书省长官。宋制，中书令乃未尝真拜之赠官，一般以他官兼领此职者，均不预政事，仅示官阶。 ㉓ 尚书令：官名，尚书省长官(唐初行宰相之职)。北宋元丰年间改革官制以前，尚书令仅用以定官位俸禄，无实际职掌。㉔ 越国太夫人：据《欧阳修行状》及《神道碑》《墓志铭》，欧母郑氏封号均称"韩国"，不言"越国""魏国"。而《欧阳氏谱图系》记欧母封号唯言"魏国"，未称"越国""韩国"。然据下文言及其父"皇考赐爵为崇国公"，而遍查《欧阳修年谱》《行状》《神道碑》《墓志铭》等，却均作"郑国公"，且崇国公实际上又是欧阳观最后之封号，是"越国太夫人"也很可能为郑氏之最后封号，诸墓志碑状均属误记。 ㉕ 今上：谓神宗赵顼，在位十八年(1067—1085)。初郊：指神宗即位后举行的首次郊祀活动。郊，郊祀，封建帝王的祀天活动。 ㉖ 三朝：谓仁宗、英宗、神宗三朝。 ㉗ 熙宁：神宗赵顼年号，三年为公元1070年。 ㉘"推诚保德崇仁翊戴功臣"以下所列是欧阳修当时的全部封爵、官衔和职务。

《泷冈阡表》是欧阳修在其父下葬六十年之后所写的一篇追悼文章，是他精心创制的一篇力作。全文平易质朴，情真意切，如话家常，历来被视为欧文的代表作品，与唐韩愈的《祭十二郎文》、清袁枚的《祭妹文》同被称为“千古至文”。

由于欧阳修父亲亡故时，他才四岁，无法知悉亡父的生平行状，这就使他在撰述本文时遇到了困难。作者的高明之处亦即本文最大的特点之一，即是在文章中采取了避实就虚、以虚求实、以虚衬实的写作方法，巧妙地穿插了其母太夫人郑氏的言语，以她口代己口，从背面和侧面落笔。一方面以此为依据，追念和表彰其父的仁心惠政；另一方面，在表父阡的同时，也顺水行舟，同时颂扬其母德妇节，使一位贤妻良母型的女性形象，栩栩如生地凸现在读者眼前。父因母显，母受父成。文章构思高明的地方，即在于一碑双表，二水分流；明暗交叉，互衬互托。而其舒徐有致、简易平实的文风，其谦恭平和、实事求是的态度，更使一切浮华失实的谀墓文字黯然失色。诚如明人薛瑄《薛文清公读书录》所谓：“凡诗文出于真情则工，昔人所谓出于肺腑者是也。如《三百篇》、《楚辞》、武侯《出师表》、李令伯《陈情表》、陶靖节诗、韩文公《祭兄子老成文》、欧阳公《泷冈阡表》，皆所谓出于肺腑者也，故皆不求工而自工。故凡作诗文，皆以真情为主。”

文章的第一段，主要交待在他父亲葬后六十年才写这篇阡表的原因，即：“非敢缓也，盖有待也。”这“有待”二字极为重要，因为它是统摄全文的纲领，亦是纵观通篇的眼目。按照《宋史·职官志》关于“赠官”的规定，子孙显贵，其已亡故的父祖可有赠封赐爵的荣耀，所追封的世数（自一代至三代）和赠官阶级高低视子孙的官位而定。“待”也者，待己显贵，荣宗耀祖，然后上阡表，可以告慰于先灵。

也正因如此，文章的第二段，便拿“有待”二字大作文章，处处借助太夫人口中所反复出现的一个“知”字（“知汝父之能养”，“知汝父之必将有后”），缅怀往事，追述亡父行状，如水之开闸，随势而走，分叉奔流。近代桐城派散文家、翻译家林纾评注道：“文为表其父阡，实则表其母节，此不待言而知。那知通篇主意，注重即在一‘待’字，佐以无数‘知’字，公虽不见其父，而自贤母口中述之，则崇公之仁心惠政，栩栩如生。”（《林纾评点古文辞类纂》卷八）然而，作者并未将太夫人平日所举兼收并蓄，平铺直叙；而是经过仔细剪裁，精心筛选，抓住了居家廉洁、奉亲至孝、居官仁厚这三方面典型事例，援证母言，来说明其父之“能养”和“必将有后”，从而使篇首的“有待”二字落到了实处。诚如林云铭《古文析义》卷十四所指出的那样：“其有待处，即决于乃翁素行。因以死后之贫验其廉，以思亲之久验其孝，以治狱之叹验其仁。或反跌，或正叙，琐琐曲尽，无不极其斡旋。”而段末之“修泣而志之，不敢忘”一句，收束凝练，前呼后应，更提醒篇首的一个“教”字。同写“能养”“有后”，两段叙述又各自不同。比如，叙其廉洁，取典型概括法，用“故其亡也，无一瓦之覆、一垅之植，以庇而为生”，简约言之，毫不拖泥带水。叙其奉亲，则取剥笋抽茧法，层层进逼，愈进愈深。而叙其居官仁厚，却取一波三折法，跌宕生姿，诚如林纾所云："至崇公口中平反死狱，语凡数折：求而有得，是一折；不求而死有恨句，又一折；世常求其死句，又一折。凡造句知得逆折之笔，自然刺目。"（同上）文中一句"夫常求其生，犹失之死；而世常求其死也"，不只传神地摹写刻画了其父断狱的谨慎和慎之又慎，而且，也是对千百年封建社会治狱官吏草菅人命的深刻概括总结，有着强烈的批判精神与社会意义。

自"先公少孤力学"至"汝能安之，吾亦安矣"，行文有一个显著的特点，即叙父略，叙母详。其所以如此，乃是因为"前叙母言，即是父行，而太夫人本行未著也，故于此悉之"（浦起龙《古文眉诠》卷六十二），而且随风乘势，使人并不感觉突兀，也不感到多余。整篇文章虽因母显父，以父扬母，写来却详略得当，次序井然，不枝不蔓，融为一体，颇能显示作者谋篇布局、剪裁缝纫的老到功夫。

文章的最后两段补叙作者仕途历官，详载年数，与篇首"六十年"句首尾呼应。其次，作者也写了其先祖的"赐爵受封，显荣褒大"，并将自己"德薄能鲜"，终得"遭时窃位"而"幸全大节，不辱其先"的功劳一归于祖宗阴德。这在当时，无疑是很得体的话，毫无自矜自夸之意，一片归美先德之心。但在今天看来，作者所鼓吹的"积善成德，宜享其隆"，"善无不报，迟速有时"的因果报应观念，则有着很大的思想局限。

（聂世美）

【作者小传】

苏舜钦

（1008—1049）　北宋诗人。字子美。绵州盐泉（今四川绵阳东）人，迁居开封。景祐进士。曾任大理评事。庆历中，范仲淹荐为集贤校理、监进奏院。岳父同平章事兼枢密使杜衍，支持范仲淹改革，他遭反对派倾陷，被劾除名，退居苏州沧浪亭，以诗文寄托愤懑。诗与梅尧臣齐名，风格豪健。文多论政之作，辞气慷慨激切。又工书法。著有《苏学士文集》。

沧浪亭记

苏舜钦

予以罪废，无所归。扁舟南游，旅于吴中，始僦舍以处。时盛夏蒸燠，土居皆褊狭，不能出气，思得高爽虚辟之地，以舒所怀，不可得也。

一日过郡学①，东顾草树郁然，崇阜广水，不类乎城中。并水②得微径于杂花修竹之间。东趋数百步，有弃地，纵广合五六十寻，三向皆水也。杠③之南，其地益阔，旁无民居，左右皆林木相亏蔽。访诸旧老，云钱氏有国④，近戚孙承右⑤之池馆也。坳隆胜势，遗意尚存。予爱而徘徊，遂以钱四万得之，构亭北碕，号"沧浪"焉。前竹后水，水之阳又竹，无穷极。澄川翠干，光影会合于轩户之间，尤与风月为相宜。予时榜⑥小舟，幅巾⑦以往，至则洒然忘其归。觞而浩歌，踞而仰啸，野老不至，鱼鸟共乐。形骸既适则神不烦，观听无邪则道以明；返思向之汩汩荣辱之场，日与锱铢利害相磨戛，隔此真趣，不亦鄙哉！

噫！人固动物⑧耳。情横于内而性伏，必外寓于物而后遣⑨。寓久则溺，以为当然；非胜是而易之，则悲而不开⑩。惟仕宦溺人为至深。古之才哲君子，有一失而至于死者多矣，是未知所以自胜之道⑪。予既废而获斯境，安于冲旷⑫，不与众驱，因之复能乎内外失得之原，沃然有得，笑闵万古⑬。尚未能忘其所寓目，用是以为胜焉⑭！

〔注〕 ① 郡学：指苏州的官立学校。苏州旧称吴郡，北宋为平江军节度，徽宗时升为平江府。 ② 并(bàng 傍)水：沿水而行。《汉书·武帝纪》"遂北至琅邪并海"颜师古注："'并'，读曰'傍'。傍，依也。" ③ 杠(gāng 刚)：独木桥。段玉裁《说文解字注》："凡独木者曰杠，骈木者曰桥。" ④ 钱氏有国：指五代十国时钱镠建立的吴越国。 ⑤ 近戚孙承右：即孙承祐，曾任吴越中吴军(今苏州)节度使。其姊为吴越王钱俶妃，故称孙为近戚。 ⑥ 榜(bàng 镑)：船桨，借指船，这里作动词用，意为驾船。 ⑦ 幅巾：古代男子以一幅绢束头发，称为幅巾，这里表示闲散者的装束。 ⑧ 动物：受外物所感而动。 ⑨ "情横"两句：意即感情充塞在内心而天性抑伏，必定要寓寄于外物而后得到排遣。 ⑩ "寓久"四句：意为感情寄寓于某事物一长久，就会认为理所当然，如果没有胜过它的事物去替换，就会悲哀而无法排解。 ⑪ 自胜之道：克制自己、战胜自己的办法。 ⑫ 冲旷：淡泊而开朗。 ⑬ "因之"三句：意即对于内外失得的本源，内心深有所得，因而对万古以来久溺仕宦者感到可笑可悯。内，指情性。外，指情所寓之物。失，指前文所言"寓久则溺"的情况。得，指能"胜是而易之"。 ⑭ 用是以为胜焉：意即把沧浪亭作为战胜仕宦之物，使自己从所溺之中解脱出来。

这篇文章是苏舜钦遭受政治上的沉重打击以后所作的。庆历四年(1044)，进奏院祠神之日，苏舜钦作为集贤校理监进奏院，循前例以卖旧公文纸的钱宴请同僚宾客。当时朝中的保守派御史中丞王拱辰等，对宰相杜衍、参知政事范仲淹、枢密副使富弼等人力图改革弊政之举心怀不满；而苏舜钦得范仲淹荐举，又是杜衍之婿，因而保守派抓住这件事，借题发挥，弹劾他监主自盗，结果，苏舜钦被罢去官职，在席的有十余人被逐出朝。区区一件小事，竟得如此严惩，苏舜钦激愤不已，他带着心灵上的创痛，流寓苏州，不久，在城南营建沧浪亭，并写下了这篇文章。

文虽为记亭而作，但苏舜钦更借此抒发胸中丘壑，因而沧浪亭作为一种精神寄托，在文中成为推进内容发展的关键。从文章总体看，不仅叙事写景，更有抒情议论；从文章各个部分看，不仅作现状的描述，更注重于表现事件和思维的发展过程。总之，本文的布局及表现方式都出于抒写感情的需要，可以说，这篇文字真实地记录了一个横遭迫害的文人的心灵历程。

文章第一部分重在记叙，但在写构亭之前，以主要笔墨叙述了一个对高爽虚辟之地由“思得”、“不可得”而终于“得之”的过程。土居褊狭不能出气，欲得高爽之地。这与其说是感官上的需要，不如说更是心理上的需要。因而，对寓居之地的寻求，正是作者心理情态的反映。它说明，愤懑和抑郁长久沉重地压在作者的心头，但他又不甘被苦闷压倒，力图从这一精神状态中解脱出来。和他以前的许多文人一样，他也只能从政治环境转向大自然，从山水草木中获取感情的补偿。而孙承祐所遗下的池馆，以它环境之美，以它“旁无民居”的幽僻，让作者一下子捕获到了与其心灵所需相契之点。这一段写景，作者采用移步换景的表现方法，以“顾”“得”“趋”等字真切地写出了他被自然环境深深吸引的情态。而对于具体筑亭之事，文中仅以“构亭北碕”一语带过。亭名“沧浪”，取义于先秦民歌：“沧浪之水清兮，可以濯我缨；沧浪之水浊兮，可以濯我足。”歌词寓含着洗濯政治污浊之意，但作者也无意在这点上展开，因为当他把大量笔墨用于抒情议论时，亭名的这一层含义已不言而喻，毋需再赘述了。

这一佳地既然是作者在心情郁闷的情况下努力求索所致，因而他抒写自己从中获得的情趣，决非一般的赏心悦目。他一方面极写内心的舒坦自在，强调了他与大自然的息息相通；另一方面，与上文“旁无民居”之语相呼应，再次强调了连野老也不至的宁静。这显然不同于陶渊明“邻曲时时来，抗言谈在昔”，“过门更相呼，有酒斟酌之”（《移居二首》）那种乡居生活的乐趣。这是苏舜钦从他蒙受不白之冤的经历出发而产生的特殊心态。这种不仅要摆脱政事，甚至要摆脱一切人间往来唯与“鱼鸟共乐”的极端追求，是他心理上对黑暗现实所作出的逆向反应。这也从另一个角度再次说明，这次政治打击在苏舜钦心中留下了难以磨灭的沉重印记。

接着，文意深入一层。如果说，以上所写主要表现了“形骸既适则神不烦”，那么，随之提出的“观听无邪则道以明”，则表明作者从对景色的沉迷转为清醒的反思和冷静的自责。这充分说明，作者现时的感情状态固然是受大自然的感染而成，却又是主观追求和自觉体验的结果，是有意识的心理调整，而浑浊丑恶的官场纷争和美好宁静的大自然两相对照，尤觉今日闲逸自在的可贵，也就更能实现他所需要的心理平衡。文章的最后部分，从对往事的“返思”再上升到理性的思考，这是由个人的遭遇而引出的在普遍意义上对人生处世问题的探讨。但即便如此，其中仍充满作者自己的感情体验。他体会到“惟仕宦溺人为至深”，并坦率地表示，自己被废，并重新寻求到寄寓感情之物。有了这两个外界条件，才使他有可能清醒地认识到内外得失之原，也才能从对仕宦的沉溺中完全得以解脱。作者的这一自我剖析是很客观，也是很深刻的。不难想象，像苏舜钦这样的封建知识分子，要从精神上摆脱仕宦的羁缚，需要作出很大的努力，需要经历一个心灵搏斗的艰苦过程。这段文字反复出现一个“胜”字，显现出不同精神力量的较量，这正是作者自我感受在文字上的反映。然而，这种解脱毕竟是在无奈的情况下对现实的消极反抗。事实上，封建社会中又有几个失意文人能以这样的感情寄托方式获得真正的精神自由呢?

本文清晰地留下了作者仿效柳宗元永州山水游记的痕迹。文章的基本格调和具体表现方式，与柳宗元的《始得西山宴游记》《钴鉧潭西小丘记》等篇有很多相似之处；但作者并非作简单的模仿，而在文字中融入了个人独特的体验，反映了他自己的心态，特别是把大段议论引入文中，更显出宋人散文特有的理性风格。

（陈晓芬）

【作者小传】

苏 洵

(1009—1066) 北宋散文家。字明允。眉州眉山（今属四川）人。嘉祐年间，得欧阳修推誉，以文章名世。曾任秘书省校书郎、霸州文安县主簿。为文擅长策论，有战国纵横家笔意。与子苏轼、苏辙合称“三苏”，俱列入“唐宋八大家”。著有《嘉祐集》。

六 国 论

苏 洵

六国破灭，非兵不利，战不善，弊在赂秦。赂秦而力亏，破灭之道也。或曰:“六国互丧,率赂秦耶?”曰:“不赂者以赂者丧,盖失强援,不能独完。故曰,弊在赂秦也。”

秦以攻取之外,小则获邑,大则得城。较秦之所得,与战胜而得者,其实百倍;诸侯之所亡,与战败而亡者,其实亦百倍。则秦之所大欲,诸侯之所大患,固不在战矣。

思厥先祖父,暴霜露,斩荆棘,以有尺寸之地。子孙视之不甚惜,举以予人,如弃草芥。今日割五城,明日割十城,然后得一夕安寝,起视四境,而秦兵又至矣。然则诸侯之地有限,暴秦之欲无厌,奉之弥繁,侵之愈急,故不战而强弱胜负已判矣。至于颠覆,理固宜然。古人云:“以地事秦,犹抱薪救火,薪不尽,火不灭①。”此言得之。

齐人未尝赂秦,终继五国迁灭②,何哉?与嬴而不助五国也。五国既丧,齐亦不免矣。燕、赵之君,始有远略,能守其土,义不赂秦。是故燕虽小国而后亡,斯用兵之效也。至丹以荆卿为计,始速祸焉。赵尝五战于秦,二败而三胜③。后秦击赵者再,李牧连却之④;洎牧以谗诛,邯郸为郡⑤,惜其用武而不终也。且燕、赵处秦革灭殆尽之际⑥,可谓智力孤危,战败而亡,诚不得已。向使三国⑦各爱其地,齐人勿附于秦,刺客不行,良将犹在,则胜负之数,存亡之理,当与秦相较,或未易量。

呜呼!以赂秦之地封天下之谋臣;以事秦之心礼天下之奇才;并力西向,则吾恐秦人食之不得下咽也。悲夫!有如此之势,而为秦人积威之所劫,日削月割,以趋于亡。为国者无使为积威之所劫哉!

夫六国与秦皆诸侯,其势弱于秦,而犹有可以不赂而胜之之势。苟以天下之大,下而从六国破亡之故事,是又在六国下矣。

〔注〕①“古人云”五句:《史记·魏世家》:“苏代谓魏王曰:‘且夫以地事秦,譬犹抱薪救火,薪不尽,火不灭。’”②迁灭:灭亡。古代灭人国家,并迁去其传国重器,故说迁灭。③“赵尝五战于秦”二句:《战国策·燕策》:“苏秦将为从,北说燕文侯曰:‘……秦、赵五战,秦再胜而赵三胜。’”为语意所本。按苏秦所言非实事。鲍彪注:“设辞也。”④“后秦击赵者再”

二句：赵幽缪王迁二年(前234)，秦破赵，杀赵将，斩首十万。翌年，李牧为大将军，在宜安(今河北藁城西南)大破秦军。四年，秦攻番(pó 婆)吾(今河北平山南)，李牧又大破秦军。(见《史记》的《赵世家》及《廉颇蔺相如列传》) ⑤ 邯郸：赵都，今河北邯郸西南。赵亡后，秦置邯郸郡。 ⑥ 燕、赵处秦革灭殆尽之际：秦虏赵王迁、陷邯郸后，赵公子嘉立为王，秦始皇二十五年(前222)，始与燕同被灭。时韩、魏、楚皆已亡，故云。革灭：除灭。 ⑦ 三国：指韩、魏、楚。

宋朝开国君主赵匡胤曾设“封桩库”，把平定割据势力所得的金帛存于库中。他曾对臣僚说：“石晋割幽燕诸郡以归契丹，朕悯八州之民久陷夷虏，俟所蓄满五百万缗，遣使北虏，以赎山后诸郡；如不我从，即散府财募战士以图攻取。”(《渑水燕谈录》卷一)赵匡胤这一计划，因为龙驾归天而未能实现，但已开了“赂契丹”的先声。宋真宗时，契丹大举南下，订立了屈辱的澶渊之盟，岁赂契丹银十万两、绢二十万匹。宋仁宗时，西夏发动了同宋王朝的战争，结果岁赂西夏银十万两、绢十万匹、茶叶三万斤；契丹也再次大军压境，岁增赂契丹银十万两、绢十万匹。本文为《权书》十篇之一，是一篇借古讽今之作，为宋王朝贿赂契丹和西夏而发。正如何仲默所说：“老泉论六国赂秦，其实借论宋赂契丹之事，而卒以此亡，可谓深谋先见之识矣。”(《唐宋文举要》甲编卷八引)

文章开门见山，斩钉截铁地提出全文的中心论点：“六国破灭，非兵(兵器)不利，战不善，弊在赂秦。”这是一种以否定加强肯定的句式。如果仅说“六国破灭，弊在赂秦”，而不冠以“非兵不利，战不善”，语气就会弱得多。“赂秦而力亏”二句，正面申说赂秦必亡；“或曰”数句，以答问的形式申说“不赂者以赂者丧”。当时赂秦的只是韩、魏、楚三国，作者统言“六国破灭”，“弊在赂秦”，显然与历史不合。这是论述中的罅隙，于是作者才借助设问自答的形式，指出“不赂者以赂者丧，盖失强援，不能独完”。这样既弥合了论述中的漏洞，又坚实、深化了论点，使论点无懈可击。所以首段不仅提出了全文的中心论点，还提出了两个分论点，以下就是对这两个分论点的具体发挥。

二、三两个自然段，针对韩、魏、楚三国，阐述赂秦乃“破灭之道”。秦之获地，一靠攻取，二靠受赂。两相比较，受赂之地大大多于攻取之地。这就充分说明，强秦之利和三国之患，都不在战而在赂。三国赂秦的目的是息战，结果却适得其反。作者先动之以情，祖宗之地来之不易：“思厥先祖父，暴霜露，斩荆棘，以有尺寸之地。”暴身霜露，砍伐荆棘，言其创业之艰；尺寸之地，言其所获甚少。这样一点一滴积累起来的土地，却“今日割五城，明日割十城”。“举以予人”与“尺寸之地”形成鲜明对照，“不甚惜”“如弃草芥”与“暴霜露，斩荆棘”形成鲜明对照。这样的子孙，真是不肖子孙！割城是为了换得“一夕安寝”，但苟且并不能偷安：“起视四境，而秦兵又至矣。”这是用目的和结果作对比。接着，作者又用“诸侯之地有限”与“暴秦之欲无厌”作对比，以“奉之弥繁”与“侵之愈急”作对比，以“抱薪救火”作比喻，进一步阐明“至于颠覆，理固宜然”。宋王朝对契丹、西夏的贿赂，也正如抱薪救火，薪不尽而火不灭。即使贿赂日增，由数十万增至数百万，仍不能满足其欲望。

第四自然段针对齐、燕、赵三国，阐述“不赂者以赂者丧”。这里，作者分析了齐、燕、赵三国灭亡的具体原因。齐国亡于“与嬴（犹言亲秦。嬴，秦姓，此作为秦的代称）而不助五国”。《史记·田敬仲完世家》载，齐相“多受秦间金”，“不修攻战之备，不助五国攻秦，秦以故得灭五国”。所以“五国既丧，齐亦不免矣”。燕国亡于燕太子丹派荆轲刺秦王：“秦王觉，杀轲，使将军王翦击燕……虏燕王喜，卒灭燕。”（《史记·燕召公世家》）赵亡于受谗诛大将李牧。赵王迁七年（前229），秦使王翦攻赵，赵使李牧、司马尚御之。秦行贿赵王宠臣郭开，使进谗言，谓李牧等将反。翌年，赵王使人捕斩李牧，废司马尚。后三月，王翦急攻赵，大破之，虏赵王迁，遂灭赵。（见《史记》《赵世家》及《廉颇蔺相如列传》）作者从正面分析了不赂秦的齐、燕、赵三国灭亡的具体原因后，又从反面作假设之词：“齐人勿附于秦，刺客不行，良将犹在，则胜负之数……或未易量。”这又进一步证明齐、燕、赵非亡于用兵抗秦，而是齐亡于不用兵抗秦，燕、赵亡于用兵抗秦之术有误。齐国因“五国既丧”而亡，燕、赵因“处秦革灭殆尽之际”，“智力孤危，战败而亡”，这不正是“不赂者以赂者丧”吗？

第五段针对六国破灭的教训，为六国设图存之道。一是重用谋臣，“以赂秦之地封天下之谋臣”；二是礼贤下士，“以事秦之心礼天下之奇才”；三是六国联合，“并力西向”。如果这样，秦国就不得安宁，连从从容容吃顿饭也不可能。陶望龄认为：“封谋臣，礼贤才，以并力西向……可谓至论。”（《三苏文范》卷二引）但是，六国之君，计不出此，最终导致了自身的灭亡。

文章最后一段把宋王朝同六国作比较：六国皆诸侯，势弱于秦，犹可“不赂而胜”；宋王朝据有天下，势力远比契丹、西夏强大，却重蹈六国覆辙，可谓连六国也不如。袁宏道说：“末影宋事，尤妙。”（《三苏文范》卷二引）妙就妙在引而不发，点到为止，给读者留下了深思的余地。而全篇行文纵横恣肆，论断斩钉截铁，语言质朴简劲，最能代表苏洵论辩文的风格。

（曾枣庄　曾　弢）

上欧阳内翰第一书　　苏　洵

内翰执事：洵布衣[1]穷居，尝窃有叹。以为天下之人，不能皆贤，不能皆不肖。故贤人君子之处于世，合必离，离必合。

往者天子方有意于治[2]，而范公在相府，富公为枢密副使，执事与余公、蔡公为谏官，尹公驰骋上下，用力于兵革之地。方是之时，天下之人，毛发丝粟之才[3]，纷纷然而起，合而为一。而洵也自度其愚鲁无用之身，不足以自奋于其间，退而养其心，幸其道之将成，而可以复见于当世之贤人君子。不幸道未成，而范公西，富公北，执事与余公、蔡公分散四出，而尹公亦失势，奔走于小官。洵时在京师[4]，亲见其事，忽忽[5]仰天叹息，以为斯人之去，而道虽成，不复足以为荣也。既复自思，念往者众君子之进于朝，其始也，必有善人焉推之；今也，亦必有小人焉间之[6]。今之世无复有善人也，则已矣！如其不然也，吾何忧焉？姑养其心，使其道大有成而待之，何伤？退而处十年，虽未敢自谓其道有成矣，然浩浩乎其胸中若与曩者异。而余公适亦有成功于南方，执事与蔡公复相继登于朝，富公复自外入为宰相，其势将复合为一。喜且自贺，以为道既已粗成，而果将有以发之也。既又反而思，其向之所慕望爱悦之而不得见之者，盖有六人焉，今将往见之矣。而六人者，已有范公、尹公二人亡焉[7]，则又为之潸然出涕以悲。呜呼！二人者不可复见矣，而所恃以慰此心者，犹有四人也，则又以自解。思其止于四人也，则又汲汲欲一识其面，以发其心之所欲言。而富公又为天子之宰相，远方寒士，未可遽以言通于其前；余公、蔡公，远者又在万里外[8]；独执事在朝廷间，而其位差[9]不甚贵，可以叫呼扳援而闻之以言。而饥寒衰老之病，又痼[10]而留之，使不克自至于执事之庭。夫以慕望爱悦其人之心，十年而不得见，而其人已死，如范公、尹公二人者；则四人者之中，非其势不可遽以言通者，何可以不能自往而遽已也！

执事之文章，天下之人莫不知之；然窃自以为洵之知之特深，愈于天下之人。何者？孟子之文，语约而意尽，不为巉刻斩绝之言，而其锋不可犯。韩子之文，如长江大河，浑浩流转，鱼鼋蛟龙，万怪惶惑，而抑遏蔽掩，不使自露；而人望见其渊然[11]之光，苍然之色，亦自畏避，不敢迫视。执事之文，纡余委备，往复百折，而条达疏畅，无所间断；气尽语极，急言竭论，而容与闲易，无艰难劳苦之态。此三者，皆断然自为一家之文也。惟李翱[12]之文，其味黯然而长，其光油然而幽，俯仰揖让，有执事之态；陆贽[13]之文，遣言措意，切近的当，有执事之实。而执事之才，又自有过人者。盖执事之文，非孟子、韩子之文，而欧阳子之文也。夫乐道人之善而不为谄者，以其人诚足以当之也；彼不知者，则以为誉人以求其悦己也。夫誉人以求其悦己，洵亦不为也。而其所以道执事光明盛大之德，而不自知止者，亦欲执事之知其知我也。

虽然，执事之名，满于天下；虽不见其文，而固已知有欧阳子矣。而洵也不幸堕在草野泥涂之中，而其知道之心，又近而粗成。而欲徒手奉咫尺之书，自托于执事，将使执事何从而知之，何从而信之哉？洵少年不学，生二十五岁，始知读书，从士君子游。年既已晚，而又不遂刻意厉行，以古人自期，而视与己同列者，皆不胜己，则遂以为可矣。其后困益甚，然后取古人之文而读之，始觉其出言用意，与己大异。时复内顾，自思其才，则又似夫不遂止于是而已者。由是尽烧曩时所为文数百篇，取《论语》、《孟子》、韩子及其他圣人、贤人之文，而兀然端坐，终日以读之者，七八年矣。方其始也，入其中而惶然；博观于其外，而骇然以惊。及其久也，读之益精，而其胸中豁然以明；若人之言固当然者，然犹未敢自出其言也。时既久，胸中之言日益多，不能自制，试出而书之。已而再三读之，浑浑乎觉其来之易矣，然犹未敢以为是也。近所为《洪范论》《史论》凡七篇，执事观其如何？嘻！区区[14]而自言，不知者又将以为自誉以求人之知己也。惟执事思其十年之心如是之不偶然也而察之。

〔注〕①布衣：古代庶人服麻织布衣，故借以指无官职的人。　②往者天子方有意于治：天子，指宋仁宗。《续资治通鉴》卷四十六载，庆历三年（1043）九月，宋仁宗“既擢任范仲淹、韩琦、富弼等，每进见，必以太平责之，数令条奏当时世务……帝再赐手诏督促，既又开天章阁召

对，赐坐，给笔札，使疏于前”。这就是“有意于治”的具体内容。 ③ 毛发丝粟之才：谓细小平凡之才。 ④ 洵时在京师：王文诰《苏诗总案》卷一：“庆历五年，明允自夔、巫下荆渚，将游京师。七年，与史经臣同举制策。” ⑤ 忽忽：愁乱貌。 ⑥“其始也”四句：如范仲淹除参知政事，是由于欧阳修等人的称扬；仲淹、富弼出抚西、北，则是由于夏竦的进谗。 ⑦ 范公、尹公二人亡焉：范仲淹卒于皇祐四年(1052)，尹洙卒于庆历七年(1047)。 ⑧“余公、蔡公”二句：谓是时余靖尚留广西从事安抚工作。至和二年(1055)三月，蔡襄又出知泉州。 ⑨ 差：稍微，比较。 ⑩ 痼：久病。 ⑪ 渊然：深邃貌。 ⑫ 李翱：字习之，唐德宗贞元十四年(798)进士。从韩愈学为文，所作以谨严平实胜。 ⑬ 陆贽：字敬舆，唐德宗时翰林学士。为文议论婉畅，曲尽事情。 ⑭ 区区：同“姁姁”，得志貌。

欧阳内翰指欧阳修。内翰即翰林学士，因掌内制，故称内翰。苏洵《嘉祐集》中收有五篇上欧阳修的书信，本文是其中第一篇。

茅坤说：“此书凡三段。一段历叙诸君子之离合，见己慕望之切；二段称欧阳公之文，见己知公之深；三段自叙平生经历，欲欧阳公之知之也。而情事婉曲周折，何等意气，何等风神！”(《苏文公文钞》卷三)行文的“婉曲周折”，尤以第一段写他对欧阳修等人的敬慕为最突出。信一开头，以“洵布衣穷居，尝窃有叹”领起。这一“叹”字，笼罩全段，也可以说笼罩全篇。叹人有贤与不贤之分，而“贤人君子之处于世，合必离，离必合”。正如袁宏道所说：“离合二句是一篇把柄，通篇所言要不出此。”(《三苏文范》卷四)从“往者天子方有意于治”至“而可以复见于当世之贤人君子”，叙庆历新政时，欧阳修诸公之合。范公指范仲淹，庆历三年(1043)四月被任为枢密副使，八月除参知政事，开始推行庆历新政。富公指富弼，同年八月继范仲淹任枢密副使。执事指欧阳修，同年三月知谏院。余公指余靖，同年三月任左正言。蔡公指蔡襄，同年四月为秘书丞、知谏院。尹公指尹洙，庆历初知泾州、渭州，参加抵抗西夏侵扰。他们都是庆历新政的核心人物。但在天下之人都认为是大有作为，并“纷纷然而起”之时，苏洵却觉得自己“愚鲁无用”，决心“退而养其心，幸其道之将成”。这是第一折。从“不幸道未成”至“何伤”，为本段第二层，写庆历新政失败后，欧阳修诸人之离(被逐出朝)。庆历四年六月，以范仲淹为陕西、河东宣抚使，次年正月范仲淹出知邠州，即所谓“范公西”。富弼于同年七月出为河北宣抚使，次年正月出知郓州，即所谓“富公北”。庆历五年欧阳修知滁州，余靖知吉州，庆历四年蔡襄知福州。此即“分散四出”的历史内容。尹洙也“失势”，贬监均州酒税。苏洵深感“斯人之去，而道虽成，不复足以为荣也”。这是第二折。但又转念，世上终有善人，无需忧伤，应“姑养其心，使其道大有成而待之”。这是第三折。从“退而处十年”以后，为本段第三层，写自己“道有成”，而诸公又“合而为一”时的心情。皇祐四年(1052)，余靖平定了广南侬智高之乱（“有成功于南方”）；至和元年（1054），欧阳修还朝为翰林学士，蔡襄知开封府；至和二年，富弼为宰相。这时，苏洵由庆历新政失败时的“仰天叹息”变为“喜且自贺”。这是第四折。但范仲淹、尹洙已去世，又不禁“潸然出涕以悲”。这是第五折。好在其余诸公还健在，“则又以自解”。这是第六折。苏洵欲尽识诸公，但富弼身居相位，难以求见；余靖、蔡襄又远在千里之外。这是第七折。欧阳修位不甚贵，“可以叫呼扳援（攀引）而闻之以言”。这是第八折。但又因“饥寒衰老”，不能至欧公庭前。这是第九折。但十年慕望之心，岂可因衰老而不见，于是写了这封求见信。这是第十折。由此可见，第一段是分两条线叙述的：一是欧阳修诸公之离，二是自己学道的成与未成。汪玄豹补充茅坤之评说：“茅评固然。然尤妙在第一段中，历叙诸君子离合，即将自己于道之成、未成夹叙，既为第一段之线，又为第三段之根。则十年慕望爱悦诸君子之心，即十年求道之心，首尾融洽，打成一片矣。”（《唐宋文举要》甲编卷八引）

文章第二段称颂欧阳修之文。这虽是一封求见信，但古人以文会友，所以全文近一半的篇幅重在论文，是宋代文论中的名篇。苏洵一贯反对因袭前人，认为文章应有自己的特色，主张“自为一家之文”。他在《史论》中，曾称赞“（司马）迁之辞，淳健简直，足称一家”。在这封信里，他以简练而又精确的文笔，归纳了孟子、韩愈、欧阳修、李翱、陆贽文章的特色。他认为孟子的文章，文字简洁，而意思却表达得很充分；语言并非险峭锐利，但词锋却不可犯。韩愈的文章，有如长江大河，既势不可挡，又深沉莫测。欧阳修的文章，既曲折详密而又畅达无阻，既意尽言竭而又从容不迫。“此三者，皆断然自为一家之文也。”也就是说，三家各有特色，欧文完全可与孟、韩媲美。欧文“自有过人者”，“过”就过在欧文“非孟子、韩子之文，而欧阳子之文也”。如果欧阳修完全学孟、韩，即使惟妙惟肖，如出一辙，那也只能达到前人的水平，而不可能超越前人。曾巩《与王介甫第一书》说：“欧公更欲足下少开廓其人，勿用造语及模拟前人……孟、韩文虽高，不必似之也，取其自然耳。”可见，勿模拟，取自然是欧阳修作文的原则。而苏洵论文，则完全把握住了欧文的这一特色。还应该看到，苏洵在这封信中评价古代和当代文人时，几乎完全不受儒家“文以载道”的传统思想的约束。他完全是就文论文，着重比较各家的风格和艺术特色，很少有北宋道学家论文的迂腐气。正如近人郭绍虞在他的《中国文学批评史》中所指出的那样，苏洵这篇书信体论文，“完全重在出言用意的方法。他只是论文的风格，不复论及文的内容。他从作风品格衡量文的价值，而不复拖泥带水牵及道的问题。这就是三苏文论突出的地方”。

第三段是自我介绍。前一段写自己对欧公之文“知之特深”，这一段则是求修知己。这里指出了文论上另一个重要问题，即主张不得已而为文。苏洵大器晚成，固然与他“少年不学，生二十五岁，始知读书”有关；但更与他不学时文，不肯附和考官尺度有关。他说：“人固有才智奇绝而不能为章句、名数、声律之学者，又有不幸而不为者。苟一之以进士、制策，是使奇才绝智有时而穷也。”（《广士》）了解他的这种思想背景，就能更深刻地理解他所描述的“胸中之言日益多，不能自制，试出而书之，已而再三读之，浑浑乎觉其来之易矣”的创作体会，正是他在《权书·叙》中阐述的“不得已而言之”的创作原则的具体实践。好文章不是挤出来的，而是涌出来的。苏轼的文论和文风，就深受苏洵这一观点的影响。

二、三两段的结尾，也以“婉曲周折”见长。“乐道人之善而不为谄者，以其人诚足以当之也”，这既是在为自己“道人之善”作辩解，又是进一步的称颂；“彼不知者，则以为誉人以求其悦己也”，这就预先堵住了“不知者”之口；“誉人以求其悦己，洵亦不为也”，正面回答了可能出现的责难；“不为”而又“不自知止者”，不是为了“求其悦己”，而是为了让欧阳修知道自己是他未识面的知音（“知其知我”）。这样，既充分阐明了自己称颂欧文的目的，又十分周详地堵住了可能出现的各种责难。第三段结尾，苏洵又预先堵住了“自誉以求人之知己”的责难，从而使这封信达到了“面誉而不为谄，自述所得而不为夸”（《唐宋文醇》卷三十五）的效果。

（曾枣庄 曾 弢）

心 术 苏 洵

为将之道，当先治心。泰山崩于前而色不变，麋鹿兴于左而目不瞬，然后可以制利害，可以待敌。

凡兵上义；不义，虽利勿动。非一动之为害，而他日将有所不可措手足也。夫惟义可以怒士，士以义怒，可与百战。

凡战之道，未战养其财，将战养其力，既战养其气，既胜养其心。谨烽燧，严斥堠，使耕者无所顾忌，所以养其财；丰犒而优游之①，所以养其力；小胜益急，小挫益厉，所以养其气；用人不尽其所欲为，所以养其心。故士常蓄其怒，怀其欲而不尽。怒不尽则有余勇，欲不尽则有余贪。故虽并天下，而士不厌兵，此黄帝②之所以七十战而兵不殆也。不养其心，一战而胜，不可用矣。

凡将欲智而严，凡士欲愚。智则不可测，严则不可犯，故士皆委己而听命，夫安得不愚？夫惟士愚，而后可与之皆死。

凡兵之动，知敌之主，知敌之将，而后可以动于险。邓艾缒兵于蜀中③，非刘禅之庸④，则百万之师可以坐缚，彼固有所侮而动也。故古之贤将，能以兵尝敌，而又以敌自尝，故去就可以决。

凡主将之道，知理而后可以举兵，知势而后可以加兵，知节而后可以用兵。知理则不屈，知势则不沮，知节则不穷。见小利不动，见小患不避。小利小患，不足以辱吾技也，夫然后可以支大利大患。夫惟养技而自爱者，无敌于天下。故一忍可以支百勇，一静可以制百动。

兵有长短，敌我一也。敢问：吾之所长，吾出而用之，彼将不与吾校；吾之所短，吾蔽而置之，彼将强与吾角，奈何？曰：吾之所短，吾抗而暴之，使之疑而却；吾之所长，吾阴而养之，使之狎而堕其中。此用长短之术也。

善用兵者，使之无所顾，有所恃。无所顾，则知死之不足惜；有所恃，则知不至于必败。尺棰当猛虎，奋呼而操击；徒手遇蜥蜴，变色而却步，人之情也。知此者，可以将矣。袒裼而按剑，则乌获不敢逼；冠胄衣甲，据兵而寝，则童子弯弓杀之矣。故善用兵者以形固。夫能以形固，则力有余矣。

〔注〕①丰犒而优游之：用丰厚的犒赏让士兵得以悠闲自在的休息。②黄帝：传说中中原各族的共同祖先。姬姓，号轩辕氏。③邓艾：三国时魏将。魏景元四年(263)，邓艾秘密地从一条艰险的山路，进军攻打蜀国。士兵们被用绳子拴住送下山去，邓艾自己也用毡布包住身体，从山顶滑下。详见《三国志·魏书·王毌丘诸葛邓钟传》。④刘禅：蜀国后主。他在魏邓艾大军抄过险路来袭击时仓皇出降。

宋王朝在同辽和西夏的关系上，一直软弱无能，苟且偷安，因此苏洵的忧国之心，甚于忧民。他花了很大精力研究古今兵法和战例，《权书》十篇就是他系统研究战略战术问题的军事专著，本文是其中的一篇。

这篇文章的结构，初看颇为特别，茅坤就指出它“一段段自为支节……非通篇起伏开阖之文也”(《苏文公文钞》卷七)。的确，文章的每一段都独立谈一个问题，彼此之间似乎并无多大联系。但仅作如是观是不够的。苏洵的文章往往转折极多，左萦右拂，一节未了，又生一枝。初读似觉各节互不相联，枝叶横生，意多词杂；多读几遍，便会觉得它首尾相应，全篇有一条主线相贯，每节各有妙用，如引线穿珠一般。本文首段论治心，二、三、四段论养士，五、六两段论审势，七段论阴长暴短，出奇制胜，最后一段论守备，要“无所顾，有所恃”，而全文都是围绕着为将的心术发挥，故题作《心术》。正如吴楚材、吴调侯所指出的，本文“先后不紊。由治心而养士，由养士而审势，由审势而出奇，由出奇而守备，段落鲜明，井井有序，文之善变化也”(《古文观止》卷十)。

这篇文章涉及战争中诸多重要问题，以其朴素辩证法思想的光辉，给人深刻的启示。首先是战争中“义”与“利”的关系。“凡兵上(尚)义”，战争的正义性是决定战争胜负的关键。不义的战争，逐“利”的战争，即使一时不为所害，但从长远看是不利的，会弄到不可收拾的地步。只有正义的战争，才能激发士气；只有士气旺盛，才能百战不殆。其次是战争与财、力、心、气的关系，即战争与充分的物质准备、旺盛的战斗意志之间的关系。“凡战之道，未战养其财，将战养其力，既战养其气，既胜养其心。”前两条讲要作好充分的物质准备，后两条讲要始终保持旺盛的士气。“善用兵者，使之无所顾，有所恃。无所顾，则知死之不足惜；有所恃，则知不至于必败。”所谓“无所顾”，就是战争的正义性激发起来的为国牺牲的精神；所谓“有所恃”，就是作好了战争的充分的物质准备。二者缺一不可，而且只有作好充分的物质准备，才能始终保持旺盛的斗志。苏洵还以生动的比喻说明了物质准备的重要性：手中有武器，遇到猛虎也敢斗；手中无武器，见了壁虎(蜥蜴)之类的小虫，也会吓得脸青眼黑，唯恐避之不及。但武器本身并不能决定战争的胜负：赤臂握剑，大力士(乌获)也不敢逼近；身穿铠甲睡大觉，小孩子也敢弯弓而射之。武器只有与具有旺盛斗志的人结合，才能发挥它的威力。第三是战争中的阴长、暴短的关系。“吾之所短，吾抗而暴之，使之疑而却；吾之所长，吾阴而养之，使之狎而堕其中。”具体来说，暴短就是“当敌之冲，人莫不守，我以疑兵，彼愕不进。虽告之曰‘此无人’，彼不信也”。阴长就是“偃旗仆鼓，寂若无气，严戢兵士，敢哗者斩。时令老弱，登埤(矮墙)示怯。乘懈突击，其众可走”(苏洵《法制》)。暴短是有意显露自己的短处，使敌人疑惧而不敢攻；阴长是有意隐匿自己的长处，使敌人麻痹大意而落入圈套。文章还阐述了智和愚、理和势、忍和勇、静和动、尝(试)敌和自尝等众多对立因素的关系。不难看出，对战争中的问题，作者总是从矛盾双方着眼去思索，并寻求解决的方法。这使得文章所表述的战略战术思想，具有深邃而又切合实用的特点。

读此文，给人以排宕顿挫之感，这得力于文中大量排偶句的纯熟运用。在散文中运用排偶句,“高下相须,自然成对”,不仅吸收了骈文音调铿锵、形式优美的特点,而且排偶句和长短句交替互用,又有连类引发、一气贯注的效果。这篇不足一千字的文章,排偶句却有十余处之多。像“泰山崩于前而色不变,麋鹿兴于左而目不瞬(眨眼)”,“怒不尽则有余勇,欲不尽则有余贪”,“一忍可以支百勇,一静可以制百动”这样的排偶句,不仅音韵铿锵,气势不凡,又是极富哲理的警句。茅坤说“此文中多名言”(《苏文公文钞》卷七),就是针对文中大量的排偶句而言的。这些句子语言精练,内涵丰富,为文章增色不少。　（曾枣庄　曾　弢）

名二子说　　苏　洵

轮、辐、盖、轸①,皆有职②乎车;而轼③独若无所为者。虽然,去轼吾未见其为完车也。轼乎,吾惧汝之不外饰也。

天下之车莫不由辙,而言车之功,辙不与焉。虽然,车仆马毙,而患亦不及辙。是辙者,善处乎祸福之间也。辙乎,吾知免矣。

〔注〕 ① 辐(fú福):车轮中连接轴心和轮圈的直木条。轸(zhěn枕):车箱底部后面的横木。 ② 职:职能,功能。 ③ 轼:车箱前扶手横木。

苏洵有子女六人,长子景先和三个女儿均早卒,“唯轼与辙,仅存不亡”(《祭亡妻文》)。本文即论说二子取名轼、辙的原因。

文章开头,说车上的各个部位“皆有职乎车”,都是车子不可或缺的部分。只有车轼“若无所为者”,好像没有什么用处。但轼并非真没有用处,它是车子露在外面用作扶手的横木,可扶以远瞻,故苏轼字“子瞻”。车轼的突出特点是露在外面,因此苏洵说:“轼乎,吾惧汝之不外饰也。”苏轼一生豪放不羁,锋芒毕露,确实“不外饰”,结果屡遭贬斥,险致杀身之祸。

“辙”是车轮碾过的轨道,更是车外之物,更无职乎车;但车行“莫不由辙”,仍是必不可少的。因它是车外之物,既无车之功,也无翻车之祸,所以说它“处乎祸福之间”。苏辙一生冲和淡泊,深沉不露,在当时激烈的党争中虽遭贬斥,但终能免祸,得以悠闲安度晚年。

这篇文章说明了苏轼兄弟的不同性格,对他们的一生作了十分准确的预言,表现出苏洵对两个儿子深切的了解,以及伴之而来的希望和担心。曾巩在《苏明允哀辞》中称赞苏洵的文章“少或百字,多或千言,其指事析理,引物托喻,侈能尽之约,远能见之近,大能使之微,小能使之著”。这篇仅八十余字的短文,就充分体现了苏洵散文在"引物托喻"中,远能见近,侈能尽约,小能使著的特点。同时文章虽短,却总不使一平直之笔,句句作转折,在无限婉转之中,传达出无限情思。

(曾枣庄　曾　弢)

【作者小传】

周敦颐

(1017—1073)　北宋哲学家。字茂叔,号濂溪。道州营道(今湖南道县)人。曾官大理寺丞、国子博士。继承《易传》《中庸》和道教思想,提出宇宙构成论,认为"无极而太极","太极"一动一静,产生阴阳万物。主张通过主静、无欲,达到"纯粹至善"的"诚"这种道德的最高境界。又提出太极、理、气、性、命等理学基本范畴,是理学创始人之一。他的学说对后世理学发展影响很大。著有《太极图说》《通书》等。后人编为《周子全书》。

爱　莲　说

周敦颐

水陆草木之花,可爱者甚蕃。晋陶渊明独爱菊①;自李唐来②,世人甚爱牡丹;予独爱莲之出淤泥而不染,濯清涟而不妖,中通外直,不蔓不枝,香远益清,亭亭净植,可远观而不可亵玩焉。

予谓菊,花之隐逸者也;牡丹,花之富贵者也;莲,花之君子者也。噫!菊之爱,陶后鲜有闻;莲之爱,同予者何人?牡丹之爱,宜乎众矣!

〔注〕 ①"晋陶渊明"句:陶渊明(365—427),东晋诗人,又名潜,字元亮,寻阳柴桑(今江西九江)人。《续晋阳秋》:"陶潜尝九月九日无酒,于宅边东篱下摘菊盈把,俄见白衣人至,乃刺史王弘送酒,便就酣饮。"　② 李唐:唐朝皇帝姓李,故称李唐。

周敦颐是北宋理学濂洛学派创始人、二程(程颢、程颐)的老师。他博学力行,品德高尚,为官清廉,不媚权贵,明断狱案,得到人民的赞赏。北宋中叶,士大夫在封建统治者诱掖下,追求富贵利达,耽于享乐之风盛行。作者目击时弊,慨然命笔,写成此篇借物咏志的小品,通过对莲花的爱慕与礼赞,表明自己对美好理想的憧憬,对高尚情操的崇奉,对庸劣世态的憎恶。其懿德高行与美学情趣,在当时具有现实意义，在今天也不失其思想价值。

作者起笔说："水陆草木之花，可爱者甚蕃。"选用"可爱"二字，包罗群芳，表明托物寄兴，并不刻意求工，极见其立言斟酌之妙。接着叙说"晋陶渊明独爱菊"。陶渊明不肯为五斗米折腰，解绶归隐后，饮酒赋诗，安享"采菊东篱下，悠然见南山"的田园逸趣。"独爱菊"，显示渊明雅致芬芳，傲然物外的性格。继写"自李唐来，世人甚爱牡丹"。据唐人李肇《国史补》卷中载："京城贵游，尚牡丹，三十余年矣。每春暮，车马若狂，以不耽玩为耻。执金吾铺官围外寺观种以求利，一本有值数万者。"又刘禹锡《赏牡丹》诗："惟有牡丹真国色，花开时节动京城。"白居易《买花》诗："共道牡丹时，相随买花去……一丛深色花，十户中人赋。"都从不同侧面反映了唐人、特别是统治阶层"甚爱牡丹"的好尚。然后作者撇开一笔说，让那班人爱其所爱吧，"予独爱莲之出淤泥而不染，濯清涟而不妖，中通外直，不蔓不枝，香远益清，亭亭净植，可远观而不可亵玩焉"。这一连串铺叙，对莲花挺拔秀丽的芳姿，清逸超群的令德，特别是可敬而不可侮慢的嵚崎磊落的风范，作了淋漓尽致的渲染。作者所表达的，决不是一班文士墨客百无聊赖的闲情逸致，而是他身处污浊环境，独能超然脱俗，保持高风亮节的自我写照。他为官正直，数洗冤狱，为民作主；晚年定居庐山，著书明道，洁身自爱，颐养天年，便是身体力行，澹泊明志的体现。这正是这篇小品能给人思想情趣以深切感染的着力之处。

接下来，作者对三种花象征的不同性格进行了比较和品评："予谓菊，花之隐逸者也；牡丹，花之富贵者也；莲，花之君子者也。"本来，花是不具备人格的，但在作者眼里，莲花近于菊，却不像菊那样清高冷傲，似乎是逃避现实的隐者；它更不像牡丹那样妍丽妖冶，以富贵媚人。莲花出于污浊现实而不受沾染，受清水洗濯而不显妖冶，实为百花丛中的贤君子啊！另外，莲花又是佛教中的圣物，如来、观音均以莲花为座。唐释道世《三宝敬佛》云："故十方诸佛，同出于淤泥之浊；三身正觉，俱坐于莲台之上。"作者《题莲》诗也云："佛爱我亦爱，清香蝶不偷。一般清意味，不上美人头。"正可与这篇小品参照阅读，情趣相得益彰。

最后，作者饱含激情，由评花进而对"爱"也作出评价："噫！菊之爱，陶后鲜有闻；莲之爱，同予者何人？牡丹之爱，宜乎众矣！"深深地慨叹：当今之世真隐者少，有德者寡，而趋炎附势钻刺富贵之门的小人比比皆是；这莽莽红尘，能有几个志同道合之人，共同去根治这社会痼疾呢？言下虽不免流露出一种孤掌难鸣的哀怨，但一语暗讽，意味深长，无情地鞭挞了那些寡廉鲜耻之徒，给读者留下联翩的浮想。

《爱莲说》为宋代散文中的上乘之作。不仅思想深刻,情趣健康,其艺术手法亦别具特色。全文仅一百十九字,内蕴却无比丰富。其中有对芸芸众花的叙述,有对莲花君子形象的描写铺陈,有对爱花态度的议论,有对内心感慨的抒情,而这一切又都为"爱莲"的主旨服务,主题思想十分鲜明。又运用拟人化手法,将人类美好的品德情操赋予莲花,备加礼赞,借花喻人,自况自励。又将"隐逸者""富贵者""君子者"三者对比映衬,以揭示莲、菊、牡丹各自不同的形态与气质;并以菊为陪衬,以牡丹为反衬,使莲花挺拔超群的高洁形象矗立于读者心中,歌颂了自己坚贞不渝的理想和洁身自爱的君子情操,对竞名逐利的世态人情表明了心迹,言已尽而意无穷,极富艺术感染力。 (邓韶玉)

【作者小传】

曾 巩

(1019—1083) 北宋文学家。字子固。建昌军南丰(今属江西)人。嘉祐进士。少以文章见赏于欧阳修。尝奉召编校史馆书籍,校定南齐、梁、陈三书,整理《国策》《说苑》《新序》。官至中书舍人。为王安石所推许。散文平易典重,为"唐宋八大家"之一。著有《元丰类稿》。

墨池记

曾 巩

临川①之城东,有地隐然而高,以临于溪,曰新城。新城之上,有池洼然而方以长,曰王羲之之墨池者,荀伯子《临川记》②云也。羲之尝慕张芝,临池学书,池水尽黑,此为其故迹,岂信然邪?

方羲之之不可强以仕,而尝极东方,出沧海,以娱其意于山水之间;岂其徜徉肆恣,而又尝自休于此邪?羲之之书晚乃善,则其所能,盖亦以精力自致者,非天成也。然后世未有能及者,岂其学不如彼邪?则学固岂可以少哉,况欲深造道德者邪?

墨池之上,今为州学舍。教授王君盛恐其不章也,书"晋王右军墨池"之六字于楹间以揭之。又告于巩曰:"愿有记。"推王君之心,岂爱人之善,虽一能不以废,而因以及乎其迹邪?

其亦欲推其事以勉其学者邪？夫人之有一能而使后人尚之如此，况仁人庄士之遗风余思被于来世者何如哉！

庆历八年九月十二日，曾巩记。

〔注〕①临川：宋江南西路抚州治所，今江西临川市。　②荀伯子：南朝宋颍阴(今河南许昌)人，曾任临川内史。著有《临川记》六卷。

《墨池记》是以“记”名篇、叙议结合的说理文。仁宗庆历八年(1048)九月，曾巩来到临川，凭吊东晋书法家王羲之的墨池遗迹。州学教授王盛请他为“晋王右军墨池”作记。作者由叙述墨池遗迹，进而阐明王羲之书法卓异并非“天成”，实乃得力于苦练；并进而推论，欲深造道德，更需努力于勤学。文章即事生情，反复唱叹，题小意宏，言近旨远，最后以“仁人庄士”的流风遗韵恒久沾溉后世作结，委婉多姿，饶有余味，体现了作者温醇典重、谨严明洁的一贯之风。

作者首先介绍了墨池的处所、形状及其来历。“临川之城东”至“《临川记》云也”，其中用“有地隐然而高”和“有池洼然而方以长”分别形容地势的突起和水池的低深，宛如一位高明的画师，寥寥几笔就勾勒出墨池的鸟瞰图，富于立体感。又征引南朝刘宋人荀伯子的《临川记》，说明这墨池的来历非虚。

历来传说王羲之苦练书法的墨池遗迹很多，除在临川者外，尚有临沂、会稽、永嘉、庐山、蕲水等地。但曾巩未作繁琐考证，只用设问语气“岂信然邪”点到为止，具有分寸感。这并不影响他要阐述的事理和强调的重点所在，又能用笔简练，要言不繁，为下文转向议论预伏契机。

关于王羲之慕张芝事，见于《晋书》本传。张芝，东汉人，苦练书法，甚至将布帛写成黑色，染制黑衣而穿，终于成为“草圣”。羲之钦慕其苦学精神，致友人书中说：“张芝临池学书，池水尽黑，使人耽之若是，未必后之也。”决心赶上并超过他。

文章进而由物及人，追忆王羲之弃官返乡的一段经历。据《晋书》本传载，羲之少有美誉，朝廷公卿屡邀他任侍中、吏部尚书、护国将军等职，均辞不就。任会稽内史时，有骠骑将军王述与之齐名，而其人品为羲之所轻。王述为扬州刺史，会当检察会稽郡刑政。羲之深以屈下为耻，即称病去职，并在父母墓前自誓不再出仕，不为名利所牵，不与庸吏同流。对此原委，作者只用“羲之之不可强以仕”一语概括，而着重述其返乡后与东土人士纵情山水的行踪。他“徜徉肆恣”于名山大川之间，以弋钓为乐，遍游东方诸郡，并泛舟出海。这就深刻揭示了羲之傲岸超群性格气质形成的根源，而这也正是他清心寡欲，学成书法的深厚思想基础。从结构来说，“自休”一语，为上文考证墨池遗址增强旁证，又为下文发表议论提供了依据，实起着承上启下的作用。而后从正面立论：“羲之之书晚乃善，则其所能，盖亦以精力自致者，非天成也。”据《晋书》本传载，羲之书法初不及名家庾翼，到晚年方臻精妙。他曾以草书示翼兄庾亮，兄弟叹服，认为可媲美张芝。据载，羲之早年从卫夫人学，后草书改学张芝，正书改学钟繇，并博采众长，精研体势，一变汉魏以来质朴书风为妍美流便的新体；他“尤善隶书，为古今之冠，论者称其笔势，以为飘若浮云，矫若惊龙”（《晋书》本传）。这就充分证明了业精于勤的深刻道理。钻研技艺尚且如此，欲深造道德，则尤需加倍刻苦自励了。这正是作者所要强调表述的中心论点所在。但他没有惟恐读者不懂而直白地反复论证，只是平平地用了个表示进层的设问句，遂显得特别含蓄有力，耐人回味。其冲和平淡、温醇典重的语言艺术特色进一步体现出来。

末段在点明撰文由来后转入议论：“推王君之心，岂爱人之善，虽一能不以废，而因以及乎其迹（墨池遗迹）邪？其亦欲推其事（羲之苦学精神）以勉其学者邪？”作者阐明王盛用意时，也用了推测性语气，显得委婉深沉，语重心长，悠游叹赏，而又更切合于实情；因他只是从对方题匾、求记来加以体会的，如用直截、肯定语气，难免失之粗率。

全文结束语进一步深化了主题：“夫人之有一能，而使后人尚之如此，况仁人庄士之遗风余思被于来世者何如哉！”作者由王羲之的善书技艺，推衍到“仁人庄士”的教养与德行，勖勉后学不仅要擅长“一能”，更要砥砺道德修养。此处与前述“深造道德”论遥相呼应，再次深化点染了主题，强调力追前贤，以“仁人庄士”为楷模，做个品学兼优之士。

本文以“记”为体，重在说理。其中记墨池少，论学习多，紧扣所记之事以阐明主旨，重点突出，繁简适度，而又始终环绕勉学这根主轴，深得散文形散神不散的妙旨。文中所用设问句颇多，如：“岂信然邪？”“岂其学不如彼邪？”“况欲深造道德者邪？”显得含蓄蕴藉，委婉有致，从容探讨，发人深省。　　（邓韶玉）

学　舍　记　　　曾　巩

予幼则从先生[①]受书，然是时，方乐与家人童子嬉戏上下，未知好也。十六七时，窥六经之言与古今文章，有过人者，知好之，则于是锐意欲与之并。而是时，家事亦滋出。自斯以来，西北则行陈、蔡、谯、苦、睢、汴、淮、泗[②]，出于京师；东方则绝江舟漕河之渠，逾五湖[3]，并封、禺、会稽之山[4]，出于东海上；南方则载大江[5]，临夏口而望洞庭[6]，转彭蠡[7]，上庾岭[8]，繇浈阳之泷[9]，至南海上。此予之所涉世而奔走也。蛟鱼汹涌湍石之川，巅崖莽林貙虺[10]之聚，与夫雨旸寒燠风波雾毒不测之危，此予之所单游远寓，而冒犯以勤也。衣食药物，庐舍器用，箕筥碎细之间，此予之所经营以养也。天倾地坏，殊州独哭，数千里之远，抱丧而南，积时之劳，乃毕大事，此予之所遘祸而忧艰[11]也。太夫人所志，与夫弟婚妹嫁，四时之祠，属人外亲之问，王事之输，此予之所皇皇而不足也。予于是力疲意耗，而又多疾，言之所序，盖其一二之粗也。得其闲时，挟书以学，于夫为身治人，世用之损益，考观讲解，有不能至者。故不得专力尽思，琢雕文章，以载私心难见之情，而追古今之作者为并，以足予之所好慕，此予之所自视而嗟也。

今天子至和[12]之初，予之侵扰多事故益甚，予之力无以为，乃休于家，而即其旁之草舍以学。或疾其卑，或议其隘者，予顾而笑曰："是予之宜也。予之劳心困形，以役于事者，有以为之矣。予之卑巷穷庐，冗衣砻饭，芑苋之羹，隐约而安者，固予之所以遂其志而有待也。予之疾则有之，可以进于道者，学之有不至；至于文章，平生所好慕，为之有不暇也。若夫土坚木好高大之观，固世之聪明豪隽挟长而有恃者所得为。若予之拙，岂能易而志彼哉？"遂历道其少长出处，与夫好慕之心，以为《学舍记》。

〔注〕 ① 先生：指其父曾易占。易占字不疑，天圣二年(1024)进士，官至知信州，著有《时议》十卷。 ② 陈：州名，治今河南淮阳。蔡：州名，治今河南汝南。谯：今安徽亳州。苦：今河南鹿邑。睢：州名，治今河南睢县。汴：州名，治今河南开封。淮：州名，治今江苏淮阴。泗：州名，治今江苏盱眙。 ③ 五湖：有多种说法，此指太湖。 ④ 封：山名，在浙江德清县西。禺：山名，在德清县西南，两山相去仅二里。会稽：山名，在浙江绍兴县东南。 ⑤ 大江：指长江。 ⑥ 夏口：今湖北武汉市汉口。洞庭：湖名，在湖北北部，长江南岸。 ⑦ 彭蠡：湖名，即鄱阳湖，在江西北部，为赣江、修水、鄱江、信江等河的总汇。 ⑧ 庾岭：即大庾岭，江西、广东之界山。 ⑨ 繇：通"游"。浈阳之泷：即广东英德市南之泷头水。 ⑩ 貙：兽名，似狸而大。虺：毒蛇。 ⑪ 忧艰：指父母之丧。 ⑫ 至和：宋仁宗年号(1054—1056)。

曾巩是唐宋古文八大家之一，然而他能在文学史上取得这样的地位，却历尽坎坷，十分不易。本文自述他在至和元年（1054）以前，一方面为了家族的生计"单游远寓"，奔走经营，另一方面孜孜不倦，"挟书以学"的经历，体现了他安贫乐道的处世原则和誓与"古今之作者为并"的雄心壮志。

既作学记，则自然从"学"说起。然而曾巩自述幼时"乐与家人童子嬉戏上下，未知好(学)也"。好"嬉戏"，这是儿童的共同特征；"未知好(学)"，却是自谦之辞。曾肇《亡兄行状》称曾巩"年十有二，日试六论，援笔而成，辞甚伟也。未冠，名闻四方"。可见他从儿童时代起，就有不类常童的一面。到十六七岁时，他就确立了终生大志，即锐意欲与"六经之言与古今文章"为并。但就在这时，"家事亦滋出"。景祐三年（1036）曾巩十八岁时，其父曾易占为人所诬，罢官还家。从"自斯以来"起，即写他于此时开始承担全家的生活重担，在风波雾毒之中，涉世奔走于东西南北，目的是为了经营全家的"衣食药物，庐舍器用"。曾巩在《读书》诗中写道："荏苒岁云几，家事亦独当。经营食众口，四方走遑遑。一身如飞云，遇风任飘扬。山川浩无涯，险怪靡不尝。落日号虎豹，吾未停车箱。波涛动蛟龙，吾方进舟航。所勤半天下，所济一毫芒。"曾肇《行状》亦云："初，光禄（指曾易占）仕不遂而归，无田以食，无屋以居，公时尚少，皇皇四方，营飦粥之养。"这两段话，恰是"自斯以来"至"此予之所经营以养也"一节最好的注脚。庆历七年（1047），二十九岁的曾巩随父入京，行至南京（今河南商丘南），父不幸病故，曾巩扶丧还家，全家的生活重担更落到他一人头上。曾肇《行状》云："光禄不幸早逝，太夫人在堂，阖门待哺者数十口。太夫人以勤俭经理其内，而教养四弟，相继得禄仕，嫁九妹皆以时，且得所归，自委废单弱之中，振起而亢大之，实公是赖。"本文"天倾地坏"一节即言此。在"家事滋出"，十八岁起就挑起全家生活重担的情况下，一般人已无力从学，但曾巩却"得其闲时，挟书以学"。而当写作此文之时，即宋仁宗至和初年，作者因长年奔波经营，"力疲意耗，而又多疾"，不得不"休于家"，则又"即其旁之草舍以学"。此时虽无奔波之苦，然而"卑巷穷庐，冗（恶劣）衣砻（粗粝）饭，芑苋（泛指野菜）之羹"，条件仍然十分艰苦。作者之所以能够矢志不渝地坚持求学，并不是为学而学，而是为了"遂其志"。作者的"志"是什么呢？一方面是为了以丰富的学识经世致用，即文中所言"王事之输"，"为身治人，世用之损益"，"进于道"等等；另一方面，则是为了"琢雕文章，以载私心难见之情，而追古今之作者为并"。曾巩作此文后不久，于嘉祐二年（1057）考中进士，从此踏上仕途，连续作过十多年的地方官，在任上治疫救灾，除害平冤，虽然未能在政治上大展抱负，但政绩还是可观的。至于他在文学史上的成就，为历代所公认，与其仕与不仕无关。所以说，曾巩基本上实现了他欲"遂其志"的愿望。

曾巩散文温醇典重、雍容平易的风格，在这篇文章中表现得尤为突出。这种风格的形成，主要得力于他安贫乐道，不以得失为怀的胸襟。曾巩嘉祐二年中进士时，已经三十八岁。但在这之前，他并非默默无闻，而是早已名重天下。林希《曾巩墓志铭》云："由庆历至嘉祐初，公之声名在天下二十余年，虽穷阎绝徼之人，得其文手抄口诵，惟恐不及，谓公在朝廷久矣，而公方以乡贡中进士第。"不仅如此，他在十八岁时即结交了王安石，二十三岁拜欧阳修为师，深得欧阳修器重，并与当时的要臣杜衍、范仲淹等均有书信往还。可见曾巩所处的不得志的位置及生活的窘困，与他的文名和才华是很不相称的。然而纵观全文，没有一句怨言，没有一句牢骚。他所"自视而嗟"的，仅仅是担心难"追古今之作者为并"；他所"疾"（患苦，憎恨）的，并非学舍的卑且隘，而是"进于道者""有不至"，平生好慕的文章"不暇"作。正是这种不以得失为怀，孜孜不倦于志道求学的精神，孕育了他温醇典重、雍容平易的文风。试想，如果满纸怀才不遇的怨言牢骚，哪里还会有这种风格？再者，曾巩的个人经历，决定了这篇文章取材的特殊。与其说本文是一篇《学舍记》，不如说是一篇"学记"；与其说是一篇学记，又不如说是他前半生的一篇自传。文章写尽了他前半生生活的艰辛和求学的勤奋，而自始至终，不离一个"学"字，真可谓既不为题所囿，又一笔也不离题。　（曾枣庄　曾　弢）

越州赵公[①]救灾记　　曾　巩

熙宁八年夏，吴越[②]大旱。九月，资政殿大学士、右谏议大夫、知越州[③]赵公，前民之未饥，为书问属县[④]："灾所被者几乡？民能自食者有几？当廪于官者几人？沟防构筑，可僦民使治之者几所？库钱仓粟可发者几何？富人可募出粟者几家？僧道士食之羡粟书于籍者，其几具存？"使各书以对而谨其备。

州县吏录民之孤老疾弱，不能自食者二万一千九百余人以告。故事：岁廪穷人当给粟三千石而止。公敛富人所输，及僧道士食之羡者，得粟四万八千余石，佐其费。使自十月朔，人受粟日一升，幼小半之。忧其众相蹂也，使受粟者男女异日，而人受二日之食。忧其且流亡也，于城市郊野为给粟之所，凡五十有七，使各以便受之，而告以去其家者勿给。计官为不足用也，取吏之不在职而寓于境者，给其食而任以事。不能自食者，有是具也。

能自食者，为之告富人，无得闭粜；又为之出官粟，得五万二千余石，平其价予民。为粜粟之所凡十有八，使籴者自便如受粟。

又僦民完城四千一百丈，为工三万八千，计其佣与钱，又与粟，再倍之。民取息钱者，告富人纵予之而待熟，官为责其偿。弃男女者，使人得收养之。

明年春，大疫，为病坊，处疾病之无归者。募僧二人，属以视医药饮食，令无失所恃。凡死者，使在处随收瘗之。

法：廪穷人，尽三月当止。是岁尽五月止。事有非便文者，公一以自任，不以累其属。有上请者，或便宜，多辄行。公于此时，蚤夜惫心力不少懈，事细巨必躬亲，给病者药食，多出私钱。民不幸罹旱疫，得免于转死；虽死，得无失敛埋，皆公力也。

是时，旱疫被吴越，民饥馑疾疠，死者殆半，灾未有巨于此也。天子东向忧劳，州县推布上恩，人人尽其力。公所拊循，民尤以为得其依归。所以经营绥辑，先后终始之际，委曲纤悉，无不备者。其施虽在越，其仁足以示天下；其事虽行于一时，其法足以传后。盖灾沴⑤之行，治世不能使之无，而能为之备。民病而后图之，与夫先事而为计者，则有间矣；不习而有为，与夫素得之者，则有间矣。予故采于越，得公所推行，乐为之识其详。岂独以慰越人之思，将使吏之有志于民者，不幸而遇岁之灾，推公之所已试，其科条可不待顷而具。则公之泽，岂小且近乎！

公元丰二年以大学士加太子少保致仕，家于衢⑥。其直道正行在于朝廷，岂弟⑦之实在于身者，此不著。著其荒政可师者，以为《越州赵公救灾记》云。

〔注〕 ① 越州：州治今浙江绍兴，为北宋时两浙东路首府。赵公：指赵抃（1008—1084），

宋衢州西安(今浙江衢县)人,字阅道,号知非子。景祐进士。仕州县,以治绩召为殿中侍御史。神宗即位,除参知政事。因反对王安石变法,罢徙杭州、青州、越州等地,后致仕。　② 吴越:周代吴国、越国的地域,今江苏南部、浙江北部一带。　③ 资政殿大学士:宋置诸殿学士,出入侍从,以备顾问,无官守,无典掌而资望极高。常由罢职辅臣充任,以示尊崇。右谏议大夫:掌规谏讽谕。右谏议大夫属中书省,左谏议大夫属门下省。知越州:知州为州一级的地方行政长官,常派朝臣充任。　④ 属县:指越州管辖的诸县。当时有会稽、山阴、剡、诸暨、余姚、上虞、萧山等县。　⑤ 灾沴(lì 丽):灾气。　⑥"公元丰二年"二句:苏轼《赵清献公神道碑》:"公年未七十,告老于朝,不许。请之不已,元丰二年二月,加太子少保致仕,时年七十二矣。退居于衢,有溪石松竹之胜,东南高士多从之游。"太子少保,本与少师、少傅,同为东宫官,后多以前宰执为致仕官。凡官未至仆射者及枢密使致仕,亦随本官高下除授太子少师、少傅、少保。赵抃曾为参知政事(副宰相),故得以太子少保致仕。　⑦ 岂弟:即恺悌,和乐平易。

宋神宗熙宁八年(1075),吴越大旱,继之以瘟疫,浙西路"死者五十余万人,城郭萧条,田野丘墟"(苏轼《奏浙西灾伤第一状》)。曾巩这篇文章详尽记述了知越州赵抃救灾的情况。首段写他的周详考虑以"谨其备",中间部分详记救灾措施,最后以议论作结,说明写作本文的目的。本文在思想和艺术上,都很能代表曾巩散文的特色。

曾巩作文,"本源六经"(《宋史·曾巩传》),每每不忘宣扬儒道,因而时有迂腐之论。但儒家思想中也有不少可取的东西,如"民为贵""民惟邦本"的以民为本的思想。在曾巩的思想中,民本思想占有重要地位,他在《洪范传》《救灾议》等文中屡有阐述。这篇文章,虽重在记叙,而不是议论,但其民本主义思想倾向是显而易见的。首先,灾疫之苦,一般情况下,深受其害的只是黎民百姓;关心灾疫,不能不说是关心民生疾苦。其次,曾巩倾慕赵抃的为人,因为赵抃直言敢谏,"弹劾不避权幸",素有"铁面御史"之称;而且"平生不治赀业,不畜声伎","施德恤贫,盖不可胜数"(《宋史·赵抃传》)。但作者偏偏选取"赵公救灾"一事为之作记,可见堪称"父母官"的赵抃,更受作者敬佩。如果读完全文,知道作者怎样详细地记叙灾疫之际,赵抃如何事无巨细地了解灾情,一一拿出切实可行的救灾措施,立即付诸行动,使"民不幸罹旱疫,得免于转死;虽死,得无失敛埋",那就更能感受到自始至终贯穿全文的民本主义思想精神。尤其需要指出的,是在这种思想精神指导下任劳任怨的为吏之道。任劳,是赵抃为了救灾,"蚤夜惫心力不少懈";任怨,是在救灾中"事有非便文者,公一以自任,不以累其属"——在灾疫横肆的特殊情况下,为了百姓疾苦,敢于打破僵死的陈规惯例,即文中所谓"故事:岁廪穷人当给粟三千石而止","法:廪穷人,尽三月当止"等,并坦然为之承担责任。这与千百年来"不求有功,但求无过"的昏官庸吏,不啻天渊之别。

这篇文章之所以能够打动人心,固然在于赵抃救灾事迹本身,但与文章在艺术上的特色是密不可分的。

民本思想与其说是一种“思想”，不如更本质一点，把它看作一种朴素真挚的情感。与这种情感相一致，这篇文章呈现出自然淳朴的文风，这也是曾巩散文惯有的风格。这种文风，体现在运笔行文上，就是一切都如行云流水般自然，完全按照事情发展的逻辑顺序来写，毫无雕琢之迹：先调查研究，后制定措施，再付诸实践，最后取得成绩。与韩愈、苏轼的陡峭突兀之笔迥然不同。这种文风，体现在语言上，就是质朴少文。我们知道，曾巩的文章，在唐宋散文八大家中，是最缺乏文采的一个，这是曾巩散文在建国后遭到冷落的重要原因之一。纵观此文，毫无形容刻画，句句实在，不可移易。用今天“文学性”的要求去看，自然是很大的不足；但缺乏文采并不等于缺乏感情，恰恰相反，正是这种朴实无华的文笔，传达出了浓郁真挚的感情。因而对于曾巩散文的朴拙少文，还是应该辩证地看待。

曾巩散文长于记叙的特点，在这篇文章中表现得十分突出。救灾本是一件头绪纷繁的事情，但作者却能以要驭繁，把握关键，条分缕析，叙事清楚，毫不给人繁琐之感。文章首段写赵抃备灾的考虑，一连提出七个问题，面面俱到而又有条不紊。这七个问题，是全文的总纲，以下都紧紧围绕这七个问题来写。但又不是机械地回答这七个问题，而是把灾民分成“不能自食者”和“能自食者”，把灾情分为旱情和疫情，然后就此一一出具措施，既完全解决了首段提出的问题，条理又十分清楚。借用文中“先后终始之际，委曲纤悉，无不备者”的话来评价此文，是再合适不过的了。

曾巩的文章，得力于经、史。得力于经，是指他的文章大抵都是为了论道，即使是应酬性的文字，也少有不论及道者。所以他作杂记文，决不就事论事，为记作记，停留于事情本身。他总要从他所记叙的事情中，挖掘出一点东西，或是人们不易体察的感情，或是较为深刻的哲理，或是更具普遍性的原则，这往往能提高文章的格调。这篇《救灾记》，作者的目的并不是为赵抃树碑立传，他是把赵抃作为一个“有志于民”的官吏楷模来写，因为“其施虽在越，其仁足以示天下；其事虽行于一时，其法足以传后”；并号召其他官吏“推公之所已试”，向赵抃学习。这样写，就堪称一篇经世致用之文，也才符合儒家传统的“文以载道”的准则。另一方面，说曾巩的散文得力于史，不仅仅是因为他在文章中总是旗帜鲜明地褒贬是非，评判得失，还因为他的文风严谨，常常带有史传性。他的这篇《救灾记》，如果截去末段的议论，就俨然像一篇严肃的史传文。全文仅一千字，确切的统计数字就出现了八九次，一般的文学性散文是不这样写的。这个特点，与全文的自然淳朴，行文的平易，语言的质木少文，叙事的井井有条，结构的谨严相一致。把这些特点统起来看，我们就比较容易把握住曾巩散文的特色了。

最后，需要补充几句。曾巩这一类文章，绝非故作高论，他是身体力行的。他在地方任上减赋赈饥、治暴降盗、完城修桥、储药救灾等种种政绩，在历史上都有详细记载。正是因为他有这些实践，这篇文章才能写得这样实在，这样感人。

（曾枣庄　曾　弢）

《战国策目录》序　　曾　巩

刘向[①]所定《战国策》[②]三十三篇，《崇文总目》称十一篇者，阙。臣访之士大夫家，始尽得其书，正其误谬，而疑其不可考者，然后《战国策》三十三篇复完。

叙曰：向叙此书，言周之先，明教化，修法度，所以大治。及其后，谋诈用而仁义之路塞，所以大乱。其说既美矣。卒以谓此书，战国之谋士度时君之所能行，不得不然，则可谓惑于流俗而不笃于自信者也。

夫孔、孟之时，去周之初已数百岁，其旧法已亡，旧俗已熄久矣。二子乃独明先王之道以谓不可改者，岂将强天下之主以后世之所不可为哉？亦将因其所遇之时，所遭之变，而为当世之法，使不失乎先王之意而已。二帝、三王[③]之治，其变固殊，其法固异，而其为国家天下之意，本末先后，未尝不同也。二子之道，如是而已。盖法者所以适变也，不必尽同；道者所以立本也，不可不一：此理之不易者也。故二子者守此，岂好为异论哉？能勿苟而已矣。可谓不惑乎流俗而笃于自信者也。

战国之游士则不然，不知道之可信，而乐于说之易合；其设心注意，偷为一切之计而已。故论诈之便而讳其败，言战之善而蔽其患。其相率而为之者，莫不有利焉而不胜其害也，有得焉而不胜其失也。卒至苏秦、商鞅、孙膑、吴起、李斯之徒[④]以亡其身，而诸侯及秦用之者，亦灭其国。其为世之大祸明矣。而俗犹莫之寤[⑤]也。惟先王之道，因时适变，为法不同，而考之无疵，用之无弊；故古之圣贤，未有以此而易彼也。

或曰："邪说之害正也，宜放⑥而绝之，则此书之不泯，其可乎？"对曰："君子之禁邪说也，固将明其说于天下，使当世之人皆知其说之不可从，然后以禁，则齐；使后世之人，皆知其说之不可为，然后以戒，则明。岂必灭其籍哉？放而绝之，莫善于是。是以《孟子》之书，有为神农之言者，有为墨子之言者，皆著而非之。至于此书之作，则上继《春秋》，下至楚、汉之起，二百四十五年之间，载其行事，固不可得而废也。"

此书有高诱注者二十一篇，或曰三十二篇，《崇文总目》存者八篇，今存者十篇云。

〔注〕 ① 刘向(前77？—前6)：字子政，汉成帝时任光禄大夫，校阅经传诸子诗赋等书籍，撰成最早的目录《别录》。 ②《战国策》：书名，多记录战国策士的言行，保存史料较丰富。由刘向编定。 ③ 二帝、三王：二帝指尧、舜，三王指夏禹、商汤与周文王、武王。 ④"卒至"句：苏秦为战国时纵横家，曾说六国合纵以抗秦；商鞅为法家，曾说秦孝公变法图强；孙膑为兵家，曾为齐谋击破魏军；吴起为兵家，曾为魏文侯将攻秦，任西河守；李斯为法家，曾助秦始皇统一六国。 ⑤ 寤：通"悟"。 ⑥ 放：抛弃。

曾巩是欧阳修的乡后进，学习欧阳修为古文，深于儒术；文章以儒家思想为准绳，风格亦近于欧阳修，雍容平易，能穷尽事理。他曾编校史馆书籍，迁馆阁校理、集贤校理，在校书方面颇多贡献。姚鼐认为"其后目录之序，子固独优矣"(《古文辞类纂序目》)。这篇《〈战国策目录〉序》可见一斑。

全篇分六段，首尾是有关《战国策》的校定等问题，中间四大段驳斥刘向肯定《战国策》救急作用的观点，实质是一篇议论文。

第一段叙述校定《战国策》的情况。因为校书都是进呈给皇帝的，所以自称为"臣"。《崇文总目》是在这以前(庆历元年，公元1041年)王尧臣等将皇家藏书编排的书目。那里称十一篇，所以曾巩说是"阙"。最后经过努力搜求整理，"然后《战国策》三十三篇复完"。完是对缺说的，加个"复"字，是照应第一句刘向原书而说的。这段交代非常简洁，一目了然。目录之书，这是必要的条件。

第二段用"叙曰"领起自己对刘向《战国策序》的评论。文章分两层，先扬后抑。至"其说既美矣"，为第一层，欲抑先扬。刘向用了上千字叙述的内容，曾巩只用二三十字就能概括出它的主要精神，两篇对读，不能不佩服他行文的简洁。"卒以谓"以下是第二层，也是本文批评的重点。这是针对刘向最后一段话说的，先用十几个字概括刘向文章最后一段，然后加以判断："可谓惑于流俗而不笃于自信"。这一层是这段文章的主旨。先下结论，然后再行分析，写议论文常用这种方式，易引起人注意。

第三段以孔、孟来批评刘向。刘向自认为是信奉孔子之道的，所以用孔、孟和刘向对比，就更能看出“惑于流俗而不笃于自信”的弱点。这一段分为三层，层层深入。至“使不失乎先王之意而已”，为第一层，从孔、孟所处的时代说到他们的坚持“独明先王之道”的理由。这一层先说当时“旧法已亡，旧俗已熄久矣”不可能重新复旧。用来反引孔、孟“独明先王之道以谓不可改”的理由。这里已经暗示“法”和“道”的问题。“岂将强天下之主”，一个反诘，否定了刘向“度时君之所能行”的话。“亦将因其所遇之时，所遭之变，而为当世之法，使不失乎先王之意而已”，上一问是陪笔，这一句是正意。“而已”，说得非常肯定。所谓“先王之意”也就是“道”。这样自然地引到下一层，阐明二帝三王治国平天下有变有不变的道理。先用“固殊”“固异”说明尧、舜、禹、汤、文、武治理天下本来都有不同的“法”，用来反衬“而其为国家天下之意，本末先后未尝不同”这层主要意思。《礼记·大学》里说：“物有本末，事有终始，知所先后，则近道矣。”“本”即指不变的“道”，“末”指可变的“法”。孔、孟“独明先王之道”，所以要简单而扼要地阐述一下“先王之道”的精神实质，然后仍然回到孔、孟身上：“二子之道，如是而已。”既肯定，又简练。“盖”字起为第三层，从“法”与“道”的关系，进一步阐明第二层的精神。这几句话是对孔、孟治国主张的辩证的概括，“不必尽同”顶上文的“其变固殊，其法固异”，“不可不一”顶上文的“未尝不同”。这几句话非常精湛，“此理之不易者也”，说明是规律。然后回到孔、孟坚持原则，“岂好为异论哉”，用反诘否定；“能勿苟而已矣”正面肯定。所谓“苟”就是指放弃原则，投机取巧。“可谓不惑乎流俗而笃于自信者也”句，和上段结尾正相对照。这一段议论精湛，结构紧密，环环相生，而又能开合自如，是这篇文章最精彩的部分，也看出曾巩“长于经术”的特点。

第四段直接批判战国游士的危害，说明必须坚持正道，这和上段紧密相联。第一句“战国之游士则不然”引起全段，说明和孔、孟相反。下面先分析他们的基本出发点：“设心注意，偷为一切之计。”这和上段的“勿苟”正相反。“偷”就是“苟且”。接着用“故论诈之便而讳其败，言战之善而蔽其患”两句对他们的表现做出高度概括。“其相率”句起，说明“得不偿失”，亡国灭身的严重后果，然后说明“其为世之大祸明矣”，再慨叹“而俗犹莫之寤也”，又回到刘向身上。这是本段的一大层，从理论到实践批判战国游士的危害，表明其说不可从。“惟”字起是第二层和上一层对比，以申述第三段的论点，说明孔、孟等古之圣贤从来没有用游士之说来代替先王之道的，这样刘向的“惑于流俗而不笃于自信”的错误就不言自明了。从第二段到这里，一方面申述孔、孟之道，一方面批判《战国策》中所表现的思想的严重危害，以论证刘向文章中的错误态度。这就带来一个问题：既然危害如此严重，为什么要辛辛苦苦搜集整理这部著作？下一段就设为问答之辞来解决这个疑问，并阐述对待这本书的正确态度。

第五段先以"或曰"提出问题，再用"对曰"阐明正确态度，不是"灭其籍"而是分析批判它的危害，使人知不可信从，然后又举《孟子》为证。这是一层，从道理上说"放而绝之，莫善于是"。下面再从史料价值说"固不可得而废也"，说明自己校定是必要的。

第六段和第一段相呼应，说明本书注本的存佚问题。

这篇文章议论正大，既有原则立场又有辩证态度；破得充分，立得牢靠，而语气从容不迫，以理服人。第五段谈到对待《战国策》之类有错误观点的史料书应该如何对待，在今天还有借鉴的价值。在曾子固文章中这算是上乘，《宋史》称其"本源《六经》"，这也是适例。

（周本淳）

赠黎、安二生序　　曾 巩

赵郡[①]苏轼，予之同年[②]友也。自蜀以书至京师遗予，称蜀之士曰黎生、安生者。既而黎生携其文数十万言，安生携其文亦数千言，辱以顾予。读其文，诚闳壮隽伟，善反复驰骋，穷尽事理，而其材力之放纵，若不可极者也。二生固可谓魁奇特起之士，而苏君固可谓善知人者也。

顷之，黎生补江陵府司法参军[③]。将行，请予言以为赠。予曰："予之知生，既得之于心矣，乃将以言相求于外邪？"黎生曰："生与安生之学于斯文，里之人皆笑以为迂阔。今求子之言，盖将解惑于里人。"予闻之，自顾而笑。

夫世之迂阔，孰有甚于予乎？知信乎古，而不知合乎世；知志乎道，而不知同乎俗。此予所以困于今而不自知也。世之迂阔，孰有甚于予乎？今生之迂，特以文不近俗，迂之小者耳，患为笑于里之人。若予之迂大矣，使生持吾言而归，且重得罪，庸讵止于笑乎？

然则若予之于生，将何言哉？谓予之迂为善，则其患若此。谓为不善，则有以合乎世，必违乎古；有以同乎俗，必离乎道矣。生其无急于解里人之惑，则于是焉必能择而取之。

遂书以赠二生，并示苏君以为何如也。

〔注〕 ① 赵郡：今河北赵县。苏洵《族谱后录上篇》叙其家世，谓汉代苏章“为冀州刺史，又迁为并州，有功于其人，其子孙遂家于赵郡”。故苏轼除署“眉山苏轼”外，又常署作“赵郡苏轼”。 ② 同年：谓同一年进士及第。曾巩与苏轼皆于嘉祐二年(1057)进士及第。 ③ 江陵府：治今湖北荆沙。司法参军：官名，置于各州，掌议法断刑。

这是一篇赠序，前两段为叙事，后两段为议论，就黎生所谓里人笑其迂阔，求言以解里人之惑而发。全文的中心是谈自己处世的“迂阔”远胜二生，但不是发牢骚，而是为自己辩护。因为发牢骚是消极的，辩护却理直气壮。关于“迂阔”，曾巩早在年青时候写给欧阳修的信中，即称自己“寡与俗人合也。于公卿之门未尝有名，亦无达者之车回顾其疏贱。抱道而无所与论，心常愤愤悱悱，恨不得发也”(《上欧阳学士第一书》)。可见他是自甘“迂阔”，并无愧色。这段自白，正好作为这篇赠序谈他“知信乎古，而不知合乎世；知志乎道，而不知同乎俗”的注脚。即曾肇在《亡兄行状》中所说的，曾巩“为人惇大直方，取舍必度于礼义，不为矫伪姑息以阿世媚俗。弗在于义，虽势官大人，不为之屈；非其好，虽举世从之，不辄与之比。以其故，世俗多忌嫉之，然不为之变也”。

近代林纾说：“文之雄健，全在气势。气不王(旺)，则读者固索然；势不蓄，则读之亦易尽。故深于文者，必敛气而蓄势。”(《春觉斋论文》)气旺即气壮。此文之理直气壮，自不待言。这里要分析的，是作者如何敛气蓄势。本来，此文是为自己不合世俗、怀才不遇而发，作者心中郁积着不平和愤懑。但文章开头，却以温和平缓的笔调，叙述好友苏轼向他推荐蜀士黎、安二生，不久二生携文求见，详读二生之文，果然堪称“魁奇特起”之士。接着叙述黎生将外出做官之际，因他与安生“学于斯文”，“里之人皆笑以为迂阔”，请求作者为他们“解惑于里人”。至此，才刚刚接触到全文的中心。而作者对此，却不过“自顾而笑”而已。文章一半已过，还完全没有露出一点锋芒，这就是作者的敛气蓄势之功。我们不妨拿韩愈那篇著名的《送孟东野序》与此文作比较。韩愈的文章劈头第一句就是“大凡物不得其平则鸣”，接着就一“鸣”再“鸣”，连下三十八个“鸣”字，排江倒海，气势磅礴，与曾巩文章的从容淡泊、藏而不露迥然异趣。但藏而不露，不是为了“藏”，而是为了更好地“露”。所以第三段，作者就直接针对“迂阔”二字发表议论了。然而即使是直接发表议论，作者也是一唱三叹，吞吐抑扬，而不是咄咄逼人，一泻无余。首先，他不说黎、安二生的“迂阔”，而说自己的“迂阔”：“夫世之迂阔，孰有甚于予乎？”反问加强了肯定。并且明确指出自己的“迂阔”在于信古志道，不与世俗同流。接着指出二生“文不近俗”的迂阔，比起他的“迂阔”，不过是“小迂”而已。既然如此，他的话对黎、安二生要他“解惑于里人”的请求，还有什么用处呢？因此作者又回到自己身上来：假如说他的这种“迂阔”是好的，则有为世人讥笑的祸患；说不好呢，则又必然违古离道。所以他希望二生不要“急于解里人之惑，则于是焉必能择而取之”。作者并未要求二生如何在这两者间作出选择，但他的期望显而易见，那就是宁可为世人讥笑，也要信古志道。至此，我们从这篇文章的叙和议两方面分析了它敛气蓄势、一唱三叹的特点。它虽远不及韩愈、苏轼的文章那样痛快淋漓，气势不凡，但却自有一种含蓄优雅的风韵，这点与欧阳修的文章很有相似之处。

这篇文章的另一显著特点是善于选择文眼。所谓“文眼”，是指揭示全文主题所在的字眼，是文章立论和结构的中心，往往也是把文章的形式和内容有机地结合在一起的关键。不难看出，这篇文章的文眼就是“迂阔”二字。从行文上看，全文紧紧围绕“迂阔”二字来写；文章议论的唯一中心，也在于“迂阔”二字；文章的主旨，是为了表达对于世人所讥笑的这种“迂阔”，自己是矢志不渝的。正是由于有了这个文眼，文章的结构才显得这样严谨利落，毫无汗漫无根之迹；也正是因为这个原因，文章才没有因为它的柔婉曲折而染上枝蔓冗赘之病，相反，却呈现出一种峻洁之美。

最后应该指出的是，这篇文章在思想上所表现出来的信古志道，在艺术上所呈现的纡徐婉转、峻洁利落，虽与作者惯有的思想、文风一致，但如此情不自禁地表达自己愤世嫉俗之心，以及行文的俯仰开合、摇曳生姿，在曾巩散文中并不多见。

（曾枣庄　曾　弢）

【作者小传】

钱公辅

北宋散文家。字君倚，常州武进(今江苏常州武进)人。仁宗时进士。曾任集贤殿校理、开封府推官等职，后调同修起居注，进知制诰。神宗时为天章阁待制，知制诰，转谏议大夫。与王安石政见不合，贬为江宁府知府，后因病辞官。

义　田　记

钱公辅

范文正公，苏人也①。平生好施与，择其亲而贫、疏而贤者，咸施之。方贵显时，置负郭常稔之田千亩，号曰“义田”，以养济群族之人。日有食，岁有衣，嫁娶凶葬皆有赡。择族之长而贤者主其计，而时共出纳焉。日食，人一升；岁衣，人一缣②；嫁女者五十千，再嫁者三十千；娶妇者三十千，再娶者十五千；葬者如再嫁之数，葬幼者十千。族之聚者九十口，岁入给稻八百斛，以其所入，给其所聚，沛然有余而无穷。屏而家居俟代者与焉，仕而居官者罢莫给。此其大较也。

初，公之未贵显也，尝有志于是矣，而力未逮者二十年。既而为西帅，及参大政③，于是始有禄赐之入，而终其志。公既殁，后世子孙④修其业，承其志，如公之存也。公虽位充禄厚，而贫终其身。殁之日，身无以为敛，子无以为丧。惟以施贫活族之义，遗其子而已。

昔晏平仲⑤敝车羸马，桓子⑥曰：“是隐君之赐也。”晏子曰：“自臣之贵，父之族，无不乘车者；母之族，无不足于衣食者；妻之族，无冻馁者；齐国之士，待臣而举火者三百余人。如此，而为隐君之赐乎？彰君之赐乎？”于是齐侯⑦以晏子之觞而觞⑧桓子。予尝爱晏子好仁，齐侯知贤，而桓子服义也；又爱晏子之仁有等级，而言有次第也。先父族，次母族，次妻族，而后及其疏远之贤。孟子曰：“亲亲而仁民，仁民而爱物⑨。”晏子为近之。今观文正公之义田，贤于平仲。其规模远举，又疑过之。

呜呼！世之都三公位⑩，享万钟禄，其邸第之雄，车舆之饰，声色之多，妻孥之富，止乎一己而已，而族之人不得其门者，岂少也哉？况于施贤乎！其下为卿，为大夫，为士⑪，廪稍⑫之充，奉养之厚，止乎一己而已。而族之人，操壶瓢为沟中瘠者，又岂少哉？况于他人乎！是皆公之罪人也。

公之忠义满朝廷，事业满边隅，功名满天下，后世必有史官书之者，予可无录也。独高其义，因以遗其世云。

〔注〕①范文正公：即范仲淹，苏州吴县(今属江苏苏州)人，字希文，谥文正。　②一缣：

一匹细绢。 ③“既而为西帅”二句：庆历二年(1042)，范仲淹任陕西路安抚经略招讨史，次年任参知政事。 ④后世子孙：指范仲淹之子纯祐、纯仁、纯礼、纯粹等。 ⑤晏平仲：即晏婴(？—前500)，春秋时齐国大夫，继其父晏弱为齐卿，历仕灵公、庄公、景公三世。 ⑥桓子：即田(陈)无宇，田(陈)文子之子，春秋时齐国大夫。 ⑦齐侯：指齐景公(？—前490)，名杵臼，公元前547—前490年在位。 ⑧觞：盛酒器。此处下一“觞”字用作动词，谓罚酒。本段此句以上，事见《晏子春秋·内篇杂下》。 ⑨“亲亲而仁民”二句：语见《孟子·尽心上》。 ⑩都：居。三公：说法不一。或指太师、太傅、太保，或指大司马、大司徒、大司空。此泛指辅助国君掌握军政大权的官员。 ⑪卿、大夫、士：在奴隶制时代的诸侯国中，国君之下有卿、大夫、士三级，后来成为对一般任官职者之称。 ⑫廪稍(shào哨)：官府供给的粮食。

范仲淹从小家境贫寒，身居高位后，仍然过着“非宾客不重肉，妻子衣食，仅能自充”(《宋史》本传)的生活。但另一方面，他却以“禄赐之入”，置义田千亩“养济群族”，又一次实践了他“先天下之忧而忧，后天下之乐而乐”的主张。本文详细记叙了范仲淹设置义田的事迹，在引古叹今的对比中，高度赞扬了范仲淹“施贫活族”的仁义之行。

文章通过不同角度的对比，突出了范仲淹设置义田“好施与”的美德懿行。首先是范仲淹对人、对己的对比。范仲淹自己“虽位充禄厚，而贫终其身。殁之日，身无以为敛，子无以为丧”。但他为族人设置义田，其仁爱之心，却无微不至。首段“日有食”五句总写义田的作用和管理方式，以下即分写对族人日食岁衣，嫁女娶妇，再嫁再娶，葬者、葬幼者，家居、居官者的具体养济之法。作者写这些繁琐的事情，简洁利落，有条不紊，如剥笋抽茧，次序井然，无形中正体现出范仲淹设置义田，是何等悉心尽力，慎重其事。其次是拿古人作对比。文章第三段写春秋时齐国宰相晏婴“彰君之赐”的故事，赞扬“晏子好仁”。但作者的用意不在此，而在于由此指出范仲淹设置义田，“贤于平仲(晏婴)”“彰君之赐”。因为义田不仅规模大，而且是从长远考虑的。他设置义田千亩，并延及后世子孙的“规模远举”，是晏婴无法相比的。第三是拿当世之人作对比。文章第四段痛斥当代公卿士大夫“享万钟禄”，“廪稍之充，奉养之厚，止乎一己而已”，与范仲淹以“禄赐之入”，设置义田“养济群族”，形成鲜明对比；这些人沉湎于邸第车舆、声色妻孥的享乐，与范仲淹“贫终其身”形成鲜明对比；但他们的族人却“操壶瓢为沟中瘠”，又与范仲淹的族人“嫁娶凶葬皆有赡”形成鲜明对比。所以说这些人都是“公之罪人”。作者如此痛骂世人之不义，正是为了赞扬范仲淹的仁义之行。文章末段称颂范仲淹“忠义满朝廷，事业满边隅，功名满天下”，而偏偏只取他设置义田一事来写，“独高其义”，也是把范仲淹平生的大功大业，与设置义田这件小事作对照，从而更加突出了这件事的意义。可见全文无处不在对比，无处不在借客形主。正是通过对比，范仲淹设置义田的美德懿行，才显示出了它不寻常的意义。

这篇文章的结构安排颇具匠心。细读原文，不难发现，从第二段开始，每一段都是前文的补充，而又使读者意想不到。首段记义田，周详无遗。文章到此，已完成了为义田作记的任务。次段推远说去，追叙范仲淹早有此志，补充说明设置义田之因，为首段生了根。接着写范仲淹死后，子孙们能够"承其志"，把义田办下去——仁义之行得到发扬光大。至此，作为设置义田一事，从头到尾，已经十分完整，可以收笔了。然而作者笔锋一转，谓范仲淹死时"身无以为敛，子无以为丧"，与义田中"葬者如再嫁之数，葬幼者十千"前后对照；紧接着"惟以施贫活族之义，遗其子而已"二句，可谓画龙点睛之笔。文章如就此结束，既完整又不落俗套。但事实上文章到此还不过一半篇幅，下面还有三段议论。宋人作记，有好发议论的特点。本文在文意已尽的情况下大发议论，弄得不好就有画蛇添足之嫌，写好了才能为文章增色生辉。如前所述，后三段议论是成功的，它们与前两段形成鲜明对照，突出和深化了文章的主题。不仅如此，由于这三段议论置于文末，更给人以一种欲言不尽的气势，使文章在引古叹今的大开合中波澜起伏。尤其是最后一段，对范仲淹的忠义、事业、功名一笔带过，"他人作记，必以此于起手处张大之，今只于结尾略带"（《古文观止》卷九），诚为不同凡响之笔。

（曾枣庄　曾　弢）

【作者小传】

李　觏

(1009—1059)　北宋思想家。字泰伯。南城（今属江西）人。南城在盱江边，学者称盱江先生。曾创盱江书院。范仲淹荐为太学助教，后升直讲。一生从事学术活动。文章朴实，多关经世。对儒家思想有不同见解，对佛教虚妄、耗财亦加批判。著有《直讲李先生文集》（亦名《盱江文集》）。

袁州州学记　　李　觏

皇帝二十有三年①，制诏州县立学。惟时守令有哲②有愚。有屈力殚虑，祗顺德意；有假官借师，苟具文书③。或连数城，亡诵弦声。倡而不和，教尼不行。

三十有二年，范阳祖君无择④知袁州。始至，进诸生，知学宫阙状，大惧人材放失，儒效阔疏，亡以称上意旨。通判颍川陈君侁，闻而是之，议以克合。相旧夫子庙狭隘不足改为，乃营治之东。厥土燥刚，厥位面阳，厥材孔良。殿堂门庑，黝垩丹漆，举以法。故生师有舍，庖廪有次。百尔器备，并手偕作。工善吏勤，晨夜展力，越明年成。

舍菜且有日。盱江李觏⑤谂于众曰：惟四代之学，考诸经可见已。秦以山西⑥鏖六国，欲帝万世，刘氏一呼而关门不守，武夫健将卖降恐后，何耶？《诗》《书》之道废，人惟见利而不闻义焉耳。孝武乘丰富，世祖出戎行，皆孳孳学术。俗化之厚，延于灵、献⑦。草茅危言者，折首而不悔；功烈震主者，闻命而释兵。群雄相视，不敢去臣位，尚数十年。教道之结人心如此。今代遭圣神，尔袁得圣君，俾尔由庠序践古人之迹。天下治，则谭礼乐以陶吾民；一有不幸，尤当仗大节，为臣死忠，为子死孝。使人有所赖，且有所法。是惟朝家教学之意。若其弄笔墨以徼⑧利达而已，岂徒二三子之羞，抑亦为国者之忧。

此年实至和甲午⑨，夏某月甲子记。

〔注〕 ① 皇帝二十有三年：指宋仁宗庆历四年(1044)。下文“三十有二年”，指宋仁宗皇祐五年(1053)。宋仁宗于天圣元年(1023)即位。 ② 哲：聪明。 ③“有假官借师”二句：谓徒有官师之名，只是苟且具奉诏文书以上闻而已。 ④ 祖君无择：祖无择(1006—1085)，字择之。《宋史·祖无择传》谓祖无择在袁州“首建学官，置生徒，郡国弦诵之风，由此始盛”。⑤ 盱江李觏：按李觏，建昌军南城(今属江西)人。南城地临盱江(即抚河)，故以为称。⑥ 山西：战国、秦、汉时代，通称崤山或华山以西为山西。 ⑦ 灵、献：东汉灵帝和献帝。⑧ 徼(yāo 腰)：通“邀”，求取。 ⑨ 至和甲午：宋仁宗至和元年(1054)。

宋初开国数十年间，统治者对于科举十分关注，但尚未重视兴学。朝廷只设一所国子监(国子学)，学生甚少，州、县一级的学校更是寥寥无几。宋仁宗庆历三年(1043)，开始设立四门学，并在藩镇立学；次年又“诏天下州县立学，更定科举法”(《宋史·仁宗纪三》)，正式建立太学。从此以后，各地兴建官学成风，“州郡不置学者鲜矣”(明彭大翼《山堂肆考》商集卷三《教授》)。但兴办官学，毕竟要通过官府的努力才行。有的官府，能够“屈(尽)力殚虑，祗(敬)顺德意”；而有的官府，如袁州（今江西宜春），“自庆历诏天下立学，十年间其敝徒文具，无命教之实”（《宋史·祖无择传》），就难免“倡而不和（上面提倡，下面却不响应），教尼（止）不行”之弊。本文首段简略概述了这种历史背景，是“抑”的写法，为次段“扬”祖无择知袁州营治学舍，兴办官学，一改袁州“亡（通“无”）诵弦声”之功，作好了铺垫。

次段先写祖无择“知学宫阙（废坏）状”，这是了解情况；“大惧人材放失，儒效阔疏”，这是了解情况后的忧虑。“相（视）旧夫子庙”五句写祖无择和陈侁为营治学舍相地选材，“殿堂门庑”三句具体写施工。由于“工善吏勤，晨夜展力”，所以第二年学舍就修成了。因有首段的铺垫，这一段虽是客观记叙营治学舍的过程，并无称道之语，但赞赏之意，已在不言之中。同时语言之简洁，叙事节奏之快，使祖无择办学，给人以雷厉风行之感，与首段作者斥责的“假官借师，苟具文书”之徒，形成鲜明对比。

第三段首句“舍菜且有日”，为承上起下之语。舍菜即释菜，弟子入学时以苹蘩之类祭祀先圣先师的一种典礼。学舍既成，弟子舍菜祭祀先师，此为承上；作者在祭祀先师的典礼上规谏众生（“谂于众”），此为启下，自然引出下文一大段议论。古人作学记，常从虞、夏、商、周“四代之学”，所谓先王教化说起，此却以“考诸经可见已”一句迈过，这就不落俗套。紧接着“秦以山西鏖（激烈战斗）六国”四句写刘邦灭秦。秦二世三年（前207），刘邦至宛（今河南南阳），秦南阳守降，仍使为守。刘邦自宛西进，沿路“诸城未下者，闻声争开门而待”，皆降。继而刘邦攻克武关，至蓝田大破秦军，于次年十月进抵灞上，秦王子婴降，秦朝从此灭亡（事见《史记·高祖本纪》）。作者为何突然说到刘邦灭秦呢？那是为了说明“《诗》《书》之道废，人惟见利而不闻义”。秦始皇三十四年（前213），博士淳于越反对中央集权的郡县制，要求根据古制分封弟子。丞相李斯加以驳斥，主张禁止儒生以古非今，以私学诽谤朝政。秦始皇采纳李斯的建议，下令焚烧《秦纪》以外的列国史记，对不属于博士官私藏的《诗》《书》等，亦限期交出烧毁；有敢谈论《诗》《书》的处死，以古非今的灭族，同时禁止私学。次年又有四百六十多名攻击秦始皇的方士和儒生，在咸阳被坑死。“《诗》《书》之道废”即指此。诚然，秦朝灭亡有其历史必然性，“《诗》《书》之道废”只是原因之一。作者引此，不过重在指出废学可致灭国之祸而已。这是反面的教训。以下“孝武乘丰富”十二句，则是从正面说明“教道之结人心”，即因兴学而兴国的历史经验。汉武帝建元元年（前140），董仲舒建议独尊儒家学说，罢黜诸子百家，只有通晓儒学的人才能做官，借以统一思想，巩固统治。汉武帝接受其主张，在大学专设五经博士，用儒家经典教育子弟，选用官吏也以儒学为标准。东汉光武帝刘秀（世祖）在恢复汉室后，于建武五年（29）建太学修明礼乐，并亲幸太学；十四年（38）又赐封孔子后人，继续倡导儒学。所以那时在野未仕（“草茅”）之人，为了国家利益，敢以激烈的言辞犯上，虽死不悔；功业卓著之臣，也不以功自傲，而听命于君。因而东汉末年曹操等“群雄相视”几十年，也不敢轻易“去臣位”而称帝。文章从正反两面阐述了废学之祸与兴学之效，阐明了立学与否同国家兴亡紧密相关。反面的教训，正是为当代“假官借师，苟具文书”之徒敲警钟；正面的经验，又是对祖、陈二君无形的赞美，与前二段遥遥相应。接下来落笔到现实。“今代遭圣神”，这是就仁宗诏天下立学言；“尔袁得圣君”，这是就祖无择在袁州兴学言。上倡下应，才有“由庠序（学校）践古人之迹”的成绩。天下大治的时候，光大礼乐、兴办教育来陶冶百姓，这样万一国家遭受不幸，臣民们才会忠孝仗义，报国报君，而不会“见利而不闻义”，加速国家的灭亡。这是“朝家教学之意”，也是此文的主旨所在。文章引古鉴今，写到此已经辞足意达，然而作者反收一笔：“若其弄笔墨以徼利达而已，岂徒二三子之羞，抑亦为国者之忧。”在封建社会，求学应试是一般人做官的唯一途径，即所谓“学而优则仕”。但如果为了做官而学，那就是另一种形式的“见利而不闻义”了。作者如此反收一笔，不仅使文章的逻辑更严密，立论更警醒，也使文章的结尾掀起波澜，令人深思，不同平平之笔。

（曾枣庄　曾　弢）

【作者小传】

司马光

（1019—1086）　北宋大臣、史学家。字君实。陕州夏县（今属山西运城）涑水乡人。世称涑水先生。宝元进士。仁宗末任天章阁待制兼侍讲知谏院。治平三年（1066）撰成《通志》八卷上进，英宗时设局续修，神宗时赐书名为《资治通鉴》。王安石行新政，他竭力反对。神宗不从其议，任为枢密副使，坚辞不就，后出知永州军。次年退居洛阳，续撰《通鉴》，元丰七年（1084）成书。次年哲宗即位，太后听政，入京主国政。元祐元年（1086）任尚书左仆射，兼门下侍郎，废新法。为相八月病死。追封温国公。著有《司马文正公集》《稽古录》《涑水纪闻》等。

谏院题名记

司马光

古者谏无官，自公卿大夫至于工商，无不得谏者。汉兴以来，始置官。夫以天下之政，四海之众，得失利病，萃于一官使言之，其为任亦重矣。居是官者，当志其大，舍其细，先其急，后其缓，专利国家而不为身谋。彼汲汲于名者，犹汲汲于利也。其间相去何远哉！

天禧初，真宗诏置谏官六员，责其职事①。庆历中，钱君②始书其名于版。光恐久而漫灭，嘉祐八年，刻著于石。后之人将历指其名而议之曰："某也忠，某也诈，某也直，某也回。"呜呼，可不惧哉！

〔注〕 ①"天禧初"三句：《宋史·真宗纪三》载天禧元年(1017)二月，"置谏官、御史各六员，每月一员奏事，有急务，听非时入对"。 ② 钱君：疑为钱明逸。钱明逸(1015—1071)，字子飞，钱易之子，钱惟演之侄。庆历四年(1044)为右正言，谏院供职。六年擢知谏院(见《宋史》卷三一七《钱惟演传》附《钱明逸传》和《续通鉴长编》卷一五三、一五九)。

宋代设谏院，始于仁宗明道元年(1032)，其长官为"知谏院事"。这之前，分属门下省和中书省的左、右谏议大夫，左、右司谏，左、右正言，虽名为谏官，但除非皇帝特旨供职，并不得谏诤。谏院主管规谏讽谕，凡朝政缺失，百官任非其人，各级官府办事违失，都可谏正。司马光于嘉祐六年(1061)迁起居舍人同知谏院，本文即作于嘉祐八年知谏院任上。文章的主旨在于阐述谏官的重大责任以及谏官应有的品德。景祐三年(1036)欧阳修写有著名的《与高司谏书》，痛斥身为"耳目之官"(指谏官)的高若讷，"惜官位，惧饥寒而顾利禄"，以致"不复知人间有羞耻事"。可见此文并非凭空而发，实乃有感而作，在当时自有其现实意义。

全文不足二百字，首段为议，次段为记。议的特点是周详无遗，记的特点是简洁利落。议和记两部分截然分开，看似游离，实则紧密相关，都是为了说明同一个主旨，即身为谏官之人，当"专利国家而不为身谋"。

我们先看首段议论部分。"古者谏无官"，用意不在此，而是为了说明"无不得谏者"。《淮南子·主术训》云："尧置敢谏之鼓"。相传尧时曾设鼓于庭，使民击之以进谏。古时虽无谏官，但人人都可以进谏。到了汉代，才开始设置谏议大夫，专掌指陈朝政缺失之职。行文至此，从"无(谏)官"到"置(谏)官"，说明了谏官在历史上的重要地位。因而接下来关于谏官"为任亦重矣"的议论，就是水到渠成之笔。既然责任重大，身为谏官，就有个怎样尽职的问题，作者是从方法和品德两方面来阐述的：就方法讲，"当志其大，舍其细，先其急，后其缓"；就品德讲，当抱定不为自身谋名逐利的宗旨。"彼汲汲于名者，犹汲汲于利也。"谏官本无什么实权，看上去与“利”没有什么关系；但谏官的名声很重要，声名狼藉的谏官，又怎能取信于人呢！这两句话非常深警，堪称哲理名言。以上仅一百字的篇幅，行文却如此周详，面面俱到，十分难能。文字的简洁利落，在首段已经得到了体现，不过那是在议论中体现出来的，次段却体现在记叙中。以天禧、庆历、嘉祐三个年号冠头，将设置谏官、谏院题名、易版为石三件事交代得清清楚楚。四十个字，跨越四十余年，可谓惜墨如金。

大凡作文，起笔和收笔都很重要，短文尤其如此。本文起笔突兀，收笔凛然，为文章增色不少。作者记谏院题名，落笔首句却是“古者谏无官”，不读下文，谁知道作者从何说起呢！如此陡峭之笔，增强了文章的吸引力。收笔“某也忠，某也诈，某也直，某也回（奸邪）”，面对后人“历指其名”作不留情面的评判，谁不凛然生畏！诚如作者所言，“可不惧哉”！

（曾枣庄　曾　弢）

【典籍介绍】

《资治通鉴》

北宋司马光撰。二百九十四卷，又考异、目录各三十卷。编年体通史。初成战国至秦二世八卷，名为《通志》，进于宋英宗。治平三年（1066）奉命设书局继续编撰，至神宗元丰七年（1084）完成，历时十九年。神宗以其“鉴于往事，有资于治道”，命名为《资治通鉴》。全书上起周威烈王二十三年（前403），下迄后周世宗显德六年（959）。内容以“关国家兴衰，系生民休戚”为主，“不特纪治乱之迹”，于礼乐、历数、天文地理“尤致其详”。注释主要有宋末元初胡三省的《资治通鉴音注》。补正主要为明末严衍著《资治通鉴补》。

肥水之战

《资治通鉴》

太元七年①……冬，十月，秦王坚会群臣于太极殿②，议曰：“自吾承业，垂三十载③，四方略定，唯东南一隅，未沾王化。今略计吾士卒，可得九十七万，吾欲自将以讨之，何如？”秘书监朱肜④曰：“陛下恭行天罚⑤，必有征无战⑥，晋主不衔璧军门⑦，则走死江海，陛下返中国士民，使复其桑梓⑧，然后回舆⑨东巡，告成岱宗⑩，此千载一时也。”坚喜曰：“是吾志也。”

尚书左仆射权翼[11]曰：“昔纣[12]为无道，三仁在朝，武王犹为之旋师[13]。今晋虽微弱，未有大恶；谢安、桓冲皆江表伟人[14]，君臣辑睦，内外同心。以臣观之，未可图也！”坚默然良久，曰：“诸君各言其志。”

太子左卫率[15]石越曰：“今岁镇守斗[16]，福德在吴，伐之必有天殃。且彼据长江之险，民为之用，殆未可伐也！”坚曰：“昔武王伐纣，逆岁违卜[17]。天道幽远，未易可知。夫差、孙皓皆保据江湖[18]，不免于亡。今以吾之众，投鞭于江，足断其流，又何险之足恃乎！”对曰：“三国之君[19]皆淫虐无道，故敌国取之，易于拾遗。今晋虽无德，未有大罪，愿陛下且按兵积谷，以待其衅[20]。”于是群臣各言利害，久之不决。坚曰：“此所谓筑舍道旁，无时可成[21]。吾当内断于心耳。”

群臣皆出，独留阳平公融[22]，谓之曰：“自古定大事者，不过一二臣而已。今众言纷纷，徒乱人意。吾当与汝决之。”对曰：“今伐晋有三难：天道不顺，一也；晋国无衅，二也；我数战兵疲[23]，民有畏敌之心，三也。群臣言晋不可伐者，皆忠臣也，愿陛下听之。”坚作色曰：“汝亦如此，吾复何望！吾强兵百万，资仗[24]如山；吾虽未为令主，亦非阇劣。乘累捷之势，击垂亡之国，何患不克？岂可复留此残寇，使长为国家之忧哉！”融泣曰：“晋未可灭，昭然甚明。今劳师大举，恐无万全之功。且臣之所忧，不止于此。陛下宠育鲜卑、羌、羯[25]，布满畿甸，此属皆我之深仇。太子独与弱卒数万留守京师，臣惧有不虞之变生于腹心肘掖，不可悔也。臣之顽愚，诚不足采；王景略[26]一时英杰，陛下常比之诸葛武侯，独不记其临没之言[27]乎！”坚不听。于是朝臣进谏者众，坚曰：“以吾击晋，校其强弱之势，犹疾风之扫秋叶，而朝廷内外皆言不可，诚吾所不解也！”

太子宏曰：“今岁在吴分，又晋君无罪，若大举不捷，恐威名外挫，财力内竭，此群下所以疑也！”坚曰：“昔吾灭燕，亦犯岁而捷[28]，天道固难知也。秦灭六国[29]，六国之君岂皆暴虐乎！”

冠军、京兆尹慕容垂[30]言于坚曰：“弱并于强，小并于大，此理势自然，非难知也。以陛下神武应期，威加海外，虎旅百万，韩、白[31]满朝，而蕞尔江南，独违王命，岂可复留之以遗子孙哉！《诗》云：‘谋夫孔多，是用不集[32]。’陛下断自圣心足矣，何必广询朝众！晋武平吴，所仗者张、杜二三臣而已[33]。若从朝众之言，岂有混壹之功！”坚大悦曰：“与吾共定天下者，独卿而已。”赐帛五百匹。

坚锐意欲取江东，寝不能旦。阳平公融谏曰：“‘知足不辱，知止不殆[34]。’自古穷兵极武，未有不亡者。且国家本戎狄也，正朔[35]会不归人。江东虽微弱仅存，然中华正统，天意必不绝之。”坚曰：“帝王历数，岂有常邪？惟德之所在耳！刘禅[36]岂非汉之苗裔邪，终为魏所灭。汝所以不如吾者，正病此不达变通耳！”

坚素信重沙门道安[37]，群臣使道安乘间进言。十一月，坚与道安同辇游于东苑，坚曰：“朕将与公南游吴、越，泛长江，临沧海，不亦乐乎！”安曰：“陛下应天御世，居中土而制四维，自足比隆尧、舜；何必栉风沐雨，经略遐方乎！且东南卑湿，沴气易构，虞舜游而不归[38]，大禹往而不复[39]，何足以上劳大驾也！”坚曰：“天生烝民而树之君，使司牧之[40]，朕岂敢惮劳，使彼一方独不被泽乎！必如公言，是古之帝王皆无征伐也。”道安曰：“必不得已，陛下宜驻跸洛阳，遣使者奉尺书于前，诸将总六师[41]于后，彼必稽首入臣，不必亲涉江、淮也。”坚不听。

坚所幸张夫人[42]谏曰：“妾闻天地之生万物，圣王之治天下，皆因其自然而顺之，故功无不成。是以黄帝服牛乘马，因其性也[43]；禹浚九川，障九泽[44]，因其势也；后稷播殖百谷[45]，因其时也；汤、武帅天下而攻桀、纣[46]，因其心也；皆有因则成，无因则败。今朝野之人皆言晋不可伐，陛下独决意行之，妾不知陛下何所因也。《书》曰：'天聪明自我民聪明[47]。'天犹因民，而况人乎！妾又闻王者出师，必上观天道，下顺人心。今人心既不然矣，请验之天道。谚云：'鸡夜鸣者不利行师，犬群嗥者宫室将空，兵动[48]马惊，军败不归。'自秋、冬以来，众鸡夜鸣，群犬哀嗥，厩马多惊，武库兵器自动有声，此皆非出师之祥也。"坚曰："军旅之事，非妇人所当预也。"

坚幼子中山公诜[49]最有宠，亦谏曰："臣闻国之兴亡，系贤人之用舍。今阳平公，国之谋主，而陛下违之；晋有谢安、桓冲，而陛下伐之，臣窃惑之！"坚曰："天下大事，孺子安知！"

……

太元八年……秋，七月……秦王坚下诏大举入寇。民每十丁遣一兵；其良家子[50]年二十已下有材勇者，皆拜羽林郎[51]。又曰："其以司马昌明为尚书左仆射[52]，谢安为吏部尚书[53]，桓冲为侍中[54]；势还不远[55]，可先为起第[56]。"良家子至者三万余骑，拜秦州主簿赵盛之为少年都统[57]。是时，朝臣皆不欲坚行，独慕容垂、姚苌[58]及良家子劝之。阳平公融言于坚曰："鲜卑、羌虏，我之仇雠，常思风尘之变以逞其志，所陈策画，何可从也？良家少年皆富饶子弟，不闲军旅，苟为谄谀之言以会陛下之意。今陛下信而用之，轻举大事，臣恐功既不成，仍有后患，悔无及也。"坚不听。

八月，戊午[59]，坚遣阳平公融督张蚝[60]、慕容垂等步骑二十五万为前锋；以兖州[61]刺史姚苌为龙骧将军，督益、梁州[62]诸军事。坚谓苌曰："昔朕以龙骧建业[63]，未尝轻以授人，卿其勉之！"左将军窦冲曰："王者无戏言，此不祥之征也！"坚默然。

慕容楷、慕容绍[64]言于慕容垂曰："主上骄矜已甚，叔父建中兴之业，在此行也！"垂曰："然。非汝，谁与成之！"

甲子[65]，坚发长安，戎卒六十余万，骑二十七万，旗鼓相望，前后千里。九月，坚至项城[66]，凉州之兵始达咸阳[67]，蜀、汉[68]之兵方顺流而下，幽、冀之兵至于彭城[69]，东西万里，水陆齐进，运漕万艘。阳平公融等兵三十万，先至颍口[70]。

诏以尚书仆射谢石[71]为征虏将军、征讨大都督，以徐、兖二州刺史谢玄[72]为前锋都督，与辅国将军谢琰、西中郎将桓伊[73]等众共八万拒之；使龙骧将军胡彬以水军五千援寿阳[74]。琰，安之子也。

是时秦兵既盛，都下震恐。谢玄入，问计于谢安，安夷然，答曰："已别有旨。"既而寂然。玄不敢复言，乃令张玄[75]重请。安遂命驾出游山墅，亲朋毕集，与玄围棋赌墅。安棋常劣于玄，是日，玄惧，便为敌手而又不胜。安遂游陟，至夜乃还。桓冲深以根本[76]为忧，遣精锐三千入卫京师；谢安固却之，曰："朝廷处分已定，兵甲无阙，西藩[77]宜留以为防。"冲对佐吏叹曰："谢安石有庙堂之量，不闲将略。今大敌垂至，方游谈不暇，遣诸不经事少年拒之，众又寡弱，天下事已可知，吾其左衽矣[78]！"……

冬，十月，秦阳平公融等攻寿阳；癸酉[79]，克之，执平虏将军徐元喜等。融以其参军河南郭褒为淮南太守[80]。慕容垂拔郧城[81]。胡彬闻寿阳陷，退保硖石[82]，融进攻之。秦卫将军梁成等帅众五万屯于洛涧[83]，栅淮[84]以遏东兵。谢石、谢玄等去洛涧二十五里而军，惮成不敢进。胡彬粮尽，潜遣使告石等曰："今贼盛粮尽，恐不复见大军。"秦人获之，送于阳平公融。融驰使白秦王坚曰："贼少易擒，但恐逃去，宜速赴之！"坚乃留大军于项城，引轻骑八千，兼道就融于寿阳。遣尚书朱序[85]来说谢石等，以为强弱异势，不如速降。序私谓石等曰："若秦百万之众尽至，诚难与为敌。今乘诸军未集，宜速击之；若败其前锋，则彼已夺气，可遂破也。"

石闻坚在寿阳，甚惧，欲不战以老秦师。谢琰劝石从序言。十一月，谢玄遣广陵相刘牢之[86]帅精兵五千趣洛涧，未至十里，梁成阻涧为陈[87]以待之。牢之直前渡水，击成，大破之，斩成及弋阳太守王咏[88]；又分兵断其归津[89]，秦步骑崩溃，争赴淮水，士卒死者万五千人，执秦扬州刺史[90]王显等，尽收其器械军实。于是谢石等诸军，水陆继进。秦王坚与阳平公融登寿阳城望之，见晋兵部阵严整，又望八公山[91]上草木，皆以为晋兵，顾谓融曰："此亦勍敌，何谓弱也！"抚然始有惧色。

秦兵逼肥水而陈，晋兵不得渡。谢玄遣使谓阳平公融曰："君悬军深入，而置陈逼水，此乃持久之计，非欲速战者也。若移陈少却，使晋兵得渡，以决胜负，不亦善乎！"秦诸将皆曰："我众彼寡，不如遏之，使不得上，可以万全。"坚曰："但引兵少却，使之半渡，我以铁骑蹙而杀之，蔑不胜矣！"融亦以为然，遂麾兵使却。秦兵遂退，不可复止。谢玄、谢琰、桓伊等引兵渡水击之。融驰骑略陈，欲以帅退者，马倒，为晋兵所杀，秦兵遂溃。玄等乘胜追击，至于青冈[92]；秦兵大败，自相蹈藉而死者，蔽野塞川。其走者闻风声鹤唳，皆以为晋兵且至，昼夜不敢息，草行露宿，重以饥冻，死者什七八。初，秦兵少却，朱序在陈后呼曰："秦兵败矣！"众遂大奔。序因与张天锡[93]、徐元喜皆来奔。获秦王坚所乘云母车[94]。复取寿阳，执其淮南太守郭褒。

坚中流矢，单骑走至淮北，饥甚，民有进壶飧、豚髀者，坚食之，赐帛十匹，绵十斤。辞曰："陛下厌苦安乐，自取危困。臣为陛下子，陛下为臣父，安有子饲其父而求报乎！"弗顾而去。坚谓张夫人曰："吾今复何面目治天下乎！"潸然流涕……

谢安得驿书，知秦兵已败。时方与客围棋，摄书置床上[95]，了无喜色，围棋如故。客问之，徐答曰："小儿辈遂已破贼。"既罢，还内，过户限，不觉屐齿之折。

〔注〕 ① 太元七年：公元382年。太元：东晋孝武帝司马曜的年号。 ② 秦王坚：即苻坚(338—385)，十六国时期前秦皇帝。氐族首领。初为东海王，后杀苻生自立。建元二十一年(385)，为羌族首领姚苌擒杀。太极殿：前秦长安皇宫的正殿。 ③ "自吾承业"二句：苻坚自公元357年杀秦主苻生自立为大秦天王，至此年(382)已二十六载。 ④ 秘书监：掌管宫禁秘藏图书的秘书省长官。朱肜(róng容)：曾替苻坚平定汉中、西蜀。 ⑤ 恭行天罚：谓奉天意

讨伐东晋。语出《尚书·夏书·甘誓》:“今予惟恭行天之罚。” ⑥ 有征无战：谓代天征伐，不用交战就可获胜。《汉书·严助传》:“天子之兵，有征而无战。” ⑦ 衔璧军门：口衔璧玉到军门投降称臣。 ⑧“陛下返中国士民”二句：谓使西晋末年逃难到南方去的中原士民回到他们的家乡。桑梓，指故乡。 ⑨ 舆：指皇帝的车驾。 ⑩ 告成岱宗，谓在泰山上祭天地以庆大功告成。岱宗，即泰山。 ⑪ 尚书左仆射：主持朝廷日常事务的机构尚书省的副长官。权翼：字子良，洛阳人。 ⑫ 纣：商朝最后一个君主受辛。 ⑬“三仁在朝”二句：箕子、微子、比干这三个仁人在纣的朝廷上，周武王尚且为此而撤兵。《论语·微子》:“微子去之，箕子为之奴，比干谏而死。孔子曰：‘殷(商)有三仁焉。’”武王还师之事，见《史记·齐太公世家》。 ⑭ 谢安：字安石，阳夏(今河南太康)人，东晋政治家。年四十余始出仕，晋孝武帝时任中书监、录尚书事(相当于宰相)。桓冲：字幼之，谯国龙亢(今安徽怀远)人。晋孝武帝时，以都督江、荆诸州军事领荆州刺史。江表：地在长江以外，指江南。 ⑮ 太子左卫率：护卫皇太子的官。 ⑯ 岁镇守斗：岁，木星。镇，土星。斗，星宿名。《汉书·天文志》:“岁星所在，国不可伐。”又：“填(镇)星所居国，吉。”斗宿的分野在吴地(东晋据有吴地，吴即指东晋)，故下云“福德在吴”。后文云“岁在吴分”，亦此意。 ⑰“昔武王伐纣”二句：《荀子·儒效》:“武王之诛纣也，行之日以兵忌，东面而迎太岁。”古时迷信，认为每年都有一个神作主宰，叫太岁。《史记·齐太公世家》:“武王将伐纣，卜龟，兆不吉，风雨暴至。群公尽惧，惟太公强之，劝武王，武王于是遂行。” ⑱ 夫差：春秋时吴国国君。公元前 473 年，越王勾践灭吴，夫差自刭而死。(见《史记·吴太伯世家》)孙晧：字元宗。三国时吴国最后一个君主，公元 280 年为晋所灭。(见《三国志·吴志》)江湖：长江及其两岸的湖泊。 ⑲ 三国之君：指纣王、夫差、孙晧。 ⑳ 衅：空隙，机会。 ㉑ 筑舍道旁，无时可成：《诗经·小雅·小旻》:“如彼筑室于道谋，是用不溃于成。”朱熹《诗集传》:“如将筑舍而与行道之人谋之，人人得为异论，其能有成也哉？古语云：‘作舍道边，三年无成。’盖出于此。” ㉒ 阳平公融：苻融，字博休，苻坚之季弟，封阳平公。 ㉓ 我数战兵疲：苻坚于公元 370 年平前燕，376 年灭前凉，378 年攻襄阳、拔南阳，379 年攻陷襄阳，380 年又出兵讨伐秦国叛将苻洛、苻重。 ㉔ 资仗：资财和武器。 ㉕ 鲜卑、羌、羯：均我国古代民族。合匈奴、氐，史称“五胡”。 ㉖ 王景略：王猛，字景略，北海剧(今山东寿光)人。辅佐苻坚，共举大事。以讨前燕慕容暐有功，封清河郡侯，入为丞相。 ㉗ 临没之言：公元 375 年七月，王猛病笃，苻坚亲至猛第视疾，访以后事。猛曰：“晋虽僻处江南，然正朔相承，上下安和，臣没之后，愿勿以晋为图。鲜卑、西羌，我之仇敌，终为人患，宜渐除之，以便社稷。”言终而卒。(见《资治通鉴》卷一〇三) ㉘“昔吾灭燕”二句：公元 370 年苻坚灭前燕，是年岁星在燕分，故云“犯岁而捷”。(见《资治通鉴》卷一〇二) ㉙ 六国：韩、魏、楚、赵、燕、齐。 ㉚ 慕容垂：字道明，鲜卑人，前燕主慕容皝第五子。公元 369 年，以击败桓温军有大功。后为太傅慕容评所忌，被迫投奔苻坚。苻坚以为冠军将军，任京兆尹。肥水之战后，于公元 384 年自称燕帝，于中山(今河北定县)建立后燕政权。 ㉛ 韩：指汉高祖时名将韩信。白：指战国时秦国名将白起。 ㉜“谋夫孔多”二句：语出《诗经·小雅·小旻》。谓出主意的人太多，因而事情办不成。孔，甚。集，成。 ㉝“晋武平吴”二句：公元 279 年，晋武帝司马炎兴兵伐吴，大臣们都不赞成，只有张华、杜预、王濬等二三臣坚决主张伐吴。(见《资治通鉴》卷八〇) ㉞“知足不辱”二句：语出《老子》第四十四章。殆，危险。 ㉟ 正朔会不归人：意谓中国的统治权不会归于戎狄(指少数民族)。正，正月；朔，初一。正朔，此泛指历法。古时改朝换代，就要重定正朔。如夏朝以阴历正月为正月，以天正明为初一；殷朝以阴历十二月为正月，以鸡鸣为初一；周朝以阴历十一月为正月，以夜半为初一。 ㊱ 刘禅：字公嗣，蜀先主刘备之子，嗣位为后主。公元 263 年，魏国司马昭派钟会、邓艾攻蜀，刘禅降，蜀亡。　㊲ 沙门：梵语，僧的别称。道安：晋朝名僧，本姓卫氏，常山扶柳(今河北冀县)人。公元378年，苻坚破襄阳，亲迎道安至长安，对他十分敬信。(见《高僧传》初集卷五)　㊳ 虞舜游而不归：《史记·五帝本纪》载虞舜"南巡狩，崩于苍梧之野，葬于江南九疑"。　㊴ 大禹往而不复：《史记·夏本纪》载"帝禹东巡狩，至于会稽而崩"。㊵ 天生烝民：语出《诗经·大雅·烝民》。烝民：众民。司牧：统治管理。《左传·襄公十四年》："天生民而立之君，使司牧之。"是此两句所本。　㊶ 总六师：统率全军。六师即六军。《周礼·夏官·司马》："凡制军：万有二千五百人为军。王六军，大国三军，次国二军，小国一军。"　㊷ 所幸：所宠爱的。张夫人：苻坚妾。明辩有才识。苻坚败后自杀。(见《晋书·烈女传》)　㊸"是以黄帝服牛乘马"二句：意谓古时黄帝驾牛乘马，是顺着牛马任重致远的本性。服，乘，驾。《易·系辞下》："黄帝、尧、舜……服牛乘马，引重致远，以利天下。"　㊹"禹浚九川"二句：《尚书·夏书·禹贡》载禹治洪水，"九川涤源，九泽既陂"。浚，疏通。障，筑堤防卫。㊺ 后稷播殖百谷：后稷名弃，周人的祖先。舜时用他主农事。《尚书·虞书·舜典》："帝曰：'弃，黎民阻饥，汝后稷，播时(莳)百谷。'"　㊻ 汤、武帅天下而攻桀、纣：商汤伐夏桀、周武伐殷纣事，详见《史记》中《夏本纪》《殷本纪》。　㊼ 天聪明，自我民聪明：语出《尚书·虞书·皋陶谟》。谓上天以人民的视听作为自己的视听，即天意决定于民意之意。聪明，闻和见。　㊽ 兵动：即下文"武库兵器自动有声"。　㊾ 中山公诜(shēn 身)：苻诜，封爵中山公。苻坚死后，诜亦自杀。　㊿ 良家子：清白人家的子弟。　51 拜：任命。羽林郎：皇帝近卫军武官。　52 司马昌明：东晋孝武帝司马曜，字昌明。尚书左仆射：即宰相。　53 吏部尚书：掌管任免、考课、升降、调动全国官吏的长官。　54 侍中：侍从皇帝左右应对顾问的长官。　55 势还不远：谓以情势论，胜晋凯旋之期不远。　56 起第：建造宅第。　57 秦州：治所在今甘肃省天水市。主簿：主管文书簿籍的官吏。少年都统：统率少年军的将帅。　58 姚苌：字景茂，羌族首领。其兄姚襄为苻坚所杀，姚苌投降前秦，有战功。苻坚失败后，据长安称帝，国号大秦，历史上称后秦。　59 戊午：(八月)初二日。　60 张蚝(cì 次)：秦将，力大过人，有"万人敌"之称。61 兖州：今河南东北部、山东西南部一带。　62 益、梁州：二州在今四川及陕西南部一带。63 昔朕以龙骧建业：苻坚是苻健弟雄之子，健于公元352年称帝后，任坚为龙骧将军。355年，健死，子生继位，凶狠残暴。357年，坚怒杀生，自称帝。(见《晋书·苻健苻生载记》)　64 慕容楷、慕容绍：慕容垂兄之子。垂建立后燕政权后，以楷为征西大将军，绍为镇南大将军。65 甲子：(八月)初八。　66 项城：今属河南。　67 凉州：今甘肃河西走廊一带。咸阳：今属陕西。　68 蜀、汉：今四川及陕西南部地区。汉指汉水上游。　69 幽、冀：幽州、冀州，今河北北部一带。彭城：今江苏徐州。　70 颍口：在今安徽寿县西南，为颍水流入淮河之处。71 诏：指东晋孝武帝下的诏书。谢石：字石奴，谢安弟。初拜秘书郎，累官尚书仆射。72 徐、兖二州：晋东迁后所置的南徐州(今江苏镇江一带)，南兖州(今江苏江都一带)。谢玄：字幼度，谢安兄奕之子。　73 谢琰：字瑗度。桓伊：字叔夏。　74 寿阳：今安徽寿县。75 张玄：晋宁侯张玄之，与谢玄齐名，称"南北二玄"。　76 根本：指东晋京城建康。　77 西藩：时桓冲驻守的荆、襄一带地区，为东晋西陲重镇，故称"西藩"。　78 左衽：衣襟向左边开，为古代少数民族的服式。此句意谓晋国将要为少数民族统治。　79 癸酉：(十月)十八日。80 郭褒为淮南太守：《资治通鉴》卷一〇五胡三省注："淮南郡本治寿阳，秦既得之，以郭褒为太守。"　81 郧(yún 云)城：今湖北安陆。　82 硖石：《水经注·淮水》："淮水东过寿春县(今安徽寿县)北。又北径山硖中，谓之峡石。对岸山上结二城以防津要。"则峡石为山名。《资治通鉴》卷一〇五胡三省注引杜佑曰："峡石，今汝阴郡下蔡县(今安徽凤台)。"　83 洛涧：一名洛河，淮河支流，在今安徽怀远西南。 ㉞ 栅淮：沿淮河设置栅栏。 ㉟ 朱序：字次伦。原是东晋梁州刺史，公元379年，秦兵破襄阳，被俘降秦。 ㊱ 广陵相：广陵(今江苏扬州)侯国的国相。刘牢之：字道坚，彭城(今江苏徐州)人，初为谢玄参军，是东晋名将。 ㊲ 陈：古"阵"字。㊳ 弋阳：郡名，治所在今河南潢川西。《资治通鉴》卷一〇五胡三省注："曹魏分西阳(郡名，治所在今湖北黄冈东)、蕲春(郡名，治所在今湖北蕲春)置弋阳郡，秦未能有其地也，王咏领太守耳。"领，遥领。 ㊴ 归津：撤退的渡口。 ㊵ 扬州：西晋时，扬州治所在建康(今江苏南京)。苻坚预先派定扬州刺史，意在攻克建康后改为州郡。 ㊶ 八公山：在今安徽寿县北。 ㊷ 青冈：在今安徽寿县西北。 ㊸ 张天锡：字纯嘏，本晋凉州刺史。公元376年，苻坚派兵攻凉州，天锡战败而降。 ㊹ 云母车：用云母装饰的辇车，须王公以上可乘。 ㊺ 摄：收起来。床：置放用物的小桌。

肥水，一作淝水，源出安徽省合肥市附近的紫蓬山，西北流经寿县入淮河。公元383年的淝水之战(本文题目依《资治通鉴》作"肥水之战")，即发生在寿县的肥水上。这是一场关系东晋和前秦存亡的决战，也是历史上著名的以少胜多、以弱胜强的战役之一。本文详细记叙了这场战争的始末，较为客观地揭示了这场战争胜负的必然性，成功地塑造了苻坚、谢安等历史人物形象，表现出作者极为个性化的人物语言风格和对重大历史题材得心应手的驾驭能力。本文节选自史书《资治通鉴》(卷一〇四、一〇五)，在古代文学史上亦堪称名篇。

关于这场战争胜负的必然性，作者不是站在局外，作指点江山似的评论，而是通过写决策之时，苻坚手下的众多要臣苦口婆心的劝谏，自然体现出来的。公元357年，苻坚夺取前秦政权即位后，先后消灭了前燕、前凉和代国，统一了北方地区。随后不断向南扩展，夺取了东晋的梁、益二州，又攻占了襄阳、彭城两大重镇。从表面上看，当时的前秦政权所向披靡，势不可当，这是苻坚准备发兵九十余万，梦想一举消灭东晋的根本原因。但实际情况呢，且看苻坚的谋臣们如何分析当时战争双方的形势吧。古人言战，好谈"天时、地利、人和"。苻坚的谋臣，正是从这三方面指出了东晋所处的有利地位。关于"天时"，石越说"今岁镇守斗，福德在吴(指东晋统治的地区)"；太子宏说"今岁在吴分"；阳平公融说"国家本戎狄也，正朔会不归人。江东虽微弱仅存，然中华正统，天意必不绝之"，干脆以"天道不顺"一言以蔽之。以今天的观点看，这些说法都带着浓厚的迷信色彩，但古人往往以十分敬畏的态度对待所谓"天意"或"天道"，也常常以此印证某些事情。关于"地利"，石越强调东晋"据长江之险"的有利地位，最后东晋果然"据长江之险"大败秦军。关于"人和"，权翼认为"今晋虽微弱，未有大恶；谢安、桓冲皆江表伟人，君臣辑睦，内外同心"；石越也认为"晋虽无德，未有大罪"，并且"民为之用"。当时东晋由于面临强敌的威胁，统治集团内部的矛盾暂时得到缓和，老百姓也积极支持对外抗战，上下同仇敌忾，士气旺盛，这是东晋能在这场战争中取胜的主要原因。再看前秦这方面，天时、地利自然无从谈起，最严重的是“人不和”：不仅众多要臣都反对举兵东晋，更由于历史的原因，前秦政权本身就危机四伏，非常不稳固。阳平公融向苻坚进言说：“陛下宠育鲜卑、羌、羯，布满畿甸（京城附近地区），此属皆我之深仇。太子独与弱卒数万留守京师，臣惧有不虞之变生于腹心肘腋，不可悔也。”苻坚统一北方时，降服了鲜卑、羌、羯各族，但又重用他们的首领。这些被统治的异族，“常思风尘之变以逞其志”（阳平公融语）。只要有机会，他们随时都可能起来反抗。所以极力怂恿苻坚出兵东晋的，“独慕容垂、姚苌”这些鲜卑族、羌族首领。出兵之初，慕容楷、慕容绍就对慕容垂说：“主上骄矜已甚，叔父建中兴之业，在此行也！”可见他们完全是处心积虑地利用苻坚“骄矜已甚”的弱点，以便由此推翻前秦的统治。至于被强迫征发来的汉族百姓，长期受少数民族统治，本来就不愿对东晋作战，因而当苻坚命令秦军从肥水后退时，被迫作战的前秦士兵才乘机逃散；鲜卑族和羌族的军将别有所图，只求保全实力，也不愿和晋军打仗。故秦军肥水一战，一败涂地——文章对这场战争胜负必然性的揭示，是令人信服的。

在这篇文章中出现的诸多人物中，作者刻意塑造，也是塑造得最成功的两个人物，是苻坚和谢安。但作者塑造这两个人物的方法却迥然不同。文章以大量的笔墨，淋漓尽致地刻画出苻坚狂妄自大、刚愎自用、武断专横的形象；却仅用二百余字的篇幅，就将不动声色、运筹帷幄的儒雅宰相谢安活现纸上。作者主要从语言，对不同意见的不同态度，以及为出兵东晋所作的诡辩三方面着手刻画苻坚。在语言上，作者重在表现苻坚的狂妄自大。苻坚在太极殿会集群臣说“自吾承业，垂三十载，四方略定，唯东南一隅，未沾王化”，因而准备出兵东晋。俨然以天下之主自居。言及前秦的力量，他认为“投鞭于江，足断其流”；“以吾击晋，校其强弱之势，犹疾风之扫秋叶”。在沙门道安面前，他将出兵东晋比做“南游吴、越，泛长江，临沧海，不亦乐乎”，飘飘然完全陶醉在胜利的梦幻中了。至于出兵之初，就大言不惭地预封东晋君臣官职，“其以司马昌明为尚书左仆射，谢安为吏部尚书，桓冲为侍中；势还不远，可先为起第”，则狂妄得来近乎无赖了。苻坚如此口吐狂言，再生动不过地说明了他的不可一世和自命不凡。我们再看苻坚对于不同意见所表现出来的不同态度。对合他意的进言——实际上是别有所图的阿谀之言，他的反应不是“喜曰：‘是吾志也’”（对朱肜），就是“大悦曰：‘与吾共定天下者，独卿而已’”（对慕容垂），并“赐帛五百匹”以示赞赏。对为他分析客观形势，劝他不可妄动的逆耳忠言，他要么是“默然良久，曰：‘诸君各言其志’”（对权翼），含糊其辞地回避问题；要么是“作色曰：‘汝亦如此，吾复何望’”（对阳平公融)，当面给人难堪；要么干脆执意“不听”(对沙门道安等)；要么直斥为“军旅之事，非妇人所当预也”(对张夫人)，“天下大事，孺子安知”(对幼子中山公诜)。作者在描写苻坚对群臣进谏的不同态度时，恰如其分地运用“喜”“大悦”“默然”“作色”等词，对苻坚的神态作画龙点睛之笔，生动地刻画出他的一意孤行和武断专横。但作者在突出苻坚的武断专横时，并没有忽视表现苻坚狡诈的一面，这主要体现在苻坚为举兵东晋所作的一系列诡辩之中。谏臣们累言出兵东晋“天道不顺”，苻坚却说“天道幽远，未易可知”，并举他自己“灭燕，亦犯岁而捷，天道固难知也”为例证。这些话孤立起来看并没有什么不对，问题是避开当时的具体形势不谈，就完全是诡辩了。这就是苻坚为自己所作的一系列辩解完全站不住脚的关键所在。石越强调东晋“据长江之险”的优势，苻坚辩以“夫差、孙晧皆保据江湖，不免于亡”；阳平公融认为前秦“数战兵疲”，不宜再战，苻坚辩以当“乘累捷之势，击垂亡之国”。当朝臣为出兵之事“各言利害，久之不决”之时，苻坚不去认真分析不同意见，反而笼统地说：“此所谓筑舍道旁，无时可成，吾当内断于心耳。”“自古定大事者，不过一二臣而已。今众言纷纷，徒乱人意。”直接为自己的独断专横寻找借口。苻坚对阳平公融说：“汝所以不如吾者，正病此不达变通耳！”像苻坚这样“变通”，就无异于诡辩。这两句话，正好是苻坚诡辩的自供。苻坚这个形象的成功，就在于作者把他的狂妄、武断和狡诈有机地结合在一起，这与他的身份是很吻合的。

与苻坚不可一世的形象相比，作者笔下的谢安就是另一种风姿了。当“秦兵既盛，都下震恐”之时，面对求计的谢玄，谢安却“夷然，答曰：‘已别有旨。’既而寂然。”随后就“出游山墅，亲朋毕集，与玄围棋赌墅”，甚至“游陟至夜乃还”。然而这正体现出谢安的“庙堂之量，不闲将略”。最为精彩，堪称绝笔的描写是当谢安得知秦兵已败，却“了无喜色，围棋如故”；但下完棋回屋过门槛时，门槛碰断了木屐上的齿条，他也没有发现。这是极写谢安内心深藏不露的巨大喜悦。谢安如此强压内心的喜悦，实不免史家所谓“矫情镇物”之嫌。但作为刻画谢安个性的细节描写，却是入木三分之笔。所以全文虽然只有二百余字的篇幅写到谢安，但谢安给人留下的深刻印象，并不亚于苻坚。

人物语言的充分个性化，是本文的另一成功之处。前已述及，作为一个不可一世的君主，苻坚的语言特征是狂妄自大；即使在他的诡辩当中，也带着几分蛮横。而作为别有用心的阿谀之徒，朱肜、慕容垂的语言则总是极力吹牛拍马。什么“陛下恭行天罚，必有征无战，晋主不衔璧军门，则走死江海”啦，什么“陛下神武应期，威加海外，虎旅百万，韩、白满朝”啦，等等。而且，我们还可以从他们的语言中看出刻意迎合之迹。慕容垂说："《诗》云：'谋夫孔多，是用不集。'陛下断自圣心足矣，何必广询朝众！晋武平吴，所仗者张、杜二三臣而已。"这与苻坚"筑舍道旁，无时可成，吾当内断于心耳"，"自古定大事者，不过一二臣而已"的诡辩之词，如出一辙。而像权翼、石越、阳平公融等忠直的谏臣，他们的语言则表现出情真意切、据理力争的特点。沙门道安和张夫人是身份较为特殊的两个人物。作为一个僧人，道安不便像其他朝臣那样就事论事，直言相谏，所以他的劝谏之言显得含蓄委婉。张夫人的谏言从"天地之生万物"说起，兜了个大圈子，才说到伐晋之事，表现出她的谨小慎微、生怕冒犯苻坚的心理。作为东晋宰相的谢安，文中只有几句看似无关宏旨、实则令人回味的话，这与他深藏不露的风度相一致，反有"此时无声胜有声"的效果。统观全文，人物对话占了一半以上的篇幅。作者在人物语言的个性化上所下的功夫，大大增强了文章的艺术感染力。

像淝水之战这样重大的历史事件，不可能写得事无巨细，面面俱到。一篇优秀的史传文，更不当满足于仅仅详叙事件的始末，而应当力求从中揭示出事件的本质。本文之所以能对这一历史事件的本质作出令人信服的揭示，跟它如何把握和剪裁这一历史事件是分不开的。首先，对战争双方即前秦和东晋，作者选取前秦为重点来写，通过揭示前秦出兵东晋的盲目性，道出了这场战争胜负的必然趋势。其次，作者详写战前双方的谋划过程，对战争本身只是粗线条大笔勾勒。而事实上，对战争本身的略写，已在详写战前谋划中得到了补充。因而文中对战争的叙述，虽然较为简略，读者却无单薄之感。最后，作者在着重揭示这场战争的必然趋势时，并不忽略表现战争中的一些偶然因素。如苻坚登寿阳城，"望八公山上草木，皆以为晋兵"；逃散的秦军"闻风声鹤唳，皆以为晋兵且至"。这种在必然中辅以偶然的写法，使文章更生动多姿。　　（曾枣庄　曾　弢）

【作者小传】

王安石

(1021—1086)　北宋政治家、文学家、思想家。字介甫，晚号半山。抚州临川（今属江西抚州）人。庆历进士。初知鄞县，嘉祐三年(1058)上万言书，主张改革政治。熙宁二年(1069)，被任为参知政事。次年拜相，推行新法，遭到反对。熙宁七年辞退，次年再相，九年再辞，退居江宁（今江苏南京），封荆国公，世称"荆公"。卒谥文。散文雄健峭拔，为"唐宋八大家"之一。其诗遒劲清新，其词风格高峻。著有《临川集》《临川集拾遗》等。

本朝百年无事札子 王安石

臣前蒙陛下问及本朝所以享国百年、天下无事之故。臣以浅陋，误承圣问。迫于日晷[①]，不敢久留，语不及悉，遂辞而退。窃惟念圣问及此，天下之福；而臣遂无一言之献，非近臣所以事君之义，故敢昧冒而粗有所陈。

伏惟太祖躬上智独见之明，而周知人物之情伪，指挥付托，必尽其材；变置施设，必当其务。故能驾驭将帅，训齐[②]士卒，外以捍夷狄，内以平中国。于是除苛赋，止虐刑，废强横之藩镇，诛贪残之官吏，躬以简俭，为天下先。其于出政发令之间，一以安利元元[③]为事。太宗承之以聪武，真宗守之以谦仁，以至仁宗、英宗，无有逸德。此所以享国百年而天下无事也。

仁宗在位历年最久，臣于时实备从官，施为本末，臣所亲见。尝试为陛下陈其一二，而陛下详择其可，亦足以申鉴于方今。伏惟仁宗之为君也，仰畏天，俯畏人，宽仁恭俭，出于自然，而忠恕诚悫[④]，终始如一，未尝妄兴一役，未尝妄杀一人。断狱务在生之，而特恶吏之残扰。宁屈己弃财于夷狄，而终不忍加兵。刑平而公，赏重而信。纳用谏官御史，公听并观，而不蔽于偏至之谗。因任众人耳目，拔举疏远，而随之以相坐之法。盖监司[⑤]之吏，以至州县，无敢暴虐残酷，擅有调发，以伤百姓。自夏人顺服，蛮夷遂无大变。边人父子夫妇，得免于兵死，而中国之人，安逸蕃息，以至今日者，未尝妄兴一役，未尝妄杀一人，断狱务在生之，而特恶吏之残扰，宁屈己弃财于夷狄，而不忍加兵之效也。大臣贵戚，左右近习，莫敢强横犯法，其自重慎，或甚于闾巷之人，此刑平而公之效也。募天下骁雄横猾以为兵，几至百万，非有良将以御之。而谋变者辄败；聚天下财物，虽有文籍，委之府史，非有能吏以钩考，而断盗者辄发；凶年饥岁，流者填道，死者相枕，而寇攘者辄得：此赏重而信之效也。大臣贵戚，左右近习，莫能大擅威福，广私货赂，一有奸慝，随辄上闻；贪邪横猾，虽间或见用，未尝得久：此纳用谏官御史，公听并观，而不蔽于偏至之谗之效也。自县令京官，以至监司台阁，升擢之任，虽不皆得人，然一时之所谓才士，亦罕蔽塞而不见收举者：此因任众人之耳目，拔举疏远，而随之以相坐之法之效也。升遐⑥之日，天下号恸，如丧考妣：此宽仁恭俭，出于自然，忠恕诚悫，终始如一之效也。

然本朝累世因循末俗之弊，而无亲友群臣之议。人君朝夕与处，不过宦官女子，出而视事，又不过有司之细故，未尝如古大有为之君，与学士大夫讨论先王之法，以措之天下也。一切因任自然之理势，而精神之运，有所不加，名实之间，有所不察。君子非不见贵，然小人亦得厕其间。正论非不见容，然邪说亦有时而用。以诗赋记诵求天下之士，而无学校养成之法；以科名资历叙朝廷之位，而无官司课试之方。监司无检察之人，守将非选择之吏。转徙之亟，既难于考绩，而游谈之众，因得以乱真。交私养望者多得显官，独立营职者或见排沮。故上下偷惰取容而已，虽有能者在职，亦无以异于庸人。农民坏于徭役，而未尝特见救恤，又不为之设官，以修其水土之利。兵士杂于疲老，而未尝申敕训练，又不为之择将，而久其疆埸之权。宿卫则聚卒伍无赖之人，而未有以变五代姑息羁縻之俗。宗室则无教训选举之实，而未有以合先王亲疏隆杀之宜。其于理财，大抵无法，故虽俭约而民不富，虽忧勤而国不强。赖非夷狄昌炽之时，又无尧汤水旱之变，故天下无事，过于百年。虽曰人事，亦天助也。盖累圣相继，仰畏天，俯畏人，宽仁恭俭，忠恕诚悫，此其所以获天助也。

伏惟陛下躬上圣之质，承无穷之绪，知天助之不可常恃，知人事之不可怠终⑦，则大有为之时，正在今日。臣不敢辄废将明之义，而苟逃讳忌之诛。伏惟陛下幸赦而留神，则天下之福也。取进止⑧。

〔注〕 ① 日晷(guǐ 鬼)：日影。这里是指时间。 ② 训齐：教育整顿。 ③ 元元：庶民，老百姓。 ④ 诚悫(què 确)：诚笃，忠厚。 ⑤ 监司：宋代诸路的转运使司、提点刑狱司、提举常平司等，有监察各州官吏之责，总称监司。 ⑥ 升遐：指帝王死去。 ⑦ 怠终：有始无终。 ⑧ 取进止：唐宋时奏章结尾的习惯用语，意谓采纳与否，取决于皇帝。取，听取；进，指意见被采纳；止，指奏章被驳回。

标题中的“札子”，指给皇帝的奏章。本文作于宋神宗熙宁元年(1068)，上距宋太祖赵匡胤称帝的建隆元年(960)，共一百零八年，称“百年”是举其成数。此文的写作缘起大致是这样：宋神宗赵顼是一个有志图强的年轻皇帝，公元1067年即位时只有二十岁，出于谋求富国强兵、改变“本朝”积弊的迫切愿望，他即位第二年便召见王安石进京议对。此时王安石已近“知天命”之年，其经历、见识很不一般。他从少年时起即胸有“轩冕”之志，曾自言“材疏命贱不自揣，欲与稷契遐相希”(《忆昨诗》)。出仕前又跟随宦游四方的父亲到过岭南、江苏的不少地方，对于下情已有所体恤。中经丁忧，二十一岁入京应礼部试，首试即中，以第四名的好成绩登杨寘榜进士。王安石由于个性拗强，人品高尚，学识渊博，素有“矫世变俗之志”，名播朝野。神宗早在东宫时已闻王安石大名，继位后，对这位写了《上仁宗皇帝言事书》(《万言书》)，提出“改易更革”主张的王安石十分倚重。这次把他由江宁召回京都，就是向他咨询北宋百年来没出大乱子的问题，要他当面回答这是什么原因。面对皇上，口头回答这么重大的问题，难无惶恐，加之时间紧迫，未敢迁延，来不及详对，即告辞返回。事后，他又觉得不符合近臣侍奉君主的道理，遂写了这篇《札子》，进一步申述改变积贫积弱局面、实行变法的实际需要和理论依据。神宗激赏此文，次年二月任命王安石为参知政事(副宰相)，变革遂张。此文可视为王安石变法的先声。

本文大致可分为五段。第一段是交代写作缘起，洵如上述。第二段是对“本朝”自开国皇帝赵匡胤至仁、英二宗的一一称颂，从而作出“此所以享国百年而天下无事”的初步答案。第三段，作者以“从官”的身份极言仁宗的所谓政绩美德，称颂他“仰畏天，俯畏人，宽仁恭俭”，用今天的话说，就是王安石认为仁宗当皇帝时，对上尊崇天意，对下兼听众议，宽仁恭俭，做得自然而又始终如一。尤可贵者，“未尝妄兴一役，未尝妄杀一人”，审理案件力求给犯人留一条活路，而对于官吏扰民深恶痛绝。对外不忍兴师动众，对内赏罚合理，不信谗言，处处依法办事。皇帝给监察机关带了个好头，所以各级官吏不敢擅自发号施令，也不敢做伤害百姓的事。自西夏归顺宋朝后，再没有发生较大的边境民族叛变之事。这样边民可免遭战乱之灾，内地民众亦可安居乐业。皇亲国戚不敢触犯法令，他们立身行事有的比百姓还谨慎，这是刑法公道所收到的成效。上百万军队是稳定的，一旦有贪污盗窃的人，很快便被揭露，至于在灾荒之年趁火打劫的人，会立即被破获，而皇帝身边的人也不敢擅作威福，索取贿赂。奸佞贪婪者偶被录用，但不能长久。各级官吏的任命提升虽不尽如人意，但也并无遗珠之憾，这是任人唯贤和依靠法制的结果。由于深得人心，所以在仁宗皇帝去世时，人们就像死了亲生父母一样悲痛万分。

第四段篇幅比上段略短，却是全文的重点段落，也是作者的醉翁之意之所在。头一句开门见山，指出"本朝累世因循末俗之弊"，可谓深中腠理。这些弊病分别表现在以下诸方面：一是皇帝朝夕共处的不过是宦官和妇女，临朝理事，又不外是一些琐碎之务，远不如那些有作为的国君，能同士大夫一起研讨先王的治国之法，从而在全国加以推行。二是对于事物不分名与实，一切听凭自然而不能发挥主观能动性；虽任用了贤人，但小人也占据一定职位；正确的言论皇帝不是不听，但错误的主张也时时被采纳。三是没能通过学校教育培养人才，以诗赋和背诵古书的办法取士，论资排辈、按科名资历任用官吏，而没能采取必要的考核措施。四是监察机关（监司）没有称职的官员，边将不是由军队中有指挥经验的人担任，而是任命一些并无军事知识和指挥能力的人充当。五是官吏调动频繁难以考核其政绩，而"游谈之众"便以假乱真，贤人反被埋没；靠私交、"走后门"扩充自己声望的人，大都成了高官；不靠后台、对公事尽职尽责的人，有时反被打击排挤，故而上下偷懒，一味取悦于人；贤人有职无权，才能得不到发挥，实等同于庸人。六是沉重的徭役造成农民破产，而政府没有设立专门机构，负责兴办整修农田水利等等。七是边防部队没有进行训练整顿，其中多有疲惫衰老者；内地驻军全是兵痞无赖，没能改变五代以来在养兵问题上笼络迁就的坏风气。八是对于皇族成员不曾经过严格教育和选拔，竟然委以重任，这不符合先王奖优罚劣的用人原则。九是朝廷对于理财，大都没有恰当的办法，所以尽管皇帝本人很节俭而百姓并不富裕，皇帝对国事百般操劳而国家却不强盛；幸而没有外患，也没遇到特大天灾，所以一百多年来没有出乱子。十是虽说事在人为，但"本朝"的创建和存在却是上天保佑的结果。

显然，以上十条，没有一条不是对北宋朝廷的严厉批评。遗憾的是后世读者曾对王安石的这一苦心孤诣产生了误解，认为"虽曰人事……此其所以获天助"之说，是对北宋的歌功颂德，把功劳归于皇帝和上天，表现了他作为地主阶级政治家的局限性。实则相反，这是王安石改革主张彻底性的实际表现。因为这十条的寓意在于北宋王朝已失去了存在的必然性，仅仅靠上天帮助的偶然性得以维持，如不改革，绝无出路。《宋史》本传载：神宗诏问"为治所先"，王安石对曰

"择术为先"。这就从根本上否定了北宋以来因循守旧的现行治术,而主张必须择取和制订足以对付内忧外患、天灾人祸的新的治国方案。

紧承前旨,第五段指出"知天助之不可常恃,知人事之不可怠终,则大有为之时,正在今日",这也不能理解为作者对宋神宗的吹捧。鉴于封建帝王至高无上的地位,一个有作为的大臣的满腹牢骚,也只能是委婉地、甚至是违心地加以表述。这一段话虽不多,但分量很重,它无异于警告赵顼说:天助是靠不住的,人事也不可有始无终,即使你对这些话很忌讳,因此而怪罪我,我也要把心里的话说出来,从而忠告你必须重新选择(择术为先)有助于变法图强的"人事"。成败在此一举,你如听取劝告,留心国事,实施变法,这便是天下人的一大福分!王安石的这些话中之话何等尖锐,哪里有什么美化和吹捧的意味!

上面指出,本文第四段是对北宋政治的严厉批评,而第三段从字面上看,不能不说是对仁宗皇帝的颂扬,但这里不仅有苦心,更体现了作者的思想机智和写作技巧:原来是用了欲抑先褒、寓抑于褒的手法。比如第三段花费了不少笔墨赞颂仁宗的恭俭宽厚,但充其量是一种抽象的肯定;而第四段的"其于理财,大抵无法,故虽俭约而民不富,虽忧勤而国不强",岂不是对前说的具体而彻底的否定?所以在评骘此文的思想性时,不宜笼统地斥责作者是在美化和吹捧宋朝的几个皇帝,而应该公正地肯定作者苦心孤诣地撰写此文是冒死进谏,其最终目的是为了变法图强。在这一点上——即在正直无私地从事变法革新的胆量方面,王安石的所作所为几乎是前无古人,后无来者,他被列宁称赞为"中国十一世纪时的改革家",是当之无愧的。至于因受到种种局限,对北宋前五代皇帝说了一些违背事实或相当过头的好话(比如把北宋对辽和西夏的妥协政策,说成是"宁屈己弃财于夷狄,而终不忍加兵"等等),不能不说是对北宋统治者的一种有意的讳饰。又比如,他还避开了王小波、李顺等农民起义以及澶渊之役后开创用岁币求苟安的恶例等等,对此必须一一予以必要的鉴别与批判。

总起来说,本文的特点是思想深刻,立意高远;说理透辟,措辞委婉;借题发挥,旁敲侧击;结构缜密,逻辑性强。作为政论文一种的"奏章",本文更有不枝不蔓、简劲精洁的特点。对于这一特点前人曾有所评述,如"文简而理周,斯得其简也"(陈骙《文则》),"只下一二语便可扫却他人数大段,是何简贵"(刘熙载《艺概·文概》)。本文正是这样,如第二段在赞颂北宋诸帝政绩时,对太祖所用笔墨较多,对其文治武功作了较多揄扬,这是必要的,而对于其后四帝的称颂用字极为简约:"太宗承之以聪武,真宗守之以谦仁,以至仁宗、英宗,无有逸德。"这种称颂本身虽不尽可取,但其用字之"简贵",颇为难得。

(陈祖美)

兴　贤　　　　王安石

国以任贤使能而兴，弃贤专己而衰。此二者必然之势，古今之通义，流俗所共知耳。何治安之世有之而能兴，昏乱之世虽有之亦不兴？盖用之与不用之谓矣。有贤而用，国之福也；有之而不用，犹无有也。

商之兴也有仲虺、伊尹①，其衰也亦有三仁②。周之兴也同心者十人③，其衰也亦有祭公谋父、内史过④。两汉之兴也有萧、曹、寇、邓之徒⑤，其衰也亦有王嘉、傅喜、陈蕃、李固之众⑥。魏、晋而下，至于李唐，不可遍举，然其间兴衰之世，亦皆同也。由此观之，有贤而用之者，国之福也；有之而不用，犹无有也，可不慎欤？

今犹古也，今之天下亦古之天下，今之士民亦古之士民。古虽扰攘之际，犹有贤能若是之众，况今太宁，岂曰无之？在君上用之而已。博询众庶，则才能者进矣；不有忌讳，则说直之路开矣；不迩小人，则谗谀者自远矣；不拘文牵俗，则守职者辨治矣；不责人以细过，则能吏之志得以尽其效矣。苟行此道，则何虑不跨两汉，轶三代，然后践五帝、三皇之涂哉⑦！

〔注〕 ① 仲虺(huǐ毁)：汤左相，奚仲之后。伊尹：商初大臣。名伊，尹为官名。一说名挚。传说出身奴隶，原为有莘氏女的陪嫁之臣，后来被委以国政，助汤攻灭夏桀，建立了商王朝。 ② 三仁：《论语·微子》："微子去之，箕子为之奴，比干谏而死。孔子曰：'殷有三仁焉。'" ③ 同心者十人：《尚书·泰誓中》："予有乱臣十人，同心同德。"乱，治。乱臣，治理国家的良臣。十人，指周公旦、召公奭、太公望、毕公、荣公、太颠、闳夭、散宜生、南宫适(kuò扩)、文母等十人。 ④ 祭(zhài债)公谋父(fǔ府)：祭国公，名谋父，为周之卿士。《左传·昭公十二年》："昔穆王欲肆其心，周行天下，将皆必有车辙马迹焉。祭公谋父作《祈招》之诗以止王心。"内史过：周大夫。 ⑤ 萧：萧何，西汉开国名相。曹：曹参，西汉开国功臣，萧何死后为相。寇：寇恂。邓：邓禹。皆为东汉开国功臣。 ⑥ 王嘉：西汉哀帝时丞相，为人刚直，因直言极谏，被迫害死。傅喜：西汉哀帝时曾拜大司马，因不附权贵被策免。陈蕃：东汉灵帝时为太傅，因谋诛宦官，事泄被害。李固：东汉顺帝时为大司农，在反对外戚的斗争中被害。 ⑦ 五帝：指上古的五个帝王，即黄帝、颛顼、帝喾、唐尧、虞舜。三皇：指上古的三个帝王，即燧人、伏羲、神农。关于五帝、三皇有各种不同说法，这里只取其一。

这是一篇政论文，是王安石为推行新法所作的舆论准备。所谓"兴贤"，即

“举贤”，也就是本文开篇所说的“任贤使能”。能否“任贤”，关系到国家的兴盛衰亡，是一个重大的原则问题。作为一位有远见的、爱国的政治家，王安石敏锐地察觉到当时的社会危机，决心变风俗，立法度，实行改革，扭转积弱积贫的局面。要使新法得以顺利贯彻执行，就必须起用一批德才兼备的贤士，否则一切都将落空。正是基于这种认识，作者才写了这篇文章，陈述自己的见解和主张，希望朝廷广开贤路，招揽英才，以造福于国家和人民。

本文主旨明确，结构严密，言简意赅，有理有据，很有说服力。全文分为三段，段与段之间具有内在的联系，环环相扣，形成一个有机的整体。首段开宗明义，从国家兴衰的高度，提出“任贤”与“弃贤”的问题。作者认为，无论是治世或乱世都不乏德才兼备之人，关键在于用与不用，用之则国家兴盛，不用则国家衰亡。由此可见“任贤使能”的重要性和迫切性。第二段列举商、周、两汉、魏晋以至唐代兴盛衰亡的历史，用不可辩驳的具体事实，进一步说明“任贤”与“弃贤”关系着一个政权的生死存亡，并且语重心长地指出：“有贤而用之者，国之福也；有之而不用，犹无有也，可不慎欤?”第三段针对当前的现实，建议“君上”应当广开言路，举贤授能，亲君子，远小人，不拘一格选拔人才，充分发挥贤能的作用。果能如此，何愁不能超越两汉、三代，进而达到“五帝、三皇”的太平盛世。

全文虽仅有三百多字，但主旨集中，论证充分，说理透彻，语言明快简练，表达了王安石关心国事，振兴宋廷，以天下为己任的理想和愿望，同时也体现了作者政论文笔力劲健，感情充沛，富有说服力的特点。 （喻朝刚）

取　材

王安石

夫工人之为业也，必先淬砺其器用，抡度其材干，然后致力寡而用功得矣。圣人之于国也，必先遴柬其贤能，练核其名实，然后任使逸而事以济矣。故取人之道，世之急务也，自古守文之君①，孰不有意于是哉？然其间得人者有之，失士者不能无焉，称职者有之，谬举②者不能无焉。必欲得人称职，不失士，不谬举，宜如汉左雄所议诸生试家法、文吏课笺奏为得矣③。

所谓文吏者，不徒苟尚文辞而已，必也通古今，习礼法，天文人事，政教更张，然后施之职事，则以详平政体④，有大议论使以古今参之是也。所谓诸生者，不独取训习句读而已，必也习典礼，明制度，臣主威仪，时政沿袭，然后施之职事，则以缘饰治道，有大议论则以经术断之是也。

以今准古，今之进士，古之文吏也；今之经学，古之儒生也。然其策⑤进士，则但以章句声病，苟尚文辞，类皆小能者为之；策经学者，徒以记问为能，不责大义，类皆蒙鄙者能之。使通才之人或见赘于时，高世之士或见排于俗。故属文者至相戒曰："涉猎可为也，诬艳⑥可尚也，于政事何为哉？"守经者曰："传写可为也，诵习可勤也，于义理何取哉？"故其父兄勖其子弟，师长勖其门人，相为浮艳之作，以追时好而取世资也。何哉？其取舍好尚如此，所习不得不然也。若此之类，而当擢之职位，历之仕途，一旦国家有大议论，立辟雍明堂⑦，损益礼制，更著律令，决谳疑狱，彼恶能以详平政体，缘饰治道，以古今参之，以经术断之哉？是必唯唯而已。

文中子曰："文乎文乎，苟作云乎哉？必也贯乎道。学乎学乎，博诵云乎哉？必也济乎义⑧。"故才之不可苟取也久矣，必若差别类能，宜少依汉之笺奏家法之义。策进士者，若曰邦家之大计何先，治人之要务何急，政教之利害何大，安边之计策何出，使之以时务之所宜言之，不直以章句声病累其心。策经学者，宜曰礼乐之损益何宜，天地之变化何如，礼器之制度何尚，各傅经义以对，不独以记问传写为能。然后署之甲乙以升黜之，庶其取舍之鉴，灼于目前，是岂恶有用而事无用，辞逸而就劳哉？故学者不习无用之言，则业专而修矣；一心治道，则习贯而入矣。若此之类，施之朝廷，用之牧民，何向而不利哉？其他限年之议，亦无取矣。

〔注〕 ① 守文之君：指第二代以下之帝王。《史记·外戚世家》："自古受命帝王及继体守文之君。"索隐："守文犹守法也，谓非受命创制之君，但守先帝法度为之主耳。" ② 谬举：指错误的荐举。曹植《求自试表》："故君无虚授，臣无虚受。虚授谓之谬举，虚受谓之尸禄。" ③ 左雄（？—138）：字伯豪，东汉南郡涅阳（治所在今河南邓州东北）人。安帝时举孝廉，迁冀州刺史。顺帝时，掌纳言，官尚书。《后汉书·左雄传》称其上言："请自今孝廉年不满四十不得察举，皆先诣公府，诸生试家法（儒有一家之学，故称家），文吏课笺奏，副之端门，练其虚实。以观异能，以美风俗。帝从之。" ④ 政体：此指施政的要领。 ⑤ 策：策问。汉代皇帝为选拔人

材举行面试，事先把问题写在竹简上，应考的人按策上题目对答。 ⑥ 诬艳：指文辞的浮艳失实。 ⑦ 辟雍明堂：周朝为贵族子弟所设的太学称辟雍。明堂为古代帝王宣明政教之地，凡朝会、祭祀、庆赏、选士、养老、教学等大典，均在此举行。 ⑧ 文中子：隋朝王通的私谥。王通(584—618)，字仲淹，初唐诗人王勃的祖父。著有《中说》，又称《文中子》。文中所引，见《中说》卷二，文字略有不同。

宋初以来的科举制度，“专以词赋取进士，以墨义取诸科”，而有才识之士，往往不能进取。范仲淹为选取治世之才，曾提出改革办法。然而“庆历新政”在反对派的攻击下，就像昙花一现那样，迅即消逝。但这种科举考试败坏人才的弊病却日益蔓延。随着岁月的推移，王安石登上了政治舞台。他有鉴于此，写下了一系列文章进行论述，如著名的《上仁宗皇帝言事书》(即《万言书》)中提出陶冶天下人才以变更法度的主张，认为当时学校所教，“讲说章句而已”。从事于这些“无补之学”，不能成人之才。因此他力图改变“闭门学作诗赋，及其入官，世事皆所不习”(《文献通考·选举考》卷四)的现状。这些论政议事的文章，既为后来推行新法制造舆论，又表现出他强调作文“务为有补于世”(《上人书》)的社会现实功能。

从这篇《取材》的内容来看，它的现实意义不仅在于阐明取人之道，而且与改革科举和学校制度都有密切的联系。首先指出选拔贤能，必须名实相称。王安石深知使用人才的重要，在《材论》中曾有相当精辟的论述：“夫材之用，国之栋梁也，得之则安以荣，失之则亡以辱。”本文的立意则着重于对人才的审慎选拔，“圣人之于国也，必先遴柬其贤能，练核其名实”，然后才能任用得当，达到得人称职，不失士、不谬举的境地。这样的立论是有他自己独特的感受，也就是说，他所希求的贤才是直接为变更法度效劳的。

其次是论述人才取舍，立足于治国济世。王安石以政治改革家的眼光审视人才问题，其耳目心力，一直渗透到造就人才的学校和科举考试方面。当时的现状，正如他在《万言书》中所指出：“方今取士，强记博诵而略通于文辞，谓之茂才异等、贤良方正；茂才异等、贤良方正者，公卿之选也。”而“不肖者苟能雕虫篆刻之学，以此进至乎公卿”。在这篇文章里，作者因事析理，反复剖白，从现实存在的问题，谈到科举制度的改革，而在布局结构上，精心安排，有条不紊。自第二段起，分三层下笔论说。第一层是从正面阐发，作为文吏应具备必要的才能，掌握施政的要领；作为儒生，除训习句读外，必须熟习典礼、制度等。这样施之职事，才能为国家所用。

第二层指出当今考试的弊端，策问进士，“但以章句声病”；策问经学，“徒以记问为能，不责大义”。这样取士会使那些愚顽不敏者得以进取，而才能出众者视为多余，其严重后果，必然导致世俗“相为浮艳之作，以追时好而取世资也”。这里充分表露了作者对当时浮艳空洞文风的轻蔑与不满。

第三层是面对现状阐明自己的见解，如他认为策问进士要了解他们对于治国大计、政教得失以及安边之策等方面所掌握的实际知识，而“不直以章句声病累其心”；策问经学也“不独以记问传写为能”。这样决定升黜取舍，才能选取真正有用于国家的人才；实际上是为推行改革选拔一批新的人才。“汉家故事真当改，新咏知君胜弱翁”(《详定试卷》二首)。后来王安石在熙宁四年(1071)所拟《乞改科条制札子》中明确地提出：“宜先除去声病对偶之文，使学者得以专意经义，以俟朝廷兴建学校”，表达了作者迫切期望造就改革人才的心情。

王安石的议论文往往喜爱援古据经，而断以己意。这篇文章就是通过据经用典、古今比照的手法，既指出当今科举取士所存在的问题，又阐明选取治国安邦人才的重要，显示出议论与现实密切相联系的特点。胡仔《苕溪渔隐丛话后集》卷二十五谓其“论议人主之前，贯穿经史古今，不可穷诘”。但从本文的中心议论来看，作者并不拘泥于儒家经典，而是有着托古改制的味道，体现了他的议论文所独有的政治色彩。

（曹济平）

读《孟尝君传》 王安石

世皆称孟尝君能得士，士以故归之，而卒赖其力以脱于虎豹之秦。嗟乎！孟尝君特鸡鸣狗盗[①]之雄耳，岂足以言得士？不然，擅齐之强，得一士焉，宜可以南面而制秦，尚何取鸡鸣狗盗之力哉？夫鸡鸣狗盗之出其门，此士之所以不至也。

〔注〕 ① 鸡鸣狗盗：孟尝君曾在秦国为秦昭王所囚，有被杀的危险。他的食客中有个能为狗盗的人，就在夜里装成狗混入秦宫中偷得狐白裘，用来贿赂昭王宠妃，孟尝君得以被放走。可是他逃至函谷关时，正值夜半，关门紧闭，按规定要鸡鸣以后才能开关放人出入，而追兵将到，于是他的食客中会学鸡鸣的人就装鸡叫，结果群鸡相应，终于及时赚开关门逃回齐国。后成为孟尝君能得士的美谈。

这是一篇《史记·孟尝君列传》的读后感。它名为评论史事，实则是借题发挥，另有深意。

孟尝君田文，是战国时齐国的公子，以好养士著称，门下食客常达数千人。王安石在此文中通过对“士”的标准的鉴别，驳斥了“孟尝君能得士”的传统观点，说明“士”必须是可赖以谋国制敌的能人，而鸡鸣狗盗之徒算不得士。这实际寄寓了他站在时代高度对人才的看法和要求，反映了他自己不凡的抱负、高远的情志和宏大的魄力。当然，文章认为是一士就可以“南面而制秦”，有点夸大士的个人作用，失之片面；但这主要是为了矫枉，故而不免过正，以对士的高度期许和评价，来扫除把鸡鸣狗盗辈与士相提并论的世俗浅见。总的讲，这篇史评翻新出奇，议论精辟，观点卓绝，富有反潮流、反传统的精神，表现出一种哲理的深度。

全文只有四句话，九十个字，可是转折跌宕，气势充沛，被李涂《文章精义》誉为文之“短而转折多气长者”，确是古代短文中的精品。文章第一句话先摆出对孟尝君的传统看法：孟尝君能够礼贤下士，搜罗人才，士所以归附之，最后依靠他们的力量逃离了秦国。这就干脆利索，开门见山地竖起了下文要批驳的靶子，此可谓“立”。第二句先用感叹词“嗟乎”加强语气，然后直截了当地驳斥“能得士”的说法：孟尝君不过是鸡鸣狗盗之徒的头头罢了，怎么能说他“能得士”呢？斩钉截铁，一下子就把士和鸡鸣狗盗之辈区别开，出语警策，反驳有力，此可谓“驳”。第三句转折腾挪，加深反驳之意：凭仗齐国强大的国力，得到一个士，就可以使齐国成为霸主，制服秦国，何至于还要靠鸡鸣狗盗的力量来脱险呢！着重辩证“赖其力以脱于虎豹之秦”的人不足以称“士”，新意独出，直追根本，发人深省。在表明对士的看法中，融入了他自己达则兼济天下的豪情壮志，为一篇文章的旨意所在，此可谓“转”。第四句承接上文，又驳“士以故归之”，下断语作结：鸡鸣狗盗之徒出入其门下，这就是士所以不到孟尝君那里去的原因。补足对孟尝君“能得士”的批驳，结语真可说是警健精辟，劲峭痛快，此可谓“断”。全文通过立、驳、转、断四层，把“孟尝君能得士”的传统看法一笔扫倒，显得理足神完，语简意深，文短气长，尺幅中具有千里之势，读起来又抑扬顿挫，声韵谐美。这篇短文兼哲理、情趣、气势、音韵之胜，表现了作者思想的敏锐卓绝和写作技巧的高超纯熟。宋代谢枋得评谓“笔力简而健”（《文章轨范》卷五），清人沈德潜称赞曰“语语转，笔笔紧，千秋绝调”（《唐宋八家文读本》卷三十），应该说是当之无愧的。

（吴小林）

书《刺客传》后　　王安石

曹沫[①]将而亡人之城，又劫天下盟主，管仲因勿倍以市信一时可也。予独怪智伯国士豫让[②]，岂顾不用其策耶？让诚国士也，曾不能逆策三晋，救智伯之亡，一死区区，尚足校[③]哉！其亦不欺其意者也。聂政[④]售于严仲子，荆轲[⑤]豢于燕太子丹。此两人者，污隐困约[⑥]之时，自贵其身，不妄愿知，亦曰有待焉。彼挟道德以待世者,何如哉?

〔注〕①曹沫:鲁国人,以勇力事鲁庄公。齐师伐鲁,曹沫为将,三战三败,鲁献遂邑以求和。鲁与齐盟于柯,曹沫执匕首劫持齐桓公,桓公乃许尽归鲁之侵地。桓公欲背其约,管仲曰:“不可!夫贪小利以自快,弃信于诸侯,失天下之援,不如与之!”于是桓公乃割鲁侵地,曹沫三战所亡地,尽复于鲁。见《史记·刺客列传》。②豫让:晋国人,初事范氏及中行氏,无所知名,去而事智伯,甚见尊宠。后智伯为赵襄子所灭,豫让谋刺襄子不果,为襄子所获,释之。豫让漆身为癞,吞炭为哑,毁其形状,不可复识,又欲刺杀襄子,复为襄子所获。豫让要求砍击襄子外衣以报智伯,襄子许之,以衣与让,让拔剑三跃而击之,遂伏剑自杀。见《史记·刺客列传》。③校:较量、抗衡。④聂政:韩国人,杀人避仇,至齐以屠为事。韩卿严仲子与韩相侠累有仇恨,到处寻求可以为他报仇的人。闻聂政勇敢,厚礼下交,奉黄金百镒为政母寿,政以母在不许。母死,政独行仗剑至韩刺杀侠累,并击杀其左右数十人,最后自剖面抉目屠肠而死。见《史记·刺客列传》。⑤荆轲:齐国人,徙于卫,卫人谓之庆卿;后至燕,燕人谓之荆卿。燕太子丹厚遇之,尊之为上卿,车骑美女恣荆轲所欲,欲令其劫持秦王嬴政,悉反诸侯侵地,如不可,因而刺杀之。轲请樊於期首,怀匕首及燕督亢地图献秦王,图穷而匕首见,刺秦王,不中,为嬴政所杀。见《史记·刺客列传》。⑥污隐困约:社会地位低下,生活贫困。污,下也。《荀子·非相》:“不免埤污佣俗。”隐,贫穷。《荀子·宥坐》:“奚居之隐也?”约,穷困。《论语·里仁》:“不可以久处约。”

《书〈刺客传〉后》这篇短文,只有一百二十四字,但议论风发,恣肆跌宕,充分表达了王安石敢于冲破传统观念的胆识和鞭辟入里的笔力。

司马迁在《史记·刺客列传》中最后有几句话说:“自曹沫至荆轲五人,此其义或成或不成,然其立意较然,不欺其志,名垂后世,岂妄也哉!”但是王安石却不敢苟同,提出了疑义,言之有理,持之有故,这就不能不使读者为之耳目一新了。

除了专诸,王安石逐个评论了其他四人。(盖专诸刺吴王僚与聂政刺韩相侠累之得手,其事大同小异,故略而不论。)先评论曹沫。文章单刀直入,首先指出曹沫是“亡人之城”的败军之将。他劫持天下盟主齐桓公之所以得逞,这是由于管仲认为“夫贪小利以自快,弃信于诸侯,失天下之援”,因而使齐桓公答应归还侵占鲁国的土地。这当然离不开当时的具体条件,也就是说,只能得逞于此时此地,“一时”则可,时时则不可。后来燕太子丹、荆轲又想用这一手,结果荆轲反被嬴政所杀,就足以充分说明这一点。秦王嬴政绝非齐桓公之伦,即使劫持嬴政成功,虎狼之秦,也绝不会遵守什么诺言的。文章对曹沫之为将,先予以否定,而对劫持齐桓公之得手,则着重阐明劫持之所以成功的具体条件,不在于肯定劫持这一手段。其意在贬而不在褒,是很明显的。

对于豫让,先劈头提出质疑,起得突兀,更加发人深思。在司马迁充满感情色彩的叙述中,豫让是一位“士为知己者死”的典型人物。但是王安石却别具慧眼，独怪这位“国士”怎么反而不运用他的策略呢？“让诚国士也”，这是欲抑先扬之笔，紧接着折笔回锋，直斥豫让并不能预先为之出谋划策，救智伯之亡，最终只献出了自己无足轻重的生命，这还能够得上和人家较量、对抗吗？这一透辟的分析，就使“国士”这个称号显得黯淡无光了。“独怪”的“怪”，自然怪得有理有据。重抑之后，又继之以轻扬：“其亦不欺其意（《史记》作“不欺其志”）者也”，真是一波三折，极为劲峭。

对于聂政、荆轲则合而论之，与前者笔法迥然不同，显得摇曳多姿。聂政刺杀韩相侠累成功，荆轲刺杀秦王嬴政失败，这是不同点；但聂政为严仲子所收买，而荆轲为燕太子丹所豢养，却有相同之处。这“售”“豢”二字，既是相提并论的黏合点，也是着重贬抑的主要依据。重贬之后，又继之以轻扬，接着指出这两人都处在社会地位低下贫困之时，他们能够“自贵其身，不妄愿知，亦曰有待焉”。一张一弛之间，笔势由严峻又趋于缓和了。可是，一个“待”字，却在曲波回澜中又激起了更为陡峭的浪头。王安石最后终于堂而皇之地举出“道德”的大纛，这就使司马迁所谓的“名垂后世，岂妄也哉”的结论从根本上摇摇欲坠了。那些怀着道德以待为世所用的人，比那些蓄有阴谋以待为人所用的人怎么样呢？鲜明的对比，真有天壤之别，不可同日而语了。文章紧扣住“待”字，以高屋建瓴之势，囊括了全文，赫然展示了主旨。妙在以反问句让读者自己去作结论，显得理直气壮而不武断，使人不能不为之首肯。如此结尾，真可以称之为笔有扛鼎之力。

王安石是文学家，更是政治家，他具有深刻犀利的分析能力和非同一般的见解。他不赞成以谋杀手段解决政治问题，认为真正的“国士”应该是有道德、有经邦济世才略的人。这一认识，至今依然闪耀着理智的火花。王安石对战国时代养士之风，也是持否定态度的（见《读孟尝君传》），这与他写这篇短文的思想基础是完全一致的。

（宋　廓）

与马运判[①]书

王安石

运判阁下：比奉书，即蒙宠答，以感以怍。且承访以所闻，何阁下逮下之周也！尝以谓方今之所以穷空，不独费出之无节，又失所以生财之道故也。富其家者资之国，富其国者资之天下，欲富天下则资之天地。盖为家者，不为其子生财，有父之严而子富焉，则何求而不得？今阖门而与其子市，而门之外莫入焉，虽尽得子之财，犹不富也。盖近世之言利虽善矣，皆有国者资天下之术耳，直相市于门之内而已，此其所以困与②？在阁下之明，宜已尽知，当患不得为耳。不得为，则尚何赖于不肖者之言耶？

今岁东南饥馑如此，汴水③又绝，其经画固劳心。私窃度之，京师兵食宜窘，薪刍百谷之价亦必踊。以谓宜料畿兵之驽怯者就食诸郡，可以舒漕挽④之急。古人论天下之兵，以为犹人之血脉，不及则枯，聚则疽⑤，分使就食，亦血脉流通之势也。倘可上闻行之否？

〔注〕①马运判：即马遵，字仲涂，饶州乐平（今属江西）人。时任江淮荆湖两浙制置发运判官，"运判"为简称。②与：同"欤"，句末语气词。③汴水：此指古汴水，自河南开封流经徐州，汇入泗水，南达江淮。④漕挽：漕，水运；挽，挽车，指陆上运输。⑤疽：一种毒疮。此指血脉凝聚、不流通。

宋仁宗庆历七年（1047），王安石调任鄞县（今为浙江宁波市鄞州区）知县。这里山峦起伏，跨江负海而沟渠相通，然因长年失修，渠川淤塞，以致农业生产下降，人民生活相当贫困。王安石到任后亲自下乡巡视，了解到农民为旱灾所苦时，随即组织当地百姓，兴修川渠，"起堤堰，决陂塘，为水陆之利；贷谷于民，立息以偿，俾新陈相易；兴学校，严保伍，邑人便之"（邵伯温《闻见录》卷十一）。他在鄞县独掌政务所积累的丰富经验，为后来推行新法奠定了良好的基础，而这封给马运判的复信中，更显露出他的政治才能和理财的卓识。

这封信的内容虽分为二个层次，但聚焦点是议论国家的财政经济。北宋自"庆历新政"失败以来，社会危机日益加深，国家财力渐趋困穷。一些有识之士迫切要求革除积弊，改变积贫积弱的形势。王安石正是适应这种时代改革的潮流，提出了自己的理财方针。他认为"富其国者资之天下，欲富天下则资之天地"。这里所说"资之天地"，就是从天地自然界索取丰富的生活资料，也就是与人们的社会生产相结合。只有通过发展生产，天下百姓才能增加收入，国家赋税才能得到富足。这种把国家财政收入与发展社会生产紧密联系的观点，是具有现实意义的。当时财政措施的主要弊端，不仅在于开支用度没有节制，而根本症结所在是没有通过发展生产来开辟财源，只靠加重赋税来搜括民脂民膏。对此王安石运用一个巧妙的比喻进行辛辣的讽刺。他指出这种作法就好像一个人关起门来，与自己的儿子做买卖，外面的财富进不来，即使把儿子的钱财都赚过来，全家的财富也没有增加，并不算富足。用喻新巧，使抽象的道理变得生动具体，又小中见大而富有说服力。

信中第二层意思是从当时(指庆历七年)东南地区大旱,饥荒严重,而汴水又干枯的情景说起,提出把聚集京城的老弱士兵分散到各地供养,好像人体的血脉流通一样。这个比喻虽然简单,但却是十分贴切的。

王安石书札文的一大特色,就是长于说理,语言简练精当。从他这封阐述理财之道的信中可窥见其识度高远。虽然这些书札的感情色彩并不浓烈,但此信因事说理,由感性升华为理性,而叙事与议论相结合,并运用巧妙的比喻,故读来不觉枯燥,确有引人入胜的地方。 (曹济平)

答司马谏议书　　王安石

某启:昨日蒙教,窃以为与君实游处相好之日久,而议事每不合,所操之术多异故也。虽欲强聒,终必不蒙见察,故略上报,不复一一自辨。重念蒙君实视遇厚,于反复不宜卤莽,故今具道所以,冀君实或见恕也。

盖儒者所争,尤在于名实;名实已明,而天下之理得矣。今君实所以见教者,以为侵官①、生事、征利、拒谏,以致天下怨谤也。某则以谓受命于人主,议法度而修之于朝廷,以授之于有司,不为侵官;举先王之政,以兴利除弊,不为生事;为天下理财,不为征利;辟邪说,难壬人,不为拒谏。至于怨诽之多,则固前知其如此也。人习于苟且非一日,士大夫多以不恤国事、同俗自媚于众为善。上乃欲变此,而某不量敌之众寡,欲出力助上以抗之,则众何为而不汹汹然?盘庚之迁②,胥③怨者民也,非特朝廷士大夫而已;盘庚不为怨者故改其度④,度义而后动⑤,是⑥而不见可悔故也。如君实责我以在位久,未能助上大有为,以膏泽斯民,则某知罪矣;如曰今日当一切不事事⑦,守前所为而已,则非某之所敢知。

无由会晤,不任区区⑧向往之至!

〔注〕 ① 侵官:王安石设"制置三司(盐铁、户部、度支)条例司",主持变法,司马光认为这是侵夺了原来机构的职权。 ② 盘庚之迁:盘庚,商代国君。他因旧都奄地多水患,决定迁都于殷。百姓不欲迁,既迁后又不习惯新地方,有怨言;诸贵戚大臣也耽于旧日安逸,把盘庚对百姓的好意隐匿不宣,反以浮言煽起百姓的不满。盘庚分别加以劝谕警告,然后"百姓由宁,殷道

复兴”。见《尚书·盘庚》及《史记·殷本纪》。　③胥：皆。　④度：计划。　⑤度（duó夺）义而后动：慎重考虑是否合理，然后付诸行动。　⑥是：认为正确。　⑦事事：做事。前一“事”字为动词。　⑧区区：衷心。

宋神宗熙宁二年（1069），王安石任参知政事，实行新法。保守派的代表人物、当时任右谏议大夫的司马光（字君实），多次写信给王安石，要他停止变法。王安石这封信，是针对司马光熙宁三年二月一封长达三千余字、全面攻击新法的来信的回复。安石先是简短地复了一信，对来信所责难的诸点不一一置辩，随后想到彼此交往多年，友谊深厚，信札来往不宜草率简慢，就又写了这封答书。

新旧两派之间的这场政治斗争，在当时朝廷上下本就非常引人注目，司马光与王安石的这类信件，更带有半公开的性质，双方在论战辩难时都是全力以赴的。因此，这封回信虽然简短，却是精心结撰之作。

开头一小段文字，表面上是向对方解释上次为什么简短回复而此次“具道所以”的原因。但实际上，作者着意强调的倒是“所操之术多异”这句话。细读信的全文，便可发现作者的辩驳和批评都贯穿了这一中心思想线索。“立片言以居要”，作者一开始就把问题的实质点出来了。

接下来一段，是针对司马光来信中提出的责难进行辩驳。在辩驳之前，先高屋建瓴地提出一个最重要的原则问题——名实问题。名正则言顺而事行。但站在不同立场，对同样一件事（即“实”）是否合理（即“名”是否“正”）就会有不同的甚至完全相反的看法。司马光在来信中指责王安石实行变法是“侵官、生事、征利、拒谏，以致天下怨谤”。这些责难，如果就事论事地一一加以辩解，那就很可能会因为对方抓住了一些表面现象或具体事实而陷于被动招架，越辩解越显得理亏；必须站在高处，深刻揭示出事情的本质，才能从根本上驳倒对方的责难，为变法正名。先驳“侵官”。作者不去牵涉实行新法是否侵夺了政府有关机构的某些权力这些具体现象，而是大处着眼，指出决定进行变法是“受命于人主”，出于皇帝的意旨；新法的制定是“议法度而修之于朝廷”，经过朝廷的认真讨论而订立；然后再“授之于有司”，交付具体主管部门去执行。这一“受”、一“议”、一“授”，将新法从决策、制定到推行的全过程置于完全名正言顺、合理合法的基础上，“侵官”之说便不攻自破。次驳“生事”。“举先王之政”是理论根据，“兴利除弊”是根本目的。这样的“事”，上合先王之道，下利国家百姓，自然不是“生事扰民”。再驳“征利”。只用“为天下理财”一句已足。因为问题不在于是否征利，而在于为谁征利。根本出发点正确，“征利”的责难也就站不住脚。然后驳“拒谏”。只有拒绝正确的批评，文过饰非才叫拒谏，因此，“辟邪说，难壬（佞）人”便与拒谏风马牛不相及。最后讲到“怨诽之多”，却不再从正面反驳，仅用“固前知其如此”一语带过，大有对此不屑一顾的轻蔑意味，并由此引出下面一段议论。

这一段，从回答对方的责难这个角度说，是辩解，是“守”；但由于作者抓住问题的实质，从大处高处着眼，这种辩解就绝非单纯的招架防守，而是守中有攻。例如在驳斥司马光所列举的罪责的同时，也就反过来间接指责了对方违忤“人主”旨意、“先王”之政，不为天下兴利除弊的错误。特别是“辟邪说，难壬人”的说法，更毫不客气地将对方置于壬人邪说代言人的难堪境地。当然，对司马光的揭露和进攻，主要还在下面一段。

紧承上段结尾处怨诽之多早在意料之中的无畏声言，作者对“怨诽”的来历作了一针见血的分析。先指出：人们习惯于苟且偷安已非一日，朝廷士大夫多以不忧国事、附和流俗、讨好众人为处世的良方。在王安石的诗文中，“苟且”是因循保守的同义语；而“俗”与“众”则是为保守思想所浸染的一股强大的社会政治势力。这里揭示出他们的精神面貌和思想实质，正为下文皇帝的“欲变此”和自己的“助上抗之”提供了合理的依据。因此接着讲到“众何为而不汹汹然”，只是说明保守势力的反对势在必然，却丝毫不意味着他们的有理和有力。接下来，作者举了盘庚迁都的历史事例，说明反对者之多并不表明措施有错误，只要“度义而后动”，确认自己做得是对的，就没有任何退缩后悔的必要。盘庚之迁，连百姓都反对，尚且未能使他改变计划，那么当前实行变法只遭到朝廷士大夫中保守势力的反对，就更无退缩之理了。这是用历史上改革的事例说明当前所进行的变法的合理与正义性，表明自己不为怨诽之多而改变决心的坚定态度。“度义而后动，是而不见可悔”，可以说是王安石的行事准则，也是历史上一切改革家刚决精神的一种概括。

答书写到这里，似乎话已说尽。作者却欲擒故纵，先让开一步，说如果对方是责备自己在位日久，没有能帮助皇帝干出一番大事，施惠于民，那么自己是知罪的。这虽非本篇正意，却是由衷之言。紧接着又反转过去，正面表明态度：“如曰今日当一切不事事，守前所为而已，则非某之所敢知。”委婉的口吻中蕴含着锐利的锋芒，一语点破以司马光为代表的保守派的思想实质，直刺对方要害，使其原形毕露，无言以对。

这是一篇书信体的政论。一般地说，政论以逻辑思维为手段，不易见作者个性；但这篇文章却充分显现出作者刚毅果决的政治改革家的鲜明个性。这既表现在作者对自己的政治主张高度自信，对保守派的思想实质看得深透，面对司马光连篇累牍、气势汹汹的攻击，从容镇定，显示出一种居高临下的气概；更表现在对事理的分析论辩，要言不烦，一两句话便能揭示问题的实质，而且态度坚决，斩钉截铁，不留余地。文中有不少地方还流露出对于保守言论不屑置辩的轻蔑。像“辟邪说，难壬人，不为拒谏”，实际上已经认定对方是鼓吹邪说的佞人，不准备申述如此判断的理由，也丝毫不容辩驳。这种由高度的自信、深刻的认识、简练的语言等因素构成的峭刻劲厉的文章风格，充分显示了作者的个性。清吴汝纶评本篇说：“固由兀傲性成，究亦理足气盛，故劲悍廉厉无枝叶如此。”是抓到了痒处的。

当然，这毕竟是一封朋友间的通信。信的首尾措辞委婉，虽属书信格式的需要，也注入了朋友的情意。再如中心部分的驳论，也是开诚相见，直抒胸臆的，细察可以看得出来。政见不同，并不妨碍原来的友谊。如欧阳修、苏轼也曾不赞成新法的某些措施，而王安石与他们之间的私人感情仍然是很好的。不以私废公，也不以公废私，这是一个政治家应有的胸怀。（刘学锴）

答曾子固[①]书　　王安石

某启：久以疾病不为问，岂胜向往。前书疑子固于读经有所不暇，故语及之。连得书，疑某所谓经者佛经也，而教之以佛经之乱俗。某但言读经，则何以别于中国圣人之经？子固读吾书每如此，亦某所以疑子固于读经有所不暇也。

然世之不见全经久矣，读经而已，则不足以知经。故某自百家诸子之书，至于《难经》《素问》《本草》[②]诸小说，无所不读；农夫女工，无所不问[③]；然后于经为能知其大体而无疑。盖后世学者，与先王之时异矣；不如是，不足以尽圣人故也。

扬雄[④]虽为不好非圣人之书，然于《墨》《晏》《邹》《庄》《申》《韩》[⑤]，亦何所不读。彼致其知而后读[⑥]，以有所去取，故异学不能乱也[⑦]。惟其不能乱，故能有所去取者，所以明吾道而已。子固视吾所知，为尚可以异学乱之者乎？非知我也。方今乱俗不在于佛，乃在于学士大夫沉没利欲，以言相尚[⑧]，不知自治而已[⑨]。子固以为如何？

苦寒，比日侍奉万福，自爱。

〔注〕 ① 曾子固：曾巩（1019—1083），字子固，南丰（今属江西）人。北宋著名的散文家，

著有《元丰类稿》。 ②《难经》《素问》《本草》：三种先秦时代的医学著作。 ③ 女工：指从事纺织、刺绣等手工劳动的妇女。问：请教。 ④ 扬雄(前53—后18)：字子云，四川成都人。西汉儒家学者、文学家。著有《法言》《太玄》等，后人辑有《扬子云集》。 ⑤《墨》《晏》《邹》《庄》《申》《韩》：《墨》指《墨子》，记录墨家创始人墨翟的言行。《晏》即《晏子春秋》，记载春秋时齐国晏婴的言行。《邹》即《邹子》，为战国时齐人邹衍所著，是阴阳家的代表作。《庄》即《庄子》，为战国时道家学派庄周所著。《申》即《申子》，战国时韩人申不害所著。《韩》即《韩非子》，战国后期法家代表人物韩非所著。 ⑥ 彼致其知：指扬雄为了获得更多知识才去读这些书的。 ⑦ 异学：此指儒家学派以外的不同学说。 ⑧ 以言相尚：彼此夸夸其谈，互相吹捧。 ⑨ 不知自治：不知道自己要下功夫做学问。

在王安石平生交友往来的书札中，以议论时政、探究学术的内容居多。这封给曾巩的回信就是一篇研讨治学之道的说理文。

曾巩是北宋著名的散文家，早年与王安石的友谊深厚，曾竭力向欧阳修推荐王安石，说他是“天下之材”，“如此人古今不常有”（曾巩《再与欧阳舍人书》）。欧阳修从曾巩处读到王安石的文章，不仅“爱叹诵写，不胜其勤”，而且希望能与之相见，其看重如此。这在曾巩《与王介甫第一书》中是有具体描述的。后来王安石执政变法，由于两人的政见不同而分道扬镳。从始合而终暌的历程来看，王安石这封回信是属于前期的作品，反映了作者博览群书的学习态度和注重实际的治学方法。

这封信的中心论题是围绕读经书的问题展开的。儒家经典是宋代知识分子必须习诵的读本，这是他们应试入仕途的敲门砖。王安石当然不可能例外。但是他认为读书不能局限于儒家经典的范围，而应该广泛涉猎，拓宽视野，“自百家诸子之书，至于《难经》《素问》《本草》诸小说，无所不读；农夫女工，无所不问；然后于经为能知其大体而无疑”。这里有两层含意，一方面他突破了儒家的传统观念，把“诸子百家”以及先秦时期的医学著作列为研读的范围；另一方面又注重实际调查，向有实践经验的农民、女工等请教，无所不问。这些独具只眼的议论，充分反映了作者的远见卓识。王安石正是从广泛接触并且咀嚼吸收传统文化中形成了自己独具的思想体系。在这封信中，他为了进一步阐明自己的观点，不仅举出西汉名儒扬雄对墨家、道家和法家的著作也无所不读而不受扰乱的事实，加以论证，使信中的立论更富有说服力，而且对曾巩所谓佛经乱俗的说法，简当精辟地阐明个人见解。他指出当今之世，乱俗不在于佛，乃在于学士大夫沉没利欲而不能自拔。由于作者洞悉时事，目光敏锐，因此这里所下的判断，可谓一语破的，言简意深。从表层来看，这是对曾巩来信的直截了当的回答，实际上是对当时士大夫尊经泥古、死读儒家经典章句的社会思潮的尖锐批评，因而具有较强的现实意义和战斗作用。

这封信的篇幅虽短，但写得理足气壮，不仅论据充实，说理透辟而有新意，而且首尾呼应，逻辑严密而无赘语，笔墨精练简明，体现了王安石散文峭厉严谨的风格特色。

（曹济平）

同学一首别子固　　王安石

江之南有贤人焉，字子固①，非今所谓贤人者，予慕而友之。淮之南有贤人焉，字正之②，非今所谓贤人者，予慕而友之。二贤人者，足未尝相过也，口未尝相语也，辞币未尝相接也，其师若友，岂尽同哉？予考其言行，其不相似者，何其少也！曰：学圣人而已矣。学圣人，则其师若友，必学圣人者。圣人之言行，岂有二哉？其相似也适然。

予在淮南，为正之道子固，正之不予疑也。还江南，为子固道正之，子固亦以为然。予又知所谓贤人者，既相似，又相信不疑也。

子固作《怀友》一首遗予，其大略欲相扳以至乎中庸而后已。正之盖亦常云尔。夫安驱徐行，轥中庸之庭，而造于其堂，舍二贤人者而谁哉？予昔非敢自必其有至也，亦愿从事于左右焉尔。辅而进之，其可也。

噫！官有守，私有系，会合不可以常也。作《同学一首别子固》，以相警且相慰云。

〔注〕 ① 子固：曾巩（1019—1083），字子固，南丰（今属江西）人。 ② 正之：孙侔，字正之，一字少述，吴兴（今浙江湖州）人。刘敞荐以为扬州州学教授，辞不赴。

这是一篇赠别友人的文章。作者于仁宗庆历二年（1042）任签书淮南判官，任所在扬州。次年三月请假归故乡江西临川（江西在宋时称江南西路，文中“江南”指此）。曾巩有《怀友》文寄王安石云：“介卿（安石初字介卿，后改介甫）官于扬，予穷居极南，其合之日少，而离别之日多。”本篇即作者暂归江西、会晤曾子固后再返扬州时写赠子固之作。题为“同学”，意指同学于圣人，相互切磋勉励，与曾巩《怀友》一文内容呼应，可见这两位古文大家青年时代声气相求之一斑。

这篇文章在构思上有一个显著特点，即不单从曾巩与自己的关系着笔，而是引出一位各方面情况与曾巩神合的孙正之作为映衬，分别从自己与曾、孙两人的关系着笔，形成平行的双线结构。这样来体现“同学”的主题，是比较新颖独特的。

文章一上来就分别介绍“江之南”“淮之南”的两位贤人曾子固和孙正之。强调他们都不是当今世俗所说的那种贤人，暗逗下文的同学于圣人；同时又分别点明“予慕而友之”，将自己和曾、孙两人分别挂上了钩，暗示了三人趣尚的一致，为下文两人之相似、师友之相同张本。作者《送孙正之序》云：“予官于扬，得友曰孙正之。正之行古之道，又善为古文。”这正是他们三人志趣契合的基础。

接着，作者又转而强调，这两位自己所仰慕的朋友和贤人，他们之间却从来未曾相互拜访、交谈，或互致书信礼物。三个排句，蝉联而下，把双方未曾识面的意思强调得非常突出。既然如此，“其师若(与)友，岂尽同哉?”这一问自在情理之中。下面又一转：“予考其言行，其不相似者，何其少也!”这就有些超越常理了。既未谋面，师友又不尽同，何以两人竟如此相似？这就不能不推出下面的结论：“学圣人而已矣。”为了使这一论断更确切不移，作者又进而论证：既然同学于圣人，那么他们的师友，也一定是学圣人的；圣人的言行都是相同的，同学于圣人的人，各方面都很相似，就是很自然的了。这一层，一步一转，从未曾相识说到师友的不同，再转出两人的相似，最后揭出同学圣人的正意，纯用抽象的逻辑推理，丝毫不涉及两人的具体行事，但他们“同学”于圣人这一点却被论证得很有说服力。正是在这里，作者揭示出“同学”的深刻涵义。真正意义上的“同学”在于同道，在于同学于圣人，而不在形迹上曾否相过、相语、相接。这也正是作者一开头所说的他们与“今所谓贤人者”有区别的具体涵义。既然如此，仰慕而分别与之相交的作者自己，其为“同学”也自在不言中了。

文章的第二段，从“相似”进一步引出了“相信”，仍用双线并行、相互映衬的写法。作者分别向两人谈到对方，尽管他们从未有过交接，却都相信作者的介绍。这种“相信”，似又超乎常情。但这正表现出“同学”于圣人的贤人之间那种超越空间、不拘形迹的神交，那种高度的相互信任。而曾、孙两人对作者的“相信”也就不言而喻。

第三段从两位贤人的共同志向引出自己追随他们的愿望。首先提到曾巩赠给自己的《怀友》一文，表示要携手共进，至乎“中庸”，然后捎带一笔，正之盖亦常云尔”，照应上文“相似”之论。并进而指出，能达中庸之境的，除了他们再没有别人。这正是“同学于圣人”的表现。曾巩先在《怀友》(见宋吴曾《能改斋漫录》卷十四所载)中，诉说自己少而学，不得师友，望圣人之中庸而未能至，“尝欲得行古法度士与之居游,孜孜焉考予之失而切劘(磨)之。皇皇四海,求若人而不获。自得介卿,然后始有周旋激恳、摘予之过而接之以道者;使予幡然其勉者有中,释然其思者有得矣,望中庸之域,其可以策而及也”。可惜彼此远隔,会少离多,切磨之效不深。本篇这一段,正与子固殷殷求友之意相呼应,又提出孙正之正是其所渴望相交的最佳人选。至于自己,则谦虚地说从来不敢自期其必能到圣人中庸的境界,但愿在他们的帮助下朝这个方向努力。到这里,把三人“同学”于圣人以至乎“中庸”的意思完全表明了。

末段以抒情之笔收束,正面点出题中“别”字。在官为职守所拘,在私有人事牵系,彼此不能经常在一起,这真是无可奈何的事。这是对《怀友》一文“合之日少,离别之日多”的话表示同感,并说明所以如此的原因。《怀友》又说:“思而不释,已而叙之,相慰且相警也。”这里也说:“作《同学一首别子固》,以相警且相慰云。”朋友之间,互赠文字,以为学之道相策勉,以交谊之诚相慰藉,此篇是个很好的榜样。

本文是王安石二十三岁时所作。和他后来的多数散文以斩截峭劲为特色不同,显得从容安闲,娓娓而道,具有一种醇雅雍容的风味,在王文中别具一格。

(刘学锴)

伤仲永　　王安石

金溪①民方仲永,世隶耕。仲永生五年,未尝识书具,忽啼求之。父异焉,借旁近与之,即书诗四句,并自为其名。其诗以养父母、收族②为意,传一乡秀才观之。自是指物作诗立就,其文理皆有可观者。邑人奇之,稍稍宾客其父③,或以钱币乞④之。父利其然也,日扳⑤仲永环丐⑥于邑人,不使学。

予闻之也久。明道⑦中,从先人还家,于舅家⑧见之,十二三矣。令作诗,不能称前时之闻。又七年,还自扬州⑨,复到舅家,问焉,曰:“泯然众人矣!”

王子曰:仲永之通悟,受之天也。其受之天也,贤于材人远矣。卒之为众人,则其受于人⑩者不至也。彼其受之天也,如此其贤也,不受之人,且为众人。今夫不受之天,固众人;又不受之人,得为众人而已邪?

〔注〕 ① 金溪:县名,在王安石家乡江西临川县东。 ② 收族:团结同族。《礼记·大

传》:“亲亲故尊祖,尊祖故敬宗,敬宗故收族。” ③ 宾客其父:用对待宾客的礼节对待他父亲。“宾客”用作动词。 ④ 乞(qì 气):给予。 ⑤ 扳:挽。 ⑥ 环丐:到处求讨。丐,一作“谒”。⑦ 明道:宋仁宗年号。明道二年(1032),王安石十三岁,随其父王益回乡居祖父丧三年。⑧ 舅家:王安石母家姓吴,世居金溪乌石冈。 ⑨ 还自扬州:仁宗庆历三年(1043),王安石在淮南判官(任所在扬州)任上,请假回乡探亲,再到金溪舅家,有《忆昨诗示诸外弟》纪其事。⑩ 受于人:后天的培养教育。

这篇因事抒感、叙议结合的短文,作于宋仁宗庆历三年(1043)。时作者年二十三岁,与文章中的主角方仲永年龄相仿。题名“伤仲永”,这“伤”字正是全篇点眼,它所包含的内容是相当丰富的。

文章开头一段,记述了方仲永幼年聪颖的情况。先点出其“世隶耕”,出身世代为农的家庭,为下面写他的天资作铺垫。接着,写他五岁时忽然无师自通、书诗署名的突出表现。这几句写得颇具神奇色彩。本来“未尝识书具”——农家无笔墨纸砚,却“忽啼求之”;求得之后,不但“即书诗四句”,且“自为其名”;从此之后,又竟“指物作诗立就”。这自然被乡人视为神童了。因为“奇”其子,连带着“稍稍宾客其父”,甚至给他钱。这本来是山乡百姓对有天资的儿童及其家庭的敬重,但竟反过来成了压抑天资的不利条件。“父利其然也,日扳仲永环丐于邑人,不使学。”儿童的天资被无知的父亲利用来作为到处敛钱的资本,亟须在求学中发展的天资竟“不使学”。作者对这种因没有文化和贫困带来的愚昧,在叙述中寓有讽慨;而对被利用来到处讨钱的仲永,则不无“伤”意。这几句是本段中的关键之笔。仲永后来的结局与作者的议论,都由此伏根。“不使学”三字用笔尤重。整段叙述,从“未尝识书具”到“指物作诗立就”到“不使学”,文意曲折多变,使读者对仲永的将来发展引起很大的兴趣。

接下来一段,从作者亲自见闻的角度简略交待了仲永从神童沦为“众人”的过程。开头的“予闻之也久”,束上起下,一方面显示上段所写的内容即据传闻而得,另一方面又引出亲识其面的愿望。作者写了两次见闻:一次是仲永十二三岁时,“令作诗,不能称前时之闻”,暗示在这六七年中,仲永的诗毫无长进。如果说,五六岁儿童作的诗尽管稚拙,人们尚觉可观,那么六七年后写得反而不如以前听说的那样好,人们便非但不以为奇,且因先时之闻名而感到其名不副实了。第二次是仲永二十岁时。这次并未见面,只是听亲戚说:“泯然众人矣!”一句话就交待了这位从前的神童的结局。两次写法不同,但都极简练而有含蕴。“泯然众人矣”一语,把说话人漠然视之的态度生动地表现出来,与先前“邑人奇之”的情况恰成对照,而作者的惋惜感慨之意也隐见言外。

最后一段是作者对方仲永由一邑称奇的神童变成无声无息的普通人一事所

发的议论，也是本篇思想的集中体现。作者首先指出，仲永的聪明颖悟是“受之天”，即来自天赋，而且他的天赋远超于一般的有才能的人。这正是为了反跌出下面的正意：“卒之为众人，则其受于人者不至也。”关键原因是缺乏后天的教育和学习。到这里，已将上两段所叙述的情事都议论到了。但作者却就势转进一层，指出天赋这样好的仲永，没有受到后天的培养教育，尚且沦为众人；那么天赋本属平常的一般人，如果再不受教育，还能做一个普普通通的人吗？前者是宾，后者是主，在对比中更突出了一般人学习的重要性。就方仲永的情况看，这层议论仿佛是余波，但作者主要的用意正在这里。因为在现实生活中，资质平常的人总是多数。方仲永这一典型事例的意义主要不在于说明天赋好的人不学习会造成什么后果，而在于说明后天教育对一个人成长的决定意义。作者因仲永由天才沦为普通人一事推出的这一结论，正是他看问题透过一层，比别人深刻的地方。

这样看来，题内的“伤”字就可能具有多层意蕴。首先是表层的，为仲永这样一个天资聪颖的儿童最终沦为众人感到惋惜；进一层，是感慨仲永虽有天赋，却没有遇上有利于他成长提高的环境。文中对其父以仲永为获利之资的叙写，就含有对泯灭天才的人为环境的批评。更进一层，从仲永的具体事例生发开来，感慨社会上许多资质平常的人不去努力学习提高，以致连成为众人都不可得。这样，作者所“伤”的就不再局限于仲永个人，而是许许多多不“受之天”又“不受之人”的众人，作者的感慨和文章的思想意义也就深刻多了。

在王安石的散文中，《伤仲永》虽不以峭刻拗折著称，但仍具有深刻透辟、简洁遒劲的特点。尤其是最后一段，层层转进，一气蝉联，既曲折尽致，又浑浩流转。结以问语作收，雄劲中具不尽之致，尤耐寻味。（刘学锴）

游褒禅山记[①]　　王安石

褒禅山亦谓之华山，唐浮图[②]慧褒始舍于其址，而卒葬之，以故其后名之曰“褒禅”。今所谓慧空禅院者，褒之庐冢[③]也。距其院东五里，所谓华山洞者，以其乃华山之阳名之也。距洞百余步，有碑仆道，其文漫灭，独其为文犹可识，曰“花山”。今言“华”，如“华实”之“华”者，盖音谬[④]也。

其下平旷，有泉侧出，而记游者甚众，所谓前洞也。由山以上五六里，有穴窈然[⑤]，入之甚寒，问其深，则其好游者不能穷也，谓之后洞。余与四人拥火以入，入之愈深，其进愈难，而其见愈奇。有怠而欲出者，曰："不出，火且尽。"遂与之俱出。盖予所至，比好游者尚不能十一⑥，然视其左右，来而记之者已少；盖其又深，则其至又加少矣。方是时，予之力尚足以入，火尚足以明也。既其出，则或咎⑦其欲出者，而予亦悔其随之，而不得极夫游之乐也。

于是予有叹焉。古人之观于天地、山川、草木、虫鱼、鸟兽，往往有得，以其求思之深而无不在也。夫夷⑧以近，则游者众；险以远，则至者少。而世之奇伟瑰怪非常之观，常在于险远，而人之所罕至焉。故非有志者不能至也。有志矣，不随以止也，然力不足者，亦不能至也。有志与力，而又不随以怠，至于幽暗昏惑而无物以相⑨之，亦不能至也。然力足以至焉，于人为可讥，而在己为有悔。尽吾志也而不能至者，可以无悔矣，其孰能讥之乎？此予之所得也。

余于仆碑，又以悲夫古书之不存，后世之谬其传而莫能名者，何可胜道也哉！此所以学者不可以不深思而慎取之也。

四人者：庐陵⑩萧君圭君玉，长乐⑪王回深父，余弟安国平父、安上纯父。至和元年七月某日，临川⑫王某记。

〔注〕 ① 本文作于宋仁宗至和元年(1054)，王安石时任舒州(治所在今安徽安庆)通判。褒禅山，在今安徽马鞍山含山县北。 ② 浮图：梵语译音，或译"浮屠""佛图"，有佛、塔等义，此指和尚。 ③ 庐：房舍。冢(zhǒng 肿)：坟墓。 ④ 音谬(miù)：读音错误。 ⑤ 窈(yǎo 咬)然：深远幽暗的样子。 ⑥ 不能十一：不到十分之一。 ⑦ 咎：责备。 ⑧ 夷：平坦。 ⑨ 相(xiàng 向)：辅助。 ⑩ 庐陵：今江西吉安。 ⑪ 长乐：今属福建。 ⑫ 临川：今江西抚州市。

九方皋相马，遗形而得神，其用心在牝牡骊黄之外。这段话正可以移来读王安石的《游褒禅山记》。

这是王安石集中唯一的一篇游记(其《鄞县经游记》实为其任鄞县县令时巡视各乡工作的日录)，除去例行的结尾，整齐地分为两个大部分，前半记游，后半论说。第一段写游山，路线是：入山—慧空禅院—华山洞。但我们看到的却是一段考证文字，考证了褒禅山和华山洞得名的由来，根据倒仆的石碑考订出华山应读作"花山"，纠正俗传的音误。至于一般游记必不可少的内容，如山的形势风光如何，作者一行有没有进禅院"随喜"等，却竟然毫不提及。第二段写游洞。前洞只有三句介绍性的概述，还谈不上"游"；后洞是此游的重点，但除概况介绍外，也只写到"入之愈深，其进愈难，而其见愈奇"为止，究竟怎么个"难"，怎样的"奇"，也没有一字具体形容。游程就此半途而废，匆匆结束了。

作为游记，实在平淡无味，看来与王安石这样的大手笔不称。

出洞之后，似乎只剩下踏上归途了。然而作者此时却不惜笔墨，围绕着"悔"字做起文章来。首先详细补叙了两点事实：其一，"盖予所至，比好游者尚不能十一"；其二，当时"予之力尚足以入，火尚足以明也"。"十一"而已"所见愈奇"，则那未至的"十九"以及更深处境界之更加奇妙也可想。倘若真是"火且尽"，倒也无可奈何了，偏偏力尚足，火尚明，一切条件具备而"不得极夫游之乐"，这就构成了"悔"的前提。接着又对举了在共同现实面前的两种不同态度，以他人的"咎"旁衬自己的"悔"。只"咎"疲倦者之欲出，是从客观上推卸责任；而"悔"自己之"随之"，则是从主观上寻找原因。作者的高明之处就在于有严于自责的精神，由责生悔，由悔生思，由思生悟，由悟生叹，引发了一段大议论，通篇为之振起，把如两崖对峙、壁立千仞的记游与议论两大部分有机地联系了起来。其过渡之自然，有似"美人细意熨贴平，裁缝灭尽针线迹"。

第三段以一声感叹接转，以古人"求思之深而无不在"方能有得，兴起自己的思考，细致地叙述了"求思"的三个层次。自"夫夷以近"至"故非有志者不能至也"为一层，从游洞的经历直接体会到欲达目的，必须"有志"。一人怠惰以出，众人盲从而随，不都是无志所致吗？"有志矣"至"无物以相之，亦不能至也"为二层，进而从反面作逻辑推理：有力有物而无志，其后果已为实践证明；那么，有志而力不足，物不备呢？结论也是不可能的。要想达到预期的目的，志、力、物三要素缺一不可。"然力足以至焉"至"其孰能讥之乎"为三层。物是客体，故暂置而不论，着重分析志与力的关系。志是意志，力是精力，二者虽同存在于主体之中，却非齐等平列，志起着主导作用。哪怕同样是"不能至"，有力而志不坚，在人会被讥，在己会有悔；尽志而力不足，在己既无悔，人亦未能讥。思考到这里，已经豁然开朗：要争取理想的实现，就须意志坚定，尽力而为，成败在所不计。于是"此予之所得也"一句总束，完成了认识的全过程，获得了思想的升华。这一段是全文的中心，是作者用全力来捕捉和表达的主旨所在。层层析理，文意既愈进愈深，文笔更曲折多变。抓住四个"不能至"，交错叠用"然""而"等转折性的连接词，步步拗转，如登九折之坂，虽陡险而不断；如溯九曲之溪，虽萦回而相通，令人有"若捕龙蛇，搏虎豹，急与之角而不敢暇"（柳宗元《读韩愈所著〈毛颖传〉后题》）

的感觉，充分体现了作者峻拔奇崛的文风。

现在回头来看前面的记游部分，就都活了起来，显得勃勃有生气。原来记叙的详略去取，都是严格按照论说的需要选择的，恰如构建凌云台的材木，一根根都经过称量，铢两分寸丝毫不差。既因理而记事，复因事以明理。每一叙事都在为立论提供依据，每一论点都折射出游程的投影。前有所蓄，则后必有所发；后有所议，则前必有所本。可谓篇无剩语，句无剩字。那布局的严整，使人想起北京城的区划；结构的对称，又像一幅棋盘。作者运子于棋盘之上，而落势千变万化；驰骤于通衢之中，而腾踔无不如意，显示了驾驭文字的非常功力。至于那些似乎该写却与主旨无关的风光景物，则一概摒而不书，免得喧宾夺主。盖这篇“游记”本不为记游而写，作者的目光超越于山情水韵之外，正是九方皋之相马，“见其所见，不见其所不见；视其所视，而遗其所不视”也。

前后洞之游与志力物之辨的对应，构成本文的主线。还有一条副线，即第四段所得出的治学必须“深思而慎取”的论点，与第一段对仆碑的考证遥相呼应，是作者的又一思想收获。两者相辅而行，如泰山之有梁父，使文势更丰满。

王安石是学者、文学家、诗人，但首先是政治家。他目睹时弊，奋思改革，其治国平天下的抱负，念念在心，有触即发，这就是本文论述中心的“志”。还在他任鄞县县令时(1047—1050)，就曾在境内推行青苗法并取得了成效。这篇《游褒禅山记》，不啻写下了献身改革的决心书。此后在《上仁宗皇帝言事书》中提出以孔子“困于排逐亦终不为之变”的精神来进行“施为变革”，《答司马谏议书》中的“度义而后动，是而不见可悔”，以致为相后推行新法遭到反对，在《次韵和甫咏雪》诗中所写的“势合便疑包地尽，功成终欲放春回。寒乡不念丰年瑞，只忆青天万里开”，无不一脉相承。直到晚年新法失败，退居金陵(今江苏南京)，还有“尧桀是非时入梦，固知余习未全忘”(《杖藜》)的诗句。他确实已尽了“志”，因而至死也没有“悔”。那坚定的信念，正是游褒禅山时立下的。此志已决，虽然后来游踪更广，且不乏名山胜水，但游记确实不需要作第二篇了。 (孟 斐)

度支副使厅壁题名记 王安石

三司副使不书前人名姓。嘉祐五年，尚书户部员外郎吕君冲之①，始稽之众史。而自李纮已上至查道②得其名；自杨偕③已上得其官；自郭劝④已下又得其在事之岁时。于是书石而镵之东壁⑤。

夫合天下之众者财，理天下之财者法，守天下之法者吏也。吏不良，则有法而莫守；法不善，则有财而莫理。有财而莫理，则阡陌闾巷之贱人皆能私取予之势，擅万物之利，以与人主争黔首，而放其无穷之欲，非必贵强桀大而后能，如是而天子犹为不失其民者，盖特号而已耳⑥。虽欲食蔬衣敝，憔悴其身，愁思其心，以幸天下之给足而安吾政，吾知其犹不行也。然则善吾法而择吏以守之，以理天下之财，虽上古尧、舜，犹不能毋以此为先急，而况于后世之纷纷乎？

三司副使，方今之大吏，朝廷所以尊宠之甚备。盖今理财之法，有不善者，其势皆得以议于上而改为之。非特当守成法，吝出入，以从有司之事而已。其职事如此，则其人之贤不肖，利害施于天下如何也！观其人，以其在事之岁时，以求其政事之见于今者，而考其所以佐上理财之方，则其人之贤不肖，与世之治否，吾可以坐而得矣。此盖吕君之志也。

〔注〕 ① 吕君冲之：即吕景初，字冲之，河南开封人。户部属尚书省，所掌事务归三司统辖。当时吕君以户部员外郎的身份担任度支副使。 ② 李纮：字仲纲，仁宗明道二年(1033)曾任度支副使。查道，字湛然，真宗咸平六年(1003)曾任度支副使。 ③ 杨偕：字次公，仁宗景祐三年(1036)曾任度支副使。 ④ 郭劝：字仲褒，仁宗景祐三年继杨偕而任度支副使。⑤ 镵之东壁：把书写的字迹镌刻在东边的石壁上。 ⑥ 特号而已耳：只是徒有空名义罢了。号，称号，名称。

这篇文章虽称“题名记”，实际上是一篇借题发挥、说理精辟的散文。

仁宗嘉祐五年(1060)，王安石担任三司度支判官。当时的度支副使吕景初掌管全面事务，他从官府档案中查考出历届副使的姓名、官衔履历和任职年月，并授意王安石写了这篇题名记。文章的起因很简单，但作者独运匠心，写出了自己的特色。

特色之一：借题说理，文思开拓。

王安石这篇文章的构思不局限在眼前“厅壁题名”这件事情上，而是拓宽视野，从国家理财、法制等诸多方面加以发挥，直抒己见。这些政见都富有社会现实的针对性。宋代自开国以来，已历百年。一方面是政局比较稳定，经济不断发展繁荣，另一方面边患加重，威胁宋朝外部的经济和政治，而一些豪门富商兼并土地，聚敛财富日益剧烈，又促使统治阶级内部矛盾尖锐激化。纷至沓来的社会内外矛盾,使地主阶级中的有志之士产生一种忧患意识。到了仁宗时期,他们认识到“自是朝廷只守弊法,不肯更张”(《续资治通鉴长编》卷一四三富弼奏),必将带来严重后患,因而呼唤变革的声浪越来越高涨。王安石正是适应这个时代潮流,迫切希望革新。他在文章中提出“理天下之财者法,守天下之法者吏”的主张,充分体现了这种以法理财的变革精神。文中还论述了财、法与吏三者相互制约的重要关系,并强调在实践中考察官吏的才能。这些都表现出作者敏锐的政治眼光和远见卓识,并为后来执政推行新法奠定了理论基础。

特色之二:善于开合,详略得体。

说理文须讲求开合变化,因为人们讲明道理有时需要多次反复引申,而善于用笔者能开能合,取材详略得当。如本文开头一段简要地交代“题名”之事,第二段则放开说理,既指出理财是治国之本,又强调没有完善的法制,无法管理;没有良好的官吏,又难以守法。这些从表层上看似乎断了文意,其实是与度支掌管国家财赋收入密切相关的,既放得开,又收得拢。最后从三司副使的重要职能回到“厅壁题名”上,使上述见解得到归结,又点明了题名的意图。文章叙事简括,笔墨集中精练而有变化。这种详略得当、能开能合的写法,显示出作者用笔的工妙。

(曹济平)

祭范颍州文 王安石

呜呼我公,一世之师。由初迄终,名节无疵。明肃之盛①,身危志殖②。瑶华失位③,又随以斥。治功亟闻,尹帝之都④。闭奸兴良,稚子歌呼。赫赫之家,万首俯趋。独绳其私,以走江湖⑤。士争留公,蹈祸不栗⑥。有危其辞,谒与俱出。风俗之衰,骇正怡邪。蹇蹇我初⑦,人以疑嗟。力行不回,慕者兴起。儒先酋酋⑧,以节相侈⑨。公之在贬,愈勇为忠。稽前引古,谊不营躬。外更三州⑩,施有余泽。如酾河江,以灌寻尺。宿赃自解,不以刑加。猾盗涵仁,终老无邪。讲艺弦歌,慕来千里⑪。沟川障泽,田桑有喜。戎孽猘狂,敢䶩我疆⑫。铸印刻符,公屏一方。取将于伍,后常名显。收士至佐,维邦之彦⑬。声之所加,虏不敢濒。以其余威,走敌完邻。昔也始至,疮痍满道。药之养之,内外完好。既其无为,饮酒笑歌。百城晏眠,吏士委蛇⑭。上嘉曰材,以副枢密⑮。

稽首辞让，至于六七。遂参宰相⑯，釐我典常。扶贤赞杰，乱冗除荒。官更于朝，士变于乡。百治具修，偷堕勉强。彼阏不遂，归侍帝侧⑰。卒屏于外，身屯道塞⑱。谓宜耇老，尚有以为。神乎孰忍，使至于斯。盖公之才，犹不尽试。肆其经纶⑲，功孰与计？自公之贵，厩库逾空。和其色辞，傲讦以容。化于妇妾，不靡珠玉。翼翼公子，弊绨恶粟。闵死怜穷，惟是之奢⑳。孤女以嫁，男成厥家。敦堙于深，孰锲乎厚？其传其详，以法永久。硕人今亡，邦国之忧。矧鄙不肖，辱公知尤。承凶万里，不往而留。涕哭驰辞，以赞醪羞㉑！

〔注〕 ① 仁宗天圣七年，范仲淹奏请章献明肃太后还政于仁宗，不报。出通判河中府。 ② 殖：树立。 ③ 明道二年，仁宗废郭皇后，范仲淹等奏后不当废，贬知睦州。郭后出居瑶华宫。 ④ 亟(qì)：屡次。尹：治理。范仲淹为开封府尹，治理京城，功绩卓著。 ⑤ 绳：纠正。这两句说，由于制止权豪势要贪赃枉法，而被贬斥流放。 ⑥"士争"二句：范仲淹因上《百官图》，谴责宰相吕夷简结党营私，被罢知饶州。一时舆论哗然，秘书丞余靖、太子中允尹洙、馆阁校勘欧阳修等纷纷上书反对罢斥范仲淹，他们也因此而遭贬。(事见《宋史·范仲淹传》) ⑦ 謇謇：同"謇謇"，忠诚正直。 ⑧ 酋酋：高貌。 ⑨ 侈：张大。《宋史·范仲淹传》："每感激论天下事，奋不顾身，一时士大夫矫厉尚风节，自仲淹倡之。" ⑩ 外更三州：范仲淹因上《百官图》，被贬饶州，一年多后徙润州，又徙越州，后因西夏元昊反，才召回为天章阁待制、知永兴军，改陕西都转运使。 ⑪ 讲艺：讲学传艺。弦歌：弹琴唱歌。古代礼乐结合，孔子讲学时常弹琴和乐歌唱。这两句说，范仲淹热心传艺讲学，仰慕者千里来投。据《宋史·范仲淹传》："仲淹泛通六经，长于易，学者多从质问，为执经讲解，亡所倦。" ⑫ 戎孽：指西夏。猘(zhì 制)：狗发疯。齮(yǐ 椅)：齮龁，咬。这两句说，敌兵像疯狗发狂一样，竟敢侵犯我们的边疆。 ⑬ 彦：美士，杰出的人才。《诗·郑风·羔裘》："彼其之子，邦之彦兮。"这两句说，范仲淹帐下吸收了一批有志之士，是国家的栋梁之材。 ⑭ 委蛇：庄重而又从容自得的样子。 ⑮ 上：指宋仁宗。以副枢密：以为枢密副使。范仲淹驻守西北，西夏不敢来犯，后元昊请和，仁宗下诏召回，拜枢密副使。被召后曾"五让不许"。 ⑯ 遂参宰相：据《宋史·范仲淹传》："谏官欧阳修等言仲淹有相材，请罢(王)举正，用仲淹，遂改参知政事。仲淹曰：'执政可由谏官而得乎?'固辞不拜，愿与韩琦出行边。命为陕西宣抚使，未行，复除参知政事。" ⑰"彼阏不遂"二句：《宋史·范仲淹传》："初，仲淹以忤吕夷简，放逐者数年。及夷简罢，召还，倚以为治。上十事，悉采用之。" ⑱"卒屏于外"二句：《宋史·范仲淹传》："仲淹以天下为己任，裁削幸滥，考核官吏，日夜谋虑，兴致太平，然更张无渐，规模阔大，论者以为不可行……会边陲有警，因与枢密副使富弼请行边……及去，攻者益急，仲淹亦自请罢政事，乃以为资政殿学士、陕西四路宣抚使知邠州。其在中书所施，亦稍稍沮罢。"屯(zhūn 谆)，艰难。 ⑲ 经纶：政治才能。 ⑳"化于妇妾"六句：《宋史·范仲淹传》："其后虽贵，非宾客不重肉。妻子衣食，仅能自充。而好施予，置义庄里中，以赡族人，泛爱乐善。" ㉑ 醪：浊酒。羞：食品。此指祭品。

范仲淹是北宋著名的政治家、军事家、文学家。皇祐四年(1052)，他以户部侍郎出知青州(治今山东青州市),因病请调颍州(治今安徽阜阳),五月,未到任而卒,享年六十四岁,人称范颍州。范仲淹死时,王安石才三十二岁,在舒州(治今安徽安庆)任通判。他虽还是一位不太知名的下级地方官,范仲淹生前已对他予以注意和器重。清蔡上翔《王荆公年谱考略》谓:“公亦尝受知于范公,见重于当世大贤,固甚早也。”王安石自己也说:“矧鄙不肖,辱公知尤。”说明他们两人有很深的情谊,可以说是忘年之交。正因为这样,王安石对范仲淹的死深感悲痛,所以当他得知这一消息后,便挥泪写了这篇情文并茂的祭文。

王安石一生写过三十多篇祭文,大都采用整齐的四言韵文的形式,语言精练,抑扬顿挫,富于感情色彩。这篇《祭范颍州文》,对范仲淹的为人和政绩,进行了比较公正、全面的评价,较有价值,值得一读。文章一开始就说:“呜呼我公,一世之师。由初迄终,名节无疵。”末尾则云:“硕人今亡,邦国之忧。”这是贯穿全文的主旨。王安石认为,范仲淹身系天下安危,堪称一世师表,他的死是巨大的损失,是邦国的不幸。核之史实,基本上符合实际,反映了当时的公论,并非溢美之辞。范仲淹在北宋政坛是一位具有远见卓识和革新思想的杰出人物。他刚正廉洁,忧国忧民,以天下为己任,曾上书朝廷主张改革弊政,富国强兵。他在西北前线任职多年,对巩固边防、安定社会作出过重大贡献。他的名言“先天下之忧而忧,后天下之乐而乐”,表现了宽广的胸怀和崇高的精神境界,成为当代和后世许多爱国志士的座右铭。王安石敬佩范仲淹,把他当作自己的老师和学习的楷模,因为他们有一个共同的理想和愿望,这就是振兴宋廷,扭转积弱积贫的局面,实现国家长治久安的宏图。所以这篇祭文决非一般的应酬文字,而是对一位爱国政治家的公正评价和沉痛悼念。

祭文循着范仲淹的生活轨迹,对他各个时期在不同职位上的所作所为,进行了简约的追述和褒扬,赞美他“闭奸兴良”、“扶贤赞杰”、矫正世风、拨乱反正、御敌安邦、爱抚百姓的种种“治功”,同时也叙述了范仲淹受到政敌排斥、屡次被贬的经历和遭遇。“公之在贬,愈勇为忠”,充分肯定他不向腐朽保守势力妥协的无畏精神。据《宋史·范仲淹传》载,范仲淹由于与宰相吕夷简政见不合,曾被放逐数年;召回后,任枢密副使,旋改参知政事,采取坚决措施,“裁削幸滥,考核官吏,日夜谋虑,兴致太平”,并鼓励对贪官污吏的举报弹劾,使“侥幸者不便”,从而遭到保守派官僚的激烈反对和诽谤,终于被迫“自请罢政事”,离京外放。对此,王安石在祭文中写道:“盖公之才,犹不尽试。肆其经纶,功孰与计?”对范仲淹未能尽展其才,深表遗憾。在封建社会,一切正直的爱国的政治家都不可能实现自己的理想和抱负,最后只能赍志以殁,含恨而终。范仲淹是如此,王安石自己又何尝不是如此呢？他们之间可谓“心有灵犀一点通”呵！

唯其如此，这篇祭文才写得感情真挚，爱憎分明。虽然作者主要是从正面颂扬范仲淹，但话里话外也鞭挞了阻挠和反对范仲淹进行改革的腐朽势力。从文章中我们既能感受到范仲淹的爱国情怀和高风亮节，同时也可约略窥见王安石变法前北宋统治集团内部的矛盾和斗争。因此它是一篇较有内容的祭文。由于受四言文的局限，文字比较古奥，但认真披读，仍觉十分动人。（喻朝刚）

王逢原墓志铭 王安石

呜呼！道之不明邪，岂特教之不至也？士亦有罪焉。呜呼！道之不行邪，岂特化之不至也？士亦有罪焉。盖无常产而有常心者[①]，古之所谓士也。士诚有常心以操圣人之说而力行之，则道虽不明乎天下，必明于己；道虽不行于天下，必行于妻子。内有以明于己，外有以行于妻子，则其言行必不孤立于天下矣。此孔子、孟子、伯夷、柳下惠、扬雄之徒所以有功于世也。呜呼！以予之昏弱不肖，固亦士之有罪者，而得友焉。

予友字逢原，讳令，姓王氏，广陵人也。始予爱其文章，而得其所以言；中予爱其节行，而得其所以行；卒予得其所以言，浩浩乎其将沿而不穷也，得其所以行，超超乎其将追而不至也。于是慨然叹，以为可以任世之重而有功于天下者，将在于此，予将友之而不得也。呜呼，今弃予而死矣，悲夫！

逢原，左武卫大将军讳奉諲之曾孙，大理评事讳珙之孙，而郑州管城县主簿讳世伦之子。五岁而孤，二十八而卒。卒之九十三日，嘉祐四年九月丙申，葬于常州武进县南乡薛村之原。夫人吴氏，亦有贤行。于是方振也，未知其子之男女。铭曰：

寿胡不多？天实尔啬。曰天不相[②]，胡厚尔德？厚也培之，啬也推之，乐以不罢，不怨以疑。呜呼天民[③]，将在于兹！

〔注〕①无常产而有常心者：句中二“常”字，《孟子·梁惠王上》原文为二“恒”字，这里当是避宋真宗赵恒之讳。②相：扶助。③天民：对于明道而能尽天理之人的尊称。《孟子·尽心上》：“有天民者，达可行于天下而后行之者也。”

撰写“墓志铭”一类文章容易犯的通病，不是枯燥呆板，就是揄扬过实，因而被讥为“谀墓”。王安石《临川集》中，“墓志铭”一类文章约有一百多篇，却既无“谀墓”之嫌，又能因人因事谋篇，结构灵活，不拘一格，在唐宋八大家中能兼具韩(愈)欧(阳修)志铭文之长，被誉为“无体不备，无美不搜”(梁启超《王安石评传》)。关于这篇《王逢原墓志铭》，王安石在《与崔伯易书》中写道：“逢原遽如此，痛念之无穷，特为之作铭，因吴特起去奉呈。此于平生为铭，最为无愧。”可见他自己也认为是得意之作。王令(字逢原)卒于嘉祐四年(1059)六月初二日，九十三天后下葬，这篇墓志铭当作于是时。

此文的独特性和深刻之处，在于从哲学思想的高度来评价墓主。第一段的重点是“盖无常产而有常心者”以下数句。《孟子·梁惠王上》有“无恒产而有恒心者，惟士为能”诸句，意谓没有固定的产业却有一定的道德观念和行为规范，只有知识阶层能够做到，而一般人若无固定的产业，也就没有一定的道德准则，他们就会胡作非为，什么坏事都做得出来。王令(字逢原)则是这种道德高尚的知识分子。王安石在《与王逢原书》(其二)中称赞他说：“既而见足下，衣刓屦缺，坐而语，未尝及己之穷；退而询足下，终岁食不荤，不以铢忽妄售于人，世之自立如足下者有几?”王令自己也说“吾食无田，吾寝无庐，吾爨无刍，吾馆无菹”(《言归赋》)，即使这么困苦，他也不去参加科举考试以谋取官职，而情愿辗转于今江苏高邮等地作一个清贫的教书先生，被誉为“文学德行俱出人右”(《淮南部使者邵必奏状》)。他奉寡姊如严父，教孤甥如爱子，饥寒穷困，不改其守。关于王令的为人，当时还有这样的传闻，说他既见知于王安石，声誉赫然，一时附丽之徒，望风伺候，高位显官，日满其门，对他阿谀奉承，而王令对此极为厌恶，便在家门上写了这样四句话：“纷纷闾巷士，看我复何为，来则令我烦，去则我不思。”(见《宋诗话辑佚》本《王直方诗话》)在墓志铭里，王安石虽未具体提及此事，但在他看来，王令继承并发扬了孔、孟等古圣贤的道德学说，堪称士人的楷模，这比借取他王安石的声望增重于世的事更值得书写。

第二段头几句交代死者的姓氏、籍贯，语焉不详。其实王令生于宋仁宗天圣十年(1032)，初字钟美，以其造道之深改字逢原。旧望太原，自七世祖迁居魏郡元城(今河北大名)，尝自称元城王令。少孤，由其在扬州一带做低级武官的叔祖王乙抚养。扬州一名广陵，王令遂被称为广陵人。王安石比王令年长十一岁，仁宗至和元年(1054)，王安石由舒州通判被召入京，路过高邮时，王令撰《南山之田》诗并投书求见。他们一见如故，遂结为忘年交。“始予爱其文章”至“悲夫”十余句，叙述作者交友、识友、崇友的过程及心情。本来以为王令“可以任世之重而有功于天下”，他们相晤之日，“乾坤谈罢论雎鸠”，交谊极深，想不到好友如此才高命短，竟“弃予而死”，怎么能不十分悲痛呢！此后不久，王安石赍哀再撰《思逢原二首》（其一）曰：“妙质不为平世得，微言唯有故人知。”惟其相知相得，这篇墓志铭才写得平实深刻，十分感人。

第三段进一步交代墓主的生平、家世。虽然王令的曾祖、祖父、父亲都做过官，但在他出生时家境已相当贫寒。母亲亡故后，五岁时父亲亦去世，故称“五岁而孤”。仁宗嘉祐四年（1059），因脚气病而卒，年仅二十八岁。此病长期折磨着王令，王安石曾致书告知其医治的偏方：“近见说脚气，但于早起未下床未语以前，取唾以手大指摩脚心，取极热，乃下床，久之自不复发，尝试为之。此乃尝有人以此除疾，为之无妨也。”（《与王逢原书》其八）从这类小事上也可以看出王安石与王令的交情之深，故“其为志文，言甚简而其痛弥深”（清蔡上翔《王荆公年谱考略》）。王安石认为王令卓荦冠群，可与自己共功业于天下。王安石被任为常州知州，王令前来相依，当时已二十六岁，由于一贫如洗，尚未娶妻。王安石作伐，两次致函吴蕡，向他介绍王令品德才智如何过人，希望他能答应这门亲事，将女儿，也就是王安石妻子的从妹嫁给王令。吴蕡深知其女婉慧夙成，嫁不轻诺，在王安石的劝说下，终于应允。嘉祐三年（1058）四月，王令前往吴蕡做官的蕲州（今湖北黄冈蕲春）迎娶吴氏夫人，六月舟次鄱阳，与在此地任职的王安石相晤谈诗议政，相得欢洽。次年王令去世时，吴夫人只有二十五岁，已怀有身孕。王安石撰写墓志铭时，吴氏尚未分娩，未卜是男是女。后来生下一个女儿，吴氏誓不再醮，务农为生，抚养女儿成人。

最后十句四字铭文，呼天抢地，为王令的早逝深表感慨。尤为可惜的是，王令作为“行能尤异”（《哲宗皇帝实录》）、高才而多产（短短十年写出七十多篇散文、四百八十多首诗）的作家，其“致君泽民之志”未遂而夭，作为墓主的深交和连襟，王安石的悲苦心情可想而知。

（陈祖美）

泰州海陵县主簿许君墓志铭　　王安石

君讳平，字秉之，姓许氏。余尝谱其世家①，所谓“今泰州海陵县主簿”②者也。君既与兄元相友爱称天下，而自少卓荦不羁，善辨说，与其兄俱以智略为当世大人所器。宝元③时，朝廷开方略之选④，以招天下异能之士。而陕西大帅范文正公、郑文肃公⑤争以君所为书以荐。于是得召试为太庙斋郎⑥,已而选泰州海陵县主簿。贵人多荐君有大才,可试以事,不宜弃之州县。君亦常慨然自许,欲有所为,然终不得一用其智能以卒。噫,其可哀也已!

士固有离世异俗,独行其意,骂讥、笑侮、困辱而不悔。彼皆无众人之求,而有所待于后世者也,其龃龉固宜。若夫智谋功名之士,窥时俯仰,以赴势物之会,而辄不遇者,乃亦不可胜数。辩足以移万物,而穷于用说之时;谋足以夺三军,而辱于右武之国。此又何说哉?嗟乎!彼有所待而不悔者,其知之矣!

君年五十九,以嘉祐某年某月某甲子,葬真州之扬子县⑦甘露乡某所之原。夫人李氏。子男瓌,不仕;璋,真州司户参军;琦,太庙斋郎;琳,进士。女子五人,已嫁者二人,进士周奉先、泰州泰兴县令陶舜元。铭曰:

有拔而起之,莫挤而止之。呜呼许君!而已于斯,谁或使之?

〔注〕 ① 余尝谱其世家:作者曾撰《许氏世谱》,见《临川先生文集》卷七十一。 ② 泰州:治海陵县,今江苏泰州市。主簿:掌文书簿籍,官物出纳,为县令的助理。 ③ 宝元:宋仁宗年号(1038—1040)。 ④ 方略之选:宋仁宗时的一种制举科目,即"识洞韬略运筹帷幄科"。⑤ 范文正公:范仲淹,谥文正。他在康定及庆历年间出镇陕西。郑文肃公:郑戬,谥文肃,曾任陕西四路都总管兼经略安抚招讨使。 ⑥ 太庙斋郎:太常寺太庙令属官,掌奉宗庙诸陵墓的荐享事宜。许平庆历三年五月任此职。 ⑦ 真州扬子县:宋属淮南路,今江苏仪征县。

一般的墓志铭,由于受墓主亲属的请托,或因墓主生前死后身份地位的贵显荣耀,往往多所称美揄扬,甚至流为"谀墓"之作。王安石这篇墓志铭,却写得很不一般化。它不但脱出了例多溢美的陈套,而且脱出了以叙述墓主生平行事为主的常规。文章借墓主的身世遭际,别出心裁地发了一通议论,充分表现了作者矫世抗俗、孤标独步的性格和对人生的独特看法。

开头平平叙起,交待墓主姓名、官爵,用笔简约。然后称扬其"友爱","卓荦不羁","善辨说",有"智略",勾画出一位有不平凡才智而又豪放不羁的士人形象。接着,于"当世大人"中举出范仲淹和郑戬,说明许平生前确曾受到名人显宦的器重与推荐。但这位"慨然自许,欲有所为"的士人却困于下位,"不得一用其智能而卒"。总之,许平一生可以说是有才、得荐而未遇。作者用"噫!其可哀也已”的慨叹表达了对他的同情与悲悯。

在封建时代的士人中，像许平这样才而不遇的情况多得不可胜计。如果仅就怀才不遇着眼，这篇墓志铭便将成为毫无特色的熟滥文章。作者别开生面之处，在于就许平的遭遇生发出一段出人意料的人生感慨。

“士固有离世异俗，独行其意，骂讥、笑侮、困辱而不悔。”作者在第二段开头，突然撇开许平，举出另一种类型的士人。这是一种有自己独特思想、独立意志，敢于背离世俗，坚决按自己意志行事，不管遇到怎么样的讥笑困辱都毫不动摇的人，是作者奉为楷模的异才，在某种程度上也是作者自己精神性格的写照。这种人没有普通人的那种平庸的人生追求，他们所期待的是后世的理解。在作者看来，这种人由于不趋世希时，因而他们不合于当时是必然的。紧接着，又掉转笔锋，指出那些有智谋才略、汲汲追求功名的人，他们窥测时势，随俗周旋，寻求机遇，但其中不遇者却也不可胜数。“辩足以移万物，而穷于用说之时；谋足以夺三军，而辱于右武之国。此又何说哉?”他们主观上具有特出的才能，客观上也有用其才的需要，却“穷”而“辱”，这就令人疑惑不解了。这后一类人，就是以许平为代表的追求当世功名的才士。作者并没有直接说出他对这个问题的看法，但读者却自会引起对这个不合理的社会的思考。在对照了以上这两种人的志趣遭遇以后，作者深有感慨地说：“彼有所待而不悔者，其知之矣!”“知”什么呢？大约应当包括对社会的不合理的认识，以及趋时者未必得遇的感慨。从这里看，上文的所谓“可哀”，就不单纯是哀其不遇，而且含有哀其看不透这个社会的意思。既然趋时者未必得遇，那么反不如离世异俗、独行其意了。这正是作者对举以上这两种人的深意所在。从表面上看，“离世异俗，独行其意”者是宾，“窥时俯仰，以赴势物之会”者(包括许平在内)是主，但实际上作者却是要通过对后者遭遇的哀悯与思考，肯定前一种人的人生态度，可以说是反主为宾，主宾易位了。

最后一小段铭文，可以看作全篇的总结。“有拔而起之，莫挤而止之”，应首段贵人之荐举；“呜呼许君！而已于斯，谁或使之”，对许平的“不得一用其智能以卒”表示哀悯，而对所以如此的原因则始终不加点破，留下疑问让读者去长久地思索。铭文用韵处，“起”“止”相接，隔了三句再用一“使”字收住，读来便觉声情相应，有如泣如诉之妙。

王安石在《游褒禅山记》中说：“古之人观于天地、山川、草木、虫鱼、鸟兽，往往有得，以其求思之深而无不在也。”这篇别具一格的墓志铭正是作者“求思之深”的又一生动例证。从这里，我们可以看到作者“离世异俗，独行其意，骂讥、笑侮、困辱而不悔”的人生观在实践与深思中形成的轨迹。　（刘学锴）

【作者小传】

苏 轼

(1037—1101) 北宋文学家。字子瞻,号东坡居士。眉州眉山(今属四川)人。苏洵子。嘉祐进士。神宗时曾任祠部员外郎,知密州、徐州、湖州。因反对王安石变法,以作诗“谤讪朝廷”罪贬谪黄州。哲宗时任翰林学士,曾出知杭州、颍州,官至礼部尚书。后又贬谪惠州、儋州。后北还,病死常州。追谥文忠。与父洵、弟辙合称“三苏”。其文汪洋恣肆,明白畅达,为“唐宋八大家”之一。其诗清新豪健,独具风格。词开豪放一派,与辛弃疾并称为“苏辛”。诗文有《东坡七集》等。

刑赏忠厚之至论　　苏 轼

尧、舜、禹、汤、文、武、成、康之际,何其爱民之深,忧民之切,而待天下之以君子长者之道也。有一善,从而赏之,又从而咏歌嗟叹之,所以乐其始而勉其终。有一不善,从而罚之,又从而哀矜惩创之,所以弃其旧而开其新。故其吁俞[①]之声,欢休惨戚,见于虞、夏、商、周之书。

成、康既没,穆王立,而周道始衰,然犹命其臣吕侯而告之以祥刑。其言忧而不伤,威而不怒,慈爱而能断,恻然有哀怜无辜之心,故孔子犹有取焉[②]。

《传》曰:“赏疑从与”,所以广恩也;“罚疑从去”,所以慎刑也。当尧之时,皋陶[③]为士,将杀人,皋陶曰“杀之”三,尧曰“宥之”三,故天下畏皋陶执法之坚,而乐尧用刑之宽。四岳[④]曰:“鲧[⑤]可用。”尧曰:“不可,鲧方命圮族[⑥]。”既而曰:“试之。”何尧之不听皋陶之杀人,而从四岳之用鲧也?然则圣人之意,盖亦可见矣。《书》曰:“罪疑惟轻,功疑惟重。与其杀不辜,宁失不经[⑦]。”呜呼!尽之矣!

可以赏,可以无赏,赏之过乎仁;可以罚,可以无罚,罚之过乎义。过乎仁,不失为君子;过乎义,则流而入于忍人。故仁可过也,义不可过也。

古者,赏不以爵禄,刑不以刀锯。赏以爵禄,是赏之道行

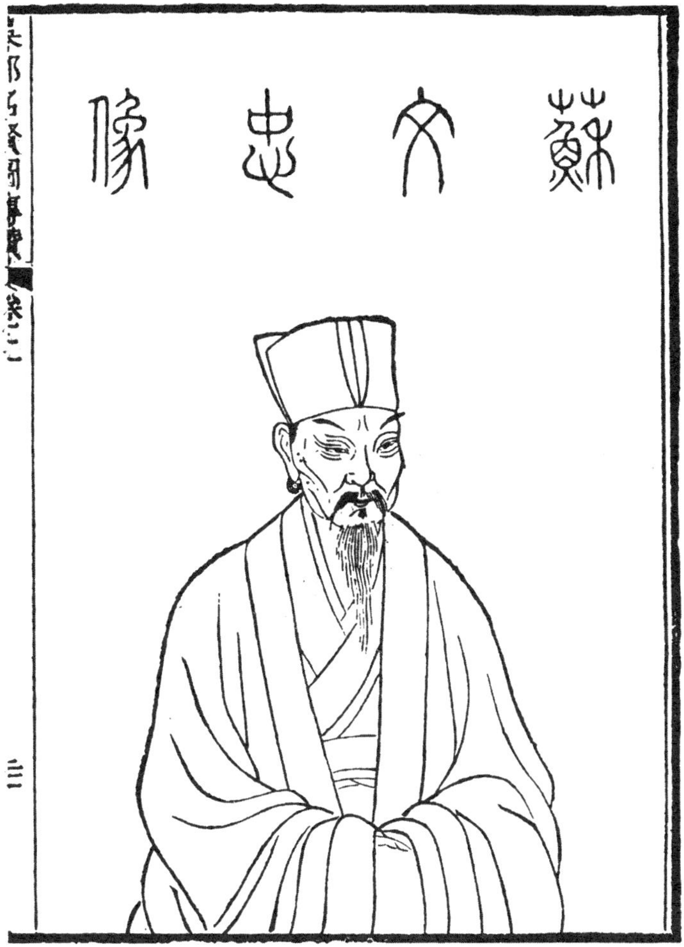

苏轼像

——清道光年间刊本《吴郡名贤图传赞》

于爵禄之所加，而不行于爵禄之所不加也。刑以刀锯，是刑之威施于刀锯之所及，而不施于刀锯之所不及也。先王知天下之善不胜赏，而爵禄不足以劝也；知天下之恶不胜刑，而刀锯不足以裁也。是故疑则举而归之于仁。以君子长者之道待天下，使天下相率而归于君子长者之道，故曰：忠厚之至也。

《诗》曰："君子如祉，乱庶遄已；君子如怒，乱庶遄沮⑧。"夫君子之已乱，岂有异术哉？时其喜怒而无失乎仁而已矣。《春秋》之义，立法贵严，而责人贵宽。因其褒贬之义，以制赏罚，亦忠厚之至也。

〔注〕 ① 吁俞：《尚书·尧典》："帝曰'吁！咈哉！'"吁（xū 须），感叹声。《尚书·尧典》："帝曰'俞'。"俞，犹言"然"，表示应允。 ② "故孔子"句：《尚书》传为孔子所编纂。《吕刑》被收入，故云："孔子犹有取焉。" ③ 皋陶（yáo 姚）：尧时的士官，狱官之长。 ④ 四岳：族中首要，主四方名山大岳之官，因有四岳之称，可以参议政事。 ⑤ 鲧（gǔn 滚）：尧的臣子，传说乃大禹的父亲。 ⑥ 方命：《汉书·王商传》引作"放命"，即"弃命"。圮（pǐ 丕）族：即"毁族"。见《尚书·尧典》。 ⑦ 宁失不经：意为宁愿承担失刑的罪责。不经，谓非常之罪。见《尚书·大禹谟》。 ⑧ 祉（zhī 支）：喜。遄（chuán 船）：迅速。沮（jù 巨）：止。见《诗·小雅·巧言》。

宋仁宗嘉祐二年（1057），二十二岁的苏轼应礼部试，写了这篇《刑赏忠厚之至论》。当时的主考官是欧阳修，详定官是梅尧臣。梅主张取为第一名，欧阳修也很赏识，怀疑可能是他的门生曾巩所作，考虑到文中"皋陶曰'杀之'三，尧曰'宥之'三"这两句话没有注明出处，最后决定取为第二名。及入谢，欧阳修问到那两句话的出处，"东坡笑曰：'想当然耳！'"（龚颐正《芥隐笔记》）由此可见，即使写这种严格的应试之文，才华横溢的苏轼也是不排斥丰富的想象力的。

试题出自《尚书·大禹谟》："罪疑惟轻，功疑惟重。"孔安国传注文："刑疑附轻，赏疑从重，忠厚之至。"苏轼误记为"赏疑从与，罚疑从去"，于是紧紧抓住这一题目，主要阐明古代的贤君赏善惩恶，都是本着忠厚宽大的原则，主张"使天下相率而归于君子长者之道"。应试之文，佳作极少，但这篇文章却是佼佼者，有其鲜明特色。

由于文章的题目出自《尚书》，所以先以咏叹先王爱民之深，忧民之切开头，紧扣主旨。接着从赏善与罚不善两方面说明，总归于"忠厚"二字。周道衰落之后，穆王还是把要善于用刑的方法，告诉吕侯。所谓"祥刑"，意谓用刑须审慎从事。王先谦《孔传参正》认为"祥"当为"详"。按《汉书·明帝纪》："详刑慎罚，明察单辞。"又《刘恺传》："非先王详刑之道也。"引《尚书》郑玄注云："详，审察之也。""详刑"实际上就是要"慎刑",所以说孔子对此还是给予了肯定。衰世尚且如此,何况盛世呢?这是退一步说,从而更加夯实了主旨的深厚基础。

但是,赏罚之道,要完全掌握它,并非易事。轻重的分量,也难以掂得很准。所以文章从经文中拈出了一个"疑"字。解决疑难问题的原则就是"罪疑惟轻,功疑惟重"。所谓"广恩""慎刑",都体现了"忠厚"之义。为了说明这个问题,作者引用了唐尧不从皋陶执法杀人的意见,而同意四岳任用鲧的例子,体现先王刑赏之道,一本忠厚。通过叙事中的剖析,文章又引用《书经》的警句加以论断,复以咏叹出之,不仅使主旨更加突出,而且与开头遥相呼应,使人有浑然一体的感觉。

行文至此,主旨似乎已经完全阐明了,但是,作者并不就此收住,反而蓄足气势,横生波澜,展示了他不可羁縻的才思。关于可赏可不赏,可罚可不罚的提示,这自然是上承"疑"字而来,但它并不是前者的重复。"疑"是有问题,而此则认识上已经基本明确,其概念和前者又不完全相同。而在这个范围内的过赏过罚问题,苏轼认为"过乎仁,不失为君子;过乎义,则流而入于忍人"。通过这一层挖掘,既深化了主旨,又体现了作者认识事物剖细入微的能力。而其断语"仁可过也,义不可过也",则又表现了极大的概括力,显得斩钉截铁,十分精悍有力。

赏和罚的范畴剖析明白之后,接着进一步又探讨赏和罚(刑)的方式。作者认为,古代赏赐有功者不一定用爵禄,处罚有罪者不一定用刀锯;加之"善不胜赏","恶不胜刑",范畴和方式实际上都被扩大了。如此发挥,真是处处贯通,无往而不可。但是既要放得开,又要收得拢。"是故疑则举而归之于仁",仍然再拈出"疑"字,使文眼在笔阵墨浪中豁然透气,又复归结到"忠厚之至也"这个主旨上来。余波振荡,最后又引用《诗经》《春秋》之义,十分鲜明地捧出了题目。题目亦即结论,在结构上显得非常紧密而完整。

在漫长的封建社会里,统治者动辄施以刑罚,并不"慎刑",至于"广恩"、赏赐之类,也往往是统治阶级内部的事。所以文章提出的赏善惩恶一本忠厚的原则,不过表现了试官和作者希望不要滥刑无辜,要求推行"仁政"的善良愿望而已。为政之道,宽猛相济。《左传》中记载郑国大政治家子产以水火之喻论政宽猛的话,孔子听了,深受感动,也说:"宽以济猛,猛以济宽,政是以和。"博学的苏轼不可能不知道这段故事。宋代以经文为题取士,至明清变而为八股,谓之制义。应试者是不能违背经义的。对此,也就不必苛求古人了。　　(宋　廓)

留　侯　论　　　苏　轼

古之所谓豪杰之士者,必有过人之节。人情有所不能忍者，匹夫见辱，拔剑而起，挺身而斗，此不足为勇也。天下有大勇者，卒然临之而不惊，无故加之而不怒。此其所挟持者甚大，而其志甚远也。

夫子房受书①于圯上之老人也，其事甚怪；然亦安知其非秦之世有隐君子者，出而试之？观其所以微见其意者，皆圣贤相与警戒之义，而世不察，以为鬼物②，亦已过矣。且其意不在书。当韩之亡，秦之方盛也，以刀锯鼎镬待天下之士，其平居无罪夷灭者，不可胜数，虽有贲、育③，无所复施。夫持法太急者，其锋不可犯，而其末可乘④。子房不忍忿忿之心，以匹夫之力，而逞于一击之间。当此之时，子房之不死者，其间不能容发，盖亦已危矣。千金之子，不死于盗贼，何者？其身之可爱，而盗贼之不足以死也。子房以盖世之才，不为伊尹、太公⑤之谋，而特出于荆轲、聂政⑥之计，以侥幸于不死，此固圯上之老人所为深惜者也。是故倨傲鲜腆⑦而深折之，彼其能有所忍也，然后可以就大事，故曰："孺子可教也。"

楚庄王伐郑，郑伯⑧肉袒牵羊以逆。庄王曰："其君能下人，必能信用其民矣。"遂舍之。勾践之困于会稽，而归臣妾于吴者，三年而不倦⑨。且夫有报人之志，而不能下人者，是匹夫之刚也。夫老人者，以为子房才有余而忧其度量之不足，故深折其少年刚锐之气，使之忍小忿而就大谋。何则？非有平生之素，卒然相遇于草野之间，而命以仆妾之役，油然而不怪者，此固秦皇帝之所不能惊，而项籍之所不能怒也。

观夫高祖之所以胜，而项籍之所以败者，在能忍与不能忍之间而已矣。项籍唯不能忍，是以百战百胜而轻用其锋；高祖忍之，养其全锋而待其弊，此子房教之也。当淮阴破齐，而欲自王，高祖发怒，见于词色，由此观之，犹有刚强不忍之气，非子房其谁全之⑩？

太史公疑子房以为魁梧奇伟，而其状貌乃如妇人女子⑪，不称其志气。而愚以为此其所以为子房欤！

〔注〕①子房受书：见《史记·留侯世家》。　②以为鬼物：王充《论衡·自然》引人之说云："或曰：张良游泗水之上，遇黄石公授太公书，盖天佐汉诛秦，故命令神石为鬼书授人。"　③贲、育：孟贲、夏育，古代勇士。　④而其末可乘：谓待其力量衰微到极点时始有机会可乘。案：此句一作"而其势未可乘"。连下文博浪一击不中，秦皇大索天下，张良变名姓逃亡之事，理亦可通。　⑤伊尹、太公：伊尹，商朝开国功臣。太公，又称太公望，即吕尚，周朝开国功臣。　⑥荆轲、聂政：战国时刺客。荆轲曾为燕太子丹刺杀秦王（始皇），未成被杀。聂政曾为严仲子刺杀韩相侠累，事成后毁容自杀。　⑦鲜腆：无礼。　⑧郑伯：即郑襄公。文中所引楚庄王伐郑事见于《左传·宣公十二年》。　⑨"勾践"三句：《史记·越王勾践世家》载，越国被吴国打败后，越王勾践曾和范蠡入官（臣隶）于吴，勾践自请为臣，妻为妾，三年后才被放回越国。他卧薪尝胆，发奋复仇，终于灭了吴国。　⑩"当淮阴"数句：《史记·淮阴侯列传》载，韩信平齐后，派人见汉王刘邦，求封为假（暂时代理）齐王以镇齐。刘邦大骂韩信。张良、陈平暗中踩刘邦足，附耳告以今局势不利于汉，应善待韩信，以免生变。刘邦顿时醒悟，改口答应，并派张良去立韩信为齐王，征调他的兵攻击项羽。　⑪"太史公"二句：见《史记·留侯世家》文末"太史公曰"。

这篇议论文论的是张良。它是作者嘉祐六年（1061）正月应制科时所上"进论"之一，作年当在此前。张良，字子房，辅佐刘邦灭秦破项，建立汉朝，封于留（今江苏徐州沛县东南），称留侯。《留侯论》并不全面评论他的生平和功业，而只论述他之所以取得成功的主观方面的根本原因——"能忍"的过人之节。这个问题过去未有人道及，是作者的创见。

开头一段是立论，提出能忍、不能忍这个命题。"古之所谓豪杰之士者，必有过人之节"，是泛言，举凡忠勇、坚毅等等超乎常人的节操，全都包括在内。以下则扣住《留侯论》本题，加以申说，将"过人之节"具体到"忍"字。说"忍"，又是从"勇"字来说，提出匹夫之勇不算勇，只有"人情有所不能忍者"，"卒（猝）然临之而不惊，无故加之而不怒"，也就是说，能忍，才是大勇；而其所以能忍，又是因为抱负甚大，志向甚远的缘故。表面看来，勇和忍似乎是对立的，作者却指出了它们的统一性，充满辩证法，非常精警深刻。这是作者的基本论点，也是全篇的主意。虽然这里并未指名，实际是对张良而言。以下全是对张良的具体论证。

文中举了张良狙击秦王、进履受书、劝说刘邦封韩信为齐王三件事。这三件事表面看来似无关连，但作者却敏锐地看到了它们之间的联系，由此提出了他的独创见解。

第二段先从前两件事说。人们孤立地看圯上老人赠书事，因而把一些神怪传闻当作真实。作者把这件事同张良狙击秦王联系起来，把他为韩报仇不能忍小忿，逞匹夫之勇，与成大事所需要的大忍耐联系起来，指出这是秦时的隐士对张良忍耐心的考验观察，其用意并不在书的授受。指出老人的行动所暗示的，都是圣贤间互相警示劝诫的道理。这几层意思紧密钩连，互为论证，结构非常严密。拂去老人赠书的神奇色彩，关系到基本立论，因为如果这真是神怪的行为而非人事，就无法按常理论之。老人赠书的用意，则是从张良和老人的行动本身这两个方面来论证。从张良讲，他狙击秦王的行动，是“不忍忿忿之心”的表现，这种荆轲、聂政式的刺杀行为，在当秦势方盛时无异于白白送死。老人因为痛惜其才，才“出而试之”，故意用傲慢无礼的举动“无故加之”，极力摧折侮辱他，以磨炼他的性格，“深折其少年刚锐之气”，使其“能有所忍”。从老人说，他对张良的一系列折辱举动，显然不是出于无心。当老人故意走到张良跟前堕履又命他取履时，张良“欲殴之”，仍有不能忍之心；因念其年老而下桥取履是“强忍”着，老人岂有不知，故又提出更带侮辱性的要求：替我穿履！张良想，既已为老人取履了，就再替他穿上吧。这“能忍”的程度又进了一步，但老人还要再看看。他以足受履，笑而去，行了里许路，见张良只是目送着他，并无异常的表现，这才再走回来，对张良说：“孺子可教矣！”这就自己道出了有意试察的用心。太史公的笔墨也很传神：写张良“欲殴之”，“强忍”，“业为取履，因履之”，“殊大惊，因目之”，一连串带动作的心理描写把个“忍”字的深化过程刻画得丝丝入扣。随后因“平明”“鸡鸣”赴约仍然迟到而一再受到怒责，终于以“夜未半”即往，得到老人的首肯，完成了“忍”的磨炼。这给作者取为立论主题提供了材料。如果老人的用意是在赠书，只需将书授与即可；之所以“深折之”，正说明“其意不在书”。“且其意不在书”，而在使其(张良)能忍，二者实为一个意思。清人金圣叹说：“此一句(即“且其意不在书”)乃一篇之头也。”又总评说：“此文得意在‘且其意不在书’一句起，掀翻尽变，如广陵秋涛之排空而起也。”(《天下才子必读书》卷十四)清人沈德潜也说：“‘其意不在书’一语，空际掀翻，如海上潮来，银山蹴起。”(《唐宋八大家文读本》卷二十一)都指出此句是通篇立意的关键。

为了加强说服力，第三段又引史为证，再次申说上段之意。文中先引郑伯能忍而不战退敌，勾践能忍而终灭吴国，以见忍的极端重要性，说明圯上老人何以要“出而试之”。又概述老人“深折”张良的情景，证明他的举动确实是对张良的考察试验。前者是从动机讲，后者是从事实讲，行动的目的则是“使之忍小忿而就大谋”(这句系用《论语·卫灵公》“小不忍则乱大谋”语意，即上文所谓“圣贤相与警戒之义”)，后来的结果则是使张良达到了“秦皇帝之所不能惊，而项籍之所不能怒”的境界。

以上都是就张良早年的两件事而言，第四段又举他后来在刘邦项籍斗争中的一个例证以实之。没有这个例证，张良在圯上的表现，可以视为偶然；有了这个例证，上面的论证才开花结果，落到实处。这段的精妙之处在于，作者不是孤立地讲张良，而是联系到刘、项两家的斗争来举例。文中把刘邦之所以胜和项籍之所以败，归结为能忍和不能忍，而以韩信求假封为齐王的事例，把刘邦之能忍归结为系由张良成全，不仅说明了能忍对于张良、对于刘、项的事业的重大意义，还说明了圯上老人的启导所起的巨大作用，大大增强了通篇议论的说服力。末尾以揣度作结，谓子房的状貌也表现出能忍的特征，思致新颖，风调翩翩，余味不尽。

张良一生功业的取得，原因固然是多方面的，但能忍起了重要作用，却无疑义，此文扣住能忍、不能忍，反复论说，见解精辟，辞气雄辩。因为始终围绕一个意思说，所以能把问题讲得深透，也能使文章奇正相形，虚实相生，变化无穷。文中论张良的忍，就有正说，有反说，有历史引证，有当代人物作为陪衬，末尾还借司马迁文加以点染，使文章妙趣横生。通篇主意本来是论张良能忍，但大半篇幅（整个二三两大段）又全是讲他不能忍，可以说，通篇结构是用他的先不能忍证出他的其后能忍，可称一奇。明人杨慎《三苏文范》说："东坡文如长江大河，一泻千里，至其浑浩流转，曲折变化之妙，则无复可以名状，而尤长于陈述叙事。留侯一论，其立论超卓如此。"王慎中称"此文若断若续，变幻不羁，曲尽文家操纵之妙"（茅坤《宋大家苏文忠公文钞》卷十四引），都颇能道出此文特色。细读原文，我们会发现通篇不作一平庸句，不作一平铺直叙语，所以为后世学文者视为范本。

（王思宇）

教战守策[①] 苏 轼

夫当今生民之患，果安在哉？在于知安而不知危，能逸而不能劳。此其患不见于今，而将见于他日。今不为之计，其后将有所不可救者。

昔者先王[②]知兵之不可去也，是故天下虽平，不敢忘战。秋冬之隙，致民田猎[③]以讲武，教之以进退坐作[④]之方，使其耳目习于钟鼓旌旗之间而不乱，使其心志安于斩刈杀伐之际而不慑。是以虽有盗贼之变，而民不至于惊溃。及至后世，用迂儒之议，以去兵为王者之盛节[⑤]，天下既定，则卷甲而藏之。数十年之后，甲兵顿弊[⑥]，而人民日以安于佚乐；卒[⑦]有盗贼之警，则相与恐惧讹言，不战而走。开元、天宝[⑧]之际，天下岂不大治？惟其民安于太平之乐，豢于游戏酒食之间，其刚心勇气，消耗钝眊，痿蹶而不复振。是以区区之禄山一出而乘之，四方之民，兽奔鸟窜，乞为囚虏之不暇[9]。天下分裂，而唐室固以微矣。

盖尝试论之：天下之势，譬如一身。王公贵人所以养其身者，岂不至哉？而其平居常苦于多疾。至于农夫小民，终岁勤苦而未尝告疾，此其故何也？夫风雨霜露寒暑之变，此疾之所由生也。农夫小民，盛夏力作而穷冬暴露，其筋骸之所冲犯，肌肤之所浸渍，轻霜露而狎风雨，是故寒暑不能为之毒。今王公贵人处于重屋之下，出则乘舆，风则袭裘，雨则御盖，凡所以虑患之具莫不备至，畏之太甚而养之太过，小不如意，则寒暑入之矣。是故善养身者，使之能逸而能劳，步趋动作，使其四体狃于寒暑之变，然后可以刚健强力，涉险而不伤。夫民亦然。今者治平之日久，天下之人骄惰脆弱，如妇人孺子，不出于闺门。论战斗之事，则缩颈而股栗；闻盗贼之名，则掩耳而不愿听。而士大夫亦未尝言兵，以为生事扰民，渐不可长：此不亦畏之太甚而养之太过欤？

且夫天下固有意外之患也。愚者见四方之无事，则以为变故无自而有，此亦不然矣！今国家所以奉西北之虏者，岁以百万计[10]。奉之者有限，而求之者无厌，此其势必至于战。战者，必然之势也。不先于我，则先于彼；不出于西，则出于北。所不可知者，有迟速远近，而要以不能免也。天下苟不免于用兵，而用之不以渐，使民于安乐无事之中，一旦出身而蹈死地，则其为患必有所不测。故曰：天下之民知安而不知危，能逸而不能劳。此臣所谓大患也。

臣欲使士大夫尊尚武勇，讲习兵法。庶人之在官者，教以行阵之节；役民之司盗者，授以击刺之术。每岁终则聚于郡府，如古都试之法[11]，有胜负，有赏罚，而行之既久，则又以军法从事。然议者必以为无故而动民，又挠以军法，则民将不安；而臣以为此所以安民也。天下果未能去兵，则其一旦将以不教之民而驱之战。夫无故而动民，虽有小恐，然孰与夫一旦之危哉？

今天下屯聚之兵，骄豪而多怨，陵压百姓而邀其上者，何故？此其心以为天下之知战者，惟我而已。如使平民皆习于兵，彼知有所敌，则固已破其奸谋而折其骄气。利害之际，岂不亦甚明欤？

〔注〕 ① 苏轼应“制科”时撰《进策》二十五篇，其中包括《策略》五篇、《策别》十七篇、《策断》三篇。《教战守策》为《策别》中《安万民》之五，原题无“策”字，据通行选本加。 ② 先王：指夏、商、周三代之王。 ③ 田猎：围猎。据《周礼·夏官·大司马》记载，古时秋、冬农闲时节，招民练武。或与围猎同时进行。 ④ 坐作：坐与起，行与止。为教练士卒的科目。 ⑤ 盛节：崇高的美德。 ⑥ 顿弊：残破不锋利。顿，通“钝”。 ⑦ 卒：同“猝”，突然间。 ⑧ 开元、天宝：均唐玄宗年号。开元(713—741)、天宝(742—756)，为唐朝盛世。 ⑨“四方之民”三句：据《资治通鉴》卷二百十七，天宝十四载(755)十一月，安禄山反于范阳，“时海内久承平，百姓累世不识兵革，猝闻范阳兵起，远近震骇。河北皆禄山统内，所过州县，望风瓦解。守令或开门出迎。或弃城窜匿，或为所擒戮，无敢拒之者”。 ⑩“今国家”句：宋仁宗庆历年间，曾每年向辽国缴纳银二十万两、绢三十万匹；向西夏缴纳“银、绮、绢、茶二十万五千”(《宋史纪事本末》卷二十一、卷三十)。百万，是举其约数。 ⑪ 古都试之法：西汉韩延寿创立的制度，定期在郡府所在地练兵习武。

北宋嘉祐六年(1061)，二十六岁的苏轼参加了“材识兼茂明于体用科”考试，司马光等人任考官，在秘阁考了六篇论文；随后宋仁宗又亲临崇政殿，御试制科策问，苏轼以如椽之笔，大胆针砭时弊，撰写了包括本文在内的一系列适合世用的政论文，由衷希望宋仁宗能够虚心采纳，“励精庶政，督察百官，果断而力行”(苏轼《辩试馆职策问札子》)。

北宋中叶以后，辽和西夏成为宋朝西北边疆的严重威胁，战争随时可能爆发，然而宋朝的国力薄弱，执政者的怯于外敌和唯图苟安，则又为历代所少见。对于日益深化的民族矛盾和边防危机，许多正视现实的文人都表现出极大的关注和担忧。苏轼之父苏洵写出名作《六国论》，借论史讽喻现实，抨击朝廷的赂敌政策；又在《审敌》一文中一针见血地指出，屈己求和表面上是求得了“息民”，其实质却只能是“残民”。苏轼的《教战守策》，正是在此基础上，进一步论证赂敌息民的危害，并倡言教民习武、能战能守和加强战备。

本文起首就要言不繁，点明弊端。开头一句设问：“夫当今生民之患，果安在哉？”触目惊心，引起对生存问题的关注。接着，不容置疑地断定：当世大患，在于“知安而不知危，能逸而不能劳”。如不早作计议，终将不可救药。

那么，究竟应该如何计议，如何动作呢？苏轼没有急于坦陈自己的见解，而是笔锋一转，将话头引至先王时代，从先王的“天下虽平，不敢忘战”，说到后世的“去兵卷甲”，“不战而走”，直至感叹唐人安于佚乐，以至区区安禄山一出，所谓大唐盛世犹如摧枯拉朽一般，“而唐室固以微矣”。此中道理，显然不必细说。

广征史事、借古鉴今是苏轼素有的特长，本文则更以生动的说理、浅近的譬喻令仁宗动心，用身边的事实让人信服。他告诉众人，治国犹如养身，养尊处优的贵人何以疾病不断，风餐露宿的穷人又何以病不加身，关键在于是否经常亲历辛劳苦痛。“是故善养身者，使之能逸而能劳，步趋动作，使其四体狃于寒暑之变，然后可以刚健强力，涉险而不伤。”苏轼认为，生活的磨难不仅能提高人体免疫能力，还可锻炼意志；相反，安逸不仅令人患病，还将使人畏战，无论于民于国，均极为不利。因此，所谓“扰民”的论调可以休矣，“息民”的结果只能是灾难。

随后，又从分析当前形势入手，论证战争的不可避免。“赂敌”也好，“息民”也罢，均于事无补。他尤其担忧的是：战争不可避免，人们却依然故我，耽于安乐，一旦让这些沉溺于安佚之中的人去迎战，后果可想而知。于是，大声疾呼：“天下之民知安而不知危，能逸而不能劳。此臣所谓大患也。”又一次点明本文主旨。

论说至此，“知安忘危”的弊端已经分析得相当透彻，于是瓜熟蒂落，水到渠成，开始正面阐说教民战守的具体方法及其益处。他提倡士大夫人人尊尚武勇，讲习兵法；希望老百姓个个练习阵法，激励斗志。最后又指出，全民皆兵还有一大收益，就是令军队感觉到无形压力，迫使宋军将士打消骄横的毛病和怨气，这也是当时的宋军缺乏战斗力的一大症结。

本文遵循了苏洵倡导的“有为而作，精悍确苦，言必中当世之过”的文学主张（见苏轼《凫绎先生文集序》），也反映出青年苏轼辅君治国、报效朝廷的济世理想。他不仅立志洒血疆场，为国捐躯，也力求以笔帮助朝廷克服弊端，为维护宋王朝的长治久安尽力。因此他能够在制科考试中敢议敢言，纵横开阖，对各种社会弊病大加挞伐。北宋李觏谓苏轼的二十五策“霆轰风飞，震伏天下”（《经进东坡文集事略》卷十五引），可见他的这些政论、说理文于当时影响之巨大。

苏轼曾说：“凡文字，少小时须令气象峥嵘，彩色绚烂，渐老渐熟，乃造平淡。”（《与二郎侄》）本文旨在说理，不像文学散文可以大肆渲染铺叙，但也已表现出苏轼文章中那种笔墨澜翻、飘沙走石的气势。

苏轼善于借古鉴今，反复论证、剖析，颇具战国纵横家雄辩滔滔、笔势突兀的风格，文章极具说服力。本文援引史实，既说先王前贤成功的事例，又叙后世迂儒失败的教训，正反论证，两相对照，令读者自然意识到居安知危的迫切和重要。如此还嫌不够，他又举出“安史之乱”这样一个尽人皆知的史实，将盛唐的衰亡归结于世人的安逸，令人怦然心惊之余，不能不顺着他的思路继续伸展，联想到眼前的社会，延伸到自己的周围。

苏轼曾谈及写作体会：“吾文如万斛泉源，不择地皆可出，在平地滔滔汩汩，虽一日千里无难；乃其与山石曲折，随物赋形而不可知也。”（《自评文》）他的文章确能根据不同的描写对象或表达需要，呈现不同的形态。本文或论古，或证今，或说理，或譬喻，均浅显易懂，形象鲜明，极其自然，显示出苏轼独有的随心所欲的自然文风。尤其是以养身喻治国，通俗而亲切，难怪清人沈德潜赞叹：“乐天诗，东坡文，虽庸夫妇竖读之亦当首肯，此种是也。”（《唐宋八大家文读本》卷二十二）

本文逻辑顺序相当清晰，自始至终沿着“安逸是害，战守则强”这样一条主线推理论证，层层呼应，用语精辟。例如论证宋廷“赂敌”政策的必不可行，只用了三句话：“奉之者有限，而求之者无厌，此其势必至于战。”既浅显，又真确，充分显示出苏轼敏锐的思辨能力和高超的驾驭文字的技艺。　　（孙小力）

上梅直讲书　　　　苏　轼

某官执事：轼每读《诗》至《鸱鸮》①，读《书》至《君奭》②，常窃悲周公之不遇。及观《史》，见孔子厄于陈、蔡之间，而弦歌之声不绝③。颜渊、仲由之徒相与问答。夫子曰：“‘匪兕匪虎，率彼旷野④。’吾道非耶？吾何为于此？”颜渊曰：“夫子之道至大，故天下莫能容。虽然，不容何病？不容然后见君子。”夫子油然而笑曰：“回，使尔多财，吾为尔宰。”夫天下虽不能容，而其徒自足以相乐如此。乃今知周公之富贵，有不如夫子之贫贱。夫以召公之贤，以管、蔡之亲，而不知其心，则周公谁与乐其富贵。而夫子之所与共贫贱者，皆天下之贤才，则亦足与乐乎此矣。

轼七八岁时，始知读书。闻今天下有欧阳公者，其为人如古孟轲、韩愈之徒；而又有梅公者从之游，而与之上下其议论⑤。其后益壮，始能读其文词，想见其为人，意其飘然脱去世俗之乐而自乐其乐也。方学为对偶声律之文，求升斗之禄，自度无以进见于诸公之间。来京师逾年⑥，未尝窥其门。今年春，天下之士群至于礼部⑦，执事与欧阳公实亲试之，诚不自意，获在第二。既而闻之人，执事爱其文，以为有孟轲之风，而欧阳公亦以其能不为世俗之文也而取焉。是以在此，非左右为之先容，非亲旧为之清属，而向之十余年间闻其名而不得见者，一朝为知己。退而思之，人不可以苟富贵，亦不可以徒贫贱，有大贤焉而为其徒，则亦足恃矣。苟其侥一时之幸，从车骑数十人，使闾巷小民聚观而赞叹之，亦何以易此乐也。

《传》曰："不怨天，不尤人⑧。"盖"优哉游哉，可以卒岁⑨"。执事名满天下，而位不过五品⑩，其容色温然而不怒，其文章宽厚敦朴而无怨言，此必有所乐乎斯道也。轼愿与闻焉。

〔注〕 ①《鸱鸮》：《诗·豳风》篇名。旧说成王初立，周公摄政，周公之弟管叔鲜、蔡叔度散布流言，周公作此诗托鸟言志，诉说自己的艰难处境。《毛诗序》："成王未知周公之志，公乃为诗以遗王，名之曰《鸱鸮》焉。" ②《君奭》：《尚书》篇名。周武王死后，周公与弟召公奭共辅成王，召公误信周公篡位的流言，周公作此文自辩，兼以互勉。 ③"见孔子"二句：据《史记·孔子世家》载，鲁哀公六年(前489)，孔子师徒破陈、蔡两国大夫围困于郊野，粮食断绝，有人患病，孔子仍弹琴诵诗，坚持讲学。 ④"匪兕"两句：出自《诗·小雅·何草不黄》。原意是说，征夫不是兕(犀牛一类动物)不是虎，却在旷野上奔跑不停。这里孔子用以自比。匪，通"非"。率，循。 ⑤ 上下其议论：相互研讨。 ⑥ 来京师逾年：苏轼于嘉祐元年(1056)五月到达京师，九月考取举人，次年春参加进士考试。此信为中进士后所写，故说"来京师逾年"。 ⑦ 礼部：宋代进士科试由尚书省礼部主持，称为"省试"。 ⑧"《传》曰"数句：语出《论语·宪问》。⑨"优哉"两句：《左传·襄公二十一年》："《诗》曰：'优哉游哉，聊以卒岁。'"按此乃佚诗。⑩ 五品：宋代官阶为九品，每品又分正、从。梅尧臣时为国子监直讲，是五品官。

苏轼一向非常重视文章的立意构思，善于对所写内容进行深入提炼，发掘出事物的必然之理，摆脱固定的套式，自出新意，独运匠心。他所悟得的事理，既表现出超越常人的卓荦识见，又往往反映出高远的情志，给人以启迪和教益。《上梅直讲书》便是这样的杰作佳构。

本文是嘉祐二年(1057)苏轼考中进士后写给梅尧臣的一封信。梅尧臣是苏轼所崇敬的文坛前辈，时任国子监直讲。嘉祐二年礼部试进士，他为参详官，读到苏轼的试卷大加赞赏，"以为有孟轲之风"，于是便推荐给主考官欧阳修。"文忠惊喜，以为异人。欲以冠多士，疑曾子固所为。子固，文忠门下士也，乃置公第二"(苏辙《东坡先生墓志铭》)。这篇书信便抒写了作者中第后的由衷喜悦，表达了受到欧、梅识拔、前辈奖许的感激之情，通篇贯穿着一个"乐"字。

作者没有直抒胸臆，却是凌空而起，劈头叹惜周公之不遇；接着引述孔子师徒厄于陈、蔡而弦歌不绝，相得甚欢；而后以"乃今知"领起下文，兼收上两层文意，感慨周公虽富贵而有管蔡之流言、召公之疑虑，不如孔子虽贫贱而得天下贤才，其乐无穷。这段文字，劣周公，优孔子，以周公来反衬孔子，出人意外，立意警奇；乍看似无关题意，实则立足点高而自处亦高，是暗以孔子比欧、梅，以孔门弟子自况，说明富贵不足重，而师徒以道相乐，才是人间最高的乐趣。作者一扫通常干谒文字浮夸阿谀的风气，表达出不同凡俗的高尚情怀和人生追求。文中先以孔子师徒相乐立案，为全文确立主脑，又以交游贤才遭遇知己之乐笼盖全文，提领整篇，使文章具有一种居高临下的气势。这样构思，完全打破了书信的常格，是颇有艺术独创性的。

"轼七八岁时，始知读书"以下开始折入正题，直叙蒙受识拔遭遇知己之乐。先自述年少时即闻欧、梅之令名，稍壮又能读其文想象其人，且设想二公能"脱去世俗之乐而自乐其乐"，这既显出仰慕之情由来已久，又对欧、梅之乐虚点一笔。接着写来京逾年无缘一见，而会试礼部意外地受到识拔，荣幸地获得奖许。十年仰慕无由见，一朝相逢成知己，得意快慰之情可想而知。这一层叙述被识拔的经过，娓娓而谈，感情真挚，文势跌宕，笔墨淋漓。"退而思之"以下，自然地转入议论，表示人的一生既不能以不光明的手段获取富贵，也不应该庸庸碌碌地甘居贫贱，有大贤人在此而能做他的弟子，也就足以有靠托而值得引为自豪了。这既反映出自已一举中第的内心快慰，又抒写出遭际欧、梅知遇的喜悦之情，同时又回应了上文周公富贵而有烦恼和孔子贫贱而足乐，进一步表明了自己的荣辱观，反映出作者高尚的志趣和磊落的襟怀；且再用侥幸荣获富贵、车骑雍容、市民围观的世俗之乐来作一反衬，愈加突出了东坡自乐其乐的精诚和真趣。

"《传》曰"以下引述书传，并结合对方的声誉、风采和文章，写梅公虽官非通显却自处坦然，从而颂扬梅公必有乐乎超凡拔俗的明达之道，最后收结到以聆听对方的教诲为请。这既表明二人的志趣完全投合，将彼此双方的高情雅怀融汇为一，运笔极为空灵飘洒；同时又承应上文，含蓄委婉地表达出请求谒见的心情，口吻亦十分得体。

纵观全文，通篇以"乐"字为纲，用"乐"字呼应：由孔子师徒的相知之乐，写到欧、梅的"自乐其乐"，转到自身受知遇之乐，拍合到梅氏必"乐乎斯道"，下笔处处不离"乐"字。作者写乐，一扫中第释褐便踌躇满志的浅薄识见，摆脱了乐富贵、优贫贱的庸俗世风，而升华到超越外物的高雅精神境界，专从遭遇知己、师友以道相乐的角度立论，使文情超拔卓异，潇洒脱俗，既表现了对梅尧臣的仰慕推尊，又蕴含着个人的高自期许，真是高怀雅论，足以大破俗肠。作者写来文势开拓而荡漾，为赞孔子贫贱之乐，先悲周公富贵之不遇；为写欧、梅知遇之隆，先叙无缘进谒之久，起伏跌宕，舒卷自然，且语言爽畅，文笔摇曳生姿。金圣叹云："文态如天际白云，飘然从风，自成舒卷。人固不知其胡为而然，云亦不自知其所以然。"(《天下才子必读书》卷十四)可谓是对本文韵致最称精妙的形容。

(刘乃昌　高洪奎)

日 喻　　苏 轼

生而眇者不识日，问之有目者。或告之曰："日之状如铜盘。"扣盘而得其声。他日闻钟，以为日也。或告之曰："日之光如烛。"扪烛而得其形。他日揣籥①，以为日也。日之与钟、籥亦远矣，而眇者不知其异：以其未尝见而求之人也。

道之难见也甚于日，而人之未达也，无以异于眇。达者告之，虽有巧譬善导，亦无以过于盘与烛也。自盘而之②钟，自烛而之籥，转而相之，岂有既③乎！故世之言道者，或即其所见而名之，或莫之见而意之：皆求道之过也。

然则道卒不可求欤？苏子曰：道可致④而不可求。何谓"致"？孙武曰："善战者致人，不致于人。"子夏曰："百工居肆以成其事，君子学以致其道。"莫之求而自至，斯以为"致"也欤？

南方多没⑤人，日与水居也，七岁而能涉，十岁而能浮，十五而能没矣。夫没者，岂苟然哉？必将有得于水之道者。日与水居，则十五而得其道；生不识水，则虽壮，见舟而畏之。故北方之勇者，问于没人，而求其所以没，以其言试之河，未有不溺者也。故凡不学而务求道，皆北方之学没者也。

昔者以声律取士，士杂学而不志于道；今也以经术取士，士知求道而不务学。渤海⑥吴君彦律，有志于学者也，方求举于礼部⑦，作《日喻》以告之。

〔注〕 ① 籥(yuè 月)：管乐器，形状如笛。 ② 之：到，这里有辗转变易的意味。下文"之

籥"的"之"义同。 ③ 既：止，尽。 ④ 致：使事物自然而然到达。 ⑤ 没：潜水。 ⑥ 渤海：旧郡名。《旧唐书·地理志》："沧州上，汉渤海郡，隋因之，武德元年改为沧州。"今属河北。唐、宋入有称郡望的习惯。据《宋史·地理志》，河北路滨州，徽宗大观二年赐渤海郡名，已在苏轼身后，本篇"渤海"当不指此地。 ⑦ 礼部：宋代尚书省官署名，主持进士科考试是其任务之一。考试举行于京师，称礼部试或省试。

本文据傅藻《东坡纪年录》谓作于宋神宗元丰元年(1078)十月十二日，《乌台诗案》作"十三日"。其写作缘由，末尾交代得很清楚："渤海吴君彦律，有志于学者也，方求举于礼部，作《日喻》以告之。"写作背景及用意，篇末也有说明："昔者以声律取士，士杂学而不志于道；今也以经术取士，士知求道而不务学。""经术取士"，指神宗熙宁四年(1071)二月，根据王安石的建议，下诏罢诗赋及明经诸科，改用经义、策论试进士。于是，一般士子专在经传注疏中讨生活。八年六月，王安石《三经(指《诗》《尚书》《周礼》)新义》颁行以后，"士趋时好，专以王氏《三经义》为捷径，非徒不观史，而于所习经外，他经及诸子无复读者。故于古今人物及世治乱兴衰之迹，亦漫不省"(朱弁《曲洧旧闻》卷三)。在苏轼看来，旧制"以声律(诗赋)取士"，士子旁搜远绍，所学繁杂，固然没有专心致志去探索儒家经世之道("杂学而不志于道")；如今"以经术取士"，则士子又急于求成，取径狭窄，只传王氏一家之说，"知求道而不务学"，走的又何尝是正路！因此，他才以日为喻，提出自己的见解。这点意思，《乌台诗案》中苏轼供词说得更为明白："元丰元年，轼知徐州。十月十三日，在本州监酒正字吴琯锁厅得解，赴省试。轼作文一篇，名为《日喻》，以讥讽近日科场之士，但务求进，不务积学，故皆空言而无所得。以讥讽朝廷更改科场新法不便也。"《诗案》供词有逼供成分，力求"上纲"，但也有可供参证之处。

文章一开头，就讲了一个"生而眇者不识日"的故事。有人告诉盲人"日之状如铜盘"；也有人告诉他"日之光如烛"。无论是用盘比喻太阳的形状，还是以烛比喻太阳能发光，就比喻本身而言并没有错。但盲人以为声似铜盘的钟和形似烛的籥就是太阳，闹了笑话。毛病就出在"眇者不知其异：以其未尝见而求之人也。"这是一则寓言，是比喻的高级形态。故事说明了一个道理：自己未曾目睹，只靠道听途说，就难免会产生谬误。这是仅就盲人识日闹笑话的故事引出的一般性结论。至此，还没有引到学道这一严肃的话题上来。紧接着，"道之难见也甚于日，而人之未达也，无异于眇"，把盲人识日和士子学道这两个方面相联系，并作比较。着一"甚"字，表示意思的递进，由浅入深，由平易引向奥秘，在整篇文章中起到承上启下、折入正题的作用。这里所说的"道"，可以讲成"道理"，也可引申为"法则""规律"，实际上是指儒家之道，总之是无形的。如果让一个"达者”——通晓事理的人讲给“未达”者听，即使“巧譬善导”，怎么也不比用盘来比喻太阳之形状和用烛来比喻它能发光来得贴切了。如果“言道”也像教盲人识日那样从盘扯到钟，从烛扯到籥，辗转比附，没完没了，岂不是枉费精力而竟无所得！所以说：“世之言道者，或即其所见而名之，或莫之见而意之：皆求道之过也。”“求道”，是说自己不直接下苦功，一味向人讨教，一知半解，再加以主观臆想，以为这就得到了“道”，这无异于眇者之识日。“日喻”之“喻”，意思正在这里。

“道”既不可“求”，那何以能“达”呢？文章用“然则道卒不可求欤”一转，引向“道可致而不可求”的论题上来。这是苏轼的正面回答，也是全文的核心所在，是他勖勉吴彦律的要言妙道。而这个“致”，是不太容易领悟的，于是对“致”作了诠释。先引《孙子兵法·虚实篇》的话：“善战者致人，不致于人。”意思说，善于作战的人，自居主动地位，诱使敌人兵马劳倦，仓促交战，而陷于被动。再引《论语·子张》篇中子夏的话：“百工居肆以成其事，君子学以致其道。”各行各业的手艺人，在作坊里完成自己的工作。读书人只要坚持不懈地学习，就能自然而然地通达“道”。最后，作者自己来回答什么是“致”：“莫之求而自至，斯以为‘致’也欤？”不去求它而它自己就来了，这就是“致”。引用《孙子》的话不仅解释了“致”字，而且还说明了掌握主动的必要；引用子夏的话，又说明了“学”是“致道”的不二法门，强调了刻苦学习的必要性。

接着，又抓住一个“学”字，深入一层说开去。苏轼所谓“学”，指的是实际的经验，古人称之为阅历，今人谓之实践。这里，又用南方人和北方人学“没”作比，突出长期实践的重要，并进一步指出，单凭求教而不下苦功的危害：“凡不学而务求道，皆北方之学没者也。”从开端到此，凡四节，用了两则寓言故事。前两节，先引寓言然后进入议论；后两节，则先议论然后引寓言。这样变换手法，使文章显得活泼多姿。

文章昭示人们：要想学有所得，必须亲身实践，日积月累，水到渠成。如其没有或不肯下苦功，只是拾人牙慧，道听途说，再加上主观臆测，则必然闹笑话，出偏差，甚而至于酿成无可弥补的损失。这些对今天的读者也还是有启发意义的。

煞尾点出作文主旨。由“昔者”带出“今也”，又以前者衬托后者。作者的立意在于反对“杂学而不志道”和“求道而不务学”两种倾向，而认为后者危害尤烈。前面的许多设喻、说理文字，都是为讽“今”而作的铺垫；“今也”两句，才是点睛之笔。不过处理得很隐蔽，也许是由于处境使然。而前面的文字也实在写得好，运用寓言故事说理，借助形象思维，启发读者想象，打动读者心灵，让大家通过感性认识,循序渐进,上升到理性认识阶段,写来娓娓动听,富于艺术感染力,也就增强了文章的说服力。

苏轼的论说文,吸取《孟子》、《庄子》和《战国策》的艺术经验并加以发展,取譬设喻,说理生动、深刻而不流于空洞的说教,从而形成了自己的特色。苏轼不愧为宋代诗文革新运动的最后完成者。　　（黄进德）

喜雨亭记　　苏　轼

亭以雨名,志喜也。古者有喜则以名物,示不忘也。周公得禾,以名其书①;汉武得鼎,以名其年②;叔孙胜狄,以名其子③。其喜之大小不齐,其示不忘一也。

余至扶风之明年,始治官舍,为亭于堂之北,而凿池其南,引流种木,以为休息之所。是岁之春,雨麦④于岐山之阳,其占为有年。既而弥月不雨,民方以为忧。越三月乙卯乃雨,甲子又雨,民以为未足;丁卯大雨,三日乃止。官吏相与庆于庭,商贾相与歌于市,农夫相与忭于野,忧者以乐,病者以愈,而吾亭适成。

于是举酒于亭上以属客,而告之曰:“五日不雨可乎?”曰:“五日不雨则无麦。”“十日不雨可乎?”曰:“十日不雨则无禾。”无麦无禾,岁且荐饥⑤,狱讼繁兴,而盗贼滋炽。则吾与二三子,虽欲优游以乐于此亭,其可得耶?今天不遗斯民,始旱而赐之以雨,使吾与二三子,得相与优游而乐于亭者,皆雨之赐也。其又可忘邪?

既以名亭,又从而歌之。歌曰:使天而雨珠,寒者不得以为襦;使天而雨玉,饥者不得以为粟。一雨三日,繄谁之力?民曰太守,太守不有。归之天子,天子曰不。归之造物,造物不自以为功;归之太空,太空冥冥,不可得而名。吾以名吾亭。

〔注〕①“周公得禾”二句:据《尚书·微子之命》记载,周成王的叔父唐叔得到异株而共穗的稻子,献给成王,成王命他给与周公(姬旦,也是成王的叔父,成王初即位时,由周公当国),周公得禾后,作了《嘉禾》,宣扬天子之命。　②“汉武得鼎”二句:据《史记·孝武本纪》记载,汉武帝元狩七年夏六月,汾阴(今山西万荣县西南宝鼎)一个名叫锦的巫者得宝鼎(古代常以鼎为传国的重器),奏闻朝廷,武帝命迎鼎至甘泉,并把年号改为元鼎。　③“叔孙胜狄”二句:据

《左传·文公十一年》记载，这年冬，狄人攻鲁，鲁文公使叔孙得臣击败狄军，获其首领侨如，为了庆祝这次战功，叔孙得臣便把自己的儿子宣伯取名侨如。 ④ 雨麦：天上像下雨似的落下麦子，这当是附会的传闻。一说是播种麦子。 ⑤ 荐饥：谓连年灾歉。语出《左传·僖公十三年》："冬，晋荐饥。"孔颖达疏引李巡曰："连岁不熟曰荐。"

这是一篇记叙文，抒写作者喜雨的感情，表现了对人民生活的关心。文中云："余至扶风之明年"。扶风，旧郡名，即宋之凤翔府（今属陕西）。苏轼于嘉祐六年（1061）十二月任凤翔府签判，此文当作于次年三月。喜雨亭在凤翔府城东北。

以亭阁楼台为题的记叙文，差不多总要或多或少地具体描写亭阁楼台本身或它周围的景色。此文则不然，它不仅没有对喜雨亭作任何具体的描绘，对亭子周围的景色，也未著只字，通篇都是扣住喜雨亭的命名，抒写喜雨之情。其内容构思，在这类记叙文中独具特色。

此文共分四段。第一段是总写。"亭以雨名，志喜也。"用雨来给亭命名，是为了表示喜雨的感情。这两句揭出全篇题旨，通篇文字都是对它的发挥。下面引周公、汉武帝、叔孙得臣为证，不仅是在说明他以雨名亭的依据，主要还在借"古者有喜则以名物"的事例，着力烘托、渲染喜雨之情。文中所举之人都是帝王（汉武）、将相（周公、叔孙得臣），所举之事都是关涉国家的大事，作者把喜雨亭命名的事与之等量齐观，正表现了他对春雨的极大喜悦和极度重视。第二段是从屡降春雨写官吏、商贾、农夫的喜雨心情。"而吾亭适成"一句点出亭和雨的关系，是此段也是全篇的关键。有了这一句，喜雨亭的命名就顺理成章，极为自然；没有这一句，就显得牵强硬凑。第三段是借亭上宴饮，从国计民生方面抒写喜雨之情，最后归结到"使吾与二三子，得相与优游而乐于此亭者，皆雨之赐也"，用"其又可忘邪"一句，点出之所以要以雨名亭的原故。第四段用"一雨三日，繄（yī伊，语助词）谁之力"，引出"太守不有（不归为己有）"，"天子曰不（否）"，"造物不自以为功"，"太空冥冥，不可得而名（太空高远无边，找不到一个确切的名称称呼它）"，最后归结到"吾以名吾亭"，借以志喜，仍是在写喜雨之情。

一二两段主要写以雨名亭的理由，三四两段主要写以雨名亭的深刻含义。全文以喜雨名亭起，以喜雨亭命名结；各段都紧扣着亭的命名，从不同方面、不同角度，反复抒写喜雨之情，读来回环往复，具有唱叹之致，把喜雨的感情写得深浓之极，仿佛奏出了一首沁人心脾的"喜雨咏叹调"。

文思波澜起伏，行文富于曲折变化，是此文另一个突出特色。苏轼天才横溢，性格豪迈，所作文章，大多纵横驰驱，奇伟瑰丽。本篇总共三百多字，而"雨"

字竟有十五个，但一处有一处写法，一处有一处风调。第三、第四两段之“不雨”“雨珠”“雨玉”，是虚写；第二段之春雨则是实写。文中说，这年春天，天雨麦于岐山（在今陕西中部）的南面。这种异兆，预示着本年是一个丰年，一扬；但是接着整整一个多月都不下雨，老百姓都开始忧虑起来，一跌；过了三个月（“越三月”之三月包括正月、二月和又开始下雨的三月在内）乙卯（三月八日）这天才下雨，甲子（三月十七日）这天又下雨，又一扬；然而“民以为未足”，又一跌；丁卯（三月二十日）又降大雨，一连下了三天，又一扬：单写下雨，竟有这样多的转折！而且，乙卯、甲子之雨不合写而特地分写：始则“乃雨”，继则“又雨”，而且是在“弥月不雨，民方以为忧”之后，百姓自当欢欣无限；但忽然紧接“民以为未足”，更是扬中有抑，抑在扬中，文情之妙，无以复加。“丁卯大雨”之后复加一句，特别点明“三日乃止”，极写雨量之充分，炼句达意，也极精切。

又如喜雨，文中从古人说到今人，从人间说到天上，从农夫说到官吏、商贾、忧者、病者以至太守、天子、造物、太空，从衣食问题说到狱讼繁兴、盗贼滋盛，思想何等开阔，联想何等丰富！写喜雨之情，第一段是以古人之喜衬托今天之喜。第二段是明写。“官吏相与庆于庭，商贾相与歌于市，农夫相与忭于野，忧者以乐，病者以愈”，不仅描写切合对象的身份，极为生动，而且前三句同后二句在句式上也有变化。第三段五日、十日不雨几句，是从反面着笔，由不雨之严重后果，写出雨之极端重要，也是用人们不雨之忧愁，写出有雨之喜悦，是暗写。而“今天不遗斯民”几句，又是明写。第四段雨珠、雨玉四句，写法与五日、十日不雨四句相同；奇妙的是，这里的假设（雨珠、雨玉）虽然绝对不能成立，而所讲的道理却千真万确，充满辩证法，所以金圣叹称它是“口头常语，天外奇文”（《天下才子必读书》）。“一雨三日”以下几句从自然哲理的角度写，奇思妙想，文情才情，更使人觉有天助。

此文还有一个突出的特色，就是语言的诗化。不仅末段的歌，本来就是诗，其他各段的语言，也都像诗一样精练、优美、生动。特别是排句的大量运用更使作品语言诗化。如第一段“周公得禾”以下六句，第二段“官吏相与庆于庭”以下五句，第三段“五日”“十日”四句，末段“使天而雨珠”以下四句，“民曰太守”以下四句，都是排句。这些排句加强了文意，增强了语言的声调美和作品的艺术表现力。它们分散在全篇，避免过分集中，同时各组排句在句式上又有变化，因而使作品语言更富感染力，又不破坏通篇行文的活泼生动。末尾用歌词作结，把韵文和散文有机地结合在一起，也使文章更有情致。元代虞集称此文“题小而语大，议论干涉国政民生大体”（《三苏文范》卷十四引），明代著名文学家王世贞把此文同范仲淹的《岳阳楼记》并提，说它“笔力有千钧重”（《三苏文范》卷十四引。按：《苏长公合作》卷一引作茅坤语），足见历代对它的赞赏。 （王思宇）

凌虚台记　　苏 轼

国于南山[1]之下，宜若起居饮食，与山接也。四方之山，莫高于终南；而都邑之丽山者，莫近于扶风[2]。以至近求最高，其势必得。而太守之居，未尝知有山焉。虽非事之所以损益，而物理有不当然者，此凌虚之所为筑也。

方其未筑也，太守陈公杖屦逍遥于其下。见山之出于林木之上者，累累如人之旅行于墙外而见其髻也。曰：“是必有异。”使工凿其前为方池，以其土筑台，高出于屋之危而止。然后人之至于其上者，恍然不知台之高，而以为山之踊跃奋迅而出也。

公曰：“是宜名凌虚。”以告其从事[3]苏轼，而求文以为记。轼复于公曰：“物之废兴成毁，不可得而知也。昔者荒草野田，霜露之所蒙翳，狐虺之所窜伏，方是时，岂知有凌虚台耶？废兴成毁，相寻于无穷；则台之复为荒草野田，皆不可知也。尝试与公登台而望：其东则秦穆之祈年、橐泉也，其南则汉武之长杨、五柞，而其北则隋之仁寿、唐之九成也。计其一时之盛，宏杰诡丽，坚固而不可动者，岂特百倍于台而已哉？然而数世之后，欲求其仿佛，而破瓦颓垣，无复存者。既已化为禾黍荆棘丘墟陇亩矣，而况于此台欤？夫台犹不足恃以长久，而况于人事之得丧，忽往而忽来者欤？而或者欲以夸世而自足，则过矣！盖世有足恃者，而不在乎台之存亡也！”既已言于公，退而为之记。

〔注〕 ① 南山：即下文终南山，在陕西西安市南，秦岭的主峰之一。 ② 扶风：宋之凤翔府，隋、唐时曾称扶风郡。文中是以旧郡名代称。治所在天兴（今陕西凤翔）。府属另有扶风县，非本文所指。 ③ 从事：汉以后州郡长官自辟僚属，多以从事为称，至宋废此名。此亦借用。

宋仁宗嘉祐八年（1063），苏轼二十八岁，正在大理评事签书凤翔府（今陕西凤翔)判官任上。是年,陈希亮接任凤翔知府,“于后圃筑凌虚台以望南山,属公为记,公因以讽之”(王文诰《苏诗总案》卷四)。讽之与否,此段公案容后再议,且看苏轼是如何遵嘱敷演为记的。

前两段是题内应有之文字。首先记叙凌虚台修建的缘起。按照情理,知府所居紧邻终南山,本当起居饮食都跟山接近,然陈希亮并未加以充分利用,这于人事,诸如有碍起居饮食等等,虽无什么影响,然而,以事理言之,近山竟不知观山,却总是一种缺憾。作者指出,这便是建筑凌虚台的原因。然后描写筑台经过。凌虚台尚未修筑时,陈氏拄杖漫步其下,惊异于山景之奇特:露出在林木上面的山峰,一座接一座,就像有人在墙外行走只看见他的发髻一般,因而悟到:“是必有异”——此中必有奇异可观的景致。知府要观赏山景了,于是便令工匠破土动工,建造了这座土台。台造得很艺术:仅仅高出屋脊,使此后临台凭眺的游人,恍恍惚惚,竟至弄不清台的高度,还以为是平地上突然长出来的一座山呢。

以上叙写缘起、经过两段“遵命”文字,似是《凌虚台记》这篇记叙文的主要内容,然而细味却不是。第三段开头写道,知府将此台命名“凌虚”后,“求文以为记”,故自此以下,方是文章主旨之所在。

这占据篇幅一半有余的最后一段,清人金圣叹指出:“读之如有许多层节,却只是‘废兴成毁’二段,一写再写耳。”(《天下才子必读书》卷八)“废兴成毁”的议论,确是文章的关键。而此议论,林云铭指出,则又由知府之命名“凌虚”而来:此台突起空中无所附丽,如蜃楼,如彩云,如飞鸟;蜃楼未有不灭,彩云未有不散,飞鸟未有不还(《古文析义》卷十五)。苏轼诠破知府命名之意,从而发挥见解说:“物之废兴成毁,不可得而知也。”这一句立论,此后便一意反复,滚滚议论了:就眼前所造凌虚台,作者正面议论兴成、废毁道,过去这里是一片荒草田野,是霜露遮盖的地方,是狐狸毒蛇逃窜藏身的场所;当此时,哪能知道如今会建造起一座凌虚台?——由无台而至有台,“兴成”也。然而事物的废兴成毁接连不断,沧海桑田,凌虚台又将变成荒草田野。——由台之成而逆料其必毁,“废毁”也。正论既罢,作者又将与知府登台眺望到的古代宫殿遗迹,进行开拓援证,即景演说,指出,东面秦穆公的祈年宫与橐泉宫,南面汉武帝的长杨宫和五柞宫,北面隋朝的仁寿宫亦即由唐改名的九成宫,它们当年的兴盛:规模之宏伟,形式之奇美,建筑之坚固不可动摇,难道只是强过凌虚台百倍吗?可谓“兴成”矣!然而几代之后,却早已变成种植禾黍的田地与荆棘丛生的荒野了,想要寻找出它们依稀相似的痕迹,便连一块破瓦、断墙也不存在了,完全“废毁”了。以实例补证了兴成、废毁。帝王宫殿尚且如此,又“而况于此台欤”?笔锋一转,将宕出之笔依旧兜回到台上。“夫台犹不足恃以长久，而况于人事之得丧”，再一折，自然而毫无痕迹地转入人事的议论。作者认为，人事之得失（诸如黜陟、荣辱、离合、存亡等等），忽往而忽来，无一定之状，无一定之理。由此，有些人想依靠建筑楼台炫耀于世，并以之满足，那就错了。议论于此一抑后，马上又一扬：“盖世有足恃者，而不在乎台之存亡也！”然则“足恃者”究竟指什么，作者引而不发，却以“既已言于公，退而为之记”两句一带，结束了全文。这就颇费读者思索了。其实，体味他这通“废兴成毁”的议论，所谓足恃者正隐在不足恃者的后面：从时间久长的“物”，到反复苍黄的“人事”，一切都会变成历史陈迹，一切都如过眼云烟，亦即一切都是“虚”的——把这些不足恃者都淘尽，便水落石出了：唯有道德、功业、文章（儒家所谓“立德”“立功”“立言”），才能历久不废，经久不朽——此方是“奋厉有当世志”（《东坡先生墓志铭》）的作者心目中的“足恃者”，也是其在另文《墨妙亭记》中所明确指出的：“凡有物必归于尽，而恃形以为固者，尤不可长。虽金石之坚，俄而变坏。至于功名文章，其传世垂后，犹为差久。”“足恃者”的思想，正是本文的精魂。

然而，本文中论及人事得丧几句，自明代始，却引起了一场前文提及的讽与不讽的公案：有人认为文章有讥刺陈希亮之意，有人却以为否。“讥刺”说者道：“《喜雨亭记》，全是赞太守；《凌虚台记》，全是讥太守”（《三苏文范》卷十四引杨慎语）；“太难为太守矣，一篇骂太守文字”（同上引李贽语）；“苏公往往有此一段旷达处，却于陈太守少回护”（茅坤《宋大家苏文忠公文抄》卷二十五），等等，不一而足。而持异议者则说：“盖其胸中实有旷观达识，故以至理出为高文。若认作一篇讥太守文字，恐非当日作记本旨”（《古文观止》卷十一）；“登高感慨，写出杰士风气，卓老（即李贽，下文李卓吾同）谓骂，非也”（《苏长公合作》卷二引陈元植语）；“李卓吾谓是一篇骂太守文字。然宋朝无不识字之太守，岂有骂而不知，知而复用乎？”（林云铭《古文析义》卷十五）阵势大致相当。宋人邵博《邵氏闻见后录》卷十五有段记载说：“陈希亮，字公弼，天资刚正人也，嘉祐中知凤翔府。东坡初擢制科，签书判官事，吏呼苏贤良。公弼怒曰：‘府判官，何贤良也。’杖其吏不顾，或谒入不得见……东坡作府斋醮祷祈诸小文，公弼必涂墨改定，数往反。至为公弼作《凌虚台记》……公弼览之笑曰：‘吾视苏明允（轼父）犹子也，某犹孙子也。平日故不以辞色假之者，以其年少暴得大名，惧夫满而不胜也。乃不吾乐邪？’不易一字，亟命刻之石。”若邵说可信，则本文显然不含讥刺太守之意，否则，对苏轼要求如此严格的陈公弼，岂能“不易一字”？此其一。其次，如前所述，废兴成毁之论本是诠解、发挥其所命名“凌虚”之意，由物而兼及人事，由人事之得失论及台之不足恃、不足夸，顺理成章，不能狭隘地纳入讥刺之轨。再次，作者彼时正当从政之初、希冀奋发有为之时，于就题发挥、随势生发之中，流露出希望多作些有利于人的事业，以垂诸久远的思想，是勉人，亦未始不是自勉。因此，“讥刺”说难以使人折服。诚然，一言以蔽之，本文无非是在发挥老庄齐得丧的论调，然而推而广之，带出勉人兼以自勉的结论，却又有其不容忽略的积极用意在。

本文最足称道之处，首先是叙事、描写、议论的错杂并用。记，本是“纪事之文”（吴讷《文章辨体序说·记》引《金石例》语），“以善叙事为主”（同上引真德秀语）。苏轼却不主故常，其“记”多以叙述、描写、议论间错并用，而尤以议论见长。本文的格局即是首段叙事，次段描写，末段议论。而妙在叙事文字并不纯作记叙，却与议论交织而出；描写文字亦非全属描写，其间又杂以叙事成分；大段的议论，则又与台周景色、台址昔日荒凉的描写，以及历史陈迹的叙述，虚虚实实、水乳交融地糅和在一起。如此，便使全文叙事、写景议论化，而议论则又形象化，突破了“记”这种文体的常规写法。

其次，是其议论文字写得貌似游离，实连意脉。以大段议论作为文章主干，已迥别于一般景物记，而其所发之论，又在一步步地宕了开去：先自总体到个别——由总体的物，论及个别之物的台；继又自古及今——由今日之凌虚台，追论到古代秦、汉、隋、唐的故宫；复又自物而入人事——由物（台）之不足恃，推论到人事的得失，一步远似一步，好像游离了知府求记的本旨，实则不然。他的随势生发，无一不在紧连“凌虚”的意脉：废兴成毁的物（包括个别的今之台与古之宫），与忽往忽来的人事之得失，都“不可知”“不足恃”，亦即都是世间凌虚之物、凌虚之事——由此可见，他始终在诠释、在阐发着此台命名之意，紧扣“凌虚”，有的放矢，由此及彼，往复取势，做足了“凌虚”的文章。最后归本于“足恃者”，属借题发挥，依旧连着题的意脉。难怪林云铭要惊叹其行文之妙：“行文亦有凌虚之概，踊跃奋迅而出，大奇！”

（周慧珍）

超然台记　　苏　轼

凡物皆有可观。苟有可观，皆有可乐，非必怪奇伟丽者也。餔糟啜醨，皆可以醉；果蔬草木，皆可以饱。推此类也，吾安往而不乐？

夫所谓求福而辞祸者，以福可喜而祸可悲也。人之所欲无穷，而物之可以足吾欲者有尽。美恶之辨战乎中，而去取之择交乎前,则可乐者常少,而可悲者常多,是谓求祸而辞福。夫求祸而辞福,岂人之情也哉?物有以盖之矣。彼游①于物之内,而不游于物之外;物非有大小也,自其内而观之,未有不高且大者也。彼挟其高大以临我,则我常眩乱反覆,如隙中之观斗,又焉知胜负之所在?是以美恶横生,而忧乐出焉;可不大哀乎!

余自钱塘移守胶西,释舟楫之安而服车马之劳,去雕墙之美而蔽采椽之居,背湖山之观而适桑麻之野。始至之日,岁比不登,盗贼满野,狱讼充斥;而斋厨索然,日食杞菊,人固疑余之不乐也。处之期年,而貌加丰,发之白者日以反黑。余既乐其风俗之淳,而其吏民亦安予之拙也,于是治其园圃,洁其庭宇,伐安丘、高密②之木,以修补破败,为苟全之计。而园之北,因城以为台者旧矣;稍葺而新之,时相与登览,放意肆志焉。南望马耳、常山③,出没隐见,若近若远,庶几有隐君子乎?而其东则卢山,秦人卢敖之所从遁也④。西望穆陵⑤,隐然如城郭,师尚父、齐桓公之遗烈⑥,犹有存者。北俯潍水,慨然太息,思淮阴之功,而吊其不终⑦。台高而安,深而明,夏凉而冬温。雨雪之朝,风月之夕,余未尝不在,客未尝不从。撷园蔬,取池鱼,酿秫酒,瀹脱粟而食之。曰:乐哉游乎!

方是时,余弟子由适在济南,闻而赋之,且名其台曰"超然"⑧。以见余之无所往而不乐者,盖游于物之外也。

〔注〕 ① 游:游心,涉想。 ② 安丘、高密:皆密州属县。 ③ 马耳、常山:皆山名。马耳在山东诸城县南五里,常山在诸城县南二十里。 ④ 卢山:在诸城县南三十里,因卢敖而得名。苏轼《卢山五咏·卢敖洞》自注:"《图经》云:'敖,秦博士,避难此山,遂得道。'" ⑤ 穆陵:关名,故址在今山东临朐东南大岘山上。 ⑥ 师尚父:《史记·齐太公世家》谓太公望吕尚者,其先祖封于吕,本姓姜氏,从其封姓,故曰吕尚。《索隐》云:"姓姜名牙,后文王得之渭滨,云'吾先君太公望子久矣',故号太公望。盖牙是字,尚是其名,后武王号为师尚父也。"武王克商后,封师尚父于齐营丘,为开国之君。齐桓公:春秋齐国国君,五霸之一。《左传·僖公四年》记齐桓公伐楚,楚成王遣使者至齐军中质问:两国一北一南,风马牛不相及,何故竟兵临我楚地?管仲回答:"昔召康公命我先君太公曰:'五侯九伯,女(汝)实征之,以夹辅周室。'赐我先君履(所践履之界,指得行征伐之范围),东至于海,西至于河,南至于穆陵,北至于无棣。"杨伯峻《春秋左传注》谓此"穆陵"疑即今湖北麻城县北一百里与河南光山县、新县接界之穆陵关,春秋时属

楚，故管仲说齐先君太公实受命得专征伐，有权至楚国之境；或以今山东临朐县南一百里大岘山之穆陵关当之，恐不合《传》意云云。今按苏轼登超然台所望之穆陵关自在山东，而文章连及于“师尚父、齐桓公之遗烈”，当是因《左传》“南至于穆陵”的同名楚地而触发遐想。　⑦ 潍水：《水经·潍水》“又北过高密县西”郦道元注：“昔韩信与楚将龙且夹潍水而阵于此，信夜令为万余囊，盛沙以遏潍水，引军击且，伪退，且追北，信决水，水大至，且军半不得渡，遂斩龙且于是水。”不终：指韩信先以功封王，后贬淮阴侯，终被吕后所杀。　⑧“余弟”三句：苏轼弟辙（字子由）于熙宁六年至九年任齐州（治所在今山东济南）掌书记。有《超然台赋》，《序》云：“老子曰：‘虽有荣观，燕处超然。’尝试以‘超然’命之，可乎？因为之赋。”

超然台在宋密州（治所在今山东诸城）北城上。作者在新旧党争中自请外调，于神宗熙宁四年（1071）通判杭州，至七年移知密州。又明年（1075），修葺超然台。文章即写于此时。虽属景物记，然超然台上说超然，又不啻是作者自写胸襟之作。文章大旨乃是反映作者超然物外、无往而不乐的人生态度，但在某些句子的夹缝中，隐约能体味到蕴蓄在他内心深处的一丝苦闷，尽管它是被掩盖在一片超然之乐的下面。

文章起笔峥嵘，以“凡物”两字领起，陡然发挥了一通“凡物皆有可观”因而“皆有可乐”的议论。作者认为，不必定是奇异瑰丽的东西才能使人快乐，即便是食酒糟、饮薄酒也可以醉，吃瓜果菜蔬也可以饱。由此，他推论出“吾安往而不乐”的观点，表明了自己知足常乐、超然达观的思想认识。虽无一字涉及到台上，然而这段议论却正是点出了台名“超然”的题旨，起到了正面阐发超然则乐的道理的作用；并且“乐”字为全文定下了基调。

第二段便从“乐”字拓开，说明不超然则哀的道理。作者先从议论祸福与悲喜的关系入手，认为人们之所以要求福而避祸，是因为“福可喜而祸可悲”。然而却又有求福反而祸至的情况，这显然是违背人之常情的。作者指出，“求祸而辞福”这种反常情况的出现，其客观原因便是人的欲望无穷，而能满足人欲望的物质又有限，于是有些人为了满足其奢望，便总是在心里、眼前权衡、抉择，以至“可乐者常少，而可悲者常多”，经常陷入烦恼之中。然后，作者又进一步指出，这种情况产生的主观原因，则是“物有以盖之矣”——外物蒙蔽住了他们的视野，亦即他们不能超然于物外（“游于物之外”），而被束缚在物质享受之中（“游于物之内”）。物本无大小贵贱之分，但人一旦被束缚在其中，便眼界狭小，如在缝隙中观战，不能洞察胜负的关键在何处了，于是自然就“美恶横生，而忧乐出焉”。

上文一正一反互相补充，从理论上阐述了超然则乐、不超然则哀的论点，为下文超然情事叙述的展开作了铺垫，因此下面一段便顺势入事，转入记叙他的生活遭遇及其旷达情怀了。首先以对比手法，叙写作者离开了交通方便、居处华丽、山水优美的杭州，来到交通不便、居处简陋、而又无山水游乐的密州。继之描写密州的穷僻与自己的窘况。其穷僻则是天灾频仍，连年歉收，以至盗贼遍野，诉讼案件很多；其窘况则是，堂堂太守，竟至厨房空荡无物，唯靠枸杞、菊花之类野菜填饱肚子。这里自身窘况的描写，当不是作者夸大其词，他在《〈后杞菊赋〉序》中说："及移守胶西，意且一饱，而斋厨索然，不堪其忧，日与通守刘君廷式循古城废圃求杞菊食之。"赋中又说："吾方以杞为根，以菊为糗，春食苗，夏食叶，秋食花实，而冬食根"。正是此种生活的实录。正由于杭、密之条件差异悬殊，因此人们都怀疑他定会闷闷不乐，殊不料，作者住了一年，却因之而面容丰满，连白发也一天天返黑了。这又是反常之事了，此中必有秘诀。果有秘诀，且作者早已在开首言明了：超然则乐。乐则心宽体胖，表明了作者的确具有乐观旷达的胸怀，所以才不以境况之苦而自扰，反而爱上了所在地的风土人情，并且做出了不少于民有益的善政，如他所谦言"吏民亦安予之拙"。凡此种种，作为封建官吏，正是多数人难能做到的，由此更可见出他精神的可贵、可嘉。作者的可爱之处还在于，热爱生活，兴趣广泛，每到一地总是兴致盎然地登山临水，探奇访胜。故此接着便描写他在政事之暇，修葺旧台，与朋友登临观览尽兴快乐的情事。不过，作为一个有血有肉、感情丰富的人，作者并不是无是无非、一味盲目乐观的，政治上的失意，不能不在他心上留下阴影，他自有其痛楚，因之不能过分相信他的随缘旷放。当他从台上四面眺望时，他不能自已地流露出了这种感情，只要细加咀嚼，就不难体味出来。他南望马耳山、常山，东望卢山，想象那里住有逃世的隐士；西望穆陵关，仰慕姜太公、齐桓公的显赫勋业；北瞰潍河，慨叹淮阴侯韩信当年建立大功而不得善终。这里，台周之景固属巧合，但他凭吊古人所反映出来的思想感情，却带有一定的必然性。作者"奋厉有当世志"(《东坡先生墓志铭》)，而不容于朝，被迫外任，因之时怀危惧，透露出仰慕隐士、欲全身远害的思想。然而，这段情绪仅如此一闪而过，下面转以轻松的笔触描写台的高大、安稳、深广、明亮，又叙写他"乐哉游乎"的逍遥自在。文章至此总归之一"乐"，可知作者尽管有隐痛，但善于自我解脱，能够保持喜乐如常的生活态度，从而使"乐"始终成为他生活中的主题歌。

最后一段交待了其弟苏辙(子由)为此台命名并作赋的事。文章到此方点明"超然"二字，具有画龙点睛之妙。且结句"以见余之无所往而不乐者，盖游于物之外也"，既照应开头，又与前文所说乐少悲多的人"游于物之内，而不游于物之外"，如应不应，有意无意，形成了鲜明的对照，见出两种人不同的思想境界，令人回味无穷。

同《凌虚台记》一样，作者按主题展开的需要，间错并用了议论、叙事及描写的手法，然两文彼此绝不雷同，稍加对照即可看出。全文由理入事，由事及景，再以理收煞，逐层推进，宕出兜回，其意都朝着中心凝聚的向心力——“超然”两字上：前面两段议论自正至反阐发“超然”之意，第三段叙事忽及四方形胜，忽入四时佳景，也总归在“超然”之中，即或则抒写其超然而乐的情怀，或则描写其超然而乐的情事。至此，“超然”之意只是隐伏在字里行间，始终不曾明言。末段点题，方呼应全文，而结句之中又见“超然”之意，照应开头，关合全文，堪谓极尽布局密合、收纵自如之妙了。 （周慧珍）

放鹤亭记　　苏　轼

熙宁十年秋，彭城大水。云龙山人张君[①]之草堂，水及其半扉。明年春，水落，迁于故居之东，东山之麓。升高而望，得异境焉，作亭于其上。彭城之山，冈岭四合，隐然如大环，独缺其西十二[②]。而山人之亭，适当其缺。春夏之交，草木际天，秋冬雪月，千里一色。风雨晦明之间，俯仰百变。山人有二鹤，甚驯而善飞。旦则望西山之缺而放焉，纵其所如，或立于陂田，或翔于云表，暮则傃[③]东山而归，故名之曰“放鹤亭”。

郡守苏轼，时从宾客僚吏，往见山人。饮酒于斯亭而乐之，挹[④]山人而告之，曰：“子知隐居之乐乎？虽南面之君，未可与易也。《易》曰：‘鸣鹤在阴，其子和之[⑤]。’《诗》曰：‘鹤鸣于九皋，声闻于天[⑥]。’盖其为物，清远闲放，超然于尘垢之外。故《易》《诗》人以比贤人君子隐德之士，狎而玩之，宜若有益而无损者，然卫懿公好鹤则亡其国[⑦]。周公作《酒诰》[⑧]，卫武公作《抑戒》[⑨]，以为荒惑败乱无若酒者，而刘伶、阮籍[⑩]之徒，以此全其真而名后世。嗟夫！南面之君，虽清远闲放如鹤者，犹不得好，好之则亡其国。而山林遁世之士，虽荒惑败乱如酒者，犹不能为害，而况于鹤乎？由此观之，其为乐未可以同日而语也。”

山人欣然而笑曰：“有是哉！”乃作《放鹤》《招鹤》之歌曰：“鹤飞去兮西山之缺。高翔而下览兮择所适。翻然敛翼，宛将集兮，忽何所见，矫然而复击。独终日于涧谷之间兮，啄苍苔而履白石。”“鹤归来兮东山之阴。其下有人兮，黄冠草屦，葛衣而鼓琴。躬耕而食兮，其余以汝饱。归来归来兮，西山不可以久留。”

元丰元年十一月初八日记。

〔注〕 ① 张君：张师厚，字天骥，一字圣涂，号云龙山人。苏轼有《跋张希甫墓志后》，叙及其家庭情事。 ② 十二：指山如大圆环而缺其西部的十分之二。一作“一面”。 ③ 傃(sù素)：向。 ④ 挹(yì邑)：酌。指向张天骥斟酒。 ⑤“鸣鹤”二句：语出《易·中孚·九二》。⑥“鹤鸣”二句：语出《诗·小雅·鹤鸣》。 ⑦“卫懿公好鹤”句：《左传·闵公二年》：“冬十二月，狄人伐卫，卫懿公好鹤，鹤有乘轩者。将战，国人受甲者皆曰：‘使鹤，鹤实有禄位，余焉能战？’……及狄人，战于荧泽，卫师败绩，遂灭卫。” ⑧《酒诰》：《尚书》篇名。《尚书·康诰》序：“成王既伐管叔、蔡叔，以殷余民，封康叔，作《康诰》《酒诰》《梓材》。”《酒诰》孔安国传：“康叔监殷民，殷民化纣嗜酒，故以戒酒诰。” ⑨《抑戒》：指《抑》，《诗·大雅》篇名。《毛诗序》：“《抑》，卫武公刺厉王，亦以自警也。”其第三章云：“颠复厥德，荒湛于酒。” ⑩ 刘伶、阮籍：《晋书·刘伶传》：“(刘伶)初不以家产有无介意。常乘鹿车，携一壶酒，使人荷锸而随之，谓曰：‘死便埋我。’其遗形骸如此。”《晋书·阮籍传》：“(阮籍)本有济世志，属魏晋之际，天下多故，名士少有全者，籍由是不与世事，遂酣饮为常。文帝初欲为武帝求婚于籍，籍醉六十日，不得言而止。”

云龙山人张天骥所筑放鹤亭，坐落在徐州城南“冈岭四合”“草木际天”的云龙山上。作者知徐州时，与山人过从甚密，故亭子落成，便为之作记，时当宋神宗元丰元年(1078)十一月。

文章于结构上可分三段：首段叙亭写鹤，中段论隐居之乐，末段作《放鹤》《招鹤》二歌。然观其文意，则可析为鹤、隐者、感慨三层，亦即通过写鹤来写隐者，又通过写隐者来寄托感慨。

记既为亭而作，一般人写来，必拘于题目，在“亭”上大作文章。作者却不然。他用精练、简短的文字叙完亭子修建的缘起、位置和景色后，便以大量的笔墨描述“鹤”，鹤的踪迹与意态翔舞全文。鹤是山人之鹤：“山人有二鹤，甚驯而善飞”。山人朝朝夕夕就在这新建的亭子里，对着西山缺处放鹤、招鹤(“放鹤亭”由此得名)。二鹤放浪山野，纵其所如：“或立于陂田，或翔于云表”；或“高翔下览”，“翻然敛翼”，或又“矫然复击”，在广袤无垠的天地之间，高飞远引，自由往来。鹤被描写得如此“清远闲放”，俨然“超然于尘垢之外”，作者自然另有用意，其意旨在以鹤状人，将鹤来比喻其主人这位隐君子。此比于理论上既不牵强，作者引经据典道：《易》和《诗》的作者都拿鹤来比贤人君子、隐德之士；在感性认识上也是形象可信的，我们从二鹤无拘无束、任意翱翔的浮光掠影中，不是分明看到了山人的逍遥自在、悠然闲适的风神仪态吗？作者以不无羡慕的笔调描写出了张天骥的隐居之乐。为了充分表达他对隐居之乐的观感，又拉南面之君来对比。在酒筵上，他告诉山人说，隐居的无限乐趣，即使是统治一国的君主也不能相比。缘何？因为同是鹤，如山人这样的隐逸者，拿它做玩好物，乃有益无害，其乐无穷，而卫懿公爱好养鹤，竟因此亡了国；同为酒，似刘伶、阮籍一类德高行洁的隐士，赖酒保全自己并留名后世，而君王好酒，却要遭到告诫，如周公作《酒诰》便是训诫康叔，卫武公作《抑戒》便是警戒自己。由此，作者得出结论道，同是好鹤好酒，因人不同（隐者或君王），“其为乐未可以同日而语也”。这一段议论，言之凿凿，信而有征，真可见得南面之乐，无以易隐居之乐了。而又妙在，两两相较作为论据的一“鹤”一“酒”，得来的也极其自然：鹤是题内原有之义，酒则从“饮酒于斯亭而乐之”句拈来，为当筵指点之文。高手人作文，堪谓“无一字无来处”了。

作者以极其歆羡的态度赞颂了张天骥的山林隐逸之趣，不料却因此而遭到了时人的责难。邵博《邵氏闻见后录》卷十五记载说：“或问东坡：‘云龙山人张天骥者，一无知村夫耳。公为作《放鹤亭记》，以比古隐者，又遗以诗，有“脱身声利中，道德自濯澡”，过矣。’”而东坡则笑曰：“装铺席耳。”“铺席”为宋人俗语，意即“门面”。这段对话说明，即便在当时，依旧有人不曾吃透文章，以为作者在无端抬高、歌颂张天骥这一“无知村夫”。而作者的诙谐答辞则又透露出了其言在此而意在彼的消息：无非是借说山人来寄托自己的感慨罢了。

那么，作者彼时有何感慨，又因何不直白，却要借山人来做文章？原来，作者因上书批评新法，开罪了变法派，不安于朝而于熙宁四年（1071）自乞外任，这是他政治生涯中的第一次打击。至作本文之时业已第八个年头，他仍然浪迹在外，不能还朝，心头难免产生抑塞之感。仕既不如意，隐亦不能得，因羡山人之闲放，慨自身之受束，便措辞巧妙地表白自己对隐逸生活的向往，对党同伐异的官场的厌恶与不满。他在上引“澡”字韵的同一诗篇（《过云龙山人张天骥》）中写道：“吾生如寄耳，归计失不早。故山岂敢忘，但恐迫华皓。从君好种秫，斗酒时自劳”，可以透见此种心情。

作者曾盛赞唐代诗人兼画家王维的诗是“诗中有画”，而一身荣膺散文家、诗人、画家等等称号的作者本人，其《放鹤亭记》这篇文章，则又可谓是文中有诗亦有画了。文于中间纵论隐居之乐后，本已成言讫意尽之势了，不料作者手中那支生花妙笔，又以楚辞笔法撰出“放鹤”“招鹤”二歌诗来轻轻收住全文。歌辞既清旷，意绪亦飘忽，使文章更富韵致而耐人吟味。寥寥短幅之中，画意又较诗意为浓。不仅二鹤之一招一式皆可成画，即如山人之一举一动："升高而望"、放鹤招鹤、"黄冠草屦"、"葛衣而鼓琴"、"躬耕而食"，作者与山人乐于其亭之一咏一觞，以及"冈岭四合，隐然如大环"，"春夏之交，草木际天"，"秋冬雪月，千里一色"等自然景物，莫不涉笔皆是画。其画有山有水，有人有物，有动有静，读之味之，令人如身履画境而觉心旷神怡。

两两成对，交替行文，也是本文艺术上的精到之处。作者为文，或事或典，或人或物，每好成对双行，本文尤为突出。如山人与鹤、鹤与山人（见首段、末段），宾客与亭主、隐德之士与南面之君、鹤与酒（皆见中段），他如"旦则""暮则"，放鹤、招鹤，"《易》曰""《诗》曰"等，都或平行，或相反，或对勘，或伴讲，交替行文，相映成趣。且出处转掉，极其自然，全不费力。此等笔意，的确使人称羡不已。

（周慧珍）

灵壁张氏园亭记　　苏　轼

道京师而东，水浮浊流，陆走黄尘，陂田苍莽，行者倦厌。凡八百里，始得灵壁张氏之园于汴之阳[①]。其外修竹森然以高，乔木蓊然以深。其中因汴之余浸以为陂池，取山之怪石以为岩阜，蒲苇莲芡，有江湖之思；椅桐桧柏，有山林之气；奇花美草，有京洛之态；华堂厦屋，有吴蜀之巧。其深可以隐，其富可以养。果蔬可以饱邻里，鱼鳖笋茹可以馈四方之宾客。余自彭城移守吴兴，由宋[②]登舟，三宿而至其下。肩舆叩门，见张氏之子硕。硕求余文以记之。

维张氏世有显人，自其伯父殿中君，与其先人通判府君，始家灵壁，而为此园，作兰皋之亭以养其亲。其后出仕于朝，名闻一时，推其余力，日增治之，于今五十余年矣。其木皆十围，岸谷隐然。凡园之百物，无一不可人意者，信其用力之多且久也。

古之君子，不必仕，不必不仕。必仕则忘其身，必不仕则忘其君。譬之饮食，适于饥饱而已。然士罕能蹈其义、赴其节。处者安于故而难出，出者狃于利而忘返。于是有违亲绝俗之讥，怀禄苟安之弊。今张氏之先君，所以为其子孙之计虑者远且周，是故筑室艺园于汴、泗[3]之间，舟车冠盖之冲，凡朝夕之奉，燕游之乐，不求而足。使其子孙开门而出仕，则跬步市朝之上，闭门而归隐，则俯仰山林之下。于以养生治性，行义求志，无适而不可。故其子孙仕者皆有循吏良能之称，处者皆有节士廉退之行。盖其先君子之泽也。

余为彭城二年，乐其土风。将去不忍，而彭城之父老亦莫余厌也，将买田于泗水之上而老焉。南望灵璧，鸡犬之声相闻，幅巾杖屦，岁时往来于张氏之园，以与其子孙游，将必有日矣。

元丰二年三月二十七日记。

〔注〕①灵璧：本秦符离县地。汉属沛郡。隋属徐州。唐时降为灵璧镇。《元和郡县图志》卷九《河南道》五《符离县》："灵璧故城，在县东北九十里。"宋哲宗元祐七年改为县。今属安徽省。汴之阳：汴水北岸。汴水上流受黄河水，隋朝之后其故道由旧郑州、开封至商丘，改东南流经灵璧、泗县入淮河。北宋漕运江淮湖浙的粮粟入京师，皆由此道。故文中称张氏园亭地处"舟车冠盖之冲"。　②宋：宋州，北宋升为南京应天府，治所在今河南商丘。苏轼罢徐州任，至此病留半月，转水路赴湖州。　③泗：泗水，发源于今山东泗水县东蒙山南麓，流经曲阜、徐州。宋熙宁中黄河改道流向东南，于徐州合泗水入淮河。

苏轼因反对王安石新法而遭到排斥，自请外放，由开封府推官通判杭州。不久徙知密州，又徙知徐州、湖州。本文就是苏轼于神宗元丰二年（1079），由商丘循汴河赴湖州任途中，经过灵璧张氏园亭，应张硕之请而作的一篇记文。

这里记的是一座私家庄园。通过记述这座庄园的地理位置、景物、规模、用处及其建筑始末，苏轼生发一通议论，以别抒怀抱。自"古之君子"以下，则是全文的重心所在。

这个重心即是围绕"不必仕，不必不仕"这一命题所进行的探讨，及其所作出的抉择。

仕与隐，是古代知识分子所面临的人生首要课题，从而也构成了古典诗文中的永恒主题之一。苏轼提出"不必仕"，是因为他认为"必仕则忘其身"。一个人如果一心追求功名爵禄，不顾政局的好坏、执政者是否贤明，就会入迷途而不知返，临危境而不知止，必然招来杀身之祸。此之谓"忘其身"。苏轼提出"不必不仕"，是因为他认为"必不仕则忘其君"。一个人如果永远优游燕息于山林风月之中，固然可以全身远祸，陶情怡性，但却丢开了为君主效力的义务，没有负起对国家、社会的责任。此之谓"忘其君"。而在苏轼看来，一般的知识分子恰恰好走这两个极端。后者招来“违亲绝俗”的非议，前者又犯了“怀禄苟安”的毛病。苏轼自己的主张则是“蹈其义”，“赴其节”，“养生治性，行义求志，无适而不可”。他打了个奇妙的比喻：譬如人的饮食，饥渴的时候，就应吃喝；吃饱喝足，就应当停止。说到底，他还是主张出仕的，只是在仕途中不要沉迷，应当临危即止，急流勇退。

这流露了苏轼在辗转流徙的仕宦生涯中的典型心态。一方面，他认为自己多年的入仕从政，已经尽到了自己对君主效力的义务；另一方面，他又担心因自己与执政者的政见不合，而遭到进一步的迫害，因此产生了急流勇退的想法。他力图对这两方面都作出合理的解释，以维系其精神的平衡，摆脱仕宦不遇的烦恼和痛苦。

鉴于以上心态，苏轼从张氏园亭受到启发。他认为这种“其深可以隐，其富可以养”的庄园，既是出仕的根据地，又是退隐的避风港。出仕，有庄园的物产可以养其亲，为行义求志解除后顾之忧；退隐，也不但有庄园的物产可以养其老，更有山林景致可以怡其性，为全身远祸找到一块理想的乐土。苏轼还认为，建筑这样的庄园不仅是为个人计，而且也是为子孙计。所以在文章的最后一段，他表示相中了徐州：一是这地方的地理位置、物产风景及民风民俗好；二是这地方的百姓对自己有感情。他想在徐州构置一座庄园，与张氏庄园南北相望，以便退隐之后在这里养老，且时与张氏子孙往来游乐。文章以此作结，表现了苏轼趋归隐逸的思想。

从不久苏轼在湖州知州任上发生“乌台诗案”，遭到下狱陷害来看，他在本文中流露的急流勇退的想法并非没有根据，也不是出于一时之兴，他在离徐州赴南京时写给苏辙的诗中就说过“归耕何时决，田舍我已卜”，“逝将解簪绂，卖剑买牛具”了。

为充分表达文章的重心，文章的开头就不能不详细描述张氏园亭的地理位置、环境风貌、景物构筑、物产养殖，以突现“其深可以隐，其富可以养”的作用，及张氏先人构筑此园亭的远见卓识和泽及子孙的功德。这些内容越是写得充分，作者最后“将买田于泗水之上而老焉”的构想才更有基础，更显得合理。同时，也满足了张硕要求作者向世人介绍其园亭之美，及其先人功德的愿望。

形式上，文章熔记叙、描写、议论、抒情于一炉，特别表现出苏文惯有的善于理性思辨的特长。议论风生，长短句式的相互搭配，间以一连串的对偶句式的穿插，使行文如行云流水，无风自涌，具有雄辩的气势。　（任国绪）

石钟山记　　苏　轼

"《水经》云:'彭蠡之口,有石钟山焉。'郦元以为'下临深潭,微风鼓浪,水石相搏,声如洪钟'。"是说也,人常疑之。今以钟磬置水中,虽大风浪不能鸣也,而况石乎?至唐李渤始"访其遗踪",得双石于潭上,"扣而聆之,南声函胡,北音清越①,枹②止响腾,余韵徐歇",自以为得之矣。然是说也,余尤疑之。石之铿然有声者,所在皆是也,而此独以"钟"名,何哉?

元丰七年六月丁丑,余自齐安③舟行适临汝,而长子迈将赴饶之德兴尉,送之至湖口,因得观所谓石钟者。寺僧使小童持斧,于乱石间择其一二扣之,硿硿④焉,余固笑而不信也。至莫夜月明,独与迈乘小舟至绝壁下。大石侧立千尺,如猛兽奇鬼,森然欲搏人;而山上栖鹘,闻人声亦惊起,磔磔云霄间;又有若老人欬且笑于山谷中者,或曰:"此鹳鹤也。"余方心动欲还,而大声发于水上,噌吰如钟鼓不绝。舟人大恐。徐而察之,则山下皆石穴罅,不知其浅深,微波入焉,涵澹澎湃⑤而为此也。舟回至两山间,将入港口,有大石当中流,可坐百人,空中而多窍,与风水相吞吐,有窾坎镗鞳之声,与向之噌吰者相应,如乐作焉。因笑谓迈曰:"汝识之乎?噌吰者,周景王之无射⑥也;窾坎镗鞳者,魏庄子⑦之歌钟也。古之人不余欺也。"

事不目见耳闻而臆断其有无,可乎?郦元之所见闻,殆与余同,而言之不详;士大夫终不肯以小舟夜泊绝壁之下,故莫能知;而渔工水师,虽知而不能言:此世所以不传也。而陋者乃以斧斤考击而求之,自以为得其实。余是以记之,盖叹郦元之简,而笑李渤之陋也。

〔注〕 ① 南声函胡:南边那块石头声音浑厚重浊。北音清越:北边那块石头声音清脆悠扬。 ② 枹(fú 浮):同桴,木制的鼓槌。 ③ 齐安:旧郡名,即黄州(今湖北黄冈)。 ④ 硿硿:象声词,击石声。下文噌吰(chēng hóng 撑洪)为厚重深沉的钟声。窾(kuǎn 款)坎为击物声。镗鞳(tāng tà 汤踏)为钟鼓声。 ⑤ 涵澹澎湃:波浪汹涌激荡的样子。 ⑥ 无射(yì 亦):我国古代律吕名,六律之一。这里指钟。《左传·昭公二十一年》载,这年春周景王铸钟,律中无射。 ⑦ 魏庄子:即魏绛,谥庄子,晋大夫。《左传·襄公十一年》载,郑国送歌钟等乐器与

石钟山

——〔明〕黄长吉绘，明崇祯六年墨绘斋刻本《名山图》

晋悼公，悼公分一半赐给魏绛。

元丰七年(1084)正月，神宗出手札命苏轼由黄州(今湖北黄冈)移任汝州(今河南汝州)团练副使本州安置。三月文书到，四月离黄州，计划走水路经长江、淮河入洛赴任所，先至江西，游庐山，五月至筠州(今江西高安)别其弟子由(时监筠州盐酒税)，六月送长子迈赴饶州德兴(今属江西)县尉任，途经湖口，游石钟山，写了这篇游记。文中将议论和叙述相结合，通过夜游石钟山的实地考查，对郦道元和李渤关于石钟山得名的说法进行了分析批评，提出了事不目见耳闻不能臆断其有无的论断，表现了作者注重调查研究的求实精神，富有教育意义。

全文分为三段。第一段对前人记载提出质疑，第二段夜游石钟山，通过实践对问题求证，第三段得出结论。为突出主题，作者不先写游山，开头即引述郦道元和李渤关于石钟山得名的不同说法。郦道元(466 或 472？—527)，字善长，北魏地理学家、散文家。《水经》是一部较有条理地记述古代中国河流水系的地理著作，旧说为汉人桑钦所著，但今传本中有许多汉以后的地名，清人王鸣盛以为非一人一时之作，较为合理。郦道元为它作注，写成《水经注》。彭蠡即鄱阳湖，在今江西北部。石钟山有南北二山，南名上钟山，在湖口县城西，滨鄱阳湖；北名下钟山，在湖口城东，临大江。文中所引《水经》文字及郦道元的注，系从李渤《辨石钟山记》转引，今本《水经注》均佚去。李渤，字濬之，唐贞元中隐居庐山，号白鹿先生。《辨石钟山记》收在《文苑英华》卷八三三及《全唐文》卷七一二，文末署明作于唐德宗贞元戊寅(十四年，798)，文宗大和元年(827)吴文干将其刻石于湖口，苏轼所见即此，石刻今已不存。郦道元认为石钟山的得名是因为它“下临深潭，微风鼓浪，水石相搏，声如洪钟”。李渤否定了郦道元的说法，他亲临其地考察，在潭上得到两块石头，敲击时发出铿锵的金石之声，认为这就是山名石钟的缘故。作者对二说都有怀疑，但并没有立刻作出判断。这段文字极简洁，特别是对前人说法的辩驳，虽只三言两语，却极生动。

引述郦、李的说法全用议论。第二段写作者自己的意见，却不是直说，而是用叙事笔调，以游石钟山的事实本身，自然表达出来；游山的具体描写，就是作者对此山得名的解释。这二者融为一体，正是此文最大的特色，也是它的成功之处。这样写，不仅使作者的意见显得真实可信，还使文章富有变化。如果仍用议论，那就只能写出一篇纯粹的考证文章，失去了游记的意趣。

游石钟山，重点在写山的得名的由来。作者之所以选择在莫(暮)夜去游览，也是因为夜里环境宁静，更容易体察到细微的声音。文中也写了环境景物，但这种描写是为了渲染气氛，更好地表现和突出主题。文中写了奇石、栖鹘、鹳鹤，突出了“夜”和“静”。用“猛兽奇鬼、森然欲搏人”形容夜里壁立千尺的巨石的狰狞可怖，用“若老人欬且笑于山谷中者”写鸣叫的鹳鹤，比喻都极生动，读来使人有毛骨悚然之感；栖鹘闻人声而惊飞，深山中鹳鹤的鸣声清晰可辨，也正见出月夜的寂静。这种寂静可怖的气氛，使得作者“心动欲还”，然而正在此时，却忽闻“大声发于水上”，这样可以更加使人感到惊喜和诧异；而环境越寂静，越能显出石钟山钟声的洪亮。这就从人的心理和音响效果两个方面，突出石钟山钟声的作用。两处钟声，一处由声响而及地形，一处由地形而及声响，不仅描绘出石钟山下都是巨大的石头洞穴和裂缝的特殊地形构造，道出了风浪与山石孔洞冲撞激荡而发声的原理，揭示了石钟山得名的真正由来，还在月夜寂静的水面上，突然发出一阵绝妙的钟鼓齐鸣曲，使读者如身临其境，仿佛看到了那结构奇特的石钟山，听到了那奇异的钟鼓声。结末引周景王和魏庄子的古钟来比拟，既点明石钟山发出的声音有如洪钟，同时也表达作者的喜悦心情。清代桐城派古文家刘大櫆说：“以心动欲还，跌出大声发于水上，才有波折，而兴会更觉淋漓。钟声二处必取古钟二事以实之，具此诙谐文章，妙趣洋溢行间，坡公第一首记文。”（清王文濡辑《评校音注古文辞类纂》卷五十六引）分析是精当的。这一节没有一句议论，全用形象的描绘，把问题的答案揭示出来，显示了作者卓越的艺术才能。

游山，本来是一件极平常的事。作者却把它提高到理性的高度，从中悟出深刻的道理，总结出一个重要的结论：“事不目见耳闻而臆断其有无”，肯定要犯错误。“目见耳闻”讲的就是实地调查。它虽然是从游山这件小事总结出来，却具有普遍意义。它不仅是正面经验的总结，同时还包含着李渤和作者自己的反面教训在内，因而很有说服力。李渤虽然也作了现场调查但很不深入，便轻率否定了郦道元水石相搏而发大声的说法，所以犯了错误。作者在没有调查之前，也对郦道元的说法持怀疑态度，而且还举出了表面看来似乎很有道理的论证，如果他不调查，便“臆断其有无”，同样要犯与李渤相同的错误。正因为作者没有“臆断”，作了进一步的调查，才发觉“郦元之所见闻，殆与余同”，并用自己的“目见耳闻”，补充了郦道元“言之不详”的内容。文章还告诉我们，这种调查还必须是认真细致的，浮光掠影、蜻蜓点水似的调查绝对不行；要探求真理，必须付出艰苦的努力，有时甚至还要冒些风险。李渤虽然“访其遗踪”，但因为他只在潭上转了转，没有到潭下去看一看，因而凭叩石发声便认为得到了“石钟”的实际，这只能是错误的结论。苏轼因为月夜去潭下作了细致的考察，才把问题的本质弄清。末尾深深慨叹事不目见耳闻不能臆断其有无这个道理常常被人忽视，明白说出写作此文的目的，就是要引起人们对这个问题的重视，避免主观臆断的错误。这段文字不仅强化了本文的现实意义，还带有浓厚的抒情性，增加了作品的艺术感染力，读后使人警醒感叹。

除了融议论、叙述、抒情于一体这个特点之外，行文富于曲折变化，也是本文的一个突出特色。例如引述郦道元和李渤的说法，本来是极枯燥的内容，作者加上两个辩驳，即顿见精彩。文中写对旧说之疑共有三次，不仅每次写法不同，即便在同一次中，文笔也有曲折。对郦道元，是以人之疑引出己之疑，而己之疑又是以比喻来表达。李渤本来是在纠正郦说，作者引述时，特别加一句“自以为得之矣”，紧接着陡然一转——“然是说也，余尤疑之”，着一“尤”字，说它较郦说更不可信；驳李全用议论，一针见血，也不同于对郦之用比喻。对寺僧使小童持斧敲击所谓“石钟”，用“空空焉”形容敲出之声，又仅以“余固笑而不信也”一句表示不屑一驳，矛头直指到三百年前得双石“扣而聆之”的李渤；而且，此节插在游山之前，也使文章平添波澜。至于对两处水石之声的描写绝不雷同，前面已经提到，更是传神的绝妙笔墨。总之，此文所记之事、所讨论的问题虽极平常，但通篇几句一折，有些地方一句一转，极起伏变化之致，如江流云涌，仪态万方。

（王思宇）

文与可画筼筜谷偃竹记①　　苏　轼

竹之始生，一寸之萌耳，而节叶具焉。自蜩腹蛇蚹以至于剑拔十寻者，生而有之也。今画者乃节节而为之，叶叶而累之，岂复有竹乎？故画竹，必先得成竹于胸中，执笔熟视，乃见其所欲画者，急起从之，振笔直遂，以追其所见，如兔起鹘落，少纵则逝矣。与可之教予如此。予不能然也，而心识其所以然。夫既心识其所以然而不能然者，内外不一，心手不相应，不学之过也。故凡有见于中而操之不熟者，平居自视了然，而临事忽焉丧之，岂独竹乎？子由②为《墨竹赋》以遗与可曰：“庖丁，解牛者也，而养生者取之；轮扁，斲轮者也，而读书者与之。今夫夫子之托于斯竹也，而予以为有道者则非耶？”子由未尝画也，故得其意而已。若予者，岂独得其意，并得其法。

与可画竹，初不自贵重。四方之人，持缣素而请者，足相蹑于其门。与可厌之，投诸地而骂曰：“吾将以为袜！”士大夫传之，以为口实。及与可自洋州还③，而余为徐州④。与可以书遗余曰："近语士大夫，吾墨竹一派，近在彭城⑤，可往求之。袜材当萃于子矣。"书尾复写一诗，其略曰："拟将一段鹅溪绢，扫取寒梢万尺长。"予谓与可："竹长万尺，当用绢二百五十匹，知公倦于笔砚，愿得此绢而已！"与可无以答，则曰："吾言妄矣，世岂有万尺竹哉？"余因而实之，答其诗曰："世间亦有千寻竹，月落庭空影许长。"与可笑曰："苏子辩矣，然二百五十匹绢，吾将买田而归老焉。"因以所画《筼筜谷偃竹》遗予曰："此竹数尺耳，而有万尺之势。"筼筜谷在洋州，与可尝令予作《洋州三十咏》，《筼筜谷》其一也。予诗云："汉川修竹贱如蓬，斤斧何曾赦箨龙。料得清贫馋太守，谓滨千亩在胸中。"与可是日与其妻游谷中，烧笋晚食，发函得诗，失笑喷饭满案。

元丰二年正月二十日，与可没于陈州⑥。是岁七月七日，予在湖州⑦曝书画，见此竹，废卷而哭失声。昔曹孟德祭桥公文⑧，有车过腹痛之语，而余亦载与可畴昔戏笑之言者，以见与可于予亲厚无间如此也。

〔注〕 ① 文与可：即文同(1018—1079)，北宋画家，字与可，梓州永泰(今四川盐亭东)人。与苏轼为中表兄弟。善画山水，尤善画竹，创深墨为面，淡墨为背的竹叶画法，开后世"湖州竹派"。筼筜(yún dāng 云当)谷：山谷名，在洋州(今陕西汉中洋县)西北，以盛产筼筜(生长在水边的大竹子)名。偃竹，仰斜的竹子。 ② 子由：苏轼胞弟苏辙的字。 ③"及与可"句：文同于宋仁宗熙宁八年(1075)出任洋州知州，十年还京师汴梁(今河南开封)。 ④"而余"句：苏轼于熙宁九年任徐州(治今江苏徐州)知州。 ⑤ 彭城：今江苏徐州市。 ⑥ 陈州：治今河南淮阳。 ⑦ 湖州：治今浙江湖州。 ⑧ 曹孟德：即曹操(155—220)，字孟德，三国时政治家、军事家、诗人。汉时进位丞相，子丕称帝后追尊为魏武帝。

元丰二年(1079)七月七日，苏轼在晾晒书画时，发现亡故的文与可送给自己的一幅《筼筜谷偃竹图》，见物生情，就写了这篇杂记。文与可生前曾以这样的竹子为题材，作画赠予苏轼。本文即以此画为线索，叙述作者和文与可的深挚友谊及睹物思人的悲痛，写得庄谐相衬，情深意切，是篇典型地体现苏轼文理自然、姿态横生特点的优秀散文。

全文分三段。第一段开头不是直接就写悼念之情或两人的交往，而是从文与可的画竹理论写起，突兀不凡，生面别开，起首就给人以一种新鲜感。文章说文与可认为画竹"必先得成竹于胸中"，画竹之前先要把握对象的整体形象和精神实质，做到融会于心，酝酿成熟，然后振笔直书，一气呵成，才能生动传神地把它再现出来。相反，如果临时求其细微末节，机械地一节一节画，一叶一叶描，就无法画活竹子。这实际是主张意在笔先，反对临画敷衍；主张整体上的“神似”，反对枝节之间的“形似”。作者以赞同的口吻所表述和发挥的这个见解，十分精辟，不仅对整个文艺领域具有普遍的指导意义，而且“胸有成竹”已成为人们处事的准则，和活在群众笔底口头的成语了。上述行文生动流畅，如用“兔起鹘落”的比喻，就非常形象地说明了运笔的神速。下面作者接着叙说自己对这个文与可教给他的道理，虽然心里明白，但实践起来却不能得心应手，原因就在于“不学之过”，并把此画竹方法提到哲理的高度，“岂独竹乎”，说明了这一点。最后又引用其弟子由（苏辙）送给文与可的《墨竹赋》中的几句话，通过《庄子·养生主》中庖丁解牛和《天道》中轮扁斲轮两个典故，说明子由对与可所画竹子的看法：庖丁解牛由于掌握规律而得心应手，游刃有余，文惠君从中悟出了养生之道；轮扁造车轮，使正在读书的齐桓公懂得了技艺只能从实践中体会的道理，与可在画竹中寄托的思想说明他也是个深悟事物规律的人。作者认为子由仅得与可的画意，而自己并得其画法，是最了解与可的人。这段通过叙述文与可的画论以及子由和作者自己对此画论的反映，不仅写出了文与可画技的高妙和见解的卓绝，而且也道出了自己对文与可的敬仰之情和知己之感。其中有议论，有描写，或述人之言，或直抒己见，纵横错落，灵动多变，显得言而有味，情理俱谐。

第二段叙述作者和文与可交往中的趣事。先写与可画竹开始不自贵重，于是四方之人纷纷拿着细绢登门求画，引起他的讨厌，把绢掷在地上骂道：“吾将以为袜！”要把细绢作袜穿。后苏轼为徐州知州，苏轼自己也是个善画墨竹的名家，所以文与可写信给苏轼开玩笑地说：近来告诉士大夫，可到彭城（即徐州）去求画，“袜材当萃于子矣”。临末还写了一首诗，其中两句说：“拟将一段鹅溪绢，扫取寒梢万尺长。”鹅溪在今四川盐亭县西北，是盛产作画用的名绢的地方。寒梢指竹子，这两句意思是将要用名绢为苏轼画一幅万尺长的墨竹。苏轼就风趣地回答说：“竹长万尺，当用绢二百五十匹，知公倦于笔砚，愿得此绢而已！”接着叙两人书信往返，就世上是否有万尺竹展开争论。苏轼证实有这样的竹子，并写诗说：“世间亦有千寻竹，月落庭空影许长。”意即在想象天地或艺术意境中是存在具万尺长气势的竹子的。这里苏轼偷换了一个概念，回答得十分巧妙。所以文与可又回信笑着说：“苏子辩矣，然二百五十匹绢，吾将买田而归老焉。”并把所画的筼筜谷偃竹图送与苏轼，说“此竹数尺耳，而有万尺之势”，形容他画的竹子形神兼备，气势非凡。这不仅进一步证明了苏轼的竹有万尺之说，而且也可看作是他“胸有成竹”画论的卓越实践，既巧妙点题，非常自然地交待了《筼筜谷偃竹图》的由来，又和开头画竹理论的叙说相呼应，衔接十分紧凑。下面就抓住筼筜谷这一地名，继续写两人信牍往来：文与可任洋州知州时，要苏轼作《洋州三十咏》，《筼筜谷》即是其中之一，诗云：“汉川（汉水）修竹贱如蓬，斤斧何曾赦箨龙。料得清贫馋太守，渭滨千亩在胸中。”箨龙即竹笋。“斤斧何曾赦”，即把竹笋砍伐了，连下称“馋太守”，又把笋都吃了，所以说“渭滨千亩在胸中”。《史记·货殖列传》有“渭川千亩竹”之语。文与可接到这封诗信时，正值与妻子在谷中“烧笋晚食”，碰巧被苏轼的话说中，所以读罢诗句“失笑喷饭满案”。全段写得幽默风趣，亲切自然，而就在这些日常生活的琐事中，在这些戏语笑话里，文与可和作者坦率、高雅的胸襟气度，机敏、超卓的智慧才能以及两人的亲密友谊，都得到了活泼而生动的表现。

最后一段说明写作此文的缘由。先说在文与可死后七个月，“曝书画，见此竹，废卷而哭失声”。“哭失声”三字写尽了作者睹物思人的无限悲痛。接着又引用曹操祭桥玄的典故来点明文章主旨。此典见《三国志·武帝纪》裴松之注。曹操年少时不为人所器重，而桥玄却很赏识他。桥玄死后，曹操有次行军经过桥玄的故乡睢阳，曾遣使致祭桥玄，并作《祀故太尉桥玄文》，文中说：“又承从容约誓之言：‘殂逝之后，路有经由，不以斗酒只鸡过相沃酹，车过三步，腹痛勿怪。’虽临时戏笑之言，非至亲之笃好，胡肯为此辞乎？”作者引用这个典故来强调“余亦载与可畴昔戏笑之言者，以见与可于予亲厚无间如此也”，引用典故十分自然贴切，平淡语中现出悼念亡友的挚情一片。如果说第一段重议论，第二段重叙述，那么这简短的第三段，则更富有绵长的抒情意味。

该文信笔挥洒，舒卷自如，“常行于所当行，常止于所不可不止”，如同行云流水一般；文中有正论，有戏语，或引诗赋，或摘书牍，时而讲琐事，时而举典故，机变灵活，姿态横生。不过它虽然写得随便洒脱，纵横变化，但并不杂乱无章，散漫失纪，而是始终紧扣题目，环绕着文与可所画的《筼筜谷偃竹图》来展开文章：先是议“胸有成竹”的绘画理论，这是画《筼筜谷偃竹图》的基础；中间是叙两人的诗歌赠答，书札往来，交待《偃竹图》的由来和有关趣事；后是写见画思人，抒发悲怆之情，通篇以画相贯串，以怀念友情为中心，显得形散神不散，做到了自由挥洒和谨守章法的完美结合。这是一篇悼念性的文字，而前人曾评此作“戏笑成文”（郑之惠《苏长公合作》）。这篇散文的主要部分确实颇多诙谐之语，写得妙趣横生，但唯其如此，正可见出作者和文与可的“亲厚无间”，而文与可一旦亡故，作者的悲痛之深也就可想而知。以喜衬悲，也益见其悲，较好地体现了艺术的辩证法。

此文语言天然本色，朴素清新。全文好似从作者胸中自然流出，滔滔汩汩，毫无滞碍，所用语言不加雕琢，文从字顺，活泼流畅。正如明代王舜俞所说："文至东坡真是不须作文，只随便记录便是文。"(《苏长公小品》)　　（吴小林）

记游定惠院　　苏　轼

黄州定惠院东小山上，有海棠一株，特繁茂。每岁盛开，必携客置酒，已五醉① 其下矣。今年复与参寥师及二三子访焉②，则园已易主。主虽市井人③，然以予故，稍加培治。山上多老枳木④，性瘦韧，筋脉呈露，如老人项颈。花白而圆，如大珠累累，香色皆不凡。此木不为人所喜，稍稍伐去，以予故亦得不伐。既饮，往憩于尚氏之第。尚氏亦市井人也，而居处修洁，如吴越间人，竹林花圃皆可喜。醉卧小板阁上，稍醒，闻坐客崔成老弹雷氏琴⑤，作悲风晓月，铮铮然，意非人间也。晚乃步出城东，鬻⑥ 大木盆，意者谓可以注清泉，瀹瓜李，遂夤缘⑦ 小沟，入何氏、韩氏竹园⑧。时何氏方作堂竹间，既辟地矣，遂置酒竹阴下。有刘唐年主簿者，馈油煎饵，其名为甚酥⑨，味极美。客尚欲饮，而予忽兴尽，乃径归。道过何氏小圃，乞其藂橘⑩，移种雪堂之西。坐客徐君得之⑪ 将适闽中，以后会未可期，请予记之，为异日拊掌⑫。时参寥独不饮，以枣汤代之。

〔注〕 ① 五醉：苏轼于元丰三年二月到达黄州贬所，至此已五见海棠开花。 ② 参寥师：僧参寥，本姓何，名昙潜，钱塘(今浙江杭州)人。苏轼为更名道潜，后号参寥子。师，是对僧人的尊称。苏轼通判杭州时与之交游。崇宁末，归老江湖，赐号妙总大师。苏轼《〈参寥泉铭〉序》说："余谪黄州，参寥子不远数千里从余于东坡，留期年，尝与同游武昌之西山，梦相与赋诗，有寒食清明、石泉槐火之句"。二三子：同游者有徐大正、崔闲等人。 ③ 市井人：指普通的市民。 ④ 枳(zhǐ 纸)：亦称"枸橘"，一种落叶小乔木，茎上有刺，果实可入药。 ⑤ 雷氏琴：苏轼题跋有《家藏雷琴》一首，言琴上有"雷家记"字样。文记此琴之妙说："其岳不容指，而弦不敊，此最琴之妙，而雷琴独然。求其法不可得，乃破其所藏雷琴求之。琴声出于两池间，其背微隆，若薤叶然，声欲出而隘，徘徊不去，乃有余韵，此最不传之妙。"敊(xiàn 线)：散。崔成老：崔闲。 ⑥ 鬻：本义是"卖"的意思，这里作"买"讲。 ⑦ 夤缘：循沿。 ⑧ 何氏、韩氏：指何圣可、韩毅甫。 ⑨ 为甚酥：宋周紫芝《竹坡诗话》："东坡在黄州时，尝赴何秀才会，食油果甚酥。因问主人此名为何。主人对以无名。东坡又问为甚酥，坐客皆曰：'是可以为名矣。'又潘长官以东坡不能饮，每为设醴。坡笑曰：'此必错煮水也。'他日忽思油果，作诗求之云：'野饮花前百

事无，腰间唯系一葫芦。已倾潘子错煮水，更觅君家为甚酥。'" ⑩ 菆橘：一丛橘树。菆，同"丛"。 ⑪ 徐君得之：徐大正，字得之，黄州知州徐大受君猷之弟，作者的朋友。 ⑫ 拊掌：鼓掌，表示欢乐。

本文是苏轼贬居黄州（治今湖北黄冈）时应徐大正之请而写的一篇记游小品。定惠院在黄冈县城东南，东坡初到黄州时曾寓居于此，后又常往游。据其《上巳日，与二三子携酒出游，随所见辄作数句，明日集之为诗，故辞无伦次》诗王十朋集注引《志林》，东坡此次游定惠院为元丰七年（1084）三月初三日事。文中记述了与二三友人一天愉快的游赏，随物赋形，信笔抒意，以淡雅的笔触，将叙事、写景、抒情融为一体，渲染出一种清新隽永的意境，引人入胜，耐人寻味。

开篇写游定惠院东小山（即柯山），观赏海棠和枳木，醉酒花下。写海棠只用"特繁茂"一笔带过，引出"每岁盛开，必携客置酒，已五醉其下"，以昔游之乐烘托今游之乐，具有浓重的抒情意味。苏轼初至黄州，所作《寓居定惠院之东，杂花满山，有海棠一株，土人不知贵也》诗，极力赞美这"佳人在空谷"的海棠幽独高雅和美丽清淑的品格，并悬想其乃移自西蜀（蜀中盛产海棠），而自己以蜀人谪居此间，引为患难之交。由此可以想见作者对这株海棠喜爱之深和置酒花下的情怀。写枳木则着重刻画其性状，以老人的脖颈形容枳木筋脉裸露在外，用一串串的大珍珠比喻洁白而圆润的花朵，都很新颖形象。不论写海棠还是枳木，均透露出园圃主人对作者的深挚友情——山园虽已易主，新主人以东坡之故，对他所喜爱的林木仍加意保存、爱护。起笔用笔富有变化，不落俗套。"既饮"以下依次写憩于尚氏宅第的潇洒和不拘形迹，听崔成老弹雷氏琴的超然感受，买木盆以清泉浸渍瓜果的乐趣，入何氏园竹阴置酒的幽雅，席上"油煎饵"的酥美，归途乞丛橘移植的清兴……十余件野游细事，一一写来，不嫌堆砌，不觉平板，不待安排，不拘体式，幽默风趣，灵动自然，仿佛率意挥洒，而情韵遂现，娓娓动听，是东坡小品文中的佳作。明袁宏道《雪涛阁集序》说：东坡小品文，"于物无不收，于法无不有，于情无不畅，于境无不取"。于此可见一斑。

（刘乃昌　高洪奎）

记承天寺夜游　　苏　轼

元丰六年①十月十二日，夜，解衣欲睡；月色入户，欣然起行。念无与为乐者，遂至承天寺寻张怀民②。怀民亦未寝，相与步于中庭。庭下如积水空明，水中藻荇交横，盖竹柏影也。何夜无月？何处无竹柏？但少闲人如吾两人者耳！

〔注〕 ① 元丰六年：公元1080年。元丰为宋神宗年号。 ② 承天寺：在今湖北省黄冈市南。张怀民：字梦得，苏轼的友人。

苏轼自己评论他的文学创作，有一段话很精辟：

吾文如万斛泉源，不择地皆可出。在平地，滔滔汩汩，虽一日千里无难。及其与山石曲折，随物赋形，而不可知也。所可知者，常行于所当行，常止于不可不止，如是而已矣！其他，虽吾亦不能知也。（《文说》）

这段话，可与他的另一段话相补充："夫昔之为文者，非能为之为工，乃不能不为之为工也。山川之有云雾，草木之有华实，充满勃郁而见于外，夫虽欲无有，其可得耶？"（《江行唱和集序》）

这里最重要的一点是：文，是"充满勃郁"于内而不得不表现于外的东西。胸有"万斛泉源"，才能"不择地皆可出"；胸中空无所有，光凭技巧，就写不出好文章。苏轼的确是胸有"万斛泉源"的大作家。就其散文创作而言，那"万斛泉源"溢为政论和史论，涛翻浪涌，汪洋浩瀚；溢为游记、书札、叙跋等杂文，回旋激荡，烟波生色。

不妨据此来赏读这一篇随笔性的小文章《记承天寺夜游》。

这篇文章只有八十四个字，从胸中自然流出，"行于所当行"，"止于不可不止"，无从划分段落。但它不是"在平地"直流的。只有几十个字，如果"在平地"直流，一泻无余，还有什么韵味！细读此文，它虽然自然流行，却"与山石曲折"，层次分明。"元丰六年十月十二日，夜"。这像是写日记，老老实实地写出年月日，又写了个"夜"字，接下去就应该写"夜"里干什么。究竟干什么呢？"解衣欲睡"，没什么可干的。可就在"解衣"之时，看见"月色入户"，就又感到有什么可干了，便"欣然起行"。干什么呢？寻"乐"。一个人"行"了一阵，不很"乐"，再有一个人就好了；忽而想起一个可以共"乐"的人，就去找他。这些思想活动和行动，是用"念无与为乐者，遂至承天寺寻张怀民"两句表现出来的。寻见张怀民了没有，寻见后讲了些什么，约他寻什么"乐"，他是否同意：在一般人笔下，这都是要写的。作者却只写了这么两句："怀民亦未寝，相与步于中庭。"接着便写景：

庭下如积水空明，水中藻荇交横，盖竹柏影也。

"步于中庭"的时候，目光为满院月光所吸引，引起一种错觉："积水空明"，空明得能够看清横斜交错的各种水草。院子里怎么会有藻、荇之类的水草呢？抬头一看，看见了竹、柏，同时也看见了碧空的皓月，这才醒悟过来：原来不是藻荇，而是月光照出的竹、柏影子！"月光如水"的比喻是常用的，但运用之妙，因人而异。不能说作者没有用这个比喻，但和一般人的用法却很不相同，所产生的艺术效果也很不相同。

文思如滔滔流水,“与山石曲折”,至此当“止于不可不止”了。“止”于什么呢?因见“月色入户”而“欣然起行”,当止于月;看见“藻荇交横”,却原来是“竹柏影也”,当止于“竹柏”;谁赏月?谁看竹柏?是他和张怀民,当止于他和张怀民。于是总括这一切,写了如下几句,便悠然而止:

何夜无月?何处无竹柏?但少闲人如吾两人者耳!

寥寥数笔,摄取了一个生活片断。叙事简净,写景如绘,而抒情即寓于叙事、写景之中。叙事、写景、抒情,又都集中于写人;写人,又突出一点:“闲”。入“夜”即“解衣欲睡”,“闲”;见“月色入户”,便“欣然起行”,“闲”;与张怀民“步于中庭”,连“竹柏影”都看得那么仔细、那么清楚,两个人都很“闲”。“何夜无月?何处无松柏?”但冬夜出游赏月看竹柏的,却只有“吾两人”,因为别人是忙人,“吾两人”是“闲人”。结尾的“闲人”是点睛之笔,以别人的不“闲”反衬“吾两人”的“闲”。惟其“闲”,才能“夜游”,才能欣赏月夜的美景。读完全文,两个“闲人”的身影、心情及其所观赏的景色,都历历如见。

苏轼于元丰三年(1080)二月到达黄州贬所,名义是团练副使,却“本州安置,不得签书公事”。这篇文章一开头就记“夜游”之时是“元丰六年十月十二日”,表明他在黄州贬所已经快满四年了。张怀民此时也谪居黄州,暂寓承天寺。这两人,都因被贬而得“闲”,气味也相投。张怀民赠墨二枚给苏轼,苏轼作《书怀民所遗墨》一文以记之。张怀民修了一座亭子,“以览江流之胜”;苏轼名之曰“快哉”,苏轼的弟弟苏辙写了《黄州快哉亭记》,至今为人们所传诵。记的末段说:

士生于世,使其中不自得,将何往而非病?使其中坦然,不以物伤性,将何适而非快?今张君不以谪为患,窃会计之余功,而自放山水之间,此其中宜有以过人者。将蓬户瓮牖,无所不快;而况乎濯长江之清流,揖西山之白云,穷耳目之胜以自适也哉?不然,连山绝壑,长林古木,振之以清风,照之以明月,此皆骚人思士之所以悲伤憔悴而不能胜者,乌睹其为快也哉!

这段文字,正可与《记承天寺夜游》参看。

苏轼的心胸的确很“坦然”。累遭贬谪,仍然乐观、旷达;即使流放到儋耳,也不曾像“骚人思士”那样“悲伤憔悴”。但他有志用世,并不自愿当“闲人”。因贬得“闲”,“自放于山水之间”,赏明月,看竹柏,自适其适,自乐其乐;但并不得意。他那“自适”与“自乐”,其中包含了失意情怀的自我排遣。《记承天寺夜游》的字里行间、特别是结尾数句的字里行间,都表现了这种特殊心境;只不过表现得非常含蓄罢了。有人单纯赞赏“其意境可与陶渊明之‘采菊东篱下,悠然见南山’相

比”,似乎还失掉了些什么。　　（霍松林）

书上元夜游　　苏　轼

己卯上元,予在儋州,有老书生数人来过,曰:“良月嘉夜,先生能一出乎?”予欣然从之。步城西,入僧舍,历小巷,民夷[1]杂揉,屠沽纷然。归舍已三鼓矣。舍中掩关熟睡,已再鼾矣。放杖而笑,孰为得失?过[2]问先生何笑,盖自笑也。然亦笑韩退之钓鱼无得,更欲远去,不知走海者未必得大鱼也。

〔注〕①民:指汉族。夷:指当地少数民族。②过:苏轼的幼子,字叔党。绍圣四年(1097)随侍苏轼于海南。

这是哲宗元符二年己卯(1099)东坡在海南儋州(治今海南儋州市)贬所写的一篇小品,《东坡志林》题为《儋耳夜书》。

随笔小品之体,肇始于魏晋,繁盛于两宋,东坡最擅胜场,而其游记小品更多佳构。东坡的小品文,信笔挥洒,款款而谈,不假雕饰,真率自然,字字从性灵中流出,在他的散文中独具风韵。今人吕叔湘曾说:“或直抒所怀,或因事见理,处处有一东坡,其为人,其哲学,皆豁然呈现。”(《笔记文选读》)正确地道出了东坡小品文的妙处。

这篇小品,前半记述与海南文士月夜出游的一个生活断片。在那明月皎洁的上元(农历正月十五日)美好之夜,应几位老书生之邀,东坡“欣然”出游。城西的风光,僧舍的景物,小巷的民情,纷纷攘攘的生意人,都引起他浓厚的兴趣,使他流连忘返,回到家中,天已三更,儿子也已掩门熟睡。东坡借这一生活断片,不用细节刻画,自然透露出了儋州小城上元之夜的繁荣景象、祥和风俗,并抒发出一种悠然自得的心情,反映了自己与海南人民的亲切交谊,文笔轻快自然,隽永优美。“步”“入”“历”三个动词连用写出了东坡从容观赏景物的心态和乐而忘返的浓厚游兴。以“杂揉”形容汉族和黎族的融洽相处,用“纷然”描写市井气象的繁荣,文笔简净。作者的三鼓始归和儿子的“掩关熟睡”,说明他们虽然远谪海南,但与生活环境十分和谐,心境十分安闲恬静。

“放杖而笑”以下,写作者由“欣然”出游而悟得的因缘自适、随遇而安、当下即是的生活哲理。但东坡不是用议论来直接阐说,而是用富有生活情趣的“放杖而笑”来表现,这四个字又本于《庄子·知北游》。由“放杖而笑”引出儿子发问,从而推进到“自笑”和笑人。东坡的“自笑”,是他出游后的悠然自得之笑,是苦中求乐的自我慰藉之笑。“笑韩退之”，则是笑他思度拘滞，不善超拔。韩愈曾写过一首《赠侯喜》诗，是借钓鱼寄寓对人事的感慨。诗中说：门生侯喜叫他到洛水钓鱼，洛水很浅，是虾蟆、雀儿戏游的地方，不值得垂钓。果然他们从早钓到晚，举竿引线，好不容易才钓到一寸长的小鱼，这时他们很为感慨扫兴。诗的下文写道：“我今行事尽如此，此事正好为吾规。半世遑遑就举选，一名始得红颜衰。人间事势岂不见，徒自辛苦终何为。便当提携妻与子，南入箕颍无还时。叔起（侯喜之字）君今气方锐，我言至切君勿嗤。君欲钓鱼须远去，大鱼岂肯居沮洳。”韩愈写此诗时才三十四岁，在仕途上不甚得意，赴京师调选官职，竟无所成，侯喜则奔走举场十余年，不获知遇。故韩愈的钓鱼之喻，既是不满仕途的愤激之谈，又含有对门人的激励之意。但在苏轼看来，“钓鱼须远去”，未免有意于希进务得。把握当前随缘任天，自能无往而不适；远行下海，执意追寻，未必能得其所求。苏轼的自笑和笑人，从正反两个方面反映了他的随缘自适的思想，这是他身处无可奈何的逆境中所产生的自慰自解的特殊心态。他认为，一切得失都是相对的，只要抓住当前，与环境协调，就会悠然自得；心怀奢望，不切实际地务得而强求，反会心力交瘁，自寻困扰。

小文信笔写来，既饶有情趣，又寓理于事，耐人寻味，堪称东坡小品文的佳篇。

（刘乃昌　高洪奎）

答谢民师书　　苏　轼

轼启。近奉违，亟辱问讯，具审起居佳胜，感慰深矣。轼受性刚简，学迂材下，坐废累年①，不敢复齿缙绅②。自还海北③，见平生亲旧，惘然如隔世人，况与左右无一日之雅④，而敢求交乎？数赐见临，倾盖如故⑤，幸甚过望，不可言也。

所示书教及诗赋杂文，观之熟矣。大略如行云流水，初无定质，但常行于所当行，常止于所不可不止，文理自然，姿态横生。孔子曰：“言之不文，行而不远⑥。”又曰：“辞，达而已矣⑦。”夫言止于达意，即疑若不文，是大不然。求物之妙，如系风捕影⑧；能使是物了然于心者，盖千万人而不一遇也，而况能使了然于口与手者乎？是之谓辞达。辞至于能达，则文不可胜用矣。扬雄好为艰深之辞，以文浅易之说；若正言之，则人人知之矣。此正所谓“雕虫篆刻”⑨者，其《太玄》《法言》

皆是类也，而独悔于赋，何哉？终身雕虫而独变其音节，便谓之“经”，可乎⑩？屈原作《离骚经》，盖风、雅之再变者，虽与日月争光可也⑪，可以其似赋而谓之“雕虫”乎？使贾谊见孔子，升堂有余矣；而乃以赋鄙之，至与司马相如同科⑫。雄之陋，如此比者甚众。可与知者道，难与俗人言也，因论文偶及之耳。欧阳文忠公言文章如精金美玉，市有定价，非人所能以口舌定贵贱也⑬。纷纷多言，岂能有益于左右，愧悚不已。

所须惠力法雨堂字⑭，轼本不善作大字，强作终不佳，又舟中局迫难写，未能如教。然轼方过临江⑮，当往游焉。或僧欲有所记录，当作数句留院中，慰左右念亲之意。今日已至峡山寺⑯，少留即去。愈远，惟万万以时自爱。不宣。

〔注〕 ① 坐废：因罪受贬。累年：多年。苏轼于绍圣元年(1094)责授宁远军节度副使惠州安置，绍圣四年(1097)再责授琼州别驾昌化军安置，至元符三年(1100)被赦还，南贬已达六年。 ②“不敢”句：谓不敢自居于士大夫之列，与之交游。 ③“自还”句：指渡海北还。苏轼于元符三年六月二十日渡海。 ④ 无一日之雅：语见《汉书·谷永传》，意谓素无交谊。雅，平素，引申为交往。 ⑤“倾盖”句：意谓一见如故。邹阳《狱中上书自明》有“白头如新，倾盖如故”语。倾盖，指途中偶然相遇，停车交谈，两个车盖相倚而倾斜。 ⑥“言之”二句：语出《左传·襄公二十五年》：“仲尼曰：‘志有之：“言以足志，文以足言。”不言，谁知其志。言之无文，行而不远。’” ⑦ 辞，达而已矣：见《论语·卫灵公》。 ⑧ 系风捕影：风与影都没有实体，难以捕捉，用来比喻了解客观事物的奥妙底蕴很不容易。《汉书·郊祀志下》：“如系风捕影，终不可得。” ⑨ 雕虫篆刻：语出扬雄《法言·吾子》：“或曰：‘吾子少而好赋？’曰：‘然。童子雕虫篆刻。’俄而曰：‘壮夫不为也。’”这里用以比喻辞赋为小技。西汉童子学习的秦朝八种书体，虫书、刻符是其中纤巧难学的两种。雕虫篆刻，是说雕琢虫书，篆写刻符，都是童子所习的小技。 ⑩“终身”三句：扬雄仿《易》作《太玄》，仿《论语》作《法言》，自命为是著述经传，苏轼认为这只是不用讲求音节的赋体而改用散文罢了，不能算作经传。 ⑪“屈原”三句：《史记·屈原列传》：“《国风》好色而不淫，《小雅》怨诽而不乱，若《离骚》者，可谓兼之矣……推此志也，虽与日月争光可也。”《诗经》里有“变风”“变雅”，所以苏轼说《离骚》是风雅之再变者。 ⑫“使贾谊”四句：扬雄《法言·吾子》：“如孔氏之门用赋也，则贾谊升堂，相如入室矣；如其不用何！”苏轼反对此说，认为应该给贾谊以较高的评价，不能因为他作过赋就贬低他，与司马相如相提并论。升堂有余，古人把学问由浅入深的三种境界喻为“入门”“升堂”“入室”，升堂有余是说快达到“入室”的造诣极高的境界了。 ⑬ 欧阳文忠公言：欧阳修《苏氏文集序》：“斯文，金玉也，弃掷埋没粪土，不能消蚀。其见遗于一时，必有收而宝之于后世者。”此意苏轼曾多次引述，如《答刘沔都曹书》云：“以此知文章如金玉珠贝，未易鄙弃也。”又《答毛滂书》：“文章如金玉，各有定价。先后进相汲引，因其言以信于世，则有之矣。至其品目高下，盖付之众口，决非一夫所能抑扬。”曾敏行《独醒杂志》卷一载，苏轼谓谢民师曰：“子之文如上等紫磨黄金。”又用以比人，如《答黄鲁直书》：“此人如精金美玉，不即人而人即之，将逃名而不可得，何以我称扬为！”又《太息一章

送秦少章》:“士如良金美玉,市有定价,岂可以爱憎口舌贵贱之欤!”等等。本篇引欧阳修语,当只“文章如金玉”一喻,“市有定价”以下,是苏轼的引申发挥,故各篇措语多有不同。 ⑭ 惠力:寺名,一作慧力,在江西临江(今樟树市)县南二里。临江邻近谢氏家乡新淦,谢氏请苏轼为惠力寺法雨堂题额。《东坡经进文集事略》本“堂”后有“两”字。 ⑮ 临江:宋临江军,治所在今江西樟树市。新淦亦其属县。 ⑯ 峡山寺:在广东清远市清远峡。苏轼绍圣元年来惠州时曾游其地,有《题广州清远峡山寺》文。

本文又题作《与谢民师推官书》。谢举廉,字民师,新淦(今江西新干)人,元丰八年(1085)进士,颇有诗名,与叔父谢懋、谢岐,弟谢世充同榜登第,时称“四谢”。元符三年(1100),苏轼自海南遇赦北还,六月过海,十月至广州。当时谢民师任广州推官,曾携带诗文谒见苏轼,很得苏轼的赏识。苏轼离开广州后,谢民师多函候,本篇是苏轼行至广东清远写给谢民师的复信。

这封书信,开端陈述双方交谊,收尾答复对方请托,中间重点谈艺论文。苏轼晚年连遭远贬,历经坎坷,饱尝人事冷暖、世态炎凉,不愿轻易纳交官府中人。“不敢复齿缙绅”一语,话中有话,浸透了作者酸楚郁愤的情愫。他多年谪居岭海,如今遇赦北归,实乃意外之大幸,“见平生亲旧,惘然如隔世人”,只一笔,写尽了大难不死者绝处逢生的真切体验。备受迫害与冷遇的苏轼,长期故旧星散、交游断绝,而素无往来的谢氏,却多次问讯、过往,情亲意厚,对方的殷殷相待,使苏轼感到“倾盖如故”。这段文字坦率地陈述了苏轼由保留观察到乐于纳交的复杂心理,与友人诚挚而亲切地交流了思想。收尾对谢氏求索墨迹作出恳切说明、答复,并将当下行踪告知友人,措辞简当而亲切。

书信的重点是阐述自己对文艺问题的见解。作者由赞扬谢民师的作品,发表了“行云流水,初无定质”一段妙论,表达了自己崇尚平易自然文风的一贯主张。他自评其文云:“吾文如万斛泉源,不择地而出,在平地滔滔汩汩,虽一日千里无难;及其与山石曲折,随物赋形,而不可知也。所可知者,常行于所当行,常止于不可不止,如是而已矣。”(《文说》)这段话与信中所云可以互相参证,足见这种天然美的风格苏轼最为倾心,事实上也只有他的文章才达到了这种境界。崇尚天然美并不忽视文采。引用孔子的两段话,既强调重文,又强调达意。人或以为“止于达意”,“疑若不文”,苏轼把两者统一起来予以诠解,纠正了“辞达”只是语言表现问题的片面理解。他认为一要能“求物之妙”,即善于寻求客观事物的奥妙底蕴,把握难以捕捉的生动意象;二要“能使是物了然于心”,即细致地观察、熟悉、认识、理解事物的内在本质;三要“能了然于口与手”,即以准确而形象的语言予以生动的表现。只有如此,才叫“辞达”。辞而能达,便一定会很有文采了。他的解说,深刻揭示了文艺创作中物、意、言三者的关系,触及了文艺创作的特殊规律,给孔子"辞达"说注入了新的意蕴。倡导辞达,自然反对故为艰深,故下文借批评扬雄"好为艰深之辞,以文浅易之说",进一步阐述"行云流水"的境界和"辞达"的要求,并非在于形式,而首先取决于内容。正由于此,所以扬雄的终身雕篆,独变其音节,不足以称"经";屈原作《离骚》,不能因为形近于赋而予以贬低。屈原的《离骚》上承风雅而加以变化,其成就可说光照日月;贾谊学力甚高,倘生当其时,何妨作孔子的"入室"弟子,而扬雄因为他写过赋就鄙视他,这是单从形式着眼,表明扬雄识度浅陋。这里经过对扬雄的驳议,更加深层地昭示了苏轼重天然、讲文采、反对故作艰涩的文学观。末引欧阳修在《〈苏氏文集〉序》中所说的"斯文,金玉也"一句语意而加以发挥,作为收结,既回应上文,又表明未敢自是,体现了学界老宿谦谨自律和平等待人的良好学风。

与友人论文一段,先借称颂对方文风提出自己正面的风格理想和美学追求,次借诠解先哲名言阐述创作三昧,再以驳诘前人旧说申论自己的见解。行文中以"行云流水"喻文风的自然,以"系风捕影"喻把握创作兴会,以"精金美玉"喻文章佳妙,语言新颖生动,富有文采。《晚村精选八大家古文》说:"论文到精妙处,亦唯东坡能达。"正说明本篇论文臻于精妙之域,进入"辞达"之境,体现了苏文的本色。

（刘乃昌　高洪奎）

答张文潜县丞书　　苏　轼

轼顿首文潜县丞张君足下[①]。久别思仰。到京公私纷然,未暇奉书。忽辱手教,且审起居佳胜,至慰!至慰!惠示文编,三复感叹。甚矣,君之似子由也。子由之文实胜仆,而世俗不知,乃以为不如。其为人深不愿人知之,其文如其为人,故汪洋澹泊,有一唱三叹之声,而其秀杰之气,终不可没。作《黄楼赋》,乃稍自振厉,若欲以警发愦愦者。而或者便谓仆代作,此尤可笑。"是殆见吾善者机也[②]。"

文字之衰,未有如今日者也。其源实出于王氏[③]。王氏之文,未必不善也,而患在于好使人同己。自孔子不能使人同,颜渊之仁,子路之勇,不能以相移,而王氏欲以其学同天下!地之美者,同于生物,不同于所生。惟荒瘠斥卤之地,弥望皆黄茅白苇,此则王氏之同也。

近见章子厚[④]言,先帝晚年甚患文字之陋,欲稍变取士法，特未暇耳。议者欲稍复诗赋，立《春秋》学官，甚美。仆老矣，使后生犹得见古人之大全者，正赖黄鲁直、秦少游、晁无咎、陈履常⑤与君等数人耳。如闻君作太学博士，愿益勉之。“德辅如毛，民鲜克举之。我仪图之，爱莫助之⑥”。此外千万善爱。偶饮卯酒⑦，醉。来人求书，不能复觇缕⑧。

〔注〕 ① 县丞：县令的佐官。当时张耒为咸平(今河南通许县地)县丞。 ②“是殆见吾善者机也”：此句是引用《庄子·应帝王》壶子说的话。“善者机”即生机。 ③ 王氏：指王安石。 ④ 章子厚：即章惇。时任知枢密院事。 ⑤ 黄鲁直：即黄庭坚。秦少游：即秦观。晁无咎：即晁补之。陈履常：即陈师道。以上四人，并见《宋史·文苑传六》。 ⑥“德辅如毛”四句：语出《诗·大雅·烝民》：“人亦有言，德辅如毛，民鲜克举之，我仪图之，维仲山甫举之，爱莫助之。”原诗作者尹吉甫是歌颂周宣王能任用仲山甫治国，使国家中兴。辅，轻。仪，宜。我，原指尹吉甫，苏轼用以自喻。苏轼引诗的意思是说，恢复先儒之学，是件大功德，作起来并不难，可一般人却难以胜任，我考虑只有你张耒与黄、晁、秦、陈等人能够胜任。但我老了，已无法帮助你，希望你好自为之。 ⑦ 卯酒：即卯时酒，清晨饮的酒。白居易《卯时酒》诗：“未如卯时酒，神速功力倍。” ⑧ 觇(luó 罗)缕：详细陈述。

张文潜名耒，和黄庭坚、秦观、晁补之同游苏轼之门，并称“苏门四学士”。这四人的诗文不仅得到苏轼的指点，并且因苏轼的赏识誉扬而名闻天下。但苏轼却不以师长自居，而待四人如友朋。这封书信就充分表现了苏轼善于奖掖后进的精神。

书中首先赞扬了张耒文章的成就。这赞扬是通过高度评价苏辙(子由)的文章造诣来体现的。因为作者先肯定张耒的文章和苏辙的文章十分相似，所以赞扬苏辙也就等于赞扬张耒。而对苏辙的赞扬又是拿苏辙与自己相比来论说的。当时的世俗之士认为苏辙的文章不如苏轼的作得好，而苏轼却自谦地说苏辙实在胜过自己。苏辙文章的长处之所以不被人知，是因为苏辙的为人不愿宣扬自己。而苏辙的文章也就有如他的为人一样——“汪洋澹泊，有一唱三叹之声，而其秀杰之气，终不可没”。这无疑是在告诉张耒，他的文章也达到了这种境界。《宋史·张耒传》载张耒“游学于陈，学官苏辙爱之，因得从轼游。轼亦深知之，称其文汪洋冲澹，有一唱三叹之声”，正是采纳了本文评价苏辙的说法。这对张耒无疑是极大的鼓励。

但作者的深意尚不止于此。他还委婉含蓄地指出，苏辙的文风也不是千篇一律，一成不变的。他的《黄楼赋》就有发聩振聋的雄厉之气。而一些人竟因此赋与自己的文风近似，误以为是由自己代作的，这就特别可笑了。苏轼进而指出，苏辙的《黄楼赋》也不是在模仿自己，而不过是自己好的文章达到了《黄楼赋》

的水平罢了。作者这里不单是自谦，且有两层深意：其一，作者主张学无常师，文章也没有什么既定的格式，要按照自己的生活感受来写。《黄楼赋》之所以有雄厉之气，在苏轼看来，正是因为苏辙主观上“欲以警发愦愦者”的结果。这实际是在肯定张耒文章成就的同时，进一步提出更高的要求，希望他取得突破性的进展。苏轼的这种主张是一贯的。他《自评文》就说：“吾文如万斛泉源，不择地皆可出……随物赋形，而不可知也。所可知者，常行于所当行，常止于不可不止，如是而已矣。”他在《答谢民师书》中也称赞谢之诗文“大略如行云流水，初无定质，但常行于所当行，常止于所不可不止，文理自然，姿态横生”。其二，与此相联系，苏轼的自谦表现了他不以文章宗师自居的襟怀。尽管苏辙是他的弟弟，但他充分尊重苏辙的创作个性，所以他绝不会代替苏辙作文章。这也等于对张耒说：你虽是我的门生，但我也绝不要求你一味学习模仿我和苏辙，你尽管按照自己的生活体验去创作。这就为下段批判王安石“好使人同己”，“欲以其学同天下”张本。所以，这段内容虽重要，但还不是全文的重心所在。

全文的重心在后两段，中心内容是批判王安石利用手中的权力废止先儒之学，以私家之学取天下士的行为，勉励张耒和其他门生一起为恢复先儒之学，“使后生犹得见古人之大全者”而尽力。

《宋史·王安石传》载：“初，安石训释《诗》《书》《周礼》，既成，颁之学官，天下号曰‘新义’……一时学者，无敢不传习，主司纯用以取士，士莫得自名一说，先儒传注，一切废不用。黜《春秋》之书，不使列于学官，至戏目为‘断烂朝报’。”本文批判王安石“患在于好使人同己”，“欲以其学同天下”，就是指此而言。苏轼指出，王安石这样做，造成了严重后果：“文字之衰，未有如今日者也。其源实出于王氏。”作者谴责王安石有背先师孔子的遗则，讥讽其“新义”有如一块盐碱地，只能培植出一片黄茅白苇。

应当指出，王安石的做法虽有片面之处，也因此产生某些流弊，但他不迷信先儒传注，勇于发挥“新义”，也有其可取的一面，而且对促进学术发展也当有一定的积极影响。苏轼（也包括后来的《宋史》作者）对此一概否定，未免偏颇。

但苏轼这样做也有他的目的。这封答书作于元祐元年（即公元1086年。王文诰《苏诗总案》列于上一年即元丰八年底）。是年，哲宗新即位，起用旧党，司马光、章惇等人掌权，苏轼也被召回朝，由礼部郎中迁起居舍人，再迁中书舍人。司马光等废止一切王安石所行之法，其中也包括改变其取士之法，取缔王学；同时酝酿恢复先儒之学，立《春秋》学官。从本文第三段来看，苏轼对司马光等的作法是赞同的。他写这封答书的目的也正是要把这个信息通报给张耒。不仅如此，苏轼当时可能已经向执政者荐举张耒并被采纳了，所以他才能向张耒说："如闻君作太学博士，愿益勉之。"据《宋史·张耒传》，张耒于县丞任后即"入为太学录"，可见苏轼的话没有落空。

这一年，黄庭坚在朝任校书郎，晁补之为太学正，秦观为太学博士，陈师道也为太学博士，可谓人才济济。苏轼再荐张耒，就是希望他和上述诸人一起承担起恢复先儒之学的重任，彻底结束以王氏经学取士的局面。苏轼认为自己年事已高，未来的事业全靠这批后进去开拓。所以在文章结尾，他特别就此引《诗·大雅·烝民》的句子，勉励劝诫张耒养德自爱，担起重任，足见他对后进的拳拳护持之心。

全文从评为文之术到论治学之德，环环相生，层层深入；赞扬门生，表白自己，则以评苏辙之文为媒介，采用委婉含蓄式；批判王安石以王氏经学取士，则直斥其非，采用直露式；勉励门生，则采用谆谆劝诫式。章法严整，论说得体，表现了苏文多方面的艺术成就。

（任国绪）

《范文正公集》叙

苏 轼

庆历三年，轼始总角[①]入乡校，士有自京师来者，以鲁人石守道所作《庆历圣德诗》示乡先生[②]。轼从旁窃观，则能诵习其词，问先生以所颂十一人者何人也？先生曰："童子何用知之？"轼曰："此天人也耶，则不敢知；若亦人耳，何为其不可？"先生奇轼言，尽以告之，且曰："韩、范、富、欧阳，此四人者，人杰也！"时虽未尽了，则已私识之矣。

嘉祐二年，始举进士，至京师，则范公没；既葬，而墓碑[③]出，读之至流涕，曰："吾得其为人，盖十有五年，而不一见其面，岂非命欤！"是岁登第，始见知于欧阳公，因公以识韩、富，皆以国士[④]待轼，曰："恨子不识范文正公。"其后三年[⑤]，过许，始识公之仲子今丞相尧夫。又六年[⑥]，始见其叔彝叟京师。又十一年[⑦]，遂与其季德孺同僚于徐，皆一见如旧，且以公遗稾见属为叙。又十三年，乃克为之。

呜呼！公之功德盖不待文而显，其文亦不待叙而传。然不敢辞者，以八岁知敬爱公，今四十七年矣。彼三杰者皆得从之游，而公独不识，以为平生之恨；若获挂名其文字中，以自托于门下士之末，岂非畴昔之愿也哉！

古之君子，如伊尹、太公、管仲、乐毅之流，其王霸之略，皆素定于畎亩中，非仕而后学者也。淮阴侯见高帝于汉中，论刘项短长，画取三秦，如指诸掌，及佐帝定天下，汉中之言，无一不酬者；诸葛孔明卧草庐中，与先主论曹操、孙权，规取刘璋，因蜀之资，以争天下，终身不易其言。此岂口传耳受，尝试为之，而侥倖其或成者哉？公在天圣中，居太夫人忧，则已有忧天下致太平之意，故为万言书以遗宰相，天下传诵。至用为将，擢为执政，考其平生所为，无出此书者。今其集二十卷，为诗赋二百六十八，为文一百六十五，其于仁义礼乐、忠信孝悌，盖如饥渴之于饮食，欲须臾忘而不可得；如火之热，如水之湿，盖其天性有不得不然者。虽弄翰戏语，率然而作，必归于此。故天下信其诚，争师尊之。孔子曰："有德者必有言⑧。"非有言也，德之发于口者也。又曰："我战则克，祭则受福⑨。"非能战也，德之见于怒者也。

〔注〕①总角：指童年。儿童将头发梳成左右两个辫子，叫总角。　②石守道：石介，字守道。《庆历圣德诗》所赞十一人，杜衍、章德象、晏殊、贾昌朝、范仲淹、富弼、韩琦几人同时执政，欧阳修、余靖、王素、蔡襄几人均为谏官。据《东坡志林》卷二，苏轼八岁入小学，老师为道士张易简。　③墓碑：指欧阳修所作《资政殿学士户部侍郎文正范公神道碑铭》和富弼所作《墓志铭》。　④国士：一国中的杰出人才。　⑤其后三年：指嘉祐五年(1060)，苏轼居母丧期满自蜀返京，过许州(今河南许昌)，遇范仲淹次子范纯仁(字尧夫)。　⑥又六年：指治平二年(1065)，苏轼罢凤翔(今属陕西)府签判至京任职，遇范仲淹第三子范纯礼(字彝叟)。　⑦又十一年：指熙宁十年(1077)，苏轼由密州(今山东诸城)改知徐州，时范仲淹第四子范纯粹(字德孺)知滕县(今属山东)，时县属徐州，因称同僚。　⑧有德者必有言：《论语·宪问》语。⑨"我战则克"二句：《礼记·礼器》引孔子语，是引述知礼之人自称战则必胜，祭祀则必得福。

此文一本篇末有"元祐四年(1089)四月二十一日"句，当即作于此时。范仲淹，字希文，吴县(今江苏苏州)人，谥文正。他是北宋爱国将领，一代名臣，作者对他非常崇敬。

此文前半篇写作者对范仲淹的景仰和终身不得一见的遗恨。文章以四十七年前一件小事开头：宋仁宗庆历三年(1043)，作者八岁，入乡校读小学，读到当时文学家石介写的《庆历圣德诗》，知道了范仲淹。由老师之口，引出韩、范、富、欧阳，赞为人杰，自然逼真，文章也极灵动跳脱。如开篇即由作者发一通议论，就会落入此类文章的窠臼。四十七年前的事历历如在目前，可见印象何等深刻，说明范仲淹在作者的幼小心灵中，已具有崇高地位。如今重又道及，不仅见出作者对范氏的景仰、眷恋之深，还包含着对他的深切悼念。字面平平叙述，实则情深无比，而这正是作者撰写此文的原由。下面分年叙事，叙嘉祐二年(1057)入京读范仲淹墓碑，识范之次子尧夫，见范之三子彝叟，与范之幼子德孺同僚，均是用的这种写法。这五件事，直接讲到范仲淹的前两件详写，集中地抒写不得一见范仲淹的痛悼、抱恨之情。读墓碑而流涕，将不得一见范仲淹归之为“命”；从欧阳修、韩琦、富弼等人“恨子不识范文正公”的话，写出不仅作者以此为恨，欧阳修等也引以为憾。这些文字，凝结着作者伤心的泪水。讲到范仲淹三子则简写，但不合写而一次一次分写，每写一次，又把这种感情加重渲染一次。通过这一系列叙述，蓄势已满，最后用“呜呼”一节文字，归结到“以八岁知敬爱公，今四十七年矣。彼三杰者皆得从之游，而公独不识，以为平生之恨”，把这种感情写得如海之深，如地之厚，强烈地激荡着读者的心。从乡校“私识”到写作此文，共叙七事，前两件标明庆历、嘉祐年号，后五件则全用后多少年形式，以表明所隔时间之长，最后点出“今四十七年矣”，这不仅使写法富有变化，也是为了更强烈地表达四十七年终不得一见范仲淹之面的“平生之恨”。在作此文的前五年，即元丰八年(1085)，有《跋范文正公帖》云：“轼自省事，便欲一见范文正公，而终不可得。览其遗迹，至于泫然。人之云亡，邦国殄瘁，可不哀哉！”可见他对范仲淹的这种感情正是始终缭绕于心的。

后半篇赞范仲淹的事功文章，重点写事功。这段写法同上段不同，它没有具体条列范仲淹的种种功勋，而是把他同古代杰出人物作比拟，从总的方面加以极精练地概括。伊尹是商朝的开国功臣，太公即吕尚，又称太公望，是周朝的开国功臣。他们得遇商汤、周文王之前，都是平民，伊尹耕于莘(在今山东菏泽曹县北)野，太公隐于渭(在今陕西)滨。管仲，名夷吾，辅佐齐桓公，使之成为春秋五霸之一。乐毅，燕国名将，燕昭王时曾大胜齐军，连下七十二城。淮阴侯即韩信，他曾向刘邦分析刘(邦)、项(羽)的有利不利条件，建议刘邦东取三秦(今陕西一带)。刘邦采纳其言，后来果得实现。诸葛亮隐居隆中(今湖北襄阳西)时，刘备三顾茅庐，诸葛亮向刘备评说曹操、孙权，建议他西取益州(刘璋为益州牧)，联合东吴孙权，共抗曹操，然后统一中国。刘备死后，诸葛亮辅佐刘禅，为实现这个计划而奋斗，“鞠躬尽瘁，死而后已”。据《宋史·范仲淹传》记载，范在天圣中监楚州(今江苏淮安)粮料院，母丧去官，时晏殊知应天府(今河南商丘，晏殊不久后即任副宰相)，闻仲淹名，召置府学，范仲淹上书请择郡守，举县令，斥游惰，去冗僭，慎选举，抚将帅，共万余言。康定元年(1043)，范仲淹以龙图阁直学士任陕西经略安抚副使，庆历二年任陕西四路经略安抚招讨使，威镇西北，羌人称为"龙图老子"。庆历三年春任枢密副使，其秋改任参知政事(副宰相)，主持"庆历新政"，又上明黜陟、抑侥倖、精贡举、择长官、均公田、厚农桑、修武备，推恩信、重命令、减徭役等十事。"居太夫人忧(为母居丧)，则已有忧天下致太平之意"，暗用其《岳阳楼记》"先天下之忧而忧，后天下之乐而乐"语意。范仲淹的这些经历，同伊尹、太公、诸葛亮、韩信等人很相似，作者把他同他们比拟，突出他早年身居卑位时，即已抱负远大，怀有治国方略，这样更能充分表现他对国家人民的卓越贡献；如果具体条列他的事功，反而显得琐碎而没有力量。

范仲淹是作者非常崇敬的先贤，对于他的文章，自然不能去具体评论其短长，文中只用"其于仁义礼乐、忠信孝悌，盖如饥渴之于饮食，欲须臾忘而不可得；如火之热，如水之湿，盖其天性有不得不然者"两个生动的比喻，总的论赞，最后引出"有德者必有言"，"我战则克，祭则受福"，文章事功，双收作结。《宋史·范仲淹传》说："仲淹内刚外和，性至孝，以母在时方贫，其后虽贵，非宾客不重肉。妻子衣食，仅能自充。而好施予，置义庄里中，以赡族人。泛爱乐善，士多出其门下，虽里巷之人，皆能道其名字。死之日，四方闻者，皆为叹息。"足见苏轼对他的崇高评价，绝非谀辞虚誉。

苏轼是一个至性至情的人，本篇就是一篇至情之文。一般地说，写一个人，从没见过他的面，很难写出感情；本篇却恰恰相反，从数十年景仰思慕而终未一见立意，把对范仲淹的感情写得像江河大海，深厚无比。在序引中抒情的不少，但像本篇这样感人的，却极罕见。盖作者心中本有无限深情，文辞又足达之。前人称此文是"率意而书"，"识度自远"(明茅坤《宋大家苏文忠公文抄》卷二十三)，"历叙因缘慕望处，情文并妙"(清储欣《唐宋十大家全集录·东坡集录》卷五)，都看到它是作者真情的自然流露。

(王思宇)

方山子传　　苏　轼

方山子①，光、黄②间隐人也。少时慕朱家、郭解③为人，闾里之侠皆宗之。稍壮，折节读书，欲以此驰骋当世，然终不遇。晚乃遁于光、黄间曰岐亭④。庵居蔬食，不与世相闻。弃车马，毁冠服，徒步往来山中，人莫识也。见其所著帽，方屋⑤

而高，曰："此岂古方山冠⑥之遗像乎？"因谓之方山子。

余谪居于黄，过岐亭，适见焉。曰："呜呼！此吾故人陈慥季常也，何为而在此？"方山子亦矍然问余所以至此者。余告之故。俯而不答，仰而笑。呼余宿其家。环堵萧然，而妻子奴婢皆有自得之意。余既耸然异之。独念方山子少时，使酒好剑，用财如粪土。前十有九年⑦，余在岐下⑧，见方山子从两骑，挟二矢，游西山，鹊起于前，使骑逐而射之，不获。方山子怒马独出，一发得之。因与余马上论用兵及古今成败，自谓一世豪士。今几日耳，精悍之色，犹见于眉间，而岂山中之人哉！

然方山子世有勋阀，当得官，使从事于其间，今已显闻。而其家在洛阳，园宅壮丽，与公侯等；河北有田，岁得帛千匹，亦足以富乐。皆弃不取，独来穷山中，此岂无得而然哉？

余闻光、黄间多异人，往往阳狂⑨垢污，不可得而见。方山子傥⑩见之与？

〔注〕 ① 方山子：即宋陈慥(zào 造)，字季常，晚年隐于光州、黄州间。苏轼任凤翔签判时，与其相识。 ② 光、黄：即光州(治所在今河南潢川)、黄州(治所在今湖北黄冈)。 ③ 朱家、郭解：二人皆为汉代著名游侠，喜替人排忧解难。 ④ 岐亭：镇名，在今湖北麻城。 ⑤ 方屋：方顶。屋，古人帽子顶部高起的部分。 ⑥ 方山冠：汉代祭祀宗庙时乐舞者所戴的一种帽子。唐宋时，隐者每喜戴之。 ⑦ 前十有九年：即嘉祐八年(1063)，时作者任凤翔签判。 ⑧ 岐下：指凤翔，因其地东北有岐山，故云。 ⑨ 阳狂：佯狂。 ⑩ 傥：或许。

人物传记，如果不是出于一些外在的原因，如受人请托等，则定是有为而作。换句话说，作者选择某人作为传主，一定是对方的身上有着某些令他特别感兴趣的东西，因而愿意将其记录下来。那么，在方山子身上，最能打动苏轼的是什么呢？是他的"异"。在文中，他就明确表示对方山子的行事"耸然异之"。

文章一开始，作者便写出了传主与常人不同的生活道路：少年时血气方刚，一身侠气；成年后折节读书，有志用世；到了晚年，由于无所遇合，乃隐于光州与黄州之间。但他的无所遇合，是否意味着无法走上宦途呢？作者写道："方山子世有勋阀，当得官，使从事于其间，今已显闻。"可见他的理想并不是追求个人地位，因而也就与一般的因宦途失意而隐居者有所区别。同时，即使是隐居，是否一定要过贫困的生活呢？作者又写道："其家在洛阳，园宅壮丽，与公侯等；河北有田，岁得帛千匹，亦足以富乐。"可见"庵居蔬食"是他的主观追求。因此，他能够“弃车马，毁冠服，徒步往来山中”，戴着“方屋而高”的帽子，表现出种种奇异行为，也是非常自然的。然而，如果仅仅这样来写，虽然也能说明问题，却似乎过于简略。于是，作者便有意识地选择了传主少年和晚岁两种具有对比性的行为表现，来进一步丰富其形象。写少年，是何等地意气风发，飞扬跋扈：“前十有九年，余在岐下，见方山子从两骑，挟二矢，游西山，鹊起于前，使骑逐而射之，不获。方山子怒马独出，一发得之。因与余马上论用兵及古今成败，自谓一世豪士。”写晚岁，又是何等地安贫乐道，心境恬淡：“呼余宿其家。环堵萧然，而妻子奴婢皆有自得之意。”(妻子奴婢都能自得，方山子自己就更不用说了。)总的说来，侠和隐是两种不同的生活态度，反映了两种不同的行为模式，这一对矛盾能够巧妙地统一在一个人身上，难道还不奇异吗？作者就是这样写出了一个栩栩如生的人物形象。

人们的社会经历构成了各自的历史，而历史作为现在的过去，又必定会对现在起着或大或小的影响。从这个意义上来看。方山子的由侠到隐，由入世到出世，也不可能是思想感情上的彻底消解。作者已经从他的神情上看到了这一点：“今几日耳，精悍之色，犹见于眉间”。那么，这种思想感情的延续之下隐藏着的是什么呢？文章的最后似也有此一问：“余闻光、黄间多异人，往往阳狂垢污，不可得而见。方山子傥见之与？”“阳狂”二字透露了个中消息。原来，这些所谓“异人”的不寻常的行为乃是一种掩饰，是为了压抑心中的激情，平息心中的矛盾。方山子不正是如此吗？他折节读书，原是为了有所作为，干出一番事业，但由于无所遇合，只得被迫归隐。他的心中怎能不萦绕着难以解脱的痛苦呢？他过去的少年壮志怎能不以某种方式流露出来呢？作者以疑似的口吻问他是否能见到那些“阳狂垢污”的“异人”，其实，答案是肯定的。因为，他自己就是这样的一个异人，当然会同类相求。所以，作者认定，方山子“岂山中之人哉”！作者所面对的是一个受到时人注目的隐士，作者也用了不少篇幅去描写这位隐士的生活、思想和行为。然而，在苏轼心目中，传主实际上又不可能完全做到和光同尘。困难在于，这后一层意思并不能直接点出，而只能用暗示的方法在由侠到隐的过程中去进行表现，其效果应该是包孕深厚，耐人寻味。要想得心应手地做到这一点，并不容易。于此，可以见出苏轼杰出的创造力。

苏轼对韩愈的道德文章一向非常钦佩。从艺术渊源上去考察，这篇传记显然受到了韩愈的《送董邵南序》一文的影响。韩文命意幽微，层次曲折，明为送行，实为劝阻。正如朱宗洛在《古文一隅》卷中所云：“本是送他往，却要止他往，故‘合’一层易说，‘不合’一层难说。文语语作吞吐之笔，曰‘吾闻’，曰‘乌知’，曰

'聊以'，于放活处隐约其意，立言最妙。其末一段，忽作开宕，与'不合'意初看若了不相涉，其实用借笔以提醒之，一曰'为我'，再曰'为我'，嘱董生正以止董生也。想其用笔之妙，真有烟云缭绕之胜。"过珙认为"唐文惟韩奇，此又为韩中之奇"(《古文评注》卷七)，并非虚言。苏文与之相比，不仅在思想意蕴的表现上所运用的方法相同，而且在谋篇布局上也颇为相似。如两篇都是先从正面加以渲染，随着文意的展开，从字里行间，让人体会出意旨的转折。甚至连末段以富有包孕性的问句作结，都可以认为是受到了韩文的启发。

《方山子传》中表现出丰富复杂的心灵矛盾，是苏轼当时的处境使然。北宋神宗元丰二年(1078)，苏轼被李定等人诬以诗文谤讪新法，下狱治罪，九死一生。后被贬为黄州团练副使。这对一向胸怀大志，希望做出一番事业的苏轼来说，无疑是一个非常沉重的打击。因此，他对方山子的"欲以此驰骋当世，然终不遇"的遭遇，别有感触。写方山子，实际上是自悲不遇。但他方以诗文被祸，不便直言，于是才隐约其辞，语多深婉。在这个意义上，可以说，《方山子传》是苏轼在黄州的心态的一种形象的折射。

(周勋初 张宏生)

前赤壁赋 苏 轼

壬戌之秋，七月既望，苏子与客泛舟游于赤壁之下。清风徐来，水波不兴。举酒属客，诵明月之诗，歌窈窕之章①。少焉，月出于东山之上，徘徊于斗牛之间②。白露横江，水光接天。纵一苇③之所如，凌万顷之茫然。浩浩乎如冯虚御风④，而不知其所止；飘飘乎如遗世独立，羽化而登仙。

于是饮酒乐甚，扣舷而歌之。歌曰："桂棹兮兰桨，击空明兮溯流光⑤。渺渺兮予怀，望美人兮天一方⑥。"客有吹洞箫者⑦，倚歌而和之。其声呜呜然，如怨如慕，如泣如诉，余音袅袅，不绝如缕，舞幽壑之潜蛟，泣孤舟之嫠妇⑧。

苏子愀然，正襟危坐而问客曰："何为其然也？"

客曰："'月明星稀，乌鹊南飞'⑨，此非曹孟德之诗乎？西望夏口⑩，东望武昌⑪，山川相缪，郁乎苍苍，此非孟德之困于周郎者乎⑫？方其破荆州⑬，下江陵⑭，顺流而东也，舳舻⑮千里，旌旗蔽空，酾酒临江，横槊赋诗⑯，固一世之雄也，而今安在哉！况吾与子渔樵于江渚之上，侣鱼虾而友麋鹿。驾一叶

赤壁

——明崇祯六年墨绘斋摹刻本《天下名山胜概记》

之扁舟，举匏樽以相属。寄蜉蝣于天地，渺沧海之一粟。哀吾生之须臾，羡长江之无穷。挟飞仙以遨游，抱明月而长终。知不可乎骤得，托遗响于悲风⑰。”

苏子曰：“客亦知夫水与月乎？逝者如斯，而未尝往也⑱；盈虚者如彼，而卒莫消长也⑲。盖将自其变者而观之，则天地曾不能以一瞬；自其不变者而观之，则物与我皆无尽也⑳，而又何羡乎？且夫天地之间，物各有主，苟非吾之所有，虽一毫而莫取。惟江上之清风，与山间之明月，耳得之而为声，目遇之而成色，取之无禁，用之不竭，是造物者之无尽藏也，而吾与子之所共适㉑。”

客喜而笑，洗盏更酌。肴核既尽，杯盘狼藉。相与枕藉乎舟中，不知东方之既白。

〔注〕 ① 窈窕之章：指上“明月之诗”中的诗句。按诗即《诗·陈风·月出》，其第一章云：“月出皎兮，佼人僚兮，舒窈纠兮。”窈纠即窈窕。 ② 斗牛之间：斗、牛，指天上的斗宿与牛宿。古代以星辰配地上的方位，斗牛之间下合吴越分野；吴越分野在黄州之东，故实指东方的天际。③ 一苇：喻所乘小舟。语出《诗·卫风·河广》：“谁谓河广，一苇杭（航）之。” ④ 冯虚御风：冯同“凭”，意谓船行如凌空驾风一样。 ⑤ “击空明”句：意谓船桨拍着清澈江波，在月光下的水面逆流上驶。空明、流光是互文，状水也状月；溯，逆流而上。 ⑥ “渺渺兮”二句：运化《楚辞·九歌》“目眇眇兮愁予”句及《九章·思美人》题意，抒发贬谪黄州思君而不能见的情怀。美人，古人常用以象征君王或良友。 ⑦ 客有吹洞箫者：此客为道士杨世昌，见宋施元之、顾禧注苏诗《次韵孔毅父久旱已而甚雨三首》注。清赵翼《陔餘丛考》卷二四《〈赤壁赋〉洞箫客》条：“东坡《赤壁赋》‘客有吹洞箫者’，不著姓字。吴匏庵（按系明人，名宽，字原博，号匏庵，卒谥文定）有诗云：‘西飞一鹤去何祥？有客吹箫杨世昌……’据此则客乃杨世昌也。”杨世昌为绵竹（今属四川）人，苏轼《次韵孔毅父》诗中所称之“西州杨道士”及“洞箫入手声且哀”，即指此人。⑧ “舞幽壑”二句：形容洞箫声悲切，使潜伏于深壑中的蛟龙起舞，孤舟中的寡妇啜泣。嫠（lí黎）妇：寡妇。 ⑨ “月明”二句：曹操《短歌行》中的诗句。 ⑩ 夏口：今湖北武汉市汉口。⑪ 武昌：今湖北鄂城。 ⑫ “此非”句：指汉末建安十三年（208）曹操被周瑜击败于赤壁。此，指黄州江面。“此非……乎”，是存疑句法，表示不能十分确断此地即赤壁战场旧地。孟德，曹操字。周郎，周瑜；瑜年少有威名，江东人称为周郎。 ⑬ 荆州：汉代荆州包括湖北、湖南及河南南部部分土地，汉末荆州首府在襄阳。 ⑭ 江陵：今属湖北，数度为荆州首府。 ⑮ 舳舻（zhú lú轴卢）：指战船。舳是船后掌舵处，舻是船前划桨处。 ⑯ 横槊赋诗：形容气概雄迈。语出唐元稹所作杜甫墓志铭：“曹氏父子鞍马间为文，往往横槊赋诗。”槊，长矛。 ⑰ “挟飞仙”四句：意思是，登仙、与明月这样永在是办不到的，所以只能将悲思通过箫声诉之于秋风。⑱ “逝者如斯”二句：《论语·子罕》：“子在川上曰：‘逝者如斯夫，不舍昼夜。’”意为川水不分日夜地这样流逝而去。苏轼引用孔子的话，又补充一句“未尝往也”，意思是川水虽逝去而河流仍

在。　⑲“盈虚者”二句：上文用“如斯”，是以舟边的长江为比，是近处，故用“斯”；此句用月为比，在远处，故用“彼”。盈虚，指月的盈亏，意思是月亮忽圆忽缺，但究竟没有消损或增大。⑳“盖将”四句：意思是，如从变动这面看，天地万物每一瞬间都在变化；从不变这面看，宇宙与人类都是长存的。　㉑共适：今存苏轼手写《赤壁赋》，“共适”作“共食”，食的意思是享用。但明代以后本子大多作“共适”。两字均可通。

此赋作于北宋神宗元丰五年(1082)作者谪居黄州(今湖北黄冈)时，因同年另有《后赤壁赋》，故世人习称为《前赤壁赋》。

关于这一次赤壁之游，苏轼在《与范子丰》函中曾有所记述：“黄州少西，山麓斗入江中，石室如丹，传云曹公败所——所谓‘赤壁’者；或曰非也……今日李委秀才来相别，因以小舟载酒饮赤壁下。李善吹笛，酒酣作数弄，风起水涌，大鱼皆出，山上有栖鹘，亦惊起。坐念孟德、公瑾如昨日耳！”可知此赋确是记游的实录。参照同时所作的《念奴娇·赤壁怀古》一词，更可看出赋中咏及曹操，词中咏及周瑜，两两相当；而词中“人道是、三国周郎赤壁”一句，用“人道是”三字传疑；此赋中用“此非孟德之困于周郎者乎”一句传疑；正可与《与范子丰》函中的“传云”“或曰”两句相发明。但一赋一词，已使黄州赤壁的声名压倒了真正的古战场嘉鱼、蒲圻间的赤壁了。

凡是记游的诗文，首先当然要求写景叙事生动有味，更需要在写景叙事中注入作家浓郁的主观感情，才能神情飞动，诗趣盎然；倘若景与情交融之外，更能从物我之间即主客观的契合之间生发出哲理的意蕴，那便是上乘之作了。苏轼的许多杰作，大抵能达到这种最高境界。例如人们都熟悉的一首小诗《题西林壁》，全诗只有四句二十八字，就景、情、理三者兼备。头一句“横看成岭侧成峰”是写景；次句“远近高低各不同”是对景下评，显示出作者看山的惊喜之情；末两句“不识庐山真面目，只缘身在此山中”，就是对主客观的关系发抒哲学的认识论的解悟了。但一首七绝究竟不能细致地写景、充分地抒情和畅遂地宣示哲理，而在一篇赋里却行。《赤壁赋》通常被归为抒情小赋，其实依其内涵的重点说，更是一篇哲理小赋。

因此，从“苏子愀然”以下主客对答的三个自然段，应是全赋的重心所在。

主客对答是赋体中传统的表现手法，主与客都是作者一人的化身。在这篇赋里，客的观点和感情是苏轼的日常的感受和苦恼，而主人苏子所发抒的则是他超脱地俯察人与宇宙之后的哲学的领悟。前者沉郁，后者达观；前者充满人事沧桑与吾生有涯的感慨，后者则表现了诗人与大自然合而为一的心灵净化的境界。

但这种意蕴都不是借抽象的灰色的言语表述，而是诉之于月下江游的眼前景物和由景物所引起的感触，因此才有强烈的感染力和渗透力。一方是由月夜江上想起曹操的诗句，由诗句联想起曹操兵下江南、横槊赋诗的英雄气概，进而产生了“千古风流人物”不免“浪淘尽”，空留山川遗迹的感慨，转而抱恨于人生须臾，江山无穷，登仙乏术的无可奈何；一方则顺手以眼前的江水与山月作比，以水的逝去而又长流、月的盈亏而又永生的现象，阐发变与不变、瞬间与永恒的关系，归结到人生应投入大化，方能超脱无谓的苦恼。这两方面的感情，包括人生苦闷和物我参透，当然都是苏轼在贬谪生活中的烦恼以及要求摆脱烦恼的旷达态度的表露。

然而，作为全赋重心的主客对答部分，如果没有前两段为之创造环境气氛，培养情绪，那么，主客对答的感情宣泄和哲理发挥，就不能产生出色的效果，乃至缺乏基础了。首段是点题，描写赤壁泛舟的情景，就记游来说，仅此一段，文意就已独立自足。这一段的描写，主客的情绪是愉快的，轻松的，彼此都陶醉在初夜江上的泛游之中。接着，第二段是由轻松到沉重，由愉快到抑郁的过渡，快乐的扣舷而歌引出了缠绵悲凉的洞箫声，刹那间情绪就转向了莫名的惆怅。这一过渡自然圆转，不露一丝圭角，使读者不知不觉地为这种感情的抑扬起伏所吸引，迫不及待地去倾听下面的对话，并且欣然同意这段对话乃是情理之所必有，正如对话结束，愁结解开以后的喜笑重酌也是情理之所必然一样。全赋的构架布局可说是天造地设，无瑕可击的。

抒情小赋自六朝起已代替西汉的大赋成为赋的主流，并且逐渐趋向散文化，成为韵散交织的更为自由的文体。唐以后，散赋已成为赋的基本形式，比四六对仗的骈体文还要自由疏放，但诗味却更为浓郁。散赋摆脱了堆砌典故、拘守声律的束缚，句法自由，结构自由，韵律也自由。但它又确实保持着赋的精神，与散文迥乎有别。这篇《赤壁赋》可说是散赋的杰出代表作之一。

在形式上，这篇赋既抛弃了通常作赋的架势，捐除了“若夫”“尔乃”“是以”等通常赋体中常用的转圜接笋的辞语，使感情的流动转折十分畅遂；用韵都在有意无意之间，如出天籁，只在每节的结束数句稍加强调。如第一段的“天”“然”“仙”，第二段的“慕”“诉”“缕”“妇”，“客曰”一段的“鹿”“属”“粟”与“穷”“终”“风”，以及下一段的“主”“取”与“色”“竭”“适”等。全赋若无韵而有韵，字面上的韵涵藏在全赋的感情节奏和叙述节奏之中，斧凿之痕全泯。先不论其全赋情景哲理的含蕴，即以表现方法而论，无怪于历代文论家的推崇，以至于唐庚称颂为“东坡《赤壁》二赋，一洗万古，欲仿佛其一语，毕世不可得也”（《唐子西文录》）了。

（何满子）

后赤壁赋　　苏　轼

是岁十月之望，步自雪堂①，将归于临皋②。二客从予，过黄泥之坂③。霜露既降，木叶尽脱，人影在地，仰见明月。顾而乐之，行歌相答。

已而叹曰："有客无酒，有酒无肴；月白风清，如此良夜何？"客曰："今者薄暮，举网得鱼，巨口细鳞，状如松江之鲈④。顾安所得酒乎？"归而谋诸妇。妇曰："我有斗酒，藏之久矣，以待子不时之需。"

于是携酒与鱼，复游于赤壁之下。江流有声，断岸⑤千尺。山高月小，水落石出。曾日月之几何⑥，而江山不可复识矣。予乃摄衣⑦而上，履巉岩⑧，披蒙茸⑨，踞虎豹⑩，登虬龙⑪；攀栖鹘之危巢⑫，俯冯夷之幽宫⑬。盖二客不能从焉。划然长啸，草木震动，山鸣谷应，风起水涌。余亦悄然而悲，肃然而恐，凛乎其不可留也。返而登舟，放乎中流，听其所止而休焉。时夜将半，四顾寂寥。适有孤鹤，横江东来。翅如车轮，玄裳缟衣⑭，戛然长鸣，掠予舟而西也。

须臾客去，予亦就睡。梦一道士，羽衣蹁跹⑮，过临皋之下，揖予而言曰："赤壁之游乐乎？"问其姓名，俯而不答。"呜呼噫嘻！我知之矣。畴昔⑯之夜，飞鸣而过我者，非子也耶？"道士顾笑，予亦惊悟⑰。开户视之，不见其处。

〔注〕① 雪堂：苏轼谪居黄州后，在东坡筑室，名曰雪堂。　② 临皋：在黄州城南，濒临长江。苏轼在黄州，初寓定惠院，不久迁居临皋。后东坡雪堂建成，家属仍居临皋。　③ 黄泥之坂：由雪堂至临皋必经之路。　④ 松江之鲈：松江即吴淞江，古代记载江中出四鳃鲈鱼，其味鲜美。唐以后专以今上海市松江区产的鲈鱼称松江鲈鱼。　⑤ 断岸：陡峭的崖岸，指赤壁。⑥ 几何：没有多久，指距上次七月十六日之游未久。　⑦ 摄衣：提起衣襟。　⑧ 履巉岩：踏着高峻的山岩。　⑨ 披蒙茸：拨开茂密的乱草。　⑩ 踞虎豹：蹲坐在状若虎豹的山石上。⑪ 登虬龙：跨过状如虬龙的古木。虬龙，传说中有角的小龙。盘曲的树干似之，故以代称。⑫ 危巢：高巢。此句意为攀扶着有高巢的树。　⑬"俯冯夷"句：冯夷，水神名，相传他溺死于河中，为河伯。句意是说往下俯视大江。　⑭ 玄裳缟衣：黑色下裙，白色上衣。鹤羽洁白，翅旁及尾部呈黑色。这里借人的服色以说鹤的毛色。　⑮ 蹁跹：一本作"蹁仙"，或作"翩翻"。形容道士步履飘忽之状。又以形容鹤的舞姿，如杜甫《西阁曝日》诗："翩翻山巅鹤。"这里双关

东坡游赤壁

——明天启四年清白堂刊本《七种争奇》

道士与鹤的步态。 ⑯ 畴昔：往日。畴字是语首助词，无义。“畴昔之夜”，这里指昨夜。
⑰ 悟：一本作“寤”，意同，均作“觉醒”解。

《前赤壁赋》是记夏历七月十六夜的江游，本篇是记十月十五夜的江游，读者首先能感受到的是两赋因季节不同而呈现的景物的变化。前赋是“清风徐来，水波不兴”，“白露横江，水光接天”，一派新秋的景象；后赋是“霜露既降，木叶尽脱”，“山高月小，水落石出”的初冬江上之景。除了时令景色外，两次夜游的起兴和游程也大不相同。第一次是有目的、预先计划好的月下泛舟，人不离舟，所写的只是江与月，感情和议论也围绕着江与月而发，一气贯彻；这一次却并无江游的预谋，在散步中为“月白风清”的良夜所吸引，陡起游兴，才再度泛舟的，而且还舍舟登山，山游后又复舟游，过程曲折得多，展示的景色也因之而繁富。但更重要的区别是，前赋是作者以自己出面，发表了一篇议论，写的是舟中发生的实事；后赋则用道士化鹤这一俨然是印证前赋“羽化而登仙”的虚幻故事，作为高潮也作为余韵，以抒发超脱的情怀。对这两赋的意境，清代批评家金圣叹的领会颇为高明，他在《天下才子必读书》中评道：“前赋是特地发明胸前一段真实了悟，后赋是承上文从现身现境一一指示此一段真实了悟。”又说：“若无后赋，前赋不明；若无前赋，后赋无谓。”把前后两赋的异同和关系说得相当透彻。

如果道士化鹤掠舟而过又到斋中相见不是托之于梦幻，那就变成一个荒诞的神怪故事，情趣也就因之顿减了。作者将这情节置之于若疑若信的恍惚的梦境，便觉得满纸空灵奇幻之中，作者的精神状态却是真实可信的。鹤是实体，梦中的道士为鹤的化现，是作者的积想所致的幻觉。从这个幻觉中透露了作者精神升腾入大自然的旷达之思，将自己升华而与大自然合为一体了。

此赋的写景，一向被历代文评家所推赏。其杰出之处在于不假辞藻，自然而工致。如首段的“人影在地，仰见明月”；第三段的“江流有声，断岸千尺。山高月小，水落石出”和“山鸣谷应，风起水涌”等语，全用白描，却给人以清新之感，字面质朴而诗情丰腴。这是诗人突入了自然之后，汲取了风景的精髓，以简约平淡的语言给以准确表达的缘故，其风味极像陶渊明的诗句。苏轼在古代诗人中最倾服陶渊明，自称“吾于诗人无所甚好，独好渊明之诗。渊明作诗不多，然其诗质而实绮，癯而实腴，自曹、刘、鲍、谢、李、杜诸人，皆莫及也”（见苏辙《子瞻和陶渊明诗集引》所述）。爱陶心切，便不知不觉追求着陶渊明“外枯而中膏，似淡而实美”（苏轼《评韩柳诗》）的境界。

写景写得好，是因为景中有情。所谓景中有情，不一定是在刻画景物时寄予感慨，而在于所刻画的对象中透露出作者的视角，作者对景物的体会，也即是有作者的诗情在内。于是风景与人格一致，达到了方苞所谓“胸无杂物，触处流露，不知其所以然而然”（王文濡《评校音注古文辞类纂》评此文引）的主客观契合的创作心理状态。

此赋的散文味更重，但音律依然有韵文的铿锵。好几处押的是“藏韵”，有如书法笔画中的藏锋。如第二段“藏之久矣”的“久”，与上句“酒”押韵；第三段“而江山不可复识矣”的“识”，与前面“尺”“出”押韵；“盖二客不能从焉”的“从”，与前面“茸”“龙”“宫”及后面的“动”“涌”“恐”押韵；“听其所止而休焉”的“休”，与前面“留也”的“留”和“舟”“流”押韵，韵字后面均带虚字作尾，都必须在诵读时才能体察。赋的古义为诵，古人称不歌而诵的为赋，赋原是要诵读才能诵出滋味来的。

（何满子）

黠鼠赋　　苏轼

苏子夜坐，有鼠方啮。拊床而止之，既止复作。使童子烛之，有橐中空。嘐嘐聱聱①，声在橐中。曰：“嘻！此鼠之见闭而不得去者也。”发而视之，寂无所有。举烛而索，中有死鼠。童子惊曰：“是方啮也，而遽死耶？向为何声，岂其鬼耶？”覆而出之，堕地乃走。虽有敏者，莫措其手。

苏子叹曰：“异哉！是鼠之黠也。闭于橐中，橐坚而不可穴也。故不啮而啮，以声致人；不死而死，以形求脱也。吾闻有生，莫智于人。扰龙伐蛟，登龟狩麟②，役万物而君之③，卒见使于一鼠。堕此虫之计中，惊脱兔于处女④。乌在其为智也？”

坐而假寐，私念其故。若有告余者曰：“汝惟多学而识之⑤，望道而未见也。不一⑥于汝，而二于物⑦，故一鼠之啮而为之变也。人能碎千金之璧，不能无失声于破釜；能搏猛虎，不能无变色于蜂虿⑧：此不一之患也。言出于汝，而忘之耶？”余俛而笑，仰而觉。使童子执笔，记余之作⑨。

〔注〕 ① 嘐（jiāo 交）嘐聱（áo 熬）聱：象声词，鼠咬物声。 ② 扰龙：驯服龙。《左传·昭公二十九年》载古代有董父，能“扰畜龙，以服事帝舜”。杜预注：“扰，驯服之也。”伐蛟：擒蛟。登龟：古以为龟有灵，取以决吉凶，入宗庙，故曰“登”。《礼记·月令》：“季夏之月，命渔师伐蛟，取鼍，登龟，取鼋。”狩麟：《春秋·哀公十四年》：“西狩获麟。” ③ 君之：谓做它们的主宰。 ④ “惊脱兔”句：《孙子·九地》形容用兵之法：“始如处女，敌人开户，后如脱兔，敌不及拒。”谓

开始像处女一般沉静，使敌人不注意防备，然后像逃走的兔子一样突然行动，使敌人来不及抵抗。⑤识（zhì志）：通"志"，记。⑥一：专心。⑦二于物：受外物干扰、左右。⑧"人能"四句：传为苏轼十岁时所作《夏侯太初论》中句，见《能改斋漫录》卷八引《王立之诗话》，又见于苏轼《颜乐亭诗》序和此赋中。⑨怍（zuò作）：惭愧。

这是一篇寓言式的咏物小赋。首段叙述黠鼠装死逃脱的故事，次段写作者悟出鼠的狡猾，感叹为其所骗，末段由这件日常小事引出一番议论，从而说明了一个很深刻的道理：在所有的生灵中，人是最有智慧的，但智慧的充分发挥必须依赖意志的专一。倘能精神高度集中，用心专一，便能搏击猛虎，役使万物，而无所惧怕；如果精力分散，懈怠疏忽，就不免受外物出其不意的干扰，堂堂的万物之灵便会陷入黠鼠的圈套，被一个小小的动物捉弄。可见成功来自专心，漏洞出于麻痹，从事任何事情都应该认真严谨，心无旁骛。

这篇咏物小赋，先写一个极平常的小事——黠鼠逃脱的经过。从"有鼠方啮"到发现"声在橐中"，到童子惊怪"中有死鼠"，到鼠"堕地乃走"，故事极简单而情节又曲折有趣。黠鼠的作声引人、假死骗人、乘机逃脱，童子的发现、困惑、惊怪与措手不及，都写得简截逼真，有声有色，幽默风趣。

故事的曲折性重在突出一个"黠"字。由"苏子叹曰"转入对这件小事的思考分析，先点明"黠"字，与题目相应，然后再剖析"黠"的表现："不啮而啮，以声致人；不死而死，以形求脱"。以下写有生之物"莫智于人"，却"见使于一鼠"，堕其计中，仍在渲染"黠"字，同时提出一个问题：万物之灵的人为何堕一虫的计中呢？接着以"坐而假寐，私念其故"再转入更深一层的思索。但作者不是采用简单推理和内心独白，而是借睡意朦胧中的自我对话，来昭示为鼠所骗的原因，从而导出带有普遍意义的结论，说明了凝神专一的重要性。最后"俛而笑，仰而觉"，再唤童子出场，以人物活动收结全文。

这篇小赋论事明理，因物见意，人物、情节、对话与理性思维相融合，行文寓庄于谐，独出心裁，新颖别致，引人入胜。其体裁属于用韵散赋，如第一段的"空"与"中"，"走"与"手"；第二段的"人"与"麟"，"鼠"与"女"；第三段的"见"与"变"，"觉"与"怍"，都叶韵，读来增加音节之美。清人张伯行《唐宋八大家文钞》评《前赤壁赋》说："以文为赋，藏叶韵于不觉，此坡公工笔也。"本篇也是如此。

（刘乃昌　高洪奎）

书蒲永昇画后　　苏　轼

古今画水，多作平远细皱，其善者不过能为波头起伏，使人至以手扪之，谓有洼隆，以为至妙矣。然其品格，特与印板水纸争工拙于毫厘间耳。

唐广明[①]中，处士孙位始出新意，画奔湍巨浪，与山石曲折，随物赋形，尽水之变，号称神逸。其后蜀人黄筌、孙知微皆得其笔法。始知微欲于大慈寺[②]寿宁院壁作湖滩水石四堵，营度经岁，终不肯下笔。一日仓皇入寺，索笔甚急，奋袂如风，须臾而成，作输泻跳蹙之势，汹汹欲崩屋也。知微既死，笔法中绝五十余年。

近岁成都人蒲永昇，嗜酒放浪，性与画会，始作活水，得二孙本意，自黄居寀兄弟、李怀衮[③]之流，皆不及也。王公富人或以势力使之，永昇辄嘻笑舍去。遇其欲画，不择贵贱，顷刻而成。尝与余临寿宁院水，作二十四幅，每夏日挂之高堂素壁，即阴风袭人，毛发为立。永昇今老矣，画亦难得，而世之识真者亦少。如往时董羽[④]、近日常州戚氏[⑤]画水，世或传宝之；如董、戚之流，可谓死水，未可与永昇同年而语也。元丰三年十二月十八日夜，黄州临皋亭[⑥]西斋戏书。

〔注〕 ① 广明：唐僖宗年号(880—881)。 ② 大慈寺：成都寺庙。 ③ 李怀衮：宋代画家，成都人。善画山水花鸟。 ④ 董羽：宋代画家，字仲翔，俗号董哑子，毗陵(今江苏常州)人。善画鱼龙海水。 ⑤ 常州戚氏：指宋代常州画家戚化元、戚文秀，均工山水。 ⑥ 临皋亭：苏轼贬谪黄州期间寓居之处，在朝宗门外长江边上。

这是蒲永昇画的一篇题跋，元丰三年(1080)十二月作于黄州。蒲永昇是作者的友人，此文既赞其画，又赞其人。宋郭若虚《图画见闻志》曾引述此文，谓“子瞻在黄州临皋亭，乘兴书数百言(按即此文)寄成都僧惟简”，知此文乃书寄惟简之作。

形似还是神似，是绘画中的两大派别。苏轼是反对形似、主张神似的，他在《书鄢陵王主簿所画折枝二首》(其一)中说：“论画以形似，见与儿童邻。”《书蒲永昇画后》论说的，也是这个主张。

此文专论画水。文中提出的“死水”“活水”的见解，非常精辟。作者是主张活水，反对死水的。文中从对面着笔，先说死水，然后再说活水，通过对比，可以把自己的见解讲得更深透。

死水，就是从静止的状态去画水，求其形似。在第一段中，作者对此作了非常简洁而生动的概括。“平远细皱”是这种画的基本特征，画得最好的能逼真地表现波头的起伏,把水波凹下去凸出来的形状描画得分明可见,就像真的一般,以至人们信以为真,竟用手去摸。宋人沈括《梦溪笔谈》卷十七《书画》云:“又有观画而以手摸之,相传以为色不隐指者(隐指,谓硌触手指)为佳画。”范镇《东斋记事》卷四也记了一个故事:“又有赵昌者,汉州(今四川广汉)人,善画花。每晨朝露下时,绕栏槛谛玩,手中调采色写之。自号写生赵昌。人谓赵昌画染成,不布采色,验之者以手扪摸,不为采色所隐,乃真赵昌画也。”所讲的情形,同苏轼此文所写相类。画水波的波纹至于“以手扪之,谓有洼隆(低和高)”,已达形似之极致。但是它却有一个致命的弱点:是死的。它只画出了水的形,没有画出水的神,因而没有生气。苏轼认为,这种画呆板俗气,其品格同工匠们的印板水纹纸没有什么差别,真是一针见血。

下面转到画活水。第二段讲蒲永昇之前画活水的情形。孙位是晚唐时期著名画家,曾改名孙遇。早年居会稽山(在今浙江绍兴),号会稽山人。僖宗时随驾入蜀,以处士身份为蜀之文成殿上将军,特别擅长画水,是画活水的创始者。《益州名画录》说他所画龙水,“龙拏水汹,千状万态,势愈飞动”。黄筌为宋初画家,字要叔,成都人,曾从孙位学画龙水。下文的黄居寀(chǎi 采),为黄筌第三子,他与兄居实、居宝,均工绘画。孙知微,宋初画家,字太古,眉州彭山(今属四川)人,善画山水、仙宫、星辰人物。文中具体讲了二孙,内容各有侧重。于孙位,是讲活水画的具体特点:“画奔湍巨浪,与山石曲折,随物赋形(随着水所遇山石形状不同而赋予水不同的形态),尽水之变,号称神逸。”根本之点是一个“动”字,从动态上画水。“动”才能“活”,才能有千姿百态的变化,才不是死水一潭。于孙知微,是写创作活水画的精神状态,即灵感。“营度经岁”是说捕捉现实中的湖滩水石的典型特点,使之烂熟于胸,并不是闭门空想。一旦酝酿成熟,灵感激发,即抓住这稍纵即逝的时刻,“奋袂如风,须臾而成,作输泻跳蹙之势(形容急流奔泻与山石激荡飞迸之状),汹汹欲崩屋也”。这一节,字字跳动,读来惊心动魄。写二孙,虽各有侧重,却又是辩证统一的:要画出孙位那样的画面,必然要有孙知微那种创作的激情;而具备孙知微这种创作激情,必然会画出孙位那样的画面。这样的画不是去追求某个小小波纹的逼真,而是从整体画出水的精神,也就是文中所说的“神逸”。这同画死水有着根本的区别。

最后一段才归到蒲永昇的画上来。上文说“知微既死,笔法中绝五十余年”,足见蒲继起的可贵。“嗜酒放浪,性与画会,始作活水,得二孙本意”,不仅写出了他的豪放性格,还写出他在绘画上的极高造诣。“王公富人”一节,更写了他不慕荣利、不畏权贵的高尚品格,正所谓画品与人品相得益彰。文中所说临寿宁院水,即上文孙知微所作者。写蒲氏所临之画,又不同于二孙,是通过画的效果来表现画面的传神："每夏日挂之高堂素壁，即阴风袭人，毛发为立。"这里虽然没有具体描写画面，却可使人想见巨涛奔腾之状。结尾把蒲永昇的活水同董羽、戚氏的死水对比，叹蒲氏之老，惜流俗不识其画的真正价值，感慨欷歔，充满对友人的怀念之情，令人叹惋不置。

用生动形象的画面来发表自己的画论，是此文的杰出之处。于死水，用"以手扪之，谓有洼隆"，"特与印板水纸争工拙于毫厘间"形容其死板；于活水，用绘画时"仓皇（慌张）入寺，索笔甚急，奋袂如风，须臾而成"形容其灵感神来的创作情形，用画面"输泻跳蹙""汹汹欲崩屋"的奔涌水势形容其飞动传神的艺术效果。虽只三言两语，却形象地揭示了它们的本质特征；不用空洞的议论，却表达了死水、活水画论的神髓。通篇全写画水，而写法极富变化，绝无一处相同。苏轼本人也工绘画，尤其善作枯木怪石，画法即取神似。明郑之惠等《苏长公合作》补卷下引王圣俞云："东坡善画，故知画；知画，故言入底里。"清沈德潜《唐宋八家文读本》卷二十四云："活水死水，可悟行文之法。中仓皇入寺一段，尤能状出神来之候。盖古今妙文，无不成于神来者，天机忽动，得之自然，人力不与也。"此文结尾云"戏书"，正是临皋亭西斋灯下的神来之笔。（王思宇）

韩幹画马赞　　苏　轼

韩幹之马四。其一在陆，骧首奋鬣，若有所望，顿足而长鸣。其一欲涉，尻高首下，择所由济①，跼蹐而未成。其二在水，前者反顾，若以鼻语，后者不应，欲饮而留行。以为厩马也，则前无羁络，后无箠策；以为野马也，则隅目②耸耳，丰臆细尾，皆中度程③。萧然如贤大夫贵公子，相与解带脱帽，临水而濯缨④。遂欲高举远引，友麋鹿而终天年⑤，则不可得矣，盖优哉游哉⑥，聊以卒岁而无营。

〔注〕 ① 择所由济：选择渡河的地方。济，渡河。 ② 隅目：眼眶棱角分明。杜甫《骢马行》："隅目青荧夹镜悬"。一说斜着眼睛看。张衡《西京赋》："隅目高眶。"薛综注："隅目，角眼视也。高眶，深瞳子也。" ③ 皆中度程：全符合良马的标准。 ④"临水"句：表明行为高洁，不同世俗同流合污。濯缨，清洗冠带。《楚辞·渔父》有"沧浪之水清兮，可以濯我缨"句。 ⑤"友麋鹿"句：回到大自然中过自由自在的生活。天年，人的自然寿命。 ⑥ 优哉游哉：从容不迫、悠然自得的样子。语出《左传·襄公二十一年》。

韩幹是唐代著名画家，京兆（今陕西西安市）人，善画人物，尤工鞍马，深得王维的推重。他是画家曹霸的弟子，杜甫《丹青引赠曹将军霸》诗说："弟子韩幹早入室，亦能画马穷殊相。”他曾为唐玄宗画马。赞，是一种文体，多用于褒扬赞美，与“颂”体相似。从内容说，有史赞（词兼褒贬）、像赞（或称“真赞”，赞颂人物）、杂赞（褒美文章、书画等）之分；就形式说，有散文和韵语之别。本篇韩幹画马赞，用散文笔调的韵文写成，属于杂赞小品。

首句点明画面马数，而后分别描述四匹马各自不同的形态和神情。其中一匹在陆，一匹欲涉，两匹在水中。简明的交待之笔，既点出群马的空间背景是在旷野的水陆之间，又显示四马在画面中的布局，表明这是一幅“群马渡水图”。画赞在大体说明了画面构图的基础上，用极为简洁精当的语言，刻画了四匹马各具特点的动作性形态：有的“骧首奋鬣”，有的“尻高首下”，有的“反顾”，有的“欲引而留行”。可说形态生动，各具个性，准确地再现了韩幹的群马图，正如作者在《韩幹马十四匹》中所说：“韩生画马真是马，苏子作诗如见画。”

这篇画赞的妙处，还在于作者不仅写出了群马的形态，而且再现了它们的精神。如写在陆的那匹，除“骧首奋鬣”这一画中可见之形外，更写其“若有所望”的神情、“顿足”的动作和“长鸣”声响；写在水的两匹，除“前者反顾”这一形态刻画外，更用“若以鼻语，后者不应”，表现出仿佛两马互相在进行感情的交流。借助于这些传神之笔，简直把画面中的马完全写活了。

这篇画赞尤其精妙之处，更在于作者由绘形传神进而写出群马的气韵和风度。它们既不像头带羁络的“厩马”，而又体态中度有别于“野马”。它们无营无求，无拘无束，从容闲暇，潇洒自得，犹如贤大夫贵公子解带脱帽、临流濯缨，神态极为飘逸。这一精湛的比喻，可谓深得韩幹马图的神韵。“遂欲高举远引”而不可得，只好优游卒岁等语，以观画而诱发的幽想逸思，更进一步地摹写出韩幹笔下神品超拔旷远的精神内蕴。

这篇画赞不足一百六十字，以极其精粹简赅的文字把作为造型艺术的绘画，转化为语言艺术，不仅真切地再现了画面中诉诸视觉的形象，而且传达了它耐人品味的风神，更进而写出了原作的画外意蕴，所谓“画中景，画面韵，画外意”。摹写准确，尽其极致，体现出了苏轼画赞的高妙入神。　　（刘乃昌　高洪奎）

文与可[1]飞白赞　　苏　轼

呜呼哀哉，与可岂其多好，好奇也欤？抑其不试，故艺也[2]。始余见其诗与文，又得见其行草篆隶也，以为止此矣。既没一年，而复见其飞白。美哉多乎，其尽万物之态也。霏霏乎其若轻云之蔽月，翻翻乎其若长风之卷旆也[3]。猗猗乎其若游丝之萦柳絮，袅袅乎其若流水之舞荇带也。离离乎其远而相属，缩缩乎其近而不隘也。其工至于如此，而余乃今知之。则余之知与可者固无几，而其所不知者盖不可胜计也。呜呼哀哉！

〔注〕 ① 文与可：名同，梓州永泰（今四川盐亭东）人。北宋著名的书画家，苏轼的从表兄。曾知洋州、湖州。著有《丹渊集》。 ② 抑其不试，故艺也：语出《论语·子罕》："牢曰：子云：'吾不试，故艺。'"试，用。艺，掌握多种技艺。 ③ 翻翻：翻腾貌。旆（pèi 配）：旗帜的通称。

本文作于文与可去世一年后，苏轼发现了文氏的飞白，惊叹其艺术造诣，故而写下这篇赞文。

飞白，是书法艺术的一种。飞白体的特点是笔画露白，似枯笔所写，具有独特的艺术魅力。本文紧紧围绕飞白的这种特点，用博喻手法，准确、生动、形象地描绘出文与可飞白的艺术造境。

"美哉多乎，其尽万物之态也。"是总的赞美，振起文气，统领全部赞词。自"霏霏乎"至"袅袅乎"四句，以自然风物为喻，赞其走笔用墨的工力造境；"离离乎""缩缩乎"二句，直接赞其笔画字架结构方面的艺术工力。短短六句，囊括了文与可飞白艺术的全部要素。词彩绚丽，风光旖旎。其艺术工力适足与文与可的飞白工力相媲美。

"霏霏乎"句，从曹植《洛神赋》之"髣髴兮若轻云之蔽月"句化出。曹句用以形容望中所见洛神的若隐若现、轻盈飘逸的形象。此句则用以形容飞白书法所特有的，走笔至墨淡露白处那种清淡飘逸的艺术美感。霏霏，云初起之貌。轻云，形容墨淡；轻云蔽月，形容微微露白，恰到好处。

"翻翻乎"句，用以形容重笔浓墨，随意挥洒的刚劲飞动的气势。长风，足见风势之厚；卷旆，更见风势的猛烈无阻。以长风卷旆形容笔墨的浓重飞动，极富声色。同时"旆"之被"卷"，也暗示墨之露白，仍未离飞白的特点。

"猗猗乎"句，用以形容笔势若断若续，柔婉牵缠的美感。猗猗，柔弱不绝貌。游丝，春日虫类所吐之浮游之丝。游丝萦柳絮，极见卷扬牵缠的柔婉之态。

"袅袅乎"句，用以形容笔势流动而又摇曳多姿的美感。袅袅，摇曳貌。荇，一种水菜。荇生水上，故水流而荇舞。杜甫曾有"水荇牵风翠带长"之句，历来脍炙人口。本句与杜诗有异曲同工之妙。

"离离乎""缩缩乎"二句，是说笔画字架结构疏而不断，密而不滞，甩得开，收得拢，疏密相间，错落有致。

以上六句，极尽描写比喻之能事，不仅表现了苏轼过人的文才，更说明他本人是一位精通"书理"的大书家，所以他才能对文与可的飞白艺术体会得如此深切透辟。

在赞文与可飞白之前之后，作者还概括指出文与可的诗文造诣，及其书法兼擅行、草、篆、隶各体的成就；并以新发现的飞白为例，说明文与可是一位在多种艺术领域中取得了多方面成就的艺术家，他的作品恐怕还有许多不曾被人发现，未为世人所知。对文与可的英年早逝，表示了深切的惋惜痛悼之情。这种布局，颇富匠心，表明作者赞文与可的飞白，始终是和赞其"全人"分不开的。以文传人，寄托哀思，苏轼有焉。

（任国绪）

三槐堂铭并叙　　　　苏　轼

天可必乎[①]？贤者不必贵，仁者不必寿。天不可必乎？仁者必有后。二者将安取衷哉！吾闻之申包胥曰[②]："人众者胜天，天定亦能胜人[③]。"世之论天者，皆不待其定而求之，故以天为茫茫，善者以怠，恶者以肆。盗跖之寿[④]，孔颜之厄[⑤]，此皆天之未定者也。松柏生于山林，其始也困于蓬蒿，厄于牛羊，而其终也，贯四时阅千岁而不改者，其天定也。善恶之报，至于子孙，而其定也久矣。吾以所见所闻所传闻考之，而其可必也审矣。

国之将兴，必有世德之臣，厚施而不食其报，然后其子孙能与守文太平之主共天下之福。故兵部侍郎晋国王公显于汉周之际[⑥]，历事太祖、太宗，文武忠孝，天下望以为相，而公卒以直道不容于时。盖尝手植三槐于庭曰："吾子孙必有为三公[⑦]者。"已而，其子魏国文正公相真宗皇帝于景德、祥符之间朝廷清明、天下无事之时[⑧]，享其福禄荣名者十有八年。今夫寓物于人，明日而取之，有得有否。而晋公修德于身，责报于天，取必于数十年之后，如持左券，交手相付。吾是以知天之果可必也。吾不及见魏公，而见其子懿敏公[⑨]，以直谏事仁宗皇帝，出入侍从将帅三十余年，位不满其德。天将复兴王氏也欤？何其子孙之多贤也。世有以晋公比李栖筠者[⑩]，其雄才直气，真不相上下，而栖筠之子吉甫[⑪]，其孙德裕[⑫]，功名富贵，略与王氏等，而忠信仁厚，不及魏公父子。由此观之，王氏之福盖未艾也。懿敏公之子巩与吾游，好德而文，以世其家。吾是以录之。铭曰：

呜呼休哉！魏公之业，与槐俱萌。封植之勤，必世乃成。既相真宗，四方砥平。归视其家，槐荫满庭。吾侪小人，朝不及夕。相时射利，皇恤厥德。庶几侥幸，不种而获。不有君子，其何能国。王城之东，晋公所庐。郁郁三槐，惟德之符。呜呼休哉！

〔注〕 ① 必：必然，必然性。 ② 申包胥：春秋时楚国大夫。姓公孙，封于申，故号申包胥。与伍子胥友善。子胥以父兄被害逃于吴，率吴军破楚，申包胥到秦求救兵，哭于秦廷七日七夜，终使秦发兵救楚，打败吴军。后不受楚王之封而逃亡。 ③"人众者胜天"二句：语出《史记·伍子胥列传》。 ④ 跖：春秋战国之际人民起义领袖。旧时被诬称为盗跖。 ⑤ 孔颜：孔子与颜回。 ⑥ 晋国王公：指王祐。《宋史》有传。 ⑦ 三公：为朝廷政治军事最高长官的总称。周代、西汉名称各有同异。宋代以太师、太傅、太保为三师，太尉、司徒、司空为三公，不常置，无实职，作为宰相、亲王、使相的加衔。 ⑧ 魏国文正公：指王祐子王旦。《宋史》有传。 ⑨ 懿敏公：指王旦子王素。《宋史》有传。 ⑩ 李栖筠：字贞一，唐赵郡人。善文章。安史之乱，肃宗驻灵武，李栖筠发兵赴难，擢殿中侍御史。代宗朝为御史大夫，有重名于世。 ⑪ 李吉甫：字弘宪。少好学，能文。仕宪宗，两度为相。著有《元和郡县图志》。 ⑫ 李德裕：字文饶。以父荫补校书郎。武宗时为相，执政六年，进太尉，封卫国公。宣宗朝遭牛党打击，贬潮州司马，再贬崖州司户，卒。

本文的主干不在铭文，而在叙文。叙文是交代作铭的原因的，这交代也只有四句话："懿敏公之子巩与吾游，好德而文，以世其家。吾是以录之。"据《宋史·王素传》附其子王巩传曰："巩有隽才，长于诗，从苏轼游。轼守徐州，巩往访之……轼得罪，巩亦窜宾州。"足见王巩与苏轼交往之深。整篇叙文的重心则是作者有感于王巩"好德而文，以世其家"而生发的议论。

议论的中心论点是天数有定，果报不爽，善恶之报，至于子孙。这种宿命论的观点，实在是陈腐之极。但作者在以王巩的曾祖父王祜、祖父王旦、父亲王素这三世功德富贵为据去证成其论点时，肯定了为人臣者当建立功业，修德于身，却也不无积极的思想意义。

文章开头就提出上天对人的果报是否必然的问题。如果必然的话，为什么贤者往往不能富贵，仁者往往不能长寿呢？如果不存在必然的话，为什么仁者大都能够子孙繁衍兴旺呢？这一对矛盾的提出，乍看似乎不利于作者宣扬果报不爽的论点，其实恰好为其提出善恶之报至于子孙的观点蓄势。为解决前面的矛盾，也为阐明后面的观点，作者就势提出了个天"定"与"不定"的问题。作者认为，天数之"定"，必须经历由"不定"到"定"的发展过程。当其"不定"阶段，果报还不能显现，因而产生了"贤者不必贵""仁者不必寿"的现象，"盗跖之寿，孔颜之厄"就是例子。如果世人于此阶段强求果报，就会误认为上天茫然无知，不明善恶，不施报应；善人就会对他的行善丧失信心，恶人就会更加放胆作恶，肆无忌惮。正确的态度应该是确信天数有“定”，耐心等待，积善修德，把果报寄托到后世子孙身上。

这就为下文宣扬王巩的曾祖父王祜种槐于庭，“取必于数十年之后”，提供了理论根据。而王祜之子王旦的仕至宰相，位极人臣，荣华富贵，也就成了证实这理论的确凿证据。

严格说来，作者拿文章的第二段作为支持第一段论点的依据，并非无懈可击。因为王祜本人以文章显于后汉、后周之际，得到宋太祖的赏识，历仕太祖、太宗两朝，累任监察御史、中书舍人、兵部侍郎等职。功名富贵，不可谓小，并不存在果报“不必”的问题。他“手植三槐于庭曰：‘吾子孙必有为三公者。’”说明他的胃口太大，对自己不曾位至“三公”不满，所以他要种槐用以激励子孙去博取“三公”高位。这和天之果报完全不相干。但作者却强行把王祜打入“天下望以为相，而公卒以直道不容于时”的“贤者不必贵”“厚施而不食其报”的行列，以“为相”作为果报的标准，其目的何在呢？

原来作者写这篇文章的真实目的是要宣扬王巩先人的功德，并以此为王巩去博取社会声誉。这样就发生了一个问题：王祜只位至兵部侍郎，其子王旦却至宰相，王旦之子王素在朝中最高至学士，大部分时间是出任地方州郡长官，而王巩本人，直到作者写这篇文章时还不曾在朝廷或地方担任显职。如果采用记叙文体去详细具体地如实写出上述情况，对王祜来说，是父不如子，对王素、王巩来说，都是子不如父，难于搞平衡。并且王祜种槐以激励子孙是事实，三槐堂又完好无损地存在，王素、王巩父子俩岂非有负于先人的期望！现在作者换了个角度，采用议论文体，把王氏世代功德纳入“善恶之报，至于子孙”的理论轨道，且以“为相”作为善报的标准，问题就迎刃而解了。于是，王旦的为相，就成了王祜的功劳，是他修德的结果；而王素的不曾入相也没有什么不好，将意味着天会施善报于他的子孙，“王氏之福盖未艾也”，因而王巩的前途、福泽也是不可限量的。好了，矛盾的各方都摆平了，对王巩先人功德的宣扬也成功了。苏轼作文的本领实在高明。

与叙文相比，铭文则写得直率而动情。内容上也有所突破，以自己的“不种而获”沐浴国恩，归之于“不有君子，其何能国”，说明王氏父子的功业不仅泽及子孙，且泽及世人。这又提高了叙文的思想境界。（任国绪）

祭欧阳文忠公文　　苏　轼

呜呼哀哉！公之生于世，六十有六年。民有父母[①]，国有著龟②，斯文有传③，学者有师。君子有所恃而不恐，小人有所畏而不为。譬如大川乔岳，不见其运动，而功利之及于物者，盖不可以数计而周知。今公之没也，赤子无所仰芘④，朝廷无所稽疑⑤，斯文化为异端，而学者至于用夷⑥。君子以为无为为善⑦，而小人沛然自以为得时。譬如深渊大泽，龙亡而虎逝，则变怪杂出，舞鳝鳝而号狐狸⑧。昔其未用也，天下以为病；而其既用也⑨，则又以为迟。及其释位而去也⑩，莫不冀其复用；至其请老而归也⑪，莫不惆怅失望，而犹庶几于万一者，幸公之未衰。孰谓公无复有意于斯世也，奄一去而莫予追。岂厌世溷浊，洁身而逝乎？将民之无禄，而天莫之遗⑫？昔我先君，怀宝遁世⑬，非公则莫能致；而不肖无状，因缘出入，受教于门下者，十有六年于兹⑭。闻公之丧，义当匍匐往救⑮，而怀禄不去，愧古人以忸怩⑯。缄词千里，以寓一哀而已矣。盖上以为天下恸，而下以哭其私。呜呼哀哉。

〔注〕 ①"民有"句：称颂欧阳修做官爱民如子。《诗经·小雅·南山有台》："乐只君子，民之父母。" ②"国有"句：赞美欧阳修识见卓荦，能为国决疑定策。著龟，蓍草和龟甲，古代用以占卜吉凶。《易·系辞上》："探赜索隐，钩深致远，以定天下之吉凶，成天下之亹亹者，莫大乎蓍龟。" ③"斯文"句：推许欧阳修对宋代文学运动的杰出贡献。斯文，语出《论语·子罕》："天之将丧斯文也，后死者不得与于斯文也！"原指礼乐制度，此指文章。 ④芘：通"庇"，庇护。 ⑤稽疑：决断疑事。 ⑥夷：指外来的佛教。欧阳修曾作《本论》三篇，申斥"佛为夷狄"，祸患中国千余载，当以儒家之礼乐制胜之。 ⑦"君子"句：意谓士大夫沉溺于道家的清静无为。《老子》六十三章："为无为，事无事。" ⑧"舞鳝鳝"句：形容变怪十分猖獗。鳝，同"鳅"，泥鳅。鳝，同"鳝"，黄鳝。 ⑨既用：指受到重用。仁宗嘉祐五年(1060)，欧阳修任枢密副使，次年转参知政事，年五十五岁。 ⑩释位：解职。英宗治平四年(1067)，欧阳修罢参知政事，出知亳州，年六十一岁。 ⑪请老：请求退休养老。欧阳修自治平三年起，先后十余次上书求去，神宗熙宁四年(1071)，退居颍州，年六十五岁。 ⑫"将民"二句：意谓抑或百姓无福，而上天不愿您留在人间？据《左传·哀公十六年》，孔子卒，鲁哀公诔词说："旻天不吊，不慭遗一老。"《晚村精选八大家古文》："只言世之不可无公，而天不慭遗，以致其哀悼之意，依仿尼父诔，其尊欧阳也至矣。" ⑬"昔我"二句：嘉祐元年(1056)五月，苏洵携二子入京，献文给欧阳修，欧阳修荐为秘书省校书郎。怀宝，怀才，指满腹经纶。 ⑭十有六年：嘉祐二年(1057)欧阳修知贡举，苏轼中进士，至欧阳修病逝为十六年。 ⑮匍匐：竭力。《诗经·邶风·谷风》："凡民有丧，匍匐救之。"郑玄笺："匍匐，尽力也。" ⑯"愧古人"句：意谓未能仿效古人弃官奔师丧而感到羞愧。忸怩，羞惭。

神宗熙宁五年(1072)闰七月二十三日，宋代著名政治家、文坛魁首、学界宗师欧阳修遽然长逝。噩耗传来，天下震惊，四海饮泣。苏轼满怀着深沉悲痛，在杭州通判任上写下了这篇传诵人口的祭文。祭文主要歌颂欧阳修在辅翼国政、振兴文化学术事业中所起的重要作用，赞美他进退有据的高风亮节，表达出平生知己之感，抒发了真挚深沉的悼念之情。

文章以“呜呼哀哉”发端，结尾又用此语收束，无限悲痛，滚滚哀思，都由肺腑中坌涌而出，幽咽凄楚，悱恻感人。全文可分为四层。第一层概述欧阳修一生的业绩。“民有父母，国有蓍龟”以下四句，歌颂欧公爱护百姓、决断国策、弘扬文化、传布学术的巨大勋劳；“君子有所恃”两句，赞扬他支持正气，疾恨邪恶的凛然风节；“譬如”以下四句以高山大川为喻，称许欧公的德泽自然施及于万物，不可以数计。行文简括而生动，字里行间蕴含着对欧公的尊崇之情。第二层从其死后着笔，写欧公逝世对百姓、国家、文化、学术的重大损失。“赤子”四句承上“民有父母”四句，“君子”两句承上“君子有所恃”两句。生时的贡献与死后的损失两相映衬，构成鲜明对比，表明欧阳修的存殁关系到国运民情、时势隆替。“譬如”几句象征哲人殒没、群小相庆的情况，正从反面映衬出欧阳修的刚介方正。以上两层分别从生前死后着笔，却无不集中地突现了欧阳修关系国运消长的重要历史地位。其排比句的运用完全与内容契合，增强了感人的力量。第三层又逆笔倒转，叙写欧公的出处大节。由“未用”到“既用”，由“释位”到“请老”，直至去世，五次递转，充分渲染出欧公在天下人心目中的崇高地位和对当世的重大影响。接着，又连用两个反诘句直抒痛惜哀悼之情。“将民之无禄，而天莫之遗”两句仿鲁哀公诔孔子之语悼欧公，肃穆典重，推尊欧公达到极致。第四层追述两世通家之好，自身受教之恩，以未能闻丧奔唁为憾，最后从“为天下恸”“以哭其私”，即从公论私交两方面申明哀悼逝者乃出于由衷的哀思，行文戛然而止，悲恻动人。

祭奠之文，有散文、韵语、骈俪之体，宜典重肃穆、情真意挚。本篇哀思沉挚，墨浓笔重，文笔老当，对仗工整，且兼融散韵、骈俪之长，骈中有散，具有一气奔涌的贯注之势，是一篇情辞并茂的祭文。王安石也有《祭欧阳文忠公文》，两文都能从“大处落墨，劲气直达，读之想见古大臣之概”（王文濡《评校音注古文辞类纂》卷七十四），在当时祭悼欧公的文章中都是非常出色的。　（刘乃昌　高洪奎）

潮州韩文公庙碑　　苏　轼

匹夫而为百世师①，一言而为天下法②，是皆有以参天地之化③，关盛衰之运。其生也有自来，其逝也有所为。故申、吕自岳降④，傅说为列星⑤，古今所传，不可诬也。孟子曰：“我善养吾浩然之气。”是气也，寓于寻常之中，而塞乎天地之间⑥。卒然遇之，则王公失其贵，晋、楚失其富⑦，良、平失其智⑧，贲、育失其勇⑨，仪、秦失其辩⑩，是孰使之然哉？其必有不依形而立，不恃力而行，不待生而存，不随死而亡者矣。故在天为星辰，在地为河岳，幽则为鬼神⑪，而明则复为人。此理之常，无足怪者。

自东汉以来，道丧文弊，异端并起，历唐贞观、开元之盛，辅以房、杜、姚、宋⑫而不能救。独韩文公起布衣，谈笑而麾之，天下靡然从公，复归于正，盖三百年于此矣。文起八代⑬之衰，而道济天下之溺，忠犯人主之怒⑭，而勇夺三军之帅⑮。此岂非参天地，关盛衰，浩然而独存者乎！

盖尝论天人之辨：以谓人无所不至，惟天不容伪；智可以欺王公，不可以欺豚鱼；力可以得天下，不可以得匹夫匹妇之心。故公之精诚，能开衡山之云⑯，而不能回宪宗之惑；能驯鳄鱼之暴⑰，而不能弭皇甫镈、李逢吉之谤⑱；能信于南海之民⑲，庙食百世，而不能使其身一日安于朝廷之上⑳。盖公之所能者，天也；所不能者，人也。

始潮人未知学，公命进士赵德为之师㉑。自是潮之士，皆笃于文行，延及齐民，至于今，号称易治。信乎孔子之言：“君子学道则爱人，小人学道则易使也㉒。”潮人之事公也，饮食必祭，水旱疾疫，凡有求必祷焉。而庙在刺史公堂之后，民以出入为艰。前守欲请诸朝作新庙，不果。元祐五年，朝散郎王君涤来守是邦，凡所以养士治民者，一以公为师。民既悦服，则出令曰：“愿新公庙者听。”民欢趋之。卜地于州城之南七里，期年而庙成。

或曰：“公去国万里而谪于潮，不能一岁而归，没而有知，其不眷恋于潮也审矣。”轼曰：“不然。公之神在天下者，如水之在地中，无所往而不在也。而潮人独信之深，思之至，焄蒿凄怆㉓，若或见之。譬如凿井得泉，而曰水专在是，岂理也哉！”元丰七年，诏封公昌黎伯，故榜曰：“昌黎伯韩文公之庙”。潮人请书其事于石，因作诗以遗之，使歌以祀公。其词曰：

公昔骑龙白云乡，手抉云汉分天章㉔，天孙为织云锦裳㉕。飘然乘风来帝旁，下与浊世扫秕糠㉖，西游咸池略扶桑㉗。草木衣被昭回光㉘，追逐李杜参翱翔㉙，汗流籍湜走且僵㉚。灭没倒景不可望㉛，作书诋佛讥君王，要观南海窥衡湘。历舜九疑吊英皇㉜，祝融先驱海若藏㉝，约束蛟鳄如驱羊。钧天无人帝悲伤㉞，讴吟下招遣巫阳㉟，犦牲鸡卜羞我觞㊱。於粲荔丹与蕉黄㊲，公不少留我涕滂，翩然被发下大荒㊳。

〔注〕 ①“匹夫”句：《孟子·尽心下》：“圣人，百世之师也。” ②“一言”句：《礼记·中庸》：君子“行而世为天下法，言而世为天下则”。 ③ 参天地之化：赞助天地的化育之功。《礼记·中庸》：“可以赞天地之化育。” ④“申、吕”句：申说“生也有自来”。申、吕，周宣王、穆王时大臣申侯、吕侯（亦称甫侯），传说他们诞生时，有山岳降神的吉兆。见《诗·大雅·崧高》：“维岳降神，生甫及申。” ⑤“傅说”句：申说“逝也有所为”。傅说（yuè 悦），殷高宗武丁宰相，传说他死后升天为星宿。《庄子·大宗师》：傅说“乘东维，骑箕尾，而比于列星”。 ⑥“我善养”四句：语出《孟子·公孙丑上》：“我善养吾浩然之气”，“其为气也，至大至刚，以直养而无害，则塞于天地之间”。 ⑦ 晋、楚：春秋时两个强国。《孟子·公孙丑下》：“曾子曰：‘晋、楚之富，不可及也。’” ⑧ 良、平：张良、陈平，汉初功臣，以足智多谋见称。 ⑨ 贲、育：孟贲、夏育，古代的大力士。 ⑩ 仪、秦：张仪、苏秦，战国纵横家，以能言善辩著称。 ⑪ 幽：指幽冥之处。《礼记·乐记》：“幽则有鬼神。” ⑫ 房、杜：房玄龄、杜如晦，唐太宗时宰相。姚、宋：姚崇、宋璟，唐玄宗前期宰相。 ⑬ 八代：指东汉、魏、晋、宋、齐、梁、陈、隋。 ⑭“忠犯”句：唐宪宗李纯崇佛，遣使迎佛骨入宫禁，韩愈上表极谏，触犯宪宗，宪宗要处死韩愈，经群臣营救，贬为潮州刺史。事见《新唐书·韩愈传》。 ⑮“勇夺”句：唐穆宗时，镇州（治所在今河北正定）发生兵乱，镇将王廷凑杀田弘正自立，韩愈奉旨前去宣抚，至镇州，王廷凑甲士陈廷，严兵以待，韩愈侃侃而谈，说服了将士，平息了变乱。事见《新唐书·韩愈传》。 ⑯“能开”句：韩愈遭贬路经湖南衡山，正逢天气阴晦。他暗中祝祷，忽然云散天晴，得以饱览山景。韩愈《谒衡岳庙遂宿岳寺题门楼》诗说：“潜心默祷若有应，岂非正直能感通。” ⑰“能驯”句：韩愈初到潮州，问民疾苦，都说恶溪有鳄鱼扰民，韩愈写了《鳄鱼文》，令鳄鱼迁走。据说当晚暴风雷电，鳄鱼果然离去，从此潮州无鳄鱼患。事见《新唐书·韩愈传》。 ⑱“而不能”句：事见《新唐书·韩愈传》。皇甫镈（bó 博）：唐宪宗时宰相。宪宗看到韩愈的贬潮州谢表后，想再重用他，皇甫镈疾忌韩愈耿直，说他狂疏，只改派韩愈为袁州刺史。李逢吉：唐穆宗时宰相。曾故意制造韩愈与李绅的矛盾，从而借口两人不和，罢去韩愈的兵部侍郎职务。 ⑲ 信：取信。南海：潮州属南海郡。 ⑳“不能”句：韩愈自袁州后，仕途大体平顺，东坡此语，不过借他人酒杯自浇块垒之意。 ㉑“公命”句：韩愈在潮州曾上《潮州请置乡校牒》说：“赵德秀才，沉雅专静，颇通经，有文章，能知先王之道，论说且排异端，而宗孔氏，可以为师矣。请摄海阳县尉，为衙推官，专勾当州学，以督生徒，兴恺悌之风。”进士，与韩文所说“秀才”义同。《国史补》：“进士为时所尚久矣，是故俊

义实集其中，通称谓之秀才。” ㉒“君子”二句：语出《论语·阳货》，体现儒家倡导礼乐教化以辅政的政治观。 ㉓“焄蒿”句：语出《礼记·祭义》，借以形容潮州人真诚凄怆地礼祭韩愈。焄(xūn 薰)蒿，祭品香气蒸发。 ㉔云汉：天河。天章：天宇的文彩。《诗·大雅·棫朴》：“倬彼云汉，为章于天。” ㉕天孙：织女星。《史记·天官书》：“织女，天女孙也。” ㉖秕糠：代指邪说异端等。 ㉗“西游”句：化用屈原《离骚》：“饮余马于咸池兮，总余辔乎扶桑。”这里是以屈原远游求索光明，比喻韩愈到处奔走宣扬儒道。咸池，神话中太阳沐浴的水池。略，行经。扶桑，太阳初升处的神木。 ㉘衣被：蒙受。昭回：犹言遍照。《诗·大雅·云汉》：“倬彼云汉，昭回于天。” ㉙“追逐”句：是说韩愈可以赶上李白、杜甫而与他们并驾齐驱。韩愈《调张籍》：“李杜文章在，光焰万丈长……我愿生两翅，捕逐出八荒。”参翱翔，并翼齐飞。 ㉚“汗流”句：是说使张籍、皇甫湜汗水流尽、两腿走僵也望尘莫及。《新唐书·韩愈传》：“至其徒李翱、李汉、皇甫湜从而效之，遽不及远甚。” ㉛“灭没”句：是说韩愈的成就光辉夺目，不可逼视，张籍、皇甫湜像水中倒影一样消失。景，同“影”。 ㉜“历舜”句：是说经过九疑山时凭吊娥皇、女英。传说舜之妃娥皇、女英，从舜南巡，死于江湘之间。韩愈有《祭湘君夫人文》。 ㉝“祝融”句：祝融，传说中的火神。海若，传说中的海神。祝融、海若逃走潜藏，说明火灾消失，海水驯服。 ㉞钧天：天宫。《吕氏春秋·有始》：“中央曰钧天。”帝：指天帝。 ㉟“讴吟”句：是说上帝派遣巫阳(神巫名)到下界唱着神曲来招韩愈的魂。 ㊱犦牲：牦牛，庙中供品。鸡卜：以鸡骨占卜，迷信习俗。羞我觞：献酒。 ㊲於(wū 乌)粲：形容色彩鲜明。 ㊳大荒：神话中的山名，这里代指仙境。韩愈《杂诗》有“翩然下大荒，被发骑麒麟”句。

哲宗元祐七年(1092)，潮州(治所在今广东潮州市潮安区)知州王涤于重修潮州韩愈庙后，将潮州韩文公(韩愈死后的谥号)庙图寄给苏轼，请他撰写庙碑文。不久，苏轼手书碑样寄往潮州。《苏轼文集》中有《与潮守王朝请涤》书札二篇，《与吴子野书》一篇，均谈及此事。在这篇碑文中，作者评述了韩愈在儒学和文学上的贡献，颂扬了他在潮州的政绩，讨论了他生平的得失和遭遇。虽然措词不免有夸大之处，但文章写得议论风生，气势充沛，句式整饬而活泼，既结合一些重要事件反映了韩愈的一生，又在行文中渗透了作者的身世之感，因而与一般呆板的碑文不同，在艺术上是很有特色的。洪迈《容斋随笔》卷八说：“刘梦得、李习之、皇甫持正、李汉，皆称诵韩公之文，各极其挚……及东坡之碑一出，而后众说尽废。”足见推许之高。

劈头以“匹夫而为百世师，一言而为天下法”两句领起，论一代杰出人物在历史上的巨大作用，下语精警，醒人心目。相传他撰写此文，“不能得一起头，起行百十遭，忽得‘匹夫’两句，下面只如此扫去”(《苏长公合作》卷七引朱熹语)。足见起笔非凡。参天地、关盛衰、生有因、死有为数句，继续申说伟人具有撼天动地之力，笔势益发宏伟。举申侯、吕侯生有嵩山降神之兆，傅说死为天上星宿，文思神奇，足证其说之凿然可信。但伟人之所以具有撼天动地之力，皆因秉受其天地浩然之气，故在引证孟轲之语后，便从多种角度铺陈，极力形容浩气之无所不在，无所不能，变化无穷，威力无比：王公之贵、晋楚之富、张良陈平之智、孟贲夏育之勇、张仪苏秦之辩不足敌，形、力不必待，生、死不能限，天、地、幽、明无不在。想象何等超绝，摹写何等奇伟！三组排比句，如万丈洪峰倾天而下，一往无前，更使文势酣畅。而在后两组排句之间又以“是孰使之然哉”散句提顿，使排涌直前的文势得一缓冲，更显得跌宕有致。

上段描述伟人浩气，是暗写，实则处处观照韩公；次段由凌空高论，落到实地，绾合到传主自身，赞颂其在儒学和文学上的历史功绩。由东汉以来的历史演变下笔，为陈述韩公的贡献布下宏阔背景，再以唐贞观、开元盛世和房玄龄、杜如晦、姚崇、宋璟等贤相“不能救”反衬一笔，遂即转入正面写韩公。“起布衣”五句，描画出韩公镇定自若的风采，力挽狂澜的气魄和挥斥异端承继儒学的成效，大笔勾勒，极有气度。“文起”“道济”“忠犯”“勇夺”四句，以骈句铺陈，对仗精切，用语典重，概括了韩公的一生勋业。再以反诘句挽合首段，使议论和叙述契合无间。

“盖尝论天人之辨”一段，由上文述其业绩进而论其遭遇，赞颂他正直精诚的品德和无所畏惧的精神。先说天不容伪，人事难期，以为张本；而后举出韩公所能者三事，所不能者三事，两两对照，以见出韩愈合于天道而乖于人事的平生大节。“不能使其身一日安之于朝廷之上”，既是感叹韩愈，又是作者的自我写照。苏轼宦海浮沉，大起大落，始终未能安立朝堂，就在写这篇碑文前后，曾连续遭到官僚的弹劾诬陷，不得不多次乞请外郡，内心的郁愤便借此宣出。思潮如江涛翻滚，文势澎湃跌宕，感慨弥深，字里行间渗透着作者的身世之感。

自“始潮人未知学”起，写韩愈在潮州兴办文化教育事业、教化齐民百姓，因而使潮州长治久安的政绩；由于政绩之大，遗泽之远，引起潮人敬爱之深，故民众乐于重修韩庙，州府命令一出，“民欢趋之”。顺次写来，环环相扣，层层递进。“或曰”以下借设问再振波澜，进一步说明潮州人对韩愈“信之深，思之至”。人或以为韩公离京万里，远贬潮州，不到一年即移袁州，倘死后有灵，必不眷恋此荒服僻境。这一设问把文思引向深入，作者问得有理，答得极妙：“如水之在地中，无所往而不在”，从正面形容韩愈影响深入人心；“譬如凿井得泉，而曰水专在是”，从反面说明伟人的精神威力不受局囿。两个比喻，既通俗易懂，又新奇形象，极生动地写出了韩愈饮誉之广，遗泽之深。

文末交待韩愈被诏封的时间，点明庙额的由来，并缀以歌词礼赞庙主。歌词既吟叹其生前的事功，又想象其身后的灵异，且赞赏其文学功业，把韩愈渲染得出神入化，色彩斑斓，文笔瑰奇，蹈厉发越，与碑文风调吻合一致。

这篇碑文历叙韩愈一生的文章功业，归本于养浩然之气，喟叹其不遇，赞赏其遗泽，行文排宕闳伟，纵横挥洒，光彩四溢。其磅礴澎湃之处，与昌黎文略近，可谓力摹韩愈之文以写其为人，人才文格并肖而兼美。“自始至末，无一字懈怠，佳言格论，层见叠出。”（《唐宋文醇》卷四十九引王世贞语）黄震云：“《韩文公庙碑》，非东坡不能为此，非韩公不足以当此，千古奇观也。”（《三苏文范》卷十五引）可谓传世之评，精当之论。

（刘乃昌 高洪奎）

【作者小传】

苏 辙

（1039—1112） 北宋散文家。字子由，号颍滨遗老。眉州眉山（今属四川）人。苏轼弟。嘉祐进士。历任翰林学士、知制诰、御史中丞、尚书右丞、门下侍郎。散文汪洋澹泊，与父洵、兄轼合称“三苏”，同被列为“唐宋八大家”。著有《栾城集》。

上枢密韩太尉书

苏 辙

太尉执事：辙生好为文，思之至深。以为文者气之所形；然文不可以学而能，气可以养而致。孟子曰：“我善养吾浩然之气[①]。”今观其文章，宽厚宏博，充乎天地之间，称其气之小大。太史公行天下，周览四海名山大川，与燕、赵间豪俊交游[②]，故其文疏荡，颇有奇气。此二子者，岂尝执笔学为如此之文哉？其气充乎其中而溢乎其貌，动乎其言而见乎其文，而不自知也。

辙生十有九年矣。其居家所与游者，不过其邻里乡党[③]之人，所见不过数百里之间，无高山大野可登览以自广；百氏之书虽无所不读，然皆古人之陈迹，不足以激发其志气。恐遂汩没，故决然舍去，求天下奇闻壮观，以知天地之广大。过秦、汉之故都，恣观终南、嵩、华之高[④]，北顾黄河之奔流，慨然想见古之豪杰。至京师，仰观天子宫阙之壮，与仓廪府库、城池苑囿之富且大也，而后知天下之巨丽。见翰林欧阳公，听其议论之宏辩，观其容貌之秀伟，与其门人贤士大夫游，而后知天下文章聚乎此也。

太尉以才略冠天下，天下之所恃以无忧，四夷之所惮以不敢发，入则周公、召公，出则方叔、召虎⑤，而辙也未之见焉。且夫人之学也，不志其大，虽多而何为！辙之来也，于山见终南、嵩、华之高，于水见黄河之大且深，于人见欧阳公，而犹以为未见太尉也。故愿得观贤人之光耀，闻一言以自壮，然后可以尽天下之大观而无憾者矣。

辙年少，未能通习吏事。向之来非有取于斗升之禄，偶然得之，非其所乐。然幸得赐归待选，使得优游数年之间，将归益治其文，且学为政，太尉苟以为可教而辱教之，又幸矣。

〔注〕①"我善养"句：见《孟子·公孙丑上》。②"太史公"三句：太史公，指司马迁。《史记·太史公自序》："迁生龙门，耕牧河山之阳。年十岁则诵古文。二十而南游江、淮，上会稽，探禹穴，窥九疑，浮于沅、湘，北涉汶、泗，讲业齐、鲁之都，观孔子之遗风，乡射邹、峄，厄困鄱、薛、彭城，过梁、楚以归。"燕、赵，战国时国名，借指今河北、山西一带地区。③邻里乡党：古代社会基层组织的名称。据《周礼·地官》载，五家为比（邻），二十五家为闾（里），五百家为党，一万二千五百家为乡。此处泛指乡里。④"过秦、汉"二句：秦、汉之故都，秦都咸阳（今属陕西），西汉都长安（今陕西西安），东汉都洛阳（今属河南）。终南，山名，在今西安市南。嵩，嵩山，在今洛阳市东南。华，华山，陕西华阴县南。⑤"入则"二句：周公，周武王弟姬旦。召公，周文王庶子姬奭（shì是）。都是辅佐周初武王、成王的重臣。方叔，周宣王时征服"荆蛮"有功。召虎，召公后代，周宣王时平定"淮夷"。作者举此四人，比况韩琦有将相之才，赞颂他威望极高。

题中的韩太尉，指的是韩琦（1008—1075），字稚圭，安阳（今属河南）人。他历仕仁宗、英宗、神宗三朝，宋仁宗嘉祐元年（1056）为枢密使，执掌全国军事，与秦汉时掌管兵权的太尉相似，所以信中称韩琦为太尉。

仁宗嘉祐二年（1057），苏辙十九岁，与其兄苏轼同时中进士。他当时写这封信，是想表达结识韩琦的愿望。就其内容实质而言，属于所谓的"干谒"文字，但苏辙所写的这封书信显然不同。书信一开头就奇兀不凡，完全丢弃仰慕之类的陈辞俗套，提出为文与养气关系的宏大之论，可谓先声夺人。作者首先自我介绍，说自己喜爱为文，并曾作过深入的思考，认为"文者气之所形"，文章是一个人的气质修养的体现，为文与养气有着密切的联系。曹丕《典论·论文》中说："文以气为主，气之清浊有体，不可力强而致。"强调文章写作决定于一个人的先天气质和禀赋，而不是后天的努力。苏辙在这封书信中则提出了不同的看法："文不可以学而能，气可以养而致。"认为不先养气而单去学习写文章，是不能学会的，而人的气质则可以通过后天的学习和修养获得。对于如何养气，苏辙举了两位著名人物为例。一是孟子，这位思想家提出过"吾善养吾浩然之气"说，作者用以说明后天的内在修养有助于养气，孟子善于养他胸中的博大刚正之气，所以他写的文章宽厚宏博，气魄、气势极大，内在的修养与体现于外的文章完全一致，两者密切相关；二是司马迁，这位史学家和文学家写成不朽的著作《史记》，在于他的周游四海名山大川，与燕、赵地区的豪杰人物的广泛交游，所以《史记》的文章写得疏朗奔放、跌宕洒脱，作者用以说明后天的外在阅历有助于养气。在以上述两位著名人物为例之后，作者依随文势作一小结，提出这两位人物的文章都不是单纯学习而得，而是由于养气所致。对苏辙的这一观点，今人郭绍虞的《中国文学批评史》曾经作过解释："苏氏兄弟都用力于文字，而同时又都有不敢作文之意……子由(苏辙)上不能如子瞻(苏轼)之入化境，而下又不敢有作文之意，不欲求工于言语句读以为奇，此所以谓'文不可以学而能'。但神化妙境虽不可学，言语句读虽不屑学，而'生好为文'，癖性所嗜，未能忘情，于是不得不求之于气。盖理直则气壮，气盛则言宜，气是理与言中间的关键，于是想由气以进乎言宜之域。这样，所以说文是气之所形，而养气则文自工。"孟子通过内在修养，司马迁通过外在阅历，达到养气的目的，内在的气充盈，自然外溢而表现为文章，活跃于语言，呈现于文采，再次强调养气的重要性。

就道学家来说，其养气重在修养，其功夫从内证入，较难着手；古文家养气，则重在阅历，其功夫由外做起，有所依据。苏辙结合自身经历的叙述，就是古文家重在阅历的养气之说。局居四川家乡十九年，"所与游者，不过其邻里乡党之人"，是交游不广，切磋提高受到限制；"所见不过数百里之间，无高山大野可登览以自广"，是见识有限，胸襟眼界的拓宽受到影响；虽然读书不少，"然皆古人之陈迹"，与活生生的现实相去甚远，缺少实际生活的体验。以上三者，与司马迁的"周览四海名山大川"，"与燕、赵间豪俊交游"相对照。司马迁有非凡的阅历，所以他的文章疏荡，"颇有奇气"；自己阅历受到限制，自然"不足以激发其志气"：又一次强调阅历对于养气的重要性。文笔至此，自然一提："恐遂汩没，故决然舍去，求天下奇闻壮观，以知天地之广大。"点明离乡赴京之原因，并带起以下一段文字。途中所见咸阳、长安、洛阳等秦、汉故都，终南山、嵩山、华山、黄河等名山大川，自然引起怀古的幽情，追怀往昔的英雄豪杰，这是阅历"足以激发其志气"之一；到京城后，又见到宫阙的壮伟，仓廪府库城池苑囿的富大，从而感到国家气象的巨丽，这是阅历“足以激发其志气”之二；再说见到当时文坛前辈欧阳修，直接听到他的宏议伟论，看到他的举止笑貌，与他周围的著名诗人贤士如梅尧臣、苏舜钦、曾巩等人接触，就如阅读到天下最好的文章，这是阅历“足以激发其志气”之三。途中和京城里所见，反衬出局居家乡的“无高山大野可登览”的寡于见闻；能与欧阳修等文坛名人交接，反衬出局居家乡的“所与游者，不过其邻里乡党之人”的言谈浅陋。由此表明，养气必须增加阅历。

这封书信的主旨是在期望韩琦的接见，但全文至此只字未提，似乎是闲文，其实不然。前面所写为文与养气，以及居家与赴京以后的不同感受，都是为了说明为文决定于养气，而养气在于阅历的深浅、宽窄、多少。周览名山大川是大自然的阅历，交接名人贤士也是一种阅历，而且是更高更重要的阅历，对一个人的气质、学问、道德、人品的提高，具有更加深刻的影响。作者写欧阳修及其周围的贤士门人，推赞欧阳修的文坛地位及其影响，都是为了说明这一点。而写养气，写阅历，写欧阳修，实际上又是为写韩琦所作的衬垫。对于韩琦的推重和称颂，虽然不免有阿谀之嫌，但究其实质，是在极欲结识韩琦，增长自己的见闻，激发自己的壮气。从苏辙来说，这次出蜀赴京，可谓大开眼界，大长见识，大拓心胸，收获极大。作者兴奋地总结说：“于山见终南、嵩、华之高，于水见黄河之大且深，于人见欧阳公”。而韩琦当时已负重名，与范仲淹并称“韩、范”，具有极高的威望，是作者心目中的崇拜对象。能够见到韩琦，将会鼓励自己树立远大的志向，这一次赴京之行就真正是“尽天下之大观而无憾者矣”！委婉而又巧妙地表达了希冀结识韩琦的强烈愿望。

最后一小段，自明志向。先说自己年少，“未能通习吏事”，为官作宦是外行，这次离乡进京，并非是来求取微小的俸禄，虽然这次考中进士，但也不是自己所乐意的事，表明自己所追求的不是官位，不是利禄、名声，充分显示出不同一般的志向。文章结尾提出，如果韩琦能进行指教，则将是莫大的荣幸，再一次委婉提出与韩琦结识的愿望。全文写得极有分寸，很有气势。　（钟　陵）

黄州①快哉亭记　　苏　辙

江出西陵②，始得平地，其流奔放肆大。南合沅湘③，北合汉沔④，其势益张。至于赤壁之下，波流浸灌，与海相若。清河张君梦得谪居齐安⑤，即其庐之西南为亭，以览观江流之胜，而余兄子瞻⑥名之曰“快哉”。

盖亭之所见，南北百里，东西一舍⑦。涛澜汹涌，风云开阖。昼则舟楫出没于其前，夜则鱼龙悲啸于其下。变化倏忽，动心骇目，不可久视。今乃得玩之几席之上，举目而足。西望武昌⑧诸山，冈陵起伏，草木行列，烟消日出，渔夫樵父之舍，皆可指数：此其所以为快哉者也。至于长洲之滨，故城之墟，曹孟德、孙仲谋⑨之所睥睨，周瑜、陆逊⑩之所骋骛，其流风遗迹，亦足以称快世俗。

昔楚襄王从宋玉、景差于兰台之宫，有风飒然至者，王披襟当之，曰："快哉此风！寡人所与庶人共者耶？"宋玉曰："此独大王之雄风耳，庶人安得共之！"⑪玉之言盖有讽焉。夫风无雌雄之异，而人有遇不遇之变；楚王之所以为乐，与庶人之所以为忧，此则人之变也，而风何与焉？士生于世，使其中不自得，将何往而非病？使其中坦然，不以物伤性，将何适而非快？今张君不以谪为患，窃会计之余功，而自放山水之间，此其中宜有以过人者。将蓬户瓮牖无所不快，而况乎濯长江之清流，揖西山之白云，穷耳目之胜以自适也哉！不然，连山绝壑，长林古木，振之以清风，照之以明月，此皆骚人思士之所以悲伤憔悴而不能胜者，乌睹其为快也哉！

元丰六年十一月朔日赵郡⑫苏辙记。

〔注〕 ① 黄州：治今湖北黄冈。 ② 西陵：即西陵峡，又名夷陵峡、巴峡，为长江三峡中最长者，自巴东官道口至宜昌南津关，约一百五十公里。 ③ 沅湘：指沅水、湘水，二水都在长江南岸，流经洞庭湖，注入长江。 ④ 汉沔(miǎn免)：指汉水。在长江北岸，流经勉县(原名沔县，1964年改为勉县)称沔水，流经汉中称汉水，经汉口入长江。 ⑤ 清河：县名，今属河北。张君梦得：张梦得，字怀民，又字偓佺，苏轼的友人。齐安：地名。南齐置齐安郡，隋废郡，省县入黄冈。故址在今湖北黄冈县西北。 ⑥ 子瞻：苏轼，字子瞻。 ⑦ 一舍：行军三十里为一舍。 ⑧ 武昌：在今湖北武汉。 ⑨ 曹孟德：曹操，字孟德。孙仲谋：孙权，字仲谋。二人为三国时赤壁之战中敌对双方的最高统帅。 ⑩ 周瑜：字公瑾，庐江舒(今安徽六安舒城)人，赤壁之战中东吴主将。陆逊：字伯言，吴郡吴(今江苏苏州)人，东吴大将，曾两次驻节黄州。 ⑪"昔楚襄王"数句：见宋玉《风赋》。宋玉、景差，均为战国楚辞赋家。 ⑫ 赵郡：苏辙先世为赵郡栾城(今河北石家庄赵县)人。

元丰二年(1079)，苏轼因"乌台诗案"被贬至黄州。苏辙上疏营救苏轼，因而获罪被贬为监筠州(治所在今江西高安)盐酒税。两人手足情深，又同为逐客，时有书简往来，诗文唱酬。元丰六年，与苏轼同谪居黄州的张梦得，为览观江流，在住所西南建造了一座亭子，苏轼替它取名为“快哉亭”，还写了一首以快哉亭为题材的词——《水调歌头·黄州快哉亭赠张偓佺》，苏辙则为它作记以志纪念。

全文可分三段。

第一段记快哉亭的建造和命名。按常例的写法，开头应从亭子入手来揭示题意，但本文却先宕开一笔，从江水着笔，先写黄州附近长江的浩渺水面和壮阔气势，突出描绘江流之三变。第一变从西陵至平地：“江出西陵，始得平地，其流奔放肆大”。长江从上游的瞿塘峡、巫峡滚滚而下，流出西陵峡后，地势才较为平缓，江水因没有山石阻挡而流得奔放迅急，水面也开始宽阔浩大。“南合沅湘，北合汉沔，其势益张”是江流之二变。当长江在南面同沅水、湘水相会，北面同汉水汇合时，江面更其浩瀚。“至于赤壁之下，波流浸灌，与海相若”是第三变。这里的赤壁实为“赤鼻矶”，并非当年周瑜破曹操的赤壁。同苏轼在此地写《赤壁赋》一样，苏辙也是以假赤壁言真史实，聊以抒怀。长江在黄州附近，江流之大，简直同大海一般无二。至此，作者由远及近，描绘了一幅千里江流图，以海喻江，尤为壮观。接着，笔锋陡然收拢，转而写亭。“以览观江流之胜，而余兄子瞻名之曰‘快哉’”两句，不仅点出了造亭的目的和题意，而且揭示了他一上来先写江水的用意。造亭是为了观赏长江流水的美景从而引起快感，从江水着笔自然顺理成章。这样的写法起笔不凡，不落俗套。

第二段写亭以“快哉”命名的原因。先写登临亭子之所见令人“快哉”。“南北百里，东西一舍。”这两句是总写，说明在亭子中极目四望，能望见十分开阔的地面，为下文具体写景设下了广大的天地。“涛澜汹涌，风云开阖”，写江流的气势。波浪汹涌固已壮丽，而时隐时现、变幻不定的风云更是雄奇。接着用整齐的对偶句有声有色地描绘了江上白天、黑夜的奇景，使人不仅似目睹舟楫之出没，还似耳闻鱼龙之悲啸。这种景象瞬息万变，令人感到怵目惊心，因而“不可久视”。这段描写，将景色的奇幻和壮观写得淋漓尽致。“今乃得玩之几席之上，举目而足”为过渡句，既将文章引向深入，下文的“西望武昌诸山”即从“举目”远视而来，而“玩”“足”两字又自然地流露出得亭之喜，“快哉”之由，照应了题意。从“西望”开始由写江水转入写山冈，也即将视线从江面转至岸上。岸上风光写得明丽清晰，冈陵、草木、云烟、日色、屋舍，尽收眼底，历历如画。江山形胜，对此水色山光，登临者谁能不“快哉”于心呢？文章到此，水到渠成地把快哉亭命名之由点了出来。然而这只是将亭子取名为“快哉”的一个原因。接着再叙述凭吊此地的三国遗迹也足以使人称快。“至于”以下四句，追溯了赤壁大战的情景，笔墨极其简省却又摇曳生姿。“睥睨”本是斜视的样子，可引申为傲视，这就传神地描绘出当时曹操、孙权气吞对方的气概。“骋骛”，犹言驰骋、疾驰，形容来往活跃，形象地再现了周瑜、陆逊在战场上争胜角逐的情景。说明凭吊历史遗迹，感染古人的流风余韵也足以使世俗之人称快，这是将亭子取名为“快哉”的另一个原因。

第三段就“快哉”二字抒发议论。承接上文的怀古，探求“快哉”两字的出处，因而自然地引录了宋玉《风赋》中所写的有关故事。这个故事不仅交代了“快哉”两字的来历，而且还从宋玉将风分为雌雄，认为楚王的雄风庶人不得与共生发开去，指出风没有雌雄之分，而人有遇不遇之别，因此，同样一阵风吹在楚王身上感到“快哉”，而吹在老百姓身上就感到忧伤了，这是因为各人的情况不同，和风本身无涉。行文至此，极其自然地引向了文章主旨的讨论：士处于世，该抱怎样的态度呢？作者先不作正面回答，而是用排比句提出一反一正两种态度：一是假如一个人心中没有自得之乐，那么无论到什么地方，他都不会愉快；一是假如一个人心中坦然自若，不因为外界事物的影响而伤害自己的本性，那么无论到什么地方，他都不会不愉快。接着就以张梦得的具体行为来对后面一种态度作出肯定。张梦得是苏轼的挚友，深受苏轼思想性格的影响。苏轼在长期的谪居生活中旷达自持，随遇而安，“此心安处是吾乡”。张梦得也“不以谪为患”，他在黄州屈任主簿之类的小官，利用征收钱粮之余暇，放任于山水之间。作者认为张梦得能如此，说明他内心有过人之处，并设想即使让他住在极其简陋的用蓬草编门、破瓮做窗的屋子里，他也不会有什么不快乐的事。这既照应了前面的“何适而非快”，又为下文作铺垫。“而况乎”两句夸张地表现了张梦得居住于此的快乐：可用长江清流来洗涤，能与西山白云相对揖，可谓极尽耳目所能取得的乐趣来使自己畅快。文章至此，主旨已显，并已暗与前文的造亭观景相呼应，似乎可以打住了。然而，文情陡起，又生波澜，用“不然”两字反面说开去，再深一层说明文章主旨。作者仍由写景入手，绘出了一幅与前迥异的画面：连绵不断的山冈，深不见底的山谷，宽广的森林，参天的古树，清风吹动，明月高照。这一切显得幽凄寂寥，在以谪为患的诗人士大夫看来，当然会触景生情，黯然神伤。故作者不由得说道：“乌睹其为快也哉！”这句既照应了前文的“使其中不自得，将何往而非病”，又进一步衬托了张梦得“何适而非快”的旷达胸怀，其反诘的语气发人深思，言尽而意不尽。结尾交代写作的时间及作者。作者的祖先是赵郡栾城（今属河北）人，所以他自称赵郡苏辙。

古人在修筑亭台楼观时常常要撰写记文，记述建造、修葺的过程，以及登临所见和引起的感慨等等。本文就是此类文章的代表作。它在记述了建造亭子的有关问题之后，即描绘登临所见的景色并由此而引起感慨，抒发议论：认为士处于世，应像张梦得这样心中坦然，“何适而非快”，并以此慰勉包括作者自己在内的所有被贬的人。文章表面上反映了作者身处逆境的旷达胸怀，实际上也流露出他对政治失意的牢骚和不平。

本文构思精巧，文意集中，通篇以“快哉”两字贯串，“快”字凡七见，与“自适”的主旨相缩结，抒发在逆境中自勉之意，诚为记文的上乘之作。（沈惠乐）

东　轩　记　　　苏　辙

余既以罪谪监筠州[①]盐酒税，未至，大雨，筠水泛溢，蔑南市，登北岸，败刺史府门。盐酒税治舍俯江之漘，水患尤甚。既至，敝不可处，乃告于郡，假部使者府以居。郡怜其无归也，许之。岁十二月，乃克支其欹斜，补其圮缺，辟听事堂之东为轩，种杉二本，竹百个，以为宴休之所。然盐酒税旧以三吏共事，余至，其二人者适皆罢去，事委于一。昼则坐市区鬻盐、沽酒、税豚鱼，与市人争寻尺以自效；莫归，筋力疲废，辄昏然就睡，不知夜之既旦。旦则复出营职，终不能安于所谓东轩者。每旦莫出入其旁，顾之，未尝不哑然自笑也。

余昔少年读书，窃尝怪颜子[②]以箪食瓢饮，居于陋巷，人不堪其忧，颜子不改其乐。私以为虽不欲仕，然抱关击柝[③]尚可自养，而不害于学，何至困辱贫窭自苦如此？及来筠州，勤劳盐米之间，无一日之休，虽欲弃尘垢，解羁絷，自放于道德之场，而事每劫而留之，然后知颜子之所以甘心贫贱，不肯求斗升之禄以自给者，良以其害于学故也。

嗟夫！士方其未闻大道，沉酣势利，以玉帛子女自厚，自以为乐矣。及其循理以求道，落其华而收其实，从容自得，不知夫天地之为大与生死之为变，而况其下者乎！故其乐也，足以易穷饿而不怨，虽南面之王不能加之，盖非有德不能任也。余方区区欲磨洗浊污，睎圣贤之万一，自视缺然，而欲庶几颜氏之乐，宜其不可得哉！若夫孔子周行天下，高为鲁司寇，下为乘田委吏，惟其所遇，无所不可。彼盖达者之事，而非学者之所望也。

余既以谴来此，虽知桎梏之害而势不得去。独幸岁月之久，世或哀而怜之，使得归休田里，治先人之敝庐，为环堵之室而居之，然后追求颜氏之乐，怀思东轩，优游以忘其老。然而非所敢望也。

元丰三年十二月初八日，眉山苏辙记。

〔注〕 ① 筠州：治所在高安(今属江西)。 ② 颜子：颜回，孔子的学生。《论语·雍也》："子曰：'贤哉回也！一箪食，一瓢饮，在陋巷，人不堪其忧，回也不改其乐。贤哉回也！'" ③ 抱关击柝：守关击梆，此谓出任守门打更的小吏。柝，巡夜者击以报更的木梆。这两句化自《孟子·万章下》："孟子曰：'仕非为贫也，而有时乎为贫……为贫者，辞尊居卑，辞富居贫。辞尊居卑，辞富居贫，恶乎宜乎？抱关击柝。'"

苏辙十九岁与兄轼同登进士科，又同策制举，可谓少年得志，前程似锦。神宗熙宁二年(1069)，王安石以执政领三司条例司，开始推行新法，时苏辙任三司条例司检详文字，寡言鲜欲，深得王安石敬重，本不难夤缘直上，苏辙却秉公力陈谠言，一再谏阻青苗法，以至触怒王安石，调任外职达十年之久。元丰二年(1079)八月，苏轼因诗下御史台狱，辙上书乞纳在身官赎兄罪，不报；十二月，轼责授黄州团练副使，辙亦坐贬监筠州盐酒税。长期的仕途蹭蹬，促使苏辙深刻反思仕官与学道的关系。这篇写于元丰三年十二月初八日的文章，借记东轩挥洒笔墨，集中抒发了对仕、道关系的思考。

首段历叙辟轩经过与有轩难安的无奈。初落笔，就点明处境与身份："以罪谪监筠州盐酒税"。宋制，各地随事置官征收盐酒税，税有定额，年终据其增损情况，予以奖惩。这是一个位卑事烦、权轻责重的职位。辙到任未久，即开辟听事堂之东为轩，种杉二株，竹百株，作为宴休之所，怡情养性。由于恰逢三吏去其二，三人之事皆委于一人，辙昼出坐市区，暮归，筋力疲废，昏然就睡，终不能安息于东轩。辟轩不易，轩成又难安，无怪他惟"哑然自笑"而已。此乃思想生发之契机。次段即由此东轩，联想到年少读《论语》时，对颜渊行事难以理解：颜渊一箪食，一瓢饮，穷居陋巷，人不堪其忧，而他不改其乐，精神固然可嘉，终有自苦之嫌，为何不如孟子所言，为贫出仕，辞尊居卑，辞富居贫，出任守门打更的小吏，以禄自养？旧日百思不解，今日来筠州，无一日之休，欲自放于道德之场而不得，方才顿悟颜渊拒仕之苦心，即不欲以斗升之禄害学道。这是对十余年仕途生涯的反省，也是对颜渊忍贫学道精神的赞叹，对古儒重道轻禄传统的弘扬。在儒家心目中，道是理性的顶峰、人生的妙谛、行动的指南。孔子曰："朝闻道，夕死可矣。"

（《论语·里仁》）"笃信好学，守死善道。"（《论语·泰伯》）孟子曰："立乎人之本朝，而道不行，耻也。"（《孟子·万章》）苏辙信奉的就是这种重道、求道与行道精神。

第三段又推进一层，阐发学道的三重境界。未闻大道者，"沉酣势利，以玉帛子女自厚，自以为乐"，这是俗士；循理以求道，"不知夫天地之为大与生死之为变"，这是德者，如颜渊；"惟其所遇，无所不可"，这是达者，如孔子。苏辙鄙弃俗士，仰慕德者，崇敬达者，"欲磨洗浊污，睎圣贤之万一"，这既是对千年儒道的礼赞讴颂，更是对自己的悬鞭自策。新党执政，辙奋笔反对王安石青苗法；旧党当权，辙又抗言反对司马光复行差役法，真是平生正道直行，刚正不阿，故《宋史》本传赞道："君子不党，于辙见之。"

最后，针对身处逆境，难行大道的现实，抒发归休田里的情怀，亦即"道不行，乘桴浮于海"（《论语·公冶长》）之意。"追求颜氏之乐，怀思东轩，优游以忘其老"数句，回照首段东轩与二、三段颜渊，既贯通意脉，绾结全文，又纠醒题旨，颇具匠心。

文章以东轩为发轫之契机，以颜渊精神自乐与生活自苦，自己与颜渊，俗士与德者、达者的多重对比为线索，推崇重道、求道与行道精神，立论高远，而推论入情入理，给读者以深刻的启迪。《宋史》本传谓辙无轼英迈之气，闳肆之文，而"论事精确，修辞简严，未必劣于其兄"，就本文而言，确乎当得此誉。（章尚正）

武昌九曲亭记[1]　　苏　辙

子瞻迁于齐安[2]，庐于江上[3]。齐安无名山，而江之南武昌诸山[4]，陂陁蔓延，涧谷深密。中有浮图精舍，西曰西山，东曰寒谿。依山临壑，隐蔽松枥，萧然绝俗，车马之迹不至。每风止日出，江水伏息，子瞻杖策载酒，乘渔舟乱流[5]而南。山中有二三子，好客而喜游，闻子瞻至，幅巾迎笑，相携徜徉而上，穷山之深，力极而息，扫叶席草，酌酒相劳，意适忘反，往往留宿于山上。以此居齐安三年，不知其久也。

然将适西山，行于松柏之间，羊肠九曲而获少平，游者至此必息。倚怪石，荫茂木，俯视大江，仰瞻陵阜，旁瞩溪谷，风云变化，林麓向背，皆效于左右。有废亭焉，其遗址甚狭，不足以席众客。其旁古木数十，其大皆百围千尺，不可加以斤斧。

子瞻每至其下，辄睥睨终日。一旦大风雷雨，拔去其一，斥其所据⑥，亭得以广。子瞻与客入山视之，笑曰："兹欲以成吾亭耶？"遂相与营之。亭成而西山之胜始具。子瞻于是最乐。

昔余少年，从子瞻游，有山可登，有水可浮，子瞻未始不褰裳先之。有不得至，为之怅然移日。至其翩然独往，逍遥泉石之上，撷林卉，拾涧实，酌水而饮之，见者以为仙也。盖天下之乐无穷，而以适意为悦。方其得意，万物无以易之；及其既厌，未有不洒然自笑者也。譬之饮食，杂陈于前，要之一饱，而同委于臭腐。夫孰知得失之所在？惟其无愧于中，无责于外，而姑寓焉。此子瞻之所以有乐于是也。

〔注〕 ① 武昌：今湖北鄂城。九曲亭：《清一统志》云："九曲亭在武昌县西九曲岭，为孙吴遗迹，宋苏轼重建，苏辙有记。" ② 齐安：古郡名，即黄州，今湖北黄冈，与武昌隔江相望。 ③ 庐于江上：宋神宗元丰四年(1081)，苏轼贬谪黄州团练副使的第二年，他由定惠院迁居临皋亭，亭濒长江，故云。 ④ 武昌诸山：指樊山，又名袁山，苏轼常渡江游览。其《记樊山》云："自余所居临皋亭下，乱流而西，泊于樊山，为樊口……循山而南，至寒谿寺，上有曲山，山顶即位坛、九曲亭，皆孙氏遗迹。" ⑤ 乱流：横渡江水。《诗·大雅·公刘》："涉渭为乱。"孔颖达正义："水以流为顺，横渡为乱。"自江北黄州临皋亭至江南武昌樊口，正是横渡长江。 ⑥ 斥其所据：斥，开拓。此句意谓清除出倒树所占据的地方。

此文作于元丰五年(1082)，当时苏氏兄弟贬官黄州与筠州已经三度春秋。尽管身处逆境，举步维艰，前程黯淡，但是两人毫不沮丧，他们"患难之中，友爱弥笃，无少怨尤"(《宋史·苏辙传》)，常以诗文千里唱和，倾诉衷肠，共勉互励。此文即应苏轼之命，为纪念他重建武昌九曲亭而作。

元丰二年十二月，苏轼因诗得罪，责授黄州团练副使，苏辙亦坐贬监筠州盐酒税，第二年五月，辙专程到黄州看望兄长，并同游武昌西山。他的《黄州陪子瞻游武昌西山》诗真实地记录了当时游山的欢乐意趣。诗的前半首云："千里到齐安，三夜语不足。劝我勿重陈，起游西山麓。西山隔江水，轻舟乱凫鹜。连峰多回溪，盛夏富草木。杖策看万松，流汗升九曲。苍茫大江涌，浩荡众山蹙。上方寄云端，中寺倚岩腹。清泉类牛乳，烦热须一掬。县令知客来，行庖映修竹。黄鹅特新煮，白酒亦近熟。山行得一饱，看尽千山绿。"诗中写山，写江，写人，还特别写到"流汗升九曲"后驻足周览的江山美景。本文即根据此番游历而发挥，故而首二两段描叙苏轼游山与建亭之情景传神入化。

作者因为实地登涉过武昌西山，故而胸有成竹，运笔从容。题为记亭，第一段却无一字关涉九曲亭，而是全神贯注地描写苏轼载酒遨游武昌诸山之乐。作者惜墨如金，以最简略的语言表现西山的独特风光："陂陁蔓延，涧谷深密"——描绘出既起伏连绵又峻峭幽深的西山雄姿；"依山临壑，隐蔽松枥"——写照出松枥满山、遮天蔽日的神秘气氛；"萧然绝俗，车马之迹不至"——强调这是远隔尘世的至清之境；中间又穿插对佛寺宝塔的介绍，从而渲染出一幅自然景观与人文景观交相辉映的幽山宝刹图。然后，挥笔铺写山中二三子陪伴苏轼游山的情景，"闻子瞻至，幅巾迎笑，相携徜徉而上"——突出二三子风度潇洒，热情洋溢；"穷山之深，力极而息，扫叶席草，酌酒相劳，意适忘反，往往留宿于山上"——表现游赏的豪情雅兴，更讴赞苏轼与二三子肝胆相照、趣味相投的友谊。最后两句与开篇两句遥相呼应，点出此段主意：惟其武昌西山风光美丽、人情温暖，故而苏轼贬居齐安三年，竟"不知其久也"。这是对武昌西山魅力的神化之笔，也是对苏轼人格感召力的讴颂，更是对苏轼精神世界的初步揭示：苏轼善处逆境，惯于通过遨游山水、交结朋友来自得其乐，冲淡与化解通常贬谪必然造成的度日如年的痛苦。

第二段叙述重建九曲亭的经过。亭址位于西山要道，既为行者必息之地，更是观赏山景的绝妙之处。在此倚怪石，荫茂木，则大江高山、风云林木之美尽摄眼底。苏轼犹感美中有点不足，因废亭甚狭，不足以容众客，他有意重建，偏又古木盘踞。大概是诚意感天，天助人愿，一日大风雷雨，拔去亭旁一棵大树，重建广亭总算付诸实施。"亭成而西山之胜始具。子瞻于是最乐。"结末这两句言简意赅，既承上显示此亭重建上符天意，下遂人愿，有助观赏西山风景，又再次强调苏轼纵乐山水的旷逸情怀。文中，描写苏轼言行之词传神入化，弥足玩味："子瞻每至其下，辄睥睨终日"，"笑曰：'兹欲以成吾亭邪？'"涉笔不多，而久欲建亭之心与风趣豪爽之性跃然纸上，令读者如见其人，如闻其声。

第三段宕开一笔，追忆少年时追随苏轼游山玩水的情景。作者精心选择三个细节赞许苏轼：他游劲十足，每游皆"褰裳先之"，先睹为快；他游兴过人，有景而不得至，竟为之怅然移日；他游趣高雅，见者惊以为仙。由此，推导出全文正意，称许苏轼"以适意为悦"的立身处世之道。这种达观思想，轻外物而重自身，鄙功名而贵顺心，超然世外而逍遥自乐，正是苏氏兄弟身处逆境而昂首青云的精神支柱。这里弘扬苏轼志趣而兼抒自身情愫，故而设譬论证，写得情深意惬，笔酣墨饱。时值新旧党争之世，苏氏兄弟贬居异地而无悔尤之心，明得失之无常，以"无愧于中，无责于外"为警策，可谓超脱功利，光明磊落，表现出自尊自信自适的高风亮节。

文章巧用双线结构，描写苏轼游山建亭行动与赞美苏轼“适意为悦”情怀相辅相成，而以后者为主线，每段结末之句前后呼应，点明文章脉络，反复强调苏轼寄情山水，其乐无比。文章时空跨度大，忽而武昌之游，忽而少年之游，笔墨挥洒自如，并将叙事、写景、抒情、议论熔为一炉，景致美、人情美、哲理美浑然交融。《宋史·苏辙传》据苏轼《答张文潜书》而生发，谓辙“性沉静简洁，为文汪洋澹泊，似其为人，不愿人知之，而秀杰之气终不可掩”。本文诚如所言，兼具汪洋之势、澹泊之情与秀杰之气。

（章尚正）

孟德传　　苏辙

孟德者，神勇之退卒也。少而好山林，既为兵，不获如志。嘉祐中，戍秦州①，秦中多名山。德出其妻，以其子与人，而逃至华山下，以其衣易一刀十饼，携以入山。自念吾禁军也，今至此，擒亦死，无食亦死，遇虎狼毒蛇亦死。此三死者，吾不复恤矣，惟山之深者往焉。食其饼既尽，取草根木实食之，一日十病十愈，吐、利、胀、懑②，无所不至，既数月安之，如食五谷，以此入山二年而不饥。然遇猛兽者数矣，亦辄不死。德之言曰：凡猛兽类能识人气，未至百步，辄伏而号，其声震山谷，德以不顾死，未尝为动；须臾，奋跃如将搏焉；不至十数步则止而坐，逡巡弭耳而去；试之前后如一。后至商州③，不知其商州也，为候者所执，德自分死矣。知商州宋孝孙谓之曰：“吾视汝非恶人也，类有道者。”德具道本末，乃使为自告者，置之秦州。张公安道④适知秦州，德称病，得除兵籍为民。至今往来诸山中，亦无他异能。

夫孟德可谓有道者也。世之君子，皆有所顾，故有所慕，有所畏。慕与畏交于胸中，未必用也，而其色见于面颜，人望而知之。故弱者见侮，强者见笑，未有特立于世者也。今孟德其中无所顾，其浩然之气，发越于外，不自见而物见之矣。推此道也，虽列于天地可也，曾何猛兽之足道哉！

〔注〕 ① 秦州：州治在今甘肃天水。 ② 利，通“痢”，泄泻。懑：胸闷。 ③ 商州：治今陕西商洛市商州区。 ④ 张公安道：张方平，字安道。官至参知政事。

本文主人公孟德，是驻在地方的禁军神勇部的一名退伍士兵。他的身份非常普通，但爱好却不平常。正由于这一原因，才有以下不一般的故事。从事打仗的武夫，却偏偏向往山林生活，这是难以统一的矛盾，而矛盾的冲突，自然导致事件的产生和发展。作者一开始点明孟德的身份，介绍他的特殊爱好，实际上也就将故事产生的矛盾冲突展示在人们眼前。仁宗嘉祐年间，轮到孟德所属的这支禁军去镇守秦州，这一带著名的大山很多，给孟德带来了机会，这篇传记也就由此开端。

喜爱山林生活的人不在少数，但像孟德这样喜爱的却很少见：一是为此抛妻弃子，割断最难丢舍的骨肉之情；二是为此冒险逃离纪律森严的禁军，随时都有被捕处死的可能；三是进山后生存条件极差，“以其衣易一刀十饼”，刀用以护身，十块饼只能维持极短时间的生活，随之而来的将是难以解决的缺粮危险。没有非凡的决心、过人的勇气以及随时都可能牺牲的心理准备，就不可能采取这样的行动；孟德能够这样做，正表现出他迥异于常人之处。作者通过以下两方面的事例，进一步描述孟德进山后所遇到的巨大困难和危险，突出地表现出孟德惊人的忍受能力，以及在面临危险时的无所畏惧的精神。一是写进山后饼已食尽的情况下，饥饿使孟德只能以草根木实为食，但肠胃无法适应，又吐又泻，肚腹胀结，吃了生病，病好了再吃，最后终于养成了以草根木实为食的习惯，克服了山中无粮的威胁。二是山中常常遇到猛兽的袭击，但都能安然无恙。孟德认为：猛兽一般能识别人的气性，在离人百步左右，先伏下来吼叫，用震撼山谷的声音吓唬；接着，奋力跳跃，张牙舞爪，做出一副吃人的姿态；最后，在离人十余步处坐坐走走，仔细观察人的反应。孟德不怕死，对猛兽的吼叫、跳扑等行动毫不在乎，猛兽也只好垂下耳朵悄悄离开。这样的情况试过多次，结果都一样。孟德进山数年，靠不怕苦、不怕死度过了重重困难，克服了许多难以想象的危险，在山中生活下去。这近乎传奇式的经历，组成了这篇传记文中最有光彩的部分。特殊的爱好，特异的行动，特大的困难，突出了孟德这一人物形象的奇异色彩，展开了富有浪漫主义气息的情节，使整篇传记故事生动、曲折，给人留下难以忘记的深刻印象。传记的后一部分，叙述孟德由山中出来，到达商州，被巡逻的士兵发现，送到商州官府，由于知商州的宋孝孙识人，把他送回秦州安置；知秦州的张方平又帮助孟德脱出兵籍，成为自由生活的老百姓；对孟德的结局作一交代，同时更增强了这一传记人物的真实性。

就本文的体裁、内容来说，自应以叙写孟德的生平经历作为重点，但就作者的深层写作动机来说，传记最后的一段议论却是最着意的笔墨，也是作者的见识超卓之处。从一般人看孟德的所作所为,只感到孟德的奇特;而苏辙却从另一角度进行评议,在他看来,孟德最主要的不是奇特,而是“有道”。世上君子因为内心有个人的打算,所以必然有所思慕和追求,也自然有所畏惧和顾忌,虽然不一定在行动上表现出来,但在面部颜色上总会有所反映,别人就会从中想法来加以对付。与此相反,孟德心中无所顾虑、无所畏惧,这是一种博大刚强之气,它虽然自己感觉不到,但会自然地流露出来,使猛兽不敢伤害。苏轼看过这篇《孟德传》后,曾写了《书子由〈孟德传〉后》一文,认为人在不知怪惧时自有一种无形的旺盛强大的气势,形成一股令猛虎不敢伤害的力量,这也就是苏辙所说的可以“列于天地”的“道”。

(钟 陵)

【作者小传】

秦 观

(1049—1100) 北宋词人。字少游、太虚,号淮海居士。高邮(今属江苏)人。曾任秘书省正字,兼国史院编修官等职。政治上倾向于旧党,被目为元祐党人,绍圣后累遭贬谪。文辞为苏轼所赏识,是“苏门四学士”之一。工诗词,风格委婉含蓄,清丽雅淡。著有《淮海集》《淮海居士长短句》。

《精骑集》序

秦 观

予少时读书,一见辄能诵。暗疏①之,亦不甚失。然负此自放,喜从滑稽饮酒者游。旬朔之间②,把卷无几日。故虽有强记之力,而常废于不勤。

比数年来,颇发愤自惩艾,悔前所为;而聪明衰耗,殆不如曩时十一二。每阅一事,必寻绎数终③,掩卷茫然,辄复不省。故虽然有勤苦之劳,而常废于善忘。

嗟夫!败吾业者,常此二物也④。比读《齐史》,见孙搴答邢词⑤云:“我精骑三千,足敌君羸卒数万。”心善其说,因取经、传、子、史事之可为文用者,得若干条,勒为若干卷,题曰《精骑集》云。

噫!少而不勤,无如之何矣。长而善忘,庶几以此补之。

〔注〕①暗疏：默写。　②旬朔之间：指十天或一月之内。十日曰旬，每月初一曰朔，这里指代一个月。　③寻绎数终：从头到尾翻寻数次。　④二物：指上文所说的“不勤”与“善忘”。　⑤孙搴答邢词：事见《北齐书·孙搴传》。孙搴字彦举，以文才著称，但学浅而行薄。邢邵曾对孙搴说：“更须读书。”孙搴回答如本文所引。

这是秦观为自编的古文选本《精骑集》作的序。序文交代了编选的因由、选本的内容和题名的用意。作者自叙少时“有强记之力，而常废于不勤”，近数年来，颇为后悔，于是发愤以自惩戒，可是，“虽然有勤苦之劳，而常废于善忘”。为了弥补善忘之苦，他编辑了这个选本。内容选自经、传、子、史，选文标准为“可为文用者”，题名《精骑集》是出于对北齐孙搴“我精骑三千，足敌君羸卒数万”一语的激赏。《精骑集》在当时是很有影响的选本。宋俞成《萤雪丛说》卷下说：“东莱先生吕伯恭尝教学者作文之法，先看《精骑集》，次看《春秋权衡》，自然笔力雄朴，格致老成，每每出人一头地。”《精骑集》在明季犹存，可惜后来亡佚了，为集子所作的序，则因它所特具的迥异于一般书序的内蕴而得以流传至今。

在序文中，作者并未离开选本去发表什么高论，但在交代编辑缘起、选文来源和标准、题名用意的同时，提供了许多令人品味的东西，这就是从自己切身体会中概括出具有普遍意义的人生经验。年少时，过目成诵，于是自恃记忆力强而放纵自流，把读书的时间花到饮酒交游上。待知道发愤时，记忆力又已减退，即使比年少时勤苦，学习效果也不及年少时的十之一二。古往今来，有多少这样“少小不努力”的人，但能反躬自省的又有几个？年长而醒悟者，能以好的学习方法弥补少而不勤、长而善忘的毛病的就更少了。秦观则是其中的凤毛麟角。正视生活的规律，以主观的努力夺回逝去的年华，总结人生的经验，以启迪来者珍惜宝贵的青春，这正是秦观超出常人之处，也是这篇书序最值得品味的地方。从这个意义上说，我们也不妨把它当作漫话人生哲理的劝学篇来读。

全文不足二百字，但结构完整，层次井然。先叙少时有强记之力而又不勤，再叙近数年来发愤勤苦却又善忘，接着长叹一声，小结上文，将“不勤”和“善忘”提到“败吾业”的高度来认识。然后，笔锋一转，叙说怎样从“精骑”之说得到启发，编辑了《精骑集》。最后，用一个“噫”字总缩上文，点出编辑目的正是为了弥补“长而善忘”，又回到“不勤”和“善忘”上来，构成了一个首尾圆合的格局。小层次的结构也很谨严。写少时不勤，先写过目成诵，接着以能默写加以强调，然后用一个“然”字转折，从喜游和把卷无几日两方面写“负此自放”，最后，用一个“故”字，对少时作出小结，也构成了一个小的首尾圆合。“善忘”一段，也是同样的格局。文中的大小转折、顿挫各有四五次之多，大有一波三折、一唱三叹之致，却又保持了工稳的圆形结构。文字平易却精当警策，“不勤”“善忘”“精骑”六字揭示事物本质，要言不烦；“虽有强记之力，而常废于不勤”，“虽然有勤苦之劳，而常废于善忘”两句，准确概括人生经验，是理性的升华，带有警句色彩。

本文是一篇书序，说理未占过多的比重，主要靠以事明理，作者在关键处安排一两点精辟的见解，犹如画龙点睛，给人印象特深。　（陆志平　吴功正）

【作者小传】

李格非

北宋文学家。字文叔。济南章丘（今属山东济南）人。李清照之父。早年用意经学。熙宁进士。元祐中为太学博士，以文章受知于苏轼。历任校书郎、著作佐郎、礼部员外郎、提点东京刑狱等官。建中靖国元年（1101）因涉及“党人”事罢官。工词章，文章精练有笔力。著有《洛阳名园记》等。

书《洛阳名园记》后

李格非

洛阳处天下之中，挟殽、渑之阻①，当秦、陇之襟喉②，而赵、魏之走集③，盖四方必争之地也。天下常无事则已，有事则洛阳必先受兵。予故尝曰：洛阳之盛衰，天下治乱之候④也。

方唐贞观、开元⑤之间，公卿贵戚开馆列第于东都者，号千有余邸。及其乱离，继以五季之酷⑥，其池塘竹树，兵车蹂践，废而为丘墟；高亭大榭，烟火焚燎，化而为灰烬，与唐共灭而俱亡者，无余处矣。予故尝曰：园圃之废兴，洛阳盛衰之候也。且天下之治乱，候于洛阳之盛衰而知；洛阳之盛衰，候于园圃之废兴而得；则《名园记》之作，予岂徒然哉？

呜呼！公卿大夫方进于朝，放乎一己之私意以自为，而忘天下之治忽⑦，欲退享此乐，得乎？唐之末路是矣！

〔注〕 ① 挟：挟恃，凭借。殽（yáo 摇）：山名，在今河南洛阳洛宁县北，位于函谷关东端，地势险要。渑（miǎn 免）：即渑池，在今河南渑池县西，古代九塞之一。阻：险阻。　② 秦、陇：

今陕西、甘肃一带地区。襟喉：衣襟与咽喉，比喻要冲之地。　③ 赵：今河北南部、山西东部、河南北部一带。魏：今山西西南部、河南北部一带。走集：边境上的壁垒。　④ 候：征兆、迹象。　⑤ 贞观、开元：分别为唐太宗、唐玄宗年号。　⑥ 五季：五代（后梁、后唐、后晋、后汉、后周）。酷：酷烈的战争。　⑦ 治忽：治理与怠忽，指国家的安定与荒乱。

洛阳园林，在宋代号称“天下第一”（邵博《邵氏闻见后录》卷二十四语）。李格非的《洛阳名园记》就是一本记述洛阳名园的专著。其中共记名园十九处，如富弼的富郑公园、董氏的西园和东园、王开府的环溪园、安公的丛春园等等。这些园林，都属于僧寺或达官富豪，无论在规模和风景方面，均足令人赞叹。作者在记述这些园林之后，忽又发表了一通有关国家兴衰的“大道理”（即本篇），这就使人“恍然大悟”：原来作者之所以要为那些名园“立传”，其真正目的是要从中引出历史的教训并用以警戒后人。证之宋代古文家们“文以明道”的文学主张和李格非本人“文不可以苟作”（见《宋史》本传）的写作态度，可知这篇《书后》，实是一篇借史鉴今的严肃的政论文。

文章的结构实很简单：第一段提出“洛阳之盛衰，天下治乱之候也”；第二段进一步提出“园圃之废兴，洛阳盛衰之候也”，故又在此基础上揭示“《名园记》之作，予岂徒然哉”的“文不苟作”的写作目的；第三段则由古及今，批判当朝公卿大夫的享乐风气。全文行文简洁而推理严密，具有很强的逻辑说服力与鲜明的现实针对性。

不过，或许有读者会提出这样的疑问：“天下之治乱”，难道非由洛阳的盛衰才反映出来吗？而“洛阳之盛衰”，又为什么非要由其园林之兴废才表现出来呢？这就牵涉到本文“以小及大”“见微知著”和“因典型而明全局”的论证角度与推理方法。

照理，天下大乱，受害之处必不止一处。然而作者却斩钉截铁地说：“洛阳处天下之中，挟殽、渑之阻，当秦、陇之襟喉，而赵、魏之走集，盖四方必争之地也。天下常无事则已，有事则洛阳必先受兵。”这里，作者提出了两个有力的论据：第一是洛阳的特殊地理环境（古人认为它地处“天下之中”）决定了它是一个兵家必争之地，是一个关系到全局性军事形势的战略要冲；第二是洛阳的历史告诉人们：从东周到五代，先后有九个王朝在此建都，而每一次改朝换代都免不了一场激烈的争夺洛阳之战。提出这样两条强有力的论据，人们就不得不同意作者的结论：“洛阳之盛衰，天下治乱之候也”——尽管人们也同时意识到，除了洛阳也还有其他军事要地的情况与它相似。

其次，洛阳的盛衰也自有其多方面的表现，作者却紧紧抓住“园圃之废兴”来考察,这就是一种“因典型而明全局”的论证角度。他举出唐五代的例子作证:当贞观、开元的所谓“盛世”时,洛阳的园林馆舍不止有千家之多,而等到唐末五代战乱纷起时,这些园圃却都化为灰烬。这就证明园圃之废兴与洛阳的盛衰乃至整个国家的治乱之间,存在着一种“见微而知著”的联系。至此,作者自然有理由得出又一个结论:“天下之治乱,候于洛阳之盛衰而知;洛阳之盛衰,候于园圃之废兴而得。”

明乎上述论证角度与推理方法,我们就可以更加清楚地看出,《名园记》之作决非“徒然”,而实有其现实的针对性:“呜呼!公卿大夫方进于朝,放乎一己之私意以自为,而忘天下之治忽,欲退享此乐,得乎?唐之末路是矣!”这样就“卒章显志”,亮出了自己真正的写作意图:借古鉴今,批判现实。其“警世”的语气是十分严厉和深沉的。

可惜的是,北宋后期的统治集团却正好重新走进了本文所指出的“唐之末路”,由享乐荒淫而导致覆国。对于他们在洛城所过的狂游生活,只消举出当时人朱敦儒的一首词就可知其一斑:“故国当年得意,射麋上苑(按:洛阳为北宋西都,故有‘上苑’),走马长楸。对葱葱佳气,赤县神州。好景何曾虚过?胜友是处相留。向伊川雪夜,洛浦花朝,占断狂游。”(《雨中花》上片)可是,就在他们“诗万首,酒千觞”,“且插梅花醉洛阳”(朱敦儒《鹧鸪天》)的“狂游”之际,金兵的铁骑却动地而来,终于一举攻陷了汴京和洛阳,使得北宋因之亡国。十年之后,“曾是洛阳花下客”的一位著名诗人陈与义,就用哀婉的笔调,写出了对于洛阳故都的深切悼念:“一自胡尘入汉关,十年伊洛路漫漫。青墩溪畔龙钟客,独立东风看牡丹。”(《牡丹》)牡丹原是洛阳的“花王”和骄傲,李格非在《名园记》中就特别加以记述:“洛阳花甚多种,而独名牡丹曰花王。凡园皆植牡丹……至花时张幄幕,列市肆,管弦其中,城中士女,绝烟火游之。”而至靖康之变以后,恐怕就如本篇所描绘的五代乱世那样,“兵车蹂践,废而为丘墟”,“烟火焚燎,化而为灰烬”矣。这预言,竟不幸而被北宋亡国的惨痛历史所再次证实,人们对此也仅能重新发出本文所嗟叹的“呜呼”二字来表示其万千感慨!作者能在号称“太平盛世”的徽宗朝,尖锐地揭露掩盖于表面繁荣下的深刻社会危机,并预见到公卿大夫的享乐必将导致亡国,这就不能不使人惊叹其识见之深远和文笔之犀利。南宋初期流寓江南的洛阳人邵博在乱后重读《名园记》,就曾为之痛哭流涕,并在其《闻见后录》中特意重录了此记,由此亦可见出它的深刻预见性和现实针对性。本文作者除《名园记》外,著述俱已散佚,但仅从这篇《书后》来看,他已不愧是位关心国事的有识之士和笔力“陵轹直前”(《宋史》本传语)的古文家了。 (杨海明)

【作者小传】

晁补之

(1053—1110)　北宋文学家。字无咎,号归来子。济州巨野(今属山东菏泽)人。少以文才受苏轼赞赏,为"苏门四学士"之一。元丰进士。曾任礼部郎中兼国史编修、知河中府等职。文风流畅,长于政论与史论。也工诗词。著有《鸡肋集》《晁氏琴趣外篇》。

新城游北山记　　晁补之

去新城[①]之北三十里,山渐深,草木泉石渐幽。初犹骑行石齿[②]间,旁皆大松,曲者如盖,直者如幢,立者如人,卧者如虬[③]。松下草间有泉,沮洳[④]伏见,堕石井,锵然而鸣。松间藤数十尺,蜿蜒如大螈[⑤]。其上有鸟,黑如鸲鹆[⑥],赤冠长喙,俛而啄,磔然有声。

稍西,一峰高绝,有蹊介然[⑦],仅可步。系马石觜,相扶携而上,篁篠仰不见日。如四五里,乃闻鸡声。有僧布袍蹑履来迎,与之语,瞿而顾,如麋鹿不可接。顶有屋数十间,曲折依崖壁为栏楯,如蜗鼠缭绕,乃得出。门牖相值。既坐,山风飒然而至,堂殿铃铎皆鸣。二三子相顾而惊,不知身之在何境也。且暮,皆宿。

于时九月,天高露清,山空月明。仰视星斗,皆光大,如适在人上。窗间竹数十竿,相摩戛,声切切不已。竹间梅棕森然,如鬼魅离立突鬓[⑧]之状,二三子又相顾魄动而不得寐。迟明,皆去。

既还家数日,犹恍惚若有遇。因追记之。后不复到,然往往想见其事也。

〔注〕 ① 新城:北宋为杭州属县,后曾改名新登,今并入浙江杭州富阳市。 ② 石齿:像牙齿一样的碎石路。 ③ 虬(qiú 求):传说中的一种龙,这里用以形容盘曲的松树。 ④ 沮洳(jù rù 具缛):低湿的地带。此指泉水浸润土壤之状。 ⑤ 螈(yuán 原):蝾螈,形状像蜥蜴的两栖动物。 ⑥ 鸲鹆(qú yù 渠欲):八哥鸟。 ⑦ 有蹊介然:语出于《孟子·尽心下》:"山径之蹊,间介然用之而成路。为间不用,则茅塞之矣。"原意是:山坡的小路只一点点宽,经常去

走它便变成一条路；只要有一个时候不去走它，又会被茅草堵塞了。（引杨伯峻《孟子译注》）其中的“介然”用《荀子·修身》“善在身，介然必以自好也”的解释（介然，坚固貌）。本文作者虽仍用《孟子》字面，但已脱离原意，作界线分明解。《说文》：“介，画也。”又：“画，介也。象田四介（界）。” ⑧ 离立突鬓：离，相并、成排，离立，并立。突鬓，鬓毛（头发）树立之状。

山水游记，是我国古代散文天地中别具情趣的一角。读者的实际游踪往往是很有限的，但凭着阅读此类山水游记，人们的想象力却得以神游于无法亲往的名胜佳地，获取无穷的审美享受。这或许就是人们为什么特别爱读山水游记的缘故吧。

应该感谢本篇的作者晁补之，是他用传神的文笔，为我们勾画了新城北山那清幽迷人的胜景，为身处嚣闹尘世的广大读者提供了一个可供暂时休憩精神和净化灵魂的绝佳的艺术境界。现在就让我们随着他那四节文字来一番“游山”吧：

头一节写初入山的见闻，使人一进山就感受其极清、极幽、极静的特殊气氛。首三句“去新城之北三十里，山渐深，草木泉石渐幽”，便点明题目，拈出了此山的特色：幽深。同时，两个“渐”字，又巧妙地交代了游山的动作性。随着进山的愈深，各种自然景观联翩沓至，令人目不暇接：有草有木，有泉有石，还有飞禽走兽。然而作者在描绘其所闻所见时，看似信手而写，实是经过筛选而紧扣一个中心的，这就是：以松树为其主背景而突出其幽静的气氛。我们首先看到的便是齿牙交叉的石路旁，长满了郁郁葱葱的大松，它们“曲者如盖，直者如幢，立者如人，卧者如虬”，形态各异而招人爱赏则一。接着又在松荫底下发现了悄悄流淌的清泉，它们蜿蜒曲折，时伏时现；当其泻入古井时，竟然发出了“锵然而鸣”的音乐一般的美妙声响。读着这样的描写，我们立刻会联想到王维的诗句：“空山新雨后，天气晚来秋。明月松间照，清泉石上流”（《山居秋暝》）。尽管具体的时地并不相同，但那由松韵和泉声所交互组成的幽静诗意，却是二者所共同具有的。再下来，我们又在松林里窥见了盘缠其间的古藤，它们形如大螈，蜿蜒盘绕，这又是一幅何等神秘幽静的景象！写到这儿，气氛似乎有些静得可怕，因此作者便借松间几声“磔然有声”的鸟叫来打破这万籁俱寂的阒静；殊不知“蝉噪林愈静，鸟鸣山更幽”，八哥鸟的啄食之声恰又从反面格外烘衬了这里的寂静。行文之妙，令人赞叹。

第二节写继续登山的闻见，愈加渲染出此山的幽深僻静。作者本是骑马游山，但行至西山，遇一小径，只能步行，于是只得系马于石嘴，相互扶携而登山。由此便从侧面写出了山势之峥嵘难攀，暗示出此间的人迹罕至和十分幽静。但是就在旅伴们于仰面不见天日的竹径里穿行四五里后，忽从半空中传来了鸡鸣之声，这就告诉人们，不远处定有人居。果然，峰回路转，前面就出现了一位蹑履相迎的老僧。这里，作者是在巧作曲笔，表面似写山中有人，实际却仍在渲染此山的宁静气氛。这是因为，鸡声带给人的联想通常是养鸡的农妇和熙熙攘攘的农家生活；谁知这里的鸡却是青灯古庙中陪伴僧人、为之催晓的报时鸡，这就益知此地的地僻人稀了。接下来所写的老僧那种“瞪而顾，如麋鹿不可接”的情状，便更加强了上述印象——这位僧人对于远客非但不热情通问，反倒像桃花源中的土著居民那样乍见生人，“乃大惊”；而与之交谈，则又“不知有汉，无论魏晋”地一问三不知。僧人待客的这种冷漠与惊愕神情，已从一个方面反映了此山的绝少人来；而另一方面，游人所见的“蜗鼠缭绕”的奇特建筑，以及他们憩堂殿时所聆听的山风吹拂檐铃之声，也同样使人感到此庙之古与此山之静。这两方面的感受叠加，于是便使游人“相顾而惊”，竟产生了未知此身是否尚在人境的误觉。这一节的文字，先从实见实闻写来，最后归结到心理感受上来，其目的仍是为要突出北山的僻静幽深；而事实上，作者的这种艺术企图确已成功达到——呈现在读者眼前的种种景象（无论是山路的崎岖，竹林的蔽日，老僧的木讷，古庙的奇怪，铃声的清脆，等等），无不向人们启示：新城郊外的这座北山，除开那不知始建于何时的古刹和不知来自何地的老僧以外，简直尚未经过人化，简直还是一座未被发现的处女山！而在写毕其“不知身之在何境也”的感受之后，作者忽又作一拗笔：“且暮，皆宿”。一方面交代出登山的已告结束，另一方面又引出下文的夜宿。笔调简洁峻峭，颇具柳宗元风味。

第三节写夜宿山寺的闻见，更把读者带进了一个恍若神鬼一般的幽静冷清境界中去。起笔补叙时间（“于时九月”），以下引出“天高露清，山空月明”两句描写，用极为简洁的词语构筑成了一个极为优美静谧的诗一般的意境。紧接这种总体式的描写（主要点明季节的特点），作者又把文笔转向对于具体景物的细致观察方面：首先是“仰视星斗，皆光大，如适在人上”。此三句看似平淡无奇，实质包含了丰富的意蕴在内。李白《题峰顶寺》诗曰：“夜宿峰顶寺，举手扪星辰。不敢高声语，恐惊天上人。”晁氏对星斗显得特别“光大”（与在平地仰视的印象有所不同）与“如适在人上”的感受，一以表明山寺之高似能上接于天，二亦表现山间空气洁净，故看星斗皆亮而又大了。其次是“窗间竹数十竿，相摩戛，声切切不已”。又凭借其听觉为读者制造了一种特殊的心理氛围。再次是“竹间梅棕森然，如鬼魅离立突鬓之状”。这就更从具体的所见所闻，引导到心理感受的阴森恐怖上去，故其结尾便接言道：“二三子又相顾魄动而不得寐。迟明，皆去。”我们不难发现，前两节文字较偏重于状写客观的景物，而这一节就转向于偏重写其主观感受与心理体验。近代王国维曰："昔人论诗词，有景语、情语之别，不知一切景语皆情语也。"（《人间词话删稿》）本节中的写景，就明显带有景中寓情、情景交融的特色：在那"山空月明"的秋夜美景中，渗透着作者荡涤心肺的清爽之感；而在那"森然如鬼魅"的梅棕阴影里，又反映出作者"知不可乎久留"的恐惧之感。这样的写景，既写出了山寺的地势之高和景色之幽，同时又写出了人的精神活动。故从形神兼备的角度来看，这一节文字可谓最富耐人咀嚼的韵致和情趣。

最后一节写游山之后的回味无穷。这其实还是在对北山之美和游山之乐作一种补充和加强的描写。"既还家数日，犹恍惚若有遇"，言其印象深刻、事过而境不迁也。"后不复到，然往往想见其事也"，这又是在仿效陶渊明《桃花源记》的结尾而稍作变化，意仍在强调北山之游的常在脑海中萦绕而不能忘怀。

总起来说，晁补之的这篇《新城游北山记》是继柳宗元之后又一篇优秀的山水游记。它的成功，首先在于准确地抓住了北山的个性，精细描摹了此山极为幽静优美的特色，使人留下深刻难忘的印象；其次，又在于它能在刻画风景的同时，自然而然地表现了作者的主观感受，使得此山的一草一木、一石一泉，都富有特定的神韵和情趣。这样的游记，便是一篇活的游记——读者驰目游神于其间，不但能快意地欣赏到北山的幽静之美，而且也会同作者一样，获得精神的片刻休憩和心灵的暂时净化。不信的话，试闭目沉思，再让自己的灵魂飞回到北山的泉石草木中，重新领受一下"天高露清，山空月明"的秋夜风光，您就肯定会收到既赏心悦目又涤荡神志的奇妙功效。

（杨海明）

【作者小传】

孟元老

宋散文家。号幽兰居士。北宋时居汴京（今河南开封），南渡后，著《东京梦华录》，追忆汴京繁盛。

《东京梦华录》序

孟元老

仆从先人宦游南北，崇宁癸未到京师，卜居于州西金梁桥西夹道之南①。渐次长立，正当辇毂之下②，太平日久，人物繁阜。垂髫之童，但习鼓舞；班白之老，不识干戈。时节相次，各有观赏：灯宵月夕，雪际花时，乞巧登高，教池游苑[③]。举目则青楼画阁，绣户珠帘，雕车竞驻于天街，宝马争驰于御路。金翠耀目，罗绮飘香[④]。新声巧笑于柳陌花衢，按管调弦于茶坊酒肆。八荒争凑，万国咸通。集四海之珍奇，皆归市易[⑤]；会寰区之异味，悉在庖厨。花光满路，何限春游；箫鼓喧空，几家夜宴。伎巧则惊人耳目，侈奢则长人精神。瞻天表则元夕教池，拜郊孟享[⑥]。频观公主下降[⑦]，皇子纳妃。修造则创建明堂[⑧]，冶铸则立成鼎鼐。观妓籍则府曹衙罢，内省宴回[⑨]；看变化则举子唱名，武人换授[⑩]。仆数十年烂赏叠游，莫知厌足。

一旦兵火，靖康丙午之明年，出京南来，避地江左，情绪牢落，渐入桑榆[⑪]。暗想当年，节物风流，人情和美，但成怅恨。近与亲戚会面，谈及曩昔，后生往往妄生不然。仆恐浸久，论其风俗者，失于事实，诚为可惜。谨省记编次成集，庶几开卷得睹当时之盛。古人有梦游华胥之国[⑫]，其乐无涯者。仆今追念，回首怅然，岂非华胥之梦觉哉！目之曰《梦华录》。

然以京师之浩穰[⑬]，及有未尝经从处，得之于人，不无遗阙。倘遇乡党宿德[⑭]，补缀周备，不胜幸甚！此录语言鄙俚，不以文饰者，盖欲上下通晓尔，观者幸详焉。

绍兴丁卯[⑮]岁除日，幽兰居士孟元老序。

〔注〕 ① 崇宁：宋徽宗赵佶年号。癸未：指崇宁二年(1103)。京师：京城，此指北宋首都汴京(今河南开封)。金梁桥：宋代汴河由城内经过，有桥十三座，此为其中之一，在西水门东。② 辇毂之下：指京城，犹言在皇帝车驾之下。 ③ 相次：一个接一个。乞巧：夏历七月七日的晚间妇女向织女星乞求智巧。该书(指《东京梦华录》，下同)卷八有《七夕》条："至初六日、七日晚，贵家多结彩楼于庭，谓之'乞巧楼'。铺陈磨喝乐(亦称摩睺罗、魔合罗，即泥人)、花瓜、酒炙、笔砚、针线，或儿童裁诗，女郎呈巧，焚香列拜，谓之'乞巧'。"登高：指重阳节(夏历九月九日)登高。该书卷八《重阳》有载。教池游苑：指金明池、琼林苑的游赏。该书卷七有《三月一日开金明池琼林苑》《驾幸临水殿观争标锡宴》《驾幸琼林苑》等条记载。 ④ 天街：御街。该书卷二《御街》条曰："坊巷御街，自宣德楼一直南去，约阔二百余步。"御路：御道，在御街中心，专供皇帝车马行走的道路。 ⑤"集四海"二句：指当时繁荣的商业贸易情况。该书卷二《东角楼街巷》条记："东去乃潘楼街，街南曰鹰店，只下贩鹰鹘客，余皆真珠、匹帛、香药铺席。南通一巷，谓之'界身'，并是金银彩帛交易之所，屋宇雄壮，门面广阔，望之森然，每一交易，动即千万，骇人闻见。"此外写街市杂卖的章节尚多。 ⑥"瞻天表"二句：瞻，瞻仰。天表，皇帝的面容。该书卷六《十六日》条记："十六日车驾不出，自进早膳讫，登门，乐作，卷帘，御座临轩，宣万姓。

先到门下者，犹得瞻见天表。”拜郊，到郊外拜天帝。孟享，犹言首享，指郊天。 ⑦ 下降：指公主下嫁。 ⑧ 明堂：皇帝宣明政教之处，凡朝会及祭祀、庆赏、选士等大典，均在此处举行。 ⑨ 妓籍：入籍册的妓女。府曹：衙门。衙罢：犹言今日的下班。内省宴回：内宴和省宴(省宴指尚书省都厅宴会)结束时。 ⑩ 举子唱名：举子中进士后在朝廷按名册点名。换授：改授官职。武臣换文资及文臣换武职皆有规定，见《宋史·职官志》九。 ⑪ 靖康：宋钦宗赵桓年号。丙午之明年：指靖康二年丁未(1127)，金兵攻陷汴京。出京：逃离汴京。避地江左：逃难到江南。江左，今江浙一带。牢落：低沉，衰落。桑榆：指晚年。 ⑫ 梦游华胥之国：《列子·黄帝》：“(黄帝)昼寝，而梦游于华胥氏之国。”后用“梦华”为追怀往事恍如梦境之意。 ⑬ 浩穰：人众多的样子。浩，大。穰，盛。 ⑭ 乡党：乡里。宿德：年老而德高望重的人。 ⑮ 绍兴：南宋高宗年号。绍兴丁卯：指绍兴十七年(1147)。

宋钦宗靖康二年(1127)，北方游牧民族的铁骑长驱中原，直捣汴京(今河南开封)，掳掠徽、钦二帝及太妃、太子、宗室三千人，辇毂繁华、壮丽辉煌的宋都顷刻间烟消火灭，宗庙毁废，北宋宣告灭亡。大批臣民逃命南方，颠沛流离的生活使他们的心幕上时时闪动着汴梁的富华景象，依依不尽地频频回首那餍足人心的生活。作者孟元老怀着对往昔的无限眷念和对现实的无限伤感，撰写了《东京梦华录》。东京即北宋都城汴京。本文是冠于书首的序文。

序文对书名“梦华”作了解释：“古人有梦游华胥之国，其乐无涯者。”“梦华”即追思往事。华胥梦游，其乐无涯，但作者却无此心绪：“仆今追念，回首怅然，岂非华胥之梦觉哉”。他的心灵浸染着悲凄的情调，几乎是一步三回首，感慨系之地追思那往昔霓虹般的梦影。这种记忆经过二十年漫长岁月的冲洗，已淡化成粉红色了。序文中写到这种令人痛心的情形：“近与亲戚会面，谈及曩昔，后生往往妄生不然。”后代已逐渐失去了这种回忆，对往事颇不以为然。作者担心，随着岁月更迭，往事如烟飘散，而“论其风俗者，失于事实，诚为可惜”，于是，“谨省记编次成集，庶几开卷得睹当时之盛”。这是对《东京梦华录》写作缘起的说明，表面上看属于序文的一般通例，是备忘录，发挥一种认识效应，但实质上有着作者的深衷曲意。可以说，《东京梦华录》是“为了忘却的纪念”，为“故国不堪回首月明中”的亡国灭都之痛唱出了一曲凄婉的挽歌。明人毛晋认为“幽兰居士(孟元老自署幽兰居士)华胥一梦，直以当麦秀黍离之歌”(《津逮秘书》本《东京梦华录》跋)，确是的论。

本文“序”的文体特点，规定了其内容的概括性特征；而作者的写作目的和心态，又规定了序文具有感伤主义的情绪性特征。它不像巨室大家“暴发”式的炫富，而是破落户对往日锦衣玉食酸泪汪然的回忆。上述两种特征也具体规定了全文对衬型的结构框架，以靖康之难划出前后两种截然不同的境域。文中以“一旦兵火”为语言标记，前面文词艳丽，后面笔调沉抑，对衬型的结构框架逼发出作者黯然神颓的感伤主义情怀。对比愈强烈、愈尖锐，黍离麦秀之思就愈鲜明、愈深刻。一开始交代："仆从先人宦游南北，崇宁癸未到京师，卜居于州西金梁桥西夹道之南。""宦游"后"卜居"，是一种选择。为何选择京师？因其地繁华。时间和卜居地点交代如此清楚明白，是为着说明《东京梦华录》及其序文是以作者的亲见亲闻为基础的，增加了描述的可靠性和真实性。"渐次长立"，虽说的是逐渐大了的年龄，但应与"太平日久"的时代联系起来看，说明北宋经历了一段相当长时间的稳定繁荣期。从"正当辇毂之下"开始，文章就进入词富彩竞的描述了。"太平日久，人物繁阜。垂髫之童，但习鼓舞；班白之老，不识干戈。""垂髫"和"班白"对举，"鼓舞"与"干戈"对举，分别从两类层次的人物上说明：以"班白之老，不识干戈"，说明承平日久；"垂髫之童，但习鼓舞"，又暗含着"不识干戈"。这些都是稳定繁荣的具体表征。前述序文具有概括性特征，作者把全书的具体内容浓缩在序文中，因此，序文的所有描述文字都经过了高度提炼。而提炼方式表现在语言形式上，不以散化，而用骈化，基本上一个语言单位就表示出一种景象，并不具有一定的外在逻辑联系，如同七宝流苏，驳杂纷呈，统一于对汴梁盛景的描述，是全方位的光束投射，集合在一个亮点上。"时节相次，各有观赏"，总述一笔。"灯宵月夕，雪际花时"是泛指；"乞巧登高，教池游苑"是特指。然后，以凝练概括而蘸满色彩的文词描述了喧阗而缤纷的景象。以"举目"统领下文，"楼""阁""户""帘"都是实在性物象，但作者却以"青""画""绣""珠"加以修饰，增添了感官印象性和色彩感。作者用"天街""御路""柳陌""花衢""茶坊""酒肆"，涵括了当年汴梁城的所有领域，繁声竞响，光影满目：既有图景描述，如"竞驻于天街"，"争驰于御路"；又有色彩点缀，如"金翠""罗绮"；且有声的渲染，如"新声巧笑"，"按管调弦"。然后，作者把笔墨推拓开去，"八荒争凑，万国咸通"，转入美食享用的描述："集四海之珍奇，皆归市易；会寰区之异味，悉在庖厨。"不仅有美食果腹，而且身居京师，眼福非浅。上而至于亲睹龙颜："瞻天表则元夕教池，拜郊孟享。频观公主下降，皇子纳妃。"下而至于"观妓籍则府曹衙罢，内省宴回"；并能"看变化则举子唱名，武人换授"。所有这些描述，颇有点汉代大赋遗风，从九重之尊至勾栏瓦肆，尽行罗织；社会各领域，一齐展现，似为北宋汴京百科全书，又似北宋画家张择端的《清明上河图》，只是一者是以语言为载体，一者以线条为媒介而已。作者铺张扬厉，山倾海溢，种种物象迸跳在笔触之间，奔赴纸上，铺排在一个硕大的平面画卷上。意象纷纭，又带有焰花发射的特征。衣食住行皆有，声色视听兼备，秾艳斑斓，堂而皇哉，视觉上令人饱餍，听觉上使人迷醉，犹不足以尽感官的满足。这是一种社会占有欲的统治心理反映。所以，作者一笔加以总括:“仆数十年烂赏叠游,莫知厌足。”它虽有汉赋风味,但又无汉赋的臃肿堆垛,物象的概括尚较简洁,语言的结构更见灵巧,以四字句为主,又间以对衬性长句调剂。不全用骈俪,首尾均出之以一般散句。同时,它不是物象的横堆竖砌,现象的滥撷乱取,而是字缝之间潜流着浓重的情绪失落感,因此,笔锋一转,意象陡变,情绪暴落,“出京南来,避地江左,情绪牢落,渐入桑榆”。“桑榆”与前文“渐次长立”对应。处于凄寒环境、垂暮老境、牢落心境中,更易萌发思旧之念,便油然“暗想当年”。今昔的巨大反差,愈回忆,愈会出现心理的不平衡和压迫感,因此,对衬型的环境、心境结构便汇拢到这里绾合起来:“节物风流,人情和美,但成怅恨”,遂成为全篇最有感伤意味的笔墨。序文对全书内容作了提纲挈领的概括,所有描述各各在书中有具体体现;它不是纯然罗列现象,而是满含着沉痛情感地回顾,布满了愁云惨雾,奏出半是依恋半是挽歌的凄清曲,形成了全文概括性和情感性的结合特征。

(吴功正 陆志平)

【作者小传】

李清照

(1084—约1151) 南宋女词人。号易安居士。齐州章丘(今山东济南)人。著名学者李格非之女。少以才藻见称。早年生活优裕,助夫赵明诚搜集研究金石书画。金兵入据中原,南下江宁(今江苏南京)。夫病死后,流寓南方,境遇孤苦。工诗善文,尤精于词,为词中婉约派代表。前期作品多写悠闲的少女、少妇情怀;后期作品多悲叹身世,情调忧伤,时流露对中原的怀念。后人辑其作品为《漱玉集》。今人辑有《李清照集》。

《金石录》后序

李清照

右《金石录》三十卷者何?赵侯德父[①]所著书也。取上自三代[②],下迄五季[③],钟、鼎、甗、鬲、盘、匜、尊、敦之款识[④],丰碑大碣、显人晦士之事迹,凡见于金石刻者二千卷,皆是正讹谬,去取褒贬,上足以合圣人之道,下足以订史氏之失者皆载之,可谓多矣。呜呼!自王播、元载之祸,书画与胡椒无异[⑤];长舆、元凯之病,钱癖与《传》癖何殊[⑥]?名虽不同,其惑一也。

余建中辛巳[7]，始归赵氏。时先君[8]作礼部员外郎，丞相[9]作吏部侍郎，侯年二十一，在太学[10]作学生。赵、李族寒，素贫俭，每朔望谒告[11]出，质衣取半千钱，步入相国寺[12]，市碑文果实归，相对展玩咀嚼，自谓葛天氏之民[13]也。后二年，出仕宦，便有饭蔬衣练[14]，穷遐方绝域，尽天下古文奇字[15]之志。日就月将[16]，渐益堆积。丞相居政府，亲旧或在馆阁，多有亡诗、逸史，鲁壁、汲冢[17]所未见之书，遂尽力传写，浸觉有味，不能自已。后或见古今名人书画，一代奇器，亦复脱衣市易。尝记崇宁[18]间，有人持徐熙[19]《牡丹图》求钱二十万。当时虽贵家子弟，求二十万钱岂易得耶？留信宿[20]，计无所出而还之。夫妇相向惋怅者数日。

后屏居乡里十年[21]，仰取俯拾，衣食有余。连守两郡[22]，竭其俸入以事铅椠[23]。每获一书，即同共勘校，整集签题。得书画彝鼎，亦摩玩舒卷，指摘疵病，夜尽一烛为率。故能纸札精致，字画完整，冠诸收书家。余性偶强记，每饭罢，坐归来堂[24]烹茶，指堆积书史，言某事在某书某卷第几叶第几行，以中否角胜负，为饮茶先后。中即举杯大笑，至茶倾覆怀中，反不得饮而起。甘心老是乡矣！故虽处忧患困穷，而志不屈。

收书既成，归来堂起书库大橱，簿甲乙[25]，置书册。如要讲读，即请钥上簿[26]，关出卷帙[27]。或少损污，必惩责揩完涂改，不复向时之坦夷也。是欲求适意而反取憀栗[28]。余性不耐，始谋食去重肉，衣去重采，首无明珠翡翠之饰，室无涂金刺绣之具，遇书史百家字不刓阙、本不讹谬者，辄市之，储作副本。自来家传《周易》《左氏传》，故两家者流，文字最备。于是几案罗列，枕席枕藉，意会心谋，目往神授，乐在声色狗马之上。

至靖康丙午岁[29]，侯守淄川[30]。闻金人犯京师，四顾茫然，盈箱溢箧，且恋恋，且怅怅，知其必不为己物矣。建炎丁未[31]春三月，奔太夫人丧南来。既长物[32]不能尽载，乃先去书之重大印本者，又去画之多幅者，又去古器之无款识者，后又去书之监本[33]者，画之平常者，器之重大者。凡屡减去，尚载书十五车。至东海，连舻渡淮，又渡江，至建康[34]。青州故第，尚锁书册什物，用屋十余间，期明年春再具舟载之。十二月，金人陷青州，凡所谓十余屋者，已皆为煨烬矣。

建炎戊申[35]秋九月，侯起复，知建康府。己酉春三月罢，具舟上芜湖[36]，入姑孰[37]，将卜居赣水上[38]。夏五月，至池阳[39]，被旨知湖州[40]，过阙上殿。遂驻家池阳，独赴召。六月十三日，始负担舍舟，坐岸上，葛衣岸巾[41]，精神如虎，目光烂烂射人，望舟中告别。余意甚恶，呼曰："如传闻城中缓急，奈何?"戟手[42]遥应曰："从众。必不得已，先去辎重，次衣被，次书册卷轴，次古器。独所谓宗器者，可自负抱，与身俱存亡，勿忘之!"遂驰马去。途中奔驰，冒大暑，感疾。至行在[43]，病痁[44]。七月末，书报卧病。余惊怛，念侯性素急，奈何病痁？或热，必服寒药，疾可忧。遂解舟下，一日夜行三百里。比至，果大服柴胡、黄芩药，疟且痢，病危在膏肓[45]。余悲泣，仓皇不忍问后事。八月十八日，遂不起，取笔作诗，绝笔而终，殊无分香卖履之意[46]。

葬毕，余无所之。朝廷已分遣六宫[47]，又传江当禁渡。时犹有书二万卷，金石刻二千卷，器皿茵褥可待百客，他长物称是。余又大病，仅存喘息，事势日迫，念侯有妹婿任兵部侍郎，从卫在洪州[48]，遂遣二故吏先部送行李往投之。冬十二月，金人陷洪州，遂尽委弃。所谓连舻渡江之书，又散为云烟矣。独余少轻小卷轴、书帖，写本李、杜、韩、柳集，《世说》，《盐铁论》，汉、唐石刻副本数十轴，三代鼎鼐十数事，南唐写本书数箧，偶病中把玩，搬在卧内者，岿然独存。

上江[49]既不可往，又虏势叵测。有弟迒，任敕局删定官[50]，遂往依之。到台，台守已遁[51]，之剡[52]。出陆[53]，又弃衣被走黄岩[54]，雇舟入海奔行朝。时驻跸章安[55]，从御舟海道之温[56]，又之越[57]。庚戌[58]十二月，放散百官[59]，遂之衢[60]。绍兴辛亥[61]春三月，复赴越。壬子[62]，又赴杭。先侯疾亟时，有张飞卿学士，携玉壶过视侯，便携去，其实珉[63]也。不知何人传道，遂妄言有颁金[64]之语，或传亦有密论列[65]者。余大惶怖，不敢言，亦不敢遂已，尽将家中所有铜器等物，欲赴外廷[66]投进。到越，已移幸四明[67]。不敢留家中，并写本书寄剡。后官军收叛卒，取去，闻尽入故李将军家。所谓岿然独存者，无虑十去五六矣。惟有书画砚墨可五七簏，更不忍置他所，常在卧榻下，手自开阖。在会稽[68]，卜居土民钟氏舍，忽一夕，穴壁负五簏去。余悲恸不已，重立赏收赎。后二日，邻人钟复皓出十八轴求赏，故知其盗不远矣。万计求之，其余遂牢不可出。今知尽为吴说运使[69]贱价得之。所谓岿然独存者，乃十去其七八。所有一二残零不成部帙书册，三数种平平书帖，犹复爱惜如护头目，何愚也邪！

今日忽阅此书，如见故人。因忆侯在东莱静治堂[70]，装卷初就，芸签缥带[71]，束十卷作一帙。每日晚吏散，辄校勘二卷，跋题一卷。此二千卷，有题跋者五百二卷耳。今手泽[72]如新而墓木已拱[73]，悲夫！

昔萧绎江陵陷没，不惜国亡而毁裂书画[74]；杨广江都倾覆，不悲身死而复取图书[75]。岂人性之所著[76]，死生不能忘之欤？或者天意以余菲薄，不足以享此尤物[77]耶？抑亦死者有知，犹斤斤爱惜，不肯留在人间耶？何得之艰而失之易也？呜呼！余自少陆机作赋之二年[78]，至过蘧瑗知非之两岁[79]，三十四年之间，忧患得失，何其多也！然有有必有无，有聚必有散，乃理之常。人亡弓，人得之[80]，又胡足道！所以区区记其终始者，亦欲为后世好古博雅者之戒云。

绍兴二年玄黓岁壮月朔甲寅[81]，易安室[82]题。

〔注〕 ① 赵侯德父：侯，古时士大夫平辈之间的尊称。德父，赵明诚的字。 ② 三代：指夏、商、周三朝。 ③ 五季：五代，指后梁、后唐、后晋、后汉、后周。 ④ 甗（yǎn 衍）：古代陶制炊具。鬲（lì 历）：古代烹饪器。匜（yí 移）：盛水的器具。尊：盛酒器。敦（duì 对）：青铜制

食器。款识：古代钟鼎彝器上铸刻的文字。 ⑤ 王播、元载之祸：王播，清人何焯校改为王涯，可从。王涯，唐文宗时宰相，为宦官所杀，家产被抄没，其家中复壁秘藏历代名贵书画，被人打开，抢走饰有金玉的匣轴而弃其书画于道路间。元载，唐代宗时官至同中书门下平章事（宰相），后因罪赐死，抄其家时仅胡椒就有八百石，余物更不可尽数。 ⑥ 长舆、元凯之病：和峤字长舆，晋武帝时官至中书令，家财丰足，然性极吝啬，被称为有"钱癖"。元凯是杜预的字，西晋灭吴的大将，著有《春秋左氏经传集解》，自称有"《左传》癖"。 ⑦ 建中辛巳：宋徽宗建中靖国元年(1101)。 ⑧ 先君：指李已故的父亲李格非。 ⑨ 丞相：指赵的父亲赵挺之，他在崇宁四、五年(1105—1106)曾任尚书右仆射兼中书侍郎（相当于古代的丞相）。 ⑩ 太学：京师的最高学府。 ⑪ 朔望谒告：旧历初一、十五日例行休假。 ⑫ 相国寺：东京（今河南开封）有名的集市及游玩处。《东京梦华录》卷三："殿后资圣门前，皆书籍玩好图画之类。" ⑬ 葛天氏之民：远古时代生活简朴而安定的平民。葛天氏，相传为远古帝号。 ⑭ 纾（shū 疏）：粗布。 ⑮ 古文奇字：汉王莽时有六体书，其一曰古文，其二曰奇字。古文指孔子宅壁中书字体，奇字即古文之异体字。 ⑯ 日就月将：日积月累。语出于《诗·周颂·敬之》。 ⑰ 亡诗、逸史、鲁壁、汲冢：亡诗指今本《诗经》三百零五篇以外之诗。逸史是正史以外的史书。鲁壁指孔子宅壁，其中觅到古文《尚书》及《礼记》等前所未见的古书。汲冢，晋武帝时汲郡人从魏襄王墓中觅得竹简小篆古书十余万言。 ⑱ 崇宁：宋徽宗年号(1102—1106)。 ⑲ 徐熙：五代时南唐大画家。 ⑳ 信宿：住两夜。 ㉑ 屏居乡里十年：屏居，退职闲居。赵挺之死后被追夺赠官，赵明诚遂与李清照长期屏居青州（今山东益都）乡间。 ㉒ 连守两郡：赵明诚先后做过莱州（治今山东掖县）、淄州（治今山东淄博）的知州。 ㉓ 铅椠（qiàn 欠）：指校订工作。铅，指铅粉笔，用以改字。椠，书写的木板。 ㉔ 归来堂：在青州赵氏故第内，取陶渊明《归去来辞》之意名其堂。 ㉕ 簿甲乙：分门别类编订目录。 ㉖ 请钥上簿：取出钥匙，登记上本。 ㉗ 关出卷帙：关出，检出。卷帙，合数卷为一帙，指书本。 ㉘ 憀（liáo 聊）栗：不安。 ㉙ 靖康丙午岁：宋钦宗靖康元年(1126)。 ㉚ 淄川：即淄州。 ㉛ 建炎丁未：宋高宗建炎元年(1127)。 ㉜ 长（zhàng 障）物：多余的东西。 ㉝ 监本：五代以来国子监所刻的书本，在当时为通行本。 ㉞ 建康：今江苏南京。 ㉟ 建炎戊申：建炎二年。 ㊱ 芜湖：今属安徽。 ㊲ 姑孰：今安徽当涂。 ㊳ 赣水：即江西赣江。赣水上，指今江西省地区。联系下文看，当指洪州（今南昌市）。 ㊴ 池阳：今安徽贵池。 ㊵ 湖州：今属浙江。 ㊶ 葛衣岸巾：葛衣，夏衣。岸巾，戴头巾露额。 ㊷ 戟手：徒手屈肘，用食指、中指指点，其状如戟形。 ㊸ 行在：皇帝出行所在之地。此指建康。 ㊹ 痁（diàn 店）：疟疾。 ㊺ 病危在膏肓（huāng 荒）：不可救治之症。 ㊻ 分香卖履：陆机《吊魏武帝文序》记曹操临终前遗令曰："余香可分与诸夫人。诸舍中（姬妾）无所为，学作履组卖也。"此处全句意谓赵明诚临死时对妻子不作琐事嘱咐。 ㊼ 分遣六宫：时金兵南下，南宋朝廷实行疏散政策。六宫，指皇后妃嫔。建炎三年七月，隆祐太后（哲宗孟皇后）率六宫往洪州（今江西南昌）。 ㊽ 从卫在洪州：在洪州护卫隆祐太后。 ㊾ 上江：安徽以上为上江（长江上游）。此指江西省。 ㊿ 敕局删定官：敕局，即编修敕令所，属枢密院，掌管收集诏旨类编成书之事。删定官是其属官。 (51) 台：台州，治所在今浙江台州临海。《宋史·高宗纪》：建炎四年正月，"台州守臣晁公为弃城遁"。 (52) 剡（shàn 善）：今浙江绍兴嵊州旧名。 (53) 出陆：原作"出睦"，误，据别本改。因睦州（治所在今浙江建德）距台州很远，作者此时正南走黄岩，不会绕道浙西睦州。 (54) 黄岩：今属浙江。 (55) 驻跸（bì 必）章安：皇帝出行，沿途暂驻曰驻跸。章安：镇名，在今浙江临海东南。 (56) 温：今浙江温州。建炎四年二月，宋高宗至温州。 (57) 越：今浙江绍兴。同年四月，高宗至越州。 (58) 庚戌：建炎四年(1130)。　⑲ 放散百官：疏散众官。李心传《建炎以来系年要录》载建炎四年十一月："自金人破楚州(今江苏淮安)，游骑至江上，朝廷震恐，乃议放散百司。"又："诏放散行在百司，除侍从、台谏官外……并量留官吏，余令从便寄居，候春暖赴行在。"时高宗在越州。　⑳ 衢：今浙江衢州。　㉑ 绍兴辛亥：宋高宗绍兴元年(1131)。　㉒ 壬子：绍兴二年。　㉓ 珉(mín 民)：似玉的美石。　㉔ 颁金：意谓将玉壶赠给金人。　㉕ 密论列：向朝廷秘密检举。　㉖ 外廷：朝廷不在京师，称外廷。　㉗ 四明：明州，今浙江宁波。建炎三年十二月，高宗至明州。　㉘ 会稽：今浙江绍兴。　㉙ 吴说：字傅朋，钱塘(今浙江杭州)人，王令外孙，其父吴师礼《宋史》有传。擅书法，楼钥称其"游丝字"前无古人。运使：宋朝"路"一级管财粮的官员转运使的简称。　㉚ 东莱：即莱州，治所在今山东掖县。静治堂：赵明诚任莱州知州时的厅堂名。　㉛ 芸签缥(piǎo 漂)带：芸签，书签的雅称。古人藏书多用芸香驱蠹，故名。缥带，淡青色的带子，用以束卷轴。　㉜ 手泽：手汗，后亦借指先人的遗物或手迹。　㉝ 墓木已拱：墓前树木已可两手合抱，言人死已久。　㉞"萧绎"二句：梁元帝萧绎即位于江陵(今属湖北)。承圣三年(554)西魏兵攻陷江陵，萧绎聚所藏图书十余万卷焚烧之。　㉟"杨广"二句：隋炀帝杨广于义宁二年(618)在江都(今江苏扬州)被宇文化及所杀。其"不悲身死而复取图书"事，据《太平广记》卷二八〇《炀帝》所载："武德四年东都(洛阳)平后，观文殿宝厨新书八千许卷，将载还京师(长安)。上官魏梦见炀帝大叱云：'何因辄将我书向京师！'于时太府卿宋遵贵监运东都调度，乃于陕州下书著大船中，欲载往京师。于河值风覆没，一卷无遗。上官魏又梦见帝喜云：'我已得书。'帝平存之日，爱惜书史，虽积如山丘，然一字不许外出。及崩亡之后，神道犹怀爱吝。按宝厨新书者，并大业(炀帝年号)所秘之书也。"(出《大业拾遗》)　㊱ 著(zhúo 酌)：执著，系念。㊲ 尤物：最好的东西。　㊳ 少陆机作赋之二年：指十八岁。杜甫《醉歌行》："陆机二十作《文赋》。"故云。　㊴ 过蘧瑗知非之两岁：指五十二岁。蘧瑗，字伯玉，春秋时卫国大夫。《淮南子·原道训》："蘧伯玉年五十而知四十九年非。"　㊵ 人亡弓，人得之：《孔子家语·好生》载楚恭王出游，亡弓，左右请求之。王曰："已(止)之。楚人失之，楚人得之，又何求焉?"孔子闻之曰："惜乎其不大也。亦曰'人遗弓，人得之'而已，何必楚也。"作者用此典故，意在自我宽慰：自己虽然失掉了金石书画，但别人得到了也是一样。　㊶ 绍兴二年玄黓岁壮月朔甲寅：绍兴二年为1132年。玄黓(yì 意)，《尔雅·释天》："太岁在壬曰玄黓"。绍兴二年适为壬子年。壮月：八月。《尔雅·月阳》："八月为壮"。朔，农历每月初一为朔。甲寅，即八月朔日的干支名，但据后人考证，绍兴二年八月朔并非甲寅而为戊子，甲寅为八月二十七日。李慈铭疑"朔"字前脱"戊子"二字。又据洪迈《容斋四笔·赵德甫金石录》条谓《后序》作于绍兴四年(1134)，姑备一说。　㊷ 易安室：李清照自号易安居士，易安室为其书斋名。

《金石录》是一部学术著作，收录自上古至五代的钟鼎彝器铭文款识与碑铭墓志等金石文字，并加考订，编排成帙。为这样的著作写序，按例多就书而论书，谈论与之有关的一些学术问题，因而充其量只是该书的附属或补充而已。但这篇《〈金石录〉后序》却与一般的序跋不同，它非但在写作的内容与角度上打破常规，而且另还具有它自身独立的史学价值和文学价值。如果说，《金石录》的主要作者赵明诚因该书而获得了"考据精慎，远出(欧阳修)《集古录》之上"(李慈铭《越缦堂读书记》)的崇高学术评价的话，那么我们也可据《后序》而评价它的作者李清照：她所记载的南渡初年戎马倥偬、动荡离乱的真实情况，其史料价值并不下于《建炎以来系年要录》等史书，某些地方还可补史书之不足；而她自述的家庭之盛衰变化，身世之坎坷飘零，其凄恻动人的艺术感染力也堪与当年蔡琰的《悲愤诗》相比。本文重在文学欣赏，故把注意力集中在其文学价值的研析上。

人多知道，李清照是一位卓越的女词人。她南渡以后的词作，多以女性细腻的笔触，哀婉地倾诉其国破家亡之后的今昔对比之情和忧患身世之感。如其《南歌子》词曰："旧时天气旧时衣，只有情怀不似旧家时！"又如其《孤雁儿》词曰："小风疏雨萧萧地，又催下千行泪。吹箫人去玉楼空，肠断与谁同倚？一枝折得，人间天上，没个人堪寄。"再如其《转调满庭芳》词写到当年曾与丈夫一起"生香熏袖，活火分茶"，而"如今也，不成怀抱，得似旧时那"？从这些词中，隐约可知她从前曾与赵明诚有过一段十分美满幸福的家庭生活；可南渡之后，丈夫病殁，人去楼空，只剩下一腔对于"旧时"的眷念犹时时涌塞在胸间。不过，由于词是抒情文体，以描摹心态为主，所以还不能从中真切地重睹当年她与丈夫的那番生活经历，也无法直接得见李清照本人在国破家亡后的悲惨景况；而现在，这篇《后序》却补足了此种缺憾，它以十分细腻的文笔重现了这两段使人难以忘怀的旧日情景。

序文头两句就从书而及人："右《金石录》三十卷者何？赵侯德父所著书也。"在跳过对《金石录》一书的交代和所联发的感慨之后（对此，后文还要简单补叙），读者眼前很快就像"过电影"一样展现了赵、李家庭生活及其变故的一幕幕情状：

李清照嫁赵明诚时，赵二十一岁，李一十八岁。那时两人还是一对缺乏独立经济来源的新婚夫妇，可他们志趣不俗，爱好相投，每逢假日，不惜典当了自己的衣服换钱，去大相国寺购旧书碑文，同时买些果品，回家后"相对展玩咀嚼"，自以为像太古葛天氏时代的人那样愉快。读了这一节描述，与其说是感到了他们经济生活方面的缺匮，毋宁说是感到了他们精神生活方面的充实和满足，其原因即在于他们同甘共苦、志同道合。而读到赵明诚出仕以后，两人经常节衣缩食（甚至"脱衣市易"）、罄其所蓄地去购买古书文物的描绘，特别当因《牡丹图》无力求得而"夫妇相向惋怅者数日"那一节文字时，不禁要感叹这一对"书呆子夫妇"的爱书画如"痴"了！

事情随之发生了某些变化：赵明诚在出仕四年之后，由于父丧而去官（这与蔡京一伙的攻讦也有关系），遂与李清照回到青州（今山东青州市）乡间屏居，前后达十年之久。这对于一般的士大夫文人而言，自然是件不幸乃至痛苦的事；可是对于赵、李夫妇来说，却似乎反为他俩提供了一个"得其所哉"的机遇。于是他们就有充分的时间和精力，来尽心整理和欣赏自己搜集的文物和古籍。读着这样的句子："每获一书，即同共勘校，整集签题。得书画彝鼎，亦摩玩舒卷，指摘疵病，夜尽一烛为率。"谁能不为这对夫妇在这种辛劳和高雅的学术劳动中寻觅到无限乐趣而感到由衷的钦佩和倾心的欣羡？当然，由于这一段岁月相当漫长，且在局外人看来也许显得平淡无奇，因而如叫旁人记述，或可略作交代即几笔带过；然而在当事人之一的李清照看来——尤其是在亡夫赵明诚墓木已拱之后重睹其手泽如新的遗迹时，这一段夫妇灯下共同校书赏画的生活，却成了她一生中最值得追忆和回味的"黄金年代"！因此，她在此时抛弃了一般序文那种比较拘谨的文笔，而用她那活泼而细腻的女性笔触描绘了一幕夫妇赌茶的闺中行乐"小戏"："余性偶强记，每饭罢，坐归来堂烹茶，指堆积书史，言某事在某书某卷第几叶第几行，以中否角胜负，为饮茶先后。"当然，输者通常是记性不及李清照的赵明诚，故而连赢多次的妻子"中即举杯大笑，至茶倾覆怀中，反不得饮而起"。这样的描写，多么真切，多么生动，多么富有家庭气氛和人情味！相比之下，即连韩、柳、欧、苏那些著名的古文名篇，其叙事记人的传神程度，都要在这位并不以散文驰名的女作家面前，逊色三分了。

然而，就在赵、李夫妇甘心终老于这种与世无争的学术生涯之中时，"胡兵忽自天上来"(李诗《浯州中兴颂》)，金兵攻破东京的恶耗犹如晴天霹雳一般，惊断了他俩白头偕老的美梦。从此，风云变色，惊涛迭起，这个恩爱家庭的命运也就像骇浪中的一只小舟那样，屡遭撞击，终于无法抵御，先是随波颠沛，最后被迫解体。从"靖康丙午岁"开始，作者便用史家纪年甚至是纪月纪日的沉重笔调，为我们勾画了这只"小舟"逐渐走向沉没的一幕幕揪人肝肠的镜头。其间大约经历了这么几个阶段：

先从靖康元年(1126)赵明诚出守淄川到次年十二月金人攻陷青州，他俩预感前途不妙，把家乡的书画文物忍痛割爱，反复淘选，载了十五车运往建康。而留在故宅的十余屋书册什物果然被乱兵付之一炬，尽化灰烬。

次从建炎二年(1128)至次年八月十八日，赵明诚复知建康府，旋即罢官，后又奉旨赶赴建康见高宗，终于病死建康，这一时期更给李清照带来了家破人亡的巨大打击。请读她对丈夫临别时的描写："六月十三日，始负担舍舟，坐岸上，葛衣岸巾，精神如虎，目光烂烂射人。"这犹是何等地神采奕奕！可是事隔二月，当李"一日夜行三百里"地赶到病榻前时，赵已病危在膏肓，终于"取笔作诗，绝笔而终"。而在似乎有预感将会发生某种不幸的夫妇岸边诀别时，两人的对话中，念念不忘的竟仍是那从家乡带出的十五车文物图书："余意甚恶，呼曰：'如闻城中缓急，奈何？'戟手遥应曰：'从众。必不得已，先去辎重，次衣被，次书册卷轴，次古器。独所谓宗器者，可自负抱，与身俱存亡，勿忘之!'"常言说："患难见真情。"在这戎马倥偬、形势危急之秋，这对夫妇心之所系，不是家财辎重，甚至也不是生命安全(观其"抱宗器而与身俱存亡"可知)，而是二人共同用心血积聚起来的祖国文化瑰宝，这种两心相通的事业心和责任感，是多么令人感动!

再从葬毕丈夫直到书写《后序》的三年间，李清照孤身一人携带着二万卷书、二千卷金石碑刻及其他文物，到处飘零；而在途中，因遇乱兵及盗贼，这些宝藏最后十去其七八，只剩下寥寥可数的几种。这对她来说，又是夫亡之后的又一大精神打击。她先欲奔洪州投亲不果，改赴台州、黄岩，再雇舟入海，由海道赴温州、越州、衢州，遂后又赴越州、杭州。这一条路线，基本是追随着宋高宗避难南逃的踪迹行走的。那逐年逐月的记载，很可补史传之不足，从中也可见出这位贵族妇女在国家多难之际所遭受的颠沛流离之苦和她对于朝廷的一片忠诚。行文至此，作者就用这样的语句结束了对于往事的回忆，并把读者带回到她写序时的现实环境中来："今日忽阅此书，如见故人……今手泽如新而墓木已拱，悲夫!"此时读者似见赵明诚坟头的松柏摇曳于晚风夕阳之中，又见一位老境渐迫的憔悴妇人正在独对青灯，翻阅遗卷，真令人欷歔叹息，悲不自胜!

总之，正如李清照自己所说："三十四年之间，忧患得失，何其多也!"

这篇《后序》的最大成功在于：环绕着书籍文物的聚散得失(先聚后散，先得后失)这一中心线索，实际写出了一个小家庭由盛变衰、由美满至破碎的经历，并在更加广阔的背景上显示了两宋之交国家和民族所遭受的巨大灾难。而在字里行间，又处处充溢着由社稷变置的政治感慨，华屋山丘的身世感慨所共同交织成的忧患意识。这样，它就具有了"小中见大"(由家庭而见国家)、"因物见人"(由书籍的得失聚散而见人世的悲欢离合)的生活广度和思想深度，具有很高的史学价值和认识意义。以上是就其思想性来说的。而就其文学性来说，则第一，由于文章是在睹物怀人、痛定思痛的精神状态下写就的，所以感情极其诚挚和沉痛，极易拨动读者的心弦；第二，三十四年间的往事甚多，而作者只选择经过时间淘选仍不能忘怀的若干情节来写，写到酣畅处还不惜用细笔来勾勒人物形象，摹写声音笑貌，使读者如同置身其间，亲历其境，这更容易使人获得真切的感受和产生强烈的感染；第三，除了依靠"以情动人"和"以形象感人"这两个特点之外，语言的朴素自然和笔触的委婉细腻，也是本文收到良好艺术效果的妙处之一。我们注意到，本文的语言相当疏秀淡雅，绝少一般古文那种"头巾气"，而任凭胸中的一腔真情勃涌流淌，真可谓达到了文由情生、情由文见的"自然而工"的境地。而随着文情的跌宕起伏，或叙事，或议论，或状物，或抒情；或凝重，或轻快，或严肃，或平缓；其手法和笔调矫健多变，但又在总体上呈现出委婉细腻、娓娓道来的统一格调。朱熹论欧阳修文时曾说："虽文淡，却美丽，有好处，有不可及处。"此语如移用来评这篇《后序》，倒是十分恰切的。

当然以上所论乃是我们所特别看重于李文的地方，故不惮抉出详作评析。就李文本身而言，除开这些以外，也还另有其他内容。主要是：第一，对于《金石录》一书的高度评价和褒扬（"是正讹谬，去取褒贬，上足以合圣人之道，下足以订史氏之失"一节）。第二，她本人对于"藏书癖"的看法，认为这也是人生之一"惑"；且"有聚必有散，乃理之常"，今日书散人亡，亦何足道哉！这些，又都可看作是她自嘲和自慰的"反语"，更足增添本文的忧患气氛和伤感色彩。

（杨海明）

【作者小传】

胡　铨

（1102—1180）　南宋大臣。字邦衡，号澹庵。吉州庐陵（今江西吉安）人。建炎进士。曾在赣州招募义兵抗金，保卫乡里。后任枢密院编修官。因上疏请诛秦桧等，被贬。孝宗即位后被起用，历任国史院编修官、兵部侍郎等职。一生反对和议。能诗词，多抒爱国忧愤情怀。著有《澹庵文集》。

戊午上高宗封事　　胡　铨

绍兴八年[①]十一月日，右通直郎、枢密院编修官[②]臣胡铨，谨斋沐裁书，昧死百拜献于皇帝陛下：

臣谨案：王伦[③]本一狎邪小人，市井无赖，顷缘宰相无识，遂举以使虏。专务诈诞，欺罔天听。骤得美官[④]，天下之人切齿唾骂。今者无故诱致虏使，以诏谕江南[⑤]为名，是欲臣妾我也[⑥]，是欲刘豫我也[⑦]。刘豫臣事丑虏，南面称王，自以为子孙帝王万世不拔之业，一旦豺狼改虑，捽而缚之，父子为虏[⑧]。商鉴不远[⑨]，而伦又欲陛下效之。

夫天下者，祖宗之天下也；陛下所居之位，祖宗之位也。奈何以祖宗之天下为犬戎[⑩]之天下，以祖宗之位为犬戎藩臣之位乎？陛下一屈膝，则祖宗庙社之灵，尽污夷狄；祖宗数百年之赤子，尽为左衽[11]；朝廷宰执，尽为陪臣[12]；天下之士大夫，皆当裂冠毁冕，变为胡服。异时豺狼无厌之求，安知不加我以无礼，如刘豫者哉？

夫三尺童子至无知也，指犬豕而使之拜，则怫然怒。今丑虏，则犬豕也，堂堂天朝，相率而拜犬豕，曾童稚之所羞，而陛下忍为之耶？

伦之议乃曰："我一屈膝，则梓宫可还，太后可复，渊圣可归，中原可得[13]。"呜呼！自变故以来，主和议者，谁不以此说啖陛下哉？而卒无一验，是虏之情伪[14]，已可知矣。而陛下尚不觉悟，竭民膏血而不恤，忘国大仇而不报，含垢忍耻，举天下而臣之，甘心焉！就令虏决可和，尽如伦议，天下后世谓陛下何如主！况丑虏变诈百出，而伦又以奸邪济之，梓宫决不可还，太后决不可复，渊圣决不可归，中原决不可得。而此膝一屈不可复伸，国势陵夷不可复振，可为痛哭流涕长太息矣[15]。

向者陛下间关海道[16]，危如累卵，当时尚不肯北面臣虏，况今国势稍张，诸将尽锐，士卒思奋，只如顷者丑虏陆梁[17]，伪豫入寇，固尝败之于襄阳[18]，败之于淮上[19]，败之于涡口[20]，败之于淮阴[21]，较之前日蹈海之危已万万矣。倘不得已而遂至于用兵，则我岂遽出虏人下哉？今无故而反臣之，欲屈万乘之尊[22]，下穹庐之拜[23]，三军之士不战而气已索。此鲁仲连所以义不帝秦[24]，非惜夫帝秦之虚名，惜天下大势有所不可也。今内而百官，外而军民，万口一谈，皆欲食伦之肉。谤议汹汹，陛下不闻。正恐一旦变作，祸且不测。臣窃谓不斩王伦，国之存亡未可知也。

虽然，伦不足道也，秦桧以腹心大臣而亦为之。陛下有尧舜之资，桧不能致陛下如唐虞，而欲导陛下如石晋[25]。近者礼部侍郎曾开等引古谊以折之，桧乃厉声曰："侍郎知故事，我独不知！"则桧之遂非狠愎，已自可见。而乃建白，令台谏从臣佥议可否[26]，是明畏天下议己，而令台谏从臣共分谤耳。有识之士，皆以为朝廷无人。吁！可惜哉！孔子曰："微管仲，吾其被发左衽矣[27]。"夫管仲，霸者之佐耳，尚能变左衽之区为衣冠之会。秦桧，大国之相也，反驱衣冠之俗，归左衽之乡；则桧也，不惟陛下之罪人，实管仲之罪人矣。

孙近附会桧议，遂得参知政事[28]。天下望治，有如饥渴，而近伴食中书[29]，漫不敢可否事。桧曰"虏可和"；近亦曰"可和"。桧曰"天子当拜"；近亦曰"当拜"。臣尝至政事堂，三发问而近不答，但曰："已令台谏侍从议矣。"呜呼！参赞大臣徒取容充位如此，有如虏骑长驱，尚能折冲御侮耶？臣窃谓秦桧孙近亦可斩也。

臣备员枢属，义不与桧等共戴天。区区之心[30]，愿斩三人头，竿之藁街[31]，然后羁留虏使，责以无礼，徐兴问罪之师，则三军之士不战而气自倍。不然，臣有赴东海而死耳[32]，宁能处小朝廷求活耶？小臣狂妄，冒渎天威，甘俟斧钺，不胜陨越之至[33]！

〔注〕 ① 绍兴八年：绍兴，宋高宗年号。八年为公元1138年。 ② 右通直郎、枢密院编修官：右通直郎是从六品阶官，仅以表示资历及官俸待遇等级。枢密院编修官是其实际职务。 ③ 王伦：字正道，大名莘县(今属山东)人。《宋史》本传载他"家贫无行，为任侠，往来京、洛间，数犯法幸免"。宋高宗时，屡次使金请和，后为金人缢杀。 ④ 骤得美官：《宋史·王伦传》载，绍兴七年春，徽宗及宁德后(徽宗郑皇后)讣至，四月以王伦为徽猷阁待制假直学士充迎奉梓宫(帝、后棺柩)使。八年秋，又遣王伦以端明殿学士再使金国。 ⑤ 诏谕江南：《宋史·王伦传》载，绍兴八年十月，金主"遣签书宣徽院事萧哲、左司郎中张通古为江南诏谕使，偕伦来。朝论以金使肆嫚，抗论甚喧，多归罪伦"。金国派遣使者到南宋议事，竟称"江南诏谕使"，把宋朝皇帝当做臣下看待。 ⑥ 臣妾我：使我为臣妾，意为降服。 ⑦ 刘豫我：使我为刘豫。此句中"刘豫"与上句"臣妾"，皆名词作动词用。 ⑧ "刘豫臣事丑虏"六句：《宋史·叛臣·刘豫传》：豫字彦游，景州阜城(今属河北)人，建炎二年(1128)知济南府。金人攻济南，豫杀其将关胜降金。三年三月，兀术闻高宗渡江，乃徙豫知东平府，充京东、京西、淮南等路安抚使，界旧(黄)河以南，俾豫统之。四年七月，金人遣人册刘豫为皇帝，国号"大齐"，都大名府。九月，豫即伪位，奉金正朔，称天会八年。后尚书省奏豫治国无状，当废，七年十一月，废豫为蜀王。擒豫子刘麟，又囚豫于汴京金明池。后又徙其父子于临潢(今内蒙古巴林左旗东南波罗城，本契丹之上京)。 ⑨ 商鉴不远：《诗·大雅·荡》："殷鉴不远，在夏后之世。"言殷当以夏为鉴，意在周当以殷为鉴。此处引用，是说宋主当以刘豫为鉴戒。宋人避宋太祖赵匡胤之父赵弘殷讳，改"殷"为"商"。 ⑩ 犬戎：殷、周时居于我国西部的古戎族的一支，为殷、周的劲敌。此借指金人。

⑪ 左衽：我国古代某些少数民族的服装，前襟向左掩，异于中原人的右掩，故以左衽代指受异族统治。 ⑫ 宰执：宰相和执政官。宋之宰相有同中书门下平章事、左右仆射、左右丞相等名称；执政官包括参知政事（副宰相）、尚书左右丞、枢密使、副使。陪臣：古代诸侯的大夫，对天子自称陪臣，即臣之臣。此两句意谓，若宋帝对金称臣，则朝廷大臣皆为陪臣。 ⑬“伦之议乃曰”六句：《宋史·王伦传》：绍兴七年冬，“伦入对言：金人许还梓宫及太后，又许归河南地……九年春，赐伦同进士出身，端明殿学士，签书枢密院事，充迎梓宫奉还两宫交割地界使”。《宋史·张焘传》：“时金使至境，诏欲屈己就和，令侍从台谏条上。焘言：‘金使之来，欲议和好，将归我梓宫，归我渊圣，归我母后，归我宗社，归我土地人民，其意甚美，其言甚甘，庙堂以为信然，而群臣国人，未敢以为信然也。’”梓宫，此指宋徽宗棺木。徽宗被金人掳去后，于绍兴五年四月死于五国城（今黑龙江哈尔滨依兰）。太后，指徽宗韦贤妃，高宗生母，随徽宗北迁，高宗即位，遥尊为宣和皇后。绍兴七年，又遥尊为皇太后。十二年，自金归国，八月至临安，入居慈宁宫。渊圣，即宋钦宗。高宗即位，遥尊为孝慈渊圣皇帝。中原，指河南州郡。《金史·熙宗纪》：天眷元年（宋绍兴八年，1138）八月：“己卯（廿六日），以河南地与宋。” ⑭ 情伪：真情和假象。⑮ 可为痛哭流涕长太息矣：贾谊《陈政事疏》：“臣窃惟事势，可为痛哭者一，可为流涕者二，可为长太息者六。”太息，叹气。 ⑯ 间关海道：宋高宗于建炎三年（1129）十二月，自明州（今浙江宁波）乘楼船至定海县。四年正月初一，船碇泊海中；初三至台州章安镇，廿一日泊温州港口，二月十七日入温州。待金兵退，始展转还绍兴。见《宋史·高宗纪》。间关，形容道路艰险。⑰ 陆梁：跳走的样子，引申为嚣张。 ⑱ 败之于襄阳：《宋史·岳飞传》：绍兴四年，飞奏：“襄阳等六郡，为恢复中原基本，今当先取六郡，以除心膂之病。”五月，复郢州（今湖北钟祥），伪齐守将京超投崖死。遣张宪、徐庆复随州（今属湖北）；飞趋襄阳（今湖北襄阳），李成迎战大败，夜遁，复襄阳，及邓州（今河南邓州）、唐州（今河南南阳唐河）、信阳军（今河南信阳），襄汉悉平。⑲ 败之于淮上：《宋史·韩世忠传》载，绍兴四年，金人与刘豫合兵分道入侵，世忠自镇江至大仪（镇名，在扬州市西北，近安徽天长县境），设伏兵，大破敌军，擒金将挞孛也等二百余人，复亲追至淮，金人惊溃，相蹈藉溺死者甚众。 ⑳ 败之于涡口：《宋史·叛臣·刘豫传》：绍兴六年九月，刘豫“籍民兵三十万，分三道入寇。（刘）麟总十路兵由寿春犯庐州，（刘）猊率东路兵取紫荆山，出涡口以犯定远，西兵趋光州寇六安，孔彦舟统之……猊众数万过定远，欲趋宣化犯建康，杨沂中遇猊兵于越家坊，破之；又遇于藕塘，大破之，猊遁。麟闻，亦拔寨走”。藕塘，镇名，在安徽定远县东南。涡口，涡水入淮之口，在安徽怀远县东北。 ㉑ 败之于淮阴：《宋史·韩世忠传》：绍兴六年，“授京东淮东路宣抚处置使，置司楚州……刘豫数入寇，辄为世忠所败。时张浚以右相视师，命世忠自承（承州，今江苏高邮）、楚图淮阳（淮阳军，治所在今江苏睢宁西北古邳镇）……呼延通与金将牙合孛堇搏战，扼其吭而擒之，乘锐掩击，金人败去”。楚州，治所在山阳（今江苏淮安），淮阴县亦其所属；历史上曾治淮阴，并改名为淮阴郡。 ㉒ 万乘（shèng剩）：古时一车四马为一乘。周制：天子地方千里，出兵车万乘。后因称皇帝为万乘。 ㉓ 穹庐：古代北方游牧民族居住的毡帐，其形穹窿，故曰穹庐。此以指金国。 ㉔ 鲁仲连义不帝秦：据《战国策·赵策三》及《史记·鲁仲连列传》载：秦围赵都邯郸，魏王派使者新垣衍劝赵尊秦王为帝，可解围。齐人鲁仲连适游赵，往见新垣衍，说秦称帝之害。新垣衍被说服，不敢复言帝秦。秦将闻之，为退军五十里。 ㉕ 石晋：五代时石敬瑭借契丹兵灭后唐，受契丹册封为帝，建都于汴州（今河南开封），国号晋。对契丹主自称“儿皇帝”。 ㉖ 令台谏从臣佥议可否：《宋史·高宗纪》：绍兴八年十一月辛丑，“诏：‘金国遣使入境，欲朕屈己就和，命侍从台谏详思条奏。’从官张焘、晏敦复、魏矼、曾开、李弥逊、尹焞、梁汝嘉、楼炤、苏符、薛徽言，御史方廷实皆

言不可。”台指御史；谏指谏议官；从臣指侍从官，在皇帝周围以备顾问的文学近臣。洪迈《容斋续笔》卷一：“自观文殿大学士至待制，为侍从官，令文所载也。” ㉗“微管仲”二句：见《论语·宪问》。微，没有。被，同“披”。 ㉘“孙近”二句：《宋史·高宗纪》：绍兴八年十一月，“以翰林学士承旨孙近参知政事，兼同知枢密院事”。孙近字叔诸，无锡（今属江苏）人。 ㉙伴食中书：《旧唐书·卢怀慎传》：“怀慎与紫微令姚崇对掌枢密。怀慎自以为吏道不及崇，每事皆推让之，时人谓之伴食宰相。”宰相议事处称政事堂，北宋设于中书内省，简称中书。元丰改革官制后，以尚书省的都堂为政事堂。孙近为参知政事（副宰相），在政事堂办公，而事事附和秦桧，自己毫无主见，故称他“伴食中书”。 ㉚区区之心：清黄生《义府》：“李陵《答苏武书》：‘区区之心，窃慕此耳。’区区，少意。盖指此心而言，犹云方寸耳。” ㉛竿之藁街：谓将人头悬挂于高竿示众。藁街，在长安城内，汉时少数民族及外国使者居住之所。《汉书·陈汤传》：“斩郅支首及名王以下，宜悬头藁街蛮夷邸间，以示万里，明犯强汉者，虽远必诛。” ㉜有赴东海而死耳：用鲁仲连的话。《战国策·赵策三》：“鲁连曰：‘彼秦者，弃礼义而上首功之国也，权使其士，虏使其民。彼则肆然而为帝，过而遂正于天下，则连有赴东海而死耳。’” ㉝不胜陨越之至：此为奏疏的套语。陨越，本是跌倒、颠坠之意，引申为惶恐。此谓犯上而表示死罪之意。

南宋建立以后，宋高宗赵构对女真族的侵扰，始终采取妥协求和的苟安政策。一些不甘心当亡国奴的文官武将在人民群众抗金热潮鼓舞下，反对求和，进而形成了主战派和主和派的斗争。赵构即位之初也曾做出一些抗金的姿态，以主战派李纲为相，但时间不长。绍兴元年（1131）八月，任用秦桧为相，次年八月迫于舆论压力，把秦桧罢相，绍兴八年三月复又起用秦桧，自是专主和议。秦桧遣王伦再使金国奔走谋和。王伦回朝时，金国遣官为“江南诏谕使”到南宋议事，将南宋视为其附属国，激起了文臣武将的纷纷反对。主战派代表人物张浚、韩世忠、岳飞等立场非常鲜明。张浚连续五次上书反对议和，岳飞说“金人不可信，和好不可恃”。

当时，身为枢密院编修官的胡铨怒不可遏，认为必须立斩秦桧、王伦、孙近的头，狠狠打击投降派，才能振奋民心士气，于是，冒着生命危险写下了这个奏本。戊午即绍兴八年。封事，密封的奏疏。一般的奏疏不封缄，如果是密奏，就封在用黑色丝织品做的皂囊里边，这就叫封事。胡铨的这个奏本被宜兴进士吴师古刻版传播，朝野争阅。金人以千金募其书，三日得之，读之色变，惊呼“南宋有人”。可是赵构一意议和，秦桧大权在握，对胡铨等人的意见不但听不进去，反而加以贬斥。胡铨先被削职为民，流配昭州（今广西平乐），后迫于公论而被起用，但时间不长，在1142年又被流配新州（今广东新兴）。张元幹著名的《金缕曲·送胡邦衡赴新州》就是为此而作。胡铨上书的次年，秦桧代表赵构接受了金国议和条件。此后尽管岳飞等爱国将领接连打了几个大胜仗，金兵节节败退，但赵构一心屈膝，结果岳飞惨死风波亭。绍兴十一年宋金正式签订了和约，史称“绍兴和议”。

在“绍兴和议”之前这场关系到国家生死存亡的深刻的政治斗争中，胡铨站在民族和人民的立场上，真理在握，义正辞严；但作为一个奏本，为了使赵构比较容易接受，又必须讲究斗争艺术。义正辞严和讲究策略的高度统一，构成了本文的基本特色。

这首先体现为以弹劾奸臣为线索，以反对和议为灵魂的总体构思。胡铨上书的根本目的是反对和议，因而鼓吹和议的秦桧之流理所当然地成为弹劾的对象。如果弹劾成功，反对和议的目的也就达到了。再者，主张和议的总后台是赵构，作者不便道明，就把矛头指向佞臣奸相，驳斥他们主张议和的谬论，揭露其险恶用心。这样，批判起来就可以痛快淋漓，无所顾忌，实际上起到指着和尚骂贼秃的效果，使赵构不便发作，也为赵构接受抗金派的意见准备了一个台阶。加上在弹劾奸臣时，不断暗讽明谏，时时提醒赵构不要听信奸臣误了国家大事。在开始弹劾王伦时，作者以刘豫为例，揭穿金国的狼子野心。奏本说：“商鉴不远，而伦又欲陛下效之。”并非陛下欲效之，而是伦欲陛下效之，陛下可不能上当，这是暗谏。接着，又以童子作比，三尺童子虽无知之至，仍不肯下拜仇敌，“而陛下忍为之耶”？这是婉谏。在批驳王伦谬论时，先指出，主和议的人都是这样“说啖陛下”，然而卒无一验，应该清醒了，“而陛下尚不觉悟”，即令敌决可和，尽如王伦所说，“天下后世谓陛下何如主”！这已是明谏了。在弹劾秦桧时也是这样，“陛下有尧舜之资，桧不能致陛下如唐虞，而欲导陛下如石晋”。弹劾奸臣不忘进谏皇上，直言极谏而又注意分寸，始终以国家和民族利益为上，赵构如良知尚存，当从谏如流，可惜他病入膏肓，已听不进逆耳忠言，将好端端的国家前途给断送了。在弹劾奸臣时，胡铨先弹劾王伦，后弹劾秦桧、孙近，而且在弹劾王伦时花了大量的篇幅，把批主和派的主要内容，都放在弹劾王伦这一部分。这也是服从于文章的总体构思的。王伦是一个狎邪小人，市井无赖，只是主和派的一名走卒而已，而且数犯法，有前科，臭名昭著。胡铨弹劾他，人人称快，赵构也容易接受。因而胡铨把要批主和派的话都放在这儿说，放纵笔墨，大加挞伐，厉言正色，毫不留情，“不斩王伦，国之存亡未可知也”。但是，胡铨弹劾的主要对象是秦桧，这也是显而易见的。秦桧是当朝宰相，是赵构的心腹，胡铨不能不讲究一些策略。他在弹劾王伦时，开头就说“顷缘宰相无识”，“无识”二字看起来责之不重，实际上已把王伦的罪过，一股脑都转到秦桧名下。弹劾王伦结束后，又写道：“虽然，伦不足道也，秦桧以心腹大臣而亦为之。”看似一个过渡句，但在全文分量很重。说王伦不值一提，言下之意，秦桧才是真正的元凶。一个“虽然”，就把秦桧垫上去了。

心腹大臣本应忠贞不二,"而亦为之",一个"而",一个"亦",把秦桧从心腹大臣的地位推到王伦的行列之中,又从王伦那儿提出来,属于更不能容忍之列。王伦已立斩犹迟,秦桧就更不在话下了。

理由充分,证据确凿,是原则性与策略性统一的又一表现。秦桧位在一人之下、万人之上,权势显赫,孙近、王伦也是宠臣,如果没有确凿的证据,要弹劾他们是不可能的,也是不策略的。作者弹劾王伦列举骗官、卖国、欺君之罪,并提出王伦典型的卖国言论加以批判;弹劾秦桧则先指出他是王伦的后台,随后引出曾开与秦桧之争为证。曾开针对秦桧向金人求和,对秦桧说:"公当强兵富国,尊主庇民,奈何自卑辱至此!"又引用一些古语责备他,秦桧大怒说:"侍郎知故事,我独不知!"依然我行我素。文章直接征引了秦桧原话。从字面看,是要证明秦桧坚持错误,一意孤行,实际上是抓住了秦桧卖国的又一个证据。弹劾孙近,主要抓住他处处附和秦桧,同时引出自己与孙近的一段应答为证,论证他完全是取悦上级,空占官位。王伦的卖国言论,秦桧对曾开的责斥,孙近敷衍作者的答辞,这些都是无可争议的事实,都是奸臣卖国、误国的铁证。作者以此为据弹劾他们,理直气壮,不容辩驳。文章反复论述不能与金和议,用亡国之仇不可忘、祖宗天下不可让的基本道理,劝赵构不要轻信奸臣妄说。从敌人无厌之求的本质和变诈百出的伎俩,从刘豫降敌而父子为虏的可悲下场,推论与金和议决没有好的结果。从国势、人心、士气,最近战事胜负的形势,推论对金用兵未必为金所败。前提正确,推论科学,具有不可置疑的逻辑力量。后来的事实也证明,一一都为胡铨所言中。绍兴九年,秦桧接受和议,但金言而无信,仅一年时间,又大举南下。岳家军在人民的支持下,节节胜利,打出了一派大好形势,如果岳飞不被害死,金兵决不能轻易得手。

原则性和策略性的统一,还体现在语言上,特别是排比句和反问句的运用上。全文大量运用排比句,并且经常间用表示决断的感叹句,气势磅礴,一往无前,节调铿锵,咄咄逼人,表现了作者一身正气,将生死置之度外的英勇气概。驳斥王伦谬论一段,义正辞严,表现得尤其突出。文中反问句使用频率也很高。反问句多少带有测度的语气,商量的口吻,却又决不可作否定的解释。如:"曾童孺之所羞,而陛下忍为之耶?""自变故以来,主和议者,谁不以此说啖陛下哉?""天下后世谓陛下何如主!""倘不得已而遂至于用兵,则我岂遽出虏人下哉?"几个发问都给赵构留下了认真思考的余地,引导赵构自己作出正确的决策。这就既坚持了原则立场,又考虑到斗争的策略。

胡铨说:"凡文皆生于不得已。"(《灞陵文集序》)《戊午上高宗封事》正是一个富有历史使命感和时代责任感的有识之士，在国家和民族生死危亡的关头，不得已拍案而起所作的战斗檄文，反映了时代的要求，人民的呼声，尽管没有被赵构采纳，但是它鼓舞了抗金军民的斗志，使“勇者服，怯者奋”（周必大《胡忠简公神道碑》），打击了投降派的气焰，“当日奸谀皆胆落”（王庭珪《送胡邦衡之新州贬所》），对当时和后世都产生了重要的影响。

（陆志平　吴功正）

【作者小传】

岳　飞

(1103—1142)　南宋抗金名将。字鹏举。相州汤阴（今属河南安阳）人。北宋末年投军，随宗泽守开封，任统制。泽死，从杜充南下。建炎中，抗击渡江金军，收复重镇建康。绍兴四年(1134)，大破金傀儡伪齐军。曾从张浚镇压杨么起义。后驻军鄂州，联络太行义军，图谋恢复。反对议和，多次反击金兵，收复失地。因高宗、秦桧一心求和，被迫奉命退兵。十一年，解除兵权，任枢密副使。不久被诬谋反，下狱，以“莫须有”罪名被害。宁宗时追封鄂王。诗词散文俱忠愤激烈。后人编有《岳武穆遗文》（一作《岳忠武王文集》）。

五岳祠①盟记　　　　岳　飞

自中原板荡②，夷狄③交侵。余发愤河朔④，起自相台⑤，总发⑥从军，历二百余战，虽未能远入夷荒⑦，洗荡巢穴，亦且快国仇之万一。今又提一旅孤军，振起宜兴⑧，建康之役，一鼓败虏⑨，恨未能使匹马不回⑩耳。故且养兵休卒，蓄锐待敌。嗣当激厉士卒，功期再战，北逾沙漠，蹀血虏廷⑪，尽屠夷种。迎二圣⑫归京阙，取故地上版图，朝廷无虞，主上奠枕，余之愿也。河朔岳飞题。

〔注〕 ① 五岳祠：祠庙名。　② 板荡：《板》与《荡》都是《诗经·大雅》的篇名，反映周厉王的暴虐无道。后因代指乱世。这里指丧乱之意。　③ 夷狄：古代对少数民族的鄙称。这里主要指金。　④ 河朔：黄河以北。岳飞出生于河南汤阴，在黄河以北，故称“发愤河朔”。⑤ 相台：相州（治今河南安阳）。因相州临漳有铜雀台，唐以后即称为相台。岳飞是相州汤阴人，故曰“起自相台”。　⑥ 总发：即总角，把头发束起来，意指童年。按岳飞于二十岁从军。⑦ 夷荒：指边塞以外敌人的国境。　⑧ 一旅：古称五百人为一旅。此泛指一支军队。宜兴：

今属江苏。　⑨ 建康之役，一鼓败虏：《宋史·岳飞传》："兀术趋建康，飞设伏牛头山待之，夜令百人黑衣混金营中扰之。金兵惊，自相攻击。兀术次龙湾，飞以骑三百、步兵二千驰至新城，大破之。兀术奔淮西，遂复建康。"建康，今江苏南京。　⑩ 匹马不回：指全歼敌人。　⑪ 蹀血虏廷：蹀血，踏血而行，形容杀人之多。虏廷，敌人的朝廷（国都）。　⑫ 二圣：指被金兵俘虏北去的宋徽宗和宋钦宗。

高宗建炎三年（1129），金国乘南宋立国之初，基业尚未稳固，再度发兵攻宋，企图一举把它消灭于摇篮之中。于是，建康（今江苏南京）失守，隆祐太后逃往江西，宋高宗则逃奔浙西，形势十分危急。此时，幸赖岳飞、韩世忠等爱国将领，奋起"勤王"，始维持并挽回了局势。岳飞先是驻军宜兴，与金兵周旋，屡败金兵。次年初夏，岳飞克复建康，重回宜兴，在宜兴西南张渚镇的五岳祠内，写下了这篇"盟记"。其年，岳飞才二十八岁，但从这篇气壮山河的短文中，我们却已充分看出这位青年英雄那"驾长车踏破贺兰山缺"的豪情壮志和"待重头收拾旧山河，朝天阙"的宏图大愿。

这是一篇"盟记"。《礼记·曲礼》曰："约信曰誓，莅牲曰盟。"疏："盟者，杀牲歃血，誓于天也。"拿现在的话来说，"盟"就是"对天立誓"。又，《文心雕龙·祝盟》："盟者，明也。骍毛白马，珠盘玉敦，陈辞乎方明之下，祝告于神明者也。"也就是说，"盟"是祝告者面对"神明"，自明其心迹的。所以，"盟记"是一种极为严肃、极为庄重的文体，非遇大事不用，也不允许有半点虚心假意杂入。它的文字又十分简洁干脆，不容拖泥带水，如《汉书·王陵传》所载汉高祖斩白马而立的誓盟仅两句："非刘氏而王者，天下共击之！"可谓是字字铿锵，掷地有声。

岳飞面对五岳祠而立的誓盟，也同样具有以上特点。从内容看，它可分为三层：

第一层回顾过去的从军历史，为后文的立誓作了铺垫。开头九字"自中原板荡，夷狄交侵"，就交代了自己身处的时世，乃是一个"沧海横流"的乱世。这一以表明形势的危急险恶，二又以之来策励自身的爱国心和责任感。所以紧接而起的便是："余发愤河朔，起自相台，总发从军，历二百余战，虽未能远入夷荒，洗荡巢穴，亦且快国仇之万一。"这里，一句"发愤而起"，一句"总发从军"，就活画出了他怒发冲冠、少年投军的英雄形象，充溢着飒爽英姿和勃勃生气；而"历二百余战"以下数句，又使我们联想到他的《满江红》词意："三十功名尘与土，八千里路云和月"。所以在这一层中，岳飞已向"神明"告白了自己从小就立下的"报仇雪耻"的志向。

第二层交代目前的战争形势，继续为下文的立誓预作蓄势。此层以"今又提一旅孤军,振起宜兴”发端,言简而势足,一气贯注,极富力度。其中“提一旅孤军”明其孤军奋战、兵少而气锐,“振起宜兴”之“振起”明其受命于危急存亡之秋而力欲挽狂澜于既倒之时,“一鼓败虏”之“一鼓”又明其士气之高涨和锐不可当,“恨未能使匹马不回耳”一句则表明其全歼敌人、洗荡敌巢之雄心壮志。所以这一层又对当前战局作了乐观可喜(尽管还是“以寡敌众”)的估计,为下一层的进而申其“尽屠夷种”之愿,张扬了精神气势。

第三层则申述其大志,直言其誓盟。“故且养兵休卒,蓄锐待敌”两句,既是写军事上的休整,又是行文中的一个“顿挫”。在此“顿挫”之后,文笔就滔滔汩汩,一泻而千里:“嗣当激厉士卒,功期再战……迎二圣归京阙,取故地上版图,朝廷无虞,主上奠枕,余之愿也。”这一段话,就是岳飞对“神明”而立的誓言,也是他毕生的宏图大愿,其中虽带有民族报复主义和封建忠君思想的历史局限性,但充分表露了这位民族英雄强烈的爱国主义思想和以天下为己任的责任感,堪令千载以下的读者都受到精神激励并为之而肃然起敬。文末,作者郑重书以“河朔岳飞题”五字,这亦以明其庄严肃穆的态度。

岳飞本不以文辞名世。然而正如鲁迅所言“从血管里喷出的都是血”那样,他偶一提笔,笔底流淌的便是他对祖国的一片爱国挚情。其《满江红》“怒发冲冠”“遥望中原”二词是这样,此篇《盟记》亦复如此。全文篇幅虽小,但感情的容量却很丰厚——少年从军时即怀有的“报仇”之志,今日建康克敌之后的跃跃欲再试,以及今后当长驱沙漠、彻底歼敌的雄心,全都凝结在这短短的二十几句誓盟中。也正因为感情的激昂慷慨,所以本文的文势极充沛,语气极刚峻,读来既觉“骏马注坂、一气而下”的浩荡气势,又有“咬牙切齿、斩钉截铁”的坚实音调,委实可称作“英雄的誓言,杀敌的檄文”。 (杨海明)

【作者小传】

陆 游

(1125—1210) 南宋诗人。字务观,号放翁,越州山阴(今浙江绍兴)人。绍兴中应礼部试,因论恢复,为秦桧所黜。孝宗时任枢密院编修官,赐进士出身。曾任镇江、隆兴通判。乾道间入蜀,任夔州通判,为四川宣抚使王炎幕府,投身军旅生活。嘉泰间召入修孝、光两朝实录,后官至宝章阁待制。一生主张抗金,收复中原失地。工诗词、散文,亦长于史。诗名最著,在“南宋四大家”中成就最高。著有《剑南诗稿》《渭南文集》《南唐书》《老学庵笔记》等。

烟艇记　　　　陆游

陆子寓居得屋二楹①，甚隘而深，若小舟然，名之曰烟艇。客曰："异哉！屋之非舟，犹舟之非屋也。以为似欤，舟固有高明奥丽逾于宫室者矣，遂谓之屋，可不可耶？"

陆子曰："不然。新丰非楚②也，虎贲非中郎③也，谁则不知。意所诚好而不得焉，粗得其似，则名之矣。因名以课实，子则过矣，而予何罪？予少而多病，自计不能效尺寸之用于斯世，盖尝慨然有江湖之思，而饥寒妻子之累劫而留之，则寄其趣于烟波洲岛苍茫杳霭之间，未尝一日忘也。使加数年，男胜锄犁，女任纺绩，衣食粗足，然后得一叶之舟，伐荻钓鱼而卖芰芡，入松陵④，上严濑⑤，历石门、沃洲⑥，而还泊于玉笥⑦之下，醉则散发扣舷为吴歌，顾不乐哉！虽然，万钟之禄⑧，与一叶之舟，穷达异矣，而皆外物。吾知彼之不可求，而不能不眷眷于此也。其果可求欤？意者使吾胸中浩然廓然，纳烟云日月之伟观，揽雷霆风雨之奇变，虽坐容膝之室⑨，而常若顺流放棹，瞬息千里者，则安知此室果非烟艇也哉！"绍兴三十一年八月一日记。

〔注〕①楹：计屋标准，一般都以屋一间为一楹。　②新丰非楚：汉高祖刘邦，楚丰县（今属江苏徐州）人。高祖称帝，建都长安，因太上皇思归故里，乃于故秦骊邑仿丰地街巷筑城并将丰县的故人一齐搬来，以取悦太上皇。新丰故城在今陕西西安市临潼区。　③虎贲中郎：蔡邕，后汉名士，为王允所杀。其友孔融见到虎贲士（武士）的面貌和蔡相似，引与同座饮酒，并曰："虽无老成人，尚有典型。"　④松陵：地名，在浙江绍兴、桐庐间。　⑤严濑：水流沙上曰濑。严濑在浙江杭州市桐庐县，因严光（子陵）隐居此地而得名。　⑥石门、沃洲：石门山在浙江青田县西，沃洲山在浙江绍兴市新昌县东。　⑦玉笥：山名，在浙江绍兴市东南。　⑧万钟之禄：六斛四斗为一钟。万钟之禄，古代高官的俸禄。　⑨容膝之室：极狭小的居室。

绍兴三十一年（1161），陆游在临安从敕令所删定官调任大理寺司直，寓居"百官宅"。据《乾道临安志》记载，百官宅属"府第"类，在石灰桥。一时名流周必大、李浩亦同时寓此，与陆游连墙为邻。而本文记述，他所住的小屋仅二间，"甚隘而深，若小舟然"，所以取了一个颇使人感到奇怪的名字："烟艇"。文章就由这取名的奇特而引起——一位客人就代我们向作者提出了这个疑问："屋是屋，舟

陆游像

——清刊本《古圣贤像传略》

是舟;屋之非舟,就像舟之非屋。若您认为二者有相似之处,所以把小屋取名为‘烟艇’;那么,有些舟船的高大明亮、深邃富丽甚至超过了宫室,您难道也把这些舟船称之为‘屋’吗?”对此,就引发了作者一大通的议论,而其主旨即在于下面这句:“意所诚好而不得焉,粗得其似,则名之矣。”也就是说,作者虽然身困于小屋之中,但心所向往的却是“烟艇”;现在二者既有某些相似,那就何不借给小屋取名为“烟艇”,以之寄托自己的志趣,填补“求而不得”的心理缺憾?文章就用“逗人悬念”的方法开头,然后结出本文的主题:“虽坐容膝之室,而常若顺流放棹”——即是:身居陋室而心怀烟波浩渺的隐逸生活。

这里,有一个问题应该说清:在古代文学作品中,“烟艇”这个词语实际已成了隐逸生活的象征。古代文学作品中常有这样的现象:某些词语,或某种意象,由于历代作者反复在相似的感情环境中使用,因而就变成了一种特定的感情符号或感情象征,其中凝聚了一定的心理积淀,蓄储了一定的心理信息。比如,一提到“寒砧”二字,人们便会联想到闺妇对于征夫的思怨;而一提到“长亭”二字,人们心头马上又会涌现出“两情依依,难舍难分”的心理体验。而本文题目所标的“烟艇”二字,也同是这样一个“感情象征”;它所象征的,便是人们对于“放舟乎烟波之中”的隐逸生活的无限向往之情。这个“感情象征”的形成,时间很早,其源似乎可以推溯到《史记》中所记载的范蠡,他于辅助勾践灭吴之后“乃乘扁舟,浮于江湖”。这里就隐约出现了“烟艇”的“雏形”。后来,有许许多多文人又进一步对之“加工”,就形成了对于“烟艇”的更加生动优美的描绘。举其最常见者,如中唐人张志和,自称“烟波钓徒”,其平生大愿是“浮家泛宅,往来苕、霅间”;而他的“青箬笠,绿蓑衣,斜风细雨不须归”的《渔父》词,就更为他的“烟艇”生活披上了一层“诗”的美丽外衣。再如苏轼,在他有名的《前赤壁赋》中也出现过如此旷逸的意境:“纵一苇之所如,凌万顷之茫然”,“驾一叶之扁舟,举匏樽以相属”。这里的“一苇”和“一叶扁舟”,实际上也就是“烟艇”的另一种表现形式。至于陆游本人,他对“烟艇”生活亦即隐逸生活的向往,我们更可举其《澄怀录》中对朱敦儒隐居生涯的记述为例:“朱希真居嘉禾(今浙江嘉兴),与朋辈诣之。闻笛声自烟波起,顷之,棹小舟而至,则与俱归。”请看,朱敦儒放舟于烟波之间,吹短笛而唱渔歌的隐逸生活就是何等逍遥自在,优哉游哉!所以,陆游把自己的小屋命名为“烟艇”,就明显地寄寓着他对这类隐逸生活“虽不能至,然心向往之”的无限企慕之情。对于这种生活理想,他在本文里也作了具体而生动的描写:“得一叶之舟,伐荻钓鱼而卖芰芡,入松陵,上严濑,历石门、沃洲,而还泊于玉笥之下,醉则散发扣舷为吴歌,顾不乐哉!”在这段话中,我们似乎看到了古代无数高人隐士的身影，也似乎预见了他在晚年所作《鹊桥仙》词中所勾画的“自我形象”：“一竿风月，一蓑烟雨，家在钓台西住。卖鱼生怕近城门，况肯到红尘深处？　　潮生理棹，潮平系缆，潮落浩歌归去。时人错把比严光，我自是无名渔父。”故而，陆游之为小屋取上一个奇特的“烟艇”之名，实有深意存焉。

现在需要进一步探究的问题是：陆游当时正值初入仕途之际，又年当身健力壮之龄（三十七岁）；照理，一个人产生隐逸之思常是在倦于官场及年老力衰之时，但现今为何提前出现了这种欲求退隐的心理倾向？对此，我们仍应从本文的字里行间去细求。文中一曰：“予少而多病，自计不能效尺寸之用于斯世，盖尝慨然有江湖之思”；二曰：“饥寒妻子之累劫而留之，则寄其趣于烟波洲岛苍茫杳霭之间”。这就提供了两方面的答案：第一，作者其实早有“用世”之大志（他早在三十二岁所作的《夜读兵书》诗中就说过：“平生万里心，执戈王前驱”），但因投降派的打击（他三十岁赴礼部试时曾被主考官名列前茅，却为秦桧所黜落），迟迟未能伸展其大才。现今虽在京师任职，然而仍“不能效尺寸之用于斯世”，所以就自然而产生那种思欲归隐的思想。第二，作者尚有生计之累，于此，也生发了“做官不如回家种田打鱼”的牢骚。故而，陆游之名其小屋为“烟艇”，一方面是表达了自己从中国士大夫传统思想中承传而得的隐逸情趣，另一方面却又可以看作是他怀才不遇、不满现实的愤懑情绪之表露。只有把这两方面综合起来看，始能比较全面与深刻地认识他此时此地的复杂心态。

中国古代文人常会遇到这样的心理矛盾：是“入世”好，还是“出世”好？是为国家建功立业好，还是退隐江湖，做一个高人隐士好？在他们看来，这两方面就像“鱼”与“熊掌”那样，都是“我所欲也”却又“不可得兼”。于是，便出现了李商隐那种思欲“调和”或“统一”这二者的诗句：“永忆江湖归白发，欲回天地入扁舟”（《安定城楼》）。也就是说：“隐逸江湖”之思，是终身所怀的愿望；不过，真正的归隐，当在干过一番回天转地的大事业、两鬓斑白之后方始心安理得地实行。可惜的是，这种理想除开极少数人（如范蠡）外，几乎都无法做到。因而，陆游在本文中就改从另一个角度来表述他那既不能效功于当世又不能真正归隐江湖，既身困于陋屋闲官又强烈心怀故乡田园的苦恼；而如果再深一层挖掘，我们便可从其“反面”发现：作者的真正愿望却仍在李商隐的那两句诗中！这样，我们通过“剥笋抽茧”式的分析，就能透过其表层的翳障而直探其心灵奥区：本文实际是以旷逸之语来发泄他思欲用世而不能的苦闷——果然，在此文写后不久，陆游便有机会积极投身于当时的抗金北伐战争中去了（先是上书《代乞分兵取山东札子》，主张北伐；后是改调镇江通判，筹划军事）；到那时，我们既不见了他困于“饥寒妻子之累”的倦色，也听不到他“自计不能效尺寸之用于斯世”的喟叹，而只看到一位“壮岁从戎，曾是气吞残虏”（《谢池春》词）的爱国志士，正奔忙出没于抗金前线……

根据以上分析，本文在写作上的特点，除开其发端的故设悬念、引人好奇之外，主要还在于它的借题发挥和弦外有音。“借题发挥”是指借给小屋取名为“烟艇”来抒发他那“身在魏阙，心存江湖”的隐逸志趣；“弦外有音”又是指它的表面作旷达语而实际寓“英雄无用武之地”的牢骚——作者在他后来回忆这段“百官宅”的生活时，尚有诗曰：“簿书衮衮不少借，怀抱郁郁何由倾？”（《往在都下时，与邹德章兵部同居百官宅，无日不相从……》）特别对于这后一点，读者须细心体味，方能察其真谛。

（杨海明）

跋李庄简公家书　　陆　游

李文参政①罢政归乡里时，某②年二十矣。时时来访先君③，剧谈终日。每言秦氏④，必曰“咸阳⑤”，愤切慨慷，形于色辞。一日平旦⑥来，共饭，谓先君曰：“闻赵相⑦过岭，悲忧出涕。仆不然，谪命下，青鞋布袜⑧行矣，岂能作儿女态耶！”方言此时，目如炬，声如钟，其英伟刚毅之气，使人兴起。后四十年，偶读公家书，虽徙海表⑨，气不少衰，丁宁训戒之语，皆足垂范百世，犹想见其道“青鞋布袜”时也。淳熙戊申⑩五月己未，笠泽⑪陆某题。

〔注〕 ① 文：对长辈的尊称。参政：参知政事（副宰相）。 ② 某：陆游自称。 ③ 先君：指自己已死的父亲陆宰。 ④ 秦氏：秦桧。 ⑤ 咸阳：以秦国都城咸阳代指“暴秦”，借指秦桧。 ⑥ 平旦：清晨。 ⑦ 赵相：指赵鼎，宋高宗时曾两度为相。与秦桧不合，被贬岭南，后绝食而死。 ⑧ 青鞋布袜：用杜甫《奉先刘少府新画山水障歌》句：“吾独胡为在泥滓，青鞋布袜从此始。”此指平民服装。 ⑨ 徙：迁谪。海表：海外。李光先贬琼州（治所在今海南琼山）八年，后移昌化军（治所在儋县）三年。两地均在海南岛，故云“海表”。 ⑩ 淳熙戊申：宋孝宗淳熙十五年（1188）。 ⑪ 笠泽：太湖。陆游祖籍甫里（今江苏吴县东南甪直镇），地滨太湖，故自署里居为“笠泽”。

李庄简公即李光，字泰发，越州上虞（今属浙江）人，宋徽宗崇宁年间进士。知平江府常熟县时，权奸朱勔之父朱冲在乡里鱼肉百姓，李光不畏强暴，惩治其家童，朱冲对李施加压力，李不为屈。任太常博士之职时，因上书抨击士大夫的谀佞成风，触犯了另一权贵王黼，被改官桂州阳朔（今属广西）。靖康元年金兵逼京师，在朝士大夫有五十多人弃职逃跑，朝廷对其中某些人有所庇护，李光又上书加以批评。故在北宋末年，他即以刚直敢言著称于朝。南渡后任参知政事，力主抗战，与奸相秦桧发生尖锐的正面冲突。一次，当着高宗和秦桧的面，指责秦桧"盗弄国权，怀奸误国"，故而遭到秦桧一党的打击报复和诬陷迫害，屡次被贬，曾谪居海南岛八年之久。而在被贬之后，仍旧意志坚强，风骨凛然，"论文考史，怡然自适，年逾八十，笔力精健"（《宋史》本传）。缘此，他被后人尊称为"南宋四名臣"（其余三人是李纲、赵鼎、胡铨）之一。

李光是陆游的同乡，又是其父陆宰的好友。对于这样一位爱国的前辈，陆游是深怀敬仰之情的。除了这篇《跋李庄简公家书》以外，陆游另在其《老学庵笔记》中也记述过李光的事迹，可与此篇相互参读：

> 李庄简公泰发奉祠还里，居于新河。先君筑小亭曰千岩亭，尽见南山。公来必终日，尝赋诗曰："家山好处寻难遍，日日当门只卧龙。欲尽南山岩壑胜，须来亭上少从容。"每言及时事，往往愤切兴叹，谓秦相曰"咸阳"。一日来坐亭上，举酒属先君曰："某行且远谪矣。'咸阳'尤忌者，某与赵元镇（即赵鼎）耳。赵既过峤，某何可免？然闻赵之闻命也，涕泣别子弟；某则不然，青鞋布袜即日行矣。"后十余日，果有藤州之命。先君送至诸暨，归而言曰："泰发谈笑慷慨，一如平日。问其得罪之由，曰：'不足问，但咸阳终误国家耳。'"

两文所记李光的逸事，大体相同，写作时间也相近。《笔记》写于六十五岁至六十九岁间退居山阴时，《跋》文写在六十四岁知严州将近任满之时，此后便大多数时间居住山阴故里。这篇《跋》文，因捧读李光的遗文所引发，其主旨在于要从这位爱国的前辈身上获得精神鼓舞，并以之自勉自励。所以它虽是记人记事之作，然其侧重点却在于表现人的精神面貌，为李光的浩然正气和凛然风骨"立传写照"。明乎这种写作动机，我们对于本文的重在揭示人物的"神气"，就可理解得更深些。

全文共写了李光的三件事：第一是李光罢官回乡之后，斗争精神毫不衰减。他经常与志同道合的朋友陆宰剧谈国事，这一则以见他和陆家的友谊之深，二则更见他的"位卑未敢忘忧国"。而在谈到那个权势熏天的政敌秦桧时，竟公然比之为暴秦，呼为"咸阳"，且"愤切慨慷，形于色辞"，这在当时就需有何等的胆量与骨气！中国古代士大夫素有"不在其位不谋其政"的传统和"明哲保身"的人生哲学，李光却一反其道而行之，这就显现了他不畏强暴、耿直刚烈的性格特征和精神风貌。第二是罢官之后即将再遭流放的打击前夕，他非但不畏惧悲切，反而坦然作好了"青鞋布袜"之行的思想准备。陆游在此首先引述了李光临行前的一段壮言："闻赵相过岭，悲忧出涕。仆不然，谪命下，青鞋布袜行矣，岂能作儿女态耶?"言为心声，这一番铁骨铮铮的话就为读者敞开了这位无私无畏的男子汉大丈夫的坦荡心扉，令人肃然起敬。我们知道，宋代士大夫的心态比之汉、唐士大夫来，素有偏"柔"的倾向，这与宋代国力的长期不振和统治者的羁縻政策有关。即如李光所提到的那位赵鼎(他在高宗时曾两度拜相)，当他遭秦桧陷害被贬海南岛时，也不禁老泪纵横，在途中作下了这样凄楚哀婉的《贺圣朝》词："征鞍南去天涯路，青山无数。更堪月下子规啼，向深山深处。　凄然推枕，难寻新梦，忍听伊言语？更阑人静一声声，道不如归去。"而相比之下，李光却是显得那样地从容，那样地坦然毅然，这就越发显得可贵了。据说文天祥被囚元都，宁死不降之时，有人曾叹曰："赵宋三百年间，仅出了这一个男子汉！"此话其实不确。像李光这样临难不惧、绝不作半点妮子态的人物，也同样绰有资格载名于宋朝的"正气篇"史册之上！而更为难得的是，陆游在这篇字数甚少的短文之中，又不惜花费笔墨在李光言后加上了这样几句描绘："方言此时，目如炬，声如钟，其英伟刚毅之气，使人兴起。"这就"画龙点睛"地传达出了李光那目光炯炯、声若洪钟的神情仪态，以及他那虎虎有生气的精神面貌，使人如闻其声，如见其形，更深见他那凛然的风骨和崇高的节操。所以这段记其临行之文，不仅绘形，更其传神，表现出作者从司马迁那里继承来的"史家手笔"。第三件事写的是读李光家书的观感："后四十年，偶读公家书，虽徙海表，气不少衰，丁宁训戒之语，皆足垂范百世。犹想见其道'青鞋布袜'时也。"这里，突出的一点仍是一个"气"字。也就是说，尽管李光被贬海南岛时，已是近七十岁的老人，然而其家书中却仍充溢着刚直之气，犹自叮咛子孙辈坚守节操；也尽管斯人已殁，但他留在遗文中的训导，却足以让百世之后的人们奉为精神楷模，这也够得上是"浩气长存"了。所以陆游此处所用的"气不少衰"四字，虽源出于苏辙评苏轼贬海南岛后所作诗篇"精深华妙，不见老人衰惫之气"(《东坡先生和陶渊明诗引》)，然而比苏文更深一层地揭示了李光的家书不仅"为文之气"未尝"少衰"，而且其"英伟刚毅"的"为人之气"也未减退。故而总观全文，语仅寥寥，但由于作者善于从"气"字入手，选择李光一生中具有代表性的、光彩照人的几个片断来写，因此便收到了"语约而意丰"的艺术功效。陆游论文和论人，都主张"以气为主"。其《上殿札子》有云：苏轼之文，"妙在于气高天下者……臣窃谓天下万事，皆当以气为主，轼特用之于文尔"。他自己的这篇《跋》文，就重在表现李光的凛然正气；而在记人记事时，又因融和了对于李光的敬仰和对于自身的感慨，所以笔端带有感情，富有浑灏深沉的"文气"。

因此不仅是作者本人从李光的身上获得了自我鞭策、自我勉励的精神力量，就是今天的读者，也仍可从中汲取爱国主义的思想营养。 （杨海明）

跋傅给事①帖 陆 游

绍兴②初，某甫成童，亲见当时士大夫相与言及国事，或裂眦嚼齿，或流涕痛哭。人人自期以杀身翊戴王室，虽丑裔③方张，视之蔑如也。卒能使虏消沮退缩，自遣行人④请盟。会秦丞相桧用事，掠以为功，变恢复为和戎⑤，非复诸公初意矣。志士仁人抱愤入地者可胜数哉！今观傅给事与吕尚书⑥遗帖，死者可作，吾谁与归？嘉定二年七月癸丑陆某谨识。

〔注〕 ① 傅给事：即傅崧卿，浙江山阴人，徽宗时省试第一，官至考功员外郎。因反对徽宗迷信方士林灵素伪造符书，贬为蒲圻县丞。高宗时，召为中书门下省检正诸房公事，极力主张建都建康(今江苏南京)，以图复国。后积极从事抗金斗争，晋升为给事中，未及大用而卒。著有《樵风溪堂集》《西掖制诰》等。 ② 绍兴：宋高宗年号(1131—1162)。 ③ 丑裔：丑恶的夷狄，指金。 ④ 行人：使者。 ⑤ 和戎：南宋初年用作对敌屈服的替代词。 ⑥ 吕尚书：吕祉，福建建阳人，绍兴七年(1137)迁兵部尚书。

本文作于宋宁宗嘉定二年(1209)，时作者八十五岁。以衰老之躯抱疾捧读爱国前辈傅崧卿的遗文，回顾往事，感叹时局，陆游不禁悲愤交集，于是援笔而书此文。文字虽短，而所寓实深，将其“痛哭流涕长叹息”的深恨巨痛尽于此沉痛悲愤的笔墨中曲折表出，可谓纸短情长，感人至深。

宁宗嘉泰四年(1204)，韩侂胄定议北伐抗金。是年五月追封岳飞为鄂王，二年后追论秦桧主和误国之罪，削夺王爵，改谥“缪丑”。(秦桧死后曾被高宗赐赠“申王”，谥“忠献”。)这实际是为北伐做好舆论上的准备。但北伐很快失败，史弥远等人采用阴谋手段杀害韩侂胄，并将其首级献金国以作“议和”的代价之一(此外是输银赔款)。缘此，南宋朝廷内一度高涨的主战派力量顿被压抑，而由史弥远等主和派执掌实权。嘉定元年(1208)三月，秦桧又被追复王爵和以前的谥号，这明显标志了投降路线的卷土重来与甚嚣尘上。

面对这样的政治形势，虽已年迈且退居山阴农村很多年的陆游，却时时未肯忘怀国事。他在八十五岁所作的《读史》诗中写道：“萧相守关成汉业，穆之一死宋班师。赫连拓跋非难取，天意从来未易知。”诗中指出，敌人(以南北朝时夏的赫连氏和北魏的拓跋氏代指金)不是无法可以破灭的，问题只在于当前缺少萧何、刘穆之(这两位都是历史上的贤相)这样的人才。而在同一年所写的本篇跋文中，陆游就更加明确地指出：士大夫的士气及当权派的政策（特别是后者），乃是决定国家形势的关键因素。文章先从宋高宗绍兴初年的情况谈起。那个时候，南宋立国未稳，形势危急，但是由于士大夫们同仇敌忾，士气高涨，所以“卒能使虏消沮退缩，自遣行人请盟”，打破了金国消灭南宋的美梦，从而获得了军事势力上的平衡与对峙。在讲述这段往事时，陆游采用了形象化的文笔：“某甫成童，亲见当时士大夫相与言及国事，或裂眦嚼齿，或流涕痛哭。”（他在另一篇《傅给事外制集序》中又这样说过：“每言虏，言叛臣，必愤然扼腕裂眦，有不与俱生之意。”）这样便先在外貌形态上写出了这辈爱国士大夫的忧心如焚和痛不欲生。接着又写他们的内心世界：“人人自期以杀身翊戴王室，虽丑裔方张，视之蔑如也。”这就更深一层地揭示了他们蔑视外敌、献身抗金事业的高涨士气。在这种情势下，凶恶的敌人便不得不“自遣行人请盟（按，指答应“和议”）”。然而文笔至此立刻一转：“会秦丞相桧用事，掠以为功，变恢复为和戎，非复诸公初意矣。”这短短几句，就深刻揭露了秦桧的投降派嘴脸，并把他绑缚于历史的耻辱柱上。它指出：第一，秦桧的得以与金媾和，是一种“掠以为功”的不光彩行为，它所凭仗的便是岳飞、韩世忠等爱国将领的浴血奋战；否则，金人是决不会轻易停止进攻南宋的。第二，秦桧变“恢复”的抗战政策为“和戎”（实为屈辱求和）的投降政策，实际已非“诸公初意”，而是一种背叛和篡改的卑鄙举动，真是罪莫大焉！在这种情势下，士气受到压抑，爱国力量受到摧残，“志士仁人抱愤入地者，可胜数哉”！读到这句，我们可想见陆游的极度愤懑与极度气愤，几欲令人肝胆怒张、两鼻发酸！在这些“抱愤入地”的志士仁人中，我们不难联想到在那风波亭上被冤杀的岳飞父子，谪贬岭南被迫绝食身亡的赵鼎，以及本文所谈到的这位极有爱国气节然“未及大用而卒，时人惜之”（《浙江通志・傅崧卿传》）的傅给事，还可以联想到在写本文的两年以前赍志以殁的作者的好朋友辛弃疾（据称他死后祠堂中还有“疾声大呼”“若鸣其不平”）……这些志士仁人的抱愤而死，就都是秦桧（以及当时的史弥远之流）投降主义路线的罪恶结果。陆游在此虽仅下一语，然而笔力千钧，峻刻无比，一方面使读者至此“忠愤气填膺，有泪如倾”（宋张孝祥《六州歌头》词），另一方面又使秦桧等卖国贼所犯下的历史罪行变成白纸黑字而千载难“赖”了。回顾往事既毕，作者又把笔触收回到跋语上来：“今观傅给事与吕尚书遗帖，死者可作，吾谁与归？”这实际是在“感叹时事”，大有“微言大义”在其言外。“死者”两句，语出《礼记・檀弓下》：“死者如可作也，吾谁与归？”现实的环境中既由史弥远等人在掌权——不仅他本人就执行着秦桧的“和戎”政策，而且还毫不掩饰地重新为秦桧“评功摆好”（为其追复王爵和谥号），那么还有谁再堪作为自己精神的榜样与理想的寄托呢？所以，以八五之高龄，陆游只能在傅崧卿这位爱国前辈的遗文中，寻觅爱国情感的共鸣，寄托报国无门的愤慨。“死去元知万事空，但悲不见九州同”，跋文结尾所暗寓的“朝中无人”之悲，与同是这一年所作的《示儿》诗中所写的中原未复之恨，本是一脉相通的：正是由于投降派的阻挠，故而造成了“九州未同”的悲剧。陆游的这篇跋文，正是意在揭露秦桧、史弥远之流摧残爱国志士、消沮爱国士气而导致南宋无力复国的历史教训。虽然它有过高估计士大夫“士气”作用和忽视人民力量的偏向，然其用意是深刻的，所揭示的教训也是发人深思的。而在行文方面，尽管它写于垂暮之年，但文笔却未见衰惫而更显老辣，表现出爱憎分明的鲜明政治倾向。如其写成童时所见士大夫之刚毅与沉痛之貌，“或裂眦嚼齿，或流涕痛哭”，何等令人肃然起敬！又如写到“志士仁人抱愤入地者可胜数哉”一句时，又是何等令人扼腕愤慨！短文之中能具备这样的艺术感染力，究其原由，正如作者评论傅崧卿之文那样，在于“出处无愧，气乃不挠”（《傅给事外制集序》），其中充溢着他至老不衰的爱国感情和痛恨投降派的凛然正气。

（杨海明）

姚平仲小传 陆 游

姚平仲字希晏，世为西陲大将[①]。幼孤，从父古养为子。年十八，与夏人战臧底河[②]，斩获甚众，贼莫能枝梧[③]。宣抚使童贯召与语，平仲负气不少屈，贯不悦，抑其赏，然关中豪杰皆推之，号“小太尉[④]”。睦州盗[⑤]起，徽宗遣贯讨贼，贯虽恶平仲，心服其沉勇，复取以行。及贼平，平仲功冠军，乃见贯曰：“平仲不愿得赏，愿一见上耳。”贯愈忌之。他将王渊、刘光世皆得召见，平仲独不与。钦宗在东宫，知其名，及即位，金人入寇，都城受围，平仲适在京师，得召对福宁殿，厚赐金帛，许以殊赏。于是平仲请出死士斫营擒虏帅以献。及出，连破两寨，而虏已夜徙去。平仲功不成，遂乘青骡亡命，一昼夜驰七百五十里，抵邓州[⑥]，始得食。入武关[⑦]，至长安，欲隐华山，顾以为浅，奔蜀，至青城山上清宫[⑧]，人莫识也。留一日，复入大面山[⑨]，行二百七十余里，度采药者莫能至，乃解纵所乘骡，得石穴以居。朝廷数下诏物色求之，弗得也。乾道、淳熙[⑩]之间始出，至丈人观道院[⑪]，自言如此。时年八十余，紫髯郁然，长数尺，面奕奕有光，行不择崖堑荆棘，其速若奔马。亦时为人作草书，颇奇伟，然秘不言得道之由云。

〔注〕 ① 世为西陲大将：西陲，西部边境。姚平仲，五原（在今内蒙古自治区）人，祖父姚兕、叔祖姚麟、伯父姚雄、父姚古，皆镇守西北边境，抗御西夏。 ② 臧底河：地名，未详何处，当在今内蒙古。 ③ 枝梧：抗拒。 ④ 小太尉：太尉，秦代官名，掌军事。狄青平西夏有功，曾官居枢密使。宋人唤枢密使为"太尉"，故"小太尉"恐是当时人赞扬姚平仲堪与狄青相比的美称。 ⑤ 睦州盗：指方腊。宣和二年（1120）方腊在睦州（今浙江桐庐、建德、淳安一带）起义，次年战败被俘，在东京就义。 ⑥ 邓州：故治在今河南邓州。 ⑦ 武关：在陕西商南县西北。 ⑧ 青城山：在四川都江堰市西南，为道教名山，山上有上清宫。范成大《吴船录》卷上："自丈人观西登（青城）山，五里至上清宫，在最高峰之顶，以板阁插石作堂殿，下视丈人峰，直堵墙耳。" ⑨ 大面山：宋王象之《舆地纪胜》："永康军：大面山，在三溪之北，前临成都。山众峰攒秀，高七十二里。"范成大《吴船录》卷上："岷山之最近者曰青城山，其尤大者曰大面山，大面山之后，皆西戎山矣。" ⑩ 乾道、淳熙：乾道（1165—1173）、淳熙（1174—1189），皆为宋孝宗年号。 ⑪ 丈人观：王象之《舆地纪胜》："丈人观，在青城山，即建福宫也。"范成大《吴船录》卷上："夜宿丈人观。观在丈人峰下，五峰峻峙如屏。观之台殿，上至岩腹。"

在一般人的心目中，陆游似乎只是一位诗人。其实，陆游的才能是多方面的，他既写诗，又写词，还擅长于写散文；而除此以外，他还是一位历史学家——他所写的《南唐书》比起马令所写的同名著作来，就显得高明得多。《四库提要》评马令的《南唐书》为"不免芜杂琐碎"，"尤繁不当繁"，"不及陆游重修之本"；而评陆游的《南唐书》为"尤简核有法"，"叙述简洁"。可知二书之优劣。本篇《姚平仲小传》，记述了两宋之交一位名将的生平事迹，由此也可见陆游史笔之一斑。而由于元人所修的《宋史》中无姚的传记，仅在其父姚古及种师道传中简单带上一笔，故而此文可补史传之不足。

本文在交代过姚平仲的身世（"世为西陲大将，幼孤，从父古养为子"）以后，主要叙述了姚的三段事迹：第一是少年崭露头角，然遭人妒忌与压抑。文中记他十八岁即大败西夏，扬名边陲。但因"负气不少屈"而得罪了童贯，因此受赏不及其功。后来方腊起义于浙江，童贯不得不借助平仲"破贼"；事成之后，功数第一的平仲"不愿得赏，愿一见上耳"，但童贯却忌恨更深，终于阻挠了徽宗的接见。这一段文字虽很简短，但已初步勾勒出姚的少年英雄风貌和他那蔑视权贵的性格特征，同时，又揭露了童贯的卑鄙心术和朝廷的昏庸面目。这种把人物置于"双向矛盾"（一是对战场上的敌人，二是对朝廷里的奸臣）中来刻画的写法，不仅写出了他的事迹（主要是战功），而且写活了他的个性（年少气盛，不媚权贵），可谓大处落墨、形神兼备。而尤堪称道的是作者对童贯的描述："心服其沉勇"而"愈忌之"。寥寥数语，便把他那忌贤妒能的丑恶嘴脸揭露无遗，这就是传统所谓的“春秋笔法”,于中寄寓着陆游的爱憎态度。第二是记述平仲中年奇袭金兵而未获成功的憾事。靖康元年(1126),金兵入寇,汴京被围,种师道与姚平仲共同率兵勤王。据《宋史·种师道传》记载,姚平仲在这时曾产生过私心(这与他“气盛”的性格有关),他顾虑功劳将被种氏兄弟分去,因此不愿等援兵到后即急速发兵,企图偷营袭击金人,以获成功。结果被金兵发觉,平仲兵败而逃亡。陆游在这里,对于姚平仲似乎有点“为贤者讳”,所以隐去了上述急于求功的情节,只写了他“请出死士斫营擒虏帅以献”的壮举,而对他的偷袭失败又用了“连破两寨,而虏已夜徙去”来表示自己的惋惜之情。俗语曰“胜败乃兵家常事”,又曰“不以成败论英雄”。陆游对于姚平仲在这关键一仗的失利,大约就是抱着上述态度来看的,因此行文之中非但未加深责而反怀“遗憾”之感,这也反映了他对姚平仲的偏爱。第三件事则记述了姚平仲晚年的出世隐遁生活,言辞中间仍流露了他对这位“失败的英雄”之仰慕。文中记姚于兵败之后,不愿重见“江东父老”,于是骑一青骡亡命,一昼夜驰七百五十里,这多么富有传奇色彩!抵邓州,然后又入武关、至长安,再至四川青城山,最后隐遁于大面山的草莽间,得石穴以居。朝廷虽屡下诏书求其复出,然终不得。直到宋孝宗乾道、淳熙年间始重新出现,其时已八十余岁,而“紫髯郁然,长数尺,面奕奕有光,行不择崖堑荆棘,其速若奔马”,这就更加增添了传奇色彩。陆游在这第三件逸事的记述中,就由上文中的“遗憾”态度而转为“仰羡”的态度。所以综观全文,陆游在为姚平仲立传的过程中,不仅“简核有法”地记述了传主一生的重大事件,勾勒了他鲜明的人物性格和富有传奇性的人生经历,且还饱含了自己对于这位“失败的英雄”的赞美、同情、惋惜和仰羡之情。这样,就使文章达到了寓褒贬爱憎的主观态度于简洁有序的客观记叙之中,浑然统一,所以尽管它只是作者的“牛刀小试”,然亦足以“管中窥豹”地见出他的史家大手笔。

另外值得一提的是,陆游还曾为姚平仲写过一首诗:“造物困豪杰,意将使有为。功名未足言,或作出世资。姚公勇冠军,百战起西陲。天方覆中原,殆非一木支。脱身五十年,世人识公谁?但惊山泽间,有此熊豹姿。我亦志方外,白头未逢师。年来幸废放,傥遂与世辞。从公游五岳,稽首餐灵芝。金骨换绿髓,欻然松杪飞。”(《姚将军靖康初以战败亡命,建炎中下诏求之不可得,后五十年乃从吕洞宾、刘高尚往来名山,有见之者。予感其事,作诗寄题青城山上清宫壁间,将军傥见之乎》)相比之下,此诗的叙事成分就明显减少而感情色彩则相应增浓。但若把它与本文参读,就更可帮助我们理解陆游寓藏在这篇《小传》表面冷静客观的叙述之下的那一种深切景仰之情。

(杨海明)

祭朱元晦侍讲[①]文　　陆　游

某有捐百身起九原之心，有倾长河注东海之泪。路修齿耄，神往形留。公殁不亡[②]，尚其来飨[③]。

〔注〕 ① 朱元晦侍讲：朱熹(1130—1200)，字元晦，一字仲晦，祖居徽州婺源(今属江西)。曾任秘阁修撰等职，晚年除焕章阁待制、侍讲。 ② 公殁不亡：指朱熹身虽殁而精神不死。《老子》三十三章："死而不亡者寿。" ③ 尚其来飨(xiǎng想)：尚飨，语出《仪礼·士虞礼》，意为希望死者来享用祭品。尚，希望之意。飨，享用。

宋宁宗庆元六年(1200)三月，著名学者朱熹病逝。消息传来，作为朱熹生前之好友兼同志的陆游，怀着极度悲痛和敬仰之情，写下了这篇祭文。全文共三十五字，却寓托着真挚动人的感情，可谓尺幅千里，一字千金。

朱熹是一位集理学之大成的哲学家，又是一位爱国的文人。陆游和他交情甚笃。今检《剑南诗稿》，其中就有很多与朱交往之作。如淳熙八年(1181)《寄朱元晦提举》诗曰："民望甚饥渴，公行胡滞留？征科得宽否？尚及麦禾秋。"这是盼望朱熹能为百姓"宽政"而早日赴任。又如淳熙十年《寄题朱元晦武夷精舍》诗曰："先生结屋绿岩边，读《易》悬知屡绝编。"这是赞扬朱熹的苦学精神。而朱熹对于陆游，也是深怀好感的。他在庆元三年作《题严居厚溪庄图》诗，诗曰："平日生涯一短蓬，只今回首画图中。平章个里无穷事，要见三山老放翁。"表达了要与放翁作伴的意愿。陆游读后，特为此"次韵"作答："鹤俸元知不疗穷，叶舟还入乱云中。溪庄直下秋千顷，赢取闲身伴钓翁。"也表示了与朱熹相同的志趣。

但是，就在上述朱、陆以诗唱和之后三年，朱熹却遽然病逝了。而且，由于当时的南宋朝廷正由韩侂胄掌权，而韩一向视程朱理学为"伪学"，屡次下令禁止，故而朱熹死后竟下令不准朱的门徒为之送葬，弄得朱熹身后十分冷清。然而，就在这种"举世皆非之"的情况下，却有两位伟大的爱国者敢于挺身而出，以自己的诗、文、词来凭吊朱熹，这也算得上是朱熹极大的安慰了。其中一位是辛弃疾，据《宋史》本传记载："熹殁，伪学禁方严，门生故旧至无送葬者。弃疾为文往哭之，曰：'所不朽者，垂万世名。孰谓公死，凛凛犹生。'"他还作《感皇恩》一词，赞扬朱熹犹如当年的扬雄一样，人虽殁而文章名声将永垂后世："子云何在？应有《玄经》遗草。江河流日夜，何时了。"另一位就是陆游，其时年已七十六岁而身居山阴乡间，闻讯后也写了这篇纸短情长的祭文，以表达他对死者的敬仰与悼念。

《文心雕龙·哀吊》说：哀吊一类文字，若"奢体为辞，则虽丽不哀；必使情往会悲，文来引泣，乃其贵耳"。也就是说，这类文字，所贵者在于具有真实的感情，这样才能“文来引泣”，激起读者的共鸣。陆游此文，确实是从心中“流”出来的，极其沉挚，极其真诚。你看他劈头两句：“某有捐百身起九原之心，有倾长河注东海之泪”。便倾吐发自深心的一片挚情。《诗经·秦风·黄鸟》：“苟可赎兮，人百其身。”《礼记·檀弓下》：“赵文子与叔誉观乎九原，文子曰：‘死者如可作也，吾谁与归？’”陆游首句用此两典，意谓：我宁愿死一百次，只要能使亡友复起于地下，心就足矣！这里表现了多么深沉的悲痛和多么真诚的崇敬！但事实却又做不到这点，所以他就只能像顾恺之拜桓温墓时那样，“泪如倾河注海”（见《世说新语·言语》）了。这劈头两句，气势充沛，对仗浑然，“捐”“起”“倾”“注”四个动词又富有力度，故能一气旋折地倾吐出郁积于肺腑的心声。接着又是两句对仗句：“路修齿耄，神往形留”。进一步表达了自己的伤悼。“路修”指路远，“齿耄”指年老，所以不能亲身临吊，只能“神往形留”了。这两句抒发了“我欲从公”而不能的悲哀，从另一方面写出对朱的敬仰。越是这种“谈心”式的披露，越使人读后倍增其哀伤，真所谓“情往会悲，文来引泣”。至结尾则先宕开一笔：“公殁不亡”，赞扬朱熹的身体虽殁而精神不死；其后即戛然中止：“尚其来飨”。以传统的祭文方式（“呜呼哀哉，伏惟尚飨”）来作结束。这样，全文虽只短短六句，然而依仗其真挚感人的深情，和那富有形象性的语言，作者就给我们勾勒了他的“自我画像”：一位头童齿豁、白发苍苍的老翁，正巍巍颤颤地走向祭台，为他的亡友一洒其同情伤悼之老泪；而透过这层，人们又不难窥见他自身所深怀的“此身谁料，心在天山，身老沧洲”（《诉衷情》）的无限悲怆。

（杨海明）

【作者小传】

萧德藻

南宋诗人。字东夫，号千岩老人。福州闽清（今属福州）人。绍兴进士。历乌程令，知峡州，官终福建安抚司参议。能诗，造语苦硬而工致。当时与范成大、尤袤、陆游齐名。著有《千岩择稿》，已佚。

吴　五　百

萧德藻

吴名憃，南兰陵为寓言靳之曰①：淮右浮屠②客吴，日饮于市，醉而狂，攘臂突市人，行者皆避。市卒以闻吴牧，牧录而械之③，为符移授五百④，使护而返之淮右。五百诟浮屠曰：

“狂髡[5]，坐尔乃有千里役，吾且尔苦也。”每未晨，蹴之即道，执扑驱其后，不得休；夜则縶其足。至奔牛埭[6]，浮屠出腰间金市斗酒，夜，醉五百而髡其首，解墨衣衣之[7]，且加之械而縶焉，颓壁而逃。明日，日既昳[8]，五百乃醒，寂不见浮屠，顾壁已颓。曰：“嘻，其遁矣！”既而视其身之衣则墨，惊循其首则不发，又械且縶，不能出户，大呼逆旅中曰：“狂髡故在此，独失我耳！”

客每见吴人辄道此，吴人亦自笑也。

千岩老人[9]曰：是殆非寓言也，世之失我者[10]岂独吴五百哉！牛而有此我也，均也，是不为荣悴有加损焉者也。所寄以见荣悴，乃皆外物，非所谓傥来者邪？曩悴而今荣，傥来集其身者日以盛，而顾揖步趋，亦日随所寄而改，曩与之处者今视之良非昔人，而其自视亦殆非复故我也。是其与吴五百果有间否哉？吾故人或骎骎华要[11]，当书此遗之。

〔注〕 ① 惷(chōng 充)：愚笨。吴名惷：吴人以愚笨著称。南兰陵：地名，在今江苏常州西北。南朝齐高帝萧道成和梁武帝萧衍都是南兰陵人，萧氏世居南兰陵，这里大概是作者自称。靳：嘲笑。 ② 淮右：亦称淮西，淮河上游的地方。浮屠：梵语译音，这里指和尚。 ③ 牧：州郡的长官。录：逮捕。 ④ 为符移授五百：写好有印信的公文交给差役。符，符信。移，公文的一种，古代官署公文往来，对于平行的机关用“移”。五百：亦作“伍伯”，古代衙门中的差役。 ⑤ 髡(kūn 坤)：剃去头发，这里指剃去头发的和尚。⑥ 奔牛埭(dài 代)：指今江苏常州市西三十里的奔牛镇。 ⑦ 解墨衣衣(yì 意)之：墨衣，亦称“缁衣”，黑色的僧袍。下“衣”字读去声，作动词，意为给人穿上衣服。 ⑧ 昳(dié 迭)：太阳过午偏斜。 ⑨ 千岩老人：萧德藻的号。 ⑩ 失我者：这里指那些社会地位变了，与过去判若两人的那些人。 ⑪ 骎(qīn 侵)骎华要：很快地得到显要官职。骎骎，马跑得很快的样子，这里是骤然的意思。

诗文同源。诗歌中先咏他物以引起所咏之词的起兴手法，运用到文章中，也会给文章增添许多机智和情趣。考究起来，先秦的谋臣策士在游说进谏时就常用这种手法：先讲个故事，说个笑话，或者以此作比，或者借题发挥，或者创设一个特定的语言环境，在轻松和缓的气氛中，用巧妙的方式陈述自己的见解，往往获得意想不到的效果。本文就采用了这种表现手法。

朋友当了官，萧德藻想奉劝他不要忘本，可又不想直截了当地说，就从吴五百的故事讲起，然后指出新贵忘本与吴五百失我并无二致。作者的高明不在于把新贵与吴五百作简单的类比，而在于揭出看似没有多少联系的二者之间在本质上的一致;同时,用吴五百显而易见的荒唐,来突现新贵习以为常、不以为谬的忘本。因此,作者讲吴五百故事时,努力揭示吴五百的荒谬性,揭露新贵忘本时,着重揭示与吴五百本质上的一致性。这样,新贵忘本的荒唐就在不言之中了。

一个淮西的和尚在吴郡犯了法,州官将和尚上了枷锁,派五百押解还原籍。吴五百对和尚心怀不满,于是怒骂在前,又迫害在后。天不亮,他就把和尚踢起上路,一路上用板子不停地驱赶,夜里还把和尚的脚捆起来,以防逃走。和尚喝醉了酒在市上横冲直撞,吴五百骂他"狂髡",这倒并不冤枉;可是对和尚大打出手,就称得上迫害狂了。和尚的"狂"是醉后之"狂",醒了酒,神志就清楚了。而吴五百的精神就不大正常了。和尚大概也看出些苗头,于是把五百灌醉了,给他剃光头发,换上僧衣,戴上枷锁,捆上脚,自己逃之夭夭。和尚在危急之中仍不忘恶作剧,玩一出颇有几分幽默感的把戏,可见他是清醒的。第二天午后吴五百才醒,不见和尚,看看墙壁已破,马上意识到和尚已逃走了,"嘻"了一声,若有所悟地说:"其遁矣!"可见这时精神还算正常。可是当他再仔细看看自己的衣服、头发、枷锁和捆住的脚,一惊之下,思维彻底混乱了,于是大呼:"狂髡故在此,独失我耳!"一个人忘记了自己的存在,把活生生的自我当作是别人,这是何等地荒谬!不管是外地人还是吴人对此无不付之一笑,也在情理之中。作者并不夹带评论,只是让读者从生动的客观叙述中看到忘掉自我存在的吴五百的荒唐可笑。

如前所述,讲吴五百不是目的,以五百讽刺新贵才是本意。所以,作者说这不是寓言:"世之失我者岂独吴五百哉!"于是抓住"失我"大加发挥。文章认为人生下来,有这个"我"是均等的,并不因地位的高低而增加或减损,何况借以表现地位高低的那些东西都像庄子所说是偶然得来的身外之物。庄子说:"今之所谓得志者,轩冕之谓也。轩冕在身,非性命也,物之傥来,寄者也。"(《庄子·缮性》)一个正常的人不应因为身外之物带来的地位变化而改变"我"的形象。可是,新贵们则不然。他们地位日益提高,行为也日益不同,一顾一揖,一步一趋,都"随所寄而改"。过去与他相处的人看他已不是"昔人",自己看自己也几乎不再是"故我"了。可见,这种人与吴五百没有多少区别,大概精神也不会正常。吴五百"失我"是外力所致,和尚改变了他的外形,使他神经错乱,以为自己消失了。新贵们"失我"也是外物所致,日盛一日的傥来之物使他们得意而忘形,进而自己改变了自己的行为。神经错乱和得意忘形却又反映了深层原因的不同。神经错乱是精神失常,是生理病变;得意忘形是本性迷惑,是心理变态。所以我们说,吴五百失掉的是其实没有失掉的"我",而新贵们失掉的才是实实在在的已经失掉的"我"。吴五百失我,大惊小怪,其实并未失,不应怪,所以他蠢,是痴呆,是精神病；新贵们失我，习以为常，其实大不正常，所以更蠢，更荒谬，是小人得志，是官场病，因而也更可悲。这就是作者以吴五百讽新贵的用意所在。如果忘本的新贵读了本文，能像吴五百那样惊呼起来，发现本我的失落，作者也许就很满足了。

吴五百"为中国的笑林里添了个类型"（钱锺书《宋诗选注》）。他问世以后，曾被辗转模仿，《聊斋志异》里的《长清僧》一篇也有他的影子，可见其影响之深远。

（陆志平　吴功正）

【作者小传】

范成大

（1126—1193）　南宋诗人。字致能，号石湖居士。苏州吴县（今属江苏苏州）人。绍兴进士。历任知处州，知静江府兼广南西道安抚使、四川制置使、参知政事等职。曾使金，抗争不屈，几遭杀害。晚年退居故乡石湖。素有诗文名，亦能词。著有《石湖居士诗集》《石湖词》《揽辔录》《吴船录》等。

峨眉山行纪

范成大

乙未[1]，大霁[2]……过新店、八十四盘、娑罗平[3]。娑罗者，其木叶如海桐，又似杨梅，花红白色，春夏间开，惟此山有之。初登山半即见之，至此满山皆是。大抵大峨之上，凡草木禽虫悉非世间所有。昔固传闻，今亲验之。余来以季夏，数日前雪大降，木叶犹有雪渍斓斑之迹。草木之异，有如八仙[4]而深紫，有如牵牛而大数倍，有如蓼而浅青。闻春时异花尤多，但是时山寒，人鲜能识之。草叶之异者亦不可胜数。山高多风，木不能长，枝悉下垂。古苔如乱发鬖鬖挂木上，垂至地，长数丈。又有塔松，状似杉而叶圆细，亦不能高；重重偃蹇如浮图[5]，至山顶尤多。又断无鸟雀，盖山高，飞不能上。

自娑罗平过思佛亭、软草平、洗脚溪，遂极峰顶光相寺[6]，亦板屋数十间，无人居，中间有普贤小殿。以卯初登山，至此已申后。初衣暑绤[7]，渐高渐寒，到八十四盘则骤寒。比及山顶,亟挟纩[8]两重,又加毳衲驼茸[9]之裘,尽衣笥中所藏,系重巾,蹑毡靴,犹凛栗不自持,则炽炭拥炉危坐。山顶有泉,煮米不成饭,但碎如砂粒。万古冰雪之汁,不能熟物,余前知之。自山下携水一缶来,财[10]自足也。

移顷,冒寒登天仙桥,至光明岩,炷香。小殿上木皮盖之。王瞻叔参政[11]尝易以瓦,为雪霜所薄[12],一年辄碎。后复以木皮易之,翻可支二三年。人云佛现[13]悉以午,今已申后,不若归舍,明日复来。逡巡[14],忽云出岩下傍谷中,即雷洞山也。云行勃勃如队仗,既当岩则少驻。云头现大圆光,杂色之晕数重。倚立相对,中有水墨影若仙圣跨象[15]者。一碗茶顷,光没,而其傍复现一光如前,有顷亦没。云中复有金光两道,横射岩腹,人亦谓之"小现"。日暮,云物皆散,四山寂然。乙夜灯出[16],岩下遍满,弥望以千百计。夜寒甚,不可久立。

丙申[17],复登岩[18]眺望。岩后岷山万重;少北则瓦屋山,在雅州[19];少南则大瓦屋,近南诏[20],形状宛然瓦屋一间也。小瓦屋亦有光相,谓之"辟支佛[21]现"。此诸山之后,即西域雪山,崔嵬刻削,凡数十百峰。初日照之,雪色洞明,如烂银晃耀曙光中。此雪自古至今未尝消也。山绵延入天竺诸蕃[22],相去不知几千里,望之但如在几案间。瑰奇胜绝之观,真冠平生矣。

复诣岩殿致祷,俄氛雾四起,混然一白。僧云:"银色世界也。"有顷,大雨倾注,氛雾辟易。僧云:"洗岩雨也,佛将大现。"兜罗绵云[23]复布岩下,纷郁而上,将至岩数丈辄止,云平如玉地。时雨点有余飞。俯视岩腹,有大圆光偃卧平云之上,外晕三重,每重有青、黄、红、绿之色。光之正中,虚明凝湛,观者各自见其形现于虚明之处,毫厘无隐,一如对镜,举手动足,影皆随形,而不见傍人。僧云:"摄身[24]光也。"此光既没,前山风起云驰。风云之间,复出大圆相光,横亘数山,尽诸异色,合集成采,峰峦草木,皆鲜妍绚蒨,不可正视。云雾既散,而此光

峨眉

——明崇祯六年墨绘斋刻本《名山图》

独明，人谓之“清现”。凡佛光欲现，必先布云，所谓“兜罗绵世界㉕”。光相依云而出；其不依云，则谓之“清现”，极难得。食顷，光渐移，过山而西。左顾雷洞山上，复出一光，如前而差小。须臾，亦飞行过山外，至平野间转徙，得得㉖与岩正相值，色状俱变，遂为金桥，大略如吴江垂虹㉗，而两圯㉘各有紫云捧之。凡自午至未，云物净尽，谓之“收岩”，独金桥现至酉后始没。

〔注〕 ① 乙未：宋孝宗淳熙四年(1177)六月二十七日。 ② 大霁：雪后大晴。 ③ 娑罗平：平，通“坪”，山中小块平地。娑罗，优昙花。宋宋祁《益都方物略记》“娑罗花，生峨眉山中，类枇杷，数葩合房，春开，叶在表，花在中。”佛家认为是祥瑞之花。 ④ 八仙：绣球花。⑤ 浮图：塔。一作“浮屠”。 ⑥ 极：达到最高处。光相寺：在大峨山绝顶。旧名光普殿。⑦ 绤(xì戏)：粗葛布，此指夏天衣服。 ⑧ 纩(kuàng旷)：丝绵。 ⑨ 毳衲驼茸：毳(cuì翠)，鸟兽的细毛。衲(nà捺)，僧衣。驼茸，骆驼的细毛绒。 ⑩ 财：通“才”。 ⑪ 王瞻叔：名之望，曾任四川成都府路计度转运副使。孝宗时拜参知政事。 ⑫ 薄：迫，侵。 ⑬ 佛现：即“佛光”。它是太阳光相射处云雾上所生的彩色光环。因峨眉山是佛教名山，人们便把它联想成“佛现”。 ⑭ 逡(qūn)巡：此指顷刻之间。 ⑮ 仙圣跨象：指普贤菩萨骑着大象。佛寺中普贤塑像，往往骑着白象。 ⑯ 乙夜：二更时分，晚上十点左右。《颜氏家训·书证》：“汉、魏以来，谓为甲夜、乙夜、丙夜、丁夜、戊夜，亦云一更、二更、三更、四更、五更。”灯出：灯指神灯或圣灯。峨眉山顶夜间时可望见状如萤火、繁星般的光点，人称“神灯”。起因可能是磷火，也可能是树皮腐烂所发的光。 ⑰ 丙申：此指六月二十八日。 ⑱ 岩：指光明岩。 ⑲ 雅州：今四川雅安。 ⑳ 南诏：古国名，在今云南大理一带。 ㉑ 辟支佛：辟支迦佛陀的简称，指无师独自悟道之佛，为一通称。 ㉒ 天竺诸蕃：天竺，印度。诸蕃，指各少数民族和外国。㉓ 兜罗绵云：像兜罗绵一般的云。兜罗，树名，梵语。它所生的絮叫兜罗绵，意译为“杨华絮”。㉔ 摄身：摄取自身的影子。 ㉕ 兜罗绵世界：意为“云海”。 ㉖ 得得：特地。 ㉗ 吴江垂虹：吴江(今属江苏)的垂虹桥。本名利往桥，因上有垂虹亭，故名。在作者家乡不远处，故有此联想。 ㉘ 两圯(yí移)：指桥的两边。

峨眉山位于四川峨眉县城郊外七公里，雄踞四川盆地西南缘，与浙江普陀山、安徽九华山、山西五台山并称佛教四大名山，相传为普贤菩萨道场。因山势逶迤，“如螓首蛾眉，细而长，美而艳”，故名。有大峨、二峨、三峨之分，一般人游览的即是大峨。其山脉峰峦起伏，重岩叠翠，气势磅礴，雄秀幽奇，素有“峨眉天下秀”的美称。尤其使人惊叹叫绝的是山顶所幻现的“佛光”，一睹之后简直令人终生难忘，所以古往今来就吸引了不知多少游客，赢得了无数诗人墨客的称赞。

在众多的峨眉山纪游诗文中，范成大的这篇游记可称是其佼佼者。它的妙处，不仅在于状物的精确，而且还在于它的能够传达出山之独特个性和生动气韵，使读者能像亲历其境的游客一样，切身领受此山的奇丽风光和无穷美感。原文较长，这里仅选其中最精彩的五段文字。

第一段文字主要用“眼睛”来感受其草木之奇异。据清人谭钟岳《峨眉山图记》介绍，此山草木有娑罗树、浮图松、菩萨藤、木芙蓉、木凉伞等多种，另有很多莫能名之的奇花异草布满山野。作者一上来就向人们指点“惟此山有之”的娑罗树，状其形曰：“其木叶如海桐，又似杨梅，花红白色”。这种奇树“初登山半即见之”，而至娑罗平时，则“满山皆是”。这样，读者面前就浮现了一片颜色艳妍的鲜花世界，令人生出“乱花渐欲迷人眼”的“第一印象”。但这还只是初步的视觉感受，随着作者的拾阶而上，人们的眼睛就更为应接不暇：有“古苔如乱发鬖鬖挂木上”的菩萨藤，有“重重偃蹇如浮图”的浮图松（塔松），还有“悉非世间所有”的种种草木花卉。总之，这段文字给人以丰富生动和多层次的色感与视觉形象，它们投射和凝聚在读者的心理上，便形成了十分“奇丽”的总体感受。

第二段文字主要写山之高峻。这种高峻的特点，在上段末尾“又断无鸟雀，盖山高，飞不能上”几句中，已预作交代，而本段则侧重从人的“温感”来写出。它先介绍登山的时间：早晨五时（卯初）起爬山，至山顶光相寺时已下午五时（申后），这已从“理性认识”上告知人们此山之逶迤。但仅此还嫌单薄。作者为欲增加读者的“感性认识”，便进而以自己的切身体验来加以验证。这就从自己的“温感”写起。开始登山时身穿夏服（时在六月二十七日）；“渐高渐寒”，到八十四盘则“骤寒”；而到极顶时竟冷得把衣箱中预先准备的所有寒衣全穿上，还“凛栗不自持”，只能拥炉而坐。更有甚者，由于山高气压低，竟连饭都煮不成！这就借助于人们的生活经验，写出了峨眉山的高峻与山顶的奇寒。

第三段文字集中于写佛光的“小现”。“佛光”，又叫“佛现”，它原是高山云气的一种奇异现象：当太阳光以一定角度投射在云气上时，就像雨后晴空出现彩虹一样，在浩瀚的云海上就会出现直径数公尺的圆环，颜色绚烂，外红内紫。由于峨眉山是佛教名山，人们睹此奇景，便会联想到普贤菩萨显“佛”，故称“佛光”或“佛现”。本段所写，还只是“小现”，但已足够令人惊叹不已。它先从光明岩的小殿写起，说它的顶盖只能以木皮覆之，若易以瓦，反为霜雪所侵蚀破坏。这仍在于点明山顶之严寒。以下，则转入于写“小现”。照理，佛光之出现，大多在中午以后。但现时已是下午五时以后，故有人劝作者不如明日再来。正在逡巡犹豫时，奇迹忽然出现了：从岩谷中蓦地涌起了“勃勃如队仗”的团团行云。少顷，“云头现大圆光，杂色之晕数重”；放眼细看，其中果有一团水墨影宛若普贤骑象而行。这种奇幻的“海市蜃楼”式的景观，在一碗茶的功夫间，竟两次重复出现；

最后，又在金光两道、横射岩腹的满山霞光中宣告结束。这一段描写由于结合着作者的心理变化来写，所以越发显得生动真切。试想，游客们攀登了一天的山路，心中多么盼望能早睹“佛现”的奇景，而正当他们无奈时晚而欲下山归舍之时，普贤菩萨似乎理解他们的心情那样，忽然“大度”地向他们初露了自己的“真身”，这怎能不引起人们那种“山重水复疑无路，柳暗花明又一村”的惊愕和赞叹之情！大自然的瑰丽多姿给人以感官上的审美享受，而造物主的慷慨施法又给人以心理上的精神慰藉，这二者结合起来就使这段描写“小现”的文字达到了景与情的浃合，令读者不仅悦目，而且赏心，洵是妙笔。在写毕“小现”之后，文章又绾合到前言的登顶已晚：“日暮，云物皆散，四山寂然。”这几句看似信手写实，却有峰回路转、别开一境之妙。联想刚才瑰丽的“佛光”景象，这儿的“寂然”境界不由会催人生发“色即是空”的佛教意念，引起一种空寂肃穆的心理感受；而从文笔来讲，也大有“绚烂之极，归于平淡”的风味。不料，在此之后，更有奇景出现：“乙夜灯出，岩下遍满，弥望以千百计。”据谭钟岳《峨眉山图记》介绍，峨眉山“夜有灯光燐燐，飞满崖壑，为万盏神灯朝普贤，此更不可思议，真福境也”。本文虽于此仅下三语，但“遍满”和“弥望以千百计”亦足以引起读者浮想联翩了。

第四段文字写登顶眺望之所见，煞是壮观。杜甫诗曰：“会当凌绝顶，一览众山小。”这儿所写，亦突出一个“小”字：瓦屋山与大瓦屋山，“形状宛然瓦屋一间也”；绵亘数千里的雪山，则“望之但如在几案间”。而除此之外，作者还写了登此山眺见的另外两个独特感受：一是山势之奇壮，如岷山的“万重”，雪山的“崔嵬刻削”和绵延亘长；二是色彩之耀目，这主要是雪山在初日之下“雪色洞明，如烂银晃耀”。这样，峨眉山本身的高峻和登山时所见的壮观瑰奇，就通过这三种心理感受，折射并叠合，成为作者“冠绝平生”的强烈印象，也使读者阅后久久不能忘怀。

最后一段文字则用“泼墨”的手法，淋漓酣畅地写足了佛光“大现”的奇观。这一段是全文的高潮，因之文笔越加细致详尽，也越加顿挫有致。其中多处“星移斗转”，颇有电影艺术转换场景之妙。开头先写“氛雾四起，混然一白”的混沌景象，借用僧语此是“银色世界”。这是第一层次或第一个场景。接着“大雨倾注”，氛雾顿消，这又是第二层次或第二个场景。而正当读者与作者一起焦虑大雨来得不是时候（要淋掉“佛光”）之际，僧人在一旁又发话道：“（此）洗岩雨也，佛将大现。”这便使人们悬着的一颗心顿时为之放下，又为后文的佛光“大现”作了铺垫，真是跌宕有致，引人入胜。第三层次则大笔濡染，极写“大现”的奇观：先是像兜罗绵一般的云团纷郁而上，将山顶周围铺成一片云海玉地，其时尚有剩余的“洗岩雨”在飞溅，这为“佛光”的“大现”布伏了基础；接着，云海之中出现了一轮巨大的圆光，外围的光圈中泛出三重圆晕，每重圆晕分别呈现着青、黄、红、绿的绚烂色彩，而最为奇妙的是圆光中央却是“虚明凝湛”(空洞明亮，凝聚澄澈)，使每个观者都可从中反窥自己的身影，故被称作“摄身光”；此光不能久存，光没之后，山风急起，在风云之间又复出另一个大圆形的光圈，横亘数山，令山峦草木尽行涂抹上一层极鲜妍的色彩，使人不可正视。此时云雾已经散却，而此光独明，这就叫作“清现”。按理，“佛光”之出现，必有云雾为之作依托，但现在这种“清现”却是不依傍云雾而孤立地呈现的，所以极为难得。想不到作者此次登山，不仅于前一日傍晚先有机会见到了“小现”，而在今日午后欣赏“大现”时，又在一般可见的“摄身光”之外还睹见了“清现”的罕见奇观，这真是三生有幸，不枉此行了。作者在此，虽专心于作客观景物的描摹，然而字里行间却流露出抑制不住的惊叹和庆幸之情，这就使得这节描绘显得情趣盎然，扣人心弦。在写毕“大现”的奇观之后，作者又添加了一段“尾声”：大光既没，左边雷洞山上复出一小光，须臾，转过岩角，色状皆变，形似吴江的垂虹桥而两边各有紫云捧护。待到未时(下午三点左右)，云物净尽，这就叫作“收岩”；而独有这座云中“金桥”，却一直延迟到酉后(下午七时以后)才最终消失。这一段“收岩”的描写，犹如“曲终人不见，江上数峰青”那样，留给人以无穷的回味和遐想，可称是全文“高潮”已毕后的袅袅余响，更有效地追加和补足了前文的韵味。在此，我们不妨另读一段谭钟岳《峨眉山图记》里的相似描述：“金顶祖殿，悬岩绝壁处，朝夕云海雾气，忽聚忽散。每至未刻，兜罗绵云布满岩下，现圆光一团，边分五色，七层闲晕，为佛光如镜，睹者自见其形，虽并立之人绝不能见，为‘摄身光’。远者为‘水盆光’，有气如虹，横亘数里，两端紫云捧之为金桥。奇观哉!”这段文字，描述也相当精当，但比之范成大的文笔来，就未免显得神韵不够，情趣稍欠了。

这篇游记在写作方面有很多可以称道之处，这里仅谈三点。首先该提到的自然是它的状物精确，描写传神。例如文中所写三次“佛光”的显现，虽然都属阳光和云雾交互作用的结果，然而却写得同中有异。如“小现”时“行云勃勃如队仗”，云中“有水墨影若仙圣跨象者”；而“大现”时却先有“大雨倾注”，然后兜罗绵云“纷郁而上”，“云平如玉地”，显得气派更大，场面更壮观，再后才是“大圆光偃卧平云之上，外晕三重，每重有青、黄、红、绿之色”，而其正中“虚明凝湛”，使观者可以各窥其形，这就越发地奇妙和神秘；至于“清现”则先写“风起云驰”，其后“风云之间，复出大圆相光”，这种圆光不依傍云雾，而使峰峦草木尽行披上鲜妍异常的色彩，比之前二者又别有一番风光。我们知道，文学不同于绘画或影视艺术，后者在描绘光线、色彩方面自有其得天独厚的特殊手段，非光凭语言文字为工具的文学可以比拟。而范成大的文笔却简直是一支画笔，凭借着精湛的语言功力和描写技巧，居然给人们描画了一幅幅栩栩如生、变幻莫测的活的图画，这就足以叫人惊叹的了。再如表现山高，用人的温感变化和人生经验来作刻画，这又收到了图画所不能达到的更为真切的艺术功效，同样也见出其状物的精确和描写的传神。第二是记叙得法，引人入胜。峨眉山可记的东西非常之多，光名胜古迹和寺庙塔院就不可胜数。但范氏却撇开这些别处常可见到的景物不写，专记此山的特产或特色。如第一段写峨眉山特有的奇异草木，第二、第四段写峨眉山的奇高奇寒，第三、第五段重点写峨眉山的“佛现”。这样的写法，就“皮毛脱尽，精神独存”地写出了峨眉山的“个性”，写出了“此山不比他山”的特异之处。而在记叙过程中，时间经历了由早到晚（直到二更时分）、又由晚复至第二天傍晚（酉后）的二昼一夜，季节则经历了由夏到冬（山下是六月的盛暑，山顶是拥炉危坐的寒冬）的转换，对于如此繁复多变的游程，作者却记叙得那么有条不紊，层次井然，这亦足以见出作者处理材料的胸有成竹与优游不迫。更叫人佩服的是，全文虽表面看似信手记游，文随景生，其实却是有宾有主，有序幕有高潮。第一段是序幕，让人先获得一个奇丽万分的第一印象；然后把我们引至曲径通幽的山顶，使人感受其高寒特色；第三段则是先抑后扬，叫人于失望徘徊之际忽睹“小现”的奇景，令人更生欲睹“大现”的强烈悬念；第四段却又并不顺接上段，而故作顿挫之笔，让游客在山顶暂时小驻休憩，借以眺望山底风光；而在读者和作者一起生出“瑰奇胜绝之观，真冠平生”的感想之后，作者始让“大现”降临，使人大饱眼福，满足夙愿。这种由序幕而渐至高潮的写法，十分引人入胜，读者身边不啻请到了一位活导游。第三是景中融情，趣味盎然。这篇游记其着力点固然在于刻画景物，描摹风光，但作者的高明之处却在于往“自然之物”中渗入了人的主观感情和特定情趣，因而使得“静物”而有了“精神”，也使这篇游记具备了趣味盎然的特色。例如第一段之写花卉草木，其中就渗透着一种“佛心”：那“古苔如乱发”的菩萨藤，那“重重偃蹇如浮图”的塔松，以及那“悉非世间所有”的奇花异草，岂不引发人们在此“修炼”的佛家意念？又如“小现”时所见普贤菩萨骑象而行的幻影，更使人生出“佛法无边”的联想。佛谚有曰：“一花一世界，一草一精神。”范成大笔下的峨眉山之一草一木、一山一水中间，就隐隐显露着那种“佛”的“精神”，这和此山之为佛教名山的特点，就浑然协调。而在此同时，作者却又是以一位“凡人”的身份游山的，故而他就写足了一个普通游客游此佛山的游览历程与心理感受，让读者随着他的足迹忽仰攀忽俯视，忽赞叹忽惊愕，忽出汗忽寒栗，忽失望忽大喜……总之，随其笔触所至，读者既“身在其中”地欣赏到了峨眉山的无边风光，又“心历其境”地同作者一样经历了心理的变化，并获得了情趣的满足和审美的享受。

（杨海明）

【作者小传】

洪　迈

（1123—1202）　南宋文学家、学者。字景卢，别号野处。鄱阳（今江西鄱阳）人。洪皓幼子。绍兴进士。官至端明殿学士。谥文敏。主张与金和议。曾使金，几被拘留。学识渊博，自经史百家以至医卜星算，皆有论述。尤熟于宋代掌故。曾主持修纂《四朝国史》。撰有《容斋随笔》《夷坚志》等，编有《万首唐人绝句》。

稼　轩　记

洪　迈

国家行在武林，广信最密迩畿辅[①]。东舟西车，蠭午错出[②]，势处便近，士大夫乐寄焉。环城中外，买宅且百数，基局不能宽，亦曰避燥湿寒暑而已耳。郡治之北可里所[③]，故有旷土存：三面傅城，前枕澄湖如宝带，其从千有二百三十尺，其衡八百有三十尺[④]，截然砥平，可庐以居。而前乎相攸[⑤]者，皆莫识其处。天作地藏，择然后予。济南辛侯幼安最后至，一旦独得之。既筑室百楹，财占地什四[⑥]。乃荒左偏以立圃，稻田泱泱，居然衍十弓[⑦]。意他日释位得归，必躬耕于是，故凭高作屋下临之，是为“稼轩”。而命田边立亭曰“植杖[⑧]”，若将真秉耒耨之为者。东冈西阜，北墅南麓，以青径款竹扉，锦路行海棠[⑨]。集山有楼，婆娑有堂，信步有亭，涤砚有渚，皆约略位置，规岁月绪成之。而主人初未之识也，绘图畀予曰：“吾甚爱吾轩，为吾记。”

余谓侯本以中州隽人，抱忠仗义，章显闻于南邦[⑩]。齐虏巧负国，赤手领五十骑缚取于五万众中[⑪]，如挟毚兔[⑫]，束马衔枚[⑬]，间关西奏淮[⑭]，至通昼夜不粒食：壮声英概，懦士为之兴起！圣天子一见三叹息，用是简深知⑮，入登九卿，出节使二道，四立连率幕府⑯。顷赖氏祸作⑰，自潭薄于江西，两地震惊，谭笑扫空之。使遭事会之来，挈中原还职方氏⑱，彼周公瑾、谢安石事业，侯固饶为之⑲。此志未偿，因自诡⑳放浪林泉，从老农学稼，无亦大不可欤？

若予者，伥伥㉑一世间，不能为人轩轾㉒，乃当急须袯襫㉓，醉眠牛背，与荛童牧竖肩相摩。幸未黧老㉔时，及见侯展大功名，锦衣来归，竟厦屋潭潭之乐㉕，将荷笠棹舟，风乎玉溪之上㉖。因园隶内谒㉗曰："是尝有力于稼轩者㉘。"侯当辍食迎门，曲席而坐㉙，握手一笑，拂壁间石㉚细读之，庶不为生客。

侯名弃疾，今以右文殿修撰，再安抚江南西路云㉛。

〔注〕 ① 行在：皇帝出巡居住地。武林：临安(今杭州)别称。时南宋迁都临安，表示不忘北宋旧都汴梁(开封)，而以临安为行在。广信：宋信州上饶郡(今江西上饶)。畿辅：京城周围地区。 ② 蠭午错出：纵横交叉。蠭，同"蜂"。 ③ 可：大约。所：犹"许"，约数。 ④ 从：同"纵"。有：同"又"。衡：同"横"。 ⑤ 相(xiàng 象)攸：察看居住之所。《诗·大雅·韩奕》："为韩姞相攸，莫如韩乐。" ⑥ 财：通"才"。什四：十分之四。 ⑦ 荒左偏以立圃：留下左边的地皮建立园圃。泱泱：宏大的样子。弓：五尺为一弓。 ⑧ 植杖：犹言耕作。语出《论语·微子》："植其杖而芸(扶着拐杖去锄草)。" ⑨ 以青径款竹扉，锦路行海棠：意思是青翠色的小路通向竹门，锦绣般的道路以海棠花为导引。 ⑩ 南邦：指南宋。 ⑪ "齐虏巧负国"二句：绍兴三十一年(1161)辛弃疾参加耿京农民义军，耿听其劝告归附南宋，遂派其赴临安，得到宋高宗任命后北上途中，闻知张安国等人乘机杀耿降金。辛弃疾遂仅率五十骑兵直奔济州(今山东菏泽巨野)，于五万兵的金营中擒获叛徒张安国。 ⑫ 毚(chán 蝉)兔：狡兔。 ⑬ 衔枚：枚，小木棍，像筷子，行军时令士兵嘴里衔着，以防说话。 ⑭ 间(jiàn 谏)关：崎岖展转。奏：通"走"。 ⑮ 用是：因此。简深知：语出《尚书·汤诰》："惟简在上帝之心。"意为被皇帝察知。此指乾道六年(1170)孝宗召对延和殿之事。 ⑯ 九卿：宋代九卿为太常、光禄、卫尉、太仆、大理、鸿胪、宗正、司农、太府。辛弃疾于淳熙五年(1178)任大理寺少卿。出节使二道：指淳熙五年下半年和淳熙六年(1179)先后任荆湖北路转运副使、荆湖南路转运副使。四立连率幕府：指先后四次任安抚使，即淳熙四年(1177)春任江陵知府(府治在今湖北江陵)兼荆湖北路安抚使，同年冬任隆兴知府(府治在今江西南昌)兼江南西路安抚使，淳熙六年任潭州知府(府治在今湖南长沙)兼荆湖南路安抚使，淳熙七年再任隆兴知府兼江南西路安抚使。连率：连帅。《礼记·王制》："十国以为连，连有帅。"后以称地方长官。幕府：安抚使官署。凡立幕府者，可以辟置僚属将佐。 ⑰ 赖氏祸作：指淳熙二年(1175)赖文政的茶商军发动的武装暴动。 ⑱ 职方氏：官名，掌管国家版图，见《周礼·夏官》。还职方氏，指收归版图。 ⑲ 周公瑾：三国时吴国都督周瑜，字公瑾，曾指挥过大败曹军的赤壁之战。谢安石：东晋谢安，字安石，曾指挥过大败前秦苻坚的淝水之战。饶为之：同"优为之"。 ⑳ 自诡：自为虚妄之言。 ㉑ 伥伥：不知所措的样子。 ㉒ 轩轾(zhì 至)：车前高后低(前轻后重)叫轩，前低后高(前重后轻)叫轾。不能为

人轩轾，言无足轻重。　㉓ 袯襫(bó shì 薄释)：蓑衣。　㉔ 黧(lí 离)老：黧，黑黄色。人老则面色黑黄，故云。　㉕ 竟：尽。厦屋：大屋，此指“稼轩”。潭潭：深而宽大。　㉖ 风乎：语出《论语·先进》：“浴乎沂，风乎舞雩。”谓在舞雩台上吹吹风，见今人杨伯峻《论语译注》。玉溪：即信江，亦称上饶江，发源于江西玉山县怀玉山，故名。　㉗ 因园隶内谒：由管园人传达接见。㉘ 尝有力于稼轩者：曾为稼轩出过力的，指自己曾为“稼轩”写过“记”。　㉙ 曲席而坐：相连而坐。　㉚ 壁间石：壁间石刻，指这篇《稼轩记》。　㉛ 今以右文殿修撰，再安抚江南西路：指辛弃疾以右文殿修撰的职衔(宋代地方官例带京官职衔)再次充任江南西路安抚使。

本文写于宋孝宗淳熙八年(1181)，为辛弃疾在江西信州上饶郡(今江西上饶)城北灵山下之带湖新居落成所作。新居园宅名为“稼轩”。《宋史·辛弃疾传》说，辛弃疾“尝谓人生在勤，当以力田为先……故以稼名轩”。稼轩遂成为辛弃疾的号。其时，辛弃疾以“右文殿修撰”的虚衔，第二次任知隆兴府兼江南西路安抚使之职，这于本文末尾作了交代。

本文的思路线索由建园情形及于园宅主人再及于宅主与作者的关系。建园情形的描述由大及小、由外及内，如同电影中由全景镜头逐渐摇成特写镜头。先从总体上交代地理位置，“国家行在武林，广信最密迩畿辅”。信州最靠近南宋都城杭州，靠京城却不在京城的纷扰漩涡中，又加之“东舟西车，蠭午错出”，交通四通八达，“势处便近”，此为地利。不太喧闹又不太冷僻，是适中去处，因此，“士大夫乐寄焉”，当然高兴居住在这里了。当时，“环城中外，买宅且百数”，人们已经趋之若鹜了。地皮不够，但因为可以“避燥湿寒暑”，即使“基局不能宽”也不在乎。看来，构园筑宅已成时尚。总背景介绍后，镜头逐渐推移，向小处摇，摇向“郡治之北可里所”的地方。作者不厌其烦地描述了此处的地理环境、位置。“三面傅城”，有屏障；“前枕澄湖如宝带”，有湖光水色可眺览；作者竟用精确数据来说明，纵长“千有二百三十尺”，横度“八百有三十尺”，意在说明地面开阔。而且“截然砥平”，坦荡如磨刀石，实在是个好去处，完全“可庐以居”。这里比起上文所提到的那些“基局不能宽”的地方来，不知要好过多少倍。作者笔锋稍一转：“而前乎相攸者，皆莫识其处。”可见，这块地并非在偏僻去处，人们纷纷来过；可惜一批批前来勘察宅地的人却“莫识其处”，可谓身在宝山不识宝。作者突出了一个择居的“识”，这又是为下文突出稼轩主人的“识”作铺垫的。作者发了一通议论：“天作地藏，择然后予”。意谓，宝者，只有识宝者才能得之；这块钟灵毓秀之处，仿佛是着意留给那能“识货”的主人的。这里隐隐地引出宅主人——辛弃疾的过人眼“识”。随后，镜头摇成特写，正式点出宅主人“济南辛侯幼安最后至，一旦独得之”。辛弃疾不是捷足者先登之，而是后来者居上。上下句之间形成对比，“前乎相攸者”，络绎而至，却“莫识其处”，而后至者辛弃疾却“独得之”，于对比中，不言辛氏之“识”，而其“识”昭然，包含着对辛氏眼光、识见的肯定、褒扬和赞美，行文甚为巧妙。然后，写园宅的环境，“筑室百楹，财占地什四”，作者的笔墨重点不是化在“百楹”之室的描述上，故一笔带过；而是放在对园圃的描述上，其目的是为了表现园主的隐逸之志。这一意旨愈到后面愈显豁。“乃荒左偏以立圃，稻田泱泱，居然衍十弓”，这是一个有相当范围的“稻香村”。而且经过了精心的规画，“东冈西阜，北墅南麓”，四面八方，均“以青径款竹扉，锦路行海棠”，整齐不失幽美，雅致不流俗气，正是园主志趣之显示。“集山有楼，婆娑有堂，信步有亭，涤砚有渚”，楼亭堂渚，观赏陶冶，一应俱全，生活中的一切都能在这里得到安排和调治。这就更显示出士大夫的隐逸情调。“皆约略位置，规岁月绪成之”，可见园主人不仅有慧识，而且善规画，经过选择再加整治，一片园林就风光如画了。作者从园主对屋、亭的命名“稼轩”“植杖”中，揣测到园主“他日释位得归，必躬耕于是”，“若将真秉耒耨之为者”。文中的“意”字不可忽视，诚然表现了揣度之意，但在更高层面上体现了由园林及于园主，由园主及于园主心态的探测意图。这和一般的为人园林写记，自有高下之分，它进入了心理分析的深度层次。作者又为何特意“意”测园主心理动因呢？下文还将要谈到。作者继续写道：“而主人初未之识也，绘图畀予曰：‘吾甚爱吾轩，为吾记。’”至此点题。作者逶迤叙来，渐成特写，文笔从容舒展，述中有赞，有描绘，有说明，更有心理探照。

第二段撇开园宅，集中笔墨写园主，写辛弃疾辉煌的业绩。“余谓侯本中州隽人，抱忠仗义，章显闻于南邦。”这是对辛弃疾的总体评价，评中寓赞，称他声名昭彰，功勋卓著。然后，仍用两个特写，一是年轻时勇擒叛徒张安国，二是平定赖文政武装暴动。“齐虏巧负国，赤手领五十骑缚取于五万众中，如挟毚兔，束马衔枚，间关西奏淮，至通昼夜不粒食”。五十对五万的巨大悬殊，对比出辛的胆识过人；以“如挟毚兔”的出色比喻，见其出兵迅疾；“束马衔枚”，见其军纪整肃；“间关西奏淮”，见其行军艰难；“至通昼夜不粒食”，不吃一点饭食，日夜兼程，急驰淮南，直渡淮水方人马稍歇。这一句描述文字何等生动传神。一位英气逼人的年轻将领，手挥利器，裹挟着满天风尘，纵骑飞奔，形象历历如绘，熠熠生辉。作者不由得朗声称赞：“壮声英概，懦士为之兴起”，这种壮举、气概、胆略和智勇，极大地激励着人们的意志。然后写到他因之所受到的朝廷赏识和所获殊荣：“入登九卿，出节使二道，四立连率幕府。”写其擢升是为着显示其功绩：功高方能位显。第二个特写是平定赖文政茶商军武装暴乱。先写暴乱形势严峻，叛军自潭州直逼湖南、江西，然后，轻松地落笔在辛弃疾“谭笑扫空之”上，更显示出辛氏的大将风采。然后进行预测，将来风云际会，收复版图，其功业将在指挥赤壁之战的周瑜、淝水之战的谢安之上。至此,对辛弃疾志向、才干的评价通过特写和预测推上最高峰,情饱词满,赞颂、褒扬之意溢于言表。"此志未偿,因自诡放浪林泉,从老农学稼,无亦大不可欤?"功业未就,便激流勇退;壮志未酬,却放情林泉,字里行间是惋惜之情、规劝之意,亦是不客气的批评——于"大不可"三字见之。为人作记,切忌恭维,谀辞满纸。洪迈此文却无此病,而是褒贬兼之,抑扬分明。尽管辛氏甚重其园("吾甚爱吾轩,为吾记"),但作者没有迎合主人心理,讨好卖乖,作者有自己的独立看法。对其择宅识见的肯定,对其功业卓著的赞赏,不隐亦不溢,但对辛氏退隐躬耕则不予苟同,直接表示自己的态度,旗帜鲜明。这也是上文写园宅,意会主人命名园亭心态的行文落脚点。这便使文章有风骨。要求辛弃疾以民族大业为重,不以个人进退为限,晓之以理,借记园为名,规劝友人,这便使本文有大涵义,非俗不可耐的阿谀之作可比,亦非一般应酬、虚应故事之作可比。

第二段最后一句落脚在一个分量颇重的反诘句上:"无亦大不可欤?"对方毕竟是熟人,虽然风骨棱然地批评辛氏的退隐之志和已作出的实际准备,但不搞得金刚怒目,有伤和气,于是下面的行文气氛就作了调节,较为轻松,还别含诙谐之趣。"若予者,伥伥一世间,不能为人轩轾,乃当急须袯襫,醉眠牛背,与荛童牧竖肩相摩",大有老庄遗风。披起蓑衣,醉卧牛背,与打柴放牧的儿童为伍,通体透发出一股散淡味,是一种隐逸形象。他富于情味地描述出未来老友相聚的一幅生趣盎然的图景:"幸未黧老时,及见侯展大功名,锦衣来归,竟厦屋潭潭之乐,将荷笠棹舟,风乎玉溪之上。"写辛弃疾的隐居生活似乎跟上文批评他"无亦大不可欤"有矛盾。其实不然,关键在"时间"。作者微词妙选,行文十分精心。"现今",辛"此志未偿",却去隐居;而作者所说的是"将来",是"展大功名,锦衣来归",功成身退时。时间不同,前提也就不同,同是隐居,作者希望的是后者而不是前者,故上下文之间并不抵牾,反而进一步表明了作者的态度。作者生动有致地描述道:"因园隶内谒曰:'是尝有力于稼轩者。'侯当辍食迎门,曲席而坐,握手一笑,拂壁间石细读之,庶不为生客。"作者有意设想出故友重逢的热络情景和拂拂扑面的情趣,意在以"将来"之事侧击老友的"现今"之心,动之以情,用意良深。因此,跟上文写辛弃疾当年的杀敌业绩用意则一,前者是用辛的自身辉煌之举来重新激起他的热情,重振雄风;后者是用未来的情景来唤起他的斗志,不要急流勇退。隐居是最终归宿,作者不是一概反对这种方式的本身意义,而是说现在不是时候。其言外之意是说:如要隐居,留待未来吧。瞧,日后你成就了大功业再退而耒耨躬耕,那才有真意思,咱们共同享受那份真乐趣吧。其弦外音,耐人寻味。

这样做,既能感染对方,又能打动对方,作者的笔墨含义至深至广,手法运用至巧至妙。

(吴功正 陆志平)

【作者小传】

王 质

(1127或1135—1189) 南宋诗人。字景文,号雪山。郓州(治今山东东平)人,徙居兴国(今属江西)。曾为枢密使张浚幕僚,入为太学正,上疏请孝宗早定战守之策,忌之者指为异论,罢去。虞允文宣抚川陕,征与同行。后历敕令所删定官、枢密院编修官,允文荐可任右正言,为权宦所阻,遂奉祠山居。笃志经学,于《诗》尤所长,著《诗总闻》。诗风流畅平易,有《雪山集》。

游东林山水记 王 质

绍兴二十八年①八月三日欲夕,步自阛阓②中出,并溪南行百步,背溪而西又百步,复并溪南行。溪上下色皆重碧,幽邃靖深,意若不欲流。溪未穷,得支径,西升上数百尺。既竟,其顶隐而青者,或远在一舍外:锐者如簪,缺者如玦,隆者如髻,圆者如璧。长林远树,出没烟霏:聚者如悦,散者如别,整者如戟,乱者如发,于冥蒙中以意命之。水数百脉,支离胶葛,经纬参错:迤者为溪,漫者为汇,断者为沼,涸者为坳。洲汀岛屿,向背离合;青树碧蔓,交罗蒙络。小舟叶叶,纵横进退:摘翠者菱,挽红者莲,举白者鱼;或志得意满而归,或夷犹容与③若无所为者。山有浮图宫④,长松数十挺,俨立门左右,历历如流水声从空中坠也。既暮不可留,乃并山北下,冈重岭复,乔木苍苍。月一眉挂修岩颠,迟速若与客俱。尽山足,更换二鼓矣。

翌日,又转北出小桥,并溪东行,又西三四曲折,乃姚君贵聪门。俯门而航,自柳竹翳密间,循渠而出。又三四曲折,乃得大溪,一色荷花。风自两岸来,红披绿偃,摇荡葳蕤,香气勃郁，冲怀罥袖，掩苒不脱⑤。小驻古柳根，得酒两罂，菱芡数种。复引舟入荷花中，歌豪笑剧，响震溪谷。风起水面，细生鳞甲；流萤班班⑥，若骇若惊，奄忽⑦去来。夜既深，山益高且近，森森欲下搏人。天无一点云，星斗张明，错落水中，如珠走镜，不可收拾。隶而从者：曰学童，能嘲哳⑧为百鸟音，如行空山深树间，春禽一两声，翛然⑨使人怅而惊也；曰沈庆，能为歌声，回曲宛转，嘹亮激越，风露辅之，其声愈清，凄然使人感而悲也。

追游不两朝昏，而东林之胜殆尽。同行姚贵聪、沈虞卿、周辅及余四人。三君虽纨绮世家，皆积岁忧患；余亦羁旅异乡，家在天西南隅，引领长望而不可归。今而遇此，开口一笑，不偶然矣。皆应曰："嘻！子为之记。"

〔注〕①绍兴二十八年：公元1158年。绍兴为宋高宗年号。②阛阓(huán huì环会)：阛为市区的墙，阓为市区的门，故通称市区为阛阓。亦指市区的街道。③夷犹、容与：均为悠闲自得貌。④浮图宫：佛殿。浮图，佛教名词，一译"浮屠"，因此有称佛教徒为浮屠氏，佛殿为浮屠宫或浮图宫。⑤"风自两岸来"六句：柳宗元《袁家渴记》："每风自四山而下，振动大木，掩苒众草，纷红骇绿，蓊勃香气，冲涛旋濑，退贮溪谷，摇飏葳蕤，与时推移，其大都如此。"可见本篇模仿柳文的痕迹。葳(wēi威)蕤(ruí)，草木茂盛枝叶下垂貌。掩苒(rǎn染)，掩覆倾倒。⑥班班：同"斑斑"。点点。⑦奄忽：急遽的样子。⑧嘲哳(zhā渣)：形容声音繁杂细碎。⑨翛(xiāo萧)然：自然而然。

东林山在今浙江吴兴西南。游记文分两天记述，记山且记水，贴近题旨。时分两日，各有侧重：第一天重在写山，却以水映带之，游览方式是步行；第二天重在画水，却以山染衬之，旅游方式是舟游。墨有浓淡轻重，却得山水相映之妙。最后，抒发了主体情感，交代了作记缘由。文有三段，所述内容具有一般山水游记文的格局框架。这篇文章的文词和东林山水一样，绚丽多姿，美妙如画，作者的笔端浓彩流溢，兴会淋漓。

文章一开始先交代第一天游览的时间："绍兴二十八年八月三日欲夕"。"欲夕"即傍晚，时间值得注意，下文所描绘的景象就显示了傍晚的时间特征。作者和友人悠闲自然地步行出游。"并溪南行百步，背溪而西又百步，复并溪南行。"其线路是南、西、南，方式是"并溪"(平行)，"背溪"(反向)，"复并溪"(平行)。作者这样写，是为着把笔墨中心放在"溪"——东林水上，以水为描绘对象，即使"背"——离开溪，也还落脚在溪上，是为着表明作者徜徉漫步，与溪为伴。细细观赏，则所见水色分明，增添了描述的真切感。然后开始写溪："溪上下色皆重碧，幽邃靖深，意若不欲流。"突出的是溪水的色彩和状态，取静态描述方式。随着游路变化，作者也另开笔路，给读者一个溪水的浓重深邃印象之后，马上换笔。"溪未穷"，不等写完溪流，被另一动人的景象所吸引，便丢此顾彼，"得支径，西升上数百尺"，隐含着作者的游兴。开始登山，登山一路所见皆略而不提，腾出笔墨集中描述山顶眺望所得景色："既竟，其顶隐而青者，或远在一舍外。"翠峰如簇，作者笔墨大幅度地放开，一系列比喻如"大珠小珠落玉盘"，迸跳出来："锐者如簪，缺者如玦，隆者如髻，圆者如璧"。这里把山的景象、状态分为四种：尖、缺、高、圆，涵括了一切山势。可见，作者不是写的独峰，而是群山，形状各异，所用比喻，连出迭现，形成博喻。本体和喻体的关系十分贴切，形象生动，以生活中常见的物象增加了读者的视觉直接感受。描绘了群山，再以树林进行点染："长林远树，出没烟霏"，"冥蒙"不清。显然，这是对起句"欲夕"时间的具体化。暮霭四起，林木当然呈"出没"之态，苏轼《欧阳少师令赋所蓄石屏》诗曰："孤烟落日相溟蒙"。这样，越是写出景象的模糊性，就越是表现出描绘的逼真感。作者于此又迸出一串比喻："聚者如悦，散者如别，整者如戟，乱者如发"。有聚有散，有整有乱，各尽其态。多种状态使景象不致单一，显得丰赡。丰富的意象、丰满的描述是本文的一大特色，作者用串串博喻，其用意也应作如是理解。状林绘山的两个博喻，形式虽同，意象则异。"戟""发"取物象，与前同；"悦""别"用人情、心绪，与前异。用"悦"的情感表现说明树林的"聚"，用"别"的人际关系说明树林的"散"，新颖独到，且富于情绪性的表征。接下来，视线落到水上。第一个层次是水系扫描："水数百脉"，以见其多；"支离胶葛，经纬参错"，以见其状。这些都是进行总的描述，表现东林水的特征。作者的视点是居高俯视，数百水流，尽收眼底，描述极为开阔舒展。第二个层次是分类描述："迤者为溪，漫者为汇，断者为沼，涸者为坳"。长短盈亏，各不相类，遂形成各种水流形态，短短四句，概括力极强，也具体显示了第一个层次"支离胶葛，经纬参错"的特征。第三个层次是洲岛描述："洲汀岛屿，向背离合"，写出各种布局位置，而且描述出"青树碧蔓，交罗蒙络"的错综景象。第四个层次再次具体化和情景化："小舟叶叶，纵横进退：摘翠者菱，挽红者莲，举白者鱼"。在繁忙景象的描述中尚有色彩的濡染：翠、红、白，互为映照，色彩益发鲜丽动人。菱、莲又符合文章开始时"八月三日"的清秋季节特征。对小舟上人物的点染更是各尽其致："或志得意满而归，或夷犹容与若无所为者"。人物的入画，增添了画面的情致。作者写水中诸般景致是眺望所见，眺望有一个立足点——山。这样，虽是写水，却隐隐地归结到山，山水相依，其用笔至为精心。接着就直接写山了:“山有浮图宫”,写出挺拔的长松林,但不多作笔墨盘桓,只稍作描述便收笔,可谓详处泼墨如注,略处惜墨如金。对照前文层出迭现的比喻,这一艺术特点就颇为鲜明了。下山描述,也是略略点染:“冈重岭复,乔木苍苍”,文字疏密相间。“月一眉挂修岩颠”,意境幽美,引人遐想。不仅如此,作者在轻描淡写中还不免添点笔墨情趣:“迟速若与客俱”。这诚然表现了“月亮随人行”的下山情景,但其中不是氤氲着某种趣味吗?

第二段,记述第二天舟游中的水景。在简略交代游览路径后,便“俯门而航”了。“自柳竹翳密间,循渠而出”,这出航地点的意境至为幽美,大有宋诗“小舟撑出柳荫来”(徐俯《春游湖》)的情境,可以说是一诗一文,相得益彰吧。值得注意的是文章中“三四曲折”重复有二,给人以曲径通幽、柳暗花明之感。果然,经“曲折”“乃得大溪”后,作者就放笔泼墨了,扣住清秋时节的荷花尽情描述:“风自两岸来,红披绿偃,摇荡葳蕤,香气勃郁,冲怀罥袖,掩苒不脱。”富于动态美,兼及色、味、形。“风”是荷花景色变化的原因,使得一切景色不致静态呆滞,而是尽得变化之美。因“风”之吹拂,使荷叶荷花“红披绿偃,摇荡葳蕤”,使荷花“香气勃郁”。作者具有铺染才能,以“冲怀罥袖,掩苒不脱”来强化香气之浓、之重。这里写景隐含着情,景语乃情语,以情语写景。然后,情开始上升,“得酒两罂”,借酒导情,“复引舟入荷花中”便“歌豪笑剧,响震溪谷”,放怀抒情,进入全文抒发豪情的高峰。情因景而得,遂得情景交融之妙。然后,以“风起水面,细生鳞甲”的柔美景象稍作映带,再以“流萤班班”的具体物象暗示昼而入夜的时间转换。写“流萤”同样富于美感,“若骇若惊”的拟人化,“奄忽去来”,或明或暗、时去时来的变幻性,点染出水中夜景。写足了水景后,作者不忘写山,以山映带水,意境开始转换,由舒展优美变为森凛凄清,情绪由豪宕变为悲凄,而且呈下滑趋势,并为第三段作了先期准备。“夜既深,山益高且近,森森欲下搏人。”山益发显得高峻和迫近,完全符合夜深时分的景象特征。苏轼《石钟山记》亦有过描述:“大石侧立千尺,如猛兽奇鬼,森然欲搏人”。拟人化的笔法增添了描述的生动性和形象性。作者仰天俯水,“天无一点云,星斗张明”,显示天的明净。再写倒影“错落水中,如珠走镜,不可收拾”,显示出星的晶莹。和上文山的森然之态相组合,在环境氛围上便渲染出凄清和冷峭感。下面的“隶而从者”的学鸟叫和唱歌声之所以会“翛然使人怅而惊”,“凄然使人感而悲”,其中一个原因是外在的环境所致。月小山高,森然凛冽,歌声又借“风露辅之”,造成一种心灵的压迫感和凄清感,便闻歌而作悲。这只是表层原因。其深层原因则是因为作者内心已经形成了一个悲的心理图式。“能嘲哳为百鸟音,如行空山深树间,春禽一两声”,本来春山一路鸟空啼的鸣哢声是悦耳的，动听的，作者又何以会“怅而惊”呢？运用审美心理学的原理来说明，作者心理已有一个悲的心理图式，所以才能闻鸟鸣而生惊。这样，上文所写的舟中豪饮、剧笑狂歌，毋宁说是一种旷放，是一种旷达的情绪表现，在豪迈的外在现象里隐含着某种凄婉和酸楚，下文的“开口一笑”也是一种表现。

第三段虽然是一般游记程式，但它集中揭示了游者的内心情感。姚、沈、周“三君虽纨绮世家，皆积岁忧患”，身在世家之中，却积年饱含忧患意识，这是何因？这似乎要联系当时的时代背景。其时金军长驱直入，山河沦陷，这是忧患意识产生的深层原因和实际内容。而作者本人羁旅异乡，飘泊东西，“引领长望而不可归”，生的离别甚于死的诀别，满怀着悲愤，国仇、家恨、羁怨交织在一起，“今而遇此，开口一笑，不偶然矣”。这“开口一笑”有着丰富的深沉内涵，是勉为旷达的情绪表现，借山水以泄情，于是风光秀美的东林山水也罩上了一层淡淡的愁云。

作者以诗人之质写散文，贯串着诗的情调和韵致，属于以诗为文的类型，有诗情的灌注，有画意的展现。作者才华横溢，因此，意象往往纷呈，词采斐然。描述某一种意境时，笔墨常常贯珠似地如流似淌。但作者不是卖弄才华，而是切景切境，锤炼语言，虽然妙喻如珠，却无不熨帖。文中有全景的鸟瞰，亦有细景的勾描，集中于微部，则反复濡染，必欲描述尽致。作者疏密繁简，安排得宜，水景集中写荷花，则别处不写。时而有“柳竹翳密”的幽美，时而有眉月挂空的淡雅，时而有深夜清曲的凄婉，意境各别，掩映多姿。描述景象的语句多用四字，但四字结构的组合多取对举形式，显得灵动而不板滞，堪称是景中寓情、秀丽多彩的山水画卷。

（吴功正 陆志平）

【作者小传】

朱 熹

(1130—1200) 南宋哲学家、教育家。字元晦，一字仲晦，号晦庵，晚号晦翁，曾主讲紫阳书院，故别称紫阳。徽州婺源（今属江西）人，侨居建阳（今属福建）。绍兴进士。曾任秘阁修撰等职。主张抗金，强调军备。为程颐三传弟子李侗的学生。博极群书，广注典籍，对经学、史学、文学、乐律以至自然科学都有贡献。在哲学上发展二程关于理气关系学说，集理学之大成，建立了完整的客观唯心主义的理学体系，世称程朱理学。在明清两代被提到儒学正宗的地位。日本江户时代，“朱子学”颇为流行。著有《四书章句集注》《周易本义》《诗集传》《楚辞集注》等。

送郭拱辰序　　朱　熹

世之传神写照者①，能稍得其形似，已得称为良工。今郭君拱辰叔瞻，乃能并与其精神意趣而尽得之，斯亦奇矣。

予顷见友人林择之、游诚之②，称其为人，而招之不至。今岁惠然来自昭武③，里中士夫数人欲观其能，或一写而肖，或稍稍损益，卒无不似，而风神气韵，妙得其天致④。有可笑者，为予作大小二像，宛然麋鹿之姿，林野之性⑤。持以示人，计虽相闻而不相识者，亦有以知其为予也。

然予方将东游雁荡⑥，窥龙湫⑦，登玉霄⑧，以望蓬莱⑨；西历麻源⑩，经玉笥⑪，据祝融之绝顶⑫，以临洞庭风涛之壮；北出九江⑬，上庐阜⑭，入虎溪⑮，访陶翁之遗迹⑯，然后归而思自休焉。彼当有隐君子者，世人所不得见，而予幸将见之，欲图其形以归；而郭君以岁晚思亲，不能久从予游矣。予于是有遗恨焉！因其告行，书以为赠。

淳熙元年九月庚子⑰，晦翁⑱书。

〔注〕 ① 传神写照者：绘人物画像的人。《世说新语·巧艺》："顾长康画人，或数年不点目精。人问其故。顾曰：'……传神写照，正在阿堵中。'" ② 林择之：林用中。字择之，福建古田人。朱熹门人。著有《草堂集》。游诚之：游九言。字诚之，福建建阳人。朱熹门人张栻的弟子。著有《默斋遗稿》。 ③ 今岁：今年，指宋孝宗淳熙元年(1174)。惠然：随顺的样子。语出《诗·邶风·终风》："惠然肯来。"昭武：三国时所设县，晋武帝时避司马昭讳改为邵武(今属福建)。 ④ 天致：天然的情趣意态。 ⑤"宛然"二句：都是朴野的情态。 ⑥ 雁荡：山名，北雁荡山在今浙江乐清市东北，南雁荡山在温州市平阳县西，山川秀美，为著名风景名胜之一。 ⑦ 龙湫：北雁荡山顶有大水池，名龙湫。《大清一统志》："悬崖数百丈，飞瀑之势，如倾万斛水从天而下。" ⑧ 玉霄：山峰名，为桐柏山九峰之一，在今浙江天台西北，重峦叠嶂，松竹苍翠。 ⑨ 蓬莱：古代传说渤海中三神山(蓬莱、方丈、瀛洲)之一。 ⑩ 麻源：地名，在江西南城西，循溪而入，多茂林修竹，土地肥沃。 ⑪ 玉笥：山名，在今湖南湘阴东北，道教所称"福地"之一。 ⑫ 祝融：山峰名，在今湖南衡山县，是衡山七十二峰的最高峰，湘水环绕山下。 ⑬ 九江：注入洞庭湖的沅、湘等水为九江。 ⑭ 庐阜：即庐山。 ⑮ 虎溪：庐山上的溪水名，在庐山东林寺前。传说晋代僧人慧远居此山时，送客过此溪，辄有虎鸣，故称虎溪。 ⑯ 陶翁：指陶渊明。 ⑰ 庚子：淳熙元年九月十六日。 ⑱ 晦翁：朱熹。字元晦，一字仲晦，号晦庵。"晦翁"亦其别号。

这是一篇赠序。所赠对象郭拱辰，字叔瞻，三山(今福建福州)人，南宋时人

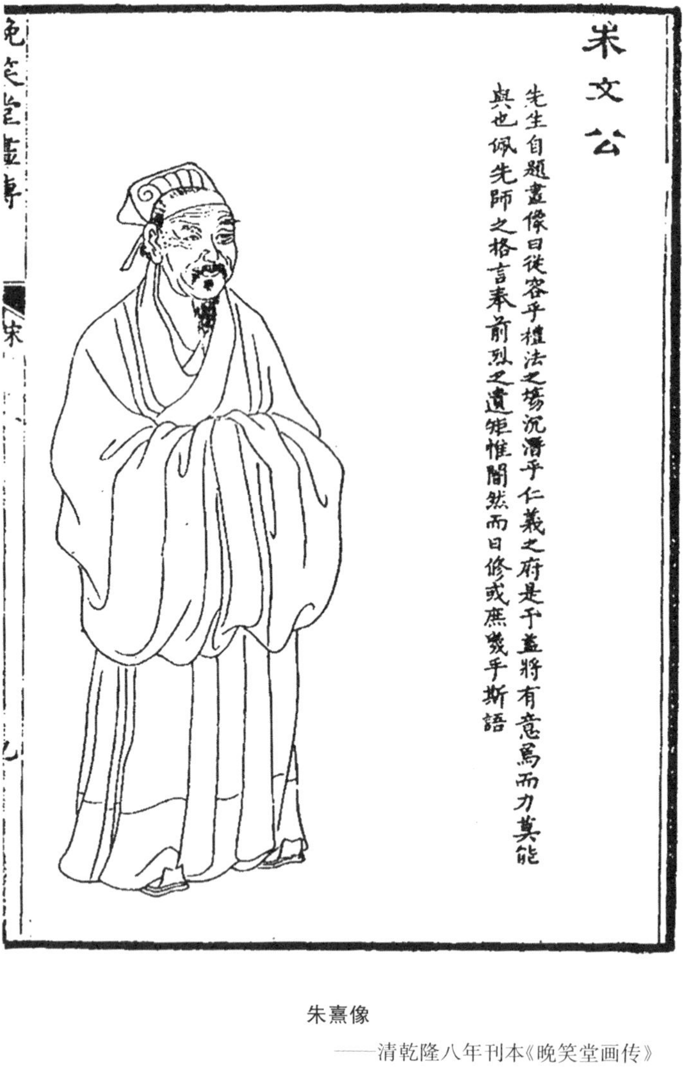

朱熹像

——清乾隆八年刊本《晚笑堂画传》

物肖像画家。本文文词峻洁而含义颇深，篇幅精粹而意善转折。

第一节系总写，但行文先铺后转。作者不是一出句就对郭拱辰的画技加以评价和赞美，而是兀然提出一个画论命题："世之传神写照者，能稍得其形似，已得称为良工。""形似"是"良工"成就的前提，构成存在条件；"稍得"，措辞婉缓。接下来文意转折，掉锋径上，"今郭君拱辰叔瞻，乃能并与其精神意趣而尽得之，斯亦奇矣"。从"稍得"到"尽得"，笔路猛然开拓，由"稍"入"尽"，文意直扬上去。"形似"与"精神意趣"的递进，也是如此，不仅得其形似，而且得其神似，传其意趣，形神兼备，就更为可贵了。这在笔法上可称为"水涨船高"。出句的"良工"判断，愈显得明确，则"斯亦奇矣"尤显得奇警，从而说明了郭拱辰画技已远远超越了"良工"境界，进入化工境界了。这里不是平铺直叙而言之，而是经过折冲垫高而推举上去，显得更有力量。第一节是概写，是总体判断和赞赏，依靠的是文笔技巧性的手段来达到目的。第二节意脉上相承第一节，运用具体事例加以坐实，借用论说文的笔法可称之为先提出论点，然后用事实加以论证。第二节一开始行文亦有转折："予顷见友人林择之、游诚之，称其为人，而招之不至。""招之不至"恐非一般的摆架子，而是风骨的显示。但紧接的第二句，情形判然不同，"今岁惠然来自昭武"，由昂然不至到惠然而至是一大转折，于转折中见出郭拱辰之为人、品性、气骨。由此，"招之不至"和"惠然肯来"构成了郭拱辰之全人。下面的实写是对第一节虚写的补充和印证。这是在"里中士夫数人欲观其能"的实际验证中体现的，进一步描述了郭氏画技的精湛。"或一写而肖"，"或稍稍损益"，分述两类作画情形。"稍稍"一词用得极见分寸感，较之"一写而肖"只是略逊一筹而已。但是，一挥而就也罢，稍作修饰也罢，均"卒无不似"，最终的结果则一，没有不逼肖原型的。不仅得其形似，更重要的是"风神气韵，妙得其天致"，即得其神似。这便以具体实例显示了郭氏画技之高超。接着，文章再具体化，由"士夫数人"及于"予"之一人，以自己的经历现身说法。楼钥《攻媿集》卷七十九，有《赠写照郭拱辰》一文，特别提到为朱熹所画的像，"展卷对之，如欲笑语"，可以与朱熹本文的下列描述相参照。"有可笑者，为予作大小二像，宛然麋鹿之姿，林野之性。持以示人，计虽相闻而不相识者，亦有以知其为予也。"两句前后恰成抑扬，而抑中且含扬意，句有转折，文有波澜。虽然"宛然麋鹿之姿，林野之性"不尽须眉毕肖，但拿来给陌生人一看，奇迹般的效应便发生了：只闻朱熹其名而未见其人的人们，立刻就能从画像上准确无误地判断出"以知其为予也"，这是对郭氏画技的最高赞扬。逸笔草草，得其神韵，乃画工之最高境界。这便回应了第一节的虚写文字，给以实体化。"有可笑者"是故施抑笔，"知其为予也"，转入扬笔，一抑一扬，生出文章波澜。而前一句貌为抑而实为扬。画像宛然似麋鹿之姿，不为形似，但传其“林野之性”，传其神：不符形而符其最本质之特征，则为扬。虚以抑之，实则扬之，文笔摇曳生姿。第二节之于第一节是文意的具体化，作者一路曲折行文，使人疑是画论或画工赞。至此，作者还未露出真意，真意在下文。

第三节一开始与第一、二节文意出现断裂，与郭氏画技了不相属，劈头写出自己即将开始的游踪，转入游览规画的陈述。凭空而来的文句，又适成一大转折。一个长句“游”“窥”“登”“望”“历”“经”“据”“临”“出”“上”“入”“访”等十多个动词蝉联而下，一气如注，甚有气韵，而这些动词无一犯复雷同，无不熨帖他游览的方式和特点。“以望蓬莱”，见其胸次之远；“以临洞庭风涛之壮”，见其襟怀之阔。登则“据祝融之绝顶”，游则览江湖之胜，可谓豪宕。文笔流走，至“然后归而思自休焉”，实现他的隐逸企望，文意陡落，出现一大顿挫。凡此多折，意愈转愈深。他的游览还含有寻访隐士的意图，“彼当有隐君子者，世人所不得见，而予幸将见之，欲图其形以归”。能够寻访到他人所无法见到的隐士，这是有幸；但郭拱辰“以岁晚思亲，不能久从予游矣”，这是不幸。虽然不能从游有一定原因，但终是憾事。“矣”字已露微叹，跟后“予于是有遗恨焉”，遂直接表现出自己遗憾的态度和情绪。所谓“于是”，即指有幸与不幸，是从这对矛盾中引发出来的。“世人所不得见，而予幸将见之”，此处“而”是一转折，意在突出有幸；随后“而郭君以岁晚思亲”，又一转折，意在突出不幸。措辞虽委婉，而情绪有波澜。但“遗恨”的最终原因，却是因为郭拱辰画技高超，意思是说，如此神乎其技的画家却不能一同去图隐君子其形以归，这是何等遗憾啊！在此处大转折中，文章第一、二段虚叙实写郭拱辰画技的文字全都汇拢过来，为“遗恨”下了注脚。越是显示郭氏技艺高明，越是突出“遗恨”的深沉。一、二两节从外围写来，至此才入内核。从一、二两节的叙述现象看，似为一篇郭氏画技赞，但到此处，一经点明，主旨立刻显豁。前文所述均为此处主旨张本，遂得形散神不散之古文章法，匠心独运，肌理细密。文中数作转折，或小转或大转，隐隐约约，曲折回环，转折处不露痕印，于篇末点题，使人回思全文，深味章法之奇崛和老到。因此，“因其告行，书以为赠”，就蕴含着赠序者的内心情绪。此文作于淳熙元年（1174），其时朱熹四十五岁，正当盛年，他一路旅游，“访陶翁之遗迹”，访当时之隐士，包含着某种思想动因。清人林云铭评曰：“从写真小技中，发出如许大想头，盖彼时幅员日蹙，其东西北三面可一览而尽。贤人遁迹，仕路一空……语虽壮而实悲，要于言外得之。其笔法亦从《史记》中得来。”（《古文析义》卷十五）确实，此文有深意，有悲咽之气，却不露声色，潜运着某种不愿言之的言外之隐，耐人咀嚼。

（吴功正 陆志平）

百丈山记 朱 熹

登百丈山三里许，右俯绝壑，左控垂崖；叠石为磴十余级乃得度。山之胜盖自此始。

循磴而东，即得小涧，石梁跨于其上。皆苍藤古木，虽盛夏亭午无暑气；水皆清澈，自高淙下，其声溅溅然。度石梁，循两崖，曲折而上，得山门，小屋三间，不能容十许人。然前瞰涧水，后临石池，风来两峡间，终日不绝。门内跨池又为石梁。度而北，蹑石梯数级入庵。庵才老屋数间，卑庳迫隘，无足观，独其西阁为胜。水自西谷中循石罅奔射出阁下，南与东谷水并注池中。自池而出，乃为前所谓小涧者。阁据其上流，当水石峻激相搏处，最为可玩。乃壁① 其后，无所睹。独夜卧其上，则枕席之下，终夕潺潺，久而益悲，为可爱耳。

出山门而东，十许步，得石台。下临峭岸，深昧险绝。于林薄间东南望，见瀑布自前岩穴瀵涌② 而出，投空下数十尺。其沫乃如散珠喷雾，日光烛之，璀璨夺目，不可正视。台当山西南缺，前揖芦山，一峰独秀出；而数百里间峰峦高下，亦皆历历在眼。日薄西山，余光横照，紫翠重叠，不可殚数。旦起下视，白云满川，如海波起伏；而远近诸山出其中者，皆若飞浮来往，或涌或没，顷刻万变。台东径断，乡人凿石容磴以度，而作神祠于其东，水旱祷焉。畏险者或不敢度。然山之可观者，至是则亦穷矣。

余与刘充父、平父、吕叔敬、表弟徐周宾游之。既皆赋诗以纪其胜，余又叙次其详如此。而最其可观者：石磴、小涧、山门、石台、西阁、瀑布也。因各别为小诗以识其处③，呈同游诸君，又以告夫欲往而未能者。年月日记。

〔注〕 ① 壁：此处用如动词，意为"筑壁"。 ② 林薄：草木丛生的地方。瀵（fèn 粪）涌：水源自地下喷涌而出。 ③ 识（zhì 志）其处：记述那些地方。所作诗为五绝六首，见《朱文公

文集》卷六《百丈山六咏》。

这篇游记作于宋孝宗淳熙二年(1175),所写的百丈山位于福建建阳东北。作者与同游者刘充父、平父、吕叔敬、表弟徐周宾“皆赋诗以纪其胜”,复又“叙次其详如此”,这在末节中作了交代。诗文并作,记其游览之胜。而作者于诗外作文,不仅为着“呈同游诸君”,同时“又以告夫欲往而未能者”,这篇末文字点明了写作此文的目的:导游,引导人们去游览百丈山的胜景。

作者确是一位相当高明的导游,他指点人们何处有美景。文章第四节中“最其可观者:石磴、小涧、山门、石台、西阁、瀑布也”,是作者游后结论,也是对全文内容的总括。这个总结论,相承于前面诸节文字,何处可观,何处不足观,是分后总述。其不足观者有:山庵——“无足观”;“壁其后”——“无所睹”;石台之东——“山之可观者,至是则亦穷矣”。其可观处有:西阁——“独其西阁为胜”;水石相搏处——“最为可玩”。这样,全文便形成了以下的特点:一、作者的游览线索总体上是东向。二、三两节起首作了提示:“循磴而东”,“出山门而东”,最后,“台东径断”,路断而游止。叙述方向基本是移步换形,平铺直叙,顺序写来。这样直线式的叙述思路却因为其中贯串着上述的可观与不可观的对衬性结构,遂使全文出现了纵向上顺接、横向上对举的描述框架。二、何处可观,何处不足观,是作者选择后的结论,其选择的支点是作者自然山水审美观。美要经过审美才能被确定。审美就是选择,显示了作者选择中的审美眼光和判断。因此,作者不是一般的导游,而是有着审美意识的导游。三、详略得宜。这一点循第二点而来,作者的审美选择眼光、判断,规定了景象上的可观与不可观,从而规定了描述文字上详与略的分别。可观处则详写,反之则从略。略写处一笔带过,决不词费,不牵扯读者注意力,以此腾出足够的笔墨,于详写处细描深绘,多层次、多方位地显现百丈山的美姿美态。

文章一开始就体现了这一特点。作者没有絮絮不休地缕述登山经过,而是从“登百丈山三里许”凌空切入,前面的上山经过,所见所闻,一概略而不提,笔锋逼进描述中心:“山之胜盖自此始”。可见,其描述手段是以第二点所说的审美判断为依据的。作者初始选择的审美描述对象是“右俯绝壑,左控垂崖;叠石为磴十余级乃得度”,一“俯”一“控”,写出地势险要,得叠石为台阶才能通过。作者在这里表现了他对险奇美的欣赏。第二节山门前后诸景点虽历历如绘,以“跨”“度”“上”等行为动词,展示过程,一笔不漏地描述了游览经过和诸多景象,但其详写重点则放在幽静美的描绘上。作者以“涧”为中心,贯串着水的描写。“苍藤古木”的掩映,伴和着“水皆清澈,自高淙下,其声溅溅然”,可谓声色并茂。“盛夏亭午无暑气”，“风来两峡间，终日不绝”，点染了清幽氛围和清冽感受。第二节一开始先略提“小涧”，再谛听水声溅溅，再瞰涧水流淌，再写“水自西谷中循石罅奔射出阁下，南与东谷水并注池中，自池而出”，探寻了水源，再以“乃为前所谓小涧者”，关合前文，并以“当水石峻激相搏处，最为可玩”，表达自己的欣赏态度，最后归结为“独夜卧其上，则枕席之下，终夕潺潺，久而益悲，为可爱耳”的描述，显露了自己的审美趣味和情调。这一节描述循水游览，详写涧水美的形貌和作者由此而萌生的审美情趣。

如果说第二节是写出幽美，紧接的第三节写瀑布则重在表现壮美。先以“下临峭岸，深昧险绝”的险奇美作映衬，再写出“于林薄间东南望”的瀑布景象，以“遥看瀑布挂前川”（李白《望庐山瀑布》）的视域得之。“瀑布自前岩穴瀵涌而出，投空下数十尺”，凌空而泻，是气势的渲染。水沫有如散珠喷雾，在阳光照射下，璀璨夺目，五彩缤纷，煞是伟观，是壮丽美的写照。然后，以重彩浓墨写山峰的美姿美态。首先，作者选择了一个独特的视角：“台当山西南缺，前揖芦山”，从缺口中遥望远山。其次，以一峰挺拔高出和群山逶迤而去相组合，“一峰独秀出；而数百里间峰峦高下，亦皆历历在眼”，形成了具有绘画美的构图特征，主次层次感丰富。再次，以固定的景点，却用傍晚和清晨两个不同时间的景观，构成两幅扇面图，进一步渲染了壮美特征。“日薄西山，余光横照，紫翠重叠，不可殚数”，突出的是色彩斑斓美；而清晨“白云满川，如海波起伏；而远近诸山出其中者，皆若飞浮来往，或涌或没，顷刻万变”，突现的是云海变幻美。夕照晨光中的连绵峰峦，前借阳光以显美色，后凭云气以显美态，画形画彩，荟萃于一。这样，在作者详尽描述的百丈山景中就兼具了险奇、幽静、五彩、飞动、变幻等诸种美的形态。　（吴功正　陆志平）

记孙觌事　　朱　熹

靖康之难①，钦宗幸②虏营。虏人欲得某文③。钦宗不得已，为诏从臣孙觌为之；阴冀觌不奉诏，得以为解。而觌不复辞，一挥立就：过为贬损，以媚虏人；而词甚精丽，如宿成者。虏人大喜，至以大宗城卤获妇饷之。觌亦不辞。其后每语人曰：“人不胜天久矣；古今祸乱，莫非天之所为。而一时之士，欲以人力胜之；是以多败事而少成功，而身以不免焉。孟子所谓‘顺天者存，逆天者亡’者，盖谓此也。”或戏之曰：“然则子之在虏营也，顺天为已甚矣！其寿而康④也宜哉！”觌惭无以应。

闻者快之。

乙巳⑤八月二十三日，与刘晦伯语，录记此事，因书以识云。

〔注〕 ① 靖康：宋钦宗的年号（1126—1127）。难：祸难，指汴京沦陷，徽、钦二宗被掳。② 幸：指皇帝出行至某地。 ③ 某文：指降表。 ④ 寿而康：长寿、安康。 ⑤ 乙巳：即淳熙十二年，公元 1185 年。

朱熹的《记孙觌事》，是一篇绝妙的小品文。寥寥二百字，活画出卖国贼的嘴脸。

孙觌工诗文，尤长于四六，与汪藻、洪迈、周必大齐名，著有《鸿庆居士集》。《宋史》中没有他的传，《四库全书总目》卷一五七撮取南宋人的记述，对其人其事作了如下评介：

觌，字仲益，晋陵人。徽宗末，蔡攸荐为侍御史。靖康初，蔡氏势败，乃率御史极劾之。金人围汴，李纲罢御营使，太学生伏阙请留，觌复劾纲要君，又言诸生将再伏阙。朝廷以其言不实，斥守和州。既而纲去国，复召觌为御史。专附和议，进至翰林学士。汴都破后，觌受金人女乐，为钦宗草表上金主，极意献媚。建炎初，贬峡州，再贬岭外。黄潜善、汪伯彦复引之，使掌诰命。后又以赃罪斥，提举鸿庆宫，故其文称《鸿庆居士集》。孝宗时，洪迈修国史，谓靖康时人独觌在，请诏下觌，使书所见闻靖康时事上之。觌遂于所不快者，如李纲等，率加诬辞。迈遽信之，载于《钦宗实录》。其后朱子与人言及，每以为恨，谓小人不可使执笔。故陈振孙《书录解题》曰："觌生于元丰辛酉，卒于乾道己丑，年八十九，可谓耆宿矣；而其平生出处，则至不足道。"岳珂《桯史》亦曰："孙仲益《鸿庆集》大半志铭，盖谀墓之常，不足诧。独《武功大夫李公碑》，乃俨然一珰耳，亟称其高风绝识，自以不获见之为大恨，言必称公，殊不为怍。"赵与旹《宾退录》，复摘其作《莫幵墓志》极论屈体求金之是、倡言复仇之非；又摘其作《韩忠武墓志》极诋岳飞，作《万俟卨墓志》极表其杀飞一事：为颠倒悖缪。则觌之怙恶不悛，当时已人人鄙之矣。

这里通过一系列秽迹恶行的叙述，说明了孙觌其人的"怙恶不悛"；但人物形象并不鲜明。因为这本来不是文艺性的作品，著者的目的，只在于列举有关事实，不在于刻画人物形象。

朱熹的《记孙觌事》，却只选取前文所记的一件事实：

汴都破后，觌受金人女乐，为钦宗草表上金主，极意献媚。

同样记这件事，不是简单地给人物加上“极意献媚”的评语就完事，而是通过记事表现他的精神世界。所记之事很简单，而用笔却有如剥笋，层层深入，直剥到孙觌的灵魂深处。

“靖康之难，钦宗幸虏营。虏人欲得某文。”这三句是第一层。朱熹追记本朝皇帝投降的事，不愿说被俘虏，而说“幸虏营”；不忍说写“降表”，而说写“某文”。文章单刀直入，以两句写汴京沦陷、钦宗被掳，以一句写金人欲得降表，以便促使宋朝正在抗金的军民望风投降，从而把北宋的灭亡集中到金人威逼钦宗上降表上。

“钦宗不得已，为诏从臣孙觌为之；阴冀觌不奉诏，得以为解。”——这是第二层。由金人勒索降表转到钦宗诏孙觌，进入“记孙觌事”的主题。钦宗命孙觌写降表，出于“不得已”；口头上要孙觌写，内心里却希望孙觌坚持气节，毅然拒绝。汴京沦陷之时，宋朝的臣子及太学生等威武不屈，以死相抗者不乏其人，钦宗的希望是有根据的。作者以“阴冀觌不奉诏”一句写钦宗的心理活动，从而把关系国家存亡的大事摆在孙觌面前，也把读者的注意力引到孙觌身上，看他在关键时刻，将采取什么行动。关键时刻的行动，最足以表现人物的品质。

“而觌不复辞，一挥立就：过为贬损，以媚虏人；而词甚精丽，如宿成者。”——这一层，已剥出孙觌灵魂中最卑污的东西。“而”是转折词，承钦宗“阴冀觌不奉诏，得以为解”而转。他不是“不奉诏”，而是“不复辞”，颇有当仁不让、舍我其谁的气概。他不是下笔艰难，而是“一挥立就”，颇有文思泉涌、兴会淋漓的神情。读者不禁要猜想：他也许并非写降表，而是草檄文、抒忠愤、斥仇敌吧！这样的猜想是合乎情理的，然而猜错了。他不仅写的是降表，而且比一般的降表更不像样子：“过为贬损，以媚虏人”！这封降表，被收入《大金吊伐录》卷下，里面有这样的句子：“背恩致讨，远烦汗马之劳；请命求哀，敢废牵羊之礼？”以宋朝的臣子而写出这样辱国媚敌的文字，够无耻的了！行文至此，已揭露得十分深刻；但作者意犹未尽，继“一挥立就”之后又“赞”了一句：“词甚精丽”。“一挥立就”，言其不假思索；“词甚精丽”，言其精雕细刻。既“一挥而就”，又“词甚精丽”，就引出了关键性的一句：“如宿成者”。意思是：那降表好像早就写好了一样。用了个“如”字，话没说死，却更耐人寻味。看样子，这家伙早就瞅准了这笔媚敌求荣的买卖，事前打好了腹稿。

孙觌写降表“过为贬损，以媚虏人”，效果如何呢？以下就写效果：“虏人大喜，至以大宗城卤获妇饷之。”“大宗城”，语出《诗经·大雅·板》“大宗维翰”“宗子维城”。大宗，强族；宗子，同姓。“大宗城”在这里指金统治者的同姓权贵。

“虏人”见降表“大喜”，“喜”得以至于把同姓权贵抢来的妇女赏给他。那么，他是否当着钦宗的面领赏呢？“觌亦不辞”，他公然领了赏！他领的赏不是别的什么，而是敌人抢来的妇女啊！这一层只三句，作者从敌人喜而给赏和孙觌欣然领赏两方面对这个无耻之徒作了进一步揭露。

孙觌写降表，其原因、经过、效果都写了，还有什么可写呢？读下文，看到作者还写了更重要的东西：

(孙觌)其后每语人曰：“人不胜天久矣；古今祸乱，莫非天之所为。而一时之士，欲以人力胜之；是以多败事而少成功，而身以不免焉。孟子所谓‘顺天者存，逆天者亡’者，盖谓此也。”

第一句中的“其后”，特意指出这是在写降表之后。孙觌经常向别人宣传他写降表的理论根据，其要点是：金人入侵，中原人民处于水深火热之中，这是“天之所为”。一切民族英雄、爱国人民浴血抗战，都是“逆天”；“逆天者亡”，咎由自取。他自己写降表，媚敌求荣，则是“顺天”；“顺天者存”，还得了赏赐——这一套卖国理论、汉奸逻辑，稍有正义感的人连听都不愿听。而孙觌这家伙，不但好意思讲出口，还经常地、振振有词地向别人宣扬，真不知人间还有什么羞耻事！

写降表的理论根据，通过孙觌的“每语人”，也写完了，还写什么呢？还写别人听到他的宣传之后的反应：

或戏之曰：“然则子之在虏营也，顺天为已甚矣！其寿而康也宜哉！”

这位听了孙觌投降理论的人把那投降理论运用于孙觌写降表的实践，刺了他一下：“既然如此，那么，你在敌营中写降表，‘顺天’的确顺得太过分了，你如今这样长寿，又这样安康，这真是很应该的啊！”

作者接着写了两句：“觌惭无以应。闻者快之。”就结束了全文。作者从惩罚民族败类的创作心理出发，是要写出“闻者快之”才肯搁笔的；而“觌惭无以应”，则是“闻者快之”的前提。然而从孙觌其人的本质看，他在听到人家说他“寿而康也宜哉”之后，很可能洋洋得意地重复说：“宜哉！宜哉！”在《万俟卨墓志铭》里，他不是公然说岳飞该杀、杀岳飞是万俟卨的“功劳”吗？

这篇短文有几个特点值得注意。孙觌的丑行秽迹很多，都可记；作者只记其写降表，突出一斑而全豹可见。此其一。先以“靖康之难”四字勾出历史环境，然后写“虏人”勒索降表而钦宗不愿，从而把国家存亡的焦点集中到是否写降表上，让孙觌其人经受考验。此其二。用“一挥立就”，“词甚精丽”等句写孙觌辱国媚敌的行动已不堪入目，又用“如宿成者”以诛其心。此其三。“虏人大喜”给赏，这是写了的；钦宗的反应如何，没有明写，但已从“不得已”，“阴冀觌不奉诏”，“过为贬损”等句中作了暗示，从“虏人”与钦宗的不同反应中暴露孙觌写表、领赏的丑态。此其四。写孙觌当众宣扬其卖国理论而恬不知耻，以见此人良心丧尽，什么坏事都干得出来，写降表并非偶然。此其五。以听众的辛辣讽刺和“闻者快之”结束全文，伸张了民族正义，歌颂了民族气节。此其六。

全篇文字精练，既有思想深度，又有文学意味，确是散文小品的佳制。

（霍松林）

【作者小传】

周去非

南宋散文家。字直夫。温州永嘉（今浙江温州）人。隆兴进士。历桂林尉、绍兴府通判等。淳熙五年著成《岭外代答》，记岭南见闻。

斗　鸡

周去非

芥肩金距之技，见于《传》而未之睹也①。余还自西广，道番禺②，乃得见之。番禺人酷好斗鸡，诸番人尤甚。鸡之产番禺者，特鸷劲善斗。其人饲养亦甚有法，斗打之际，各有术数。注③以黄金，观如堵墙也。凡鸡毛欲疏而短，头欲竖而小，足欲直而大，身欲疏而长，目欲深而皮厚，徐步眈视，毅不妄动，望之如木鸡，如此者每斗必胜。人之养鸡也，结草为墩，使立其上，则足尝定而不倾。置米高于其头，使耸膺高啄，则头常竖而嘴利。割截冠绥④，使敌无所施其嘴。剪刷尾羽，使临斗易以盘旋。常以翎毛搅入鸡喉，以去其涎。而掬米饲之，或以水噀两腋，调饲一一有法。至其斗也，必令死斗。胜负一分，死生即异。盖斗负则丧气，终身不复能斗，即为鼎实⑤矣。然常胜之鸡，亦必早衰，以其每斗屡滨⑥死也。斗鸡之法，约为三间。始斗少顷，此鸡失利，其主抱鸡少休，去涎饮水，以养其气，是为一间。再斗而彼鸡失利，彼主亦抱鸡少休如前，养气而复斗，又为一间。最后一间，两主皆不得与，二鸡之胜负生死决矣。鸡始斗奋击用距，少倦则盘旋相啄。一啄得所嘴，牢不舍，副之以距。能多如是者必胜，其主喜见于色。番人之斗鸡又乃甚焉，所谓芥肩金距真用之。其芥肩也，末芥子糁于鸡之肩腋，两鸡半斗而倦，盘旋伺便，互刺头腋下，翻身相啄，以有芥子能眯敌鸡之目，故用以取胜。其金距也，薄刃如爪，凿柄于鸡距，奋击之始，一挥距，或至断头。盖金距取胜于其始，芥肩取胜于其终，季孙⑦于此能无怒耶？小人好胜，为此歹毒，使微物不得生，自三代已然⑧。

〔注〕 ① 芥肩金距：指在鸡的肩腋播上芥子，斗鸡时以眯敌鸡之目；在鸡距上装上金属的薄刃，斗鸡时以攻击敌鸡。传：指《左传》。《左传·昭公二十五年》载季平子与郈昭伯斗鸡用芥肩金距之技。 ② 西广：指广西。番(pān潘)禺：县名。治所在今广东广州市。 ③ 注：赌注，这里指下赌注。 ④ 冠绥：鸡冠和颔下垂肉。 ⑤ 为鼎实：即烹而食之之意。鼎，古代的炊具。 ⑥ 滨：通“濒”，迫近，几至。 ⑦ 季孙：指季平子，为鲁季孙氏子孙，名意如。 ⑧ 微物：指鸡。三代：指夏、商、周。《左传》所记发生于周代，故云。

周去非任桂林通判时，曾笔录地方风俗、山川古迹、疆埸、物产、经国纪闻等四百多条。秩满东归后，因有人寻问岭外(岭南，即今两广)之事，周去非就将笔录的文字删改成书，以代应对，称为《岭外代答》。全书分地理、土风、物产、边帅、法制、财计等二十门共二百九十四条。《斗鸡》选自“禽兽门”，记述了途经广东番禺时见到的斗鸡情景。

斗鸡，古已有之。《左传》昭公二十五年记载：“季、郈之鸡斗。季氏介其鸡，郈氏为之金距。平子怒，益宫于郈氏，且让之。故郈昭伯亦怨平子。”季平子与郈昭伯是邻居，两家的鸡相斗。季平子捣芥子播于鸡毛，郈昭伯为鸡装上金距。季平子怒，侵占了郈氏的房子，并且责备郈氏。《左传》记载仅止于此，如何用芥子、金距使鸡相斗，后来的读书人皆不知其详。而季平子介其鸡，郈氏为之金距，本各用其“秘密武器”，季平子为何发怒？一般认为是“怒其不下”(见《春秋左传集解》)。《吕氏春秋·察微》及《淮南子·人间训》都记载了这段故事，于“季平子怒”句前都有“季氏之鸡不胜”一句，比较清楚。周去非亲睹芥肩金距之技斗，得以补读书之不足。这是他的一大收获，所以，开头就不无欣喜地说：“芥肩金距之技，见之于《传》而未之睹也”，现在“乃得见之”。这样的开头，很容易引起读者的注意。但是，作者又不急于对此作出解释，而是先从容不迫地去叙述怎样养鸡，怎样斗鸡，直到最后才介绍芥肩金距。以“金距取胜于其始”，季平子的鸡先输了，所以发怒。作者利用读者急于破解古书难题的心理，逗引阅读的兴趣，表现出高超的叙述技巧。

文章虽不长，但层次井然，叙述详实。作者先叙番禺人酷好斗鸡，表现有四：其一，鸡"特鸷劲善斗"，以见鸡训练有素。其二，饲养有法。其三，斗打有术。其四，热衷观斗，斗鸡时，不但观者甚多，"如堵墙"，而且以黄金下注，斗鸡成为类似于斗蟋蟀一样的赌博。然后，集中笔墨分述养鸡之法和斗鸡之术。写斗鸡之法，先述斗鸡对鸡的素质的要求，养鸡之法都是据此提出的对策。文章从外在形体和内在性格两方面写斗鸡对鸡的要求。毛、头、足、身、目，是为形体。毛短而稀疏，可防止对方嘴啄；头竖而小，便于攻击；足直而大，站立更稳；身疏而长，以见健伟；眼睛深陷而皮厚，也是出于防卫需要。"徐步眈视，毅不妄动，望之如木鸡"，是为性格，稳健强劲，坚毅沉着。这样的鸡永远立于不败之地。根据这些要求，番禺人有针对性地想出种种饲养调教的办法。鸡立草墩之上，是训练足力。米置高处，是训练头和嘴。割掉冠绫，剪刷尾羽，翎毛搅喉，掬米喂之，以水喷腋等等，都具有明确的训练目的。因为斗鸡不是游戏而是赌博，所以，主子们都命令鸡死斗，他们只考虑胜负，并不考虑鸡的死活。鸡斗输了，死路一条，斗赢了也活不长。为了斗胜，一些斗法又应运而生。这是本文的重点。文章比较详细地描写了斗鸡的情景。斗鸡大致分三个阶段，关键在最后一段，因此，前两段略写，第三段详写。这时已是生死之决斗，主人不得再"抱鸡少休"，任鸡去舍命相搏。鸡斗一靠距，二靠啄，三靠芥子。先是用距奋击，在距上装有金属的薄刃，奋击之时，往往能断敌之头。奋击疲劳之后，便改变战术盘旋而相啄，啄得对方就牢牢不舍，并辅之以距。为了眯住敌鸡的眼睛，削弱对方的战斗力，又把芥子藏在鸡腋下，盘旋时伺机播撒。如此相斗几个回合，胜负生死便有分晓。作者并没有描绘某一次鸡斗的场景，似乎不够生动，但由于运用转述的方式，概述了斗鸡的具体经过和方法，因而，更加客观和实在，具有很强的概括性，也更加简洁明了。

《斗鸡》一文最为可贵的还不在于记述了番禺的斗鸡，具体介绍了芥肩金距之技，而在于深刻地指出了鸡之斗实是人之斗。《左传》所记季、郈两家斗鸡，一用芥肩，一用金距，以武装他们的鸡，显然都是有备而来；而季平子与郈昭伯的参与，便成为人间的战事。发展到宋代，番禺的斗鸡已成为一种社会活动，成为人们斗法、赌博的一种形式。作者叙述斗鸡，时时不忘在幕后策划指挥的人。番禺鸡善斗，是因为"番禺人酷好斗鸡"，"其人饲养亦甚有法"。到斗打之际，令鸡死斗，而决不顾鸡的死活。主子们对斗打都"各有术数"，胜时那些主子"喜见于色"。而芥肩金距更可见人用心的险恶，手段的歹毒。作者愤愤地说："小人好胜，为此歹毒，使微物不得生，自三代已然。"这段卒章显其志式的总结，包含了作者对斗鸡这一现象的深沉的思考，其中有对鸡的怜悯，对斗鸡的厌恶，也有对小人的怨愤，对历史的反思。那些兴致勃勃地想在观看斗鸡的过程中获得快感的人们，读到这里，也许会与作者有同感吧。这正是《斗鸡》高出一般搜奇记异的笔记文章的地方，它已带有现代杂文的色彩。这也表现了古代笔记文是一种十分自由的文体。

（陆志平　吴功正）

【作者小传】

陆九渊

(1139—1193)　南宋哲学家。字子静，自号存斋，因结茅讲学于象山(在今江西贵溪市西南)，人称象山先生。抚州金溪(今属江西)人。乾道进士。与兄九韶、九龄并称“三陆”。曾任靖安、崇安两县主簿，官至知荆门军。少年慨然有志雪靖康之耻，访知勇士，与议恢复大略，并奏陈己见，被驳回不用。后还乡讲学。提出“心即理”之说，颇受禅宗影响。曾在信州鹅湖与朱熹辩论“太极”“无极”问题，遂分朱、陆两派。其学经明代王守仁发展，成为陆王心学。著有《象山先生全集》。

送宜黄何尉序

陆九渊

民甚宜其尉，甚不宜其令；吏甚宜其令，甚不宜其尉，是令、尉之贤否不难知也。尉以是不善于其令，令以是不善于其尉，是令、尉之曲直不难知也。东阳何君坦尉宜黄①，与其令臧氏子②不相善，其贤否曲直，盖不难知者。夫二人之争，至于有司③，有司不置白黑于其间，遂以俱罢。县之士民，谓臧之罪，不止于罢，而幸其去；谓何之过，不至于罢，而惜其去。臧贪而富，且自知得罪于民，式遄其归矣④；何廉而贫，无以振其行李⑤，县之士民，哀其穷而为之裹囊以饯之，思其贤而为之歌诗以送之，何之归亦荣矣！

比干剖心⑥，恶来知政⑦；子胥鸱夷⑧，宰嚭谋国⑨。爵刑舛施，德业倒植，若此者班班见于书传，今有司所以处臧、何之贤否曲直者，虽未当乎人心，然揆之舛施倒植之事，岂不远哉？况其民心士论，有以慰荐扶持如此其盛者乎？何君尚何憾！

鲁士师如柳下惠，楚令尹如子文，其平狱治理之善，当不可胜纪，三黜三已之间⑩，其为曲直多矣！而《语》《孟》所称，独在于遗逸不怨，厄穷不悯，仕无喜色，已无愠色⑪。况今天子重明丽正，光辉日新。大臣如德星御阴辅阳，以却氛祲⑫。下邑一尉，悉力卫其民，以迕墨令⑬，适用吏文，与令俱罢，是岂终遗逸厄穷而已者乎？何君尚何憾！

虽然，何君誉处若此其盛者，臧氏子实为之也。何君之志，何君之学，讵可如是而已乎？何君是举亦勇矣！诚率是勇以志乎道，进乎学，必居广居，立正位，行大道，使富贵不能淫，贫贱不能移，威武不能屈⑭，此吾所望于何君者。不然，何君固无憾，吾将有憾于何君矣！

〔注〕①东阳：宋婺州东阳郡。郡治今浙江金华。宜黄：县名，今属江西抚州。②臧氏子：臧家那个小子。有轻蔑之意。《孟子·梁惠王下》谓“嬖人臧仓”为“臧氏之子”，本文用语据此。③有司：古代设官分职，事各有专司，故称有司。此处意为上级。④式遄其归：式，发语词。遄(chuán船)，速。《诗·大雅·崧高》：“式遄其行。”⑤振：整治。⑥比干剖心：比干为殷纣王叔父。《史记·殷本纪》：“纣愈淫乱不止……比干曰：‘为人臣者，不得不以死争。’乃强谏纣。纣怒曰：‘吾闻圣人心有七窍。’剖比干，观其心。”⑦恶来知政：恶来，纣臣。知政，掌握政权。《史记·殷本纪》：“(纣)用费中为政。费中善谀，好利，殷人弗亲。纣又用恶来。恶来善毁谗，诸侯以此益疏。”⑧子胥：伍子胥，名员，春秋时吴国大夫。因谏止吴王夫差伐齐，被伯嚭进谗，“吴王乃使使赐伍子胥属镂之剑，曰：‘子以此死。’伍子胥仰天叹曰：‘嗟乎，谗臣嚭为乱矣！’……乃自刭死。吴王闻之大怒，乃取子胥尸盛以鸱夷革，浮之江中”。鸱夷：皮袋。⑨宰嚭(pǐ痞)：伯嚭，本吴国大夫，夫差立为吴王，以为太宰。见《史记·伍子胥列传》。谋国：主持国政。⑩“鲁士师”五句：《论语·微子》：“柳下惠为士师，三黜。”又《论语·公冶长》：“令尹子文三仕为令尹，无喜色；三已之，无愠色。”鲁，春秋鲁国。士师，法官。柳下惠，展氏，名获，字禽，食邑在柳下，谥惠。楚国的宰相称令尹，子文即斗穀於菟。黜、已，皆指罢免官职。三，只表示次数之多，不一定是实数。⑪“而《语》《孟》”五句：《语》，《论语》。《孟》，《孟子》。“仕无喜色，已无愠色”见注⑩。《孟子·公孙丑上》：“柳下惠不羞污君(不以侍奉坏的国君为可耻)，不卑小官；进不隐贤(入朝做官不隐藏自己的才能)，必以其道；遗佚而不怨，厄穷而不悯。”又见于同书《万章下》。⑫“大臣”二句：德星，岁星。《汉书·武帝纪》索隐：“岁星所在有福，故曰德星。”亦以比喻贤士。御阴辅阳，古人以阴为臣道，阳为君道。此句说守臣德以辅佐君王。氛祲，不祥的云气。《左传·昭公十五年》：“吾见赤黑之祲，非祭祥也，丧氛也。”此处指祸乱之类。⑬墨令：墨，不洁之称，此指贪污的县令。⑭“必居广居”六句：《孟子·滕文公下》：“居天下之广居，立天下之正位，行天下之大道；得志，与民由之；不得志，独行其道。富贵不能淫，贫贱不能移，威武不能屈，此之谓大丈夫。”朱熹《四书集注》：“广居，仁也；正位，礼也；大道，义也。”

送往迎来乃人之常情，送别诗文也就屡见不鲜。不少送别诗文出于应酬，难免矫情和客套；陆九渊的这篇《送宜黄何尉序》则完全出自真情，因而，言辞恳切，诚挚动人。

宜黄何尉指宜黄（今属江西）的县尉何坦。何坦因能保护人民的利益，与县令不和，上司竟不分青红皂白，将他和县令一齐罢免。陆九渊愤愤不平，写了这篇临别赠言给何坦。为了抒发强烈的爱憎和胸中的不平，文章以对比衬托作为主要表现手法，选用反诘、感叹作为骨干句式。对比、衬托的运用使文章更显得褒贬得当，爱憎分明。反诘、感叹句式的安排，造成了文章感慨万端、一唱三叹的情致。

作者开篇就连用对比，把何坦与臧氏子相比，鲜明地表现民心向背。然后，以古衬今，用古代"比干剖心，恶来知政；子胥鸱夷，宰嚭谋国"的事例劝慰何坦，有司的处置虽不公平，但与古代爵刑舛施、德业倒植的事例相比，并不为极端，尚可忍受。用柳下惠三黜、子文三已劝慰何坦，日后仍有起用之日。何坦与臧氏子的对比共有三组。第一组对比是人民和小官吏对令、尉的不同态度。人民爱尉不爱令而小官吏爱令不爱尉，于是令尉不和，进而由此推论，自然地得出三个"不难知"的断语。第二组对比是民众对有司处理的不同反映。一个"不止于罢"，一个"不至于罢"，因而对一个"幸其去"，对另一个"惜其去"：一字之差，却反映了天壤之别。第三组对比是二人归去的不同情形。臧氏子因为"贪而富"，很快就偷偷地溜走了；何坦却"廉而贫"，民众自动捐赠为他整治行装，吟诗作歌为他送行。一个是心怀鬼胎地溜走，一个是光明磊落地离开。这三组对比都紧紧围绕民心向背，让人民来充当严正的法官，是非曲直，臧否善恶，自由人民评说。以人心法庭的正确判决来否定糊涂官的糊涂判，表现了作者强烈的爱憎感情和正确的人民性立场。在以古衬今时，作者笔端带刺，皮里阳秋。说有司所处，"虽未当乎人心，然揆之舛施倒植之事，岂不远哉"？似乎处理并不重，但"未当乎人心"，也属于"舛施倒植"之列，可见性质还是严重的。还有"今天子重明丽正，光辉日新。大臣如德星御阴辅阳，以却氛祲"，歌功颂德调子很高，目的是劝说何坦不要灰心。因为全力保卫人民利益而得罪了贪官被罢免，这只是暂时现象，有这样好的皇帝大臣，日后一定还有复出的机会。但仔细一想就会发现这里有刺：既然有这样的好皇帝、好大臣，又岂能处理"未当乎人心"？明明是黑白混淆，却说得如此之好，捧得如此之高，完全是春秋笔法。一方面是安慰，一方面是讥刺，更重要的是敦促当权者改正错误，重新起用何坦。

文章用"何之归亦荣矣""何君尚何憾""何君尚何憾""何君固无憾，吾将有憾于何君矣”四个感叹句，作为四段的煞句，回环往复，前呼后应，真情充畅，感人肺腑。再加上文中众多的以“也”“矣”煞尾的肯定句、感叹句，与以“哉”“乎”发问的反诘句交错运用，形成了抑扬顿挫、一唱三叹的格局和情韵，对于抒发牢落抑郁的愁肠和愤愤不平的情怀，对于慰藉衔冤而归的朋友，都起到极好的效果。

（陆志平　吴功正）

【作者小传】

辛弃疾

(1140—1207)　南宋词人。字幼安，号稼轩。历城（今属山东济南）人。绍兴末，聚众从耿京抗金，不久即归南宋。历任湖北、江西、湖南、福建、浙东安抚使等职。一生坚决主张抗金。曾奏《美芹十论》《九议》等，均未被采纳。遭主和派打击，长期落职闲居于江西上饶、铅山一带。晚年韩侂胄当政，一度起用，不久病卒。其词风格悲壮激烈，为豪放词派代表，与苏轼并称“苏辛”。著有《稼轩长短句》，今人辑有《辛稼轩诗文钞存》。

跋绍兴辛巳亲征诏草　　辛弃疾

使此诏出于绍兴之初，可以无事仇之大耻。使此诏行于隆兴之后，可以卒不世之大功。今此诏与此虏犹俱存也，悲夫！

嘉泰四年三月门生弃疾①拜手谨书。

〔注〕①门生：作者表明和“亲征诏草”代拟者陈康伯有师生关系。《宋史·高宗纪》：绍兴三十一年十月丁巳（十八日），“召杨存中同宰执议于内殿，陈康伯赞帝定议亲征”。

我们先简略介绍一下与本文有关的事实。“绍兴辛巳亲征诏草”为陈康伯代拟，而洪迈《容斋三笔·吾家四六》亦节录此诏，或为洪迈所拟。《容斋三笔》节录曰：“惟天惟祖宗，方共扶于基绪；有民有社稷，敢自佚于宴安。”“岁星临于吴分，定成淝水之勋；斗士倍于晋师，可决韩原之胜。”不管为何人所拟，这份诏书是要求朝野上下，中原军民，同仇敌忾，抗金收复失地的动员令。“辛巳”指宋高宗绍兴三十一年，即公元1161年；“隆兴”是宋孝宗年号；“嘉泰”是宋宁宗年号，“嘉泰四年”即公元1204年，是辛弃疾写此跋的时间。在诏草上题跋的还有何澹、谢深甫、陈说、叶適等。

这篇短跋仅由四句话构成，第四句话是交代写作时间，为此类跋文的通行格式；其余三句，每句构成一个单独的意思，字少情浓，寄慨遥深。

这篇跋文的特点何在呢？特点就在于独特地抓住了“时间”——三个不同的历史时期：绍兴之初，隆兴之后，嘉泰四年。

首句“使此诏出于绍兴之初，可以无事仇之大耻”，如果在绍兴初年实行这份诏书的战略方策，就不致会有对敌称臣纳贡的奇耻大辱。次句“使此诏行于隆兴之后，可以卒不世之大功”，如果在隆兴之后，实行这份诏书的战略方策，就可以建立历史上少有的大功，报仇雪恨，收复失地。隆兴间，因完颜亮被部下所杀，金国内乱，宋趁机收复一些失地，如两淮州郡，却因张浚草率失利，宋孝宗仍行媾和，山河破碎局面一如既往。第三句“今此诏与此虏犹俱存也”，今天——嘉泰四年，诏书犹存，国耻尚在，敌人依然气焰熏天，铁骑蹂躏着大好河山。作者抓住三个历史时期，根据诏书在三个历史时期的不同历史效果，加以尖锐的对比，指出了南宋朝廷如何地坐失了大好战机，导致丧权辱国的重大历史教训。作者在这里不是信笔写来，也没有繁文缛词，仅仅用三两句话，就概述了南宋国策失误的历史过程，也将国家兴亡的沉痛教训，揭示了出来。这样的语言，字凝句炼，无法再简，而其中概括的历史内容却异常深邃，胜过万语千言。

这篇文章是述事，但述中有慨。开始两句，乍读似无感情，细加品味，却饱含浓烈情感，在语言的对比中包含着对南宋小朝廷的指责。这种感情随着语言的变化而加深加浓。往事辛酸，不堪回首，战机坐失，徒唤奈何！当作者回顾往昔时，已是字字血泪，一旦触及今事，“诏”“虏”俱存，他胸间蕴蓄的感情潮水，终于喷发而出，喟然长叹，仰天一声：“悲夫！”这喟叹如巨浪排空，有无限的悲愤。炽烈的民族情感，如一股热流，猛烈地冲击着读者的心扉。　（吴功正　陆志平）

【作者小传】

谢枋得

(1226—1289)　南宋诗人。字君直，号叠山。信州弋阳(今属江西)人。宝祐进士。曾为考官，出题以贾似道政事为问，被罢斥。德祐元年(1275)，起为江东提刑、江西招谕使，知信州，抗元不屈。次年，任江东制置使，起义兵于弋阳，失败后，流亡建阳(今属福建)，卖卜为生。元迫其出仕，强送至大都(今北京)，绝食而死。其诗沉郁苍凉，寓亡国之痛。后人辑有《叠山集》。编有《文章轨范》。

却聘书　　谢枋得

夷、齐[1]虽不仕周，食西山之薇，亦当知武王之恩；四皓[2]虽不仕汉，茹商山之芝，亦当知高帝之恩。况蒸藜[3]含粝于大元之土地乎？

大元之赦某屡矣，某受大元之恩亦厚矣。若效鲁仲连蹈东海而死则不可，今既为大元之游民矣。庄子曰：“呼我为马者，应之以为马；呼我为牛者，应之以为牛[4]。”世之人，有呼我为宋之逋播[5]臣者亦可，呼我为大元游惰民者亦可，呼我为宋顽民者亦可，呼我为大元之逸民者亦可。为轮为弹，与化往来；虫臂鼠肝，随天付予[6]。若贪恋官爵，昧于一行，纵大元仁恕，天涵地容，哀怜孤臣，不忍加戮，某有何面目见大元乎？……

某与太平草木，同沾圣朝之雨露。生称善士，死表于道曰：“宋处士谢某之墓。”虽死之日，犹生之年。感恩感德，天实临之！司马子长有言：“人莫不有一死，死或重于泰山，或轻于鸿毛。”先民广其说曰：“慷慨赴死易，从容就义难。”公亦可以察某之心矣。

〔注〕① 夷、齐：伯夷、叔齐。二人为商孤竹君之子，周武王灭商，他们耻食周粟，隐于首阳山，采薇而食，终饿死。 ② 四皓：指秦末东园公、甪里先生、绮里季、夏黄公。四人隐于商山（今陕西商县东南），年皆八十余，须眉俱白，故称。汉高祖召之，不应。 ③ 蒸藜：庶民。 ④ “呼我”四句：语出《庄子·天道》。今传原文作：“昔者子呼我牛也而谓之牛；呼我马也而谓之马。”意为毁誉随人，不加计较。 ⑤ 逋播：逃亡迁徙。 ⑥ “为轮为弹”四句：《庄子·大宗师》：“浸假而化予之左臂以为鸡，予因以求时夜；浸假而化予之右臂以为弹，予因以求鸮炙；浸假而化予之尻以为轮，以神为马，予因以乘之，岂更驾哉？”又：“伟哉造物！又将奚以汝为？将奚以汝适？以汝为鼠肝乎？以汝为虫臂乎？”意思是听任自然，无所不适。

谢枋得在元兵南下时，曾经屡次起兵抵抗。南宋灭亡之际，他起兵图恢复，失败后，隐居福建建宁的唐石山。至元二十一年（1284），元朝为了收拢人心，下诏赦免所有抗元的南宋遗臣。二十三年，元集贤学士程文海举荐宋臣二十二人，以枋得为首，他推辞不去；第二年江浙行省左丞相（相当省长）忙兀台又奉旨召他，他又拒绝了。二十五年，尚书留梦炎（南宋时是谢枋得的“座师”）又举荐他，并亲自写信劝他出山。他回了一封信,拒绝留梦炎的荐举,表明自己决不能仕元的理由。他坚决地说:“今吾年六十余矣,所欠一死耳,岂复有他志哉!”所以仍然没有去。福建行省参政魏天祐看到当时朝廷急于求才,想荐他以邀功。魏见他,他不屑与之言。魏恼羞成怒,强迫他北行,他即日蔬食。二十六年四月,他到了京师,问宋谢太后灵柩和瀛国公所在,再拜恸哭。他病了,留梦炎派人送药和饮食给他,他怒曰:“吾欲死,汝乃欲生我耶?”把送来的东西一齐丢到地上,终于不食而死,保全了宋遗民的气节。

这篇文章是从《上丞相留忠斋书》中节选的一部分,题目为节选者所加。可以分为三部分。第一段用伯夷、叔齐、商山四皓来自比,特别强调两个“不仕”,作为一篇立意的主脑。接着,用一句反诘表明自己深知大元之恩。这时元朝的统治已经巩固,南宋已毫无恢复的可能,所以他使用“大元”(《四库》本《叠山集》“大元”多作“皇帝”)字样。留梦炎又是过去的老师,当今元朝的丞相,也不便在信里讥刺元朝,所以采用这样的措辞。

第二段对第一段的主脑加以发挥,但说得外柔内刚,表明决不能应聘的理由。先说自己现在还没有死的原因。宋朝降将吕师夔领着元兵扫荡江东各地时,谢枋得曾经坚决抵抗,失败后弃家变姓名逃亡到建宁唐石山。后来元朝赦免所有忠于南宋的义士,他才恢复自己的姓名。鲁仲连在反对赵王等想称秦为“帝”时,曾经说过“有赴东海而死”的话。所以这里引来说现在形势和那时不同,不能学鲁仲连蹈海之举,而只能成为元朝无所事事的“游民”。这是委婉地表达决不出仕的信念。下面接着引用《庄子·天道》中的话,用四种称呼来表明自己的心迹。应该注意他在表面上两个“宋”两个“元”,好像无所偏向;但他把宋摆在前面,而且称“宋顽民”,这是用武王克商以后,商朝有些人不服,被称为“殷顽民”来表示不臣服于元的实质。对宋他用“逋播臣”“顽民”,对元他用“游惰民”(即上文的“游民”)、“逸民”,都反映这种“难言之隐”。接着又用《庄子》的话,表明自己的坦荡心胸和无求于世的节操。最后表明决不能舍义出山,贪恋官爵。“某有何面目见大元乎”一句话,表面全是谈自己,而对方曾在宋朝做过宰相,又仕元为宰相,还厚颜无耻地劝自己的门生出仕。谢枋得用这句话收尾,实际比骂留梦炎一顿还要厉害。这一部分在原信里有“此不可应聘者二也”这样一句,下面还有说到“某受太母之恩”一节,删去未录。这一段表明心迹的话,措辞最有分量,绵里藏针,大长义士之气。

第三段是节取原信末尾部分。可以分两层。“天实临之”之前为第一层,实际是指天发誓,决不仕元。“死表于道曰:‘宋处士谢某之墓’”,对照第二段的四种称呼，可见他决不忘掉宋朝的态度。"司马子长有言"起，引用司马迁《报任安书》的话，表明死有轻重悬殊，关键在于"义"。接着又引程伊川的话来补充和扩展司马迁这两句话，"慷慨赴死"指一时激于意气，"从容就义"指经受住长期考验。谢枋得用"公亦可以察某之心矣"一句作全文的结束，也就是表示自己至死不仕，要从容就义，回应"不速死"的话。谢枋得被逼北上时，他的好友张子惠赠行诗说："此去好凭三寸舌，再来不值一文钱。"这就像王炎午《生祭文丞相文》一样，都是勉以大义。谢枋得终于实践了自己的誓言。

这篇文章大义凛然而措辞却委婉曲折，表面只是表明自己的心迹，但句句话都能让留梦炎愧死，可说是一篇血写的誓言。它虽然是节选，但可以相对独立成篇，前后也紧相呼应，四处引用前人的话，都能增强表达效果。（周本淳）

【作者小传】

周　密

(1232—1298)　南宋词人。字公瑾，号草窗、苹洲、四水潜夫等。原籍济南，后为吴兴(今属浙江)人。宋末曾任义乌令等职，宋亡不仕。其词格律严谨，与吴文英(梦窗)并称"二窗"。又能诗，善书画。著述繁富。著有《武林旧事》《癸辛杂识》《齐东野语》《云烟过眼录》《草窗词》等，还编有《绝妙好词》。

西湖游赏　　周　密

西湖天下景，朝昏晴雨，四序总宜。杭人亦无时而不游，而春游特盛焉。承平时，头船如大绿、间绿、十样锦、百花、宝胜、明玉之类，何翅百余①。其次则不计其数，皆华丽雅靓，夸奇竞好。而都人凡缔姻、赛社、会亲、送葬、经会、献神、仕宦、恩赏之经营，禁省台府之嘱托，贵珰②要地，大贾豪民，买笑千金，呼卢③百万，以至痴儿骙子，密约幽期，无不在焉。日糜金钱，靡有纪极。故杭谚有"销金锅儿"之号，此语不为过也。

都城自过收灯④，贵游巨室，皆争先出郊，谓之"探春"，至禁烟⑤为最盛。龙舟十余，彩旗叠鼓，交午曼衍⑥，粲如织锦。内有曾经宣唤者，则锦衣花帽，以自别于众。京尹为立赏格，竞渡争标。内珰贵客,赏犒无算。都人士女,两堤骈集,几于无置足地。水面画楫,栉比如鱼鳞,亦无行舟之路,歌欢箫鼓之声,振动远近,其盛可以想见。若游之次第,则先南而后北,至午则尽入西泠桥里湖,其外几无一舸矣。弁阳老人⑦有词云:“看画船尽入西泠,闲却半湖春色。”盖纪实也。

既而小泊断桥,千舫骈聚,歌管喧奏,粉黛罗列,最为繁盛。桥上少年郎,竞纵纸鸢,以相勾引,相牵剪截,以线绝者为负,此虽小技,亦有专门。爆仗起轮走线之戏,多设于此,至花影暗而月华生,始渐散去。绛纱笼烛,车马争门,日以为常。张武子诗云:“帖帖平湖印晚天,踏歌游女锦相牵。都城半掩人争路,犹有胡琴落后船。”最能状此景。茂陵⑧在御,略无游幸之事,离宫别馆,不复增修。黄洪诗云:“龙舟太半没西湖,此是先皇节俭图。三十六年安静里,棹歌一曲在康衢。”理宗⑨时亦尝制一舟,悉用香楠木抢金为之,亦极华侈,然终于不用。至景定间,周汉国公主得旨,偕驸马都尉杨镇⑩泛湖。一时文物亦盛,仿佛承平之旧,倾城纵观,都人为之罢市。然是时先朝龙舫久已沉没,独有小舟号小乌龙者,以赐杨郡王之故尚在。其舟平底有柁,制度简朴。或传此舟每出必有风雨,余尝屡乘,初无此异也。

〔注〕 ① 头船:船之大者。自“大绿”至“明玉”皆船的种类。翅:同“啻”。 ② 珰:宦官的代称。 ③ 呼卢:古代樗蒲戏,其骰五枚,上黑下白,以掷得全黑为卢,最为贵采。《晋书·刘毅传》:“既而四子俱黑,其一子转跃未定,(刘)裕厉声喝之,即成卢焉。”后因称赌博为“呼卢”。 ④ 收灯:即下灯。旧俗正月十三日头灯,十五日为元宵,或称灯节,十六日为残灯。南宋十六夜收灯,见吴自牧《梦粱录》卷一。 ⑤ 禁烟:指寒食节,清明前一日为寒食。因寒食不举火,故称禁火,又称禁烟。 ⑥ 交午:纵横交错。曼衍:连绵不绝。 ⑦ 弁阳老人:周密的号,因晚年居吴兴(今浙江湖州市)弁山,故自号弁阳老人。所引词句调名《曲游春》。 ⑧ 茂陵:这里指代宋宁宗赵扩。宁宗陵墓在绍兴,称永茂陵,简称茂陵。 ⑨ 理宗:赵昀,公元1224—1264年在位。 ⑩ 景定:宋理宗年号(1260—1264)。周汉国公主:宋理宗女。景定二年四月,嫁宁宗杨皇后侄孙杨镇,擢升杨镇为右领军卫将军、驸马都统,进封公主为周国公主。景定三年,进封周汉国公主。见《宋史·公主传》。

《西湖游赏》节选自《武林旧事》卷三中的《西湖游幸》。《武林旧事》是宋亡以后周密回忆南宋旧事之作,记述了都城杭州的种种杂事。《四库全书总目》称赞它“目睹耳闻，最为真确”。本文主要记述了游览胜地西湖的昔日盛况。

文章大肆铺排和渲染了西湖繁华景象。“西湖天下景，朝昏晴雨，四序总宜”是总述，盛赞西湖作为天下游览胜景，不管是朝暮晴雨，还是春夏秋冬，时时刻刻总是风物宜人的。然而，作者并没有从“四序总宜”展开，去铺排四季游湖的情景，而是集中笔墨，抓住重点，选择场面最阔大、最热闹、最吸引人的“春游”作为记述对象。写春游，先泛写。从游船、活动、人物三方面，勾画出一幅令人眼花缭乱的西湖春游图。五彩缤纷、艳丽多姿的游船，名目繁多、目不暇顾的活动，各色各样地位不等的人物，都汇集在这向有“人间天堂”之称的湖光山色里。这一段运用排比句式，如同节奏明快急促的小快板，渲染出一片喧闹繁乱、熙熙攘攘的气氛，使读者如临其境。泛写之后，细写“探春”之游。先从正面写贵族巨室争先郊游的豪阔气派。“龙舟”“彩旗”，可见船队声势之浩大；“锦衣花帽”，可见游人身份之高贵。再从侧面写京尹立赏推波助澜，引得观众云集，两堤“几于无置足地”，湖面“无行舟之路”，加上“歌欢箫鼓之声，振动远近”，探春之游的盛大场面自可想象得出来。随后，作者又换一个角度，依照“探春”的时间顺序来写，游人从上午一直游到晚上才渐渐散去，月亮升起后，仍有人绛纱笼烛而游，而且“车马争门，日以为常”。作者着重展示了游览船队小泊断桥时的情景。湖面成百上千的游船聚集在一起，“歌管喧奏，粉黛罗列”，桥上又是别开生面的风筝比赛，还有其他游戏杂耍，桥上桥下热闹非凡。如此西湖，一片歌舞升平；君臣民众，无不沉醉在狂欢之中。

《四库全书总目》在评说《武林旧事》时指出：“湖山歌舞，靡丽纷华，著其盛，正著其所以衰。遗老故臣，恻恻兴亡之隐，实曲寄于言外，不仅作风俗记、都邑簿也。”“著其盛，正著其所以衰”，一语道破了作者描写昔日西湖繁华的苦心。作者也说：“盛衰无常，年运既往，后之览者，能不兴忾我寤叹之悲乎！”(《〈武林旧事〉序》)可见，记“盛”是为了写“衰”，记“乐”是为了写“悲”。中原沦陷，南宋朝廷不思收复，却偏安一隅，穷奢极侈，醉生梦死，使国力衰竭，加速了自己的灭亡。作者透过西湖繁华的表象，看到“日糜金钱，靡有纪极”，不禁叹曰：“杭谚有‘销金锅儿’之号，此语不为过也。”表现出清醒的忧患意识。在这“盛”的表象下，潜伏着“衰”的危机。作者正是借西湖盛衰，曲折地抒发兴亡之感。本文主要记宋孝宗赵昚淳熙年间的事情，也联系到宁宗赵扩和理宗赵昀。宁宗比较节俭，没有多少游幸的事情；理宗曾动过游幸的念头，造了香楠木龙舟，因太华侈而未用，到了景定年间游湖之事才又热闹了一阵子。而现在西湖易主，昔日繁华已不复存在，正所谓“时移物换”，“殆如梦寐”(《〈武林旧事〉序》)，这又使作者感到无限忧伤。当时西湖游赏之盛，当然加速了它的衰亡，作者大有“西湖歌舞几时休”的感叹，实希望其不“盛”；而今“先朝龙舟久已沉没”，歌舞已休，又不禁生故国旧君之思，怀念起往日的繁华，正希望其“盛”。其心情之复杂难以言表。而这种复杂的心情并没有直接表达，除了稍事点染外，都隐藏在冷静真切的记叙之中。

《武林旧事》以记述都邑风物、逸闻轶事为主，而本篇和《观潮》则是集子中文学性比较突出的两个片断。记叙详实真切，语言整饰华美。比如，写贵族出游时龙船的彩旗：“交午曼衍，粲如织绵”。不但写出旗的鲜艳华丽，而且写出旗帜纵横交错、连绵不绝的壮观。如写小泊断桥的繁盛：“千舫骈聚，歌管喧奏，粉黛罗列”。不但写出繁华的景象，而且写出热闹的气氛。作者还多次征引诗词，使文章更富有情韵。“闲却半湖春色”中的一个“闲”字，极尽炼字之妙。“帖帖平湖印晚天”一首，分明是一幅动人的西湖夜游图。作者在《〈武林旧事〉序》中曾说，希望自己的这本书要比吕希哲的《岁时杂记》“详”一些，比孟元老的《东京梦华录》“雅”一些，从“都人游赏”这个片断来看，他的目的是达到了。

（陆志平 吴功正）

观 潮

周 密

浙江之潮，天下之伟观也。自既望以至十八日为最盛。方其远出海门，仅如银线；既而渐近，则玉城雪岭，际天而来，大声如雷霆，震撼激射，吞天沃日，势极雄豪。杨诚斋诗云“海涌银为郭，江横玉系腰”者是也。

每岁，京尹出浙江亭教阅水军，艨艟数百，分列两岸；既而尽奔腾分合五阵之势，并有乘骑、弄旗、标枪、舞刀于水面者，如履平地。倏尔黄烟四起，人物略不相睹，水爆轰震，声如崩山；烟消波静，则一舸无迹，仅有“敌船”为火所焚，随波而逝。

吴儿善泅者数百，皆披发文身，手持十幅大彩旗，争先鼓勇，溯迎而上，出没于鲸波万仞中，腾身百变，而旗尾略不沾湿，以此夸能。而豪民贵宦，争赏银彩。

江干上下十余里间，珠翠罗绮溢目，车马塞途。饮食百物皆倍穹常时①，而僦赁看幕，虽席地而不容闲也。

禁中例观潮于“天开图画”。高台下瞰，如在指掌。都民遥瞻黄伞雉扇②于九霄之上，真若箫台蓬岛③也。

〔**注**〕 ① 倍穹常时：谓价格都比平时加倍的高。穹，高起。 ② 黄伞雉扇：帝王所用的仪仗。 ③ 箫台：即凤台。春秋秦穆公时有箫史，善吹箫，穆公女弄玉好之，遂成婚配。尝吹箫作凤鸣，凤凰来止于其居，穆公因为作凤台。见《列仙传》。蓬岛：即蓬莱，古代传说渤海中三神山之一。箫台、蓬岛，总言神仙所居。

浙江（即钱塘江）之潮，奔腾冲激，声撼地轴，叹为观止者由来已久。《庄子·外物》篇讲到任公子“蹲乎会稽，投竿东海”，“白波若山，海水震荡，声侔鬼神，惮赫千里”，指的也许就是浙江怒潮。《史记·秦始皇本纪》也有始皇三十七年“临浙江，水波恶，乃西百二十里从狭中渡”的记载。自宋以来，以浙江观潮为题材的诗文，为数不少。以笔记而言，就有周密《武林旧事》、耐得翁《都城纪胜》、《西湖老人繁胜录》和吴自牧《梦粱录》等，其中《武林旧事》尤能绘声绘色。此书有两处写到观潮：一在第七卷，记淳熙十年（1183）八月十八日孝宗恭请太上皇（宋高宗）、皇太后往浙江亭观潮；一在第三卷，便是这里选录的。两段文字，可以参读。

本文于叙述之外，更多的是描写，诸凡浙江怒涛，水军演习，吴儿弄潮和兵民、皇室观潮的情态状貌都逼真地再现了出来。作者善于抓住描写对象的主要特征，刻意渲染，因而能凭借极经济的笔墨，勾勒出观潮的热闹场面，成为一篇短小精悍的速写小品。

本文劈头两句：“浙江之潮，天下之伟观也。”从大处落笔，提纲挈领，先给人一个总的印象。接着，补充交代“自既望以至十八日为最盛”，引出典型场面，然后转入集中描写：“方其远出海门，仅如银线；既而渐近，则玉城雪岭，际天而来，大声如雷霆，震撼激射，吞天沃日，势极雄豪。”由远及近，由色相而及声势，序次井然，富有生活实感。海门，一般注家都以为镇名。但海门镇在浙江临海县东南，离杭州有数百里之遥，岂观潮人视力所能及？《淳祐临安志》第十卷引宋姚宽《西溪丛语》所录一石碑记得很分明：“夹岸有山：南曰龛，北曰赭，谓之海门。岸狭势逼，涌而为涛耳。”原来观潮所见的海门，就是鳖（一作“鼋”）子门，在府治东北六十里，它离观潮的中心位置浙江亭（旧为樟亭驿，在今杭州候潮门外）约三十来里地，江面开阔，潮初来时远望过去，仅似一痕一线而已。既而作者以淋漓酣畅的笔触，恣意挥洒，盛夸江涛排山倒海之势。“玉城雪岭”写其色与形，“声如雷霆”“吞天沃日”，状其声与势。它跟唐孟浩然《与颜钱塘登樟亭望潮作》中“惊涛来似雪，一坐凛生寒”相比，更是惊心动魄，有如身临其境。宋杨万里《题文发叔所藏潘子真水墨江湖八境小轴·浙江观潮》诗：“海涌银为郭，江横玉系腰。”上句写江涛汹涌的近景，下句记远望所见。这里用它来收束对浙江潮的描写，显得十分熨帖自然。

教阅水军，据明人黄尊素《浙江观潮赋》说，是宋室南渡后才有的。文章第二小节叙写的就是水军演习的场面。主其事者，是“京尹”。京尹，就是京城的长官。宋室南渡，以临安（今杭州）为“行在所”（封建皇帝所在的地方，这是不忘旧都汴梁而以临安为行都之意），所以才有“京尹”这么个称呼。从教阅（训练、检阅）水军的特点出发，作者首先把读者的注意力引向数百条艨艟战舰摆开的阵势方面，以显示出教阅场面之宏伟。“尽奔腾分合五阵之势”，卓诡变幻，见其调度之神速，操控之机灵。然后历数水军诸般武艺：乘骑、弄旗、标枪、舞刀于洪波上，竟从容悠闲得“如履平地”。一经这么映衬烘托，越发显示出健儿们本领之高强，动作之娴熟。正当大家聚精会神，关注水军操练之际，笔锋又转而去描写另一画面：“倏尔黄烟四起，人物略不相睹，水爆轰震，声如崩山”。刹那间，烟炮满江，象征着“双方”接火，交战方酣，怎不令人心惊魄动！读者惊魂未定，画面陡转：“烟消波静，则一舸无迹，仅有‘敌船’为火所焚，随波而逝。”原来，趁着硝烟弥漫的当口，诸船尽藏，不见一只，意味着樯橹灰飞烟灭，一场厮杀胜利告终。作者就是如此善于摄取水军实战演习中的特技镜头，着意渲染铺张，层次清楚，给读者留下难以忘却的印象。由此可以看出作者剪裁的精当和文笔的老到。

第三节，转入对吴儿弄潮的描写。“弄潮”也是宋代时行的一项精彩表演。“吴儿”，吴地少年，钱塘古属吴地，故称。“披发文身”，写弄潮儿的外形。文身，身上刺有花纹。“手持十幅大彩旗，争先鼓勇，溯迎而上，出没于鲸波万仞中”，寥寥数笔，便使弄潮儿激流勇进，果敢好胜的心理态势，跃然纸上。接着，又写“腾身百变，而旗尾略不沾湿”，传神地再现了他们精湛的表演艺术。试想，“鲸波万仞”，浊浪排空，何其惊心！而他们却履险如夷，“腾身百变”；不仅此也，挥舞的十幅彩旗居然“旗尾略不沾湿”，由此人们不难想见其技巧之熟练。“以此夸能”，意在挣钱（观潮时“豪民贵宦，争赏银彩”），而不是单纯的群众性娱乐场面。无怪乎苏轼要发出“吴儿生长狎涛渊，冒利轻生不自怜。东海若知明主意，应教斥卤变桑田”（《八月十五日看潮五绝》）的感叹！与周密同时的吴自牧，在《梦粱录》里把弄潮儿斥为“一等无赖不惜性命之徒”。既然如此，周密又何以津津乐道，在《武林旧事》里不止一次地以欣赏的笔调极力渲染吴儿泅水的本领呢！细读下文，便可了然。

最后两小节，特写观众辏集的盛况。先写豪民贵宦车水马龙，僦赁看幕；再写宫中观潮，临了兼及都民。这里描写的中心则是皇室贵近在“天开图画”台上观潮。十里江岸，“珠翠罗绮溢目，车马塞途”，统统不过是“黄伞雉扇”的铺垫陪衬。在都城细民眼里，“天开图画”台，“真若箫台蓬岛”，仿佛是现实生活中的神仙世界。所有这一切，在周密心目中都是太平盛世的象征，是令人向往的。今天看来，这种景象恰恰反映了南宋小朝廷文恬武嬉、苟且偷安生活的一个侧影。

周密生当宋元易代之际，《武林旧事》又成书于宋亡之后。作者在《自序》中写道："及时移物换，忧患飘零，追想昔游，殆如梦寐，而感慨系之矣。"清人鲍廷博说："《自序》一篇，声情绵邈，凄然有故国旧君之思，不仅流连今昔而已。"(《〈武林旧事〉跋》)其实，周密这种思想情绪渗透全书，《观潮》一文自然也有表露。对此，联系作者所处的时代和遭际来考察也就不难理解了，当然也无需去求全责备。

（黄进德）

【作者小传】

文天祥

(1236—1283)　南宋大臣、文学家。字履善，一字宋瑞，号文山。吉州庐陵(今江西吉安)人。宝祐四年(1256)进士第一。历知瑞、赣等州。德祐二年(1276)任右丞相，出使元营谈判，被扣留。后于镇江逃脱至福建，兴师抗元。景炎二年(1277)率兵在江西、福建、广东一带坚持抵抗。次年在五坡岭(在今广东海丰北)被俘。元廷威逼利诱，始终坚贞不屈。至元十九年(1283)在柴市被害。遗著有《文山先生全集》。

《指南录》后序　　文天祥

德祐二年[①]正月十九日，予除右丞相兼枢密使，都督诸路军马[②]。时北兵已迫修门外[③]，战、守、迁皆不及施。缙绅、大夫、士萃于左丞相府[④]，莫知计所出。会使辙交驰，北邀当国者相见，众谓予一行为可以纾祸。国事至此，予不得爱身；意北亦尚可以口舌动也。初，奉使往来，无留北者，予更欲一觇北，归而求救国之策。于是辞相印不拜，翌日，以资政殿学士行[⑤]。

初至北营，抗辞慷慨，上下颇惊动，北亦未敢遽轻吾国[⑥]。不幸吕师孟构恶于前[⑦]，贾余庆献谄于后[⑧]，予羁縻不得还[⑨]，国事遂不可收拾。予自度不得脱，则直前诟虏帅失信，数吕师孟叔侄为逆[⑩]，但欲求死，不复顾利害。北虽貌敬，实则愤怒。

二贵酋名曰馆伴，夜则以兵围所寓舍，而予不得归矣。

未几，贾余庆等以祈请使诣北；北驱予并往，而不在使者之目[11]。予分当引决[12]，然而隐忍以行。昔人云："将以有为也[13]。"至京口，得间奔真州[14]，即具以北虚实告东西二阃[15]，约以连兵大举。中兴机会，庶几在此[16]。留二日，维扬帅下逐客之令[17]。不得已，变姓名，诡踪迹，草行露宿，日与北骑相出没于长淮间[18]。穷饿无聊，追购又急，天高地迥，号呼靡及。已而得舟，避渚洲，出北海，然后渡扬子江，入苏州洋，展转四明、天台，以至于永嘉[19]。

呜呼！予之及于死者不知其几矣！诋大酋[20]当死；骂逆贼[21]当死；与贵酋处二十日，争曲直，屡当死；去京口，挟匕首以备不测，几自刭死[22]；经北舰十余里，为巡船所物色，几从鱼腹死[23]；真州逐之城门外，几彷徨死；如扬州，过瓜洲扬子桥[24]，竟使遇哨，无不死；扬州城下，进退不由，殆例送死；坐桂公塘土围中，骑数千过其门，几落贼手死[25]；贾家庄几为巡徼所陵迫死[26]；夜趋高邮，迷失道，几陷死；质明避哨竹林中，逻者数十骑，几无所逃死[27]；至高邮，制府檄下，几以捕系死[28]；行城子河，出入乱尸中，舟与哨相后先，几邂逅死[29]；至海陵[30]，如高沙[31]，常恐无辜死；道海安、如皋，凡三百里，北与寇往来其间，无日而非可死[32]；至通州，几以不纳死[33]；以小舟涉鲸波[34]出，无可奈何，而死固付之度外矣。呜呼！死生，昼夜事也[35]；死而死矣，而境界危恶，层见错出，非人世所堪。痛定思痛[36]，痛何如哉！

予在患难中，间以诗记所遭，今存其本，不忍废，道中手自抄录：使北营，留北关外，为一卷；发北关外，历吴门、毗陵[37]，渡瓜洲，复还京口，为一卷；脱京口，趋真州、扬州、高邮、泰州、通州，为一卷；自海道至永嘉，来三山[38]，为一卷。将藏之于家，使来者读之，悲予志焉。

呜呼！予之生也幸，而幸生也何所为？求乎为臣[39]，主辱臣死[40]，有余僇[41]；所求乎为子，以父母之遗体行殆而死[42]，有余责。将请罪于君，君不许；请罪于母，母不许；请罪于先人之墓，生无以救国难，死犹为厉鬼以击贼，义也；赖天之灵，宗庙之福，修我戈矛，从王于师，以为前驱[43]，雪九庙[44]之耻，复高祖[45]之业，所谓“誓不与贼俱生”，所谓“鞠躬尽力，死而后已[46]”，亦义也。嗟夫！若予者，将无往而不得死所矣。向也使予委骨于草莽，予虽浩然无所愧怍，然微以自文于君亲[47]，君亲其谓予何！诚不自意返吾衣冠，重见日月[48]，使旦夕得正丘首[49]，复何憾哉！复何憾哉！

是年夏五，改元景炎[50]，庐陵[51]文天祥自序其诗，名曰《指南录》。

〔注〕 ① 德祐：宋恭帝赵㬎年号，二年为公元1276年。 ② 右丞相兼枢密使，都督诸路军马：此为文天祥全衔。南宋时置左右丞相，以左相为首，右相次之。枢密使为掌管全国军政的最高长官。《宋史·职官志七》：“南渡后以现任宰相充都督……赵鼎先以知枢密院事为都督川陕荆襄诸军事，其后与（张）浚并相，并带兼都督诸路军马入衔。”即其例。 ③ 时北兵已迫修门外：文天祥《指南录·自序》：“时北兵驻高亭山，距修门三十里。”北兵指元兵。修门，国都的门。 ④ 萃于左丞相府：会集在左丞相吴坚的府第。 ⑤ 以资政殿学士行：《宋史·职官志二》：“景德二年，王钦若罢参政，真宗特置资政殿学士以宠之……景祐四年，王曾罢相复除。二十年间除三人，皆前宰相也。”后遂为例，宋朝宰相罢政，多授以此官。 ⑥ “初至北营”四句：《指南录卷一·纪事》：“予诣北营，辞色慷慨……大酋（元丞相伯颜）为之辞屈而不敢怒。诸酋相顾动色，称为丈夫。是晚诸酋议良久，忽留予营中。当时觉北未敢大肆无状。” ⑦ 吕师孟构恶于前：吕文焕守襄阳降元，其侄吕师孟为兵部侍郎，于德祐元年十二月出使元军，请求称侄纳币。《指南录卷一·纪事》：“先是，予赴平江（府治今江苏苏州），入疏言：‘叛逆遗孽不当待以姑息，乞举《春秋》诛乱贼之法。’意指吕师孟。朝廷不能行。”构恶之事指此。构恶，结怨。 ⑧ 贾余庆献谄于后：贾余庆为同签书枢密院事、知临安府，与文天祥同使元军。元军扣留文天祥，与贾余庆有关。《指南录卷一·使北》：“贾余庆凶狡残忍，出于天性，密告伯颜，使启北庭，拘予于沙漠。”献谄，谓向敌人献媚。 ⑨ 予羁縻不得还：《元史·伯颜传》：“顾天祥举动不常，疑有异志，留之军中。天祥数请归，伯颜笑而不答。天祥怒曰：‘我此来为两国大事，彼皆遣归，何故留我？’伯颜曰：‘勿怒。汝为宋大臣，责任非轻，今日之事，正当与我共之。’令忙古歹、唆都馆伴羁縻之。”时忙古歹为万户，唆都为建康安抚使，都是元朝的高级将领。 ⑩ “直前诟虏帅失信”二句：《指南录卷一·纪事》：“正月二十日至北营，适与（吕）文焕同坐，予不与语。越二日，予不得回阙，诟虏酋失信，盛气不可止……至是，文焕云：‘丞相何故骂焕以乱贼？’予谓：‘国家不幸至今日，汝为罪魁，汝非乱贼而谁！三尺童子皆骂汝，何独我哉！’焕云：‘襄守六年不救。’予谓：‘力穷援绝，死以报国可也。汝爱身惜妻子，既负国，又隤家声。今合族为逆，万世之贼臣也。’（吕师）孟在傍甚忿，直前云：‘丞相上疏欲见杀，何为不杀取师孟！’予谓：‘汝叔侄皆降北，不族灭汝，是本朝之失刑也，更敢有面皮来做朝士！予实恨不杀汝叔侄……’” ⑪ “贾余庆等以祈

请使诣北”三句：《元史·世祖纪》：至元十三年二月，“宋主㬎率文武百僚诣祥曦殿望阙上表，乞为藩辅，遣右丞相兼枢密使贾余庆、枢密使谢堂、端明殿学士签枢密院事家铉翁、端明殿学士同签枢密院事刘岊(jié节)奉表以闻……遣其右丞相贾余庆等充祈请使，诣阙请命。右丞相命吴坚、文天祥同行”。 ⑫ 分当引决：理应自杀。 ⑬“昔人云”二句：韩愈《〈张中丞传〉后叙》：“城陷，贼以刃胁张巡，巡不屈，即牵去，将斩之；又降霁云，云未应，巡呼云曰：‘南八，男儿死耳，不可为不义屈！’云笑曰：‘欲将以有为也。公有言，云敢不死！’即不屈。” ⑭“至京口”二句：《指南录卷三·脱京口》：“二月二十九日夜，予自京口城中间(jiàn谏)道出江浒，登舟溯金山，走真州。”京口，今江苏镇江。真州，今江苏仪征。 ⑮ 东西二阃(kǔn捆)：指淮南东路制置使李庭芝(驻扬州)和淮南西路制置使夏贵(驻庐州，今安徽合肥)。阃，统兵在外的将帅。⑯“约以连兵大举”三句：《指南录卷三·议纠合两淮复兴》载，文天祥至真州，守将苗再成向其陈述恢复策略，天祥认为“中兴机会在此”，即作书与李庭芝、夏贵，约双方连兵大举。此事亦见《宋史·文天祥传》。 ⑰ 维扬帅下逐客之令：《宋史·文天祥传》：“时扬有脱归兵言，密遣一丞相入真州说降矣。庭芝信之，以为天祥来说降也，使再成亟杀之。再成不忍，给天祥出相城垒，以制司文示之，闭之门外。” ⑱ 长淮间：即淮河以南，当时的淮南东路一带地区。 ⑲“避渚洲”六句：因长江中沙洲为敌所据，须避开。北海，长江口以北的海域。渡过扬子江口，入于苏州洋(今上海市附近海面)。四明，今浙江宁波。天台，今属浙江。永嘉，今浙江温州。⑳ 诋大酋：指前文“诟虏帅失信”事。 ㉑ 骂逆贼：指痛斥吕文焕、吕师孟叔侄为逆事。㉒“去京口”三句：《指南录卷三·候船难》：“予先遣二校坐舟中，密约待予甘露寺下。及至，船不知所在，意窘甚，交谓船已失约，奈何！予携匕首，不忍自残，甚不得已，有投水耳。” ㉓“经北舰”三句：《指南录卷三·上江难》：“予既登舟，意溯流直上，他无事矣。乃不知江岸皆北船，连亘数十里，鸣梆唱更，气焰甚盛。吾船不得已，皆从北船边经过，幸而无问者。至七里江，忽有巡者喝云：‘歹船！’歹者，北以是名反侧奸细之称。巡者欲经船前，适潮退，搁浅不能至。是时舟中皆流汗。其不来，侥幸耳。”物色，搜寻。 ㉔ 瓜洲：在扬州市南四十里长江边。扬子桥：即扬子津，在扬州市南十五里。 ㉕“坐桂公塘”三句：《指南录卷三·至扬州》：“予不得已，去扬州城下，随卖柴人趋其家，而天色渐明，行不能进。至十五里头，半山有土围一所，旧是民居，毁荡之余，无椽瓦，其间马粪堆积。时惟恐北有望高者，见一队人行，即来追逐，只得入此土围中暂避。”又：“数千骑随山而行，正从土围后过。一行人无复人色，傍壁深坐，恐门外得见。若一骑入来，即无噍类矣！时门前马足与箭筒之声，历落在耳，只隔一壁。幸而风雨大作，骑只径去。”桂公塘，小丘名，在扬州城外。 ㉖“贾家庄”句：《指南录卷三·贾家庄》：“予初五日随三樵夫，黎明至贾家庄，止土围中。卧近粪壤，风露凄然……是夜雇马趋高沙。”又《扬州地分官》：“初五至晚，地分官五骑咆哮而来，挥刀欲击人，凶焰甚于北。亟出濡沫(给钱)，方免毒手。”贾家庄，在扬州之北。巡徼，扬州宋军巡查的哨兵，故有“凶焰甚于北”之语。 ㉗“夜趋高邮”六句：《指南录卷三·高沙道中》：“予雇骑夜趋高沙，越四十里，至板桥，迷失道。一夕由田畈中，不知东西。风露满身，人马饥乏。旦行雾中不相辨。须臾四山渐明，忽隐隐见北骑，道有竹林，亟入避。须臾，二十余骑绕林呼噪。虞候张庆右眼内中一箭，项二刀，割其髻，裸于地。帐兵王青缚去。杜架阁(杜浒)与金应，林中被获，出所携黄金赂逻者得免。予藏处与杜架阁不远，北马入林，过吾旁三四皆不见，不自意得全。”高邮，县名，今属江苏。 ㉘“至高邮”三句：《指南录卷三·至高沙》：“予至高沙(即高邮)，奸细之禁甚严……闻制使有文字报诸郡，有以丞相来赚城，令觉察关防。于是不敢入城，急买舟去。” ㉙“行城子河”四句：《指南录卷三·发高沙》：“二月六日城子河一战，我师大捷。”又：“自至城子河，积尸盈野，水中流尸无数，臭秽不可当，上下几二十里无间断。”又：“自高邮至稽家庄，方有一团人家，以水为寨。统制官稽耸云：‘今早报，湾头马（指盘据湾头镇的元兵）出，到城子河边，不与之相遇，公福人也。’为之嗟叹不置。”城子河，在高邮县东南。 ㉚ 海陵：今江苏泰州。 ㉛ 如高沙：谓至海陵后，同在高邮的艰险遭遇相似。高沙即高邮。 ㉜ “道海安”四句：《指南录卷三·泰州》：“予至海陵，问程趋通州，凡三百里河道，北与寇（土匪）出没其间，真畏途也。”又《闻马》：“越一日，闻吾舟过海安未远，即有马（敌骑）至县。使吾舟迟发一时顷，已为囚虏矣，危哉！”海安、如皋，俱县名，今属江苏。 ㉝ “至通州”二句：《指南录卷三·闻谍》：“予既不为制钺（指淮东制置使李庭芝）所容，行至通州，得谍者云：‘镇江府走了文相公，浒浦（常熟县东北浒浦镇，北临长江）一路有马（骑兵）来捉。’闻之悚然。”胡广《丞相传》载文天祥“至通州，几不纳。适牒报镇江大索文丞相十日，且以三千骑追亡于浒浦。始释制司前疑，而又迫追骑，赖通州守杨师亮出郊，闻而馆于郡，衣服饮食，皆其料理。”通州，今江苏南通。 ㉞ 涉鲸波：谓出海。鲸波，巨浪。 ㉟ “死生”二句：《庄子·至乐》：“死生为昼夜。”成玄英疏：“以生为昼，以死为夜，故天不能无昼夜，人焉能无死生。”意谓生死是平常的事。 ㊱ 痛定思痛：韩愈《与李翱书》：“如痛定之人，思当痛之时，不知何能自处也。” ㊲ 吴门：今江苏苏州。毗陵：今江苏常州。 ㊳ 三山：福建福州市的别称，以城内东有九仙山、西有闽山（乌石山）、北有越王山得名。 ㊴ 求乎为臣：《礼记·中庸》：“君子之道四，丘未能一焉。所求乎子，以事父未能也；所求乎臣，以事君未能也；所求乎弟，以事兄未能也；所求乎朋友，先施之未能也。” ㊵ 主辱臣死：此句为古谚。《史记·范雎蔡泽列传》：“臣闻‘主忧臣辱，主辱臣死’。” ㊶ 僇（lù 陆）：通“戮”。《广雅·释诂》：“戮，辱也。”又：“戮，罪也。”《史记·范雎蔡泽列传》：“名在僇辱而身全者，下也。” ㊷ “以父母”句：《礼记·祭义》：“身也者，父母之遗体也……不敢以先父母之遗体行殆。”殆，危险。 ㊸ “修我戈矛”三句：《诗·秦风·无衣》：“王于兴师，修我戈矛，与子同仇。”又《卫风·伯兮》：“伯也执殳，为王前驱。” ㊹ 九庙：古代皇帝立九庙以祭祀祖先。此指朝廷。 ㊺ 高祖：开国的皇帝，子孙以其功最高，称为高祖。此指宋太祖赵匡胤。 ㊻ “鞠躬尽力”二句：见诸葛亮《后出师表》。后世选本“尽力”或作“尽瘁”。 ㊼ 微以自文于君亲：无法掩盖自己对皇帝、对父母的过失。微，无。文，掩饰。此指上文“有余僇”“有余责”之事。 ㊽ “诚不自意”二句：谓料想不到能回到宋朝，恢复宋朝的衣冠（指任职），重新见到皇帝。 ㊾ 正丘首：《礼记·檀弓上》：“狐死正丘首。”郑玄注：“正丘首，正首丘也。”孔颖达疏：“所以正首而向丘者，丘是狐窟穴根本之处，虽狼狈而死，意犹向此丘。”引申为死于故乡、故国。 ㊿ “是年夏五”二句：《宋史·瀛国公纪》：德祐二年，“五月乙未朔，（陈）宜中等乃立（赵）昰于福州，以为宋主，改元景炎”。 (51) 庐陵：文天祥为吉州吉水（今属江西）人。吉州在唐称庐陵郡，宋因之。这里是以郡名自称其籍贯。

文天祥于宋端宗景炎元年（1276）作为南宋的特命全权代表出使元营谈判，被元方扣留，后几经风险，中途逃回。他把患难之中所写的诗编成《指南录》，写有自序，每首诗之前，多有小序，故本文称后序。在这篇后序中，文天祥历数艰险，寄志述慨，足以跟他的《过零丁洋》《正气歌》相发明映辉。

这不是一般的诗集序文，而是惊天地、泣鬼神的民族正气歌。序文首先明确交代出使元营的严峻形势。就元方而言，大军“已迫修门外”；就南宋而言，惧于元军之势，“战、守、迁皆不及施”，举止失措。国破在即，百官无能，在这千钧系于一发之际，“予不得爱身”，荣辱、得失、生死，一概置之度外，挺身而出，毅然“辞相印不拜，翌日，以资政殿学士行”。

文天祥“初至北营，抗辞慷慨”，以浩然正气，词争句夺，显示出堂堂正使的气派，产生了强烈的影响：“上下颇惊动，北亦未敢遽轻吾国”。他以自身的尊严维护了民族尊严，在外交上获得了显著成果。但后来形势逆转，处境困危，原因是“吕师孟构恶于前，贾余庆献谄于后”，于是出现了无可补救的恶果：“予羁縻不得还”。面对变化了的形势，文天祥变换了策略。他“自度不得脱”，于是取义成仁，所用言词也随之变化。“直前诟虏帅失信，数吕师孟叔侄为逆”。元军统帅伯颜违背外交常例，无故扣留使者，文天祥据事理痛骂，因而骂得有理。吕师孟叔侄叛国为逆，为虎作伥，文天祥持气节痛骂，因而骂得痛快。“直前”的动作，“诟”“数”的言词，使文天祥的凛凛雄姿跃然纸上。文天祥之所以敢于辞锋犀利地力斥敌人，原因盖出于“但欲求死，不复顾利害”，以死报国，以死殉节。斥敌的言词以崇高的气节为前提，崇高的气节又必然会表现于斥敌的言词中，二者互为表里又互为因果。

文章以主要篇幅描述了文天祥从元军脱逃的经过。元方羁縻了文天祥的身躯，但羁縻不了他的心。当元军不给文天祥以使臣待遇，撇置一旁时，他“分当引决”；但他“隐忍以行”，原因是他对自己一身维系整个国家命运的重要性有足够认识。他审时度势，隐忍下来，“将以有为也”，揭示了他隐忍行为的目的性。然而，屈是为着求伸。所以，他“至京口，得间奔真州”，一旦寻到机会，就毅然脱逃，企图联络淮东、淮西两制置使，“约以连兵大举”。但是淮东制置李庭芝误认他为元作奸细，几乎将他杀掉，于是他不避艰险，辗转逃生。“不得已，变姓名，诡踪迹，草行露宿，日与北骑相出没于长淮间。穷饿无聊，追购又急，天高地迥，号呼靡及”。这是他逃脱途中情景的逼真写照。他历尽千辛万苦，冲破险隘难关，百折不回，万死不辞。这是顽强意志的集中表现，也是坚韧毅力的有力显示。

总之，本文通过文天祥挺身出使之行，威武不屈之概，凌厉斥敌之言，长途越险之举，忧国忧民之情，周旋应敌之智，表现了这位民族英雄的品格和节操。他的名字虽千载而流传，他的诗文虽历世而不朽，其原因正在于此。这也是《〈指南录〉后序》最鲜明的思想特色。《〈指南录〉后序》曾经和文天祥的其他诗文激励过我国历代反对民族压迫而英勇奋斗、献身的人们，给他们以有力的精神鼓舞。

这篇序文运笔峻削，详略得宜而又变化多姿。一开始，出使元营的原因交代得了了分明，既粗笔提示又一笔不漏。先谈客观形势，继说自己打算，再写出使赴命，顺理成章。说明形势，既是交代背景，又起烘托作用。兵临城下，“战、守、迁皆不及施”，无他途可通，只有谈判才是善策，于是带出了“谈”字。朝廷百官怯如鸡，惶遽失措，于是隐隐露出了“谈”字。“使辙交驰，北邀当国者相见”，元方先打出谈判旗号，于是正式提出了“谈”字。谈判是唯一道路，但出面谈判的人选又该是谁？这便由势及事再及人。先交代自己受任于败军之际，奉命于危难之间，“除右丞相兼枢密使，都督诸路军马”，论身份，非己不可；百官既无胆且无识，要出使，非己莫属；“众谓予一行为可以纾祸”，这便把文天祥的出使提到议事日程上来。继之，写自己的内心打算，最后写到正式付诸实行。一节文字虽属简约，但行文不平不直，步步推进，使文天祥“以资政殿学士行”犹如利箭在弦，必有此举。叙述出使敌营和乘机逃脱的两节文字也颇有跌宕起伏的特色。“初至北营，抗辞慷慨，上下颇惊动，北亦未敢遽轻吾国”，形势有转机；“不幸”二字骤然逆转，文势因之顿挫；顿挫后则步步深化，“不得还”“不得脱”“不得归”连续出现，见出形势艰危。元方外松内紧，貌敬实怒，贵酋监视，兵围寓馆，表现出处境困难。“得间奔真州”，无望中有了希望，文笔为之一转，文势为之一振。“中兴机会，庶几在此”，欣慰之意，溢于言表。但维扬帅下逐客令，希望破灭，出现新的危机，自此穷途亡命，文章更在曲折中推进。短短几节文字，不断提挈笔势，开合动荡，顺承递转，依据事情的复杂进程，极尽变化之能事，写得曲折精妙。序文虽以叙事为主，但饱和着强烈的情感，基调悲壮。诵读全文，直觉回肠荡气，感人肺腑。作者的感情沸涌，不可自制，在文中一吐为快。如“呜呼！予之及于死者不知其几矣！”“呜呼！死生，昼夜事也；死而死矣，而境界危恶，层见错出，非人世所堪。痛定思痛，痛何如哉！”仰面长叹，声声催泪，是不堪回首往事的悲慨，是悲愤情绪最深沉而又最强烈的倾泄！作者在叙事中寄寓情感，蘸满情感叙事，让读者从叙述中去领略作者起伏的感情。“莫知计所出”，表现出对百官的鄙夷之情；“不幸吕师孟构恶于前，贾余庆献谄于后”，表现出对叛徒的憎恶之情；“直前诟虏帅失信，数吕师孟叔侄为逆”，表现出对敌人的愤慨之情；“维扬帅下逐客之令”，表现出作者的忿懑之情；“不得已，变姓名，诡踪迹，草行露宿，日与北骑相出没于长淮间”，充满了走投无路的悲怆之情。情因事而发，各有不同，表现出这位民族英雄内心丰富复杂的思想感情。惟其如此，才使这篇后序能打动人心，具有强烈的艺术感染力。

文章气势充沛，用语多变。第四节以述“死”为中心，二十几个带“死”字的句子，一气如注，似强弩连发，奔马骤驰，又像急管繁弦，叠音竞奏。始有“呜呼”兴叹，为奔纵的文势作了准备；继之历述死里逃生经过，一句联属一句，一层紧跟一层，滔滔不绝，径赴纸面。最后一声“呜呼”以下，总揽全节。一句“痛定思痛，痛何如哉”，把文章气势推向悲痛的顶点。整节文字，词短句密，繁音促节，读之停顿不得，胸中荡然而生充畅之气。用语方面，文中连用动词却无一重复。第三节的“避”“出”“渡”“入”等字，各有妙用。同述“死”，二十几字，蝉联而下，但无一相类，显出变化而又统一的特征。作者还依据变化着的对象面貌，求取语言的腾挪变幻。例如：“几自到死”，是写自杀，来源于“挟匕首以备不测”；“几从鱼腹死”，来源于江中遇敌船；“几落贼手死”，来源于“骑数千过其门”；“几陷死”，来源于“夜趋高邮，迷失道”。制府发下追捕公文，则“几以捕系死”；舟船险些与哨兵相遇，则“几邂逅死”。一句之中，前述死因，后谈死情，互成因果关系。这样，语言应用就切情切境且变化多端。

（吴功正　陆志平）

【作者小传】

邓 牧

(1247—1306)　宋末元初学者。字牧心。钱塘（今浙江杭州）人。宋亡不仕。元大德三年(1299)后隐居于余杭大涤山洞霄洞，终身未娶，自称“三教（儒、释、道）外人”，又号“九鉴山人”，世称“文行先生”。其宇宙观受道家影响。著有《伯牙琴》。

吏 道

邓 牧

与人主共理天下者，吏而已①。内九卿、百执事，外刺史、县令，其次为佐，为史，为胥徒②。若是者，贵贱不同，均吏也。

古者君民间相安无事，固不得无吏，而为员不多。唐虞建官，厥可稽已③，其去民近故也。择才且贤者，才且贤者又不屑为。是以上世之士高隐大山深谷，上之人求之，切切然恐不至也。故为吏者常出不得已，而天下阴受其赐。

后世以所以害民者牧民，而惧其乱，周防不得不至，禁制不得不详，然后小大之吏布于天下。取民愈广，害民愈深，才且贤者愈不肯至，天下愈不可为矣。今一吏，大者至食邑数万，小者虽无禄养，则亦并缘为食以代其耕，数十农夫力有不能奉者。使不肖游手往往入于其间，率虎狼牧羊豕，而望其蕃息，岂可得也？天下非甚愚，岂有厌治思乱、忧安乐危者哉？

宜若可以常治安矣，乃至有乱与危，何也？夫夺其食不得不怒，竭其力不得不怨。人之乱也，由夺其食；人之危也，由竭其力。而号为理民者，竭之而使危，夺之而使乱。二帝三王④平天下之道，若是然乎？天之生斯民也，为业不同，皆所以食力也。今之为民不能自食，以日夜窃人货殖，搂而取之，不亦盗贼之心乎？盗贼害民，随起随仆，不至甚焉者，有避忌故也。吏无避忌，白昼肆行，使天下敢怨而不敢言，敢怒而不敢诛。岂上天不仁，崇淫长奸，使与虎豹蛇虺均为民害邪！

然则如之何？曰：得才且贤者用之。若犹未也，废有司，去县令，听天下自为治乱安危，不犹愈乎？

〔注〕 ① 人主：国君。理：治理。吏：大小官员的通称。 ② 内九卿、百执事，外刺史、县令：内指朝廷，外指地方。九卿，古时中央政府的九个高级官职。周以少师、少傅、少保、冢宰、司徒、宗伯、司马、司寇、司空为九卿，历代颇有变化。宋以太常、光禄、卫尉、太仆、大理、鸿胪、宗正、司农、太府为九卿。百执事，百官。刺史，州的长官。县令，县的长官。佐：帮助地方长官办事的官。史：官署中掌管文书的官。胥徒：在官衙内办理案牍和供使役的人。 ③ 唐虞建官，厥可稽已：《尚书·周官》："唐虞稽古，建官维百。内有百揆四岳，外有州牧侯伯。"又《尧典》，尧命羲氏掌天官，和氏掌地官，羲仲掌春，羲叔掌夏，和仲掌秋，和叔掌冬。又《舜典》，舜命禹为司空，弃为后稷，契为司徒，皋陶为士，垂为共工，益为虞，伯夷为秩宗，夔为典乐，龙为纳言。有《尚书》为证，故云"可稽"。 ④ 二帝：指尧舜。三王：指夏、商、周三代的开国君主。

在漫长的封建社会里，许多正直而有胆识的知识分子不能忍受黑暗的社会现实，却又找不到出路。因而，传说中的古代社会始终是一幅想象中的美好图画，是他们心中理想社会的模式。希望复古成为这些知识分子的普遍心态，颂古非今、借古讽今也就成为他们常用的斗争手段。邓牧的《君道》《吏道》等文章都运用了颂古非今的格局。

《吏道》讲任用官吏的道理。上半部分颂扬上古，下半部分批判后世，最后提出对策。颂扬上古，主要颂扬了君民之间、君吏之间、吏民之间的和谐关系。国君与人民之间的距离不大，正如韩非《五蠹》里所说的那样，尧的衣食住条件同守门者差不多，禹的辛苦同于奴仆，因而，君民之间相安无事。正因为君"去民近"，所以，用吏不多。君吏之间是君求吏，国君能够选贤任能，而"才且贤者又不屑为"，于是有许多名士高人隐居大山深谷。国君不是因此而震怒，而是求贤若渴，礼贤下士，诚挚、恳切地招贤授能，唯恐礼之不周，人之不至。"才且贤者"为官吏，往往是因为受到感动，不得已而出山的。这样，官吏的素质高，所以必能为民造福,“天下阴受其赐”,也必然会受到老百姓的爱戴。君吏、君民、吏民三组关系互相制约,互相影响。文章开头就说,吏是与人主共理天下的人,是国君的助手,是国君与人民之间的桥梁。国君选贤任能也就必然带来吏民关系的和谐,吏民关系的和谐又促进了君民关系的和谐,这就形成了良性循环。在三组关系中,作者认为吏是十分重要的角色,而国君则是决定的因素。从行文上讲,褒扬上古也是下文贬抑后世的需要。

后世社会的混乱正是这三者关系恶化引起的。作者首先把批判的矛头指向了国君。由于国君采取了危害人民的办法来治理人民,害怕人民起来反抗,周密防范,严刑峻法,所以,“小大之吏布于天下”。这与上古“君民间相安无事”,吏“为员不多”大不相同。这是君民关系的恶化。这一关系的恶化带来了吏的素质下降,“取民愈广,害民愈深,才且贤者愈不肯至,天下愈不可为矣”。四个“愈”字一气而下,构成了一个因果关系的连环套。可想而知,国君又必然愈加周防和禁制。这就形成了恶性循环,而且每循环一周,必然引起矛盾的加剧。才且贤者不肯至,不肖游手之徒必然出入其间。这样又形成了“率虎狼牧羊豕”的局面。虎狼与羊豕的关系就成了后世吏民关系形象化的写照。这与上古“去民近”“相安无事”“天下阴受其赐”的和谐的君民、吏民关系相距何止十万八千里。作者花很大的篇幅,揭露鞭笞官吏的暴行,严正指出,他们号为理民者,其实是天下动乱的根源。夺民之食,竭民之力,逼得老百姓走投无路,揭竿而起,真可谓官逼民反,民不得不反。作者从朴素的民本主义思想出发,提出官民本应是平等的,只是社会分工不同,都应该自食其力。官吏不能自食其力,“以日夜窃人货殖,搂而取之”,这就与盗贼无异。盗贼尚有顾忌,官吏毫无顾忌,大白天也肆意妄为,横行霸道,“使天下敢怨而不敢言,敢怒而不敢诛”,足见危害之烈。作者目光如炬,他从吏的白日肆行、为所欲为,看到吏的后台老板是国君,不禁喝问道:“岂上天不仁,崇淫长奸,使与虎豹蛇虺均为民害邪!”锋芒毕露,咄咄逼人,充分表现了一个政论家的胆识与雄辩。君民、吏民关系的恶化,根子还在国君身上。君制造了与民的对立,使德才兼备的人不愿为吏;君纵容吏欺压人民,导致了吏民关系的恶化。君民、吏民关系,就是统治者与被统治者的关系,他们之间矛盾的尖锐、激化,必然引起社会的动乱。作者虽然看到了这一层,也反映了人民愤怒的呼声,但他不可能运用正确的历史观来认识,也不可能提出好的对策。只是把希望寄托在“才且贤者”身上,希望回到上古去,提出“废有司,去县令,听天下自为治乱安危”的无政府主义口号,这只能是乌托邦式的幻想。不过,作者能如此尖锐地抨击暴吏,批判国君,也实在是难能可贵。

文章运用颂古非今、先古后今的格局，自然就形成了鲜明的对比，增强了批判的力量。上古是那样地好，现今是这样地坏，“回到上古去”，也就成为合乎逻辑的推论，成为当时激动人心的口号。　（陆志平　吴功正）

【作者小传】

谢　翱

(1249—1295)　南宋诗人。字皋羽，号晞发子。福安（今属福建）人。后迁居蒲城（今属福建）。元兵南下时，曾参加文天祥抗战部队，任咨议参军。入元不仕。卒于杭州。其诗风格沉郁苍凉，散文亦有名。著有《晞发集》，编有《天地间集》。

登西台恸哭记　　谢　翱

始，故人唐宰相鲁公开府南服①，余以布衣从戎②。明年，别公漳水湄③。后明年，公以事过张睢阳及颜杲卿所尝往来处④，悲歌慷慨，卒不负其言而从之游⑤，今其诗具在，可考也。

余恨死无以藉手见公，而独记别时语，每一动念，即于梦中寻之。或山水池榭，云岚草木，与所别之处及其时适相类，则徘徊顾盼，悲不敢泣。又后三年⑥，过姑苏。姑苏，公初开府旧治也⑦。望夫差之台⑧而始哭公焉。又后四年⑨，而哭之于越台⑩。又后五年及今，而哭于子陵之台⑪。

先是一日，与友人甲乙若丙约⑫，越宿而集。午，雨未止，买榜江涘⑬，登岸谒子陵祠⑭，憩祠旁僧舍，毁垣枯甃，如入墟墓。还，与榜人治祭具。须臾雨止，登西台，设主于荒亭隅，再拜跪伏，祝毕，号而恸者三，复再拜，起。又念余弱冠时，往来必谒拜祠下。其始至也，侍先君焉。今余且老，江山人物，眷焉若失。复东望，泣拜不已。有云从西南来，渰浥浡郁⑮，气薄林木，若相助以悲者。乃以竹如意⑯击石，作楚歌招之曰：“魂朝往兮何极，暮来归兮关塞黑⑰，化为朱鸟兮有咮焉食⑱？”歌阕，竹石俱碎。于是相向感唶⑲。复登东台，抚苍石，还憩于榜中。榜人始惊余哭，云：“适有逻舟之过也，盍移诸？”遂移榜中流，举酒相属，各为诗以寄所思。薄暮，雪作风凛，不可留，登岸宿乙家，夜复赋诗怀古。明日，益风雪，别甲于江。余与丙独归，行三十里，又越宿乃至。其后甲以书及别诗来，言是日风帆怒驶，逾久而后济，既济，疑有神阴相⑳，以著兹游之伟。余曰：“呜呼！阮步兵㉑死，空山无哭声且千年矣。若神之助，固不可知。然兹游亦良伟，其为文词，因以达意，亦诚可悲矣。”

余尝欲仿太史公，著《季汉月表》，如《秦楚之际》㉒。今人不有知余心，后之人必有知余者。于此宜得书，故纪之，以附“季汉”事后。时，先君登台后二十六年也。先君讳某字某。登台之岁在乙丑云㉓。

〔注〕 ① 始：指宋端宗赵昰(xià夏)景炎元年(1276)七月。《宋史纪事本末》卷一〇八：“五月己未朔，益王即位于福州，改元景炎……文天祥至行都，拜右丞相兼枢密使，都督诸路军马。秋七月，文天祥开府南剑州(今福建南平)，经略江西。”唐宰相鲁公：明谓唐颜真卿(历官至吏部尚书，太子太师，封鲁郡公)，实指文天祥。开府南服：在南方(即南剑州)设置府署，辟建僚属。 ② 余以布衣从戎：布衣，没有做官的读书人。胡翰《谢翱传》：“宋相文天祥亡走江上，逾海至闽，檄州郡大举勤王之师。翱倾家赀，率乡兵数百人赴难，遂参军事。” ③ “明年”二句：明年，宋景炎二年，元世祖至元十四年(1277)。《宋史·文天祥传》：“至元十四年正月，大元兵入汀州，天祥遂移漳州……四月，入梅州。”谢翱与文天祥分别当在二、三月间。漳州今属福建，境内有漳江。湄，水边。 ④ “后明年”二句：后明年，明年之后一年，即景炎三年(四月赵昰死，赵昺立，改元祥兴)，元至元十五年。此年十二月文天祥兵败，被俘于广东海丰五坡岭。次年被解送燕京。以事，隐指其被俘事。过张睢阳及颜杲卿所尝往来处，文天祥被俘北行，途中经过睢阳(今河南商丘)、常山(今河北正定)。张睢阳，张巡。唐肃宗至德年间，在安禄山、史思明叛乱中，张巡、许远守睢阳，颜杲卿守常山，城陷均被杀。 ⑤ “悲歌慷慨”二句：文天祥《指南后录》有《平原》、《颜杲卿》、《睢阳》(一题《许远》)等歌颂颜真卿、杲卿、张巡、许远的诗。从之游，追随颜、张、许一同殉国。 ⑥ 又后三年：至元十九年。此年十二月文天祥殉国。 ⑦ 姑苏，公初开府旧治也：《宋史·瀛国公纪》：德祐元年(1275)八月：“以文天祥为浙西、江东制置使兼知平江府。”平江府治在今江苏苏州，旧称姑苏。 ⑧ 夫差之台：即姑苏台，在今苏州市西南姑苏山上，相传为春秋时吴王夫差所筑。 ⑨ 又后四年：至元二十三年。 ⑩ 越台：指大禹陵，在浙江绍兴会稽山中。任士林《谢处士传》：“过越，行禹窆间，北向哭。”即指此。 ⑪ 又后五年：至元二十八年。子陵之台：亦称钓台，在今浙江桐庐富春山，有东、西二台，相传为东汉隐士严光(字子陵)垂钓之处。 ⑫ 甲乙若丙：若，与。甲、乙、丙，作者为避免元统治者迫害，不直书友人姓名，以天干代指。据黄宗羲《谢皋羽年谱游录注序》考证，甲为吴思齐，字子善，流寓桐庐，故下云“别甲于江”。乙为严侣，字君友，为严子陵后裔，奉祀祖祠，住在江边，故

下云:"登岸宿乙家"。丙为冯桂芳,家住睦州(今浙江建德),故下云"余与丙独归"。 ⑬ 买榜(bàng 磅)江涘(sì 俟):雇船于水边。榜,船桨,代指船。 ⑭ 子陵祠:在西台下,北宋范仲淹建。见范仲淹《严先生祠堂记》。 ⑮ 渰(yǎn 掩)浥浡(bó 勃)郁:云气蒸腾的样子。 ⑯ 如意:器物名。用竹、玉、骨等制成,头作灵芝或云叶形,柄微曲,供指划或赏玩之用。 ⑰"魂朝"二句:杜甫《梦李白》:"魂来枫林青,魂返关塞黑。"此用其语。极,终止。 ⑱"化为"句:说死者化为朱鸟归来,却无处得食。《史记·天官书》:"南宫朱鸟。"张守节正义:"柳八星为朱鸟咮,天之厨宰,主尚食,和滋味。"朱鸟为南方之星,故以朱鸟象征南宋,而暗示宋已灭亡,不能为文天祥立庙祭祀,故云"有咮焉食"。咮(zhòu 咒),鸟嘴,又为二十八宿中柳宿的别称。此句多用双关语。 ⑲ 感喈(jiè 借):感叹。喈,叹息声。 ⑳ 阴相(xiàng 向):暗中帮助。 ㉑ 阮步兵:《晋书·阮籍传》:"籍本有济世志,属魏晋之际,天下多故,名士少有全者。籍由是不与世事,遂酣饮为常……闻步兵厨营人善酿,有贮酒三百斛,乃求为步兵校尉。"故世称阮步兵。 ㉒"余尝"三句:太史公,司马迁自称。《史记》中有《秦楚之际月表》,列举秦、楚、汉之间的大事。谢翱欲仿其体例作《季汉月表》。"季汉"实指"季宋"。一个朝代的末尾称"季"。方凤《谢君皋羽行状》:"尝欲仿太史法,著《季汉月表》,采独行全节事为之传,大率不务为一世人所好,而独求故老与同志以证其所得。" ㉓"先君登台"三句:先君,指谢翱之父谢钥,字君殷,号草堂,居母丧庐墓,终身不仕。通《春秋》,著有《春秋衍义》、《左氏辨证》。谢钥登西台之年为宋度宗咸淳元年,岁次乙丑(1265)。其后二十六年,为元世祖至元二十八年辛卯(1291),即谢翱作此文之年。

这是一篇声泪交并的泣血之作,作者以登高哭祭的形式,字字呜咽地表达了对民族英雄文天祥殉难的悲恸之情。

谢翱曾是文天祥部下。景炎元年(1276)临安城破,文天祥至福建一带聚兵抗元,谢翱毅然率乡兵数百投奔,任咨事参军。在转战各地的战斗行程中,谢翱对文天祥的人格、气节多有了解,怀着深厚的情感。文天祥殉难后,谢翱多次哭悼,本文所记是其中的第三次,即至元二十八年(1291),距文天祥殉国已有八年之久。时间的流逝没有冲淡英雄身上的殷殷碧血,同写于此时的《西台哭所思》诗云:"残年哭知己,白日下荒台。泪落吴江水,随潮到海回。故衣犹染碧,后土不怜才。未老山中客,惟应赋《八哀》。"时间的淤聚使得作者的情感愈加凝结,遂有这沉痛迫中肠的西台恸哭。

元朝建立后,统治大网幂天匝地,即使这次西台恸哭,也"适有逻舟之过也",更何况悼祭反元的民族英雄,就得遭杀身之祸了。险恶的环境规范了本文行文上的扑朔迷离,出语时的欲说还休。奠者为谁,并不明示,而托言唐宰相鲁国公颜真卿,通篇以无特指的"公"指代,绝不提文天祥三字;同登西台者为谁,亦不明示,仅以天干"甲""乙""丙"称代。这使得全文的文字风格闪烁迷茫,从而折射出当时险恶的环境、背景,透射出作者沉痛悲咽的心理情绪。同时,愈是表现得吞吐晦涩,愈是表现出情感的深切绵长。

文章的第二节叙往昔以及两次哭祭的情形。文虽简略而语义丰厚。谢翱其时上距诀别文天祥已有一十三载,其间虽历经战乱,但“独记别时语”,留下了铭心刻骨的感受,所以,“每一动念,即于梦中寻之”,梦回魂绕,何等深刻。这是作者多年来多次哭奠的情感基础,是全文的一大关捩。它使得作者常常触景伤怀,不能自抑:“或山水池榭,云岚草木,与所别之处及其时适相类,则徘徊顾盼,悲不敢泣。”这样便有至元十九年始闻文天祥噩耗的姑苏第一次哭,至元二十三年的越台的第二次哭。这第三次哭是前两次哭的延续和发展,成为全文的重点所在。

西台即严子陵台。严子陵名光,东汉人,因避乱世隐居富春江畔,临江独钓。谢翱选择子陵台为第三次哭祭之地是大有深意的。其时,谢翱以故宋遗民自居,坚不臣服元朝,每日徜徉于残山剩水之间,和当年的严子陵十分相似,如明初宋濂《宋遗民录》卷九所记:“思齐与方凤、谢翱,无月不游,游辄连日夜,或酒酣气郁时,每扶携向天末恸哭,至失声而后返。夫以气节不群之士,相遇于残山剩水间,奈之何而弗悲?”

为这次西台恸哭,谢翱与友人作了精心的筹划和安排,对这一过程的描述愈是深刻细致,愈是表现出对文天祥情感的深沉炽烈。按照哭奠的时间顺序分为:祭前、祭中、祭后三个层次。祭前又可分邀约和探路两个小层次:“先是一日”即与友人邀集,不是暂时缀合,以示悼祭的专诚;当天在风雨凄厉中先行探路,以备不测,在“毁垣枯甃,如入墟墓”中确证无元兵出入,“还,与榜人治祭具”,一个“还”字,充分体现了心机缜细。然后进入正式的哭祭过程的描述,文辞简略详尽而又情浓意切。号恸再三,跪拜有二,极备祭礼程序。然后,稍稍宕开一笔:“又念余弱冠时,往来必谒拜祠下”,“其始至也,侍先君焉”,表明选择西台祭悼文公,实非偶然。随后笔触再缩回来:“今余且老,江山人物,眷焉若失”,真有江山残败,人事不堪之慨。这种怅然若失的失落感正是此时作者的沉郁心态,历史的回味加浓了现时的感受。在完成了“复东望,泣拜不已”的祭奠全礼后,进入了击石抒情、作歌招魂的情感表现层次,把全文的情感腾涌上悲壮激越的高潮。作者所写的风云幽郁的景象:“滃浥浡郁,气薄林木”和作者胸中的怫郁之情相融浃,“若相助以悲者”,仿佛阴云有意,万物同悼,益发显出情之深、情之浓。而“有云从西南来”,显然是一种象征,是作者浓化了的情感所产生的景象幻化。借景抒情尚较为间接,击石作歌就是情感的喷薄、倾吐和外化了。“竹石俱碎”的“竹”是“节”气之表征,“俱碎”暗合着成语“玉石俱焚”的涵义。“楚歌”之凄烈,招魂之悲咽,字字滴血,声声有泪。朱鸟盘空,有咮无食,多么激切地表现了亡宋灭国之痛!在激烈的击石之后,猛一顿挫,转入“相向感唶”的长长叹息和手“抚苍石”的无言感喟之中,富于深长的意韵。榜人的惊问和“移榜中流”的建议,勾现出险象丛生的环境;“薄暮,雪作风凛”和“明日,益风雪”的两次风雪描述,渲染了氛围,景中传情,表现了作者凄冷的悲心;薄暮舟中赋诗,“夜复赋诗”又凡两次,则以诗情添浓了文情。奠后四人相别交代一笔不苟,但“与丙独归”,归向何方?“越宿乃至”,至于何处?又显得吞吐迷茫。行文之迷茫则折射出时局之险恶。“甲”渡江疑有神助的感觉是心灵的幻觉,反转来透现出哭悼之情的精诚深挚。别后的“甲”书引起作者的悲慨:“呜呼!阮步兵死,空山无哭声且千年矣。”这次西台恸哭正是承响于阮籍。阮籍于晋代魏的险局中,佯狂烂饮,“时率意独驾,不由径路,车迹所穷,辄恸哭而反”,迷狂的行为方式包含着悲恸深沉的意识。谢翱正是引阮籍为同调,于千载之前找到自己的知音,表达了一腔愤激情绪。对于“神之助”,作者居于可信可疑之间,但视“兹游亦良伟”,因为这次哭奠祭悼的是民族英灵,作者及其友人又情尽意满地表达了自己的感受。作者试图摹仿司马迁著《季汉月表》,撰“季宋月表”,以示宋亡,正统已绝,再次表现了他强烈的民族立场。尽管血沃中原,腥风四起中,“今人不有知余心”,怀着深深的寂寞感,但放眼未来,“后之人必有知余者”,情绪复归于坚定昂扬。

对文天祥铭心刻骨的悼念和对元统治血腥专制环境的怵惕,这一对巨大矛盾,规定了本文艺术上独特的表现形式,欲言又止,欲吐还休,隐晦曲折,也更有助于表现作者悲恸情绪和民族精神。承题旨之“哭”,数反其言,使人悲不自胜。托名汉唐,隐姓匿名,不书元之年号,唯以甲子称之,等等,都表现了作者的难言隐衷和决不臣服元朝的鲜明立场。行文风格堪称沉郁顿挫,一字三叹,痛泪激溅满纸,铁钩银勒,如此血性文字,至今读来犹令人竦然动容。(吴功正　陆志平)

【作者小传】

元好问

(1190—1257)　金文学家。字裕之,号遗山。忻州秀容(今山西忻州)人。祖系出自北魏拓跋氏。兴定进士。历任内乡令、尚书省掾、左司都事、行尚书省左司员外郎等职。金亡不仕。工诗文,在金元间颇负重望。晚年致力收集金君臣遗言往事,多为后人纂修金史所本。著有《遗山集》,编有《中州集》。

市隐斋记

元好问

吾友李生为予言:“予游长安,舍于娄公所。娄,隐者也,居长安市三十年矣。家有小斋，号曰市隐，往来大夫士多为之赋诗，渠欲得君作记。君其以我故为之。”

予曰：“若[1]知隐乎？夫隐，自闭之义也。古之人隐于农、于工、于商、于医卜、于屠钓，至于博徒、卖浆、抱关吏、酒家保，无乎不在，非特深山之中，蓬蒿之下，然后为隐。前人所以有大小隐之辨者，谓初机之士，信道未笃，不见可欲，使心不乱，故以山林为小隐；能定能应，不为物诱，出处一致，喧寂两忘，故以朝市为大隐耳。以予观之，小隐于山林，则容或有之，而在朝市者未必皆大隐也。自山人索高价之后，欺松桂而诱云壑者多矣，况朝市乎？今夫干没氏[2]之属，胁肩以入市，叠足以登垄断，利嘴长距，争捷求售，以与佣儿贩夫血战于锥刀[3]之下，悬羊头，卖狗脯，盗跖[4]行，伯夷[5]语，曰‘我隐者也’而可乎？敢问娄之所以隐奈何？”

曰：“鬻书以为食，取足而已，不害其为廉；以诗酒游诸公间，取和而已，不害其为高。夫廉与高，固古人所以隐也，子何疑焉？”

予曰：“予得之矣，予为子记之。虽然，予于此犹有未满焉者。请以韩伯休[6]之事终其说。伯休卖药都市，药不二价，一女子买药，伯休执价不移。女子怒曰：‘子韩伯休邪？何乃不二价？’乃叹曰：‘我本逃名，乃今为儿女子所知！’弃药径去，终身不返。夫娄公固隐者也，而自闭之义，无乃与伯休异乎？言，身之文也，身将隐，焉用文之？是求显也[7]。奚以此为哉？予意大夫士之爱公者强为之名耳，非公意也。君归，试以吾言问之。”

贞祐丙子[8]十二月日，河东[9]元某记。

〔注〕 ① 若：你。 ② 干没氏：指投机牟利的人。 ③ 锥刀：亦作“刀锥”，喻微末的小利。唐陈子昂《感遇》诗：“务光让天下，商贾竞刀锥。” ④ 盗跖：春秋战国之际人，名跖。《庄子·盗跖》说他“从卒九千人，横行天下，侵暴诸侯”。“盗跖”是对他的诬称。 ⑤ 伯夷：商末孤竹君长子，与其弟叔齐都不愿继承父位。武王伐纣后，与叔齐均不愿食周粟（因反对武王伐纣），饿死首阳山。 ⑥ 韩伯休：韩康，字伯休，东汉京兆霸陵（今陕西西安市东）人。以采药卖

药为生，口不二价。后隐居山中。　⑦“言，身之文”五句：见《左传·僖公二十四年》。大意是：以言语来述说人的好处，是为了显示其光彩。一个人将要去隐居了，还要这些光彩干什么？如仍这样做，那就是想求得显达，而不是想隐居了。　⑧贞祐丙子：金宣宗贞祐四年(1216)。⑨河东：古地名。元好问为秀容(今山西忻州)人；秀容古属河东。

市隐即隐居于闹市之中。在一般人的心目中，隐士的世界应该在山水林泉之中，将闹市与他们并置是那么地不协调。然而古人曾说：“小隐隐陵薮，大隐隐朝市。”(《文选·反招隐》)又说：“隐之为道，朝亦可隐，市亦可隐，隐初在我，不在于物。”(《晋书·邓粲传》)相比之下，古人更赞美隐于朝市。在他们看来，每日在朝市中与尘俗接触而不为所染的人，更为难得。

元好问这篇《市隐斋记》所记的隐者，自题其斋曰“市隐”，他是俨然以大隐自居的。然而读罢全文，我们不仅没有感到这位市隐斋主娄公是一位大隐，反而觉得他是个沽名钓誉之徒。何以得出这种印象呢？这主要在于对隐逸之义的辨析。作者首先为隐居下了一个明确的定义：“夫隐，自闭之义也。”这也是文章的“主脑”，全文都是围绕着这个“主脑”而生发出来的。作者就以此为标准，指出只要能够符合这个意义，隐于农工商卜医等各行各业，都无所不可，不必一定要在“深山之中，蓬蒿之下”。文中暗用典故，以古代著名隐士姜太公、赵国隐士毛公、薛公的事迹，来证明其说，显得充分、有力。既然隐居只要符合“自闭之义”，就无所而不可隐，那么古人为什么又有大隐之说呢？作者进而对此作了阐明：“谓初机之士，信道未笃，不见可欲，使心不乱，故以山林为小隐；能定能应，不为物诱，出处一致，喧寂两忘，故以朝市为大隐耳。”大小隐的实质在此也得到了透彻的解说。文章至此是从正面论隐居，逻辑严谨，无懈可击。由于隐逸一直被视为高士，因而为许多人所仿效。但众所同趋，其类必杂，在隐逸这种高尚之行中有时不免也渗进了一些卑劣的企图，孔稚珪在《北山移文》中就谴责了那些“身在江海之上，心存魏阙之下”的假隐士。这类假隐士历代不乏其人，作者笔锋一转，针对这种现象加以批驳：“自山人索高价之后，欺松桂而诱云壑者多矣，况朝市乎？”“悬羊头，卖狗脯，盗跖行，伯夷语，曰‘我隐者也’而可乎？”作者以声色俱厉的反诘，表达了对欺世盗名的假隐士的深恶痛绝。毫无疑问，欺世盗名是不符合“自闭之义”的。文章写了真假两种隐士，而市隐斋主娄公属于哪一种人呢？作者用“显”与“隐”进行对比，揭露出娄公行为的矛盾之处，这种矛盾的行为与隐居的“自闭之义”是大相径庭的。这位“市隐娄公”是何许人，便已在不言之中了。然而碍于情面，作者又为娄公找了一个下台的阶梯：“予意大夫士之爱公者强为之名耳，非公意也。”很明显，这是托词，然而，毕竟为娄公留下了一点回旋的余地，这也许体现了“温柔敦厚”的文风。

这篇《市隐斋记》，当记叙市隐斋得名之由来，或其所处之环境、条件，或赞美其斋主隐居乐道之美德等等。然而元好问却采取了不同一般的写法。文章集中笔墨论隐居之义，围绕着对隐居之义的正反两方面的阐述而组织全文。乍看起来，文章不符合“记”的体例而更近似于“论”，但这正是作者的匠心独运之处。文章只记叙作者与李生论辩是否为娄公作记的对话，真正意义上的“记”，似乎始终没有出现。这种“不记之记”的形式，正体现了形散而神不散的特点，符合这类杂记文的通则。文章纯以理胜，而笔端又饱含了作者对世风的感慨，表达了对娄公之类沽名钓誉行为的反感。这又使文章具有强烈的感情色彩。

论理严密，行文自然，情感真实，可以说是这篇文章的特点，也正是金元明八大家之一的元好问文章的特色。

（李修生　李　鸣）

送秦中诸人引　　元好问

关中风土完厚，人质直而尚义，风声习气，歌谣慷慨，且有秦、汉之旧。至于山川之胜，游观之富，天下莫与为比。故有四方之志者，多乐居焉。

予年二十许时，侍先人官略阳①，以秋试留长安中八九月。时纨绮气未除，沉涵酒间，知有游观之美而不暇也。长大来，与秦人游益多，知秦中事益熟，每闻谈周、汉都邑及蓝田、鄠、杜②间风物，则喜色津津然动于颜间。二三君多秦人，与余游，道相合而意相得也。常约近南山③，寻一牛田，营五亩之宅，如举子结夏课时，聚书深读，时时酿酒为具，从宾客游，伸眉高谈，脱屣世事，览山川之胜概，考前世之遗迹，庶几乎不负古人者。然予以家在嵩前④，暑途千里，不若二三君之便于归也。清秋扬鞭，先我就道，矫首西望，长吁青云。

今夫世俗惬意事，如美食大官、高赀华屋，皆众人所必争，而造物者之所甚靳，有不可得者。若夫闲居之乐，澹乎其无味，漠乎其无所得，盖自放于方之外者之所贪，人何所争，而造物者亦何靳耶？行矣诸君，明年春风，待我于辋川⑤之上矣。

〔注〕 ① 先人：指其继父元格。略阳：古郡名，晋置，治所在临渭（今甘肃天水东北），北魏

移治陇城(今甘肃秦安东北陇城镇)。 ② 周、汉都邑:西周国都镐(hào浩)京,在今陕西西安市西南。西汉国都长安,在今西安市西北。蓝田:县名,今属陕西,以产美玉出名,又为唐王维辋川别业所在地。鄠(hù户):县名,今改名户县,属陕西。杜:杜陵,古县名,原为杜县,因汉宣帝葬于此,故改名,治所在今西安市东南。鄠、杜之间有杜曲、杜陵等名胜古迹。 ③ 南山:即终南山,在西安市南。 ④ 嵩前:嵩山之南。金正大元年(1224)作者中博学鸿词科,只身在汴京(今河南开封)任职,而寄家属于嵩山之南。 ⑤ 辋川:水名,在西安蓝田县南。唐王维筑别墅于此。

本文约作于金哀宗正大二年(1225)左右,作者中进士出仕不久。秦中,即关中(函谷关以西),今陕西境内。引,即序,徐师曾以为"盖序之滥觞"。文章属"赠序"体。

江淹《别赋》云:"黯然销魂者,唯别而已矣。""别方不定,别理千名,有别必怨,有怨必盈。"然元好问的《送秦中诸人引》则不见哀婉之词,依依惜别之情,纵有别绪,也写得洒脱自然。总之不落窠臼,格调高奇。题为"送秦中诸人",文章耗墨处则并不在此,仅"清秋扬鞭"四句及末句提到相别一事。而这种离别,竟又是诸君大幸,近水楼台"先我就道",还急告二三子来年春天辋川相待。其中绝无隔绝之苦、伤心之色,反有对秦中诸人"得其所哉"的羡慕。可见,作者为文,自有异趣。

开篇落笔,便直写秦中风土民情之美,并以"天下莫与为比"的赞语和"有四方之志者,多乐居焉"的事实加以突现。接着是回忆秦中往事。随着阅历增多,作者由"沉涵酒间,知有游观之美而不暇",以至于每闻谈及秦中风物"则喜色津津然动于颜间"。然后引出送别之人,言昔日常相约在终南山"寻一牛田,营五亩之宅","脱屣(脱鞋,这里喻无所顾念地弃掉)世事",过游山访古的自在日子。只可惜"家在嵩前",终难如愿,不禁为"二三君之便于归"慨叹不已了。若是一般送别文字,到此当可收煞。然而作者笔锋陡转,另起一端,锐意讽刺那些沽名钓誉、追名逐利的仕途小人,表达自己对朴素、恬淡的田园生活的神往。显然,作者巧妙地以送别为名写秦中之美,其最后归向是表白自己洁身自好、愤世嫉俗之心,故冲淡了离情,而由归去之乐占据上风。文中固然标榜了归隐思想,但简单地斥之情调消极,似欠斟酌。在《新斋赋》中,作者自谓:"动可以周万物而济天下,静可以崇高节而抗浮云"。观此便知,这一切皆失意时的牢骚。相反,暗藏于澹乎寡味躯壳之下的却是不可阻遏、穷且益坚的青云之志。况且,作者向往的,不过是有志者乐居的秦中,以及文豪贤士出没的终南山(唐有"终南捷径"之说)。所以,归隐之想并不有损于文章的基调。位居八大家之首的韩愈,大概是其中最擅长、也是最多创作赠序文章的了。其突出风格在于极少应酬告别之辞,常常借题发挥,别出奇径,如《送孟东野序》等。"元才子"此篇实同出一辙。

文章以浓墨重彩极写山川之胜,人情之美,且皆从大处着手,虚处落笔。如介绍秦中奇观天下为尊,一概粗略勾勒,在整体上给人大致印象。虽提及周汉都邑、蓝田、鄠、杜，却又似蜻蜓点水，不作深入细致描写，仅以自己对秦中由来已久的切身体会来着意渲染，字里行间真情洋溢。同时，写秦中诸人，以“二三君多秦人，与余游，道相合而意相得也”一笔带过，然后补叙闲居南山的旧约。“二三”乃虚数，实为几人不得而知，其余就更是无可奉告了。虚写秦中秀色，易激发读者好奇心，探寻关中究竟美在何处，于是就蒙上一层神秘色彩，引人神往；“二三君”不明其人，不妨看作“质直尚义”的关中人物代表。作者与之志同道合，反衬出秦中人情之醇美古朴，民风的慷慨耿介。作者此笔，虚实相映，于空灵中见深意。同时，人情美与自然美的融合，使读者从整体上把握秦中之美。而这种浑然一体的美，又恰好与后文作者所竭力鞭挞的“众人所必争”“造物者之所甚靳（吝惜）”的“美食大官、高赀华屋”相比较，关中自成了净土和归宿。

缘情而化，跌宕成韵，显示了文章的语言风格。“关中风土完厚，人质直而尚义，风声习气，歌谣慷慨，且有秦、汉之旧。至于山川之胜，游观之富，天下莫与为比。”皆四六句相间，整饬精巧而又流转活脱，胸中情致随之直泻而出；抒写“二十许时”“长大来”对关中的不同感受，则又笔法酣畅悠忽、疾徐有致，“津津然”喜气溢于言表；提及闲居之乐，则不乏桃源之风，至于澹泊清纯，语言也近乎典雅，往往使人想起终南山、“五亩之宅”（《孟子・梁惠王下》）、“伸眉”高谈（司马迁《报任安书》）等著名掌故；指斥世俗污浊，歌咏“方之外者”（《庄子・大宗师》引孔子语），顿然浩气充溢。文风沉稳而峭拔，句式不求工巧，唯在气魄。篇末以呼告式语句“行矣诸君，明年春风，待我于辋川之上矣”结束，又与前之“清秋扬鞭，先我就道，矫首西望，长吁青云”一气贯通，文人才子潇洒飘逸、倜傥风流之态，呼之欲出。

（秦岭梅）

【作者小传】

王若虚

(1174—1243) 金文学家。字从之，号慵夫、滹南遗老。藁城（今属河北石家庄）人。承安进士。官翰林直学士。金亡不仕。论文主张辞达理顺，于诗反对模拟雕琢。著有《滹南遗老集》。

高思诚咏白堂记

王若虚

有所慕于人者，必有所悦乎其事也。或取其性情德行才能技艺之所长，与夫衣服仪度之如何，以想见其仿佛；甚者，至有易名变姓以自比而同之。此其嗜好趋向，自有合焉而不夺也。

吾友高君思诚，葺其所居之堂以为读书之所，择乐天①绝句之诗，列之壁间，而榜②以“咏白”。盖将日玩诸其目而讽诵诸其口也。

一日，见告曰：“吾平生深慕乐天之为人，而尤爱其诗，故以是云，何如？”

予曰：“人物和乐天，吾复何议？子能于是而存心，其嗜好趋向，亦岂不佳？然慕之者欲其学之，而学之者欲其似之也。慕焉而不学，学焉而不似，亦何取乎其人耶？盖乐天之为人，冲和静退，达理而任命，不为荣喜，不为穷忧，所谓无入而不自得者。今子方皇皇干禄之计，求进甚急，而得丧之念，交战于胸中，是未可以乐天论也。乐天之诗，坦白平易，直以写自然之趣，合乎天造，厌③乎人意，而不为奇诡以骇末俗之耳目。子则雕镌粉饰，未免有侈心④而驰骋乎其外，是又未可以乐天论也。虽然，其所慕在此者，其所归必在此。子以少年豪迈，如川之方增，而未有涯涘，则其势固有不得不然者，若其加之岁年而博以学，至于心平气定，尽天下之变，而返乎自得之场。则乐天之妙，庶乎其可同矣。姑俟他日复为子一观而评之。”

〔注〕 ① 乐天：唐诗人白居易(772—846)的字。 ② 榜：题署。 ③ 厌：满足。 ④ 侈心：放纵夸饰之心。

人们往往都难免有些趋名人癖，或仰慕其德行，或敬重其才学。见贤思齐，以德才高尚的人为榜样，自无可非议；但以此附庸风雅，拉大旗作虎皮，用“我的朋友胡適之”之类的话来掩饰自己的无知与谫陋，就不免惹人耻笑了。

王若虚的这篇《高思诚咏白堂记》，列举了仰慕别人者的种种表现及其合理性，然而，从中不难看出作者等而下之的安排：首先是人格品行，其次是技艺所长，再次是服饰仪度，复次是名姓之类。性情德行，自然是内美；技艺所长，能为社会作贡献；服饰仪度，也可看出其为人或淳朴或潇洒的风神；而为仰慕名人而改名更姓，则不免有点“爱屋及乌”了。

作者笔下的高思诚敬仰的是唐代的白居易(字乐天),他把自己的读书处修葺一新,题为“咏白”,也就是说他最爱讽诵研习的是白居易的诗。他说自己不仅爱白居易的诗,同时还深慕白居易的为人。很明显,他为自己的这种选择而得意。

对朋友之所为,王若虚却大不以为然,于是,结合对白居易和高思诚的认识,发表了一番切中肯綮、鞭辟入里的见解。

王若虚首先肯定了高思诚所选择的榜样是好的,同时指出了关键的一点,就是树立了榜样便要努力去学,学了还要像才行。这就指出了大多数有趋名人癖的人“挂羊头卖狗肉”的通病。接着,作者指出了高思诚与白居易的差异和差距。白乐天的为人,已经到了不为荣喜、不为穷忧而达理任命的境界,参透了人世的一切荣辱变故而归于自然自在;白居易的诗,与他的为人境界浑融不隔,坦白平易,以自然之笔写自然之趣,仿佛天成一般,绝不矫揉造作以刺激一般人的感官,讨好庸俗的趣味。而高思诚呢?其为人,十分注重得失,整日思虑着如何升官发财;其诗作雕镌粉饰,反映出其心境的紊乱,毫无自然任达的气派。文章写到这里,似乎已经把问题说透了,不管是为人还是作诗,高思诚与白居易都相差得太远太远了,简直连白居易的皮毛都未学到。从作者的比较中可以看出,作者强调的是为人的自得、自在、自然,只有当一个人把握着自己,放旷通达,知天任命,不以物喜,不以己忧,才能无往而不得大自在,才能摒弃杂念而自然为人,才能抛却做作而自然为诗。

然而,文章并没有就此打住。年轻的高思诚并非不可造就之材,况且他正是“少年豪迈,如川之方增”,而且对德行诗篇超卓的先贤仰慕不已、有心效法呢!少年意气,本就有一种豪迈任放、不受拘羁的自然气派。作者指出,只要逐步增进才学,修养身心,悟透人世之变,就有希望达到更高的自然境界,有可能得白乐天为人做诗的真谛。

名人风范,自然可以为后人所崇仰,要达到同样的境地,却要修炼自身。如果只是于壁上悬挂着名人的诗句,只是服饰仪度与之仿佛,只是借名人的风采来提高自己的身价,则不仅会徒劳无获,更要贻笑大方了。

这篇文章的特点是坦诚直露,在关系到为人处世的重大问题上,作者没有丝毫的虚假客套。他毫不留情地指出了高思诚的弊病,在说明问题、阐述观点时,也不“王顾左右而言他”,在“文”上兜圈子,而是既准又狠地猛攻高思诚的要害。就是在这样直白的文字中,我们看到了作者憎恶虚伪、嘲讽做作、真心敬慕先贤的炽烈情感,也明显可领会到他真正关心年轻人的良苦用心。

王若虚自己说过:“哀乐之真,发乎情性,此诗之正理也。”(《滹南遗老集·诗话》)又说:“文章唯求真而已”(《滹南遗老集·文辨》)。可见他十分注重诗文的“真”。这篇《高思诚咏白堂记》,可说是实践了他的理论观点。(郭　平)

门山县吏隐堂记

王若虚

门山[①]之公署,旧有三老堂。盖正寝之西,故厅之东,连甍而稍庳[②]。今以之馆宾者也。予到半年,葺而新之。意所谓“三老”者,必有主名。然求其图志而无得,访诸父老而不知。客或问焉,每患其无以对也,既乃易之为“吏隐”。

“吏隐”之说,始于谁乎?首阳为拙,柱下为工[③],小山林而大朝市[④]。好奇之士,往往举为美谈,而尸位苟禄者,遂因以借口。盖古今恬不之怪。

嗟乎!出处进退,君子之大致[⑤]。吏则吏,隐则隐,二者判然其不可乱。吏而曰隐,此何理也!夫任人之事,则忧人之忧。抱关击柝之职[⑥],必思自效而求其称。岩穴之下,畎亩之中,医卜释道,何所不可隐?而顾隐于是乎?此奸人欺世之言,吾无取焉。

然则名堂之意安在?曰:“非是之谓也,谓其为吏而犹隐耳。孤城斗大,眇乎在穷山之巅,烟火萧然,强名曰县。四际荒险,惨目而伤心。过客之所顾瞻而咨嗟;仕子之所鄙薄而弃置,非迫于不得已者不至也。始予得之,亲友失色,吊而不贺。予固戚然以忧,至则事简俗淳,使于疏懒,颇有以自慰乎其心。及四陲多警,羽檄交驰。使者旁午于道路,而县以僻阻独若不闻者。邻邑疲于奔命,曾不得一日休。而吾常日高而起,申申自如[⑦],冠带鞍马,几成长物[⑧],由是处之益安,惟恐其去也。或时与客幽寻而旷望,荫长林,藉丰草,酒酣一笑,身世两忘,不知我之属乎官也。此其与隐者果何以异?”

吾闻江西筠州[⑨],以民无嚣讼[⑩],任其刺史者,号为“守道院”。夫郡守之居,而得以道院称之,则吾堂之榜虽曰“隐”焉,其谁曰不可哉?

〔注〕 ① 门山：地名。《明一统志》："门山废县在延安府城东南一百八十里。" ② 甍(méng 蒙)：栋梁，屋脊。庳(bēi 卑)：低矮。 ③ 首阳为拙，柱下为工：此两句见《汉书·东方朔传赞》。首阳，山名，在今山西永济市南，即雷首山，又名首山。传为伯夷、叔齐饿死处。这里指伯夷、叔齐不食周粟，饿死首阳山为拙。柱下，相传老子曾为周柱下史，这里指老子隐于朝廷，故终身无患，是为工也。 ④ 小山林而大朝市：晋王康琚《后招隐诗》："小隐隐陵薮，大隐隐朝市。伯夷窜首阳，老聃伏柱史。" ⑤ 出处(chǔ 楚)进退，君子之大致：出，出仕；处，退隐。《易·系辞上》："君子之道，或出或处。" ⑥ 抱关击柝之职：担任守门和打更的人。语出《孟子·万章下》。 ⑦ 申申：舒和貌。《论语·述而》："子之燕居，申申如也，夭夭如也。" ⑧ 长(zhàng 丈)物：多余之物。 ⑨ 筠州：州名。治所在高安(今属江西)。 ⑩ 嚚(yín 银)讼：奸诈而好讼。语见《尚书·尧典》。《左传·僖公二十四年》："口不道忠信之言为嚚。"

中国的封建文人们对当官还是退隐是十分敏感而注重的，似乎对仕与隐的不同选择决定着人的不同命运，反映不同的人格。大多数正直的文人都像杜甫一样，持一种"达则兼济天下，穷则独善其身"的态度。官宰们当然会讥讽隐士的穷酸，隐士们又不免清高自许，嘲弄官宰的腐臭。还有一些"聪明绝顶"的人，走的是终南捷径，"前日退隐为高士，晚节急仕至达官，名利兼收，实是最无耻之巧宦也"(今人陈寅恪《陶渊明之思想与清谈之关系》)。

人活在现实社会里，总是要食人间烟火，顺人之常情的，要保持自我人格不为世俗的污浊所染，只有像陶渊明那样，"结庐在人境，而无车马喧。问君何能尔？心远地自偏"(《饮酒》)。可见仕与隐本身并不能反映一个人的人格和精神境界的高下。

王若虚是如何对待这个问题的呢？在"吏"与"隐"中，他选择了"隐"。他到门山县令任后半年，把门山公署原有的三老堂修葺一新，并题了个别致的名，曰"吏隐堂"。意思很明白，表白自己身为官吏、心存山泽的态度。可是，他旋即又发现这样做也未能免俗。因为许多"尸位苟禄"者也以"隐"为附庸清雅的借口，而自己恰恰又是个吃皇粮、领俸禄的县官，怎样才能两全其美，既任官职靠官俸过日子，又心念纯净、清风两袖呢？这个问题比做官还是退隐似乎更难解决。

对自己的"吏而曰隐"，王若虚做了一番解释。吏便是吏，隐便是隐，二者水火不相容。既为吏，取官俸，就理应"任人之事，忧人之忧"，尽到做官的责任，即使是"抱关击柝"的事，也要努力做到称职。如果内心"隐"、自许"隐"便可算是"隐"的话，那"岩穴之下，畎亩之中，医卜释道"，无论什么职业，无论什么地位的人都可以"隐"了，何必高官厚禄再来说"隐"呢！这种做法，简直可说是既要当婊子又想立牌坊了。他憎恨这种虚伪的"奸人欺世之言"，表明自己在官而曰隐与这种做法是不同的。

王若虚任县令的门山是一个“眇乎在穷山之巅，烟火萧然”的孤清偏远的小城。周围的环境荒芜而险阻，不要说在这样的地方生活、做官，就是匆匆过客也“顾瞻而咨嗟”，做官的人没有谁会到这儿来混饭吃的。他刚到这儿来时自然也是“惨目而伤心”，“戚然以忧”；然而，这闭塞之所远离喧嚣虚伪的官场，简朴淳厚的环境正是清净自我灵魂的好场所。到了边陲多警、羽檄交驰的时候，这里的偏僻、闭塞甚至给他带来了意想不到的好处。邻邑为战争所迫，疲于奔命，当官的那一切优厚待遇不仅无法再安逸地去享受，就是性命也朝夕难保了。而王若虚呢，不仅不必为此担惊受怕，反而还能闹中取静，每日太阳老高时才起来，打仗所需的冠带鞍马，对他来说简直毫无用处。这真是塞翁失马，安知非福了。他与朋友们寻幽觅胜，登高旷望，“荫长林，藉丰草，酒酣一笑，身世两忘”。自然风光优美，生活环境幽雅，这样的日子，这样的心境，与隐者有什么两样呢？

作者批判那种既身居官位又沽名钓誉的“吏而曰隐”者，而从他的自我介绍来看，他自己也是个“吏而曰隐”者。他说过“抱关击柝之职”，也应该“必思自效而求其称”，然而在四陲多警、羽檄交驰之际，他却“常日高而起，申申自如”，根本不思为君担忧，为国出力。

作者的自白是矛盾的，可这篇文章的思想认识价值，给予我们心灵的触动其实便在这矛盾里。据史书载，王若虚“历管城、门山二县令，皆有惠政，秩满，老幼攀送，数日乃得行”（《金史》本传）。如果他的作为真像他自己所说的那样玩忽职守，就不可能得到老百姓如此的拥戴。那么，他的“隐”则是有难言之隐了。我们可以从两方面来理解王若虚的在吏而隐：一方面，可以认为王若虚既为官，又要隐，是一种矛盾，是对清淳简朴的隐居生活的向往，又是对既定生活无法摆脱的苦闷，于是，只好结庐在人境，努力保持内心深处的那一片净土；另一方面，可以把王若虚的追求看成是只要为官为善，也可说成是“隐”的。这种隐，不是无所事事，只在山泽间孤芳自赏的隐士之“隐”，而是在官位上为民谋善，不与那些饱食终日的官吏们同流合污的“隐”。这一点，在文章的最后一段里可以找到佐证。江西筠州刺史，号其居处为“守道院”，这是个与“吏隐堂”同出一辙的名字，而筠州刺史治下的百姓“无嚚讼”，这与王若虚在任上所为更无二致了。

王若虚对诗文创作要求“真”，反对虚饰。这篇文章文气通达畅顺，措语如道家常，可是，透过他的达观和潇洒，却能感受到蕴蓄在字里行间的一股既自得又怅惘的心绪。

（郭　平）

【作者小传】

戴表元

(1244—1310) 元文学家。字帅初,一字曾伯。奉化(今属浙江)人。宋咸淳进士。任建康府教授。入元,任信州教授。学识渊博。曾力图改革宋季萎敝文风。为文清,名重一时,被视为东南文章大家。著有《剡源戴先生文集》。

送张叔夏西游序

戴表元

玉田张叔夏与余初相逢钱塘西湖上,翩翩然飘阿锡之衣,乘纤离之马,于时风神散朗,自以为承平故家贵游少年不翅也①。垂及强仕②,丧其行资,则既牢落偃蹇③。尝以艺北游④,不遇;失意亟亟南归,愈不遇。犹家钱塘十年,久之又去,东游山阴、四明、天台间⑤,若少遇者,既又弃之西归。

于是余周流授徒,适与相值,问叔夏:"何以去来道途,若是不惮烦耶?"叔夏曰:"不然。吾之来,本投所贤,贤者贫;依所知,知者死;虽少有遇,而无以宁吾居。吾不得已违之。吾岂乐为此哉!"语竟,意色不能无阻然⑥。少焉,饮酣气张,取平生所自为乐府词自歌之,噫呜宛抑⑦,流丽清畅,不惟高情旷度,不可亵企⑧,而一时听之,亦能令人忘去穷达得丧所在。

盖钱塘故多大人长者,叔夏之先世高曾祖父,皆钟鸣鼎食⑨,江湖高才词客姜夔尧章、孙季蕃花翁之徒⑩,往往出入馆谷⑪其门,千金之装,列驷之聘,谈笑得之,不以为异。迨其途穷境变,则亦以望于他人,而不知正复尧章、花翁尚存,今谁知之,而谁暇能念之者?

嗟乎!士固复有家世材华如叔夏,而穷甚于此者乎!六月初吉⑫,轻行⑬过门,云将改游吴公子季札、春申君之乡⑭,而求其人焉。余曰唯唯。因次第其辞以为别。

〔注〕 ①"翩翩然"四句:翩翩然,风度优美。阿锡,亦作"阿緆(xì细)",阿,细缯;锡,细布。纤离,古代北方国名,多产好马。散朗,潇洒爽朗。不翅,即"不啻",无异于。 ②垂及强仕:垂及,将要到。强仕,指四十岁,《礼记·曲礼上》:"四十曰强,而仕。"意指四十岁可以出来

做官。　③ 牢落偃蹇：孤独困顿。　④ 尝以艺北游：曾经挟技艺北游大都(今北京)。照一般说法，张炎乃是偕沈尧道、曾心传一同被召入都缮写金字藏经的。关于张炎参加写经事，据今人考证有不同说法，谓从张炎北游诸词中，只有游历的记述，绝无参加写经的痕迹，见《词学》第八期马兴荣《张炎的北行及其他》一文。但马氏此文对于戴表元"尝以艺北游"句的"艺"亦无解释。如果是指书艺，则写经之说还是有可能成立的。不指书艺又是指什么，可惜难于找到佐证了。　⑤"东游"句：山阴，今浙江绍兴市。四明，浙江宁波的旧称。天台，今属浙江。　⑥ 阻然：沮丧的样子。阻通"沮"。　⑦ 噫呜宛(yù 郁)抑：感叹郁抑。　⑧ 亵企：靠近而企望之。⑨"叔夏"句：张炎六世祖张俊，封清河郡王。曾祖张镃，直秘阁通判临安军府事。祖父张濡，宋末以浙西安抚司参议官守独松关。父张枢。钟鸣鼎食，鸣钟列鼎而食，指贵族的生活。⑩"江湖"句：姜夔(约 1155—1209)，字尧章，号白石，有《白石道人诗集》《白石道人歌曲》《白石道人诗说》。孙惟信，字季蕃，号花翁，隐居西湖，擅填词。姜、孙二人都曾是张家门客。　⑪ 馆谷：指供给客人食宿。馆，住宿；谷，饮食。《左传·僖公二十八年》："晋师三日馆谷。"　⑫ 初吉：指每月的初一。　⑬ 轻行：轻装出游。　⑭"云将"句：季札，春秋时吴国公子，封于延陵(今江苏常州)。春申君，战国时楚国贵族黄歇，封于吴(今江苏苏州)。这句意指到江南地区游览。

南宋末年的著名词人张炎，字叔夏，号玉田，又号乐笑翁，著有词集《山中白云词》八卷，词论专著《词源》二卷。张炎出身于世代贵显之家。六世祖张俊，为南宋初年大将。曾祖张镃，父亲张枢，都是诗词创作方面的行家。词人的青少年时代是在南宋度过的，而后半生则生活在元朝统治之下。戴表元的这篇文章写于元大德三年(1299)，叙写了这位曾是贵族公子的风流词人在社会巨变中的变化，抒写了深沉的沧桑之感。

序文从忆旧开始，追写他与张炎当初在杭州西湖上的相逢情景："翩翩然飘阿锡之衣，乘纤离之马，于时风神散朗，自以为承平故家贵游少年不翅也。"身穿质料轻细、款式优雅的衣装，跨骑名马宝驹，风度潇洒飘逸，一副贵家公子的派头，何等豪富，又何等得意！然而，"垂及强仕，丧其行资"，人到中年，财产突然丧失，昔日的豪富，转瞬间烟消云散，前后形成了强烈的对比。戴表元没有具体点明时间和变化的原因，是有意的回避，其间实有难言之隐，因为这里包含着宋元易代的巨变给张炎带来的灾难。宋恭帝德祐元年(1275)春，张炎祖父张濡戍守广德军独松关，杀元使臣廉希贤、严忠范等。第二年，元兵攻入临安，杀张濡，并抄没其家。这一重大的家国之变，使张炎的生活道路发生根本性的转折，他原有家庭的特殊政治地位，优越的物质生活条件，长期习惯的人际关系和环境气氛，都突然消失了，从贵族公子堕入"牢落偃蹇"的落魄贫困境地。文中说词人"尝以艺北游"，指的是北去大都缮写金字藏经事(《元史》卷十六)，时间是元世祖至元二十七年(1290)。这次被召北去的不只是张炎，同去的还有江南的一些文人。后来因朝廷内发生重大变故，张炎等人就于第二年春天"失意亟亟南归"，回到杭州。“愈不遇”，表明景况的日益窘困。在杭州居住十年左右，因贫困而外出飘泊，“东游山阴、四明、天台间”，时间在元成宗大德元年（1297）到大德二年（1298）。在这期间，他投依知交旧友，四处奔波，飘转不定，有时为了衣食而摆卦摊，生活极为困顿。“若少遇者”，就是指这种失意状况。在不得已的情况下，词人只能又西归杭州。紧扣文题中的“西游”，戴表元的这段文章，以张炎的当年得意和后来的失意相对比，着力写其“不遇”“愈不遇”“若少遇”的无人赏识了解的沦落之悲，自然流露出对张炎境遇的无限同情。

序文的第二部分，紧扣“西归”，叙述张炎离开浙东返杭的原因。先通过作者的询问，然后以张炎的回答，充分剖述了这位词人的悲惨境况：“吾之来，本投所贤，贤者贫；依所知，知者死”！能够投靠的人，不是贫困，就是死去，无处可去。所以张炎说：“吾不得已违之。吾岂乐为此哉！”言下不胜辛酸。接下来文笔一转，叙写词人痛饮之后，吟唱自己的词作，悲凉宛转，深一层写出张炎长歌当哭的极度悲哀，作者也从中引发出人生变幻无常的感慨。文中说听到张炎的吟唱词作，“亦能令人忘去穷达得丧所在”，是一种聊自排遣的婉转说法。

正因为对穷达得失不能忘怀，所以作者才以充满感情的笔触追述词人的显赫家世，更进一步衬写出兴亡盛衰之变。临安作为南宋的都城，皇亲国戚、贵僚高官群聚于此，而张炎的六世祖张俊就是其中之一。张俊，字伯英。南渡后拥有兵权最早，屡立战功，与韩世忠、刘锜、岳飞并称“张韩刘岳”四大名将，封清河郡王，死后追封循王。周密《武林旧事》曾以一整卷篇幅，记载宋高宗幸清河郡王府时的招待情况，可谓极尽豪华奢靡之能事。曾祖张镃，字功甫，“其园池声妓、玩服之丽甲天下”（周密《齐东野语》），能诗词，有《南湖集》《玉照堂词》。父张枢，字斗南，号云窗，善音律，有《寄闲集》。张炎的这种豪侈显赫的家庭，优越的文化环境，既养成他歌酒风流的贵族公子作风，同时也培育了文学艺术的才能，使他在词学理论和词的创作上获得了显著的成就。因为他的先世是这样的家庭，所以当时著名的高才词客如姜白石、孙花翁，都曾是他曾祖张镃门下的常客，其他如陆游、辛弃疾、杨万里、陈亮等著名人物，也都与张镃有过交游。文中说“千金之装，列驷之聘，谈笑得之，不以为异”，一方面说明张炎先世豪富惊人，更主要的是表现词人祖辈待客之诚，助人之厚，用以反衬词人“途穷境变，则亦以望于他人”。家国沦亡，家人亡散，身世飘零，生活无着，被迫求助于友朋故旧，希望也能得到热情优厚的接待。然而，人事变化，世态炎凉，古道热肠者能有几人！对于词人的满腔感伤，作者只能试作排解：“不知正复尧章、花翁尚存，今谁知之，而谁暇能念之者？”言下有无穷感慨。作者最后感叹：“士固复有家世材华如叔夏，而穷甚

于此者乎!”这一语道尽了张炎身世、生活的巨大变化,表示出作者深厚的同情,同时也蕴含着作者对世事变幻的悲慨。（钟　陵）

【作者小传】

刘　因

(1249—1293)　宋元之际学者。字梦吉,号静修。雄州容城(今河北容城)人。钻研程朱之学。元世祖诏征为右赞善大夫,不久以母疾辞归。后拒绝应聘。工诗词。著有《四书精要》《静修集》。

《辋川图》记　　刘　因

是图,唐、宋、金源[①]诸画谱皆有,评识者谓惟李伯时《山庄》[②]可以比之。盖维平生得意画也。癸酉[③]之春,予得观之。唐史暨维集[④]之所谓竹馆、柳浪[⑤]等皆可考,其一人与之对谈,或泛舟者,疑裴迪[⑥]也。江山雄胜,草木润秀,使人徘徊,抚卷而忘掩,浩然有结庐终焉之想,而不知秦[⑦]之非吾土也。物之移人,观者如是,而彼方以是自嬉者,固宜疲精极思而不知其劳也。

呜呼!古人于艺也,适意玩情而已矣。若画,则非如书计[⑧]、乐舞之可为修己治人之资,则又所不暇而不屑为者。魏晋以来,虽或为之,然而如阎立本[⑨]者,已知所以自耻矣。维以清才位通显,而天下复以高人目之,彼方偃然以前身画师自居,其人品已不足道。然使其移绘一水一石一草一木之精致,而思所以文其身,则亦不至于陷贼而不死,苟免而不耻,其紊乱错逆如是之甚也!岂其自负者固止于此,而不知世有大节,将处己于名臣乎?斯亦不足议者。予特以当时朝廷之所以享盛名,而豪贵之所以虚左[⑩]而迎,亲王之所以师友而待者,则能诗能画、背主事贼之维辈也。如颜太师[⑪]之守孤城,倡大义,忠诚盖一世,遗烈振万古,则不知其作何状。其时事可知矣。

后世论者喜言文章以气为主，又喜言境因人胜。故朱子⑫谓维诗虽清雅，亦萎弱少气骨；程子⑬谓绿野堂⑭宜为后人所存，若王维庄虽取而有之可也。呜呼！人之大节一亏，百事涂地，凡可以为百世之甘棠⑮者，而人皆得以刍狗⑯之。彼将以文艺高逸自名者，亦当以此自反也。予以他日之经行，或有可以按之以考。夫俯仰间已有古今之异者，欲如韩文公画记⑰以谱其次第之大概而未暇，姑书此于后。庶几士大夫不以此自负，而亦不复重此，而向之所谓豪贵王公或亦有所感而知所趋向焉。三月望日记。

〔注〕 ① 金源：本为金国兴起的地方，后用以指金国。 ② 李伯时：名公麟，宋代著名画家。晚年退居安徽桐城龙眠山，号龙眠居士。画有《龙眠山庄图》，由建德馆至垂云沜，著录者十六处。 ③ 癸酉：元世祖至元十年(1273)。 ④ 维集：指王维的集子《王右丞集》。 ⑤ 竹馆：即竹里馆。与柳浪同属辋川别业。 ⑥ 裴迪：关中人，初与王维、崔兴宗俱隐终南山，相互唱和，唐肃宗时为蜀州刺史。 ⑦ 秦：今陕西。 ⑧ 书计：文字与筹算。 ⑨ 阎立本：唐初著名画家，京兆万年(今陕西西安)人。唐高宗时为工部尚书，拜右相。初，太宗与侍臣泛舟春苑池，见异鸟，召立本图写之。时立本已为主爵郎中，俯伏池左，研吮丹粉，望坐者羞恨流汗。归戒其子曰："吾少读书，文辞不减侪辈，今独以画见名，与厮役等。汝等宜深诫，勿习此末技。" ⑩ 虚左：古时以左为尊，空出左边的位置，表示恭敬。 ⑪ 颜太师：即颜真卿，唐大臣、书法家。安禄山叛乱，他起兵抵抗，官至太子太师。 ⑫ 朱子：朱熹，宋代理学家。 ⑬ 程子：程颐，宋代理学家。 ⑭ 绿野堂：唐裴度的别墅，旧址在今河南洛阳。 ⑮ 甘棠：果树名。《诗・召南》有《甘棠》篇，说召伯巡行南园，曾憩于甘棠树下，其后人思其德，故爱其树而不忍伤折。 ⑯ 刍狗：结草为狗，用于祭祀，祭后即弃去，以比喻轻贱无用之物。 ⑰ 韩文公：韩愈。愈有《画记》一文，记述人物小画一卷的画面，内容极为详细。

本篇题为《辋川图记》，是刘因为王维所画《辋川图》题的记。文章先从图指出它在画史上不同凡响的地位："是图，唐、宋、金源诸画谱皆有"。继而援引行家的评论："惟李伯时《山庄》可以比之。"李伯时名公麟，是享有"宋画第一"盛誉的著名画家，得与他的名画《山庄图》相媲美，此图之精妙自不难想见。以上皆从客观角度着笔，接下来"盖维平生得意画也"一句便是从主观角度写作者的评价。王维的绘画造诣如人所共知，他曾自称"宿世谬词客，前身应画师"(《偶然作》)，《封氏闻见记》说他"特妙山水，幽深之致，近古未有"。他不仅"画绝古今"(《纯全集》)，而且开南宗画一派。此图既是他生平得意之笔，其为精品当毫无疑义。至此，《辋川图》之技艺精湛、出类拔萃已不言而喻。"癸酉之春，予得观之"，交代作此记的因由，同时引出对画面内容的描绘："唐史暨维集之所谓竹馆、柳浪等皆可考，其一人与之对谈，或泛舟者，疑裴迪也。”在此作者运笔十分简约，未加形容，这一则是因为王维“诗中有画”的《辋川集》和他“与道友裴迪，浮舟往来，弹琴赋诗，啸吟终日”（《旧唐书》本传）的隐居生活久已为人所熟悉，稍加勾勒便足以引发读者丰富的想象；另一方面，作者的目的本不在论画，而是另有作意，这也是本文不同于一般题记之处。果然，在以“江山雄胜，草木润秀”概括了画面特点之后，笔锋即一转，说它“使人徘徊，抚卷而忘掩，浩然有结庐终焉之想，而不知秦之非吾土也”。渲染此画的“移人”作用，与画虽非无关，但本文写作的重心显然已经不着痕迹地由画过渡到人，并进而由画之“观者”过渡到画之作者，逐渐接近本文的中心了。文章称《辋川图》之作者王维乃“以是自嬉”，“固宜疲精极思而不知其劳”者，这隐含讥讽的评论正为下文展开议论作了铺垫。

以“呜呼”领起的议论，一曰：“古人于艺也，适意玩情而已矣。”言外之意责王维有悖古训。二曰：“若画，则非如书计、乐舞之可为修己治人之资，则又所不暇而不屑为者。”显然，人之“不暇而不屑为”与王维之“疲精极思而不知其劳”已含有对比之意，作者犹嫌不足，援引了唐初画家阎立本“已知所以自耻”的例子，与王维“偃然以前身画师自居”构成更为强烈鲜明的对照。由此得出结论：“才位通显”“天下复以高人目之”的王维，“其人品已不足道”。这样说不免有鄙薄绘画艺术之嫌，作者的本意是否如此呢？细味之，似不尽然。从他为王维设想的“使其移绘一水一石一草一木之精致，而思所以文其身”云云，不难看出，他非但不曾全盘否定绘画，而且肯定它同样具有“修己”的功能。这样说显而易见是“醉翁之意不在酒”，真正使作者感到愤慨的并非王维以画“自嬉”，而是他在安史之乱中为叛军胁迫在伪署供职的不光彩经历，是他“陷贼而不死，苟免而不耻”的失节行为。论画不过是文章的引子，论人才是目的。正因为如此，文章一反开头的委婉平和，感情渐趋愤激，措辞也分外严厉。说王维“其紊乱错逆如是之甚也”，不满和贬抑已情见乎辞。接着又一个反问：“岂其自负者固止于此，而不知世有大节，将处己于名臣乎？”对王维失节之后仍以名臣自负简直到了深恶痛绝的地步。然而使作者大为不满的不只是王维一人，更有使他得以生存的社会环境，所以文章以“斯亦不足议者”一句作为过渡，将指斥的矛头转向当时朝廷、豪贵和亲王，嘲笑他们“所以享盛名”“虚左而迎”“以师友而待”的，不过是虽则“能诗能画”却“背主事贼之维辈”；而对“守孤城，倡大义，忠诚盖一世，遗烈振万古”的颜太师真卿，却远没有这样殷勤恭谨。两相对照，当权者的重才轻德，社会风气的颓靡败坏已不言自明。作者的思想倾向和爱憎感情，也借对颜真卿忠义行为的备极推崇，对当权者于颜氏“不知其作何状”的愤怒诘责以及“其时事可想而知”的感叹，抒发得淋漓尽致。

至此，文章由画及人，由事及理，环环相扣，步步深入，已经由隐而显地表达了作者的主旨。所以，在文章的结末，作者明确指出："人之大节一亏，百事涂地，凡可以为百世之甘棠者，而人皆得以刍狗之。"大节既如此重要，作者于是奉劝那些"以文艺高逸自名者"，接受王维等人的教训，"亦当以此自反"；奉劝士大夫"不以此自负，而亦不复重此"；至于那些对时事风气有举足轻重影响的"向之所谓豪贵王公"，作者则告诫他们应"有所感而知所趋向"。这篇文章的写作目的正在于此。

安史之乱距作者生活的时代已有五百年之久，王维陷贼的一段公案史家也早有定论，为什么作者非要翻历史的旧账，而且感情如此愤激不平呢？个中的原因，只要对作者的坎坷经历和思想感情稍有了解，便不难明白。元朝初期有影响的作家，大都是宋、金的遗民。蒙古贵族统治者实行的残酷的民族压迫政策，激起了他们强烈而又深沉的民族感情，但在统治者的高压下，这种感情又不能无所顾忌地倾泻而出，而只能用隐晦的手法曲曲传达。刘因是在诗文中反映遗民感情比较多，成就也比较高的一位作家，《辋川图记》便托物寓意，借古论今，曲折吐露深挚沉痛的民族感情。作者对王维失节而自鸣清高一事的批评，正是针对由宋降元的一班文人的软弱而发。因此，尽管其中不无偏激之词，其积极意义和现实意义是不容置疑的。文章语言简洁明快，议论犀利精当，推理清晰严密，又使人在赏画之余，获得深刻的思想启迪。

（张明非）

【作者小传】

虞 集

(1272—1348) 元学者、文学家。字伯生，人称邵庵先生。祖籍仁寿（今属四川眉山市），迁崇仁（今属江西抚州市）。成宗时任国子助教。泰定帝时升任翰林直学士兼国子祭酒。文宗时官至奎章阁侍书学士，与赵世延等编纂《经世大典》。晚年告病回江西。卒谥文靖。倡导理学。诗文在当时号为大家。著有《道园学古录》等。

尚志斋说

虞 集

亦尝观于射乎？正鹄者，射者之所志也。于是良尔弓，直尔矢，养尔气，畜尔力，正尔身，守尔法而临之。挽必圆，视必审，发必决，求中乎正鹄而已矣。正鹄之不立，则无专一之趣向，则虽有善器强力，茫茫然将安所施哉？况乎弛焉以嬉，嫚焉以发①，初无定的，亦不期于必中者，其君子绝之，不与为偶，以其无志也。

善为学者，苟知此说，其亦可以少警矣乎？夫学者之欲至于圣贤，犹射者之求中夫正鹄也。不以圣贤为准的而学者，是不立正鹄而射者也。志无定向，则泛滥茫洋无所底止。其不为妄人者几希！此立志之最先者也。

既有定向，则求所以至之之道焉，尤非有志者不能也。是故从师取友读书穷理，皆求至之事也。于是平居无事之时，此志未尝慢也；应事接物之际，此志未尝乱也；安逸顺适，志不为尚；患难忧戚，志不为慑；必求达吾之欲至而后已。此立志始终不可谕者也。

是故志苟立矣，虽至于圣人可也。昔人有言曰："有志者，事竟成②。"又曰："用志不分，乃凝于神③。"此之谓也。志苟不立，虽细微之事，犹无可成之理，况为学之大乎！昔者夫子以生知天纵之资，其始学也，犹必曰志④，况吾党小子之至愚极困者乎？其不可不以尚志为至要至急也审矣。

今大司寇之上士浚仪黄君之善教子也，和而有制，严而不离。尝遣济也受业于予。济也请题其斋居以自励，因为书"尚志"二字以赠之。他日暂还其乡，又来求说。援笔书所欲言，不觉其烦也。济也，尚思立志乎哉。

〔注〕 ① 弛焉以嬉，嫚焉以发：弛，同"弛"，放松弓弦；嫚，同"慢"。这里是说射箭者的漫不经心的态度。 ② 有志者，事竟成：语出《后汉书·耿弇传》。 ③ 用志不分，乃凝于神：《庄子·达生》引孔子语。 ④ 夫子：这里指孔子。生知：不待学而知。《论语·季氏》："孔子曰：生而知之者，上也。"天纵：上天所使。《论语·子罕》："太宰问于子贡曰：'夫子圣者与？何其多能也？'子贡曰：'固天纵之将圣，又多能也。'"其始学也，犹必曰志：《论语·为政》："子曰：'吾十有五而志于学。'"

如果说要成就一番大事业，最基本的条件是要"千里之行，始于足下"，那么，在迈步之前，还有一个更基本的条件，就是要明确目标。目的定得准，才能走得正，志向定得明确，才能支撑着跋涉者的信念。明代的王守仁说："志不立，天下无可成之事。虽百工技艺，未有不本于志者。志不立，如无舵之舟，无衔之马，漂荡奔逸，何所底乎？"（《教条示龙场诸生》）

要把"立志"说清楚，并不是一件容易的事，弄不好就会成为抽象空洞的说教。

虞集想要说的是为学的立志，然而他没有在开头就展开论述做学问立志的重要性和必要性，他先阐述射箭过程中"正鹄"的必要性。这样的比喻用来说明目的与条件的关系问题，是再恰当、直截、鲜明不过的了。射箭的目的就是要射中目标，没有目标的射箭简直是无法想象的。在射箭的全部过程中，确立目标是最基本最首要的条件，俗语所谓"有的放矢"，就是这个意思。如果不具备这个先于一切的条件，即使射者准备了好弓好箭，养足了精神力气，练就了正规的身法，箭又能射向何处呢？

这一段文字不多，却说得精简透辟，其中有了"良尔弓，直尔矢，养尔气，畜尔力，正尔身，守尔法"，"挽必圆，视必审，发必决"，"弛焉以嬉，嫚焉以发"这样几组动态节奏极强的排比和对偶，既对射箭全过程及各阶段的重要性作了简劲生动的概括，又反衬出"正鹄"的必要，使读者莫不对"立志"这个问题留下极深刻的形象的认识。

作者之意不在"射箭"而在"为学"，但"为学"的立志不容易说清楚，"射箭"的立志则较容易表明，因而巧妙地设计了这样一个比喻。具体说来，射箭的志是正鹄，为学的志是以圣贤为准的；向圣贤学习，为学才能走上正途；用心学习，用功学习，才会有好的结果。

接着，作者强调既立志，便要持之以恒，始终不渝地为达到目的而努力。实现志向的全过程中必须始终不忘"志向"，志向是努力的目标，也是努力的支柱。因此，"平居无事之时，此志未尝慢也；应事接物之际，此志未尝乱也；安逸顺适，志不为尚；患难忧戚，志不为慑"。这就更进一层地说明立志的重要性。

文章的第四段，又是在最基本的意义上强调立志，与第一段、第二段之意相同。这种逐层翻进、反复强调的作法，就如同音乐结构中的三段式一般，一咏三叹，再三吟唱，使人对作品的主旋律难以忘怀。这一段作者举例说明立志的"至要至急"。他指出，一个人如果志向明确并矢志不渝的话，就能够达到圣贤们的境界；如果不确立志向，必将一事无成。那些资质超群的天才的贤哲们为学尚且都要立志，何况那些浅陋愚钝的人呢！

虞集的散文多为官场应酬文字，颂扬权贵，倡导理学。本篇亦应人之求而作，但能就立志发表自己的见解，写得相当精简有力。全文引譬喻类，一波三折，节奏层次分明，文笔也很有韵律，且遒劲畅达。（郭　平）

【作者小传】

李孝光

元散文家。字季和。温州乐清(今属浙江)人。少博学，隐居雁荡山五峰下，四方之士多前往从学。至正七年(1347)应召至北京，次年擢文林郎、秘书监丞。工古文。著有《五峰集》。

大龙湫记

李孝光

大德七年，秋八月，予尝从老先生来观大龙湫，苦雨积日夜。是日，大风起西北，始见日出。湫水方大，入谷，未到五里余，闻大声转出谷中，从者心掉①。望见西北立石，作人俯势，又如大楹。行过二百步，乃见更作两股相倚立。更进百数步，又如树大屏风。而其颠谽谺②，犹蟹两螯，时一动摇，行者兀兀，不可入。转缘南山趾，稍北，回视如树圭。又折而入东崦③，则仰见大水从天上堕地，不挂著④四壁，或盘桓久不下，忽迸落如震霆。东岩趾有诺讵那庵⑤，相去五六步，山风横射，水飞著人。走入庵避，余沫迸入屋，犹如暴雨至。水下捣大潭，轰然万人鼓也。人相持语，但见口张，不闻作声，则相顾大笑。先生曰："壮哉！吾行天下，未见如此瀑布也。"

是后，予一岁或一至。至，常以九月；十月则皆水缩，不能如向所见。今年冬又大旱，客入，到庵外石矼上，渐闻有水声。乃缘石矼下，出乱石间，始见瀑布垂，渤渤如苍烟，乍小乍大，鸣渐壮急。水落潭上洼石，石被激射，反红如丹砂。石间无秋毫土气，产木宜瘠，反碧滑如翠羽凫毛。潭中有斑鱼廿余头，闻转石声，洋洋远去，闲暇回缓，如避世士然。家僮方置大瓶石旁，仰接瀑水，水忽舞向人，又益壮一倍，不可复得瓶，乃解衣脱帽著石上，相持扼掔，欲争取之，因大呼笑。西南石壁上，黄猿数十，闻声，皆自惊扰，挽崖端偃木牵连下，窥人而啼。纵观久之，行出瑞鹿院前——今为瑞鹿寺，日已入。苍林积叶，前行，人迷不得路，独见明月宛宛如故人。老先生谓南山公也⑥。

〔注〕 ① 掉：动荡。这里指由于惊恐而心脏剧烈跳动。 ② 谽谺(hān xiā 酣瞎)：山深貌。这里指山的高险。 ③ 东崦：东山。 ④ 著："着"的本字，附着，附上。 ⑤ 诺讵那庵：罗汉庵。诺讵那，一译诺讵罗，为佛教十六罗汉(另两位佛典中无据)之一。传说晋穆帝永和年间，有四川高僧东来雁荡，于大龙湫抱膝观瀑时坐化。后人为他砌塔建庵，并尊为开山祖师。⑥ 南山公：指老先生。"南山"为其号，"公"是对他的尊称。此人的具体情况不详，当是李孝光很尊敬的长辈，故一再尊称为"老先生"。从现知的李孝光交游情况来看，此人可能是达兼善的父亲。他曾任台州(治今浙江临海)录事，其后即在台州安家。

大龙湫与灵峰、灵岩被称为雁荡山风景三绝。雁荡山位于浙江东南乐清县境内，以山水奇秀著名，号称东南第一山。在雁荡诸景中，大龙湫尤为著名。它是我国著名的大瀑布，从高约一百九十米的连云嶂凌空而下，宛如银河飞泻，十分壮观。随着季节、晴雨和风力的变化，大龙湫也呈现出不同的风貌。李孝光为元代浙江乐清人，曾长期隐居雁荡山五峰下。这篇《大龙湫记》是他《雁山十记》中的一篇。

这篇文章分为两个部分，分别描写作者在秋冬两季游大龙湫的见闻。第一部分写其初游时的感受。在这一段中，作者具体描写沿路的见闻。其写水声之大，撼人心魄，与苏轼的《石钟山记》中"大声发于水上，噌吰如钟鼓不绝，舟人大恐"的写法相似。只是苏文是实写，而此处则是虚写，借水声之大来渲染水势，以起到"先声夺人"的效果。接着又从视觉的角度对沿路山景进行描摹，种种奇山异石令人目不暇接。作者用新奇的比喻为奇异纷披的山石传神写照，描写颇为精彩。人俯、相倚、大楹、屏风、蟹螯等，巧妙地表现出了山石的千姿百态，而且动静相间："作人俯势"是动，"如大楹"是静；"两股相倚立"是动，而"其颠谽谺，犹蟹两螯，时一动摇"则为静中之动。动静相间，所表现出的意象更为纷繁多姿。从听觉和视觉两方面对大龙湫进行侧面的烘托之后，就对瀑布进行直接描摹。先极写瀑布之高，仿佛从天而降，再状瀑布的夭矫凌空之态，然后写它迸落深潭，发出如殷殷雷声般的震耳声音：视角自高而下，由仰望至俯视，极有层次地写出了眼前瀑布那种盘旋飞舞，轰然迸落的神姿。"震霆"二字，极言瀑布落深潭时轰鸣声音之大。瀑布凌空飞下，激起横射的山风，水沫随风飘洒，犹如暴雨骤至。

这是瀑布将落未落时的雄伟气象。接着写瀑布入潭,用一"捣"字,非常传神地表现出瀑布的雄劲之势,体现了作者炼字之精。瀑布捣入深潭,轰鸣声犹如万人奋击鼙鼓那样惊天动地。先写瀑布,继写水声,仍是从视、听两方面落笔。水声给作者留下了极深的印象,文中先后三次予以强调:先是"闻大声转出谷中";继而亲临其境,感受到它"如震霆"、如"万人鼓"那样雄壮;最后又以"人相持语,但见口张,不闻作声"来进行反衬和渲染,淋漓尽致地突出了大龙湫飞瀑的磅礴气势。

以上所写,是作者追记初游龙湫时的见闻,描绘了秋雨霪霪的雨季所见到的大龙湫奇景,下面则转而描写旱季的大龙湫。雨季的大龙湫,其基调是"雄奇喧腾",而旱季大龙湫的基调则是"明丽幽静"。瀑布不再是那种夭矫凌空、声震山林的雄姿,而是呈现出"渤渤如苍烟,乍小乍大"的缥缈变幻之状;水声也变得回环潺湲,需要走上邻近的石桥,方能聆其清音。虽然不复能看见雄奇之景,却别有一番情趣,吸引游人留连忘返。这一段,侧重描写大龙湫四周的景物,与上一段突出描写瀑布本身不同。这里作者描绘出一幅明丽幽静的画面,以展示大龙湫旱季的美丽。围绕着瀑布,他从动静两方面来写景:潭上清石与水气相映,红如丹砂;山石之间树木葱茏,碧绿细润,如翠羽凫毛。红绿两色,交相映衬,使这些静态的景物,更为生色。又以鱼和猿两种动物来写这里环境的自在悠然,远离尘嚣。鱼的闲暇逍遥点出山中景致令人心情怡然,同时也写出了潭水的清莹透澈。猿猴"窥人而啼"这一场面,着力渲染的是山中的静谧。猿猴啾啾而啼,更打破了山中的岑寂。作者承袭前人以声写静的手法,通过动静两组画面的相映照,突出了旱季大龙湫清雅如画的美。面对这样的美景,作者的游兴到薄暮还未尽,直至月出东山,依然徜徉在洒满月色的曲径上。这是诗的意境。这诗意盎然的结尾,使文章余味无穷。

这一篇游记与众不同之处在于记叙了两次游历,通过不同季节的所见所闻,全面地展现了大龙湫的风姿。二者互补,将大龙湫的奇伟变幻尽收笔下;二美合璧,将大龙湫的奇丽景象构成了一幅完整的图画。在结构上通篇用对比法:上一段写大龙湫的雄奇喧腾,展现出的是壮美的画面;下一段写大龙湫的明丽幽静,展现出的是优美的画面。雨季出游,着重写沿途的见闻及瀑布的磅礴气势;旱季重来,着重写瀑布四周的景物。上一段的描写是线状的,下一段描写是点状的。上一段详写的,下一段则一带而过;而上一段所略者,下一段则工笔细描。犹如秋冬两季大龙湫景色的不同一样,文章的上下两段也迥异其趣,充分体现出作者文笔的腾挪变幻之妙。　　(李修生　李　鸣)

【作者小传】

钟嗣成

元戏曲家。字继先，号醜斋。大梁(今河南开封)人。寄居杭州。累试不第，遂从事戏曲创作。著有杂剧《章台柳》《钱神论》等，均佚。今存顺帝元年(1330)所著《录鬼簿》二卷，记元初曲家及剧目。

《录鬼簿》[①] 序

钟嗣成

贤愚寿夭、死生祸福之理，固兼乎气数而言，圣贤未尝不论也。盖阴阳之屈伸，即人鬼之生死。人而知夫生死之道，顺受其正，又岂有岩墙[②]、桎梏之厄哉！虽然，人之生斯世也，但知以已死者为鬼，而未知未死者亦鬼也。酒罂[③]饭囊、或醉或梦、块然[④]泥土者，则其人虽生，与已死之鬼何异？此曹固未暇论也。其或稍知义理，口发善言，而于学问之道甘为自弃，临终之后，漠然无闻，则又不若块然之鬼之愈也。

余尝见未死之鬼吊已死之鬼，未之思也，特一间[⑤]耳。独不知天地开辟，亘古迄今，自有不死之鬼在。何则？圣贤之君臣，忠孝之士子，小善大功，著在方册者，日月炳焕，山川流峙，及乎千万劫无穷已，是则虽鬼而不鬼者也。今因暇日，缅怀古人，门第卑微，职位不振，高才博识，俱有可录。岁月弥久，湮没无闻，遂传其本末，吊以乐章。复以前乎此者，叙其姓名，述其所作。冀乎初学之士，刻意词章，使冰寒乎水，青胜于蓝，则亦幸矣。名之曰《录鬼簿》。

嗟乎！余亦鬼也，使已死未死之鬼，作不死之鬼，得以传远，余又何幸焉！若夫高尚之士、性理之学，以为得罪于圣门者。吾党且啖蛤蜊，别与知味者道。

至顺元年，龙集庚午[⑥]月建甲申二十二日辛未，古汴钟继先[⑦]自序。

〔注〕 ①《录鬼簿》：元杂剧史料著作，钟嗣成著。共记述作家一百五十二人，著录剧目四百余种。钟氏还对其中十八位亡友作《凌波仙》曲子以吊之，即文中所谓“吊以乐章”。 ② 岩

墙：指牢狱。　③ 罂(yīng 英)：一种口小腹大的瓮。　④ 块然：无知觉貌。　⑤ 一间：(相差)一点点。　⑥ 龙：岁星名称。庚午：指公元1330年，即元文宗至顺元年。龙集庚午：即岁星在庚午年。　⑦ 古汴：即汴梁(今河南开封市)。钟继先：钟嗣成字继先。

元代散文，本无大家；等而下之的名家之列，钟嗣成也是挤不进去的。他的诗文，多已不传，存者仅散曲若干及此《序》而已。但虽仅存此篇，即可使作者垂名不朽，这一节，又可羞煞所谓名家者流。盖由今观之，元代文学中，当时被视为下里巴人的杂剧，其价值远胜于虞集、范梈等人的诗文；故同理推之，钟氏此文，为杂剧家正名立传，其价值当亦超出摹写风物、略工感慨的文字不啻百倍。因为，他人之作，不过因袭唐宋前贤、稍加变化而已，此文则传一时代文学之风气，其间差异，正未可以道里计。至于文字之工拙高下，则固非论者所当措意者。

然此文的文字虽不具美，而辞锋咄咄，亦自有可观者。往昔论者，见本文所谈多鬼，因而称其滑稽不庄，此可谓一大失。本文从头至尾，皆具挑战性。所挑战者，曰义理，曰性理，要之，即正统儒教观念是也。不见其挑战性，则可谓不知本文。

本篇开首，先论生死。但所论生死之观，不过是“圣贤未尝不论”者；而作者紧踵其后，突加一句“未死者亦鬼也”，这便是第一记挑战：圣贤不是论过许多生死之理么？然而他们尚有“未知”！那么，“知”者为谁？自然是我作者！——故此，作者在文章之始，虽不曾公然自称胜过圣贤，然其小觑圣贤之心，已隐然跃于纸上了。

“未死者亦鬼也”？圣贤若地下有知，当报以宽容的一笑：钟某，你休以为自己发现了什么大秘密，咱也早知道啦！你说的，不就是那些醉生梦死的酒囊饭袋吗？——对此，作者忙施出第二记挑战：“此曹固未暇论也”！我哪有闲工夫说那种人！我要说的，是另一种“未死之鬼”。他们，学了你们圣贤的片言只句，自以为懂了你们儒学的“义理”，从此甘当乡愿，不思进取。他们，除了你们给的，还有什么独创？他们，非但死后必将默默无闻，活着也还不是未死之鬼？他们，还最可怜，自以为学了“义理”可垂不朽，孰不知一死即与草木同腐，还不如那些“块然之鬼”本来就无知无识，死得也心平气和呢！

这一记挑战，挑得地下的圣贤们晕了：自己辛苦著书，传与后人，谁知这群传人，全被钟某定为“未死之鬼”，见他们去凭吊“已死之鬼”，还要笑其“未之思也”“特一间耳”！真真气煞！不过，圣贤们也只晕了一小会儿，马上又高兴了：钟某开始论及“不死之鬼”了，谁是不死之鬼？他说，有圣君、贤臣，有忠士、孝子，功德不论大小，都可不朽，还与日月同辉、与山川共存呢！好啦好啦，这狂夫总算醒了,说人话了!

然而,再看下去,圣贤又呆了:这钟某,自称“缅怀古人”,恐其“湮没无闻”,于是编起了《录鬼簿》,把那些已死未死的鬼一一登录。登录本身也不算坏事,可他要使之“及乎千万劫无穷已”的是谁呢?是“门第卑微”如关汉卿,是“职位不振”如马致远,是“高才博识”如白朴、王实甫之类,他们能与“圣贤之君臣,忠孝之士子”比肩并论吗?他们的杂剧及得上“义理”吗?可钟某却偏要给他们立传,还以后人能学之超之为“有幸”!大胆,狂悖!

至此,钟嗣成以他的将杂剧家与圣贤忠良并重的惊人之笔,打出了第三记挑战之拳。这是一记重拳,大大得罪了圣贤门下。对此,他自己也是明白的。把“高尚之士、性理之学”撇在一旁,自顾去为杂剧家树碑立传,且以为幸何如之:这,圣门诸公恐怕不免群起而攻之吧?现在是对方来挑战了,应战吗?不,不,钟嗣成只轻巧地用一个典故解消了可能有的挑战。《南史·王融传》载,王融在沈昭略前自夸名满天下,无人不知;沈却道不曾听说过,只管吃自己的蛤蜊。“吾党且啖蛤蜊,别与知味者道”,钟嗣成这话,说得还算文雅,若用粗话翻译,就是“管他娘的”之意了。文首对圣贤的小觑,到文末竟成了轻蔑!

因此,本文非但是挑战,还是宣言。你说知“义理”者当传,我就说他们虽生犹死,不传;你说杂剧家下贱,不比圣贤忠良,我就说他们并无轩轾,可传;你有你圣门的品骘标准,随你;我有我杂剧家的文学价值观,你也休管!你若想管,我也不理!

元杂剧发展到钟嗣成的时代,已趋鼎盛,应该有自己的宣言了。这篇《〈录鬼簿〉序》,正是适当其会的一篇措词强硬的宣言。 (沈维藩)

古文鉴赏辞典

明代
清代
附录

赵朴初题

上海辞书出版社文学鉴赏辞典编纂中心 编

上海辞书出版社

《古文鉴赏辞典》

主　编　陈振鹏　章培恒

撰稿人(以姓氏笔画为序):

门　岿	丰家骅	王少华	王达津	王运熙	王英志	王　政
王思宇	王　源	王锡九	王镇远	方北辰	方智范	邓小军
邓子勉	邓乔彬	邓韶玉	艾思同	龙　晦	卢　元	卢敦基
叶晨晖	田和平	冯永军	冯芝祥	戎晓若	朱宏达	朱良志
任国绪	刘乃昌	刘文忠	刘立人	刘传新	刘季高	刘学锴
刘衍文	刘桂秋	刘燕歌	羊春秋	汤贵仁	安平秋	许　总
许　结	孙小力	孙钦善	孙　静	严　明	严迪昌	苏者聪
杨月英	杨　明	杨海明	杨海峥	杨福廷	李廷先	李　宇
李良镕	李茂肃	李国章	李　鸣	李修生	李祚唐	李露蕾
吴丈蜀	吴小平	吴小如	吴小林	吴功正	吴战垒	吴调公
吴　锦	邱鸣皋	何永康	何满子	余恕诚	汪涌豪	沈维藩
沈惠乐	宋　廓	张永芳	张宏生	张明非	张宪光	张　敏
张葆全	张　璟	张　巍	陆志平	罗立刚	陈长明	陈庆元
陈如江	陈志明	陈伯海	陈绍华	陈祖美	陈晓芬	陈祥耀
周　艺	周本淳	周先民	周建忠	周勋初	周啸天	周　晶
周　虹	周　溶	周慧珍	郑延年	郑利华	孟　斐	赵伯陶
赵其钧	赵昌平	胡光舟	胡传志	胡国瑞	钟　陵	俞浩胜
施绍文	宫晓卫	祝　诚	骆玉明	骆冬青	秦岭梅	袁世硕
耿百鸣	聂世美	莫砺锋	顾伟列	顾复生	钱伯城	倪其心
徐兴无	徐应佩	高永年	高克勤	高若海	高洪奎	郭　平
郭　涛	黄进德	萧澄宇	曹光甫	曹　旭	曹　虹	曹济平
常文昌	章沧授	章尚正	董扶其	蒋星煜	蒋哲伦	蒋锡康
韩兆琦	喻朝刚	程千帆	程郁缀	程章灿	童明伦	曾枣庄
曾　弢	赖汉屏	臧维熙	管遗瑞	熊　笃	潘啸龙	潘裕民
霍松林	魏中林	魏明安				

目　录

篇 目 表……

正　　文………

　明代 …………

　清代 ……………

附　　录…………

　古文书目 …………

　篇目笔画索引 ……

篇目表

明　代

宋　濂

桃花涧修禊诗序……………… 1515

送东阳马生序………………… 1519

送陈庭学序…………………… 1521

尊卢沙………………………… 1525

秦士录………………………… 1528

阅江楼记……………………… 1533

刘　基

司马季主论卜………………… 1535

卖柑者言……………………… 1538

楚人养狙……………………… 1540

工之侨为琴…………………… 1541

苦斋记………………………… 1543

松风阁记(一)………………… 1547

松风阁记(二)………………… 1549

高　启

书博鸡者事…………………… 1551

墨翁传………………………… 1554

方孝孺

吴士…………………………… 1557

蚊对…………………………… 1559

指喻…………………………… 1561

杨士奇

游东山记……………………… 1564

薛　瑄

游龙门记……………………… 1568

程敏政

夜渡两关记…………………… 1571

王守仁

瘗旅文………………………… 1574

归有光

《吴山图》记………………… 1578

寒花葬志……………………… 1581

项脊轩志……………………… 1583

先妣事略……………………… 1585

唐顺之

任光禄竹溪记………………… 1589

答茅鹿门知县(二)…………… 1592

茅　坤

《青霞先生文集》序………… 1596

徐　渭

自为墓志铭…………………… 1601

宗　臣

报刘一丈书…………………… 1605

王世贞

题《海天落照图》后………… 1608

蔺相如完璧归赵论…………… 1610
李　贽
题孔子像于芝佛院…………… 1613
李卓吾先生遗言…………… 1615
袁宗道
龙湖…………… 1618
极乐寺纪游…………… 1621
徐光启
《甘薯疏》序…………… 1624
袁宏道
徐文长传并序…………… 1627
叙小修诗…………… 1632
叙陈正甫《会心集》…………… 1636
虎丘记…………… 1640
满井游记…………… 1645
西湖(一)…………… 1648
西湖(二)…………… 1652
钟　惺
夏梅说…………… 1654
浣花溪记…………… 1657
王思任
小洋…………… 1660
徐弘祖
游黄山日记(后)…………… 1663
谭元春
再游乌龙潭记…………… 1666
刘　侗
水尽头…………… 1669
魏学洢
核舟记…………… 1672
张　岱
柳敬亭说书…………… 1675
西湖七月半…………… 1678
湖心亭看雪…………… 1681
《陶庵梦忆》序…………… 1684
自为墓志铭…………… 1687
吴从先
倪云林画论…………… 1691
张　溥
五人墓碑记…………… 1694
祁彪佳
《寓山注》序…………… 1701
黄淳耀
李龙眠画罗汉记…………… 1704
张煌言
《奇零草》自序…………… 1707
张明弼
避风岩记…………… 1711
夏完淳
狱中上母书…………… 1715

清　代

钱谦益
徐霞客传…………… 1721
黄宗羲
原君…………… 1727
柳敬亭传…………… 1731
彭士望
九牛坝观抵戏记…………… 1736
李　渔
芙蕖…………… 1741
顾炎武
复庵记…………… 1744

侯方域
李姬传…………………………1748
马伶传…………………………1753
癸未去金陵日与阮光禄书……1756
施闰章
就亭记…………………………1761
周 容
芋老人传………………………1763
王夫之
论梁元帝读书…………………1767
毛先舒
戴文进传………………………1774
林嗣环
口技……………………………1776
魏 禧
大铁椎传………………………1780
汪 琬
江天一传………………………1783
传是楼记………………………1786
宋起凤
核工记…………………………1789
沙张白
市声说…………………………1791
姜宸英
《奇零草》序…………………1794
宋 荦
游姑苏台记……………………1797
邵长蘅
阎典史传………………………1799
廖 燕
选古文小品序…………………1806
戴名世
鸟说……………………………1808
醉乡记…………………………1810
画网巾先生传…………………1812
方 苞
狱中杂记………………………1816
左忠毅公逸事…………………1821
高阳孙文正公逸事……………1824
郑 燮
范县署中寄舍弟墨第四书……1827
刘大櫆
游三游洞记……………………1831
彭端淑
为学一首示子侄………………1834
全祖望
梅花岭记………………………1836
亭林先生神道表………………1841
袁 枚
黄生借书说……………………1851
游黄山记………………………1854
祭妹文…………………………1860
纪 昀
与余存吾太史书………………1865
蒋士铨
《鸣机夜课图》记……………1868
钱大昕
弈喻……………………………1873
毕 沅
岳飞……………………………1875
姚 鼐
《古文辞类纂》序……………1877
左仲郛浮渡诗序………………1884

登泰山记……………………… 1887
游媚笔泉记…………………… 1890
朱竹君先生传………………… 1893
袁随园君墓志铭……………… 1896
彭绍升
重修盘门双忠祠记…………… 1899
崔　述
冉氏烹狗记…………………… 1902
汪　中
自序…………………………… 1905
哀盐船文……………………… 1910
洪亮吉
治平篇………………………… 1914
恽　敬
游翠微峰记(一)……………… 1917
游翠微峰记(二)……………… 1919
张惠言
《词选》序…………………… 1921
沈复
闺房记乐(节选)……………… 1924
阮　元
文言说………………………… 1927
李兆洛
骈体文钞序…………………… 1931
包世臣
小倦游阁记…………………… 1934
管　同
游西陂记……………………… 1936
梅曾亮
《阮小咸诗集》序…………… 1938
游小盘谷记…………………… 1940
钵山余霞阁记………………… 1942
龚自珍
说居庸关……………………… 1944
己亥六月重过扬州记………… 1947
病梅馆记……………………… 1951
鲁一同
关忠节公家传………………… 1954
吴敏树
说钓…………………………… 1959
曾国藩
书《归震川文集》后………… 1962
王　拯
《媭砧课诵图》序…………… 1965
刘　蓉
习惯说………………………… 1968
张裕钊
游虞山记……………………… 1969
李慈铭
六十一岁小像自赞…………… 1972
薛福成
振百工说……………………… 1975
观巴黎油画记………………… 1979
吴汝纶
跋《蒋湘帆尺牍》…………… 1980
送张廉卿序…………………… 1983
陈三立
崝庐记………………………… 1987
林　纾
《吟边燕语》序……………… 1991
严　复
译天演论自序………………… 1993
贺　涛
送徐尚书序…………………… 1999

章炳麟

谢本师…………………………… 2002

梁启超

少年中国说……………………… 2005

王国维

屈子文学之精神………………… 2014

黄　侃

《梦谒母坟图》题记…………… 2020

林觉民

与妻书…………………………… 2025

明代

【作者小传】

宋　濂

(1310—1381)　明初文学家。字景濂，号潜溪。浦江（今属浙江金华）人。元末荐授翰林编修，辞不就，入龙门山著书。明初奉命主修《元史》，官至学士承旨知制诰。后因长孙宋慎牵涉胡惟庸案，全家谪茂州，中途病死于夔州。散文简洁，颇有名。著有《宋学士文集》。

桃花涧修禊诗序　　宋　濂

浦江县[1]东行二十六里，有峰耸然而葱蒨者，元麓山也。山之西，桃花涧水出焉。乃至正丙申[2]三月上巳，郑君彦真将修禊事于涧滨，且穷泉石之胜。前一夕，宿诸贤士大夫。厥明日，既出，相帅向北行，以壶觞随。约二里所，始得涧流，遂沿涧而入。水蚀道几尽，肩不得比，先后累累如鱼贯。又三里所，夹岸皆桃花。山寒，花开迟，及是始繁。旁多髯松，入天如青云。忽见鲜葩点湿翠间，焰焰欲然[3]，可玩。又三十步，诡石人立，高可十尺余，面正平，可坐而箫，曰凤箫台。下有小泓[4]，泓上石坛广寻丈，可钓。闻大雪下时，四围皆璚树瑶林[5]，益清绝，曰钓雪矶。西垂苍壁，俯瞰台矶间，女萝与陵苕轇轕之[6]，赤纷绿骇[7]，曰翠霞屏。又六七步，奇石怒出，下临小窪，泉冽甚，宜饮鹤，曰饮鹤川。自川导水为蛇行势，前出石坛下，锵锵作环佩鸣[8]。客有善琴者，不乐泉声之独清，鼓琴与之争，琴声与泉声相和，绝可听。又五六步，水左右屈盘，始南逝，曰五折泉。又四十步，从山趾斗折入涧底，水汇为潭。潭左列石为坐，如半月。其上危岩墙峙，飞泉中泻，遇石角激之，泉怒，跃起一二尺，细沫散潭中，点点成晕，真若飞雨之骤至。仰见青天镜净，始悟为泉，曰飞雨洞。洞旁皆山，峭石冠其巅，辽敻幽邃，宜仙人居，曰蘂珠岩。遥望见之，病登陟之劳，无往者。

还至石坛上，各敷茵席，夹水而坐。呼童拾断樵，取壶中酒温之，实髹觞中[9]。觞有舟，随波沉浮，雁行下。稍前，有中断者，有属联者，方次第取饮。时轻飙东来，觞盘旋不进，甚至逆流而上，若相献酬状。

酒三行，年最高者命列觚翰[10]，人皆赋诗二首，即有不成，罚酒三巨觥[11]。众欣然如约。或闭目潜思，或拄颊上视霄汉，或与连席者耳语不休，或运笔如风雨，且书且歌，或按纸伏崖石下，欲写复止，或句有未当，搔首蹙额向人，或口吻作秋虫吟，或群聚兰坡，夺觚争先，或持卷授邻坐者观，曲肱看云而卧，皆一一可画。已而诗尽成，杯行无算[12]。迨罢归，日已在青松下。

又明日，郑君以兹游良欢，集所赋诗而属濂以序。濂按《韩诗内传》[13]，三月上巳，桃花水[14]下之时，郑之旧俗，于溱、洧两水之上，招魂续魄，执兰草以祓除不祥[15]。今去之二千载，虽时异地殊，而桃花流水，则今犹昔也。其远裔[16]能合贤士大夫以修禊事，岂或遗风尚有未泯者哉？虽然，无以是为也[17]。为吾党者，当追浴沂之风徽，法舞雩之咏叹[18]，庶几情与境适，乐与道俱[19]，而无愧于孔氏之徒。无愧于孔氏之徒，然后无愧于七尺之躯矣，可不勖哉！

濂既为序其游历之胜，而复申以规箴如此。他若晋人兰亭之集[20]，多尚清虚，亦无取焉。郑君名铉，彦真字也。

〔注〕 ① 浦江：今属浙江金华市，宋濂故乡。县：县城。 ② 至正丙申：元顺帝至正十六年(1356)。 ③ 然：通“燃”，形容花红如火。 ④ 泓：小水潭。 ⑤ 琋、瑶：都是美玉。形容大雪堆积在树的枝叶上晶莹如玉。 ⑥ 女萝、陵苕：都是藤蔓类植物。缪辖：同“纠葛”，缠绕之状。 ⑦ 赤纷绿骇：形容花繁叶盛，随风摇动。柳宗元《袁家渴记》：“每风自四山而下，振动大木，掩冉众草，纷红骇绿，蓊勃香气。” ⑧ 环佩鸣：环佩，佩玉。柳宗元《至小丘西小石潭记》：“隔篁竹，闻水声，如鸣珮环。” ⑨ 实：充满。髹(xiū 休)觞：油漆过的酒杯。 ⑩ 列觚(gū 姑)翰：安排纸笔。觚，木简，此借指纸。翰，笔。 ⑪ 觥(gōng 公)：古代酒器，器腹椭圆。 ⑫ 杯行：巡行劝饮。无算：不计其数，言其多。 ⑬《韩诗内传》：汉初燕人韩婴援引历史故事，解释《诗经》，作有《内传》四卷，《外传》六卷。《内传》南宋后失传，清人有辑本。 ⑭ 桃花水：《汉书・沟洫志》：“来春桃华水盛，(黄河)必羡溢，有填淤反壤之害。”颜师古注：“《月令》：‘仲春之月，始雨水，桃始华。’盖桃方华时，既有雨水，川谷冰泮，众流猥集，波澜盛长，故谓之桃华水。”华，同“花”。 ⑮“郑之旧俗”四句：《宋书・礼志二》：“《韩诗》曰：郑国之俗，三月上巳，

之溱、洧两水之上，招魂续魄，秉兰草，拂不祥。”与本文所引，略有不同。郑，春秋郑国，故地在今河南中部，都城为河南新郑市。溱洧（zhēn wěi 臻伟），溱水和洧水，都在古郑国境内。溱水源出河南密县东北的圣水峪，东南流会合洧水，为双洎河。《诗·郑风·溱洧》：“溱与洧，方涣涣（春水盛貌）兮。士与女，方秉蕳（兰草）兮。”述士女春游之乐，可见一斑。祓（fú 伏）除，古代习俗，为除灾去邪而举行的一种仪式。尤以三月上巳日在水边祓除最为流行，又称为“禊”。⑯远裔：后世子孙。此处指郑彦真。　⑰无以是为：不要再进行这类迷信活动。　⑱“当追浴沂”二句：沂，水名，源出山东邹县东北，西流经曲阜与洙水合，入于泗水。风徽，风范，美德。舞雩，古代求雨之祭叫“雩祭”，因有乐舞，又叫“舞雩”，亦指舞雩之处。《水经注·泗水》：“沂水北对稷门，亦曰雩门。门南隔水有雩坛，坛高三丈，曾点所欲风舞处也。”　⑲乐与道俱：是说谋求快乐要符合于修身向上的大道理。　⑳晋人兰亭之集：东晋穆帝永和九年（353）三月三日，王羲之与谢安、孙绰等四十一人，在会稽（今浙江绍兴）兰亭“修禊”，其间各人作诗，由羲之作序。为中国文学史上著名的文人雅集。

修禊，是中国古代别具民族风情的祭祀、清洁、游览活动。其起源甚早，《韩诗》《初学记》皆谓起于周公。春禊在阴历三月上旬的巳日举行，为消除不祥，常在水滨进行祓祭，人们亦趁此游春踏青，洗垢濯污，野餐聚饮，成为盛大的节日。《后汉书·礼仪志上》载：“是月（三月）上巳，官民皆絜（洁）于东流水上，曰洗濯祓除，去宿垢疢（病），为大絜。”在修禊活动中，人们或如春秋郑人，在溱、洧二水之上“执兰招魂，祓除不祥”（《文选》颜延之《三月三日曲水诗序》李善注引《韩诗》）；或“士人并出水渚，为流杯曲水之饮”（《荆楚岁时记》卷二）。至唐代长安，于三月上巳，倾城招饮，流觞于曲江之上。“曲水流觞”便成了著名的风俗和文学典故。

东晋时书圣王羲之等在会稽（今浙江绍兴）兰亭修禊雅集，留下了文学和书法史上不朽的名作《〈兰亭集〉序》；事隔千余年，元至正十六年（1356），宋濂等人又在浦江（今属浙江）玄麓山畔的桃花涧修禊雅集，留下了这篇《桃花涧修禊诗序》。虽说桃花涧修禊的著名度根本不能与兰亭修禊相提并论，但宋濂所作的《诗序》，却在描摹此次雅集的境、人、味和绘写此次雅集的景、情、韵方面别具风采，某些方面更是独擅胜场。

文章可以分为三大部分。第一部分，细致描绘桃花涧修禊雅集的环境景色，在逐步深入、条理明晰的叙述中，常常绘声绘色，为桃花涧这一名不见经传的江南乡野之地增添了诱人的光彩。第二部分，记叙涧水流觞和招饮赋诗，既为“修禊”一事作了风俗描绘，又以精彩的笔触刻画了“流觞”和“赋诗”者在这阳春三月的节日里沐浴大自然的风光，脱略形迹，发舒身心，显示了优雅潇洒的风度与品格。第三部分，是作者对此次桃花涧修禊雅集所具有的精神与韵味的一种别有会心的领略和品尝。三大部分由物态写到人情，最后归结到抒发雅集的神韵，各自独立又互相包容，互相烘托，做到了情景交融，物我同体，风神摇曳而风采独具。

第一部分，先以简明的文字，交代桃花涧修禊雅集的时间、地点以及参加的“诸贤士大夫”。浙江浦江县东二十六里玄麓山畔的桃花涧并不著名，因此有必要像柳宗元写《永州八记》一样，略述入山沿涧探胜寻幽的过程，点明桃花涧得名的由来。这里“水蚀道几尽，肩不得比，先后累累如鱼贯”，是真正的“曲径通幽”；“又三里所，夹岸皆桃花”，“及是始繁”，点明了涧水桃花。而“旁多髯松，入天如青云。忽见鲜葩点湿翠间，焰焰欲然，可玩”几句，以“鲜葩点湿翠”与“焰焰欲然”，生动而准确地概括了此间的涧水桃花的生意盎然和桃红松翠相互映衬的独特环境。

然后作者便以桃花涧的这一处为基点，展开了左右四方的环境描写：“又三十步”，“曰凤箫台”；“下有小泓”，“曰钓雪矶”；“西垂苍壁”，“曰翠霞屏”；“又六七步”，“曰饮鹤川”；“又五六步”，“曰五折泉”；“又四十步”，“曰飞雨洞”；“洞旁皆山”，“曰蘂珠岩”。

我们似乎有理由怀疑以上的山水名称均非原来所有，而是宋濂等此次雅集始为题名；不过这个问题并不重要，重要的是作者费如许笔墨细述详陈四周山水及其特点，给读者以如入山阴道上，目不暇给的美妙印象，目的就是为了给这次雅集布设一个赏心悦目、优雅秀丽的自然环境，并且显示了作者胸中的自有丘壑和潇洒风神。在这里，作为审美对象的山水与作为审美主体的作者在审美过程中逐步协调而趋于同一。特别是写到“饮鹤川”和“飞雨洞”时，笔法一变，不仅绘写“饮鹤川”之形，而且描摹它“锵锵作环珮鸣”之声，并且引进“客有善琴者，不乐泉声之独清，鼓琴与之争”。不仅绘写“飞雨洞”之形，而且描摹它的色：“飞泉中泻，遇石角激之，泉怒，跃起一二尺，细沫散潭中，点点成晕”。这样的绘声绘色，就不止是纯客观的山水描写，而已达到了物我同一、情景交融的境界了。

于是转入了第二部分曲水流觞和招饮赋诗的记叙。表面上，曲水流觞只见觞流于水的过程，招饮赋诗只见“诸贤君子”的吟哦姿态；而骨子里，却通过过程的叙述和姿态的描绘，显示了这次桃花涧雅集的情调和风神：涵咏性情，修养德操，体味自然，无愧天地，使“诸贤君子”能达到“情与境适，乐与道俱”的精神境界。

如果从这个角度来体会这段文字，就会感到，溪水流觞的“有舟，随波沉浮，雁行下。稍前，有中断者，有属联者，方次第取饮。时轻飙东来，觞盘旋不进，甚至逆流而上，若相献酬状”，决不是纯客观的叙事，而内中包含了作者体味物情，一切纯归之于自然，顺逆两适，无可无不可的思考和理解，也就是所谓的“乐与道俱”的儒家人生哲学的一种形象体现。

之后便是描写“酒三行，年最高者命列觚翰，人皆赋诗二首”的精彩场面。作者用一连串的动态或静态刻画，用了九个“或”字作连接，生动传神地雕塑了赋诗人构思诗篇时各具特点又互相映衬成趣的神态。这里，有的是细部特征的画龙点睛式的静态刻画，如“或闭目潜思”，“或拄颊上视霄汉”，“或句有未当，搔首蹙额向人”；有的是作诗过程的流动式叙述：如“或与连席者耳语不休”，“或运笔如风雨，且书且歌”，“或持卷授邻坐者观，曲肱看云而卧”。不论是静态还是动态，作者均赋予了各位赋诗人以“各适其所适”的特点，表现了脱略形迹，潇洒不羁和“情与境适”的神采和风韵。诚如作者所说，这类情态“皆一一可画”，也进入了与桃花涧的自然景色和谐一致的审美境界。

也就是在以上两部分对物态人情作了出色的描绘之后，作者才在最后指出了自己对桃花涧修禊雅集的一种独特理解：“为吾党者，当追浴沂之风徽，法舞雩之咏叹，庶几情与境适，乐与道俱，而无愧于孔氏之徒。”作者既不赞成在这传统节日里学春秋郑人“于溱、洧两水之上，招魂续魄，执兰草以祓除不祥”，认为其“遗风尚有未泯”但“无以是为也”；又批评东晋王羲之等的兰亭雅集“多尚清虚”，“亦无取焉”。因为《〈兰亭集〉序》感叹人生之短暂，说“修短随化，终期于尽”，流露了一种委缘随化而无所作为的思绪。作者反对修禊事中的迷信活动，又不赞成以此宣扬清虚无为，他从桃花涧修禊雅集中所领悟的人生哲学是孔子儒家的有所作为的思想，是孔子所赞成的投入大自然陶冶性情，修养德操，提高精神境界，从而参与人生而不是玩物丧志，沉溺山水，脱离人生而无所作为的虚无主义之路。《论语·先进》记孔子赞同曾点的述志：“莫春者，春服既成，冠者五六人，童子六七人，浴乎沂，风乎舞雩，咏而归。”作者认为这一“情与境适，乐与道俱”的境界，正是桃花涧修禊雅集所追求模仿并企图给以发扬光大的，应当说此文相当出色地描绘了这一境界，达到了情景的和谐交融与人情物态的两臻其妙。

（胡光舟）

送东阳马生序　　宋　濂

余幼时即嗜学。家贫无从致书以观，每假借于藏书之家，手自笔录，计日以还。天大寒，砚冰坚，手指不可屈伸，弗之怠。录毕，走送之，不敢稍逾约。以是人多以书假余，余因得遍观群书。既加冠，益慕圣贤之道，又患无硕师名人与游，尝趋百里外，从乡之先达①执经叩问。先达德隆望尊，门人弟子填其室，未尝稍降辞色②。余立侍左右，援疑质理③，俯身倾耳以请；或遇其叱咄，色愈恭，礼愈至，不敢出一言以复；俟其欣悦，则又请焉。故余虽愚，卒获有所闻。

当余之从师也，负箧曳屣，行深山巨谷中。穷冬烈风，大雪深数尺，足肤皲裂而不知。至舍，四肢僵劲不能动，媵人持汤沃灌④，以衾拥覆，久而乃和。寓逆旅主人，日再食，无鲜肥滋味之享。同舍生皆被绮绣，戴朱缨宝饰之帽，腰白玉之环，左佩刀，右佩容臭⑤，煜然若神人。余则缊袍敝衣处其间，略无慕艳意，以中有足乐者，不知口体之奉不若人也。盖余之勤且艰若此。今虽耄老，未有所成，犹幸预君子之列，而承天子之宠光，缀公卿之后，日侍坐备顾问，四海亦谬称其氏名，况才之过于余者乎？

今诸生学于太学，县官日有廪稍之供⑥，父母岁有裘葛之遗，无冻馁之患矣；坐大厦之下而诵诗书，无奔走之劳矣；有司业、博士⑦为之师，未有问而不告、求而不得者也。凡所宜有之书，皆集于此，不必若余之手录、假诸人而后见也。其业有不精、德有不成者，非天质之卑，则心不若余之专耳，岂他人之过哉！

东阳马生君则，在太学已二年，流辈甚称其贤。余朝京师，生以乡人子⑧谒余，撰长书以为贽⑨，辞甚畅达；与之论辨，言和而色夷。自谓少时用心于学甚劳，是可谓善学者矣。其将归见其亲也，余故道为学之难以告之。谓余勉乡人以学者，余之志也；诋我夸际遇之盛而骄乡人者，岂知余者哉！

〔注〕 ① 乡之先达：有地位有声望的同乡前辈。按，宋濂曾游学于当时学者吴莱、黄溍、柳贯等之门。吴莱、柳贯与宋濂皆为金华府（元称婺州）浦江人，黄溍为同府之义乌人，都可称同乡。据史实和文中所说情况对看，这里可能指黄溍。 ② 未尝稍降辞色：态度始终非常严肃。辞色，言辞和脸色。 ③ 援疑质理：提出疑难，质询道理。 ④ 媵（yìng 应）人：这里指旅舍中雇用的仆役。汤：热水。沃灌：浇洗。 ⑤ 容臭（xiù 秀）：香囊，装有香料的小囊。⑥ 县官：古代指天子或朝廷。这里指朝廷。廪稍：廪食。这里指伙食费用，由朝廷供给。⑦ 司业：即国子监司业。博士：即国子博士。都是太学里的教官。 ⑧ 乡人子：同乡子侄辈。马君则是东阳（今属浙江）人，宋濂是浦江人。当时浦江、东阳同属金华府，故与宋濂称同

乡。　⑨ 撰长书：写长信。贽：初次拜见长辈时所送的礼物。

这是一篇赠序。明洪武年间，宋濂官至翰林学士承旨知制诰，洪武十年(1377)致仕。第二年，宋濂至应天(今江苏南京)去朝见明太祖朱元璋。其时，在国子监读书的马君则，以同乡后辈的身份前来拜访，宋濂就写了这篇文章赠送给他。作者以自己勤苦求学而功成名就的事实，现身说法，勉励后辈专心向学，刻苦自励，情真意挚，语重心长。

就文章的内容而言，作者主要以自己青少年时代求学的艰苦经历，与太学生优越的学习条件进行对比。作者简洁生动地叙述早年的经历：幼时酷爱学习，但因家境贫寒，无书可读，只得向人借阅。借到书，即使在严冬季节，也要自己动手抄录；为了取信于藏书之家，到期一定归还，可见得书之难。年长以后，仰慕圣贤的道统，渴望名师指点，且又并非容易的事；为了求师，不顾穷冬烈风，负箧曳屣，奔走于深山巨谷之中，以致足肤皲裂。生活上，自己也甘于贫苦，自得其乐。这些典型事例全面地叙述了作者艰苦勤奋的学习生活。从中可以看出，作者正是以一种坚韧不拔的毅力，不断地克服障碍，最后才功成名就的。笔墨酣畅，说理透彻，为下文的对比蓄满了气势。接着，有针对性地指出了太学生的优越条件："无冻馁之患"，"无奔走之劳"，有教授相伴，有丰富藏书。这样，"其业有不精、德有不成者，非天质之卑，则心不若余之专耳，岂他人之过哉"！结论只有一个：学业道德上的成长，取决于自己主观上是否努力。确凿的事实，强烈的对比，得出了无可置疑的结论，完成了所要揭示的主旨。此后，又交代了写作的缘由和宗旨。

就文章的写法而言，除全篇主体结构进行对比之外，在具体记叙的过程中，又处处予以对比。在记叙自己勤苦求学生活时，以主观上的勤奋与客观上的艰苦作对比。譬如，写得书需"手自笔录"时："天大寒，砚冰坚，手指不可屈伸，弗之怠"；写求师时，师严而礼恭："或遇叱咄，色愈恭，礼愈至"；写求学时，不辞劳苦，困难愈大愈见其志坚；写生活方面，以同舍生若神人的打扮与自己的缊袍敝衣作对比；在记叙太学生优越的学习条件时，又以客观条件的优越与主观上的努力与否作对比……作者以鲜明的对照，分辨事理，增强了文章的感染和说服力量。而在对比中，又可看出文章错综变化，富有波澜，毫无单调呆板之感。加之，措辞委婉，如话家常，表达出一种恳挚的感情，自然会亲切动人，催人奋进。（陈绍华）

送陈庭学序　　宋　濂

西南山水，惟川蜀最奇。然去中州① 万里，陆有剑阁栈道②之险，水有瞿唐滟滪③之虞。跨马行篁竹间，山高者累旬日不见其巅际，临上而俯视，绝壑万仞，杳莫测其所穷，肝胆为之掉栗。水行则江石悍利，波恶涡诡，舟一失势尺寸，辄糜碎土沉，下饱鱼鳖。其难至如此，故非仕有力者，不可以游；非材有文者，纵游无所得；非壮强者，多老死于其地。嗜奇之士恨焉。

天台④陈君庭学，能为诗，由中书左司掾⑤屡从大将北征有劳⑥，擢四川都指挥司照磨⑦，由水道至成都。成都，川蜀之要地，扬子云、司马相如、诸葛武侯⑧之所居。英雄俊杰战攻驻守之迹，诗人文士游眺饮射、赋咏歌呼之所，庭学无不历览。既览必发为诗，以纪其景物时世之变，于是其诗益工。

越三年，以例自免归，会余于京师。其气愈充，其语愈壮，其志意愈高，盖得于山水之助者侈矣。余甚自愧。方余少时，尝有志于出游天下，顾以学未成而不暇。及年壮可出，而四方兵起⑨，无所投足。逮今圣主兴⑩而宇内定，极海之际，合为一家，而余齿已加耄矣⑪，欲如庭学之游，尚可得乎？然吾闻古之贤士若颜回、原宪⑫，皆坐守陋室，蓬蒿没户，而志意常充然，有若囊括于天地者，此其故何也？得无有出于山水之外者乎？庭学其试归而求焉。苟有所得，则以告余，余将不一愧而已也。

〔注〕 ① 中州：泛指中原。 ② 剑阁栈道：剑阁，县名，在四川省北部，剑门关矗立县北，自古以“剑门天下险”闻名，为自秦入蜀的要道。栈道，又名“阁道”“复道”等，古代在川、陕、甘、滇诸省境内峭岩陡壁上凿孔架桥连阁而成的一种道路。 ③ 瞿塘滟滪：瞿塘，瞿塘峡，一称巫峡，长江三峡之一，在四川奉节与巫山县之间，长八公里，江面最狭处仅百余米，江流湍急，山势险峻，号称“天堑”。滟滪，滟滪堆，俗称“燕窝石”，瞿塘峡口江心突起的礁石，旧时为长江三峡著名险滩。 ④ 天台：县名，今属浙江省台州市。 ⑤ 中书左司掾(yuàn 院)：明初中书省左司的属官。中书左司领吏、户、礼三部，任监督稽核之责。 ⑥ 从大将北征：明初为了统一北方，对付退居漠北的蒙元残余势力，屡遣大将如徐达、常遇春、李文忠、冯胜、邓愈、汤和等北征。陈庭学曾经从军。 ⑦ 擢：升迁。都指挥司照磨：明代于每一行省设都指挥使司，掌一省军政，照磨为其属官。 ⑧ 扬子云：即扬雄，西汉文学家，字子云，蜀郡成都人。司马相如：西汉辞赋家，字长卿，蜀郡成都人。诸葛武侯：即诸葛亮，三国蜀汉丞相，封武乡侯，故称。 ⑨ 四方兵起：指元末群雄并起。 ⑩ 圣主兴：指朱元璋建立明朝。 ⑪ 齿：指代年龄。耄(mào

冒）：老。《礼记·曲礼上》："八十、九十曰耄。"《盐铁论·孝养》："七十曰耄。" ⑫ 颜回、原宪：都是孔子弟子。颜回，鲁人，字子渊，孔子称赞他说："贤哉回也！一箪食、一瓢饮，在陋巷，人不堪其忧，回也不改其乐。"原宪，字子思。《史记·仲尼弟子列传》："孔子卒，原宪遂亡在草泽中。子贡相卫，而结驷连骑，排藜藿入穷阎，过谢原宪。宪摄敝衣冠见子贡。子贡耻之，曰：'夫子岂病乎？'原宪曰：'吾闻之，无财者谓之贫，学道而不能行者谓之病。若宪，贫也，非病也。'子贡惭，不怿而去。"

赠序是古文中习见的写送别的文章。在这篇《送陈庭学序》中，宋濂与唐宋古文大手笔一样，送别只是借题，发挥却自由我，挥洒裕如、顿挫抑扬地做成了一篇内涵深刻，思致宛然，咀嚼有味，委婉含蓄的好文章。

山水画家谈创作三昧，有所谓"搜尽奇峰打草稿"的名言，诗文作家谈写作经验，则有"行万里路，读万卷书"的心得。"行万里路"，除了阅历人生，便是阅历山水。名山大川，湖阔海深，不仅是文艺家取之不尽的创作素材，更是陶熔胸襟怀抱，砥砺情操品格，提高和培养审美情趣的有效途径。《文心雕龙·神思》论创作灵感时说："登山则情满于山，观海则意溢于海，我才之多少，将与风云而并驱矣。"山岳湖海，成了文艺家才华和神思的载体，激发他们才思遄飞，"将与风云而并驱"。对此，历来文艺家都有深切的认识，给予密切的关注，宋濂自不例外。

本文为送别陈庭学作序，并未入手擒题，开门见山，而是远远地从"西南山水，惟川蜀最奇"落笔，然后提出探幽猎奇者的一大恨事是蜀道险阻难行。川蜀"去中州万里，陆有剑阁栈道之险，水有瞿塘滟滪之虞"。由剑阁栈道入蜀，"跨马行篁竹间"，仰视则"山高者累旬日不见其巅际"，"临上而俯视，绝壑万仞，杳莫测其所穷"。俯仰之际，惊心动魄，"肝胆为之掉栗"。其险恶若此。由三峡舟行入蜀，"江石悍利，波恶涡诡"，随时都会遭到灭顶之灾而饱鱼鳖之腹。以上分说"险""虞"二字，意脉连贯，神完气足，从而归结出"不可以游""纵游无所得"与"多老死于其地"的三种情况。"嗜奇之士"欲一探蜀中名山胜迹，如果不是具备"仕有力"（即宦途得意，财雄势大）、"材有文"（即才能杰出，富有文采）、"壮强"（即年富力强、精力充沛）这三项条件，那么最终也不过徒自遗恨于蜀中山水而已。

这第一段文字内部结构十分精巧，承转之间，丝丝入扣，无一闲笔和赘笔。但粗粗读来，会觉得它离题太远，仿佛文思不属；而一旦与第二段联系起来，则会发现它的夹叙夹议绝非可有可无的跑野马。历述陈庭学的仕宦行迹，暗中点明陈庭学符合于上述"仕有力""材而文""壮强"三个条件，十分含蓄地证明陈庭学为诗必将得益于蜀中山水和蜀中阅历，决不会入宝山而空回，因而将上下两段作了逻辑十分严密的钩连。铺叙陈庭学历览"英雄俊杰战攻驻守之迹"，"诗人文士游眺饮射、赋咏歌呼之所”后，顺笔而下，则自然得出“于是其诗益工”的结论。

文章笔致严密之处尚不止此，第三段一开始仍回应前文，暗中扣紧第一段所述的第三个条件，即“非壮强者，多老死于其地”。陈庭学具备“壮强”的条件，“以例自免归”后，便能将得益于蜀中山水者在诗歌创作中给以揄扬发挥，使作者感到“其气愈充，其语愈壮，其志意愈高”，最后揭出“盖得于山水之助者侈矣”。

至此，关于游山历水与文学创作之间关系的一般性议论，事实上已经完成；如果作者写作这篇赠序的目的仅在于此，那么大可就此转到为陈庭学送行，以例行语终篇。果真如此，本文只能成为一篇读过辄忘、仅堪覆瓿的文字，而不可能如此入目动心、清新警策了。

其实这些论述，完全是在为下文蓄势；娓娓道来，只不过是作为借势跃起的跳板。最后一段提出为诗为文“有出于山水之外者”的论议，是题旨的飞跃和升华。作者希望陈庭学“其试归而求焉”，对他提出了语重心长的讽劝和规箴。

为诗为文，工夫本在诗、文之外。游山历水，模山范水，固然是文艺家一种有益的审美体验和追求，但决不是唯一的、根本的体验和追求。如若在这一问题上过分夸大，错误导向，那么“沉溺山水”就可能走向玩物丧志。这也就是宋濂在这儿既承认陈庭学为诗“盖得于山水之助者侈矣”，却又决不就此止步，而要升华到“古之贤士若颜回、原宪，皆坐守陋室，蓬蒿没户，而志意常充然，有若囊括于天地者”的高度。虽然一问“此其何故也”，二问“得无有出于山水之外者乎”，似乎都不是肯定的答案，其实却是用启发和诱导的方式，让陈庭学自己去找出一个确定不移的结论，即：一个有作为的文人或诗人首先应当做到“志意常充然，有若囊括于天地者”，即以天地为心，以人生为心，以国家民族为心，而不仅只是以山水为心。

我们对陈庭学其人的生平行事无多了解，但从此文来看，作者似乎对他诗歌创作中的审美情趣和努力方向上的偏差，企图有所提醒和纠正，因而在送行时谆谆致意，甚至表示，如果陈庭学因此归而有所得，自己“将不一愧而已也”。

本文体现了一个长者对后辈语重心长的启发和诱导，其中没有咄咄逼人的气势和盛气凌人的口吻。文中赞赏川蜀山水名胜之游对陈庭学作诗工力的补益，委婉道来，恳切诚挚；又在充分肯定的前提下，翻笔作势，借题发挥：先称“余甚自愧”，因种种主客观的原因，生平游历不广，而如今“年齿已耄，欲如庭学之游”而不可得。其词若有憾焉，其实却是欲进先退，欲擒故纵，为下文提出为诗“有出于山水之外者”的主旨站稳立足之地，笔法非常委婉含蓄。结尾处提醒陈庭学归而求为诗之道于山水之外，“苟有所得，则以告余，余将不一愧而已”。一愧再愧，而事实上并无所愧，其谦虚谨慎，以理服人，谆谆善诱，恳切诚挚之状溢于言表，令人心折。

此文在构思和笔法上显然得益于韩愈的《送董邵南序》。董生于长安应举屡试不第，愤而欲赴河北藩镇谋求进身之阶。韩愈赠序，明送暗阻，几次以“董生勉乎哉”加以勉励，最后却请董生转告河北的“屠狗者”，“明天子在上”，他们应当出仕长安，为唐朝天子所用。言外之意是说，你董邵南还有什么必要从长安远道去河北投靠藩镇呢？韩文对于不便明说的问题，采取婉转示讽、借题发挥的方法表述，极为高明。而此文的盘旋作势，一再示愧，正是这一手法的继承和运用。

（胡光舟）

尊卢沙　　宋　濂

秦有尊卢沙者，善夸谈，居之不疑，秦人笑之。尊卢沙曰：“勿予笑也，吾将说楚以王[①]国之术。”翩翩然南。迨至楚境上，关吏絷之。尊卢沙曰：“慎勿絷我，我来为楚王师。”关吏送诸朝，大夫寘[②]馆之，问曰：“先生不鄙夷敝邑，不远千里，将康我楚邦。承颜色[③]日浅，未敢敷布腹心，他不敢有请，姑闻师楚之意，何如？”尊卢沙怒曰：“是非子所知。”大夫不得其情，进于上卿瑕[④]。瑕客之，问之如大夫。尊卢沙愈怒，欲辞去。瑕恐获罪于王，亟言之。王趣[⑤]见，未至，使者四三往，及见，长揖不拜[⑥]，呼楚王谓曰：“楚国东有吴越，西有秦，北有齐与晋，皆虎视不瞑，臣近道出晋郊，闻晋约诸侯图楚，刑白牲，列珠槃玉敦，歃血以盟[⑦]曰：‘不祸楚国，无相见也！’且投璧祭河[⑧]欲渡，王尚得奠枕[⑨]而寝耶？”楚王起问计，尊卢沙指天曰：“使尊卢沙为卿，楚不强者有如日[⑩]！”王曰：“然，敢问何先？”尊卢沙曰：“是不可以空言白也。”王曰：“然。”即命为卿。

居三月，无异者，已而晋侯帅诸侯之师至，王恐甚，召尊卢沙却之。尊卢沙瞠目视，不对，迫之言，乃曰：“晋师锐甚，为王上计，莫若割地与之平[⑪]耳。”王怒，囚之三年，劓[⑫]而纵之。尊卢沙谓人曰：“吾今而后知夸谈足以贾祸。”终身不言，欲言，扪鼻即止。

君子曰：战国之时，士多大言无当，然往往藉是以谋利禄。尊卢沙亦其一人也。使晋兵不即至，或可少售其妄。未久辄败，亦不幸矣哉！历考往事，矫虚以诳人，未有令后者也。然则尊卢沙之劓，非不幸也，宜也。

〔注〕 ① 王(wàng旺)：成就王业。 ② 寘(zhì置)：楚大夫名。 ③ 承颜色：指见面，交往。 ④ 上卿：春秋战国时高级长官或爵位之首，相当于宰相。瑕：人名。上卿多以同姓贵族担任，楚国王族为屈、景、昭三姓。 ⑤ 趣(cù促)：催促。 ⑥ 长揖不拜：只作揖不跪拜，意示傲慢，非臣子见国君之礼。 ⑦"刑白牲"三句：这是当时订立盟约的隆重礼仪。宰杀白马，陈列珠槃玉敦，以指醮血涂于口旁(一说含血于口)。《战国策·魏策一》："刑白马以盟于洹水之上。"珠槃玉敦(duì对)，古代诸侯歃血为盟时用以盛牛耳和牲血的礼器，用珠玉装饰的槃(木盘)和敦。《周礼·天官·玉府》："若合诸侯，则共(供)珠槃玉敦。"郑玄注："珠槃，以盛牛耳，尸盟(主盟)者执之。玉敦，歃血玉器。" ⑧ 投璧祭河：古代订立盟誓时的仪式。《左传·僖公二十四年》："公子曰：'所不与舅氏同心者，有如白水！'投其璧于河。"璧，圆形玉器。河，指黄河。 ⑨ 奠枕：安枕。 ⑩ 有如日：古代发誓用语。《诗·王风·大车》："谓予不信，有如皦日。"意即有日可以作证。 ⑪ 平：讲和。 ⑫ 劓(yì艺)：割鼻之刑，古代五刑之一。

《尊卢沙》为宋濂的《燕书四十首》之一。

《燕书四十首》为杂著文字，共四十篇，所述故事均以春秋战国为历史背景，但其中的人物、情节于《左传》《国语》《国策》往往并无根据，有的人物虽有据，情节却出于想象。题名《燕书》，作者自云"盖取郑人误书'举烛'之义"，表明所述全属无稽，是借虚构的春秋战国故事表述自己对政治、社会、人生问题的某种见解，有一定的"寓言"意味，与同时代刘基的《郁离子》有相似之处。

本篇虚构尊卢沙其人，描写他在列国争雄、策士纵横的特殊历史环境中，如何以夸夸其谈、炎炎大言猎取功名爵禄，又如何因真相败露而招致灾祸，最后幸逃一死而被处劓刑。作者评论说："历考往事，矫虚以诳人，未有令后者也。然则尊卢沙之劓，非不幸也，宜也。""令后"是"美好的结局"之意。劓刑是古代割去鼻子的刑罚。割去了鼻子，便难以把话说清楚，自然更无从夸夸其谈。作者说"非不幸也，宜也"，颇具调侃意味，可为后世大言欺人，不负责任者戒。

尊卢沙是秦人，"善夸谈"是他的老毛病，自己甚至已"居之不疑"。秦人都嘲笑他，实际上他在秦国已无所施其技；可是他还要趁着战国策士的舌辩纵横之风，继续"夸谈"："勿予笑也，吾将说楚以王国之术。"

尊卢沙"翩翩然南"，来到楚国边境，关吏以其形迹可疑，将他拘留起来。他却半是夸口，半是吓唬地说出了他来到楚国后的第一句大话："慎勿絷我，我来为楚王师。""楚王师"的身份何等尊崇，关吏怎敢怠慢，忙将他送到朝廷。楚国大夫名叫寘的接见时对他说:“姑闻师楚之意,何如?”尊卢沙竟勃然大怒说:“是非子所知。”大夫莫测高深,只能请上卿瑕延见。上卿瑕以客礼相待,提出与大夫同样的问题,尊卢沙闻之“愈怒”,作势“欲辞去”。上卿瑕恐怕埋没人才而“获罪于王”,赶快向楚王禀告。楚王派使者三四人往请,尊卢沙端足了架子,面见楚王时,他竟然“长揖不拜”,“呼楚王谓曰”,俨然已是王者之师。

这一部分边述边评,以极简练的文字,十分生动地描写了尊卢沙准备以大言欺人、猎取爵禄的行骗过程,同时也十分准确地刻画了行骗老手施展骗术的心理活动。尊卢沙来到楚国在关吏面前就已经把调门定得无以再高。“我来为楚王师”一言,足以使关吏等一般小官吏心惊胆战;大夫寘问尊卢沙来意时语气宛转,执礼甚恭,但尊卢沙未言先“怒”,给大夫碰一个硬钉子:“是非子所知。”连大夫对此都不得与闻,其高深神秘、不屑一谈的辞气迷惑了大夫寘。当上卿瑕“问之如大夫”时,尊卢沙“愈怒”,还做出马上要辞去的样子。尊卢沙原来惯于以大言欺人,但作者在写他面对关吏、大夫乃至上卿时,除了一句“我来为楚王师”之外,并无其他的“大言”,落笔的重心只在于“怒”“愈怒”“欲辞去”的寥寥几笔动作刻画上,却简妙地传示了尊卢沙行骗时揣摹对方心理的高明:定高调门以威慑人,故作高深以迷惑人,虚张声势、欲进先退以利用人,使人坠入其彀中而不自觉,为最后达到目的打开了方便之门。古往今来的骗子行骗之所以成功,都是因为他们摸透了受骗人的心理。作者写关吏受骗是吃了尊卢沙的“吓”,大夫寘是摸不到尊卢沙的“情”,吃不透他的神秘高深,而上卿瑕则唯恐因尊卢沙的辞去而“获罪于王”。楚国三位低、中、高级官吏受骗上当,都带着符合他们身份地位而各有顾忌的特殊心态。作者虽然对此未曾作展开性的描绘,读来却已颇耐咀嚼与回味,显示了驾驭叙事技巧的娴熟功力和把握笔下人物心理的分寸感和准确性。

尊卢沙面见楚王时的对答,对尊卢沙以夸夸其谈猎取爵禄作了重点的展示。他“呼楚王谓曰”的一段话,采取的是先声夺人的恐吓战略。他夸大其辞,称晋国“约诸侯图楚,刑白牲,列珠槃玉敦,歃血以盟曰:‘不祸楚国,无相见也!’且投璧祭河欲渡”。危言耸听,说得如亲历其境,亲闻其声。楚国即将面临战败亡国的大灾难,楚王当然不自禁地“起问计”。一个“起”字,写出了楚王的惊惶与迫急。尊卢沙乘机从容“指天”说:“使尊卢沙为卿,楚不强者有如日!”其言大而夸,无以复加,却正好击中了楚王此时不顾一切,但求贤才卫国的迫切心情,于是一口答应曰:“然。”但补问一句:“敢问何先?”尊卢沙本是行骗,何来御敌固楚的高明主意?便虚晃一枪说:“是不可以空言白也。”他无功先要受封,楚王竟不察真伪,又答应曰“然”,马上封他为卿。

可是好景不常。当三个月之后“晋侯帅诸侯之师至”，楚王“召尊卢沙却之”。从来大言不惭的尊卢沙此时却“瞠目视，不对”，被逼无奈，急出一条令人笑掉大牙的馊主意：“晋师锐甚，为王上计，莫若割地与之平耳。”于是尊卢沙大言欺人的面目彻底暴露。总算还好，楚王仅“囚之三年，劓而纵之”。

只是到受了三年的牢狱之灾，且被割了鼻子释放后，尊卢沙才有了觉悟，懂得“夸谈足以贾祸”。对这样一个颇具喜剧性的结局，作者以十分幽默的笔调，作了意味隽永的形象描绘：此后尊卢沙“终身不言，欲言，扪鼻即止”。这一结果使人发噱又发人深省。作者不让尊卢沙死于楚王的斧钺之下，却只给他受了不轻不重的劓刑，化沉重为轻松，以“寓言”示讽，从而深一层地揭示“历考往事，矫虚以诳人，未有令后者”的道理。这似乎只是老生常谈，然而却不是人人都能时时加以记取的。以夸谈贾祸者大有人在，史不绝书。这就是作者写《尊卢沙》一文的现实意义及针对性之所在。

（胡光舟）

秦士录　　宋 濂

邓弼字伯翊，秦人也。身长七尺，双目有紫棱，开合闪闪如电，能以力雄人。邻牛方斗，不可擘，拳其脊，折仆地；市门石鼓，十人舁弗能举，两手持之行。然好使酒，怒视人，人见辄避，曰狂生不可近，近则必得奇辱。

一日独饮娼楼，萧、冯两书生过其下，急牵入共饮。两生素贱其人，力拒之。弼怒曰：“君终不我从，必杀君，亡命走山泽耳，不能忍君苦也。”两生不得已，从之。弼自据中筵，指左右揖两生坐，呼酒歌啸以为乐。酒酣解衣箕踞，拔刀置案上，铿然鸣。两生雅闻其酒狂，欲起走。弼止之曰：“勿走也，弼亦粗知书，君何至相视如涕唾。今日非速君饮，欲少吐胸中不平气耳！四库书[①]从君问，即不能答，当血是刃。”两生曰：“有是哉！”遽摘七经[②]数十义叩之。弼历举传疏[③]，不遗一言。复询历代史，上下三千年，缅缅如贯珠。弼笑曰：“君等伏乎未也？”两生相顾惨沮，不敢再有问。弼索酒被发跳叫曰：“吾今日压倒老生矣。古者学在养气，今人一服儒衣，反奄奄欲绝，徒欲驰骋文墨，儿抚一世豪杰，此何可哉！此何可哉！君等休矣！”

两生素负多才艺，闻弼言，大愧，下楼，足不得成步。归询其所与游，亦未尝见其挟册呻吟也④。

泰定⑤末，德王执法西御史台⑥，弼造书数千言，袖谒之。阍卒不为通，弼曰："若不知关中有邓伯翊耶？"连击踣数人，声闻于王。王令隶人捽入，欲鞭之。弼盛气曰："公奈何不礼壮士？今天下虽号无事，东海岛彝，尚未臣顺。间者驾海舰互市于鄞⑦，即不满所欲，出火刀斫柱，杀伤我中国民。诸将军控弦引矢，追至大洋，且战且却，其亏国体为已甚。西南诸蛮，虽曰称臣奉贡，乘黄屋左纛，称制，与中国等⑧，尤志士所同愤。诚得如弼者一二辈，驱十万横磨剑伐之，则东西止日所出入，莫非王土矣。公奈何不礼壮士？"庭中人闻之，皆缩颈吐舌，舌久不能收。王曰："尔自号壮士，解持矛鼓噪，前登坚城乎？"曰："能。""百万军中可刺大将乎？"曰："能。""突围溃阵，得保首领乎？"曰："能。"王顾左右曰："姑试之。"问所须，曰："铁铠良马各一，雌雄剑二。"王即命给与。阴戒善槊者五十人，驰马出东门外，然后遣弼往。王自临观，空一府随之。暨弼至，众槊并进。弼虎吼而奔，人马辟易五十步，面目无色。已而烟尘涨天，但见双剑飞舞云雾中，连斫马首堕地，血涔涔滴。王抚髀欢曰："诚壮士！诚壮士！"命勺酒劳弼，弼立饮不拜。由是狂名振一时，至比之王铁枪⑨云。

王上章荐诸天子。会丞相与王有隙⑩，格其事不下。弼环视四体，叹曰："天生一具铜筋铁肋，不使立勋万里外，乃槁死三尺蒿下，命也，亦时也，尚何言！"遂入王屋山⑪为道士，后十年终。

史官曰：弼死未二十年，天下大乱。中原数千里，人影殆绝。玄鸟来降，失家⑫，竟栖林木间。使弼在，必当有以自见，惜哉！弼鬼不灵则已，若有灵，吾知其怒发上冲也。

〔注〕①四库书：指经、史、子、集四部古籍图书。②七经：《小学绀珠》以《易》《书》《诗》《周礼》《仪礼》《礼记》《春秋》为七经。③传疏：注释经文的叫"传"，解释传文的叫"疏"。④挟册呻吟：随带书本吟咏、诵读。⑤泰定：元泰定帝年号(1324—1328)。⑥德王：即

马札儿台。泰定四年(1327),拜陕西行台治书侍御史。元顺帝至正六年(1346)封忠王。至正七年病卒,年六十三。至正十二年改封德王。 ⑦ 互市:古时对外国或边境民族进行贸易的通称。鄞:今浙江宁波。 ⑧ 黄屋左纛(dào 道):古代天子所乘车上以黄缯为里的车盖,称黄屋,即指帝王车。左纛,古时皇帝乘舆上的装饰物。因设在车衡之左,故称。称制:自称皇帝。与中国等:与中国天子相同,意指妄自尊大和僭越不臣。《史记·南越列传》:"(赵佗)乃乘黄屋左纛,称制,与中国侔。" ⑨ 王铁枪:《新五代史·王彦章传》:"王彦章字子明……为人骁勇有力,能跣足履棘行百步。持一铁枪,骑而驰突,奋疾如飞,他人莫能举也。军中号王铁枪。" ⑩ 丞相与王有隙:泰定四年,右丞相为塔失帖木儿,左丞相为倒剌沙。 ⑪ 王屋山:在今河南济源西北。 ⑫ 玄鸟:燕子。失家:找不到旧时筑巢的故居。说明战争中屋舍倾毁严重。

本文以虎虎有生气的笔触,绘声绘色地刻画了一个允文允武,亦狂亦侠,蔑视礼法却又有意用世的元末"秦士"形象。这在《宋学士文集》的论议序说之余,可谓仅见。宋濂是醇醇儒者,正统的古文家。刻画并颂赞邓弼这样的人物,虽然并非不能从《史记》的列传中找到像朱家、郭解、荆轲、聂政一类的人物作为依据,但邓弼其人毕竟与正统儒家的思想行为规范相去甚远。作者表彰邓弼,可从文末的"史官曰"即作者的论赞中领略其别具的深意。他说:"弼死未二十年,天下大乱。中原数千里,人影殆绝。玄鸟来降,失家,竞栖林木间。使弼在,必当有以自见。"这里明显地流露了作者对于文武全才又思为世用的邓弼赶不上英雄大有用武之地的元明易代之际的强烈感慨,表达了对英雄失时的深沉悲愤。其中凝聚着回顾历史时一种沉重的失衡感和失落感。作为明代"开国文臣之首"的宋濂,事隔几十年之后犹自念念不忘秦士邓弼的音容笑貌,为他如此地唱叹动情,甚至说:"弼鬼不灵则已,若有灵,吾知其怒发上冲也。"这难道只是惋惜邓弼当年的怀才不遇?揣度作者用意,可能是在拿邓弼与明初的功臣大将作一次隐藏不露的比较。他大概是以为邓弼之才能抱负决不在诸如徐达、常遇春、汤和、邓愈、沐英之属之下,然而幸与不幸,判若天壤。邓弼只是生不逢辰,不为世用,以至沉寂无以自见,连做鬼都无法安心而不免"怒发冲冠"。时也?命也?面对着历史无情的布置和捉弄,作者或许感到茫然不知所措了吧。

本文既名曰"录",自是与一般的"传""状"有所区别。文章一开始,仅交代邓字伯翊,秦人,这一笔也是因为点题所必需,其他更具体的年里籍贯、家世出身,一概略而不书;接着只"录"其所必"录",即行事、性情、才力等几方面的富于传奇色彩、足以耸人听闻的事迹,浮雕似地凸现其形象和性格,邓弼即呼之欲出。

从主要方面看,邓弼以孔武有勇力闻名秦中,他当然是一个"武士"。第一段的概括介绍即从"武"的方面落墨,写他"身长七尺,双目有紫棱,开合闪闪如电,能以力雄人"。随手用两个例子说明"能以力雄人":一是能徒手分开斗牛,"拳其脊，折仆地”。二是能抬起“十人舁弗能举”的市门石鼓，并“持之行”。邓弼一出场便身手非凡，他的勇武足以使人刮目相看。但他好使酒任气，以至人见辄避，人们对他抱有“狂生不可近，近则必得奇辱”的成见。极简略的文字，从邓弼的外形写到勇力最后交代其使酒任气，突出其性格中的一个“狂”字。

然而这篇传叙文字最出色之处却不在于如何描绘邓弼“十步杀人”或“以武犯禁”，而在于中间的主干部分刻画邓弼的“武戏文唱”，写他的“亦狂亦侠”“允文允武”。以文事写武力，使邓弼成为中国武士传记中别具色泽又熠熠生光的形象，令人耳目一新。

主干部分的两大段，第一大段写邓弼独饮娼楼，强迫萧、冯二生登楼共饮，并以其博学多才折服二生的精彩情节。萧、冯二生“素贱”邓弼为人，不愿登楼同饮，邓弼以“杀人”相胁迫，二生不得已而从之。酒酣耳热之余，邓弼竟然提出为了“少吐胸中不平气”，请二生面试文才，“四库书从君问，即不能答，当血是刃”。两生“遽摘七经数十义叩之”，“弼历举传疏，不遗一言”。经义之不足，再以史事辩诘之，邓弼对于“历代史，上下三千年，缅缅如贯珠”。这样的奇事，发生在一向“以力雄人”的邓弼身上，简直匪夷所思。他竟然能以文事上的博学多识折服素来贱视他的萧、冯二生，使“素负多才艺”的二生“相顾惨沮”。这一场文唱的武戏开始时，邓弼强牵二生入娼楼，二生“力拒之”，邓弼口出不逊，竟以白刃相要挟，其后旁若无人“呼酒歌啸以为乐”，酒酣之后，“解衣箕踞，拔刀置案上”，都使人感到充满浓烈的火药味，时时有爆发一场全武行的可能。作者造成了剑拔弩张、一触即发的态势，使人以为其后邓弼必然是使酒任气，挥拳捋袖，而结果必然是鼻青脸肿，盘碎杯飞。谁也料想不到这场武戏的发展竟是文唱，二生当场考较起邓弼的经史之学来，而折服他们的居然是邓弼的文事而不是他的武功。这里的行文叙事，以构成鲜明的反差出奇制胜，使人叫绝；用热辣火爆的“武打”气氛烘托经史答问的潇洒优雅，文笔逆折回旋而各极其致。允文允武，文武全才，经史满腹却又不脱武夫本色的邓弼，便鲜蹦活跳地出现在读者面前。至段末，作者似故弄狡狯地为这场武戏文唱作出不是解释的解释说：“归询其所与游，亦未尝见其挟册呻吟也。”邓弼的文才竟似不读书而得，生与俱来。这就为邓弼平添了几分神秘感，文章也因之更加摇曳多姿和引人入胜。

主干部分的第二大段写邓弼以干云的豪气，无双的才调，“造书数千言”，登门求见德王，企图为世所用，在那儿受到文武两个方面的考验。邓弼求见，德王府的“阍卒不为通”，他“连击踣数人，声闻于王”，这是典型的邓弼风格。而当与德王见面“弼盛气曰”一段写的是邓弼的识见、吐属和抱负之不凡。我们暂时不必评论邓弼关于荡平东海诸国入侵与西南蛮夷作乱的见解的是非得失，仅就其自动请缨的非凡声口与风发意气而言，这类似于金殿对策的一段文字，便足以抒发邓弼的胸襟抱负，而使德王刮目相看。作者着意铺排这段文字，也是想写出邓弼不仅胸罗经史——这毕竟是死学问；还要写出邓弼对于国家政治的重大问题有独具的识见——这才是活学问。文事武略，才调抱负，至此而臻于完满，德王不免竦然动容。下面德王想亲试邓弼武勇才力的一段问答，便以极快的节奏自然跳跃而出。三项问答，一问“解持矛鼓噪，前登坚城乎”；二问“百万军中可刺大将乎”；三问能否“突围溃阵，得保首领乎”，这包含了作为勇士或将军能攻能守，宜进宜退，善于进击亦善于自卫等几项基本素质。德王问得出色，邓弼回答只三个“能”字，简截明快，略无顾瞻，显示了他的自恃自傲和胸有成竹。作者刻画邓弼的这一段经过精心取舍的文字和经过精心结构的情节，完全达到了预期的目的，虎虎有生气又跃跃欲一试身手的邓弼已经被作者的一枝笔挤逼到非大打出手不可的地步了。

作者写这篇人物传，只是在开始时略述邓弼的武勇，其后便是武戏文唱，有时密云不雨，有时旁笔作势，始终将他武勇无双这一主要特点藏锋不露，摇曳作态而又步步逼进，最后终于逼出邓弼一展武勇的惊心动魄的场面来。德王部署善槊者五十人，驻马于东门外，邓弼单骑双剑闯阵。武打场面写得颇为精彩，并无落到实处的格斗文字，只写邓弼的“虎吼而奔”和“双剑飞舞”，绘声绘影，极具光彩。“虎吼而奔”使五十骑“人马辟易五十步”；“双剑飞舞”的光影中，则只见“斫马首堕地，血涔涔滴”。作者在真正面临武戏武唱时，仍然能驾驭自己的生花妙笔，采用烘云托月和侧笔旁敲，避开吃力不讨好的正面格斗描写，以寥寥数十字，绘写出了邓弼凛凛若神的武勇，至以五代名将铁枪王彦章相提并论，使千古后人读此，仍不免心魂俱震，宛如亲历。

最后一段是全文的归结和顿挫。邓弼其人狂且侠，武而文，胸襟磊落，才调不凡，德王上章论荐，只是因为“丞相与王有隙”而“格其事不下”。邓弼失望之余，自叹“命也，亦时也”，遁入王屋山为道士，后十年郁郁以终，下距元明易代豪杰并起不足二十年。这就非常自然地引出了作者的一番感慨，如同上文所言。

《秦士录》一文的格调就像它所描绘的邓弼一样，抑塞磊落而有奇气。传叙人物，截取情节，重在一个“奇”字；描摹人情，刻画个性，重在一个“狂”字；写武士武勇，笔墨却常常旁出“武”字之外，而代之以“武戏文唱”。“史官曰”唱叹有情，从邓弼其人的遭遇中沉淀出一股历史的失衡感和失落感，虽然不一定特别深刻，却也具有批判封建社会埋没人才的普遍性，引起读者深深的思索。这些都是文

章成功之处。　　（胡光舟）

阅江楼记　　宋濂

金陵为帝王之州①。自六朝②迄于南唐③，类皆偏据一方，无以应山川之王气。逮我皇帝定鼎④于兹，始足以当之。由是声教所暨，罔间朔南；存神穆清，与道同体。虽一豫一游，亦思为天下后世法。

京城之西北有狮子山⑤，自卢龙⑥蜿蜒而来。长江如虹贯，蟠绕其下。上以其地雄胜，诏建楼于巅，与民同游观之乐，遂锡嘉名为“阅江”云。登览之顷，万象森列，千载之秘，一旦轩露。岂非天造地设，以俟大一统之君，而开千万世之伟观者欤？当风日清美，法驾⑦幸临，升其崇椒，凭栏遥瞩，必悠然而动遐思。见江汉之朝宗，诸侯之述职，城池之高深，关阨之严固，必曰：“此朕栉风沐雨、战胜攻取之所致也。”中夏之广，益思有以保之。见波涛之浩荡，风帆之上下，番舶接迹而来庭，蛮琛⑧联肩而入贡，必曰：“此朕德绥威服，覃及内外之所及也。”四陲之远，益思所以柔之。见两岸之间，四郊之上，耕人有炙肤皲足之烦，农女有捋桑行馌之勤，必曰：“此朕拔诸水火，而登于衽席者也。”万方之民，益思有以安之。触类而推，不一而足。臣知斯楼之建，皇上所以发舒精神，因物兴感，无不寓其致治之思，奚止阅夫长江而已哉！

彼临春、结绮⑨，非不华矣；齐云、落星⑩，非不高矣。不过乐管弦之淫响，藏燕赵之艳姬，一旋踵间而感慨系之，臣不知其为何说也。虽然，长江发源岷山⑪，委蛇七千余里而始入海，白涌碧翻，六朝之时，往往倚之为天堑。今则南北一家，视为安流，无所事乎战争矣。然则果谁之力欤？逢掖⑫之士，有登斯楼而阅斯江者，当思圣德如天，荡荡难名，与神禹疏凿之功同一罔极，忠君报上之心，其有不油然而兴者耶？臣不敏，奉旨撰记，故上推宵旰⑬图治之切者，勒诸贞珉⑭。他若留连光景之辞，皆略而不陈，惧亵也。

〔注〕 ① 金陵：即今江苏南京市。谢朓《入朝曲》："江南佳丽地，金陵帝王州。" ② 六朝：指三国吴、东晋和南朝宋、齐、梁、陈。 ③ 南唐：五代十国之一，亦建都金陵。 ④ 定鼎：即建都。传说夏禹铸九鼎以象征九州，夏、商、周三代都把它作为传国之宝，随都迁徙，故后代往往称建都为"定鼎"，引申为建立王朝。 ⑤ 狮子山：在今南京挹江门外。 ⑥ 卢龙：即卢龙山，在今江苏南京市江宁区西北。 ⑦ 法驾：皇帝的车驾。 ⑧ 蛮琛：这里泛指四方的进贡品。蛮，古代对南方民族的称呼。琛，珍宝。⑨ 临春、结绮：皆南朝陈后主所建的楼阁名。隋兵攻入金陵，焚于火。 ⑩ 齐云、落星：楼名。齐云楼，唐代曹恭王所建，故址在今江苏吴县。落星楼，吴嘉禾元年(232)建，故址在今南京市东北落星山上。 ⑪ 岷山：在今四川北部。古人认为长江发源于此。 ⑫ 逢掖：古代儒士所穿的宽袖衣服。此代指读书人。 ⑬ 宵旰：即宵衣旰食的简称。宵衣，天未明即穿衣起身；旰食，忙于事务不能按时进食。 ⑭ 贞珉：碑石的美称。

《阅江楼记》是宋濂奉皇帝的旨意为阅江楼撰写的一篇记文。文章以歌功颂德为主旨，同时也包含一些希望君王励精图治的箴规之言，值得重视。

全文可分为三段。第一段由叙述金陵的山川王气，引出对当今皇帝的歌颂，入题极为自然。文章开篇即言："金陵为帝王之州。"然而，从六朝以至南唐，历代帝王都偏安一方，无法与当地"山川之王气"相称。这显然是为了突出下文对大明开国伊始的雄壮声势的描写。接着由前面的"无以应山川之王气"说到"始足以当之"，很自然地转到了所要表达的内容上来。"由是"以下几句，进一步阐明本旨，为全文的描写定下了基调。如此开端，不仅自有一种引人入胜的魅力，而且使人感到气势宏阔舒展。

第二段集中写阅江楼的兴建和皇上登楼的所见所思。这一段可分为几层笔墨。第一层以简洁的言语，交代阅江楼所处的位置，同时也点明了建楼的起因和楼名的来历。皇上之所以"诏建楼于巅"，一是因"其地雄胜"，二是为了"与民同游观之乐"。第二层由阅江楼所处地势的雄伟壮丽，展望"登览之顷，万象森列，千载之秘，一旦轩露"的美妙景象。作者为之涂抹了一层特有的色彩：是天地有意造就了美景，等一统天下的君王来临时，展示千年未见之奇观。这一层意思以反问句出之，更能开拓文意，逗引下文的阅江之思。第三层悬想风和日丽之时，皇上车驾降临，登上山巅，凭栏远眺，遐思一定会悠然而生。一个"思"字，为全文之关纽，以下第四层所写的三见三思，均由此生发。这一层内蕴丰富，行文却井然有序。作为一统天下的君王，他的所见所思自与常人迥异。看见长江汉江的流水滔滔东去，各地诸侯纷纷前来述职，他想到的是城高池深，关隘险固，这时必定会说："这是我栉风沐雨，战胜强敌，攻城取地所获得的啊！"中华大地这样广阔，更思虑要设法来保卫。继而看见波涛的浩荡起伏，帆船的上下颠簸，他想到的是边远民族，海外的船只接踵来朝，四方的珍宝争相入贡，这时必定会说："这是我用恩德安抚，以威力降服，声望延及内外所达到的。"四方的边境这样遥远，更思虑要设法去怀柔。最后看见大江两岸之间，四郊田野之上的人群，他想到的是黎民百姓，耕地的人有烈日烤晒皮肤，寒风冻裂双脚的痛苦，农女有采桑送饭的辛劳，这时必定会说："这是被我从水火中拯救出来，安置于床席之上的人们。"天下有这么多的黎民百姓，就更思虑要设法让他们安居乐业。至此，皇上由见而思的描写经过层层推进已达到高潮。下面转到议论，这是本段最后一层意思。作者推想，皇帝兴建这座楼的目的，是用来舒展自己的怀抱，凭借景物而触发感慨，寄寓其志在天下的思绪，不仅仅是为了观赏长江的风景。这几层文字不免粉饰之嫌，可贵的是其中寄寓了对人主的劝勉之意，文章的思想内容由此得到升华。

第三段文章，又可分作二层。先由上文的三见三思，引起对历史陈迹的回顾，作者对安危系于一江的山川分合的感慨之情，亦包曲其中。继而用"今则"二字一转，折回到对大明皇帝的赞颂。而其中"宵旰图治"四字，既是歌颂之辞，也是箴规之言。结句"他若留连光景之辞，皆略而不陈，惧亵也"，补叙作文本旨不在留连光景，启迪读者进一步探究其内蕴的深意。

本文是应制文中颇具特色的代表作。全文结构严谨，转接自如，写景、叙事和议论穿插得十分自然。而铺陈排比手法的运用，与内容相谐，更增强了文章的气势和力度。

（潘裕民）

【作者小传】

刘　基

(1311—1375)　明初大臣。字伯温。浙江青田人。元末进士。曾任江西高安县丞、江浙儒学副提举，后弃官隐居。元至正二十年(1360)至应天(今江苏南京)辅佐朱元璋。明初任御史中丞兼太史令，封诚意伯。后辞官，为胡惟庸所谮，忧愤而死。一说被胡惟庸毒死。谥文成。通经世之学，尤精天文及兵法。诗文俱有名。其散文古朴犀利，寓意深远，有些作品对元末丑恶的社会现象有所讽刺。著有《诚意伯文集》。

司马季主[1]论卜　　刘　基

东陵侯[2]既废，过司马季主而卜焉。季主曰："君侯[3]何卜也?”东陵侯曰:“久卧者思起,久蛰者思启,久懑者思嚏。吾闻之:‘蓄极则泄,闷极则达,热极则风,壅极则通。一冬一春,靡屈不伸;一起一伏,无往不复。’仆窃有疑,愿受教焉。”季主曰:“若是,则君侯已喻之矣,又何卜为?”东陵侯曰:“仆未究其奥也,愿先生卒教之。”

季主乃言曰:“呜呼!天道何亲?惟德之亲;鬼神何灵?因人而灵。夫蓍,枯草也;龟,枯骨也④:物也。人,灵于物者也,何不自听而听于物乎?且君侯何不思昔者也!有昔者必有今日。是故碎瓦颓垣,昔日之歌楼舞馆也;荒榛断梗,昔日之琼蕤⑤玉树也;露蛬⑥风蝉,昔日之凤笙龙笛也;鬼磷萤火,昔日之金釭⑦华烛也;秋荼⑧春荠,昔日之象白驼峰⑨也;丹枫白荻,昔日之蜀锦齐纨也。昔日之所无,今日有之不为过;昔日之所有,今日无之不为不足。是故一昼一夜,华开者谢;一秋一春,物故者新;激湍之下,必有深潭;高丘之下,必有浚谷。君侯亦知之矣,何以卜为?”

〔注〕 ① 司马季主:汉初楚国人,曾游长安,卖卜于东市。有才学,通经术,贾谊等往访,为其所难。 ② 东陵侯:召(一作邵)平,汉初人。秦时受封东陵侯,秦亡后种瓜于长安城东。 ③ 君侯:古称列侯为君侯。 ④“夫蓍”四句:蓍(shī 师),占吉凶用的一种草。龟,指龟甲。古时占吉凶,筮用蓍草,卜用龟甲。 ⑤ 蕤(ruí):草木花下垂貌,此喻花草。 ⑥ 蛬(qióng 穷):同“蛩”,蟋蟀。 ⑦ 釭(gāng 缸):灯。 ⑧ 荼(tú 涂):苦菜。 ⑨ 象白驼峰:象白,指象脂。驼峰,骆驼背上隆起的肉峰。古人以为食品之珍品。

这是《郁离子·天道》中的一篇,它通过寓言的形式,设为问答之辞,表达了鬼神何灵、变化不居的进步思想,阐述了一切事物无不向其对立面转化的辩证观点。刘基“慷慨有大节,论天下安危,义形于色”(《明史》本传),对元末统治集团采取不合作的态度。《郁离子》是他弃官归隐时的创作,思想上受到农民起义的影响,往往通过他所勾勒的艺术形象,从不同的侧面对元末的暴政和世风,展开了深刻的批判。这里所勾勒的两个艺术形象,选择了暴秦覆灭后流落长安以种瓜为生的东陵侯召(邵)平为模特儿,以占卜之术闻名汉初的司马季主为核心人物,明确地指出“天道无亲,惟德之亲”,就寄寓了元末的反动政权也必然要向它的对立面转化的思想,其现实性和针对性是非常明显的。

一切事物无不向着它的对立面转化,是一个深邃的抽象的哲理。作者在尺幅之中，运用人们所习见的对比鲜明的形象，第一步说明一切事物都在不停地运动和变化，第二步说明它们总是向着自己的对立面转化的。深入浅出，言近旨远，既以逻辑力量撞击读者的心扉，又以艺术力量打动读者的感情，一步一步引导读者去思考、去推理、去探索事物互相转化的规律，具有极大的说服力和感染力。东陵侯所罗列的九种现象，把事物运动、变化的抽象哲理，变为具体的形象的事物，自然容易为人们所接受。如睡久了想起来，呆久了想出去，闷久了想打个喷嚏，停蓄过多就要宣泄，郁积过度就要发抒，天太炎热了就会刮风，路阻塞了就要开通，没有委屈的东西长期不得伸展，没有直立的东西永远不会倒伏。这些都是人们所共有的生活经验，所习见的自然现象，用来说明一切事物都在运动着，变化着，不可能永远停留在一个位置上，不可能永远僵死在一种形态中。停滞了，僵死了，生命也就结束了。透过这些现象，人们自然容易从哲理的光辉中，思想的火花中，得到深刻的启迪。但开掘到这里，还没有阐明一切事物无不向它的对立面转化的辩证观点，所以作者又借司马季主之口，列举了六对互相转化的事物，来阐明过去的显赫必然要转化成为今天的衰败这个睿智的哲理。谁不知道：今天的碎瓦颓垣，就是过去的歌楼舞榭；今天长满荒草枯枝的原野，就是过去生长琼花玉树的园林；今天露蛬风蝉哀鸣的地方，就是过去凤笙龙笛演奏的场所；今天闪烁着鬼磷萤火的荒原，就是过去金灯生辉、华烛碍月的大厦；今天吃秋荼春荠的穷汉，就是过去吃象白驼峰者的后裔；今天长满了丹枫白荻的寒郊，就是过去生产蜀锦齐纨的闹市。然而"高岸为谷，深谷为陵"，一切事物都在向着自己的对立面转化，这是不以人们的意志为转移的自然规律。所以过去没有的，今天有了不为过；过去有过的，今天丧失了也很正常。那么，推而广之，一个政权，由兴盛走向衰落，甚至被异己的力量取而代之，也值不得大惊小怪，因为它是符合事物的发展规律的。这显然是为新兴的革命力量的成长壮大在呐喊，在鸣锣开道，在提供理论的根据，因而是进步的，是积极的。

这篇文章以整齐的句式，铿锵的音韵，通过人物的对话，一层深入一层地阐明一个深邃而抽象的哲理，取譬浅近，论辩犀利；不但思想深沉，而且辞藻华丽，有情，有理，有味，闪耀着哲理的光辉。清人刘熙载说得好："文章无论奇正，皆取明理。"又说："论事叙事，皆以穷尽事理为先。"(《艺概·文概》)本文之所以脍炙人口，传诵不息，就在于它能"明理"，能以"穷尽事理为先"。读了它，使人很容易联想到屈原的《卜居》。《卜居》也是设为屈原和詹尹的一问一答，一连由屈原提出"吾宁悃悃款款朴以忠乎"等十六个疑问，向詹尹请教，詹尹则以"用君之心，行君之意，龟策诚不能知事"作答。这里也是设为东陵侯与司马季主的问答形式，首先由东陵侯提出“未究其奥”的一些问题，向司马季主请教，司马季主也是以“君侯亦知之矣，何以卜为”作答。艺术的构思，篇章的设计，极其相似，而读者却不认为它是模拟，是屈赋的影子，因为它是从现实的生活出发，而又能提到理论的高度来认识，给人极其深刻的思想启迪。（羊春秋）

卖柑者言　　刘 基

杭有卖果者，善藏柑，涉寒暑不溃。出之烨然，玉质而金色。置于市，贾十倍，人争鬻①之。予贸得其一，剖之，如有烟扑口鼻，视其中，则干若败絮。予怪而问之曰：“若所市于人者，将以实笾豆②，奉祭祀，供宾客乎？将衒外以惑愚瞽也？甚矣哉为欺也！”

卖者笑曰：“吾业是有年矣。吾赖是以食吾躯。吾售之，人取之，未尝有言，而独不足子所乎？世之为欺者不寡矣，而独我也乎？吾子未之思也。

“今夫佩虎符、坐皋比③者，洸洸乎干城之具也④，果能授孙、吴之略⑤耶？峨大冠、拖长绅者，昂昂乎庙堂之器也，果能建伊、皋之业⑥耶？盗起而不知御，民困而不知救，吏奸而不知禁，法斁⑦而不知理，坐縻廪粟而不知耻。观其坐高堂，骑大马，醉醇醲而饫肥鲜者⑧，孰不巍巍乎可畏，赫赫乎可象也？又何往而不金玉其外、败絮其中也哉！今子是之不察，而以察吾柑！”

予默然无以应。退而思其言，类东方生滑稽之流⑨。岂其愤世疾邪者耶？而托于柑以讽耶？

〔注〕①鬻：原义为“卖”，此处转作“买”。　②笾(biān边)豆：古代祭祀和宴会时用以盛食物的容器。笾用竹制，豆用木或陶、铜制造。　③虎符：古代调兵遣将时所用的虎形兵符。皋比(pí皮)：虎皮，此指虎皮做的坐褥。　④洸(guāng光)洸：威武貌。《诗·大雅·江汉》：“武夫洸洸。”干城：盾牌和城墙，比喻捍卫者。《诗·周南·兔罝》：“赳赳武夫，公侯干城。”具：才具。此指人材。⑤孙、吴：孙武和吴起，春秋、战国时兵法家。　⑥伊、皋：伊尹和皋陶。伊尹，商汤时贤相。皋陶，舜时掌刑法的官。　⑦斁(dù妒)：败坏。　⑧醇醲(nóng农)：味美的烈酒。饫(yù玉)：饱食。　⑨东方生：指东方朔。东方朔字曼倩，汉武帝时曾任太中大夫。能言善辩，诙谐多智，《汉书·东方朔传赞》称之为“滑稽之雄”。

《卖柑者言》约写于元末作者归隐之前、任江浙儒学副提举之际。刘基对元末千疮百孔、岌岌可危的现实有较清醒的认识，故以“满腔愤世之心”，写下这篇刺世短文。

作者入手擒题，道出杭州卖柑者及其“善藏柑，涉寒暑不溃”，进而着意渲染了柑外表色泽的美艳——“出之烨然，玉质而金色”，并进一步说明柑因此而“贾（同“价”）十倍，人争鬻之”。这些皆为下文伏笔。接着笔锋陡转，一语道破柑的本来面目：“予贸得其一，剖之，如有烟扑口鼻，视其中，则干若败絮。”由此，柑的金玉其外与败絮其中形成了强烈对比。作者惊讶之余，责问卖柑者：所卖的柑是用来盛在笾、豆之中祭鬼敬神、供奉宾客呢，还是炫耀其外表以愚弄蠢才和没有眼力的人呢？并一针见血地指出：“甚矣哉为欺也！”前面的两个问句已造成气势，咄咄逼人，最末倒装句式的运用，语气更强，点出“欺”字，导出卖柑者的论辩，有抛砖引玉之妙。

卖柑者并不忙于为自己辩解，而是先讲“生意经”，说做这种生意来养活自己已非三年两载，而且买卖各得其宜，彼此从无怨言。进而反问作者：“难道到你那里就不满足了？”顿然以守为攻，变被动为主动，一问紧接一问，似旨在说明“为欺者不寡”，亦须见惯不惊。其实又是在借题发挥，辛辣地讽刺了欺世盗名之徒。而最妙的是，于暗中将柑与为官者作了类比，说那些“佩虎符、坐皋比者，洸洸乎干城之具”，“峨大冠、拖长绅者，昂昂乎庙堂之器”，“坐高堂，骑大马，醉醇醲而饫肥鲜者”，表面上“巍巍乎可畏，赫赫乎可象”，不都正是金玉其外的表现吗？而其实际上“盗起而不知御，民困而不知救，吏奸而不知禁，法斁而不知理，坐糜廪粟而不知耻”，更说不上有“孙、吴之略”“建伊、皋之业”，又恰好反映他们的表里不一，败絮其中。文章几笔就勾勒出一幅文恬武嬉的群丑图，于“公然的，也是常见的，平时是谁都不以为奇的，而且自然是谁都毫不注意的”（鲁迅《什么是“讽刺”？》）事中孕育出讽刺的生命。最后还让卖柑者指责作者：“是之不察，而以察吾柑！”咄咄逼人。全文以作者的真切感触作结。最末的“岂其愤世嫉邪者耶？而托于柑以讽耶？”自是明知故问，意在提醒读者本文旨在愤世嫉邪，托柑以讽，起到画龙点睛的作用。

《卖柑者言》以其深刻的现实性见称，同时在语言艺术上也颇具功力。如文中作者的一“怪”，卖柑者的一“笑”，揭示内心情感，突现人物形象。特别是那段妙语联珠的议论，一连串整齐而又跌宕的反问、排比句式，夹杂着众多的语气词（如“洸洸乎”的“乎”）、否定词“不”，以及连词“而”，句句紧逼，层层深入，一气呵成、掷地有声。这些便造成了文章的气势，读来不绝如缕。更不必说“金玉其外，败絮其中”这样高度精粹的语句，则早已成为成语，广为人知。同时，《卖柑者言》还采用了设辞问答形式，而问与答又并无明显界限。问话多半问得新奇突兀，引人入胜；答话则又伴随有尖酸的反诘，形象的描绘，巧妙的比喻，笔势腾挪，实有孟子散文的浩气逼人，感情充沛；以及《韩非子》的鞭辟入里，峭拔犀利；同时，又不乏柳宗元文风的渊放警策，讽谕得体。无论布局谋篇，人物刻画，类比的运用，以及以民风讽世的写法，都明显受到《捕蛇者说》的影响。

此外，卖柑者的形象塑造也引人注目。他的玩世不恭，同流而不合污，给人印象至深。作者将之比为滑稽多致、巧言善讽的东方朔，又设问：“岂其愤世疾邪者也？”（按东汉赵壹有《刺世疾邪赋》）其实，这一寓言人物形象很大程度上有作者自己的影子。全文不过是借人物之口来反映作者的思想观点而已。卖柑者所指出的盗起、民困、吏奸、法斁，正是对元末社会问题的高度概括，实非等闲之辈所能轻言的。

（秦岭梅）

楚人养狙　　刘 基

楚有养狙①以为生者，楚人谓之狙公。旦日必部分②众狙于庭，使老狙率以之山中，求草木之实，赋什一以自奉。或不给，则加鞭棰焉。群狙皆畏苦之，弗敢违也。

一日有小狙谓众狙曰：“山之果，公所树与？”曰：“否也，天生也。”曰：“非公不得而取与？”曰：“否也，皆得而取也。”曰：“然则吾何假于彼，而为之役乎？”言未既，众狙皆寤。其夕相与伺狙公之寝，破栅毁柙，取其积，相携而入于林中不复归。狙公卒馁而死。

郁离子曰：“世有以术使民而无道揆③者，其如狙公乎！惟其昏而未觉也。一旦有开之，其术穷矣。”

〔注〕 ① 狙(jū居)：猕猴。 ② 部分：部署，分派。 ③ “世有”句：道揆，道德准则。《孟子·离娄上》：“是以惟仁者宜在高位。不仁而在高位，是播其恶于众也。上无道揆也，下无法守也。”是作者这句话的根据。

这则讽刺小品是从《郁离子·瞽聩》中选来的。它以寓言的形式，犀利的文笔，像投枪，像匕首，投向元末的黑暗社会。全文不到二百五十字，带叙带议，亦问亦诘，充分发挥了融叙事、议论于一炉的艺术技巧，让深沉的哲理在简洁的叙事中完满地表达出来：是那样地警策，那样地雄辩，又是那样地通俗，那样地晓畅；既显示出艺术的精湛，又闪耀出理论的光辉，完全体现了作者政治家的胆识和文学家的才气。《明史》本传说他“所为文章，气昌而奇，与宋濂并为一代之宗”。从这则讽刺小品中，完全可以体认到他“气盛言宜”，“思精文奇”，具有卓越的艺术匠心。

狙公无筋骨之劳，无案牍之累，不要犯霜露，冒寒暑，坐于高堂之上，利用众狙的浑浑噩噩，不识不知，接受他的驱遣，“使老狙率以之山中，求草木之实，赋什一以自奉”，为他提供丰厚的生活资料。或采得而不给他，则滥施淫威，横加棰楚。及众狙一旦觉悟，采取一致行动，破栅毁柙，取其积蓄，逃于林中，不再供其役使，终于使这个不植而得、不劳而食的狙公冻馁而死。作者勾勒出狙公这个艺术形象，显然是封建社会剥削阶级的投影；那些处于奴隶地位，而尚未意识其为奴隶的“众狙”，则是广大被剥削者的群像；及其一旦觉悟，便与统治者彻底决裂，终于摆脱了套在他们身上的枷锁，成为自立自主、自由自在的一群，便是揭竿而起的起义农民的英雄形象。作者还独辟蹊径，没有让老狙充当先知先觉的角色，而是让小狙最先觉悟起来，岂非因为老者习惯于被驱遣，因循守旧，胆小怕事，而小者血气方刚，接受新事物快，敢于挺身而出，挣脱套在身上的枷锁吗？这显然是从农民起义运动中概括出来的新鲜经验。接着又让小狙理直气壮地提出三个发人深省的问题，即：“山之果，公所树与？”“非公不得而取与？”“然则吾何假于彼，而为之役乎？”从而引出否定的结论，提高众狙的觉悟。经过这样的设辞问答，反诘推理，在设问中质疑，在质疑中论辩，有事实，有分析，有论断，一层深一层地展开严密的逻辑推理，大大地增强了论辩的力度和深度。透过众狙从浑沌到觉醒、从觉醒到反抗的提高过程，把论辩的锋芒逐步伸向不合理的社会制度，并且使议论附丽于形象，使议论带着强烈的感情色彩，从而深化了主题，强化了艺术的感染力。作者在篇末所发的议论，顺理成章地把问题推广到对社会的透视，对剥削者的嘲弄：一则指出剥削者使用权术，奴役人民，不讲道义，不讲法度，为所欲为，肆无忌惮，其结果必然是狙公的下场；再则指出群众一旦觉悟起来，就会揭竿而起，挺身而斗，把那“吃人的人肉筵席”掀翻。那种对剥削者义正辞严的警告，那种对剥削阶级必然走向死亡的预见，不正是翻天覆地的元末农民起义运动的影响，在作者脑子里产生共鸣的结果吗？不正是这篇文章的艺术魅力和哲学光芒产生的泉源吗？

（羊春秋）

工之侨为琴　　刘　基

工之侨得良桐焉，斫而为琴，弦而鼓之，金声而玉应，自以为天下之美也。献之太常①，使国工视之，曰："弗古"。还之。工之侨以归，谋诸漆工，作断纹焉；又谋诸篆工，作古款焉；匣而埋诸土，期年②出之，抱以适市。贵人过而见之，易之以百金。献诸朝，乐官传视，皆曰："希世之珍也。"工之侨闻之，叹曰："悲哉世也！岂独一琴哉，莫不然矣。而不早图之，其与亡矣！"遂去，入于宕冥③之山，不知其所终。

〔注〕 ① 太常：官名，掌宗庙礼乐等事，汉为九卿之一。南北朝起太常寺为官署名，卿与少卿为主官。 ② 期(jī 基)年：一周年。 ③ 宕冥：幽深昏暗。

这篇从《郁离子·千里马》中选出的讽刺性寓言，寥寥一百四十余字，深刻地揭露了当时普遍存在的一种社会现象，那就是"贵古贱今"和"以假乱真"的恶习。

寓言写的是一个名叫侨的乐器制造工人。他以"良桐"为材，做了一张琴，弹起来"金声而玉应"，高兴地献给掌管礼乐的官员，被乐工斥为"弗古"而退了回去。于是他请漆工在琴上涂了似古的"断纹"，请篆工刻了似古的款识，装进匣子，埋到地里。一年之后，他抱了琴去市场，被一个贵人以百金买了去献给朝廷，满朝的乐工见了，无不啧啧叹为"希世之珍"。

这个寓言的思想价值和美学价值究竟在哪里呢？就在于它通过娓娓的叙述，形象的描绘，辛辣的讽刺，揭示了社会的丑恶现象，引起读者深沉的思考。

在艺术上，这个寓言值得我们借鉴的是：第一，言少意多，具有丰富的内涵，让读者驰骋丰富的想象，"思接千载，视通万里"，从一滴水中看到大千世界。明明是"良桐"做的好琴，弹起来音色很美，却因为"弗古"而被唾弃。画上似古的"断纹"，刻上似古的款识以后，便声价十倍，易之百金。这种"贵古贱今"的思想，"岂独一琴哉"！文必典诰，器必鼎彝，礼必旧制，法必先王，谁若依据变化了的情况，提出革新的措施，法虽至善，利虽倍蓰，也要遭到旧势力的反对。什么"破坏祖宗之法"呀，什么"导致丧乱之源"呀，什么"专欲擅权，纷乱诸事"呀，什么"年少气盛，好立异以为高"呀，种种罪名，诋呵万端，非让因袭的闸门关住满园的春色而后快，岂不可哀可怪么？

第二，让事实说理，富有感染力。寓言所批评的"以假乱真"的现象，是社会生活的高度概括。琴还是那张琴，人还是那个人，只要沾上"古"的色彩，就是"国粹"，就是"希世之珍"，就是传统文化的精华。这样投其所好，欺之以方，那些有眼无珠的"国工"，那些有财无识的"贵人"，就会堕入圈套，至死不悟，无论给国家造成多大的损失，而"国工"的桂冠，"贵人"的权势，依然稳如泰山，不会受到丝毫影响，甚而声誉更加鹊起，官运更加亨通。这样的“国工”，这样的“贵人”，我们不是“似曾相识”吗？寓言的艺术概括，超越了时间和空间，说明它的思想深度和艺术高度是不容易企及的。

第三，对比鲜明，形象生动，为寓言创作提供了宝贵的经验。同一琴也，真则一文不值，视若敝屣；伪则易之百金，视同珍宝。同一乐工也，真则斥为“弗古”，掷而还之；伪则相互传观，誉为“希世之珍”，颠倒是非，混淆黑白，有如此者。通过这样的前后对比，不必多费笔墨，而是非之辨，爱憎之分，便昭然若揭，较之用抽象的概念，枯燥的说教来导致最后的结论，获得的艺术效果，相去是不可以道里计的。

当然，这个讽刺小品，不是没有缺点的。那就是让工之侨在这样的社会风气面前，无所作为，只好逃避现实，走进“宕冥之山”，过着与世无争的隐逸生活，使其成为一个“身之察察”，不受“物之汶汶”的高尚之士。较之作者《楚人养狙》的结尾来，调子不免有些低沉，思想不免有些消极。（羊春秋）

苦　斋　记　　　　刘　基

苦斋者，章溢[1]先生隐居之室也。室十有二楹，覆之以茅，在匡山[2]之巅。匡山，在处之龙泉县西南二百里，剑溪之水出焉[3]。山四面峭壁拔起，岩崿皆苍石，岸外而臼中。其下惟白云，其上多北风。风从北来者，大率不能甘而善苦。故植物中之，其味皆苦。而物性之苦者，亦乐生焉。于是鲜支、黄蘗、苦楝、侧柏之木[4]，黄连、苦杕、亭历、苦参、钩夭之草[5]，地黄、游冬、葴、芑之菜[6]，槠、栎、草斗之实[7]，楛竹之笋[8]，莫不族布而罗生焉。野蜂巢其间，采花髓作蜜，味亦苦。山中方言谓之“黄杜”，初食颇苦难，久之弥觉其甘，能已积热，除烦渴之疾。其槚茶[9]亦苦于常茶。其泄水皆啮石出，其源沸沸汩汩[10]，沛湣[11]曲折，注入大谷。其中多斑文小鱼，状如吹沙，味苦而微辛，食之可以清酒。

山去人稍远，惟先生乐游，而从者多艰其昏晨之往来，故遂择其窟[12]而室焉。携童儿数人，启陨箨以艺粟菽，茹啖其草木之荑[13]实。间则蹑屐登崖，倚修木而啸，或降而临清泠。樵歌出林,则拊石而和之,人莫知其乐也。

先生之言曰:“乐与苦,相为倚伏者也。人知乐之为乐,而不知苦之为乐;人知乐其乐,而不知苦生于乐。则乐与苦,相去能几何哉!今夫膏粱之子,燕坐于华堂之上,口不尝荼蓼⑭之味,身不历农亩之劳,寝必重褥,食必珍美,出入必舆隶,是人之所谓乐也。一旦运穷福艾⑮,颠沛生于不测,而不知醉醇饫肥之肠,不可以实疏粝;藉柔覆温之躯,不可以御蓬藋。虽欲效野夫贱隶,跼跳窜伏,偷性命于榛莽而不可得,庸非昔日之乐为今日之苦也耶?故孟子曰:‘天之将降大任于是人也,必先苦其心志,劳其筋骨,饿其体肤⑯。’赵子曰:‘良药苦口利于病,忠言逆耳利于行⑰。’彼之苦,吾之乐;而彼之乐,吾之苦也。吾闻井以甘竭⑱,李以苦存⑲,夫差以酣酒亡⑳,而勾践以尝胆兴㉑,毋亦犹是也夫!”

刘子闻而悟之,名其室曰“苦斋”,作《苦斋记》。

〔注〕 ① 章溢:字三益,龙泉(今属浙江)人。元末授浙东都元帅府佥事,不受,退隐匡山。后与刘基、叶琛、宋濂同应朱元璋之聘。洪武元年(1368),与刘基并拜御史中丞兼赞善大夫。② 匡山:在龙泉县西南。因山四面高中间低,形如匡(筐),故名匡山。 ③ 处:处州府,治所在丽水县。龙泉县属处州府管辖。剑溪:匡山下的小河。《明史·地理志五》处州府龙泉县注作“建溪”。 ④ 鲜支:栀子。常绿灌木,果实黄褐色,可入药,性寒味苦。黄蘗(bò):亦名黄柏,落叶乔木。树皮可制软木,又可供药用,性寒味苦。苦楝:亦名黄楝,落叶乔木。叶和枝极苦。侧柏:亦称扁柏。中医学上以嫩枝与叶入药,性微寒,味苦涩。 ⑤ 黄连:多年生草本。中医学上以根茎入药,性寒味苦。苦杕(dì弟):未详。亭历:即葶苈,一年生草本。种子入药,性寒,味苦辛。苦参:多年生草本。根、实均可入药,根味极苦。钩夭:菊科宿根草。初生嫩苗可食,长大后称苦藉,味苦。 ⑥ 地黄:多年生草本。根可入药,新鲜者称鲜地黄或鲜生地,干燥后称干地黄或生地,均性寒味苦。加工蒸制后称熟地,性微温,味甘。游冬:菊科,茎叶折断有苦乳汁。葴(zhēn针):即酸浆草,又名苦葴。芑(qǐ起):一种苦菜。 ⑦ 槠(zhū诸):有甜槠、苦槠二种,此处指苦槠。常绿乔木,槠子内仁如杏仁,生食苦涩。栎(lì力):落叶乔木。果实、木皮、树根均可入药,味苦。草斗:栎树的果实。 ⑧ 楛竹:即苦竹。其笋味苦,不能食用。⑨ 槚荼(jiǎ chá假茶):槚,茶树的一种。《尔雅·释木》:“槚,苦荼。”荼,古“茶”字,唐以后字省作“茶”。 ⑩ 沸沸汩汩:沸沸,水翻腾的样子。汩汩,水急流的样子。 ⑪泬潏(jié mì节密):水流急疾的样子。 ⑫ 窊(wā蛙):同“洼”,地势低陷的地方。 ⑬ 荑(tí题):茅草的嫩芽。⑭ 荼蓼:荼,苦菜。蓼,一年生草本,茎叶味苦。 ⑮ 艾:止,尽。 ⑯“故孟子曰”以下四句:见《孟子·告子下》。 ⑰“赵子曰”以下二句:本为古代谚语,引用者颇多,主名亦不一。《史记·留侯世家》张良所引为“忠言逆耳利于行,良药苦口利于病”,未言何人之语。刘向《说苑·

正谏》称“孔子曰”。《孔子家语》同。此称“赵子曰”,未知所据。　⑱ 井以甘竭:《庄子·山木》:“直木先伐,甘井先竭。”　⑲ 李以苦存:《世说新语·雅量》:“王戎七岁,尝与诸小儿游。看道边李树多子折枝。诸儿竞走取之,唯戎不动。人问之,答曰:‘树在道边而多子,此必苦李。’取之,信然。”　⑳ 夫差:春秋时吴国国君,因沉湎酒色,为勾践所灭。　㉑ 勾践:春秋时越国国君。先为吴王夫差所败,入吴为臣三年,得赦归,卧薪尝胆欲以报仇,后果灭吴国。

写一般名山胜水的游记,有雄奇瑰丽之观可以描绘,如“巴陵胜状”之“朝晖夕阴,气象万千”(范仲淹《岳阳楼记》),泰山奇观之“苍山负雪,明烛天南”(姚鼐《登泰山记》),皆足以使人心驰神往。而这里所写的“苦斋”,非有林壑之美,台榭之观,往古之胜迹,可以引人入胜,供人凭吊;目之所见,耳之所闻,足之所至,无往而非“苦”也。山里的植物,“其味皆苦”;水里的斑文小鱼,亦“味苦而微辛”;甚至那里的野蜂所酿的蜜,“味亦苦”。而且“山去人稍远”,“四面峭壁拔起”,人们“多艰其昏晨之往来”,有什么可以令人赏心悦目、忘忧怡情的呢?作者巧妙地擒住一个“苦”字,作为贯串全文的脉络,化景为趣,化趣为理,使人从中领略无穷的佳趣与妙谛。他在写“苦”时,或将“苦”隐于语言之外,或将“苦”显于记叙之中,但无论其或隐或显,都没有忘记“苦”的对立面是“甘”与“乐”。如蜜虽苦,可“久则弥觉其甘”,而且可以“已积热,除烦渴之疾”;鱼虽苦,但“食之可以清酒”;爬山虽苦,但可以倚修木而啸,临清泠而与樵歌相和答。可见苦往往隐藏着乐,亦犹乐往往潜伏着苦一样。作者在这里运用了朴素的辩证法思想,来看待艰苦的环境,坎坷的人生,这便是“化趣为理”。他并未把注意力放在写景上,去模山范水,传神写照,让人们领略“苦斋”周围的山光水色,但往往寥寥几笔,却把那里的山之高、水之秀描绘得有声有色。如说“其下惟白云,其上多北风”,则云绕山下,风啸山脊之状,宛然在目,不言高而“连峰际天”的景观毕见。又说那里的水“皆啮石出,其源沸沸汩汩,沛潦曲折,注入大谷”,则泻出于岩石之间的水,激起如沸的浪花,纡徐曲折地注入谷中的情景尽入眼帘。本来是极其寻常的景色,一经作者点染,便成奇观,使人联想到柳宗元在《小石潭记》中写水则曰“如鸣佩环”,写鱼则曰“皆若空游无所依”。在《钴鉧潭西小丘记》中,写“石之突怒偃蹇”,则曰“若牛马之饮于溪”,“若熊罴之登于山”,不愧为巧夺天工的丹青妙手。这是他“化景为趣”的艺术手段。

“记”这样的文学样式,往往由两个大的部件构成。前一个部件,或记人,或记事,或记游,以叙事写景为主;后一个部件,或发感慨,或说道理,以抒情议论为主。所谓“情缘景生”“景与情会”者,既是艺术的追求,又是艺术的规律。没有前一部分的事和景,则后一部分的情和理便无所附丽;没有后一部分的情和理,则前一部分的事和景便没有概括成理论,没有概括出主题。所以两者是有机的结合，是统一的整体。《钴鉧潭西小丘记》，如果仅仅写了石的“负土而出，争为奇状”，而没有后面的“噫！以兹丘之胜”，置之通都大邑，则价值千金；置之穷乡僻壤，则“农夫渔父过而陋之”，借以抒发自己长期被贬、怀才不遇的悲愤心情，能够如此脍炙人口、传诵不衰吗？同样，《岳阳楼记》如果没有后面一段议论，抒发作者“先天下之忧而忧，后天下之乐而乐”的崇高精神；《游褒禅山记》如果没有后面的那段“夫夷以近，则游者众；险以远，则至者少”的议论，借以阐明要想攀登光辉的顶点，实现伟大的理想，就必须有坚韧不拔的毅力；《石钟山记》如果没有后面的“事不目见耳闻，而臆断其有无，可乎”的领悟，借以阐明一切结论都应产生在调查研究之后，而仅仅停留在前面的叙事和写景上，其思想价值与艺术价值又将如何呢？刘基《苦斋记》的价值，也在于他所发的那段“乐与苦相为倚伏”的闪耀着思想光辉的议论，极其通俗而深刻地阐明了“苦之为乐”和“苦生于乐”的道理。人们的“苦乐观”，往往由于精神境界的不同而大相径庭。有的人只晓得“乐之为乐”，而不晓得“苦之为乐”；有的人则善于从“苦”中去发现“乐”，倚木而啸，临流而歌，啖草木之荚实而怡然自得，都有至乐存焉。正像作者所说的：“彼之苦，吾之乐；而彼之乐，吾之苦也。”其对待苦乐的态度，其对待生活的态度，相去真是不可以道里计的。当然，作者的苦乐观，是从前人的思想宝库中汲取了丰富的营养的。苏轼在《超然台记》中，不是说自己善于以超然的态度对待生活中的逆境吗？当他丢掉了杭州那里的“舟楫之安”，“雕墙之美”和“湖山之观”，到密州去过着“斋厨索然，日食杞菊”的艰苦生活，面对“盗贼满野，狱讼充斥”的政治环境，人家都怀疑他不堪其忧，而他在那里生活一年之后，“而貌加丰，发之白者日以反黑”，就是因为他善于化苦为乐，善于“辞祸求福”。苏辙在《黄州快哉亭记》中也说：“士生于世，使其中不自得，将何往而非病？使其中坦然，不以物伤性，则何适而非快?”苏轼之超然，苏辙之快哉，虽然只是对仕途坎坷、政治失意的人的一种慰藉之辞，但它对人生的乐观，对生活的热爱，足以提高人们生活的勇气，启迪人们对苦乐的认识和选择。刘基的“苦乐观”，显然和苏氏有着思想上的继承关系，而苏氏又是从老庄思想中汲取营养的。老子的“五色令人目盲，五音令人耳聋，五味令人口爽，驰骋田猎令人心发狂”(《老子》第十二章)，庄子的“夫富者苦身疾作，多积财而不得尽用，其为形也亦外矣。夫贵者夜以继日，思虑善否，其为形也亦疏矣”(《至乐》)，不正是苏氏的“人之所欲无穷，而物之可以足吾欲者有尽”，“美恶横生，而忧乐出焉”的观点么？不正是刘氏的“井以甘竭，李以苦存，夫差以酣酒亡，而勾践以尝胆兴”的思想么？不过刘氏更多地发扬了老子的朴素辩证的思想，而苏氏则更多地接受了庄生的“齐万物，一生死”的相对主义观点，此其大

同中之小异耳。　　（羊春秋）

松风阁[①]记（一）　　刘　基

雨、风、露、雷，皆出乎天。雨露有形，物待以滋。雷无形而有声，惟风亦然。

风不能自为声，附于物而有声；非若雷之怒号，訇磕[②]于虚无之中也。惟其附于物而为声，故其声一随于物，大小清浊，可喜可愕，悉随其物之形而生焉。土石屃赑[③]，虽附之不能为声；谷虚而大，其声雄以厉；水荡而柔，其声汹以豗[④]。皆不得其中和，使人骇胆而惊心。故独于草木为宜。而草木之中，叶之大者，其声窒；叶之槁者，其声悲；叶之弱者，其声懦而不扬。是故宜于风者莫如松。盖松之为物，干挺而枝樛[⑤]，叶细而条长，离奇而巃嵸[⑥]，潇洒而扶疏，鬖髿[⑦]而玲珑。故风之过之，不壅不激，疏通畅达，有自然之音。故听之可以解烦黩，涤昏秽，旷神怡情，恬淡寂寥，逍遥太空，与造化游。宜乎适意山林之士乐之而不能违也。

金鸡之峰，有三松焉，不知其几百年矣。微风拂之，声如暗泉飒飒走石濑[⑧]；稍大，则如奏雅乐；其大风至，则如扬波涛，又如振鼓，隐隐有节奏。方舟上人为阁其下，而名之曰松风之阁。予尝过而止之，洋洋乎若将留而忘归焉。盖虽在山林，而去人不远。夏不苦暑，冬不酷寒；观于松可以适吾目，听于松可以适吾耳，偃蹇[⑨]而优游，逍遥而相羊[⑩]，无外物以汩[⑪]其心，可以喜乐，可以永日；又何必濯颍水而以为高[⑫]，登首阳而以为清[⑬]也哉！

予，四方之寓人也，行止无所定，而于是阁不能忘情，故将与上人别而书此以为之记。时至正十五年[⑭]七月九日也。

〔注〕①松风阁：在今浙江绍兴会稽山金鸡峰下。②訇(hōng轰)磕：大声。③屃赑(xì bì戏币)：蠵龟的别称，这里指石碑下的石雕屃赑。④豗(huì汇)：波浪撞击声。⑤枝樛(jiū纠)：树枝向下弯曲。⑥离奇而巃嵸(lóng zōng龙宗)：形容树身曲而上扬。⑦鬖髿(sān suō三梭)：针叶蓬松貌。⑧石濑(lài赖)：石上流过的急水。⑨偃蹇：偃卧

不做事。 ⑩ 相羊：同“徜徉”。徘徊。 ⑪ 汩(gǔ 骨)：扰乱。 ⑫ 濯颖水：用许由故事。相传尧欲以天下让许由，不受；又欲以为九州长，许由以其言污耳，因至颍水洗耳，以示高洁。 ⑬ 登首阳：用伯夷、叔齐故事。伯夷、叔齐兄弟为殷臣之后，周武王灭殷，两人耻食周粟，逃至首阳山采薇而食，以示清高。 ⑭ 至正：元惠宗(顺帝)年号。至正十五年为公元1355年。

刘基在元末归隐期间，曾数次游览会稽山水，这篇游记是他第二次游览会稽山时写的第一篇作品。

文章开头，先从雨风露雷写起，用简练而又准确的语言辨析风和雨露雷的异同。四者“皆出乎天”，生成于自然，但风“无形而有声”，不同于雨露而同于雷。可是，它“不能自为声”，需“附于物而有声”，又不同于“訇磕于虚无之中”的“雷之怒号”。在对比辨析中，风的特征已了然在目。然后紧扣题目中的“风”字，写其种种情状。首先，风之为声，“一随于物”，物形不同，风声亦不同。然而并非一切物体皆可使风附之而成声，如“土石质赑”，风虽附之也不能为声。能使风附之而为声者，又有种种不同的奇音异响：谷虚而大者，其声雄以厉；水荡而柔者，其声汹以豗。这些音响虽各有其特质和个性，却又异中有同，都是“不得其中和”，使人“骇胆惊心”之声。将这些谷中、水上风声逐一否定，便很自然地归结出“风独于草木为宜”，趁势就草木的风声展开议论。而草木之为物，其形万殊，风之所附，声亦万别。于是又以析理入微之笔写出叶之大者、槁者、弱者的风中音响。因其声或窒，或悲，或懦而不扬，皆不为美。如此自远而近，由大而小，层层剥落，最后所突出的只能是“宜于风者莫如松”了，题意豁然畅朗，有如水落而石出，章法严密，构思奇妙，步步引人入胜。松之所以宜于风，是因为它“干挺而枝樛，叶细而条长，离奇而巃嵸，潇洒而扶疏，鬖髿而玲珑。故风之过之，不壅不激，疏通畅达，有自然之音”。这美妙的音响可以解烦黩，涤昏秽，令人心旷神怡，清静舒畅，那理不清的愁绪，说不完的烦恼，洗不净的昏秽，都在悦耳的松风中烟消云散了。当此之时，恬淡寂静的心境充满惬意和快感，仿佛逍遥于太空之中，与造化同游，人与自然圆融浑彻，相契为一，故而山林岩穴之士，“乐之而不能违也”。

至此，松风之美似已写尽。可是，作者所观赏的是松风阁上的金鸡峰三松，文章也就自然转到对它的描写上来。由于前面已详细地描述了松的特征，这里就不需多费笔墨，而是只用“不知其几百年矣”一句点出其苍古之姿，然后连用四个比喻对它作了堪称妙笔的描绘。金鸡峰三松随着由弱而强的风势，忽而如暗泉飒飒，忽而如雅乐齐奏，忽而如波扬鼓响，着墨无多，勾画了了。接下去，交代出松风阁的主人、阁名的由来之后，着重写了他“留而忘归”的缘由。这里“虽在山林，而去人不远。夏不苦暑，冬不酷寒”，景色优美而位置适中，气候宜人，松则宜观宜听，适人耳目，妙趣常在。在此偃蹇而游，悠闲自在，不复有外物以汩其心，人的精神得到升华，心境自清，品格自高，也就不必像许由那样濯耳于颍水，也勿需像夷、齐那样隐于首阳山了。作者在"可以喜乐，可以永日"的快意和满足中，所倾吐的是对松风阁的洋洋忘归之情。他以"四方之寓人"自谓，行止本无定所，而在其游览的胜境中却独不能忘情于松风阁，又一次剖白出无限依恋眷爱的深情，言尽而意不尽，将去而情难舍，留下的是永远美好的回忆。

(臧维熙　张　璟)

松风阁记(二)　　刘　基

松风阁在金鸡峰下，活水源上①。予今春始至，留再宿，皆值雨，但闻波涛声彻昼夜，未尽阅其妙也。至是，往来止阁上凡十余日，因得备悉其变态。

盖阁后之峰，独高于群峰，而松又在峰顶，仰视如幢葆②临头上。当日正中时，有风拂其枝，如龙凤翔舞，离褷③蜿蜒，轇轕④徘徊；影落檐瓦间，金碧相组绣⑤，观之者目为之明。有声如吹埙篪⑥，如过雨，又如水激崖石，或如铁马驰骤，剑槊相磨戛；忽又作草虫鸣切切，乍大乍小，若远若近，莫可名状，听之者耳为之聪。

予以问上人。上人曰："不知也。我佛以清净六尘为明心之本⑦。凡耳目之入，皆虚妄耳⑧。"予曰："然则上人以是而名其阁，何也？"上人笑曰："偶然耳。"留阁上又三日，乃归。至正十五年七月二十三日记。

〔注〕 ① 活水源：在浙江绍兴会稽山灵峰下，东注于若耶溪中。刘基作有《活水源记》。② 幢(zhuàng 壮)葆：羽幢葆车，饰有鸟羽的旗帜和车盖。 ③ 离褷(shī 尸)：羽毛沾湿相粘，此处形容松针密集。 ④ 轇轕(jiāo gé 交隔)：交错纠结。 ⑤ 组绣：编织成花纹。 ⑥ 埙篪(xūn chí 勋迟)：两种乐器。埙为土制，篪为竹制。 ⑦ 六尘：佛经以声、色、香、味、触、法为六尘。六尘与六根耳、目、鼻、舌、身、意相接而产生种种欲望，导致种种烦恼，谓之六根不净。故清净六尘为明心之本。 ⑧ 耳目之入，皆虚妄耳：佛教以为一切色法(现象)皆空幻不实，故所见所闻皆为虚妄。

这是刘基再游松风阁时写的第二篇游记。在文意上与前一篇相承续，但写法有所不同。前一篇以议论为主，本篇则侧重于描绘松在风中的姿态和音响之美。

开头一段,简要交代松风阁的位置和两次游览的情景。前一次春游因碰上雨天,只能听到"波涛声彻昼夜",对松风阁的松景却未能"尽阅其妙"。此次来游,天晴无雨,逗留时间又较长,因得以"备悉其变态"。缓缓写来,文字省净,而又说得亲切。

第二段紧扣上段最后一句,集中笔墨写松姿松声的种种变化。先交代出松在峰顶,阁在峰下,从阁中仰视,松枝平展,幢幢如盖。而观赏之时,又恰值中午,有风拂来。寥寥数语,即点出最佳的观赏地点、角度、时分和气候。然后以形象化的语言写松在风中舞动之姿和枝影映瓦之美。长满茂密松针的枝条交错纠缠,在清风中蜿蜒伸展,摇曳不止,有如龙凤翔舞,姿态甚美。此刻,明丽的阳光把松影洒落在檐瓦之间,松的翠绿,瓦的金黄,相映生彩,金碧交辉,编织成美丽的花纹。一片清丽之景,一幅优美的图画,令人赏心悦目,故而以"观之者目为之明"加以概括,结出所见松姿之美,层次分明,喻写生动,喜爱之情溢于笔端。接下去,以"有声"二字呼应上文"有风"二字,折入松声的描绘。阵阵松涛,有如相应相和的埙篪乐声和急骤而过的阵雨;又好像水激崖石,訇然作响;有时又像铁骑纵横,万马奔腾,急驰而来,夹杂着剑槊撞击之声;忽尔之间又响起切切之声,有如草间虫鸣,细微而急促。在这一段写松声的文字中,连用六个比喻,刻画得淋漓尽致,可谓妙语连珠,良多趣味。但作者似意犹未尽,又补上"乍大乍小,若远若近,莫可名状"三句,进一步突出松声的变化莫测。因松声清听满耳,令人有神骨俱清之感,故而以"听之者耳为之聪"加以总括,结出所闻松声之美。在作者笔下,松姿松声目遇之而成色,耳闻之而生韵,目不暇接,耳不胜听,更有使人目明耳聪的美感效果。古来写松,多从"君子比德"出发,赞其坚贞品格,而刘基则别具只眼,以自己独特的审美眼光写松姿松声的美。

文章的最后一段,通过与方舟上人的对话,探求所见所闻的美感缘由和松风阁命名的由来。作者刻意摹写的是松而不是阁,但写出松风的快人耳目,也就自然揭示出建阁的用意和阁名的由来,点破只有在此佳境观松才有如此美感的道理。可是作者有意避开正面交代,使文章富有曲折波澜:先让方舟上人说出耳目之入皆为虚妄的佛家语,再迫使他不得不承认"以是而名其阁"的反诘。虽然他只"笑曰:'偶然耳'",却等于是否定了"耳目之入皆虚妄"的空无之语。尤其是"笑曰"二字,极为传神,把方舟上人那种欲辩不能,要承认又不甘心,多少带有一些窘迫的神情一笔勾画了出来。不仅写得生动活泼,而且暗藏机锋,收结含蓄有力,颇堪寻味,不愧为一代作手。

(臧维熙　张　璟)

高　启

【作者小传】

(1336—1374)　明诗人。字季迪，号槎轩。长洲(今江苏苏州)人。元末隐居吴淞青丘，自号青丘子。与杨基、张羽、徐贲齐名，称“吴中四杰”。明洪武初，召修《元史》，为翰林院国史编修。后擢户部右侍郎，辞不就。尝赋诗有所讽刺，被太祖借故腰斩于市。能诗文，尤精于史。著有《高太史大全集》《凫藻集》等。

书博鸡者事　　高　启

博鸡者袁[1]人，素无赖，不事产业。日抱鸡呼少年博市中，任气好斗，诸为里侠者皆下之。

元至正[2]间，袁有守[3]多惠政，民甚爱之。部使者[4]臧，新贵，将按郡[5]至袁。守自负年德，易之[6]，闻其至，笑曰：“臧氏之子也[7]。”或以告臧，臧怒，欲中守法。会袁有豪民尝受守杖，知使者意嗛守，即诬守纳己赇。使者遂逮守，胁服，夺其官。袁人大愤，然未有以报也。

一日，博鸡者遨于市，众知有为，因让之曰：“若素名勇，徒能藉贫孱者耳。彼豪民恃其赀，诬去贤使君，袁人失父母。若诚丈夫，不能为使君一奋臂耶?”博鸡者曰：“诺。”即入闾左[8]呼子弟素健者，得数十人，遮豪民于道。豪民方华衣乘马，从群奴而驰。博鸡者直前捽下提殴之。奴惊，各亡去。乃褫豪民衣自衣，复自策其马，麾众拥豪民马前，反接，徇诸市，使自呼曰：“为民诬太守者视此!”一步一呼，不呼则杖，其背尽创。豪民子闻难，鸠宗族僮奴百许人，欲要篡以归。博鸡者逆谓曰：“若欲死而父，即前斗；否则阖门善俟，吾行市毕，即归若父，无恙也。”豪民子惧遂杖杀其父，不敢动，稍敛众以去。袁人相聚从观，欢动一城。郡录事[9]骇之，驰白府。府佐[10]快其所为，阴纵之不问。日暮，至豪民第门，捽使跪，数之曰：“若为民不自谨，冒使君，杖汝，法也。敢用是为怨望，又投间[11]蔑污使君，使罢，汝罪宜死。今姑贷汝，后不善自改，且复妄言，我当焚汝庐，戕汝家矣。”豪民气尽，以额叩地，谢不敢，乃释之。

博鸡者因告众曰：“是足以报使君未耶？”众曰：“若所为诚快，然使君冤未白，犹无益也。”博鸡者曰：“然。”即连楮为巨幅，广二丈，大书一“屈”字，以两竿夹揭之，走诉行御史台⑫。台臣弗为理，乃与其徒日张“屈”字游金陵市中。台臣惭，追受其牒，为复守官，而黜臧使者。方是时，博鸡者以义闻东南。

高子曰：“余在史馆⑬，闻翰林天台陶先生⑭言博鸡者之事。观袁守虽得民，然自喜轻上，其祸非外至也。臧使者枉用三尺⑮，以雠⑯一言之憾，固贼戾⑰之士哉！第为上者不能察，使匹夫攘袂群起以伸其愤，识者固知元政紊弛而变兴自下之渐矣。”

〔注〕 ① 袁：袁州路，治所在今江西宜春。 ② 至正：元顺帝年号（1341—1368）。 ③ 袁守：袁州路隶属江西行省。路设总管府，袁守即袁州路总管。袁州在隋、唐为宜春郡。故本文借用“守”即郡太守来称呼袁州路总管。 ④ 部使者：指江西湖东道肃政廉访司。肃政廉访司元初称提刑按察司，至元二十八年（1291）改称。每道廉访使二员，正三品；副使二员，正四品。此处称“部使者”，是借用汉武帝时“部刺史”的名称。汉武帝元封五年（前106），分天下为十三部（州），置部刺史，职掌周行郡国，省察治状，黜陟能否，断治冤狱（《汉书·百官公卿表》及注）。 ⑤ 按郡：按察所管各郡。元朝的“路”相当于隋、唐的“郡”。 ⑥ 易之：轻视他。 ⑦ 臧氏之子：臧家那个小子。《孟子·梁惠王下》：鲁平公将见孟子，被所宠爱的小臣臧仓阻止。孟子知道后说：“吾之不遇鲁侯，天也，臧氏之子焉能使予不遇哉？”“臧氏之子”出典于此，故部使者听到后认为袁守藐视他，十分恼怒。 ⑧ 闾左：闾，里门。古时富强人家居里门之右，贫弱人家居里门之左。此言贫苦人家聚居处。 ⑨ 郡录事：《元史·百官志七》：“录事司，秩正八品。凡路、府所治，置一司，以掌城中户民之事……二千户以上，设录事、司候、判官各一员。” ⑩ 府佐：总管府的佐官。当时袁州户逾十万，为上路，佐官有同知、治中、判官各一员。 ⑪ 投间（jiàn 谏）：找空隙，趁机会。 ⑫ 行御史台：元代中央设御史台，掌纠察百官善恶，政治得失。又在各重要地区设行御史台。此处行御史台指江南诸道行御史台，以监江浙、江西、湖广三行省，统制江东、江西、浙东、浙西、湖南、湖北、广东、广西、福建、海南十道，江西湖东道肃政廉访司即其所属。驻地有扬州、杭州、江州（九江），至元二十三年（1286）迁于建康（即下文之金陵，今江苏南京）。 ⑬ 史馆：国家编修史书的机构。高启于明洪武初年被召修《元史》，授翰林院国史编修官。 ⑭ 天台陶先生：指陶凯。凯字中立，临海（今属浙江）人。洪武初以荐征入纂修《元史》，书成，授翰林应奉。天台与临海两地相邻，明俱属台州府。 ⑮ 三尺：古代把法律条文写在三尺长的竹简或木简上，故称为“三尺法”，或简称“三尺”。 ⑯ 雠：报。 ⑰ 贼戾：阴险凶狠。

司马迁在《史记·游侠列传》中，对闾巷的游侠作了高度评价，说他们“言必信，行必果，已诺必诚”，而在帮助别人摆脱困境、昭雪沉冤之后，又“不矜其能，羞伐其德”,像朱家的“专趋人之急,甚己之私”,郭解的“既已振人之命,不矜其功”,“修行砥名,声施于天下,莫不称贤”,是值得称道的。于是“以武犯禁”的游侠,才引起社会的注意,得到士大夫的承认。高启这篇《书博鸡者事》,就是对那个“其行不轨于正义”的游侠,给予由衷的歌颂,而对那个“枉用三尺,以雠一言之憾”的权贵,给予应有的鞭挞的。但其意义,远远超出了对个人的褒贬,而是把批判的锋芒,伸进了社会的核心,政治的深层。

高启在这个政治小品中,塑造了一个令人敬慕的游侠形象。他“素无赖,不事产业,日抱鸡呼少年博市中”,颇有点像《游侠列传》中的剧孟“好博,多少年之戏”。他“任气好斗,诸为里侠者皆下之”,又有点像郭解的“慨不快意,身所杀甚众”,以故“解出入,人皆避之”。这么寥寥几笔,便把博鸡者的性格特征勾勒了出来。他容貌不足以动众,言语不足以惊人,只是一个好博好斗的“无赖”而已。然而就是这个“生于编伍之间,素不闻诗书之训”(《五人墓碑记》)的人,作出了惊世骇俗、“义闻东南”的事来。这为突出博鸡者后来的有勇有谋、敢作敢为作了很好的铺垫和反衬,在艺术构思上叫做“蓄势”,叫做“欲扬先抑”。跟那些从概念出发,把正面形象塑造成高大、完美的典型,是没有丝毫共同之处的。当他遨游于市,人们责备他空有勇者之名,而对豪民的诬陷贤良,却不敢攘袂奋臂,挺身出来伸张正义时,便立即“入闾左呼子弟”,把那个衣华衣、乘肥马、从群奴,招摇过市的豪民拦住,抓下马来,饱以老拳,扒了他的衣服,骑上他的大马,反绑着他的双手,指挥群众簇拥着那个豪民游街示众,并强迫其边走边喊道:“为民诬太守者视此!”“不呼则杖,其背尽创”。这么一出大快人心的威武雄壮的活剧,却是这个博鸡者导演出来的,从而突出了这位游侠的高大形象。等到豪民的儿子“鸠宗族僮奴百许人”,准备把豪民拦抢回去时,如果博鸡者慑于强敌,稍有动摇,就毁了他的侠义形象;如果摆开阵势,任气斗狠,就要酿成流血的惨案。在这危急时刻,博鸡者胸有成竹,指挥若定,迎上前去对豪民的儿子说:“若欲死而父,即前斗;否则阖门善俟”。几句话杀住了对方的威风,迫使他为了父亲的安全,不得不“敛众以去”。这个袁人聚观,欢动一城的喜剧,还是这个博鸡者导演出来的。说明这个博鸡者,不但喜欢斗力,而且善于斗智,从而进一步丰满和完善了这个游侠的形象。到了日暮,队伍游到了豪民的门口,博鸡者又把豪民抓来跪着,历数其罪行说:“若为民不自谨,冒使君,杖汝,法也。敢用是为怨望,又投间蔑污使君,使罢,汝罪宜死。今姑贷汝,后不善自改,且复妄言,我当焚汝庐,戕汝家矣。”这一席话,既肯定了袁守的杖责豪民,是完全合法的;又指出了豪民的蔑污袁守,是罪在不赦的;还警告了那个横行街坊的豪民,如果“不善自改,且复妄言”,就要焚其庐,戕其家,迫使那个平日作威作福的豪民,不得不"以额叩地,谢不敢",然后放了他。这么一出"匹夫攘袂群起以伸其愤"的活剧,也是这个博鸡者导演的。通过上述三个细节的描写,博鸡者的形象就更加鲜明,更加突出了。写到这里,虽然正义得伸,人心大快,然而袁守之冤未白,官未复,并没有取得实质性的效果,于是人们又向博鸡者提出了更高的要求。这说明人们不但信赖博鸡者的任侠精神,而且对他的才能和智慧也是深信不疑的。果然,博鸡者没有辜负人们的信赖和期望,使出了"连楮为巨幅,广二丈,大书一'屈'字,以两竿夹揭之,走诉行御史台"的一"招"来,让台臣看到群众的力量,让群众看到斗争的希望。不料台臣竟然"弗为理",似乎希望又落了空,路又走到了尽头;没有想到博鸡者又施展了"日张'屈'字游金陵市中"的绝招来,以激发台臣的羞恶之心和是非之心,终于"追受其牒,为复守官,而黜臧使者",完全满足了人们的愿望,实现了预期的目标,使博鸡者这个游侠形象更加高大,更加值得尊敬。这无论在斗争的艺术上,还是在写作的技巧上,都呈现出"柳暗花明又一村"的境界,给人以丰富的审美愉悦。

对于博鸡者的对立面,作者虽没有花很多的笔墨去描写他们,但往往随手涂抹,妙趣横生,豪民的丑态,台臣的窘状,形神毕肖,呼之欲出。透过他们的所作所为,而"元政紊弛变兴自下之渐",便在读者的心底眼前形成了深刻的印象。特别是那个新贵臧使者,本来与袁守毫无宿怨,照理,应该在他按郡巡视时,对于"多惠政,民甚爱之"的袁守优叙政绩,上报朝廷,给予褒奖,以为天下的楷式;不料他以一言之憾,睚眦之怨,不惜滥用权势,颠倒是非,处心积虑想用法律来罗织袁守罪名,致使豪民乘隙诬称袁守收受了自己的贿赂,而他既不作调查,又不察舆情,竟以捕风捉影之辞,把袁守逮捕起来,并逼其承认贪赃枉法的罪行,然后罢了他的官,以泄私愤。这种利用手中的权力,假公济私,误国殃民的国蠹民贼,哪一个朝代没有?因而这件事具有超越时空的典型意义。而那个拥有更大权力的台臣,不过是"全躯保妻子"的庸才,只要没有危及自己的乌纱帽,任他悍吏横行,民不聊生,到处是冤狱,到处有哀鸿,一概"弗为理";只有当他感到事态的发展,有可能影响到他的名誉和地位了,才被迫出来"受其牒"。这种"笑骂由人,好官自为"的昏官,哪一个朝代又没有呢?人物的典型性,揭露的深刻性,这便是这篇文章的思想价值和美学价值之所在。

(羊春秋)

墨 翁 传　　高 启

墨翁者,吴槐市①里中人也。尝游荆楚②间,遇人授古造墨法,因曰:"吾鬻此,足以资读书,奚汲汲四方乎?"乃归,署门曰“造古法墨”。躬操杵臼，虽龟手黧面，而形貌奇古，服危冠大襦，人望见，咸异之。时磨墨沈数斗，醉为人作径尺字，殊伟。所制墨，有定直。酬弗当，辄弗与。故他肆之屦恒满，而其门落然。

客有诮之曰：“子之墨虽工，如弗售何！”翁曰：“嘻！吾之墨聚材孔良，用力甚勤，以其成之难，故不欲售之易也。今之逐利者，苟作以眩俗，卑贾以饵众，视之虽如玄圭③，试之则若土炭，吾窃耻焉。使吾欲售而效彼之为，则是以古墨号于外，而以今墨售于内，所谓衒璞而市鼠腊④，其可乎？吾既不能为此，则无怪其即彼之多也。且吾墨虽不售，然视箧中，则黝然者固在，何遽戚戚为！”乃谢客闭户而歌曰：“守吾玄以终年，视彼沽者泚然。”客闻之曰：“隐者也。吾侪诵圣人之言，以学古为则，不能以实德翢其中，徒饰外以从俗徼誉者，岂不愧是翁哉？”叹息而去。

齐人高启闻其言足以自警也，遂书以为传。翁姓沈，名继孙。然世罕知之，唯呼为墨翁云。

〔注〕①槐市：汉代长安读书人聚会、贸易之市，以其地多槐得名。后借指学宫、学舍。这里为杜撰的地名。②荆楚：指楚国，今湖北、湖南一带地区。③玄圭：黑色的玉。④衒璞而市鼠腊：比喻有名无实。《战国策·秦策三》：“郑人谓玉未理者璞，周人谓鼠未腊者朴。周人怀朴过郑贾曰：‘欲买朴乎？’郑贾曰：‘欲之。’出其璞，视之，乃鼠也。因谢不取。”

本文名虽为传，实则借传主之口，用形象化的方法，阐明自己对人生、对社会的态度。熔叙事、议论于一炉，寓逻辑说理于艺术形象之中，使诉诸逻辑的说服力通过诉诸形象的感染力表现出来，从而极大地提高了它的艺术效果。墨翁是那样地出污泥而不染，临财利而不苟，忠于自己的事业，恪守自己的信条。他制墨时，“聚材孔良，用力甚勤”，不辞躬操杵臼，龟手黧面，自以为足以资读书，不必汲汲四方去为生活奔跑了。但因为他坚持了“以其成之难，故不欲售之易”的原则，所酬不相当就不卖，所以别的卖墨者常常应接不暇，而他却是门前冷落，又不肯像别人那样“苟作以眩俗，卑贾以饵众”，认为“以古墨号于外，而以今墨售于内”，那就是“衒璞而市鼠腊”，挂羊头而卖狗肉，以假冒真，以次充好，是违反道德准则的。当别人嘲讽他说：“墨虽工，如弗售何！”他却心安理得地说：“吾墨虽不售，然视箧中，则黝然者固在，何遽戚戚为！”甚至闭户谢客，为歌以明志说：“守吾玄以终年，视彼沽者泚然。”作者就是这样笔端带着极大的激情，通过人物的生活经历和精神面貌，寄托了自己的爱和憎，表现了“褒见一字，贵逾轩冕；贬在片言，诛深斧钺”（《文心雕龙·史传》）的严肃的创作态度。这与其说是传记文学，毋宁说是讽刺小品；与其说是为墨翁立传，不如说是对当时的现实痛下针砭。可以说墨翁这个艺术形象，是作者依据封建士大夫“独善其身”和“高尚其事”的人生哲学塑造出来的，有作者自己的投影在里面；而那些弄虚作假的“逐利者”，则是现实生活中市侩们的丑恶嘴脸。那些口道圣贤之言，身为狗彘之行的；那些表面上看来像“玄圭”，实际上是“土炭”的；那些为了蝇头微利，不惜出卖自己的；那些迎合世俗的心理，向社会廉价抛出自己的黑货的，不是经常活动在我们的周围吗？这些都是墨翁所不屑、所不齿的，都是墨翁看到了额头上就要冒出汗来（泚然）的。然而，在当时的社会里，像墨翁那样洁身自好的人，却只能穷愁老死于瓮牖绳枢之下；而那些昧着良心的逐利者，却可以腰缠万贯，一呼百诺，自致于青云之上。作者在字里行间，流露了对墨翁的无限敬意，也表达了对那些以假冒真的逐利者的无比憎恨，正好表现了作者的人生哲学和社会理想。这是传记文学的传统的写法。韩愈的《圬者王承福传》，就是通过一个弃官业圬、自食其力的泥瓦匠王承福，表现韩愈的社会理想与人生哲学的。他从“各致其能以相生”的认识出发，肯定了“任有小大，惟其所能”，“有功取直，虽劳无愧”，鞭挞了那些“多行可愧”“食焉而怠其事”的剥削者，最后以“故予为之传而自鉴焉”作结，名为“自鉴”，实为警世，也就是警戒那些只讲索取、不讲奉献的社会蠹虫的。柳宗元的《种树郭橐驼传》，也是通过一个种植能手郭橐驼的口，说明只有“顺木之性”，才能使之“早实以蕃”，以嘲讽那些政令多于牛毛，扰民甚于剧盗的昏官庸吏，最后也是以“传其事以为官戒”作结。高启的《墨翁传》，结尾也是说：“闻其言足以自警也，遂书以为传。”说明高氏是受了韩、柳的影响的，也说明他们写作的目的，都是为了鞭挞丑恶，揭露黑暗，为那个社会击一猛掌，以引起治国者的注意的。　（羊春秋）

【作者小传】

方孝孺

（1357—1402）　明学者。字希直，一字希古，号逊志，人称正学先生。浙江宁海人。宋濂弟子。惠帝时任侍讲学士，主修《太祖实录》。燕王朱棣起兵，朝廷诗燕诏檄皆出其手。燕王兵入京师（今江苏南京）后，拒为成祖起草登极诏书，慷慨就义，被灭十族。著有《逊志斋集》。

吴　士　　方孝孺

吴士好夸言，自高其能，谓举世莫及。尤善谈兵，谈必推孙、吴①。

遇元季乱，张士诚称王姑苏②，与国朝争雄，兵未决。士谒士诚曰："吾观今天下，形势莫便于姑苏，粟帛莫富于姑苏，甲兵莫利于姑苏，然而不霸者，将劣也。今大王之将，皆任贱丈夫，战而不知兵，此鼠斗耳！王果能将吾，中原可得，于胜小敌何有！"士诚以为然，俾为将，听自募兵，戒司粟吏勿与较赢缩③。

士尝游钱塘，与无赖懦人交。遂募兵于钱塘，无赖士皆起从之。得官者数十人，月靡粟万计。日相与讲击刺坐作④之法，暇则斩牲具酒，燕饮其所募士：实未尝能将兵也。

李曹公⑤破钱塘，士及麾下遁去，不敢少格。搜得，缚至辕门诛之。垂死犹曰："吾善孙、吴法。"

〔注〕①孙、吴：孙武、吴起。孙武，春秋末年齐国人，有名的军事家和军事理论家，事吴王阖庐，为吴将，作《孙子兵法》十三篇。吴起，卫国人，战国初年有名的政治家、军事家，历事鲁、魏、楚国。著有《吴起兵法》，今佚，流传的《吴子》乃后人伪托。　②张士诚：泰州（今属江苏）人。盐贩出身，元末起兵，占据江浙一带富庶地区，称吴王，建都于平江（今江苏苏州市）。后为朱元璋所擒，解至金陵（今江苏南京市），自缢死。　③赢缩：赢，通"嬴"，有余。缩，不足。④击刺坐作：击剑、刺枪、跪倒、起立，泛指兵士练武的动作。　⑤李曹公：即明太祖朱元璋姊子李文忠，洪武年间以战功授大都督府左都督，封曹国公。

方孝孺向来注重文学的现实性，主张"凡文之为用，明道立政，二端而已"。《吴士》乃"见世人好夸者死于夸，而终身不自知其非者众矣"而"书以为世戒"。

篇首开门见山，道出吴士"好夸言，自高其能，谓举世莫及。尤善谈兵，谈必推孙、吴"。寥寥数语，一大言不惭的讽刺形象已跃然纸上。对吴士形象总括之后，接着进行详细刻画。先点明吴士生活的时代。"遇元季乱，张士诚称王姑苏，与国朝争雄，兵未决"。乱世出英雄，也出骗子。吴士终靠他三寸不烂之舌，在张士诚的麾下找到栖身之所。作者用约占文章三分之一的篇幅来详写吴士如何纸上谈兵、夸夸其谈以猎取士诚重用。他对张指点天下，认为"形势莫便于姑苏，粟帛莫富于姑苏，甲兵莫利于姑苏"，口若悬河，似乎天下大势了如指掌；又道张士诚不得称霸天下的原因乃“将劣也”，毫不客气地指斥士诚帐下诸将“皆任贱丈夫，战而不知兵，此鼠斗耳”，贬低他人的目的在于抬高自己。“王果能将吾，中原可得，于胜小敌何有！”张士诚为大言所惑，居然拜吴士为将。到此，作者以倒插手法，开始揭底：“士尝游钱塘，与无赖懦人交。”物以类聚，人以群分，吴士是个什么东西也就不言而喻了。吴士一人得道，使无赖“得官者数十人，月靡粟万计”。他们装腔作势，“日相与讲击刺坐作之法”，骨子里则不过是酒囊饭袋，结语“实未尝能将兵也”一句可谓一针见血。吴士的末日随李曹公的攻破钱塘而终于来临。吴士之流不敢稍作抵抗，临阵脱逃，终于被擒，落得个“好夸者死于夸”的下场。文章到此本可结束，而作者又补上一笔说吴士“垂死犹曰：‘吾善孙、吴法。’”既与前之“谈必推孙、吴”遥相呼应，又将吴士缺乏自知之明，至死执迷不悟，欺人自欺的滑稽相写得活灵活现，可笑亦复可悲。

鲁迅先生说过：“讽刺的生命是真实，不必是曾有的实事，但必须是会有的实情。”（《什么是讽刺》）《吴士》的讽刺生命正是建立在真实的基础之上的。文章中写的张士诚轻于用人有历史根据。《续资治通鉴》至正二十七年说：“浙西民物蕃盛，储积殷富。士诚兄弟骄侈淫佚，又暗于断制，欲以得士要誉。士有至者，无问贤不肖，辄重其赠遗，舆马居室靡不充足。士多往趋之。”这就使吴士的形象既滑稽可笑，又真实可信。

《吴士》在布局谋篇、刻画形象方面尤有特色。观其题目，一目了然是写人。但方孝孺没有因袭传统的尤其是史传文学的记人方法，从人物的身世写起，而是一开始就抓住人物的主要特点具体刻画，通过记言、述行来塑造形象。且记言述行详略有致，跌宕起伏。如记他游说张士诚，文笔酣畅，用墨如泼，吴士的口吻声态惟妙惟肖；述行则往往惜墨如金，无论补叙时局或写吴士募兵，皆简朴凝练。文章的结构也很严谨，记叙言与行皆为刻画人物服务，使形象更为丰满逼真，具有一定代表性。此外，开头与结尾相映成趣，给人印象至深，显示了作者的艺术功力。

人们称赞方孝孺的文章笔力劲健，醇深雄迈，且纵横豪放，词气锋利，这确也不算溢美之辞。《吴士》讽刺得力，然行文时则是锐锋微藏，含蓄婉曲。一般是客观冷静的描写，不轻露感情，但一到关键时候又会一语道破，锋不可犯。收尾处寓庄于谐、洒脱自如，但又用语沉稳冷峻，意义深邃，令人忍俊不住又感慨万端，文章主旨得以深化。

尖锐地讽刺夸夸其谈者是《吴士》最明显不过的主题，但张士诚盲目举荐所谓“士”，以“得士”要誉的愚蠢做法，也令人深思。重视人材是好事，但不辨贤愚，致使鱼目混珠，滥竽充数，其结果必然是“鸡鸣狗盗之出其门，此士之所以不至也”（王安石《读孟尝君传》）。这对当今人们举贤授能时也颇可借鉴。

（秦岭梅）

蚊　对　　　方孝孺

天台生[①]困暑，夜卧絺帷中，童子持翣[②]飏于前，适甚就睡。久之，童子亦睡，投翣倚床，其音如雷。生惊寤，以为风雨且至也。抱膝而坐，俄而耳旁闻有飞鸣声，如歌如诉，如怨如慕，拂肱刺肉，扑股嘬面。毛发尽竖，肌肉欲颤；两手交拍，掌湿如汗。引而嗅之，赤血腥然也。大愕，不知所为。蹴童子，呼曰：“吾为物所苦，亟起索烛照。”烛至，絺帷尽张。蚊数千，皆集帷旁，见烛乱散，如蚁如蝇，利嘴饫腹，充赤圆红。生骂童子曰：“此非嘬吾血者耶？尔不谨，褰帷而放之入。且彼异类也，防之苟至，乌能为人害？”童子拔蒿束之，置火于端，其烟勃郁，左麾右旋，绕床数匝，逐蚊出门，复于生曰：“可以寝矣，蚊已去矣。”

生乃拂席将寝，呼天而叹曰：“天胡产此微物而毒人乎？”

童子闻之，哑尔笑曰：“子何待己之太厚，而尤天之太固也！夫覆载[③]之间，二气细缊[④]，赋形受质，人物是分。大之为犀象，怪之为蛟龙，暴之为虎豹，驯之为麋鹿与庸狨[⑤]，羽毛而为禽为兽，裸身而为人为虫，莫不皆有所养。虽巨细修短之不同，然寓形于其中则一也。自我而观之，则人贵而物贱，自天地而观之，果孰贵而孰贱耶？今人乃自贵其贵，号为长雄。水陆之物，有生之类，莫不高罗而卑网，山贡而海供，蛙黾莫逃其命，鸿雁莫匿其踪，其食乎物者，可谓泰[⑥]矣，而物独不可食于人耶？兹夕，蚊一举喙，即号天而诉之；使物为人所食者，亦皆呼号告于天，则天之罚人，又当何如耶？且物之食于人，人之食于物，异类也，犹可言也。而蚊且犹畏谨恐惧，白昼不敢露其形，瞰人之不见，乘人之困怠，而后有求焉。今有同类者，啜粟而饮汤，同也；畜妻而育子，同也；衣冠仪貌，无不同者。白昼俨然，乘其同类之间而陵之，吮其膏而盬⑦其脑，使其饿踣于草野，流离于道路，呼天之声相接也，而且无恤之者。今子一为蚊所嘬，而寝辄不安；闻同类之相嘬，而若无闻，岂君子先人后身之道耶？”

天台生于是投枕于地，叩心太息，披衣出户，坐以终夕。

〔注〕 ① 天台生：作者方孝孺自号。方是浙江临海人。临海是台州府的首县。台州府境内有天台山，故以为称。 ② 翣（shà 霎）：扇。 ③ 覆载：《礼记·中庸》：“天之所覆，地之所载。”后用为天地的代称。 ④ 絪缊（yīn yūn 因氲）：《易·系辞下》：“天地絪缊，万物化醇。”言天地间阴阳二气交互作用，万物感之而变化生长。 ⑤ 庸：一种颈上有肉堆的牛。《文选》司马相如《上林赋》：“其兽则猵旄貘犛。”猵，或作“犻”，《汉书·司马相如传》作“庸”。狨：即金丝猴。 ⑥ 泰：过甚。 ⑦ 盬（gǔ 古）：吸饮。

“对”乃我国一种传统的文学样式。《文心雕龙·议对》篇中，说它是用来“陈政”“献说”的，最早的代表作家是西汉的晁错和董仲舒，他们作品有《贤良文学对策》《庙殿火灾对》等。这种文学样式本来是向国家陈述重大的政治主张，提出鲜明的批评意见的。后来君权日重，文网日密，进言者动辄得咎，只好采取隐喻讽谏的形式，设为问答，互相辩难，于是这种文学样式便由庙堂而走向民间，由正论而变为小品。柳宗元远谪永州，有人又对他落井下石，于是他便运用这种文学样式，抒发积郁在胸中的牢骚，表达酝酿于心底的政见，收到了“嘻笑之怒，甚于裂眦；长歌之哀，过于恸哭”（《对贺者》）的艺术效果。今其集中有《对》一卷，收录了《愚溪对》《对贺者》《设渔者对智伯》等。后来宋代的李昉、徐铉等在编辑《文苑英华》时，又列有《喻对》一类，收了陆龟蒙的《奔蜂对》《招野龙对》等，都是以小喻大，以古喻今，言在此而意在彼，说甚迩而旨甚远，谈锋犀利，文笔泼辣。方孝孺也是运用这种文学样式，抒发自己对人生、对社会的某些心态和看法的。集中所收的《蚊对》《鼻对》《公子对》等，都是他二十多岁时的作品，理明辞达，言简意丰，文采焕发，才华横溢，使人读起来口角噙香，爱不忍释，不愧为擅长这种文学样式的后劲。

《蚊对》借童子之口，阐发了“民胞物与”的大道理。认为天之生物，虽有巨细修短之不同；天之视物，并无贵贱爱憎的区别。人虽自命为万物的“雄长”，而在天看起来，人和物都是“二气絪缊，赋形受质”于宇内的。互相为养，互相依存，人可以食物，物亦可以食人，天不会因为人之食物而罚人，亦不会因为物之嘬人而罚物。这是天的“齐物论”“平等观”。这样的议论，无疑是受了佛、老的影响。人则不然，视“异类相残”为“优胜而劣败”。因为人优于物，所以人应为刀俎，物应为鱼肉，于是“高罗而卑网，山贡而海供”，什么禽兽虫鱼，都“莫逃其命”，“莫匿其踪”，似乎它们生来就是供养人的。一旦物出而食人，则是大逆不道。甚至“白昼不敢露其形”的小蚊，“瞰人之不见，乘人之困怠”，小心谨慎地举喙以嘬人，就要“号天而诉之”，埋怨上天不该“产此微物而毒人”，这能够说是平等待物么？这不是“待己之太厚，而尤天之太固”么？且物之嘬人，是异类相残，不像人除了极其残酷地对待异类外，即对同是“啜粟而饮汤”，“畜妻而育子”，“衣冠仪貌，无不同”的同类，也是极其残忍的。他们在白昼也乘人之危，夺人之财，使之“饿踣于草野，流离于道路”，甚至“吮其血而盬其脑”，被害者的号呼之声，上干云霄，而人却毫无恻隐之心，毫无是非之辨，这难道是“先人后身之道”么？从人对异类相残和同类相残的态度来看，说明人是极端自私自利的。然而能够发其隐私，揭其罪恶者，却只有涉世未深的“童子”，阅历愈多、世故愈深的士大夫是不敢正视这样的社会现实的。听了这样的批评以后，能够“叩心太息”，进行深刻的反思的，只有童心未泯的“天台生”，而握大权、居高位的是不愿听到这种声音的。这便是这个政治小品的深层的讽谕意义。

文章借童子之口说出一番大道理，显然属于寓言的性质。其重点在于最后“今有同类者”以下一段，尤其是“今子一为蚊所嘬，而寝辄不安；闻同类之相嘬，而若无闻”几句，确实是触动人心的。文章点到即止，作者自己在思索，也让读者去思索，比单纯再说几句正面的话更好些。

写法上由小事情引起，逐步进展，带到人生的大道理上，无头轻脚重之弊。其写闻蚊、拍蚊、照蚊、逐蚊几节，生动形象，确是妙笔。体裁是散文，而夹有韵文成分。像“如歌如诉，如怨如慕”，“拂肱刺肉，扑股嘬面。毛发尽竖，肌肉欲颤；两手交拍，掌湿如汗”，“童子闻之”一段中的“夫覆载之间，二气细缊，赋形受质，人物是分”，下面的“龙”“狨”“虫”，“雄”“供”“踪”，则押韵而兼排偶；以及末尾的“息”“夕”二韵，颇有点苏东坡《赤壁赋》的韵味。这些都是鉴赏此文时值得注意的。

（羊春秋）

指　喻　　　方孝孺

浦阳[①]郑君仲辨，其容阗然，其色渥然，其气充然，未尝有疾也。他日，左手之拇有疹焉，隆起而粟。君疑之，以示人。人大笑，以为不足患。既三日，聚而如钱，忧之滋甚，又以示人，笑者如初。又三日，拇之大盈握。近拇之指皆为之痛，若剟刺状，肢体心膂，无不病者，惧而谋诸医。医视之，惊曰："此疾之奇者，虽病在指，其实一身病也。不速治，且能伤生。然始发之时，终日可愈。三日，越旬可愈。今疾且成，已非三月不能瘳②。终日而愈，艾可治也；越旬而愈，药可治也；至于既成，甚将延乎肝膈，否亦将为一臂之忧。非有以御其内，其势不止；非有以治其外，疾未易为也。"君从其言，日服汤剂，而傅以善药，果至二月而后瘳，三月而神色始复。

余因是思之，天下之事，常发于至微，而终为大患；始以为不足治，而终至于不可为。当其易也，惜旦夕之力，忽之而不顾；及其既成也，积岁月，疲思虑，而仅克之，如此指者多矣。盖众人之所可知者，众人之所能治也，其势虽危，而未足深畏。惟萌于不必忧之地，而寓于不可见之初，众人笑而忽之者，此则君子之所深畏也。

昔之天下，有如君之盛壮无疾者乎？爱天下者，有如君之爱身者乎？而可以为天下患者，岂特疮痏之于指乎？君未尝敢忽之，特以不早谋于医，而几至于甚病。况乎视之以至疏之势，重之以疲敝之余，吏之戕摩剥削以速其疾者亦甚矣，幸其未发，以为无虞而不知畏，此真可谓智也欤哉？

余贱不敢谋国，而君虑周行果，非久于布衣者也。《传》不云乎："三折肱而成良医③。"君诚有位于时，则宜以拇病为戒。洪武辛酉④九月二十六日述。

〔注〕 ① 浦阳：即浙江浦江县。浦阳江发源于此。唐代曾称浦阳县。 ② 瘳（chōu 抽）：病愈。③三折肱而成良医：《左传·定公十三年》："三折肱知为良医。"即今言"久病成医"。④ 洪武辛酉：即洪武十四年（1381）。洪武，明太祖年号。

方孝孺曾经写过《深虑论》十篇，探讨了封建社会如何才能长治久安的问题。其中一个重要的论点，就是"祸常发于所忽之中，而乱常起于不足疑之事"，通过严密的逻辑说理，深刻的历史教训，作了极有说服力的论证，足以发人深省，为世殷鉴。这篇政治小品，则是通过形象的感染，冶叙事、抒情、议论于一炉，娓娓而谈，侃侃而道，完满而透彻地阐明了"天下之事，常发于至微，而终为大患"的政治见解。使人从他所塑造的艺术形象和所渲染的艺术氛围中，心悦诚服地接受了他的观点。前者是诉诸逻辑说理，后者是诉诸形象感染，可谓“一指而百虑，殊途而同归”；如果拿它们对照起来读，就可以更好地了解他深刻的政治见解和高超的艺术技巧。

作者对于这个政治小品的艺术构思，首先采取了“欲抑先扬”的艺术手法，加倍描写了郑君的“盛壮”体魄，说是“其容阗然，其色渥然，其气充然”，从面容的饱满，到颜色的润泽，到血气的充沛，无不生机勃勃，充满活力，压根儿看不出任何疾病的朕兆，为其后来的“甚病”作了很好的铺垫。然后以全力搏兔的手段，描写郑君“左手之拇”所患之疹：开始不过“隆起而粟”，三日之后便“聚而如钱”，又三日之后，便大而“盈握”。在这如粟、如钱、盈握的逐步恶化过程中，郑君并没有忽视它，而是始则疑之，继而忧之，终而惧之。这种心态变化，精确地表现了郑君是“爱身”的，又为下文的“爱天下者，有如君之爱身者乎”的反诘埋下了伏笔。而其所以迁延时日，让小疹发展成“甚病”，以至“二月而后瘳，三月而神色始复”者，徒以惑于环绕在他周围的“众人”之笑，“以为不足患”。这里寄寓了作者以“众人”误病，批判和鞭挞了“庸人误国”的深层思想。如果郑君在其“疹小如粟”的时候就去求医，便可以通过艾灸，“终日可愈”；如果等到“疹大如钱”的时候，就去求医，也只要服用药物，越旬可愈；直到疹大盈握，将要延乎肝膈，甚而有伤生之患了，再去求医，那就非日服汤剂以御其内，傅以善药以治其外不能奏效了。说明贻误时机，优柔寡断，不摆脱庸人的干扰，发挥智者的作用，终于要酿成伤身亡国的大祸，这是一个多么深刻的教训！作者这么一层深一层、一步进一步地把一个抽象而深沉的政治见解，通过生动而具体的形象表达出来，较之单纯的概念的阐述，逻辑的推理，具有更加强大的说服力。最后作者在“引而未发”的基础上，十分自然地引出了“天下之事”“始以为不足治，而终至于不可为”的宏论，并通过强烈的反诘、鲜明的对比和紧密的呼应，进一步揭示出“君子之所深畏”在于祸患常“萌于不必忧之地，而寓于不可见之初，众人笑而忽之者”。他一连用了三个有力的反诘，使论辩步步深入，论证丝丝入扣，从而强化了逻辑说理的力量。“昔之天下，有如君之盛壮无疾者乎？爱天下者，有如君之爱身者乎？而可以为天下患者，岂特疮痏之于指乎？”他不仅在反诘中进行论辩，在论辩中突出主题，而且句句有呼应，句句有强烈的感情色彩，让读者通过启发、思考和逻辑推理，得出完全否定的结论。然后通过强烈的对比，以郑君之“未尝敢忽之”与“视之以至疏之势”对比；以郑君之“盛壮无疾”与“重之以疲敝之余”对比；以郑君因为“人大笑，以为不足患”而“不早谋于医”，与“吏之戕摩剥削以速其疾”对比，则其为害之大小，致祸之迟速，就不待智者而后知了。本文就是这么通过反诘推理，对比论辩，使观点更加鲜明，主题更加突出的；就是这么通过前后呼应，彼此对照，使脉络更加清晰，结构更加谨严的。也正是在这些地方，使我们感到作品既有新意，又有深意，从而提高了它的思想深度和艺术高度。（羊春秋）

【作者小传】

杨士奇

(1365—1444) 明大臣。名寓。江西泰和人。曾在湖广各地任塾师多年。建文初被荐入翰林，充编纂官，修《太祖实录》。成祖即位，入内阁典机务，历官至左谕德；成祖北巡，常使留辅太子。仁宗即位，任礼部侍郎，宣宗时进兵部尚书。历永乐、洪熙、宣德、正统四朝内阁，长期辅政。曾荐引于谦、周忱、况钟等。与杨荣、杨溥并称“三杨”。著有《东里全集》《文渊阁书目》《历代名臣奏议》等。

游东山[1]记

杨士奇

洪武乙亥，余客武昌[2]。武昌蒋隐溪先生，始吾庐陵[3]人，年已八十余，好道家书。其子立恭，兼治儒术，能诗。皆意度阔略，然深自晦匿，不妄交游，独与余相得也。

是岁三月朔，余三人者，携童子四五人，载酒肴出游。隐溪乘小肩舆，余与立恭徒步。天未明东行，过洪山寺二里许，折北，穿小径可十里，度松林，涉涧。涧水澄澈，深处可浮小舟。傍有盘石，容坐十数人。松柏竹树之荫，森布蒙密。时风日和畅，草木之葩烂然，香气拂拂袭衣，禽鸟之声不一类。遂扫石而坐。

坐久，闻鸡犬声。余招立恭起，东行数十步，过小冈，田畴平衍弥望，有茅屋十数家，遂造焉。一叟可七十余岁，素发如雪，被两肩，容色腴泽，类饮酒者。手一卷，坐庭中，盖齐邱《化书》[4]。延余两人坐。一媪捧茗碗饮客。牖下有书数帙，立恭探得《列子》[5]，余得《白虎通》[6]，皆欲取而难于言。叟识其意，曰：“老夫无用也。”各怀之而出。

还坐石上，指顾童子摘芋叶为盘，载肉。立恭举匏壶注酒，传觞数行。立恭赋七言近体诗一章，余和之。酒半，有骑而过者，余故人武昌左护卫李千户也，骇而笑，不下马，径驰去。须臾，具盛馔，及一道士偕来。道士岳州⑦人刘氏。遂共酌。道士出《太乙真人图》⑧求诗，余赋五言古体一章，书之。立恭不作，但酌酒饮道士不已，道士不能胜，降跽谢过，众皆大笑。李出琵琶弹数曲，立恭折竹，窍而吹之，作洞箫声，隐溪歌费无隐《苏武慢》，道士起舞蹁跹，两童子拍手跳跃随其后。已而道士复揖立恭曰："奈何不与道士诗？"立恭援笔书数绝句，语益奇。遂复酌。余与立恭饮少，皆醉。

起，缘涧观鱼，大者三四寸，小者如指。余糁饼饵投之，翕然聚，已而往来相忘也。立恭戏以小石掷之，辄尽散不复。因共慨叹海鸥之事⑨，各赋七言绝诗一首。道士出茶一饼，众析而嚼之。余半饼，遣童子遗予两人。

已而夕阳距西峰仅丈许，隐溪呼余还，曰："乐其无已乎？"遂与李及道士别，李以卒从二骑送立恭及余。时恐晚不能入城，度涧折北而西，取捷径望草埠门以归。中道，隐溪指道旁冈麓顾余曰："是吾所营乐丘⑩处也。"又指道旁桃花语余曰："明年看花时索我于此。"

既归，立恭曰："是游宜有记。"属未暇也。

是冬，隐溪卒，余哭之。明年寒食，与立恭豫约诣墓下。及期余病，不果行。未几，余归庐陵，过立恭宿别，始命笔追记之。未毕，立恭取读，恸哭；余亦泣下，遂罢。然念蒋氏父子交好之厚，且在武昌山水之游屡矣，而乐无加乎此，故勉而终记之。手录一通，遗立恭。呜呼！人生聚散靡常，异时或相望千里之外，一展读此文，存没离合之感，其能已于中耶？

既游之明年，八月戊子记⑪。

〔注〕①东山：在今湖北武汉市武昌东十里。东山是此山旧名。宋朝末年，荆湖制置使将湖北随州大洪寺匾额迁到东山，故改称东山为洪山。　②武昌：明初以武昌路改置武昌府，治所在江夏县(今湖北武汉市武昌)。　③庐陵：今江西吉安市。　④齐邱《化书》：南唐道士

谭峭撰，宋齐邱攘为己作。凡六篇，曰：道化、术化、德化、仁化、食化、俭化。大旨多出于黄老，而附合于儒言。　⑤《列子》：相传战国列御寇撰，八篇。唐天宝元年(742)，诏号《列子》为《冲虚至德真经》。此书为道教经典之一。　⑥《白虎通》：《白虎通义》的省称，亦称《白虎通德论》。四卷，东汉班固等编撰。记录章帝建初四年(79)在白虎观经学辩论的结果，为今文经学的经典之一。　⑦ 岳州：明府名，治所在巴陵县(今湖南岳阳市)。　⑧《太乙真人图》：北宋名画家李公麟(字伯时)画。胡仔《苕溪渔隐丛话前集》卷五三："李伯时画太一真人，卧一大莲叶中，手执书卷仰读，萧然有物外思。"太乙真人，道教神仙名。　⑨ 海鸥之事：谓人无机心，鸥与人相亲；人生机心，则鸥与人相违。事见《列子·黄帝》："海上之人有好沤(鸥)鸟者，每旦之海上，从沤鸟游，沤鸟之至者百住(数)而不止。其父曰：'吾闻沤鸟皆从汝游，汝取来，吾玩之。'明日之海上，沤鸟舞而不下也。"张湛注："心动于内，形变于外，禽鸟犹觉，人理岂可诈哉?"　⑩ 乐丘：谓坟墓。　⑪ 既游之明年：即洪武二十九年(1396)。八月戊子：阴历八月初三。

自东汉初年马第伯撰写《封禅仪记》起，历代山水游记车载斗量，佳篇杰作多如夜空繁星。然而写一人独乐者多，道数人同乐者少；状景抒情者多，叙事记人者少。本文属于后者，弥足珍视。

提到作者杨士奇，马上令人联想到明初盛行诗坛百余年的"台阁体"，当时"三杨"(杨士奇、杨荣、杨溥)先后官至大学士，以太平宰相的地位，大量赋写号称词气安闲、雍容典雅，其实歌功颂德、平庸乏味的诗文。此文写于洪武二十八年乙亥(1395)的次年。作者早孤力学，家境贫甚，授徒自给，多游湖湘间，此时正在武昌(今属湖北武汉市)当塾师。文章写得真情毕露，清新舒徐，毫无后期"台阁体"的富贵气与空泛风。

文末言："然念蒋氏父子交好之厚，且在武昌山水之游屡矣，而乐无加乎此，故勉而终记之。"这番话道出了写作的宗旨：记叙东山遨游之乐，作为对蒋氏父子的纪念。前者为辅，后者为主。明乎此，则不难理解，为何此文略于摹状山水，而详于描写人物。归根到底，作者蕴有抚今思昔、以文祭奠亡友之深意。这是此文审美鉴赏之指归，不可不先予以辨析。

第一段在正面记叙游赏东山之前，先介绍蒋氏父子与己同乡，且好道乐儒，意度阔略，"独与余相得"。这些正是他们忘年同游共乐的感情纽带与思想基础。这样写犹如提顿蓄势，为下文开闸放水、一泻千里作准备，深得刘勰"启行之辞，逆萌中篇之意；绝笔之言，追媵前句之旨"(《文心雕龙·章句》)的要领。

从第二段起，连续五段详记出游东山的全过程，这是文章的主干。这里有两点艺术构思值得称道。首先，运用细腻的笔触，多角度、多层次地展示东山遨游的形形色色的快事。尽管这是事后一年多的追记，然而由于为武昌最快意的一次旅游，"情曈昽而弥鲜，物昭晰而互进"(陆机《文赋》)，故而写得历历如在眼前。作者引导我们领略到了漫坐盘石，倚松俯水，赏花聆鸟的静趣；造访高士，主客品茗，赠书怀归的风雅；友来助兴，饮酒赋诗，奏乐歌舞的狂欢；缘涧观鱼，鱼聚鱼散，慨叹海鸥的参悟。总之，从美景到雅事，从耳目到心灵，从情绪到玄理，与游者全身心都沐浴在融洽愉悦的浪潮之中。黄宗羲《论文管见》云："叙事须有风韵，不可担板。"本文所记头绪虽多，由于作者善于将风光美、人品美、情感美、哲理美和谐地统一于"乐"，故而听作者娓娓道来，但觉摇曳多姿，风韵悠长。其次，精心提炼典型细节，多侧面地渲染人物形象。清代魏际瑞云："人之为人，有一端独至者，即平生得力所在。虽曰一端，而其人全体者著矣。小疵小癖反见大意，所谓颊上三毫，眉间一点是也……人精神聚于一端乃能独至，吾之精神亦必聚此人之一端，乃能写其独至。太史公善识此意，故文极古今之妙。"(《伯子论文》)意谓写人之"独至"者方能入妙。看来杨士奇效法司马迁，亦"善识此意"：他写蒋立恭，一写他于群书中独探《列子》；二写他初不题诗，酌酒吹竹后兴致高昂，则援笔一赋再赋；三写他掷石戏鱼，因鱼散不复而慨叹海鸥之事，由此显示立恭嗜好道家，潜心治学，不妄交游，意度阔略的性格特征。再看作者笔下的蒋隐溪，他酒酣高歌《苏武慢》，八十老翁，豪情雅兴不让青年。"乐其无已乎"，"是吾所营乐丘处也"，"明年看花时索我于此"，三句话坦然又诙谐，毫无老年人忧老怕死之态，令人想见陶渊明及其名句"聊乘化以归尽，乐乎天命复奚疑"(《归去来兮辞》)。宋代陈郁云："写照非画物比：盖写形不难，写心唯难也。"(《话腴・论写心》)作者深知言为心声，通过蒋隐溪的高歌与三言，就使这位热爱人生、热爱自然、知足常乐、勘破死生大关的高士形象跃然纸上。难能可贵的是，不仅这两位主角，即连轻描淡抹三两笔的配角，亦"人有其性情，人有其气质，人有其形状，人有其声口"(金人瑞《〈水浒传〉序三》)。如写茅屋老人慷慨赠书，作者欲取而难于开口，老人识其意，说"老夫无用也"，于是任其怀之而出；写与李千户相遇，千户"骇而笑，不下马，径驰去。须臾，具盛馔，及一道士偕来"，莫不神形毕肖，趣味妙生。

末尾三段，叙述写作此记的曲折经过。这次东山之游对于作者与蒋氏父子都是回味无穷的赏心乐事，作者应立恭之嘱拟作记而未得闲暇，及来年命笔追记，隐溪已谢世，无缘观文共忆东山之乐。文章未写完，"立恭取读，恸哭；余亦泣下，遂罢"。这里一笔写两人，将立恭的赤子孝情与作者的布衣友情对映成文。最后，抒发"存没离合之感"，与开篇"独与余相得"句首尾相援，意脉贯通，将悼亡伤离之情推向高潮。日后，杨士奇入阁辅政，"雅善知人，好推毂寒士，所荐达有初未识面者"(《明史》本传)，于谦、周忱、况钟皆因其荐举而成为一世名臣，看来犹葆其亲近寒士、敦重友谊之品性。

清代刘熙载云:"作者情生文,斯读者文生情。使情不称文,岂惟人之难感,在己先不诚无物矣。"(《艺概·文概》)此文最大的成功就是情注笔端,不求感人而自感人。文章不做作,不雕饰,将真情实感信笔写出,无一字一句吃力,却无一字一句率易,所以为佳。 (章尚正)

【作者小传】

薛 瑄

(1389或1392—1464) 明学者。字德温,号敬轩。河津(今属山西运城)人。永乐进士。官至礼部右侍郎兼翰林院学士,入阁参机务。谥文清。性刚直,曾因触怒王振下狱。学宗程、朱,以复性为主。有"河东派"之称。著有《读书录》《薛文清集》等。

游龙门记

薛 瑄

出河津县[1]西郭门,西北三十里,抵龙门下。东西皆层峦危峰,横出天汉[2]。大河自西北山峡中来,至是,山断河出,两壁俨立相望。神禹[3]疏凿之劳,于此为大。由东南麓穴岩构木,浮虚驾水为栈道,盘曲而上。濒河有宽平地,可二三亩,多石少土。中有禹庙,宫曰"明德",制极宏丽。进谒庭下,悚肃思德者久之。庭多青松奇木,根负土石,突走连结,枝叶疏密交荫,皮干苍劲偃蹇,形状毅然,若壮夫离立,相持不相下。宫门西南,一石峰危出半流,步石磴,登绝顶。顶有临思阁,以风高不可木,甃甓为之。倚阁门俯视,大河奔湍,三面触激,石峰疑若摇振。北顾巨峡,丹崖翠壁,生云走雾,开阖晦明,倏忽万变。西则连山宛宛[4]而去。东视大山,巍然与天浮。南望洪涛漫流,石洲沙渚,高原缺岸,烟村雾树,风帆浪舸,渺茫出没,太华、潼关、雍、豫[5]诸山,仿佛见之。盖天下之奇观也。

下磴,道石峰东,穿石崖,横竖施木,凭空为楼。楼心穴板,上置井床辘轳,悬绠汲河。凭栏槛,凉风飘潇,若列御寇[6]驭气在空中立也。复自水楼北道,出宫后百余步,至右谷,下视窈然。东距山，西临河，谷南北涯相去寻尺，上横老槎为桥，蹐步以渡。谷北二百步，有小祠，扁曰“后土⑦”。北山陡起，下与河际，遂穷祠东。有石龛窿然若大屋。悬石参差，若人形，若鸟翼，若兽吻，若肝肺，若疣赘，若悬鼎，若编磬⑧，若璞未凿，若矿未炉，其状莫穷。悬泉滴石上，锵然有声。龛下石纵横罗列，偃者，侧者，立者；若床，若几，若屏；可席，可凭，可倚。气阴阴，虽甚暑，不知烦燠；但凄神寒肌，不可久处。复自槎桥道由明德宫左，历石梯上。东南山腹有道院⑨，地势与临思阁相高下，亦可以眺望河山之胜。遂自石梯下栈道，临流观渡，并⑩东山而归。

时宣德元年⑪丙午，夏五月二十五日。同游者，杨景端也。

〔注〕 ① 河津县：今河津市，在山西汾水北岸。 ② 天汉：银河。 ③ 神禹：即夏禹，曾奉虞舜之命治理洪水。后人感其治水之功，故称神禹。 ④ 宛宛：蜿蜒曲折。 ⑤ 太华：即华山，在今陕西华阴市。潼关：关名，在今陕西潼关县。雍：古州名，主要指今陕西地方。豫：古州名，在今河南省一带。 ⑥ 列御寇：即列子。《庄子·逍遥游》：“列子御风而行，泠然善也。” ⑦ 后土：土地神。 ⑧ 编磬：古代乐器。以十六个发音不同的磬挂在木架上组成。 ⑨ 道院：道观。 ⑩ 并(bàng傍)：通“傍”。 ⑪ 宣德：明宣宗年号。

龙门，又称“禹门口”，位于今山西河津市与陕西韩城市之间，雄跨黄河两岸，形如门阙，故名“龙门”。薛瑄于明宣德元年(1426)夏到此游览，并写下这篇游记。

这篇游记是按游览的先后次序记述的。开篇“出河津县西郭门，西北三十里，抵龙门下”，写行踪之遥远，同时交代龙门山的位置，为下文写景铺垫。“东西皆层峦危峰，横出天汉。大河自西北山峡中来，至是，山断河出，两壁俨立相望。”写所见之景，突出龙门地势的险峻、景观的壮丽。这雄伟奇丽的河山，使人不禁想起远古时代夏禹疏通河道、消除洪患的历史功绩。在作者看来，大禹治水的功劳中，以开凿龙门最为伟大。有此一笔，就揭示了龙门胜景深刻的社会历史内涵。以上是对龙门风貌的总勾勒，以下则对龙门山峡景物进行具体描绘。随着作者游览的脚步所至，画面徐徐展开：沿着“浮虚驾水”的栈道“盘曲而上”，作者来到靠河边的一块二三亩大的平地上。这里有一座禹庙，庙名叫“明德宫”(取《礼记·大学》“大学之道，在明明德”意)，建筑极为宏伟壮丽。怀着对夏禹的崇敬之心，作者“进谒庭下，悚肃思德者久之”，突出表现了对夏禹的无比敬仰之情。作者又把笔触集中到对庭中景色的描写上：“庭多青松奇木，根负土石，突走连结，枝叶疏密交荫。”这几句观察细致，又能抓住景物的特征，十分生动形象。至“皮干苍劲偃蹇，形状毅然，若壮夫离立，相持不相下”，则更将客观景物人格化，使之形神毕现，惟妙惟肖，大有呼之欲出之势。从禹庙出来，作者登上“危出半流”的石峰。“危出”二字，写出了石峰的险峻。接着，便将笔锋转向峰顶的临思阁：因为风大，其阁不能用木料建造，而全用砖石砌成。倚靠着阁门往下俯瞰，只见大河奔腾湍急，孤峰三面受洪流冲激，危岩好像在动摇。而往北看，那巨峡一带“丹崖翠壁”，云雾开阖，气象万千；再往西看，则是“连山宛宛而去”；往东看，是大山“巍然与天浮”；往南看，是“洪涛漫流，石洲沙渚，高原缺岸，烟村雾树，风帆浪舸，渺茫出没”。这里，抓住四面景物的特征，调动多种描摹手法，把眼前之河山写得活灵活现，各具神态。至于更远的“太华、潼关、雍、豫诸山”，则非目力所能及，故云“仿佛见之”，可见用笔之精确。这样，由近而远，虚实结合，画面显得更加鲜明生动。景色之奇美已使作者心旷神怡，赞叹不已。此时着一笔“盖天下之奇观也”，作者的感受尽在不言之中。

下面，仍然紧扣行踪，不断开出新境界。作者步下石级，沿石峰东边小道走去，穿越一石崖，见一座以横、竖木凌空架起的水楼。楼板中间开一洞，上置井床辘轳，挂着绳索，可从河中打水。作者倚楼凭眺，“凉风飘潇，若列御寇驭气在空中立也”，感到十分畅快。这一笔写出了作者独特的感受，而且也烘托出了水楼构筑的奇巧。此后简要交代至右谷，渡槎桥，抵达“后土”小祠的经过，接着便以大量比喻，描绘石龛的景物。如写石龛“悬石参差”之形，说是“若人形，若鸟翼，若兽吻，若肝肺，若疣赘，若悬鼎，若编磬，若璞未凿，若矿未炉”。取喻状物，栩栩如生，真是状难写之景于目前的绝妙之笔。写纵横罗列的龛下石，则用“偃者，侧者，立者；若床，若几，若屏；可席，可凭，可倚”几个排比，动静结合，姿态各异。作者笔下的龛中气候，仿佛把我们带到另外一个天地。这里幽暗潮湿，即使在酷热的暑伏，也不感到烦闷燥热，只觉得“凄神寒肌”，不能久留。然后交代归途情景，与篇首照应，勾画出这次游览的全过程，画面清晰而完整。

这篇记述龙门胜景的名篇佳作，以游踪所至为线索，写来生动有序，层次清晰，历历如画。对各个景点之间的距离、方位的叙述，略中有详，重点突出。联想、比喻、远近结合、虚实结合等多种手法的参差交错、灵活运用，使景观更加瑰奇动人。文字简洁，气势充沛，作者的思想感受寓含于叙事写景之中，读来意蕴深邃，妙趣横生。

（潘裕民）

【作者小传】

程敏政

(1445—1499) 明文学家。字克勤。休宁(今属安徽黄山市)人。成化进士。官至礼部右侍郎。文与李东阳齐名。著有《宋遗民录》《篁墩集》,编有《明文衡》《新安文献志》等。

夜渡两关记

程敏政

予谒告南归①,以成化戊戌冬十月十六日过大枪岭②,抵大柳树驿③。时日过午矣,不欲但已。问驿吏,吏绐言:“须晚尚可及滁州也。”上马行三十里,稍稍闻从者言:“前有清流关④,颇险恶,多虎。”心识⑤之。抵关,已昏黑,退无所止,即遣人驱山下邮卒⑥,挟铜钲束燎以行。山口两峰夹峙,高数百寻,仰视不极⑦。石栈岖嵚⑧,悉下马累肩⑨而上,仍相约:有警即前后呼噪为应。适有大星,光煜煜自东西流。寒风暴起,束燎皆灭。四山草木,萧飒有声。由是人人自危,相呼噪不已。铜钲闐发,山谷响动。行六七里,及山顶,忽见月出如烂银盘,照耀无际,始举手相庆。然下山犹心悸不能定者久之。予计此关乃赵点检破南唐,擒其二将处⑩,兹游虽险而奇,当为平生绝冠。夜二鼓,抵滁阳⑪。

十七日午,过全椒,趋和州⑫。自幸脱险即夷,无复置虑。行四十里,渡后河⑬,见面山隐隐,问从者,云:“当陟此,乃至和州香淋院⑭。”已而日冉冉过峰后,马入山嘴,峦岫回合,桑田秩秩⑮,凡数村,俨若武陵、仇池⑯,方以为喜。既暮,入益深,山益多,草木塞道,杳不知其所穷,始大骇汗。过野庙,遇老叟,问:“此为何山?”曰:“古昭关⑰也,去香淋尚三十余里,宜急行。前山有火起者,乃烈原以驱虎也。”时铜钲束燎皆不及备。傍山涉涧,怪石如林,马为之辟易。众以为伏虎,却顾反走,颠仆枕藉,呼声甚微,虽强之大噪,不能也。良久乃起,循岭以行,谛视崖堑,深不可测。涧水潺潺,与风疾徐。仰见星斗满天。自分恐不可免。且念伍员昔尝厄于此关⑱，岂恶地固应尔耶？尽二鼓，抵香淋。灯下恍然自失，如更生者。

噫！予以离亲之久，诸所弗计，冒险夜行，渡二关，犯虎穴，虽濒危而幸免焉，其亦可谓不审也已！谨志之以为后戒。

〔注〕 ① 谒告南归：请假回南方。程敏政在北京翰林院供职，此次是告假回原籍休宁（今属安徽黄山市）省亲。 ② 成化戊戌：明宪宗成化十四年(1478)。大枪岭：在滁州（今属安徽）西六十里。 ③ 大柳树驿：驿站名，在滁州西北五十里。 ④ 清流关：关名，在滁州西二十五里。 ⑤ 识(zhì 志)：通“志”，记住。 ⑥ 邮卒：驿站里的差役。 ⑦ 不极：不尽，指看不到山顶。 ⑧ 岖嵚：崎岖高峻。 ⑨ 累肩而上：前行者如踏着后边人的肩上，形容山路陡峻。⑩ 赵检点：后周世宗时赵匡胤为殿前都检点（禁军最高统帅）。显德三年（南唐李璟保大十四年，956）周兵袭清流关，皇甫晖败，保滁州。赵匡胤拥马颈突阵而入，手剑击晖，中脑，生擒之，并擒姚凤，遂克滁州。 ⑪ 滁阳：即滁州。一说指滁阳监，在滁州西南三里。 ⑫ 全椒：今属安徽滁州。和州：今安徽马鞍山市和县。 ⑬ 后河：河名，在和县北。 ⑭ 香淋院：在和县北三十五里，旁有香泉。 ⑮ 秩秩：整齐有序的样子。 ⑯ 武陵：今湖南常德，指陶渊明《桃花源记》中的桃源。仇池：山名，以山上有仇池得名，在今甘肃西和县西南、西汉水北岸。杜甫《秦州杂诗》之十三：“万古仇池穴，潜通小有天。”清杨伦《杜诗镜铨》注引《东坡志林》云：“王仲至谓余曰：‘尝奉使过仇池，有九十九泉，万山环之，可以避世如桃源。’” ⑰ 昭关：关名，故址在安徽含山县北小岘山，两山对峙，其口可守。春秋时位于楚之东部边境，当吴、楚交通要道。⑱ 伍员：字子胥，楚大夫伍奢次子。楚平王杀伍奢，伍员出逃吴国。至昭关，昭关欲执之，遂独身步走，几不得脱。追者在后。至江，江上有一渔父乘船，知伍员之急，乃渡之。见《史记·伍子胥列传》。

这篇文章，与其说是记游，毋宁说是记事；与其说是叙述一次危险的经历，毋宁说是阐发一种生活的哲理。他以极其自然的笔致，纪实的手法，生动地描绘了作者夜渡清流关和昭关的情景。

如果说“史笔善记事，画笔善状物”（邵雍《史画吟》），那么本文就兼有“史笔”和“画笔”之长。

从“史笔”的角度来说，作者因为离家日久，急于省亲，所以“冒险夜行，渡二关，犯虎穴”，经历了“濒危而幸免”的艰险历程。清流关虽然“险恶，多虎”，既要爬过“两峰夹峙”，“仰视不极”的石头栈道，又遇上了“寒风暴起，束燎皆灭”的突发事故，从而经历了“人人自危”的惊险场面。但因为他“闻从者言”而“心识之”，作了充分的思想准备，于是“驱邮卒，挟铜钲束燎以行”，作了很好的物质准备，相约“有警即前后鼓噪为应”，又作了有力的应急部署，尽管“下山犹心悸不能定者久之”，但仍然紧张而有秩序，危惧而不慌乱，甚至在“举手称庆”之后，还产生了

“兹游虽险而奇，当为平生绝冠”的欣然自得之感。渡昭关的情况，则和它形成了鲜明的对比，当他过全椒、趋和州时，“自幸脱险即夷，无复置虑”，从思想上完全放松了警惕；又看到“桑田秩秩，凡数村，俨若武陵、仇池，方以为喜”，进一步产生了“平安无事”的错觉。直到天黑了，看到“山益多，草木塞道，杳不知其所穷”，才开始感到摆在自己面前的道路，并不是想象中的阳关大道，便惶遽不安，吓出一身汗来。又听到老叟告诉他这是昭关，“前山有火起者，乃烈原以驱虎也”，才进一步认识到环境的险恶，问题的严重，但已经是“铜钲束燎皆不及备”了。在这前不巴村、后不着店的情况下，只好硬着头皮去冒险了。在途中人们把怪石当作伏虎，吓得跌倒在一块儿，连喊都喊不出来了。良久惊定，沿着山岭走去，细察崖堑，深不可测，连他自己也感到这回逃不掉了。到达香淋院的时候，更是“恍然自失，如更生者”，这就把他“忽魂悸以魄动”的惊慌情况和“生还偶然遂”的侥幸心态，描绘得活灵活现。作者在这两场虚惊的叙述过程中，未下断语，未发议论，未提出任何观点，而人们在读了这篇文章以后，却自然而然地得出了“凡事豫则立，不豫则废”的经验教训。刘熙载说得好：“叙事不合参入断语。太史公寓主意于客位，允称微妙”(《艺概·文概》)。作者在夜渡两关所受的虚惊的叙述，把“事前定则不困，行前定则不疚”的深刻哲理，完美地表达了出来，正是学习司马迁“寓主意于客位”的叙事手法。这叫做“会心处不必在远”，这叫做“状溢目前，情在词外”，这也叫做“借彼物理，抒我心胸”，所以具有很强的艺术表现力。这并不是说，在记叙文中不能发议论，范仲淹《岳阳楼记》中所发的“先天下之忧而忧，后天下之乐而乐”的议论，苏轼《石钟山记》所发的“事不目见耳闻，而臆断其有无，可乎”的诘问，王安石《褒禅山记》所下的“夫夷以近，则游者众；险以远，则至者少，而世之奇伟、瑰怪、非常之观，常在于险远，而人之所罕至焉，故非有志者不能至也”的断语，就成了天下之至论，天下之至文，说明文章的变化无穷，不可拘于一格。金圣叹有句名言：“世间妙文，原是天下万世人人心里公共之宝”(《读〈西厢记〉法》之七十五)。只要在文章里抓住了这个人人心里的“公共之宝”，就能引起人的共鸣，就能成为世间的妙文。

再从“画笔”的角度来说，作者不但善于写景，而且善于写人；不但善于描写表面的形状，而且善于刻画潜在的心态；不但善于运用对比的手法，以突出某种闪光的思想，而且善于运用对称的手法，以提高文章的形式美。如他用“下马累肩而上”来形容山之高，路之陡；用“马为之辟易”来突出地之险，石之怪，就比直接描写山险石怪，更为形象。他用“四山草木，萧飒有声”来表现人们“风声鹤唳”的惶遽心态；用“铜钲阒发，山谷响动”，来反衬人们虚张声势的怯懦心理；用“月出如烂银盘,照耀无际”,来象征人们“豁然开朗”的喜悦心情;用“涧水潺潺,与风疾徐”,“星斗满天”,来暗喻人们的心境不宁和感情波动,就是通过景物的描画,更好地表现人们的潜在心态。前用“此关乃赵点检(匡胤)破南唐,擒其二将处”,来说明清流关之险;后用“伍员昔尝厄于此关”来说明昭关地势之恶,不但使文章更加典重,而且进一步显出了它的对称之美,形式之美。近人林纾评这篇文章说:“此篇非有意为文字,而文字颇奇恣。由沿道纪实,不欲奇而自奇。至文章之曲折回合,亦因其自然,无斧凿痕迹。”这个评语,是具有卓越的艺术鉴赏力的。作者明明说这篇文章的写作目的是“谨志之以为后戒”,“后戒”什么?一是戒其“冒险”,二是戒其“不审”,而不是有意为文。李贽说得好:“且夫世之真能文者,比其初皆非有意于为文也”,“一旦见景生情,触目兴叹,夺他人之酒杯,浇自己之垒块,诉心中之不平,感数奇于千载”(《杂述·杂说》)。作者这篇文章完全是“触目兴叹”“沿道纪实”的。他在夜渡两关的艰险历程中,遇险而惊,脱险而喜;有备则事急而不迫,无备则临难而失措;在危险中则悲观绝望,以为万无生理,在脱险后则余悸犹在,恍如隔世;忽而陷入绝境,产生了死的恐惧,忽而步入康庄,充满了生的喜悦,错综变化,曲折回合,大有“山重水复疑无路,柳暗花明又一村”的生活感受和艺术感受,从而增加了它的“奇恣”和“曲折”的审美愉悦。然而这都是“因其自然”,“不欲奇而自奇”的,所以是真美,是至美。

(羊春秋)

【作者小传】

王守仁

(1472—1528) 明哲学家、教育家。字伯安。余姚(今属浙江)人。尝筑室故乡阳明洞中,世称阳明先生。弘明进士。授刑部主事,转兵部尚书。卒谥文成。他发展陆九渊心说,提出“致良知”学说和“知行合一”与“知行并进”说。其学称“阳明学”或“王学”,在明代中期以后影响甚大,后传至日本。著有《王文成公全书》。

瘗旅文

王守仁

维正德四年秋月三日,有吏目① 云自京来者,不知其名氏。携一子一仆将之任,过龙场②,投宿土苗家。予从篱落间望见之,阴雨昏黑,欲就问讯北来事,不果。明早,遣人觇之,已行矣。薄午，有人自蜈蚣坡来云：“一老人死坡下，傍两人哭之哀。”予曰：“此必吏目死矣，伤哉！”薄暮，复有人来云：“坡下死者二人，傍一人坐叹。”询其状，则其子又死矣。明日，复有人来云：“见坡下积尸三焉。”则其仆又死矣。呜呼伤哉！

念其暴骨无主，将二童子持畚锸往瘗之。二童子有难色然。予曰：“噫！吾与尔犹彼也。”二童悯然涕下，请往。就其傍山麓为三坎，埋之。又以只鸡、饭三盂，嗟吁涕洟而告之曰：呜呼伤哉！繄何人？繄何人？吾龙场驿丞余姚王守仁也。吾与尔皆中土之产，吾不知尔郡邑，尔乌乎来为兹山之鬼乎？古者重去其乡，游宦不逾千里。吾以窜逐而来此，宜也。尔亦何辜乎？闻尔官，吏目耳，俸不能五斗，尔率妻子躬耕可有也，乌为乎以五斗而易尔七尺之躯？又不足，而益以尔子与仆乎？呜呼伤哉！尔诚恋兹五斗而来，则宜欣然就道，乌为乎吾昨望见尔容蹙然，盖不胜其忧者？夫冲冒霜露，扳援崖壁，行万峰之顶，饥渴劳顿，筋骨疲惫，而又瘴疠侵其外，忧郁攻其中，其能以无死乎？吾固知尔之必死，然不谓若是其速；又不谓尔子尔仆亦遽然奄忽[③]也！皆尔自取，谓之何哉！吾念尔三骨之无依而来瘗耳，乃使吾有无穷之怆也！呜呼伤哉！纵不尔瘗，幽崖之狐成群，阴壑之虺如车轮，亦必能葬尔于腹，不致久暴尔。尔既已无知，然吾何能为心乎？自吾去父母乡国而来此三年矣，历瘴毒而苟能自全，以吾未尝一日之戚戚也。今悲伤若此，是吾为尔者重，而自为者轻也。吾不宜复为尔悲矣。吾为尔歌，尔听之！

歌曰：连峰际天兮飞鸟不通，游子怀乡兮莫知西东。莫知西东兮维天则同，异域殊方兮环海之中。达观随寓兮莫必予宫，魂兮魂兮无悲以恫！

又歌以慰之曰：与尔皆乡土之离兮，蛮之人言语不相知兮，性命不可期。吾苟死于兹兮，率尔子仆来从予兮，吾与尔遨以嬉兮。骖紫彪而乘文螭兮，登望故乡而嘘唏兮。吾苟获生归兮，尔子尔仆尚尔随兮，无以无侣为悲兮！道旁之塚累累兮，多中土之流离兮，相与呼啸而徘徊兮。餐风饮露，无尔饥兮；朝友麋鹿，暮猿与栖兮。尔安尔居兮，无为厉于兹墟兮！

〔注〕 ① 吏目：明代于知州之下设吏目一人，掌文书，从九品。 ② 龙场：驿站名，在今贵州修文县。驿有驿丞，掌邮传迎送之事。 ③ 奄忽：死亡。

这是一篇哀悼别人的祭文。哀悼的对象是一个“不知其名氏”“不知尔郡邑”的陌生人，表现了作者富于恻隐之心的“民胞物与”之怀，实践了作者倡导的“致良知”哲学精神。更主要的是，作者在对“吏目”主仆三人客死异乡的哀悼中，寄托了“同是天涯沦落人”的感慨，抒发了“鸾凤伏窜，鸱鸮翱翔”的愤懑心情，浸透了自己深沉的苦闷和无穷的抑郁。字里行间，处处隐藏着一个“我”在里面。与其说是同情死者，哀悼死者，毋宁说是借死者的遭遇，发自己的感慨。这是本文的基调，作者的心态，也是我们鉴赏者必须把握的一个关键。

文章首先以极其简洁的笔墨，叙述了哀悼死者的原委。那个“吏目”于正德四年(1509)秋月，携着一子一仆，从京城到黔南去赴任，经过龙场，一日一夜之间，相继死于蜈蚣坡下。作者“念其暴骨无主”，率二童子“就其傍山麓为三坎”，把死者埋葬起来；并写了一篇充满同情、充满伤感的祭文，以只鸡三饭，祭奠了他们。在短短的篇幅中，作者对时间的点明，伏笔的安排，叙述的变化和细节的描写，都作了精心的设计，体现出巧妙的匠心。表面是写吏目，骨子里是写“我”；表面上是哀悼吏目，骨子里是哀悼自己。作者之所以郑重其事地点明“维正德四年秋月三日”者，因为作者于正德元年冬，为了营救敢于上疏请求严惩阉宦，而被递解来京的戴铣、薄彦徽等，触怒了炙手可热的太监刘瑾，被廷杖四十，谪为龙场驿丞，“去父母乡国而来此三年矣”。在这艰苦的岁月中，作者备尝了险阻艰难，所谓“贵州三年，百难备尝”(《与王纯甫》)，“横逆之来，无日无有”(《寄希渊》)。如果不知道这样的历史背景，就无从了解作者为文时的具体心态。作者之所以要写“予从篱落间望见之”，是为下文“吾昨望见尔容蹙然，盖不胜其忧者”作伏笔；写“阴雨昏黑”，“有人自蜈蚣坡来”，是为下文“冲冒霜露，扳援崖壁”数语设伏的。没有前一语，则后一语无根据；没有后一笔，则前一笔无着落。只有这么前后呼应，才显得脉络分明，结构谨严。至其历叙吏目三人之死时，更是层次顺序，错落变化，绝不用一副笔墨。“一老人死坡下”，即断言“此必吏目死矣”；“坡下死者二人”，就须经过“询其状”，而后知“其子又死矣”；“坡下积尸三焉”，无疑是“其仆又死矣”。从上述的三次“人云”中，我们感到了作者心旌颤动的频率，也看到了作者文笔变化的轨迹。一种“兔死狐悲、物伤其类”的感情，浸透在字里行间。在细节的描写上，尤其生动逼真，具有极大的艺术感染力。如通过“予从篱落间望见之”，“欲就问讯北来事”，“遣人觇之，已行矣”三个动态的描写，作者“眷恋故土”的急切心态，宛然在目。通过欲持畚锸去埋葬死者的过程的描写，从二童子“有难色然”到“悯然涕下”到欣然“请往”的感情变化，我们清楚地感到作者明是同情死者的“暴骨无主”，实是哀伤自己的“沦落天涯”，隐藏着的“我”，真是呼之欲出了。

接着，作者又以满腔的抑郁和悲愤，写了一篇伤人自伤、怜人自怜的祭文，让一个隐藏着的“我”，在感情的波涛中跳跃出来。文中不但时时以“我”与“吏目”对比，而且通过死者的生活矛盾，深刻地反映了作者的思想矛盾，无论是诘问之辞，还是宽解之语，都强烈地反映了作者被迫害、被斥逐的悲愤心情。如“吾与尔皆中土之产”，又都“去父母乡国而来此”；“吾以窜逐而来此，宜也。尔亦何辜乎”？吾“历瘴毒而苟能自全”，是因为“未尝一日之戚戚”，而“尔容蹙然”，“不胜其忧”，“其能以无死乎”？通过这么一系列的对比，不仅揭示了他们之间的许多相似或相异之处；而且突出了这篇祭文的核心是自伤，是自惜，是借死者的酒杯，浇自己的垒块。至其说死者奈何“以五斗而易尔七尺之躯”，“又不足，而益以尔子与仆”；既“恋兹五斗而来，则宜欣然就道”，不该抑郁忧伤，自速其死；这是如魏文帝“既痛逝者，行自念也”的心声，是作者经历险恶的官场风波之后的深沉反思。一面说“吾念尔三骨之无依而来瘗耳”，一面又说“纵不尔瘗”，亦“不致久暴”；一面说“是吾为尔者重，而自为者轻”，一面又说“吾不宜复为尔悲矣”，是悲伤语，是愤激语，是思想矛盾的反映，是感情激荡的表现，是环境的险恶，社会的不合理，把人的性格扭曲得变了形的结果。我们可以从作者笔端流露出来的丰富感情中，看到他内心深处的抑郁和悲愤。

最后的二首祭辞，作者运用了“骚”的形式，基本上是一句一韵。韵密调哀，情真意楚，给人以无限低回、一唱三叹的艺术感受。第一首是以达观之论，写深沉之悲，在宽解的语言中，寄寓着无法解脱的痛苦，外愈宽而内愈紧，言愈欢而情愈悲。作者不是劝慰死者要随遇而安吗？说虽然在“异域殊方”，“莫知西东”，但毕竟在这个天底下（“维天则同”），在这“环海之中”，可“游子怀乡”的感情，孤魂无依的悲哀，反而显得更加强烈，所谓“长歌之哀，甚于痛哭”者，正是这个道理。第二首是以更加深沉的哀思，安慰死者的灵魂，表示如果自己“死于兹”，就和他们一起遨游，一起攀登“际天”的“连峰”，眺望遥远的故乡。如果自己能够“苟获生归”，就希望他们与“中土流离”在此的孤魂，一起呼啸，一起徘徊，一起“餐风饮露”，一起友麋鹿而侣猿猱。不但对死者表达了无限的同情，无比的悲哀，而且流露了作者生死莫测、命运无凭的怅惘之情。是明为死者歌，实为死者哭；明是哀悼死者，实是哀悼自己。这是因为作者与吏目有着相似的命运，彼此的心是相通的，自然而然地要产生那种设身处地、推己及人的强烈的感情活动，把自己平时积蓄在心头的满腔悲愤，尽情地倾泻出来，从而具有动人心扉的艺术力量。

（羊春秋）

【作者小传】

归有光

(1506—1571) 明散文家。字熙甫，人称震川先生。昆山(今属江苏苏州)人。嘉靖进士。官湖州长兴知县、南京太仆寺丞，与修《世宗实录》。曾长期在嘉定读书讲学。论文力排王世贞等“文必秦汉”的拟古主义文风，与唐顺之、王慎中、茅坤等同被称为“唐宋派”。所作散文朴素，善于叙事，甚为当时推重。著有《震川先生集》。

《吴山图》记

归有光

吴、长洲二县在郡治所①，分境而治。而郡西诸山皆在吴县。其最高者，穹窿、阳山、邓尉、西脊、铜井②，而灵岩，吴之故宫在焉③，尚有西子之遗迹④。若虎丘、剑池及天平、尚方、支硎⑤，皆胜地也。而太湖汪洋三万六千顷，七十二峰沉浸其间，则海内之奇观矣。

余同年友魏君用晦为吴县⑥，未及三年，以高第召入⑦为给事中⑧。君之为县有惠爱，百姓扳留之不能得，而君亦不忍于其民，由是好事者绘《吴山图》以为赠。

夫令之于民诚重矣。令诚贤也，其地之山川草木亦被其泽而有荣也；令诚不贤也，其地之山川草木亦被其殃而有辱也。君于吴之山川盖增重矣，异时吾民将择胜于岩峦之间，尸祝于浮屠、老子之宫也固宜⑨。而君则亦既去矣，何复惓惓于此山哉？昔苏子瞻称韩魏公去黄州四十余年，而思之不忘，至以为《思黄州诗》，子瞻为黄人刻之于石⑩。然后知贤者于其所至，不独使其人之不忍忘，而已亦不能自忘于其人也。

君今去县已三年矣。一日与余同在内庭⑪，出示此图，展玩太息，因命余记之。噫！君之于吾吴有情如此，如之何而使吾民能忘之也！

〔注〕①"吴、长洲"句：吴县和长洲两县的县治在苏州府的府城。吴，今江苏苏州市吴中区、相城区。长洲，县名，1912年并入吴县。郡治所，指苏州府治所，即今苏州市。　②穹窿：山名，在吴县西南。阳山：在吴县西北，又名秦余杭山、万安山。邓尉：山名，在吴县西南，汉有邓尉隐居于此，故名。西脊：山名，在邓尉山西，一名西碛山。铜井：山名，在吴县西南，一名铜坑山。　③"而灵岩"句：灵岩山在吴县西，春秋时吴王夫差在山上为西施筑馆娃宫，吴之故宫即指此。　④西子之遗迹：指灵岩山上响屧廊、西施洞等遗迹。西子，西施，传说越人送给夫差的美女。　⑤虎丘：山名，苏州有名的游览胜地。剑池：虎丘山上的池名。天平：山名，在吴县西。尚方：山名，在吴县西南，又名上方山。支硎：山名，在吴县西二十五里，又名观音山。晋朝僧人支遁隐居于此，山上放鹤亭、白马涧等都是他的遗迹，山因此出名。　⑥魏君用晦为吴县：魏体明，字用晦，侯官（今福建福州）人，明嘉靖四十四年（1565）任吴县知县，隆庆二年（1568）迁刑科给事中。为吴县，在吴县做县官。　⑦以高第召入：因吏部考绩成绩优秀而被召入朝廷做官。　⑧给事中：官名。吏、户、礼、兵、刑、工六科各置都给事中一人，左右给事中各一人，给事中吏科四人，户科八人，礼科六人，兵科十人，刑科八人，工科四人，其后员数常有增减。　⑨"尸祝"句：在佛寺或道观为魏君向神祈祷，这本来就理所当然。尸祝，本指主持祭祀的人，这里用作动词，意为祷告、祝福。浮屠之宫，佛寺。老子之宫，老子被道教尊为祖师，老子之宫即道教的神庙道观。　⑩"昔苏子瞻"四句：苏轼《书韩魏公黄州诗后》："黄州山水清远……魏公去黄四十余年，而思之不忘，至以为诗……于是相与摹公之诗而刻之石，以为黄人无穷之思。"韩魏公，名琦，北宋宰相，封魏国公。黄州，今湖北黄冈。　⑪内庭：宫禁以内。按《明史·归有光传》："隆庆四年（1570），大学士高拱、赵贞吉雅知有光，引为南京太仆丞，留掌内阁制敕房，修《世宗实录》。""内庭"指此。归有光卒于隆庆五年，此文为其晚年所作。

归有光的朋友魏用晦曾任吴县知县，离任时，有"好事者"作《吴山图》相赠。三年后的一天，魏用晦向归有光出示此图，并请他作了这篇记。

大凡图记，总离不了叙写图上所绘之景、绘图的情由及作记的原委等，本篇自不例外；由于作者构思运笔独有妙处，行文淡宕有致，因而颇耐玩味。

开篇没有从《吴山图》写起，仅遍举吴县境内的名山胜地。这一段毫无摛彩敷色的描绘，但通过对叙述方式的营构，一段简洁的介绍性文字写得摇曳生姿。写吴山前，先以长洲县和吴县并提，这一笔看似多余，其实是把"郡西诸山皆在吴县"一语衬托得分外醒目，足以见出吴县较之他县，尤擅造化之胜。然后列举吴山之名，并特别点出这些都是山之最高者，以此说明吴山多极，故只能选择最高的山名为代表了。而最高者中，又把灵岩单独写出，补叙一句“吴之故宫在焉”，高山添古迹，自然更有意趣。其后，又列出虎丘等得胜地之称的山名，可见吴县不仅山多，而且游览名胜也多。这一段句法错落多致，从句式上就让人产生群峦重叠、异峰突起的感觉。而且又连用“皆”“最”等表示至极程度的副词，更加强了语言的表现力。以上直接写山。接着，忽而转入写水。太湖本身固然是吴地一大胜景，但这里写湖还是为了突出山，七十二峰沉浸于汪洋一片的湖水中，山水交相映衬，本来就引人入胜的山景更是蔚为奇观。在这里，作者始终没有正面介绍《吴山图》上的景致，但凭借这段生动的介绍文字，却激起读者对《吴山图》的想象，既然有如此奇美的山水为据，就完全有理由相信，图画也一定很美。作者就是这样独具匠心，不露痕迹地说明了吴人之所以要以吴山为题作图的原因，也暗示了图中所绘之美。

接着，叙写赠图的事由。这一段文字简约，作者把他的用意蕴含在似乎是很客观的记述之中。他写魏君离任是“以高第召入为给事中”，又写了百姓扳留不得，魏君不忍离去的情况。前者是从朝廷考评的角度对魏君的政绩给予充分肯定，后者则通过百姓的反应对此予以证实，这样，既引出了绘赠《吴山图》之事，也进入了赞美魏用晦的正题。

随之一段议论，是本文的中心所在。作者首先扣住赠图一事，议论重点放在县官治政这一方面。文中所云“令之于民诚重”，应该是包括很多内容的，封建社会被称为父母官的县官，其贤与不贤，直接影响着百姓各方面的生活；但作者略而不言治政实事，却以富有诗意的想象，把县官治政与山川草木联系起来，这不仅增添了文字的形象性，更说明《吴山图》所显示的不只是山水之美，而且意味着魏君政绩的光耀，从而使以上写吴山和叙赠图两段文字产生一种深刻的内在联系，进一层揭示了县民作《吴山图》相赠的意义所在。然后，以一“而”字为转折，变换议论角度，再揭出一层新意。魏君为政有惠爱，县民因而爱之思之；而作为早已离任的魏君本人，始终“惓惓于此山”，又意味着什么呢？对于这一点，作者没有直接申述己见，仅引了韩琦作《思黄州诗》一事作为说明。以韩琦这样一个在北宋享有盛名的宰相为比，可以说是对魏君的极高褒奖。这段文字言简意赅，任何其他赞美文字，也不会超过引证这一历史事实所显示的力度了。一张《吴山图》，凝聚着吴人对魏君的爱戴之情，也寄寓着魏君对吴人的殷殷之思，这就是作者要揭示的全部意义，而后者尤为难得。故文章的最后写魏君展玩此图，请求作记，既是交待产生这篇记的具体起因，也是强调说明，魏君的不能自忘于其人，并非作者凭空而书的溢美之辞，而是有具体表现可以为证的。结句的叹语仍然因魏君有情于吴而生，且再点明吴人爱魏君并非偶然，突出了作者赞美的重点，也在结构上与前文吴人送图之事复为照应，文意虽深入发展，但前后文字勾联紧密，可见全文结构的严谨。（陈晓芬）

寒花葬志　　归有光

婢，魏孺人媵也①。嘉靖丁酉②五月四日死。葬虚丘③。事我而不卒，命也夫！

婢初媵时，年十岁，垂双鬟，曳深绿布裳。一日天寒，爇火煮荸荠熟，婢削之盈瓯，予入自外，取食之，婢持去不与。魏孺人笑之。孺人每令婢倚几旁饭，即饭，目眶冉冉动，孺人又指予以为笑。

回思是时，奄忽便已十年。吁！可悲也已！

〔注〕①魏孺人媵（yìng映）：魏孺人，作者前妻，南京光禄寺典簿魏庠次女。孺人，明代七品职官母亲或妻子的封号，又通用为对妇女的尊称。此系尊称。作者写此文时，尚未中举。媵，陪嫁的婢女。②嘉靖：明世宗朱厚熜年号。丁酉：嘉靖十六年，公元1537年。③虚丘：地名。作者家乡江苏昆山县东南有丘虚镇，二字或倒置。一说，“虚”同“墟”，“墟丘”即大丘，土山。

《寒花葬志》是归有光叙事抒情散文的名篇之一。寒花，为作者婢女的名字；葬志，是为死者写的记事文章。题旨所示，在于悼念亡故之人。全文仅一百多字，简洁凝练，一往情深。

首节，开头三句就点明了寒花身份、死去时日和安葬处所。言身份：“魏孺人媵也”。寒花不是一般婢女，而是作者所挚爱的前妻的随嫁婢女。言死日：“嘉靖丁酉五月四日死”。寒花时年仅十九岁，距魏孺人之死已四年。言葬地：“葬虚丘”。寒花虽为婢女，仍择地郑重营葬。起首点明亡婢的特殊身份，意在点明与作者的特殊关系。亡婢、亡妻并述，因亡妻而及亡婢的爱屋及乌之情油然而生，因亡婢而及亡妻的追怀悼念之情亦随之而出。这样，既暗示了“葬志”的写作动因，也开启了下文对往事的回忆，领起了全篇。节末一句：“事我而不卒，命也夫！”长声慨叹，总写悲情。这是叙事之后的感情迸发。本来寒花的随侍左右尚可聊慰对亡妻的思念，而今她又不幸早逝，作者的感伤之情便无可遏止了。这里的“命”，不仅指寒花的命运，也兼指魏孺人乃至多次应试、此时尚未中举的作者本人命运。红颜多薄命，生者亦坎坷，深沉的叹息奠定了全文感情的基调。

文章主体在第二节，忆寒花三事、孺人两笑。寒花三事，其一是初来时的打扮："垂双鬟，曳深绿布裳"。此记其稚态可怜。其二是削荸荠时的调皮："予入自外，取食之，婢持去不与"。此述其娇态可噱。其三是吃饭时的神情："即饭，目眶冉冉动"。此言其憨态可笑。至此，写出了寒花质朴、单纯、天真的情态。孺人两笑，前一"笑之"，是称许婢女而同嘲丈夫；后"又指予以为笑"，是引丈夫而共笑婢女。于此，既写出了孺人慈爱、宽厚、善良的风神，也写出了夫妻相得、主婢无间的闺房情趣。以上所忆，都是初媵时事，益见忆念的深远。而所忆均以寒花起、以孺人结，既是扣题所需，益见旨归所在。

末了一节，"回想是时"回应"初媵"，跨过时间的隔限，结束往事的忆想，回笔写现在的心情："奄忽便已十年。吁！可悲也已！""十年"，指寒花从"初媵"到此日之死的岁月。欢愉易逝，岁月如流，昔日饶有情趣的事徒增今日的悲感。"可悲也已"句，承第一节的"命也夫"再抒悼念之情，以短吁长叹收笔，更显得情深意长。

这则艺术小品，在艺术表现上有几点特色值得注意：第一是构思精巧。文中既无奇特的内容，也无曲折的情节，所写之事都是日常生活中极为平凡的琐事，似乎信手拈来，全不经心，其实正体现了作者的匠心。寒花三事都紧紧围绕思念亲人这个中心而着意择取，决不使读者感到堆砌罗列、平庸杂乱。文中既悼亡婢更悼亡妻，运笔灵动，小巧精深。第二是叙事寄情。列·托尔斯泰说："作者所体验过的感情感染了观众和听众，这就是艺术。"(《论艺术》)归有光以其所体验过的感情诉诸笔端，不借表白，而凭形象。形象由叙事而出，感情借形象而生。文中，就寒花琐事略加点染，就把一个天真可爱的小女孩形象突现出来，同时也把魏孺人的形象勾勒出来。形态逼真，真情尽露，生发出了感人的艺术魅力。第三是文风淡雅。文中语语亲切，如话家常，"不俟修饰而情辞并得，使览者恻然有隐"(方苞《书归震川文集后》)，"无意于感人，而欢愉惨恻之思，溢于言语之外"(王锡爵《归公墓志铭》)。这种"自有风味"的淡雅文风，在欧阳修、苏轼之后又别开生面，在散文发展史上具有创新意义，乃至现代作家朱自清《背影》《给亡妇》一类的至情之文也深受其影响。

归有光的散文不足之处，一般说，在于题材范围过于狭小，缺乏深广的社会内容。本篇亦然。但与明代"前后七子"拟古主义、形式主义的官样文章相比，归文的"独出于胸臆"无疑要高出许多。无怪清人黄宗羲说："予读震川文之为女妇者，一往情深，每以一二细事见之，使人欲涕。盖古今来事无巨细，唯此可歌可泣之精神，长留天壤。"(《张节母叶孺人墓志铭》)

(刘立人)

项脊轩志 归有光

项脊轩，旧南阁子也。室仅方丈，可容一人居。百年老屋，尘泥渗漉，雨泽下注；每移案，顾视无可置者。又北向不能得日，日过午已昏。余稍为修葺，使不上漏。前辟四窗，垣墙周庭，以当南日。日影反照，室始洞然。又杂植兰桂竹木于庭，旧时栏楯，亦遂增胜。借书满架，偃仰啸歌，冥然兀坐，万籁有声；而庭阶寂寂，小鸟时来啄食，人至不去。三五之夜，明月半墙，桂影斑驳，风移影动，珊珊可爱。

然予居于此，多可喜，亦多可悲。先是庭中通南北为一，迨诸父异爨，内外多置小门墙，往往而是。东犬西吠，客逾庖而宴，鸡栖于厅。庭中始为篱，已为墙，凡再变矣。家有老妪，尝居于此。妪，先大母婢也。乳二世。先妣抚之甚厚。室西连于中闺，先妣尝一至。妪每谓予曰："某所，而母立于兹。"妪又曰："汝姊在吾怀，呱呱而泣；娘以指扣门扉，曰：'儿寒乎？欲食乎？'吾从板外相为应答。"语未毕，余泣，妪亦泣。余自束发读书轩中，一日，大母过余曰："吾儿，久不见若影，何竟日默默在此，大类女郎也？"比去，以手阖门，自语曰："吾家读书久不效，儿之成，则可待乎？"顷之，持一象笏至，曰："此吾祖太常公宣德间执此以朝①，他日汝当用之。"瞻顾遗迹，如在昨日，令人长号不自禁。轩东故尝为厨；人往，从轩前过。余扃牖而居，久之，能以足音辨人。轩凡四遭火，得不焚，殆有神护者。

项脊生曰：蜀清守丹穴，利甲天下，其后秦皇帝筑女怀清台②。刘玄德与曹操争天下，诸葛孔明起陇中。方二人之昧昧于一隅也，世何足以知之？余区区处败屋中，方扬眉瞬目，谓有奇景，人知之者，其谓与坎井之蛙何异？

余既为此志，后五年，吾妻来归。时至轩中，从余问古事，或凭几学书。吾妻归宁，述诸小妹语曰："闻姊家有阁子，且何谓阁子也？"其后六年，吾妻死，室坏不修。其后二年，余久卧病无聊，乃使人复葺南阁子，其制稍异于前。然自后余多在外，不常居。庭有枇杷树，吾妻死之年所手植也，今已亭亭如盖矣。

〔注〕 ① 太常公：指归有光祖母的祖父夏昶。昶字仲昭，昆山人，明成祖永乐进士，曾任太常寺卿。宣德：明宣宗年号(1426—1435)。 ② "蜀清"三句：《史记·货殖列传》："巴寡妇清，其先得丹穴(朱砂矿)，而擅其利数世，家亦不訾。清，寡妇也，能守其业，用财自卫，不见侵犯。秦皇帝以为贞妇而客之，为筑女怀清台。"

以斋室为描写对象，展开叙事抒情，前已有刘禹锡《陋室铭》。《陋室铭》用韵文形式，主要抒发个人情志，体格短小。归有光的《项脊轩志》虽也有近似的感想("项脊轩"在某种意义上说也是"陋室")，但作者却用散文形式，多叙家常，故别具风味。作者因远祖归道隆住在太仓(今属江苏)的项脊泾，遂将自己的书斋命名为"项脊轩"。《项脊轩志》这篇文章，是分两次写成的。前三段写于十九岁时，是本文；"余既为此志"以下一段则是十余年后，作者览旧作而续写的。故全篇合为四段。

从篇首到"风移影动，珊珊可爱"为第一段，记项脊轩修葺前后的情况。是文中着意描写轩室环境的部分。先记项脊轩的"前身"，旧时南阁子破旧的情景。一是很小："室仅方丈，可容一人居。"二是很旧："百年老屋，尘泥渗漉。"三是漏雨："雨泽下注。"四是昏暗："又北向不能得日，日过午已昏"。总之，是一间不折不扣的陋室。经作者添窗检漏，一番修葺之后，始得不漏不暗；又由于花木之置，小小轩室，居然成为胜境，成为幽雅的书斋。此节在全文最具文采："借书满架，偃仰啸歌，冥然兀坐，万籁有声；而庭阶寂寂，小鸟时来啄食，人至不去。三五之夜，月明半墙，桂影斑驳，风移影动，珊珊可爱。"于景可爱，于情则可喜。

"然余居于此，多可喜，亦多可悲"一句承上段，同时又是一个转折，进入第二段。从写环境转入写人事的变迁，由可喜转入可悲。又分数层。先一层写庭院的几经变故，即诸叔伯分居前后，庭院由通到隔("始为篱，已为墙")的经过，"东犬西吠""鸡栖于厅"等句写分居后的凌乱。客观地叙说家庭琐事中，寓有人世沧桑之慨。此可悲一也。进而通过家有老妪说亡母旧事，写家庭人事变故。须知作者生母去世时，他年龄尚小，所以母亲的形象在他是记不分明的(参《先妣事略》)。而那位老妪既是祖母的婢女，又做过两代人的奶妈，通过老妪来追忆旧事，是自然入妙之笔。她所说的，不过是先前母亲曾在何处站过，曾有过一些什么对话，然而就是这些平淡处，最为关情。"儿寒乎？欲食乎？"短短的两句，就惟妙惟肖地刻画出一个闻儿啼而动了怜爱的年轻母亲的形象。这种追忆，无疑会引起过早地失去母爱的作者的伤心。此可悲二也。再有便是作者自己对祖母的追忆。那段往事似乎也很平常，却同样洋溢着淳厚的人情味。“吾儿，久不见若影，何竟日默默在此，大类女郎也”的垂问，和“吾家读书久不效，儿之成，则可待乎”的自语，以及持象牙朝笏的一段勉励，生动地表现了老祖母对孙子的疼爱与厚望。以上回忆，看来不过是家庭生活中一些鸡毛蒜皮的小事，然而“一枝一叶总关情”，而且是为中国人文化心理结构所决定的至深之情，即人子之思和伤逝之痛，难怪作者说“瞻顾遗迹，如在昨日，令人长号不自禁”。以下又带过一笔叙轩中幽静与轩屡遭火而幸存，均关题意。其中轩中关门读书，闻足音而辨人一节，不但善写日常细微感觉，而且还写出了一个耐得寂寞的读书人形象，为下段议论伏笔。姚鼐说：“震川之文，每于不要紧之题，说不要紧之语，却自风韵疏淡。”本段即其例证。

第三段即项脊生（作者自称）的一番议论。作者以守丹穴的巴寡妇清和高卧隆中的诸葛亮，与处败屋寒窗之下的自身相比附，既自慨局促，又有自矜抱负之意。故语末虽以“坎井之蛙”自嘲，又未尝不含有对凡夫俗子的反讽与孤芳自赏的意味。

最后是若干年后的补记。续写项脊轩在妻死前后的变化，寓有新近的悼亡之情。文中记妻生前琐事，亦平淡中见隽永，与前文格调毫无二致。“不常居”三字似可收束全文，然文末又摇曳生姿，写到亡妻手植的一树枇杷“亭亭如盖”，寓睹物怀人、悼亡念存之思，较之“墓木已拱”之类成语，尤觉余味无穷，饶有新意。

总之，此文在叙事上以白描见长，抒情亦以素朴为本。老老实实地回忆，平平常常地叙述，其淡如水，其味弥长。恰如王锡爵所说：“无意于感人，而欢愉惨恻之思，溢于言语之外。”（《归公墓志铭》）这种以口头语说家常事的意境与笔墨，乃是归有光在唐宋八大家之后的一种创造。所谓“豪华落尽见真淳”，是可以移评归文的。行文散漫，似随口道来；然而无论写景、叙事、抒情，均围绕“项脊轩”这个中心，故能形散而神聚。虽总以素笔为主，但也有变化。如第一段稍具文采，与后文的质朴不同，却正与可喜可悲的情感变化、对照相吻合。故不能说作者在写作时毫无“匠心”。

（周啸天）

先妣[①]事略　　归有光

先妣周孺人[②]，弘治元年二月二十一日生。年十六来归。逾年生女淑静，淑静者大姊也；期[③]而生有光；又期而生女子，殇一人，期而不育者一人；又逾年生有尚，妊十二月；逾年，生淑顺；一岁，又生有功。有功之生也，孺人比乳他子加健。然数颦蹙[4]顾诸婢曰："吾为多子苦！"老妪以杯水盛二螺进，曰："饮此，后妊不数矣。"孺人举之尽，喑不能言。

正德八年五月二十三日，孺人卒。诸儿见家人泣，则随之泣。然犹以为母寝也，伤哉！于是家人延画工画，出二子，命之曰：鼻以上画有光，鼻以下画大姊。以二子肖母也。

孺人讳桂。外曾祖讳明。外祖讳行，太学生。母何氏。世居吴家桥，去县城东南三十里；由千墩浦而南，直桥并小港以东，居人环聚，尽周氏也。外祖与其三兄皆以资雄，敦尚简实；与人姁姁[5]说村中语，见子弟甥侄无不爱。

孺人之吴家桥则治木绵；入城则缉纑[6]，灯火荧荧，每至夜分。外祖不二日使人问遗[7]。孺人不忧米盐，乃劳苦若不谋夕。冬月炉火炭屑，使婢子为团，累累曝阶下。室靡弃物，家无闲人。儿女大者攀衣，小者乳抱，手中纫缀不辍。户内洒然[8]。遇僮奴有恩，虽至棰楚，皆不忍有后言。吴家桥岁致鱼蟹饼饵，率人人得食。家中人闻吴家桥人至，皆喜。有光七岁，与从兄有嘉入学，每阴风细雨，从兄辄留，有光意恋恋，不得留也。孺人中夜觉寝，促有光暗诵《孝经》[9]，即熟读，无一字龃龉，乃喜。

孺人卒，母何孺人亦卒。周氏家有羊狗之痾[10]，舅母卒，四姨归顾氏，又卒，死三十人而定。惟外祖与二舅存。

孺人死十一年，大姊归王三接，孺人所许聘者也。十二年，有光补学官[11]弟子，十六年而有妇，孺子所聘者也。期而抱女，抚爱之，益念孺人。中夜与其妇泣，追惟一二，仿佛如昨，余则茫然矣。世乃有无母之人，天乎痛哉！

〔注〕 ① 先妣：亡母。妣，母，后只用于称亡母。《礼记·曲礼》："生曰父，曰母，曰妻；死曰考，曰妣，曰嫔。" ② 孺人：古代贵族、官吏之母或妻的封号，明代用以封赠七品官之妻。③ 期（jī基）：周年。 ④ 颦蹙（pín cù 贫促）：皱眉头。 ⑤ 姁（qú 渠）姁：和蔼亲切。⑥ 缉纑：搓麻线。缉，析麻搓接成线；纑，麻缕。 ⑦ 问遗（wèi 谓）：亲友相馈赠。 ⑧ 洒然：

很有秩序。　⑨《孝经》：书名，宣传封建孝道的儒家经典。　⑩ 羊狗之痾(ē)：由家畜传染的疾病。痾，同“疴”。　⑪ 学官：学校。

这是作者追忆亡母的一篇记叙文。全文可分三部分。

从篇首到“以二子肖母也”为第一部分，叙母亲生卒年月、致病原因及去世当时的情境。“哀哀父母，生我劬劳”(《诗·小雅·蓼莪》)，本是人所共有的一种感情，而此文所表现的，则有一种特殊的悲痛。盖作者母亲生于明弘治元年(1488)，死于正德八年(1513)，算来仅得年二十六岁，那是非常年轻，还未能充分享受人生的年龄。一可伤也。她十六岁出嫁，七年间生七胎，其中夭折两人。文中用近乎流水账的记叙，诉说出母亲生活的沉重和酸辛。虽然这里表情的话仅数句(全文均略于直接表情)：“有功之生也，孺人比乳他子加健。然数颦蹙顾诸婢曰：‘吾为多子苦！’”然只此数句也够了，因为事实比语言本身更有力。二可伤也。为了免除没完没了的多育之苦，母亲接受了老妪所献的民间避孕偏方，饮尽盛二螺的杯水，不意落下喑哑的后遗症，不过三年便去世了。应当指出，这里作者未直接叙写母亲死前悲苦心情。因为当时他的长姊还不到十岁，他更小一岁，无从记忆，不宜虚构；却记载了失母的孩子们不大省事的情状：“诸儿见家人泣，则随之泣。然犹以为母寝也。”死在儿女待哺的盛年之际，三可伤也。“伤哉”二字，分量极其沉重。于此，作者又记下当时一事，即家人延请画工描绘遗容，却以作者与大姊共作模特儿——“鼻以上画有光，鼻以下画大姊”。这最平常的叙事中包含的深厚微妙的感情，对具有重视亲缘关系的文化传统的读者，至今仍是心有灵犀，不难体会的。“二子肖母”，是可欣慰，还是可感伤呢？此文无字处有着极复杂的情味，妙在笔墨省净。

从“孺人讳桂”到“无一字龃龉，乃喜”为第二部分，也是全文的主要部分，叙述母亲娘家境况门风、母亲的德性及生平事略。叙述外祖家风，等于交代母亲德行的根源，乃题中应有之义。周氏是昆山县的一个大家族，聚居在县城东南三十里的吴家桥，从千墩浦往南至桥，沿小港以东一带，便是其居住范围。外祖是国子监监生，又是地方上有钱的人，但崇尚俭朴，与本家关系和睦——“与人姁姁说村中语，见子弟甥侄无不爱”，后文还补叙了他对子女的慈爱(母亲嫁后“外祖不二日使人问遗”)。从这样一个温暖实际的小康之家长成的母亲，具有勤劳、俭朴、宽厚、聪慧、识理种种品性，也就不足为怪了。以下便通过具体事略表彰母亲的上述德行。

文中说，母亲回吴家桥娘家，则纺木棉；到县城婆家，则搓麻线。虽然并无盐米短缺之忧，却忙碌得像吃了早饭没晚饭的样子。可见她是勤劳成性的。又说冬天生炉火剩下的炭屑，她也吩咐婢女团起来，一排排晾在阶下，“室靡弃物，家无闲人”，可见其俭朴。尽管拖累很多，“儿女大者攀衣，小者乳抱”，却“手中纫缀不辍”，“户内洒然”，可见其善于持家。再说她待僮仆的好处，虽不免有责罚，却不忍在背后出恶语怨言。娘家每年送来尝鲜的“鱼蟹饼饵”，大都与家人共享，故“家中人闻吴家桥人至，皆喜”。由此可见母亲的厚道。最后忆及母亲对作为长子的作者所施的教育：有光七岁时与从兄有嘉入学，遇到雨天，有嘉便不上学了；有光自己也不想上，但母亲却不允许。可见她对子女决不一味溺爱，俨有孟母之风。每每半夜母子睡醒，母亲便“促有光暗诵《孝经》”，倘能熟读到十分流利，“无一字龃龉”，便很高兴。可见母亲教子很严。要之，这部分通过一系列家庭琐事的追忆，凸现了一个能干、慈爱而有见识的母亲的形象，令人起敬。封建时代普通妇女所具的美德，在这位母亲身上得到了较为集中的反映，使人感到作者爱他的母亲，又远不只出于一般的人子之情。正由于作者是通过亲闻亲见的琐事描写加以反映，所以决无空洞浮夸的感觉，而使人觉得非常真实可信。

从“孺人卒，母何孺人亦卒”以下为第三部分，叙述母亲死后两家人事变迁，引出沉痛的思念。其中一段叙母亲及外祖母相继亡故后，外家遭遇的不幸。由于一场瘟疫，夺去了舅母、四姨等三十人性命，唯外祖父与二舅幸存下来。这种自然灾祸，与母亲的死似乎无关，又似乎隐约有一种“祸不单行”的神秘关系。作者只记事实，言下却有无穷感慨。以下一段则叙母亲死后十一年，有光入学，且与大姊各完婚嫁。作者这里特别说明，大姊的归宿为“孺人所许聘者”，有光所娶也是“孺人所聘者”。盖旧时儿女婚事概由父母之命，这在母亲死前一一已有安排。这种念念不忘的口吻，是欲告慰母亲之亡灵呢，还是感叹母亲无从得知呢？涵味仍是深厚复杂的。俗话说“养儿才知父母情”，故文中写道，“期而抱女，抚爱之，益念孺人。中夜与其妇泣”。一些印象较深的往事记忆犹新，但更多的往事却已记不分明，令作者黯然神伤，故末句伤痛之语便觉水到渠成。

归有光对当时流行的音调艰涩、不易诵读的伪古文体是不满的，曾讽刺拟古风气为“颇好剪纸染彩之花，遂不知复有树上天生之花也”（《与沈敬甫书》），故他为文反复条畅，不事雕琢而饶有风韵。本文便很有代表性。文中所表达的，既有对母亲特有的短暂、辛苦而不无光华的一生的诚挚的纪念，又有人伦中最普遍最深切的一种感情，即对母爱的歌颂与依恋。这两层内容，容不得任何的雕饰造作。作者力求客观叙事，绝去粉饰，尤其突出的一点，便是尽量地减去了直接的、主观的抒情。这一点，读者如将本文与韩文名篇《祭十二郎文》比较，尤易看出：韩文凄怆呼告，情语极多，且多用第二人称叙事；本文则用第三人称叙事，除“伤哉”“天乎痛哉”两短语，几乎全篇是不动声色地叙事。然而，由于所叙皆作者印象最深、涵味极厚的生活细节，款款叙来，自足动人。如文中记儿女或牵衣或乳抱，母亲却劳作不息，那形象是极平凡而又可歌可泣的。特别是首尾两部分，最质木无文，却最见功力，最有特色，情性横溢，潜台词极多。如果将这些写出，也不失为动人情语，原文可能洋洋洒洒，增长几倍。作者却不这样，宁肯让读者自己咀嚼玩味，不仅文字简练，而且富于含蕴。例如写母亲之死，诸儿不知悲痛，仅随人而泣，令人感到双重的可悲。又记画工以遗孤为模特儿画遗容，仅说“二子肖母”，令人反思母亲当时如何撇得下如此小儿女，越觉其以浅语表深哀，催人泪下。后来记姊弟婚娶，乃“孺人所许聘者也”，“孺人所聘者也”，木然的重复之中，一种寸草春晖的深情溢于言表。又说自己考取秀才（“补学官弟子”），联系母亲的启蒙教育，其意亦深。但这一切母亲尚来不及看到，更不用说图报了。由此可知，正是作者用了这样一种即事寓情的手法，满足于款款叙事，赋予了本文以不动声色而感人至深的特殊风采。明末清初黄宗羲曾说：“予读震川文之为女妇者，一往情深，每以一二细事见之，使人欲涕。盖古今来事无巨细，唯此可歌可泣之精神，长留天壤。”（《张节母叶孺人墓志铭》）正可用来说明此文从内容到手法的特色。

（周啸天）

【作者小传】

唐顺之

（1507—1560） 明散文家。字应德，人称荆川先生。武进（今属江苏常州）人。嘉靖进士。曾督领兵船抵御倭寇，以功升右佥都御史，代凤阳巡抚。以诗文著称。为文汪洋纡折，有唐宋八大家之风。与王慎中、茅坤、归有光等同被称为“唐宋派”。著有《荆川先生文集》。

任光禄[1]竹溪记

唐顺之

余尝游于京师侯家富人之园，见其所蓄，自绝徼[2]海外奇花石无所不致，而所不能致者惟竹。吾江南人斩竹而薪之，其为园，亦必购求海外奇花石，或千钱买一石，百钱买一花，不自惜。然有竹据其间,或芟而去焉,曰:"毋以是占我花石地!"而京师人苟可致一竹,辄不惜数千钱;然才遇霜雪,又槁以死。以其难致而又多槁死,则人益贵之。而江南人甚或笑之曰:"京师人乃宝吾之所薪!"

呜呼!奇花石诚为京师与江南人所贵,然穷其所生之地,则绝徼海外之人视之,吾意其亦无以甚异于竹之在江以南。而绝徼海外,或素不产竹之地,然使其人一旦见竹,吾意其必又有甚于京师人之宝之者。是将不胜笑也。语云:"人去乡则益贱,物去乡则益贵。"以此言之,世之好丑,亦何常之有乎?

余舅光禄任君治园于荆溪③之上,遍植以竹,不植他木。竹间作一小楼,暇则与客吟啸其中。而间谓余曰:"吾不能与有力者争池亭花石之胜,独此取诸土之所有,可以不劳力而蓊然满园,亦足适也,因自谓竹溪主人。甥其为我记之。"

余以谓君岂真不能与有力者争,而漫然取诸其土之所有者,无乃独有所深好于竹,而不欲以告人欤?昔人论竹,以为绝无声色臭味可好,故其巧怪不如石,其妖艳绰约不如花,孑孑然有似乎偃蹇孤特④之士,不可以谐于俗。是以自古以来,知好竹者绝少。且彼京师人亦岂能知而贵之,不过欲以此斗富,与奇花石等耳。故京师人之贵竹,与江南人之不贵竹,其为不知竹一也。君生长于纷华,而能不溺乎其中,裘马、僮奴、歌舞,凡诸富人所酣嗜,一切斥去。尤挺挺不妄与人交,凛然有偃蹇孤特之气,此其于竹必有自得焉。而举凡万物,可喜可玩,固有不能间也欤?然则虽使竹非其土之所有,君犹将极其力以致之,而后快乎其心。君之力虽使能尽致奇花石,而其好固有不存也。

嗟乎!竹固可以不出江南而取贵也哉!吾重有所感矣!

〔注〕 ① 光禄:官名,光禄寺卿或少卿。任氏未详。 ② 绝徼:极远的边地。 ③ 荆溪:水名,在今江苏宜兴市南,注入太湖。 ④ 偃蹇孤特:高傲而独立不偶。

本文题名为“记”，所记的中心事件是作者的舅父任君筑园植竹一事。但作者并没有按一般的格式记叙事件的始末，却把重点放在议论上，通过精心的布局，使作文要旨随着文意的发展自然流出，读来颇引人入胜。

入题之前，作者用了将近一半的篇幅，论述世人对竹的态度，其所论的内容虽说与记述的中心有关，但由于所涉的对象广泛，其中不仅有“斩竹而薪之”的江南人，还有“苟可致一竹，辄不惜数千钱”的京师人，甚至还有绝徼海外之人，一旦见竹，必有甚于京师人之宝之者。这就令人产生一种感觉，似乎这段文字并不是专为任君而书。在这里，形成对比的首先不是任君和贱竹者，而是江南人和京师人、绝徼海外之人。以三者不同的好恶之情，充分显示了世人“物去乡则益贵”的心理状态，从而得出“世之好丑，亦何常之有”的结论。这一段内容有叙，有议，有结论，其本身就构成一个完整独立的系统，作者似乎只是有感而发，泛泛议论，显得随意而亲切。

这一番议论的真实意义，是在文章提出任君植竹一事后才得到显露的。正因为对世人贵竹贱竹的心理有了充分的论述，所以任君植竹之事一经写出，其不同寻常处即豁然可见：他身居江南，却不同于江南人的贱竹；他贵竹，却又并非如京师人一样因竹难致之故。前文所写及的众人对竹的态度本已各各有异，互成对照，而任君之所为又与他们完全不同，这恰如峰回路转，忽见其异。不难想象，倘若没有前面足够的铺垫，或者仅以贱竹者与任君形成简单的对比，任君之举绝不会产生如此醒豁的感觉。前面一段似乎不甚经意写就的文字，实际上每一层都包含着作者的深意。

作者对中心事件本身只用寥寥数语一表而过，而对任君之言却记叙颇详。任君把植竹一事说得极为轻淡，简单地把如此做的原因归之于“可以不劳力而蓊然满园”。既然作者写这篇文章的宗旨是要赞美任君，为什么要如实记下这番话语呢？其实正是这一笔推动了文意的发展，并最终导出了题旨。因为任君的举动已在世人映衬之下显得极不寻常，而他那轻描淡写的表白却与他的举动形成了明显的反差，这不能不使人对他的话语产生疑问和揣测。作者把“无乃独有所深好于竹，而不欲以告人欤”这样的推测之语作为引言以带出他对任君植竹意义的阐述，正表现了由上文所叙而引起的心理活动，这让人感到，文中接着对任君的赞美之辞，是上文所显现出来的内在走向之继续，是思维逻辑发展的必然，而不是勉强地加诸其身。经过层层推演，作品终于揭示出任君对竹的态度与世人有着本质上的区别：任君之贵竹在于知竹，知竹又在于他的人格与竹自有某种相通之处；而“京师人之贵竹，与江南人之不贵竹，其为不知竹一也”。作者最后断语，即使居地不产竹，任君必力致之；即使有足够的力量致奇花石，他也无意于此。有以上的反复衬托、对比和论析，这一推断的产生合情合理；同时，它与任君"吾不能与有力者争池亭花石之胜，独此取诸土之所有，可以不劳力而蓊然满园"的表白逆相绾合，也使这一段前面的揣测语有了结论。唐顺之竭力主张作文要"发于天机之自然"(《董中峰侍郎文集序》)，要如写家书一般"直据胸臆，信手写出"(《答茅鹿门知县(二)》)。本文即让人充分领略到了这种自然而成的创作风格。

然而，所谓"信手写出"，"发于天机之自然"，并不是意味着没有章法。唐顺之本人也认为作文有法，他追求的是既有法而又能直抒胸臆的很高的文学境界。在本篇中，我们也可在自然发展的文势中感到内在的缜密结构。全文以竹与花石这一对处于矛盾状态的物体为中心，以各种人对待它们的不同态度为线索，不断构成新的矛盾与统一。江南人与京师人对竹的态度截然不同，却在奇花石上存在着一致，由此就引出了新的比较对象——绝徼海外之人；而这三者皆非知竹者，又共同成为任君的对照，充分映衬出任君高尚的品格情操。全文前后环环相扣，舒卷自如，浑然一体，足以见出作者驾驭文字的功力。　(陈晓芬)

答茅鹿门知县[①](二)　　唐顺之

熟观鹿门之文，及鹿门与人论文之书，门庭路径，与鄙意殊有契合；虽中间小小异同，异日当自融释，不待喋喋也。

至如鹿门所疑于我本是欲工文字之人，而不语人以求工文字者，此则有说。鹿门所见于吾者，殆故吾也，而未尝见夫槁形灰心[②]之吾乎？吾岂欺鹿门者哉！其不语人以求工文字者，非谓一切抹杀，以文字绝不足为也；盖谓学者先务[③]，有源委[④]本末之别耳。文莫犹人，躬行未得[⑤]，此一段公案，姑不敢论，只就文章家论之。虽其绳墨布置，奇正转折[⑥]，自有专门师法；至于中一段精神命脉骨髓，则非洗涤心源，独立物表，具今古只眼[⑦]者，不足以与此。今有两人，其一人心地超然，所谓具千古只眼人也，即使未尝操纸笔呻吟[⑧]，学为文章，但直据胸臆，信手写出，如写家书，虽或疏卤[⑨]，然绝无烟火酸馅习气，便是宇宙间一样绝好文字；其一人犹然尘中人也，虽其专专[⑩]学为文章，其于所谓绳墨布置，则尽是矣，然番来覆去，不过是这几句婆子舌头语，索其所谓真精神与千古不可磨灭之见，绝无有也，则文虽工而不免为下格。此文章本色也。即如以诗为谕，陶彭泽[11]未尝较声律，雕句文，但信手写出，便是宇宙间第一等好诗。何则？其本色高也。自有诗以来，其较声律、雕句文、用心最苦而立说最严者，无如沈约[12]，苦却一生精力，使人读其诗，只见其捆缚龌龊，满卷累牍，竟不曾道出一两句好话。何则？其本色卑也。本色卑，文不能工也，而况非其本色者哉！

且夫两汉而下，文之不如古者，岂其所谓绳墨转折之精之不尽如哉？秦、汉以前，儒家者有儒家本色，至如老庄家有老庄本色，纵横家有纵横本色，名家、墨家、阴阳家皆有本色[13]。虽其为术也驳[14]，而莫不皆有一段千古不可磨灭之见。是以老家必不肯剿儒家之说，纵横必不肯借墨家之谈，各自其本色而鸣之为言。其所言者，其本色也。是以精光注焉[15]，而其言遂不泯于世。唐、宋而下，文人莫不语性命，谈治道，满纸炫然，一切自托于儒家。然非其涵养畜聚之素，非真有一段千古不可磨灭之见，而影响剿说[16]，盖头窃尾，如贫人借富人之衣，庄农作大贾之饰，极力装做，丑态尽露。是以精光枵焉，而其言遂不久湮废。然则秦、汉而上，虽其老、墨、名、法、杂家之说而犹传，今诸子之书是也；唐、宋而下，虽其一切语性命、谈治道之说而亦不传，欧阳永叔所见唐四库书目百不存一焉者是也[17]。后之文人，欲以立言为不朽计者，可以知所用心矣。

然则吾之不语人以求工文字者，乃其语人以求工文字者也，鹿门其可以信我矣。虽然，吾槁形而灰心焉久矣，而又敢与知文乎！今复纵言至此，吾过矣，吾过矣！此后鹿门更见我之文，其谓我之求工于文者耶，非求工于文者耶？鹿门当自知我矣，一笑。

鹿门东归后，正欲待使节西上时得一面晤，倾倒十年衷曲；乃乘夜过此，不已急乎？仆三年积下二十余篇文字债，许诺在前，不可负约，欲待秋冬间病体稍苏，一切涂抹，更不敢计较工拙，只是了债。此后便得烧却毛颖⑱，碎却端溪⑲，兀然作一不识字人矣。而鹿门之文方将日进，而与古人为徒未艾⑳也。异日吾倘得而观之，老耄尚能识其用意处否耶？并附一笑。

〔注〕 ① 茅鹿门知县：即茅坤，字顺甫，号鹿门。归安(今浙江湖州市)人。嘉靖十七年(1538)进士，曾任青阳(今属安徽池州)、丹徒(今属江苏)知县。善古文，最心折唐顺之。② 槁形灰心：《庄子·齐物论》："形固可使如槁木，而心固可使如死灰乎？" ③ 先务：首先要做的。 ④ 源委：《礼记·学记》："三王之祭川也，皆先河而后海，或源也，或委也，此之谓务本。"郑玄注："源，泉所出也；委，流所聚也。"引申为事情的本末。 ⑤"文莫犹人"二句：《论语·述而》："子曰：文，莫吾犹人也。躬行君子，则吾未之有得。"意思是说：文章，大约我同别人差不多。亲身实践做个君子，我却没有什么收获。莫，朱熹《论语集注》作为"疑词"，有"大约"的意思。 ⑥"绳墨"二句：绳墨，即墨线，是木工画直线用的工具，在文章中往往借以比喻规矩、准则。奇正，孙子兵法用语，奇即奇兵，正即正面用兵。这里比作写文章出奇制胜与正面用笔。 ⑦ 具今古只眼：具有不同于古今一般人的独到见解。 ⑧ 呻吟：指写诗文时低声吟哦，以斟酌词句。 ⑨ 疏卤：疏陋粗糙。 ⑩ 专专：两个"专"字连用以加重语气。一说疑衍一"专"字。 ⑪陶彭泽：即陶渊明。渊明曾任彭泽令。 ⑫ 沈约：南北朝梁代著名文学家、诗人，字休文，武康(今浙江湖州德清县武康镇)人。作诗严于声律，提出"四声八病"说，束缚了诗歌创作，其诗内容狭隘平庸。 ⑬ 儒家、老庄家、纵横家、名家、墨家、阴阳家，都是春秋战国时的学派，各家都有其独立的学说、见解。老庄家即道家，以老子、庄子为代表人物。 ⑭ 驳：驳杂，混杂不纯。 ⑮ 精光注焉：精光，指"真精神与千古不可磨灭之见"。意思是将这种精神、见解，贯注在他们的文章之中。 ⑯ 影响：意思是捕风捉影，随声附和。剿说：因袭别人的言论、学说。 ⑰"欧阳永叔"句：欧阳修，字永叔。他在《艺文志序》中说自汉以来的书籍，"至唐始分为四类，曰经、史、子、集。而藏书之盛，莫盛于开元，其著录者五万三千九百一十五卷，而唐之学者自为之书，又二万八千四百六十九卷"；又说这些书"凋零磨灭"，"今著于篇，有其名而无其书者十盖五六也"。四库：即指经、史、子、集四类书。 ⑱ 毛颖：毛笔。韩愈曾作《毛颖传》。 ⑲ 端溪：指砚台，即"端砚"。此砚系由端溪水中之石制成，故又以"端溪"称之。⑳ 徒：朋辈，同类型的人。为徒，犹"为伍"。

在《荆川先生文集》卷七中，收有唐顺之给茅坤(别号鹿门)的两封回信，这是其二，实际上是唐顺之的一篇比较有代表性的文学理论论文。其中心论点是：文章要有"精神命脉骨髓"，即有"真精神与千古不可磨灭之见"。作者认为，这就是文章的"本色"。要达到这个要求，则须"洗涤心源，独立物表，具今古只眼"。为了说明这个论点，他列举了两种人为例。一是"心地超然，所谓具千古只眼"者。这种人，"即使未尝操纸笔呻吟，学为文章，但直据胸臆，信手写出，如写家书，虽或疏卤，然绝无烟火酸馅习气，便是宇宙间一样绝好文字"。另一种人则是

“尘中人”。尽管这种人“专专学为文章”，但因其胸中无真精神、真识见，所以写起文章来，“番来覆去，不过是这几句婆子舌头语，索其所谓真精神与千古不可磨灭之见，绝无有也”。这种文章，“虽工而不免为下格”。接着，作者又以诗为喻，按照上述两种类型，举出两位诗人作进一步论证。一位是“未尝较声律，雕句文”的陶渊明，他“信手写出，便是宇宙间第一等好诗”，原因就在于他“本色高”，即有“真精神与千古不可磨灭之见”。另一位是以一生精力苦苦“较声律、雕句文、用心最苦而立说最严”的沈约，因其作诗框框太多，所以，“使人读其诗，只见其捆缚龌龊，满卷累牍，竟不曾道出一两句好话”，原因是“其本色卑也”。经过这样的正反、反复的论证，作者得出了这样的结论：“本色卑，文不能工也”。可见“本色”的高下对于文章的成败是起了决定作用的。

作者运用上述理论，进一步分析秦、汉以前诸家文章为何能长存而唐、宋以后文章为何却湮废的道理，指出其存与不存，关键在于有无“本色”即“千古不可磨灭之见”，而不在于所谓“绳墨转折”之精与不精。秦、汉以前各学派（即儒家，老、庄，纵横、名、墨、阴阳诸家）“皆有本色。虽其为术也驳，而莫不皆有一段千古不可磨灭之见”，“是以精光注焉，而其言遂不泯于世”。而唐宋以后则相反，“是以精光枵焉，而其言遂不久湮废”。这里，作者对唐、宋以后的文人“莫不语性命，谈治道，满纸炫然，一切自托于儒家……而影响剿说，盖头窃尾”的假“文章家”，予以辛辣讽刺和尖锐批判，说他们“如贫人借富人之衣，庄农作大贾之饰，极力装做，丑态尽露”。这话是针对当时风行的“前七子”文学复古派的摹拟剽窃之风而发的，确实是一针见血地刺中了复古派的要害。复古派的致命弱点正在于徒借古人的衣饰，玩弄所谓“绳墨转折”，而缺乏文章所必备的“真精神与千古不可磨灭之见”。

以上便是本文精髓之所在，以唐顺之为代表的“唐宋派”文学主张的进步意义亦由此体现了出来。唐顺之对复古派文风的批判确实是尖锐而深刻的。他在给友人蔡可泉的信中也说当时复古派的文章“本无精光，遂尔销歇”，皆是“糊窗棂，塞瓶瓮”的货色。但全面审视他以及整个“唐宋派”的文学理论，我们还必须同时看到其本质上尚未克服的弱点。唐顺之所提出的“真精神与千古不可磨灭之见”等等，单就本文来看，自然有其强调作家个人的所谓“独立物表，具今古只眼”的高超见解和“直据胸臆”抒发真实感情的一面，但从其论文的整体观点上看，他基本上还是从道学的立场、观点出发的。他对文学功能的最高要求还只是“可以阐理道而裨世教”（《答蔡可泉书》）。从这个标准出发，他认为“三代以下之文，未有如南丰（曾巩）；三代以下之诗，未有如康节（邵雍）者”（《与王遵岩参政书》)。后来茅坤把这种立场、观点阐述得更明确:“文特以道相盛衰,时非所论也。”而这个“道”,便是儒家的“六经”,文章只是“寻六艺(即六经)之遗略”,发挥“六艺之旨”(均见《唐宋八大家文钞总序》),所以茅坤要求文章家“当于六籍中求其吾心者之至而深于其道,然后从而发之为文”(《复陈五岳方伯书》)。这便是唐顺之的所谓“真精神与千古不可磨灭之见”的真实内涵。显然,这就是道学家的陈腐观念了。“唐宋派”本是为救正“七子”复古之弊而出现的,但因其理论本身的局限性,而影响了对复古派文学应有的冲击力量。所以,对前后“七子”文学复古主义的最后扫荡,就不得不有俟于公安“三袁”了。

由于这篇论文是用书信体的形式表现出来的,所以行文活泼自然,如对友谈心,用语通俗而生动,娓娓之中条分缕析地阐发了深刻的道理,确实是他“直据胸臆,信手写出,如写家书”理论的实践。 (邱鸣皋)

【作者小传】

茅 坤

(1512—1560) 明散文家。字顺甫,号鹿门。浙江归安(今吴兴)人。嘉靖进士。官礼部主事、广西兵备佥事等。曾镇压广西瑶民起义。善古文,与王慎中、唐顺之、归有光等同被称为“唐宋派”。论文不满后七子“文必秦汉”的主张,提倡学习唐宋古文。曾编选《唐宋八大家文钞》,尤推崇韩愈、欧阳修、苏轼。著有《茅鹿门集》。

《青霞先生文集》序 茅 坤

青霞沈君①,由锦衣经历②上书诋宰执③。宰执深疾之。方力构④其罪,赖天子仁圣,特薄其谴,徙之塞上⑤。当是时,君之直谏之名满天下。已而君累然携妻子,出家塞上。会北敌数内犯⑥,而帅府以下,束手闭垒,以恣敌之出没,不及飞一镞以相抗。甚且及敌之退,则割中土之战没者与野行者之馘⑦以为功。而父之哭其子,妻之哭其夫,兄之哭其弟者,往往而是,无所控吁。君既上愤疆埸⑧之日弛,而又下痛诸将士日菅刈⑨我人民以蒙国家也。数呜咽欷歔,而以其所忧郁发之于诗歌文章,以泄其怀,即集中所载诸什是也。君故以直谏为重于时，而其所著为诗歌文章，又多所讥刺，稍稍传播，上下震恐，始出死力相煽构，而君之祸作矣。

君既没，而一时阃寄[10]所相与谗君者，寻且坐罪罢去。又未几，故宰执之仇君者亦报罢。而君之门人给谏俞君[11]，于是裒辑其生平所著若干卷，刻而传之，而其子以敬[12]，来请予序之首简。

茅子受读而题之曰：若君者，非古之志士之遗乎哉！孔子删《诗》[13]，自《小弁》[14]之怨亲，《巷伯》[15]之刺谗以下，其忠臣、寡妇、幽人、怼士之什，并列之为"风"，疏之为"雅"，不可胜数。岂皆古之中声[16]也哉？然孔子不遽遗之者，特悯其人，矜其志，犹曰"发乎情，止乎礼义[17]"，"言之者无罪，闻之者足以为戒[18]"焉耳。予尝按次[19]春秋以来，屈原之《骚》疑于怨[20]，伍胥之谏疑于胁[21]，贾谊之疏疑于激[22]，叔夜之诗疑于愤[23]，刘蕡之对疑于亢[24]，然推孔子删《诗》之旨而裒次之，当亦未必无录之者。君既没，而海内之荐绅大夫[25]至今言及君，无不酸鼻而流涕。呜呼！集中所载《鸣剑》《筹边》诸什，试令后之人读之，其足以寒贼臣之胆，而跃塞垣战士之马，而作之忾也固矣[26]。他日国家采风[27]者之使出而览观焉，其能遗之也乎？予谨识[28]之。至于文词之工不工，及当古作者之旨与否，非所以论君之大者也，予故不著。

〔注〕 ① 青霞沈君：沈鍊别号青霞，著有《青霞集》，或称《青霞先生文集》。 ② 锦衣卫经历：锦衣卫，明官署名，即"锦衣亲军都指挥使司"，下设同知、佥事、经历司、镇抚司等。洪武十五年设置。原为护卫皇宫的亲军，后职权渐大，兼管刑狱、巡察、缉捕等事。经历，"经历司"中官职之称，掌管文牍之事。 ③ 上书诋宰执：宰执，本指宰相，明初设丞相，后废不用，代之以内阁大学士。这里指大学士严嵩。嘉靖三十年正月，沈鍊上书揭发严嵩十大罪状，详见《明史·沈鍊传》。 ④ 构：构陷，捏造罪名，加以陷害。 ⑤ 徙之塞上：据《明史·沈鍊传》，沈鍊因揭发严嵩父子罪状，被杖数十，谪佃保安州（今河北涿鹿、宣化一带）。 ⑥ "会北敌"句：北敌，指当时北方元朝后裔鞑靼可汗俺答汗。数（shuò 朔），屡次。俺答多次率兵侵犯河北北部地区。 ⑦ 馘（guó 国）：古代战争中割掉敌人的左耳，计数献功。这里指所割的左耳。 ⑧ 疆埸（yì 易）：国界，边境。 ⑨ 菅刈（jiān yì 坚义）：菅，草名；刈，割（草或农作物）。菅刈，像割草一样地（杀戮人民）。 ⑩ 阃寄：阃，门槛，引申指国门。把军权委托给武将，称阃寄，意思是把国门之外的事寄托给武将。这里是指陷害沈鍊的总督杨顺、巡按路楷，事见《明史·沈鍊传》。

⑪ 给谏：官职名，即给事中。俞君：未详。 ⑫ 以敬：沈鍊的长子沈襄，字以敬。 ⑬ 孔子删《诗》：《诗》即《诗经》。《史记·孔子世家》："古者诗三千余篇，及至孔子，去其重，取可施于礼义……三百五篇。"后世学者对此说颇有争议，迄未定论。 ⑭《小弁》：《诗经·小雅》篇名。《诗序》说："《小弁》，刺幽王也，太子之傅作焉。"相传周幽王欲立褒姒子伯服，放逐太子宜臼，宜臼之傅因作此诗。但齐、鲁二家《诗》以为是周尹吉甫之子伯奇因被逐而作。 ⑮《巷伯》：《诗经·小雅》篇名。是寺人(宫中近侍之人)孟子被谗受刑，为发泄愤懑而作。 ⑯ 中声：中正和谐的音乐，即古代的"雅乐"，相对于"变声"或"郑卫之音"而言。 ⑰"发乎情"二句：《毛诗序》："故变风发乎情，止乎礼义。"是说"变风"的作者从其本性出发，虽然抒发了悲伤、怨刺的情绪，但却没有超越礼仪的界限。 ⑱"言之者无罪"二句：亦见《毛诗序》。 ⑲ 按次：按而次之。按，考察，研究；次，排列。 ⑳"屈原"句：屈原(约前340—约前278)名平字原，又名正则字灵均，战国楚人，怀王时任左徒、三闾大夫。主张内修政治，外抗强秦。遭诬陷去职，后又被放逐江南，怨愤而作《离骚》。疑(nǐ你)通"拟"，类似。 ㉑"伍胥"句：伍胥即伍子胥(？—前484)，名员，春秋楚人。因父兄受谗被楚平王杀害而奔吴，佐吴王阖闾大败楚军。后吴伐越，伍子胥屡谏吴王夫差灭越，言辞不屈，终因受谗被迫自杀。事见《史记·伍子胥列传》。 ㉒"贾谊"句：贾谊(前200—前168)，西汉洛阳人，文帝时为博士，后迁太中大夫，被谗贬长沙王太傅，后为梁怀王太傅。曾上《陈政事疏》等，指斥时弊，言辞激烈。 ㉓"叔夜"句：嵇康(224—263)，字叔夜，三国魏人，官中散大夫。后因不满于司马氏集团的统治，隐居不仕。终遭钟会构陷被杀。曾作《幽愤诗》以抒发被诬下狱的幽愤。 ㉔"刘蕡(fén汾)"句：刘蕡，字去华，唐昌平人，宝历二年进士。文宗时试贤良对策，犯颜敢谏，长篇大论，言辞亢激。因宦官当道，黜而不用。详见《旧唐书·刘蕡传》。 ㉕ 荐(jìn进)绅：荐，同"搢"。荐绅即搢绅、缙绅，士大夫有官位的人。 ㉖ 作之忾(kài)也固矣：作，振作。忾，义愤。固，一定，必然。句意是：振奋起他们(守边战士)对敌人的愤恨，同仇敌忾，那是必然的了。 ㉗ 采风：风，民间歌谣。古代有采风(《汉书·艺文志》称为"采诗")制度，朝廷派出官员到民间采集歌谣，从中考察民风和政令得失。 ㉘ 识(zhì志)：记。

有明一代，在中国封建社会中，政治上是最腐朽的朝代。大约从明成祖时，就开始了宦官干预朝政，后来逐渐发展到宦官专权专政的局面。权柄既归内竖，而朝中怀奸固宠之徒，便依附结纳，以致祸流搢绅。唯世宗朝阉宦敛迹，而严嵩父子济恶，流毒天下，人咸指目为奸臣。另一方面，也出现了不少与这些巨奸大恶作斗争的忠臣义士。仅以对严嵩的斗争来说，先后抗疏揭露其罪恶的，仅《明史》举其著者，就不下一二十人，而他们的结果差不多都是很惨的，有些被贬斥，有的被杀头。沈鍊便是其中之一。

沈鍊(1507—1557)字纯甫，会稽人，嘉靖十七年(1538)进士，先后在溧阳、清丰等地做地方官，后官锦衣卫经历，《明史》有传。沈鍊与严嵩的斗争，一是嘉靖二十九年(1550)，北方的鞑靼可汗俺答(或译作谙达)率兵侵犯内地，威胁京师，并向明朝廷索贡。在"廷议"此事时，群臣惧怕严嵩，莫敢发言。独沈鍊越阶抗论，主张坚决拒贡，并上疏乞师却虏，表现了非凡的气概。二是次年正月，上疏揭发严嵩父子十大罪状，请诛之以谢天下。结果被嘉靖皇帝打了四十大棍，谪戍保安州。沈鍊在保安仍不断指斥严嵩罪恶，并扎了三个草人，象征李林甫、秦桧、严嵩，让弟子们“攒射之”。沈鍊又亲见北敌俺答内犯，蹂躏北方人民；而作为边帅的严嵩党徒杨顺，竟拥兵坐视，一镞不发，而待敌人烧杀抢掠，满载而归之后，却纵其士卒杀良民以献功。沈鍊对此痛心疾首，写信给杨顺，痛斥其罪恶行径，同时又写了诗文祭奠无辜而死的人民。这样就更加得罪了严嵩父子。嘉靖三十六年(1557)，严嵩指使杨顺等诬陷沈鍊为白莲教，于十月十七日将沈鍊杀害，并把沈鍊的儿子沈襄发配“极边”。不久，杨顺为了进一步讨好严嵩，又“杖杀”了沈鍊的两个小儿子沈衮、沈褒。当他们正在阴谋杀害沈襄的时候，天网恢恢，杨顺、严嵩父子相继倒台，沈鍊一案，才得以了结，而沈鍊的诗文集《青霞先生文集》也就有了一个裒辑刊刻的机会。

这就是沈鍊《青霞先生文集》产生的政治背景。茅坤的这篇《序》，写在嘉靖四十二年(1563)，即沈鍊被害后的第六年，《序》中真实地反映了这个背景，真实地记载了忠臣义士沈鍊与巨奸大恶严嵩的斗争过程，真实地写出了沈鍊的生平大节，为忠臣义士传神写照，伸张正义。同时，这篇《序》又是见诸文字记载的最早为沈鍊平反昭雪的文章，应该说，《列朝诗集小传》的编者钱谦益和《明史》的修撰者们，在他们为沈鍊立传的时候，是参考过茅坤这篇《序》的，或者说他们都从《序》中借取了材料。由此可见这篇《序》是具有较高史料价值的。这是我们在阅读这篇《序》时需要首先知道的。

茅坤是一代文学大家，且在文学理论上有所建树，在这篇《序》中也表露了他对诗文创作的深刻理解。茅坤从文道合一、文以载道的传统观点出发，对沈鍊诗文之所以产生及其社会价值，作了比较充分的论述与肯定，从而表现了他比较进步的文学思想。这也是这篇《序》的核心所在。茅坤认为，沈鍊的诗文是当时忠奸斗争即政治斗争和社会现实的产物。沈鍊既迫于严嵩压制之下，又目睹边帅的误国虐民，“既上愤疆埸之日弛，而又下痛诸将士日菅刈我人民以蒙国家”，面对这种现实，他“数呜咽欷歔，而以其所忧郁发之于诗歌文章，以泄其怀”。这样，他的郁勃磊落的诗文就产生了，“即集中所载诸什是也”。茅坤认为，沈鍊的这种诗文不必以“古之中声”(和谐中正之音，不亢激，也不低沉，这是古代标准的音乐，用以表达温和的情绪和“中庸”的思想内容)来衡量，不是“中声”，“亦未必无录之者”。他的论据是：一、孔子删《诗》，未必皆中声，如《小弁》之怨亲，《巷伯》之刺谗，忠臣怼士之作等，皆有怨刺愤怒的情绪，已非“中声”，孔子看到了它们的思想价值，而本着“言之者无罪，闻之者足以为戒”的原则，“不遽遗之”；二、自屈原以来的一些忠臣义士之作，未必皆中声，如屈原、伍胥、贾谊、嵇康、刘蕡等，他们的作品或怨，或胁（威胁逼迫的意思），或激，或愤，或亢，“然推孔子删《诗》之旨而裒次之，当亦未必无录之者”。这里，茅坤把沈鍊视作“古之志士之遗”，将其诗文与孔子删《诗》、屈原作《离骚》等相提并论，对沈鍊人格及其诗文的推崇、评价，已臻极致。当然，这种评价也是从沈鍊的影响及其诗文的社会效果出发的，所以他又说：“君既没，而海内之荐绅大夫至今言及君，无不酸鼻而流涕”，而其作品，“集中所载《鸣剑》《筹边》诸什，试令后之人读之，其足以寒贼臣之胆，而跃塞垣战士之马，而作之忾也固矣”。茅坤对沈鍊作品的评价，完全是从其思想意义着眼的，“至于文词之工与不工”之类，“非所以论君之大者也”。可以说，茅坤论人、论文，确实是抓住了“大节”。这种观点，从救正前后“七子”论文重在钩章棘句的风气来说，是颇具只眼的，是有其进步意义的。

这篇《序》在写作用笔上亦颇多佳处。如其文气畅达，“浩落苍凉，读之凛凛有生气”（吴楚材、吴调侯《古文观止》评语）。作者的感情爱憎分明。语及沈鍊，称其人，则“君”字凡十四用；叙其事，则极尽敬颂之情，且行文中往往横插一二句称颂之语，收情文并茂之效，如“当是时，君之直谏之名满天下”，“若君者，非古之志士之遗乎哉”。相反，言及奸臣，虽话语不多，却能尽切齿之恨。如“宰执深疾之，方力构其罪”，“始出死力相煽构”，“足以寒贼臣之胆”等，一个“构”字，已足为贼臣定案，再以“死力”加倍修饰，遂使贼臣千古不得辞其咎；至于“天子仁圣，特薄其谴，徙之塞上”，语含讽讥，一望而知。作者为使文气畅达，句间多用“而”字，以使内容、语气转接紧凑，而无阻滞之迹；“孔子删《诗》”至“当亦未必无录之者”一段论辩，多用排句，势如连弩，排宕而下，读之不容间歇；“其足以寒贼臣之胆，而跃塞垣战士之马，而作之忾也固矣”句，《古文观止》特加批注曰：“二十三字作一气读”，亦是语气紧凑不容间歇处。至于文章结构，亦颇有特色：序其文集，却迟迟不言其文集，而是先详说其人其事，然后用“即集中所载诸什是也”一句轻轻转出其诗文之有集，但只此一句，立即又转说其人其事；及至论其诗文，又多从“中声”问题上立论，似乎与评价其文集无关系，实际上是句句评其文集，且极尽推尊之意；直到文章之末，才正面说明其文集的价值。这种用笔，曲折回环，亦是低徊咏叹之意。

茅坤与沈鍊为同榜进士，且亦备受奸臣迫害，虽有“奇才”而不得用，以致废居故里五十余年，坎坷以终（详《明史·文苑传》）；再加上他有一定的古文造诣和比较进步的文学观点，所以才能写出这篇感情真挚而又不乏艺术佳境的序文来。

（邱鸣皋）

【作者小传】

徐　渭

(1521—1593)　明文学家、书画家。初字文清，改字文长，号天池山人、青藤道士，或署田水月。山阴(今浙江绍兴)人。年二十为生员，屡应乡试不中。中年为浙、闽总督胡宗宪的幕僚，于抗倭军事，多所筹划。胡入狱后，他怕牵连，一度发狂。后编写《会稽县志》。善诗文，评者谓得李贺之奇、苏轼之辩，不落窠臼。所作戏曲论著、杂剧，颇有超越前人见解和打破陈规之处。又工书画。著有《徐文长全集》《徐文长佚稿》《徐文长佚草》等。

自为墓志铭　　徐　渭

山阴徐渭者，少知慕古文词，及长益力。既而有慕于道，往从长沙公究王氏宗[①]，谓道类禅，又去扣于禅，久之，人稍许之，然文与道终两无得也。贱而懒且直，故惮贵交似傲，与众处不浼袒裼[②]似玩，人多病之，然傲与玩，亦终两不得其情也。

生九岁，已能为干禄文字，旷弃者十余年，及悔学，又志迂阔，务博综，取经史诸家，虽琐至稗小，妄意穷及，每一思废寝食，览则图谱满席间。故今齿垂四十五矣，藉于学宫者二十有六年，食于二十人中[③]者十有三年，举于乡者八而不一售，人且争笑之。而己不为动，洋洋居穷巷，僦数椽储瓶粟者十年。一旦为少保胡公[④]罗致幕府，典文章，数赴而数辞，投笔出门。使折简以招，卧不起，人争愚而危之，而己深以为安。其后公愈折节，等布衣，留者盖两期，赠金以数百计，食鱼而居庐，人争荣而安之，而己深以为危，至是，忽自觅死。人谓渭文士，且操洁，可无死。不知古文士以入幕操洁而死者众矣，乃渭则自死，孰与人死之。渭为人度于义无所关时，辄疏纵不为儒缚，一涉义所否，干耻诟，介秽廉，虽断头不可夺。故其死也，亲莫制，友莫解焉。尤不善治生，死之日，至无以葬，独余书数千卷，浮磬二，研剑图画数，其所著诗若文若干篇而已。剑画先托市于乡人某，遗命促之以资葬，著稿先为友人某持去。

渭尝曰：余读旁书，自谓别有得于《首楞严》、《庄周》、《列御寇》若《黄帝素问》诸编⑤，倘假以岁月，更用绎䌷，当尽斥诸注者缪戾，摽其旨以示后人。而于《素问》一书，尤自信而深奇。将以比岁昏子妇，遂以母养付之，得尽游名山，起僵仆，逃外物，而今已矣。渭有过不肯掩，有不知耻以为知，斯言盖不妄者。

初字文清，改文长。生正德辛巳⑥二月四日，夔州府同知讳鏓庶子也。生百日而公卒，养于嫡母苗宜人者十有四年。而夫人卒，依于伯兄讳淮者六年。为嘉靖庚子⑦，始籍于学。试于乡，蹶。赘于潘，妇翁簿也，地属广阳江。随之客岭外者二年。归又二年，夏，伯兄死；冬，讼失其死业。又一年冬，潘死。明年秋，出僦居，始立学。又十年冬，客于幕，凡五年罢。又四年而死，为嘉靖乙丑⑧某月日。男子二：潘出，曰枚；继出，曰杜，才四岁。其祖系散见先公大人志中，不书。葬之所，为山阴木栅，其日月不知也，亦不书。铭曰：

杼全婴⑨，疾完亮⑩，可以无死，死伤谅⑪。兢系固⑫，允收邕⑬，可以无生，生何凭。畏溺而投早嗤渭⑭，既髡而刺迟怜融⑮。孔微服⑯，箕佯狂⑰。三复《蒸民》，愧彼“既明”⑱。

〔注〕 ① 长沙公：季本(1485—1563)，字明德，号彭山，山阴人，曾任长沙府，为王阳明门人。王氏宗：指王阳明学说。王阳明即王守仁(1472—1528)，明哲学家、教育家。在明代中期以后，阳明学派影响很大。 ② 不浼袒裼：《孟子·公孙丑上》：“尔为尔，我为我，虽袒裼裸裎于我侧，尔焉能浼我哉?”浼(měi 每)，污染、玷污。袒裼(xī 锡)，赤身露体。此句意谓虽别人在旁边赤身露体，也不以为意，不怕会被玷污。 ③ 食于二十人中：徐渭被录取为山阴县学生员，山阴县学有廪膳生员二十人。 ④ 少保胡公：即胡宗宪，明嘉靖年间浙江巡抚，因抗击倭寇有功，被加右都御史衔，后得罪下狱死。 ⑤《首楞严》：佛经名，全称《大佛顶如来密因修证了义诸菩萨万行首楞严经》，省称《楞严经》。《庄周》：即《庄子》。《列御寇》：即《列子》。《黄帝素问》：古医书名。《隋书·经籍志》著录。一名《黄帝内经素问》。书内记黄帝与岐伯相问答，故以《素问》为名。 ⑥ 正德辛巳：明武宗正德十六年(1521)。 ⑦ 嘉靖庚子：明世宗嘉靖十九年(1540)。 ⑧ 嘉靖乙丑：明嘉靖四十四年(1565)。 ⑨ 杼全婴：杼，崔杼，战国时齐臣。婴，晏婴。《左传·襄公二十五年》载：崔杼弑其君，晏子启门而入，枕尸股而哭，崔杼释而不杀，后晏子与崔杼盟。这里是说崔杼成全了晏婴的志节。 ⑩ 疾完亮：亮，指晋庾亮。《晋书·庾亮传》：“王敦既有异志，内深忌亮，而外崇重之。亮忧惧，以疾去官。” ⑪ 谅：诚直，忠信。⑫ 兢系固：兢，种兢。固，班固(32—92)，东汉扶风安陵(今陕西咸阳东北)人，字孟坚，著名史学家、文学家。《后汉书·班固传》：“初，洛阳令种兢尝行，固奴干其车骑，吏推呼之，奴醉骂，兢

大怒，畏宪不敢发，心衔之。及窦氏宾客皆逮考，兢因此捕系固，遂死狱中。”窦氏指窦宪。⑬允收邕：允，王允；邕，蔡邕，均后汉人。《后汉书·蔡邕传》：“及卓被诛，邕在司徒王允坐，殊不意言之而叹，有动于色。允勃然叱之，即收付廷尉治罪。邕陈辞谢，乞黥首刖足，继成汉史。士大夫多矜救之，不能得……邕遂死狱中。”　⑭渭：未详，疑即作者自称。　⑮既髡而刺迟怜融：融，马融，东汉人。《后汉书·马融传》：“先是融有事忤大将军梁冀旨，冀讽有司奏融在郡贪浊，免官，髡徙朔方。自刺不殊，得赦还。”　⑯孔微服：孔，孔子。《孟子·万章上》：“孔子不悦于鲁卫，遭宋桓司马，将要而杀之，微服而过宋。”微服，为隐蔽身份而更换平民衣服，使人不识。⑰箕佯狂：箕，箕子，殷纣王的伯叔父，或云纣的庶兄。《史记·宋微子世家》：“纣为淫泆，箕子谏，不听。人或曰：‘可以去矣。’箕子曰：‘为人臣谏不听而去，是彰君之恶而自说于民，吾不忍为也。’乃被发佯狂而为奴。”　⑱《蒸民》：即《诗·大雅·烝民》。周宣王命樊侯仲山甫筑城于齐，尹吉甫作诗送行。诗有“既明且哲，以保其身”之语，谓仲山甫既明白事理，又有智慧，以保全他的一身。徐渭再三诵此诗句，自愧不能做到。

尽管离真正的死亡还很远（徐渭撰墓志铭后三十二年方去世），但徐渭却早已嗅到死亡的气息，痛感着死亡的逼迫，而不得不像哈姆莱特一样思考人生的最大问题了：“生存还是死亡？”当徐渭以赴死的决心为自己撰写墓志铭，在死亡面前交待自己的一生时，思考的重心却更是“生何凭”、死何据。他没有写“忏悔录”，更没有给自己“谀墓”，却以一种近乎平静的客观态度从容地整理着自己的一生，超然地将自身作为审视的对象，为生存与死亡寻找着精神依据。

“未知生，焉知死。”徐渭是努力地要知“生”，并且企求着一种经过思考的本真的人生的。他从“文”最先获得一种审美化的人生体验，进而“有慕于道”，研究王氏心学，参禅悟道，努力探求生存的真谛。“又志迂阔，务博综，取经史诸家，虽琐至稗小，妄意穷及，每一思废寝食，览则图谱满席间。”他焦虑的心灵，在广阔的精神时空中遨游，探奇历险，巨细不捐，力求穷尽人类精神的无限幽隐！“每一思废寝食”，在“上穷碧落下黄泉”的茫茫思想之路上的跋涉，超越了悠悠天地，从世俗人生中解脱了出来。所以，他“辄疏纵不为儒缚”，读书别有心得，在艰险的精神求索中有着“自信而深奇”的收获。他是如此重视自己的精神生活，在与死亡对话时谈得最多的就是自己的精神历程。看来，徐渭确乎是对“知生”付出了极大努力，并且确乎自有所知的。

然而，知之未必能行之。在那样的时代中，知固不易，行则更难。徐渭被时人目为“狂人”甚至神怪，以至成为许多民间故事的箭垛，原因就在他不仅是从书本上、精神上求得人生之真谛，而且要在自己的生活中实践自己的精神追求。他“惮贵交似傲，与众处不浼袒裼似玩”，以“傲”与“玩”来对待权贵、庸众，然而，其卑微的地位，使之“懒且直”，必然要受到众人的非议。“人多病之”，“人且争笑之”，“人争愚而危之”……总之，是不理解，是嘲笑，是毁谤等等形成的一种无形的力量，压迫着他的精神，更压迫着他的生存空间。尽管他曾“得尽游名山，起僵仆，逃外物”，却仍然逃不出时代的如漆大夜的网罗，而走上“自觅死”的绝路。“知生”的结果，是生活冷酷地宣告他已不适于生存，故而“乃渭则自死，孰与人死之”！他要以自己的死，来宣布这社会本身已不适于生存！通过“生”，他知道了“死”——社会给他这个“操洁”的“狂人”的唯一出路。

“死”，毕竟是艰难的；徐渭这样的杰出文人何尝不想努力地求生！他“洋洋居穷巷，僦数椽储瓶粟者十年”，却把“食鱼而居庐”的荣华富贵视为危途，正表明他想在夹缝中求生存的愿望。对世事人生的洞察，当然使他知道生存的技巧，更清楚社会所需要的是何等样人。尽管如此，他却毫不为之所动，并且“一涉义所否，干耻诟，介秽廉，虽断头不可夺”，决不愿苟且偷生，虽然明知死后“亲莫制，友莫解焉”，亦置之度外。

“生存还是死亡?”一方面是从容赴死的决心，一方面是对人生的无限眷恋，两股情感的热流，从相反方向碰撞到了一起，强烈地激荡着作者的心，发而为文章，就形成了一种“反讽”的风格。他将自己的那股狂傲野放之气，将自己的悲愤郁怒，将自己的一往深情，统统以一抹淡淡的冷冷的微笑表现出来。他还想写自己独到的“自信而深奇”的见解；他还怀念着“等布衣”相待的胡宗宪；而那些“病之”“笑之”“危之”的力量的时时逼迫，都在死亡面前失却了重量，变得无足轻重。这是一种感觉到了此身已非我有时发出的嘲笑。然而，此时“抉心自食，欲知本味”的巨烈创痛仍然在文章中流露出来，使我们从作者冰冷的微笑后窥见了他那痉挛的灵魂。

对着自择的死亡，徐渭交待着自己一生最值得交待的事。虽然他的身世如此凄苦，他也只是“纯客观”地叙述了一下。他的思绪始终萦绕在“生”与“死”的问题上。在铭文中，他写出了自己思考生死的依据，那就是“死伤谅(否)”？“生何凭”？无论是对“生”，还是对“死”，他都恪守着自己的原则，而无意于“明哲”保身，事实上，只有这样的人，才能实现自己生命的价值。 (骆冬青)

【作者小传】

宗 臣

(1525—1560) 明文学家。字子相，号方域。兴化(今属江苏)人。嘉靖进士。授刑部主事，谢病辞归，后任稽勋员外郎。出为福建布政参议，以击退倭寇功升福建提学副使。诗文主张复古，与李攀龙齐名，为“后七子”之一。著有《宗子相集》。

报刘一丈书[1]　　宗　臣

数千里外，得长者时赐一书，以慰长想，即亦甚幸矣。何至更辱馈遗，则不才益将何以报焉？书中情意甚殷，即长者之不忘老父，知老父之念长者深也。

至以“上下相孚，才德称位”语不才，则不才有深感焉。夫才德不称，固自知之矣。至于不孚之病，则尤不才为甚。

且今之所谓孚者何哉？日夕策马候权者之门，门者故不入，则甘言媚词作妇人状，袖金以私之[2]。即门者持刺[3]入，而主者又不即出见。立厩中仆马之间，恶气袭衣袖，即饥寒毒热不可忍，不去也。抵暮，则前所受赠金者出，报客曰：“相公倦，谢客矣。客请明日来。”即明日又不敢不来。夜披衣坐，闻鸡鸣即起盥栉，走马抵门。门者怒曰：“为谁？”则曰：“昨日之客来。”则又怒曰：“何客之勤也？岂有相公此时出见客乎？”客心耻之，强忍而与言曰：“亡奈何矣，姑容我入！”门者又得所赠金，则起而入之，又立向所立厩中。幸主者出，南面召见，则惊走匍匐阶下。主者曰：“进！”则再拜，故迟不起。起则上所上寿金。主者故不受，则固请；主者故固不受，则又固请。然后命吏纳之。则又再拜，又故迟不起，起则五六揖始出。出，揖门者曰：“官人[4]幸顾我，他日来，幸亡阻我也。”门者答揖，大喜，奔出。马上遇所交识，即扬鞭语曰：“适自相公家来，相公厚我，厚我！”且虚言状。即所交识，亦心畏相公厚之矣。相公又稍稍语人曰：“某也贤，某也贤。”闻者亦心计交赞之。此世所谓上下相孚也。长者谓仆能之乎？

前所谓权门者，自岁时伏腊[5]一刺之外，即经年不往也。间道经其门，则亦掩耳闭目，跃马疾走过之，若有所追逐者。斯则仆之褊衷，以此长不见悦于长吏，仆则愈益不顾也。每大言曰：“人生有命，吾惟守分尔矣！”长者闻之，得无厌其为迂乎？

乡园多故，不能不动客子之愁。至于长者之抱才而困，则又令我怆然有感。天之与先生者甚厚，亡论长者不欲轻弃之，即天意亦不欲长者之轻弃之也。幸宁心哉！

〔注〕 ① 报：回答，答复。丈：对长辈的尊称。 ② 袖金以私之：把金钱笼在袖子里，暗中送给门者。 ③ 刺：名片。 ④ 官人：对有地位的男子的尊称，这里是对看门人的尊称。 ⑤ 岁时伏腊：岁时，一年中的季节。伏腊，伏天和腊月的祭祀。泛指逢年过节。

这是明代文学家宗臣给刘一丈写的一封回信。刘名玠，字国珍，号墀石，是宗臣父亲宗周的朋友，于宗臣为长辈，因他排行第一，故称为“一丈”，文中又称为“长者”。因是书信，又是写给长辈的，所以首尾两节不免寒暄客套之语，这也是一般书信的常见格式。

这篇书信的主体部分是作者与刘一丈谈论“上下相孚”。本来，在刘一丈给宗臣的信中，是以“上下相孚，才德称位”相教诲的，宗臣在这个问题上深有感触，所以在复信中就专门论之。为了集中笔墨论“上下相孚”，所以他只用“才德不称，固自知之矣”寥寥九个字，把“才德称位”问题轻轻带过，然后以“至于不孚之病，则尤不才为甚”二句转入论题，紧接着以“且今之所谓孚者何哉”句故意设问，于是转出大段文章，遂成千古妙笔。值得注意的是，作者并不是采用正面说理的办法来说明“上下相孚”问题，而是塑造了一对“上下相孚”的典型，通过活灵活现的典型形象，揭示当时所谓“上下相孚”的真相，从而抨击了腐朽龌龊的封建官僚政治。其揭露的深度和鞭挞的力量，都较正面论说深刻、猛烈得多。

首先，作者具体而微地描绘了一个小官僚用灵魂和金钱向掌权的“相公”干谒拍马，从而获得“上下相孚”的全过程。从“日夕策马候权者之门”至“客请明日来”，是写这个小官僚的初次干谒。尽管他作尽媚态，吃尽苦头，从“日夕”而至“抵暮”，终于还是被赶了出来，干谒未成。“即明日又不敢不来”至“大喜，奔出”，写其再次干谒，喜获成功。从“马上遇所交识”至“此世所谓上下相孚也”，是写小官僚干谒成功之后的得意忘形，而大相公亦稍有“某也贤”的赞誉，于是乎实现了“上下相孚”，关系融洽了。

在这个全过程中，作者活现了两个卑鄙龌龊的人物形象。一是作为“客”的小官僚。作者写了他的两次干谒，从不同的角度透视了他的灵魂。初次干谒，他是“日夕策马候权者之门”——用“策马”（下文还有“走马”，即跑马）表现其急于奔走权门；“门者故不入”，他便“甘言媚词作妇人状”，且“袖金以私之”，小官僚拍马谄媚的丑态，已露端倪。对“门者”尚且如此作态，对主人将会如何？果然，进门之后，自作卑贱，“立厩中仆马之间”，虽然“恶气袭衣袖，即饥寒毒热不可忍，不去也”,如此直至“抵暮”。作者就是这样把所要贬斥的人物放在这样肮脏的、常人不堪忍受的环境里,以审视其灵魂。至此,这个小官僚的奴颜媚骨已毕露无遗。但作者并未就此罢休,而是跌宕一笔,让“门者”把他赶了出来,于是乃有次日黎明的再次干谒。作者写这次干谒,也同样使用了夸张、讽刺的笔法,写他唯恐误了时间而夜不敢寐,“夜披衣坐,闻鸡鸣即起盥栉,走马抵门”。在受了“门者”的奚落之后,虽然心中“耻之”,但又“强忍而与言”,并再次用金钱买通了“门者”,这才得以“起而入之”。进门之后,仍然站在昨天站过的马厩中,等候召见。及至被召见,其丑态更接连而出:先是“惊走匍匐阶下”,接着是“再拜,故迟不起”,然后是“上所上寿金”,最后是“又再拜,又故迟不起,起则五六揖始出”,这样完成了进谒之礼,于是,“大喜,奔出”。出门之后,立即一反常态,狐假虎威,神气非凡起来:“马上遇所交识,即扬鞭语曰:‘适自相公家来,相公厚我,厚我!’且虚言状。”“厚我”叠用,其得意忘形之状,掬之可出。至此,则完成了对这个小官僚的形象刻画:为干谒权贵,寻找靠山,而急急遑遑,夜不成寐;及见权贵,巴结靠山,奴颜媚骨,狗彘不如;干谒成功,有了靠山,立即飞扬跋扈,炙手可热,令人“心畏”。作者刻画的另一形象便是作为权势代表的“相公”。刻画这一形象,虽着墨不多,但能切入骨髓。如作者写他接受“寿金”的情态:“(客)起则上所上寿金,主者故不受,则固请;主者故固不受,则又固请。然后命吏纳之。”文字很少,却把这个大相公贪赃受贿而又故作清廉的神态活画了出来。“故”与“故固”是揭画皮的关键字眼,讽刺意味也极强;叠用“某也贤”,并在“某”与“贤”之间嵌一“也”字以舒缓语气,表现了大相公老气横秋、胸有城府的神态,与小官僚的“厚我厚我”急于炫鬻的小人口吻适成对比。除这一对形象之外,作者写到“门者”,只是稍稍带过,但其贪横、势利的丑态便神情毕肖。我们不得不佩服作者刻画人物的本领是高明的:取其神而遗其貌,抓住最能揭示人物内心世界的行为、语言,寥寥数语,即可奏效。我们还应该看到作者用笔的强大概括力。他写下级小官僚对上级相公的干谒,取的时间是“日夕”和黎明(“闻鸡鸣”)。选取这两个时间干谒尚须有如此之等待,其他时间则可想而知;“相公倦,谢客矣”,不必理解为相公故意摆架子,而是实写相公接待事务之繁剧,亦可见干谒者之多;“饥寒毒热”四字,更包含了各种情况下的干谒活动;至于文中的一个小官僚和一个大相公,也只是各从其类中选取的典型而已。凡此,都可以看出本文的概括力。

再者,作者在以较多的篇幅绘声绘色地写完了“上下相孚”之后,转回笔墨,写了自己与“权门”“长吏”的不相孚,展示了另一种形象性格。对同一个“权门”,作者的态度与前者完全相反:“自岁时伏腊一刺之外,即经年不往也。间道经其门,则亦掩耳闭目,跃马疾走过之,若有所追逐者。”即使长期“不见悦于长吏”,“仆则愈益不顾也”。这种刚正不阿,耻于干谒,不向权势豪门低头的骨气,与那些专事干谒求进的官僚适成对比,“两两相较,薰莸不同,清浊异质”(吴楚材、吴调侯《古文观止》评语)。文章的批判力量,是非观念,正是蕴涵在这种对比之中。

至此,作者把“上下相孚”与不“相孚”的真相实情已向刘一丈陈述清楚,而作者的立场、爱憎亦表现得淋漓尽致。

当时正是权奸严嵩父子专权时期,一般士大夫阿谀逢迎,干谒求进,奔走于严氏之门。所以这篇书信在当时具有极大的战斗意义,直接指斥了严氏父子专擅朝政、结党营私的罪行,相当深刻地揭露了当时官僚集团内部的污浊与丑恶,对后世也有较高的认识价值。正如《古文观止》的编者所指出的,这是一篇“有关世教之文”。作者宗臣因此而触怒了严氏父子,被贬为福建参政。 (邱鸣皋)

【作者小传】

王世贞

(1526—1590) 明文学家。字元美,号凤洲、弇州山人。太仓(今属江苏)人。嘉靖进士。官至南京刑部尚书。与李攀龙同为“后七子”首领。倡导复古摹拟,主张文必秦汉,诗必盛唐,晚年略有改变。对戏曲也有研究。著有《弇州山人四部稿》等。

题《海天落照图》后 王世贞

《海天落照图》,相传小李将军昭道①作,宣和②秘藏,不知何年为常熟刘以则③所收,转落吴城汤氏④。嘉靖⑤中,有郡守,不欲言其名,以分宜子大符⑥意迫得之。汤见消息非常,乃延仇英实父⑦别室,摹一本,将欲为米颠⑧狡狯,而为怨家所发。守怒甚,将致叵测。汤不获已,因割陈缉熙⑨等三诗于仇本后,而出真迹,邀所善彭孔嘉⑩辈,置酒泣别,摩挲三日而后归守,守以归大符。大符家名画近千卷,皆出其下。寻坐法⑪,籍入天府⑫。隆庆初,一中贵⑬携出,不甚爱赏,其位下小珰⑭窃之。时朱忠僖⑮领缇骑,密以重赀购,中贵诘责甚急,小珰惧而投诸火。此癸酉⑯秋事也。

余自燕中闻之拾遗人⑰，相与慨叹妙迹永绝。今年春，归息弇园，汤氏偶以仇本见售，为惊喜，不论直收之。

按《宣和画谱》⑱称昭道有《落照》《海岸》二图，不言所谓《海天落照》者。其图有御题⑲，有瘦金、瓢印⑳与否亦无从辨证，第睹此临迹之妙乃尔，因以想见隆准公㉑之惊世也。实父十指如叶玉人㉒，即临本亦何必减逸少㉓《宣示》、信本㉔《兰亭》哉！老人馋眼，今日饱矣！为题其后。

〔注〕 ① 李昭道：唐代画家，世称小李将军。其父李思训世称大李将军。 ② 宣和：宋徽宗的年号(1119—1125)。 ③ 刘以则：明代收藏家。 ④ 汤氏：当时的古董商。 ⑤ 嘉靖：明世宗的年号(1522—1566)。 ⑥ 大符：严世蕃，字大符，明嘉靖年间奸相严嵩(江西分宜人)之子。 ⑦ 仇英：字实父，号十洲，明代画家。 ⑧ 米颠：米芾，宋代画家，为人颠狂，世称“米颠”。善仿古以乱真，故文中称其“狡狯”。 ⑨ 陈缉熙：陈鉴，字缉熙，明代收藏家。 ⑩ 彭孔嘉：彭年，字孔嘉，明代书画家文徵明的学生。 ⑪ 坐法：指嘉靖末严嵩革职，严世蕃被处死。 ⑫ 籍入天府：没收入宫。 ⑬ 中贵：受皇帝宠幸的大太监。 ⑭ 小珰：小宦官。 ⑮ 朱忠僖：朱希孝，谥忠僖，隆庆年间领锦衣卫(即下文之“缇骑”，为皇帝的亲军，掌诏狱)。 ⑯ 癸酉：明神宗万历元年(1573)。 ⑰ 拾遗人：旧货商。 ⑱《宣和画谱》：记载宣和时宫内藏画的册录，宋徽宗时编撰。 ⑲ 御题：指宋徽宗的题词。 ⑳ 瘦金：徽宗所创的一种字体。瓢印：徽宗在其所藏古书画上所用的瓢形印鉴。 ㉑ 隆准公：隆准，高鼻梁，古时以为帝王之相。李昭道为唐宗室，故称。 ㉒ 叶玉人：将玉雕成叶状的高手匠人。见《列子·说符》。比喻仇英画手之巧妙。 ㉓ 逸少：王羲之，字逸少，晋代书法家，曾临三国魏书法家钟繇《宣示表》。 ㉔ 信本：欧阳询，字信本，唐代书法家，曾临王羲之《兰亭序》。

这是王世贞的晚岁之作。此时的弇州山人，已自称“老人”，非复写《艺苑卮言》时的翩翩才子；观此文，叙事平铺，并无起伏，自首至尾，亦无奇语惊人，似也可属老人的随手散漫之笔。然而，姜桂之性，老而弥辣，这篇不事绘饰之作，却也自有其可观的老到之处，那就是：语虽絮絮琐琐，却无一处闲笔。

此文之题《海天落照图》，先说真迹，次及摹临之本。其说真迹，凡为五扬。首起点明图出小李将军之手，藏于宋徽宗之府，是足见其名贵。此为一扬。此图之贵，令一时权倾天下、无物不可索得之严世蕃，亦为之垂涎。此二扬也。而画主汤氏，虽明知严氏权势熏天，犹不甘交出至宝，宁可冒险作赝；后来虽不曾舍命保画，但至少已视此画为性命之外的第一宝。此三扬也。汤氏虽已决意交画保命，而临别之际，尚要招友置酒，摩挲三日，虽妻子骨肉之长诀，其悲亦不能过尔。此四扬也。画入严府，以世蕃招权纳贿、巧取豪夺之广，府中自不乏稀世之作，而此画犹能压倒千卷，独占魁首。此五扬也。有此五扬，则弇州虽不曾琐琐细说画中海天如何壮阔、落照如何绚烂，而读者感受此画贵重精华之深，岂不尤甚于徒然琐琐细说画中如何如何？此五扬，虽不能说是写尽《海天落照图》之佳，却完全能说是遗画之形，取画之神，为以少少许胜多多许之妙手笔。

五扬以后，继以二抑。严氏既败，此画又辗转流落，终于在不识货的中贵与识货的权贵的争斗中化为灰烬。此一抑。作者既闻此恶耗，又叹息妙迹之永绝。此二抑。以上五扬二抑，合而为一大抑，曰：名画妙则妙矣，毁亦毁矣！此一大抑，为真迹《海天落照图》而抑，由抑而引起为临本之扬。

真迹虽亡，但《海天落照图》亦随之而亡乎？否，否，犹有临本在。临本何在？在作者手中，由作者惊喜之余，不论价之多少而购得。此为临本一扬。临本之传真程度如何？虽不能复辨有无徽宗手迹印玺，然画上景象，犹足令人想见小李将军之风采，则此临本，直可乱真矣！此为临本二扬，虽然其中亦吞吐着一个抑扬过程。临本毕竟还是临本，其价值究竟如何？其地位究当何评？曰：此是仇十洲手笔，不必多疑，直可与王逸少、欧阳信本的摹帖比肩！此为临本三扬。以上三扬，合而为一大扬，曰：名画毁则毁矣，小李将军之妙，今也犹存其妙！此一大扬，为临本《海天落照图》而扬，照应前文为真迹《海天落照图》之一大抑。

故本篇看似平淡，却语语关乎抑扬，由抑扬而为作者所见之临本传神生色，句句不曾落空。此境实不易造到。能传神生色不易，由平淡而传神生色更不易。弇州山人得观临本，自言馋眼大饱；读者虽无此眼福，然得观作者淡而有味之妙文，在精神上亦可算是一快朵颐了吧？ （沈维藩）

蔺相如完璧归赵论　王世贞

蔺相如之完璧，人皆称之，予未敢以为信也。

夫秦以十五城之空名，诈赵而胁其璧，是时言取璧者，情[1]也，非欲以窥赵也。赵得其情则弗予，不得其情则予；得其情而畏之则予，得其情而弗畏之则弗予。此两言决耳，奈之何既畏而复挑其怒也？

且夫秦欲璧，赵弗予璧，两无所曲直也。入璧而秦弗予城，曲在秦；秦出城而璧归，曲在赵。欲使曲在秦，则莫如弃璧；畏弃璧，则莫如弗予。夫秦王既按图以予城，又设九宾[2]，斋而受璧，其势不得不予城。璧入而城弗予，相如则前请曰：

"臣固知大王之弗予城也。夫璧非赵璧乎？而十五城秦宝也。今使大王以璧故，而亡其十五城，十五城之子弟，皆厚怨大王以弃我如草芥也。大王弗予城，而绐赵璧，以一璧故，而失信于天下。臣请就死于国，以明大王之失信！"秦王未必不返璧也。今奈何使舍人怀而逃之，而归直于秦？

是时，秦意未欲与赵绝耳。令秦王怒，而僇③相如于市，武安君④十万众压邯郸⑤，而责⑥璧与信，一胜而相如族，再胜而璧终入秦矣。

吾故曰：蔺相如之获全于璧，天也。若其劲渑池⑦，柔廉颇⑧，则愈出而愈妙于用，所以能完赵者，天固曲全之哉！

〔注〕 ① 情：真实意图。 ② 九宾：九位迎接使者的傧相，皆立于朝廷上，是战国时最隆重的外交礼节。 ③ 僇：通"戮"，杀。 ④ 武安君：秦将白起的封号。 ⑤ 邯郸：赵国都城，在今河北邯郸市。 ⑥ 责：求，这里指索取。 ⑦ 劲渑池：指蔺相如在渑池(今河南林县)迫秦王为赵王击缶之事。 ⑧ 柔廉颇：指蔺相如对赵大将廉颇委曲容让，终使廉颇感悟并负荆请罪之事。

同情弱者和败者，大约是人的天性吧。

所以，人们虽然承认战国一统于秦是历史规律，也承认七雄中唯秦最具一统的资格，但对于与此规律相逆的事件，如鲁仲连义不帝秦，如蔺相如完璧归赵，如荆轲刺秦王，却依然称美传诵，千古不衰。非特战国，于其他朝代，亦复如此：项羽分封割据，开历史倒车，但在后人心目中，却不失为悲剧英雄；凭区区蜀中之力，实难混一宇内，但诸葛孔明六出祁山，死而后已，却也是三国鼎立时最为人乐道的壮举……

由这种热烈的同情心，人们对弱者的偶一胜利，又不免鼓尽全力以夸张其意义：唯鲁仲连之仗义执言，赵国始免沦为附庸；唯蔺相如之大智大勇，和氏璧始得复归于赵……

真所谓邦国之兴亡，系于一人之身了！

然而，是否也有人作过如下假设：若荆轲奋匕首一击，致秦王殒命，于是秦乃大乱，商鞅变法以来之成果荡然无存；于是七雄鼎立之势如故，甚或秦分于六国，甚或由燕或其他什么国家来完成统一大业？

大约不会有人作此推理吧！

既如此，既然荆轲一人不能亡秦，那么，对鲁、蔺等公一人兴赵的说法，是否亦当另作考虑呢？

这种考虑，热烈的同情者自不屑为之，亦不愿为之。于是，此际就需要冷静的史论家了。在北宋，苏洵、苏轼诸公，就曾以文学家而兼为史论家，如今，独步当时的有明大文豪王弇州，也要步他所看不上眼的宋贤之后尘了。

他的步后尘，非特是为史论而已，更步了为翻案史论的后尘，而所寻的目标，正是千古已成定案、翻了将令许多人不快的“蔺相如完璧归赵”！

千古以降的人都信了，偏他不信。看他的文意笔势，分明是要跟古人干一仗：让咱们来作个简单快直的推理！秦要璧，用十五城换，是真还是假？赵若以为假，可以不给，也不算无理。既今派人送璧到秦，那就是以为真。若既以为假而又送璧，那赵的第一步就错了！

再推理下去：既已送璧到秦，那就给罢！给了，秦不交十五城，那就是秦理亏。而当时，秦设九宾以见相如，还不曾说不交十五城，相如倒先派人怀璧而逃，白白把一个“理”字奉送给了秦。相如这第二步，也错了！

现在秦理直气壮了，自可大举进兵，讨伐理亏无信的赵。弱赵不敌强秦，一败再败，于是乖乖奉上玉璧，相如也作为替罪羊而传首秦廷——这，应该是顺理成章的推理结论吧？

然而，秦却一兵不发，一矢不加，相如的头安然长在脖子上，还回国成了英雄。理不顺了，章不成了，推理全乱了。那么，是谁从中捣乱呢？

王世贞找到了，他冷静地寻绎，逮住了捣乱者，并给它起名为“天”。

就这篇文章而言，大半篇幅用在推理上，作者自得处大约也在这环环相扣的推理上；但值得佩服者，却是这作者找到的“天”。

“天”者，用现代的话说，客观形势也，唯因秦尚无力伐赵或出于战略考虑尚不愿激怒于赵的客观形势，相如始得成其壮举，即作者所言“是时，秦意未欲与赵绝耳”是也。同理，唯因信陵君窃符救赵，鲁仲连之言始能奏效，不然，秦挟长平大捷之余威攻下邯郸，赵欲求帝秦以自保，也不可得了。反过来了，即使荆轲一击成功，而秦另立新君，也未始不能“秦王扫六合”，何则？“天”——客观形势已是如此：此时，秦之混一之势，已不可阻挡，君不见那相如悉心以辅的赵国，不已先燕而亡了吗？所以，真是如作者所言，相如能保全赵国，也是“天固曲全之”而已。

惊心动魄的英雄故事，背后实有某种客观形势在助其成。前者如波涛，后者如潜流。惊骇于波涛易，明见乎潜流难。本文中作者的推理，自亦有许多可以反诘之处，但这些皆为枝节，无关一篇宏旨。唯作者拈出一个“天”字，才是全文的精华之处。读者于此中若能有所领悟，则读史之际，必能去许多浮嚣，添几分深沉。

（沈维藩）

【作者小传】

李　贽

(1527—1602)　明思想家、文学家。号卓吾，又号宏甫，别号温陵居士。泉州晋江(今属福建)人。嘉靖举人。历任河南共城教谕、南京国子监博士、南京刑部主事、云南姚安知府。五十四岁辞官，晚年寓居湖北麻城龙潭湖芝佛院，从事著述。公开以异端自居，大胆抨击孔孟之道，批判宋明理学，提出“童心”说。终以“惑乱人心”罪被捕入狱，自刎而死。重视小说、戏曲在文学上的地位。著有《焚书》《续焚书》《藏书》《续藏书》等。又曾评点《水浒传》。

题孔子像于芝佛院　　　李　贽

人皆以孔子为大圣，吾亦以为大圣；皆以老、佛为异端，吾亦以为异端。人人非真知大圣与异端也，以所闻于父师之教者熟也；父师非真知大圣与异端也，以所闻于儒先之教者熟也；儒先亦非真知大圣与异端也，以孔子有是言也。其曰“圣则吾不能①”，是居谦也。其曰“攻乎异端②”，是必为老与佛也。

儒先亿度③而言之，父师沿袭而诵之，小子矇聋④而听之。万口一词，不可破也；千年一律，不自知也。不曰“徒诵其言”，而曰“已知其人”；不曰“强不知以为知”，而曰“知之为知之⑤”。至今日，虽有目，无所用矣。

余何人也，敢谓有目？亦从众耳。既从众而圣之⑥，亦从众而事⑦之，是故吾从众事孔子于芝佛之院。

〔注〕 ① 圣则吾不能：见《孟子·公孙丑上》：“昔者子贡问于孔子曰：‘夫子圣矣乎?’孔子曰：‘圣则吾不能，我学不厌而教不倦也。’” ② 攻乎异端：出《论语·为政》“攻乎异端，斯害也已”。关于“异端”，杨伯峻说：“孔子之时，自然还没有诸子百家，因之很难译为‘不同的学说’，但和孔子相异的主张、言论未必没有，所以译为‘不正确的议论’。”(《论语译注》) ③ 亿度

(duó 夺)：主观猜测。亿，通常写作“臆”。 ④ 矇聋：目不明曰矇，耳不聪曰聋。这里指道学后辈小子们只知听信儒先父师之言而不会独立思考，如同瞎子、聋子。 ⑤ 知之为知之：《论语·为政》：“知之为知之，不知为不知，是知也。”这里指出道学家们只取孔子原话的上半句，装得一切都“知”，实则是“强不知以为知”。 ⑥ 圣之：意为把孔子当作圣人。 ⑦ 事：侍奉，指供奉孔子像。

据李贽《续焚书·释子须知序》，芝佛院（佛寺）在湖北麻城，距城三十里。万历十三年（1585）春，李贽由黄安移居麻城，弃家只身住在环境幽静的龙潭芝佛院，从事著述、讲学，凡十余年。这篇文章就是在芝佛院写的。

这是一篇带驳论性质的杂文，要批驳的中心论题是“人皆以孔子为大圣”，“皆以老、佛为异端”，从而揭示出历代儒家之徒盲目尊孔的荒谬无知——这本是个绝大的论题，千百年来学者在这个问题上著书立说，是是非非，壁垒分明。但要把这个论题驳倒，却不是那么容易。李贽的这篇文章运用其特出的驳论方法和惊人的进步思想，十分出色地交出了一份答卷。

文章一开头，开门见山，以两个对出的分句揭示驳论的论题：“人”与“吾”皆以孔子为大圣，以老、佛为异端。“人”“吾”云云，意在指出人云亦云，世代相沿，咸无异词，可见这种观点的普遍性与顽固性。然后作者予以驳斥。他不是采取正面立论驳斥的办法，而是追根寻源，层层推勘，找出“大圣”“异端”说的来历。原来持“大圣”“异端”说的“人人”，并不真的了解“大圣与异端”，而是从他们的父辈、师辈那里听来的，而他们的父、师们也不了解“大圣与异端”，而是从“儒先”（儒学前辈）们那里学来的，而“儒先”们也同样的不了解“大圣与异端”，而是从孔子那里传来的。再追查一下，原来孔子说过两句话：“圣则吾不能”和“攻乎异端”。其实，由“圣则吾不能”可见孔子并不承认自己是“圣”，更无“大圣”之说，而“儒先”们却一口咬定说那是孔子的谦虚，把“大圣”的桂冠硬是扣到孔子的头上；而孔子说的“攻乎异端”中的“异端”，由于在孔子的时候还没有出现奉老子为教主的道教和由印度传来的佛教，所以这个“异端”只能是指不同的见解、议论，而“儒先”们却一口咬定是指老与佛。经过这样的追根寻源，层层拨开迷雾，原来代代相传的“大圣”“异端”之说，竟是“儒先”们“亿度之言”，是无稽之谈，是他们捕风捉影造出的谣言。这就从根本上拆穿了所谓“大圣”“异端”说的谎言。这是一段绝妙的驳论。最有力的驳论，莫过于证明被驳一方所持的赖以形成其观点理论的材料证据是虚伪和错误的。

在拆穿了“儒先”们的谎言之后，作者正面发了一段评论。古人写这类文章，往往是有驳有论，既驳且论。本文第一自然段侧重于驳，第二自然段则主要是论。作者用“亿度而言”“沿袭而诵”“矇聋而听”，尖锐地指出了儒家之徒将一些

“亿度之言”奉为金科玉律，代代“诵之”“听之”，“万口一词”，“千年一律”，愚昧懵懂而却自以为“知”的荒谬鄙陋。作者在《圣教小引》中有一段话可与这里的评论相阐发：“余自幼读《圣教》不知《圣教》，尊孔子不知孔夫子何自可尊，所谓矮子观场，随人说妍，和声而已。是余五十以前真一犬也，因前犬吠形，亦随而吠之，若问以吠声之故，正好哑然自笑也已。”这里，作者对封建社会传统的偶像和教条给予了大胆抨击，千年腐儒道统之弊，被一言道破。

李贽生活的时代，正是道学猖獗的时代。他的思想与言论在当时确有惊天动地、振聋发聩的作用。但世俗昏昏，如同无目。故作者认为，生于无目之世，“虽有目，无所用矣”！——既愤世嫉俗，痛心疾首，又痛感曲高和寡、世无知音。有目而不能用，应是世上最痛苦的了。所以，作者于文章结尾点题，再申此意。“敢谓有目？”有目而不敢承认，这是当时作者处于封建卫道者们的围剿之中，有目而不能用，一切只有“从众”而已：“既从众而圣之，亦从众而事之”，“事孔子于芝佛之院”亦是“从众”而已。短短几句话中，连用四个“从众”，意在反复申明：事孔子并非出于作者自己的意愿，仅仅是一种“从众”的行为。这样，就把“孔子像”置于非常尴尬的地位。而把这些话“题”在“孔子像”上，则与其说是“事之”，不如说是“批之”。李贽后期文章，笔削挞伐，或正面抨击，或侧面揶揄，皆独具剜心刺骨之力，“精光凛凛，不可迫视”（袁中道《李温陵传》）。

李贽的驳论、辩难之类的文章，有其独特的写法。他自己曾说：“凡人作文皆从外边攻进里去，我为文章只就里面攻打出来，就他城池，食他粮草，统率他兵马，直冲横撞，搅得他粉碎，故不费一毫气力而自然有余也。”（《续焚书·与友人论文》）这篇文章即“就里面攻打出来”，所用材料都是腐儒们的口头禅，连“从众”一词也是从孔子言论中拈来的，以子之矛，攻子之盾，从而事半功倍，具有无可辩驳的批判力。

（邱鸣皋）

李卓吾先生遗言　　李　贽

春来多病，急欲辞世。幸于此辞，落在好朋友之手。此最难事，此余最幸事，尔等不可不知重也。

倘一旦死，急择城外高阜①，向南开作一坑：长一丈，阔五尺，深至六尺即止。既如是深，如是阔，如是长矣，然后就中复掘二尺五寸深土，长不过六尺有半，阔不过二尺五寸，以安予魄。既掘深了二尺五寸，则用芦席五张填平其下，而安我其上，此岂有一毫不清净者哉！我心安焉，即为乐土。勿太俗气，摇动人言，急于好看，以伤我之本心也。虽马诚老能为厚终之具②，然终不如安余心之为愈矣。此是余第一要紧言语。我气已散，即当穿此安魄之坑。

未入坑时，且阁我魄于板上，用余在身衣服即止，不可换新衣等，使我体魄不安。但面上加一掩面，头照旧安枕，而加一白布中单总盖上下，用裹脚布廿字交缠其上。以得力四人平平扶出，待五更初开门时寂寂抬出，到于圹所，即可装置芦席之上，而板复抬回以还主人矣。既安了体魄，上加二三十根椽子横阁其上。阁了，仍用芦席五张铺于椽子之上，即起放下原土，筑实使平，更加浮土，使可望而知其为卓吾子之魄也。周围栽以树木，墓前立一石碑，题曰："李卓吾先生之墓"。字四尺大，可托焦漪园③书之，想彼亦必无吝。

尔等欲守者，须是实心要守。果是实心要守，马爷④决有以处尔等，不必尔等惊疑。若实与余不相干，可听其自去。我生时不着亲人相随，没后亦不待亲人看守，此理易明。

幸勿移易我一字一句！二月初五日，卓吾遗言。幸听之！幸听之！

〔注〕 ① 城外，指通州(治今北京市通州区)城外，当时李卓吾寓居通州。高阜即高地。② 马诚老：马经纶字诚所，官至御史，《续焚书》中多处称为"马侍御"，因触怒神宗，被贬斥为民，回通州家居。厚终之具：指厚葬的用品。 ③ 焦漪园：即焦竑。竑字弱侯，号漪园，又号澹园，江宁(今江苏南京)人，是明代著名学者，李贽的好朋友。 ④ 马爷：即马经纶。

晚年的李卓吾，因身体多病，常想到死。他在《与周友山》中说："今年不死，明年不死，年年等死，等不出死，反等出祸。然祸来又不即来，等死又不即死，真令人叹尘世苦海之难逃也，可如何！但等死之人身心俱灭，筋骨已冷，虽未死，即同死人矣。"在《与友人书》中又说："多一日在世，则多沉苦海一日，诚不见其好也……所喜多一日则近死一日。"(均见《续焚书》卷一)万历三十年(1602)春天，七十六岁的李卓吾病势沉重，有旦暮辞世之感，于是草拟了《遗言》，对后事作了安排。

作为哲人巨子的李卓吾是不怕死的。他曾提出过有名的"三不"，即"不畏死”“不怕人”“不靠势”(《续焚书》卷一《与耿克念》),面对死亡,泰然处之,视死如归。这只要看一下他对后事的安排竟是如此有条不紊,连抬他遗体用的门板要及时归还主人都想得到并且写在《遗言》之中,就可以知道他在死亡面前是如何地镇定自若了。透过这种镇定,我们看到了李卓吾那种对于生死已大彻大悟的哲人形象。

《遗言》中最感人者,是李卓吾的那片真情。他一生做人强调“真”,真情,真心,真话。至其将死,作为《遗言》,言语真切至到,尽是天然纯真的真性情。其“真”有三:一是对于“幸于此辞,落在好朋友之手”非常满意,所以他一再说“此最难事,此余最幸事”。对“好朋友”的真诚信任,友情的至深至笃,皆深含在“最难”“最幸”几字之中。这开头的几句话,实在不容易得,它是李卓吾在经历了一生艰难的生活斗争和饱尝了世态炎凉、人情冷暖之后才写出来的,决非一般生活平庸之辈所能道及。李卓吾是儒教的叛逆者,他因此受到封建卫道者们的种种迫害。就拿他在湖北黄安、麻城时来说,大骂其“大坏风化”者有之,阴谋将其“递解回籍”者有之,“落井下石”者有之,“阳解阴毒”者有之,动手“拆毁芝佛院”者有之,恨不得“一棒打杀李卓吾”者亦有之(上引均见《续焚书》卷一)。李卓吾的生命,就捏在这些卫道者的手里。当然,在最困难的时候,李卓吾也得到了好朋友们的无私援助。患难识友情。在病体不支,“急欲辞世”的时候,他处在敌人围剿之中,却没有“落在”敌人之手,而是“落在好朋友之手”,能由“好朋友”来给他安葬:这对飘泊危难中的李卓吾来说,确实是难得的结局!李卓吾的宽慰、激动之情,从“此最难事,此余最幸事”的表白中可想而知。当时李卓吾住在通州马经纶家,马经纶是李卓吾生死与共的朋友,本文中的“好朋友”当指马经纶等人。其二,对后事的安排,也完全出于至诚。本来,李卓吾是想老死在麻城芝佛院的,他预先造好了一座用来安放其骨灰的塔。不料麻城的卫道者们容不得这位“异端”,终于拆除了芝佛院,焚毁了他的塔,使他无处安身。及至通州马家,“春来多病,急欲辞世”,而且能“落在好朋友之手”,他对后事才作了这样的安排。他从选地、开坑、坑的大小尺寸以至如何掩埋、如何立碑等等,都作了详细布置。他的这种埋葬法,至俭,至洁,确如他自己所说:“此岂有一毫不清净者哉!我心安焉,即为乐土。”在他看来,“死有所藏,安其身于地下”(《续焚书》卷四《书遗言后》),也就可以了。所以他反对厚葬,反对俗气,认为一切“厚终之具”“终不如安余心之为愈”,并说“此是余第一要紧言语”。李卓吾的这番主张,既是对封建卫道者厚葬主张的挑战,更是他一生追求适性、率真的最后实践。于是,他以坦荡真诚的情怀要求他的弟子“欲守者,须是实心要守”,“若实与余不相干,可听其自去”。

李卓吾一生教人真诚,不要做“言假言”“事假事”的“假人”,以至在《遗言》中还要加上这一条。关于对其坟墓守与不守的问题,李卓吾没有丝毫的假排场。他首先不要求亲人看守:“我生时不着亲人相随,没后亦不待亲人看守。”对于弟子,也同样不要求他们看守,但若“实心要守”,也不拂其意。这仍是李卓吾一生所恪守的适性、率真的人生宗旨。

事实上,李卓吾最终并没能在好朋友手里安安稳稳地了此一生。在他病情很重的情况下,当时的封建官吏仍以“敢倡乱道,惑世诬民”(《神宗万历实录》卷三六九)的罪名把他逮捕入狱,他终于在三月中旬某日被迫在狱中自杀。他的好朋友马经纶按照他的《遗言》,把他安葬在通州的北门外。

这篇《遗言》,一切发于至诚,而文字朴实,语意沉稳,虽大限将至,却如对友促膝抵掌而谈,无一悲戚之语,无一苛求之事。谁能想到,一个在封建社会里惊天动地的人物,对自己后事的安排,竟是如此的简单!他不愧是一位大彻大悟的哲人。

(邱鸣皋)

【作者小传】

袁宗道

(1560—1600)　明文学家。字伯修。湖广公安(今属湖北)人。万历进士。官右庶子。与弟宏道、中道并称“三袁”。论文反对前、后七子摹拟、复古主张,崇尚本色。世称“公安派”。推崇白居易、苏轼。著有《白苏斋集》。

龙　湖

袁宗道

龙湖一云龙潭,去麻城①三十里。万山瀑流,雷奔而下,与溪中石骨相触,水力不胜石,激而为潭。潭深十余丈,望之深青,如有龙眠,而土之附石者,因而夤缘得存。突兀一拳,中央峙立,青树红阁,隐见其上,亦奇观也。

潭右为李宏甫精舍②,佛殿始落成,倚山临水,每一纵目,则光、黄诸山,森然屏列,不知几万重。

余本问法而来,初非有意山水,且谓麻城僻邑,常与孱陵、石首③伯仲,不意其泉石幽奇至此也。故识。癸巳五月五日记。

〔注〕① 麻城：今湖北麻城市。　② 李宏甫：李贽，宏甫为其字。曾官南京刑部主事、云南姚安知府。万历九年(1581)辞官。万历十六年徙居麻城龙潭湖芝佛院，从事著述。精舍：旧时书斋、学舍、集生徒讲学之所。　③ 孱陵：汉县名，今湖北荆州公安县。石首：市名，今属湖北。

袁宗道的这篇小品文《龙湖》，描写的是晚明大思想家李贽在麻城龙湖长期定居之所的景观之美。但实际上，文章的字里行间以至整个境界，却显示了那一位高举批判封建腐朽传统大旗、具有强烈异端思想的杰出人物的兀傲性格；而在赞美龙湖的意象之中，却又生气盎然地表现了作者自己，即作为晚明文学革新派——公安派开山人物的"冰心老自坚"(《食鱼笋》)的器宇。

《龙湖》篇幅极短，但社会内涵却极为丰富。作者吸收了诗的比兴手法，把自然美加以人化，通过李贽的住地写出李贽之为人，从而情不自禁地讴歌和赞美龙湖，为之醉心，为之神往，为之倾倒。为什么这位封建叛逆的大思想家对袁宗道具有如此巨大的吸引力呢？如众所知，李贽和公安派的"三袁"——袁宗道、袁宏道、袁中道昆仲三人，在要求个性发展和发抒真性情的革新思潮中，原来同是时代的弄潮儿。李贽受了当时极其进步的王阳明左派泰州学派的影响，而袁氏三兄弟则又深受李的影响。李贽的无畏精神和英雄气概，真可以说是富贵不能淫，威武不能屈。他对泰州学派从王艮以至他的门人辈，五体投地，赞扬备至。他称赞他们是"赤手搏龙蛇……掀翻天地，前不见古人，后不见来者"(《为黄二上人》)的人。尽管充塞于晚明王朝统治下僵化腐朽的势力给予他以沉重压力，然而他至死不屈。他的那种踔厉风发的精神和横眉冷对的硬骨头，确如本文一开头所展示的那样："万山瀑流，雷奔而下……""瀑流"本已显示了壮阔气势，更何况它是万山丛中溪水的汇集，飞流直下，发出轰轰雷鸣，这就更显出飞动之美，表现了呼唤着时代风雷的李贽的岿然不拔的气魄。

作为李贽精神领域的"雷奔而下"的"瀑流"，是以异端形式出现的。他站在时代转折的高峰清算了过去的糟粕。他主张万物的生成是由于"虚空"中阴阳二气的搏斗。也正因为这种"叛逆"言行触犯了统治者，终于下狱受迫害而死。这种异端的精神，在那一个乌烟瘴气的时代不可能为一般俗儒所理解，只有沐浴着新潮的公安派三袁一类人物才能和他通呼吸，并极力加以推崇。三袁对李贽的过从有过好几次，通信就更多了。三袁之中，最早和李会面的，据现存资料考查，要推袁宏道(中郎)。万历十九年(1591)，他二十四岁时，首先就到龙湖向李问学，得到很多启发。李亦欣然赠诗，并将其送到武昌，同宿于洪山寺。次年，袁中道到武昌访李贽。(见《游居柿录》卷九)至于三兄弟同去麻城访李,这就是本文所说的"问法而来"的一次了。文末附志"癸巳"所作,恰就是三人同访的万历二十一年(1593)。尽管袁宗道晤见李贽,后于他弟弟宏道和中道,但他对这位老前辈思想的深辟和卓尔不群的精神是同样有所认识,同样深致钦崇的。袁宏道看到了李贽的高风亮节、脱俗超群、不为世人所理解,曾说过这样的话:"老子本将龙作性,楚人元以凤为歌。朱弦独操谁能识,白颈成群奈尔何!"(《怀龙湖》)而袁宗道在写到龙湖潭中怪石时,则也情不自禁地突出潭石的高耸兀傲,有这么寥寥八字:"突兀一拳,中央峙立"。这还不算,又通过石头的背景加以衬映,渲染出这一怪石虽然并不巨大,但却因为高踞众石之上,而且位居中央,所以有可能显出它背后的"青树红阁"的隐隐绰绰的风光。也正因为有这些富于生命力的青青红红的色彩作为这奇石的烘托,所以石头虽只"一拳",但并不显得萧条孤独。它不仅敢于和瀑流相冲激,而且更岿然深稳。正如袁宏道说的尽管"白颈成群",也奈何李贽不得;或者如袁中道所盛称的"识力胆力"有过人之处(《龙湖遗墨小序》)。总的说来,这篇以"龙湖"命名的小品文,既不同于写"龙湖游记",源源本本地描绘自己的游踪所及,由此而展示所见所闻;更不同于地方志上的"龙湖",溯其沿革,辑其人文,记其地理。文章的主要目的,就是突出那隐藏在龙湖地貌背后的巨人精神。与其说是记山水的小品,还不如说是给这位以"龙湖"为别号的李贽勾画出碧海掣鲸的巨人形象。

这是一位敢于对腐朽传统进行无情鞭挞的巨人。瀑流漱石,激而为潭。"潭深十余丈,望之深青。"这使我们联想到巨人思想的深度。它是有史以来为追求复苏人类本性而斗争的历代进步思想的积淀。当描叙到李贽长期定居的精舍芝佛院附近一带景物时,作者展开了一幅图画,这是渗透着作者深心感受的图画。"倚山临水,每一纵目,则光、黄诸山,森然屏列,不知几万重。"千山万山,都成为芝佛院的屏障,这形势该是多么开朗壮阔!又如何不使人联想到这位巨人思想的广度,想到他胸襟气度的汪洋万顷:既爱以"流寓"为家,又最讨厌一切对人们性情的"管束"。

必须说明,袁宗道之写《龙湖》,并非有意识地运用象征手法,硬是用景观中的某一特色去暗喻龙湖主人的伟大人格中的某一侧面。如果真的是这样写,那文章岂不变成了个灯谜,同时也就完全违背了袁宗道历来所主张的"模写事情俱透脱,品题花鸟亦清奇"(《偶得放翁集》)的洒脱精神了。但尽管如此,透过龙湖的风物总体来领会龙湖背后的李贽,还是有据的,也是必要的。作为龙湖风光的审美主体袁宗道,由于他对李贽风骨特征的深刻认识,由于他在纵览龙湖的万山和深潭时被俨然与李贽精神相通的、磅礴崇高的山川气韵所感染，情不自禁地把龙湖的景观特色通过联想和想象而点染，写出了人化的龙湖；那么，这龙湖，在袁宗道笔下，就不止于潭之美、石之美和万山屏列之美，而是更加喷薄出一位大思想家的勃勃生气了。这正如同逍遥在南溟之间的大鹏形象，融汇了庄子的横绝太空之美；永州钴鉧潭西的小丘，那么优美的景色竟遭人遗弃，也正是饱和着柳宗元的孤怀忧愤。

当然，这里所说的龙湖的人化不仅仅指龙湖中有李贽，它还包含着另一层人化的内容，即俨然透露了象征李贽风骨的龙湖，又重新染上了袁宗道的感情色彩。应该说，这龙湖的自然美的人化具有二重组合性，因而龙湖在袁宗道的心中和笔下，感应也就分外强烈，在文章结尾，被提到特有高度。原来袁宗道认为这麻城的龙湖，不过是一个偏僻小地的寻常风景，大体不过与他家乡公安以及华容等地的山水相仿，而结果竟出人意外，不由使他发出这样的惊叹——“不意其泉石幽奇至此也”，终于以此作结。

为什么袁宗道的评价这样高呢？这正是由于龙湖精神对袁宗道的深切感召。既然李贽极爱龙湖，那么就证明李贽和符合自己审美追求的龙湖是脉脉相通的。而袁宗道之敬爱李贽，自然也就符合李贽所醉心的龙湖景物，深刻领会那渗透着李贽精神的，亦即被李贽外化了的龙湖之美——兀傲的美，崇高的美，浩荡的美。这是被李贽和袁宗道他们俩先后人化而又互为融汇了的龙湖的自然美的内涵，也就是黑格尔所说的“由于感发心情和契合心情而得到的一种特性”（《美学》第一卷第二章）。

龙湖景物感发了李贽，但也丰富了龙湖自己的社会内涵；而富有新内涵的龙湖，则又感发了袁宗道，从而使袁宗道发抒其审美意识来描绘和歌颂这一位晚明启蒙思想大师，更进而表现了袁宗道之于龙湖的深情，有着李贽给予他的“感发”的基础。

由于如此，《龙湖》中包含着李贽心目中的自然的人化，当然，也包含着袁宗道受到为李贽所涵茹的自然的人化；而这两种互为契合的人化，表现了这两位革新人物在和大自然愈益贴近的过程中，找到了个性觉醒的意趣，在历史大潮中奋力搏击的心灵共鸣。

（吴调公）

极乐寺[1]纪游　　袁宗道

高梁桥[2]水，从西山[3]深涧中来，道此入玉河[4]。白练千匹，微风行水上，若罗纹纸[5]。堤在水中，两波相夹，绿杨四行，树古叶繁，一树之荫，可覆数席，垂线长丈余。岸北佛庐道院甚众，朱门绀殿，亘数十里。对面远树，高下攒簇，间以水田。西山如螺髻，出于林水之间。极乐寺去桥可三里，路径亦佳。马行绿荫中，若张盖⑥。殿前剔牙松⑦数株，松身鲜翠嫩黄，斑剥若大鱼鳞，大可七八围许。暇日曾与黄思立⑧诸公游此。予弟中郎⑨云："此地小似钱塘苏堤。"思立亦以为然。予因叹西湖胜境，入梦已久，何日挂进贤冠⑩，作六桥⑪下客子，了此山水一段情障⑫乎？是日分韵各赋一诗⑬而别。

〔注〕 ① 极乐寺：在北京阜成门外，高梁桥西三里，明成化中建。 ② 高梁桥：高梁河上的一座桥，在北京西直门外。 ③ 西山：在北京西郊，属太行山支脉，一名小清凉山，林麓苍莽，溪涧错镂，风景秀丽。 ④"道此"句：道，用作动词，意为经过。此，指高梁桥。玉河：源出北京西北郊的玉泉山，三十里而至此桥下，环流紫禁城，入大通河。 ⑤ 罗纹纸：质地轻软、带有椒眼状花纹的纸。 ⑥ 张盖：张开的车盖。古时为车上遮阳御雨之具，《史记·商君传》有"劳不坐乘，暑不张盖"的话。 ⑦ 剔牙松：一种针叶松，其叶如牙签，故名。 ⑧ 黄思立：即黄大节，字斯立，一作思立，号无净，信丰（今属江西）人，万历十四年进士，时任太常寺博士。 ⑨ 中郎：袁宗道的二弟袁宏道，字中郎。 ⑩ 进贤冠：古时儒者所戴的一种表示身份的缁布冠，元以后废。这里说挂进贤冠，表示弃官退隐。 ⑪ 六桥：在杭州西湖苏堤上，称"跨虹六桥"，风景优美，当地有民谣说："西湖景致六吊桥，一枝杨柳一枝桃。" ⑫ 情障：情感郁结在心头而不能消，谓之情障。这里犹言"心愿"。 ⑬ 分韵各赋一诗：作诗规定韵字，各人分拈，依字为韵。袁宗道有《暮春邹生邀黄思立诸公游高梁桥即事》诗，袁宏道有《暮春同黄无净、曹季和、黄昭质、家伯修游高梁桥》诗，皆即此日分韵之作。

这是一篇优美的游记散文。作者袁宗道当时正在京中做官，公余辄游于山水刹寺间。据他三弟袁中道（小修）说："（宗道）耽嗜山水，燕中山刹及城内外精蓝无不到，远至上方、小西天之属，皆穷其胜。"（《石浦先生传》）原来宗道在思想上受李卓吾影响颇大，主要是在禅学方面，他研习心性之说，不满于当时的腐朽政治，要求摆脱传统儒学的束缚，从而获得心性的解放。这就是他耽嗜山水，喜游名刹的原因所在。

这篇游记，记述了宗道游极乐寺时的所见所感，以描绘景物见长。全文不过二百十四字，写景文字就占了三分之二以上。他的写景是与叙述游览过程相结合的，足迹所至，目力所及，辄相伴以景。如文章开头就是"高梁桥水"，可见作者已站在这座桥上了，由桥及水，在交代其来龙去脉之后，便用"白练千匹"三句着力描绘眼前的微风吹拂下的流水。然后由流水而堤岸，于是出现了堤上诸景，如绿荫垂条等；再放眼望去，便是岸北的佛庐道院，和对面的远树、水田，目力所及，乃至状如螺髻的西山。作者的眼睛如同一架摄像机，把镜头由近而远，随时捕捉那些能使他心领神会的景物。因此，笔下的景物次第出现，显示了一种流动性、变幻性，在流动中变幻，在变幻中流动，使人目不暇接，心旷神怡。作者用了一百字的篇幅描绘了在高梁桥上所见之景，然后才写到极乐寺。从"极乐寺去桥可三里，路径亦佳。马行绿荫中，若张盖"几句看，作者至此才把他的立足点由高梁桥移向极乐寺。如果使用传统的层次分析法来看这篇短文的话，这应是第二个层次了。于是，作者的摄像机又移动起来，一路绿荫而至极乐寺。极乐寺是作者这次游览的目的地，文章题目就叫《极乐寺纪游》。但作者真正写极乐寺的文字只有二十五个，而且全部用在写"剔牙松"上，说到寺本身的，只露了一个"殿"字，而且是作为点明"剔牙松"的方位处所而出现的，其实是为了写松而不是写殿，其他则不着一字。如照写作的常规来说，作者用笔的轻重好像有些失调；其实，这正是作者力求创新、不落俗套、不袭陈言的一种表现。在这篇极短的文字中，作者所写诸景，无一相同，即使同样写树，写树荫，有的是"垂线长丈余"，有的则是"若张盖"；既然写了"岸北佛庐道院甚众，朱门绀殿，亘数十里"，有了寺院形象的描绘，写到极乐寺就没有必要再重复这种建筑物的景象了，倒是剔牙松是极乐寺的特点，为他处所未见（清吴长元辑《宸垣识略》记载极乐寺也只是提到寺门前的两棵垂柳和院内的四株老柏，其他亦未着一字），写出了这个特点，为全文生色，也就够了。况且，作者是把寺内寺外诸景当作一个互有关联的有机整体来表现的，即作者的着眼点不仅仅在一寺，而是包括了与寺有关的环境背景。因而，《极乐寺纪游》所记的，就不仅仅局限于极乐寺了。袁宗道的弟弟袁中郎说："此地小似钱塘苏堤。"显然，他也是从这个风景区的总体着眼的，不然的话，仅仅就一个寺来说，就不会以"钱塘苏堤"作比了。

然而，袁中郎所提到的钱塘苏堤，却引起了袁宗道对这"西湖胜境"的神往。所以作者在文章的结尾处写了几句感情深沉的话："予因叹西湖胜境，入梦已久，何日挂进贤冠，作六桥下客子，了此山水一段情障乎？"作者对封建官场的鄙弃，对山水的痴情，对大自然的企慕，对个人心性解脱的追求，种种感情，都轻轻地概括在这几句话里了。所以，这篇文章并不只是"纪游"，而是有其深沉的思想情愫。了解了这一点，我们就可以体会到作者为什么那样醉心于高梁桥上的诸般景色了。是的，他用了最好的语言，最纯的感情去写景。写水，便是"白练千匹，微风行水上，若罗纹纸"，洁白，轻柔，而又不乏壮丽；写堤，则是"两波相夹"，绿杨古树，"一树之荫，可覆数席，垂线长丈余"，静洁，安谧，幽雅，真有超然世外，一尘不染的情韵；写远树则用"高下攒簇"，写更远的西山便用"螺髻"形容，都像用淡墨水粉浸染的图画，绰约朦胧，是远观山林所得的印象；而在这山水远近之间，嵌上一片佛庐道院的"朱门绀殿"，顿使画面层次分明，色彩妍丽起来。我们应该知道，这里的景物，是写实。高梁桥一带景物本来就是迷人的。清代励宗万《京城古迹考》说这里"夹岸垂柳，绀宇亭台，酒旗掩映，小池广亩，荫爽交匝"。当然，作为文章，对景物的剪裁，赋予景物的感情，也必然受着作者的审美情趣、审美感受的制约。的确，这是作者所追求的一种"胜境"，虽然不及钱塘苏堤。能从龌龊的官场讨得浮生半日清闲，置身于这种胜境之中，作者该是怎样的一番心境，这应是可想而知的。正是作者的这种心境，赋予了这篇散文清新、温雅的风格特征，确如明人姚士麟所说："情情新来，笔笔新赴"，"提人新情，换人新眼"(《白苏斋类集序》)。

(邱鸣皋)

【作者小传】

徐光启

(1562—1633) 明科学家。字子先，号玄扈。上海县徐家汇(今属上海市)人。万历三十二年(1604)进士。崇祯五年(1632)升任礼部尚书兼东阁大学士，并参机要；崇祯六年兼任文渊阁大学士。谥文定。研究范围广泛，以农学、天文学、数学为突出。较早向罗马传教士利玛窦学习西方科学技术，并介绍到我国。编著《农政全书》，主持编译《崇祯历书》，译著《几何原本》等。

《甘薯疏》序

徐光启

方舆之内①，山陬海澨②，丽土之毛③，足以活人者多矣。或隐弗章。即章矣，近之人习用之，以为泽居之鱼鳖、山居之麋鹿也④，远之人逖闻之，以为逾汶之貉、逾淮之橘也⑤，坐是，两者弗获相通焉。

余不佞独持迂论，以为能相通者什九，不者什一。人人务相通即世可无虑不足，民可无道殣⑥。或嗤笑之，固陋之心，终不能移。每闻他方之产可以利济人者，往往欲得而艺之，同志者或不远千里而致，耕获菑畬⑦，时时利赖其用，以此持论颇益坚。

岁戊申，江以南大水，无麦禾，欲以树艺佐其急，且备异日也，有言闽越之利甘薯者⑧，客莆田徐生为予三致其种，种之，生且蕃，略无异彼土。庶几哉橘逾淮弗为枳矣。余不敢以麋鹿自封也，欲遍布之，恐不可户说，辄以是疏先焉。

〔注〕 ① 方舆：大地，引申为“领域”的意思。 ② 陬：角。澨：水滨。 ③ 丽土之毛：生长在地上的植物。丽，附属。毛，草，植物。 ④ 以为泽居之鱼鳖、山居之麋鹿：认为某种生物只能生长在特定的地区，譬如鱼鳖只能生活在水里，麋鹿只能生活在山里。 ⑤ 逾汶之貉，逾淮之橘：《周礼·考工记》：“橘逾淮而北为枳，鸜鹆不逾济，貉逾汶则死，此地气然也。”淮，淮河。汶，汶水，今大汶河。又《晏子春秋·杂下》：“橘生淮南则为橘；生淮北则为枳。叶徒相似，其实味不同。所以然者何？水土异也。” ⑥ 道殣：饿死于道路。《左传·昭公三年》：“道殣相望。” ⑦ 菑（zī 资）：开垦一年的土地。畬（yú 鱼）：开垦三年的土地。菑畬，引申为开荒、耕耘。《易·无妄》：“不耕获，不菑畬，则利有攸往。” ⑧ 闽：福建。越：浙江。

作为明代的一位先进科学家，徐光启善于汲取民间的优良生产经验，通过亲自实践来加以证实，并注意总结提高，推广提倡。甘薯（即山芋），原生长于美洲中部，到明万历初年才由吕宋（今菲律宾）引种到我国南部沿海地区。实践证明，它的单位面积产量甚高，而且耐旱，耐瘠，耐风雨，抗病害力强，是相当理想的粮食作物。徐光启曾在家乡上海试种甘薯，效果良好。为了使这种作物“南种北引”，在江南地区普遍种植，他特意撰写了《甘薯疏》一书。此书今已失传，序文则保存在《群芳谱·谷谱》卷二之中。

这篇序文以议论见长。作者的目的在于论证甘薯能够推广，但通篇并不就事论事，而是从大处着眼，阐述农作物引种的普遍规律，指出只要耕作栽培措施得当，许多植物都能显示出很强的适应性。由于立足点较高，故文章起笔不具体谈甘薯，而是先摆出当时许多人的一种糊涂认识，即固执地相信某种作物只能生长在某地。是为悬“的”在先。紧接着，亮出观点，认为只要善于“耕获菑畬”，“他方之产”便能“时时利赖其用”。为什么这么有信心？作者胸有成竹地摆出了事实：这么多年来，我一听说“他方之产可以利济人者”，便千方百计地“得而艺之”，并且取得了积极的成果；实践证明，天下农作物能够相互引种的占十分之九，不能相通的只占十分之一。这样“放矢”就很稳当，论点明确，论据充分，还有统计数字，中“的”是不成问题的。经过以上两种观点的比较和交锋，有关农作物引种的一般规律明确了，于是，作者趁势一收，挑明了推广甘薯的具体问题。由于已在理论上垫了底，所以作者主要借助于事实说话。他较为详细地介绍了自己于神宗万历三十六年（1608）在江南种植甘薯的情景，兴奋地宣布：“种之，生且蕃，略无异彼土”！“试验田”获得了丰收，它有力地证明：“橘逾淮弗为枳矣”，水土不是决定性的因素。

本文之所以很有说服力，不仅仅因为逻辑谨严，论证充分，还在于作者在字里行间倾注了两种热情：一是爱国爱民之情，二是献身科学之情。他痛切地陈言：我之所以“独持迂论”，实因为“人人务相通”，世上才可以“无虑不足”，老百姓才可以“无道殣”也。他表白：那一年试种甘薯，乃是江南大水、麦熟无收所迫，必须为广大饥民作想，“树艺佐其急”，并且防备将来的灾荒。纯然是“先忧”之情，读来令人泪下。徐光启在本序中表露了一名杰出科学家追求真知、努力驾驭自然界的执著和痴情：他不在乎有人嗤笑，“固陋之心，终不能移”；他苦心经营科技信息网，赢得了不少同志，如莆田的徐生竟能不远千里“三致其种”；他脚踏实地，以实践为准，每得良种必“艺之”，决不想当然；他还注意“科普宣传”，写作《甘薯疏》就是为了不以“麋鹿自封”而“遍布”千家万户。这两种情感，自然朴实地流动在序文的字里行间，故通篇不但以理服人，还能以情动人。

由于本文是作者自序，所以在驳论时特别注意尊重对方，否则就有碍于立论。下笔之初，作者即为持异议者设想，原原本本、平心静气地介绍了对方的基本观点，甚至运用了生动形象的比喻和富于生命力的典故。他写道：“即章矣，近之人习用之，以为泽居之鱼鳖、山居之麋鹿也，远之人逖闻之，以为逾汶之貉、逾淮之橘也，坐是，两者弗获相通焉。”对“近之人”，用鱼鳖生于水、麋鹿居于山来形容他们的认识有其自然之理；对“远之人”，则用貉过汶水即死、橘至淮北即变的典故，来印证他们的认识有一定的依据。不是横加指责，而是设身处地地为他们推想，指出他们的成见自有其传统的、地域的、生活的、经验的根据。如此设“的”，双方在情感上就比较靠拢，就可以平等地、平和地研讨科学论题了。这正是一位大科学家的胸怀和风范。

（高永年）

【作者小传】

袁宏道

(1568—1610) 明文学家。字中郎，号石公。湖广公安(今属湖北)人。万历进士。官吏部郎中。有文名，与兄宗道、弟中道，并称“三袁”，在“三袁”中成就最高。他是“公安派”创始人，思想受李贽影响较深。论文反对前后七子摹拟，复古主张，强调抒写“性灵”。著有《袁中郎全集》。

徐文长传并序　　袁宏道

余一夕坐陶太史楼①，随意抽架上书，得《阙编》诗一帙，恶楮毛书，烟煤败黑，微有字形。稍就灯间读之，读未数首，不觉惊跃，急呼周望："《阙编》何人作者，今邪？古邪？"周望曰："此余乡徐文长先生书也。"两人跃起，灯影下读复叫，叫复读，童仆睡者皆惊起。盖不佞生三十年，而始知海内有文长先生。噫，是何相识之晚也！因以所闻于越人士者，略为次第，为《徐文长传》。

徐渭，字文长，为山阴诸生②，声名藉甚。薛公蕙校越③时，奇其才，有国士之目。然数奇④，屡试辄蹶。中丞胡公宗宪⑤闻之，客诸幕。文长每见，则葛衣乌巾，纵谈天下事。胡公大喜。是时，公督数边兵，威振东南，介胄之士，膝语蛇行，不敢举头，而文长以部下一诸生傲之，议者方之刘真长、杜少陵云⑥。会得白鹿，属文长作表⑦，表上，永陵喜⑧。公以是益奇之，一切疏记，皆出其手。

文长自负才略，好奇计，谈兵多中，视一世士无可当意者。然竟不偶。文长既已不得志于有司，遂乃放浪曲蘖，恣情山水，走齐、鲁、燕、赵之地，穷览朔漠。其所见山崩海立，沙起云行，风鸣树偃，幽谷大都，人物鱼鸟，一切可惊可愕之状，一一皆达之于诗。其胸中又有勃然不可磨灭之气，英雄失路、托足无门之悲，故其为诗，如嗔如笑，如水鸣峡，如种出土，如寡妇之夜哭，羁人之寒起；虽其体格时有卑者，然匠心独出，有王者气，非彼巾帼而事人者所敢望也。文有卓识，气沉而法严，不以模拟损才，不以议论伤格，韩、曾⑨之流亚也。文长既雅不与时调合，当时所谓骚坛主盟者，文长皆叱而奴之，故其名不出于越，悲夫！喜作书，笔意奔放如其诗，苍劲中姿媚跃出，欧阳公所谓"妖韶女老自有余态⑩"者也。间以其余，旁溢为花鸟，皆超逸有致。

卒以疑杀其继室，下狱论死。张太史元汴[11]力解，乃得出。晚年愤益深，佯狂益甚，显者至门，或拒不纳。时携钱至酒肆，呼下隶与饮。或自持斧击破其头，血流被面，头骨皆折，揉之有声。或以利锥锥其两耳，深入寸余，竟不得死。周望言：晚岁诗文益奇，无刻本，集藏于家。余同年有官越者，托以抄录，今未至。余所见者，《徐文长集》《阙编》二种而已。然文长竟以不得志于时，抱愤而卒。

石公[12]曰：先生数奇不已，遂为狂疾；狂疾不已，遂为囹圄。古今文人牢骚困苦，未有若先生者也。虽然，胡公间世豪杰，永陵英主，幕中礼数异等，是胡公知有先生矣；表上，人主悦，是人主知有先生矣。独身未贵耳。先生诗文崛起，一扫近代芜秽之习，百世而下，自有定论，胡为不遇哉？梅客生[13]尝寄余书曰："文长，吾老友，病奇于人，人奇于诗。"余谓文长无之而不奇者也；无之而不奇，斯无之而不奇也[14]。悲夫！

〔注〕 ① 陶太史：陶望龄，字周望，号石篑，会稽（今浙江绍兴市）人。万历十七年（1589）进士，授翰林院编修。翰林在明清称太史。 ② 山阴：旧县名，治所在今浙江绍兴。诸生：明、清两代称已入学的生员为诸生。 ③ 薛蕙：字君采，正德九年（1514）进士，累官吏部考功郎中。校（jiào叫）：考核。 ④ 数奇（jī机）：命运多蹇。 ⑤ 中丞：明、清称巡抚为中丞。以巡抚例加副都御史衔，而副都御史职位相当于汉之御史中丞。胡宗宪：字汝贞，嘉靖十七年（1538）进士，嘉靖三十四年（1555）为浙江巡按御史，御倭有功，后任浙江总督兼巡抚。他联络严嵩父子，严获罪后，屡被言官弹劾为严党，下狱而死。 ⑥ 刘真长：晋代人刘惔，真长其字。简文帝为会稽王时，刘曾入其幕。《世说新语·品藻》："桓大司马（桓温）下都，问真长曰：'闻会稽王语奇进，尔耶？'刘曰：'极进，然故是第二流中人耳。'桓曰：'第一流复是谁？'刘曰：'正是我辈耳！'"杜少陵：唐诗人杜甫，自称少陵野老，曾为剑南节度使严武的幕僚。《新唐书·杜甫传》："武以世旧，待甫甚善，亲至其家，甫见之，或时不巾。而性褊躁傲诞，尝醉登武床，瞪视曰：'严挺之乃有此儿！'"以上二事皆幕僚之傲视长官者，故以为比。 ⑦ 表：指徐渭代胡宗宪写的《献白鹿表》。 ⑧ 永陵：明世宗朱厚熜（1507—1566）所葬之陵墓，此代指明世宗。 ⑨ 韩、曾：唐代韩愈、宋代曾巩。 ⑩ 欧阳公：宋代文学家欧阳修。其《水谷夜行寄子美圣俞》诗云："梅翁（梅圣俞）事清切，石齿漱寒濑。作诗三十年，视我犹后辈。文词愈清新，心意虽老大。譬如妖韶女，老自有余态。" ⑪ 张元汴：字子荩，隆庆五年（1571）廷试第一，授翰林院修撰。 ⑫ 石公：作者自称。袁宏道号石公。 ⑬ 梅客生：梅国桢，字客生，一字克生，麻城（今属湖北）人。万历进士，官至兵部右侍郎，总督宣大山西军务。 ⑭ 无之而不奇，斯无之而不奇也：（徐渭一生）没有不奇异的地方，所以也无处不倒霉。末一"奇"字乃"数奇"之"奇"。

传主并非名臣显宦，而作者与传主既无故交亲朋之谊，又非受其后人委托图几两润笔；终其一生甚至从未谋面，只是偶然读了一部诗集，便由诗及人，顿生相识恨晚之叹。不只叹几声作罢，且更搜罗其事，“略为次第”出一大篇洋洋洒洒、情辞并盛的传来。文墨常识告诉我们，那不受动于功利人情的背后，大抵当别有深衷在。

然而传前小序是一连串“读复叫，叫复读”惊喜交加的描绘，传末赞词也只是“悲夫”一声长叹。前者说明作者对传主遗墨的知赏，后者表示作者对传主遭际的悲悯同情。但知赏也好，同情也罢，那契合点在哪里呢？这就须向传文中去索求了。

人物传记总不脱记事写人为主。而人的一生所遇所历又何其杂沓繁多！剪裁史实，把握枢要，固然为传人的通则；去取弃扬，浓此淡彼之间，又何尝不潜伏着作者的机心？所以读任何一篇传记应当把握的不外三个问题：写什么？怎样写？为什么？前两者是对文章表层的解析，而后者则是对作者机心的挖掘了。

作者写徐渭一生，突出三点：才奇，人奇，“数奇”。薛蕙“奇其才，有国士之目”，是借他人之口，总冒才奇。与胡宗宪“纵谈天下事”，代胡作表使“永陵喜”，“好奇计，谈兵多中”，善书画等都是他才奇各个侧面的具体表现。其中特别突出了他的诗文创作，用大量篇幅，浓墨重笔给予描绘。徐渭才奇，人亦奇。如果才奇奇在多样性的话，人奇则奇在一“狂”字上。对贵为巡抚，“威震东南”的胡宗宪，他人“膝语蛇行，不敢举头”，“文长以部下一诸生傲之”，“狂”得实在可以。“视一世士无可当意者”是意狂；对“当时所谓骚坛主盟者”“皆叱而奴之”是气狂；“显者至门，或拒不纳。时携钱至酒肆，呼下隶与饮”是行狂；“疑杀其继室”是佯狂；而以斧击头，利锥刺耳则是真狂了。由才子式的疏狂一路狂去，别的全不放在眼里，佯狂而终至真狂，假假真真，并世无二，岂非奇人哉？再看一生倒霉的“数奇”：先是“屡试辄蹶”，继则“不偶”，“不得志于有司”，又曾被“下狱论死”，终“抱愤而卒”，虽只数语散点，却是贯穿始终，可谓命途多舛。徐文长的一生就是这样才能独出冠时，品行狂放不羁，遭际困厄颠仆的一生。作者只突出了这三点，余皆不及。如果孤立去看，任何一点都没有超出自身以外的其他意义。才高不过天生禀赋，狂放实乃性格殊异，而“数奇”，更怨不得别人，命不好罢了。同样的事情在不同的组织结构中，用不同的笔调去叙述描绘，其效果、结论和意义是大相径庭的，这就提出了怎样写的问题。

作者不但从徐渭一生中择取以上三点给予突出，而且力求勾画出三者之间的联系，使才奇、人奇与“数奇”形成一条不可分割的因果链。

就整体布局看，才奇与人奇是笔墨的重点，而“数奇”则是全文的主线。大量的篇幅落在传主才能多样与狂放行为的横向展开上，而命途多舛则草蛇灰线般地在其中不时闪现，像一片阴云笼罩在传主头上，又如幽灵般追逐了他的一生。这就从总体上显示了这样一重逻辑关系：才愈奇，人愈奇，而“数”愈“奇”。再从具体描写看，文章主体部分就某一点横向展开时，总是格外注意三者关系的勾提揭示，并以互相之间的因果联系为关节，推进意脉，构成全篇，使文章结构既经纬分明，又呈网络状。传文开头借薛蕙语道出才奇后，紧接着以一“然”字为转折，点出“数奇”。第二段写他“自负才略”的表现后，又以一“然”字为转折，用一“竟”字来强调，突出其“数奇”——“不偶”。“才”与“数”于正常事理逻辑不应有的矛盾，却在文理逻辑上产生了。表面上的不合理，却深层地合于那个社会之“理”。才奇、人奇与“数奇”不只是单向因果，也是双向连锁推激的。“不得志于有司，遂乃放浪曲蘖，恣情山水”，前者是“数奇”，后者是代表着人奇的疏狂，中间用“遂乃”两字榫接，正道出不为世用才去恣意放浪的。而放浪山水的结果创作出大量“匠心独出”的诗歌，这又是由人奇显示出才奇。第三段因疑杀继室而“下狱论死”是由人奇而“数奇”，“愤益深，佯狂益甚”，是“数奇”又推逼出人奇，从而顺势展开“狂”的横向描述。总之，才奇、人奇、“数奇”在作者笔下是条绞织在一起的因果链，三者的互相推动过程也就是徐渭一生的悲剧命运过程。这就避免了将其悲剧命运归之于个人的偶然因素，而写出了那个社会中的必然结果。

揭示横向关系的同时，作者还着意把握人物命运纵向发展过程，随着人物命运悲剧的加深变换笔墨。徐渭并非天生就是一个疯子。第一段傲视胡宗宪，说明他不屈己从人，品性耿介，其实质是对封建社会礼法等级的蔑视。第二段写他“视一世士无可当意者”，“雅不与时调合”，就使他这种品性进一步扩大，写出他与整个时流的对立。即使如此，充其量也不过是书生式才人的疏狂。而这一切又都与“屡试辄蹶”“不偶”“不得志”的连蹇际运相表里。徐渭实在不够乖巧，不懂得调整自己，随俗从流。越不为社会容纳，他越要表现出自己的愤慨与反抗，而越是狂言狂行，社会对他的打击就越加剧。第三段集中笔力将这一因果推向高潮。“晚年愤益深，佯狂益甚”，终于真狂，抱愤以卒。从“不得志”到“愤益深”，划出了他在社会步步压迫下的思想轨迹，伴随着这条轨迹的是，从疏狂到佯狂而真狂的狂的加剧。文长最初佯狂，有其具体原因。他受知于胡宗宪而被纳为幕僚。胡在政治上依附严嵩，严嵩倒台，胡亦被陷入狱致死。徐渭本已历尽艰辛，恐受株连，欲以佯狂避害。他处于高压之下，在大祸临头的恐惧中精神高度紧张，因而由假而真，假假真真。由此已不难见出当时政治黑暗的程度。而作者更将其“佯狂益甚”与“愤益深”联系起来，不但道出他的狂是社会政治黑暗压迫的结果，也暗示了狂同时也是反抗当时社会的形式。这样写就透过表面的避害动机，挖掘出了人物性格思想的内在原因。恐遭株连竟被迫去“佯狂”，如何不“愤”呢？而“愤益深”，则“狂益甚”，索性狂它个彻底。这就揭示出了他骨子里的反抗，正与其一向不与社会黑暗妥协的性格逻辑相吻合，于此可洞见作者笔墨入骨的深刻。

徐渭其才、其人、其“数”归结到一点，都在一“奇”字上。正文中种种细节描写，对比刻画固然使他这一主导性格特征血肉丰满，形象生动。但传前小序的作用亦不可忽视。如果将那段小序只看成作传缘起的交待，实在埋没了作者的苦心。读《阙编》时连连的“惊跃”“急呼”“读复叫”“叫复读”，写自己的兴奋，烘托的则是徐文长。徐文长尚未露面，那“奇”已通过作者的惊奇劈面逼来。先声夺人又盘马弯弓，暗设悬念以逗引读兴，从而为正文蓄势。看来作者并非只倾重民歌的自然真率，于说部三昧亦并不陌生。这小序正同传文相映成趣。

写什么和怎样写客观上揭示了社会政治黑暗到了怎样的程度。作者之所以这样写，首先在于惜其才，悲其遇，也愤其世。传末赞词中“古今文人牢骚困苦，未有若先生者也”一语，可见其心。所以，它既是为徐文长传神写照的传，又是揭露黑暗的愤世之作。至于末尾赞词中“永陵英主”“人主悦”“人主知有先生矣”几句，不过是烙着时代印记的套话和为着避害远祸的敷衍语，不必认真作数的，文章本身的事理逻辑更能说明问题。即使这几句对文长在天之灵的勉强劝慰，似乎也不无机锋：既然“人主知有先生”，何以一任先生困厄偃蹇乃至于斯？

然而，惜才、悯人、抒愤尚不能穷尽“为什么”这一问题的底蕴。作者对文长才奇与人奇淋漓笔墨，更由于“奇”的内容与自身的契合。前文提到，作者对徐渭的不同才能多有触及，而尤对其诗文创作出以重笔。作为公安派首领，作者创作上标举“独抒性灵，不拘格套”，提倡“任性而发”，“从自己胸臆流出”的真诗，反对七子模拟剿袭、步趋前人的复古潮流。而徐渭的诗，外受动于“恣情山水”“穷览朔漠”的种种经历，内发之于胸中“勃然不可磨灭之气”，故所为诗“如嗔如笑，如水鸣峡，如种出土，如寡妇之夜哭，羁人之寒起”，一句话，是其个性精神的真实写照，全然是作者所谓“独抒性灵，不拘格套”的产物。而文长“不与时调合”，对“当时所谓骚坛主盟者”“皆叱而奴之”，又与作者排击七子同一立场。张扬其才而首推诗文，正是二者才奇上的契合点。文长傲视权贵、孤行癖举种种狂的本质，在于以坚守个性构成对封建礼法的反叛。作者也是大力揄扬个性解放，呼唤纯真自然的人生，反对虚伪的纲常，亦曾有过程度不同的放浪形骸的疏狂，这又是二者在人奇上的契合点。对这样一位志同道合者，作者惜才，悲人，抒愤，其深层机心，乃在为同道也就是自己一派张目，这才是“为什么”这一问题的全部答案。知道了这一层才会最终懂得“写什么”和“怎样写”的根本原因，也才能体会到文章之所以写得如此声色动人的原委。同情、悲悯、愤恨溢于楮墨，皆在于心会神交的情感契合。

（魏中林）

叙小修诗

袁宏道

弟小修诗[①]，散逸者多矣，存者仅此耳。余惧其复逸也，故刻之。弟少也慧，十岁余即著《黄山》《雪》二赋，几五千余言，虽不大佳，然刻画饤饾，傅以相如、太冲[②]之法，视今之文士矜重以垂不朽者，无以异也。然弟自厌薄之，弃去。顾独喜读老子、庄周、列御寇[③]诸家言，皆自作注疏，多言外趣，旁及西方之书[④]、教外之语[⑤]，备极研究。既长，胆量愈廓，识见愈朗，的然以豪杰自命，而欲与一世之豪杰为友。其视妻子之相聚，如鹿豕之与群而不相属也；其视乡里小儿，如牛马之尾行而不可与一日居也。泛舟西陵[⑥]，走马塞上，穷览燕、赵、齐、鲁、吴、越之地，足迹所至，几半天下，而诗文亦因之以日进。大都独抒性灵，不拘格套，非从自己胸臆流出，不肯下笔。有时情与境会，顷刻千言，如水东注，令人夺魄。其间有佳处，亦有疵处，佳处自不必言，即疵处亦多本色独造语。然予则极喜其疵处；而所谓佳者，尚不能不以粉饰蹈袭为恨，以为未能尽脱近代文人气习故也。

盖诗文至近代而卑极矣，文则必欲准于秦、汉，诗则必欲准于盛唐，剿袭模拟，影响步趋，见人有一语不相肖者，则共指以为野狐外道[⑦]。曾不知文准秦、汉矣，秦、汉人曷尝字字学《六经》[⑧]欤？诗准盛唐矣，盛唐人曷尝字字学汉、魏欤？秦、汉而学《六经》，岂复有秦、汉之文？盛唐而学汉、魏，岂复有盛唐之诗？唯夫代有升降，而法不相沿，各极其变，各穷其趣，所以可贵，原不可以优劣论也。且夫天下之物，孤行则必不可无，必不可无，虽欲废焉而不能；雷同则可以不有，可以不有，则虽欲存焉而不能。故吾谓今之诗文不传矣。其万一传者，或今闾阎妇人孺子所唱《擘破玉》《打草竿》[⑨]之类，犹是无闻无识真人所作，故多真声，不效颦于汉、魏，不学步于盛唐，任性而发，尚能通于人之喜怒哀乐嗜好情欲，是可喜也。

盖弟既不得志于时，多感慨；又性喜豪华，不安贫窘；爱念光景，不受寂寞。百金到手，顷刻都尽，故尝贫；而沉湎嬉戏，不知樽节，故尝病；贫复不任贫，病复不任病，故多愁。愁极则吟，故尝以贫病无聊之苦，发之于诗，每每若哭若骂，不胜其哀生失路之感。予读而悲之。大概情至之语，自能感人，是谓真诗，可传也。而或者犹以太露病之，曾不知情随境变，字逐情生，但恐不达，何露之有？且《离骚》一经，忿怼之极，党人偷乐⑩，众女谣诼⑪，不揆中情，信谗齌怒⑫，皆明示唾骂，安在所谓怨而不伤者乎？穷愁之时，痛哭流涕，颠倒反覆，不暇择音，怨矣，宁有不伤者？且燥湿异地，刚柔异性，若夫劲质而多怼，峭急而多露，是之谓楚风，又何疑焉！

〔注〕 ① 小修：袁中道，字小修，湖广公安（今属湖北荆州）人，万历进士，官南京吏部郎中，与兄宗道、宏道并称三袁，同以“公安派”著称。 ② 相如：西汉文学家司马相如。太冲：西晋文学家左思，太冲为其字。两人所作大赋，都有铺张扬厉的特点。 ③ 列御寇：即列子。相传为战国郑人。著《列子》一书，原书早佚，今本当为魏晋时人伪作。 ④ 西方之书：指佛教典籍。 ⑤ 教外：即外教，佛教称佛教以外的其他宗教为外教。 ⑥ 西陵：西陵峡，长江三峡之一。 ⑦ 野狐：《景德传灯录》载，有一修行人因错解禅语一个字，遂五百生堕野狐，后得百丈怀海禅师解说，始得大悟，脱野狐身。外道：佛教徒称与佛教对立的其他教派为外道。 ⑧ 六经：指《诗》《书》《礼》《乐》《易》《春秋》六部儒家经典。 ⑨《擘破玉》《打草竿》：明代万历年间流行的民歌曲调。 ⑩ 党人偷乐：党人，旧指政治上结成朋党的人。偷，苟且。 ⑪ 谣诼：造谣毁谤。 ⑫“不揆”二句：屈原《离骚》：“荃不揆余之中情兮，反信谗而齌怒。”说人君（楚怀王）不察我忠信之情，反信谗言而疾怒于我。齌（jì 剂），炊火猛烈，引申为急疾。

权衡他人创作，首先须驻足一定的理论支点，确立论评的价值尺度。为叙而择论，从传统武库里拾几件适合对象也能博得社会颔首的宝器，固不失为叙的正路，却也难掩平庸；要建树新的理论命题，同对象互为发明，相得益彰，方称得上叙中的上乘。本篇即是。

在经济中的资本主义萌芽催发了思想界反抗传统，追求个性自由解放思潮的文化背景下，文坛上继李贽标举“童心”的理论高扬与徐渭、汤显祖等任情黜理的创作实践后，以袁宏道为代表的公安派接踵而起。通过对前后七子复古主义文学思潮的扫荡，围绕“独抒性灵”这一核心命题，以各种形式提出了一系列震耸流俗的文学主张。《叙小修诗》则是其中最早和较为全面的一篇。万历二十三年(1596)九月和次年七月,宏道弟中道两度赴乃兄任县令的吴县。宏道集其诗付梓,并写了本叙。依宏道"余往在吴,济南(李攀龙)一派,极其呵斥"(《叙姜陆二公同适稿》)之语,公安理论虽酝酿有日,而集中揭橥,则肇自此时。因而,这篇叙不独以卓越的理论识见显示了对小修诗独到的理解与阐释,同时又可称得上公安派的树帜之作。

"独抒性灵"这一命题既是全文论评的基石,又是公安派文学理论的旗帜。韩愈《送孟东野序》"大凡物不得其平则鸣"的著名命题在开篇即劈空而来,振领全篇。而本文则从所叙对象入手,顺势推出。首先须有"性灵",然后才谈得上"独抒"。由小修其人其诗而逼出论旨,正体现了这样一个有序的逻辑过程,从而使二者紧密结合起来。开篇数语简略交待刻印小修诗的缘起。作者致王以明信中曾言及,"屈指当今俊人,首小修,次长孺"。"惧其复逸"而刻其诗,不仅是兄长出于手足之情的偏爱,更暗示了小修人与诗在作者心中的别有价值。"弟少也慧"以下概述小修的创作道路,成长经历,叙中带评,笔含机锋。十岁余所作即与"今之文士矜重以垂不朽者""无以异",在小修说明其自幼才华,而于"今之文士"则是十足的讥刺。一个十岁余的儿童在幼稚学步阶段掌握而现已"厌薄""弃去"的一套,"今之文士"却"矜重以垂不朽",比衬之下,极显后者的庸腐。追溯小修的创作道路就便刺"今之文士"一下,正是作者为文的"机锋侧出"处,亦为后文集矢于七子之论的先声。从小修厌弃规步前人,点出他不受束缚的个性;又以他"独喜"读老、庄等儒家正统经籍以外的各色杂书,进而揭示了小修不羁个性的思想渊源。在老庄等自由精神启发下,他的个性精神随阅历加深而推激;"足迹所至,几半天下",他更在大自然漫游中陶冶性情。作者概述小修成长道路,突出描绘了他的独异个性。"真诗"出于"真人",写人是为了论诗。经过以上一番多角度铺叙后,"性灵"已足,便用"诗文亦因之以日进"一句悄然承转,竭力推出核心命题:"大都独抒性灵,不拘格套,非从自己胸臆流出,不肯下笔"。大致说来,"性灵"指创作主体在一定社会生活环境中形成的个性精神,它包括性情、见识、趣味、韵致、灵感等多重含义;"格套"既指腐气沉沉的理学说教,也指文学形式方面的陈套旧例,清规戒律。"独抒性灵,不拘格套"就是要在内容形式上打破任何束缚,表现自我真实的思想感情和个性精神。所谓"从自己胸臆流出",所谓"情与境会""如水东注",所谓"本色独造"等,都是这个意思。"独抒性灵,不拘格套"是作者对小修诗的总体概括,同时也是他所提倡的理论核心。因此他又以之为支点,为价值尺度,去衡量评价小修的诗作:合于这一尺度,无论"佳处""疵处"都给予肯定。“本色独造”与“粉饰蹈袭”截然对立。而作者认为小修诗“所谓佳者”尚有“粉饰蹈袭”之累，未尽脱流俗之习，所以比较起来“极喜其疵处”。由此可见，作者树论完全是以“独抒性灵”实现的程度为标准的。末句“未能尽脱近代文人气习故也”，除显示了作者不因人避讳的理论原则外，章法上又有勾提下文的作用。

如果说上一部分的建树在提出了文学的创作论，那么紧接着则揭示了文学的发展论。二者又是紧密联系着的。“盖诗文至近代而卑极矣”紧承上文末句，转折过渡极自然连贯。作者从小修诗“未能尽脱近代文人气习”之疵，引发到七子，将其“文必秦汉，诗必盛唐”之论，“剿袭模拟，影响步趋”之风插标悬鹄后，连下反诘，予以驳斥。首先秦汉之文、盛唐之诗并非步趋前人的结果，用文学发展的事实抽去七子立论的基石；继而反过来从逻辑关系上指出，如果它们都剿袭模拟其前代，又何以会有自身的存在？这一段“如水东注”式的连连驳诘，左旋右抽，从昭明事理到逆推显谬，层次分明，逻辑严密，无隙可乘，充满了雄辩的气势和力度，从而给七子之论以致命打击。在急风骤雨、摧枯拉朽般“破”的基础上，接下以“唯夫”两字略为提顿，舒缓语气，正面确“立”公安派的文学发展论：“代有升降，而法不相沿，各极其变，各穷其趣，所以可贵”。时代与文学的关系是袁宏道文学发展论的基本命题。对此，他在同时或以后写的《雪涛阁集序》《与江进之》《与丘长孺》等序、函中有多重论述。概言之，他认为文学是时代的产物，时代是发展的，所以文学的发展也是必然的。每个时代有其不同的特点，各时代之文学从内容到形式亦独具自身的面貌，不可能始终如一。这就是“代有升降，而法不相沿”。既然“世道既变，文亦因之”，那么每个时代的文学就应当追求创新，自由地创造需要的新形式，表现新内容，充分展示时代的个性精神，即所谓“各极其变，各穷其趣”。时代有其个性，人亦具其“性灵”。一个时代的文学须表现出独特的个性才有生命力，个人的创作亦同此理。这就归结到要“独抒性灵，不拘格套”。其创作论与发展论是同一链条中的不同环节。作者正确指出了文学发展的必然性与基本规律后，又以“且夫”二字再度提顿，意脉复进一层，阐明作品生命系之于个性。“孤行”与“雷同”，其“存”“废”际运都不以“欲”或“不欲”的主观意志为转移。而七子之流步趋前人、剿袭模拟的“雷同”之作，失去个性，也就失去了所以存在的条件。所以他断定“今之诗文不传矣”。也正是基于创作论与发展论所赋予的理论勇气与洞察力，他把赞许的目光投向不屑时流口齿的民歌，是“真人”所作的“真声”，“通于人之喜怒哀乐嗜好情欲”，因而“可喜”，“可传”。如此大胆地将民歌地位置于传统诗文之上，确属文学观念上的惊世骇俗之论，由此也见出作者反传统的力度。

通过驳斥七子，提出文学发展论，融合于创作论，进而完成了理论的系统建树后，文章回过头来以之为价值尺度，再去衡量小修诗作，以完成叙的任务。作者首先从对方的命运遭际、性格特征、生活行为等多角度逐层揭示其情感产生的原因，避开道德判断而重点强调其情感构成的真实性，其诗则是这种“贫病无聊之苦”真实感情的自然流露，故“每每若哭若骂”，读之令人“不胜哀生失路之感”。然后总结说：“大概情至之语，自能感人，是谓真诗，可传也。”“真诗”与“可传”，正是作者基于创作论与发展论对小修诗作出的最终判断。这一段由人及诗鞭辟入里的分析、阐释、论断，把第一部分对小修诗“独抒性灵，不拘格套”的概括具体化了，反过来也可看作是以小修诗为示例的命题论证。

行文至此，于论于叙已然俱足。但既然有人对小修诗以“太露病之”，而作者立论形式上又基于对小修诗的评述，所以并非只因艺术趣味相异，更关系到自身立论的稳固，故不能不予以驳斥。从上述理论出发，作者指出创作须“情随境变，字逐情生”，因此，“但恐不达，何露之有?”提倡歌哭笑骂，以“达”真情，显然与传统诗教的“怨而不怒，哀而不伤”相犯，所以作者径引屈原《离骚》的“明示唾骂”为例，直斥温柔敦厚的儒家诗教。最后利用屈原与袁氏兄弟同属楚地人，及地理环境气候对人性情乃至作品的影响，厉言断定：“劲质而多怼，峭急而多露，是之谓楚风，又何疑焉!”七子提倡模拟前人，作者故举屈原示例，以子之矛，攻子之盾，激烈中透出机敏。整段结尾以反问一气泻下，声色俱厉，中以二“且”字提领转折，形成顿挫与畅泄相交织的层次感和文气节奏，一声断喝而戛然住笔，劲射出不容辩驳的威严。前人论诗文写作有“凤头”“猪肚”“豹尾”之喻，谓“起要美丽，中要浩荡，结要响亮”(元乔吉语，转引自明陶宗仪《辍耕录·作今乐府法》)。如此结篇，许以“豹尾”，庶当之不愧。

从对小修人与诗的述评中引出“独抒性灵，不拘格套”的创作论，反过来以之为价值尺度评论小修诗并自然地过渡到七子之论，再由驳斥七子入手树起“代有升降，而法不相沿”的发展论，终复合二者给对象以进一步的具体阐释：全文三部分所贯穿的这一逻辑过程，使文章在弛张错落的笔势下，透出内脉的谨严邃密。至于行文时情感的激扬，辩驳时语气的峻厉，论断时不容置疑的自信，都使文章在义遂理畅的基础上增添了雄健的气势。自此而后，掩袭文坛的复古狂潮，在公安派旗帜的挥扫下，望风披靡。

(魏中林)

叙陈正甫《会心集》 袁宏道

世人所难得者唯趣。趣如山上之色，水中之味，花中之光，女中之态，虽善说者不能下一语，唯会心者知之。今之人慕趣之名，求趣之似，于是有辨说书画，涉猎古董以为清；寄意玄虚，脱迹尘纷以为远；又其下则有如苏州之烧香煮茶者。此等皆趣之皮毛，何关神情。

夫趣得之自然者深，得之学问者浅。当其为童子也，不知有趣，然无往而非趣也。面无端容，目无定睛，口喃喃而欲语，足跳跃而不定，人生之至乐，真无逾于此时者。孟子所谓不失赤子①，老子所谓能婴儿②，盖指此也，趣之正等正觉最上乘也③。山林之人，无拘无缚，得自在度日，故虽不求趣而趣近之。愚不肖之近趣也，以无品也。品愈卑故所求愈下，或为酒肉，或为声伎，率心而行，无所忌惮，自以为绝望于世，故举世非笑之不顾也，此又一趣也。迨夫年渐长，官渐高，品渐大，有身如梏，有心如棘，毛孔骨节俱为闻见知识所缚，入理愈深，然其去趣愈远矣。

余友陈正甫④，深于趣者也，故所述《会心集》若干卷，趣居其多，不然虽介若伯夷⑤，高若严光⑥，不录也。噫，孰谓有品如君，官如君，年之壮如君，而能知趣如此者哉！

〔注〕 ① 不失赤子：《孟子·离娄下》："大人（有德行的人）者，不失其赤子之心者也"。赤子，初生的婴儿。 ② 能婴儿：《老子》第十章："专气致柔，能婴儿乎？"大意为：专精守气，致力柔和，能像无欲的婴儿吗？ ③ 正觉：梵语三菩提的意译。窥基《妙法莲华经玄赞》卷二本："'三'云正，觉云'菩提'，即是无上正等正觉。"佛教徒以洞明真谛达到大彻大悟的境界为登正觉。 ④ 陈正甫：陈所学，字正甫，一字志寰，景陵人，万历十一年（1583）进士，此时任徽州知府。本文为作者游歙县（今属安徽，明徽州治所）时所作。 ⑤ 介：孤高，有操守。伯夷：商末孤竹君长子。周武王灭商后，与其弟叔齐逃到首阳山，不食周粟而死。 ⑥ 高：清高。严光：字子陵，东汉初会稽余姚人，曾与刘秀同学。刘秀即位后，他改名隐居。后被召到京师洛阳，任为谏议大夫，他不肯受，归隐于富春山。

宋明时期，理学伴合着封建伦理纲常禁锢了整个社会，作为它的反动，反传统思潮在明代中后期异军飙起。挣脱桎梏，剥去伪饰，呼唤失去的人性，还之以原本的自然纯真——从李贽"童心说"发端的这一思想主题亦为公安派首领袁宏道所绍接。本叙执著一"趣"字而反复辩说，指归莫不在自然而自由人性的揄扬。若考虑到文章作于万历二十五年（1597），作者辞去所厌弃的吴县县令，正作歙县之游时的解脱心境，则对字里行间流动着的轻松灵隽的韵致，自然就了然“会心”了。

文章开篇拈出“趣”字，起得突兀警拔。至于为什么要先从“趣”说开去，那是须“卒章”才能“显其志”的。“趣”何以“难得”？接下避开正面回答，而以排比连下四重比喻，形容其不可捉摸，进而指出：“虽善说者不能下一语，唯会心者知之”。色、味、光、态作为非实体的存在，可望可感而不可即，可意会而不可言传，以之比“趣”，所以难得。“会心”两字落得极巧。既说明知“趣”的唯一途径，为后文张本；又契合题中《会心集》名，暗中点题；并转含了陈正甫为知“趣”者的意思，为章末正面叙语埋下伏笔。一语而兼关三意，透出笔致的灵隽。一个虚伪的社会自不乏虚伪的群类，其表现之一便是附庸风雅，慕影从风却以雅趣自诩而浪博虚名。不见那些“慕趣之名、求趣之似”者的种种表现？作者顺手排出三类后，一语轻蔑抹倒：“此等皆趣之皮毛，何关神情。”从而坐实了篇首“难得”二字。由此可见，前面将“趣”描绘得如此漫幻迷离，实在无意故弄玄虚，而是为此处戳疮疤揭老底蓄势，抹去虚伪者们附庸风雅的油彩，为“趣”正名。“今之人”无论怎样去“慕”、去“求”，都不过徒具形式，同真“趣”无涉。“趣”之“难得”，岂尔辈能知？

“趣”虽难得，却并非不可得。知“趣”之道，唯“会心”一途，而“会心”是一种心灵默契的自然感悟。既拈管论“趣”，前提当然是作者以“会心者”自居的。那么“得趣”之道呢？文章第二部分遥接“会心”二字发端，揭出“趣得之自然者深，得之学问者浅”的论旨。其中“自然”二字是全文的中心。故陆云龙评曰：“自然二字，趣之根荄，不尔癖耳累耳。”（《袁宏道集笺校》卷十引）文章继举自然得“趣”的三类人：“童子”、“山林之人”及“愚不肖”。“趣”既出于自然，便非刻意追求所能得。童子“不知有趣，然无往而非趣”；山林之人“不求趣而趣近之”；愚不肖“近趣”，“以无品也。品愈卑故所求愈下”，都是任性而发的结果。自然又意味着没有束缚。童子的“面无端容，目无定睛，口喃喃而欲语，足跳跃而不定”；山林之人的“无拘无缚，得自在度日”；愚不肖的“率心而行，无所忌惮”，亦均为自然的表现。不刻意所求，无所束缚是他们得趣的共同之处。但其中又有着境界高下和层次深浅的差别。童子“不知有趣，然无往而非趣”，完全出于“绝假纯真”的自然天性，作者称为“人生之至乐”，连引孟子、老子之语推为“趣”的最高境界。山林之人一心归复生活的自然状态，不与于尘世。他们并非“不知有趣”，而是“不求趣”。“不知有趣，然无往而非趣也”，是童真未凿的天趣；知趣而不求趣则隔了一层，有人为的因素，故以“近之”二字以示境界差别。至若愚不肖，由于绝望于世，不顾非笑去率心而行，其行又止于酒肉声伎，是灵魂被扭曲后品性低贱的恶趣。

作者既指出三类人得趣出于自然的共同性，又以自然实现的程度和内容区别了境界的高下。逐次剖析，井然有序地申足了“趣得之自然者深”的论旨，论与据丝丝入扣。陆云龙“取赤子，次及愚不肖，石公真是具眼”（引同上）的推许，殆非虚誉。接下去以“迨夫”二字提转，说明趣“得之学问者浅”的原因。“年渐长，官渐高，品渐大”，童子时的自然便逐渐消失，身心为社会道德的种种规范所形役，乃至“毛孔骨节俱为闻见知识所缚”，完全脱却自然，所以“入理愈深，然其去趣愈远矣”。失去自然就失去了“趣”，而功名利禄，道德学问剥夺了人固有的自然——联系当时社会“理”的内容，作者笔锋所向，不难洞见。这一层“得之学问者浅”的论说，从反面完善了“得之自然者深”的题旨。

“自然”作为全文的中心，既是论“趣”的出发点，也是所提倡的人生境界。作者刺今之人慕、求之举为“何关神情”，可见自然即人本身的精神性情。作者《识张幼于箴铭后》一文中“性之所安，殆不可强。率性而行，是谓真人”之语，可与本文中的“自然”相发明。自然既出于人的天性，必然反对虚伪，提倡真实；反对束缚，提倡自由。作者所举三类人的自然形态，都说明了这一点。呼唤自然，也就是对真实自由的人性的呼唤，它与种种桎梏、扼杀人性的封建教义截然对立。因此，袁宏道绝非对人性作泛泛和抽象的揄扬，其具体、鲜明、强烈的现实批判意义，才是本文“自然”的结穴处。作者论述自然而首举“童子”，其受李贽“童心说”启发之迹甚明，由此亦可略窥宏道反传统的思想渊源。

上段末论年长、官高、品大后“去趣愈远”，而末段起笔却突下一赞语：“余友陈正甫，深于趣者也”。陈正甫时任徽州知府，正值壮年，李贽曾推之曰：“用世事精谨不可当，功业日见烜赫，出世事亦留心，倘得胜友时时夹持，进未可量。”（《续焚书》卷一《复陶石篑》）陈氏于失趣的三个条件无一或缺，何以能“深于趣”呢？深者，不但知趣，且能得趣之谓也。他不但人“深于趣”，所述《会心集》亦“趣居其多”。对此，作者似亦愕然：“噫，孰谓有品如君，官如君，年之壮如君，而能知趣如此者哉！”全文在悬疑中猝然收笔。陈氏《会心集》今未见，故无从印证如何“趣居其多”。但作者举“虽介若伯夷，高若严光，不录也”为显例，似透出一线端绪。伯夷以国破不仕两朝而被推为最高封建道德忠君的典范，严光则为清高隐者的楷模。“不录”说明陈氏著《会心集》并不以传统教义为规范，也不以他人推重而盲从，只“述”会于心者。而“趣”“唯会心者知之”，陈氏其书“趣居其多”，其人“深于趣者”，庶几在此乎？如是，则年也，官也，品也，并非绝对的无可救药，那要看摆脱束缚，回归自然，及实现自然的程度，身为年、官、品所役，心则“不失赤子”，“能婴儿”。文以悬疑收煞，而其旨意遥深处，宁有疑焉！

文章结构呈倒三角形，极见特色。为人作序却撇开对象，先就“趣”“自然”以及二者的关系用很大篇幅从多种角度反复辩说，待旨意申足，末以数语将所论与所叙对象联接起来。乍读似冷落了对象，有喧宾夺主之嫌；临末理其意脉，方悟乃在欲擒故纵。“趣”，“会心”，“自然”，众流归一，都是为嘉其人、誉其集铺垫服务的。唯能撇开对象，不因顾盼而分散笔力，作者才得以乘便畅扬其说；唯能将其说内脉又暗中通向对象，不以浮说而致“博士书驴券”，才见机心之巧，运思之精。文章论述“自然得趣”一段，因是主体，故层层例示，文理细密；末端正面叙语，因意已申足，则点到即止，留下空间。前后疏密相对，从总体结构到行文用笔，都极见“独抒性灵，不拘格套”的提倡者的灵隽透脱。（魏中林）

虎丘记　　袁宏道

虎丘去城可七八里[①]。其山无高岩邃壑，独以近城故，箫鼓楼船，无日无之。凡月之夜，花之晨，雪之夕，游人往来，纷错如织，而中秋为尤胜。每至是日，倾城阖户，连臂而至。衣冠士女，下迨蔀屋，莫不靓妆丽服，重茵累席，置酒交衢间。从千人石[②]上至山门，栉比如鳞，檀板丘积，樽罍云泻，远而望之，如雁落平沙，霞铺江上，雷辊电霍，无得而状。

布席之初，唱者千百，声若聚蚊，不可辨识。分曹部署，竞以歌喉相斗，雅俗既陈，妍媸自别。未几而摇头顿足者，得数十人而已。已而明月浮空，石光如练，一切瓦釜[③]，寂然停声，属而和者，才三四辈；一箫，一寸管，一人缓板而歌，竹肉相发[④]，清声亮彻，听者魂销。比至夜深，月影横斜，荇藻凌乱[⑤]，则箫板亦不复用；一夫登场，四座屏息，音若细发，响彻云际，每度一字，几尽一刻，飞鸟为之徘徊，壮士听而下泪矣。

剑泉[⑥]深不可测，飞岩如削。千顷云得天池诸山作案[⑦]，峦壑竞秀，最可觞客。但过午则日光射人，不堪久坐耳。文昌阁亦佳，晚树尤可观。面北为平远堂旧址[⑧]，空旷无际，仅虞山[⑨]一点在望。堂废已久，余与江进之[⑩]谋所以复之，欲祠韦苏州、白乐天诸公于其中[⑪]；而病寻作，余既乞归，恐进之兴亦阑矣。山川兴废，信有时哉！

吏吴两载，登虎丘者六。最后与江进之、方子公⑫同登，迟月生公石⑬上。歌者闻令来，皆避匿去。余因谓进之曰："甚矣，乌纱之横，皂隶之俗哉！他日去官，有不听曲此石上者，如月⑭！"今余幸得解官称吴客矣，虎丘之月，不知尚识⑮余言否耶？

〔注〕①虎丘：旧名海涌山，在今江苏苏州市郊。传说春秋时吴王阖闾既葬之后，金精之气化而为虎，踞其坟，故号虎丘。　②千人石：虎丘山脚巨石。　③瓦釜：屈原《卜居》："黄钟毁弃，瓦釜雷鸣。"瓦釜即瓦缶，一种小口大腹的瓦器，也是原始的乐器。这里比喻低级的音乐。④竹肉：《世说新语·识鉴》刘孝标注引(孟)嘉别传："听妓，丝不如竹，竹不如肉，何也？答曰：渐近自然。"丝指弦乐器，竹指管乐器，肉指人的歌喉。　⑤荇藻：两种水草名。这里用以形容月光下树的枝叶影子。苏轼《记承天寺夜游》："庭下如积水空明，水中藻荇交横，盖竹柏影也。"⑥剑泉：在虎丘千人石下，相传为吴王洗剑处，又称剑池。　⑦千顷云：山名，在虎丘山上。天池：山名，又名华山，在苏州阊门外三十里。此句说千顷云得天池等山作为它的几案。⑧平远堂：初建于宋代，至元代改建。　⑨虞山：位于江苏常熟市西北。　⑩江进之：名盈科，字进之，桃源(今属湖南)人，万历二十年(1592)进士，时任长洲(与吴县同治苏州)知县。与作者友善。　⑪祠：祭祀。韦苏州：唐诗人韦应物，曾任苏州刺史。白乐天：唐诗人白居易，曾任苏州刺史。任上曾开河筑堤，直达山前，人称白公堤，即今山塘街。　⑫方子公：方文僎，字子公，新安(今安徽黄山市歙县)人。穷困落拓，由袁中道荐与宏道，为宏道料理笔札。⑬生公石：虎丘大石名。传说晋末高僧竺道生，世称生公，尝于虎丘山聚石为徒，讲《涅槃经》，群石为之点头。　⑭如月：对月发誓。"有如"或"如"，为古人设誓句式。《诗·王风·大车》："谓予不信，有如皦日！"《左传·僖公二十四年》晋公子重耳临河之誓："所不与舅氏同心者，有如白水！"宋周密《齐东野语》卷十一录蜀中妓与情人饯别词："若相忘，有如此酒！"皆指眼前一物作誓。　⑮识(zhì志)：通"志"，记忆。

《虎丘记》同一般游记相比，有两个显著特点：从内容说，大多游记以自然为观照对象。作者作为观照主体在山水风光中目迷神驰，笔墨便也多泼洒于林泉岩壑之间，然后引几缕绵邈的幽思，发些许人生哲理的感叹。本篇则将观照的焦点对准人情。作者的视听倾重于游众的声容，所记的主体是带有浓郁民俗意味与投射于市民们身上的江南资本主义经济因素萌芽相交织的吴地游乐景观。而本应作为主体对象的自然存在，则处于背景和陪衬的地位。作者表现的首先是他人的游乐，而自己的游乐则得之于他人的游乐。乐他人之乐，但又由于"乌纱之横，皂隶之俗"的隔膜而不能平等地融入游众之乐，便对官身产生厌弃之感。从时间角度看，一般游记只以某次具体的游赏为线索，是线性的历时过程。本篇又不同。文章作于"吏吴两载，登虎丘者六"的解官之后，除篇末为表示弃官之意点到最后一次外，全篇并未指明具体为哪一次，因而所记是六次游览印象的叠加。其构思有两种可能：或则以印象最深刻的一次为基点，融进其他五次的感受；或则融汇六次的感觉印象，使之具体化合为一。无论作者构思途径如何，都是超越任何一次游览之上的提炼、综合，出之以"中秋"这一典型时序。所以它是六次线性基础上更高层次的空间浓缩，因而具有三维时空的共时性特征。显然这两个不无某种创造性意味的特点，是与袁宏道"独抒性灵，不拘格套"的创作理论相表里的。

这两个特点从开篇就得到漫不经心的强调。"虎丘去城可七八里"一句，点题并标明虎丘方位，看似一般游记的起笔程式，机心却在为隔句设伏。紧接着"其山无高岩邃壑"轻轻一笔，贬抑其作为自然对象的观赏价值，暗示笔墨的重点将不倾注于作为自然存在的虎丘，从而为下文游乐场景的展开张目。但既然无足观者，何以游人趋之若鹜，而作者又专为之记呢？"独以近城故，箫鼓楼船，无日无之。""独以"两字强调，一"故"字接应，回答了上句暗含的疑问。"近城"两字又逆接首句，见出文理细密。"箫鼓楼船，无日无之"总括游览的声势和频繁。再下"凡"字领起三个排比，文意承上跟进一层，说明"月之夜，花之晨，雪之夕"对游人更具魅力。"无日无之"与"纷错如织"分状时间和空间的密度，前后互补。但这些都还不是最典型的。接下以"而"字作为提顿转折，最后推出本文选择的中心时序："中秋为尤胜"。一篇游记不可能对"无日无之"的游况逐一描述，这就要求作者进行典型选择，以"一斑"而窥虎丘游乐之盛的"全豹"。于是作者先从外围着笔，依时序步步缩进，由总体情况的概括到具体指陈，进而将观照的焦点聚于"中秋"。文理清晰，有如层层剥笋。虎丘盛游，"中秋"本已"尤胜"，而作者所记又并非特指某个具体的中秋。从自然时序中逐次筛选出具体的典型时序，再从每个这样的典型时序中综合提炼，乃至融入其他经历的共同感受，最后"创造"出的描写中心"中秋"，既是具体的，又是概括的，因而带有充分反映虎丘盛游之风的普遍性。

上文从"无日无之"到月夜、花晨、雪夕，相对"中秋"来说，同时是铺垫与烘托。其他时序如此，"尤胜"的"中秋"该是怎样一番盛况？下面"每至是日"一句正紧承上文意脉，指出但凡中秋都是如此，笼括年年中秋而并非实指哪一年中秋，从而又强调了本篇是以"中秋"为焦点来表现"登虎丘者六"的综合体验。接着作者从空间角度展开视野，纵横笔墨，挥洒出一幅中秋时节盛游虎丘的鸟瞰图。"倾城阖户，连臂而至"总括盛况。"衣冠士女，下迨蔀屋"是上句的具体化。从官绅淑媛到下层百姓莫不如此，作者把他们都当作市民这一整体对象，放在同一层次上加以强调，显然烙印着明代中后期江南城市经济繁荣，市民阶层崛起的时代特点。而“靓妆丽服，重茵累席，置酒交衢”也不仅仅是盛况的渲染，从衣饰到游乐形式都带有浓郁的吴地民俗气息。“从千人石上至山门”以下三句具体铺排总体场面，构成鸟瞰式的纵向空间。三个排比间以夸张性的比喻充实于这一空间内，渲染出一派人密、歌喧、酒酣交杂并出的忘情游乐的声势。“樽罍云泻”兼关上文“置酒交衢”，“檀板丘积”遥启下文“唱者千百”，笔致飞动而意脉密合。行文至此，盛况场面已然毕现，但作者却嫌不够。“远而望之”一句明确视角，稍缓文气，然后变换手法，由实景入虚景，连下三重形象比喻极尽形容：“如雁落平沙，霞铺江上，雷辊电霍”。场面之盛，色彩之丽，声势之大，震耸视听，摇动神魄。然而，实际景观反复诉诸于感觉镂刻下的印象实在太强烈、太丰富了，再高明的比喻也只能道出有限的侧面，故作者仍嫌笔墨贫乏，索性径以“无得而状”来否定上面的具体比喻，启发读者展开想象去体味。从实到虚，从有限到无限的腾挪变化，才显出那游乐场景的美不胜状。整整一段多用整饬的四字句，从不同角度用不同手法渲染同一对象，有大赋铺张扬厉的风致；笔势则略无滞碍，文气流注，紧密拍合了场面的声容气势，而作者作为观照主体的赞美倾羡之意亦挟带而出。

空间场面的渲染铺排后，作者将视听凝聚到最富市井情调和民俗意味的演唱上面，镜头由全景式鸟瞰转向依时间推进的特写，用墨随之由疏阔而变换为深细。从“布席之初”到“比至夜深”，四组镜头，两重境界。“唱者千百”同“摇头顿足”两者重在以白描手法刻画演唱的生动场景。“摇头顿足”不只是头脚击应节拍的动作，更活画出“歌喉相斗”中获胜的“数十人”的得意神态。但这种“雅俗”“妍媸”“不可辨识”的场景显然不是作者的属意所在，他所欣赏的是经过自然淘汰筛选，“一切瓦釜，寂然停声”后的“雅”者“妍”者入景入情的“缓板”慢唱。因此，与上面的场景白描不同，当这两幅画面由笔底缓缓流出时，首先是“明月浮空，石光如练”，随后“月影横斜，荇藻凌乱”的月色渲染，似乎那月亮也懂得该去钟情怎样的对象；其次是从演唱者到演唱方式、状态、音色等啜茗品醪般的细腻刻画；最后以对演唱效果、魅力的侧面烘托为收煞。月色溶溶下的悠悠慢唱，那境界，那韵致，那情味，再配以作者行云流水般的舒缓笔调，都美得令人要溶化进去。两组镜头虽属作者欣赏的同一境界，但受审美趣味制约的审美感觉，又敏锐地辨析出程度的差别。既然“一夫登场，四座屏息”是整个自然筛选的最后结果，那便以连“箫板亦不复用”从而有别于“三四辈”者的“缓板而歌”来突出主体。“竹肉相发，清声亮彻”的演唱效果固然令“听者魂销”，而“音若细发，响彻云际”则直欲与明月对话，再加上“每度一字，几尽一刻”的技法描摹所构成的景、声、态统一和谐的魅力，竟使“飞鸟为之徘徊，壮士听而下泪矣”。这后者是作者最为神驰的，所以写起来才如此的细微入妙。这一大段是全文记写的主体部分，作者用“布席之初”“未几”“已而”“比至”几个标明时间推移的词联带出一幅幅场景画面，整个过程既有鲜明的层次感，又自然流走，场面由喧杂而导向幽静，境界由单一唱的描述，过渡到声、色、景、情的浑融一体。如果说，唯有那歌声才配得上虎丘中秋的明月，那么，也唯有作者这副笔墨才配得上为这歌声去传神写照。

以上三层集中描绘市民们游乐虎丘的场景声态，这一切都以虎丘为背景，所以不能不对虎丘的自然景观置而不顾。虽然开篇说虎丘“无高岩邃壑”，但那是为突出游乐主体服务的，实际上，作者对虎丘的自然景致亦颇有知赏。上面写游乐场景，因是文章主体，所以层次井然有序，笔致精工细密，有如校场阅兵；此处则换一笔调，随意点染，似闲庭信步。这种“各极其变，各穷其趣”的文风，正是“独抒性灵”者的标记。剑泉之深，飞岩之削，“文昌阁”“晚树”等都是随笔触及，点到辄止。“千顷云”五句化景物形象为日常生活形象，再依这形象的指向引发联想，回复到数游虎丘的实际经验的叙述。接着从“平远堂旧址”远眺，顺目力所及继之以轻毫淡墨，然后又从“堂废已久”说到与江进之修复的打算，以及未能如愿的原因，引出山川兴废的感慨。笔意轻松、灵动、亲切，仿佛繁务后小憩的松弛，透出对虎丘的深情。

“吏吴两载，登虎丘者六”，总束自己与虎丘的关系。作者特别提到最后一次与江、方同登，在生公石上待月的情况，这是为了引出后面的话，而且前面也已申足中秋月夜，所以也只点到即止，不展开描述。袁宏道于万历二十三年(1595)三月至二十五年初任吴县令。格外标明六登虎丘，说明他对虎丘的喜爱，也由此透露出他写《虎丘记》是综合概括再加审美选择的构思特点。“迟月生公石上”，不但等待玩赏虎丘月夜，而且是要“听曲此石上”，品味市民们在月光笼罩下不分贤愚、无论贵贱的歌吹游乐。但“歌者闻令来，皆避匿去”，官身与民众的隔膜使他发出无限感喟：“甚矣，乌纱之横，皂隶之俗哉！”“吏吴两载”，对官场的厌烦与弃官的打算是早就萌生了的。到任不过两三个月，他就在《与丘长孺书》里描述了为官的“备极丑态”，大叹“苦哉，毒哉”！这一个性与地位，感性与理性的矛盾在这次登虎丘的遭遇中进一步被强化，加深了他内心的痛苦，自然也就坚定了原本就有的弃官决心。因而，作者才会发出“他日去官，有不听曲此石上者，如月”的誓词，才有“解官称吴客”的欣幸，也才要回过头来，对“虎丘之月，尚识余言否耶”致俏皮的一问。正是带着解脱后的轻松愉悦的心境，写了这篇《虎丘记》，将为官时于隔膜状态下的实境感受，再以“吴客”的身份在笔墨神思间，重新体验、咀嚼、品味一番。无论作者是否再去“听曲此石上”，但他那片对市井百姓歌者的知赏

之心,“虎丘之月”当会作证。 (魏中林)

满 井 游 记　袁宏道

燕地寒,花朝节后,余寒犹厉。冻风时作,作则飞沙走砾,局促一室之内,欲出不得。每冒风驰行,未百步辄返。

廿二日天稍和,偕数友出东直,至满井。高柳夹堤,土膏微润,一望空阔,若脱笼之鹄。于时冰皮始解,波色乍明,鳞浪层层,清澈见底,晶晶然如镜之新开而冷光乍出于匣也。山峦为晴雪所洗,娟然如拭,鲜妍明媚,如倩女之靧面①而髻鬟之始掠也。柳条将舒未舒,柔梢披风,麦田浅鬣②寸许。游人虽未盛,泉而茗者,罍③而歌者,红装而蹇者,亦时时有。风力虽尚劲,然徒步则汗出浃背。凡曝沙之鸟,呷浪之鳞,悠然自得,毛羽鳞鬣之间,皆有喜气。始知郊田之外,未始无春,而城居者未之知也。夫能不以游堕事,而潇然于山石草木之间者,惟此官也。而此地适与余近,余之游将自此始,恶能无纪?己亥之二月也。

〔注〕 ① 靧(huì 会)面:洗脸。 ② 鬣(liè 列):马鬃。 ③ 罍(léi 雷):古代盛酒的器具。

本文作于万历二十七年(1599)。满井是北京安定门东三里外的一口古井,井中飞泉喷薄,冬夏不竭。井旁苍藤丰草,掩映着清清的渠水,错落的亭台,景色优美,是当时京郊探胜的好地方。

开首点出时地节令。燕地,指现在的北京和河北省北部,古代属燕国。旧俗以阴历二月十五(一说为二月十二或二月初二)为百花生日,称为花朝节。这一天人们要到野外去玩赏春光。可是,这一年过了花朝节,百花还没有消息,余寒仍然很厉害,可见北方天气寒冷,春天来迟了。

下接几句承上文“余寒犹厉”,着重写风沙的厉害。风是“冻风”,有起冻结冰之感;而且时常刮,一刮风,就沙砾飞扬,简直没法出门。一出门,冒风快走,不到百来步就挡不住要回头。这是写渴望出游与不能出游的矛盾。作者是一位喜游爱动的人,如今花朝节已经过了,也不知花事如何,因而探春出游之意早已按捺不住,但却被寒风沙砾所阻,不得不“局促一室之内”,其懊丧和郁闷可想而知。

以下，作者记叙了廿二日偕友游满井时所见的融融春光。“廿二日天稍和”几句，状写天气和心情。一个“和”字，既写天气的和暖，也透露出作者心情的解冻，于是立即同几位朋友出东直门，到满井去。“高柳夹堤，土膏微润”，是出郊所见；一个“局促室内，欲出不得”的人，忽然来到野外，看到堤岸两旁高高的柳树，闻到滋润的泥土芳香，心头不禁漾出一股春天的喜悦。他四望郊原，一片空阔，快活的心情就像脱笼之鸟一样，飞向那辽阔的春天原野。“若脱笼之鹄”，鹄就是天鹅，这是着力描写从局促困居的境况下解脱出来的喜悦。

“冰皮始解”几句写春水之美。“冰皮始解，波色乍明”，用对偶的句式，点出余寒已退，薄冰初消，春水开始呈现出澄明的色泽。“始”“乍”二字扣紧早春景象，十分贴切。“鳞浪层层，清澈见底，晶晶然如镜之新开而冷光乍出于匣也”，是写微风吹过水面，漾起鱼鳞般的波纹，清澈的流水闪闪发光，好像清晨刚打开镜匣，反射出镜子的清光一样。“镜之新开”“冷光乍出”的“新开”“乍出”，与“冰皮始解，波色乍明”的“始解”“乍明”，一是形容一天的起点，一是形容一年的起点，相互呼应，同一机杼，很有节候感，足见作者观察的细致和刻画的工巧。另外，用新开匣的明镜来比喻明亮的春水，也显得优美熨帖；同时还可以使人联想到晨妆对镜的美人，从而具有表里相关的两层意蕴。

“山峦为晴雪所洗”几句，是写春山之美。山峦的积雪被晴日所融化，青葱的山色如同经过洗拭一般，显得格外鲜妍明媚，好像刚洗过脸的美人正在梳掠她的发髻。“始掠”的“始”字，表明美人晨妆刚罢。这个比喻，与上面开匣明镜的春水的比喻，虽然分别指山和水，却一气相通，由明镜而带出对镜梳妆的美人，这就把春山春水融成一体，给人以相互生发的和谐美感。

写水写山之后，转笔写植物。杨柳是敏感的春天使者，也是春色的象征。“柳条将舒未舒”，写柳芽刚吐，枝头鹅黄嫩绿，宛如朵朵蓓蕾，欲开还闭，别有一种风韵。“柔梢披风”，则写出杨柳的动态美。轻柔的柳梢，虽然还没有垂下万缕金丝，却已经迎着和暖的春风低昂而舞了。用一“柔”字、“披”字，写早春杨柳的风姿，很传神。这两句写杨柳，回应前面“高柳夹堤”一句，而作进一步的领略观赏。“麦田浅鬣寸许”，则回应前面“土膏微润”一句，视线由高而低：那一望无际的平畴上，浅绿的麦苗已经从芳润的泥土中探出头来，刚刚只有寸把长呢，整齐得像短短的马鬃一样。作者以极其简练的文字，把景物的特征和自己的审美感受鲜明地表现出来，每一句都渗透着明朗而喜悦的感情色彩。

以上几小层，从初到野外的第一印象写起，进而逐层展示春水之美，春山之美，杨柳之美，麦苗之美，构成了一幅北国郊原的早春风光图，令人目不暇接，心旷神怡。这是描写早春风光的第一大层次。

接着写早春的游人。余寒刚过，盛春未到，游人也还不多。但是春天毕竟来了，第一批郊游者也跟着来了。作者写了游人的几种情态："泉而茗者"，是饮泉水煮茶的，显得清雅而悠闲；"罍而歌者"，是边喝酒边唱歌的，显得豪爽而痛快；"红装而蹇者"，写穿着艳丽服装的女子，骑着毛驴缓缓而行，显得从容而舒适。"亦时时有"，是说经常可以看到。这一句反接"游人虽未盛"一句，说明游春者已颇有人在。作者对这些最早到郊外来寻春的游人，显然是欣赏而怀有好感的。"风力虽尚劲，然徒步则汗出浃背"，这两句是抒写自己的感受，尽管郊原的风还很有点劲道，但徒步而游，从背上沁出的汗水中，却分明可以感到暖融融的春意了。这一节从游人着笔，写出各得其乐的种种情态，无异是一幅郊原春游图。他们既领略着最早的春光，又给余寒初退、大地回春的景色增添了不少的生气和暖意。这一倒叙之笔，成为描写早春风光的第二大层次。

"凡曝沙之鸟"几句，写大自然中的生物。"曝沙之鸟"，指在沙滩上晒太阳的鸟儿；"呷浪之鳞"，指在水波中呼吸的鱼儿。曝沙，描写鸟的安闲恬静；呷浪，刻画鱼的自由天真。作者通过鱼鸟一动一静的情态，概括了大自然一切生物在春光中的悠然自得之感。他甚至发现和感受到鸟的羽毛和鱼的鳞鳍之间，都洋溢着一股"喜气"。这真是体察入微，化身为鱼鸟的代言人了。所谓"替山川写照，为鱼鸟传神"，作者以画工的手段、诗人的敏感，把早春景色写活了。这一节着眼于大自然的生物，构成了春光描写的第三大层次。

通过以上三层描写，得出一个审美结论："始知郊田之外，未始无春，而城居者未之知也。"春在郊田之外，而居住在城里的人还不知道。辜负春光，岂不可惜！这几句与开头"局促一室之内，欲出不得"对照，可以感到作者由衷的欣慰之情。他在郊田之外，呼吸领略到初春的气息和大自然的蓬勃生机，心头的郁闷荒寒到这时便为之一扫。另外这与前面的"冻风时作，作则飞沙走砾"的景象，也恰好形成鲜明的对比。"始知郊田之外，未始无春"，这是作者郊游满井的结论。"始知"二字，得之于目接神遇的深切感受，也就是说，当他站立在郊田之外，沐浴着大好春光的时候，对于那些长期蛰居城内，感受不到早春气息的人，很有几分感慨。辛弃疾《鹧鸪天》词中说："城中桃李愁风雨，春在溪头荠菜花。"袁中郎的感慨在这一点上颇有共同之处，因而其寓意似乎也不局限在感知春色上，而含有引发人摆脱尘俗，向往大自然的美好情怀。

以上写景，写人，旁及鱼鸟，然后拍入到自身。"夫能不以游堕事，而潇然于山石草木之间者，惟此官也。"这几句是说：能够自由自在地遨游于山石草木之间,而不至于因为游玩而耽误公事的,只有我这个官员啊。当时他正在作顺天府学教官,是个闲职,因而有时间纵情遨游,不怕耽误公事。“惟此官也”的“惟”字,颇有自傲和自慰之感,他不因官小职闲而懊恼,反而为此深自庆幸没有那种庸俗的封建官场习气,流露出袁中郎独特的性情与个性。

结尾“此地适与余近”,从字面上是说此地刚好与我的住处接近,但这个“近”字,不仅指空间距离的相近,也指性情品格的相近。山水也有情性,辛弃疾说:“我见青山多妩媚,料青山见我应如是。”(《贺新郎》)这里就体现了物我交融、如逢知己之感。“余之游将自此始”,表示这一次满井之游,将成为一个值得纪念的开端,怎么能不记下这美好的第一印象呢?把感受化为文字,是为了巩固记忆,时时回顾,充分流露了作者的眷眷珍惜之情。事实上,作者在写这篇游记的前一年(万历二十六年),已经游过满井,而且写了一首诗;但他在这里却说“余之游将自此始”。这大概是因为这一次的感受特别深刻,所以把它作为一个美好的开端吧。最后点明写这篇游记的时间是“已亥二月”,也就是万历二十七年(1599)二月。篇末记时,是古代游记的一种常见格式。

这篇游记描写北国早春气象,既能传山川景物之神,又处处洋溢着作者悠然神往的情感。作者从城居不见春叙起,接着写郊外探春,并逐层写出郊原早春景色的诱人,而最后归结道:“始知郊田之外,未始无春,而城居者未之知也。”回应开头困居局促之状,迥然有苦乐之异和天渊之别,表现了作者厌弃喧嚣尘俗的城市生活,寄意于山川草木的潇洒情怀。通篇写景都渗透着这种洒脱而真挚的感情,使文字具有一种清新恬静的田园节奏。而简练的白描和贴切的比喻,更为行文增添了不少诗情画意。

(吴战垒)

西湖(一)

袁宏道

从武林门[①]而西,望保叔塔[②]突兀层崖中,则已心飞湖上也。午刻入昭庆[③],茶毕,即棹小舟入湖。山色如娥,花光如颊,温风如酒,波纹如绫,才一举头,已不觉目酣神醉。此时欲下一语描写不得,大约如东阿王梦中初遇洛神[④]时也。余游西湖始此,时万历丁酉[⑤]二月十四日也。

晚同子公渡净寺[⑥],觅阿宾[⑦]旧住僧房。取道由六桥[⑧]、岳坟[⑨]、石径塘[⑩]而归。草草领略,未及遍赏。次早得陶石篑[⑪]帖子。至十九日,石篑兄弟同学佛人王静虚[⑫]至,湖山好

六桥烟柳

——明万历夷白堂刻本《海内奇观》

友,一时凑集矣。

〔注〕 ① 武林门:在杭州城北,宋代名余杭门,俗称北关门。 ② 保叔塔:一名保俶塔,在西湖北宝石山上,始建于宋初。 ③ 昭庆:昭庆寺。吴越天福间建。元末毁,明初重建。 ④ 东阿王:指三国魏曹植,他曾封为东阿王。洛神:洛水女神。其梦中遇洛神事见其《洛神赋》。 ⑤ 万历丁酉:万历二十五年(1597)。 ⑥ 子公:方文僎,字子公,自万历二十二年至三十五年一直为袁宏道料理笔墨。袁宏道出游亦陪同。净寺:即净慈寺。在南屏山慧日峰下,始建于五代周显德元年(954)。 ⑦ 阿宾:袁中道小名,是作者弟。 ⑧ 六桥:指苏堤上的映波、锁澜、望山、压堤、东浦、跨虹六桥。 ⑨ 岳坟:在西湖北边栖霞岭下岳王庙内。 ⑩ 石径塘:在西湖北。 ⑪ 陶石篑:陶望龄,字周望,号石篑,会稽(今浙江绍兴)人,官终国子监祭酒,与其弟陶奭龄(字公望,号石梁)均以讲学名。系作者好友。 ⑫ 王静虚:王赞化,字静虚,山阴(今浙江绍兴)人,为学佛居士。

袁宏道于万历二十三年(1595)二月由京师至江苏吴县任县令,虽颇有政绩,但却感到"性与俗违,官非其器"(《与朱司理》),"一入吴县,如鸟之在笼,羽翼皆胶,动转不得"(同上),备尝"人间恶趣"(《与丘长孺》)。因此又羡慕陶潜"归去来兮",决心"掷却乌纱,作世间大自在人"(《与李本建》)。于是自万历二十四年起连上《去吴七牍》,终于在万历二十五年春被准解官,此时恰如游鳞纵壑,大有"无官一身轻"的解脱之感。是年辞官后自春至夏,乃畅游惠山、西湖、五泄、天目等东南山水名胜,在大自然的美妙怀抱中寄托其追求自由的心灵,欣赏造化之奇妙。而作为"才情超忽,如千里神骏"(贺贻孙《诗筏》)的才子,袁氏不能不将其所见所感形诸笔墨。其中描叙杭州西湖山水风光的散文即有十六篇之多。《西湖(一)》一名《初至西湖记》,是其西湖游记的第一篇。它为西湖媚人的风光写照传神,宛若一首优美动人的散文诗。

作者初至杭州,最为心往神驰的是西湖。西湖曾被苏轼喻为"淡妆浓抹总相宜"的"西子"(见《饮湖上初晴后雨》),亦是作者渴慕已久的绝色佳人,急欲一睹芳容以解相思之苦。这种感情蓄积既久,其发必速。故游记开篇不容许多笔墨交待,一落笔就直抒性灵:"从武林门而西,望保叔塔突兀层崖中,则已心飞湖上也。"保叔塔为西湖北侧门户,塔身挺秀,卓立山巅,未近西湖而先入眼帘,本也是一处胜景,但作者仅以"望保叔塔突兀层崖中"一笔带过,是因为他心不在焉,"已心飞湖上也"。整个杭州山水风物此时惟"湖上"才是作者钟情之所在。"心飞"的夸饰把他急欲见西湖的渴望心情表露无遗。但作者偏偏又插入一闲笔:"午刻入昭庆"。欲扬先抑,造成顿挫之致,然后才续"心飞湖上"之意:"茶毕,即棹小舟入湖"。一"即"字可见作者此时急不可待之意。一旦入湖,作者终于亲眼目睹到朝思暮想的春日西湖,那么妩媚,那么迷人,作者不禁连用四个比喻、一组排比句描摹之:“山色如娥,花光如颊,温风如酒,波纹如绫”。远处孤山葱绿,宛若美人的黛眉;岸上春花嫣红,恰似少女的面颊;湖上和风,如同酒香一样醉人;湖中波纹,似白绫一样起伏。作者由远而近,描写其所见所感,虽仅四句,但由于选取了西湖典型风物,足以写出西湖秀媚的风姿。此为实写。西湖是如此迷人,作者此时内心又如何呢?“才一举头,已不觉目酣神醉”,这是虚写西湖,借以反衬西湖之美。那么“目酣神醉”又是何等样心态呢?作者虽云“此时欲下一语描写不得”,实际上他却已巧用一精彩之至的妙喻:“大约如东阿王梦中初遇洛神时也”。这种感觉与联想虽然模糊,但境界空灵,意蕴丰厚,颇堪品味。它既启人联想到西湖如洛神“翩若惊鸿,婉若游龙”,“皎若太阳升朝霞”,“灼若芙蕖出渌波”,“秾纤得衷,修短合度”(曹植《洛神赋》)的风姿神韵,又使人想象作者如曹植“浮长川而忘反,思绵绵而增慕”的痴情醉态。作者的感情至此进入极高的审美境界。首先把西湖比为美女的自然是苏轼,属偶尔为之;而袁宏道以“洛神”形容西湖似乎是承其遗绪,但以女子比拟自然山水则是袁宏道的拿手好戏。如《上方》云:“虎丘如冶女艳妆,掩映帘箔。”《满井游记》云:“山峦为晴雪所洗,娟然如拭。鲜妍明媚,如倩女之靧面,而髻鬟之始掠也。”与友人吴敦之书云:“东南山川,秀媚不可言,如少女时花,婉弱可爱。”由此可见,山水在作者心目中是具有性灵的,是极其妩媚迷人的。这样比拟就显示出山水风物的精神、情趣,亦体现了作者对自然山水的爱恋之情,与“吏情物态,日巧一日;文网机阱,日深一日”(《与何湘潭》)的官场相比,就更觉自然界的清纯可爱。作者对其初游西湖之日,如同与心爱的女人第一次约会一样珍视,因此郑重其事地记下具体日期:“时万历丁酉二月十四日也。”而在另外十五篇西湖游记中则不再注明日期。

文章写至此,照理可以结束,但作者意犹未尽,又附带提及十四日晚同方子公在归宿净寺途中“草草领略”六桥、岳坟、石径塘事,以及十五日“早得陶石篑帖子”,十九日则“石篑兄弟同学佛人王静虚至”,于是“湖山好友,一时凑集矣”事。作者初至杭州,“既解官吴会,于时尘境乍离,心情甚适。山川之奇已相发挥,朋友之缘亦既凑合”(袁中道《解脱集序》),该是何等乐事,二者缺一不可,因此末段并非画蛇添足,实乃锦上添花。

江盈科称:“中郎所叙佳山水,并其喜怒动静之性,无不描画如生。譬之写照,他人貌皮肤,君貌神情。”(《解脱集序二》)堪称的评。西湖在作者笔下就重在写意,勾勒西湖天然娟秀的风情,一种引人酣醉的整体魅力,以及作者内心体验,而不精雕细刻其山水面目细节,这是本文最重要的特色。全文采用白描之笔,写西湖文字堪称字字鲜活,语语生动,臻于“一味白描神活现”(袁枚《仿元遗山论诗》)的化境,亦值得称道。

(王英志)

西　湖　(二)

袁宏道

西湖最盛,为春,为月。一日之盛,为朝烟,为夕岚。

今岁春雪甚盛,梅花为寒所勒,与杏桃相次开发,尤为奇观。石篑①数为余言,傅金吾②园中梅,张功甫③家故物也,急往观之。余时为桃花所恋,竟不忍去。湖上由断桥④至苏堤⑤一带,绿烟红雾,弥漫二十余里。歌吹为风,粉汗为雨,罗纨之盛,多于堤畔之草,艳冶极矣。

然杭人游湖,止午、未、申⑥三时。其实湖光染翠之工,山岚设色之妙,皆在朝日始出,夕舂⑦未下,始极其浓媚。月景尤不可言,花态柳情,山容水意,别是一种趣味。此乐留与山僧、游客受用,安可为俗士道哉!

〔注〕 ① 石篑:即陶望龄,字周望,石篑为其号,会稽(今浙江绍兴)人,官终国子监祭酒,系作者好友。 ② 傅金吾:未详。金吾:即执金吾,古官名。在明代为五城(中、东、西、南、北)兵马司指挥,是掌管京师治安的长官。 ③ 张功甫:名镃,南宋名将张俊之孙,其家园林中玉照堂有梅花四百株。见周密《武林旧事》。 ④ 断桥:本名宝祐桥,自唐时呼为断桥,在白堤东头。 ⑤ 苏堤:一名苏公堤,南北横截西湖,为宋苏轼任杭州知州时浚湖而筑,故名。⑥ 午、未、申:均属十二时辰,指十一时至十七时。 ⑦ 夕舂:意同"下舂"。《淮南子·天文训》:"日至于渊虞,是谓高舂;至于连石,是谓下舂。"高诱注:"连石,西北山。言欲将冥,下象息舂,故曰下舂。"此指夕阳。

本文一题《晚游六桥待月记》,写于万历二十五年(1597)二月游杭州西湖时。作者以清丽俊快之笔,描绘出西湖由白堤断桥至苏堤六桥一带春日盛景,并显示出作者独特的审美情趣。

西湖乃人间仙境,春夏秋冬、阴晴朝夕皆各有其美,但作者却别具只眼,情有所钟,故开篇云:"西湖最盛,为春,为月。"既视"春"与"月"为西湖"最盛"即最美的季节与时辰,则本文着重描绘西湖的春景与点染西湖的月景,也就极其自然了。春、月景固然最盛,那么白天是否就一概索然无味了呢?非也。作者接下称:"一日之盛,为朝烟,为夕岚。"此"日"相对于"月"而言,指白天。朝烟,谓清晨水气弥漫时的湖光;夕岚,谓傍晚暮霭笼罩时的山色。何以西湖之春、月为最盛,何以朝烟、夕岚为一日之盛呢?作者接着通过生动的描绘作了形象的回答。

文章写西湖之春的盛景,一是盛在花,二是盛在人。"今岁春雪甚盛,梅花为寒所勒，与杏桃相次开发，尤为奇观。”作者先写梅花因春寒雪盛，如同被勒住而迟开，花期虽推迟，但得以与杏花、桃花斗妍争奇，使西湖更增添了流光溢彩、姹紫嫣红的春色，却是罕见的“奇观”。如此“与杏桃相次开发”的“香雪海”岂能不观赏？更何况友人陶石篑又数言这里的“傅金吾园中梅”，乃宋朝古梅，高雅非凡，更应该赶快去大饱眼福。这里写西湖梅花之美乃虚写，是作为一种铺垫，旨在衬托西湖桃花更令人叹为观止——因为作者“时为桃花所恋，竟不忍去”。梅花为“岁寒三友”之一，被视为高洁的象征，桃花则曾被贬为“轻薄”之物。作者舍梅取桃，乃至为桃花所“恋”，可见其迥异于世俗的独特的审美趣味。而春日西湖由断桥至苏堤一带的桃花亦确实蔚为奇观：“绿烟红雾，弥漫二十余里。”仅此两句，采取远望的角度，就写出西湖二十余里桃花夹杂着绿柳的总体意境。“绿”指柳条，“红”指桃花，“烟”“雾”弥漫，则渲染出“花态柳情”，呈现繁花照眼、生机勃勃的色彩美，宛如一幅浓墨重彩的丹青。春花盛开乃是“西湖最盛”“为春”的主要表现，其次还表现为游人罗纨之盛：“歌吹为风，粉汗为雨，罗纨之盛，多于堤畔之草，艳冶极矣。”在桃花盛开的白堤、苏堤上，红男绿女，比肩继踵，甚至比堤边的春草还多；歌乐似春风回旋，香汗如春雨流滴，好不热闹：色彩艳丽之极，风姿放荡之极，着“艳冶”二字，可谓摹写、概括尽致。作者之笔墨亦极尽浓艳之能事，盖非如此不能描绘出西湖春天“艳冶”之盛景。

在描写了“西湖最盛”“为春”之后，按逻辑应该接着描写“西湖最盛”“为月”；但作者却舍不得让主角“月”轻易出场，意欲以之唱大轴戏，所以先让配角朝烟、夕岚登台铺垫。此外，以“然杭人游湖……”承上段罗纨之盛，在结构上亦是顺理成章。红男绿女的杭人只知在午、未、申三时游湖，在作者眼中是一种“俗”的表现，其“不识庐山真面目”乃在于缺乏超俗的审美趣味。作为外来游客的作者则以其慧眼发现：“其实湖光染翠之工，山岚设色之妙，皆在朝日始出，夕舂未下，始极其浓媚。”这是对西湖“一日之盛，为朝烟，为夕岚”的具体描写。“湖光染翠”，“山岚设色”，这一“染”、一“设”，皆赋予大自然以灵性，将大自然比拟成丹青妙手。而大自然的画笔，只有在“朝日始出”与“夕舂未下”这两个美妙时刻才为湖光、山岚添彩增色，从而达到“浓媚”即一种极其妩媚动人的审美境界。这与午、未、申三时西湖之“艳冶”相比，自然不可同日而语，因为“媚”比“冶”要高出一筹。但是西湖春天最高的审美境界却不是朝夕之景，而是作者开头所说的“为月”。对“西湖最盛”何以“为月”，作者有意放到最后来描写，旨在造成一种悬念，增添读者的兴味。与写“为春”笔墨之浓艳不同，写“为月”采用的是淡雅之笔，一浓一淡，相辅相成。此处“尤不可言”的“月景”，亦只有以淡雅的笔才能写出其神韵。

作者此刻惜墨如金，并未大肆渲染，仅用“花态柳情，山容水意，别是一种趣味”十四字而已。月色中的花柳、山水该是一种什么样特殊的情趣与意味呢？作者留给读者去想象。而“月景”确实妙不可言，写得太具体难免要损害其美，束缚读者的神思，而这样略加点染反而勾勒出幽深的境界，具有无穷的趣味。这是以“少少许胜多多许”的艺术手法。月景虽最美，但并非人人能享受。作为趣味高雅的士大夫，作者颇以能探幽寻胜、受用此乐而得意，对“俗士”即红男绿女的“杭人”则含有讽诮之意，故云：“安可为俗士道哉！”

袁宏道的美学思想核心是“独抒性灵，不拘格套”（《叙小修诗》）。这篇游记即体现了这一思想。从文章内容来看，作者独赏西湖之春的“月景”与“朝烟”“夕岚”，这和“午、未、申三时”游春的“俗士”迥异其趣；作者又宁愿舍弃赏梅机会，而“为桃花所恋”，与传统士大夫的审美情趣亦相悖，这都是他“独抒性灵”之处，显示出独特的个性与审美观。文章笔法也是任随自然，意到笔到，该行则行，该止则止，“无定格式，只要发人所不能发”（《答李元善》）。如文中西湖春月之景分明是主角，但却用寥寥几笔，点到即止，不加细描，而对西湖的桃花与“罗纨之盛”却颇费笔墨，堪称“不拘格套”。其实，这是因为越是高层次的审美境界愈难以用文字描绘，不如以虚代实，以简代繁，反可以收到“君看萧萧只数叶，满堂风雨不胜寒”（李东阳《柯敬仲墨竹二绝》）的艺术效果。这是作者的聪明之处，他还是颇懂得艺术辩证法的。

（王英志）

【作者小传】

钟 惺

（1574—1624） 明文学家。字伯敬，号退谷。湖广竟陵（今湖北天门）人。万历进士。授行人，迁工部主事，改南京礼部郎中，官至福建提学佥事。晚年逃于禅。与谭元春同为竟陵派的创始者，曾同评选古诗，编为《古诗归》《唐诗归》，时人称其诗文为“竟陵体”。著有《隐秀轩集》。

夏 梅 说

钟 惺

梅之冷，易知也，然亦有极热之候。冬春冰雪，繁花粲粲，雅俗争赴，此其极热时也。三、四、五月，累累其实，和风甘雨之所加，而梅始冷矣。花实俱往，时维朱夏①，叶干相守，与烈日争，而梅之冷极矣。故夫看梅与咏梅者，未有于无花之时者也。

张谓《官舍早梅》诗所咏者，花之终，实之始也。咏梅而及于实，斯已难矣，况叶乎？梅至于叶，而过时久矣。廷尉董崇相官南都，在告②，有夏梅诗，始及于叶。何者？舍叶无所谓夏梅也。予为梅感此谊，属同志者和焉，而为图卷以赠之。

夫世固有处极冷之时之地，而名实之权在焉。巧者乘间赴之，有名实之得，而又无赴热之讥，此趋梅于冬春冰雪者之人也，乃真附热者也。苟真为热之所在，虽与地之极冷，而有所必辩焉。此咏夏梅意也。

〔注〕 ① 朱夏：《尔雅·释天》："夏为朱明。"故称夏季为"朱夏"。 ②"廷尉董崇相"二句：董崇相，名应举，福建人，时任南京大理寺丞，故沿古称谓之廷尉。廷尉，汉时为九卿之一，掌刑狱。南都，明成祖迁都北京，以南京为南都。在告，古代官员在家休假。

一个作家的性情、风骨，必然会或多或少地体现在他的作品中。作家的艺术个性愈鲜明，审美理想愈执著，那么，他表现自我的愿望就愈强，而思想感情，倾注到他所着意描绘的外在景物上的内驱力也就愈大。明初文人宋濂曾经发挥陆机"诗缘情而绮靡"的名言，提出了"缘情托物"的说法。"缘情"指作家主体的物化，"托物"是客体的人化。这两种因素的水乳交融便是绝妙的审美创造的前提。

晚明竟陵派领袖钟惺的《夏梅说》，便是艺术的人化和物化水乳交融的一篇佳作。不选作为天之骄子的冬梅做文章，而偏去描写夏梅，这可以说是奇怪极了。但说来一点也不怪。梅花的开放是在冬天，而赏梅者的"雅俗争赴"也都在这一季候。冬天虽冷，可因为冬梅的"繁花粲粲"，招来了千万游客。从人情来说，冬梅可以说是风云际会的热门的景物了。可钟惺偏不去写这逢时当令的冬梅，极意同情和歌颂大热天时无人过问而本身显得"与地之极冷"的夏梅。一句话，他讨厌"附热"而甘于孤高幽冷。尽管在文章中他并没有做出这样的自白，但由于"在他的作品里，思想被生活巧妙地掩蔽了起来"（卢那察尔斯基论赫尔岑语），"与烈日争"的孤高的夏梅沉默地蔑视人生的思想，却透过了被人忽视的夏梅的生活图景而横扫一切庸俗的世态了。

《夏梅说》共分三段。第一段从开头起到"未有于无花之时者也"止，说明梅的盛时在冬而不在夏，咏梅的人也都是争相歌咏寒冬的梅花而不去过问炎夏的梅叶。第二段截至"而为图卷以赠之"为止，说明自己写这篇《夏梅说》的缘起，是受了友人董崇相的启发。原来董崇相曾写了一首夏梅诗，钟惺对之有感，和了一首五言律诗，诗云："花叶不相见，代为终岁荣。谁能将素质，还以敌朱明。坐卧已无暑，色香如尚清。始知幽艳物，不独雪霜情。"在他看来，梅之为物，不仅以花贵，也以叶贵。唯其冬花夏叶，两皆幽艳，才算得上终岁称荣，这是钟惺对梅的全面评价，不同于一般庸夫俗子，只知赏花，而不知重视梅的树干、树叶在炎炎夏日中的不屈不挠的抗争性格之可贵。钟惺的重视夏梅，重视梅叶，不仅表现了他所倾注在夏梅身上的深厚情怀和对于外化为梅的高洁自赏的全心体验，也表现了他在理性上对夏梅所象征的不与世俗为伍的狷介风骨的钦仰和讴歌。第三段为本文结尾，通过对冬梅的"雅俗争赴"那种趋炎附势的丑态引申开来，指出世上也还有一种"处极冷之时之地"而骨子里掌握实权的人。真懂得其中三昧的"巧者"，就纷纷去趋附，既无"赴热"之讥，还大大有利可图。这种人是懂得向"冷"中"赴热"，比从热中"赴热"更为高明。但也还有一种与此相反的情况。譬如一个人处于名场的要津所在，而自己的具体处境却相当落寞，这就不能笼而统之地把他也看成青云得路的一流人物了。如果说前者是"冷而实热"，那么后者便是"热而实冷"。钟惺是个进士，辗转经历了一段仕途，做过郎中、提学一类的官，不算是下层知识分子。然而因为"有忌其才高者厄之，使不得大有所表现"(《康熙安陆府志·文学列传》)，所以他实际是属于"热而实冷"的人物。他深深理解那一个晚明时代中黑暗、腐朽的窒塞空气，他也就只能甘于冷寞而自号"退谷"了。

文章的开头以峭拔胜，以别开蹊径胜。它巧妙地掌握了两条构思线索：一是自然范畴的时令冷热；二是社会范畴的人情冷热。对夏梅寄予高度同情，点出夏梅虽处于极热之中而遭遇极冷，表现了作者的衷心孤愤，这正是陈继儒说他的"一肚皮不合时宜"。

文章中段歌颂梅叶，打破前人几乎一律歌咏寒梅的老套。但歌颂梅叶也还是为了歌颂夏梅，虽紧承上段，境界却有所开拓，可以说从侧面烘托出夏梅。当然，也更表明热爱夏梅而彼此心心相印的同志不少。从不满于世风浇漓而居然有志同道合者来说，钟惺是深得相濡以沫的慰藉的。

文章的结尾撇开夏梅，对趋炎附势的人进行了无情的鞭挞，同时为了表现自己的冷寞并与周围的一般夤缘攀附、安富尊荣的名场气氛格格不入，着重点明自己虽说好像也处于"热之所在"，但性格却"极冷"。这是他借夏梅以自喻，但实际也是他在文学理论上一贯强调要写出出污泥而不染的"幽情单绪"的审美气质的思想表征。

总的说来，文章的头尾都是围绕着一个"冷"字而大书特书。开头从传写出梅的自然品质之冷，以至于夏日无花时人情对梅之冷；结尾抒发自己甘于生涯寥落的冷，点明自己之所以歌咏夏梅的用意。纵观全文，在作者着意刻画的夏梅的“生活”图景中，一点一滴都渗透了钟惺的思想品格和气质。这正是《安陆府志》中所勾勒的：“公（指钟惺）……性如冰霜，不喜交接世俗人，然待士以诚厚，荐人惟恐其知。”这是钟惺的“冷”，是钟惺笔下夏梅的“冷”。而夏梅所受的冷遇正反衬出世俗人情对冬梅之热的可耻。

（吴调公）

浣花溪记　　钟　惺

出成都南门，左为万里桥。西折纤秀长曲，所见如连环，如玦①，如带，如规，如钩；色如鉴，如琅玕②，如绿沉瓜，窈然深碧，潆回城下者，皆浣花溪委也。然必至草堂，而后浣花有专名，则以少陵浣花居在焉耳。

行三四里为青羊宫③，溪时远时近，竹柏苍然，隔岸阴森者尽溪，平望如荠，水木清华，神肤洞达。自宫以西，流汇而桥者三，相距各不半里。舁④夫云通灌县，或所云“江从灌口⑤来”是也。人家住溪左，则溪蔽不时见，稍断则复见溪，如是者数处，缚柴编竹，颇有次第。桥尽，一亭树道左，署曰“缘江路”。

过此则武侯祠⑥。祠前跨溪为板桥一，覆以水槛，乃睹“浣花溪”题榜。过桥，一小洲横斜插水间如梭。溪周之，非桥不通，置亭其上，题曰“百花潭水⑦”。由此亭还，度桥，过梵安寺，始为杜工部祠⑧。像颇清古，不必求肖，想当尔尔。石刻像一，附以本传，何仁仲别驾署华阳时所为也⑨。碑皆不堪读。

钟子曰：杜老二居，浣花清远，东屯险奥，各不相袭。严公⑩不死，浣溪可老，患难之于朋友大矣哉！然天遣此翁增夔门⑪一段奇耳。穷愁奔走，犹能择胜，胸中暇整，可以应世，如孔子微服主司城贞子时也。

时万历辛亥⑫十月十七日，出城欲雨，顷之霁。使客游者，多由监司郡邑招饮，冠盖稠浊，磬折⑬喧溢，迫暮趣归。是日清晨，偶然独往。楚人钟惺记。

〔注〕① 玦(jué 决)：开缺口的玉环。 ② 琅玕：美玉。 ③ 青羊宫：亦名青羊观。曹学佺《蜀中广记》：“《蜀本纪》云：‘子行道千日后，于成都郡青羊肆寻吾。’今为青羊观也。”相传老子曾牵青羊过此。 ④ 舁(yú 于)：抬。 ⑤ 灌口：山名，又名金灌口，古称天彭门。相传汉代文翁任蜀郡守，穿湔江灌溉，故名灌口。 ⑥ 武侯祠：即武侯庙，在今四川成都市西南。祀三国蜀武乡侯诸葛亮。祠原址在成都少城，西晋十六国成(汉)李雄(武帝)建。明时改在今址与刘备的昭烈祠合。清康熙年间重修。 ⑦ 百花潭水：杜甫《狂夫》：“万里桥西一草堂，百花潭水即沧浪”。后人取此四字题景。 ⑧ 杜工部祠：杜甫祠，为杜甫草堂中建筑之一，在杜甫故宅原址上建成。 ⑨ 别驾：官名，明代为通判的别称。通判是州、府辅佐知州或知府处理政务的官员。华阳：古县名，明为成都府治，今并入成都市双流县。 ⑩ 严公：严武(726—765)，字季鹰，官至剑南节度使兼成都尹，封郑国公。镇蜀时善遇杜甫，杜甫《八哀》诗曾悼念之。 ⑪ 夔门：即长江瞿塘峡，在四川奉节东。因地当川东门户，故称。杜甫在唐永泰元年(765)离成都至夔州(今四川奉节)，居留近二年，作诗四百三十多首。 ⑫ 万历辛亥：万历三十九年，即公元 1611 年。万历为明神宗年号。 ⑬ 磬折：弯腰如磬，表示恭敬。磬，一种形状如矩的乐器。

在读钟惺这篇《浣花溪记》之前，让我们先将目光倒溯到盛唐时期……

唐肃宗上元二年(761)的春天，为避安史之乱而流寓成都西郊浣花溪畔草堂已整整一年的大诗人杜甫，生活始稍得安定。他为烂漫的春光所吸引，独自一人，信步赏花，徜徉在浣花溪畔、锦江岸边，逗起无边诗兴，挥笔写下了脍炙人口的联章组诗《江畔独步寻花七绝句》，给后人留下了一段“穷愁奔走，犹能择胜”的文坛佳话。而这，也正是杜甫“五载客蜀郡，一年居梓州”(《去蜀》)的草堂生活的缩影。

时移世易，光阴流逝了整整八百五十个春秋。到了明神宗万历三十九年(1611)的十月十七日，年届三十八岁的新科进士、执竟陵派文坛之牛耳的钟惺，也使蜀入蓉。“是日清晨，偶然独往”，他沿着“纤秀长曲”“窈然深碧”的浣花溪水，寻觅“水木清华，神肤洞达”的清幽境界，探访当年杜甫在浣花草堂的行踪遗迹，畅游竟日。此次出游归来，他写下了自己的所见、所闻、所感。这就是游记散文名篇《浣花溪记》。

浣花溪，逶迤流过四川成都西郊，一名濯锦江，又称百花潭。两岸竹柏苍翠，风光秀美，为唐、宋以来成都著名的郊游胜地。尤其是从杜甫在此建构草堂，客居四载，留下二百余首诗篇以后，人杰地灵，更引起了人们对于为浣花溪增辉的诗圣的缅怀，越发感到松楠泉壑、祠堂庙貌的美不胜收。面对着如此丰饶的风景胜区，要以一篇五六百字的游记来描述，实为不易。而钟惺则出之以清夷简淡之笔，纳浣花溪畔诸般胜景于数百字的短小篇幅之中，显示了精湛的功力，也见其峭拔的风格。

“出成都南门，左为万里桥。”起笔看似平平，如同一般游记，先交待游历的方位，然“左为万里桥”五字，却别有作用。因为此文所记云云，均系西郊诸景，而“万里桥”实为此游之起点站，画龙点睛，便起了坐标轴的作用，且复与杜甫诗句“万里桥西一草堂”(《狂夫》)相扣合。紧接着便是一个概括浣花溪下游全貌的长句：

西折纤秀长曲，所见如连环，如玦，如带，如规，如钩；色如鉴，如琅玕，如绿沉瓜，窈然深碧，潆回城下者，皆浣花溪委也。

委者，下游也。冒一看，此句似嫌冗杂，其实不然。作者以大手笔一气写下了浣花溪下游“纤秀长曲”“窈然深碧”“潆回城下”三大特点。而于“纤秀长曲”“窈然深碧”八字，分别以两组博喻来形容：“如连环，如玦，如带，如规，如钩”，是显其“形”；“如鉴，如琅玕，如绿沉瓜”，是绘其“色”。至此，读者对浣花溪的命名就不由感到兴趣了。于是，作者乘势说明：“然必至草堂，而后浣花有专名，则以少陵浣花居在焉耳。”原来整条溪水，只有流经杜甫草堂的一段享此专名，那是由于当年诗圣在此营建草堂流寓客居的缘故。真是名人留胜迹，江山遂增辉。

如果说，“万里桥”还只是一个起点站，那么，“青羊宫”便是作者设置的第二个坐标，也就是中转站了。所以，在一开头交待了青羊宫后，便分三层写青羊宫左近的溪边岸景、溪畔人家、溪上桥亭。由于行色匆匆，无暇细看，亦非行文重点所在，不用详加记述，故文字力求简洁，技法富于变化：或描绘其景，或记叙人言，或引录碑刻。这便要言不繁地写出了青羊宫附近直到缘江路一带的浣花溪名胜景色。

中转站过去，扑面而来的是目的地、终点站：浣花溪。作者写道：

过此则武侯祠。祠前跨溪为板桥一，覆以水槛，乃睹“浣花溪”题榜……由此亭还，度桥，过梵安寺，始为杜工部祠。

“武侯祠”是作者设置的第三个坐标。作者以十分细腻的笔触，满含崇敬的情怀，富于情致地写下了此游的行踪与见闻。首先扑入眼帘的是祠前桥后的“浣花溪”题榜。接着则为题有“百花潭水”四字的洲中碑亭；而小洲恰恰是“横斜插水间如梭”，亦更见其清幽。先之以写“桥”，继之以写“溪”，最后集中笔墨写祠中所见，而尤其突出了诗圣画像的“清古”风节。既是亲眼所见，深心所感，又确是夫子自道。全段行文，一线铺开，散而不乱，而又动中写静，中心突出，颇有次第。

一般凡手的游记，到此便可收束。然而，在钟惺眼中，杜老的“真精神”却引起了他的奇思妙想。这说明他对诗文的主张和他的创作实践原是一致的。为此，他细致入微地抒写了杜甫当年的处境。先以杜甫在蜀之两所居处相比较，指出：“浣花清远，东屯险奥，各不相袭。”这就使下文的议论一下子跳出了浣花溪一隅。不仅撮叙了杜甫从浣花溪迁往东屯的一段经历，更从两方面发抒己见，指出了风尘澒洞的人间，患难见知己的可贵；而杜甫之从成都浣花溪移居夔州应该说是天意安排，增加了杜甫在夔州的一段奇迹，表明他在穷愁奔走中犹能择胜而居。这种安祥镇定的器宇，随时可以用来救世济民，就像孔子当年在宋国遇险，流亡到陈国时，避居在司城贞子家里无为而实有为一样。文章至此，题旨已和盘托出，即充分颂扬了杜甫的浩荡豁达的胸怀。

但作者并未就此搁笔，而是以浪末微澜之笔写出当日所见的另一番情景作为结束："使客游者，多由监司郡邑招饮，冠盖稠浊，磬折喧溢。""使客游者"，指朝廷使臣中来此游玩的人。这些假冒斯文的达官贵人附庸风雅、热衷应酬的丑态，受到了作者入骨的嘲讽，而另一面，则又反衬出杜甫精神的伟大。

钟惺此文，远承郦道元《水经注》、柳宗元《永州八记》的清峻风格，而又创以己意，显示了竟陵派特有的造语冷隽、句式短小、节奏峭拔、用字简省的笔法，不失为明代游记散文中的上乘之作。

（吴调公　祝　诚）

【作者小传】

王思任

(1574—1646)　明文学家。字季重，号谑庵。浙江山阴(今绍兴)人。万历进士。曾任九江佥事。清兵破南京后，鲁王监国，以他为礼部右侍郎，进尚书。顺治三年，绍兴城破，绝食而死。诗重自然，文章笔调诙谐，时有讽刺时政之作，隐寓愤激之情。著有《王季重十种》。

小　洋　　王思任

由恶溪登括苍[①]，舟行一尺，水皆污也。天为山欺[②]，水求石放[③]，至小洋[④]而眼门一辟。

吴闳仲送我，挈睿孺出船口，席坐引白[⑤]，黄头郎以棹歌[⑥]赠之，低头呼卢[⑦]，俄而惊视，各大叫，始知颜色不在人间也。又不知天上某某名何色，姑以人间所有者仿佛图之。

落日含半规，如胭脂初从火出。溪西一带山，俱似鹦鹉绿，鸦背青，上有猩红云五千尺，开一大洞，逗出缥天，映水如绣铺赤玛瑙。

日益曶[8]，沙滩色如柔蓝懈白[9]，对岸沙则芦花月影，忽忽不可辨识。山俱老瓜皮色。又有七八片碎剪鹅毛霞[10]，俱黄金锦荔，堆出两朵云，居然晶透葡萄紫也。又有夜岚数层斗起，如鱼肚白，穿入出炉银红中[11]，金光煜煜[12]不定。盖是际，天地山川，云霞日彩，烘蒸郁衬，不知开此大染局作何制。意者，妒海蜃[13]，凌阿闪[14]，一漏卿丽[15]之华耶？将亦谓舟中之子，既有荡胸决眦[16]之解，尝试假尔以文章，使观其时变乎？何所遘之奇也！

夫人间之色仅得其五，五色[17]互相用，衍至数十而止，焉有不可思议如此其错综幻变者！曩吾称名取类，亦自人间之物而色之耳，心未曾通，目未曾睹，不得不以所睹所通者，达之于口而告之于人；然所谓仿佛图之，又安能仿佛以图其万一也！嗟呼，不观天地之富，岂知人间之贫哉！

〔注〕 ① 恶溪：亦名好溪，瓯江支流，源出大甕山。相传溪中多水怪，后遁去，故改恶溪为好溪。括苍：山名，绵亘于浙江丽水至临海一带。 ② 天为山欺：形容山势高峻，直逼青天。 ③ 水求石放：形容江中乱石很多，水流纡曲前行，像是请求乱石放行。 ④ 小洋：恶溪的下游，在浙江青田县境内。 ⑤ 引白：犹言举杯。白，古时罚酒用的酒杯。 ⑥ 黄头郎：指船夫，以头著黄帽而称。汉代有黄头郎之官，掌管船舶行驶。棹（zhào 照）歌：船夫行船时所唱的歌。 ⑦ 呼卢：即呼卢喝雉，古时的一种赌博。共五子，一面涂黑，画牛犊；一面涂白，画雉。掷子时若五子皆黑，即得彩，谓之“卢”，呼喊得“卢”，谓之呼卢。 ⑧ 曶（hū 忽）：天色昏暗。 ⑨ 柔蓝懈白：柔弱的蓝、白色，即浅蓝、灰白色。 ⑩ 鹅毛霞：指松软如鹅毛的云霞。 ⑪ 银红：即银朱，由水银和硫磺加热制成。此指夜雾中闪耀银光的红色。 ⑫ 煜（yù 玉）煜：明亮貌。 ⑬ 海蜃（shèn 慎）：即海市蜃楼。因光线的折射作用出现于海上或沙漠上空的景物幻影。 ⑭ 阿闪：即阿閦（cù 促），佛名，住在东方妙喜世界。此指佛的妙境。 ⑮ 卿：卿云，古时以为象征祥瑞的云气。卿丽，即美丽的彩云。 ⑯ 荡胸决眦：心胸荡漾，眼眶睁裂。杜甫《望岳》：“荡胸生层云，决眦入归鸟。” ⑰ 五色：指青、黄、赤、黑、白。古人以此五色为正色。

本文就近取譬，极力描摹自然界错综幻变的色彩，意新语奇，妙喻连珠，具有极强的艺术感染力。

文章开头先写未至小洋前艰险的水路，再写眼门一开的小洋，读者的情绪也由紧张转而轻松。笔墨流宕多变，富于曲折，给人山重水复、柳暗花明之感。

始至小洋，舟中人还未意识到周围景观的美妙，只专注于喝酒、听歌、呼卢，及至忽然看到夕照下的小洋是那样的艳丽，看到了人间所没有的色彩，都惊叹大叫起来。但要把这种色彩描绘出来，还是得用人间所有能称名的颜色去形容，这就显示出作者状景摹物的匠心和功力了。

小洋夕照，随时间的先后而变幻，随空间视角的转换而呈现异彩。当“落日含半规”时，其色“如胭脂初从火出”，而溪西群山呈现出鹦鹉绿、鸦背青之色，山的上空则“有猩红云五千尺”，中开大洞，露出淡青色的天空，倒映水中，像锦绣上铺着红色玛瑙。等到“日益曶”时，近处沙滩颜色变浅，“柔蓝懈白”；对岸沙滩则是芦花月影，一片朦胧。山色也变暗了，成了老瓜皮色。而天空云霞则似“碎剪鹅毛”，呈现出“黄金锦荔”和“晶透葡萄紫”的奇异色彩。山中夜雾层层涌起，如鱼肚泛白，穿入银红，金光闪闪。此刻，天地山川，云霞日彩，烘蒸郁衬，好像一个大染坊，却不知要染什么。面对这奇特的景色，作者忽发奇想，以为这天地山川之美是要“妒海蜃，凌阿闪，一漏卿丽之华”，又像是给“有荡胸决眦之解”的舟中之子以心灵的启示，赐以自然的文采，使之观赏奇妙的随时变化。

作者在生动描写景物的同时，又有深刻的理性思考，这样就使文章增添了哲学意味。他所发出的“不观天地之富，岂知人间之贫”的感喟，就包含着对当时世俗社会的不满和鄙视，包含着对高尚人生的探索和追求。鲁迅在《小品文的危机》中曾说：“明末的小品，虽然比较的颓放，却并非全是吟风弄月，其中有不平，有讽刺，有攻击，有破坏。”这篇文章也具有这种特点，只是写得比较委婉含蓄，但在“荡胸决眦之解”的言语中也还是可以见出其思想锋芒的。庄子曾说：“判天地之美，析万物之理”。作者感受到天地的大美，并由美妙的景色顿悟玄妙的哲理，让人回味无穷。人间的一切与天地山川相比，是多么的微不足道；世俗所夸耀的和自然的光彩相比，又是多么逊色！作者显然有一种苍茫的宇宙意识和人世的超脱感，一种厌恶世俗，向往自然，投入无限的情怀。他欣赏宇宙的大美，不固恋、执著于人间的苍白。这样就使作品的境界升华到了一个新的高度。

在艺术上，这篇文章也是颇能体现王思任的风格的。恣意描摹，尽情刻画；引用的比喻信手拈来，略无顾忌，出言灵巧，自然酣畅。像“老瓜皮”“鸦背青”这类通俗词语，也不加细择，拿来悉用，体现出“矢口放心，略无忌惮”的爽快文风。

（臧维熙　张　璟）

【作者小传】

徐弘祖

(1586—1641)　明旅行家、地理学家。字振之，号霞客。南直隶江阴(今属江苏)人。自幼好学，博览群书，尤喜图经地志。一生未仕，二十二岁始专事旅游。足迹北至燕、晋，南至云贵、两广。著有《徐霞客游记》等。

游黄山日记(后)　徐弘祖

初四日。十五里至汤口[①]。五里至汤寺[②]，浴于汤池。扶杖望硃砂庵[③]而登，十里上黄泥岗，向时云里诸峰，渐渐透出，亦渐渐落吾杖底。转入石门[④]，越天都[⑤]之胁而下，则天都、莲花[⑥]二顶，俱秀出天半。路旁一歧东上，乃昔所未至者，遂前趋直上，几达天都侧。复北上，行石罅中，石峰片片夹起，路宛转石间，塞者凿之，陡者级之，断者架木通之，悬者植梯接之。下瞰峭壑阴森，枫松相间，五色纷披，灿若图绣。因念黄山当生平奇览，而有奇若此，前未一探，兹游快且愧矣。

时夫仆俱阻险行后，余亦停弗上。乃一路奇景，不觉引余独往。既登峰头，一庵翼然，为文殊院[⑦]，亦余昔年欲登未登者。左天都，右莲花，背倚玉屏风[⑧]。两峰秀色，俱可手揽。四顾奇峰错列，众壑纵横，真黄山绝胜处。非再至，焉知其奇若此！遇游僧澄源至，兴甚勇。时已过午，奴辈适至。立庵前，指点两峰。庵僧谓天都虽近而无路，莲花可登而路遥，只宜近盼天都，明日登莲顶。余不从，决意游天都。挟澄源、奴子，仍下峡路。至天都侧，从流石蛇行而上，攀草牵棘，石块丛起则历块，石崖侧削则援崖。每至手足无可着处，澄源必先登垂接。每念上既如此，下何以堪？终亦不顾。历险数次，遂达峰顶。惟一石顶，壁起犹数十丈，澄源寻视其侧，得级，挟余以登。万峰无不下伏，独莲花与抗耳。时浓雾半作半止，每一阵至，则对面不见，眺莲花诸峰，多在雾中。独上天都，予至其前，则雾徙于后；予越其右，则雾出于左。其松犹有曲挺纵横者，柏虽大干如臂，无不平贴石上，如苔藓然。山高风巨，雾气去来无定，下盼诸峰，时出为碧峤，时没为银海。再眺山下，则日光晶晶，别一区宇也。日渐暮，遂前其足，手向后据地，坐而下脱。至险绝处，澄源并肩手相接。度险下至山坳，暝色已合，复从峡度栈以上，止文殊院。

黄山

——郑千里绘，明崇祯六年墨绘斋刻本《名山图》

〔注〕 ① 汤口：安徽黄山市歙县西北的小镇，乃赴汤泉必经之路，因汤泉而得名，在黄山脚下。 ② 汤寺：即唐代汤院(灵泉院)、宋代祥符寺，因靠近汤泉，故俗称汤寺。 ③ 硃砂庵：即慈光寺。硃砂庵乃慈光寺旧名。寺已颓败，新中国成立后修建成慈光阁宾馆。 ④ 石门：黄山石门峰为三十六大峰之一，在光明顶东北，峰顶两壁夹峙如门，故名。 ⑤ 天都：黄山三大主峰之一，海拔一千八百十米，山顶有“登峰造极”等石刻。绝壁峭岩，极为险峻。 ⑥ 莲花：与天都并称黄山两大峰。在文殊院前看莲花峰，形如初绽莲花，故名。海拔一千八百六十四米。 ⑦ 文殊院：寺名，在天都、莲花两峰之间。今已不存，改建为玉屏楼。风光奇美，民间有“不到文殊院，不见黄山面”之语。 ⑧ 玉屏风：即玉屏峰，以峰秀出横列如玉屏，故名。

徐宏祖(霞客)是明代著名旅行家、地理学家和游记作家。万历四十四年(1616)二月，他第一次登黄山，但未能尽览，本文是他万历四十六年再游黄山的日记。今选取九月初四日一段。

登山，最容易使人感悟到奋发求索、攀登不已的人生哲理。杜甫望东岳，大呼“会当凌绝顶，一览众山小”，其胸襟气魄，令千秋感佩。徐宏祖的这篇日记，从立意上看并无多少新鲜之处，它与许许多多登山诗文一样，强调只有不畏艰辛才有希望登上奇峰的顶点。值得我们认真审视的是，作者在登山过程中表现出的特有心态。

在神奇美好的大自然面前，中国古代文化人的心态是相当复杂的：庄子逍遥，屈子愤激，陶潜冲和，李、杜豪诚，白居易疏朗，苏东坡超脱，等等。若从总体上着眼，他们又有一个共同点，那就是寄情于景，一切景语皆“我”之情语，而且多与忧国忧民、大志难展、人生蹭蹬的“情语”相关。徐宏祖之于祖国的山山水水，似乎有点“忘我”。他无视功名，不事科举，以拥抱自然、寻美探胜为终身乐事。他是一位“山水痴”，奉献给大自然的是一片赤子之情，诚如潘耒《遂初堂集·徐霞客游记序》所评赞的：“不避风雨，不惮虎狼，不计程期，不求伴侣，以性灵游，以躯命游，亘古以来，一人而已。”这一种舍得“拼命”的旅游精神，在这篇日记中得到了生动的体现，应细细加以品味。

首先体察到的，是作者孩童式的天真。入山第一程，似乎相当轻松，一路行来，雀跃然。日记中连记三处里程：“十五里至汤口”，“五里至汤寺”，“十里上黄泥岗”，真是“一去二三里，烟村四五家”，优游自在得很。旋即一收，得意洋洋地指出：“向时云里诸峰，渐渐透出，亦渐渐落吾杖底。”捉了个有趣的迷藏，总算把躲在云里的诸峰置于我的杖下了。正由于有了这种天真，才有了第二程所萌动的惭愧之情：那么“灿若图绣”的奇景，前一次登山竟未一探，实在是羞愧极了！一般说来，唯有纯真的童心才能作无饰的忏悔，才能在“凿之”“级之”“通之”“接之”的开山壮举面前感到自己的渺小和浅陋。作者一方面礼赞自然造化，一方面又诚挚地向改造自然的艰辛劳动折腰顶礼——他是一个在“美”与“创造”面前容易折服，容易动情的人。接下来，日记为我们展示了一幅生气勃勃的“竞登黄山图”，令人真切地感受到作者的憨劲儿和倔劲儿。“时夫仆俱阻险行后，余亦停弗上。乃一路奇景，不觉引余独往”，好奇得有如入世未深的孩童，只要有奇景在前引诱，便忘乎所以，挣脱从人，喜孜孜、乐陶陶地独自游玩了。与庵僧的对话，更突现出作者的执著和痴迷，尽管行家告诫道“天都虽近而无路，莲花可登而路遥，只宜近盼天都，明日登莲顶”，他却“不从”，我行我素，“决意游天都”。于是，“挟澄源、奴子”继续前行，大有义无反顾的派头。以下是一连串的动作描写，如“蛇行而上”“攀草牵棘”“历块”“援崖”“垂接”“挟登”，等等。更妙的是，攀登中忽插入一段悬想：“每念上既如此，下何以堪？终亦不顾”。管它呢，只要能上得奇峰，即使毫无退路，也是乐得去拼一拼、闯一闯的。这才是真正的“以躯命游”，这才是自然之子、杰出旅行家的崇高品格！与攀登的系列动作相映照，下山的动作却是颇有滑稽意味的：“遂前其足，手向后据地，坐而下脱。至险绝处，澄源并肩手相接”。相当狼狈，却乐在其中。总观以上种种意态，我们分明体察到：眼前的这一位旅行家，是把寻幽探胜、穷究自然之美作为崇高信念、神圣使命、人生需求和心灵归宿的痴情人，是把自己无条件地奉献给祖国壮丽山河而不顾穷通、荣辱和生死的赤子。作者游山心诚，故大自然给了他丰厚的回报，黄山的种种奇观尽入其眼底。那“秀出天半”的天都、莲花二顶峰，那宛转于片片石峰间的山径，那阴森的峭壑、五色的枫松，那半作半止的浓雾，以及漫漫云海，晶晶日光，无不令人目眩神摇，叹为观止。只有对大自然无限依恋的人，才能真切地体察大自然的风采和神韵。徐宏祖简洁传神的文笔也雄辩地印证了他热爱祖国河山的思想感情。

（何永康）

【作者小传】

谭元春

（1586—1637）　明文学家。字友夏。湖广竟陵（今湖北天门）人。天启举人。与钟惺同为“竟陵派”创始者。曾同评选古诗，编为《古诗归》《唐诗归》。论文反对摹古，提倡幽深孤峭的风格。诗文冷僻苦涩，以俚率为清真，号“竟陵体”。著有《岳归堂稿》《鹄湾集》《谭友夏合集》。

再游乌龙潭记　　谭元春

潭宜澄，林映潭者宜静，筏宜稳，亭阁宜朗，七夕宜星河，七夕之宾客宜幽适无累。然造物者岂以予为此拘拘者乎！

茅子越中人①，家童善篙楫。至中流，风妒之，不得至荷荡，旋近钓矶系筏。垂垂下雨，霏霏湿幔②，犹无上岸意。已而雨注下，客七人，姬六人，各持盖③立幔中，湿透衣表。风雨一时至，潭不能主④。姬惶恐求上，罗袜无所惜。客乃移席新轩，坐未定，雨飞自林端，盘旋不去，声落水上，不尽入潭，而如与潭击。雷忽震，姬人皆掩耳欲匿至深处。电与雷相后先，电尤奇幻，光煜煜入水中，深入丈尺，而吸其波光以上于雨，作金银珠贝影，良久乃已。潭龙窟宅之内，危疑未释。

是时风物倏忽，耳不及于谈笑，视不及于阴森，咫尺相乱；而客之有致者反以为极畅，乃张灯行酒，稍敌风雨雷电之气。忽一姬昏黑来赴，始知苍茫历乱，已尽为潭所有，亦或即为潭所生；而问之女郎来路，曰"不尽然"，不亦异乎？

招客者为洞庭吴子凝甫，而冒子伯麟、许子无念、宋子献孺、洪子仲伟，及予与止生为六客，合凝甫而七。

〔注〕 ① 茅子：茅元仪，字止生，归安(今浙江湖州市)人，茅坤的孙子。越中人：明代绍兴府，古称越州。而归安属湖州府。此处"越中"当是指浙江而言。春秋时浙江一带属越国。② 垂垂下雨，霏霏湿幔：垂垂，形容下垂，下降。宋周必大《二老堂诗话》"康与之重九词"："重阳日，四面雨垂垂。"范成大《秋日田园杂兴》诗："秋来只怕雨垂垂。"霏霏，形容雨雪之密。《诗·小雅·采薇》："今我来思，雨雪霏霏。" ③ 盖：古代指车盖，掩覆在车上的帷幔，与伞相类。亦指伞，今尚有称伞为雨盖者。 ④ 潭不能主："主"，于文义不通，疑是"往"字之误省边旁。

故都金陵(今江苏南京)城内，可游览的名胜景观不少，而谭元春却独钟爱乌龙潭。究其原因，一是乌龙潭位于城内，不像游燕子矶、莫愁湖那样须费跋涉攀援之苦；二是乌龙潭幽僻而人迹罕至，又不像秦淮河附近那样烦嚣杂乱(见谭元春《初游乌龙潭记》)。因此，近而幽静的乌龙潭，对一心追求"荒寒独处，稀闻渺见"(《渚宫草序》)的谭元春来说，是很有吸引力的。万历四十七年(1619)秋，谭氏居南京期间，曾与友人三游乌龙潭，并写下了《初游乌龙潭记》《再游乌龙潭记》《三游乌龙潭记》三篇文章。三篇游记前后相贯，都以"筏游"为中心：《初游》记述对乌龙潭的简略印象，末尾叙见邻家之舟往来秋波上，而触发了以筏游潭的兴致；《再游》记乘筏出游，途中遇雷雨而领略到乌龙潭附近的壮美奇观；《三游》记在晴和的天气中乘筏游潭，潭上一天之中日景、晚霞、月色的诸多变化。三篇之中，又以这篇《再游》最为奇警动人。

本文先以一段议论发端，这段议论紧扣“游潭”与“七夕”而发，可称之为全文的引子。作者先连用六个“宜”字，引出世人对游潭和度七夕的通行规范和一般要求。讲究不同环境、时令中人们生活方式的“相称”“相宜”，似乎滥觞于题名李义山的《杂纂》，而到明中叶后的一班文人雅士，则表现出事事时时留意、大力总结推广的热情（可参看袁宏道《瓶史》《觞政》，张大复《梅花草堂笔谈》等）。在初创者那里，这种规范渗透着个人的性情趣味，尚令人感到新鲜有趣；但相沿成习，追随者日众，通行的规范又使人感到腻味和拘束。看重个人性灵而不屑于被格套所拘的谭元春，当然对日益僵死的一般规范很不满意，因而在“六宜”之后，他便以一“然”字陡转，表示自己不肯屈从、拘泥于世俗规范的傲然态度，向读者暗示他的七夕游定然是一种非常之举，窥见到的定然是一种非常之美。

以下自“茅子越中人”至“不亦异乎”，是本篇游记的主体部分。在这一部分，作者以他特有的幽丽奇峭之笔，描绘出大雷雨中乌龙潭上的壮美奇观。若与前人的山水游记相比，本文在写法上有两个最显著的特点。

一是将对外界景物的描写与对游览者的动作、心情的记叙结合起来，两者穿插映带，相互渗透。如文中写风雨初作时，先以一句“霏霏湿幔”写细雨霏霏景象，又以一句众人“犹无上岸意”写众人的游兴正浓；写到继而风雨大作，“雨注下”，“潭不能主”，又加一句“姬惶恐求上，罗袜无所惜”，写出此时游者的恐慌心情。写到雷声之烈，又借“姬人皆掩耳欲匿至深处”的畏惧动作映衬之。在写出闪电造成的奇幻景象后，又写出作者此时内心对正处于“潭龙窟宅之内”的猜疑、恐怖。外面风雨雷电齐作，“风物倏忽”，而轩内“客之有致者反以为极畅，乃张灯行酒”。在文中，写景与写人始终没有分离脱节。如果，文中对外界景物的描写是状其“奇”的话，那么，对人的行动、心情的记述则增其“险”，而且使人读来有身临其境的感受。

二是在对景物的具体描写上，作者善于从视觉、听觉、触觉、幻觉等多种感受的角度写出急骤变化的各种景象，如写大雨如注，“湿透衣表”，是从触觉写；写雷声，从听觉角度写；写闪电，从视觉角度写；写雨点飞来，“声落水上”，则是听觉与视觉的结合。最为奇特的是，本文中出现了不少含有幻觉的描写，如写雨的“飞自林端，盘旋不去”，“不尽入潭，而如与潭击”，写闪电的“光煜煜入水中，深入丈尺，而吸其波光以上于雨”。文中描述的这类景象显然不只是客观的物理现象，而是作者的意中之象，含有作者处在猜疑、惊奇、恐惧中的幻觉成分。幻觉的加入使文中的景象格外幽奇，再配之以“潭龙窟宅之内，危疑未释”和“苍茫历乱，已尽为潭所有，亦或即为潭所生”的内心独白，越发使这次乌龙潭之游显得幽幻险怪。而作者在震惊之余，对乌龙潭上的飘风急雨、惊雷疾电独能尽情欣赏，获得巨大的审美享受。看来，他是故意要显扬自己游乌龙潭的“不澄、不静、不稳、不朗、不幽适”，来对抗世俗的审美规范的。　（刘传新）

【作者小传】

刘　侗

（约1594—约1637）　明文学家。字同人，号格庵。湖广麻城（今属湖北）人。崇祯进士。于赴任吴县知县时，死于扬州。其文属于“竟陵派”。文笔峻削奇崛，流于怪僻。曾与于奕正合撰《帝京景物略》，详记北京风物，颇有资料价值。

水　尽　头

刘　侗

观音石阁而西，皆溪，溪皆泉之委；皆石，石皆壁之余。其南岸，皆竹，竹皆溪周而石倚之。燕故难竹，至此，林林亩亩。竹，丈始枝；笋，丈犹箨；竹粉生于节，笋梢出于林，根鞭出于篱，孙大于母。

过隆教寺而又西，闻泉声。泉流长而声短焉，下流平也。花者，渠①泉而役乎花；竹者，渠泉而役乎竹：不暇声也。花竹未役，泉犹石泉矣。石罅乱流，众声澌澌，人踏石过，水珠渐衣。小鱼折折石缝间，闻跫音②则伏，于苴③于沙。杂花水藻，山僧园叟不能名之。草至不可族，客乃斗以花，采采百步耳，互出，半不同者。然春之花尚不敌其秋之柿叶，叶紫紫，实丹丹。风日流美，晓树满星，夕野皆火，香山曰杏，仰山曰梨，寿安山曰柿也。

西上圆通寺，望太和庵前，山中人指指水尽头儿，泉所源也。至则磊磊中两石角如坎，泉盖从中出。鸟树声壮，泉唶唶不可骤闻。坐久，始别，曰：“彼鸟声，彼树声，此泉声也。”

又西上广泉废寺，北半里五华寺，然而游者瞻卧佛辄返，曰：“卧佛无泉。”

〔注〕 ① 渠：人工开凿的水道，这里作动词用，是说花生长在泉水两边，自然形成水道。② 跫(qióng 穷)音：脚步声。《庄子·徐无鬼》：“夫逃虚空者……闻人足音跫然而喜矣。” ③ 苴(chá 茶)：水中的浮草。

本文选自刘侗与于奕正合著的《帝京景物略》一书。此书虽为两人合著，但有明确的分工：“奕正职搜讨”，“采厥事”；刘侗“职摛辞”与“笔华墨渖”。也就是说，于奕正主要负责采访事实，收集资料；而刘侗则负责文字结撰润饰。因而，可以说，文章是出自刘侗之手，表现了刘侗的风格特色。

在晚明文学流派中，刘侗属于以钟惺、谭元春为首的“竟陵派”，为文时追求一种“幽深孤峭”的风格。然而就《帝京景物略》的写作来看，刘侗却并不被钟、谭的门径所限，而是充分吸取众家所长，熔《世说》的隽永、《水经注》的雅洁、袁中郎游记的灵趣于一炉，又加上他自己特有的造语炼字功夫，从而把《帝京景物略》中的大多数篇章写成了精洁凝练、奇峭冷隽的小品文。读这类小品犹如食橄榄，初入口时觉得有些苦涩，不太爽口，然而，细细咀嚼之后，又觉苦后回甜，滋味悠长。

本文写北京西郊寿安山一带的风物景观。此处现名樱桃沟，明代无名，故作者暂且以“水尽头”名之。明代时，这里人迹罕至，林壑深处，溪水漫流，草木繁茂，别有一种山野幽趣。作者将此处纷缊烂漫、美不胜收的自然风光纳入不过三百来字的短小篇什中时，涤骨刮肠，刻意打破通常的文字规范，力求句法、字法奇特精警，使文章本身也具有一种幽秀的特色。

文中首节写观音石阁(观音堂)以西的景色。作者先一连使用了三个“皆 X，X 皆”的句式，排比、回环，把景中的“溪”“石”“竹”三物予以突出强调。这种为要突出某物而将某物提前置于句首的句式，始散见于袁中郎等人的山水游记，而最终在张岱手中得到了着意张扬。如在其《陶庵梦忆·鲁藩烟火》一文中，就一连使用了六个“灯其 X”的句子，突出鲁藩灯火之盛。这种句式的好处是一下子就把要描写的事物置于前景，避免了过多的铺陈介绍，使文笔显得干净洗练。如果再进一步具体分析，还可以发现本文三个“皆 X”的句式在大体相同的格式中又有参差变化之妙。前两句“皆溪，溪皆泉之委”与“皆石，石皆壁之余”格式相同，字数也相等；第三句“皆竹，竹皆溪周而石倚之”，仍沿用前两句的格式，但字数增多，句子拉长，语势也相应由峭急变得舒缓。三个“皆 X”的句式，明确地揭示出这一带景物的特点以及它们之间的关系：竹、溪、石与其他景物相比，前者是主，后者是宾；而在竹、溪、石中，竹又为主，溪、石为宾。在揭示出了这层宾主关系后，作者才放开笔，对最能代表此处景物特色的竹林进行了描绘：先插入一句“燕故难竹”，指出北京地区的气候本不适宜竹子的生长，衬染此处竹林的“林林亩亩”，显示此处得天独厚之奇。对竹林的描绘，力图避免落入一般化的俗套，而用一种错综比较的笔法出之：此处的竹子有的长到一丈高才开始分杈，有的竹笋足有一丈来高还未脱去片片笋壳，有的笋梢竟超出于竹林之上，还有些老竹根下生出的新竹后来居上，长得比老竹还要高大挺拔。作者以“孙大于母”戏称此种情状，颇有风趣。在这种竹与笋、老竹与新竹的交互比较中，这一带竹林自生自长、繁茂昌盛之状就很生动地显示出来了。

紧接一段，续写隆教寺以西的景色。这一段涉及的景物繁多，诸如泉、花、竹、鱼、春之花草、秋之红叶，作者写来却极有层次。他调动各种艺术手法，将众多的景物交织在一起，使人感到耳目应接不暇，却又繁而不乱。这段文字在结构上仍以空间方位为主，但又以时序为辅，由春之花草写到秋之红叶，使人领略到山中四时景色的变化。对各种景物的描述，则时虚时实，虚实结合。如对水中鱼的描写：“小鱼折折石缝间，闻跫音则伏，于苴于沙。”采用实笔正面描写，精微谨细。而对山间花草，则以“山僧园叟不能名之”和“客乃斗以花，采采百步耳，互出，半不同者”这样的虚笔，从侧面烘托，让读者自去想见山间花草的繁多。然而此段中最能见出作者的功力和特殊风格的，还要数文中描述花、竹、泉关系的几句。山间泉水缓缓流淌，溪流两边适宜花木生长，有的地方杂花丛生，有的地方则是绿竹夹岸。作者描写这种景况时，看来是颇费一番工夫的，出语甚为奇特：“花者，渠泉而役乎花；竹者，渠泉而役乎竹：不暇声也。”初读时觉相当拗口且有些费解，但细读之后，又觉简短中很有些意味。句中把“花”“竹”提前，作为施动者；把原是名词的“渠”作为动词用；把泉水拟人化为仆役，都使人感觉一新。在作者笔下，花、竹、泉都显得仿佛是有生命的东西，相互之间结成了亲密的关系：花与竹以其妍丽挺秀吸引、装点着泉水，泉水自然流淌成渠，在花与竹的护绕下，甘心情愿地为之服役，默默无言地奔波而毫无抱怨。这里泉水的特点本来是“流长而声短”，作者的想象与之倒也十分贴切，使人觉得自然生动，而决无生造之痕。如若把这几句解作人工引泉水灌溉花竹，使泉水为花竹服役，则句中的意味全失，真正是煞风景。

在写到太和庵前的“水尽头”时，作者的笔法又是一变，着重从听觉方面表现“水尽头”的凄清幽静，但这种静不是无声之静，而是动中之静，是鸟声、树声、泉声交织中的静，与唐代王籍的诗句“蝉噪林愈静，鸟鸣山更幽”同得自然之妙理。

叙水尽头景色毕，文章似已结束，但结尾作者却又无端飞来一句：“然而游者瞻卧佛辄返，曰：'卧佛无泉。'"如截奔马，陡然停住，不再申说，无限意思尽在不言中。作者是在责怪世人肢体懒惰，不肯到林壑深处寻幽探胜呢，还是讽刺世人思想僵化，甘愿相信经不起验证的谬误信条呢？看来，只有读者自己去回味和琢磨了。

（刘传新）

【作者小传】

魏学洢

(1596—1625) 明散文家。字子敬。浙江嘉善人。诸生。其父魏大中因弹劾魏忠贤而被捕入狱，死于狱中。他受阉党威逼悲愤致死。善为文。著有《茅檐集》。

核 舟 记

魏学洢

明有奇巧人曰王叔远，能以径寸之木，为宫室、器皿、人物，以至鸟兽、木石，罔不因势象形，各具情态。尝贻余核舟一，盖大苏泛赤壁云①。

舟首尾长约八分有奇，高可二黍许。中轩敞者为舱，箬篷覆之。旁开小窗，左右各四，共八扇。启窗而观，雕栏相望焉。闭之，则右刻"山高月小，水落石出②"，左刻"清风徐来，水波不兴③"，石青糁之。

船头坐三人，中峨冠而多髯者为东坡，佛印④居右，鲁直⑤居左。苏、黄共阅一手卷。东坡右手执卷端，左手抚鲁直背。鲁直左手执卷末，右手指卷，如有所语。东坡现右足，鲁直现左足，各微侧，其两膝相比者，各隐卷底衣褶中。佛印绝类弥勒⑥，袒胸露乳，矫首昂视，神情与苏、黄不属。卧右膝，诎右臂支船，而竖其左膝，左臂挂念珠倚之，珠可历历数也。

舟尾横卧一楫。楫左右舟子各一人。居右者椎髻仰面，左手倚一衡木，右手攀右趾，若啸呼状。居左者右手执蒲葵扇，左手抚炉，炉上有壶，其人视端容寂，若听茶声然。

其船背稍夷，则题名其上，文曰“天启壬戌⑦秋日，虞山⑧王毅叔远甫刻”，细若蚊足，钩画了了，其色墨。又用篆章一，文曰“初平山人”，其色丹。

通计一舟，为人五；为窗八；为箬篷，为楫，为炉，为壶，为手卷，为念珠，各一；对联、题名并篆文，为字共三十有四。而计其长曾不盈寸。盖简桃核修狭者为之。

魏子详瞩既毕，诧曰：嘻，技亦灵怪矣哉！《庄》《列》所载，称惊犹鬼神者良多，然谁有游削于不寸之质，而须麋⑨了然者？假有人焉，举我言以复于我，亦必疑其诳。今乃亲睹之。由斯以观，棘刺之端未必不可为母猴也⑩。嘻，技亦灵怪矣哉！

〔注〕 ① 大苏：苏轼，人们称他和他的弟弟苏辙为“大苏”“小苏”。 ② 山高月小，水落石出：语出苏轼《后赤壁赋》。 ③ 清风徐来，水波不兴：语出苏轼《前赤壁赋》。 ④ 佛印：即佛印禅师，名了元，字觉老，苏轼的朋友。 ⑤ 鲁直：黄庭坚，字鲁直。 ⑥ 弥勒：弥勒佛。 ⑦ 天启壬戌：天启，明熹宗年号。壬戌为1622年。 ⑧ 虞山：山名，在今江苏常熟西北，这里指代常熟。 ⑨ 须麋：同“须眉”。 ⑩ 棘刺之端未必不可为母猴：典出《韩非子·外储说左上》：有人报告燕王自己能在“棘刺之端为母猴”，于是受到优厚待遇，却推三托四，迟迟不动手，后来燕王要他先出示工具，他拿不出，骗局被揭穿。

有苏东坡泛舟赤壁，乃有《赤壁赋》，乃有“核舟”，乃有《核舟记》。一条红线贯穿几粒明珠，这在中国文艺史上实属鲜见。

这种“记”，容易写成平铺直叙的“说明文”。魏学洢并不回避这一点，他确实是平平稳稳、一板一眼地写来的，似乎只要把核舟介绍清楚了便万事大吉。他犯了文章家的一“忌”，却又“特犯不犯”，通篇显得充实而有光辉，美得很。何以至此？我以为他构思落墨时，胸中有赤壁的如画江山，有苏东坡为之神往的人生佳境，有审视和赞赏“灵技”的灵感，有把这一切混沌起来加以升华，融入自我的那股子创造力。否则，此《记》便仅仅是一“记”了。

作者面对的是小小核舟，不比苏东坡置身赤壁、无限风光尽归己有，他必须展开想象的羽翼由此及彼地进行心灵的远游，仿佛看到了小小核舟正在横江白露间随意飘荡，凌万顷之茫然。不信请看：他着意叙写的是核舟小窗上刻写的“山高月小，水落石出”和“清风徐来，水波不兴”，他特别强调的色彩是“石青”“墨”以及篆章上的一点“丹”。这一种有意注意，不能不说是作者内心感受的外现；他在观赏核舟时体察到了一种氛围，故在叙写时有选择地突现了以上字句。

这样一来，核舟便有了自己的大背景和小环境，便真的如一苇放纵于水光接天的情境之中了。

当然，人对于“人”才是最感兴趣的。王叔远创作核舟，其匠心主要在于舟上的五个人物——东坡、佛印、鲁直以及二舟子。这不仅使《赤壁赋》中“苏子与客泛舟”之“客”具体化了，而且巧妙地暗示了苏东坡游赤壁时的心境。东坡与鲁直均在政治上不得志，他们在艰难仕途上萌动的“小舟从此逝，江海寄余生”的退避思想，相当自然地与皈依佛门的佛印和尚心扉互叩，故王叔远发挥艺术想象将他们三人请到了一起，这实在是读透了《赤壁赋》，读透了“苏东坡”！更何况，两个配角（二舟子）的一文一野的神态，又从另一侧面烘托与渲染了三位游客的独特心境——胸中有多少块垒之气，眼前有多少恬静与淡泊！作为雕刻艺人，王叔远在表现以上这些时只能捕捉与刻画瞬间的人物形象，为人物造型，让人物的组合形式、人物的外在姿态默然无声地“说话”。魏学洢在审视核舟时侧耳倾心地聆听了这种奇妙的“说话”，并且用文字媒介传神地再现了这种灵魂的语言。他借助的主要是一系列动词——执、抚、指、语、矫、视、卧、诎、竖、倚，等等。这些动词让我们清晰地看到了人物的一系列动作，并由此去透视人物的心底波澜：东坡和鲁直是那么亲密地靠在一起，他们“共阅一手卷”，简直到了如醉如痴的地步；佛印和尚到底更为超脱，他的整个架势几乎与弥勒佛毫无二致。这里，魏学洢根据自己的审美体验，过细地鉴别了苏、黄与佛印的微妙差异，苏、黄二人毕竟徘徊在退避与进取之间，故研读起手卷来不免执著痴迷，云“空”未必“空”；佛印却是“袒胸露乳”，放浪形骸，“矫首昂视”，目空一切，其神情自然“与苏、黄不属”。这是《核舟记》作者的独到领悟，王叔远在刻舟时可能有此含意，但经过魏学洢的妙笔点染，其内蕴就更为醒目了。至于对二舟子动态的描述，作者看来也有所寄寓。他们一个倚衡木任小舟随波荡漾，一个执蒲葵扇默默地烧茶，都很“静”，都有点“飘飘乎”；但二人的个性表露却很不相同，一个是“右手攀右趾，若啸呼状”，另一个是“视端容寂，若听茶声然”。看来，无论是仰天长啸，还是心清如水，只要能与大自然融合在一起，便都能得其所哉，享受人生的乐趣啊！这是不是可以理解为魏学洢向苏、黄、佛印三人送去的会心的微笑呢？

本文叙写和赞叹的是巧夺天工的微雕艺术，故行文清晰，条理井然，笔墨精工，犹如执放大镜由整体到局部、由局部到细部地对小小核舟做极其认真的检视。最后，“通计一舟”，连用九个“为”字，表面上是“算总帐”，实际上流露了作者对这一微雕精品的真诚而热烈的赞叹。我们简直可以想见：魏学洢是怎样扳着指头，如数家珍地一一点算啊！

（何永康）

张　岱

【作者小传】

(1597—1679)　明末清初文学家。字宗子,又字石公,号陶庵。浙江山阴(今绍兴)人,侨寓杭州。清兵南下,入山著书。通晓音乐、戏剧,尤以散文著称。文笔清新峭拔,时杂诙谐风趣。作品多写山水景物、日常琐事,时时流露明亡后怀旧感伤情绪。著有《琅嬛文集》《陶庵梦忆》《西湖梦寻》等。又有《石匮书》(现存《石匮书后集》),记载崇祯至南明史事。

柳敬亭说书　　张　岱

南京柳麻子,黧黑,满面疤㿔,悠悠忽忽,土木形骸①。善说书,一日说书一回,定价一两,十日前送书帕②下定,常不得空。南京一时有两行情人③,王月生、柳麻子是也。

余听其说景阳冈武松打虎白文④,与本传大异。其描写刻画,微入毫发,然又找截⑤干净,并不唠叨。㗖夬声如巨钟,说至筋节处,叱咤叫喊,汹汹崩屋。武松到店沽酒,店内无人,謈地一吼,店中空缸空甓皆瓮瓮有声,闲中著色,细微至此。

主人必屏息静坐,倾耳听之,彼方掉舌,稍见下人呫哔耳语,听者欠伸有倦色,辄不言,故不得强。每至丙夜,拭桌剪灯,素瓷静递,款款言之,其疾徐轻重,吞吐抑扬,入情入理,入筋入骨,摘世上说书之耳,而使之谛听,不怕其齰⑥舌死也。

柳麻子貌奇丑,然其口角波俏,眼目流利,衣服恬静,直与王月生同其婉娈,故其行情正等。

〔注〕①土木形骸:谓不修饰。②书帕:指请柬与定金。③行情人:走红的人。④白文:即大书,专说不唱。⑤找截:找,补充;截,删略。⑥齰(zé责):咬。

柳敬亭乃明末一位奇人,本姓曹,名逢春,因罪逃亡改姓名;从此,精研说书技艺,造诣极高,明亡后更借以抒发亡国之痛,动人心魄。其事具见黄宗羲《柳敬亭传》。本文专写柳敬亭高超的说书本领,可谓以奇笔传奇人,为《陶庵梦忆》中别致的名篇。

此文有三善。第一是剪裁得当,计一当十。全篇不到三百字,却有声有色,不觉其短。作者将概略勾勒与具体描画相结合,虚实相间,遂臻墨妙。一段具言

陶菴張長公小像

张岱小像

说书定例，须提前十日下定，常不得空，为下文进一步突出柳氏“行情”（身价）预作铺垫，必不可少。二段详叙作者耳闻目见柳氏说书之情景，是画龙点睛之笔。作者在千头万绪中，只拣“其说景阳冈武松打虎白文”一例集中刻画。有简括交代，言其“与本传（指《水浒》）大异”，可见有艺术加工与再创造；“微入毫发”与“找截干净”似是难以得兼的，柳氏却能使之并存双美，可见其得心应口。有具体描绘，说到柳氏善于渲染故事情节，能引人入胜，便举其说武松到店沽酒，见店中无人，大声一吼，竟使空缸空罐瓮瓮作响，这的确是从细枝末节上将书中角色讲活了。这里不仅使人觉说书人“细微至此”，而且觉得作者文笔亦“细微至此”。这一笔遂使全篇生辉。三段乃概述柳氏一般的行艺风度，即讲态，决非做买卖似地只图了事，而是以一种严肃自重的态度对待说书，注意听说双方的思想情感的交流及艺术效果。或“辄不言”，或“款款言之”，均有理有节，这就突出了一个艺术家（非说书匠）的品格。由于叙写的详略、轻重、虚实处理得当，增加了文字的分量与效果。

其次是下字考究，铸语洗练。仿此文中的话说，则又口角波俏，行文流利。要写有个性的人，须有个性化的文字，方为上乘。作者深知个中三昧。此文写说书高手，语言也力求活泼生动，绘声绘色。文中多用短句，尤其四字结构的短句，又适当注意短长相间，读来上口悦耳，于无形中为其人传神写照，作用不小。如第二段全部文字，与第三段的“每至丙夜（三更半夜），拭桌剪灯，素瓷静递，款款言之，其疾徐轻重，吞吐抑扬，入情入理，入筋入骨，摘世上说书之耳，而使之谛听，不怕其齰舌死也”数句，既整饬又流走，也可说是“疾徐轻重，吞吐抑扬，入情入理，入筋入骨”，饶有音乐美。此外，文中的“微入毫发”“找截干净”“闲中著色”“口角波俏”等语，同时均为夫子自道，现身说法。

第三即闲中着色，陪衬绝妙。其文主旨本在赞美柳敬亭的艺术风采与魅力，却不讳言其“貌奇丑”，而且从头到尾，对此大加渲染，直呼“柳麻子”，形容他“黧黑，满面疤瘤，悠悠忽忽（随随便便），土木形骸”。与此同时，却又拉上个风流妍美的歌妓王月生与之并提，说“南京一时有两行情人，王月生、柳麻子是也”，又说“其口角波俏，眼目流利，衣服恬静，直与王月生同其婉娈，故其行情正等”。这样写不仅相映成趣，而且有衬托妙用。那歌妓色艺双全，被人捧红，不足奇；而柳麻子虽丑，却以其技艺生色，同样受人爱重，才可称奇。人们不呼其名，而呼“柳麻子”，反觉亲切，居然昵称。这一陪衬，使得此文更为摇曳多姿。

众所周知，法国文豪雨果的巨著《巴黎圣母院》，将奇丑与内美（善）集于钟楼看守人夸西摩多一身，且与单纯美丽的吉卜赛姑娘艾丝密拉达相映衬，取得强烈的艺术效果，文学史上引为美谈。这种手法，与我国明代散文家张岱的这篇小品文有不谋而合之处，而后者在时间上则又遥遥领先了。　(周啸天)

西湖七月半　　张　岱

西湖七月半，一无可看，止可看看七月半之人。看七月半之人，以五类看之。其一，楼船箫鼓，峨冠盛筵，灯火优傒[1]，声光相乱，名为看月而实不见月者，看之；其一，亦船亦楼，名娃[2]闺秀，携及童娈[3]，笑啼杂之，环坐露台，左右盼望，身在月下而实不看月者，看之；其一，亦船亦声歌，名妓闲僧，浅斟低唱，弱管轻丝，竹肉[4]相发，亦在月下，亦看月而欲人看其看月者，看之；其一，不舟不车，不衫不帻[5]，酒醉饭饱，呼群三五，跻入人丛，昭庆、断桥[6]，嘄[7]呼嘈杂，装假醉，唱无腔曲，月亦看，看月者亦看，不看月者亦看，而实无一看者，看之；其一，小船轻幌，净几暖炉，茶铛[8]旋煮，素瓷静递，好友佳人，邀月同坐，或匿影树下，或逃嚣里湖，看月而人不见其看月之态，亦不作意看月者，看之。

杭人游湖，巳出酉归[9]，避月如仇。是夕好名，逐队争出，多犒门军酒钱，轿夫擎燎，列俟岸上。一入舟，速舟子急放断桥，赶入胜会。以故二鼓以前，人声鼓吹，如沸如撼，如魇如呓[10]，如聋如哑。大船小船，一齐凑岸，一无所见，止见篙击篙，舟触舟，肩摩肩，面看面而已。少刻兴尽，官府席散，皂隶喝道去。轿夫叫，船上人怖以关门，灯笼火把如列星，一一簇拥而去。岸上人亦逐队赶门，渐稀渐薄，顷刻散尽矣。

吾辈始舣[11]舟近岸。断桥石磴始凉，席其上，呼客纵饮。此时月如镜新磨，山复整妆，湖复颒面[12]。向之浅斟低唱者出，匿影树下者亦出。吾辈往通声气，拉与同坐。韵友[13]来，名妓至，杯箸安，竹肉发。月色苍凉，东方将白，客方散去。吾辈纵舟酣睡于十里荷花之中，香气拍人，清梦甚惬。

〔注〕①优：优伶，戏曲演员。傒(xī西)：通“奚”，仆人。　②娃：美女，指歌妓。③童娈(luán峦)：俊美的男童。　④竹：指乐器之声。肉：指口中发出的歌声。　⑤帻(zé

责)：古代男子包头发的头巾。　⑥ 昭庆：昭庆寺，在西湖东北岸。断桥：在西湖白堤东端，近昭庆寺。　⑦ 嘄(jiào 叫)：同"叫"。　⑧ 茶铛(chēng 称)：烧茶的小锅。　⑨ 巳：上午九时至十一时。酉：下午五时至七时。　⑩ 魇(yǎn 眼)：梦魇，梦中惊悸。呓(yì 义)：说梦话。⑪ 舣(yǐ 蚁)：附船着岸。　⑫ 颒(huì 会)面：洗脸。指湖面恢复明净。　⑬ 韵友：风雅的友人。

本篇选自《陶庵梦忆》。七月半，指农历七月十五日中元节。中元节也是一个宗教迷信的节日，佛教徒在这一天作盂兰盆会，追荐亡灵，解其倒悬之苦(盂兰盆是梵语音译，意谓"解倒悬")。道教也在这一天诵经施食。杭州风俗，则于这一天倾城游湖，纵情作乐。此文即描绘各色游湖人等，随笔点染，形神逼肖，雅俗褒贬，了了分明。透过这幅五色斑斓的风俗画，我们可以感受到作者那种孤高自赏的生活情调和清雅脱俗的审美情趣。

农历七月半，正当月圆之际，此时游湖，本应赏月观景，文章一开头却说"一无可看"，先将题目正面一笔扫倒，接着说"止可看看七月半之人"，从反面揭题，选择一个独特的视角来抒写自己的观感。开头这闲闲两句，简练警切，不落俗套，且直接导出下文。

第二段即写"看七月半之人"。七月半游湖之人千千万万，何能遍看？作者自有手眼，即"以五类看之"。

其一，是有身份、有地位的官僚，坐着豪华的大船，摆开丰盛的宴席，奴仆侍奉，演员献艺，船上灯火通明，声乐齐鸣，好不气派！这种人"名为看月而实不见月"，即有意自炫而无心赏月，作者一语刺破此辈假冒风雅的嘴脸。

其二，是豪富之家，千金闺秀，携带美貌家童，露坐于船上的平台上，哭哭笑笑，娇声娇气，左张右望，"身在月下而实不看月"。这一类人是乘机玩乐，本不想看月，也不必作出看月的样子，其有别于第一类者在于不借"看月"之名，虽然庸俗，却不假冒风雅。

第三类，船上有声歌，有名妓闲僧随侍陪游，可见也非等闲之辈。浅斟低唱，颇有韵致，且"亦看月"，较之"名为看月而实不见月"和"身在月下而实不看月"的前二类人，似乎要风雅一些。作者用了四个"亦"字，正是比较而言。但这一类人虽然"亦看月"，更重要的却在于"欲人看其看月"，则不免有意做作，其"风雅"也要大打折扣了。

第四类，是一批市井好事之徒，他们与前三类大不同，不坐船，不乘车，衣衫不整，三五成群，在人丛中乱挤乱撞，专拣热闹处钻。他们大呼小叫，旁若无人，甚至假装酒醉，东倒西歪，手舞足蹈，嘴里哼着走了调的流行曲调，左顾右盼，洋洋自得。此辈"月亦看，看月者亦看，不看月者亦看"，无所不看，而"实无一看"。

他们以此为乐，什么雅与俗，统统不在话下。古往今来，大凡在人群簇拥的热闹场合都能碰到此辈。作者在此白描传神，读来如闻其声，如见其人。

第五类，是清雅之士。作者把我们从前一类市井好事之徒的喧闹中拉到另一个清净之地，见识见识另一类人。他们坐的是小船，船上还挂着细薄的帷幔，大约是不想露面吧。明净的几案，通红的炉火，煮好茶，慢慢地品味，二三好友，绝色佳人，一同赏月，确实雅兴不浅。但是他们不想被人看见，有的把小船隐蔽在树荫下，有的则悄悄地划向里湖，躲避喧闹的人群。他们在清净处得以从容看月，而不被别人看见，他们的看月纯是兴之所至，自然而然，并无做作之态。

作者写五类人，观察细致，描绘生动，各色人等，无不现身纸上，而作者似乎不动声色，五个"看之"，大有冷眼旁观之概。然而他的主观褒贬之情还是可以从笔下的形象中感知的。第一类是假冒风雅的官僚，第二类是无意风雅的豪门，第三类则欲显风雅而不免做作，第四类是不知风雅为何物的市井好事之徒，第五类是不欲显其风雅而真正风雅的文人雅客。作者对前二类人显然嗤之以鼻；对第三类有所肯定，也有所讥刺；对第四类虽然不作肯定，却似乎欣赏其放荡中亦有几分天真；对第五类则显然引为同调。五类人，依次写来，如镜头推移，声态各异，境界不同。纷杂的情景再现于笔下，作者并不现身评点，却于客观的画面中分雅俗、寓褒贬，兼有史笔与传神之妙。

第三段写杭人游湖好虚名，凑热闹。"巳出酉归，避月如仇"，即喜欢白天游湖，像怕见仇人一样躲开月亮。袁中郎在《晚游六桥待月记》中也批评过杭人只爱白天游湖，不会选择时间，白白放过西湖最美的时刻。农历七月十五之夜，例应游湖，杭人出于好名，则成群结队而出。西湖在杭州城西，游湖须经城门，而城门关闭有定时，这一晚就多赏给守门的兵士一些酒钱，好晚些关门。二更以前，湖上人声乐声，闹成一片，"如沸如撼，如魇如呓，如聋如哑"，连下六喻，形容声音嘈杂，含糊难辨。这一片刺耳的嘈音，破坏了西湖月夜的静谧气氛。这是写听觉感受的不堪。从视觉一面来说，则"止见篙击篙，舟触舟，肩摩肩，面看面而已"，连用四个短句，将湖上密密麻麻舟船相触，肩摩踵接的拥挤状况形容尽致。拥挤中的人群，哪里还有兴致赏月，见到的无非是一张张贴得很近的油汗淋漓的面孔罢了。这与其说是游湖，不如说是赶市。"少刻兴尽"，狂热的兴头维持不了多久，官老爷们宴席已散，衙役喝道，率先离去。船上的人也纷纷上轿，轿夫还以城门将闭来催促人们上岸，岸上的人也争先逐队进城。各色人等作鸟兽散。灯笼火把，排列成行，如闪烁的星星在夜幕中移动消失。真是来也匆匆，去也匆匆，简直莫名其妙，名为游湖看月，实与西湖风月毫不相干。这一段插叙，回应开头"西湖七月半，一无可看”的论断，具体描写，缴足其意，同时又为下文作铺垫和反衬。

“吾辈始舣舟近岸。”最后一段从前面第三人称的叙述，突然转为第一人称的“吾辈”，叙述角度变换了，加强了主观的抒情色彩。“始”字，很可玩味，表示喧闹嘈杂的场面一告结束，西湖恢复了宁静安闲的本貌，湖山美景即开始属于“吾辈”，“吾辈”也就开始登场了。“断桥石磴始凉”，这个“始”字，则表示被人踩热的石阶也刚刚退烧，恢复平静，这是一种外化了的心理感受。“此时月如镜新磨，山复整妆，湖复頮面”三句，则写一种崭新的审美感受，唯“此时”才能有此感受。一规圆月，如新磨之镜，清光格外皎洁可爱；湖光山色，如美人重新梳妆打扮，益发显得容光照人。此时，对景畅怀，与客纵饮，“向之浅斟低唱者出，匿影树下者亦出。吾辈往通声气，拉与同坐”。“浅斟低唱者”即前文所写之第三类人，大醇小疵，还算有赏月雅兴；“匿影树下者”则为第五类清雅之士。五类人中唯此二者独留，故与之声气相通，有共同语言，拉来同坐。“韵友来，名妓至，杯箸安，竹肉发”，这四个短句，写相得共赏之乐，节奏欢快，心情亦极欢快。“月色苍凉，东方将白，客方散去”，写通宵盘桓，兴尽方散。与前文众人游湖匆匆聚散恰成对照。兴尽而散，却并不急于回城，而复纵舟，“酣睡于十里荷花之中，香气拍人，清梦甚惬”。这个富有诗意的结尾，更显得雅韵流溢，余香沁人。可见西湖七月半自有其迷人之处，一被俗人点污，则一无可看；一成为雅人的世界，则处处是诗。作者的审美情趣自然是高雅脱俗的，但也不免传统文人孤高自赏的毛病。

此文写人物场景，极纷繁复杂，而又极有条理。五类人物，两种场景，写来如见其人，如临其境。其观察之深入细致，笔墨之精练老到，确实令人佩服。行文错综，富于变化，转接呼应，均极自然。开头奇警峭拔，结尾则韵味悠长，全篇运用对比映照，严于雅俗之分，而又妙在不作正面按断，令读者悠然会心，识其旨趣所在，艺术技巧委实是很高明的。（吴战垒）

湖心亭看雪　　张　岱

崇祯五年[①]十二月，余住西湖。大雪三日，湖中人鸟声俱绝。

是日，更定矣，余拏一小舟，拥毳衣炉火，独往湖心亭看雪。雾凇沆砀，天与云、与山、与水，上下一白；湖上影子，惟长堤一痕、湖心亭一点与余舟一芥、舟中人两三粒而已。

到亭上，有两人铺毡对坐，一童子烧酒，炉正沸。见余，大喜，曰："湖中焉得更有此人！"拉余同饮。余强饮三大白而别。问其姓氏，是金陵②人，客此。

及下船，舟子喃喃曰："莫说相公痴，更有痴似相公者。"

〔注〕 ① 崇祯五年：公元1632年。崇祯：明思宗年号。 ② 金陵：今江苏南京。

张岱的小品可谓名副其实的小品，长者不过千把字，短者仅一二百字，笔墨精练，风神绰约，洋溢着诗的意趣。如果拿诗来作比，颇似唐人绝句。它以隽永见长，寥寥几笔，意在言外，有一唱三叹之致，《湖心亭看雪》就是如此。

开头二句点明时间、地点。张岱文集中凡纪昔年游踪之作，大多标明朝纪年，以示不忘故国。这里标"崇祯五年"，也是如此。"十二月"，正当隆冬多雪之时；"余住西湖"，则点明所居邻西湖。这开头的闲闲二句，却从时、地两个方面不着痕迹地引逗出下文的大雪和湖上看雪。下文"大雪三日，湖中人鸟声俱绝"，紧承开头。只此二句，大雪封湖之状就令人可想，读来如觉寒气逼人。作者妙在不从视觉写大雪，而通过听觉来写。"湖中人鸟声俱绝"，写出大雪后湖山封冻，人、鸟都瑟缩着不敢外出，寒噤得不敢作声，连空气也仿佛冻结了。一个"绝"字，传出冰天雪地、万籁无声的森然寒意。这是高度的写意手法，巧妙地从人的听觉和心理感受上写出了大雪的威严。它使我们联想起唐人柳宗元那首有名的《江雪》诗："千山鸟飞绝，万径人踪灭。孤舟蓑笠翁，独钓寒江雪。"柳宗元这幅江天大雪图是从视觉着眼的，江天茫茫，人鸟无踪，江雪中独有一位垂钓的渔翁。而张岱笔下则是"人鸟无声"，但这无声却正是人的听觉感受，因而无声中仍有人在。如果说，《江雪》中的"千山鸟飞绝，万径人踪灭"，是为了渲染和衬托寒江独钓的渔翁，那么这里"湖中人鸟声俱绝"，则为下文有人冒寒看雪作映照。

"是日，更定矣，余拏一小舟，拥毳衣炉火，独往湖心亭看雪。""是日"者，"大雪三日"后，严寒之日也；"更定"者，夜深人静，寒气倍增之时也。"拥毳衣炉火"一句，则以御寒之物反衬寒气砭骨。试想，在"人鸟声俱绝"的冰天雪地里，竟有人夜深出门，"独往湖心亭看雪"，这是一种何等迥绝流俗的孤怀雅兴啊！"独往湖心亭看雪"的"独"字，正不妨与"独钓寒江雪"的"独"字互参。作者那种独抱冰雪之操守和孤高自赏的情调，不是溢于言外了吗？其所以要夜深独往，大约是既不欲人见，也不欲见人；那么，这种孤寂的情怀中，不也蕴含着避世的幽愤吗？

请看作者以何等空灵之笔来写湖中雪景："雾凇沆砀，天与云、与山、与水，上下一白；湖上影子，惟长堤一痕、湖心亭一点与余舟一芥、舟中人两三粒而已。"这真是一幅水墨模糊的湖山夜雪图！"雾凇沆砀"是形容湖上雪光水气，混濛不分。

“天与云、与山、与水,上下一白”,叠用三个“与”字,似觉天、云、山、水一齐活动起来,较之单纯写“天、云、山、水,上下一白”,多了一点意趣。天、云,上也;山、水,下也。这两句生动地写出天空、云层、群山、湖水之间白茫茫浑然难辨的景象。作者先总写一句,犹如摄取了一个“上下皆白”的全景,从看雪来说,很符合第一眼的总感觉、总印象。接着变换视角,化为一个个诗意盎然的特写镜头:“长堤一痕”“湖心亭一点”“余舟一芥”“舟中人两三粒”等等,这是朦胧的画,梦幻般的诗,给人一种似有若无、依稀恍惚之感。作者对数量词的锤炼功夫,不得不使我们惊叹。你看,“上下一白”之“一”字,是形容混茫难辨,使人唯觉其大;而“一痕”“一点”“一芥”之“一”字,则是状其依稀可辨,使人唯觉其小。此真可谓着一“一”字而境界全出矣。同时,由“长堤一痕”到“湖心亭一点”,到“余舟一芥”,到“舟中人两三粒”,其镜头则是从小而更小,直至微乎其微。这“痕”“点”“芥”“粒”等量词,一个小似一个,写出视线的移动,小船的荡漾,景物的变化,着笔空灵,使人浑然不觉。这一段是写景,却又不止于写景;我们从这个混沌一片的冰雪世界中,不难感受到作者那种人生天地间茫茫如“太仓稊米”的深沉感慨。

下面移步换形,又开出一个境界。“独往湖心亭看雪”,却不意亭上已有人先我而至;这意外之笔,写出了作者意外的惊喜,也引起读者意外的惊异。但作者并不说自己惊喜,反写二客“见余大喜”,背面敷粉,反客为主,足见其用笔之夭矫善变。“湖中焉得更有此人!”这一惊叹虽发之于二客,实为作者心声。作者妙在不发一语,而“尽得风流”。二客“拉余同饮”,鼎足而三,颇有幸逢知己之乐。这似乎给冷寂的湖山增添了一分暖色,然而骨子里依然不改其凄清的基调。这有如李白的“举杯邀明月,对影成三人”,不过是一种虚幻的慰藉罢了。“焉得更有”者,正言其人之不可多得。“强饮三大白”,是为了酬谢知己,也为了不负此湖山胜景。“强饮”者,本不能饮,但对此景,当此时,逢此人,却不可不饮。饮罢相别,始“问其姓氏”,却又妙在语焉不详,只说:“是金陵人,客此。”可见这二位湖上知己,原是他乡游子,萍水相逢,后约难期。这一补叙之笔,透露出作者的无限怅惘:茫茫六合,知己难逢,人生如雪泥鸿爪,转眼各复西东。言念及此,岂不怆神!

文章做到这里,也算得神完意足、毫发无憾了。但作者意犹未尽:“及下船,舟子喃喃曰:‘莫说相公痴,更有痴似相公者!’”读至此,真使人拍案叫绝!前人论词,有点、染之说。这个尾声,可谓融点、染于一体。借舟子之口,点出一个“痴”字;又以相公之“痴”与“痴似相公者”相比较、相浸染,把一个“痴”字写透。所谓“痴似相公”,并非减损相公之“痴”,而是以同调来映衬相公之“痴”。“喃喃”

二字，形容舟子自言自语、大惑不解之状，如闻其声，如见其人。这种地方，也正是作者的得意处和感慨处。文情荡漾，余味无穷。 （吴战垒）

《陶庵梦忆》序 张 岱

陶庵国破家亡，无所归止，披发入山，骇骇[1]为野人。故旧见之，如毒药猛兽，愕窒不敢与接。作自挽诗，每欲引决[2]，因《石匮书》未成，尚视息[3]人世。然瓶粟屡罄，不能举火。始知首阳二老，直头饿死，不食周粟[4]，还是后人妆点语也。

饥饿之余，好弄笔墨。因昔思人生长王、谢[5]，颇事豪华，今日罹此果报[6]：以笠报颅，以蒉报踵，仇簪履也。以衲报裘，以苎报絺，仇轻煖也。以藿报肉，以粝报粻，仇甘旨也。以荐报床，以石报枕，仇温柔也。以绳报枢，以瓮报牖，仇爽垲[7]也。以烟报目，以粪报鼻，仇香艳也。以途报足，以囊报肩，仇舆从也。种种罪案，从种种果报中见之。

鸡鸣枕上，夜气方回[8]。因想余生平繁华靡丽，过眼皆空，五十年来，总成一梦。今当黍熟黄粱，车旋蚁穴[9]，当作如何消受！遥思往事，忆即书之，持向佛前，一一忏悔。不次岁月，异年谱也；不分门类，别《志林》也[10]。偶拈一则，如游旧径，如见故人，城郭人民[11]，翻用自喜，真所谓"痴人前不得说梦"矣。

昔有西陵脚夫为人担酒，失足破其瓮，念无以偿，痴坐伫想曰："得是梦便好。"一寒士乡试中式，方赴鹿鸣宴[12]，恍然犹意非真，自啮其臂曰："莫是梦否？"一梦耳，惟恐其非梦，又惟恐其是梦，其为痴人则一也。

余今大梦将寤，犹事雕虫[13]，又是一番梦呓。因叹慧业文人[14]，名心难化，政如邯郸梦断，漏尽钟鸣[15]，卢生遗表，犹思摹拓二王[16]，以流传后世。则其名根[17]一点，坚固如佛家舍利[18]，劫火[19]猛烈，犹烧之不失也。

〔注〕 ① 骇骇：同"骇骇"，令人惊异貌。《列子·仲尼》："子列子之徒骇之。"《释文》："骇与骇同。" ② 引决：自裁，自杀。 ③ 视息：观看和呼吸，即指活着。蔡琰《悲愤诗》："为复强

视息,虽生何聊赖。” ④ 首阳二老:指伯夷、叔齐。传说他们因反对周武王伐纣,逃到首阳山,不食周粟,因而饿死。 ⑤ 王、谢:指东晋时王导、谢安二大望族,他们的生活都很豪华。后世因以代指高门世族。 ⑥ 果报:佛教说法,认为人做了什么样的事,就会得到什么样的后果,称为“果报”,也称“因果报应”。 ⑦ 爽垲:指明亮干燥的房子。《左传·昭公三年》:“子之宅近市,湫隘嚣尘,不可以居,请更诸爽垲者。”杜预注:“爽,明;垲,燥。” ⑧ 夜气方回:夜气,黎明前的清新之气。《孟子·告子上》:“夜气不足以存,则其违禽兽不远矣。”孟子认为,人在清明的夜气中一觉醒来,思想未受外界感染,良心易于发现;因此用以比喻人未受物欲影响时的纯洁心境。方回,指思想刚一转动。 ⑨ 黍熟黄粱:是说自己刚从黄粱梦中醒来。黄粱梦,事出唐沈既济作《枕中记》。车旋蚁穴:是说自己的车马刚从蚂蚁穴中回来。蚁穴事,见唐李公佐作的《南柯太守传》。以上两句都是借比自己历经艰难之后的寂寥时刻。 ⑩《志林》:即《东坡志林》,书名,后人整理苏轼的笔记,分类编辑而成。这里借指一般分类编排的笔记书。 ⑪ 城郭人民:古代传说汉朝辽东人丁令威学道于灵虚山,后来变成了一只鹤,飞回家乡,见到人世已经发生了很大变化,于是唱道:“有鸟有鸟丁令威,去家千年今始归,城郭如故人民非,何不学仙冢累累。”(见陶潜《搜神后记》)这两句是说,如同见到了昔日的城郭人民,自己反而能因此高兴。 ⑫ 鹿鸣宴:唐代乡试后,州县长官宴请考中举子的宴会。因宴会时歌《诗经·小雅·鹿鸣》之章,故名。(见《新唐书·选举志上》)明清时,于乡试放榜次日,宴请主考以下各官及考中的举人,称鹿鸣宴。 ⑬ 雕虫:雕琢虫书,比喻小技巧。这里指写作。扬雄《法言·吾子》:“或问:‘吾子少而好赋?’曰:‘然。童子雕虫篆刻。’俄而曰:‘壮夫不为也。’” ⑭ 慧业文人:能运用智力、写作文章的人。慧业,佛家名词,指生来赋有智慧的业缘。《宋书·谢灵运传》:“得道应须慧业,文人生天当在灵运前,成佛必在灵运后。” ⑮ 漏尽钟鸣:亦作“钟鸣漏尽”。晨钟已鸣,夜漏将尽,比喻已届残年。《魏书·游明根传》:“明根对曰:‘臣桑榆之年,钟鸣漏尽。’” ⑯ 卢生遗表:《枕中记》载卢生将殁时上疏,没有“犹思摹拓二王”的事。汤显祖据同一故事写的戏曲《邯郸记》中,卢生临死时说:“俺的字是钟繇法帖,皇上最所爱重,俺写下一通,也留与大唐家作镇世之宝。”二王:指王羲之、王献之,他们和钟繇均为著名书法家。 ⑰ 名根:指产生好名这一思想的根性。根,佛家的说法,是能生之义。人的眼、耳、鼻、舌、身、意,都能生出意识,称为六根。 ⑱ 舍利:梵语“身骨”的译音。佛教徒死后火葬,身体内一些烧不化的东西,结成颗粒,称为“舍利子”。 ⑲ 劫火:佛家以为坏劫中有水、风、火三劫灾。这里指焚化身体(结束一生)的火。劫,梵语“劫波”的略称。劫波是一大段时间的意思。这里指人的一生。

这是张岱《陶庵梦忆》的自序,一篇“说梦”的散文佳作。

人生多“梦”,往往是由于人生多“病”。张岱生活在明、清之交,那是一个“天崩地解”的年代:农民战争的风暴摧毁了腐朽的朱明王朝,随着满族贵族入主中原,清帝国建立,封建制度正用文化专制主义配合铁蹄、刀剑和镣铐来延缓自己的没落与衰微;到处有苦闷、彷徨和幻灭,也有抗争和求索的思想火星在迸射。张岱正是在这样的背景下忆梦、寻梦和说梦的。

作者出身于累代仕宦之家,尽管并不十分阔气,但祖上的余荫和家私已颇够他受用的了。正如本文第二节罗列的种种“果报”所云,他往昔是生活在“轻煖”“甘旨”“温柔”“爽垲”和“香艳”之中的。如今,“国破家亡,无所归止,披发入山,虢虢为野人”，甚至连故旧见了，也视为“毒药猛兽，愕窒不敢与接”，这不能不令他回首往事，顿生“隔世”之感，愤激得几乎要自杀。胸中有块垒，哪能不吐？他有自己的武器，那便是手中的笔。比他稍晚的曹雪芹，在梦醒无路可走的情况下，留下了血泪斑斑的小说巨制《红楼梦》；张岱则寄希望于散文，用“梦忆”“梦寻”来追念乡土和故国，留下了《陶庵梦忆》一类的散文篇章。这些文字，记录了晚明社会生活的种种琐事，包括许多掌故，篇幅短小，内涵甚丰，戚而能谐，歌哭同声，旧梦中微露新梦的曙色，轻松中含蕴着寒冰下的艰涩与呜咽。本序说得何等深沉：“偶拈一则，如游旧径，如见故人，城郭人民，翻用自喜”，“余今大梦将寤，犹事雕虫，又是一番梦呓”。伍崇曜跋《陶庵梦忆》亦指出：“昔孟元老撰《梦华录》，吴自牧撰《梦粱录》，均于地老天荒沧桑而后，不胜身世之感；兹编实与之同。”斯言点出本序旨意，颇中肯綮。

正由于张岱用日常生活琐事作经纬，编织他的故国之梦，所以，这种梦细丝密缕，光彩迷离，很难经受动荡时事的凄风苦雨。此种写作困厄与辛酸直接体现在本序之中，他叹息：“繁华靡丽，过眼皆空”！他长啸：“今当黍熟黄粱，车旋蚁穴，当作如何消受”！很明显，张岱是用泪眼来观梦、察梦、寻梦的。透过他追忆的昔日繁华和诸多意趣，人们体察到的是一种无可如何、挥之不去的沉郁的哀愁。读者在品味本序时，应当注意把握这一种基调。

当然，作者的感情表露还有其他一些复杂的形式，如：第一节说首阳二老不食周粟乃“后人妆点语也”，分明是悲绝生辛，用诙谐的笔调去抒写胸中的阵阵狂澜。又如：第二节连用七个排句大谈“因果报应”，节奏短促，一气呵成，使人真切地感受到一种被压抑、被扭曲的悔恨与愤懑；接下来，第三节以“鸡鸣枕上，夜气方回”为转折，推出了对“往事”的“遥思”，心旌飘摇，不能自持，颓伤中夹清新之气，决绝中带眷恋之情，忽喃喃自语，忽捶胸诘问，终于恍惚痴迷地将“说梦”的主题点破；至于四、五两节，则以议论和剖白的方式，进一步强调了自己寻梦而又惧梦、梦醒了又祈求新梦的矛盾心态和复杂意绪。这样，通篇嘈嘈切切，似乱非乱，主调明晰而又富于变幻，纲绳擎起而又美目盼兮，一种动人心弦、催人共鸣的艺术感染力便油然而生了。

由于本文是一篇“自序”，故作者要简括地回顾著述的起缘、宗旨以及全书的内容和特色。张岱尽管在落墨时情绪跌宕起伏，但对于以上这些要点仍给予了冷静的关照。他以抒情为线索，巧妙地嵌入记叙与议论，这就使全文虚实相依，静深而又灵敏，实用而又好看。一般认为，张岱的文章凝练得有如“唐人绝句”，其间点染依稀，烟云灭没，给人以神思荡漾的奇趣。此篇虽属“应用文体”，但作者的审美情趣和艺术功力仍然发挥得淋漓尽致，使人读罢免不了要心驰神往，再三吟哦。

（何永康）

自为墓志铭　　张　岱

蜀人张岱，陶庵其号也。少为纨绔子弟，极爱繁华，好精舍，好美婢，好娈童，好鲜衣，好美食，好骏马，好华灯，好烟火，好梨园，好鼓吹，好古董，好花鸟，兼以茶淫橘虐[①]，书蠹诗魔。劳碌半生，皆成梦幻。年至五十，国破[②]家亡，避迹山居，所存者破床碎几，折鼎病琴，与残书数帙，缺砚一方而已。布衣蔬食，常至断炊。回首二十年前，真如隔世。

常自评之，有七不可解：向以韦布[③]而上拟公侯，今以世家而下同乞丐，如此则贵贱紊矣，不可解一；产不及中人，而欲齐驱金谷[④]，世颇多捷径，而独株守於陵[⑤]，如此则贫富舛矣，不可解二；以书生而践戎马之场，以将军而翻文章之府，如此则文武错矣，不可解三；上陪玉皇大帝而不谄，下陪悲田院[⑥]乞儿而不骄，如此则尊卑溷矣，不可解四；弱则唾面而肯自干，强则单骑而能赴敌，如此则宽猛背矣，不可解五；争利夺名，甘居人后，观场游戏，肯让人先，如此则缓急谬矣，不可解六；博弈摴蒱[⑦]，则不知胜负，啜茶尝水，则能辨渑淄[⑧]，如此则智愚杂矣，不可解七。有此七不可解，自且不解，安望人解？故称之以富贵人可，称之以贫贱人亦可；称之以智慧人可，称之为愚蠢人亦可；称之以强项人[⑨]可，称之以柔弱人亦可；称之以卞急人可，称之以懒散人亦可。学书不成，学剑不成，学节义不成，学文章不成，学仙学佛、学农学圃俱不成，任世人呼之为败家子，为废物，为顽民，为钝秀才，为瞌睡汉，为死老魅也已矣。

初字宗子，人称石公，即字石公。好著书，其所成者有《石匮书》《张氏家谱》《义烈传》《琅嬛文集》《明易》《大易用》《史阙》《四书遇》《梦忆》《说铃》《昌谷解》《快园道古》《傒囊十集》《西湖梦寻》《一卷冰雪文》行世。

生于万历丁酉⑩八月二十五日卯时，鲁国相大涤翁之树子也⑪。母曰陶宜人。幼多痰疾，养于外大母马太夫人者十年。外太祖云谷公⑫宦两广，藏生牛黄丸盈数簏，自余囡地以至十有六岁，食尽之而厥疾始瘳。六岁时，大父雨若翁携余之武林⑬，遇眉公先生⑭跨一角鹿，为钱塘⑮游客，对大父曰："闻文孙善属对，吾面试之。"指屏上李白骑鲸图⑯曰："太白骑鲸，采石江边捞夜月⑰。"余应曰："眉公跨鹿，钱塘县里打秋风。"眉公大笑起跃曰："那得灵隽若此，吾小友也。"欲进余以千秋之业，岂料余之一事无成也哉？

甲申⑱以后，悠悠忽忽，既不能觅死，又不能聊生，白发婆娑，犹视息人世。恐一旦溘先朝露，与草木同腐，因思古人如王无功、陶靖节、徐文长皆自作墓铭⑲，余亦效颦为之。甫构思，觉人与文俱不佳，辍笔者再。虽然，第言吾之癖错，则亦可传也已。曾营生圹于项王里之鸡头山⑳，友人李研斋题其圹曰："呜呼，有明著述鸿儒陶庵张长公之圹。"伯鸾高士，冢近要离㉑，余故有取于项里也。明年，年跻七十，死与葬，其日月尚不知也，故不书。铭曰：

穷石崇，斗金谷㉒。盲卞和，献荆玉㉓。老廉颇，战涿鹿㉔。赝龙门，开史局㉕。馋东坡，饿孤竹㉖。五羖大夫，焉肯自鬻㉗。空学陶潜，枉希梅福㉘。必也寻三外野人㉙，方晓我之衷曲。

〔注〕 ① 茶淫橘虐：意即喜爱品茶和吃橘子。淫、虐都是指过分地、无节制地品尝和食用。 ② 国破：指公元1644年明朝的覆灭。 ③ 韦布：韦带布衣。韦带为古代贫贱之人所系的无饰皮带。布衣指平民所穿的粗陋衣服。这里指平民身份。 ④ 金谷：地名，在今河南省洛阳市东北。晋代的石崇非常富有而又奢侈，他在这里修建了一座非常富丽的别墅，世称金谷园。这里代指石崇。 ⑤ 於陵：战国时齐国的城邑，在今山东省邹平县东南。齐国的陈仲子曾经隐居此地。这里用以比喻自己过着隐居的生活。 ⑥ 悲田院：也写作卑田院。佛教以施贫为悲田，所以称救济贫民的机构为悲田院，后来又用以指乞丐聚居的地方。 ⑦ 博弈摴蒱：博，六博，古代的一种棋戏。弈，围棋。博弈，泛指下棋。摴蒱，博戏名，以掷骰决胜负。后泛称赌博为摴蒱。 ⑧ 渑淄：两条河的名字。这两条河均在山东省，传说它们的水味不同，合到一起则难以辨别，惟春秋时齐国的易牙能分辨。见《列子·说符》。 ⑨ 强项：不肯低头，形容刚强正直、不屈服。 ⑩ 万历丁酉：即明神宗万历二十五年(1597)。 ⑪ 鲁国相：鲁，明藩

王所封国名。国相，汉代的藩国，有国相这一官职负责该国的行政事务。张岱的父亲曾任鲁献王的右长史，其职务相当于汉朝的国相，故云。大涤翁：张岱的父亲，名张耀芳，字尔弢，号大涤。树子：妻所生的儿子，区别于妾所生的儿子。　⑫ 外太祖：外曾祖父。云谷：张岱的外曾祖父陶某的字或别号。　⑬ 雨若：张岱祖父汝霖的字。武林：古代杭州的别称。　⑭ 眉公：陈继儒(1558—1639)，字仲醇，号眉公，华亭(今上海松江)人，明代的文学家、书画家。　⑮ 钱塘：即今杭州市。历史上曾在这里设置县一级行政机构。　⑯ 李白骑鲸：传说李白曾骑着鲸鱼远游海外仙岛。　⑰ 采石：即采石矶，在今安徽省马鞍山市长江东岸。相传李白在这里喝醉了酒，因喜爱江中的月影，便到江中捞月，以致溺水而死。　⑱ 甲申：即明思宗崇祯十七年(1644)。这一年李自成领导的农民起义军攻进北京，明王朝覆灭；后清兵入关，夺取了政权。⑲ 王无功：王绩(585—644)，字无功，隋唐之际的诗人，有《自作墓志文》。陶靖节：陶渊明(365或 372 或 376—427)，一名潜，字元亮，死后，人们私谥靖节，浔阳柴桑(今江西九江)人，东晋时期的大诗人，有《自祭文》。徐文长：徐渭(1521—1593)，字文长，山阴(今浙江绍兴)人，明代的文学家、书画家，有《自为墓志铭》。　⑳ 生圹：生前预造的墓穴。项王里：即项里山，在绍兴西南三十里，传说项王曾避仇于此，下有项羽祠。　㉑ 伯鸾：东汉的梁鸿，字伯鸾，博学有气节，隐居不仕，所以称他为高士。他很崇敬春秋时的刺客要离，所以要在死后埋葬在要离的坟墓附近。　㉒“穷石崇”二句：晋代的巨富石崇，曾在金谷园和王恺、羊琇等人斗富。这里张岱以穷石崇自比。　㉓“盲卞和”二句：卞和，春秋时楚国人。他在荆山中得到一块璞，献给楚厉王，厉王让玉工辨识，说是石头，以欺君罪砍掉了卞和的左脚。后来楚武王即位，卞和再次献璞，又按欺君罪砍掉了他的右脚。等到楚文王即位，卞和抱璞而哭，直哭到眼中流血。文王让玉工将璞剖开，果然得到了宝玉。　㉔“老廉颇”二句：廉颇，战国时赵国名将，后因赵王听信谗言，被迫逃亡魏国。秦攻赵，赵王想重新起用廉颇，派人去魏国察看廉颇身体状况，使者受了廉颇仇人的贿赂，回来报告说：廉颇老了。赵王就不再召还廉颇。涿鹿，今河北涿鹿县，相传是当年黄帝消灭蚩尤的地方。　㉕“赝龙门”二句：赝，假。龙门，地名，在今山西省河津县。司马迁出生在这里，所以后人常以龙门代称司马迁。作者曾著一部纪传体的明史，名《石匮书》。㉖“馋东坡”二句：东坡，苏轼的号。相传苏轼好吃，所以称他为馋东坡。孤竹，指孤竹君的两个儿子伯夷、叔齐，他们不赞成周武王伐纣，因此在周王朝建立后，不食周粟，饿死在首阳山。㉗ 五羖大夫：即百里奚，春秋时虞国人，晋灭虞，被虏，后又被楚国边境老百姓抓走。秦穆公知道他很能干，用五张羖羊的皮把他买来，相秦七年，使秦成为诸侯的霸主。人称五羖大夫。㉘ 梅福：字子真，西汉末寿春(今安徽六安寿县)人。王莽专权，他弃家出走，传说他后来成了仙人。　㉙ 三外野人：南宋诗人郑思肖宋亡后隐居吴下，自称三外野人。

为自己写墓志铭，其心态分明非同一般。这种“自我鉴定”式的文字，多半是抒发愤世嫉俗之情，有的则是为了剖白心迹以免后人歪曲与误解。张岱的这篇墓志铭，其基调是“忏悔”。他在《梦忆序》中说得很明白：“遥思往事，忆即书之，持向佛前，一一忏悔。”此公晚年，除了攻史而外大部分时间都在写“忏悔录”。

从某种意义上说，“忏悔”是一种心灵的净化剂。得过且过的人决不会认乎其真地忏悔。只有不甘沉沦者，才敢于无情地剖示自己的伤口，以求得精神上的重构与超越。比张岱稍晚些年月的曹雪芹，也在“家事消亡”、洒泪著书、咬嚼“新仇旧恨”之时，萌动了深沉的忏悔之意。看来，这同时代的“大气候”密切相关。

中国封建社会一天天走下坡路，演进到张岱、曹雪芹所处的时代就格外使人感到“悲凉之雾，遍被华林”，确确实实是遭逢“末世”了。面对着“天崩地解”、夜气如磐的社会环境，张岱、曹雪芹这样亲历家国沧桑巨变的贵家子弟，不能不顿生“隔世”之感，觉得有必要对自己的人生道路做一番严肃冷峻的反思。他们在年轻时代都养尊处优、荒唐过一阵子，张岱在这篇“墓志铭”中坦率地承认：“少为纨绔子弟，极好繁华，好精舍，好美婢，好娈童，好鲜衣，好美食，好骏马，好华灯，好烟火，好梨园，好鼓吹，好古董，好花鸟，兼以茶淫橘虐，书蠹诗魔。劳碌半生，皆成梦幻。”曹雪芹亦自称有过“赖天恩祖德锦衣纨绔之时，饫甘厌肥之日”。这种无情的自我剖析，实在不可多得。他们一方面鞭挞既往，一方面又痛感一无所长，擎天无力。张岱说：“学书不成，学剑不成，学节义不成，学文章不成，学仙学佛、学农学圃俱不成，任世人呼之为败家子，为废物，为顽民，为钝秀才，为瞌睡汉，为死老魅也已矣。”曹雪芹自我画像道：“背父兄教育之恩，负师友规训之德，以致今日一技无成，半生潦倒”。这是怎样的寂寞者与悲痛者？这是何等沉痛、何等凛冽的自责与自悔！不管他们有没有自觉地意识到，他们的这种忏悔其实不仅仅代表了自身，代表了家族，代表了那一时代，而且上溯二千余年，追究了整个封建制度的历史责任。他们生逢“末世”，的确有可能粗略地算一算“总帐”了。正因为张岱、曹雪芹式的“忏悔”的背后，隐藏着这么多复杂的内容，所以他们的写作心态才不是小家子气的自艾自叹，他们的笔底才会有魂系千载的“梦忆”“梦寻”和“红楼一梦”。

以上比较分析，略微荡开去了，但对于理解张岱本文的写作动因不无参考意义，故先作交待。

本文第一节写人生处境之今昔，带出忧愤深广的慨叹：“回首二十年前，真如隔世”！第二节，一口气开列出人生的“七不可解”，指出自己在“贵贱”“贫富”“文武”“尊卑”“宽猛”“缓急”“智愚”等问题上均陷入了深刻的矛盾之中，或“紊”，或“舛”，或“错”，或“溷”，或“背”，或“谬”，或“杂”。这就使自己成了一个相当复杂、思想言行存在许多“癖错”的人。曹雪芹称贾宝玉“行为偏僻性乖张，那管世人诽谤”，庶几乎有此意味。第三、四两节，介绍自己的著述，以及孩童时期的趣事。相对地说，情绪比较平和，心境比较开朗，但收拢时又有点怅然了：“欲进余以千秋之业，岂料余之一事无成也哉？”第五节交待自为墓志铭的动机，最后以“铭曰”明“我之衷曲”。通篇以剖析自我为贯穿线索，以自嘲与反讽为抒写胸中块垒的主要手段。粗读之下，似觉诙谐得近于戏谑，然而抚卷凝思，又觉得其间回荡着一股郁勃之气，令人感奋，令人吁唏。譬如，“有此七不可解，自且不解，安望人解”，“虽然，第言吾之癖错，则亦可传也已”，言辞愤激，有“吾将高驰而不顾”之概。又如，“伯鸾高士，冢近要离，余故有取于项里也”，洋溢着对“人杰”兼“鬼雄”的项羽的敬慕之情，内在冲力颇大。此种感情波动，与沉重的忏悔之情交织在一起，越发显示出作者不甘沉沦、奋发超越的精神与品格。是的，真正有价值、有力量的忏悔，总是同执著的追寻、高度的自信辩证地结合在一起的，否则，便是寒蛩的悲鸣和孤鸿的苍白的踪影。

（何永康）

【作者小传】

吴从先

明文学家。好为俳谐游戏杂文。著有《小窗自纪》等。

倪云林画论 吴从先

画一艺耳。然品既不同，情亦殊致，则系之其人矣。

云林之时，以画名家者，富春则黄公望[①]，林平则王叔明[②]，武塘则吴仲圭[③]，而云林最后出，从公望游，遂寄兴于山水间，然不为蛮峦叠嶂、嵚崎诡怪之状。盈尺林亭，瘦风疏雨，朗树两三条，修竹十数竿，茅屋独处，旷石两层，意兴毕于此矣。然云烟烂熳之致，潇爽不群之态，意色不远，平淡不奇，遂定名于三家之上。

虽然，云林竟以画累之矣。人固有以画重者，而画亦有以人重者。画以托意，意以传神。山水之趣，不为笔墨而飞，笔墨之间，偶缘山水而合。以此思画，画可为也。

云林当胜国之季[④]，栖隐吴门[⑤]，不求闻达，楼藏异琛[⑥]，架藏异书。胡人登其楼，惊拜而退[⑦]；揭斯探其架[⑧]，长叹而归。袭等龙宫[⑨]，帙散孔壁[⑩]。古今之至人，文人之领袖也；而徒以画名也？

士诚倔起[⑪]，麋鹿吴宫[⑫]，云林浩然发桴海之叹[⑬]。而士诚幕罗，多方不屈，穷辱频加。脱百万于敝屣[⑭]，捻虎须于牙吻。而青山无恙，白骨不淄，斯又昂藏烈丈夫也。

云林自有逸于千百世之上，风于千百世之下者在。而徒以画也，则垂巧当以官废⑮，右军风流当以书掩⑯，而寿亭忠义当与此刀并蠹矣⑰。惟不局于画，则竹之矢，书之法，关之刀，不磨于天壤，而卒无意于天壤也。造化自有以雄之者，而岂为此拘拘也？不以画求云林，而云林亦在也。以画求云林，目中无人，宇宙无人，天地直一帧耳。此云林之本心，超出于三家者。是云林之不以画累者也。

〔注〕 ① 黄公望：字子久，常熟（今属江苏）人，曾隐居于富春（今浙江富阳）。 ② 王叔明：即王蒙。王蒙字叔明，湖州（今属浙江）人，曾隐居于林平（今浙江杭州市余杭区临平镇）。③ 吴仲圭：即吴镇。吴镇字仲圭，嘉兴（今属浙江）人，曾在钱塘（今浙江杭州）等地教书卖卜。④ 胜国之季：胜国，被灭亡的国家，这里指元朝。季，末年。 ⑤ 吴门：泛指苏州（今属江苏）一带。 ⑥ 异琛：奇特的珍宝。 ⑦ "胡人"二句：传说当时有一位外商曾慕名想参观清閟阁书画文物，倪云林没有同意，他留下沉香百斤而去。 ⑧ 揭斯：指揭傒斯。揭傒斯字曼硕，龙兴富州（今江西丰城）人，元代著名作家。 ⑨ 袭等龙宫：衣物像龙宫里的那样华美。袭，全套的衣物。 ⑩ 帙散孔壁：书籍是从孔子故居的夹壁墙中流散而来的，即指所藏的书籍都是世上的珍本。汉武帝时，鲁恭王为了扩充王宫，拆毁孔子故居的墙壁，发现了很多古书。这里以孔壁代指古书。 ⑪ 士诚：张士诚，盐户出身，元末战乱时拥兵自立，割据一方，活动于吴中（今江苏苏州及附近地区），公元 1367 年被朱元璋的军队击败。倔起：突然兴起。 ⑫ 麋鹿吴宫：《史记·淮南衡山列传》："臣闻子胥谏吴王，吴王不用，乃曰'臣今见麋鹿游姑苏之台也'。"《越绝书》记载吴王"秋冬治城中，春夏治姑胥（即姑苏）之台"。姑苏台上有吴国宫室。此句意谓张士诚统治苏州，终归失败。 ⑬ 桴海之叹：发出乘小筏子出海远走的感叹，意指打算远行避乱。桴，小筏子；桴海，乘坐小筏子出海。孔子因为不能实现自己的主张，曾想乘桴浮海。此处即用此典故。 ⑭ 脱百万于敝屣：倪瓒丢弃价值百万的家产，像丢弃破旧的鞋子一样轻易。⑮ 垂：一作倕，人名。传说是黄帝时（一说尧时）的能工巧匠。《尚书·舜典》载尧让位于舜后，舜任命垂为共工，同管百工之事。他最先用竹子制成矢。 ⑯ 右军：王羲之，字逸少，琅邪临沂（今属山东临沂市）人，东晋时著名的书法家，曾任右军将军，人称王右军。 ⑰ 寿亭：汉寿亭侯的省略。汉寿，地名。亭侯，爵位名。三国时蜀汉将领关羽，曾被封为"汉寿亭侯"，此处即指关羽。蠹：被蛀虫咬坏，这里作"朽坏"解。

随着肉体生命的消失，那与生命息息相关的种种体验、情感、意想所构成的精神世界，都沉入永恒的幽暗中去了。那些创造出精神珍品的艺术家、思想家以及各领域内的大师们战胜了死亡，他们使自己的一部分生命获得了永生。然而，创造出不朽符号的人却往往因此而化成了某种符号，从而失去了自己生命整体的其他各种精华。吴从先的这篇画论正是由此着眼，从"云林自有逸于千百世之上，风于千百世之下者在"，却为一般人仅"以画重"而引发出深长慨叹，慧心独明地阐述了对“画”与“人”的关系的独特体会。

这实在是一个百谈不厌的老话题。所谓“心声心画”等论，大都因“声”“画”等而重“人”，并非从“声”“画”之外知“人”，这无足怪。但是，吴从先所看重的，首先是“人”，其次才是那些“身外之物”。所以，他坚信“不以画求云林，而云林亦在也”，以至于认为“以画求云林，目中无人，宇宙无人，天地直一帧耳”——“画”挡住了看“人”的眼睛，使“人”（“画家”“读画者”等）竟被“画”累了！垂的箭，王羲之的字，关公的大刀，“不磨于天壤”，却并不能包容他们的生命本质，因为“造化自有以雄之者”，那就是他们的智巧、风流、忠义等品质，才是使他们有所创造，并使创造物“不磨于天壤”的根源。由于注目于“人”——宇宙的精华，这篇“画论”成了“人论”。

作者论倪云林，尤其重视的是“云林之本心”，即不为“卒无意于天壤”的“拘拘”画幅所局限的“人”。作者赞许倪云林为“古今之至人，文人之领袖”，为“昂藏烈丈夫”，表现出对其人格的景仰，正是“知人论世”，以心灵去撞击、感应的结果。从“楼藏异琛，架藏异书”发现其瑰奇的心灵世界，“惊拜而退”的胡人，“长叹而归”的揭傒斯，在作者心目中，与其说是因为清閟阁的珍宝、书架上的异书，不如说是在云林高华的风致才具面前被折服。确实，高度发达的文明的生活条件是滋养艺术家精神的极好营养，所以，“袭等龙宫，帙散孔壁”正表明了倪云林的精深修养与高洁情操。如此，他的“栖隐吴门，不求闻达”，就是由于在奇异珍贵的精神王国中求得了栖身之地。

因而，当倪云林在张士诚的多方幕罗下，能够“脱百万于敝屣”，宁可放弃一切，却不丢失人格的尊严；“青山无恙，白骨不淄”，就将他的瑰奇高华的才情和刚烈的志气完美地结合在一起。才学节操的高度统一，合成了一个完整的“人”，这就是作者为倪云林所作的“人论”。

然而，此文毕竟又是“画论”。虽说“云林竟以画累之矣”，但是“画以托意，意以传神”，只要有不以画累者在，则自不为所累。倪云林“不为蛮峦叠嶂、嵚崎诡怪之状”的山水画，而用“盈尺林亭，瘦风疏雨，朗树两三条，修竹十数竿，茅屋独处，旷石两层”等清淡古朴的色相表现出“云烟烂熳之致，潇爽不群之态”，其“意”、其“神”在画中的表现可知。这，当然是“系之其人”的，是“人”与“画”的交合。但必须“不局于画”，具有“造化自有以雄之”的独特人格精神，才更为重要，也更是人生的价值所在，才能“不以画累”。

重视“人”，重视人生的过程，则“画”只不过是人生的一部分，无论“画”本身如何神妙，却只能是人生并不完满的表达。此文由“画”而论“人”，心目中时时有

"人"在,故而始终从人的生命体验入手,谈"画可为也",说画之累人……最终坚信人的一切宝贵的精神力量都将"不磨于天壤"。在此意脉的贯通下,情文相生,骈散交用,以对人、对生命的激情"逼"出文末之"论",使得文虽曰"论",实为情灵摇荡的"情"文。

(骆冬青)

【作者小传】

张 溥

(1602—1641) 明末文学家。初字乾度,改字天如,号西铭。太仓(今属江苏)人。崇祯进士。授庶吉士。与同邑张采齐名,时称"娄东二张"。崇祯初组织复社,以复兴古学为己任,从事文学和政治活动。著有《七录斋集》等。辑有《汉魏六朝百三名家集》,各集都撰有题辞。又为《宋史纪事本末》补撰论断。

五人墓碑记

张 溥

五人者,盖当蓼洲周公①之被逮,激于义而死焉者也。至于今,郡之贤士大夫请于当道②,即除魏阉废祠③之址以葬之,且立石于其墓之门以旌其所为。呜呼,亦盛矣哉!

夫五人之死,去今之墓而葬焉,其为时止十有一月耳。夫十有一月之中,凡富贵之子、慷慨得志之徒,其疾病而死,死而湮没不足道者亦已众矣,况草野之无闻者欤?独五人之皦皦④,何也?

予犹记周公之被逮,在丁卯三月之望。吾社⑤之行为士先者,为之声义,敛赀财以送其行,哭声震动天地。缇骑⑥按剑而前,问:"谁为哀者?"众不能堪,抶⑦而仆之。是时大中丞⑧抚吴者为魏之私人,周公之逮所由使也。吴之民方痛心焉,于是乘其厉声以呵,则噪而相逐。中丞匿于溷藩⑨以免。既而以吴民之乱请于朝,按诛五人,曰颜佩韦、杨念如、马杰、沈扬、周文元,即今之傫然在墓者也。

然五人之当刑也,意气扬扬,呼中丞之名而詈之,谈笑以死。断头置城上，颜色不少变。有贤士大夫发五十金，买五人之脰⑩而函之，卒与尸合。故今之墓中，全乎为五人也。

嗟乎！大阉之乱，缙绅而能不易其志者，四海之大，有几人欤？而五人生于编伍之间，素不闻诗书之训，激昂大义，蹈死不顾，亦曷故哉？且矫诏纷出，钩党之捕遍于天下，卒以吾郡发愤一击，不敢复有株治，大阉亦逡巡畏义，非常之谋难于猝发，待圣人之出而投缳道路⑪，不可谓非五人之力也。

由是观之，则今之高爵显位，一旦抵罪，或脱身以逃，不能容于远近，而又有翦发杜门⑫，佯狂不知所之者，其辱人贱行，视五人之死，轻重固何如哉！是以蓼洲周公忠义暴⑬于朝廷，赠谥美显，荣于身后，而五人亦得以加其土封，列其姓名于大堤之上。凡四方之士，无有不过而拜且泣者，斯固百世之遇也。不然，令五人者保其首领以老于户牖之下，则尽其天年，人皆得以隶使之，安能屈豪杰之流，扼腕墓道，发其志士之悲哉！故予与同社诸君子，哀斯墓之徒有其石也，而为之记，亦以明死生之大，匹夫之有重于社稷也。

贤士大夫者：冏卿因之吴公、太史文起文公、孟长姚公也。

〔注〕 ① 蓼（liǎo 潦）洲周公：周顺昌，字景文，号蓼洲，吴县（今江苏苏州）人。明万历进士，曾任福州推官、吏部员外郎。因反对宦官魏忠贤专权，辞官归里。后被捕下狱，死于狱中。② 当道：当权者。③ 魏阉废祠：已废的苏州魏忠贤生祠。魏忠贤为太监，故贬称魏阉。④ 皦（jiǎo 搅）皦：明亮，这里指显耀。　⑤ 吾社：指复社。张溥等组织复社，是因为“世教衰，此其复起”，故“名社曰复”。他们以继承东林党为号召，其宗旨是“兴复古学，务为有用”。⑥ 缇骑（tí jì 提季）：本为汉代京城中逮捕人犯的人马，这里指明代锦衣卫，当时为魏忠贤所掌握。　⑦ 抶（chì 斥）：鞭打。　⑧ 大中丞：原为御史台官职，这里指巡抚。　⑨ 溷（hùn 混）：厕所。藩：篱笆。　⑩ 脰（dòu 豆）：颈，这里指头。　⑪ 圣人之出：指明思宗朱由检即位。投缳（huán 还）：上吊。明思宗即位后，贬魏忠贤去凤阳看守皇陵，后又下令将他捉回，魏行至河北阜城，闻讯畏罪自缢而死。　⑫ 翦发：削发为僧。杜门：闭门不出。　⑬ 暴（pù 铺）：显露。

鲁迅曾说：“明末的小品虽然比较的颓放，却并非全是吟风弄月。其中有不平，有讽刺，有攻击，有破坏。”（《南腔北调集·小品文的危机》）张溥的《五人墓碑记》，就是明末小品文中有讽刺，有攻击，有歌颂，有战斗锋芒和艺术魅力的优秀作品之一。

这篇文章反映苏州市民的反阉党斗争，体现了“明死生之大，匹夫之有重于社稷”的主题思想，发人深省。

作品所体现的这个主题思想，本身就包含着许多对比的因素：“死”与“生”，当然是对比；有“大”就有“小”，有“重”就有“轻”，有“匹夫”就有“富贵之子、慷慨得志之徒”和“缙绅”以至“高爵显位”，这里都有强烈的对比。

为“五人墓”作“碑记”，当然要写出“五人”是怎样的人。这可以有各种写法。按照“墓志”文的格局，一上来就得叙述他们的姓名、籍贯、世系、行事等等；但张溥却另辟蹊径，只用“五人者，盖当蓼洲周公之被逮，激于义而死焉者也”一句话，对“五人”作了判断性的说明。用“者”提顿，用“也”煞句，“者”“也”照应，这是古汉语中判断句的典型结构。以一个判断句开头，就“五人”为什么而死作出判断，说明“五人”不是为了别的什么而死的，而是当周顺昌“被逮”的时候“激于义而死”的，这里已包含着对“五人”的颂扬。按照作者在篇末点明的主题思想的逻辑，“激于义而死”，“死”的意义就“大”；如此而死，虽“匹夫”也“有重于社稷”。那么与此相对照，那些“不义而生”“不义而死”的，又怎么样呢？对于这些，作者暂时还没有发议论，然而讽刺的锋芒，也已经从对“五人”的颂扬中露出来了。

点出“五人”“激于义而死”，读者满以为该写怎样“激于义而死”了；但作者却按下不表，由“死”写“葬”，由“葬”写“立石”，给读者留下悬念。

写“葬”，写“立石”，用的是叙述句，但并非单纯叙事，而是寓褒于叙。不是由不肖之徒，而是由“贤士大夫”们“除魏阉废祠之址以葬之，且立石于其墓之门以旌其所为”，这不是对“五人”的褒扬吗？所以紧接着，即用“呜呼，亦盛矣哉”这个充满激情的赞颂句收束上文，反跌下文，完成了第一段。

有褒必有贬。第一段虽然只是从正面褒“五人”，但其中已暗含了许多与“五人”相对比的因素，为下文的层层对比留下了伏笔。

第二段，就“富贵之子、慷慨得志之徒”的“死而湮没不足道”与“五人”的死而立碑“以旌其所为”相对比，实际上已揭示出“疾病而死”与“激于义而死”的不同意义。但作者却引而不发，暂时不作这样的结论，而用“何也”一问，使本来已经波澜起伏的文势涌现出轩然大波。

如前所说，在一开头点出“五人”“激于义而死”之后，原可以就势写怎样“激于义而死”。但作者却没有这样做，而是写“墓而葬”，写立碑“以旌其所为”，写在“五人”死后的“十有一月”中无数“富贵之子、慷慨得志之徒”死于疾病，从而在两相对比的基础上提出了一个尖锐问题：凡人皆有死，但一则受到贤者的旌表，死而不朽，一则与草木同腐，“湮没不足道”，这是什么原因呢？在这尖锐的一问使文势振起之后，才作为对这一问的回答，写“五人”怎样“激于义而死”。文情何等曲折，文势何等跌宕！然而这一切，都是为更有力地歌颂“五人”之死蓄势。对“五人”的歌颂越有力，对其对立面的暴露、批判也就越深刻，对表现“明死生之大，匹夫之有重于社稷”的主题也就越有利。

写“五人”之死用了两段文字，但与《明季北略》中的写法很不相同。后者着重叙事，写出了从三月十五日到十八日市民暴动的全过程，极有史料价值。前者叙事中有说明，有描写，而且处处与前面的文字相照应，其目的不在于叙述市民暴动的全过程，而在于通过写“五人”为什么而死，来表扬他们的正义行动。

和全文开头处的“当蓼洲周公之被逮”相照应，这一段从“予犹记周公之被逮”写起。“周公之被逮”，与“五人”之死又有什么关系呢？作者在追述了“缇骑按剑而前，问：‘谁为哀者？’……”的情景之后，告诉读者：“是时以大中丞抚吴者为魏之私人，周公之逮所由使也。吴之民方痛心焉。于是乘其厉声以呵，则噪而相逐。”这就是说：当时以大中丞的官衔做江苏巡抚的毛一鹭是魏忠贤的爪牙，“吴之民”本来就痛恨他；而“周公之被逮”，又正是这个阉党爪牙指使的，所以“吴之民”就更加痛恨他。寥寥数语，表明“周公”与阉党形同冰炭，互不相容；那么两相对比，“周公”是怎样一个人，也就不言而喻了。既然“吴之民”痛恨阉党而同情受阉党迫害的“周公”，那么因阉党逮捕“周公”而激起的这场“民变”的正义性，也就不容歪曲了。正面写市民暴动只有四个字：“噪而相逐”。但由于明确地写出“逐”的对象是“魏之私人”，因而虽然只用了四个字，却已经把反阉党斗争的伟大意义表现出来了。

“吴之民”与“五人”是全体与部分的关系。不单写“五人”，而写包括“五人”在内的“吴之民”“噪而相逐”，这就十分有力地表现出民心所向，正义所在，从而十分有力地反衬出阉党以“吴民之乱”的罪名“按诛五人”的卑鄙无耻，倒行逆施。

在前面，只提“五人”，连“五人”的姓名也没有说。直等到写了“五人”被阉党作为“吴民之乱”的首领被杀害的时候，才一一列举他们的姓名，大书而特书，并用“即今之傫然在墓者也”一句，与首段的“墓而葬”拍合。其表扬之意，溢于言外。

这还不够，接着又用一小段文字描写了“五人”受刑之时“意气扬扬，呼中丞之名而詈之，谈笑以死”的英雄气概和“贤士大夫”买其头颅而函之的义举，然后又回顾首段的“墓而葬”，解释说：“故今之墓中，全乎为五人也”。很明显，这里既歌颂了“五人”，又肯定了“贤士大夫”。而对于“贤士大夫”的肯定，也正是对“五人”的歌颂。

三、四两段写“五人”怎样“激于义而死”，五、六两段则着重写“五人”之死所发生的积极而巨大的社会影响。

第五段是这样开头的:“嗟乎! 大阉之乱,缙绅而能不易其志者,四海之大,有几人欤?”这里有几点值得注意: 阉党把“乱”的罪名加于“吴民”,作者针锋相对,把“乱”的罪名还给阉党,恢复了历史的本来面目。此其一。“大阉”不过是皇帝的家奴,凭什么能“乱”朝廷、“乱”天下? 这固然由于皇帝的宠信,但在很大程度上还由于“缙绅”的助纣为虐。所谓“缙绅”,指的是从中央到地方的大小官僚。在当时,大大小小的各级官僚遍布全国,其总数何止成千上万。作者却以十分感慨的语气指出:“四海之大”,能够在“大阉之乱”中不改其志即不趋炎附势的,并没有几个人! 只要翻一下《明史》,就知道这并非夸张。然而这样说,是要得罪成千上万的“缙绅”的。作者不怕树敌,敢于揭露真相,表现了卓越的胆识。此其二。

在“缙绅而能不易其志……”这个句子中,“而”字用于主语和谓语之间,表示一种特殊的转折关系。全句的意思是: 作为读书明理的“缙绅”,本来应该在任何情况下都不改变高洁的志操,但在“大阉之乱”中,普天下的无数“缙绅”能不改变高洁的志操的,却竟然没有几个人,岂不令人愤慨! 以“嗟乎”开头,以“能有几人欤”煞尾,表现了作者压抑不住的愤慨之情。

“缙绅”如此,那么“匹夫”怎样呢? 于是用“而”字一转,转而歌颂“五人”,阐发“匹夫之有重于社稷”的主题。“缙绅”都是“读诗书”“明大义”的,却依附阉党,危害国家,“而五人生于编伍之间,素不闻诗书之训,激昂大义,蹈死不顾,亦曷故哉”? 作者从地主阶级立场出发,认为素闻诗书之训的“缙绅”应该比“素不闻诗书之训”的“匹夫”高明,但事实却恰恰相反,因而发出了“亦曷故哉”的疑问。这个疑问,他不可能作出正确的回答。但他敢于承认这个事实,仍然是值得称道的。他不但承认这个事实,而且以“缙绅”助纣为虐、祸国殃民为反衬,揭示了以“五人”为首的市民暴动在打击阉党的嚣张气焰、使之终归覆灭这一方面所起的伟大作用。张溥写道:“且矫诏纷出,钩党之捕遍于天下,卒以吾郡发愤一击,不敢复有株治,大阉亦逡巡畏义,非常之谋难于猝发,待圣人之出而投缳道路,不可谓非五人之力也。”把这一切都归功于“吴之民”的“发愤一击”和“五人之力”,他是看出了而且高度评价了人民群众的力量的。

第六段也用对比手法,但以“由是观之”领头,表明它与第五段不是机械的并列关系,而是由此及彼、层层深入的关系。“是”是一个指代词,指代第五段所论述的事实。从第五段所论述的事实看来,仗义而死与苟且偷生,其社会意义判若霄壤。作者以饱含讽刺的笔墨,揭露了“今之高爵显位”为了苟全性命而表现出来的种种“辱人贱行”,提出了一个问题: 这种种“辱人贱行”,和“五人之死”相比,“轻重固何如哉”? 苟且偷生,轻若鸿毛;仗义而死,重于泰山。这自然是作者希望得到的回答。

在作了如上对比之后，作者又从正反两方面论述了“五人”之死所产生的另一种社会效果。从正面说，由于“五人”“发愤一击”，“蹈死不顾”而挫败了浊乱天下的邪恶势力，因而“得以加其土封，列其姓名于大堤之上。凡四方之士，无有不过而拜且泣者，斯固百世之遇也”。从反面说，假使“五人者保其首领以老死于户牖之下，则尽其天年，人皆得以隶使之，安能屈豪杰之流，扼腕墓道，发其志士之悲哉”！应该指出：这不仅是就“五人”死后所得的光荣方面说的，而且是就“五人”之死在“四方之士”“豪杰之流”的精神上所产生的积极影响方面说的。“四方之士”“过而拜且泣”，“豪杰之流扼腕墓道，发其志士之悲”，不正表现了对“五人”同情、仰慕乃至向他们学习的崇高感情吗？而号召人们向“五人”学习，继续跟阉党余孽作斗争，正是作者写这篇文章的目的。所以接下去就明白地告诉读者：“予与同社诸君子，哀斯墓之徒有其石也，而为之记，亦以明死生之大，匹夫之有重于社稷也。”

这篇文章题为《五人墓碑记》，歌颂“五人”当然是它的主要内容。但社会是复杂的，事物是互相联系的，要孤立地歌颂“五人”，就很难着笔。张溥在这篇文章中，与“五人”相对比，不仅指斥了阉党，还暴露批判了“富贵之子、慷慨得志之徒”和“缙绅”“高爵显位”等等；与“五人”相映衬，不仅赞美了周顺昌，还肯定了“郡之贤士大夫”。正是由于有了这一系列的对比和映衬，才充实了歌颂“五人”的思想内容，加强了歌颂“五人”的艺术力量。

在文章的前一部分，提到“贤士大夫”的共有两处：一处是“郡之贤士大夫请于当道，即除逆阉废祠之址以葬之，且立石于其墓之门以旌其所为”；另一处是“有贤士大夫发五十金，买五人之脰而函之，卒与尸合”。从行文的需要看，在这两处列出“贤士大夫”的姓名，显然不太适宜。但这些“贤士大夫”不仅在对待“五人”的态度上值得称道，而且和写这篇文章也直接相关。没有这些“贤士大夫”买“五人之脰”，为之修墓，为之立碑，哪有可能写这篇《五人墓碑记》呢？所以在文章的结尾，又用特笔补出了“贤士大夫”的姓名。而用特笔补出，既避免了前半篇行文的累赘和重点的分散，又加重了表扬的分量。

古人慎重其事地介绍某一重要人物，往往是连姓、名、字、官衔（或籍贯）一起说出的，其排列的顺序通常是：官衔（或籍贯）、字、姓、名（也有先姓、后名、后字的）。张溥在文章结尾列举三位“贤士大夫”“冏卿因之吴公，太史文起文公、孟长姚公”，其排列顺序就是这样的，只不过称“公”而不称名，更表示了对他们的敬意。这三个人，都是当时江苏著名的有正义感的知识分子。“吴公”名默，字因之，万历时曾做太仆少卿（即“冏卿”），后来回故乡吴江闲居，是阉党的反对派。

杨素蕴《过虎丘奠五人墓作》一诗里有"粤(这里是句首语气词)有吴太史(默——原注),题碑表芳踪"的句子;张溥所说的"立石于其墓之门以旌其所为"的,看来就是吴默。"文公"名震孟,字文起,长洲人,著名书画家文徵明的曾孙,天启壬戌第一人及第(即状元),授翰林院修撰,因议论朝政"贬秩调外,斥为民",著有《药圃诗稿》。"姚公"名希孟,字孟长,万历进士,授翰林院检讨。明代称翰林为"太史",文震孟和姚希孟都是翰林,故总贯以"太史"的称呼。这两个人,都是反阉党的。阉党官僚崔呈秀编《天鉴录》献魏忠贤,指杨涟,左光斗等近三十人为"东林党",企图一网打尽;文震孟和姚希孟,就都被列入这个《天鉴录》。

这篇文章夹叙夹议,层层对比,步步深入,前后照应,反复唱叹,熔叙事、议论、描写、抒情于一炉。在结构上,先以洗练的笔墨叙述了"五人"死后贤士大夫为他们修墓、立碑的盛况,接着与此相对照,写了"富贵之子、慷慨得志之徒"的"死而湮没不足道",从而提出了一个问题:"独五人之皦皦,何也?"这一问,是贯串全篇的主线。它承上而来,又领起以下各段。三、四两段树立"五人"大义凛然、威武不屈的形象,固然是对这一问的回答;五、六两段揭示"五人"之死所发生的社会影响,也是对这一问的回答。正因为以一线贯全篇,所以文笔既活泼、结构又谨严。而作者之所以要用这样的一问作为贯串全篇的主线,又是从有利于表现他确定的主题出发的。回答了"五人"为什么那样"皦皦"的问题,不就自然而然地阐明了"死生之大,匹夫之有重于社稷"的主题吗?

在文学作品中把市民暴动作为打击黑暗势力的正面力量加以反映,把市民暴动的首领作为英雄人物加以赞扬,张溥的《五人墓碑记》具有首创意义。此后,特别在明末清初这一段时间里,同样以苏州市民反阉党斗争为题材,歌颂颜佩韦等五位英雄人物的文艺作品,如李玉的传奇《清忠谱》,朱隗的七古《魏忠贤祠废,其旁为五人墓歌》、杨素蕴的五古《过虎丘奠五人墓作》等等,相继出现,在文学史上增添了新的光彩,很值得注意。

(霍松林)

【作者小传】

祁彪佳

(1602—1645) 明文学家。字弘吉,号幼文。浙江山阴(今绍兴)人。天启进士。初任兴化推官。崇祯初官至御史,巡按苏、松。后辞官家居九年,师从刘宗周。南明弘光时,任右佥都御史,巡抚江南。不久被马士英排挤去职回籍,隐居云门山。清兵破南京、杭州后绝食投水死。善诗文,尤以散文见长。著有《祁彪佳集》。

《寓山注》序

祁彪佳

予家梅子真[①]高士里，固山阴道上[②]也。方干一岛[③]，贺监半曲[④]，惟予所恣取。顾独予家旁小山，若有夙缘者，其名曰“寓”。往予童稚时，季超、止祥两兄[⑤]以斗粟易之。剔石栽松，躬荷畚锸，手足为之胼胝。予时亦同拿小艇，或捧土作婴儿戏。迨后余二十年，松渐高，石亦渐古，季超兄辄弃去，事宗乘[⑥]；止祥兄且构柯园为菟裘[⑦]矣。舍山之阳建麦浪大师[⑧]塔，余则委置于丛篁灌莽中。予自引疾南归，偶一过之，于二十年前情事，若有感触焉者。于是卜筑之兴，遂勃不可遏，此开园之始末也。

卜筑之初，仅欲三五楹而止。客有指点之者，某可亭，某可榭，予听之漠然，以为意不及此。及于徘徊数回，不觉问客之言，耿耿胸次。某亭、某榭，果有不可无者。前役未罢，辄于胸怀所及，不觉领异拔新，迫之而出。每至路穷径险，则极虑穷思，形诸梦寐，便有别辟之境地，若为天开。以故兴愈鼓，趣亦愈浓。朝而出，暮而归，偶有家冗，皆于烛下了之。枕上望晨光乍吐，即呼奚奴驾舟，三里之遥，恨不促之于跬步。祁寒盛暑，体粟汗浃，不以为苦。虽遇大风雨，舟未尝一日不出。摸索床头金尽，略有懊丧意。及于抵山盘旋，则购石庀材，犹怪其少。以故两年以来，橐中如洗。予亦病而愈，愈而复病，此开园之痴癖也。

园尽有山之三面，其下平田十余亩，水石半之，室庐与花木半之。为堂者二，为亭者三，为廊者四，为台与阁者二，为堤者三。其他轩与斋类，而幽敞各极其致；居与庵类，而纡广不一其形。室与山房类，而高下分标其胜。与夫为桥、为榭、为径、为峰，参差点缀，委折波澜。大抵虚者实之，实者虚之；聚者散之，散者聚之；险者夷之，夷者险之。如良医之治病，攻补互投；如良将之治兵，奇正并用；如名手作画，不使一笔不灵；

如名流作文，不使一语不韵。此开园之营构也。

园开于乙亥[9]之仲冬，至丙子孟春，草堂告成，斋与轩亦已就绪。迨于中夏，经营复始。榭先之，阁继之，迄山房而役以竣。自此则山之顶趾镂刻殆遍，惟是泊舟登岸，一径未通，意犹不慊也。于是疏凿之工复始。于十一月自冬历丁丑之春，凡一百余日，曲池穿牖，飞沼拂几，绿映朱栏，丹流翠壑，乃可以称园矣。而予农圃之兴尚殷，于是终之以丰庄与豳圃，盖已在孟夏之十有三日矣。若八求楼、溪山草阁、抱瓮小憩，则以其暇偶一为之，不可以时日计。此开园之岁月也。

至于园以外山川之丽，古称万壑千岩[10]；园以内花木之繁，不止七松五柳[11]。四时之景，都堪泛月迎风；三径[12]之中，自可呼云醉雪。此在韵人纵目，云客宅心[13]，予亦不暇缕述之矣。

〔注〕 ① 梅子真：梅福，字子真，汉九江寿春(今安徽六安寿县)人，补南昌尉，后去官归寿春。屡上书请削王氏权柄，及王莽专政，遂弃妻子出游。其后有人见福于会稽，变姓名为吴市门卒。 ② 山阴道上：指绍兴县城西南郊外一带，《世说新语·言语》："王子敬云：'从山阴道上行，山川自相映发，使人应接不暇。'"语本于此。 ③ 方干一岛：唐人方干，字雄飞，新定(唐郡名，治今浙江建德)人，举进士不第，遂隐于会稽，渔于鉴湖，终身不出。其《鉴湖西岛言事》诗云："世人若便无知己，应向此溪成白头。" ④ 贺监：唐贺知章字季真，会稽永兴(今浙江杭州市萧山区)人，曾任秘书监。天宝三载，因病上疏，请度为道士还乡里，诏赐镜湖郯川一曲，御制诗以赠行。曲，角落。 ⑤ 季超、止祥两兄：季超，祁骏佳，作者胞兄。止祥，祁豸佳，作者堂兄。 ⑥ 宗乘：指佛教。佛教有大、小乘，又分若干宗。 ⑦ 菟(tú图)裘：古嬴姓之国，后并于鲁，山东泰安东南九十里旧有菟裘城，今泰安楼德镇。《左传·隐公十一年》："使营菟裘，吾将老焉。"营，营造。老，终老于其地。 ⑧ 麦浪大师：俗姓黄，名明怀，字修湛，山阴人，死于崇祯三年(1630)。作者写有《会稽云门麦浪怀禅师塔铭》。 ⑨ 乙亥：明崇祯八年(1635)。下文之丙子、丁丑，分别为崇祯九年、十年。 ⑩ 万壑千岩：《世说新语·言语》："顾长康从会稽还，人问山川之美。顾云：'千岩竞秀，万壑争流，草木蒙笼其上，若云兴霞蔚。'" ⑪ 七松五柳：指隐者宅中的树木。《新唐书·郑薰传》："(薰)既老，号所居为隐岩，莳松于庭，号七松处士云。"陶渊明《五柳先生传》："宅边有五柳树，因以为号焉。" ⑫ 三径：院中小路。《三辅决录》卷一："蒋诩归乡里，荆棘塞门，舍中有三径，不出，唯求仲、羊仲从之游。"后因指隐者所住的田园。 ⑬ 云客：隐士。宅心：归心。《水经注》卷三二《沮水》："是以林徒栖托，云客宅心，泉侧多结道士精庐焉。"

园林，作为"人化的自然"，是人与自然共同创造的审美的家园，诗意的栖居地。祁彪佳此文，就是对这种充满痛苦与狂喜、痴情与逸趣、意匠与灵感的独特的创造过程的描写。他带领读者进入创造过程，进入他的性灵世界，一起享受审美创造的愉悦。

是经过风尘人寰、沧桑世事的洗礼，才对“委置于丛篁灌莽中”的小山“若有感触焉”的。“感触”什么？“二十年前情事”确是美好的，“捧土作婴儿戏”的天真在“引疾南归”后忆起，显然是别有一番滋味在心头。往日弃山而去的二兄都已摒绝尘俗，作者“勃不可遏”的“筑园之兴”之激起，其“感触”当是十分深广的。因而，创造激情才经久不衰，才日甚一日，难以自已……

这是一种特殊的劳动。在这种劳动中“病而愈，愈而复病”的作者，将自己专心致志的精神比作“痴癖”，似乎成了一种病态的热情。而唯其如此，才显示出这种劳动是何等地具有吸引力。从无到有，从有到觉得其“果有不可无者”，正是心灵世界与自然世界获得高度契合的表现；而“前役未罢，辄于胸怀所及，不觉领异拔新，迫之而出”，又表现了“神与物游”“心境万象生”的创造的欢愉。当然有苦恼，有“路穷径险”“极虑穷思”之时，甚至会“形诸梦寐”，但正因如此，智慧的灵境才能“若为天开”，无限风光在险峰！所以，“兴愈鼓，趣亦愈浓”，兴、趣相激相发，相摩相荡，正是创造性劳动的特点，何况这是审美的创造！又何况在审美创造之中又不断地创造着人本身！所以，当清晨的第一缕柔光来到枕上，就开始了痴迷的工作。在工作中，消除了粗鄙的利欲物欲，克服着自然的威力，把自己提升到一个崭新的境界。因此，如果说这是一种“痴癖”，那么“病而愈，愈而复病”中却除却了心灵的病态。我们可以感到，在开园中，那“委置于丛篁灌莽中”的作者的童心似乎也被开发出来，并且越来越真纯了。

在创造中，将自然人化、审美化是要按美的规律来造型的。祁彪佳很懂得艺术辩证法。“大抵虚者实之，实者虚之；聚者散之，散者聚之；险者夷之，夷者险之”，表明了他的艺术素养；而达到“如名手作画，不使一笔不灵；如名流作文，不使一语不韵”的高度成就，更表明其非凡的审美创造能力。这，仍是执著痴迷的“痴癖”在起着巨大作用。所以，时时在心，情兴常殷，愈出愈奇，把心灵的每一境界都在自然中营构出来。于是，“一径未通，意犹不慊也”；“农圃之兴尚殷，于是终之以丰庄与豳圃”；暇日则别出心裁，“偶一为之”……全身心都投入到对自己“非有机的身体”的创造中去了。

“开园之始末”“开园之痴癖”“开园之营构”“开园之岁月”，四节分述开园的过程，虽然每节各述一方面，却形成了一个有机的结构。一方面，是由于作者那种强烈的对开园的“兴”“趣”始终贯穿，并作为主要线索，联结各节；另一方面，则是因为各节之间在叙事上的“互文”手法，使各节互为补充，似断实连。如“开园之营构”中所谈之园林，在“开园之岁月”中又得到富于情韵的描写，并且对“营构”作了进一步具体的表现。这样，作者的文章本身即如其造园，无一径不通而各极其美。

在这一精神家园中，作者延纳了许多古人：梅子真、方干、贺知章……那“万壑千岩”“七松五柳”“山阴道上”……更是“寓”居着韵人高士的审美理想。这使文章增加了典雅的气息，把读者的情思引向了历史的深处；然而，却也暴露出作者的精神家园的虚幻性——建筑在遥远的过去的基础上的园林是难以抵挡时代的凄风苦雨的。不过，这是题外的话了。（骆冬青）

【作者小传】

黄淳耀

(1605—1645)　明文学家。初名金耀，字蕴生，号陶庵。嘉定（今属上海市）人。崇祯进士。未授官职，家居研读经籍。清顺治二年（1645），与侯峒曾率嘉定士民守城抗击清兵。城陷后，与弟渊耀自缢。能诗文。著有《山左笔谈》《陶庵文集》。

李龙眠画罗汉记　　黄淳耀

李龙眠画罗汉渡江，凡十有八人①。一角漫灭，存十五人有半，及童子三人。

凡未渡者五人。一人值坏纸，仅见腰足。一人戴笠携杖，衣袂翩然，若将渡而无意者。一人凝立远望，开口自语。一人跽左足，蹲右足，以手捧膝，作缠结状；双屦脱置足旁，回顾微哂。一人坐岸上，以手踞地，伸足入水，如测浅深者。

方渡者九人。一人以手揭衣，一人左手策杖，目皆下视，口呿不合。一人脱衣，双手捧之而承以首。一人前其杖，回首视捧衣者。两童子首发鬅鬙②，共舁一人以渡；所舁者长眉覆颊，面怪伟如秋潭老蛟。一人仰面视长眉者。一人貌亦老苍，伛偻策杖，去岸无几，若幸其将至者。一人附童子背，童子瞪目闭口，以手反负之，若重不能胜者。一人貌老过于伛偻者，右足登岸，左足在水，若起未能；而已渡者一人捉其右臂，作势起之。老者努其喙，缬纹[3]皆见。又一人已渡者，双足尚跣，出其履将纳之，而仰视石壁，以一指探鼻孔，轩渠[4]自得。

按罗汉于佛氏为得道之称，后世所传高僧，犹云锡飞杯渡[5]，而为渡江艰辛乃尔，殊可怪也。推画者之意，岂以佛氏之作止语默皆与人同，而世之学佛者徒求卓诡变幻可喜可愕之迹，故为此图以警发之欤？昔人谓太清楼所藏吕真人画像[6]，俨若孔、老[7]，与他画师作轻扬状者不同，当即此意。

〔注〕①罗汉：亦称阿罗汉，佛的高足弟子。相传佛有弟子十六人称大阿罗汉，后加降龙、伏虎二尊者，共为十八罗汉。　②鬅鬙（péng sēng 朋僧）：头发蓬松。　③缬（xié 鞋）：纹路。　④轩渠：笑的样子。　⑤锡飞：锡，僧人所用锡杖的简称。《高僧传·神异》：舒州潜山最奇，山麓尤胜，志公（六朝时高僧宝志）与白鹤道人欲往，告语梁武帝。帝使各以物识其地，得者居之。道人以鹤，志公以锡。已而鹤先飞去，至麓将止，忽闻空中锡飞声，志公之锡遂直插于山麓，乃各于所识之地筑室。杯渡：《法苑珠林·潜遁篇》：西晋杯度沙门，不知何许人。尝寄宿一家，家有金像。杯度晨兴，辄持而去，主人策马追之。度自徐行，而骑走不及。至河，乘一小杯以过孟津，因号曰杯度。杜甫《题玄武禅师屋壁》："锡飞常近鹤，杯渡不惊鸥。"　⑥太清楼：北宋汴京宫内楼名。吕真人：吕洞宾，俗称"八仙"之一。　⑦孔、老：孔子和老子。

李公麟（1049—1106），字伯时，号龙眠山人，被誉为"宋画第一"。他画的这幅罗汉，经过黄淳耀的描述和评点，更神了，更多意趣了。

原画共十八罗汉，因画卷漫灭一角，仅"存十五人有半"，再搭上三个童子。黄淳耀起笔即作了如上交待，侃侃道来，一丝不苟，其中"十五人有半"一语不失诙谐，这就为全文定下了庄谐相映的基调。的确，作者是带着机智的微笑来观画、品画的。他表面上是记"流水帐"，不厌其烦地将画中人一一介绍，简直像个循规蹈矩的"讲解员"；但骨子里头却"狡猾"得很，当他不事声张地把十八个半人物介绍完毕之后，忽然"图穷匕首见"，以简练的最后一节文字亮出了自己的精辟见解，叫你不得不服，不得不点头称是，同时也恍然大悟：原来作者早就成算在胸，一路埋伏，将读者引入了自己的思想结穴点。此乃杂文家惯用的一种手段，故这篇画记可当杂文来读。

当然，要想用极少的文字将十多个人物写活，并服从全篇的构思，那是非有一番真功夫不可的。黄淳耀采取抓特征、画"眼睛"的手法，只用三言两语便将一个人物"开消"，但却叫读者经久难忘。我们不妨再仔细品味一番：

甲组，未渡者。"一人值坏纸，仅见腰足"，算他倒霉，甭提了。"一人戴笠携杖，衣袂翩然，若将渡而无意者”，他匆匆赶到江边，沐浴着江风，有点飘飘然，但一望那滔滔江水，顿时踌躇起来。“一人凝立远望，开口自语”，他比前一位早到一步，分明已被江上风波和方渡者的艰难“镇”住了，呆呆地站着，口中喃喃自语，嘀咕什么，人人可想而知。“一人跽左足，蹲右足，以手捧膝，作缠结状；双屦脱置足旁，回顾微哂”，他已经下定决心，不怕艰险，准备下水，去争取渡江的胜利，是个好样儿的。“回顾微哂”，内涵甚丰，一方面是笑话“凝立者”，一方面也是为自己壮胆。“一人坐岸上，以手踞地，伸足入水，如测浅深者”，他是个有心人，既懂得战略上藐视困难，又晓得战术上重视困难，正小心翼翼地搞点起码的调查研究呢。

乙组，方渡者。“一人以手揭衣，一人左手策杖，目皆下视，口呿不合”。这两位刚刚下水，有点站不稳，下意识地还想“摸着石头过河”，故目皆下视，怯生生、傻乎乎地张着嘴巴。“一人脱衣，双手捧之而承以首。一人前其杖，回首视捧衣者”。看来罗汉们大多数有点“愚”，过江竟然不脱衣服（鞋子是要脱的），如今一旦下水，方知脱衣之重要，所以“前其杖者”不得不“回首视捧衣者”，心中说：还是老兄高明。“两童子首发鬅鬙，共舁一人以渡；所舁者长眉覆颊，面怪伟如秋潭老蛟。一人仰面视长眉者”。这一组为画卷的中心。“长眉者”为何要童子抬？可能由于年老体弱（这说明罗汉圈子内多么团结友好），也可能由于这位“老蛟”地位很高（这说明罗汉们并不平等）。总而言之一句话，不管你如何“怪伟”，如何有法力，过江总是要涉水的，起码要“间接”地涉水。至于那个“仰面者”，是讨好“长眉者”还是在表示潜在的不满，那就由人们去想象了。“一人貌亦老苍，伛偻策杖，去岸无几，若幸其将至者”。请注意这里的“亦”字，它分明将“老苍者”与“长眉者”联系起来了。二人均老，这一位还有“伛偻”病，为什么没人抬他？人们会因之想到许多。当然，自己奋力过江也有其乐趣，他不是正因为希望在前而感到无比庆幸么？“一人附童子背，童子瞪目闭口，以手反负之，若重不能胜者”。这罗汉看来真有毛病，只好让一个童子背着（不是有派头地由二童子共舁），他俩化为一体，正在挣扎，令人赞叹与同情。“一人貌老过于伛偻者，右足登岸，左足在水，若起未能”。这一位更加老迈，却能自己过江，实在令人敬佩，他还差半步，正在努力，人们不禁要为之呐喊加油。

丙组，已渡者。“已渡者一人捉其右臂，作势起之。老者努其喙，缬纹皆见”。多动人的情景！人生的征途上常常需要这热情的“一臂之力”。至于另一位已渡者，我们也无须责怪他缺乏友爱之心，就让他独个儿穿上宝贝鞋子，挖挖鼻孔，望望石壁，自得其乐吧！因为，胜利者是有权陶醉一番的……

好了。啰唆了这么多，颇不类“鉴赏文字”。不过，由于黄淳耀写得传神，写得有趣，故笔者“侃”得并不吃劲。说回来，作者连用十六个“一人”，不仅仅是为了叙说的方便，也不仅仅是为了一气呵成，他的“定点观察”更主要地是为了突现这一个渡江的群体。这么多各具个性的“一”，有什么共同之处呢？一言以蔽之：他们虽为罗汉，却如常人，渡江对他们来说也非易事。这样，就十分自然地带出了本文最后一节的议论，带出了作者对世事人生的独到领悟。原来，世之学佛者把“得道”的“罗汉”想歪了，竟无知地徒求“卓诡变幻”之迹，这难道不令人警觉、发人深省么？推而广之，人世间要想办成一两件事情，除了脚踏实地、不避艰辛、团结互助、奋勇向前之外，还能指望其他什么通天之术呢？至此，这篇短文慧眼顿开，通篇皆活；那“一人”又“一人”的不厌其烦的“接力”，自然顺当地成了通向思想闪光处的级级阶梯，这就叫做水到渠成。（何永康）

【作者小传】

张煌言

(1620—1664)　南明大臣、文学家。幼名阿云，字玄著，号苍水。浙江鄞县（今宁波）人。明崇祯举人。南明弘光政权覆亡后，与钱肃乐等起兵抗清，拥鲁王监国，据守浙东，官至权兵部尚书。永历十三年（1659）与郑成功合军进入长江，以图恢复。终因郑成功兵败，孤军无援，退守浙东。后流寓南田悬嶴（今浙江象山南）。清康熙三年（1664）被俘，拒降不屈，遭杀害。有《张苍水集》。

《奇零草》自序

张煌言

余自舞象①，辄好为诗歌。先大夫虑废经史，屡以为戒，遂辍笔不谈，然犹时时窃为之。及登第后，与四方贤豪交益广，往来赠答，岁久盈箧。会国难频仍，余倡大义于江东②，敹甲敿干③，凡从前雕虫之技④，散亡几尽矣。于是出筹军旅，入典制诰⑤，尚得于余闲吟咏性情。及胡马渡江，而长篇短什，与疏草代言，一切皆付之兵燹中，是诚笔墨之不幸也。

余于丙戌始浮海⑥，经今十有七年矣。其间忧国思家，悲穷悯乱，无时无事不足以响动心脾。或提师北伐，慷慨长歌；或避虏南征，寂寥短唱。即当风雨飘摇，波涛震荡，愈能令孤臣恋主，游子怀亲。岂曰亡国之音⑦，庶几哀世之意。

乃丁亥春，舟覆于江⑧，而丙戌所作亡矣。戊子秋，节移于山⑨，而丁亥所作亡矣。庚寅夏，率旅复入于海⑩，而戊子、己丑所作又亡矣。然残编断简，什存三四。迨辛卯昌国陷⑪，而笥中草竟靡有孑遗。何笔墨之不幸，一至于此哉！

嗣是缀辑新旧篇章，稍稍成帙，丙申昌国再陷⑫，而亡什之三。戊戌覆舟于羊山⑬，而亡什之七。己亥长江之役⑭，同仇兵熸⑮，予以间行得归⑯，凡留供覆瓿者⑰，尽同石头书邮⑱，始知文字亦有阳九之厄⑲也。

年来叹天步之未夷⑳，虑河清之难俟㉑，思借声诗，以代年谱。遂索友朋所录，宾从所抄次第之。而余性颇强记，又忆其可忆者，载诸楮端，共得若干首。不过如全鼎一脔耳㉒。独从前乐府歌行，不可复考，故所订几若《广陵散》㉓。

嗟乎！国破家亡，余谬膺节钺㉔，既不能讨贼复仇，岂欲以有韵之词，求知于后世哉！但少陵当天宝之乱，流离蜀道，不废风骚，后世至今，名为诗史㉕。陶靖节躬丁晋乱，解组归来，著书必题义熙㉖。宋室既亡，郑所南尚以铁匣投史眢井，至三百年而后出㉗。夫亦其志可哀，其情诚可念也已。然则何以名《奇零草》？是帙零落凋亡，已非全豹，譬犹兵家《握奇》㉘之余，亦云余行间之作也。时在永历十六年㉙，岁在壬寅，端阳后五日，张煌言自识。

〔注〕 ① 舞象：古代的一种武舞。《礼记·内则》："成童，舞象。"成童指十五岁以上的少年。后世常以舞象代指成童。 ② 倡大义于江东：指顺治二年(1645)南明弘光王朝覆亡后，清兵南下，钱肃乐等起兵浙东，派张煌言迎立鲁王朱以海为监国，号召东南抗清事。(见全祖望著《年谱》) ③ 敹(liáo 聊)甲敿(jiǎo 矫)干：指做战斗的准备。敹甲，把甲胄缝合起来。敿干，把盾牌上的绳子系好。《尚书·费誓》："善敹乃甲胄，敿乃干。" ④ 雕虫之技：指上文所说的诗歌创作活动。汉代扬雄曾称写赋是"雕虫篆刻"，于是后人便常用这词语来代指诗文写作。⑤ 入：入朝。典：主管。制诰：张煌言起兵后，鲁王朱以海曾授以翰林院检讨知制诰的官职，替朝廷起草诏令。 ⑥ 丙戌：清顺治三年。当时清兵已占领浙东，反清势力兵败，鲁王奔台州(今浙江台州临海)，煌言随后东行。(见全著《年谱》) ⑦ 亡国之音：反映国家危亡、人民困苦的包含哀伤之情的音乐。《礼记·乐记》："亡国之音哀以思，其民困。" ⑧ 丁亥：清顺治四年。这年四月，煌言行军至崇明，大风覆舟，被俘，后趁机逃归。(见赵之谦撰《年谱》) ⑨ 戊子：清

顺治五年。节移于山：主将移驻山上。节，符节，代指主将。顺治五年张煌言到上虞招集义兵，入平冈山下寨。（见赵撰《年谱》）⑩ 庚寅：清顺治七年。复入于海：这年鲁王驻舟山，煌言率兵到舟山护卫。（见赵撰《年谱》）⑪ 辛卯：清顺治八年。昌国：舟山。元代名昌国州，明洪武二年降为县，二十年县废，改置定海县。此用其旧名。⑫ 丙申：清顺治十三年。昌国再陷：前一年张煌言等曾联合郑成功部队入吴淞口，又进攻镇江，不利，东还，收复了舟山。到这一年，舟山又被清兵攻克。⑬ 戊戌：清顺治十五年。覆舟于羊山：这年张煌言与郑成功驻兵舟山北边的羊山，遇大风，损船百余。（见赵撰《年谱》）⑭ 己亥：清顺治十六年。长江之役：这年夏张煌言会合郑成功的部队，再从长江西上攻镇江，直趋芜湖。（见赵撰《年谱》）⑮ 同仇：指战友，这里指郑成功。兵燹（jiàn 见）：兵败。燹，火灭，此形容兵败像火熄灭。⑯ 间行：从小路走。郑成功在南京被清兵打败后，撤军出海；当时张煌言还在芜湖力战，听说归路已被清兵断绝，只好潜行山谷，东归临亹。（见赵撰《年谱》）⑰ 覆瓿（pǒu）：汉代刘歆曾说扬雄的《太玄》将来只能盖盛酱的瓦罐子。后因以覆瓿比喻著作没有什么价值。⑱ 石头书邮：石头，地名，在江西新建县西北贡水西岸，地有盘石，又称石头渚。晋代殷羡，字洪乔，为豫章太守，临去，都（郡）人托他带信百余封，殷羡行至石头，把书信全都抛入水中，说："沉者自沉，浮者自浮，殷洪乔不能作致书邮。"（见《世说新语·任诞》）这里是借用来说明自己的文稿全部沉入水中。⑲ 阳九之厄：指厄运。古代术数家用以指旱灾。他们说一百零六年中要有灾荒九次，即所谓"百六阳九"。⑳ 天步：指国家的命运。夷：平，安定。㉑ 河清之难俟：《左传·襄公八年》引逸诗云："俟河之清，人寿几何。"古人认为等待黄河澄清，是不可能的事。这里借以比喻国家的光复遥遥无期。㉒ 全鼎一脔：《吕氏春秋·察今》云："尝一脔肉而知一镬之味，一鼎之调。"意谓尝一块肉，就可以知道全鼎的肉味。这里是说现在所录的只是全部作品的一部分，但也可多少代表全部。㉓《广陵散》：古曲名，嵇康善弹此曲。后康为司马昭所害，临刑，索琴弹之，曰："昔袁孝尼尝从吾学《广陵散》，吾每靳固之。《广陵散》于今绝矣！"（见《晋书·嵇康传》）这里作者说他的乐府歌行也几乎像《广陵散》一样绝世了。㉔ 谬膺节钺（yuè 月）：谦说自己受任为军事统帅。按：张煌言曾被鲁王任命为兵部侍郎，又被桂王遥授为兵部侍郎，后加为兵部尚书。㉕ 诗史：指能反映某一历史时期现实情况的诗歌。《新唐书·杜甫传赞》："甫又善陈时事，律切情深，至千言不少衰，世号诗史。"㉖ 义熙：晋安帝年号。相传陶渊明不肯臣服于刘裕，所以在作品中保存晋帝年号，到了刘宋，就不题年号，只写甲子。（见《宋书·陶渊明传》）㉗ 郑所南：一名思肖，号忆翁，连江人。南宋诗人、画家。宋亡后，隐耕吴中，著《心史》（诗集），装在铁匣里，投在枯井中。到明末才被发现。世称"铁函心史"。（见《四库全书总目》卷一七四）眢（yuān 冤）井：枯井。㉘《握奇》：即《握奇经》，是古代的一部兵书。一说，指军阵名，天、地、风、云四阵曰正，龙、虎、鸟、蛇四阵曰奇，余一阵曰握奇。（见《握奇发微·握奇阵图说》）㉙ 永历十六年：清康熙元年（1662）。永历，南明桂王（朱由榔）建国的年号。

在艰险困苦和孤独寂寞之中仍能葆有一颗跳动的诗心，无疑是精神强大的标志。在国破家亡的巨大灾难中，"或提师北伐"，"或避虏南征"的张煌言，用怒涌的热血和悲愤的清泪吟哦长啸，发出"慷慨长歌""寂寥短唱"，满腔的情思在郁勃的生命力的激发中奔放出来，显示出不可征服的英雄气概。这篇《自序》，就是对自己的"诗史"的叙述。

为诗集写序，一般来说，总是以介绍集中之诗为主，此文却着重"哀悼"那些在战火中毁失的诗篇。“会国难频仍,余倡大义于江东,瘝甲敹干,凡从前雕虫之技,散亡几尽矣”;“及胡马渡江,而长篇短什,与疏草代言,一切皆付之兵燹中,是诚笔墨之不幸也”;“乃丁亥春,舟覆于江,而丙戌所作亡矣”;“戊子秋,节移于山,而丁亥所作亡矣”;“庚寅夏,率旅复入于海,而戊子、己丑所作又亡矣”;“迨辛卯昌国陷,而笥中草竟靡有孑遗”;“丙申昌国再陷,而亡什之三”;“戊戌覆舟于羊山,而亡什之七”;“己亥长江之役,同仇兵燹,予以间行得归,凡留供覆瓿者,尽同石头书邮,始知文字亦有阳九之厄也”。好了,频繁的记录,似乎已令人感到厌倦;然而,诗人那旋毁旋生、不可磨灭的诗的精魂,正从这接连不断的“亡诗”记录中显现出来!写在纸上的诗篇会不断地毁灭,而心中的诗却永远毁灭不了!诗篇的毁灭,诗的不幸,也正是诗人的不幸,国家的不幸:诗歌与诗人有着共同的命运。诗人所以如此痛惜诗篇的毁失,就是因为那不仅是他生命的记录,情感的升华,而且就是他生命的一部分,就是国家不幸的象征啊!

从少年时期的强烈爱好,“时时窃为之”,到登第后的“往来赠答”,至于军旅中“尚得于余闲吟咏性情”,再到“忧国思家,悲穷悯乱”的“风雨飘摇,波涛震荡”中的歌吟,张煌言回顾了自己的诗歌创作历程。避着父亲,从正儿八经的经史中偷出空来作诗,不过是对人生的审美方面的追求;与“四方贤豪”的往来赠答,也只是生活的一种点缀;而到了“无时无事不足以响动心脾”的国破家亡的时刻,那些“慷慨长歌”与“寂寥短唱”,由于是“孤臣恋主,游子怀亲”的情感的自然流露,自当另作别论。事实上,诗作为作者生命的一部分,此时已成为国家存亡的歌哭,具有了不同的意义。故而,作者在“思借声诗,以代年谱”的同时,又将其与国家命运联系起来:“岂曰亡国之音,庶几哀世之意。”

虽然如此,作者在缕述了自己的诗歌创作历程和诗集编成经过后,还在最后写了一段为诗辩护的文字。他以杜甫、陶潜、郑所南为例,说明自己的志意。杜甫之名为“诗史”,一方面是因为他“善陈时事”,在诗中记叙了乱离的史事,另一方面,也是更重要的方面,则在于他的诗唱出了广大人民的心声,故而成为“诗史”。他以杜少陵为例,以明心迹,表白自己并非“为诗而诗”,实在是很恰当的。对于身经亡国之痛,并且将此置于一切之上的作者,陶潜与郑所南的矢忠故国,更能切合他的心志,所以他觉得郑所南之作“铁函心史”是“其志可哀,其情诚可念”,而让读者由此体会到他本人的心情。他的解释,本身就是诗的解释,以诗人的激情来为自己的诗寻找存在的情由,更加说明了他的诗的性质。

“序”中并未直接描述自己的诗本身,却使人强烈地感到一种诗的力量。因为诗人确实是爱诗的,他把诗当作自己生命中的精魂所寄来叙述其遭遇命运,并

为其辩护的。所以,文中不断叙述诗的经历的文字虽显得客观平淡,而在诗情的流注中却获得了感人的力量。（骆冬青）

【作者小传】

张明弼

(1584—1653)明文学家、学者。字公亮,金坛(今属江苏)人。崇祯十年(1637)进士。授广东揭阳县令。有政声。早年师从曹大章,古诗文名重一时。为复社重要成员。有《兔角诠》《萤芝集》等。

避风岩记

张明弼

避风岩在端州[①]之北三十里许,或曰与砚坑[②]相近,古未有是名,余避风其下,故赠以是名也。

余何以避风其下?崇祯己卯[③]仲秋,余供役粤帷[④]。二十五日既竣事,则遍谒粤之大吏。大吏者,非三鸣鼓吹不启户,非启户则令长不敢入。余东驰西骛,左诇右需[⑤],目厌于阍驺卤簿[⑥]绛旗朱帽之状,耳厌于笳鼓引赞殿喝之声,手足筋骨疲于伏谒拜跽以头抢地[⑦]之事。眩瞀[⑧]车上,至不择店肆而解衣卧之。凡六日而毕,则又买舟过肇,谒制府[⑨]。制府官厌贵,礼愈绝[⑩],控拜数四,颔之而已。见毕即登舟,将返杨山[⑪]。

九月朏[⑫],宿三十里外。力引数步,偶得一岩。江回峰抱,风力稍损,乃息焉。及旦而视之,则断崖千尺,上侈下弇[⑬],状如檐牙。仰而睨之,若层衡[⑭]之列烟上,崩峦倾返,颓石矗突,时有欲落之势,栗乎不可以久留焉。狂飙不息,竟日居其下。胥仆相扶,上舟一步,得坐于石隙草际。听怒涛声,若奔车败马;望沸波,若一群白鹅鼓翼江心;及跳沫山足,又若千百素鳞争跃上岸。石崖磔磔,不沾土壤;而紫茎缠带,青芜数尺,一偃一立,若青狮奋迅而不得去;又若怒毛之兽,风过毛竖,不能自休。身住江坳,目力相界,不能数里,而阴氛交作,如处黑帷。从者皆惨容而相告曰:“日复夕矣,将奈何?”

余笑而语之曰："第安之，第安之。吾视夫复嶂重峦，缭青纬碧，犹胜于院署之严丽也；吾视夫崩崖倾石，怒涛沸波，犹胜于贵人之颐颊心腑也；吾视夫青芜紫茎，怀烟孕露，犹胜于大吏之绛骑彤驺也；吾视夫谷响山啸，激壑鸣川，犹胜于高衙之呵殿赞唱也；吾视夫藉草坐石，仰瞩云气，俯观重泉，犹胜于拳跽伏谒于尊宦之阶下也。天或者见吾出则伛偻，入则簿书，已积两载矣，无以抒吾胸中之浩浩者，故令风涛阻滞，使此孤岩以恣吾数刻之探讨乎？或兹岩壁立路绝，猿徒鼯党，犹难托寄，若非习金丹火龙之术⑮，腾空蹑虚，不能一到。虽处大江之中，飞帆如织，而终无一人肯一泊其下，以发其奇气而著其姓字；天亦哀山灵之寂寞，伤水伯之孤清，故特牵柅⑯余舟，与彼结一日之缘耶？余年少有志，养二龙于水壑，调一鹤于中峰，与羽服思玄之徒，上烟驾，登月馆，以望四海三山，如聚米萦带⑰；而心为时夺，至堕俗网，往返数千里，徒以充厮养之役⑱，有才无时，甘于下人。今日见此水石，若见好友，犹恐谆芒、卢敖诸君诋余以井鼃之识⑲，而又何事愁苦于兹岩之下乎？"

从者皆笑，余乃纳以兹名。

岩顶有一石，望之如立人，或曰飞来之塔顶也；或曰当是好奇者，跻是崖之巅，如昌黎不得下⑳，乃化而为石云。岩侧有二崩石，一大一小，仅可束两缆。小吏程缨曰："当黑夜暴风中，舟人安能择此，神引维以奉明府耳㉑。"语皆不可信，并记之。

〔注〕 ① 端州：今广东肇庆市。明为肇庆府，唐及北宋称端州。此用旧称。 ② 砚坑：肇庆府德庆县有端溪水，其地有西、中、东三洞，产砚石，东洞所产者尤佳，称为端石，琢成砚台称端砚，极著名。唐、宋时曾采砚石于此。砚坑为采石遗址。 ③ 崇祯：明思宗年号。己卯为崇祯十二年(1639)。 ④ 供役粤帷：奉调参加科举乡试的临时职务。明代以子、午、卯、酉年为乡试之年，集全省诸生试于省城，日期规定为八月，称为秋闱。 ⑤ 诇(xiòng)：侦察，刺探。需：等待。 ⑥ 阍：司阍，守门者。驺：侍从，显贵出行，侍于车前后者。卤簿：本指帝王驾出时扈从的仪仗队，后亦用于王公大臣。 ⑦ 以头抢地：头触地，指叩头。《战国策·魏策四》："秦王曰：'布衣之怒，亦免冠徒跣，以头抢地尔。'" ⑧ 眩瞀(mào 冒)：眼睛昏花。 ⑨ 制府：即制军，明、清时总督的别称，为地方最高长官，统管一省或二三省的军事、政治大权。 ⑩ 官厌贵：官位满足于贵显。礼愈绝：礼节愈缺少。 ⑪ 杨山：即阳山，县名，今属广东。 ⑫ 朏：新月开始生明，亦用为阴历每月初三日的代称。 ⑬ 上侈下弇：上面宽大，下面缩进。

⑭ 层衡：重叠的栏杆。　⑮ 金丹火龙之术：指道家炼丹飞升之术。《抱朴子·金丹》："凡服九丹，欲升天则去，欲且止人间亦任意，皆能出入无间。"火龙即赤龙。《太平御览》卷九二九引《列仙传》："陶安公者，六安铸冶师也。数行火，一旦散上，紫色冲天。安公伏冶下求哀。须臾朱雀止冶上曰：'安公冶与天通，七月七日迎汝以赤龙。'至期赤龙来，安公骑之，大雨，东南上而去。"⑯ 柅(nǐ泥)：遏止。　⑰ 聚米萦带：堆积的米粒和旋曲的带子，形容山海之小。唐杨炯《少室山少姨庙碑》："北临恒、碣，犹如聚米。"晋陆机《赠顾交趾公真》："高山安足凌，巨海犹萦带。"⑱ 厮养之役：养马的差役为厮，烹炊的差役为养，旧时认为是贱役。《史记·淮阴侯列传》："夫随厮养之役者，失万乘之权。"　⑲ 谆芒：寓言中的人物。《庄子·天地》："谆芒将东之大壑(大海)，曰：'夫大壑之为物也，注焉而不满，酌焉而不竭，吾将游焉。'"卢敖：《淮南子·道应训》："卢敖游乎北海，经乎太阴(北方)，入乎玄阙(北方之山)，至于蒙谷(亦北方山名)之上。"高诱注："卢敖，燕人，秦始皇召以为博士，使求神仙，亡而不返也。"又苏轼《卢山五咏·卢敖洞》诗自注："《图经》云：敖，秦博士，避难此山，遂得道。"卢山，在山东诸城县东南四十五里。二说略异。井鼃之识：井蛙的见识。《庄子·秋水》："子独不闻夫坎井(浅井)之蛙乎？……擅一壑之水，而跨跱(安于)坎井之乐。"此句以谆芒、卢敖之游于大海高山着眼，而自愧"见此水石"而喜，仍属井蛙之流。　⑳ 昌黎不得下：韩愈郡望昌黎，故以为称。唐李肇《国史补》："韩愈好奇，与客登华山绝峰，度不可返，乃作遗书，发狂恸哭。华阴令百计取之乃下。"　㉑ 维：系物之大绳。此指系船之缆。明府：汉代对郡太守的尊称，唐以后多用以称县令。作者时任阳山县令。

昔陶渊明不愿为五斗米折腰，一心归去，到幽静美好的田园间自得其乐。李太白大呼"安能摧眉折腰事权贵，使我不得开心颜"，竟梦魂飞渡，上了神奇的天姥峰。中国古代知识分子真是矛盾极了：身为布衣总忘不了仕进之道，说是好借此济苍生、安社稷；当了官儿又受不了官场的种种邪气、种种歪风，整日价嚷着要归隐。明末文人张明弼同样解不了这个"结"，于是借避风岩大肆发挥了一通，留下了这篇貌似游记实为伤时骂世的热辣辣的小品。

本文裸露的线索依然是记叙：从"供役粤帷"说起，写到公事完毕之后如何"遍谒粤之大吏"，如何"买舟过肇，谒制府"，如何"返杨山"，如何避风于一岩之下，如何与从者交谈，等等。但仔细品味，内在线索却是以官场之风与自然之风相对照，从而迫出了一个"避"字；所有的记叙和描写，骨子里头都是为议论服务的，都纳入了"类比论证"的轨道。第二小节铺陈官场的恶习，第三小节铺陈避风岩的险象，粗看不甚关联，待到第四小节议论之门一开，人们才明白前面的一切均是两两相映的。请看："复嶂重峦，缭青纬碧"与"院署之严丽"相对；"崩崖倾石，怒涛沸波"与"贵人之颐颊心腑"相对；"青芜紫茎，怀烟孕露"与"大吏之绛骑彤驺"相对；"谷响山啸，激壑鸣川"与"高衙之呵殿赞唱"相对；"藉草坐石，仰瞩云气，俯观重泉"与"拳跽伏谒于尊宦之阶下"相对……比来比去，结果如何？作者连呼五个"犹胜于"，痛切地指出自然界远远地胜过了官场！值得玩味的是，陶令、谪仙当年向往的自然风物均是优雅、美好、神奇的，而张明弼在此赞叹的自然风物却是险象环生、令“从者惨容而相告”的。他不是以宁静、美好对比喧嚣、丑陋，而是以“险”对“险”，进而在二“险”中择一而从。若将他的心理语言翻成大白话，就是：与其在险恶的官场上忍气吞声、出卖人格，不如到避风岩下去领受狂飙、恶浪、崩峦、裂石的惊险！这样做，倒反而能“抒吾胸中之浩浩”！不是有许多愤怒的诗人喜欢到暴风骤雨中、电闪雷鸣下大喊大叫吗？他们的审美心态看来是差不了多少的。这是一种猖狂的穷途之哭。这是一种从心灵狭谷中喷发的愤世嫉俗之情。人到了这步田地，该是何等不幸，又该是何等悲壮啊！中国古代的迁客骚人不知用多少笔墨去书写“退避”二字，但写得有个性的为数不多，张明弼的这篇“避风”可说是较有特色的一例。

由于作者的情绪相当激昂，故行文时节拍很重，色彩很浓。写官场，繁弦密鼓，东驰西骛，令人窒息，叫人眩瞀；写避风岩，突现“断”“崩”“矗突”“磔磔”，以及“狂”“怒”“奋迅”等等，从而渲染了“阴氛交作”的氛围；至于议论部分，则有欧阳子大谈“秋声”的味道，口若悬河，言语铿锵，极富穿透力。如是经营，使全文越发带有如奔如涌的气势，带有前呼后应、纵横挥洒的雄辩色彩。这是一种奇险的美，这是一种凝重的美。当然，为了不使“弦”绷得太紧，作者也作了某些调度。如第一小节侃侃道来，指出“古未有是名，余避风其下，故赠以是名也”，显得轻松而幽默；又如，“余笑而语之曰：‘第安之，第安之……’”，“从者皆笑，余乃纳以兹名”，显得活泼随和，有助于松弛一下紧迫的文气。有趣的是，文章结尾处平添一笔：“小吏程缨曰：‘当黑夜暴风中，舟人安能择此，神引维以奉明府耳。’语皆不可信，并记之。”分明是小吏在扛“顺风旗”，拍张明弼这位县太爷的马屁，然而县太爷并不觉逆耳，还美滋滋地“并记之”，似乎忘记了前面大发的一通抨击官场陋习的议论，委实令人忍俊不禁。不知作者有没有意识到自己给自己开了一个玩笑，如果没有的话，其艺术效果倒是颇佳的，读者也真的该从“避风岩”下解脱出来，轻松一下了。

（何永康）

【作者小传】

夏完淳

(1631—1647)　南明抗清将领、诗人。原名复，字存古。松江华亭（今上海市松江）人。少有神童之称。十四岁从父夏允彝、师陈子龙起兵抗清。父兵败自杀，又与陈子龙等倡义，受鲁王封中书舍人，参谋太湖吴易军事。易败，他被捕殉难。所作诗赋悲凉慷慨。著有《夏完淳集》。

狱中上母书　　夏完淳

不孝完淳今日死矣，以身殉父，不得以身报母矣。痛自严君见背，两易春秋。冤酷日深，艰辛历尽。本图复见天日，以报大仇，恤死荣生，告成黄土。奈天不佑我，钟虐[1]明朝。一旅[2]才兴，便成齑粉。去年之举[3]，淳已自分必死，谁知不死，死于今日也！斤斤[4]延此二年之命，菽水之养[5]无一日焉。致慈君托迹于空门[6]，生母寄生于别姓[7]，一门漂泊，生不得相依，死不得相问。淳今日又溘然先从九京[8]，不孝之罪，上通于天。

呜呼！双慈在堂，下有妹女，门祚衰薄，终鲜兄弟[9]。淳一死不足惜，哀哀八口，何以为生？虽然，已矣。淳之身，父之所遗；淳之身，君之所用。为父为君，死亦何负于双慈？但慈君推干就湿[10]，教礼习诗，十五年如一日；嫡母慈惠，千古所难。大恩未酬，令人痛绝。慈君托之义融女兄[11]，生母托之昭南女弟[12]。

淳死之后，新妇遗腹得雄[13]，便以为家门之幸；如其不然，万勿置后[14]。会稽大望[15]，至今而零极矣。节义文章，如我父子者几人哉？立一不肖后如西铭先生[16]，为人所诟笑，何如不立之为愈耶？呜呼！大造[17]茫茫，总归无后，有一日中兴再造[18]，则庙食千秋，岂止麦饭豚蹄，不为馁鬼而已哉！若有妄言立后者，淳且与先文忠在冥冥诛殛顽嚚[19]，决不肯舍！

兵戈天地，淳死后，乱且未有定期。双慈善保玉体，无以淳为念。二十年后，淳且与先文忠为北塞之举矣。勿悲勿悲！相托之言，慎勿相负。武功甥将来大器[20]，家事尽以委之。寒食、盂兰，一杯清酒，一盏寒灯，不至作若敖之鬼[21]，则吾愿毕矣。新妇结褵二年，贤孝素著，武功甥好为我善待之，亦武功渭阳情[22]也。语无伦次，将死言善[23]。痛哉痛哉！

人生孰无死，贵得死所耳。父得为忠臣，子得为孝子，含笑归太虚，了我分内事。大道本无生，视身若敝屣。但为气所激，缘悟天人理。恶梦十七年，报仇在来世。神游天地间，可以无愧矣。

〔注〕 ① 钟：聚集。虐：灾祸。 ② 一旅：古代兵制，五百人为一旅。据说夏少康曾凭借着"有土一成有众一旅"的基础，终于恢复了国家（见《左传·哀公元年》和《史记·吴太伯世家》）。后世便以一旅代称初建的义军。 ③ 去年之举：指作者1646年在吴昜军中抗清，吴军被清兵所袭失败，避居乡间事。 ④ 斤斤：同"仅仅"。 ⑤ 菽水之养：《礼记·檀弓下》云："啜菽饮水尽其欢，斯之谓孝。"后世便以菽水之养代指贫家对父母的供养。菽，豆。 ⑥ 慈君：指作者的嫡母盛氏，国难后削发为尼。 ⑦ 生母：指作者的生母陆氏，是夏允彝的妾。结合下文"生母托之昭南女弟"看，当是寄居于夏惠吉夫家。 ⑧ 九京：亦称"九原"，本是古代晋国贵族的墓地。（见《礼记·檀弓下》）后来用如九泉，泛指墓地。 ⑨ 终鲜兄弟：《诗经·郑风·扬之水》成句。鲜，少，这里即指没有。 ⑩ 推干就湿：意即把床上干处让给幼儿，自己睡在湿处。《父母恩重难报经》："第五回干就湿恩，颂曰：母愿身投湿，将儿移就干。"指母亲抚育子女的辛劳。 ⑪ 义融女兄：作者的姐姐夏淑吉，字美南，号荆隐。义融是她的别号。嫁侯玄洵。⑫ 昭南女弟：作者的妹妹夏惠吉，字昭南，号兰隐，嫁杜容三。 ⑬ 新妇：指作者结婚两年的妻子钱秦篆，嘉善钱旃之女。遗腹：妻子怀孕后，丈夫死去，生下儿子，叫遗腹子。雄：男孩。⑭ 置后：抱养别人的孩子为后嗣。 ⑮ 会稽大望：会稽郡的大族。这里指夏姓大族。会稽，古郡名，作者的故乡松江县旧属会稽郡。 ⑯ 西铭先生：张溥，字天如，别号西铭，卒于崇祯十四年。无子，由钱谦益等代为立嗣，名永锡，字式似。 ⑰ 大造：造化，指天。 ⑱ 中兴再造：指明朝恢复。 ⑲ 先文忠：作者的父亲夏允彝死后，隆武帝赐谥文忠。顽嚚（yín银）：顽固不化。《尚书·尧典》："父顽母嚚。"此指宗族中人。 ⑳ 武功甥：作者姐姐夏淑吉的儿子侯檠，字武功。作者被捕后，曾写诗给他说："大仇俱未报，仗尔后生贤。"（《寄荆隐女兄兼武功侯甥》）大器：大材。 ㉑ 若敖之鬼：没有后代的饿鬼。若敖为楚国的同姓氏族。春秋时，楚国令尹子文是若敖氏的后人，他担心侄子越椒将来会使若敖氏灭族，临死时，对族人哭着说："鬼犹求食，若敖氏之鬼，不其馁而。"后来，若敖氏终于因为越椒叛楚而被族灭。（见《左传·宣公四年》） ㉒ 渭阳情：指甥舅之间的情谊。春秋时晋国公子重耳曾在秦国避难。他是秦穆公太子（后为秦康公）的舅舅。后来穆公帮助重耳回国为君，太子送他到渭水之北，作诗赠别（诗见《诗·秦风》），后人遂用渭阳情比喻甥舅之间的情谊。 ㉓ 将死言善：《论语·泰伯》："人之将死，其言也善。"

夏完淳十四岁即随父亲夏允彝、老师陈子龙参加抗清活动，父亲殉国后，又佐吴昜在太湖起义。永历元年（清顺治四年，公元1647年）七月，他被捕，械送南京；九月就义，年仅十七岁。本文是他在南京狱中写给嫡母盛氏的诀别信。

人生之至痛，莫过于断头之日向慈母倾诉诀别之情了。夏完淳是不是洒泪作书，不得而知；但这封信中没有一个"泪"字，足见他奉献给母亲的是高于个人哀伤的其他一些情感。

首先触动读者的，是夏完淳"不得以身报母"的遗恨。他想到，"慈君推干就湿，教礼习诗，十五年如一日；嫡母慈惠，千古所难。大恩未酬，令人痛绝”。这是对双慈养育之恩的崇高礼赞，也越发映衬出作者“大恩未酬”的负疚之情。有道是，“谁言寸草心，报得三春晖”，慈母的恩惠本来就难报于万一，更何况夏完淳又自感“菽水之养无一日”呢？此恨绵绵无绝期！做儿子的除了自省和自责之外，看来是不可能作其他解释了。但此书的一、二两节，却对不能“报母”的原因做了情理交融的陈述，读来令人感佩。作者将“报国”“殉父”与“报母”的关系串通起来加以阐述，指出：“淳之身，父之所遗；淳之身，君之所用。为父为君，死亦何负于双慈?”这就把能否真正“报母”，放到了抗清复明的民族斗争大背景下来考察。只要“天日”尚未“复见”，杀父之“大仇”一日未报，作者就不能心安理得地承欢于双慈的膝下。换句话说，夏完淳是以继承父亲的报国之志来报答母亲的养育之恩的，他不想做一只厮守在母亲身边的碌碌无为的家雀，而要到反抗民族压迫的斗争风云中一展鸿鹄之雄图，这才是真正的“报母”。如此情怀，中国古代的许多民族志士已用各种形式的语言铿锵有力地抒写、陈述过了，夏完淳在这封信中又淋漓酣畅地加以阐述，试问有何独特之处呢？我们看到，他不是一味地明理，而是寓理于真诚的、炽烈的念母之情。信的前两节，作者袒露了回环起伏的内心波涛：他首先想到的是“不孝”“不得以身报母”，但不在此多作停留，而是笔锋一转，痛惜地回顾了“一旅才兴，便成齑粉”的抗清义举，忧国之情暂时淹没了念母之情。他痛定思痛，觉得去年不死，竟死于今日，实在是必然中的偶然——既然以身许国，迟早总是要捐躯的。以此为情感转换的契机，他又一下子想到了双慈，“斤斤延此二年之命，菽水之养无一日焉”，自己勤于王事，匆匆就是二载，却没有一天供养母亲，啜菽饮水尽其欢，这是多么叫人肝肠寸断的事啊！于是，念母之心潮陡涨，“致慈君托迹于空门，生母寄生于别姓，一门漂泊，生不得相依，死不得相问。淳今日又溘然先从九京，不孝之罪，上通于天”，多少难以言表的痛楚，多少无法消解的遗恨，一齐壅塞在笔端，逼出了第二节的“呜呼！……何以为生”。这是感情激流凝涩的大漩，作者的内心天平几乎完全倾向于“哀哀八口”。但是，就在这一瞬间，报国之情又猛地突破一家之私，义无反顾地发出了“虽然，已矣”的庄严誓言，推出了“为父为君，死亦何负于双慈”的光彩论断。至此，难解的人生命题似乎已经解开，执著的念母之情又趁势抬起头来，故有了“但慈君推干就湿……”这样“令人痛绝”的文字，以及托养双慈的不得而已的安排。总观上述感情的起伏变化，我们分明体察到：夏完淳是在“剪不断，理还乱”的矛盾思绪中处理情理关系的，他终于在生命的最后关头一如既往地把握住了人生的舵柄，恰当地将“报国”与“报母”有机地融合在一起，显示了少年英雄的崇高思想境界。

正由于他毫不矫饰，自然坦荡，所以才格外叫人感到可亲、可敬、可信、可叹。

与一、二两节相映照的是，第三节以斩钉截铁的语气告白母亲“万勿置后”。夏完淳之所以如此决断，是因为他对这个问题看得很深。那是一个大浪淘沙的年代，许多大家子弟丧失民族气节，认贼作父，已为人所诟笑，故不能轻率从事，使夏家平添不肖子孙。再者，如若“中兴再造”，“我父子”一定会“庙食千秋”，那也比享受子孙们的“麦饭豚蹄”好得多。这种见解，固然反映了年仅十七的夏完淳已在大风大浪中锻炼得相当成熟，但更主要的还是满腔碧血的强有力的迸射。他已经立下了破家报国的壮志，即使破釜沉舟、断绝后嗣也在所不惜。所以，他在交待这一要事时口气相当严厉：“若有妄言立后者，淳且与先文忠在冥冥诛殛顽嚚，决不肯舍！”

接下来，文意偏重于安慰家人，咏叹人生，从另一侧面勾勒出夏完淳的性格风貌。他恳望双慈保重玉体；他指望寒食、盂兰时节的一杯清酒、一盏寒灯；他牵挂结褵二年、贤孝素著的妻子；他以五言诗式的咏唱来抒发豪情，感悟哲理，冷对屠刀，神游天地。他是多情的真豪杰，他是血性的好男儿，母亲为之自豪，民族为之骄傲！

由于时代和阶级的局限，夏完淳不可能准确地处理“忠君”和“爱国”的相互关系，当然更不会意识到我国是一个多民族的大家庭，汉、满人民历来是患难与共的兄弟。因此苛求前人是不必的，在阅读时应当审慎地注意到这些比较复杂的民族的、历史的话题。

（高永年）

清代

【作者小传】

钱谦益

(1582—1664)　明末清初文学家。字受之，号牧斋，晚号蒙叟。常熟(今属江苏)人。明万历进士。崇祯初官礼部侍郎。与温体仁争权失败，革职。南明弘光时谄事马士英，为礼部尚书。清兵南下，率先迎降，以礼部侍郎管秘书院事。其后又参与反清活动。博览群籍，诗文在当时负有盛名。著有《初学集》《有学集》《投笔集》等。编选有《列朝诗集》。

徐霞客传

钱谦益

徐霞客者，名弘祖，江阴梧塍里人也。高祖经，与唐寅同举，除名。寅尝以倪云林画卷偿博进①三千，手迹犹在其家。霞客生里社，奇情郁然，玄②对山水，力耕奉母，践更繇役③，蹙蹙如笼鸟之触隅，每思飏去。年三十，母遣之出游。每岁三时④出游，秋冬觐省，以为常。东南佳山水，如东西洞庭、阳羡、京口、金陵、吴兴、武林、浙西径山、天目、浙东五泄、四明、天台、雁宕、南海落迦，皆几案衣带间物耳。有再三至，有数至，无仅一至者。

其行也，从一奴或一僧、一杖、一襆被，不治装，不裹粮；能忍饥数日，能遇食即饱，能徒步走数百里，凌绝壁，冒丛箐，扳援下上，悬度绠汲⑤，捷如青猿，健如黄犊；以崟岩为床席，以溪涧为饮沐，以山魅、木客、王孙、玃父⑥为伴侣，儚儚粥粥⑦，口不能道；时与之论山经，辨水脉，搜讨形胜，则划然心开。居平未尝鞶帨为古文辞⑧，行游约数百里，就破壁枯树，燃松拾穗，走笔为记，如甲乙之簿，如丹青之画，虽才笔之士，无以加也。

游台、宕还，过陈木叔小寒山⑨，木叔问："曾造雁山绝顶否？"霞客唯唯。质明已失其所在，十日而返，曰："吾取间道，扪萝上龙湫，三十里，有宕焉，雁所家也。扳绝磴上十数里，正德间白云、云外两僧团瓢尚在⑩。复上二十余里，其颠罡风逼人，有麋鹿数百群，围绕而宿。三宿而始下。”其与人争奇逐胜，欲赌身命，皆此类也。已而游黄山、白岳、九华、匡庐[11]；入闽，登武夷，泛九鲤湖[12]；入楚，谒玄岳[13]；北游齐、鲁、燕、冀、嵩、雒；上华山，下青柯枰[14]，心动趣归，则其母正属疾，啮指相望也[15]。

母丧服阕，益放志远游。访黄石斋[16]于闽，穷闽山之胜，皆非闽人所知。登罗浮，谒曹溪，归而追及石斋于云阳。往复万里，如步武耳。繇终南背走峨眉，从野人采药，栖宿岩穴中，八日不火食，抵峨眉，属奢酋阻兵[17]，乃返。只身戴釜，访恒山于塞外，尽历九边厄塞[18]。归，过余山中，剧谈四游四极，九州九府[19]，经纬分合，历历如指掌。谓昔人志星官舆地[20]，多承袭傅会；江河二经[21]，山川两戒[22]，自纪载来，多囿于中国一隅。欲为昆仑海外之游，穷流沙而后返。小舟如叶，大雨淋湿，要之登陆，不肯，曰：“譬如硐泉暴注，撞击肩背，良足快耳！”

丙子[23]九月，辞家西迈。僧静闻愿登鸡足礼迦叶[24]，请从焉。遇盗于湘江，静闻被创病死，函其骨，负之以行。泛洞庭，上衡岳，穷七十二峰。再登峨眉，北抵岷山，极于松潘。又南过大渡河，至黎、雅[25]，登瓦屋、晒经诸山[26]。复寻金沙江，极于犛牛徼外[27]。由金沙南泛澜沧，由澜沧北寻盘江[28]，大约在西南诸夷境，而贵竹[29]、滇南之观亦几尽矣。过丽江，憩点苍[30]、鸡足。瘗静闻骨于迦叶道场，从宿愿也。

由鸡足而西，出玉门关数千里，至昆仑山，穷星宿海[31]，去中夏三万四千三百里。登半山，风吹衣欲堕，望见方外黄金宝塔。又数千里，至西番，参大宝法王[32]。鸣沙以外，咸称胡国，如迷卢、阿耨诸名[33]，由旬[34]不能悉。《西域志》称沙河阻远，望人马积骨为标识，鬼魅热风，无得免者，玄奘法师受诸魔折，具载本传。霞客信宿往返，如适莽苍[35]。还至峨眉山下，托估客附所得奇树虬根以归。并以《溯江纪源》一篇寓余，言《禹贡》岷山导江，乃泛滥中国之始，非发源也。中国入河之水为省五，入江之水为省十一，计其吐纳，江倍于河，按其发源，河自昆仑之北，江亦自昆仑之南，非江源短而河源长也。又辨三龙大势[36]，北龙夹河之北，南龙抱江之南，中龙中界之，特短；北龙只南向半支入中国，惟南龙磅薄半宇内，其脉亦发于昆仑，与金沙江相并南出，环滇池以达五岭。龙长则源脉亦长，江之所以大于河也。其书数万言，皆订补桑《经》郦《注》[37]及汉、宋诸儒疏解《禹贡》所未及，余撮其大略如此。

霞客还滇南，足不良行，修《鸡足山志》，三月而毕。丽江木太守偫糇粮[38]，具笋舆以归。病甚，语问疾者曰："张骞凿空[39]，未睹昆仑；唐玄奘、元耶律楚材[40]衔人主之命，乃得西游。吾以老布衣，孤筇双屦，穷河沙，上昆仑，历西域，题名绝国，与三人而为四，死不恨矣。"余之识霞客也，因漳人刘履丁[41]。履丁为余言："霞客西归，气息支缀[42]，闻石斋下诏狱，遣其长子间关[43]往视，三月而反，具述石斋颂系状[44]，据床浩叹，不食而卒。"其为人若此。

梧下先生[45]曰："昔柳公权记三峰事[46]，有王玄冲者，访南坡僧义海，约登莲花峰，某日届山趾，计五千仞为一旬之程，既上，爇烟为信。海如期宿桃林[47]，平晓，岳色清明，伫立数息，有白烟一道起三峰之顶。归二旬而玄冲至，取玉井莲[48]落叶数瓣，及池边铁船寸许遗海，负笈而去。玄冲初至，海谓之曰："兹山削成，自非驭风凭云，无有去理。"玄冲曰："贤人勿谓天不可登，但虑无其志尔。"霞客不欲以张骞诸人自命，以玄冲拟之，并为三清[49]之奇士，殆庶几乎？霞客纪游之书，高可隐几。余属其从兄仲昭雠勘而存之，当为古今游记之最。霞客死时年五十有六。西游归以庚辰六月，卒以辛巳正月，葬江阴之马湾[50]。亦履丁云。

〔注〕 ① 博进：赌博所输的钱。《汉书·陈遵传》："官尊禄厚，可以偿博进矣。"颜师古注："进者，会礼之财也，谓博所赌也。" ② 玄：默。 ③ 践更：受钱代人服徭役。 ④ 三时：指春、夏、秋三季。 ⑤ 悬度绠汲：以悬索度山谷，攀绳登山，如绠之汲水。 ⑥ 木客：传说中的山中怪兽，形体似人，爪长如鸟，巢于高树。王孙：猴子的别称。玃（jué 决）父：马猴。 ⑦ 傍

(méng 萌)儚:昏昧的样子。粥(yù 玉)粥:谦卑的样子。 ⑧ 鞶帨(pán shuì 盘税):大带与佩巾,比喻华丽的藻饰。扬雄《法言·寡见》:"今之学者,非独为之华藻也,又从而绣其鞶帨。"故以鞶帨为雕章凿句。 ⑨ 陈木叔:陈函辉,原名炜,字木叔。崇祯进士,授靖江知县,明亡后从鲁王航海,已而相失,入云峰山,作绝命词十章,投水死。小寒山:陈函辉所居之地,其自号小寒山子。 ⑩ 正德:明武宗年号(1506—1521)。团瓢:圆形草屋。 ⑪ 白岳:山名,在安徽休宁县西四十里。九华:安徽九华山。匡庐:即庐山。 ⑫ 九鲤湖:在福建仙游县东北,相传有何姓兄弟九人炼丹于此,后各骑一鲤仙去,故称。 ⑬ 玄岳:武当山之别名。 ⑭ 青柯坪:在华山谷口内约十公里处。 ⑮ 啮指:《搜神记》载:曾子从仲尼在楚而心动,辞归问母,母曰:"思尔啮指。"后用以表达母亲对儿子的渴念。 ⑯ 黄石斋:黄道周,明福建漳浦人。天启进士,崇祯时官至少詹事,南明弘光朝任礼部尚书,后于福建拥立唐王,拜武英殿大学士,战败被俘至南京,不屈死。 ⑰ 奢酋:奢崇明。本苗族,世居四川永宁,为宣抚司。明熹宗时募川兵援辽,崇明等遂反,进围成都,国号大梁,后由朱燮元平定其乱。 ⑱ 九边:明代北方的九处要镇,即包括辽东、宣府、大同、延绥、宁夏、甘肃、蓟州、山西、固原。 ⑲ 四游:《太平御览》卷三六引纬书《尚书考灵异(曜)》:"地有四游,冬至地上,北而西三万里;夏至地下,南至东复三万里;春秋分,则其中矣。"四极:四方极远之地。《尔雅·释地》:"东至于泰远,西至于邠国,南至于濮铅,北至于祝栗,谓之四极。"按泰远至祝栗皆为古代传说中极远处国名。九州:《尔雅·释地》列举冀、豫、雍、荆、扬、兖、徐、幽、营等州为九州。九州州名,《尚书·禹贡》、《周礼·夏官·职方氏》、《吕氏春秋·有始览》、《汉书·地理志》与《尔雅·释地》各书说法不一。后用以泛指中国。九府:谓九方的宝藏和特产。《尔雅·释地》列举东方、东南、南方、西南、西方、西北、北方、东北及中央出产之美者,是为九府。 ⑳ 星官:星宿天象的总称,指天文。舆地:地理。 ㉑ 江河二经:长江、黄河两条干流。徐霞客《溯江纪源》:"江、河为南北二经流,以其特达于海也。" ㉒ 两戒:唐代一行和尚提出的我国地理现象特征。北戒相当于今青海、陕北、山西、河北、辽宁一线;南戒相当于四川、陕南、河南、湖北、湖南、江西、福建一线。 ㉓ 丙子:崇祯九年(1636)。 ㉔ 鸡足:山名,在云南宾川西北。迦叶:摩诃迦叶,华言饮光胜尊。本事外道,后归佛教,释迦死后,传正法眼藏,为佛教长老。尝持僧伽梨衣入鸡足山。 ㉕ 黎、雅:黎州(今四川汉源)、雅州(今四川雅安)。 ㉖ 瓦屋:山名,在四川荥经县东南。晒经:山名,在四川越西县东北,山有广口,相传唐玄奘曾晒经于此,故名。 ㉗ 犛牛徼外:出产犛牛的边远地区。 ㉘ 盘江:有南盘江、北盘江,均发源于云南沾益。徐霞客著有《盘江考》。 ㉙ 贵竹:即贵筑,县名,其地今入贵阳市。 ㉚ 点苍:山名,一名大理山,在今云南大理白族自治州中部。 ㉛ 星宿海:在青海省鄂陵湖以西,为黄河源散流地面而形成的浅湖群,罗列如星,故名。 ㉜ 西番:即西藏。大宝法王:元世祖尊西藏喇嘛教萨迦派首领八思巴为大宝法王,明代因之。 ㉝ 迷卢、阿耨:皆西域国名。 ㉞ 由旬:梵语里程单位,约当军行一日的行程,或言四十里,或言三十里,或言十六里,因山川不同致行里不等。 ㉟ 信宿:再宿。莽苍:空旷貌,此指郊野。语出《庄子·逍遥游》:"适莽苍者三飡而返,腹犹果然。" ㊱ 龙:旧时指山形地势逶迤曲折似龙,故谓山脉曰龙。三龙之说,见徐霞客《溯江纪源》。 ㊲ 桑《经》:相传《水经》为汉代桑钦所撰,故称。郦《注》:指郦道元所作《水经注》。 ㊳ 木太守:明云南丽江府知府。洪武十六年,以木德为知府。木德从征有功,子孙世袭此职。偫(zhì 志):储备。糇(hóu 猴)粮:干粮。 ㊴ 张骞:汉武帝时人,封博望侯,首先为汉沟通西域诸国。凿空:开通道路。 ㊵ 耶律楚材:字晋卿,辽皇族,初仕金,后为元重臣,曾随元太祖出征西域。 ㊶ 刘履丁:字渔仲,明末以诸生应辟召,擢郁林州知州。 ㊷ 支缀:勉强支持连缀其气息。 ㊸ 间关:展转跋涉。 ㊹ 颂(róng 容)系:有罪入狱而不加刑具。颂，同“容”，谓宽容。 ㊺ 梧下先生：作者自称。 ㊻ 柳公权：字诚悬，唐著名书法家。三峰：指莲花峰、落雁峰、朝阳峰。其记王玄冲登莲花峰事，见《小说旧闻记》，载涵芬楼本《说郛》卷四九。又见于唐皇甫枚《三水小牍》，文字大同小异。 ㊼ 桃林：桃林坪，在华山谷口以南五里。 ㊽ 玉井莲：韩愈《古意》：“太华峰头玉井莲，开花十丈藕如船。”《华山记》：“山顶有池，生千叶莲花。” ㊾ 三清：道家以为人天两界之外，别有三清，即玉清、太清、上清，为神仙居住之地。 ㊿ 庚辰：明崇祯十三年(1640)。辛巳：崇祯十四年。陈函辉《徐霞客墓志铭》：“霞客生于万历丙戌(十四年，1586)，卒于崇祯辛巳，年五十有六，以壬午(崇祯十五年，1642)春三月初九日，卜葬于马湾之新阡。”

徐霞客是我国著名的地理学家，他的《徐霞客游记》可以说是一部旷古未有的奇作，但当我们读了这篇《徐霞客传》之后便会明白，游记之奇，纯出于其人品之奇。传记出自与霞客同时而交笃的文豪钱谦益之手，对于了解这位地理学家的生平就有着极重要的意义。史夏隆在《徐霞客游记序》中说：“霞客徐子，畸人也。钱宗伯牧斋为之立传，传其人，因传其事。”这不仅道出了此文的重要，而且也说明此文首先在于传写霞客其人，即展示出他的精神品格；其次才是记录他的生平事迹，揭出了此文的旨趣。

全文意在表现徐霞客热爱祖国山河，为舆地之学穷毕生精力而执著追求的精神。所以文章虽然洋洋洒洒近二千言，然作者几乎始终将笔墨集中在记其游踪及介绍其游记著述上。文章的脉络是按时间而展开的。正文大体可分两部分：从开头到“啧指相望也”是写霞客早年的游历，他的足迹遍及东南及中原诸省；“母丧服阕”以后到“其为人若此”，是写霞客在母亲去世后的远游及撰述情况以及他自己的离世。最后“梧下先生曰”以下则是传记作者的发挥与补充，犹如史传中的论赞，进一步揭示出霞客的奇情逸志。

作者对徐霞客生平的介绍并不是平面的叙述，而笔墨之间饱蘸着感情，时而议论风生，时而极尽形容，故使文章生动而富有情趣，人物的形象也便立体地浮现在读者眼前。如对霞客少年时代的刻画：“霞客生里社，奇情郁然，玄对山水，力耕奉母，践更繇役，蹙蹙如笼鸟之触隅，每思飏去。”寥寥数语，便将一个心系山水，意欲返回大自然怀抱中去的畸士形象描绘得呼之欲出，为他日后的出游作了铺垫。同时，“力耕奉母”，又点明他十分孝敬母亲，因为《论语》上就有“父母在，不远游”的遗训，由此而解释了为什么在母亲生前他没有穷极边荒的原因。又如第二段中概写霞客出游时的情形，“其行也，从一奴或一僧、一杖、一幞被”，用了很形象的描述，同时也采取了强烈对照的写法，先说霞客“口不能道”，但与他谈论山形地貌则“划然心开”，口若悬河；又说他平时不长于舞文弄墨，但写起记游之作时却走笔如飞，如数家珍：都采用了欲扬先抑、欲纵故擒的手法，在对比中给读者以深刻的印象，使传主的品格性情愈益丰满地呈现出来。

本文交待徐霞客的一生，也采取了详略互用的写法。如写他早期的出游，只是简略地交待了他的足迹所到之处，却较详细地记述了他如何去登雁宕绝顶的事。陈木叔曾问他："曾造雁山绝顶否?"只此一句话，他第二天一大早便出发再度去雁宕，穷十日而返，并通过霞客自己的话说出了雁荡山的奇情野趣，于是作者说："其与人争奇逐胜，欲赌身命，皆此类也。"可见他欲以此作为一个典型的例子来体现霞客的行为。全文虽然罗列其游踪，却没有枯燥乏味的流水簿之弊，就在于作者注重运用详略错综的手法，读来不乏生动的形象。文中多处引用了徐霞客的原话，增添了文章的真实性和生动性。如说他欲为昆仑海外之游，乘着小船遇到大雨，请他上岸却不肯，即引其语曰："譬如硐泉暴注，撞击肩背，良足快耳!"即十分真切地表现了他不畏艰险和乐观进取的精神。又如最后当他病重时，作者引了他回答探望者的话："张骞凿空，未睹昆仑；唐玄奘、元耶律楚材衔人主之命，乃得西游。吾以老布衣，孤筇双屦，穷河沙，上昆仑，历西域，题名绝国，与三人而为四，死不恨矣。"这里将一个终生致力于地理探索的学者执著追求的精神表现殆尽。他自己以为可与张骞、唐玄奘、耶律楚材比肩，但他没有政府的支助，没有帝王的命令，而仅以一个平民百姓的力量，穷极边荒，遍历神州大地，这就是霞客的可贵可敬之处。这段话真可以说是他对自己一生的总结，极为传神地表现了他的志趣与人格。

作者详略互用的笔法还表现在他对徐霞客著述的介绍中。"霞客纪游之书，高可隐几。余属其从兄仲昭雠勘而存之，当为古今游记之最"，显然钱谦益对徐霞客的游记是相当熟悉的，但在此文中仅较详细地介绍了徐氏《溯江纪源》一篇，霞客不仅以亲身的考察辨证了《禹贡》上"岷山导江"的说法，而且以"三龙"的学说来证明为什么长江与黄河同样发源于昆仑而长江水源丰富的原因。这里虽仅取了霞客的一篇文章，但已可见其治学的态度和方式：既有实地的勘察，也不乏理论的阐述。

本文的遣词造语也相当生动，作者力求以清新具体的描绘来代替抽象的叙述和议论。如第一段中写霞客游历"东南佳山水"，列举其所到之处，忽云"皆几案衣带间物耳"，只此八字，便极形象地表现了霞客对东南一带名山胜水的熟稔，文字活泼，令人回味。又如写他出游的情形："捷如青猿，健如黄犊；以崟岩为床席，以溪涧为饮沐，以山魅、木客、王孙、玃父为伴侣"。将一个探险家的形态很具体地表现了出来。又如最后叙王玄冲事："平晓，岳色清明，伫立数息，有白烟一道起三峰之顶。"这样的语言也都力求给读者以形象。文中的对话、细节描写、环境渲染等接近小说笔法，故后来桐城派古文家以为牧斋文章的用词不够雅驯，未合“雅洁”的标准，其实这只是入清以后文人的审美趣尚和批评观念起了变化。从另一个角度来看，牧斋正是由于能不囿于传统“古文”的限制，兼取佛、道、小说等各类著述的语言，长于驰骋铺叙，故令其文章更具生动性和表现力。

全文的中心是写徐霞客的游历和著述，但作者也故意用了些插笔，以体现霞客的人品。如写他丙子（崇祯九年，1636）间的出游，则带出僧静闻的事，一方面极言道途危殆，不仅有山川的险阻，而且有盗贼出没，伤人性命；另一方面写他最终为静闻瘗骨，不远万里，了却朋友心愿，表明了他对朋友的高情厚谊。又在写完了霞客的一生事迹之后，忽又引刘履丁之言，说出他对黄道周的关切，自己虽已在弥留之际，还遣其子往视，不仅体现了他对故友的情谊，而且暗示出他对正人君子的仰慕和对黑暗时世的不满，“据床浩叹”四字便逗出其中消息。

总之，这是一篇成功的传记，不仅因为传主是为后人崇敬的伟大地理学家，而且由于作者能以形象、活泼、真切的笔墨出之。本文记霞客曾到过峨眉山并“赴西番（西藏）参大宝法王”，考《徐霞客游记》并无此记载，疑是牧斋误传。

（王镇远）

【作者小传】

黄宗羲

（1610—1695）　明清之际思想家、史学家。字太冲，号南雷，学者称梨洲先生。浙江余姚人。与顾炎武、王夫之同称为明末清初三大思想家。其父黄尊素为著名东林党人，被魏忠贤杀害。十九岁时曾入京为父讼冤。后领导复社成员与宦官权贵斗争。清兵南下，他招募义兵，组织“世忠营”，被南明鲁王任为左副都御史。明亡后隐居著述，康熙时举博学鸿儒，荐修《明史》，皆不就。学问渊博，对天文、算术、乐律、经史百家以及释道之书，无不精研。著有《宋元学案》《明儒学案》《明夷待访录》《南雷文案》等。

原　君

黄宗羲

有生之初，人各自私也，人各自利也；天下有公利而莫或兴之，有公害而莫或除之。有人者出，不以一己之利为利，而使天下受其利；不以一己之害为害，而使天下释其害；此其人之勤劳必千万于天下之人。夫以千万倍之勤劳，而己又不享其利，必非天下之人情所欲居也。故古之人君，量而不欲入者，许由、务光[①]是也；入而又去之者，尧、舜是也；初不欲入而不得去者，禹是也。岂古之人有所异哉？好逸恶劳，亦犹夫人之情也。

后之为人君者不然。以为天下利害之权皆出于我，我以天下之利尽归于己，以天下之害尽归于人，亦无不可；使天下之人，不敢自私，不敢自利，以我之大私为天下之大公。始而惭焉，久而安焉。视天下为莫大之产业，传之子孙，受享无穷；汉高帝所谓"某业所就，孰与仲多"者[②]，其逐利之情，不觉溢之于辞矣。此无他，古者以天下为主，君为客，凡君之所毕世而经营者，为天下也。今也以君为主，天下为客，凡天下之无地而得安宁者，为君也。是以其未得之也，屠毒天下之肝脑，离散天下之子女，以博我一人之产业，曾不惨然。曰："我固为子孙创业也。"其既得之也，敲剥天下之骨髓，离散天下之子女，以奉我一人之淫乐，视为当然。曰："此我产业之花息也。"然则，为天下之大害者，君而已矣。向使无君，人各得自私也，人各得自利也。呜呼！岂设君之道固如是乎？

古者天下之人爱戴其君，比之如父，拟之如天，诚不为过也。今也天下之人怨恶其君，视之如寇仇，名之为独夫，固其所也。而小儒规规焉以君臣之义无所逃于天地之间，至桀、纣之暴，犹谓汤、武不当诛之，而妄传伯夷、叔齐无稽之事[③]，乃兆人万姓崩溃之血肉，曾不异夫腐鼠。岂天地之大，于兆人万姓之中，独私其一人一姓乎！是故武王圣人也，孟子之言，圣人之言也；后世之君，欲以如父如天之空名，禁人之窥伺者，皆不便于其言，至废孟子而不立[④]，非导源于小儒乎！

虽然，使后之为君者，果能保此产业，传之无穷，亦无怪乎其私之也。既以产业视之，人之欲得产业，谁不如我？摄缄縢，固扃鐍，一人之智力，不能胜天下欲得之者之众，远者数世，近者及身，其血肉之崩溃在其子孙矣。昔人愿世世无生帝王家⑤，而毅宗之语公主，亦曰："若何为生我家⑥！"痛哉斯言！回思创业时，其欲得天下之心，有不废然摧沮者乎！

是故明乎为君之职分，则唐、虞之世，人人能让，许由、务光非绝尘也；不明乎为君之职分，则市井之间，人人可欲，许由、务光所以旷后世而不闻也。然君之职分难明，以俄顷淫乐不易无穷之悲，虽愚者亦明之矣。

〔注〕 ① 许由、务光：传说中的高士。唐尧让天下于许由，许由认为是对自己的侮辱，就隐居箕山中。商汤让天下于务光，务光负石投水而死。 ②"汉高"句：《史记·高祖本纪》载汉高祖刘邦登帝位后，曾对其父说："始大人常以臣无赖，不能治产业，不如仲(其兄刘仲)力，今某之业所就，孰与仲多？" ③ 伯夷、叔齐无稽之事：《史记·伯夷列传》载他俩反对武王伐纣，天下归周之后，又耻食周粟，饿死于首阳山。 ④ 废孟子而不立：《孟子·尽心下》中有"民为贵，社稷次之，君为轻"的话，明太祖朱元璋见而下诏废除祭祀孟子。 ⑤"昔人"句：《南史·王敬则传》载南朝宋顺帝刘准被逼出宫，曾发愿："愿后身世世勿复生天王家！" ⑥"而毅宗"三句：毅宗，明崇祯帝，南明初谥思宗，后改毅宗，李自成军攻入北京后，他叹息公主不该生在帝王家，以剑砍长平公主，断左臂，然后自缢。

《原君》是《明夷待访录》的第一篇。这篇文章是继承《孟子》"民为贵，社稷次之，君为轻"的思想而进一步对后世君主专制涂毒生民的最激烈最犀利的鞭挞。全文皆用古今对比、借古伐今的手法来论述，共分五段。

第一段说明古代人君的产生是为天下兴利释害而自己倍受劳苦。用今天的话说是，只为天下人尽义务而毫无私利可享。从这点出发，有的人干脆不愿为君，有的人为了君决不愿一直干下去传之子孙，有的人则是欲罢不能只好硬着头皮干下去。这样，作者就把许由、务光、尧、舜、禹统一到一个观点上："好逸恶劳，亦犹夫人之情也。"在封建社会里有些人把尧、舜视为天生圣人，把"得乎天命而为天子"的话绝对化，进一步把皇帝都称为圣人，皇帝的一切都冠以"圣"字。如此立论，可以说是石破天惊。作者从人君之职分立论，表面上没有把尧、舜抬到高不可攀的地位，好像倒把尧、舜降到凡人；但实质上是讲尧、舜等古代君主的职分就是专门利人而备尝艰苦，以便和后世人君专门利己的行为作对比，以反引下文。

第二段"后之为人君者不然"是总冒，表明和古代背道而驰。下面分几层阐发：从"后之为人君者"到"不觉溢之于辞矣"为一层，痛斥后之人君以天下为自己的产业。"此无他"到"为君也"为第二层，说明古今君民客主倒置，天下罪恶总由君而生。"是以"至"君而已矣"为第三层,具体揭发君主以天下为产业给人民带来的无穷灾难。这一段文章写得痛快淋漓。结语"为天下之大害者,君而已矣",义正辞严。"向使"以下再从反面补足上文所痛斥的后世之君的罪恶。最后以感叹反诘语气作结,余味不尽。这一段是本篇写得最精彩的部分,虽然在意义上是和第一段对照的,但第一段略一些,这一段描述得详些;第一段只从理论上叙述论证,这一段充满激情,语夹冰霜,大张挞伐,使后世贪残之君无地自容。"为天下之大害者,君而已矣",虽然《庄子》里讲"圣人不死,大盗不止",可以看作黄氏此言的滥觞,但黄氏此处的激烈程度,可以说前无古人。这段文字的结构,仍然是多用排比对照的方式,"其未得之也""其既得之也"两处尤为精彩。这一段又处处回应第一段,所以常用"古""今"对说,必须反复体会。

第三段以第一、第二两段为基础,痛斥后世小儒的谬论。根据古今君主对人民态度之不同,说明人民对君主也有爱戴和怨恶两种态度。因为有前两段的具体描述为基础,这里只须简单归纳一下,以下引出对小儒的谬论的批驳。先引小儒的谬论,再以桀、纣为例,表明小儒立论的荒唐。然后肯定武王的行动和《孟子》把桀、纣称之为独夫的理论,引朱元璋的荒唐举动来进一步批驳小儒尊君的谬论。

第四段,"虽然"二字一转,即从第三段的论述进一步写出"以天下为产业"不但残害天下人民,而且也害及自己和子孙。"产业"不能永保,"远者数世,近者及身,其血肉之崩溃在其子孙矣"。这些话是对历史上改朝换代现象的概括,而用血淋淋的字眼极写其危害。"昔人愿世世无生帝王家","若何为生我家",不但表明事实,而且结语充满叹惋之情。这是因为最后举的是明毅宗(崇祯)的话。黄宗羲曾经为挽救明亡而奔走,又矢志不仕新朝,讲到明朝的覆亡,崇祯临死前亲手砍杀自己的女儿而自缢,多少流露一些故君之思、亡国之痛。所以这段文字用"痛哉斯言",引到"回思创业时"的心理,如果早知后世如此,真要"废然摧沮",不欲掠夺君位了。

第五段是全文总结,分两大层。第一层是两个排比句,"明乎为君之职分"一句总结第一段,"不明乎为君之职分"一句收束二、三、四段而仍回应第一段。这两句都离不开"许由、务光",这是针对争君位的现象对症下药。"然"字一转为第二层,"君之职分难明"对上一层的第一句话说的,"以俄顷淫乐"至末,针对第四段"血肉崩溃"那些话说的,要人君清醒,衡量一下利害,那么连笨伯也会算这笔账的,也就知道君之职分不像后世那样视天下为自己淫乐的产业。前面论述把天下当产业的危害已经很充分,所以这一句说得比较概括,使人想起"回思创业时，其欲得天下之心，有不废然摧沮者乎”。没有利天下之心，就不必为君；为君就是要为天下思利除害而不能贪图享受。这就是本文的结论。

这篇文章在抨击后世君主之罪恶方面，比《孟子》上“独夫”的指斥还要激烈得多。这是对民主思想（“天下为主君为客”）的最具体的阐发，可以说是前无古人。他有另一篇《原臣》，可以合看，见到黄宗羲在当时条件下对社会政治的深刻剖析和真知灼见。写这类文章以明白条畅为主，使人易懂。这篇文章采用对比的方式说理，又在必要的地方作一些形象化的描述，既说明道理，又充满激情，在议论文中实不可多得。

（周本淳）

柳敬亭传　　黄宗羲

余读《东京梦华录》[①]《武林旧事》[②]，记当时演史小说者数十人[③]。自此以来，其姓名不可得闻。乃近年共称柳敬亭之说书。

柳敬亭者，扬之泰州人[④]。本姓曹。年十五，犷悍无赖，犯法当死，变姓柳，之盱眙[⑤]市中为人说书，已能倾动其市人。久之，过江，云间[⑥]有儒生莫后光见之，曰：“此子机变，可使以其技鸣。”于是谓之曰：“说书虽小技，然必句性情[⑦]，习方俗，如优孟摇头而歌[⑧]，而后可以得志。”敬亭退而凝神定气，简练揣摩[⑨]，期月[⑩]而诣莫生。生曰：“子之说，能使人欢咍嗢噱矣。”又期月，生曰：“子之说，能使人慷慨涕泣矣。”又期月，生喟然曰：“子言未发而哀乐具乎其前，使人之性情不能自主，盖进乎技矣[⑪]。”由是之扬，之杭，之金陵，名达于缙绅[⑫]间。华堂旅会，闲亭独坐，争延之使奏其技，无不当于心称善也。

宁南[⑬]南下，皖帅[⑭]欲结欢宁南，致敬亭于幕府。宁南以为相见之晚，使参机密。军中亦不敢以说书目敬亭。宁南不知书[⑮]，所有文檄，幕下儒生设意修词，援古证今，极力为之，宁南皆不悦。而敬亭耳剽口熟，从委巷活套中来者，无不与宁南意合。尝奉命至金陵，是时朝中皆畏宁南，闻其使人来，莫不倾动加礼，宰执以下俱使之南面上坐，称柳将军，敬亭亦无所不安也。其市井小人昔与敬亭尔汝者，从道旁私语：“此故

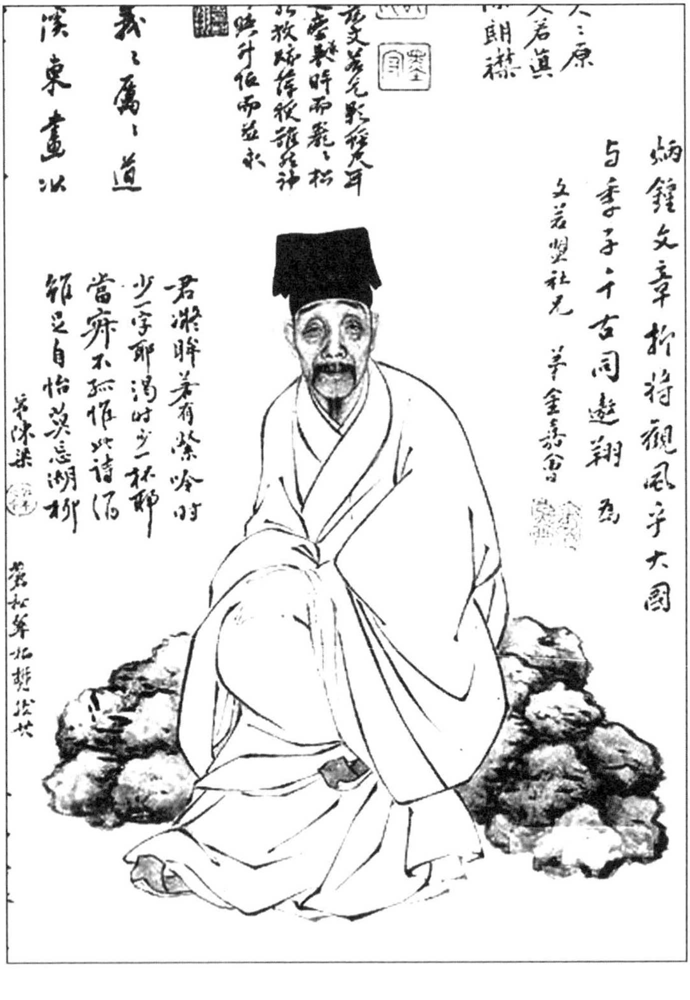

柳敬亭像

——〔明〕曾鲸绘

吾侪同说书者也，今富贵若此！”

亡何国变，宁南死。敬亭丧失其资略尽，贫困如故时，始复上街头理其故业。敬亭既在军中久，其豪猾大侠、杀人亡命、流离遇合、破家失国之事，无不身亲见之，且五方土音，乡俗好尚，习见习闻，每发一声，使人闻之，或如刀剑铁骑，飒然浮空，或如风号雨泣，鸟悲兽骇，亡国之恨顿生，檀板之声无色⑯，有非莫生之言可尽者矣。

〔注〕 ①《东京梦华录》：宋孟元老撰，共十卷。是作者南渡后追忆北宋东京汴梁的繁盛景况，记载当时开封许多人情风土习俗及社会典制、艺文资料等。 ②《武林旧事》：宋周密撰。为作者入元后追忆南宋都城杭州山川、风俗、市肆、物产及诸色伎艺而作。 ③ 记当时演史小说者数十人：宋时说话（说书）有小说、讲史（又称平话）、说经等名目。据《东京梦华录》“京瓦伎艺”条载，北宋时讲史有孙宽等五人，小说有李慥等六人。《武林旧事》“诸色伎艺人”条记载，南宋时演史（讲史）有乔万卷等二十三人，小说有蔡和等五十二人。 ④ 扬：扬州府。府治在今江苏扬州市。泰州：今江苏泰州市。 ⑤ 盱眙：县名，在今江苏西部。 ⑥ 云间：西晋文学家陆云家在华亭（今上海市松江），常对客自称“云间陆士龙”。因别称松江为“云间”。⑦ 句（gōu 勾）性情：勾画、描摹人物的性格。句，同“勾”。 ⑧ 优孟摇头而歌：语出《史记·滑稽列传》：“太史公曰：优孟摇头而歌，负薪者以封。”优孟，春秋楚国的艺人，善以谈笑讽谏。楚相孙叔敖死，其子穷困负薪。优孟穿上孙叔敖生前衣冠，向楚庄王献酒。楚庄王以为孙叔敖复生，欲以为相。优孟即以孙叔敖子穷困之事为言，楚庄王于是给孙叔敖子以封地，使他摆脱困境。事见《史记·滑稽列传》。这句意谓说书要像优孟那样，达到形神毕肖至于乱真的地步。⑨ 简练揣摩：《战国策·秦策一》：“（苏秦）乃夜发书，陈箧数十，得《太公阴符》之谋，伏而诵之，简练以为揣摩。”简，选择。练，熟习。揣摩，反复探究原意。 ⑩ 期（jī 基）月：一整月。⑪ 进乎技矣：《庄子·养生主》：“臣之所好者道也，进乎技矣。”句意谓柳敬亭说书的艺术已经超过技艺的范围。 ⑫ 缙绅：亦作“搢绅”。旧时官吏插笏于绅，因以指官绅阶层。 ⑬ 宁南：指左良玉（1599—1645），字昆山，明末山东临清人。早年在辽东与清军作战。侯恂（侯方域之父）荐为副将。后在河南一带与李自成、张献忠起义军作战多年。崇祯十五年被李自成大败于朱仙镇。崇祯十七年被封为宁南伯，驻武昌。福王立于南京，又进封宁南侯，拥兵至八十万。后病死。 ⑭ 皖帅：指安徽提督杜宏域。他与柳敬亭是故交。 ⑮ 不知书：《明史·左良玉传》称他“目不知书”，说左良玉不是读书人出身。 ⑯ 檀板之声无色：意谓把伴奏的乐声都压下去了。檀板，檀木制的拍板，古时歌舞用以打拍子或伴奏。

这是一篇经过作者改写的人物传记。黄宗羲在本传后记中说得明白：

偶见梅村集中张南垣、柳敬亭二传。张言其艺合于道，柳言其参宁南军事，比之鲁仲连之排难解纷。此等处皆失轻重。亦如弇州志刻工章文与伯虎、徵明，比拟不伦，皆是倒却文章架子。余因改二传。其人本琐琐不足道，使后生知文章体式耳。

可知在黄宗羲写《柳敬亭传》之前，吴伟业已经为柳敬亭立了传。今查《梅村家藏稿》，吴伟业不仅为柳敬亭写传，而且还为他写引荐书《为柳敬亭陈乞引》，作论赞《柳敬亭赞》，赞扬备至，不遗余力。在吴伟业笔下，柳敬亭除了说书技艺高超外，还具有高士风格，参与军机政务，是鲁仲连一类人物。黄宗羲承认吴伟业与柳敬亭过从甚密，所写柳传详尽可靠，但认为吴伟业对柳敬亭评价过高，比拟不伦，文章也写得比较杂乱，不符合"文章体式"。因此他取吴传而改写之，题目一仍其旧，文章立意和作法则大异其趣。

柳敬亭是明末清初一位颇具盛名的说书艺术家。他从十七八岁开始学艺，一直到八十多岁高龄还不离开舞台，艺术生涯逾越半个多世纪。造诣深湛，名扬江南。黄宗羲就根据他所掌握的资料，以及他对柳敬亭的认识来改写吴传的。无论是纵向考察，还是横向比较，始终把笔触对准柳敬亭说书艺术这一个焦点上；也无论柳敬亭个人经历如何曲折复杂，生活道路如何坎坷不平，始终以说书艺术为立传契机，以说书艺术为全传指归，真正突出了说书艺术家的不朽形象。

按理说，说书艺术家的音容笑貌是最生动，也最引人注目的。但文章一开始，没有一言一语着眼于刻画柳敬亭的音容笑貌，而是把柳敬亭放在宋明以来演史小说盛行不衰的广阔背景上，作宏观的考察。作者指出，两宋时说历史演义和小说者，见之于《东京梦华录》《武林旧事》著录的就有数十人。此后数百年间，却寥寥无闻，"乃近年共称柳敬亭之说书"。以考信的笔法，确切的事实，突出了柳敬亭在古代说书艺术史上的地位和贡献。

在漫长的封建社会里，一个地位低微的说书艺人要走向社会已属不易，更何况是得到公众的肯定而名噪一时了。黄宗羲对柳敬亭的坎坷经历和曲折奋斗，只是一笔带过，说他年十五，就犯法当死，因而变姓柳，到盱眙市中为人说书，"已能倾动其市人"。语调平实，不事渲染。而吴传则说："久之，渡江，休大柳下，生攀条泫然。已抚其树，顾同行数十人曰：'噫！吾今氏柳矣。'"这就把柳敬亭的改姓传奇化了。也许，吴所写的传中有关这类描写，在黄宗羲看来，正是所谓"有失轻重"之处。其实，不过是黄、吴写传的主导思想不同罢了：一则重平实，一则重描写而已。

柳敬亭从家乡泰州流浪到盱眙市中，为人说书，已能使听众动容，说明他在说书技艺方面有着极好的禀赋。但在柳敬亭的成才道路上，儒生莫后光的指点，似乎有着更为关键的作用。莫后光关于"说书虽小技"一番话看似平常，含义则极其丰富。"句性情，习方俗"，可以说已经是说书艺术的高标准要求了，而"如优孟摇头而歌"，则更是说书艺术的典范。柳敬亭虚心接受名师教诲，为了追求说书艺术的更高境界，开始了艰苦的探索和攀登。“凝神定气，简练揣摩”八个字，正是他悉心研求说书艺术，刻苦磨练说书技巧的真实写照。接着，黄宗羲又用对话的形式，把柳敬亭这种刻苦钻研精神分作三个阶段，三种境界，加以具体的描述。“期月”，“能使人欢咍嗢噱矣”，这是第一个阶段；“又期月”，“能使人慷慨涕泣矣”，这是第二个阶段；“又期月”，“子言未发而哀乐具乎其前，使人之性情不能自主”，这是第三个阶段。层层递进，步步深入，既写出莫后光循循善诱的有方教导，又写出了柳敬亭锐意奋进的精神和艺术上精益求精、不断攀登的态度。连莫后光也不得不赞叹说：“进乎技矣。”自此之后，柳敬亭在扬州、杭州、南京等地献艺，无不得心应手，游刃有余，以至于“名达于缙绅间”。市井内外，朝野上下，无不为他说书艺术所达到的神化境界折服倾倒。

关于柳敬亭“参宁南军事”，吴伟业连举六七件事，着重说明柳敬亭“平视卿相”的“侠骨”和他善于排难解纷的高士行为，而黄宗羲则重点记载两件事：一写那些幕府儒生“设意修词，援古证今”，煞费苦心所拟就的文檄，都使左良玉“不悦”；而柳敬亭“耳剽口熟，从委巷活套中来”的言辞，却无不与左良玉“意合”。即使是写柳敬亭的军事才干，也仍然不离开说书艺人的当行本色。二写柳敬亭奉命至金陵，朝廷官吏从上到下，无不“使之南面上坐，称柳将军”。对于这种异乎寻常的礼遇和令人羡慕的显赫地位，柳敬亭仍然抱着一种冷眼旁观的态度，处之泰然，毫不心动。这里，既反映出一个历经坎坷的说书艺人是怎样的玩世不恭，也透露出他敝屣功名利禄的态度。妙在文章处处要使人忘却柳敬亭是个说书艺人，正面描述如“军中亦不敢以说书目敬亭”，侧面烘托如同行们的道旁私语：“此故吾侪同说书者也，今富贵若此！”而客观效果则处处使人感到他依然是个说书艺人。

正因为柳敬亭有处变而不惊的人生态度，所以，一旦明亡，左良玉病死，他“丧失其资略尽”，也能“复上街头理其故业”而安之若素。作者尤其强调的是军中的生活经历，举凡“豪猾大侠、杀人亡命、流离遇合、破家失国之事，无不身亲见之”。一切包括国家兴亡、朝代更迭在内的风云际会，都极大地丰富了他的生活阅历。如果说这一切是他攀登说书艺术高峰的思想基础和生活基础，那么“五方土音，乡俗好尚，习见习闻”，则又进一步增强了他的表演艺术手段。而“亡国之恨顿生，檀板之声无色”，则是对柳敬亭说书的思想和艺术所作的高度赞誉，也是柳敬亭能够赢得生前身后名的最根本原因。而从文章写作来看，这两句正是全篇的点睛之笔，倾注了作者对忠臣义士无限仰慕的思想感情。

由于柳敬亭的精湛技艺，明清笔记中为他立传的，还有周容《杂忆七传·柳敬亭》。至于记载他的人品、技艺的那就更多了,较著名的有张岱《陶庵梦忆·柳敬亭说书》、钱谦益《牧斋有学集·书柳敬亭册子》、余怀《板桥杂记·轶事》、夏荃《退庵笔记·柳敬亭》等。在所有这些传记材料中,黄宗羲改写的这篇《柳敬亭传》,取材精当,详略得宜,主旨明确,可谓落笔不群,出手不凡,应当说是写得最成功的一篇。

(朱宏达)

【作者小传】

彭士望

(1610—1683) 清初学者。本姓危,字达生,号躬庵,又字树庐。江西南昌人。明诸生。南明弘光时曾参加史可法幕府。明亡后,徙宁都,与魏禧兄弟隐居翠微峰,讲学易堂,为"易堂九子"之一。著有《耻躬堂诗文钞》。

九牛坝观抵戏[1]记

彭士望

树庐叟负幽忧之疾于九牛坝茅斋之下[2]。戊午闰月除日[3],有为角抵之戏者,踵门告曰:"其亦有以娱公?"叟笑而颔之。因设场于溪树之下。密云未雨,风木泠然,阴而不燥。于是邻幼生周氏之族、之宾、之友戚,山者牧樵,耕者犁犊,行担簦者,水桴楫者,咸停释而聚观焉。

初则累重案,一妇仰卧其上,竖双足承八岁儿,反覆卧起,或鹄立合掌拜跪,又或两肩接足。儿之足亦仰竖,伸缩自如。间又一足承儿,儿拳曲如莲出水状。其下则二男子、一妇、一女童与一老妇,鸣金鼓,俚歌杂佛曲和之,良久乃下。又一妇登场,如前卧,竖承一案,旋转周四角,更反侧背面承之;儿复立案上,拜起如前仪。儿下,则又承一木槌,槌长尺有半,径半之。两足圆转,或竖抛之而复承之。妇既罢,一男子登焉,足仍竖,承一梯可五级,儿上至绝顶,复倒竖穿级而下。叟悯其劳,令暂息,饮之酒。

其人更移场他处,择草浅平坡地,去瓦石,乃接木为跻,距地约八尺许。一男子履其上，傅粉墨，挥扇杂歌笑，阔步坦坦，时或跳跃，后更舞大刀，回翔中节。此戏，吾乡暨江左时有之，更有高丈余者，但步不能舞。最后设软索，高丈许，长倍之；女童履焉，手持一竹竿，两头载石如持衡，行至索尽处，辄倒步，或仰卧，或一足立，或偃行，或负竿行如担，或时坠挂，复跃起；下鼓歌和之，说白俱有名目，为时最久，可十许刻。女下，妇索帕蒙双目为瞽者，番跃而登，作盲状，东西探步，时跌若坠，复摇晃似战惧，久之乃已；仍持竿，石加重，盖其衡也。

方登场时，观者见其险，咸为之股栗，毛发竖，目眩晕，惴惴惟恐其倾坠。叟视场上人，皆暇整[④]从容而静，八岁儿亦斋栗如先辈主敬[⑤]，如入定僧。此皆诚一之所至，而专用之于习，惨淡攻苦，屡蹉跌而不迁，审其机以应其势，以得其致力之所在；习之又久，乃至精熟，不失毫芒，乃始出而行世，举天下之至险阻者皆为简易。夫曲艺[⑥]则亦有然者矣！以是知至巧出于至平，盖以志凝其气，气动其天，非卤莽灭裂[⑦]之所能效此。其意庄生知之，私其身不以用于天下[⑧]；仪、秦亦知之，且习之，以人国戏，私富贵以自贼其身与名[⑨]。庄所称僚之弄丸[⑩]，庖丁之解牛[⑪]，伛偻之承蜩[⑫]，纪渻子之养鸡[⑬]，推之伯昏瞀人临千仞之蹊，足逡巡垂二分在外[⑭]，吕梁丈人出没于悬水三十仞，流沫四十里之间[⑮]，何莫非是，其神全也。叟又以视观者，久亦忘其为险，无异康庄大道中，与之俱化。甚矣，习之能移人也！

其人为叟言：祖自河南来零陵[⑯]，传业者三世，徒百余人。家有薄田，颇苦赋役；携其妇与妇之娣姒，兄之子，提抱之婴孩，糊其口于四方，赢则以供田赋。所至江、浙、两粤、滇、黔、口外绝徼之地[⑰]，皆步担，器具不外贷。谙草木之性，捃摭续食，亦以哺其儿。

叟视其人，衣敝缊，飘泊羁穷，陶然有自乐之色，群居甚和适。男女五六岁即授技，老而休焉，皆有以自给。以道路为家，以戏为田，传授为世业。其肌体为寒暑风雨冰雪之所顽，智意为跋涉艰远、人情之所儆怵磨砺，男妇老稚皆顽钝。儇敏机利，捷于猿猱，而其性旷然如麋鹿。

叟因之重有感矣。先王之教，久矣夫不明不作，其人恬自处于优笑巫觋⑱之间，为夏仲御之所深疾⑲；然益知天地之大，物各遂其生成，稗稻并实，无偏颇也。彼固自以为戏，所游历几千万里，高明巨丽之家，以迄三家一巷之村市，亦无不以戏观之，叟独以为有所用。身老矣，不能事洴澼絖⑳，亦安所得以试其不龟手之药，托空言以记之。固哉，王介甫谓鸡鸣狗盗之出其门，士之所以不至㉑！患不能致鸡鸣狗盗耳，吕惠卿辈之谄谩㉒，曾鸡鸣狗盗之不若。鸡鸣狗盗之出其门，益足以致天下之奇士，而孟尝未足以知之。信陵、燕昭知之㉓，所以收浆、博、屠者之用㉔，千金市死马之骨，而遂以报齐怨㉕。宋亦有张元、吴昊㉖，虽韩、范不能用㉗，以资西夏，宁无复以叟为戏言也。悲夫！

〔注〕 ① 抵戏：古代一种技艺表演，类似今天的摔跤，也泛指杂技。张衡《西京赋》："临迥望之广场，程角抵之妙戏。"其所罗列者有：扛鼎、爬竿、钻越置有矛的席筒、跳丸、走索、吞刀吐火等。 ② 树庐叟：作者自称，彭士望一字树庐。幽忧之疾：《庄子·让王》："我适有幽忧之病。"指深重的忧劳。 ③ 戊午闰月：康熙十七年(1678)闰三月。除日：指一个月的最后一天。④ 暇整："好整以暇"的省语，语出《左传·成公十六年》，意谓紧张之中能保持镇静。 ⑤ 斋栗：敬畏恐惧的样子。语出《尚书·大禹谟》。主敬：持守诚敬，为宋儒律身之本。宋程颐《周易程氏传》："君子主敬以直其内，守义以方其外。"其语又本于《易·坤·文言》："君子敬以直内，义以方外(以敬使内心正直，以义使外物端方)。" ⑥ 曲艺：小技。《礼记·文王世子》："曲艺皆誓之。"郑玄注："曲艺，为小技能也。"此指杂技。 ⑦ 卤莽灭裂：《庄子·则阳》："长梧封人问子牢曰：'君为政焉勿卤莽，治民焉勿灭裂。昔予为禾，耕而卤莽之，则其实亦卤莽而报予；芸而灭裂之，其实亦灭裂而报予。'"成玄英疏："卤莽，不用心也。灭裂，轻薄也。" ⑧ 庄生：即庄子，名周，战国时思想家。私其身不以用于天下：老、庄思想主张清静无为，洁身自好，在《庄子》中屡有反映。如《逍遥游》尧让天下于许由，许由说："鹪鹩巢于深林，不过一枝；偃鼠饮河，不过满腹。归休乎君，予无所用天下为！"又《人间世》："山木自寇(自招砍伐)也，膏火自煎也。桂可食，故伐之；漆可用，故割之。人皆知有用之用，而莫知无用之用也。"皆是。 ⑨ 仪、秦：张仪、苏秦，均为战国时纵横家，同学于鬼谷先生之门。苏秦游说六国合纵抗秦，为纵约长，佩六国相印。后纵约为张仪所破，至齐任客卿，为齐大夫使人刺死。张仪入秦，惠王拜为相，以连横之策使六国分别事秦，纵约瓦解。秦惠王卒，子武王立，不喜张仪，仪乃去秦为魏相，卒于魏。司马迁谓"此两人真倾危之士"(《史记·张仪传赞》)。 ⑩ 僚之弄丸：春秋时楚国勇士熊宜僚

善弄丸。《庄子·徐无鬼》："市南宜僚弄丸而两家之难解。"弄丸，以众丸投空，以手相接，使不堕地。　⑪ 庖丁之解牛：庖丁肢解割切牛肉有神技，见《庄子·养生主》。　⑫ 伛偻（gōu 勾）之承蜩（tiáo 条）：据《庄子·达生》中说，孔子去楚国，见到一个曲背的人用竿胶蝉，因他经过不断的锻炼，故技艺高超。　⑬ 纪渻（shěng）子之养鸡：据《庄子·达生》载，纪渻子为齐王养斗鸡，经四十天的训练，鸡被养得像木鸡一样，别的鸡见了都怯走。　⑭ 伯昏瞀（mào 冒）人：一作伯昏无人。楚国隐者，曾登高山，临深渊而无所畏惧，事见《庄子·田子方》。　⑮ 吕梁丈人：据《庄子·达生》载，孔子在吕梁（今山西省西部）见一男子（丈夫）在飞悬的瀑布下游泳，水性极好，自言"长于水而安于水"也。　⑯ 零陵：今湖南永州市。　⑰ 口外绝徼之地：口，长城的关隘，口外即长城以北地区。绝徼，极远的边界。　⑱ 优笑：以乐舞戏谑、逗人笑乐为业的艺人。巫觋（xí 习）：以装神弄鬼、代人祈祷为业的人，女的叫巫，男的叫觋。　⑲ 夏仲御：夏统，字仲御，晋代人，其叔父敬宁，祀先人，迎女巫，表演歌舞杂技，夏统见到后惊愕而走，事见《晋书·隐逸传》。　⑳ 洴澼絖（píng pì kuàng 平辟况）：漂洗绵絮。《庄子·逍遥游》中说宋国有人善于配制治疗冬天皮肤皲裂的药（不龟手之药），世代漂洗绵絮，后来将药方卖给了一个人，此人用这个药方为吴王带兵在冬天去打越人，取得胜利，结果得了封地。　㉑ 王介甫：王安石。写有《读孟尝君传》，论及孟尝君结交鸡鸣狗盗之徒，"此士之所以不至也"。　㉒ 吕惠卿：字吉甫，初附和新法，为王安石所信任，后安石去位，竭力排斥安石。　㉓ 信陵：战国时魏公子信陵君。燕昭：燕昭王。　㉔ 浆、博、屠者：信陵君曾结交卖浆者薛公、赌徒毛公和屠户朱亥，后都为信陵君效劳。　㉕"千金"二句：燕昭王欲招贤，后从郭隗计，以千金买死去的千里马之骨。各地人材纷纷投奔燕国，终于大破齐国而报了仇。　㉖ 张元、吴昊：两人都为陕西才士，久困场屋，曾谒韩琦、范仲淹，未能被用，闻西夏王赵元昊有意袭宋，便自称张元、吴昊投奔西夏。　㉗ 韩、范：韩琦、范仲淹，都是北宋的大政治家，均曾任陕西经略招讨副使，改革政事，世称韩、范。

彭士望少负大名，曾师事黄道周。道周下狱，他曾竭力营救，几遭不测，明亡后绝意仕进，与魏祥、魏禧兄弟隐居翠微峰，为"易堂九子"之一。他的学问以躬行为本，故文章每每有感而发，魏禧称他："遇事感慨激昂，连类旁及，轹轹古今，呼抢天地，而不能自忍。"(《彭躬庵文集序》)可见其人格与作文的特征。这篇《九牛坝观抵戏记》就是如此，可谓是其代表作。

这是一篇熔记叙、感慨、议论于一炉的文章，记叙一次乡村的杂技表演，抒写由此而生的感触。文章的前三节以记叙为主，分别写了演出前的环境和演出的过程；后四节则是由观此而发的议论，其中又可分为两部分：一是对艺人炉火纯青的技艺的感叹，以为"至巧出于至平"；一是由艺人生活而引发的思考，肯定了他们自食其力、陶然怡乐的生活以及推及自身的感慨。

就本文的描述而言，作者的笔触细腻真切，特别是描写杂技演出的场面，穷形尽态，令读者如亲眼见到了这惊险神奇的表演。如写妇人以脚顶八岁儿的情形，完全通过动态的描绘："反覆卧起，或鹄立合掌拜跪，又或两肩接足。儿之足亦仰竖，伸缩自如。间又一足承儿，儿拳曲如莲出水状"。又如写踩绳索的女子"或仰卧，或一足立，或偃行，或负竿行如担，或时坠挂，复跃起"，也是通过动态的刻画,保留下了一幅古代杂技艺术的生动画面。这些演出至今还可以在杂技表演中见到。

作者也善于运用烘染铺垫的手法。如开头一节写演出前的环境:“密云未雨,风木泠然,阴而不燥”,“山者牧樵,耕者犁犊,行担簦者,水桴楫者,咸停释而聚观焉”。这样通过对天气和观众的描写,烘托出一种紧张热烈的气氛,令人急切地想看一看究竟是怎样的表演。又如形容表演的惊心动魄、扣人心弦,作者除了直接的描摹外,还从观众的角度加以刻画:“方登场时,观者见其险,咸为之股栗,毛发竖,目眩晕,惴惴惟恐其倾坠。”从观众的态度和感受中已可知其惊险万分。这是一种侧面的描写,但有时其艺术效果更胜过直接的描绘。同时,作者在写过观众的惊惧后就写表演者的“从容而静”,“如先辈主敬,如入定僧”,形成了强烈的对比,更表现出“为角抵之戏者”的高超技艺。

本文又贵在能于描述的基础上推衍开去,发出一番引人深思的道理。作者看到艺人们如此超绝的本领,归结为“此皆诚一之所至”,以为这是他们成年累月用志不分的结果。由于艺人们能在平时下苦功锻炼,所以习惯成为自然,常人看来是不可想象的困难,在他们看来则只是如履平地。作者于是总结出“至巧者出于至平”的道理,以为要达到出神入化的境界必然要通过“志凝其气,气动其天”的过程,也就是要求全身心地倾注入某一技艺,这就与庄子养生的思想十分接近。庄子以为养生的关键在于排除杂念,保持心境专一纯朴,以为无所用心,顺乎天理,就一切都可以获得成功,所以在《养生主》和《达生》两篇中列举了大量的寓言故事来说明通过反复锻炼、专心一致的实践,才能熟练地掌握技巧,驾驭事物的规律。彭士望在本文中用了大量《庄子》中的典故,如僚之弄丸,庖丁解牛,伛偻承蜩,纪渻养鸡,伯昏瞀人、吕梁丈人等,都意在说明做任何事要取得成功必须排除一切干扰,集中精力。这正是他由观抵戏而得到的第一个感触。

“其人为叟言”一段插入写这些表演抵戏者的生活,于是作者从对其技艺的叹赏写到了对其人格和生活方式的赞美。这些人虽然敝衣粗食,飘泊不定,但群居和适,远离了人世的纷争和烦恼,手脚灵便,个性旷达,岂不是逃离了现实,过着一种融洽祥和的生活吗?作者的感慨之中也分明带着几分羡慕,于是他由此而更引出无限感触。

“叟因之重有感矣”以下,便表明了作者对这些下层人士的看法。他以为这些人能适应其生活的条件而生存,正是处于乱世而存身远祸的一种方式,同时,其中也不乏有所作为的人物。王安石的《读孟尝君传》中说:“孟尝君特鸡鸣狗盗之雄耳,岂足以言得士?不然,擅齐之强,得一士焉,宜可以南面而制秦,尚何取鸡鸣狗盗之力哉？夫鸡鸣狗盗之出其门，此士之所以不至也。”据《史记》上说，齐国的孟尝君善于养士，他曾被秦王扣留，门客中有能学鸡鸣与狗叫的，帮他偷出要物，骗开城门而得以逃脱。王安石一反前人的说法，以为孟尝君门下养着一批鸡鸣狗盗之徒，所以真正有才能的人就不肯来了，因而遭到秦国的欺侮。而在本文中彭士望又对王安石的说法加以反驳，他以为“鸡鸣狗盗之出其门，益足以致天下之奇士”，王安石所信用的吕惠卿等人反而不如鸡鸣狗盗之徒。他甚至以为信陵君之能救赵王，燕昭王之能报齐仇，就在于能收罗各种人材，招揽天下奇士，而宋朝的韩琦、范仲淹不能任用张元、吴昊，遂导致了西夏的侵宋。总之，作者明白地提出了不宜轻视下层人士的观点，这在当时无疑是一种较为明智和进步的看法，特别是作者身经明清易代的沧桑之变，深知一些有为的志士隐居不仕，因而，他对鸡鸣狗盗之徒的重视也就有更深刻的意味了。从作者“身老矣，不能事洴澼絖，亦安所得以试其不龟手之药”诸句来看，其中显寓有对时事无能为力的感慨。

本文在结构上采用了记事与议论结合的方式，似信笔写来，然散而不乱，真率自然。由观看杂技而引出一番道理，真有“连类旁及，轹轹古今”的气势。

（王镇远）

【作者小传】

李 渔

(1610—1680) 清戏曲理论家、作家。字笠鸿、谪凡，号笠翁。浙江兰溪人。明庠生。顺治间流寓金陵，康熙中迁杭州。家设戏班，常往各地达官贵人门下演出。擅写小说，尤精谱曲。著述甚富。著有《闲情偶寄》《笠翁十种曲》《十二楼》等。

芙 蕖　　李 渔

芙蕖与草本诸花似觉稍异，然有根无树，一岁一生，其性同也。谱云：“产于水者曰草芙蓉，产于陆者曰旱莲。”则谓非草本不得矣。予夏季倚此为命者①，非故效颦于茂叔②而袭成说于前人也。以芙蕖之可人，其事不一而足，请备述之。

群葩当令时，只在花开之数日，前此后此皆属过而不问之秋矣。芙蕖则不然，自荷钱出水之日，便为点缀绿波。及其茎叶既生，则又日高日上，日上日妍。有风既作飘摇之态，无风亦呈袅娜之姿，是我于花之未开，先享无穷逸致矣。迨至菡萏③成花，娇姿欲滴，后先相继，自夏徂秋，此则在花为分内之事，在人为应得之资者也。及花之既谢，亦可告无罪于主人矣，乃复蒂下生蓬，蓬中结实，亭亭独立，犹似未开之花，与翠叶并擎，不至白露为霜而能事不已。此皆言其可目者也。

可鼻，则有荷叶之清香，荷花之异馥，避暑而暑为之退，纳凉而凉逐之生。

至其可人之口者，则莲实与藕皆并列盘餐而互芬齿颊者也。

只有霜中败叶，零落难堪，似成弃物矣，乃摘而藏之，又备经年裹物之用。

是芙蕖也者，无一时一刻不适耳目之观，无一物一丝不备家常之用者也。有五谷之实而不有其名，兼百花之长而各去其短，种植之利有大于此者乎？

予四命之中，此命为最。无如酷好一生，竟不得半亩方塘为安身立命之地。仅凿斗大一池，植数茎以塞责，又时病其漏④，望天乞水以救之，殆所谓不善养生而草菅其命者哉。

〔注〕 ① 倚此为命者：李渔《笠翁偶集·种植部》："予有四命，各司一时：春以水仙、兰花为命，夏以莲为命，秋以秋海棠为命，冬以蜡梅为命。无此四花，是无命也。"下文"予四命之中，此命为最"亦本此。 ② 茂叔：宋周敦颐，字茂叔。 ③ 菡萏(hàn dàn 憾旦)：荷花的别称。④ 病其漏：以池水渗漏为苦。

芙蕖，即荷花，又名莲花，它美丽芬芳，姿质超群，在大自然千姿百态的花木中可谓得天独厚，因此不仅为人们所喜爱，而且博得无数骚人墨客的赞美。在传世的名篇佳作中，最为人传诵的散文要推宋人周敦颐的《爱莲说》和李渔的这篇《芙蕖》。二者相隔数百年之久，却一脉相承，前后辉映；同时又各有千秋，各具特色。如果要在它们之间强分轩轻，那么可以说，在《爱莲说》独领风骚、后人难以为继的情况下，李渔仍不惮以"芙蕖"为题写出传世妙文，其胆识和才力尤可钦佩，显示了作者的大家本色。

《爱莲说》赞美莲花“出淤泥而不染，濯清涟而不妖”，别具慧心地称莲花为“花之君子”。这一比喻以其形象贴切、寓意精深得到人们的普遍认同，莲花从此成为高洁品格和美好情操的象征。同为礼赞莲花，李渔的《芙蕖》不满足于因袭模仿，而是另辟蹊径，对芙蕖美的内涵和价值作了新的开拓。全篇以“可人”为线索，备述了芙蕖的可目、可鼻、可口、可用。

芙蕖最引人注目也最有价值的当属它美丽的外形，所以作者用较多的笔墨先写它的“可目”。同花开只数日“前此后此皆属过而不问之秋”的“群葩”相比，芙蕖具有生长期长的特点。作者详尽而有层次地描绘了芙蕖由初生到结实的不同形态，既准确再现了芙蕖各生长期的特征，又将《爱莲说》所勾勒的“中通外直，不蔓不枝，香远益清，亭亭净植”化为更加具体可感的形象，使芙蕖的外形美展现得更为充分。在作者笔下，芙蕖“自荷钱出水之日，便为点缀绿波”；“及其茎叶既生，则又日高日上，日上日妍。有风既作飘摇之态，无风亦呈袅娜之姿”；“迨至菡萏成花”，更是“娇姿欲滴，后先相继”；“及花之既谢”，“乃复蒂下生蓬，蓬中结实，亭亭独立，犹似未开之花，与翠叶并擎，不至白露为霜而能事不已”。如此芙蕖，真可谓自夏徂秋，无时不美；叶、茎、花、蓬，无物不美了。

接下来，作者依次叙述了芙蕖的可鼻——“有荷叶之清香，荷花之异馥”；可口——“莲实与藕皆并列盘餐”；可用——连“霜中败叶”亦可“备经年裹物之用”。拥有这许多好处，芙蕖之“可人”自不言而喻。

本文与《爱莲说》不同的，还不止于对芙蕖穷形尽相的描绘和对其可人之处的详备说明，更有立意的不同。如果说《爱莲说》着意赞美的是莲花清高纯洁的品格，那么这篇《芙蕖》则着力歌颂了芙蕖的奉献精神。有益于人，便是作者所谓“可人”的主要内涵。从这一主旨出发，文中处处突出了芙蕖的为人之利。如说它“于花之未开”已使人“先享无穷逸致”；花开，“在人为应得之资”；花谢，“亦可告无罪于主人矣”；其清香异馥，可使“避暑而暑为之退，纳凉而凉逐之生”；其果实，又有“可人之口”“互芬齿颊”之妙。正因为如此，作者称其“无一时一刻不适耳目之观，无一物一丝不备家常之用”，赞其“有五谷之实而不有其名，兼百花之长而各去其短”，言其“种植之利有大于此者乎”，诚非夸大或虚美，芙蕖的确当得此誉。

作者对芙蕖观察极细，相知极深，皆源于对芙蕖的热爱。文中屡称：“予夏季倚此为命者”；“予四命之中，此命为最”；“酷好一生”。强烈的真情实感既是他写作本文的动机，也是本文独具一格个性鲜明的重要原因。然而爱荷如此情深的作者，“竟不得半亩方塘为安身立命之地”，只能“凿斗大一池”，聊植数茎，“草营其命”，这不能不使人在感叹他的一片痴心无所寄托的同时，也为他蹇蹇困顿的身世遭遇而深深感叹。若说本文有什么言外之意的话，或许就在于此。

作品还显示出精湛的艺术技巧。文中，形神兼备的描写，详略有致的叙事，画龙点睛的议论，恰到好处的抒情，四者融为一体，相得益彰，完全打破了说明文的一般格局和写法。再加上谨严的结构，精妙的语言，灵活的修辞，更使得文章生动活泼，文采斐然，焕发出隽永的艺术魅力。本篇之所以能在难以数计的同题作品中脱颖而出，这也是重要原因之一。 （张明非）

【作者小传】

顾炎武

(1613—1682) 明清之际思想家、学者。初名绛，字宁人，曾自署蒋山傭。江苏昆山亭林镇人。学者称亭林先生。与黄宗羲、王夫之同称为明末清初三大思想家。明诸生。少时参加“复社”反宦官权贵斗争。清兵陷南京，参加昆山、嘉定一带的抗清活动。失败后，离乡北游，遍历关塞，实地考察，致力边防和西北地理的研究，访学问友，不忘兴复。康熙时举博学鸿儒，荐修《明史》，均不就。晚年卜居陕西华阴。学问渊博，对国家典制、郡邑掌故、天文仪象、河漕、兵农以及经史百家、音韵训诂之学，都有研究。著书撰文贵独创，反对因袭盲从。著有《日知录》《肇域志》《亭林诗文集》等。

复庵记

顾炎武

旧中涓范君养民①，以崇祯十七年夏，自京师徒步入华山为黄冠。数年，始克结庐于西峰之左，名曰复庵。华下之贤士大夫多与之游，环山之人皆信而礼之。而范君固非方士者流也。

幼而读书，好《楚辞》；诸子及经史多所涉猎。为东宫②伴读。

方李自成之挟东宫二王以出也，范君知其必且西奔，于是弃其家走之关中，将尽厥职焉。乃东宫不知所之，而范君为黄冠矣。

太华之山，悬崖之巅，有松可荫，有地可蔬，有泉可汲，不税于官，不隶于宫观之籍。华下之人或助之材，以创是庵而居之。有屋三楹，东向以迎日出。

余尝一宿其庵。开户而望，大河之东，雷首之山③苍然突兀，伯夷叔齐之所采薇而饿者，若揖让乎其间，固范君之所慕而为之者也。自是而东，则汾之一曲，绵上之山出没于云烟之表，如将见之，介子推之从晋公子，既反国而隐焉，又范君之所有志而不遂者也。又自是而东，太行、碣石之间，宫阙山陵之所在，去之茫茫，而极望之不可见矣，相与泫然。

作此记，留之山中。后之君子登斯山者，无忘范君之志也。

〔注〕 ① 旧：指明朝。中涓：内侍太监，主持宫中清洁扫除。 ② 东宫：太子所居之宫，这里指太子。 ③ 雷首之山：雷首山，在山西永济市南。此山西起雷首山，东至吴坂，绵亘数百里。随地而异名，有中条山、历山、首阳山等称。

复庵是明朝遗民范养民在华山西峰左面的住处。范养民在自己房子的门楣上大书“复庵”二字，正是他匡复故明之心不死的见证。顾炎武之记复庵，希望后来人“无忘范君之志”，正是这个“复”字引起了他的共鸣，表明自己不失为一个与范氏心曲相通的知音。所以《复庵记》与其说是记复庵，倒不如说是为了颂扬复庵主人的爱国精神。

关于《复庵记》的结构，一般分为三个自然段，第一段写范养民创建复庵的始末，第二、三段写复庵环境并抒发忠于明室的思想感情。这固然不失为一种分法。但我们在玩绎全文以后认为，如果把本篇分为一纲四目，即纲与目两大部分共五个自然段再加一结尾，或许更有助于理解全文的思想脉络。

一纲是指从开篇至“而范君固非方士者流也”。在这总纲中，先点题；题目既是“复庵记”，便要记复庵的结庐时间、地点及其创建者范养民。在时间、地点和人物中，人物是作者记叙的中心，因而先交代了范养民的官职为明朝的内侍太监。又说他于崇祯十七年，即明亡的1644年，从京师北京徒步入华山当了道士。何以故？没有立刻交代，却埋下了伏笔。过了“数年”，方始在华山的“西峰之左”盖了房子，取名叫“复庵”。至于为什么要经过“数年”之久方始结庐，偌大一个华山为什么偏偏要选择“西峰之左”这样一个地点，又为什么要起名为“复庵”，这些都藏而不露，给读者留下了悬念。接着又说：“华下之贤士大夫多与之游，环山之人皆信而礼之。"用烘云托月的手法从侧面写人们对范君的仰慕。仰慕之人既"贤"且多("环山之人"),足见范君之不凡,从而自然带出总纲的末一句:"而范君固非方士者流也。"这一句承上启下,是纲与目的纽带,既与篇首写人的笔墨相呼应,并总括了第一段,同时又引起下文进一步写出范养民的经历及其思想感情。

"纲举目张"。以下四段便围绕总纲次第展开。

第二段承总纲的"旧中涓范养民"一句而来,采用回叙的方法,介绍范养民原为太子伴读,读过许多书,尤其爱好洋溢着爱国思想的楚辞,既可从中看出其学识之广博,又可悟出其忠君报国思想之渊源所自。

第三段承总纲的第二句"以崇祯十七年夏,自京师徒步入华山为黄冠"而来,使总纲中埋下的这一伏笔得到显现;同时又在上一段揭示范养民忠君报国思想渊源的基础上剥进一层,写出他忠君报国的具体行动。范养民知道李自成将挟持东宫二王向西败走,便弃家赶到关中,希望有朝一日仍能尽到自己作为中涓的职守,但因二王下落不明,便出家当了道士。

第四段承总纲的第三句"数年,始克结庐于西峰之左,名曰复庵"而来。太华为华山的主峰。作者用三个"有"字和两个"不"字领起的两组排比句,分别写出了范养民及其复庵所处的自然环境与政治环境。自然环境是优美的("有松可荫"),可以自给自足("有地可蔬,有泉可汲");政治环境既可"不税于官",摆脱清廷的剥削,又可"不隶于宫观之籍",不像一般寺庙那样要入于地方官吏的簿籍受到管束。行文至此,"复庵记"之"庵"字已经豁然在目,而"复"字之意虽已略露端倪,但尚未和盘托出。

第五段承总纲最后一句"而范君固非方士者流也"而来,是"复庵记"的重心所在。从行文看,前面数段都是作者客观的叙述,作者似置身于庵外;而此段劈头一句"余尝一宿其庵",作者已入复庵之中,向读者娓娓地讲述自己的所见所感,令人更觉亲切可信。"开户而望"是全段之眼,在富于动感的这四个字的统领下,三个富于寓意的境界在望中由近及远地逐一展现:首先见到的是大河之东的雷首之山。它那"苍然突兀"的高大形象令人神思飞越。商朝末年的臣子伯夷、叔齐为了表明自己忠于故商的气节,不食周粟,宁可在山中采薇充饥以致饿死。如今似乎还能望见他们活在山中,彼此正谦让着作揖相见。作者指出,这确实是"范君之所慕而为之者也"。从雷首之山再向东望去,仿佛见到在汾水拐弯处的出没于云烟之外的绵上之山,当年介子推帮助晋公子重耳复国,回国后被遗忘,未受封赏,隐居在这山中。作者指出,效法介子推,这是"范君之所有志而不遂者也"。范养民有复明灭清之志,这一点可以追踪介子推,但可叹者,不能像介子推那样功成而隐。最后,从绵上之山再向东望去,则是太行山与碣石山之间的明代故都所在,明王朝当年的宫殿、明代皇帝陵寝都在那里。然而,“去之茫茫,而极望之不可见矣”。对于有着亡国之痛的臣子说来,故都的宫阙山陵比之于雷首之山与绵上之山,关系更为密切;爱而不见,作者与范君自不免要“相与泫然”了。

这一段所写的三个层次都以“望”字统领,但其内涵有所不同:第一层,雷首之山是可以望见的,写伯夷、叔齐是范君所仰慕和师法的;第二层,绵上之山,如将见之,显然望不见,写介子推之志,范君虽有而无法实现;第三层,宫阙山陵,去之茫茫而极望之不可见,象征着范君(并作者)复明之志虽存,但希望却更为渺茫。行文至此,“复庵记”的“复”字像电影中的大特写镜头一样清晰地呈现在读者的眼前。读者恍然大悟,历数年之久,方始选定在华山的“西峰之左”创建的“东向以迎日出”的“复庵”,原来是如此深寓着范君思念故国、复明灭清的良苦用心的。

作为一纲四目的总结的,是篇末的这几句话:“作此记,留之山中。后之君子登斯山者,无忘范君之志也。”点明《复庵记》的写作意图是要激励后来者发扬爱国主义的精神。顾炎武曾以“苍龙”“老树”自喻:“苍龙日暮还行雨,老树春深更著花”(《又酬傅处士次韵》),表明自己爱国之心至死不渝。但是,反清斗争的失败,加之他渐趋年迈,因而只好把复明灭清的希望寄托在后辈身上,写下了这篇《复庵记》以激励后世之人的爱国感情。结尾这几句话使“复庵记”的“复”字含义更深一层,从自身推向后辈,从眼前推向将来,使全文在句绝处荡开一个又一个涟漪。

在艺术上,《复庵记》充分体现了顾炎武散文纯朴浑厚的风格特点。值得注意的是:

第一,将自然环境、地理位置与历史典实结合,于微尘中转大法轮,于尺幅之中展现千里之势。历来的“记”,大多就事论事,多作实录之笔而少有寓意,如记述居处的方位就只是记述方位而已。但此文不同,写复庵,先说其地理位置在华山“西峰之左”,之后又重申“东向以迎日出”。接着,紧承“东向”而来,先写大河之东的首阳山,次写“自是而东”的绵上之山,再写“又自是而东”的太行、碣石之间的宫阙山陵。作者通过复庵的东向,由地理位置引出历史典实,把读者的视线聚集到伯夷、叔齐、介子推及明代的宫阙山陵上,从而使读者的空间想象与时间想象融成一片。作者的爱国激情像是触媒剂一样,将历史与地理、时间与空间熔铸成了一个艺术整体。因此,一个向东的小小的复庵,竟然能载着读者飞越空间与时间的长河，升腾到爱国主义的崇高的精神境界。

第二，记叙、抒情与议论的结合，是《复庵记》在艺术上的又一特点。《复庵记》属于记事体，但是，如果没有抒情与议论，很难设想会如此牵动读者的情感。如果说，前四段主要是叙事，那么第五段则主要是抒情与议论；前四段是实写，第五段则主要是虚写；如果把前四段比喻为全篇的形体，那么第五段就是灵魂。第五段借助一个“望”字得以窥见范养民内心深处的隐秘，同时作者又把自己的亡国之痛与复明之志顺势带出。一个“望”字把空间联想与历史联想结合起来，使几个时代不同的历史典实与甚至望不见的空间熔铸在一个画面上，突破了时空的限制，使读者视通万里，思接千载。可见，作者思念故国之情达到了何等感人的地步，终于推到“相与泫然”的最高点。“相与泫然”，作者与范养民的感情已经完全交融在一起，真可谓高山流水有知音了。读到这里，读者也不能不被其亡国之痛所深深打动。

从顾炎武的文学观点看，他力主文须有益于天下，诗须以言志为本，诗文的宗旨在于起衰救颓，而非哗世取宠。明末清初，士大夫改仕清朝，丧失民族气节。顾炎武对此深恶痛绝，曾提出“行己有耻”的口号，斥士大夫的无耻为“国耻”。由此，不难理解顾炎武为什么要作《复庵记》以极力称颂范养民的志节。顾炎武力倡天下兴亡，匹夫有责，这种民族的责任感和爱国主义精神激励着不少有志之士。但是也应该看到顾炎武的历史局限和阶级局限，他的爱国思想、民族气节是与封建的伦理道德观念杂然相陈的。《复庵记》的主导思想倾向尽管值得珍惜，但其中表现出的忠君思想则是应该加以扬弃的。　（陈志明　常文昌）

【作者小传】

侯方域

(1618—1655)　明末清初文学家。字朝宗。河南商丘人。明末与方以智、陈贞慧、冒襄齐名，称“四公子”，为张溥、陈子龙所推重。入清后曾应河南乡试，中副榜。文与魏禧、汪琬齐名，称“清初三家”。有《壮悔堂文集》《四忆堂诗集》等。

李　姬　传

侯方域

李姬者名香①，母曰贞丽②。贞丽有侠气，尝一夜博，输千金立尽。所交接皆当世豪杰，尤与阳羡陈贞慧③善也。姬为其养女，亦侠而慧，略知书，能辨别士大夫贤否，张学士溥④、夏吏部允彝⑤亟称之。少，风调⑥皎爽不群；十三岁，从吴人周如松受歌玉茗堂四传奇⑦，皆能尽其音节。尤工琵琶词⑧，然不轻发也。

雪苑侯生⑨，己卯⑩来金陵，与相识。姬尝邀侯生为诗，而自歌以偿之。初，皖人阮大铖者，以阿附魏忠贤论城旦⑪，屏居金陵，为清议⑫所斥。阳羡陈贞慧、贵池⑬吴应箕实首其事，持之力。大铖不得已，欲侯生为解之，乃假所善王将军，日载酒食与侯生游。姬曰："王将军贫，非结客者，公子盍叩之？"侯生三问，将军乃屏人述大铖意。姬私语侯生曰："妾少从假母识阳羡君，其人有高义，闻吴君尤铮铮。今皆与公子善，奈何以阮公负至交乎？且以公子之世望⑭，安事阮公！公子读万卷书，所见岂后于贱妾耶？"侯生大呼称善，醉而卧。王将军者殊怏怏，因辞去，不复通。

未几，侯生下第⑮。姬置酒桃叶渡⑯，歌琵琶词以送之，曰："公子才名文藻，雅不减中郎⑰。中郎学不补行⑱，今琵琶所传词固妄，然尝昵董卓，不可掩也。公子豪迈不羁，又失意，此去相见未可期，愿终自爱，无忘妾所歌琵琶词也！妾亦不复歌矣！"

侯生去后，而故开府田仰者⑲，以金三百锾，邀姬一见。姬固却之。开府惭且怒，且有以中伤姬。姬叹曰："田公岂异于阮公乎？吾向之所赞于侯公子者谓何？今乃利其金而赴之，是妾卖公子矣！"卒不往。

〔注〕 ① 李姬者名香：李香，又称香君。 ② 贞丽：姓李，字淡如，明末秦淮名妓。 ③ 阳羡：江苏宜兴的古称。陈贞慧：即陈定生，参见《癸未去金陵日与阮光禄书》注⑪。 ④ 张学士溥：字天如，江苏太仓人，复社发起人之一，崇祯四年进士，授庶吉士，故尊称为学士。 ⑤ 夏吏部允彝：字彝仲，江苏松江（今属上海）人，与陈子龙等创立"几社"，与"复社"呼应。明亡参加抗清斗争，被俘后投水自杀。曾在吏部任职，故称为吏部。 ⑥ 风调：风韵格调。 ⑦ 周如松：即当时著名昆曲家苏昆生，原籍河南，寄籍无锡，故称"吴人"。玉茗堂：汤显祖书斋名。四传奇：指汤的代表作《紫钗记》、《牡丹亭》（《还魂记》）、《南柯记》与《邯郸记》。 ⑧ 琵

侯方域像

——《清代学者像传》

琶词：指明初高则诚所作传奇《琵琶记》的曲辞。　⑨ 雪苑侯生：侯方域自号雪苑。　⑩ 己卯：明崇祯十二年(1639)。　⑪ 阮大铖：字集之，号圆海，怀宁(今安徽安庆)人。余参见《癸未去金陵日与阮光禄书》注⑩。论城旦：指阮大铖在崇祯初年阉党败后名列逆案，被革职为民。论，判罪。城旦，秦汉时罪人所充劳役的一种，白日防寇，夜间筑城，一般以四年为期。此处作处徒刑服苦役的代称。　⑫ 清议：公正的评论。古代一般指乡里或学校中对官吏的批评。后世亦指朝廷中职司风宪监察或翰林院中的官吏对朝政的批评。《明史·马士英传》："流寇逼皖，大铖避居南京……无锡顾杲、吴县杨廷枢、芜湖沈士柱、余姚黄宗羲、鄞县万泰等，皆复社中名士，方聚讲南京，恶大铖甚，作《留都防乱揭》逐之。"　⑬ 贵池：今属安徽省。吴应箕：即吴次尾。参见《癸未去金陵日与阮光禄书》注⑪。　⑭ 世望：世家望族。归德侯氏数代簪缨。这里还包含有方域父侯恂曾参加东林党反对阉党为世人所敬仰事。　⑮ 下第：应科举未中，此处指参加应天乡试。　⑯ 桃叶渡：在南京城内秦淮河与清溪合流处。相传东晋王羲之曾于此送其爱妾桃叶渡河，故名。王羲之作有《桃叶歌》。　⑰ 中郎：指东汉蔡邕，为《琵琶记》中的男主角。邕曾官左中郎将，故称。　⑱ 学不补行：学问虽好却不能弥补其品行上的缺点。　⑲ 开府：明清时称各地的督抚。田仰：贵阳人，马士英的亲戚，弘光时为淮扬巡抚。

本文在明清古文中名气很大，一半是因为孔尚任依此为蓝本刻画《桃花扇》中的李香君形象。香君的性格及剧中《却奁》《拒媒》等出的情节均以本文所述为主要依据。《桃花扇》得传大名，本文便也随之而不朽了。

明代文人涉足花丛，在南京秦淮河上选色征歌，以致与秦淮歌女结下情谊，甚至论及嫁娶，这样的风月故事可以数出许多桩。而作为复社四公子之一的侯方域与李香君之间的儿女之私与悲欢离合，更成了文学史上一段著名的故事。

这篇《李姬传》是当事人为后世留下的关于秦淮歌妓李香君的第一手史料，而且独具只眼地为后世描绘了一个虽沦落风尘，却依然孤标傲世，不慕荣利，不屈服于权势，对社会政治的是非清浊保持着清醒认识的歌妓形象，因而弥足珍贵。

这篇别传共四段，首尾两段一为前奏，一为尾声，中间两段是其主干。作者写自己眼中和亲密交往中的李姬，这一叙事角度便构成了文章的主线。因此第一段关于李姬的一般性介绍只能成为文章进入主题的前奏，而最后一段写别后李姬拒绝田仰的邀聘也只是余波荡漾的尾声。当然前奏和尾声都必不可少，且与主干部分水乳交融，构成全文严谨的整体。

第一段，作者先用一句话"李姬者名香"作必要而简略的交代之后，就掉转笔头写她的假母李贞丽的大"有侠气"与"所交接皆当世豪杰"，以衬托作为养女的李香大有乃母之风，然后鲜明地点出李香"能辨别士大夫贤否"，曾经得到复社领袖张溥与名士夏允彝的称道。再写她"少，风调皎爽不群"与对音律歌唱所具有的才华，却无一字道及李香君的美色，不作任何涉及轻薄的侧艳之辞，显示作者为李姬立传，重德重才而不重色，为全文确立了较高的格调。

于是在主干部分，作者抛开了与李姬交往中一切深情缱绻和幽期密约，集中笔力记叙李姬生平行状中值得大书特书的义却阮大铖之举。阮大铖为天启朝权倾天下的阉党魏忠贤余孽，曾奉魏阉为义父，为陷害东林党人出过大力。崇祯登位后，阉党事败，阮大铖名列逆案，由光禄寺卿革职为民，匿居南京库司坊，起造第宅，蓄养声伎，谈兵论剑，企图死灰复燃，是一个为当时朝野士大夫所不齿、为公正舆论所贬斥的人物。与侯方域同列复社四公子的阳羡陈贞慧与贵池吴应箕主持正义，排阮最力。阮大铖为此假手王将军想拉拢侯方域以软化陈、吴等人，为他的东山再起消除阻力。是否与阮大铖结交，在当时的政治斗争中成了泾清渭浊、是非分明的原则问题。文章写李姬凭着她对人际关系的敏锐感觉提醒侯方域，要他摸清"贫非结客者"的王将军"日载酒食"与之游的真实意图，又写当了解王的真实意图之后侯方域尚未采取行动，李姬便对他作了一番大义凛然的规劝，使侯"大呼称善"，与王绝交，得以避免"负至交"、隳声望的尴尬处境，保全了侯生的清操。值得注意的是这两处均系李姬而非侯生采取主动，说明李姬的才慧见识与对是非的判断均胜侯生一筹，而这一赞誉完全通过对比与烘托加以凸出，尽得含蓄蕴藉之致。对此，《桃花扇》的作者孔尚任深有会心，他在将这一情节移植改造为香君"却奁"之后，于《桃花扇·闹榭》一出中，借吴应箕之口，盛赞道："香君却奁一事，只怕复社朋友还让一筹哩。"陈贞慧接口："已后竟该称他老社嫂了。""社嫂"一词施之于秦淮歌妓李香君，何其光宠乃尔。

第三段写侯生应举下第后，李姬于桃叶渡置酒送行。席间李姬"歌琵琶词以送之"。早在第一段中，作者已经为此埋下了伏笔，说李姬"尤工琵琶词，然不轻发"。"然不轻发"一语，看似信手拈出，只有读到桃叶渡送行的记叙时，我们才能体会到以琵琶词作呼应关合的文意之佳妙和情意之深重。琵琶词，指的是高明所作《琵琶记》。李姬临别歌《琵琶记》曲辞，且以蔡伯喈比侯方域，说："公子才名文藻，雅不减中郎。"然而"中郎学不补行"，才胜于德。《琵琶记》所述情节固然于史无稽，但蔡中郎确实有阿附董卓的劣迹，无以掩饰。"公子豪迈不羁，又失意，此去相见未可期，愿终自爱，无忘妾所歌琵琶词也！"李姬以"从不轻发"而今一发之后再"不复歌"相喻相誓，表达了爱人以德与生死相依的款款深情。作者笔下规箴侯生"终自爱"的李姬，显示了凛然的风骨和高洁的格调，却又如此深情绵邈、凄婉动人。这里在写情侣临别赠言时脱出常格，别具一种强毅的伦理道德的美学风采，摄取了发自李姬灵魂深处最为炫目的一次闪光，给读者以不可磨灭的印象。这既是《李姬传》取材和运笔的成功，也是侯方域自我反省的成功。侯方域入清之后因软弱畏祸参加了河南乡试,仅中副榜,此举于民族气节有亏,当时和后世都受人讥弹。现在无法确定《李姬传》作于何年,但侯方域敢于直陈桃叶渡李姬“愿终自爱”的临别赠言,说明在对蔡中郎媚事董卓一类的问题上自己是否“自爱”,曾经历过内心反省。包括前文在义却阮大铖一事上的自我对照,应当说作者是在一定程度的反省意识支配下写作《李姬传》的。中国的文学与文人比较缺乏自我反省意识,侯方域愿以自己为参照,暴露主观的欠缺和客观的优胜,更觉难能可贵。

最后一段写侯生去后之事,虽属全文的尾声,但对描写李姬形象仍是不可或缺的一笔。在这以前,李姬的动人光彩主要还是闪烁在她的言论之中,而到这时,她才以侯郎去后坚拒财雄势大的开府田仰的邀聘,以行动实践了自己的诺言。田仰的三百金利诱与“有以中伤”的威逼,她都不为所动。李姬的品德和人格至此光芒四射。她最后说:“吾向之所赞于侯公子者谓何?今乃利其金而赴之,是妾卖公子矣。”证实了她为人的“风调皎爽不群”,言出必践,忠于爱情。

《李姬传》风格朴质刚健而无绮罗香泽之态;笔致含蓄,颇多有余不尽之意;选材凝炼集中,不枝不蔓;行文坦率,具有可贵的自我批评的反省意识,显示了名家风范。凡此种种,使《李姬传》这篇别传为人记诵,成为明清古文中的名篇。

(胡光舟)

马 伶 传

侯方域

马伶者,金陵梨园部也[①]。金陵为明之留都[②],社稷百官皆在;而又当太平盛时,人易为乐。其士女之问桃叶渡[③]、游雨华台者[④],趾相错也。梨园以技鸣者,无虑数十辈,而其最著者二:曰兴化部,曰华林部。

一日,新安贾[⑤]合两部为大会,遍征金陵之贵客文人,与夫妖姬静女,莫不毕集。列兴化于东肆,华林于西肆,两肆皆奏《鸣凤》——所谓椒山先生[⑥]者。迨半奏,引商刻羽,抗坠疾徐,并称善也。当两相国论河套[⑦],而西肆之为严嵩相国者曰李伶,东肆则马伶。坐客乃西顾而叹,或大呼命酒,或移坐更近之,首不复东。未几更进,则东肆不复能终曲。询其故,盖马伶耻出李伶下,已易衣遁矣。

马伶者,金陵之善歌者也。既去,而兴化部又不肯辄以易之，乃竟辍其技不奏，而华林部独著。去后且三年，而马伶归，遍告其故侣，请于新安贾曰："今日幸为开宴，招前日宾客，愿与华林部更奏《鸣凤》，奉一日欢。"既奏，已而论河套，马伶复为严嵩相国以出，李伶忽失声，匍匐前⑧，称弟子。兴化部是日遂凌出华林部远甚。其夜，华林部过马伶曰："子，天下之善技也，然无以易李伶。李伶之为严相国，至矣，子又安从授之而掩其上哉？"马伶曰："固然，天下无以易李伶，李伶即又不肯授我。我闻今相国昆山顾秉谦⑨者，严相国俦也。我走京师，求为其门卒三年，日侍昆山相国于朝房，察其举止，聆其语言，久乃得之。此吾之所为师也。"华林部相与罗拜而去。

马伶名锦，字云将，其先西域人，当时称为马回回云。

侯方域曰：异哉，马伶之自得师也！夫其以李伶为绝技，无所干求，乃走事昆山，见昆山犹之见分宜⑩也。以分宜教分宜，安得不工哉！呜呼！耻其技之不若，而去数千里，为卒三年。倘三年犹不得，即犹不归尔。其志如此，技之工又须问耶？

〔注〕 ① 金陵：古地名，今江苏南京。梨园部：指戏班。梨园是唐玄宗时在皇宫中教练歌舞艺人的地方。唐代宫廷乐舞有两大类别：坐部伎和立部伎。坐部伎在堂上表演。在梨园教练的为坐部伎。后世也称戏班为"梨园部"或"梨园"。 ② 留都：古代王朝迁都后，常在旧都置官留守，称留都。 ③ 桃叶渡：南京的名胜之地。 ④ 雨华台：即雨花台，南京的名胜之地。 ⑤ 新安：隋、唐时郡名，其辖境大致相当于后来的徽州（包括今安徽歙县等地）。新安贾指徽州商人。 ⑥《鸣凤》：指《鸣凤记》，明代戏曲剧本名，演杨继盛与明代奸相严嵩斗争、被害及昭雪的故事。椒山先生即指杨继盛。 ⑦ 两相国论河套：指《鸣凤记》所演奸相严嵩与另一宰相夏言争论应否恢复河套的事。河套，指今内蒙古自治区和宁夏回族自治区境内贺兰山以东、狼山和大青山南、黄河沿岸的地区。 ⑧ 匍匐前：伏地前行。 ⑨ 顾秉谦：昆山（今属江苏）人，万历二十三年（1544）进士，历任文渊阁大学士、建极殿大学士，晋少师。谄附魏忠贤，陷害杨涟、左光斗等。《明史》入《阉党传》。 ⑩ 分宜：指严嵩。严嵩为江西分宜人。

侯方域是清初散文的代表作家，与魏禧、汪琬并称"清初三家"。他资质近苏轼，书信、人物传记都有佳制，其中以《马伶传》的艺术成就最为突出。

《马伶传》篇幅短小，但结构安排上却独具匠心。全文极为紧凑，先概括地介绍人物身份及背景，随即跳跃到金陵兴化、华林两部的角技及马伶的失败。马伶戏未终场而遁走，他能否东山再起呢？未容读者悬想他此后的行动，作者的笔锋已转到三年后马伶归来，在新的一番高下较量中大获全胜。至此，又使读者产生了这三年中马伶如何能够演技大进的悬念。通过这样层层蓄势，作者才在最后阐明其获胜的原因，理至此而大明。马伶之败与其转败为胜，皆为此段之铺垫。包世臣在《艺舟双楫·文谱》中说："文势之振，在于用逆；文势之厚，在于用顺"。这篇文章即是用逆来振起文势的。试想，假如按时间的顺序在马伶失败后，接着写他如何在顾秉谦门下为卒三年，再写他归来获胜，则文章势必结构松懈，索然无味。用"逆"固然巧妙，而此文尤为巧妙之处在于"逆"中有"顺"。对于马伶这三年中的经过，作者没有进行呆板的叙述，而是借华林部伶人拜访马伶时由其亲口道出，所选择的叙事角度极为高明。从事情发生的时间来看，其夜华林部过访是"顺"，而马伶所说之事则是"逆"，"逆"中有"顺"，使得文气非常自然。千锤百炼而又自然无痕，于此可见作者的艺术功力。

文章写马伶，只集中笔墨记叙马伶"去数千里，为卒三年"而学艺之奇事，写学艺之奇事，又先写两次角技，从而收到耸动耳目的效果。

作者选择了一个十分具有竞争性的场面来渲染这次角技的紧张性。首先从观众着墨，金陵的贵客文人、妖姬静女被"遍征"，并且"莫不毕集"，其场面之盛可以想见。而两部又同时演出《鸣凤记》，同样的内容使观众更能比较出两部技艺的高低，这反映出两部各不相下的竞争心理。从观众及剧目两方面，将这次角技的气氛渲染得淋漓尽致。以下则描写两部角技的过程及胜败，演唱到一半时，尚未能分出高下，但当演到奸相严嵩出场与夏言辩论是否恢复河套失地这一场时，扮演严嵩的兴华部的马伶明显地逊于华林部的李伶，两部的高低于此判然。作者在此没有正面描写马伶的技艺如何不如李伶，而是借观众反应来侧面点染："坐客乃西顾而叹，或大呼命酒，或移坐更近之，首不复东"。以观众对西肆的叹赏来反衬东肆马伶的失败，文思巧妙。马伶戏未终场而遁走，为下文的转败为胜伏下一笔。

将近三年之后，马伶又回到金陵兴化部，在同样的盛会上，两部又同演《鸣凤记》，又演到了河套一场，然而，这次的结果却与三年前大不相同，马伶以精湛的技艺使李伶折服，兴化部的声誉远远超过了华林部。文章笔墨简练而有变化，以李伶的"失声""匍匐前，称弟子"来写马伶演技之高，与前段同中有异。两段相较，繁简有致，同样的内容而不见重复，体现出作者文笔腾挪之巧妙。

侯方域通过对这一事迹的详细记叙，使马伶的形象栩栩如生，使马伶的性格充分凸现出来。但若仅如此，犹未能称为上乘，这类文章更重要的是要因事见理，如柳宗元的《种树郭橐驼传》，通过郭橐驼的善于种树来说明要循物自然之性的道理。《马伶传》则通过马伶“去数千里，为卒三年”的事迹来阐明艺术来源于生活及苦学必有成的道理。马伶的行事出人意表，其中蕴含着深刻的生活哲理。通过作者叙述，这个“理”昭然显现在读者面前。

这篇文章还有暗寓褒贬之妙。对于当朝的宰相顾秉谦，作者说他“严相国俦也”，“见昆山犹之见分宜也”。严嵩是万人唾骂的大奸臣，将顾秉谦与之相提并论，是含有贬斥的深意的。作者行文微婉，借马伶之事而对顾秉谦进行了侧面的抨击，深谙史家之“春秋笔法”。

《四库全书总目》评论侯方域，说他“涉于浮夸”，吴德旋《初月楼古文绪论》说“惜其文不讲法度，且多唐人小说气”。从这篇文章看来，超乎法度的法度，对主要事件的夸饰、渲染以及小说家手法的运用，正是其成功之处，用来说明侯方域文章的特点是恰切的。

（李修生　李　鸣）

癸未去金陵日与阮光禄书　　侯方域

仆窃闻君子处己，不欲自恕而苛责他人以非其道。今执事①之于仆，乃有不然者，愿为执事陈之。

执事，仆之父行②也，神宗③之末，与大人④同朝，相得甚欢。其后乃有欲终事执事而不能者，执事当自追忆其故，不必仆言之也。大人削官归⑤，仆时方少，每侍，未尝不念执事之才，而嗟惜者弥日。及仆稍长，知读书，求友金陵，将戒途，而大人送之曰：“金陵有御史成公勇者⑥，虽于我为后进，我常心重之。汝至，当以为师。又有老友方公孔炤⑦，汝当持刺拜于床下。”语不及执事。及至金陵，则成公已得罪去⑧，仅见方公，而其子以智者⑨，仆之夙交也，以此晨夕过从。执事与方公，同为父行，理当谒。然而不敢者，执事当自追忆其故，不必仆言之也。今执事乃责仆与方公厚，而与执事薄。噫，亦过矣。

忽一日，有王将军过仆甚恭。每一至，必邀仆为诗歌，既得之，必喜。而为仆贳酒奏伎，招游舫，携山屐，殷殷积旬不倦。仆初不解，既而疑，以问将军。将军乃屏人以告仆曰：“是皆阮光禄⑩所愿纳交于君者也，光禄方为诸君所诟，愿更以道之君之友陈君定生、吴君次尾[11]，庶稍湔乎。”仆敛容谢之曰：“光禄身为贵卿，又不少佳宾客，足自娱，安用此二三书生为哉。仆道之两君，必重为两君所绝。若仆独私从光禄游，又窃恐无益光禄。辱相款八日，意良厚，然不得不绝矣。”凡此皆仆平心称量，自以为未甚太过，而执事顾含怒不已，仆诚无所逃罪矣。

昨夜方寝，而杨令君文骢[12]叩门过仆曰：“左将军[13]兵且来，都人汹汹，阮光禄扬言于清议堂[14]，云子与有旧[15]，且应之于内，子盍行乎。”仆乃知执事不独见怒，而且恨之，欲置之族灭而后快也。仆与左诚有旧，亦已奉熊尚书[16]之教，驰书止之，其心事尚不可知。若其犯顺，则贼也；仆诚应之于内，亦贼也。士君子稍知礼义，何至甘心作贼。万一有焉，此必日暮途穷，倒行而逆施[17]，若昔日干儿义孙之徒[18]，计无复之，容出于此。而仆岂其人耶！何执事文织之深也。

窃怪执事常愿下交天下士，而展转蹉跎，乃至嫁祸而灭人之族，亦甚违其本念。倘一旦追忆天下士所以相远之故，未必不悔，悔未必不改。果悔且改，静待之数年，心事未必不暴白。心事果暴白，天下士未必不接踵而至执事之门。仆果见天下士接踵而至执事之门，亦必且随属其后，长揖谢过，岂为晚乎？而奈何阴毒左计一至于此！仆今已遭乱无家，扁舟短棹，措此身甚易。独惜执事忮机一动，长伏草莽则已，万一复得志，必至杀尽天下士以酬其宿所不快。则是使天下士终不复至执事之门，而后世操简书以议执事者，不能如仆之词微而义婉也。

仆且去，可以不言，然恐执事不察，终谓仆于长者傲，故敢述其区区，不宣。

〔注〕 ① 执事：书信中用以称对方，谓不敢直陈，故向侍从左右供使令的人陈述，意示尊敬。与“阁下”“左右”等同一用意。 ② 父行：与父亲同一辈分。 ③ 神宗：明神宗朱翊钧，年号万历(1573—1620)。 ④ 大人：谓其父侯恂，当时任御史等职。 ⑤ 大人削官归：熹宗天启四年(1624)，侯恂以反对阉党魏忠贤，被削官归里。 ⑥ 成勇：字仁有，天启五年进士，崇祯时官南京御史。 ⑦ 方孔炤：字潜夫，号仁植，安徽桐城人，万历四十四年进士，崇祯时任右

佥都御史巡抚湖广。明亡后隐居桐城白鹿山。 ⑧ 成公已得罪去：成勇上疏诋兵部尚书杨嗣昌，被削籍戍宁波卫。 ⑨ 方以智：字密之，号曼公，方孔炤之子。明清之际思想家、科学家。崇祯进士，官翰林院检讨。曾参加复社活动，为四公子之一。入清，出家为僧，法名大智，字无可。 ⑩ 阮光禄：阮大铖，字集之，号圆海，怀宁（今安徽安庆）人，万历四十四年与马士英同中会试，天启时依附阉党魏忠贤，任光禄寺卿。阉党败后，名列逆案，被革职为民。崇祯末又依附权奸马士英，在南京拥立福王，任兵部尚书。后降清，从清军攻仙霞关，死于山上。 ⑪ 陈定生：陈贞慧，字定生，宜兴（今属江苏）人，复社四公子之一，曾与吴应箕等抨击阉党余孽阮大铖等。明亡，隐居不出。吴次尾：吴应箕，字次尾，复社四公子之一。明亡，起兵抗清，兵败被俘，不屈死。 ⑫ 杨令君文骢：令君，汉末以来称尚书令及郎中令为“令君”，后亦以为县令的尊称。杨文骢，字龙友，贵阳人。崇祯时，历任青田、永嘉、江宁知县，因故夺职。弘光时任兵备副使，巡抚常、镇，兼辖扬州沿海地方。南京陷，隆武帝立，任兵部右侍郎，在浙江衢州抵抗清兵，隆武二年（1646）兵败被执，不屈而死。 ⑬ 左将军：左良玉，字昆山，临清（今属山东）人，明末大将，弘光时封宁南侯。 ⑭ 清议堂：当时朝廷大臣商议军政大事之所。 ⑮ 子与有旧：左良玉曾隶昌平督师侯恂（侯方域父）麾下，为恂所识拔。左尝三过商丘侯府，拜伏如家人。崇祯十五年，左又再度隶属起自狱中、任中原督师的侯恂麾下。有旧，犹言有关系。 ⑯ 熊尚书：南京兵部尚书熊明遇。 ⑰ 日暮途穷，倒行而逆施：《史记·伍子胥列传》载：伍子胥引吴兵入楚，掘发楚平王墓，鞭其尸。申包胥使人责子胥。“伍子胥曰：‘为我谢申包胥曰：吾日暮途远，吾故倒行而逆施之。’” ⑱ 干儿义孙之徒：魏忠贤专政时，干儿义孙甚多，有“十孩儿、四十孙”之号。阮曾依附魏忠贤，造《百官图》，构陷杨涟、左光斗等，与魏之“干儿义孙”无异，故侯方域以此诋讥之。

侯方域由故乡河南归德（今商丘）赴南京参加应天乡试，下第后寓居南京，与复社人士结交，抨击阉党余孽阮大铖等。崇祯十六年（1643），岁次癸未，春夏之交，驻军襄樊的明将左良玉（后封宁南侯）所部因粮饷不足，发生哗变。左良玉率军沿江东下，企图到南京就粮，当时已至安庆、九江间。左部移镇，无命擅动，引起了明朝留都南京城官民的极大恐慌。南京兵部尚书熊明遇通过夺职县令杨文骢，请侯方域以其父侯恂的名义向左良玉发书，劝阻其东下之举。侯恂当年任兵部侍郎督师昌平，对左良玉曾加以识拔提携，成了左的“恩主”，故得以利用这样的关系。而阮大铖曾因假手王将军拉拢侯方域，被侯所拒（参见《李姬传》），便衔恨于心，趁机造谣说侯与左书信暗通，将为左作开城的内应。官司搜捕，逼得侯方域只好离开南京逃亡。这封信便是离城时写给阮大铖的。虽然时机迫促，但作者仍压抑住一腔愤怒，从容不迫、舒卷自如地历述自己父子两代与阮大铖的交往始末，揭发阮大铖当年甘心充当魏忠贤的“干儿义孙”的劣迹秽行，指责他今日嫁祸于人的“阴毒左计”。全文义正而辞严，滔滔不绝，颇具气势和锋芒；但揭发指责，仍然出之以“词微而义婉”，以鞭辟入里的分析和含蓄深婉的讥讽独擅胜场，避免了在义愤填膺心情下作文的意气浮动或口不择言，显示了声讨不义者的理直气壮而又从容舒徐的风度。其处处痛下针砭，固是对阮大铖的“诛心”之论，后世读来也觉得理浃义周,公允恰当。阮大铖是情真罪当,不得辞其咎。后世舆论常对东林复社有“春秋责备贤者”之举,以为在天启年间愈演愈烈的东林与阉党之争一直延续到南明弘光朝,导致了马士英、阮大铖等迫害东林、复社人士的政局反复,成了南明复亡的重要原因。其间东林、复社人士嫉恶太甚,不容阮大铖等改过自新,以致激成祸变。如果以本文等提供的第一手材料来看,矛盾激化的责任亦在于马、阮一方,阮大铖的“阴毒左计”也不是可以轻易略其迹而原其心的。

本文的表述方式有如下的特点:

首先,虽然作为一封书信,是可以随手挥洒,想到哪里就写到哪里;但本文却经过精心结撰,思路一贯,首尾呼应,结构严谨,达到了神完气足的境界。一开始,作者就提出了“君子处己”的原则,便是“不欲自恕而苛责他人以非其道”。然后指出阮大铖对待自己“乃有不然者”。主干部分前三段陈述自己父子两代与阮大铖的交往始末,夹叙夹议,明晰流畅,第四段纯出之以议论,婉转示讽。四段文字,无论是叙述还是议论都紧紧围绕“君子处己”的原则加以述评发挥,指责阮大铖完全背弃了这一原则:对待自己的过错,处处“自恕”,反而“苛责他人以非其道”。如四段中的第二段,追忆阮大铖假手王将军拉拢自己,一经发觉,便加拒绝的过程,虽属客观的叙事,但字里行间,处处透露出阮大铖此举有欠光明正大甚至包藏祸心。王将军“过仆甚恭”,“每一至必邀仆为诗歌,既得之,必喜”以及“为仆贳酒奏伎,招游舫,携山屐,殷殷积旬不倦”,这种种出于阮大铖授意并导演的“币重而言甘”“投其所好”以及酒食游戏相征逐的手段都十分卑微而且决非君子所应为。手段的卑鄙常能证明目的的卑鄙,因之侯方域以义相拒,“不得不绝”,“平心称量,自以为未甚太过”。这也就证明了阮大铖对自己当年的罪孽并未真诚悔过,而往往“自恕”,而对于侯方域“于长者傲”的责备更是“苛责他人以非其道”。

再如主干部分的第四段,运用了层层演进的假设推理,谴责阮大铖“忮机一动”,“必至杀尽天下士以酬其宿所不快”。这是“使天下士终不复至执事之门”的根本原因,也违背了阮大铖“常愿下交天下士”的“本念”。文章为他假设对此“未必不悔”,“悔未必不改”,“果悔且改……心事未必不暴白”,而“心事果暴白,天下士未必不接踵而至执事之门”,如此,则侯方域也必将“随属其后,长揖谢过”。这缅缅如贯珠的假设推理,前后顶真,一气呵成,既为阮大铖规画了一条改过自新之路,也反证了阮目前的所作所为,处处是“自恕”其过,“而苛责他人以非其道”。

其次,本文对阮大铖的批评指责有时固然辞锋犀利,不稍宽假,如“仆乃知执事不独见怒,而且恨之,欲置之族灭而后快也”,“何执事文织之深也”,以及“而奈何阴毒左计一至于此”等,但多半还是以从容不迫的方式婉转示讽。就总体的风格来说，本文含蓄机智，绵里藏针，而不是徒逞一时的口舌之利以获取一发无遗的泄愤的痛快。这里可能残留着对作为父执、前辈的阮大铖的最后一丝尊重，也表现了所谓"君子绝交不出恶声"的传统士大夫的风度，但更重要的则是为了启发阮大铖的良知，仍然怀着促其迷途知返的苦心孤诣。作者追述其父侯恂与阮在万历年间共事朝廷而"相得甚欢"之后说："其后乃有欲终事执事而不能者，执事当自追忆其故"。这一个"当自追忆其故"中包涵了丰富的历史容量。侯恂与阮大铖后来分属东林与阉党，君子小人冰炭不同器，水火不相容，最终分道扬镳。此后侯方域南下应举。侯恂明知阮大铖寓居南京，却只命方域拜谒老友御史成勇和方孔炤，一字不提"同为父行"的阮大铖，其所以如此，文章再次重复"执事当自追忆其故"一语。这里的不必明言与不欲明言，为阮大铖反思昔年的过失提供了一次机会，也是在是非功过昭然若揭的前提下促人自惭自愧的一种极好陈述方式，这往往比大张挞伐地声讨其罪更具不容置疑的逻辑力量和道义力量，而在作文的技巧上则是属于"引而不发"，能产生"跃如也"的阅读效果。主干部分的第三段，历述杨文骢深夜过访，见告左良玉兵且东来，南京城汹汹不安，而阮大铖"扬言于清议堂"，造谣说侯方域与左有旧，"且应之于内"，这是横加给侯方域以"族灭"的罪名。随后紧接一段自明心迹，并将"甘心作贼"的大帽子还赠阮大铖的议论，也颇具含蓄机智、绵里藏针之妙。文章说，左部若来南京，便属"犯顺"为逆之"贼"，"仆诚应之于内，亦贼也。士君子稍知礼义，何至甘心作贼"。退一步说，"万一有焉，此必日暮途穷，倒行而逆施，若昔日干儿义孙之徒，计无复之，容出于此"。这里笔法的回旋顿挫尚在其次，最妙的是，将"日暮途穷，倒行逆施"的八字考语奉赠给已经革职为民、投闲置散十六年的阮大铖，描摹他窘急之际的不择手段和挟嫌报复，可谓贴切已极却又不落痕迹，而特别标举"昔日干儿义孙之徒"，直揭阮的心病，给以当头棒喝。字面上是自明心迹，骨子里暗藏针砭，将对自己的诬陷中伤还之于对方自身。这一擒纵自如、左右开弓的表述方式，成为本文的重要特色。它增强了文章论叙从容舒卷的色彩和风度。 （胡光舟）

【作者小传】

施闰章

(1618—1683) 清初诗人。字尚白，一字屺云，号愚山，又号蠖斋、矩斋。宣城(今属安徽)人。顺治进士。康熙时举博学鸿词。官刑部主事、山东学政、翰林院侍读。曾参与修纂《明史》。能诗文。诗与宋琬齐名，号"南施北宋"。文章质朴谨严。著有《学余堂文集》《学余堂诗集》。

就亭记　　施闰章

地有乐乎游观，事不烦乎人力，二者常难兼之；取之官舍，又在左右，则尤难。临江①地故硗啬②，官署坏陋，无陂台亭观之美。予至则构数楹为阁山草堂，言近乎阁皂③也。而登望无所，意常怏怏。一日，积雪初霁，得轩侧高阜，引领南望，山青雪白，粲然可喜。遂治其芜秽，作竹亭其上，列植花木，又视其屋角之障吾目者去之，命曰就亭，谓就其地而不劳也。

古之士大夫出官于外，类得引山水自娱。然或逼处都会，讼狱烦嚣，舟车旁午，内外酬应不给。虽仆仆于陂台亭观之间，日餍酒食，进丝竹，而胸中之丘壑盖已寡矣。何者？形怠意烦，而神为之累也。临之为郡，越在江曲④，阒⑤焉若穷山荒野。予方愍其凋敝，而其民亦安予之拙，相与休息。俗俭讼简，宾客罕至，吏散则闭门，解衣槃礴⑥移日，山水之意，未尝不落落⑦焉在予胸中也。

顷岁军兴⑧，征求络绎，去阁皂四十里，未能舍职事一往游。聊试登斯亭焉，悠然户庭，凭陵雉堞⑨，厥位东南，日月先至。碧嶂清流，江帆汀鸟，烟雨之出没，橘柚之青葱，莫不变气象、穷妍巧，戛⑩胸拂睫，辐辏⑪于栏槛之内，盖若江山云物有悦我而昵就者。夫君子居则有宴息⑫之所，游必有高明之具⑬，将以宣气节情⑭，进于广大疏通之域⑮，非独游观云尔也。予窃有志，未之逮，姑与客把酒咏歌，陶然以就醉焉。

〔注〕①临江：今江西清江，时施闰章以江西参议驻此。②硗（qiāo敲）：土地不肥。啬：土地出产少。③阁皂：山名，在临江。④越在江曲：远在赣江边。⑤阒：寂静。⑥槃礴：即箕坐，叉开腿坐，此指不拘礼仪。⑦落落：明显貌。⑧军兴：打仗，指清军进攻残明势力。⑨雉堞：指城墙。⑩戛：触击。⑪辐辏：聚集。⑫宴息：安息。⑬高明之具：上好的佐游之物。⑭宣气节情：宣泄内心的积郁之气，调节各种情绪。⑮进于广大疏通之域：指达到一种开阔舒朗的境界。

施闰章之文，世称其学欧、苏一路。欧、苏多有记亭之作，于是他也来效步了。然而，欧、苏笔下，醉翁亭、放鹤亭、喜雨亭，亭亭个个有趣可玩；施公呢，亭以“就”名，实在欠雅了。“就”者，因也，顺也，颇有今日口语里“凑合”之意。造亭本是风雅之事,凑合着造,还有何滋味?

但是,这无味的一个“就”字,却正道出了施公之所以为施公。欧公、苏公,当然不是赃官,但欲求其清官事迹,亦不可多得。如西湖上一座苏堤,风雅之极,但仔细一算,当初当亦让百姓流过不少热汗,爱惜民力的清官,怕不会出此计。要之,欧、苏亦非赃,亦非清,可称为“雅官”。而施公则不然,他是青天老爷,百姓称为“施佛子”者。故文章一开头,就叹起苦、念起难来了:以士大夫的积习,所到自不免思有游观之所;而以清官的爱民之心,又断不肯为一己之乐而烦劳人力。那么,就在自家官舍里觅,不去惊动百姓么?可又哪有这等巧事,登高望远之处偏偏位于官舍左右?

这篇《就亭记》起首就是议论,观者或诧为奇格。其实,施公平生非好奇之人,他这么谋篇,乃有不得已之苦衷:如不先掀起好大议论,又如何能使他那因陋就简的就亭,显得是该当如此呢?

但是,虽然就亭既有游观之乐,又不烦民力,且正巧在官舍左右,兼了三难;然而,它毕竟只是区区一竹亭,其装饰不过是最起码的花木,其好处不过是向南望见青山。既如此,它又能为施公的娱乐陶冶尽几分力呢?

本文的第二段,实际就是回答这一问题。而这个回答,又是非施公不能道得的。他不拿就亭与美妙的陂台亭观比,而将登临陂台亭观者与登临就亭的自己比。他们身处大都会,日日与陂台亭观为伍;我则远在江曲,日日株守一就亭:这是我不如他们。但他们有公务之繁,有应酬之劳,忙得身子怠乏了,心意烦乱了;我则公务稀少,宾客罕至,关上门整日可以形骸自由,身心轻快:这却是他们不如我。这么两下比较,结论自然出来了:他们的心神为公务应酬所累,故“胸中之丘壑盖已寡矣”,我与民相与休息,故“山水之意,未尝不落落焉在予胸中也”。就亭虽然是简就之物,却足可娱乐我耳目、陶冶我胸襟!

但是,就亭是否唯在“俗俭讼简,宾客罕至”的时节始可珍爱呢?其本身是否游观之乐毕竟不如陂台亭观之类呢?否也。本文的第三段,正是进一步点明:在“征求络绎”的军务繁重之余一登就亭,更可体会就亭之美!

这是本文最华彩的一段,也是就亭最风光的一节:亭子高高地建在丘阜之上,俯视着临江城池;日出月生,总是它先得其光,因为它位于东南。这气派,这姿态,都会中、假山上的陂台亭观,就先不能有之。再举目望之,静的是青山绿水,动的是征帆飞鸟,时来时去的是江上的烟雨,连成一片的是江岸的橘柚。这景观何其开阔、清新、怡悦人心,更何况它还会变幻、增美,会汇集到亭栏内,撞你的胸,拂你的眼,和你亲热不已!

如何？就亭的建造虽然简就，其定位取景，却是十分讲究的吧？施公登临其上，虽然清官大约没什么"高明之具"，但达到"宣气节情，进于广大疏通之域"的境界，自也不是难事吧？因此，他说"予窃有志，未之逮"，当然只是文人常用的自谦语，不足为信；而他的把酒咏歌，陶然就醉，恐怕正是因他已"逮"此"志"了吧？

本文凡三层次，一叙就亭之来由，一叙就亭之能陶冶人胸襟，一叙就亭之望中景观，三者次序井然。三层次中，各有一段议论、一段叙事，然又各有变化。第一层是以议论引起叙事，第二层是以议论对比叙事，第三层是以议论总结叙事。清人魏禧谓施闰章之文"意静气朴"(《〈愚山先生集〉序》)，诚然也；但若因其静朴而忽略其谋篇构局之精思，则失之矣。

(沈维藩)

【作者小传】

周　容

(1619—1679)　明清之际文学家。字茂三，一字鄮山。鄞县(今浙江宁波)人。明诸生。明亡后，一度为僧，不久以母在还俗。康熙时拒荐应博学鸿词科。善诗，工书画。著有《春酒堂诗集》《春酒堂文集》。

芋老人传　　周　容

芋老人者，慈水祝渡①人也。子佣出②，独与妪居渡口。一日，有书生避雨檐下，衣湿袖单，影③乃益瘦。老人延入坐，知从郡城就童子试④归。老人略知书，与语久，命妪煮芋以进；尽一器，再进。生为之饱，笑曰："他日不忘老人芋也。"雨止，别去。

十余年，书生用甲第为相国⑤。偶命厨者进芋，辍箸叹曰："何向者祝渡老人之芋之香而甘也！"使人访其夫妇，载以来。丞、尉⑥闻之，谓老人与相国有旧⑦，邀见，讲钧礼⑧。子不佣矣。至京，相国慰劳曰："不忘老人芋，今乃烦尔妪一煮芋也。"已而妪煮芋进，相国亦辍箸曰："何向者之香而甘也！"

老人前曰："犹是⑨芋也，而向之香而甘者，非调和⑩之有异，时、位之移人⑪也。相公昔自郡城走数十里，困于雨，不择食矣；今者堂有炼珍[12]，朝分尚食[13]，张筵列鼎[14]，尚何芋是甘乎？老人犹喜相公之止于芋[15]也。老人老矣，所闻实多：村南有夫妇守贫者[16]，织纺井臼[17]，佐读勤苦；幸获名成，遂宠妾媵，弃其妇，致郁郁死。是芋视乃妇[18]也。城东有甲乙同学者，一砚、一灯、一窗、一榻，晨起不辨衣履；乙先得举[19]，登仕路，闻甲落魄，笑不顾，交以绝。是芋视乃友也。更闻谁氏子[20]，读书时，愿他日得志，廉干如古人某，忠孝如古人某；及为吏，以污贿不饬[21]罢，是芋视乃学也。是犹可言也。老人邻有西塾[22]，闻其师为弟子说前代事，有将、相，有卿、尹[23]，有刺史、守、令[24]，或绾黄纡紫[25]，或揽辔褰帷[26]，一旦事变中起[27]，衅孽外乘[28]，辄屈膝叩首迎款[29]，惟恐或后，竟以宗庙、社稷、身名、君宠[30]，无不同于芋焉。然则世之以今日而忘其昔日者，岂独一箸间哉！"

老人语未毕，相国遽惊谢曰："老人知道者！"厚资而遣之。于是芋老人之名大著。

赞曰：老人能于倾盖不意[31]，作缘[32]相国，奇已！不知相国何似，能不愧老人之言否。然就其不忘一芋，固已贤夫并老人而芋视之者。特怪老人虽知书，又何长于言至是，岂果知道者欤？或传闻之过实耶？嗟夫！天下有缙绅士大夫所不能言，而野老鄙夫能言之者，往往而然。

〔注〕 ① 慈水：在浙江慈溪县。祝渡：即祝家渡，渡口在慈溪县西南约三十华里。用实有地名，意在增强真实性。 ② 佣出：外出做雇工。 ③ 影：身影，指体形。 ④ 童子试：明清科举录取秀才的考试。 ⑤ 用甲第为相国：由考取一甲进士而官至宰相。 ⑥ 丞、尉：县官的副职和助理官员。 ⑦ 旧：旧谊、旧交之省略。 ⑧ 讲钧礼：行平等之礼，意即免除了尊贵上下之礼。钧，通"均"。 ⑨ 是：此，这等。 ⑩ 调和：此处是烹调的意思。 ⑪ 移人：改变人的性情。 ⑫ 炼珍：烹制精美的食品。宋陶穀《清异录》："段文昌精食事，第中庖所，榜之曰炼珍堂。" ⑬ 朝分尚食：于朝廷中分得皇帝赏赐的食品。尚食，指皇帝的食品。 ⑭ 列鼎：古时王侯公卿列鼎而食。鼎是青铜铸成的炊器。《汉书・主父偃传》颜师古注引张晏曰："五鼎食，牛、羊、豕、鱼、麋也。诸侯五，卿大夫三。"后表示馔食丰美。 ⑮ 止于芋：是说只是食芋时味觉有了改变。 ⑯ 有夫妇守贫者：意即有一对贫苦的夫妇。这样构句，强调"守贫"二字，含褒意，以反衬下文。 ⑰ 织纺井臼：谓自己操办衣食，勤苦度日。井臼，指汲水、舂米。 ⑱ 芋视乃妇：意为像对芋一样地看待其妇。芋，此处用作状语，指文中相国食芋昔甘今厌的态度。

⑲ 得举：科举及第。　⑳ 谁氏子：指不知姓名的人，犹某家子。　㉑ 不饬：不守规矩，行为不轨。　㉒ 西塾：学塾。古时礼仪，主位在东，宾位在西。所以称塾师为西宾，称学塾为西塾。　㉓ 尹：这里指京尹，京城地方长官。　㉔ 刺史、守、令：指府、州、县三级地方长官。　㉕ 绾（wǎn碗）黄纡紫：形容官员们身系官印。绾，系。黄，指代金印。纡，结扎。紫，指代系印的紫色丝带。　㉖ 揽辔褰帷：形容官员们做出要匡世济民的架势。揽辔，语本《后汉书·范滂传》："滂揽辔登车，慨然有澄清天下之志。"褰帷，语本《后汉书·贾琮传》："琮为冀州刺史。旧典，传车骖驾，垂赤帷裳，迎于州界。及琮之部，升车言曰：'刺史当远视广听，纠察美恶，何以反垂帷裳以自掩塞乎！'乃命御者褰（通'褰'）之。"这里用此四字，经下文之反拨，形成反讽。　㉗ 事变中起：宫廷中发生政治变故。　㉘ 衅孽外乘：外来的祸患乘机发生。　㉙ 迎款：迎降归顺。　㉚ 君宠：犹俗说皇恩。　㉛ 倾盖不意：意为意外地发生了交往。倾盖，原意是途中相遇，停车交谈。　㉜ 作缘：结缘。

从标题看，这篇文章是人物传记，实际上是作者周容虚构的一篇讽喻性的故事。晋陶渊明的《五柳先生传》，唐韩愈的《圬者王承福传》、柳宗元的《种树郭橐驼传》《捕蛇者说》，明宋濂的《樗散生传》、刘基的《卖柑者言》等，都属于此种类型。此类文章，有的有具体的人事为依据，有的纯属虚构，而共同的特点则是因事说理，表述作者的经验之谈或感愤之言，是介于史传和小说之间的一种文体。

这篇文章叙述的是芋老人和一位相国发迹前后的一段交往，段落非常清楚：第一、第二两段是叙事，叙写先是书生后为相国，两次食芋而感到味道不同。第三段是芋老人就相国两次食芋而味道不同讲出的一通议论，由"时位移人"的道理引出四种类似的社会现象。第四段是以相国闻之颇受感动而厚赏芋老人结束故事。第五段是仿史传文末之赞，就所叙之人事表示赞叹。

从文章的结构看，全文的重点是第三段芋老人的长篇议论，占了近乎二分之一的篇幅。前面两段叙写相国未第之时和显贵之后两次食芋感觉味道不同，是为了引发芋老人的议论，从逻辑上说，是由个别事实引出一般的事理。而后面两段显然为收束全文而附加的，然而却是必要的，而且赞语也饶有深意。

"时位移人"，这是个普遍真理。人总是生活在具体的社会环境中。人的处境、地位对人的思想意识、性情习惯起着决定性的影响。地位、处境的改变，人的思想意识、性情作风就会发生变化。任何人都摆脱不掉这条法则，只不过是变化的程度、性质有所不同，并非全都表现为善恶行为。文中的相国未第时在农舍中避雨，饥不择食，觉得芋非常香甜，是很自然的事情；当他为相国后，"堂有炼珍，朝分尚食"，美味佳肴享用不尽，自然也就觉得芋不如"向者之香而甘"了。这是人们极容易理解的事情。用这种事例引出"时位移人"的大道理，可谓"取譬不远"，非常恰当，也使读者容易理解、接受。

拈出"时位移人"这个道理，显然不单单是要人们知道这个道理，而是针对着社会上的种种"以今日而忘昔日"的不良现象而发。这才是本文主旨之所在。因此,文中才有芋老人的长篇议论,他不仅解释了相国两次食芋而味道不同的缘故,而且不厌其烦地举出了四种丑恶现象:富而弃其妇,贵而绝其交,及为吏而背其所学,做官的一旦发生事变竟连祖宗、国家、君恩、身名都不顾了。这不是补充事例,而是作进一步地开拓、深化。芋老人最后说:"世之以今日而忘其昔日者,岂独一箸间哉!"这样,就由小及大,由近及远,由讲一个生活常理扩展为讽喻社会现实了。

作者周容生活于明末清初,国变后曾一度削发为僧,矢志不仕清。在其前半生,朝廷多变故,明清易代之际更多弃亲背友、丧志失节之事。文中芋老人列举富弃其妇、贵绝其交、为吏而背其学三事之后,谓"是犹可言也",下面讲不"可言"的,意即不能容忍的第四事:"前代"有朝廷内外官员,"绾黄纡紫,或揽辔褰帷",官气十足,而"一旦事变中起,衅孽外乘,辄屈膝叩首迎款,惟恐或后,竟以宗庙、社稷、身名、君宠,无不同于芋焉"。这里说到"事变中起",更说到"衅孽外乘",恐怕就不是作者信手拈来的字眼。而所举出的事情,也不再是某一件,而是一大堆。那么,芋老人的这番议论,岂不正是作者针对明清易代之际大量发生的这类丧失大节的事情而发的愤慨之言！即使单就本文看,有了这样一段,文章也就有了更强烈的警世、醒世、惩创人心的力量。

饶有趣味的是文末"赞曰"中煞有介事地提出了一个疑问:"特怪老人虽知书,又何长于言至是,岂果知道者欤?或传闻之过实耶?"这个问题用不着解答。因为这是文章家常用的手法,以便将其虚构的人物故事与自己拉开虚假的距离,像实有过的一样。而本文此处故设疑问,还兼有引发下文的作用。"嗟夫!天下有缙绅士大夫所不能言,而野老鄙夫能言之者,往往而然。"这是对芋老人所代表的野老鄙夫的赞颂,也是对缙绅士大夫之流的针砭:他们多不讲德行,自然也就不会深明事理,有高深的识见。这位长期栖身田园、以前朝秀才终老的作者,最后还禁不住公然对朝廷大小官员投以蔑视的一瞥,更可以看出他作此文的意向之所在。

这篇文章结构谨严,层次清楚,而且转接自然,前后呼应,称得上是浑为一体,天衣无缝。文章是就食芋事而生发开的,几乎通篇未离芋事、"芋"字。第一段写书生在饥饿时饱食芋老人之芋,笑曰"他日不忘老人芋也",是入情入理的致谢语,然而这句话又是第二段写他为相国后再次食芋之伏笔。第二段先写相国食厨者之芋,显然是为邀请芋老人夫妇作必要的铺垫,而且不如此也就不能充分说明"时位移人"的事理。相国食芋老人妇所煮之芋,仍然觉得不如以前香甜,再次说“何向者之香而甘也”，这才摆明了问题，从而引发芋老人的议论。第三段芋老人说明“时位移人”之理一节，以“犹是芋也”起句，是紧承上文而出；以“老人犹喜相公之止于芋也”收束，有转接下文列举四种现象之功用，可以说是榫卯相合，丝丝入扣。特别是此段中别出心裁，将“芋”用作状语，连说“是芋视乃妇也”，“是芋视乃友也”，“是芋视乃学也”，更见得作者是有意以“芋”字贯串和点缀全文。这样，文章呈现出内在的和谐一致、前后密合的整体性，在章法、修辞上显示出非凡的智巧，富有欣赏价值。

（袁世硕）

【作者小传】

王夫之

(1619—1692)　明清之际思想家。字而农，号薑斋，又号船山。湖南衡阳人。与顾炎武、黄宗羲同称为明末清初三大思想家。明崇祯举人。清军南下，曾举兵起义，战败去桂林，任南明桂王政权行人司行人。桂林复陷后隐遁。辗转湘西以及郴、永、涟、邵间，晚年归衡阳，于石船山筑土室，刻苦研究，勤奋著述垂四十年。学识渊博，思想深刻，对天文、地理、数学、历法等均有研究，尤精于经学、史学、文学。与黄宗羲、顾炎武齐名。善诗文，也工词曲。论诗多有独到见解。著有《船山遗书》。

论梁元帝读书

王夫之

江陵陷，元帝焚古今图书十四万卷。或问之，答曰：“读书万卷，犹有今日，故焚之。”未有不恶其不悔不仁而归咎于读书者，曰：“书何负于帝哉？”此非知读书者之言也。帝之自取灭亡，非读书之故，而抑未尝非读书之故也。取帝之所撰著而观之，搜索骈丽，攒集影迹，以夸博记者，非破万卷而不能。于其时也，君父悬命于逆贼，宗社垂丝于割裂；而晨览夕披，疲役于此，义不能振，机不能乘，则与六博投琼[①]、耽酒渔色也，又何以异哉？夫人心一有所倚，则圣贤之训典，足以锢志气于寻行数墨之中，得纤曲而忘大义，迷影迹而失微言，且为大惑之资也，况百家小道，取青妃白[②]之区区者乎？

呜呼！岂徒元帝之不仁，而读书止以导淫哉？宋末胡元

王夫之像

——《清代学者像传》

之世，名为儒者，与闻格物之正训，而不念格之也将以何为。数《五经》《语》《孟》文字之多少而总记之，辨章句合离呼应之形声而比拟之，饱食终日，以役役于无益之较订，而发为文章，侈筋脉排偶以为工，于身心何与耶？于伦物[3]何与耶？于政教何与耶？自以为密而傲人之疏，自以为专而傲人之散，自以为勤而傲人之惰，若此者，非色取不疑之不仁[4]，好行小慧之不知[5]哉？其穷也，以教而锢人之子弟；其达也，以执而误人之国家；则亦与元帝之兵临城下而讲《老子》[6]，黄潜善之虏骑渡江而参圆悟者奚别哉[7]？抑与萧宝卷、陈叔宝之酣歌恒舞，白刃垂头而不觉者[8]，又奚别哉？故程子斥谢上蔡之玩物丧志[9]，有所玩者，未有不丧者也。梁元、隋炀、陈后主、宋徽宗皆读书者也[10]，宋末胡元之小儒亦读书者也，其迷均也。

或曰："读先圣先儒之书，非雕虫之比，固不失为君子也。"夫先圣先儒之书，岂浮屠氏之言，书写读诵而有功德者乎？读其书，察其迹，析其字句，遂自命为君子，无怪乎为良知之说者起而斥之也。乃为良知之说，迷于其所谓良知，以刻画而仿佛者，其害尤烈也。

夫读书将以何为哉？辨其大义，以立修己治人之体也；察其微言，以善精义入神之用也。乃善读者有得于心而正之以书者鲜矣，下此而如太子弘之读《春秋》[11]而不忍卒读者鲜矣，下此而如穆姜[12]之于《易》，能自反而知愧者鲜矣。不规其大，不研其精，不审其时，且有如汉儒之以《公羊》废大伦[13]，王莽之以讥二名待匈奴[14]，王安石以国服赋青苗者，经且为蠹[15]，而史尤勿论已。读汉高之诛韩、彭而乱萌消[16]，则杀亲贤者益其忮毒；读光武之易太子而国本定，则丧元良者启其偏私[17]；读张良之辟谷以全身，则炉火彼家之术进[18]；读丙吉之杀人而不问[19]，则怠荒废事之陋成。无高明之量以持其大体，无斟酌之权以审于独知，则读书万卷，止以导迷，顾不如不学无术者之尚全其朴也。

故子曰："吾十有五而志于学⑳。"志定而学乃益，未闻无志而以学为志者也。以学而游移其志，异端邪说，流俗之传闻，淫曼之小慧，大以蚀其心思，而小以荒其日月，元帝所为至死而不悟者也。恶得不归咎于万卷之涉猎乎？儒者之徒，而效其卑陋，可勿警哉？

〔注〕 ① 六博：古代博戏名。共十二棋，六黑六白，两人相博，每人六棋，故名。投琼：即掷骰子。 ② 取青妃(pèi配)白：或云"妃青俪白"，比喻卖弄文字技巧。 ③ 伦物：人伦物理。 ④ 色取不疑之不仁：语本于《论语·颜渊》："色取仁而行违，居之不疑"。意为表面上似乎爱好仁德，实际行为却不如此，可是自己竟以仁人自居而不加疑惑。见杨伯峻《论语译注》。⑤ 好行小慧：《论语·卫灵公》："群居终日，言不及义，好行小慧，难矣哉！"好行小慧，喜欢卖弄小聪明。不知：同"不智"。 ⑥ 元帝之兵临城下而讲《老子》：《梁书·元帝纪》："(承圣三年)九月辛卯，世祖(即元帝)于龙光殿述《老子》义，尚书左仆射王褒为执经。乙巳，魏遣其柱国万纽于谨率大众来寇。冬十月丙寅，魏军至于襄阳，萧詧率众会之。丁卯停讲，内外戒严。"⑦ "黄潜善"句：黄潜善，宋高宗南渡时宰相。虏骑渡江而参圆悟，《宋史·黄潜善传》："郓、濮相继陷没，宿、泗屡警，右丞许景衡以扈卫单弱，请帝避其锋，潜善以为不足虑，率同列听浮屠克勤说法。"浮屠，佛教徒。克勤，北宋末南宋初僧人，高宗建炎元年住持金山寺，适高宗于十月至扬州，入对，赐号圆悟禅师，绍兴五年逝世。见《五灯会元》卷十九《昭觉克勤禅师》条。 ⑧ "抑与"二句：萧宝卷，即南朝齐东昏侯，荒淫无度，梁兵围京城甚急，犹在含德殿吹笙歌作《女儿子》。是夜卧未熟，为部下所杀。陈叔宝，即陈后主。在位时盛修宫室，无时休止，君臣酣饮，从夕达旦，以此为常。宠幸贵妃张丽华。隋兵临江，犹奏伎纵酒，作诗不辍。后与贵妃逃于井中，被俘。 ⑨ 程子斥谢上蔡玩物丧志：程子，即程颢，字伯淳，学者称明道先生，北宋理学家。谢上蔡，名良佐，字显道，上蔡(今属河南)人，程门弟子，学者称上蔡先生。《宋元学案》卷十四《明道学案下》：《程氏遗书》曰："良佐昔录五经语作一册，伯淳见之，谓曰'玩物丧志'。" ⑩ "梁元"句：梁元，梁元帝萧绎，嗜读书，藏书十四万卷。隋炀，即隋炀帝杨广。《资治通鉴》卷一八二："帝好读书著述……初，西京嘉则殿有书三十七万卷，帝命秘书监柳顾言等诠次，除其复重猥杂，得正御本三万七千余卷，纳于东都修文殿；又写五十副本，简为三品，分置西京、东都、宫省官府。其正书，皆装翦华净，宝轴锦褾。于观文殿前为书室十四间……帝幸书室，户扉及厨扉皆自启。"陈后主：陈叔宝。魏徵称"后主每引宾客，对贵妃等游宴，则使诸贵人及女学士，与狎客共赋新诗，互相赠答，采其尤艳丽者以为曲词，被以新声"。宋徽宗，赵佶，不仅工书善画，而且知乐能词。 ⑪ 太子弘之读《春秋》：《新唐书·三宗诸子传》："孝敬皇帝弘，显庆元年立为皇太子。受《春秋左氏》于率更令郭瑜，至楚世子商臣弑其君，喟而废卷曰：'圣人垂训，何书此耶？'瑜曰：'孔子作《春秋》，善恶必书，褒善以劝，贬恶以诫，故商臣之罪，虽千载犹不得灭。'弘曰：'然所不忍闻，愿读他书。'"弘为高宗子，武后所生，上元二年从幸合璧宫，遇鸩死，年二十四，谥为孝敬皇帝。 ⑫ 穆姜：春秋时鲁宣公夫人，鲁成公之母。穆姜和叔孙侨如私通，想驱逐鲁国执政季文子、孟献子而占其家财，又想废掉成公而立其庶弟。成公死，子襄公立，将其迁于东宫。曾命卜史占卦，得《艮》之《随》，有出走之象，卜史劝其速出，可以免。但她认为"有四德者，《随》而无咎。我皆无之，岂《随》也哉？我则取恶，能无咎乎？必死于此，弗得出矣"。后遂死于东宫。见《左传·襄公九年》。 ⑬ 汉儒之以公羊废大伦：《后汉书·光武帝纪》："(建

武十七年)废皇后郭氏为中山太后,立贵人阴氏为皇后。(十八年)诏曰:'《春秋》之义,立子以贵。东海王阳,皇后之子,宜承大统。皇太子彊,崇执谦退,愿备藩国,父子之情,重久违之。其以彊为东海王,立阳为皇太子,改名庄。'"(刘)庄即是后来的汉明帝。所谓"《春秋》之义,立子以贵",说见于《公羊传》。《公羊传·隐公元年》:"立嫡以长不以贤,立子以贵不以长。桓(鲁桓公)何以贵?母贵也。母贵则子何以贵?子以母贵,母以子贵。"汉光武将原皇太子刘彊降为藩王,而立刘庄为皇太子,以其母贵为皇后之故,即依循《公羊传》中"立子以贵"之义。大伦,《孟子·滕文公上》:"教以人伦:父子有亲,君臣有义,夫妇有别,长幼有叙,朋友有信。"又《论语·微子》:"子路曰:'不仕无义。长幼之节,不可废也;君臣之义,如之何其废之?欲洁其身,而乱大伦。'"知"大伦"即是"人伦"。 ⑭ 王莽之以讥二名待匈奴:《汉书·匈奴传》:"莽奏令中国不得有二名(两个字的名),因使使者以讽单于,宜上书慕化为一名,汉必加厚赏。单于从之,上书言:'幸得备藩臣,窃乐太平圣制。臣故名囊知牙斯,今谨更名曰知。'莽大悦。"案《公羊传·定公六年》:"季孙斯、仲孙忌帅师围运(地名,同"郓")。此仲孙何忌也,曷为谓之仲孙忌?讥二名。二名,非礼也。"此为本文"讥二名"之所本。讥,谴责,非议。 ⑮ "王安石以国服"二句:《周礼·地官司徒·泉府》:"凡民之贷者,与其有司辨而授之,以国服为之息,凡国之财用取具焉。岁终,则会其出入而纳其余。"国服,原为一地区所出产品之意。王安石用此经文推行青苗法。《宋史·王安石传》:"青苗法者,以常平籴本作青苗钱,散与人户,令出息二分,春散秋敛。"苏辙《再论青苗状》所云"熙宁之初,王安石、吕惠卿用事,首建青苗之法,其实放债取利,而妄引《周官·泉府》之言,以文饰其事",即指此事。经且为蠹:言以上汉儒、王莽、王安石之妄用经义,犹如蠹鱼之蛀蚀经文。 ⑯ 汉高:汉高祖刘邦。韩:韩信。彭:彭越。 ⑰ "读光武"二句:光武易太子而国本定,即汉光武帝废太子刘彊,另立刘庄为太子事,见注⑬。元良,《礼记·文王世子》:"一有元良,万国以贞,世子之谓也。"后因以元良为太子之代称。 ⑱ "读张良"二句:张良辟谷以全身事载《史记·留侯世家》:"留侯曰:'愿弃人间事,欲从赤松子游耳。'乃学辟谷,道引轻身。"辟谷,不食五谷;及行道引之术,古人以为可以长生。炉火,指道家烧丹炼汞之术。彼家,儒家指佛、道为彼家。 ⑲ 丙吉之杀人而不问:《汉书·丙吉传》:"吉又尝出,逢清道,群斗者死伤横道,吉过之不问。掾史独怪之。吉前行,逢人逐牛,牛喘吐舌。吉止驻,使骑吏问:'逐牛行几里矣?'掾史独谓丞相前后失问。或以讥吉,吉曰:'民斗相杀伤,长安令、京兆尹职所当禁备逐捕……宰相不亲小事,非所当于道路问也。方春少阳用事,未可大热,恐牛近行用暑故喘,此时气失节,恐有所伤害也。三公典调和阴阳,职当忧,是以问之。'掾史乃服,以吉知大体。" ⑳ 吾十有五而志于学:语见《论语·为政》。

这篇文章选自王夫之的笔记《读通鉴论》。它针对梁元帝始则沉迷书籍,继则尽行焚烧,最后身死国灭这一段有名的史实,进行了深邃的反思,指出读书既不能"玩物丧志",更不能不知鉴别导向错误,而要有"高明之量"和"斟酌之权",以有益于身心和社会之用,表现了作者在读书问题上的卓识高见。

梁元帝即萧绎(508—554),字世诚,武帝萧衍的第七子,公元552年即位于江陵(今属湖北)。据《资治通鉴·梁纪二十一》记载:他"性好书,常令左右读书,昼夜不绝。虽熟睡,卷犹不释;或差误及欺之,帝辄惊寤。作文章,援笔立就。常言:'我韬于文士,愧于武夫。'论者以为然。"喜为诗赋,风格轻靡绮艳。承圣三年(554)十一月西魏围攻江陵，危在旦夕，他在晚上巡城时，“犹口占为诗，群臣亦有和者”。城陷，“帝入东阁竹殿，命舍人高善宝焚古今图书十四万卷。将自赴火，宫人左右共止之。又以宝剑斫柱令折，叹曰：‘文武之道，今夜尽矣！’”遂降西魏。“或问：‘何意焚书？’帝曰：‘读书万卷，犹有今日，故焚之。’”十二月为西魏所杀。对于梁元帝如此丧心病狂地焚毁古今图书，造成中华文化重大损失的罪恶行径，历史上不少有识之士已经进行过严厉的谴责。

王夫之在这篇文章中，没有再从谴责焚书方面立论，而是透过一层，从读书的根本方法方面落墨，对梁元帝进行了深入的剖析，推求败亡之由，更为发人深思。全文大致可以分为三层意思。第一、二段为第一层，着重说明读书沉迷于舍本逐末、只讲求文字技巧的“词章之学”，“搜索骈俪，攒集影迹，以夸博记”，是属于“玩物丧志”。作者先点出梁元帝焚书之事，由此引出“读书”问题，作为立论基础。接着针对“书何负于帝哉”的“非知读书者之言”，着重指出“帝之自取灭亡，非读书之故，而抑未尝非读书之故也”。意思是说，梁元帝的败亡，不是读书本身造成的，但也和读书的错误方法大有关系。这样通过一波三折，提出了全文的中心论点，是一篇眼目所在。以下，作者从梁元帝所写的作品进行分析，指出他在“君父(梁武帝)悬命于逆贼，宗社垂丝于割裂”的危急关头，仍然在书籍中沉迷不返，孜孜于寻章摘句，这和游戏赌博、沉湎酒色，简直没有什么区别，一针见血地指出了它的害己误国的严重性质。然后，从“岂徒元帝之不仁”开始，一笔推开，锋芒所向，直指“宋末胡元之世”那些只知道以所谓正道来解释格物的定义而不考虑这样解释用来做什么的“儒者”；指出他们“饱食终日”，只做些无益于身心、伦物和政教的“雕虫”之事，这种害人子弟、误人国家的行为，与梁元帝、隋炀帝、陈后主、宋徽宗等昏庸之辈的所作所为，也实在毫无二致。这就进一步对“宋末胡元之小儒”进行了严厉的抨击。第三、四段为第二层意思，在第一层论述的基础上再进一步，深入分析了在读书中迷于所谓“良知”(指人的本能的善性，是明代王守仁根据孟子的性善论的观点而创立的一种学说)，不知鉴别，其为害比专事“雕虫”者更甚。文章先从“良知”学派反对宋儒只重视书本写起，但殊不知把抽象的所谓“良知”描绘得煞有介事，使大家根据所谓“良知”来读书，不知辨别好坏，其危害就更大了。然后提出读书的目的是“修己治人”，然而真正能从书中获得有益的知识来规范自己的行为、恰当处理事务的人，却又极少。不仅如此，有些人还专门从书中寻找根据来为自己的错误行为作辩护，例如“汉儒”、王莽之流；或者径直照着错误去做，变本加厉，那就更是极端错误了。这种错误的读书方法，当然会带来害人害己、祸国殃民的严重后果。于是，作者进一步指出：“无高明之量以持其大体，无斟酌之权以审于独知，则读书万卷，止以导迷”。这就从深层意义上，指出了不善读书的害处。第五段为第三层意思，总结全文，指出正确的读书方法，是要自己先立定志向，识虑明白，这样才能免于读书受害。文中先引出孔子的话，从正面提出见解，要“志定而学”。接着，从反面说明“无志而学”的恶果，“大以蚀其心思，而小以荒其日月”，而梁元帝的至死不悟，正是这个原因。所以梁元帝的“自取灭亡”，是和“读书”大有关系的。最后警告“儒者之徒”，不要“效其卑陋”，语重心长，启人深思。

这篇文章虽然是谈论历史，却很有现实感和针对性。作者生当明、清易代之际。明末雕章琢句的琐屑的学习方法，以及王守仁“良知”学说盛行后造成的谈玄、空疏的学风，对于明代的灭亡，起了催化的作用。关于这一点，作者是亲身经历和体验过的。明朝灭亡以后，他遁迹深山，痛定而思，借用历史事实来认真总结明朝灭亡的沉痛教训，其中折射出明清之际那一段血与火的历史之光，反映出一位思想家的历史的沉思。作者以其深刻的见解，透过梁元帝读书而又焚书这件事，指出“玩物丧志”和不知鉴别的读书方法带来的严重恶果，在当时具有振聋发聩的作用，可谓切中时弊。本文在富于哲理的思辨中，闪射着深沉睿智的光辉。

王夫之的文章，不仅以深刻的思想性见称，也以严密的逻辑和谨严的结构见长，篇法特别圆紧。本文围绕一篇眼目，以梁元帝读书这件历史事实为线索，通贯全篇，论述严密：开手交待出梁元帝读书这件史实，提出中心，紧接着就对他的“玩物丧志”的读书方法加以剖析；第二段推廓开去讲“宋末胡元之世”的“儒者”，似乎离题较远，但一句“则亦与元帝之兵临城下而讲《老子》……奚别哉”，又恰到好处地收拢回来；第三、四段进一步引申、生发，似乎与梁元帝无关，但段末点出“读书万卷，止以导迷”，又暗中与中心和线索紧扣；到最后一段，特别写道：“……元帝所为至死而不悟者也。恶得不归咎于万卷之涉猎乎?”不仅紧扣线索，而且与篇首的意思遥相照应，全篇浑然一气，形成严密的整体。文章有放有收，放能放得开，收能收得紧；用笔曲折，穿插呼应，细针密线；层层递进，步步为营，以阐明其旨。从这些地方，可以见出作者在组织安排、行文布局方面的高度技巧。正由于此，进一步增强了文章深刻的思想性。

全文具有强烈的感情色彩，文笔显得特别犀利。读了这篇文章，我们感觉有一种咄咄逼人的气势，论述入木三分，充满着作者的主观感情。文章一开始，就以论难的方式提出论点，这就与一般的平铺直叙不同，十分警拔有力；以下二、三、四段，都以反问开始，中间不断地反问、感叹，往复辩难，并且使用了大量的对偶句和排比句，使得文势内生。特别是最后连用两个反问句作结，使激荡于文中的强烈感情，不禁奔涌而出，更增加了雄强的气势。全篇议论严正，气势宏大，激情充沛，具有撼动人心的巨大力量。 （管遗瑞）

【作者小传】

毛先舒

(1620—1688) 清初文学家。字稚黄；又名骙，字驰黄。浙江钱塘（今杭州）人。明诸生。明亡后不求仕进。与毛奇龄、毛际可齐名，时称“浙中三毛，文中三豪”。精音韵学，也能诗文。著有《潠书》《思古堂集》《诗辨坻》《韵学通指》等。

戴文进传　　毛先舒

明画手以戴进为第一。进，字文进，钱唐①人也。

宣宗②喜绘事，御制天纵。一时待诏有谢廷循、倪端、石锐、李在③，皆有名。进入京，众工妒之。一日，在仁智殿呈画，进进《秋江独钓图》，画人红袍垂钓水次。画惟红不易著，进独得古法之妙。宣宗阅之。廷循从旁跪曰：“进画极佳，但赤是朝廷品服，奈何著此钓鱼！”宣宗颔之，遂麾去余幅不视。故进住京师，颇穷乏。

先是，进，锻工也，为人物花鸟，肖状精奇，直倍常工。进亦自得，以为人且宝贵传之。一日，于市见熔金者，观之，即进所造，抚然自失。归语人曰：“吾瘁吾心力为此，岂徒得糈？意将托此不朽吾名耳。今人烁吾所造，亡所爱，此技不足为也。将安托吾指而后可？”人曰：“子巧托诸金，金饰能为俗习玩爱及儿、妇人御耳。彼惟煌煌是耽，安知工苦？能徙智于缣素，斯必传矣。”进喜，遂学画，名高一时。

然进数奇，虽得待诏，亦辘轲，亡大遇。其画疏而能密，著笔淡远。其画人尤佳，其真亦罕遇云。予钦进，锻工耳，而命意不朽，卒成其名。

〔注〕①钱唐：今浙江杭州。②宣宗：明宣宗朱瞻基，年号宣德，1426—1435年在位。③待诏：为皇帝草拟文字及从事医、卜、画等技术人员之称。谢廷循：浙江永嘉人。倪端：字仲正。石锐：字以明。李在：字以政。

毛先舒的《戴文进传》下笔就一锤定音："明画手以戴进为第一"。其实，这个结论能否得到普遍的赞同并不重要，重要的是这里表明了一种感情态度，也可以说个人偏好。且看篇末又特别喊明叫响："予钦进"！通览不过三百余字的传文，使人觉得作者于传主事迹特有感悟，才有为之作传的冲动。他并不要像研究者一样为戴画师编年谱——而年谱之无文学价值，乃在于太客观、太实录、太冷静而又太繁琐；他是要为笔下人物传神，希图读者亦有所感悟。

据行家说，要简要地为人传神，莫如画他的眼睛，倘若画出全部的头发，是不讨好的。推论其缘故，应在于眼睛对于一个人，往往比头发更有特色。那么，什么是戴进这人的特色呢？毛先舒概括了两点，他也就只写这两点，并在篇末予以总括。

第一是"进数奇，虽得待诏，亦轗轲，亡大遇"。这位大画家的命运并不好，虽然有个宫廷画师的头衔，并未得到应有的赏识和重用。而问题就出在一幅《秋江独钓图》。在这幅画上，戴进让钓者穿了红袍。尽管"画唯红不易著，进独得古法之妙"，然而，在设色技法上成功的同时，戴进却犯了一个错误，那就是他的同行谢廷循画师对宣宗特意提醒的："赤是朝廷品服，奈何著此钓鱼！"这等于说戴进有轻侮朝廷之意，明宣宗能高兴吗？谢画师在存心捣蛋的同时，偏偏还加一句"进画极佳"，这一方面轻轻掩饰了他的不良用意，一方面还能使明宣宗更不高兴。尽管他本人是个喜好绘事而颇具天资的皇帝，但意气之下，竟也"麾去余幅不视"。戴进从此和他的画一样遭到了宫廷的冷落。这件事可以使人联想到，王嫱之不得进幸，及孟浩然以诵《岁暮归南山》诗（其中有"不才明主弃"句）而终生不遇等故事，虽事出偶然，但帝王的平庸，"同行生嫉妒"的世相，以及天真者的不幸，不是自古皆然吗？戴进的遭遇实有其必然性，岂"数奇"二字可以概尽？这一节客观的叙写中有大感慨在。

第二是"锻工耳，而命意不朽，卒成其名"。戴进的艺术道路与众不同，他本是一个锻工，一个做首饰的匠人，能"为人物花鸟，肖状精奇，直倍常工"，后来才改行学画，卓然成家的。这经历使人联想到齐白石，他本是木匠，最后成了大画家。一般说来手艺人即工匠，要成为艺术家是不容易的。但出身于匠门的人，却成了最少匠气的大画家，其故何在？戴进的事迹是颇富于启发性的：作为锻工的他，有一天在街上看到自己精心制作的金饰品被人回炉销熔，遂痛惜道："吾瘁吾心力为此，岂徒得糈？意将托此不朽吾名耳。”艺术家所贵，在于有一颗神往的心。而戴进不只把工艺当作谋生手段，同时醉心艺事，追求作品的完美境界，企冀臻于永恒与不朽。但有这种精神，就足以使一个人超越于匠艺，而成为真正的艺术家，何况戴进还有相当高的天赋条件呢。这一段客观叙写中有大感悟在。

这篇短文在结构上明显采用了倒叙的手法。作者在写下“明画手以戴进为第一”后，本来可以接下去便写“先是”一段，再写“进入京”一段，不过，全文会给读者留下这样的印象：戴进学画虽名高一时，然而处境穷乏，结穴于遗憾。如今这样的结构，意味则完全不同：戴进虽轗轲穷乏，却学画有成，名高一时，结穴于欣慰。全文结束的一段又加深了读者的这一印象。（周啸天）

【作者小传】

林嗣环

清文学家。字铁崖。福建晋江人。顺治进士。曾因事谪戍边疆，后遇赦放还，客死武林。著有《铁崖文集》《湖舫存稿》。

口　技

林嗣环

京中有善口技者。会宾客大宴，于厅事[①]之东北角，施八尺屏障，口技人坐屏障中，一桌、一椅、一扇、一抚尺[②]而已。众宾团坐。少顷，但闻屏障中抚尺一下，满座寂然，无敢哗者。

遥闻深巷中犬吠，便有妇人惊觉欠伸，其夫呓语[③]。既而儿醒，大啼。夫亦醒，令妇抚儿乳，儿含乳啼，妇拍而呜之。夫起溺[④]，妇亦抱儿起溺。床上又一大儿醒，狺狺不止。当是时，妇手拍儿声，口中呜声，儿含乳啼声，大儿初醒声，床声，夫叱大儿声，溺瓶中声，溺桶中声，一齐凑发，众妙毕备。满座宾客，无不伸颈侧目，微笑默叹，以为妙绝也。

既而夫上床寝。妇又呼大儿溺，毕，都上床寝。小儿亦渐欲睡。夫齁声起，妇拍儿亦渐拍渐止。微闻有鼠作作索索，盆器倾侧，妇梦中咳嗽之声。宾客意少舒，稍稍正坐。

忽一人大呼：“火起！”夫起大呼，妇亦起大呼。两儿齐哭。

俄而百千人大呼，百千儿哭，百千犬吠。中间力拉崩倒之声，火爆声，呼呼风声，百千齐作；又夹百千求救声，曳屋许许声，抢夺声，泼水声。凡所应有，无所不有。虽人有百手，手有百指，不能指其一端；人有百口，口有百舌，不能名其一处也。于是宾客无不变色离席，奋袖出臂，两股战战，几欲先走。

而忽然抚尺一下，众响毕绝。撤屏视之，一人、一桌、一椅、一扇、一抚尺而已。

〔注〕①厅事：私人住屋的堂屋。　②抚尺：即“醒木”，说书艺人表演时所用木块，用以拍案作声，引起听众注意。　③呓语：说梦话。　④溺(niào尿)：同“尿”。

欧阳修有一篇著名的《秋声赋》，把看不见、摸不着的“秋声”写得形色宛然，变态百出，从而寄托了叹世悲秋的思想情感。林嗣环把自己的诗歌创作结集起来，题为《秋声诗》。《口技》是《〈秋声诗〉自序》的一部分(略有删节)。

作者的本意并不是写口技，而是为他的《秋声诗》作序言。他在写完口技之后说：“嘻，若而人者，可谓善画声矣！遂录其语以为《秋声》序。”很清楚，他是借口技人的“善画声”说明《秋声诗》的“善画声”的。他通过具体描写，把口技人的表演生动地再现出来。读了这篇短文，就像身临其境，听了一场精彩的口技，受到强烈的感染。

林嗣环在把主要力量用于正面描写时，也采用了辅助性的艺术手法：侧面烘托。而且，把正面描写与侧面烘托(写听众的反应)结合起来，用以表现主题。

第一段：“……于厅事之东北角，施八尺屏障，口技人坐屏障中，一桌、一椅、一扇、一抚尺而已。众宾团坐……”可以设想，一个大宴宾客的场所，是有许多东西可写的，为什么只写这些呢？那是因为这些东西最有利于烘托主题。口技人是坐在屏障中的，如果不亮一下底，让“众宾”知道其中除“一桌、一椅、一扇、一抚尺”而外，别无他物，那就会怀疑其中有鬼。“而已”两字，扫清一切怀疑，使人确信口技人奏技只用一张口。

接下去，既写口技人奏技，又写众宾的反应，波澜层出，极起伏变化之妙。

“一抚尺而已”扫清了众宾的怀疑，文势一缓，紧接着：“但闻屏障中抚尺一下，满座寂然，无敢哗者”。立刻造成一种肃静的、紧张的气氛，文势一振。一缓一紧，出现了第一次波澜。

抚尺一下，为什么会产生那么大的威力呢？这因为“一桌、一椅、一扇、一抚尺而已”，一方面使“众宾”相信口技人奏技只用一张口，另一方面又不免产生只凭一张口究竟能玩出什么花样的疑问。这疑问，又逼出一种急于一听究竟的“悬念”。所以“抚尺一下”，就像抛出一块巨大的磁石，把他们的注意力吸引过去了。

文势振起之后，接着是一段正面描写。从“遥闻深巷中犬吠，便有妇人惊觉欠伸”到“又一大儿醒，狺狺不止”，声音由远而近、由疏而密、由简单而复杂，写得极有层次。到了“妇手拍儿声，口中呜声，儿含乳啼声，大儿初醒声，床声，夫叱大儿声，溺瓶中声，溺桶中声……”，则诸声并作，出现了第一个高潮。

高潮出现后，并没有让它骤然降落，却把笔锋一转，去写众宾的反应：“满座宾客，无不伸颈侧目，微笑默叹，以为妙绝也。”这一段侧面烘托，不仅加强了前面的正面描写，而且使文势动宕，摇曳多姿。

烘托之后，又继之以正面描写：“既而……夫齁声起，妇拍儿亦渐拍渐止。微闻有鼠作作索索，盆器倾侧，妇梦中咳嗽之声。”高潮降落，众宾“伸颈侧目”的紧张情绪也松弛下来，“意少舒，稍稍正坐”。也许，他们以为这场表演，就此结束了；而且，就此结束，他们大约也已经满足了。想不到：“忽一人大呼：‘火起！’夫起大呼，妇亦起大呼。两儿齐哭。俄而百千人大呼，百千儿哭，百千犬吠。中间力拉崩倒之声，火爆声，呼呼风声，百千齐作；又夹百千求救声，曳屋许许声，抢夺声，泼水声。凡所应有，无所不有……”

于高潮降落，仅留余波之时，骤然雷轰电击，风狂雨暴，波浪掀天。而情绪刚刚松弛下来的听众，猝不及防，被这突如其来的巨变吓坏了，真以为发生了火灾，都想从熊熊大火的包围中冲出去：“于是宾客无不变色离席，奋袖出臂，两股战战，几欲先走。”这是一个规模更大的高潮。由余波到规模更大的高潮，复又兴起波澜。

正当听众想突围而出的时候，“忽然抚尺一下，众响毕绝”。这究竟是怎么一回事？是不是真的发生了火灾呢？是不是屏幛里面有水，有火，有房屋，有千百大人、千百小儿、千百只犬呢？都不是。“撤屏视之，一人、一桌、一椅、一扇、一抚尺而已。”

更大的高潮突然降落，这是又一次波澜。

这里，“一抚尺而已”的又一次出现，绝不仅仅为了形式上的首尾呼应。首段的“一抚尺而已”使听众确信口技人奏技只用一张口；但当听众听到发生火灾时，不但不以为那只是口技，而且简直感到真的发生了火灾。末段的“而已”和首段遥遥呼应，把听众从火灾的惊恐中唤回来，使他们不得不相信刚才发生的一切，都出于口技人的一张口。于是，口技人的“善画声”，也就不能不令人叹为观止了。

《虞初新志》的编者张潮说:“绝世奇技,复得此奇文以传之。读竟,辄浮大白。”技之所以奇,不仅在于模仿各种声音,惟妙惟肖,而且在于对那段表演的组织结构,独具匠心。它以一个家庭为中心,先描绘在静夜里的各种细碎活动,然后扩展开去,描绘突然发生大火灾。前后的两种场面迥不相同,但中间又有必然的联系,毫无七拼八凑之感。此其一。由较小的波澜逐渐推进,形成高潮,一步步抓紧听众的注意力;然后高潮逐渐降落,让听众紧张的情绪松弛下来;突然一声“火起”,使听众猝不及防,忘记了是在听口技,想从大火包围中冲出去;在这紧张万状的关头,忽然抚尺一下,众响毕绝:有起有伏,有擒有纵,变化万端,不可方物。此其二。这显然不是自然主义地模仿生活,而是高度的艺术概括、艺术提炼的产物。

文之所以奇,也奇在组织结构的巧妙上,口技表演的巧妙的组织结构,也许完全出于口技人的匠心,也许还有作者的再创造。即使在表现口技表演的组织结构上没有再创造,但如前面所分析,他在写口技表演的全部过程中巧妙地穿插了听众的各种表情,不仅突出了口技的高明,而且也丰富了文章的波澜,这还是创造。文之所以奇,又奇在正面描写的惟妙惟肖上。不言而喻,口技这种技艺是用声音反映生活的(所以又叫象声);作家要传出口技之神,也必须利用语言的音响。林嗣环在这一点上做得很出色。显而易见的是,他用了许多像“呜”、“猜猜”、“作作索索”、“呼呼”、“许许”(读如“虎”)之类的摹声词。但这还是次要的;主要的是:句子忽长忽短,声音忽低忽高,节奏忽缓忽急,构成抑扬顿挫的旋律,准确地再现了口技表演的抑扬变化。

这是散文,但为了加强节奏感,于忽长忽短的句子中又安排有若干字数约略相同的句子,还押了不少所谓“独脚韵”(即用同一字押韵)。韵与节奏的关系很密切。一般地说,韵疏则节奏缓,韵密则节奏急。作者根据节奏缓急的需要,押了或疏或密的韵。最密的时候是句句押韵(如“呼”字韵,特别是“声”字韵),但又兼用了“交韵”(即单句与单句押一个韵,双句与双句另押一个韵)与句句押韵相结合的办法(如“夫起大呼,妇亦起大呼,两儿齐哭;俄而百千人大呼,百千儿哭”)。另外,短句多、长句少,其中还夹杂了一些字数约略相等的句子;字数约略相等的句子,又是几句长、几句短。参差错落,变化无穷。这就使得节奏急促而富于变化,真有“大珠小珠落玉盘”之妙。

末了,还有几句关于这篇《口技》的作者的话值得一说。在贯华堂本《水浒传》第六十五回的前面,金圣叹用口技之妙比喻《时迁火烧翠云楼》一回的写作技巧,其描写口技的文字,与林嗣环的这一篇几乎完全相同,而他并没有提到林嗣环，却是用“吾友骈山先生尝向吾夸京中口技”云云开头的。金圣叹的生卒年都比林嗣环早，但两人同时生存的时期也不算短，所以这篇作品的著作权究竟属谁，很难确定。然而不管属谁，都足以说明这是一篇引人入胜的好作品，一脱稿就不胫而走了。（霍松林）

【作者小传】

魏 禧

（1624—1681） 清初散文家。字叔子，一字冰叔、凝叔，号裕斋，又号勺庭。江西宁都人。明末诸生。与兄际瑞、弟礼俱有文名，时称“宁都三魏”，于其中尤著名。入清后绝意仕进，隐居故乡翠微峰。治文史，长于古文。著有《魏叔子集》等。

大铁椎传

魏 禧

庚戌十一月，予自广陵[①]归，与陈子灿[②]同舟。子灿年二十八，好武事，予授以左氏兵谋兵法[③]，因问：“数游南北，逢异人乎？”子灿为述大铁椎，作《大铁椎传》。

大铁椎，不知何许人，北平陈子灿省兄河南，与遇宋将军家。宋，怀庆[④]青华镇人，工技击[⑤]，七省好事者皆来学，人以其雄健，呼宋将军云。宋弟子高信之，亦怀庆人，多力善射，长子灿七岁，少同学，故尝与过[⑥]宋将军。

时座上有健啖客，貌甚寝[⑦]，右胁夹大铁椎，重四五十斤，饮食拱揖不暂去。柄铁折叠环复，如锁上练，引之长丈许。与人罕言语，语类楚声[⑧]。扣其乡及姓字，皆不答。

既同寝，夜半，客曰：“吾去矣！”言讫不见。子灿见窗户皆闭，惊问信之。信之曰：“客初至，不冠不袜，以蓝手巾裹头，足缠白布，大铁椎外，一物无所持，而腰多白金。吾与将军俱不敢问也。”子灿寐而醒，客则鼾睡炕上矣。

一日，辞宋将军曰：“吾始闻汝名，以为豪，然皆不足用。吾去矣！”将军强留之，乃曰：“吾数击杀响马贼[⑨]，夺其物，故仇我。久居，祸且及汝。今夜半，方期我决斗某所。”宋将军欣然曰：“吾骑马挟矢以助战。”客曰：“止！贼能且众，吾欲护汝，则不快吾意⑩。”宋将军故自负，且欲观客所为，力请客。客不得已，与偕行。将至斗处，送将军登空堡上，曰：“但观之，慎弗声，令贼知也。”

时鸡鸣月落，星光照旷野，百步见人。客驰下，吹觱篥⑪数声。顷之，贼二十余骑四面集，步行负弓矢从者百许人。一贼提刀突奔客，客大呼挥椎，贼应声落马，马首裂。众贼环而进，客奋椎左右击，人马仆地，杀三十许人。宋将军屏息观之，股栗⑫欲堕。忽闻客大呼曰：“吾去矣。”尘滚滚东向驰去。后遂不复至。

魏禧论曰：子房得力士，椎秦皇帝博浪沙中⑬，大铁椎其人与⑭？天生异人，必有所用之。予读陈同甫《中兴遗传》⑮，豪俊侠烈魁奇之士，泯泯然不见功名于世者又何多也？岂天之生才不必为人用与？抑用之自有时与？子灿遇大铁椎为壬寅岁，视其貌当年三十，然则大铁椎今四十耳。

子灿又尝见其写市物帖子，甚工楷书也。

〔注〕 ① 广陵：今江苏省扬州市。 ② 陈子灿：事迹不详。 ③ 左氏兵谋兵法：指《左传》。《左传》中有很多论及军事谋略和战争的文字。 ④ 怀庆：怀庆府，治所在今河南沁阳县。 ⑤ 技击：原指战国时经过技巧训练的步兵，后泛指搏击对打的武艺。 ⑥ 与过：一同拜访。 ⑦ 寝：丑陋。 ⑧ 楚声：湖北、湖南一带地区的口音。 ⑨ 响马贼：旧时对群聚劫掠者的称呼。 ⑩ 不快吾意：意为不能随我心意地打击对方。 ⑪ 觱篥(bì lì 必栗)：即笳管，一种号角类乐器。出自龟兹，后传入内地。 ⑫ 股栗：两腿抖颤。 ⑬“子房”二句：张良字子房，汉初政治家。先世为韩国贵族，秦灭韩后，他设法谋害秦王。后得力士，以铁椎狙击秦始皇于博浪沙(今河南阳武东南)。见《汉书·张良传》。 ⑭ 与：通“欤”，表疑问的语气词。 ⑮ 陈同甫：陈亮，字同甫，南宋爱国词人，有《龙川集》《中兴遗传》等。其《中兴遗传序》提出要为南宋初年以来的抗金志士立传，“将旁求广集，以备史氏之缺遗”。书凡二十卷，分大臣、大将、死节、死事、能臣、能将、直士、侠士、辩士、义勇、群盗、贼臣二十门。

魏禧论文，主张“积理”“练识”，写出“关系天下国家之故”(《宗子发文集序》)的文章。“积理”，指观察社会事理，以提高认识；“练识”，指在提高认识的基础上，获得过人的胆识。这是魏禧散文写作的重要理论。因此他的论文多有深刻见解，记叙文(包括传记在内)多有不平凡的寓意。

《大铁椎传》属传记文，作者也增加了一些艺术的想象和虚构，塑造出一个丰满的侠客、大力士的英雄形象，透露了对社会现实的不满和人材不被世用的感慨。

本文作于“庚戌十一月”，即康熙九年(1670)十一月，作者四十七岁。魏禧是有民族思想的人物，明亡后隐居不仕。他的这篇文章流露出对当时现实的不满，呼唤侠客、大力士的出现。

文章的开首一段，点明写作缘由，可视为本文之小序。

中间数段，洋洋洒洒，纯为记叙，是本文主体。这部分，除表现方法灵活，不断变换角度进行人物刻画外，更重要的是不加任何评论，只是通过别人的叙述和人物的言行以显示人物形象的特点和意义，因而形象生动，文意含蓄，发人思考。写大铁椎的外貌和性格：“貌甚寝”，“与人罕言语”。写大铁椎来去无踪：“夜半，客曰：‘吾去矣！’言讫不见。”写大铁椎的豪侠：“吾数击杀响马贼，夺其物，故仇我。久居，祸且及汝。”最后又写大铁椎旷野杀贼的神勇绝技。真是形象鲜明，虎虎有生气。

但是作者为什么要塑造这个人物呢？其社会意义又是什么呢？这是极为含蓄、发人思考的问题。其实，只要认真分析人物的言行，特别是分析大铁椎告别宋将军的一段话，问题是不难解决的。大铁椎辞别宋将军说：“吾始闻汝名，以为豪，然皆不足用。吾去矣！”这是画龙点睛之笔，说明胸有大志，身怀绝技的神勇义士大铁椎，不为社会所用，也不为人们所识，他只有失意地离去。这就是作者的写作意图。结合文后的评论：“岂天之生才不必为人用与？抑用之自有时与？”作者的写作意图就更加清楚。因此，文意的含蓄不等于主题思想的隐晦，而是诱导读者认真阅读思考，这正是行文高妙之处。我国古代小说的艺术传统，是作者对人物形象不加评论，而是依靠人物的言行去表现和显示。因此可以这样说：《大铁椎传》中的这表现手法，正是作者吸取了一些小说创作刻画人物的艺术手法，从而把传记作品写得更好、更精彩。

这一部分的后半部着重描写大铁椎的神勇和绝技，因此旷野杀贼一段，描写细致，绘声绘色，为全文重心。“鸡鸣月落，星光照旷野”二句，是紧急叙述中的舒缓之笔，既点明了杀贼、鏖战的时间，又使行文有些轻松和曲折，增加了文意的空间美。杀贼时，“贼二十余骑四面集，步行负弓矢从者百许人”。而大铁椎挥动铁椎，使对方“应声落马”“人马仆地”。旁观的宋将军，屏息不敢出气，“股栗欲堕”。最后，客大呼“吾去矣”，“尘滚滚东向驰去”。这段描写绘声绘色，笔墨特别集中，痛快淋漓地刻画了大铁椎的勇武形象，使人如见其人，如闻其声，印象尤为深刻。

文后“论曰”一段，虽属史传文学之惯例，但在本文中也有新意。如“子灿又尝见其写市物帖子，甚工楷书也”二句，说明大铁椎不仅武艺超绝，而且文才出众，是文武兼备的全才。“壬寅岁，视其貌当三十，然则大铁椎今四十”又有回荡往复，惋惜人才不为世用，年华已失的悲叹。此外，又谈及“子房得力士，椎秦皇帝博浪沙”，“读陈同甫《中兴遗传》”等，可启发读者进一步理解作者的不满、感慨和作品中所寄托的现实意义。

（李茂肃）

汪　琬

【作者小传】

(1624—1691)　清初散文家。字苕文，号钝庵，晚号尧峰，又号玉遮山樵。江苏长洲(今吴县)人。顺治进士。曾任户部主事、刑部郎中等职。康熙时举博学鸿词科，授翰林院编修，参与纂修《明史》。后因病隐居太湖尧峰山，专心著述。通经学，长于古文，与魏禧、侯方域齐名。著有《钝翁类稿》《尧峰文钞》等。

江天一传　　　　汪　琬

江天一，字文石，徽州歙县①人。少丧父，事其母及抚弟天表，具有至性。尝语人曰：“士不立品者，必无文章。”前明崇祯间，县令傅岩②奇其才，每试辄拔置第一。年三十六，始得补诸生。家贫屋败，躬畚土筑垣以居。覆瓦不完，盛暑则暴③酷日中。雨至，淋漓蛇伏，或张敝盖自蔽。家人且怨且叹，而天一挟书吟诵自若也。

天一虽以文士知名，而深沉多智，尤为同郡金佥事公声④所知。当是时，徽人多盗，天一方佐佥事公，用军法团结乡人子弟，为守御计。而会张献忠⑤破武昌，总兵官左良玉⑥东遁，麾下狼兵⑦哗于途，所过焚掠。将抵徽，徽人震恐，佥事公谋往拒之，以委天一。天一腰刀帓首⑧，黑夜跨马，率壮士驰数十里，与狼兵鏖战祁门，斩馘⑨大半，悉夺其马牛器械，徽赖以安。

顺治二年，夏五月，江南大乱，州县望风内附，而徽人犹为明拒守。六月，唐藩自立于福州[10]，闻天一名，授监纪推官。先是，天一言于佥事公曰："徽为形胜之地，诸县皆有阻隘可恃，而绩溪一面当孔道[11]，其地独平迤，是宜筑关于此，多用兵据之，以与他县相掎角[12]。"遂筑丛山关。已而清师攻绩溪，天一日夜援兵登陴不少怠；间出逆战，所杀伤略相当。于是清师以少骑缀天一于绩溪，而别从新岭[13]入。守岭者先溃，城遂陷。

大帅购天一甚急。天一知事不可为，遽归，属[14]其母于天表，出门大呼："我江天一也"。遂被执。有知天一者，欲释之。天一曰："若以我畏死邪？我不死，祸且族[15]矣。"遇佥事公于营门，公目之曰："文石！汝有老母在，不可死。"笑谢曰："焉有与人共事而逃其难者乎！公幸勿为我母虑也。"至江宁[16]，总督者[17]欲不问，天一昂首曰："我为若计，若不如杀我。我不死，必复起兵。"遂牵诣通济门。既至，大呼高皇帝[18]者三，南向[19]再拜讫，坐而受刑。观者无不叹息泣下。越数日，天表往收其尸，瘗之。而佥事公亦于是日死矣。

当狼兵之被杀也，凤阳督马士英[20]怒，疏劾徽人杀官军状，将致佥事公于死。天一为赍辨疏[21]，诣阙上之。复作《吁天说》，流涕诉诸贵人，其事始得白。自兵兴以来，先后治乡兵三年，皆在佥事公幕。是时幕中诸侠客号知兵者以百数，而公独推重天一，凡内外机事悉取决焉。其后竟与公同死，虽古义烈之士无以尚也。

予得其始末于翁君汉津[22]，遂为之传。

汪琬曰：方胜国[23]之末，新安士大夫死忠者有汪公伟、凌公駉与佥事公三人[24]，而天一独以诸生殉国。予闻天一游淮安，淮安民妇冯氏者刲[25]肝活其姑，天一征诸名士作诗文表章之，欲疏于朝，不果。盖其人好奇尚气类如此。天一本名景，别自号石嫁樵夫，翁君汉津云。

〔注〕 ① 歙(shè设)县：今属安徽，清属徽州府。 ② 傅岩：字野清，义乌(今属浙江)人，崇祯进士。《南疆逸史·江天一传》：天一“年三十六，见知邑令傅公，始得补郡弟子员，令故重天一”。 ③ 暴(pù)：“曝”本字，晒。 ④ 金佥事公声：金声字正希，明末休宁(今属安徽)人，崇祯进士，选庶吉士，后授御史、山东佥事，皆未就。南明福王授左佥都御史。南京被清军攻破后，在家乡组织义军抗清。后兵败被俘，不屈死。休宁与江天一的家乡歙县同属徽州府，故称“同郡”。 ⑤ 张献忠：明末农民义军领袖。字秉吾，号敬轩，延安府柳树涧人。崇祯三年(1630)在陕西米脂县起义，十三年进军四川，十六年攻克武昌。 ⑥ 左良玉：字昆山，山东临清人。因与清军作战有功，被提升为副将。后在河南、陕西等地镇压农民起义，提升为总兵官，封宁南伯。南明福王政权晋封为宁南侯，驻军武昌。 ⑦ 狼兵：明代以广西狼人组成的军队。狼人即俍人，明清时指分布于广西一带的壮族。但《南疆逸史·金声传》《明史·金声传》均称“凤阳督马士英调黔兵(狼兵)剿寇，过徽州大掠”，为金声歼击。未及左良玉事。 ⑧ 帓(mò末)首：以头巾包头。帓，头巾。 ⑨ 斩馘(guó国)：斩首。馘，割下左耳。 ⑩“唐藩自立”句：指明藩王唐王朱聿键在福州称帝事。朱聿键，明太祖八世孙唐端王之孙，顺治二年六月，在福州称帝，年号隆武。 ⑪ 孔道：通道、要道。 ⑫ 掎(jī鸡)角：也作“犄角”。语出《左传》，指分兵牵制或夹击对方。 ⑬ 新岭：在安徽休宁县南七十里。明御史黄澍降清，导清军破新岭，攻入绩溪。 ⑭ 属(zhǔ主)：同“嘱”，委托。 ⑮ 族：灭族。《书·泰誓》：“罪人以族。”孔安国疏：“一人有罪，刑及父母兄弟妻子。” ⑯ 江宁：今江苏南京。 ⑰ 总督者：指洪承畴。洪原为明三边总督、兵部尚书，后降清，坐镇江宁，总督军务，镇压抗清力量。 ⑱ 高皇帝：指明太祖朱元璋。 ⑲ 南向：面向南。面向南拜，表示不归顺在北方的清朝。 ⑳ 凤阳督马士英：马士英字瑶草，贵阳(今贵州贵阳市)人，万历进士。崇祯末年任安徽省凤阳总督。 ㉑ 赍(jī机)：送，呈递。辨疏：申辩冤苦的奏章。 ㉒ 翁君汉津：其人未详。 ㉓ 胜国：前朝，指明代。语出《周礼·地官·媒氏》：“凡男女之阴讼，听之于胜国之社。”郑玄注：“胜国，亡国也。”前朝为今朝所胜，故称前亡之朝代为“胜国”。 ㉔ 新安：新安郡，即徽州府。汪公伟：汪伟字叔度，休宁人，崇祯进士，擢检讨，后任东宫讲官。李自成攻北京，自缢死。凌公駉(jiōng扃)：凌駉字龙翰，歙县人，崇祯进士，福王时授监察御史，巡按河南，守归德。清兵渡黄河南下，城破自缢死。 ㉕ 刲(kuī亏)：割。

江天一是明末清初爱国志士，《南疆逸史》有传。汪琬虽曾出仕清朝，但怀念故国，有黍离之思，因而写了一些抗清志士的传记，《江天一传》是有代表性的一篇。

汪琬以散文名家，特别擅长记叙文。《清史稿》本传说：其为文“疏畅类南宋诸家，叙事有法，公卿志状皆争得琬文为重”。他主张写文章“如神龙之蜿蜒而不露其首尾”(《答陈霭公书二》)。这就是说，为文必有明确的文意和中心，做到行文自然，意脉流畅，不露痕迹。《江天一传》就体现了这种艺术构思。

文章开首，点出江天一的两句话：“士不立品者，必无文章。”可见江天一是多么重视品德修养，重视人的道德品质。这是汪琬塑造江天一艺术形象的着眼点。无论写江天一贫而好学，深沉多智，保卫乡里，或是英勇抗清，保卫国家，都是围绕突现江天一的道德品质和崇高的民族气节落笔的。因此歌颂江天一吃苦在前、舍生取义成为全文的基调。围绕这一中心，文章的前半篇是以时间为顺序进行正面叙述，后半篇又采用了倒叙和插叙。如介绍江天一受金声的器重和为金声辨白上书是倒叙，介绍江天一表彰淮安民妇是插叙。一个普通的民家妇女，有什么值得表彰呢？只是因她“刲肝活其姑”，因而得到江天一的尊重和表彰。智者见智，仁者见仁。江天一的这种思想与“士不立品者，必无文章”的观点是完全一致的。

江天一是位爱国志士，他的崇高的道德品质，更集中表现在他的民族气节上，因此参加抗清斗争和战争失利后英勇就义的叙写为本文的重点。首先描写江天一与金声合作修筑丛山关，以便同邻近诸县相联系形成“掎角”之势，抗拒清兵南下。这段描写表现了他的智谋和勇敢。但是更加感人的，还是他被俘以后，英勇就义的场面。城陷后，江天一“知事不可为”，以大义凛然、誓死报国之决心，正确处理各种关系，最后詈贼而死。首先，“遽归，属其母于天表”，然后出门大呼：“我江天一也。”被俘后，别人要解脱他，他提出“我不死，祸且族矣”，表现他牺牲自己以免全家之祸。在被囚期间，碰到同案在系的好友金声，金声有让江天一力求解脱之意，而江天一却坚决与朋友共存亡，提出：“焉有与人共事而逃其难者乎！”表现他在生死关头正确处理与朋友的关系。审讯他的人是前明降将洪承畴，有的史书记载，江天一曾痛斥洪的变节行为。他义愤填膺地提出：“若不如杀我。我不死，必复起兵。”真是大义凛然，不苟幸生，视死如归，痛快淋漓。

这一段是分成几个层次，采用逐步推进的手法进行叙写的。从表现方法上看，表现了作者剪裁素材和谋篇布局的艺术才能。汪琬注意写文章的艺术构思，主张要开阖起伏，使文章有重点，有高峰，要“扬之欲其高，敛之欲其深”(《答陈霭公书二》)。这里的“高”和“深”都指推进文意，使文章达到顶点和出现高潮。因此本段分层次和逐步推进的描写，正是作者为突现重点，在艺术构思方面的匠心独运。

汪琬在清初文坛上，是属于比较注意散文的章法结构的一个派别。他曾批评侯方域的《马伶传》、王猷定的《汤琵琶传》，认为选材太滥，随想过多，组织结构不严密。可见文章中心思想明确、选材严谨，而又善于使文章开阖纵横，突现重点，是汪琬对传记文学的要求。本文正体现了作者艺术构思的特点。（李茂肃）

传是楼记

汪 琬

昆山徐健庵① 先生筑楼于所居之后，凡七楹。间命工斲木为橱，贮书若干万卷，区为经史子集四种。经则传注义疏之书附焉；史则日录、家乘、山经、野史之书附焉；子则附以卜筮、医药之书；集则附以乐府、诗余之书。凡为橱者七十有二，部居类汇，各以其次，素标缃帙[2]，启钥灿然。于是先生召诸子登斯楼而诏之曰："吾何以传女曹[3]哉？吾徐先世故以清白起家，吾耳目濡染旧矣。盖尝慨夫为人之父祖者，每欲传其土田货财，而子孙未必能世富也；欲传其金玉珍玩、鼎彝尊斝之物，而又未必能世宝也；欲传其园池台榭、舞歌舆马之具，而又未必能世享其娱乐也。吾方以此为鉴，然则吾何以传女曹哉？"因指书而欣然笑曰："所传者惟是矣。"遂名其楼为"传是"，而问记于琬。琬衰病不及为，则先生屡书督之，最后复于先生曰：

甚矣，书之多厄也。由汉氏以来，人主往往重官赏以购之，其下名公贵卿，又往往厚金帛以易之，或亲操翰墨，及分命笔吏以缮录之，然且裒聚未几而辄至于散佚，以是知藏书之难也。琬顾谓藏之之难不若守之之难，守之之难不若读之之难，尤不若躬体而心得之之难。是故藏而弗守，犹勿藏也；守而弗读，犹勿守也。夫既已读之矣，而或口与躬违，心与迹忤，采其华而忘其实，是则呻占记诵之学所为哗众而窃名者也，与弗读奚以异哉！

古之善读书者，始乎博，终乎约。博之而非夸多斗靡也，约之而非保残安陋也。善读书者，根柢于性命而究极于事功[4]。沿流以溯源，无不探也；明体以适用，无不达也。尊所闻，行所知，非善读书者而能如是乎？

今健庵先生既出其所得于书者，上为天子所器重，次为中朝士大夫之所矜式，藉是以润色大业，对扬休命[5]有余矣。而又推之以训敕其子姓，俾后先跻巍科，取朊仕[6]，翕然有名于当世。琬然后喟焉太息，以为读书之益弘矣哉！循是道也，虽传诸子孙世世，何不可之有？若琬则无以与于此矣。居平质驽才下，患于有书而不能读；延及暮年，则又跧伏[7]穷山僻壤之中，耳目固陋，旧学消亡，盖本不足以记斯楼。不得已勉承先生之命，姑为一言复之。先生亦恕其老悖否耶？

〔注〕 ① 徐健庵：名乾学，字原一，号健庵，昆山(今属江苏)人，顾炎武甥。康熙九年进士，官至刑部尚书。曾充《明史》总裁官，兼总纂《大清一统志》《清会典》。藏书甚多，有《传是楼书目》。 ② 素标缃帙：白色的标签，浅黄的函套。 ③ 女曹：汝等。女，即“汝”。 ④ 性命：中国古代哲学概念。《易·乾》：“乾道变化，各正性命，保合太和，乃利贞。”意为大自然的运行变化(迎来冬天)，万物各自静定精神，保全太和元气，以利于守持正固(等待来年生长)——用黄寿祺、张善文《周易译注》译文。“性命”，尚秉和《周易尚氏学》释为“精神”。事功：事业和功绩。 ⑤ 对扬休命：对扬，对答颂扬。休命，美善的命令。《尚书·说命下》：“敢对扬天子之休命。” ⑥ 朊(wǔ 五)仕：高官厚禄。《诗·小雅·节南山》：“琐琐姻亚，则无朊仕。”毛传：“朊，厚也。” ⑦ 跧(quán 全)伏：蜷伏，此指隐居。

这篇文章可视为一篇“劝学”文。围绕着“传是”二字，文中提出了两个问题，即：为什么要“传是”，“传是”的益处是什么。“是”指书籍。劝勉勤学苦读的文章古已有之，作者借写“传是楼”记而把它引入“劝学”这一主题，无疑增强了文章的感染力。

文章的前一部分借“传是楼”主人徐健庵的话提出了为什么要“传是”。徐氏云：“盖尝慨夫为人之父祖者，每欲传其土田货财，而子孙未必能世富也；欲传其金玉珍玩、鼎彝尊斝之物，而又未必能世宝也；欲传其园池台榭、舞歌舆马之具，而又未必能世享其娱乐也。吾方以此为鉴……”因指书而欣然笑曰：“所传者惟是矣。”以三个长排比句，缓缓道出楼主人之所以“传是”而非其他的理由，同时楼主人那种自得的心理也跃然纸上，尤其是“指书而欣然笑曰”一句，可谓画龙点睛之笔，使楼主人那种自得的神态大放光彩。而两个“吾何以传女曹哉”，前后映照，凸现了楼主人为自己选择的正确而兴奋不已的心态，强化了文章“劝学”的意味，为作者在后文对“劝学”加以生发论证作了铺垫。虽说，田地货财、金玉珍玩、鼎彝尊斝、园池台榭、舞歌舆马等如过眼云烟，不能“世富”“世宝”“世享”，但传书籍给后代是否也能长久保存、拥有呢？这自然是不一定的。作者就此提出了自己的观点，即“藏之之难不若守之之难，守之之难不若读之之难，尤不若躬体而心得之之难。是故藏而弗守，犹勿藏也；守而弗读，犹勿守也”。这里又以三个排比长句，使作者的观点逐层深入展开，其中提出了藏与守、守与读、知与行之间的相互关系，而最关键的还是知与行的关系，要把所学到的知识运用到实际生活中去，躬体而心得之才是善读书的上策。这种观点是难能可贵的，在今天仍具有现实意义。这是一方面。另一方面，善读书者不仅要做到躬体心得，而且要“始乎博，终乎约。博之而非夸多斗靡也，约之而非保残安陋也”。一句话，要脚踏实地，既博又专。博，拓宽知识的广度；约，有利于对某方面知识进行深度的钻研，二者相辅相成。这是做学问必备的条件。总之，“尊所闻，行所知”，才无愧于自己所藏之书，所守之书，所读之书。当然有立也有破，作者在论证如何做一个善于读书的人时，对那些读死书或华而不实、哗众取宠的学风，是持否定态度的。

还应看到，作者毕竟是封建文人，其观点不可能不受到时代的制约和传统文化的影响。这主要表现在为学的目的上，即“藉是以润色大业，对扬休命”，“跻巍科，取朊仕”，未能脱出“学而优则仕”，“书中自有黄金屋，书中自有青云路”的俗套。

从文章的题目看，是篇记叙文，从文章行文的形式来看，却是一篇论说文。开头以楼主人的话提出问题——为什么取名“传是”；中间部分属论证问题，有立有破；最后提出“传是”的好处，属于解决问题。至于文中骈散夹杂，错落有致，问答起伏，波澜横生，尤其是几组长排比句的运用，增强了行文的气势。同时，文中集叙事、描写、议论、抒情为一体，更显得摇曳多姿，引人入胜。　（邓子勉）

【作者小传】

宋起凤

清散文家。号紫庭。沧州（今属河北）人。工文。著有《大茂山房合稿》。

核　工　记　　宋起凤

季弟获桃坠一枚，长五分许，横广四分。全核向背皆山。山坳插一城，雉历历可数。城巅具层楼，楼门洞敞，中有人，类司更卒，执桴鼓，若寒冻不胜者。枕山麓一寺，老松隐蔽三章。松下凿双户，可开阖。户内一僧，侧首倾听。户虚掩，如应门；洞开，如延纳状，左右度之无不宜。松下东来一衲，负卷帙踉跄行，若为佛事夜归者。对林一小陀，似闻足音仆仆前。核侧出浮屠[①]七级，距滩半黍。近滩维一小舟，蓬窗短舷间，有客凭几假寐，形若渐寤然。舟尾一小童，拥炉嘘火，盖供客茗饮也。舣舟处当寺阴，高阜钟阁踞焉，叩钟者貌爽爽自得，睡足徐兴乃尔。山顶月晦半规，杂疏星数点。下则波纹涨起，作潮来候。取诗“姑苏城外寒山寺，夜半钟声到客船”之句。

计人凡七：僧四，客一，童一，卒一。宫室器具凡九：城一，楼一，招提② 一，浮屠一，舟一，阁一，炉灶一，钟鼓各一。景凡七：山，水，林木，滩石四，星，月，灯火三。而人事如传更，报晓，候门，夜归，隐几，煎茶，统为六，各殊致殊意，且并其愁苦、寒惧、疑思诸态，俱一一肖之。

语云：“纳须弥于芥子③ 。”殆谓是欤！

〔注〕 ① 浮屠：塔。 ② 招提：寺院的别称。 ③ 纳须弥于芥子：须弥，佛教中传说的山名。芥子，芥的种子，比喻极微小。佛家语有“芥子纳须弥”，比喻诸相皆非真，巨细可以相容。《维摩经·不思议品》：“若菩萨住是解脱者，以须弥之高广，内芥子中，无所增减，须弥山王本相如故。”

唐代诗人张继有一首饮誉古今的七绝《枫桥夜泊》。诗是这样写的：“月落乌啼霜满天，江枫渔火对愁眠。姑苏城外寒山寺，夜半钟声到客船。”诗中描写了姑苏（今江苏省苏州市）城外枫桥和寒山寺（均在今苏州市西枫桥镇）深秋冷落的自然景色，表现出一种寂寞的情调，渲染了作者旅途的孤愁情怀。而此文所记桃核工艺品的微雕世界则是张继诗之意境的再现，是诗之意境的具体化、形象化，并赋予其以更丰富的内涵。但微雕世界的重心却凝聚在两处：一是寒山寺，一是小舟，扣住了诗的题意。先看寒山寺，依傍山麓，古松掩蔽。房门虚掩，一僧于屋内侧首倾听。他是听松涛声，还是听潮涨声？都不是。他是倾听人的足音，在等人。这样，僧的焦急之心不言而喻。这由“松下东来一衲，负卷帙踉跄行，若为佛事夜归者。对林一小陀，似闻足音仆仆前”可知。在这深夜中，“踉跄行”“仆仆前”正说明情事非同一般。再看另一个画面：“近滩维一小舟，蓬窗短舷间，有客凭几假寐，形若渐寤然。舟尾一小童，拥炉嘘火，盖供客茗饮也”。写客伏在小桌上小睡，像是要醒来的样子，点明了行客心事重重，揭示了行客愁闷落寞的情怀，以至在这夜半三更，难以安眠。而残月半弯，疏星数点，潮声阵阵，无疑又为行客添了几多愁绪。这样，文中所介绍桃核微雕世界的两个主要画面，都突出一个“愁”字，完美地完成了诗的意境的体现。

在行文间，作者时而插入一句传神的描写句，如“若寒冻不胜者”，“貌爽爽自得，睡足徐兴乃尔”，避免了枯淡，使文章显得生动感人。另外，文中记叙井然有序，由上至下，由内及外，由中心向边缘，杂而不乱，条理清晰。至于第二段，决不是前文的简单重复。前文是以事件为主进行介绍的;而此段却是按类而分,是对前文的总括,有助于人们对前文的介绍有一更清晰的回味和认识。这也是这类记文所必需的。

（邓子勉）

【作者小传】

沙张白

(1626—1691)　清文学家。原名一卿,字介臣,号定峰。江阴(今属江苏)人。与魏裔介等交往。著有《定峰乐府》《定峰文选》《读史大略》等。

市　声　说

沙张白

鸟之声聚于林,兽之声聚于山,人之声聚于市。是声也,盖无在无之。而当其所聚,则尤为庞杂沸腾,令听者难为聪焉。今人入山林者,闻鸟兽之声,以为是天籁适然,鸣其自乐之致而已。由市声推之,乌知彼羽毛之族,非多求多冀,哓哓焉炫其所有,急其所无,以求济夫旦夕之欲者乎?

京师土燥水涩,其声噌以呔[①]。鬻百货于市者,类为曼声高呼,夸所挟以求售。肩任担负,络绎孔道,至于穷墟僻巷,无所不到。传呼之声相闻,盖不知几千万人也!祁寒暑雨,莫不自晨迄暮,不肯少休,抗喉而疾呼,以求济其旦夕之欲耳!

苟谓鸟之呼于林,兽之呼于山者,皆怡然自得,一无所求,而人者独否,是天之恩勤[②]群类,予以自然之乐者,反丰于物而靳于人,此亦理之不可信者也。然使此千百万人者,厌其勤苦,且自悔不鸟兽若,尽弃其业而他业焉,将京师之大,阒然寂然,不特若曹无以赡其生,生民之所需,畴为给之?此又势之必不可者矣。顾使其中有数人焉,耻其所为,而从吾所好,则为圣贤,为仙佛,为贵人,为高士,何不可者。吾惜其自少至老,日夕为抗喉疾呼,而皇皇于道路以死也。甚矣,市声之可哀也。

虽然，市者，声之所聚；京师者，又市之所聚也。揽权者市权，挟势者市势，以至市文章，市技艺，市恩，市谄，市诈，市面首③，市颦笑：无非市者。炫其所有，急其所无，汲汲然求济其旦夕之欲，虽不若市声之哓哓然，而无声之声，震于钟鼓矣。甚且暮夜之乞怜无声，中庭之相泣有声，反不若抗声疾呼者之为其事而不讳其名也。君子之所哀，岂仅在市声也哉！

嗟乎！有凤凰焉，而后可以和百鸟之声；有麒麟焉，而后可以谐百兽之声；有圣人焉，而后能使天下之人之声皆得其中，终和且平，而无噍杀嚣陵之患。四灵④不至，君子之所为致慨也。若曰厌苦人声，而欲逃之山林，以听夫无所求而自然之鸣焉，是鸟兽同群，而薄斯人之吾与也。

〔注〕 ① 噌吰（chēng hóng 撑洪）：象声词，喻音量宏大，如钟声。 ② 恩勤：《诗·豳风·鸱鸮》："恩斯勤斯，鬻子之闵斯。"以"恩勤"称父母抚育子女的恩情和辛劳。此作"厚爱"解。 ③ 面首：男宠，男妾，男妓。明清二代均有"好男风"陋习，不只女的蓄面首。此处与下面"市颦笑"相对则可不引申。市颦笑指女性出卖色笑。 ④ 四灵：古以龙、凤、龟、麟称"四灵"。四灵出，兆示吉祥清明之世。

中和之美，是中国漫长的封建时代儒家的审美理想。这种审美理想说到底根源于人们的社会理想，是儒家教化的普遍渗透。倘若社会人生失却中和境界，中和的审美情趣不是空中楼阁就是心造幻影，难切实际。沙张白这篇《市声说》可以说是从侧面给予人们对上述问题以深刻的启示。沙张白（1626—1691）是个亲历乱世的清初文学家。他的诗多揭露现实，一脉承衍着唐代"新乐府"传统；《市声说》则以散文形态议论人生世态百相的丑恶，与其诗异曲而同工。他深感世风日下，礼义廉耻丧失殆尽，"皆得其中，终和且平"的境界已荡然难觅，而这正是乱世现象，当然也是封建时代已趋末期的衰败之兆。尽管沙张白的思想基石仍是有望于"圣人"之再出，以期清明之世的重造，也还是儒家观念；但作为一个正直的文人，他的厌恶一切皆可"市"的世风浇薄丑陋，其义愤之情则是可取的，很有可供借鉴的认识意义。

文章从"声"说起，然后转入"市"，笔势犀利却不急迫。他运用的是借"声"发挥转为由"声"而层层切入"市"的丑恶现象的，由远而近，一波三折的手法。沙张白说：声音"无在无之"，无所不有。这似乎没什么意思的话，全是为引出话题的由头。鸟声、兽声与人声的分辨，其实也是虚晃一笔，引起读者兴趣而已。现今科学观念渐强，生态平衡之类学说已很普及，当时的沙张白不一定谙熟此说，他用的是以“人”度“鸟兽”的推证法，说他们的声音别以为是“自乐”，焉知不也是为了“炫其所有，急其所无”？“以求济”三字实则就是“市”，调节有无与供给。显然，这犹如诗艺中的“比兴”手法，是以“声”兴起“市”。

第二节承上文之势转入对市声的描述。“鬻百货于市者”是正常的社会生活现象，不可或缺。肩挑手提，走街穿巷，寒暑晨昏“不肯少休”，煞也辛苦。说这是正常的，因为既是售者赖以生活，也是“生民之所需”，是一种社会需要，失此“市声”，社会也就失却平衡。所以，沙张白认为不能以为他们反不若鸟兽之“怡然自得”，是上苍的厚薄相待。这构思很巧，力主这种“市声”是正常的，正为反跌出后面种种“市”的行为的不正常。

然而，从正常之“市”转而揭露反常之“市”时，作者还不仅用了一般先扬后抑式的手段，在第三段结束处更运用了欲取先与、退一步以求进二步的方法。这就是所以有“甚矣，市声之可哀也”的感叹。只有把握这一点，才不觉得这“可哀”之说与上面“畴为给之”是矛盾的。特别要注意沙氏用了“顾使其中有数人焉”的假设语气和局部指对，这样的行文显得极谨慎又别见匠心。有此一个波折，第四段的种种“市”的行为，出卖礼义，出卖良心，出卖灵魂，出卖肉体的社会百相就在“虽然”二字的转折中尽情揭出。注意“京师者，又市之所聚”一句，京师是政权的心脏，王朝的灵魂，这里如此肮脏，举国上下足可窥知。沙张白说，别看这一桩桩买卖不像“鬻百货”者曼声高呼，使人失“聪”，吵得心烦，可“无声之声，震于钟鼓矣”，它震的是人心，扰乱的是世风，败坏的是社会根基。这确是一种可怕又可恶的“无声胜有声”，罪恶的黑幕活动！作者真正悲哀的是这见不得人（讳其名）的行为，悲哀的是国家、社会全在种种肮脏的“市”（交易）中堕落！“君子之所哀，岂仅在市声也哉”！《市声说》的借题发挥的本旨至此尽出。

结束一段则如前面辨析所说，是沙张白理想观念的追逐，从期望中表述失望的痛苦，他虽只用“致慨”二字，心情其实很沉重。最末几句乃照应首文，同时正说明他所悲的绝非正常生活所需的“市声”。

京师是个大市场，举国上下无不在寡廉鲜耻地“市”人性、良心、灵魂、人格，尔虞我诈，巧取豪夺，而此中又必有无数被欺辱、被凌迟、被践踏的不幸者。《市声说》几乎没有一句声色俱厉、奋臂激昂的语言，但忧愤之情，悲慨之心在缓缓的、淡淡的、显得很客观的语调中毕显，沙张白的简捷出于平实，锋锐见于舒展的风格按之可得。

（严迪昌）

【作者小传】

姜宸英

(1628—1699) 清文学家。字西溟,号湛园。浙江慈溪人。康熙进士。授翰林院编修。长于诗文,精书法。与朱彝尊、严绳孙齐名,号"江南三布衣"。曾参预纂修《明史》。后因科场案牵连,死于狱中。著有《湛园未定稿》《苇间诗集》《西溟文钞》等。

《奇零草》序

姜宸英

予得此于定海[①],命谢子大周钞别本以归。凡五、七言近体若干首,今久失之矣。聊忆其大概,为之序以藏之。

呜呼!天地晦冥,风霾昼塞,山河失序,而沉星殒气于穷荒绝岛之间,犹能时出其光焰,以为有目者之悲喜而幸睹。虽其揜抑于一时,然要以俟之百世,虽欲使之终晦焉,不可得也。

客为予言:公在行间,无日不读书,所遗集近十余种,为逻卒取去,或有流落人间者。此集是其甲辰以后,将解散部伍,归隐于落迦山[②]所作也。公自督师,未尝受强藩[③]节制,及九江遁还[④],渐有掣肘[⑤],始邑邑不乐。而其归隐于海南[⑥]也,自制一椑置寺中,实粮其中,俟粮且尽死。门有两猿守之,有警,猿必跳踯哀鸣。而间之至也,从后门入。既被羁会城[⑦],远近人士,下及市井屠贩卖饼之儿,无不持纸素至羁所争求翰墨。守卒利其金钱,喜为请乞。公随手挥洒应之,皆《正气歌》也,读之鲜不泣下者。独士大夫家或颇畏藏其书,以为不祥。不知君臣父子之性,根于人心而征于事业、发于文章,虽历变患,逾不可磨灭。

历观前代,沈约撰《宋书》,疑立《袁粲传》[⑧],齐武帝曰:"粲自是宋忠臣,何为不可?"欧阳修不为周韩通[⑨]立传,君子讥之。元听湖南为宋忠臣李芾[⑩]建祠,明长陵不罪藏方孝孺书者[⑪],此帝王盛德事。为人臣子处无讳之朝,宜思引君当道[⑫]。臣各为其主,凡一切胜国[⑬]语言,不足避忌。予欲稍掇拾公遗事，成传略一卷，以备惇史⑭之求，犹惧蒐访未遍，将日就放失也。悲夫！

〔注〕①定海：浙江舟山岛上定海县。②落迦山：即普陀山。此段"客"语中"甲辰"(康熙三年，1664)系前二年壬寅之误。张煌言《奇零草序》末称："是帙零落凋亡，已非全豹，譬犹兵家握奇之余，亦云余行间之作也。时在永历十六年，岁在壬寅端阳后五日，张煌言自识。"永历十六年为清康熙元年。甲辰是张煌言就义之年。③强藩：指郑成功。南明永历帝曾封郑成功为延平郡王。④九江遁还：清顺治十六年(1659)，郑成功自金门率兵北伐，张煌言为前锋，从长江口溯江而上，围攻南京。张别率一军至芜湖，乘胜攻下四府、三州、二十四县。但因郑成功在南京战败，撤军入海，张煌言后路被截断，部队溃散，经化装潜行始抵舟山。⑤渐有掣肘：指张煌言曾劝郑成功暂缓收复台湾，先行恢复中原的意见未被采纳。⑥归隐于海南：康熙三年，张煌言见大势已去，遂解散余部，隐居浙江象山县南的南田悬岙岛。⑦会城：省会。此指杭州。⑧疑立《袁粲传》：《南齐书·王智深传》："世祖(齐武帝萧赜)使太子家令沈约撰《宋书》，拟立袁粲传，以审世祖。世祖曰：'袁粲自是宋家忠臣。'"按《宋书·袁粲传》谓"粲谋克日矫太后令，使(刘)韫、(卜)伯兴率宿卫兵攻齐王(齐高帝萧道成)"，事泄被杀。⑨韩通：后周恭帝时为侍卫亲军马步军副都指挥使，宋太祖赵匡胤代周自立，韩通率军抵抗，被杀。⑩李芾：南宋知潭州(今湖南长沙)、湖南安抚使。德祐元年(1275)元兵攻破潭州时牺牲。⑪长陵：明成祖(永乐帝)死后葬长陵。此处即以长陵代称明成祖。方孝孺：明建文帝时侍讲学士，后改文学博士。燕王(即成祖)兵入南京，他不肯为燕王起草登极诏书，慷慨就义，被灭十族。⑫处无讳之朝：处在不必讲忌讳的朝代。引君当道：引导君主走正道。⑬胜国：已灭亡的前一朝代。前朝为今朝所胜，故称之为胜国。⑭惇史：《礼记·内则》："凡养老……有善则记之为惇史。"孔颖达疏："言老人有善德行则记录之，使众人法则，为惇厚之史。"惇(dūn敦)，敦厚、笃实之义。惇史犹言信史。

姜宸英在未入仕途前，与无锡的严绳孙、嘉兴的朱彝尊齐名，称"江南三大名布衣"。这三大布衣中要数姜氏为人最为狷介狂放，所以一生际遇也最蹭蹬可悲。他的耿直不畏权势淫威的性格，从敢于作这篇《〈奇零草〉序》一事上也可以见出。清初顺治年间曾四次率水师入长江，最后一次在顺治十六年(1659)联同郑成功攻下镇江，包围南京，而后直取芜湖的张煌言，是位英武不屈的民族英雄。由于郑成功的轻敌骄兵，战事转胜为败，张煌言被截断水上退路，不得已突围从皖东南绕浙西山区逃归海上，潜居悬岙岛上。张煌言是慈溪人，姜宸英是鄞县人，同属宁波府。对这位可敬的最终被害的乡先贤，姜氏极其崇仰，于是，在严禁的情况下毅然为《奇零草》作序，以寄托一己的仰慕敬重之情。尤可注意的是姜氏不仅敢冒大风险，而且采取以攻为守的笔法作序。他援引历史成例作为论据，运用给统治严酷的清王朝戴高帽颂赞的手法，论证"臣各为其主，凡一切胜国语言，不足避忌"。这实际上是对清廷日益严厉的文字狱作了一次大胆的反拨！人们从"帝王盛德事"云云的侃侃而论之中，与其说看到了姜氏的机智巧妙心思，还不如说是感受着他锋芒四射的棱角。所以，读此序时不应只注重前二节而轻忽最后一段。须知张煌言的功业品性，绝非一篇短序所能容纳，姜宸英本意亦不在以序代传。他的用心恰恰表现在“人心”二字上，即其人得人心，其文字得人心，其著作得人心！得人心之书岂可禁绝，又岂能禁绝？把握住姜氏此序的文心，再重头读来，必能豁然开朗，体味到“人心”之贵贯穿全文。

《奇零草》的“奇（jī 机）零”，通“畸零”，意即零星的。张煌言诗集之所以残缺不全，其原因一是战火动乱，未善保存；二是清廷严禁存传抄录，更不用说刊刻了。但是，得人心之人之作，终将能存留传播的，第二段的警策之句正在“虽其摈抑于一时，然要以俟之百世”这十四字。这就是“人心”的不可欺。人心何以向归？缘其人其作照耀天地的“光焰”。由此而言，姜宸英的“天地晦冥”云云数句，既是赞颂张氏，更是抉示人心，他是以人心难晦来反衬卓立于山河失序，天地昏沉，风尘掩却日光之际的张煌言的为人和精神（光焰）的。

第三段先写张煌言著作大部分“为逻卒取去”，此即“摈抑”事实，然而“或有流落人间者”一句则又回应上文“俟之百世”。接着择取两个细节作描述：一是备制“一椑置寺中，实粮其中，俟粮且尽死”，椑（bì 必）即棺，以示不屈而死之志，决不降；二是被系杭州时应各界人士之请，所留翰墨皆为《正气歌》，同样是表示将效法文天祥而尽忠完节。这就是张氏其人之精神所在，也即其诗文之“光焰”所由来。然而姜氏借此一节意在揭出一个反差现象：“远近人士，下及市井屠贩卖饼之儿”，纷纷求墨宝以收藏，可是“独士大夫家或颇畏藏其书”，以为藏之会遭祸。前者求藏正是“人心”之表现，后者远祸实即统治势力淫威之折射！于是姜宸英笔锋一转，揭出“不知君臣父子之性，根于人心”，“性”似是说的天性，实即讲的忠与孝的操守。初一看，这“性”是抽象泛论，细一想，落实到张煌言具体人身上，这忠之“性”实在就是忠于明朝的君臣之“性”。而后将这“性”发而为文章，落实到“虽历变患，逾不可磨灭”。毫无问题，这不可磨灭的正是“人心”，也是“君臣父子之性”！

这是相当大胆的言论。但是，大胆并非鲁莽。作传也好，作序也好，意原为存传于世，广为流播，所以必须加以特定的保护色，而且要言之成理，依之有据。这就是第四段文字所以有必要而且见匠心，极耐寻味处。所举四例均系后一个统治者并不计较忠于前朝或敌对政权的人，最妙的是截铁斩钉般地论定为“此帝王盛德事”，特别是四例中有一例是欧阳修不敢为后周的韩通立传，“君子讥之”云云，为引出“臣各为其主，凡一切胜国语言，不足避忌”作为佐证，真正恰到好处。序文至此，姜宸英堂皇声言：我还要收集史料遗事，为张公作“传略”呢！文人而具备这一气概，确值得起敬。

姜宸英散文以峭拔挺劲著称，此序风骨傲然，足为一例证。即使行文出于策略，稍见迂回，但绵里仍然藏针，益见其笔力遒劲。全文回环相应，紧裹文心，抽理其思又极明晰。

（严迪昌）

【作者小传】

宋　荦

（1634—1713）　清文学家。字牧仲，号漫堂，又号西陂。河南商丘人。累官江苏巡抚、吏部尚书，加太子少师衔。好收藏，精鉴赏，学问渊博。能诗，与王士禛齐名。散文亦有名。著有《绵津山人集》《西陂类稿》《筠廊偶笔》等。

游姑苏台记　　宋　荦

予再莅吴将四载①，欲访姑苏台未果。丙子五月廿四日，雨后，自胥江②泛小舟出日晖桥，观农夫插莳，妇子满田塍，泥滓被体，桔槔与歌声相答，其劳苦殊甚。

迤逦过横塘③，群峰翠色欲滴。未至木渎④二里许，由别港过两小桥，遂抵台下。山高尚不敌虎丘⑤，望之仅一荒阜耳。舍舟乘竹舆，缘山麓而东，稍见村落，竹树森蔚，稻畦相错如绣。山腰小赤壁，水石颇幽，仿佛虎丘剑池。夹道稚松丛棘，薝葡⑥点缀其间如残雪，香气扑鼻。时正午，赤日炎歊⑦，从者皆喘汗。予兴愈豪，褰衣贾勇如猿猱腾踏而上。陟其巅，黄沙平衍，南北十余丈，阔数丈，相传即胥台⑧故址也，颇讶不逮所闻。吾友汪钝翁《记》⑨称：“方石中穿，传为吴王用以竿旌者。”又“矮松寿藤，类一二百年物”。今皆无有。独见震泽⑩掀天陷日，七十二峰出没于晴云漰淼⑪中。环望穹窿、灵岩、高峰、尧峰诸山⑫，一一献奇于台之左右。而霸业销沉，美人黄土，欲问夫差之遗迹，而山中人无能言之者，不禁三叹。

从山北下，抵留云庵。庵小，有泉石，僧贫而无世法⑬，酌泉烹茗以进。山中方采杨梅,买得一筐,众皆饱啖,仍携其余返舟中。时已薄暮,饭罢,乘风容与而归。

侍行者,幼子筠⑭、孙韦金、外孙侯晸。六日前,子至方应试北上⑮,不得与同游。赋诗纪事,怅然者久之。

〔注〕 ① 再莅吴将四载:宋荦于康熙二十六年(1687)曾任江苏布政使,三十一年六月由江西巡抚调任江苏巡抚,任职地点皆在苏州,故云“再莅吴”。至作此文时的三十五年五月,将近四年。 ② 胥江:苏州胥门外的一条河。 ③ 横塘:《姑苏志》卷一八《乡都》:“吴县……镇五……横塘,去县西南十三里有横塘桥,风景特胜。” ④ 木渎:镇名,在江苏吴县西南。⑤ 虎丘:山名,在江苏吴县西北七里。上有虎丘塔、剑池、千人石、真娘墓等古迹。 ⑥ 薝(zhān 詹)蔔:栀子花。 ⑦ 炎歊(xiāo 消):热气。 ⑧ 胥台:即姑苏台,在姑苏山上。相传为吴王阖闾或夫差所筑。 ⑨ 汪钝翁:汪琬。《记》:指《游姑苏台记》,其中云:“台址颇平衍,有方石中穿,俗谓吴王用以竿旌者。其旁石壁直下数十尺,矮松寿藤相盘络,类一二百年物。壁上流泉数处,汇为池,其泉清泓可鉴。池畔皆石坡,土人呼为‘小赤壁’。” ⑩ 震泽:即太湖。⑪ 七十二峰:太湖中有七十二座山峰。淼淼(xiào miǎo 校秒):形容湖水深远广阔。 ⑫ 穹窿:山名,在苏州西南。灵岩:山名,在吴县木渎镇西北。吴王夫差作馆娃宫于此,以安置西施,今灵岩寺即其故址。另有响屧廊、吴王井、西施洞、琴台等古迹。高峰、尧峰:均为苏州西南郊太湖畔山峰名。 ⑬ 世法:世俗的礼法。无世法即不能依世俗礼法予以盛大的招待。⑭ 幼子筠:宋筠,字兰挥,康熙进士,著有《绿波园诗集》。 ⑮ 子至:儿子宋至,字山言,康熙进士,官编修,著有《纬萧草堂诗》。他这一年往北京应顺天府乡试,只中副榜。

康熙三十五年丙子(1696),作者游姑苏台后,写了这篇记文。流连光景,凭吊古迹,是许多游记作品中共同的主题。本文也不例外。

记文按时间先后,写了途中之景、登台之景、台上之景和台的四周之景,而作者的思想情感也随之起伏变化。因是游姑苏台,所以先从后三景说起。登台之景,显出一派盎然生机:稻畦交错,竹林蔚密,幼松丛生,水石清幽,复有栀子花点缀其间,幽香飘溢,令人心怡。时烈日炎炎,从游者皆喘汗,独作者兴致勃发,“褰衣贾勇”,如猿猴般攀登而上,须知此时他已是六十三岁的人了。然而登台所见,唯有连绵黄沙,前人游记中所载吴王夫差用以插旗竿的穿孔方石和矮松、寿藤,“今皆无有”,突出强调了荒芜冷落景象。“颇讶不逮所闻”一句,流露了作者的失落感,为下文吊古伤今之情作了伏笔。登台眺望四周,唯见太湖波涛汹涌,搅天吞日,雨后天晴,水汽蒸腾,诸峰献奇,给人以豪壮雄伟的感觉。此时此刻,联想到昔日吴王夫差的霸业,不也曾具有这种气势?范成大《吴郡志》“姑苏台”条说:“吴王夫差筑姑苏之台,三年乃成。周旋诘屈,横亘五里。崇饰土木,殚耗人力。宫妓千人,台上别立春宵宫,为长夜之饮。造千石酒钟,又作天池,池中造青龙舟,舟中盛致妓乐,日与西施为嬉。又于宫中作海灵馆、馆娃阁,铜沟玉槛。

宫之楹榱，皆珠玉饰之。"可谓奢侈至极。然而，曾几何时，"霸业销沉，美人黄土"，这怎不令作者感慨万千！由生机盎然的登台之景，到荒芜冷落的台上之景，再到气势雄豪的台的四周之景，作者的思想情感也随之相应变化：由欣喜兴奋，到失望伤感，再到感慨叹息，充分说明了景随物迁，情因景生。这也是本文写作上的主要特点。

反过来，让我们再来看看开头写途中之景的用意。乍一看，这不过是个引子，与游姑苏台无多大联系；然而，从作者的思想情感的脉络来看，则与下文有着内在的联系，其关键在于"其劳苦殊甚"这句感叹上。从文中所描述的农忙情景来看，农夫插秧，妇女孩子满田野，农具声与歌声相应答，除给人以"忙"与"乐"的感觉外，似乎再无其他；而作者独看出"苦"字，而且"殊甚"，导致这种思想情感实质上是作者抚今追昔的结果。这时正值清初，社会刚安定，作者提出这个问题，实含有警戒的用意，只是表达得太含蓄罢了。当然，从记事时间看，这种思想情感的表露是在游姑苏台前，与作者感慨吴王霸业的兴衰似乎挂不上钩，然而写文章的时间已是游姑苏台之后的事了，这样表露也就不矛盾了。　（邓子勉）

【作者小传】

邵长蘅

(1637—1704)　清诗人。一名衡，字子湘，别号青门山人。武进(今属江苏)人。诸生。后因事除名，旋入太学。长期客于江苏巡抚宋荦幕。工诗，尤致力古文辞，为王士禛、汪琬所推许。著有《青门簏稿、旅稿、剩稿》等。

阎典史传

邵长蘅

阎典史①者，名应元，字丽亨，其先浙江绍兴人也，四世祖某，为锦衣校尉②，始家北直隶之通州③，为通州人。应元起掾史④，官京仓大使⑤。崇祯十四年，迁江阴⑥县典史。始至，有江盗百艘，张帜乘潮阑入内地，将薄城，而会县令摄篆旁邑⑦，丞、簿选愞怖急⑧，男女奔窜。应元带刀鞬出，跃马大呼于市曰："好男子，从我杀贼护家室！"一时从者千人。然苦无械，应元又驰竹行呼曰："事急矣，人假一竿，值取诸我！"千人者，布列江岸，矛若林立，士若堵墙。应元往来驰射，发一矢辄殪一贼。贼连毙者三，气慑，扬帆去。巡抚⑨状闻，以钦依都司掌徼巡县尉⑩，得张黄盖，拥纛，前驱清道而后行。非故事⑪，邑人以为荣。久之，仅循资迁广东英德县主簿，而陈明选代为尉。应元以母病未行，亦会国变⑫，挈家侨居邑东之砂山⑬。是岁乙酉⑭五月也。

当是时，本朝定鼎改元二年矣。豫王⑮大军渡江，金陵⑯降，君臣出走。弘光帝⑰寻被执。分遣贝勒⑱及他将，略定东南郡县。守土吏或降或走，或闭门旅拒⑲，攻之辄拔。速者功在漏刻，迟不过旬日，自京口⑳以南，一月间下名城大县以百数。而江阴以弹丸下邑，死守八十余日而后下，盖应元之谋计居多。

初，薙发令㉑下，诸生㉒许用德者，以闰六月朔悬明太祖御容于明伦堂㉓，率众拜且哭，士民蛾聚㉔者万人，欲奉新尉陈明选主城守。明选曰："吾智勇不如阎君，此大事，须阎君来。"乃夜驰骑往迎应元。应元投袂㉕起，率家丁四十人夜驰入城。是时城中兵不满千，户裁及万，又饷无所出。应元至，则料尺籍㉖，治楼橹㉗，令户出一男子乘城，余丁传餐㉘。已乃发前兵备道㉙曾化龙所制火药火器贮堞楼，已乃劝输巨室，令曰："输不必金，出粟、菽、帛、布及他物者听。"国子上舍㉚程璧首捐二万五千金，捐者麇集。于是围城中有火药三百罂，铅丸、铁子千石，大炮百，鸟机千张，钱千万缗，粟、麦、豆万石，他酒、酤、盐、铁、刍、藁称是。已乃分城而守：武举黄略守东门，把总㉛某守南门，陈明选守西门，应元自守北门，仍徼巡四门。部署甫定，而外围合。

时大军薄城下者已十万，列营百数，四面围数十重，引弓仰射，颇伤城上人。而城上礧炮、机弩，乘高下，大军杀伤甚众。乃架大炮击城，城垣裂。应元命用铁叶裹门板，贯铁絙护之，取空棺实以土，障隤处。又攻北城，北城穿。下令："人运一大石块，于城内更筑坚垒。”一夜成。会城中矢少，应元乘月黑，束藁为人，人竿一灯，立陴院[32]间，匝城，兵士伏垣内，击鼓叫噪，若将缒城斫营者。大军惊，矢发如雨，比晓，获矢无算。又遣壮士夜缒城入营，顺风纵火，军乱，自蹂践相杀死者数千。

大军却，离城三里止营。帅刘良佐拥骑至城下，呼曰：“吾与阎君雅故，为我语阎君，欲相见。”应元立城上与语。刘良佐者，故弘光四镇[33]之一，封广昌伯，降本朝总兵者也。遥语应元：“弘光已走，江南无主，君早降，可保富贵。”应元曰：“某明朝一典史耳，尚知大义，将军胙土分茅[34]，为国重镇，不能保障江淮，乃为敌前驱，何面目见吾邑义士民乎?”良佐惭退。

应元伟躯干，面苍黑，微髭。性严毅，号令明肃，犯法者，鞭笞贯耳[35]，不稍贳。然轻财，赏赐无所吝。伤者手为裹创，死者厚棺殓，酹醊[36]而哭之。与壮士语，必称好兄弟，不呼名。陈明选宽厚呕煦[37]，每巡城，拊循[38]其士卒，相劳苦，或至流涕。故两人皆能得士心，乐为之死。

先是，贝勒统军略地苏、松[39]者，既连破大郡，济师来攻。面缚两降将，跪城下说降，涕泗交颐。应元骂曰：“败军之将，被禽不速死，奚喋喋为！”又遣人谕令：“斩四门首事各一人，即撤围。”应元厉声曰：“宁斩吾头，奈何杀百姓！”叱之去。会中秋，给军民赏月钱，分曹携具，登城痛饮，而许用德制乐府《五更转曲》，令善讴者曼声歌之。歌声与刁斗、笳吹声相应，竟三夜罢。

贝勒既觇知城中无降意，攻愈急。梯冲[40]死士，铠胄皆镔铁，刀斧及之，声铿然，锋口为缺。炮声彻昼夜，百里内，地为之震。城中死伤日积，巷哭声相闻。应元慷慨登陴，意气自若。旦日，大雨如注，至日中，有红光一缕起土桥，直射城西。城俄陷，大军从烟焰雾雨中蜂拥而上。应元率死士百人，驰突巷战者八，所当杀伤以千数。再夺门，门闭不得出，应元度不免，踊身投前湖，水不没顶，而刘良佐令军中，必欲生致应元，遂被缚。良佐箕踞乾明佛殿，见应元至，跃起持之哭，应元笑曰："何哭？事至此，有一死耳！"见贝勒，挺立不屈。一卒持枪刺应元贯胫，胫折踣地。日暮，拥至栖霞禅院，院僧夜闻大呼"速斫我"不绝口。俄而寂然，应元死。

凡攻守八十一日，大军围城者二十四万，死者六万七千，巷战死者又七千，凡损卒七万五千有奇。城中死者，无虑五六万，尸骸枕藉，街巷皆满，然竟无一人降者。

城破时，陈明选下骑搏战，至兵备道前被杀，身负重创，手握刀，僵立倚壁上不仆。或曰阖门投火死。

论曰：《尚书·序》㊶曰："成周既成，迁殷顽民㊷。"而后之论者，谓于周则顽民，殷则义士。夫跖犬吠尧㊸，邻女詈人㊹，彼固各为其主。予童时，则闻人啧啧谈阎典史事，未能记忆也。后五十年，从友人家见黄晞所为死守孤城状，乃摭其事而传之。微夫应元，固明朝一典史也，顾其树立，乃卓卓如是！呜呼！可感也哉！

〔注〕 ① 典史：官名，知县的属官，掌管缉捕、监狱。如无县丞、主簿，则典史兼领其职。② 锦衣校尉：明代掌管侍卫、缉捕、刑狱的官署锦衣卫的下属军吏。 ③ 北直隶之通州：即今北京通州区。 ④ 掾(yuàn 院)史：古代地方官长手下的属吏。 ⑤ 京仓大使：明代户部掌管京城所设仓场的官员。 ⑥ 江阴：今属江苏。 ⑦ 摄篆旁邑：到他县代理县令职务。⑧ 丞、簿：县丞、主簿，均为知县的属官。选愞(xùn ruǎn 训软)怖急：怯懦恐惧。 ⑨ 巡抚：官名，总揽一省的军民政务。 ⑩ 以钦依都司掌徼(jiào 叫)巡县尉：以皇帝的命令加阎典史都司职衔，掌管全县巡察缉捕的县尉职务。 ⑪ 非故事：没有先例。 ⑫ 国变：指明朝灭亡。⑬ 砂山：在江阴县城东南约三十里。 ⑭ 乙酉：南明弘光元年，清顺治二年(1645)。 ⑮ 豫王：即和硕豫亲王，名多铎，于顺治二年五月率清军渡过长江。 ⑯ 金陵：指南京弘光政权。⑰ 弘光帝：南明福王朱由崧。 ⑱ 贝勒：清封爵名，位在郡王下、贝子上，此处系指平南大将军勒克德浑。 ⑲ 旅拒：聚众抗拒。 ⑳ 京口：今江苏省镇江市。 ㉑ 薙(tì 剃)发令：薙，通"剃"。顺治二年，清兵攻入南京，强迫汉族男子剃发留辫，改为满族装束，违者处死。 ㉒ 诸生：入学取得生员资格的人，俗称秀才。 ㉓ 明伦堂：县学的正殿。 ㉔ 蛾(yǐ 蚁)聚：蛾，同"蚁"；像蚁聚在一处，言其人数之多。 ㉕ 投袂(mèi 妹)：甩动衣袖的奋发之状。 ㉖ 料尺籍：整理军中的文书簿籍。 ㉗ 治楼橹：修整守城的器具。 ㉘ 传餐：传送食物。 ㉙ 兵备道：官名，明代于各省重要地方设整饬兵备的道员。 ㉚ 国子上舍：即明代国子监的监生。上

舍指班级较高的士子,借用宋代旧称。 ㉛ 把总:武官名,在千总之下。 ㉜ 陴陧(pí ní 皮尼):城上女墙。 ㉝ 弘光四镇:南明弘光帝时,分江北为四镇,分别由刘良佐、黄得功、高杰、刘泽清驻守。 ㉞ 胙(zuò 坐)土分茅:胙,赐。古代帝王分封功臣土地,用白茅裹着泥土授予被封者,象征授予土地及权力。这里是说刘良佐受命镇守一方,是有封爵的大官。 ㉟ 贯耳:以短箭插耳示众,为古代军队中的刑罚。 ㊱ 酹醊(lèi chuò 泪绰):以酒浇地而祭。 ㊲ 呕煦(xū xù 须续):和悦可亲的样子。 ㊳ 拊循:抚慰。 ㊴ 苏、松:苏州、松江两府所属各地。 ㊵ 梯冲:攻城用的云梯与冲车。 ㊶《尚书·序》:指《尚书》中《多士》一篇的序。 ㊷ 成周既成,迁殷顽民:全句是说西周灭殷以后,把不服从周朝的殷人迁到成周这个地方,以防止他们叛乱。成周,古地名,在今河南洛阳市东北。周成王时,周公旦曾筑城于此。 ㊸ 跖犬吠尧:比喻人臣各为其主。跖,古代传说中的大盗名;尧,古代传说中的贤君。语见《战国策·齐策六》。 ㊹ 邻女詈人:《战国策·秦策一》:"楚人有两妻者,人谜其长者,长者詈之;谜其少者,少者许之。居无几何,有两妻者死,客谓谜者曰:'汝取长者乎,少者乎?'曰:'取长者。'客曰:'长者詈汝,少者和汝,汝何为取长者?'曰:'居彼人之所,则欲其许我也;今为我妻,则欲其为我詈人也。'"詈,咒骂。谜(tiǎo),引诱。

公元1644年,满洲贵族入主中原,开始了中国历史上最后一个封建王朝的统治。清统帅多铎又于次年率军南下,五月攻占南京,消灭了南明福王政权,许多明朝官吏纷纷投降。清统治者的残酷镇压,激起了江南人民的强烈反抗,以阎典史为首的江阴人民守城八十一天的抗清斗争虽只是一段小小的插曲,但它却以气贯长虹的浩然正气显示了江南人民威武不屈的伟大精神。阎应元、陈明选(一作陈明遇)等人官卑职微,他们的作为与刘泽清、钱谦益、刘良佐等变节投降的达官显贵们形成了鲜明的对比,正如当时的一副对联所说:"八十日戴发效忠,表太祖十七朝人物;六万人同心死义,存大明三百里江山。"(见计六奇《明季南略·江阴纪略》)

《阎典史传》的作者邵长蘅以江阴城守为背景,生动真实地展现了阎应元等人不畏强暴、智勇双全的光辉形象。作者六七岁时就已成为清朝的属民,对于易代之际的历史不能不有所避讳和顾忌,加之清统治者对人民思想控制严厉,表彰一位前朝的抗清英雄又谈何容易!在《阎典史传》的结尾处,作者不得不讲了一番"跖犬吠尧""邻女詈人"的言语遮掩,可见用心之苦,但细味文章,行文的字里行间爱憎极为分明。他以热情洋溢的笔调歌颂了江阴人民舍生忘死的抗清斗争,以谴责的口吻暴露了清统治者入关以后屠杀政策的残酷无情,批判了屈膝于清人屠刀下的封疆大吏们的卑鄙无耻。以阎典史为首的江阴人民宁死不屈的战斗精神不但为广大人民所赞扬,出于维护自身利益的考虑,就连清统治者也予阎应元以"忠烈"的谥号(见徐鼒《小腆纪传》卷四十六"义师一")。江阴城守之役,"城中死者,无虑五六万,尸骸枕藉,街巷皆满,然竟无一人降者"。《阎典史传》是一首气势磅礴的英雄颂歌，它早已超出狭隘的民族界限，而以整个中华民族的骄傲彪炳史册。

《阎典史传》的艺术手法是高超的，它继承了我国从司马迁《史记》以来的传记写法，在构思谋篇、剪裁布局、细节刻画、语言锤炼诸方面都渗透了作者精雕细琢的艺术匠心。作者用雕塑的方法，把主人公阎应元的音容笑貌立体地呈现在读者面前，痛快淋漓，呼之欲出。

先说谋篇与布局。《文心雕龙·附会》篇有"是以附辞会义，务总纲领，驱万途于同归，贞百虑于一致"的论述，讲的是文章的命意布局均不应离开全篇的主旨。《阎典史传》是为阎应元立传，全文围绕阎应元这个人物，以困守江阴为主要事件展开叙述，江阴城守之前的大破海贼一段以及结束段的议论都是服务于全文主旨的，笔酣墨饱，详略得当。文章开头对应元出身家世的简略介绍与一般传记的写法相同，但突出的是他的官卑职微，与文章最后"微夫应元，固明朝一典史也，顾其树立，乃卓卓如是！呜呼！可感也哉"的议论遥相呼应，更显示出应元不屈而死的可贵和达官显贵们"或降或走"的可耻。大破海贼一事的描写对于刻画应元的性格特征起着一个铺垫陪衬的作用，既造成一种先声夺人的气势，又为以后陈明选推荐应元主守江阴，应元临危受命一事埋下伏笔，前后照应，顺理成章。江阴城守是全文的核心，作者在交待应元破贼之后的去向后，并没有直接引入江阴的战事，而是先简略地概括了当时中原板荡、危机四伏的紧迫形势。"守土吏或降或走，或闭门旅拒，攻之辄拔"，用不足二十字的篇幅就把明王朝风雨飘摇的景况勾画出来，顾景星评此数行说："凌空数行文字，全局俱振，是笔力天纵处。"（见顾景星批点本《邵子湘全集》）可称的论。在叙述方法上，大破海贼一段用的是顺叙，江阴城守一段则用追叙，即在总括全局形势之后，先提出事件的结局："而江阴以弹丸下邑，死守八十余日而后下，盖应元之谋计居多。"这样写有利于突出江阴抗战的难能可贵，突出应元在江阴城守中中流砥柱的作用，同时也使文章参差错落，避免了单调呆板。大破海贼与江阴城守二事都写应元受命于危难之际，但写法却同中见异。前者略写，后者详叙。前者描绘应元在"男女奔窜"的情况下挽狂澜于既倒，智勇双全地保卫了江阴；后者刻画应元在同仇敌忾的气氛中与全体官兵同舟共济、视死如归的侠肝义胆。这种统一中求变化，错落间不离其宗的艺术构思是值得借鉴的。古人说"文似看山不喜平"，文章的谋篇布局的巧妙与得当有助于读者回味深思。作者在困守江阴应元两次骂降之间，补入一段介绍应元体貌与爱兵如子、执法严明的文字，用的是插叙法，这与下文中秋登城痛饮一段都是忙里偷闲的写法。这样的写法有助于舒缓节奏，增加行文的起伏与生动，达到有张有弛的艺术效果。“疏可走马，密不插针”，人们常用此话评价篆刻艺术的布局，作者叙述贝勒攻江阴与城陷一段直至结尾的议论，在结构布局上确实给人以密不插针、一气呵成之感。

再说形象刻画。《文心雕龙・物色》篇说：“写气图貌，既随物以宛转。”《阎典史传》的布局与剪裁都是围绕对阎应元的形象刻画进行的。把人物置于艰苦危难的环境中进行刻画是本篇的突出特点。大破海贼一事，《明史》卷二七七只有“十七年，海贼顾三麻入黄田港，应元往御，手射杀三人”二十一字的记载，而本篇则先渲染当时紧急的形势：“有江盗百艘，张帜乘潮阑入内地，将薄城，而会县令摄篆旁邑，丞、簿选愞怖急，男女奔窜。”随后才有应元独自带刀跃马，聚众、借竿、射贼的描述。江阴城守战事，应元也是在形势危急之中出场，“江阴城中兵不满千，户裁及万，又饷无所出”，而应元一至，马上进行了守城部署，修器械，集物资，明职责等数事，把应元临危不惧，忠勇善战的性格特征烘托了出来。在刻画应元忠义的同时，作者始终把主人公的机智超群置于重要地位。破海贼中竹行借竿的举措着力于应元的权变，江阴城守时束藁借箭的谋划则是对应元谋略过人的描写。“借箭”，自然使人联想到《三国演义》中诸葛亮草船借箭的故事。作者选取这个战例，极富传奇色彩，仅用五十余字就把应元足智多谋、智勇双全的性格特征刻画了出来，令人叫绝。王士禛为邵长蘅文集作序说：“其为文远取法于唐、宋大家，时闯马、班二史之藩，而其于淘汰锻炼之工尤深。”邵长蘅借鉴《史记》的语言艺术的痕迹极为明显。全文二千余字，叙述有条不紊，层次鲜明，语言简洁有力，特别是运用人物自身的语言刻画人物，与《史记》等传记文学更有一脉相承之处。《史记》中描绘刘邦和项羽见秦始皇车队时所发出的不同感慨：前者是“大丈夫当如此也”，后者是“彼可取而代也”，用一句话就把二人不同的性格特征表露了出来。韩愈《〈张中丞传〉后叙》中描绘张巡及南霁云的对话，也神采飞扬。语言是表达人物思想的有力工具，画龙点睛地运用人物自身的语言贯穿于文章之中，可以避免大段的铺陈和冗长的描写，从而增加文章的表现力，有事半功倍之效。“好男子，从我杀贼护家室！”“败军之将，被禽不速死，奚喋喋为！”“何哭？事至此，有一死耳！”篇中这些话语，出自应元之口，斩钉截铁，雄迈有力，把主人公英勇、大义、决撒、果敢的性格表现了出来，读之如见其人，如闻其声。

《阎典史传》在刻画阎应元的同时，又以附传的形式表彰了陈明选，起到了烘云托月的作用，与韩愈的《〈张中丞传〉后叙》一文有相似之处，正如冯景所评：“非青门先生大手笔，安能与昌黎《书张巡传后》并传千古哉！”（见顾景星批点本《邵

子湘全集》) （赵伯陶）

廖 燕

【作者小传】 (1644—1705) 清文学家。初名燕生，字人也，号柴舟。曲江(今广东韶关市)人。家贫好学。本为诸生，后厌弃科举八股，专事论著。其文恣肆犀利，对程朱理学及儒家传统史论，多持异议。论诗反对模拟堆砌。其诗抒写怀抱，不事雕琢，隐含对当时现实的不满。工草书。又能戏曲。著有《二十七松堂集》及杂剧《醉画图》《诉琵琶》等四种。

选古文小品序

廖 燕

大块铸人①，缩七尺精神于寸眸之内，呜呼，尽之矣！文非以小为尚，以短为尚，顾小者大之枢，短者长之藏也。若言犹远而不及，与理已至而思加，皆非文之至也。故言及者无繁词，理至者多短调。巍巍泰岱，碎而为嶙砺沙砾，则瘦漏透皱见矣；滔滔黄河，促而为川渎溪涧，则清涟潋滟生矣。盖物之散者多漫，而聚者常敛。照乘粒珠②耳，而烛物更远，予取其远而已；匕首寸铁耳，而刺人尤透，予取其透而已。大狮搏象用全力，搏兔亦用全力，小不可忽也；粤西有修蛇，蜈蚣能制之，短不可轻也。

〔注〕 ① 大块：大自然。《庄子·大宗师》："夫大块载我以形，劳我以生，佚我以老，息我以死。"亦可作天地、即造化解。铸：铸造。 ② 照乘粒珠：古时一车四马为一乘。照乘珠，光亮能照明车辆的宝珠。

崛起于明代嘉靖、隆庆(1522—1572)以后，盛行在明末清初的小品文，实系中国散文史上异彩缤纷的一丛奇葩。这是一种适性任情的文体，它以或精悍，或灵动，或诙谐，或清逸的格调，不仅对八股"时文"式空洞无物的高头讲章是一剂猛攻的药石，而且也是烦碎冗杂的"古文"弊病的有力针砭。作为古代散文的一次革新运动，通常称为"晚明小品"的创作现象，本应得到足够的认识和公正的评价的。但是，由于某种特定的历史原因，"小摆设"的恶谥总是胶结在晚明小品文头上难以除去，正统的习惯观念以及20世纪30年代关于小品文的一场争论所遗留的过于简单化的误解，至今未能彻底摆脱。廖燕是位生于明崇祯覆亡之年的清初文学家，他这篇《选古文小品序》从理论建设的角度，对小品文之“小”所作的精警阐述，既对晚明以来这一文体有着势如高屋建瓴的总结，也足可澄清散文史研究中的那些偏见。而其选其序俨然在题称上加“古文”二字于“小品”之上，凛然以原非异端的姿态出现，尤值得体味。需知“古文”之称，自明代以来几乎已成“八大家”之属的类似配享殿堂的正宗散文的代名词的。

廖燕在论述小品文的功能犹似烛幽之明珠、透骨之利刃时，其笔底文字本身就具有烛幽透骨的工力。从这意义讲，这篇短序就是小品的典范。切入犀利，设譬警策，文理紧密而不觉窒闷，论辩简捷已入骨三分，小品不“小”的特性只需略加辨味即可骊珠在握。

序文起笔以双目之于人体，虽是“寸”间之小而相对于“七尺”之大，然“七尺精神”全凝聚激射自“寸眸之内”为喻，提纲挈领，小大之难以遽定高下的道理固已不言自明，而“小”之不小的立论亦奠定坚实的基石。一个“缩”字下得极有分量，“呜呼，尽之矣”则是对造化之功的不尽赞叹，更是对“缩”之奇妙的强化笔墨。咫尺千里之功，尺水兴波之力，以至文中提及的寸铁利透、粒珠烛远，说到底此中全见“缩”之奥理妙法。所以，后文的“枢”“藏”“无繁词”“多短调”“瘦漏透皱”以至“聚者常敛”等等，实在都是“缩”字的层层反复辨认，一个“缩”字从本质上说已是贯透全文，一穿到底。然而，说理都得掌握好一个“度”，即分寸，论证“小”之功能，并非等于唯“小”是尚，只有“小”的独好。要说服人就必须让人信服，应该将“小”的精妙之理辨析清楚，于是廖燕要言不烦地紧接“尽之矣”之句展开精辟的缕析。

廖燕的高明处在于论“小”而绝不游离开“大”，这是很懂得辩证法的奥义的。本来，小大乃相对概念，互依互存，丢弃任何一方也即取消了自身。“小”之可贵，正在于小中见大，以小寓大，虽小而大，小而驭大。否则，小只是小，何以傲视于大？正是基于这样的文心思路，廖氏先宕开一笔：“文非以小为尚，以短为尚”。是的，不是只要“小”的都是好的。小的可贵价值，必须在于它乃“大之枢”“长之藏”。就是说，这种“小”应是“大”的枢纽，其力量足以运动得起、载负得起“大”；应是“长”的浓缩载体，其容量足以蕴藏得住、凝聚得住“长”。这犹如俗语所谓四两拨千斤。无此容量和力度，一味“以小为尚”，无疑必走向另一极端而成为蠢话。后来袁枚《续诗品・矜严》中所说“我饮仙露，何必千钟。寸铁杀人，宁非英雄”以及《随园诗话》引唐人诗句“药灵丸不大，棋妙子无多”云云，显然亦是同一意思。把这一点说透说足，脚跟立稳，下面就可势如破竹了。“言犹远而不及”二句是对大篇文章言不及义，理已点明犹絮絮叨叨，即空枵和冗繁的否定。这否定适足反衬出“理至者多短调”的“小”的功能价值，只需一笔带过。紧接着推进一层，用形象来妙譬：泰山巍巍，自见其雄，但碎石亦别具“瘦漏透皱”之美；黄河滔滔，自见其势，可是川渎溪涧，却也涟漪秀丽。乍一看似矛盾，有语病，细一想廖燕仍在说“小”之可贵乃在其中寓有“大”，他的并未扬小抑大之意始终牢牢把握，短序中波澜起伏，此可足证。

序文至此，“小”与“大”之关系及其相对意义已说透，故由“散者多漫，聚者常敛”承托上文，并启开下层，着重对“小品”之小的功能力度略加论证。以“烛物更远”的“照乘粒珠”和刺人尤透的“匕首寸铁”为喻，简洁明了地将小品文所特具的深远度和穿透力揭示以出，取警精到，说服力极强，“小”的精湛凝练以至犀利的特点给人印象已够深。而后笔再一转，说小品文之所以“小”而不小，原是作者花大气力所致，别以为“小”就可轻忽小看，掉以轻心则“小”必不得见“大”！这就是大狮搏象与搏兔是一样“用全力”之喻。深入浅出，此中用笔极富匠心。特别是结尾再以粤西长蛇被短短蜈蚣所制服，又反应一笔，强调“短不可轻”，回到序文本旨上来，既与开首相呼应，又不与前文说“小”重复。“小”与“短”其旨原为一，分而述之，参差错落，文章愈见多姿，不呆板。（严迪昌）

【作者小传】

戴名世

(1653—1713)　清散文家。字田有。安徽桐城人。散文长于史传。留心明代史事，访问遗老，考订野史，准备成书。康熙四十一年(1702)刊行《南山集》。五十七岁中进士，任翰林院编修。三年后为御史赵申乔参劾，谓其《南山集》中采方孝标《滇黔纪闻》所载南明桂王事，以“大逆”罪被杀。

鸟　说

戴名世

余读书之室，其旁有桂一株焉，桂之上，日有声喈喈[①]然者。即而视之，则二鸟巢于其枝干之间，去地不五六尺，人手能及之。巢大如盏，精密完固，细草盘结而成。鸟雌一雄一，小不能盈掬，色明洁，娟皎可爱，不知其何鸟也。雏且出矣，雌者覆翼之，雄者往取食，每得食，辄息于屋上，不即下。主人戏以手撼其巢，则下瞰而鸣，小撼之小鸣，大撼之即大鸣，手下，鸣乃已。他日，余从外来，见巢坠于地，觅二鸟及鷇[2]，无有。问之，则某氏僮奴取以去。

嗟乎！以此鸟之羽毛洁而音鸣好也，奚不深山之适而茂林之栖，乃托身非所，见辱于人奴以死。彼其以世路为甚宽也哉！

〔注〕 ① 喧(guān关)喧：二鸟和鸣。 ② 鷇(kū枯)：鸟卵。

《鸟说》是戴名世的一篇讽世寓言。全文不足三百字，却隽永清新，意味深长，对封建社会的残酷现实予以无情讽刺。最后一句“彼其以世路为甚宽也哉”点明了全篇的主旨，令人回肠荡气。

清统治者于公元1644年定鼎中原以后，为了加强对人民思想的控制，大兴文字狱。发生于康熙初年(1662)的庄廷钺《明史》案，因各级官吏深文周纳，形成所谓“瓜蔓抄”，株连近七百余家。本文作者戴名世也是文字狱的一位牺牲者，仅仅因为他所著《南山集》中有《与余生书》，称明季三王年号，又引及方孝标《滇黔纪闻》，就以“语悖逆”之罪名下狱论死(见《清史稿》卷四八四《文苑传》)，无辜被杀之冤与本文二鸟的遭遇恰似。从本篇末的议论“嗟乎！以此鸟之羽毛洁而音鸣好也，奚不深山之适而茂林之栖，乃托身非所，见辱于人奴以死”来看，《鸟说》的基本思想是君子可以远祸。这与他二十九岁时所作《魏其论》一文的思想是一致的，即：“夫君子处乱世，不幸而遇小人，远之亦死，近之亦死，而吾谓远之犹可以得生。”实际上，在黑暗的封建社会中，这种想法并不现实，与世无争的世外桃源不过是诗人的幻想而已。戴名世五十三岁中举，那一年他写了《蓼庄图记》一文，中有“余久怀遁世之思，嗟宇宙无所为桃花源者，何以息影而托足”的话。感慨万分的表白，说明他已意识到正人君子避祸无门的现实。作为封建社会中一个较有识见的知识分子，戴名世对于“当世之故不无感慨忿怼”(《与何屺瞻书》)，在出世与入世的思想斗争中，他选择的是一条积极入世的道路，所以他五十七岁时仍参加会试与殿试，并考中了一甲二名进士。尽管他也意识到“仆古文多愤时嫉俗之作，不敢示世人，恐以言获罪”(《与刘大山书》)，但最后终于没有逃脱统治者的屠刀，二鸟的命运竟成了他自身的悲剧。封建社会的“世路”的确太窄了，正所谓“江头未是风波恶，别有人间行路难”(辛弃疾《鹧鸪天》)。联系戴名世的遭际，读这篇《鸟说》，不是更加令人深思吗？

戴名世青少年时期就以擅长古文著称。他的散文取法自然，雅洁严整。“君子之文，淡焉泊焉，略其町畦，去取铅华，无所有乃其所以无所不有也。”(《与刘言洁书》)这段话道出了他的文学主张。如果说他是桐城派的先驱人物，有一定道理。从《鸟说》可略见其文风之一斑。全篇没有曲折的构思，仿佛只是平铺直叙，信口道来，其实字里行间都蕴涵着作者充沛的情感。他先开门见山，把构筑于桂树上的鸟巢中二鸟的“娟皎可爱”及其取食盘桓的娇态写出，不事雕琢而情深意长，旨在造成一种和平恬静的气氛。接下忽写巢坠鸟失，本是美好的事物破灭了，使读者于突兀之中顿生感伤之情。最后一段议论，既点明了本篇主旨，又给读者以掩卷深思的余地。文章的魅力也正在此。

“感时花溅泪，恨别鸟惊心”，是杜甫《春望》中的名句。文学家往往把自己的某些主观感受移情于身边习见的动植物，甚至移情于一些无生命的物体，以表达自己不愿明说或有难言之隐的情感。作者四十九岁游巾山，见群雀相斗于署，就对旁边的人说：“君等志之，此一部廿一史也。”(见《辛巳浙行日记》)这是作者文学家气质的流露。《鸟说》这篇寓言正是作者移情于二鸟，借二鸟的悲惨结局宣泄自己长期郁积的愤懑之情，以达到讽世的效果。最后一句“彼其以世路为甚宽也哉”，精警有力，发人深省，能够于平淡中毕露锋芒。 （赵伯陶）

醉　乡　记

戴名世

昔余尝至一乡，辄颓然靡然，昏昏冥冥，天地为之易位，日月为之失明，目为之眩，心为之荒惑，体为之败乱。问之人：“是何乡也？”曰：“酣适之方，甘旨之尝，以徜以徉，是为醉乡。”

呜呼！是为醉乡也欤？古人不余欺也[①]。吾尝闻夫刘伶、阮籍[②]之徒矣。当是时，神州陆沉，中原鼎沸，而天下之人，放纵恣肆，淋漓颠倒，相率入醉乡不已。而以吾所见，其间未尝有可乐者。或以为可以解忧云耳。夫忧之可以解者，非真忧也；夫果有其忧焉，抑亦不必解也，况醉乡实不能解其忧也。然则入醉乡者，皆无有忧也。

呜呼！自刘、阮以来，醉乡遍天下；醉乡有人，天下无人矣。昏昏然，冥冥然，颓堕委靡，入而不知出焉。其不入而迷者，岂无其人者欤？而荒惑败乱者率指以为笑，则真醉乡之徒也已。

〔注〕 ①“是为”二句：唐王绩《醉乡记》云：“醉之乡，去中国不知其几千里也。其土旷然无涯，无丘陵阪险。其气和平一揆，无晦明寒暑。其俗大同，无邑居聚落。其人甚精，无爱憎喜怒，吸风饮露，不食五谷。其寝于于，其行徐徐，与鸟兽鱼鳖杂处，不知有舟车器械之用。”唐皇甫松有轶事小说《醉乡日月》，叙唐人饮酒生活。　② 刘伶：字伯伦，西晋沛国（今安徽宿州）人。纵酒放诞，蔑视封建礼法，曾作《酒德颂》。阮籍(210—263)：字嗣宗，三国陈留尉氏（今属河南）人，蔑视礼教，在当时复杂政治斗争中常以醉酒保全自己。诗文以《咏怀》《大人先生传》《达生论》等著名。

纵观戴氏一生行实，他是一位积极入世的奋取者，早年即有志于明史的修撰，对于社会的黑暗和世人的麻木，常怀感慨忿怼之情，以致“诸公贵人畏其口，尤忌嫉之”（《清史稿·文苑传》）。

《醉乡记》是一篇骂世的杂文，写于康熙二十二年(1683)。作者当时三十一岁，在舒城（今属安徽）郭氏家当教书先生。他以辛辣的笔调讽刺、嘲弄了那群醉生梦死、潦倒颓废的封建士大夫，大声疾呼：“醉乡有人，天下无人矣。”由于本文多少反映了清初社会的某些现实，因而其锋芒所向就不仅仅是那些醉乡中人，而带有社会批判的色彩。这正是他自己所谓“余多幽忧感慨”（《药身说》）的性格的表露。

据传说，酒是上古时仪狄或杜康所造。三国时曹操有“何以解忧？唯有杜康”（《短歌行》）的唱叹，唐诗人李白却又有“抽刀断水水更流，举杯销愁愁更愁”（《宣州谢朓楼饯别校书叔云》）的哀吟，酒到底是解忧的良药，还是添愁的媒介，古人谁也没说清楚。然而在中国历史上，酒与士大夫结下了不解之缘，却是事实。文中所举的阮籍、刘伶，都是魏晋时代饮酒成癖的人物。阮籍为了逃避司马氏的联姻，一醉就是两个月（事见《晋书·阮籍传》）；他听说步兵校尉厨中有酒数百斛，就一心“求为步兵校尉”（《世说新语·任诞》）。刘伶饮酒更是怪诞，“常乘鹿车，携一壶酒，使人荷锸而随之，谓曰：‘死便埋我。’”（《晋书·刘伶传》）他们如此不顾死活地纵饮，或是为避世远祸，或是表示对礼法的蔑视，或是两者兼而有之，无非是借酒一浇心中的块垒，正如这篇《醉乡记》所说：“其间未尝有可乐者”。戴名世曾有一篇《一壶先生传》，以同情感叹的口吻描绘了一位好饮酒的一壶先生，联系本篇文意，作者对刘、阮的作为并没有明确否定的表示，可以说，作者本意并不是一概反对饮酒，而是痛恨现实中那些本无忧愁、胸无大志，却借“解忧”之名终日酩酊的无所作为者；作者所赞赏的，是包括自己在内的那些“其不入而迷者”，是那些有进取精神的斗士。《醉乡记》的思想内涵已不为“醉乡”所局限，它给予人们的是积极生活的启示和不与腐朽社会同流合污的力量，它是一剂醒世的药方。

《醉乡记》可作三段来读。第一段，开门见山地用形象化的语言描述了醉乡昏昏冥冥、混沌未开的景象，五个排比句铿锵有力，极尽铺陈之能事，把醉乡中的一片混乱倒错的情景栩栩如生地表现了出来。下面，又借他人之口，用四个押韵的四字句形容醉乡的奇妙无比。全段至此仅七十余字，起伏跌宕，顿生波澜，在否定与肯定的矛盾对立中求得下文议论的展开，文章构思非同凡响。第二段是议论开始部分，用层层剥笋的手法表达了三层意思：一是醉乡不乐，二是醉乡不能解忧，三是“入醉乡者，皆无有忧也”。三层意思步步为营，一环紧扣一环，犹如长江奔腾，一泻到海。第三段是议论的展开部分，对“醉乡遍天下”的现实予以鞭挞，对沉湎于醉乡、入不知出反而非笑醉乡之外头脑清醒者的全无心肝的庸夫俗子严厉斥责，因为这些“真醉乡之徒”早已无可救药了。全文仅三百余字，叙述流转灵活，富于变化；议论严密通晓，无懈可击，是一篇难得的妙文。 （赵伯陶）

画网巾先生传 戴名世

顺治二年，既定江东南，而明唐王即皇帝位于福州①。其泉国公郑芝龙②，阴受大清督师洪承畴③旨，弃关撤守备，七闽④皆没，而新令薙发更衣冠，不从者死。于是士民以违令死者不可胜数，而画网巾先生事尤奇。

先生者，其姓名爵里皆不可得而知也，携仆二人，皆仍明时衣冠，匿迹于邵武、光泽山寺中。事颇闻于外，而光泽守将吴镇使人掩捕之，逮送邵武守将池凤阳。凤阳皆去其网巾⑤，留于军中，戒部卒谨守之。先生既失网巾，盥栉毕，谓二仆曰：“衣冠者，历代各有定制，至网巾则我太祖高皇帝创为之也。今吾遭国破即死，讵可忘祖制乎！汝曹取笔墨来，为我画网巾额上。”于是二仆为先生画网巾，画已，乃加冠，二仆亦互相画也，日以为常。军中皆哗笑之，而先生无姓名，人皆呼之曰画网巾云。

当是时，江西、福建间有四营之役。四营者，曰张自盛，曰洪国玉，曰曹大镐，曰李安民。先是自盛隶明建武侯王得仁为裨将，得仁既败死，自盛亡入山，与洪国玉等收召散卒及群盗，号曰恢复，众且逾万人，而明之遗臣如督师兵部右侍郎揭重熙、詹事府正詹事傅鼎铨等皆依之。岁庚寅[⑥]夏，四营兵溃于邵武之禾坪，池凤阳诡称先生为阵俘，献之提督杨名高。名高视其所画网巾班班然额上，笑而置之。

名高军至泰宁，从槛车中出先生，谓之曰："若及今降我，犹可以免死。"先生曰："吾旧识王之纲，当就彼决之。"王之纲者，福建总兵，破四营有功者也。名高喜，使往之纲所。之纲曰："吾固不识若也。"先生曰："吾亦不识若也，今特就若死耳。"之纲穷诘其姓名，先生曰："吾忠未能报国，留姓名则辱国；智未能保家，留姓名则辱家；危不即致身[⑦]，留姓名则辱身。军中呼我为画网巾，即以此为吾姓名可矣。"之纲曰："天下事已大定，吾本明朝总兵，徒以识时变，知天命，至今日不失富贵。若一匹夫，倔强死，何益？且夫改制易服，自前世已然。"因指其发而诟之曰："此种种[⑧]者而不肯去，何也？"先生曰："吾于网巾且不忍去，况发耶！"之纲怒，命卒先斩其二仆。群卒前捽之，二仆瞋目叱曰："吾两人岂惜死者！顾死亦有礼，当一辞吾主人而死耳。"于是向先生拜，且辞曰："奴等得事扫除泉下矣！"乃欣然受刃。之纲复谓先生曰："若岂有所负耶？义死虽亦佳，何执之坚也。"先生曰："吾何负？负吾君耳。一筹莫效而束手就擒，与婢妾何异，又以此易节烈名，吾笑乎古今之循例而负义者，故耻不自述也。"出袖中诗一卷，掷于地，复出白金一封，授行刑者曰："此樵川范先生所赠也，今与汝。"遂被戮于泰宁之杉津。泰宁诸生谢韩葬其骸于郊外杉窝山，题曰"画网巾先生之墓"，而岁时上冢致祭不辍。

当四营之既溃也，杨名高、王之纲复追破之，死逃略尽，而败将有愿降者，率兵受招抚于邵武。行至朱口，一卒独不肯前，伸项谓其伍曰："杀我！杀我！"其伍怪之，且问故，曰："吾熟思之累日夜矣，终不能俯仰事降将，宁死汝手。"其伍难之。乃奋袂裂眦，抽刃相拟曰："不杀我者，今当杀汝！"其伍乃挥涕斩之，埋其骨而去。

揭重熙、傅鼎铨先后被获，不屈死。张自盛、曹大镐等后就缚于泸溪⑨山中。

赞曰：自古守节之士不肯以姓字落人间者，始于明永乐之世。当是时，一夫守义而祸及九族，故多匿迹而死，以全其宗党。迨崇祯甲申⑩而后，其令未有如是之酷也，而以余所闻，或死或遁，不以姓名里居示人者颇多有，使吊古之士莫能详焉，岂不可惜也夫！如画网巾先生事甚奇。闻当时军中有马耀图者，见而识之曰："是为冯生舜也。"至其他生平则又不能言焉。余疑其出于附会，故不著于篇。

〔注〕 ① 唐王：朱聿键，崇祯五年(1632)袭封唐王，顺治二年(1645)受郑鸿逵、黄道周拥戴在福州监国，旋即帝位，年号隆武。次年，清兵入福建，因郑芝龙降清，他逃到汀州被俘，死于福州。 ② 郑芝龙：字飞皇，福建南安人，初拥立唐王于福州，及清兵入闽，降清，因其子郑成功据台湾不屈，遂为清廷所杀。泉国公为其封号。 ③ 洪承畴：字彦演，福建南安人，明末任蓟辽总督，后为清军所败，降清。 ④ 七闽：古称今福建和浙江南部，因居七族，故称，后称福建为七闽。 ⑤ 网巾：以丝结网为巾，用以裹发，始于明代。 ⑥ 庚寅：顺治七年(1650)。 ⑦ 危不即致身：谓国家危难之时不能立即献身于国。 ⑧ 种种：头发短的样子。 ⑨ 泸溪：县名，今属湖南。 ⑩ 崇祯甲申：崇祯十七年(1644)，明朝灭亡于此年。

这是一篇传记文，传主是一位明末清初的节义之士，明亡后以身殉国。作者甚至连他的姓名爵里也不清楚，全文也并不是对他一生的介绍，而仅仅记录了他由被捕到殉难的过程，但作者通过精心结撰，将传主的事迹与品格写得淋漓尽致，读来感人至深。"画网巾先生"由于不肯屈服于清初"薙发更衣冠"的法令而被捕，后被迫摘掉网巾，于是画网巾于额上，就这一个举动，足以说明他不忘故明，与新朝水火不相容的立场。

全文的核心是"画网巾先生"的殉难，然文章完全以史传的笔法写出，不仅记叙了"画网巾先生"的事迹，而且交织着历史事实的记录。如开头第一段即从顺治二年(1645)唐王在福州建立隆武政权写起，后说郑芝龙的降清，再说到清政府的薙发令，最后引出"画网巾"先生的事，不仅交待了时代背景，而且概括了清初福建一带政治风云的变幻。这就使传记的内容和意义超越了记录个人事迹的范围。又如文中插入清初在江西、福建一带明军余部——"四营"的活动，就是很有价值的历史资料。文章在写了"画网巾先生"被捕后，忽然笔锋一转："当是时，江西、福建间有四营之役。四营者，曰张自盛，曰洪国玉，曰曹大镐，曰李安民……"然后交待"四营"的来龙去脉，归结到官吏诡称"画网巾先生"为"四营"中之人，再引出福建总兵王之纲的破“四营”有功，自然地过渡到“画网巾先生”的遇难。全文如行云流水，舒卷自如，而章法井然，一丝不紊。这种写法显然得力于《史记》。及至由小卒的就义而顺便说明“四营”的结局，令全文首尾相衔，浑然一体。这种貌离神合、意蕴深远的写法正是《史记》的擅胜之处，后来戴文的编辑者戴钧衡说：“余读先生之文，见其境象如太空之浮云，变化无迹；又如飞仙御风，莫窥行止。私尝拟诸古人，以为庄周之文，李白之诗，庶几相似，而其气之逸，韵之远，则直入司马子长之室而得其神。”即说明了戴氏之传记神似《史记》，得太史公之逸气远致。

本文也善用烘云托月的手法，传主虽为“画网巾先生”，却始终以两个仆人加以衬托。这两个仆人不仅形影不离地跟随着他，曾为他画网巾于额上，而且自己也相互对画。写“画网巾先生”就义时也以二仆为铺垫，“群卒前捽之”以下通过仆人的言语、动作，表现了他们对降卒的鄙视和对“画网巾先生”的敬仰，形成了鲜明强烈的对比，将他们视死如归的精神刻画得入木三分。由此使读者感到，仆人尚且如此，主人自然更是气节凛然的忠义之士了。又如写完了“画网巾先生”的事后，作者突然宕开笔去写“四营”溃败后，一小卒慨然赴死的事。此事虽然与“画网巾先生”的事了不相涉，然其不愿苟且偷生的精神是一致的，同时由此带出“四营”的结局，故文章也就不显得游骑无归，正陪衬出传主的品格。

本文较多地采取了铺叙的手法，对人物的语言、行动、神态乃至心理都进行了具体的描述，较之一般的传记文更为细密。如写“画网巾先生”的就义，先写其回答杨名高的话“吾旧识王之纲，当就彼决之”，及至见到王之纲又不认识：“之纲曰：‘吾固不识若也。’先生曰：‘吾亦不识若也，今特就若死耳。’”这样就令文章跌宕起伏，甚有波澜。又如写二仆就义的一段也极为精彩，先是“瞋目叱曰”，义正词严地斥责了降将；又“向先生拜”，表现了对主人、对国家的忠贞不渝；最后“欣然受刃”，两个视死如归的节士形象便跃然纸上。再如写小卒事，也十分生动形象。从“伸项谓其伍曰：‘杀我！杀我！’”到对其同行者“奋袂裂眦，抽刃相拟”，及至“其伍挥涕斩之”，通过语言、神态的刻画，便将其内心的痛苦和坚毅表现了出来。

戴名世有志于修史，以撰修《明史》为平生宏愿，为此他收集了大量明季的史料，但始终未能付诸实行，现存于其文集中的传记有五十多篇，《孑遗录》、南明党祸及扬州、榆林、保定等城守纪略显示了他对史料的熟稔和驾驭史传文字的能力。对明季史料的关心自然反映了他对故明的留恋和怀念，在这篇《画网巾先生传》中也鲜明地表现了他的爱憎，他歌颂了“画网巾先生”的气节，悼明之亡而揭清之失，对清王朝的血腥政治作了大胆的揭露。正由于这样的思想倾向，导致了戴名世后来因《南山集》案而惨遭杀身之祸的历史悲剧。 （王镇远）

方 苞

【作者小传】(1668—1749) 清散文家。字灵皋，号望溪。安徽桐城人。康熙进士。曾为戴名世《南山集》作序，以《南山集》案入狱，后得赦，命入值南书房。雍正时为一统志馆总裁、皇清文颖馆副总裁。乾隆时官礼部右侍郎。论文提倡“义法”，为桐城派创始人。所作散文多为经说及书序碑传之属。有《方望溪先生全集》。

狱中杂记 方 苞

康熙五十一年三月，余在刑部狱，见死而由窦出者日三四人。有洪洞令杜君者，作而言曰：“此疫作也。今天时顺正，死者尚稀，往岁多至日十数人。”余叩所以。杜君曰：“是疾易传染，遘者虽戚属，不敢同卧起。而狱中为老监者四，监五室。禁卒居中央，牖其前以通明，屋极[①]有窗以达气。旁四室则无之，而系囚常二百余。每薄暮下管键，矢溺皆闭其中，与饮食之气相薄。又隆冬，贫者席地而卧，春气动，鲜不疫矣。狱中成法，质明启钥。方夜中，生人与死者并踵顶而卧，无可旋避。此所以染者众也。又可怪者，大盗积贼，杀人重囚，气杰旺，染此者十不一二，或随有瘳；其骈死，皆轻系及牵连佐证法所不及者。”

余曰：“京师有京兆狱[②]，有五城御史司坊[③]，何故刑部系囚之多至此？”杜君曰：“迩年狱讼，情稍重，京兆、五城即不敢专决；又九门提督[④]所访缉纠诘，皆归刑部；而十四司正副郎[⑤]好事者，及书吏、狱官、禁卒，皆利系者之多，少有连，必多方钩致。苟入狱，不问罪之有无，必械手足，置老监，俾困苦不可忍。然后导以取保，出居于外，量其家之所有以为剂，而官与吏剖分焉。中家以上，皆竭资取保。其次，求脱械居监外板屋，费亦数十金。惟极贫无依，则械系不稍宽，为标准以警其余。或同系，情罪重者反出在外，而轻者、无罪者罹其毒。积忧愤，寝食违节，及病，又无医药，故往往至死。"余伏见圣上好生之德，同于往圣，每质狱辞，必于死中求其生。而无辜者乃至此。倘仁人君子为上昌言，除死刑及发塞外重犯，其轻系及牵连未结正者，别置一所以羁之，手足毋械，所全活可数计哉？或曰："狱旧有室五，名曰现监，讼而未结正者居之。倘举旧典，可小补也。"杜君曰："上推恩，凡职官居板屋，今贫者转系老监，而大监有居板屋者，此中可细诘哉！不若别置一所，为拔本塞源之道也。"余同系朱翁、余生及在狱同官僧某[6]，遘疫死，皆不应重罚。又某氏以不孝讼其子，左右邻械系入老监，号呼达旦。余感焉，以杜君言泛讯之，众言同，于是乎书。

凡死刑狱上，行刑者先俟于门外，使其党入索财物，名曰"斯罗[7]"。富者就其戚属，贫则面语之。其极刑[8]，曰："顺我，即先刺心；否则四肢解尽，心犹不死。"其绞缢，曰："顺我，始缢即气绝；否则三缢加别械，然后得死。"惟大辟无可要，然犹质其首。用此，富者赂数十百金，贫亦罄衣装；绝无有者，则治之如所言。主缚者亦然，不如所欲，缚时即先折筋骨。每岁大决，勾者十四三，留者十六七，皆缚至西市待命[9]。其伤于缚者，即幸留，病数月乃瘳，或竟成痼疾。

余尝就老胥[10]而问焉："彼于刑者、缚者，非相仇也，期有得耳；果无有，终亦稍宽之，非仁术乎？"曰："是立法以警其余，且惩后也；不如此，则人有幸心。"主梏扑者亦然。余同逮以木讯者三人：一人予三十金，骨微伤，病间月；一人倍之，伤肤，兼旬愈；一人六倍，即夕行步如平常。或叩之曰："罪人有无不均，既各有得，何必更以多寡为差？"曰："无差，谁为多与者？"孟子曰："术不可不慎[11]。"信夫！

部中老胥，家藏伪章，文书下行直省[12]，多潜易之，增减要语，奉行者莫辨也。其上闻及移关诸部[13]，犹未敢然。功令[14]：大盗未杀人，及他犯同谋多人者，止主谋一二人立决；余经秋审，皆减等发配。狱辞上，中有立决者，行刑人先俟于门外。命下，遂缚以出，不羁晷刻。有某姓兄弟，以把持公仓，法应立决。狱具矣，胥某谓曰："予我千金，吾生若。"叩其术，曰："是无难，别具本章，狱辞无易，取案末独身无亲戚者二人易汝名，俟封奏时潜易之而已。"其同事者曰："是可欺死者，而不能欺主谳者；倘复请之，吾辈无生理矣。"胥某笑曰："复请之，吾辈无生理，而主谳者亦各罢去。彼不能以二人之命易其官，则吾辈终无死道也。"竟行之，案末二人立决。主者口呿舌挢，终不敢诘。余在狱，犹见某姓，狱中人群指曰："是以某某易其首者。"胥某一夕暴卒，众皆以为冥谪云。

凡杀人，狱辞无谋、故者[15]，经秋审入矜疑[16]，即免死。吏因以巧法。有郭四者，凡四杀人，复以矜疑减等，随遇赦。将出，日与其徒置酒酣歌达曙。或叩以往事，一一详述之，意色扬扬，若自矜诩。噫！渫恶吏忍于鬻狱，无责也；而道之不明，良吏亦多以脱人于死为功，而不求其情。其枉民也，亦甚矣哉！

奸民久于狱，与胥卒表里，颇有奇羡。山阴李姓以杀人系狱，每岁致数百金。康熙四十八年，以赦出。居数月，漠然无所事，其乡人有杀人者，因代承之，盖以律非故杀，必久系，终无死法也。五十一年，复授赦减等谪戍，叹曰："吾不得复入此矣！"故例，谪戍者移顺天府羁候，时方冬停遣，李具状求在狱，候春发遣，至再三，不得所请，怅然而出。

〔注〕 ① 屋极：屋顶。　② 京兆狱：京兆府设立的地方监狱。　③ 五城御史司坊：五城御史衙门的监狱。京城内分东、西、南、北、中五区，各有监狱。　④ 九门提督：清代北京外城有九门，即：正阳、崇文、宣武、安定、德胜、东直、西直、朝阳、阜成。　⑤ 十四司正副郎：清初刑部设十四司，司的正官称郎中，副官称员外郎。　⑥ 朱翁：名字不详。或以为即朱书，非是。余生：即余湛，字石民，童年受学于戴名世。两人皆因《南山集》案牵连下狱。同官：今陕西铜川市。僧某：姓僧的人，或指僧人某。　⑦ 斯罗：同"撕捋"，北京方言，料理之意。　⑧ 极刑：即凌迟。行刑时先割去肢体，然后断喉致死。　⑨ 大决：即秋决。清时秋天对判死刑的犯人

加以处决。每年八月,刑部会同九卿将死刑犯审核,姓名奏报皇帝,皇帝用朱笔加勾的立即执行,未勾的暂缓。西市:清时京师行刑的场所,在今北京宣武区菜市口。 ⑩ 胥:胥吏,衙门中掌管公文案卷的小吏。 ⑪ 术不可不慎:语出《孟子·公孙丑上》,意谓选择谋生的手段不可不慎重。 ⑫ 直省:清代各省皆直属中央,故称。 ⑬ 上闻:上奏皇帝。移关:移文和关文,皆属平行机关之间的来往公文。 ⑭ 功令:政府法令。 ⑮ 谋:预谋杀人。故:故意杀人。⑯ 秋审:每年秋天,刑部会同有关京官审核死刑案件,称秋审。矜疑:其情可悯,其罪可疑。清朝规定,审判犯人分为情实、缓决、可矜、可疑四类。入矜、疑类案件可减罪。

康熙年间,方苞的同乡挚友戴名世因其《南山集》中引用了方孝标的《滇黔纪闻》,而《滇黔纪闻》中使用了南明永历的年号,记录了南明的史实,所以为清廷所不容,被人告发而惨遭杀害,方苞也因曾为《南山集》作序及藏其书版于家而被牵连下狱,在狱中被关押了大约一年半的时间。本文就以他在狱中的亲见亲闻揭露和鞭挞了清初监狱中骇人听闻的黑暗与腐败,在方苞的文章中可谓是最富有批判现实之精神的一篇。

本文名为"杂记",其实作者在篇章结构的安排上也是颇具匠心的,全篇有条不紊,层次厘然,可分三个部分:第一、二节写刑部狱的条件恶劣,管理不善,致使瘟疫流行,死亡者摩肩接踵。而更重要的原因是官吏为了谋取敲诈勒索的机会而动辄捕人,狱中的囚犯大大超过了可容纳的人数,许多无辜和轻罪的人由此丧生,而那些杀人越货的重罪者或因体格剽悍,或因出资贿赂而往往得免于死。这就深刻地揭露了狱吏的贪婪凶残和监狱制度的黑暗。

第三、四节写行刑者、主缚者、主梏扑者对犯人的敲诈,极尽凶残之能事。他们各有各的方法。行刑者对死囚的勒索就按其不同的对象而提出不同的要求,富者、贫者、绝无有者都无法逃避其威胁,极刑、绞缢、大辟样样都是勒索的对象。主缚者也利用其职权,威逼,欺凌犯人,"不如所欲,缚时即先折其筋骨"。主梏扑者也滥施淫威,完全看贿赂的多寡来决定惩罚的轻重。凡此种种,有力地暴露了这些执法者的凶恶本性与狰狞面目。

第五、六、七三节写胥吏私造公章,擅改文书,偷梁换柱,李代桃僵。即使是被判了死刑的人也可由营私舞弊而得以获生,那些从犯或无辜者反被顶罪遭杀。甚至胥吏与罪犯狼狈为奸,以监狱为乐土,逍遥法外,大发横财。

全文列举了狱中种种不合理的制度和各色人等,有书吏、狱官、禁卒,有行刑者、缚者、主梏扑者,也有老胥、奸民、胥卒,甚至涉及到主谳者等较高级的官吏,但文章并不凌乱,而是环绕着揭露司法制度的黑暗这个主旨而展开的,所以可以说是事杂而意不杂,形散而神不散。就其写作上来看,也不失为一篇颇有特色的散文。

本文是一篇纪实的作品,类似于今天的报告文学,这在古代散文传统中是较为罕见的,但方苞却处理得相当出色。因此文意在揭露现实,所以其生命即在于真实可信。作者采取了实录亲见亲闻之事的方式,遂令全文处处显得确凿可信,具有很强的说服力。如第一部分一开始就说:“余在刑部狱,见死而由窦出者三四人。”就以自己的亲眼所见告诉读者瘟疫的猖獗,随后大段引述了洪洞令杜君的话,借一个对监狱十分了解者之口详叙了造成这种现象的原因,由此加强了揭露的深度。又举出“余同系朱翁、余生及在狱同官僧某”的例子来说明瘟疫夺取了一些无辜者的生命,言之凿凿,令人信服。最后说:“余感焉,以杜君言泛讯之,众言同,于是乎书。”再次加以证实,这样就令文章具备了极强的真实性。至如第二部分中“余尝就老胥而问焉”,“余同逮以木讯者三人”;第三部分中“余在狱,犹见某姓,狱中人群指曰:‘是以某某易其首者。’”都是这类例子。作者时时以自身的闻见夹入其中,即意在使所记之事增添信实的成分。

方苞论文提倡“义法”。所谓“义法”,用他自己的话来说就是“言有物”和“言有序”,并要求“义以为经而法纬之,然后为成体之文”。在他看来,“义”和“法”是相结合的,文章的意蕴、主题通过适当的安排和简练的语言表现出来。他力求追溯《春秋》《周官》那种言简意赅,在客观的叙述中却含有深刻褒贬的文风,这篇《狱中杂记》也就是很典型的例子。全文以记叙为主,却也包含着强烈的感情色彩和鲜明的爱憎。如通过杜君的话来描述出刑部狱的状况:“狱中为老监者四,监五室。禁卒居中央,牖其前以通明,屋极有窗以达气。旁四室则无之,而系囚常二百余。每薄暮下管键,矢溺皆闭其中,与饮食之气相薄。”这里表面上只是客观的记录,没有一个字是直接抨击狱吏和批评监狱的管理制度的,但由此可见牢房条件的恶劣,官吏丝毫不顾犯人的死活。又如写主梏扑者的贪赃枉法:“主梏扑者亦然。余同逮以木讯者三人:一人予三十金,骨微伤,病间月;一人倍之,伤肤,兼旬愈;一人六倍,即夕行步如平常。或叩之曰:‘罪人有无不均,既各有得,何必更以多寡为差?’曰:‘无差,谁为多与者?’孟子曰:‘术不可不慎。’信夫!”这里方苞以他亲眼所见的三个例子说明贿赂公行,因为行贿的多寡不同,而所得到的待遇也不同,文章只是力求以冷静的态度记载此事,并通过自己与施刑者的对话剖析了他们的心态。最后引用孟子的话,才算是下一针砭,然而就在这种客观的记叙中,读者已可清楚地见到作者的愤懑了。

当然,本文中方苞也时有感愤之辞,特别是写到杀人犯与狱吏勾结,逍遥法外,“意色扬扬,如自矜诩”时云:“噫! 课恶吏忍于鬻狱,无责也;而道之不明,良吏亦多以脱人于死为功,而不求其情。其枉民也,亦甚矣哉!”这种感慨是极为沉痛的，他在对比了恶吏和良吏之后，认为良吏放纵暴徒的危害也是十分可怕的。其论可谓是大胆的指责，而矛头直指官僚阶层。

作者在记事的同时也力图勾勒人物形态和揭示人物的心理，使得文章有血有肉，不仅体现了刑部狱中的各类弊端，而且还有各色人等呼之欲出的形象。如写胥某能用替换人头的方法将已判处死刑的人掉包出来，这一过程写得很形象，首先他对将被立即执行死刑的某姓兄弟说：“予我千金，吾生若。”当问到他的办法时他才慢慢说出用从犯中无亲戚的人冒名顶替，在他回答同事者“不能欺主谳者”的疑问时：“胥某笑曰：‘复请之，吾辈无生理，而主谳者亦各罢去。彼不能以二人之命易其官，则吾辈终无死道也。’竟行之，案末二人立决。主者口呿舌挢，终不敢诘。”这里不仅将某胥的胆大妄为、老谋深算揭露无余，而且主审官的卑怯心理和不惜草菅人命而保住乌纱帽的丑态也被暴露在光天化日之下。又如最后一段中写山阴李姓的事，也非常生动，活生生地勾勒出一个以坐牢为职业者的心态。当他“援赦减等谪戍”时，叹息道：“吾不得复入此矣！”最后“不得所请，怅然而出”，通过这种悖理的现象，入木三分地披露了当时司法界的黑暗内幕。

据《望溪先生集外文》此篇后的按语说，方苞出狱后，旋即蒙诏入南书房，曾为老监开窗出资，由刑部主事龚梦熊的支持而得以实现；此文中所揭发的种种弊端也引起了主管官吏的重视，他自己曾记曰：“其后韩城张公复入为大司寇，静海励公继之，诸弊皆除。”如果真这样，也足见此文的社会意义和作用了。

（王镇远）

左忠毅公[1]逸事　　方　苞

先君子[2]尝言：乡先辈左忠毅公视学京畿，一日风雪严寒，从数骑出，微行入古寺，庑下一生伏案卧，文方成草。公阅毕，即解貂覆生，为掩户。叩之寺僧，则史公可法也。及试，吏呼名至史公，公瞿然注视；呈卷，即面署第一。召入使拜夫人，曰：“吾诸儿碌碌，他日继吾志事，惟此生耳。”

及左公下厂[3]狱，史朝夕狱门外。逆阉防伺甚严，虽家仆不得近。久之，闻左公被炮烙[4]，旦夕且死，持五十金，涕泣谋于禁卒，卒感焉。一日使史更敝衣草屦，背筐，手长镵[5]，为除不洁者。引入，微指左公处，则席地倚墙而坐，面额焦烂不可辨，左膝以下，筋骨尽脱矣。史前跪，抱公膝而呜咽。公辨其声，而目不可开，乃奋臂以指拨眥，目光如炬，怒曰："庸奴！此何地也？而汝来前。国家之事，糜烂至此，老夫已矣，汝复轻身而昧大义，天下事谁可支拄者？不速去，无俟奸人构陷，吾今即扑杀汝！"因摸地上刑械，作投击势。史噤不敢发声，趋而出。后常流涕述其事以语人曰："吾师肺肝，皆铁石所铸造也！"

崇祯末，流贼张献忠出没蕲、黄、潜、桐间⑥，史公以凤庐道奉檄守御⑦。每有警，辄数月不就寝，使将士更休，而自坐幄幕外，择健卒十人，令二人蹲踞而背倚之，漏鼓移则番代。每寒夜起立，振衣裳，甲上冰霜迸落，铿然有声。或劝以少休，公曰："吾上恐负朝廷，下恐愧吾师也。"

史公治兵，往来桐城，必躬造左公第，候太公、太母⑧起居，拜夫人于堂上。

余宗老涂山⑨，左公甥也，与先君子善，谓狱中语乃亲得之于史公云。

〔注〕 ① 左忠毅公：左光斗(1575—1625)，字遗直，号浮丘，万历三十五年(1607)进士，官至左佥都御史。天启间为魏忠贤所害，死于狱中。追谥忠毅。 ② 先君子：尊称已故的父亲。方苞父名仲舒，字逸巢。 ③ 厂：此指东厂，官署名。永乐十八年(1420)明成祖设于京师东安门北。专从事特务活动，镇压人民和官员中的反对派，由亲信宦官掌管。后又有西厂、内厂。④ 炮(páo 刨)烙：相传为殷纣所用的一种酷刑。据后人考证，系用炭烧热铜柱，令人爬行柱上，即堕炭火烧死。此处泛指用金属烧红烫肉体的酷刑。 ⑤ 镵(chán 蝉)：古代一种犁头，用以掘土。 ⑥ 蕲、黄、潜、桐间：今湖北、安徽一带。蕲，今湖北蕲春；黄，今湖北黄冈；潜，今安徽潜山；桐，今安徽桐城。 ⑦"史公"句：崇祯八年(1635)朝议设兵备道以扼制农民军，史可法受命以右参议分守池州、太平，十一月，改副使，分巡安庆、池州，此谓任凤庐道，与史传有出入。 ⑧ 太公、太母：指左光斗的父母。 ⑨ 涂山：方文(1612—1669)，字尔止，号嵞山，一作涂山。方苞本族祖父。明诸生，入清不仕，为著名遗民诗人。

《左忠毅公逸事》是方苞的代表作之一，通过记叙左光斗与史可法的关系，表现其知人之明以及与阉党恶势力斗争的刚毅品格。狱中怒斥史可法的一段话，更表现了左光斗身处危难，所念仍在"国家之事"，希望后进者能有所作为以挽狂澜于既倒的可贵精神。

方苞一生虽然成为清廷的御用文人，但其生逢清朝初年，仍然深受全国人民抗清运动的影响，因对前辈的孤忠大节极为景慕。本文对左光斗的极力颂扬，实际上也正是方苞自己这一思想的突出表现。

文章以左光斗为主，以史可法为宾，只以二人关系中的两件事，便成功地塑造了左光斗的动人形象。其笔触之简洁，剪裁之精审，具见方苞散文之功力。第一段，先写左光斗“视学京畿”，偶于古寺中见“一生伏案卧”，阅毕其成草之文，“即解貂覆生”，已明显流露出爱才之意；而至考试之时，左光斗对其“瞿然注视”之余，“即面署第一”，更见出爱才之深。据陈鼎《东林列传》称史可法其貌不扬，“躯小貌劣，不称其衣冠，语不能出口”。联系《逸事》文中所记左光斗见史可法其人其文之后云“吾诸儿碌碌，他日继吾志事，惟此生耳”，可见左光斗不仅不以貌取人，而是洞察对方的精神世界，以“有大志，好经世方略”（陈鼎《东林列传》）为标准，而且完全排除了任人唯亲之恶习，全然以国家民族利益为重。本文正是着眼于这一点，通过对左、史关系中的这一事件的如实记叙，以真切的言谈行事表现出左光斗坦荡的气度和卓杰的见识。第二段笔锋一转，展现出左、史关系中另一事件的一系列具体场景。先是“左公下厂狱”与“史朝夕狱门外”，继之“左公被炮烙，旦夕且死”与“史更敝衣草屦，背筐，手长镵，为除不洁者。引人……前跪，抱公膝而呜咽”，再者“公辨其声……怒曰：‘庸奴！此何地也？……不速去，无俟奸人构陷，吾今即扑杀汝！’”与“史噤不敢发声，趋而出。后常流涕述其事以语人曰：‘吾师肺肝，皆铁石所铸造也’”，从史可法朝夕于狱门之外到设法潜入狱中再到左光斗怒斥史可法，情节递进，益趋壮烈，而以左光斗之怒骂表现其对史可法之厚爱以及对国家前途之关注，无疑更深刻地衬托出左光斗磊落的精神世界和高大的人物形象。第三段，写史可法治军严明，“奉檄守御”，以史可法的实际业绩进一步衬托左光斗的识人远见。当然，史可法在抗清之前，主要精力在于镇压农民起义，颂扬这一业绩，是方苞以及封建时代士大夫共同的思想局限性所致；但是，在人们心目中，史可法民族英雄的高大形象的确立，无疑是因为他后来在抗清斗争中困守扬州，城破而壮烈牺牲。而左光斗的主要政治活动及其对史可法的期望，是与魏忠贤斗争，支拄“天下事”。因此，从史可法壮烈的抗清业绩及其全面的历史评价看，证明左光斗的识人远见，即使以今天的眼光，仍然是卓越的。全文从史可法被左光斗看中并亲手提拔以至于功成名就，在勾勒出一个杰出人才成长过程的同时，更体现出左光斗杰出的人才思想及其成功运用。

全文笔墨简省之极，却能绘形传神，感人至深；同时，资料来源可靠准确，全然可作信史。左光斗与史可法的关系，很大程度是由明末政治斗争联结起来。明熹宗天启年间，宦官魏忠贤专断国政，兼掌东厂，自称九千岁，排斥异己，网罗羽翼,"自内阁、六部至四方总督、巡抚,遍置死党","东厂番役(即特务)横行,所缉访无论虚实辄糜烂","民间偶语,或触忠贤,辄被擒僇,甚至剥皮、刲舌,所杀不可胜数"(均见《明史·魏忠贤传》)。与阉党势不两立的另一政治集团是东林党,当时,"士大夫抱道忤时者,率退处林野,闻风响附,学舍至不能容","讲习之余,往往讽议朝政,裁量人物,朝士慕其风者,多遥相应和,由是东林名大著"(《明史·顾宪成传》)。天启五年十二月(1626年初),魏忠贤颁示天下的"东林党人榜"就开列了主要人物三百零五人,左光斗、史可法均在其内。天启四年(1624)六月,左副都御史杨涟书劾魏忠贤,"列其二十四大罪","光斗与其谋"(《明史》列传一三二),魏忠贤大怒,执意进行迫害。天启五年七月缉捕杨涟、左光斗等人,七月二十六日,"光斗与涟同日为狱卒所毙"(《明史·左光斗传》)。本文写史可法探狱见左光斗"席地倚墙而坐,面额焦烂不可辨,左膝以下,筋骨尽脱",逼真地再现厂狱之酷虐。夏允彝《幸存录》云"杨涟、左光斗皆下诏狱,备受毒刑以死,天下痛之",计六奇《明季北略》记"公至京下,镇抚拷讯,身无完肤,三日尸出,肢骸穿裂",与本文所述印证,全然相同。对于厂狱的严密监禁,陈鼎《东林列传》记"光斗之下北司也,厂卫阴列卒侦伺狱甚密,虽子弟亲识莫敢向迩",计六奇《明季北略》亦云魏忠贤"遣校尉点城探听,丝微必报,如有所发,眥命立尽",与本文所述"史朝夕狱门外,逆阉防伺甚严,虽家仆不得近"亦完全一致。左光斗在阉党的心目中,是东林党"马军五虎将"之一,被比作"天雄星豹子头林冲"(王绍徽《东林点将录》),因此对其监禁更严,迫害尤甚,杀害左光斗等人实际上是对东林党的第一次严重打击。可见,本文是以征实的史料和散文的形式,对明末东林党与阉党斗争史上的一个壮烈片断的艺术展示,也是作者对正义的颂扬和对邪恶的抨击的思想光华的闪现。

方苞论文,以"义法"为核心;姚鼐论文,强调"义理、考据、辞章"并重:实质上都是要求以鲜明的思想内容、可靠的资料来源和雅洁的语言形式融为整体。而本文,无疑正是其典范作品。　　（许　总）

高阳孙文正公逸事　　方　苞

杜先生岕尝言:归安①茅止生习于高阳孙少师。道公天启二年,以大学士经略蓟、辽,置酒别亲宾,会者百人。有客中坐,前席而言曰:"公之出,始吾为国庆,而今重有忧。封疆社稷,寄公一身,公能堪,备物自奉,人莫之非;如不能,虽毁身家，责难逭[②]，况俭觳[③]乎？吾见客食皆凿[④]，而公独饭粗，饰小名以镇物，非所以负天下之重也。”

公揖而谢曰：“先生诲我甚当，然非敢以为名也。好衣甘食，吾为秀才时固不厌，自成进士，释褐而归，念此身已不为己有，而朝廷多故，边关日骇，恐一旦肩事任，非忍饥劳，不能以身率众。自是不敢适口体，强自勖厉，以至于今，十有九年矣。”

呜呼！公之气折逆奄[⑤]，明周万事，合智谋忠勇之士以尽其材，用危困疮痍之卒以致其武，唐、宋名贤中犹有伦比；至于诚能动物，所纠所斥，退无怨言，叛将远人咸喻其志，而革心[⑥]无贰，则自汉诸葛武侯而后，规模气象，惟公有焉。是乃克己省身忧民体国之实心自然而忾[⑦]乎天下者，非躬豪杰之才，而概乎有闻于圣人之道，孰能与于此？然惟二三执政与中枢边境事同一体之人实不能容；《易》曰：“信及豚鱼。”媢嫉[⑧]之臣乃不若豚鱼之可格，可不惧哉！

〔注〕①归安：旧县名，治所在今浙江湖州。②逭(huàn换)：逃避。③觳(què却)：简陋。④凿：精米。⑤奄：同“阉”，指魏忠贤阉党。⑥革心：谓叛将远人洗心改过。⑦忾(qì气)：通“迄”，通行，遍及。⑧媢(mào冒)嫉：嫉妒。

方苞的古文长于叙事及论议。《左忠毅公逸事》《石斋黄公逸事》及本篇均脍炙人口。

孙文正即孙承宗(1563—1638)，字稚绳，高阳(今属河北)人。他是明末著名忠义之臣，《明史》卷二五〇有传，说他：“始为县学生，授经边郡，往来飞狐、拒马间，直走白登，又从纥干、清波故道南下。喜从材官老兵究问险要厄塞，用是晓畅兵事。”天启(1621—1627)初，清兵渐占关外地区。边防大臣及朝廷宰辅畏敌如虎，一味主张后撤守山海关。孙承宗却愿意前往关外察看形势，部署攻守方略。天启二年，明熹宗见边报警急，朝臣都推荐孙承宗去前方督师。在孙承宗一再请求下，熹宗同意了，孙一出，根据实际情况，选用人才，部署攻守，形势立即改观。魏忠贤当权，想拉拢孙承宗，特别派人送大批银饷等，被孙承宗知道了，上疏给皇帝说：“中使观兵，自古有戒。”使者碰壁回去，皇帝召孙承宗回朝。魏忠贤再想巴结他，“承宗不与交一言”，魏忠贤恨透了他，天启五年(1625)唆使爪牙攻击他，使他休官。崇祯二年(1629)清兵大举入关,"廷臣争请召承宗,诏以原官兼兵部尚书守通州(今河北通县)"。孙承宗筹划方略,打退清兵。后来乘胜出师经略关东,收复失地二百多里。但这时崇祯皇帝听了周延儒、温体仁这些魏忠贤余党的话,兵部又故意延缓粮饷,使孙承宗恢复辽东的计划落空,随后又被免官家居。崇祯十一年(1638)清兵进攻高阳,孙承宗率领家人登城防守,他的儿孙侄孙等都壮烈战死。城破"被执,望阙投缳而死"。这时他已七十六岁了。

方苞对孙承宗非常钦佩,他在《书〈孙文正传〉后》一开始就说:"当明之将亡,其事最偾者,莫若杀袁崇焕与置公闲地。"同卷《书〈卢象晋传〉后》又说:"明之亡,始于孙高阳之退休,成于卢忠烈之死败。"《书〈泾阳王佥事家传〉后》又说:"孙高阳久镇边关,功在社稷,而废弃八年,卒使城破巷战,阖门就死。其所遇乃忧勤恭俭之君,亲见其困于逆阉,又赖其力以收畿疆,纾国难,而终夺于奸检,岂非天哉!"还有一些篇章,不再赘举,可见方苞对孙承宗的倾倒。而这些都与《明史》本传相合。《明史》是清朝官修的,孙承宗是抗清而死的。可见这是人心之公论,不是方苞一人的偏爱。

所谓"逸事",指未见于史传的,又非一般人所了解的某些事迹。这篇文章分两大部分,前一部分叙述事实,后一部分发抒感慨。一开始表明材料来源。方苞在孙承宗死后三十年才出生,所以要交代,以示翔实可信。杜岕(1617—1693)字苍略,湖北黄冈人,是方苞祖父的朋友,父亲的老师,方苞弟兄年青时也跟随父亲侍奉过他,称赞他的风范。(见《杜苍略先生墓志铭》)这里称杜先生表示尊敬。茅止生熟悉孙承宗的事,杜岕又亲自听茅止生说的,又说给方苞父亲和方苞他们听。方苞记忆力极强,这件事深入头脑,所以把它写出来。这篇文章是中年时期写的。

客人的一段责备是陪笔,为了引出孙的回答中表现的精神境界。这段责备极有波澜,先用对比句表示对孙的否定。可以设想当时会场的气氛。这叫先断后判,吸引住听众。然后分析理由,最后举出例证仅是"客食皆凿,而公独饭粗",客人硬上纲说是孙故意做作:"饰小名以镇物,非所以负天下之重也。"这个批评,分量非常重,满堂必为之愕然。而孙承宗听了这样的批评,首先是"揖而谢",称"先生诲我甚当";然后交代出这样做的原因,并且说已经坚持了十九年之久。孙承宗的修养气度特别是为国家分忧的赤胆忠心,不是已经昭昭在人耳目了吗?这一段只写了两人的对话,加了孙承宗的一个动作。至于群众和那个批评者的反应,却只字不提,留给读者自己去想象。文字极其简练。桐城文主张"雅洁",这是很好的典范,真正惜墨如金。

第二部分是作者的感慨,实际是对孙承宗的全面评价,对那些倾邪小人的鞭挞。这是从上部分孙承宗的话引出的必然结论。孙承宗的事迹是众所周知的,不能重复,但又不能不涉及,所以用极简练的方式分两层来赞美:先说他的智勇,还可以在唐宋名贤中找得到;再说他的忠诚感人,在诸葛亮以后,一人而已。然后再总结孙承宗的成就的原因:"是乃克己省身忧民体国之实心自然而忾乎天下者,非躬豪杰之才,而概乎有闻于圣人之道,孰能与于此?"方苞是笃信孔孟程朱之道的,"学行继程、朱以后,文章在韩、欧之间"。他认为只要能身体力行,必然能无愧于天地。这里他赞美孙承宗仍然归功于圣人之道。最后用鞭挞娼嫉之臣作结,以为"不若豚鱼之可格",这是"贱之甚矣"的唾弃。这段感慨的层次既清楚,又严密。在赞美孙承宗时提出"诚能动物",就引出结尾用"信及豚鱼"来对比当时如周延儒、温体仁等娼嫉之臣的可恶。"信及豚鱼"之语见《易·中孚》,言猪、鱼微物尚且为诚信所感,而娼嫉之臣曾此之不若。这一结用"可不惧哉"四字,感慨无穷,耐人寻味。这"可不惧哉"四字,作者不便明言,实际是提醒皇帝注意不要被这样的人所蒙蔽,有借古喻今的味道。

方苞主张义法。"义"就是"言有物",指写的东西要有内容,要以孔孟之道为准则;"法"就指的"言有序",主张文字的组织剪裁修辞造语等技巧。这篇短文从选材组织到感慨议论都可使我们看出方氏注意义法的特点,值得借鉴。

（周本淳）

【作者小传】

郑　燮

(1693—1765)　清书画家、文学家。字克柔,号板桥。江苏兴化人。乾隆进士。曾任山东范县(今属河南)、潍县知县,后因请赈济民得罪豪绅而罢官。作官前后均居扬州卖画。善诗词,工书画。画、诗、书,人称"三绝"。为"扬州八怪"之一。为文主张直抒胸臆,不事雕琢,反对模拟古文和形式主义的文风。诗词文章多反映民间疾苦。著有《板桥全集》。

范县署中寄舍弟墨第四书　　郑　燮

十月二十六日得家书,知新置田获秋稼五百斛,甚喜。而今而后,堪为农夫以没世矣。要须制碓制磨,制筛罗簸箕,制大小扫帚、制升斗斛。家中妇女，率诸婢妾，皆令习舂揄蹂簸[①]之事，便是一种靠田园长子孙气象。天寒冰冻时，穷亲戚朋友到门，先泡一大碗炒米送手中，佐以酱姜一小碟，最是暖老温贫之具。暇日咽碎米饼，煮糊涂粥，双手捧碗，缩颈而啜之，霜晨雪早，得此周身俱暖。嗟乎！嗟乎！吾其长为农夫以没世乎！

我想天地间第一等人，只有农夫，而士为四民之末。农夫上者种地百亩，其次七八十亩，其次五六十亩，皆苦其身，勤其力，耕种收获，以养天下之人。使天下无农夫，举世皆饿死矣。我辈读书人，入则孝，出则弟，守先待后[②]，得志泽加于民，不得志修身见于世，所以又高于农夫一等。今则不然，一捧书本，便想中举，中进士，作官，如何攫取金钱，造大房屋，置多田产。起手便错走了路头，后来越做越坏，总没有个好结果。其不能发达者，乡里作恶，小头锐面，更不可当。夫束修自好者，岂无其人；经济自期，抗怀千古者，亦所在多有。而好人为坏人所累，遂令我辈开不得口；一开口，人便笑曰："汝辈书生，总是会说；他日居官，便不如此说了。"所以忍气吞声，只得捱人笑骂。工人制器利用，贾人搬有运无，皆有便民之处。而士独于民大不便，无怪乎居四民之末也。且求居四民之末而亦不可得也！

愚兄平生最重农夫。新招佃地人，必须待之以礼。彼称我为主人，我称彼为客户，主客原是对待之义，我何贵而彼何贱乎？要体貌他，要怜悯他；有所借贷，要周全他；不能偿还，要宽让他。尝笑唐人《七夕》诗，咏牛郎织女，皆作会别可怜之语，殊失命名本旨。织女，衣之源也，牵牛，食之本也，在天星为最贵。天顾重之，而人反不重乎？其务本勤民，呈象昭昭可鉴矣。吾邑妇人，不能织绸织布，然而主中馈，习针线，犹不失为勤谨。近日颇有听鼓儿词，以斗叶为戏[③]者，风俗荡轶，亟宜戒之。

吾家业地虽有三百亩，总是典产，不可久恃。将来须买田二百亩，予兄弟二人，各得百亩足矣，亦古者一夫受田百亩之义也。若再求多，便是占人产业，莫大罪过。天下无田无业者多矣，我独何人，贪求无厌，穷民将何所措足乎！或曰：世上连阡越陌，数百顷有余者，子将奈何？应之曰：他自做他家事，我自做我家事，世道盛则一德遵王④，风俗偷⑤则不同为恶，亦板桥之家法也。哥哥字。

〔注〕 ① 舂揄蹂簸：《诗·大雅·生民》："或舂或揄，或簸或蹂。"揄（yóu 由），舀取。 ② 守先待后：语本于《孟子·滕文公下》："守先王之道，以待后之学者。"意为严守着古代圣王的礼法道义，用来培养后代的学者。（据杨伯峻《孟子译注》） ③ 斗叶为戏：叶，叶子，又称叶子戏，一种赌博的纸牌。 ④ 一德遵王：专一守德行，遵循王道纲纪。一，使动用法。王，王道。 ⑤ 偷：浇薄。

《板桥家书》是郑燮著作中极富价值的一种。名列"扬州八怪"之一的郑板桥，书画之名著于天下，其文学成就无论是诗是词抑是文，大抵皆为其书画名所掩。与传统守旧的书画艺术家相比，"八怪"具有一种革新解放精神，加之其成员或为沉沦下吏，仕途蹭蹬，或则终身布衣，浪迹江湖，大都放浪形骸，不拘细节，于是奇奇怪怪的传说至多，而关于郑燮的怪异故事尤为广传。其实"八怪"亦皆系凡人，七情六欲固无异世间民俗，情志节操也仍合乎儒家精神，只是愤世疾恶，清高自持，颇不与世相谐，少了点随波逐流习气而已。"八怪"可贵处正在各自走自己的路，信守自己的人生观。《板桥家书》即提供了人们认识郑燮的思想为人的可靠文献，在这些几乎是大白话的家常语、规教子弟语中，抹在他头顶上的怪异色彩可以得到辨认并渐见消散。作为文学作品之一种的书信，郑燮的家书以那种纯情之语，任意写来，又给人特多亲切感。家书中贴近人世、贴近日常生活的话题，让人读后饶有兴味，情趣盎然，又觉言之有物，切中事理，助益识见。这一通与其弟郑墨谈"农本"问题的家书就是一例。《家书》在原刊本中共十六通，此即其中的第十通，作于山东范县知县任上。此外又有"六十二通"的《家书》流传，增出的四十六通多为赝品，已有不少辨伪之文。

板桥无亲兄弟，郑墨是他堂弟。墨字五桥，小板桥二十四岁。对这位小弟，板桥十分友爱，并从读书到做人，随时予以谆谆教导，这从十六通《家书》中可以清楚见出。这封《第四书》则专讲"务本勤民"的"板桥之家法"，要兄弟家人在"风俗偷"的恶浊世风中为善而"不同为恶"，务农自给自守。

这封家书原不分段，但从文意可以把握到它是讲了四层意思。首先是他从家中来信得知的信息很高兴，高兴的是有“一种靠田园长子孙气象”。这对远在山东作七品知县的郑燮是很大的欣慰，因为宦海不仅凶险，而且肮脏，板桥是厌倦了官场生涯的，后方家园有此气象，无异有着极好的退路。所以，他一再喟叹“堪为农夫以没世矣”。此中人生感受极深，不言而自见。至于叮嘱备制足够农活用具，家人都要习作农活，以及待穷亲友要有“暖老温贫”情意，日常饮食应粗茶淡饭自供等等，全为强化“靠田园长子孙”的厚道而自俭“气象”。由此而紧接着申述“天地间第一等人，只有农夫”的观念，这是从理论上说清为什么要强化上述“靠田园长子孙气象”。他自己原已是个道地的“士”，却申称在农、工、商、士的四民之列居士于末，强调“天下无农夫，举世皆饿死矣”，这显得很奇突。不应认为板桥恪守的是小国寡民式的小农思想，进而以为在城市经济已趋发达的清中叶，这种思想是保守落后的。板桥的这些想法，一是儒家农本思想所教化的表现，此中还有民本观念；二是他这个从小生活于农村的下层知识分子出身者对乡土特有的感情；更重要的是他在与世俗社会中千奇百怪的“士”的行为的比较中形成农夫才算是“天地间第一等人”的观点。他其实并非要一笔抹倒“士”的价值，他讲了“士”本应“又高于农夫一等”的，即“达则兼济天下，穷则独善其身”。可是，世道风气却变为“士独于民大不便”，专门孳生贪官污吏、土豪劣绅，令正派士子为之气短，反而“捱人笑骂”。所以，板桥显然是有所激愤而发，这一层不能不看到。

到这里，农为四民之首而士为末的道理已讲透，可是他还旁敲侧击地加上一笔：“尝笑唐人《七夕》诗，咏牛郎织女，皆作会别可怜之语，殊失命名本旨。”所谓“唐人《七夕》诗”，未知所指何篇。杜牧《七夕》云：“云阶月地一相过，未抵经年别恨多。最恨明朝洗车雨，不教回脚渡天河。”李商隐《七夕》云：“鸾扇斜分凤幄开，星桥横过鹊飞回。争将世上无期别，换得年年一度来。”则确是“皆作会别可怜之语”的。而牛郎、织女命名的本旨，是“织女，衣之源也；牵牛，食之本也，在天星为最贵”，而唐人诗又确是“失其本旨”了，所以他特地在家书中要家中人明此理后身体力行，在“重农夫”上，“勤谨”而不准“荡轶”上告诫兄弟子侄辈，从具体行为上强化前述“靠田园长子孙气象”。最后再从田产设置上嘱咐既要使全家有所恃，又不能贪求过多，占人产业，并将结束语落实在“我自做我家事”六字上。

作为“家书”，本是随意写来，意行则行，意止则止，不必花梢，多饰语。这通板桥家书即平实而生动，真挚恳切之极，而文字却又行云流水，自然吞吐，然而绝不散漫，在“意”的缕析上，犹如茧裹而紧圆，脉理清晰。（严迪昌）

【作者小传】

刘大櫆

(1698—1779)　清散文家。字才甫，一字耕南，号海峰。安徽桐城人。副贡。曾官黟县教谕。工古文。诗格亦高。师事方苞，为姚鼐所推崇。论文强调“义理、书卷、经济”，要求阐发程朱理学，主张在艺术形式上模仿古人的“神气”“音节”“字句”，是桐城派重要作家之一。有《海峰文集、诗集》等。

游三游洞记

刘大櫆

出夷陵州治，西北陆行二十里，濒大江之左，所谓下牢之关[1]也。路狭不可行，舍舆登舟。舟行里许，闻水声汤汤[2]，出于两崖之间。复舍舟登陆，循仄径曲折以上。穷山之颠，则又自上缒危滑以下。其下地渐平，有大石覆压当道，乃伛俯径石腹以出。出则豁然平旷，而石洞穹起，高六十余尺，广可十二丈。二石柱屹立其口，分为三门，如三楹之室焉。

中室如堂，右室如厨，左室如别馆。其中一石，乳而下垂，扣之，其声如钟。而左室外小石突立正方，扣之如磬。其地石杂以土，撞之则逢逢然鼓音。背有石如床，可坐，予与二三子浩歌其间，其声轰然，如钟磬助之响者。下视深溪，水声泠然出地底。溪之外翠壁千寻，其下有径，薪采者负薪行歌，缕缕不绝焉。

昔白乐天[3]自江州[4]司马徙为忠州[5]刺史，而元微之[6]适自通州[7]将北还[8]，乐天携其弟知退[9]，与微之会于夷陵，饮酒欢甚，留连不忍别去，因共游此洞，洞以此三人得名。其后欧阳永叔[10]暨黄鲁直[11]二公皆以摈斥流离，相继而履其地，或为诗文以纪之。予自顾而嘻，谁摈斥予乎？谁使予之流离而至于此乎？偕予而来者，学使陈公[12]之子曰伯思、仲思[13]。予非陈公，虽欲至此无由，而陈公以守其官未能至，然则其至也，其又有幸有不幸邪？

夫乐天、微之辈，世俗之所谓伟人，能赫然取名位于一时，故凡其足迹所经，皆有以传于后世，而地得因人以显。若予者，虽其穷幽陟险，与虫鸟之适去适来何异？虽然，山川之胜，使其生于通都大邑，则好游者踵相接也；顾乃置之于荒遐僻陋之区，美好不外见，而人亦无以亲炙其光。呜呼！此岂一人之不幸也哉？

〔注〕 ① 下牢关：在今宜昌市西北。 ② 汤(shāng 商)汤：水流的声音。 ③ 白乐天：白居易，乐天是他的字。 ④ 江州：今江西九江。 ⑤ 忠州：今四川忠县。 ⑥ 元微之：元稹，微之是他的字。 ⑦ 通州：今四川达州市。 ⑧ 将北还：指由通州司马改任虢州(今河南灵宝)长史。 ⑨ 知退：白行简的字。 ⑩ 欧阳永叔：欧阳修，永叔是他的字。 ⑪ 黄鲁直：黄庭坚，鲁直是他的字。 ⑫ 学使陈公：指陈浩。学使，即提督学政，也称提学使。 ⑬ 伯思、仲思：指陈浩之长子本忠，次子本敬。

三游洞，在今湖北省宜昌市，因唐代著名诗人白居易、其弟行简与元稹三人曾会于夷陵(宜昌古名夷陵)同游此洞而得名。据记载，本文作者"试辄不遇"，"京朝官提督学政者率聘之校文，因历天下佳山水"(清李元度《国朝先正事略·刘海峰先生事略》)，从文中所说"予非陈公(即提督学政)，虽欲至此无由"可知，本文大约作于这一时期。

这是一篇游记，手法却与通常以写景为主的游记不同，它既生动记述了游历的经过，又在此基础上用相当的篇幅抒写了因游历而引起的感慨。

"出夷陵州治，西北陆行二十里，濒大江之左，所谓下牢之关也。"一起点明出游的地点、路线，并暗示三游洞的大致方位。接着，记叙从下牢往三游洞的旅程。与开头的运笔简洁不同，作者对这一段行程写得十分详尽、具体：起初是"舍舆登舟"；"舟行里许"，"复舍舟登陆"；继而登山以上，"穷山之颠"；然后又"自上缒危滑以下"；最后"径石腹以出"，方到达三游洞。不长的行程，却须由舆而舟，由水而陆，由下而上，由上而下，其地形之复杂、道路之崎岖，自不待言。加之，一路上或逢"路狭不可行"，或"闻水声汤汤"，或遇"仄径曲折"，或"有大石覆压当道"，使变化多端的旅途又平添了几分奇险的色彩。正因为如此，当作者和他的友人历尽艰难险阻终于到达目的地，眼前"豁然平旷"，出现高大穹起的石洞时，心情的喜悦是不言而喻的。这正是作者如此不厌其详地叙述游洞前旅途经历的原因。不仅如此，这一段文字还衬托出游者不畏艰险寻幽访胜的浓厚兴致，并且说明了三游洞地理位置的偏远荒僻，为后文的议论埋设了伏笔，可谓"一石三鸟"，颇见作意。

记游三游洞一段，作者改用描写的手法，由外而内，顺次写来。先写洞口："石洞穹起，高六十余尺，广可十二丈。二石柱屹立其口，分为三门，如三楹之室焉。"突出了它的高大宽敞和造型奇特；继写洞内，连用三个比喻："如堂""如厨""如别馆"，生动再现了中室、右室、左室的特点。只寥寥几笔，三游洞的大致轮廓和鲜明特征便清晰地呈现在读者面前。接下来，具体描写三游洞景观。作者也没有一一罗列他的所见所闻，而是集中着墨于他游洞时最新奇的感受。一是触目皆石，这里不仅有穹起的"石洞"，屹立的"石柱"，还有大小不同、形态不一的各种石，如有的"乳而下垂"，有的"突立正方"，有的"如床""可坐"……宛如一座奇异的石的世界。同石的奇形怪状相比，更令人惊叹的是叩击时还会发出种种悦耳的声音，或"如钟"，或"如磬"，或"逢逢然鼓音"。当作者"与二三子浩歌其间"时，尤其产生了神奇的音乐效果："其声轰然，如钟磬助之响者"。使人仿佛置身于神圣美妙的音乐殿堂。这骤然响起而又转瞬即逝的种种乐声，与从地底发出的"泠然"水声交织在一起，宛如空谷足音，将三游洞衬托得格外深邃幽静。如此妙境，已足令人陶醉，何况这里不唯有石，有水，"溪之外"更有苍翠挺拔的千寻翠壁，壁下又有小径，"薪采者负薪行歌，缕缕不绝焉"，把三游洞点缀得更加富有诗情画意。无须更多着墨，不难想见，游人此行付出的一份辛劳已充分得到了报偿。

文章以对三游洞得名原因的说明，作为第一部分记游和第二部分议论的过渡，颇具匠心。它是记游必不可少的内容，对于阐发本文主旨尤其有着重要的作用。首先，它使作者由白居易等三位唐人共游此洞，想到其后到此游历的欧阳修、黄庭坚两位宋人；并从他们"皆以摈斥流离，相继而履其地"，联想到自己来此的原因，不禁"自顾而嘻"，曰："谁摈斥予乎？谁使予之流离而至于此乎？"一连两问，包含着深长的感慨，用不着作答，只要联系作者的遭际，便可知他虽非摈斥流离至此，却与仕途失意有着直接关系。既然是因仕途失意方得此游赏机遇，这究竟是幸还是不幸，就大可玩味了。作者由自身的幸与不幸，进一步推想"以守其官未能至"的陈公的幸与不幸，显然已从游历感想的抒发进入对人生哲理的思辨了。其次，三游洞得名的由来还使作者想到："夫乐天、微之辈，世俗之所谓伟人，能赫然取名位于一时，故凡其足迹所经，皆有以传于后世，而地得因人以显。"自己却完全相反，"虽其穷幽陟险，与虫鸟之适去适来何异"？作者既胸怀抱负，欲有所作为；又才华出众，诗文兼长，被桐城派大师方苞誉为"今世韩、欧才"。无奈命运蹇塞，位卑人微，与元、白不啻有天壤之别，怎能不为此而感到强烈的悲愤？从他所作的鲜明对比和虫鸟的比喻中，不难体味他内心深沉的悲凉和不平。最后，作者又从一己之不幸推及眼前的山川，想到如此独具特色而又风景优美的三游洞，只因地处偏远便罕有人到，鲜为人知，不能不说也是一种不幸，于是抒发感慨道："山川之胜，使其生于通都大邑，则好游者踵相接也；顾乃置之于荒遐僻陋之区，美好不外见，而人亦无以亲炙其光。"一看便知，这里发出的叹惜哪里仅仅是为着"美好不外见"的山川，其中不也包含着作者对自己和一切怀才不遇者的深深叹惋吗？可谓意味深长，耐人含咀。作者在《论文偶记》中曾说："文贵远，远必含蓄。或句上有句，或句下有句，或句中有句，或句外有句，说出者少，不说出者多，乃可谓之远。"本文是实践了他的这一文学主张的。

对探胜过程的简洁叙述，对自然景物的生动描写，同清晰透辟的议论结合在一起，彼此照应，相得益彰；既以凝练精美的文字给人以美感，又以思深意远的哲理给人以启迪。这些，构成了这篇游记散文的特色，使之独具艺术魅力。

（张明非）

【作者小传】

彭端淑

清文学家。字仪一、乐斋。四川丹棱人。雍正进士。授吏部主事，迁员外郎郎中。乾隆间，充顺天乡试考官。曾出为广东肇罗道。后辞官回四川，主讲锦江书院。工诗文，与弟肇洙、遵泗齐名，时称"三彭"。著有《白鹤堂文集》《晚年诗稿》等。

为学一首示子侄　　彭端淑

天下事有难易乎？为之，则难者亦易矣；不为，则易者亦难矣。人之为学有难易乎？学之，则难者亦易矣；不学，则易者亦难矣。吾资之昏，不逮人也；吾材之庸，不逮人也；旦旦而学之，久而不怠焉，迄乎成，而亦不知其昏与庸也。吾资之聪，倍人也；吾材之敏，倍人也；屏弃而不用，其与昏与庸无以异也。圣人之道，卒于鲁也传之①。然则昏庸聪敏之用，岂有常哉！

蜀之鄙有二僧，其一贫，其一富。贫者语于富者曰："吾欲之南海②，何如？"富者曰："子何恃而往？"曰："吾一瓶一钵足矣。”富者曰：“吾数年来欲买舟而下，犹未能也。子何恃而往！”越明年，贫者自南海还，以告富者，富者有惭色。西蜀之去南海，不知几千里也，僧之富者不能至，而贫者至焉。人之立志，顾不如蜀鄙之僧哉！

是故聪与敏，可恃而不可恃也；自恃其聪与敏而不学者，自败者也。昏与庸，可限而不可限也；不自限其昏与庸而力学不倦者，自力者也。

〔注〕①“圣人之道”二句：圣人，指孔子。鲁，迟钝，指孔子的学生曾参。《论语·先进》云：“参也鲁。”②南海：指普陀山，在浙江省东北部莲花洋中，与五台、九华、峨眉合称中国佛教四大名山。

历来论学者都贵于勤，所谓“业精于勤荒于嬉”（韩愈《进学解》）。学习须要有锲而不舍的精神，才能达到水到渠成的境界；如果一曝十寒，终将一事无成。所以，学习的成败往往不取决于聪敏与愚钝，而在于持之以恒的刻苦学习。《礼记·中庸》中就说：“人一能之，己百之；人十能之，己千之。果能此道矣，虽愚必明，虽柔必强。”就已道出了学之成败关键在于能否用功而不在于天资高下的道理。彭端淑这篇论学的文字也于此立论，辩证地论述了学问之难易、智愚、成败等问题，旨在劝诫子侄们勤学苦练，不要自恃聪敏，而结果反被聪敏所误。

文章一开头便从难易问题下手，作者认为天下之事的难易是相对的，“为之，则难者亦易矣；不为，则易者亦难矣”。学习也是如此，只要脚踏实地去学，没有掌握不了的学问；反之，不通过学习，就是极容易的事也会被视作十分困难。在说明了难易的辩证关系之后，作者便引出了智愚的问题。天资不高，才能平庸的人，只要勤于学习，久而久之，也能有所成就，摆脱昏与庸的境地；而天资聪敏，才能出众的人，如果自暴自弃，不学无术，也将与昏庸者为伍。相传孔子的学说由智能鲁钝的曾参传给了子思，再由子思之徒传给了孟子。所以作者说：“圣人之道，卒于鲁也传之。”因而作者认为昏庸与聪敏是相对的，关键是取决于个人的努力。这第一段完全以论述的笔墨出之，明白地摆出了自己对学问之道的看法。

文章的第二段则通过一个故事，也可以说是一则寓言，进一步说明难易与成败并没有必然的联系。有志者事竟成，只要能坚定地朝既定的目标走去，必定是可以达到终点的。四川的贫僧和富僧都想去普陀山朝圣，贫者凭着一瓶一钵和坚定的意志，实现了自己的心愿；富者虽有足够的钱可雇船前往，但由于自己的犹豫畏缩，终未能达到目的。作者由此说明了“立志”的重要。所谓“立志”，不仅是要树立奋斗的目标，而且要有百折不挠、知难而进的精神，这正是学习中第一可贵的。这一段通过具体生动的记叙，设想出人物的语言神态，形象地揭示出立志的重要，犹如一则寓言故事，虽然平易简单，却寓有深刻的道理。

最后一段结论，还是归结到聪敏与昏庸的问题：聪敏不可恃，昏庸也不可限，关键在于能否力学不倦。作者强调了学习中的主观能动作用，摆脱了天赋决定论的成见，劝人以学，对于不同天资的人都有勉励的作用。他对聪敏“可恃而不可恃”，对昏庸“可限而不可限”的辩证认识无疑都是很有见地的。

全文始终用了对比的方法来增强文章的说服力，如一开始便从天下事“难”与“易”的不同落笔，指出在学习中“难”与“易”是相对的，可变的。接下来又从昏庸和聪敏及其与成败的关系立论，反复辩难，说理明白，使读者信服。蜀僧的一贫一富，贫者仅恃一瓶一钵，富者可以买船而下，结果贫者至南海而富者不能至，始终在强烈的对比中展开说理，增添了文章的生动性。文中多用偶句，如：“为之，则难者亦易矣；不为，则易者亦难矣。”“学之，则难者亦易矣；不学，则易者亦难矣。”以及“吾资之昏”与“吾资之聪”两段，“聪与敏，可恃而不可恃也”与“昏与庸，可限而不可限也”两段在句法上都两两相对，给读者造成深刻的印象。文中并没有艰深的文词，只是娓娓道来，如一篇师长对晚辈的劝勉之词，语重心长，切合题旨。

（王镇远）

【作者小传】

全祖望

(1705—1755) 清史学家、文学家。字绍衣，自署鲒埼亭长，学者称谢山先生。浙江鄞县人。乾隆进士。初为翰林院庶吉士，不久受权贵张廷玉排斥，辞官归家，主讲蕺山、端溪书院，专心著述。研治宋末和南明史事。曾七校《水经注》，三笺《困学纪闻》。又将答弟子问经史疑义，录为《经史问答》。晚年定文稿为《鲒埼亭集》。

梅花岭记 全祖望

顺治二年乙酉① 四月，江都围急②。督相史忠烈公③ 知势不可为，集诸将而语之曰：“吾誓与城为殉，然仓皇中不可落于敌人之手以死，谁为我临期成此大节者？”副将军史德威④ 慨然任之。忠烈喜曰:“吾尚未有子,汝当以同姓为吾后。吾上书太夫人,谱汝诸孙中。”

二十五日,城陷,忠烈拔刀自裁,诸将果争前抱持之。忠烈大呼德威,德威流涕不能执刃,遂为诸将所拥而行。至小东门,大兵如林而至。马副使鸣騄、任太守民育及诸将刘都督肇基等[5]皆死。忠烈乃瞠目曰:“我史阁部也。”被执至南门,和硕豫亲王[6]以先生呼之,劝之降。忠烈大骂而死。初,忠烈遗言:“我死,当葬梅花岭上。”至是,德威求公之骨不可得,乃以衣冠葬之。

或曰:“城之破也,有亲见忠烈青衣乌帽,乘白马,出天宁门投江死者,未尝殒于城中也。”自有是言,大江南北,遂谓忠烈未死。已而英、霍山师[7]大起,皆托忠烈之名,仿佛陈涉之称项燕[8]。吴中孙公兆奎[9]以起兵不克,执至白下[10]。经略洪承畴[11]与之有旧,问曰:“先生在兵间,审知故扬州阁部史公果死耶,抑未死耶?”孙公答曰:“经略从北来,审知故松山殉难督师洪公[12]果死耶,抑未死耶?”承畴大恚,急呼麾下驱出斩之。

呜呼!神仙诡诞之说,谓颜太师以兵解[13],文少保亦以悟大光明法蝉蜕[14],实未尝死。不知忠义者圣贤家法[15],其气浩然,常留天地之间,何必出世入世之面目?神仙之说,所谓为蛇画足。即如忠烈遗骸,不可问矣。百年而后,予登岭上,与客述忠烈遗言,无不泪下如雨,想见当日围城光景。此即忠烈之面目,宛然可遇,是不必问其果解脱否也,而况冒其未死之名者哉!

墓旁有丹徒钱烈女[16]之冢,亦以乙酉在扬,凡五死而得绝,特告其父母火之,无留骨秽地,扬人葬之于此。江右王猷定、关中黄遵岩、粤东屈大均[17]为作传铭哀辞。

顾尚有未尽表章者:予闻忠烈兄弟,自翰林可程[18]下,尚有数人,其后皆来江都省墓。适英、霍山师败,捕得冒称忠烈者,大将发至江都,令史氏男女来认之。忠烈之第八弟已亡,其夫人年少有色，守节，亦出视之。大将艳其色，欲强娶之，夫人自裁而死。时以其出于大将之所逼也，莫敢为之表章者。忠烈尝恨可程在北，当易姓之间⑲，不能仗节，出疏纠之。岂知身后乃有弟妇以女子而踵兄公⑳之余烈乎！梅花如雪，芳香不染，异日有作忠烈祠者，副使诸公谅在从祀之列，当另为别室以祀夫人，附以烈女一辈也。

〔注〕 ① 顺治二年乙酉：公元1645年。顺治：清世祖福临的年号(1644—1661)。② 江都围急：顺治二年四月，扬州被清军包围，孤立无援，形势危急。江都，今江苏扬州市。③ 督相史忠烈公：即史可法，字宪之，号道邻，祥符(今河南开封市)人。崇祯进士。清兵入关后，福王朱由崧于南京即帝位。任史可法为兵部尚书、武英殿大学士。坚守扬州，城破被执，从容就义。因他以大学士身份督师扬州，而明代大学士的职位相当于宰相，故称督相。"忠烈"是他死后的谥号。 ④ 史德威：史可法部下副将军，即副总兵官，平阳(今山西临汾)人。 ⑤ 马副使鸣騄：马鸣騄，褒城(今陕西勉县东北)人，为督理扬州军务的副帅。任太守民育：任民育，字时泽，济宁(今属山东)人，任扬州知府，城破后被杀，全家投井而死。太守，汉代官名，明代借指知府。刘都督肇基：刘肇基，字鼎维，辽东(今属辽宁)人，史可法部下都督。城破后率部巷战，壮烈牺牲。 ⑥ 和硕豫亲王：名多铎，清太祖努尔哈赤第十五子，封为豫亲王。是清军攻打江南的主帅，称定国大将军。和硕，满语，部落或旗的意思。清代亲王、公主都冠以"和硕"二字。 ⑦ 英、霍山师：明末在英山、霍山一带起义抗清的义军。英，英山，今属湖北；霍，霍山，今属安徽。倪在田《续明纪事本末》："义士冯弘图、侯应龙、张图容、杨国士起兵于霍山。弘图倡言史可法实未死，众信之，集兵数千，攻英山、霍山、六安，皆下之。寻为吴兆胜所破。" ⑧ 仿佛陈涉之称项燕：如同当年陈涉起义时假借项燕的名义。《史记·陈涉世家》："陈胜(即陈涉)曰：'项燕为楚将，数有功，爱士卒，楚人怜之，或以为死，或以为亡(逃亡)。今诚以吾众诈自称公子扶苏、项燕，为天下唱(倡)，宜多应者。'" ⑨ 吴中孙公兆奎：孙兆奎，字君昌，江苏吴江县人。吴易自太湖起兵抗清，兆奎率千余人应之，号称"孙吴军"。为北军吴兆胜所袭，兵败被擒，解至江宁而死。吴中，今江苏省吴县，古代也称吴中，清代与吴江县同属苏州府管辖。 ⑩ 白下：江宁(南京)旧有白下城，在今南京市西北，后人以白下作为南京的别称。 ⑪ 经略洪承畴：洪承畴，字亨九，南安(今属福建)人。明末曾任蓟辽总督，与清军在松山作战时兵败投降，后被任命为七省经略，驻江宁。经略，明清两代官名，职位在总督之上。 ⑫ 故松山殉难督师洪公：松山失利时，一度传说洪承畴已经遇难，崇祯皇帝朱由检还为此设坛哭祭他。松山，在今辽宁锦州市南。 ⑬ 颜太师以兵解：颜太师，指唐代颜真卿，德宗时曾任太子太师。后被叛将李希烈所害，传说十余年后他的仆人又在洛阳同德寺看到他，衣长白衫，张盖，在佛殿上坐，因此当时人都传说他成了仙。见《太平广记》卷三二引《仙传拾遗》。兵解，学仙的人称死于兵刃为"兵解"，意思是借此脱离了躯壳而成仙。 ⑭ 文少保亦以悟大光明法蝉蜕：文少保，指文天祥。他官至右丞相，加少保、信国公。南宋末年，他坚持抗元，兵败被俘，拒不投降，被杀。大光明法，道家的一种出世法。传说数日后，其妻收尸，颜面如生。清彭尺木与袁枚书："昔文信公在燕狱时，遇楚黄道人，受出世法，始得脱然于生死之际，故其诗云：'谁知真患难，忽悟大光明。'"蝉蜕，蝉脱去外壳，比喻人脱离肉身而成道。 ⑮ 圣贤家法：即圣人贤人立身的根本准则。 ⑯ 丹徒：今江苏省镇江市。钱烈女：名淑贤，清军攻破扬州时殉城。 ⑰ 江右王猷定：

江右，指江西省。王猷定，字于一，号轸石，南昌市人，曾在史可法幕中，明灭亡后，隐居不出。著有《四照堂集》。关中黄遵岩：关中，指陕西省。黄遵岩，清初诗人，生平未详。粤东屈大均：粤东，指广东省。屈大均，字翁山，广东番禺(今广州市)人。曾参加抗清队伍，明亡后一度落发为僧。著有《道援堂集》《广东新语》等。　⑱ 翰林可程：史可法的弟弟史可程，崇祯时进士，擢庶吉士，农民军入京时，曾投降农民军，后又降清。庶吉士属翰林院，也称为翰林。　⑲ 当易姓之间：指农民起义军入京，明王朝灭亡的时候。易姓，封建时代对改朝换代的说法。　⑳ 兄公：弟媳对夫兄的称呼。此指史可法。

在古老的中华民族悠久的历史上，曾经历过无数次反抗民族侵略和压迫的斗争，而涌现出许许多多为国家兴亡和民族生存献身的英雄。史可法便是其中可歌可泣的一位。

明崇祯十七年(1644)，清兵大举入关。当时任朝廷礼部尚书兼东阁大学士的史可法，奉命督师扬州。次年四月，清和硕豫亲王多铎亲自率兵攻打扬州城，史可法于城陷后被俘，宁死不屈，为国捐躯，死后其衣冠葬在梅花岭上。明亡百年以后，全祖望登上梅花岭，怀着崇敬的心情，用饱蘸感情的笔墨记叙了史可法以身殉国的悲壮事迹，歌颂了他舍生取义、视死如归的忠烈行为和崇高的民族气节，用文字为这位大义凛然的民族英雄树立了一座不朽的丰碑。

鲜明生动地再现史可法的英雄形象，是本文最突出的成就和最主要的特色，它像一根红线贯串文章的始终。

对人物作正面描绘，给人留下了极为深刻的印象。作者集中刻画了史可法的三件事：一是“江都围急”，写他在敌人兵临城下败势已无可挽回的危急关头，斩钉截铁地宣称：“吾誓与城为殉”。并着手安排部将为他“临期成此大节”，以免落入敌人之手，表现出义无反顾、从容赴死的勇气和决心。二是“城陷临难”，写他于城陷后即刻“拔刀自裁”，以惨烈果决的壮举实践与扬州城共存亡的慷慨誓言。三是“壮烈殉国”，写他因诸将拦阻自杀未遂，不幸落入敌手，面对强敌，他毫无惧色，正气凛然，“大骂而死”，显示出忠贞刚毅、临难不苟的崇高精神品格。这三件事，不仅在时间上紧密衔接，环环相扣，而且始终围绕着生与死、敌与我的尖锐矛盾展开，人物正是在生死的严峻考验面前、在敌我的激烈冲突之中，显出了他的英雄本色，焕发出辉耀千古的夺目光彩。

在事件中刻画人物言行，是本文塑造人物形象的重要手段。尽管作者着墨不多，却画龙点睛地突出了人物特征，并使之有血有肉，鲜明丰满。其中，不论是写史可法“围急”时的“吾誓与城为殉”的铿锵誓言，还是写他在副将史德威慨然应允为其临期成大节时“喜曰”的神情，或是写他城陷后先“拔刀自裁”，继“瞠目”自呼，终“大骂而死”的壮举，无不使人物音容笑貌栩栩如生，宛如浮雕般凸现在读者面前。史可法殉难后，因尸骨不可得，只得以其衣冠代葬。文章写墓葬一节时，特别追叙了他生前“我死，当葬梅花岭上”的遗言。这显然是作者有意点染的一笔，意在用“梅花如雪，芳香不染”象征烈士冰清玉洁的节操和品格。

除正面描写外，本文刻画人物形象时还采用了侧面烘托的手法。作者记叙了史可法死后的两件事：一是从有人亲见他“青衣乌帽，乘白马”出城投江而死的传闻引出“大江南北，遂谓忠烈未死”的传说；二是声势浩大的抗清义军英、霍山师“皆托忠烈之名，仿佛陈涉之称项燕”。两事皆意味深长。因为传说虽不足凭信，却生动表现了人民群众对这位以身殉国的英雄的无比崇敬和深切怀念；义军以他的名字相号召，则表明他虽死而犹生，他的精神和事迹产生了巨大的影响。在第二件事中，作者特别拈出义军将领孙兆奎被俘后与降臣洪承畴的一段对话来写，尤耐人寻味。当洪承畴探问史可法死讯的虚实时，孙兆奎即刻反问他“故松山殉难督师洪公果死耶，抑未死耶”，使洪承畴大为狼狈，恼羞成怒，“急呼麾下驱出斩之”。此事发生在孙、洪之间，看似与史可法无关，其实并非闲笔，作者正是通过这一正一反两个典型，从不同的角度，有力衬托了史可法的英雄形象。孙兆奎临难不苟、威武不屈的精神，恰与史可法一脉相承，是对他的形象的补充；而民族败类洪承畴贪生怕死、卖国求荣的卑劣行径，则反衬了史可法的光辉业绩有如日月经天，江河行地。

融记叙、议论、抒情于一体，是本文感人至深的重要原因。作者记叙史可法壮烈殉国的经过及其影响，笔墨精练生动。随后，怀着赞叹与惋惜的心情由史氏未曾遇难的传说自然转入议论。他称“谓颜太师以兵解，文少保亦以悟大光明法蝉蜕，亦未尝死”为“神仙诡诞之说”，指出那些为保全民族气节而献身的“忠义者”，“其气浩然，常留天地之间”，是不必定要他们成仙或者不死的；从而驳斥了那些荒诞不经、“为蛇画足”的说法，高度赞扬了史可法等民族英雄的浩然正气和永垂不朽的精神。这是本文的主旨，也是作者对立身处世的见解。作者在记叙丹徒钱烈女于扬州沦陷时“凡五死而得绝”，史可法弟妇李氏夫人为反抗清军暴行“自裁而死”的惨烈行为之后，也以十分精辟的议论，表彰了她们所代表的广大爱国人民的崇高民族气节，有力地揭示了所叙事件的本质和深刻意义。

作者不仅于质朴的叙事、精当的议论中情见乎辞，饱含对史可法的缅怀和崇敬，在叙事和议论当中也间或夹以抒情。如在论浩然之气常留天地之后说：“百年而后，予登岭上，与客述忠烈遗言，无不泪下如雨，想见当日围城光景。”这一段文字情真意挚，凄切哀惋，表达了对先烈的无限追怀，也寄托着作者深沉的爱国感情和对明亡的极大悲愤。

本文在写作技巧上还有不少值得称道之处。首先是叙事繁简得宜。文章记叙的中心是史可法，材料的详略取舍完全围绕这一中心进行。譬如清军的入侵是史可法殉难的直接原因，对此不能不提，但作者只以"江都围急""城陷""大兵如林而至"和明朝诸将"皆死"等寥寥数语，便交代出形势的危急、双方交战的结果以及迫使史可法"拔刀自裁"和"被执"的原由，可谓叙事简约，惜墨如金。其次是描写生动形象。除人物形象描写外，本文的场面描写也令人难忘。如："二十五日，城陷，忠烈拔刀自裁，诸将果争前抱持之。忠烈大呼德威，德威流涕不能执刃，遂为诸将所拥而行。"这情景慷慨悲壮，英勇惨烈，足以惊天地而泣鬼神！这可歌可泣的一幕将永载史册，流传后世，千载之下读之，仍可使人惊心动魄，历历如见。再次是安排照应颇见匠心。文中有三处写到梅花岭或梅花：一处是追叙史可法的遗言，一处是写作者登岭，另一处是抒发"梅花如雪，芳香不染"的议论。这三处有虚有实，虚实相应，一可点题，二可烘托主题，三可使文章意深旨远，耐人寻味。

强烈深沉的爱国感情，独特精湛的艺术技巧，使本文具有很高的思想价值和审美价值，它得以成为古代散文中的名篇并传诵不衰的原因正在于此。

（张明非）

亭林先生神道表　　全祖望

顾氏世为江东四姓之一，五代时由吴郡徙徐州[①]，南宋时迁海门[②]，已而复归于吴，遂为昆山县[③]之花浦村人。其达者，始自明正德[④]间曰工科给事中广东按察使司佥事溱，及刑科给事中济。刑科生兵部侍郎章志，侍郎生左赞善绍芳及国子生绍芾，赞善生官荫生同应，同应之仲子曰绛，即先生也。绍芾生同吉，早卒，聘王氏，未婚守节，以先生为之后。

先生字曰宁人，乙酉[⑤]改名炎武，亦或自署曰蒋山佣，学者称为亭林先生。少落落有大志，不与人苟同，耿介绝俗。其双瞳子中白而边黑，见者异之。最与里中归庄[⑥]相善，共游复社[⑦]，相传有"归奇顾怪"之目。于书无所不窥，尤留心经世之学。其时四国多虞，太息天下乏材以至败坏，自崇祯己卯[⑧]后，历览《二十一史》[⑨]、十三朝《实录》[⑩]、天下图经[⑪]、前辈文编说部，以至公移邸抄之类，有关于民生之利害者随录之，旁推互证，务质之今日所可行，而不为泥古之空言，曰《天下郡国利病书》[12]；然犹未敢自信，其后周流西北且二十年，遍行边塞亭障，无不了了而始成。其别有一编曰《肇域志》[13]，则考索利病之余，合图经而成者。予观宋乾、淳[14]诸老，以经世自命者，莫如薛艮斋[15]，而王道夫、倪石林[16]继之，叶水心[17]尤精悍，然当南北分裂，闻而得之者多于见，若陈同甫[18]则皆欺人无实之大言，故永嘉、永康之学[19]，皆未甚粹，未有若先生之探原竟委，言言可以见之施行，又一禀于王道而不少参以功利之说者也。最精韵学，能据遗经以正六朝唐人之失，据唐人以正宋人之失，欲追复三代以来之音，分部正帙，而究其所以不同，以知古今音学之变。其自吴才老[20]而下，廓如也，则有曰《音学五书》[21]。性喜金石之文[22]，到处即搜访，谓其在汉唐以前者，足与古经相参考，唐以后者，亦足与诸史相证明，盖自欧、赵、洪、王[23]后，未有若先生之精者，则有曰《金石文字记》[24]。晚益笃志《六经》，谓古今安得别有所谓理学者，经学即理学也。自有舍经学以言理学[25]者，而邪说以起，不知舍经学，则其所谓理学者禅学[26]也。故其本朱子[27]之说，参之以慈溪黄东发《日抄》[28]，所以归咎于上蔡、横浦、象山者甚峻[29]，于同时诸公，虽以苦节推百泉、二曲[30]，以经世之学推梨洲[31]，而论学则皆不合。其书曰《下学指南》[32]。或疑其言太过，是固非吾辈所敢遽定，然其谓经学即理学，则名言也。而《日知录》三十卷[33]，尤为先生终身精诣之书，凡经史之粹言具在焉。盖先生书尚多，予不悉详，但详其平生学业之所最重者。

初太安人[34]王氏之守节也，养先生于襁保中。太安人最孝，尝断指以疗君姑[35]之疾。崇祯九年，直指王一鹗请旌于朝[36]，报可。乙酉之夏，太安人六十，避兵常熟之郊，谓先生曰："我虽妇人哉，然受国恩[37]矣，果有大故，我则死之。"于是先生方应昆山令杨永言[38]之辟，与嘉定诸生吴其沆[39]及归庄共起兵，奉故郧抚王永祚[40]，以从夏文忠公[41]于吴，江东授公兵部司务[42]。事既不克，永言行遁去，其沅死之，先生与庄幸得脱，而太安人遂不食卒，遗言后人莫事二姓。次年，闽中[43]使至，以职方郎[44]召，欲与族父延安推官咸正赴之[45]，念太安人尚未葬，不果。次年，几豫吴胜兆之祸[46]，更欲赴海上，道梗不前。

先生虽世籍江南，顾其姿禀颇不类吴会人，以是不为乡里所喜，而先生亦甚厌裙屐[47]浮华之习。尝言："古之疑众者，行伪而坚[48]，今之疑众者，行伪而脆，了不足恃。"既抱故国之戚，焦原毒浪[49]，日无宁晷。庚寅[50]，有怨家欲陷之，乃变衣冠作商贾，游京口[51]，又游禾中[52]。次年，之旧都拜谒孝陵[53]，癸巳[54]再谒，是冬又谒而图焉。次年，遂侨居神烈山下[55]，遍游沿江一带，以观旧都畿辅[56]之胜。顾氏有三世仆曰陆恩，见先生日出游，家中落，叛投里豪。丁酉[57]，先生四谒孝陵归，持之急，乃欲告先生通海[58]，先生亟往禽之，数其罪，湛之水。仆婿复投里豪，以千金贿太守，求杀先生，不系讼曹，而即系之奴之家，危甚。狱日急，有为先生求救于□□[59]者，□□欲先生自称门下而后许之，其人知先生必不可，而惧失□□之援，乃私自书一刺以与之，先生闻之，急索刺还，不得，列揭于通衢以自白。□□亦笑曰："宁人之卞[60]也!"曲周路舍人泽溥[61]者，故相文贞公振飞子也。侨居洞庭之东山[62]，识兵备使者，乃为诉之，始得移讯松江[63]而事解。于是先生浩然有去志，五谒孝陵，始东行，垦田于章丘之长白山下[64]以自给。戊戌[65]，遍游北都诸畿甸[66]，直抵山海关[67]外，以观大东[68]。归至昌平[69]，拜谒长陵[70]以下，图而记之。次年再谒。既而念江南山水有未尽者，复归，六谒孝陵。东游直至会稽[71]。次年，复北谒思陵[72]。由太原、大同以入关中[73]，直至榆林[74]。是年，浙中史祸[75]作，先生之故人吴、潘二子[76]死之，先生又幸而脱。甲辰[77]，四谒思陵。事毕，垦田于雁门[78]之北，五台[79]之东。初先生之居东也，以其地湿，不欲久留，每言马伏波[80]田畴，皆从塞上立业，欲居代北[81]。尝曰："使吾泽中有牛羊千，则江南不足怀也。"然又苦其地寒，乃但经营创始，使门人辈司之，而身出游。丁未[82]之淮上。次年自山东入京师。莱之黄氏，有奴告其主所作诗者[83]，多株连，自以为得，乃以吴人陈济生所辑《忠义录》[84]，指为先生所作，首[85]之，书中有名者三百余人。先生在京闻之，驰赴山东自请勘[86]，讼系半年，富平李因笃[87]自京师为告急于有力者，亲至历下[88]解之，狱始白。复入京师，五谒思陵。自是还往河北诸边塞者几十年。丁巳[89]，六谒思陵，始卜居陕之华阴[90]。初先生遍观四方，其心耿耿未下，谓“秦人[91]慕经学，重处士，持清议，实他邦所少；而华阴绾毂关、河之口，虽足不出户，而能见天下之人，闻天下之事，一旦有警，入山守险，不过十里之遥，若志在四方，则一出关门，亦有建瓴之便”，乃定居焉。王征君山史筑斋延之[92]。先生置五十亩田于华下供晨夕，而东西开垦所入，别贮之以备有事。又饵沙苑蒺藜而甘之曰：“啖此久，不肉不茗可也。”凡先生之游，以二马二骡，载书自随。所至厄塞，即呼老兵退卒，询其曲折，或与平日所闻不合，则即坊肆中发书而对勘之。或径行平原大野，无足留意，则于鞍上默诵诸经注疏，偶有遗忘，则即坊肆中发书而熟复之。

方大学士孝感熊公[93]之自任史事也，以书招先生为助，答曰：“愿以一死谢公，最下则逃之世外。”孝感惧而止。戊午[94]大科，诏下，诸公争欲致之，先生豫令诸门人之在京者辞曰：“刀绳具在，无速我死！”次年大修《明史》，诸公又欲特荐之，贻书叶学士讱庵[95]，请以身殉得免。或曰：“先生盍亦听人一荐，荐而不出，其名愈高矣。”先生笑曰：“此所谓钓名者也。今夫妇人之失所天也，从一而终，之死靡慝[96]，其心岂欲见知于人？若曰盍亦令人强委禽[97]焉，而力拒之以明节，则吾未之闻矣。”华下诸生请讲学，谢之曰：“近日二曲亦徒以讲学故得名，遂招逼迫，几致凶死，虽曰威武不屈，然而名之为累，则已甚矣！又况东林覆辙[98]，有进于此者乎？”有求文者，告之曰：“文不关于经术政理之大，不足为也。韩文公起八代衰[99]，若但作《原道》

《谏佛骨表》《平淮西碑》《张中丞传后》诸篇，而一切谀墓之文不作，岂不诚山斗[100]乎！今犹未也。"其论为学，则曰："诸君关学[101]之余也。横渠、蓝田[102]之教，以礼为先，孔子尝言博我以文，约之以礼，而刘康公[103]亦云'民受天地之中以生，所谓命也，是以有动作礼义威仪之则以定命'，然则君子为学，舍礼何由？近来讲学之师，专以聚徒立帜为心，而其教不肃，方将赋《茅鸱》[104]之不暇，何问其余！"寻以己未[105]出关，观伊洛[106]，历嵩少[107]，曰："五岳[108]游其四矣。"会年饥，不欲久留，渡河至代北，复还华下。先生既负用世之略，不得一遂，而所至每小试之，垦田度地，累致千金，故随寓即饶足。徐尚书乾学兄弟[109]，甥也，当其未遇，先生振其乏。至是鼎贵，为东南人士宗，四方从之者如云，累书迎先生南归，愿以别业居之，且为买田以养，皆不至。或叩之，答曰："昔岁孤生，飘摇风雨，今兹亲串，崛起云霄，思归尼父之辕[110]，恐近伯鸾之灶[111]；且天仍梦梦，世尚滔滔，犹吾大夫[112]，未见君子[113]，徘徊渭川[114]，以毕余年足矣。"

庚申[115]，其安人卒于昆山，寄诗挽之而已。次年，卒于华阴，无子，徐尚书为立从孙洪慎以承其祀。年六十九。门人奉丧归葬昆山之千墩。高弟吴江潘耒[116]收其遗书，序而行之，又别辑《亭林诗文集》十卷，而《日知录》最盛传。历年渐远，读先生之书者虽多，而能言其大节者已罕，且有不知而妄为立传者，以先生为长洲人，可哂也。徐尚书之冢孙涵持节粤中，数千里贻书，以表见属，予沉吟久之。及读王高士不庵之言曰："宁人身负沉痛，思大揭其亲之志于天下，奔走流离，老而无子，其幽隐莫发，数十年靡诉之衷，曾不得快然一吐，而使后起少年，推以多闻博学，其辱已甚，安得不掉首故乡，甘于客死！噫，可痛也！"斯言也，其足以表先生之墓矣夫。其铭曰：

先生兀兀[117]，佐王之学。云雷经纶[118]，以屯[119]被缚。渺然高风，寥天一鹤。重泉拜母，庶无愧怍。

〔注〕①吴郡：古郡名，治所在今江苏苏州。徐州：今属江苏。②海门：今属江苏，在

长江口北岸。顾炎武《顾氏谱系考》云："宋南渡时，讳庆者自滁徙海门县之姚刘沙(自注：今崇明县)。" ③ 昆山县：今属江苏。 ④ 正德：明武宗朱厚照年号(1506—1521)。 ⑤ 乙酉：清顺治二年(1645)。 ⑥ 归庄(1613—1673)：明末清初文学家，一名祚明，字尔礼，又字玄恭，号恒轩，昆山人。归有光的曾孙。为明末复社成员，曾参加抗清斗争。善书画，工文辞，有《归庄集》。 ⑦ 复社：明末由江南地区士大夫知识分子所组成的政治集团，主张改良政治，拯救明王朝。清兵南下时，部分成员曾参加抗清斗争。清顺治九年(1652)被清政府取缔。 ⑧ 崇祯己卯：崇祯十二年(1639)。 ⑨《二十一史》：明嘉靖时校刻的史书，在宋人《十七史》之外，加宋、辽、金、元四史。 ⑩ 实录：编年史的一种体裁，专记某一皇帝统治时期的大事。 ⑪ 图经：文字外附有图画的书籍，此指附有地图的地理志。 ⑫《天下郡国利病书》：一百二十卷，详细记录了各地疆域、形胜、水利、兵防、物产、赋税等资料。 ⑬《肇域志》：现存传钞本，不分卷，着重记述各地地理形势和山川要塞，附有地图。 ⑭ 乾、淳：宋孝宗赵昚年号乾道(1165—1173)和淳熙(1174—1189)。 ⑮ 薛艮斋：薛季宣(1134—1173)，字士龙，号艮斋，南宋哲学家。治学讲求事功，反对空谈性命，为"永嘉学派"先声。 ⑯ 王道夫：王自中(1134—1199)，字道甫，一作道夫，学者称厚轩先生。倪石林：名朴，字文卿，学者称石陵先生。 ⑰ 叶水心：叶適(1150—1223)，字正则，学者称水心先生，南宋哲学家。主张功利之学，反对朱熹的性理之学，是南宋"永嘉学派"的集大成者。 ⑱ 陈同甫：陈亮(1143—1194)，字同甫，学者称龙川先生，南宋思想家，治学注重事功，反对空谈义理。 ⑲ 永嘉永康之学：南宋永嘉学派，创于吕祖谦，其代表人物薛季宣、陈傅良、叶適，均为永嘉(今浙江温州)人，故名。南宋永康学派，又名浙学，为永康(今属浙江)人陈亮所创立，故名。 ⑳ 吴才老：吴棫(约1100—1154)，字才老，宋代学者。著有《韵补》五卷，分古韵为九部，并提出古韵通转之说，为后来研究古韵的先驱。 ㉑《音学五书》：三十八卷，包括《古音表》二卷，《易音》三卷，《诗本音》十卷，《唐韵正》二十卷，《音论》三卷。 ㉒ 金石之文：指古代在钟鼎碑碣上镌刻的文字。 ㉓ 欧、赵、洪、王：欧阳修著有《集古录跋尾》，赵明诚著有《金石录》，洪适著有《隶释》《隶续》，王俅著有《啸堂集古录》，都是研究金石之文的著作。 ㉔《金石文字记》：六卷，所录汉以来碑刻凡三百余种。 ㉕ 理学：指宋代儒家哲学思想，也称性理学、道学，多附会经义而说天人性命之理。 ㉖ 禅学：指佛教禅宗教理，重在人心自悟。 ㉗ 朱子：朱熹(1130—1200)，字元晦，一字仲晦，号晦庵、遯翁，婺源(今属江西)人，宋代著名理学家。 ㉘ 黄东发：黄震(1213—1280)，字东发，慈溪(今属浙江)人，南宋学者，著有《黄氏日钞》九十五卷。 ㉙ 上蔡：指谢良佐(1050—1103)，程门弟子，上蔡(今属河南)人，学者称上蔡先生。横浦：指张九成(1092—1159)，钱塘(今浙江杭州)人，宋代学者，著有《横浦集》，故称。象山：指陆九渊(1139—1193)，字子静，自号存斋、象山翁，金溪(今属江西)人，学者称象山先生，南宋哲学家。 ㉚ 百泉：即孙奇逢(约1584—约1675)，字启泰，号钟元，容城(今属河北)人，学者称夏峰先生，明清之际儒学名士，与李颙、黄宗羲齐名，并称"清初三大儒"。二曲：即李颙(1627—1705)，字中孚，号二曲，周至(今属陕西)人，学者称二曲先生，清初理学家。 ㉛ 梨洲：即黄宗羲(1609—1695)，字太冲，号南雷，余姚(今属浙江)人，学者称梨洲先生。明末清初著名思想家，朴学大师。 ㉜《下学指南》：一卷，主张通经致用。 ㉝《日知录》：三十二卷，为顾炎武"稽古所得，随时札记"的意在经世致用的著作，内容广泛，考证精详。 ㉞ 太安人：是明清时代给朝廷命官之母或祖母的封号，此指顾炎武之母。 ㉟ 君姑：丈夫的母亲。 ㊱ 直指：朝廷使者。旌：表彰。 ㊲ 国恩：指上文请旌于朝事。 ㊳ 杨永言：字岑立，昆明人，任昆山知县。清兵至，与顾炎武、归庄、吴其沆等拒守，事败为僧。 ㊴ 嘉定：今属上海市。吴其沆：字同初，嘉定县学生员，居昆山。顺治二年七月初六日，清兵攻陷昆山城,他抗敌守城,不屈而死。 ㊵ 郧:郧阳,在今湖北。王永祚:曾为明郧阳巡抚、都御史,李自成入襄阳,分攻属邑,他遁走。归昆山,领导抗清义军,约同各路分攻苏州、南京、杭州及沿海各地,但因攻苏州军先溃,牵动全局而失败。 ㊶ 夏文忠公:夏允彝。 ㊷ 江东:指南明福王(朱由崧)政权。兵部司务:明代中央政权各部均置司务厅司务,主省署抄目,出纳文书。 ㊸ 闽中:指南明唐王(朱聿键)政权。 ㊹ 职方郎:为兵部属官。 ㊺ 推官:为各府属官,专管一府刑狱。咸正:姓顾,字端木,号緱庵,昆山人,大学士顾鼎臣曾孙。为延安府推官。丙戌(顺治三年)四月,自关中归,闻唐王立于闽,草密疏,附寄舟山黄斌卿,托其转达,为逻卒所获,以告清吴淞提督吴胜兆,吴秘不发。丁亥四月,吴密谋反清,事泄失败,密疏遂发,逮至金陵,为洪承畴所杀。 ㊻ 吴胜兆:本明将,后降清,为吴淞提督,密谋反清,事败被捕,死于狱中。 ㊼ 裙屐:裙是下裳,屐是木鞋,六朝贵游子弟的衣着,这里指不懂政务只知逸乐的贵族子弟。 ㊽ 行伪而坚:行为虚伪而且固执。《荀子·宥坐》载孔子诛少正卯列举五大罪状,其中两条是"行僻而坚,言伪而辩"。 ㊾ 焦原:枯焦的大地。毒浪:比喻遭蹂躏。 ㊿ 庚寅:清顺治七年(1650)。 51 京口:今江苏镇江。 52 禾中:即嘉禾,今浙江嘉兴。 53 旧都:指南京。孝陵:明太祖朱元璋陵墓。 54 癸巳:清顺治十年(1653)。 55 神烈山:明孝陵所在之山,即南京紫金山。《明史·礼志十四》:"嘉靖十年,名孝陵曰神烈山。" 56 畿辅:京城地区,这里指南京。 57 丁酉:清顺治十四年(1657)。 58 通海:指与沿海一带郑成功反清义军有联系。 59 □□:此人为钱谦益。下同。 60 卞:急躁。 61 曲周:在今河北。路舍人泽溥:路泽溥,路振飞长子,任中书舍人。唐王朱聿键隆武元年(清顺治二年)拜路振飞为太子太保,吏部兼兵部尚书,文渊阁大学士。明代大学士为宰相之职,因称"故相"。 62 洞庭:山名,在江苏太湖中,有东、西二山,东山主峰为莫厘峰。 63 松江:今属上海市。 64 章丘:今属山东。长白山:据《济南府志》,又名会仙山,山中云气长白,跨连四县之界,在章丘东北。按王蘧常《顾亭林诗集汇注》附《诗谱》,列垦田事于康熙四年(1665),云:"置田舍于章丘大桑家庄。先是,章丘人谢世泰负先生资,至是以田产偿焉。"可备参考。 65 戊戌:清顺治十五年(1658)。 66 北都:指北京。畿甸:京城地区。 67 山海关:今属河北。 68 大东:指极东之地。 69 昌平:今属北京市。 70 长陵:明成祖(朱棣)的陵墓。昌平有明代皇帝陵墓十三座,称十三陵。 71 会稽:今浙江绍兴。 72 思陵:明思宗(朱由检)的陵墓。 73 太原、大同:均属今山西。关中:古代称函谷关以西、散关以东、武关以北、萧关以南为关中,相当于今陕西。 74 榆林:今属陕西。 75 浙中史祸:浙江乌程人庄廷鑨刊刻明史,书中流露了思明反清情绪,康熙二年(1663)清政府下令将其族人、作序人、参校者、卖书者、买书者、地方官七十余人全部诛杀。 76 吴潘二子:指吴炎、潘柽章。 77 甲辰:清康熙三年(1664)。 78 雁门:在今山西代县北。 79 五台:在今山西。 80 马伏波:马援(前14—后49),东汉人,封伏波将军。 81 代北:代州以北,今山西北部一带。 82 丁未:清康熙六年(1667)。 83 莱:莱州,治所在今山东掖县。黄氏有奴告其主所作诗者:顾炎武佚文《与人书》:"姜元衡者,莱州即墨县故兵部尚书黄公家仆黄宽之孙,黄瓒之子,本名黄元衡,揭告其主原任锦衣卫都指挥使黄培、见任浦江县黄坦、见任凤阳府推官黄贞麟等一十四人逆诗一案,于(康熙)五年六月奉旨发督抚亲审。" 84 陈济生所辑《忠义录》:顾炎武《与人书》:"姜元衡揭告其主黄培、黄坦、黄贞麟等一十四人逆诗一案,事历三载,初无干涉。忽于今正月三十日抚院审时禀称:有《忠节录》即《启祯集》一书,陈济生所作,系昆山顾宁人到黄家搜辑发刻者。咨行原籍逮证。"陈济生,字皇士,长洲(今江苏苏州市)人,官至太仆寺丞,辑有《启祯诗选》(即《天启崇祯两朝遗诗》),收入三百零七人。其凡例说:"是选以人为重,人以节义为主。" 85 首:告发。 86 勘:审问。

㊇ 李因笃：字天生，又字子德，富平（今属陕西）人。明庠生，清康熙十八年举博学鸿词，授检讨。深于经学，著《诗说》，顾炎武称之曰："毛、郑有嗣音矣。" ㊈ 历下：今山东济南市。㊉ 丁巳：清康熙十六年(1677)。 ⑨⓪ 华阴：在今陕西。 ⑨① 秦人：指关中一带的人，关中为古秦地。 ⑨② 王山史：王弘撰，字无异，一字山史，明诸生。清康熙十七年，以博学鸿词征，不赴。顾亭林尝寓居其家。 ⑨③ 大学士：为内阁长官，起草诏令，批答奏章，实掌宰相之权。孝感：今属湖北。熊公：熊赐履(1635—1709)，清朝大臣，理学家。 ⑨④ 戊午：清康熙十七年(1678)。 ⑨⑤ 讱庵：叶方蔼，字子吉，号讱庵，昆山人。康熙十七年充《明史》总裁。 ⑨⑥ 之死靡慝(tè特)：至死不改变。语出《诗经·鄘风·柏舟》。 ⑨⑦ 委禽：下聘礼。 ⑨⑧ 东林：东林党，明万历年间由江南士大夫组成的政治集团。东林党人议论朝政，主张改革，遭到在朝权贵的嫉恨，多人受打击迫害。 ⑨⑨ 韩文公：韩愈。苏轼称他"文起八代之衰"。八代指东汉、魏、晋、宋、齐、梁、陈、隋。 ⑩⓪ 山斗：泰山北斗，喻因德高望重或成就卓越而为大众所敬仰的人。⑩① 关学：北宋唯物主义思想家张载所创理学学派。因张载长期在陕西关中地区讲学，故名。⑩② 横渠：指张载。张载家居横渠（今属陕西眉县）。蓝田：指吕大临。吕大临为蓝田（今属陕西）人，初学于张载，后从程颐等游，与谢良佐、游酢、杨时并称"程门四先生"。 ⑩③ 刘康公：即王季子，春秋时周王朝卿士。以下引语见《左传·成公十三年》。 ⑩④《茅鸱》：古逸诗篇名，内容讽刺不敬。据《左传·襄公二十八年》载，鲁国叔孙穆子用这首诗来讽刺齐国庆封不敬和不知礼。 ⑩⑤ 己未：清康熙十八年(1679)。 ⑩⑥ 伊洛：伊河，洛河，均在今河南。 ⑩⑦ 嵩少：嵩山、少室山，均在今河南。 ⑩⑧ 五岳：中国五大名山的总称，即东岳泰山、南岳衡山、西岳华山、北岳恒山、中岳嵩山。 ⑩⑨ 徐尚书乾学兄弟：指徐乾学、徐元文，顾炎武外甥。 ⑪⓪ 思归尼父之辕：想让孔子的车驾回来。尼父，指孔子。 ⑪① 伯鸾之灶：东汉梁鸿（伯鸾）少孤独炊，邻人先炊，让他就热灶煮食，他婉言谢绝。见《东观汉记》。 ⑪② 犹吾大夫：春秋时代，齐国崔杼杀了国君齐庄公，陈文子避难来到别的国家，所看到的执政者都和崔杼一样，说"犹吾大夫崔子也"。语出《论语·公冶长》。 ⑪③ 未见君子：语出《诗·召南·草虫》："未见君子，忧心忡忡。" ⑪④ 渭川：即渭河。流经华阴县界，故以此指华阴一带。 ⑪⑤ 庚申：清康熙十九年(1680)。⑪⑥ 高弟：高足弟子。潘耒(1646—1708)：字次耕，又字稼堂，吴江（今属江苏）人，清代学者。⑪⑦ 兀(wù务)兀：用心勤苦的样子。 ⑪⑧ 云雷经纶：比喻贤才善于兼用恩泽与刑罚来治理国家。语出《易·屯》："云雷，屯，君子以经纶。"但与原意稍有不同。 ⑪⑨ 屯(zhūn谆)：六十四卦之一，有艰难、艰险的意思。《易·屯》："屯，刚柔始交而难生。"

神道表这种文体，主要用来记载死者事迹，并刻在死者墓道（神道）前的石碑上。古来神道表、墓表、墓碑文，多为应酬、"谀墓"之作，但全祖望这篇《亭林先生神道表》却是一篇有血有肉的文字，简要而又鲜明地记述了明清之际著名思想家和朴学大师顾炎武的一生，讴歌了他崇高的民族气节，表彰了他经世致用与孜孜不倦的治学精神，字里行间洋溢着作者对他深厚的崇敬之情，是一篇十分优秀的人物传记。

全文可分为六段。

第一段记顾炎武籍贯、先世。文章首先交代顾氏为江东世族，明正德以来先祖多人仕明，表明这样的家庭正是培植他的民族意识的良好土壤。

第二段正面铺开，从顾氏的名、字、号，说到他的志趣、学术。"少落落有大志”是一篇之目，顾炎武的一生是为实现他的报国之志而劳苦奔波的一生，也是壮志难酬、赍志以殁的悲剧的一生。复社是一个具有鲜明扶明意识的政治团体，文中于青年时代只提到与归庄同游复社，点明了顾炎武的政治倾向。接着记顾炎武的为学及著作。“尤留心经世之学”一语，首先揭出“经世”二字，统摄本段，同时也概括了朴学大师顾炎武毕生治学的主要精神，说明顾氏为学，重视的是治理国家社会的学问，而不是虚浮不实、空谈性理之学。顾炎武学识渊博，著述极丰，这一段抓住重点，突出地介绍了六部书，所作评价都极精当。第一部《天下郡国利病书》，强调其中所录均为“关于民生之利害者”，并“务质之今日所可行”。第二部《肇域志》，是在“考索利病之余，合图经而成。”第三部《音学五书》，能“分部正帙”，“以知古今音学之变”。第四部《金石文字记》，所“搜访”而得的金石之文，均能与“古经”“诸史”相印证。第五部《下学指南》，提出经学即理学，而离开经学的所谓“理学”只不过是“禅学”，表现了顾炎武在哲学思想领域中捍卫通经致用的传统经学的战斗精神。第六部《日知录》，更是顾炎武殚毕生精力所写成，全书包含了作者所有的“经史之粹言”。在介绍这六部书时，除突出顾炎武的“经世”目的外，还强调了他的“勤”，如“周流西北且二十年，遍行边塞亭障，无不了了而始成”；强调了他的“精”，说他“最精韵学”，对金石之文“未有若先生之精者”，《日知录》“尤为先生终身精诣之书”。同时通过精当的比较，强调了这些著作在学术上的价值和地位。

第三段，记明清之际事。文章先从太安人王氏着笔，从她的孝写到她的忠，“遗言后人莫事二姓”，表现了她大义凛然的民族气节。而对顾炎武，只记他在清兵南下江南时的出处进退，十分简约。通过对太安人的记述，含蓄而有力地衬托了顾炎武的高尚气节与抗清意识。

第四段，写顾炎武在明亡之后，为图恢复或避狱祸，遍游大江南北、关河内外，六谒孝陵复六谒思陵，最后定居华阴。“既抱故国之戚，焦原毒浪，日无宁晷”，写出了时局的艰难、人民的憔悴和怀念故国的哀痛；怨家陷害，诗狱牵连，使他的人生旅途充满艰险；多次谒陵，几处垦田经营，又表明了他复明之志耿耿不灭；出游时常“载书自随”，“所至厄塞，即呼老兵退卒，询其曲折”，并常发书“对勘”，则表现了他治学的勤奋和踏实。这段写他出游，时间跨度几十年，空间距离数千里，但记述井井有条，来去分明，中间插记他的言语，都是画龙点睛之处，展示了顾炎武的内心世界，使他的形象更加血肉丰满。

第五段，记顾炎武的辞聘和拒荐。首先是三次放弃举荐为官的机会，不图位，不求名。“从一而终”的自白，表明了他心存明室，不事二姓；一死谢之的决心，则反映了他意志的坚强。对于讲学求文的请求他也一概回拒，一则是担心为名所累，二则是不愿为“谀墓之文”。他关于为学的酣畅议论，他对亲戚接济的辞谢，也都体现了他通经致用而不“以聚徒立帜为心”的高尚人格、为学精神以及耿介绝俗、自主自立的鲜明个性。

第六段，记顾炎武之死及后事安排，其中着重写作者遵嘱作表，从而引出王不庵之言，借以作出对顾炎武一生的总论。“宁人身负沉痛，思大揭其亲之志于天下”，“其幽隐莫发，数十年靡诉之衷，曾不得快然一吐，而使后起少年，推以多闻博学，其辱已甚”，评论非常精当。时人确有视顾炎武为“多闻博学”的大学问家，但这样的看法并不全面，甚至未抓住主要的方面。顾炎武更为可贵的是他的拳拳爱国之心和崇高的民族气节，这才是他的真面貌、真精神。最后的铭文谓其有王佐之才，但未能施展，一生遭遇艰难，流露出作者无限的惋惜和沉痛之情。

全祖望生当康乾盛世，却要著文表彰明清之际富有崇高民族气节的抗清复明的英杰，下笔殊非易事。但作者却处理得非常恰当。“少落落有大志”，“其时四国多虞，太息天下乏材以至败坏”，“既抱故国之戚”，“志在四方”，“思大揭其亲之志于天下”等句，反复交代了顾炎武的政治态度。文章行文委婉含蓄，虽未涉一“清”字，但意思是清楚明白的。

顾炎武既是富有民族意识的节义之士，又是大学问家。文章对这两方面的记述描写，构成了两条线索，分别展开又互相交错。第二段记他的学问与著述，而以“尤留心经世之学”笼罩之；第四段记他的出游与谒陵，又以“载书自随”并常发书“对勘”作结；第五段写辞聘拒荐，中间却又穿插畅论为学。这些地方，两条线索都交织得很好。

文章语言可用“简洁”二字概括，干净利索，不枝不蔓，记事为主，兼有记言，人物语言均出现在关键之处，将人物观点或心态揭出，使叙事文字大大增辉。此外，文章用词像是信手拈来，行文流畅而无刻凿痕迹，于朴实处显示出一往深情，有很强的感染力。

（张葆全）

【作者小传】

袁　枚

(1716—1798)　清诗人。字子才，号简斋，别号随园老人。浙江钱塘(今杭州)人。乾隆进士。曾任溧水、江宁等地知县。后辞官侨居江宁，筑园林于小仓山，号随园，以吟咏著作为乐。擅长古文和骈体，尤工于诗。论诗主张抒写性情，创性灵说。著有《小仓山房集》《随园诗话》等。

黄生借书说　　袁　枚

黄生允修借书，随园主人①授以书而告之曰：书非借不能读也。子不闻藏书者乎？七略、四库②，天子之书，然天子读书者有几？汗牛塞屋③，富贵家之书，然富贵人读书者有几？其他祖父积、子孙弃者无论焉。

非独书为然，天下物皆然。非夫人之物④而强假焉，必虑人逼取，而惴惴焉摩玩之不已，曰："今日存，明日去，吾不得而见之矣！"若业为吾所有，必高束焉，庋藏焉，曰"姑俟异日观"云尔。

予幼好书，家贫难致。有张氏藏书甚富，往借不与，归而形诸梦，其切如是。故有所览，辄省记。通籍⑤后，俸去书来，落落⑥大满，素蟫⑦灰丝，时蒙卷轴⑧，然后叹借者之用心专，而少时之岁月为可惜也。

今黄生贫类予，其借书亦类予。惟予之公书与张氏之吝书，若不相类。然则予固不幸而遇张乎？生固幸而遇予乎？知幸与不幸，则其读书也必专，而其归书也必速。为一说，使与书俱。

〔注〕 ① 随园主人：作者自称。作者于乾隆十三年(1752)购得江宁织造隋赫德之旧"隋织造园"，改治为随园。同年辞官后一直于此隐居。随园位于江宁(今江苏南京)小仓山。② 七略：书目名。汉成帝命刘向、刘歆父子先后校录群书，编辑宫廷藏书，分为辑略、六艺略、诸子略、诗赋略、兵书略、术数略、方技略七部，总称"七略"，现已佚亡。班固撰《汉书·艺文志》图书分类，即基本上以七略为依据。四库：指经史子集四部内府藏书。唐玄宗于开元年间收集图籍，"以甲、乙、丙、丁为次，列经、史、子、集四库"。见《新唐书·艺文志》。 ③ 汗牛塞屋：即汗牛充栋，极言书籍之多。语本柳宗元《陆文通先生墓志》："其为书，处则充栋宇，出则汗牛马。"意谓书籍塞满屋子，牛马运载时累得出汗。 ④ 非夫(fú扶)人之物：不是自己的东西。夫，语助词。 ⑤ 通籍：指作官。作者于乾隆四年(1739)中进士，入翰林院。籍，二尺长的竹片，上写姓名、年龄、身份等，挂在宫门口，以便进出宫门时查对。通籍是说记名于竹片上，可以出入宫门。后用以指初作官。 ⑥ 落落：多貌。《后汉书·冯衍传·自论》："冯子以为夫人之德不碌碌如玉，落落如石……" ⑦ 素蟫(tán谈)：蛀蚀书籍的蠹鱼，以其为银白色，故曰"素"。⑧ 卷轴：指书卷。古代文籍装轴卷藏。

这篇散文体裁颇别致。标题表明它是"说"体。"说"体在唐宋以后多属一种具有说明性与解说性的理论文章，不过较之严谨的“论”又有其自由灵活的特点，往往类乎杂感，故又可称为“杂说”。此文前两段意解说“书非借不能读也”的论旨，自然属于“说”体；但是它与一般的“说”体相比，则有其出格或曰新颖之处。因为文章后两段在“说”的基础上，又通过作者个人亲身经历的述说以及同黄生“类”与“不类”、“幸”与“不幸”的两相比较，进而劝勉黄生“读书也必专”，抒发作者对黄生的真挚赤诚的感情；从内容与写法来看，又近乎古代的“君子赠人以言”与“致敬爱、陈忠告之谊”(姚鼐《古文辞类纂序目》论“赠序类”语)的“赠序”体。这种熔“说”与“赠序”于一炉的写法，显然是袁枚对传统“说”体的一种大胆创造革新，是其所谓“我亦自立者，爱独不爱同”(《题叶花南庶子空山独立小影》)的主独创的美学思想的体现。

文章是从“黄生允修借书”这一生活小事引发的，但文中所解说的“书非借不能读”的道理却慧眼独具，道出了人人心中所有而笔下所无的借书与读书的密切关系，使人读后即能产生共鸣，感到信服。黄生当为作者的得意学生。袁枚在《随园诗话》卷三曾引证黄允修“无诗转为读书忙”的诗句，并誉之为“非真读书、真能诗者不能道”。可见他对黄生的器重与喜爱。正因为爱得深，才对其成长倍加关心。于慨然借书即“授以书”给黄生之际，又诲人不倦地为之解说“书非借不能读也”与“读书也必专”的道理，尽其为师者“传道”之职责。但作者并非如冬烘先生那样正襟危坐、古板正经地空谈一套高头讲章。作者在正面提出“书非借不能读也”的道理之后，接着以“子不闻藏书者乎”之问一转折，以藏书者之不能读书的角度入手，侧重于反面说明“书非借不能读”的道理，显得匠心独运。作者所举之富于七略、四库之书的天子，与藏有汗牛塞屋之书的富贵人，其读书客观条件之优越可谓无以复加，但作者连用“然天子读书者有几”，“然富贵人读书者有几”两个十分有力的反问句式，将这有书反不能读的普遍的社会现象暴露无遗。天子与富贵人尚且如此，其他靠祖辈与父辈所积累而被子孙辈抛弃藏书的现象就更不用说了。作者笔锋顺手一勾，则将有书而反不能读者网罗殆尽。这一段写得文气畅达，又抑扬顿挫。

作者始则从反面向黄生解说“书非借不能读”的道理，继则从侧面再加烘托。第二段云“非独书为然，天下物皆然”，就是以物非己有往往格外珍惜的一般道理，进一步强调书非己有则格外珍爱的个别道理。这一段作者构想出“非夫人之物而强假焉”者与“若业为吾所有”者两种人物的言行作对比描叙，虽旨在说理，却显得生动而有情趣。描叙前者选取了“虑人逼取，而惴惴焉摩玩之不已”的动作细节，逼真地显示出其惟恐强假之物被人讨还的恋恋不舍之情态，甚为细致传神;此外,又写其“今日存,明日去,我不得而见之矣”的感叹,亦反映出对强假之物不忍归还的真切口吻。描叙后者的行为是“必高束焉,庋藏焉”,概括得十分准确贴切,令人有似曾相识之感;写其“姑俟异日观”的敷衍搪塞之词,亦颇为深刻真切,又令人有似曾相闻之感。这段所说的物实包括书在内。既然物因有强假与为我所有的不同而人的态度迥然相异,一重视,一轻视,则书亦不例外。这里采用的是演绎推理法。

前半部分对“书非借不能读”之意的解说任务业已完成。在此基础上,作者出于对黄生爱护关心的师生情谊,又进而采用赠序体写法,“陈忠告”于得意门生,劝勉其借了书后则“读书也必专”。为了深入打动黄生之心,作者乃以个人亲身经历循循诱导,充满真情,这一点与明初宋濂的《送东阳马生序》颇相类。宋濂于开篇曾自述云:“余幼时即嗜学,家贫,无从致书以观,每假借于藏书之家,手自笔录,计日以还。天大寒,砚冰坚,手指不可屈伸,弗之怠。录毕,走送之,不敢稍逾约。以是人多以书假余,余因得遍观群书。”其中写宋濂年轻时借书抄书,刻苦求学之艰苦情状甚是感人。第三段前半部分与之不无精神相通之处。袁枚亦自述“余幼好书,家贫难致”,亦曾四处借书。但与宋濂不同的是此处偏于强调借书之难(“有张氏藏书甚富,往借不与”);写求借不得之遗憾、焦虑(“归而形诸梦”);重在突出自己当年“不幸而遇张”,借书甚难。其真谛是反衬黄生今日“幸而遇予”,借书甚易,暗寓其劝勉黄生应专心读书,珍惜这大好机遇之意。第三段后半又转写自己通籍后,虽已有足够的俸禄购买来大量藏书,却任“素蟫灰丝,时蒙卷轴”,不复似少时之岁月那样好书勤学,那样“用心专”矣。这既与第一段的道理相印证,又是继续暗里劝勉黄生要珍惜借书读的机会,因为只有在此阶段才能“用心专”而有所得,且老师本身就是一个例证。继此段以真情实意打动了黄生好学之心以后,作者趁热打铁,又直接“陈忠告”之言。第四段乃以黄生与自己相“类”与“不相类”、自己少年之“不幸”与黄生今日之“幸”相比较,明确揭示“读书也必专”之理,并表达其希望黄生“归书也必速”之意。作者早年与黄生今日相类有二,一是“家贫难致”书,二是“借书”读。作者与黄生不相类的是,作者早年借书遇到的是“吝书”的张氏,借而不得;而黄生今日借书遇到的是“公书”的作者,借而可得。这就是作者早年之不幸与黄生今日之幸,黄生对此应该心里有数;但作者不正面说出此意,而用问句出之:“然则予固不幸而遇张乎?生固幸而遇予乎?”文气显得委婉,语意亦不张狂。文章最后和盘托出劝勉忠告之言亦显得水到渠成:“知幸与不幸,则其读书也必专,而其归书也必速。”不辜负老师希望自己成材的“借书”之心。袁枚以奖掖后学为己任,即使借书给学生,亦要“为一说,使与书俱”，其对后学之进步亦可谓关心备至了。

这篇文章所要“说”的道理并不深奥，但作者却能正说、反说、侧面说，以及明说、暗说，角度多变，波澜起伏，抑扬顿挫，摇曳生姿，使人读来兴味盎然，毫不乏味。作者不仅注意以理服人，更重在以情感人，特别是以个人亲身经历劝勉后学，推出论旨，其意也真，其情也殷，使人读后为之折服。全文结构上特别注重对比手法的运用，如以昔日张氏之“吝书”与今日自己之“公书”对比，以黄生今日之“幸”与自己早年之“不幸”对比，又以自身的早年借书与通籍后藏书甚多但前后读书态度不同对比，在层层对比之中说明论旨。而文风的惟情所适，率性而发，娓娓而谈，明白轻快，亦值得称道。

（王英志）

游黄山记　　袁 枚

癸卯[①]四月二日，余游白岳[②]毕，遂浴黄山[③]之汤泉[④]。泉甘且冽，在悬厓[⑤]下。夕宿慈光寺[⑥]。

次早，僧告曰：“从此山径仄险，虽兜笼[⑦]不能容。公步行良苦，幸有土人惯负客者，号海马，可用也。”引五六壮佼者来，俱手数丈布。余自笑羸老乃复作襁褓儿耶！初犹自强，至惫甚，乃缚跨其背。于是且步且负各半。行至云巢[⑧]，路绝矣，蹑木梯而上，万峰刺天，慈光寺已落釜底。是夕至文殊院[⑨]宿焉。

天雨寒甚，端午犹披重裘拥火。云走入夺舍，顷刻混沌，两人坐，辨声而已。散后，步至立雪台[⑩]，有古松，根生于东，身仆于西，头向于南，穿入石中，裂出石外。石似活，似中空，故能伏匿其中，而与之相化。又似畏天不敢上长，大十围，高无二尺也。他松类是者多，不可胜记。晚，云气更清，诸峰如儿孙俯伏。黄山有前、后海[⑪]之名。左右视，两海并见。

次日，从台左折而下，过百步云梯[⑫]，路又绝矣。忽见一石如大鳌鱼，张其口。不得已走入鱼口中，穿腹出背，别是一天。登丹台[⑬]，上光明顶[⑭]。与莲花[⑮]、天都[⑯]二峰为三鼎足，高相峙。天风撼人，不可立。幸松针铺地二尺厚，甚软，可坐。晚至狮林寺[⑰]宿焉。趁日未落，登始信峰[⑱]。峰有三，远望两

始信峰

——清康熙十八年刊本《黄山志定本》

峰夹峙，逼视之尚有一峰隐身落后。峰高且险，下临无底之溪。余立其巅，垂趾二分在外。僧惧挽之。余笑谓“坠亦无妨”。问：“何也?”曰：“溪无底，则人坠当亦无底，飘飘然知泊何所？纵有底，亦须许久方到，尽可须臾求活。惜未挈长绳縋精铁量之，果若千尺耳。”僧大笑。

次日登大小清凉台⑲。台下峰如笔，如矢，如笋，如竹林，如刀戟，如船上桅，又如天帝戏将武库兵仗布散地上。食顷，有白练绕树。僧喜告曰：“此云铺海也。”初濛濛然，熔银散绵，良久浑成一片。青山群露角尖，类大盘凝脂中有笋脯矗现状。俄而离散，则万峰簇簇，仍还原形。余坐松顶，苦日炙，忽有片云起为荫遮，方知云有高下，迥非一族。薄暮往西海门⑳观落日。草高于人，路又绝矣。唤数十夫芟夷之而后行。东峰屏列，西峰插地怒起，中间鹘突数十峰，类天台琼台㉑。红日将坠，一峰以首承之，似吞似捧。余不能冠，被风掀落；不能袜，被水沃透；不敢杖，动陷软沙；不敢仰，虑石崩压。左顾右睨，前探后瞩，恨不能化千亿身，逐峰皆到。当海马负时，捷若猱猿，冲突急走，千万山亦学人奔，状如潮涌。俯视深坑、怪峰，在脚底相待。倘一失足，不堪置想。然事已至此，惴栗无益。若禁缓之，自觉无勇。不得已，托孤寄命㉒，凭渠所往，觉此身便已羽化。《淮南子》有“胆为云㉓”之说，信然。

初九日，从天柱峰㉔后转下，过白沙矼，至云谷㉕。家人以肩舆相迎。计步行五十余里，入山凡七日。

〔注〕 ① 癸卯：此指清乾隆四十八年(1783)。 ② 白岳：即白岳岭，在安徽休宁县西，为齐云山组成部分。这里奇峰四起，山路盘回，山势险峻。 ③ 黄山：原称黟山，唐代改名黄山，因传说黄帝在此修身炼丹，故名。位于安徽歙县、太平、休宁、黟县间，方圆二百五十公里。这里山势奇险，云雾缥缈，苍松枝虬，怪石密布，温泉喷涌，为著名风景区。 ④ 汤泉：古名朱砂泉，在黄山紫云峰下。相传黄帝在此浴后白发变黑，返老还童，被誉为“灵泉”。 ⑤ 悬厓：即悬崖。此指紫云峰。 ⑥ 慈光寺：在黄山南部朱砂峰下。古称朱砂庵。明万历皇帝敕封“护国慈光寺”，盛极一时。 ⑦ 兜笼：即兜子，一种只有座位而没有轿厢的便轿。 ⑧ 云巢：即云巢洞。 ⑨ 文殊院：在天都、莲花二峰之间。后有玉屏峰。传为明万历年间普门和尚所构建。院左侧下方有文殊池。前有一线天、文殊洞，西有立雪台等。 ⑩ 立雪台：参见注⑨。

⑪ 前、后海：指光明顶前后两处云海绝妙的风景。　⑫ 百步云梯：地名，险峻山路。《徐霞客游记》描写它"梯磴插天，足趾及腮，而磴石倾侧硶岈，兀兀欲动"。　⑬ 丹台：即炼丹台。在黄山中部炼丹峰前。传说浮丘公为黄帝炼丹于此。　⑭ 光明顶：在黄山中部，黄山三大主峰之一，为看日出、观云海的最佳处。　⑮ 莲花：莲花峰，在黄山中部，黄山三大主峰之一，主峰突出，小峰簇拥，宛若怒放的莲花。　⑯ 天都：天都峰，在黄山东南部，黄山三大主峰之一，山势最为险峻，古称"群山所都"，意谓天上都会。　⑰ 狮林寺：在黄山北部狮子峰上。　⑱ 始信峰：在黄山东部。传一古人持怀疑态度游山，到此始信黄山可爱，故名。有石笋峰、上升峰左右陪衬，成鼎足之势。　⑲ 清凉台：原名法台，在狮子峰腰部，是黄山后山观云海和日出的最佳处。　⑳ 西海门：在狮子峰、石鼓峰西的悬崖峭壁处，在此可凭眺西海群峰与落日奇观。　㉑ 天台琼台：在浙江天台县。琼台形似马鞍，下临龙潭，三面绝壁，孤峰卓立。　㉒ 托孤寄命：以后代与生命相托。《论语·泰伯》："可以托六尺之孤，可以寄百里之命。"　㉓《淮南子》有"胆为云"之说："胆为云"见《淮南子·精神训》。高诱注："胆，金也。金石云气之所出，故为云。"　㉔ 天柱峰：在安徽潜山县西北。其形状如柱倚天，故名。　㉕ 云谷：在黄山钵盂峰下，溪谷蜿蜒，云雾吞吐，有云谷寺。

黄山堪称祖国名山之最。徐宏祖（霞客）称曰："五岳归来不看山，黄山归来不看岳。"六十八岁高龄的袁枚不顾年老体迈，专程游览黄山，既显示出黄山巨大的魅力，亦反映了袁枚对大自然的酷爱。这篇《游黄山记》以时间为顺序，描叙了作者入黄山七日，步行五十余里之所见所感，向人们形象地展现了黄山之险径、古松、怪石、奇峰、云海等令人叹为观止的景观，并真切地描绘了作者当时微妙的心理体验，使人读后大有身历其境、如见其人之感。作者虽然"入山凡七日"，但游记并未逐日记流水账，而主要是记叙前四日的活动；前四日中又重在记四月三日至五日三天的观感，且写景注意选择，文字详略得当，体现了作者"规范本体""剪截浮词"的"熔裁"功夫（见《文心雕龙·熔裁》）。

文章开头先交代游毕白岳岭而进入黄山界。这一小节一是点明游黄山的日期始于"癸卯四月二日"；二是记"浴黄山之汤泉"，汤泉虽属黄山"四绝"（奇松、怪石、云海、温泉）之一，但不是作者描叙的"热点"，故只以"泉甘且洌，在悬厓之下"一笔带过；三是记"夕宿慈光寺"，亦甚简洁。总之，四月二日是作者准备向黄山诸峰发起进攻而浴泉夕宿以养精蓄锐的准备阶段，还未正式寻幽探险，因此草草略过。

四月三日开始登山览胜。游记第二节以"次早"二字承上启下。三日之游，作者着重描写了两个空间，一是登朱砂峰的"仄险"山径，一是于文殊院所见云、松、石、峰之景。记"山径"之"仄险"，基本上采用侧面描写的角度：一是通过山僧之口道出"从此山径仄险，虽兜笼不能容"，需凭"海马"背负。二是通过作者主观态度的变化反映"初犹自强"，但后来走得疲惫不堪，只得"缚跨其背"，"且步且负各半”，不得不“作褦襶儿”。三是通过描写至云巢蹑木梯登峰顶，再回顾万峰刺天，“慈光寺已落釜底”，以暗示来路的险绝。一叶知秋，从此“山径”已足以反映黄山山路之一般，故作者对“至文殊院”的山路是如何险绝不再浪费笔墨，而把重点放在描写于玉屏峰上文殊院所见奇观，是为第三节。此节以正面描写为主，出色地运用了拟人手法，赋予云、松、石、峰等以人一样的生命力，显示出活泼泼的灵性，从而增添了景物的情趣；写文殊院的景物又以天气变化分出层次：起初，“天雨寒甚”，此时“云走入夺舍，顷刻混沌，两人坐，辨声而已”。一“走（即跑）”一“夺”，动作性颇强，显示出雨云涌来时速度之快与雾气之浓，因此才使文殊院顷刻间一片迷蒙，咫尺不见人影，只听到说话声。这后两句亦写得生动传神。继之写云散后在立雪台上所见“古松”。黄山松是黄山“四绝”之一，更具性灵。你看，它是那么无拘无束，“根生于东，身仆于西，头向于南，穿入石中，裂出石外”，又似玩捉迷藏的顽童，伏匿在似活、似中空的怪石中，与石化在一起；可“又似畏天不敢上长，大十围，高无二尺也”，奇形怪状，调皮可爱，情趣盎然，人间罕见。然后写“晚，云气更清”，四望则见“诸峰如儿孙俯伏”，前后海“并见”。“儿孙俯伏”的拟人描写亦颇风趣。因为后面还要详写山峰与云海，故这里仅附带提及。

第四节写“次日”即四月四日，上光明顶与登始信峰所见“峰高且险”的景观。上光明顶之前于路绝处，须经过鳌鱼洞，此亦一奇观，故先顺手比喻其状：“一石如大鳌鱼，张其口”，穿洞而过，则如“走入鱼口中，穿腹出背，别是一天”，笔墨虽简略却生动有致。然后登丹台，上光明顶，此时成鸟瞰之势。作者以粗线条勾勒出黄山三大主峰光明顶、莲花峰、天都峰“三鼎足”的布局，并突出其“高相峙”的雄姿，而以“天风撼人，不可立”的白描之笔，衬托出光明顶之高峻。“撼”字用得精警之至，风之猛与山之高，由此可见。晚至狮林寺宿，但作者游兴未尽，竟又趁日未落，登始信峰，真是人老心雄。对始信峰三座峰头只作速描式勾画：“远望两峰夹峙，逼视之尚有一峰隐身落后”，作者的兴趣在于描叙自己登上峰顶后的言行，以风趣之笔来抒写性灵，抒发其内心的豪气，表达其旷达的个性，而始信峰之“高且险”亦借以得到表现。第二节曾提到一“僧”，此僧始终陪伴作者穷幽历险，是个导游。他在文中出现三次，乃作者匠心独运的安排，或过渡或陪衬或推进，乃行文不可缺少的人物，亦为游记增添了生趣，避免了一味写景之单调。当作者立在峰顶悬崖上，竟把脚趾露出“二分”时，乃写“僧惧挽之”，以僧的胆怯陪衬对比作者的豪放大胆，又通过僧的“何也”的发问，自然引出作者关于坠入无底之溪亦无妨的一番妙语：一是“溪无底”，那么人坠落也无底，可以任意飘飞有如神仙;二是即使溪有底,由于渊深,也要许久才能到底,尽可在这相对来说较短的时间中求得活命的机会;三是惜无绳铁量深渊若干尺。说得可谓豁达、乐观,颇有庄子哲学意味。末了,又以“僧大笑”衬托之,此时作者亦当大笑矣。

四月五日登清凉台观奇峰云海及往西海观落日,为黄山的第四日之游,所见是黄山最为精彩壮丽的景象,作者的感受亦最为激动,从而形成全文的高潮。作者描写站在狮子峰的清凉台上观云峰,竭尽比喻铺叙之能事,与第三节写“诸峰”之简略形成映衬:“台下峰如笔,如矢,如笋,如竹林,如刀戟,如船上桅,又如天帝戏将武库兵仗布散地上。”生动形象的博喻,将奇峰之众多,奇峰之挺拔,形容得淋漓尽致。如果说,云铺海之前的群峰显示出一览无余的景观,那么云铺海时云与峰又被造化呈现出奇妙迷蒙的景象。写群峰林立之状是明喻,写云铺海初起之形则是借喻:“白练绕树”“熔银散绵”比喻洁白的云雾像白色的丝绸缠绕青山,又似白银熔化、丝绵飘散,四处扩展,逐渐地“浑成一片”,弥漫四空。此时的群山沉浸在云海中,只露出角尖,作者又妙语解颐:“类大盘凝脂中有笋脯矗现状”。“大盘凝脂”喻白色云海,“笋脯矗现”喻青山挺秀,以小比大,以食品喻云山,奇特新颖。云海变幻无常,刚刚还是混沌一片,却“俄而离散”,“万峰簇簇”又恢复原形。此以简笔道之。作者写山为的是衬托云,写云亦是为的衬托山,山与云相辅相成,才构成“云铺海”奇景。写罢作者又安排一个“小插曲”:云海虽散,作者头顶上却“忽有片云起为荫遮”,挡住烈日烤晒,如此善解人意的“片云”足以与茫茫云海相映成趣,同样为作者黄山之游带来快感。写薄暮于西海门观落日,则将山峰与夕阳相互映衬。由狮子峰至西海门山路荒芜,草高于人,须数十夫芟夷之而后行,可见此行之艰难,更可见作者对于西海门观落日之强烈向往。于西海门处望去,见“东峰屏列,西峰插地怒起,中间鹘突数十峰”,这种两边高、中间凹,形似马鞍的形态使作者想起浙江天台八景之一的琼台。一年前作者曾有天台之游,因此才有此“视通万里”(《文心雕龙·神思》)的“神思”。此时在群山的背景下,呈现的是一幅壮丽的落日图:“红日将坠,一峰以首承之,似吞似捧”。作者把夕阳衔山、欲落未落时的情景描写得惟妙惟肖,山峰与落日之间的那种恋恋不舍之状,借助“承”“吞”“捧”三个动作写得那么有情趣,堪称妙绝。而为欣赏如此美妙落日的作者则付出了颇大的代价,当从西海门下山时,风猛,泉急,沙软,石险,以致不能戴帽子,不能穿袜子,不敢拄手杖,不敢抬头,可谓“活受罪”。但就在这种步履维艰的处境中,作者居然还有闲心“左顾右睨,前探后瞩,恨不能化千亿身,逐峰皆到”,真是野心勃勃,贪婪之极,作者对黄山的感情可谓无以复加矣。初三日游记曾提到“海马”,但未详写,故五日游记乃补叙之,并与前头呼应。写“海马负时”，一是写其轻捷的动态，“捷若猱猿，冲突急走”，并以“千万山亦学人奔，状如潮涌”之山的动态(错觉)衬托之；二是写作者的心态：先是恐惧，“俯视深坑、怪峰，在脚底相待。倘一失足，不堪置想”，可谓惊心动魄；继而又无所谓，生死由之，托孤寄命，一切交给“海马”，写得风趣横生，令人忍俊不禁。作者胆量一放开，反而有羽化成仙之快感，乃不能不信服《淮南子》“胆为云”之说。性格达观而又不失赤子之心的作者形象至此呼之欲出了。

全文最后一节乃尾声。作者略去了初六至初八日的游览活动，因为黄山奇观大致已道出。游记从初五日直接跳到初九日，交代结束游黄山的日期与地点，并回顾“步行五十余里，入山凡七日”，以概括的总结结束了这篇游记。

这篇游记与作者描写黄山的许多性灵诗一样，也体现了主性灵的美学思想，即以新鲜、灵活、风趣的语言抒发真情实感，表现个性及描绘艺术形象。作者笔下的松、石、云、山等艺术形象都写得生动风趣，通性灵，富有人情味，其中饱含着作者的感情。这是一种人化的自然，而不是客观的自然之物。作者写游记不在于模山范水，而重在表现自己的审美情趣，体现自己达观、超俗的性格与酷爱自然的天性。文中穿插“海马”、山僧等人物，不仅增添了游黄山的兴致、风趣，又起到陪衬作者性格的作用。这篇游记的语言虽平浅朴素，却活脱传神，有字立纸上的艺术效果，这与全文大量采用新颖奇妙的比喻密切相关。它们出色地完成了描写黄山景物与表现作者性灵的任务。 (王英志)

祭妹文 袁枚

乾隆丁亥冬[①]，葬三妹素文[②]于上元之羊山[③]，而奠以文曰：

呜呼！汝生于浙而葬于斯，离吾乡七百里矣。当时虽觭梦[④]幻想，宁知此为归骨所耶！

汝以一念之贞[⑤]，遇人仳离[⑥]，致孤危托落[⑦]。虽命之所存，天实为之；然而累汝至此者，未尝非予之过也。予幼从先生授经，汝差肩而坐，爱听古人节义事；一旦长成，遽躬蹈之。呜呼！使汝不识诗书，或未必艰贞若是。

予捉蟋蟀，汝奋臂出其间；岁寒虫僵，同临其穴[⑧]。今予殓汝葬汝，而当日之情形，憬然赴目。予九岁憩书斋，汝梳双髻，披单缣来，温《缁衣》[⑨]一章。适先生奓户[⑩]入，闻两童子音琅琅然，不觉莞尔，连呼则则[11]。此七月望日事也。汝在九原[12]，当分明记之。予弱冠粤行[13]，汝掎裳[14]悲恸。逾三年，予披宫锦还家[15]，汝从东厢扶案出，一家瞠视而笑，不记语从何起，大概说长安登科[16]，函使报信迟早云尔。凡此琐琐，虽为陈迹，然我一日未死，则一日不能忘。旧事填膺，思之凄梗，如影历历，逼取便逝。悔当时不将嬖婗[17]情状，罗缕纪存[18]。然而汝已不在人间，则虽年光倒流，儿时可再，而亦无与为证印者矣。

汝之义绝[19]高氏而归也，堂上阿奶[20]，仗汝扶持，家中文墨，眣汝[21]办治。尝谓女流中最少明经义、谙雅故者，汝嫂非不婉嫕[22]，而于此微缺然。故自汝归后，虽为汝悲，实为予喜。予又长汝四岁，或人间长者先亡，可将身后托汝，而不谓汝之先予以去也。前年予病，汝终宵刺探，减一分则喜，增一分则忧。后虽小差，犹尚殗殜[23]，无所娱遣，汝来床前，为说稗官野史可喜可愕之事，聊资一欢。呜呼！今而后，吾将再病，教从何处呼汝耶？

汝之疾也，予信医言无害，远吊扬州。汝又虑戚吾心，阻人走报。及至绵惙[24]已极，阿奶问："望兄归否？"强应曰："诺！"予已先一日梦汝来诀，心知不祥，飞舟渡江。果予以未时还家，而汝以辰时气绝。四支犹温，一目未瞑，盖犹忍死待予也。呜呼痛哉！早知诀汝，则予岂肯远游？即游，亦尚有几许心中言，要汝知闻，共汝筹划也！而今已矣！除吾死外，当无见期。吾又不知何日死，可以见汝；而死后之有知无知，与得见不得见，又卒难明也。然则抱此无涯之憾，天乎人乎！而竟已乎！

汝之诗，吾已付梓[25]；汝之女，吾已代嫁；汝之生平，吾已作传[26]；惟汝之窀穸[27]，尚未谋耳。先茔在杭，江广河深，势难归葬，故请母命而宁汝于斯，便祭扫也。其旁葬汝女阿印[28]，其下两冢，一为阿爷侍者[29]朱氏，一为阿兄侍者[30]陶氏。羊山旷渺，南望原隰[31]，西望栖霞[32]，风雨晨昏，羁魂有伴，当不孤寂。所怜者，吾自戊寅年读汝哭侄诗[33]后，至今无男[34]；两女牙牙[35]，生汝死后，才周晬[36]耳。予虽亲在未敢言老[37]，而齿危发秃，暗里自知，知在人间，尚复几日？阿品远官河南[38]，亦无子女[39]，九族[40]无可继者。汝死我葬，我死谁埋！汝倘有灵，可能告我？

呜呼！身前既不可想，身后又不可知；哭汝既不闻汝言，奠汝又不见汝食。纸灰飞扬，朔风野大，阿兄归矣，犹屡屡回头望汝也。呜呼哀哉！呜呼哀哉！

〔**注**〕 ① 乾隆丁亥：清高宗乾隆三十二年(1767)。 ② 素文：名机，字素文，别号青琳居士。据袁枚《女弟素文传》，袁机于“乾隆二十四年(1759)十一月死，年四十”。 ③ 上元：县名，在今南京市。羊山：在今南京市东。 ④ 觭(jī 基)梦：做梦，得梦。《周礼·春官·大卜》：“二曰觭梦”。郑玄注：“言梦之所得。” ⑤ 一念之贞：据《女弟素文传》：袁机不满周岁即许给如皋高氏子。十余年后高氏因其子不肖，曾提出解除婚约，但袁机却囿于“从一而终”的封建礼教，终于与“有禽兽行”的高氏子成婚，而造成终身不幸。此即所谓“一念之贞”。 ⑥ 仳(pǐ 匹)离：《诗经·王风·山谷有蓷》：“有女仳离，慨其叹矣。”指妇女被遗弃而离去。 ⑦ 孤危：孤独危殆。托落：同“落拓”，寂寞、冷落。 ⑧ 临其穴：《诗·秦风·黄鸟》：“临其穴，惴惴其栗。”此指到埋葬蟋蟀处凭吊。 ⑨《缁衣》：《诗·郑风》篇名。 ⑩ 奓(zhà 诈)户：开门。 ⑪ 则则：即“啧啧”，赞叹声。 ⑫ 九原：墓地。原为春秋时晋国卿大夫的墓地名，后为泛指。 ⑬ 弱冠粤行：指乾隆元年(1736)春，作者二十一岁时，经广东去广西桂林看望在广西巡抚金铁幕中的叔父袁鸿之行。弱冠，古代男二十岁行冠礼，表示已成年。 ⑭ 掎(jǐ 挤)裳：拉着衣裳。 ⑮ 披宫锦还家：指乾隆四年(1739)作者中进士，授翰林院庶吉士，冬请假回乡与王氏完婚。披宫锦，唐代进士及第后，披宫袍以示荣耀。后遂称中进士为“披宫锦”。 ⑯ 长安登科：指在北京考中进士。长安，代指国都。 ⑰ 婴娩(yī ní 医尼)：婴儿。此指幼年。 ⑱ 罗缕纪存：有条理地记录保存。 ⑲ 义绝：断绝关系。据《女弟素文传》，素文嫁高氏子后，屡遭毒打，甚至要被丈夫卖掉抵赌债，乃逃回娘家，与丈夫离婚。 ⑳ 阿奶：指作者母亲章氏。《博雅》：“楚人呼母曰奶。” ㉑ 眣(shùn 舜)：以目示意。 ㉒ 婉嫕(yì 意)：柔顺。 ㉓ 殗殜(yè dié 夜碟)：病情不甚严重，可半卧半坐。 ㉔ 绵惙(chuò 龊)：病情危急。 ㉕ 付梓：付印。梓，刻字印刷的板子。袁枚将袁机的诗刻印，名《素文女子遗稿》。 ㉖ 作传：指袁枚所作《女弟素文传》，见《小仓山房文集》卷七。 ㉗ 窀穸(zhūn xī 谆夕)：墓穴。 ㉘ 阿印：素文有两女，一名阿印，早死；一由袁枚安排出嫁。 ㉙ 阿爷侍者：指作者父亲袁滨的侍妾。 ㉚ 阿兄侍者：指袁枚的侍妾。 ㉛ 原隰(xí 席)：平原低洼之地。 ㉜ 栖霞：山名。在今南京市东北。 ㉝ 戊寅年：乾隆二十三年(1758)。哭侄诗：袁枚丧子，素文作诗《阿兄得子不举》以悼之。 ㉞ 至今无男：指写此文时尚无儿子。两年后妾钟氏生子名阿迟。 ㉟ 两女：指作者的双生女儿，钟氏所生。牙牙：婴儿学话声。 ㊱ 周晬(zuì 最)：周岁。 ㊲ 亲在未敢言老：《礼记·曲礼上》：“夫为人子者，出必告，反必面，所游必有常，所习必有业。恒言不称老。”此指母亲尚健在自己不敢称

老。时作者六十一岁。　㊳ 阿品远官河南：指作者堂弟袁树时任河南正阳知县。阿品当为其小名。　㊴ 亦无子女：写此文时袁树还无子女。后来生子名阿通。　㊵ 九族：本身以上的父、祖、曾祖、高祖和本身以下的子、孙、曾孙、玄孙，连同本身在内，合称九族。

这篇文章是“祭文”体，抒写的是“祭奠亲友之辞”（徐师曾《文体明辨序说·祭文》）。刘勰尝论祭吊之文云：“祭奠之楷，宜恭且哀。”（《文心雕龙·祝盟》）优秀的祭文以所抒发的“真情实意，溢出言辞之表”（吴讷《文章辨体·序说》）来感人肺腑，所以在文辞上则力求不雕琢，去粉饰，勿做作。祭文多用韵语，但亦有以散体记事抒情而成为“祭文中千年绝调”者，如韩愈的《祭十二郎文》（见《古文观止》卷八）。这篇祭文亦然。它不拘格套，情真意切，哀婉凄绝，为祭文体中脍炙人口的名作，被论者评为同韩愈《祭十二郎文》、欧阳修《泷冈阡表》“鼎足而三”者（见王文濡《清文评注读本·哀祭类》）。

袁枚生性多情善感，极重骨肉之情、同胞之谊、夫妻之爱，特别是一旦有亲人丧葬之悲，更于心灵深处掀起感情的波澜。动于中必形于外，作为诗人与古文家，袁枚便有许多悼亡之诗与祭奠之文产生。仅悲悼其三妹素文者就有《哭三妹五十韵》诗与《祭妹文》等，而传记《女弟素文传》亦充满着悲悼之情。在袁枚诸姊妹中，素文是最具才情的。她自幼即与袁枚感情最深笃，后来竟成为封建礼教的牺牲品，怎能不令袁枚悲哀之至？素文不足周岁就许配给江苏如皋高氏子。这个高氏子甚为不肖，因此十余年后其父曾提出与素文解除婚姻。但素文竟囿于“从一而终”的封建道德观念，还是嫁给了“有禽兽行”的高氏子。婚后她动辄得咎，受尽辱骂毒打，甚至要被丈夫卖掉以抵赌债。在万般无奈之下，她才归而侍母。素文“自离婚后，长斋，衣不纯采，不髲剃，不闻乐。有病不治，遇风辰花朝，辄背人而泣”，终于在“乾隆二十四年十一月死，年四十”。当时袁枚在扬州，闻病奔归，三妹“气已绝矣，一目犹瞠也，抚之乃瞑”（见《女弟素文传》）。当时袁枚肝肠寸断，有《哭三妹五十韵》长诗，悲悼“五枝荆树好，忽陨第三枝”的悲剧。时隔八年之后，在安葬三妹于南京羊山之际，又勾起对三妹的悲悼之情，写下这篇声泪俱下的祭文，献给三妹亡灵。借用《古文观止》卷八评韩愈《祭十二郎文》之言评此文亦十分贴切：“情之至者，自然流为至文。读此等文，须想其一面哭一面写，字字是血，字字是泪。未尝有意为文，而文无不工。”素文若泉下有知，闻此祭文亦当以泪相报矣！

全文由八个自然段构成。基本上采用历时性结构，回忆往事系由远及近，自三妹的幼年写到青年，略去不幸的出嫁，再写其离婚归家，直至病危去世。最后写三妹死后家事与安葬的情景。全文条理井然有序。而大多数段落均以

“汝……”句式领起，作情境转换，亦显得脉络清晰而层次分明。

祭文体与以记述死者生平、赞颂死者功业德行为主的墓志体不同，偏于抒写对死者的哀悼追思，因此题材不论大小，只要有助于抒发悼念之情，尽可网罗于文内。此文所祭之三妹素文乃是一个普通女子，只能从一些平凡的生活琐事中反映其品性以及与阿兄之间的手足深情，作者即借此充分寄托此时的哀悼之意，因而读来不嫌其冗长或零碎，而只觉其情真意切，文情并茂。如记幼时“捉蟋蟀”，三妹“奋臂出其间；岁寒虫僵，同临其穴”，把三妹天真活泼的情态写得栩栩如生，并反映出一颗纯真善良的童心。写作者“九岁憩书斋”，三妹“梳双髻，披单缣来，温《缁衣》一章”，读书声“童音琅琅然”，又生动地表现出幼年三妹好学上进的美好形象，以及兄妹融洽无间的关系。写作者“弱冠粤行”，三妹“掎裳悲恸”，三年过后，作者“披宫锦还家”，三妹“从东厢扶案出，一家瞠视而笑”，这一送一迎之悲欢离合，写尽三妹对阿兄真挚深厚的情谊。写作者患病，三妹“终宵刺探，减一分则喜，增一分则忧”，并“来床前，为说稗官野史可喜可愕之事，聊资一欢”，又表现出三妹重情义的性格，以及与阿兄之休戚相关。而描写三妹“气绝”后，“四支犹温，一目未瞑，盖犹忍死待予也”的情景，可见三妹对阿兄之情义至死未消也，真令人肝胆俱裂，痛彻肺腑。正是这些琐屑陈迹，这些平凡的细节，刻画出三妹情深义重的感人形象。其“从一而终”的观念固然不足为训，但她毕竟是封建礼教的受害者，其人生悲剧令人一洒同情之泪；而其童年的稚气可掬则引人喜爱，其对阿兄的真诚感情亦颇堪称道。

《祭三妹文》作为一篇祭文，又不同于一般传记的偏重客观记叙，而是具有浓郁的主观色彩与强烈的抒情性。作者“罗缕纪存”昔日家常琐事的文字，每一停顿则直摅哀悼之意，其悲痛凄怆完全是发自至性至情，皆为血泪之言，具有直接扣人心弦的力量。如文中在叙三妹“以一念之贞，遇人仳离，致孤危托落”后，即感叹云：“然而累汝至此者，未尝非予之过也。”作者认为是自己帮助三妹“识诗书”，懂得“古人节义事”，才“艰贞若是”的，这种直率的自谴自责之言，其实蕴含着对三妹不幸婚姻的极度同情与深切怜悯。在记昔日与三妹一起埋葬蟋蟀之后，则又云：“今予殓汝葬汝，而当日之情形，憬然赴目。”当日同葬蟋蟀，今则独葬三妹，两相对照，更觉动人悲感，增人涕泪。在写三妹“义绝高氏而归”之后，则云：“故自汝归后，虽为汝悲，实为予喜”。此乃肺腑之言，其“喜”是因为又可与三妹朝夕相处，家中则增添了一位难得的“明经义、谙雅故”之“女流”，其对三妹的器重与喜爱之情流露无遗。最令人心灵震颤的是在记叙三妹气绝瞑目之后，作者发出撕心裂肺的痛号：“呜呼痛哉！早知诀汝，则予岂肯远游？即游，亦尚有几许心中言，要汝知闻，共汝筹划也！而今已矣！除吾死外，当无见期，吾又不知何日死，可以见汝；而死后之有知无知，与得见不得见，又卒难明也。然则抱此无涯之憾，天乎人乎！而竟已乎！”作者悲悼的感情流程有起有伏，时强时弱，但至此则掀起洪涛巨浪，达到高潮。此时作者不由自主，非如此痛号哭诉不能宣泄三妹死后八年来郁积在胸中的“无涯之憾”。作者仿佛又回到八年前三妹谢世时的情境之中，恨不能使三妹起死回生也！但三妹今日却已下葬，所以“哭汝既不闻汝言，奠汝又不见汝食”，更是“无涯之憾”。作者写祭毕归去，“犹屡屡回头望汝”之后，只能连叫：“呜呼哀哉！呜呼哀哉！”再次宣泄内心的极度悲恸。

另外值得一提的是祭文往往采用第二人称角度抒写，此文亦然。作者以“汝”直称已死的三妹，就可以随意地向三妹倾诉衷肠，仿佛三妹正活生生地坐在面前，这就消除了生者与死者之间的界限，便于抒情，显得特别亲切动人。

袁枚作为乾隆年间性灵诗派的主将，论诗标举性灵说。其要旨之一是诗人要自由灵活地抒发其真情实感，其性灵诗即如此，如《哭三妹五十韵》被人评为“语语从肺腑流出，诗家讲性灵者无以过之”（吴应和等《浙西六家诗抄》引李西台语）。同样，袁枚的散文亦大多抒写内心真性情，此文就堪称“语语从肺腑流出”的独抒性灵之文。

（王英志）

【作者小传】

纪　昀

（1724—1805）　清学者、文学家。字晓岚，一字春帆，号石云。直隶献县（今属河北）人。乾隆进士。官至兵部侍郎、礼部尚书、协办大学士。谥文达。贯通儒籍，旁及百家。曾任四库全书馆总纂官，纂定《四库全书总目提要》。嘉庆间任高宗实录馆副总裁。能诗及骈文。著有《纪文达公遗集》《阅微草堂笔记》等。

与余存吾太史书

纪　昀

昀再拜启，存吾太史阁下：承示《戴东原事略》①，具见表章古学之深心，所举著书大旨，亦具得作者本意。惟中有一条，略须商榷。

东原与昀交二十余年，主昀家前后几十年，凡所撰录，不以昀为弁陋，颇相质证，无不犁然②有当于心者。独《声韵考》③一编，东原计昀必异论，竟不谋而付刻。刻成昀乃见之，遂为平生之遗憾。

盖东原研究古义，务求精核，于诸家无所偏主。其坚持成见者，则在不使外国之学胜中国，不使后人之学胜古人。故于等韵之学④，以孙炎反切为鼻祖⑤，而排斥神珙反纽为元和以后之说⑥。夫神珙为元和中人，固无疑义，然《隋书·经籍志》明载梵书以十四字贯一切音⑦，汉明帝时与佛经同入中国，实在孙炎以前百余年。且《志》为唐人所撰，远有端绪，非宋以后臆揣者比，安得以等韵之学归诸神珙，反谓为孙炎之末派旁支哉！东原博极群书，此条不应不见；昀尝举此条诘东原，东原亦不应不记。而刻是书时仍讳而不言，务伸己说，遂类西河毛氏之所为⑧，是亦通人之一蔽也。

若姑置此书不言，而括其与江慎修⑨论古音者为一条，则东原平生著作遂粹然无瑕，似亦爱人以德之一端。昀于东原交不薄，尝自恨当时不能与力争，失朋友规过之义。故今日特布腹心于左右，祈刊改此条，勿彰其短，以尽平生相与之情。刍荛之言，是否可采，惟高明详裁之。

〔注〕 ① 戴东原：戴震，字东原，安徽休宁人，清代著名思想家、学者。少年时问学于江永(慎修)。深通天文、历算、史地、音韵、训诂、考据等，对经学、语言学有卓越贡献，一生著述甚多。 ② 犁然：坚确貌。《庄子·山木》："木声与人声，犁然有当于人之心。" ③《声韵考》：戴震著，共四卷。 ④ 等韵之学：中国古代研究汉语发音原理、发音方法和音韵结构的学科。⑤ 孙炎：三国魏人，字叔然，郑玄弟子。撰《尔雅音义》八卷，《隋书·经籍志》著录。颜之推《颜氏家训·音辞》谓"孙叔言(然)创《尔雅音义》，是汉末人独知反语(即反切)"。而清人郝懿行云：反语非起于孙炎，郑玄、服虔、应劭年辈皆大于孙炎，并解作反语，具见《仪礼》《汉书注》，可考而知。反语古来有之，盖自孙炎始畅其说，而后世因谓孙炎作之。 ⑥ 神珙：唐时僧人，著有《四声五音九弄反纽图》(见钱大昕《潜研堂文集·答问十二》)。元和：唐宪宗年号(806—820)。 ⑦ 十四字贯一切音：通行于东汉至六朝间的一种梵、汉字音对照方法，来源于佛经(梵书)。按即十四个元音字母。 ⑧ 西河毛氏：即毛奇龄，字大可，号初晴，人称西河先生，浙江萧山人。著有《古今通韵》等。 ⑨ 江慎修：即江永，字慎修，江西婺源人。经学家，音韵学家。著有《古韵标准》《音学辨微》《四声切韵表》等。

这是一位学者致一位史官的私人书信。修书者乃清代大学者、文学家纪昀；

收信人是当时任翰林院检讨的余廷灿(字存吾),而明清两代修史事由翰林院主管,故可援古例以"太史"相称。纪昀此信系针对余廷灿就其所撰《戴东原事略》征求意见一事而发,涉及的问题比较专门。然而,对于任何时代任何学人来说,这封信都值得一读。

戴东原名震,乃清代著名学者,一代考据大师。余廷灿未见过戴震其人,所谓"未识君面而喜读君书。后君死十有二年来京师……因考其事略,以待史馆采择焉"(《戴东原事略》)。《事略》中除叙生平外,侧重介绍了戴震在天文、历法、文字、声韵诸方面的学术成就。对此纪昀在信中给以充分肯定:"承示《戴东原事略》,具见表章古学之深心,所举著书大旨,亦具得作者本意。"然而哪怕有九十九分同意而只有一分的不同意,他也不肯隐瞒,必一吐为快。再说纪昀与戴震为挚友,对其人了解之深又非泛泛之交可比,他有充分的发言权。故信中即续写道:"惟中有一条,略须商榷。"这,就是《事略》中标举了戴氏遗著《声韵考》,却未能对其中的缺点加以批评辨正;而纪昀认为这是必须加以批评和辨正的。

关于等韵之学的源流问题,纪昀认为《隋书·经籍志》讲得很清楚:"自后汉佛法行于中国,又得西域胡书,能以十四字贯一切音,文省而义广,谓之婆罗门书。"这应是拼音的源头了。唐代元和时期的僧人神珙著《四声五音反纽图序》,则应是它的继续发展。而戴氏却举汉魏间的孙炎"反切"为鼻祖,此较胡书随佛经传入中国实晚百余年;而又排斥神珙"反纽"为元和以后之说,皆不尊重事实。纪昀还认为,"东原博极群书,此条不应不见;昀尝举此条诘东原,东原亦不应不记"。那么,是什么使得戴氏对此"讳而不言,务伸己说",使著作受此瑕疵呢?这一点非深知戴氏者不能解,惟纪昀能道之:这就是成见,是"不使外国之学胜中国,不使后人之学胜古人"的成见。然而学问须尊重事实,科学并无国界,贵在取长补短;而后人之学是必胜古人的,谁叫他站在古人肩上呢!像戴震这样的大学者,平生"研究古义,务求精核,于诸家无所偏主",而一旦成见先入为主,他也会有不顾事实的谬误,"是亦通人之一蔽也",后之学者,可不慎哉!像戴震这样著述甚丰的大师,介绍其学术成就宜有侧重,尤其应注意"勿彰其短",所以纪昀建议"刊改此条","而括其与江慎修论古音者为一条",这样才能充分阐扬其平生著作之精华,同时也合于爱人以德的古道。

有人说:"最好的批评都是称誉"。对纪昀此信,也可以作如是观。戴震的学术成就已得到包括余廷灿在内的时人充分的称誉,纪昀无须再锦上添花,他要努力为其剪除病枝败叶,"以尽平生相与之情",而其用心仍在于爱护。纪昀此信高张实事求是的精神,认为做学问固然须坚持实事求是,作史传一样要坚持实事求是。为学者解此，则思过半矣。

读者还会注意到，此信的语气相当直率，相当自负。信中说："东原与昀交二十余年，主昀家前后几十年，凡所撰录，不以昀为弇陋，颇相质证，无不犁然有当于心者。独《声韵考》一编，东原计昀必异论，竟不谋而付刻。刻成昀乃见之，遂为平生之遗憾。"而这种自负，又是建立在自知自信的基础上的，固不同于自诩。它使人感到，在这里修书者的灵魂是赤裸着的，真是"布腹心于左右"，行文气盛而言宜，绝非谦谦君子可比。这无意间也印证了"智者千虑，必有一失"，而"他山之石，可以攻玉"那样的好话，给人以不少教益。（周啸天）

【作者小传】

蒋士铨

(1725—1785) 清文学家。字心馀、苕生，号藏园。江西铅山人。乾隆进士。授翰林院编修。工古文。有诗名，与袁枚、赵翼并称"江右三大家"。精南北曲，作有传奇、杂剧十六种，其中《临川梦》等九种合称《藏园九种曲》。有《忠雅堂全集》。

《鸣机夜课图》记

蒋士铨

吾母姓钟氏，名令嘉，字守箴，出南昌名族，行①九。幼与诸兄从先外祖滋生公读书，十八归先府君②。时府君年四十余，任侠好客，乐施与，散数千金，囊箧萧然，宾从辄满座。吾母脱簪珥，治酒浆，盘罍间未尝有俭色③。越二载，生铨，家益落。历困苦穷乏，人所不能堪者，吾母怡然无愁蹙状，戚党④人争贤之。府君由是得复游燕、赵⑤间，而归吾母及铨，寄食外祖家。

铨四龄，母日授四子书⑥数句。苦儿幼不能执笔，乃镂竹枝为丝，断之，诘屈作波磔点画⑦，合而成字，抱铨坐膝上教之。既识，即拆去。日训十字，明日令铨持竹丝合所识字，无误乃已。至六龄，始令执笔学书。

先外祖家素不润⑧，历年饥，大凶⑨，益窘乏。时铨及小奴[10]衣服冠履，皆出于母。母工纂绣组织[11]，凡所为女红，令小奴携于市，人辄争购之。以是铨及小奴无褴褛状。

先外祖长身白髯，喜饮酒。酒酣，辄大声吟所作诗，令吾母指其疵。母每指一字，先外祖则满引一觥；数指之后，乃陶然捋须大笑，举觞自呼曰："不意阿丈[12]乃有此女！"既而摩铨顶曰："好儿子！尔他日何以报尔母？"铨稚，不能答，投母怀，泪涔涔下。母亦抱儿而悲，檐风几烛，若愀然助人以哀者。

记母教铨时，组绀绩纺[13]之具，毕陈左右，膝置书，令铨坐膝下读之。母手任操作，口授句读，咿唔[14]之声，与轧轧[15]相间。儿怠，则少加夏楚[16]，旋复持儿而泣曰："儿及此不学，我何以见汝父！"至夜分寒甚，母坐于床，拥被覆双足，解衣以胸温儿背，共铨朗诵之。读倦，睡母怀。俄而母摇铨曰："可以醒矣！"铨张目视母面，泪方纵横落，铨亦泣。少间，复令读。鸡鸣卧焉。诸姨尝谓母曰："妹一儿也，何苦乃尔？"对曰："子众可矣！儿一，不肖，妹何托焉？"

庚戌[17]，外祖母病且笃，母侍之，凡汤药饮食，必亲尝之而后进。历四十昼夜，无倦容。外祖母濒危，泣曰："女本弱，今劳瘁过诸兄，惫矣。他日婿归，为我言：'我死无恨，恨不见女子成立。'其善诱之！"语讫而卒。母哀毁骨立[18]，水浆不入口者七日。闾党姻娅[19]，一时咸以孝女称，至今弗衰也。

铨九龄，母授以《礼记》《周易》《毛诗》，皆成诵。暇更录唐、宋人诗，教之为吟哦声。母与铨皆弱而多病。铨每病，母即抱铨行一室中，未尝寝；少痊，辄指壁间诗歌，教儿低吟之以为戏。母有病，铨则坐枕侧不去。母视铨，辄无言而悲。铨亦凄楚依恋之。尝问曰："母有忧乎？"曰："然。""然则何以解忧？"曰："儿能背诵所读书，斯[20]解也！"铨诵声琅琅然，争药鼎沸。母微笑曰："病少差[21]矣。"由是母有病，铨即持书诵于侧，而病辄能愈。

十岁，父归，越一载，复携母及铨，偕游燕、赵、秦、魏、齐、梁、吴、楚间。先府君苟有过，母必正色婉言规[22]。或怒，不听，则必屏息，俟怒少解，复力争之，听而后止。先府君每决大狱，母辄携儿立席前曰："幸以此儿为念!"府君数颔[23]之。先府君在客邸，督铨学甚急，稍怠，即怒而弃之，数日不及一言。吾母垂涕扑之，令跪读至熟乃已，未尝倦也。铨故不能荒于嬉，而母教亦益是以严。

又十载归，卜居于鄱阳[24]，铨年且二十。明年娶妇张氏，母女视之[25]，训以纺绩织纴事，一如教儿时。铨年二十有二，未尝去母前，以应童子试[26]，归铅山[27]，母略无离别可怜之色。旋补弟子员[28]。明年丁卯[29]，食廪饩[30]。秋，荐于乡[31]。归拜母，母色喜。依膝下廿日，遂北行。母念儿辄有诗，未一寄也。明年落第，九月归。十二月，先府君即世[32]，母哭，濒死者十余次。自为文祭之，凡百余言，朴婉沉痛，闻者无亲疏老幼，皆呜咽失声。时行年四十有三也。

己巳[33]，有南昌老画师游鄱阳，八十余，白发垂耳，能图人状貌。铨延之为母写小像，因以位置景物请于母，且问："母何以行乐，当图之以为娱。"母愀然曰："呜呼！自为蒋氏妇，常以不及奉舅姑盘匜为恨[34]，而处忧患哀恸间数十年，凡哭父，哭母，哭儿，哭女夭折，今且哭夫矣。未亡人[35]欠一死耳，何乐为!"铨跪曰："虽然，母志有乐得未致者[36]，请寄斯图也，可乎?"母曰："苟吾儿及新妇能习于勤，不亦可乎！鸣机夜课[37]，老妇之愿足矣，乐何有焉[38]?"铨于是退而语画士，乃图秋夜之景：虚堂四敞，一灯荧荧，高梧萧疏，影落檐际。堂中列一机，画吾母坐而织之，妇执纺车坐母侧；檐底横列一几，剪烛自照，凭画栏而读者，则铨也。阶下假山一，砌花[39]盆兰，婀娜相倚，动摇于微风凉月之中。其童子蹲树根捕促织为戏，及垂短发持羽扇煮茶石上者，则奴子阿童、小婢阿昭。图成，母视之而欢。

铨谨按吾母生平勤劳，为之略，以进求诸大人先生之立言㊵而与人为善者。

〔注〕①行(háng 杭)：排行。②归：出嫁。先：称已死的尊长。府君：此指父亲。③罍(léi 雷)：酒杯。盘罍：借指酒菜。俭色：吝啬貌。④戚党：亲族。⑤燕、赵：春秋战国时的燕、赵之地，此泛指北国。⑥四子书：即《论语》《孟子》《大学》《中庸》四书。⑦波磔(zhé 折)点画：指汉字各种基本笔画。⑧润：富裕。⑨大凶：灾荒。⑩小奴：尚未成年的仆人。⑪纂(zuǎn)绣组织：指刺绣纺织。⑫阿丈：对年老男子的尊称。此为作者外祖自称。⑬组：阔带，此指织带。紃(xún 寻)：圆形细带，此指搓绳。绩：析麻搓绳。⑭咿唔：幼儿读书声。⑮轧(yà 亚)轧：纺机转动声。⑯夏(jiǎ 假)楚：榎木和荆条，均为古代用作笞罚的工具。⑰庚戌：清雍正八年(1730)。⑱哀毁骨立：由于过分悲伤而容貌憔悴，削瘦以致骨头突出。⑲闾党：邻居。姻娅：亲戚。⑳斯：则，乃。㉑差：同"瘥"(chài)，病愈。㉒规：规劝。㉓颔(hàn 旱)：下巴。此指点头同意。㉔鄱阳：今江西波阳。㉕女视之：待之如亲生女。㉖童子试：考秀才。㉗铅山：县名，在今江西境内。㉘补弟子员：补上生员的资格，即成为县学生员，又称秀才。㉙丁卯：清乾隆十二年(1747)。㉚廪饩(lǐn xì 凛戏)：粮仓中的粮食，特指由官府供给粮食。明清两代有廪膳成员，即岁考优良者，由政府按时发放银子粮食以补助生活。㉛荐于乡：乡试成绩优良而被举荐，即考中举人。㉜即世：去世。㉝己巳：清乾隆十四年(1749)。㉞舅姑：公婆。匜(yí 怡)：盥洗时舀水用的瓢状器具。㉟未亡人：寡妇的代称。㊱乐得未致者：喜欢而尚未获得的东西。㊲鸣机夜课：夜晚边纺织边督促孩子读书。㊳乐何有焉：还有什么能比这更快乐呢。㊴砌花：台阶上的花。㊵立言：著书立说。

本文名为"图记"，其实并非通常某幅图画的说明文字。作者没有简单陈述作画的缘起，也没有着力阐发画面内容，而是借图发挥，记录母亲四十余年平凡而又感人的经历，通过出嫁、育儿、奉母、相夫和近期生活的描述，突出母亲作为孝女、才女、贤妻、慈母的崇高美德，抒发对母亲深深的挚爱之情。

作者蒋士铨，是清代前期的著名诗人和剧作家，主张抒写真情，不假雕饰，用他自己的话来说，就是"性情出本真，风格出脂韦"(《说诗一首示朱缃》)。本文最为鲜明的特点，也在于质朴无华，真情流淌。他自幼受到母亲呕心沥血的教养，母子俩二十二年未曾须臾分离，长大成人之后，他日思夜想的，就是如何尽力报答母亲养育之恩。文中贯穿的，正是这种至纯至真的母子亲情。值得玩味的是，尽管胸中的感情如此炽烈，作者却不让它喷泻而出，一览无余，而是含蓄深藏，若隐若现。

文中叙述了母亲身边的许多大事和琐事，却不加任何铺叙和夸饰，也很少使用感情浓烈的语词，似乎完全是随手拈来，信笔写出，有时甚至像是一个局外人在为蒋士铨的母亲记录生平。比如写母亲的贤惠朴实，热情待客，仅仅只有十六个字："吾母脱簪珥，治酒浆，盘罍间未尝有俭色。"至于当时家境的窘迫，变卖首饰的珍贵，这些通常大可渲染的情节，则根本不提。文中的对话，大抵是生活语言的实录，质朴自然。如述诸姨对母亲训儿的严厉表示惊诧时，母亲只答："子众可矣。儿一，不肖，妹何托焉！"活脱脱一个普通妇人望子成龙的口吻。而写自己将赴科举考试，要与朝夕相处的母亲挥泪告别时，仍是淡淡的笔调："铨年二十有二，未尝去母前，以应童子试，归铅山，母略无离别可怜之色。"母亲的担心挂念和刚毅坚强，只字未提。"秋，荐于乡。归拜母"时，只下"母色喜"三字，母亲的感慨，儿子的欢欣，也一概不见。"依膝下廿日，遂北行"，直至"明年落第，九月归"，只写"母念儿辄有诗"，且"未一寄也"，而悠悠长夜的苦苦思念，久别重逢的嘘寒问暖等等，也都付诸阙如。

那么，母子亲情是否真的没什么可写，没什么可说呢？绝不是。蒋士铨有一首《岁暮到家》诗，写的是完全相同的题材："爱子心无尽，归家喜及辰。寒衣针线密，家信墨痕新。见面怜清瘦，呼儿问苦辛。低回愧人子，不敢叹风尘。"母怜子、子疼母的情感，在诗中表现得动人心魄而又缠绵悱恻。在文章中间，这"见面怜清瘦"的深挚呵护，这"不敢叹风尘"的揪心怜惜，却丝毫不予叙说；而读过本文的人，却都会情不自禁地由衷赞叹他们母子那种无与伦比的亲情，都会被母亲深沉细腻的爱心所感动，获得与读他的诗相同的印象和感受。原因在于：蒋士铨的诗重在以情动人，他的文则着重以事感人，用事实说话，将真挚的情感蕴藏于"天然去雕饰"的语言之中，寄寓在各种大事琐事的描写之中，因而普通的生活场景平添更多的情趣，令人无比感动并回味无穷。不论是蒋士铨的诗歌还是散文，大都具有这种独特的魅力，因此才有"篇篇本色，语语根心"的称誉（清张维屏《国朝诗人征略·听松庐诗话》）。

本文成功之处，还在于对比手法的运用。作者总是力求以孩子般不带偏见的纯真目光，来比较分析父母双亲。比如待人接物，乍一看来，父母同为好客热情之人，难分高下，然而细细对比，优劣自现。父亲任侠豪爽，乐于施舍，一掷千金，以致囊箧如洗；母亲则慷慨宽厚，不仅默默地用卖首饰的钱为父亲款待宾客，而且"人所不能堪者"，"怡然无愁蹙状"。又如教子，父母均持严教，方式却明显不同。"先府君在客邸，督铨学甚急，稍怠，即怒而弃之，数日不及一言。"可见父亲性情急躁，方式简单，一旦不能奏效，干脆撒手不管。母亲则不同，"垂涕扑之，令跪读至熟乃已，未尝倦也"。母亲的严厉、慈爱和韧劲，使儿子懂事后终生铭感。作者有意无意地用父亲作陪衬，因而把母亲的形象塑造得更加感人。

此外，文中的细节描述并不求多，却往往有画龙点睛之妙。如描绘母亲的才华和天伦之乐："先外祖长身白髯，喜饮酒。酒酣，辄大声吟所作诗，令吾母指其疵。母每指一字，先外祖满引一觥；数指之后，乃陶然捋须大笑，举觞自呼曰：'不意阿丈乃有此女！'"先外祖的得意、母亲的聪颖，以及父女二人亲密融洽的亲情，表现得淋漓尽致。再如写母子寒夜共读："至夜分寒甚，母坐于床，拥被覆双足，解衣以胸温儿背，共铨朗诵之。读倦，睡母怀，俄而母摇铨曰：'可以醒矣！'铨张目视母面，泪方纵横落，铨亦泣。"其中"以胸温儿背"，是说母爱；睡梦中摇醒，是讲母严；"泪方纵横落"，则是表述母亲的不忍。虽寥寥数笔，却生动描画出母亲爱痛交织的心理活动。

一件件真切动人的事迹将作者对母亲的赞美和热爱具象化，在呈露一片纯真的赤子之心的同时，也使读者获得了心灵的净化和精神上的升华。　（孙小力）

【作者小传】

钱大昕

(1728—1804)　清学者。字晓徵，一字辛楣，号竹汀，晚号潜揅老人。江苏嘉定(今属上海市)人。乾隆进士。由编修累官至少詹事、广东学政。乾隆四十年(1775)以后主讲钟山、娄东、紫阳等书院。治学方面颇广，尤精校勘、音韵。著作有《十驾斋养新录》《恒言录》等。后辑为《潜揅堂全集》。

弈　喻

钱大昕

予观弈于友人所，一客数败，嗤其失算，辄欲易置之①，以为不逮己也。顷之，客请与予对局，予颇易之②。甫下数子，客已得先手。局将半，予思益苦，而客之智尚有余。竟局数之，客胜予十三子，予赧甚，不能出一言。后有招予观弈者，终日默坐而已。

今之学者，读古人书，多訾古人之失；与今人居，亦乐称人失。人固不能无失，然试易地以处，平心而度之，吾果无一失乎？吾能知人之失而不能见吾之失，吾能指人之小失而不能见吾之大失。吾求吾失且不暇，何暇论人哉！弈之优劣有定也，一著之失，人皆见之，虽护前③者不能讳也。理之所在，各是其所是，各非其所非，世无孔子，谁能定是非之真？然则人之失者未必非得也，吾之无失者未必非大失也，而彼此相嗤无有已时，曾④观弈者之不若已。

〔注〕 ① 易置之：代其下棋子，改变他人下棋的路数。易，变易、取代。 ② 易之：轻视它，以为它很容易。 ③ 护前：袒护所为，绝不认错。 ④ 曾：乃。

曾经是乾嘉时期名列“吴中七子”的钱大昕，其实不仅仅以诗文著大名，更主要的成就还在他的经史学术研究。在乾嘉朴学大师中，钱氏是代表人物之一。唯其如此，他对“满招损，谦受益”的道理感受特深，有着大学者独具的反躬自省的品德。这篇《弈喻》就是设喻相譬，规训其子弟、门人必须善于“见吾之失”“见吾之大失”，时时处处内省自己，正确地认识自己；同时又正确地对待别人的过失，切莫自以为是，自傲傲人。短文所说之理并不深奥，文字也浅近平易，但切事理极精到，说服力也很强。特别是结末一层次，虽不奥秘却特有深度，道出了为人治学的重要准则，令读者有豁然开朗，灵智之窦大启的感觉。

文章开头一层以“予观弈”为喻起首，现身说法，写出嗤笑别人不如自己，结果却吃了轻视他人的苦头，以至“予赧甚，不能出一言”的整个自大傲人的过程。同时又点出对教训的自我认识：“后有招予观弈者，终日默坐而已”，不再盛气凌人，忿嘴忿舌，指手画脚了。从文理讲，“默坐而已”二句是承喻启理，上下二层的过渡句。第二层从“今之学者”起。好“訾古人之失”和喜欢诋毁“今人”即友朋熟人的毛病，实在很像“观弈”而“嗤其失算”，“以为不逮己”。钱氏在这里当然不是要倡导盲从古人，更不是鼓吹圆滑世故的所谓“三缄其口”的处世哲学。他的要旨在提醒“吾果无一失乎”。他要子弟后辈经常想一想“易地以处”即自己处在别人失算的位置上时，将是如何表现？当局者迷，处于当事人位置时每易不识自己真面目，作为旁观者挑剔别人的过失则是似乎很容易的。缺乏对自己才智、行为的准确估价和认识是很危险的，每每隐伏着失败的因素。钱大昕警策地归结一句：“吾求吾失且不暇，何暇论人哉！”“吾求吾失”是不断完善自己，不断提高自己，永远处于不自满境界。从这角度讲，自己的“失”一旦自觉发现乃是一大“得”，失与得的辩证关系自明，已为下文预伏脉理。

于是转入结束。作者说：下棋的胜败，棋艺的高下是“有定”的，即有标准可衡量。棋错一着，人人可觉察到，要想袒护自己的错误也无法讳饰。可是“理”却不易一下子分辩清，各执一端，“各是其所是，各非其所非”，有时难以骤加判断。因为也许各自看问题角度不同，所见各有一定道理。这时“世无孔子”，谁有权威来下孰是孰非的结论？与其争论不休，纠缠不清，各损心力，还不如各自内省，想想自己为有益。即使发现是自己“失”了，难道不正是“得”吗？退一步讲，就算自己“无失”，如果以之傲人，只看到别人之失，结果却“未必非大失”！这确实很深刻，是善于学习者的精警的思想方法，人处此境界，几乎可以无时无地不有所“得”了。

（严迪昌）

【作者小传】

毕　沅

(1730—1797)　清学者。字纕蘅，一字秋帆，自号灵岩山人。江苏镇洋(今太仓)人。乾隆进士。官至湖广总督。治学范围较广，由经史旁及小学、金石、地理。也能诗文。著有《灵岩山人文集》《灵岩山人诗集》。其他撰述收入《经训堂丛书》中。

岳　飞

毕　沅

飞事亲至孝，家无姬侍。吴玠①素服飞，愿与交欢，饰名姝遗之，飞曰：“主上宵旰②，宁大将安乐时耶！”却不受。玠大叹服。或问：“天下何时太平？”飞曰：“文臣不爱钱，武臣不惜死，天下太平矣！”师每休舍，课将士注坡跳壕③，皆重铠以习之。卒有取民麻一缕以束刍者，立斩以徇。卒夜宿，民开门愿纳，无敢入者。军号“冻死不拆屋，饿死不掳掠”。卒有疾，亲为调药。诸将远戍，飞妻问劳其家；死事者，哭之而育其孤。有颁犒，均给军吏，秋毫无犯。善以少击众。凡有所举，尽召诸统制④，谋定而后战，故所向克捷。猝遇敌不动。故敌为之语曰：“撼山易，撼岳家军难。”张俊尝问用兵之术，飞曰：“仁，信，智，勇，严，阙一不可。”每调军食，必蹙额曰：“东南民力竭矣！”好贤礼士，雅歌投壶，恂恂如儒生。每辞官，必曰：“将士效力，飞何功之有！”

〔注〕①吴玠(1093—1139)：南宋名将，善骑射，北宋末年从军，屡破金军。官至四川宣抚使。　②宵旰(gàn)：“宵衣旰食”的略语。天不亮就穿衣起身，天晚了才吃饭。用来称颂帝王勤于政事。　③注坡：谓从斜坡上急驰而下，与“跳壕”同为当时军事训练科目。　④统制：南宋军官名，隶属于都统制。

这篇文章节选自清人毕沅编的《续资治通鉴》宋纪一二四卷。作者在断断续续地叙述了岳飞一生的战斗历程及其被害过程之后，写下了这段结论性的文字。这是对岳飞其人盖棺论定的“鉴定”，是对他一生行事的“总结”，同时也是一篇简洁生动的人物传记。

在二十年的军旅生涯中，岳飞以其非凡的才干，立下了赫赫战功，要记的事情当然很多；如何在有限的文字中高度概括、突出岳飞精神的主要点，那就要颇费一番匠心了。在这篇简短的文字中，高明的作者始终抓住岳飞一生“精忠报国”、不顾身家的高贵品质，以此作主线来组织材料，以简驭繁，记叙了丰富的内容，表现了岳飞超乎寻常的忠肝义胆和杰出才能。围绕这个中心，文章分为三层。第一层从“飞事亲至孝”到“天下太平矣”，表现岳飞思想品德上的清正廉洁。这一层记叙了两件事，一件是吴玠送“名姝”给岳飞，而岳飞“却不受”；另一件是写岳飞回答别人的问题，“天下何时太平”。这两件事都很有典型意义，给人印象很深。第二层从“师每休舍”到“东南民力竭矣”，重点表现岳飞军事上的杰出才能。这一层记叙的事情很多，既写了岳飞注重军事训练，严肃军纪，秋毫无犯，又写了他关心将士疾苦，深于谋略而善以少击众，精通用兵之术，等等，进一步表现了他在长期的军事斗争中的丰富经验，也点出了“撼山易，撼岳家军难”的根本原因，而岳飞这位一代良将的光辉形象也就愈加清晰可见了。第三层从“好贤礼士”到末尾，表现岳飞性格上的儒雅之风，指出了岳飞其人的又一个重要方面。全篇虽然只有三百来字，但由于多层次、多角度地反映了岳飞的思想、性格和才能，一个忧国忧民、能征惯战而又谦恭好士的人物形象跃然纸上，特别生动而丰满，表现了作者在艺术上的高度概括的能力。

文章虽短，但在写法上却颇为讲究。首先是在详略上很有分寸。第一、第三层都比较简略，作者把重点放在第二层上，因为岳飞作为一个重要历史人物，主要是以民族英雄、抗金将领而出现的，而他一生中的主要经历又都是在军旅之中，所以必须集中笔墨写他的杰出的军事才能。第一层可以看作是先作铺垫，第三层则是补充。全篇详略有序，各部分比例协调，组成有机的整体。其次是在记叙上，笔墨富有变化。第一层主要是通过对话来表现岳飞的精神世界。“主上宵旰，宁大将安乐时耶！”“文臣不爱钱，武臣不惜死，天下太平矣！”这些掷地作金石声的语言，生动地表现出岳飞的高贵品质。第二层改变写法，变为以写行动为主，表现出他在治军方面的种种作为，取得了卓越的军事成就。记言与记事相结合，既互相统一，而统一中又有对比，读来相映生辉，格外生动。同时，文中还注意了前后照应。开始叙述岳飞不受吴玠所遗“名姝”，是表现他在家庭生活中的自奉简约，而后面写到每调（征调）军食，必蹙额曰“东南民力竭矣”，是表现他对军队耗费人民资财的不安。家里、军中，两者遥相呼应，突出了他的先天下之忧而忧的高尚精神。中间写到“有颁犒，均给军吏，秋毫无犯”，最后说每辞官，必曰“将士效力，飞何功之有”，前后顾盼，表现出不贪财、不伐功的可贵品质。这种照应穿插，使全文浑然一体，结构上显得谨严。

此外，本篇行文下字，特别简洁、准确而又生动。全文是根据《宋史》三六五卷《岳飞传》的评述改写的，删除了一些繁冗之处。如《宋史》写岳飞事母很孝，说：“飞至孝：母留河北，遣人求访迎归；母有痼疾，药饵必亲；母卒，水浆不入口者三日。”这里，根据文章需要，只以“事亲至孝”四个字来概括，使文章一开始就显得特别简劲洗练。岳飞回答吴玠，原文作“主上宵旰，岂大将安乐时！”作者易“岂”为“宁”，使文辞更为典雅；增加一个“耶”字，语气顿出，特为生动。尤其是“恂恂如儒生”一句，原文为“书生”，一字之易，更见出作者的苦心。书生者，寻章摘句之徒耳，而“儒生”，则有博通经史、希望治国安邦之意，这才和岳飞以天下为己任的思想相吻合。而且，据《宋史》记载，岳飞少时，“家贫力学，尤好《左氏春秋》、孙吴《兵法》”。用“儒生”来概括，也更加准确，符合事实。　（管遗瑞）

【作者小传】

姚　鼐

（1732—1815）　清散文家。字姬传，一字梦穀，室名惜抱轩，旧时或称惜抱先生。安徽桐城人。乾隆进士。官刑部郎中、四库全书馆纂修官等职。先后主讲江宁、扬州等书院凡四十年。治经学兼及子史、诗文。曾受业于刘大櫆，为“桐城派”主要作家。主张文章以“考据”“词章”为手段，阐明儒家“义理”。作品多为书序、碑传之属。有《惜抱轩全集》。选有《古文辞类纂》《五七言今体诗钞》。

《古文辞类纂》序　　姚　鼐

鼐少闻古文法于伯父薑坞①先生及同乡刘耕南②先生，少究其义，未之深学也。其后游宦数十年，益不得暇，独以幼所闻者，置之胸臆而已。乾隆四十年，以疾请归，伯父前卒，不得见矣。刘先生年八十，犹善谈说，见则必论古文。后又二年，余来扬州，少年或从问古文法。

夫文无所谓古今也，惟其当而已。得其当，则六经至于今日，其为道也一。知其所以当，则于古虽远，而于今取法，如衣食之不可释；不知其所以当，而敝弃于时，则存一家之言，以资来者，容有俟焉。

于是以所闻习者，编次论说为《古文辞类纂》。其类十三，曰：论辨类、序跋类、奏议类、书说类、赠序类、诏令类、传状类、碑志类、杂记类、箴铭类、颂赞类、辞赋类、哀祭类。一类内而为用不同者，别之为上下编云。

论辨类者，盖原于古之诸子，各以所学著书诏后世。孔孟之道与文，至矣。自老、庄[3]以降，道有是非，文有工拙。今悉以子家不录，录自贾生[4]始。盖退之[5]著论，取于六经、孟子；子厚[6]取于韩非、贾生；明允杂以苏、张之流[7]；子瞻[8]兼及于《庄子》。学之至善者，神合焉；善而不至者，貌存焉。惜乎！子厚之才，可以为其至，而不及至者，年为之也[9]。

序跋类者，昔前圣作《易》，孔子为作《系辞》《说卦》《文言》《序卦》《杂卦》之传[10]，以推论本原，广大其义。《诗》《书》皆有《序》，而《仪礼》篇后有《记》，皆儒者所为。其余诸子，或自序其意，或弟子作之，《庄子·天下》篇、《荀子》末篇，皆是也。余撰次古文辞，不载史传，以不可胜录也。惟载太史公、欧阳永叔[11]表志叙论数首，序之最工者也。向、歆奏校书各有序[12]，世不尽传，传者或伪，今存子政[13]《战国策序》一篇，著其概。其后目录之序，子固[14]独优已。

奏议类者，盖唐、虞、三代圣贤陈说其君之辞，《尚书》具之矣。周衰，列国臣子为国谋者，谊忠而辞美，皆本谟诰[15]之遗，学者多诵之。其载《春秋》内外传[16]者不录，录自战国以下。汉以来有表、奏、疏、议、上书、封事之异名，其实一类。惟对策虽亦臣下告君之辞[17]，而其体少别，故置之下编。两苏应制举[18]时所进时务策，又以附对策之后。

书说类者，昔周公之告召公，有《君奭》之篇[19]。春秋之世，列国士大夫或面相告语，或为书相遗，其义一也。战国说士，说其时主，当委质为臣，则入之奏议；其已去国，或说异国之君，则入此编。

赠序类者，老子曰："君子赠人以言。"颜渊、子路之相违，则以言相赠处[20]。梁王觞诸侯于范台，鲁君择言而进[21]，所以致敬爱、陈忠告之谊也。唐初赠人，始以序名，作者亦众。至于昌黎，乃得古人之意，其文冠绝前后作者。苏明允之考名序，故苏氏讳序，或曰引，或曰说。今悉依其体，编之于此。

诏令类者，原于《尚书》之《誓诰》。周之衰也，文诰犹存。昭王制，肃强侯，所以悦人心而胜于三军[22]之众，犹有赖焉。秦最无道，而辞则伟。汉至文、景，意与辞俱美矣，后世无以逮之。光武以降，人主虽有善意，而辞气何其衰薄也！檄令皆谕下之辞，韩退之《鳄鱼文》，檄令类也，故悉附之。

传状类者，虽原于史氏，而义不同。刘先生[23]云："古之为达官名人传者，史官职之。文士作传，凡为圬者、种树之流而已[24]。其人既稍显，即不当为之传，为之行状，上史氏而已。"余谓先生之言是也。虽然，古之国史立传，不甚拘品位，所纪事犹详。又实录书人臣卒，必撮序其平生贤否。今实录不纪臣下之事，史馆凡仕非赐谥及死事者，不得为传。乾隆四十年，定一品官乃赐谥。然则史之传者，亦无几矣。余录古传状之文，并纪兹义，使后之文士得择之。昌黎《毛颖传》，嬉戏之文，其体传也，故亦附焉。

碑志类者，其体本于诗。歌颂功德，其用施于金石。周之时有石鼓刻文[25]，秦刻石于巡狩所经过，汉人作碑文又加以序，序之体，盖秦刻琅邪[26]具之矣。茅顺甫[27]讥韩文公碑序异史迁，此非知言。金石之文，自与史家异体。如文公作文，岂必以效司马氏为工耶？志者，识也。或立石墓上，或埋之圹中，古人皆曰志。为之铭者，所以识之之辞也。然恐人观之不详,故又为序。世或以石立墓上曰碑曰表,埋乃曰志,及分志铭二之,独呼前序曰志者,皆失其义。盖自欧阳公不能辨矣。墓志文,录者犹多,今别为下编。

杂记类者,亦碑文之属。碑主于称颂功德,记则所纪大小事殊,取义各异,故有作序与铭诗全用碑文体者,又有为纪事而不以刻石者。柳子厚纪事小文,或谓之序,然实记之类也。

箴铭类者,三代以来有其体矣,圣贤所以自戒警之义,其辞尤质而意尤深。若张子㉘作《西铭》,岂独其理之美耶,其文固未易几也。

颂赞类者,亦《诗》颂之流,而不必施之金石者也。

辞赋类者,风雅之变体也。楚人最工为之,盖非独屈子㉙而已。余尝谓《渔父》,及楚人以弋说襄王、宋玉对王问遗行,皆设辞无事实,皆辞赋类耳。太史公、刘子政不辨,而以事载之,盖非是。辞赋固当有韵,然古人亦有无韵者。以义在托讽,亦谓之赋耳。汉世校书有《辞赋略》㉚,其所列者甚当。昭明太子《文选》㉛,分体碎杂,其立名多可笑者。后之编集者,或不知其陋而仍之。余今编辞赋,一以汉《略》㉜为法。古文不取六朝㉝人,恶其靡㉞也。独辞赋则晋宋人犹有古人韵格存焉。惟齐梁以下,则辞益俳而气益卑,故不录耳。

哀祭类者,诗有颂,风有《黄鸟》《二子乘舟》,皆其原也。楚人之辞至工,后世惟退之、介甫㉟而已。

凡文之体类十三,而所以为文者八,曰:神、理、气、味、格、律、声、色。神、理、气、味者,文之精也;格、律、声、色者,文之粗也。然苟舍其粗,则精者亦胡以寓焉。学者之于古人,必始而遇其粗,中而遇其精,终则御其精者而遗其粗者。文士之效法古人莫善于退之,尽变古人之形貌,虽有摹拟,不可得而寻其迹也。其他虽工于学古而迹不能忘,扬子云㊱、柳子厚于斯盖尤甚焉,以其形貌之过于似古人也。而遽摈之,谓不足与于文章之事,则过矣。然遂谓非学者之一病,则不可也。

乾隆四十四年秋七月桐城姚鼐纂集序目。

〔注〕 ① 薑坞：姚范，字南菁，号薑坞，乾隆六年(1741)进士。作者姚鼐是姚范之弟姚淑之子。 ② 刘耕南：刘大櫆，字才甫，一字耕南，号海峰。方苞弟子。在桐城派古文家中，上承方苞义法理论，下开姚鼐文章精粗途辙。 ③ 老、庄：老子、庄子。 ④ 贾生：指西汉文学家贾谊。 ⑤ 退之：唐文学家韩愈的字。 ⑥ 子厚：唐文学家柳宗元的字。 ⑦ 明允：宋文学家苏洵的字。苏、张之流：指苏秦、张仪等纵横家。 ⑧ 子瞻：宋文学家苏轼的字。 ⑨ 年为之也：寿命限制的缘故。按：柳宗元四十七岁卒。姚鼐认为由于早逝，其文未臻至境，作品中有向古人学习的形迹。 ⑩《系辞》《说卦》《文言》《序卦》《杂卦》：都是《周易》的注释、辅助读物，从司马迁以来，都认为是孔子所作。传：经书的解释。 ⑪ 太史公：指司马迁。欧阳永叔：宋文学家欧阳修。 ⑫ 向、歆：刘向、刘歆。汉成帝时，使刘向校中秘之书。每一书就，向辄撰为一录，论其指归，辨其讹谬，叙而奏之。向卒后，哀帝使其子歆嗣父之业，歆遂总括群书，撮其指要，著为《七略》。 ⑬ 子政：刘向的字。 ⑭ 子固：宋文学家曾巩的字。 ⑮ 谟诰：《尚书》中有《皋陶谟》《康王之诰》等篇。 ⑯《春秋》内外传：内传即《左传》，外传即《国语》。⑰ 表、奏、疏、议、上书、封事：皆臣下主动提出的对时务的意见。对策：臣下就皇帝提出的关于经义、时事的问题作出的回答。 ⑱ 两苏：苏轼、苏辙。制举：唐宋科举制，有岁举与制举之分，岁举是长年贡举，制举为皇帝自诏选拔。 ⑲ 书说：信叫书，当面谈话叫说。《君奭》：《尚书序》认为周公、召公同为成王相，召公不满，周公作《君奭》告召公。 ⑳ 赠处：《礼记·檀弓下》：子路去鲁，谓颜渊曰："何以赠我?"颜答后又问子路："何以处我?" ㉑ 梁王：梁惠王魏罃。宴请诸侯于范台事见《战国策·魏策二》。择言：选择恰当的言词。 ㉒ 三军：周代天子六军，大国诸侯三军。 ㉓ 刘先生：指刘大櫆。 ㉔ 圬者：指韩愈为之作传的泥瓦工王承福。种树：指柳宗元为之作传的种树人郭橐驼。 ㉕ 石鼓刻文：即《石鼓文》，相传为周宣王时作。㉖ 秦刻琅邪：秦始皇多次东巡，登临之地都刻石纪颂统一天下的功业，《琅邪刻石》即其中之一。 ㉗ 茅顺甫：明散文家茅坤。 ㉘ 张子：指北宋哲学家张载。 ㉙ 屈子：屈原。㉚《辞赋略》：当是《诗赋略》。刘歆继其父刘向整理汉朝中央藏书，校奏《七略》，其中之一为《诗赋略》。 ㉛ 昭明太子：萧统，曾编选《文选》。 ㉜ 汉《略》：即《七略》。 ㉝ 六朝：指晋、宋、齐、梁、陈、隋。 ㉞ 靡：纤丽少气骨。 ㉟ 介甫：宋王安石。 ㊱ 扬子云：汉文学家扬雄。

桐城古文源流，始于方苞，中经刘大櫆，至姚鼐而正式立名，蔚然成派。故姚氏一向被推为桐城派的集大成者。姚鼐自壮岁辞四库编纂事后，终其一生，以讲学为业。乾隆四十四年(1779)，主讲扬州梅花书院期间，为穷尽古今文体发展变化之法则，垂示后学，编成《古文辞类纂》一书，并作了这篇序。

作为古代散文最有影响的跨代分类选本之一，《古文辞类纂》由唐宋八家上溯战国秦汉，下以归有光、方苞、刘大櫆直继唐宋八家，以说明唐宋八家的渊源和发展。其所述包括辞令和辞赋，所以称为"古文辞"；全书按文体分类，所以称为"类纂"。这篇序文的主体部分缕述所分十三类文体。各体之内，其论述步骤为：首溯渊源，以示特点；次明本体之内的取舍原则；再次举评其代表作家。论列程序大致如是，但又不尽然。有话则长，无话则短。有的一笔带过，有的就具体问题作扼要考证说明。总之，溯源而辨体是重点，其他则或详或略，依对象而定，体现了桐城派古文宗尚义法，辨析文体的特点。

古代文体之别，晋有李充的《翰林论》和挚虞的《文章流别志论》，可惜都已失传；南朝刘勰《文心雕龙》"论文叙笔"，依有韵无韵分为两类。在此之下，重点论述了三十多种文体。到明代，有吴讷的《文章辨体》和徐师曾的《文体明辨》两部文体论专著。前者分五十九类，后者百二十七类。这些著作各有特点，但都失之琐碎芜杂。姚鼐在前人基础上，将属于文的部分归纳合并，釐为十三，使文体分类更为清晰合理。所以后来黎庶昌《续古文辞类纂》、蒋瑞藻《新文辞类纂稿本》、吴曾祺《涵芬楼古文钞》等代表性选本，分类悉遵姚选。曾国藩《经史百家杂钞》分类与姚选稍异，但也大致不脱这个格局。可见姚鼐在文体论方面的影响。

辨源文体固然是本序的主旨，但最具理论建树的，则是对古文创作论的揭示。

"凡文之体类十三，而所以为文者八。"文章末段起笔，上句总括前述，下句转启后文，提出"神、理、气、味、格、律、声、色"为作文的八种要素。其中又分为"文之精"与"文之粗"两组。接下论述"精""粗"的关系，以及学习古文由"粗"而"精"、御"精"而遗"粗"的途径。就这八种要素单独看，并非姚鼐首创，前人文论中亦屡屡提到。姚鼐的功绩主要在总结前人，特别是继承方苞、刘大櫆古文理论的基础上使之系统化。因此，欲道姚鼐，须先对方、刘之论有所了解。

方苞以"义法说"为桐城派古文论奠基："义即《易》之所谓言有物也，法即《易》之所谓言有序也。义以为经而法纬之，然后为成体之文。"(《又书货殖传后》)显然"义"指内容，"法"指形式。这是继承了前人文质并重的传统，用现在的话说，就是主张内容与形式的统一。作文以"义法"为经纬，要求语言雅洁，反对浮华空洞和芜杂寡要。刘大櫆对"义法"中的"法"有所补充发展，提出"神气、音节、字句"说："积字成句，积句成章，积章成篇，合而读之，音节见矣；歌而咏之，神气出矣。"(《论文偶记》，下同)他虽也说"神气者，文之最精处也"，但却明显偏重"音节""字句"的讲究，认为"神气不可见，于音节见之；音节无可准，以字句准之"，从而改变了"义法"说以"义"为前提的重心。综方、刘之绪，姚鼐融时代特点，全面完善了桐城派的创作论。他提出"义理、考据、词章"三者合一的主张，在此基础上论述了本文的"精""粗"八要素。

概言之，"神、理、气、味"指文章的精神、脉理、气势、韵味；"格、律、声、色"指文章的样式、法度、音调、辞采。文章由这"精""粗"两部分构成。创作则先从

"粗"的部分，即形式的部分开始，然后达到"精"的，即实质的境界。"精"寓于"粗"中，没有"粗"，"精"也就无所依托。两者的关系是辩证的。所以学习古文由初学到成熟也是一个由"粗"到"精"的辩证扬弃过程，最后达到可以不再拘泥于形式而得心应手地优游于精美的实质境界。从理论上指出创作学习古文途径后，姚鼐引例评说，申足论旨。先以韩愈为"文士之效法古人"的典范，说明学古须变其形貌，得其精神。复指出一般人学古的通病："虽工于学古而迹不能忘"，在他选录的大家中，尤举扬雄、柳宗元为"形貌过于似古人"。这里既为初学者指出师法的对象和应避免的弊病，也从正反两方面使"御其精而遗其粗"的论旨具体化。概言之，姚鼐的精粗八字说把方苞的"义法"说由疏到密地扩充起来，把刘大櫆的"神气、音节、字句"说由偏到全地完善起来，把自先秦以来的只言片语穿针引线地联系起来，融入自己的识见，建立了完整的散文创作论，这就是姚鼐在桐城古文创作论方面的集大成贡献。

了解了创作论，回过头再看其文体论，可知其取舍原则、评骘标准都是以创作论为基础的。如"论辨类"中的"学之至善者，神合焉；善而不至者，貌存焉"的议论；"诏令类"中"汉至文、景，意与辞俱美矣，后世无以逮之。光武以降，人主虽有善意，而辞气何其衰薄也"的评说；"辞赋类"中对"齐梁以下，则辞益俳而气益卑，故不录耳"的说明，都是他"精""粗"理论的具体发挥。创作论是他辨原文体的概括总结，文体论是他创作论的实际运用。这样也使文章结构上既显出层次分明，各司其职，又不乏一以贯之的内在逻辑联系。

这篇序虽以辨原文体和古文创作论的精辟揭示取胜，但文章本身也体现了姚鼐作为桐城派古文集大成者的创作特色。

"言有序"是从方苞到姚鼐在写作上都共同遵循的不二法门，也是本序结构的最突出特点。全文逐次分为交待缘起，辨原文体和阐述创作论三大块，总体结构一目了然。第一部分说明选录古文辞的原因和体例，又分三层。第一层标明师承，逗露缘起。首先点出自幼从伯父姚范和刘大櫆学习古文法，明确渊源。然后概述几十年简历，引出来扬州讲学，"少年或从问古文法"，初步切入正题。从"少闻古文法"到"余来扬州"，中间几十年的跨度，作者用"独以幼所闻者，置之胸臆而已"和对姚范、刘大櫆再作交待带过，不只是自谦与接应，更强调了其宗法师承的一贯性。现在"少年或从问古文法"，那么不言自明，作者所要讲的话，也是桐城派的古文法了。这一句道出了以姚鼐为中介的桐城古文衣钵的承转关系，也是文意转折过渡的枢机。第二层承上末句而来，就"古文"二字展开议论，强调选录古文辞的必要性，将正题再推进一步。他认为"文无所谓古今，惟其当而已”。文章要写得恰当合理,从古至今,规律是一样的。懂得这个道理,即使古今悬隔,而今人取法借鉴,也如衣食一样必不可少。“如衣食之不可释”是作者强调的必要性。但这一点未必人人都懂,如果不懂这个道理,不被今人理解,那就让它作为一家之言存在,等待以后的知音。总之,无论如何,取法古文都是必要的。将意思说透了,又留有余地,文思极周密详赡。“惟其当”,“得其当”,“知其所以当”,“不知其所以当”,四层环环相扣,接以三“则”字,文气回旋中一路贯下,简明练达,又有顿挫之势。既然取法古人“如衣食之不可释”,那么编撰这一选本就是必要而合理的了。故第三层以“于是”二字顺承,正面点题,列数所分十三类文体总目。第二部分分体论说,按部就班;第三部分也是逐层推下,次序井然。“言有序”在本文中正是体现在文理的畅遂,层次的清晰,脉络的一目了然。

从语言的清雅秀洁到神理的葳蕤严谨是本文由表及里的总体风貌。作者薙字芟句,削繁就简,行文力求干净洗练,词灼意达,毫无冗繁拖沓处,亦无强激过甚语。辨原文体中时见征引考订,迭出卓见,佐以事理,阐明要略,使文章从秀洁中显出深蔚,在清丽中见出葳壮。论述时用语下字既工稳妥帖,又注意音节的抑扬抗坠,与文气脉理拍合无隙。句段之间意脉或转或推,安闲适步,又不羁不滞,初读看似平淡,细味方觉隽永。作者曾将文章风格两分为阳刚与阴柔。本篇则貌柔而骨刚,清雅秀洁之柔与葳壮谨重之刚兼而具之——当然,这已不单是桐城派古文特点,更有姚鼐其人其文个性的融汇了。　（魏中林）

左仲郛浮渡①诗序　　　姚　鼐

江水既合彭蠡②,过九江③而下,折而少北,益漫衍浩汗,而其西自寿春、合肥以傅淮阴④,地皆平原旷野,与江淮⑤极望,无有瑰伟幽邃之奇观。独吾郡潜、霍、司空、龙眠、浮渡⑥,各以其胜名于三楚⑦。而浮渡濒江倚原,登陟者无险峻之阻,而幽深奥曲,览之不穷。是以四方来而往游者,视他山为尤众。然吾闻天下山水,其形势皆以发天地之秘,其情性阖辟⑧,常隐然与人心相通,必有放志形骸之外,冥合于万物者,乃能得其意焉。今以浮渡之近人,而天下往游者之众,则未知旦暮而历者,几皆能得其意,而相遇于眉睫间耶?抑令其意抑遏幽隐榛莽土石之间,寂历空濛,更数千百年,直寄焉以有待而后发耶?余尝疑焉,以质之仲郛。仲郛曰:“吾固将往游焉,他日当与君俱。”余曰：“诺。”及今年春，仲郛为人所招邀而往，不及余。迨其归，出诗一编，余取观之，则凡山之奇势异态，水石摩荡，烟云林谷之相变灭，悉见于其诗，使余恍惚若有遇也。盖仲郛所云得山水之意者非耶？

昔余尝与仲郛以事同舟，中夜乘流出濡须⑨，下北江⑩，过鸠兹⑪，积虚浮素⑫，云水郁蔼⑬，中流有微风击于波上，发声浪浪，矶碕薄涌，大鱼皆砉然而跃。诸客皆歌呼，举酒更醉。余乃慨然曰：“他日从容无事，当裹粮出游。北渡河，东上太山⑭，观乎沧海之外；循塞上而西，历恒山、太行、大岳、嵩、华⑮，而临终南⑯，以吊汉、唐之故墟；然后登岷、峨⑰，揽西极⑱，浮江而下，出三峡⑲，济乎洞庭⑳，窥乎庐㉑、霍，循东海而归，吾志毕矣。”客有戏余者曰：“君居里中，一出户辄有难色，尚安尽天下之奇乎？”余笑而不应。今浮渡距余家不百里，而余未尝一往，诚有如客所讥者。嗟乎！设余一旦而获揽宇宙之大，快平生之志，以间执㉒言者之口，舍仲郛，吾谁共此哉？

〔注〕① 左仲郛：左世经，字众郛，又称仲郛、仲孚，安徽桐城人，事迹详见姚鼐《左众郛权厝铭》。浮渡：山名，又名浮山、浮度山，在今安徽枞阳境内，是桐城附近的游览胜地。② 江：指长江。彭蠡：鄱阳湖的古称，在长江以南，江西省北部。湖水北经湖口入长江。③ 九江：今属江西。④ 寿春：今安徽六安寿县。傅：通“附”，连着。淮阴：今属江苏淮安市淮阴区。⑤ 江：长江。淮：淮河。⑥ 潜：潜山，在安徽潜山县西北，即皖山。霍：霍山，在安徽霍山县西北。司空：司空山，在安徽太湖县北。龙眠：龙眠山，在安徽桐城市西北，与舒城、六安交界处。⑦ 三楚：指战国楚地。今从黄河、淮河至湖南一带，旧有西楚、东楚、南楚之分。⑧ 阖辟：开合变化。《易·系辞上》：“一阖一辟谓之变。”⑨ 濡须：水名，今称运漕河或裕溪河。源出安徽巢湖，东经含山县至裕溪口入长江。⑩ 北江：长江的下游。⑪ 鸠兹：古邑名，故址在今安徽芜湖东。⑫ 积虚浮素：指江上积聚着若有若无的薄雾，飘浮着一片茫茫的白色。⑬ 郁蔼：沉厚温润。⑭ 太山：即泰山，在今山东泰安市北，为五岳中之东岳。⑮ 恒山：在山西东北部，为五岳中之北岳。太行：太行山脉，绵延山西、河北、河南三省。大岳：即霍山，又名霍太山，在今山西霍州市东南。嵩：嵩山，在河南登封市北，为五岳中之中岳。华：华山，在陕西渭南市东南，为五岳中之西岳。⑯ 终南：终南山，在陕西西安市南。⑰ 岷：岷山，在四川省北部，绵延于四川、甘肃两省边境。峨：峨眉山，在四川峨眉县西南。⑱ 西极：西方的尽头，极言其远。⑲ 三峡：指长江三峡，包括瞿塘峡、巫峡、西陵峡。⑳ 洞庭：洞庭湖，在湖南省北部，长江南岸。㉑ 庐：庐山，在江西九江市南，北临长江。㉒ 间执：堵塞。

这是姚鼐为好友左仲郛游浮渡山所作诗集写的序。

文章起笔不凡，要写浮渡山，开头却从长江写起。浩瀚的长江之水会合鄱阳湖水后，过九江向北流下，气势更加宽阔浩渺。江北淮南一带地方，尽是平原旷野，远望长江、淮河，似乎看不到一处瑰丽奇伟、深幽静邃的奇异景观。笔触简劲，口吻斩截。行文顺递直下，笔锋一转，引出桐城诸山，又特地标举浮渡山的“幽深奥曲”，确实是突起奇峰的一笔。由此扣题，随后以人与山水冥合会通的议论展开。姚鼐认为，天下山水的形貌都表现着大自然的奥妙，山水的情性变化都与人的心情相沟通，只有那些放任心志于形体躯骸之外而与万物相通的人，即那些寄情物外、超尘脱俗的人，才能领略大自然的奥妙。而那些早晚去游历浮渡山的人，他们是否几乎都能得到山水的意趣，看一下形貌就能有所了解了呢？或者使山水的意趣压抑而隐藏在荒芜的草木及泥土石块中，等待与山水情性冥合者去发掘呢？作者带着这样的问题去请教友人左仲郛，由此点出了写作本文的缘起。左仲郛游浮渡山后，拿出一卷诗给姚鼐，姚鼐观之，“则凡山之奇势异态，水石摩荡，烟云林谷之相变灭，悉见于其诗”，使他“恍惚若有遇也”。诗承上文提问而来，可以说左仲郛的诗回答了作者提出的问题。“盖仲郛所云得山水之意者非耶?”这一段以一问句煞尾，提出左诗是否已经得到了山水的意趣。是耶？非耶？作者的看法显然是肯定的，表现出他对左诗的高度评价。“读万卷书，行万里路”，是中国历代知识分子所标榜的治学和行事的传统，也从一个方面强调了文学创作和生活的关系。在我国文学理论史上，屡有文人论及山川风物对文学创作的影响，所谓“登山则情满于山，观海则意溢于海”（刘勰《文心雕龙・神思》），强调诗人从沉浸山川风物之中去获得灵感和诗才。宋代文学家王安石在为其舅父吴氏所作的《灵谷诗序》中，也以其地山川风物起笔，而归结到其人之诗。姚鼐的这篇序，也正是这样的章法。

文章的上半以议论展开，点出作文的缘起、主旨，写得颇具韵味；下半则是作者回忆昔年与仲郛以事同舟出游的情景，写得雄豪慷慨。作者以轻捷的笔调，描绘了昔日出游的情景：“中夜乘流出濡须，下北江，过鸠兹”，云天苍苍，江水泱泱，江上积聚着若有若无的薄雾，飘浮着一片茫茫的白色，天水连成了浩渺的一片；微风击波，发出阵阵水流之声，与岸石相激而腾涌起来，时有大鱼跃出波中，场面极为壮观。描写生动，令人如临其境，如闻其声。良辰美景令人醉，作者面临此情此景，不由慨然而言，向往他日能北渡黄河，东上泰山，饱览沧海景观；再沿长城西上，游历恒山、太行山、大岳山、嵩山、华山等名山，登临终南，凭吊汉、唐古迹；然后再登临岷山、峨眉，直到西边极远之地；沿长江而下，出三峡，过洞庭，游览庐山、霍山，再沿东海而归，以实现自己的志愿。文势一气直下，使人如见其心。行文至此，又以客之戏语回复到本题，由天下之奇折回到所居里中，感叹自己连距家不到百里的浮渡山也未尝一往。然后再次回复到上文，想象自己"一旦而获揽宇宙之大，快平生之志，以间执言者之口，舍仲郛，吾谁共此哉"？回绾往复，极波澜之致，而结尾亦以一问句煞尾，戛然而止，感叹万千。这一段乍看，似与上段游离，实则有着内在的联系：由诗而及仲郛其人，由仲郛而及作者本人，正是上文主旨的补充和深化。姚鼐并未游过浮渡山，于山景不能措一词，于是从其周围的地理形势，逐步收缩到浮渡山；于此山也只是笼统地带出，而后放笔去写游览名山大川的志愿，末尾才轻轻接触到"浮渡"本题，若即若离，这是巧写；而文笔跳脱灵动，驾驭自如，确是名家大笔。

姚鼐论文，"以谓文章之原，本乎天地。天地之道，阴阳刚柔而已。苟有得乎阴阳刚柔之精，皆可以为文章之美"（《〈海愚诗钞〉序》）。他把优秀的文章分为偏于阳刚之美和阴柔之美两种，而"文之雄伟而劲直者，必贵于温深而徐婉"。本文正是姚鼐作品中深得阳刚之美的一篇。　　（高克勤）

登泰山记　　姚　鼐

泰山之阳，汶水[①]西流；其阴，济水[②]东流，阳谷皆入汶，阴谷皆入济。当其南北分者，古长城[③]也。最高日观峰[④]，在长城南十五里。

余以乾隆三十九年十二月，自京师乘风雪，历齐河、长清[⑤]，穿泰山西北谷，越长城之限，至于泰安[⑥]。是月丁未，与知府朱孝纯子颍[⑦]由南麓登。四十五里，道皆砌石为磴，其级七千有余。

泰山正南面有三谷，中谷绕泰安城下，郦道元所谓环水[⑧]也。余始循以入，道少半，越中岭[⑨]；复循西谷，遂至其巅。古时登山，循东谷入，道有天门。东谷者，古谓之天门溪水[⑩]，余所不至也。今所经中岭及山巅崖限当道者，世皆谓之天门云。道中迷雾冰滑，磴几不可登。及既上，苍山负雪，明烛天南；望晚日照城郭，汶水、徂徕[⑪]如画，而半山居[⑫]雾若带然。

戊申晦，五鼓，与子颍坐日观亭[⑬]待日出。大风扬积雪击面。亭东自足下皆云漫，稍见云中白若摴蒱[⑭]数十立者，山也。极天，云一线异色，须臾成五彩；日上，正赤如丹，下有红光，动摇承之。或曰：此东海⑮也。回视日观以西峰，或得日，或否，绛皓驳色，而皆若偻。

亭西有岱祠⑯，又有碧霞元君祠⑰；皇帝行宫⑱在碧霞元君祠东。是日，观道中石刻，自唐显庆⑲以来，其远古刻尽漫失。僻不当道者，皆不及往。

山多石，少土；石苍黑色，多平方，少圆。少杂树，多松，生石罅，皆平顶。冰雪，无瀑水，无鸟兽音迹。至日观，数里内无树，而雪与人膝齐。

桐城姚鼐记。

〔注〕 ① 汶水：即大汶河。发源于山东省莱芜东北原山，向西南流经泰安。 ② 济水：发源于河南济源西王屋山，流经山东。现在下游河道已为黄河改道所夺。 ③ 古长城：指春秋时齐国所筑长城。《管子·轻重丁》："长城之阳，鲁也；长城之阴，齐也。"为齐、鲁之分界。 ④ 日观峰：泰山顶峰之一。 ⑤ 齐河、长清：县名，今均属山东。 ⑥ 泰安：今属山东，清代为泰安府治。 ⑦ 朱孝纯子颖：号海愚，山东历城人。乾隆进士，累官两淮盐运使。 ⑧ 郦道元所谓环水：郦道元，字善长，范阳（治今河北涿县涿州镇）人。北魏地理学家，撰有《水经注》四十卷。其卷二十四《汶水》云："《山海经》曰：'环水出泰山，东流注于汶。'即此水也。" ⑨ 中岭：又名中溪山，中溪由此发源。 ⑩ 天门溪水：《水经注·汶水》："东南流径泰山东，右合天门下溪水，水出泰山天门下谷，东流。古者帝王升封，咸憩此水。" ⑪ 徂徕：山名，在泰安城东南四十里。 ⑫ 居：停留。 ⑬ 日观亭：在日观峰上。 ⑭ 摴蒱（chū pú 初蒲）：亦作樗蒲，古代赌具。唐李翱《五木经》："樗蒲五木。"元革《五木经》："樗蒲古戏，其投有五。"投，同"骰"。此处摴蒱当指五木，亦即五枚骰子，用以掷采打马。五木之制，为长形，两头尖锐，中间广平，上黑下白，竖立时似山峰。故《水经注·瀙水》云："累石山在北，亦谓之五木山，山方尖如五木状，故俗人借以名之。"姚鼐所指亦此意。 ⑮ 东海：泛指东方的大海。 ⑯ 岱祠：泰山之神东岳大帝的祠庙。 ⑰ 碧霞元君：传说为东岳大帝之女。 ⑱ 皇帝行宫：皇帝外出时的住所。清康熙帝及乾隆帝均曾驻跸泰安，登泰山，祭东岳庙。 ⑲ 显庆：唐高宗年号（656—661）。

乾隆三十九年（1774），姚鼐四十二岁。他参加纂修的《四库全书》于三十七年告成，以御史记名。此年以养亲为名，告归田里，道经泰安与挚友泰安知府朱孝纯（字子颖）同上泰山，登日观之后，写下了这篇游记。

泰山山势雄伟，风景壮丽，历代文人骚客多在春秋佳日，联袂登山，吟哦题咏，还留下了许多优秀的记游文章。姚鼐的《登泰山记》是这类作品中的佼佼者，因其记述的是寒冬中的游历，也就更具特色。

第一段，先从地理环境落笔：山南有汶水西流，山北济水东去，名山傍水，分外壮观。泰山南北山谷的分界处，横亘着古长城。作者所以在长城前冠以"古"

字，意在说明这不是秦汉以后的万里长城，而是春秋时代齐国所筑，是一处古迹。接着点出泰山最高点日观峰，为后文埋下伏笔。这一段文字，是在登泰山之前，先勾勒出泰山的轮廓。

第二段，写他于乾隆三十九年十二月离京师，乘风雪，历经数县，抵达泰安的经过，以及在是月的丁未日（即二十八日），与朱子颍登泰山的初程。日期和天气状况是全文的点睛之笔。他们从南面山麓登山。山道“四十五里，道皆砌石为磴，其级七千有余”。作者选择的路线是循中谷入，“道少半，越中岭，复循西谷，遂至其巅”。看似轻描淡写，但读至下文“所经中岭及山巅崖限当道”，“道中迷雾冰滑，磴几不可登”，顿有“成如容易却艰辛”之感。作者一登上山巅，望座座青峰披着皑皑白雪，照亮南天。俯瞰泰安城，汶水和徂徕山，沐浴在夕照中，宛如图画；环绕山间的云雾，就像轻柔的腰带。这一切，怎不令人心旷神怡？而作者的兴奋和喜悦之情，也溢于言表。

第三段是全文的中心。作者于二十八日傍晚登上山顶，第二天即除夕日（当年十二月小）五更时分，即与朱子颍到日观峰上的日观亭，坐候日出。日出前，“大风扬积雪击面”，风雪交加，与泰山道上“迷雾冰滑”照应，一派寒冬景象。自日观亭向东望去，山谷中云雾弥漫，即所谓“云海”。略微看见云海中群山像几十颗白色的骰子似的耸立着，然后天的尽处呈现出一线奇异的色彩，瞬间变幻成五彩缤纷的朝霞。太阳升起了，色纯红如丹砂，下有红光荡漾，托着它冉冉上升，何等壮观！那红光何以“动摇”？“或曰：此东海也。”原来太阳是从天边波涛翻滚的东海上升起来的。至此，气势磅礴的日出奇景，只寥寥数语，就被描绘得宛然在目，而且层次分明。姚鼐在写这篇游记的同时，还写了一首题为《岁除日与子颍登日观观日出作歌》的长诗，诗中写道：“泰山到海五百里，日观东看直一指。万峰海上碧沉沉，象伏龙蹲呼不起。夜半云海浮岩空，雪山灭没空云中。参旗正拂天云西，云汉却跨沧海东。海隅云光一线动，山如舞袖招长风……天风飘飘拂东向，拄杖探出扶桑红。地底金轮几及丈，海右天鸡才一唱。不知万顷冯夷宫，并作红光上天上……”传说中水神的宫殿，竟化作泰山日出，这是多么奇特的想象！写日出还不就此为止。作者回头西望，日观峰以西诸山，阳光照射到的，呈红色；照不到的，依然白色。晨曦中红白错杂相间的群山，都似弯腰俯首，显得矮小，令人想起杜甫的名句：“会当凌绝顶，一览众山小。”（《望岳》）

作者观日出之后，游览山顶建筑，观赏山道中的石刻，简单地一笔带过。文中的记述或详或略，都与作者描写的登山活动的对象的主次、个人感受的深浅有着密切关系。

最后一段，综述泰山的特点："山多石，少土；石苍黑色，多平方，少圆。少杂树，多松，生石罅，皆平顶。"又描绘了泰山严冬的景观："冰雪，无瀑水，无鸟兽音迹。至日观，数里内无树，而雪与人膝齐。"多用两三字短句，简练峭劲。写冰雪处，与前文"大风扬积雪击面"相回应，并以此结束全文。

全文仅用了四五百字，却描绘许多壮观的场面，包含了丰富的内容，又有强烈的艺术感染力。其特点何在？首先，写景记游始终围绕作者的活动进行，从自京师"乘风雪"而来，到"观道中石刻"而归，作者对整个游程的记述有条不紊，循序渐进；同时又对其活动剪裁得当，有主有从，一线贯穿，引人入胜。其次，记述整个活动又紧紧围绕一个中心进行，即以日观峰为中心贯穿全篇，不仅使文章结构严谨，而且牢牢吸引读者的注意力。第三，语言简洁明快，描述鲜明生动，特别是描绘极富特征性。如"苍山负雪，明烛天南"，"半山居雾若带然"，"云中白若摴蒱数十立者，山也"，"回视日观以西峰……绛皓驳色，而皆若偻"等等，形象、动人，既增添游记的神秘色彩，又可唤起读者的想象力。另外，敏锐的观察力和丰富的泰山地理及名胜古迹沿革变迁的知识，也是很重要的。姚鼐是桐城派大家，向来重视义理、考证、文章的统一，并且就在此次登山之后，于乾隆四十年正月为聂剑光的《泰山道里记》作序，可见他对泰山舆地早有过一番研究，所以写泰山地理形势、登山路径和山上古迹是那么得心应手。只是作者在游记中，仅着意于游程的记述、时令特征的描绘和景物的刻画，却较少个人感情的流露和议论，这是姚鼐记游作品的又一特点。但《登泰山记》把泰山的美、古老文化的美呈现给读者，二百年后读此文，仍可感受到作者那颗热爱祖国、热爱名山大川的心是与读者相通的。

（周　晶）

游媚笔泉记　　姚　鼐

桐城之西北，连山殆数百里，及县治而迤平。其将平也，两崖忽合，屏矗墉回，崭横若不可径。龙溪①曲流，出乎其间。

以岁三月上旬，步循溪西入。积雨始霁，溪上大声泚然十余里，旁多奇石、蕙草、松、枞、槐、枫、栗、橡，时有鸣嶲②。溪有深潭，大石出潭中，若马浴起，振鬣宛首而顾其侣。援石而登，俯视溶云，鸟飞若坠。复西循崖可二里，连石若重楼，翼乎临于溪右，或曰宋李公麟之"垂云沜③"也；或曰后人求李公麟地不可识，被而名之。石罅生大树，荫数十人。前出平土，可布席坐。南有泉，明何文端公④摩崖书其上曰：“媚笔之泉”。泉漫石上为圆池，乃引坠溪内。

左文学冲于池侧方平地为室，未就，邀客九人饮于是。日暮半阴，山风卒起，肃振岩壁，榛莽群泉、矶石交鸣。游者悚焉，遂还。是日蘲坞先生⑤与往，鼐从，使鼐为之记。

〔注〕 ① 龙溪：溪水名。 ② 巂(guī 规)：鸟名，即子规，杜鹃鸟。 ③ 泮(pàn 判)：同“泮”。半月形的水池。 ④ 何文端公：何如宠，字康侯，桐城人。万历二十六年(1598)进士。曾入阁辅政，卒谥文端。 ⑤ 蘲坞先生：姚范，字南菁，号蘲坞，姚鼐伯父。乾隆六年进士，授编修。后辞官，主讲天津、扬州书院。

在姚鼐的游记名篇中，《登泰山记》以壮丽胜，《游灵岩记》以幽邃胜，这篇《游媚笔泉记》则以柔媚胜。

开首写桐城西北连绵的山势，点出龙溪。“桐城之西北”，明示大的方位。“连山殆数百里，及县治而迤平”，写的是龙眠山的形势。山在城之西北，绵亘数百里，与舒城、六安接界，峰峦挺秀，风景奇异，戴名世所谓“余性好山水，而吾桐山水奇秀，甲于他县”(《数峰亭记》)，龙眠最足以代表。“其将平也”四句，接上文由起伏不平而至于平，又回笔写“将平”之势：两崖忽然相合，如屏之矗立，如墉之回环，高峻横绝，似乎无径可通。写得如此险峭，意在宕出下文。“龙溪曲流，出乎其间”，就是在“崭横若不可径”的情势下流出来的。这里用“忽合”“若不可径”“曲流”，不仅显出山水的态势，而且传出神情。在这样的起伏跌宕中，龙溪曲流而出，颇似“千呼万唤始出来，犹抱琵琶半遮面”的妩媚多姿。这里明写龙溪，就是暗写媚笔泉。

第二段，写游览的时令与沿途的景象。三月上旬，正是“阳春烟景”，为全文创造出明媚的气氛。“步循溪西入”，五个字寓三层意思：步行循着溪西而入；“溪”即上文之“龙溪”，是本文重点描写对象，也就是这篇游记的主体；“入”是暗示逐步进入“媚笔之泉”。“积雨始霁”五句，写沿龙溪十余里的景色。久雨初晴，又当阳春三月，为沿途景物增添无穷活力：奇石、蕙草、松、枞、槐、枫、栗、橡等，在晴光照射下，显出多层的色美，而“溪上大声汹然”与“时有鸣巂”，构成交响的声美，直将王维“万壑树参天，千山响杜鹃。山中一夜雨，树杪百重泉”(《送梓州李使君》)的美妙诗境加以散文化。“溪有深潭”四句，写潭中大石，就是上文“旁多奇石”的代表。大石出深潭之中，其石之高大可以想见。“若马浴起，振鬣宛首而顾其侣”，这不仅写出大石之形，而且传出大石之神。“顾其侣”三字，把上文“旁多奇石”一齐勾连起来，这些石的群体，共一个“奇”字与“顾”字，在鲜明芬芳的万绿丛中，互相顾盼，在游人面前献出奇姿。“援石而登”三句，入化之境：所援之石，就是那座从潭中像马浴起的大石，援而登之，隐现出游人马上雄姿，石马尚顾其侣，登上石马之游人，必然受其感发而顾盼左右，这就把同游者都囊括在一瞬间的特写镜头之中。“俯视溶云，鸟飞若坠”，又呈现一种特异的意象：一俯视之间，行天的浮云，映入潭底，变为“溶云”；翔空飞鸟，影落水中，好似下坠。这是用缩影法把长空云鸟，纳入潭水之中，小中见大，别是一般情趣。这时潭内外水天相映，幻现出“照花前后镜，花面交相映”（温庭筠《菩萨蛮》）的虚实相生的意境，这正是“清泠之状与目谋，潽潽之声与耳谋，悠然而虚者与神谋，渊然而静者与心谋”（柳宗元《钴鉧潭西小丘记》）。“复西循崖可二里”六句，着重写“垂云沜”。前面是“循溪”而入，这里是“循崖”而游，一山一水，前后照应。循崖行二里，得一“连石若重楼，翼乎临于溪右”的奇景：这里的“连石”，与开头的“连山”，遥相对映；此处的连石重楼翼临溪右，与上面的出潭石马，东西相望，巧自天成。写到这里，点出“垂云沜”，并点李公麟之名。两用“或曰”，使笔势作一腾挪，重点突出名山中之名人，而表示有存疑之意。李公麟，字伯时，是北宋杰出的画家，晚年退居龙眠山，号龙眠居士，与龙眠结下不解之缘。开头以山势写龙眠，此则以人物突出龙眠之奇秀。关于垂云沜，宋苏辙《题李公麟山庄图》诗序说：“伯时作《龙眠山庄图》，由建德馆至垂云沜，著录者十六处，自西而东凡数里，岩崿隐见，泉源相属，山行者路穷于此。”亦可见其大概。“石罅生大树”四句，补写石楼景致。石楼罅隙中生树，已奇；生大树，尤奇；能荫数十人，特奇。这就为石楼增添了峥嵘气象。而突然“前出平土，可布席坐”，又显出跌宕风致。“南有泉，明何文端公摩崖书其上曰：‘媚笔之泉’。”郑重点题。回顾前文，连绵之山势，曲流之龙溪，以及沿途之奇异风光，至此结穴，托出主体。“泉漫石上为圆池，乃引坠溪内”，是媚笔泉的余波，泉涌石中，又漫石上，且汇为圆池，复引坠溪内，巧变多姿，不可捉摸。这里仅用十二字写泉，而媚态毕露。是泉媚，还是笔媚，实已浑然一体。这里“溪内”，又是回应首段的“龙溪”，章法整饬。

末段，写池畔宴饮、日暮风起以及作记的情况。左学冲筑室于池侧，可谓雅人深致；室未成而邀客宴饮，可谓雅兴不浅。这种雅人雅兴，都是因媚笔泉而生的，更增强了胜地引人入胜的魅力，同时也提高了此游与作记的价值。“日暮半阴”六句，写山中气候突变，风振岩壁，榛莽、群泉、矶石交鸣，与前面的水声、鸟鸣形成强烈的对比。这里用一个“悚”字，反照前面的乐，乐游而至于悚，自然结束此游。

姚鼐的游记，极富审美情趣，对于景物的描写，有时只淡抹几笔，即觉色彩鲜丽，音韵铿锵，情委婉而味无穷。东坡赞王维“诗中有画，画中有诗”，姚氏却文中有画，文即是诗。

姚氏论文，主“阴阳刚柔”之说，此文写山势之雄壮，溪流之蜿蜒，大树之参天，蕙草之馥郁，子规之和鸣，山风之肃振，实皆阴阳融和、刚柔相济之体现。

（许　总）

朱竹君先生传　　姚　鼐

朱竹君先生，名筠，大兴[①]人，字美叔，又字竹君，与其弟石君珪[②]，少皆以能文有名。先生中乾隆十九年进士，授编修[③]，进至日讲起居注官[④]，翰林院侍读学士[⑤]，督安徽学政[⑥]，以过降级，复为编修。

先生初为诸城刘文正公[⑦]所知，以为疏俊奇士。及在安徽，会上下诏求遗书，先生奏言翰林院贮有《永乐大典》[⑧]，内多有古书世未见者，请开局使寻阅，且言搜辑之道甚备。时文正在军机处[⑨]，顾不喜，谓非政之要而徒为烦[⑩]，欲议寝[⑪]之，而金坛于文襄公[⑫]独善先生奏，与文正固争执，卒用先生说上之，四库全书[⑬]馆自是启矣。先生入京师，居馆中，纂修《日下旧闻》[⑭]。未几，文正卒，文襄总裁馆事，尤重先生。先生顾不造谒，又时以持馆中事与意迕，文襄大憾。一日见上，语及先生，上遽称许朱筠学问文章殊过人，文襄默不得发，先生以是获安。其后督福建学政，逾年，上使其弟珪代之，归数月，遂卒。

先生为人，内友于[⑮]兄弟，而外好交游。称述人善，惟恐不至；即有过，辄复掩之。后进之士多因以得名。室中自晨至夕未尝无客，与客饮酒谈笑穷日夜，而博学强识[⑯]不衰，时于其间属文。其文才气奇纵，于义理、事物、情态无不备，所欲言者无不尽。尤喜小学[⑰]，为学政时，遇诸生[⑱]贤者，与言论若同辈，劝人为学先识字，语意谆勤，去而人爱思之。所欲著书皆未就，有诗文集合若干卷。

姚鼐曰：余始识竹君先生，因昌平陈伯思[⑲]。是时皆年二十余，相聚慷慨论事，摩厉[20]讲学，其志诚伟矣，岂第欲为文士已哉！先生与伯思，皆高才耽酒。伯思中年致酒疾，不能极其才。先生以文名海内，豪逸过伯思，而伯思持论稍中焉。先生暮年，宾客转盛，入其门者，皆与交密，然亦劳矣。余南归数年，闻伯思亦衰病，而先生殁年才逾五十，惜哉！当其使安徽、福建，每携宾客饮酒赋诗，游山水，幽险皆至。余间至山中崖谷，辄遇先生题名，为想见之矣。

〔注〕 ① 大兴：区名，今属北京市。 ② 石君珪：朱珪，字石君，号南崖，晚号盘陀老人，朱筠之弟。乾隆十三年(1748)进士，官至工部尚书、体仁阁大学士。卒谥文正。 ③ 编修：为翰林院属官，位次于修撰，掌修国史。 ④ 日讲起居注官：日讲是为帝王讲解经史之官，起居注是记述帝王言行之官。清康熙时以日讲官兼摄起居注官，雍正以后遂以日讲起居注官系衔为定制，属翰林院。 ⑤ 侍读学士：给帝王讲学之官，清属翰林院及内阁。 ⑥ 学政：为提督学政之简称，掌管一省学校生员考课升降之事。 ⑦ 刘文正公：刘统勋，字延清，号尔纯，诸城(今属山东)人。雍正进士，官至东阁大学士，加太子太保，卒谥文正。 ⑧《永乐大典》：明成祖永乐年间命解缙等人编辑的一部类书，有二万二千九百余卷，搜集了大量宋元以来的佚文秘典，今多散失。 ⑨ 军机处：清雍正时设，综理内外要务，是清代中期最重要的官署。 ⑩ 烦："烦"下疑脱"费"字。 ⑪ 寝：平息，停止。 ⑫ 于文襄公：于敏中，字叔子，一字重棠，金坛(今属江苏)人。乾隆进士，官至文华殿大学士，文渊阁领阁事，卒谥文襄。 ⑬ 四库全书：清乾隆三十七年(1772)开馆纂修，十年始成，凡七万九千余卷，分经史子集四部，故名四库。 ⑭《日下旧闻》：清朱彝尊撰，凡四十二卷，记载北京掌故史迹。乾隆三十九年(1774)令朱筠等人继此书纂成《日下旧闻考》一百二十卷。 ⑮ 友于：指兄弟之间的亲爱。语出《尚书·君陈》："惟孝，友于兄弟。" ⑯ 强识(zhì志)：强于记忆。识，记。 ⑰ 小学：汉代起，以小学作为文字训诂学的专称。 ⑱ 诸生：明清时经省各级考试录取入府、州、县学的生员有增生、附生、廪生、例生等名目，统称诸生。 ⑲ 陈伯思：陈本忠，字伯思，昌平(今属北京)人。乾隆三十四年(1769)进士，历户部郎中，提督贵州学政。 ⑳ 摩厉：磨炼，切磋。《国语·越语上》："其达士，絜其居，美其服，饱其食，而摩厉之于义。"

朱筠是清代乾隆年间著名的士大夫，以好奖掖后进，主持一代风会而闻名于世。当时不少著名学者、诗人如汪中、戴震、王念孙、章学诚、黄景仁等，或出其门，或入其幕。朱筠于姚鼐为师友，姚鼐也正是由于清廷采纳朱筠等人的提议开四库全书馆，而于乾隆三十八年(1773)被荐入馆充纂修官，在馆将近两年，与朱筠交往颇深。本文就是姚鼐为朱筠撰写的一篇传记文。

文章分两部分。第一部分依传记文体例叙述传主的生平事迹。这一部分又可分为三段。第一段介绍朱筠的生平，包括他的名字、籍贯和仕历。寥寥七十余字，行文非常简洁。第二段叙述朱筠建议开四库全书馆以及在馆中的事迹。这是朱筠的生平大事，姚鼐对此却并不浓墨重彩地加以铺叙，而是选择典型事例，写他和刘文正公（统勋）、于文襄公（敏中）两人的交往，从而体现出他的性格特点。刘文正公是当朝大官，朱筠早年又得其赏识，按理说朱筠对刘应该是言听计从、唯马首是瞻的；然而，当刘反对朱筠开四库馆的建议时，朱筠并不畏缩退让，而是据理力争，在于文襄公等的支持下，终于使清廷采纳了自己的建议。于文襄公是朱筠的上司，又支持过朱筠，对朱筠很器重，按理说朱筠对他应该是充满感激之情的；然而，朱筠并不像一般俗吏那样奉承上司，不但不去拜访晋见，还时常以公事与于公相顶撞，而使于公“大憾”。行文至此，插进乾隆皇帝“称许朱筠学问文章殊过人”一事，并言朱筠“以是获安”。这是文中颇有深意的一笔，由此可以想见朱筠与于公在馆中相顶撞之激烈程度。通过朱筠这两件迥异于官场俗吏的行事，写出了一位不阿私情的耿介之士的形象。在混浊的封建官场中，这样的耿介之士是很难得的。这一段是写朱筠在朝为宦的事迹，紧接一段则写他与亲朋友生的交往。作者以敬仰的笔触，叙写出朱筠诚恳待友、提携后进的品格特点：“称述人善，惟恐不至；即有过，辄复掩之。后进之士多因以得名”。而“室中自晨至夕未尝无客，与客饮酒谈笑穷日夜”；“为学政时，遇诸生贤者，与言论若同辈，劝人为学先识字，语意谆勤”几句，更是描绘出了一位忠厚长者的形象。这两段，以对照的手法，一写外，一写内，充分表现出人物外刚内柔的个性。如果说，文章的第一部分偏于客观叙述，那么第二部分作者的回忆，则充满了主观感情色彩。作者回忆起自己和朱筠初相识的情景：“是时皆年二十余，相聚慷慨论事，摩厉讲学，其志诚伟矣，岂第欲为文士已哉！”少年好功名，慷慨论时事，不屑于为区区文人的豪情跃然纸上。接着笔锋一转：“余初识竹君先生，因昌平陈伯思”，引出陈伯思来作映衬。陈伯思也是一个才华横溢而不随流俗之人，与朱筠一样“皆高才耽酒”。在这里，写朱筠处处以陈伯思来陪说，写伯思即是在衬托朱筠，交互映发。随后以痛惜的心情，为伯思衰病、朱筠五十而逝而感叹。至此，笔锋又一转，回想起朱筠当年“使安徽、福建，每携宾客饮酒赋诗，游山水，幽险皆至”的情景，而自己“间至山中崖谷，辄遇先生题名，为想见之矣”。题名虽在而哲人已萎，怎不令人无限感伤惆怅！全文于此戛然而止，意韵无穷，充分体现出作者对朱筠的缅怀之情。

姚鼐的传记文，继承了桐城派奠基人方苞所谓“常事不书”（《书〈汉书·霍光传〉后》）的原则，在写人物时往往择取其平生大节要事；同时也注意到日常琐细之事对增加文章情趣韵味的作用，因而文风显得纡徐深婉，一唱三叹，耐人寻味。前人称“惜抱先生文以神韵为宗”（方宗诚《〈桐城文录〉序》）。这篇传记，结构谨严，叙事简洁，不仅勾勒出传主的生平事迹，而且刻画出传主的性格特点，从中正可领略到其文的“神韵”所在。 （刘季高 高克勤）

袁随园君墓志铭 姚 鼐

君，钱塘袁氏，讳枚，字子才。其仕在官，有名绩矣。解官后，作园江宁西城居之，曰随园。世称随园先生，乃尤著云。祖讳锜，考讳滨，叔父鸿，皆以贫游幕四方。君之少也，为学自成。年二十一，自钱塘至广西，省叔父于巡抚幕中。巡抚金公鉷①一见异之，试以《铜鼓赋》，立就，甚瑰丽。会开博学鸿词科②，即举君。时举二百余人，惟君最少。及试，报罢。中乾隆戊午科顺天乡试③，次年成进士，改庶吉士④。散馆，又改发江南为知县；最后调江宁知县。江宁故巨邑，难治。时尹文端公⑤为总督，最知君才；君亦遇事尽其能，无所回避，事无不举矣。既而去职家居，再起，发陕西；甫及陕，遭父丧归，终居江宁。

君本以文章入翰林有声，而忽摈外；及为知县，著才矣，而仕卒不进。自陕归，年甫四十，遂绝意仕宦，尽其才以为文辞歌诗。足迹造东南，山水佳处皆遍。其瑰奇幽邈，一发于文章，以自喜其意。四方士至江南，必造随园投诗文，几无虚日。君园馆花竹水石，幽深静丽，至欞槛器具，皆精好，所以待宾客者甚盛。与人留连不倦，见人善，称之不容口。后进少年诗文一言之美，君必能举其词，为人诵焉。

君古文、四六体，皆能自发其思，通乎古法。于为诗，尤纵才力所至，世人心所欲出不能达者，悉为达之；士多仿其体。故《随园诗文集》，上自朝廷公卿，下至市井负贩，皆知贵重之。海外琉球⑥，有来求其书者。君仕虽不显，而世谓百余年来，极山林之乐，获文章之名，盖未有及君也。

君始出，试为溧水⑦令，其考自远来县治。疑子年少，无吏能，试匿名访诸野。皆曰：“吾邑有少年袁知县，乃大好官也。”考乃喜，入官舍。在江宁尝朝治事，夜召士饮酒赋诗，而尤多名迹。江宁市中以所判事作歌曲，刻行四方，君以为不足道，后绝不欲人述其吏治云。

君卒于嘉庆二年十一月十七日，年八十二。夫人王氏无子，抚从父弟树子通为子。既而侧室钟氏又生子迟。孙二：曰初，曰禧。始，君葬父母于所居小仓山北，遗命以己祔。嘉庆三年十二月乙卯，祔葬小仓山⑧墓左。

桐城姚鼐以君与先世有交，而鼐居江宁，从君游最久。君殁，遂为之铭曰：

粤有耆庞，才博以丰。出不可穷，匪雕而工。文士是宗，名越海邦。蔼如其冲，其产越中。载官倚江，以老以终。两世阡同，铭是幽宫。

〔注〕 ① 金𫓧(hóng洪)：字震方，汉军镶白旗人，世居登州(治所在今山东蓬莱)，自雍正六年至乾隆元年(1728—1736)任广西巡抚。 ② 博学鸿词科：清代设此科始于康熙十八年(1679)，凡有学行兼优、文词卓越之人，由在京在外的大官荐举报考。取一等、二等各若干人。三等、四等落第，称"报罢"。 ③ 乾隆戊午：乾隆三年(1738)。顺天乡试：顺天，府名，即今北京市。乡试由生员(秀才)应试，考中者称举人。生员应在本省应试，但亦可在顺天府应试。袁枚于乾隆戊午年(1738)中举。 ④ 庶吉士：亦称庶常，以《尚书·立政》有"庶常吉士"之语，故称。清代翰林院设庶常馆，选新进士之优于文学书法者入馆学习，称为翰林院庶吉士。三年后考试，成绩优良者分别授以翰林院编修、检讨等官，其余分发各部任主事等职，或优先委任知县，称为"散馆"。 ⑤ 尹文端公：尹继善，字元长，满洲镶黄旗人，为袁枚座师。于乾隆八年至十三年(1743—1748)任两江总督，十九年至三十年复任。 ⑥ 琉球：古国名，即今琉球群岛。清光绪五年(1879)，为日本侵占，改为冲绳县。 ⑦ 溧水：县名，今属江苏。 ⑧ 小仓山：在江苏南京市内清凉山东面。

袁枚出身贫寒，家居钱塘(今浙江杭州市)，中年辞官后居江宁(今江苏南京市)终老。姚鼐的伯父姚范(薑坞先生)和袁枚是朋友，姚鼐四十几岁之后也在江宁多年，和袁文字过从，对袁的为人了解很深，关系在师友之间。这篇墓志铭是姚鼐精心结撰之作。

袁枚做过翰林院庶吉士，一般人以官称，多称为袁简斋太史，又做过四任县令，以官称也可称"袁大令"，姚鼐皆不取，而称"袁随园君"。这个称呼就很有讲究。袁枚之得名、广交天下士都和随园有关，他晚年又称随园老人，所以"袁随园"的名字反而更切实际。姚鼐是袁的晚辈，所以着一"君"字以示尊重，这和韩愈《柳子厚墓志铭》的纯用朋友口吻也不尽同。

姚鼐行文非常重视雅洁，注意空灵，反对板滞。墓志铭一类文字必须写墓主的姓名、字号、籍贯、世系、仕履、专长等等，极易犯板滞的毛病。这篇墓志的组织结构独具匠心。第一段类似总冒或概述，把墓志铭里该讲到的都点了，但富于开阖变化。自“君钱塘袁氏”至“乃尤著云”，交代了籍贯，重点点明“随园”，交代了题目，而“有名绩矣”又为后文作了伏线。“祖讳锜”至“皆以贫游幕四方”交代家世。“游幕四方”为下文去广西的根据，同时因祖、父等皆为幕僚，熟悉刑粮等方面的情况，也是袁枚能够做好知县的一个条件。“君之少也”至“及试，报罢”写袁枚少时的才气。因为保荐博学鸿词科是极不易得的，“惟君最少”四个字尤见分量。“中乾隆戊午科顺天乡试”至“终居江宁”写仕宦经历。重点在“江宁知县”，表明他的才能。尹继善是袁枚的座师，给以支持，也是必要条件。实际上袁枚先前还任过沭阳知县，尹继善又曾保荐为高邮知州，部里未批准。这样一些过程都省略了，因为这对表现袁枚这个人的特点无关，于此可以看出其行文的省净。

第二段一起两层排比，似若惋惜其宦途不达，其实为反跌下文。“自陕归”至“以自喜其意”，写袁枚别具怀抱，放情山水，极意诗文。这是第三段结论的根据，又是本段得名的主观条件。“四方士至江南”至“为人诵焉”写袁枚的热情待客和奖掖后进的具体行动。这是补充交代第一段“世称随园先生，乃尤著云”的所以然。

第三段主要写袁枚诗文享名之盛，是上段“尽其才以为文辞歌诗”的成就。“君古文”至“通乎古法”，先谈文章，姚鼐在这里用词很考究，“皆能自发其思”是说袁散文、骈文都有自己的个性特色；“通乎古法”是说又不越乎规矩。“于为诗”至“士多仿其体”写其诗自成一体。“故《随园诗文集》”至“有来求其书者”，写其诗名之大。“君仕虽不显”至段末，总结本段，呼应上段。“世谓百余年来，极山林之乐，获文章之名”，这里“世谓”和“名”，措辞在肯定中略有微辞，应该细味。

“君始出”至“入官舍”写初为县令的吏才，也附带表扬了袁枚的父亲（父死称“考”）。“在江宁”至段末写在江宁的官声，这和第一段“江宁故巨邑”相呼应。这段文章补足第二段“及为知县，著才矣”的论断。而结语“后绝不欲人述其吏治”，表明袁枚宁愿以文章显，回应篇首“其仕在官，有名绩矣……世称随园先生，乃尤著云”。

第五段写卒年，既有卒年又著八十二岁，那么生年可以推知，也就不必赘言。再写子嗣，葬地，这都是墓志中不可少的。袁枚在这方面有一个与世俗不同的地方，他葬父母在小仓山，自己也住在附近，而且家人以至奴仆统统葬在附近。这在当时是无前例的。姚鼐写“遗命以己祔”（祔葬在先世墓边），既写出袁的葬地，又暗示袁的孝心，死葬也不离父母。

第六段写自己为袁枚作墓志的原因，交代两世的交情。

第七段铭辞。一般铭辞是用韵文（四言诗为主要形式）将前面的主要内容加以概括。这篇是用句句押韵的方式（上古音东、冬、钟、江合为一部），但不是按照前面叙述的顺序，而是突出主要精神。"粤有耆庞"表明是年高有德望的人，"粤"是发语词。接下五句写其声名远扬海外。"蔼如其冲"接在声名远扬之后写，愈能表现袁的气度（叙述在第二段），这看出安排的苦心。下面即简括地写出浙江人，在南京做官，终老，祔葬父母墓，最后一句表明作铭。这里特别注意把出生地、终老地、葬身地放到后面一齐叙述，更能突出他"才博以丰"的特点。

如上所述，这篇文章在叙述时既错综变化，又脉络分明，不板滞，不凌乱，而能突出袁枚的主要精神和成就。在评价时用语极注意分寸，无谀墓之嫌。像袁枚这样享年八十二，又有多方面才能，当世声名就远播海外而也曾受过极口贬刺的人，能够用这样简短的篇幅，写得恰如其分，这是很不容易的。没有平时的深刻理解，不能把握住袁枚的主要精神而略去次要的履历；没有极其深沉的语言文字的修养，也达不到这样"文体省净"的境界。在姚鼐的碑志文中，这确是精品。

（周本淳）

【作者小传】

彭绍升

(1740—1796)　清学者。字允初，别号尺木居士，又号知归子。江苏长洲（今吴县）人。乾隆进士。家居不仕。初治程朱理学，后由陆王通向禅学。论学皆以见性为宗。用禅学精神解释儒学，试图调和儒、佛两家思想。著有《二林居集》。

重修盘门双忠祠记　　彭绍升

余观建炎①之事，宋之不亡者幸耳。方金兵破扬州，于时高宗驻平江②，去敌尚远，平江固可守也。蹙蹙焉去之临安，而越③，而明④，不暇一夕息。已而敌破建康，道广德，趋临安，由越入明，纵掠海上而归。使其时平江诸将帅，以劲旅遏其冲，俾只轮不反⑤无难者，奈何兵不战而溃，城不攻而下，坐使五十万人，并命于锋刃而莫之救。

相传金兵自盘门⑥入。有二士者，拒战于门外，一死于阵，一死于水，而盘门破矣。呜呼，彼守城者，或则侍郎，或则宣抚使，非不显且要也，委而去之，若弃唾涕，而独遗二士者，以殉国之烈，此不可为发愤而深痛者哉。

然自二士之死，里人神而祀之，迄今六百余年，而灵爽益著。二士俱汴⑦人，从高宗南渡守平江。其一刘姓鼐名，盖死于阵者也；其一张姓鳌名，盖死于水者也。祠有明永乐⑧中俞祯碑，以鼐为顺国明王，职天坛传奏司；以鳌为顺济龙王，职盘溪守御司。其封爵莫知何昉⑨，要其来也则远矣。近者祠久不修，里人醵金⑩千两，新其宇。既成，属予记。祠在盘门外灵岩乡，俗名双土地祠。余更之曰双忠。夫其忠也，乃其所以自神也。遂书而记之。

〔注〕 ① 建炎：宋高宗年号(1127—1130)。 ② 平江：今江苏苏州。 ③ 越：越州，治今浙江绍兴。 ④ 明：明州，治今浙江宁波。 ⑤ 只轮不反：《公羊传·僖公三十三年》："晋人与姜戎要之(秦师)殽而击之，匹马只轮无反者。"意为全军覆没。 ⑥ 盘门：平江城南门。 ⑦ 汴：今河南开封。 ⑧ 永乐：明成祖年号(1403—1424)。 ⑨ 昉：曙光初现，引申为开始。 ⑩ 醵(jù据)金：凑钱。

此文记叙新修的盘门双忠祠的来由。从宋建炎间惨痛的史实写起：建炎三年(1129)，金兵南侵入浙。宋高宗由临安逃向越州，又从越州逃往明州。十二月，金兀术入临安，高宗航海南逃，金兵追至海上，抢掠一空。此一段叙写中，作者的情感思想和艺术心理呈二律背反状态。作者动其真情，用泣血之笔为平江五十万人作刀下鬼喊屈呼冤，流露了深重的历史悲感与哀伤意绪；但同时又不乏冷静的历史思考。在他看来，国君既逃，将帅不战，实乃纵敌深入；因而，金人的攻城夺地及平江失守，也在事理发展的必然之中。悲郁的情感与正视客观的理性交织一起。此其一。其二，玩味"宋之不亡幸耳"一语，可知作者对宋之失利持颓势难挽、无可奈何心态，似乎依局势而论，宋在这次金兵南侵中，能暂时不亡，苟延残喘，已值得庆幸满足。但另一方面，他又实在不甘心这一段耻辱。揣其"使其时"一句语意，他显然认为平江失守乃人为；设若守城诸将率劲抗击，谁胜谁负，尚难妄定，或者至少，不会出现兵不战而溃、城不攻而下的惨局吧？再者，作者叙述平江沦陷、黎民伤生的历史事实，情感凝重，节奏沉稳；但在勾勒高宗逃窜"道广德""趋临安"，由越州入明州的狼狈相时，则笔调轻倩，含讽尖锐，夹以讥嘲、鄙夷、蔑弃的喜剧意识。这些情感内容、历史认识及陈述方式几方面的“自悖”现象，从艺术接受的角度来说，无害于欣赏，而恰恰可以多角度地启发人思索，造成丰富的感知效果。

与“余观”二字相对，第二段用“相传”领起。似乎前者载入册籍，其事典且重；后者流播民间，其事谐且微。待叙完金兵破盘门，有二士拒战一段故事后，方知作者在求“反效应”：跻身青史的君臣将帅并非千秋美名，而不见经传的盘门小卒倒真的流芳人间了。事微者，有泰山之重；事重者，唯丑闻而已。第二段中，国难之悲也由君臣偷生、五十万人莫救的广漠之哀过渡到盘门二士战死的深切之痛，其悲是具体化、多侧面化了。一是悲中有愤。作者用侍郎或宣抚使弃城而去影射金破平江时宣抚使周望避走太湖，守将汤东野携家潜逃，统制郭仲威不战自退的历史事实，指斥这些人职位显要，领享高官厚禄，国难当头却鼠窜逃匿，全无凛然正气。二是二士拒敌体现了勇猛刚烈的英雄本色和捐躯献身的无畏气概。一死于阵，一死于水，不是简单的两条性命的结束，而是升腾起了殉国英魂，给“悲”涂上“壮”的色彩。三是对二士之死的痛惜本身已包含对其名节价值的肯定、推崇与褒扬。和上文对君及将帅的鄙夷相对，一种“敬奉”景仰的审美心理和称美颂誉的艺术情感已潜藏若虚地溶注在字里行间。

中国民间爱造神。其思维方式是艺术化的，不脱离生活依据的。它常以现实中有功德的人或特异的事为基础，赋予神异性。盘门二士在守城官惊恐逃命情况下，操兵拒敌，以身报国，事可谓之奇，气可谓之雄，胆可谓之壮，德可谓之美，括而言之，可谓之民间造神思维的好题材。于是，第二段中作为潜在因素的敬奉心理到第三段中放大为“神而祀之”的民间信仰与宗教审美意识，二士脱离“人杰”的范畴，进化到“鬼雄”以至神灵的界域，由人讴歌赞颂的对象转变为被崇拜的对象与护佑人的神祇。另外，民间造神思维又善于根据被造物或人的具体特点赋予类似相关的神性。二士，死于阵者叫刘鼐，死于水者叫张鳌。鼐是大鼎，与祭坛、香火升腾有关，故刘鼐神化为天坛传奏司；鳌乃海中巨鱼，张鳌又葬身水中，故神化为顺济龙王，并司职盘溪。这种因其名姓或具体死因而封予爵号神格，究始何时，已难确考；作者说明永乐年间俞祯碑中就有记载，足见民间对二士的神仰祀奉意识有绵远的历程。篇末，作者才交待受人之托为新修祠作记撰文，并从他的认识出发，改原双土地祠为双忠祠。这一改显露了一个分歧：里人信仰的二士之神乃土地神，带有地域保护神的性质；作者心中的二士之神则是尽忠报国的张巡式典范，带有对君王效忠的色彩，这就是作为封建文人观念上的历史局限了。

全文于时由远而近，于空由江南诸州到平江小祠，于人由君而将而卒而民，委婉道来，渐次收紧，这一手法也很值得注意。

（王 政）

【作者小传】

崔 述

（1740—1816） 清学者。字武承，号东壁。大名（今属河北）人。乾隆举人。嘉庆间任福建罗源、上杭等县知县。三十岁后以治经而专攻古史，对近代史学界怀疑古书古事的风气，颇有影响。今人编有《崔东壁遗书》。

冉氏烹狗记

崔 述

县人冉氏有狗而猛，遇行人辄搏噬之；往往为所伤。伤，则主人躬诣谢罪，出财救疗之。如是者数矣。冉氏以是颇患苦狗；然以其猛也，未忍杀，姑置之。

刘位东谓余曰："余尝夜归，去家门里许，群狗狺狺吠，冉氏狗亦迎而吠焉。余以柳枝横扫之，群狗皆远立，独冉氏狗竟前欲相搏；几伤者数矣。余且斗且行，过冉氏门而东，且数十武，狗乃止。当是时身惫甚，幸狗渐远，憩道傍良久始去；狗犹望而吠也。既归，念此良狗也，藉令有仇盗夜往劫之，狗拒门而噬，虽数人能入咫尺地哉！闻冉氏颇患苦此狗，旦若遇之于市，必嘱之使勿杀；此狗累千金不可得也。

"居数日，冉氏之邻至。问其狗，曰：'烹之矣！'惊而诘其故，曰：'日者冉氏有盗，主人觉之，呼二子起操械，共逐之；盗惊而遁。主人疑狗之不吠也，呼之不应，遍索之无有也。将寝，闻卧床下若有微息者，烛之，则狗也，卷屈蹲伏，不敢少转侧，垂头闭目，若惟恐人之闻其声息者。主人曰：'嘻，吾向之隐忍而不之杀者为其有仓卒一旦之用也，恶知其搏行人则勇而见盗则怯乎哉！'以是故，遂烹之也。"

嗟乎，天下之勇于搏人而怯于见贼者，岂独此狗也哉！今夫市井无赖之徒，平居使气，暴横闾里间，或窜名县胥，或寄身营卒，侮文弱，陵良懦，行于市，人皆遥避之；怒则呼其群，持械圜斫之，一方莫敢谁何，若壮士然。一旦有小劫盗，使之持兵仗入府廨防守，不下百数十人，忽厩马夜惊，以为贼至，手颤颤，拔刀不能出鞘；幸而出，犹震震相击有声；发火器，再四皆不燃；闻将出戍地，去贼尚数百里，距家仅一二舍，辄号泣别父母妻子，恐不复相见；其震惧如此，故曰："勇于私斗而怯于公战。"又奚独怪于狗而烹之？嘻，过矣！

虽然，畜猫者欲其捕鼠也，畜狗者欲其防盗也，苟其职之不举，斯固无所用矣；况益之以噬人，庸可留乎！石勒欲杀石虎，其母曰："快牛为犊多能破车，汝小忍之！"其后石氏之宗卒灭于虎①。贪牛之快而不顾车之破尚不可，况徒破车而牛实不快乎！然而妇人之仁今古同然。由是言之，冉氏之智过人远矣。

人之材，有所长则必有所短；惟君子则不然。钟毓②与参佐射，魏舒③常为画筹；后遇朋人不足，以舒满数，发无不中，举坐愕然。俞大猷④与人言，恂恂⑤若儒生；及提桴鼓立军门，勇气百倍，战无不克者。若此者固不可多得也。其次，醇谨而不足有为者。其次，跅弛⑥而可以集事者。若但能害人而不足济事，则狗而已矣！

虽然，吾又尝闻某氏有狗竟夜不吠，吠则主人知有盗至；是狗亦有过人者。然则搏噬行人而不御贼，虽在狗亦下焉者矣。

〔注〕①"石勒欲杀石虎"数句：见《晋书·石季龙载记》。　②钟毓：三国魏钟繇之子，字稚叔。机捷谈笑有父风，累官都督荆州。　③魏舒：字阳元，年四十余察孝廉，后为尚书郎。朝廷欲淘汰郎官，罢免不合格者，他说："吾即其人也。"裹起衣被就走，同僚有愧色。钟毓辟他为长史。毓不知他善射，一次射箭比赛人数不足，就让他充数，竟发无不中。毓叹赏再三，对他说："吾之不足以尽卿才，有如此射矣。"后转相国参军，封剧阳子。见《晋书·魏舒传》。　④俞大猷：明晋江人，字志辅。兵部尚书毛伯温奇其才，擢广东都司。屡以舟师破倭寇，时称俞家军。　⑤恂恂：谦恭谨慎貌。　⑥跅(tuò 柝)弛：放荡不羁貌。

家中蓄狗乃常事，崔述下笔则常中寻异。冉氏狗猛，遇行人则咬。伤人后，主人竟躬诣谢罪，出钱救疗，一而再，再而三，虽苦不堪言，却甘心受累，不忍杀之。这种患而忍之的矛盾心理表明狗因其猛而存，冉氏因狗猛而惜之。不仅主人既患之又爱之，还有个曾被此狗搏咬过的刘位东也如此。刘氏夜归，以柳枝横扫群狗，唯冉氏狗前扑相搏，弄得疲惫不堪，恼怒之极；刘氏自叙，自己且斗且走，离狗很远了，狗"犹望而吠"，即反映对狗的厌恶情绪。然憎厌之余，想到狗猛可防贼，忽而转憎为爱，视为千金不可得，重蹈冉氏患而惜之的心理轨辙。文笔之妙即在透过冉、刘二氏对狗的情感态度，来着意强调狗之勇猛乃其价值。谁知，此乃欲抑先扬、捧高跌重之法，作者随即公布了冉氏狗遇贼时的真相：并非如刘氏想象的可以"拒门而噬"，令数贼难"入咫尺地"，而是在冉氏父子操械与贼激烈搏斗中，一反常态，蜷屈床下，露出了怯的本质。冉氏发现后，心态陡然失去平衡，狗留给他的"有仓卒一旦之用"的想法落空，于是恼而杀之。

对冉氏烹狗一事，作者情感反应为两个阶段：

初而怪其杀。理由是市井无赖张狂跋扈，欺侮文弱，行呼市上，俨然壮士，然用之守府廨，出戍地，则战战栗栗，丧魂失魄。此种人"勇于私斗而怯于公战"，与"搏行人则勇见贼则怯"的冉氏狗何其相像，为何对前者视若不见，麻木不仁，而独对后者严厉惩杀？此笔用心深微，笔意蜷曲。怪其杀狗，实则怪其不杀世上类狗之人。看似为被烹之狗回护，然笔的侧锋已对社会怂恿无赖之徒的现象深深地划了一刀。当然，这么说，并不等于作者的"怪其杀"，就没有一点真实的心理依据。因作者把冉氏之狗与市井无赖作类比，其情感倾向是有细微区分的：对市井无赖，显然投之以深恶痛绝的喜剧性讽刺，对冉氏狗，似乎虽憎其噬人惧贼有害无益，但也含悲谅之意。悲乃悲其不以搏人之勇拒贼，落得个被烹的结局；谅是谅它毕竟是一条"狗"，脱不尽那种张狂叫嚣、遇强人则夹尾的狗性。这种悲谅意识大概就是作者"初怪其杀"心理内容的基础了。

继而赞其杀。作者以为杀了这条狗乃是冉氏之智的表现，并标举出一个"妇人之仁"与其智相对。文中引出一段史实：石勒之母用快牛拖车车易破损之喻，劝他容忍勿杀暴虐的从子石虎，但石氏基业终毁于石虎。旨在说明"妇人之仁"的内涵是重其用不计其害，从而把冉氏最初对狗爱其猛、忍其害，以及刘氏觉得狗可防贼、不计搏己之怨，统统揽在"妇人之仁"之列。接着推进一层，"妇人之仁"的重其用而不计其害尚不可，若再容忍徒具其害而无用之物（冉氏狗之类），那就连"妇人之仁"的识见也达不到了。冉氏的敏智在于，开始对狗施以"妇人之仁"（重其用、忍其害），一旦发现其用不实，立即除杀。这里作者赞冉氏之智、赞其杀，实也提出问题：家有有害无用之狗有冉氏之智制之，世有有害无用之人有无冉氏之智加以裁处？作者深慨与棒喝的大抵在此。

作者用冉氏之智否定妇人之仁，是否意味着对人材及其作用的求全责备？不然。因为妇人之仁的重其用、忍其害和人材问题的用其长、容其短之间，有个质与度的区别。大用小害之害可称为“短”，小用（无用）大害之害则不能称为“短”，短者一定要有相对长处（或利大于弊的用处）为前提。只有具备长处为前提，有所短方不足怪，如那种德性醇朴恭谨而无大作为者，那种禀性放荡不羁但可成大事者；如若不具备长处为前提，甚或短处（或弊）超过了长处（或用），那就是冉氏狗般的有害现象了。究竟怎样才是长而无短、有用无弊的材用呢？作者最终抛出了君子的审美理想，如三国钟毓部下长期隐才不露，实能箭无虚发的魏舒，明代恭谦温文像个儒生，然东南平倭声威赫赫的俞大猷。这些君子之材的特点是表征平凡，中藏醇美，与貌似猛勇其实虚怯的冉氏狗和市井无赖辈恰成反照。文章的后半部分议论风生，文理回环，然始终扣定害人不济事的冉氏狗。作者艺术思维中，显然早有关于生活中市井无赖以及君子之材的审察思索，蓄积既久，遇冉氏烹狗传闻引发起兴，于是产生了丰富的意念和思理。　（王　政）

【作者小传】

汪　中

（1745—1794）　清哲学家、文学家、史学家。字容甫，号颂父。江苏江都（今扬州）人。乾隆拔贡生，后不再应举。潜心经术，遍览群书，尤精史学。工骈文，作《哀盐船文》，为杭世骏所叹赏，文名大显。也能诗。著有《广陵通典》《述学》《容甫先生遗诗》等。

自　序

汪　中

昔刘孝标自序平生，以为比迹敬通，三同四异[①]，后世诵其言而悲之。尝综平原之遗轨，喻我生之靡乐，异同之故，犹可言焉。

夫节亮慷慨，率性而行，博极群书，文藻秀出，斯惟天至，非由人力。虽情符曩哲，未足多矜。余玄发未艾，野性难驯。麋鹿同游，不嫌摈斥。商瞿生子，一经可遗[②]，凡此四科，无劳举例。

孝标婴年失怙，藐是流离，托足桑门，栖寻刘宝[3]。余幼罹穷罚，多能鄙事，赁舂牧豕，一饱无时。此一同也。

孝标悍妻在室，家道轗轲。余受诈兴公[4]，勃谿累岁。里烦言于乞火，家构衅于蒸梨[5]，蹀躞东西，终成沟水。此二同也。

孝标自少至长，戚戚无欢。余久历艰屯，生人道尽。春朝秋夕，登山临水，极目伤心，非悲则恨。此三同也。

孝标夙婴羸疾，虑损天年。余药裹关心，负薪永旷。鳏鱼嗟其不瞑，桐枝惟余半生；鬼伯在门，四序非我。此四同也。

孝标生自将家，期功以上，参朝列者十有余人；兄典方州，余光在壁[6]。余衰宗零替，顾影无俦。白屋藜羹，馈而不祭。此一异也。

孝标倦游梁楚，两事英王[7]；作赋章华之宫，置酒睢阳之苑；白璧黄金，尊为上客；虽车耳未生，而长裾屡曳。余簪笔佣书，倡优同畜。百里之长，再命之士，苞苴礼绝，问讯不通。此二异也。

孝标高蹈东阳，端居遗世，鸿冥蝉蜕，物外天全。余卑栖尘俗，降志辱身。乞食饿鸱之余，寄命东陵之上。生重义轻，望实交陨。此三异也。

孝标身沦道显，藉甚当时。高斋学士之选，安成《类苑》之编[8]，国门可悬，都人争写。余著书五车，数穷覆瓿。长卿恨不同时，子云见知后世；昔闻其语，今无其事。此四异也。

孝标履道贞吉，不干世议。余天谗司命，赤口烧城[9]。笑齿啼颜，尽成罪状。跬步才蹈，荆棘已生。此五异也。

嗟夫！敬通穷矣，孝标比之，则加酷焉。余于孝标，抑又不逮。是知九渊之下，尚有天衢。秋荼之甘，或云如荠。我辰安在？实命不同。劳者自歌，非求倾听。目瞑意倦，聊复书之。

〔注〕 ① 比迹敬通，三同四异：刘孝标名峻，平原(在今山东)人。《梁书》卷五十、《魏书》

卷四十三、《南史》卷四十九、《北史》卷三十九均有传。《梁书》云:"尝为《自序》,其略曰:余自比冯敬通,而有同之者三,异之者四。何则?敬通雄才冠世,志刚金石;余虽不及之,而节亮慷慨,此一同也。敬通值中兴明君,而终不试用;余逢命世英主,亦摈斥当年,此二同也。敬通有忌妻,至于身操井臼;余有悍室,亦令家道轗轲,此三同也。敬通当更始之世,手握兵符,跃马食肉;余自少至老,戚戚无欢,此一异也。敬通有一子仲文,官成名立;余祸同伯道,永无血胤,此二异也。敬通膂力方刚,老而益壮;余有犬马之疾,溘死无时,此三异也。敬通虽芝残蕙焚,终填沟壑,而为名贤所慕,其风流郁烈芬芳,久而弥盛;余声尘寂寞,世不吾知,魂魄一去,将同秋草,此四异也。所以自力为序,遗之好事云。"冯衍字敬通,《后汉书》卷二十八有传。 ②"商瞿"二句:商瞿,孔子弟子,三十八岁还未有儿子。孔子派他到齐国,商母不肯,要留儿子在家好生育后代。孔子告诉商瞿没关系,年过四十以后会有五个儿子。后来果然如此。事见《孔子家语》卷九《七十二弟子解》。汪中引来用以说明自己有儿子可以传自己的经学。《汉书·韦贤传》说:"遗子黄金满籯,不如一经。"汪中的儿子叫汪喜孙。 ③托足桑门,栖寻刘宝:《南史》说刘峻生才一月,父亲刘璇之就死了。宋泰始初,魏占青州,刘峻被人掠去中山为奴,富人刘宝可怜他,用财物赎回来,并且教他写字等,后来魏人知他江南有戚属,更将他徙到代郡(今山西大同),穷得不能过,和母亲一齐出家,母亲为尼,刘峻为僧。桑门即沙门,指佛教僧徒。 ④兴公:即孙绰。他有一女非常暴戾,骗王文度说自己女儿很好,愿意嫁给王弟阿智。成婚之后,才知上当。事见《世说新语·假谲》。 ⑤里烦言于乞火,家构衅于蒸梨:指媳妇和婆婆关系恶劣。《汉书·蒯通传》说到邻居媳妇丢了肉,婆婆以为媳妇偷吃了。邻居知道就跑到这家借火,说是狗夜间衔来一块肉,要借火来烧。婆婆才知道错怪了。《孔子家语·七十二弟子解》说到曾参的后母对曾参很不好,曾参妻蒸藜不熟,后母就把她赶走。藜指野菜。汪中这里用"梨"字,可能是误记。 ⑥余光在壁:《战国策·秦策二》载:"夫江上之处女,有家贫而无烛者,处女相与语,欲去之。家贫无烛者将去矣,谓处女曰:'妾以无烛,故常先至,扫室布席,何爱(吝啬)余明之照四壁者?幸以赐妾,何妨于处女?妾自以有益于处女,何为去我?'处女相语以为然而留之。" ⑦两事英王:据《梁书·刘峻传》,刘峻请求为齐竟陵王萧子良的国职吏部尚书,被人抑止未成,为南海王侍郎也没有到职,只被梁荆州刺史安成王萧秀引为户曹参军,撰《类苑》。此应该只是"一事英王",汪中也许连南海王也算在内。 ⑧安成《类苑》之编:《类苑》一百二十卷,安成王使刘峻类编而成,其书今佚。 ⑨天谗司命,赤口烧城:天谗是星名,这个星司命就是逃不开谗言的诋毁。《太玄经》说"赤舌烧城",指谗言的破坏性。陆龟蒙《杂讽》诗:"赤舌可烧城,谗邪易为伍。"

汪中这篇《自序》,根据其子汪喜孙《先君年表》,为乾隆五十一年(1786)四十三岁时所作;主要是诉说自己的不幸遭遇,为此作不平之鸣。

全文十二段,归纳为四大部分。一、二两段是引子,说明写序的动机以及无须论述的四条。第一节由刘孝标自序平生,引出自己的写作。刘孝标是和冯衍比,以为三同四异。刘的自序引出"后世诵其言而悲之"的反应,自己也在"悲之"之列;但不止于悲,而是综核刘孝标的一生(刘孝标平原人,即以平原代指其人),表明自己的不幸,又与孝标有同有异,这就暗示自己的"靡乐"有甚于孝标。第二段末叙"异同之故"前,忽然提出"凡此四科,无劳举例",文章陡起波澜。四科:

"节亮慷慨,率性而行",一也;"博极群书,文藻秀出",二也。这是天生的,自己和刘一样,也不值得夸耀。"玄发未艾","不嫌摈斥",三也;"商瞿生子,一经可遗",四也。这里实际在自占地步,同时文章中心是强调自己的悲苦有甚于孝标,所以先把同于孝标和优于孝标(有子)处撇过去,然后强调自己遭遇又不如刘。

从第三段至第六段为第二部分,强调四方面的不幸与刘同。第三段说明幼年的贫苦相同。东汉梁鸿曾经为人做佣工舂米,西汉公孙弘原来家贫在海上放猪。骈文讲究用典,赁舂牧豕代表什么苦事都干,不一定是这两桩;而且尽管什么苦活都干,每天却难得吃饱。骈文既要讲究用典和音节,同时高手也要避免重复使用词语。譬如说刘孝标"婴年失怙,藐是流离",汪中自己也是幼年失怙,就换成"幼罹穷罚",意思相同而词语有变化。《孟子》说过"鳏寡孤独,天下之穷民而无告者"(《梁惠王下》),加上"幼"字,自然指"孤出"。第四段是写妻子的悍暴。写孝标是陪笔,二句交代,因为有刘孝标传里的材料,无劳多说。写自己妻子的终于离异是重点。先写受骗,再写家里婆媳争吵不休,无法生活下去。然后用《白头吟》"今日斗酒会,明旦沟水头。躞蹀御沟上,沟水东西流"的典故,表示终于半途散伙。第五段概述一生的痛苦心怀。仍然是只用两句写孝标"自少至长,戚戚无欢",重点铺叙自己。两句总说:"久历艰屯,生人道尽。"一点人生乐趣都没有。然后写"春朝秋夕,登山临水"这些一般人欢乐游赏的时际,自己则"极目伤心,非悲则恨",那么平时的悲恨更不待言。这是用典型材料举例的加重写法。第六段写身体不好,怕活不长。孝标"夙婴羸疾,虑损天年",自己则经常吃药,不能劳动,再加上像鳏鱼夜不瞑目,像桐树的半死半生(枚乘《七发》:"龙门之桐,高百尺而无枝,其根半死半生")。尤其沉痛在最后两句:"鬼伯在门,四序非我。"随时都可死去。汪喜孙说:"先君四十以后,百疾交攻,几无生人之乐。"所以汪中在这里并不是无病呻吟,而是真情流露,令人不忍卒读。这一部分是写"四同"。写孝标都只用两句,写自己则要多几倍笔墨,因为孝标自序人都熟悉,不必多谈。从结构看,这一部分和下一部分对比,下一部分尤为重要,这一部分仍然是起陪衬作用。

第七段至十一段是写"五异"。这一部分对刘孝标用的笔墨比上一部分多,因为刘孝标自序只强调悲苦一面,汪中这里强调刘孝标还有得意之处,自己则一无所有。第七段写刘孝标家世远胜自己。"期功"指丧服近亲;"生自将家",近亲中做大官的多,刘孝标哥哥刘孝庆在齐做兖州刺史,归梁封余干县男,刘孝标可以沾光。而自己呢?"衰宗零替,顾影无俦",说明家族既衰,又无兄弟,所以"白屋藜羹,馈而不祭",住得差,吃得坏,连祖宗都无法祭祀。第八段写刘孝标一生遭遇也有得意之时，又远过自己。先写到处受到重视：“白璧黄金，尊为上客”。虽然没有高官（车耳，指高官车上的装饰），但是有优裕的幕僚生活（曳裾王门表示在显贵者门下作食客）。而自己呢？给人抄抄写写，被看成倡优那样的下等人。不要说“英王”，连起码的县官“百里之长，再命之士”，也没有人交往馈赠，更不谈“白璧黄金，尊为上客”了。第九段写声望修养也无法比较。刘孝标能够隐居自得，保全高士的风格（刘孝标有《东阳金华山栖志》叙述隐居之乐）；而自己呢，“卑栖尘俗，降志辱身”，苟且活命（“乞食饿鸱”用《庄子·秋水》“鸱得腐鼠”事；“盗跖死利于东陵之上”见《庄子·骈拇》），实际生活和名望两皆丧失，这和刘孝标“端居遗世”“物外天全”又是天壤之别。第十段写两人著作遭遇之不同。先写刘孝标名望高，著作可传，以《类苑》一书见重当世，如吕不韦之《吕氏春秋》“布于咸阳市门”，左思《三都赋》“富贵之家，竞相传写”那样。而自己著述虽富，不过如刘歆说扬雄《太玄》只能为后人“覆酱瓿”而已。过去汉武帝见司马相如文以为古人，恨不同时；扬雄的著作必传于后，但是自己却无此遭际。这又是和刘孝标大不相同。这段话和前几段有不同之处，表面上是自卑，实质是自信：“著书五车”，谈何容易。汪中对自己的遭遇不平，但对自己的学术是很自负的。第十一段写孝标未遭谤议，而自己到处遭人诽谤。先说命运不好，再说哭也不是，笑也不是，也就是一张口就招谤，然后说一举足就遭忌。这和刘孝标又大不相同。这五异的次序是不能颠倒的，从宗族到身世到生活到著述，最后以名声作结。

最后一部分是总结。先用一声长叹，然后层层比较，冯敬通已是“途穷”，刘孝标又惨于敬通，而自己又远不如孝标。“是知九渊之下，尚有天衢”，说得何等沉痛！“是”字总结上面的话，由此而懂得这个道理：刘孝标像是处九渊之下，但从上文“五异”来比，他还是在天上。再用“谁谓荼苦，其甘如荠”（《诗·谷风》）的话来加重这方面的表达。最后无法可想，只好委之于命，生不逢辰，这是极度的牢骚。然后更进一步说明写自序也不是为求人知，这也是为当世不能重视自己的牢骚话。这一段语言简练，情绪激越，而悲苦牢愁，令人酸鼻。

骈文必须用典贴切，对偶精丽，音节谐和，这些固然不容易。而尤其难在气势飞动，毫无板滞的毛病。这篇自序写四同五异，不会用笔就易流于平板。汪中因为满腹牢骚，借刘以发，气本不平，笔亦健拔。而处境之惨使人不忍卒读。“后世诵其言而悲之”，写刘孝标亦以衬托自己，则当世诵汪之言又将如何？所谓“劳者自歌，非求倾听”，也是对“长卿恨不同时”“昔闻其语，今无其事”的牢骚，值得玩味。

（周本淳）

哀盐船文 汪 中

乾隆三十五年十二月乙卯，仪征盐船火，坏船百有三十，焚及溺死者千有四百。是时盐纲[1]皆直达，东自泰州，西极于汉阳，转运半天下焉。唯仪征绾其口。列樯蔽空，束江而立，望之隐若城郭。一夕并命，郁为枯腊[2]，烈烈[3]厄运，可不悲邪！

于时，玄冥告成[4]，万物休息，穷阴涸凝，寒威懔栗，黑眚[5]拔来，阳光西匿。群饱方嬉，歌咢[6]宴食。死气交缠，视面唯墨。夜漏始下，惊飙勃发。万窍怒号，地脉荡决。大声发于空廓，而水波山立。于斯时也，有火作焉。摩木自生[7]，星星如血，炎光一灼，百舫尽赤。青烟睒睒，熛若沃雪。蒸云气以为霞，炙阴崖而焦爇。始连楫以下碇，乃焚如以俱没。跳踯火中，明见毛发，痛謈田田[8]，狂呼气竭。转侧张皇，生涂未绝。倏阳焰之腾高，鼓腥风而一吷。洎埃雾之重开，遂声销而形灭。齐千命于一瞬，指人世以长诀。发冤气之焄蒿[9]，合游氛而障日。行当午而迷方，扬沙砾之嫖疾。衣缯败絮，墨查炭屑，浮江而下，至于海不绝。

亦有没者善游，操舟若神。死丧之威[10]，从井有仁[11]。旋入雷渊[12]，并为波臣[13]。又或择音[14]无门，投身急濑。知蹈水之必濡，犹入险而思济。挟惊浪以雷奔，势若阶而终坠，逃灼烂之须臾，乃同归乎死地。积哀怨于灵台[15]，乘精爽而为厉[16]。出寒流以浃辰，目睊睊而犹视。知天属[17]之来抚，憖[18]流血以盈眦。诉强死之悲心，口不言而以意[19]。若其焚剥支离，漫漶莫别。圜者如圈，破者如块。积埃填窍，攦指[20]失节。嗟狸首之残形[21]，聚谁何而同穴！收然灰之一抔，辨焚余之白骨。

呜呼哀哉！且夫众生乘化，是云天常。妻孥环之，绝气寝床。以死卫上，用登明堂。离而不惩，祀为国殇。兹也无名，又非其命。天乎何辜，罹此冤横！游魂不归，居人心绝。麦饭壶浆，临江呜咽。日堕天昏，凄凄鬼语。守哭迍邅，心期冥遇。唯血嗣之相依，尚腾哀而属路。或举族之沉波，终狐祥而无主㉒。悲夫！丛冢有坎㉓，泰厉有祀㉔。强饮强食，冯其气类。尚群游之乐，而无为妖祟。

人逢其凶也邪？天降其酷也邪？夫何为而至于此极哉！

〔注〕 ① 盐纲：旧时水陆运输成批货物的组织，称为纲，如茶纲、盐纲、花石纲等。 ② 并命：同时丧命。郁为枯腊(xī昔)：《汉书·杨王孙传》："(死尸)支体络束，口含玉石，欲化不得，郁为枯腊。"郁，聚结。腊，干肉。 ③ 烈烈：火焰炽盛貌。 ④ 玄冥：《礼记·月令》："季冬之月，其神玄冥。"告成：完成使命。火灾发生之日为十二月乙卯(十九日)，已是冬末，故云。 ⑤ 眚：目生翳，引申为云雾。 ⑥ 歌咢：《诗·大雅·行苇》："或歌或咢。"《尔雅·释乐》："徒击鼓谓之咢。" ⑦ 摩木自生：《庄子·外物》："木与木相摩则然(燃)。" ⑧ 痛謈(pó婆)：因痛而呼喊。《汉书·东方朔传》："上令倡监榜(击打)舍人，舍人不胜痛，呼謈。"田田：象声词，指哀哭声。《礼记·问丧》："妇人不宜袒，故发胸击心，爵(雀)踊，殷殷田田如坏墙然，悲哀痛疾之至也。" ⑨ 焄蒿：气味散发。《礼记·祭义》："众生必死，死必归土……其气发扬于上为昭明，焄蒿凄怆，此百物之精也。"郑玄注："焄谓香臭也；蒿谓气烝出貌也。" ⑩ 死丧之威：《诗·小雅·常棣》："死丧之威，兄弟孔怀。"郑玄笺："死丧可怖之事。" ⑪ 从井有仁：《论语·雍也》："井有仁焉，其从之也？"注："仁者必济人于患难，故问有仁者堕井，将自投下从而出之不乎？" ⑫ 旋入雷渊：语见《楚辞·招魂》。洪兴祖补注："雷泽中有雷神。"此借指深渊。 ⑬ 波臣：《庄子·外物》："(庄)周顾视车辙中，有鲋鱼焉……曰：'我东海之波臣也，君岂有斗升之水而活我哉？'"波臣意谓水族中的臣仆。后称死于水中者为"与波臣为伍"。 ⑭ 择音：《左传·文公十七年》："鹿死不择音。"孔颖达疏："鹿死不择庇荫之处。"音，通"荫"。 ⑮ 灵台：《庄子·庚桑楚》："不可内(纳)于灵台。"成玄英疏："灵台，心也。" ⑯ 精爽：魂魄。厉：恶鬼。 ⑰ 天属：《庄子·山木》："或曰：'……弃千金之璧，负赤子而趋，何也？'林回曰：'彼以利合，此以天属也。'夫以利合者，迫穷祸患害相弃也。以天属者，迫穷祸患害相收也。"天属，指有血缘关系的亲属。 ⑱ 慭(yìn胤)：伤痛。 ⑲ 口不言而以意：贾谊《鹏鸟赋》："鹏乃叹息，举首奋翼，口不能言，请对以意。"意，通"臆"，胸臆，心意。 ⑳ 擺(lì丽)指：《庄子·胠箧》："擺工倕之指，而天下始人有其巧矣。"成玄英疏："擺，折也，割也。" ㉑ 嗟狸首之残形：韩愈《残形操序》："曾子梦见一狸不见其首作。" ㉒ 终狐祥而无主：《战国策·秦策四》："鬼神狐祥无所食。"《史记·春申君列传》引作"鬼神孤伤，无所血食"。狐祥，即孤伤。无主，无人主管祭祀。 ㉓ 丛冢有坎：丛冢，乱葬的坟场。坎，坑穴。《礼记·祭法》："四坎坛，祭四方也。"郑玄注："祭山林丘陵于坛，川谷于坎，每方各为坎为坛。"因而称江河山谷的祭典为坎祭。 ㉔ 泰厉有祀：《礼记·祭法》：王为群姓立七祀，其五曰"泰厉"。孔颖达疏："曰泰厉者，谓……此鬼无所依归，好为民作祸，故祀之也。"

这篇《哀盐船文》，是汪中骈文中一篇力作。乾隆三十五年(1770)十二月十九日夜，江苏仪征沙漫洲港口停泊的盐船突然发生火灾，烟焰张天，嘶号动地，一夜之间烧毁盐船一百三十只,烧死和淹死船民一千四百人。这一惨案发生后,二十七岁的汪中悲愤难已,他以饱蘸深情的笔墨,用极为生动、准确、精练的文字,描绘了盐船失火的惨状,表达了对遇难船民的深切悲哀和同情,读来动人心魄。当时主讲扬州安定书院的著名学者杭世骏读了这篇文章,备加赞赏,专为此文写了序,赞曰:"采遗制于《大招》,激哀音于变徵,可谓惊心动魄,一字千金者矣。"给了文章以很高的评价,遂广为传诵。

这篇文章之所以写得如此成功,关键在于紧紧围绕一个"哀"字,调动多方面的艺术手法,集中表现作者那种极度悲愤的真情实感,引起读者的强烈共鸣。

首先,在结构上,作者采用层层深入、步步推进的手法,不断变换审视角度,通过生动地描绘景象,抒发情感,把哀愤之情逐步深化,收到了感人肺腑的艺术效果。第一段是全篇总冒,交待了惨案发生的时间、地点、环境和结果,其中特别提到"坏船百有三十,焚及溺死者千有四百",并且是"一夕并命,郁为枯腊"。这样突然的变故和悲惨的结果,真是骇人听闻。全文起手就显得突兀不凡,虽简洁明了,但一股悲愤之情,却直透人心肺。第二段转入正面描写整个大火场面,极力渲染悲惨气氛。一开始,先写出隆冬寒冷、江中风大的环境,已觉阴森可怖,为大火的突发和猛烈设下伏笔。接着写大火发生,先是"星星如血",紧接着是"百舫尽赤",然后是船民奔走狂呼,而后是烟消火灭,"齐千命于一瞬,指人世以长诀",最后是"衣缯败絮,墨查炭屑,浮江而下,至于海不绝",用浓墨重彩,次第写出了大火发生的经过,展示了整个火灾的生动场面,而哀愤之情,激荡于字里行间,给人以深刻的感受。这在第一段的基础上大大深入了一步。第三段又转换笔触,集中描写船民奔走逃生的情景和被淹死、烧死的惨状。如果说第二段是大笔勾勒、宏观把握的话,那么这一段就是具体描写,可谓微观透视了。作者写了船民的仗义互救,也写了他们的奋力逃生,然而这一切都敌不过无情的大火和滚滚波涛,"乃同归于死地",尸体奇形怪状,无辜的船民死不瞑目。这些伤心惨目的描写,字字句句浸透着作者的血泪,更深一层地打动着人们的恻隐之心。第四段更进一步,写死者的无辜和亲人的祭奠。那"麦饭壶浆,临江呜咽。日堕天昏,凄凄鬼语。守哭迍邅,心期冥遇"的惨景,几乎令人心绝。经过层层描写,不断渲染烘托,悲哀之情到此达到顶点,整篇文章产生出感天地、泣鬼神的巨大力量。文章各段,整体看来显得大开大合,上段末顺势收束,而下段又掉换笔锋,推宕开去,看起来似乎是另起端绪,实际上是亦宕亦接,若断还连,步步引进,不断深化。这样,使得文章具有浩浩荡荡的宏大气势。这种结构上的错落有致,独辟蹊径,把悲哀之情表现得极为浓郁,极为深沉,令人感动不已。

其次，在细节描写上，细如毫发，生动逼真。为了表达对船民的满腔同情之心，细节描写即大多集中在船民身上。第二段中写火灾发生前夕的船民，“群饱方嬉，歌咢宴食。死气交缠，视面唯墨”。前两句表现平和安居生活，十分生动形象，是对以后描写大火的反衬；后面两句又给这种暂时的平和生活蒙上阴影，预兆灾祸之将来，倍觉凄切。火灾发生时，写船民在火中的情形：“跳踯火中，明见毛发，痛謈田田，狂呼气竭。转侧张皇，生涂未绝。”把船民在大火中仓皇奔窜、痛苦呼号、奋力挣扎的动作、声音和神态，表现得极为生动、准确而又细致，绘声绘色，历历如在目前，使人怵目惊心。写死难船民的尸体，更加惨不忍睹：“出寒流以浃辰，目睊睊而犹视。知天属之来抚，慭流血以盈眦。诉强死之悲心，口不言而以意。若其焚剥支离，漫漶莫别。圜者如圈，破者如玦。积埃填窍，攦指失节。”作者不惜以较多的笔墨来详细描写尸体的形状，目的在于深刻地展现这场悲剧的受害者的惨况，唤起人们哀伤的感情。读了这些细节描写，人们如身临其境，亲眼看到了这些船民的不幸遭遇，对这场灾难有了更为深切的了解，从而产生出对受难者的无限哀痛和同情。这些成功的细节刻画，既对大笔勾勒作了补充，又对表现全篇主题，起了深化的作用。

再次，在情感抒发上，作者往往直抒胸臆，反复写出自己悲哀的叹息之声和愤怒的抗争之意，把感情表达得荡气回肠。第一段末尾，作者在刚刚点出这场悲剧后，就情不自禁地喊出：“烈烈厄运，可不悲邪！”悲怆之情，震荡心魄。到第四段，作者的情感几经酝酿，愈加浓烈，不断地发出悲声：“呜呼哀哉！”“天乎何辜，罹此冤横！”“悲夫！”直到最后，作者的同情之心上升到极点，心情也更加沉痛，终于爆发般地呼喊出：“人逢其凶也邪？天降其酷也邪？夫何为而至于此极哉！”真是字字凝血，句句含泪，使读者的心灵不能不感受到强烈的震动。黄宗羲说：“凡情之至者，其文未有不至者也。”（《明文案序》上）正是因为作者以满腔同情之心，又通过多种艺术手法，来满怀激情地写这场惨重的灾难，所以写得格外感人，把一个“哀”字表现得入木三分，获得了巨大的成功。

这是一篇骈文。骈文要求使事用典，铺陈辞藻，讲究对偶和用韵，对叙事、抒情不能说没有一定的妨碍。但汪中的这篇《哀盐船文》，却能摆脱“饰其词而遗其意”的形式主义倾向，没有因用典、对偶等方面的限制，而形成板重和呆滞的缺点；相反，他能举重若轻，控纵自如，把典故、词语化解在对场面、人物的具体描写中，达到水乳交融的地步，“状难写之情，含不尽之意”（李详《汪容甫先生赞序》），表达了自己的真挚的思想感情，十分真切动人。刘台拱在《遗诗题辞》中说他：“钩贯经史，熔铸汉唐，宏丽渊雅，卓然自成一家。”从这篇文章看来，是中肯的

评价。 （管遗瑞）

【作者小传】

洪亮吉

(1746—1809) 清经学家、文学家。字君直，一字稚存，号北江、更生。江苏阳湖（今常州）人。乾隆进士。授翰林院编修，后任贵州学政。嘉庆时，以直言批评朝政，被遣戍伊犁，旋遇赦还。通经史、音韵训诂及地舆之学。工诗，尤精骈文。著有《卷施阁集》《更生斋集》《北江诗话》等。

治平篇

洪亮吉

人未有不乐为治平之民者也，人未有不乐为治平既久之民者也。治平至百余年，可谓久矣。然言其户口，则视三十年以前增五倍焉，视六十年以前增十倍焉，视百年、百数十年以前不啻增二十倍焉。

试以一家计之：高、曾[①]之时，有屋十间，有田一顷，身一人，娶妇后不过二人。以二人居屋十间，食田一顷，宽然有余矣。以一人生三计之，至子之世而父子四人，各娶妇即有八人，八人即不能无佣作之助，是不下十人矣。以十人而居屋十间，食田一顷，吾知其居仅仅足，食亦仅仅足也。子又生孙，孙又娶妇，其间衰老者或有代谢，然已不下二十余人。以二十余人而居屋十间，食田一顷，即量腹而食，度足而居，吾以知其必不敷矣。又自此而曾焉，自此而元焉，视高、曾时口已不下五六十倍，是高、曾时为一户者，至曾、元[②]时不分至十户不止。其间有户口消落之家，即有丁男繁衍之族，势亦足以相敌。

或者曰："高、曾之时，隙地未尽辟，闲廛[③]未尽居也。"然亦不过增一倍而止矣，或增三倍五倍而止矣，而户口则增至十倍二十倍，是田与屋之数常处其不足，而户与口之数常处其有余也。又况有兼并之家，一人据百人之屋，一户占百户之田，何怪乎遭风雨霜露饥寒颠踣而死者之比比乎？

曰：天地有法乎？曰：水旱疾疫，即天地调剂之法也。然民之遭水旱疾疫而不幸者，不过十之一二矣。曰：君相有法乎？曰：使野无闲田，民无剩力，疆土之新辟者，移种民以居之，赋税之繁重者，酌今昔而减之，禁其浮靡，抑其兼并，遇有水旱疾疫，则开仓廪、悉府库以赈之，如是而已，是亦君相调剂之法也。

要之，治平之久，天地不能不生人，而天地之所以养人者，原不过此数也；治平之久，君相亦不能使人不生，而君相之所以为民计者，亦不过前此数法也。然一家之中有子弟十人，其不率教者常有一二，又况天下之广，其游惰不事者何能一一遵上之约束乎？一人之居以供十人已不足，何况供百人乎？一人之食以供十人已不足，何况供百人乎？此吾所以为治平之民虑也。

〔注〕①高、曾：指高祖、曾祖。　②曾、元：指曾孙、玄孙。避清圣祖玄烨讳，“玄”作“元”。　③闲廛(chán 缠)：空闲的屋子。

英国经济学家马尔萨斯(1766—1834)1798年发表了著名的《人口论》，以为人口的增长快于生活资料的增长，主张采取各种措施以限制人口繁殖。洪亮吉的这篇《治平篇》，作于清乾隆五十八年(1793)，早于马尔萨斯的《人口论》五年。它指出了“康乾盛世”中人口的过快增长与经济发展速度之间的矛盾，以及由此而可能引起的严重社会危机，对于社会发展具有深刻的意义和先见之明。它是我国历史上最早阐述人口问题的文章，立论鲜明，结构谨严，在平易浅显中寓意深刻，在今天看来，仍然是值得珍视的作品。

文章采用先立论、后论证的方法，先提出论点：自康熙、雍正、乾隆三朝一百多年来，天下承平，但其中潜伏着严重的人口危机，此时和三十年前、六十年前、百多年前相比，人口分别增加了五倍、十倍和二十倍。文章一开始就揭示出这种人口激增的现象，立即引起了人们对于人口问题的高度警觉和注意，可谓起得鲜明突出。接着，作者采用“算账对比”的办法，进行颇有说服力的论证。他以一家为例，从不经意的人口琐事说起，以发展阶段为顺序，认认真真地算了四笔账：高祖或曾祖一代，一家只有二人，而房有十间，田有一顷(一顷等于一百亩)，生活自然宽裕。到儿子一代，情形发生了变化，人口增加至十人，而房屋和田地仍是那么多,生活就仅能自足。到孙子一代,人口继续增加到二十人,而房、地没有增加,生活自然会发生困难。如果再往下算,到曾孙、玄孙之时,人口更加猛烈地激增,比高、曾时多了"五六十倍",至少也得分做十户,生活的艰难就更可想而知了。从这些数字的前后对比中,人们自然得出了人口增加与经济发展之间的矛盾,从而悟出一个带有普遍性的社会问题,引起深深的思考。在"算账对比"中,作者没有采取从全国人口增加多少,房屋、土地有多少,人平均占有多少等方面算大账的办法(当然,那时因统计手段落后,算大账也有困难),如果那样,罗列全国各种数字,虽然也能说明问题,但总会给人以大而空泛的感觉,使文章显得枯燥。作者巧妙地采取以小见大的方法,只以一家为例,先算小账、细账,这就十分具体,让人感觉到这种潜在的变化就发生在家里,发生在身边,觉得十分真切,很容易接受。人们通过这些具体的变化,自然可以联想到整个国家的变化,引起对全局的观照和注意。这种化大为小,以小见大的论述方法,对于阐述主题,起了很好的作用。最后,文章还补写了一笔:"其间有户口消落之家,即有丁男繁衍之族,势亦足以相敌。"指出个别户口的自然减少,不能抵消人口增长的总趋势,既是对前面论述的补充,也是必不可少的交待,使论述严密周到,无懈可击。

在正面论述的基础上,文章采用问答和对话的方式,紧紧围绕主题,继续向纵深开掘,作进一步深入的阐发。首先,针对有人提出尚有空地、闲屋可供增加人口用和住的问题,指出人口的增加太快,空地、闲屋根本无法满足需要,而况又有兼并的情况发生,"一人据百人之屋,一户占百户之田",人口再多,就难免饥寒冻馁和死亡了。其次,针对有人问"天地""君相"是否能够"调剂"人口增加与土地房屋的矛盾的问题,指出"天地""君相"均无法解决这一突出矛盾,而人口的无限制增长,实在是潜在的严重社会危机。这两段,是前文正面论述的深化,说理更为深入透辟。在论述方法上,改为对答辩论的形式,与开头的正面阐述形成对比,笔调更加灵活,富于变化,增强了文章的艺术性和可读性,引人步步深入。

最后一段,是对全文的总束。作者采用了承上启下的方法:承上,进一步指出人口的增加和土地、房屋不变的矛盾,而"君相"又无根本解决的办法,况且"游惰"者又不听"约束",这样潜在的社会矛盾就更加突出了。然后启下,由此推衍,自然引出了作者深沉的忧虑:"一人之居以供十人已不足,何况供百人乎?一人之食以供十人已不足,何况供百人乎?此吾所以为治平之民虑也。"如果说文章的开头提出论点时,只是客观地指出了人口激增的自然情况,中间通过层层推论、分析,而最后作者的忧虑之情已经不能自已,由此发出了深长的叹息,不仅增强了文章的感情色彩,而且把主题揭示得更加深刻,既照应了开头,又使结尾警拔有力。全文在这里自然结束，提出了重大的社会问题，引人深思和警觉，表现了作者对社会问题的敏感和深入的洞察力。

这篇论说文从总体看来，文字明白流畅，平易亲切。虽然论说的是社会重大问题，但作者决无居高临下、疾言厉色之态，始终以一种如道家常的口气，平静委婉地叙说、阐述，显得亲切感人。例如开始时论点的提出，并不如一般论说文那样开门见山，而是先说人们都愿作“治平”之民，尤其愿作“治平”既久之民，然后才指出“治平”之时人口增长的危机，这就显得比较委婉。正面论述时，以一家为例，更见亲切。就是对答论辩之时，作者也没有采取剑拔弩张的驳斥的态度，而是客观地说明情况，道理自在其中，让人自己体会。至于最后的忧虑，也表现得比较含蓄。全文给人的总体印象，是平易浅显，而论述缜密，委婉亲切，体现了作者的风格。

当然，由于作者的思想和历史条件的局限，这篇文章也有着缺憾。在文章中，特别是末尾，作者只流露出对人口增长的忧虑和迷惘，提不出解决的办法。今天，我们国家已经实行计划生育政策，较好地解决了这一困扰已久的难题。另外，作者在文章中把广大人民生活的贫困完全归结为人口增长过快，这实际上还不是根本原因，那时人民生活贫困的根本原因是专制制度的压迫和剥削，这当然不是作者当时所能明白的。二百年以后的今天，我们再来读这篇文章，自然应该站得更高，看得更透彻了，这也许是无须赘言的吧。　　（管遗瑞）

【作者小传】

恽　敬

(1757—1817)　清散文家。字子居，号简堂。江苏阳湖(今常州)人。乾隆举人。以教习官京师，后任富阳知县、吴城同知等，有廉声。喜骈文，后改治古文，与张惠言同为“阳湖派”创始人。著有《大云山房文稿》等。

游翠微峰记(一)　　恽　敬

自宁都[①]西郭外北望群山，有虎而踞者，二峰若相负，北峰为翠微峰[②]，易堂九子讲学之所也。

背郭十里，陟山西折而北，过前所望虎而踞之南峰，有崖复北，有岩夹磴而上，西折有冈，冈之西为金精洞[③]，北即翠微峰。循冈行，有石门木阖[4]，背扃之，仰视绝壁而已。冈之东望果盒山[5]，有楼阁，于是欲返游果盒山，而阖为从游所排[6]，遂游焉。

过石门，有南北崖，相去以尺数，倚立俯仰相隐闭。北崖为磴以登，级三十有六，道绝，植梯级十有六以出于穴，有木构少息，为第一巢[7]。复登为梯磴之级二十有八，有巢隘于前，巢不可息，为第二巢。级十有七为第三巢。级八十有三为第四巢，皆可息。至此始出崖。日杲杲然射诸峰，峰如相荡矣。复得磴八十有三，有坪为易堂，已毁废。其北有屋，魏氏[8]居之，其旁后无他道，复循故道而下。

魏氏之先[9]为避乱计，故凿山无左右折，上下皆悬身，以难其登，登山极劳弊，无游览之胜。然九子穷居是山，能各有所守，不欺其志，是则不可没者。九子：宁都魏际瑞、际瑞弟禧及礼、李腾蛟、邱维屏、彭任、曾灿、南昌林时益、彭士望。唯际瑞为本朝招吴三桂贼将韩大任被难焉。

〔注〕 ① 宁都：今属江西。 ② 翠微峰：在宁都县城西北。 ③ 金精洞：翠微峰山中的一个石洞。 ④ 木阖：木制的门扇。 ⑤ 果盒山：翠微峰山中的一座小山。 ⑥ 排：推开。 ⑦ 巢：此处指在峭壁上用木构制的落脚之处。 ⑧ 魏氏：指魏氏三兄弟魏际瑞、魏禧、魏礼。 ⑨ 魏氏之先：魏际瑞的父亲魏兆凤。

明末甲申之变后，宁都士人魏兆凤痛悼明朝覆灭，终日哭泣不食，遂剪发为头陀，隐居翠微峰，名其居所为“易堂”。后来他的儿子魏际瑞、魏禧、魏礼，以及士人李腾蛟、邱维屏等共九人，也避乱聚集于此。九人以气节自励，躬耕自食，清高自守，切劘读书，提倡古文实学，远近来就学者甚多，在当时形成很大影响，世称“易堂九子”。恽敬距“九子”之时已一百三十余年，此文是他在嘉庆十五年(1810)前后任官江西时所作。考恽敬为官期间，矜尚名节，不随群辈俯仰，正道直行，每每忤犯上司；为文深研经训，取法韩非、苏洵，探究兴衰治乱之理，为人和为文与九子颇有同气相求之处。这篇文章即表达了作者对九子的称道和追慕。

大凡游记，多写游览之胜、江山之丽。作者登翠微峰，没有写山的险峻怪奇等壮观之处，而是极状登山的艰难劳弊，以此称赞九子“各有所守，不欺其志”的操守风节，这是此文不同于一般游记的特殊之处。

全文可分三个部分。第一部分(前两个自然段)的起头如电影中的远镜头，将宁都西北诸峰尽收眼底,随即镜头越来越集中,最后对准了翠微峰峰顶,将九子讲学之所推在读者面前。以下即写踏上行程、尚未登上翠微峰峰顶的一段山路。其中多用方位词,写出了山路的回环曲折。第二部分(第三自然段)写了攀登翠微峰峰顶的艰难过程。文中分别写了攀上四"巢"的经过,每攀一"巢",都须悬身而上,其中"道绝""隘于前""巢不可息",写出了山峰的陡峭险要,攀援的异常艰辛。由上山的艰难,又可以想象到作者"复循故道而下"的艰难。这一部分是作者的用力之处,着重描状攀援危峰峭壁的异常艰险,为下文做好了充分的铺垫。在第三部分(最后一自然段)里,作者点明了此山之所以难于攀登的原因,发抒感慨,表达了对九子的敬慕。最后逐一写明九子的姓名,其中对九子之一的魏际瑞寄予了深切的惋惜。魏际瑞原名祥,字善伯,于康熙十六年(1677)游幕于南赣总兵哲尔肯处。当时吴三桂部将韩大任发动兵变,多次窜犯宁都一带,清廷决定招抚韩大任。韩大任提出要魏际瑞作为使者来商议招降事。魏际瑞多为人排忧解难,以信义著称于时,哲尔肯便派他使往韩大任军中。恰巧清廷由南昌派出的军队临近了韩大任的驻地,引起了韩大任的猜疑,韩大任背信弃义,杀害了魏际瑞。文中末尾一句即指此事。

陶渊明在《桃花源记》中描绘了一个世外桃源,那淳朴、宁静的境界令人向往。而本文所记述的翠微峰,"无游览之胜",既难于登攀,更难于居住,这种环境令人望而生畏。然而九子"穷居是山","各有所守,不欺其志",这就显出了九子不同凡响的操守。作者以前两部分的较长篇幅描状翠微峰的陡峭难攀,而在最后一部分写明"九子"隐居于此。在作者笔下,山愈是难于攀援,不宜居住,愈是鲜明地衬托出九子的操守。前两部分为后一部分铺垫,后一部分借助前两部分揭示全文主旨,这种笔法匠心独运,在历代游记中是不多见的。　(艾思同)

游翠微峰记(二)　　恽　敬

下翠微峰① 南,西折至金精洞②。洞北立石三,如古敦甗③。洞构横阁敹之④。石之奇,不见阁前。横术⑤ 之外,石呀然⑥ 起于檐际。泉自石落,散如珠,绝境也。洞之南,石山相倚,如服匿地⑦。志称汉仙女张丽英于此上升,其言不经。

下金精洞复西行,石山中小者如屋,大者皆隐天,如铸精镠⑧,如地不能负,浑浑沄沄,首衔尾逮⑨,肩岐腋附⑩,盖三百步所。而北折得平畴数百亩。复折而东五百步所,出翠微峰之北，石山横蔽之，其奇如金精洞之西。复三百步所，至果盒山⑪，石矗起数十丈，如冰相附，自南而西而北，磴而上焉。宁都之山界闽粤，逶迤不可尽，而城西数十里皆石山，益奇古骇心目如此。

余尝行太行、泰山、衡山，多磅礴蕴畜，如圣贤豪杰举事，不与人以一端窥测。若兹山者，其侠徒、隐士之流欤？是亦可观矣。

〔注〕 ① 翠微峰：在今江西宁都县城西北。 ② 金精洞：翠微峰山中的一个石洞。 ③ 古敦甗(duì yǎn 对眼)：敦为古代食器，盖和器身呈半圆球形，上下合成圆球形，有三足着地；甗为古炊具，上下可分开，上可蒸，下可煮，有三足着地。 ④ 洞构横阁敹(suì 岁)之："敹"的本意为卜问吉凶，引申为探伸之意。此处指由洞口建起的阁道探入洞内。 ⑤ 横术：经过洞前的横向道路。 ⑥ 呀(xiā 虾)然：张口貌。 ⑦ 服匿：伏地隐藏。 ⑧ 精镠(liú 刘)：纯美的黄金。 ⑨ 首衔尾逮：意为纵向看山石，前后相接连。 ⑩ 肩岐腋附：肩是动物的腿根部，腋指禽兽的翅腿与腹部相连的部位。此处指从横向看山石，呈依附并列形状。 ⑪ 果盒山：翠微峰山中的一座小山，在翠微峰顶峰东北。

此文是《游翠微峰记(一)》的姊妹篇。作者从翠微峰顶下来之后，接着又游览了金精洞、果盒山。前一篇写了翠微峰的陡峭，本篇则描绘了翠微峰下别具风姿的山石。作者以"移步换形"法结构全文，体物之妙，穷形尽相，且又形神兼备。

全文分为三个自然段。第一段写金精洞内外的景物。起笔两句，呼应前篇，又交待了金精洞的方位。其中"洞北立石三，如古敦甗"一句中的"古"字，是全篇的眼线，全文描绘山石，都围绕"奇古"二字展开。此处以古敦甗来形容山石，令人有如在目前之感。接着又用"呀然"二字形容张口欲吞的奇石形貌，就使静态的山石变得栩栩欲活。金精洞之南，山石层叠，就像伏地隐藏一般，作者用"如服匿地"形容，可谓善于描状。

第二段写离开金精洞向西至果盒山所见更为奇古的山石。一般说来，山石形状各异，大小不一，不容易写得形象具体。但作者却因难见巧，绘其状貌，写其气势，将一片静止的山石写得浑厚飞动，令人如临其境。你看：山石小者如屋，大者则隐天蔽日，其色如精纯的金子，又那样凝重质实，好像地面都不堪承受其重量。山石前后相连，如同大海的浪涛，一浪推一浪，滚滚滔滔，奔涌而去。作者以动态写静物，使山石神采飞动，体物之妙，令人叹赏。以上是在金精洞之西见到的山石。由此向北再向东，具体方位是翠微峰顶正北，也有和金精洞之西同样形状的一片奇石，作者用"其奇如金精洞之西"一句一带而过，为文剪裁得当。从翠微峰正北向东再走三百步，便到了果盒山。对于果盒山的山容石态，作者用层叠堆累的冰块来形容，意象十分具体鲜明。不仅果盒山的山石是这种形状，而且宁都县城以西几十里的山石都是如此，面对这种山景，作者发出了“益奇古骇心目如此”的感叹。以“奇古”二字来概括所见山石的总体特征，这一点睛之笔，指出了翠微峰山石的鲜明个性，给人以独特的审美感受。

从全文的构思脉络看，作者以游览的路线、景观的方位来结构全篇，将所见景物，依次写来。尽管幽洞奇石纷呈于目，读来却井然有序，使人有曲径通幽之感，这正是“移步换形”法的妙处。

更值得玩味的是最后一段。在前两段里，作者着重描状的是山石之形，而最后一段，作者则运用新奇的比喻，进一步写出了山石的神韵。作者认为，太行山、泰山、衡山，山势磅礴，那种浑涵蕴藉的风采，就像圣贤豪杰起事，不留给人一点窥伺、探知的空子；而翠微峰呢，就像急人之难的侠客和遁迹山林的隐士，别具一种奇异古朴的神韵。作者在《游翠微峰记(一)》中，曾对重信义而为人排忧解难的魏际瑞及隐居翠微峰顶的“易堂九子”深表追慕。联系起来看，作者上述的比拟不是没有来历的，其中含纳了作者的主观感情，并且这种主观的因素与客观的实体又是融合无间的。王夫之在其《夕堂永日绪论内篇》中曾说：“烟云泉石，花鸟苔林，金铺锦帐，寓意则灵。”作者正是将思想感情投射在他所目睹、所描状的山石上，这便使无生命的山石具有了勃勃神采。　（艾思同）

【作者小传】

张惠言

(1761—1802)　清文学家。字皋文。江苏武进(今常州市)人。嘉庆进士。官翰林院编修。深于经学。工词，为常州词派创始人。论词强调比兴。古文取法韩欧，为文简洁，与恽敬同为阳湖派首领。著有《茗柯文编》《茗柯词》。并编有《词选》《七十家赋钞》。

《词　选》序　　张惠言

叙曰：词者，盖出于唐之诗人，采乐府之音以制新律，因系其词，故曰“词”。传曰：“意内而言外谓之词。”其缘情造端①，兴于微言②，以相感动，极命风谣③，里巷男女哀乐，以道④贤人君子幽约怨悱不能自言之情，低徊要眇⑤以喻其致。盖诗之比、兴，变风之义，骚人之歌，则近之矣。然以其文小，其声哀，放者为之，或跌荡靡丽，杂以昌狂俳优⑥。然要其至者，莫不恻隐盱愉⑦，感物而发，触类条鬯，各有所归⑧，非苟为雕琢曼辞而已。

自唐之词人，李白为首，其后韦应物、王建、韩翃、白居易、刘禹锡、皇甫松、司空图、韩偓，并有述造。而温庭筠最高，其言深美闳约。五代之际，孟氏、李氏⑨，君臣为谑，竞作新调，词之杂流，由此起矣。至其工者，往往绝伦，亦如齐、梁五言，依托魏、晋，近古然也。

宋之词家，号为极盛。然张先、苏轼、秦观、周邦彦、辛弃疾、姜夔、王沂孙、张炎，渊渊乎文有其质焉⑩。其荡而不反⑪，傲而不理⑫，枝而不物⑬，柳永、黄庭坚、刘过、吴文英之伦，亦各引一端，以取重于当世。而前数子者，又不免有一时放浪通脱之言出于其间。后进弥以驰逐，不务原其指意，破析乖刺⑭，坏乱而不可纪。故自宋之亡而正声绝，元之末而规矩隳。以至于今四百余年，作者十数，谅其所是⑮，互有繁变，皆可谓安蔽乖方⑯，迷不知门户者也。

今第⑰录此篇，都为二卷。义有幽隐，并为指发。几以塞其下流，导其渊源，无使风雅之士惩于鄙俗之音，不敢与诗赋之流同类而风诵之也。

嘉庆二年八月，武进张惠言。

〔注〕 ① 缘情造端：由感情发端。 ② 兴于微言：《汉书·艺文志》“昔仲尼没而微言绝”注：“李奇曰：‘隐微不显之言也。’” ③ 极命风谣：终于以民间歌谣的形式表达。 ④ 道：通“导”。 ⑤ 低徊要眇：低徊，细致委婉，指词中一唱三叹，反复曲折的情调。要眇，同“窈眇”，深微的意思。 ⑥ 杂以昌狂俳(pái 排)优：昌，通“猖”。俳优，演戏为人取乐的人。意即搀杂着放荡而戏谑的言词。 ⑦ 盱(xū 须)愉：喜悦的样子。 ⑧ 触类条鬯，各有所归：条鬯，明白通达。鬯，同“畅”。意即哀乐之情，感物而发，然而它的意思必然有所归宿。 ⑨ 孟氏、李氏：孟氏，即五代时蜀主孟昶；李氏，即南唐中主李璟，后主李煜。 ⑩ 渊渊乎文有其质焉：渊渊，深远的样子。文有其质，文采好，内容也好。 ⑪ 荡而不反：流荡不返。 ⑫ 傲而不理：狂傲违理。 ⑬ 枝而不物：散乱而不质实。枝，散。不物，指言之无物。 ⑭ 破析乖刺：破析，散

乱。乖剌，违背。　⑮ 谅其所是：自以为是。谅，相信。　⑯ 安蔽乖方：安于受蒙蔽，意即受蒙蔽而不知。乖方，违背正道。　⑰ 第：次第。

清嘉庆二年(1797)，武进(今江苏常州)张惠言、张琦兄弟编辑了《词选》，搜集唐、五代、两宋词人四十四家，词一百十六首，共二卷。当时他们方馆于安徽歙县经学大师金榜的家中，教授金氏的子弟，同时也向金榜求教。清初以来，朱彝尊提倡姜夔、张炎词，形成所谓"浙派"，但其末流，词的内容渐趋空虚、浮薄。而"阳羡"一派，以陈维崧(迦陵)为首，标举苏轼、辛弃疾；由于缺乏现实生活的坚实基础，只是一味追求激昂豪放，末流又趋于叫嚣粗率。于是常州一派，在前两派衰敝之际，乘时而起。加之后继者周济的发扬光大，影响较大，"流风余沫，今尚未全歇"(龙沐勋《论常州词派》)。

张惠言等标举的比兴寄托之说(偏重于内容)，源远流长，较胜于浙派之强调醇雅清空的格调说(偏重于形式)，是值得研究的。同时，他对词的发展，也提出了一些比较深入的问题，所选作家也较为全面，把苏轼、辛弃疾等富有丰富现实内容的作品放在重要地位，而对柳永、黄庭坚、刘过、吴文英的评语，也有某些独到之处。但是张惠言是一位经学家，研究三国时虞翻的《易》说。虞翻说《易》，好以阴阳消息"依物取类，贯穿比附"(见张惠言《周易虞氏义自序》)，本身的学术价值就不高。张氏论词，穿凿附会的臆说，随处可见，当与他的上述学术思想有关。

这篇《〈词选〉序》，先写词的起源、定义及其评论标准。张氏引用《说文解字》，给词下了个定义："意内而言外谓之词。"《说文解字》卷九云："词，意内而言外也，从司从言。"段玉裁注曰："有是意于内，因有是言于外，谓之词。意即意内，词即言外。言意而词见，言词而意见。意者，文字之义也；言者，文字之声也；词者，文字形声之合也。"按《说文解字》所谓的"词"，是现在所说的"词汇"的"词"，不是诗词的"词"。早在宋代的陆文圭《〈中山白玉词〉序》中把词牵强附会地说成是"意内而言外"，可见此说不是自张惠言始。张惠言意在拔高词的地位，着重说明"缘情造端，兴于微言，以相感动"的"词"，不是"苟"为"雕琢曼辞"的小道。但他给词下的定义，显然是错误的。此外，他在上比《诗经》《离骚》，以说明词的比兴美刺作用方面，也不太恰当。就《诗经》来说，既有里巷风谣，也有宗庙的乐章，也不一定所有的作品都有比兴美刺和寄托。而《离骚》则是带有诗人自传性色彩的作品，与词殊不相类。词是中唐以来兴起的"歌词"，一开始并没有什么"意在言外"、微言大义之类存乎其间。可见张氏在基本观点上多有谬误。

序文接着简述了词的早期发展情况，进而评论唐、五代的词人。张氏认为"温庭筠最高，其言深美闳约"。温庭筠是花间词派的著名词人，对后世有较大影响。其艺术特点是绮丽而深密,所反映的社会生活内容却是比较狭窄的。但张氏之推崇温庭筠,却在于认为温庭筠的词有比兴寄托。在具体评论温词《菩萨蛮》时,说其内容似《感士不遇赋》,篇法同《长门赋》,而"照花前后镜,花面交相映。新帖绣罗襦,双双金鹧鸪"四句,即屈原《离骚》"初服"之意。从《〈词选〉序》行文的角度看,虽然标举温庭筠以证明为词之道上承《风》《骚》比兴寄托之义,但是由于牵强附会,作为论据,显然是苍白无力的。

词发展到宋代,蔚为大观。序文简略地评论了宋词代表作家。首先列举了张先、苏轼、秦观、周邦彦、辛弃疾、姜夔、王沂孙、张炎,誉之为"文有其质焉",意即既有文采,又有内容。而对柳永、黄庭坚、刘过、吴文英等,则认为有得有失。对于自兹以后的词作则采取了否定的态度:"故自宋之亡而正声绝,元之末而规矩隳。"

序的末尾写明编选的作法和目的以及时间。"无使风雅之士惩于鄙俗之音,不敢与诗赋之流同类而风诵之也。"把词和诗赋相提并论,这当然是一种很通达的见解。

张惠言能诗词,也工古文。为文曾取法韩愈、欧阳修,与恽敬同是"阳湖派"的创始人。虽然"阳湖"渊源于桐城,但与桐城有时未免异趣。重考据,为骈俪,泛滥百家之言的倾向,在这篇短序中仍然可以看到。"醇而能肆",是恽、张所孜孜以求的境界。可以说阳湖派是桐城派在古文理论与写作上进一步的发展。

(宋　廓)

【作者小传】

沈复

(1763—1822后)清文学家。字三白,号梅逸。江苏长洲(今苏州)人。出身于衣冠之家,未仕。能文善画,落拓不羁。曾从同里石韫玉出游南北各地,为人幕僚。嘉庆十三年(1808)随翰林院编修齐鲲出使琉球,册封琉球国王。于琉球作自传体散文《浮生六记》,今存四记,其文笔真切自然,深情缅邈,颇足动人。

闺房记乐(节选)

沈　复

余性爽直,落拓不羁;芸若腐儒,迂拘多礼。偶为披衣整袖,必连声道"得罪";或递巾授扇,必起身来接。余始厌之,曰:“卿欲以礼缚我耶?语曰:‘礼多必诈’。”芸两颊发赤,曰:“恭而有礼,何反言诈?”余曰:“恭敬在心,不在虚文。”芸曰:“至亲莫如父母,可内敬在心而外肆狂放耶?”余曰:“前言戏之耳。”芸曰:“世间反目,多由戏起,后勿冤妾,令人郁死!”余乃挽之入怀,抚慰之,始解颜为笑。自此“岂敢”“得罪”竟成语助词矣。

鸿案相庄廿有三年①,年愈久而情愈密。家庭之内,或暗室相逢,窄途邂逅,必握手问曰:“何处去?”私心忒忒②,如恐旁人见之者。实则同行并坐,初犹避人,久则不以为意。芸或与人坐谈,见余至,必起立偏挪其身,余就而并焉,彼此皆不觉其所以然者,始以为惭,继成不期然而然。独怪老年夫妇相视如仇者,不知何意?或曰:“非如是,焉得白头偕老哉?”斯言诚然欤?

是年七夕,芸设香烛瓜果,同拜天孙于我取轩中③。余镌“愿生生世世为夫妇”图章二方,余执朱文,芸执白文,以为往来书信之用。是夜,月色颇佳,俯视河中,波光如练,轻罗小扇,并坐水窗,仰见飞云过天,变态万状。

芸曰:“宇宙之大,同此一月,不知今日世间,亦有如我两人之情兴否?”

余曰:“纳凉玩月,到处有之。若品论云霞,或求之幽闺绣闼④,慧心默证者固亦不少⑤。若夫妇同观,所品论者恐不在此云霞耳。”

未几,烛尽月沉,撤果归卧。

七月望,俗谓鬼节。芸备小酌,拟邀月畅饮。夜忽阴云如晦,芸愀然曰:“妾能与君白头偕老,月轮当出。”余亦索然。但见隔岸萤光明灭万点,梳织于柳堤蓼渚间。余与芸联句以遣闷怀⑥,而两韵之后,逾联逾纵,想入非夷⑦,随口乱道。芸已漱涎涕泪,笑倒余怀,不能成声矣。觉其鬓边茉莉浓香扑鼻,因拍其背,以他词解之曰:“想古人以茉莉形色如珠，故供助妆压鬓，不知此花必沾油头粉面之气，其香更可爱，所供佛手当退三舍矣⑧。”芸乃止笑曰：“佛手乃香中君子，只在有意无意间。茉莉是香中小人，故须借人之势，其香也如胁肩谄笑⑨。”余曰：“卿何远君子而近小人？”芸曰：“我笑君子爱小人耳。”

正话间，漏已三滴，渐见风扫云开，一轮涌出，乃大喜。

〔注〕 ① 鸿案相庄：用梁鸿举案齐眉的典故。相庄，相敬的意思。 ② 忒忒：忐忑的意思。 ③ 天孙：织女。 ④ 绣闼：指女子的闺房。修，华丽。闼，内室。 ⑤ 默证：默默地体悟。证，佛教语，参悟。 ⑥ 联句：即联句赋诗的意思。由两人或多人一起，一人出上联，另一人续下联。 ⑦ 非夷：匪夷所思。 ⑧ 佛手：佛手柑。 ⑨ 胁肩谄笑：耸着双肩谄媚地笑。

本篇为《浮生六记》之《闺房记乐》的节选。诚如史家陈寅恪先生所言，我国文学因礼法顾忌之故，记夫妻生活的不多，“盖闺房燕昵之情事，家庭米盐之琐屑，大抵不列于篇章”。但《浮生六记》是个例外。

《浮生六记》共六篇，现存《闺房记乐》《闲情记趣》《坎坷记愁》《浪游记快》，作者沈复，清乾嘉年间苏州人，是个较有修养的小知识分子，没有功名。《闺房记乐》记叙了他和妻子芸娘之间简单平淡，却情投意合的生活故事。

芸娘聪慧娴雅，在家庭长辈面前，甚至在作者“我”面前显得迂拘多礼，作者一开始不理解，在他看来，礼多必诈，至少一个人对别人的恭敬，放在心上就行了，不必有这许多的虚文。比如作者“偶为披衣整袖，必连声道得罪”，或随便递给她个毛巾扇子，她也必站起来接。芸娘很严肃地解释说：至亲莫若父母，难道可以内心恭敬而行为粗鲁狂放？在芸娘看来，“礼”就是这样自然而然，不装饰，不做作，是发乎内心的。

“礼”对于传统中国人来说，会引起很复杂的情感，它常常束缚着人的言行举止，压抑着人的心灵。情礼冲突是人们日常生活，也是文学作品中的重要主题，对于芸娘这样的女子来说，礼完全出于人性之自然。

作者接着写了他们夫妻之间的几件小事。他们结婚二十多年，时间越久，情感愈深，在家里每次相逢，他们必定碰碰手，问问对方做啥去，心里还忐忑不安，看看有没有人看见。夫妻之间一同散步或闲坐在一起，初始时还会尽量避开旁人，时间长了后，就不以为意了。芸娘和别人闲坐说话，见作者过来，必定挪动一下身子，腾出地方，让作者就挨着她坐下。这些在今天看来很平常的事，在当时却是有点惊世骇俗的。

七夕节，又叫七巧节，是为纪念织女诞辰的。这年七夕，作者特意刻了两方图章，印文曰“愿生生世世为夫妇”，作者拿朱文，芸娘拿白文，以备将来写信时用。那夜月光如泻，他们并坐水窗，仰看云起云落。接着作者又描写了他们一起过七月十五，俗称鬼节的情景，他们一起联句赋诗，品评茉莉与佛手香味之别。

本文所记，最是寻常，不过是日常生活中的吟诗、郊游、聚友、烹肴，可贵的是没有一点忸怩作态，更无一点学究气。灵秀冲淡，读来真如清风拂面。

文章之可贵，真与自然而已。言由衷谓之真，称意而发谓之自然。就是这样的文字感动了无数读者，鲁迅说“像《浮生六记》中的芸，虽非西施面目，并且前齿微露，我却觉得是中国第一美人”。林语堂说：“芸，我想是中国文学上一个最可爱的女人……她只是我们有时在朋友家中遇见的有风韵的丽人，因与其夫伉俪情笃，令人尽绝倾慕之念。我只觉得世上有这样的女人是一件可喜的事，只顾认她是朋友之妻，可以出入其家，可以不邀自来吃午饭，或者当她与她丈夫促膝畅谈书画文学腐乳卤瓜之时，你打瞌睡，她可以放一条毛毡把你的脚腿盖上。”

作者习幕经商，文学非其专业，但本篇文字娓娓道来，舒卷自如，不枝不蔓，足见作者驾驭文字的能力。

（严　明）

【作者小传】

阮　元

(1764—1849)　清学者、文学家。字伯元，号芸台，或作云台，江苏仪征（今扬州）人。乾隆进士。授编修。嘉庆间历任多省巡抚、总督。道光间官至大学士，加太傅。卒谥文达。凭借其尊贵的身份地位，为乾嘉朴学的发展做出过较大贡献。曾创办诂经精舍、学海堂，校刻《十三经注疏》。本人也是扬州学派的重要成员，著述甚丰。诗与古文、骈文并工，倡“文笔说”。有《揅经室集》，编有《广陵诗事》《淮海英灵集》《两浙輶轩录》。

文　言　说

阮　元

古人无笔砚纸墨之便，往往铸金刻石，始传久远；其著之简策者，亦有漆书刀削[1]之劳；非如今人下笔千言，言事甚易也。许氏《说文》②:“直言曰言,论难③曰语。”《左传》曰:“言之无文④,行之不远。”此何也?古人以简策传事者少,以口舌传事者多;以目治事者少,以口耳治事者多。故同为一言,转相告语,必有愆误。(原注:《说文》:“言,从口从辛;辛,愆也。”)是必寡其词,协其音,以文其言,使人易于记诵,无能增改,且无方言俗语杂于其间,始能达意,始能行远。此孔子于《易》所以著《文言》⑤之篇也。古人歌、诗、箴、铭、谚语,凡有韵之文,皆此道也。《尔雅·释训》⑥主于蒙训,“子子孙孙”⑦以下,用韵者二十条,亦此道也。

孔子于《乾》《坤》之言,自名曰“文”,此千古文章之祖也。为文章者,不务协音以成韵,修辞以达远,使人易诵易记,而惟以单行之语,纵横恣肆,动辄千言万字,不知此乃古人所谓直言之言,论难之语,非言之有文者也。非孔子之所谓文也。《文言》数百字,几于句句用韵。孔子于此发明乾坤之蕴,铨释四德之名⑧,几费修词之意,冀达意外之言。(原注:《说文》曰:“词,意内言外也。”盖词亦言也,非文言。《文言》曰:“修辞立其诚。”《说文》曰:“修,饰也。”词之饰者,乃得为文,不得以词即文也。)要使远近易诵,古今易传,公卿学士皆能记诵,以通天地万物,以警国家身心。

不但多用韵,抑且多用偶,即如:“乐行忧违”⑨,偶也;“长人合礼”⑩,偶也;“和义干事”⑪,偶也;“庸言庸行”⑫,偶也;“闲邪善世”⑬,偶也;“进德修业”,偶也;“知至知终”⑭,偶也;“上位下位”⑮,偶也;“同声同气”⑯,偶也;“水湿火燥”⑰,偶也;“云龙风虎”⑱,偶也;“本天本地”⑲,偶也;“无位无民”⑳,偶也;“勿用在田”㉑,偶也;“潜藏文明”㉒,偶也;“道革位德”㉓,偶也;“偕极天则”㉔,偶也;“隐见行成”㉕,偶也;“学聚问辩”㉖,偶也;“宽居仁行”㉗,偶也;“合德合明,合序合吉凶”㉘,偶也;“先天后天”㉙,偶也;“存亡得丧”㉚,偶也;“余庆余殃”㉛,偶也;“直内方外”㉜,偶也;“通礼居体”㉝,偶也:凡偶，皆文也。于物两色相偶而交错之，乃得名曰文，文即像其形也。（原注：《考工记》曰："青与白谓之文，赤与黄谓之章。"《说文》曰："文，逪（错）画也，象交文。"）

然则千古之文，莫大于孔子之言《易》。孔子以用韵比偶之法，错综其言而自名曰"文"。何后人之必欲反孔子之道。而自命曰"文"，且尊之曰古也？

〔注〕①漆书刀削：用漆书写于竹简上，用刀削除书写的错误。②《说文》：《说文解字》的简称，东汉许慎著。③论难：论辩诘难。④"言之无文"二句：见《左传》襄公二十五年。⑤《文言》：《易传》中的篇名，论述《易经》乾、坤二卦卦辞爻辞。⑥《尔雅·释训》：《尔雅》是我国最早解释词义的专著，《释训》为书中第三篇。蒙训：启蒙教育。⑦"子子孙孙"二句：《尔雅·释训》自"子子孙孙"以下十余条连续用韵。⑧四德之名：指乾卦卦辞"元、亨、利、贞"。《文言》阐述了此卦辞涵义，并称之为"四德"。⑨乐行忧违：《文言》原文："乐则行之，忧则违之。"⑩长人合礼：《文言》："君子体仁足以长人，嘉会足以合礼。"⑪和义干事：《文言》："利物足以合义，贞固足以干事。"⑫庸言庸行：《文言》："庸言之信，庸行之谨。"⑬闲邪善世：《文言》："闲邪存其诚，善世而不伐。"⑭知至知终：《文言》："知至至之，可与言几也；知终终之，可与存义也。"⑮上位下位：《文言》："是故居上位而不骄，在下位而不忧。"⑯同声同气：《文言》："同声相应，同气相求。"⑰水湿火燥：《文言》："水流湿，火就燥。"⑱云龙风虎：《文言》："云从龙，风从虎。"⑲本天本地：《文言》："本乎天者亲上，本乎地者亲下。"⑳无位无民：《文言》："贵而无位，高而无民。"㉑勿用在田：《文言》："潜龙勿用，下也；见龙在田，时舍也。"㉒潜藏文明：《文言》："潜龙勿用，阳气潜藏；见龙在田，天下文明。"㉓道革位德：《文言》："或跃在渊，乾道乃革；飞龙在天，乃位乎天德。"㉔偕极天则：《文言》："亢龙有悔，与时偕极；乾元用九，乃见天则。"㉕隐见行成：《文言》："隐而未见，行而未成。"㉖学聚问辩：《文言》："君子学以聚之，问以辩之。"㉗宽居仁行：《文言》："宽以居之，仁以行之。"㉘"合德合明"二句：《文言》："与天地合其德，与日月合其明，与四时合其序，与鬼神合其吉凶。"㉙先天后天：《文言》："先天而天弗违，后天而奉天时。"㉚存亡得丧：《文言》："知存而不知亡，知得而不知丧。"㉛余庆余殃：《文言》："积善之家，必有余庆；积不善之家，必有余殃。"㉜直内方外：《文言》："君子敬以直内，义以方外。"㉝通礼居体：《文言》："君子黄中通礼，正位居体。"

阮元是个经学家，在经籍文献的编撰校刻方面成就卓著，同时，他对文章也有独到的见解。他提出，文章当自成一类，不可与经、子、史混同，文章的特性不在于"立意纪事"，因为这也是经、子、史共有的体性，文则必须体现"沉思翰藻"的特点，即有精到的构思和华美的藻饰。阮元喜好骈体文，认为骈文才与文之名称相吻合。《文言说》就是反映他文学思想的一篇重要作品。

本文指出，所谓文章必备两个要求：一是用韵，一是用偶。并明确表示，"惟以单行之语，纵横恣肆"的文辞形式即"非言之有文者也"，不可称之为文。显然，这是倡导骈文，为骈文张本的文学主张。围绕着提出这两个要求的依据所在，本文作了充分论述。

先是追溯历史渊源，说明这样的文辞要求来自于社会生活的实际需要，是言辞在发展中产生的必然结果。文章从阐释“言之无文，行之不远”一语出发，指出古人由于受书写条件限制，信息和思想的交流主要借口舌相传，为了不在言语流传的过程中产生错误，达到便于记诵、准确传述的要求，自然就需要“寡其言，协其音”，这样才能有效实现“达意”“行远”的目的，而用韵比偶的表达形式亦正孕于此。

接着指出，用韵比偶不仅在古代特殊的语言交往环境中成为必须的要求，而且也是今人必当遵循的原则。为了进一步说明这层意思，作者以孔子《文言》为据，依托圣人的权威，极意把古代的口传所需提升为对后世文辞的普遍要求。他不仅称《文言》为“千古文章之祖”，大量征引以示为文之范式，尤其可注意的是，他特别对孔子著《文言》的用意加以深化揭示，指出孔子对《易经》乾、坤二卦的阐述是“几费修辞之意，冀达意外之言”，又用文中加注的方式进行强调，说明书面文辞与口头语言相同，若不加修饰同样难达其效，因而不能以为书面文辞即等同于文，文辞修饰才是成文的先决条件。在此基础上，作者进而提出，文辞的修饰除了实现“远近易诵”这一空间流传的效果，还体现为“古今易传”的垂世意义，还具有被世人普遍接受，产生“通天地万物”“警国家身心”的重大作用，可见修饰文辞以达到韵协句偶，绝非限于古人之需，也绝非简单的形式追求，实是关及实现文章价值的大问题。阐述这一层意思尽管用语不多，却见出作者思维的缜密，溯古及今，使他的文章主张得到了周全的论证。

阮元以一个经学家而撰就此文，在文字表现力方面也颇具特性。文章充分显示出经学家崇古尊圣的学术风尚，其观点的提出必引经据典，从史书所述，至圣人之文，乃至拈出具体一字以申其原义，无不说明论必有据，决非虚言。同时，阮元显然也注意对自己文章进行修饰，除了论说中时而夹以偶句，尤引人注目的是他主张用韵的一段文字，几乎全部引用《文言》中的对偶句来说明问题，这既是借助圣人之语以示此说的不可置疑，又通过他对《文言》原句的简化，避免了大量征引的繁琐之状，而使这段文字自身也呈现对偶形态，在表现形式上与其论旨达到一致，足见作者的用心之处。

阮元把用韵与对偶作为文的特性，虽然在肯定骈文的同时，对散体否定过甚，显出认识的褊狭，但另一方面，这正表明他是以比较纯粹的美学要求为文作出界定，对于文章必明道经世的传统认识是一种突破，对推进文学观念的发展有一定启示意义。

（陈晓芬）

【作者小传】

李兆洛

(1769—1841) 清文学家、学者。字绅琦,后改申耆,号养一,江苏阳湖(今常州)人。嘉庆十年进士。授凤台知县。丁外艰,归里不复出。主暨阳书院讲席近二十年。熟谙经史之学,最精舆地。论文主张打通骈散。与恽敬、张惠言同是阳湖派古文主要代表。为文以雄深雅健见称。亦工诗词。有《养一斋集》,编有《骈体文钞》。

骈体文钞序

李兆洛

少读《文选》①,颇知步趋齐、梁。后蒙恩入庶常②,台阁之制,例用骈体,而不能致工。因益搜辑古人遗篇,用资时习,区其巨细,分为三编。序而论之曰:天地之道,阴阳而已,奇偶也,方圆也,皆是也。阴阳相并俱生,故奇偶不能相离,方圆必相为用。道奇而物偶,气奇而形偶,神奇而识偶。孔子曰:"道有变动③,故曰爻;爻有等,故曰物;物相杂,故曰文。"又曰:"分阴分阳④,迭用柔刚。故《易》六位而成章。"相杂而迭用,文章之用,其尽于此乎!六经之文,班班⑤具存。自秦迄隋,其体递变,而文无异名。自唐以来,始有古文之目,而目六朝之文为骈俪。而为其学者,亦自以为与古文殊路。既歧奇与偶为二,而于偶之中,又歧六朝与唐与宋为三。夫苟第较其字句,猎⑥其影响而已,则岂徒二焉三焉而已,以为万有不同可也。夫气有厚薄,天为之也;学有纯驳,人为之也。体格有迁变,人与天参焉者也;义理无殊途,天与人合焉者也。得其厚薄纯杂之故,则于其体格之变,可以知世焉;于其义理之无殊,可以知文焉。文之体,至六代而其变尽矣。沿其流极⑦而溯之,以至乎其源,则其所出者一也。吾甚惜夫歧奇偶而二之者之毗⑧于阴阳也。毗阳则躁剽⑨,毗阴则沉腿⑩,理所必至也,于相杂迭用之旨均无当也。李兆洛序。

〔注〕①《文选》:现存最早的诗文总集,南朝梁萧统选编。 ②庶常:清代翰林院设庶

李兆洛像

——《清代学者像传》

常馆，选长于文章书法的进士入内学习，以后根据考试成绩分别授以馆职。 ③“道有变动”六句：语出《易传・系辞下传》。爻：《易经》中组成卦的符号，有“—”和“– –”两种，分别表示阳爻和阴爻。等：等差。 ④“分阴分阳”三句：语出《易传・说卦传》。六位：即六爻，《易经》六十四卦每卦由六爻组成，因上下位次不同故称六位。章：指卦爻象辞。 ⑤班班：明显的样子。 ⑥猎：寻求。 ⑦流极：去向。 ⑧呲：损伤。 ⑨躁剽：急躁强悍。 ⑩沉膇（zhuì坠）：比喻文辞臃滞不畅。

清代出现了骈文复兴的局面，文人写作骈文者甚多，同时，也出现了各类评论骈文的著作及骈文选本。在此背景中，李兆洛历时十四年编选了《骈体文钞》，选录战国至隋七百七十余篇作品，并以序申述了自己对骈文的见解。这篇序文篇幅不长，但围绕着“相杂迭用”的中心论点来阐述骈体的意义，立意确当，论述全面。

首先，以对天地万物自然形态的论述来确认骈体形式的不可否定。古人论文，向以道为本原，作者也从天地之道出发，指出道为一，然物则形态各异，相反相成。文章以铺叙的方式，对这一道理反复陈述，先通过阴阳、奇偶、方圆等物体属性之称，用不同的句式明其相并共存的事实，又应用中国传统哲学的道物、气形、神识等概念，两两相对，以明奇偶不能相离之理。在此基础上再引孔子语以申文章之见，水到渠成地得出“相杂而迭用，文章之用，其尽于此乎”的结论。这里看似并未专辩骈体之长，然作者站在审察天地万物的高度，由此申张奇偶不可相离的观点，那么骈体存在的必然性与合理性自不言而喻。

其次，以解析文章的演变状况来认识骈体的本质。唐宋以来，文人对六朝文风多持批评态度，古文运动兴起，更是对骈文作出全面否定，这样的认识在文坛长期居于主流地位。但作者认为，随着时代发展，文体嬗变是一种自然现象，这并不影响文的本质。他对古文与骈文“殊路”的认识观念很不赞同，认为这是停留于形表的肤浅认识，由此，他对文体变化的本质作了深入辨析。他从天人关系出发，提出体格迁变与义理无殊二者是事物的完整构成，体格迁变是人世的现实形态，而义理无殊则是一切存在的根本。以这样充满哲理的宏观视野而落实到文体考察，观点的产生便顺理成章：文体虽然多变，但“至乎其源”，则“所出者一”，同样合乎事物的自然规律。作者把骈文自产生及作用都安置在宏大的自然规律中予以阐述，在传统理论的范畴内展开讨论，这无疑是为骈体文正名，争得了与古文并列的一席之地。尤其是他明确对六朝文予以肯定，表达了对一些正统古文家狭隘之见的批评。

最后，文章提出不可偏执一端的主张，这正是李兆洛文学思想的可贵之处。虽然他为骈文张目呐喊，却并未由此贬损散体。他明确反对人为地将奇偶歧而二之，与以上所论相呼应，他又提出阴阳的概念，说明偏于任何一端都违背了自然之理，必会影响文章的完美，并再一次申明“相杂迭用”的旨意而作为全文的结语。李兆洛的见解全面而不失偏颇，这不仅推进了骈体文的发展，而且对于完善古文的写作，对于散文创作在文学艺术上的进一步提高都是有益的。（陈晓芬）

【作者小传】

包世臣

(1775—1855) 清散文家、书法家。字慎伯，号倦翁，又号小倦游阁外史，世称安吴先生，安徽泾县人。嘉庆十三年(1808)举人。屡赴礼部试，皆报罢。道光十五年(1835)大挑得一等，授新喻知县。被劾落职。遂居江宁专事著述。为文喜言经世之务，与一般文人之拘拘于章句有别。亦能诗，又精书学。有《安吴四种》《小倦游阁文稿》。

小倦游阁记

包世臣

嘉庆丙寅，予寓扬州观巷天顺园之后楼，得溧阳史氏所藏北宋枣版阁帖①十卷，条别②其真伪，以襄阳③所刊定本校之，不符者右军、大令④各一帖，而襄阳之说为精。襄阳在维扬⑤倦游阁成此书，予故自署其所居曰“小倦游阁”。十余年来居屡迁，仍袭其称，而为之记曰：

史言⑥长卿故倦游，说者谓倦，疲也，言疲厌游学，博物多能也。然近世人事游者，辄使才尽何耶？盖古之游也有道，遇山川，则究其形胜厄塞⑦；遇平原，则究其饶确⑧与谷木之所宜；遇城邑，则究其阴阳流泉，而验人心之厚薄，生计之攻苦⑨；遇农夫野老，则究其作力之法，勤惰之效；遇舟子，则究水道之原委；遇走卒，则究道里之险易迂速与水泉之甘苦羡耗⑩，而以古人之已事⑪，推测其变通之故。所至又有贤士大夫讲贯⑫切磋，以增益其所不及，故游愈疲，则见闻愈广，研究愈精，而足长才也。

今之游者则不然，贫则谋在稻粱⑬，富则娱于声色。其善者乃能于中途流连风物，咏怀胜迹，所至则又与友朋事谈燕⑭，逐酒食。此非惟才易尽也，而又长恶习。

予自嘉庆丙辰出游，以至于今，廿有七年矣，少小记诵，荒落殆尽，而心智益拙，志意颓放，不复能自捡束。而犹日冒此倦游之名也，其可惧也夫，其可愧也夫！

〔注〕 ① 阁帖：即《淳化阁帖》的省称。汇刻丛帖。十卷。淳化三年(992)，宋太宗出秘阁所藏历代法书，命侍书学士王著编次，标明为“法帖”，摹刻在枣木板上，拓赐大臣。由于王著采择未精，故夹杂部分伪迹，或误标作者，但古人法书，赖此以存。 ② 条别：逐条鉴别。 ③ 襄阳：即北宋书画家米芾，字元章，号襄阳漫士。擅书画，精鉴别。行、草书得力于王献之，用笔俊迈豪放，与蔡襄、苏轼、黄庭坚合称“宋四家”。 ④ 右军、大令：即东晋书法家王羲之与王献之。王羲之，字逸少，官至右军将军、会稽内史，人称王右军。王献之，王羲之第七子，官至中书令，人称王大令。 ⑤ 维扬：江苏扬州。 ⑥“史言”二句：语出《史记·司马相如列传》：“长卿故倦游，虽贫，其人材足依也。”《史记集解》引郭璞语曰：“厌游宦也。”据此，则下文对“倦游”的解释似不符合《史记》原意。 ⑦ 形胜厄塞：地理形势优越与险要之地。形胜，地理形势优越。语出《荀子·强国》：“其固塞险，形势便，山林川谷美，天材之利多，是形胜也。”厄塞：险要之地。语出《史记·萧相国世家》：“汉王所以具知天下厄塞。” ⑧ 饶确：丰饶与瘠薄。 ⑨ 攻苦：艰苦的生活。 ⑩ 羡耗：多余和不足。 ⑪ 已事：前事。 ⑫ 讲贯：犹讲习。相互讨论学习。 ⑬ 谋在稻粱：犹“稻粱谋”。原指禽鸟寻觅食物，后用以比喻人谋求衣食。 ⑭ 谈燕：边宴饮边叙谈。燕，通“宴”。

包世臣是清朝的学者、书法家、书法理论家，在书法理论方面成就很大，同时学识渊博，一生致力于经世之学，对兵家、经济学也有独到的见解。生平著作，晚年收集、整理为《安吴四种》。

为亭台楼阁作记，乃传统文人之习惯，本文沿袭旧体，却在思想内容上颇有新意。

文章开头讲述了小倦游阁名字的来历，颇体现作者书法家的本色。作者在后楼得到溧阳史姓人所收藏的北宋枣木刻板的《淳化阁帖》十卷，以北宋书法家米芾所刊定的版本来校订。作者认为米芾的说法很是精到，因米芾在扬州有“倦游阁”，所以作者将自己的居所命名为“小倦游阁”，也有景仰前贤之意。

“倦游”二字本出于《史记·司马相如列传》“长卿故倦游”。郭璞考证它的意思是“厌游宦也”。辛弃疾《鹧鸪天》词有“梦断京华故倦游，只今芳草替人愁”，用的也是这一典故。后世亦用“倦游”表示厌倦于行旅生涯或游览已倦，如晋陆机《长安有狭邪行》曰：“余本倦游客，豪彦多旧亲。”包世臣当取后者之意。然而他的下文并不以“倦”字入手，却取“游”的本义“游历”，展开阐述。

他首先提出疑问：为什么古人游历可以增长才干，今人游历却使才干枯竭呢？古人的游历，是有"道"的，遇到山川平原、舟子走卒，都会用心考究，以弥补自身的不足，同时与贤明的人交流切磋，所以游历越频繁，见闻越广博。这个"道"，实际是儒家"格物致知"的求知精神，是传统士子"读万卷书、行千里路"的精神内核。宋代文学家苏轼途经湖口时游览石钟山，对其名称感到好奇，亦对前人郦道元和李渤的说法存疑，便于月明星稀之夜与长子苏迈共乘小舟实地考察，得出较为科学的结论，创作了传世名文《石钟山记》，发出了"事不目见耳闻，而臆断其有无，可乎？"的感慨。苏轼所行，便是作者所说的"古之游也有道"。这里提出的见解与乾嘉学派大异其趣，所称颂的虽是"古之游也有道"，然而体现了作者发于时代之先的"经世致用"的精神。

而接下来在文中受到批判的"今之游者"，丧失了前人的求知精神，流于走马观花、声色犬马，所以会使才华耗尽，甚至增长恶习。作者游宦江南，为天下声色富足之地，目睹许多子弟的"谋在稻粱""娱于声色"之游，自然心有所感，出此劝诫之语。

文章结尾是作者的自省：用"倦游"的名义放纵自己，荒废学问，实在是令人惭愧啊！

本文全无陈腐之气，文风简约务实，清新可喜；内容言之有物，发人深省；文中的观点，对后世旅游者也有相当大的启发。

（王　源）

【作者小传】

管　同

(1780—1831)　清散文家。字异之。上元(今江苏南京)人。道光举人。善属文，有经世之志。受业于姚鼐，为桐城派作家。与梅曾亮友善。著有《因寄轩文集》《皖水词存》《七经纪闻》等。

游西陂记

管　同

嘉庆十二年四月三日，商邱陈燕仲谋、陈焯度光招予游宋氏西陂。陂自牧仲尚书之没，至于今逾百年矣，又尝值黄河之患，所谓芰梁、松庵诸名胜，无一存者。独近陂巨木数百株，蓊然青葱，望之若云烟帷幕然，路人指言曰："此宋尚书手植树也。"

既入陂，至赐书堂①，晤其主人，出王翚石谷②所为六境图③，尤展成、朱锡鬯诸公题咏在焉④。折而西，有小屋一区，供尚书遗像。其外则巨石布地如散棋，主人曰："此艮岳石⑤也，先尚书求以重价，而使王翚用画法叠为假山，其后为河水所冲败，乃至此云。"闻其言，感叹者久之。

抵暮皆归，饮于陈氏仲谋。度光举酒属予曰："子曷为记？"嗟夫！当牧仲尚书以诗文风雅倾动海内，一时文士景从响应⑥，宾客园林之胜，可谓壮哉！今始百年，乃令来游者徒慨叹于荒烟蔓草之外，盖富贵固无常矣；而文辞亦何裨于是也？士亦舍是而图其大且远者，其可已。是为记。

〔注〕 ① 赐书堂：安置皇帝赐书的房子。据宋荦《漫堂年谱》，从康熙三十八年起，皇帝曾多次给宋荦亲笔写字赐书，宋荦在其住所建御书楼收藏。 ② 王翚石谷：王翚，字石谷，虞山(今江苏常熟)人，清初著名画家。 ③ 六境图：宋荦《西陂杂咏》共六首，分咏渌波村、钓家、纬萧草堂、松庵、芰梁、放鸭亭六境。王石谷以此为图。 ④ 尤展成：尤侗，字展成，清初文学家、戏曲家。朱锡鬯：朱彝尊，字锡鬯，清初文学家。他们在六境图上有所题咏。 ⑤ 艮岳石：太湖石之类的奇石。宋徽宗令朱勔在江南搜求太湖石，运往汴京(今河南开封)，在城东北修所谓的"艮岳"(在八卦的方位中东北属"艮")。 ⑥ 景从响应：如影之随形，如音之相应。景，同"影"。贾谊《过秦论》："天下云集响应，赢粮而景从。"

西陂是河南商丘城外的一处游览胜地，那里曾经有过宋荦的别墅。据宋荦《漫堂年谱》记载，别墅在康熙四十五年(1706)、宋荦七十三岁时正式建成，先名赐果园，到宋荦七十五岁致仕回乡后，改名乐春园。这篇游记是管同在嘉庆十二年(1807)写的，宋荦卒于康熙五十二年，作者说："陂自牧仲尚书之没，至于今逾百年矣"，那是约略而言，其实上距宋荦去世仅九十四年。

宋荦(1634—1713)在清康熙时期是一个很有名声的大人物。他的父亲宋权官至宰相。宋荦十四岁就到宫廷当侍卫，甚得皇帝的信任，后官至江西巡抚、江苏巡抚、吏部尚书。他不仅精于吏治，而且能诗善文，学问渊博，擅长鉴赏。现在，面对这样一位富贵而又风雅的历史人物的别墅，作者所见到的只有据说是宋荦手植的数百株蓊然青葱的古树；而所谓的芰梁、松庵诸名胜，由于黄河决口之患，已经荡然无存了。文章对西陂外景轮廓的勾勒，一开始就定下了感慨系之的基调。由所见引起所感，重在写感受而不在写风景，是这篇游记的特点。

到了赐书堂，会见了主人。主人是宋荦的子孙后代，他拿出了清初著名画家王石谷为西陂景物所绘的六境图。继而又看到了宋荦的画像。小屋外面巨石布地，犹如散乱的棋子。据主人说，那是宋荦以重价购买的“艮岳石”，原先请王石谷设计，以画法叠为假山，后来被河水冲败，散落成这个样子。“六境”已经不复存在，只有从画家的笔触中，留下了当年西陂盛况的倩影；而宋荦的遗像，也只能使人徒增抚今思昔的幽思。只有那些散乱的“艮岳石”，横七竖八地向人们展示着人世间的沧桑巨变。这图，这像，这石，都深深打上了岁月流逝的印记，它有美好的追念，也有深沉的叹息。好景不常，这就是作者“感叹者久之”的主要原因。

作者最后的一段议论，是感受的总括，也是全文的主旨所在。想当年宋荦“以诗文风雅倾动海内”，“宾客园林之胜，可谓壮哉”！然而现在只能让游者“慨叹于荒烟蔓草之外”。由此可见，富贵是无常的；而写题咏之类的文辞，于此也无什么裨益，士人应该“舍是而图其大且远者”，也就是说，应该在立德、立功方面做出成就。如果能做到这些，也就差不多可以了。如此结尾，文章就从低沉的叹息转而为积极的进取，从怅惘的回首变而为现实的正视。这是作者思想的升华，对于读者是有启迪作用的。

这篇游记虽然不以写景为主，但在写景方面仍有匠心独运之处。以画法喻之，它不是小李将军的金碧山水，却似黄大痴之用笔，无求工求奇之意，而有荒率苍茫之致。无论古树、巨石，还是书堂、小屋，都饶有元人笔墨的意趣。这种描绘，既是真实的写生，也是感触的体现。“须以神遇，不以迹求”，文理和画理原本是相通的。

（宋　廓）

【作者小传】

梅曾亮

(1786—1856)　清散文家。字伯言。江苏上元(今南京)人。道光进士。官户部郎中。少喜骈文，后专力为古文。师事姚鼐，与管同同为桐城派后期重要作家。所作大多为书序碑传一类文字，宣扬封建伦理道德。亦能诗。著有《柏枧山房文集、诗集》。

《阮小咸诗集》序　　梅曾亮

江宁郡城，其西北包十余山①，林壑深远，而秦淮、清溪之水萦带其下，其迹虽或存或湮，而清淑之气犹足以沾溉人物。故士生其里，多跌宕自标异，或真朴无文饰，有六朝人②余习，其衣冠言动，与南城人风气固殊也。以余相知，若严君小秋、汪君郧楼、车君秋舲、陆君香筠、汪君平甫、方君慎之及小咸，所居相去率不过一二里。而诸君皆多文酒之会，时相与携榼访胜，极乎山砠水涯，欢吟醉呼，穷日夜，披林莽，逐星月而归，以为常。小咸虽与诸君倡和相得，而终岁授徒，于文酒之乐不多与也。

及余自京师归，北城诸君凋逝殆尽，慎之亦久客不能归，独君年已七十，尚授徒如故。余因自叹年未甚耄老，而自里居后，山城孤寺，往往多独游，少与偕者。见少年游从意气之盛，追念昔时同辈，邈焉难求，而寂寞自守，得臻乎老寿如君者，为可幸也。

乃未几而君亦旋卒，君之子肇星以诗稿属序。余读之，清婉恬适，如君其人，不以其不得志于有司③也而有怨词，有矜气，真德人之音也。昔与君及郧楼、香筠同肄业于尊经书院，夜归，市户皆静闭，独吾三四人履声满街。读君诗，忽忽不觉为数十年事也。

咸丰二年九月序。

〔注〕 ① 西北包十余山：指石城山、冶城山、清凉山、鸡鸣山、四望山、马鞍山、卢龙山、幕府山、观音山等。　② 六朝人：吴、东晋、宋、齐、梁、陈均建都南京，称为“六朝”。当时士人多自标清高，穷山林之乐，放纵不羁。　③ 不得志于有司：韩愈《送董邵南序》：“董生举进士，连不得志于有司。”意为科举未考中。

阮小咸是封建社会里一个清贫的读书人，以教书为业，一生默默无闻，最后老死于乡里。他和梅曾亮都是上元（今江苏南京）人，是少年时代的朋友。梅曾亮道光二年（1822）中了进士，在北京做官二十余年，回到故乡以后，阮小咸已成为七十老翁，不久便死去了。梅曾亮不仅为这位平平常常读书人的诗集写了序，而且通过侧面衬托之法，充分表达了他对这位老朋友的同情和敬佩。即此而论，文章的立意，可以说已经与当时的世俗偏见迥异其趣了。

序文先以粗线条的勾勒，写出江宁（今南京市）西北山川之美。“而清淑之气犹足以沾溉人物”，就点明了地灵人杰之意。生长在这里的士人，放纵不羁，自标清高，与众不同者多；有的则纯真朴实，不修边幅，不矫揉造作。作者在乡里的朋友如严小秋、阮小咸等人，意气相投，耽山水之乐，多文酒之会，就很有点六朝人物的“余习”。他们都是南京西北一带的人，所以开头写山川之美，亦即写人物之盛。而阮小咸虽与这些人“倡和相得”，却终岁教授生徒，文酒之乐却不多参与。这是同中之异，从而突出了前面所指出的“真朴无文饰”。这种映衬，似乎对阮小咸着墨不多，其实都是在写阮小咸。

当作者从京师回归乡里以后，北城的朋友们已经差不多“凋逝殆尽”，方慎之也久客于外，不能回归。山川依旧，人物已非，在平淡的叙述中蕴含着多少人生无常、悲欢离合的感慨！只有这位阮小咸，虽年已七十，却依然教授生徒如故。而作者自己虽然年纪还不太老，但“山城孤寺，往往多独游，少与偕者”，时过境迁，已非少年情怀。作者写“自叹”，自然是真实感情的流露，但是却更加映衬了阮小咸甘于寂寞自守的节操。也唯其如此，所以说阮小咸能“臻乎老寿”。有感叹，也有庆幸，强自宽慰，既表达了友情的真挚，也表现了行文的曲波回澜，如书家之用笔，在横平竖直中，仍见波磔之意。

不久，阮小咸去世，作者为其诗集作序。至此，文章才提到阮小咸的诗。梅曾亮给它的评语是“清婉恬适，如君其人”，“真德人之音也”。这样，就和前面叙述阮的为人，浑然成为一体。称赞其诗，也是称赞其人。最后又回忆起少年时代与阮小咸等肄业于尊经书院夜晚归来的情景，感触之深，益见情谊之厚。余音袅袅，不绝如缕。如此结尾，更令人回味无穷。

在封建时代，为友人诗文集子写序，往往多溢美之词，难免有阿好之嫌。但是这篇序文却在一定程度上摆脱了旧的窠臼，纯以感触为脉络，真实地写出了阮小咸其人其诗。不夸大，不虚饰，实事求是，这对写这类文章来说，是不易做到的。阮小咸是在科举制度束缚下被抛弃的千万个读书人中的一个。困于科场，却甘于寂寞，这又有其典型性。尽管文章写得哀而不及于伤，我们仍然可以透过字里行间感受到那个时代的深沉叹息。作者朴实的文风是和阮小咸寂寞的一生相为表里，互相渗透的。越是写得含蓄委婉，平淡无奇，越能寓浓于淡，耐人寻味。由此可见，梅曾亮这篇序文之为人称道，并不是偶然的。　（宋　廓）

游小盘谷记　　梅曾亮

江宁府城，其西北包卢龙山[1]而止。余尝求小盘谷，至其地，土人或曰无有。惟大竹蔽天，多歧路，曲折广狭如一，探之不可穷。闻犬声，乃急赴之，卒不见人。

熟五斗米顷，行抵寺，曰归云堂。土田宽舒，居民以桂为业。寺傍有草径甚微，南出之，乃坠大谷。四山皆大桂树，随山陂陀。其状若仰大盂，空响内贮，謦欬[2]不得他逸；寂寥无声，而耳听常满。渊水积焉，尽山麓而止。

由寺北行，至卢龙山，其中阬谷洼隆，若井灶龈腭之状。或曰："遗老所避兵者[3]，三十六茅庵，七十二团瓢[4]，皆当其地。"

日且暮，乃登山循城而归。暝色下积，月光布其上，俯视万影摩荡，若鱼龙起伏波浪中。诸人皆曰："此万竹蔽天处也。所谓小盘谷，殆近之矣。"

同游者：侯振廷舅氏、管君异之、马君湘帆、欧生岳庵、弟念勤，凡六人。

〔注〕 ① 卢龙山：即狮子山，在南京西北约二十里处。明太祖朱元璋曾败陈友谅于此。② 謦（qǐng 请）欬：咳嗽。轻曰謦，重曰欬。 ③ 遗老之所避兵者：清兵南下时，明朝遗民逃往深山避兵之处。 ④ 三十六茅庵，七十二团瓢：茅庵，草屋；团瓢，圆形草屋。三十六、七十二，形容其多。

这是一篇很有特色的游记，独辟灵境，创造意象，是诗化的散文。

文章从寻求小盘谷写起。虽有其名，但当地人有的却说没有。或有或无，疑信参半，这就更加表达了对追求迥绝红尘的幽人境界的向往。而"大竹蔽天，多歧路，曲折广狭如一，探之不可穷"的描绘，一开始就写出了"深"，突出了"幽"。可以说这"深"和"幽"，是小盘谷景色最基本的特征。这一景色，乃是世间所实有，并非太虚幻境，所以听到犬声，"乃急赴之"，既表达了渴望找到人家问个究竟的心情，同时也表现了静中之动。

抵达佛寺以后，于归云堂反而不多落墨，而写居民以桂为业，写"四山皆大桂树"，重在写桂，而不在写人。可以想象，在这深邃幽静的环境中，当桂花开放之时，清香四溢，是何等令人心旷神怡的境界！曲径通幽。作者依旧以"径"为游历线索，继续追寻。"南出之，乃坠大谷"，这个"坠"字，用得很好，极写出山谷之深绝。既然这篇游记是在写小盘谷，所以这"谷"就当然成为描绘的重点。其特点是"若仰大盂，空响内贮，謦欬不得他逸"。极为宁静，十分寂寥，然而"耳听常满"。可以想象，无非风声、鸟声、虫声之类。天籁之声，反而显得更加幽静。妙在于空寂中见流动，于流动中见空寂。而渊水之积，更见深邃。抟实为虚，令人感受到心灵同宇宙的净化。

写卢龙山，重点依然是在写“谷”。不同之处是前者用粗线条轮廓的勾勒，此则用“斧劈”的皴法。“其中阬谷洼隆，若井灶龈腭之状”，是刻画，不是渲染；写了“深”，更写了“藏”。但是作者并没有只停留在写景状物上，而是进一步以或然之词，指出这可能是明朝遗老避兵纾难之所在，从而给读者展开了一幅漫长而又充满血泪的历史画卷。韩愈曾写过一篇《送李愿归盘谷序》。李愿是一位隐士，隐居在河南济源的盘谷。文中说：“是谷也，宅幽而势阻，隐者之所盘旋。”梅曾亮笔下的小盘谷之得名，盖由于此。其意不仅要写出山谷之幽阻，而且也要写出隐士之高洁。但依然是见景而不见人，只是留下无限的空白，让读者用不尽的想象去填补，所谓“无字处皆其意也”（张船山语）。

文章最后写到日暮归途所见所感。写暝色，写月光，都显得神采飞扬。“万影摩荡，若鱼龙起伏波浪中”，大自然是多么生机盎然呵！极其宁静，极其虚空，也极为跃动。而“此万竹蔽天处也。所谓小盘谷，殆近之矣”，又以疑似之笔出之，似真似幻，亦实亦虚，在艺术境界上可以说达到曲尽蹈虚揖影之妙。

中国的传统艺术都追求意境和神韵，在有限中表现无限。梅氏此文，可以说是清代游记中写意传神的佳作。

（宋 廓）

钵山余霞阁记 梅曾亮

江宁①城，山得其半，便于人而适于野者，惟西城钵山，吾友陶子静偕群弟读书所也。因山之高下为屋，而阁于其岭，曰“余霞”，因所见而名之也。

俯视，花木皆环拱升降；草径曲折可念；行人若飞鸟度柯叶上。西面城，淮水萦之。江自西而东，青黄分明，界画天地。又若大圆镜，平置林表，莫愁湖也。其东南万屋沉沉，炊烟如人立，各有所企，微风绕之，左引右挹，绵绵缗缗②，上浮市声，近寂而远闻。

甲戌③春，子静觞同人于其上，众景毕见，高言愈张。子静曰：“文章之事，如山出云，江河之下水，非凿石而引之，决版而导之者也。故善为文者有所待。”曾亮曰：“文在天地，如云物烟景焉；一俯仰之间而遁乎万里之外。故善为文者，无失其机。”管君异之曰：“陶子之论高矣。后说者，如斯阁亦有当焉。”遂书为之记。

〔注〕①江宁：今江苏南京。　②绵绵缗(mín民)缗：连绵不断的样子。　③甲戌：清嘉庆十九年(1814)。

既写景，又论文，因景喻文，以文写景，是这篇游记的特点。

江宁(今南京)西北为卢龙山，东北为钟山，所以文章开头说“山得其半”。其中“便于人而适于野者”，惟城西十余里的钵山。犹如电影之摄取景物，在鸟瞰龙盘虎踞的风貌之后，特写镜头一下推出了钵山。钵山虽然名气不大，但有群山之衬托，使人感到别具特色。接着文章又紧扣题目点出“余霞阁”，着重说明此阁的得名是由于“所见”。下文即据“所见”描述景物。第一段文字写得极为简洁，可以说深得桐城笔法。

余霞阁在钵山之岭，居高临下。先写“俯视”：首先看到的是环绕的花木，曲折的草径。由于林密山幽，下面的行人看来犹如鸟之飞过枝叶。此种感受，当然是刹那间的错觉，但是它却表现了艺术的真实，因而给人留下了突出的印象。下面依次写远瞩：西面对着城，秦淮河萦绕着；长江自西而东，青黄两色很分明，把天地都划分开了。而莫愁湖却很像一面大圆镜，“平置林表”。它的东南，万屋沉沉，缕缕炊烟，像站着的人，各有所企待，微风吹来，左右牵引，连绵不断地向天空飘去。炊烟的描写，可谓体物入微。盖风大则烟散，风微始有此状态。至于“上浮市声，近寂而远闻”一语，就更显得通神入妙了。这是因为钵山地处郊外，市肆喧闹之声，若在平地，虽近不闻；置身岭上，虚空传音，却能隐隐约约地听到。这里写了市声，写了炊烟，可是它并不使人感到有窒息人们的烟火气。它依然是诗，是画。这就是“便于人而适于野者”的钵山！

最后涉及论文，在游记中是别开生面的。陶子静以为“文章之事，如山出云，江河之下水”，主张为文要“有所待”。这种强调兴会与自然的论点，过去苏洵父子曾作过很好的发挥。苏洵曾用风水相遇而成文打比喻，说明“无意乎相求，不期而相遭，而文生焉”(《仲兄字文甫说》)。苏轼在评论自己的文章时说：“吾文如万斛泉源，不择地而出，在平地滔滔汩汩，虽一日千里无难，及其与山石曲折，随物赋形，而不可知也。所可知者，常行于所当行，常止于不可不止，如是而已矣。”(《自评文》)由此可见，陶子静所谓的“有所待”，是有待于自然兴会的“神来”，亦即殷璠在《河岳英灵集》中所说的“情来，兴来，神来”。而梅曾亮则从另一方面加以阐述，强调为文要“无失其机”。他说：“文在天地，如云物烟景”，俄顷之间，已经消失在万里之外。“善为文者，无失其机”。陆机《文赋》云：“应感之会，通塞之纪，来不可遏，去不可止。藏若景(影)灭，行犹响起。方天机之骏利，夫何纷而不理？”其中“会”与“纪”，均有“机”义。待其神来，无失其机，这都是强调创作过程中兴会与灵感的妙用，都可以统一到“文章本天成，妙手偶得之”(陆游《文章》)中去。既然如此，管同为什么在赞许了前说之后，又说“后说者，如斯阁亦有当焉”呢？这是因为它极其自然地联系到“云物烟景”，归结到余霞阁之得名。霞之为物，绚丽多彩，如绮似锦，千变万幻；但这美好的景色，在时、空中是瞬息即逝的，“余霞”就更短暂了。如果抓不住这主、客观的突然际遇，就会失之交臂。纵观本文所写景物，无处不流动着大自然的节奏与和谐。这节奏，这和谐，多么像“余霞”之美妙而又难以捕捉呵！这样说来，“如斯阁亦有当焉”的“当”(适合)，不仅充分说明了余霞阁得名的确切，而且把论文和写景水乳交融地结合在一起了。有此结尾，令人感到峰回路转，又是一番天地。《清史稿·文苑传》说梅曾亮“选声练色，务穷极笔势”。作为桐城派的重要作家，梅氏之文自有值得借鉴之处。

（宋 廓）

【作者小传】

龚自珍

(1792—1841) 清思想家、文学家。一名巩祚，字璱人，号定盦，晚号羽琌山民。浙江仁和(今杭州)人。道光进士。官礼部主事。后辞官南归，任丹阳云阳书院讲习。深于经学、小学和史地之学，提倡经世致用，为“今文学派”重要人物。与魏源齐名，世称“龚魏”。其诗瑰丽奇肆，自成一派。散文奥博纵横。著有《龚自珍全集》。

说居庸关

龚自珍

居庸关者，古之谭[1]守者之言也。龚子曰：“疑若可守然。”何以疑若可守然？曰：“出昌平州[2]，山东西远相望，俄然而相辏、相赴以至相蹙[3]。居庸置其间，如因[4]两山以为之门，故曰疑若可守然。关凡四重，南口[5]者下关也，为之城，城南门至北门一里；出北门十五里，曰中关，又为之城，城南门至北门一里；出北门又十五里，曰上关，又为之城，城南门至北门一里；出北门又十五里，曰八达岭[6]，又为之城，城南门至北门一里。盖自南口之南门，至于八达岭之北门，凡四十八里，关之首尾具制如是，故曰疑若可守然。下关最下，中关高倍之，八达岭之俯南口也，如窥井形然，故曰疑若可守然。”

自入南口，城甃有天竺⑦字、蒙古字。上关之北门，大书曰：“居庸关，景泰⑧二年修。”八达岭之北门，大书曰：“北门锁钥，景泰三年建。”自入南口，流水啮⑨吾马蹄，涉之玜⑩然鸣，弄之则忽涌忽洑⑪而尽态，迹之则至乎八达岭而穷。八达岭者，古隰余水⑫之源也。自入南口，木多文杏、苹婆、棠梨⑬，皆怒华⑭。自入南口，或容十骑⑮，或容两骑，或容一骑。蒙古自北来，鞭橐驼⑯，与余摩臂⑰行，时时橐驼冲余骑颠⑱。余亦挝⑲蒙古帽，堕于橐驼前，蒙古大笑。余乃私叹曰：“若蒙古，古者建置居庸关之所以然，非以若⑳耶？余江左㉑士也，使余生赵宋世，目尚不得睹燕、赵，安得与反毳㉒者相挝戏乎万山间？生我圣清中外一家之世，岂不傲古人哉！”蒙古来者，是岁克西克腾、苏尼特㉓，皆入京，诣理藩院㉔交马云。自入南口，多雾，若小雨。过中关，见税亭焉，问其吏曰：“今法网宽大，税有漏乎？”曰：“大筐小筐，大偷橐驼小偷羊。”余叹曰：“信㉕若是，是有间道㉖矣。”自入南口，四山之陂陀㉗之隙，有护边墙数十处，问之民，皆言是明时修。微税吏言，吾固㉘知有间道出没于此护边墙之间。承平之世，漏税而已；设生昔之世，与凡守关以为险之世，有不大骇北兵自天而降者哉！

降自八达岭㉙，地遂平，又五里曰坌道㉚。

〔注〕 ① 谭：同“谈”。 ② 昌平州：明正德元年(1506)升昌平县为州，辖境相当今北京市昌平、密云、顺义、怀柔等县地，清因之。 ③ 蹙(cù促)：紧迫。 ④ 因：凭借。 ⑤ 南口：为关沟之南入口，故称。故城在今昌平县南口镇偏北京张公路靠山一侧。 ⑥ 八达岭：在今北京延庆县，为关沟之北口。从北门城楼两侧，延伸出高低起伏的长城。 ⑦ 城甃(zhòu昼)：城墙。甃本为井壁。天竺(zhú竹)：古印度的别称。 ⑧ 景泰：明代宗朱祁钰年号(1450—1456)。 ⑨ 啮(niè聂)：咬。这里用拟人手法。 ⑩ 玜(cōng匆)：玉声。形容涉水之声。 ⑪ 洑(fú伏)：漩涡。 ⑫ 隰(xí习)余水：即湿余水。源出上谷居庸关东，西入于沽河。 ⑬ 苹婆：苹果。棠梨：又名白棠、甘棠、杜梨，俗称野梨。 ⑭ 怒华：花正怒放。 ⑮ 容十骑：指并列容纳十匹马。 ⑯ 橐(tuó驼)驼：骆驼。 ⑰ 摩臂：擦臂。 ⑱ 颠：倒，坠。 ⑲ 挝(zhuā抓)：同“抓”。 ⑳ 若：此。全句说这蒙古人正是古代建居庸关的原因所在，难道不是因为你们吗？ ㉑ 江左：江南。 ㉒ 反毳(cuì脆)：毛朝外反穿皮衣。 ㉓ 克西克腾：蒙古族部落，属昭乌达盟，在今内蒙古自治区克什克腾旗。苏尼特：蒙古族部落，属锡林郭勒盟，在

今内蒙古自治区苏尼特左、右旗。 ㉔ 理藩院：清官署名，掌内外藩蒙古、回部及诸番部封授、朝觐、贡献、黜陟、征发之政。设尚书一人，左右侍郎各一人，皆以满洲、蒙古人任之。 ㉕ 信：果然。 ㉖ 间道：僻径小道。 ㉗ 陂陀（pō tuó 坡驼）：地势起伏不平。 ㉘ 固：本来。 ㉙ 降：下。句谓出八达岭下山而行。 ㉚ 坌（bēn 奔）：道：当作"岔道"，延庆有岔道口村，即其地。顾祖禹《读史方舆纪要》卷十七认为岔道为八达岭之藩篱。

此文写于道光十六年（1836）。吴昌绶《定盦先生年谱》于此年云："友人王元凤以陈州知府获谴，戍军台，托弱小于先生所。先生乞假五日，送之居庸关，逾八达岭而返。时方修《蒙古图志》，属元凤为图所阙部落山形，以门禁严，不果。先生居京师久，尝东游至永平境，此行又北至宣化境，因作纪游合一卷（原注：已佚），犹恨未至卢龙关、独石口，尽窥东北两边形势也。"这里把本文的写作背景交代颇详。文章本身充分说明它不仅是写居庸关形势的舆地之作，也是一篇描写生动、饶有情趣、深含寓意的记游散文。

居庸关是长城的一个重要关口，位于今北京昌平县境。自南口而入，两旁高山耸立，中间有长达四十里的溪谷，俗称关沟。传说秦始皇修长城时将强征来的民夫士卒徙居于此，故名取"徙居庸徒"之意。汉代沿称居庸关，三国时名西关，北齐时改纳款关，唐代有居庸关、蓟门关、军都关等名称，宋、辽、金、元、明、清各代仍称居庸关。此处形势险要，为兵家必争之地，故本文开宗明义，称"居庸关者，古之谭守者之言也"。但居庸关可以固守云云，只不过是一种人云亦云的传统说法，作者不敢苟同，于是提出疑义："疑若可守然"。"疑若"犹疑似，是一种疑而未决之辞。作者所认可者，只限于居庸关的关山形势。接着，分三层作了具体描述：第一层写关凭山势而险："山东西远相望，俄然而相辏、相赴以至相蹙。居庸置其间，如因两山以为之门。"第二层写四重雄关先后相承、首尾一贯之严密。第三层写道道关口高下相倾，自上而望"如窥井形"之奇峻。但这些只是一个方面，从客观形势来看，尚未尽善，仍有山隙、间道之疏；从主观条件来看，政治、边策、关防等人文因素更不能缺而不论。这正是作者不敢苟同的原因，也正是作者下文所申述的主要内容。

居庸关不仅形势险要，而且风景优美，山峦间花木葱郁，有"居庸叠翠"之称，为"燕京八景"之一，向为游赏胜地。作者在后半部的记游文字中有两处写景之笔。一处写水："自入南口，流水啮吾马蹄，涉之砅然鸣，弄之则忽涌忽洑而尽态，迹之则至乎八达岭而穷。八达岭者，古隰余水之源也。"一处写林木："自入南口，木多文杏、蘋婆、棠梨，皆怒华。"着墨不多，且不事雕琢，但声色俱陈，如历其境。更可贵的是描述，绘出了居庸景色的幽郁之美，有传神之妙。作者记游，漫笔之中又有重笔点染，如一连用六个"自入南口"作提示，推出六个特写镜头。除了上述两处写景之笔外，其他四处均与描述形势有关。其一依次记城关的题书，"天竺字""蒙古字"即说明关隘的备外性质，同时又是清朝关口的标志。至于"景泰二年修""景泰三年建"云云，不仅意在交代建关时间，更在强调此关原属明王朝。险关易主，究竟说明了什么？此中寓意，有讽有戒，耐人寻味。其二写与进京交马的蒙古人相遇嬉戏，情景活泼诙谐，其间议论更在点题，颇含深意。其三、其四既写多雾，又写山隙，一问之于吏，一问之于民，均写漏税之弊。并且引申、联想："承平之世，漏税而已；设生昔之世，与凡守关以为险之世，有不大骇北兵自天而降者哉！"又归结到国难边危，流露出政治上的忧患意识。这正是作者不苟同于官场和世俗的主要所在。

这是一篇奇特的散文，既有政治、学术价值，又有艺术价值。正如杨象济《汲庵诗存·读定盦先生集》所说："舆图学可媲洪九（洪亮吉），默深（魏源）申耆（李兆洛）以逮君。新疆置省言谔谔（指《新疆置行省议》），《说居庸》者《秋水》文。"这里说明作者的《新疆置行省议》和《说居庸关》同是分析舆地形势之作，但两者又有所不同，前者仅是学术政论之作，后者还兼有艺术性，像《庄子·秋水篇》那样洒脱、清新而富有寓意。正因为作者用舆地家和文学家两副眼光同时观察客观世界，并且以融叙述、描写、评议为一体的手法进行表现，所以才收到了这样的效果。这一点在作者的写景散文中具有典型意义。文章漫而不散，歧而有序，在谋篇上亦多可借鉴之处。

（孙钦善）

己亥六月重过扬州记　　龚自珍

居礼曹①，客有过②者曰："卿知今日之扬州乎？读鲍照《芜城赋》③，则遇之矣。"余悲其言。

明年，乞假南游，抵扬州，属有告籴④谋，舍舟而馆⑤。

既宿⑥，循馆之东墙步游，得小桥，俯溪，溪声讙⑦。过桥，遇女墙啮可登者⑧，登之，扬州三十里，首尾屈折高下见。晓雨沐屋，瓦鳞鳞然，无零甃断甓⑨，心已疑礼曹过客言不实矣。

入市，求熟肉，市声讙。得肉，馆人以酒一瓶、虾一筐馈。醉而歌，歌宋元长短言乐府⑩，俯窗呜呜，惊对岸女夜起，乃止。

客有请吊蜀岗者⑪，舟甚捷，帘幕皆文绣，疑舟窗蠡觳⑫也，审视，玻璃五色具⑬。舟人时时指两岸曰："某园故址也"，

"某家酒肆故址也",约八九处。其实独倚虹园圮无存⑭。曩所信宿之西园⑮,门在,题榜在,尚可识,其可登临者尚八九处,阜⑯有桂,水有芙渠菱芡⑰,是居扬州城外西北隅,最高秀。南览江,北览淮,江淮数十州县治,无如此冶华⑱也。忆京师言,知有极不然者⑲。

归馆,郡之士皆知余至,则大讙,有以经义请质难者⑳,有发㉑史事见问者,有就询京师近事者,有呈所业若文、若诗、若笔㉒、若长短言、若杂著、若丛书乞为序、为题辞者,有状其先世事行乞为铭者㉓,有求书㉔册子、书扇者,填委㉕塞户牖,居然嘉庆中故态。谁得曰今非承平时耶?惟窗外船过,夜无笙琶声,即有之,声不能彻旦㉖。然而女子有以栀子华发为贽求书者㉗,爰以书画环瑱互通问㉘,凡三人,凄馨哀艳之气,缭绕于桥亭舰㉙舫间,虽澹定,是夕魂摇摇不自持㉚。余既信信,拿流风,捕余韵,乌睹所谓风嗥雨啸、鼯狖悲、鬼神泣者㉛?嘉庆末尝于此和友人宋翔凤侧艳诗㉜,闻宋君病,存亡弗可知。又问其所谓赋诗者㉝,不可见,引为恨。

卧而思之,余齿㉞垂五十矣,今昔之慨,自然之运,古之美人名士富贵寿考㉟者几人哉?此岂关扬州之盛衰,而独置感慨于江介也哉㊱?抑予赋侧艳则老矣,甄综人物㊲,搜辑文献,仍以自任,固未老也。天地有四时,莫病于酷暑,而莫善于初秋;澄汰其繁缛淫蒸㊳,而与之为萧疏澹荡,泠然瑟然㊴,而不遽使人有苍莽寥泬㊵之悲者,初秋也。今扬州,其初秋也欤?予之身世,虽乞籴,自信不遽死,其尚犹丁㊶初秋也欤?作《己亥六月重过扬州记》。

〔注〕 ① 礼曹:礼部。时作者任礼部主客司主事兼祠祭司行走。 ② 过:访。 ③ 鲍照:南朝宋文学家,字明远,东海(今江苏连云港市东)人。曾任临海王前军参军等职。长于乐府诗、赋及骈文。所作《芜城赋》,写广陵故城(即扬州)昔日之盛及当日之衰,感慨系之。 ④ 属(zhǔ 主):适巧。告籴:请求买谷,有请求资助饥困之意。 ⑤ 馆:用为动词,住旅馆。 ⑥ 既宿:过夜之后。 ⑦ 讙(huān 欢):喧哗。 ⑧ 女墙:城墙上面呈凹凸形的小墙。啮(niè 聂):咬。引申为坏缺。 ⑨ 零甃(zhòu 昼)断甓(pì 僻):犹言残垣断壁。甃,井壁,这里泛指墙壁。甓,砖。 ⑩ 长短言乐府:即词。词又称长短言,可入乐,故称。 ⑪ 吊:凭吊。蜀岗:

山名,在今江苏扬州市西北,居瘦西湖畔,为扬州古城遗址。 ⑫ 蠡(luó 罗):通"螺"。㲉(què 确):物之孚甲,即鳞甲之类。蠡㲉指为螺壳鳞甲所镶嵌。 ⑬"玻璃"句:谓五色玻璃齐全。按,玻璃在当时为洋货,被作者视为"不急之物"的奢侈品,主张杜绝进口,详见其《送钦差大臣侯官林公序》。洋货侵入被作者视为扬州衰落之迹象。 ⑭ 倚虹园:因靠近横跨瘦西湖的大虹桥而得称。大虹桥是乾隆年间改建的石拱桥。圮(pǐ 匹):塌坏。 ⑮ 曩(nǎng):从前。信宿:住过两夜。 ⑯ 阜:土山。 ⑰ 芙渠:荷花。菱:菱角。芡(qiàn 欠):睡莲科植物,叶呈盾状,浮水面。夏日开花,紫色,昼开暮合。实如刺球,含子数十枚。子及地下茎均可食。有鸡头、乌头、雁头等别名。 ⑱ 冶华:美丽繁华。 ⑲ 极不然者:极不确实之处。 ⑳ 经义:经书的解释。质难:质疑问难。 ㉑ 发:提出,揭示。 ㉒ 笔:散文。与"文"相对,"文"指有藻采声韵的骈文。文笔之分见《文心雕龙·总术》。 ㉓"有状"句:谓有自撰其先人行状请求代为写神道碑铭或墓志铭的人。 ㉔ 书:题字。 ㉕ 填委:纷集,堆积。 ㉖ 彻旦:通宵达旦。 ㉗ 栀(zhī 支)子:花木,叶厚而有光泽,呈椭圆形,夏天开白色大花,极香。这里指栀子花。华发:白发。这里于义难通,疑"发"字为"鬘"字之误,华鬘为舞妓之花饰。贽(zhì 至):初次见面所执的礼物。 ㉘ 环:带在臂上的玉环。瑱(diàn 电):以玉充耳,一种首饰。通问:通音讯。 ㉙ 舰:有板屋的船。 ㉚"虽澹"句:意谓自己即使态度恬淡镇定,当夕情绪仍难免为其声色所动,不能自持。 ㉛"余既"数句:意谓我已连宿四夜,何可捕捉到昔日繁盛时的流风余韵,哪里能见到《芜城赋》所描述的那种飘摇悲凄景象。信信,一信再信,连宿四夜。鼯(wú 吾),一种形似松鼠的动物,腹旁有飞膜,能滑翔。狖(yòu 又),这里同"貁",一种似狸(野猫)的野兽。"风嗥"云云,概述鲍照《芜城赋》"坛罗虺(毒蛇)蜮(短狐),阶斗麏(獐子)鼯,木魅山鬼,野鼠城狐,风嗥雨啸,昏见晨趋"语。 ㉜ 嘉庆末:嘉庆二十五年(1820)。宋翔凤(1776—1860):字虞庭,一字于庭,江苏长洲(今苏州市)人。嘉庆举人,官湖南新宁县知县。从其舅庄述祖受今文经学,又从段玉裁治《说文》之学,通训诂名物,是常州学派的著名学者。作者于嘉庆二十四年在京师与宋翔凤相识,见其《资政大夫礼部侍郎武进庄公神道碑铭》自记。侧艳:文辞艳丽而流于轻佻。 ㉝ 所谓赋诗者:指当年与宋氏及自己和诗之妓。 ㉞ 齿:年龄。 ㉟ 寿考:年高。 ㊱"此岂"句:意谓这哪里与扬州的盛衰有关,而偏偏把感慨发泄在江畔呢。江介,江畔。 ㊲ 甄综:考察搜罗。 ㊳ 繁缛:指景象繁杂。淫蒸:过分闷热的蒸腾之气。 ㊴ 泠(líng 零)然瑟然:形容清凉。 ㊵ 寥泬(xuè 穴):旷荡而虚静。 ㊶ 丁:当,值。

这篇记游之作写于道光十九年(1839)作者辞官南归途经扬州时。作者由耳闻到目睹,并且抚今追昔,与十九年前初过扬州时的情景对比,体验到扬州虽未败残,但已露衰落之迹,从而联系到国家时势、个人身世,浮想联翩,颇多兴亡之感和盛衰之叹。

此文不是一般漫记游历的文字,作者从听闻所产生的悬念写起,处处留意观察、验证,由表及里,步步深入,写得波澜起伏,极有层次。

开头一段,写在京师的听闻。今日扬州正如鲍照《芜城赋》所写情景的说法,引起作者极大关注和悲怆。作者产生如此震惊,并非偶然。首先,因为扬州既是历史名城,又是当世重镇,它的盛衰实关国运;其次,作者嘉庆末曾经过扬州,脑海中还保留着一片升平气象,这样的反差,始料不及。但是,百闻不如一见,作者期待验证思想上悬念的急切心情也不言而喻。这一段虽寥寥数语,但意蕴极为丰富,以下的观察、记叙、议论、感慨均由此引发。

第二段写刚抵扬州,过夜之后即急忙外出小游。初览市容,表面上并无衰败萧条现象,“已疑礼曹过客言不实”。唯有一处描写值得注意,即“醉而歌”,“惊对岸女夜起”。这说明扬州已不是昔时繁华的不夜之城,而是稍有喧嚣,即会发生惊扰。此为伏笔,与下文“惟窗外船过,夜无笙琶声,即有之,声不能彻旦”恰成照应。

第三段写应请凭吊蜀岗。一路所见,故园酒肆,多依然如故,扬州“冶华”独领江淮,不减当年。随着观察的开阔和深入,得出“忆京师言,知有极不然者”的结论。此段亦有一处细节值得留意,即“疑舟窗蠡觳也,审视,玻璃五色具”,洋货的入侵使作者颇有隐忧。

第四段写士人、歌妓造访,亦引起联想而作今昔之比。士人的所作所为均属闲情逸致,无一触及危难形势而忧国忧民者,与作者本人的思想感情格格不入,形成鲜明对照,稍读《己亥杂诗》便知。作者就此得出的结论,发出的感慨,所谓“居然嘉庆中故态”,“谁得曰今非承平时耶”,深含讽意。作者的改革理想寄托于封建阶级内部的人才解放,士风如何,实关大局。文中所写扬州“郡之士”的情况,不能不叫作者寒心、失望。至于歌妓情况,从某种角度来看,也与世运不无干系,所谓歌舞升平,歌舞总是升平的一种表象。文中“惟窗外船过,夜无笙琶声,即有之,声不能彻旦”的描写,明显是今不如昔。但仍有歌女应酬,虽未销声匿迹,毕竟寥寥无几。这一段写的是士风世情,作者虽已发现今昔之别,但也只能捕捉到昔时的流风余韵,并未发现如《芜城赋》所写的风雨飘摇、一片悲泣的凄惨现象。

以上四段,作者观察体验步步深入,表面上对京师某客所言之具体现象由怀疑到完全否定,实际上对扬州衰败的本质方面逐步地有了感受和认识。凡物有气有象,作者否定了扬州明显衰败之象,却觉察到扬州实质衰败之气。因此他从现象上否定了京师某客之言,却从本质上肯定了京师某客的忧患意识,而对那些醉生梦死或苟且偷生者则作了委婉的讽刺。文中颇多反语、曲笔,实在耐人寻味。

作者忧国忧民,胸怀改革理想,始终把个人身世与国家命运紧密联系在一起。早在十二年前(道光七年),作者就曾写过这样的诗句:“四海变秋气,一室难为春”,“所以慷慨士,不得不悲辛”,“贵官勿三思,以我为杞人”(《自春徂秋偶有所触拉杂书之漫不诠次得十五首》其二)本文结尾也是如此,作者把个人之身世与时势之盛衰联系在一起，同有“今昔之慨”，共关“自然之运”，皆类“初秋”之气。作者以“秋气”比喻时势，以“秋魂”比喻自己的身世；在诗中习见，值得注意的是这里以“初秋”作喻。作者有云：“天地有四时，莫病于酷暑，而莫善于初秋；澄汰其繁缛淫蒸，而与之为萧疏澹荡，泠然瑟然；而不遽使人有苍莽寥泬之悲者，初秋也。”可见“初秋”在作者看来，危机与希望同在。要理解这段话的辩证含义，不能不联系作者改良思想的哲学基础——《春秋》“三世说”的发展变化观。作者根据《春秋》“据乱”“升平”“太平”的三世说（见其《五经大义终始答问》），发展为新的三世说：“书契以降，世有三等……治世为一等，乱世为一等，衰世为一等”（《乙丙之际箸议第九》）。在《尊隐》中又有比喻的说法：“是故岁有三时，一曰发时，二曰怒时，三曰威时。日有三时，一曰蚤时，二曰午时，三曰昏时。”他认为三时的变化是往复循环的，“初秋”相当于“衰世”“威时”“昏时”之始，虽是衰败之端，但比起容易让人沉醉的盛时治世，又有其让人清醒的一面：如果能及时觉察形势，采取改革措施，则有可能变成“发时”“蚤时”，避开“威时”“昏时”“乱世”，而进一步发展成“怒时”“午时”“治世”。这正是“初秋”同时寓有危机与希望的辩证性所在。一叶知秋，作者对形势有非凡的敏感，与那些苟且偷安的醉生梦死者绝不同调，与那些夸大其词的悲观失望者亦不合流。正是现实批判者和社会改革家的双重身份铸就了他类似“初秋”的心态和人格。

这篇游记熔记事、写景、状人、议论、感慨于一炉，信笔写来，自然洒脱，达到炉火纯青的境地，可谓新人耳目，动人肺腑，启人睿智，发人深省。　（孙钦善）

病梅馆记　　龚自珍

江宁之龙蟠①，苏州之邓尉②，杭州之西溪③，皆产梅。或曰：“梅以曲为美，直则无姿；以欹④为美，正则无景；梅以疏为美，密则无态。”固也⑤，此文人画士，心知其意，未可明诏大号，以绳天下之梅也⑥；又不可以使天下之民斫直、删密、锄正，以夭梅、病梅为业以求钱也⑦；梅之欹、之疏、之曲，又非蠢蠢求钱之民，能以其智力为也⑧。有以文人画士孤癖之隐⑨，明告鬻⑩梅者，斫其正，养其旁条，删其密，夭其稚枝，锄其直，遏其生气，以求重价，而江、浙之梅皆病。文人画士之祸之烈至此哉！

予购三百盆，皆病者，无一完者。既泣之三日，乃誓疗之，纵之,顺之。毁其盆,悉埋于地,解其棕缚[11],以五年为期,必复之全之。予本非文人画士,甘受诟厉[12],辟病梅之馆以贮之。呜呼! 安得使予多暇日,又多闲田,以广贮江宁、杭州、苏州之病梅,穷予生之光阴以疗梅也哉?

〔注〕 ① 江宁:府名,今南京市。龙蟠:地名,今南京市清凉山下的龙蟠里即其地。② 邓尉:山名,在今苏州市西南吴县光福,前临太湖。相传因纪念东汉太尉邓禹而得名。③ 西溪:地名,在今杭州市灵隐山西北。 ④ 欹(qī):歪斜。 ⑤ 固:必,毫无疑义。"固也",紧承上文,并且直贯下面三个带"也"字的判断长句。 ⑥"此文"句:意谓这是文人画士心照不宣,不便公开告谕,大肆号令,用以束缚天下自然多姿之梅的良苦用心。绳,木匠用来取直的墨绳,这里用作动词衡量之义,引申为约束。 ⑦"又不"句:意谓文人画士又不可能让天下所有之人尽从其意,以摧残自然之梅为业来谋利。斫(zhuó 浊),砍。夭,幼而残亡。这里是趁幼摧残之意。 ⑧"梅之"句:意谓那些无知蠢人虽有贪财求钱之欲,可惜又不具备按照文人画士的意图整治梅枝的智力。 ⑨ 孤癖之隐:奇特癖好的隐衷。 ⑩ 鬻:卖。 ⑪ 棕缚:捆绑的棕绳。 ⑫ 诟(gòu 够):辱骂。厉:发怒。

这是一篇富有深刻意义的寓言短文,又题《疗梅说》,当作于道光十九年(1839)作者辞官南归杭州之后。

龚自珍是中国近代一位改良思想家。他认为"国家甚赖有士"(《乙丙之际箸议第六》),国家的盛衰兴亡"皆观其才"(《乙丙之际箸议第九》),把政治改革的理想寄托在人才解放上,并且认识到人才解放取决于个性解放。因此,人才问题成了他心目中最敏感的问题,社会生活中的许多实际问题会触发他这方面的感慨,使他写出许多径陈其事、直抒胸臆之作。如《明良论三》揭露了"今日用人论资格之大略",指出"一限以资格,此士大夫所以尽奄然而无有生气者也。当今之弊,亦或出于此";《明良论四》提出了防止百官"擅威福"以扼制人才和"救今日束缚之病"的问题;《乙丙之际箸议第九》暴露了衰败之世有用人才被"督"、被"缚"以至于被"戮"的悲惨情景;《杭大宗逸事状》甚至揭露了乾隆皇帝草菅仁人志士性命,一手制造的悲剧,等等。而且,自然界的许多景物也随时会激发作者的联想,使他写出许多触景生情、咏物寄意之作。如《秋心》三首之一:"斗大明星烂无数,长空一月坠林梢。"慨叹庸才纷纷得势,英才惨遭沦落。《夜坐》:"一山突起丘陵妒,万籁无言帝坐灵。塞上似腾奇女气,江东久陨少微星。"写英才遭妒嫉排挤而沦落,造成死气沉沉的局面。《己亥杂诗》:"谁肯栽培木一章? 黄泥亭子白茅堂。新蒲新柳三年大,便与儿孙作屋梁!"借道旁所见以稚嫩松软之才作梁的泥亭茅屋,讽刺不图宏远,不重栋梁,扼杀人才的用人举措,等等。本文则比触景生情、咏物寄意更进一步,作者有感于病梅而创作了一则完美的寓言,表现有关人才的主题。

通篇有一个中心比喻形象，这就是梅。以“病梅”比喻被束缚、被摧残的御用人才，以自然之梅比喻个性解放的俊杰之材。无独有偶，作者《九月二十七夜梦中作》一诗亦有云：“官梅只作野梅看。”所谓“官梅”即指为官方、正统所欣赏的被矫揉整饬过的“病梅”，比喻被束缚、被扭曲的官场庸才；所谓“野梅”即指自然朴素、保持本性的梅，比喻个性解放而沦落民间的仁人志士。这句诗值得玩味。“只作”犹云“权作”，是说身居官场，满目“官梅”，想望“野梅”，权且把“官梅”当作“野梅”来看。作者欣赏的是“野梅”，鄙弃的是“官梅”，因此才产生了这种移花接木的想象。此中委曲，非深味不易得。

本文围绕着梅表现了三种主要人物形象，即文人画士、鬻梅者和作者自我。

文人画士与鬻梅者同为戕害梅花的凶犯，而又有所不同。文人画士指使策划，可谓元凶；鬻梅者虽充作杀手，但毕竟是帮凶。作者量恶有别，因此慨叹“文人画士之祸之烈至此哉”！

作者刻画文人画士，没有脸谱化、简单化、表面化，而是鞭辟入里，入木三分。首先，揭露他们颠倒是非，制造舆论，文中“或曰”云云，颇有欺骗性。其次，揭露他们躲躲闪闪的伪君子、两面派作风，如“心知其意”而又“未可明诏大号”。复次，揭露他们以利相诱，借刀杀人的阴险伎俩。他们的如意算盘本是利诱“天下之民”，但“天下之民”决不肯“以夭梅、病梅为业以求钱”，因此在绝大多数正直之人中难以售其奸，落得“失道寡助”的下场。“蠢蠢求钱之民”可以利诱，但又非其智力所能为，文人画士的愿望又一次落空。最后靠既贪财又有歪才的“鬻梅者”达到了不可公开的目的，致使无辜之梅遍遭大祸。作者选择文人画士这样一种形象用来揭露人才被束缚、被扼杀的问题，不仅因为他们赏梅、咏梅、画梅，与本文的中心比喻形象有关，而且有更深层的含义。首先，世俗文人画士的通病是附庸风雅，矫揉造作，他们的审美习尚往往代表着陈腐的观念、僵化的形式，违背自然清新的艺术创作规律。因此，通过揭露他们的“孤癖之隐”，可以有力抨击选拔人才的官方模式和传统观念，触及当时存在的人才、人性问题上的“束缚之病”，以宣扬作者本人的“人才如其面”，“各因其性情之近，而人才成”（《与人笺五》）的人才、人性解放的理想。其次，世俗文人画士往往为人所豢养，成为统治者的御用工具，他们代表统治者的意志，从不敢违抗。于此本文已有所暗示，如“予本非文人画士，甘受诟厉”，言外之意文人画士怕受诟厉，只能对当权者随声附和，阿谀奉承，助纣为虐。复次，世俗文人画士是舞文弄墨的，他们不仅善于攻心，用软刀子杀人，而且擅长制造舆论，借刀杀人。本文揭露“文人画士之祸之烈”，正是从这一角度着手的。又《乙丙之际箸议》所揭露的对人才的“戮之”之术，也可以与这一点互相印证，如云：“当彼其世（指衰世）也，而才士才民出，则百不才督之，缚之，以至于戮之。戮之非刀，非锯，非水火；文亦戮之，名亦戮之，声音笑貌亦戮之……其法亦不及要（腰）领，彼戮其心，戮其能忧心，能愤心，能思虑心，能作为心，能有廉耻心，能无渣滓心。”

至于作者自我，则是以疗梅者的形象出现的。他满怀深情痛惜梅之被害，与病梅者的摧残之术针锋相对，“疗之，纵之，顺之”，决心复其本性，乃至“甘受诟厉”而无所顾惜。感情之炽烈，态度之坚决，令人钦佩。而在行动上却不无难处，结尾处一个“呜呼”，一个“安得”，透露了客观条件的限制，充其量“疗梅”也只是一种愿望和理想而已。尽管如此，本文仍不失它的战斗性。可以说，这是一篇讨伐扼杀人才者的檄文，呼唤个性解放的宣言，挽救受害人才的誓词。情真，意切，理正，词严，形象鲜明，发人深省，具有强烈的震撼力。（孙钦善）

【作者小传】

鲁一同

(1805—1863) 清文学家。字通甫，又字兰岑，江苏山阳（今淮安）人。道光举人。两赴礼部试报罢。以诗古文辞兼善名动天下，林则徐赴任湖广总督，慕名请其偕往，以亲老未成行。曾国藩亦颇器重之。其诗气象雄阔，鸦片战争时期，写有一批反映抗英斗争现实的优秀诗作。古文闳肆，亦有可观。有《通甫类稿》《通甫诗存》。

关忠节公家传

鲁一同

公名天培，字仲因，一字滋圃，姓关氏，山阳[①]人也。起家行伍，历淮安城守营守备[②]，扬州中营守备。获私铸王国英等十八人，署溧阳营都司[③]，获匪严加烈等二十五人，移两江督标[④]左营守备，历中军都司，外海水师骑营守备，骑营游击[⑤]。道光二年，外洋获盗最。三年，署吴淞营参将[⑥]，旋即真[⑦]。

后二年，东南方议海运。海运自明以来，辍数百年，议者纷错，大府举公任其事。六年二月，督米船千百四十五艘，米百二十四万一千余石，自吴淞抵天津，先期功最，署太湖营副将，明年，署苏松营总兵官，旋即真。十三年入朝，上御便殿召见，五次军机记名。

明年，夷事萌芽[8]。先是，西南诸夷暹罗、真腊、安南[9]之属，皆恭顺受职贡。惟英吉利最远，强黠。嘉庆间入贡，严卫入海。至是夷目律劳卑[10]来，不如约，兵船驶至黄埔河，两广总督卢坤、水师提督李增阶坐疏防落职，而以公为广东水师提督。公至则亲历重洋，观扼塞，建台守，排铁索，军务肃然，东南倚以为重。

公容貌如常人，悛悛畏谨，而洞识机要，口占应对悉中。暇则习弓马技击，技绝精。在广著《筹海集》，识者比之戚少保[11]云。

居虎门六年，而禁烟事起。当是时，洋烟流毒遍天下；前侍郎黄爵滋[12]发其事，上命内外大臣杂议，议定，著为令。而英吉利趸船适至。趸船者，贩烟船也。公既习于海，而前钦差大臣林公则徐，威略素著，与公尤协力，至则拘夷目，锢其船，船不得发，获烟土二万二百余箱焚之。奏闻，上大悦，叙功有差。

夷计不得逞，明年四月，骤师入浙江，据定海。分船溯大洋，上天津，诡投书乞和，而前直隶总督琦善，驰传赴广东，林公以罪去。于是和议兴，海防撤矣。广东边海门户曰香港、虎门。香港奥衍，易盘踞，去省少纡远；虎门险狭，海道曲折，去省近。虎门外列十台，最外大角、沙角，屹为东南屏蔽。

是年十二月，夷攻大角、沙角，坏师船，而大帅[13]日以文书与往来，冀得少迂缓。夷不报命[14]而争战，战方交则投书议和，书报复战，昼夜攻掠不已。时诸军集广府者，驻防满兵[15]、督标、抚标兵，共不下万人，又调集客兵[16]、团练、乡勇、民兵数万，而大帅所遣助守台者，抚标二百人，驻东莞提标二百人备策应。由是二台日益孤危，相继陷没。

二十一年五月，夷进攻威远、靖远诸台，守者羸兵数百，公遣将恸哭请师，无应者。初，公以海运入都也，时从故人饮酒肆中，醉而言曰：“日者谓我禄命，生当扬威，死当血食。今吾年四十余，安有是哉！”已而叹曰：“丈夫受国恩，有急，死耳，终不为妻子计。”公老母年八十余，长子奎龙，吴淞参将，前卒。幼子先遣归，及是乃缄一匣寄家人，坚不可开，公死后启视，则坠齿数枚，旧衣数袭而已。

公既自度众寡不敌而援绝，乃决自为计，住靖远台，昼夜督战。已而夷大艅奄至，公率游击麦廷章奋勇登台，大呼督厉士卒，自卯至未，所杀伤过当，而身亦受数十创，血淋漓，衣甲尽湿。事急，呼其仆孙长庆使去。长庆哭曰：“奴随主数十年矣，今有急，义不使主死而己独全。”手持公衣不可开，公怒，拔刀逐之曰：“吾上负皇上，下负老母，死犹晚，汝不去，今斩汝矣。”投之印，长庆号而走。比及山半，回顾，公陨绝于地。时二月六日也。

长庆既去，悬厂自缒下，下负水多芦根，刺体如蝟，卒负重创，送印大府所，而身复至台求公尸。夷人严兵守台，则乞通事吴某以情告。吴某者，尝为汉奸，公得之，宥弗杀，给事左右，恒思所以报公。至是为长庆说夷，诚恳反复，夷人义许之。入求尸，铍交于胸⑰。长庆膝行前，遍索不得。卒诣公所立处，举他尸数十乃得之，半体焦焉。事闻，天子轸悼，予骑都尉世职，谥忠节，赐葬如礼⑱。丧至之日，士大夫数百人，缟衣送迎，道旁观者，或痛哭失声。而长庆得公尸后，复求得麦廷章之半体，与公尸皆徒负以归，水陆七百里。公葬后，恒郁郁不乐，言及公，必泣下。未几卒。

论曰：甚矣，虎门之败也。悲夫，可为流涕者矣。方公经营十台，累战皆捷。奏上，公卿相贺，主上为之前席，嘉叹至于再三。然而衅发于定海，诈成于天津，夷不为无谋，要之岂夷人能死公哉！《诗》曰：“谁生厉阶，至今为梗。”⑲厉有阶矣。长庆义士，诚感犬羊，吴某奸耳，知感恩为一日之报，异哉。

〔注〕 ① 山阳：今江苏淮安县。 ② 守备：清代绿营（汉军）统兵官，分领营兵。 ③ 都司：清四品武官。 ④ 督标：清代陆军三营为一标，下设左营、右营、中营。都标是总督管辖的一标。 ⑤ 游击：清代统领都司的三品武官。 ⑥ 署吴淞营参将：代理吴淞营参将。署：代

理。参将:位在游击之上的武官。 ⑦ 即真:由代理改为正式任命。 ⑧ 夷事萌芽:1834年,英国政府对华贸易由垄断改为对英商开放,并派官吏监督。由于清廷未能完成满足其贪欲,是年9月5日英舰炮击虎门炮台,进行恫吓。 ⑨ 暹(xiān)罗:泰国旧称。真腊:柬埔寨旧称。安南:越南旧称。 ⑩ 律劳卑:英国贵族,第一任驻华商务监理。 ⑪ 戚少保:戚继光,明朝抗倭名将,因战功加封太子少保。 ⑫ 黄爵滋:江西宜黄人,官刑部侍郎。道光十八年(1838)上书,主张严禁鸦片。后两次视察福建海防,具言战守方略。 ⑬ 大帅:此指钦差大臣琦善。⑭ 报命:复命,回信。 ⑮ 满兵:满族八旗兵。督标、抚标兵:由总督、巡抚统辖的绿营兵。⑯ 客兵:他省调来的军队。团练:由地主编练的地方武装。乡勇:清后期地方武装。民兵:地方人民自卫武装。 ⑰ 铍(pī)交于胸:英军的刀枪交叉挡在孙长庆胸前。铍:长矛。这里泛指刀枪。 ⑱ 赐葬如礼:恩赐按所赠官职(骑都尉)的礼仪办丧葬。 ⑲ "谁生厉阶,至今为梗":语出《诗经·大雅·桑柔》。厉阶:祸端,祸患的由来。梗:病。作者引用此语,意在指出琦善不发援兵,是真正的祸首。

家传作为一种传记文体,是用来叙述家人事迹以传示子孙的。但是,本文作者鲁一同并非传主关氏家人,文中也没有涉及关氏家人求其为传的背景交待,一个外姓之人,却自觉为关氏立"家传",这一悬念,在文章还未打开之前,就已经引起了读者不小的兴趣:文中究竟有哪些鲁氏可以与关氏子孙共享、值得关氏子孙铭记而又不足与外人道的内容呢?

综览全文,共分三个部分:第一部分是记述关氏努力军功不断升迁的过程,第二部分重点突出关氏在虎门壮烈殉国经过,第三部分"论曰"为作者的议论。

从开头到"东南倚以为重"为第一部分。关氏"起家行伍",以战功升迁,似乎是论功行赏很自然的事,但关天培一次"获盗最"、一次"功最"的两次升迁,都不过是"署"官而已,也就是一个代理性质的官职,其升迁的荣耀背后,更见"行伍"之辈升迁之艰难。并且,关氏升任"总兵官"后,最值得骄傲、最值得传给后世子孙知道的事,莫过于皇帝的召见等事。但那皇上"御便殿"的召见、军机处的五次记名,说是君臣相得的无所拘束、军机处的重视也可,说是皇上的随意应付、军机处的例行公事也行,寥寥数语,对于在战场上求生、刀尖上求禄的关氏,对于以其祖先事迹为荣的关氏后世子孙,真有泰山之重,而于皇上、于朝臣,却不过一件照章办理的程式化的动作而已。关氏的一再"署"官,岂不击碎了关氏及其子孙一厢情愿的温馨梦境!关氏孤危的人生命脉,也似乎在这种悖反的价值取向中已然注定:所以,文章在第二部分插入一段算命先生"生当扬威,死当血食"的话,就显得十分必要,不插那一段,则不足以伸足这一部分的气韵了。

从"公容貌如常人"至"未几卒"为第二部分。这部分前面三段,作者宕开笔墨,交待关氏殉国的背景和关氏的生平气性,看似闲散实则至关重要,其人"貌如常人,悛悛畏谨",既是其气性使然,更见其仕途压抑之态;"夷事萌芽"、他人"落职”时，他“亲历重洋，观扼塞，建台守，排铁索，军务肃然”，既见其军务才干，军情机敏，又见其自临孤危之困厄可畏：履行朝臣们“杂议”而成的决议，在“林公以罪去”之后，仍积极备战，在“海防撤”后，犹苦心孤诣地经营炮台。简短的文字交待，突出了这样一个让人心惊的事实：只剩关氏与虎门外所列十个炮台，孤零零地作为大清帝国的“东南屏蔽”了！关氏那“暇则习弓马技击”的飘逸武姿，难免透出一抹悲剧的色彩：只谙军务，不谙甚至“不识”世务，注定了其人生将以悲剧结束：算命先生的话，难道不是他的宿命谶语！

从“是年十二月”到“未几卒”，详写关氏虎门殉难过程。导致关氏殉国的这场惨烈的战争，竟是以滑稽的方式开始的：由于“大帅”的一意求和，驻防诸军“集广府”者不下万人，地方军卒达数万之众，但大角、沙角二个关键的炮台，只有守军二百人，且只有二百人的策应队伍；大角、沙角炮台失守后，其他诸炮台守卒，竟不过“羸兵数百”而已。洋人重兵压境，清兵备战，竟如儿戏！战事既开之后，清军“大帅”的举动更是荒唐：英人远涉重洋“不服命而争战”，清廷大集军众却又只凭文书往来；夷人“昼夜攻掠不已”，清军却在战事危急、关氏“恸哭请师”时，“无应者”。战前儿戏，战中冷漠，关氏只有一死，已别无可能了。所以，文章于此不失时机地插入一段关氏的“醉语”：“有急，死耳，终不为妻子计”，继而以简单的笔墨交待关氏老母、长子、幼子及其遗物，如此处理，于紧张的氛围之中，作驰纵之笔，既显出关氏的磊落豪情，和关氏显一门的气节，更突出了关氏悲剧性人生命运的可叹可泣。

接下来是具体叙述关氏殉难的过程。关氏身受数十创而鲜血淋漓，死后“半体焦焉”，不可怖；游击麦廷章死后尸身只有“半体”，不可怖。因为人生的可怖，不在生者的就死，而在贪生者的冷漠。作者在叙述完关氏殉国过程后，花相当的笔墨写关氏身后埋葬的经过：天子、士大夫的再次例行公事：“天子轸悼”之后，“赐葬如礼”；士大夫在丧至之日，“缟衣送迎”。冷漠的世道，使人分不清道旁观者的“痛哭失声”，是为关氏，还是为沦丧的人心，所以，那个在关氏临死时不愿离开的仆人孙长庆，在眼见关氏殉难之后，能以“负重创”的身体，将关氏大印送到大府，还能拖着这样的身体，去乞请汉奸吴某说通夷人，为关氏和麦廷章收尸，更能将二人的尸体“徒负”，至于“水陆七百里”，却不能在关氏归葬之后，身体恢复之时，安然生活。孙长庆的“未几卒”，是因为“恒郁郁不乐”，他所“不乐”者为何？仅仅是关氏的捐躯么？那个曾为汉奸的吴某，难道仅仅因为“恒思所以报公”，即替孙长庆反复向夷人求情？“夷人义许之”一句中的这个“义”字，对这个一向以礼义安邦的国度，又有几许悲怆，几多嘲讽！关天培的为国捐躯，挺立起一尊捍卫民族自尊的巨雕外，又拂拭出多少民族精神上的尘埃！

文章的第三部分直陈作者心曲，最见其良苦用心：关氏抗敌身亡，鲁氏却问："岂夷人能死公哉"，这个巨大的问号，将关氏捷报传来时"公卿相贺"、主上前席的那派美好景象，全部震碎，留给关氏子孙一段深思；"谁生厉阶，至今为梗"，这古老的诗句，如低沉的警钟声，足以振聋发聩。作者曾讲当时天下大弊："天下之患，盖在治事之官少，治官之官多。"此言可为文中"至今为梗"下一注脚。好在人生毕竟有可留恋者，世界也并非永远灰暗：孙长庆的义举、吴某的报恩，夷人的"义许"，都依稀可以窥见人性的微光。作者用"异哉"对这三者加以感慨，借以收束全文，是在怀疑，终究是在肯定：关氏殉国，暴露大人先生们冷漠的同时，也激发出小人物甚至"夷人"身上人性的闪光。这种可宝贵的品质，值得关氏后人永远留存，更值得所有人性未泯者留存心间。从这个角度讲，鲁氏此文题为"家传"，不仅仅是就关氏后世子孙而言，却是在讲一个化国为家的大道理呢。

本文作者鲁一同曾随林则徐到广东，对广东战事颇为了解，对关氏慷慨殉国更是心存感佩，所以他为关氏作传，能于笔墨之外，见出其别样怀抱。作者于记传颇有心得，文章既突出关氏殉国大义凛然的英雄形象，又能以简要的笔墨勾勒其生平，使这一英雄形象血肉丰满。关氏酒醉时的慷慨明志，战事前的遣子寄匣等，只几个典型事例，便传出其风神气概，使人物形象清晰可感的同时，也为突出了其慷慨就义壮烈殉国的悲壮起到了很好的烘托作用，使人物形象更加富有层次感。鲁氏为文，主张"达性明事"，这篇《关忠节公家传》，确实是其主张的很好实践，文风刚健简明，令人在为关氏扼腕的同时，又不得不叹服鲁氏的笔力过人。

（罗立刚）

【作者小传】

吴敏树

(1805—1873)　清散文家。字本深，号南屏。湖南巴陵（今岳阳）人。道光举人，官浏阳县教谕。其文接近桐城派。著有《柈湖文录》《柈湖诗录》。

说　钓

吴敏树

余村居无事，喜钓游。钓之道未善也，亦知其趣焉。当初夏、中秋之月，蚤食后出门，而望见村中塘水，晴碧泛然，疾理钓丝，持篮而往。至乎塘岸，择水草空处投食其中，饵钓而下之，蹲而视其浮子，思其动而掣之，则得大鱼焉。无何，浮子寂然，则徐牵引之，仍自寂然；已而手倦足疲，倚竿于岸，游目而视之，其寂然者如故。盖逾时始得一动，动而掣之则无有。余曰："是小鱼之窃食者也，鱼将至矣。"又逾时动者稍异，掣之得鲫，长可四五寸许。余曰："鱼至矣，大者可得矣！"起立而伺之，注意以取之，间乃一得，率如前之鱼，无有大者。日方午，腹饥思食甚，余忍而不归以钓。见村人之田者，皆毕食以出，乃收竿持鱼以归。归而妻子劳问有鱼乎？余示以篮而一相笑也。乃饭后仍出，更诣别塘求钓处，逮暮乃归，其得鱼与午前比。或一日得鱼稍大者某所，必数数往焉，卒未尝多得，且或无一得者。余疑钓之不善，问之常钓家，率如是。

嘻！此可以观矣。吾尝试求科第官禄于时矣，与吾之此钓有以异乎哉？其始之就试有司①也，是望而往，蹲而视焉者也；其数试而不遇也，是久未得鱼者也；其幸而获于学官、乡举②也，是得鱼之小者也；若其进于礼部③，吏于天官④，是得鱼之大，吾方数数钓而又未能有之者也。然而大之上有大焉，得之后有得焉，劳神侥幸之门，忍苦风尘之路，终身无满意时，老死而不知休止，求如此之日暮归来而博妻孥之一笑，岂可得耶？夫钓，适事也，隐者之所游也，其趣或类于求得。终焉少系于人之心者，不足可欲故也。吾将唯鱼之求，而无他钓焉，其可哉？

〔注〕 ① 有司：古代设官分职，各有专司，故官吏及相应的衙门称有司。 ② 科举：初试指县试、府试，俗称考秀才，由府学教授、州学学正、县学教谕（合称"学官"）主持。乡举：秀才（诸生）参加乡试（省级考试），得中取为举人。 ③ 礼部：主管教育的部。举人进京会试，由礼部主持。考试中式，再经殿试，即成进士。 ④ 天官：吏部列六部之首，后世因以"天官"为吏部的通称。吏部掌全国官吏之任免、考课、升降、调动等事。

封建科举取士制度始于隋大业三年（609），就其初创时用意，原在选拔才士，通过特定的各级考试后，量材录用。应该说，这制度在其实行过程中曾一度产生过积极作用，使大批寒门士子经过自身努力进取，实施"治国平天下"的抱负。任何封建体制在发展演变过程中都必然日渐衰朽,科举制也不例外。这制度诚然埋没了无数才士,但也必须看到它又确实发现过无数人才。一种制度的腐朽有多方面原因,从士子角度讲,逐渐形成的视此为升官发财唯一途径的心理和风气,则是导致科举制朽败的一个重要原因。求科第,求官禄,求志之伸展,求爵之大小,一个“求”字大有文章,大有差异。人各有志,人各有求,在“求”字上必见出人的识见高下,操持优劣,心思善恶,品行清浊。吴敏树的《说钓》,以钓鱼“求得”譬喻科第求取,并非简单类比,也不是意在看破仕途,向往归隐。这一点,核之其生平,是足可证明的。他作《说钓》正在一个“求”字上立意,他扬弃的是一味追求“进于礼部,吏于天官”的唯“大”是逐,悟彻的是只要求获己心,不必执迷于“欲”,不需因“不足可欲”而戚戚。“大之上有大焉,得之后有得焉”,从积极一面说似乎是事无止境,从沽名钓誉、贪得无厌讲则是欲壑难填之魔障。吴敏树要勘破的正是这一点。当然,其中不是没有他从自己生活实践中所感受到的辛酸苦辣,他诚然也很有感慨。

把握此文的很重要的一点是必须注意那个“趣”字。文章开首说:“余村居无事,喜钓游。钓之道未善也,亦知其趣焉。”文章末尾又回应一句:“夫钓,适事也,隐者之所游也,其趣或类于求得。”“类于求得”是说好像“求得”,然而“趣”实非“求得”,“得”是一种欲望而已。“隐者”的隐,从本质上讲是某种特定志趣之求的行为,如果能统一到“趣”之上来,那么其实“隐”与“仕”是可以殊途同归的,大隐隐于朝市,即此意义的表现。如果一味把科举仕途视为求得“大”之禄位,那么无疑会与隐者异其“趣”,从而形成对立面。只有先弄清这内涵,方始体味到《说钓》的不浅薄,不是习见的所谓厌于仕途的伪饰性言论。

吴敏树的反讽手法没有直露表现,而是通过其自述“钓游”的过程来透露的。尽管他“亦知其趣焉”,可在钓鱼时却心里老是想“得大鱼焉”,这就是悟“趣”未彻底,没有真正得“趣”。所以弄得“手倦足疲”,“腹饥思食甚”,劳心瘁神,很觉可笑。作者此处现身说法,其中正寓讽意,有着高度概括的普遍意义,即揭出了一种“求得”心切的心理状态。如此说来,看似很琐屑的叙述垂钓求得大鱼的文字,实在很有深意在。而第一段中归家与妻子答问时“余示以篮而一相笑也”的“一相笑”,由此也顿觉意味深长,非常灵动,让人从言外去体察许多东西。

审辨了第一段文字的意理,后一段显然易见,就不难把握了。将“求科第”与求钓得大鱼的心理两相对照,如合符契,如出一辙。作者所悟的就是“终身无满意时”的烦恼实在是自苦苦人,是“不足可欲”的欲望不满足行为,这样,必然“终焉少系于人之心者”,也即永远无法真得其“趣”! 文章结句说,“唯鱼之求”,不钓大小，只求其趣，换句话说，唯求功名，不求功名大小，岂不很好。他道光十二年中举人，做的是湖南浏阳县教谕，即教学之官，后来从幕于曾国藩处，颇展其才干。这确实很近似"唯鱼之求"的观念信奉，他努力"适"己之心而已。

这是篇说理文，前半却以叙述法十分细腻地叙写钓鱼求大的全过程，而且不仅记述行为，更摹写心态和心理感受。这种丝丝入扣，不露声色地寓理于事，以相譬喻的手法，是很老辣清峻的，好就好在不见斧凿痕，顺理成章，让人感悟而信服。

（严迪昌）

【作者小传】

曾国藩

(1811—1872) 清政治家、文学家。字伯涵，号涤生，又号求阙斋主人。湖南湘乡人。道光十八年(1838)进士，官任兵部尚书、两江总督、直隶总督等职，封一等毅勇侯。卒赠太傅，谥文正。以组湘军镇压太平天国起义得清廷重用。治学兼宗汉、宋，注意礼制经世。诗文兼工，古文继桐城派之后，加以扩展，溯源经史，奇偶互用，别衍为湘乡派。诗亦受桐城派姚鼐提倡黄庭坚诗的影响，宗法江西派，又欲熔李商隐诗于一炉。总归宿在于杜、韩。诗文有《曾文正公诗文集》，另有家书、奏稿、日记等，收入《曾文正公全集》。

书《归震川[1]文集》后

曾国藩

近世缀文之士，颇称述熙甫，以为可继曾南丰、王半山之为文[2]。自我观之，不同日而语矣。或又与方苞氏并举，抑非其伦也。盖古之知道者[3]，不妄加毁誉于人，非特好直也[4]。内之无以立诚，外之不足以信后世，君子耻焉。自周《诗》有《崧高》《烝民》诸篇，汉有"河梁"之咏，沿及六朝，饯别之诗，动累卷帙[5]。于是有为之序者。昌黎韩氏为此体特繁，至或无诗而徒有序。骈拇枝指[6]，于义为已侈矣。熙甫则未必饯别而赠人以序，有所谓贺序者，谢序者，寿序者，此何说也？又彼所为抑扬吞吐，情韵不匮者，苟裁之以义，或皆可以不陈。浮芥舟以纵送于蹏涔之水[7]，不复忆天下有曰海涛者也。神乎？

味乎？徒词费耳。然当时颇崇茁轧之习，假齐梁之雕琢，号为力追周秦者，往往而有。熙甫一切弃去，不事涂饰，而选言有序，不刻画而足以昭物情⑧，与古作者合符而后来者取则焉，不可谓不智已。"人能弘道，无如命何！"藉熙甫早置身高明之地，闻见广而情志阔，得师友以辅翼，所诣固不竟此哉！

〔注〕①归震川：即归有光，字熙甫，人称震川先生。昆山人。嘉靖进士，官至南京太仆寺丞。能诗，而尤以古文名世。②曾南丰，即曾巩(1019—1083)，北宋政治家、散文家，为唐宋八大家之一，风格淳厚，散文平易。王半山，即王安石(1021—1086)，号半山。北宋杰出的政治家、文学家，唐宋八大家之一。③知道：知，即知道，懂得之义。道，是天地万物间的最高境界的道理。④特：只。⑤动累卷帙：比喻写的连篇累牍，又长又繁。⑥骈拇枝指：典出《庄子·骈拇》。骈，大也，合也。骈拇，谓大拇指与第二指相连为一指。枝指，谓手大指旁枝生指成六指也。⑦蹏涔之水：蹏即蹄的古字，兽蹄。涔：雨水多，涝。整句喻水浅而小。⑧昭：明白。

曾国藩的这篇文章，通体一气。乍看似无定式可依，文中多突兀之句，时有旁骛。而细加琢磨，却是风行水上，自然成纹。文气一脉更是酿酝良久，精足神轻，俨如天马飞来，澎湃而无痕。精辟的议论更是林尽逢源，自然衔接，耐人寻味。所以只是一气读来，便觉口角余香，气韵隽永。

观此文可谓深谙"以气为文"之道。文章的首句无依无傍、破空而来："近世缀文之士，颇称述熙甫，以为可继曾南丰、王半山之为文。"曾氏一言以概之，综述了当时文人学士对震川文章的总看法，言简意赅，语调轻松，先列他人的观点，为自己的立论和议论树立了一个参照物，这样就使得下文的议论言之有物，有的放矢。开门见山是以气为文的重要表现，气在中国文化中是天地精神的体现，是可以和道相媲美的，而为文主张落笔须有"士气"，要"绝去甜俗蹊径"，倘若做到这一点，就如同"解脱绳束"的"透网鳞"了。所以古人以为"以古人为师，已是上乘，进此而以天地为师"。震川先生可以说是那个时代颇受文人首肯的人。他重视唐宋文，尤推重欧阳文公。与王慎中、唐顺之、茅坤等称为"唐宋派"。他曾经以一"穷乡老儒"与主张"文必秦汉"的王世贞辈前后"七子"相对阵，斥之为"妄庸巨子"。其散文善于捕捉生活细节，加以铺张渲染，文笔朴素，感情真挚，清新自然颇有造诣，对清代崛起的桐城派有很深的影响。震川先生的文章，在明代嘉靖、隆庆时期文学家李攀龙、王世贞辈继承前七子拟古成分，拘泥死板，模拟成风的文坛上，似吹来一阵清新的风，一扫陈腐之气，注入了新鲜血液，曾氏在提出一个肯定句后，从容不迫地道出自己持反面的观点，和前文形成强烈的对比。"自我观之”一句，为文自然而又立意坚定，有外柔内刚之妙，深得儒学方圆为人之道的精髓，既文质彬彬，又棱角分明，决不含糊。有云“文如其人”，反之由文观人也未尝不可。曾氏作为一个文人的同时，更是一代军事家和政治家，他的机智练达和沉稳决断反映到文章里，干净爽利。运筹帷幄、叱咤风云的气概在文章里也得到充分的反映。“自我观之”行文持重，反映了曾氏的卓见和胆识，曾氏不旁征博引来论证和委婉地说出自己持反面的观点，而是以一种居高临下洞察秋毫的势态直抒己见。这样写的妙处在于使气韵相连，句与句之间很自然地形成节奏和张力。一经否定了前句的观点，马上又举方苞，又持否定，俨如数股源头，骤间齐发，略无阙断。

“不妄加毁誉于人，非特好直也。内之无以立诚，外之不足以信后世，君子耻焉。”曾氏提出自己的观点是持之有理的。为文和评价一个人，不妄加毁誉，语句坚卓，立言也颇见高度。不盲从前人，又不妄加褒贬于人，这是“为文”和“立言”的要义。从这里可以看出作者的态度是极慎重的，也可以看出他之所以推崇震川先生的用心所在。这是全文的立论部分，寥寥数语，叙事详备，堪称神来之笔。

接着作者援举《诗经》的《崧高》《蒸民》诗篇，又举汉代“河梁”之咏，六朝饯别之诗。援古证今，由正到反加以明证，足见立论言之有据，非为信口雌黄，妄加揣测之辞。用这些例子旁征博引，既加强了文章的说理的厚度和力度，又为下文起了过渡的作用。从这些例子可以看出曾氏论文继承了桐城派的熔辞章、义理、考据为一炉的笔法，之所以特举出《诗经》中的《崧高》、《烝民》及《河梁》之咏，意在说明，以文章、辞赋作为应酬工具便会使文章失去生命力，并指出韩愈作序，如同为人作俑一般，又举出《庄子外篇·骈拇第八》中“骈拇枝指，出乎性哉，而侈乎德”，用来比喻为文如果失去文章的作用及意义，而以文章作为应酬工具，这样的文章实乃多余。从这里我们可以看曾氏的为文主张是以文载道、以文明道的，而极力排斥矫揉做作，无病呻吟之作。

黄河九曲至此略一回头，曾氏掉转笔锋，直言不讳地指出震川先生的文章也并非字字金石、句句珠玉，实事求是地指出他的贺序、寿序、谢序等应酬之作内容和形式可取之处甚少，一些记叙往事、哀悼亲人的文章，是他散文中的珍品，也是他散文成就的主要代表。文中的“蹏涔之水”是牛马足迹之水，和下文的“海涛者”相对，这是一个设喻，富有极强的讽刺意蕴，将当时模拟震川之文，只是得其形，而涣散其神采，写文章空洞无物的现象痛责了一番。实际上这里也暗寓了震川为文的缺点。作者着重指出王世贞、李攀龙辈多摹拟古人，绝少创新，因此不得脱胎换骨、点铁成金之妙，他们的作品往往言之无物。文中“神乎？味乎？”两个反问句紧紧相连，读之大有气势而又不乏韵度，令人神思向往，心有戚戚。“徒词费耳”一句，更是一针见血，痛哉！快哉！这段是本文的他证推论，文辞紧凑，例句生动形象，读来饶有趣味。

指出震川为文的缺点并非本文的要旨，曾氏不疾不徐，欲擒故纵，拉长文脉，宽大文网。写到这里，文理已熟，曾氏点到即止。掉首一个回马枪，作者举出震川为文不随波逐流，不为世俗所囿，直抒胸臆，保持了自己文章清新朴素、感情真挚的特点。这也是感叹震川为文作人有胆有识，创一代文风的成就。

曾氏私淑桐城，堪称“准桐城派”，又是湘乡派的首领，但观其文，却一反桐城派文人“才气薄弱”的弊病，力矫桐城派狭隘之界，扩充视听，不墨守唐宋八大家之文而较广泛地吸取先秦和两汉之风，气势丰沛，独具一格，少有桐城派文章寒涩枯窘的弱点，昂昂然大有须眉气概。

麻雀虽小，五内俱全，本文无段无式，颇似信口而发的高论。然而细品之下，则有立论、他证和本证。全文一气呵成，笔不停顿，虽无小桥流水，但意境清新语调自然；虽缺枯树老鸦，然立意高雅练达沉雄，颇堪玩味。

总之，此文巧于构思，深于讽托，严整简当，情挚意婉，把抒情和说理结合起来，既不是空泛无边的抒情，又避免了抽象的说理，而是情中见理，理中寓情，情理互相生发，契合无间，显示出作者高超的写作技巧。　　（周　虹）

【作者小传】

王　拯

(1815—1876)　清文学家。原名锡振，字定甫，号少鹤。广西马平（今柳州）人。道光进士。与同乡朱琦、龙启瑞常相处，齐名京师。官至通政使。能诗文。著有《龙壁山房文集》《龙壁山房诗集》《茂陵秋雨词》。

《娶砧课诵图》序[1]　　王　拯

《娶砧课诵图》者，不材拯官京师日之所作也。拯之官京师，姊刘在家，奉其老姑，不能来就弟养。今姑殁矣，姊复寄食宁氏姊于广州，阻于远行。拯自始宦日，蓄志南归，以迄于今，颠顿荒忽[2]，琐屑自牵，以不得遂其志。

念自七岁时先妣殁，遂来依姊氏。姊适新寡，又丧其遗腹子，茕茕独处。屋后小园数丈余，嘉树荫之。树阴有屋二椽，姊携拯居焉。拯十岁后就塾师学，朝出而暮归。比夜，则姊恒执女红③，篝一灯，使拯读其旁。夏苦热，辍夜课。天黎明，辄呼拯起，持小几就园树下读。树根安二巨石，一姊氏捣衣以为砧，一使拯坐而读，日出乃遣入塾。故拯幼时每朝入塾，所读书乃熟于他童。或夜读倦，稍逐于嬉游，姊必涕泣告以母氏劬劳瘁死之状，且曰："汝今弗勉学，母氏地下戚矣！"拯哀惧，泣告姊，后无复为此言。

呜呼！拯不材年三十矣。念十五六时，犹能执一卷就姊氏读，日惴惴于悲思忧戚之中，不敢稍自放逸。自二十后出门，行身居业，日即荒怠。念姊氏教不可忘，故为图以自警，冀使其身依然日读姊氏之侧，庶免其堕弃之日深，而终于无所成也。道光二十四年甲辰秋九月。为之图者，陈君名铄，为余丁酉同岁生④也。

〔注〕 ① 媭(xū 须)：古代楚湘一带称姊为媭。 ② 颠顿：颠沛困顿。荒忽：即恍忽。 ③ 女红(gōng 工)：女工，指纺绩、刺绣、缝纫等事。 ④ 同岁生：即同年。古时同科同榜称同年。

王拯是清道光二十一年(1841)进士，当时年方二十七岁，可谓早年得志。作为一个少孤，又七岁丧母的青年人，得以二十三岁(道光丁酉，1837)乡试中举，四年后又春闱高中甲科，他居京为官时不能不恋念并感戴少时相依为命，砥砺其志，勤加训育的姊姊。迎养其姊以图报答是王拯的心意，而今远隔万里不能遂其初衷，心底自惴惴难安。于是请秋闱同年举人陈铄作《媭砧课诵图》，不仅聊寄思念，而且"冀使其身依然日读姊氏之侧"，自警自奋。无疑，这种自警自强以奋进的心志，也是其姊所期望的，那么，作此图此序对其姊当是最大的安慰了。王拯此序文的本旨即在此。

在近代粤西文学家中，王氏是很杰出的一位。他的诗词文以情致深挚真切著称，其作于妻子张氏逝去后的八首悼亡诗就感人至深。这篇图序同样写得情思绵邈，感念姊氏恩德的赤热之心跃然纸端。道咸年间，桐城派文风盛行，专讲雅洁而淡于情致，弊病时见，在此风气之下，王拯的散文尤显得别具面貌。

题图之文和题图诗词一样，最易流于空泛，徒见藻采。成功的题图之作应该既勾现图之画面形象，予人具体可感的真实性，又抉示图中之意蕴，形神皆得。就此而言，这篇题序亦足称佳构。序文可分为三段，先叙对其姊的感念思恋而又不能迎养之惆怅；中写《婆砧课诵图》之所以命名及具体再现少时树旁砧石课诵督教的情景；最后则点出作此图的心意，以“自警”二字深化对姊姊敬重的孺慕之情。

长姊为母，这份情意是浓重绵密而且温慈之极的。然而一想起其姊的苦劳，自己现在登科第居京师却不能迎养以尽孝悌之心，王拯真是夜难安寐。特别是早得科名原图大展才干，然而却是供职户部为七品小京官颇感失望之际，他尤易想起当年勉其学业的姊姊来。他的这位姊姊命运很苦，早寡，“又丧其遗腹子”，独力终养婆母(即老姑)，婆婆死后，又寄食于嫁给宁姓的另外一姊处，远去广州。首段笔触简洁干净。序文重心在中段，先描述“课诵”的环境，这原是记忆犹新的场景。他的笔下先写园，继写树，树阴二椽屋，而后将视点集中在“树根安二巨石”上，至此紧扣上“婆砧课诵”题旨。这是极具匠心深意的“二巨石”，一为捶衣之石，一为锤炼人才之石。其姊是否有此寄意不可必，王拯深体此心，并含蓄地抉出此意则是显然的。唯其如此，该图命名为“婆砧课诵”的警策用意也豁然跃见。体味及此，全文犹如纲领在握，顺理顺势以解。所以，这“树根安二巨石，一姊氏捣衣以为砧，一使拯坐而读”之句实为全篇的“文眼”。在此前后的夜课、晨读以及泣告等等全属砧石锤才的细节，淡语深情而文思严密细腻，由此足见。正因有此一笔，后段的“不敢稍自放逸”和“为图以自警”等语，全有了依托，不致空泛。

此序不仅在叙述图中事时灵动地再现空间景象，而且前后对时间的追述也在参差形态中紧相照应。从“自七岁时”“十岁后”“十五六时”“二十后出门”一直到“不材年三十矣”等，其姊十年教养、辛苦备尽以及王拯铭记心底、无时或忘的情怀全可在这些时间数量词中探见，故切勿粗粗读过去。　（严迪昌）

【作者小传】

刘　蓉

(1816—1873)　清文学家。“蓉”一作“容”。字孟蓉，号霞仙。湖南湘乡人。诸生出身。曾在乡办团练，从曾国藩在江西与太平军作战。同治元年(1862)任四川布政使，同年石达开军入川，奉命赴前敌督战。石大败，自投清营，他将其槛送成都，酷刑处死。次年调升陕西巡抚，督办全陕军务。后为张宗禹所部西捻军所败，革职回家。著有《养晦堂诗文集》《思耕录疑义》等。

习　惯　说　　　　刘　蓉

蓉少时，读书养晦堂①之西偏一室。俯而读，仰而思；思有弗得，辄起绕室以旋。室有洼，径尺，浸淫②日广。每履之，足苦踬焉。既久而遂安之。

一日，父来室中，顾而笑曰："一室之不治，何以天下家国为？"命童子取土平之。后蓉复履其地，蹶然以惊，如土忽隆起者；俯视，地坦然，则既平矣。已而复然，又久而后安之。

噫！习之中人③甚矣哉！足之履平地，而不与洼适也；及其久，则洼者若平；至使久而即乎其故，则反窒焉而不宁。故君子之学，贵乎慎始。

〔注〕 ① 养晦堂：刘蓉居室名，在湖南湘乡。 ② 浸（qīn 侵）淫：渐渐扩展。 ③ 中（zhòng 众）人：击中、深入于人。

这篇短文，通过生活中的一件小事，写出了大道理。由此及彼，因小见大，发人深思。

作者先写少年时代在养晦堂西侧的一间小房子里读书的情景。"俯而读，仰而思；思有弗得，辄起绕室以旋。"这一描述，就生动地勾勒了一个善于思考的读书人的形象。孔子说："学而不思则罔，思而不学则殆。"不善于思考，就很难说学有所获，更谈不上什么有独到的见解。文章以"思"为经，贯穿始末。因"思"而"绕室以旋"，从"旋"而极其自然地引渡到主题的阐发。总之，这都是善于思考的结果。

书房里有一块洼地，愈来愈向外扩展。在这块地上踱来踱去，当然很不自在。可是时间久了，却习以为常了。等到填平这块洼地，却又感到"蹶然以惊，如土忽隆起者"，经过一段时间，这才恢复到正常的感觉。洼地踩惯了如履平地，一旦填平，反而感到不适应。这是什么缘故呢？作者深有感触地说："习之中人甚矣哉！"这是一篇之警策，撮辞举要，统摄全文。习惯成自然，这是一个很朴素的真理。由此推论，如何培养良好的习惯，乃是至关重要的。所以文章最后的结论是："故君子之学，贵乎慎始。"意即治学一开始就要养成良好的习惯。有了良好的习惯，就有了良好的开端。这一体会，不仅对育才树人有重要意义，而且对于做好一切事情，都有着普遍的借鉴作用。

这是一篇论说体裁的散文。只就一件小事说起，使人感到自然而亲切，从而

受到启迪。可以说是语浅意深，言之有物。（宋　廓）

【作者小传】

张裕钊

(1823—1894)　清文学家。字廉卿，号濂亭，湖北武昌（今武汉武昌区）人。道光举人。选授内阁中书。先后掌教于金陵、文正、江汉、经心、鹿门、莲池等书院。晚年客居西安将军荣禄幕府。论文服膺桐城派，而自为文雅健廉劲，有脱出桐城蹊径者。师事曾国藩，与吴汝纶、黎庶昌、薛福成并称“曾门四弟子”。兼工古近体诗，自饶风致。书法亦负时名。有《濂亭集》。

游虞山①记

张裕钊

十八日②，与黎莼斋③游狼山，坐萃景楼④，望虞山，乐之。二十一日买舟渡江，明晨及常熟⑤。时赵易州惠甫适解官归，居于常熟⑥，遂偕往游焉。

虞山尻尾⑦东入常熟城，出城迤西绵二十里，四面皆广野，山亘其中。其最胜为拂水岩⑧，巨石高数十尺，层积骈叠，若累芝菌，若重巨盘为台，色苍碧丹赭，斑驳晃耀溢目。有二石中分，曰剑门⑨，骈擘⑩屹立，诡异殆不可状。踞岩俯视，平畴广衍数万顷，澄湖奔溪纵横荡潏其间，绣画天施。南望昆陵、震泽⑪，连山青翠相属，厥高镵云⑫，雨气日光参错出诸峰上。水阴上薄⑬，荡摩阖开⑭，变灭无瞬息定。其外苍烟渺霭围缭，光色纯天，决眦穷睇⑮，神与极驰。岩之麓为拂水山庄旧址⑯，钱牧斋⑰之所尝居也。嗟乎！以兹丘之胜，钱氏惘不能藏于此终焉⑱，余与易州乃乐而不能去云。

岩阿⑲为维摩寺，经乱，泰半⑳毁矣。出寺西行，少折，逾岭而北，云海豁开，杳若天外，而狼山忽焉在前。余指谓易州，亦昔游其上也。又西下为三峰寺㉑，所在室宇每每可憩息。临望多古树，有罗汉松一株，剥脱拳秃㉒，类数百年物。寺僧具酒果笋面饷余两人，已日昃矣[23]。循山北过安福寺[24]，唐人常建[25]诗所谓“破山寺”者也，幽邃称建诗语[26]。寺多木樨华[27]，由寺以往，芳馥载涂。

返自常熟北门，至言子、仲雍墓[28]。其上为辛峰亭[29]，日已夕，山径危仄不可上，期以翼日往[30]。风雨，复不果[31]。二十四日遂放舟趣[32]吴门。行数十里，虞山犹蜿蜒在篷户[33]，望之瞭然，令人欲返棹复至焉。

〔注〕 ① 虞山：在江苏省常熟市城西北。相传西周虞仲曾以这里为治，故名。 ② 十八日：这里指清光绪二年(1876)八月十八日。 ③ 黎莼斋：与下文的“赵易州惠甫”均为作者的好友。黎莼斋，名庶昌，贵州遵义人，同治间曾上万言书，两次出使日本，影钞唐宋旧籍，成古逸丛书。狼山：位于今江苏南通市南郊长江之滨。宋淳化年间地方官以“狼”字不雅，改为“琅”。又因山岩多紫色，故又称紫琅山。 ④ 萃景楼：狼山名胜之一，在支云塔(狼山最高处)下。 ⑤ 常熟：指常熟城。地处虞山之阳，其西部即为虞山尾部。据清人修纂《常昭合志》载，虞山拂水岩东边高岩下有水池，池旁有一亩水稻田，无论干旱、水涝，必获丰收，人称“常熟田”。常熟城由此而得名。 ⑥ 适：恰遇。解官：因父母去世，辞去官职归家服丧。 ⑦ 尻尾：即尾部。 ⑧ 拂水岩：在城外虞山的西南部。上面有拂水禅院，禅院门外有山涧，山涧上面有桥。每逢雨后，涧水便流注桥下成为瀑布。风从南方来，吹拂瀑布倒卷而上，形成万斛蕊珠凌空飘洒的壮观景象。 ⑨ 剑门：在城外虞山的南部，山崖裂开始刀劈，故称。 ⑩ 砉(huō)擘：山崖开裂的样子。砉，物体破裂的声音。擘，分开。 ⑪ 毘陵：古郡名，辖区相当于今镇江、常州一代。震泽：古泽薮名，即今江苏太湖。 ⑫ 厥高镵(chán 馋)云：山峰之高，刺入云霄。厥，其。镵，刺入。 ⑬ 水阴：指水气。薄：通“迫”，逼近。 ⑭ 荡摩阖开：形容云的变幻，动荡相摩，一会儿聚合，一会儿散开。摩，水浪相击。 ⑮ 决眦穷睇：睁大眼眶，极目远望。眦，眼眶。睇，视，看。 ⑯ 拂水山庄旧址：在拂水岩下面，霸王鞭道旁边，今无遗迹。 ⑰ 钱牧斋：(1582—1664)名谦益，字受之，号牧斋，常熟人。明末清初著名文学家。明万历进士，授编修。天启年间，因东林党事件被罢官。崇祯初重新被起用，官礼部侍郎，后在与温体仁等人的争权斗争中革职。清顺治三年(1646)，又为礼部侍郎管秘书院事，但到顺治五年又因坐罪而被解职放归，从此以著述自娱，十年后去世。其诗文为世所称。 ⑱ “钱氏”句：意谓钱谦益为常熟人，家乡有此好居处，竟如此糊涂，不能隐居终生。言外即谓钱当年不该出仕而屡遭贬黜，又似指钱谦益在明亡后又出仕清的礼部侍郎。惘，迷惘，迷糊。藏，藏身，谓隐居不仕。 ⑲ 岩阿：岩角。维摩寺：本名石屋维摩庵，宋隆兴元年创建。 ⑳ 泰半：大半。 ㉑ 三峰寺：又叫三峰清凉禅寺，创建于唐代以前。居虞山之第三峰，故名。唐代诗人常建《第三峰》诗有“西山第三顶，茅宇依双松”之句。 ㉒ 剥脱拳秃：形容老松树皮剥落，枝干屈曲少叶。剥脱：树皮损坏脱落。拳秃：屈曲光秃。 ㉓ 日昃：太阳西斜。 ㉔ 安福寺：又叫“破山寺”“破山兴福寺”，在虞山北岭，南朝萧齐时创建，梁大同三年改兴福寺，唐咸通九年改叫安福寺，因所在山崖断石裂而得“破山”之名。 ㉕ 常建：唐开元间诗人。诗指《题破山寺后禅院》：“清晨入古寺，初日照高林。竹径通幽处，禅房花木深。山光悦鸟性，潭影空人心。万籁此都寂，但余钟磬音。” ㉖ 称建诗语：称赞常建诗句。 ㉗ 木樨华：即桂花。“木樨”，即木犀，桂花的别称。 ㉘ 言

子：指孔子弟子言偃。言偃，字子游，当时吴国人，通古代典籍，做过鲁国的武城宰。言子墓在虞山北麓，乾元宫下，影娥川上，仲雍墓的左下方。仲雍：周太王古公亶父的次子虞仲，又称吴仲。周太王欲立幼子季历，他和哥哥太伯一起逃到江南，太伯成为当地君长。太伯死后，由他继任君长，其后人建立了吴国。仲雍墓在虞山东麓。 ㉙ 辛峰亭：在虞山辛峰上，初名“望湖”，后又更名“极目”“达观”，始建于宋代。 ㉚ 期：相约。翼日：第二天。 ㉛ 复不果：又未能成行。 ㉜ 趣：通“趋”，赴，往。吴门：即苏州。 ㉝ 篷户：指舱口。

本文是一篇山水游记，乃传统散文中的常见体裁。江南文人雅士云集，故其秀美山水被吟咏的也分外多些。位于今江苏常熟西北的虞山，在乾隆年间就被沈德潜作过与本文同名的游记。沈德潜的游玩未曾深入，却有“天下胜景，若留有余地，则意味无穷；尽情探历，欲求一览无余，反而兴味索然，世间事物往往如是”的感悟，而本文也是虞山的游记，却是另一种气象。

文章的第一句说明作者十八日与时掌江苏通州榷务的黎庶昌同游州南狼山。黎亦有《游狼山记》传世，与本文可为姊妹篇。“乐之”，点明作者的愉悦心情。接着登小船，去常熟，带上另一位游伴——解官归来的赵惠甫。

交待完时间、缘由、同伴，接着文章开始正式描写虞山的胜景。首先说明虞山的整体位置，再由大到小，具体描绘几处最美丽的景色。拂水岩和剑门，作者从形状和色彩两方面，对其进行了生动的描摹，并抒发了自己的观感。“若累芝菌”“骑擘屹立”，“累”“擘”用字极为精到。接下来作者转换视角，描绘在山上四望所见，俯视如何如何，南望如何如何，令文章气象顿时开阔。作者的心目逐渐由实的平畴万顷、青翠山峰转换到虚的水阴光色、苍烟渺霭，一时间神与极驰，进入了超然物外的境界。

超然之后，仍在红尘，名胜之中，必有古迹。岩脚下是拂水山庄的旧址，是常熟本地名人钱谦益曾经住过的地方。钱谦益有着无可争议的才学和大有争议的生平，身仕明、清两朝，屡次陷入政治漩涡。作者感叹钱谦益的糊涂，为什么不在这么好的地方终了一生呢？我和赵惠甫都快乐得不想离开！在这里，作者不仅仅是单纯地怀古，也是在感叹自身；一生仕途不顺的张裕钊和解官的赵惠甫，也并非是真的“乐”。官场失意之后寄情山水，乃是中国文人的传统，在这里也有体现。

隐隐的失意之感并没有影响文章的基调和作者的心情，他们的游玩还在继续。几处古寺，着墨不多，却情态尽显，禅机各异。三峰寺的罗汉松，安福寺的木樨华，不同的植株体现出两间寺庙不同的禅意。安福寺曾为破山寺，常建的诗歌更与文章意境相符，“幽邃”二字，神韵无穷。“芳馥载涂”，又为这稍显清冷的寺庙增添几分生机，更显自然之趣。

接着就到了游玩的尾声，提到了虞山的其他人文景观，和天色已晚不宜上山以及第二天未能成行等情况。神来之笔在最后一句："行数十里，虞山犹蜿蜒在篷户，望之瞭然，令人欲返棹复至焉。"轻描淡写之间，既有"江上数峰青"的悠远意境，又流露出对这一方山水的难分难舍之情。文已尽而意无穷，可令人回味再三。同时，也与文首"坐景楼望虞山，乐之"相照应，揭示此次虞山之游，是以"远望神往"起始，以"回望欲返"作结，首尾呼应而又浑然天成。

本文以行程为线索，采用移步换景、全面铺叙的写作手法，将登山越岭所见的风光景物逐一展现于笔下，是一篇优秀的游记散文。作者师承曾国藩，为文推尊桐城义法，强调"文章之道，莫要于雅健"，自称"吾所自为文，则一以意为主"，顺其自然之妙，"而辞气与法胥从之矣"（张裕钊《答刘生书》）。本文兼具"雅健"的特色和"自然之妙"，在语言上也有"清真雅正"、通晓顺畅的特点，是一篇典范的桐城派散文。

（王　源）

【作者小传】

李慈铭

(1830—1894)　清末文学家。初名模，字式侯，改名慈铭，字爱伯，一作一伯，号莼客，浙江会稽（今绍兴市）人。光绪进士，官至山西道监察御史。工诗词及骈文，而以《越缦堂日记》负盛名，所记自二十岁至晚年，读书札记颇多，内容涉及经史百家。另有《白华绛柎阁诗集》《越缦堂词录》等。

六十一岁小像自赞　　李慈铭

是翁也，无团团之面，乏姁姁之容。形骸落落兮，谨畏斶斶；须眉怊怅兮，天怀畅通。故其貌溪刻兮，而心犹五尺之童；其言謇讷兮，而辩为一世之雄。不知者以为法官之裔，如削瓜而少和气兮；其知者以为柱下之胄，能守雌而以无欲为宗。乌乎！儒林耶！文苑耶！听后世之我同；独行耶，隐逸耶，止足耶，是三者，吾能信之于我躬。风潇雨晦，霜落叶红，悠然独笑，形行景从，待观河之将皱兮，拊桑海而曲终。故俗士疾之，要人扼之，而杖履所至，常有千载之清风。

本文是李慈铭为自己六十一岁的画像作的赞语。赞是一种文体，本来赞是

李慈铭像

——《清代学者像传》

赞美的意思，后来也用于评述。古人的文史著作，多有附赞语以总结全篇。赞一般篇幅较短，有韵。本文亦是如此。

因为是自赞小像，自然要从相貌开头。“团团之面”，指的是圆圆胖胖的脸。“姁姁之容”，指和好的神态，《汉书》卷三十四《韩信传》：“项王见人恭谨，言语姁姁。”前两句说自己无富人之福相，无和好之面容。“形骸落落”，是孤独的样子；“鰅鰅”，与“谨畏”同义；“怊怅”为失意貌。这两句是说自己孤独而谨慎、失意而襟怀自然。所以面貌瘦削而心如儿童，出言迟钝而雄辩于一世。“削瓜”，上古禹以皋陶为“士”，即掌刑法之官，传说皋陶面如削瓜，李慈铭面目清瘦，所以说不了解他的人以为他是执法官的后裔，面如削瓜而缺少和气。“柱下之胄”，指老子，老子曾为周柱下史，即藏书室之官，《老子》第二十八章云“知其雄，守其雌，为天下谿”，即“以无欲为宗”之意，这里是说，了解他的人则知道他是老子的门徒，并无欲望而能以柔弱、内敛的态度处世。“儒林”，指史书中的“儒林列传”，始立于《史记》，记载儒生的事迹；“文苑”，《后汉书》始创“文苑列传”；这里是说他日后入史书的儒林还是文苑传，就听凭后人去安排了。事实上，历代还是重儒林而轻文苑，目文章为雕虫之事、壮夫弗为的代不乏人，但李慈铭后来入《清史稿·文苑列传》，对李慈铭来说也许意有未慊。“独行”，指特立独行、不随流俗；“隐逸”，指隐居的山野逸民；“止足”，指淡于名利、急流勇退的人物；正文中有以这三者为名的传，李慈铭的意思是这三者的宗旨，他都能身体力行。下面几句是本文最佳的：“风潇雨晦，霜落叶红，悠然独笑，形行景从。”“风雨如晦，鸡鸣不已”，原出自《诗经·郑风·风雨》，后世常用来比喻艰难困苦的处境；“霜落叶红”，自是秋色，人生至秋，一番凄凉。然而作者并不哀怨悱恻，而是悠然独笑、形行景从，一幅悠闲的孤独者景象。这几句既有生动的景色描绘，又有浓厚的韵味，果是好文。“待观河之将皱”，用了《楞严经》中的一个典故：“佛告波斯匿王：‘我今示汝不灭性。汝三岁见恒河时，至年十三，其水云何？’王言：‘至于今六十三，亦无有异。’佛言：‘汝今发白面皱，必今皱于童年。观河之见，有童耄否？’王言：‘否也。’”“拊桑海之曲终”中的“桑海”，即沧海桑田。作者用此典，是想表明他自由自在地观看人世上的一切反复变化，以不变应万变，我行我素。于是，“俗士疾之，要人扼之”。但作者深有自信，觉得自己定能获得下代人的理解和敬仰：“而杖履所至，常有千载之清风。”自命不凡之情，溢于言表。

《清史稿·文苑列传》云：“时朝政日非，慈铭遇事建言，请临雍，请整顿朝纲。大臣则纠孙毓汶、孙楫，疆臣则纠德馨、沈秉臣、裕宽。”“性狷介，又口多雌黄。服其学者好之，憎其口者恶之。”从这些记载中，我们更可以了解李慈铭狷介耿直、不避权贵、多言敢言的性格，也可以对本文"能守雌"云云作更深的理解，而使我们最佩服的则是李慈铭的自信。文士需要一点自信，这样在困苦中能坚守自己的原则，而有原则的人总是让人敬仰的。　　（卢敦基）

【作者小传】

薛福成

(1838—1894)　清散文家。字叔耘，号庸庵，江苏无锡人。同治副贡。入曾国藩军幕掌机务，叙劳授直隶州同知。累官至湖南按察使。光绪间派为出使英法意比四国大臣，对西方文化有直接的了解。官至左副都御史。师事曾国藩，参加过洋务运动和改良运动。工为文，与张裕钊、吴汝纶、黎庶昌并称"曾门四弟子"。其文不拘成法，内容较充实。有《庸庵全集》《庸庵文别集》。

振百工说　　薛福成

古者圣人操制作之权，以御天下，包牺、神农、黄帝、尧、舜、禹、[1]周公，皆神明于工政者也。故曰：备物致用立，成器以为天下利，莫大乎圣人。圣人之制，四民并重，而工居士商农之中，未尝有轩轾之意存乎其间。虞廷飏拜垂殳[2]，斨伯与禹、皋、夔、稷、契同为名臣[3]。《周礼》冬官虽阙，而《考工》一记，精密周详。足见三代盛时，工艺之不苟。周公制指南针，迄今咸师其法。东汉张衡文学冠绝一时，所制仪器，非后人思力所能及。诸葛亮在伊尹伯仲之间，所制有木牛流马，有诸葛灯，有诸葛铜鼓，无不精巧绝伦。

宋明以来，专尚时文帖括[4]之学，舍此无进身之途，于是轻农工商而惠重士。又惟以攻时文帖括者为已尽士之能事，而其他学业，瞢然罔省，下至工匠，皆斥为粗贱之流，浸假[5]风俗渐成，竟若非性粗品贱不为工匠者。于是中古以前，智创巧述之事，阒然无闻矣。

泰西风俗以工商立国，大较恃工为体，恃商为用。则工实尚居商之先。士研其理,工致其功,则工又兼士之事。吾尝审泰西诸国勃兴之故,数十年来,何其良工之多也?铁路火车之工,则创其说者,曰罗哲尔,曰诺尔德,而后之研求致远者不名一家。火轮舟之工,则引其端者,曰迷路耳,曰代路尔,曰基明敦。而后之变通尽利者,不专一式。电报之最阐精者微考,则有若嘎剌法尼,若佛尔塔,若倭斯得,若倭拉格,若安其尔。炼钢之工,最擅声誉者,则有西门子,若马丁,若别色麻,若陪尔那,若回特活德。制枪之工,则有若林明敦,若芸者士得,若毛瑟,若亨利马梯尼。制炮之工,则有若克鲁伯,若阿模士庄,若荷乞开司,若那登飞。其他造船造钢甲之工,则有德之伏尔铿,英之雅罗,法之科鲁苏。造鱼雷造火药之工,则有奥之怀台脱,德之刷次考甫,德之杜屯考甫。当其创一法兴一厂,无不学参造化,思通鬼神。往往有读书数万卷,试练数十年,然后能亘古开一绝艺者。往往有祖孙父子,积数世之财力精力,然后能为斯民创一美利者,由是国家给予凭单,俾独享其利,则千万之巨富,可立致焉。又或奖其勋劳,锡⑥以封爵,即位至将相者,莫不与分庭抗礼,有欿⑦然自视弗如之意,则宇宙之大名可兼得焉。夫泰西百工之开物成务⑧,所以可富可强,可大可久者,以朝野上下敬之慕之,扶之翼之,有以激厉之之故也。若是者人见谓与今日之中国相反。吾谓与古之中国适相符也。中国果欲发愤自强,则振百工,以预民用,其要端矣。欲劝百工,必先破去千年以来科举之学之畦畛⑨,朝野上下,皆渐化其贱工贵士之心,是在默窥三代上圣人之用意,复稍参西法而酌用之,庶几风气自变,人才日出乎。

〔注〕 ① 包牺、神农、尧、舜、禹:都是古代著名的贤明帝王。包牺,又作庖牺,即伏羲。② 飏拜垂殳:意谓朝仪之盛。飏拜,指群臣拜舞。殳:木杖。 ③ 靳伯:舜臣,管百工。皋:皋陶,管刑狱。夔:管音乐。稷:后稷,周朝始祖,农官。契:商朝始祖,管国土人民。 ④ 帖括:泛指科举应试文章。明清时亦用指八股文。 ⑤ 浸假:逐渐。 ⑥ 锡:通“赐”。 ⑦ 欿:不自足。 ⑧ 开物成务:指通晓万物的道理并按这道理行事而得到成功。《易·系词上》:“夫《易》开物成务,冒天下之道,如斯而已者也。”孔颖达疏:“言《易》能开通万物之志,成就天下之务。” ⑨ 畦畛:界限,限制。

韩愈的《师说》有云:“巫医、乐师、百工之人,不耻相师。”“百工”乃是中国古代主管营建制造的工官名称,以后沿用为各种手工业者和手工业行业的总称,地位相当低下,在韩愈的文章里与巫医、乐师并称,用于反衬士人,可见一斑。在中国传统文化里,“万般皆下品,唯有读书高”,对各种工业、技术,均视为末节或消遣。到了封建社会末期而思想禁锢的清朝,这种情形更加严重。世界工业革命的浪潮并不是完全没有影响到中国,尽管闭关锁国,上层还是有机会接触到舶来的先进科技的;然而只有西洋各国的精巧钟表在紫禁城中流行,马格尔尼来演示的先进科技却被乾隆皇帝斥为“看亦可、不看亦可”的奇技淫巧,直到鸦片战争时列强的坚船利炮,才让中国知识分子痛苦地擦亮了眼睛。

本文的作者薛福成,是活跃于晚清时期的政治、思想和外交界的一名爱国志士,也是曾国藩的门生。他自幼即受时代影响,广览博学,致力经世实学,不做诗赋,不习小楷,对八股尤为轻视。先后为曾国藩和李鸿章做过幕僚,担任过英法等国家的大使,赞成君主立宪,主张维新变法。这样一位具有先进思想的知识分子是幸运的,生于时代激烈变化之际,一身经世实学方有施展之地;他又是不幸的,国家倾颓,王朝衰落,他又身处上层,环游世界,能够更加清楚地看到自己国家的腐朽与衰弱。

济世是传统读书人坚持的理想,经世致用更是时兴的学派,这一篇《振百工说》,就是眼界开阔、思想灵活的薛福成,从“振百工”的角度,为腐朽的晚清末世开出的一剂药方。

托古言事是这类文章的惯例,大名鼎鼎的康有为的《孔子改制考》,也是假孔圣人之口,说出自己变法改制的观点。本文亦是如此,从上古的圣贤讲起,他们建立聚积物资便利民用的制度,发明制造器具为天下兴利,而且士、农、工、商地位平等,“工”并没有受到歧视。掌管百工的大臣都是贤明之士,《周礼》书中“冬官”篇虽然佚失了,但《考工记》一书,记载百工技术之事却是极其精密详尽。可以看出在当时被视为桃花源、乌托邦的上古三代盛世,对百工技艺是很重视的。接着又举出周公、张衡、诸葛亮的例子,说明从前的智者也是长于工艺发明的。

接着,作者笔锋一转,直指时弊:宋明以来,科举八股时文之学成为唯一的进身之途,其他方面的学问都被忽视,工匠更被看做下贱,于是像虞、夏中古以前那些充满智慧巧思的发明创造,就再也不出现了。

文至此处,已经指出了社会百工不振的根源所在:落后的科举制度以及它所造成的社会歧视。接着,作者开始叙述西洋各国的情形,来为本国的改革作为参考。

西学在当时也算得上是时髦的了，但也只在小圈子里流行，而对于西学一无所知的腐儒仍是大有人在。在比薛福成更晚的年代，科举制度已经废除，一次学堂的考试里出了一道比较中西史事的题目：《项羽拿破仑论》。诸考生虽皆熟读四书五经，却均不知“拿破仑”为何人。有一考生的文章开头即破题云：“夫项羽力能拔山，岂一破轮而不能拿夫？”接着便论证说：“夫车轮已破，其量必轻，一凡夫即能拿之，安用项羽？以项羽而拿破轮是大材小用，英雄无用武之地，其力难施，其效不著，岂非知人善用之举哉！”这样的趣事，可笑，更可悲。如果当时的中国多几个薛福成这样的有识之士，少几个“拿破轮”的腐儒书生，或许历史就是另一种面貌。

薛福成所知，不只拿破仑耳。他从西方诸国的国本讲起，“恃工为体，恃商为用”，“工”与“士”相辅相成，甚至“工”也能起到“士”的作用。这里的“士”，其实就是科研人员。他把西方各国的勃兴归功于优秀的工程技术人员，列举了一大串出现在今天数理化课本上的人名。他们都是两次工业革命里的伟大人物，至今全人类仍受其惠。当时的薛福成也深知这一点，不吝赞美他们的成就：“学参造化，思通鬼神。”造化鬼神之说，似乎有违科学精神，然而作者接着就客观地指出了他们能取得如此成就的原因：知识的积累，长时间的钻研。而他们的动力是国家的支持——取得巨大成功便可得到丰厚的利润和尊贵的爵位，甚至与王侯比肩。作者甚至注意到了“专利”现象，“由是国家给予凭单，俾独享其利”，实在难能可贵。

西方各国百工兴盛，有助于国家强大，所以政府和民间对百工也是百般的鼓励和扶植。作者认为这跟古代中国的情形是相一致的，中国要发愤自强，必须振百工。要振百工，必须破除科举的弊病，改变对百工的歧视，领会上古圣贤的用意，再稍稍参考西方的做法，也许就可以改变风气，激发人才了。

全文文辞简明达意，条理清晰；表达论点鲜明，逻辑性强；即使是叙述西方诸国情形、罗列大量舶来名词，也仍然通晓顺畅、不显晦涩高深，颇有桐城派散文的特点。

值得注意的是，作者所提的中国古代的“百工”，主要是传统手工业，而西洋的“百工”，是近现代的工业和科技，两者之间相差的，恰恰是两场工业革命的距离。指南针、木牛流马等例子，则体现了共同的科学创造精神。文章结尾处作者建议中国主要学习古代制度，稍稍参考西方体系，实际上是应该反过来的。以作者的见识，未必不能了解到中西“百工”的差距和体制的优劣，文章这么写，是时代的局限，更是作者身为朝廷命官的无奈。

（王　源）

观巴黎油画记 薛福成

光绪十六年春闰二月甲子，余游巴黎蜡人馆，见所制蜡人，悉仿生人，形体、态度、发肤、颜色、长短、丰瘠，无不毕肖。自王公卿相以至工艺杂流，凡有名者，往往留像于馆，或立或卧，或坐或俯，或笑或哭，或饮或博，骤视之，无不惊为生人者。余亟叹其技之奇妙。译者称："西人绝技，尤莫逾油画，盍驰往油画院，一观普法交战图乎？"

其法为一大圆室，以巨幅悬之四壁，由屋顶放光明入室。人在室中，极目四望，则见城堡冈峦，溪涧树林，森然布列。两军人马杂遝，驰者、伏者、奔者、追者、开枪者、燃炮者、搴大旗者、挽炮车者，络绎相属。每一巨弹堕地，则火光迸裂，烟焰迷漫，其被轰击者，则断壁危楼，或黔其庐，或赭其垣。而军士之折臂断足，血流殷地，偃仰僵仆者，令人目不忍睹。仰视天，则明月斜挂，云霞掩映；俯视地，则绿草如茵，川原无际。几自疑身外即战场，而忘其在一室中者。迨以手扪之，始知其为壁也，画也，皆幻也。

余闻法人好胜，何以自绘败状，令人丧气若此？译者曰："所以昭炯戒，激众愤，图报复也。"则其意深长矣。夫普法之战，迄今虽为陈迹，而其事信而有征。然则此画果真邪？幻邪？幻者而同于真邪？真者而托于幻邪？斯二者，盖皆有之。

本文是一篇观画记，但文章开头却先写游巴黎蜡人馆之所见。有人认为这样写寄寓有作者的深意，盖作者认为欧美勃兴的原因主要是"学问日新、工商日旺"，而促使达到日新日旺的生力军，则是那些"留像于馆"的"工艺杂流"，故作者记叙蜡人馆，是在"把学习西方的思想具体化"。这样解释，似乎有些求之过深。其实我们看第一段末尾说"余亟叹其技之奇妙"，下面接以"译者称西人绝技尤莫逾油画"，那么很明显，作者这样处理，主要目的是"借宾陪起"，起正面衬托的作用，同时也能抓住读者，更引人入胜。

末尾一段再次引用译者之语，指出法人好胜却又自绘败状的原因，是在"昭炯戒，激众愤，图报复"，揭出了"普法交战图"的画意；再联系到作者一贯主张变法图强，希望中国从积贫积弱中振兴起来，则写作此文，“其意”固亦“深长矣”。

中间一段是文章的主体，描绘“普法交战图”。黑格尔曾经说过：绘画不比诗歌，不能表达整个事件或情节的发展步骤，只能抓住一个“片刻”，因此该挑选那集中前因和后果在一点里的景象；譬如画打仗，就得画胜负可分而战斗尚酣的片刻。这段话恰好可以适用于这幅“普法交战图”，从下文“自绘败状”四字来看，这时已分出胜负，但战斗仍然空前激烈。而作者为了真实地再现这一“片刻”，采用了鸟瞰式的描绘角度：在交代了画室环境构造后，先写战争环境、形势；次写双方人马鏖战正酣的情状；再写炮弹落地的巨大威力；最后再点染战场的自然景象，以烘托战场惨烈的气氛，这样就层次分明而又简练生动地勾勒出了当时普法交战的“全景式”画面。另外，古人早就说过：“宣物莫大于言，存形莫善于画。”绘画作为一种视觉形象艺术，在描绘客观事物时，虽然也能捕捉住事物最富动感的一瞬间，但其画面毕竟是凝固不动的；而本文作者在描述原画时，则充分发挥了文字艺术的特长，选择了一系列极富动感的词语来进行铺叙描摹，加以语言节奏的错落变化，把当时战场上人马杂沓、络绎相属、炮火连天、杀声遍地的火爆气氛表现得如在目前。

（刘桂秋）

【作者小传】

吴汝纶

(1840—1903) 清末散文家。字挚甫，安徽桐城人。同治进士，历官深州、冀州知州。后充京师大学堂总教习，赴日本考察学制。曾师事曾国藩，为“曾门四弟子”之一。又与李鸿章关系密切。工诗文，源出桐城派，而所作不落其窠臼。其论及时政之作，颇注意“洋务”。有《桐城吴先生全书》。今人辑有《吴汝纶全集》。

跋《蒋湘帆[1]尺牍》

吴汝纶

余过长崎，知事[2]荒川君一见如故交，荒川有旧藏中国人《蒋湘帆尺牍》一册视余，属[3]为题记[4]。湘帆名衡，自署[5]拙老人，在吾国未甚知名，而书[6]甚工，竟[7]流传海外，为识者所藏弆[8]，似有天幸者！乡曲[9]儒生，老死翰墨[10]，名不出闾巷者，曷可胜道[11]！其事至可悲，而为者不止，前后相望不绝也。

吴汝纶像

——《清代学者像传》

一艺之成，彼皆有以自得，不能执市人而共喻之⑫。传不传，岂足道哉？得其遗迹者，虽旷世殊域⑬，皆流连慨慕⑭不能已，亦气类之相感者然也⑮。观西士之艺术，争新煊异⑯，日襮之五都之市⑰，以论定良窳⑱，又别一风教⑲矣。

〔注〕 ① 蒋湘帆：名衡(1671—1743)，字湘帆，号江南拙老人，江苏金坛人，清代书法家。《金坛县志》说他"能诗文，精楷法"。《大瓢偶记》云："蒋湘帆小楷，冠绝一时。"雍正时，他历时十二年手书完成《十三经》全文，后深受乾隆皇帝喜爱，以此为底本，刻成《乾隆石经》。 ② 知事：日本地方行政长官的名称。 ③ 属：通"嘱"，嘱托。 ④ 题记：文体名。就名胜古迹或有纪念性的文物等著文抒怀。姚华《论文后编》："而一文之后，有所题记，后人称曰'书后'，亦或曰'跋'，则后序之变，前或曰'引'，又前序之变也。" ⑤ 自署：自己取名。 ⑥ 书：书法。 ⑦ 竟：最终。 ⑧ 藏弆(jǔ)：收藏。 ⑨ 乡曲：偏僻的地方。 ⑩ 翰墨：文章书画。 ⑪ 曷可胜道：不可胜数。 ⑫ 执市人而共喻之：使普通人都明白。 ⑬ 旷世殊域：不同的时代，不同的地域。 ⑭ 流连慨慕：欣赏仰慕。 ⑮ 气类之相感者：因气质相同而产生感应。然：缘故。 ⑯ 争新煊异：争相创新煊耀独特。 ⑰ 襮(bó 博)：展示。五都之市：繁华都市。⑱ 良窳(yǔ 羽)：优与劣。 ⑲ 风教：风俗文化。

吴汝纶，字挚甫，安徽桐城人。光绪二十八年(1902)，六十三岁的吴汝纶被委予京师大学堂总教习，同年东游日本考察学制，历时四月，其间几乎遍访日本各类学校、书院、名胜。光绪二十九年(1903)以疾卒。本文即写于他去世前一年东游日本期间。

凡逆旅、行舟之中往往有作品。此次出访异域，少有暇时，但吴汝纶仍寄心楮墨，即兴赋诗作文多篇，与日本友人唱酬不断，此文便呈现了他与日本友人交往的一个片断。作者受人之托撰写跋文，虽笔墨简省，却并没有敷衍成官样文章，而是有所兴寄，寥寥几笔中迸出思想的火花。

文章开头，仅用"余过长崎……属为题记"四句对作跋缘由概略说明，他若尺牍的内容及艺术价值，皆略而不陈。因与长崎地方长官荒川君一见如故的缘分，荒川托其为自己所藏之珍品写一篇题记。看似客观陈述，细品起来，字里行间实暗藏感慨：二人能够相互知赏且一见如故的原因正在于相同的高雅情趣——对中国翰墨文化的热爱。荒川拿出自己的藏品礼遇来客，一方面体现出对朋友的尊重，另一方面恐怕也有希望行家来品评一下自己收藏品味的迫切心情。这便一下子拉近了二人的距离，于是有"一见如故交"之感。之后"湘帆名衡……似有天幸者"几句，写出了作者内心的惊讶与感动：一个在中国不甚知名的文人，他的尺牍因为书法精工，最终在异国他乡被人收而宝之，这对中国的文人墨客而言，是多么幸运的一件事啊！

接着从尺牍的际遇延伸下去，抒发感想。为何有“似有天幸者”之慨叹呢？只因为作者身为文士，深知其中甘苦滋味和文人对扬名的渴望。他自然联想到，自古以来文人代不乏人，在那些偏远的乡里，有不可胜数的文士，一生沉醉翰墨，大多数人埋没于里巷，其作品也散亡磨灭不复存焉。对于文人而言，这真是至为可悲之事。然而他们却不为流俗所沉，即使无名无利，也会继续在自己喜爱的领域中耕耘不辍，且薪火相传，使一门艺术“前后相望不绝”。真正的为艺术者，是不能缺乏这样的“痴气”的，也许作者也属于这样的一类人，所以接下来“一艺之成”几句表达了对闻名与不朽更深的认识：对于文人墨客而言，艺术活动带给人的成就感，是只有自己才能享受到的乐趣，不必强求普通市井之人都理解，因此，扬名与否、作品流传与否皆不足挂齿。真正的艺术品也许当时名不见经传，但若保留下来，终究会遇到欣赏的人，即使是不同的时代和地域，也阻挡不住有识者发自内心的流连仰慕，所谓同声相应，同气相求，这纯粹是因为气质相同产生共鸣感应的缘故。也就是说，无论作者名气大小，作品最终能够遇到知音而被珍视，这种际遇对一个文人来说，是比扬名更为荣耀的。这短短几句感慨，并不算什么崇论闳议，却诚笃感人。作者感慨古往今来文士们明珠暗投的深沉悲哀，更对传统文士为艺术而坚执的精神给予高度称扬。

文末谈及西方人对待艺术的张扬态度，借以与中国文士的保守风气相较。西人为艺术者并不默默耕耘，而是寻找机会自我宣扬，或是争相通过创新、奇特的形式去获得关注，或是干脆展示于繁华的街市，引人回头评定优劣，将之看作提升名气的好方式。这种风教令作者印象深刻且颇有感慨，因此在结尾特别提及，他内心或许也希冀中国文人向西人学习，才不至于有那么多有才之士湮没无闻。

张舜徽《清人文集别录》有评语曰：“汝纶肆力于文章之事，不屑以桐城义法自画，而独得于《史记》者尤深。”吴文擅发议论，是其特色，盖乃取法《史记》。本文从一件尺牍作品的命运引申开来，写出对文士遭际的真实感慨，兴发于此而义归于彼，耐人咀嚼。文章乃作者晚岁之作，措辞老成，笃实恳切，体现了出语雅洁、选词遒炼的语言风格。文辞畅达，了了可读，堪称桐城派古文中文质俱佳的作品。　（刘燕歌）

送张廉卿序　　吴汝纶

孙况①、扬雄，世传所称大贤②，其著书皆以成名乎后世。而孙卿书称说春申③，《法言》叹安汉公④之懿，皆干世论之不韪⑤，载而以告万世者，世以此颇怪⑥之。我则以谓⑦凡著书者，君子不自得于时⑧者之所为作也。

凡所以不自得者，君子之道，不枉实[9]以谀人。而当世贵人在势者，必好人谀己。十人谀之，一人不谀，则贵人恶其慠己，十人恶其异己。贵人与贵人比肩[10]于上，十人与十人比肩于下，上恶其慠，下恶其异，虽穷天地横四海，而无与容我身，吾且于书也何有？于此有一在势者，虽甚恶之，而犹敬乎其名，而不之害伤，则君子俯嘿[11]而就容[12]焉，而以成我书。而是人也，虽敬乎其名，固前知其不谀己也，闻有书则就求而亟观焉，察其褒讥所寓，得其疑且似者，且曰："此谤我也，此怨非[13]我也。"则从而齮龁[14]之矣。盖必其章章然[15]称道叹羡我也，夫乃始慭置[16]而相忘焉。

彼君子也，其志洁，其行危[17]，其不枉实而谀人，众著[18]于天下后世。及其为书，则往往诡辞谬称[19]，谲变[20]以自乱，以为我意之是非，后有君子读我书而可以自得之矣，安取彼呰呰察察[21]者为？嗟夫！此殆君子所遭之不幸，其用意至可悲；而《诗》三百篇所为"主文而谲谏"[22]，孔子之《春秋》所为定、哀之际微辞[23]者也。楚两龚[24]、孔北海[25]、祢正平[26]之徒，背而易之，乃卒会祸殃，至死不晤[27]，岂不哀哉！

二子之书，意其在此，我既推而得之，会我友张廉卿北来，乃为书告之。复书曰："子言殆是也。"盖自廉卿之北游，五年于兹，我与之岁相往来，日月[28]相问讯，有疑则以问焉，有得则以告焉，见则面相质[29]，别则以书，每如此。今兹湖北大吏[30]，走书币[31]因李相国聘廉卿而南，都讲[32]于江汉[33]。廉卿，今世之孙扬也。见今[34]贵人在势，皆折节[35]下贤，不好人谀己，其所遭孙扬远不如！其北来也，自李相国以下皆尊师之，老而思欲南归，而湖北君所居乡，其大吏又慕声礼下之如此，我知廉卿可以直道正辞[36]，立信文[37]以垂示后世，无所不自得者。独我离石友[38]，无以考道问业[39]，疑无问，得无告，于其归，不能无怏怏也。因取所意于古，而当质于君者，书赠之以为别。

〔注〕 ① 孙况：即荀况。战国赵人，世称荀卿。汉时谓之孙卿。曾在齐，游学稷下，三为

祭酒。去齐至楚，春申君任以兰陵令。晚年专事著述，终老兰陵。②大贤：才德超群的人。③春申：即春申君。战国楚人黄歇的封号。考烈王元年出为相，封为春申君，赐淮北地十二县，后改封于江东。曾救赵却秦，攻灭鲁国。相楚二十五年，有食客三千。与齐孟尝君、赵平原君、魏信陵君齐名，史称“战国四君子”。后因考烈王无子，遂与李园合谋，送自己宠爱的孕妾进宫，以图日后篡持楚国政权。考烈王死，李园恐春申君泄密且日益骄横，命死士将其杀死。④安汉公：即汉新帝王莽，汉元王皇后曾赐其号曰“安汉公”，是汉武帝之后西汉历史上执政时间最长的外戚之一。他篡汉立新，更易皇统，在中国历史上累遭詈骂。⑤干世论之不韪(wěi韦)：做了普天下都认为是错误的事。⑥怪：责备。⑦以谓：以为，认为。⑧不自得于时：不能迎合社会流弊，迫于社会压力。⑨枉实：歪曲实情。⑩比肩：居同等地位的人结成一股势力。⑪俯嘿(mò默)：低头无语。⑫就容：接近贵人以容身。⑬怨非：怨恨，非议。⑭龁龁(yǐ hé乙合)：毁伤，倾轧。⑮章章然：明显昭著的样子。⑯慭(yìn印)置：搁置一边。⑰危：端正的，正直的。⑱众著：众所周知。⑲诡辞谬称：文辞奇诡荒诞。⑳谲变：变化多端。㉑訚訚：(yín yín银银)：争辩貌。察察：明辨；清楚。㉒主文而谲谏：语出《毛诗序》：“故诗有六义焉：一曰风，二曰赋，三曰比，四曰兴，五曰雅，六曰颂。上以风化下，下以风刺上，主文而谲谏，言之者无罪，闻之者足以戒，故曰风。”东汉郑玄《笺》曰：“主文，主与乐之宫商相应也，谲谏，咏歌依违，不直谏也。”主文，指诗文不直陈而用比兴。谲谏，委婉地规谏。㉓微辞，隐晦含蓄的言辞。㉔楚两龚：指汉代楚之龚胜与龚舍。《汉书・两龚传》：“两龚，皆楚人也。胜字君宾，舍字君倩，二人相友，并著名节，故世谓之楚两龚。”亦省称“楚龚”。王莽篡汉，胜固辞不应诏，誓不一身事二主，绝食而死。㉕孔北海：即孔融，东汉文学家，字文举，鲁国人，“建安七子”之一。善诗文，辞采富丽。曾任北海相，后任少府，因直言无忌触犯曹操，降为太中大夫，被杀。㉖祢正平：即汉代祢衡。才智过人而负气自傲，好匡正世俗之失，待人接物傲慢不敬。后在江夏太守黄祖身边任书记，因在大会宾客时出言不逊，黄祖一怒之下将其杀害。㉗晤：同“悟”，明白。㉘日月：时常。㉙相质：彼此质询。㉚大吏：称独当一面的地方官。清薛福成《庸盦笔记・骆文忠公遗爱》：“骆公督四川，凡滇、黔、陕、甘等省大吏之黜陟，及一切大政，朝廷必以諮之。”㉛走：送。书币：泛指修好通聘问的书札礼单和礼品。㉜都讲：古代学舍中协助博士讲经的儒生，选择高材者充之。㉝江汉：古荆楚之地，在今湖北省境内。㉞见今：现今。㉟折节：屈己下人。㊱直道正辞：正直为人、坦率言辞。㊲信文：真实可信的文章。㊳石友：情谊坚如金石的朋友。晋潘岳《金谷集作诗》：“投分寄石友，白首同所归。”㊴考道问业：请教学问。

《送张廉卿序》是吴汝纶于光绪十四年(1888)所写的一篇赠序。所赠对象张廉卿即张裕钊乃吴汝纶一生挚友。吴汝纶二十九岁时，结识了四十六岁的张裕钊，遂为忘年交。光绪年间，以“张吴”并称，扬名桐城文派。曾国藩曾云：“吾门人可期有成者，惟张、吴两生。”(《清史稿・张裕钊传》)二人还醉心于论文谭艺，书信频繁。出自吴汝纶日记中的记述颇能说明二人之意气相投：“十一月十二日，夜与张廉卿久谈为文之法，廉卿最爱古人淡远处。”“三月八日，至凤池书院，与廉卿留连竟日，偲论文字。”(《吴汝纶全集・日记・文艺四》)本篇赠序着重探讨了文学创作心理问题，语言并不华赡闳肆，所言也未必尽当，但却于平实的说理中透露出作者议论文学的热情。

赠序一开头并没有先讲写作缘由，而是直入讨论话题：如何看待古往今来文人著作中称扬谀赞当权者的现象。古语云："千人之诺诺，不如一人之谔谔。"要做到直言不讳，并非易事，写文章也是如此。对于这样一个严肃的话题，作者避开了相关史料与典故的征引，采取了设例的方式来说明，遂使文风显得活泼而不失庄重。他先从体会前彦写作心理入手，从世人对荀子、扬雄著作的褒讥为例说起。世称大贤的荀子、扬雄，著作闻名后世，然也有白璧微瑕之处，荀子书中有为春申君吹捧之嫌，扬雄的《法言》中也有赞叹王莽美德的话语，这都是冒天下之大不韪的言论，因此为后世所诟病。对这一现象，作者并不妄加抨弹，而是尝试去理解古人的隐衷。他认为作品中的甘言媚语往往是迫于当时的社会压力，不得已才如此撰述的，实是无奈之举。接下来道出他对在势者与文人写作心理的揣摩：虽然君子以"不枉实以谀人"作为自己的行为准则，但是当权者却往往喜好他人奉承讨好自己。于是在这种趋时媚俗的风气下，谀世之作不断出现。正所谓标孤者难信，入俗者易谐，十人之中若有一人不讨好当权者，他不仅因为态度傲慢而遭到权贵者憎恶，而且还会因行事不同流俗而遭他人厌弃。更可怕的是，若高高在上的当权者抱成一团，阿谀谄媚者也拉帮结伙，则这位坚持正直的君子将遭到全社会的排斥而无以立足。那还何谈写书呢？在这种社会环境下，当权者对文人创作的干预极为强烈，文人的创作能自由到什么程度呢？之后，作者又举了另一种看似较好的现象：也许有一些开明的当权者，虽然内心也厌恶那些坚持直言的文人，但是对某君子还有几分尊重，所以没有直接伤害他，这位君子才能完成自己的著作。然而这位当权者本来就知道君子不讨好自己，听说他写成了书，就迫不及待地想读一读书中有没有暗含讥讽自己的话，有可疑的地方，都觉得是在诽谤自己，于是也开始打击君子了。前代也有文人议论过"谄成之风动，救失之道缺"的现象，本文作者则把写作放回到人情世态中去衡量，表现出他洞达世情的一面。人同此心，心同此理，由此作者推知前代那些志洁行危的君子，既要坚持"不枉实以谀人"，又要使自己的著作扬名后世，为免遭物议，只能在写文章时采取"诡辞谬称，谲变以自乱"的方式，故意模糊、隐晦文意，让后来的读者去揣测。作者特别举出《诗经》"主文而谲谏"的艺术风格和孔子《春秋》"至定、哀而微"的现象来阐析自己的观点，他又列举了楚两龚、孔北海、祢正平等直言者结局悲惨的事例，感慨他们不会权宜通变。通过事例对比，揭示了作家创作过程中极为苦恼的矛盾。在这段议论中，作者并没有批评荀子、扬雄等人献媚买好，出卖尊严，而是以常情律之，对古人的文章给出了"理解之同情"的评价。

第二段旨在申明写序之缘由，表达了三层意思：其一，述说自己与张裕钊相问、相勉、相慰、相娱的深厚友情。其二，感慨张氏之幸运。以古况今，好友张裕钊能够遇到折节下贤、尊重儒者的当权者，又得到其家乡湖北地区官吏的慕声礼遇，因此相信其可以“直道正辞，立信文以垂示后世，无所不自得者”。其三，诉别情。因“离石友，无以考道问业，疑无问，得无告”而怏然不乐，故以此序阐说自己研读古书的体会，与张探讨。文中间接称颂了当时的在势者，故因有阿谀李鸿章等权贵之嫌而遭诟病，其实没有必要过分苛求，不妨视为是作者对宽松创作环境的真诚呼唤。

本文语言平易明畅，议论耐人寻思。作者既发表了自己对文人写作苦楚的真知灼见，又用以古映今的方式勖励张氏直道正辞，从其深微识见中可以看出吴张二人深厚的文学修养和敏锐的问题意识，对现代学人启发良多。　（刘燕歌）

【作者小传】

陈三立

(1852—1937)　清末民国间诗人。字伯严，号散原，江西义宁（今修水）人。光绪进士，授吏部主事。戊戌变法期间，其父陈宝箴任湖南巡抚，积极推行新政，得其赞画。戊戌政变后，与其父同被革职。侍父隐居南昌西山之峙庐。入民国，保持遗老身份。日军全面侵华占领北平后，拒食而卒。其诗取法黄庭坚而自出手眼，具莽苍排奡之意态，人推为大家。为同光体诗派领袖，影响很大。亦工古文，然成就为诗所掩。有《散原精舍文集》《散原精舍诗》。

峙　庐　记

陈三立

西山负江西省治，障江而峙，横亘二三百里，东南接奉新、高安诸山，北尽于彭蠡，其最高峰曰萧坛，下纷罗诸峰，隆伏绵缀，止为青山之原，吾母墓在焉。墓旁筑屋，前后三楹，杂屋若干楹，施楼其上为游廊，与母墓相望，取青山字相并属之义，名峙庐。

初吾父为湖南巡抚，痛窳败无以为国，方深观三代教育理人之原，颇采泰西富强所已效相表里者，放行其法。会天子慨然更化，力新政，吾父图之益自憙[①]，竟用此得罪，免归南昌，因得卜葬其地。明年，遂葬吾母，穴左亦预为父圹，光绪二十五年之四月也。吾父既大乐其山水云物,岁时常留崝庐不忍去,益环屋为女墙,杂植梅、竹、桃、杏、菊、牡丹、芍药、鸡冠、红踯躅之属。又辟小坎种荷,蓄儵鱼。有鹤二,犬猫各二,驴一。楼轩窗三面当西山,若列屏,若张图画,温穆杳霭,空翠蓊然扑几榻,须眉、帷帐、衣履,皆掩暎黛色。庐右为田家,老树十余亏蔽之。入秋,叶尽赤,与霄霞落日混茫为一。吾父澹荡哦对其中,忘饥渴焉。

呜呼!孰意天重罚其孤,不使吾父得少延旦暮之乐。葬母仅岁余,又继葬吾父于是邪!而崝庐者,盖遂永永为不肖子烦冤茹憾、呼天泣血之所矣。尝登楼迹吾父坐卧凭眺处,耸而向者,山邪?演迤而逝者,陂邪?畴邪?缭而幻者,烟云邪?草树之深以蔚邪?牛之眠者、斗者邪?犬之吠、鸡之鸣、鹊鸲群雉之噪而啄、呴而飞邪?惨然满目,凄然满听,长号而下。已而沉冥而思,今天下祸变既大矣,烈矣,海国兵犹据京师,两宫久蒙尘,九州四万万之人民皆危蹙,莫必其命,益恸彼,转幸吾父之无所睹闻于兹世者也。其在《诗》曰:"谁生厉阶,至今为梗。"② 又曰:"莫肯念乱,谁无父母。"③ 曰:"凡今之人,胡憯莫惩。"④ 然则不肖子即欲朝歌暮哭,憔悴枯槁,褐衣老死于兹庐,以与吾父母魂魄相依,其可得哉?

庐后楹阶下植二稚桂,今差与檐齐。二鹤死其一,吾父埋之庐前寻丈许,新题碣曰:"鹤塚"。旁为长沙人陈玉田塚,陈盖从营吾母墓工有劳,病终崝庐云。

〔注〕 ① 憙:同"喜"。 ②"谁生厉阶,至今为梗":见《诗经·大雅·桑柔》。厉阶,祸端。梗,灾害。此诗为周厉王大臣芮良夫作,旧注以为"刺厉王"。文中引用此句,即隐斥当政的慈禧太后发动政变,是国乱政废的祸端。 ③"莫肯念乱,谁无父母":见《诗经·小雅·沔水》。《沔水》似作于东周初年,作者对京城附近危机四伏的状况充满了殷忧。文中引用此句,表达了散原对执政者不能为国为民制止祸乱的不满和忧虑。 ④"凡今之人,胡憯莫惩":见《诗经·小雅·十月之交》。这两句的前几句为:"烨烨震电,不宁不令。百川沸腾,山冢崒崩。高岸为谷,深谷为陵。"极言世变之剧。凡,《诗经》原文作哀。胡憯,怎么。不惩,不制止。作者引用此诗,对朝廷用人不当表达了强烈的愤慨。按:此文涉及的《诗经》中的三首诗所描写的乱局,与庚子之变有相似之处。

陈三立为同光体诗派巨擘，负海内诗名三十余年，有《散原精舍诗》，其文名常为诗名所掩。关于散原的文风，论者或谓“清醇雅健，格严气遒，颇守桐城派之戒律，而能自抒所得”（徐一士语），或谓“初无宗主，中年文拟庐陵”（梁焕奎），或谓“文章气脉，渊源八家为多，而选词妃色，颇出入班范扬雄诸书”（邵祖平语），这些评价，就某些文体而言，堪称洞幽烛微，撷其要领；不过对《峭庐记》来说，似是未尽之言。

此文起首，颇似白居易《冷泉亭记》，从大处着笔，如广角镜头，将西山四周之壮丽景色尽收笔底，然后再聚焦在峭庐上。

此文结尾，颇似归有光《项脊轩志》。《项脊轩志》云：“庭有枇杷树，吾妻死之年所手植也，今已亭亭如盖矣。”《峭庐记》云：“庐后楹阶下植二稚桂，今差与檐齐。二鹤死其一，吾父埋之庐前寻丈许，新题碣曰：‘鹤塚。’”深情出以浅语，余意袅袅。

然而第三段忽异峰突起，原来压抑着的激愤之情，一下子呼天抢地迸发出来，如钱塘潮，如壶口瀑，夺魂魄，骇心神。一连七个问句，句式由短而长，参差起伏，一浪高过一浪，一问急过一问，几若稚子椎血号泣之音，上达云霄，悲遏流云。其文恍惚迷离，迂回顿挫，若不可羁勒，不可踪迹，与此前一段大异其趣。此前一段，写其父遁隐庐山，种花养鱼，“日夕吟啸偃仰其中，遗世观化，浏乎与造物者游”，文笔清扬，舒畅雍容，有陶诗恬穆怡然之乐，从容不迫，兼有桐城义法。那么两段文字间，是什么东西推动着如此的陡转呢？

《峭庐记》作于庚子年（1900）。1898年戊戌政变，陈宝箴因“滥保匪人”，被褫职斥废，三立亦同被革职，永不叙用。陈氏父子累年经营，一旦而付诸流水。光绪二十五年（1899）四月，陈宝箴归养西山，次年七月以微疾卒。那么这一段平静的山居生活，仅历一载有余。所以“峭庐者，盖遂永永为不肖子烦冤茹憾、呼天泣血之所矣”一句，与“不使吾父得少延旦暮之乐”一句桴鼓相应，有着内在的义脉。据近来一些学者的研究，陈宝箴可能是由慈禧太后赐死，饮白鹤鲜血而亡。结论是否正确，尚有待进一步的证明，不过从《峭庐记》所表达的情感来看，似乎确有隐情。如文中两处提及二鹤，似闲笔，又不是闲笔。然而《峭庐记》一文，不仅蕴含孤儿情怀，亦藏蓄着家国之恨。此年“庚子国变”，八国联军攻进北京，国事败乱，不可收拾。此种政局，一是慈禧太后之颟顸无知所致，亦由执政大臣无能所致，陈三立抚今追昔，忧愤良深，故而一为国事哭，一为乃父未竟之事业哭，一为花果飘零、阴阳两隔而哭。正是因为背后有着这样沉痛的隐衷，陈三立此文中的感情变化，才会如此开阖动荡，如此歌哭万端，如此肝肠寸断。

陈三立每年都要回峭庐扫墓，且形之吟咏，故而《峭庐记》一文，要与陈三立《散原精舍诗集》中诸多与峭庐有关的诗作合观，方能探其刳肝刻肾之苦。其《峭庐述哀诗》五首，颇有与此文相互印证处。其三云：

墙竹十数竿，杂桃李杏梅，牡丹红踯躅，胥父所手栽。池莲夏可花，棠梨烂漫开。父在琉璃窗，咳唾自徘徊。有时群松影，倒翠连古槐。二鹤毰毸舞，鸣雉漫惊猜。其一羽化去，瘗之黄土堆。父为书冢碣，为诗吊蒿莱。天乎兆不祥，微鸟生祸胎。怆恨昨日事，万恨谁能栽。

此诗恰可与《峙庐记》的相关描写互补。在散原看来，“二鹤”的命运似乎昭示了父亲的命运，“鸣雉漫惊猜”似乎别有所指。《峙庐述哀诗》之五又云：

平生报国心，只以来訾毁。称量遂一施，堂堂待惇史。惟彼夸毗徒，浸淫坏天纪。唐突蛟蛇宫，陆沉不移晷。朝夕履霜占，九幽益痛此。儿今迫祸变，苟活蒙愧耻。百哀咽松声，魂气迷尺咫。

诗里既有对戊戌之变的反省，也有对乃父壮志未酬、神州陆沉的幽忧孤愤，还有苟活于世的孤儿之愧，字字句句，皆若泣血而成，又可与本文中的七个“邪”（即“耶”）字相互发明。

吴宓云：“义宁陈氏一门，实握世运之枢轴，合时代之消息，而为中国文化与学术德教所托命者也。”因此读《峙庐记》，就是从一个窗口窥探义宁陈氏家族之痛史，可以借此了解散原的胸中万言与襟底忧患，可以借此窥见近代史上志士仁人之痛史与世运之变迁。故而，《峙庐记》之情志摇荡，哀歌当哭，实将孤儿情怀、家国之恨冶熔一炉。其文非桐城旧格，亦非欧、归、白余调。司马迁赞曰：“人穷则反本，故劳苦倦极，未尝不呼天也；疾痛惨怛，未尝不呼父母也。”散原之呼父母，意犹屈子之怨骚也，读罢不能不为之酸鼻。　　（张宪光）

【作者小传】

林　纾

（1852—1924）　清末民初文学家、翻译家。原名群玉，字琴南，号畏庐，别署冷红生，福建闽县（今福州）人。光绪八年举人，屡试进士不第，遂以授学、著译、绘画为业。清末曾参与维新变法，辛亥革命后以遗老自居，反对新文化运动。工诗词古文，兼作小说戏曲，尤以译著名世。虽不识西文，却依他人口述，用文言翻译欧美小说170余种，译笔典雅流畅，甚受读者喜爱，其中以《巴黎茶花女遗事》《黑奴吁天录》《撒克逊劫后英雄略》《迦茵小传》《伊索寓言》等影响最大。所撰诗文有《畏庐文集》《畏庐诗存》《畏庐笔记》等，小说有《金陵秋》《金华碧血录》等，传奇有《蜀鹃啼》《天妃庙》《合浦珠》等。

《吟边燕语》序　　林　纾

欧人之倾我国也，必曰：识见局，思想旧，泥古骇今，好言神怪，因之日就沦弱，渐即颓运。而吾国少年强济之士，遂一力求新，丑诋其故老，放弃其前载，惟新之从。余谓从之诚是也，顾必谓西人之夙行夙言，悉新于中国者，则亦誉人增其义，毁人益其恶耳。

英文家之哈葛得，诗家之莎士比，非文明大国英特之士耶？顾吾尝译哈氏之书矣，禁蛇役鬼，累累而见。莎氏之诗，直抗吾国之杜甫，乃立义遣词，往往托象于神怪。西人而果文明，则宜焚弃禁绝，不令淆世知识。然证以吾之所闻，彼中名辈，耽莎氏之诗者，家弦户诵，而又不已，则付之梨园，用为院本。士女联而听，欷歔感涕，竟无一斥为思想之旧，而怒其好言神怪者，又何以故？

夫彝鼎樽罍，古绿斑驳，且复累重，此至不适于用者也。而名阀望胄，毋吝千金，必欲得而陈之。亦以罗绮刍豢，生事所宜有者，已备足而无所顾恋。于是追蹑古踪，用以自博其趣，此东坡所谓久餍膏粱，反思螺蛤者也。盖政教两事，与文章无属，政教既美，宜泽以文章，文章徒美，无益于政教。故西人惟政教是务，赡国利兵，外侮不乘，始以余闲用文章家娱悦其心目，虽哈氏、莎氏，思想之旧，神怪之托，而文明之士，坦然不以为病也。

余老矣！既无哈、莎之通涉，特喜译哈、莎之书。挚友仁和魏君春叔，年少英博，淹通西文，长沙张尚书既领译事于京师，余与魏君适厕译席。魏君口述，余则叙致为文章。计二年以来，予二人所分译者得三四种，《拿破仑本纪》为最巨本，秋初可以毕业矣。夜中余闲，魏君偶举莎士比笔记一二则，余就灯起草，积二十日书成，其文均莎诗之纪事也。嗟夫！英人固以新为政者也，而不废莎氏之诗。余今译《莎诗纪事》，或不为吾国新学家之所屏乎？《莎诗纪事》传本至伙，互校颇有同异，且有去取，此本所收，仅二十则，余一一制为新名，以标其目。

光绪三十年五月，闽县林纾序。

这是林纾为《吟边燕语》写的译者序。《吟边燕语》是根据兰姆编的《莎士比亚戏剧故事集》译出的。

林纾以"林译小说"闻名于世，是我国以古文翻译外国小说的第一人，译作有近两百种，其中可称为文学名著的也不少。虽然历来对林译小说毁誉参半，但在新文学诞生的前夜，他的翻译影响深远，极大地开阔了世人眼界，促进了现代小说的兴起，这是不争的事实。

林纾又是卓有成就的古文家，是桐城派吴汝纶的弟子，推崇司马迁及唐宋八大家，善于叙事抒情。从他的译作中可以看出，他用所谓的"史公笔法"翻译小说，确为古文开辟出一片新天地。运笔如风，不愧康有为所称的"译才并世数严林"。

这篇短文不足千字，但从大处着眼，小处着手，发人深思。本文一开头就破题：现在有这么一种现象，首先是西方人说中国落后，其思想文化一定不行，他们得出的结论是"识见局，思想旧，泥古骇今，好言神怪"，于是国人跟着起哄，一意求新求变，"丑诋其故老，放弃其前载"。作者亮出自己的观点，西方也不是什么都比中国新。关于新旧的争论最好是放到当时的历史语境下去理解，近代以来我们尝够了落后就要挨打的滋味，中西之争在很多人看来就是新旧之争，只要看看当时进化论到中国，我们是如何地趋之若鹜，就大体可以体会到。新的不一定就比旧的好，没有旧的也没有新的，西方现在的光鲜亮丽也不是从石头缝里蹦出来的，也有自己的历史过程。这些现在看来平平常常的道理，在一百多年前，很多人都不以为然。

作者接着写莎士比亚在英国的地位就如杜甫之于中国，但"立义遣词往往托象于神怪"。按国人的逻辑，岂不要焚其书，使其名声扫地？但实际情形如何呢？才智之士往往都爱读莎氏之书，甚至到家弦户诵的地步；莎氏的戏剧，普遍上演，善男信女沉浸其间者不计其数。从没听说有人批评莎剧思想陈旧，内容怪诞。再回头看看我们国内，那些喜欢收藏青铜器的，从没抱怨这些死沉死沉的又锈迹斑斑的东西毫无实际的用处，相反"名阀望胄一掷千金"，真是宝贝得不得了。其实这两者道理是相通的，一言以蔽之，这都是源于对古代文化的热爱，这里体现的是一种雅趣。

很多人都把文学艺术与政教混为一谈，作者清醒地指出，不要以文艺无关乎政教，或者无益于政教，就要打压它；也不要用政教的尺度来衡量文艺的价值；不要说今天中国政教不行，就妄自菲薄，把老祖宗留给我们的文化遗产视如敝屣。这一观点到今天也是掷地有声，不失其意义。

行文至此，已神完气足。但作为"序"体，还可以补充对原著、译者及翻译时的情况作些交代，于是作者娓娓道来，介绍了他的搭档魏春叔，作者推许他"年少英博，淹通西方"，翻译时，魏君口述，作者写为文章等等。序言最后说道：英国"固以新为政者也，而不废莎氏之诗"。则本书在中国的出版，当不至于为"新学家之所屏"的吧。这样首尾关照，气脉流贯，也可见出古文家的手段。

在欣赏这篇不长的序文时，我们不应忘记，这是中国人与莎翁的第一次邂逅，正是这样一个"故事化"的莎士比亚拉开了莎剧与莎学的大幕，后来林纾也直接从莎士比亚剧本翻译过《亨利第六遗事》《亨利第四记》《凯彻遗事》等等，这些译作以今天的标准来看，可议论的地方很多。但林译以他庞大的读者群，其巨大影响力不容低估。后人还根据这些"故事"改编了大量的文明戏。这都是题外话了。回到这篇序言本身，虽然我们看不到作者对莎翁高贵永恒意义的高度体认，也没有对兰姆这个铁杆莎迷作点滴介绍，但我们可欣赏到作者行文的浏亮、雄健，为莎翁来到中国扫清了某些障碍—— 一些思想和认识上的迷误，这是我们不该忘记的。

（严　明）

【作者小传】

严　复

（1854—1921）　清末民国间文学家、翻译家。初名体乾，改宗光，再改复，字又陵，又字幾道，号瘉壄老人，福建侯官（今福州）人。清诸生。光绪初在英国留学。归国后执教于福州船政学堂。清末民国初历任复旦公学、安庆高师学堂、京师大学堂校长。又任约法会议议长、参政员参政。清末译介《天演论》《原富》，要求变革，在思想界影响很大。晚年趋于保守。文笔古雅，善于论辩。亦工诗。有《严幾道诗文钞》《瘉壄堂诗》。

译天演论自序　　严　复

英国名学家穆勒约翰有言①："欲考一国之文字语言而能

见其理极[②]，非谙晓数国之言语文字者不能也。"斯言也，吾始疑之，乃今深喻笃信，而叹其说之无以易也。

岂徒言语文字之散者而已，即至大义微言，古之人殚毕生之精力，以从事于一学，当其有得，藏之一心则为理，动之口舌、著之简策则为词。固皆有其所以得此理之由，亦有其所以载焉以传之故。呜呼，岂偶然哉！

自后人读古人之书，而未尝为古人之学，则于古人所得以为理者，已有切肤精忾之异矣。又况历时久远，简牍沿讹。声音代变，则通假难明；风俗殊沿，则事意参差。夫如是，则虽有故训疏义之勤，而于古人诏示来学之旨，愈益晦矣。故曰：读古书难。

虽然，彼所以托焉而传之理，固自若也。使其理诚精，其事诚信，则年代国俗，无以隔之。是故不传于兹，或见于彼，事不谋而各有合。考道之士，以其所得于彼者，反以证诸吾古人之所传，乃澄湛精莹，如寐初觉。其亲切有味，较之觇毕为学者万万有加焉[③]。此真治异国语言文字者之至乐也。

今夫六艺之于中国也，所谓日月经天，江河行地者尔。而仲尼之于六艺也，《易》《春秋》最严。司马迁曰："《易》本隐而之显，《春秋》推见至隐。"此天下至精之言也。始吾以谓本隐之显者，观象系辞以定吉凶而已，推见至隐者，诛意[④]褒贬而已。及观西人名学，则见其于格物致知之事，有内籀之术[⑤]焉，有外籀之术焉。内籀云者，察其曲而知其全者也，执其微以会其通者也。外籀云者，据公理以断众事者也，设定数以逆未然者也。乃推卷起曰：有是哉，是固吾《易》《春秋》之学也！迁所谓本隐之显者，外籀也；所谓推见至隐者，内籀也。其言若诏之矣。二者即物穷理之最要涂术也。而后人不知广而用之者，未尝事其事，则亦未尝咨其术而已矣。

近二百年，欧洲学术之盛，远迈古初。其所得以为名理、公例者，在在见极，不可复摇。顾吾古人之所得，往往先之，此

严复像

——《清代学者像传》

非傅会扬己之言也。吾将试举其灼然不诬者，以质天下。夫西学之最为切实而执其例可以御蕃变[6]者，名、数、质、力四者之学是已。而吾《易》则名、数以为经，质、力以为纬，而合而名之曰《易》。大宇之内，质、力相推[7]，非质无以见力，非力无以呈质。凡力皆乾也，凡质皆坤也。奈端[8]动之例三，其一曰："静者不自动，动者不自止；动路必直[9]，速率必均。"此所谓旷古之虑。自其例出而后天学明，人事利者也。而《易》则曰："乾，其静也专，其动也直。"[10]后二百年，有斯宾塞尔者[11]，以天演自然言化，著书造论，贯天地人而一理之[12]，此亦晚近之绝作也。其为天演界说曰："翕以合质[13]，辟以出力，始简易而终杂糅。"而《易》则曰："坤，其静也翕[14]，其动也辟。"至于全力不增减之说[15]，则有自强不息为之先，凡动必复之说，则有消息之义[16]居其始。而"易不可见，乾坤或几乎息"之旨，尤为"热力平均[17]，天地乃毁"之言相发明也。此岂可悉谓之偶合也耶！

虽然，由斯之说，必谓彼之所明，皆吾中土所前者，甚者或谓其学皆得于东来，则又不关事实，适用自蔽之说也。夫古人发其端，而后人莫能竟其绪，古人拟其大，而后人未能议其精，则犹之不学无术未化之民而已。祖父虽圣，何救子孙之童昏也哉！

大抵古书难读，中国为尤。二千年来，士徇利禄，守阙残，无独辟之虑。是以生今日者，乃转于西学，得识古字用焉。此可与知者道，难与不知者言也。风气渐通，士知弇陋[18]为耻。西学之事，问涂日多，然亦有一二臣子，訑然[19]谓彼之所精，不外象形下之末；彼之所务，不越功利之间。逞臆为谈，不咨其实，讨论国闻、审敌自镜[20]之道，又断断乎不如是也。赫胥黎氏此书之指，本以救斯宾塞任天为治之末流，其中所论，与吾古人有甚合者。且于自强保种之事，反复三致意焉。

夏日如年，聊为迻译。有以多符空言无裨实政相稽者，则固不佞所不恤也。

光绪丙申重九严复序。

〔注〕 ① 名学家:即逻辑学家。名学,逻辑学。穆勒约翰:即约翰·穆勒(1806—1873),英国哲学家。著有《逻辑体系》(严复译作《穆勒名学》)、《论自由》(严复译作《群己权界论》)。② 理极:理论的极致。 ③ 觇(chān 掺)毕:即占毕,泛指读书和吟诵。加:胜过。 ④ 诛意:责备人动机不善。 ⑤ 内籀(zhòu 昼)之术:归纳法。外籀之术:演绎法。 ⑥ 御蕃变:驾驭繁复变化的事物。名、数、质、力:指名学(逻辑学)、数学、化学、物理。 ⑦ 质、力相推:这里质指物体,力指运动静止等。相推:相互作用。 ⑧ 奈端:牛顿(1642—1727)的旧译名,英国数学家、物理学家。动之例三:指牛顿的力学三定律。 ⑨ 动路必直:运动的路线必定是直的。⑩"乾,其静也专"两句:语见《易经·系辞上》。原意是天在静时专一不乱,动时刚正不差。⑪ 斯宾塞尔(1820—1903):英国社会学家。著有《群学肄言》等书。 ⑫"贯天地人"句:拿解释自然(天地)的道理来解释社会(人)。 ⑬"翕(xī 西)以合质"两句:聚合成为物质,分解就放出能量。 ⑭"坤,其静也翕"两句:语见《易经·系辞上》。原意是大地在静时是凝闭的,动时万物生长。 ⑮ 全力不增减之说:即能量守恒定律。 ⑯ 消息之义:《易经·丰》:"天地盈虚,与时消息。"指寒暑往来、陵谷变迁的盛衰变化。 ⑰"热力平均"二句:即德国物理学家克劳修斯等人主张的"热寂说"。 ⑱ 弇(yǎn 掩)陋:闭塞鄙陋。 ⑲ 訑(yí 宜)然:骄傲自大的样子。 ⑳ 审敌自镜:审察敌情,用作自己的鉴戒。

西学东渐,两种文化思想相互撞击,国人该如何应对?对这一重大问题,可以说时至今日仍是学术界大困扰。

清末时西方以洋枪洋炮横行东方,中国因积贫积弱饱受欺凌。随之而来者,更有西洋学术,使得当时武将瞠目于其坚船利炮,文臣震撼于其学术渊深。严复,这位既有深厚旧学功底,又因精通英语的学者,在翻译西学著作时,对这种困扰的体验自然会非常深刻。借这篇序言,可以窥见其内心的悸动。

《天演论》,原著直译应称《进化论与伦理学及其他》,是十九世纪英国生物学家赫胥黎(1825—1895)阐述达尔文进化论学说的一部论文集。严复于光绪二十一年(1895)将其中的前两篇译成中文,称为"天演",是严复的意译。该书中的基本观点是:生物是进化的,原因就在于"物竞"和"天择"。赫胥黎认为生物界的这一发展规律,既可用来解释自然现象,也可用来解释社会现象。严复对这一观点深感信服,借着翻译的方便,于行文当中加了不少的按语,借题发挥,大谈中国的衰败原因、灭亡危险和变法必要。这些翻译当中的按语文字,与古籍中的注疏比较接近,行文受原著约束更少一些,主要是翻译者的真知灼见。在严复的这类按语中,不可避免地涉及译者对西学的态度,因此,在序言里亮出自己的观点,就显得十分必要了。

文章从语言文字谈起。一般枯治语言文字的学者,于学术敏感之外,很少有余力去顾及文字背后的“大义微言”。严复是精于英文的翻译家，偏偏又不为语言文字所囿。在那个国是日非的时期，革故鼎新、自强图存，进行社会变革，才是他的最终理想，所以，选择哪些西方著作进行翻译，他本来就存在着良苦的用心。

序言开宗明义，借约翰·穆勒的话亮出自己的观点：只有熟谙数国言语文字，才有可能借文字语言窥见其理极。也就是说，在语言文字这个工具背后，还有一个“澄湛精莹”的“理极”在，这才是治异国语言文字者的“至乐”所在。这个“理极”，不因“简牍沿讹”“声音代变”“风俗殊沿”而稍亏，而是“年代国俗，无以隔之”的。这一段文字，看似在讨论一个翻译的学术问题，实则是在阐述天地间的“理极”乃古今中外共同这样的道理。这是第一层，意在明确，无论东方西方，学术上都是平等的，有以上共同的对话的“理极”存在。

接下来，作者用两个自然段，阐述《六经》中《易》《春秋》与西学的关系，这是“理极”的具象或者具体化。两个自然段又各有侧重，第一自然段是从方法论上讲。作者通过梳理司马迁对《易》和《春秋》两著方法论的阐述，将《易》与西方的“外籀之术”相类，将《春秋》与西方的“内籀之术”共通，为中西学术在方法论层面的沟通架起了桥梁，也表明作者对西学方法论的认同。第二自然段是从学术思想层面看。作者认为，西方“名、数、质、力”四大学问，都与《易》相通。举例来讲，牛顿的力学三大定律，都在《易》中；斯宾塞的自然进化论，“贯天地人而一理之”，不要说可以在《易》中找得出答案，简直就是《易》的源泉和根本所在！通过这样的论述，作者在谋求中西学术沟通的同时，还为其宣传所译《天演论》的观点埋下了伏笔：“理极”是不分古今，无论中外的，西方学术方法和学术思想总体上都与中国古代学术相通，那么，赫胥黎的“天演”式社会学思想，理所当然，也应该是适合于中国的。

这里岔开一句：这两段文字，令人大感其中“托古改制”的妙趣：固守经典者，动以“六经”为说辞，这里却将“六经”中最重要的两部《易》和《春秋》，拿出来与西学相对照，其用意是相当深刻的：《易》为群经之首，乃经学总纲；《春秋》严夷夏之防，是圣人手定。二者都能与西学相通，国中还有什么不能与西学相通呢？今天看来，严复这样的类比，难免有机械之嫌，但在当时，却不失为洪钟巨响，大有振聋发聩的功用，并且，这样的类比，不仅为自己东西学术平等相待的观点张目，可以说一下子就将“国粹”主义者的最后堡垒整个儿端掉了。

接下来，作者批驳了两种不科学的对待西学的态度，第一种是“自蔽”的态度：既然西学所发明者，都在自家祖宗那里讲过了，何必还要去学？对此，严复的回答是：祖上圣明，也救不了子孙的童昏！祖先阐述得再好的那个“理极”，如果落到童昏的子孙手里，也只能自在地存在，却不能为我所用，更为能成为拒绝新知西学的挡箭牌。第二种是“逞臆”的态度：还没有弄清楚西学有些什么东西，就将之规范到“象形下之末”“功利之间”的范畴，这是失了“审敌自镜之道”的态度。那么，正确的态度应该如何呢，严复并没有作正面回答，也是他自己也没有一个很好的答案吧，所以，文章于此收束笔墨，笔锋一转，点出赫胥黎所著与“吾古人有甚合者”，而且特别强调其于“自强保种之事，反复三致意焉”。如此处理，似乎断了文脉，其实，联系当时实际，一来严复本人可能真的没有全面解决这个难题，无法提出应对之策，二来作为一个有良知的知识分子，严复对“自强保种之事”特别重视，视之为最要究治的大学问。话里话外的意思是：西方学者都在“反复三致意焉”的东西，已处在“保种”险境之中的中国知识分子，岂能座视而不见？这里虽然没有明言，但严复显然是采取了“审敌自镜”的态度，这与魏源的那句“师夷长技以制夷”，是从两个层面上讲出来的两句话，其实表达的却是一个意思。正因如此，所以严复才会自负地在文末表示：如果有人认为他的翻译是“空言无裨实政相稽者”，他将“不恤”。

纵观全文，作者摒弃译者对原著作评价那种通常的作序方法，也不取译者斤斤于文字言语的角度，而是从中西学术是否相通的高度审视西方著作，用一个富有社会责任感的知识分子的眼光，为其所译的著作进行高屋建瓴式的定位，特别强调出他所翻译的赫胥黎的著作，用意在“自强保种之事，反复三致意焉”的良苦用心。全篇观点鲜明，思想深邃，文字简洁有力，颇能见出其人气质秉性，某些观点，至今仍有借鉴的价值，确实称得上是序言中的精品。（罗立刚）

【作者小传】

贺　涛

(1859—1898)　清散文家。字松坡，河北武强人。同治举人。选授国子监学正，改大名教谕。光绪赴礼部试中式，以事未及殿试，吴汝纶邀主信都书院讲席。又署冀州学正。三年后补殿试，授刑部主事。民国初，袁世凯聘其主文学馆事，不久因眼病辞归。其古文师事张裕钊、吴汝纶，所作以雄峭胜。与马其昶同为桐城派古文殿军。有《贺先生文集》。

送徐尚书序　　贺　涛

满洲之地为行省者三，而各统以将军，时迁势殊，旧制不足以控变，乃改设巡抚如内地，而以总督兼辖之，将军故所掌者隶焉。民政部尚书天津徐公实首膺东三省总督之命，并授为钦差大臣。涛在保定，上书称贺，以为摄乎两强国之间，其地荒僻而辽阔，其俗蒙昧而苟偷①，当死亡掇拾之余②，赤子龙蛇并域③，而处藏纳污垢，祸且萌芽，捄之无方④，所患滋甚。将抗棱⑤而起废，必改向而易趋，体大事艰，以畀东伯⑥。涛将躬亲谒送，闻公伟论，展我宿蓄。既见公，公询以东事。涛曰："公意云何？"公曰："吾政不修，外侮且至，既劫于外，奚暇自治？"因具言其所欲设施者，完窳塞罅⑦，破荒革顽，针石粱肉⑧，相所宜施，后先循节，疾徐中程，涵育万有，物具益该⑨，无有遗漏，凡吾耳目所经及所未经，思虑所至及所未至，无不探情以出，取怀而予。虽欲有所建白⑩，竟无一事可假以进言。退而自思，终不敢默，乃取今日所不暇谋，而为异日之急务者，为我公言之。列国以通商故争海权，海之所包，皆其权之所及。今则将趋重太平洋。太平洋北路当我满洲，列国所属目也。故广辟通商之所，受列国之灌输。公既至，试行今之所言，数年之后，制定政成，遐迩帖服，民物之归，襁至而辐辏⑪，其繁衍当不减津海、江海、粤海诸关。虽然，商业之赢缩，视海权之弛张。朝鲜既非我有，若旅顺、若大连湾，日本复得而私据之。自朝鲜东行，左转逾混同江而北⑫，海岸万余里，则举而弃之俄罗斯。太平洋之权已见夺于日、俄两国，则权之在我者无几存。权不我属，虽日兴月盛，亦祇⑬归利外人，而我不能与之角胜，可忧孰甚焉？公谓内治外交并重，而相资以为功。今所以治吾内者果能如意所期，则吾力既充，故当推而致之于海，以求信⑭吾权，与群强争雄于海上。公虽未言，吾知其蓄谋于中，将待其时而一发也。儒生之论阔于事情⑮，故不敢言当时所宜施为，而责以异日可期之效。

〔注〕 ① 苟偷：苟活偷生。 ② 死亡掇拾之余：掇拾，搜刮。出自唐韩愈《郓州溪堂诗序》"而公承死亡之后，掇拾之余"。 ③ 赤子龙蛇并域：指善良的老百姓与邪恶势力共处此地。 ④ 捄：同"救"。 ⑤ 抗棱：扬威。出自《文选·班固〈东都赋〉》："目中夏而布德，瞰四裔而抗

稜。”李善注引李奇:“神灵之威曰稜。”　⑥ 以畀东伯:畀,给予。东伯,指徐世昌。　⑦ 完窳塞罅:窳,粗劣。罅,缝隙。把粗劣得变完好,对有漏洞的加以修补。　⑧ 针石粱肉:针石,古代针刺工具名。粱肉,以优质谷物做饭,以肉类为肴。指精美的膳食。　⑨ 物具益该:物具更加完备。　⑩ 建白:提出建议,陈述主张。　⑪ 襁至而辐辏:襁至,襁,婴儿的被子或布幅。出自《论语》“四方之民襁负其子而至矣”。辐辏,辐,车轮上的辐条。辏,聚集。指人或物像车辐集中于车毂一样聚集在一起。　⑫ 混同江:黑龙江汇合松花江之后到乌苏里江口一段水域的别称。因为松花江水含沙较多,黑龙江与之汇合后水色北黑南黄,经久始混,故有此称。　⑬ 祇:只。　⑭ 信:同“伸”。　⑮ 阔于事情:迂远不切实情,远离实际。

贺涛是清末著名的古文家,曾先后师从吴汝纶、张裕钊,与桐城马其昶齐名,他长期在冀州信都书院、保定莲池书院任教,培养了许多古文辞方面的人才。

本文是贺涛文集中较有代表性的一篇,其中所说的“徐尚书”,即徐世昌(1855—1939),字卜五,号菊人、东海,又号水竹村人,直隶天津(今天津市)人,在清代官做到体仁阁大学士、内阁协理大臣、军谘大臣,入民国后,曾在民国七年(1918)做过一阵子总统,后辞职。

贺涛与徐世昌为同年进士,两人相交甚笃,贺涛的《贺先生文集》便是其去世后由徐世昌亲自作序、代为刊行的。而《徐世昌年谱》(本名《水竹邨人年谱》)则是由贺涛的后人贺培新编定的。贺、徐两家可以说是世交了。

《贺先生文集》有多篇涉及到徐世昌的文章,除本文外,重要的还有《上徐制军书》《复徐制军书》《上徐尚书书》《书天津徐氏族谱后》等。

徐世昌的一生的浮沉起落,可以说和袁世凯有着密不可分的关系,他在光绪十二年(1886)中进士后,虽然做了翰林院编修,但并不是很得意,同侪好像也不大看得起他,于是徐氏便另觅他途。当时袁世凯在小站练新军,徐世昌入参戎幕,之后由于袁世凯的提携,一路青云直上。光绪三十三年(1907),清政府将东北改设行省,徐被任命为东三省总督,这便是本文开头所说的,“满洲之地为行省者三,而各统以将军,时迁势殊,旧制不足以控变,乃改设巡抚如内地,而以总督兼辖之,将军故所掌者隶焉。民政部尚书天津徐公实首膺东三省总督之命,并授为钦差大臣”。时在莲池书院任教的贺涛听闻此讯,颇多感慨,前往送行,写下了这篇送序。送序,是临别赠言性质的文字,内容多是勉励、推重、赞许之辞。满洲为清人的龙兴之地,很长一段时间里,禁止关内之人前去居住、开发,加之自然地理条件所限,使其发展远较内地为落后。而且,俄国、日本此时已分别将其魔爪伸到满洲。作为新任封疆大吏,徐世昌当然有所筹划,希望能巩固清政府在东北地区的统治。本文没有把笔墨用到描述徐的具体规划上,而是以“凡吾耳目所经及所未经,思虑所至及所未至,无不探情以出,取怀而予”几句话加以概括,这样才能有助于突出本文的重点。接下去，笔锋一转，“乃取今日所不暇谋，而为异日之急务者，为我公言之”。近代以来，海洋的作用日益凸显出来，作为一个颇为关注时事、留意新学的士大夫，贺涛非常敏锐地意识到海权的重要性，其远见卓识，可说是远远超越同辈时流。“太平洋北路当我满洲，列国所属目也。”徐世昌到任之后，纲举目张，满洲滨海之地也将很快发达昌盛起来。然而令人伤心的是，由于近来清政府国力衰弱，被迫签订了一系列丧权辱国的条约，“太平洋之权已见夺于日、俄两国，则权之在我者无几存。权不我属，虽日兴月盛，亦袛归利外人，而我不能与之角胜，可忧孰甚焉”？所以，贺涛希望徐世昌在内部稳定繁荣之后，能够把注意力转向海权，“与群强争雄于海上”。这样，繁荣与利益才能真正属于本国，而不是白白归于列强诸国。

由于贺涛曾经向曾国藩的弟子吴汝纶等人学习古文，而曾国藩、吴汝纶都有很强的经世意识，并且也关注西学，并非寻常帖括之儒，故此贺涛在这些方面颇受老师、太老师的深刻影响，这从本文也可以窥其一斑。（冯永军）

【作者小传】

章炳麟

(1869—1936)　近代思想家、学者、文学家。初名学乘，字枚叔，因景仰顾炎武，改名绛，号太炎。浙江余杭人。少从俞樾学。甲午战争后，参加维新运动。1903年因在《苏报》上发表排满革命言论入狱。出狱后至日本，入同盟会，主编《民报》。辛亥革命后回国，任孙中山总统府枢密顾问。民国六年(1917)，入护法军政府，任秘书长。晚年侨寓苏州，创章氏国学会。其文学主张，主要见于《文学总略》《辨诗》诸篇，以为“有文字著于竹帛，故谓之文”，“不得以兴会神旨为主”。于诗力尊汉魏，反对宋诗，尤指斥曾国藩以来之宋诗派。其文学成就，在于政论与学术散文，作诗不多。诗文都诘屈古奥，然早期五律诗、晚年诗文，亦平淡高简。著作繁富，有《章氏丛书》《章氏丛书续编》《章氏丛书三编》。

谢本师

章炳麟

余十六七始治经术，稍长事德清俞先生，言稽古之学，未尝问文辞诗赋。先生为人恺弟，不好声色，而余喜独行赴渊之士。出入八年，相得也。

顷之，以事游台湾。台湾则既隶日本，归，复谒先生，先生遽曰："闻而游台湾。尔好隐，不事科举，好隐，则为梁鸿、韩康可也。今入异域，背父母陵墓，不孝；讼言索虏之祸毒敷诸夏，与人书指斥乘舆，不忠。不孝不忠，非人类也。小子鸣鼓而攻之可也。"盖先生与人交，辞气陵厉，未有如此甚者。

先生既治经，又素博览，戎狄豺狼之说，岂其未喻，而以唇舌卫扞之？将以尝仕索虏，食其廪禄耶！

昔戴君与全绍衣并污伪命，先生亦授职为伪编修。非有土子民之吏，不为谋主，与全、戴同。何恩于虏，而恳恳蔽遮其恶？如先生之棣通故训，不改全、戴所操以诲承学，虽扬雄、孔颖达，何以加焉？

本篇写于一九〇一年。这一年章太炎在完成了《訄书》初刻本定稿工作之后，正应聘在苏州担任东吴大学教习，途经杭州，往谒老师俞樾。没料到俞樾这位大学问家竟一反常态，对章太炎避地台湾，倡言革命，予以严厉的指责，强加以"不忠不孝"的罪名，要弟子们群起而攻之。这使章太炎莫名惊诧，感慨有加。但他并没有被老师的汹汹气势所慑服，而是既委婉又坚决地反驳俞樾，跟他分道扬镳，表现了他义无反顾、坚持革命的决心。

全文分三段。第一段述章太炎师事俞樾的经过和他们之间的师生情谊。

章太炎于一八九〇年从余杭东乡老家来到杭州，入"诂经精舍"学习。"诂经精舍"位于西子湖畔，是清中叶阮元创建的书院。经过几代人的努力，这里实际上成了两浙学术的中心，而主持书院学政的通常也是一代名儒。章太炎入书院学习时，主持学政的正是当时著名朴学大师俞樾。俞樾是浙江德清人。进士出身，早年任翰林院编修，后主持精舍三十余年。他继承了乾嘉汉学传统，先后有《群经平议》《诸子平议》《古书疑义举例》等书问世。章太炎在俞樾等名师指导下，浸淫经籍，踏踏实实地"精研故训""博考事实"，先后撰写《诂经精舍课艺》卅八篇，《膏兰室札记》四册，以及五十万字的《春秋左传读》。这就是本篇所说的"言稽古之学"的具体内容和成绩。但俞樾崇尚唐宋文风，章太炎则主张写文章要追蹑秦汉。章太炎向俞樾学习古籍经典，旁及声韵训诂、史地音律、天文律法、典章制度，却"未尝问文辞诗赋"。据载，章太炎在"诂经精舍"学习时，是向谭献学习文辞法度的。总之，章太炎在精舍八年的时间里，向各方面学习，学问大进。而且俞樾平易近人，生活俭朴的为人处世态度，也深得章太炎的尊敬。其《俞先生传》说俞樾“雅性不好声色,既丧母、妻,终身不肴食,衣不过大布,进檅不过茗菜,遇人恺弟。”因此,师生共处,如坐春风,两人关系本来是非常融洽的。

第二段述俞樾以“不忠不孝”指斥章太炎参加反清革命。章太炎在离开“诂经精舍”四年之后,往谒老师,没想到这位一向平易温和的俞樾竟对自己横加斥责。措辞之激烈,态度之严厉,是章太炎从来没有领教过的。

原来,章太炎离开书院之后,就因参与维新而遭到清政府的追捕,不得不举家避地台湾。半年后,经日本,于一八八九年八九月间回国,暂居余杭,写作《訄书》。章太炎在写作《訄书》过程中,对自己参与维新的历程作了深刻的反思。反思的结果是他决定跟维新改良告别,投向革命。这是俞樾给章太炎定罪的根本原因。

俞樾认为:如果要做隐士,那么古代的梁鸿、韩康就是最好的榜样。梁鸿,东汉人,家贫好学,不求仕进。他和妻子孟光隐居乡里,佣耕度日,安贫乐道的故事在历史上传为美谈。韩康,东汉人,卖药于长安市,口不二价,三十余年。后来桓帝厚礼征聘,终不肯出仕。这是俞樾给章太炎定罪之前,先抬出二位古人来加以压服。可谓以死人压活人。

俞樾给章太炎定罪的理由有二:第一,避难到异域(当时台湾割让日本),离乡背井,远离父母陵墓,这是“不孝”。第二,倡言革命,坚决排满反清,甚至指责皇帝,这是“不忠”。所谓“讼言索虏毒敷诸夏”,是指1900年7月,作者参加唐才常在上海召集的“国会”时,当场驳斥唐才常自立会一面排满、一面勤王的宗旨是“大相矛盾,决无成事之理”。并当场宣布脱离自立会,剪下自己的辫子,换上西服,与那些坚持改良立场的维新人士一刀两断,并且写了《解辫发》一文以明志,痛斥清政府的腐败无能。所谓“与人书指斥乘舆”,是指作者在东吴大学任教期间,曾致书孙宝瑄,指名批评光绪皇帝之事。

俞樾说“不忠不孝,非人类也”,使我们想起孟轲把杨墨说成是“无父无君,禽兽也”的话。“非人类”,即“禽兽”;而“禽兽”,即略当今天的“畜牲”。这哪里是据理批判?分明是人身攻击,以势压人。“小子鸣鼓而攻之可也”,用的是《论语》孔子斥责冉求的典故。如果说当年孔子指责冉求为季氏聚敛财富、盘剥民众,还有一定道理的话,那么,俞樾指责章太炎完全是本末倒置,是非混淆了。

第三段述章太炎据理反驳,在和第一流的学者前后比较中,深为俞樾不明反清革命大义而倍加痛惜。作者认为:像俞樾这样一个博学治经之士未必不懂得夷夏之防、戎狄如豺狼的说法。他之所以为清廷千方百计辩护,是不是因为曾经做过清廷的官,拿过清朝的俸禄呢!事实上俞樾只不过任职翰林院编修,并没有被委派某一地去直接统治百姓，不是主谋，这和清初的全祖望、戴震是一样的，有什么值得他感恩戴德，要那么卖力地去帮助清廷掩盖罪恶呢！像俞樾老师那样精通汉学，如果不背弃全祖望、戴震的操守，谆谆教诲学生，那末，即使是扬雄、孔颖达，也不会超过他的吧！这里，章太炎先以明末清初两位思想进步的学者和俞樾相比，考察他们的异同，暗示出俞樾缺少一种民族气节。再进一步指出，如果俞樾能够像全祖望、戴震那样保持民族操守，深明大义，那么成就肯定可在扬雄、孔颖达之上。作者充分肯定俞樾的学术成就，却深深惋惜俞樾不明反清革命大义。以不妥协的姿态驳斥这位颇有影响的学术权威。宁愿与素所钦佩的老师分道扬镳，也决不改变自己的革命初衷。

整篇文章充分体现出辞约而义丰的特点。不仅叙事说理恰到好处，而且遣词造句极有分寸。例如前后比较，委婉陈辞，说明了弟子的身份；但坚持革命立场，义无反顾，有高屋建瓴之势，则又冲破了师道尊严的束缚。而且，题意显豁，主旨明白，显示了一个有学问的革命家的无畏气概。（朱宏达）

【作者小传】

梁启超

(1873—1929) 近代思想家、文学家、学者。字卓如，号任公，别号饮冰室主人。广东新会人。光绪十五年(1889)举人。先后任上海《时务报》总编、长沙时务学堂中学总教习。青年时与其师康有为同为戊戌变法首脑，齐名“康梁”。戊戌政变起，逃亡日本，宣传改良。辛亥革命之后担任北洋政府司法总长，之后对袁世凯称帝、张勋复辟等严词抨击，并一度加入段祺瑞政府。他倡导新文化运动，支持五四运动。曾倡导文体改良的“诗界革命”和“小说界革命”。前期所为诗，天骨开张，后渐敛才就范。散文力破旧格，万言挥洒，词无不达之意，号为“新民体”。著述繁多，刊为《饮冰室合集》。另有康有为手批《梁任公诗稿手迹》单行。

少年中国说　　梁启超

日本人之称我中国也，一则曰老大帝国，再则曰老大帝国。是语也，盖袭译欧西人之言也。呜呼！我中国其果老大矣乎？梁启超曰：恶，是何言！是何言！吾心目中有一少年中国在。

欲言国之老少，请先言人之老少：老年人常思既往，少年人常思将来。惟思既往也，故生留恋心；惟思将来也，故生希望心。惟留恋也，故保守；惟希望也，故进取。惟保守也，故永旧；惟进取也，故日新。惟思既往也，事事皆其所已经者，故惟知照例；惟思将来也，事事皆其所未经者，故常敢破格。老年人常多忧虑，少年人常好行乐。惟多忧也，故灰心，惟行乐也，故盛气。惟灰心也，故怯懦；惟盛气也，故豪壮。惟怯懦也，故苟且；惟豪壮也，故冒险。惟苟且也，故能灭世界；惟冒险也，故能造世界。老年人常厌事，少年人常喜事。惟厌事也，故常觉一切事无可为者；惟好事也，故常觉一切事无不可为者。老年人如夕照，少年人如朝阳；老年人如瘠牛，少年人如乳虎；老年人如僧，少年人如侠；老年人如字典，少年人如戏文；老年人如鸦片烟，少年人如泼兰地酒；老年人如别行星之陨石，少年人如大洋海之珊瑚岛；老年人如埃及沙漠之金字塔，少年人如西伯利亚之铁路；老年人如秋后之柳，少年人如春前之草；老年人如死海之潴为泽，少年人如长江之初发源，此老年与少年性格不同之大略也。梁启超曰：人固有之，国亦宜然。

梁启超曰：伤哉，老大也！浔阳江头琵琶妇，当明月绕船，枫叶瑟瑟，衾寒于铁，似梦非梦之时，追想洛阳尘中春花秋月之佳趣；西宫南内，白发宫娥，一灯如穗，三五对坐，谈开元、天宝间遗事，谱霓裳羽衣曲；青门种瓜人，左对孺人，顾弄孺子，忆侯门似海珠履杂遝之盛事；拿破仑之流于厄蔑，阿剌飞之幽于锡兰，与三两监守吏或过访之好事者，道当年短刀匹马，驰骋中原，席卷欧洲，血战海楼，一声叱咤，万国震恐之丰功伟烈，初而拍案，继而抚髀，终而揽镜。呜呼！面皴齿尽，白发盈把，颓然老矣。若是者舍幽郁之外无心事，舍悲惨之外无天地，舍颓唐之外无日月，舍叹息之外无音声，舍待死之外无事业，美人豪杰且然，而况于寻常碌碌者耶？生平亲友，皆在墟墓，起居饮食，待命于人，今日且过，遑知他日，今年且过，遑恤明年，普天下灰心短气之事，未有甚于老大者。于此人也，而欲望以拏云之手段，回天之事功，挟山超海之意气，能乎不能？

呜呼！我中国其果老大矣乎？立乎今日，以指畴昔，唐虞三代，若何之郅治；秦皇汉武，若何之雄杰，汉唐来之文学，若何之隆盛；康乾间之武功，若何之烜赫。历史家所铺叙，词章家所讴歌，何一非我国民少年时代良辰美景赏心乐事之陈迹哉。而今颓然老矣，昨日割五城，明日割十城，处处雀鼠尽，夜夜鸡犬惊，十八省之土地财产，已为人怀中之肉，西百兆之父兄子弟，已为人注籍之奴，岂所谓"老大嫁作商人妇"者耶？呜呼！凭君莫话当年事，憔悴韶光不忍看，楚囚相对，岌岌顾影，人命危浅，朝不虑夕，国为待死之国，一国之民为待死之民，万事付之奈何，一切凭人作弄，亦何足怪。

梁启超曰：我中国其果老大矣乎？是今日全地球之一大问题也。如其老大也，则是中国为过去之国，即地球上昔本有此国，而今渐渐灭，他日之命运殆将尽也；如其非老大也，则是中国为未来之国，即地球上昔未现此国，而今渐发达，他日之前程且方长也。欲断今日之中国为老大耶？为少年耶？则不可不先明国字之意义。夫国也者何物也？有土地；有人民；以居于其土地之人民而治其所居之土地之事；自制法律而自守之，有主权，有服从，人人皆主权者，人人皆服从者。夫如是斯谓之完全成立之国。地球上之有完全成立之国也，自百年以来也。完全成立者，壮年之事也；未能完全成立而渐进于完全成立者，少年之事也。故吾得一言以断之曰：欧洲列邦在今日为壮年国，而我中国在今日为少年国。

夫古昔之中国者，虽有国之名，而未成国之形也。或为家族之国，或为酋长之国，或为诸侯封建之国，或为一王专制之国，虽种类不一，要之其于国家之体质也，有其一部而缺其一部。正如婴儿自胚胎以迄成童，其身体之一二官支，先行长成，此外则全体虽粗具，然未能得其用也。故唐虞以前为胚胎时代，殷周之际为乳哺时代，由孔子而来至于今为童子时代，逐渐发达，而今乃始将人成童以上少年之界焉。其长成所以若是之迟者，则历代之民贼有窒其生机者也。譬犹童年多病，转类老态，或且疑其死期之将至焉，而不知皆由未完全未成立也。非过去之谓，而未来之谓也。

且我中国畴昔，岂尝有国家哉，不过有朝廷耳。我黄帝子孙，聚族而居，立于此地球之上者既数千年，而问其国之为何名，则无有也。夫所谓唐、虞、夏、商、周、秦、汉、魏、晋、宋、齐、梁、陈、隋、唐、宋、元、明、清者，则皆朝名耳。朝也者，一家之私产也；国也者，人民之公产也。朝有朝之老少，国有国之老少，朝与国既异物，则不能以朝之老少而指为国之老少明矣。文、武、成、康，周朝之少年时代也；幽、厉、桓、赧，则其老年时代也。高、文、景、武，汉朝之少年时代也；元、平、桓、灵，则其老年时代也。自余历朝，莫不有之，凡此者，谓为一朝廷之老也则可，谓为一国之老也则不可。一朝廷之老且死，犹一人之老且死也，于吾所谓中国者何与焉。然则，吾中国者，前此尚未出现于世界，而今乃始萌芽云尔。天地大矣，前途辽矣，美哉，我少年中国乎！

玛志尼者，意大利三杰之魁也。以国事被罪，逃窜异邦，乃创立一会，名曰少年意大利。举国志士，云涌雾集以应之，卒乃光复旧物，使意大利为欧洲之一雄邦。夫意大利者，欧洲第一之老大国也，自罗马亡后，土地隶于教皇，政权归于奥国，殆所谓老而濒于死者矣，而得一玛志尼，且能举全国而少年之，况我中国之实为少年时代者耶？堂堂四百余州之国土，凛凛四百余兆之国民，岂遂无一玛志尼其人者。

龚自珍氏之集有诗一章，题曰《能令公少年行》，吾尝爱读之，而有味乎其用意之所存。我国民而自谓其国之老大也，斯果老大矣；我国民而自知其国之少年也，斯乃少年矣。西谚有之曰："有三岁之翁，有百岁之童。"然则国之老少，又无定形，而实随国民之心力以为消长者也。吾见乎玛志尼之能令国少年也，吾又见乎我国之官吏士民能令国老大也，吾为此惧！夫以如此壮丽浓郁翩翩绝世之少年中国，而使欧西、日本人谓我为老大者何也？则以握国权者皆老朽之人也。非哦几十年八股，非写几十年白折，非当几十年差，非捱几十年俸，非递几十年手本，非唱几十年诺，非磕几十年头，非请几十年安，则必不能得一官，进一职。其内任卿贰以上，外任监司以上者，百人之中，其五官不备者，殆九十六七人也，非眼盲，则耳聋，非手颤，则足跛，否则半身不遂也。彼其一身饮食步履视听言语，尚且不能自了，须三四人在左右扶之捉之，乃能度日，于此而乃欲责之以国事，是何异立无数木偶而使之治天下也。且彼辈者，自其少壮之时，既已不知亚细、欧罗为何处地方，汉祖、唐宗是那朝皇帝；犹嫌其顽钝腐败之未臻其极，又必搓磨之，陶冶之，待其脑髓已涸，血管已塞，气息奄奄，与鬼为邻之时，然后将我二万里山河，四万万人命，一举而畀于其手。呜呼！老大帝国，诚哉其老大也。而彼辈者，积其数十年之八股、白折、当差、捱俸、手本、唱喏、磕头、请安，千辛万苦，千苦万辛，乃始得此红顶花翎之服色，中堂大人之名号，乃出其全副精神，竭其毕生力量，以保持之。如彼乞儿，拾金一锭，虽轰雷盘旋其顶上，而两手犹紧抱其荷包，他事非所顾也，非所知也，非所闻也。于此而告之以亡国也，瓜分也，彼乌从而听之，乌从而信之。即使果亡矣，果分矣，而吾今年既七十矣八十矣，但求其一两年内，洋人不来，强盗不起，我已快活过了一世矣。

若不得已，则割三头两省之土地，奉申贺敬，以换我几个衔门；卖三几百万之人民作仆为奴，以赎我一条老命，有何不可，有何难办。呜呼！今之所谓老后、老臣、老将、老吏者，其修身、齐家、治国、平天下之手段，皆具于是矣。"西风一夜催人老，凋尽朱颜白尽头。"使走无常当医生，携催命符以祝寿，嗟乎痛哉！以此为国，是安得不老且死，且吾恐其未及岁而殇也。

梁启超曰：造成今日之老大中国者，则中国老朽之冤业也；制出将来之少年中国者，则中国少年之责任也。彼老朽者何足道，彼与此世界作别之日不远矣，而我少年乃新来而与世界为缘。如僦屋者然，彼明日将迁居他方，而我今日始入此室处。将迁居者，不爱护其窗栊，不洁治其庭庑，俗人恒情，亦何足怪。若我少年者，前程浩浩，后顾茫茫，中国而为牛、为马、为奴、为隶，则烹脔鞭箠之惨酷，惟我少年当之；中国如称霸宇内，主盟地球，则指挥顾盼之尊荣，惟我少年享之，于彼气息奄奄，与鬼为邻者，何与焉？彼而漠然置之，犹可言也；我而漠然置之，不可言也。使举国之少年而果为少年也，则吾中国为未来之国，其进步未可量也；使举国之少年而亦为老大也，则吾中国为过去之国，其澌亡可翘足而待也。故今日之责任，不在他人，而全在我少年。少年智则国智，少年富则国富，少年强则国强，少年独立则国独立，少年自由则国自由，少年进步则国进步，少年胜于欧洲则国胜于欧洲，少年雄于地球则国雄于地球。红日初升，其道大光；河出伏流，一泻汪洋。潜龙腾渊，鳞爪飞扬；乳虎啸谷，百兽震惶。鹰隼试翼，风尘吸张；奇花初胎，矞矞皇皇。干将发硎，有作其芒。天戴其苍，地履其黄。纵有千古，横有八荒。前途似海，来日方长。美哉我少年中国，与天不老；壮哉我中国少年，与国无疆！

“三十功名尘与土，八千里路云和月。莫等闲，白了少年头，空悲切。”此岳武穆《满江红》词句也，作者自六岁时即口受记忆，至今喜诵之不衰。自今以往，弃哀时客之名，更自名曰少年中国之少年。

作者附识

梁启超是近代著名的改良主义宣传家。早在戊戌变法之前，他就撰写了一大批文章，“宣传了一整套在当时还不失其先进性质的朝气勃勃的资产阶级社会意识和精神状貌”(李泽厚《中国近代思想史论》),发生了广泛而深刻的影响。在当时,无论崇仰他的人还是反对他的人,无不为他文章的魔力所倾倒。梁启超在《清代学术概论》中曾这样自述其文风行海内的盛况和原由:

> 启超既亡居日本……复专以宣传为业,为《新民丛报》《新小说》等诸杂志,畅其旨义,国人竞喜读之。清廷虽严禁,不能遏,每一册出,内地翻刻本辄十数。二十年来学子之思想,颇蒙其影响。启超夙不喜桐城派古文,幼年为文,学晚汉魏晋,颇尚矜练。至是自解放,务为平易畅达,时杂以俚语、韵语及外国语法,纵笔所至不检束,学者竞效之,号“新文体”。老辈则痛恨,诋为野狐。然其文条理明晰,笔锋常带情感,对于读者,别有一种魔力焉。

《少年中国说》即为“新文体”中最著名的篇章之一。当时梁启超亡命日本,“稍能读东文,思想为之一变”(《三十自述》),亟欲用西方资产阶级启蒙思想,唤醒国人的救国热情。《少年中国说》即鲜明地表现出对于祖国危亡局势的忧愤,对于祖国美好前途的信心,以及对于爱国志士尤其是爱国青年的热切期望。

《少年中国说》在思想内容上最鲜明的特点,就是将爱国激情的抒发,与启蒙思想的宣传结合起来,因而显得眼界开阔,见解精妙,震聋发聩,理完气足。本来,当政的腐朽,列强的逼迫,确令国人忧急惶悚,思求拯救,但国家究竟能不能有光明的前途,许多人实缺乏信心;故而经作者深入剖析,输入资产阶级的国家概念与国民义务观念,顿使国人一新耳目,豁然警醒,不仅对国家的前途树立起信心,对于个人应尽的责任也了然于胸。倘使作者不了解海外世界,未接触西学新知,绝难有此等识见,此等襟怀。

与这样的思想内容特点相适应,文章在表达上不仅突破了文字与口语、单行与骈偶、散文与韵文的界限,写得既汪洋恣肆,又不乏典丽;而且打破了汉语与外国语的畛域,大量采用了外来新词语,以输入外国的新学理,染上了鲜明的时代特色。诸如“泼兰地”“金字塔”“西伯利亚”“欧洲列强”“玛志尼”“意大利”“法律”“主权”“国民”“地球”等等,译语满纸,比比皆是。这不仅大大丰富了文章的内容,也大大增强了文章的表现力。

除此之外,《少年中国说》在表达上还有以下几点突出的长处:

其一,思路清晰,逻辑严密。其文虽“纵笔所之不检束”,但并非杂乱无章,而能做到“条理明晰”,读来层次井然,在毫无窒碍、圆融贯通的层次顺序中,体现出严谨周至的逻辑力量。此文一开始便提出外国人认为中国是“老大帝国”这一问题,尔后阐明“老大帝国”的实际含义,进而辨明今日之中国实非“老大帝国”,最后鼓舞爱国青年要为“少年之中国”而努力奋斗。既层层递进，又环环相扣，说服力极强。尤其是文章中间，极力渲染了中国当时的衰危局面，令读者不由得心生疑问，这难道还不是“而今颓然老矣”的表症吗？在这番铺垫的基础上，文章突然一比一转，解除了读者心头的疑惑。比者谓：“譬犹童年多病，转类老态，或且疑其死期将至焉，而不知皆由未完全未成立也。非过去之谓，而未来之谓也。”转者谓：“且我国畴昔，岂尝有国家哉，不过有朝廷耳……一朝廷之老且死，犹一人之老且死也，于吾所谓中国者何与焉。然则，吾中国者，前此尚未出现于世界，而今乃始萌芽云尔。”这样一纵一擒，一翻一覆，针对明确，说理透辟，怎能不令人心折？文章即此由国家概念之辨析，进到国民义务之阐发，顺理成章，不容置疑。以上是仅就全文整体而论，其实小至某个分论点的提出，乃至某个具体形象的衍化，无不显示出思维的明晰和推理的严谨。

其二，饱含感情，富有气势。此文不仅擅长以逻辑力量说服人，更擅长以感情力量打动人。文章一开始提出问题，便倾吐出作者久已积郁于心中的激情：“呜呼！我中国其果老大矣乎？梁启超曰：恶，是何言！是何言！吾心目中有一少年中国在。”以后的行文，也处处饱含感情，以至作者常按捺不住地直述本名，大声疾呼。“梁启超曰”一语，竟在文中出现五次；“呜呼”一语，更出现六次之多！强烈的爱国激情与严谨的逻辑力量融合在一起，使文章气势充沛，如挟风雨。排比、骈偶、博喻、层递、复沓、呼应等多种修辞手法的灵活运用，更将文章的气势渲染得浓烈如火焰，将作者的激情抒发得淋漓尽致。

其三，形象生动，对比鲜明。贯穿全文的基本线索，是对“老大帝国”与“少年中国”的阐发辨析，这本身就是以生动的形象进行鲜明的对比。在行文中，围绕着“老大”与“少年”的基本形象，生发出一连串新的足资的生动形象。比如在第二部分中，以人之老少喻国之老少，即写得摇曳多姿，奇彩纷呈：

> 欲言国之老少，请先言人之老少。老年人常思既往，少年人常思将来。惟思既往也，故生留恋心；惟思将来也，故生希望心。惟留恋也，故保守，惟希望也，故进取。惟保守也，故永旧，惟进取也，故日新。惟思既往也，事事皆其所已经者，故惟知照例；惟思将来也，事事皆其所未经者，故常敢破格。

这段文字中，留恋——希望、保守——进取、永旧——日新、照例——破格这四对对立的形象，完全是从思既往与思将来这一对对立的形象派生出来的。下文又由“老年人常多忧虑，少年人常好行乐”，派生出灰心——盛气、怯懦——豪壮、苟且——冒险、灭世界——造世界这四对对立的形象；由“老年人常厌事，少年人常喜事”，派生出“常觉一切无可为者”与“常觉一切事无不可为者”的对立；接下去，由“老年人如夕照，少年人如朝阳”开始，一连用九对十八种不同的形象来作对比，广征博喻，气势如虹，随笔点染，妙趣横生。由于紧扣基本形象，这淋漓酣畅的生发点染，虽驳杂而不凌乱，收到落叶归根、万象归宗的效果。

其四，描摹逼真，褒贬分明。文章虽系政论，但极富文艺色彩，嬉笑怒骂，俱成妙文，在哲理的推演中，不乏生动的形象刻画。如文章第四部分在辨明中国实为“少年中国”之后，为强调中国少年之国民义务，明确提出：“造成今日之老大中国者，则中国老朽之冤业也；制出将来之少年中国者，则中国少年之责任也。”那么，当权的“老朽”究竟是些什么货色？何以造就了“老大帝国”的“冤业”？文章作有入木三分的揭露和讽刺，像勾勒漫画似的刻划出“老朽之人”的丑态，栩栩如生，惟妙惟肖。尤其是“非哦几十年八股……”那一串排比，是白描，也是夸张；是纪实，也是悬想；是冷峻的讥讽，也是热烈的抨击；是逻辑的推断，也是艺术的描摹，写得畅达痛快，力透纸背，充分显示出作者善于抓住事物特征，并能饱含激情褒贬分明地加以再现。

其五，才华纵横，学识渊博。全文仅四千余字，不算很长，但横观全球，纵览千古，弘扬故国，鼓吹新知，非才高气盛者不敢言，非饱学博览者不能言，其胆其识，其才其学，无不令人叹服。如在描述古国“老大”之伤悲时，不仅引用了浔阳江头琵琶妇人追忆往事、西宫南内白发宫娥讲说前朝等中国典故，还引用了“拿破仑之流于厄蔑（今译厄尔巴岛），阿刺飞之幽于锡兰（今斯里兰卡）”等西方史事。这些西方史事一经作者引用，洵成时髦新典；这种采用新典并多用翻译词语的新派文章，确令耳目闭塞的国内士人大开眼界。当时竟至出现“举国士夫，乃啧啧然目之曰：此新说也，此名著也”（梁启超《清议报一百册祝辞并论报馆之责任及本报之经历》）的盛况，产生了“后生小子，厌故喜新，竞相效法……及时势所趋，相习成风”（刘师培《论近世文学之变迁》）的巨大影响，“乃至新译之名词，杜撰之语言，大吏之奏折，试官之题目，亦剿袭而用之”（黄遵宪《水苍雁红馆主人来简》）。另一方面，行文所显示出来的旧学根柢，也堪称一时人杰。文章使典用事，已臻化境，骈散相间，音韵铿锵，读来朗朗上口，吟诵津津有味。如文中的诗化句：“凭君莫话当年事，憔悴韶光不忍看”，便化用了曹植的诗句“凭君莫话封侯事”与李璟的词句“还与韶光共憔悴”，而又注入新的立意，确有青出于蓝而胜于蓝的工力。这种做法，当然局限了作者在语言文字上的进一步革新，但也因此能引起多数士人的兴味，便于充分发挥“新文体”的宣传作用。白话与文言杂用，西学与旧学交融，在当时不但是必然的趋势，对于增强宣传效果来说也是很有必要的。过于俚俗的文风，实难被当时的知识界接受。

由于《少年中国说》涉论的是当时人们关心的救国问题，并向当时中国的知识界输入了新人耳目的资产阶级启蒙思想，文章又写得极富感染力，一时风靡海内，洛阳纸贵，成为梁启超最著名的作品之一。

他自己也很为之得意，尝自言："有《少年中国说》《呵旁观者文》《过渡时代论》等，开文章之新体，激民气之暗潮。"（《清议报一百册祝辞并论报馆之责任及本报之经历》）。文中充溢的爱国激情，令今人读之亦觉虎虎有生气，不禁气壮神旺，血沸心驰。

黄遵宪当年读梁启超《少年中国说》等政论文时，曾赞扬它们"本爱国之心，绞爱国之脑，滴爱国之泪，洒爱国之血，掉爱国之舌，举西东文明大国国权民权之说，输入之于中国，以为新民倡，以为中国光"（《水巷雁红馆主人来简》），并以"吾哀泪滂沱，栖集笔端……热血喷涌，洋溢纸上"来倾吐阅后的感受，委实深有见地。这样的爱国名文，不论何代何时读之，总能荡人肺腑，动人心魄。

【作者小传】

王国维

(1877—1927)　清末民国初学者、文学家。初名国桢，字静安，或作静庵，又字伯隅，号观堂，浙江海宁人。清诸生。早年留学日本，学习外国自然科学与哲学、语言学，颇受尼采、叔本华的思想影响。光绪末任教苏州师范学堂，又在学部图书馆任职员。入民国，被清华大学研究院聘为国学导师。后在颐和园昆明湖自沉。早年著作多为美学、文艺理论和戏曲、小说、词的论述。晚年致力于甲骨文和古史研究，为一代学术大师。善诗，小词尤精。有《观堂集林》《静庵文集》《观堂长短句》。

屈子文学之精神

王国维

我国春秋以前，道德政治上之思想，可分之为二派：一帝王派，一非帝王派。前者称道尧、舜、禹、汤、文、武，后者则称其学出于上古之隐君子，（如庄周所称广成子之类。）或托之于上古之帝王。前者近古学派，后者远古学派也。前者贵族派，后者平民派也。前者入世派，后者遁世派。（非真遁世派，知其主义之终不能行于世，而遁焉者也。）前者热情派，后者冷性派也。前者国家派，后者个人派也。前者大成于孔子、墨子，而后者大成于老子。（老子，楚人，在孔子后，与孔子问礼之老聃，系二人，说见汪容甫《述学·老子考异》。）故前者北方派，后者南方派也。此二派者，其主义常相反对，而不能相调和。观孔子与接舆、长沮、桀溺、荷篠丈人之关系①，可知之矣。战国后之诸学派，无不直接出于此二派，或出于混合此二派。故虽谓吾国固有之思想，不外此二者可也。

夫然，故吾国之文学，亦不外发表二种之思想。然南方学派则仅有散文的文学，如老子、庄、列是已。至诗歌的文学，则为北方学派之所专有。《诗》三百篇，大抵表北方学派之思想者也。虽其中如《考槃》《衡门》等篇，略近南方之思想。然北方学者所谓"用之则行，舍之则藏""有道则见，无道则隐"者，亦岂有异于是哉？故此等谓之南北公共之思想则可，不必非南方思想之特质也。然则诗歌的文学，所以独出于北方之学派中者，又何故乎？

诗歌者，描写人生者也。（用德国大诗人希尔列尔②之定义。）此定义未免太狭。今更广之曰，描写自然及人生可乎？然人类之兴味，实先人生，而后自然。故纯粹之模山范水，留连光景之作，自建安以前，殆未之见。而诗歌之题目，皆以描写自己深邃之感情为主。其写景物也，亦必以自己深邃之感情为之素地③，而始得于特别之境遇中，用特别之眼观之。故古代之诗所描写者，特人生之主观的方面，而对人生之客观的方面及纯处于客观界之自然，断不能以全力注之也。故对古代之诗，前之定义，苦其广，而不苦其隘也。

诗之为道，既以描写人生为事，而人生者，非孤立之生活，而在家族、国家及社会中之生活也。北方派之理想，置于当日之社会中。南方派之理想，则树于当日之社会外。易言而明之，北方派之理想在改作旧社会，南方派之理想，在创造新社会。然改作与创作，皆当日之社会之所不许也。南方之人，以长于思辨，而短于实行，故知实践之不可能，而即于其理想中，求其安慰之地。故有遁世无闷，嚣然自得以没齿[④]者矣。若北方之人，则往往以坚忍之志，强毅之气，恃其改作之理想，以与当日之社会争。而社会之仇视之也，亦与其仇视南方学者无异，或有甚焉。故彼之视社会也，一时以为寇，一时以为亲。如此循环，而遂生欧穆亚(Humour)[⑤]之人生观。《小雅》之杰作，皆此种竞争之产物也。且北方之人，不为离世绝俗之举，而日周旋于君臣父子夫妇之间，此等在在[⑥]畀以诗歌之题目，与以作诗之动机。此诗歌的文学，所以独产于北方学派中，而无与于南方学派者也。

然南方文学中，又非无诗歌的原质也。南人想象力之伟大丰富，胜于北人远甚。彼等巧于比类，而善于滑稽。故言大则有若北溟之鱼[⑦]；语小则有若蜗角之国[⑧]；语久则大椿冥灵[⑨]，语短则蟪蛄朝菌。至于襄城之野[⑩]，七圣皆迷；汾水之阳[⑪]，四子独往。此种想象，决不能于北方文学中发见之。故庄、列书中之某部分，即谓之散文诗，无不可也。夫儿童想象力之活泼，此人人公认之事实也。国民文化发达之初期亦然。古代印度及希腊之壮丽之神话，皆此等想象之产物也。以我中国论，则南方之文化发达较后于北方，则南人之富于想象，亦自然之势也。此南方文学中之诗歌的特质所以优于北方文学者也。

由此观之，北方人之感情诗歌的[⑫]也，以不得想象之助，故其所作遂止于小篇。南方人之想象亦诗歌的也，以无深邃之感情之后援，故其想象亦散漫而无所丽，是以无纯粹之诗歌。而大诗歌之出，必须俟北方人之感情，与南方人之想象合而为一，即必通南北之骑驿[⑬]而后可。斯即屈子其人也。

屈子南人而学北方之学者也。南方学派之思想，本与当时封建贵族之制度，不能相容。故虽南方之贵族，亦常奉北方之思想焉。观屈子之文可以征之。其所称之圣王，则有若高辛、尧、舜、禹、汤、少康、武丁、文、武，贤人则有若皋陶、挚、说、彭、咸（谓彭祖、巫咸，商之贤臣也，与“巫咸时夕降兮”之巫咸，自是二人，《列子》所谓郑有神巫，名季咸者也。）、比干、伯夷、吕望、宁戚、百里、介推、子胥，暴君则有若夏启、羿、浞、桀、纣，皆北方学者之所常称道，而于南方学者所称黄帝、广成等不一及焉。虽《远游》一篇，似专述南方之思想，然此实屈子愤激之词。如孔子之居夷浮海，非其志也。《离骚》之卒章，其旨亦与《远游》同。然卒曰：“陟升皇之赫戏兮，忽临睨夫旧乡。仆夫悲余马怀兮，蜷局顾而不行。”九章中之《怀沙》，乃其绝笔，然犹称重华、汤、禹。足知屈子固彻头彻尾抱北方之思想，虽欲为南方之学者，而终有所不慊⑭者也。

屈子之自赞曰“廉贞”。余谓屈子之性格，此二字尽之矣。其廉固南方学者之所优为，其贞则其所不屑为，亦不能为者也。女媭之詈，巫咸之占⑮，渔父之歌⑯，皆代表南方学者之思想。然皆不足以动屈子。而知屈子者，唯詹尹⑰一人。盖屈子之于楚，亲则肺腑，尊则大夫，又尝管内政外交上之大事矣，其于国家既同累世之休戚，其于怀王又有一日之知遇，被疏者一，被放者再，而终不能易其志。于是其性格与境遇相得，而使之成一种欧穆亚。《离骚》以下诸作，实此欧穆亚所发表者也。使南方之学者处此，则贾谊（《吊屈原》文），扬雄（《反离骚》）是，而屈子非矣。此屈子之文学，所负⑱于北方学派者。然就屈子文学之形式言之，则所负于南方学派者，抑又不少。彼之丰富之想象力，实与庄、列为近。《天问》《远游》凿空之谈，求女谬悠之语，庄语之不足，而继之以谐，于是思想之游戏，更为自由矣。变三百篇之体，而为长句，变短什⑲而为长篇，于是感情之发表，更为宛转矣。此皆古代北方文学之所未有，而其端自屈子开之。然所以驱使想象而成此大文学者，实由其北方之肫挚的性格。此庄周等之所以仅为哲学家，而周、秦间之大诗人,不能不独数屈子也。

要之,诗歌者,感情的产物也。虽其中之想象的原质(即知力的原质)、亦须有肫挚之感情为之素地,而后此原质乃显。故诗歌者实北方文学之产物,而非儇薄冷淡之夫所能托也。观后世之诗人,若渊明、若子美无非受北方学派之影响者,岂独一屈子然哉!岂独一屈子然哉!

〔注〕 ① 观孔子句:见《论语·微子篇》。 ② 希尔列尔:即席勒。 ③ 素地:基础的意思。 ④ 没齿:终生。 ⑤ 欧穆亚(Humour):英语译音,词本义是幽默的意思。 ⑥ 在在:处处。 ⑦ 北溟之鱼:《庄子·逍遥游》:"北冥有鱼,其名为鲲。鲲之大,不知其几千里也。" ⑧ 蜗角之国:《庄子·则阳》:"有国于蜗之左角者曰触氏,有国于蜗之右角者曰蛮氏。" ⑨ 语久两句:《庄子·逍遥游》:"楚之南有冥灵者,以五百岁为春,五百岁为秋。上古有大椿者,以八千岁为春,八千岁为秋。""朝菌不知晦朔,蟪蛄不知春秋。" ⑩ 至于二句:见《庄子·徐无鬼》。 ⑪ 汾水二句:《庄子·逍遥游》:"往见四子藐姑射之山,汾水之阳。" ⑫ 的:准的。 ⑬ 骑驿:驿站的车马。 ⑭ 慊:满足。 ⑮ 女媭二句:见屈原《离骚》。诗中女媭、巫咸分别表达了孤直必多难,应及时退身而自养其性的意思。 ⑯ 渔父之歌:见屈原《渔父》。诗中渔父之言表达了全身归隐的意思。 ⑰ 詹尹:见屈原《卜居》。诗中詹尹有"用君之心,行君之意"语。 ⑱ 负:具有。 ⑲ 短什:短篇。

这篇文章作于1906年,是王国维融会西方美学思想探讨中国古代诗歌的一篇重要作品。文章把中国古代学者分为两派,结合南北文学的地域差异,对诗歌定义与表现特质展开论述,并以屈原为范例,表达了对诗歌创作的独特见解。

文章从分析北方学派的思想特点出发,首先对"诗歌者,描写人生者也"的命题进行阐述。作者提出,所谓人生必定关系家族、国家、社会,那么反映在诗歌中就是由丰富曲折的人生经历所凝聚的深邃感情。此论蕴含了一个潜在的前提,即诗歌描写的感情理应与社会生活相关,而不是个体狭隘的私欲私情。就这一点而言,此说与"诗言志"的传统认识观念是相通的。在此基础上,王国维引入了英语humour一词,并根据语音译为欧穆亚。这是humour第一次译成中文,至1924年,林语堂结合音义而译之为"幽默",于是此词在中文领域得到了普遍认同和使用。然本文中欧穆亚的意义与一般理解的幽默存在一定差异,王国维借之传示出他对诗歌感情的特殊要求,故内涵要丰富得多。文中未对该词词义作具体演绎,但从几处使用欧穆亚的上下文中可以大致感受到其表达的意思。一处是论北方学者与社会的关系,称他们以坚毅之志坚持理想,与当日社会争,故他们视社会"一时以为寇,一时以为亲",遂生出欧穆亚人生观,《小雅》诸作即由此产生。另一处是论屈原,认为屈原地位尊贵,与楚王关系密切又屡遭贬斥,却因心怀忠贞而不改初衷,“于是其性格与境遇相得,而使之成为一种欧穆亚”,《离骚》以下诸作,实此欧穆亚所发表。据之而论,所谓欧穆亚,应以关心社会、忧国忧政的用世情怀为基础,以强烈的责任感,以对现实的愤懑和深刻认识,形成抨击、讥刺、调侃社会与多角度思索人生的态度。王国维特别以之区别于南方学者的人生态度,指出南方学者虽然也不满社会现实,但往往在不遇时即欲全身退隐,以离世绝俗的方式而嚣然自得,这与北方学者积极抗争的精神实质全然不同。由此可见,王国维在这里应用欧穆亚一词,表明他不仅在一般意义上确认诗歌感情应关及社会生活,而且突出感情的肫挚热烈,这一感情以崇高的理想目标为基质,充溢着历尽坎坷仍奋厉其志的不屈与雄壮之气,正是这种坚执追求和强烈冲突铸就的激情,才是诗歌产生的前提。这就是王国维对中国古代诗歌生于北方的原因分析,是他对于诗歌描写人生这一定义所作的理论演绎,根本上说,则是他本人对诗歌本质意义的理解。

然而,这并非诗歌创作的全部,紧接着,王国维提出了想象力的问题。他把想象力称作诗歌的原质,说明表现形式同样关系到诗歌的文体特质,应当给予足够的重视。他认为这是南方学者之所长,《庄子》一书表现尤甚,故文中一一胪列《庄子》的相关描述,以具体显现其想象力的伟大丰富,也表露了王国维的由衷赞叹。特别需要注意的是,王国维强调,其所谓想象力,如同儿童的想象那样活泼自由,无羁无束,如同古印度与古希腊的壮丽神话,产生于文化尚未高度发达的情状中,这表明他所说的想象不受学识理性的制约,完全超越生活现状,这不仅显示了天马行空般奔跃驰骋的想象形态,而且也显示出此种想象与由此及彼,或因景生情的联想又有所不同。这是对传统诗歌在表现形式上认识的丰富和拓展。

王国维进一步指出,唯有深邃的感情与想象力二者合为一体,才能造就大诗歌,才能产生如屈原所作那样杰出的诗篇。缺乏想象,诗歌难有斑斓的色彩,难以把情思展露得宛转跌宕,诗歌的表现力受到限制,因而只能产生小篇。而没有深厚真挚的思想感情作内核,那么想象失去了感情的依附而虚无散漫,表现形式没有了生命力,也就从根本上遏制了诗歌的产生。在王国维看来,二者固然都是产生佳作的必备要素,但相比较而言,肫挚的感情是基础,他一再声称,有感情为素地,想象这一原质才得显现,屈原首先是具有肫挚的性格,才能驱使想象而成为大诗人。王国维一方面突出诗歌在表现形式上特点,另一方面又通过对感情问题的阐述而把诗歌的社会意义置于首位,这既反映出文学观念的进步,也反映出他对传统认识的传承。同时,这也令人感受到王国维自身的社会责任感,感受到蕴含于理论中的对现实生活的热情和深沉思考。　　(陈晓芬)

【作者小传】

黄 侃

(1886—1935)近代学者、文学家。字季刚，自号量守居士，湖北蕲春人。师事章炳麟，擅长音韵训诂，兼通文学。历任北京大学、东南大学、武昌高等师范学校、金陵大学教授。著有《音略》《说文略说》《声韵略说》《声韵通例》《集韵声类表》《尔雅略说》《尔雅郝疏订补》《文心雕龙札记》等。后人辑有《黄侃论学杂著》《黄侃声韵未刊稿》《黄季刚先生遗书》《黄季刚诗文钞》等。

《梦谒母坟图》题记[①] 黄 侃

乘拨逆蕲水而上，可百三十里，溪水清泊，平潬弥望。有水自东来会，是为白水。其右有市，名曰包茅。对溪孤山，孽然高举，峭不可上，则螭堆也。

山麓精庐[②]，云洗心阁。寒泉步徛[③]，所在深窈[④]。渡此以上，堤绵半里，松桧棽[⑤]映。中有豫章，缭以周垣，扶疏[⑥]四布，干可十围。与溪西一树相直[⑦]：悉是三百年物。

堤内广陂[⑧]，扶渠满中。小渚二三，杂植槐柽。循池东走，得黄氏祠墓。前直螭堆，若树重表。黄氏始自江西，占籍[⑨]此地，有信甫是其初祖。乡人谣俗[⑩]，以人表地[⑪]。及其自署，乃云螭堆黄氏。盖山水清邃，错以腴壤[⑫]，良宜聚族而居者矣。

先人相宅[⑬]，在山之阴。前有三丘，駊騀[⑭]相属。右为章丘，亡母周孺人墓在焉。面西背东，水出其北。白石为茔[⑮]，碑崇三尺。陇首长松，高可二丈，下覆冢兆[⑯]，有如羽盖。升虚反望，便见吾家。

墓下田舍庳隘[⑰]，藉以守冢。山田数亩，有圃有池。其前溪袤[⑱]十里，斑环可睹。侠溪远阜，青苍摫[⑲]天。临溪一面，重巘[⑳]峻削，与螭堆齐。自尔而下，堤皆树柳。墓前单椒[㉑]，斗入溪胁[㉒]，堤则尽矣。

先时卜葬[㉓]，神灵听从。意母之潜魂，睠[㉔]怀旧地，茕茕孤

梦谒母坟图

——苏曼殊绘

子，可以朝夕顾守斯坟。曾不几时，违患㉕远游。既流窜东夷，恐遂不得反乡里，上先人冢墓。一旦溘死㉖，复不能依母泉下。宵中魂梦，恒来是丘。既寤悲伤，至于昒旦㉗。因请沙门曼公㉘缋㉙为是图，粗存较略㉚，藉用寄思。但望之匪遥，远则万里。《诗》曰："岂不怀归？畏此罪罟㉛！"每念斯言，所以零涕沾衣者也。

〔**注**〕 ① 黄侃年轻时有排满思想，被学校开除，经张之洞举荐赴日本留学。在日本加入同盟会，继续宣传反清思想，后因母亲病危回国，不久母亲去世，他又受到朝廷通缉，无奈之下再次逃亡日本。在日本因思念亡母，多次梦谒母坟，于是请南社友人苏曼殊根据梦中所历绘成《梦谒母坟图》，并自为题记。 ② 精庐：佛寺，僧舍。 ③ 徛：石桥，放在水中用来渡水的石头。 ④ 深窈：幽深。 ⑤ 梣(chēn，又读 shēn)：繁盛茂密。 ⑥ 扶疏：枝叶繁茂分披貌。 ⑦ 相直：相对，相当。 ⑧ 陂(bēi 杯)：池塘。 ⑨ 占籍：上报户口，入籍定居。 ⑩ 谣俗：风俗习惯。 ⑪ 以人表地：用人名代称地名。 ⑫ 腴壤：肥沃的土地。 ⑬ 相宅：择地定居。 ⑭ 駊騀(pǒ ě 叵恶)：駊騀，高大状也。 ⑮ 茔：坟墓，坟地。 ⑯ 冢兆：墓地。 ⑰ 庳隘(bì ài)：低矮狭小。 ⑱ 袤：指南北距离的长度。 ⑲ 摰(zhì 致)：刺。 ⑳ 重巘(yǎn 掩)：重叠的山峰。 ㉑ 单椒：孤峰。北魏郦道元《水经注·济水二》："(华不注山)单椒秀泽，不连丘陵以自高。" ㉒ 溪胁：溪侧。 ㉓ 卜葬：古代埋葬死者，先占卜以择吉祥之葬日与葬地。称为"卜葬"。 ㉔ 睠：同"眷"。 ㉕ 违患：避开祸患。 ㉖ 溘死：忽然而死。 ㉗ 昒(hū 忽)旦：黎明。 ㉘ 沙门：梵语的译音。或译为"娑门""桑门""丧门"等。一说，"沙门"等非直接译自梵语，而是吐火罗语的音译。原为古印度反婆罗门教思潮各个派别出家者的通称，佛教盛行后专指佛教僧侣。曼公，南社苏曼殊。 ㉙ 缋(huì 绘)：绘画。 ㉚ 较略：大概。 ㉛ 罪罟(gǔ 古)：罪网。

为图画作题记，若仅据图作如实说明，则了无生趣；笔端常带感情，才会写得富有意味。在这方面，前人如明代归有光的《〈吴山图〉记》、清代蒋士铨《〈鸣机夜课图〉记》、王拯《〈媭砧课诵图〉序》等，都是绝佳的范例。近代以来的题记佳篇，当数黄侃的《〈梦谒母坟图〉题记》。

黄侃赋性灵慧，一生黾勉从事小学研究，尤其沉酣于音韵训诂之学，造诣精深，成就卓著，又博涉诗、词、散文，正如章太炎所誉："若其清通练要之学，幼眇安雅之词，并世固难得其比方。"(《书黄侃〈梦谒母坟图记〉后》)他因少年时代萌发了"今日之事，应以逐满为莫大之谟"的排满思想而被学堂开除，受张之洞资助留学日本。在日本加入中国同盟会，并师事章太炎先生，为章在日本主持的《民报》撰写了大量宣扬革命的文章。一九〇八年，黄侃因生母周氏病重回国。母亲病逝后不久，清两江总督端方搜捕革命党人，命鄂督陈夔龙收捕黄侃，侃被迫再次流亡日本。对于二十三岁的黄侃来说，在纷乱的时代追求生命的意义，终至被清廷视为叛逆，受打压而几临绝境以至流徙异域，怀疑与信仰在内心碰撞，只有在内心深处反复重温的母爱和故土才能抚平他复杂的心绪。于是有了多次梦谒母坟的体验，遂请友人苏曼殊据梦中所思绘为《梦谒母坟图》，以慰怀归之情，随之也孕生了这篇在黄侃散文中独放异彩的佳作。

这是一篇铅华落尽、真挚自然的散文。本文的最大特色就是于平淡的叙述中隐含着渐次浓郁的情感。初值母丧，又遭通缉，逢此百罹，怎不忧苦？但是文中却不将复杂的情绪溢于言表，而是隐藏在平静的叙述中。全文紧扣题中"谒"字展开叙述，但并没有直接切入到母坟情景的描写，而是先从故乡的山水环境写起，随着空间的推移，一步步接近母坟，字里行间透露出情思的流动变化。

蕲春县位于湖北省东部，长江中游北岸，此地山川清秀，气候温润。作者也是以清丽的笔调呈现他记忆中反复回过多次的故乡，那里的一山一水、一草一木，以及母坟的方位特点、周围环境，无不使作者魂牵梦萦。因此他提笔写来，并不言其崖略，而是不避繁冗，染笔录其名数，对故乡的风物一一称述，足见故乡的景象对他而言已经如刻心版。他仿佛又一次乘筏逆蕲水而上，开始了他的行迹。家乡的山水风物已铭诸肺腑，随空间的推移接踵而来，溪水清泊，沙滩汵迤，白水、包茅、孤山、螭堆一一出现眼前，给人一个整体的印象：这就是依山（孤山）傍水（白水）的秀丽故乡。人们靠山而居，对山的幽远绵深自然印象最深，所以作者就从山开始细述，提及山脚的精舍、寒泉步桥的"深窈"之感，又对山中众多枝叶扶疏、粗壮古老的树木给予了特写。继而写水上的清丽景色，循着清莹的水流就写到了黄氏祠墓。鸟去鸟来山色里，人歌人哭水声中，世代生活在这里的黄氏族群已与山水融为一体了。前三段看似白描，实则流露出作者对故乡山水的特殊情愫。

四、五两段围绕母坟的地理情况来描述，渐渐接近母坟，描写就渐趋细密，笔调也渐为深情。首先追述了黄氏祖先迁居于此，繁衍壮大，而后因为山清水秀、土壤肥沃的地理优势终于聚族定居的历史。接着描述了母坟的具体方位：位于平正的章丘之上，临水而建；外观景象：墓以白石为之，碑高三尺，墓前松树高可二丈，茂密如羽盖；最特别的是"升虚反望，便见吾家"，如同母亲时刻凝望着自己的家。之后笔触便自然转移到墓下低矮而狭长的村舍，偎山环水，满目苍翠，土壤肥美，生活安宁。进而以深挚的笔调叙述当初卜葬的原因，于母而言能睠怀旧地，于侃而言可朝夕守护。谁料而今竟因避祸逃徙东夷，真是"此日穷途士，当年游侠人。一朝时运乖，宿愿不复申"（黄侃《咏怀效庾子山》）。归乡杳无期，遑论祭母坟。况且若一日溘死异域，复不能归葬于母坟旁。他对故乡和母亲中心藏之，何日忘之，于是只能在梦中恒来祭奠。虽请苏曼殊绘图借以慰思，然图近人遥，更增忧思。这几句心理描写感人至深，寥寥几笔，内疚与哀愁流于笔端，一片孝心拳拳可见。末尾援引《诗经·小雅·小明》“岂不怀归？畏此罪罟”二句，将自己渴盼归乡却因受通缉无法回国的处境和心情表现得极为沉重深刻，此时心境正像他在词作《寿楼春》序中所描述的：“去国已将一年，故乡秋色，未知何似。登楼眺远，万感填胸。古人有言，悲歌当哭，望远当归，无聊之极，赖有此耳。”翘首故国，祖国于他来说也只能是一个迢遥的梦，真有“茫茫宇宙，容身何所”之感。结尾深沉的喟叹表现出黄侃对祖国一片赤诚的精神品格和向往返回故土怀抱的生命情怀。

本文的匠心还体现在内容的取舍方面。据蕲春县县志编委会所撰《黄侃传》记述，侃十二岁不幸丧父，因生母周氏为父妾，世俗轻庶孽，遂致外遭乡族欺，内受诸兄侮，母周氏百计张罗，始免失学，因而愈加勤奋，“比卧常以夜半”。可以想见，在母子相依为命的生活中，他对母爱的感受应该是至为深刻的。而这篇文章不侧重写母子深情的细节以及思念母亲的心理，却用大量的篇幅描绘了故乡的地貌环境。这一特点颇耐人寻味。细绎之，恐怕有两层心理：其一，《诗经·小雅·小弁》有云：“维桑与梓，必恭敬止。靡瞻匪父，靡依匪母。”恭敬桑梓就如同恭敬父母，故本文对故土风物言之綦详的特色即是这种文化心理的体现。再者，对故土风物的详写也体现了思念亡母的背后实是对故乡、对祖国更为深广的热切怀恋。

章太炎赞黄侃散文“文辞淡雅，上法晋宋”（《书黄侃〈梦谒母坟图记〉后》），汪辟疆亦赏其“文笔并擅，简远高古。初见方讶其奇字涩句，细玩又觉隽永深醇”（《悼黄季刚先生》）。文笔简古、典雅庄重是本文最大的语言特色，尤其“先时卜葬……至于昒旦”一段，娓娓动情，感人至深。全文语淡而意厚，自有其独特的艺术魅力。

（刘燕歌）

【作者小传】

林觉民

(1887—1911)　近代散文家。字意洞，号抖飞、天外生。福建闽县(今福建福州闽侯)人。幼从父学。年十五入学全闽高等学堂。光绪三十三年(1907)，东渡日本求学，并加入同盟会。宣统三年(1911)，应黄兴之召，回国奔走于港、粤、闽，策划广州起义。于战斗中受伤被俘，英勇就义。酷爱文学，广州起义前三日，与妻诀别，在香港于手帕上写就《与妻书》，又作《与父书》，一并托友人密致家人。《与妻书》情真意切，格调高洁，尤为感人肺腑。

与　妻　书

林觉民

意映卿卿如晤：吾今以此书与汝永别矣！吾作此书时，尚是世中一人；汝看此书时，吾已成为阴间一鬼。吾作此书，泪珠和笔墨齐下，不能竟书而欲搁笔，又恐汝不察吾衷，谓吾忍舍汝而死，谓吾不知汝之不欲吾死也，故遂忍悲为汝言之。

吾至爱汝，即此爱汝一念，使吾勇于就死也。吾自遇汝以来，常愿天下有情人终成眷属；然遍地腥云，满街狼犬，称心快意，几家能够？司马青衫，吾不能学太上之忘情也。语云：仁者"老吾老以及人之老，幼吾幼以及人之幼"。吾充吾爱汝之心，助天下人爱其所爱，所以敢先汝而死，不顾汝也。汝体吾此心，于啼泣之余，亦以天下人为念，当亦乐牺牲吾身与汝身之福利，为天下人谋永福也。汝其勿悲！

汝忆否？四五年某夕，吾尝语曰："与使吾先死也，无宁汝先吾而死。"汝初闻言而怒，后经吾婉解，虽不谓吾言为是，而亦无词相答。吾之意盖谓以汝之弱，必不能禁失吾之悲，吾先死留苦与汝，吾心不忍，故宁请汝先死，吾担悲也。嗟夫！谁知吾卒先汝而死乎？吾真真不能忘汝也！回忆后街之屋，入门穿廊，过前后厅，又三四折，有小厅，厅旁一屋，为吾与汝双栖之所。初婚三四个月，适冬之望日前后，窗外疏梅筛月影，依稀掩映；吾与（汝）并肩携手，低低切切，何事不语？何情不诉？及今思之，空余泪痕。又回忆六七年前，吾之逃家复归也，汝泣告我："望今后有远行，必以告妾，妾愿随君行。"吾亦既许汝矣。前十余日回家，即欲乘便以此行之事语汝，及与汝相对，又不能启口，且以汝之有身也，更恐不胜悲，故惟日日呼酒买醉。嗟夫！当时余心之悲，盖不能以寸管形容之。

吾诚愿与汝相守以死，第以今日事势观之，天灾可以死，盗贼可以死，瓜分之日可以死，奸官污吏虐民可以死，吾辈处今日之中国，国中无地无时不可以死，到那时使吾眼睁睁看汝死,或使汝眼睁睁看我死,吾能之乎?抑汝能之乎?即可不死,而离散不相见,徒使两地眼成穿而骨化石,试问古来几曾见破镜能重圆?则较死为苦也,将奈之何?今日吾与汝幸双健。天下人之不当死而死与不愿离而离者,不可数计,钟情如我辈者,能忍之乎?此吾所以敢率性就死不顾汝也。吾今死无余憾,国事成不成自有同事者在。依新已五岁,转眼成人,汝其善抚之,使之肖我。汝腹中之物,吾疑其女也,女必象汝,吾心甚慰。或又是男,则亦教其以父志为志,则我死后尚有二意洞在也。甚幸,甚幸!吾家后日当甚贫,贫无所苦,清静过日而已。

吾今与汝无言矣。吾居九泉之下遥闻汝哭声,当哭相和也。吾平日不信有鬼,今则又望其真有。今人又言心电感应有道,吾亦望其言是实,则吾之死,吾灵尚依依旁汝也,汝不必以无侣悲。

吾平生未尝以吾所志语汝,是吾不是处;然语之,又恐汝日日为吾担忧。吾牺牲百死而不辞,而使汝担忧,的的非吾所忍。吾爱汝至,所以为汝谋者惟恐未尽。汝幸而偶我,又何不幸而生今日之中国!吾幸而得汝,又何不幸而生今日之中国!卒不忍独善其身。嗟夫!巾短情长,所未尽者,尚有万千,汝可以摹拟得之。吾今不能见汝矣!汝不能舍吾,其时时于梦中得我乎!一恸!辛亥三月念六夜四鼓,意洞手书。

家中诸母皆通文,有不解处,望请其指教,当尽吾意为幸。

这是林觉民写给妻子陈意映的一封绝笔家书。在一九一一年孙中山领导的广州起义前,林觉民毅然参加了“先锋”敢死队,早已将个人生死置之度外。然而,对亲人的眷恋魂牵梦绕,又怎能忘怀?起义即将爆发,自己就要赴身战场,对妻儿的万般牵挂只能报以一纸家书而已!

所以书一开头便是一声令人肝胆俱裂的浩叹:“吾今以此书与汝永别矣!”最痛苦的场面莫过于生离死别,然生离之别,“恨到归时方始休”(白居易《长相思》)。别情虽苦,方有归时的期待与希望;死别之后,汝为世中之人,吾为阴间一鬼,此恨又何时能休?!恨不断,泪千行,“泪珠与笔墨齐下”,寄托着我对亲人的悠悠情思。寥寥数语，已将死别难舍之情推至高潮。感情至此，似应戛然而止，让人在“此恨绵绵无绝期”（白居易《长恨歌》）中感受那此时无声胜有声的艺术效果。作者悲痛难禁本欲搁笔，又恐爱妻“不察吾衷”，于是又引出下面一般生离死别的至爱之语。

使我勇于就死和先你而死只因为“吾至爱汝”。自从我与你相遇而结成伉俪，“常愿天下有情人都成眷属”。忆念初婚之际，你我常常倚窗偎依，争看那稀疏的梅枝筛下点点月影婆娑；你我芳春花前月下，并肩携手，低低切切，喁喁私语。一次谈及愿你先我而死，你娇嗔含怒，夫妻恩爱之时又何必言死？当初只想让我承担亲人死别之苦，不料今日竟是先你而死！你哭着叮嘱我远行必先告知，誓愿随我同行。而当临别之日，与你相对，欲以死别相告，万万非吾心所忍！惟有默默无言，日日呼酒买醉，愿想一醉方休，怎奈它以酒浇愁愁更愁！爱情之种种，旧时之甜美温馨，怎不叫我留恋？每每形诸梦寐，剪不断，理还乱！点点滴滴，往事那堪忆？如今万事成空，对你的一番衷情只能在九泉之下遥闻汝哭声而以哭相和，让我的灵魂“依依旁汝”。全书自始至终，情思相关，哀婉深沉，借王士禛的话来说，这自是一番“透骨情语”（《花草蒙拾》）！其情之深，意之切，使人不忍卒读。

作者深谙动人心者不仅要情真意切，还要理明志坚，至情至理，方能感人肺腑，从而取得爱妻的同情、理解与支持。所以作者在情意绵绵的倾诉中随时不忘晓以革命大义。“吾至爱汝”四个字倾注了作者的一片钟情，继而他深情地告诉妻子：因为对你爱之至才使我具有了博爱之心，才使我勇于为革命抛头颅、洒热血。“老吾老以及人之老，幼吾幼以及人之幼。”（《孟子·梁惠王》）“先天下之忧而忧，后天下之乐而乐。”（范仲淹《岳阳楼记》）这些充满着博爱精神的诗句成了古代仁人志士修身治国平天下的崇高理想。作者从中吸取力量，以“爱汝之心，助天下人爱其所爱”。为替天下人谋永福，就要乐于牺牲个人的福利，即使牺牲宝贵的爱情也在所不惜。由亲人之爱推而为对人民之爱，其爱之高尚自有一股震撼灵魂的感染力量。

人情至理，谁不愿爱情地久天长，夫妻白头偕老？牺牲爱情、舍亲人而去是你我之不幸，也是“今日中国”之不幸。辛亥革命时期，中国“遍地腥云，满街狼犬”，到处充斥着可怕的天灾、盗贼、帝国主义的瓜分和鱼肉人民的奸官污吏，国中之民“无地无时不可以死”，能够称心快意的又有几家呢？作者慨然悲叹：“汝幸而偶我，又何不幸而生今日之中国！吾幸而得汝，又何不幸而生今日之中国！”深刻揭露了造成个人不幸的社会根源。国难当头，吾“卒不忍独善其身”而“学太上之忘情也”，吾辈正当年华，血气方刚，当为天下人不死而敢率先就死，“我以我血荐轩辕”，纵然百死而不辞，即使革命尚未成功，我也死而无憾了！这体现了一个革命先驱者光明磊落、襟怀坦白的高尚情操。作者在表白自我心迹与志向的同时，力求以至爱之情，至理之义沟通和激起与妻子的心灵共鸣，达到使妻子“察吾衷”和“体吾此心”的目的。

全书寓情于理，明理于情，舒展有致而又随情所至，纵笔写来。大则论及国事革命，小则不忘家常细琐；既有对“今日事势”的侃侃而谈，又有对温馨爱情的呢喃细语；它既体现了一个革命者的大义凛然，又不失一个丈夫的体察细微，显示了一个革命者兼丈夫的本色。

这篇家书最动人心魂的地方，就在于它淋漓痛快地喊出了作者心灵深处的绝望呼声！一种最诚挚、最纯洁、最体贴又最悲愤的情感，没有比即将死别的人的呼声更为扣人心弦了。

这是一首用血与泪、情与爱谱写的生命之歌，也是一封惊天地泣鬼神的绝笔家书！

（杨福廷）

附录

古文书目

说　明

一、本书目择要收录历代有关古文的著作、评论及参考资料。其中合集、专著及别集部分所收著作，以本辞典列目的作家为限。

二、书目按总集、合集、专著及别集、评论及参考资料等四类编排。各部分书目以类相从，同类书目依编撰者时代及版本刊行年代先后排列。一书续编及后出有关校注、考订等著述，列于该书之后。

三、所收书目一般为通行易得的版本，注重名家校勘、评注本，较早的版本和抄本等也酌情选收。

四、各书著录书名、卷数、编撰者和版本。清代以前的编撰者注明朝代。同一种书的不同版本一般不另立目，依刊行年代附列于后。

五、本书目收录年限截至2013年。

总　集

通　代

楚辞章句十七卷　(汉)王逸撰。《四库全书》本，《湖北丛书》本，《丛书集成初编》本。

楚辞十七卷　(汉)王逸章句；(宋)洪兴祖补注。《四部丛刊》本，《楚辞四种》本，《四部备要》本。

楚辞补注　(宋)洪兴祖撰；白化文等点校。中华书局1983年版。

楚辞集注八卷辨证二卷后语六卷　(宋)朱熹撰。《四库全书》本，《古逸丛书》本，《西京清麓丛书》本。

楚辞集注　(宋)朱熹集注；李庆甲点校。上海古籍出版社1979年版。

楚辞通释十四卷末一卷　(清)王夫之撰。《船山遗书》本，中华书局上海编辑所1959年版，上海人民出版社1975年版。

楚辞平议补录　(清)俞樾撰。《诸子平议补录》本。

山带阁注楚辞　(清)蒋骥撰。古典文学出版社1958年版。

楚辞考异一卷　刘师培撰。《刘申叔先生遗书》本。

楚辞韵读　王力著。上海古籍出版社1980年版。

楚辞选注　金开诚选注。北京出版社1980年版。

楚辞今绎讲录　姜亮夫著。北京出版社1983年修订本。

楚辞通故　姜亮夫著。齐鲁书社1985年版。

楚辞菁华　蒋锡康、陈英编著。上海教育出版社1987年版。

楚辞校释　蒋天枢校释。上海古籍出版社1989年版。

楚辞校释　王泗原著。人民教育出版社1990年版。

楚辞新诂　何剑熏撰；吴贤哲整理。巴蜀书社1994年版。

楚辞校补　闻一多著。巴蜀书社2002年版。

楚辞集校 黄灵庚集校。上海古籍出版社 2009 年版。

楚辞解故 朱季海撰。上海古籍出版社 2011 年版。

楚辞今注 汤炳正、李大明、李诚、熊良智注。上海古籍出版社 2012 年版。

楚辞译注 董楚平撰。上海古籍出版社 2012 年版。

文选注六十卷 (唐)李善撰。《四库全书》本,《摛藻堂四库全书荟要》本。

文选六十卷附考异十卷 (梁)萧统辑;(唐)李善注;考异(清)胡克家撰。清嘉庆十四年(1809)鄱阳胡氏重刊宋淳熙本,《四部备要》本。

文选 (梁)萧统编;(唐)李善注。中华书局 1977 年、1991 年版,上海古籍出版社 1986 年、1995 年版,岳麓书社 1996 年版。

昭明文选 (梁)萧统编。中州古籍出版社 1991 年版。

六臣注文选六十卷 (唐)李善、吕延济、刘良、张铣、吕向、李周翰撰。《四库全书》本,《四部丛刊》本,上海古籍出版社 1994 年影印本。

文选集注残 《京都帝国大学文学部景印唐钞本》本。

文选补遗四十卷 (宋)陈仁子辑。《四库全书》本,上海古籍出版社 1993 年影印本。

文选注考异一卷 (宋)尤袤撰。《常州先哲遗书》本,《锡山尤氏丛刊》本。

文选旁证四十六卷 (清)梁章钜撰。清道光十八年(1838)刊本,清光绪八年(1882)吴下重刊本。

尤本文选考异补一卷 (清)陆心源撰。《潜园总集》本。

文选考异四卷 (清)孙志祖撰。《读画斋丛书》本,《丛书集成初编》本。

文选李注补正四卷 (清)孙志祖撰。《读画斋丛书》本,《丛书集成初编》本。

文选笺证三十二卷 (清)胡绍煐撰。清光绪十三年(1887)世泽楼活字本,《聚学轩丛书》本。

文选类诂 丁福保纂。上海医学书局 1925 年排印本,中华书局 1991 年版。

文选李注义疏八卷 高步瀛著;曹道衡、沈玉成点校。中华书局 1985 年版。

文选平点 黄侃平点;黄焯编次。上海古籍出版社 1985 年影印本。

唐钞文选集注汇存 上海古籍出版社 2000 年版。

文馆词林残四卷 (唐)许敬宗等辑。《佚存丛书》本,《粤雅堂丛书》本。

文馆词林残十四卷 (唐)许敬宗等辑。《古逸丛书》本。

文馆词林残二十三卷 (唐)许敬宗等辑。《适园丛书》本。

文馆词林残十八卷 (唐)许敬宗等辑。《丛书集成初编》本。

古文苑二十一卷 (宋)章樵注。明成化十八年(1482)张世用刻本,《四库全书》本,《墨海金壶》本,《四部丛刊》本。

古文苑二十一卷附校勘记一卷 (宋)章樵注;校勘记(清)钱熙祚撰。《守山阁丛书》本,《丛书集成初编》本。

续古文苑二十卷 (清)孙星衍辑。《平津馆丛书》本,《丛书集成初编》本。

观澜文集甲集二十五卷乙集七卷　(宋)林之奇辑;(宋)吕祖谦集注。《宛委别藏》本。

文苑英华一千卷　(宋)李昉等辑。《四库全书》本。

文苑英华　中华书局1966年、1982年影印本。

文苑英华辨证十卷　(宋)彭叔夏撰。《四库全书》本,《知不足斋丛书》本,《学海类编》本。

文苑英华辨证十卷补文一卷拾遗一卷　(宋)彭叔夏撰;拾遗(清)劳格辑。《武英殿聚珍版书》本,《丛书集成初编》本。

宋椠文苑英华残本校记一卷　罗振玉撰。《松翁居辽后所著书》本。

文章正宗二十四卷续集二十卷　(宋)真德秀辑。《四库全书》本。

文章正宗复刻三十卷续十二卷　(宋)真德秀辑。《真西山全集》本。

古文关键二卷　(宋)吕祖谦辑。《四库全书》本,《金华丛书》本,《丛书集成初编》本。

崇古文诀三十五卷　(宋)楼昉撰。《四库全书》本,上海古籍出版社1993年影印本。

古文集成前集七十八卷　(宋)王霆震辑。《四库全书》本。

文章轨范七卷　(宋)谢枋得辑。《四库全书》本,《谢叠山先生评注四种合刻》本。

古赋辨体八卷外集二卷　(元)祝尧辑。《四库全书》本。

文章辨体汇选七百八十卷　(明)贺复徵辑。《四库全书》本。

文编六十四卷　(明)唐顺之辑。《四库全书》本。

四六类编十六卷　(明)李日华辑。《四库全书》本。

四六法海十二卷　(明)王志坚辑。《四库全书》本。

文奇四卷　(明)丁允和品定;(明)陆云龙评注。《翠娱阁评选行笈必携》本。

文韵四卷　(明)丁允和品定;(明)陆云龙评注。《翠娱阁评选行笈必携》本。

皇霸文纪十三卷　(明)梅鼎祚辑。《四库全书》本。

释文纪四十五卷　(明)梅鼎祚辑。《四库全书》本,《四库全书珍本初集》本。

古文品外录十二卷　(明)陈继儒撰。《中国文学珍本丛书第一辑》本。

古文世编一百卷　(明)潘士达编。明万历三十八年(1610)刊本。

四六俪二卷　(明)陆云龙辑。《翠娱阁评选行笈必携》本。

书隽二卷　(明)丁允和品定;(明)陆云龙评注。《翠娱阁评选行笈必携》本。

尺牍初徵十二卷　(清)李渔辑。清顺治间刊本。

御选古文渊鉴六十四卷　(清)圣祖(玄烨)选;(清)徐乾学等辑注。《古香斋袖珍十种》本,《四库全书》本,《摛藻堂四库全书荟要》本。

御定历代赋汇一百四十卷外集二十卷逸句二卷补遗二十二卷　(清)陈元龙等辑。《四库全书》本,《摛藻堂四库全书荟要》本。

古文观止　(清)吴楚材、吴调侯辑。中华书局 1993 年版,浙江古籍出版社 1995 年版。

古文观止译注 阴法鲁主编。吉林人民出版社 1982 年、1993 年版。

古文观止 徐兆北等校。齐鲁出版社 1993 年版。

古文观止今译 徐北文主编;袁梅等注译。齐鲁书社 1983 年、1992 年版。

古文观止译注 王水照、张抝之、顾易生等译注。上海古籍出版社 2010 年版。

古文观止名家精译 中华书局 1993 年版。

唐宋八大家文钞十九卷 (清)张伯行辑。《正谊堂全书》本,《丛书集成初编》本。

唐宋八大家文钞 (清)张伯行选编;萧瑞峰校点。浙江古籍出版社 1995 年版。

古文雅正十四卷 (清)蔡世远辑。《四库全书》本。

古文精藻二卷 (清)李光地辑。《李文贞公全集》本,《榕村全书》本。

御选唐宋文醇五十八卷 清乾隆三年(1738)敕选。《四库全书》本,《摛藻堂四库全书荟要》本。

忠雅堂评选四六法海八卷 (清)蒋士铨辑。《蒋氏四种》本。

古文辞类纂七十五卷附校勘记一卷附录一卷 (清)姚鼐编;校勘记(清)李承渊撰。《袖珍古书读本》本,《四部备要》本。

续古文辞类纂二十八卷 (清)黎庶昌编。《袖珍古书读本》本,《四部备要》本。

续古文辞类纂 (清)王先谦编。清光绪八年(1882)王氏刊本,中华书局 1923 年版。

古文辞类纂选本 林纾编。商务印书馆 1922 年版。

林纾评选古文辞类纂 林纾选评;慕容真点校。浙江古籍出版社 1986 年版。

七十家赋钞 (清)张惠言辑。清道光元年(1821)刊本,清光绪间宏达堂重刊本。

全上古三代秦汉三国六朝文 (清)严可均编。清光绪二十年(1894)黄冈王氏广州刊本,中华书局 1958 年、1992 年版。

骈体文钞三十一卷 (清)李兆洛编选;(清)谭献评。《四部备要》本。

骈体文钞 (清)李兆洛编选。岳麓书社 1992 年版。

文苑珠林四卷 (清)蒋超伯辑。《通斋全集》本。

南北朝文钞二卷 (清)彭兆荪辑。《粤雅堂丛书》本,《丛书集成初编》本。

六朝文絜四卷 (清)许梿评选。《扫叶山房丛钞》本,《四部备要》本。

六朝文絜笺注十二卷 (清)许梿评选;黎经浩笺注。清光绪十五年(1889)刊本,中华书局上海编辑所 1962 年版。

经史百家杂钞二十六卷 (清)曾国藩辑。《曾文正公全集》本,《四部备要》本。

经史百家杂钞 (清)曾国藩纂;孙雍长标点。岳麓书社 1987 年版。

古文小品咀华 (清)王符曾辑评;杨扬校。书目文献出版社 1993 年版。

涵芬楼古今文抄 吴曾祺编。清宣统二年(1910)商务印书馆排印本。

文辞养正举偶二卷 周学熙辑。《周氏师古堂所编书》本。

汉魏六朝文撷一卷　余重耀辑。《遯庐丛书》本。

汉魏六朝文　臧励龢选。商务印书馆1933年版。

各体文选　支伟成编。商务印书馆1935年版。

吴都文粹九卷　(宋)郑虎臣辑。《四库全书》本。

吴都文粹续集五十六卷补遗二卷　(明)钱穀辑。《四库全书》本,《四库全书珍本初集》本。

成都文类五十卷　(宋)程遇孙等辑。《四库全书》本。

滇南文略四十七卷　(清)袁文揆辑。《云南丛书》本。

滇文丛录一百卷首一卷总目二卷作者小传三卷　云南丛书处辑。《云南丛书》本。

桐城派文选　王凯符、漆绪邦选注。安徽人民出版社1984年版。

四明文徵十六卷　(清)袁钧辑。《四明丛书》本。

竟陵文选三卷　(清)熊士鹏辑。《瘦羊录》本。

永清文徵三卷　(清)章学诚撰。《章氏遗书》本。

关中两朝文钞二十二卷补六卷　(清)李元春辑。《桐阁全书》本。

泾献文存十二卷外编四卷　柏堃辑。《泾阳文献丛书》本。

沙州文录一卷　蒋斧辑。《敦煌石室遗书》本。

沙州文录一卷补一卷附录一卷　蒋斧辑;补罗福苌辑。《六经堪丛书》本。

历代文选　冯其庸等选注。中国青年出版社1962年、1979年版。

中国历史文选　周予同主编。中华书局上海编辑所1961—1962年版,上海古籍出版社1995年版。

中国历代文学作品选　朱东润主编。中华书局上海编辑所1962—1964年版,上海古籍出版社1979年、1995年版。

中国历代文论选　郭绍虞主编。中华书局上海编辑所1962—1963年版,上海古籍出版社1979年、1992年版。

中国古代文学作品选　孙绿怡等选注。北京大学出版社1983—1984年版。

中国古代文学作品选　山东大学中文系古典文学研究室编。山东教育出版社1985年版。

中国古代文学作品选　徐中玉、金启华主编。上海古籍出版社1987年、1995年版。

中国古代文学作品选　于非选编。高等教育出版社1992年、1993年版。

中国古代文学作品选　电大古代文学组编。北京大学出版社1992年版。

中国古代文学作品选·先秦两汉、魏晋南北朝　邓魁英编。北京师范大学出版社1991年版。

中国古代文学作品选·隋唐五代　邓魁英编。北京师范大学出版社1991年版。

中国古代文学作品选·宋代　邓魁英编。北京师范大学出版社1991年版。

中国古代文学作品选·金元明　邓魁英编。北京师范大学出版社1991年版。

中国古代文学作品选·清及近代 邓魁英编。北京师范大学出版社1991年版。

古代游记选注 刘操南、平慧善选注。上海古籍出版社1982年版。

古代日记选注 陈左高选注。上海古籍出版社1982年版。

历代书信选注 吴大逵、杨忠选注。上海古籍出版社1982年版。

历代名篇选读 华东师大中文系、上海师院中文系、上海教育学院古典文学教研组编注。上海古籍出版社1983年版。

古文选读 何满子等选注。上海古籍出版社1984年版。

古代散文选 人民教育出版社编辑出版。1963年、1980年版。

中国历代散文选 刘盼遂选。北京出版社1992年版。

古代小品文精华 赵庆培选注。人民文学出版社1992年版。

古代杂文选粹 王保林选。内蒙古大学出版社1992年版。

古代文人书信精华 黄保真选注。人民文学出版社1992年版。

古文观止新编 钱伯城主编。上海古籍出版社1995年版。

先秦文举要 高步瀛选注。中华书局1992年版。

先秦散文精华 人民文学出版社1993年版。

汉魏六朝散文选 陈中凡选注。中华书局上海编辑所1959年版。

汉魏六朝散文选注 曹融南选注。上海古籍出版社1983年版。

汉魏六朝文精选 曹道衡选。江苏古籍出版社1992年、1993年版。

唐宋文举要 高步瀛选注。中华书局上海编辑所1963年版，上海古籍出版社1992年版。

唐宋散文精选 王水照选编。江苏古籍出版社1992年、1993年版。

唐宋散文精华分卷 王洪主编。朝华出版社1992年版。

唐宋八大家文章精华 刘禹昌译注。湖北人民出版社1992年版。

晚明二十家小品 阿英编；晗实、玉铮标点。河北人民出版社1989年版。

明清散文精选 郭预衡编选。江苏古籍出版社1992年、1993年版。

汉魏六朝赋选 瞿蜕园选注。上海古籍出版社1979年版。

汉魏六朝赋选注 斐晋南等选注。上海古籍出版社1983年版。

魏晋南北朝骈文选注 熊永谦注。贵州人民出版社1986年版。

历代抒情小赋选 黄瑞云选注。上海古籍出版社1986年版。

历代辞赋选 刘祯祥、李方晨选注。湖南人民出版社1984年版。

古代骈文精华 许逸民选注。人民文学出版社1992年版。

中国古代韵文选读 张风民主编。百花文艺出版社1993年版。

断 代

西汉文纪二十四卷 （明）梅鼎祚辑。《四库全书》本。

西汉文选七卷 （清）孙琮辑。《山晓阁文选》本。

东汉文鉴二十卷 （宋）陈鉴辑。《宛委别藏》本，《选印宛委别藏》本。

东汉文纪三十二卷 （明）梅鼎祚辑。《四库全书》本。

东汉文选五卷 （清）孙琮辑。《山晓阁文选》本。

全汉赋 费振刚编。北京大学出版社1993年版。

两汉书精华 奉同培编。中州古籍出版社1992年版。

三国文类六十卷 （宋）佚名辑。《四库全书》本。

西晋文纪二十卷 （明）梅鼎祚辑。《四库全书》本。

建安七子作品选 吴云选编。中州古籍出版社1987年版。

宋文纪十八卷 （明）梅鼎祚辑。《四库全书》本。

南齐文纪十卷 （明）梅鼎祚辑。《四库全书》本。

梁文纪十四卷 （明）梅鼎祚辑。《四库全书》本。

陈文纪八卷 （明）梅鼎祚辑。《四库全书》本。

北齐文纪三卷 （明）梅鼎祚辑。《四库全书》本。

后周文纪八卷 （明）梅鼎祚辑。《四库全书》本。

隋文纪八卷 （明）梅鼎祚辑。《四库全书》本。

唐文粹一百卷 （宋）姚铉辑。《四库全书》本，《摛藻堂四库全书荟要》本，《四部丛刊》本，上海古籍出版社1994年影印本。

重校正唐文粹一百卷附校勘记一卷 （宋）姚铉辑；校勘记林志烜撰。《四部丛刊》本。

唐文粹补遗二十六卷 （清）郭麐辑。清光绪十六年（1890）杭州许氏榆园刊本。

全唐文一千卷 （清）董诰等编。清嘉庆十九年（1814）武英殿刻本，中华书局1983年影印本。

全唐文：附唐文拾遗、唐文续拾、读唐文札记 （清）董诰等编。上海古籍出版社1990年影印本。

全唐文补遗（第一辑） 陕西省古籍整理办公室编，吴钢主编。三秦出版社1994年版。

全唐文补遗（第二辑） 吴钢主编。三秦出版社1995年版。

全唐文补遗（第三辑） 吴钢主编。三秦出版社1996年版。

全唐文补遗（第四辑） 吴钢主编。三秦出版社1997年版。

全唐文补遗（第五辑） 吴钢主编。三秦出版社1998年版。

全唐文补遗（第六辑） 吴钢主编。三秦出版社1999年版。

全唐文补遗（第七辑） 吴钢主编。三秦出版社2000年版。

全唐文补遗（第八辑） 吴钢主编。三秦出版社2005年版。

全唐文补遗（第九辑） 吴钢主编。三秦出版社2007年版。

全唐文补遗（第九辑） 吴钢主编。三秦出版社2007年版。

全唐文补编 陈尚君辑校。中华书局2005年版。

唐骈体文钞十七卷 （清）陈均编。清嘉庆二十五年（1820）刊本，清同治十二年（1873）刊本。

唐文拾遗七十二卷目录八卷续拾十六卷 （清）陆心源辑。《潜园总集》本。

唐文英华 马先义等编写。山东文艺出版社1986年版。

唐代散文选注 张起文选注。上海古籍出版社1962年版。

唐代散文选注 张㧑之选注。上海古籍出版社1979年版。

晚唐小品文选注 廖士杰、樊修章选注。上海古籍出版社1995年版。

唐代文选 孙望、郁贤皓主编。江苏古籍出版社1995年版。

五百家播芳大全文粹一百十卷 （宋）魏齐贤、叶棻辑。《四库全书》本。

宋文鉴一百五十卷 （宋）吕祖谦辑。《四库全书》本，《摛藻堂四库全书荟要》本，上海古籍出版社1994年影印本。

皇朝文鉴一百五十卷 （宋）吕祖谦辑。《四部丛刊》本。

宋文鉴 （宋）吕祖谦编；齐治平点校。中华书局1992年版。

宋文选三十二卷 （宋）佚名辑。《四库全书》本。

宋文选三十卷 （清）顾宸选。清顺治十八年（1661）辟疆园刊本。

宋四六选二十四卷 （清）彭元瑞选。清乾隆四十一年（1776）刊本。

南宋文范七十卷外编四卷作者考二卷 （清）庄仲方编。清道光十七年（1837）活字本，清光绪十四年（1888）江苏书局刊本。

全宋文 曾枣庄主编。巴蜀书社1988年版。

全宋文 曾枣庄主编。上海辞书出版社、安徽教育出版社2006年版。

宋代散文选注 王水照选注。中华书局上海编辑所1963年版，上海古籍出版社1978年版。

西夏文缀二卷艺文志一卷 （清）王仁俊编。清光绪三十年（1904）刊本。

西夏文存一卷外编一卷 罗福颐辑。《待时轩丛刊》本。

辽文萃七卷艺文志补证一卷 （清）王仁俊编。清光绪三十年（1904）刊本。

辽文萃七卷 （清）王仁俊辑。《辽海丛书》本。

辽文补录一卷 黄任恒辑。《述窠杂纂》本。

辽文续拾二卷补遗一卷汇目一卷 罗福颐辑。《待时轩丛刊》本。

辽文存六卷 （清）缪荃孙辑。清光绪十二年（1886）刊本。

辽文补录一卷 黄任恒辑。民国八年（1919）广州排印本，《述窠杂纂》本。

辽文汇 陈述辑。中国科学院出版社1953年版。

全辽文 陈述辑校。中华书局1982年版。

金文最一百二十卷 （清）张金吾编。清光绪八年（1882）粤雅堂刊本。

金文最 （清）张金吾编。中华书局1990年版。

金文雅十卷 （清）庄仲方编。清道光二十一年(1841)刊本,清光绪十七年(1891)江苏书局刊本。

元文类七十卷　(元)苏天爵辑。《四库全书》本,《摛藻堂四库全书荟要》本。

国朝文类七十卷　(元)苏天爵辑。《四部丛刊》本。

元文类　(元)苏天爵编。商务印书馆1958年版,上海古籍出版社1994年版。

皇明文苑九十六卷　(明)张时徹辑。明嘉靖四十三年(1564)刊本。

明文衡九十八卷　(明)程敏政辑。《四库全书》本,《摛藻堂四库全书荟要》本。

皇明文衡一百卷　(明)程敏政辑。《四部丛刊》本。

明文海四百八十二卷　(清)黄宗羲辑。《四库全书》本,上海古籍出版社1994年影印本。

明文在　(清)薛熙编选。清光绪十五年(1889)江苏书局刊本,商务印书馆1936年版。

皇明经济文辑二十三卷　(明)陈其愫编;(明)姚明彦订。明天启七年(1627)刊本。

翠娱阁评选明文归初集三十四卷　(明)陆云龙、陈嘉兆辑。明崇祯七年(1634)峥霄馆刊本。

赖古堂文选二十卷　(清)周亮工选。清康熙间刊本。

明贤名翰合册　邓实辑。《明代名人尺牍》本。

明东林八贤遗札　邓实辑。《明代名人尺牍》本。

写心集(一名晚明百家尺牍)十六卷二集二十卷　(清)陈枚辑。《国学珍本文库第一集》本。

全明文　钱伯城、魏同贤、马樟根主编。上海古籍出版社1992—1993年版。

明代散文选注　刘世德选注。上海古籍出版社1980年版。

明人小品选　刘大杰编选;迟赵俄、滕云注。上海古籍出版社1995年版。

明小品三百篇　胡义成选评。三秦出版社1993年版。

明人小品十六家　浙江古籍出版社1995年版。

皇清文颖一百二十四卷　清乾隆十二年(1747)敕辑。《四库全书》本,《摛藻堂四库全书荟要》本,上海古籍出版社1994年影印本。

国朝古文选二卷　(清)孙澍辑。《古棠书屋丛书》本。

八家四六文钞八卷　(清)吴鼒编。清嘉庆三年(1798)较经堂刊本。

清骈体正宗十二卷补编一卷　(清)曾燠选编。清嘉庆十一年(1806)赏雨茅屋刊本。

国朝骈体正宗评本十二卷补编一卷　(清)曾燠辑;姚燮评。《花雨楼丛钞》本。

湖海文传七十五卷　(清)王昶编。清道光十七年(1837)刊本。

七家文钞七卷　(清)薛玉堂、陆继辂辑。清道光元年(1821)刊本。

皇朝经世文编一百二十卷姓名总目二卷　(清)贺长龄辑。清道光七年(1827)刊本。

骈体文钞三十一卷　(清)李兆洛编。清道光间合河康氏刊本。

国朝古文汇钞初集一百七十六卷二集一百卷 （清）朱琦辑。清道光二十六年(1846)吴江沈氏世美堂刊本。

国朝文徵四十卷 （清）吴翌凤编。清咸丰间吴江沈氏世美堂刊本。

国朝文录八十二卷 （清）姚椿辑。清咸丰元年(1851)刊本。

国朝骈体正宗续编八卷 （清）张鸣珂编。清寒松阁自刊本。

后八家四六文钞八卷 （清）张寿荣编。清光绪七年(1881)刊本。

皇朝经世文续编一百二十卷 （清）盛康辑。清光绪二十三年(1897)思补楼刊巾箱本。

八旗文经五十六卷作者考三卷叙录一卷 （清）盛昱辑；作者考、叙录（清）杨宗羲撰。清光绪二十七年(1901)刊本。

清文汇二百卷 （清）沈粹芬、黄人、王文濡等编。上海国学扶轮社1909年石印本。

国朝文汇甲前集二十卷甲集六十卷乙集七十卷丙集三十卷丁集二十卷姓氏目录一卷 上海国学扶轮社编。清宣统二年(1910)该社石印本。

鍊庵骈体文选四卷 沈宗畸辑。《晨风阁丛书》本。

实获斋文钞四卷 沈宗畸辑。《晨风阁丛书》本。

骈花阁文选四卷 沈宗畸辑。《晨风阁丛书》本。

朴学斋文钞四卷 沈宗畸辑。《晨风阁丛书》本。

国朝文范二卷 罗振玉辑。《七经堪丛刊》本。

客人骈体文选三卷 古直辑。《客人丛书》本。

清代散文选注 王荣初、蔡一平选注。上海古籍出版社1980年版。

清文观止(言文对照) 胡朴安鉴定；吴拯寰等译注。岳麓书社1991年版。

国朝名人书札 文明书局辑。《尺牍丛刻》本。

合 集

十三经注疏 （清）阮元校刻。中华书局1992年版。

十三经注疏：整理本 李学勤主编。北京大学出版社2000年版。

皇清经解一千四百八卷 （清）阮元辑。清道光九年(1829)广东学海堂刊本。

皇清经解一百九十卷 （清）阮元辑。清光绪十七年(1891)上海鸿宝斋石印本，清光绪中上海点石斋石印本。

皇清经解续编一千四百三十卷 王先谦辑。清光绪十四年(1888)南菁书院刊本，清光绪十五年(1889)上海蜚英馆石印本。

四书章句集注 （宋）朱熹撰。上海书店1993年版。

四书 （宋）朱熹集注；顾美华标点。上海古籍出版社1995年版。

四书集注 （宋）朱熹撰；陈戍国标点。岳麓书社1987年版。

四书遇 （清）张岱著；朱宏达点校。浙江古籍出版社1985年版。

四书五经 陈戍国点校。岳麓书社1991

年版。

白话四书　杨伯峻译。岳麓书社1992年、1993年版。

白话四书五经　杨伯峻等译。岳麓书社1995年版。

四书全译　张以文译注。湖南大学出版社1989年版。

大学　中庸　论语　（宋）朱熹注。上海古籍出版社1987年版。

论语注疏　孝经注疏　（魏）何晏等注；（宋）邢昺疏；黄侃经文句读。上海古籍出版社1990年版。

论语正义　孝经郑注疏　（清）刘宝楠、皮锡瑞撰。上海古籍出版社1993年版。

二十二子　（清）浙江书局辑。清光绪中浙江书局刊本，上海古籍出版社1986年版。

诸子集成　国学整理社辑。世界书局1935年排印本，中华书局1954年版。

诸子集成：第一辑　中华书局1993年版。

诸子集成　诸子集成编辑委员会编。河北人民出版社1982年、1992年版。

评析本白话诸子集成　王宁译。北京广播学院出版社1993年版。

诸子文粹　李宝诠编。岳麓书社1991年版。

诸子十家选译　寇崇琳选译。陕西人民出版社1992年版。

先秦诸子散文选译　杨宏选译。上海古籍出版社1979年版。

老子　列子　庄子　张震点校。岳麓书社1991年版。

老子　庄子　（晋）王弼等注；章行标校。上海古籍出版社1995年版。

庄子精释　屈赋精释　（清）钱澄之撰。黄山书社1996年版。

楚辞四种　国学整理社辑。上海世界书局1936年排印本。

山晓阁文选十五种　（清）孙琮辑。收左传选、公羊传选、穀梁传选、国语选、史记选、西汉文选、东汉文选，以及韩愈、柳宗元、欧阳修、苏洵、苏轼、苏辙、曾巩、王安石文选。清康熙中山晓阁刊本。

乾坤正气集　（清）姚莹、顾沅、潘锡恩辑。收明以前百家集。清道光二十八年（1848）泾县潘氏袁江节署刊同治五年（1866）新建吴坤修皖江印本。

屈贾文合编　（清）夏献云辑。收屈原、贾谊文。清光绪三年（1877）长沙刊本。

贾谊新书　扬子法言　（西汉）贾谊、扬雄著。上海古籍出版社1989年、1991年版。

汉魏六朝百三名家集（一名汉魏六朝一百三家集）　（明）张溥辑。收褚少孙、王褒、刘向等一百零三人集。明娄东张氏刊本，民国六年（1917）上海扫叶山房石印本，民国七年（1918）四川官印局刊本，江苏古籍出版社2002年版。

汉魏六朝百三家集选　（清）吴汝纶评选。收贾谊、司马相如、扬雄等七十二人集。民国六年（1917）都门书局排印本。

汉魏六朝名家集初刻　丁福保辑。收枚乘、司马迁、班固等人集。清宣统三年（1911）无锡丁氏排印本。

新刻诸葛宗岳史四公文集　（清）刘质慧

辑。收诸葛亮、宗泽、岳飞、史可法文集。清同治十二年(1873)三原刘氏述荆堂刊本。

建安七子集　俞绍初辑校。收孔融、陈琳、王粲、徐幹、阮瑀、应玚、刘桢集各一卷。中华书局1989年版。

六朝四家全集　(清)胡凤丹辑。收陶潜、谢朓、鲍照、庾信集。清同治九年(1870)永康胡氏退补斋刊本,中国书店1992年影印本。

刘沈合集　(明)阮元声辑。收刘峻、沈约集。明崇祯五年(1632)刊本。

李卓吾先生合选陶王集　(明)李贽选。收陶潜、王维集。明万历四十三年(1615)刊本。

初唐四杰文集　(清)佚名辑。收王勃、杨炯、卢照邻、骆宾王文集。清同治中邹氏从雅居刊本,清光绪五年(1879)淮南书局刊本。

王韦合刻　(明)项絪辑。收王维、韦应物集。清康熙中玉渊堂刊本。

三唐人文集　(明)毛晋辑。收孙樵、皇甫湜、李翱文集。明海虞毛氏汲古阁刊本。

三唐人集　(清)冯焌光辑。收李翱、皇甫湜、孙樵集。清光绪中南海冯氏读有用书斋刊本,民国二十二年(1933)寒匏宧刊本。

韩柳二集　(宋)廖莹中辑。收韩愈、柳宗元集。宋廖氏世彩堂刊本,民国上虞罗振常据宋世彩堂本景印本。

韩柳文　(明)游居敬辑。收韩愈、柳宗元文。明嘉靖十六年(1537)南平游氏刊本,明嘉靖三十五年(1556)沙滨莫如士宁国刊本。

张司业集　皇甫持正集　(唐)张籍、皇甫湜撰。上海古籍出版社1993年版。

李文公集　欧阳行周文集　(唐)李翱、欧阳詹撰。上海古籍出版社1993年版。

萧茂挺文集　李遐叔文集　(唐)萧颖士、李华撰。上海古籍出版社1993年版。

陆鲁望皮袭美二先生集合刻　(明)许自昌辑。明万历三十一年(1603)长洲许氏刊本。

宋蜀刻本唐人集丛刊　收骆宾王、李白、王维、孟浩然、孟郊、刘长卿、刘禹锡、陆贽、权德舆、张籍、张祜、元稹、姚合、皇甫湜、李贺、许浑、孙樵、司空图、杜荀鹤、郑谷、韩愈、柳宗元二十二人集。上海古籍出版社1994年影印本。

八大家文钞　(明)茅坤辑。收韩愈、柳宗元、欧阳修、苏洵、王安石、苏轼、苏辙、曾巩八家文。明万历七年(1579)刊本,明崇祯元年(1628)刊本,清云林大盛堂刊本。

唐宋八大家文钞　(明)茅坤编。《四库全书》本,上海古籍出版社1994年版。

陈太仆批选八家文钞　(清)陈兆崙辑。收韩愈、柳宗元、欧阳修、苏洵、王安石、苏轼、苏辙、曾巩八家文。清光绪二十六年(1900)天津文美斋石印本。

唐宋十大家尺牍　文明书局辑。收韩愈、柳宗元、司马光、苏轼、黄庭坚、吕祖谦、欧阳修、苏洵、王安石、曾巩十家尺牍。民国上海文明书局石印本。

二程文集　(宋)程颢、程颐著。商务印书馆1941年版。

三苏全集　（清）弓翊清校。收苏洵、苏轼、苏辙集。清道光十二年（1832）眉州三苏祠刊本。

三苏文集　（清）邵希雍辑。收苏洵、苏轼、苏辙文集。清宣统元年（1909）上海会文学社石印本。

三苏文　叶玉麟选注。收苏洵、苏轼、苏辙文集。商务印书馆 1947 年版。

经进三苏文集事略　罗振常辑。收苏洵、苏轼、苏辙文集。民国上海蟫隐庐刊本。

荆公论议　张子正蒙　（宋）王安石、张载撰。上海古籍出版社 1992 年版。

宋人集　李之鼎辑。民国南城李氏宜秋馆刊本。

苏黄尺牍　（明）张所望辑。收苏轼、黄庭坚尺牍各四卷。明万历十九年（1591）刊本。

苏门六君子文粹　（宋）陈亮辑。收秦观、晁补之、黄庭坚、张耒、陈师道、李廌六家文选。明崇祯六年（1633）新安胡氏武林刊本。

中国文学珍本丛书第一辑　张静庐辑。民国二十四年至二十五年（1935—1936）上海贝叶山房排印本。

石莲盦汇刻九金人集　（清）吴重憙辑。收王若虚、元好问、王寂、赵秉文、李俊民、蔡松年、魏道明、段成己、段克己九人集。清光绪中海丰吴氏刊本。

金元明八大家文选　（清）李祖陶辑。收元好问、姚燧、吴澄、虞集、宋濂、王守仁、唐顺之、归有光八家文选。清道光二十五年（1845）刊本。

元四家集　陈乃乾辑。收虞集、马祖常、周权、孙作集。民国十一年（1922）上海古书流通处据元本景印。

三异人文集　（明）李贽辑。收方孝孺、杨继盛、于谦文集。明刊本。

三袁先生集　（明）曾可前辑。收袁宗道、袁宏道、袁中道集。明刊本。

三袁诗文选注　李茂肃选注。收袁宗道、袁宏道、袁中道诗文。上海古籍出版社 1988 年版。

明八大家集　（清）张汝瑚辑。收宋濂、刘基、方孝孺、王守仁、唐顺之、王慎中、归有光、茅坤集。清康熙刊本。

明代名人尺牍　邓实辑。清光绪三十四年（1908）上海国学保存会景印本。

震川集　四溟集　蛾蠓集　（明）归有光、谢榛、卢柟撰。上海古籍出版社 1993 年版。

明清八大家文钞　王文濡辑。收归有光、方苞、刘大魁、姚鼐、梅曾亮、曾国藩、张裕钊、吴汝纶文各一卷。民国四年（1915）上海进步书局石印本。

明清十大家尺牍　文明书局辑。收王守仁、归有光、钱谦益、顾炎武、侯方域、尤侗、方苞、姚鼐、吴锡麒、王韬十家尺牍。民国十年（1921）上海文明书局石印本。

涵通楼师友文钞　（清）唐岳辑。清咸丰四年（1854）临桂唐氏涵通楼刊本。

国朝三家文钞　（清）宋荦、许汝霖辑。收侯方域、魏禧、汪琬文。清康熙三十三年（1694）刊本。

国朝二十四家文钞　（清）徐斐然辑。收顾炎武、侯方域、施闰章等二十四家文钞各一卷。清乾隆十六年（1751）

刊本。

国朝文录 (清)李祖陶辑。清道光十九年(1839)瑞州府凤仪书院刊本,清光绪二十六年(1900)上海扫叶山房石印本。

八家四六文钞 (清)吴鼒辑。收袁枚、邵齐焘、刘星炜、孔广森、吴锡麒、曾燠、孙星衍、洪亮吉八家文。清较经堂刊本,民国上海扫叶山房石印本。

归钱尺牍 (清)顾棫辑。收归有光、钱谦益尺牍。清康熙三十八年(1699)宛委堂刊本,清宣统二年(1910)保定官书局石印本。

尺牍丛刻 文明书局辑。收顾炎武、尤侗、洪亮吉等清朝名人尺牍各一卷。清宣统三年(1911)上海文明书局排印本。

专著及别集

先 秦

尚书大传五卷附序录一卷辨伪一卷 (汉)伏胜撰;(汉)郑玄注;(清)陈寿祺辑校并撰序录辨伪。《四部丛刊》本。

监本纂图重言重意互注点校尚书十三卷 (汉)孔安国传;(唐)陆德明音义。《四部丛刊》本。

附释音尚书注疏二十卷附校勘记二十卷 (汉)孔安国传;(唐)陆德明音义;(唐)孔颖达疏;校勘记(清)阮元撰。《重刊宋本十三经注疏附校勘记》本,《四部备要》本。

尚书正义 (唐)孔颖达撰。中华书局1987年影印本。

尚书正义 (唐)孔颖达等正义;黄侃经文句读。上海古籍出版社1990年版。

尚书正义 (汉)孔安国传;(唐)孔颖达正义;黄怀信整理。上海古籍出版社2007年版。

书经 (宋)蔡沈注。上海古籍出版社1987年、1994年版。

书经集传音释 (元)邹印友撰。中国书店1993年版。

尚书引义 (清)王夫之著;王孝鱼点校。中华书局1962年版。

尚书古文疏证 (清)阎若璩撰。清乾隆十年(1745)刻本,上海古籍出版社1987年影印本。

尚书古文疏证附古文尚书冤词 (清)阎若璩撰;黄怀信、吕翊欣校点。上海古籍出版社2013年版。

尚书注疏校正一卷 (清)卢文弨撰。《抱经堂丛书》本,《绍兴先正遗书》本,《丛书集成初编》本。

尚书今古文注疏 (清)孙星衍撰;陈抗、盛冬铃点校。中华书局1986年版。

尚书正读 曾运乾著。中华书局1964年版。

尚书译注 王世舜译注。四川人民出版社1982年版。

尚书易解 周秉钧著。岳麓书社1984年版。

今古文尚书全译 江灏、钱宗武著;周秉钧审校。贵州人民出版社1990年版。

春秋经传集解三十卷 (晋)杜预撰;(唐)陆德明音义。明翻相台岳氏刻本,《四部丛刊》本,《四部备要》本,上海人民出版社1977年版(改名《春秋左传集解》),上海古籍出版社1988年版。

春秋左传注　杨伯峻注。中华书局1981年、1990年版。

春秋左传正义　(春秋)左丘明传;(晋)杜预注;(唐)孔颖达疏;黄侃经文句读。上海古籍出版社1990年版。

春秋左传诂　(清)洪亮吉撰。中华书局1992年、1994年版。

左传选　朱东润选注。古典文学出版社1956年版。

左传选译　瞿蜕园选译。上海古籍出版社1982年版。

春秋左传读本　王伯祥注。中华书局1957年版。

左传选　徐中舒编。中华书局1991年、1992年版。

左传译文　沈玉成译。中华书局1981年、1992年版。

国语二十一卷　(吴)韦昭注。明嘉靖七年(1528)金李泽远堂刻本。

国语正义二十一卷　(清)董增龄撰。清光绪六年(1880)会稽章氏式训堂刊本,巴蜀书社1985年影印本。

国语集解二十一卷　徐元诰撰。中华书局1930年排印本。

国语集解　徐元浩撰;王树民、沈长云点校。中华书局2002年版。

国语　上海师范大学古籍整理研究所校点。上海古籍出版社1978年、1995年版。

国语译注　邬国义、胡果文、李晓路译注。上海古籍出版社1994年版。

国语选　傅庚生选注。人民文学出版社1959年版。

战国策三十三卷附札记三卷　(汉)高诱注;札记(清)黄丕烈撰。《丛书集成初编》本,《四部备要》本。

鲍氏战国策十卷　(宋)鲍彪校注。明嘉靖七年(1527)龚雷影宋刻本。

鲍氏战国策注十卷　(宋)鲍彪撰。《四库全书》本。

战国策　(西汉)刘向集录。上海古籍出版社1978年、1995年校点本。

战国策笺证　(西汉)刘向集录;范祥雍笺证;范邦瑾协校。上海古籍出版社2006年、2010年版。

战国策集注　(清)程夔初集注;程朱昌、程育全编。上海古籍出版社2013年版。

战国策新校注　缪文远著。巴蜀出版社1987年、1992年版。

战国策注释　何建章注释。中华书局1993年版。

战国策选注　牛鸿恩等选注。天津古籍出版社1984年版。

战国策选译　朱友华选译。上海古籍出版社1987年版。

论语二十卷　(魏)何晏集解。《十三经古注》本,《四部备要》本。

论语十卷　(魏)何晏集解。《古逸丛书》本,《四部丛刊》本。

论语集解义疏十卷　(魏)何晏集解;(梁)皇侃义疏。《知不足斋丛书》本,《丛书集成初编》本。

论语注疏解经二十卷附校勘记二十卷　(魏)何晏集解;(宋)邢昺疏;校勘记

(清)阮元撰。《重刊宋本十三经注疏附校勘记》本,《四部备要》本。

论语十卷 (宋)朱熹集注。《五经四书》本,《十三经读本》本。

论语正文 (清)刘宝楠撰。中华书局1990年版。

论语疏证 杨树达著。科学出版社1955年版、上海古籍出版社2006年、2013年版。

论语集释 程树德撰。中华书局1991年、1993年版。

论语解注合编 姚永朴撰;余国庆校点。黄山书社1996年版。

论语译注 杨伯峻撰。中华书局1962年、2013年版。

论语译注 金良年译注。上海古籍出版社1995年版。

论语选评 汤勤福撰。上海古籍出版社2006年、2012年版。

墨子十六卷附篇目考一卷 (战国)墨翟撰;(清)毕沅校注。《经训堂丛书》本,《二十二子》本,《丛书集成初编》本,《四部备要》本。

墨子 (清)毕沅校注;吴旭民标点。古籍出版社1995年版。

墨子闲诂十五卷附录一卷后语二卷 (清)孙诒让撰。《诸子集成》本,上海书店1992年版。

墨子校诠 高亨著。科学出版社1958年版。

墨子城守各篇简注 岑仲勉著。上海古籍出版社1958年版。

墨子校释 王焕镳著;朱渊等参释。浙江文艺出版社1984年版,浙江古籍出版社1987年版。

墨子集诂 王焕镳编。上海古籍出版社2005年版。

墨子选译 谭家健、郑君华选译。上海古籍出版社1990年、1992年版。

墨子导读 水渭松著。巴蜀书社1991年版。

墨辨发微 谭戒甫著。中华书局1964年版。

墨经分类译注 谭戒甫编著。中华书局1981年版。

孟子注疏解经十四卷附校勘记十四卷 (汉)赵岐注;(宋)孙奭疏;校勘记(清)阮元撰。《重刊宋本十三经注疏附校勘记》本,《四部备要》本。

孟子注疏 (汉)赵岐注;(宋)孙奭疏;黄侃经文句读。上海古籍出版社1990年版。

孟子 (宋)朱熹注。上海古籍出版社1987年、1994年版。

孟子正义 (清)焦循撰。中华书局1987年、1992年版。

孟子译注 杨伯峻译注。中华书局1991年、1993年版。

孟子导读 杨伯峻著。巴蜀书社1991年版。

孟子译注 金良年译注。上海古籍出版社1995年版。

孟子选评 徐洪兴撰。上海古籍出版社2005年、2011年版。

庄子十卷 (战国)庄周撰;(晋)郭象注;(唐)陆德明音义。《二十二子》本,《四部备要》本。

南华真经十卷附札记一卷 (战国)庄周

撰；（晋）郭象注；（唐）陆德明音义；札记孙毓修撰。《四部丛刊》本。

庄子　（战国）庄周著；（晋）郭象注。上海古籍出版社 1989 年、1995 年版。

庄子解　（清）王夫之撰；王孝鱼校点。中华书局 1964 年版。

庄子集解　（清）王先谦集解。上海书店 1992 年版。

庄子注疏　（晋）郭象注；（唐）成玄英疏；曹础基、黄兰发整理。中华书局 2011 年版。

庄子集释　（清）郭庆藩辑；王孝鱼整理。中华书局 1961 年、2004 年版。

庄子诠诂　胡远濬撰；吴光龙点校。黄山书社 1996 年版。

庄子选评　钱宪民撰。上海古籍出版社 2004 年版。

庄子校诠　王叔岷撰。中华书局 2007 年版。

庄子译注　杨柳桥撰。上海古籍出版社 2007 年、2012 年版。

庄子译注与解析　张松辉著。中华书局 2011 年版。

庄子浅注　曹础基著。中华书局 1982 年、1993 年、2007 年版。

庄子今注今译　陈鼓应注译。中华书局 1983 年版。

庄子导读　谢祥皓著。巴蜀书社 1987 年、1991 年版。

庄子译诂　杨柳桥译注。上海古籍出版社 1994 年版。

晏子春秋　（清）孙星衍撰；黄以周校。上海古籍出版社 1989 年、1994 年版。

晏子春秋集释　吴则虞编著。中华书局 1962 年版。

晏子春秋集释　吴则虞编著；吴受琚、俞震校补。国家图书馆出版社 2011 年版。

晏子春秋校释　骈宇骞编。书目文献出版社 1988 年版。

晏子春秋选注　郗政民注译。陕西人民出版社 1986 年版。

晏子春秋选译　王世征、谭宝善译。人民文学出版社 1994 年版。

晏子春秋译注　卢守助撰。上海古籍出版社 2012 年版。

评析本白话晏子春秋　王宁著。北京广播学院出版社 1993 年版。

十一家注孙子附今译　（魏）曹操等注；郭化若译。中华书局上海编辑所 1962 年版。

宋本十一家注孙子　（春秋）孙武撰；（魏）曹操等注。上海古籍出版社 1978 年影印本。

孙子译注　（春秋）孙武撰；郭化若译注。上海古籍出版社 1984 年、1995 年、2006 年版。

孙子　（春秋）孙武撰；（魏）曹操等注。上海古籍出版社 1989 年、1995 年、2013 年版。

十一家注孙子　（春秋）孙武撰；（三国）曹操等注；杨丙安校理。中华书局 2012 年版。

孙子兵法评注　齐光注。北京人民出版社 1978 年版。

孙子兵法（银雀山汉墓竹简）　银雀山汉墓竹简整理小组编。文物出版社 1976 年版。

《孙子》释义附韵读 钮国平著。甘肃人民出版社1991年版。

孙子校释 吴九龙主编。军事科学出版社1992年版。

孙子章句训义 钱基博著。上海古籍出版社2011年版。

孙子详解 钮国平注评。上海古籍出版社2013年版。

荀子 (战国)荀况著;(唐)杨倞注。上海古籍出版社1989年、1994年版。

荀子新注 (战国)荀况著;北京大学《荀子》注释组注释。中华书局1979年版。

荀子集解 (清)王先谦撰;沈啸寰、王星贤点校。中华书局1988年、1992年、2013年版。

荀子校释 (战国)荀况著;王天海校释。上海古籍出版社2005年版。

荀子诂译 杨柳桥著。齐鲁书社1985年版。

荀子译注 张觉译注。上海古籍出版社1995年、2012年版。

荀子白话今译 王森著。中国书店1993年版。

韩非子集解 (清)王先慎撰;钟哲点校。中华书局1998年、2013年版。

韩非子集释 陈奇猷校注。中华书局上海编辑所1958年版,上海人民出版社1974年版。

韩非子集释补 陈奇猷校注。中华书局上海编辑所1961年版。

韩非子校疏 张觉撰。上海古籍出版社2010年版。

韩非子校注 (战国)韩非著;《韩非子》校注组校注。江苏人民出版社1982年版。

韩非子新校注 (战国)韩非著;陈奇猷校注。上海古籍出版社2000年版。

韩非子 (战国)韩非著。上海古籍出版社1989年、1994年版。

韩非子选译 沈玉成、郭咏志选译。上海古籍出版社1991年版。

评析本白话韩非子 王宁著。北京广播学院出版社1993年版。

吕氏春秋集释 许维遹集释。文学古籍刊行社1955年影印本,中国书店1985年影印本。

吕氏春秋集释 许维遹撰;梁运华整理。中华书局2009年版。

吕氏春秋校释 陈奇猷校释。学林出版社1984年版。

吕氏春秋新校释 陈奇猷校释。上海古籍出版社2002年版。

吕氏春秋选注 王范之选注。中华书局1981年版。

吕氏春秋译注 张双棣等译。吉林文史出版社1986年、1993年版。

吕氏春秋白话今译 谷声应译。中国书店1993年版。

礼记正义 (汉)郑玄注;(唐)孔颖达疏;黄侃经文句读。上海古籍出版社1990年版。

礼记正义 (汉)郑玄注;(唐)孔颖达正义;吕友仁整理。上海古籍出版社2008年版。

大戴礼记解诂 (清)王聘珍撰。中华书局1983年版。

大戴礼记补注 (清)孔广森撰;王豊先点

校。中华书局2013年版。

礼记集解 (清)孙希旦撰;沈啸寰、王星贤点校。中华书局1989年版。

礼记 陈澔注。上海古籍出版社1987年版。

礼记译注 杨天宇撰。上海古籍出版社1997年、2004年、2010年版。

评析本白话三礼 王宁著。北京广播学院出版社1993年版。

屈原赋注七卷通释二卷附音义三卷 (清)戴震撰;音义(清)汪梧凤撰。《广雅书局丛书》本,《湖北先正遗书》本,《楚辞四种》本等。

屈原赋注:附通释、音义、初稿本 (清)戴震著;褚斌杰、吴贤哲点校。中华书局1999年版。

离骚经正义一卷 (清)方苞撰。《抗希堂十六种》本。

离骚赋补注一卷 (清)朱骏声撰。《朱氏群书》本。

屈赋新编 谭介甫著。中华书局1978年版。

离骚纂义 游国恩主编。中华书局1980年版。

卷耳集 屈原赋今译 郭沫若编译。人民文学出版社1981年版。

屈赋音注详解附屈赋释词 刘永济著。上海古籍出版社1983年版。

重订屈原赋校注 姜亮夫著。天津古籍出版社1987年版。

屈原赋今译 姜亮夫著。北京出版社1987年版。

宋玉辞赋笺评 金荣权著。中州古籍出版社1991年版。

李斯子 (秦)李斯著;张中义等辑注。中州书画社1981年版。

两 汉

贾长沙集一卷 (汉)贾谊撰。《汉魏六朝百三名家集》本。

贾太傅文一卷 (汉)贾谊撰。《屈贾文合编》本。

贾长沙集选一卷 (汉)贾谊撰;(清)吴汝纶评选。《汉魏六朝百三家集选》本。

贾子次诂十六卷 (清)王耕心著。清光绪二十九年(1903)刊本。

贾谊集 (汉)贾谊撰;上海人民出版社编。上海人民出版社1976年版。

贾谊集校注 吴云、李春台校注。中州古籍出版社1989年版,天津古籍出版社2010年版。

枚叔集一卷 (汉)枚乘撰;(清)丁晏辑。《汉魏六朝名家集初刻》本,《楚州丛书第一集》本,中华书局1959年排印本。

司马长卿集二卷 (汉)司马相如撰。《汉魏六朝名家集初刻》本。

司马文园集选一卷 (汉)司马相如撰;(清)吴汝纶评选。《汉魏六朝百三家集选》本。

司马长卿集一卷 (汉)司马相如撰。《汉魏诸名家集》本。

司马相如集校注 (汉)司马相如著;金国永校注。上海古籍出版社1993年版。

司马相如集校注 朱一清、孙以昭校注。人民文学出版社1996年版。

东方先生集一卷 (汉)东方朔撰。《汉魏诸名家集》本。

吉云子　(汉)东方朔撰;(明)归有光辑评。《诸子汇函》本。

司马子长集一卷　(汉)司马迁撰。《汉魏六朝名家集初刻》本。

史记　(南朝宋)裴骃集解。文学古籍刊行社1955年据南宋绍兴初杭州刻本影印。

史记　(汉)司马迁撰。中华书局1975年、2013年版。

史记疏证:外一种　佚名撰。上海古籍出版社2008年版。

史记　(汉)司马迁撰。中州古籍出版社1996年版。

史记选注　王利器等选注。人民文学出版社1956年排印本。

史记纪传选译　何满子、汪贤度等译注。上海古籍出版社1984年版。

史记会注考证附校补　(汉)司马迁撰;(日)泷川资言考证;(日)水泽利忠校补。上海古籍出版社1986年影印本。

史记选　来新夏编。中华书局1991年、1992年版。

史记选注　张大可撰。上海古籍出版社2003年版。

汉褚先生集一卷　(汉)褚少孙撰。《汉魏六朝百三名家集》本。

王谏议集一卷　(汉)王褒撰。《汉魏六朝百三名家集》本。

汉刘中垒集一卷　(汉)刘向撰。《汉魏六朝百三名家集》本。

刘子政集　(汉)刘向撰。《增定汉魏六朝别解》本。

说苑校证　(汉)刘向撰。中华书局1992年版。

扬侍郎集五卷　(汉)扬雄撰;(明)张燮辑。明天启崇祯间刊本。

扬子云集三卷　(汉)扬雄撰。《汉魏诸名家集》本。

扬侍郎集一卷　(汉)扬雄撰。《汉魏六朝百三名家集》本。

扬子云集六卷　(汉)扬雄撰。《四库全书》本。

扬侍郎集选一卷　(汉)扬雄撰;(清)吴汝纶评选。《汉魏六朝百三家集选》本。

扬子云集四卷　(汉)扬雄撰;丁福保辑。《汉魏六朝名家集初刻》本。

扬雄集校注　(汉)扬雄著;张震泽校注。上海古籍出版社1993年版。

班兰台集一卷　(汉)班固撰。《汉魏六朝百三名家集》本。

班孟坚集三卷　(汉)班固撰。《汉魏六朝名家集初刻》本。

汉书　(汉)班固撰。中华书局1993年版。

汉书补注　(清)王先谦撰。清光绪二十六年(1900)直隶书局刊本,商务印书馆1959年版。

汉书补注　(清)王先谦撰。书目文献出版社1995年版,上海古籍出版社2012年版。

汉书选　顾廷龙、王熙华选注。古典文学出版社1956年版。

汉书选译　张进俊、巧珍译注。巴蜀书社1990年版。

张河间集二卷　(汉)张衡撰。《汉魏六朝百三名家集》本。

张衡诗文集校注　(汉)张衡著;张震泽校注。上海古籍出版社1986年版。

张衡文选译　(汉)张衡著;张在义等译

注。巴蜀书社1990年版。

赵计吏集一卷　(汉)赵壹撰。《关陇丛书》本。

蔡中郎文集十卷外传一卷　(汉)蔡邕撰。明正德十年(1515)兰雪堂华氏活字本。

新刊蔡中郎文集十卷独断文集二卷诗集二卷外传一卷　(汉)蔡邕撰。明嘉靖三年(1524)郑氏宗文堂刻本。

蔡中郎集二卷　(汉)蔡邕撰。《汉魏六朝百三名家集》本。

蔡中郎集选一卷　(汉)蔡邕撰;(清)吴汝纶评选。《汉魏六朝百三家集选》本。

蔡中郎集十二卷　(汉)蔡邕撰。《汉魏六朝名家集初刻》本。

蔡中郎集十卷外纪一卷外集四卷末一卷(汉)蔡邕撰。清咸丰二年(1852)杨氏海源阁仿宋刊本。

蔡中郎文集十卷　(汉)蔡邕撰。商务印书馆1938年版。

杨刻蔡中郎集校勘记　(清)许瀚撰。齐鲁书社1985年版。

孔少府集一卷　(汉)孔融撰。《汉魏六朝百三名家集》本。

孔北海集评注　(汉)孔融撰;孙至诚评注。商务印书馆1935年版。

王仲宣集三卷　(汉)王粲撰。《汉魏六朝名家集初刻》本。

王粲集　(汉)王粲著;俞绍初校点。中华书局1980年版。

王粲集注　(汉)王粲著;吴云、唐绍忠注。中州书画社1984年版。

王粲集校注　夏传才主编。河北教育出版社2013年版。

陈记室集一卷　(汉)陈琳撰。《汉魏六朝百三名家集》本。

魏晋南北朝

魏武帝集一卷　(魏)曹操撰;(明)张溥辑。《汉魏六朝百三名家集》本。

魏武帝集四卷　(魏)曹操撰。《汉魏六朝名家集初刻》本。

曹操集　(魏)曹操著。中华书局1959年、1962年、1974年、2013年版。

曹操集译注　安徽亳县《曹操集》译注小组译注。中华书局1979年、1983年版。

曹操集校注　夏传才校注。中州古籍出版社1986年版。

武侯集十六卷　(蜀)诸葛亮撰;(明)钱世尧辑。明万历四十五年(1617)刻本。

诸葛忠武侯文集四卷年谱一卷附录二卷故事五卷　(蜀)诸葛亮撰;(清)张澍编。清嘉庆十七年(1812)刊本。

诸葛武侯文集四卷　(蜀)诸葛亮撰。《正谊堂全书》本。

诸葛忠武侯文集六卷首一卷　(蜀)诸葛亮撰。《新刻诸葛宗岳史四公文集》本,《西京清麓丛书》本。

诸葛亮集　(蜀)诸葛亮撰;中华书局1960年据清张澍《诸葛忠武侯文集》本刊印。

诸葛亮集　(蜀)诸葛亮撰;段熙仲、闻旭初编校。中华书局2012年版。

诸葛亮集校注　张连科、管淑珍校注。天津古籍出版社2008年版。

魏文帝集　(魏)曹丕著;(明)张溥编。《汉魏六朝百三名家集》本,清扫叶山房石印本。

魏文帝集六卷 (魏)曹丕撰。《汉魏六朝名家集初刻》本。

陈思王集十卷 (魏)曹植撰。明正德五年(1510)舒贞刻本。

陈思王集二卷 (魏)曹植撰。《汉魏六朝百三名家集》本。

陈思王集选一卷 (魏)曹植撰;(清)吴汝纶评选。《汉魏六朝百三家集选》本。

曹子建集十卷逸文一卷 (魏)曹植撰;(清)丁晏铨评。《汉魏六朝名家集初刻》本。

曹子建集 (魏)曹植撰。《四部丛刊》本。

曹集铨评 (清)丁晏纂;叶菊生校订。文学古籍刊行社1957年版。

曹植集校注 (魏)曹植著;赵幼之校注。人民文学出版社1984年版。

阮嗣宗集二卷 (魏)阮籍撰。明嘉靖二十二年(1543)陈德文序刻本。

阮步兵集五卷 (魏)阮籍撰。明天启崇祯间刊本。

阮步兵集选一卷 (魏)阮籍撰;(清)吴汝纶评选。《汉魏六朝百三家集选》本。

阮嗣宗集四卷 (魏)阮籍撰。《汉魏六朝名家集初刻》本。

阮籍集 (魏)阮籍著。上海古籍出版社1978年版。

嵇中散集十卷 (魏)嵇康撰。明嘉靖四年(1525)黄省曾南星精舍刻本。

嵇中散集选一卷 (魏)嵇康撰;(清)吴汝纶评选。《汉魏六朝百三家集选》本。

嵇中散集九卷 (魏)嵇康撰。《乾坤正气集》本。

嵇康集十卷 鲁迅辑校。文学古籍刊行社1956年版。

嵇康集校注 戴明扬校注。人民出版社1962年版。

嵇康集注 殷翔、郭全芝注。黄山书社1986年、1989年版。

嵇康集译注 夏明钊译注。黑龙江人民出版社1989年版。

傅鹑觚集选一卷 (晋)傅玄撰;(清)吴汝纶评选。《汉魏六朝百三家集选》本。

傅鹑觚集四卷 (晋)傅玄撰。《傅氏家书》本。

傅子二卷传一卷附录一卷物理论一卷 (清)钱保塘辑。清光绪清风室刊本。

傅鹑觚集五卷 (清)方濬师校集。清光绪二年(1876)广州书局刊印本。

傅玄集三卷 (清)叶德辉辑。清光绪二十八年(1902)叶氏观古堂刊本。

三国志 (晋)陈寿撰;(南朝宋)裴松之注;陈乃乾点校。中华书局1959年、1982年版。

三国志 (晋)陈寿撰;(南朝宋)裴松之注;吴金华标点。岳麓书社1990年版。

三国志 (晋)陈寿撰;(南朝宋)裴松之注;上海古籍出版社2011年版。

三国志集解 卢弼著。中华书局1982年版。

三国志集解 (晋)陈寿撰;(南朝宋)裴松之注;卢弼集解;钱剑夫整理。上海古籍出版社2012年版。

三国志选注 (晋)陈寿撰;缪钺主编。中华书局1984年版。

三国志校诂 吴金华著。江苏古籍出版社1990年版。

三国志选　缪钺编注。中华书局1991年、2009年版。

三国志选　郑天挺主编。中华书局1992年版。

文白对照三国志　（晋）陈寿撰；叶青等译。中州古籍出版社1995年版。

三国志全译　田余庆主编。中州古籍出版社1995年版。

晋张孟阳集一卷　（晋）张载撰。《汉魏六朝百三名家集》本。

张孟阳集选一卷　（晋）张载撰；（清）吴汝纶评选。《汉魏六朝百三家集选》本。

潘黄门集六卷　（晋）潘岳撰。《汉魏诸名家集》本。

潘黄门集一卷　（晋）潘岳撰。《汉魏六朝百三名家集》本。

潘黄门集校注　王增文校注。中州古籍出版社2002年版。

潘黄门集校注　董志广校注。天津古籍出版社2005年版。

左秘书集二卷附录一卷　（晋）左思撰；（清）周世敬辑。清嘉庆周氏目耕楼抄本。

左太冲集一卷　（晋）左思撰。《汉魏六朝名家集初刻》本。

鬱金颂　（晋）左芬撰。《绿窗女史》本。

陆士衡文集十卷　（晋）陆机撰。明正德十四年（1519）陆元大刻晋二俊文集本，《四部丛刊》本，《宛委别藏》本。

陆平原集选一卷　（晋）陆机撰；（清）吴汝纶评选。《汉魏六朝百三家集选》本。

陆机集　（晋）陆机著；金涛声点校。中华书局1982年版。

陆士衡文集校注　（晋）陆机著；刘运好校注整理。凤凰出版社2007年版。

晋刘越石集一卷　（晋）刘琨撰。《汉魏六朝百三名家集》本。

晋王右军集二卷　（晋）王羲之撰。《汉魏六朝百三名家集》本。

王右军集选一卷　（晋）王羲之撰；（清）吴汝纶评选。《汉魏六朝百三家集选》本。

孙廷尉集一卷　（晋）孙绰撰。《汉魏六朝百三名家集》本。

孙廷尉集选一卷　（晋）孙绰撰；（清）吴汝纶评选。《汉魏六朝百三家集选》本。

李卓吾批选陶渊明集二卷　（晋）陶潜撰；（明）李贽评。《李卓吾先生合选陶王集》本。

陶彭泽集六卷　（晋）陶潜撰。《六朝四家全集》本。

陶彭泽集选一卷　（晋）陶潜撰；（清）吴汝纶评选。《汉魏六朝百三家集选》本。

陶渊明文集十卷　（晋）陶潜撰。清嘉庆十九年（1540）鲁氏景刊本。

靖节集十卷首一卷诸本评陶汇集一卷年谱考异二卷　（晋）陶潜撰；（清）陶澍注。清道光二十年（1840）刊本。

笺注陶渊明集十卷　（晋）陶潜撰；（宋）李公焕笺。《四部丛刊》本。

陶渊明集　（晋）陶潜著；王瑶编注。人民文学出版社1957年版。

陶渊明集　（晋）陶渊明著；逯钦立校注。中华书局1979年版。

陶渊明集校注　（东晋）陶渊明著；孙钧锡校注。中州古籍出版社1986年版。

陶渊明集校笺　（东晋）陶潜著；龚斌校笺。上海古籍出版社1996年、2001

年版。
陶渊明集笺注 袁行霈撰。中华书局2003年、2011年版。
颜延之集一卷 (南朝宋)颜延之撰。《汉魏诸名家集》本。
谢法曹集二卷 (南朝宋)谢惠连撰。《汉魏六朝名家集初刻》本。
后汉书一百二十卷 (南朝宋)范晔撰;(唐)李贤注;续志(晋)司马彪撰;(梁)刘昭注。《二十一史》本,《四库全书》本。
后汉书 (南朝宋)范晔撰。中华书局1965年版。
后汉书辨疑十一卷 (清)钱大昭撰。《丛书集成初编》本。
后汉书集解 (清)王先谦著。商务印书馆1959年版,中华书局1984年版。
后汉书疏证 (清)沈钦韩撰。上海古籍出版社2006年版。
后汉书选译 李国祥等译注。巴蜀书社1988年版。
世说新语 (南朝宋)刘义庆著。中华书局1962年影印宋绍兴八年(1138)刻本。
世说新语 (南朝宋)刘义庆著;(梁)刘孝标注;王利器断句校订。文学古籍刊行社1956年版。
世说新语校笺 徐震堮著。中华书局1984年版。
世说新语笺疏 余嘉锡笺疏;周祖谟等整理。上海古籍出版社1993年版。
宋袁阳源集一卷 (南朝宋)袁淑撰。《汉魏六朝百三名家集》本。
鲍氏集十卷 (南朝宋)鲍照撰。明正德五年(1510)朱应登刊本。
鲍明远集十卷 (南朝宋)鲍照撰。明万历天启间刊本。
鲍参军集十卷 (南朝宋)鲍照撰。《四库全书》本。
鲍明远集三卷 (南朝宋)鲍照撰。《汉魏六朝名家集初刻》本。
鲍参军集注 (南朝宋)鲍照著;钱仲联增补集说校。古典文学出版社1958年版,中华书局上海编辑所1959年版,上海古籍出版社1980年、2005年版。
谢希逸集三卷 (南朝宋)谢庄撰。《汉魏六朝名家集初刻》本。
南齐孔詹事集一卷 (南齐)孔稚珪撰。《汉魏六朝百三名家集》本。
孔詹事集选一卷 (南齐)孔稚珪撰;(清)吴汝纶评选。《汉魏六朝百三家集选》本。
谢宣城集五卷 (南齐)谢朓撰。南宋绍兴二十八年(1158)楼炤刻本,《汉魏诸名家集》本,《四库全书》本,《六朝四家全集》本。
谢宣城集校注 (南齐)谢朓撰;曹融南校注集说。上海古籍出版社1991年版。
沈隐侯集十六卷附录一卷 (梁)沈约撰。《刘沈合集》本。
江文通集四卷 (梁)江淹撰。《六朝诗集》本,《四库全书》本,《四部备要》本。
江文通集汇注十卷 (明)胡之骥撰。明万历间刊本,中华书局1984年版。
醴陵集十卷 (梁)江淹撰。清乾隆江昉群雅堂刊本。
江醴陵集选一卷 (梁)江淹撰;(清)吴汝纶评选。《汉魏六朝百三家集选》本。

江文通集八卷　（梁）江淹撰。《汉魏六朝名家集初刻》本。

江文通集十卷校勘记一卷　（梁）江淹撰。《四部丛刊》本。

江文通集汇注　（梁）江淹著；（明）胡之骥注；李长路、赵威点校。中华书局1984年版。

江淹集校注　俞绍初等校注。中州古籍出版社1995年版。

任彦昇集六卷　（梁）任昉撰。《汉魏诸名家集》本。

刘孝标集二卷附录一卷　（梁）刘峻撰。《刘沈合集》本，明崇祯六年（1633）刊本。

刘孝标集校注　（梁）刘峻著；罗国威校注。上海古籍出版社1988年版。

梁丘司空集一卷　（梁）丘迟撰。《汉魏六朝百三名家集》本。

丘司空集选一卷　（梁）丘迟撰；（清）吴汝纶评选。《汉魏六朝百三家集选》本。

梁陶贞白先生文集二卷　（梁）陶弘景撰；（明）黄省曾辑。明嘉靖萧斯馨刻本。

华阳陶隐居集二卷　（梁）陶弘景撰；（明）傅霄辑。明末毛氏汲古阁刻本，《指海》本，《道藏》本，《宛委别藏》本。

陶隐居集选一卷　（梁）陶弘景撰；（清）吴汝纶评选。《汉魏六朝百三家集选》本。

刘子集校　（梁）刘勰撰；林其锬、陈凤金集校。上海古籍出版社1985年版。

吴朝请集一卷　（梁）吴均撰。《汉魏六朝百三名家集》本。

吴朝请集选一卷　（梁）吴均撰；（清）吴汝纶评选。《汉魏六朝百三家集选》本。

诗品注　（梁）钟嵘著；陈延杰注。人民文学出版社1958年版。

钟嵘诗品校释　吕德申著。北京大学出版社1986年版。

钟嵘诗品译注　赵仲邑译注。广西教育出版社1990年版。

诗品集注　曹旭集注。上海古籍出版社1994年、2011年版。

钟嵘诗品笺证稿　王叔岷著。中华书局2007年版。

昭明太子集六卷　（梁）萧统撰。《文选遗集》本，《四库全书》本。

梁昭明太子文集五卷　（梁）萧统撰。明嘉靖三十四年（1555）杨慎等校刻本，《四部丛刊》本。

梁昭明集选一卷　（梁）萧统撰；（清）吴汝纶评选。《汉魏六朝百三家集选》本。

昭明太子集五卷补遗一卷　（梁）萧统撰。清光绪间盛氏刊本。

昭明太子集校注　（梁）萧统著；俞绍初校注。中州古籍出版社2001年版。

颜氏家训集解　（北齐）颜之推撰；王利器集解。上海古籍出版社1980年版。

徐孝穆集十卷　（陈）徐陵撰。《文选遗集》本，《四部丛刊》本。

徐仆射集一卷　（陈）徐陵撰；（明）张溥辑。《汉魏六朝百三名家集》本。

王司空集一卷　（北周）王褒撰。《汉魏六朝百三名家集》本。

庾开府集十六卷　（北周）庾信撰。明天启初张燮刊本。

庾开府集十二卷　（北周）庾信撰。明天启中汪士贤刊本。

庾开府集二卷　（北周）庾信撰。《六朝诗集》本,《汉魏六朝百三名家集》本。

庾子山集注十六卷附总释一卷　(北周)庾信撰;(清)倪璠注。清道光十九年(1839)同文堂刊本。

庾子山集注　(北周)庾信撰。中华书局1980年版。

庾信诗赋选　谭正璧等选注。古典文学出版社1958年版。

庾信选集　(北周)庾信著;舒宝璋选注。中州书画社1983年版。

隋唐五代

东皋子集三卷　(唐)王绩撰。明崇祯刊本,《四库全书》本。

王无功集三卷补遗二卷　(唐)王绩撰。《岱南阁丛书》本。

王无功文集　(唐)王绩著;韩理洲校点。上海古籍出版社1987年版。

骆丞文集十卷　(唐)骆宾王撰。明万历八年(1580)原一魁刻本。

骆丞集四卷　(唐)骆宾王撰;(明)颜文选注。《四库全书》本,《摛藻堂四库全书荟要》本。

骆宾王文集三卷　(唐)骆宾王撰。《初唐四杰文集》本,《四部备要》本。

骆宾王文集十卷　(唐)骆宾王撰。《四部丛刊》本,中华书局1973年影印清嘉庆秦恩复重雕宋蜀本,上海古籍出版社1994年、2013年影印宋蜀刻本。

骆临海集笺注十卷首一卷末一卷　(唐)骆宾王撰;(清)陈熙晋注。清咸丰三年(1853)松林宗祠刊本。

骆临海集笺注　(唐)骆宾王著;(清)陈熙晋笺注。中华书局上海编辑所1961年版,上海古籍出版社1985年版。

王勃文集九卷　(唐)王勃撰。《初唐四杰文集》本,《四部备要》本。

王子安集注二十卷首一卷末一卷　(唐)王勃撰;(清)蒋清翊注。清光绪九年(1883)吴县蒋氏双唐碑馆刊本。

王子安集十六卷附录一卷　(唐)王勃撰。《四部丛刊》本。

王子安集　(唐)王勃著。商务印书馆1940年版。

王子安集注　(唐)王勃著;(清)蒋清翊注。上海古籍出版社1995年版。

新编魏徵集　吕效祖主编。三秦出版社1995年版。

陈拾遗集十卷　(唐)陈子昂撰。《四库全书》本,《摛藻堂四库全书荟要》本。上海古籍出版社1992年影印本。

陈伯玉文集三卷诗集二卷附录一卷　(唐)陈子昂撰。清道光十七年(1837)尊德堂刊本。

陈子昂集　(唐)陈子昂著;徐鹏校。中华书局上海编辑所1960年版,上海古籍出版社2013年版。

张燕公集二卷　(唐)张说撰。《二张集》本。

张说之文集二十五卷补遗五卷　(唐)张说撰。清光绪三十一年(1905)仁和朱氏刊本。

王右丞集十四卷外编附录三卷　(唐)王维撰;(明)顾起经笺。《摛藻堂四库全书荟要》本。

须溪先生校本唐王右丞集六卷　(唐)王维撰;(宋)刘辰翁校。《四部丛刊》本。

王右丞集二十八卷首末各一卷　(唐)王维撰;(清)赵殿成笺注。中华书局1936年版。

王右丞集笺注　(唐)王维撰;(清)赵殿成笺注。中华书局上海编辑所1961年版,上海古籍出版社1984年、1992年版。

王摩诘文集十卷　(唐)王维撰。上海古籍出版社1982年、2013年影印蜀刻本。

李太白文集三十六卷　(唐)李白撰;(清)王琦注。《四部备要》本。

李太白全集　(唐)李白撰。中华书局1977年、2011年版。

李白集校注　(唐)李白著;瞿蜕园、朱金城校注。上海古籍出版社1980年版。

李遐叔文集四卷　(唐)李华撰。《四库全书》本。

唐元次山文集十卷拾遗一卷补一卷　(唐)元结撰;补孙毓修辑。《四部丛刊》本。

唐元次山文集十卷拾遗一卷　(唐)元结撰。《四部备要》本。

次山子　(唐)元结撰;(明)归有光辑评。《诸子汇函》本。

元次山集　(唐)元结著;孙望校点。中华书局上海编辑所1960年版。

毗陵集三卷　(唐)独孤及撰。《唐诗百名家全集》本。

毗陵集二十卷　(唐)独孤及撰。《四库全书》本,上海古籍出版社1993年影印本。

毗陵集二十卷补遗一卷附录一卷补正一卷　(唐)独孤及撰;(清)赵怀玉校。清乾隆五十年(1785)亦有生斋刊本。

毗陵集二十卷补遗一卷附录一卷　(唐)独孤及撰。《四部丛刊》本。

昌黎先生集四十卷外集十卷遗文一卷　(唐)韩愈撰;(宋)廖莹中注。《韩柳二集》本,《四部备要》本。

韩文四十卷外集十卷集传一卷遗集一卷　(唐)韩愈撰。《韩柳文》本。

韩文正宗二卷　(唐)韩愈撰。明弘治十六年(1503)松崖书屋刊本。

唐大家韩文公文钞十六卷　(唐)韩愈撰;(明)茅坤选。《八大家文钞》本。

韩文起十二卷韩文公年谱一卷　(清)林云铭评注。清康熙三十二年(1693)林氏建阳刻本。

韩笔酌蠡三十卷　(清)卢轩撰。清雍正八年(1730)程崟刻本,清乾隆十四年(1749)重修本。

原本韩文考异十卷　(宋)朱熹撰。《四库全书》本。

韩集举正十卷外集举正一卷叙录一卷　(宋)方崧卿撰。《四库全书》本,《四库全书珍本初集》本。

别本韩文考异四十卷外集十卷遗文一卷　(宋)朱熹撰;(宋)王伯大重辑。《四库全书》本。

五百家注音辨昌黎先生文集四十卷　(唐)韩愈撰;(宋)魏仲举辑注。《四库全书》本。

东雅堂韩昌黎集注四十卷外集十卷　(唐)韩愈撰;(宋)廖莹中集注。《四库全书》本,上海古籍出版社1993年影印本。

韩集点勘四卷　(清)陈景云撰。《四库全书》本,《文道十书》本,《四部备要》本。

读昌黎先生集一卷　(清)俞樾撰。《春在堂全书》本。

韩集补注一卷　(清)沈钦韩撰;(清)胡承珙订。《广雅书局丛书》本。

朱文公校昌黎先生文集四十卷外集十卷遗文一卷　(宋)朱熹撰。《四部丛刊》本。

韩昌黎尺牍一卷　(唐)韩愈撰。《唐宋十大家尺牍》本。

韩昌黎文集校注　(唐)韩愈著;马通伯校注。古典文学出版社 1957 年版。

韩愈散文选注　殷孟伦、杨慧文选注。上海古籍出版社 1986 年版。

韩昌黎文集校注　(唐)韩愈著;马其昶校注;马茂元整理。上海古籍出版社 1986 年版。

韩愈诗文评注　张清华评注。中州古籍出版社 1991 年版。

韩昌黎全集　(唐)韩愈著。中国书店 1991 年版。

韩愈全集　(唐)韩愈著;钱仲联、马茂元校点。上海古籍出版社 1997 年版。

韩愈文集汇校笺注　(唐)韩愈著;刘真伦、岳珍校注。中华书局 2010 年版。

昌黎先生文集　(唐)韩愈著。上海古籍出版社 2013 年影印宋蜀刻本。

李文十八卷　(唐)李翱撰。明成化十一年(1475)冯孜刻本。

李文公集十八卷　(唐)李翱撰。《三唐人文集》本,《四库全书》本。

李文公集十八卷补遗一卷附录一卷　(唐)李翱撰。《三唐人集》本。

唐李文公集十八卷　(唐)李翱撰。《四部丛刊》本。

李翱集　(唐)李翱著。甘肃人民出版社 1992 年版。

刘宾客文集三十卷外集十卷　(唐)刘禹锡撰。《四库全书》本,《嘉业堂丛书》本,《四部备要》本,上海古籍出版社 1993 年影印本。

刘宾客文集三十卷补遗一卷　(唐)刘禹锡撰。《畿辅丛书》本,《丛书集成初编》本。

刘梦得文集三十卷外集十卷　(唐)刘禹锡撰。《四部丛刊》本。

刘梦得文集　(唐)刘禹锡撰。上海古籍出版社 1994 年、2013 年影印宋蜀刻本。

刘宾客文集三十卷　(唐)刘禹锡撰。陕西人民出版社 1974 年据明刻本影印。

刘禹锡诗文选注　(唐)刘禹锡著;湖南省刘禹锡诗文选注组编。湖南人民出版社 1978 年版。

刘禹锡诗文选注　(唐)刘禹锡著;刘禹锡诗文选注组选注。江苏人民出版社 1980 年版。

刘禹锡选集　(唐)刘禹锡著;吴汝煜选注。齐鲁书社 1989 年版。

刘禹锡集笺证　(唐)刘禹锡著;瞿蜕园笺证。上海古籍出版社 1989 年版。

刘禹锡集　(唐)刘禹锡撰;《刘禹锡集》整理组点校。中华书局 1990 年版。

刘禹锡全集　(唐)刘禹锡著;瞿蜕园校点。上海古籍出版社 1999 年版。

白氏长庆集七十一卷附录一卷　(唐)白

居易撰。《元白长庆集》本。

白氏文集校正一卷　(清)卢文弨撰。《抱经堂丛书》本,《绍兴先正遗书》本,《丛书集成初编》本。

白氏文集七十一卷　(唐)白居易撰。《四部丛刊》本。

白氏长庆集　(唐)白居易撰。文学古籍刊行社据宋本影印。

白居易选集　王汝弼选注。上海古籍出版社1980年、2012年版。

白居易集笺校　(唐)白居易著;朱金城笺校。上海古籍出版社1988年版。

白居易全集　(唐)白居易著。上海古籍出版社1999年版。

白居易文集校注　(唐)白居易著;谢思炜校注。中华书局2011年版。

柳文四十三卷别集二卷外集二卷附录一卷　(唐)柳宗元撰。《韩柳文》本。

柳文七卷　(明)茅坤评。明刻朱墨套印本。

唐大家柳柳州文钞十二卷　(唐)柳宗元撰;(明)茅坤选。《八大家文钞》本。

唐柳河东集四十五卷外集五卷遗文一卷附录一卷　(唐)柳宗元撰;(明)蒋之翘辑注。《韩柳全集》本,《四部备要》本。

诂训柳先生文集四十五卷外集二卷新编外集一卷　(唐)柳宗元撰;(宋)韩醇音释。《四库全书》本,上海古籍出版社1993年影印本。

五百家注柳先生集二十一卷新编外集三卷附录四卷　(唐)柳宗元撰;(宋)魏仲举辑。《四库全书》本,《四库全书珍本初集》本。

柳文选一卷　(唐)柳宗元撰;(清)陈兆仑选。《陈太仆批选八家文钞》本。

柳集点勘四卷　(清)陈景云撰。《邈园丛书》本。

增广注释音辩唐柳先生集四十三卷别集二卷外集二卷附录一卷　(宋)童宗说撰;(宋)张敦颐音辩;(宋)潘纬音义。《四部丛刊》本。

柳柳州尺牍一卷　(唐)柳宗元撰。《唐宋十大家尺牍》本。

柳宗元文　胡怀琛选注。商务印书馆1947年版。

柳河东集　(唐)柳宗元撰。中华书局上海编辑所1958年据蟫隐庐影印宋刻世綵堂本排印。

柳宗元集　(唐)柳宗元著。中华书局1979年版。

柳宗元诗文选注　(唐)柳宗元著;湖南省柳宗元诗文选注组选注。湖南人民出版社1979年版。

柳宗元诗文选　(唐)柳宗元著;贝运辰选注。人民文学出版社1980年版。

柳河东全集　(唐)柳宗元著。中国书店1991年、1993年版。

柳宗元选集　高文、屈光选注。上海古籍出版社1992年版。

柳宗元散文全集　(唐)柳宗元著。今日中国出版社1996年版。

柳宗元集校注　(唐)柳宗元撰;尹占华、韩文奇校注。中华书局2013年版。

唐陆宣公翰苑集二十四卷　(唐)陆贽撰。《四部丛刊》本。

陆宣公翰苑集注二十四卷　(唐)陆贽著;(清)张佩芳集注。清乾隆三十三年

(1768)希音堂刊本。

唐陆宣公集二十二卷增辑二卷 (唐)陆贽撰;(清)耆英增辑。清道光二十七年(1847)重刊本,《四部备要》本。

陆贽文 周养初选注。商务印书馆 1933 年版。

皇甫持正集六卷 (唐)皇甫湜撰。《三唐人文集》本,《四库全书》本。

皇甫持正集六卷附校记一卷 (唐)皇甫湜撰;校记缪荃孙撰。《三唐人集》本。

皇甫持正文集六卷 (唐)皇甫湜撰。民国七年(1918)江安傅氏双鉴楼影印宋本。

皇甫持正文集六卷 (唐)皇甫湜撰。《四部丛刊》本,《续古逸丛书》本。

皇甫持正文集 (唐)皇甫湜著。上海古籍出版社 2013 年影印宋蜀刻本。

樊川文集二十卷外集一卷别集一卷 (唐)杜牧撰。《四库全书》本,《摛藻堂四库全书荟要》本,《四部丛刊》本。

樊川文集 (唐)杜牧著;陈允吉校点。上海古籍出版社 1978 年、2009 年版。

杜牧选集 (唐)杜牧著;朱碧莲选注。上海古籍出版社 1995 年版。

樊川文集校注 (唐)杜牧著;何锡光校注。巴蜀书社 2007 年版。

李义山文集五卷 (唐)李商隐撰。《四部丛刊》本。

樊南文集详注八卷玉谿生诗详注三卷年谱附 (清)冯浩撰。清乾隆三十二年(1767)德聚堂刊本,清乾隆四十五年(1780)德聚堂重校刊本。

李义山文集笺注十卷 (清)徐树穀笺;(清)徐炯注。《四库全书》本,《摛藻堂四库全书荟要》本。

义山文集六卷 (唐)李商隐撰。清嘉庆二十二年(1817)淮阴程昌宁柳衣园刊本。

樊南文集补编十二卷年谱订误一卷 (清)钱振伦、钱振常撰。清同治五年(1866)望三益斋刊本。

樊南文集详注八卷附补 (唐)李商隐撰;(清)冯浩编注。《四部备要》本。

樊南文集补编十二卷 (唐)李商隐撰;(清)钱振伦、钱振常注。《四部备要》本。

李商隐选集 周振甫选注。上海古籍出版社 1986 年版。

樊南文集 (唐)李商隐撰;(清)冯浩注;(清)钱振伦、钱振常笺注。上海古籍出版社 1988 年版。

孙可之集十卷 (唐)孙樵撰。《三唐人文集》本,《四库全书》本。

唐孙职方集十卷 (唐)孙樵撰。明崇祯闵齐伋刻本。

唐孙樵集十卷 (唐)孙樵撰。《四部丛刊》本。

孙可之文集十卷 (唐)孙樵撰。商务印书馆 1922 年影印宋蜀刻本。

孙可之文集 (唐)孙樵撰。上海古籍出版社 1979 年影印本。

甲乙集十卷 (唐)罗隐撰。明汲古阁本,《四部丛刊》本。

罗昭谏集八卷 (唐)罗隐撰。清康熙九年(1670)张瓒瑞榴堂刻本,《四库全书》本。

谗书五卷附校一卷 (唐)罗隐撰;校(清)

吴骞撰。《拜经楼丛书》本。

罗隐集　(唐)罗隐撰;雍文华校辑。中华书局1983年版。

罗隐集校注　潘慧惠校注。浙江古籍出版社1996年版。

文薮杂著一卷　(唐)皮日休撰。《说郛》本。

皮子文薮十卷　(唐)皮日休撰。《四库全书》本。

皮日休文集十卷　(唐)皮日休撰。《四部丛刊》本。

皮子文薮　(唐)皮日休著;萧涤非整理。中华书局上海编辑所1959年版。

皮子文薮　(唐)皮日休著;萧涤非、郑庆笃整理。上海古籍出版社1982年版。

皮日休诗文选注　申宝昆选注。上海古籍出版社1991年版。

松陵集　(唐)皮日休著。中国书店1993年版。

天随子　(唐)陆龟蒙撰;(明)归有光辑评。《诸子汇函》本。

唐甫里先生文集二十卷　(唐)陆龟蒙撰。《四部丛刊》本。

唐甫里先生文集二十卷附校勘记一卷　(唐)陆龟蒙撰;校勘记张元济撰。《四部丛刊》本。

甫里先生文集　(唐)陆龟蒙著;宋景昌、王立群点校。河南大学出版社1996年版。

笠泽丛书九卷附考一卷　(唐)陆龟蒙撰。《古书丛刊》本。

宋金元

小畜集三十卷　(宋)王禹偁撰。《四库全书》本,《摛藻堂四库全书荟要》本。

王黄州小畜外集十三卷(存卷七至十三)　(宋)王禹偁撰。《四库全书》本,《武英殿聚珍版书》本,《四部丛刊》本。

小畜集三十卷拾遗一卷　(宋)王禹偁撰;拾遗(清)劳格辑目;(清)孙星华录文。《武英殿聚珍版书》本。

王黄州小畜集校二卷　(清)陆心源撰。《潜园总集》本。

王黄州小畜集三十卷附札记一卷　(宋)王禹偁撰;札记张元济撰。《四部丛刊》本。

王禹偁诗文选　王延梯选注。人民文学出版社1996年版。

穆参军集三卷　(宋)穆修撰。《四库全书》本,《三宋人集》本。

河南穆公集三卷校补一卷　(宋)穆修撰;校补孙毓修撰。《四部丛刊》本。

文正集二十卷别集四卷补编五卷　(宋)范仲淹撰。《四库全书》本,《摛藻堂四库全书荟要》本。

范文正公文集九卷　(宋)范仲淹撰。《正谊堂全书续刻》本,《丛书集成初编》本。

范文正公集二十卷别集四卷政府奏议二卷尺牍三卷附录十三卷　(宋)范仲淹撰。《四部丛刊》本。

范文正公文集二十卷　(宋)范仲淹撰。中华书局1984年影印北京图书馆藏北宋刻本。

范仲淹全集　(宋)范仲淹著。李勇先、王蓉贵校点。四川大学出版社2007年版。

宋元宪集四十卷　(宋)宋庠撰。《四库全书》本。

元宪集三十六卷 (宋)宋庠撰。《武英殿聚珍版书》本,《湖北先正遗书》本,《丛书集成初编》本。

元宪集 (宋)宋庠撰。商务印书馆1937年版。

欧阳文忠公全集 (宋)欧阳修撰。明天顺六年(1462)吉安府知事海虞程宗刊本,明嘉靖中刊本,清康熙十一年(1672)曾弘刊本,清嘉庆中钧源欧阳慎五堂刊本,清光绪十九年(1893)澹雅书局刊本。

欧阳文粹二十卷 (宋)欧阳修撰;陈亮辑。《四库全书》本。

宋大家欧阳文忠公文钞三十二卷 (宋)欧阳修撰;(明)茅坤选。《八大家文钞》本。

欧文选一卷 (宋)欧阳修撰;(清)陈兆岺选。《陈太仆批选八家文钞》本。

欧阳永叔文 中华书局辑注。中华书局1936年版。

欧阳永叔文 黄公渚选注。商务印书馆1947年版。

欧阳修文选 (宋)欧阳修著;杜维沫、陈新选注。人民文学出版社1982年版。

欧阳修文选读 (宋)欧阳修著;陈蒲清注译。岳麓书社1984年版。

欧阳修选集 陈新、杜维沫选注。上海古籍出版社1986年版。

欧阳修全集 (宋)欧阳修撰。中国书店1991年版。

欧阳修全集 (宋)欧阳修著;李逸安点校。中华书局2001年版。

欧阳修诗文集校笺 (宋)欧阳修著;洪本健校笺。上海古籍出版社2009年版。

苏学士文集十六卷 (宋)苏舜钦撰。清康熙三十七年(1698)徐氏白华书屋刻本。

苏学士文集十六卷附校语一卷 (宋)苏舜钦撰;校语(清)何焯撰。《四部丛刊》本。

苏学士文集十六卷 (宋)苏舜钦撰。《四部备要》本。

苏舜钦集 (宋)苏舜钦著;沈文倬校点。中华书局上海编辑所1961年版,上海古籍出版社1981年版。

苏舜钦集编年校注 (宋)苏舜钦著;傅平骧、胡问涛校注。巴蜀书社1991年版。

老泉文钞三卷 (宋)苏洵撰。明嘉靖二年(1523)施山刻本。

苏文嗜六卷 (明)茅坤集评。明凌云刻三色套印本。

宋大家苏文公文钞十卷 (宋)苏洵撰;(明)茅坤选。《八大家文钞》本。

苏老泉先生全集二十卷附录二卷 (宋)苏洵撰。清康熙三十七年(1698)安乐居刻本。

嘉祐集十六卷附录二卷 (宋)苏洵撰。《四库全书》本,《摛藻堂四库全书荟要》本。

嘉祐集二十卷 (宋)苏洵撰;(清)陈兆岺选。清道光十三年(1833)补刻本。

老苏文选一卷 (宋)苏洵撰。《陈太仆批选八家文钞》本。

老泉先生文集十二卷附考异一卷 (宋)苏洵撰;(宋)郎晔注;考异罗振常撰。《经进三苏文集事略》本。

苏老泉尺牍一卷　(宋)苏洵撰。《唐宋十大家尺牍》本。

嘉祐集十五卷　(宋)苏洵撰。《四部丛刊》本,《四部备要》本。

嘉祐集笺注　(宋)苏洵著;曾枣庄、金成礼笺注。上海古籍出版社1993年版。

周子遗文遗诗一卷　(宋)周敦颐撰。《周子全书》本。

周子文录一卷　(宋)周敦颐撰。《周子全书》本。

周濂溪先生全集十三卷　(宋)周敦颐撰。《正谊堂全书》本,《洪氏唐石经馆丛书》本,《丛书集成初编》本。

周濂溪集　(宋)周敦颐撰。商务印书馆1937年版。

周敦颐集　(宋)周敦颐著;陈克明点校。中华书局1991年版。

宋大家曾文定公文钞十卷　(宋)曾巩撰;(明)茅坤选。《八大家文钞》本。

曾南丰文选一卷　(宋)曾巩撰;(清)孙琮选。《山晓阁文选》本。

曾文定公全集二十卷首一卷末一卷　(宋)曾巩撰;(清)彭期编订。清康熙三十二年(1693)七业堂校刊本。

曾文选一卷　(宋)曾巩撰;(清)陈兆仑选。《陈太仆批选八家文钞》本。

元丰类稿补二卷　(宋)曾巩撰;(清)陆心源辑。《潜园总集》本。

曾南丰尺牍一卷　(宋)曾巩撰。《唐宋十大家尺牍》本。

南丰先生元丰类稿五十卷附录一卷　(宋)曾巩撰。《四部丛刊》本,《四部备要》本。

曾巩文　朱凤起选注。商务印书馆1947年版。

曾巩集　(宋)曾巩撰;陈杏珍、晁继周点校。中华书局1984年版。

盱江先生全集三十七卷外集三卷年谱一卷　(宋)李觏撰。清康熙刻本。

盱江集三十七卷外集三卷　(宋)李觏撰。《四库全书》本。

李直讲文集三十七卷外集三卷　(宋)李觏撰。《四部丛刊》本。

李觏集　(宋)李觏著;王国轩点校。中华书局1981年版。

司马文正公传家集八十卷附录一卷　(宋)司马光撰。《培远堂全集》本。

司马温公文集十四卷首一卷　(宋)司马光撰。《赵氏藏书》本,《四部备要》本。

司马温公文集十四卷　(宋)司马光撰。《正谊堂全书》本,《丛书集成初编》本。

温国文正公文集八十卷　(宋)司马光撰。《四部丛刊》本。

司马温公尺牍二卷　(宋)司马光撰。《唐宋十大家尺牍》本。

司马光文　黄公渚选注。商务印书馆1947年版。

通鉴选　瞿蜕园选注。古典文学出版社1957年版。

资治通鉴　(宋)司马光著;(元)胡三省音注。上海古籍出版社1987年、1995年影印本。

司马光日记校注　李裕民校诠。中国社会科学出版社1994年版。

司马光集　(宋)司马光撰;李文泽、霞绍晖校点。四川大学出版社2010年版。

宋大家王文公文钞十六卷 (宋)王安石撰;(明)茅坤选。《八大家文钞》本。

王文公集汇选六卷 (明)陈文燧等选。明万历十六年(1588)刻本。

王临川文选一卷 (宋)王安石撰;(清)孙琮选。《山晓阁文选》本。

王文选一卷 (宋)王安石撰;(清)陈兆崙选。《陈太仆批选八家文钞》本。

王荆公诗集李壁注勘误补正四卷王荆公文集注八卷 (清)沈钦韩撰。《嘉业堂丛书》本。

临川集补一卷 (宋)王安石撰;(清)陆心源辑。《潜园总集》本。

临川先生文集一百卷 (宋)王安石撰。《四部丛刊》本,《四部备要》本。

王临川尺牍一卷 (宋)王安石撰。《唐宋十大家尺牍》本。

王安石全集 (宋)王安石撰。上海大东书局1935年版。

临川先生文集 (宋)王安石著。中华书局上海编辑所1959年版。

王荆公诗文沈氏注 (宋)王安石著;(清)沈钦韩注。中华书局上海编辑所1959年版。

王文公文集 (宋)王安石著。中华书局上海编辑所1962年影印线装本。

王文公文集 (宋)王安石著;唐武标校。上海人民出版社1974年版。

王安石集 (宋)王安石著;李之亮注译;中州古籍出版社2010年版。

东坡禅喜集十四卷 (宋)苏轼撰。明天启元年(1621)凌濛初刊本。

宋大家苏文忠公文钞二十八卷 (宋)苏轼撰;(明)茅坤选。《八大家文钞》本。

苏长公小品四卷 (宋)苏轼撰;(明)王圣俞评选。明吴兴凌氏朱墨刊本。

苏文奇赏五十卷 (宋)苏轼撰;(明)陈仁锡编。明崇祯四年(1631)刊本。

东坡全集一百十五卷 (宋)苏轼撰。《四库全书》本,《摛藻堂四库全书荟要》本。

苏东坡上神宗皇帝书注一卷 (清)蔡焯撰。清乾隆十一年(1746)中秋蔡氏精刊本。

大苏文选一卷 (宋)苏轼撰;(清)陈兆崙选。《陈太仆批选八家文钞》本。

东坡全集八十四卷 (宋)苏轼撰。《三苏全集》本。

东坡文集八卷 (宋)苏轼撰。《三苏文集》本。

经进东坡文集事略六十卷 (宋)苏轼撰;(宋)郎晔注。《四部丛刊》本。

东坡集四十卷后集二十卷奏议十五卷外制集三卷内制集十卷乐语一卷应诏集十卷续集十二卷附校记二卷 (宋)苏轼撰;校记(清)缪荃孙撰。《四部备要》本。

苏轼选集 (宋)苏轼著;刘乃昌选注。齐鲁书社1980年、2005年版。

苏轼选集 王水照选注。上海古籍出版社1984年版。

苏轼文选 石声淮、唐玲玲选注。上海古籍出版社1989年版。

苏轼散文选注 王水照、王宜瑗选注。上海古籍出版社1990年版。

苏东坡全集 (宋)苏轼著。中国书店1991年版。

苏东坡文集导读　徐中玉撰。巴蜀出版社1992年版。

苏轼文学散文选　孙育华注。山西高校联合出版社1992年版。

苏轼文集　孔凡礼点校。中华书局1993年版。

苏轼全集　(宋)苏轼著;傅成、穆俦校点。上海古籍出版社2000年版。

苏轼全集校注　张志烈、马德富、周裕锴主编。河北人民出版社2010年版。

东坡赋译注　孙民译注。巴蜀书社1995年版。

宋大家苏文定公文钞二十卷　(宋)苏辙撰;(明)茅坤选。《八大家文钞》本。

苏颍滨文选二卷　(宋)苏辙撰;(清)孙琮选。《山晓阁文选》本。

栾城集五十卷后集二十四卷三集十卷　(宋)苏辙撰。《四库全书》本,《四部丛刊》本,《四部备要》本。

栾城应诏集十二卷　(宋)苏辙撰。《四库全书》本,《三苏全集》本,《四部丛刊》本。

小苏文选一卷　(宋)苏辙撰;(清)陈兆岺选。《陈太仆批选八家文钞》本。

栾城集四十八卷后集二十四卷三集十卷应诏集十二卷　(宋)苏辙撰。清道光十二年(1832)眉州三苏祠刊本。

栾城集四十八卷后集二十四卷三集十卷　(宋)苏辙撰。《三苏全集》本。

栾城文集二十卷　(宋)苏辙撰。《三苏文集》本。

经进栾城文集事略一卷附考异一卷　(宋)苏辙撰;(宋)郎晔注;罗振常辑佚并撰考异。《经进三苏文集事略》本。

栾城集　(宋)苏辙著;曾枣庄、马德富校点。上海古籍出版社1987年、2009年版。

苏辙集　陈宏天、高秀芳校点。中华书局1991年版。

淮海集四十卷后集六卷　(宋)秦观撰。《四库全书》本,《摛藻堂四库全书荟要》本,《四部丛刊》本。

淮海集十七卷后集二卷补遗一卷续补遗一卷考证一卷　(宋)秦观撰;补遗、考证(清)王敬之等辑。《四部备要》本。

淮海先生文粹十四卷　(宋)秦观撰。《苏门六君子文粹》本。

淮海集　(宋)秦观撰。商务印书馆1938年版。

淮海集笺注　(宋)秦观撰;徐培均笺注。上海古籍出版社1994年、2000年版。

洛阳名园记一卷　(宋)李格非撰。《四库全书》本,《学津讨原》本,《海山仙馆丛书》本。

济北先生文粹二十一卷　(宋)晁补之撰。《苏门六君子文粹》本。

鸡肋集七十卷　(宋)晁补之撰。明崇祯八年(1635)吴郡顾氏诗瘦阁刊本,《四库全书》本,《摛藻堂四库全书荟要》本。

济北晁先生鸡肋集七十卷　(宋)晁补之撰。《四部丛刊》本。

东京梦华录十卷　(宋)孟元老撰。《津逮秘书》本,《四库全书》本,《学津讨原》本。

东京梦华录(外四种)　(宋)孟元老等著。

古典文学出版社1956年版。

东京梦华录注 (宋)孟元老撰;邓之诚注。中华书局1982年版。

东京梦华录笺注 (宋)孟元老撰;伊永文笺注。中华书局2006年版。

李清照集 (宋)李清照著。中华书局上海编辑所1962年版。

李清照集校注 (宋)李清照著;王学初校注。人民文学出版社1979年版。

李清照集笺注 (宋)李清照著;徐培均笺注。上海古籍出版社2002年、2013年版。

重辑李清照集 (宋)李清照著;黄墨谷辑。齐鲁书社1981年版,中华书局2009年版。

李清照作品欣赏集 陈主美撰。巴蜀出版社1992年版。

胡澹庵先生文集六卷 (宋)胡铨撰。清乾隆二十二年(1757)练月楼刻本。

胡忠简公文集补遗三卷附录三卷 (宋)胡铨撰。《胡忠简公经解》本。

澹庵文集六卷 (宋)胡铨撰。《四库全书》本。

胡澹庵先生文集三十二卷附录二卷 (宋)胡铨撰。《宋庐陵四忠集》本。

岳集五卷 (明)徐阶辑。明嘉靖十五年(1536)焦煜刻本。

岳忠武王集一卷 (宋)岳飞撰。《艺海珠尘》本,《丛书集成初编》本。

岳忠武王文集八卷首一卷末一卷 (宋)岳飞撰。清乾隆三十五年(1770)刊本,《新刻诸葛宗岳史四公文集》本,《西京清麓丛书》本。

岳忠武王集 (宋)岳飞撰。商务印书馆1940年版。

岳飞诗文选注 岳飞研究会岳飞墓庙文保所主编;泰山选注。浙江古籍出版社1990年版。

陆放翁全集 (宋)陆游撰。明海虞毛氏汲古阁刊本,中国书店1986年版。

渭南文集五十卷 (宋)陆游撰。《四库全书》本,《四部备要》本,《四部丛刊》本。

陆游集 (宋)陆游著。中华书局1976年版。

陆游选集 朱东润选注。上海古籍出版社1979年、2013年版。

陆游诗文选注 孔镜清选注。上海古籍出版社1987年版。

陆游全集校注 钱仲联、马亚中主编。浙江教育出版社2012年版。

石湖居士集三十四卷 (宋)范成大撰。明弘治间铜活字本。

范石湖集 (宋)范成大著。中华书局上海编辑所1962年版,上海古籍出版社1981年版。

范石湖集 (宋)范成大著;富寿荪标校。上海古籍出版社2006年版。

范成大佚著辑存 孔凡礼辑。中华书局1983年版。

容斋题跋二卷 (宋)洪迈撰。《津逮秘书》本,《丛书集成初编》本。

野处类稿二卷集外诗一卷附校勘记二卷 (宋)洪迈撰;校勘记魏元旷、胡思敬撰。《豫章丛书》本。

文白对照全译《夷坚志》 (宋)洪迈撰;张万钧主编。中州古籍出版社1995年版。

雪山集十六卷 (宋)王质撰。《武英殿聚珍版书》本,《四库全书》本,《丛书集成初编》本。

晦庵文钞十卷 (明)吴纳、崔铣辑。明嘉靖十九年(1540)张光祖刻本。

朱子遗书 (宋)朱熹撰。清康熙中御儿吕氏宝诰堂刊本。

朱子古文读本六卷 (宋)朱熹撰;(清)周天璋编。清康熙宝旭斋刊本。

朱子文集十八卷 (宋)朱熹撰。《正谊堂全书》本,《丛书集成初编》本。

朱子分类文选九卷 (清)朱泽沄辑。清咸丰三年(1853)刊本。

晦庵先生朱文公文集一百卷续集十一卷别集十卷 (宋)朱熹撰。《洪氏唐石经馆丛书》本,《四部丛刊》本,《四部备要》本。

朱子文集 (宋)朱熹撰。商务印书馆1937年版。

朱子全书 (宋)朱熹撰;朱杰人、严佐之、刘永翔主编。上海古籍出版社、安徽教育出版社2002年、2010年版。

岭外代答十卷 (宋)周去非撰。《四库全书》本,《知不足斋丛书》本,《丛书集成初编》本。

岭外代答七则 (宋)周去非撰。《旧小说》本。

岭外代答校注 (宋)周去非著;杨武泉校注。中华书局1999年版。

象山先生全集三十六卷 (宋)陆九渊撰。《四部丛刊》本。

陆象山先生全集三十六卷 (宋)陆九渊撰;(清)李绂评点。《四部备要》本。

象山先生全集 (宋)陆九渊撰。商务印书馆1935年版。

陆九渊集 (宋)陆九渊著;钟哲点校。中华书局1980年版。

陆象山全集 (宋)陆九渊著。中国书店1992年版。

稼轩集钞存四卷首一卷末一卷 (宋)辛弃疾撰;(清)辛启泰编。清刊本。

辛稼轩诗文钞存 邓广铭编。商务印书馆1947年版。

辛稼轩诗文钞存 邓广铭辑校。古典文学出版社1957年版。

辛稼轩诗文笺注 (宋)辛弃疾撰;邓广铭辑校审订;辛更儒笺注。上海古籍出版社1995年版。

叠山集五卷 (宋)谢枋得撰。《四库全书》本。

谢叠山先生文集四卷 (宋)谢枋得撰。《乾坤正气集》本。

谢叠山先生文集二卷 (宋)谢枋得撰。《正谊堂全书》本,《丛书集成初编》本。

叠山集十六卷 (宋)谢枋得撰。《四部丛刊续编》本。

武林旧事六卷后集五卷 (宋)周密撰。《宝颜堂秘笈》本。

癸辛杂识前集一卷后集一卷续集二卷别集二卷 (宋)周密撰。《稗海》本,《津逮秘书》本,《学津讨原》本。

西湖游幸记一卷 (宋)周密撰。《香艳丛书》本。

癸辛杂识前集五则后集六则续集十一则别集二则 (宋)周密撰。《旧小说》本。

武林旧事十卷附录一卷 (宋)周密撰。

《知不足斋丛书》本,《笔记小说大观》本。

武林旧事 (宋)周密著;李小龙、赵锐评注。中华书局2007年版。

云烟过眼录摘抄一卷 (宋)周密撰。《玉说荟刊》本。

齐东野语摘抄一卷 (宋)周密撰。《玉说荟刊》本。

文山先生集十七卷别集六卷附录三卷 (宋)文天祥撰。明景泰六年(1455)韩雍、陈价刻本。

文山先生文集二十八卷 (宋)文天祥撰。明嘉靖三十一年(1552)鄢氏刊本。

文山先生指南录一卷后录一卷 (宋)文天祥撰。《宋三大臣汇志》本。

文山集二十一卷 (宋)文天祥撰。《四库全书》本。

文山先生全集二十卷 (宋)文天祥撰。《四部丛刊》本。

文文山文集二卷 (宋)文天祥撰。《丛书集成初编》本。

庐陵宋丞相信国公文忠烈先生全集十六卷 (宋)文天祥撰。清道光二十三年(1843)重刊本。

文信国公全集十八卷 (宋)文天祥撰。《宋庐陵四忠集》本。

文天祥全集 熊飞等校点 江西人民出版社1987年版。

伯牙琴一卷 (宋)邓牧撰。《四库全书》本,《国粹丛书》本。

晞髮集十卷晞髮遗集二卷补录一卷 (宋)谢翱撰。《四库全书》本,清嘉庆二十一年(1816)梦笔山房重刻本,《国粹丛书》本。

元遗山先生文选七卷 (金)元好问撰;(清)李祖陶选。《金元明八大家文选》本。

元遗山先生全集 (金)元好问撰。清光绪七年(1881)读书山房刊本。

遗山先生文集四十卷附录一卷 (金)元好问撰。《四部丛刊》本。

遗山集补遗一卷 (金)元好问撰;孙德谦辑。《金源七家文集补遗》本。

元好问文选 郭绍虞选注。北新书局1936年版。

元好问诗文选注 钟星选注。上海古籍出版社1990年版。

滹南遗老集四十五卷诗集一卷续编诗集一卷 (金)王若虚撰。《畿辅丛书》本,《丛书集成初编》本。

滹南遗老集补遗一卷 (金)王若虚撰;孙德谦辑。《金源七家文集补遗》本。

滹南遗老集四十五卷续一卷 (金)王若虚撰。《四部丛刊》本。

滹南遗老集附续诗集 (金)王若虚撰。商务印书馆1937年版。

滹南遗老集校注 (金)王若虚著;胡传志、李定乾校注。辽海出版社2006年版。

剡源集三十卷 (元)戴表元撰。明嘉靖间周仪辑刊本,明万历间戴洵重刊本。

剡源戴先生文集三十卷 (元)戴表元撰。《四部丛刊》本。

剡源文钞四卷 (元)戴表元撰;(清)黄宗羲辑。《四明丛书》本。

剡源集三十卷附札记一卷 (元)戴表元撰;札记(清)郁松年撰。《宜稼堂丛书》本,《丛书集成初编》本。

剡源集逸文一卷 (元)戴表元撰;缪荃孙辑。《艺风堂读书志》本。

静修先生丁亥集六卷遗文六卷遗诗六卷拾遗七卷 (元)刘因撰。明弘治十八年(1505)崔暠刻嘉靖十六年(1537)汪坚重修本。

静修先生文集十二卷 (元)刘因撰。《畿辅丛书》本,《丛书集成初编》本。

静修先生文集二十二卷 (元)刘因撰。《四部丛刊》本。

容城文靖刘先生文集四卷 (元)刘因撰。《容城三贤文集》本。

雍虞先生道园类稿五十卷 (元)虞集撰。元至正五年(1345)临川郡学刻本。

道园遗稿六卷 (元)虞集撰。元至正十四年(1354)刊本。

道园学古录五十卷 (元)虞集撰。《四库全书》本,《四部丛刊》本,《四部备要》本。

虞道园文选二卷 (元)虞集撰;(清)刘肇虞选评。《元明八大家古文选》本。

虞道园先生文选八卷 (元)虞集撰;(清)李祖陶选。《金元明八大家文选》本。

五峰集六卷 (元)李孝光撰。《四库全书》本。

五峰集十卷补遗一卷 (元)李孝光撰;补遗昌广生辑。《永嘉诗人祠堂丛刻》本。

新编录鬼簿二卷 (元)钟嗣成撰;王国维校注。《海宁王忠慤公遗书》本,《增补曲苑》本,《海宁王静安先生遗书》本。

校订录鬼簿三种 (元)钟嗣成著。中州古籍出版社1992年版。

新校录鬼簿正续编 (元)钟嗣成、(元)贾仲明著;浦汉明校。巴蜀书社1996年版。

明 代

宋景濂未刻集二卷 (明)宋濂撰。《四库全书》本。

宋学士全集三十二卷补遗八卷附录二卷 (明)宋濂撰。《金华丛书》本,《丛书集成初编》本。

宋景濂先生文选七卷 (明)宋濂撰;(清)李祖陶选。《金元明八大家文选》本。

宋学士文集七十五卷 (明)宋濂撰。《四部丛刊》本。

宋文宪公全集五十三卷首一卷 (明)宋濂撰。《四部备要》本。

宋濂全集 罗月霞主编。浙江古籍出版社1999年版。

宋濂散文选集 高志忠、高天选注。百花文艺出版社2005年版。

诚意伯文集二十卷 (明)刘基撰。《四库全书》本,《摛藻堂四库全书荟要》本。

太师诚意伯刘文成公集二十卷 (明)刘基撰。清光绪二十六年(1900)浙江书局重刊本,《四部丛刊》本。

诚意伯文集 (明)刘基撰。商务印书馆1936年版。

刘基集 (明)刘基著;林家骊点校。浙江古籍出版社1999年版。

刘基散文选集 刘明金选注。百花文艺出版社2005年版。

高太史大全集十八卷 (明)高启撰。《四部丛刊》本。

高太史凫藻集五卷 (明)高启撰。《四部丛刊》本,《四部备要》本。

高青丘集 (明)高启著;(清)金檀注;徐澄宇、沈北宗校点。上海古籍出版社1986年版。

李卓吾评选方正学文集十一卷 (明)方孝孺撰;(明)李贽评选。《三异人文集》本。

方正学先生文集七卷 (明)方孝孺撰。《正谊堂全书》本,《丛书集成初编》本。

逊志斋集二十四卷附录一卷 (明)方孝孺撰。《四部丛刊》本。

方正学先生逊志斋集二十四卷 (明)方孝孺撰。《四部备要》本。

逊志斋集 (明)方孝孺撰。商务印书馆1936年版。

逊志斋集 (明)方孝孺著;徐光大校点。宁波出版社1996年。

方孝孺集 (明)方孝孺著。浙江古籍出版社2013年版。

东里文集二十五卷 (明)杨士奇撰。清康熙修补本。

东里全集九十七卷别集四卷 (明)杨士奇撰。《四库全书》本。

东里文集 (明)杨士奇著;刘伯涵、朱海点校。中华书局1998年版。

薛文清集二十四卷 (明)薛瑄撰。清雍正薛氏刊本,《四库全书》本。

薛敬轩先生文集十卷 (明)薛瑄撰。《正谊堂全书》本,《丛书集成初编》本。

薛文清公文集八卷 (明)薛瑄撰。《续中州名贤文表》本。

篁墩程先生文粹二十五卷 (明)程敏政撰。明弘治十八年(1505)刊本。

篁墩集九十三卷 (明)程敏政撰。《四库全书》本,上海古籍出版社1991年版。

王文成公全书 (明)王守仁撰。明隆庆六年(1572)谢廷杰刊本,清同治光绪间刊本。

阳明文粹十一卷 (明)王守仁撰。明嘉靖刊本。

王文成公全集二十二卷 (明)王守仁撰。清康熙黄氏刊本。

文章集四卷 (明)王守仁撰;(明)施邦曜评辑。《阳明先生集要》本,《四部丛刊》本。

王阳明尺牍一卷 (明)王守仁撰。《明清十大家尺牍》本。

王文成全书(外四种) (明)王守仁撰。上海古籍出版社1992年影印本。

王阳明全集 吴光等编校。上海古籍出版社1995年版。

归震川先生集选十卷 (明)归有光撰;(明)张汝瑚选。《明八大家集》本。

震川尺牍二卷 (明)归有光撰。《归钱尺牍》本。

归震川先生文集二十卷 (明)归有光撰;(明)蒋以忠编。清乾隆二十三年(1758)怀德堂刊本。

震川大全集四十八卷 (明)归有光撰。清嘉庆归氏刊本。

归震川先生文选六卷 (明)归有光撰;(清)李祖陶选。《金元明八大家文选》本。

归震川尺牍一卷 (明)归有光撰。《明清十大家尺牍》本。

震川先生集三十卷别集十卷 (明)归有

光撰。《四部丛刊》本,《四部备要》本。

归有光文　胡怀琛选注。商务印书馆1947年版。

震川先生集　(明)归有光著;周本淳校点。上海古籍出版社1981年、2007年版。

归有光散文选注　张家英选注。上海古籍出版社1985年版。

荆川文集十八卷目录一卷　(明)唐顺之撰;(清)唐执玉校。清康熙五十一年(1712)补刊本。

唐荆川先生文集十八卷补遗一卷附录一卷　(明)唐顺之撰。《常州先哲遗书》本。

唐荆川先生文选七卷　(明)唐顺之撰;(清)李祖陶选。《金元明八大家文选》本。

重刊荆川先生文集十七卷新刊外集三卷　(明)唐顺之撰。《四部丛刊》本。

荆川公佚文一卷　(明)唐顺之撰;唐鼎元辑。《武进唐氏所著书》本。

白华楼藏稿十一卷续稿十五卷　(明)茅坤撰;(明)姚翼编。明万历刊本。

茅鹿门集三十六卷　(明)茅坤撰。明万历刊本。

茅鹿门先生集选八卷　(明)茅坤撰;(明)张汝瑚选。《明八大家集》本。

茅坤集二卷　(明)茅坤撰;张大芝、张梦新校点。浙江古籍出版社1994年、2012年版。

徐文长全集二十九卷附四声猿一卷　(明)徐渭撰。明万历刊本。

青藤书屋文集三十卷补遗一卷　(明)徐渭撰。《海山仙馆丛书》本,《丛书集成初编》本。

徐文长逸稿二十四卷　(明)徐渭撰。《中国文学珍本丛书第一辑》本。

徐渭集　(明)徐渭著。中华书局1983年版。

宗方城文集十二卷　(明)宗臣撰。明万历郑氏刊本。

子相文选五卷　(明)宗臣撰;(明)姜承宗等编。明万历刊本。

宗子相集十五卷　(明)宗臣撰。《四库全书》本。

王元美先生文选二十六卷　(明)王世贞撰。明万历四十三年(1615)刊本。

王弇州集十六卷附王弇州传一卷　(明)王世贞撰;(明)张汝瑚选。清康熙二十一年(1682)郢雪书林刊本。

弇州山人四部稿一百七十四卷续稿二百七卷　(明)王世贞撰。《四库全书》本。

读书后八卷　(明)王世贞撰。《四库全书》本。

弇州四部稿　(明)王世贞撰。上海古籍出版社1992年影印本。

李氏全书　(明)李贽撰。明刊本。

李氏文集二十卷　(明)李贽撰。明刊本。

李卓吾先生秘书八种　(明)李贽撰;(清)余闻辑。清康熙十二年(1673)序刊本。

李氏焚书六卷　(明)李贽撰。《国粹丛书》本,《中国文学珍本丛书第一辑》本。

李贽散文选注　张凡注。北京师范大学出版社1992年版。

李贽小品文笺注 张建业编著。社会科学文献出版社2012年版。

涌幢小品 （明）朱国祯撰；王根林点校。上海古籍出版社2012年版。

白苏斋集二十二卷 （明）袁宗道撰。明刊本。

新镌玉蟠袁会元集二卷 （明）袁宗道撰。《三袁先生集》本。

白苏斋类集二十二卷 （明）袁宗道撰。《中国文学珍本丛书第一辑》本。

白苏斋类集 （明）袁宗道著；钱伯城校点。上海古籍出版社1989年、2007年版。

袁宗道集笺校 （明）袁宗道撰；孟祥荣注。湖北人民出版社2003年版。

徐光启集 （明）徐光启著；王重民辑校。中华书局上海编辑所1963年版，上海古籍出版社1984年版。

徐光启全集 朱维铮、李天纲主编。上海古籍出版社2010年版。

袁中郎未刻遗稿二卷 （明）袁宏道撰。《三袁先生集》本。

瓶花斋集十卷 （明）袁宏道撰。明万历三十六年（1608）勾吴袁氏书种堂精刊本。

潇碧堂集二十卷 （明）袁宏道撰。明万历三十六年（1608）精刊本。

袁中郎全集四十卷 （明）袁宏道撰。明崇祯刊本。

袁宏道集笺校 （明）袁宏道著；钱伯城笺校。上海古籍出版社1981年、2008年版。

隐秀轩集三十三卷 （明）钟惺撰。明天启二年（1622）沈春泽刊本。

钟伯敬合集（一名隐秀轩集）一卷 （明）钟惺撰。《中国文学珍本丛书第一辑》本。

隐秀轩文 （明）钟惺撰；张国光点校。岳麓书社1988年版。

隐秀轩集 （明）钟惺著；李先耕、崔重庆标校。上海古籍出版社1992年版。

钟伯敬小品 （明）钟惺著；刘良明选注。

王季重九种集 （明）王思任撰。明清晖阁刊本。

王季重先生文集四卷 （明）王思任撰。《乾坤正气集》本。

王季重十种 （明）王思任著，任远点校。浙江古籍出版社2010年版。

王季重集 （明）王季重著，任远点校。浙江古籍出版社2012年版。

明王遂东先生尺牍存本一卷 （明）王思任撰。《萧山丛书》本。

杂序一卷 （明）王思任撰。《中国文学珍本丛书第一辑》本。

杂记一卷 （明）王思任撰。《中国文学珍本丛书第一辑》本。

尔尔集一卷 （明）王思任撰。《中国文学珍本丛书第一辑》本。

历游记一卷 （明）王思任撰。《中国文学珍本丛书第一辑》本。

徐霞客游记十二卷 （明）徐弘祖撰。《四库全书》本。

徐霞客游记 褚绍唐、吴应寿整理。上海古籍出版社1995年、2007年、2011年版。

徐霞客游记 （明）徐霞客著。中华书局2009年版。

谭友夏合集二十三卷 （明）谭元春撰。

《中国文学珍本丛书第一辑》本。

鹄湾文草　(明)谭元春撰;张国光点校。岳麓书社1988年版。

帝京景物略八卷　(明)刘侗撰。《中国文学参考资料小丛书》本。

茅檐集八卷　(明)魏学洢撰。《四库全书》本。

瑯嬛文集四卷　(明)张岱撰。清光绪间刊本。

瑯嬛文集六卷　(明)张岱撰。《中国文学珍本丛书第一辑》本。

陶庵梦忆　西湖寻梦　(明)张岱撰;马兴荣点校。上海古籍出版社1982年版。

张岱诗文集　(明)张岱著;夏咸淳校点。上海古籍出版社1991年版。

陶庵梦忆　西湖梦寻　(明)张岱撰;夏咸淳、程维荣点校。上海古籍出版社2001年版。

西湖梦寻　(明)张岱撰;李小龙评注。中华书局2011年版。

琅嬛文集　(明)张岱著;栾保群点校。浙江古籍出版社2013年版。

陶庵梦忆评注　(明)张岱著;淮茗评注。上海三联书店2013年版。

小窗四纪　(明)吴从先撰。明刊本。

七录斋集六卷论略一卷　(明)张溥撰。明崇祯刊本。

七录斋文集论略二卷续刻六卷别集二卷　(明)张溥撰。明末刊本。

七录斋诗文合集十六卷　(明)张溥撰。明崇祯九年(1636)刊本。

祁忠惠公遗集八卷　(明)祁彪佳撰。《乾坤正气集》本。

祁忠惠公集十卷补编一卷　(明)祁彪佳撰。清道光刊本。

寓山注二卷附录一卷　(明)祁彪佳辑。《茘园丛书》本。

祁忠敏公日记　(明)祁彪佳撰。绍兴县修志会1937年排印本,杭州古旧书店1982年影印本。

祁彪佳集　(明)祁彪佳撰。中华书局上海编辑所1960年版。

陶庵文集十卷　(明)黄淳耀撰。《乾坤正气集》本。

陶庵集　(明)黄淳耀撰。清光绪五年(1879)刊本。

张阁学文集二卷　(明)张煌言撰。《乾坤正气集》本。

张苍水全集十二卷补遗一卷附录四卷题咏二卷附张忠烈公诗文题中人物考略一卷补一卷　(明)张煌言撰。《国粹丛书》本。

张苍水集二卷附北征录一卷　(明)张煌言撰。清光绪二十七年(1901)章炳麟铅印本。

张苍水集　(明)张煌言撰。中华书局上海编辑所1959年版,上海古籍出版社1985年版。

夏节愍公集四卷　(明)夏完淳撰。《乾坤正气集》本。

夏节愍全集十卷首一卷末一卷补遗二卷　(明)夏完淳撰。清嘉庆十二年(1807)修竹庐刊本。

夏内史集九卷附录一卷　(明)夏完淳撰。《艺海珠尘》本,《丛书集成初编》本。

夏完淳集　(明)夏完淳著。中华书局上海编辑所1959年版。

夏完淳集笺校　(明)夏完淳著;白坚笺

校。上海古籍出版社 1991 年版。

清 代

牧斋初学集一百十卷目录二卷 (清)钱谦益撰。明崇祯十六年(1643)瞿式耜刊本,《四部丛刊》本。

牧斋有学集五十一卷 (清)钱谦益撰。清康熙二十四年(1685)金匮山房刊本。

牧斋有学集五十卷补一卷附校勘记一卷 (清)钱谦益撰;校勘记姜殿扬撰。《四部丛刊》本。

钱牧斋先生尺牍三卷 (清)钱谦益撰。清康熙顾氏如月楼刊本。

钱牧斋文钞不分卷 (清)钱谦益撰。清宣统元年(1909)上海国学扶轮社排印本。

牧斋初学集 (清)钱谦益著;(清)钱曾笺注;钱仲联标校。上海古籍出版社 1985 年、2009 年版。

牧斋有学集 (清)钱谦益著;(清)钱曾笺注;钱仲联标校。上海古籍出版社 1996 年版。

钱牧斋全集 (清)钱谦益著;(清)钱曾笺注;钱仲联标校。上海古籍出版社 2003 年版。

南雷文定前集十一卷后集四卷三集三卷附录一卷 (清)黄宗羲撰。《粤雅堂丛书》本,《丛书集成初编》本,《四部备要》本。

南雷文录三卷 (清)黄宗羲撰。《国朝文录》本。

黄梨洲遗书 (清)黄宗羲撰。清光绪三十一年(1905)杭州群学社石印本。

南雷餘集一卷 (清)黄宗羲撰。《风雨楼丛书》本。

梨洲遗著汇刊 (清)黄宗羲撰。时中书局 1915 年排印本。

南雷文定五集四卷 (清)黄宗羲撰。《藜照庐丛书》本。

南雷文案十卷外集一卷吾悔集四卷撰杖集一卷 (清)黄宗羲撰。《四部丛刊》本。

黄梨洲文集 陈乃乾编。中华书局 1959 年版。

黄宗羲全集 沈善洪主编。浙江古籍出版社 1985 年、2012 年版。

黄宗羲南雷杂著稿真迹 (清)黄宗羲著;吴光整理释文。浙江古籍出版社 1987 年版。

耻躬堂文集二十卷诗二卷首一卷 (清)彭士望撰。清康熙刻本。

彭躬庵文钞六卷 (清)彭士望撰。《易堂九子文钞》本。

耻躬堂文录二卷 (清)彭士望撰。《国朝文录》本。

笠翁一家言全集 (清)李渔撰。清康熙九年(1670)至十七年(1678)刊本,清雍正八年(1730)世德堂刊本。

李渔全集二十卷 (清)李渔著。浙江古籍出版社 1991 年版。

李渔随笔全集 (清)李渔著;艾舒仁编;冉云飞校点。巴蜀书社 1997 年版。

亭林诗集五卷附校补一卷文集六卷 (清)顾炎武撰;诗集校补孙毓修辑。《四部丛刊》本。

亭林文钞一卷 (清)顾炎武撰。《国朝二十四家文钞》本。

亭林文录二卷 (清)顾炎武撰。《国朝文录》本。

亭林餘集一卷 (清)顾炎武撰。《学古斋金石丛书》本,《端溪丛书》本,《四部丛刊》本。

亭林文集六卷诗集五卷 (清)顾炎武撰。《亭林遗书》本,《顾亭林先生遗书》本,《四部备要》本。

亭林文集六卷餘集一卷 (清)顾炎武撰。清光绪三十年(1904)会嵇董氏山隐居校刊巾箱本。

顾亭林尺牍一卷 (清)顾炎武撰。《明清十大家尺牍》本。

顾炎武全集 (清)顾炎武撰。上海古籍出版社2011年版。

吴宓评注顾亭林诗集 (清)顾炎武著;吴宓评注。人民文学出版社2012年版。

日知录集释外七种 (清)顾炎武著;(清)黄汝成集释。上海古籍出版社1985年影印本。

日知录集释 (清)顾炎武著;(清)黄汝成集释;栾保群、吕宗力校点。花山文艺出版社1990年版。

日知录集释 (清)顾炎武撰;(清)黄汝成集释。岳麓书社1995年版。

日知录集释全校本 (清)顾炎武著;(清)黄汝成集释;栾保群、吕宗力校点。上海古籍出版社2006年、2013年版。

日知录集释校注本 (清)顾炎武著;(清)黄汝成集释;栾保群校注。浙江古籍出版社2013年。

龙壁山房文集四卷 (清)王拯撰。《粤西五家文钞》本。

龙壁山房文集五卷诗集十七卷 (清)王拯撰。《岭西五家诗文集》本。

龙壁山房文钞二卷 (清)王拯撰。《涵通楼师友文钞》本。

龙壁山房文集五卷 (清)王拯撰。清光绪九年(1883)善化向氏校刊本。

龙壁山房文集 (清)王拯著。文海出版社1970年版。

侯朝宗文钞八卷 (清)侯方域撰。《国朝三家文钞》本。

雪苑文钞一卷 (清)侯方域撰。《国朝二十四家文钞》本。

壮悔堂文集十卷遗稿一卷四忆堂诗集六卷 (清)侯方域撰。清乾隆间其玄孙必昌重刊本。

壮悔堂文录二卷 (清)侯方域撰。《国朝文录》本。

侯朝宗尺牍一卷 (清)侯方域撰。《明清十大家尺牍》本。

壮悔堂文集十卷遗稿一卷 (清)侯方域撰。《四部备要》本。

侯朝宗文选 (清)侯方域著;徐植农、赵玉霞注译。齐鲁书社1988年版。

侯方域散文选集 (清)侯方域著;邬国平选注。百花文艺出版社2005年版。

侯方域全集校笺 (清)侯方域著;王树林校笺。人民文学出版社2013年版。

施愚山先生全集 (清)施闰章撰。清康熙至乾隆间刊本。

愚山文钞一卷 (清)施闰章撰。《国朝二十四家文钞》本。

愚山先生文录二卷 (清)施闰章撰。《国朝文录》本。

施愚山集 (清)施闰章撰;何庆善、杨应芹点校。黄山书社1992—1993年版。

春酒堂文存四卷诗存六卷 (清)周容撰。《四明丛书》本。

春酒堂文集不分卷 (清)周容撰。清宣统二年(1910)国学扶轮社排印本。

船山遗书 (清)王夫之撰。清道光二十二年(1842)新化邓显鹤长沙刊本,清同治四年(1865)湘乡曾国荃金陵刊本,上海太平洋书店1933年排印本。

薑斋诗文集二十八卷 (清)王夫之撰。《四部丛刊》本。

薑斋文集十卷 (清)王夫之撰。《四部备要》本。

王船山诗文集 (清)王夫之著。中华书局1962年版。

船山全书 (清)王夫之著;船山全书编辑委员会编校。岳麓书社1988年、2011年版。

思古堂十四种书 (清)毛先舒撰。清康熙中刊本。

魏叔子文钞十二卷 (清)魏禧撰。《国朝三家文钞》本。

魏叔子文集外篇二十二卷日录三卷诗集八卷 (清)魏禧撰。《宁都三魏全集》本。

魏叔子文集外篇一卷 (清)魏禧撰。《二餘堂丛书》本。

魏叔子文钞五卷 (清)魏禧撰。《易堂九子文钞》本。

魏叔子文集 (清)魏禧著;胡守仁、姚品文、王能宪校点。中华书局2003年版。

魏禧文论选注 (清)魏禧著;周书文等编。江西人民出版社1984年版。

钝翁全集 (清)汪琬撰。清康熙中刊本。

汪钝翁文钞十二卷 (清)汪琬撰。《国朝三家文钞》本。

汪文摘谬一卷附校记一卷 (清)叶燮撰。校记叶德辉撰。《郎园先生全书》本。

钝翁文集十四卷 (清)汪琬撰。清宣统二年(1910)国学扶轮社石印本。

尧峰文钞五十卷 (清)汪琬撰。清康熙三十二年(1693)林佶写刻本。

尧峰文钞四十卷 (清)汪琬撰。《四部丛刊》本。

汪琬全集笺校 (清)汪琬著;李圣华笺校。人民文学出版社2010年版。

定峰文选二卷 (清)沙张白撰。《重思斋丛书》本。

姜先生全集 (清)姜宸英撰。清光绪十五年(1889)毋自欺斋冯氏刊本。

西陂类稿五十卷 (清)宋荦撰。清康熙原刊本。

回中集一卷联句诗一卷 (清)宋荦撰。清康熙十九年(1680)刊本。

绵津山人诗集三十一卷枫香词一卷漫堂说诗一卷 (清)宋荦撰。清康熙二十七年(1688)精刊本。

邵子湘前后集三十卷 (清)邵长蘅撰。清康熙原刊本。

青门文钞一卷 (清)邵长蘅撰。《国朝二十四家文钞》本。

邵青门文录三卷 (清)邵长蘅撰。《国朝文录》本。

邵青门全集三十卷 (清)邵长蘅撰。《常州先哲遗书》本。

板桥集 (清)郑燮撰。清乾隆中刊本。

郑板桥全集六卷 (清)郑燮撰。大众书局1935年石印本。

郑板桥集　(清)郑燮撰。中华书局上海编辑所1962年版。上海古籍出版社1979年版。

郑板桥全集　卞孝萱编辑、校点。齐鲁书社1985年版。

郑板桥全集　(清)郑板桥著;卞孝萱、卞岐编。凤凰出版社2012年版。

郑板桥集详注　王锡荣注。吉林文史出版社1987年版。

郑板桥外集　郑炳纯整理。山西人民出版社1988年版。

潜虚先生文集十四卷　(清)戴名世撰。清道光二十一年(1841)抄本。

戴褐夫集一卷补遗一卷续补遗一卷　(清)戴名世撰。清宣统元年(1909)排印本。

戴南山文钞六卷　(清)戴名世著。清宣统二年(1910)上海国学扶轮社排印本。

戴褐夫集一卷补遗一卷续补遗一卷附戴刻戴褐夫集目录一卷　(清)戴名世撰。《国粹丛书》本。

戴名世集十五卷　王树民编。中华书局1986年版。

戴名世遗文集　王树民、韩明祥、韩自强编校。中华书局2002年版。

抗希堂十六种　(清)方苞撰。清康熙嘉庆间桐城方氏抗希堂刊本。

望溪文钞一卷　(清)方苞撰。《国朝二十四家文钞》本。

望溪文集补遗一卷　(清)方苞撰。《孙氏山渊阁丛刊》本。

方望溪文钞一卷　(清)方苞撰;王文濡辑。《明清八大家文钞》本。

方望溪尺牍一卷　(清)方苞撰。《明清十大家尺牍》本。

望溪先生文集十八卷集外文十卷补遗二卷　(清)方苞撰。《四部丛刊》本,《四部备要》本。

方望溪先生全集　(清)方苞撰。商务印书馆1935年《国学基本丛书》本。

方苞集　(清)方苞著;刘季高校点。上海古籍出版社1983年、2008年、2009年版。

方望溪遗集　(清)方苞撰;徐天祥、陈蕾点校。黄山书社1990年版。

方望溪全集　(清)方苞著。中国书店1991年版。

刘海峰文录二卷　(清)刘大櫆撰。《国朝文录》本。

刘海峰文钞一卷　(清)刘大櫆撰;(清)张惠言选。《大亭山馆丛书》本。

刘海峰文钞一卷　(清)刘大櫆撰;王文濡选。《明清八大家文钞》本。

海峰文集八卷诗集古体五卷今体六卷　(清)刘大櫆撰。清乾隆醒园刊本。

小称集一卷　(清)刘大櫆撰。清雍正间精刊本。

海峰文集八卷　(清)刘大櫆撰。清乾隆间醒园精刊本。

海峰先生文十卷　(清)刘大櫆撰。清同治十三年(1874)刻本。

刘大櫆集　(清)刘大櫆著;吴孟复标点。上海古籍出版社1990年版。

白鹤堂文录一卷　(清)彭端淑撰。《国朝文录》本。

白鹤堂文稿不分卷　(清)彭端淑撰;(清)胡天游等评。清乾隆三十六年(1771)刊本。

鲒埼亭集三十八卷外编五十卷 (清)全祖望撰。《四部丛刊》本。

鲒埼亭集文录四卷 (清)全祖望撰。《国朝文录》本。

鲒埼亭集三十八卷年谱一卷世谱一卷经史问答十卷 (清)全祖望撰;年谱(清)蒋学镛、董秉纯同撰。清嘉庆九年(1804)姚江借树山房刊本。

全祖望集汇校集注 (清)全祖望撰;朱铸禹汇校集注。上海古籍出版社2000年版。

小仓山房文集三十五卷 (清)袁枚撰。《随园三十种》本,《随园三十八种》本,《四部备要》本。

小仓山房外集八卷 (清)袁枚撰。《随园三十种》本,《随园三十八种》本,《四部备要》本。

随园文钞一卷 (清)袁枚撰。《国朝二十四家文钞》本。

小仓山房文录二卷 (清)袁枚撰。《国朝文录》本。

袁文笺正十六卷补注一卷 (清)袁枚撰;(清)石韫玉笺。清嘉庆十七年(1812)精刊本,《扫叶山房丛钞》本。

袁太史时文一卷 (清)袁枚撰。《随园三十种》本,《随园三十八种》本。

小仓山房尺牍十卷 (清)袁枚撰。《随园三十种》本,《随园三十八种》本。

小仓山房诗集二十六卷补遗一卷文集二十四卷附一卷外集六卷 (清)袁枚撰。清乾隆三十四年(1769)刊本。

袁文补注二卷续刻二卷三刻二卷 (清)余岗撰。清道光二十一年(1841)精刊本。

小仓山房诗文集 (清)袁枚著;周本淳标校。上海古籍出版社1988年版。

袁枚全集 王英志编。江苏古籍出版社1993年版。

袁枚散文选集 李梦生注。百花文艺出版社1994年、2005年、2009年版。

阅微草堂笔记 (清)纪昀撰。清嘉庆五年(1800)北平盛氏刊本,清道光十五年(1835)广州财政司刊本,《清代笔记丛刊》本,《笔记小说大观》本。

阅微草堂笔记注评 宗家注评。齐鲁书社2010年版。

阅微草堂笔记会校会注会评 (清)纪晓岚著;吴波等辑校。凤凰出版社2012年版。

纪文达公文录二卷 (清)纪昀撰。《国朝文录》本。

纪文达公遗集文十六卷诗十六卷 (清)纪昀撰。清嘉庆十七年(1812)纪树馨刊本。

馆课存稿四卷 (清)纪昀撰。《镜烟堂十种》本。

忠雅堂文集十二卷诗集二十七卷补遗二卷 (清)蒋士铨撰。《蒋氏四种》本。

忠雅堂文录二卷 (清)蒋士铨撰。《国朝文录》本。

忠雅堂全集五十二卷 (清)蒋士铨撰。清乾隆三十九年(1774)红雪楼刊本。

忠雅堂文集十二卷 (清)蒋士铨撰。清嘉庆二十一年(1816)刻本。

忠雅堂集校笺 (清)蒋士铨著;邵海清校;李梦生笺。上海古籍出版社1993年、2012年版。

潜研堂文集五十卷诗集十卷诗续集十卷

(清)钱大昕撰。《潜研堂全书》本,《嘉定钱氏潜研堂全书》本,《四部丛刊》本。

潜研堂文录二卷 (清)钱大昕撰。《国朝文录》本。

潜研堂文集五十卷 (清)钱大昕撰。清嘉庆十一年(1806)家刻全集本。

潜研堂文集 (清)钱大昕撰。商务印书馆1936年《国学基本丛书》本。

潜研堂集 (清)钱大昕撰;吕友仁标校。上海古籍出版社1989年、2009年版。

惜抱轩文集十六卷文后集十卷诗集十卷诗后集一卷 (清)姚鼐撰。清嘉庆六年(1801)刊本。

惜抱轩尺牍八卷 (清)姚鼐撰。清道光三年(1823)刊本,清咸丰五年(1855)海源阁精刊本。

惜抱轩全集 (清)姚鼐撰。清光绪三十三年(1907)上海校经山房刊本,清同治五年(1866)省心阁刊本,上海会文堂书局1914年石印本。

惜抱轩遗书 (清)姚鼐撰。清光绪五年(1879)桐城徐宗亮刊本。

惜抱轩文集十六卷诗集十卷 (清)姚鼐撰。《四部丛刊》本。

姚姬传文钞一卷 (清)姚鼐撰;王文濡选。《明清八大家文钞》本。

姚惜抱尺牍一卷 (清)姚鼐撰。《明清十大家尺牍》本。

惜抱轩诗文集 (清)姚鼐撰。商务印书馆1936年版。

惜抱轩诗文集 (清)姚鼐著;刘季高标校。上海古籍出版社1992年版。

二十七松堂集十五卷 (清)廖燕撰。清康熙刊本。

二十七松堂文集 (清)廖燕著;屠支祥校注。上海远东出版社1999年版。

二林居集二十四卷 (清)彭绍升撰。清嘉庆四年(1799)味初堂刊本,清光绪七年(1881)刊本。

测海集六卷 (清)彭绍升撰。清嘉庆二十四年(1819)刊本。

观河集四卷 (清)彭绍升撰。清道光三年(1823)刊本。

二林居文录二卷 (清)彭绍升撰。《国朝文录》本。

彭尺木文钞六卷 (清)彭绍升撰。《汪罗彭薛四家合钞》本。

崔东壁遗书 (清)崔述撰。清道光四年(1824)陈履和东阳刊本,上海古书流通处1924年影印清道光陈氏本,上海亚东图书馆1936年排印本。

述学内篇三卷外篇一卷补遗一卷别录一卷 (清)汪中撰。《粤雅堂丛书》本,清同治间扬州书局重刊本,《四部丛刊》本,《四部备要》本。

汪容甫先生遗文一卷附钞一卷 (清)汪中撰。《志古堂丛书》本。

汪容甫文笺三卷 (清)汪中撰;古直笺。《层冰草堂丛书》本。

汪容甫文笺 古直选注。人民文学出版社1958年版。

卷葹阁文甲集十卷乙集八卷 (清)洪亮吉撰。清乾隆六十年(1751)贵州节署刊本。

北江全集 (清)洪亮吉撰。清乾隆嘉庆间刊本。

更生斋文甲集四卷乙集四卷 (清)洪亮

吉撰。清嘉庆七年(1802)洋川书院刊本。

洪北江全集　(清)洪亮吉撰。清光绪中洪用懃授经堂刊本。

洪稚存先生尺牍一卷　(清)洪亮吉撰。《尺牍丛刻》本。

洪北江诗文集六十六卷　(清)洪亮吉撰。《四部丛刊》本。

洪北江诗文集　(清)洪亮吉撰。商务印书馆1935年版。

洪亮吉集　(清)洪亮吉撰;刘德权点校。中华书局2001年版。

大云山房文稿初集四卷二集四卷　(清)恽敬撰。清嘉庆二十年(1815)至二十一年(1816)武宁卢句宣长洲宋扬光刊本。

大云山房言事二卷　(清)恽敬撰。清同治二年(1863)重刊本。

大云山房文稿补编一卷　(清)恽敬撰。清同治间无锡宣颖达校刊本。

大云山房尺牍(一名恽子居先生尺牍)一卷　(清)恽敬撰。《尺牍丛刻》本。

大云山房文稿初集四卷二集四卷言事二卷补编一卷　(清)恽敬撰。《四部丛刊》本,《四部备要》本。

大云山房文稿　(清)恽敬撰。商务印书馆1936年版。

恽敬集　(清)恽敬著;万陆、谢珊珊、林振岳标校;林振岳集评。上海古籍出版社2013年版。

茗柯文初编一卷二编二卷三编一卷四编一卷　(清)张惠言撰。清嘉庆十四年(1809)李生甫刊本。《四部丛刊》本,《四部备要》本。

茗柯文初编一卷二编二卷三编一卷四编一卷补编二卷外编二卷　(清)张惠言撰。清道光十五年(1835)陈善刊本。

茗柯文稿一卷　(清)张惠言撰。《风雨楼秘笈留真》本。

茗柯文补编二卷外编二卷　(清)张惠言撰。《四部丛刊》本。

茗柯文编　(清)张惠言著;黄立新校点。上海古籍出版社1984年版。

揅经室集五十四卷　(清)阮元撰。民国间商务印书馆《四部丛刊》影印本。

揅经室集　(清)阮元撰。中华书局1993年版。

养一斋集二十六卷　(清)李兆洛撰。清光绪四年至八年(1878—1812)汤成烈等校刊本。

养一斋集二十六卷　(清)李兆洛撰。民国间中华书局《四部备要》排印本。

安吴四种二十九卷　(清)包世臣撰。凡《中衢一勺》三卷、《艺舟双楫》六卷、《管情三义》八卷、《齐民四术》十二卷。清同治十一年(1872)包诚刊本。

包世臣全集　(清)包世臣撰;李星点校。黄山书社1993年版。

因寄轩文初集十卷二集六卷补遗一卷　(清)管同撰。清道光十三年(1833)管氏刊本,清光绪五年(1879)重刊本。

因寄轩尺牍(一名管异之先生尺牍)一卷　(清)管同撰。《尺牍丛刻》本。

柏枧山房文钞二卷　(清)梅曾亮撰。《涵通楼师友文钞》本。

柏枧山房文集十六卷续集一卷　(清)梅

曾亮撰。清咸丰六年(1856)刻本。

柏枧山房骈体文钞一卷　(清)梅曾亮撰。《国朝十家四六文钞》本。

梅伯言先生尺牍一卷　(清)梅曾亮撰。《尺牍丛刻》本。

梅伯言文钞一卷　(清)梅曾亮撰；王文濡选。《明清八大家文钞》本。

梅曾亮文选　王镇远选注。华东师范大学出版社1992年版。

柏枧山房诗文集　(清)梅曾亮著；彭国忠、胡晓明校点。上海古籍出版社2012年版。

定盦文集三卷　(清)龚自珍撰。清道光三年(1823)刊本。

龚定盦集十四卷　(清)龚自珍撰。《宝墨斋丛书》本。

定盦文集三卷续集四卷续录一卷古今体诗二卷杂诗一卷词选一卷词录一卷文集补编四卷　(清)龚自珍撰。清光绪二十三年(1897)万本书堂刊本。

龚定盦全集　(清)龚自珍撰。清宣统元年(1909)上海国学扶轮社排印本。

定盦遗著一卷　(清)龚自珍撰。《娟镜楼丛刻》本。

定盦文集三卷续集四卷补五卷　(清)龚自珍撰。《四部丛刊》本。

定盦文集补编四卷　(清)龚自珍撰。《四部丛刊》本。

定盦文集三卷续集四卷文集补三卷续集一卷别集一卷文集补编四卷文集增补一卷　(清)龚自珍撰。《四部备要》本。

龚自珍全集　(清)龚自珍著；王佩铮校。中华书局上海编辑所1959年版。

龚自珍诗文选注　唐文英选注。上海古籍出版社1989年版。

龚定盦全集类编　(清)龚自珍撰。中国书店1991年版。

通甫类稿四卷续编二卷　(清)鲁一同撰。清咸丰九年(1859)山阳鲁氏刊《鲁氏遗书》本。

鲁通甫集　(清)鲁一同撰。三秦出版社2011年版。

柈湖文录八卷诗录六卷钓者风一卷　(清)吴敏树撰。清同治八年(1869)自刊本。

柈湖文集十二卷　(清)吴敏树撰。清光绪十九年(1893)思贤讲舍刊本。

吴敏树集　(清)吴敏树撰；张在兴校点。岳麓书社2012年版。

濂亭集十八卷　(清)张裕钊撰。清光绪八年(1882)至宣统间查氏木渐斋刊本。

曾国藩诗文集　(清)曾国藩著；王澧华校点。上海古籍出版社2005年、2013年版。

曾国藩全集　(清)曾国藩撰。岳麓书社2011年版。

张裕钊诗文集　(清)张裕钊撰。上海古籍出版社2007年、2012年版。

庸庵全集四十七卷　(清)薛福成撰。凡《庸庵文编》四卷、《庸庵文续编》二卷、《庸庵文外编》四卷、《海外文编》四卷、《筹洋刍议》一卷、《浙东筹防录》四卷、《出使奏疏》二卷、《出使公牍》十卷、《出使英法义比四国日记》六卷、《出使日记续刻》十卷。光绪间无锡薛氏刊本。

庸庵文别集六卷 (清)薛福成撰。上海古籍出版社1985年版。

吴挚甫全集 (清)吴汝纶撰;王云五主编。台湾商务印书馆1973年版。

吴汝纶全集 (清)吴汝纶撰;施培毅、徐寿凯校点。黄山书社2002年版。

散原精舍文集一卷 陈三立撰。民国三十八年(1949)中华书局排印本。

散原精舍诗文集 陈三立撰。上海古籍出版社2003年版。

散原精舍诗文集补编 陈三立著;潘益民、李开军辑注。江西人民出版社2007年版。

严幾道诗文钞六卷 严复撰。民国十一年(1922)中华书局排印本。

严复集 严复撰;王栻主编。中华书局1986年版。

严复集补编 孙应祥、皮后锋编。福建人民出版社2004年版。

贺先生集四卷 (清)贺涛撰。民国三年(1914)天津徐世昌刊本。

贺涛文集 (清)贺涛撰;祝伊湄、冯永军点较。华东师大出版社2011年版。

章太炎全集 章炳麟著;上海人民出版社编。上海人民出版社1982年版。

章太炎文集 章太炎著 线装书局2009年版。

梁启超诗文选注 梁启超著;王蘧常选注。人民文学出版社1987年版。

梁启超经典文存 洪治纲主编。上海大学出版社2003年版。

梁启超选集 王蘧常选注。人民文学出版社2004年版。

梁启超文存 翟奎凤编选。江苏人民出版社2012年版。

观堂集林二十四卷 王国维撰。民国十六年(1927)《海宁王忠悫公遗书》家刊本。

静庵文集 (清末民国间)王国维撰。辽宁教育出版社1997年版。

黄侃国学文集 黄侃著。中华书局2006年版。

黄侃经典文存 洪治纲主编。上海大学出版社2006年版。

评论及参考资料

文 论

文章流别一卷 (晋)挚虞撰。《增定汉魏六朝别解》本。

文章流别志论一卷附一卷 (晋)挚虞撰。《关陇丛书》本,《关中丛书》本。

文赋集释 (晋)陆机撰;张少康集释。上海古籍出版社1984年版,人民文学出版社2002年版。

文心雕龙十卷 (梁)刘勰撰。《广汉魏丛书》本,《四库全书》本,《四部丛刊》本。

文心雕龙十卷附补注一卷 (梁)刘勰撰;(清)黄叔琳注;补注李详撰。《龙谿精舍丛书》本。

文心雕龙十卷 (梁)刘勰撰;(清)黄叔琳注;(清)纪昀评。《袖珍古书读本》本,《四部备要》本。

文心雕龙注十卷 (梁)刘勰撰;范文澜注。人民文学出版社1958年版。

文心雕龙校注 杨明照校注。古典文学出版社1958年版。

文心雕龙札记　黄侃著。中华书局上海编辑所1962年版。

文心雕龙校释　刘永济校释。中华书局上海编辑所1962年版。

文心雕龙校证　王利器校笺。上海古籍出版社1980年版。

文心雕龙校注拾遗　杨明照著。上海古籍出版社1983年版。

文心雕龙义证　(梁)刘勰著;詹锳义证。上海古籍出版社1989年、1994年版。

敦煌遗书文心雕龙残卷集校　林其锬、陈凤金集校。上海书店1991年版。

文心雕龙研究荟萃　饶凡子编。上海书店1992年版。

文心雕龙今译　周振甫著。中华书局1986年、1993年版。

元刊本文心雕龙　(梁)刘勰撰。上海古籍出版社1993年影印本。

文心雕龙讲疏　王元化著。上海古籍出版社1995年版。

增订文心雕龙校注　(梁)刘勰著;黄叔琳注;李详补注;杨明照拾遗。中华书局2012年版。

文章缘起一卷　(梁)任昉撰。《夷门广牍》本,《四库全书》本,《文学津梁》本。

文章缘起一卷　(梁)任昉撰;(明)陈懋仁注。《学海类编》本,《丛书集成初编》本。

续文章缘起一卷　(明)陈懋仁撰。《砚北偶钞》本,《学海类编》本,《丛书集成初编》本。

文章始一卷　(梁)任昉撰;(清)任兆麟校。《心斋十种》本。

文录一卷　(宋)唐庚撰。《百川学海》本,《格致丛书》本,《说郛》本。

唐子西文录一卷　(宋)唐庚撰。《历代诗话》本。

文则二卷　(宋)陈骙撰。《宝颜堂秘笈》本,《四库全书》本,《文学津梁》本。

文则二卷附校语一卷　(宋)陈骙撰;校语(清)宋世荦撰。《台州丛书》本。

餘师录四卷　(宋)王正德撰。《四库全书》本,《墨海金壶》本,《丛书集成初编》本。

荆溪林下偶谈四卷　(宋)吴子良撰。《宝颜堂秘笈》本,《四库全书》本,《丛书集成初编》本。

文章精义一卷　(宋)李耆卿撰。《四库全书》本,《文学津梁》本。

浩然斋雅谈三卷　(宋)周密撰。《四库全书》本,《武英殿聚珍版书》本,《丛书集成初编》本。

浩然斋雅谈一卷　(宋)周密撰。《词话丛编》本。

诗文正法一卷　(元)傅若金撰。《格致丛书》本。

文说一卷　(元)陈绎曾撰。《四库全书》本,《文学津梁》本。

东坡文谈录一卷　(元)陈秀明辑。《学海类编》本,《丛书集成初编》本。

文原一卷　(明)宋濂撰。《学海类编》本,《丛书集成初编》本。

文评一卷　(明)王世贞撰。《学海类编》本,《丛书集成初编》本。

文章九命一卷　(明)王世贞撰。《闲情小品》本,《说郛》本。

艺苑卮言八卷　(明)王世贞撰。《谈艺珠丛》本,《历代诗话续编》本。

言文三卷 (明)谭浚撰。《谭氏集》本。

文诀一卷 (明)庄元臣撰。《庄忠甫杂著》本。

行文须知一卷 (明)庄元臣撰。《庄忠甫杂著》本。

文脉三卷 (明)王文禄撰。《百陵学山》本,《学海类编》本,《丛书集成初编》本。

读诸文集偶记 (清)张履祥撰。《重订杨园先生全集》本。

伯子论文一卷 (清)魏际瑞撰。《昭代丛书》本,《文学津梁》本。

文章薪火一卷 (清)方以智撰。《昭代丛书》本,《文学津梁》本。

国朝文檝题辞三卷 (清)平步青撰。《禹城丛书》本。

日录论文一卷 (清)魏禧撰。《昭代丛书》本,《文学津梁》本。

吕晚邨论文偶钞无卷数 (清)吕留良撰。清康熙五十三年(1714)刊本。

更定文章九命一卷 (清)王晫撰。《昭代丛书》本。

西圃文说三卷诗说一卷 (清)田同之撰。《德州田氏丛书》本。

文颂一卷 (清)马荣祖撰。《昭代丛书》本。

文谈一卷 (清)张秉直撰。《青照堂丛书》本。

砚斋论文六卷 (清)张谦宜撰。《家学堂遗书》本。

论文偶记一卷 (清)刘大櫆撰。《逊敏堂丛书》本。

论文四则一卷 (清)杨绳武撰。《昭代丛书》本。

古文辨体四卷 (清)张炌辑;(清)屠之申注。清道光二年(1822)保阳藩署刊本。

睿吾楼文话十四卷附金石例二卷 (清)叶元垲辑。清道光十三年(1833)鹤皋叶氏刊巾箱本。

初月楼古文绪论一卷 (清)吴德旋述;(清)吕璜录。《别下斋丛书》本,《丛书集成初编》本,《四部备要》本。

初月楼文谈一卷 (清)吴德旋述;(清)吕璜录。《岭西五家诗文集》本。

梦陔堂文说十一卷 (清)黄承吉撰。《梦陔堂全集》本。

退庵论文一卷 (清)梁章钜撰。《文学津梁》本。

艺谈录二卷 (清)张维屏撰。《张南山全集》本。

鸣原堂论文二卷 (清)曾国藩撰。《曾文正公全集》本,《四部备要》本。

全唐文纪事一百二十二卷首一卷 (清)陈鸿墀撰。清同治十二年(1873)广州刊本。

全唐文纪事 (清)陈鸿墀纂。中华书局上海编辑所1959年版,上海古籍出版社1987年版。

宋文纪事 曾枣庄、李凯、彭君华编。四川大学出版社1995年版。

论文刍说一卷 (清)朱景昭撰。《无梦轩遗书》本。

文概一卷 (清)刘熙载撰。《文学津梁》本。

缙山书院文话四卷 (清)孙万春撰。清光绪十一年(1885)孙氏家塾刊本。

文章释一卷　(清)王兆芳撰。清光绪二十九年(1903)刊本。

文字发凡四卷　(清)龙志泽撰。清光绪三十一年(1905)排印本。

读文杂记一卷　(清)方宗诚撰。《柏堂遗书》本。

论文章本原三卷　(清)方宗诚撰。《柏堂遗书》本,《津河广仁堂所刻书》本。

古今文派述略一卷　(清)陈康黼撰;张世源注。《四明丛书》本。

论文集要四卷　(清)薛福成辑。《文学津梁》本。

论文连珠一卷　(清)唐才常撰。《古今文艺丛书》本。

香草谈文一卷　(清)于鬯撰。《于香草遗著丛辑》本。

文钥二卷　(清)邹福保辑。清宣统元年(1909)江苏存古学堂铅字排印本。

晦堂文钥一卷　陈澹然撰。《原学三种》本。

论文杂记一卷　胡朴安撰。《朴学斋丛刊》本。

历代文章论略一卷　胡朴安撰。《朴学斋丛刊》本。

读汉文记一卷　胡朴安撰。《朴学斋丛刊》本。

中国中古文学史讲义　刘师培撰。《刘申叔先生遗书》本。

论文杂记一卷　刘师培撰。《刘申叔先生遗书》本。

文说一卷　刘师培撰。《刘申叔先生遗书》本。

文则一卷　胡怀琛撰。《古今文艺丛书》本。

文谈四卷　徐昂撰。《徐氏全书》本。

修辞九论一卷　马叙伦撰。《天马山房丛箸》本。

论文琐言一卷　章廷华撰。《云在山房丛书》本。

辽代文学考二卷　黄任恒撰。《述窠杂纂》本。

桐城文学撰述考四卷补遗四卷　刘声木撰。《直介堂丛刻初编》本。

太乙丛话五卷　宁调元撰。《太一遗书》本。

辛白论文一卷　陈怀孟撰。颍川书舍1925年刊本。

文学津梁　周钟游辑。上海有正书局1916年石印本。

赋话十卷　(清)李调元撰。《函海》本,《丛书集成初编》本。

见星庐赋话十卷　(清)林联桂撰。《高凉耆旧遗集》本。

复小斋赋话二卷　(清)浦铣撰。《檇李遗书》本。

王公四六话二卷　(宋)王铚撰。《百川学海》本。

四六话二卷　(宋)王铚撰。《四库全书》本,《学津讨原》本,《丛书集成初编》本。

王公四六话　(宋)王铚撰。《说郛》本。

四六谈尘一卷　(宋)谢伋撰。《百川学海》本,《四库全书》本,《学海类编》本。

四六餘话一卷　题宋相国道撰。《说郛》本。

云庄四六餘话一卷　(宋)杨囦道撰。《宛委别藏》本,《读画斋丛书》本,《丛书集成初编》本。

容斋四六丛谈一卷 (宋)洪迈撰。《学海类编》本,《丛书集成初编》本。

四六金针一卷 (清)陈维崧撰。《学海类编》本,《丛书集成初编》本。

宋四六话十二卷 (清)彭元瑞撰。《海山仙馆丛书》本,《丛书集成》本。

四六丛话缘起一卷 (清)孙梅撰。《二餘堂丛书》本。

四六丛话三十三卷选诗丛话一卷 (清)孙梅撰。清嘉庆三年(1798)吴兴旧言堂刊本,清光绪七年(1881)重刊本。

帖经举隅三卷 (清)翁方纲撰。清乾隆间刊本。

策略谀闻不分卷 (清)汪中撰。清嘉庆十一年(1806)德成堂精刊本。

惺斋论文三卷 (清)王元启撰。《惺斋先生杂著》本。

初学四书文法述闻二卷 (清)李元春撰。《桐阁全书》本。

桐窗课解偶编一卷续编一卷 (清)李元春撰。《桐阁全书》本。

仁在堂论文各法六卷 (清)路德撰。《花雨楼丛钞》本。

六朝丽指一卷 孙德谦撰。《孙隘堪所著书》本。

中国历代文论选 郭绍虞主编。中华书局上海编辑所1962年至1963年版,上海古籍出版社1979年、1992年版。

中国古代文论译讲 赵则诚等著。吉林人民出版社1984年版。

古代文论名篇详注 霍松林主编。上海古籍出版社1986年、1995年、2002年、2011年版。

古代文论名篇选注译析 周舸岷选编。河南大学出版社1991年版。

古代文论百家 殷杰等编。武汉出版社1992年版。

中国历代文论新编 黄霖、蒋凡主编。上海教育出版社2007—2008年版。

中国古代文论管窥 王运熙著。上海古籍出版社2012年版。

参考资料

中国文学发展史 刘大杰著。中华书局上海编辑所1962年版,上海古籍出版社1983年版,复旦大学出版社2011年版。

中国文学史 郑振铎著。人民文学出版社1963年版。

中国文学史 游国恩等主编。人民文学出版社1963年、2002年版。

中国文学史 章培恒、骆玉明主编。复旦大学出版社1996年版。

中国文学理论史 蔡钟翔等著。北京出版社1987年版。

中国文学史 袁行霈主编。高等教育出版社2005年版。

中国文学史 林庚著。清华大学出版社2009年版。

中国文学史新著 章培恒、骆玉明主编。复旦大学出版社2011年版。

中国文学史 钱基博著。上海古籍出版社2011年版。

简明中国文学史 骆玉明著。复旦大学出版社2012年版。

中国文学史 台静农著。上海古籍出版社2012年版。

剑桥中国文学史　(美)孙康宜、(美)宇文所安主编;刘倩等译。生活·读书·新知三联书店2013年版。

中国文学理论批评发展史(上卷)　张少康等著。北京大学出版社1995年版。

中国文学八论　刘麟生主编。中州古籍出版社1991年版。

中国文学编年录　刘德重著。知识出版社1989年版。

中国文学编年史　陈文新主编。湖南人民出版社2006年版。

中国古代文体概论　褚斌杰著。北京大学出版社1990年版。

中国散文史　郭预衡著。上海古籍出版社1986年、2011年版。

中国古代散文发展史　刘振东著。中州古籍出版社1992年版。

骈文史论　姜书阁著。人民文学出版社1986年版。

骈文　尹恭弘著。人民文学出版社1994年版。

赋史　马积高著。上海古籍出版社1987年版。

历代赋论辑要　徐志啸编。复旦大学出版社1991年版。

中国赋论史稿　何新文著。开明出版社1993年版。

赋　袁济显著。人民文学出版社1994年版。

先秦辞赋原论　姜书阁著。齐鲁书社1983年版。

西汉文学思想　汪耀明著。复旦大学出版社1994年版。

唐代古文运动论稿　刘国盈著。陕西人民出版社1984年版。

唐代的散文作品　(日)平冈武夫等编。上海古籍出版社1989年版。

唐代的散文作家　(日)平冈武夫、今井清编。上海古籍出版社1990年版。

唐宋词人年谱　夏承焘著。古典文学出版社1955年版。

唐宋古文运动　钱冬父著。中华书局上海编辑所1962年版,上海古籍出版社1979年版。

唐宋八大家汇评　吴小林著。齐鲁书社1991年版。

唐宋骈文史　于景洋著。辽宁人民出版社1991年版。

桐城派　王镇远著。上海古籍出版社1990年版。

尚书学史　刘起釪著。中华书局1989年版。

战国策考辩　缪文遥著。中华书局1984年版。

论语别裁　南怀瑾著。复旦大学出版社1991年、1993年版。

孔子评传　匡亚明著。南京大学出版社1995年、2011年版。

孟子旁通　南怀瑾著。国际文化出版公司1991年版。

墨子研究论丛(一)　张知寒著。山东大学出版社1992年版。

墨子评传　邢兆良著。南京大学出版社1993年、1995年、2011年版。

墨子学案　梁启超著。上海书店1993年版。

庄子发微　钟泰著;王海根标点。上海古籍出版社1988年、2002年版。

庄学研究 人民出版社 1993 年版。

庄子学案 郎擎霄撰。上海书店 1992 年版。

孙子评传 杨善群著。南京大学出版社 1992 年、1995 年版。

荀子版本源流考 高正著。中国社会科学出版社 1992 年版。

《韩非子》札记 周勋初著。江苏人民出版社 1980 年版。

吕不韦评传 洪家义著。南京大学出版社 1995 年、2011 年版。

礼记质疑 郭嵩焘著。岳麓书社 1992 年、2012 年版。

楚辞学论文集 姜亮夫著。上海古籍出版社 1984 年版。

楚辞研究集成 马茂元主编。湖北人民出版社 1984—1986 年版。

贾谊评传 南京大学出版社 1992 年、2011 年版。

司马迁年谱 郑鹤声著。商务印书馆 1956 年版。

司马迁和史记 胡佩韦著。上海古籍出版社 1979 年版。

司马迁评传 张大可著。南京大学出版社 1994 年、2011 年版。

张衡年谱 商务印书馆 1935 年、1956 年版。

曹子建年谱一卷 古直撰。《层冰草堂丛书》本。

古典文学资料汇编·三曹资料汇编 河北师范学院中文系古典文学教研组编。中华书局 1980 年版。

三曹年谱 张可礼著。齐鲁书社 1983 年版。

诸葛忠武侯年谱 古直著。《层冰草堂丛书》本。

诸葛亮评传 余明侠著。南京大学出版社 1996 年、2011 年版。

阮籍评传 高晨阳著。南京大学出版社 1994 年、2011 年版。

傅玄评传 魏明安、赵以武著。南京大学出版社 1996 年、2011 年版。

右军年谱一卷 (清)鲁一同撰。《鲁氏遗书》本。

陆平原年谱 姜亮夫著。古典文学出版社 1957 年版,云南人民出版社 2002 年版。

陶靖节年谱一卷 (宋)吴仁杰编。《灵峰草堂丛书》本。

陶渊明讨论集 《文学遗产》编辑部编。中华书局 1961 年版。

古典文学资料汇编·陶渊明卷 北京大学、北京师范大学中文系教师同学编。中华书局 1962 年版。

陶渊明年谱 (宋)王质等撰;许逸民校辑。中华书局 1986 年版。

陶渊明年谱 邓安生著。天津古籍出版社 1991 年版。

陶渊明评传 魏正申著。文津出版社 1996 年版。

江淹年谱 吴丕绩著。商务印书馆 1938 年版。

江淹年谱 丁福林著。凤凰出版社 2007 年版。

刘勰和文心雕龙 陆侃如著。上海古籍出版社 1978 年、2011 年版。

刘勰与《文心雕龙》 詹锳著。中华书局 1980 年版。

骆宾王年谱　闻一多著。《初唐四杰合谱》本。

王勃年谱　闻一多著。《初唐四杰合谱》本。

陈子昂研究　韩理洲著。上海古籍出版社1988年版。

李白诗文系年　詹锳著。作家出版社1958年版，人民文学出版社1984年版。

李白全集编年注释　安旗主编。巴蜀书社1990年版。

古典文学资料汇编·李白资料汇编　裴斐、刘善良编。中华书局1994年版。

元次山年谱　孙望著。古典文学出版社1957年版，中华书局1962年版。

韩柳文研究法　商务印书馆1915年版。

韩子年谱五卷　（宋）洪兴祖撰。《洪氏公善堂丛书》本。

韩愈志　钱基博著。商务印书馆1935年版、1958年增订本，上海古籍出版社2012年版。

昌黎先生集考异　（宋）朱熹撰。上海古籍出版社1981年影印本。

古典文学资料汇编·韩愈资料汇编　吴文治编。中华书局1983年版。

韩愈研究论文集　隗芾主编；韩愈学术讨论会组织委员会编。广东人民出版社1988年版。

韩愈评传　卞孝萱、张清华、阎琦著。南京大学出版社1998年、2011年版。

刘禹锡年谱　卞孝萱著。中华书局上海编辑所1963年版。

刘禹锡评传　卞孝萱、卞敏著。南京大学出版社1996年、2011年版。

白香山年谱二卷　（清）汪立名撰。《四库全书》本。

白居易　陈友琴著。中华书局上海编辑所1961年版，上海古籍出版社1978年版。

白居易年谱　朱金城著。上海古籍出版社1982年版。

白居易评传　骞长春著。南京大学出版社2002年、2011年版。

柳先生年谱一卷　（宋）文安礼撰。《洪氏公善堂丛书》本。

柳宗元　顾易生著。中华书局上海编辑所1961年版，上海古籍出版社1979年版。

柳宗元评传　吴文治编。中华书局1962年版。

古典文学资料汇编·柳宗元卷　吴文治编。中华书局1964年版。

柳文指要五十六卷　章士钊著。中华书局1971年版。

柳宗元简论　吴文治著。中华书局1979年版。

柳宗元散文艺术　吴小林著。山西人民出版社1989年版。

柳宗元评传　孙昌武著。南京大学出版社1998年、2011年版。

玉谿生年谱会笺四卷首一卷　张采田撰。民国六年(1917)求恕斋刊本。

杜牧传　缪钺著。人民文学出版社1977年版，百花文艺出版社1999年版。

杜牧年谱　缪钺著。人民文学出版社1980年版。

李商隐评传　杨柳著。江苏人民出版社1981年版。

李商隐研究 吴调公著。上海古籍出版社1982年版。

罗隐年谱 汪德振著。商务印书馆1937年版。

罗隐年谱 李定广撰。上海古籍出版社2012年版。

王禹偁事迹著作编年 徐规著。中国社会科学出版社1982年版，商务印书馆2003年版。

范文正公年谱一卷补遗一卷 （宋）楼钥撰；补遗佚名撰。《四部丛刊》本。

范仲淹评传 南京大学出版社2001年、2011年版。

欧阳文忠公年谱一卷 （清）杨希闵撰。《豫章先贤九家年谱》本。

增订欧阳文忠公年谱 （清）华孳亨撰。《昭代丛书》本。

欧阳文忠公年谱 杨希闵著。《十五家年谱丛书》本，扬州古籍书店1958年影印本。

欧阳修论稿 刘德清著。北京师范大学出版社1991年版。

古典文学资料汇编·欧阳修资料汇编 洪本健编。中华书局1995年版。

欧阳修评传 黄进德著。南京大学出版社1998年、2011年版。

苏洵评传 曾枣庄著。四川人民出版社1983年版。

苏洵 金国永著。中华书局1984年版。

周子年谱一卷 （清）董榕撰。《周子全书》本。

周敦颐评传 梁绍辉著。南京大学出版社1994年、2011年版。

曾文定公年谱 （清）杨希闵撰。《十五家年谱丛书》本。

曾南丰先生年谱 王焕镳编。商务印书馆1943年版。

曾巩研究论文集 江西省文学艺术研究所编。江西人民出版社1986年版。

曾巩评传 王琦珍著。江西高校出版社1990年版。

曾巩 夏汉宁著。中华书局1993年版。

李觏评传 姜国柱著。南京大学出版社1996年版。

司马文正公(光)年谱一卷 （清）陈弘谋辑。《培远堂全集》本。

司马温国文正公年谱 （清）顾栋高撰。《求恕斋丛书》本。

司马温国文正公年谱 （清）顾栋高撰。中州古籍出版社1987年点校本。

司马光年谱 （明）马峦、（清）顾栋高编著。中华书局1990年版。

司马光评传 李昌宪著。南京大学出版社1998年、2011年版。

王荆国文公年谱三卷末一卷遗事一卷 （清）顾栋高撰。《求恕斋丛书》本。

王安石评传 梁启超著。世界书局1936年版。

王荆公年谱考略 （清）蔡上翔著。中华书局上海编辑所1959年版。

王安石年谱三种 （宋）詹大和等撰；裴汝诚点校。中华书局1994年版。

宋人所撰三苏年谱汇刊 王水照编。上海古籍出版社1989年版。

王安石评传 张祥浩著。南京大学出版社2006年、2011年版。

东坡年谱一卷 （宋）王宗稷撰。《三苏全集》本。

苏轼评传　曾枣庄著。四川人民出版社1981年版。

苏轼　王水照著。上海古籍出版社1982年版。

苏文系年考略　吴雪涛著。内蒙古教育出版社1990年版。

苏东坡传　林语堂著。上海书店1992年版。

苏轼评传　王水照著。南京大学出版社2004年、2011年版。

苏轼文集编年笺注　李之亮笺注。巴蜀书社2011年版。

古典文学资料汇编·苏轼资料汇编　四川大学中文系唐宋文学研究室编。中华书局1994年版。

苏颍滨年表一卷　（宋）孙汝听编。《藕香零拾》本。

苏辙年谱　曾枣庄著。陕西人民出版社1986年版。

秦观集编年校注　周义敢、程自信、周雷编注。人民文学出版社2001年版。

秦观资料汇编　周义敢、周雷编。中华书局2001年版。

李清照研究论文集　济南市社会科学研究所编。中华书局1984年版。

古典文学资料汇编·李清照资料汇编　褚斌杰等编。中华书局1984年版。

李清照研究论文选　济南市社会科学研究所编。上海古籍出版社1986年版。

李清照研究论文集　孙崇恩编。齐鲁书社1991年版。

李清照年谱　于中航编著。台湾商务印书馆1995年版。

李清照评传　陈祖美著。南京大学出版社1995年、2011年版。

岳忠武王年谱一卷　（清）黄邦宁撰。《逊敏堂丛书》本。

陆游传　朱东润著。中华书局上海编辑所1960年版。

陆游评传　邱鸣皋著。南京大学出版社2011年版。

陆游研究　朱东润著。中华书局上海编辑所1961年版。

陆游年谱　于北山著。中华书局上海编辑所1961年版，上海古籍出版社1986年、2006年版。

陆游年谱　欧小牧著。人民文学出版社1981年版。

宋陆放翁先生游年谱　刁抱石撰编。台湾商务印书馆公司1990年版。

古典文学研究资料汇编·杨万里范成大卷　湛之编。中华书局1964年版。

范成大年谱　孔凡礼著。齐鲁书社1985年版。

范成大年谱　于北山著。上海古籍出版社1987年、2006年版。

洪文敏公年谱一卷　（清）钱大昕撰。《潜研堂全书》本。

洪迈年谱　凌郁之著。上海古籍出版社2006年版。

朱子年谱四卷考异四卷附录二卷　（清）王懋竑编。清乾隆间白田草堂刊本。

朱子年谱　（清）王懋竑撰。《粤雅堂丛书》本、《丛书集成初编》本。

陆文安公年谱二卷　（清）杨希闵撰。《十五家年谱丛书》本。

陆九渊评传　祁润兴著。南京大学出版社1998年、2011年版。

辛弃疾传 邓广铭著。河北教育出版社2005年《邓广铭全集》本。

稼轩先生年谱一卷 陈恩撰。《辽海丛书》本。

辛稼轩年谱 邓广铭著。商务印书馆1947年版,古典文学出版社1957年版,上海古籍出版社1979年版,河北教育出版社2005年《邓广铭全集》本。

辛弃疾 夏承焘、游止水著。中华书局上海编辑所1962年版,上海古籍出版社1979年版。

辛弃疾论丛 刘乃昌著。齐鲁书社1979年版。

周密及其词研究 金启华著。齐鲁出版社1993年版。

文文山年谱一卷 许浩基撰。《杏荫堂汇刻》本。

文天祥评传 修晓波著。南京大学出版社2011年版。

谢皋羽年谱一卷 (清)徐沁撰。《昭代丛书》本。

元遗山先生年谱一卷 (清)翁方纲撰。《苏斋丛书》本。

戴剡源年谱 孙弗侯著。商务印书馆1936年版。

刘伯温年谱 王馨一著。商务印书馆1936年版。

刘基评传 周群著。南京大学出版社1995年、2011年版。

阳明先生年谱一卷 (明)施邦曜撰。《四部丛刊》本。

归熙甫先生年谱一卷 (清)孙岱编。清光绪嘉兴重刊巾箱本。

归震川年谱 张传元、余梅年著。商务印书馆1936年版。

茅坤研究 张梦新著。中华书局2011年版。

弇州山人年谱 (清)钱大昕著。《潜研堂全书》本。

李贽年谱 容肇祖著。三联书店1957年版。

李贽评传 张建业著。福建人民出版社1992年版。

李贽评传 许苏民著。南京大学出版社2006年版。

李贽研究资料汇编 张建业编。社会科学文献出版社2013年版。

徐光启年谱 梁家勉编著。上海古籍出版社1981年版,2011年增补本。

徐光启评传 陈卫平著。南京大学出版社2006年版。

袁中郎研究 任访秋著。上海古籍出版社1983年版。

张忠烈公年谱一卷 (清)赵之谦撰。《丛书集成初编》本。

张煌言年谱 冯励青著。重庆独立出版社1942年版。

钱牧斋先生年谱不分卷 金鹤翀编。民国排印本。

钱牧斋先生年谱 金叔远编。1934年铅印本。

黄梨洲年谱三卷 (清)黄炳垕编。清光绪刊本。

黄梨洲学谱 谢国桢著。商务印书馆1932年、1956年版。

黄宗羲 王政尧著。中华书局1982年版。

黄宗羲年谱 (清)黄炳垕撰;王政尧点校。中华书局1993年版。

黄宗羲年谱　徐定宝主编。华东师范大学出版社 1995 年版。

黄宗羲长传　方祖猷著。浙江大学出版社 2011 年版。

李渔评传　俞为民著。南京大学出版社 1998 年、2011 年版。

李渔传　徐保卫著。百花文艺出版社 2002 年、2011 年版。

顾亭林年谱一卷　(清)吴映奎撰;(清)车持谦增撰。清道光十九年(1839)上元车氏秋舲刊本。

顾亭林先生年谱一卷附校补一卷　(清)张穆撰;校补缪荃孙撰。《嘉业堂丛书》本,商务印书馆 1941 年版。

顾炎武年谱外七种　(清)张穆等撰;黄珅编。上海古籍出版社 2012 年版。

顾宁人先生学谱　谢国桢著。商务印书馆 1930 年、1933 年、1935 年、1957 年(改名《顾亭林学谱》)版。

顾炎武　沈嘉荣著。江苏人民出版社 1982 年版。

顾炎武评传　许苏民著。南京大学出版社 2006 年版。

顾炎武评传　陈祖武著。中国社会出版社 2010 年版。

施愚山先生年谱四卷　(清)施念曾编。清刊本。

王船山年谱二卷　(清)刘毓崧编。清光绪间江南书局刊本。

船山学案　侯外庐著。岳麓书社 1982 年版。

王船山传论　邓谭洲著。湖南人民出版社 1982 年版。

船山师友记　(清)罗正钧纂。岳麓书社 1982 年版。

王船山思想体系　蔡尚思著。湖南人民出版社 1985 年版。

王夫之年谱　(清)王之春撰;汪茂和点校。中华书局 1989 年版。

王夫之学行系年　刘春建编著。中州古籍出版社 1989 年版。

王船山杨升庵年谱五种　北京图书馆出版社编。北京图书馆出版社 1997 年版。

王夫之评传　萧萐父、许苏民著。南京大学出版社 2002 年、2011 年版。

魏叔子年谱　温聚民著。商务印书馆 1936 年版。

汪尧峰先生年谱一卷　(清)赵经达编。民国十四年(1925)又满楼刊本。

郑板桥传　王家诚著。百花文艺出版社 2008 年版。

郑板桥评传　王同书著。南京大学出版社 2011 年版。

戴名世年谱　(法)戴廷杰著。中华书局 2004 年版。

清方望溪先生苞年谱　苏元撰。台湾商务印书馆 1981 年版。

全谢山先生年谱四卷　蒋天枢编。商务印书馆 1932 年版。

全祖望评传　王永健著。南京大学出版社 1996 年、2011 年版。

弇山毕公年谱一卷　(清)史善长编。清同治十一年(1872)毕氏重刻本。

袁枚评传　王英志著。南京大学出版社 2002 年、2011 年版。

袁枚年谱新编　郑幸著。上海古籍出版社 2011 年版。

阅微草堂笔记研究　吴波著。上海古籍出版社 2005 年版。
钱大昕研究 顾吉辰主编。华东理工大学出版社 1996 年版。
钱大昕评传 张涛、邓声国著。南京大学出版社 2006 年、2011 年版。
姚惜抱年谱一卷 (清)郑福照编。清同治刊本。
姚鼐研究 周中明著。安徽大学出版社 2013 年版。
崔东壁先生年谱不分卷 (清)刘汝霖编。北平文化学社排印本。
容甫先生年谱一卷 (清)汪喜孙撰。《重印江都汪氏丛书》本。
洪北江先生年谱一卷 (清)吕培等撰。《洪北江全集》本。
洪亮吉年谱 吕培著。大陆书局 1933 年版。
清洪北江先生亮吉年谱 林逸编著。台湾商务印书馆 1981 年版。
焦循 阮元评传 陈居渊著。南京大学出版社 2006 年、2011 年版。
定盦先生年谱外记二卷 张祖廉撰。《娟镜楼丛刻》本。
龚自珍研究 管林等著。人民文学出版社 1984 年版。
龚自珍研究资料集 孙文光、王世芸编。黄山书社 1984 年版。
龚自珍研究论文集 孙文光、王世芸编。上海书店 1992 年版。
龚自珍评传 陈铭著。南京大学出版社 1998 年、2011 年版。
龚自珍年谱考略 樊克政著。商务印书馆 2004 年版。
严复年谱 孙应祥著。福建人民出版社 2003 年版。
严复评传 皮后锋著。南京大学出版社 2006 年、2011 年版。
章炳麟评传 姜义华著。南京大学出版社 2002 年、2011 年版。
章炳麟传 许寿裳著。百花文艺出版社 2004 年版。
章太炎年谱长编 汤志钧编。中华书局 2013 年版。
梁启超年谱长编 丁文江、赵丰田编。上海人民出版社 1983 年、2009 年版。
梁启超自述:1873—1929 梁启超著;文明国编。人民日报出版社 2005 年、2011 年版。
梁启超评传 孟祥才著。中华书局 2012 年版。
黄侃年谱 司马朝军、王文晖合撰。湖北人民出版社 2005 年版。
黄侃传 叶贤恩著。湖北人民出版社 2006 年版。
历代名赋赏析 方伯荣主编。重庆出版社 1988 年版。
历代名篇赏析集成 袁行霈主编;赵为名、程郁缀编。中国文联出版公司 1988 年版。
古代应用文名篇鉴赏 吉林文史出版社 1991 年版。
中国文学作品选精读讲析 翁德森编。华东师范大学出版社 1992 年版。
唐宋诗文鉴赏举隅 霍松林著。人民文学出版社 1984 年版。
唐宋八大家名篇赏析 韩兆琦等编。北京十月文艺出版社 1987 年版。
唐宋文鉴赏集 纪作亮著。黄山书社

1989 年版。

历代辞赋鉴赏辞典　霍旭东等主编。安徽文艺出版社 1992 年版。

历代赋辞典　迟文浚等主编。辽宁人民出版社 1992 年版。

古代散文鉴赏辞典　王彬主编。农村读物出版社 1987 年版。

古文鉴赏辞典　吴功正主编。江苏文艺出版社 1987 年版。

古文鉴赏大辞典　徐中玉主编。浙江教育出版社 1989 年版。

古文观止词典　刘学林主编。陕西人民出版社 1994 年版。

古文观止　续古文观止鉴赏辞典　关永礼主编。上海同济大学出版社 1990 年版。

唐宋八大家散文鉴赏辞典　吕晴飞主编。中国妇女出版社 1991 年版。

古代小品文鉴赏辞典　施蛰存、程千帆等撰写。上海辞书出版社 2011 年版。

古代散文百科大辞典　王洪主编。学苑出版社 1991 年版。

中国散文辞典　秦亢宗主编。北京出版社 1993 年版。

中国文学参考资料小丛书　上海古典文学出版社辑。古典文学出版社 1956 年至 1957 年版。

中国古典文学论文集　任访秋著。河南人民出版社 1981 年版。

中国古典文学论文集续编　任访秋著。河南大学出版社 1990 年版。

中国古典文学论丛(第一辑—第七辑)　人民文学出版社古典文学编辑室编。人民文学出版社 1984 年至 1989 年版。

中国古典文学研究论文索引(1949—1962)　河北北京师范学院编。中华书局 1964 年版。

中国古典文学研究论文索引(1949—1966.6)　河北北京师范学院编。中华书局 1979 年版。

中国古典文学研究论文索引(1966.7—1972.12)　中国社会科学院文学研究所图书资料室编。中华书局 1982 年版。

中国古典文学研究论文索引(1980.1—1981.12)　中国社会科学院文学研究所资料室编。中华书局 1985 年版。

中国古典文学研究论文索引(1982.1—1983.12)　中国社会科学院文学研究所资料室编。中华书局 1988 年版。

中国古典文学研究论文索引(1984.1—1985.12)　中国社会科学院文学研究所图书资料室编。中华书局 1995 年版。

香港中国古典文学研究论文选粹(1950—2000)邝健行、吴淑钿编选。江苏古籍出版社 2002—2003 年版。

香港中国古典文学研究论文目录(1950—2000)邝健行、吴淑钿编。上海古籍出版社 2005 年版。

新时期中国古典文学研究述论(第一卷—第四卷)　陈友冰主编。商务印书馆 2006—2008 年版。

中国古典文学研究丛刊(散文与论评之部)　柯庆明主编。台北巨流图书股份有限公司 2012 年版。

(王嘉真、霍丽丽编)

篇目笔画索引

说 明

一、篇目按第一字笔画分先后，画数相同的按起笔笔形一丨丿丶乛顺序排列。第一字相同的篇目，按第二字的笔画和起笔笔形排列。以下类推。

二、字体采用中国文字改革委员会编印的《简化字总表》中的简化汉字，以及文化部和文改会发布的《第一批异体字整理表》中的选用字。

三、篇目后面的数字，表示该篇目在本辞典中的页码。

二 画

〔一〕

十渐不克终疏 ……… 793
七发 ……………………… 223

〔丨〕

卜居 ……………………… 157

〔丿〕

九牛坝观抵戏记 ……………… 1736

三 画

〔一〕

三戒并序 …………… 1016
三峡 ……………………… 684
三游洞序 …………… 985
三槐堂铭并叙 ……… 1359
工之侨为琴 ……… 1541
大龙湫记 ……… 1507
大铁椎传 ……… 1780
大人先生传 ……… 478
与妻书 ………… 2025
与元九书 ………… 972
与吴质书 ………… 458
与沈约书 ………… 666
与顾章书 ………… 700
与马运判书 ……… 1262
与阳休之书 ……… 746
与杨德祖书 ……… 469
与宋元思书 ……… 698
与陈伯之书 ……… 676
与周弘让书 ……… 750
与郭仆射书 ……… 832
与韩荆州书 ……… 824
与山巨源绝交书 …… 490
与余存吾太史书 ……… 1865
与曹操论盛孝章书 ……… 414
与东方左史虬《修竹篇》序 ……… 815
万石君传 ………… 313

〔丨〕

上林赋 ………… 249
上《文选注》表 ……… 802
上河东公启 ……… 1087
上梅直讲书 ……… 1297
上枢密韩太尉书 ……… 1368
上欧阳内翰第一书 ……… 1205
小洋 ……………… 1660
小园赋 ………… 759
小石城山记 ……… 1036
小倦游阁记 ……… 1934
口技 ……………… 1776
山中与裴秀才迪书 ……… 822

〔丶〕

广绝交论 ……… 668
门山县吏隐堂记 ……… 1495
义田记 ………… 1230

〔乛〕

已亥六月重过扬州记 ……… 1947
子虚赋 ………… 242
子产不毁乡校颂 …… 869
子路曾皙冉有公西华侍坐章 ……… 67

习惯说 …………… 1968
马伶传 …………… 1753
马钧传 …………… 505

四　画

〔一〕

王孙圉论楚宝 ……… 30
王彦章画像记 …… 1178
王逢原墓志铭 …… 1281
王子猷雪夜访戴 …… 612
天机 …………… 1100
天论 …………… 124
天时不如地利章 …… 86
无逸 …………… 3
五人墓碑记 ……… 1694
五岳祠盟记 ……… 1410
五柳先生传 ……… 578

〔丨〕

少年中国说 ……… 2005
日喻 …………… 1300
中兴二十八将传
　论 …………… 607
水尽头 …………… 1669

〔丿〕

毛诗序 …………… 366
毛颖传 …………… 916
长门赋并序 ……… 257
长安雪下望月
　记 …………… 1065
长沮桀溺耦而耕章 …… 70
反金人铭 ………… 510
公输 …………… 75
月赋 …………… 638
风赋 …………… 170
勾践灭吴 ………… 25

〔丶〕

六国论 ………… 1202
六一居士传 …… 1185
六十一岁小像自
　赞 …………… 1972
文赋并序 ………… 535
文言说 ………… 1927
《文选》序 ………… 714
文与可飞白赞 …… 1357
文与可画筼筜谷偃
　竹记 ………… 1323
方山子传 ……… 1341
为袁绍檄豫州 ……… 424
为李密檄洛州文 …… 777
为学一首示子
　侄 …………… 1834
斗鸡 …………… 1457
心术 …………… 1210

〔乛〕

尹师鲁墓志铭 …… 1190
书何易于 ……… 1096
书上元夜游 …… 1331
书《刺客传》后 …… 1260
书博鸡者事 …… 1551
书褒城驿壁 …… 1093
书蒲永昇画后 …… 1353
书《归震川文集》
　后 …………… 1962
书《洛阳名园记》
　后 …………… 1384

五　画

〔一〕

《玉台新咏》序 ……… 736
去私 …………… 145
《甘薯疏》序 ……… 1624
《古文辞类纂》
　序 …………… 1877
本朝百年无事札
　子 …………… 1250
左忠毅公逸事 …… 1821
左仲郛浮渡诗
　序 …………… 1884
石涧记 ………… 1034
石渠记 ………… 1032
石钟山记 ……… 1319
石崇与王恺争豪 …… 616
右溪记 …………… 843
戊午上高宗封
　事 …………… 1403
龙湖 …………… 1618
东轩记 ………… 1375
《东京梦华录》
　序 …………… 1390

〔丨〕

北山移文 ………… 642
归田赋 …………… 397
归去来兮辞并序 …… 580
冉氏烹狗记 ……… 1902

〔丿〕

代李敬业传檄天下文 …… 805
仙掌铭并序 …… 850
白发赋 …… 530
瓜步山楬文 …… 636
乐毅报燕惠王书 …… 62
鸟说 …… 1808

〔丶〕

市声说 …… 1791
市隐斋记 …… 1487
冯谖客孟尝君 …… 49
《兰亭集》序 …… 562
让县自明本志令 …… 433
记孙觌事 …… 1453
记游定惠院 …… 1327
记旧本韩文后 …… 1167
记承天寺夜游 …… 1328
永州铁炉步志 …… 1044
永州韦使君新堂记 …… 1041

〔乛〕

司马季主论卜 …… 1535
出妇赋 …… 462
对楚王问 …… 173

六 画

〔一〕

刑赏忠厚之至论 …… 1286
圬者王承福传 …… 923
芋老人传 …… 1763
过秦论(上) …… 197
吏道 …… 1480
再游乌龙潭记 …… 1666
西湖(一) …… 1648
西湖(二) …… 1652
西湖游赏 …… 1467
西门豹治邺 …… 338
西湖七月半 …… 1678
百丈山记 …… 1451
有为神农之言者许行章 …… 88
成皋铭 …… 989
至仁山铭 …… 772
至小丘西小石潭记 …… 1028

〔丨〕

贞节君碣 …… 818
师说 …… 871
同学一首别子固 …… 1269
吊古战场文 …… 838
《吊魏武帝文》序 …… 545

〔丿〕

朱竹君先生传 …… 1893
先妣事略 …… 1585
传是楼记 …… 1786
优孟传 …… 323
任光禄竹溪记 …… 1589
伤仲永 …… 1271
自序 …… 1905
自祭文 …… 589
自相矛盾 …… 139
自为墓志铭(徐渭) …… 1601
自为墓志铭(张岱) …… 1687
后出师表 …… 449
后赤壁赋 …… 1349
杂说(一) …… 864
杂说(四) …… 865
名二子说 …… 1213

〔丶〕

刘伶病酒 …… 614
齐桓晋文之事章 …… 79
齐人有一妻一妾章 …… 94
齐人谏靖郭君城薛 …… 43
关忠节公家传 …… 1954
江天一传 …… 1783
兴贤 …… 1255
讳辩 …… 882
论贵粟疏 …… 218
论梁元帝读书 …… 1767
设毛延寿自解语 …… 1109

〔乛〕

《阮小咸诗集》序 …… 1938
孙膑 …… 277
观潮 …… 1470
观巴黎油画记 …… 1979

七　画

〔一〕

进学解 …………………… 874
报任少卿书 ……………… 330
报刘一丈书 ………… 1605
报孙会宗书 ……………… 348
却聘书 ……………… 1465
芙蕖 ………………… 1741
芜城赋 …………………… 628
严光传 …………………… 605
严先生祠堂记 …… 1129
苏武传 …………………… 376
《苏氏文集》序 …… 1151
苏秦以连横说秦 …… 35
极乐寺纪游 ……… 1621
李陵传 …………………… 386
李姬传 ……………… 1748
李夫人赋 ……………… 214
李贺小传 ………… 1084
李龙眠画罗汉
　记 ………………… 1704
李卓吾先生遗
　言 ………………… 1615
杨烈妇传 ……………… 962
丽人赋 …………………… 650

〔丨〕

吴士 ……………… 1557
吴五百 ……………… 1426
《吴山图》记 ……… 1578
里革断罟匡君 ……… 32
《吟边燕语》序 …… 1991
别赋 ……………………… 656

〔丿〕

伯夷颂 …………………… 867
邹忌讽齐王纳谏 …… 40

〔丶〕

床头捉刀人 ……………… 610
应科目时与人书 …… 914
庐山草堂记 ……………… 982
庐山公九锡文 ………… 626
闲居赋并序 …………… 523
闲情赋并序 …………… 585
沧浪亭记 …………… 1199
祀故太尉桥玄文 …… 439
《词选》序 ………… 1921
译天演论自序 …… 1993

〔乛〕

灵壁张氏园亭
　记 ………………… 1316
《张中丞传》后叙 …… 905
张季鹰吊顾彦先 …… 618
阿房宫赋 ………… 1070
陈情表 …………………… 497

八　画

〔一〕

奉天请罢琼林大盈二
　库状 ……………… 1053
武昌九曲亭记 …… 1377
《青霞先生文集》
　序 ………………… 1596
招魂 ……………………… 163
招隐士 …………………… 240
择言解 …………………… 880
取材 ………………… 1256
苦斋记 ……………… 1543
英雄之言 ………… 1099
《范文正公集》
　叙 ………………… 1338
范县署中寄舍弟墨
　第四书 ………… 1827
松风阁记(一) …… 1547
松风阁记(二) …… 1549
杭州新造南亭子
　记 ………………… 1079
述行赋并序 ………… 405
画网巾先生传 …… 1812
刺世疾邪赋 ………… 402
卖柑者言 ………… 1538
《奇零草》序 ……… 1794
《奇零草》自序 …… 1707

〔丨〕

虎丘记 ……………… 1640
尚志斋说 ………… 1504
尚德缓刑书 ………… 370
典论·论文 ………… 454
《鸣机夜课图》
　记 ………………… 1868

〔丿〕

物色 ……………………… 694
季氏将伐颛臾章 …… 72
岳飞 ………………… 1875

岳阳楼记 …………… 1123
《金石录》后序 …… 1394
采莲赋(萧纲) ……… 724
采莲赋(萧绎) ……… 729
朋党论 …………… 1135
肥水之战 ………… 1238
周亚夫军细柳 ……… 311
鱼我所欲也章 ……… 95

〔丶〕

夜亭度雁赋 ………… 744
夜渡两关记 ……… 1571
庖丁解牛 …………… 105
放鹤亭记 ………… 1313
郑伯克段于鄢 ……… 7
《河岳英灵集》序 …… 847
泷冈阡表 ………… 1194
治平篇 …………… 1914
治安策 …………… 203
学舍记 …………… 1218
《学记》三则 ……… 154
试大理评事王君
墓志铭 …………… 953
《诗品》序 ………… 702
诣建平王上书 ……… 662

〔乛〕

《录鬼簿》序 …… 1510
屈子文学之精
神 ……………… 2014
孟门山 …………… 687
孟德传 …………… 1380
陋室铭 …………… 967
戕竹记 …………… 1170
始得西山宴游
记 ……………… 1020

九 画

〔一〕

春赋 ……………… 769
春夜宴诸从弟桃李
园序 …………… 828
封燕然山铭并序 …… 394
项羽之死 ………… 273
项脊轩志 ………… 1583
赵威后问齐使 ……… 53
指喻 ……………… 1561
《指南录》后序 …… 1473
荡妇秋思赋 ……… 731
《荔枝图》序 ……… 987
枯树赋 …………… 765
相州昼锦堂记 …… 1175
柳敬亭传 ………… 1731
柳敬亭说书 ……… 1675
柳子厚墓志铭 ……… 947
柳州罗池庙碑 ……… 956

〔丨〕

《战国策》书录 …… 351
《战国策目录》
序 ……………… 1225
思旧赋并序 ……… 500

〔丿〕

拜中军记室辞随王
笺 ……………… 646
选古文小品序 …… 1806
种树郭橐驼传 …… 1005
秋水 ……………… 112
秋兴赋并序 ……… 519
秋声赋 ………… 1181
秋夜小洞庭离宴
序 ……………… 845
秋日登洪府滕王阁
饯别序 ………… 809
重修盘门双忠祠
记 ……………… 1899
复庵记 ………… 1744
段太尉逸事状 …… 991
信陵君窃符救赵 …… 285
皇女诔 ………… 528
叙小修诗 ……… 1632
叙陈正甫《会心
集》…………… 1636
剑阁铭 ………… 516
胠箧 …………… 108
狱中杂记 ……… 1816
狱中上母书 …… 1715
狱中上梁王书 …… 233

〔丶〕

哀盐船文 ……… 1910
《哀江南赋》序 …… 753
亭林先生神道
表 ……………… 1841
度支副使厅壁题名
记 ……………… 1276
弈喻 …………… 1873
闺房记乐(节选)…… 1924

送穷文 …………………… 885
送杨寘序 ………… 1139
送石处士序 ………… 900
送张廉卿序 ……… 1983
送陈庭学序 ……… 1521
送孟东野序 ………… 889
送徐尚书序 ……… 1999
送郭拱辰序 ……… 1447
送薛存义序 ……… 1046
送东阳马生序 …… 1519
送宜黄何尉序 …… 1460
送秦中诸人引 …… 1490
送曾巩秀才序 …… 1142
送李愿归盘谷序 …… 893
送张叔夏西游
　序 ……………… 1498
送徐无党南归
　序 ……………… 1144
送宗判官归滑台
　序 ………………… 820
送董邵南游河北
　序 ………………… 897
送温处士赴河阳
　军序 ……………… 902
前出师表 …………… 444
前赤壁赋 ………… 1344
洞箫赋 ……………… 343
洛神赋并序 ………… 463
恨赋 ………………… 652
宫之奇谏假道 ……… 16
扁鹊见蔡桓公 ……… 141
祖财阮屐 …………… 624
神女赋 ……………… 180
说钓 ……………… 1959
说难 ………………… 133
说骥 ………………… 969
说居庸关 ………… 1944

〔乛〕

姚平仲小传 ……… 1422
癸未去金陵日与
　阮光禄书 ……… 1756
骈体文钞序 ……… 1931

十　画

〔一〕

泰州海陵县主簿许
　君墓志铭 ……… 1283
秦士录 …………… 1528
秦晋殽之战 ………… 19
秦楚之际月表序 …… 326
蚕说 ……………… 1132
捕蛇者说 ………… 1013
振百工说 ………… 1975
袁家渴记 ………… 1030
袁州州学记 ……… 1233
袁随园君墓志
　铭 ……………… 1896
获麟解 ……………… 878
桓南郡好猎 ………… 622
桃花源记 …………… 574
桃花涧修禊诗
　序 ……………… 1515
核工记 …………… 1789
核舟记 …………… 1672
夏梅说 …………… 1654
原君 ……………… 1727
原道 ………………… 853
原毁 ………………… 861
逐贫赋 ……………… 363
《顾况诗集》序 …… 1061

〔丨〕

逍遥游 ……………… 98
晏子使楚 …………… 118
蚊对 ……………… 1559
峨眉山行纪 ……… 1429

〔丿〕

钱神论 ……………… 551
钴鉧潭记 ………… 1023
钴鉧潭西小丘
　记 ……………… 1026
钵山余霞阁记 …… 1942
倪云林画论 ……… 1691
徐文长传并序 …… 1627
徐霞客传 ………… 1721
爱莲说 …………… 1214
留侯论 …………… 1289

〔丶〕

凌虚台记 ………… 1306
高唐赋 ……………… 176
高思诚咏白堂
　记 ……………… 1492
高阳孙文正公逸
　事 ……………… 1824
高祖功臣侯者年
　表序 ……………… 328

郭泰碑 …………………… 410
郭解传 …………………… 319
座右铭 …………………… 399
病梅馆记 ………………… 1951
疾困与孙权笺 …………… 442
离思赋 …………………… 532
唐河店妪传 ……………… 1115
《唐柳先生集》后序 …………………… 1120
唐雎为安陵君劫秦王 …………………… 59
阅江楼记 ………………… 1533
烛之武退秦师 …………… 13
烟艇记 …………………… 1413
酒德颂 …………………… 503
涉务 ……………………… 733
海赋 ……………………… 556
浣花溪记 ………………… 1657
读《司马法》 …………… 1102
读李翱文 ………………… 1164
读《孟尝君传》 ………… 1259

〔乛〕

陶征士诔并序 …………… 592
《陶庵梦忆》序 ………… 1684
《陶渊明集》序 ………… 719

十一画

〔一〕

教战守策 ………………… 1293
黄鹤楼记 ………………… 1059
黄生借书说 ……………… 1851
黄州快哉亭记 …………… 1371
黄州新建小竹楼记 ……………………… 1117
《梦谒母坟图》题记 ……………………… 2020
梅花岭记 ………………… 1836
《梅圣俞诗集》序 ……………………… 1147
梓人传 …………………… 997
曹瞒传 …………………… 473
曹刿论战 ………………… 11
雪赋 ……………………… 598

〔丨〕

野庙碑并诗 ……………… 1104
峙庐记 …………………… 1987

〔丿〕

象耕鸟耘辨 ……………… 1107
猛狗与社鼠 ……………… 143
祭妹文 …………………… 1860
祭屈原文并序 …………… 596
祭十二郎文 ……………… 932
祭石曼卿文 ……………… 1188
祭田横墓文 ……………… 943
祭范颍州文 ……………… 1278
祭柳子厚文 ……………… 941
祭夫徐敬业文 …………… 711
祭小侄女寄寄文 ……………………… 1090
祭吏部韩侍郎文 ………… 965
祭朱元晦侍讲文 ……………………… 1425
祭欧阳文忠公文 ……………………… 1361
祭河南张员外文 ………… 937

〔丶〕

阎典史传 ………………… 1799
鸿门宴 …………………… 266
渔父 ……………………… 160
情采 ……………………… 689
谋攻 ……………………… 121
谏逐客书 ………………… 189
谏院题名记 ……………… 1236

〔乛〕

隆中对 …………………… 513

十二画

〔一〕

越州赵公救灾记 ……………………… 1221
超然台记 ………………… 1309
喜雨亭记 ………………… 1303
董宣传 …………………… 603
韩幹画马赞 ……………… 1356
《辋川图》记 …………… 1501

〔丨〕

跋傅给事帖 ……………… 1420
跋《蒋湘帆尺牍》 ……………………… 1980
跋李庄简公家书 ……………………… 1417
跋绍兴辛巳亲征诏草 …………………… 1463

赋篇·箴 …………… 131

〔丿〕

答客难 …………… 261
答卢谌书 …………… 549
答李翊书 …………… 910
答曾子固书 ……… 1267
答谢中书书 ……… 681
答谢民师书 ……… 1332
答司马谏议书 …… 1264
答张文潜县丞书 …………… 1335
答张缵谢示集书 …… 727
答茅鹿门知县(二) …………… 1592
答韦中立论师道书 …………… 1048
《婺砧课诵图》序 …………… 1965
《释秘演诗集》序 …………… 1155

〔丶〕

就亭记 …………… 1761
童区寄传 ………… 1002
尊卢沙 …………… 1525
湖心亭看雪 ……… 1681
温峤娶妇 ………… 621
游龙门记 ………… 1568
游东山记 ………… 1564
游西陂记 ………… 1936
游黄山记 ………… 1854
游黄溪记 ………… 1038
游虞山记 ………… 1969
游三游洞记 ……… 1831
游小盘谷记 ……… 1940
游天台山赋并序 …… 568
游姑苏台记 ……… 1797
游媚笔泉记 ……… 1890
游褒禅山记 ……… 1273
游东林山水记 …… 1442
游黄山日记(后)…… 1663
游翠微峰记(一)…… 1917
游翠微峰记(二)…… 1919
寒花葬志 ………… 1581
《寓山注》序 ……… 1701
谢本师 …………… 2002
谢太傅泛海 ……… 619

〔乛〕

登楼赋 …………… 421
登泰山记 ………… 1887
登西台恸哭记 …… 1483
登徒子好色赋 …… 185
登大雷岸与妹书 …… 631

十三画

〔一〕

蓝田县丞厅壁记 …… 929
楚人养狙 ………… 1540

〔丨〕

愚溪诗序 ………… 1009
鹏鸟赋 …………… 210

〔丿〕

触龙说赵太后 …… 56
解嘲 …………… 356

〔丶〕

廉颇蔺相如列传 …… 291
新城游北山记 …… 1387
新修滕王阁记 …… 926
《新五代史·一行传》序 …………… 1157
《新五代史·伶官传》序 …………… 1160
满井游记 ………… 1645
窦建德碑 ………… 1068

〔乛〕

殿中少监马君墓志 …………… 945

十四画

〔一〕

誓墓文 …………… 566
蔺相如完璧归赵论 …………… 1610

〔丨〕

罴说 …………… 1011

〔丿〕

管晏列传 ………… 280

〔丶〕

瘗旅文 …………… 1574